lonely planet

西班牙

本书作者

格雷戈尔·克拉克 萨莉·戴维斯 邓肯·加伍德 安东尼·哈姆 凯瑟琳·勒内维兹
伊莎贝拉·诺贝尔 约翰·诺贝尔 约瑟芬·昆特罗 布兰登·塞恩斯伯里
雷吉斯·圣路易斯 安迪·赛明顿

中国地图出版社

计划你的行程

卡索拉、塞古拉和拉斯比利亚斯山自然公园 见855页

AITOR MUÑOZ MUÑOZ / 500PX ©

在路上

目录

ESB PROFESSIONAL / SHUTTERSTOCK ©

西班牙广场，塞维利亚
见712页

在路上

MAXX-STUDIO / SHUTTERSTOCK ©

阿尔瓦拉辛，阿拉贡
见477页

了解西班牙

生存指南

特别呈现

欢迎来西班牙

热情奔放、精致时尚、追求美好的生活——这是人们对西班牙的惯有印象，而真实的西班牙比你所能想象到的还要多元。

史诗般的陆地

西班牙多样的自然风光摄人心魄，无论是徒步爱好者还是海滩控，都能找到完美的目的地。比利牛斯山脉和欧洲之巅的美景不比其他任何山脉逊色，冰雪覆盖的内华达山脉自艳阳高照的安达卢西亚平原拔地而起。西班牙既有大西洋西北部沿岸狂野美丽的悬崖，也有地中海浪漫迷人的小海湾。不管你选择去哪里，那些旧日西班牙留下来的小村庄——或高居于山顶之上，或蜷缩在山谷之中，抑或是紧贴着海岸线的岩石——都散发着永恒的吸引力。这些正是这个国家的魅力所在。

美食盛宴

美食和葡萄酒是西班牙人的最爱，这一结论理由充分。西班牙烹饪的原理看起来很简单：丰富的食材、代代相传的传统食谱，再加上乐于实践的天性，一道道菜肴便从实验室般的厨房中诞生了。你随时随地都有机会遇到顶级美味，无论是在朴实的酒吧里品尝西班牙小吃，还是坐在环境优雅的米其林星级餐厅享用名厨精心准备的大餐，你都将经历一场激动人心的美食体验。西班牙美食一定会成为你旅途中的亮点。

艺术源于生活

饱经风霜的古罗马遗址、象征无上权力的大教堂和无与伦比的伊斯兰建筑瑰宝，都是这个国家在历史长河的起起落落中，所经历的各个伟大文明为其留下的印记。而在距离我们更近的年代里，还有哪个国家能出现像萨尔瓦多·达利、巴勃罗·毕加索和安东尼·高迪这样桀骜不驯又富有创造精神的天才，并让他们走入公众生活的中心呢？在这里，宏伟的古迹和大胆前卫的建筑共存，可以清晰地预见，西班牙的未来会像它的过去一样独特而新颖。

节日和弗拉明戈

尽管人们津津乐道于西班牙的历史，但别忘了，这是一个活在当下的国度，这也说明了为什么“fiesta”（节日）会是西班牙语中最广为人知的词汇之一——在这里，生活本身就是一场节日，仿佛所有人都受到了邀请。当你在后半夜走上拥挤的街头，看到狂欢的景象，或者当弗拉明戈舞娘用表演触动你灵魂深处的那一刻，没准儿你就能感受到这一点了。无论这一刻发生在何时，你都会发现自己正在点头赞同：这就是西班牙！

我为什么喜欢西班牙

本书作者 安东尼·哈姆（Anthony Ham）

西班牙街头巷尾的生活经常让我觉得这是一个任何事情都可能发生的地方。西班牙人的激情贯穿着日常生活，这是一个灵魂中流淌着音乐、热爱美食并拥有原始风光的国家，而且特别擅长庆祝生活中的一切美好事物。现在，西班牙已经成为我的家乡，无论是身处偏僻的卡斯蒂利亚石头村庄，享受着夜晚的静谧，还是沉浸在马德里街头令人无法抗拒的欢乐海洋里，我都能强烈地感受到这一点。

关于作者的更多信息，见1005页。

上图：位于西班牙北部的欧洲之巅（见585页）

西班牙亮点

欧洲之巅
欣赏西班牙最崎岖的高峰(585页)
毕尔巴鄂
探索最迷人的巴斯克文化(482页)
萨拉曼卡
文艺复兴风格建筑的完美体现(173页)
马德里
在三大世界一流美术馆流连(77页)
托莱多
探寻往昔多重信仰留下的印迹(240页)
科尔多瓦
令人惊叹的伊斯兰建筑(774页)
内华达山脉
冬天可滑雪，夏天可徒步(811页)
塞维利亚
拥抱安达卢西亚的精华，感受虔诚的天主教精神(686页)
格拉纳达
惊叹于阿尔罕布拉宫无与伦比的精致(789页)
阿尔普哈拉斯峡谷
探索古老摩尔人村落(812页)
ATLANTIC OCEAN
大西洋
Costa da Morte
莫特海岸
Ferrol 费罗尔
A Coruña 拉科鲁尼亚
Parque Natural Fragas do Eume
弗拉加斯欧梅自然公园
Avilés 阿维莱斯
Gijón 希洪
Oviedo 奥维耶多
Parque Nacional de los Picos de Europa
欧洲之巅国家公园
Santander 桑坦德
Torrelavega 托雷拉韦加
Torre Cerredo (2648m)
Bilbao (Bilbo) 毕尔巴鄂
Santiago de Compostela
圣地亚哥-德孔波斯特拉
Lugo 卢戈
Parque Natural de Somiedo
索米耶多自然公园
Cordillera Cantábrica
坎塔布连山脉
Miranda de Ebro
埃布罗河畔米兰达
Río Miño
León 莱昂
Pontevedra 蓬特韦德拉
Vigo 维哥
Rías Baixas
拜克萨湾
Ourense 奥伦塞
Río Esla
Burgos 布尔戈斯
Benavente 贝纳文特
Palencia 帕伦西亚
Aranda de Duero
杜罗河畔阿兰达
Valladolid 巴利亚多利德
Río Duero
杜罗河
Zamora 萨莫拉
Porto
Salamanca 萨拉曼卡
Segovia 塞哥维亚
Cordillera Central
中央山脉
Guadalajara 瓜达拉哈拉
Ávila 阿维拉
MADRID 马德里
Sierra de Gredos
格雷多斯山脉
Pico de Almanzor (2592m)
Plasencia 普拉森西亚
Río Tajo
Aranjuez 阿兰胡埃斯
PORTUGAL 葡萄牙
Toledo 托莱多
Cáceres 卡塞雷斯
Río Guadiana
瓜迪亚纳河
Ciudad Real 雷阿尔城
LISBOA 里斯本
Badajoz 巴达霍斯
Mérida 梅里达
Zafra 萨夫拉
Sierra Morena
莫雷纳山脉
Parque Natural Sierra Norte
Córdoba 科尔多瓦
Jaén
Parque Natural Sierra Nevada
内华达山脉自然公园
Cordillera Bética
贝蒂卡山脉
Seville 塞维利亚
Río Guadalquivir
瓜达尔基维尔河
Huelva 韦尔瓦
Parque Nacional de Doñana
多尼亚纳国家公园
Granada 格拉纳达
Mulhacén (3479m)
Sierra Nevada
内华达山脉
Jerez de la Frontera
Arcos de la Frontera
Parque Natural Los Alcornocales
洛斯阿尔科诺卡莱斯自然公园
Cádiz 加的斯
Málaga 马拉加
Marbella
Costa del Sol
太阳海岸
Costa de la Luz
阳光海岸
Algeciras 阿尔赫西拉斯
GIBRALTAR(U.K.Occ.) 直布罗陀(英占)
Strait of Gibraltar
直布罗陀海峡
Sebta(Ceuta)(Sp.) 塞卜泰(休达)(西)
Alboran Island(Sp.)
阿尔沃兰岛(西)
Tangier 丹吉尔
MOROCCO 摩洛哥
10°W
9°W
8°W
7°W
6°W
5°W
4°W
3°W
44°N
43°N
42°N
41°N
40°N
39°N
38°N
37°N
36°N

0 200 km
0 100 miles
FRANCE
法国
Bay of Biscay
比斯开湾
比利牛斯山脉
徒步于比利牛斯山脉迷人的高地山林风景中(52页)
Toulouse
图卢兹
Montpellier
Bayonne
Irún
Donostia-San Sebastián 多诺斯蒂亚(圣塞瓦斯蒂安)
Vitoria-Gasteiz
加斯泰斯(维多利亚)
Pamplona (Iruña)
潘普洛纳
Logroño
洛格罗尼奥
Pyrenees比利牛斯山脉
Mt Perdido (3355m)
Pico de Aneto (3404m)
Parque Nacional de Ordesa y Monte Perdido
Parc Nacional d'Aigüestortes i Estany de Sant Maurici
ANDORRA
安道尔
ANDORRA
安道尔
Perpignan
佩皮尼昂
Golfe du Lion
利翁湾
Figueres
菲格拉斯
Girona
赫罗纳
Costa Brava
布拉瓦海岸
Huesca
韦斯卡
Riu Segre
塞格雷河
Soria 索里亚
Zaragoza
萨拉戈萨
Lleida
莱里达
Blanes
布拉内斯
Barcelona
巴塞罗那
Río Ebro
埃布罗河
Tarragona
塔拉戈纳
拉里奥哈
穿越西班牙第一红酒产区(534页)
Costa Daurada
多拉达海岸
巴塞罗那
将自己沉浸在西班牙的风格之都(272页)
Teruel
特鲁埃尔
Cuenca
昆卡
Costa del Azahar
阿萨尔海岸
Menorca
梅诺卡岛
Maó
Castellón de la Plana (Castelló de la Plana)
卡斯特利翁-德拉普拉纳
Palma de Mallorca
帕尔马
Valencia
巴伦西亚
Golfo de Valencia
巴伦西亚湾
Mallorca
马略卡岛
Ibiza
伊维萨岛
Balearic Islands (Islas Baleares)
巴利阿里群岛
Albacete
阿尔瓦塞特
Ibiza Town
Formentera
福门特拉岛
Alicante (Alicant)
阿利坎特
Parque Natural Sierras de Cazorla, Segura y las Villas
卡索拉、塞古拉和拉斯比利亚斯山自然公园
Elche (Elx)
埃尔切
Costa Blanca
布兰卡海岸
Murcia
穆尔西亚
Torrevieja
MEDITERRANEAN SEA
地中海
Cartagena
卡塔赫纳
Costa Cálida
温暖海岸
1°E
2°E
3°E
4°E
2°W
ALGER
阿尔及尔
Parque Natural de Cabo de Gata-Níjar
加塔角-尼哈尔自然公园
Almería
阿尔梅里亚
0° (Greenwich)
1°W
ALGERIA
阿尔及利亚
Oran
海拔高度
2000m
1500m
1250m
1000m
800m
600m
400m
200m
100m
0

西班牙 Top 18

1

巴塞罗那

1 长久以来，坐拥先锋建筑、世界级美食和动感夜生活的巴塞罗那（见272页）一直是欧洲最诱人的旅行目的地之一。白天，你可以徜徉在哥特区的鹅卵石小巷中，在地中海沿岸的海滩晒太阳，或者一路寻找高迪令人惊叹的建筑杰作。到了晚上，轮到复古的鸡尾酒吧、富丽堂皇的音乐厅、新潮餐厅和舞场夜店大放异彩，派对会一直持续到深夜。这里还有缤纷多彩的市场、传奇的竞技场（比如巴塞罗那足球俱乐部的主场诺坎普体育场），以及加泰罗尼亚一年到头的各种传统节日。图为Plaça del Pi上表演的叠罗汉（见430页方框）。

塞维利亚

2 没有什么地方比塞维利亚（见686页）更富有典型的西班牙风情，这是一座变化无常又深藏秘密的城市，它在弗拉明戈、斗牛、巴洛克艺术和穆德哈尔风格建筑的演化史上发挥了关键作用。塞维利亚全年都有明媚的阳光，热情奔放的节日庆典一场接一场，带来浓郁的文化氛围，这里每一样事物看起来都很多情。19世纪的美学家们当然也没有错过这种感觉，他们纷纷将这座城市作为浪漫主义小说作品的背景。你可以一路向南前往《卡门》和《唐璜》的家乡，等待故事的上演。图为彼拉多官邸（见707页）。

MICH SEIXAS / 500PX ©

2

MAYLAT / SHUTTERSTOCK ©

阿尔罕布拉宫

3 格拉纳达的阿尔罕布拉宫（见792页）堪称建筑史上的完美之作。它可能是伊斯兰艺术在世界各地发挥得最为淋漓尽致的典范，同时也是摩尔人对安达卢斯800年统治最不朽的象征。宫殿红色的城堡塔楼支配着格拉纳达的天际线，与背后内华达山脉白雪皑皑的山峰形成对比。走近它，阿尔罕布拉宫比例完美的赫内拉利费和精细繁复的纳塞瑞斯皇宫相得益彰。简而言之，这是西班牙最美的历史遗迹。图为阿尔罕布拉宫的帕塔尔宫（见793页）。

马德里的艺术金三角

4 马德里是世界美术之都之一，市中心的一小块区域里集中了一些非常杰出的美术馆。普拉多博物馆（见100页）拥有戈雅、委拉斯开兹、埃尔·格列柯和欧洲大师们的作品，不远处的索菲亚王后艺术中心展出了毕加索的《格尔尼卡》，而提森-博内米萨博物馆则收藏着所有跨世纪、跨风格的名家杰作。

5

6

圣塞瓦斯蒂安的巴斯克小吃

5 这里的厨师已经把酒吧小吃升华为一种艺术形式。巴斯克小吃(pintxos)有时也被称为"微型豪华美食",这种丰富的特色小吃通常摆放在一片法棍面包上。走进圣塞瓦斯蒂安市中心的任何一家酒吧,柜台上一字排开的巴斯克小吃种类之多,叫人难以抉择。总之,这是西班牙最令人难忘的用餐体验。这里的气氛总是很随意,但是在尝试多种口味组合(巴斯克的标志)以助其发展得越来越好这件事情上,西班牙人是认真的。

科尔多瓦的清真寺

6 科尔多瓦极具吸引力的清真寺(见775页)可谓西方建筑和伊斯兰建筑1300多年来发展轨迹的演变见证,它曾是一座教堂,而再之前则是一座清真寺。这里最有创新精神的特征包括早期的马蹄形拱门、一个米哈拉布(即指示麦加方向的壁龛)、"森林"般的56根圆柱——其中很多都是从古罗马废墟中回收而来的。清真寺的宏大规模反映了科尔多瓦作为10世纪时欧洲文明程度最高的城市曾经拥有的权利,它也为后来的一些宏伟建筑提供了灵感,受其影响最明显的建筑位于塞维利亚和格拉纳达。

神圣家族教堂

7 安东尼·高迪设计的现代主义作品神圣家族教堂（见298页），在他去世后的90多年里一直在建造中。这座教堂充满了想象力和深刻的寓意，灵感源自大自然，几乎不受哥特式风格的限制。作为巴塞罗那的奇特圣殿，它以一种近乎戏谑的威严高耸于天际。不可思议的角度和对建筑惯例的背离可能会让你难以置信，受难立面、耶稣诞生立面及其他纷繁华丽的装饰细节值得研究几个小时。

圣地亚哥朝圣之路

8 每年都有数以万计的朝圣者和徒步者出于各种动机步行穿越西班牙北部的土地。他们的目的地是圣地亚哥-德孔波斯特拉（见600页），这个地方对基督徒来说具有难以言说的意义，不过这种史诗般步行之旅（见51页）的吸引力远远超出了宗教本身。从伊比利亚半岛去往圣地亚哥的路线数不胜数，它们能带你深入体验西班牙风情，领略多样的自然风光。即使只完成其中一小段，也会给你留下终生难忘的印象。图为圣地亚哥朝圣之路上的徒步者。

ALEX SEGRE / 500PX ©

SHEBEKO / SHUTTERSTOCK ©

海滩

9 不难理解西班牙的海滩为何会是欧洲最受欢迎的消夏胜地，到了夏天，西班牙人也会痴迷于这些海滩，届时，整个国家的人似乎都涌向了海边。贝尼多姆人满为患的海滩并不能代表西班牙海岸线的全部，这里还有布拉瓦海岸（见371页）的崎岖小海湾，安达卢西亚的加塔角（见863页）更接近理想中的地中海，而从塔里法延伸至葡萄牙边界的大西洋海滩和激动人心的西班牙西北海岸线，都拥有极为壮丽的景色。

图为布拉瓦海岸（见371页）。

马德里的夜生活

10 马德里并不是唯一拥有夜生活的欧洲城市，但就热闹程度和街头氛围而言，欧洲却鲜有能与之匹敌的地方。正如欧内斯特·海明威所说：“在夜晚过去之前，马德里没人会上床睡觉。”鳞次栉比的酒吧、小夜店、演出场所、鸡尾酒吧和名流热衷的大型俱乐部遍布全城，以不可思议的丰富多样迎合着各种人群。只有到了韦尔塔斯区、马拉萨尼亚区、丘埃卡区和拉丁区，你才会真正明白我们在谈论什么。

品尝西班牙小吃

11 作为全球最令人愉快的饮食方式之一，西班牙小吃（tapas）既是生活方式，也是西班牙最常见的美食明星。这些一口一个的酒吧小吃伴随人们度过了无数个狂欢之夜，而且似乎变化无穷。在安达卢西亚可以期待最好的火腿（jamón）或优质的西班牙橄榄。在圣塞瓦斯蒂安和巴斯克自治区的其他地方——在那里它们被称作“巴斯克小吃”——西班牙小吃是一种精致复杂的烹调艺术。其他享用西班牙小吃的好地方还包括马德里和萨拉戈萨。

在比利牛斯山脉徒步

12 徒步爱好者在西班牙的选择异常丰富，不过我们认为位于纳瓦拉（见520页）、阿拉贡和加泰罗尼亚的比利牛斯山脉是最特别的徒步区域。阿拉贡的奥尔德萨-佩尔迪多山国家公园（见461页）拥有比利牛斯山脉的一个最高点（也最令人兴奋），它与加泰罗尼亚圣玛乌里西的阿伊古埃斯特斯国家公园（见409页）在地区边界的两侧交相辉映。对徒步者来说，这里的地形很有挑战性，但绝对值得来一趟，这里是由大量的岩壁和冰斗组成的世界，还有神出鬼没但令人难忘的比利牛斯野生动物。

毕尔巴鄂：西班牙的北方明珠

13 只需要一栋建筑——仿佛一条闪闪发亮的巨大钛鱼般的毕尔巴鄂古根汉姆博物馆（见482页）——就将毕尔巴鄂从工业衰败的代名词变成了欧洲重要的艺术中心。虽然是这座最具标志性的建筑将游客吸引至此，但是这里勤勉的城市之魂最终会将你俘获。毕尔巴鄂有很多令人着迷的亮点：河滨步道、叮当作响的缆车、一流的巴斯克小吃吧、一支著名的足球队、一系列杰出的博物馆，还有，没错，一条闪闪发光的钛鱼。

12

弗拉明戈

14 作为欧洲最富激情的国家的标配音乐，弗拉明戈（见957页）拥有让你走出低谷并触动灵魂的力量。仿佛通过分享无数无依无靠的孤独之人的痛苦，你打开了一扇通往神秘世界的大门，那里充满了音乐之魂和古老的精灵。同时，弗拉明戈文化也可以出奇地欢快、诙谐和搞笑。最重要的一点是，你一定要现场体验，最好是在塞维利亚、赫雷斯和加的斯的核心地带，不过安达卢西亚各地应该也不错。

15

16

圣周

15 在举国欢庆复活节的热烈气氛中重返中世纪基督教时代的西班牙。宗教团体抬着精美的基督和圣母像，伴随着民众的热烈欢呼在街道上游行，最盛大的队列开始于耶稣受难日的凌晨（madrugada）。无论是活动的奇异性，还是华丽、庄严与宗教虔诚感的完美融合，绝对会让第一次观看的人难忘。最精彩的游行在卡斯蒂利亚－莱昂、卡斯蒂利亚－拉曼查和安达卢西亚，不过要是你只能选一个地方，那就去塞维利亚吧（见715页）。

布拉瓦海岸

16 加泰罗尼亚的布拉瓦海岸（见371页）是我们最喜爱的地中海地区之一，从欧洲其他地方乘飞机或通过陆路前来很方便，这里到处都是令北欧人痴迷的那种夏季村庄和海滩。除此以外，从卡达克斯附近Port Lligat的达利故居，到菲格拉斯和普博尔城堡以达利为中心的景点，萨尔瓦多·达利的精神还会为布拉瓦海岸之旅增添许多个性和值得研究的古怪想法。图为卡雷亚德帕拉弗鲁赫尔（见373页）。

欧洲之巅

17 欧洲之巅（见585页）从坎塔布里亚和阿斯图里亚斯崎岖不平、变化多端的海岸拔地而起，由三块壮观的石灰岩断层组成。它在西班牙是独一无二的，但从地质学上看与阿尔卑斯山相似，还有很多振奋人心的徒步路线。这些山峰和峡谷构成了西班牙第二大国家公园，坐拥该国最壮观的山景——即使与比利牛斯山脉和内华达山脉相比也毫不逊色，欧洲之巅理应与它们并列。图为科瓦东加湖（见589页）。

文艺复兴时期的古城萨拉曼卡

18 在流光溢彩的夜晚，萨拉曼卡优雅的中央广场——主广场（见174页）也许是西班牙最迷人的广场，而这只不过是这座城市的众多亮点之一。说起辉煌的建筑，整个西班牙也没有几座城市能与这里相提并论。这里有全欧洲最古老、最具有声望的大学之一，所以学生们的狂欢也是城市夜生活的亮点。正是这种恢宏与活力的完美融合，让萨拉曼卡成为许多人最喜爱的西班牙城市，这一点也没什么好争论的了吧？

行前参考

更多信息，请参考“生存指南”（见963页）。

货币
欧元（€）

语言
西班牙语（卡斯蒂利亚语），还有加泰罗尼亚语、巴斯克语和加利西亚语。

签证
中国公民前往西班牙旅行需要获取申根签证。

现金
自动柜员机随处可见。大多数酒店和餐馆都接受信用卡。

手机
中国移动、中国联通和中国电信都支持开通国际漫游，详情请咨询运营商。相对而言，购买西班牙本地电话卡更加划算，也很容易买到。

时间
欧洲中部时间（格林尼治标准时间加1小时；比北京时间晚7小时，夏令时晚6小时）。

何时去

旺季（6月至8月，公共假期）

- 住宿全部被订满，价格最高上涨50%。
- 内陆部分地区处于淡季。
- 天气温暖干燥，阳光明媚；沿海地区更潮湿一些。

平季（3月至5月，9月和10月）

- 天气温和晴朗，游人较少，是旅游的好时候。
- 当地节庆会令价格飙升。
- 徒步线路上的旅行者较少，但是天气难以预测。

淡季（11月至次年2月）

- 西班牙中部寒冷，北部和西北部多雨。
- 安达卢西亚和地中海沿岸气候温和。
- 滑雪度假村迎来旺季。
- 海滩地区的许多酒店关闭，但是沿海其他地方的价格骤降。

参考网站

Lonely Planet（www.lonelyplanet.com/spain）有目的地信息、酒店预订和旅行者论坛等。

Tour Spain（www.tourspain.org）提供文化、美食，以及酒店和交通信息链接。

Turespaña（www.spain.info）西班牙旅游局的官方网站。

Paradores（www.parador.es）网罗众多西班牙最棒的酒店，很多都会是你梦寐以求的住宿地。

重要号码

西班牙没有区号。

西班牙国家代码	☎34
国际接入码	☎00
国际电话号码查询	☎11825
国内电话号码查询	☎11818
急救号码	☎112
打电话回中国	☎0086+手机号；0086+（0）区号+固定电话号码

汇率

人民币	CNY1	EUR0.13
港币	HKD1	EUR0.12
新台币	TWD10	EUR0.30
英镑	GBP1	EUR1.16
美元	USD1	EUR0.90

实时汇率请参考www.xe.com。

每日预算

经济：低于€80

- 青年旅舍床位：€20~30
- 经济型旅馆（hostal）的双人间：€50~65（马德里、巴塞罗那和巴利阿里群岛€60~75）
- 自炊和午餐套餐（menú del día）：€10~15

中档：€80~175

- 中档酒店的双人间：€65~140（马德里、巴塞罗那和巴利阿里群岛€75~200）
- 在本地餐馆吃午餐和/或晚餐：€20~40
- 租车：每天€25起

高档：高于€175

- 高端酒店的双人间：€140~200起
- 高级餐厅享用午餐和晚餐：€150~250
- 国营酒店（parador）的双人间：€120~200

营业时间

银行 周一至周五8:30~14:00；也有部分银行在周四16:00~19:00和周六9:00~13:00营业。

中央邮局 周一至周五8:30~21:30，周六8:30~14:00（大多数邮政支局周一至周五8:30~14:30，周六9:30~13:00）

夜店 午夜或1:00~5:00/6:00

餐馆 午餐13:00~16:00，晚餐20:30~23:00/24:00

商店 周一至周五或周六10:00~14:00和16:30~19:30或17:00~20:00；大型超市和百货商场一般在周一至周六10:00~22:00开门营业。

抵达西班牙后

阿道弗·苏亚雷斯马德里-巴拉哈斯机场（马德里）地铁（€4.5~5，抵达市中心需要30分钟）运营时间6:05至次日1:30；机场快线（€5，30~40分钟）往返于机场和阿托查火车站或西贝莱斯广场，24小时运营。搭乘私营小巴或者出租车的费用为€30。

埃尔普拉特机场（巴塞罗那）公共汽车（€5.90，抵达市中心需要30~40分钟）的运营时间为6:10至次日1:05，每5~10分钟1班。火车（€4.10，抵达市中心需要25~30分钟）运营时间为5:42~23:38，每半小时1班。搭乘出租车费用为€25~30，抵达市中心需要30分钟。

当地交通

西班牙拥有欧洲最好的公共交通系统之一，包括快捷且非常现代的列车系统、庞大的国内航空网络、令人印象深刻且维护良好的公路网，以及能连接最偏远村庄的长途汽车。

火车 火车极为高效，既有城际的慢速区域性列车，也有一些速度极快的高速列车。路线每年都在增加。

小汽车 庞大的公路网从马德里辐射至西班牙其他地区的各个角落，其间还交织着较窄但通常风景更美的次级公路。

长途汽车 西班牙公路上的运输主力，既有直达快车，也有衔接各村庄、站站都停的慢车。

了解更多**当地交通**信息，见982页。

初次到访

更多信息，请参考“生存指南”（见963页）。

清单

- 由于机票价格存在巨大差异，请在订机票前对比所有航空公司的票价。
- 询问你的手机供应商如何收取漫游费（如果需要的话）。
- 预订第一晚的住宿，确保你的旅行有一个轻松顺畅的开端。
- 查看日历，找出想要参加或避开的节日。
- 购买旅游保险。
- 告知你的借记卡/信用卡的发卡行你即将出国。

带什么

- 护照，随身携带。
- 西班牙常用语手册——当地不是每个人都会说英语。
- 可存放现金的腰包，还有行李箱和背包使用的挂锁。
- 两个圆头的欧标电源插头。
- 睡觉时隔离西班牙夜生活高分贝的耳塞。
- 把西班牙国家铁路公司火车的应用程序和一个徒步应用程序下载到你的手机。

重要提示

- 不想饿肚子的话，抵达西班牙后就要调整自己的生物钟了，因为很快你就要开始14:30吃午餐、21:00吃晚餐的日子了。
- 学几个西班牙单词能帮很大的忙。虽然英语使用广泛，但并不是所有人都会说。
- 西班牙是个美食国度，你要是不为吃饭多花点心思，会错过很多乐趣。记得多点些当地特色菜。
- 在决定去哪儿的时候野心不要太大。西班牙是一个大国，你可以把精力集中在少数几个特别感兴趣的目的地。
- 至少在小村庄里住上一晚，这样就能更好地认识这个国家。
- 从高速公路上下来，取道风景如画的乡村公路。
- 要习惯拥有更少的个人空间和被四周高分贝的聊天包围。

小费

小费通常是非强制性的。

餐馆 许多西班牙人会留下一点零钱当作小费，有些人最多会给餐费的5%，这已经相当慷慨了。

出租车 随意，不过大部分当地人会凑整。

酒吧 很少在酒吧给小费（酒吧侍者会把找零放在小盘子里交给你）。

穿什么

在20世纪50年代，游客曾因穿比基尼而被西班牙的警察罚款并被押送离开西班牙的海滩，但今时不同往日，这个国家已经取得了长足的进步，现在什么都不会受到限制，你也很少会因穿着打扮而感到不自在。西班牙北部和大部分内陆地区的冬天极其寒冷，最好有备而来，带上足够的保暖衣物。如果你要去西北部，还应该带上一些应对潮湿天气的衣服。西班牙人通常穿着考究，非常具有时尚意识——特别是在城市，休闲装往往是他们的底线。

就餐

西班牙是欧洲的烹饪大国之一，也是最高规格的美食目的地。西班牙小吃、西班牙海鲜饭、火腿、西班牙油条、葡萄酒和橄榄油……虽然在世界上很多地方都能品尝到这些西班牙美食，不过，深入美食发源地，才能尽情享用最好的西班牙美食，体验无限的多样性。

讨价还价

有些市场可以讲价，如果你买得特别多，商店可能会给你打个小折扣。其他情况下就得按照标价付钱。

礼仪

问候 西班牙人在问候朋友和陌生人时，通常都是在两边的脸颊上分别亲一下，不过两位男性只有在双方是好朋友时才会这样做。同某人见面或者进入商店或酒吧时，通常要说"Hola，buenosdías"或"Hola，buenastardes"（下午或晚上），离开时则要说"Hastaluego"。

饮食 你不需要在侍者每次上菜时都对他说谢谢，但是在比较休闲的酒吧和餐馆里，他们会希望你在上菜的间隙收好自己的刀叉。

去教堂 在弥撒和其他礼拜仪式期间，出于旅游目的参观教堂会被认为不够尊重。

自动扶梯 通常站在右侧，让出左侧通道供人通行。

JUSTIN FOLKES / LONELY PLANET ©

圣塞瓦斯蒂安的巴斯克小吃

住宿

西班牙的住宿水准通常很高，价格也十分合理，尤其是在大城市以外的地方。

酒店 从精品酒店到家庭经营的小酒店，价格同样多元。

经济型旅馆（Hostales）小巧且更加简朴的酒店式旅馆，通常带私人浴室。

乡村旅馆（Casas Rurales）乡村住宅，房间一般质朴而简单，可以分房间或整栋预订。

国营酒店（Paradors）通常位于极具吸引力的历史建筑中，价格不是很贵，尤其是在淡季。

青年旅舍 品质不一，不过这些经济型住处是结识其他旅行者的好地方。

露营 遍布全国，能让你身处美丽的自然环境之中。

预订

在西班牙主要的假日季——圣周（复活节之前的一周）、7月、8月和主要公休假日前后，预订住宿和长途列车票是非常明智的。

新线报

加泰罗尼亚的美食

自从布拉瓦海岸享誉世界的elBulli餐馆在2011年结束营业，跟费兰·阿德里亚（Ferrán Adriá）学习烹饪的弟子们便在该地区各自开展他们自己的创意项目。位于卡达克斯的Compartir（见392页）就是一个很好的例子。

巴伦西亚的公共艺术

巴伦西亚将艺术作为其核心吸引力的能力逐年俱增。装饰艺术风格的Bombas Gens（见886页）已经被改造成了一座摄影和当代艺术馆，圣尼古拉斯教堂（见871页）修复了华丽的彩绘天花板，而丝绸博物馆（见873页）则致力于丝绸收藏。

洛尔卡复兴

在经历了2011年大地震的毁灭性破坏后，洛尔卡差不多已经恢复元气，空气中弥漫着乐观的情绪，市中心看上去也非常漂亮。宏伟的圣帕特里克教堂（见921页）终于再次打开了大门，这是城市复兴的绝佳象征。

新的葡萄酒博物馆

卡斯蒂利亚-莱昂鲜为人知的葡萄酒产区托罗（Toro）正强烈寻求着人们的认可，这里有高品质的葡萄酒，以及帕戈斯-德尔雷伊葡萄酒博物馆（见200页）。

赫雷斯的小酒馆

赫雷斯-德拉弗龙特拉（见749页）的酒铺（Tabanco，酒馆与葡萄酒专营店合一的场所）开始有特色了。新老板接管了这些古老的雪利酒酒馆，并用西班牙小吃、雪利酒和时而上演的现场弗拉明戈表演为它们带来了新生。

贝赫尔的精品店

不断发展的精品酒店将贝赫尔-德拉弗龙特拉变成了安达卢西亚最有吸引力（也最受欢迎）的过夜地点之一。Casa Shelly（见767页）和La Fonda Antigua（见767页）都已久负盛名。

加泰罗尼亚的蔬菜

近年来，专门的素食和严格素食餐馆的数量有很大的增长，它们凭借加泰罗尼亚的丰富食材创造出了各种各样的无肉美食。塔拉戈纳的El Vergel（见430页）和赫罗纳的严格素食餐馆B12（见385页）是其中的领路者。

维森斯之家

高迪首次接受委托设计的维森斯之家（见311页）已经进行了翻修，即将首次全年向公众开放。

托莱多的澡堂

托莱多一直标榜自己过去是一座穆斯林、基督教徒和犹太人和谐相处的城市。Medina Mudéjar（见245页）完美地记录下了那些时光的精神。

新形式攀岩

在比利牛斯山脉，配备了钢制台阶、梯子和缆索的攀岩路线非常受欢迎，不过这项运动在安达卢西亚才刚起步。拉莫查铁索攀岩（见854页）沿着卡索拉附近的陡峭岩锥拉莫查向上延伸了130米。

更多推荐和点评，见

lonelyplanet.com/Spain。

如果你喜欢

不可思议的艺术

西班牙是欧洲最富艺术传统和最具原创精神的地方之一，本土大师和欧洲巨匠都曾在西班牙王室的资助下表现活跃，也造就了如今这些拥有惊人收藏的艺术馆。

普拉多博物馆 很显然是世界上最好的美术馆之一。（见100页）

索菲亚王后艺术中心 藏有毕加索的《格尔尼卡》，还有达利和米罗的作品。（见111页）

提森-博内米萨博物馆 收藏了几乎所有欧洲大师的作品。（见98页）

马拉加毕加索博物馆 拥有马拉加的骄子——毕加索的200余件作品。（见821页）

毕加索博物馆 拥有毕加索艺术成型期的作品。（见292页）

加泰罗尼亚国家艺术博物馆 辉煌的收藏，包括一些杰出的罗马式壁画。（见313页）

达利戏剧博物馆 和萨尔瓦多·达利本人一样既古怪又美妙。（见394页）

毕尔巴鄂古根汉姆博物馆 炫目的建筑和世界级的当代艺术品。（见482页）

美术馆 位于巴伦西亚的这家美术馆收藏着戈雅、委拉斯开兹、埃尔·格列柯、索罗拉的作品，而且不止这些。（见876页）

西班牙美食

西班牙人对美食近乎痴迷，食客们渴望尝试新鲜事物，又唯恐他们的厨师创新过了头而把欧洲最丰富的烹饪传统之一带偏了。

圣塞瓦斯蒂安的巴斯克小吃 作为西班牙的烹饪之都，这里的米其林星级餐馆比巴黎还多，同时还有这个国家最好吃的巴斯克小吃。（见490页）

巴伦西亚的西班牙海鲜饭 西班牙海鲜饭的诞生地至今仍然拥有最正宗的西班牙海鲜饭。你不妨再想象一下，将海鲜换成鸡肉、豆子和兔肉。（见883页）

巴塞罗那的加泰罗尼亚烹饪 大名鼎鼎的加泰罗尼亚烹饪的故乡，还有西班牙首屈一指的食品市场。（见379页）

马德里拉丁区的西班牙小吃 立足于马德里朴实的本地美食，这个内城街区拥有全国最好的西班牙小吃。（见134页）

加利西亚的海鲜 水煮章鱼和大西洋各种海鲜（有人想试试狗爪螺吗？）的“黑暗料理”带来了纯粹的烹饪乐趣。（见623页）

内陆地区的烤肉 烤乳猪和烤春季羊羔肉都是很棒的大菜。（见190页）

El Celler de Can Roca 近年来赫罗纳最好的餐馆，已经两次被评为全球最佳餐厅了。（见385页）

伊斯兰建筑

伊斯兰帝国近8个世纪的统治为西班牙留下了大量欧洲最精美的伊斯兰建筑，特别是在安达卢斯（伊比利亚半岛上摩尔人统治的地区）的中心地带安达卢西亚，该地区包括格拉纳达、科尔多瓦和塞维利亚。

阿尔罕布拉宫 安达卢斯昔日奢华的不朽纪念，规模之巨大、细节之精美皆令人叹为观止。（见792页）

清真寺 科尔多瓦旧时的大清真寺，用石头建成，是安达卢斯最精美的建筑之一。（见775页）

皇家阿尔卡萨城堡 位于塞维利亚，将精致微妙的细节融入比例完美的整体结构之中。（见704页）

希拉尔达塔 曾经是清真寺的宣礼塔，代表着塞维利亚伊斯兰建筑天际线上的一个制高点。（见704页）

阿尔哈费里亚宫 西班牙北部一颗珍贵的摩尔明珠。（见441页）

阿尔卡萨瓦城堡 马拉加11世纪的宫殿兼堡垒。(见674页)

特鲁埃尔 鲜为人知的一系列杰出的穆德哈尔风格设计，证明了伊斯兰风格的影响力比伊斯兰的统治更加持久。(见473页)

阿尔卡萨瓦城堡 这座保存完好的城堡俯瞰着阿尔梅里亚。(见681页)

户外探险

西班牙的户外活动数量正在逐渐增加，探险运动的人气也成倍上涨。

阿尔克萨尔 这座极具吸引力的阿拉贡村庄是体验溪降运动的绝佳去处。(见469页)

塔里法 西班牙陆地的最南端是西班牙风筝冲浪和风帆冲浪的中心。(见769页)

Zamora Natural 在卡斯蒂利亚-莱昂的西部划皮划艇只是这个机构提供的诸多活动之一。(见203页)

阿因萨 不仅是一座美丽的山城，而且逐渐成为阿拉贡地区山地自行车运动的基地。(见465页)

巴凯艾勒-贝雷特-布那伊瓜 许多人都认为这里拥有比利牛斯山脉最好的雪。(见415页)

内华达山脉 欧洲最南端的滑雪胜地，有长达106公里的滑雪道。(见811页)

蒙达卡 小城是欧洲最著名的冲浪地点之一。(见497页)

音乐

在西班牙，无论你走到哪里，都有音乐相随。不管是弗拉明戈的深情旋律，还是音乐节上活力四射的节奏，你总能找到属于自己的配乐。

上图：在阿拉贡的比利牛斯山骑山地自行车(见465页)
下图：巴塞罗那的加泰罗尼亚音乐宫(见289页)

赫雷斯-德拉弗龙特拉 在弗拉明戈的发源地体验激动人心的弗拉明戈现场表演。（见749页）

塞维利亚 最负盛名的弗拉明戈舞台之一。（见686页）

科尔多瓦 这里有精彩绝妙的节日，比如科尔多瓦吉他节和弗拉明戈白夜节。（见774页）

Cafe Central 马德里最受推崇的爵士乐演出场地之一。（见149页）

加泰罗尼亚音乐宫 在非凡的巴塞罗那音乐宫欣赏美妙的古典音乐演出。（见289页）

Casa das Crechas 位于圣地亚哥-德孔波斯特拉，周三晚上的加利西亚民谣即兴演奏会，以风笛、小提琴和手风琴表演为特色。（见608页）

巴塞罗那电子音乐节 巴塞罗那世界级的电子音乐节，值得你围绕它计划自己的旅程。（见321页）

海滩

尽管西班牙在夏天极受欢迎，但是这个国家广阔的海岸线意味着你仍然有机会找到只属于你一个人的美丽海滩。你只需要知道它们在哪里。

加塔角 这里的荒野魅力会让人想起安达卢西亚海岸曾经的样子。（见863页）

阳光海岸 连绵不断的沙滩沿着美丽的海滨从塔里法一直延伸到加的斯。（见766页）

贡恰海滩 世界上最美丽的城市海滩之一。（见500页）

布拉瓦海岸 崎岖的海岸，海风拍打的悬崖，还有隐秘的原始小海湾和宽阔的沙滩。（见371页）

下海湾 令人惊叹的长长的海湾和小岛，串起了许多美丽的沙滩。（见627页）

彻夜狂欢

从雅致的鸡尾酒吧到海滨酒吧（chiringuitos），从热舞至黎明的夜店到露天酒吧（terrazas），西班牙的夜生活形形色色、无穷无尽，无人不陶醉其中。

马德里 酒吧、夜店、现场音乐演出场所，夜复一夜，永不间断。（见140页）

巴伦西亚 巴利奥门和鲁萨法的夜晚在西班牙远近闻名，城市最古老的地区笼罩在喧嚣的背景音乐之中。（见886页）

巴塞罗那 充满魅力又富有质感的夜总会吸引着来自世界各地的人群。（见347页）

萨拉戈萨 在美妙的西班牙小吃和酒水吧聆听阿拉贡的心跳，午夜过后真正的夜生活才刚开始。（见445页）

塞维利亚 漫长而炎热的夜晚，还有安达卢西亚的激情陪你共度良宵。（见720页）

锡切斯 加泰罗尼亚沿海地区的派对之城，这里是同性恋的天堂，对异性恋也很友好。（见424页）

大教堂

天主教是西班牙身份认同的核心，而建筑风格多样的大教堂，则构成了许多西班牙城镇不朽的精神中心。

神圣家族教堂 高迪未完成的杰作仿佛狂想中的幻影一般耸立在巴塞罗那的上空。（见298页）

圣地亚哥-德孔波斯特拉大教堂 西班牙最神圣（也是最美丽）的地方之一，有华美的罗马式柱廊。（见601页）

布尔戈斯大教堂 哥特式建筑的巅峰之作，还有埃尔·锡德（El Cid）统治古城的传奇故事。（见218页）

托莱多大教堂 西班牙天主教权威的奢华纪念碑，位于最虔诚的腹地。（见240页）

塞维利亚大教堂 庞大又美丽的哥特式大教堂，有一座令人惊叹的希拉尔达钟塔。（见687页）

莱昂大教堂 美妙的13世纪哥特式建筑，拥有西班牙最好的彩绘玻璃窗。（见209页）

野生动物

西班牙是观赏野生动物的好地方，这里既有魅力十足的食肉动物，也有漂亮的粉红色火烈鸟。

多尼亚纳国家公园 成千上万头鹿和野猪，还有300多种鸟类和神出鬼没的伊比利亚猞猁，都在安达卢西亚的瓜达尔基维尔湿地间生活。（见730页）

安杜哈尔山自然公园 发现伊比利亚猞猁的最佳机会，还能看到稀有的黑秃鹫、黑鹳和西班牙帝雕。（见849页）

索米埃多自然公园 在阿斯图里亚斯山脉追踪棕熊。（见584页）

库莱布拉山脉 伊比利亚狼的栖息地，也是欧洲观赏狼的最佳去处。（见203页）

塔里法 可以观赏穿过直布罗陀海峡的鲸鱼和海豚。（见769页）

蒙弗拉格国家公园 猛禽在令人印象深刻的峡谷上方的高空中盘旋。（见670页）

加略坎塔湖 位于阿拉贡，数以千计的鹤飞来这里过冬。（见473页）

卡索拉、塞古拉和拉斯比利亚斯山自然公园 适合观赏红鹿、黇鹿、野山羊、野猪、欧洲盘羊、红松鼠、兀鹫和金雕。（见855页）

每月热门

最佳节庆

圣周，通常在3月或4月

火节（法雅节），3月

弗拉明戈双年会，9月

狂欢节，2月或3月

四月展会，4月

1月

1月，比利牛斯山脉和内华达山脉的滑雪度假村迎来旺季。加泰罗尼亚的雪在1月的下半月通常更好一些。学校假期会持续到1月8日前后。

三王节

1月6日的三王节（El Día de los Reyes Magos，常简化为Reyes）是西班牙小朋友日历上的一大亮点。在前一天晚上，大部分城镇都会有政客打扮成三位圣王，率领着游行队伍穿城而过，并一路分发糖果（Cabalgata de Reyes）。

2月

通常是最冷的月份，气温接近冰点，特别是在北方和内陆地区。如果你要去参加狂欢节，加的斯、锡切斯和罗德里戈城的住宿紧俏又昂贵。

当代艺术展

欧洲最大的当代艺术展之一，马德里的当代国际艺术展（Madrid's Feria Internacional de Arte Contemporánea; www.ifema.es）吸引了来自世界各地的画廊代表和参展单位。

狂欢节

热闹有趣的狂欢节在复活节前47天的周二结束，包括盛装游行和庆祝活动。加的斯（见741页）、锡切斯（见422页）、巴达霍斯（见681页）和罗德里戈城（见181页）的节日气氛最狂热。Vilanova i la Geltrú和索尔索纳则会举行不同寻常的庆祝活动。

埃斯特雷马杜拉观鸟节

蒙弗拉格国家公园一直在欧洲各地的观鸟爱好者中享有盛名，不过在2月下旬或3月初前来参加埃斯特雷马杜拉观鸟节（Extremadura Birdwatching Fair; www.fioextremadura.es）的人数最多。届时会组织研讨会、徒步旅行及其他观察研究鸟类的相关有趣活动。

3月

随着春天的到来，西班牙甩掉了冬季的忧郁（其实也没多忧郁）。天气只要回暖哪怕一点点，西班牙人就会开始憧憬夏日的海滩。

赫雷斯节

西班牙最重要的弗拉明戈节日之一，于2月下旬或3月初在弗拉明戈文化的中心地带举行。（见752页）

火节（法雅节）

3月15日到19日，在独特的法雅节期间，人们会连续好几天彻夜跳舞，饮酒狂欢，燃放精彩绝伦的烟花，并举行各种游行活动。主要庆祝点在巴伦西亚市，庆祝活动的高潮是在街头举行焚烧画像的仪式。（见881页）

4月

伴随着盛开的野花、复活节庆祝活动和学校假期，西班牙迎来了真正的春天。这时前来旅行需要提前计划（预订），确实是个好时节。

圣周

复活节（每年的日子都

不同）的庆祝活动就是戴着遮脸兜帽的忏悔者抬着圣像（pasos）举行的盛大游行，人山人海。塞维利亚（见715页）的庆祝活动尤其隆重，此外马拉加（见824页）、阿维拉（见170页）、昆卡（见262页）、洛尔卡（见922页）和萨莫拉（见202页）的庆典也相当盛大。

加泰罗尼亚美食

位于加泰罗尼亚中部的比克镇会将美食作为复活节庆祝活动的核心，这里的拉姆市场（Mercat de Ram；www.vicfires.cat）是一个美食和农业集市，非同凡响。

死亡之舞

在加泰罗尼亚的贝尔赫斯村观看圣周四（Holy Thursday）的死亡之舞表演（Dansa de la Mort），是一项令人毛骨悚然的体验。这种夜间的骷髅舞是圣周庆祝活动的重头戏。

Los Empalaos

在圣周四，位于埃斯特雷马杜拉东北部的贝拉新镇会在Los Empalaos中重现复活节自我牺牲的惊人行为；赤足忏悔者的虔诚奉献和施加于自身的痛苦会让大部分观众心生敬畏。（见666页）

四月展会

塞维利亚这场持续一周的派对在4月的下半月举行，这是安达卢西亚规模最大的盛会。塞维利亚人会穿着传统的盛装，骑在马背上或者坐在精美的马车里在城内转悠，晚上则彻夜跳舞狂欢。（见715页）

摩尔人和基督徒节

4月下旬，巴伦西亚和阿利坎特省多地会举行绚丽多彩的游行，最盛大的庆祝在阿利坎特附近的阿尔科伊，除了游行，那里还有基督徒和穆斯林“军队”会进行模拟战斗表演。别的地方在其他时间还有同类节日的其他版本。（见912页）

卡韦萨圣母朝圣

4月的最后一个周日，会有成百上千人前往哈恩省安杜哈尔附近的卡韦萨圣母教堂进行盛大的朝圣活动。一尊小型圣母像是朝拜的对象，激起了信徒们极大的热情。（见849页）

5月

5月是前往西班牙的好时候，乡间遍布繁盛的春日野花，天气暖和，感觉夏日即将到来。

骏马节

骏马节是一场丰富多彩的马术盛会，在安达卢西亚的骏马之都——赫雷斯-德拉弗龙特拉举行。这是安达卢西亚最欢快奢华的节日之一，有游行、骏马秀、斗牛和许多音乐与舞蹈表演。（见752页）

科尔多瓦庭院节

在科尔多瓦庭院节期间，科尔多瓦很多漂亮的私人庭院都会对公众开放。这是一次难得的机会，可以见识科尔多瓦铺满鲜花、粉饰一新的罕见面貌。（见780页）

劳动者圣伊西德罗节

马德里的重要庆典，以斗牛、游行、音乐会和其他形式纪念这座城市的守护圣徒。届时当地人会穿上传统服饰，有些活动，比如斗牛，会持续一个月。（见125页）

Titirimundi 国际木偶节

5月中旬有一周时间，塞哥维亚会有木偶表演，全城的街道还会举办各种活动来庆祝这个令人愉快的节日。（见188页）

卡塞雷斯的世界音乐

卡塞雷斯每年都会主办美妙的Womad庆典，这个节日专注于世界音乐，会吸引世界各地的一流音乐家前来，共同在城市的中世纪广场上表演。（见656页）

6月

6月，北方甩掉冬季的寒冷，圣地亚哥朝圣之路变得拥挤起来。南方则日渐暖和，海边度假村已经做好准备迎接夏季的人潮。

罗西奥朝圣节

集中于圣灵降临节周末（Pentecost，复活节后的第七个周末），这个朝圣节日最多会有100万人参加，他们会前往埃尔罗西奥朝拜圣母的圣地。这是安达卢西亚最有趣、最富有魅力的天主教传统。（见732页）

春之声

西班牙规模最大的音乐节之一，春之声音乐节于5月下旬或6月初在巴塞罗那拉开帷幕，节日为期3天，届时会吸

引众多的国际DJ和音乐家。（见321页）

耶稣圣体节

复活节后第9周的周四（有时是5月，有时是6月），托莱多和其他城市会举行宗教游行和庆祝仪式。最奇怪的庆祝方式当属穆尔西亚城堡的“跨婴儿”传统。（见245页）

巴塞罗那电子音乐节

为期2天的电子音乐节，据说是欧洲同类节日中规模最大的一个，它吸引了全世界各地的表演者和观众。每年的举办日期不固定。（见321页）

弗拉明戈白夜节

6月20日前后的某个周六晚上，科尔多瓦各处都有生动而别致的演出场地，由最好的弗拉明戈歌曲、吉他和舞蹈艺术家献上的顶级弗拉明戈通宵盛宴。所有演出都是免费的。（见780页）

篝火和烟花

圣约翰节（Dia de Sant Joan，6月24日）前夕，会举行仲夏篝火、烟花表演，还有人举着巨大的人像四处漫游。地中海沿岸的庆祝活动最为著名，特别是巴塞罗那和梅诺卡岛的休达德拉，你可以在那里欣赏到壮观的马术游行。（见321页）

葡萄酒大战

6月29日，在拉里奥哈的顶级葡萄酒城镇之一哈罗，尽情享受葡萄酒大战（Batalla del Vino）。在西班牙最混乱的嬉戏激战中，葡萄酒被参加者喷洒得到处都是，只有在品尝美酒的时候才会暂停。（见540页）

7月

安达卢西亚和大部分内陆地区都异常炎热，不过7月是去海滩消夏的好时候，也是比利牛斯山脉最适合徒步的月份之一。

科尔多瓦吉他节

科尔多瓦的这个出色的国际吉他节是西班牙令人印象深刻的音乐活动之一，它涵盖了从弗拉明戈和古典乐，到摇滚乐、布鲁斯及其他各种风格的音乐。主要演出在城市的剧院内举行。（见780页）

奔牛

在潘普洛纳举行的持续一周的圣佛明节（Fiesta de San Fermín）上，最引人注目的就是每天的奔牛（encierro）活动。善待动物组织（PETA；www.peta.org.uk）会在节日前几天组织引人注目的抗议活动。（见523页）

凯尔特人的骄傲

在加利西亚的Festival Ortigueira上，从加拿大的新斯科舍省远道而来的乐队，会和加利西亚人用风笛和小提琴旋律共同纪念他们的凯尔特祖先。（见610页）

加尔默罗山圣母节

7月16日前后，在大部分沿海城镇，尤其是圣玛利亚港和内尔哈，渔民守护圣徒的圣像会被放入大海，或是放在由小船组成的船队上巡游。（见745页）

贝尼卡西姆国际音乐节

西班牙从不缺少吸引国内外大牌前来表演的户外音乐节，特别是在夏天。而巴伦西亚的贝尼卡西姆镇举行的音乐节，是其中最富原创性和最好的之一。（见895页）

桑坦德之夏

桑坦德的超级礼拜（7月25日左右）是这座西班牙北方城镇的夏日盛事，充斥着音乐、表演和许多持续整日整夜的派对。（见548页）

使徒圣雅各节

圣雅各节（7月25日）是西班牙的国家圣徒（圣雅各）纪念日，圣地亚哥-德孔波斯特拉的庆祝活动尤为盛大，届时城中挤满了朝圣者，是该城一年中最有节日氛围的两周。（见605页）

8月

来自全国各地的西班牙人加入其他欧洲人的度假队伍，在地中海的海滨度假村享受夏天。虽然西班牙西北部大西洋沿岸的天气可能难以预料，但这却也提供了更加奇妙的夏季体验。

国际古典戏剧节

在埃斯特雷马杜拉的梅里达，无与伦比的古罗马剧院和圆形剧场上演着经典的古希腊和古罗马戏剧，偶尔也会有莎士比亚这样的“新手”作品。7月和8月几乎每个晚上都

有演出。(见675页)

加利西亚的葡萄酒

冲着加利西亚著名的葡萄酒，你应该在8月的第一个周末前来坎巴多斯参加阿尔瓦里尼奥节。为期5天的节日有音乐和烟花表演，还可以畅饮加利西亚人最钟爱的果香浓郁的白葡萄酒。(见628页)

为独木舟疯狂

8月的第一个周末，阿斯图里亚斯会举办塞利亚国际独木舟赛，届时会有数万人为阿里翁达斯和里瓦德塞利亚之间的独木舟比赛而疯狂。(见575页)

加利西亚的章鱼

加利西亚人对章鱼的热情将在8月第二个周日的奥卡瓦利诺章鱼节(Festa do Pulpo de O Carballiño)上彻底释放。数以万计的人都会聚集在小镇卡瓦利诺，并尽可能多地往肚子里猛塞章鱼肉。(见642页)

巴塞罗那街头庆典

为期一周的恩典区艺术节于8月15日前后举行，在这个大受欢迎的节日上，当地人会争先恐后、费尽苦心地装饰自己的街道。人们涌入街道和广场，聆听乐队的表演，在无数街边小摊上享用小吃和酒水。(见321页)

小丑节

在阿拉贡安静的塔拉索纳镇，当地人会在每年8月27日的小丑节上重现当地的一种传统，即一名囚犯可以通过努力躲避投掷而来的石块(如今是西红柿)而赢得自由。(见448页)

自然苹果酒节

希洪的自然苹果酒节充分体现了阿斯图里亚斯人对苹果酒的痴迷，节日期间每年都有的活动除了音乐会，还有挑战在同一地方同时痛饮苹果酒的人数的世界纪录。(见572页)

番茄狂欢节

8月末在布尼奥尔举行的大规模互扔番茄活动，无疑是西班牙最混乱的盛会之一。成千上万的人在短短1小时左右就能互相扔上大约100吨番茄！(见891页)

9月

看似永无尽头的夏季过去之后，西班牙人会在这个月重归工作。温暖的天气通常至少会持续到9月下旬，许多节日都赶在了这个时候。

瓜达卢佩圣母节

节日期间，埃斯特雷马杜拉的可爱小城瓜达卢佩会纪念它们自己的圣母玛利亚。9月6日晚上和9月8日人们会举着圣母雕像游行，这两天也是埃斯特雷马杜拉的地区性宗教节日。(见663页)

弗拉明戈双年会

西班牙各地全年都有弗拉明戈节，但这是其中最声名远播的一个。它在塞维利亚的每个偶数年(马拉加的每个奇数年)举行，会吸引最大牌的弗拉明戈舞者的到来。(见715页)

迦太基人和罗马人

9月的后半月，卡塔赫纳的当地人会精心打扮，迎接迦太基人和罗马人节(Carthagineses y Romanos)，在节日重现古代战斗场景。西班牙各处都有纪念遥远历史的模拟战斗，而这里的更有原创性。(见918页)

塔拉戈纳的人塔

塔拉戈纳的圣特克拉节是观赏加泰罗尼亚极具魅力的叠罗汉活动(castells)的绝佳机会。叠罗汉的队员会站在彼此的肩膀上，搭建高达9层的人塔。(见430页)

圣塞瓦斯蒂安国际电影节

虽比不得戛纳电影节的名气，但圣塞瓦斯蒂安每年历时两周的电影盛事也位列欧洲著名的电影节的名单。电影节在9月的下半旬举行，自1957年创立至今，一直备受赞誉。(见505页)

拉里奥哈的葡萄大丰收

洛格罗尼奥会在同一时间庆祝圣马特奥节和一年的葡萄丰收。其间有压碎葡萄的庆祝仪式，还有许多品尝葡萄美酒的机会。(见535页)

巴塞罗那的大派对

在9月，巴塞罗那会举办为期4天、规模盛大的圣梅尔塞节，以纪念自己的守护圣徒慈悲圣母(Virgin of Mercy)。城内会上演丰富的特别展览、免费音乐会和各种街头表演。(见322页)

10月

西班牙的秋天是一段美好的时光，各地气温都很温和，尽管冬季的寒冷可能已经在中部和北部的部分地区初露端倪。

锡切斯国际电影节

10月初，加泰罗尼亚的沿海地区会迎来世界顶级的奇幻电影和恐怖电影节（www.sitgesfilmfestival.com），镇上的电影院都会上映与主题相关的最新电影。

圣特蕾莎节

在圣特蕾莎节期间，人们会举行为期10天的游行、音乐会和烟火表演，以纪念这位阿维拉的守护圣徒。在中世纪的城墙后，这个节日为阿维拉最著名的女儿带来了无数狂热的信徒。（见170页）

皮拉尔节

10月12日，萨拉戈萨虔诚的信徒和享乐主义者会一起庆祝这个献给柱上的圣母的节日。届时，大教堂中的圣母像会被请到皮拉尔广场上，而庆祝活动的高潮则是向圣母像献花。（见442页）

11月

节庆日历上比较安静的一个月，全国都开始变冷了。比利牛斯山脉和内华达山脉通常在这个月进入滑雪季，具体时间由当年气温和降雪量决定。

观鸟

在加泰罗尼亚的多拉达海岸，水鸟成群结队飞来西班牙最重要的湿地之一——埃布罗三角洲，水量很大的埃布罗河从这里流入地中海。火烈鸟是一大亮点，尽管很多火烈鸟10月就开始陆续抵达，但是11月才能确保看到这一奇观。（见434页）

12月

天气转冷，准备好迎接圣诞节吧。这个月有圣诞市场、牛轧糖（turrón）、月初的长周末，以及一直持续到下月初的节庆。

圣诞节

圣诞节主要的家庭聚会在12月24日晚上（即平安夜，Noche Buena），人们会准备丰盛的晚宴。西班牙家庭会过两个关于赠送礼物的节日，一个是圣诞节，一个是1月6日的三王节，后者是真正属于西班牙的传统节日。

元旦前夜

在新年前夜的午夜时分，所有西班牙人都会守在电视机前，等候马德里太阳门敲响12声钟声的现场直播，西班牙的老老少少还会在钟声每敲响一次时就吃一颗葡萄。

旅行线路

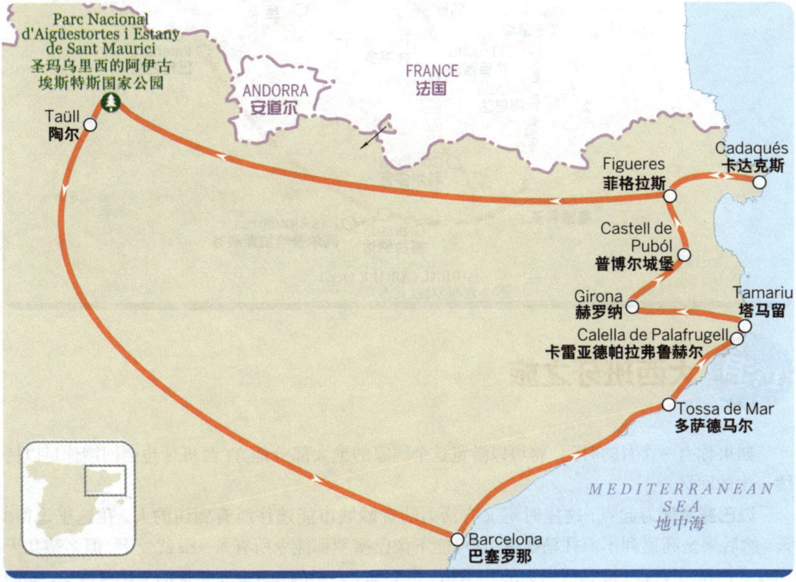

1周 巴塞罗那及周边

用一辈子来欣赏巴塞罗那可能依然不够，你在这里的每一天都会过得充实而美妙。然而，强迫自己离开之后，你很快就会发现，更加广阔的加泰罗尼亚地区也有值得探索的好地方。

你至少需要在**巴塞罗那**停留两天，才有足够时间欣赏高迪缔造的建筑盛宴，并品尝这座城市的美食，同时细细游览老城。依依惜别时，可以租一辆小汽车朝北行进，穿过**多萨德马尔**和它背靠城堡的海湾，来到**卡雷亚德帕拉弗鲁赫尔**和**塔马留**，这两座海滨村庄都很美丽。然后朝内陆进发，在美妙的**赫罗纳**过夜。第二天的行程都与萨尔瓦多·达利有关，从他梦幻般的**普博尔城堡**，到位于**菲格拉斯**杰出的戏剧博物馆，还有他从前的家乡——可爱的海滨村庄**卡达克斯**。次日早上，将地中海抛在身后，在比利牛斯山脉的阴影中向西行驶。长途驾车的回报是在**陶尔**住上几晚，这里是进入壮美的**圣玛乌里西的阿伊古埃斯特斯国家公园**的门户。向南途经莱里达再向东兜一圈，即可在最后一天的下午3点左右返回巴塞罗那。

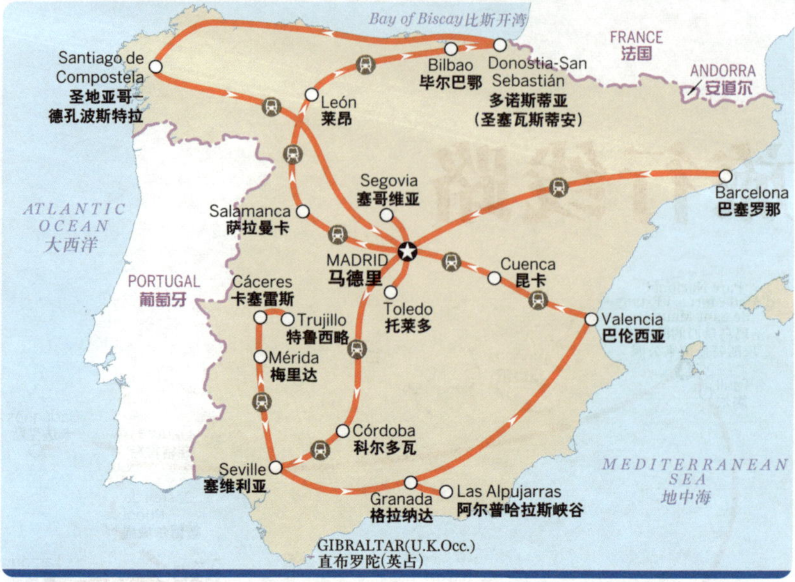

1个月 大西班牙之旅

如果你有一个月的时间，将可以游览这个国家的绝大部分地方，西班牙也会回馈你足以持续一生的回忆。

以**巴塞罗那**为起点，这座时髦又有活力的奇妙城市能迷住所有到访的人。在这里逗留3天，然后乘坐高速列车前往**马德里**，它可能不像巴塞罗那能令所有人一眼就爱上，但多待几天你就会沉醉在它雅（极具吸引力的艺术馆）俗（绚丽多彩的夜生活）共赏的文化氛围中。我们建议你不要匆匆离开，不妨将西班牙的首都作为前往**塞哥维亚**和**托莱多**进行一日游的基地。然后再次乘火车，前往**萨拉曼卡**——卡斯蒂利亚-莱昂令人眼花缭乱的珍宝。在萨拉曼卡住上一晚后，乘火车向北前往**莱昂**，欣赏莱昂大教堂无与伦比的彩色玻璃窗。在莱昂度过一夜后继续踏上旅程，前往**毕尔巴鄂**，这是毕尔巴鄂古根汉姆博物馆的所在地，也是了解巴斯克文化的好地方。在这里住一晚，再去精彩纷呈的**多诺斯蒂亚（圣塞瓦斯蒂安）**待上两天。沿着坎塔布里亚、阿斯图里亚斯和加利西亚的海岸自驾两三天，走过西班牙最激动人心的海岸线，来到**圣地亚哥-德孔波斯特拉**，至少需要住上两三晚才能充分感受这座神圣的城市。从圣塞瓦斯蒂安到圣地亚哥，无论你在西班牙北部的什么地方停留，都要好好地品尝那里的食物。

乘火车返回马德里，然后搭乘高速列车到**科尔多瓦**和**塞维利亚**，分别住两晚。从塞维利亚乘坐长途汽车或火车绕到北边拥有古罗马遗迹的**梅里达**去住一晚，然后到美妙的**卡塞雷斯**老城过夜，再到中世纪的**特鲁西略**度过第三晚。返回塞维利亚并立即前往**格拉纳达**，这里可以安排住两晚。如果能多逗留两晚，可以租辆车，去造访**阿尔普哈拉斯峡谷**里的可爱村落。继续驾车（或者乘坐火车），从格拉纳达去往**巴伦西亚**，花上两三天欣赏那里的建筑、品尝西班牙海鲜饭，并感受无法抗拒的活力。旅途结束前，在返回马德里的途中，你刚好还有足够的时间搭乘高速列车到悬崖顶上的**昆卡**去住一晚。

10天 安达卢西亚大冒险

安达卢西亚充满历史古迹的城市都不容错过，但这里不止有这些。这条路线会带你走过三座标志性的城市，以及一些该地区最美丽的村庄。如果坐飞机来安达卢西亚，就以**马拉加**为起点，几乎欧洲每个可以想到的角落都有航班飞往这里。马拉加的景点可以让你度过非常充实的一天。如果不在无与伦比的**格拉纳达**住上至少两晚，你在安达卢西亚的旅程是不完整的，这里有令人惊艳的阿尔罕布拉宫、金碧辉煌的皇家礼拜堂，以及中世纪的穆斯林街区阿尔拜辛。租一辆车，前往世外桃源般的**阿尔普哈拉斯峡谷**，欣赏美丽的山景和极具北非风情的村庄。如果你还租着车，可以沿着宁静的乡村公路向西走三天，前往安达卢西亚最引人入胜的一些村庄和城镇——穆德哈尔风格的**安特克拉**、壮美的**龙达**、粉刷得雪白的**塔里法**、令人陶醉的**贝赫尔-德拉弗龙特拉**，以及**阿尔科斯-德拉弗龙特拉**，后者是安达卢西亚最辉煌的白色村庄（pueblos blancos）之一。还有3天可以停下车，在**赫雷斯-德拉弗龙特拉**住一晚，留出时间造访那里的雪利酒酒庄，然后乘火车北上，前往弗拉明戈氛围浓郁的**塞维利亚**，对许多人来说，这里是安达卢西亚的精华所在。

2周 西班牙精华

如果你想知道为什么很多游客都会爱上西班牙并且流连忘返，最好投入这里活力四射、热情似火而又美景如画的城市。这条路线将带你领略经典西班牙风情。

西班牙很多旅行线路的起点都是**巴塞罗那**，它不仅是西班牙的第二大城市，也是地球上最酷的地方之一。陶醉在这里的建筑与美食的双重盛宴，然后坐火车沿着海岸线南下，到**巴伦西亚**去品尝西班牙海鲜饭，投入迷人的夜生活，探索艺术与科学城这个21世纪的奇观。接着，高速列车将迅速带你来到内陆地区，到达恢宏的首都**马德里**，这里有难以抵挡的街头活力和可爱的广场，也是地球上美术馆最集中的地区之一。另一趟高速列车会带你深入安达卢西亚，**科尔多瓦**是进入这片西班牙神奇角落的第一站，最突出的亮点是科尔多瓦建于8世纪的清真寺。可以从科尔多瓦到令人惊叹的**塞维利亚**进行短途旅行。我们把最好的**格拉纳达**留到了最后，那里拥有非凡的阿尔罕布拉宫和它伤感的另一面——阿尔拜辛，还有涵盖西班牙各色烹饪文化的餐饮，可以让你一饱口福。

2周 卡斯蒂利亚和阿拉贡

西班牙的内陆地区有别于阳光、沙滩和桑格利亚汽酒给人的惯有印象，然而也正是如此我们才更加喜欢这里。这条路线是鲜为人知的城市和极具吸引力的村庄的混搭。

从**马德里**出发，前往西班牙腹地的一些最可爱的城镇：拥有迪士尼式城堡和罗马高架渠的**塞哥维亚**、城墙环绕的**阿维拉**、活力四射的**萨拉曼卡**，游览这些地方需要大约4天，可以乘坐短途火车来往于三地。火车还能把你送到**莱昂**和**布尔戈斯**，它们拥有西班牙最超凡脱俗的两座教堂。每个地方都至少要待上一天。在布尔戈斯多待一晚，你就可以到中世纪古村**科瓦鲁比阿斯**和**西洛斯的圣多明戈修道院**进行一日游。然后前往西班牙最具活力的城市之一——**萨拉戈萨**，去体验丰富的历史遗迹和美味的西班牙小吃——务必待足两天。租一辆车，前往群山之中，那里的**索斯-德尔雷卡托利科**像是一座托斯卡纳山镇。驾车向南行驶，到令人印象深刻的**达罗卡**过夜。再度上路后前往**特鲁埃尔**，欣赏那里的穆德哈尔式建筑瑰宝。最后在**阿尔瓦拉辛**结束你的旅程，它是西班牙风景最壮观的村庄之一。

10天 西班牙北部之旅

西班牙的地中海海岸可能吸引着大量的游客，但是这个国家从圣塞瓦斯蒂安延伸到圣地亚哥的北部海岸线，是欧洲景色最壮丽的沿海景观之一。

在这个国家的北部，没有其他任何地方比**多诺斯蒂亚（圣塞瓦斯蒂安）**的景色更壮丽、食物更美味了，所以至少在这里住两晚吧。然后坐火车西行至**毕尔巴鄂**，这里以杰出的毕尔巴鄂古根汉姆博物馆出名，至少在此住一晚，两晚更理想。你得有辆车，才能更自在地探索这里的海岸线。坎塔布里亚布满鹅卵石的**桑蒂利亚纳德尔玛尔**、充满摇滚艺术的**阿尔塔米拉**和度假村庄**里瓦德塞利亚**可以占去一整天。另一天去**欧洲之巅国家公园**陡峭的山谷。**奥维耶多**的魅力没有人能抗拒，在此逗留一晚后，沿着西班牙的自然奇景——加利西亚海岸线，欣赏一些僻静的渔村和惊人的悬崖。不要错过**奥特加尔角**、充满活力的**拉科鲁尼亚**和**莫尔特海岸**。最后两天留在**圣地亚哥-德孔波斯特拉**，这是一座典型的加利西亚城市，有着川流不息的朝圣者、诱人的地方美食和一座象征权力的大教堂。

2周 从地中海到山脉

这段旅程将带你从地中海海岸前往比利牛斯山脉的深谷。你需要一辆汽车，以便在两周内走完整个行程。西班牙西北部的一些鲜为人知的好地方是对你这趟旅程的最好回报。从**巴伦西亚**这座地中海最有吸引力的城市开始，驾车往东北方向走，途中在充满了弗拉明戈风情的**埃布罗三角洲**稍作停留，再前往加泰罗尼亚被极度低估的目的地之一——**塔拉戈纳**，去看看惊人的古罗马遗迹。从塔拉戈纳沿着**西多会之路**往内陆走，穿过阿拉贡，到达富有活力且历史悠久的**萨拉戈萨**。在阿拉贡的首府待上几天，于离开巴伦西亚的6天后，到**洛格罗尼奥**迷人的省会过夜。继续西行，经过美好的修道院城镇**圣多明各-德拉卡尔萨达**和**圣米良-德科戈利亚**，进入拉里奥哈，这里是西班牙最好的葡萄酒产区——**拉瓜迪亚**是极好的产地。接着进入纳瓦拉东部地区，去拜访迷人的要塞城镇**奥利特**和**乌淮**，然后前往漂亮的**潘普洛纳**。从这里开始，地势向上爬升，你将进入**纳瓦拉比利牛斯山脉**，在巴斯坦谷和隆卡尔谷欣赏最美的风景。

10天 偏远西部

埃斯特雷马杜拉是西班牙最鲜为人知的角落之一，也正因如此，更值得一游。

先在埃斯特雷马杜拉北部的**普拉森西亚**住一夜，这里有很多著名的建筑、教堂和修道院。从普拉森西亚搭乘长途汽车或火车前往**卡塞雷斯**，那里的纪念之城是所有西班牙城市中留存下来的最精美的中世纪核心区之一。可以在这里住两晚，中间用半天到迷人的**加罗维利亚斯**游玩。然后搭乘定点长途汽车，去1小时车程外的**特鲁西略**，这座规模较小的中世纪古城同样迷人。在这里住两晚：一天用来探索狭窄拥挤的鹅卵石小巷，另一天可以租辆车到迷人的山城和朝圣者的目的地**瓜达卢佩**进行一日游。从特鲁西略出发，坐长途汽车只需1个多小时就会到达南边的**梅里达**。不过这段旅程却仿佛跨越了几个世纪：梅里达拥有一些西班牙最令人难忘的古罗马遗迹，你至少要在这里住两晚，才能欣赏完它们。乘坐长途汽车继续向南，穿过平原就来到了粉刷成白色的**萨夫拉**，无论是精神、建筑还是地理上，这里都是安达卢西亚的先驱。在萨夫拉停留一晚再离开，接下来所有的道路都会通往神奇的**塞维利亚**——安达卢西亚最吸引人的城市之一。

Off the Beaten Track: Spain 另辟蹊径：西班牙

埃乔山谷和安索山谷

这两个山谷是西班牙比利牛斯山脉最鲜为人知却风光极美的僻静之地，拥有超棒的徒步路线、舒适的旅馆和丰盛的美食。(453页)

西多会之路

串联起西多会之路的3个庄严的修道院，为我们展示了加泰罗尼亚最美的建筑，上等的葡萄酒产区普里奥拉就在附近。(432页)

阿尔瓦拉辛

粉红色调的阿尔瓦拉辛保护区隐藏在一个偏远的山谷中，如西班牙少数村落一样保留着中世纪的气息，拥有一些非凡的遗址和很棒的食宿体验。(477页)

加塔角和阿尔梅里亚

如果你已经厌倦了过度开发的海岸，保持着原始野性的加塔角会是一剂很好的解药。这里高耸陡峭的悬崖直插入海滩。而它的门户——阿尔梅里亚是西班牙最令人愉悦的小城之一。(857页和863页)

卡塔赫纳

拥有可爱的海滩和美丽的天然海港，千百年来它一直是西班牙最迷人的历史港口之一，也是地中海沿岸会给你带来惊喜的一站。(917页)

西班牙小吃

计划你的行程

和当地人吃喝

对西班牙人来说，吃是生活中尤其令人愉悦的享受之一。在本章节中，我们会带你充分领略这个国家美妙的烹饪文化，不但会解密西班牙小吃的暗黑点餐艺术，还会为你开启一段西班牙各地区的特色美食之旅。

MARCIN JUCHA / SHUTTERSTOCK ©

美食年历

西班牙相对温和的气候确保了水果和蔬菜整年都可以种植，这在欧洲很是难得。

冬季（12月至次年2月）

在整个西班牙内陆，冬季都是吃炖菜[比如蔬菜炖肉（cocido）或阿斯图里亚斯炖菜（fabada）]、烤肉[特别是烤乳猪（cochinillo）和烤春季羊羔肉（cordero）]的好时候。

冬季至春季（11月至次年4月）

加泰罗尼亚人对烤大葱（calçots）垂涎不已，在吃这些大根的葱时，要直接用手并戴上围嘴，再配上富含红辣椒和杏仁粉的酱汁（romesco）。此时也是加利西亚吃煮章鱼（pulpo）的季节。

夏季（6月至8月）

西班牙冷汤gazpacho和salmorejo（安达卢西亚的特色）只在夏天供应。地中海沿岸的米饭类菜品也是西班牙夏季的重要组成部分。

秋季（9月至11月）

拉里奥哈的葡萄在9月开始丰收。洛格罗尼奥的圣马特奥节（9月21日）会拉开丰收季的序幕。

美食体验

终身难忘的一餐

Arzak（见508页）圣塞瓦斯蒂安的这家餐馆是西班牙最受好评的女承父业型的家庭式餐馆。

El Celler de Can Roca（见385页）这个位于赫罗纳的餐馆代表了加泰罗尼亚创新菜肴一切值得称颂的优点。

Tickets（见345页）这家巴塞罗那餐馆由西班牙最负盛名的大厨之一——Ferra的弟弟Albert Adrià经营。

La Terraza del Casino（见135页）位于马德里，是这个国家富于实验性创新意识的餐馆之一。

Quique Dacosta（见905页）这家德尼亚的餐馆将分子美食引入了地中海地区。

DiverXo（见140页）马德里仅有的米其林三星餐厅。

美食节和葡萄酒节

奶酪节（见661页）4月末或5月初，在特鲁西略举行的这场狂欢盛宴包括奶酪品尝活动和严肃正经的奶酪大赛。

里贝罗葡萄酒节（见643页）加利西亚南部的里瓦达维亚会在5月的第一个周末举行该地区最盛大的葡萄酒节之一。

葡萄酒大战（见540页）每年6月29日在拉里奥哈的哈罗会有一场混乱的葡萄酒大战。

奥卡瓦利诺章鱼节（见642页）8月的第二个周日，加利西亚的卡瓦利诺会涌入7万人，一同享受大吃章鱼的放纵狂欢。

自然苹果酒节（见572页）在8月的希洪，这个节日每年都会刷新同时痛饮苹果酒人数的世界纪录。

圣马特奥节（见535页）在洛格罗尼奥，人们会通过压碎葡萄的仪式和品酒活动，来庆祝拉里奥哈9月的葡萄丰收。

廉价美食

西班牙小吃（Tapas）或**巴斯克小吃**（pintxos）也许是全世界最独特的小吃形式。在马德里的拉丁区、萨拉戈萨的埃尔图沃，以及绝大多数安达卢西亚的城市都有丰富的选择，而圣塞瓦斯蒂安老城区随处可见的巴斯克小吃，能带来一生最难忘的美食体验。

西班牙油条（Chocolate con churros）中国人熟悉的油条在西班牙得蘸着热乎乎的巧克力酱吃。西班牙人最喜欢用它当早餐、搭配下午茶，或者疯玩了一夜之后，在黎明时回家的路上享用。马德里的Chocolatería de San Ginés（见140页）是最有名的店。

西班牙三明治（Bocadillos）长条面包里夹上火腿或其他腌肉、奶酪，或者（在马德里）炸得焦香的鱿鱼。

番茄涂面包（Pa amb tomaquet）用番茄、橄榄油和大蒜涂抹面包——是加泰罗尼亚及其他一些地区的主食。

烹饪课程

Alambique（见124页）马德里的烹饪班，涵盖西班牙和世界各国佳肴。

Apunto（见124页）位于马德里，教授各种各样的烹饪类别。

L' Atelier（见815页）位于安达卢西亚的阿尔普哈拉斯峡谷，教授素食烹饪课程。

Annie B' s Spanish Kitchen（见767页）位于贝赫尔-德拉弗龙特拉，包括一流的西班牙、摩洛哥或海鲜烹饪课程。

你敢吃吗？

烤猪耳（Oreja）口感有点像含有软骨的培根。

炖牛肚（Callos）马德里特色菜，在番茄、红辣椒、大蒜和香草酱汁中烹煮的牛肚。

炖牛尾(Rabo de toro)斗牛季期间马德里和安达卢西亚的特色精致美食，牛尾直接来自斗牛场……

狗爪螺（Percebes）来自加利西亚的狗爪螺。第一个吃的人无疑是个冒险家，不过我们很高兴他这样做了。

加罗查奶酪（Garrotxa）令人憧憬的加泰罗尼亚奶酪，不负盛名。

火腿

在西班牙人的餐桌上，最具有代表性的莫过于来自高原的火腿(Jamón)。

塞拉诺火腿（Jamón serrano），以白猪为原料，占据着西班牙腌火腿90%左右的市场份额。要在不受气候影响的棚屋里腌制并干燥将近1年的时间。

伊比利亚火腿(Jamón ibérico)，西班牙火腿中的极品，用伊比利亚半岛土生土长的黑猪制成。它最吸引人的地方在于能让脂肪与肌肉交错，进而成为拥有大理石纹理的肥瘦均匀的肉。通常作为第一道菜或盘餐（大份的西班牙小吃）享用。切火腿也是一门艺术，需要切得极薄，令火腿肉近乎透明。

蜗牛（Caracoles）在加泰罗尼亚、马略卡岛和阿拉贡深受喜爱。

血肠（Morcilla）布尔戈斯的血肠会混上大米，而阿斯图里亚斯人则会加入洋葱。

牛鞭（Criadillas）安达卢西亚东部的一道名菜。

腊肠（Botillo）西班牙版的羊杂（haggis），来自卡斯蒂利亚-莱昂的别尔索地区。

地区特色

食物

西班牙人喜欢在自己的国家旅行，鉴于这里的美食资源如此丰富，他们也格外追求完美的一餐。如果把你的目的地告诉西班牙人，他们可能只是通过和你描述当地特色美食就开始垂涎不已，他们心目中自然也会有最钟爱的餐厅。

巴斯克自治区和加泰罗尼亚

高山和大海馈赠了巴斯克自治区非凡而丰富的美食文化——海鲜和牛排是巴斯克菜肴的两大传统支柱。尤其是圣塞瓦斯蒂安，它展现了该地区多元的饮食体验，而且新派巴斯克菜肴（nueva cocina vasca）就诞生于圣塞瓦斯蒂安的厨房，进而宣告西班牙作为超级烹饪大国时代的到来。

加泰罗尼亚将地方传统风味和广阔的地理多样性融合在了一起，对来自欧洲各国的影响也持开放态度。各种海鲜、西班牙海鲜饭、米饭和意面，还有比利牛斯野味，都是加泰罗尼亚菜单上的常客。和西班牙别的地方相比，酱汁在这里被更加普遍地运用。

西班牙内陆

最好的伊比利亚火腿来自埃斯特雷马杜拉、萨拉曼卡和特鲁埃尔，烤春季羊羔和烤乳猪则是冬季餐桌上的主力。至于丰盛的炖菜，王者当属蔬菜炖肉，用面条汤加胡萝卜、卷心菜、鹰嘴豆、鸡肉、血肠、牛肉和猪油炖制而成。面包糠（Migas，通常和西班牙香肠一起烹制，与葡萄搭配着吃）也很常见。

奶酪同样是这里的特色，从埃斯特雷马杜拉的羊乳奶酪（Torta del Casar，一种奶油般的容易被涂开的奶酪），到卡斯蒂利亚-拉曼查的曼彻格奶酪（queso manchego，一

狗爪螺

种硬质绵羊乳奶酪)，种类颇多。

加利西亚和西北部

加利西亚以其丰富多样的海鲜菜式闻名，其中的明星是辣味煮章鱼(pulpo á feira，在西班牙的其他地区又被称为pulpo a la gallega或pulpo gallego)，这道菜的食材(章鱼、油、红辣椒和大蒜)如此简单，要做好却非常难。邻近的阿斯图里亚斯和坎塔布里亚则出产西班牙最好的凤尾鱼(anchoas)。

在阿斯图里亚斯和坎塔布里亚的高山中，美食的动力来自山地牧场，就像每天来来往往的鱼群所发挥的作用一样。这里的人们热爱奶酪，有一种未经处理的牛乳奶酪——卡勃拉莱斯奶酪(queso de Cabrales)格外出名。阿斯图里亚斯人还对他们的fabada asturiana(猪肉、血肠和白豆做成的炖菜)和直接从酒桶里倒出来的苹果酒(sidra)情有独钟。

巴伦西亚、穆尔西亚和巴利阿里群岛

除了橘子和西班牙海鲜饭，这里还有很多其他美食，但这两样招牌产品是地中海餐桌的美食标签。在西班牙的任何地方都能吃到海鲜饭，但是要想品尝最正宗的，还是要到巴伦西亚海边的拉斯阿雷纳斯区或者拉阿尔武费拉湖一带的餐馆去。在巴利阿里群岛，西班牙海鲜饭、米饭类菜肴和各种海鲜都是常见菜式。

穆尔西亚美食中最有名的是橘子。这个滨海地区被直白地称为“La Huerta”(花园)。自摩尔人时代起，这里一直是西班牙盛产蔬菜和水果的地区之一。

安达卢西亚

安达卢西亚海岸线上永远不会缺少海鲜。安达卢西亚人最引以为荣的是他们的炸鱼(pescaito frito)。作为加的斯的特色菜，安达卢西亚风格的炸鱼做法是，先将任何来自大海的食材在鹰嘴豆和面粉中滚一圈，然后抖掉多余的部分，再放进橄榄油中稍微炸一下。薄薄的金黄色外壳里包裹着鱼类或海鲜的精华。

在夏季高温酷暑的地方，再也没有什么比安达卢西亚冷汤(gazpacho andaluz)更

西班牙海鲜饭的秘密

传统的巴伦西亚海鲜饭可以加入几乎任何配料，而且各地不同，还会随着季节的变化而使用不同配料。基本材料通常包括细粒大米、大蒜、橄榄油和藏红花。最好的大米是邦巴米（bomba），这种米在烹煮的时候会像手风琴那样展开，以便尽量吸收味道，同时保持坚实。海鲜饭要用大大的平底锅烹制，这样才能最大限度地入味。至于最后的成品，底部的米粒（只有那一层）应该变成酥脆美味的锅巴（socarrat）。

餐馆准备米饭类菜肴大约需要20分钟或者更久。它们通常至少做两份，不过，只要有人下单，有些餐馆也会为独自用餐的客人单独做一份。

消暑了，这种冷汤有很多种形式，基本原料一般都是番茄、黄瓜、醋和橄榄油。

葡萄酒

除了阿斯图里亚斯和坎塔布里亚之外，西班牙的所有自治区都是被认可的葡萄酒产区。

北方的拉里奥哈是西班牙最著名的葡萄酒产区。拉里奥哈的主要葡萄品种是丹魄（tempranillo），人们普遍认为它是黑皮诺（pinotnoir）的一个变种。这种葡萄酒味道醇和、果香浓郁，而且很少像它的法国"兄弟"那么干。认准酒瓶上的"DOC Rioja"（拉里奥哈优质法定产区酒）等级标签，你就会找到一瓶上好的葡萄酒。

紧随其后的是杜罗河岸（卡斯蒂利亚-莱昂）、纳瓦拉、索蒙塔诺（阿拉贡），以及卡斯蒂利亚-拉曼查南部的Valdepeñas葡萄酒产区，后者以产量而非质量闻名，但胜在价格合理，因此也十分受欢迎。

至于白葡萄酒，加利西亚的里韦罗（Ribeiro）葡萄酒口碑很好。该产区还出产西班牙最迷人的白葡萄酒之一——阿尔瓦里尼奥（albariño），这种口感脆爽清新的干型葡萄酒非比寻常，它是以葡萄种类而非产地来划定的。

加泰罗尼亚的佩内德斯（Penedès）地区出产白葡萄酒和起泡酒，比如卡瓦酒（cava），这种酒类似香槟，是西班牙人在圣诞节时常用的祝酒选择。

葡萄酒分级制度

西班牙葡萄酒有着复杂的分级系统。在一定时期内，如果一个地区在种植、栽培和熟成等所有方面都能满足特定的严格标准，就会得到原产地称号（Denominación de Origen，简称DO）认证。西班牙现在有60多个得到DO认证的葡萄酒产区。

出类拔萃的葡萄酒产区会得到优质法定产区（Denominación de Origen Calificada，简称DOC）认证，这个等级在业内颇具争议，有人认为该级别应该只用于特定的葡萄酒，而不是一个特定产区出产的所有葡萄酒。目前得到DOC认证的只有来自西班牙北部的拉里奥哈，以及加泰罗尼亚面积很小的普里奥拉产区的葡萄酒。

最好的葡萄酒常常带有"crianza"（橡木桶中熟成1年）、"reserva"（熟成2年，其中至少1年在橡木桶中）和"gran reserva"（橡木桶中熟成2年，瓶中3年）的认证标识。

雪利酒

安达卢西亚特有的雪利酒（sherry）是西班牙的国酒，你能在西班牙几乎每一家酒吧、西班牙小吃吧和餐馆里找到它。干雪利酒名叫fino，开始只是由帕诺米诺（palomino）葡萄制成的相当普通的白葡萄酒，但是要加入葡萄白兰地进行"强化"。这会终止发酵过程，使葡萄酒的口味和气味得以成熟，变得更为迷人。雪利酒一般作为开胃酒（aperitivo）或者海鲜的佐餐酒饮用。Amontillado和oloroso是相对偏甜的雪利酒，适合在晚餐后饮用。Manzanilla只在安达卢西亚西南海岸附近的桑卢卡尔-德巴拉梅达（Sanlúcar de Barrameda）出产，这种雪利酒口感微咸，非常开胃。在桑卢卡尔、赫雷斯-德拉弗龙特拉和圣玛利亚港都可以参观酒庄（bodegas）。

如何饮食

在餐桌上和西班牙人厮混多年之后，我

们终于明白了西班牙人的用餐风格。要想将食物变成旅程中的亮点之一，我们提炼出了以下几个简单的规则：要点当地特色菜；在点菜之前不要害羞，尽可以左顾右盼，看看别人点了什么；要求侍者推荐菜品；还有，无论在哪，都要把用餐当作一天之中的重头戏。

何时吃

早餐

西班牙式的早餐（desayuno）通常不拖泥带水，或者于10:00左右在酒吧里吃，或者在上班的路上吃。牛奶咖啡（café con leche，一半咖啡一半牛奶）加一块点心（bollo）或羊角面包是经典的早餐组合。另一种常见的早餐选择是简单的黄油吐司（tostada）。

在酒店里，早餐最早从6:30就开始了，可能会持续到10:00（周末一般会更晚）。

午餐

午餐（comida或almuerzo）是一天中的主要一餐。在工作日，很少有西班牙人能有时间回家吃午饭，所以大部分人都会去餐馆吃饭，而品种丰富、包括3道菜的套餐（menús del día）非常接近家里做的饭菜，花费也不会太大。在周末或夏天，西班牙人很喜欢和朋友、家人聚在一起，一顿午饭能吃上几个小时。

午餐很少在14:00前开始（餐馆通常在13:30~16:00供应午餐）。

晚餐

晚餐（cena）通常较为简便，不过周末可能会有所不同。在许多城市，出去喝上一杯并吃些西班牙小吃是很受欢迎的晚餐方式。

虽然每个地区有所不同，但大部分餐馆的晚餐时间都从20:30持续到午夜，周末还会更晚。

素食和严格素食

出于对肉类、鱼类和海鲜的热爱，很多西班牙人，尤其是老一辈，很难真正理解素食主义。因此，在大城市以外的地方，专门的素食餐馆仍然非常稀少。

也就是说，尽管素食者——尤其是严格素食者——可能会有一段艰难的日子，因为一些做好的素食菜肴可能含有火腿。但是西班牙人的饮食习惯正在发生改变，不断增多的素食餐馆正如雨后春笋般在西班牙各地涌现。特别是巴塞罗那和马德里，两地都有很多素食餐馆可供选择。

另外，沙拉也是西班牙的主食，往往本身就可以充当一餐。你还会碰到奇特的素食海鲜饭，以及烤蔬菜（verduras a la plancha）、鹰嘴豆炖菠菜（garbanzos con espinacas）之类的菜肴，土豆类的素食包括辣味烤土豆（patatas bravas，给土豆块浇上微辣的番茄酱）和土豆洋葱煎蛋饼（tortilla de patatas）。极其普遍的豆类保证了扁豆（lentejas）和菜豆（judías）也很容易找到，而面包（pan）、奶酪（quesos）、洋蓟（alcachofas）和橄榄（aceitunas）一般都很好找。与堂食的餐馆相比，西班牙小吃吧通常会提供更多的素菜。

如果素食者觉得自己在西班牙人中很罕见，那么严格素食者更会感觉自己来自另一个星球。为了确保无误，点菜时最好询问一下菜里是否含有鸡蛋（huevos）或奶制品（productos lácteos）。

饮酒礼仪

无论你在西班牙的什么地方，总能在周围看到酒吧。酒吧不只是喝酒的地方，还是社交生活的中心。喝酒是西班牙人生活的一部分，并没有规定只能在什么时间才能喝

旅行者的朋友：套餐

在工作日的午餐时段，吃套餐（menú del día）是个节省旅费的好办法，一份3道菜的完整套餐里含有水、面包和葡萄酒。价格大概为€10左右，不过€12及以上的售价也越来越常见了。服务员会给你一份菜单，上面有5~6道前菜可选，主菜的种类也差不多，还有一些甜点——你可以从每类中各选一样。可以点两道前菜，但是不能点两道主菜。

Spain's Foodie Highlights 西班牙美食亮点

加利西亚
海鲜是餐桌的永恒主题，每天从大西洋里捕捞上来的海鲜品种是西班牙最丰富的。（623页）

杜罗河岸
西班牙最被低估的葡萄酒产区之一，拥有世界级的葡萄酒和酿酒厂。与之相配的是来自西班牙内陆的精细料理。（226页）

塞哥维亚
这个西班牙内陆城市把所有对猪肉和烧烤的激情凝结升华成这一道经典的烤乳猪。（190页）

吉胡埃洛
萨拉曼卡南部是西班牙最著名的火腿产区，干燥的山风成就了完美的口感。（184页）

马德里
尽管首都的特色美食很难叫人提起兴致，不过这里汇集了全国各地的美食种类，还拥有世界上最古老的餐厅。（130页）

莫内斯特里奥
西班牙最好的伊比利亚火腿来源地之一，在埃斯特雷马杜拉最南端还有一座专门介绍火腿的博物馆。（679页）

塞维利亚
经典的安达卢西亚西班牙小吃之都。亮点就在贴着瓷砖的酒吧内，那里有丰富的橄榄和各种不过分装饰的西班牙小吃。（717页）

赫雷斯-德拉弗龙特拉
西班牙醉人的雪利酒的故乡，这里有大量酒窖和数不清的酒吧，可以品尝这种当地佳酿。（753页）

0 200 km
0 100 miles
多诺斯蒂亚(圣塞瓦斯蒂安)
人均米其林星比这个地球上其他任何一个城市都多，老城里还有一家无与伦比的巴斯克小吃自助餐厅。(507页)
拉里奥哈
西班牙东北部是这个国家最著名的葡萄酒产区，这里最有代表性的是红葡萄酒。(538页)
DONOSTIA-SAN SEBASTIÁN 多诺斯蒂亚(圣塞瓦斯蒂安)
Bilbao 毕尔巴鄂
Vitoria-Gasteiz 加斯泰斯(维多利亚)
Pamplona 潘普洛纳
Logroño 洛格罗尼奥
LA RIOJA 拉里奥哈
FRANCE 法国
ANDORRA 安道尔
ANDORRA 安道尔
Huesca 韦斯卡
Girona 赫罗纳
Soria 索里亚
Zaragoza 萨拉戈萨
Lleida 莱里达
BARCELONA 巴塞罗那
Tarragona 塔拉戈纳
Golfo de Valencia 巴伦西亚湾
Teruel 特鲁埃尔
Cuenca 昆卡
Menorca 梅诺卡岛
Maó
Mallorca 马略卡岛
Palma de Mallorca 帕尔马
VALENCIA 巴伦西亚
Ibiza 伊维萨岛
Ibiza 伊维萨
Balearic Islands (Islas Baleares) 巴利阿里群岛
Albacete 阿尔瓦塞特
Formentera 福门特拉岛
Alicante 阿利坎特
巴塞罗那
杰出又丰富的美食之城，完美地呈现了加泰罗尼亚烹饪艺术的融合风格。(328页)
Murcia 穆尔西亚
Cartagena 卡塔赫纳
MEDITERRANEAN SEA 地中海
Almería 阿尔梅里亚
ALGER 阿尔及尔
巴伦西亚
西班牙海鲜饭的故乡，如今依然有全西班牙最好的海鲜饭，无论是传统的由豆子、兔肉、鸡肉做成的，还是全海鲜风味的，都很美味。(881页)
ALGERIA 阿尔及利亚

如何点西班牙小吃

在巴斯克自治区，以及马德里、巴塞罗那、萨拉戈萨和其他地方的许多酒吧里，点西班牙小吃都极其简单。各种小吃就排列在吧台上，你可以自己动手取走一小盘，或者直接指向你想要的食物。

此外，许多地方还会为西班牙小吃单列一张菜单，要么印在菜单上，要么贴在吧台后面。

另外一种吃西班牙小吃的方法是点盘餐（raciones，即分量较大的盘装西班牙小吃）或者半份盘餐（media raciones，半份盘装西班牙小吃）。你吃上两三份就会饱了。一些酒吧在客人点酒的时候还会送上一小块西班牙小吃（免费）。

酒，无论昼夜想喝就来上一杯，但他们很少酗酒。人们很少为了喝酒而喝酒，多是为交谈、美食或动听的音乐提升氛围。或许他们已经认识到了，自己喝酒的节奏是消耗夜晚至黎明的关键——掌握了这一点，你就能充分享受你的西班牙夜生活。

何处饮食

asador 专营烤肉的餐馆。

bar de copas 经营至午夜前后，供应烈酒。

casa de comidas 简单的餐馆，供应价格实惠的家常菜。

cervecería 啤酒屋，主要供应桶装啤酒(cerveza)。

horno de asador 配备有柴火烤炉的餐馆。

marisquería 专营海鲜的酒吧或餐馆。

restaurante 餐馆。

taberna 通常供应西班牙小吃和盘餐的简朴小店。

tasca 西班牙小吃吧。

terraza 露天酒吧，适合在温暖的天气里饮酒并品尝西班牙小吃。

vinoteca 葡萄酒吧，可以按杯点酒。

菜单解码

a la parrilla 烧烤

asado 烧烤或烘焙

bebidas 酒水

carne 肉类

carta 菜单

casera 自制

ensalada 沙拉

entrada 前菜或开胃菜

entremeses 餐前小点心

frito 油炸

menú 通常指套餐

menú de degustación 品尝套餐

pescado 鱼类

plato combinado 包含主菜和3种蔬菜

postre 甜点

raciones 盘餐，即大份/整盘的西班牙小吃

sopa 汤

阿拉贡的激浪漂流

计划你的行程

户外活动

在规模和多样性上，西班牙的地貌几乎可以称得上是欧洲大陆的典型。这里有一些欧洲最好的徒步路线，其中最著名的是圣地亚哥朝圣之路。滑雪是另一大亮点，还有自行车运动、水上运动、观赏野生动物及其他令人兴奋的户外活动。

最佳徒步地点

阿拉贡

奥尔德萨-佩尔迪多山国家公园（6月至8月）：比利牛斯山脉最美的地方，也是西班牙最好的徒步地点。

加泰罗尼亚

圣玛乌里西的阿伊古埃斯特斯国家公园（7月至9月）：冰川湖泊和山脉为这片荒野景观提供了极具吸引力的背景。

坎塔布里亚和阿斯图里亚斯

欧洲之巅（6月至8月）：紧随比利牛斯山脉，是西班牙排名第二的徒步地点。

安达卢西亚

内华达山脉（7月至9月中旬）：阿尔普哈拉斯峡谷中的偏远山峰和雪白色的村庄。

朝圣之旅

圣地亚哥朝圣之路（法兰西之路；5月至9月）：全世界最受欢迎的朝圣路线之一，从龙塞斯瓦列斯穿越西班牙北部，最终抵达圣地亚哥-德孔波斯特拉。

从海岸到海岸

GR11（Senda Pirenáica；7月和8月）：从大西洋到地中海，横贯比利牛斯山脉。

海滨漫步

灯塔之路（5月至9月）：从马尔皮卡-德贝甘蒂诺斯到菲斯特拉角，沿着加利西亚壮观的莫尔特海岸（也叫死亡海岸）延伸了200公里长的探险之路。

徒步游

从比利牛斯山脉的高山草甸，到安达卢西亚加塔角闷热的海岸小径，西班牙以遍及全国山脉丘陵每一处角落的绝佳徒步路线而闻名。其他亮点还包括：征服西班牙本土的最高峰——耸立在格拉纳达上空、属于内华达山脉的穆拉森峰（海拔3479米）；在埃斯特雷马杜拉追随卡洛斯五世（Carlos V）的足迹；或者沿着加利西亚的莫尔特海岸漫步。这里还有全球最著名的朝圣路线之一——通往加利西亚圣地亚哥-德孔波斯特拉大教堂的朝圣之路。

何时去

西班牙包含多个不同的气候带，因此全年都有适合徒步旅行的地方。3月至6月及9月和10月是游览安达卢西亚的最好时候；7月和8月，该地区大部分地方的天气都让人难以忍受（尽管这两个月是前往高耸的内华达山脉的理想月份）。从12月至次年2月，除了高山地区不适宜前往，大多数路线仍然会对公众开放。

如果你喜欢在夏季徒步，就像西班牙人传统上所做的那样，去北方避暑吧。巴斯克自治区、阿斯图里亚斯、坎塔布里亚和加利西亚都是6月至9月的最佳去处。比利牛斯山脉的山口通常从6月中旬前后开放到10月的某个时候。8月是各个路线最热闹的月份，如果你计划前往热门的国家公园，并且打算在山间旅舍（refugios，即荒野里的旅舍）过夜，记得预订。

9月至10月初到北方徒步会是绝妙的选择——夏季的人潮已经散去，通常阳光依然明媚，秋色美丽动人，山间旅舍的客房也相当充足。

徒步目的地

比利牛斯山脉

有充分的理由证明，隔在西班牙和法国中间的比利牛斯山脉是西班牙最好的徒步目的地。这里风景绝美：低处的山坡整洁可爱，高处荒凉原始，与欧洲其他的山脉相比更显原生态。比利牛斯山脉包含两座杰出的国家公园：圣玛乌里西的阿伊古埃斯特斯国家公园（见378页）和奥尔德萨-佩尔迪多山国家公园（见425页）。前者拥有景色壮丽的Carros de Foc（见380页），这条环路连接着9家主要的山间旅舍。

引人入胜的GR11（Senda Pirenáica）横贯山脊，连接着大西洋（在巴斯克自治区的翁达利比亚）和地中海（在加泰罗尼亚的克雷斯角）。用35~50天走完全程会是一次难忘的挑战，不过在国家公园和他地方同样有风景壮美的短途徒步路线。

欧洲之巅

欧洲之巅(www.picosdeeuropa.com)是西班牙的第一座国家公园，美得令人窒息，它横跨坎塔布里亚、阿斯图里亚斯和莱昂三省，可以攀爬的石灰岩山脊和各具特色的陡峭山峰(通常也是热门的攀岩地点)是这里的标志。它无疑是西班牙最好的徒步区之一。

一条名为**El Anillo de Picos**的徒步路线用几段出色的环路将欧洲之巅最重要的山间旅舍连接在了一起。可以访问www.elanillodepicos.com了解详情。

西班牙其他地方

阿尔普哈拉斯峡谷（见812页）是山村徒步游的经典去处，它位于安达卢西亚的内华达山脉国家公园附近。卡索拉山脉（见853页）和格拉萨勒马山（见759页）也很出色。远距离的GR7路线会穿过这三个地区中的前两个——根据你的时间和兴趣，你可以选择走完整条路线，或者只走其中的一部分。

很多沿海徒步地点也很棒，哪怕是在游人如织的地区，比如南海岸。

在加利西亚，灯塔之路（见612页）是一条长达200公里的探险路线，它沿着壮丽的莫尔特海岸，从马尔皮卡-德贝甘蒂诺斯一直延伸到了菲斯特拉角(本书写作期间，仅单方向可行)。加利西亚其他出色的路线包括马奥河谷步道（见645页）——位于内陆萨克拉河岸地区的一条美丽的一日游徒步路线，还有Camino Natural de la Ruta del Cantábrico（见626页），也叫自然之路，这条步行兼自行车道沿着里瓦德奥至奥蒂盖拉湾的北部海岸延伸了154公里，后者会经过著名的教堂海滩及其他地方。

在加泰罗尼亚，加罗特克萨德火山区自然公园（见400页）以其独一无二的火山景观，成为另一处大受欢迎的徒步区。

龙达之路（见372页）也是不错的海岸小径，它一直延伸到布拉瓦海岸，沿途会经过一些很有特色的地方。

实用信息

要了解西班牙所有国家公园中徒步路线的详细信息，可以访问www.mapama.gob.es/es/red-parques-nacionales/nuestros-parques。

ÍÑIGO FDZ DE PINEDO / GETTY IMAGE ©

在阿拉贡比利牛斯山脉徒步（见452页）

Cicerone Press(www.cicerone.co.uk)出版了特定地区的徒步(及登山)指南。

西班牙各地都有很多书店出售指南和地图。最好的西班牙指南是*Prames*和*Adrados*，高山出版社(Editorial Alpina)出版的系列地图非常棒。

圣地亚哥朝圣之路

"这里的大门向所有人敞开，不论是病人还是健康的人，不论是天主教徒，还是非教徒、犹太人、异教徒以及流浪汉。"一位13世纪的诗人如此描述这条朝圣路线。800年后，这句话依旧正确。圣地亚哥朝圣之路(即圣雅各之路)起源于中世纪的朝圣之旅，1000多年来，人们一直沿着扇贝壳和手杖等古老标记，踏上生命中的探险之路，前往使徒圣雅各的墓地，它位于伊比利亚半岛西北端的圣地亚哥-德孔波斯特拉(见559页)。

如今，在去往圣地亚哥-德孔波斯特拉的几条路线(caminos)中，最流行的是法兰西之路，它以靠近法国边境的龙塞斯瓦列斯(见489页)为起点，在西班牙北部延伸775公里，

1

徒步比利牛斯山脉

比利牛斯山脉不是欧洲最高的山脉，但它肯定属于令人敬畏的一种存在。这座由陡峭山峰构成的庞然大物从比斯开湾一直延伸到了地中海，中间几乎没有任何凹陷的山口，就像一面巨大的山墙。对于徒步者而言，这是一个充满诱惑的地方，磅礴大气且数量繁多的瀑布自是其吸引人之处，但比利牛斯山脉的壮美绝不仅限于此。

GR11

对于任何在西班牙比利牛斯山脉徒步旅行的人来说，Gran Recorrido 11（GR11）可以说是一个耳熟能详的名字。这条长距离步道始于比斯开湾的翁达利比亚，之后沿山脉的西班牙一侧而行，直至布拉瓦海岸的克鲁斯角。步道全长约820公里，海拔累计上升高度相当于5座珠穆朗玛峰，需要连续走45天左右才能完成。许多人会将它分成好几段来走。比较热门的路段是阿拉贡的奥尔德萨山谷（Valle de Ordesa）和加泰罗尼亚的圣玛乌里西湖（Estany de Sant Maurici）沿线。

徒步大本营

不是非得经过马拉松式的长距离跋涉才能欣赏到西班牙比利牛斯山脉的美。许多一日徒步路线也有着令人心动的风光，而且借助村庄住宿、山间旅舍或扎营，你还可以将它们组合成多日徒步线。阿拉贡的奥尔德萨-佩尔迪多山国家公园（见425页）和加泰罗尼亚的圣玛乌里西的阿伊古埃斯特斯国家公园（见378页），是拥有风光壮丽的徒步小径的集中区域。前者的单日短途徒步路线包括高海拔地区的Faja de Pelay路径（抵达一个奔腾的瀑布）和通往一个绝佳观景点的阳台Pineta。身体强健的徒步者可以用一天时间沿圣玛乌里西—博伊的方向穿越阿伊古埃斯特斯公园，这条长22公里的路线将带你经过一系列湖泊、瀑布、繁茂的山谷和嶙峋的

GLENN NEVIS / SHUTTERSTOCK ©

DANIMÆRT / 500PX ©

MICHAL SZYMANSKI / SHUTTERSTOCK ©

1. 阿拉贡奥尔德萨-佩尔迪多山国家公园（见461页）内的奥尔德萨山谷
2. 加泰罗尼亚比利牛斯山（见398页）的攀登者
3. 行走在加泰罗尼亚GR11（见52页）上的徒步者

山峰，欣赏振奋人心的开阔景观。全程55公里的**Carros de Foc**（www.carrosdefoc.com）是一条连接了公园内所有9间山间旅舍的环线，走完它需要花上数天。

其他提供优质住宿和徒步路线的大本营还有阿拉贡的埃乔（见453页）和贝纳斯克（见467页），以及加泰罗尼亚的奥洛特（见398页）——那里的地形非常适合带孩子的旅行者。

实际问题

一般来说，6月至10月是徒步的最佳时节。山口和山谷高处可能从10月开始积雪，直到6月中旬雪才会消融。天气情况无可预测，徒步者应随时做好应对极端天气的准备。不过，这里总归是欧洲（而非阿拉斯加），找到一个有普通商店、酒吧和住宿的山村不会太费劲。

山里分布着许多山间旅舍（加泰罗尼亚语：refugis），其中一些有工作人员并供应饭菜，其余的只提供住宿。节假日期间，有工作人员的山间旅舍经常客满，建议提前预订。想要预订阿拉贡的山间旅舍可以访问www.alberguesyrefugiosdearagon.com。想要预订加泰罗尼亚的山间旅舍，可以上**Federació d' Entitats Excursionistes da Catalunya**（FEEC；www.feec.cat）和**Centre Excursionista de Catalunya**（CEC；http://cec.cat）的网站了解。

Editorial Alpina（www.editorialalpina.com）和**Prames**（www.prames.com）出版的徒步地图品质卓越。最权威的英语版GR11指南是布莱恩·约翰逊（Brian Johnson）编写的《GR11之路》（*The GR11 Trail*；2014年）。

走在圣地亚哥朝圣之路上的朝圣者

直至加利西亚的圣地亚哥-德孔波斯特拉。这条路吸引着世界各地不同背景、不同年龄的徒步者。这不足为奇：法兰西之路在文化、历史和自然方面的宝贵财富都让人难忘，它也因此备受赞誉。朝圣之路不仅是欧洲委员会(Council of Europe)认证的第一条文化线路(Cultural Itinerary)和联合国教科文组织认可的世界遗产，对信徒们来说，它还是与去往耶路撒冷一样神圣的朝圣路线，走完它就意味着洗涤罪恶、远离苦难。

用你的味觉和嗅觉去感受并品味西班牙北部的多样性，给自己一次身体上的巨大挑战，以独特的视角观察乡村和城市社群，结识有趣的旅伴，这将是一场无与伦比的徒步之旅。"这里的大门向所有人敞开……"所以，请进来吧。

历史

9世纪，在伊比利亚半岛的穷乡僻壤发生了一件了不起的大事：宗教隐士佩拉约(Pelayo)在星光的指引下发现了使徒圣雅各(西班牙语为Santiago)的坟墓。随后，这一消息被当地的主教、阿斯图里亚斯国王和之后的教皇证实了。在如今的时代很难想象这件事在当时掀起的巨大反响，但这种影响是传播迅速而难以磨灭的：最开始只是零星的人，后来欧洲的基督徒开始如洪水般涌入，在这条朝圣之路的暮色中寻找救赎。

圣地亚哥-德孔波斯特拉成为基督徒心目中仅次于罗马和耶路撒冷的圣地。在11世纪教皇宣布圣年(Holy Year)之际，这里人气激增：朝圣者们在圣年可以获得大赦——洗去一生的罪恶。当圣雅各的庆祝日(7月25日)恰为周日时，这一年就会成为圣年，下一次圣年是2021年。

11世纪和12世纪是朝圣的全盛时期。后来的宗教改革给天主教的朝圣活动带来了沉重的打击。到了19世纪，朝圣几乎停止，直到20世纪晚期才以惊人的速度复苏并延续至今。现在它成了最受欢迎的个人和精神发现之旅，而且并不一定是出于宗教因素。

线路

虽然西班牙有许多通往圣地亚哥-德孔波斯特拉的路线，但是到目前为止，最受欢迎的依然是法兰西之路。这条路线从法国附近开始，在龙塞斯瓦列斯穿过比利牛斯山脉，然后向西伸展775公里，穿越纳瓦拉、拉里奥哈、卡斯蒂利亚-莱昂和加利西亚地区。沿路有明亮的黄色箭头和扇贝壳图案为你指引方向，“路线”由各种乡野小路、二级铺装公路和徒步小径交织而成。从龙塞斯瓦列斯开始，骑自行车到达终点大约需要2周时间，步行则需要5周。

但这绝不是唯一的路线，法兰西之路夏天的拥挤人群促使一些人选择了其他路线：2005年，将近85%的徒步者走的都是法兰西之路；到了2016年，这一比例已经下滑到了63%。2015年，联合国教科文组织世界遗产名录中的圣地亚哥朝圣之路增加了4条备选路线。下列路线正变得越来越受欢迎：

海岸之路（Camino de la Costa）/**北路**（Camino del Norte）以Irún为起点，沿巴斯克自治区、坎塔布里亚和阿斯图里亚斯的海岸线延伸，然后穿越加利西亚到达圣地亚哥。

巴斯克-拉里奥哈之路（Camino Vasco-Riojano）从Irún为起点切入法兰西之路。

原始之路（Camino Primitivo）沿主要的法兰西之路连接北路（从奥维耶多）和Melide。

里巴尼耶格之路（Camino Lebaniego）从桑坦德或San Vicente Barquera，延伸至坎塔布里亚极具影响力的圣托里维奥德列尔巴纳修道院，这条线路实际上并非真正意义上的圣地亚哥朝圣之路，却也是联合国教科文组织名录中的一部分。

葡萄牙之路（Camino Portugués）经过葡萄牙，从北方抵达圣地亚哥。

银之路（Via de la Plata）从安达卢西亚北部穿过埃斯特雷马杜拉、卡斯蒂利亚-莱昂，延伸至加利西亚。

一个很流行的走法是只走从加利西亚的萨里亚出发的最后100公里。这是朝圣所允许的最短距离，然后朝圣者就可以获得由圣地亚哥-德孔波斯特拉大教堂颁发的完成了朝圣之路的证书。

到达圣地亚哥之后，还可以继续前行，再走88公里前往菲斯特拉（菲尼斯特雷）令人印象深刻的前哨地带——“陆地尽头”（Lands End）。或以穆西亚（还要多走30公

攀岩

西班牙提供了很多从近乎垂直的视角欣赏高山和峡谷的机会。在西班牙各地，岩壁探险（Vie ferrate）的数量和人气都在飞速增长。http://deandar.com是一个很棒的信息源，但是只有西班牙语。

要全面了解西班牙的攀岩活动，可以在Rockfax（www.rockfax.com）和Climb Europe（www.climb-europe.com）的网站上查阅西班牙的相关信息。两者都有关于这个国家最佳攀岩地点的详细介绍。Rockfax出版的各种攀岩指南也涵盖西班牙。

Camino Francés 法兰西之路

TONO BALAGUER / SHUTTERSTOCK ©

上图：在内华达山脉骑山地自行车（见811页）

下图：圣地亚哥朝圣之路沿途的路标

里）为终点，朝圣者认为这是神圣的行为，因为在前往圣地亚哥之前，圣母就是在这里（的一个石舫上）显现的。

实用信息

要了解关于朝圣者护照（Credencial；类似于在朝圣之路上使用的护照，朝圣者可以在沿途不同地点收集盖章）和德孔波斯特拉证书的更多信息，可以访问大教堂朝圣者国际接待中心（见608页）的网站。

如果你到了圣地亚哥，可以去圣地亚哥朝圣博物馆（见604页）参观，它就在大教堂旁边。该馆以极具吸引力的深刻见解，从人和城市两方面解读数世纪以来的圣地亚哥现象。

下列是一些优秀的朝圣之路指南网站：

Camino de Santiago（santiago-compostela.net）关于朝圣路线和地图的大量信息。

Mundicamino（www.mundicamino.com）路线描述和地图，出色而详尽。

Camino de Santiago（www.caminodesantiago.me）包含大量的新闻精选网站，你所有的问题都可以在这里得到解答。

何时去

朝圣之路上全年都有徒步和骑自行车的人。5月和6月的风景很美，野花灿烂，一望无际的田野从绿色变为诱人的金黄色，吸引着大批徒步人群。7月和8月十分炎热，会有很多人来此消夏度假，特别是在整个卡斯蒂利亚-莱昂地区。9月，人会少一些，天气总体上十分舒适。从11月至次年5月，由于雨雪天气和刺骨的寒风，路上的人会少很多。而在圣雅各的庆祝日7月25日这一天，人们会聚集在城里，非常热闹。

国家公园和自然公园

西班牙最壮观、最具有生态价值的地带（如果算上国家狩猎保护区的话，面积大约为4万平方公里，占西班牙总面积的8%）大部分都以某种形式受到官方的保护。这些地区几乎都会对徒步者、自然主义者及其他户外爱好者们至少开放其中一部分，不过保护程度和开放程度各有不同。

国家公园（parques nacionales）具有特殊的重要性，是这个国家控制最严格的保护区。西班牙有15座国家公园：本土有10个，加那利群岛有4个，巴利阿里群岛有1个。其他的数百个保护区至少分为16个等级，面积从巴利阿里群岛附近100平方米的岩石群，到安达卢西亚占地2099平方公里的卡索拉自然公园，不一而足。访问www.mapama.gob.es/es/red-parques-nacionales/nuestros-parques了解更多信息。

骑自行车

从舒适的全家骑行到充满挑战的2周自行车远征之旅，西班牙为骑行爱好者提供了丰富的可能性。如果你绕开城市（在城市里骑车可能会让人头疼），西班牙也是十分适合骑自行车旅行的国度，开车的司机们已经习惯了和一排身穿莱卡面料运动服的自行车手共享道路。这里的二级公路网（道路两侧通常设有可供骑行的路肩）建设得非常好，很适合开展自行车公路之旅。

西班牙的各个地区都有越野路线（在西班牙语中称为BTT，即bici todo terreno的简称，意为“山地自行车”）和游览路线。山地自行车骑手可以沿着这些路线骑往任何一座山脉，也可以充分利用大量的森林小道（pistas forestales）。

朝圣旅舍

法兰西之路沿途有300多家简朴的山间旅舍（refugios），其他路线上也散布着很多这类旅舍。这些供朝圣者住的旅舍，其所有者包括教区、“朝圣路线之友”协会、私人业主、市政府和地区政府。早些年，这些地方靠捐赠维持，只能提供热水和一张床。但是今天它们要收费€5~10，而且配备了淋浴、厨房和洗衣机。不过有些东西并没有改变——它们仍然遵循先到先得的原则，并且只为那些仅凭自己的力量挑战朝圣之旅的人们服务。

加泰罗尼亚的拉莫利纳滑雪度假村

在阿拉贡，位于比利牛斯山麓阿因萨附近的索布拉贝地区的山谷、丘陵和峡谷，堪称是享受山地自行车骑行的天堂。该地区有长达500公里的越野道，其中许多路段都设有骑行路标。这里的Zona Zero（见465页）项目能提供大量信息，而且汇集了很多服务供应商，比如为自行车骑手提供便利的住处、维修店铺、向导以及自行车运输服务。大多数骑手都会自带自行车，不过阿因萨也有几个租车点。

加利西亚已经在乡村地区建了几个越野中心（Centros BTT），用于出租自行车和头盔，并在当地一些地区铺设了带有路标的路线，景色极美的萨克拉河岸地区就有一条。要了解更多信息，可以访问www.turismo.gal/que-facer/centros-btt。

强烈推荐一条富有挑战性的越野路线，它会带你穿过冰雪覆盖的内华达山脉。经典的长途路线包括圣地亚哥朝圣之路、银之路以及长达600公里的希德之路，后者从布尔戈斯通往巴伦西亚，一路追随着西班牙史诗般的英雄埃尔·希德（El Cid）的足迹。在书店和网上都可以找到这些路线的西班牙语指南。

如果想体验挑战系数小一些的路线，可以试试森达德欧索，这条位于阿斯图里亚斯的较为容易的自行车路线很受欢迎。马略卡岛是另一个自行车运动的热门目的地，不管你是普通旅行者还是布拉德利·威金斯（Bradley Wiggins）级别的骑手，后者是2012年环法自行车赛的冠军得主，他将特拉蒙塔纳山的山区道路作为自己的训练场地。

实用信息

马德里的Bike Spain（见124页）是比较好的提供自行车游服务的公司之一。

大多数自行车运动指南书都是西班牙语：

- 《西班牙自行车游》（*España en bici*），帕科·托尔托萨（Paco Tortosa）和玛丽亚·德尔马尔·福尔内斯（María del Mar Fornés）著。一本不错的综合指南，不过很难买到。
- 《西班牙自行车游：八条路线详述》（*Cycle Touring in Spain: Eight Detailed Routes*），哈利·道威尔（Harry Dowdell）著。一本有助于规划行程的工具书，到了西班牙之后也很实用。

阳光海岸（见766页）的冲浪者

➡《自行车游指南——西班牙：西班牙山地自行车单行线》（*The Trailrider Guide-Spain: Single Track Mountain Biking in Spain*），纳坦·詹姆斯（Nathan James）和林赛·斯特劳德（Linsey Stroud）著。另一个不错的信息来源。

滑雪和单板滑雪

到了冬天白雪皑皑的时候，西班牙的滑雪爱好者（包括王室成员）会去阿拉贡的比利牛斯山脉和加泰罗尼亚地区。除了旺季（12月初、12月20日至次年1月6日、狂欢节和圣周），西班牙的顶级滑雪胜地与阿尔卑斯山那边的同行们相比，通常更安静、更便宜，也更温暖。

滑雪季从12月持续到次年4月，不过1月和2月的雪通常最好，也最可靠。然而，近年来的降雪有点难以预测。

阿拉贡的Formigal（见455页）和Candanchú（见455页）是两个颇受欢迎的滑雪胜地。后者就在哈卡（Jaca）镇北方，这里有总计约60公里长的各类滑雪道（还有35公里的越野道）和25部升降缆车。西班牙的第一个滑雪胜地**拉莫利纳**（La Molina; www.lamolina.cat; 一日通票 成人/儿童€38/30; ⏲11月中旬至次年4月）位于加泰罗尼亚，至今依旧发展良好，是全家出行和初学者们的理想去处。附近的**马塞拉**（Masella）也是很棒的滑雪胜地，由一部升降缆车与拉莫利纳连接在一起。**埃斯波特**（Espot; ☎973 62 40 58; www.espotesqui.cat; 一日通票 成人/儿童 €32/26; ⏲12月至次年3月）和努里亚（见402页）是加泰罗尼亚的两处相对较小的滑雪胜地。巴凯艾勒-贝雷特-布那伊瓜（见415页）拥有公认的比利牛斯山最好的雪，这里有72条滑雪道、30部现代化的升降缆车，以及104公里的下坡滑道，能满足各个级别的滑雪者。

西班牙还有一个主要的滑雪胜地位于欧洲最南端：格拉纳达外的内华达山脉（见415页）。这里106公里长的滑雪道在3月处于最佳时期，斜坡滑道特别适合全家出行和初中级滑雪者。

冲浪

西班牙的众多沿海地区对冲浪初学者和高手都是一大诱惑，北部海岸可能拥有欧洲大陆最好的冲浪地点。

北部海岸是主要的冲浪地区，在那里可以找到很多一流的冲浪点，不过大西洋沿岸的安达卢西亚在冬季也有相当不错的海浪。虽然夏季就有很多货车在北部海岸卸下冲浪板，但其实秋季到次年春季才是最佳冲浪

绿色通道

西班牙拥有日益发达的Vias Verdes网（字面意思是“绿色通道”，其实相当于其他国家的“铁路小道”系统），这是把废弃的铁轨改造成自行车（或徒步）小道的杰作。它们通常都是很棒的骑行路线，不但坡度和缓，而且很多都会经过风景优美的乡村，沿途各地还有许多自行车可供出租。根据最新统计，西班牙共有111条由这种小道构成的路线，总长超过2400公里，每一条的长度在1.2~128公里。更多信息请查阅网站www.viasverdes.com。

西班牙最佳公园

公园	特色	活动	最佳游览时间
圣玛乌里西的阿伊古埃斯特斯国家公园(见409页)	美丽的比利牛斯山湖区	徒步，观赏野生动物	6月至9月
多尼亚纳国家公园(见730页)	位于瓜达尔基维尔河三角洲的鸟类和哺乳动物的天堂	四驱越野车游览，步行，观赏野生动物，骑马	全年
奥尔德萨-佩尔迪多山国家公园(见461页)	比利牛斯山脉景色壮丽的区域，有岩羚羊、猛禽和各种植被	步行，攀岩，观鸟	6月中旬至7月和8月中旬至9月
欧洲之巅国家公园（见585页）	美丽的山区，是岩羚羊的避难所，还生活着一些狼和熊	徒步，攀岩	5月至7月和9月
内华达山脉国家自然公园（见811页）	西班牙本土最高的山脉，有野山羊、60种本地植物，南坡有美丽的阿尔普哈拉斯峡谷	徒步，攀岩，骑山地自行车，滑雪，骑马	全年，取决于活动类型
卡索拉、塞古拉和拉斯比利亚斯山自然公园(见855页)	丰富的野生动物，2300种植物和美丽的山景	徒步，自驾，骑山地自行车，观赏野生动物，四驱越野车游览	4月至10月
格拉萨勒马山自然公园（见758页）	青翠可爱的山区，生活着大量鸟类	徒步，洞穴探险，溪降，观鸟，高崖跳伞，攀岩	9月至次年6月
卡迪-莫伊克塞罗自然公园（见407页）	陡峭的比利牛斯山脉前部地区	攀岩，徒步	6月至9月
加罗特克萨德火山区自然公园(见400页)	拥有30座火山锥的美丽林区	徒步	4月至10月
索米埃多自然公园(见584页)	坎塔布连山脉令人印象深刻的区域	徒步	7月至9月
加塔角-尼哈尔自然公园（见863页）	沙滩，火山崖，火烈鸟栖息地和半荒漠植被	游泳，观鸟，徒步，骑马，潜水，浮潜	全年
西部山谷自然公园(见453页)	极其出众的比利牛斯山谷和山景	徒步，登山，溪降	6月至9月
普萨瓷-马拉德塔自然公园(见467页)	包括比利牛斯山脉的两座最高峰在内的壮观的高山峡谷风光	徒步，登山	6月至9月

季节，而10月大概是最好的月份。北部海岸的各种海浪令人印象深刻：夏天会有数不尽的沙滩浪，而真正难对付的暗礁和尖礁，只有在更加寒冷的暴风雨季节才会出现。

西班牙最有名的海浪是蒙达卡（见497页）河口传奇般的左手浪。在天气好的日子里，它无疑是欧洲最棒的海浪之一。不过波浪并不持久，而当它出现的时候，常常是疾速而危险的。

在东边的巴斯克自治区可以发现很多不错的海浪。西边相邻的坎塔布里亚和阿斯图里亚斯地区，同样能找到一系列适合冲浪的海滩，比如阿斯图里亚斯的罗迪莱斯海滩（见573页）和坎塔布里亚的 Liencres，桑坦德的索莫海滩（见548页）也是很棒的冲浪点。

加利西亚的海滩挤满了冲浪者，即便如此，如果你想享受清静，加利西亚美丽的莫尔特海岸（见610页）沿线还是能找到几片与世隔绝的海滩，纵然在夏季，那里依然空空荡荡。在阿尔达斯海湾靠近塞德伊拉的庞坦海滩（见622页），有很受欢迎的右手浪，在8月下旬或9月初，这里还会主办世界冲浪联盟（World Surf League）的资格赛——庞坦精英赛。这个地区还有一些夏季冲浪学校。

在安达卢西亚西南部有一些势头强劲的冬季沙滩浪，尤其是在塔里法和加的斯之间，位于特拉法加角（见769页）西北部的埃尔帕尔马是其中最好的一处。而科尼尔-德拉弗龙特拉（沿海岸往北不远即是）在工作日非常安静。

实用信息

在夏季，一套短款潜水服（在巴斯克自治区人们只穿沙滩裤）就已经足够了，只有加利西亚是个例外，因为那里有寒冷的加那利寒流——你需要一套轻便的全身潜水服。

冲浪热门地区都有很多冲浪商店，通常可以出租冲浪板和潜水服。如果你是冲浪学校里的初学者，最好向教练请教一下具体的规则，并且离熟练的冲浪者远一点。

下列是一些质量很高的西班牙冲浪指南书籍：

- Lonely Planet的作者斯图尔特·巴特勒（Stuart Butler）的英文著作《蓝色冲浪指南：西班牙》（*Big Blue Surf Guide: Spain*）。
- 何塞·佩利翁（José Pellón）的西班牙语著作《西班牙冲浪指南》（*Guía del surf en España*）。
- Low Pressure公司的佳作《暴风骑士指南：欧洲大陆》（*Stormrider Guide: Europe-the Continent*）。

风筝冲浪和风帆冲浪

塔里法（见769页）周围的环境非常适合帆船运动，那里常年吹拂着持续不断的强劲海风，据说这座城市曾经的高自杀率就是令人发疯的海风导致的。无论这种说法是否属实，有一件事是确切无疑的：塔里法10公里长的白色沙滩和全年无可挑剔的环境，让这座小镇成了欧洲的风帆冲浪之都。镇上挤满了风帆冲浪和风筝冲浪的商店及学校，还有一大群短暂停留的冲浪爱好者。不过，正因为这里的海风吸引了太多的人，反而使它变得不那么理想了。附近的洛斯卡尼奥斯-德梅卡（见769页）也是极好的风筝冲浪点。

NICK STUBBS / SHUTTERSTOCK ©

安达卢西亚塔里法（见769页）附近的风筝冲浪爱好者

如果你不想去塔里法那么靠南的地方，加泰罗尼亚相对不那么出名的Empuriabrava同样能提供相当不错的环境，特别是在3月至7月。说到加泰罗尼亚，埃布罗三角洲地区和Castelldefels也有一些适合风筝冲浪的地方。再往南，巴伦西亚附近的家庭度假胜地Oliva，以及穆尔西亚的梅诺尔潟湖（Mar Menor）也值得考虑。如果你想追寻海浪，试试西班牙的西北海岸，加利西亚可能会有很棒的环境。

实用信息

由Stoked Publications出版的《风筝和风帆冲浪指南：欧洲》（*The Kite and Windsurfing Guide: Europe*），是一本介绍西班牙全境及其他欧洲国家风帆冲浪和风筝冲浪地点的出色指南。

西班牙文网站www.windsurfesp.com有关于西班牙各地冲浪地点、环境和学校等信息的极其详尽的描述。

计划你的行程 户外活动

备选活动

除了老调的徒步、骑车、皮划艇或板上运动，你不想尝试一些更意想不到的运动吗？

花上几个小时，沿着峡谷的陡峭绝壁一路跳跃、滑行并绳降怎么样？阿拉贡的阿尔克萨尔（见469页）是不二之选，这是欧洲挑战**溪降**运动的最佳地点之一——在托尔拉（Torla，阿拉贡）和坎加斯-德奥尼斯（Cangas de Onís，欧洲之巅）附近、加的斯省的格拉萨勒马山，以及加泰罗尼亚比利牛斯山的巴亚斯索维拉地区也可以体验这项运动。

或者，像滑翔伞运动员那样翱翔天空。顶级飞行地点包括阿拉贡的Castejón de Sos（见467页），以及位于安达卢西亚的卡索拉、塞古拉和拉斯比利亚斯山自然公园的El Yelmo。西班牙皇家航空协会（Real Federación Aeronáutica España; www.rfae.es）列有相应的俱乐部和活动。位于安达卢西亚自治区格拉萨勒马山边缘处的Algodonales也是一流的飞行地点。滑翔伞地图（Paragliding Map; www.paraglidingmap.com）是了解飞行点现行情况的绝佳选择。

尽管西班牙没有热带潜水点那样热闹的温暖海域，但这里的海洋里也有丰富的海洋生物，而且不乏沉船残骸和穿过长长的洞穴之类的特色。地中海的潜水中心主要面向英语游客市场。赫罗纳附近雷斯塔蒂特（L' Estartit）近海处的梅德斯群岛海洋保护区（见387页）是一个很好的起点。西班牙南部最好的潜水和浮潜点在安达卢西亚的加塔角附近，其次是穆尔西亚的帕洛斯角。大西洋的潜水中心（位于圣塞瓦斯蒂安、桑坦德和拉科鲁尼亚）主要提供西班牙语服务：那里偏冷的海水会带给你截然不同且令人收获颇丰的水下体验。

想站在滑板上进行"水上漂"吗？立式单桨冲浪（Stand-up paddling，简称SUP）在桑坦德、加泰罗尼亚沿岸（锡切斯、布拉瓦海岸）、巴利阿里群岛，以及安达卢西亚沿岸的很多地方都是一种潮流。在那里你还能找到提供SUP出游及相关课程的冲浪学校，内容甚至包括SUP与瑜伽的结合。

皮划艇、独木舟和漂流

在拥有1800条河流和小溪的西班牙，顺流而下寻找浪花飞溅乐趣的机会很多。由于大部分河流沿线都建有水坝发电站，所以有很多水库可以进行入门级别的皮划艇和独木舟运动，你还可以在那里租用设备。

总体来说，5月和6月最适合进行皮划艇、漂流、独木舟和激流滑板（即水上雪橇）运动。顶级激流水域包括加泰罗尼亚水流湍急的诺格拉帕利亚雷萨、阿拉贡的加列戈和埃塞拉、坎塔布里亚的卡拉萨，以及加利西亚的米尼奥。

Zamora Natural（见203页）以观赏狼的短途游闻名，这里组织前往令人印象深刻的Arribes del Duero自然公园（罗德里戈城北部）的皮划艇之旅，以及桑纳比亚湖自然公园（Parque Natural Lago de Sanabria，桑纳比亚村西北部）的漂流活动同样声名在外。但是，其活动日程表上的真正亮点，是乘皮划艇沿杜罗河（在边境的葡萄牙一侧则为Rio Douro）顺流而下的旅程。它会带你从萨莫拉附近，前往大西洋岸边位于葡萄牙的波尔图，全程要耗费8天或9天。沿途要在河畔露营，出发时间安排在6~10月，根据情况而定。旅费很便宜，每人€680。它还有专门介绍旅程的独立网站：www.douroexpediciones.com。

在加泰罗尼亚，位于加泰罗尼亚比利牛斯山的巴亚斯索维拉地区是一个规模很大的探险运动地点，那里有漂流、皮划艇、溪降、骑马、攀岩和独木舟等活动。

为了娱乐，也为了竞技，全长22公里的塞利亚国际独木舟赛（见575页）每年都非常火爆。比赛在阿斯图里亚斯的阿里翁达斯（Arriondas）至里瓦德塞利亚（Ribadesella）沿海之间的河段进行，举办时间为8月的第一个周末。

在欧洲之巅地区的塞利亚河（阿斯图里亚斯）和德瓦河（Deva，坎塔布里亚）上，皮划艇和独木舟运动都很受欢迎。

计划你的行程

带孩子旅行

西班牙很适合全家出行，这里有舒适的交通工具和住宿设施，美食能够满足哪怕最刁钻的食客，还有大量独特的景点能同时吸引成人和儿童。全家来西班牙旅行确实需要周全的计划，但不会比去欧洲其他任何国家更费心。

孩子们的西班牙

西班牙拥有大量城堡、马术表演、节假日、互动式博物馆、弗拉明戈表演和圣周游行，而这些只是一部分适合孩子们的亮点。

提到活动，这里有相当多的探险活动——包括漂流、皮划艇、独木舟、溪降和山地自行车骑行——有适合孩子们体验的简单的初级水平，不过最好在预订之前确认最低年龄限制。冲浪和滑雪学校也有适合孩子们的课程。

带孩子旅行的亮点

海滩

西班牙的海滩，特别是地中海沿岸，简直就是专门为孩子们定制的——许多地方（尤其是布拉瓦海岸沿线）都有安全的小海湾，避开了开放性海域的大风浪，其他的大部分海滩也风平浪静。当然在夏天旅游旺季时，有些海滩上人有点多，但是，如果你精心挑选的话，还是能找到很多安静的沙滩。

圣塞瓦斯蒂安的贡恰海滩（见500页）西班牙最容易亲近的城市海滩。

艾瓜布拉瓦和福内尔斯（见378页）布拉瓦海岸美丽而安全的小海湾。

最适合孩子们的目的地

西班牙地中海地区

西班牙的海岸可能是夏天度假的老套去处，但它的确是家庭度假的绝妙之地。从北部的加泰罗尼亚到南部的安达卢西亚，大多数海滩都有温和的海水，以及无数适合儿童的景点和活动（从水上公园到适合年龄较大的孩子的水上运动）。

巴塞罗那

众多主题公园、一座蜡像馆、一座巧克力博物馆、其他各类带有互动式展览的博物馆、沙滩、花园……巴塞罗那是西班牙最适合儿童游玩的城市之一——就连这里的建筑都很符合孩子的烂漫想象。

西班牙内陆

西班牙内陆也许不是家庭度假时首先浮现在脑海中的目的地，但是大量城堡、小村庄和迷人又随和的城市值得你将它纳入考虑范围。

Zahara de los Atunes 加的斯省洁净的原始沙滩。

充满想象力的建筑

西班牙的一些标志性建筑看起来似乎是从童话中走出来的，很多地方（比如阿尔罕布拉宫和大部分美术馆）还有专门针对儿童的导游手册。别忘了弗拉明戈现场表演，每个孩子一生中都应该欣赏一次。

塞哥维亚的阿尔卡萨城堡（见186页）电影《睡美人》中城堡的灵感来源。

古埃尔公园（见307页）和**巴特洛公寓**（见302页）高迪天马行空的巴塞罗那杰作。

阿拉贡的洛阿雷城堡（见450页）典型的塔楼式城堡。

昆卡的悬屋（见261页）挂在悬崖边的房屋。

圣地亚哥·伯纳乌体育场（见119页）和**诺坎普体育场**（见357页）足球、足球、足球……

毕尔巴鄂古根汉姆博物馆（见482页）等着看孩子们瞪圆了好奇的双眼吧。

主题公园和马术表演

西班牙在近些年建设了很多迪士尼式的主题公园。这些公园形形色色，有重现史前恐龙世界或美国西部风貌的，也有更加传统的游乐场和动物园。

特鲁埃尔的迪诺波利斯主题公园（Dinópolis；www.dinopolis.com；Poligano Los Planos；成人/儿童€28/22；⏲6月至9月每天10:00~19:00，其他月份仅周六和周日营业；Ⓟ 🚸）侏罗纪公园和游乐场的结合体。

冒险港[Port Aventura；www.portaventuraworld.com；成人/儿童 €47/40，含法拉利乐园（Ferrari Land）€55/47；⏲10:00~19:00或10:00~20:00，7月至9月中旬 至午夜；Ⓟ 🚸]很好玩的游乐场，靠近塔拉戈纳。

贝尼多姆的特拉米蒂卡主题公园（见907页）灵感就是迪士尼遇到地中海。

阿尔梅里亚的奥西斯迷你好莱坞（见862页）荒漠中的好莱坞西部电影。

马德里动物园（见113页）大概是西班牙最好的动物园。

巴塞罗那的提比达波游乐园（见312页）很棒的游乐设施，有一座木偶博物馆。

安达卢西亚皇家马术学校（Real Escuela Andaluza del Arte Ecuestre；☎956 31 80 08；www.realescuela.org；Avenida Duque de Abrantes；培训课程 成人/儿童 €11/6.50，表演 成人 €21~27，儿童 €13~17；⏲培训课程 周一、周三和周五 11:00~13:00，表演 周二和周四 12:00）安达卢西亚的盛装马术表演。

外出就餐

食物和孩子都是西班牙人的最爱。西班牙菜很少有辣的，孩子们一般都会喜欢。

无论是在提供堂食的餐馆，还是喧闹忙碌的酒吧，孩子们总是受欢迎的。的确，当你的孩子疯跑时，几乎不会有人让你觉得不自在，不过场所越正式，你自己就会觉得越尴尬。在夏天，众多拥有户外露台的用餐点对家庭来说十分理想，但是要多加小心，因为在人群中容易看不到自己的孩子。

虽然如今很多餐馆都能提供儿童高脚椅（trona），不过你也不能完全依赖。即便是有高脚椅的餐馆，往往也只有一把（最多几把），所以最好在预订的时候提出要求，或者在到达餐馆后尽快告诉服务生。

极少有餐馆（或其他公共设施）会提供换尿布的设施。

为数不多但会越来越多的餐馆能提供儿童菜单（menúin fantil）。儿童菜单通常包括一道主菜（汉堡、鸡块、意大利面之类）、一杯饮料，还有一份作为甜点的冰激凌或奶昔。

适应西班牙的就餐时间是另一个挑战——如果孩子在两顿饭之间饿了，有时候可以冲到最近的西班牙小吃吧给他们买点零食，大多数城镇也都有糖果店。即使如此，我们还是建议家长随身带些超市里能买到的应急食品，以防碰上哪里都不营业的时候。

科尔多瓦皇家马厩（见779页）位于科尔多瓦的精彩的马术表演。

旅行计划

关于带孩子旅行的综合建议，可以参考Lonely Planet出版的《带孩子旅行》（2015年），或查阅网站www.travelwithyourkids.com和www.familytravelnetwork.com。

住宿

大多数酒店（很少经济型住宿）都提供婴儿床（cuna），但数量不多，因此在预订房间时就要提出要求。如果你需要一张婴儿床，最好订一间大一点的房间，因为西班牙很多酒店或旅馆的房间并不大，再多加一张床的话就会很拥挤。婴儿床有时需额外付费，也不乏免费提供的酒店。

有些高级酒店能提供儿童托管服务，有些地方还有专门为短暂逗留的游客提供的托儿所。一些高级酒店，特别是度假村和一些奢华的国营酒店（paradores），设有游乐区或儿童游乐场，有些会有游泳池。

带什么

你可能想要随身带上许多家中常用的物品（尤其是婴儿用品），以应对紧急情况（或者是大部分药房和超市都关门歇业的周日），不过西班牙基本上能买到你所需要的一切。

- 你能在药房（farmacia）里买到婴儿配方奶粉或液态奶，以及消毒液，比如米尔顿（Milton）。
- 一次性尿布（pañales）在超市和药房都能轻松找到。
- 纸盒装和塑料瓶装的新鲜牛奶在大城市的超市里可以买到，但是在小城镇就不太好找了，那里通常只有超高温灭菌奶（UHT）。

交通

西班牙的交通基础设施世界一流，AVE高速列车让许多大城市之间的距离不再是距离。别的不说，大部分孩子都喜欢以接近300公里的时速旅行。

儿童（通常是12周岁以下）乘坐公共交通工具可以优惠。一般4岁以下免费。

你可以从大部分租车公司租到婴儿座椅和儿童座椅（silla infantil，通常额外收费），但需要提前预订，特别是在旅游旺季，比如西班牙的学校假期、圣诞节和圣周期间。

出租车极少提供儿童座椅——除非你从家里带一个便携式的过来，否则只能让孩子坐在你的腿上，然后把安全带系在你们两个人身上。

何时去

如果你想去海滩，夏季（尤其是7月和8月）显然是最好的选择，但这时也是西班牙人大规模涌向海边的季节，所以请提早预订。夏季也是去山区（比利牛斯山脉、内华达山脉）旅行的好时候。不过，内陆地区在夏天可能炎热难耐——塞维利亚和科尔多瓦白天的气温常常接近50℃。

我们最喜欢在春秋两季探访西班牙，特别是5月、6月、9月和10月。除了10月，运气好的话，天气可能暖和得足以去海滩。不过，这几个月的气温通常都很温和，天气也不错。

冬天，西班牙的很多地方都非常冷——如果你有备而来就不成问题，如果你是为雪而来的那就更好了。

西班牙的野生动物

西班牙是欧洲最适合观赏野生动物的国家之一。大多数刺激的野生动物观赏之旅都围绕着3个物种——伊比利亚猞猁、伊比利亚狼和棕熊，不过，观鸟爱好者也为在西班牙的观鸟体验倾倒。还有一些观看野生动物的机会包括在南部海岸尤其是塔里法观鲸，以及到直布罗陀寻找欧洲唯一的灵长类动物——无尾猕猴（barbary macaques）。

伊比利亚猞猁

美丽的伊比利亚猞猁（lince ibérico）是世界上最濒危的野生猫科动物之一，这个半岛上的大片地区一度是它们的栖息地，但伊比利亚猞猁的数量在21世纪初降至不足100只。通过一个圈养繁殖项目和将由此繁殖的猞猁重新引入野外的计划，它们在野外的数量据估计已达320只，另外还有150只在圈养。

西班牙仅存的两个猞猁种群位于安达卢西亚：多尼亚纳国家公园拥有80只左右，而跨越了Guadalmellato（科尔多瓦东北）、Guarrizas（Linares东北）和Andújar-Cardeña（安杜哈尔以北）地区的Sierra Morena拥有近250只。

伊比利亚狼

西班牙的伊比利亚狼（lobo ibérico）的数量在20世纪70年代一度降至500只左右，最近几年已经稳定在了2000~2500只。尽管狼受到官方保护，但仍然被很多乡村地区的人视为敌人，猎狼在有些地区也是允许的。在整个北部地区，包括欧洲之巅，可以找到伊比利亚狼的一些小种群。不过欧洲密度最大且最容易接近的野狼种群位于库莱布拉山脉，靠近萨莫拉。而位于莱昂附近的Riaño是另一个有可能找到它们的地方。

ALFREDO GARCIA/SHUTTERSTOCK ©

IVAN VIEITO GARCIA/SHUTTERSTOCK ©

1. 伊比利亚狼
2. 棕熊
3. 伊比利亚猞猁

APPLE2499/SHUTTERSTOCK ©

棕熊

魅力非凡的棕熊（oso pardo）大多生活在坎塔布连山脉（坎塔布里亚、阿斯图里亚斯和卡斯蒂利亚-莱昂北部），另有一个很小的种群分布在比利牛斯山脉。这两个种群总共有近250头熊。比利牛斯山脉已知的最后一头本土棕熊在2010年10月死去，目前这个种群完全由一些从斯洛文尼亚引进的熊及其后代构成，多亏了严格的保护措施，它们的数量还在上升。

在野外观看棕熊的最佳地点是位于阿斯图里亚斯西南部的索米埃多自然公园。在欧洲之巅也有可能看到熊，不过概率比较小。在熊之径和阿斯图里亚斯的棕熊圈养和繁殖机构，是近距离观察这种动物的好机会。

团队游经营者

除了众多本地经营机构，下列机构也组织观赏野生动物的团队游：

Iberian Wildlife（www.iberianwildlife.com）

Julian Sykes Wildlife Holidays（www.juliansykeswildlife.com）

Nature Trek（www.naturetrek.co.uk）

Wild Wolf Experience（www.wildwolfexperience.com）

Wildwatching Spain（www.wildwatchingspain.com）

1. 里瓦德奥附近的阿兹加德雷斯海滩 **2.** 圣塞瓦斯蒂安的贡恰海滩 **3.** 加塔角的拉伊斯莱塔德尔莫罗

西班牙最佳海滩

最佳海滩是哪里？对于这个问题，西班牙人可能要争上好几个小时。长达5000公里的海岸线确实有点让人无从选择，不过这个过程会令人十分享受。地中海沿岸和大西洋沿岸各具特色，前者漂亮的小水湾与平缓的地形相映成趣，后者的美则更为粗犷大气。

希耶斯群岛（Illas Cíes；见636页）加利西亚附近一处受保护的群岛，美到极致的海滩将让你难掩激动之情。

埃瓜布拉瓦/福内尔斯（Aiguablava/Fornells；见378页）布拉瓦海岸上靠近贝古尔的海滩，两者都极为美妙，让人难以取舍。

加塔角（Cabo de Gata；见863页）阿尔梅里亚拥有这个半岛一系列迷人的海滩，且各不相同。

寂静海滩（Playa del Silencio；见580页）这片海滩位于库迪耶罗（Cudillero）和卢阿尔卡（Luarca）之间的阿斯图里亚，有一个天然形成的岩石圆形露天剧场。

贡恰海滩（Playa de la Concha；见500页）圣塞瓦斯蒂安市中心的一处扇贝形沙滩——可能是欧洲最棒的城市海滩。

教堂海滩（Praia das Catedrais；见626页）由于造型奇异的岩层名气太大，加利西亚里瓦德奥附近的这片海滩不得不对每日的参观人数做出限制。

地区速览

马德里及周边

艺术
夜生活
美食

艺术黄金区

马德里是全世界公共艺术最发达的城市之一，拥有普拉多博物馆、索菲亚王后艺术中心和提森-博内米萨博物馆。三座博物馆彼此相隔不远，可以轻松步行前往。当然不止这些，它们不过是开始。

彻夜狂欢

夜店要到凌晨3点才会真正热闹起来。在精致的鸡尾酒吧里品尝莫吉托时，坐在你旁边的可能就是某位名流。活力四射的现场音乐演出以弗拉明戈开场，随后转为爵士乐和其他任何你能想到的音乐类型。欢迎来到欧洲的夜生活之都。

西班牙小吃和传统美食

尽管传统的马德里菜并没有什么值得兴奋，但这里有世界上最古老的餐馆，以及西班牙最棒的烹饪，会给你留下难忘的饮食体验。拉丁区一带是全国最好的西班牙小吃吧聚集地之一。

见76页

卡斯蒂利亚-莱昂

中世纪城镇
村庄
美食

艺术之城

悠久的历史、丰富的大教堂和其他宏伟的公共古迹——古老的卡斯蒂利亚数量众多的辉煌城镇可能会让人难以抉择。如果必须要选的话，我们推荐装饰华丽的萨拉曼卡、童话般的塞哥维亚，以及华美的莱昂。

宁静的村落

从西南部遥远的弗兰西亚山脉，到中世纪的小村庄，比如佩德拉萨-德拉谢拉、科瓦鲁比阿斯、桑纳亚镇和卡拉塔尼阿索尔，在卡斯蒂利亚-莱昂的村庄里，你能感受到大规模的旅游团和现代世界侵入伊比利亚海岸之前的西班牙。

丰盛的内陆美食

各种烤肉是西班牙内陆美食的特色，西班牙人甚至会特意从全国各地赶到这里，只为了吃一顿冬日大餐。产自吉胡埃洛的火腿及其他腌肉也是极具地区特色的美食。

见167页

托莱多和卡斯蒂利亚-拉曼查

历史
文学
村庄和城堡

三种信仰汇聚的城市

在中世纪，托莱多是西班牙最国际化的城市之一。如今，令人动情的清真寺、精致的犹太遗址，以及由埃尔·格列柯、苏尔瓦兰（Zurbarán）和委拉斯开兹（Velázquez）的作品装饰着的宏伟大教堂，无不彰显着那个时代留下的辉煌印迹。

大战风车

卡斯蒂利亚-拉曼查的堂吉诃德之路提供了难得的机会，令人们可以跟随文学作品中最古怪角色的足迹进行探险。风车和一望无垠的平原会使人想起塞万提斯的小说，你甚至仿佛能听到桑丘·潘萨絮絮叨叨的声音。

美丽的村庄

在拉曼查通常都很空旷的地平线上，美丽的村庄宛如绿洲。阿尔马格罗和锡古恩萨是我们的最爱，而靠近托莱多的那些城堡——在很长一段时间里都是摩尔人和基督教徒之间的分界线——相当宏伟。

见238页

巴塞罗那

建筑
美食
艺术和历史

现代主义杰作

从高迪未完成的奇妙的神圣家族教堂，到多曼尼克·伊·蒙达内尔非凡的加泰罗尼亚音乐宫，加泰罗尼亚的梦想家们将巴塞罗那改造成了欧洲伟大的现代主义中心之一，一个富有想象力、离奇又魅力十足的舞台。

烹饪艺术

巴塞罗那的艺术性不仅体现在画板上。赏着地中海美景大啖海鲜，在壮观的博盖里亚市场品尝西班牙小吃，在米其林星级餐厅纵情于高级料理。而这些只是巴塞罗那美食体验的一部分。

过去的艺术

作为古罗马人曾经生机勃勃的定居点，巴塞罗那的街头小径隐藏着2000多年的历史。古老的哥特中心有14世纪的教堂和中世纪宅邸，收藏着毕加索作品、前哥伦布时代的杰作，以及年代更近的珍品。

见272页

加泰罗尼亚

美食
海滩
徒步

加泰罗尼亚烹饪

在人均名厨比例排行榜上，加泰罗尼亚与巴斯克自治区竞争着西班牙第一的位置，这里堪称美食家们的朝圣地。在加泰罗尼亚，即使在最小的家庭作坊，人们也会将海陆食材齐集一堂。而厨师们在创新的路上也始终坚守加泰罗尼亚美食的传统。

加泰罗尼亚海岸

在布拉瓦海岸和多拉达海岸风景如画的海岸线上，点缀着明信片般的村庄和海滩，而它们远没有南边的海岸那样拥挤。不远处，与萨尔瓦多·达利和古罗马相关的景点也很适合一日游。

西班牙高地

比利牛斯山脉是加泰罗尼亚北部的一张名片，那里美丽的山峰和宁静的山谷拥有一些西班牙最棒的徒步路线。

见369页

阿拉贡

山脉
村庄
历史

隐入群山

阿拉贡北部或许是比利牛斯山脉最美的角落，陡峭的山峰与宁静怡人的深谷和无穷无尽的徒步路线神奇地结合在了一起。而奥尔德萨-佩尔迪多山国家公园则是西班牙最风景如画的国家公园之一。

石头村庄

阿拉贡的许多村庄都是西班牙最美村庄称号的有力竞争者，其中包括阿因萨、索斯-德尔雷卡托利科和阿尔瓦拉辛。许多坐落在比利牛斯山脉山麓地区的村庄，都以白雪覆顶的山峰为背景。

古罗马人、摩尔人和基督徒

作为西班牙最重要的历史王国之一的中心，阿拉贡散布着古代和中世纪的伟大文明留下的地标建筑。特别是带着优雅和热诚跨越千年的萨拉戈萨，而充满了穆德哈尔风格的特鲁埃尔，则是一个经常被忽略的珍宝。

见437页

巴斯克、纳瓦拉和拉里奥哈

美食
葡萄酒
村庄

西班牙烹饪之都

要想理解西班牙人对美食的狂热，就去圣塞瓦斯蒂安吧，那里既是巴斯克小吃的天堂，也是许多超级天才大厨的家乡。毕尔巴鄂、洛格罗尼奥、维多利亚和潘普洛纳也在挑战圣塞瓦斯蒂安的地位。

顶级佳酿

葡萄酒之于拉里奥哈，就如同美食之于巴斯克。葡萄酒博物馆、葡萄酒品尝活动和延伸至地平线的葡萄园，都让这里成为西班牙最易亲近的葡萄酒产区。当然，这里的每一餐都少不了葡萄酒相陪。

美丽乡村

巴斯克自治区和拉奥哈全境都有迷人的村庄，不过比利牛斯山脉的山麓地区和纳瓦拉高山峡谷中的那些，与西班牙其他任何地方的村庄相比都毫不逊色。

见480页

坎塔布里亚和阿斯图里亚斯

海岸美景
山脉
美食与美酒

风景秀丽的海岸线

寂静海滩原始狂野的岩壁环抱着美丽的小海湾，而这只是阿斯图里亚斯崎岖的翠绿海岸线上几百个海滩中的一处。与海岸线相配的是其后的美丽村庄和壮观山景。

欧洲之巅

锯齿状的欧洲之巅有一些西班牙最吸引人的徒步路线。令人眩晕的悬崖绝壁直插深邃的卡莱斯咽喉峡谷。而纳兰霍德布尔内斯山峰则在高高的山口后直冲云霄。

奶酪和苹果酒

畅饮苹果酒是阿斯图里亚斯人最爱的消遣方式，尤其是在奥维耶多的苹果酒大道。欧洲之巅山麓地区味道浓烈的卡勃拉莱斯奶酪是西班牙最好的奶酪之一。

见543页

圣地亚哥-德孔波斯特拉和加利西亚

海岸美景
美食
历史

最狂野的海岸

加利西亚狂风劲吹的海岸是欧洲最具张力、最令人震撼的海岸之一。在阿尔达斯海湾，悬崖峭壁从高处直扎入汹涌的大西洋，其间还散布着风景如画的渔村和遗世独立的沙滩。

丰富的海产

加利西亚拥有一些世界上最好的海鲜，以及来自肥沃牧场的新鲜肉类。前往圣地亚哥-德孔波斯特拉熙熙攘攘的市场——Mercado de Abastos找到这两者，并有机会在现场的餐馆享用它们。

神圣的过去

很少有地方像圣地亚哥-德孔波斯特拉这样，早已远去的历史如今依然充满活力。庄严的大教堂、教堂、街道和广场代表了这座城市1300年来作为伟大的朝圣之旅——圣地亚哥朝圣之路的终点，从未间断。

见598页

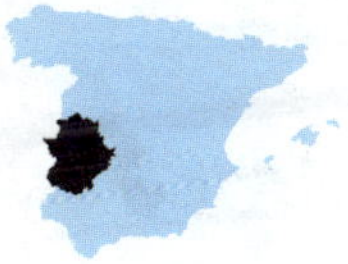

埃斯特雷马杜拉

中世纪城镇
古罗马遗址
美食

中世纪电影布景

西班牙或许有很多保存完好的中世纪古城，但卡塞雷斯和特鲁西略是其中最好的。沿着那里的鹅卵石小巷漫步，仿佛回到了史诗般的过去。

古罗马的梅里达

这里有西班牙最漂亮的古罗马剧场、古罗马时代最长的桥、令人赞叹的博物馆和其他遗址——欢迎来到Emerita Augusta，如今名为梅里达，它有西班牙最完好的古罗马遗迹。阿尔坎塔拉那座引人入胜的桥同样值得一看。

火腿和奶酪

一些西班牙最好的火腿就产自埃斯特雷马杜拉，最著名的来自莫内斯特里奥周边地区，那里还有西班牙最好的火腿博物馆。来自卡塞雷斯北部的羊乳奶酪则是另一位美食明星。

见651页

塞维利亚和安达卢西亚山区城镇

音乐
历史和建筑
美食和美酒

弗拉明戈的摇篮

安达卢西亚西部的城镇几乎是现代弗拉明戈的发源地。没有什么比在赫雷斯看喧戏调、在加的斯看欢愉调、在塞维利亚看孤调更享受的事了——所有演出都在当地精心设计的弗拉明戈演出场所和弗拉明戈俱乐部进行。

白色小镇

那些著名的白色小镇，还有它们坐落在山顶上的城堡废墟，种满了鲜花的花盒和令人昏昏欲睡的小教堂，都在这里。阿尔科斯、希梅纳、格拉萨勒马、贝赫尔……这些古代的哨岗曾经是两个伟大文明之间摇摆动荡的边界。

鱼和雪利酒

在大西洋与地中海交汇的地方，你肯定能找到优质的海鱼，安达卢西亚的传统做法是用橄榄油烹炸，制成炸鱼（pescaíto frito）。然后再配上用海岸附近种植的葡萄酿成的雪利酒——真是绝配。

见683页

格拉纳达和安达卢西亚南海岸

建筑
海滩
步行

格拉纳达的混搭风

著名的纳斯里德王朝的宫殿兼堡垒、摩尔人的山顶街区、带有围墙花园的豪华大宅(cármenes),还有一座巴洛克-文艺复兴时期风格的大教堂——格拉纳达城神奇地集合了几乎所有已知的欧洲建筑风格。

南方海滩

南方海岸线上的海滩是西班牙旅游业的重要支柱,这里的旅游收入比该地区其他地方的总和还要多。根据你的预算和赶时髦的程度,可以在埃斯特波纳、马尔韦利亚、托雷莫利诺斯、马拉加、内尔哈和阿尔穆涅卡尔之间做选择。

荒野地区

在加塔角干燥而崎岖的海岸上徒步,在拉斯阿尔普哈拉斯峡谷的GR7长途步道上徘徊,或者在卡索拉东部高地的小径上用心寻找野生动物。只要找对了地方,自然能发现安达卢西亚野性难驯的一面。

见788页

巴伦西亚和穆尔西亚

节日
美食
海滩

斗牛、烟花和身穿铠甲的骑士

巴伦西亚规模最大、最喧嚣的派对当属3月的火节(法雅节)。不过几乎每一个村庄都有自己的节日,通常伴随着烟花和斗牛活动。洛尔卡的圣周活动可以和安达卢西亚的相媲美。

煮饭

最早的西班牙海鲜饭是在巴伦西亚的一个火堆上煮成的。配上来自地中海的鱼和海鲜,以及沿着肥沃的海岸地带种植、直抵穆尔西亚的最新鲜的蔬菜,这样的米饭类美食简直无处不在。

海滨和岩石海湾

从小海湾到蜿蜒几公里的大海滩,从小小的岩石海滩到德尼亚、贝尼多姆和穆尔西亚温暖海岸(Costa Cálida)的沙滩,你总能找到铺开沙滩浴巾的地方。

见868页

在路上

Cantabria & Asturias
坎塔布里亚和
阿斯图里亚斯 543页
Santiago de Compostela & Galicia
圣地亚哥–德孔波斯特拉和
加利西亚 598页
Basque, Navarra & La Rioja
巴斯克、纳瓦拉和
拉里奥哈 480页
Castilla y León
卡斯蒂利亚–莱昂
167页
Catalonia
加泰罗尼亚 369页
Aragón
阿拉贡 437页
Barcelona
巴塞罗那 272页
Madrid & Around
马德里及
周边 76页
Toledo & Castilla-La Mancha
托莱多和卡斯蒂利亚–
拉曼查 238页
Extremadura
埃斯特雷马杜拉
651页
Valencia & Murcia
巴伦西亚和
穆尔西亚 868页
Seville & Andalucía's Hill Towns
塞维利亚和
安达卢西亚山区城镇
683页
Granada & South Coast Andalucía
格拉纳达和
安达卢西亚南海岸
788页

马德里及周边

人口 317万

包括 ➡

最佳餐饮

- Restaurante Sobrino de Botín（见131页）
- DiverXo（见140页）
- Estado Puro（见135页）
- Bazaar（见137页）
- 圣米格尔市场（见130页）

最佳住宿

- Central Palace Madrid（见125页）
- Hotel Silken Puerta América（见130页）
- Praktik Metropol（见127页）
- Hotel Orfila（见130页）
- ApartoSuites Jardines de Sabatini（见130页）

为何去

马德里是一座由人类无限活力与西班牙奇特激情融合而成的奇迹之城，这个诱人的地方传达着一条简单的信息：这座城市懂生活！

马德里的确没有巴黎显赫的声望、罗马厚重的历史，也不像另一边的巴塞罗那那样"酷"名远扬。不过这是一座充满了大量矛盾元素的城市，是欧洲最富激情国家的绝佳代表。这座城市已经将自己改造成了西班牙的顶级时尚中心之一，它有许多张名片：美妙惊人的美术馆、永不停歇的夜生活、精彩非凡的现场音乐表演、众多一流的餐厅和西班牙小吃吧，还有深谙享受生活之道的本地市民。并不是说其他城市没有这些东西，只是马德里将所有这些都汇聚一身。

何时去

马德里

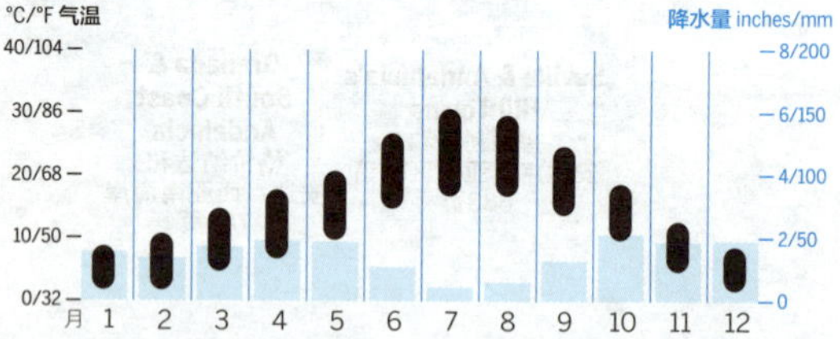

1月至2月 马德里的冬天虽然冷，但是天气好的时候十分美丽。

3月至4月 逐渐转暖的春天将马德里人吸引到城市的露天咖啡馆里。

9月 马德里挥别夏天的懒散，迎来（通常是）气候宜人的可爱秋日。

马德里(MADRID)

历史

当伊比利亚半岛上的基督徒开始持续数个世纪的收复失地运动(Reconquista,开始于约公元722年)时,安达卢斯(Al-Andalus)的穆斯林已经在半岛的腹地建立起了一系列要塞。其中一个是由科尔多瓦的埃米尔——穆罕默德一世(Muhammad Ⅰ)于公元854年建成,位置就在如今的马德里。他们当时将这个地方命名为梅里特(Mayrit,或称Magerit),这个名字来源于阿拉伯语的单词majira,意思是"水渠"。

实至名归的首都?

马德里位于伊比利亚半岛的中心,战略位置十分重要,这座城市经历了无数次的权力更迭,但是直到1309年,飘忽不定的皇室和议会才首次在这里安家。尽管皇室越来越重视这块土地,但在中世纪时期,马德里依然又脏又穷又小。"在马德里,除了你随身携带的东西之外什么都没有",一位15世纪的作家如是描述道。那时的它根本无法和西班牙其他大城市相提并论,更别说欧洲的其他主要城市了。

直到腓力二世(Felipe Ⅱ)在1556年登上西班牙的王位之后,马德里的周围才筑起了城墙。城墙有130座塔楼和6座石门,但这些要塞大都是用泥土建造而成的,其展示意义远大于实际的防御作用。尽管如此,1561年,腓力二世还是将马德里选作为西班牙的首都。

马德里花了好几个世纪才适应了这个新角色,尽管这里有几座优雅的教堂、高耸的阿尔卡萨城堡(Alcázar)和散落的几座贵族宅邸,但这个城市主要还是由刷成白色的危房组成的。著名的普拉多大道(Paseo del Prado)在今天向世人展示着马德里富丽堂皇的一面,在当时却还只是一条泥泞的小路。

在17世纪的西班牙黄金时代,马德里越来越有都城的气派,人口数量达到了17.5万,一跃成为当时欧洲第五大城市(位列伦敦、巴黎、君士坦丁堡和那不勒斯之后)。

卡洛斯三世(Carlos Ⅲ,1759~1788年在位)在位期间对西班牙和马德里进行了相对清明的统治。他清理了城市,完成了皇宫(Palacio Real)的建造,开放了皇家植物园(Real Jardín Botánico),并修建了其他众多公共设施,他被称为马德里有史以来最好的"市长"。

1805年拿破仑入侵并占领西班牙时,马德里的居民们(Madrileños)没有对他表示丝毫的友好。1808年5月2日,马德里人在皇宫周围袭击了法国军队,那里就是如今的五月二日广场(Plaza del Dos de Mayo)。这场注定失败的起义很快被拿破仑的妹夫,也就是法国军队中最有权力的元帅缪拉(Murat)镇压下去。

战争、佛朗哥和恐怖主义

骚乱继续纠缠着西班牙首都。19世纪卡洛斯战争(Carlist Wars)爆发之后,佛朗哥的民族主义军队对马德里进行了长达两年半的包围,从1936年到1939年。这座城市不断受到从田园之家(Casa de Campo)射出的炮弹的轰炸,人们开始将格兰大道(Gran Vía)称为"榴弹炮街"。

1975年佛朗哥死后,国家从专制走向民主,马德里的年轻人长期被压抑的热情得以释放,这座城市成了新西班牙的象征。最生动的表现形式就是新潮文化运动(la movida),这个时期,在解放思想、追求创新和自由思潮的影响下,无休止的派对遍布整个城市,到现在为止,仿佛也未曾消退。

2004年3月11日,在西班牙大选前3天,马德里在交通高峰时段遭到10枚炸弹的袭击,炸弹在4列开往马德里阿托查(Atocha)火车站的通勤列车上爆炸了。这场袭击由与基地组织相关的恐怖分子发起,据报道是因为西班牙支持美国领导的伊拉克战争。据现场清理后统计,死亡人数达191人,1755人受伤,其中大部分人受重伤。这次事件震惊了整个马德里,在接下来的至少24小时中,这座西班牙最喧闹的城市陷入了沉寂。然后在遭受袭击的36小时后,300多万马德里人涌上街头,抗议爆炸袭击的丑恶行径,这成为马德里历史上规模最大的一次示威游行。虽然深受创伤,但马德里民众对恐怖主义的蔑视和无法剥夺的自豪感开始让他们逐渐走出阴霾。如今,当你游览马德里时,会发现这座城市已经完全恢复如常。

马德里及周边亮点

1 **普拉多博物馆**（见100页）在这个举世闻名的画廊欣赏委拉斯开兹和戈雅的杰作。

2 **埃尔拉斯特洛**（见88页）在周日的跳蚤市场寻宝，然后加入丽池公园的拥挤人群。

3 **圣阿娜广场**（见93页）在这座迷人的广场上喝上一小杯啤酒（caña）或西班牙葡萄酒，体验当地气氛。

4 **拉丁区**（见88页）在拉丁区的中世纪街区来场西班牙小吃串游。

5 **Chocolatería de San Ginés**（见140页）在临近日出的时候点一份chocolate con churros（西班牙油条蘸热巧克力）。

6 **圣地亚哥·伯纳乌体育场**（见119页）看皇家马德里俱乐部的巨星们踢球，进行一场体育朝圣。

7 **Teatro Joy Eslava**（见140页）在全球闻名的夜店跳舞到天亮。

8 **Café de la Iberia**（见164页）在迷人的钦琼吃烤羊羔。

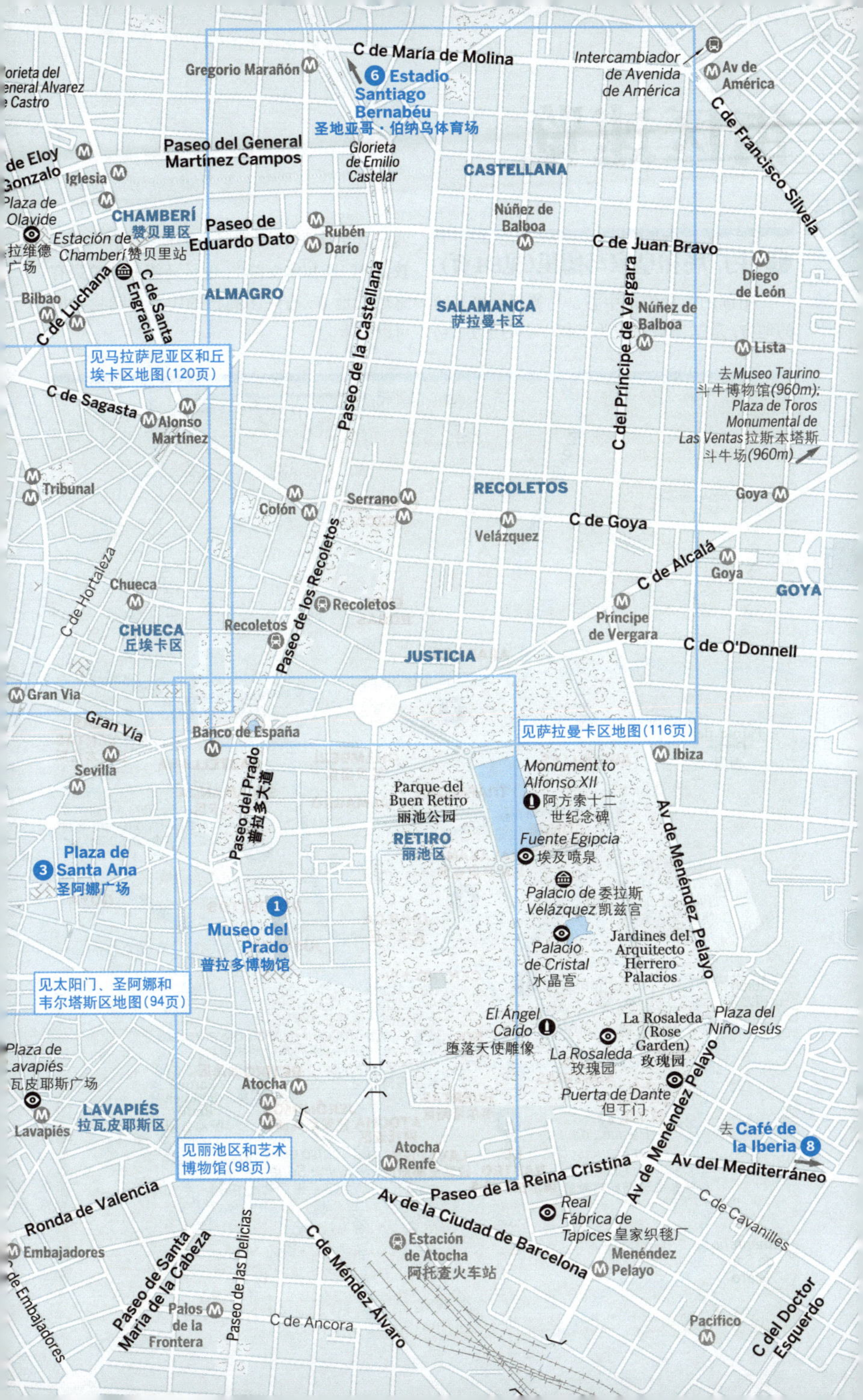
C de María de Molina
6 Estadio Santiago Bernabéu
圣地亚哥·伯纳乌体育场
Gregorio Marañón
Intercambiador de Avenida de América
Av de América
C de Francisco Silvela
Glorieta del General Alvarez de Castro
Paseo del General Martínez Campos
Glorieta de Emilio Castelar
CASTELLANA
C de Eloy Gonzalo
Iglesia
Plaza de Olavide
拉维德广场
CHAMBERÍ
赞贝里区
Estación de Chamberí 赞贝里站
Paseo de Eduardo Dato
Rubén Darío
Núñez de Balboa
C de Juan Bravo
Diego de León
Bilbao
C de Luchana
C de Santa Engracia
ALMAGRO
Paseo de la Castellana
SALAMANCA
萨拉曼卡区
C del Príncipe de Vergara
Núñez de Balboa
Lista
见马拉萨尼亚区和丘埃卡区地图(120页)
去Museo Taurino 斗牛博物馆(960m); Plaza de Toros Monumental de Las Ventas 拉斯本塔斯斗牛场(960m)
C de Sagasta
Alonso Martínez
Tribunal
RECOLETOS
Colón
Serrano
Goya
Velázquez
C de Goya
C de Hortaleza
Paseo de los Recoletos
C de Alcalá
Goya
GOYA
Chueca
Recoletos
CHUECA
丘埃卡区
Recoletos
Príncipe de Vergara
C de O'Donnell
JUSTICIA
Gran Vía
Gran Vía
Banco de España
见萨拉曼卡区地图(116页)
Ibiza
Sevilla
Paseo del Prado
普拉多大道
Parque del Buen Retiro
丽池公园
Monument to Alfonso XII
阿方索十二世纪念碑
Av de Menéndez Pelayo
RETIRO
丽池区
Fuente Egipcia
埃及喷泉
3 Plaza de Santa Ana
圣阿娜广场
Palacio de Velázquez 委拉斯凯兹宫
1 Museo del Prado
普拉多博物馆
Palacio de Cristal
水晶宫
Jardines del Arquitecto Herrero Palacios
见太阳门、圣阿娜和韦尔塔斯区地图(94页)
El Ángel Caído
堕落天使雕像
La Rosaleda (Rose Garden)
玫瑰园
Plaza del Niño Jesús
La Rosaleda
玫瑰园
Plaza de Lavapiés
瓦皮耶斯广场
Atocha
Puerta de Dante
但丁门
LAVAPIÉS
拉瓦皮耶斯区
Lavapiés
去 Café de la Iberia 8
见丽池区和艺术博物馆(98页)
Atocha Renfe
Paseo de la Reina Cristina
Av de Menéndez Pelayo
Av del Mediterráneo
Ronda de Valencia
Av de la Ciudad de Barcelona
Real Fábrica de Tapices 皇家织毯厂
C de Cavanilles
Embajadores
Estación de Atocha
阿托查火车站
Menéndez Pelayo
C de Embajadores
Paseo de Santa María de la Cabeza
Paseo de las Delicias
C de Méndez Álvaro
Palos de la Frontera
C de Ancora
Pacífico
C del Doctor Esquerdo

街区速览

❶ 主广场和皇家马德里(见84页)

喧闹的中世纪市中心是马德里故事开始的地方，是这座城市成为王权中心的地方，是西班牙的帝国辉煌最繁华的地方(有宫殿、教堂、广场和修女院)，也是马德里建筑最有意思的地方，有许多高档的用餐和购物场所可以探索。

❷ 拉丁区和拉瓦皮耶斯区（见88页）

拉丁区将马德里最精选的西班牙小吃吧、精品店和拥有优雅教堂的中世纪街景结合在一起；Calle de la Cava Baja是城里西班牙小吃最受欢迎的地方。下坡，拉瓦皮耶斯是城里最古老的区之一，也是马德里多文化融合的中心。周日的跳蚤市场埃尔拉斯特洛横跨了这两个区。

❸ 太阳门、圣阿娜和韦尔塔斯区（见92页）

这些略显拥挤的街道最为出名的是日落之后依然丰富的夜生活，但这里还有迷人的圣阿娜广场——列特拉斯街区激动人心的文学遗产。此外还有太阳门那一端，那里是马德里跳动的心脏，你会在这里看到马德里的每一面，还有绝妙的购物、就餐和娱乐之选。

❹ 丽池区和艺术博物馆（见97页）

从北边的西贝莱斯广场开始，马德里最受欢迎的景点像沿着普拉多大道列队排开。高雅文化的殿堂包括普拉多博物馆、提森-博内米萨博物馆和索菲亚王后艺术中心，它们都在世界最著名的艺廊之列。往东上坡，非凡的丽池公园也令这里成为马德里最迷人的消磨时光的场所之一。

❺ 萨拉曼卡区（见115页）

萨拉曼卡区是马德里最独特的区。这里与首都其他的地方都不同，威严的豪宅远离街道，区内主要分布着大型的本地和国外设计师精品店。萨拉曼卡少量的高档餐厅、设计师西班牙小吃吧、小型博物馆和画廊也集中在这里。

❻ 马拉萨尼亚区和丘埃卡区（见118页）

马拉萨尼亚和丘埃卡这两个内城区是马德里比较私人的地方。这里能够体验到马德里居民的日常生活，而非像传统旅行一样走马观花地打卡一个又一个美好景点。这两个区有态度有个性，马德里著名的夜生活、购物和用餐之选聚集于此，能让你深深爱上这座城市。

❼ 西园和马德里北部（见119页）

马德里北部有这座城市最迷人的几个区，其中包括赞贝里，这个美妙的地方远离市中心，能让你深入地了解本地人是如何享受自己所在的城市的。圣地亚哥·伯纳乌体育场对于体育迷来说极具吸引力。西园是一片漂亮的绿地，而一系列迷人的景点——从戈雅的湿壁画到一座埃及神庙——也为这里增添了魅力。

近年来，马德里数次在夏季奥运会主办城市的竞选中以微弱差距落败，2012年在主办城市的竞选中排在伦敦和巴黎之后，竞争2016年主办城市则惜败里约热内卢，接着又没能赢得2020年夏季奥运会的主办权。当然，2010年7月，西班牙国家足球队在世界杯上夺冠归国时，马德里的庆祝活动堪称西班牙现代史上最大的庆祝场面之一。两年后，当西班牙队赢得2012年欧洲杯冠军时，马德里又一次举办了规模可与上次媲美的庆祝活动，为这座深受西班牙经济低迷影响的城市再次带来了急需的欢乐。

景点

马德里拥有众多形形色色的景点，但许多出众的亮点都以艺术为中心——这座城市的美术馆都是世界级的，光是探索它们就可以轻轻松松消耗你一星期的时间。几座出色的博物馆、漂亮的公园、一座迷人的皇宫及欧洲最宜人的几座广场令你得以相当深入地体验马德里。

主广场和皇家马德里 (Plaza Mayor & Royal Madrid)

正如你对马德里老城曾经的中心所期待的那样，有无数的亮点位于城市的这一角落：皇宫、观赏园林（萨巴蒂尼花园和摩尔花园）、奢华的修女院，以及赫赫有名的广场（主广场、市政广场，乃至太阳门广场），广场上的建筑与赋予其生机的街头生活一样迷人。由于缺少一座与其相称的主教座堂，较小的教堂（其中包括两座马德里最老的教堂）成为那些想要了解这座城市的宗教历史的人们的焦点。

★皇宫 宫殿

（Palacio Real；见78页地图；☎91 454 88 00；www.patrimonionacional.es；Calle de Bailén；成人/优惠票 €11/6，导游/语音导览 €4/3，欧盟公民 周一至周四最后两小时内免费；⏲4月至9月 10:00~20:00，10月至次年3月 至18:00；Ⓜ Ópera）西班牙豪华的皇宫是宫殿中的宝库，不过这里只在偶尔举行皇家典礼时才被派上用场；皇室已经在几年前搬到了低调的萨尔苏埃拉宫（Palacio de la Zarzuela）中。

当阿尔卡萨城堡（alcázar，穆斯林城堡）在1734年的圣诞节被烧毁后，西班牙波旁王朝的第一任国王腓力五世（Felipe V）决定建造一座使欧洲所有宫殿都相形见绌的宫殿。然而，腓力五世在皇宫建成之前就去世了，也许这就是这座意大利风格的巴洛克式巨型宫殿只有原设计的四分之一大小（仅2800个房间）的原因。

官方团队游（也可以自助游览，走的是相同路线）会带你参观宫殿的50个房间，藏品中包括许多戈雅（Goyas）的优秀画作和215个极其考究的时钟，还有5把斯特拉迪瓦里（Stradivarius）家族制作的小提琴，它们至今仍在音乐会和舞会中使用。中央楼梯是帝国权力的一种宏伟有力的体现，首先通往戟兵房（Halberdiers' rooms），最后到达奢华的帝王厅（Salón del Trono）。殿内富丽堂皇，墙壁以深红色天鹅绒装饰，头顶是提埃波罗（Tiepolo）绘制的天花板画。稍后，你将到达格斯帕里尼厅（Salón de Gasparini），这里有精巧的灰泥天花板，墙壁上装饰着闪闪发亮的绣花丝绸。

出了主宫殿可以参观皇家药房（见84页地图；Palacio Real），位于武器广场（Plaza de la Armería, Plaza de Armas）的南端。向西穿过广场就来到了皇家军械库（Armería Real, Royal Armoury；见84页地图；www.patrimonionacional.es；Plaza de la Armería,Palacio Real；门票包含在皇宫门票内；⏲4月至9月 10:00~20:00，10月至次年3月 至18:00），这里陈列着闪闪发亮的武器和盔甲，大多数藏品的历史可以追溯至16世纪和17世纪。

东方广场 广场

（Plaza de Oriente；见84页地图；Plaza de Oriente；Ⓜ Ópera）这里的皇宫曾经有望成为西班牙的凡尔赛宫。雅致的咖啡馆环绕着价格不菲的公寓。马德里的皇家剧院（Teatro Real；见148页）是西班牙高雅文化的殿堂之一。这里还有马德里最美的落日景观……欢迎来到东方广场，一座帝国时代马德里的生动纪念馆。

在广场中心，皇宫俯视下是骑在马上的腓力四世雕像（见84页地图；Ⓜ Ópera），由委拉斯开兹（Velázquez）设计。这里是纵览全景的好

重要景点
主广场

在主广场，很容易让人爱上马德里。这里是马德里历史悠久的中心，也是许多最重要历史事件发生的舞台。在这里，马德里不停歇的活力随着赭色公寓、锻铁阳台、湿壁画和壮观尖顶下方的鹅卵石流动。

别错过

- 尖顶和石板屋顶
- 皇家面包房
- 市场

实用信息

- 见84页地图
- ⓂSol

恢宏的历史

啊，这座广场所见证过太多历史了！广场在1619年落成，在这里举行的第一场公共典礼非常吉利——为马德里的主保圣人劳动者圣伊西德罗（San Isidro Labrador）举办宣福礼。此后在这里发生的都是一些关于西班牙的颇有争议的事件。以前在庆祝皇室婚礼或者皇室成员生日时会有斗牛比赛，皇室成员坐在阳台上观看，5万名观众则挤在广场上，这种情况直到1878年才停止。更为臭名昭著的则是，这里是西班牙宗教裁判所宣判和处决异教徒的地方，审判仪式（autos-da-fé）之后便是处决——广场的北边是火刑柱，南边是绞刑架。

没那么恢宏的历史

广场上的活动也不都是大事件，就像它如今被各种店铺环绕一样，这里曾经充斥着食品摊贩。1673年，国王卡洛斯二世颁布了一道法令，允许摊贩在摊位上撑起油布以保护自己和商品不被楼上人们从窗子里倒下来的垃圾和污水砸到（这里的人们一直有着这样的习惯）！进入20世纪之后，有轨电车穿过了主广场。

皇家面包房

皇家面包房（Real Casa de la Panadería；见84页地图；Plaza Mayor 27）精美的17世纪湿壁画是马德里最引人注目的景点之一。如今的湿壁画只可以追溯至1992年，是画家卡洛斯·佛朗哥（Carlos Franco）根据黄道十二宫和众神（如西布莉自然女神Cybele）的标志创作完成的，成为广场极富魅力的背景。壁画完成的同一年，马德里获得了欧洲文化之都（European Capital of Culture）的殊荣。这栋建筑里如今是马德里的旅游总局。

尖顶和石板屋顶

广场为胡安·戈麦斯·德莫拉在17世纪按照当时最流行的风格所设计，采取了埃雷拉[以西班牙文艺复兴建筑师胡安·德·埃雷拉（Juan de Herrera）命名]风格。尖顶和石板屋顶是这一宜人而独特的马德里风格最明显的表现形式，而其阴沉的色调被整齐划一的赭色公寓及其237个锻铁阳台的暖色很好地调和了。

Plaza Mayor & Royal Madrid 主广场和皇家马德里

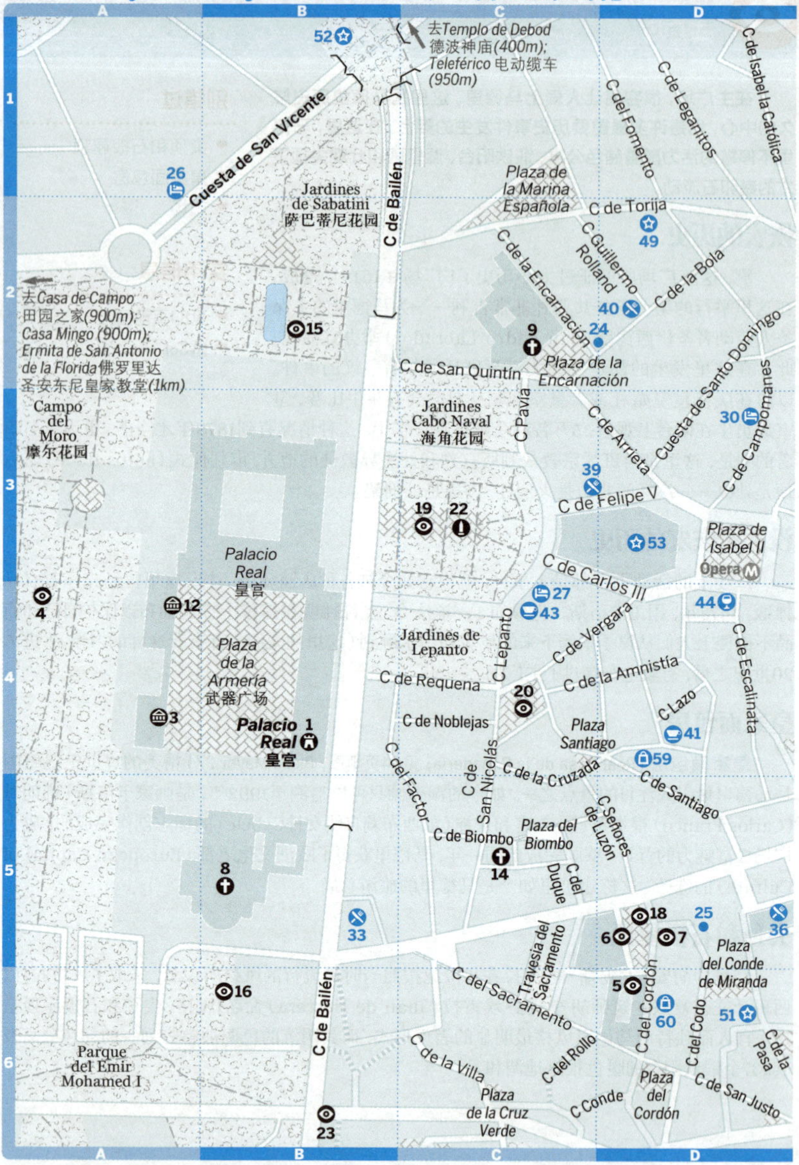

地方，环顾四周，总有令人惊艳的美景。如果你感到好奇，这尊骑手和战马的青铜雕像那么重，究竟为何马的前蹄还能保持高高扬起的姿势，答案很简单：因为马的后腿是实心的，而前腿则是空心的。这可是伽利略的主意。附近有20来座大理石雕像，大部分是古代君主。据当地传说，这些老迈的皇族会在晚上没人注意的时候伸展腿脚，走下基座散步。

毗邻的**海角花园**（Jardines Cabo Naval）非常适合欣赏夕阳。

萨巴蒂尼花园

花园

（Jardines de Sabatini；见84页地图；⏲5月至9月 9:00~22:00，10月至次年4月 至21:00；Ⓜ Ópera）**免费** 萨巴蒂尼花园是正统法国风格的园林，位于拥有葱郁花园的皇宫北边。

阿尔穆德纳圣母大教堂

主教座堂

（Catedral de Nuestra Señora de la Almudena；见84页地图；☎91 542 22 00；www.catedraldelaalmudena.es；Calle de Bailén；主教座堂和地下室 门票乐捐，博物馆 成人/儿童 €6/4；⏲周一至周六 9:00~20:30，博物馆 周一至周六 10:00~14:30；Ⓜ Ópera）巴黎有圣母院，罗马有圣伯多禄大殿。事实上，几乎每座欧洲大城市都有自己标志性的主教座堂，彰显出城市光荣的基督教历史。但马德里却并非如此。尽管从外表上，阿尔穆德纳大教堂和隔壁的皇宫十分和谐，它的内部却相当空洞无趣，彩色、现代的天花板弥补不了它缺少的旧时代大教堂的庄严肃穆，而这种庄严才是出色的主教座堂最特别的地方。

阿拉伯城墙

地标

（Muralla Árabe；见84页地图；Cuesta de la Vega；Ⓜ Ópera）在主教座堂的半圆室后面，沿着Cuesta de la Vega大街向下走就会看到最初的“阿拉伯城墙”，这座城墙由中世纪早期马德里的穆斯林统治者建造。其中有的部分可以追溯至9世纪，那时最初的穆斯林城堡刚刚建起。其余部分则可追溯到12世纪和13世纪，这时的马德里已经被基督教徒夺回。

市政广场

广场

（Plaza de la Villa；见84页地图；Plaza de la Villa；Ⓜ Ópera）富有亲和力的市政广场是马德里最可爱的广场之一。广场三面都被保存完好的17世纪的马德里巴洛克风格建筑（将砖块、裸露的石头以及铁饰和谐地运用在一起）包围，从中世纪起，这里就一直是马德里市政府的所在地，直到最近几年，马德里市议会才迁移到西贝莱斯广场（Plaza de la Cibeles；见113页）上宏伟的西贝莱斯宫（Palacio de Cibeles）里。

广场的西边是建于17世纪的**老市政厅**（former town hall；见84页地图；Ⓜ Ópera），一座哈布斯堡风格的巴洛克建筑，带有埃雷拉（Herrerian）风格的板岩瓦尖顶。与市政厅相对的广场另一边是哥特式建筑**卢哈内斯之家**（Casa de los Lujanes；见84页地图；Ⓜ Ópera），据说它的砖砌塔楼中曾经囚禁过法国国王弗朗索瓦一世（François I），他是在1525年的帕维亚之战（Battle of Pavia）中被西班牙人

Plaza Mayor & Royal Madrid 主广场和皇家马德里

俘虏的。传说这位著名的狱卒被带到马约尔街（Calle Mayor）上游街，据说，当地人对这位穿着华丽的法国人的敬仰之情比对其更朴素的捕获者西班牙哈布斯堡王朝的帝王卡洛斯一世（Carlos I）的还要浓厚，令后者十分沮丧。装饰繁复的（15~16世纪西班牙巴洛克风格）**西斯奈罗之家**（Casa de Cisneros；见84页地图；Ⓜ Ópera）建于1537年并在后来进行了文艺复兴改造，也是一栋引人注目的建筑。

加维里亚宫 博物馆

（Palacio Gaviria；见94页地图；☎902 044226；Calle del Arenal 9；成人/儿童 €12/免费；⏲周日至周四 10:00~20:00，周五和周六 至 21:00；Ⓜ Sol）这座19世纪的意大利风格宫殿直到不久之前都还一直是一家夜店，之后被巧妙地改造成了一个生机勃勃的艺术空间，以短期艺术展为主，其中包括一个埃舍尔（Escher）回顾展和阿尔丰斯·慕夏

（Alphonse Mucha）作品展。这座高耸的文艺复兴风格宫殿拥有卓越非凡的天花板湿壁画，与高规格的展览相得益彰。所有这些，给马德里的艺术档案中又添上了令人激动的一笔。

摩尔花园 花园

（Campo del Moro；见84页地图；☎91 454 88 00；Paseo de la Virgen del Puerto；⏲4月至9月 10:00~20:00，10月至次年3月 至18:00；Ⓜ Príncipe Pío）**免费** 这些位于皇宫下方的花园是仿照凡尔赛宫周围的花园设计的，这一点在东西向的**大草地**（Pradera；一片以皇宫作背景的葱郁草坪）沿途体现得最为明显。优雅的**贝壳喷泉**（Fuente de las Conchas，Fountain of the Shells）是花园的中心，位于大草地中间，由本图拉·罗德里格斯（Ventura Rodríguez）设计，他堪称马德里18世纪建筑界的戈雅（Goya）。花园的唯一入口在Paseo de la Virgen del Puerto上。

皇家德兹卡尔泽斯修道院 女修道院

（Convento de las Descalzas Reales，Convent of the Barefoot Royals；见84页地图；www.patrimonionacional.es；Plaza de las Descalzas 3；€6，含化身修道院门票 €8；⏲周二至周六 10:00~14:00和16:00~18:30，周日 10:00~15:00；Ⓜ Ópera，Sol）皇家德兹卡尔泽斯修道院冷峻的银匠式风格围墙很难让人想到里面是一家华丽的修道院。只能参加导览游（西班牙语）游览这里，导览游会带你沿着一段饰满壁画的文艺复兴时期的楼梯间走向回廊的上层。拱顶由克劳迪奥·柯埃略（Claudio Coello）绘制，后者是17世纪的马德里派最重要的艺术家之一，他的作品装点着圣洛伦索-德·埃尔·埃斯科里亚尔（San Lorenzo de El Escorial）。

圣吉恩斯教堂 教堂

（Iglesia de San Ginés；见84页地图；Calle del Arenal 13；⏲周一至周六 8:45~13:00和18:00~21:00，周日 9:45~14:00和18:00~21:00；Ⓜ Sol，Ópera）**免费** 主广场正北面的圣吉恩斯教堂是马德里最古老的教堂之一，它至少从14世纪起就以各种不同的形式存在了。今天你所见的教堂建于1645年，不过大部分都是在1824年的一场大火后重建的。这座教堂收藏了许多精美的画作，其中包括埃尔·格列柯（El Greco）的作品《洁净圣殿》（*Expulsion of the Moneychangers from the Temple*，1614年），这幅画作的展示十分绝妙；为了避免反光，玻璃距离画布只有6毫米。

这座教堂在几个世纪里一直是马德里生活的中心。据推测，在基督徒于1085年来到这里之前，就有一个莫札拉布社群（Mozarabic community，穆斯林势力范围内的基督教徒）生活在后来的Calle del Arenal一带，当时他们的教区礼拜堂就坐落在这里。西班牙首屈一指的剧作家洛佩·德维加（Lope de Vega）就是在这里成婚的，而小说家弗朗西斯科·德克维多（Francisco de Quevedo）则是在这里的圣水池受的洗礼。

化身修道院 女修道院

（Convento de la Encarnación；见84页地图；www.patrimonionacional.es；Plaza de la Encarnación 1；€6，含皇家德兹卡尔泽斯修道院的门票 €8；⏲周二至周六 10:00~14:00和16:00~18:30，周日 10:00~15:00；Ⓜ Ópera）由西班牙王后，来自奥地利的玛格丽特（Margarita de Austria）在17世纪修建，这座马德里巴洛克风格（砖块、裸露岩石和铸铁铁艺的完美混搭）的建筑至今仍有一些奥斯定会（Augustine order）的修女居住在这里。丰富的艺术藏品大部分可以追溯到17世纪，在这里的众多金质和银质圣物盒中，有一个装有圣潘塔里昂（San Pantaleón）的血，据说这些血液在每年的7月27日都会重新变成液体。修女院坐落在皇宫附近的一座漂亮的广场上。

圣尼古拉斯德洛斯塞维塔斯教堂 教堂

（Iglesia de San Nicolás de los Servitas；见84页地图；☎91 559 40 64；Plaza de San Nicolás 6；⏲周一 8:00~13:30和17:30~20:30，周二至周六 8:00~9:30和18:30~20:30，周日和节假日 9:30~14:00和18:30~21:00；Ⓜ Ópera）这座温馨的小教堂隐藏在马约尔街旁边的山坡上，是马德里现存最古老的宗教场所；可能修建在穆斯林统治马德里时期第二大清真寺的遗址上。教堂最引人注目的部分是修复于12世纪的穆德哈尔式钟楼；教堂其他大部分现存建筑都是在15世纪时修建的。教堂的拱形结构是晚期哥特风格，而在1936年火灾中幸免于难的精致木质天花板也可以追溯至同一时期前后。开放时间不太可靠。

西班牙广场 广场

（Plaza de España；见120页地图；Ⓜ Plaza de España）这座十分不讨喜的广场是如何建成的，真是很难令人知晓。广场的中心是一座1927年的塞万提斯像，作家的脚边则是其笔下不朽角色堂吉诃德（Don Quijote）和桑丘·潘萨（Sancho Panza）的铜像。东北边建于1953年的西班牙大厦（Edificio de España）与质朴的苏联式宏伟主义十分相像，显然脱胎于佛朗哥的集权主义想象。广场北边则矗立着35层的马德里塔（Torre de Madrid）。

圣十字宫 历史建筑

（Palacio de Santa Cruz；见84页地图；Plaza de la Provincia；Ⓜ Sol）这座巴洛克建筑位于主广场的东南角附近，是圣十字广场（Plaza de Santa Cruz）上最显眼的建筑，也是西班牙外交部（Ministerio de Asuntos Exteriores）的所在地，因此只能从外边欣赏它。这座地标拥有灰石板尖塔，建造于1643年，最初用作法庭监狱。

拉丁区和拉瓦皮耶斯区 (La Latina & Lavapiés)

尽管也有例外，这两个区提供的更多是体验而非传统景点。尽管如此，拉丁区还是有几座精美的教堂，稻草广场是马德里最迷人的广场之一，而摩尔区错综复杂的街道则是对这座城市遥远过去的回归。当然，这里还有马德里最好的跳蚤市场埃尔拉斯特洛，那里也是了解最有意思的马德里传统的好地方。

★圣弗朗西斯科教堂 教堂

（Basílica de San Francisco El Grande；见90页地图；Plaza de San Francisco 1；成人/优惠票 €5/3；⊙弥撒 周一至周六 8:00~10:30，博物馆 9月至次年6月 周二至周日 10:30~12:30和16:00~18:00，7月和8月 周二至周日 10:30~12:30和17:00~19:00；Ⓜ La Latina, Puerta de Toledo）这座雄伟的巴洛克风格宗座圣殿高耸于拉丁区的西南角，是马德里最宏伟的老教堂之一。其穹顶描绘有精美的湿壁画，据估计是全球第四大，西班牙最大的穹顶，高达56米，直径33米。

传说1217年阿西西（Assisi）的圣方济（St Francis）在此处建造了一座小堂。如今的版本由弗朗切斯科·萨巴蒂尼（Francesco Sabatini）设计，他也是阿尔卡拉门（Puerta de Alcalá；见114页）的设计者和皇宫的完成者。他采用了不常见的楼层平面图设计：中殿是圆形的，周围被小堂环绕，小堂里则有壮观的大理石12宗徒像；用木头做成的12先知则安置在宗徒上方穹顶的基座上。每个小堂都装饰有湿壁画，并且按照不同的历史风格布置，但大多数人都会被新银匠风格的圣伯尔纳定小堂（Capilla de San Bernardino）吸引，那里的中央湿壁画是戈雅在其职业生涯初期绘制的。戈雅罕见地将自己画进了场景之中（右边穿着黄衬衫的就是他）。

高高的祭坛后边有一系列的走廊（只对导览游开放），走廊里陈列着17~19世纪的艺术品；亮点包括弗朗西斯科·苏巴朗（Francisco Zurbarán）的一幅画作，以及一幅委拉斯开兹的岳父兼老师弗朗西斯科·帕切科（Francisco Pacheco）的画作。在圣器室里，找一下精美的文艺复兴风格椅子（sillería；教会高层们会面时所用的胡桃木雕刻椅子）。

介绍一下开放时间：尽管在上午的弥撒时间进入教堂是免费的，但这段时间博物馆不开放，圣贝纳迪诺礼拜堂也不会开灯照亮戈雅的画。在其他所有时间里，参观都需要通过西班牙语的导览游进行（包含在门票内）。更令人困惑的是，如果有婚礼举行的话，你在周五下午或周六任意时间过来也会遇到类似的问题。

★埃尔拉斯特洛 市场

（El Rastro；见90页地图；Calle de la Ribera de los Curtidores；⊙周日 8:00~15:00；Ⓜ La Latina）在埃尔拉斯特洛跳蚤市场度过周日上午是马德里的必修课。你可以在这里轻松地消磨掉一整个上午，慢慢下坡，穿行在错综复杂的街道中。便宜服装、行李箱、老弗拉明戈唱片，甚至是马德里老照片、山寨高档钱包、廉价T恤、家居用品和电子产品都能在这里找到。每十件破烂中也许有一件珍宝（一幅遗失的杰作，一台安德伍德打字机）在等待你的慧眼相识。

在17~18世纪时，这个拥挤的周日跳蚤市场大部分是肉类市场（rastro的意思是"污迹"，指的是动物被拖下坡的时候留下的血迹）。穿过市场来到Calle de la Ribera de los Curtidores（翻译过来就是"皮匠巷"），这里会激起人们对往日屠宰场景象的想象。周日的早上这里挤满了各种各样来淘便宜货的马德里人。

警告：扒手就像其他所有人一样热爱埃尔拉斯特洛市场，所以要看紧财物，不要在外露的口袋中放置贵重财物。

稻草广场 广场

（Plaza de la Paja；Straw Square；见90页地图；Ⓜ La Latina）怡人的稻草广场位于圣安德烈斯教堂的后边，向下倾斜着通往曾经组

在马德里的……

一日

许多在马德里的日子都以在**主广场**（见83页）或附近的**Chocolatería de San Ginés**（见140页）吃一顿chocolate con churros（西班牙油条配巧克力）开始。顺便去一下**市政广场**（见85页）和**东方广场**（见82页），然后在**Cafe de Oriente**（见140页）喝一杯咖啡或葡萄酒，再去参观**皇宫**（见82页）。在马德里最创新的美食空间之一**圣米格尔市场**（见130页）吃午餐。在**普拉多博物馆**（见100页）度过大部分的午后时光。如果看够了这些无价的西班牙和欧洲杰作，就去参观**皇家圣热罗尼莫教堂**（见114页）和**卡伊莎中心**（见114页）。夜晚开始，先在**Teatro Flamenco Madrid**（见149页）看一场弗拉明戈表演，然后在**Café del Real**（见141页）或**Anticafé**（见140页）随便喝一杯。如果你想熬得很晚，**Teatro Joy Eslava**（见140页）是马德里夜生活的一个地标。

两日

早些去**索菲亚王后艺术中心**（见111页）以避开人群，然后沿着静谧的街道上坡，在**丽池公园**（见112页）待上两个小时，感受那里的平静。溜达着去欣赏**西贝莱斯广场**（见113页）。在马德里最有创意的西班牙小吃吧之一**Estado Puro**（见135页）吃完午饭，搭地铁去城市另一端欣赏**佛罗里达圣安东尼皇家教堂**（见119页）里戈雅的湿壁画。接着去**德波神庙**（见119页）和**西园**（见123页）漫步。如果天气好的话，夜晚先从在**圣阿娜广场**（见93页）的露天餐位喝一杯或几杯开始。在**La Venencia**（见141页）再喝完一轮之后，看看美好的**Café Central**（见149页）有没有现场爵士乐演出。演出之后在**El Imperfecto**（见142页）喝一杯。夜还长着呢——如果你想跳舞的话可以去**Costello Café & Niteclub**（见149页），如果你想要放纵的话可以去**La Terraza del Urban**（见142页）。

三日

早上从马德里排名第三的世界级艺廊中的**提森-博内米萨博物馆**（见98页）开始。这里的藏品十分丰富，以至于你很容易就能消磨掉一整个上午。如果你还有时间的话，考虑一下回去再逛逛普拉多博物馆或索菲亚王后艺术中心。在**Platea**（见136页）吃午餐，那里有马德里最激动人心的美食体验。往东参加**斗牛场**（见115页）的团队游，然后去逛**拉萨罗·加尔迪亚诺博物馆**（见117页）。接下来的下午时光沿着Calle de Serrano、Calle de José Ortega y Gasset和周边街道购物。随着夜幕降临，前往拉丁区并在**Calle de la Cava Baja**（见132页）的西班牙小吃吧吃个痛快——哪怕你不饿，去喝杯啤酒或葡萄酒感受那里的氛围吧。在**Taberna El Tempranillo**（见141页）喝杯葡萄酒并在**Delic**（见141页）的稻草广场露天喝杯莫吉托，你应该准备好迎接接下来的夜晚了。

La Latina 拉丁区

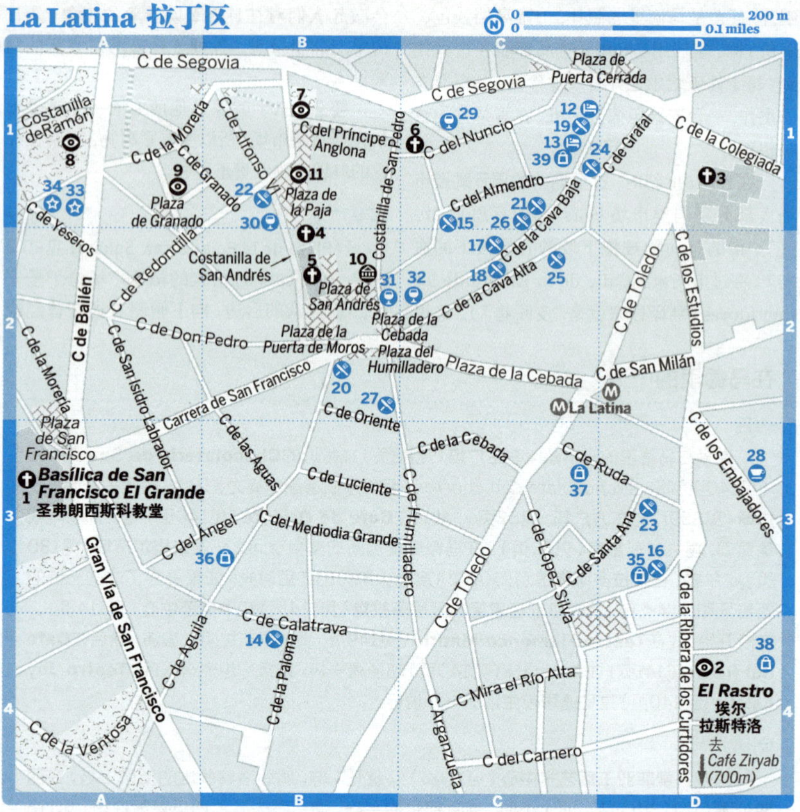

成马德里穆斯林区的繁杂小巷。在12世纪和13世纪，这座城市的主市场就占据着这个广场。**主教小堂**（Capilla del Obispo；见90页地图；☎91 559 28 74；reservascapilladelobispo@archimadrid.es；Plaza de la Paja；€2；⏲周一和周三 18:00~20:30，周二和周四 正午至13:30和18:00~20:30，周五 正午至13:30和18:00~21:30，周六 正午至13:30和20:00~22:00，周日 正午至14:00和18:45~20:30；Ⓜ La Latina）位于广场的上方，而被围墙环绕的18世纪宁静的**安格洛纳王子花园**（Jardín del Príncipe Anglona；见90页地图；Plaza de la Paja；⏲4月至10月 10:00~22:00，11月至次年3月 至18:30；Ⓜ La Latina）则位于广场的下方（北侧）。

马塔德罗马德里 艺术中心

（Matadero Madrid；☎91 252 52 53；www.mataderomadrid.com；Paseo de la Chopera 14；Ⓜ Legazpi）免费 这个当代艺术中心位于市中心以南，是个迷人的多功能空间。马塔德罗马德里由老阿尔甘苏埃拉（Arganzuela）牲畜市场和屠宰场的建筑改造而成，占地14.83万平方米，如今上演着先锋戏剧、音乐剧和舞蹈表演，还会举办关于建筑、时尚、文学和电影的展览。这里是一个充满活力的空间，旁边的河岸景观优美，是一个可以远离旅游气氛、好好享受风光的好地方，更别说还有绝佳的机会能欣赏最新的先锋戏剧或展览了。

摩尔区 古迹

（La Morería；见90页地图；Ⓜ La Latina）从圣安德列斯教堂往西北延伸到高架桥的地区是摩尔区的中心地带。稍稍发挥一点想象力，穿梭在迷宫般的小巷中，就能感受到一点北非圣地的感觉。当基督徒在11世纪夺回这座城之时，穆斯林就被集中在了这里。

La Latina 拉丁区

高架桥和塞哥维亚街 古迹

(Viaduct & Calle de Segovia; 见84页地图; Ⓜ Ópera)马德里的高架桥高踞在塞哥维亚街上方，连接了摩尔区与主教座堂和皇宫，建造于19世纪，在1942年翻新过，塑料栅栏安装于20世纪90年代末，其目的是防止人们跳桥自杀。在高架桥建起之前，想要过马路或过河的人必须沿着塞哥维亚街走到头然后再绕回来。

拉斯维斯蒂伊亚斯花园 花园

(Jardines de las Vistillas; 见90页地图; Ⓜ Ópera)从摩尔区往西过了Calle de Bailén就是拉斯维斯蒂伊亚斯花园的露天咖啡馆(terraza)，这些咖啡馆位置绝佳，可以一边喝东西一边欣赏瓜达拉马山脉(Sierra de Guadarrama)的风景。内战期间，这里被田园之家的民族主义者军队狂轰滥炸，而对方也同样遭受到了位于花园内的共和主义者的炮弹还击。

圣安德列斯教堂 教堂

(Iglesia de San Andrés; 见90页地图; Plaza de San Andrés 1; ⏲周一至周六 9:00~13:00和18:00~20:00，周日 10:00~13:00; Ⓜ La Latina)这座挺拔的教堂与其说是漂亮倒不如说是壮观。后墙前边冷峻的深色圆柱配有金箔柱头，将你的目光引向穹顶——满眼的玫瑰色、黄色和绿色的，并且雕刻着丰富的花朵纹饰，每个角落里都有小天使探出头来，十分梦幻。你如今看到的教堂是在内战期间损毁之后被修复的版本。

圣伊西德罗博物馆 博物馆

(Museo de San Isidro; Museo de los Origenes; 见90页地图; ☎91 366 74 15; www.madrid.es; Plaza de San Andrés 2; ⏲6月中旬至9月中旬 周二至周日 10:00~19:00，其余月份 周二至周日 9:30~20:00; Ⓜ La Latina) 免费 这座迷人的博物馆就坐落在马德里的主保圣人——劳动者圣伊西德罗(San Isidro Labrador)于1172年前后结束自己生命的地方。以著名的佩德罗·特克塞拉(Pedro Teixera)于1656年绘制的马德里地图为蓝本的大型模型是这里一个独特的亮点。而有重大历史意义(但本身没什么好看的）的“奇迹井”是圣徒呼唤出甘泉解除其主人干渴的地方。另一个神迹则是圣徒主人的儿子掉进了一口井中，伊西德罗在井口上不停地祷告，直到井水翻涌，把主人的儿子毫发无损地送了上来。

善导圣母宗座圣殿 教堂

（Basílica de Nuestra Señora del Buen Consejo; Catedral de San Isidro; 见90页地图; ☎91 369 20 37; Calle de Toledo 37; ⌚7:30~13:00和18:00~21:00; Ⓜ Tirso de Molina、La Latina）这座雄伟的教堂高耸于喧闹的Calle de Toledo的北端，隔着主广场的拱门便能看见，在阿尔穆德纳圣母大教堂（见85页）在1992年完工之前一直是这座城市事实上的主教座堂。这座巴洛克风格宗座圣殿建于17世纪，最初是耶稣会的总部，如今仍旧被当地人称作圣伊西德罗主教座堂（Catedral de San Isidro）。

如今这座宗座圣殿内安置着马德里主要的主保圣人圣伊西德罗的遗体（进门后左手边第3个小堂内）。他的遗体（显然被保存得相当好）只在极少数情况下会被挪出去，比如在1896年和1947年，人们为了祈雨而带着他的遗体在城中游行（他确实也带来了降雨，至少在1947年是这样）。

官方开放时间并不总是可靠。

当地知识

佩德罗·阿尔莫多瓦尔导演的马德里取景地

- 主广场——《我的神秘之花》（*La Flor de mi secreto*; 1995年）
- 埃尔拉斯特洛——《激情迷宫》（*Laberinto de pasiones*; 1982年）
- Villa Rosa——《情迷高跟鞋》（*Tacones lejanos*; 1991年）
- Café del Circulo de Bellas Artes——《基卡》（*Kika*; 1993年）
- Viaducto de Segovia——《斗牛士》（*Matador*; 1986年）
- 火腿博物馆（Museo del Jamón; 马约尔街）——《活色生香》（*Carne Trémula*; 1997年）

拉瓦皮耶斯广场 广场

（Plaza de Lavapiés; Ⓜ Lavapiés）三角形的拉瓦皮耶斯广场是拉瓦皮耶斯区少有的开放空间之一，吸引着该区有好（欣欣向荣的文化生活）有坏（毒品和大量的警力）的一切。这里在近年来被略微整顿，而位于广场南部边缘的Teatro Valle-Inclán（☎91 505 88 01; www.cdn.mcu.es; Plaza de Lavapiés; 门票€15起; Ⓜ Lavapiés）则为拉瓦皮耶斯不拘一格的街景更添了一分鲜明。

老圣佩德罗教堂 教堂

（Iglesia de San Pedro El Viejo; 见90页地图; ☎91 365 12 84; Costanilla de San Pedro; ⌚周一至周四和周六 9:00~12:30和17:00~20:00，周五 7:00~21:00，周日 9:00~12:30; Ⓜ La Latina）这座精致的老教堂是现存少数可以一窥后穆斯林时代马德里的窗口之一，尤其是其拥有明显穆德哈尔式（Mudéjar）风格（一种摩尔建筑风格）的砖造钟楼，后者可以追溯至14世纪。教堂平时不对公众开放，但可以说是从外边看更加令人印象深刻；文艺复兴风格的门廊自1525年起便矗立在那里。如果往里边瞧，中殿可以追溯至15世纪，不过大部分的内饰都是在17世纪翻新过的。

太阳门、圣阿娜和韦尔塔斯区 (Sol, Santa Ana & Huertas)

圣费尔南多皇家艺术学院和圣阿娜广场是马德里最持久迷人的两个地方——出色的美术博物馆和无法抗拒的活力主宰着这座城市的街道。列特拉斯街区的历史魅力和沧桑感又展现了另一种马德里人全然不同的对生活的态度，也是马德里体验的重要部分，同样迷人。

★圣费尔南多皇家艺术学院 博物馆

（Real Academia de Bellas Artes de San Fernando; 见94页地图; ☎91 524 08 64; www.realacademiabellasartessanfernando.com; Calle de Alcalá 13; 成人/儿童 €8/免费，周三 免费; ⌚9月至次年7月 周二至周日 10:00~15:00; Ⓜ Sol、Sevilla）皇家艺术学院是马德里的“另一个”艺廊，几个世纪以来一直在这座城市的艺术生活中扮演着的关键角色。作为皇家艺术学院，它培养了一大批本地的人才，因此也满足

> **博物馆折扣和闭馆时间**
>
> 许多博物馆(包括普拉多博物馆和索菲亚王后艺术中心)在特定时间可以免费入馆——具体查看本章节中各处的开门时间。不过要记得在这些时段博物馆会异常拥挤。
>
> 如果你打算在马德里逗留期间参观普拉多博物馆、提森-博内米萨博物馆和索菲亚艺术中心,可以购买涵盖三个博物馆的**艺术大道**(Paseo del Arte)联票,售价€29.60,可以在12个月内游览每个博物馆一次;分别购买门票,总票价是€36。

了皇室对于吸引当时的世界知名艺术家来到其领土的愿望。知名老校友们的名字在一起就像是西班牙艺术名人录,如今学院墙壁上悬挂的藏品自然也很丰富。

★圣阿娜广场　　广场

(Plaza de Santa Ana; 见94页地图; Ⓜ Sevilla、Sol、Antón Martín)圣阿娜广场巧妙融合了优雅的建筑和不可抵挡的活力。它占领着列特拉斯街区(见本页)的上游,这种文学气质留存在17世纪作家卡尔德隆·德拉巴尔卡(Calderón de la Barca)和费德里科·加西亚·洛尔卡(Federíco García Lorca)的雕像中,也在广场东端的**西班牙剧院**(Teatro Español; 见94页地图; ☎91 360 14 84; www.teatroespanol.es; Calle del Príncipe 25; Ⓜ Sevilla、Sol、Antón Martín)中回荡着。除此之外,它也是韦尔塔斯区漫长夜生活的起点。

广场于1810年由颇受争议的约瑟夫·波拿巴(拿破仑的哥哥)统治时期建造,为马德里有史以来最幽闭的地区之一带来了呼吸的空间。建成之后,这里很快就成了当地人精神生活的焦点,周围的咖啡馆里聚集着作家、诗人和艺术家,他们在进行着永不停息的tertulias(文学和哲学辩论)。

★美术会馆　　艺术中心、观景点

(Círculo de Bellas Artes; La Azotea; 见94页地图; ☎91 360 54 00; www.circulobellasartes.com; Calle de Alcalá 42; 屋顶露台门票 €4; ⏲屋顶露台 周一至周四 9:00至次日2:00,周五至次日3:00,周六 11:00至次日3:00,周日 11:00至次日2:00; Ⓜ Banco de España、Sevilla)要想观赏马德里最好的景色,就乘坐电梯来美术宫的第七层。你几乎可以伸手够到都市大楼(Edificio Metrópolis)辉煌的穹顶,或者尽览马德里美景,包括远处的山脉。两个酒吧、慵懒的音乐和可以随意躺靠的空间更是锦上添花。楼下的文化中心还有各种展览、音乐会、短片放映和读书会等着你。一层还有一家很棒的美好年代风格的**咖啡馆**(见94页地图; ☎91 521 69 42; Calle de Alcalá 42; ⏲周日至周四 9:00至次日1:00,周五和周六 至次日3:00; Ⓜ Banco de España、Sevilla)。

列特拉斯街区　　景区

(Barrio de las Letras; District of Letters; 见94页地图; Ⓜ Antón Martín)从圣阿娜广场的东边顺坡而下,就是我们所指的列特拉斯街区(文学区),之所以叫这个名字是因为在16世纪和17世纪黄金时代的西班牙,有很多作家住在这里。《堂吉诃德》(*Don Quijote*)的作者米格尔·德·塞万提斯·萨维德拉(Miguel de Cervantes Saavedra; 1547~1616年)在成年后的大部分时间都住在马德里,并在**Calle de Cervantes 2**(见94页地图; Calle de Cervantes 2; Ⓜ Antón Martín)去世,那里的门上挂着一块铭牌(可追溯至1834年)。

令人遗憾的是,最初的建筑在19世纪初时已经拆除了。塞万提斯去世时,他的遗体最初被埋葬在**三一修女院**(Convento de las Trinitarias, 见94页地图; Calle de Lope de Vega 16; Ⓜ Antón Martín)的角落,那里也有一块标记铭牌。修道院里至今还住着修女,不对外开放。法医考古学家终于在2015年找到了塞万提斯的遗体,每年在他4月23日的忌日那天,都会在这里举办一场纪念弥撒。另一个文学地标是**洛佩·德维加故居**(Casa de Lope de Vega; 见94页地图; ☎91 429 92 16; www.casamuseolopedevega.org; Calle de Cervantes 11; ⏲团队导览游 周二至周日 10:00~18:00 每30分钟一趟; Ⓜ Antón Martín) 免费 ,西班牙首屈1指的剧作家洛佩·德维加(1562~1635年)曾经(下接97页)

Sol, Santa Ana & Huertas 太阳门、圣阿娜和韦尔塔斯区

N 0 200 m 0 0.1 miles

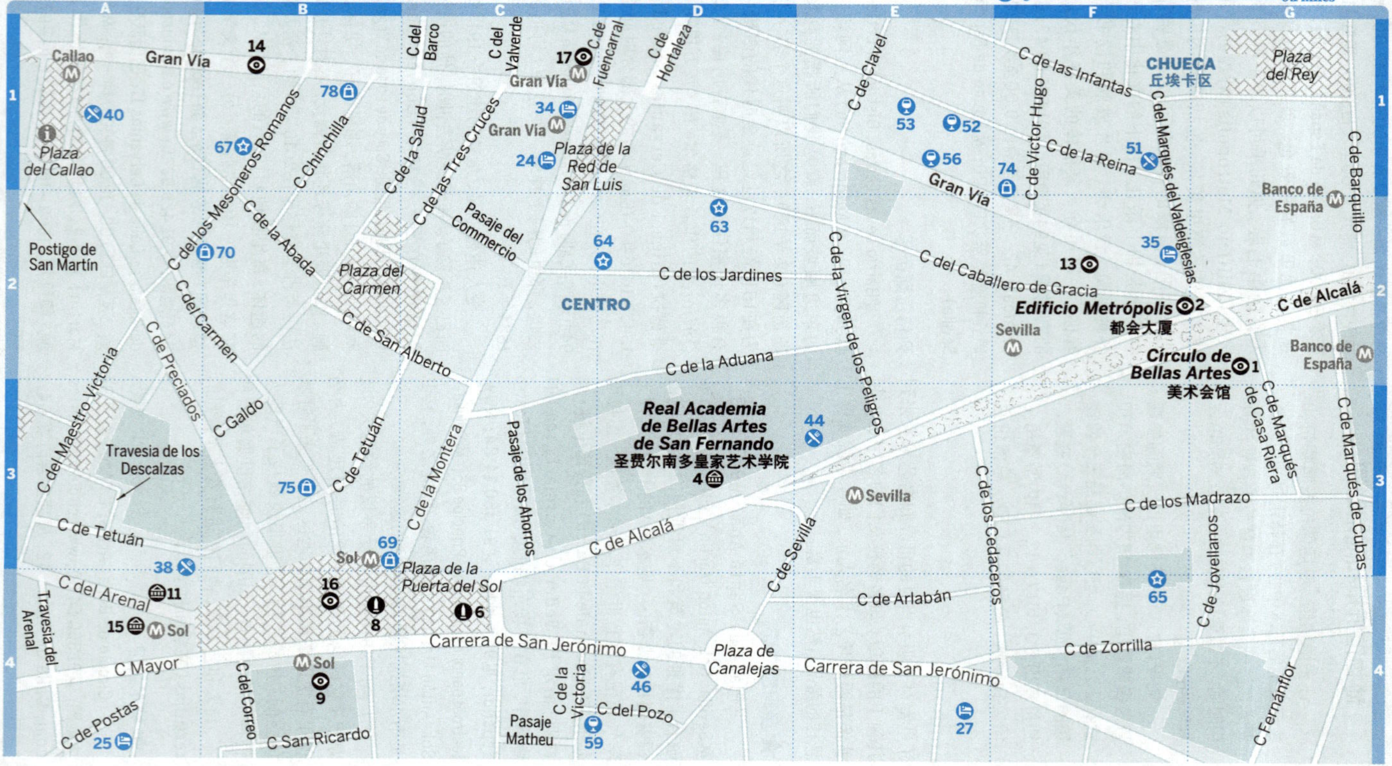

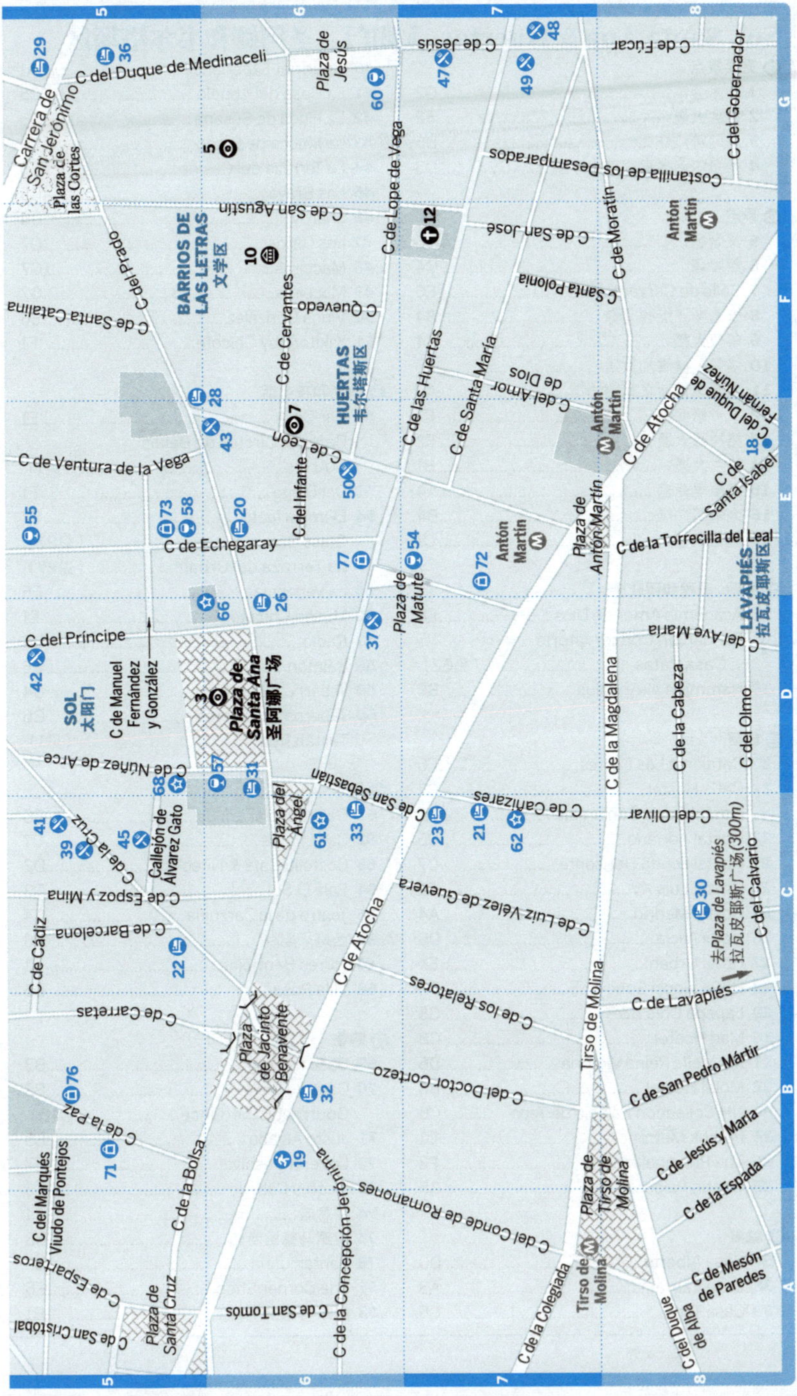
BARRIOS DE LAS LETRAS
文学区
HUERTAS
韦尔塔斯区
SOL
太阳门
LAVAPIÉS
拉瓦皮耶斯区
Plaza de Santa Ana
圣阿娜广场
Plaza de Jesús
Plaza de las Cortes
Plaza del Ángel
Plaza de Matute
Plaza de Antón Martín
Plaza de Jacinto Benavente
Plaza de Santa Cruz
Plaza de Tirso de Molina
Antón Martín
Tirso de Molina
去Plaza de Lavapiés
拉瓦皮耶斯广场(300m)
C del Duque de Medinaceli
Carrera de San Jerónimo
C de Jesús
C de Fúcar
C del Gobernador
C de San Agustín
C de Lope de Vega
Costanilla de los Desamparados
C de San José
C de Moratín
C Santa Polonia
C Quevedo
C de Cervantes
C del Prado
C de Santa Catalina
C de las Huertas
C de Santa María
C del Amor de Dios
C de Atocha
C del Duque de Fernán Núñez
C de León
C del Infante
C de Ventura de la Vega
C de Santa Isabel
C de Echegaray
C de la Torrecilla del Leal
C del Príncipe
C del Ave María
C de Manuel Fernández y González
C de la Magdalena
C de la Cabeza
C del Olmo
C de Núñez de Arce
C de San Sebastián
C de Cañizares
C del Olivar
C de la Cruz
Callejón de Álvarez Gato
C de Espoz y Mina
C de Luiz Velez de Guevera
C de Barcelona
C de Cádiz
C del Calvario
C de los Relatores
C de Lavapiés
C de Carretas
C del Doctor Cortezo
C de San Pedro Mártir
C de la Paz
C de Jesús y María
C de la Bolsa
C de la Concepción Jerónima
C de la Espada
C del Conde de Romanones
C del Marqués Viudo de Pontejos
C de Esparteros
C de Mesón de Paredes
C de la Colegiada
C de San Tomás
C de San Cristóbal
C del Duque de Alba
29
36
47
48
49
60
5
12
10
28
43
7
50
55
73
58
20
77
54
72
66
26
37
42
3
57
31
68
41
39
45
61
33
23
21
62
18
30
22
76
32
71
19

Sol, Santa Ana & Huertas 太阳门、圣阿娜和韦尔塔斯区

重要景点

1 美术会馆 G2
2 都会大厦 F2
3 圣阿娜广场 D6
4 圣费尔南多皇家艺术学院 D3

景点

5 文学区 G6
6 熊雕像 C4
7 Calle de Cervantes 2 .... E6
8 卡洛斯三世骑马像 B4
9 邮政大楼 B4
10 洛佩・德维加故居 F6
11 老鼠佩雷斯之家博物馆 A4
12 三一修女院 F7
13 格拉西大厦 F2
14 格兰大道 B1
15 加维里亚宫 A4
16 太阳门广场 B4
17 电信大楼 C1

活动、课程和团队游

18 Academia Amor de Dios E8
Fundación Conservatorio
Casa Patas .... （见62）
19 Hammam al-Andalus B6

住宿

20 Catalonia Las Cortes E6
21 Cat's Hostel C7
Hostal Adria Santa Ana .... （见22）
22 Hostal Adriano C5
23 Hostal Fonda Horizonte C7
24 Hostal Luis XV C1
25 Hostal Madrid A4
26 Hotel Alicia D6
27 Hotel Urban E4
28 Hotel Vincci Soho F5
29 Lapepa Chic B&B G5
30 Mad Hostel C8
31 Me Melía Reina Victoria D6
32 Mola! Hostel B6
33 NH Collection Palacio de Tepa C6
34 Praktik Metropol C1
35 The Principal Madrid F2
36 Westin Palace G5

就餐

37 Casa Alberto D6
38 Casa Labra A3
39 Casa Toni C5
40 Gourmet Experience A1
41 La Casa del Abuelo C5
42 La Finca de Susana D5
43 La Mucca de Prado E6
44 La Terraza del Casino E3
45 Las Bravas C5
46 Lhardy D4
47 Los Gatos G7
48 Maceiras G7
49 Maceiras G7
50 Vinos González E6
51 Yakitoro by Chicote F1

饮品和夜生活

52 Bar Cock E1
Café del Círculo de Bellas
Artes .... （见1）
53 Del Diego F1
54 El Imperfecto E7
Glass Bar .... （见27）
La Terraza del Urban .... （见27）
55 La Venencia E5
56 Museo Chicote E1
57 Radio D6
58 Salmón Gurú E5
59 Taberna Alhambra C4
60 Taberna La Dolores G6
Tartân Roof .... （见1）

娱乐

61 Café Central C6
62 Casa Patas C7
63 Costello Café & Niteclub D2
64 Sala El Sol D2
65 Teatro de la Zarzuela F4
66 西班牙剧院 D6
67 Torres Bermejas B1
68 Villa Rosa D5

购物

69 Casa de Diego B3
70 Casa de Diego B2
Gourmet Experience .... （见40）
71 Justo Algaba B5
72 Librería Desnivel E7
73 Licores Cabello E5
74 罗意威 F1
75 皇家马德里商店 B3
76 Santarrufina B5
77 The Corner Shop E6
78 皇家马德里商店 B1

（上接93页）居住于此，现在是一座专门展示这位作家生平和著作的纪念博物馆。

太阳门广场
广场

（见94页地图；Plaza de la Puerta del Sol；ⓂSol）这个由优雅建筑围成的半圆形广场就是官方的西班牙的正中心。最重要的是，这里是一个十字路口：人们总是匆匆忙忙赶往其他地方，步行、乘地铁（有三条地铁线路经过），或是乘公共汽车（很多公交线路的终点站和始发站都在附近）。尽管如今令人难以置信，但在很久之前的马德里，太阳门（Puerta del Sol）曾是这座城市的东门。

广场上的主建筑内是马德里行政自治区（Comunidad de Madrid）的地区政府所在地。这栋建筑名叫**邮政大楼**（Casa de Correos；见94页地图；ⓂSol），建于1768年，正如它的名字，这里当时是马德里的邮政总局。大钟是在1856年加上去的，每到新年前夕，人们都会聚集在广场上，焦急地等待钟声在午夜敲响，每敲响一次就吃一颗葡萄——这可不像听起来那么简单！在邮政大楼外面的步道上有一块铭牌，上面标记了西班牙的**零公里**（Kilometre Zero）标识，西班牙的所有道路都是以此为起点来计算长度的。

这个半圆形广场的存在要部分归功于波旁王朝的国王卡洛斯三世（1759～1788年在位），他的**骑马像**（见94页地图；ⓂSol）矗立在中央（其标志性的鼻子让人过目不忘）。广场东端还有一座**熊雕像**（见94页地图；ⓂSol），紧贴着一棵草莓树（madroño），这就是马德里的官方象征。

老鼠佩雷斯之家博物馆
博物馆

（Casa Museo de Ratón Perez；见94页地图；☎91 522 69 68；www.casamuseoratonperez.com；1st fl, Calle de Arenal 8；€3；⏲周一 17:00～20:00，周二至周五 11:00～14:00和17:00～20:00，周六 11:00～15:00和16:00～20:00；ⓂSol）西班牙版的牙仙子是一只可爱的小老鼠，名为"老鼠佩雷斯"（El Ratón Perez）。这座小博物馆靠近太阳门广场，会带你进入他的家里玩。只能通过导览游进入博物馆，且解说只有西班牙语，但仍旧值得过来参观一圈，你会看到他的暗门、他位于饼干罐里的家的布局，以及各种各样的小工艺品。入口的走廊处标着"Centro Comercial Arenal 8"。

丽池区（El Retiro）和艺术博物馆

该区有马德里最令人难忘的几个景点，其中大部分都位于普拉多大道上或其步行距离内。其中理所当然地最引人注目的是3座世界级的艺术博物馆（普拉多、提森和索菲亚王后）。但丽池公园是市中心的一片迷人绿

他们葬在哪里？

尽管其他国家已经将本地名人的墓地变成了旅游景点，西班牙的这一进程仍旧缓慢。这可能是因为西班牙一些最有名的历史名人安息之地周围有一些神秘事件。

迭戈·委拉斯开兹（1599～1660年）根据历史记录，西班牙的绘画大师葬在圣胡安尼托教堂（Iglesia de San Juanito），但教堂在19世纪初被约瑟夫·波拿巴（Joseph Bonaparte）拆毁，为之后的**Plaza de Ramales**（见84页地图；ⓂÓpera）腾出空间。2000年的挖掘工作发现了之前教堂的地下墓室，但没有找到委拉斯开兹。

弗朗西斯科·戈雅（1746～1828年）在1919年，戈雅于法国波尔多去世91年后，他的遗骸被葬在了佛罗里达圣安东尼皇家教堂（见119页），这座小堂仍旧装饰着戈雅最著名的几幅湿壁画。但他的头没有被找到。

米格尔·德·塞万提斯·萨维德拉（1547～1616年）《堂吉诃德》的作者塞万提斯一生中大部分的时间都是在马德里度过的，在他去世之后，他的遗体被葬在了列特拉斯街区的三一修女院（见93页）。在之后的几个世纪里，他的遗体不知何故被放错了，直到2015年初，法医考古学家宣布他们在修女院的一个地下墓室中发现了塞万提斯的尸骨。修女院里如今仍旧生活着离群索居的修女，这里只有举行弥撒时才对公众开放。

El Retiro & the Art Museums 丽池区和艺术博物馆

洲，一片突然开阔的绿地上点缀着激动人心的纪念碑。再加上几家其他的博物馆和一个大胆的展览空间（卡伊莎中心），单单在这一片街区就足以让你逗留两三日。

★ 提森-博内米萨博物馆

博物馆

（Museo Thyssen-Bornemisza；见98页地图；☎902 760511；www.museothyssen.org；Paseo del Prado 8；成人/儿童 €12/免费，周一 免费；

El Retiro & the Art Museums 丽池区和艺术博物馆

重要景点

1 索菲亚王后艺术中心......A6
2 普拉多博物馆......B3
3 提森-博内米萨博物馆......A2
4 丽池公园......C2

景点

5 老阿托查火车站......B6
6 西班牙银行......A1
7 纪念林......C4
8 卡伊莎中心......A5
9 善隐楼......C3
10 中央文化中心......B1
11 皇家圣热罗尼莫教堂......B3
12 苗圃......D4
13 马德里最老的树......C3
马德里观景台......（见10）
14 观景宫......A1
15 利纳雷斯宫......B1
16 西贝莱斯广场......A1
17 阿尔卡拉门......C1
18 皇家植物园......B4

活动、课程和团队游

19 Row Boats......D2

住宿

20 60 Balconies Atocha......B6

就餐

21 Estado Puro......A3
Palacio de Cibeles......（见10）

饮品和夜生活

22 Teatro Kapital......A5

购物

23 Cuesta de Claudio Moyano Bookstalls......B5
24 Librería la Central......A6

周二至周日 10:00~19:00，周一 正午至16:00；Ⓜ Banco de España）这座博物馆拥有全世界欧洲艺术品最好的私人收藏之一。普拉多博物馆和索菲亚王后艺术中心能让你深入了解某个特定艺术家的作品体系，而提森-博内米萨博物馆则让你沉浸在艺术风格的惊人广泛性中。大部分大师都在这里占有一席之地，虽然有的艺术家只展出了一幅，不过，将所有艺术家都聚集在一个屋檐下就是提森-博内米萨博物馆对马德里这座城市和热爱艺术的大众所献上的一份厚礼。从顶层开始往下展开你的艺术之旅。

三层

三层展览的是中世纪艺术，大部分都是13~14世纪来自意大利、德国和佛兰德斯的宗教油画以及三联画，其中不乏真正的珍品。如果你不是行家需要指引的话，可以先在5号厅稍作停留，在这里，你会发现意大利画家彼埃罗·德拉·弗朗西斯卡（Piero della Francesca；1410~1492年）的一幅作品，还有小霍尔拜因（Holbein the Younger；1497~1543年）创作的那幅一眼就能认出的《亨利八世》（*Portrait of King Henry Ⅷ*）。随后前往10号厅，看看卢卡斯·冯·瓦尔克伯奇（Lucas Van Valckenborch）1586年创作的《对无辜者的屠杀》（*Massacre of the Innocents*），这是一幅令人思绪回荡的画作。11号厅有埃尔·格列柯（3幅画）及与他同时代的威尼斯画家丁托列托（Tintoretto）和提香（Titian）的作品，而12号厅则主要展出卡拉瓦乔（Caravaggio）和西班牙画家何塞·德里韦拉（José de Ribera）的作品。接下来的两个展厅分别有穆里洛（Murillo）和苏巴朗（Zurbarán）的一幅画，又增添了些西班牙风情，而卡纳莱托（Canaletto；1697~1768年）用独特视角描绘的威尼斯风景也绝不应错过。

这层的精华在扩建的部分（A至H厅），陈列的是卡门·提森-博内米萨（Carmen Thyssen-Bornemisza）的收藏。C厅里是卡纳莱托（Canaletto）、康斯特布尔（Constable）和凡·高（Van Gogh）的作品，而令人迷醉的H厅则陈列着莫奈（Monet）、西斯莱（Sisley）、雷诺阿（Renoir）、毕沙罗（Pissarro）和德加（Degas）等一众大师的作品。

在下楼之前，顺便逛一下19~21号厅，那里有安东·凡·戴克（Anton van Dyck）、大扬·布勒哲尔（Jan Brueghel the Elder）、鲁本斯和伦勃朗（1幅）等17世纪荷兰与佛兰德斯大师的佳作，定会令你满意而归。（下接111页）

SEAN PAVONE / SHUTTERSTOCK ©

重要景点

普拉多博物馆

欢迎来到世界顶级的美术馆之一。普拉多博物馆的馆藏就像是一扇窗户，让我们看到西班牙的灵魂在历史上曾闪现的种种奇思妙想：委拉斯开兹的皇室作品中所表现出来的宏伟气势，戈雅的《黑色绘画》(*Las Pinturas Negras*)中的晦暗躁动，以及来自欧洲各地的精美作品都传达着西班牙的开阔胸怀。

丽池大楼

丽池大楼(Casón del Buen Retiro; ☎902 107077; Calle de Alfonso XII 28; ⏰时间不定; Ⓜ Retiro)俯瞰丽池公园，这里被附近的普拉多博物馆用作学术图书馆。普拉多组织导览游参观迷人的大使厅(Hall of the Ambassadors)，厅内的天花板有卢卡·焦尔达诺(Luca Giordano)在1697年创作的惊人湿壁画《西班牙君主升天》(*The Apotheosis of the Spanish Monarchy*)。

热罗尼莫楼

普拉多的东翼(热罗尼莫楼; Edificio Jerónimos)属于普拉多迷人的现代扩建部分。楼里面基本都是临时展览(通常用来展出那些因博物馆展览空间有限而在仓库里存放了几十年的杰作)，这里最吸引人的是三楼的回廊。这些在1672年用本地出产的花岗岩建造的回廊，直到最近才和毗邻的皇家圣热罗尼莫教堂(见114页)连上。

不要错过

- 戈雅
- 委拉斯开兹
- 佛兰德斯作品
- 《人间乐园》
- 《查理五世骑马像》

实用信息

- 见98页地图
- www.museodelprado.es
- 普拉多大道
- 成人/儿童 €15/免费，周一至周六18:00~20:00和周日17:00~19:00免费，语音导览€3.50
- ⏰周一至周六 10:00~20:00，周日 至19:00
- Ⓜ Banco de España

比利亚努埃瓦楼

普拉多的西翼（比利亚努埃瓦楼；Edificio Villanueva）建成于1785年，是一座新古典风格的宫殿，名叫比利亚努埃瓦宫（Palacio de Villanueva）。在拿破仑的军队占领马德里的1808~1813年，这里成为他们的骑兵营。1814年，国王费尔南多七世（Fernando Ⅶ）决定把这座宫殿变成博物馆。5年后，普拉多博物馆正式开放，展出了311幅西班牙画作。

埃尔·格列柯

这位出生于希腊（并因此得名）的艺术家的作品被认为是普拉多收藏的最优秀的西班牙文艺复兴时期画作。这位移居西班牙的16世纪大师的作品鲜活而近乎超现实，他笔下的人物都明显地瘦削而煎熬，其对作品的处理十分完美。这里收藏有他的30多幅画作，其中两幅——《圣母领报》（*The Annunciation*）和《逃往埃及》（*The Flight into Egypt*）——是他抵达西班牙之前在意大利创作的，而《三位一体》（*The Trinity*）和《骑士在扪心自问》（*Knight with His Hand on His Breast*）则被认为是他最重要的作品。

提香的《查理五世骑马像》

这幅16世纪的作品被认为是艺术史中最出色的骑马像与皇室画像之一，据说是这幅作品启发了迭戈·罗德里格斯·德席尔瓦·委拉斯开兹在一个世纪后创作的类似画作。作为文艺复兴时期的大师之一，提香（1488~1576年）在创作这幅画时进入了他作为画家最声名鹊起的时期，这幅作品也被广泛认为是他的杰作之一。

只在马德里

马德里肯定是世界上唯一一个差点儿因为艺术展而引起暴乱的城市。约翰·胡珀（John Hooper）在他的书《新西班牙人》（*The New Spaniards*）里讲了普拉多如何在1990年把馆藏里一批数量空前的委拉斯开兹作品拿了出来，并对公众打开了大门。这场展览十分受欢迎，以至于有超过50万的访客前来观看。就在展览原定的结束时间之前，普拉多宣布只要人们想要进来，他们就不会关门。等大门终于在21:00关闭之时，门外仍旧有数百人在雨中等着进去。他们呼喊，他们大叫，他们用雨伞在这所威严的机构的大门上敲打。画廊重新开放，但队伍总也排不完，当展览最终在22:30关闭之时，愤怒的艺术爱好者与警察起了冲突。

门票

普拉多博物馆的入口是东边的热罗尼莫门（Puerta de los Jerónimos）；门票要先在楼北边的**售票处**（Puerta de Goya; www.museodelprado.es; Calle de Felipe IV; ⏲周一至周六 9:45~19:30，周日 至18:30; Ⓜ Banco de España）买，对面是丽兹酒店，上边是戈雅门（Puerta de Goya）。

普拉多免费的楼层平面图（在门口或门内一点的地方提供）列出了50件普拉多的杰作的位置，并给出了所有主要艺术家的展厅号码。平面图也在网上提供。

在午夜仍旧有将近50人在外边反复喊着“我们想进去”。

戈雅

弗朗西斯科·戈雅有时被描述为第一位西班牙大师，普拉多博物馆的三层楼里每一层都有他的作品。从地面层或者低楼层的南端开始，在64和65号厅里有戈雅的《5月2日》(*El dos de mayo*)和《5月3日》(*El tres de mayo*)，这两幅画堪称马德里最有象征意义的油画。在隔壁的66号和67号厅里收藏了他令人不安的作品《黑色绘画》(*Las pinturas negras*)，之所以称其为“黑色绘画”是因为画中人物表现出的扭曲的外表。《农神吞噬其子》(*Saturno devorando a su hijo*)令人焦虑万分，而《圣伊西德罗的朝圣》(*La romería de San Isidro*)、《女巫安息日》(*Aquelarre*)和《大公山羊》(*El gran cabrón*)以堕落灵魂的面孔为主，引人注目。《巨人》(*El coloso*)是《黑色绘画》的一个有趣的脚注，是一副挂在《黑色绘画》旁边的戈雅式作品，一直被认为是这位大师的作品，直到普拉多的专家们在2008年否定了这一说法。

2楼其他的杰作包括迷人的《查理四世及其家人》(*La família de Carlos Ⅳ*)，这幅画描绘了1800年的西班牙王室；戈雅把自己画在了背景中，就像委拉斯开兹在《宫娥》(*Las meninas*)中所做的那样。《穿衣的玛哈》(*La maja vestida*)和《裸体的玛哈》(*La maja desnuda*)也在这层。画中这位姓名不详的女人普遍被认为是阿尔巴公爵夫人(Duquesa de Alba，有人认为她曾是戈雅的情人)，两幅画一模一样，只是第二幅画中的玛哈没有穿衣服。

其余最佳藏品

无论你在普拉多博物馆待上多久，这里总有更多东西等着你发现，比如丟勒(Dürer)、拉斐尔(Rafael)、丁托列托(Tintoretto)、索罗拉(Sorolla)、庚斯博罗(Gainsbo-rough)、弗拉·安杰利科(Fra Angelico)和提埃坡罗(Tiepolo)等人的画作。

佛兰德斯作品

普拉多博物馆收藏的杰出的佛兰德斯艺术作品包括彼得·保罗·鲁本斯(Peter Paul Rubens；1577~1640年)所塑造的夸张人像和圆滚滚的小天使。他的代表作是《三美神》(*Las tres gracias*)和《东方三博士的膜拜》(*Adoración de los reyes magos*)。附近其他的精彩作品还包括彼得·勃鲁盖尔(Pieter Bruegel)的《死亡的胜利》(*The Triumph of Death*)和安东尼·凡戴克(Anton Van Dyck)的作品。

范·德·魏登(Van Der Weyden)1435年的画作《下十字架》(*El descendimiento*)算是罕见的作品，无论是从尺寸上来说还是从绘画上方角落里循环出现的十字弩来说，这些十字弩指向玛利亚和耶稣的身体(这幅画是受一个十字弩制造商兄弟会的委托创作的)。这幅画曾经是一个三折圣像画的中心部分，充斥着戏剧性和明亮的色彩。

不要错过耶罗尼米斯·博斯(Hieronymus Bosch；约1450~1516年)那幅古怪而神奇的《人间乐园》(*The Garden of Earthly Delights*；56A厅)。尽管很多人尝试着去分析这幅充满幻想的作品，但目前还没有人能提供确切的解释。你靠得越近，就越难摆脱那种他肯定嗑了嗨药的感觉。

普拉多博物馆

《月亮与狩猎女神》(*Judith at the Banquet of Holofernes*)是普拉多馆藏中唯一一幅伦勃朗的画作，完成于1634年；留意椅子扶手上的画家签名和日期。这幅画展示出一个大师的巅峰能力，他专业地使用明暗对比风格，并在人物的服饰和面孔上描绘出惊人的细节。

委拉斯开兹

委拉斯开兹的宫廷画师身份意味着他的作品能令人一窥17世纪的皇室生活，十分吸引人，而普拉多收藏有最丰富的委拉斯开兹作品。在所有的委拉斯开兹作品中，《宫娥》(12号厅)是最多人前来看的作品。这幅画完成于1656年，更合适的名字是《腓力四世一家》(*La família de Felipe Ⅳ*)。委拉斯开兹把自己画在了左边，而中间则是婴儿时期的玛格丽特。还不只是这些：画家其实画下了正在为国王和王后画像的他，根据一些专家的说法，国王和王后出现在了委拉斯开兹后边的镜子中。他对光线和色彩的驾驭在这幅画中最为明显。关于这幅画还有一个有趣的细节，除了他出色地把自己画进了皇室之外，他的背心上还有一个圣地亚哥骑士团(Order of Santiago)的十字架。画家显然痴迷于获得贵族头衔。他在去世前不久才终于获封，但在这幅画作中他早在这些发生之前就给自己加封了！

《宫娥》周围的展厅(14号和15号厅)有更多各皇室成员的精美画像，画中人仿佛要从画布上跳出来一样，其中有许多都骑在马上。他的《布雷达投降》(*La rendición de Breda*)也在附近，而周边展厅里值得去找一找的还有巴托洛梅·埃斯特巴·牟利罗(Bartolomé Esteban Murillo)、何塞·德里维拉(José de Ribera)的作品，以及弗朗西斯科·德苏巴朗粗糙的肖像画。

普拉多博物馆

进攻计划

从2楼委拉斯开兹创作的❶《宫娥》开始。虽然只这一幅画就能值回票价，但它只是这趟17世纪西班牙艺术黄金时代之旅的精彩开端；旁边还有更多委拉斯开兹的皇家绘画，以及苏尔瓦兰和穆里洛的作品。2楼还可以看到戈雅的❷《穿衣的玛哈》和《裸体的玛哈》，相邻的展厅里有更多戈雅的早期作品。楼下在博物馆的南端，戈雅的愤怒在尖锐的❸《5月2日》和《5月3日》中表现得非常明显，而画家晚年的痛苦在相邻展厅里的❹《黑色绘画》中进行了宣泄。楼下还有耶罗尼米斯·博斯令人惊叹的奇异画作❺《人间乐园》，这也是普拉多的标志性杰作之一。返回2楼，埃尔·格列柯的❻《牧羊人的崇拜》是一幅非凡的作品，还有彼得·保罗·鲁本斯的❼《三美神》，这是普拉多博物馆收藏的佛兰德斯艺术大师们的杰作之中的重头展品。（注意：这幅画现在可能已经搬到3楼了。）顺便去3楼看看戈雅知名度稍低的一些作品，最后可以去❽热罗尼莫斯楼参观回廊和出色的书店。

最佳建议

- 在线（www.museodelprado.es）购票，避免排队。
- 最佳参观时间是开门后越早越好。
- 网站（www.museodelprado.es/coleccion/que-ver）可提供1～3小时的自助导览游。
- 附近还有提森-博内米萨博物馆和索菲亚王后艺术中心。它们共同构成了非凡的艺术金三角。

IMAGNO / GETTY IMAGES ©

《宫娥》（委拉斯开兹）

这幅杰作描绘了委拉斯开兹和玛格丽塔公主，据一些专家说，委拉斯开兹身后的镜子还映出了国王和王后的身影。

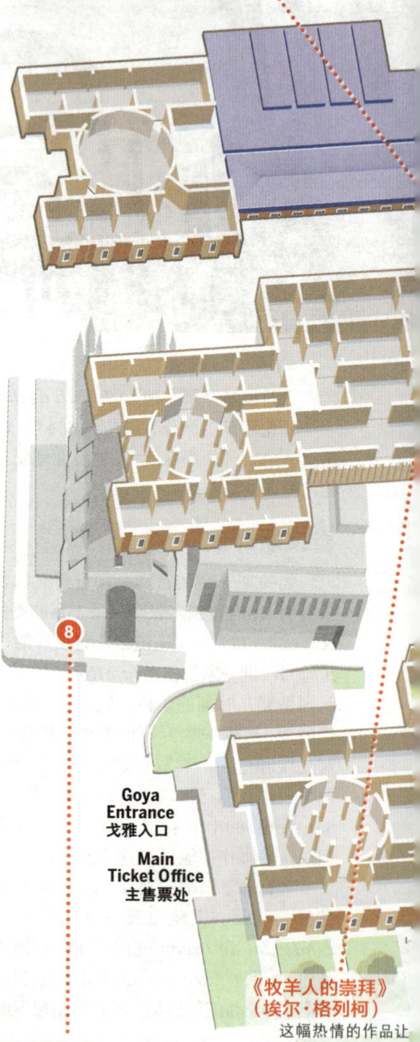

热罗尼莫斯楼

这座最先进的扩建建筑开放于2007年，用来巡回展览普拉多博物馆之前因为欠缺展览空间而存放了几十年的艺术杰作，3楼极具吸引力的花岗岩回廊可以追溯到1672年。

《牧羊人的崇拜》（埃尔·格列柯）

这幅热情的作品让人沉醉。扭曲的形体呈现是埃尔·格列柯晚期作品的特色。

《三美神》（鲁本斯）

《三美神》是鲁本斯晚年的杰作，这幅经典之作是鲁本斯耽于感官享受的杰出表达，画中描绘的是宙斯的女儿光辉女神阿格莱亚、欢乐女神欧佛洛绪涅和激励女神塔利亚。

《穿衣的玛哈》和《裸体的玛哈》（戈雅）

这两幅神秘的作品让19世纪初的马德里社会为之震惊，有关画中女人身份的谣言四起，还激起了西班牙宗教法庭的愤怒。

DEA PICTURE LIBRARY / GETTY IMAGES ©

DEA / G. DAGLI ORTI / GETTY IMAGES ©

《5月2日》和《5月3日》（戈雅）

戈雅的这两幅作品描绘了1808年马德里英勇抗击法国的统治，但最终以失败告终，很少有作品能这样唤起一座城市的自我意识。

《黑色绘画》（戈雅）

《黑色绘画》是戈雅最黑暗的作品。《农神吞噬其子》展现了饱受煎熬而扭曲的人性，《圣伊西德罗的朝圣之旅》和《女巫安息日》则令人深感不安。

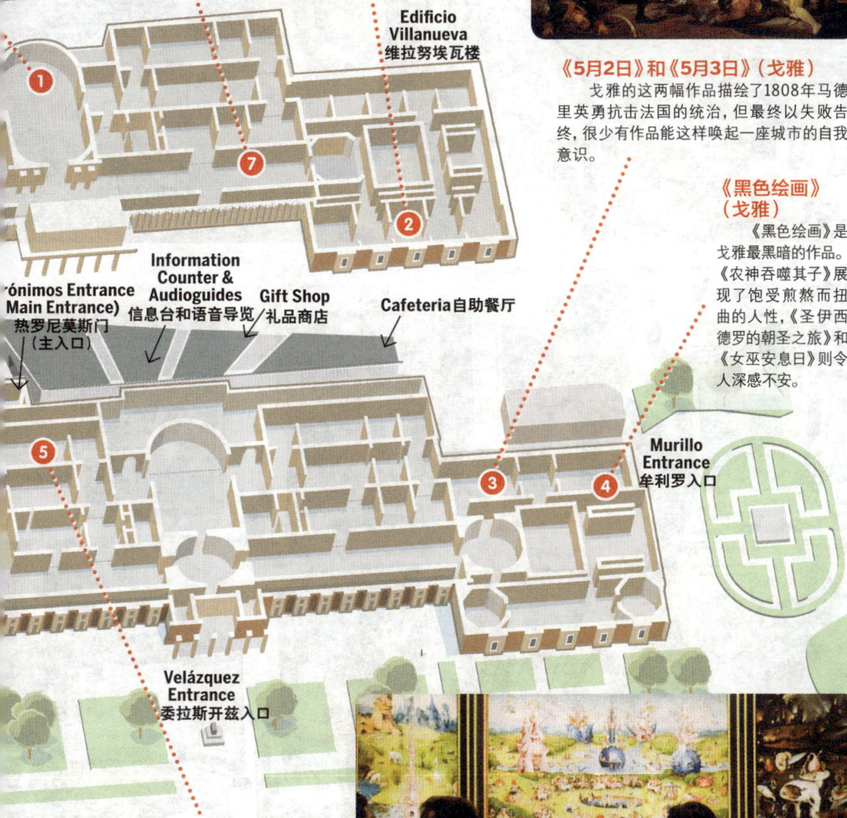

KRZYSZTOF DYDYNSKI / GETTY IMAGES ©

《人间乐园》（博斯）

这件令人震撼的作品是异想天开的三联画，描绘了伊甸园和普拉多所形容的“愁惨地狱”，画中的细节精致而古怪。

1

2

DANNY LEHMAN/GETTY IMAGES ©

1. 圣米格尔市场（见130页）**2.** 埃尔拉斯特洛跳蚤市场（见88页）**3.** 弗拉明戈舞者

当地人的马德里

和大多数西班牙城市相比，马德里需要你花更多时间慢慢爱上。不过一旦你爱上了它，它就会千百倍地回报你的耐心。爱上它的关键在于了解一点当地知识。

非常马德里的星期天

马德里人最喜欢的莫过于周日在埃尔拉斯特洛跳蚤市场（见88页）消磨一上午，接着13:00左右沿着拉丁区的Calle de la Cava Baja（见132页）找地方享用西班牙小吃和苦艾酒。之后穿过城区去丽池公园（见112页），人们聚集在湖泊东岸，随着夕阳接近地平线，伴着鼓点开始跳起舞来。

特色饮食

在这座迷恋食物的城市，你会发现无数深得马德里烹饪精华的宝藏。圣米格尔市场（见117页）就是餐饮界让人难以抗拒的代表，无数人纷至沓来。附近的Casa Revuelta（见135页）外表不太起眼，但也一样受当地人的喜爱。

非正式的弗拉明戈

马德里有很多一流的弗拉明戈演出，但大多数都是相当正式的表演。虽然**Candela**（☎91 467 33 82; www.candelaflamenco.com; Calle del Olmo 3; €10; ⏲22:30至深夜）楼上的演出属于这一类，但楼下的酒吧却是为真正的弗拉明戈迷们准备的，这里的表演更具自发性质。有时候很精彩，有时候一般，但都充满着弗拉明戈的的魔力。

街区生活

马德里北部是本地人的天下。作为赞贝里区的核心和灵魂，奥拉维德广场（见119页）能够让你领略原汁原味的马德里人的日常生活。这里并没有很多可以游览的地方，但在环绕广场的室外餐桌上惬意地观看本地人悠闲自在的生活，当真是一扇了解马德里本地滋味的迷人窗口。

1

寻找堂吉诃德

极少有文学作品像米格尔·德·塞万提斯的《来自拉曼查的奇情异想的绅士堂吉诃德》（*El ingenioso hidalgo Don Quijote de la Mancha*）——在西班牙更为人熟知的名字是吉诃德（El Quijote）——对拉曼查这样一个真实的地方进行了如此细致写实的描绘。

来自拉曼查的男人

“很久以前，在拉曼查的一个我已想不起名字的村庄里，生活着一位乡村绅士……”

这部小说就是这样开头的。我们的传奇冒险英雄到底是从哪个村庄开始踏上他的旅途的，这曾经一度是个谜团。直到2005年这本书出版400周年之际，10位著名的西班牙学者按照塞万提斯留下的线索进行了全面而谨慎的勘察。他们的结论是：卡斯蒂利亚-拉曼查南端的比利亚努埃瓦-德洛斯因凡特斯（Villanueva de los Infantes；人口5243）正是堂吉诃德旅程的起点。目前，这座小镇最著名的是它赭石色的主广场，周围环绕着木石结构的阳台，还耸立着一座15世纪的圣安德烈斯教堂（Iglesia de San Andrés）。如果你要过夜的话，最好的选择莫过于La Morada de Juan de Vargas（见259页）。

骑士之夜

堂吉诃德接下来去了哪里，人们对此尚未达成共识，至于堂吉诃德之路（rutas de Don Quijote）也有好多条，因为许多拉曼查的小镇都声称自己曾出现在塞万提斯的笔下。实际上，这本书中并没有提到多少村镇的名字。

不过有一个名字的确出现过，就是现在并

TATYANA VYC / SHUTTERSTOCK ©

PANORAMIC IMAGES / GETTY IMAGES ©

1. 风车，坎普-德克里普塔纳（见253页）
2. 主广场和圣安德列斯教堂，比利亚努埃瓦-德洛斯因凡特斯（见259页）
3. 阿尔卡拉-德埃纳雷斯的米格尔·德塞万提斯出生地博物馆外，由佩德罗·雷克霍所创作的堂吉诃德和桑丘·潘萨雕像（见164页）

DANILOVSKI / SHUTTERSTOCK ©

不起眼的拉皮塞港（Puerto Lápice），它位于托莱多的西南方。就是在这里，堂吉诃德投宿在一家被自己错认为城堡的旅馆里，然后在看守了那里一整夜之后，他又说服旅馆的主人封他为骑士。圣胡安阿尔卡萨（Alcázar de San Juan）东北方的埃尔托沃索（El Toboso）也曾出现在书中，它是堂吉诃德柏拉图式的爱人杜尔西内娅（Dulcinea）的家乡。如今你在埃尔托沃索能找到16世纪的杜尔西内娅故居博物馆（见258页），还有必看的堂吉诃德雕像和一座图书馆，里面有各种语言共300多个版本的《堂吉诃德》。

风车

在旅途中，堂吉诃德将大部分精力都花在了和假想的风车敌人（molinos de viento）进行的光荣战斗上，但书中并没有披露这些“怪物一样的巨人”的确切位置。最精致的无疑是孔苏埃格拉（见252页）的那9座风车，它们沿着一条广袤平原上的山脊线排开，从很远的地方就能一眼望到。在圣胡安阿尔卡萨东北方的莫塔-德尔奎尔沃（Mota del Cuervo）也有7座不错的风车，但只有坎普-德克里普塔纳（Campo de Criptana；见253页）才能和孔苏埃格拉相提并论。坎普-德克里普塔纳最初的32座风车如今只保留下了10座，不过它们都梦幻般地高耸在村镇高处。当地还有传说称塞万提斯是在镇上的圣玛利亚教堂（Iglesia de Santa Maria）受洗的。

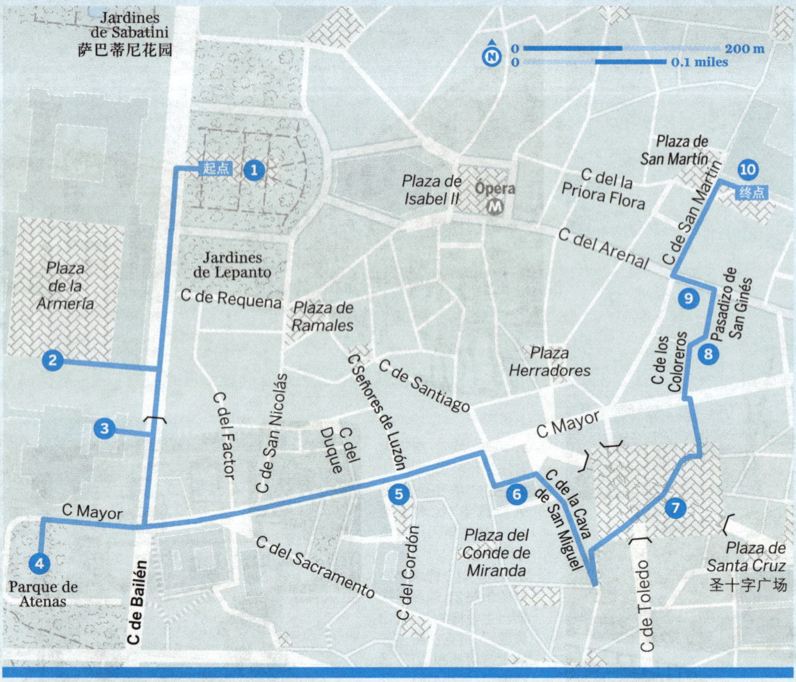

步行游览
马德里老城区

起点：东方广场

终点：皇家德兹卡尔泽斯修道院

全程：2公里；2小时

从❶**东方广场**（见82页）开始，这里由一片绿地和优雅的建筑组成了一道华丽的弧形，大概是西班牙最宜人的广场。你会发现自己被花园、皇宫和皇家剧院所环绕，周围是不断变换的马德里人在玩耍。❷**皇宫**（见82页）俯瞰着广场，在几个世纪里都是西班牙王权的所在地。❸**阿尔穆德纳圣母大教堂**（见85页）几乎就在隔壁；这里或许缺少其他西班牙主教座堂的肃穆，但却是天际线漂亮的一部分。

离开主教座堂，下到❹**阿拉伯城墙**（见85页），那里是最初"阿拉伯墙"的一小段，然后漫步沿马约尔街上坡，停下来欣赏一下马德里第一座主教座堂阿穆德纳圣母大教堂最后的遗迹，然后去❺**市政广场**（见85页），这个舒适的广场的三面都被一些马德里巴洛克建筑的典范所环绕。再往坡上走一点，距离马约尔街不远处，马德里最老的市场之一❻**圣米格尔市场**（见130页）已经成为本地最酷的用餐场所之一。

沿Cava de San Miguel下坡，然后上坡穿过库齐里埃洛斯门（Arco de Cuchilleros）到达西班牙最宏伟最漂亮的广场之一❼**主广场**（见83页）。沿广场北边一条窄巷走，❽**Chocolatería de San Ginés**（见140页）的西班牙油条蘸巧克力理所当然地十分出名，后者无论何时都是理想的马德里享乐方式。几乎就在隔壁，沿着步行街Calle del Arenal走会看到怡人的砖石结构教堂❾**圣吉恩斯教堂**（见87页），这是马德里基督教最久远的遗迹之一。

往北走一小段上坡路，就是❿**皇家德兹卡尔泽斯修道院**（见87页），这是一个朴素的修女院，内饰丰富非凡。修女院位于马德里市中心，是个很棒的终点。

（上接99页）

二层

以上这些听起来已足以让人印象深刻，但二层才是真正的光芒所在。28号厅里有一幅庚斯博罗（Gainsborough）的作品，31号厅有一幅戈雅的作品，但是如果到目前为止你对这里庞大的馆藏只是匆匆一览，那么32号厅可以让你在每幅画前都驻足流连。凡·高的《奥维的风光》（*Les Vessenots*）绝对是惊世杰作，这句话也可以用在马奈（Manet）的《骑士装扮的女子》（*Woman in Riding Habit*）、莫奈的《维特尼的冰雪融解》（*The Thaw at Véthueil*）、雷诺阿的《花园里带阳伞的女人》（*Woman with a Parasol in a Garden*）和毕沙罗（Pissarro）那典型巴黎式的《下午的圣奥诺雷街》（*Rue Saint-Honoré in the Afternoon*）这些作品上。33号厅也很特别，塞尚（Cézanne）、高更（Gauguin）、图卢兹-洛特雷克（Toulouse-Lautrec）、德加（Degas）……大师们的名字一直延续到34号厅和35号厅，前者有毕加索、马蒂斯（Matisse）和莫蒂里安尼（Modigliani），后者则有爱德华·蒙克（Edvard Munch）和埃贡·席勒（Egon Schiele）。

在2楼的扩建区（I至P厅），光看人名就说明了一切。K厅里有莫奈、毕沙罗、索罗拉和西斯莱的作品，而L厅则被高更[包括他的代表作《从前》（*Mata Mua*）]、德加和图卢兹-洛特雷克所占据。大师云集的M厅（蒙克）、N厅（康定斯基）、O厅（马蒂斯和乔治·布拉克）、P厅（毕加索、马蒂斯、爱德华·霍普和胡安·格里斯）更是让此行收获颇丰。在通往楼梯的路上，你还会看到爱德华·霍普的《旅馆房间》（*Hotel Room*）。

一层

你可以在一楼的扩建区开始20世纪的艺术之旅，从立体派到波普艺术，这一楼层的艺术流派非常多样。

41号厅把毕加索、乔治·布拉克（Georges Braque）和马德里本土画家胡安·格里斯（Juan Gris）这三大立体派巨匠巧妙地组合在一起，还有几位其他同时代艺术家作伴。康定斯基（Kandinsky）是43号厅的招牌，而44号厅里则有达利（Salvador Dalí）的早期作品以及马克斯·恩斯特（Max Ernst）和保罗·克利（Paul Klee）的作品。毕加索在45号厅再次出现，这也是馆内比较出众的展厅之一；它的珍藏包括马克·夏加尔（Marc Chagall）的作品，以及达利充满天马行空般想象力的《睡醒前的一秒钟，一只蜜蜂飞绕石榴旁而做的梦》（*Dream Caused by the Flight of a Bee Around a Pomegranate, One Second Before Waking Up*）。

46号厅同样丰富，里面有胡安·米罗（Joan Miró）的《加泰罗尼亚农民与吉他》（*Catalan Peasant with a Guitar*），杰克逊·波洛克（Jackson Pollock）颜料疯狂飞溅的《棕色和银色I》（*Brown and Silver I*），还有看似简单却能给人奇特愉悦感的马克·罗斯科（Mark Rothko）的作品——《绿色和栗色》（*Green and Maroon*）盘踞中央。提森在47号和48号厅掀起了激动人心的高潮，将弗兰西斯·培根（Francis Bacon）、罗伊·利希滕斯坦（Roy Lichtenstein）、亨利·摩尔（Henry Moore）和卢西安·弗洛伊德（Lucian Freud；西格蒙德·弗洛伊德的孙子，生于柏林）的杰作一并奉上。

★索菲亚王后艺术中心　博物馆

（Centro de Arte Reina Sofía；见98页地图；☎91 774 10 00；www.museoreinasofia.es；Calle de Santa Isabel 52；成人/优惠票 €10/免费，周日 13:30~19:00 免费，周一和周三至周六 19:00~21:00 免费，网上买票价更低；⏲周一和周三至周六 10:00~21:00，周日 至19:00；Ⓜ Atocha）索菲亚王后艺术中心是马德里首屈一指的当代艺术收藏中心，毕加索的《格尔尼卡》（*Guernica*）就收藏在这里，这大概是西班牙最著名的画作。除了大量毕加索的经典之作，其他主要藏品还有萨尔瓦多·达利和胡安·米罗等人的作品，时间跨度大概从20世纪初一直到20世纪80年代。这里偶尔有些非西班牙艺术家的作品，如弗兰西斯·培根（Francis Bacon）的《卧姿人像》（*Lying Figure*；1966年），但大部分的藏品都来自伊比利亚半岛。

永久藏品在博物馆主楼Edificio Sabatini的3楼和5楼展出，《格尔尼卡》的位置从来没有变过——你会在3楼的206号厅找到它。除了这一幅，想找到其他特定作品的位置有点难。博物馆以主题划分展厅，毕加索或者米罗的作品可能遍布在二楼的各个位置。如果你想寻找某一幅特定的画，最好的办法是在正门外的问讯处拿一份最新的《博物馆楼层指南》(*Planos de museo*)，里面列出了每个展厅会出现的艺术家(但没有单独的画作信息)。

尽管只看一幅毕加索的《格尔尼卡》就已值回票价了，但是也别错过206周围展厅里毕加索的素描草稿，它们提供了有趣的视角，让你了解这项开拓性工作是如何展开的。如果毕加索立体派的风格俘获了你的想象力，那马德里本地画家胡安·格里斯(1887~1927年)或者乔治·布拉克(Georges Braque；1882~1963年)的作品也能吸引你。

胡安·米罗(1893~1983年)的作品常常使用明快的原色为主色调，不过也别忘了他那同样古怪的几件雕刻作品。自从他的画作成了1992年巴塞罗那奥运会的标志，他的作品就开始实至名归地得到国际赞誉——这座博物馆是欣赏他极富创新性的代表作的好地方。

索菲亚王后艺术中心还展出了20多幅达利(1904~1989年)的油画，最著名的是他的超现实主义狂想曲《手淫成癖者》(*El gran Masturbador*；1929年)。在其他作品中有一幅名为《饶爱乐》(*Joelle*)的奇怪半身像，是达利与他的朋友曼·雷(Man Ray；1890~1976年)共同创作的。另外一位超现实主义艺术家马克斯·恩斯特(Max Ernst；1891~1976年)的作品也值得一看。

如果你舍得从那些如雷贯耳的名字前移步，索菲亚王后艺术中心还提供了一个极好的机会，可以了解20世纪相对不那么著名的西班牙艺术家，其中有米格尔·巴塞洛(Miquel Barceló；生于1957年)、马德里艺术家何塞·古铁雷斯·索拉纳(José Gutiérrez Solana；1886~1945年)、著名巴斯克画家伊格纳西奥·苏洛阿加(Ignazio Zuloaga；1870~1945年)、描绘了20世纪30年代动乱中的西班牙的本哈明·帕伦西亚(Benjamín Palencia；1894~1980年)、巴塞罗那画家安东尼·塔皮埃斯(Antoni Tàpies；1923~2012年)、波普艺术家爱德华多·阿罗约(Eduardo Arroyo；生于1937年)和抽象派画家欧塞比奥·森佩雷(Eusebio Sempere；1923~1985年)，以及巴勃罗·帕拉苏埃洛(Pablo Palazuelo；1916~2007年)等Equipo 57(由一群流亡巴黎的西班牙艺术家创建于1957年)成员，还有著名诗人和剧作家费德里戈·加西亚·洛尔卡(Federico García Lorca；1898~1936年)的一些素描。

至于雕刻家，特别留意一下巴勃罗·加尔加洛(Pablo Gargallo；1881~1934年)，他的铜像作品中有一件是毕加索的半身像，以及著名巴斯克雕刻家豪尔赫·奥泰萨(Jorge Oteiza；1908~2003年)和爱德华多·奇利达(Eduardo Chillida；1924~2002年)。

★丽池公园 花园

(Parque del Buen Retiro；见98页地图；Plaza de la Independencia；⏲5月至9月 6:00至午夜，10月至次年4月 至22:00；Ⓜ Retiro、Príncipe de Vergara、Ibiza、Atocha)美丽的丽池公园不逊于其他欧洲城市的任何一座花园。有大理石纪念碑、景致优美的草坪、时隐时现的优雅建筑[水晶宫(Palacio de Cristal)尤其值得一看]和处处令人愉悦的绿色。平日这里安静祥和，但一到周末就会活跃起来。简而言之，这是我们在马德里最喜欢的地方之一。

丽池公园在17世纪由腓力四世建造，最初是西班牙国王、王后和他们密友的专享，自1868年对公众开放至今，每当天气好时(特别是周末)，马德里人就会从城市的各个方向汇聚过来，散步、阅读周日的报纸、划船，或者在这里众多的露天咖啡馆中挑一家坐下来喝杯冷饮。

丽池公园的亮点是人工湖(estanque)，巨大的装饰性结构物**阿方索十二世纪念碑**(Monument to Alfonso Ⅻ；Parque del Buen Retiro,Plaza de la Independencia；Ⓜ Retiro)在公园东端俯瞰着水面，纪念碑旁伴着大理石狮子。在夏季周日傍晚的日落时分，公园里的人会越来越多，随着手鼓声传遍整个公园，人们翩翩起舞。**划艇**(每45分钟 平日/周末 €6/8；⏲4月至9月 10:00~20:30，10月至次年3月 至17:45；Ⓜ Retiro)可以在湖的北岸租到，这也是很有马德里特色的体验。湖的南端是装饰着古怪狮身人面像的**埃及喷泉**(Fuente Egipcia；Parque del Buen Retiro, Plaza de la Independencia；⏲5月至9月 6:00至午夜，10月至次年4月 至22:00；Ⓜ Retiro)：传说18世纪中期腓力四世将一批数量巨大的宝藏埋在这里。隐藏在湖南岸树林中的**水晶宫**(Palacio de Cristal; ☎91 574 66 14; www.museoreinasofia.es; Parque del Buen Retiro, Plaza de la Indepencia; ⏰4月至9月 10:00~22:00, 10月 至19:00, 11月至次年3月 至18:00; MRetiro)是一座用金属和玻璃建造的迷人建筑，也堪称丽池公园最美丽的历史建筑。它建于1887年，是用来种植异国花草的冬季花园，如今这里被索菲亚王后艺术中心用来举办短期展览。水晶宫的北边是1883年建造的**委拉斯开兹宫**(Palacio de Velázquez; www.museoreinasofia.es; Parque del Buen Retiro, Plaza de la Independencia; 票价不定; 5月至9月 10:00~22:00, 10月 至19:00, 11月至次年4月 至18:00)同样用来举办短期展览。

在公园的南端，距离种有4000多株玫瑰的**玫瑰园**(La Rosaleda; Parque del Buen Retiro, Plaza de la Independencia; MRetiro、Atocha)不远的是**堕落天使雕像**(El Ángel Caído; Parque del Buen Retiro, Plaza de la Independencia; MRetiro)。奇怪的是，这座雕像所在的海拔正好是666米……**但丁门**(Puerta de Dante; Parque del Buen Retiro, Plaza de la Independencia; MRetiro)位于公园的东南角，在那里能看到一幅浮雕壁画《但丁的炼狱》(*Dante's Inferno*)。占据公园西南角一大块的是**苗圃**(Jardín de los Planteles; 见98页地图; Parque del Buen Retiro,Plaza de la Independencia; MRetiro)，这里是丽池公园鲜有人至的地方之一，安静的小路在树冠的遮蔽下延伸。西边是令人动容的**纪念林**(Bosque del Recuerdo; 见98页地图; Calle de Alfonso XII; ⏰6:00~22:00; MRetiro)，是对2004年马德里火车爆炸案191名遇难者的纪念，每一棵橄榄树或柏树都代表着一名遇难者。在北面，就在腓力四世门(Puerta de Felipe Ⅳ)里边有一棵墨西哥尖叶落羽杉(ahuehuete)，它被认为是**马德里最老的树**(见98页地图; Parque del Buen Retiro, Plaza de la Indepencia; MRetiro)，种于1633年。

公园的东北角是**圣伊西德罗教堂**(Ermita de San Isidro; 见116页地图; Paseo del Quince de Mayo 62; MRetiro)，是少数值得关注的乡间小教堂之一，虽然朴实无华，却是为数不多的马德里现存罗马式建筑的代表。在它最初建成时，马德里还不过是个距离此地2公里远的小村子。

西贝莱斯广场 广场

(Plaza de la Cibeles; 见98页地图; MBanco

值 得 一 游

田园之家

田园之家(Casa de Campo; MBatán)有时被称作"马德里之肺"，是一片占地17平方公里的绿地，位于曼萨纳雷斯河西部地区。马德里有很多公园比这里漂亮也更靠近市中心，但有许多的理由让人前往这里。马德里人也确实会来，每个周末这里都有近50万人，庆祝20世纪30年代短命的共和国政府把公园开放给了大众(这里之前是皇室的专属领地)。

城市里的马德里人既没有时间也没有意愿前往更远的田野，这里成了他们最亲近大自然的地方，尽管公园里纵横交错的小道和小径上其实满是骑行者、步行者和野餐者。这里有很多网球场和一个游泳池，以及**马德里动物园**(Zoo Aquarium de Madrid; ☎902 345014; www.zoomadrid.com; Casa de Campo; 成人/儿童 €23/19; ⏰7月和8月 周日至周四 10:30~22:00, 周五和周六 至午夜, 9月至次年6月 时间缩短; 🚌37, Intercambiador de Príncipe Pío发车, MCasa de Campo)和**马德里游乐场**(Parque de Atracciones; ☎91 463 29 00; www.parquedeatracciones.es; Casa de Campo; 成人/儿童 €32/25; ⏰7月和8月 正午至午夜, 9月至次年6月 时间不定)。**电动缆车**(Teleférico; ☎91 541 11 18; www.teleferico.com; Paseo del Pintor Rosales和Calle de Marqués de Urquijo交叉路口; 单程/往返 €4.20/5.90; ⏰5月至8月 正午至21:00, 9月至次年4月 时间缩短; MArgüelles)也能带你过来，沿途可以欣赏到美景。在田园之家的南端，有专门举办婚礼的餐厅，因此有很多新婚夫妇在场地上到处寻找没有人的绿地拍照。公园里还有一个安达卢西亚风格的农场叫作Batán，那里曾经是养殖公牛的地方，用于在劳动者圣伊西德罗节上进行血腥斗牛。

de España）在普拉多大道上所有恢宏的广场中，西贝莱斯广场最能展现帝国时代马德里的辉煌。令人难以置信的通信宫（Palacio de Comunicaciones）是其中的明珠。广场周边的其他地标建筑包括**利纳雷斯宫和美洲之家**（Palacio de Linares and Casa de América；见98页地图；☎91 595 48 00，订票 902 221424；www.casamerica.es；Plaza de la Cibeles 2；成人/学生和老人/儿童 €8/5/免费；⏲团队导览游 9月至次年7月 周六和周日 11:00、正午和13:00，8月时间缩短，售票处 周一至周五 10:00~15:00和16:00~20:00；Ⓜ Banco de España）、**观景宫**（Palacio Buenavista；见98页地图；Plaza de la Cibeles；Ⓜ Banco de España）和**西班牙银行**（Banco de España；见98页地图；Calle de Alcalá 48）。广场中央壮观的西布莉（Cybele）女神喷泉也是马德里最美丽的喷泉之一。

自1780年由文图拉·罗德里格斯（Ventura Rodríguez）设计并建成以来，这座喷泉一直都是马德里人的最爱。卡洛斯三世是如此喜爱它，以至于曾试图将它迁至塞哥维亚附近的圣伊尔德丰索宫（Granja de San Ildefonso）的花园中，但是马德里人坚决反对，最后卡洛斯三世不得不打消了这个念头。

从西贝莱斯广场往东看向阿尔卡拉门的风景很好，往西看向都会大厦（Edificio Metrópolis；见118页）的风景甚至更好。

中央文化中心 艺术中心

（CentroCentro；见98页地图；☎91 480 00 08；www.centrocentro.org；Plaza de la Cibeles 1；⏲周二至周日 10:00~20:00；Ⓜ Plaza de España）**免费** 中央文化中心是马德里充满惊喜并且多元丰富的文化空间之一，位于宏伟的通信宫内，共包括4层（2、4、5、6层），共5000平方米，举办各类先锋展览，还有安静的阅读室和迷人的建筑式样，特别是在3楼高耸的Antiguo Patio de Operaciones内。9层是马德里观景台（见本页）。

马德里观景台 观景点

（Mirador de Madrid；见98页地图；www.centrocentro.org；8th fl，Palacio de Comunicaciones，Plaza de la Cibeles；成人/儿童 €2/0.50；⏲周二至周日 10:30~13:30和16:00~19:00；Ⓜ Banco de España）从通信宫的顶端能欣赏到最棒的马德里风光，将西贝莱斯广场尽收眼底，然后上坡看到宏伟的都市大楼以及更远处的群山。买票上楼然后乘直梯到6E层，那里的大门每半小时开放一次。要上到9层，你可以搭乘另一个直梯或爬楼梯。

阿尔卡拉门 纪念碑

（Puerta de Alcalá；见98页地图；Plaza de la Independencia；Ⓜ Retiro）这座雄伟的凯旋门曾经是这座城市的正门[因门下这条路通往阿尔卡拉-德埃纳雷斯（Alcalá de Henares）而得名]，被城墙所环绕。以前的市政当局就是在这里控制人们对首都的进出以及征收关税的。

卡伊莎中心 博物馆、建筑

（Caixa Forum；见98页地图；☎91 330 73 00；https://obrasociallacaixa.org/en/cultura/caixaforum-madrid/que-hacemos；Paseo del Prado 36；成人/儿童 €4/免费；⏲10:00~20:00；Ⓜ Atocha）这个出众的建筑是马德里最吸引眼球的地标之一。这座砖砌的大厦看起来好像在地面上方翱翔，还有一个很有趣的锈铁屋顶。毗邻的墙上是空中花园（jardín colgante），这面由苍翠欲滴（尽管有些稀疏）的绿色植物构成的垂直绿墙，几乎有4层楼高。建筑内部有4层楼的展览空间，到处是不锈钢结构和高高的天花板。这里的展览都很值得一看，内容包括摄影、当代绘画和多媒体展览。

卡伊莎中心的商店（以书籍为主）十分出色。你可以不买门票直接去商店。

皇家植物园 花园

（Real Jardín Botánico；Royal Botanical Garden；见98页地图；☎91 420 04 38；www.rjb.csic.es；Plaza de Bravo Murillo 2；成人/儿童 €4/免费；⏲5月至8月 10:00~21:00，4月和9月 至20:00，3月和10月 至19:00，11月至次年2月 至18:00；Ⓜ Atocha）马德里的植物园位于市中心，是一片葱郁的绿洲，不过没有丽池公园那么大，也没有那么受欢迎。约3万个品种的植物挤在相对较小的8公顷区域内，这里更像是闲庭漫步的地方而非在树下放松的地方，不过这里遍布长椅，你可以随时坐坐。

皇家圣热罗尼莫教堂 教堂

（Iglesia de San Jerónimo El Real；见98页

地图；☎91 420 35 78；Calle de Ruiz de Alarcón；⊙10:00~13:00和17:00~20:30；Ⓜ Atocha, Banco de España）免费 隐藏在普拉多博物馆的背后，这座小教堂一直受到西班牙皇室的青睐，1975年佛朗哥去世之后，胡安·卡洛斯一世就是在这里加冕的。这里时而素净淡雅、时而过分奢华的仿伊莎贝拉式内饰其实是在19世纪仿照托莱多的圣若望皇家教堂（Iglesia de San Juan de los Reyes）建造的；最初的内饰在半岛战争（Peninsular War）中受到了严重毁坏。原来的回廊遗留下来的部分也已经并入了普拉多博物馆。

老阿托查火车站

知名建筑

（Antigua Estación de Atocha；见98页地图；Plaza del Emperador Carlos V；Ⓜ Atocha Renfe）1992年，阿托查老火车站的西北翼经历了一次震撼的大修。19世纪遗留下来的宏伟的钢铁玻璃结构被保留，而内部则被巧妙地改造为光线充足的热带花园，拥有500多种植物。翻修工程是建筑师拉斐尔·莫内奥（Rafael Moneo）的杰作。他的标志性成就就是十分和谐地在古老庄严的欧洲火车站内创造了一个完全现代的空间。

皇家织毯厂

地标

（Real Fábrica de Tapices；Royal Tapestry Workshop；☎91 434 05 50；www.realfabricadetapices.com；Calle de Fuenterrabía 2；成人/儿童€5/3.50；⊙9月至次年7月 周一至周五 10:00~14:00，导览游每小时一次；Ⓜ Atocha Renfe、Menéndez Pelayo）如果一名富有的马德里贵族想要炫耀的话，他就会来到皇家织毯厂采购，这里受皇室委托制作装点其宫殿和私人宅邸的织毯。西班牙政府、西班牙皇室和梵蒂冈是织毯生意的最大客户：单单是西班牙便收藏了400万件织毯。有这样高级的常客，织毯便成了一门利润丰厚的生意，并且直到工厂建立了300年之后的今日仍旧如此。

萨拉曼卡区 (Salamanca)

在萨拉曼卡区，昔日富豪的余迹与西班牙新贵的雄心壮志和谐共存。简言之，这里是不管你要去做什么都最好穿上你最好的衣服的地方，只要被人看见就好了。景点分布稀疏但值得一个个去看，主要展示着艺术作品、建筑和西班牙式的斗牛热情。

★斗牛场

体育场

（Plaza de Toros；☎91 356 22 00；www.las-ventas.com；Calle de Alcalá 237；⊙10:00~17:30；Ⓜ Ventas）免费 拉斯本塔斯斗牛场（Plaza de Toros Monumental de Las Ventas，简称拉斯本塔斯）位于马德里中心的东边，是斗牛界最重要的斗牛场，也是世界知名的斗牛场，来这里可以更好地深入了解这一西班牙传统。出色的**斗牛博物馆**（Museo Taurino；☎91 725 18 57；www.las-ventas.com；Calle de Alcalá 237；⊙10:00~17:30；Ⓜ Ventas）免费 也在这里，而即便是那些对斗牛（la corrida）没兴趣的人也会对这里的建筑感兴趣的。在斗牛季（5月中旬至9月），这里仍旧定期举办斗牛。

拉斯本塔斯是斗牛界最大的斗牛场之一，拥有穆德哈尔式的宏伟外墙及与其相称的古罗马斗兽场式运动场，中间是宽阔的沙地赛场。这里于1931年开放，并在3年后举办了这里的第一场斗牛；4层看台可以容纳2.5万名观众。与所有的斗牛场一样，这里比起体育场来，倒更有剧场的感觉。这里还举办音乐会。

被狂热的追随者扛在肩上穿过宏伟的马德里摩尔门（Moorish Puerta de Madrid）是每位斗牛士（torero）的终极梦想——如果你在拉斯本塔斯实现了这个梦想，你就到达了斗牛世界的巅峰。这道门更为人知且恰如其分的俗名是"荣耀之门"（Gate of Glory）。导览游（英语和西班牙语）带游客进入沙场和

戈雅在马德里

马德里拥有全球最好的戈雅作品的收藏。在下列地方可以找到它们：

普拉多博物馆（见100页）

圣费尔南多皇家艺术学院（见92页）

佛罗里达圣安东尼皇家教堂（见119页）

拉萨罗·加尔迪亚诺博物馆（见117页）

圣弗朗西斯科教堂（见88页）

提森-博内米萨博物馆（见98页）

Salamanca 萨拉曼卡区

皇室包厢；团队游必须提前通过**Las Ventas Tour**（☎687 739032；www.lasventastour.com；成人/儿童 €13/10；⊙10:00~17:30，斗牛日10:00~13:30；Ⓜ Ventas）预约。

斗牛博物馆经过翻修扩建已重新开放时，在斗牛场旁边的两个庭院之一上方的顶层会有一个专门致敬斗牛传奇马诺莱特（Manolete）的新空间，还有一组稀奇古怪的私人物品、服饰[光明衣（traje de luces），是最有辨识度的斗牛装备]、照片以及其他斗牛纪念品

Salamanca 萨拉曼卡区

重要景点
1 拉萨罗·加尔迪亚诺博物馆 C1

景点
2 圣伊西德罗教堂 D6
3 户外博物馆 B2
4 国家考古博物馆 B5
5 索罗拉博物馆 A1

活动、课程和团队游
6 International House A4
7 Lab Room Spa B6

住宿
8 60 Balconies Recoletos A5
9 Hotel Orfila A4
10 Petit Palace Art Gallery C5
11 Villa Magna B3

就餐
12 Astrolabius C1
13 Biotza B5
14 José Luis B1
15 Las Tortillas de Gabino A2
16 Platea B4

饮品和夜生活
17 Almonte D2
18 Café-Restaurante El Espejo A5
19 Gabana 1800 C6
20 Geographic Club D5
21 Gran Café de Gijón A5
22 La Vaquería Montañesa A4

购物
23 Agatha Ruiz de la Prada B4
24 Bomboneríás Santa B4
25 Camper B5
26 De Viaje B4
27 Ekseption & Eks C5
28 罗意威 B5
29 Manolo Blahnik B4
30 Mantequería Bravo B4
31 Oriol Balaguer D3
32 Purificación García B5

的收藏。这里深入介绍了与斗牛相关的整个亚文化，非常吸引人。

斗牛场的所在地之所以叫拉斯本塔斯(Las Ventas)，是因为过去这里有过好几家路边客栈(vantas)和几间名声不太好的房子。

★拉萨罗·加尔迪亚诺博物馆 博物馆

(Museo Lázaro Galdiano; 见116页地图; ☎91 561 60 84; www.flg.es; Calle de Serrano 122; 成人/优惠/儿童 €6/3/免费，最后1小时免费; ⏲周二至周六 10:00~16:30，周日 至15:00; Ⓜ Gregorio Marañón) 这座宏伟的20世纪初期意大利风格石造宅邸远离街道，不太显眼，曾经属于堂何塞·拉萨罗·加尔迪亚诺(Don José Lázaro Galdiano; 1862~1947年)，一位成功的商人兼热情的艺术资助人。他在死后将自己惊人的私人收藏遗赠给了市政府，其中包括1.3万件艺术品和工艺品，有四分之一部分被一直展出。

户外博物馆 雕像

(Museo al Aire Libre; 见116页地图; Paseo de la Castellana; ⏲24小时; Ⓜ Rubén Darío) 免费 这个迷人的露天博物馆有17件抽象雕塑，包括著名巴斯克艺术家爱德华多·奇利达(Eduardo Chillida)、加泰罗尼亚大师胡安·米罗(Joan Miró)和西班牙20世纪最重要的雕刻家欧塞比奥·森佩雷(Eusebio Sempere)、阿尔韦托·桑切斯(Alberto Sánchez)等人的作品。这些雕塑位于Paseo de Eduardo Dato和Paseo de la Castellana交会处的立交桥之下，可不知为何，周围的交通垃圾和鸽子粪留下的痕迹反而给这些雕像平添了几分魅力。除了一件雕塑外，其余雕塑都位于Paseo de la Castellana的东边。

国家考古博物馆 博物馆

(Museo Arqueológico Nacional; 见116页地图; ☎91 577 79 12; www.man.es; Calle de Serrano 13; 门票 €3，周六 14:00~20:00和周日 9:30至正午免费; ⏲周二至周六 9:30~20:00，周日 至15:00; Ⓜ Serrano) 高耸的国家考古博物馆里收藏了极其丰富的文物。博物馆内部经过了大胆的重新设计，涵盖了西班牙的古代史，而大量的馆藏包括来自西班牙各地古罗马别墅中的精美马赛克拼贴画、穆斯林统治时期及穆德哈尔风格的精美手工艺品、人物雕像如《伊维萨贵妇》(*Dama de Ibiza*)和《埃尔切贵妇》(*Dama de Elche*)、罗马式和哥特式建筑模型，以及坎塔布里亚的阿尔塔米拉(Altamira)史前岩洞绘画的部分复制品。

马拉萨尼亚区和丘埃卡区 (Malasaña & Chueca)

马拉萨尼亚和丘埃卡更适合切身参与其中而非只是游览旁观。不过，这里还是有几座知名建筑（杜克伯爵军营、历史博物馆、西班牙制作人和音乐人总会和格兰大道上壮观的建筑），让你在不断往返酒吧和与商店购物的过程中忍不住驻足流连。这片街区的广场——特别是五月二日广场（Plaza Dos de Mayo）——也为在拥挤街道上漫步的你提供了必要的喘息空间。

格兰大道 街道

（Gran Vía；见94页地图；ⓂGran Vía、Callao）很难想象没有格兰大道的马德里会是什么样子，这条气派的林荫大道两旁林立着高耸的美好年代风格的建筑立面，从西班牙广场（Plaza de España）穿过马德里市中心，然后延伸到阿尔卡拉街（Calle de Alcalá）。但格兰大道在1910年之前并不存在，那时候这里只是一片错综复杂的旧街道。随着推土机推过这片区域，14条街道从地图上消失，一同消失的还有311座房子，其中就包括戈雅住过的那一间。2018年，格兰大道转型为以步行为主的街道。

1862年，对这条林荫大道的规划首次宣布，但是一直在推迟，于1886年首演的一出著名的查瑞拉歌剧（zarzuela；西班牙一种混合了戏剧、音乐和舞蹈的艺术形式）《格兰大道》（*La Gran Vía*）就是为了嘲讽市政当局的这一行为创作的。格兰大道或许破坏了这片地区，但仍旧被视作19世纪末以来马德里中心的城市规划中最成功的案例之一。

吸引眼球的建筑**Edificio Carrión**（见84页地图；Gran Vía和Calle de Jacometrezo交叉路口；ⓂCallao）是马德里第一家“一战”前的高层公寓酒店。20世纪20年代的**电信大楼**（Telefónica building；见88页地图；Gran Vía；ⓂGran Vía）位于格兰大道约三分之一的位置，也主宰着天际线，在很多年里都是城里最高的建筑。在内战期间，马德里被佛朗哥的军队包围，这条大道因为有大量的炮弹降落在这里而成为著名的“榴炮谷”（Howitzer Alley），电信大楼是一个热门的轰炸目标。

法国人设计的**都会大厦**（Edificio Metrópolis；见94页地图；Gran Vía；ⓂBanco de España、Sevilla）十分迷人，也是一座比较有意思的建筑，它建于1907年，标志着格兰大道的南端。其穹顶上方带翅膀的胜利女神像是在1975年加上的，从阿尔卡拉街或西贝莱斯广场欣赏最佳。再沿着大道走几步就是**格拉西大厦**（Edificio Grassy；见88页地图；Gran Vía 1；ⓂBanco de España、Sevilla），大厦有个劳力士的标识，建于1916年。这里有圆形的“神庙”作为皇冠，并且大量使用弧形和细柱，是格兰大道沿途最优雅的建筑之一。

此外格兰大道上的商业建筑（上次统计为1050多个）大约是住宅（约600个）的两倍之多；有1.3万多人在这条街上工作；每天最多有6万辆车经过（其中包括高峰时段每小时近185辆的大巴）。格兰大道上有40多家酒店，但可惜令格兰大道闻名的15家电影院如今只剩下了3家。

历史博物馆 博物馆

（Museo de Historia；见120页地图；☎91 701 16 86；www.madrid.es/museodehistoria；Calle de Fuencarral 78；⊙周二至周日 10:00~20:00；ⓂTribunal）免费 精致的历史博物馆（前市立博物馆）有一个复杂精巧的复原巴洛克式入口，由佩德罗·德里韦拉（Pedro de Ribera）于1721年设计并建造。在外立面之后，你能看到许多反映马德里历史变迁的绘画和其他纪念品。其中的亮点有戈雅的《马德里城的寓言》（*Allegory of the City of Madrid*；2楼），以及展示1830年时马德里风貌的大型模型（地下室）。

西班牙制作人和音乐人总会 建筑

（Sociedad General de Autores y Editores；General Society of Authors & Editors；见120页地图；Calle de Fernando VI 4；ⓂAlonso Martínez）这座螺旋状如婚礼蛋糕的动人建筑尽管看起来还是很“巴塞罗那”，但已经是安东尼·高迪作品中最接近“马德里”的一个了。它是向加泰罗尼亚现代主义（Modernisme；一种建筑和艺术风格，受新艺术运动影响，有时写为“Catalan modernism”）的一次忘我放纵的致敬，在马德里几乎独一无二。这里并不欢迎突然到访的游客，不过单从街道上看看外观就已经足够印象深刻了。只有每年10月的第一个周一（国际建筑日）这里才会开放，单单是里边的楼梯就足以值得进来看看了。

市立现代艺术博物馆 博物馆

（Museo Municipal de Arte Contemporáneo；见120页地图；☎91 588 59 28；www.madrid.es/museoartecontemporaneo；Calle del Conde Duque 9-11；⊙周二至周六 10:00~14:00和17:30~20:30，周日 10:30~14:00；Ⓜ Ventura Rodríguez）免费 这里丰富的现代西班牙艺术馆藏以绘画和版画为主，还有一些零散的照片、雕塑和素描，亮点包括爱德华多·阿罗约（Eduardo Arroyo）和巴斯克雕塑家豪尔赫·奥泰萨（Jorge Oteiza）的作品。对于马德里城市风光富有创意的演绎贯穿着这些藏品——先锋的色块与近乎老派的现代马德里影像并列展出，其中有曾经的马德里新潮文化运动（la movida madrileña）标志性人物欧卡·雷莱（Ouka Leele）对西贝莱斯喷泉异想天开的描绘。

博物馆位于**杜克伯爵军营**（Antiguo Cuartel del Conde Duque；见120页地图；Calle del Conde Duque 9；Ⓜ Plaza de España、Ventura Rodríguez、San Bernardo）内。

西园（Parque del Oeste）和马德里北部

马德里北部有很多引人注目的景点。佛罗里达圣安东尼皇家教堂是这座城市最华丽的宝藏之一，而圣地亚哥·伯纳乌体育场则是体育界的地标。唯一的问题就是许多景点间的距离都相当远，所以请准备好花费很多时间搭地铁前往各个景点。不过，在西边有一片丰富多彩的景点聚集区，西园、马德里灯塔、美洲博物馆、德波神庙和塞拉伯博物馆（Museo de Cerralbo）都在那里。

★圣地亚哥·伯纳乌体育场 体育场

（Estadio Santiago Bernabéu；☎售票 902 324324，团队游 91 398 43 00/70；www.realmadrid.com；Avenida de Concha Espina 1；团队游 成人/儿童 €25/18；⊙团队游 周一至周六 10:00~19:00，周日 10:30~18:30，比赛日除外；Ⓜ Santiago Bernabéu）足球迷和新晋的皇家马德里球迷都会想要到这里朝圣的，这里是展示着足球届各种奢侈和成功的圣殿。自助团队游会带你进入看台欣赏体育场的全景风光，然后穿过主席包厢、新闻中心、更衣室和球员通道乃至球场。团队游的最后一站是无与伦比的奖杯陈列室（Exposición de Trofeos）。不过，体验这里的更好方式还是与8万名兴奋的球迷一起看比赛。

要参加体育场的团队游，在10号窗口（7号门旁）买票。

★佛罗里达圣安东尼皇家教堂 画廊

（Ermita de San Antonio de la Florida；Panteón de Goya；☎91 542 07 22；www.sanantoniodelaflorida.es；Glorieta de San Antonio de la Florida 5；⊙周二至周日 9:30~20:00，7月和8月 时间不定；Ⓜ Príncipe Pío）免费 佛罗里达圣安东尼皇家教堂绘有壁画的天花板是马德里最令人惊奇的秘宝之一，最近修复过。两座小礼拜堂中靠南的那座是少数可以见到戈雅作品原貌的地方，这位大师在1798年受卡洛斯四世之命创作了这些作品，令人叹为观止。

穹顶上的壁画描绘的是圣安东尼（St Anthony）的传说，他将一名年轻男子从坟墓中唤起，洗清了其父的罪名——这位父亲被冤枉杀害了自己的儿子。在他们的周围是一群典型的马德里人。

画家本人就葬在祭坛前面。1828年，自我流放到法国波尔多（Bordeaux）的戈雅在那里去世，他的遗骨（除了神秘失踪的头颅）于1919年被转运到了这里。

导览游在周二至周五的9:30至13:00凑满人数时进行。

★德波神庙 遗迹

（Templo de Debod；Paseo del Pintor Rosales；⊙周二至周日 10:00~20:00；Ⓜ Ventura Rodríguez）免费 是的，这是一座位于马德里市中心的埃及神庙。由于埃及总统贾迈勒·阿卜杜-纳赛尔（Gamal Abdel Nasser）在埃及南部修建埃及阿斯旺水坝（Aswan High Dam）造成纳塞尔湖（Lake Nasser）的湖水上涨，这座神庙被救了下来，在1968年后被逐块搬移到了西班牙，以对联合国教科文组织的团队中的西班牙考古学家们表示感谢，他们把神庙救下来使其不致永远消失。

奥拉维德广场 广场

（Plaza de Olavide；Ⓜ Bilbao、Iglesia、Quevedo）奥拉维德广场是马德里最宜人的公

Malasaña & Chueca 马拉萨尼亚区和丘埃卡区

共空间之一，在这个区真的很特别。这里曾经不是现在这个样子。从1934年起，整个广场被一个八边形的室内市场所占据。在1974年11月，市场毁于一次壮观的控制爆破，广场被开辟出来。要想看看有图片展示的广场历史，就去广场3号的Bar Méntrida喝一杯，并欣赏墙上的照片。

索罗拉博物馆

画廊

（Museo Sorolla；见116页地图；☎91 310 15 84; www.mecd.gob.es/msorolla; Paseo del General

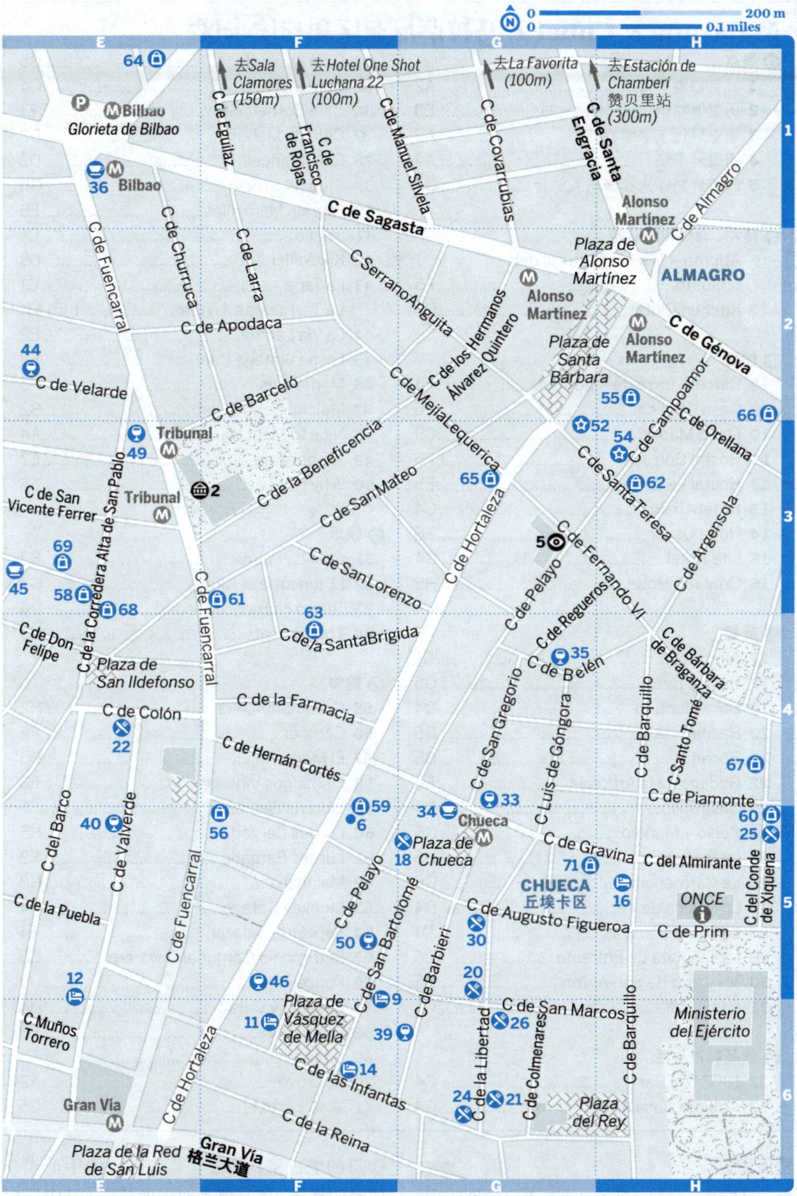

Martínez Campos 37；成人/儿童 €3/免费；⏲周二至周六 9:30~20:00，周日 10:00~15:00；Ⓜ Iglesia, Gregorio Marañón）巴伦西亚艺术家华金·索罗拉（Joaquín Sorolla）让巴伦西亚海岸明净的地中海之光变为永恒。他在马德里的住宅——一座由他亲自设计的被葱郁的花园围绕的安静宅邸——受他在安达卢西亚所见的景色的启迪，现在变成了一座收藏有他大部分作品的博物馆。

Malasaña & Chueca 马拉萨尼亚区和丘埃卡区

景点

1 杜克伯爵军营 A2
2 历史博物馆 E3
3 市立现代艺术博物馆 A2
4 西班牙广场 A4
5 西班牙制作人和音乐人总会 G3

活动、课程和团队游

6 Apunto – Centro Cultural del Gusto F5
7 Kitchen Club D5

住宿

8 Barceló Torre de Madrid A4
9 Casa Chueca F6
10 Flat 5 Madrid C3
11 Hostal Don Juan F6
12 Hostal La Zona E5
13 Hotel Abalú C4
14 Hotel Óscar F6
15 Life Hotel C4
16 Only You Hotel H5

就餐

17 Albur D1
18 Baco y Beto G5
19 Bar Palentino D4
20 Bazaar G5
21 Bocaito G6
22 Bodega de la Ardosa E4
23 Casa Julio D4
24 Celso y Manolo G6
25 La Buena Vida H5
26 La Carmencita G6
27 La Mucca de Pez D4
28 La Musa D1
29 La Tasquita de Enfrente D6
30 Mercado de San Antón G5
31 Pez Tortilla C4

饮品和夜生活

32 1862 Dry Bar C4
33 Antigua Casa Ángel Sierra G4
34 Café Acuarela G5
35 Café Belén G4
36 Café Comercial E1
37 Café de Mahón D2
38 Café Manuela D3
39 Club 54 Studio G6
40 Fábrica Maravillas E5
41 Irreale D1
42 Kikekeller D5
43 La Tape C1
La Terraza de Arriba .... （见14）
44 La Vía Láctea E2
45 Lolina Vintage Café E3
46 Mamá Inés F5
47 Moloko Sound Club B2
48 Nice to Meet You A4
49 Tupperware E3
50 Why Not? F5

娱乐

51 Café La Palma B2
52 El Junco Jazz Club G3
53 Teatro Flamenco Madrid D4
54 Thundercat H3

购物

55 Cacao Sampaka H2
56 Camper F5
57 El Moderno D5
58 Flamingos Vintage Kilo E3
59 Librería Berkana F5
60 Lurdes Bergada H5
61 Lurdes Bergada F3
62 Malababa H3
63 Monkey Garage F4
64 Papelería Salazar E1
65 Patrimonio Comunal Olivarero G3
66 Poncelet H2
67 Reserva y Cata H4
68 Retro City E3
69 Snapo E3
70 Sportivo A2
71 霍安・比凯拉 G5

赞贝里站 博物馆

（Estación de Chamberí; Andén 0; www.museomadrid.com/tag/anden-0-horario; Calle de Santa Engracia和Calle de Luchana交叉路口; ⌚周五 11:00~13:00和17:00~19:00，周六和周日10:00~14:00; Ⓜ Iglesia、Bilbao）**免费** 赞贝里站是马德里地铁废弃已久的车站，如今是个珍贵的老古董，重现了车站在1919年正式开放时的样子，还有那个时候的广告（其中还包括马德里当时的四位电话号码）、售票处和近100年前的其他纪念品。这是一段趣味横生的回忆之旅。

马德里灯塔 观景点

（Faro de Madrid; ☎91 544 81 04; Avenida

de los Reyes Católicos; 成人/优惠/儿童 €3/1.50/免费; ⏲周二至周日 9:30~20:00; Ⓜ Moncloa)在关闭了10年之后，美洲博物馆门前这座超级丑陋的马德里地标在2015年再度开放。从这里能看到西园和马德里西部的风光。灯塔建于1992年，其目的是庆祝发现美洲500周年，以及马德里在那年被指定为欧洲文化之都（European Capital of Culture）。日落时分是来这里的最佳时间。

美洲博物馆 博物馆

(Museo de América; ☎91 549 26 41; www.mecd.gob.es/museodeamerica/el-museo.html; Avenida de los Reyes Católicos 6; 成人/优惠 €3/1.50，周日免费; ⏲周二、周三、周五和周六 9:30~15:00，周四 9:30~19:00，周日 10:00~15:00; Ⓜ Moncloa)帝国这一称呼或许如今是用来骂人的，但它是西班牙几个世纪里的自我认同。西班牙船只越过大西洋到达拉丁美洲的西班牙殖民地，去的时候载着探险家，回来的时候则载着黄金和其他掠夺来的土著文明工艺品。后者(既是另一个大洲的遗产也是对西班牙帝国历史的生动剖析)就在这座出色的博物馆里展出。

西园 花园

(Parque del Oeste; Avenida del Arco de la Victoria; Ⓜ Moncloa)西园位于Moncloa地铁站后面的山坡下面，非常美丽，这里有许多阴凉的角落，你可以靠在树下躲避酷暑，还能向西遥望田园之家的美景。自从1906年建成以来，这里就一直是马德里人的最爱。

活动

Lab Room Spa 水疗

(见116页地图; ☎91 431 21 98; www.thelabroom.com; Calle de Claudio Coello 13; ⏲周一至周五 11:00~20:00，周六 至19:00; Ⓜ Retiro) Lab Room是一家高级的水疗馆兼美容院，接待过的客户包括佩内洛普·克鲁兹(Penélope Cruz)、詹妮弗·洛佩兹(Jennifer Lopez)、格温妮斯·帕特洛(Gwyneth Paltrow)和盖尔·加西亚·贝纳尔(Gael García Bernal)，提供近乎终极宠溺的照顾，包括各种化妆、按摩和脸部与身体护理，价格出人意料地合理。

Hammam al-Andalus 水疗

(见94页地图; ☎91 429 90 20; http://madrid.hammamalandalus.com; Calle de Atocha 14; 护理 €33~115; ⏲10:00至午夜; Ⓜ Sol)这家传统阿拉伯风格的浴场位于马德里老城区的一个地下室中，在优雅的拱顶下方伴着潺潺的水声提供按摩和香薰治疗。周一至周五10:00至16:00价格最低; 需要预约。

团队游

Devour Madrid Food Tour 美食游

(☎695 111832; www.madridfoodtour.com; 团队游 €50~130) Devour Madrid有5种不同口味和价位的团队游，向你展示马德里市中心最好的西班牙美食与葡萄酒。团队游有各自的主题：葡萄酒和西班牙小吃、弗拉明戈、地道的本地市场、历史或(针对最执着吃货的)终极西班牙美食游(Ultimate Spanish Cuisine tour)，后者在4个小时里带你前往8个试吃站点。

Spanish Tapas Madrid 美食游

(☎672 301231; www.spanishtapasmadrid.com; 每人 €70起)本地男孩路易斯·奥尔特加(Luis Ortega)带你去几家标志性的马德里西班牙小吃吧，并且提供包含了马德里老城区、弗拉明戈和普拉多博物馆的团队游。

Adventurous Appetites 步行游览

(☎639 331073; www.adventurousappetites.com; 4小时团队游 €50; ⏲周一至周六 20:00至午夜)穿越马德里市中心的英语西班牙小吃游。价格含第一杯饮品但不包括食物。

Insider's Madrid 步行游览

(☎91 447 38 66; www.insidersmadrid.com; 团队游 €70起)一系列令人难忘的定制团队游，包括步行游览、购物游、时装游、艺术游、西班牙小吃游、弗拉明戈游和斗牛游。

Wellington Society 步行游览

(☎609 143203; www.wellsoc.org; 团队游 €95起)有几个穿插着奇闻轶事的奇妙历史游，导游斯蒂芬·德雷克-琼斯(Stephen Drake-Jones)的讲解独一无二。

Bike Spain 骑车游

（见84页地图；☎91 559 06 53；www.bikespain.info；Calle del Codo；租赁自行车 半天/全天 €12/18起，团队游 €30起；⊙3月至10月 周一至周五 10:00~14:00和16:00~19:00，11月至次年2月 周一至周五 10:00~14:00和15:00~18:00；Ⓜ Ópera）自行车租赁外加日间或夜间（只有每周五有）英语城市自行车导览游，还有距离更长的远足。

官方导览游 团队游

（Visitas Guiadas Oficiales；Official Guided Tours；见84页地图；☎902 221424；www.esmadrid.com/programa-visitas-guiadas-oficiales；Plaza Mayor 27；⊙周四和周五 16:00，周六和周日 正午；Ⓜ Sol）免费 马德里的官方导览游值得考虑一下，不过现在的已经没有以前的丰富了。有两条路线（周四的和周五的）以马德里的主要历史建筑为主，但我们喜欢"塞万提斯的马德里"（Madrid of Cervantes；周六）和"马德里历史中的女性"（Women in the History of Madrid；周日）这两条。团队游时长2小时，仅使用西班牙语。

要确保自己能占到名额，请在参加团队游之前的周一9:00前后去主广场上的旅游信息中心（见157页）报名。

课程

弗拉明戈

Fundación Conservatorio Casa Patas 舞蹈课程

（见94页地图；☎91 429 84 71；www.fundacioncasapatas.com；Calle de Cañizares 10；1小时课程 €40起；Ⓜ Antón Martín、Tirso de Molina）这里有各种类型的弗拉明戈课程，包括舞蹈、吉他、演唱等。位于弗拉明戈表演场地Casa Patas的楼上。

Academia Amor de Dios 舞蹈课程

（Centro de Arte Flamenco y Danza Española；见94页地图；☎91 360 04 34；www.amordedios.com；1st fl，Calle de Santa Isabel 5；Ⓜ Antón Martín）这里有最著名的弗拉明戈舞课程（可能也是最难参加的）。尽管比起临时访客来说，这里更适合专业新人（有往期毕业生名单可以佐证这一点），这里确实也有为期一天或几天的临时的西班牙语"小课"（cursillo）。位于Mercado de Antón Martín顶层。

即便你并不想要亲身体验弗拉明戈的世界，这里也值得过来看看。

烹饪

Alambique 烹饪课程

（见84页地图；☎91 547 42 20；www.alambique.com；Plaza de la Encarnación 2；每人 €45起；Ⓜ Ópera、Santo Domingo）大部分课程都是2.5至3.5小时，包含一系列菜肴。大部分为西班牙语授课，不过也有一些英语和法语课程。

Kitchen Club 烹饪课程

（见120页地图；☎91 522 62 63；www.kitchenclub.es；Calle de Ballesta 8；Ⓜ Gran Vía、Callao）Kitchen Club有各种课程教授世界各地的料理，就在市中心格兰大道后边不远。用西班牙语教授的西班牙烹饪课程尤其受欢迎。每堂课结束之后都有时间品尝自己做出来的东西。

Apunto – Centro Cultural del Gusto 烹饪课程

（见120页地图；☎91 702 10 41；www.apuntolibreria.com；Calle de Hortaleza 64；每人 €55起；Ⓜ Chueca）这家迷人的小书店提供包含各种菜式的烹饪课程，有趣而专业。

语言

Universidad Complutense 语言课程

（☎91 394 53 25；www.ucm.es/ccee/informacion；Secretaria de los Cursos para Extranjeros，Facultadole Filologia，Universidad Complutense；Ⓜ Ciudad Universitaria）全年提供各种语言和文化课程。课程长度为120课时（每周12课时）至200课时（每周20课时）。

International House 语言课程

（见116页地图；☎902 141517；www.ihmadrid.es；Calle de Zurbano 8；Ⓜ Alonso Martínez）2/4周速成班收费€420/740（每周20课时）至€540/1040（每周30课时）。工作人员可以安排学生到本地家庭寄宿。

节日和活动

弗拉明戈节 弗拉明戈节

（Festival Flamenco；www.deflamenco.com；⏲5月）城中的一所剧院内5天都会回荡着优美的弗拉明戈音乐。近年来请过的名人有恩里克·莫伦特（Enrique Morente）、卡门·利纳雷斯（Carmen Linares）和迭戈·埃尔·奇加拉（Diego El Cigala）。具体日期不固定。

劳动者圣伊西德罗节 文化节

（Fiestas de San Isidro Labrador；www.esmadrid.com；⏲5月）5月15日左右，马德里会用为期一周的时间，连接不断的游行、派对和斗牛来纪念这座城市的主保圣人。全市各地都有免费的音乐会举行，这一周也标志着马德里斗牛季的开始。

弗拉明戈大会 弗拉明戈节

（Suma Flamenca；www.madrid.org/sumaflamenca；⏲6月）这个摄人心魄的弗拉明戈节吸引着这个领域的一些大牌来到卡纳尔剧院（Teatros del Canal）和更有名的弗拉明戈场所（tablao），比如Casa Patas、Villa Rosa和Corral de la Morería。

LGBT骄傲日 LGBT节日

（Día del Orgullo de Gays, Lesbianas y Transexuales；www.orgullolgbt.org；⏲6月）五彩缤纷的LGBT骄傲游行于6月的最后一个周六举行，傍晚开始，从阿尔卡拉门出发，音乐震耳欲聋，热闹无比，游行队伍浩浩荡荡地绕城一大圈，最后在太阳门结束。

城市之夏 夏季节日

（Veranos de la Villa；www.veranosdelavilla.com；⏲7月和8月）在整个7月和8月，马德里的市政厅会举办一系列的文化活动、演出和展览，即为城市之夏。

DCode 音乐节

(www.dcodefest.com；⏲9月)在马德里的康普顿斯大学(Complutense University)举办，这个充满魅力的音乐节吸引了很多国内外的乐队，一年比一年办得好。请过的大牌有弗朗兹·费迪南德(Franz Ferdinand)、连恩·盖勒格(Liam Gallagher)、阿马拉尔(Amaral)和便利之王(Kings of Convenience)等。

马德里爵士音乐节 音乐节

（Jazz Madrid；www.festivaldejazzmadrid.com；⏲11月）马德里一年一度的爵士音乐节吸引着来自全球各地声名远扬的表演者，并且是欧洲的爵士乐巡演中日益重要的一站。场地各异，有温馨的爵士俱乐部也有城中各处宏伟的剧院舞台。

住宿

马德里拥有优质的住宿，而且在其他欧洲首都的中心地带已经几十年都没见过这种价位了。这里有高品位的五星级殿堂，也有几家热闹的青年旅舍夹着非常棒的中档酒店；大部分的中档住所都富有创意且独特，十分舒适的同时也常常有着古怪的时尚感。

主广场和皇家马德里

Hostal Madrid 青年旅舍、公寓 €

（见94页地图；☎91 522 00 60；www.hostal-madrid.info；Calle de Esparteros 6；标单 €35~75，双 €45~115，双 公寓 €45~150；❄📶；Ⓜ Sol）这家青年旅舍（hostal）有24间客房，经营得非常好，拥有裸砖结构、现代化卫浴和让许多三星级酒店感到羞愧的外表。这里还有超棒的公寓（拥有不同程度的优雅年代感，面积33~200平方米），每一间都有设施齐全的厨房、专属休息区和卫生间。

Hotel JC Rooms Puerta del Sol 酒店 €

（见84页地图；☎91 559 40 14；www.jchoteles-puertadelsol.com；Calle de la Flora；房 €40~62；❄@📶；Ⓜ Ópera）缤纷的客房装点着马德里景点的大照片，这就足以吸引到你，而且这里位于中心地段，价格也合理得难以置信，这些都是加分项。有些客房有点小，但别的地方都非常棒。

★ Central Palace Madrid 酒店 €€

（见84页地图；☎91 548 20 18；www.centralpalacemadrid.com；Plaza de Oriente 2；双 不带/带风景 €90/160；❄📶；Ⓜ Ópera）这里真的很特别。单是为了这里的风景就足以过来住了，而阳台能看到皇宫和东方花园的客房绝对值得多花一些钱。客房本身迷人明亮，精巧的仿古家具十分雅致，还有舒适的床铺、浅色木地板以及宽敞的空间。

The Hat Madrid
酒店、青年旅舍 €€

（见84页地图；☎91 772 85 72；www.thehatmadrid.com；Calle Imperial 9；铺/房/寓 €20/65/110起；❄@📶；ⓂSol、La Latina）Hat Madrid是一个非常棒的选择，从主广场下坡就是，酒店各种价位的选择都有，但入住体验却并不廉价。宿舍间迷人而明亮，不会让你感觉自己像个二等公民。客房和公寓看起来也同样迷人清新。服务热情，地理位置超级中心，令美妙的住宿体验更加完美。

Hotel Meninas
精品酒店 €€

（见84页地图；☎91 541 28 05；www.hotelmeninas.com；Calle de Campomanes 7；标单/双 €85/95起；❄📶；ⓂÓpera）一个又经典又酷的住宿选择。房间设计线条简洁，富有创新性，内部主色调由黑、白、灰三色构成，配以暗色木地板，再点缀上樱紫色和柠檬绿。每个房间都配有平板电视和现代化浴室，一些房间甚至还配有笔记本电脑。住过的名人包括维戈·莫滕森（Viggo Mortensen）和娜塔莉·波特曼（Natalie Portman）。部分客房偏小。

Barceló Torre de Madrid
酒店 €€€

（见120页地图；☎91 524 23 99；www.barcelo.com；Plaza de España 18；双 €180~310；@📶🏊；ⓂPlaza de España）这家五星级酒店占据了这座城市最为标志性的建筑之一马德里塔（Torre de Madrid）的十层。这里能看到皇宫和格兰大道的风光，还有现代的设计和舒适的大客房与套房，适合有鉴赏力的旅行者。住客可以享受健身中心，而任何人都可以到明亮诱人的大堂酒吧喝一杯。

拉丁区和拉瓦皮耶斯区

Mola! Hostel
青年旅舍 €

（见94页地图；☎663 624143；www.molahostel.com；Calle de Atocha 16；铺 €15~20，双 €53起；❄@📶；ⓂSol、Tirso de Molina）这家崭新的青年旅舍俯瞰Plaza de Jacinto Benavente，位于市中心，性价比超高。客房的色彩艳丽、装饰温馨且大小合适，而宿舍间（4~10床）也相当时髦。这里的服务十分热情，工作人员热切地希望住客们互相来往，并且会帮助你最大限度地玩好马德里。

Hostal Fonda Horizonte
青年旅舍 €

（见94页地图；☎91 369 09 96；ww.hostalhorizonte.com；2nd fl, Calle de Atocha 28；标单/双 €45/62 带共用卫生间 €33/50；📶；ⓂAntón Martín）Hostal Horizonte自我宣传为旅行者开设的青年旅舍，经营得非常好。客房比平均水平的青年旅舍要有特色得多，这里的天花板很高，特意挑选的老式家具和现代化的卫浴。阿方索十二世国王（King Alfonso Ⅻ）房尤其好。

Mad Hostel
青年旅舍 €

（见94页地图；☎91 506 48 40；www.madhostel.com；Calle de la Cabeza 24；铺 含早餐 €24~30；❄@📶；ⓂAntón Martín）Mad Hostel是个充满生机的住处，与**Cat's Hostel**（见94页地图；☎91 369 28 07；www.catshostel.com；Calle de Cañizares 6；铺 €12~27；❄@📶；ⓂAntón Martín）是同一群老板。二楼的庭院带有可折叠的顶棚，重塑了一个旧式马德里corrala（传统的内部或公共庭院），是一个休闲放松的好地方。4~8人的房间小而整洁。屋顶还有一个小酒吧。

★ Posada del León de Oro
精品酒店 €€

（见90页地图；☎91 119 14 94；www.posadadelleondeoro.com；Calle de la Cava Baja 12；双/套 €102/155起；❄📶；ⓂLa Latina）这家经过修复的小旅馆使用的配色低调，客房普遍很大。酒店中央有个corrala，完全现代化的房间都挨着马德里最受欢迎的街道。楼下的酒吧也很棒。

Posada del Dragón
精品酒店 €€

（见90页地图；☎91 119 14 24；www.posadadeldragon.com；Calle de la Cava Baja 14；标单/双 €73/85起；❄📶；ⓂLa Latina）拉丁区中心终于有了一家精品酒店。这家经修复的19世纪小旅馆坐落在一条我们最喜爱的马德里的街道上，房间朝向要么能观赏到街景，要么能欣赏漂亮的内部庭院。大部分客房偏小，但都有很舒服的床，大胆的黄铜色配色和设计也很吸引人。楼下有一个很棒的酒吧餐厅。

太阳门、圣阿娜和韦尔塔斯区

Hostal Adriano
客栈 €

（见94页地图；☎91 521 13 39；www.hostala

driano.com；4th fl, Calle de la Cruz 26；标单/双€50/60起；❄📶；Ⓜ Sol）这家明亮友好的青年旅舍位于太阳门和韦尔塔斯区的分界处，地理位置绝佳。大部分房间都很宽敞，每一间都有自己的配色。确实，从床罩到墙壁上的画，这里的装饰比一般的青年旅舍更花心思。

在同一楼层内，同一业主经营的**Hostal Adria Santa Ana**（见94页地图；☎91 521 13 39；www.hostaladriasantaana.com；4th fl, Calle de la Cruz 26；标单/双 €65/75；❄📶；Ⓜ Sol）在价格、风格和舒适度上都要略胜一筹。两家青年旅舍在夏季都会降价。

Hostal Luis XV 青年旅舍 €

（见94页地图；☎91 522 10 21；www.hrluisxv.net；8th fl, Calle de la Montera 47；标单/双/标三€58/73/88；❄📶；Ⓜ Gran Vía）这里宽敞的客房、对细节的关注以及几乎其他的一切都让这个家庭经营的旅馆物超所值。你会发现要让自己离开外层房间的露台简直是太难了，那里的美景实在是令人叹为观止（尤其是820号三人间）。而且因为楼层很高，所以你不用担心噪声问题。

★ Praktik Metropol 精品酒店 €€

（见94页地图；☎91 521 29 35；www.hotelpraktikmetropol.com；Calle de la Montera 47；标单/双 €90/100起；❄📶；Ⓜ Gran Vía）这家酒店经历了彻底翻新，你很难在欧洲其他地方找到比这里性价比更高的住处了。房间看上去清新而现代，配有白色木质家具，部分房间（尤其是转角处的）能俯瞰格兰大道和全城的美景。房间分布在六个楼层内，如果你没住到能观景的房间，屋顶还有一个天台。

★ Hotel Alicia 精品酒店 €€

（见94页地图；☎91 389 60 95；www.room-matehoteles.com；Calle del Prado 2；双 €125~175，套€200起；❄📶；Ⓜ Sol, Sevilla, Antón Martín）Room Mate精品连锁酒店的旗舰店之一，房间美丽宽敞，俯瞰着圣阿娜广场。这里的风格[设计师帕斯夸·奥尔特加（Pascua Ortega）的作品]比起Room Mate的其他酒店更低调含蓄，但仍保持着超现代的外观。楼下的酒吧超酷，服务员年轻而机灵。

Catalonia Las Cortes 酒店 €€

（见94页地图；☎91 389 60 51；www.hoteles-catalonia.es；Calle del Prado 6；标单/双€150/175起；❄📶；Ⓜ Antón Martín）这家优雅的酒店位于一座18世纪的宫殿，翻新的风格忠于那个时代，是韦尔塔斯中心地带非常棒的选择。这里是这片具有无限活力地区环绕下的一片绿洲。服务细心周到，酒店有很多回头客，大约是我们最推荐的地方了。

NH Collection Palacio de Tepa 酒店 €€

（见94页地图；☎91 389 64 90；www.nh-collection.com；Calle de San Sebastián 2；双 €175起；❄📶；Ⓜ Antón Martín）这家NH连锁酒店的著名旗舰店位于一座19世纪的宫殿内，距离圣阿娜广场只有一步之遥，客房设计现代，配有硬木地板和舒缓的配色。这里服务专业，位置出众。高级客房（premium room）和普通套房（junior suite）尤其有品位。

Hotel Vincci Soho 酒店 €€

（见94页地图；☎91 141 41 00；www.vinccihoteles.com；Calle del Prado 18；双 €145起；❄📶；Ⓜ Sevilla、Antón Martín）从灯光柔和的公共区域到结合了依稀的禅意美感和血红色卫生间的客房，这家酒店的一切都透露着雅致的时尚感。无论参观普拉多大道沿街的博物馆，还是游览马德里喧闹的市中心，这里都是个十分合适的落脚点，大部分都很对味。

Hotel Urban 豪华酒店 €€€

（见94页地图；☎91 787 77 70；www.derbyhotels.com；Carrera de San Jerónimo 34；房间€230起；❄📶🏊；Ⓜ Sevilla）这座高耸的玻璃大厦是设计师在艺术灵感启发下的经典之作。它拥有来自非洲与亚洲的原始独特的工艺品，深色木地板和深色墙壁与充足的光照相得益彰，闪闪发亮的浴室里配有名牌设施，连洗脸池都令人赞叹。屋顶游泳池可能是马德里最好的，而夏天夜晚烛光摇曳的华丽露台简直像天堂。

Me Melía Reina Victoria 豪华酒店 €€€

（见94页地图；☎91 701 60 00；www.melia.com；Plaza de Santa Ana 14；房间 €175起；❄📶；Ⓜ Sol, Antón Martín）前身是地标性建筑维多利亚大酒店（Gran Victoria Hotel），曾有很多

马德里著名斗牛士住在这里，如今这个大胆的酒店是另一种风格的地标。这家奢华的酒店俯瞰着圣阿娜广场的西端，以简洁的白色曲线装饰，各个方面都舒适得恰到好处。

丽池区和艺术博物馆

★ Lapepa Chic B&B 民宿 €

（见94页地图；☎648 474742；www.lapepa-bnb.com；7th fl, Plaza de las Cortes 4；标单/双€58/64起；❄📶；Ⓜ Banco de España）这家精巧的小民宿距离普达多大道只有几步远，位于一层有着新艺术风格内饰的楼层里，迷人的客房现代干净，与其他了无生气的青年旅舍装修十分不同。现代艺术乃至摆着弗拉明戈舞鞋的床头令这里充满了特色。很值得多花些钱要一间有风景的房间。

★ 60 Balconies Atocha 公寓 €€

（见98页地图；☎91 755 39 26；www.60balconies.com；Plaza del Emperador Carlos V 11；寓€125~255；❄📶；Ⓜ Atocha）60 Balconies是一个充满活力的年轻建筑团队的激动人心的新作品，去阿托查火车站和马德里的主要艺廊都十分方便，也很容易步行或搭地铁去城里的其他地方。这里的公寓有31平方米的小开间，也有103平方米的三室公寓，全部都很时尚宽敞，是酒店之外的一个很棒的选择。

另一家十分出色的类似住处位于丘埃卡区（见129页）。

Westin Palace 豪华酒店 €€€

（见94页地图；☎91 360 80 00；www.westinpalacemadrid.com；Plaza de las Cortes 7；双/套 €200/470起；❄📶；Ⓜ Banco de España, Antón Martín）这家旧式马德里经典酒店的前身是莱尔马（Lerma）公爵的宫殿，于1911年改造为酒店，曾是西班牙第二家豪华酒店。不过自从海神广场（Plaza de Neptuno）另一头的竞争对手丽兹酒店（Hotel Ritz）开业以来，这家酒店就遭到了不公的待遇，就像是成了被冷眼相看的旧情人。它可能没有丽兹酒店那么举世闻名，但它的名字“宫殿”也不是白叫的。

萨拉曼卡区

VP El Madroño 精品酒店 €€

（☎91 198 30 92；www.madrono-hotel.com；Calle del General Díaz Porlier 101；双/标三€105/125起；❄📶；Ⓜ Diego de León）这家华贵入时的酒店的其中一部分魅力表现在远离马德里的旅游味儿，距离斗牛场却不远。所有的客房都翻新过，要么略带古典风格，要么带有更现代的设计师质感。这里还有家庭客房，后边甚至有个迷人的花园。

Petit Palace Art Gallery 酒店 €€

（见116页地图；☎91 435 54 11；www.petitpalaceartgallerymadrid.com；Calle de Jorge Juan 17；双 €90起；❄📶；Ⓜ Serrano）这家招人喜欢的设计师酒店坐落在萨拉曼卡区一幢庄严的19世纪建筑里面，是Petit Palace连锁酒店的旗舰店。这里将高科技设施与艺术家的审美完美结合在一起，有大量的原创艺术品星罗棋布于公共区域，甚至一些客房内。许多客房里的按摩淋浴、笔记本电脑和动感单车只是一部分的额外加分项，这里的位置也是萨拉曼卡区最好的地段。

Villa Magna 酒店 €€€

（见116页地图；☎91 587 12 34；www.villamagna.es；Paseo de la Castellana 22；双€335~420，套 €450起；Ⓟ❄📶；Ⓜ Rubén Darío）这家酒店也十分优雅，服务完美，四周的环境也十分有萨拉曼卡区的特色。这里使用帝国椅、包豪斯概念乃至中式屏风，却比你想象得更明亮。客房特意装饰得十分古雅，配有超级舒适的家具，空间宽敞。屋顶套房收的每一分钱都是物有所值的。

马拉萨尼亚区和丘埃卡区

★ Hostal Main Street Madrid 青年旅舍 €

（见84页地图；☎91 548 18 78；www.mainstreetmadrid.com；5th fl, Gran Vía 50；房 €55起；❄📶；Ⓜ Callao、Santo Domingo）这里出色的服务令旅行者们赞不绝口，但客房（使用舒缓的灰色，现代且酷）在马德里市中心的青年旅舍中也算最棒的。这里一切都很棒，自然也常常客满，所以请提前预订。

Hostal La Zona 青年旅舍 €

（见120页地图；☎91 521 99 04；www.hostallazona.com；1st fl, Calle de Valverde 7；标单 €38~58，双 €50~70，全部含早餐；❄📶；

ⓂGran Vía）这里主要针对同性恋客人，时尚的Hostal La Zona拥有裸露的砖墙、微妙的色调和木质柱子。我们喜欢这种鼓励睡懒觉的地方：早餐从上午9点一直供应到中午，是对马德里夜生活体恤入微的理解。店主阿纳尔多（Arnaldo）和文森特（Vincent）十分友好。

Flat 5 Madrid 青年旅舍 €

（见120页地图；☎91 127 24 00；www.flat5madrid.com；5th fl, Calle de San Bernardo 55；标单/双 带独立卫生间 €55/70，房 带公共卫生间 €48起；❄📶；ⓂNoviciado）和马德里其他许多魅力源自岁月感的青年旅舍不同，Flat 5 Madrid有着清新而线条简洁的外观和明亮的色彩，还有平板电视和窗台上的花箱。即使是面朝庭院的房间也能看到一部分屋顶上的景致。如果房间和浴室能再大一点，我们会考虑搬进去的。

Life Hotel 酒店 €

（见120页地图；☎91 531 42 96；www.hotellifemadrid.es；Calle de Pizarro 16；标单/双 €42/58起；❄📶；ⓂNoviciado）如果所有住处都像这里一样棒就好了。这个酒店藏在一幢马拉萨尼亚区历史建筑的外表下，但房间华丽而现代，还有时髦的浴室。沿着马拉萨尼亚最热闹的Calle del Pez上坡不过几步就能走到。哪怕是在涨价的旺季，住在这里也十分划算。

Casa Chueca 青年旅舍 €

（见120页地图；☎91 523 81 27；www.casachueca.com；2nd fl, Calle de San Bartolomé 4；标单/双 €45/62起；📶；ⓂGran Vía）如果你不介意拖着行李上到3层，Casa Chueca还是很出色的。客房现代艳丽，比平均水平的青年旅舍略胜一筹，Casa Chueca与它所在的街区一样，十分注重风格。再加上轻松友好的服务，你很难在马德里市中心再找到性价比这么高的地方了。

Hostal Don Juan 青年旅舍 €

（见120页地图；☎91 522 31 01；www.hostaldonjuan.net；2nd fl, Plaza de Vázquez de Mella 1；标单/双/标三 €40/56/75；❄📶；ⓂGran Vía）花低价住宿并不代表你不能有国王般的享受。这家两层高的青年旅舍十分优雅，里边摆满了足以为皇宫增色的原创艺术品和古董家具，不过它们主要都在公共区域里。客房大而简单，但十分明亮；大部分都有朝向街道的阳台。

这里位置很好，靠近丘埃卡区与格兰大道的交会处。

★60 Balconies Recoletos 公寓 €€

（见116页地图；☎91 755 39 26；www.60balconies.com；Calle del Almirante 17；寓 €132~212；❄📶；ⓂChueca）这些由建筑师设计的公寓位于丘埃卡区一处漂亮的街角，面积从45平方米到130平方米，十分时尚，而且能让你觉得在马德里有了属于自己的住处。他们在阿托查也有一家差不多的店（见128页），是城里最棒的公寓了。

Only You Hotel 精品酒店 €€

（见120页地图；☎91 005 22 22；www.onlyyouhotels.com；Calle de Barquillo 21；双 €200~280起；❄@📶；ⓂChueca）这家精品酒店完美地利用了这幢19世纪的丘埃卡宅邸。备受尊崇的室内设计师拉萨罗·罗莎·维奥兰（Lázaro Rosa Violán）将这里设计得高雅而现代。让人心动的细节包括全天点餐式早餐和一个便携式无线路由器，让你在马德里四处游逛时仍然能享受网络。

Hotel Abalú 精品酒店 €€

（见120页地图；☎91 531 47 44；www.hotelabalu.com；Calle del Pez 19；双 €75~120，套 €150起；❄📶；ⓂNoviciado）这家马拉萨尼亚区独特的精品酒店正在一点一点变老，而街坊们则说这里名不副实。我们懂他们的意思，但这里的客房仍旧很好，这里位于酷酷的Calle del Pez大街上，每个房间（部分偏小）都有根据路易斯·德尔加多（Luis Delgado）的想象而进行的专属设计。

Hotel Óscar 精品酒店 €€

（见120页地图；☎91 701 11 73；www.room-matehoteles.com；Plaza de Vázquez de Mella 12；双 €90~195，套 €150起；❄📶；ⓂGran Vía）Hotel Óscar隶属具有高度独创性的Room Mate连锁酒店旗下，这里颇具设计感的房间既有风格又很精致。部分房间有画满整面墙的壁

画，连灯光都很酷，有的房间被饰以粉色、柠檬绿和橙色，有的则干脆是极简主义的黑白配。

The Principal Madrid 酒店 €€€

（见94页地图；☎91 521 87 43；www.theprincipalmadridhotel.com；Calle Marqués de Valdeiglesias 1；房 €210~1360，套 €460起；❄@📶；ⓂSevilla）这个美好的酒店在城区的中心位置，坐落在美丽的格兰大道的尽头，可以看到格林大道上极富魅力的坐标之一——都市大楼。以五星级酒店的标准来说，其中一些标准间的房型偏小，但是那些能看到格拉大道街景的房间棒极了。提供便携式无线路由器，十分贴心。

西园和马德里北部

★ ApartoSuites Jardines de Sabatini 公寓 €€

（见84页地图；☎91 198 32 90；www.jardinesdesabatini.com；Cuesta de San Vicente 16；开间 不带/带风景 €85/110起，套 不带/带风景 €125/150起；❄📶；ⓂPlaza de España、Príncipe Pío）从西班牙广场下坡就是这家出色的住处，现代宽敞的开间和套房还只是这里一半的优点。多花些钱选择能看到风景的客房和带有阳台的开间，享受从萨巴蒂尼花园一路到皇宫的迷人风光吧，真的很赞。摩尔花园就在马路对面。

★ Hotel One Shot Luchana 22 酒店 €€

（☎91 292 29 40；www.hoteloneshotluchana22.com；Calle de Luchana 22；房 €105；❄📶；ⓂBilbao）这座20世纪早期的新古典风格宫殿靠近赞贝里的奥拉维德广场，客房漂亮又现代，不住在市中心住在这里也不错。环绕式的顶层开间光线充足，且有一个现代的四柱床。

★ Hotel Orfila 酒店 €€€

（见116页地图；☎91 702 77 70；www.hotelorfila.com；Calle de Orfila 6；房 €225起；Ⓟ❄📶；ⓂAlonso Martínez）Hotel Orfila是马德里最好的酒店之一，拥有任何一家五星级酒店应该有的全部奢华享受（比如，超级舒适的客房），但这里个性化的服务令其更上了一层楼：这里会为常客提供绣着姓名首字母的浴袍。装饰风格古雅，安静的地理位置和室内花园令这里成为一天结束后的完美休息场所。

★ Hotel Silken Puerta América 豪华酒店 €€€

（☎91 744 54 00；www.hoteles-silken.com；Avenida de América 41；双/套 €140/275起；Ⓟ❄📶；ⓂCartagena）鉴于酒店的地理位置（从市区到机场的半路上），这里的老板们知道自己必须做一些特别的事情来让人们不舍得离去——他们创造了一个新奇而奢华的世界,设备齐全且自给自足。他们找来了全世界22位建筑界最有创意的人物，例如扎哈·哈迪德（Zaha Hadid）、诺曼·福斯特爵士（Sir Norman Foster）、罗恩·阿拉德（Ron Arad）、大卫·奇珀菲尔德（David Chipperfield）、让·努韦尔（Jean Nouvel）等，让他们一人设计一个楼层。

因此，这里成为一个奢华的多重风格超级混合体，从20世纪80年代别致的滑稽蒙太奇风格到亮红色的浴室设计，这里感觉就像电影明星的更衣室。即便是酒吧（“快感的礼拜圣殿”）、餐厅、外立面设计、花园、公共照明以及停车场都有自己的专属建筑师。这里真的非同一般。

就餐

马德里已经成为欧洲的一大美食之都，其中一个原因是这里一直吸引着来自西班牙各地的人们（和菜系）。在西班牙的各个村庄间旅行，你很快就会发现各地都有自己的特色菜，然而在马德里，你能找到所有这些特色菜。

主广场和皇家马德里

★ 圣米格尔市场 西班牙小吃 €

（Mercado de San Miguel；见84页地图；☎91 542 49 36；www.mercadodesanmiguel.es；Plaza de San Miguel；西班牙小吃 €1.50起；⏲周日至周三 10:00至午夜，周四至周六 至次日2:00；ⓂSol）这里是马德里最古老也最美丽的市场之一，位于20世纪早期风格的玻璃墙之内，是一个摆满餐桌的诱人的空间。在大部分吧台前，

当地知识

舌尖上的马德里

马德里乱炖（鹰嘴豆炖肉，cocido a la madrileña）Taberna La Bola、Lhardy（见120页）或Malacatín

烤羊羔或烤乳猪（cordero o cochinillo asado）Restaurante Sobrino de Botín

大蒜汤（sopa de ajo）Posada de la Villa

马德里炖牛肚（callos a la madrileña）Taberna La Bola

鸡蛋火腿炒土豆（huevos rotos）Casa Lucio或Almendro 13（见134页）

你都可以点西班牙小吃，有时还有更丰盛的菜肴可供选择，而这里所有的食物（从鱼子酱到巧克力）都同这个市场一样鲜活诱人。简言之，这里是我们在马德里最喜欢的体验之一。

所有的摊位都很棒，但你应该先在La Casa de Bacalao（16~17号摊）品尝放在小块吐司上的美味鱼肉pintxo（巴斯克小吃），之后在Carrasco Guijuelo（18号摊）吃些火腿和其他的腌肉，20~21号摊的奶酪、22号摊的各种腌菜，或是Lhardy（61~62号摊）的风味西班牙小吃。这里还有许多地方可以买到葡萄酒、奥地利苹果酒等；在24号摊，The Sherry Corner（见140页）有许多搭配西班牙小吃的雪利酒试饮。

★ Gourmet Experience 食品摊 €€

（见94页地图；www.elcorteingles.es；9th fl, Plaza del Callao 2；主菜 €8~20；⏲10:00~22:00；Ⓜ Callao）搭乘直梯上到El Corte Inglés百货商店的第10层，感受马德里市中心最棒的就餐体验之一。这里的食物很棒，从一流的西班牙小吃或寿司到风味汉堡包，这里应有尽有，而且风景也超棒，特别是可以俯瞰卡亚俄广场（Plaza del Callao）和格兰大道的风景。

El Pato Mudo 西班牙菜 €€

（见84页地图；☎91 559 48 40；elpatomudo@hotmail.es；Calle Costanilla de los Ángeles 8；主菜 €13~24；⏲周三至周日 13:00~16:00和20:00~23:30；Ⓜ Ópera）El Pato Mudo不是马德里最有名的西班牙大锅菜餐厅，但因为价格合理的各式出色米饭类菜肴而在本地人之间闻名。特色菜有黑米配墨鱼汁、粥、正宗巴伦西亚大锅饭和贝类大锅饭。直接用锅供应两人或更多人份，搭配本地葡萄酒十分美味。

Taberna del Alabardero 西班牙菜 €€

（见84页地图；☎91 547 25 77；www.grupolezama.es；Calle de Felipe V 6；盘餐 €6~26，餐厅主菜 €20~28；⏲正午至次日1:00；Ⓜ Ópera）这家出色的老式马德里酒馆（taberna）出名的有酒吧里的炸丸子（croquette）、优质火腿、小火腿卷（montadito de jamón）和小金枪鱼卷（montadito de bonito），而后厨那边更经典的菜式则有炖牛尾（rabo de toro estofado，搭配有蜂蜜、肉桂、土豆泥和香草油酥糕点）。

Taberna La Bola 西班牙菜 €€

（见84页地图；☎91 547 69 30；www.labola.es；Calle de la Bola 5；主菜 €8~25；⏲周一至周六 13:30~16:30和20:30~23:00，周日 13:30~16:30，8月关门歇业；Ⓜ Santo Domingo）Taberna La Bola由贝达斯科（Verdasco）家族经营，已经传到了第六代，从1870年开业就一直生意红火，如今是一家深受喜爱的马德里传统菜餐厅。如果你想趁着在马德里的时候尝尝马德里乱炖（cocido a la madrileña；鹰嘴豆炖肉，€21），这里是个好选择。气氛忙碌又喧闹，但很有马德里风情。

El Anciano Rey de los Vinos 西班牙菜 €€

（见84页地图；☎91 559 53 32；www.elancianoreydelosvinos.es；Calle de Bailén 19；主菜 €9~20；⏲周三至周一 8:30至午夜；Ⓜ Sol）这家酒吧的露天餐位能让你欣赏到主教座堂无敌的风光，这里自从1909年开业以来便供应独特的自酿葡萄酒——一种类似麝香葡萄酒（moscatel）的香甜葡萄酒。特色食物有老炖菜（cazuela del anciano；贝类炖章鱼和大虾）和牛肉小点心（regalito de toro；酥脆松软的牛尾和红辣椒馅油酥点心）。

★ Restaurante Sobrino de Botín 卡斯蒂利亚菜 €€€

（见84页地图；☎91 366 42 17；www.botin.

es; Calle de los Cuchilleros 17; 主菜 €18~27; ⏲13:00~16:00和20:00至午夜; Ⓜ La Latina、Sol)可不是每天都有机会能在世界上最古老的餐厅(已经获得了吉尼斯世界纪录的认证——于1725年开张)吃饭。这家餐厅经久不衰的秘诀是用木炭烤炉烹制的美味的烤乳猪(cochinillo)和烤羊羔(cordero asado)。在这里的拱形地窖用餐真是一种享受。

Restaurante Sandó 当代西班牙菜 €€€

(见84页地图; ☎91 547 99 11; www.restaurantesando.es; Calle de Isabel la Católica 2; 主菜 €16~28, 赏味套餐 €49; ⏲周二至周六 13:00~16:00和20:00~23:00; Ⓜ Santo Domingo)西班牙最著名的大厨之一胡安·马里·阿萨克(Juan Mari Arzak)终于在马德里开店了,店址紧邻圣多明各广场(Plaza de Santo Domingo)。在本地传统的基础上进行巴斯克式的创新,如金枪鱼配姜和木槿,这里的菜品绝对有保证。如果你拿不定主意吃什么,可以试试赏味套餐(menú de degustación),或者去角落的西班牙小吃吧看看。

拉丁区和拉瓦皮耶斯区

拉丁区是马德里最适合吃西班牙小吃的区,还有各种优质的餐厅适合坐下来好好吃一餐。如果你计划在城里只进行一次西班牙小吃串游,就在这里的Calle de la Cava Baja和周边的街区进行。

拉瓦皮耶斯区更加兼收并蓄且文化多样,大体来说,越往坡下走餐厅越好,特别是Calle de Argumosa沿线。

Bar Melo's 西班牙小吃 €

(☎91 527 50 54; www.facebook.com/barmeloslavapies; Calle del Ave María 44; 主菜 €7.50起; ⏲周二至周六 14:30至次日1:30, 8月歇业; Ⓜ Lavapiés)这里没有去肉串店吃夜宵的传统,但这里永远有Bar Melo's。这里是那种你在经过的时候通常不会看第二眼的西班牙酒吧,以鞋子三明治(zapatilla,超级赞的面包夹腌猪肩肉和奶酪)而闻名全城。

Bar Santurce 西班牙菜 €

(见90页地图; ☎646 238303; www.barsanturce.com; Plaza General Vara del Rey 14; 面包夹肉/盘餐 €2.50/4.50起; ⏲周二和周三 正午至16:00, 周四至周六 正午至16:00和17:30~22:30, 周日 9:00~16:00; Ⓜ La Latina)这家简单的酒吧以铁板沙丁鱼(sardina a la plancha)和超级辣的帕德龙辣椒(pimiento de padrón)而闻名。这里在周日埃尔拉斯特洛集市期间超级火爆,连靠近吧台都困难。半盘含有6条沙丁鱼的西班牙小吃(media ración),售价€2.50,是马德里最划算的。

★ Taberna Matritum 新派西班牙菜 €€

(见90页地图; ☎91 365 82 37; www.tabernamatritum.es; Calle de la Cava Alta 17; 主菜 €13~19.50; ⏲周三至周日 13:30~16:00和20:30至午夜, 周一和周二 20:30至午夜; Ⓜ La Latina)这家绝妙的小店足以令你绕过隔壁人气更高的Calle de la Cava Baja。应季菜品包含了绝佳的西班牙小吃、沙拉和富有创意的菜肴——尝一尝加泰罗尼亚香肠和虾肉馅饼或是冬季的烤大葱(calçot),后者也来自加泰罗尼亚。这里的葡萄酒也有上百种,精妙而不做作。

La Musa Latina 新派西班牙菜 €€

(见90页地图; ☎91 354 02 55; www.grupolamusa.com/restaurante-lamusalatina; Costanilla de San Andrés 1; 西班牙小吃 €3~7, 主菜 €11~17; ⏲周一至周三 10:00至次日1:00, 周四至次日1:30, 周五和周六 至次日2:00, 周日 至次日1:00; Ⓜ La Latina)在慵懒的La Musa Latina,用餐区总是人气很高,食物则一定会让你露出满意的笑容。露天餐位在天气暖和的时候十分迷人,而楼下的酒吧位于一个旧葡萄酒窖里,有乒乓球和桌上足球,也很迷人。就像它位于马拉萨尼亚区的姐妹餐厅一样,这里供应富有创意的西班牙小吃,包括国际式的改良菜肴。

Almacén de Vinos 西班牙小吃 €€

(Casa Gerardo; 见90页地图; ☎91 221 96 60; Calle de la Calatrava 21; 西班牙小吃/盘餐 €3/8.50起; ⏲周日至周四 13:00~16:00和20:30至午夜, 周五和周六 13:00~17:00和20:30至次日0:30; Ⓜ La Latina)这个铺着砖的空间有大理石吧台和吐司(tosta; 搭配咸鳕鱼干等)、盘餐(ración; 比如伊比利亚火腿配野菌菇)和散

装苦艾酒(vermouth),在拉丁区没有比这里更传统的地方了。忙碌的时候,这里十分受到本地人的热爱,他们的态度一定是:"这地方好到无可挑剔!"

Enotaberna del León de Oro 西班牙菜 €€

(见90页地图;☎91 119 14 94;www.posadadelleondeoro.com;Calle de la Cava Baja 12;西班牙小吃 €6起,主菜 €13~23;⏲13:00~16:00和20:00至午夜;Ⓜ La Latina)这里经过全新翻修后不仅给Posada del León de Oro(见126页)带来了活力,也成为拉丁区一家很棒的酒吧餐厅。这里的亮点是在轻松随意的氛围中享受充满创造性的美食(如墨鱼仔配土豆泥和香蒜芝麻菜),外加精心挑选的佐餐葡萄酒。这里还有很多杜松子酒可以挑选。真是绝配。

Malacatín 西班牙菜 €€

(见90页地图;☎91 365 52 41;www.malacatin.com;Calle de Ruda 5;主菜 €11~15;⏲周一至周三和周六 11:00~17:30,周四和周五 11:00~17:30和20:15~23:00,8月歇业;Ⓜ La Latina)如果你想看看马德里人享受他们最爱的当地食物的场景,这里是最佳选择之一。狭窄的就餐区装饰着斗牛纪念品,人们的吵嚷声在花砖墙面上弹来弹去。特色菜是不限量的马德里乱炖(鹰嘴豆炖肉;€21)。

★ Casa Lucio 西班牙菜 €€€

(见90页地图;☎91 365 32 52、91 365 82 17;www.casalucio.es;Calle de la Cava Baja 35;主菜 €18~29;⏲13:00~16:00和20:30至午夜,8月歇业;Ⓜ La Latina)Casa Lucio是马德里的名店,自从1974年起便一直在用轻松的环境、优质的食材和长期坚持的家常烹调风格赢得马德里人的欢心,比如丰盛的蛋类(Lucio家的特色)和烤肉。在圣伊西德罗节期间还有炖牛尾(rabo de toro),和大量的拉里奥哈红葡萄酒(rioja)搭配。

Posada de la Villa 西班牙菜 €€€

(见90页地图;☎91 366 18 80;www.posadadelavilla.com;Calle de la Cava Baja 9;主菜 €21~32.50;⏲周一至周六 13:00~16:00和20:00至午夜,周日13:00~16:00,8月关门歇业;Ⓜ La Latina)这家被修复得很好的17世纪旅馆(posada)可以说是本地的一个地标。这里的氛围比较正式,装饰含蓄而传统(重木和砌砖结构),菜肴绝对地道——烤肉、乱炖(鹰嘴豆炖肉,通常需要提前预订)、炖牛肚和大蒜汤。

太阳门、圣阿娜和韦尔塔斯区

Casa Toni 西班牙菜 €

(见94页地图;☎91 532 25 80;casatoni2@hotmail.com;Calle de la Cruz 14;主菜 €6~13;⏲正午至16:30和19:00至午夜;Ⓜ Sol)Casa Toni是马德里最棒的老式西班牙酒吧之一,刚从铁板上出锅的美食简单而实诚,吸引着本地人聚集在这里。特色菜有墨鱼、西班牙冷汤(gazpacho)和特别美味的酥脆猪耳朵(offal)。如果你过来,可以品尝一下本地的马德里葡萄酒。这里价格合理,而且还散发着不可抵挡的老派马德里魅力。

Vinos González 西班牙小吃、熟食 €

(见94页地图;☎91 429 56 18;www.casagonzalez.es;Calle de León 12;西班牙小吃 €3.50起,盘餐 €9~15;⏲周一至周四 9:30至午夜,周五和周六 至次日1:00,周日 11:00~18:00;Ⓜ Antón Martín)你曾梦想过有一家熟食店可以让你挑选完美味的小吃就直接在那里享用吗?嗯,这两样在西班牙通常是分开来的,但你可以在这里一起体验。这里提供各种本地和国外奶酪、腌肉以及其他的经典西班牙美食。这里的餐桌是非正式的咖啡馆风格,我们推荐你多待一会儿。

La Finca de Susana 西班牙菜 €

(见94页地图;☎91 429 76 78;www.grupandilana.com;Calle del Príncipe 10;主菜 €8~14;⏲周日至周三 13:00~15:45和20:30~23:30,周四至周六 13:00~15:45和20:15至午夜;📶;Ⓜ Sevilla)合理的价位、高品质的烹饪和优雅古典的环境,韦尔塔斯区很难再找到比这里更具性价比的餐馆了。用餐区灯光柔和、氛围高雅,时而创新、时而传统的食物吸引着众多年轻时髦的食客。油封鸭腿(duck confit)配李子、芜菁(turnip)和蒸粗麦粉(couscous)值得一试。不提供预约服务。

★ Casa Alberto 西班牙小吃 €€

(见94页地图;☎91 429 93 56;www.

马德里西班牙小吃之旅

拉丁区和拉瓦皮耶斯区

拉丁区是马德里的西班牙小吃之乡，尤其是Calle de la Cava Baja沿线以及周边街区。**Almendro 13**（见90页地图；☎91 365 42 52；Calle del Almendro 13；www.almendro13.com；主菜€7~15；⌚周日至周四 13:00~16:00和19:30至午夜，周五和周六 13:00~17:00和20:00至次日1:00；ⓂLa Latina）以食物品质而非精美的装饰闻名，有腌肉、奶酪、玉米面饼（tortilla）和鸡蛋火腿炒土豆（huevos rotos；字面意思是"破鸡蛋"）等特色菜。顺着Calle de la Cava Baja走，**Taberna Txakolina**（见90页地图；☎91 366 48 77；www.tabernatxacoli.com；Calle de la Cava Baja 26；西班牙小吃 €4起；⌚周二 20:00至午夜，周三至周六，13:00~16:00和20:00至午夜，周日 13:00~16:00；ⓂLa Latina）有巴斯克风格的"小型高级料理"，适合配上清洌的巴斯克txacoli白葡萄酒一口吞下去。**Casa Lucas**（见90页地图；☎91 365 08 04；www.casalucas.es；Calle de la Cava Baja 30；西班牙小吃/盘餐 €5/12起；⌚周四至周二 13:00~15:30和20:00至午夜，周三 13:00~15:30；ⓂLa Latina）和**La Chata**（见90页地图；☎91 366 14 58；www.lachatacavabaja.com；Calle de la Cava Baja 24；主菜 €9~23，西班牙小吃 €3.70起，套餐 €18；⌚周四至周一 13:00~16:00和20:30至午夜，周二和周三 20:30至午夜；ⓂLa Latina）也非常受欢迎。不远处还有**Juana La Loca**（见90页地图；☎91 366 55 00；www.juanalalocamadrid.com；Plaza de la Puerta de Moros 4；西班牙小吃 €4起，主菜 €10~24；⌚周二至周日 13:30~17:30，周六至周三 19:00至午夜，周二至周五 至次日1:00；ⓂLa Latina），那里的土豆洋葱煎蛋饼（tortilla de patatas）非常美味，**Txirimiri**（见90页地图；☎91 364 11 96；www.txirimiri.es；Calle del Humilladero 6；西班牙小吃 €3起；⌚正午至16:30和20:30至午夜；ⓂLa Latina）也不错。

主广场、太阳门和韦尔塔斯区

想吃咸鳕鱼干，就去1860年就开业的**Casa Labra**（见94页地图；☎91 532 14 05；www.casalabra.es；Calle de Tetuán 11；西班牙小吃 €1起；⌚11:30~15:30和18:00~23:00；ⓂSol），这里

casaalberto.es；Calle de las Huertas 18；西班牙小吃 €3.25~10，盘餐 €7~16.50，主菜 €16~19；⌚餐厅 周二至周六 13:30~16:00和20:00至午夜，周日 13:30~16:00，酒吧 周二至周六 正午至次日1:30，周日 12:30~16:00，7月和8月 周日歇业；ⓂAntón Martín）作为最有情调的马德里老式酒馆（taberna）之一，Casa Alberto自1827年就开始营业了，据说塞万提斯曾在其所在的这座建筑里写过一本书。这里经久不衰的秘诀是桶装苦艾酒、吧台的美味西班牙小吃，以及可口的正餐。

La Mucca de Prado 西班牙菜、各国风味 €€

（见94页地图；☎91 521 00 00；www.lamuccacompany.com/lamucca-de-prado；Calle del Prado 16；主菜 €9~16；⌚周日至周三 13:00至次日1:30，周四 至次日2:00，周五和周六 至次日2:30；ⓂAntón Martín）这里是马拉萨尼亚区同样酷的La Mucca的分店，人气超级高，供应火腿拼盘等出色的本地菜肴，但菜品还是以各国风味为主，有比萨饼、牛排、汉堡包和沙拉，通常带有西班牙特色的改良。这里的食物很棒，氛围也令人难以抗拒，使得食物尝起来也更美味了一些，夜晚流逝得也更慢了一些。

Maceiras 加利西亚菜 €€

（见94页地图；☎91 429 58 18；www.tabernamaceira.com；Calle de las Huertas 66；主菜 €6~14；⌚周一至周四 13:15~16:15和20:00至午夜，周五和周六 13:30~16:45和20:30至次日1:00，周日 13:30~16:45和20:00至午夜；ⓂAntón Martín）没有哪儿的加利西亚西班牙小吃（比如章鱼、青椒等）能比这个韦尔塔斯山脚下古朴宜人的小酒吧里的更好吃了，特别是在喝下一杯清新的里贝罗白葡萄酒之后。简单的木桌、忠实的客人、加利西亚背景音乐以及便利的位置也使得这家餐馆成为参观完普拉多博

是诗人费德里戈·加西亚·洛尔卡（Federico García Lorca）的最爱。不过，许多马德里人只去**Casa Revuelta**（见90页地图；☎91 366 33 32；Calle de Latoneros 3；西班牙小吃 €3起；⏰周二至周六 10:30~16:00和19:00~23:00，周日 10:30~16:00，8月歇业；Ⓜ Sol、La Latina）吃鳕鱼，那里的店主每天早上都一丝不苟地亲自剔除鱼骨。

在韦尔塔斯区，**La Casa del Abuelo**（见94页地图；☎902 027334；www.lacasadelabuelo.es；Calle de la Victoria 12；盘餐 €9起；⏰周日至周四 正午至午夜，周五和周六 至次日1:00；Ⓜ Sol）最出名的是烤对虾（gambas a la plancha）、gambas al ajillo（用小瓷盘盛着的蒜烤对虾）和一小玻璃杯浓郁、香甜的El Abuelo红酒。想吃辣番茄酱烤土豆（patatas bravas），一定要去**Las Bravas**（见94页地图；☎91 522 85 81；www.lasbravas.com；Callejón de Álvarez Gato 3；盘餐 €4~13；⏰12:30~16:30和19:30至次日0:30；Ⓜ Sol、Sevilla）。另一个好去处是韦尔塔斯山脚下的**Los Gatos**（见94页地图；☎91 429 30 67；Calle de Jesús 2；西班牙小吃 €3.75起；⏰11:00至次日2:00；Ⓜ Antón Martín），这里的装饰兼收并蓄，法式开胃点心（canapés）妙极了。

丽池区、艺术博物馆和萨拉曼卡区

普拉多大道沿途只有一个地方能吃西班牙小吃，也是马德里吃西班牙小吃最好的选择之一：Estado Puro（见本页）。萨拉曼卡区环境摩登的**Biotza**（见116页地图；☎91 781 03 13；Calle de Claudio Coello 27；巴斯克小吃 €2.80~3.40，盘餐 €6起，套餐 €18起；⏰周一至周六 13:00~16:30和20:30至午夜；Ⓜ Serrano）供应极富创意的巴斯克式西班牙小吃。

丘埃卡区

丘埃卡区也有一流的西班牙小吃。别错过Bocaito（见138页），这里有安达卢西亚火腿和海鲜。Bodega de La Ardosa（见137页）的番茄冷汤（salmorejo）、炸丸子（croquetas）、辣番茄酱烤土豆和土豆洋葱煎蛋（tortilla de patatas）都极受欢迎，而Casa Julio（见136页）有号称全马德里最好的炸丸子，十分受客人欢迎。Baco y Beto（见137页）也是一个很棒的去处。

物馆之后（或之前）很好的休憩处。

街角还有一家**分店**（见94页地图；www.tabernamaceira.com；Calle de Jesús 7；主菜 €6~14；⏰周一至周五 13:15~16:15和20:30至次日0:15，周六 13:30~16:30和20:30至次日1:00，周日 13:30~16:30和20:30至午夜；Ⓜ Antón Martín）。

★ La Terraza del Casino 新派西班牙菜 €€€

（见94页地图；☎91 532 12 75；www.casinodemadrid.es；Calle de Alcalá 15；主菜 €44~56，套餐 €79~185；⏰周一至周六 13:00~16:00和21:00至午夜；Ⓜ Sevilla）高居于豪华的马德里赌场（Casino de Madrid）顶端，这座顶级烹饪殿堂由明星大厨帕科·龙塞罗（Paco Roncero）管理着，是一家骄傲的米其林二星餐厅。这里的一切就是一场烹调实验，随着烹饪实验室将迸发出的新灵感源源不断地传到厨房，菜单也随之不断改变。赏味套餐（€148）是一场令人叫绝的味觉盛宴。

★ Lhardy 西班牙菜 €€€

（见94页地图；☎91 521 33 85；www.lhardy.com；Carrera de San Jerónimo 8；主菜 €24~36；⏰周一至周六 13:00~15:30和20:30~23:00，周日 13:00~15:30，8月关门歇业；Ⓜ Sol, Sevilla）这个马德里的地标（建于1839年）楼下的餐厅是购买可以外卖的美味西班牙小吃的诱人藏宝地，楼上的6个更加高档的用餐区供应传统马德里菜，偶尔带有一丝法国风味。这里的招牌菜有马德里乱炖（鹰嘴豆炖肉）、带着橘子香味的野鸡和野鸭。菜肴品质和服务都无可挑剔。

丽池区和艺术博物馆

★ Estado Puro 西班牙小吃 €€

（见98页地图；☎91 330 24 00；www.tapasenestadopuro.com；Plaza de Neptuno/Plaza de Cánovas del Castillo 4；西班牙小吃 €4.50~

12.50，主菜 €14~20；⏲正午至午夜；Ⓜ Banco de España、Atocha）Estado Puro是一家时髦而随意的西班牙小吃吧，供应美妙的西班牙小吃，例如21世纪西班牙煎蛋饼（tortilla española siglo XXI，用玻璃杯盛放……）、酱油鹌鹑蛋或猪蹄配墨鱼面条。厨房由帕科·龙塞罗主理，他是La Terraza del Casino（见135页）的主厨，烹饪大师费兰·阿德里亚（Ferran Adrià）的弟子。

Palacio de Cibeles 西班牙菜 €€€

（见98页地图；☎91 523 14 54；www.palaciodecibeles.com；6th fl, Plaza de la Cibeles 1；主菜 €16~39，套餐 €38.50~55；⏲13:00~16:00和20:00至午夜；Ⓜ Banco de España）这家餐厅位于西贝莱斯广场标志性的通信宫的高层上，非常受欢迎。老板阿道弗·穆尼奥斯（Adolfo Muñoz）对西班牙菜进行了卡斯蒂利亚-拉曼查式的改良，然后再即兴发挥一些。菜肴或许有混合了藏红花、蔬菜和曼彻格干酪（manchego）的米饭，或是塞了洋葱和野菌菇的猪蹄。

萨拉曼卡区

★ Astrolabius 创意菜 €€

（见116页地图；☎91 562 06 11；www.astrolabiusmadrid.com；Calle de Serrano 118；主菜 €10~25；⏲周二至周六 13:00~16:00和20:30至午夜，8月歇业；Ⓜ Núñez de Balboa）这家由家庭经营的出色餐厅位于萨拉曼卡区北部，拥有简单的经营哲学——接过祖辈的菜单并在其中加入孙辈的想象力。结果就是迷人的混合风味，比如蒜香综合扇贝或炸虾丸。这里氛围前卫现代，但又带有最棒的马德里式随意。

★ Platea 西班牙菜 €€

（见116页地图；☎91 577 00 25；www.plateamadrid.com；Calle de Goya 5-7；⏲周日至周三 12:30至次日0:30，周四至周六 至次日2:30；Ⓜ Serrano、Colón）科隆广场（Plaza de Colón）对面富丽的卡洛斯三世（Carlos Ⅲ）电影院被巧妙又颇为诙谐地改造成了生机勃勃的餐饮区。这里有12家餐厅、3家美食店和一些鸡尾酒吧。

这里利用了最初的剧院式布局，多层的观众席被改造成一连串的餐厅，这些餐厅看起来是独立的，但其实通过中部高高的开放空间而互相联结，所有的餐厅都以某种方式朝向舞台区，舞台上则有卡巴莱歌舞、20世纪30年代风格的演出或现场烹饪表演，为就餐提供了独特而迷人的背景。美食广场和高级料理在这里相遇，午餐或晚餐大胆地与不时上演的节目相结合，却没有这种地方通常会充斥的那种拘谨的正式感。

José Luis 西班牙菜 €€

（见116页地图；☎91 563 09 58；www.joseluis.es；Calle de Serrano 89；西班牙小吃 €5起；⏲周一至周五 8:30至次日1:00，周六 9:00至次日1:00，周日 12:30至次日1:00；Ⓜ Gregorio Marañón）José Luis在马德里各处有无数家分店，以正宗的传统西班牙菜而闻名。这里有许多人公认的马德里最棒的西班牙土豆蛋饼（tortilla de patata），但这里的炸丸子和俄式沙拉（ensaladilla rusa）也很不错。这家分店有稍许古板，就像是身穿西装的年轻人给人的感觉，但是这一点毕竟非常符合萨拉曼卡区的特色。

马拉萨尼亚区和丘埃卡区

★ Pez Tortilla 西班牙小吃 €

（见120页地图；☎653 919984；www.peztortilla.com；Calle del Pez 36；西班牙小吃 €4起；⏲周日 正午至午夜，周一至周三 18:30至次日2:00，周四 正午至次日2:00，周五和周六 正午至次日2:30；Ⓜ Noviciado）我们每一次来的时候这里都爆满，鉴于这里的煎饼（15种！）、炸丸子和精酿啤酒（70多种，有9种散装）超级棒，这丝毫不奇怪。用黑色墨鱼汁做的炸丸子或是煎饼配松露布里奶酪和火腿是众多菜品中的两道名菜。

★ Casa Julio 西班牙菜 €

（见120页地图；☎91 522 72 74；Calle de la Madera 37；6/12个炸丸子 €6/12；⏲9月至次年7月 周一至周六 13:00~15:30和18:30~23:00；Ⓜ Tribunal）如果在全城搞一场关于马德里最棒炸丸子的民意测验，有半数人会投给Casa Julio，而剩下的只是还没有来过而已。这里的炸丸子好吃到无论是名流还是普通人都会从马德里各地赶来品尝传统的火腿版本或是更有创意的菠菜配戈尔贡佐拉干酪（gorgonzola）等版本。

奇怪的是，几年前U2选择在吧台拍照的时候，这里才真正出了名。

★ Bazaar 新派西班牙菜 €

（见120页地图；☎91 523 39 05；www.restaurantbazaar.com；Calle de la Libertad 21；主菜 €7.50~13；⏱周日至周三 13:15~16:00和20:30~23:30，周四至周六 13:15~16:00和20:15至午夜；📶；Ⓜ Chueca）Bazaar在富有的丘埃卡人中的受欢迎程度有增无减。纯朴洁白的室内设计再加上剧院风格的灯饰和落地窗颇能吸引一群看起来就像刚从Hola!杂志里走出来的时髦人士，不过这里的食物极为实惠而富有创意，气氛也很休闲。

只有周日至周四的晚餐接受预订。其他时间要么早去，要么就做好等位的准备，无论你是名人还是普通人。鸡尾酒很丰富，价格只要€5起！

Bar Palentino 西班牙小吃 €

（见120页地图；☎91 532 30 58；Calle del Pez 8；夹肉面包 €2.50；⏱周一至周六 7:00~14:00；Ⓜ Noviciado）塑料餐桌、对装饰细节的完全不在意，然而……马拉萨尼亚区这家青春永驻的酒吧提醒着人们西班牙式用餐中非常重要的一点：别被外表给骗了。这里人气火爆，客人老少都有，Bar Palentino拥有令人难以抗拒的魅力，其中大部分都多亏了老板玛丽亚·多洛雷斯（María Dolores；自称"本店特色"）和卡斯托（Casto）。

食物怎么样？简单的传统西班牙小吃和夹肉面包全城闻名，而且不仅仅是因为价格出众。

Baco y Beto 西班牙小吃 €

（见120页地图；☎91 522 84 41；Calle de Pelayo 24；西班牙小吃 €4起；⏱周一至周五 20:00至次日1:00，周六 14:00~16:30和20:30至次日1:00；Ⓜ Chueca）你在这里会找到马德里最美味的西班牙小吃，可能包括鹌鹑蛋配科尔多瓦番茄冷汤（salmorejo cordobés），或者还有茄子配帕尔玛干酪等盘餐。这里的客人以同性恋为主。

Bodega de la Ardosa 西班牙小吃 €

（见120页地图；☎91 521 49 79；www.laardosa.es；Calle de Colón 13；西班牙小吃和盘餐 €4~12；⏱周一至周五 8:30至次日2:00，周六和周日 12:45至次日2:30；Ⓜ Tribunal）Bodega de la Ardosa迷人的木板吧台自从1892年起便劲头十足，散发着魅力。来这里却不尝尝番茄冷汤（salmorejo；搭配面包、油、大蒜和醋）、炸丸子或土豆洋葱蛋饼的话，那可就是犯罪了。在周末晚上这里几乎挤得挪不动步子。

> **当地知识**
>
> **鱿鱼三明治**
>
> 马德里不太著名的特色美食之一就是鱿鱼三明治（bocadillo de calamares；一种法棍风格的小长条面包，里面塞满了炸鱿鱼）。在主广场周围街道的很多酒吧以及紧邻主广场东南角的Calle de los Botaderos一带沿线的酒吧都能找到这种食物。只要大约€2.90，就能享受到这种绝佳的街头小吃。La Ideal（见84页地图；☎91 365 72 78；Calle de Botoneras 4；三明治 €2.90起；⏱周日至周四 9:00~23:00，周五和周六至午夜；Ⓜ Sol）和La Campana（见84页地图；☎91 364 29 84；Calle de Botoneras 6；三明治 €2.90起；⏱周日至周四 9:00~23:00，周五和周六 至午夜；Ⓜ Sol）就是两个可以品尝这个的地方。

★ Yakitoro by Chicote 日本菜、西班牙菜 €

（见94页地图；☎91 737 14 41；www.yakitoro.com；Calle de la Reina 41；西班牙小吃 €3~8；⏱13:00至午夜；Ⓜ Banco de España）以日式酒馆的设想为基础，由创新精神和结合西班牙与日本风味的愿望驱使，Yakitoro大获成功。除了沙拉之外，这里的一切餐点都以木烤肉串为主设计，美妙地结合了蔬菜、海鲜和肉类。

★ La Carmencita 西班牙菜 €€

（见120页地图；☎91 531 09 11；www.tabernalacarmencita.es；Calle de la Libertad 16；主菜 €13~27；⏱9:00至次日2:00；Ⓜ Chueca）这个餐吧创立于约1854年，传奇诗人巴勃罗·聂鲁达（Pablo Neruda）曾经是这里的常客，La Carmencita历代经营者已经将75个他们最爱的传统西班牙菜谱呈现在餐桌上，有时候会稍作更新，但大多数情况下他们会延续传统菜谱，不作过多改变。

值得一游

CASA JORGE

漂亮的Casa Jorge(☎914 16 92 44; www.casajorge.com; Calle de Cartagena 104; 主菜 €16~22; ⏰周一至周四 13:30~16:00和21:00至午夜,周五和周六 至次日1:00,周日13:30~16:00; Ⓜ Cartagena)无疑是马德里最棒的加泰罗尼亚菜餐厅,供应精致的西班牙西北特色菜,其中包括蜗牛(caracol)、精心制作的饭类菜肴,以及季节性(大约为12月至次年3月或4月)的大葱配番茄辣酱(calçots con salsa romescu);最后一种要系着围兜吃,超级好吃。

★ Albur

西班牙小吃 €€

(见120页地图; ☎91 594 27 33; www.restaurantealbur.com; Calle de Manuela Malasaña 15; 主菜 €13~18; ⏰周一至周四 12:30~17:00和19:30至午夜,周五 12:30~17:00和19:30至次日1:30,周六 13:00至次日1:30,周日 13:00至午夜; 📶; Ⓜ Bilbao)这里是马拉萨尼亚区最划算的地方之一,有一个颇受欢迎的西班牙小吃吧,后院还有一家上档次但气氛随意的露天餐厅。餐厅服务员随时都保持着十足的酷劲,价格实惠的米饭菜肴是这里的明星,不过无论你在这里点些什么菜,都能吃得满意而归。

Celso y Manolo

西班牙小吃、西班牙菜 €€

(见120页地图; ☎91 531 80 79; www.celsoymanolo.es; Calle de la Libertad 1; 盘餐 €7.50~12; ⏰13:00~16:30和20:00至次日2:00; Ⓜ Banco de España)Celso y Manolo是丘埃卡区最棒的酒吧之一,为想吃小吃的人供应脆玉米饼(tostada),为那些想吃点传统食物的人供应牛尾,还有许多来自西班牙北部和西北部的菜肴。这里还有不错的葡萄酒、咖啡,乃至鸡尾酒和装潢巧妙的内饰。

Bocaito

西班牙小吃 €€

(见120页地图; ☎91 532 12 19; www.bocaito.com; Calle de la Libertad 4-6; 西班牙小吃 €2.50~8,主菜 €11~28; ⏰周一至周六 13:00~16:00和20:30至午夜; Ⓜ Chueca、Sevilla)电影制作人佩德罗·阿尔莫多瓦尔(Pedro Almodóvar)曾经形容这家传统而酒吧兼餐厅是"最好的抗抑郁药"。忘记餐厅吧(尽管那里口碑很好),挤到酒吧那边去和随意的人们挤在一起,点几样菜单上没有的安达卢西亚盘餐,然后就着些刺嗓子的红酒或一小杯啤酒(caña)吃起来吧。

La Mucca de Pez

西班牙小吃 €€

(见120页地图; ☎91 521 00 00; ww.lamucca.es; Plaza Carlos Cambronero 4; 主菜 €9~16; ⏰周日至周三 正午至次日1:30,周四 13:00至次日2:00,周五和周六 13:00至次日2:30; Ⓜ Callao)这里唯一的问题是大家都喜欢来这里消磨午后的时光,以至于根本都排不到位。种类丰富的葡萄酒搭配美味的沙拉、有创意的比萨饼和各种混合了肉类和海鲜的美味主菜,气氛更是锦上添花。

Mercado de San Antón

西班牙小吃 €€

(见120页地图; ☎91 330 07 30; www.mercadosananton.com; Calle de Augo Figueroa 24; 西班牙小吃 €1.50起,主菜 €5~20; ⏰10:00至午夜; Ⓜ Chueca)西班牙的生鲜市场是酒吧和餐厅之外的有趣去处,其中许多都已经经过改造,能够满足了你的所有就餐需求。楼下全部是新鲜的农产品,但楼上则有各种迷人的西班牙小吃,融合了日本、加那利群岛乃至全球其他角落的风格。

La Musa

西班牙菜、创意菜 €€

(见120页地图; ☎91 448 75 58; www.grupolamusa.com; Calle de Manuela Malasaña 18; 西班牙小吃 €3~7,主菜 €11~17; ⏰周一至周四 9:00至次日1:00,周五 至次日2:00,周六 13:00至次日2:00,周日 13:00至次日1:00; Ⓜ San Bernardo)嘈杂而舒适的La Musa是马德里年轻人的最爱,时尚但毫不张扬,拥有新潮的装饰、轻松的音乐和难忘的美食。菜单分为三种类型的西班牙小吃——西班牙式的、外国式的和来自柴炉的。尝尝两人份的西班牙小吃赏味菜单(degustación de tapas; €30)。

★ La Buena Vida

西班牙菜 €€€

(见120页地图; ☎91 531 31 49; www.restaurantelabuenavida.com; Calle del Conde de Xiquena 8; 主菜 €25~28; ⏰周二至周四 13:00~16:00和21:00~23:30,周五和周六 13:30~16:00和21:00至次日0:30; Ⓜ Chueca、

Colón）这家店是巴黎小馆和老式高级马德里餐厅的跨界，在丘埃卡区声名远播，十分受富有而博识的人们欢迎。菜品随季节变化且迎合传统的西班牙口味，不过像红金枪鱼西冷牛排配鳄梨酱和芝麻这种菜也体现出大厨们并不排斥对食物进行古怪好玩的演绎。这里一直是马德里最棒的餐厅之一。

★La Tasquita de Enfrente 新派西班牙菜 €€€

（见120页地图；☎91 532 54 49；Calle de la Ballesta 6；主菜 €16~32，套餐 €45~70；⏲周一至周六 13:30~16:30和20:30至午夜；Ⓜ Gran Vía）如何形容这里在马德里美食界多受行家欢迎都不夸张。大厨胡安霍·洛佩斯（Juanjo López）随季节变换的菜品总是给食客们带来惊喜，将简单的西班牙食材组合出了美妙的效果。如果你第一次来，我们推荐赏味套餐（€50）和胡安霍套餐（menú de Juanjo；€65）。一定要预约。

西园和马德里北部

Bodega de la Ardosa 西班牙小吃 €

（☎91 446 58 94；Calle de Santa Engracia 70；盘餐 €7.50起；⏲周四至周二 9:00~15:00和18:00~23:30；Ⓜ Iglesia）这座漂亮的老建筑隐藏在赞贝里一个相当现代的街角处，拥有华丽的铺砖外墙，墙上的炮弹洞是西班牙内战时期留下的。几十年来，本地人一直来这里享用早晨的美酒和城里最棒的传统西班牙辣汁马铃薯（煎土豆配辣番茄酱）。这里还有散装的苦艾酒。

Casa Mingo 阿斯图里亚斯菜 €

（☎91 547 79 18；www.casamingo.es；Paseo de la Florida 34；盘餐 €2.70~11，烤鸡 €11；⏲11:00至午夜；Ⓜ Príncipe Pío）Casa Mingo开业于1888年，是一家有点像洞穴的著名阿斯图里亚斯苹果酒屋。这里的菜式很简朴，招牌是标志性的烤鸡（pollo asado；切成四块）配一瓶苹果酒。冬季的苹果酒炖腊肠（Chorizo a la sidra）、阿斯图里亚斯蓝奶酪（queso cabrales）以及工作日午市的马德里乱炖（cocido a la madrileña；鹰嘴豆炖肉）也很受欢迎。

佛罗里达圣安东尼皇家教堂差不多就在隔壁。

★Mama Campo 西班牙菜 €€

（☎91 447 41 38；www.mamacampo.es；Plaza de Olavide；主菜 €7~15；⏲周二至周六 13:30~16:00和20:30至午夜，周日 13:30~16:00；Ⓜ Bilbao,Iglesia,Quevedo）Mama Campo打破了奥拉维德广场周边酒吧的千篇一律，自我定位为环保主义西班牙酒馆，这里在室内成功采用白色装饰，制作新鲜的西班牙主食，总是着重于新鲜有机的食材。这在奥拉维德广场（我们最喜欢的广场之一）上还有露天餐位。

★La Favorita 西班牙菜 €€

（☎91 448 38 10；www.restaurantelafavorita.com；Calle de Covarrubias 25；主菜 €12~26，套餐 €50~70；⏲周一至周五 13:30~16:00和21:00至午夜，周六 21:00至午夜；Ⓜ Alonso Martínez）La Favorita位于一座可爱的老宅内，因为晚间无歇的歌剧唱段而闻名，演唱者为扮演成服务员的专业歌剧歌手。露天的花园庭院在夏季傍晚十分宜人，而音乐和食物（偏向西班牙东北部纳瓦拉地区的菜系）的质量则是顶级的。

Costa Blanca Arrocería 西班牙菜 €€

（☎91 448 58 32；Calle de Bravo Murillo 3；主菜 €11~23；⏲周一 13:30~16:00，周二至周五 13:30~16:00和20:30~23:30，周六和周日 14:00~16:00和20:30~23:30；Ⓜ Quevedo）即使你没有去赞贝里区的计划，这家酒吧餐厅也值得你专程过来吃一顿，尝尝西班牙大锅饭等美味的米饭菜肴。这里的食物品质很棒，但价格几乎是城里最便宜的。可以先从小蛤蜊（almejas a la marinera）吃起，再来一份海鲜饭（paella de marisco），彻底圆满了。

Sagaretxe 西班牙小吃 €€

（☎91 446 25 88；www.sagaretxe.com；Calle de Eloy Gonzalo 26；西班牙小吃 €2.20，套餐 €15.50~31；⏲正午至17:00和19:00至午夜；Ⓜ Iglesia）Sagaretxe是马德里最棒的pintxo（巴斯克小吃）吧之一，让人们在享用西班牙小吃的时候没有那么大的压力，约20种选择沿吧台排列开（厨房里还可以按照客人的要求制作其他100多种）。用手随便指一下你想要哪种美味的西班牙小吃，然后它们就会被端给你。

Las Tortillas de Gabino
西班牙菜 €€

（见116页地图；☎91 319 75 05；www.lastortillasdegabino.com；Calle de Rafael Calvo 20；煎饼 €10.50~15.50，主菜 €14~22；⏲周一至周六13:30~16:00和21:00~23:30；Ⓜ Iglesia）这家餐厅有一位大胆的厨师，他将标志性的土豆蛋饼乱改一通，结果竟然很好吃，有例如章鱼鸡蛋饼和其他的各种各样令人称奇的组合。这家餐馆的炸丸子也颇受好评。服务非常棒，明亮优雅的用餐区也让美食体验锦上添花。

★ DiverXo
新派西班牙菜 €€€

（☎91 570 07 66；www.diverxo.com；Calle de Padre Damián 23；套餐 €195~250；⏲周二至周六14:00~15:30和21:00~22:30，8月歇业三周；Ⓜ Cuzco）DiverXo是马德里唯一一家米其林三星餐厅，位于马德里北部，提供西班牙最难得的美食体验之一。大厨大卫·穆尼奥斯（David Muñoz）是西班牙美食界的顽童，如今才30多岁，喜欢所谓的"粗暴式"烹饪——他的主厨团队会在你用餐期间出现，加入令人意外的新食材。

这些精心设计的体验围绕短套餐（2.5小时，7道菜）、长套餐（4小时，11道菜）或者"惊奇"（Wow）套餐和"饕餮惊奇"（Glutton Wow）套餐进行，完全不同于其他正式的高级用餐场所。平平无奇的市郊环境和狭窄的空间（主厨们有时会把菜肴的收尾环节放在走廊进行）却为这里整体的街头氛围增色。要求最多提前6个月预订。

饮品和夜生活

西班牙首都的夜晚充满了传奇色彩。整周里的大多数夜晚都一贯的漫长而喧闹，越接近周末就越震耳欲聋。

主广场和皇家马德里

★ The Sherry Corner
葡萄酒吧

（见84页地图；☎68 1007700；www.sherry-corner.com；Stall 24，Mercado de San Miguel，Plaza de San Miguel；⏲10:00~21:00；Ⓜ Sol）The Sherry Corner位于圣米格尔市场内，提供出色的雪利酒速成课程。花上€30，你可以品尝6小杯顶级雪利酒，每种都搭配不同的西班牙小吃。有8种语言的语音导览全程指引你。

★ Teatro Joy Eslava
夜店

（Joy Madrid；见84页地图；☎91 366 37 33；www.joy-eslava.com；Calle del Arenal 11；入场费€12~15；⏲23:30至次日6:00；Ⓜ Sol）这家豪华古老的马德里舞厅（位于一个19世纪的剧院内）唯一能保证的就是拥挤的客流和一定会开门营业（这里宣称自1981年起便从没有一天中断过营业）。这里的音乐和人群包罗万千，但队伍排得很长，本地人和游客都在其中，偶尔还有名人（famoso）在内。

★ Chocolatería de San Ginés
咖啡馆

（见84页地图；☎91 365 65 46；www.chocolateriasangines.com；Pasadizo de San Ginés 5；⏲24小时；Ⓜ Sol）马德里之夜的招牌店家之一，这家卖西班牙油条蘸热巧克力（chocolate con churros）的咖啡馆一整天都要迎接一拨又一拨来来往往的游客，而本地人会选择在天快亮时，从夜店回家的路上来这里打包点儿带回去补充体力。这种景象为马德里独有。

Bodegas Ricla
酒吧

（见84页地图；☎91 365 20 69；Calle Cuchilleros 6；⏲周三至周六和周一 13:00~16:00和19:00至午夜，周日 13:00~16:00；Ⓜ Tirso de Molina）Bodegas Ricla太小了，以至于你可能得和其他的客人挤着喝葡萄酒。100多年以来，这里一直供应美味正宗的西班牙小吃和本地佳酿：红葡萄酒、白葡萄酒和桃红葡萄酒、卡瓦酒（cavas，一种西班牙起泡酒）和苦艾酒。这里的室内布置在几十年里的改动很小，墙上有老式的赤陶桶和斗牛士的图片。

Anticafé
咖啡馆

（见84页地图；www.anticafe.es；Calle de la Unión 2；⏲周二至周日 17:00至次日2:00；Ⓜ Ópera）这里将花哨的波希米亚式风格发挥到了极致，将其贯穿在装饰与常规文化活动（诗歌朗读和音乐会）中。因此，这里也不会符合所有人的口味，但我们认为这里为市中心的饮品店选择增添了必不可少的多样性。

Cafe de Oriente
咖啡馆

（见84页地图；☎91 541 39 74；Plaza de Oriente 2；⏲周一至周四 8:30至次日1:30，周五和周六 9:00至次日2:30，周日 9:00至次日1:30；

ⓂÓpera）这家卓越的老咖啡馆拥有马德里市中心人气最高的露天餐位，前排座位能够欣赏美丽的东方广场，还有皇宫作背景。这座建筑本身曾经属于一座早已经不在了的17世纪修女院，室内有点中欧（Mitteleuropa）风格。

Café del Real 酒吧

（见84页地图；☎91 547 21 24；Plaza de Isabel II 2；⏰周一至周四 8:00至次日1:00，周五至次日2:30，周六 9:00至次日2:30，周日 10:00至23:30；ⓂÓpera）咖啡馆和鸡尾酒吧各占一半，这个有着慵懒背景音乐的私密小地方供应创意咖啡和一些鸡尾酒。最好的座位在楼上，低矮的天花板、木质的横梁、皮质的座椅，是个适合与朋友消磨一下午时光的好地方。

拉丁区和拉瓦皮耶斯区

★Taberna El Tempranillo 葡萄酒吧

（见90页地图；☎91 364 15 32；Calle de la Cava Baja 38；⏰周一 13:00~16:00，周二至周日 13:00~16:00和20:00至午夜；ⓂLa Latina）你可以来这里吃西班牙小吃，不过我们主要是因为葡萄酒才推荐它的，这里的葡萄酒种类之多可以让很多西班牙酒吧感到羞愧。这里并不会营业到很晚，不过在傍晚和周日埃尔拉斯特洛市场散场后总是挤满了客人。许多葡萄酒都按杯卖。

★Delic 酒吧

（见90页地图；☎91 364 54 50；www.delic.es；Costanilla de San Andrés 14；⏰周日和周二至周四 11:30至次日2:00，周五和周六 至次日2:30；ⓂLa Latina）对于这个存在已久的咖啡馆兼酒吧，我们能说上好几个小时，但还是长话短说谈谈它最精华的部分：在一个温暖的夏夜，在地处马德里最漂亮广场的Delic酒吧的露天餐桌旁，喝上一杯或几杯超棒的莫吉托鸡尾酒。天哪，这简直是人生一大乐事！

Bocondó Specialty Coffee 咖啡馆

（见90页地图；☎91 040 20 19；www.bocono.es；Calle de los Embajadores 3；咖啡€1.60~3；⏰周一至周四 8:30~20:30，周五和周六 至21:00，周日 9:30~20:30；📶；ⓂLa Latina）对每个细节的密切关注令Boconó独一无二——咖啡是现场烘焙的，而咖啡狂热爱好者们可以选择不同的风格：意式机、爱乐亚（AeroPress）和Chemex手冲等。咖啡在煮前会先称重，而水量是按毫升计量的。这里采用极简装饰，使用回收木材和粗砖，Wi-Fi网速很快，服务热情。

El Eucalipto 鸡尾酒吧

（☎91 527 27 63；www.facebook.com/eeucalipto；Calle de Argumosa 4；⏰周日至周四 17:00至次日2:00，周五和周六 至次日3:00；ⓂLavapiés）这家精巧的小酒吧里边全部的东西都是古巴风格的——从音乐到客人乃至加勒比鸡尾酒（包括不含酒精的那些），性感而慵懒。这里的莫吉托不出所料地高于平均水平，但果汁和代基里鸡尾酒（daiquiri）也有忠实的拥簇。

El Bonanno 葡萄酒吧

（见90页地图；☎91 366 68 86；www.elbonanno.com；Plaza del Humilladero 4；⏰正午至次日2:00；ⓂLa Latina）如果你觉得马德里的夜生活开始得太晚，Bonanno可能比较适合你。虽然这里是作为鸡尾酒吧而出名的，但也有很多人是为了超棒的葡萄酒而来。从傍晚开始，这里就会聚满年轻的品酒行家。要想在酒吧里有个位置，那就准备好先和你身旁的人套套近乎吧。

Café del Nuncio 酒吧

（见90页地图；☎91 366 08 53；www.cafedelnuncio.es；Calle de Segovia 9；⏰11:00至次日1:00；ⓂLa Latina）Café del Nuncio隐藏在通向Calle de Segovia的一条小巷里。舒适的内部分为好几层，你可以坐在任意一层来一杯，更好的选择是夏天坐在户外，欣赏曾被本地评论家誉为罗马一瞥的风景。白天这里是一个老派咖啡馆，拥有超棒的咖啡，不过到了晚上，它就变成了该区最好的酒吧之一。

太阳门、圣阿娜和韦尔塔斯区

★La Venencia 酒吧

（见94页地图；☎91 429 73 13；Calle de Echegaray 7；⏰12:30~15:30和19:30至次日1:30；ⓂSol, Sevilla）La Venencia是街区经典，拥有

来自桑卢卡尔(Sanlúcar)的曼萨尼亚雪利酒(manzanilla;洋甘菊色的雪利酒)和来自赫雷斯(Jeréz)的雪利酒,就装在落满灰尘的大木桶里,还有几种安达卢西亚口味的西班牙小吃做下酒菜。这里没有音乐、没有华丽的装饰;只有你、你的雪利酒和你的朋友。

Salmón Gurú 鸡尾酒吧

(见94页地图;☎91 000 61 85;http://salmonguru.es;Calle de Echegaray 21;⏰周三至周日 17:00至次日2:30;Ⓜ Antón Martín)当塞尔希·阿罗拉(Sergi Arola)的帝国崩塌时,著名的鸡尾酒吧Le Cabrera也随之而去,马德里失去了一个最优秀的鸡尾酒大师迭戈·卡夫雷拉(Diego Cabrera)。谢天谢地,他带着一个美妙的多面空间回来了,并在这里提供精致的饮品——先从他的25款卡夫雷拉经典(25 Cabrera clasicos)菜单开始吧。

Tartân Roof 休闲酒吧

(La Azotea;见94页地图;www.azoteadelcirculo.com;7th fl, Calle Marqués de Casa Riera 2;入场费 €4;⏰周一至周四 9:00至次日2:00,周五 至次日2:30,周六和周日 11:00至次日2:30)点一杯鸡尾酒,然后躺在沙发靠垫上,在迷人的屋顶露台上欣赏美景。这是个适合休闲的好地方,夕阳西沉时景色最美。

El Imperfecto 鸡尾酒吧

(见94页地图;Plaza de Matute 2;⏰周一至周四 17:00至次日2:20,周五和周六 15:00至次日2:30;Ⓜ Antón Martín)尽管名字意为"不完美",但它却是韦尔塔斯区的理想酒吧。偶尔会有现场爵士乐演出,而酒单就和萨克斯管一样长,既有鸡尾酒(€7,或两杯莫吉托€10)和烈酒,也有奶昔、茶和创意咖啡。它的冰镇果汁朗姆酒(pina colada)是我们喝过最棒的之一,这里的气氛也热闹而令人放松。

Taberna La Dolores 酒吧

(见94页地图;☎91 429 22 43;Plaza de Jesús 4;⏰11:00至次日1:00;Ⓜ Antón Martín)吧台后面的架子上摆满了旧酒瓶和啤酒杯,这家马德里酒吧(1908年开业)以其蓝白相间的瓷砖内饰和总是能遇到一两个奇怪的名人(约可容纳30人)而闻名。这里自称是"马德里最有名的酒吧"——这样说可能有点夸张了,但这里在大部分的晚上总是挤满了人,所以我们有什么立场反驳呢?

Taberna Alhambra 酒吧

(见94页地图;☎91 521 07 08;Calle de la Victoria 9;⏰周日至周三 11:00至次日1:00,周四至次日2:00,周五和周六 至次日2:30;Ⓜ Sol)位于太阳门和韦尔塔斯之间的酒吧总有一定程度上的雷同,这个很棒的老式小酒馆也因此脱颖而出。引人注目的外观和内部精致的瓷砖装饰非常美丽;不过这个地方绝对不会令人感到古板和无聊,反而给人以既酷又随意还热闹的感觉。这里供应西班牙小吃,深夜还有美妙的弗拉明戈。

La Terraza del Urban 鸡尾酒吧

(见94页地图;☎91 787 77 70;Carrera de San Jerónimo 34,Urban Hotel;⏰5月中旬至9月 周日和周一 正午至20:00,周二至周六 至次日3:00;Ⓜ Sevilla)这个无比舒服的露台位于五星级酒店Urban Hotel的上方,是马德里最佳屋顶酒吧的有力竞争者,有五星级的风景和五星级的价格——每一块钱都不算白花。这里只在天气暖的时候营业。

如果你恐高的话,就去楼下同等档次的**Glass Bar**(见94页地图;Carrera de San Jerónimo 34,Hotel Urban;⏰正午至次日3:00;Ⓜ Sevilla)吧。

Radio 鸡尾酒吧

(见94页地图;☎91 701 60 20;www.memadrid.com;7th fl, Plaza de Santa Ana 14;⏰周一至周四 19:00至次日2:00,周五 17:00至次日3:00,周六 13:00至次日3:00,周日 13:00至次日2:00;Ⓜ Antón Martín、Sol)高居于圣阿娜广场之上,这个奢华的露天鸡尾酒吧有极好的视角来观赏马德里的屋顶。这里是精致的高档场所,休息区摆满了舒适的靠垫,DJ现场演出以及着装和入场规定,将真正的品位和附庸风雅者区别开来。

丽池区和艺术博物馆

Teatro Kapital 夜店

(见98页地图;☎91 420 29 06;www.grupo-kapital.com;Calle de Atocha 125;入场费 €17起;⏰周四至周六 午夜至次日6:00;Ⓜ Atocha)作为马

德里最著名的大型会所之一，这家七层场地无所不包：从鸡尾酒吧和舞曲到卡拉OK、莎莎舞（salsa）、嘻哈音乐，以及休闲的空间和一个露天屋顶。这里甚至有个"亲吻室"。门卫也有自己的态度，并且不怕拒绝出言不逊的人入场。

这个地方如此之大，以至于马德里的各界名流（社会名流和皇马成员很喜欢这里）都在这里消遣，却能够互相不碰面。

萨拉曼卡区

Gabana 1800 夜店

（见116页地图；☎91 575 18 46；www.gabana.es；Calle Velázquez 6；入场费€15；⏰周三至周六 午夜至次日5:30；Ⓜ Retiro）面向高端客户（里面总是有几个名人）的Gabana 1800极具萨拉曼卡风格。这家夜店之所以能够历久弥坚，在很大程度上要归功于各式绝佳饮品、轮值的一流DJ和火眼金睛的入场政策——你得穿着亮眼才行。

Almonte 夜店

（见116页地图；☎91 563 25 04；www.almontesalarociera.com；Calle de Juan Bravo 35；⏰周日至周五 23:00至次日5:00，周六 22:00至次日6:00；Ⓜ Núñez de Balboa、Diego de León）如果弗拉明戈抓住了你的灵魂，但你不止想看看而已，就来Almonte。这里以现场演出开场，致敬弗拉明戈发源地——安达卢西亚南部深处的阿尔蒙特（Almonte）。塞维亚纳斯（sevillana；一种弗拉明戈舞蹈风格）展现于来这里的漂亮年轻人脚下和灵魂中有着。

Geographic Club 酒吧

（见116页地图；☎91 578 08 62；www.thegeographicclub.es；Calle de Alcalá 141；⏰周日至周四 13:00至次日2:00，周五和周六 至次日3:00；Ⓜ Goya）Geographic Club有精美的彩色玻璃窗、来自世界各地的民族风以及慵懒的氛围是萨拉曼卡区在傍晚喝一杯的出色场所——在30多种热带鸡尾酒中挑选一款品尝。我们喜欢围绕着热气球篮的餐桌，几乎不亚于我们喜欢楼下洞穴式的小酒馆了。

马拉萨尼亚区和丘埃卡区

★Museo Chicote 鸡尾酒吧

（见94页地图；☎91 532 67 37；www.grupomercadodelareina.com/en/museo-chicote-en；Gran Vía 12；⏰周一至周四 19:00至次日3:00，周五和周六 至次日4:00，周日 16:00至次日1:00；Ⓜ Gran Vía）这里是马德里的地标，内部有20世纪30年代的装饰，其创始人据说发明了一百多种鸡尾酒，欧内斯特·海明威、艾娃·加德纳（Ava Gardner）、格蕾丝·凯莉（Grace Kelly）、索菲娅·罗兰（Sophia Loren）和弗兰克·西纳特拉（Frank Sinatra）都曾来过这里一两次。

★Café Belén 酒吧

（见120页地图；☎91 308 27 47；www.elcafebelen.com；Calle de Belén 5；⏰周二至周四 15:30至次日3:00，周五和周六 至次日3:30，周日至午夜；📶；Ⓜ Chueca）Café Belén酷得恰到好处：舒适的沙发、令人放松的音乐、昏暗的灯光和种类繁多的饮品（莫吉托鸡尾酒尤其好），还有一群精致优雅的低调人群。这里是我们在丘埃卡区比较喜欢的一家酒吧。

La Tape 精酿啤酒

（见120页地图；☎91 593 04 22；www.latape.com；Calle de San Bernardo 88；⏰10:00至次日2:00；Ⓜ Bilbao、San Bernardo）早在精酿啤酒在马德里流行起来之前，La Tape就在着手酿酒了。菜单上有22种西班牙国内外的啤酒，以及强劲的精选无麸质啤酒。有许多种散装啤酒可供选择，热爱啤酒的人来这里是一件乐事。

Café Comercial 咖啡馆

（见120页地图；☎91 088 25 25；www.cafecomercialmadrid.com；Glorieta de Bilbao 7；⏰周一至周五 7:30至午夜，周六和周日 8:30至午夜；📶；Ⓜ Bilbao）这座城市最老的咖啡馆在许多马德里人的心中占据着特别的地位。这里已经营业了一个多世纪，如今仍旧生机勃勃。在一周中的任何一天，你都可以坐在拥有老大理石桌面的桌子边享用一杯咖啡或一些食物，感觉自己是马德里文学和文化界的一份子。

Nice to Meet You 酒吧

（见120页地图；☎638 908559；www.dearhotelmadrid.com/en/nice-to-meet-you；Gran Vía 80, 14th fl, Dear Hotel；⏰7:30至次日2:00；

ⓂPlaza de España）这家屋顶酒吧位于Dear Hotel的顶层，能够欣赏到西班牙广场和马拉萨尼亚区的壮观风景。在一天中的任何时间过来，坐下来喝一杯鸡尾酒并欣赏风景，或者尝些吃的——特色食物有鳕鱼和牛排等地中海餐点。

1862 Dry Bar

鸡尾酒吧

（见120页地图；☎609 531151；www.facebook.com/1862DryBar；Calle del Pez 27；⏲周一至周四 15:30至次日2:00，周五和周六 至次日2:30，周日 至22:30；ⓂNoviciado）出色的鸡尾酒、柔和的20世纪初期装饰和高雅的氛围令这里成为我们在马拉萨尼亚区南段最爱的酒吧之一。这里价格合理，鸡尾酒种类丰富，且每个月都有新的鸡尾酒。

Café-Restaurante El Espejo

咖啡馆

（见116页地图；☎91 308 23 47；Paseo de los Recoletos 31；⏲8:00至午夜；ⓂColón）这里曾是作家和知识分子出没的地方，这个建筑瑰宝融合了现代主义与装饰艺术，而在内部，镜子、吊灯和仿佛来自另一个时代的西装革履的服务生都会让你感到相当震撼。气氛恰如其分地安静而精致，但我们最喜欢的角落是Paseo de los Recoletos大道上优雅的玻璃凉亭。

Gran Café de Gijón

咖啡馆

（见116页地图；☎91 521 54 25；www.cafegijon.com；Paseo de los Recoletos 21；⏲7:00至次日1:30；ⓂChueca，Banco de España）这家优雅的老咖啡馆供应咖啡和餐点，自从1888年开业以来就是马德里文人墨客最爱的饮食之地：所有20世纪西班牙最伟大的文学家都因咖啡和有关文学与哲学的讨论（tertulias）而来过这儿。你会发现周围都是想要安安静静喝上一杯的知识分子、保守的佛朗哥顽固分子和一些马德里的年轻人。

Irreale

酒吧

（见120页地图；☎91 172 28 02；www.facebook.com/irrealemadrid；Calle de Manuela Malasaña 20；⏲周日至周三 18:00至次日1:00，周四 至次日2:00，周五和周六 13:00至次日2:30；ⓂBilbao）随便进入一家马德里的酒吧都能点一杯啤酒（una cerveza），还是不久之前才开始的新鲜事。以前的酒吧只有一种。但如今精酿啤酒已经扎根于此，而Irreale则有非常强劲的精选啤酒，大约有10种散装啤酒循环提供，还有几十种按瓶出售。这里是个开启马拉萨尼亚之夜的好地方。

José Alfredo

鸡尾酒吧

（见84页地图；☎91 521 49 60；www.josealfredobar.com；Calle de Silva 22；鸡尾酒 €9起；⏲周日至周四 19:00至次日3:00，周五和周六 至次日3:30；ⓂCallao）这家美式鸡尾酒吧紧邻格兰大道，十分出名。这里播放独立音乐并制作出色的鸡尾酒——尝尝“懒妞”（Lazy Bitch；朗姆酒、香蕉利口酒、肉桂利口酒和青柠汁）或“何塞·阿尔弗雷多”（José Alfredo；龙舌兰酒、库拉索酒、石榴汁、青柠汁、菠萝汁和橙汁）。

Kikekeller

酒吧

（见120页地图；☎91 522 87 67；www.kikekeller.com；Calle de la Corredera Baja de San Pablo 17；⏲周四至周六 19:00至次日2:30；ⓂCallao）马德里的夜晚正在流行一股规模不大但日益增长的风潮，就是私密酒吧（bares clandestinos）。虽然听起来好像有点不正当的意味，不过其实完全是光明正大的，指的是白天是商店，晚上毫不费力地变身为酷酷酒吧的地方。我们的最爱是Kikekeller精酿，位于格兰大道以北不远处的一家时尚家具和室内装饰商店，周六晚上商店甚至还没关门，酒吧就开始营业了。

这里是享受马德里夜生活最别致的选择之一。

Fábrica Maravillas

自酿酒吧

（见120页地图；☎91 521 87 53；www.fmaravillas.com；Calle de Valverde 29；⏲周一至周三 18:00至午夜，周四 至次日1:00，周五 至次日2:00，周六 12:30至次日2:00，周日 12:30至午夜；ⓂTribunal、Gran Vía）西班牙没能跟上风靡世界的精品和精酿啤酒风潮，不过它终于开始有所行动了。马德里最好的自酿酒吧就是Fábrica Maravillas，以精酿的“马拉萨尼亚艾尔啤酒”（Malasaña Ale）而闻名。

Tupperware

酒吧、夜店

（见120页地图；☎91 446 42 04；www.

tupperwareclub.com; Calle de la Corredera Alta de San Pablo 26; ⌚周一至周三 21:00至次日3:00，周四至周六 20:00至次日3:30，周日 20:00至次日3:00; ⓂTribunal）如果要评选最能体现马拉萨尼亚区长盛不衰的摇滚精神的酒吧，Tupperware一定是首选。来这里的基本都是30来岁的人，这里播放着独立摇滚和一些灵魂乐，以及20世纪六七十年代的经典作品，让人沉醉在这个刻奇的（天花板上嵌着眼球装饰品，吧台后面摆着塑料电视机和动作片里的人物手办）地方。

顺便提一句，店名在当地人口中的发音是"Tupper-warry"。

Café de Mahón 咖啡馆

（见120页地图；☎91 532 47 56; www.facebook.com/cafedemahon; Plaza del Dos de Mayo 4; ⌚周一至周四 正午至次日1:30，周五至周日 至次日3:00; ⓂBilbao）如果我们必须挑选出马拉萨尼亚生活中最喜欢的部分，这家有露天餐桌、能够欣赏五月二日广场的迷人小咖啡馆会是首选。名人和本地人都喜欢来这里与朋友们静静地喝一杯。尽管有官方的营业时间，但这里喜欢心血来潮地决定开店和关店时间。

Antigua Casa Ángel Sierra 希腊小馆

（见120页地图；☎91 531 01 26; http://tabernadeangelsierra.es; Calle de Gravina 11; ⌚正午至次日1:00; ⓂChueca）这家历史悠久的老酒馆是现代化的丘埃卡时尚的反面——这里自从1917年开业以来便几乎没有改变过。就像西班牙人喜欢说的那样，这里的散装啤酒"倒得很好"，而且这里还有散装苦艾酒。周末如果客人没有多到导致丘埃卡广场（Plaza de Chueca）上洒满了酒的话，你可以在这里度过一个非常热闹的夜晚。

Moloko Sound Club 酒吧、夜店

（见120页地图；☎626 529967; www.molokosoundclub.com; Calle de Quiñones 12; ⌚周三至周六 22:30至次日3:30; ⓂSan Bernardo）Moloko的墙上贴着旧演唱会传单和古怪的艺术电影海报（如《发条橙》），仍旧是马拉萨尼亚区西部杜克伯爵军营地区出色的午夜之选。这里的音乐（独立、摇滚、灵魂、车库和60年代音乐）始终很好，因此人们一次次地回来。

Café Manuela 咖啡馆

（见120页地图；☎91 531 70 37; www.facebook.com/CafeManuela; Calle de San Vicente Ferrer 29; ⌚周日至周四 16:00至次日2:00，周五和周六 至次日2:30; ⓂTribunal）沿着马拉萨尼亚的一条沙砾遍地的街道上走到这里，就像是寻宝一般。这家经过精致翻修后的咖啡馆令人仿佛置身于20世纪50年代。如果你晚上来，这里就越发光辉灿烂了，而且就像马德里的许多咖啡馆一样，这是一个令人惊奇的多元空间，供应鸡尾酒和美味的奶昔，大理石桌面上还提供桌游。

Lolina Vintage Café 咖啡馆

（见120页地图；☎91 523 58 59; www.lolinacafe.com; Calle del Espíritu Santo 9; ⌚周日至周四 10:00至午夜，周五和周六 至次日2:30; ⓂTribunal）Lolina Vintage Café似乎在狭小的空间里地抓住了这个区的本质。这里有一副考究的复古范（舒适的老式椅子和沙发、镀金镜子和20世纪70年代的壁纸），很低调，从早餐时间到打烊都座无虚席，提供从沙拉到鸡尾酒等各种风味的食物。

La Terraza de Arriba 休闲酒吧

（Splash Óscar; 见120页地图; Plaza de Vázquez de Mella 12; ⌚5月中旬至9月中旬 周三和周四 18:30至次日2:30，周五至周日 16:30至次日2:30; ⓂGran Vía）Hotel Óscar（见129页）楼顶这个轻松的空间是马德里最迷人的屋顶露台之一，有漂亮的天际线风景和一个小小的游泳池，已经成为名流们的放松之地。

Bar Cock 鸡尾酒吧

（见94页地图；☎91 532 28 26; www.barcock.com; Calle de la Reina 16; ⌚周日至周四 19:00至次日3:00，周五和周六 至次日3:30; ⓂGran Vía）有个这样的名字，Bar Cock可以好也可以坏，但它的本意无疑是"大公鸡"。这里的装饰令人想起老式的绅士俱乐部，给人感觉优雅经典而不粗野。名流及其模仿者都喜欢这里，有教养的30多岁客人则为了这里热闹的氛围和出色的鸡尾酒而来。

在周末似乎所有的餐位都会被订满，所以请做好在名人身边徘徊的心理准备。

La Vía Láctea 酒吧、夜店

（见120页地图；☎91 446 75 81；www.facebook.com/lavialacteabar；Calle de Velarde 18；⏰周日至周四 20:00至次日3:00，周五和周六 至次日3:30；Ⓜ Tribunal）作为新潮文化运动（la movida madrileña）留下的一个鲜明生动又令人愉悦的遗产，这里仍然受到马拉萨尼亚区的一群似乎还生活在20世纪80年代的人们的喜爱。音乐风格包含摇滚、流行、车库、乡村摇滚和独立音乐。这里有许多饮品可供选择，周六深夜来纵情玩乐吧。不过要是在周末来的话，准备好排长队吧。

Del Diego 鸡尾酒吧

（见94页地图；☎91 523 31 06；www.deldiego.com；Calle de la Reina 12；⏰周一至周四 19:00至次日3:00，周五和周六 至次日3:30；Ⓜ Gran Vía）Del Diego是这座城市最著名的鸡尾酒吧之一。其装饰融合了老式的咖啡馆风格和纽约风格，是那种音乐声几乎盖不住谈话声的地方。尽管有大约75种鸡尾酒可供挑选，我们仍旧点了招牌的"迭戈鸡尾酒"（El Diego；伏特加、荷兰蛋黄酒、杏子白兰地和青柠）。

西园和马德里北部

La Violeta 酒吧

（☎667 058644；www.lavioletavermut.com；Calle Vallehermoso 62；⏰周二至周四 19:00至次日1:00，周五 13:00～16:30和19:00至次日2:00，周六 13:00至次日2:00，周日 13:00～17:00；Ⓜ Canal）这家轻松愉快的赞贝里小酒吧有很多吸引人的地方——其中包括很棒的音乐和一种真实的老式马德里街区酒吧感。但我们喜欢这里的苦艾酒，这是这座城市最受欢迎的酒类之一。通常有20多种不同的版本可以品尝，而且这里的工作人员十分擅长为每种酒搭配最适合的西班牙小吃。

La Vaquería Montañesa 酒吧

（见116页地图；☎91 138 71 06；www.lavaqueriamontanesa.es；Calle de Blanca de Navarra 8；⏰周五和周六 13:00至次日1:00；Ⓜ Alonso Martínez）La Vaquería Montañesa位于一家老乳制品店内，隐藏在赞贝里一个少有人至的角落，就像是马德里隐藏起来的宝藏。食物做得很出色，但用马提尼玻璃杯装着的苦艾酒才是真正令我们回来的原因。这里被粉刷成白色，看起来时髦又现代。

The Dash 鸡尾酒吧

（☎687 949064；www.facebook.com/thedashmadrid；Calle de Murillo 5；⏰周二至周四 16:00至次日2:00，周五和周六 至次日2:30，周日 13:00～23:00；Ⓜ Iglesia）这家街区鸡尾酒吧有个大理石大吧台，令人想起马德里以前经典的鸡尾酒吧，但其实是个随意的地方，不太矫饰。这里有出色的各式鸡尾酒，很少给人惊喜，但全部都调制得很专业。

Real Café Bernabéu 酒吧

（☎91 458 36 67；www.realcafebernabeu.es；Gate 30，Estadio Santiago Bernabéu，Avenida de Concha Espina；⏰10:00至次日2:00；Ⓜ Santiago Bernabéu）这家时髦的鸡尾酒吧俯瞰地球上最著名的足球场之一，对于忠实的球迷或那些喜欢置身于美人之间的人来说都很迷人。球场的风光一流，不过在比赛开场前2小时会关门，直到比赛结束1小时后才开。这里还有个很棒的餐厅。

☆ 娱乐

作为西班牙语世界的文化之都，马德里有丰富的现场音乐演出。这里还有弗拉明戈、世界级的爵士乐，以及一众你或许还没听说过但很有可能成为西班牙的明日之星的表演者。想要欣赏高雅文化的话，这里有歌剧和查瑞拉歌剧（zarzuela，结合了戏剧、音乐和歌舞的一种西班牙歌剧）。

主广场和皇家马德里

Las Tablas 弗拉明戈

（见84页地图；☎91 542 05 20；www.lastablasmadrid.com；Plaza de España 9；入场费含酒水 €29起；⏰演出 20:00和22:00；Ⓜ Plaza de España）Las Tablas以其高质量的弗拉明戈表演和合理的价格赢得了人们的口碑，是城里最好的选择之一。绝大多数晚上都能看到经典

的弗拉明戈表演，有沙哑的歌唱和震撼灵魂的舞蹈。安东尼娅·莫亚（Antonia Moya）和马里索尔·纳瓦罗（Marisol Navarro）这两位弗拉明戈的大牌定期在这里演出。

La Coquette Blues 现场音乐

（见84页地图；☎91 530 80 95；Calle de las Hileras 14；⏰周二至周四 20:00至次日3:00，周五和周六 至次日3:30，周日 19:00至次日3:00；Ⓜ Ópera）这里是马德里最棒的布鲁斯酒吧，自从20世纪80年代起便在营业，其周日20:00的即兴现场堪称传奇。周二至周四晚22:30有现场演出，任何时间的氛围都非常酷。

Torres Bermejas 弗拉明戈

（见94页地图；☎91 532 33 22；www.torresbermejas.com；Calle de los Mesonero Romanos 11；入场费 含酒水 €35起；⏰表演 19:00和21:00；Ⓜ Callao）它在数十年里都曾是弗拉明戈传奇卡马龙·德拉伊斯拉（Camarón de la Isla）在马德里的表演舞台，之后有几年表演质量有所滑坡，如今再次成为一个欣赏弗拉明戈的好地方。气氛在华丽瓷砖内饰的烘托下更显热烈。

同性恋在马德里

马德里是对同性恋最友好的欧洲城市之一。马德里同性恋文化的中心当属内城区的丘埃卡区，那里的马德里人不光是出了柜，简直是一把扯掉了柜门。但是即便是在那里，也并不只有同性恋，各种性向的人们都会混在一起。同性恋来马德里的最佳时间是6月的最后一个星期六，届时会有马德里LGBT骄傲日（见125页）大游行。Hostal La Zona（见128页）是个很适合同性恋的住宿选择。

Librería Berkana（见120页地图；☎91 522 55 99；www.libreriaberkana.com；Calle de Hortaleza 62；⏰周一至周五 10:30~21:00，周六 11:30~21:00，周日 正午至14:00和17:00~21:00；Ⓜ Chueca）作为马德里最重要的同性恋书店之一，Librería Berkana有很多关于同性恋的书籍、电影、杂志、音乐、服饰，以及各种关于夜生活和其他位于马德里与西班牙的同性恋相关活动的免费杂志。

Mamá Inés（见120页地图；☎91 523 23 33；www.mamaines.com；Calle de Hortaleza 22；⏰周日至周四 9:00至次日1:30，周五和周六 至次日2:30；Ⓜ Chueca）这家咖啡馆兼酒吧是同性恋者的聚会场所，白天氛围慵懒，夜里气氛浪漫（从来不乌烟瘴气）。你可以在这里吃早餐、美味的油酥糕点，并了解晚上的热门地点会是哪里。白天这里客人进进出出，川流不息，随着夜色渐深，这里会把灯光调暗。

Café Acuarela（见120页地图；☎91 522 21 43；Calle de Gravina 10；⏰周日至周四 11:00至次日2:00，周五和周六 至次日3:00；Ⓜ Chueca）从丘埃卡广场上坡走几步就能到，长久以来就是马德里同性恋文化的中心——门口有一个巨大的裸体男天使雕像——这是一个令人愉悦的灯光昏暗的沙龙，装饰着宗教标志和其他一些东西。这是个进行安静谈话的理想场所，周末会稍微喧闹一些，人们会讨论要不要去附近更热闹的夜店。

Club 54 Studio（见120页地图；☎615 126807；www.studio54madrid.com；Calle de Barbieri 7；⏰周三至周日 11:00至次日3:30；Ⓜ Chueca）以著名纽约夜店Studio 54为原型，这里主要吸引同性恋人群，不过它的目标市场比同街区的许多同类型酒吧都更高档。马德里的其他夜店都是付钱给舞台上的舞者，让他们卖力地跳，但在这里，客人是主角。

Why Not?（见120页地图；☎91 521 80 34；Calle de San Bartolomé 7；入场费 €10；⏰22:30至次日6:00；Ⓜ Chueca）地下，狭窄，摩肩擦踵，欢迎同性恋的Why Not?是个开门见山的地方（来到这里的同性恋和异性恋都相当热情），而且几乎每晚爆满。流行乐和排行榜前40位的金曲是这里的标配，而跳舞的人各种各样的都有，他们都是认真地来这里度过好时光的。

我们不是很喜欢这儿的保镖，不过只要过了他们那一关，剩下的就都是欢乐了。

Café Berlin 爵士乐

(见84页地图; ☎91 559 74 29; www.berlincafe.es; Costanilla de los Ángeles 20; €5~20; ⏲周二至周四 21:00至次日3:00，周五和周六 至次日5:00; ⓂSanto Domingo) El Berlín自20世纪50年代起就是马德里爵士乐的重要演出场所，不过最近的一次翻新后这里也有了弗拉明戈（周三有一场弗拉明戈即兴表演）、节奏布鲁斯、灵魂乐、放克和融合乐。主打演出23:00开始，不过请查询官网，因为有些时候开场时间可能提前到21:00。

Las Carboneras 弗拉明戈

(见84页地图; ☎91 542 86 77; www.tablaolascarboneras.com; Plaza del Conde de Miranda 1; 演出票含酒水/一餐 €35/70; ⏲表演 周一至周四 20:30和22:30，周五和周六 20:30和23:00; ⓂÓpera、Sol、La Latina) 像城里大多数弗拉明戈场地一样，这里的游客看起来比本地人多得多，但是演出质量却依旧出色。这里不是寻找触动灵魂的、生动的即兴演出的地方，但很适合弗拉明戈入门，也是少数让弗拉明戈爱好者们挑不出毛病的一家。

Café de Chinitas 弗拉明戈

(见84页地图; ☎91 547 15 02; www.chinitas.com; Calle de Torija 7; 入场费 含酒水/一餐 €36/55; ⏲表演 周一至周六 20:15和22:30; ⓂSanto Domingo) Café de Chinitas是马德里最著名的弗拉明戈场地之一，被吸引而来的客人甚至有西班牙皇室和比尔·克林顿（Bill Clinton），这里有优雅的环境和顶尖的表演者。这里或许吸引了很多的游客，但其正宗的弗拉明戈还是为这里赢得了口碑。强烈推荐提前订票。

皇家剧院 歌剧

(Teatro Real; 见84页地图; ☎902 244848; www.teatro-real.com; Plaza de Oriente; ⓂÓpera) 经历了耗资100多万欧元的漫长重建之后，皇家剧院的硬件设备已经和欧洲顶级演出场所不相上下，也是马德里最大的歌剧、芭蕾和古典乐演出场所。最便宜的座位太靠后了，你需要用望远镜才能看清舞台，不过音响效果在整个大厅内都是一样的。

☆ 拉丁区和拉瓦皮耶斯区

★ Casa Patas 弗拉明戈

(见94页地图; ☎91 369 04 96; www.casapatas.com; Calle de Cañizares 10; 入场费 含酒水 €38; ⏲表演 周一至周四 22:30，周五和周六 20:00和22:30; ⓂAntón Martín、Tirso de Molina) 马德里的顶级弗拉明戈表演场地之一，总是呈现完美无瑕的演出，是这门艺术很不错的入门之选。这里的态度不算太友好，尤其是当你不在这儿吃饭而只看演出的情况下，而且还可能有点挤，不过没人会抱怨这里的演出水准。

★ Corral de la Morería 弗拉明戈

(见90页地图; ☎91 365 84 46; www.corraldelamoreria.com; Calle de la Morería 17; 入场费 含酒水 €45起; ⏲19:00至次日0:15，表演 20:30和22:20; ⓂÓpera) 这里是马德里最负盛名的弗拉明戈表演场地之一，领衔业界长达50年，大多数夜晚都有顶级弗拉明戈舞者在这里表演。舞台区有一种质朴感，桌椅离舞台很近。套餐€45起（不算在入场费里）。

ContraClub 现场音乐

(见90页地图; ☎91 365 55 45; www.contraclub.es; Calle de Bailén 16; 入场费 €3~15; ⏲周三至周六 22:00至次日6:00; ⓂLa Latina) ContraClub是现场音乐演出场所和夜店的融合，现场音乐风格兼收并蓄（流行、摇滚、独立、唱作人、布鲁斯等）。演出结束之后（22:00起），驻场DJ会有同样精彩的打碟（独立、流行、放克和灵魂乐）表演，确保你不会转场跑到别的地方去。

☆ 太阳门、圣阿娜和韦尔塔斯区

★ Sala El Sol 现场音乐

(见94页地图; ☎91 532 64 90; www.elsolmad.com; Calle de los Jardines 3; 入场费 含酒水 €10，音乐会门票 €6~30; ⏲7月至9月 周二至周六 午夜至次日5:30; ⓂGran Vía) 在马德里，没有哪个音乐场所能比绝佳的Sala El Sol更受欢迎了。它于1979年开业，正值自由文化运动（La Movida Madrileña）的开端，这家店也顺势发展起来，成为其时偶像们（如Nacha Pop和Alaska y los Pegamoides）的主要演出舞台。

★ Villa Rosa 弗拉明戈

（见94页地图；☎91 521 36 89；www.reservas.tablaoflamencovillarosa.com；Plaza de Santa Ana 15；入场费 含酒水 成人/儿童 €35/17；⏲周一至周六 23:00至次日6:00，表演 20:30和22:45；Ⓜ Sol）Villa Rosa自1914年起便劲头十足，并且亲历了当时的诸多示威活动。这里最初以弗拉明戈演出场所而出名，最近转回了老本行，推出价格实惠的演出和餐食。

铺满瓷砖的建筑外立面（建于1928年）十分别致，是阿方索·罗梅罗（Alfonso Romero）的作品，马德里斗牛场（Plaza de Toros）的瓷砖也是他的杰作——其立面本身就是个旅游景点。这家长盛不衰的夜店甚至还出现在佩德罗·阿尔莫多瓦的电影《情迷高跟鞋》（*Tacones lejanos*；1991年）里。

★ Café Central 爵士乐

（见94页地图；☎91 369 41 43；www.cafecentralmadrid.com；Plaza del Ángel 10；入场费 €12~18；⏲周一至周四 12:30至次日2:30，周五至次日3:30，周六 11:30至次日3:30，表演 21:00；Ⓜ Antón Martín、Sol）在2001年，身为业界翘楚的爵士乐杂志*Down Beat*将这个艺术气息浓郁的酒吧评选为全球最佳爵士乐俱乐部之一，这是西班牙唯一入榜的演出场所（有人认为这种荣誉就相当于一间餐厅得到了米其林星级评价）。这里举办过1000多场演出，所以也算是实至名归。

> **ⓘ 马德里在发生什么？**
>
> **EsMadrid Magazine**（www.esmadrid.com）旅游局的每月列表。
>
> ***Guía del Ocio***（www.guiadelocio.com）周刊，在报刊亭以€1出售。
>
> ***In Madrid***（www.in-madrid.com）免费发放的英语月刊。
>
> ***Metropoli***（www.elmundo.es/metropoli）《世界报》（*El Mundo*）每周五的增刊。
>
> **La Noche en Vivo**（www.lanocheenvivo.com）现场音乐演出列表。

许多国际大牌如差诺·多明格斯（Chano Domínguez）、塔尔·法洛（Tal Farlow）和温顿·马萨利斯（Wynton Marsalis）都曾在此登台演出，从拉丁爵士、融合爵士到各种探戈和古典爵士，你能欣赏到各种风格的爵士乐。表演者通常会在这里连续演出一个星期，然后再去往下一个演出地点，所以买票应该不成问题（周末除外）。演出在21:00开始，当晚18:00开始售票。你还可以通过电话订票。

★ Teatro de la Zarzuela 剧院

（见94页地图；☎91 524 54 00；www.teatrodelazarzuela.mcu.es；Calle de Jovellanos 4；票价 €5~60；⏲售票处 周一至周五 正午至18:00，周六和周日 15:00~18:00；Ⓜ Banco de España、Sevilla）这个建于1856年的剧院是欣赏查瑞拉歌剧的首选之地。这里有时也会举办古典音乐会和歌剧表演，前卫的Compañía Nacional de Danza也会在这里表演。

Costello Café & Niteclub 现场音乐

（见94页地图；☎91 522 18 15；www.costelloclub.com；Calle del Caballero de Gracia 10；€8~20；⏲周二 20:00至次日2:30，周三和周四 至次日3:00，周五和周六 至次日3:30；Ⓜ Gran Vía）非常酷的Costello Café & Niteclub在安迪·沃霍尔（Warholesque）式的环境中，既有令人平静舒缓的氛围，又有混合了流行、摇滚和融合爵士的创新音乐。除周日和周一外，每晚21:30都会有现场音乐表演（流行和摇滚，通常为独立风格），其余的日子里有驻店和客座DJ让你一直跳到打烊。

☆ 马拉萨尼亚区和丘埃卡区

★ Teatro Flamenco Madrid 弗拉明戈

（见120页地图；☎91 159 20 05；www.teatroflamencomadrid.com；Calle del Pez 10；成人/学生和老人/儿童 €25/16/12；⏲18:45和20:15；Ⓜ Noviciado）这家新的出色的弗拉明戈场地非常划算。这里主要提供优质的弗拉明戈（舞蹈、演唱和吉他），而非像其他场地一样侧重于餐食表演（精心编排过的弗拉明戈表演）套餐，这里的客人既有本地人也有游客，大部分的晚上氛围超级棒，表演时长1小时。价格也低于别的地方。

Thundercat 现场音乐

(见120页地图; ☎654 511457; www.thundercatclub.com; Calle de Campoamor 11; ⊙周四至周六 22:00至次日6:00; ⓂAlonso Martínez) Thundercat秉持着简单就好的准则——这里的摇滚乐都是经典，表演在午夜之后开始并持续整晚。周四23:30会有很棒的即兴演出。

El Junco Jazz Club 爵士乐

(见120页地图; ☎91 319 20 81; www.eljunco.com; Plaza de Santa Bárbara 10; €6~15; ⊙周二至周四 23:00至次日5:30，周五和周六 至次日6:00; ⓂAlonso Martínez) El Junco通过同时吸引爵士乐迷和夜店迷而建立起自己在马德里夜生活中的地位。它成功的秘诀是来自西班牙全国乃至世界各地的爵士乐手们的高品质的现场爵士演出，还有DJ献上的放克、灵魂乐、新爵士、布鲁斯和创新的电子舞曲等。23:00还有爵士乐(周二)和布鲁斯(周日)即兴表演。

来自美国南部的音乐是这里的一大重点，吸引的顾客群既优雅又随性。

Café La Palma 现场音乐、舞蹈

(见120页地图; ☎91 522 50 31; www.cafelapalma.com; Calle de la Palma 62; 免费至€15; ⊙周日、周三和周四 17:00至次日3:00，周五和周六 至次日3:30; ⓂNoviciado) Café La Palma在它迷宫一样的空间里包含着多元到令人吃惊的表演。后面是本地热门乐队的现场演出，而负责混音的DJ位于前边。

☆西园和马德里北部

★圣地亚哥·伯纳乌体育场 足球

(Estadio Santiago Bernabéu; ☎902 324324; www.realmadrid.com; Avenida de Concha Espina 1; 门票 €40起; ⓂSantiago Bernabéu) 观看皇家马德里的比赛是最棒的足球体验之一了，但是一票难求。门票可以通过网络、电话或亲自在Av de Concha Espina的42号门购买；请在有比赛的那一周早些去买票。还有无数的在线第三方代理也出售球票。不然的话你就得冒险找一下黄牛了。

足球季为9月(或8月最后一个周末)至次年5月，圣诞节前会开始休息两周直到新年。

Sala Clamores 现场音乐

(☎91 445 79 38; www.clamores.es; Calle de Alburquerque 14; 入场费 免费~€15; ⊙周日至周四 18:30至次日2:00，周五和周六 至次日5:30; ⓂBilbao) 这里曾经是个古典爵士乐咖啡馆，如今已经转型为马德里最多样化的音乐现场之一。爵士乐仍然是这里的主打，但是弗拉明戈、布鲁斯、世界音乐、唱作人、流行和摇滚乐都常常在这里登台。在周末，演出可能19:00就早早开始了，不过有的时候次日1:00之后才会真正开始。

购物

在购物方面，我们最喜欢马德里的地方是这座城市的小精品店和稀奇古怪的店铺。这些店铺通常由一家人代代相传地经营，有时装也有老式陶瓷器，还有懒汉鞋和西班牙风味美食和葡萄酒等，从各个方面抵抗着过度商业化的量产西班牙文化。

主广场和皇家马德里

★Antigua Casa Talavera 陶瓷

(见84页地图; ☎91 547 34 17; www.antiguacasatalavera.com; Calle de Isabel la Católica 2; ⊙周一至周五 10:00~13:30和17:00~20:00，周六 10:00~13:30; ⓂSanto Domingo) 这家神奇古老的商店藏身在铺着瓷砖的醒目外立面后，有来自西班牙各地的陶瓷器，简直就像阿拉丁的山洞一样。这儿的东西不是针对游客市场批量生产的玩意儿，而是安达卢西亚和托莱多家庭小作坊的精品，从装饰性(瓷砖)到实用性(盘子、水壶和其他厨房用品)上都没得说。经营这里的老两口非常可爱。

★El Arco Artesanía 工艺品

(见84页地图; ☎91 365 26 80; www.artesaniaelarco.com; Plaza Mayor 9; ⊙11:00~22:00; ⓂSol, La Latina) 这家位于主广场西南角的原创商店出售各种出色的设计师手工纪念品，从石器、陶瓷器和玻璃工艺品到珠宝和家用装饰，一应俱全。这家的纸艺玩偶很漂亮，但这里吸引你目光的东西太多了。店铺在深冬有时会提前打烊。

Maty 弗拉明戈

(见84页地图; ☎91 531 32 91; www.maty.

es; Calle del Maestro Victoria 2; ⏲周一至周五10:00~13:45和16:30~20:00，周六 10:00~14:00和16:30~20:00，每月第一个周日 11:00~14:30和16:30~20:00; ⓂSol）在马德里市中心游荡，不难想象弗拉明戈舞裙是如何被仿造并贩卖给游人当作纪念品的。Maty存在的重要性就在于此。你能在这里找到舞裙、舞鞋和各种弗拉明戈相关配饰，尺码从儿童到成人一应俱全。这些都是货真价实的东西，价钱自然也会比较高，不过会是很棒的礼物。

Casa Hernanz
鞋

（见84页地图；☎91 366 54 50; www.alpargateriahernanz.com; Calle de Toledo 18; ⏲周一至周五 9:00~13:30和16:30~20:00，周六10:00~14:00; ⓂLa Latina、Sol）舒适的绳底懒汉鞋（alpargatas）是西班牙人在夏天穿的传统鞋子，上至国王下至寻常百姓，无人不穿，你可以在这家低调的小作坊里给自己买上一双。这家手工制鞋店已经营了五代人，你甚至可以要求定制。售价范围为€6~40，只要天气开始回暖，客人就排起了队。

马德里竞技商店
体育用品和户外用品

（Atlético de Madrid Store；见84页地图；☎902 260403; www.en.atleticodemadrid.com/shop; Gran Vía 47; ⏲周一至周四 10:00~21:30，周五和周六 至22:00，周日 11:00~20:00; ⓂSanto Domingo）马德里竞技（Atlético de Madrid）在城里拥有一批狂热的拥簇，并且近年来在足球上大获成功。其位于市中心的商店出售俱乐部的全部商品。理论上你也可以在这里买比赛门票，但大部分的场次你几乎都抢不到。

Así
玩具

（见84页地图；☎91 521 97 55; www.tiendas-asi.com; Calle del Arenal 20; ⏲周一至周六10:00~20:30，周日 正午至15:30和16:30~20:00; ⓂÓpera）工艺精美的洋娃娃非常适合给小孩子们当作礼物或来马德里旅游的纪念品。这里的娃娃货真价实，不是流水线作品，而且还有漂亮的娃娃服装出售。

La Madrileña
食品

（见84页地图；☎91 522 34 36; www.fiambreslamadrilena.com; Calle del Arenal 18; ⏲周一至周五 9:30~14:00和17:30~20:30，周六 10:00~14:00; ⓂSol）La Madrileña自从1909年起便在为客人供应火腿、腌肉和香肠。这里的白香肠非常适合烤着吃，或者你可以试试猪肉酱（sobrasada）——一种用猪肉糜和甜椒粉做成的肉酱。这种酱抹在法棍片上非常好吃。其他的特色还有腌制品（conserva）——优质的高工艺鱼类、豆类和蔬菜类，装在锡罐或玻璃罐里。

Sombrerería Medrano
时装和饰品

（见84页地图；☎91 366 42 34; www.sombrereriamedrano.com; Calle Imperial 12; ⏲周一至周五 10:00~14:30和16:30~20:00，周六10:00~14:00; ⓂSol）这里自从1832年开始便在制作帽子，尽管这里已经对现代时尚做出了让步，但店铺的外观仍旧令人安心地保持着经典的式样。这家店铺兼作坊非常棒，出品质量无懈可击。这里为男性、女性和儿童制作帽子和手套。

Gourmet Experience
食品和饮品

（见94页地图；☎91 379 80 00; www.elcorteingles.es; 9th fl, Plaza del Callao 9; ⏲周一至周六 10:00~22:00; ⓂCallao）这个美食广场（见130页）占据着卡亚俄广场上方的有利位置，能够欣赏到格兰大道的迷人风景，有家非常棒的商店，出售奶酪、葡萄酒、腌肉和西班牙精酿啤酒，适合寻找西班牙产品的美食爱好者。

El Jardín del Convento
食品

（见84页地图；☎91 541 22 99; www.eljardindelconvento.net; Calle del Cordón 1; ⏲周二至周日 11:00~14:30和17:30~20:30; ⓂÓpera）紧邻市政广场南边一条安静的小巷里，这个迷人的小商店出售自制甜点，全都出自西班牙各地修道院的修女之手。

El Flamenco Vive
弗拉明戈

（见84页地图；☎91 547 39 17; www.elflamencovive.es; Calle Conde de Lemos 7; ⏲周一至周五 10:00~14:00和17:00~20:30，周六10:00~14:00; ⓂÓpera）这家弗拉明戈的圣殿可谓应有尽有，从吉他、歌集到价格合理的CD，以及波点舞裙、舞鞋、五颜六色的塑料首饰和弗拉明戈图书资料，一应俱全。这里既适合好奇的新手，也适合严肃的艺术专业学生。还会组织课程教授弗拉明戈吉他。

拉丁区和拉瓦皮耶斯区

★Botería Julio Rodríguez 工艺品

（见90页地图；☎91 365 66 29；www.boteriajuliorodriguez.es；Calle del Águila 12；⊙周一至周五 9:30~14:00和16:30~20:00，周六 10:00~13:30；Ⓜ La Latina）Botería Julio Rodríguez是马德里现存最后几家皮酒袋制作商之一，就像是一个快速消逝的世界的展示窗。它们适合作为礼物送人，而且就像你期待的那样，它们与马德里市中心遍布的纪念品商店里出售的那种廉价皮酒袋不一样。

★Helena Rohner 珠宝

（见90页地图；☎91 365 79 06；www.helenarohner.com.es；Calle del Almendro 4；⊙周一至周五 9:00~20:30，周六 正午至14:30和15:30~20:00，周日 正午至15:00；Ⓜ La Latina、Tirso de Molina）作为欧洲最有创意的珠宝设计师之一，海伦娜·罗纳（Helena Rohner）在拉丁区开了一家宽敞的精品店。她使用银、宝石、瓷器、木头和穆拉诺岛（Murano）玻璃等材料创造出富有创意的物件，她的作品也是巴黎时装秀的常客。用她自己的话说，她想要重新塑造"佛罗伦萨的魔力、伦敦的活力和马德里的光辉"。

埃尔拉斯特洛跳蚤市场 市场

（见90页地图；Calle de la Ribera de Curtidores；⊙周日 8:00~15:00；Ⓜ La Latina、Puerta de Toledo、Tirso de Molina）欢迎来到传说中欧洲最大的跳蚤市场。古董也是这里主要的卖点，在Nuevas Galerías和Galerías Piquer有一片密集的古董店；大部分商店的营业时间为周一至周六的早10点至下午2点和晚5点至晚8点，不是所有店铺在埃尔拉斯特洛期间都会营业。

Aceitunas Jiménez 食品

（见90页地图；☎91 365 46 23；Plaza del General Vara del Rey 14；⊙周一至周四 10:30~14:30和15:30~20:00，周五和周六 10:30~14:30，周日 10:30~15:00；Ⓜ La Latina）这家小店在周日的埃尔拉斯特洛跳蚤市场期间十分受欢迎，供应装在塑料杯里的各式腌橄榄，还有茄子、大蒜和他们决定浸在油和/或醋里的一切东西。

De Piedra 珠宝

（见90页地图；☎91 365 96 20；www.depiedracreaciones.com；Calle de la Ruda 19；⊙周一至周六 11:00~14:00和17:00~20:30，周日 正午至15:00；Ⓜ La Latina）本地设计团队设计的项链、耳环、手链和家居装饰品填满了这个可爱的陈列室。白银和半宝石是其中的主流。

太阳门、圣阿娜和韦尔塔斯区

Casa de Diego 时装和饰品

（见94页地图；☎91 522 66 43；www.casadediego.com；Plaza de la Puerta del Sol 12；⊙周一至周六 9:30~20:00；Ⓜ Sol）这家经典店铺开张于1858年，专门制作、出售和修补西班牙扇子、披肩、伞和手杖。这里的服务老派，而且偶尔暴躁，但这里的扇子都是古董艺术品。附近还有家分店（见94页地图；☎91 531 02 23；www.casadediego.com；Calle del los Mesoneros Romanos 4；⊙周一至周六 9:30~13:30和16:45~20:00；Ⓜ Callao、Sol）。

Licores Cabello 葡萄酒

（见94页地图；☎91 429 60 88；Calle de Echegaray 19；⊙周一至周六 10:00~15:00和17:30~22:00；Ⓜ Sevilla、Antón Martín）所有葡萄酒商店都应该像这家一样。这个家庭经营的街角小店对葡萄酒十分内行，内部装饰自1913年以来几乎就没变过，有木架子，甚至还有一幅褪了色的天花板湿壁画。这里有许多的美酒（大部分是西班牙本地酒，还有少数外国酒），摆出来的和库房里的加起来有500多种。

The Corner Shop 服装

（见94页地图；☎91 737 58 02；www.thecornershop.es；Calle de las Huertas 17；⊙周一至周五 10:30~21:30，周六和周日 11:00~21:30；Ⓜ Antón Martín）韦尔塔斯这家精美的商店精心挑选了男女时装，有苏格兰苏打（Scotch Soda）、蓝洞（Blue Hole）、安迪和露西（Andy and Lucy）等许多品牌。无论什么牌子，这里有点时尚和另类的街头便装都值得你过来看看。

Justo Algaba 礼品和纪念品

(见94页地图；☎91 523 37 17；www.justoalgaba.com；Calle de la Paz 4；⏰周一至周五10:30-14:00和17:00-20:00，周六10:30-14:00；Ⓜ Sol)这里就是西班牙的斗牛士们购买光明衣(traje de luces，传统的斗牛服饰)的地方，做工超级精细复杂。

皇家马德里商店 体育用品和户外用品

(Tienda Real Madrid；见94页地图；☎91 755 45 38；www.realmadrid.com；Gran Vía 31；⏰周一至周六10:00~21:00，周日11:00~21:00；Ⓜ Gran Vía、Callao)皇马俱乐部商店出售复刻的比赛服、海报、帽子和世上其他一切能印上他们俱乐部标志的东西。市中心有一家较小的分店(Tienda Real Madrid；见94页地图；☎91 521 79 50；www.realmadrid.com；Calle del Carmen 3；⏰周一至周六10:00~21:00，周日11:00~20:00；Ⓜ Sol)，城北还有一家体育场分店(见156页)。

Santarrufina 宗教

(见94页地图；☎91 522 23 83；www.santarrufina.com；Calle de la Paz 4；⏰周一至周五10:00~14:00和16:30~20:00，周六10:00~14:00；Ⓜ Sol)西班牙天主教这家镀金的商店让人亲眼看见才能相信。这家瞩目的三层店铺摆满了各式各样的东西，有简单的念珠也有华丽的圣人像，甚至还有游行中用来抬圣母像的轿舆，教堂、神甫和隐修院都是这里的客人。

丽池区和艺术博物馆

Librería la Central 书籍

(见98页地图；☎91 787 87 82；www.lacentral.com/museoreinasofia；Ronda de Atocha 2；⏰周一和周三至周六10:00~21:00，周日 至14:30；Ⓜ Atocha)La Central属于索菲亚王后艺术中心迷人的扩建部分，大概是马德里最棒的画廊书店，有各种海报、明信片和精美文具，以及丰富的当代艺术、设计、建筑和摄影类书籍。大部分图书为西班牙语书籍，但也不是全部。

Cuesta de Claudio Moyano Bookstalls 书籍

(见98页地图；Cuesta de Claudio Moyano；⏰时间不定；Ⓜ Atocha)这些二手书摊是对巴黎塞纳河畔那些书贩子的回应，是马德里长久以来的一个地标。大部分为西班牙语书籍，但也有些其他语言的书籍。每个摊位的营业时间都不一样，有些摊位午餐时间歇业。

萨拉曼卡区

★Agatha Ruiz de la Prada 时装和饰品

(见116页地图；☎91 319 05 01；www.agatharuizdelaprada.com；Calle de Serrano 27；⏰周一至周六10:00~20:30；Ⓜ Serrano)这家精品店让人亲眼看见才能相信，目之所及全都是粉色、黄色和橙色。这里有趣而丰富，但并不只面向儿童。这里还有专业和高度原创的时装。Agatha Ruiz de la Prada是20世纪80年代创造力集中爆发的新潮文化运动经久不衰的标签。

Bombonerías Santa 食品和饮品

(见116页地图；☎91 576 76 25；www.bombonerias-santa.com；Calle de Serrano 56；⏰周一10:00~14:00和17:00~20:30，周二至周六10:00~20:30，7月和8月时间缩短；Ⓜ Serrano)如果你的风格和味蕾一样高品位，这家小店里精美的巧克力会让你满意的。包装和里边的巧克力(bombón)同样漂亮，但价格也不低——大约每公斤的巧克力售价€60。

Oriol Balaguer 食品

(见116页地图；☎91 401 64 63；www.oriolbalaguer.com；Calle de José Ortega y Gasset 44；⏰周一至周五9:00~20:30，周六10:00~20:30，周日10:00~14:30；Ⓜ Núñez de Balboa)加泰罗尼亚糕点大厨奥里奥尔·巴拉格尔(Oriol Balaguer)有一份令人惊羡的履历——他在加泰罗尼亚厨艺大师费兰·阿德里亚(Ferran Adrià)的厨房工作过，曾凭"巧克力的七种质地"荣获世界最佳甜点奖(World's Best Dessert)，而他的牛角包曾经赢得过西班牙最佳的头衔。他的巧克力精品店简直就是一个小型美术馆，里边的藏品都是精美的巧克力制品和蛋糕。

Mantequería Bravo 食品和饮品

(见116页地图；☎91 575 80 72；www.bravo1931.com；Calle de Ayala 24；⏰周一至周五9:30~14:30和17:30~20:30，周六9:30~14:30；Ⓜ Serrano)在迷人的旧外墙之后，是一个行家们的天堂，摆满了本地奶酪、香肠、葡萄酒和

咖啡。这里的产品非常适合当礼物，但一切都太好了，以至于你会舍不得送人。不久之前，Mantequería Bravo还赢得了马德里最佳美食店或熟食柜台奖。

Manolo Blahnik 鞋

（见116页地图；☎91 575 96 48；www.manoloblahnik.com；Calle de Serrano 58；⏰周一至周六 10:00~14:00和16:00~20:00；Ⓜ Serrano）没有能穿着去奥斯卡的鞋？像许多好莱坞名流一样来Manolo Blahnik吧。陈列室十分高级，每只鞋都被展示得像件艺术品。

Ekseption & Eks 时装和饰品

（见116页地图；☎91 361 97 76；www.ekseption.es；Calle de Velázquez 28；⏰周一至周六 10:30~14:30和16:30~20:30；Ⓜ Velázquez）这家优雅的陈列式商店一直引领着最新的潮流，既有T台时装，也有偏日常服饰，但仍然十分雅致。这里唯一的主题是都市时尚，设计师品牌有巴黎世家、纪梵希、马克·雅可布和德赖斯·范·诺顿等。

隔壁的Eks在我们到访时正在翻新，里边是更年轻更随意的产品线，其中包括超棒的精选牛仔装。

维多利亚·贝克汉姆（Victoria Beckham）在马德里的时候是这里的常客——你也会是的。

Camper 鞋

（见116页地图；☎91 578 25 60；www.camper.com；Calle de Serrano 24；⏰周一至周六 10:00~21:00，周日 正午至20:00；Ⓜ Serrano）西班牙时装不全是高定，这家来自马略卡岛的时尚又奇特的世界名牌鞋履品牌出售颜色丰富、设计有趣的高品质超舒适休闲鞋。马德里各处都有分店，包括位于马拉萨尼亚区的一家**分店**（见120页地图；☎91 531 23 47；www.camper.com；Calle de Fuencarral 42；⏰周一至周六 10:00~20:00；Ⓜ Gran Vía, Tribunal）；你可以登录网站查询各分店店址。

Purificación García 时装和饰品

（见116页地图；☎91 435 80 13；www.purificaciongarcia.com；Calle de Serrano 28；⏰周一至周六 10:00~20:30；Ⓜ Serrano）时尚可能变幻莫测，但普利（Puri）永远引领着潮流。她标志性的男装女装风格设计优雅成熟，既适合工作场合也适合参加婚礼。

马拉萨尼亚区和丘埃卡区

罗意威 时装和饰品

（Loewe；见94页地图；☎91 522 68 15；www.loewe.com；Gran Vía 8；⏰周一至周六 10:00~20:30，周日 11:00~20:00；Ⓜ Gran Vía）罗意威在1846年诞生于马德里，无疑是西班牙标志性的高端时装线，而其位于格兰大道的地标店是首都最著名最优雅的店铺之一。店铺商品以优雅的手袋和饰品为主。价格高到令人惊掉下巴，但哪怕你什么也不打算买，这里也仍旧值得逛一逛。

萨拉曼卡区还有一家**分店**（见116页地图；☎91 426 35 88；www.loewe.com；Calle de Serrano 26 & 34；⏰周一至周六 10:00~20:30；Ⓜ Serrano）。

Patrimonio Comunal Olivarero 食品

（见120页地图；☎91 308 05 05；www.pco.es；Calle de Mejía Lequerica 1；⏰9月至次年6月 周一至周五 10:00~14:00和17:00~20:00，周六 10:00~14:00，7月 周一至周六 9:00~15:00；Ⓜ Alonso Martínez）想买一些这个国家出产的橄榄油（西班牙是全球最大的橄榄油生产国），Patrimonio Comunal Olivarero是绝佳选择。这里有来自西班牙各地的特级初榨，你可能要花上好几年的时间来挑选。如果你会说一点西班牙语的话，这里店员对橄榄油很了解，也很乐意帮你挑选。

El Moderno 家居用品

（见120页地图；☎91 348 31 94；www.facebook.com/elmodernoconceptstore；Calle de la Corredera de San Pablo 19；⏰周日至周三 11:00~21:00，周四至周六 至22:00；Ⓜ Callao、Gran Vía）这家概念店位于马拉萨尼亚区格兰大道那一端，是时尚的典范，不过这里相对少一些马拉萨尼亚的复古，多了些时髦的新马德里式外表。设计师品牌的家居用品、奇特的礼品和美观的家具，全部都摆放在开放的画廊式空间里，可以让你内心深处所隐藏的室内设计欲望得到充分发挥。

霍安·比凯拉 时装和饰品

（Xoan Viqueira；见120页地图；☎91 173 70 29；www.xoanviqueira.com；Calle de Gravina 22；⏲周一至周五 11:00~14:00和17:00~20:30，周六 11:00~14:00；Ⓜ Chueca）我们喜欢丘埃卡区这家设计师店的趣味性，丝网印刷艺术家霍安·比凯拉在这里把自己的创意挥洒在各种东西上，从懒汉鞋（传统的西班牙绳底鞋）到各类服饰和家居用品。大胡子男同性恋是反复出现的形象，但它有趣又调皮，一点不招人烦。

Sportivo 服装

（见120页地图；☎91 542 56 61；www.sportivostore.com；Calle del Conde Duque 20；⏲周一至周六 10:00~21:00，周日 正午至16:00；Ⓜ Plaza de España）在马德里很难找到一家专门卖男装的店，但这里却逆势而为。卡纷（Carven）、YMC和巴黎公社（Commune of Paris）等品牌吸引着富有鉴赏力的都市美型男（metrosexual）、森系男（lumbersexual）和所有追求时尚的人。

Monkey Garage 时装和饰品

（见120页地图；☎91 137 73 98；www.facebook.com/monkeygarage11；Calle de la Santa Brigida 11；⏲周一至周四 正午至21:30，周五和周六 12:30~22:00；Ⓜ Tribunal）这家前卫时尚的商店位于一个老机械车间，出售简洁的斯堪的纳维亚时装、设计师珠宝和现代艺术品，与巧妙改造的空间相得益彰。

Flamingos Vintage Kilo 二手店

（见120页地图；☎649 877198；www.vintagekilo.com；Calle del Espíritu Santo 1；⏲周一至周六 11:00~21:00；Ⓜ Tribunal）Flamingos出售男女古着，其中包括精选的旧牛仔装、牛仔靴、皮夹克、夏威夷衬衫等。部分物品价格固定，而其他的则按重量出售。这里是马德里首家这种类型的店铺，非常适合了解20世纪70年代、80年代和90年代服装，又酷又出人意料。

Malababa 时装和饰品

（见120页地图；☎91 203 59 51；www.malababa.com；Calle de Santa Teresa 5；⏲周一至周四 10:30~20:30，周五和周六 至21:00；Ⓜ Alonso Martínez）对于那些追求时尚的购物者来说，比起大商店更喜欢有个性的独立精品店，丘埃卡区的这一角落就是他们在马德里最欢乐的猎场之一。明亮的Malababa出售漂亮的西班牙产配饰，其中包括首饰、手袋、鞋、钱包和腰带，全部被漂亮地展示出来。

Cacao Sampaka 食品

（见120页地图；☎91 319 58 40；www.cacaosampaka.com；Calle de Orellana 4；⏲周一至周六 10:00~21:00；Ⓜ Alonso Martínez）如果你认为巧克力只有水果味和干果味，请再想想。这家风味巧克力店是巧克力爱好者们的美梦，将更多口味与普普通通的可可相结合，超出你的想象。这里还有个适合吃午餐的咖啡馆。

Lurdes Bergada 时装和饰品

（见120页地图；☎91 531 99 58；www.lurdesbergada.es；Calle del Conde de Xiquena 8；⏲周一至周六 10:00~14:30和16:30~20:30；Ⓜ Chueca）卢尔德斯·贝尔加达（Lurdes Bergada）和西格曼·库卡拉（Syngman Cucala）是一对来自巴塞罗那的母子设计师团队，他们使用中性的颜色和纯天然材料，供应高级原创男女时装。他们已经获得了一帮狂热的拥簇，你肯定会在这里遇见你非买不可的东西，几乎不可能空手离开。在马拉萨尼亚区还有一家分店（见120页地图；☎91 521 88 18；www.lurdesbergada.es；Calle de Fuencarral 70；⏲周一至周六 10:30~20:30；Ⓜ Tribunal）。

Poncelet 食品

（见120页地图；☎91 308 02 21；www.poncelet.es；Calle de Argensola 27；⏲周一至周四 10:30~14:30和17:00~20:30，周五和周六 10:30~20:30；Ⓜ Alonso Martínez）这家优秀的奶酪店有80种西班牙奶酪和240种欧洲奶酪，是马德里最棒的奶酪店。这里的商品十分出色，工作人员也很懂行。

Reserva y Cata 葡萄酒

（见120页地图；☎91 319 04 01；www.reservaycata.com；Calle del Conde de Xiquena 13；⏲周一至周五 11:00~14:00和17:30~20:30，周六 11:00~14:00；Ⓜ Colón、Chueca）这家老式商店有各种优秀的本地葡萄酒，懂行的工作人员可以帮你挑选适合下一次聚餐或回家送朋友的

葡萄酒。这里专卖你在El Corte Inglés百货商店里买不到的优质西班牙葡萄酒。通常有一瓶已经开了的样酒，所以你在买酒之前可以尝一下味道。

Snapo 时装和饰品

（见120页地图；☎91 017 16 72；www.snaposhoponline.com；Calle del Espíritu Santo 6；⏲周一至周六 11:00~14:00和17:00~20:30；Ⓜ Tribunal）Snapo骨子里都是反叛的马拉萨尼亚精神，蔑视时尚体面的考究——鉴于他们的一条服装线名为Fucking Bastardz Inc，这也算是意料之中。这里出产牛仔装、便帽和夹克，但T恤才是这里的招牌；这里甚至为真正爱耍酷的家长们提供了童装T恤。

这些年来，我们在这里见识过各种图案，既有模仿《国家地理》封面的"《国家花花公子》"，也有教宗若望·保禄二世举着拳头且身前用纹章装饰着"梵蒂冈666"（Vatican 666）的字样。大概能了解这里的风格了吧。

Retro City 服装

（见120页地图；Calle de Corredera Alta de San Pablo 4；⏲周一至周六 正午至14:30和17:30~21:00；Ⓜ Tribunal）Retro City连卖的马丁靴都很有马拉萨尼亚特色，这里以缤纷的20世纪七八十年代风格为主，致力于提供"适合大部分人的古着"。尽管该区其他的同类店铺都走激进的、藐视主流审美的路线，Retro City单纯走怀旧风。

西园和马德里北部

Papelería Salazar 书籍、文具

（见120页地图；☎91 446 18 48；www.papeleriasalazar.es；Calle de Luchana 7-9；⏲周一至周五 9:30~13:30和16:30~20:00，周六 10:00~13:30；Ⓜ Bilbao）Papelería Salazar开业于1905年，是马德里最老的文具店，如今萨拉萨尔（Salazar）家族已经经营到了第四代。这里是个宝库，结合了只有本地人才会感兴趣的物品（老式西班牙藏书票、初领圣餐邀请函）以及辉柏嘉（Faber-Castell）钢笔和铅笔、地图、笔记本与画具等实用物品。

这里是马德里正在缓慢消逝的一类店铺的无价活化石。

Relojería Santolaya 古玩

（☎91 447 25 64；www.relojeriasantolaya.com；Calle Murillo 8；⏲周一至周五 10:00~13:00和17:00~20:00；Ⓜ Quevedo、Iglesia、Bilbao）这家老修表店成立于1867年，紧邻奥拉维德广场，是西班牙皇室的御用修表店和历史遗产。这里没有太多东西卖，但来这家小店兼作坊欣赏一下垂死的钟表修复艺术吧，你在这里看不见电子表。

Bazar Matey 礼品和纪念品

（☎91 446 93 11；www.matey.com；Calle de la Santísima Trinidad 1；⏲周一至周六 9:30~13:30和16:30~20:00，7月和8月 周六下午歇业；Ⓜ Iglesia、Quevedo）Bazar Matey是一家绝妙的商店，面向火车、飞机、汽车模型和各种配饰的收藏者经营。这里的商品货真价实，有各种东西近乎完美的模型，从西班牙国铁的老火车到鲜为人知的国际航线都有。价格可能非常高，但这阻止不了周六从马德里各地赶来的收藏者。

Calzados Cantero 鞋

（☎91 447 07 35；Plaza de Olavide 12；⏲周一至周五 9:45~14:00和16:45~20:30，周六 9:45~14:00；Ⓜ Iglesia）Calzados Cantero是一家迷人的老式鞋店，以极低的价格出售各种鞋子。但这里最有名的是绳底懒汉鞋（alpargatas），售价€8起。这里是该区的经典老店，带孩子来的客人当年也被自己的父母带着来。

皇家马德里商店 体育用品和户外用品

（Tienda Real Madrid；☎91 458 72 59；www.realmadrid.com；Gate 55,Estadio Santiago Bernabéu,Av de Concha Espina 1；⏲周一至周六 10:00~21:00，周日 11:00~19:30；Ⓜ Santiago Bernabéu）这家皇家马德里的俱乐部商店出售各种足球纪念品。从商店的窗户可以看到下边的体育场。

ℹ 实用信息

危险和麻烦

马德里总的来说是安全的，不过就像大多数的欧洲城市一样，请留意自己的随身物品并保持警惕。

➡ 埃尔拉斯特洛、普拉多博物馆和地铁站周边是

扒手最喜欢聚集的地方，游人密集的其他地方也有很多小偷。

➡ 在天黑以后请避免去公园（比如丽池公园）。

➡ 请密切关注出租车的里程表，并且尽力关注司机的路线，确保没有被宰客。

紧急情况

失窃或其他犯罪的报案，**外国游客援助中心**（Servicio de Atención al Turista Extranjero；☎91 548 85 37、91 548 80 08；www.esmadrid.com/informacion-turistica/sate；Calle de Leganitos 19；⏲9:00至午夜；Ⓜ Plaza de España、Santo Domingo）是你最好的选择，位于国家警察局的中央警察局（comisaría）。你在这里会得到经过特训的警官和来自旅游局的代表的共同帮助。他们还可以帮助注销信用卡，以及联系你的大使馆或家人。

还有一个常规的报案电话（902 102112；英语和西班牙语24小时，其他语言8点至午夜）。

在韦尔塔斯的最南端靠近普拉多大道的地方有个**警察局**（☎913 22 10 21；Calle de las Huertas 76；Ⓜ Antón Martín）。

国际区号	☎34
国际接入编码	☎00
救护车	☎061
欧盟标准紧急号码	☎112
火警（Bomberos）	☎080
当地警察（Policía Municipal）	☎092
车祸特警（Guardia Civil）	☎062
国家警察	☎091
种族暴力或性暴力受害者热线（Teléfono de la Víctima）	☎902 180995

上网

大多数中档和高档酒店以及部分咖啡馆和餐厅都有Wi-Fi。也可以登录www.madridmemata.es/madrid-Wi-Fi查询城内Wi-Fi热点的可靠清单。

马德里大部分的网吧都关门大吉了。你会在城市各处发现许多卖电话卡、打便宜电话的小店（当地人称为“locutorio”），很多这样的店都会在后面备几台电脑。

医疗服务

在公立医院，所有外国人都与西班牙人享有同样的急救治疗权利。欧盟公民享有在公立医院完全免费接受全部治疗的权利，但你需要出示自己的欧洲健康保险卡（European Health Insurance Card，EHIC）；在出发之前咨询一下你所在国家的医保服务。即便你没有保险，急诊也会接诊，公立医院对于基本医疗咨询的收费为免费至€150。非欧盟公民除了急诊以外一切都得花钱——因此非常有必要购买旅行保险。如果你有特定的身体问题，请在出发之前获取必要的信息以及医疗建议。

Unidad Medica（Anglo American；☎91 435 18 23，24小时 916 56 90 57；www.unidadmedica.com；Calle del Conde de Aranda 1；⏲9月至次年7月 周一至周五 9:00~20:00，周六 10:00~13:00，8月周一至周五 10:00~17:00，周六 10:00~13:00；Ⓜ Retiro）私人诊所，有各种专科诊室，所有医生都会说西班牙语和英语，有些还会说法语和德语。每次医疗咨询收费€125左右。

Hospital General Gregorio Marañón（☎91 586 80 00；Calle del Doctor Esquerdo 46；Ⓜ Sáinz de Baranda，O' Donnell，Ibiza）马德里最主要（也比较靠近市中心）的医院之一。

邮局

西班牙邮政Correos大体可靠，只不过工作效率上偶尔有些慢。**邮政总局**（见98页地图；☎91 523 06 94；www.correos.es；Paseo del Prado 1；⏲周一至周五 8:30~21:30，周六 至14:00；Ⓜ Banco de España）位于西贝莱斯广场上精美的通讯宫内。

大部分烟草店（estanco；褐红色的背景上用黄字写着“Tabacos”）和邮局都出售邮票（sello）。

一张明信片或一封重量不超过20克的信件从西班牙寄往其他欧洲国家收费€1.25，寄往其他国家收费€1.35。在www.correos.es点击“Tarifas”获取挂号信（certificado）和特快专递（urgente）的完整收费表。

投递时间不定，但寄往其他西欧国家的平信用时不超过一周；北美洲不超过10天；澳大利亚或新西兰1至3周。

旅游信息

马德里旅游信息中心（Centro de Turismo de Madrid；☎010、91 578 78 10；www.esmadrid.com；Plaza Mayor 27；⏲9:30~20:30；Ⓜ Sol）马德里政府的旅游信息中心非常出色，位于主广场北边的皇家面包房（Real Casa de la Panadería）内，可

以将地铁地图免费下载到你的手机；工作人员十分乐意帮忙。

科隆旅游信息中心（Centro de Turismo Colón；见116页地图；www.esmadrid.com；Plaza de Colón 1；⏲9:30~20:30；Ⓜ Colón）一个位于地下的小游客中心，可以通过戈雅街（Calle de Goya）和Paseo de la Castellana交叉路口处的地下台阶抵达。

卡亚俄广场旅游信息咨询处（Punto de Información Turística Plaza de Callao；www.esmadrid.com；Plaza de Callao；⏲9:30~20:30；Ⓜ Callao）

中央文化中心旅游信息咨询处（Punto de Información Turística CentroCentro；☎91 578 78 10；www.esmadrid.com；Plaza de la Cibeles 1；⏲周二至周日 10:00~20:00；Ⓜ Banco de España）

普拉多大道旅游信息咨询处（Punto de Información Turística del Paseo del Prado；☎91 578 78 10；www.esmadrid.com；Plaza de Neptuno；⏲9:30~20:30；Ⓜ Atocha）

阿道弗·苏亚雷斯马德里-巴拉哈斯机场T2旅游信息咨询处（Punto de Información Turística Adolfo Suárez Madrid-Barajas T2；www.esmadrid.com；Sala 5和Sala 6之间；⏲9:00~20:00）

阿道弗·苏亚雷斯马德里-巴拉哈斯机场T4旅游信息咨询处（Punto de Información Turística Adolfo Suárez Madrid-Barajas T4；www.esmadrid.com；Salas 10 & 11；⏲9:00~20:00）

ℹ 到达和离开

飞机

马德里的**阿道弗·苏亚雷斯马德里-巴拉哈斯机场**（Adolfo Suárez Madrid-Barajas airport；☎902 404704；www.aena.es；Ⓜ Aeropuerto T1,T2 & T3、Aeropuerto T4）位于市区东北15公里处，是欧洲第六繁忙的交通枢纽，每年客流量近5000万。

巴拉哈斯有4个航站楼。4号航站楼（T4）主要服务西班牙航空（Iberia）与其合作伙伴的航班，而其余的航班则从相连的T1、T2和T3出发，T3的航班非常少。要确认你航班所用的航站楼，请在www.aena.es的Adolfo Suárez Madrid-Barajas 版块点击"Airlines"。

尽管所有航空公司都在出发区办理值机（facturación），不过有些航空公司也可以在马德里市区的Nuevos Ministerios地铁站兼交通中转站办理值机——具体情况请咨询你的航空公司。

T1、T2和T4有租车服务、自动柜员机、货币兑换处、药房、游客中心、行李寄存处和停车服务。

长途汽车

客运南站（Estación Sur de Autobuses；☎91 468 42 00；Calle de Méndez Álvaro 83；Ⓜ Méndez Álvaro）就在M30环线南边，是这个城市最主要的长途汽车站。从这出发的长途汽车开往南方的大部分地方和西班牙其他地区的很多地方。大部分的汽车公司都在这设有售票处，即使他们的汽车在别处发车也不例外。

市中心西北部有一个与地铁1号线和3号线接驳的地下车站**Intercambiador de Autobuses de Moncloa**（Plaza de la Moncloa；Ⓜ Moncloa），这里发出的汽车前往马德里周边以北和以西的村庄和卫星城。主要长途汽车公司包括：

ALSA（☎902 422242；www.alsa.es）西班牙最大的长途汽车公司之一，提供来往全国各地的服务。大部分车都在客运南站（Estación Sur）出发，偶尔也有从巴拉哈斯机场4号航站楼以及城里其他车站出发的车。

Avanzabus（☎902 020052；www.avanzabus.com）班车开往埃斯特雷马杜拉（如卡塞雷斯）。

小汽车和摩托车

马德里被两条主环线包围，一条外环线M40，一条内环线M30；还有两条局部环线，分别是M45和稍远些的M50。R5和R3是收费公路的一部分，是专门为了缓解交通压力修建的。知名租车公司在马德里各处和机场都有办事处，有些在阿托查火车站和查马丁（Chamartín）火车站也有办事处。为应对空气污染和气候变化，马德里市中心的低排放区于2018年11月底正式运行，只有公共交通或者拥有ZERO和ECO等环保标签的车辆能在这个区域自由通行，其他车辆停车和出行都会受到限制，计划到2020年只允许环保达标的车辆进入。格兰大道预计在2019年5月后只允许行人、自行车、公共汽车和出租车行驶。

火车

马德里有两个主要的火车站。较大的是**阿托查火车站**（Puerta de Atocha；www.renfe.es；Av de la Ciudad de Barcelona；Ⓜ Atocha Renfe），位于市中心的南端，而**查马丁火车站**（☎902 432343；Paseo de la Castellana；Ⓜ Chamartín）位于城市的北边。大部分西班牙国内线路，尤其是开往南方

地铁和公交票

在马德里搭乘地铁和公交时，你有三种购票选择，不过只有两种对游客适用。

多功能卡

从2018年1月1日起，非居民搭乘马德里的公共交通系统需要使用多功能卡（Tarjeta Multi），这种储值卡不像居民使用的版本那样要求绑定身份证（卡片上没有你的名字或照片）。在所有地铁站内的售票机、烟草店以及其他的指定售卖点都可以买到。

类似伦敦的牡蛎卡（Oyster Card），卡片在烟草店和所有地铁站的储值机处都可以储值，然后每次刷卡上下车。有€12.20乘车10次（公交和地铁）、单程€1.50等充值选择。

旅游卡

旅游卡（Tarjeta Turística）十分便捷，允许游客不限次数在马德里自治区（Comunidad de Madrid）搭乘公共交通。你需要出示护照或本国身份证，在所有的地铁站都能买到票。1/2/3/5/7日通票的费用分别为€8.40/14.20/18.40/26.80/35.40。

的，都在阿托查发车。国际列车则在查马丁到达和离开。订票请联系**西班牙国家铁路公司**（Renfe，即西班牙国铁；见987页）。

西班牙高铁（Tren de Alta Velocidad Española，AVE）服务连接了马德里与阿尔瓦赛特、巴塞罗那、布尔戈斯、加的斯、科尔多瓦、昆卡、韦斯卡、莱昂、莱里达、马拉加、帕伦西亚、萨拉曼卡、圣地亚哥-德孔波斯特拉、塞维利亚、巴伦西亚、巴利亚多利德、萨莫拉和萨拉戈萨。在接下来几年，马德里-毕尔巴鄂线也会动工，前往加利西亚的时间会缩短。马德里-格拉纳达和马德里-巴达霍斯线也是。

当地交通

马德里有出色的公共交通网络。地铁是最便捷的出行方式，13条地铁线在全城纵横交错；无论身在何处，你附近都有一个地铁站。公共汽车网络同样遍布广阔，使用同样的车票系统，不过丰富的线路（大约有200条！）对于第一次来的人们来说有些复杂。马德里有许多出租车，费用在欧洲算低的。

抵离机场

公共汽车

机场快线（Exprés Aeropuerto；www.emtmadrid.es；每人 €5；⏲24小时；📶）往返于阿托查火车站和机场之间，大巴在23:30至6:00之间从西贝莱斯广场发车，而不是火车站。火车站每13~20分钟发出一班，夜班每35分钟从西贝莱斯广场发出一班。

另外，在T1、T2和T3与Avenida de América的交通中转站**Intercambiador de Avenida de América**（Ⓜ Av de América）之间还有200路大巴往返。单程票价€4.50，含€3机场附加费。从机场出发的首班发车时间为5:10（T1、T2和T3），末班发车时间为晚23:30；每12~20分钟1班。

机场的四个航站楼之间有免费大巴服务。

地铁

从机场进城最容易的方式之一是搭乘地铁8号线到Nuevos Ministerios交通中转站，在那里可以换乘10号线和6号线以及本地地面城铁（cercanía；连接市郊与周边城镇的本地铁路）。地铁运营时间为早6:05至次日1:30。单程票价€4.50，含€3机场附加费。如果你使用10次地铁巴士通票Metrobús（€12.20）坐车往来机场，你需要提前充好€3的附加费。从机场前往Nuevos Ministerios差不多要花15分钟，从T4航站楼出发大约25分钟。

小巴

AeroCITY（☎91 747 75 70、902 151654；www.aerocity.com；每人 €18起，特快服务 每辆小巴€35起；⏲24小时）是一家私营小巴公司，可以上门接送乘客往来于马德里市中心与机场之间（T1为抵港2号门前，T2为5号门和6号门之间，T4为抵港大厅）。你可以预订座位或包下整辆小巴；后者类似出租车。通过电话或网络预订。

出租车

打车去市中心（约30分钟，具体取决于路况；从T4出发为35~40分钟）费用固定，前往M30

高速公路内任意一处（包含了马德里整个市中心的范围）的费用都为€30。起步费为€20，哪怕你只是要去一家机场酒店。

自行车

有许多人都骑着助力车（moto）往来城中各处，而大街上的自行车道也越来越多。不过还是要小心，后者还相对较新，习惯留意自行车的司机还很少。

可以把自行车带上地铁的时间为周六和周日全天，周一至周五除7:30至9:30、14:00至16:00以及18:00至20:00以外的任何时间。你可以在任何时间把自行车带上城铁。

公共汽车

Empresa Municipal de Transportes de Madrid（EMT；☎902 507850；www.emtmadrid.es）公司经营的公共汽车差不多运行于全市大部分线路，在6:30至23:30按时发车。还有26班夜间“猫头鹰”（búhos）路线，营运时间为23:45至次日5:30，所有路线都在西贝莱斯广场发车。

Intercambiador de Autobuses de Moncloa有大巴开往马德里自治区周边的众多村庄。

地铁

马德里的现代化地铁（www.metromadrid.es）是欧洲第二大地铁系统，是游玩马德里便捷高效安全的交通工具，也比公共汽车的路线更容易掌握。马德里市中心有11条不同颜色的线路，南部市郊还有现代化的南线（MetroSur）系统，以及往东边人口密集地区去的Pozuelo和Boadilla del Monte线路。彩色的地铁线路图在各个地铁站或网上都能看到。地铁运营时间为6:05至次日1:30。

出租车

拿马德里来说，白天的起步价为€2.40，在21:00至次日7:00以及周末和节假日会涨到€2.90。之后每公里加收€1.05至€1.20，具体取决于打车的时间。还有几种附加费，车内通常贴有说明。其中包括：抵离机场的€5.50（如果你不是支付固定费用的话）；火车或大巴站收取€3的出租车排位费；抵离Parque Ferial Juan Carlos I的€3；以及除夕夜和平安夜22:00至次日6:00的€6.70。行李不额外收费。

提供24小时服务的出租车公司有**Tele-Taxi**（☎91 371 21 31；www.tele-taxi.es；⏲24小时）和**Radio-Teléfono Taxi**（☎91 547 82 00；www.radiotelefono-taxi.com；⏲24小时）。

车顶的绿灯表示空车（libre）。通常副驾驶前方的车窗下方也有一个类似的标识。

通常不给司机小费，不过把钱往上凑个整数支付也没坏处。

马德里周边（AROUND MADRID）

马德里自治区或许是西班牙最小的自治区，但马德里的腹地仍旧有许多东西可看。圣洛伦索-德埃尔埃斯科里亚尔和阿兰胡埃斯结合了皇家的华贵与美食，而阿尔卡拉-德埃纳雷斯则用许多激动人心的历史建筑、真实的历史感以及丰富的夜生活给人以惊喜。钦琼拥有西班牙最可爱的城镇广场之一，瓜达拉马山脉和波勃雷山脉则提供安静的山间小路、被遗忘的村庄、美丽的风景，以及伴随着美景的很棒的冬季滑雪体验。

圣洛伦索-德埃尔埃斯科里亚尔（San Lorenzo de El Escorial）

人口 18,038

圣洛伦索-德埃尔埃斯科里亚尔壮观的宫殿和隐修院建筑群十分迷人，从山脚下拔地而起护卫着马德里的北方和西方。这里曾是王室的度假行宫，如今是一座宁静的小城，充斥着古雅的商店、餐厅和酒店，主要的顾客群是周末来此度假的马德里人。从16世纪腓力二世下令建造这片建筑群起，这里凉爽的空气便吸引着大批城市居民。大部分游客都是从马德里来此一日游的。

历史

在1557年8月10日的圣劳伦斯日（St Lawrence's Day），腓力二世在与法国之间的圣康坦之战（Battle of St Quentin）中取得决定性胜利，获胜后，国王下令在圣洛伦索-德埃尔埃斯科里亚尔（El Escorial）修建修道院以纪念这位圣人。为了给这座巨大的修道院、宫殿，以及腓力二世的双亲卡洛斯一世与伊莎贝拉的陵墓腾出地方，还专门拆迁了几座村庄。这项工程由西班牙文艺复兴中的杰出人物建筑师胡安·德埃莱拉（Juan de Herrera）监督执行。

这座宫殿兼修道院成了一个重要的知识中心，图书和艺术收藏十分丰富，甚至还有一个给科学家们用来研究炼金术的实验室。1598年9月13日，腓力二世在这里去世。

1854年，最初在此修行的圣哲罗姆隐修会（Hieronymite）修士们被迫离开，因为西班牙在19世纪掀起了剥夺宗教财产的浪潮。30年后，奥古斯丁教义会（Augustinians）占据了修道院。

景点

圣洛伦索皇家修道院 修道院、宫殿

（Real Monasterio de San Lorenzo；☎91 890 78 18；www.patrimonionacional.es；成人/优惠票€10/5，导游/语音导览 €4/3，周三和周四最后3小时 欧盟公民免费；⏲4月至9月 10:00~20:00，10月至次年3月 至18:00，周一关门）这组16世纪的建筑群对于马德里人和外国游客来说都很迷人。

隐修院的正门位于西侧。大门上方有一座圣劳伦斯（St Lawrence）的雕像，手持象征性的烤架，代表着他的殉难（他就是在烤架上被火烤死的）。从这里你首先会进入国王庭院（Patio de los Reyes），那里有6位犹太国王的雕像。

再往前就是肃穆的宗座圣殿。进去的时候一抬头就能看到唱诗班席位上方那块不寻常的平台。进入教堂里边，向左就能看到本韦努托·切利尼（Benvenuto Cellini）用意大利的卡拉拉（Carrara）白色大理石雕刻的十字架上的基督（1576年）。一层还有其他很多珍宝，包括几幅织锦画和一幅埃尔·格列柯的作品（虽然令人印象深刻，但与画家本人对这里的装饰的想象相去甚远）。然后走下台阶，来到建筑群的东北角。

你会经过建筑博物馆（Museo de Arquitectura）和绘画博物馆（Museo de Pintura）。前者讲述了这片建筑群的修建历史（西班牙文），后者则收集了16世纪和17世纪意大利、西班牙和佛兰德斯的各种艺术品。

上楼到东边的美术馆去看看，它的名字是腓力二世宫(Palacio de Felipe Ⅱ)或奥地利宫(Palacio de los Austrias)。然后下楼去参观建于17世纪的先王祠(Panteón de los Reyes, Crypt of the Kings)，自卡洛斯一世以后几乎所有的西班牙君主都埋葬在那里。再往回走一点，你就到了王子祠(Panteón de los Infantes, Crypt of the Princesses)。

在修道院的东南角，楼梯从福音天井(Patio de los Evangelistas, Patio of the Gospels)向上延伸到礼拜堂(Salas Capitulares, Chapter Houses)。这些房间宽敞明亮，天花板上有丰富多彩的壁画，里面收藏有埃尔·格列柯、提香、丁托列托、何塞·德里韦拉和耶罗尼米斯·博斯(Hieronymus Bosch，被西班牙人称为“El Bosco”)等人的作品。

修道院南边的**修道士花园**（Jardín de los Frailes；⏲4月至9月 10:00~20:00，10月至次年3月 至18:00，周一关闭），通往下边的埃尔埃斯科里亚尔镇（和火车站），里面有一座**王子城堡**（Casita del Príncipe；www.patrimonionacional.es；€5；⏲4月至9月 10:00~20:00，10月至次年3月 至18:00，周一关闭）。这是一个新古典主义建筑瑰宝，由胡安·德比利亚努埃瓦（Juan de Villanueva）于1772年奉卡洛斯三世之命建给他的继承人卡洛斯四世。

就餐

La Cueva 西班牙菜 €€€

（☎91 890 15 16；www.mesonlacueva.com；Calle de San Antón 4；主菜 €19~33；⏲13:00~16:00和21:00~23:00）La Cueva距离隐修院建筑群只有一个街区，自从1768年便开始营业，从这里厚重的木梁和丰盛传统的卡斯蒂利亚菜中就可以看出——这里以烤肉和牛排为主，还有几道鱼类菜肴。

Montia 西班牙菜 €€€

（☎91 133 69 88；www.montia.es；Calle de Calvario 4；套餐 €45~65；⏲周日和周二至周四 13:30~15:30，周五和周六 13:30~15:30和21:00~23:00）这里周末的订位名单已经排到两个月外了，我们对此可以理解——赏味套餐展现出了丰富的创造力，应季菜单可能包含了野猪肉丸或黑啤冰激凌……

Restaurante Charolés 马德里菜 €€€

（☎91 890 59 75；www.charolesrestaurante.com；Calle Floridablanca 24, San Lorenzo de El Escorial；主菜 €17~24，乱炖 每人 €30；⏲13:00~16:00和21:00至午夜）作为来到这片山区旅游的

马德里人最喜爱的目的地之一，这里供应各种完美的烤肉，且因其乱炖（鹰嘴豆炖肉）而备受推崇，这道菜最适合在寒冷的冬天吃。

实用信息

游客中心（☎91 890 53 13；www.sanlorenzoturismo.org；Calle de Grimaldi 4，El Escorial；⊙周二至周六 10:00~14:00和15:00~18:00，周日 10:00~14:00）就在隐修院建筑群对面。

到达和离开

圣洛伦索-德埃尔埃斯科里亚尔位于马德里西北59公里处，开车需要40分钟。从A6高速公路转入M600，然后跟着路标走即可到达德埃尔埃斯科里亚尔。

661路和664路公共汽车每15分钟（周末为每30分钟）从马德里Intercambiador de Autobuses de Moncloa车站30号站台出发，开往德埃尔埃斯科里亚尔（€3.35，1小时）。

西班牙国铁（Renfe；☎91 232 03 20；www.renfe.es）城铁C8每天从马德里阿托查火车站或查马丁火车站开往这里（€1.50，1小时，车次频繁）。

阿兰胡埃斯（Aranjuez）

人口 57,932

阿兰胡埃斯是皇室为远离马德里的市井气息而建造的行宫，如今仍旧适合来个轻松一日游，逃避紧张的城市生活。这里的宫殿很华丽，但清新的空气和开阔的花园才是真正魅力的所在。阿兰胡埃斯有几家非常棒的餐厅，相当值得过来玩上一天。

景点

皇宫
宫殿

（Palacio Real；☎91 891 07 40；www.patrimonionacional.es；宫殿 成人/优惠票 €9/4，导游/语音导览 €4/3，周三和周四最后三小时 欧盟公民免费，花园免费；⊙宫殿 4月至9月 10:00~20:00，10月至次年3月 至18:00，花园 6月中旬至8月中旬 8:00~21:30，8月中旬至次年6月中旬 时间缩短）这里最开始不过是腓力二世一座简朴的避暑行宫，后来随着皇室受到法国凡尔赛宫的启发，陆续在上面花了不少钱之后，终于变成了一座迷人的皇宫。到了18世纪的时候，300多个房间使这座宫殿变成一片庞大、优雅的对称建筑群，充满了华丽的装饰物。所有在这里生活过的统治者中，卡洛斯三世和伊莎贝拉二世留下的印记最大。

必须跟随导览游（西班牙语）参观，导游会深入讲解这座宫殿的艺术和历史。在郁郁葱葱的花园中漫步，穿行在大量本土和外来的植物间，这些植物的种子最初都是西班牙的植物学家和探险家从世界各地的殖民地带回来的。在这些植物的荫蔽下，距离宫殿数公里处，你会找到**水手之家**（Casa de Marinos），里面有个**船舶博物馆**（Museo de Falúas；⊙10月至次年3月 10:00~17:15，4月至9月 至18:15），收藏着皇家游玩所用的小船。18世纪新古典主义风格的**农夫之家**（Casa del Labrador；☎91 891 03 05；€5；⊙4月至9月 10:00~20:00，10月至次年3月 至18:00）也值得一游。更远一些，朝着钦琼方向，是**王子花园**（Jardín del Príncipe），皇宫花园的延伸。

就餐

Casa Pablete
西班牙小吃 €€

（☎91 891 03 81；Calle de Stuart 108；西班牙小吃 €3起，主菜 €12~22；⊙周三至周日 13:30~16:00和20:30~23:00，周一 13:30~16:00）这家气氛休闲的西班牙小吃吧自1946年开业以来，生意就一直蒸蒸日上，吸引了一群远在阿兰胡埃斯之外的忠实顾客。炸丸子（croquetas）和酿鱿鱼是招牌菜，这里专心烹制最好的传统美食，没有过多的装饰。

Carême
西班牙菜 €€€

（☎91 892 64 86；www.caremejesusdelcerro.com；Avenida de Palacio 2；主菜 €16~25，套餐 €55；⊙周一至周六 13:00~16:00和21:00至午夜，周日 13:00~16:00）Carême就在皇宫花园的马路对面，是备受尊重的本地大厨赫苏斯·德尔塞罗（Jesús del Cerro）的杰作，他对烹饪十分有把握，并且忠于西班牙传统，再加入一点点改良。尝尝西冷牛排配鹅肝（solomillo con foie gras）。

★Casa José
西班牙菜 €€€

（☎91 891 14 88；www.casajose.es；Calle de Abastos 32；主菜 €14~29，套餐 €75；⊙9月至次年7月 周二至周六 13:45~15:30和21:00~23:30，周

不要错过

草莓列车

从马德里来阿兰胡埃斯，你可以乘坐普通的火车，但要追求浪漫的话，一定要选**草莓列车**（Tren de la Fresa；☎902 240202；www.museodelferrocarril.org/trendelafresa；往返 成人 €23~30，儿童 €9~15；⏲5月至10月 周六和周日 9:50）。草莓列车自1985年开始在马德里—阿兰胡埃斯一线（是马德里第一条、西班牙第三条铁路线，于19世纪50年代开通）运营，坐在草莓列车上就仿佛回到了西班牙皇室为躲避马德里酷暑而逃离到阿兰胡埃斯行宫避暑的年代。

列车在5月初至10月末的周六和周日的9:50发车，一辆古董Mikado 141F-2413蒸汽火车头驶离马德里的铁路博物馆（Museo del Ferrocarril），后面挂着4节20世纪初的车厢，前后都带有老式阳台。在时长50分钟的旅途中，工作人员会身着复古制服，为乘客奉上本地出产的草莓：这辆列车最初的目的之一就是让皇室视察阿兰胡埃斯果园中夏季草莓的收成。

到达阿兰胡埃斯之后，你的火车票价中还包含皇宫的团队导览游、船舶博物馆和其他阿兰胡埃斯的景点，更别提还能品尝到更多的草莓了。回马德里的返程列车在18:55发车。

日 13:45~15:30）安静优雅的Casa José在周末挤满了马德里人，他们都被这里精心烹制的肉类和充满惊人创意的本地菜所吸引。虽然有点贵，但每一块钱都花得值。楼下供应创新西班牙小吃，或者你也可以去楼上享用更正式的晚餐。

实用信息

游客中心（Tourist Office；☎91 891 04 27；turismoenaranjuez.com；Plaza de San Antonio 9；⏲周二至周日 10:00~14:00和16:00~18:00）游客中心在城镇的中心，位于皇宫西南方数百米处。

到达和离开

从马德里开车过来的话，从N-IV往南转入M305公路，可以直接到达这里的市中心。

AISA（☎90 2198788；www.aisa-grupo.com）巴士公司有大巴（423路）从客运南站（Estación Sur）开往阿兰胡埃斯（€4.20，45分钟），每15分钟左右1班。

从马德里阿托查火车站出发，C3城铁（€3.40，45分钟）每隔15或20分钟开往阿兰胡埃斯。

钦琼（Chinchón）

人口 5294

钦琼距马德里只有45公里，却完全是另一个世界。尽管这里早已经超出了村庄的概念，但拜访它古老的城镇中心却好像是回到了迷人而又沧桑的旧日时光。这里值得住上一晚去好好享受，在广场周边酒馆（mesón）风格的餐厅里吃午饭也是必不可少的体验。

景点

小镇中心是独特的、几乎呈圆形的**主广场**（Plaza Mayor），周围是一层层阳台——我们一致认为这里是西班牙最有感染力的主广场之一。到了夏天，广场会被改造成一个斗牛场，在复活节那天会上演耶稣受难的戏剧。

钦琼的历史建筑不会让你停留太长时间，不过你应该稍微去看一看高耸于主广场上的16世纪的**圣母升天堂**（Iglesia de la Asunción），以及城外南边的16世纪末文艺复兴时期的**伯爵城堡**（Castillo de los Condes）。城堡在18世纪被废弃，最终成为一家酒厂。去游客中心询问一下是否开放。

住宿

Hostal Chinchón 客栈 €

（☎91 893 53 98；www.hostalchinchon.com；Calle Grande 16；双/标三 €55/70；❄📶🏊）这里的公共区域要比狭小的房间更漂亮，房间很干净但设施有点陈旧。亮点是屋顶上的游泳池，可以俯瞰主广场。

Parador de Chinchón 豪华酒店 €€

（☎91 894 08 36；www.parador.es；Avenida Generalísimo 1；双 €125；❄📶）国有酒店（Parador Nacional）的前身为奥古斯丁女修道

院(Convento de Agustinos, Augustine Convent),是镇上最重要的历史建筑之一,豪华程度也无与伦比。就算你不住在这里,来吃一顿饭或者喝杯咖啡(顺便到处看看)也是很值得的。

就餐

钦琼有很多传统风格的餐厅供应烤羊羔(cordero asado)。不过如果你想吃得简单点,没有什么比去阳光明媚的主广场品尝西班牙小吃再喝上几杯更好的了。

★ Café de la Iberia 西班牙菜 €€

(☎91 894 08 47; www.cafedelaiberia.com; Plaza Mayor 17; 主菜 €14~26; ⏰12:30~16:30和20:00~22:30)这里绝对是主广场一带我们最喜欢的家庭风格餐厅(mesón)。供应包括肥美多汁的烤羊羔在内的美味食物,服务员很周到,围绕在明亮中庭周围的用餐区氛围非常棒(据说戈雅曾来过这里)。如果你能订到桌子的话,还可以在户外阳台上就餐。

Mesón Cuevas del Vino 西班牙菜 €€

(☎91 894 02 06; www.cuevasdelvino.com; Calle Benito Hortelano 13; 主菜 €12~23; ⏰周一和周三至周五 正午至16:30和20:00~23:00,周六 正午至午夜,周日 正午至20:00)从装满葡萄酒的山羊皮大酒囊到布满名人签名的酒桶,再到十分有气氛的地窖,这家供应美味家常菜的餐厅一定会给你带来难忘的用餐体验。

实用信息

游客中心(Tourist Office; ☎91 893 53 23; www.ciudad-chinchon.com; Plaza Mayor 6; ⏰周二至周日 10:00~14:00和16:00~18:00)有小小的办公室和乐于助人的工作人员。

到达和离开

钦琼位于马德里东南方45公里处,开车很容易到达。走N-IV高速公路,转入M404公路,一直开就能到钦琼。

La Veloz(☎91 409 76 02; www.samar.es/empresa/samar/laveloz; Avenida del Mediterráneo 49; Ⓜ Conde de Casal)有车(337路大巴)从马德里开往钦琼(€3.35,50分钟,每半小时1班)。发车地点在Plaza del Conde de Casal以东100米处的Avenida del Mediterráneo。

阿尔卡拉-德埃纳雷斯(Alcalá de Henares)

人口 195,907

阿尔卡拉-德埃纳雷斯位于马德里以东,几乎每个街角都有历史悠久的砂岩建筑,充满惊喜。逛逛阳光明媚的广场,参观一座大学,这里是逃离首都几个小时的好地方。

景点

米格尔·德塞万提斯出生地博物馆 博物馆

(Museo Casa Natal de Miguel de Cervantes; ☎91 889 96 54; www.museocasanatalcervantes.org; Calle Mayor 48; ⏰周二至周日 10:00~18:00) 免费 西班牙人钟爱这座小城,是因为这里是文豪米格尔·德·塞万提斯·萨维德拉的出生地。这个地址被很多人认为就是塞万提斯出生的地方,于是被重建为相关的博物馆,它就位于美丽的、有柱廊的马约尔街(Calle Mayor)上。

阿尔卡拉大学 大学

(Universidad de Alcalá; ☎91 883 43 84; www.uah.es; 导览游 €4; ⏰9:00~21:00) 免费 1486年由红衣主教西斯内罗斯(Cardinal Cisneros)创建,是西班牙最好的大学之一。导览游会带领游客参观穆德哈尔式风格的小教堂和宏伟壮观的大礼堂。每年,西班牙国王和王后就是在这个礼堂里颁发塞万提斯文学奖(Premio Cervantes)的。

食宿

Parador de Alcalá de Henares 酒店 €€

(☎91 888 03 30; www.parador.es; Calle de los Colegios 8; 房 €120起; P ❄ 🛜)这家豪华酒店与其马路对面历史悠久的美妙餐厅(见本页)不同,这里是西班牙最新的国有酒店(parador; 豪华的国有酒店)之一,整体外观漂亮现代。

Barataría 西班牙小吃 €€

(☎91 888 59 25; www.facebook.com/baratarialainsula; Calle de los Cerrajeros 18; 主菜 €15~28; ⏰周一至周二和周四至周六 正午至16:00

和20:00至午夜，周日 正午至16:00）葡萄酒吧、西班牙小吃吧和餐厅三合一，Barataría是一个无论心情怎样都适合来吃饭的地方。烤肉是这里的亮点，抹着蜂蜜的肋排是当地人的最爱。

★ Hostería del Estudiante 卡斯蒂利亚菜 €€

（Santo Tomás；☎91 888 03 30；www.parador.es；Calle de los Colegios 3；套餐 €34起；⏲13:30~16:00和 20:30~23:00）这家迷人的餐厅位于国有酒店对面，供应美味的卡斯蒂利亚菜，餐厅氛围高档雅致，里面装饰的艺术品讲述着这座城镇光辉的历史。

实用信息

游客中心（☎91 881 06 34；www.turismoalcala.es；Callejón de Santa María 1；⏲10:00~20:00）在周六和周日的17:30有免费的团队导览游带你参观Alcalá of Cervante，还提供关于城里的信息。

到达和离开

阿尔卡拉-德埃纳雷斯位于马德里以东35公里处，沿着A2公路朝萨拉戈萨方向开就可以到。

有大巴定时从马德里的Intercambiador de Avenida de América发出（€2.99，约1小时，每5至15分钟一班）。

西班牙国铁（Renfe；☎91 232 03 20；www.renfe.es）C2和C7城铁每天都有车次开往这里（€2.65，50分钟）。

瓜达拉马山脉（Sierra de Guadarrama）

在马德里的北边坐落着瓜达拉马山脉，它既是受欢迎的滑雪胜地，又拥有几座迷人的城镇。在曼萨纳雷斯-埃尔雷亚尔（Manzanares El Real），你可以探索建于15世纪的小城堡门多萨城堡（Castillo de los Mendoza；☎91 853 00 08；Manzanares El Real；门票含团队导览游 €4；⏲周二至周五 10:00~17:00，周六和周日至19:30），这是一座仿佛出现在童话故事中的城堡，每个转角都有圆形的高塔，里面则是一个哥特式中庭。

塞尔塞迪利亚（Cercedilla）是深受徒步和山地自行车爱好者们欢迎的大本营。这里有几条有路标的线路，最主要的那条被称作Cuerda Larga或Cuerda Castellana。这是一条森林小道，遍及北边Puerto de Somosierra和西南边Puerto de la Cruz Verde之间的55座山峰。

小型滑雪度假村如Valdesqui（☎902 886446；www.valdesqui.es；Puerto de Cotos；缆车票 全天/下午 €40/24；⏲9:00~16:00）和Navacerrada（☎902 882328；www.puertonavacerrada.com；缆车票 €28~35；⏲9:30~17:00）接待从城里过来度周末的滑雪者们。

实用信息

富恩弗利亚山谷信息中心（Centro de Información Valle de la Fuenfría；☎91 852 22 13；www.parquenacionalsierraguadarrama.es；Carretera de las Dehesas；⏲7月和8月 9:00~20:00，6月和9月 周一至周五 9:00~16:30，周六和周日 9:00~20:00，10月至次年5月 9:00~16:30）信息中心在塞尔塞迪利亚2公里外，位于M614沿线。

纳瓦塞拉达游客中心（Navacerrada Tourist Office；☎91 856 00 06；www.aytonavacerrada.org；Paseo de los Españoles；⏲7月和8月 周二至周五 18:00~21:00，周六和周日 11:00~14:00和18:00~21:00，9月至次年5月 周六和周日 11:00~14:00和16:00~19:00）

到达和离开

从马德里开车过来，走A-6高速公路抵达塞尔塞迪利亚。

724路公共汽车从马德里的Plaza de Castilla开往曼萨纳雷斯-埃尔雷亚尔（Manzanares El Real，€3.15，45分钟）。从马德里的Intercambiador de Autobuses de Moncloa的14号站台出发，有开往纳瓦塞拉达（Navacerrada）的691路公共汽车（€3.95，1小时）和开往塞尔塞迪利亚的684路公共汽车（€3.95，1小时）。

查马丁站可以去塞尔塞迪利亚（C2城铁线；€3.40，1小时20分钟，每天15班）和Puerto de Navacerrada（C8B城铁线；€6，算上在塞尔塞迪利亚换车一共2小时，每天4班）。

布伊特拉戈和波勃雷山脉（Buitrago & Sierra Pobre）

沉静的波勃雷山脉与西边相邻的更优雅的瓜达拉马山相比更加低调。这座“贫瘠”

（"Pobre"意为贫瘠）的山脉很受远足者和其他热爱大自然的游客的欢迎，没有特别多的物质享受和拥挤的人群，其周边的旅游业还未发展起来。

景点

先去这片地区最大的城镇布伊特拉戈（Buitrago），你可以沿着一部分古老的城墙漫步。还可以看看15世纪的融合了穆德哈尔与古罗马风格的城堡圣母教堂（Iglesia de Santa María del Castillo），然后去参观看起来小得不真实的**毕加索博物馆**（Picasso Museum；☎91 868 00 56；www.madrid.org/museopicasso；Plaza de Picasso 1；⏲周二至周五11:00~13:45和16:00~18:00，周六10:00~14:00和16:00~19:00，周日10:00~14:00）免费，那里有几幅画家送给自己的理发师欧亨尼奥·阿里亚斯（Eugenio Arias）的画。山脉的其他地区散落着各个小村庄。部分村庄如Puebla de la Sierra和El Atazar是山区小径的起点。

就餐

El Arco 西班牙菜 €€€

（☎91 868 09 11；www.elarcodebuitrago.es；Calle del Arco 6,Villavieja del Lozoya；主菜 €17~36；⏲9月中旬至次年6月中旬 周五至周日 13:00~16:00，6月中旬至9月中旬 周二至周六 13:00~16:00和20:30~22:30，周日 13:00~16:00）该地区最好的餐厅，位于比利亚维耶哈德略索亚（Villavieja del Lozoya），靠近布伊特拉戈，以用本地应季食材做成的新鲜创意菜肴和传统西班牙北方菜而闻名，比如经典的巴斯克飘飘鳕鱼（bacalao al pil-pil；橄榄油浸腌鳕鱼和大蒜）。

实用信息

布伊特拉戈游客中心（Buitrago Tourist Office；☎91 868 16 15；Calle de Tahona 19；⏲周二至周五10:00至正午和16:00~18:00，周六 10:00~14:00和16:00~19:00，周日10:00~14:00）有关于城里的少量信息。

到达和离开

从马德里开车过来，走N-I高速公路到布伊特拉戈。

大巴（191路）从马德里的Plaza de la Castilla出发开往布伊特拉戈（€5.25，1.5小时），每小时1班。

卡斯蒂利亚-莱昂

包括 ➡

最佳餐饮

- Restaurante El Fogón Sefardí（见190页）
- Restaurante Cocinandos（见213页）
- La Cocina de Toño（见178页）
- Cervecería Morito（见221页）
- Restaurante Las Termas（见216页）

最佳住宿

- Posada Real La Cartería（见205页）
- Hostal de San Marcos（见212页）
- Santa Cruz（见204页）
- Don Gregorio（见178页）
- Hotel Tres Coronas（见225页）

为何去

如果你在寻找西班牙灵魂之窗，那就去卡斯蒂利亚-莱昂吧。这里是脱离了刻板印象的西班牙：有广袤的平原、壮丽的山峰和动人的中世纪城镇与村庄。在这里你可以体验像萨拉曼卡一样由充满活力的学生群体构成的传说中的城市；也可以去塞哥维亚，一个以童话式堡垒著称的城市，其灵感来源于迪士尼的睡美人城堡；塔楼林立的阿维拉古城墙也有着相似的魔力；莱昂与布尔戈斯那高高耸立的主教座堂是欧洲最令人难忘的教堂。就像西班牙大部分的地区一样，这里的食物也是一绝，有西班牙最好的熏火腿（jamón）、烤羊羔和烤乳猪。

安静的小路、砖木结构的村庄和遗世独立的城堡同样向游客们诉说着卡斯蒂利亚的故事。从西南部风景如画的弗兰西亚山脉到东部的科瓦鲁比阿斯、卡拉塔尼阿索尔和梅迪纳塞利，这里是西班牙隐秘的一面，大多数游客从未了解到它的存在。

何时去

莱昂

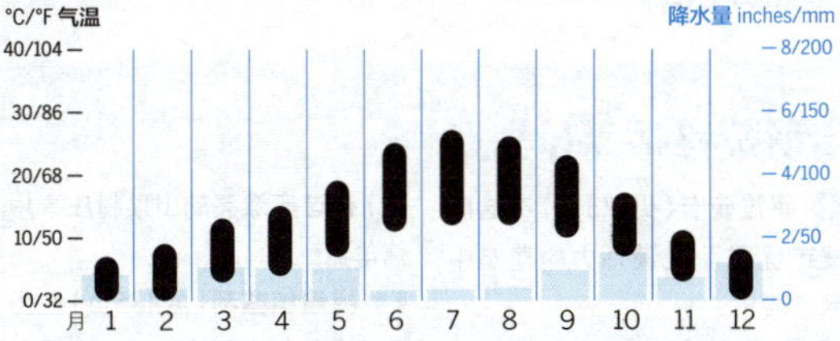

3月和4月 享受乡村灿烂的野花和激动人心的圣周游行。

6月 进入假期模式的布尔戈斯、索里亚和塞哥维亚迎来了一年一度的狂欢季。

9月和10月 享受秋季缤纷的色彩、更少的游人，以及（通常）温和又晴朗的天气。

卡斯蒂利亚-莱昂亮点

❶ **萨拉曼卡**（见173页）在这座城市优雅而充满活力的建筑中尽享欢乐。

❷ **莱昂**（见209页）在莱昂的主教座堂品味光影变幻。

❸ **西洛斯的圣多明戈**（见224页）回到中世纪聆听格里高利圣咏。

❹ **佩德拉萨-德拉谢拉**（见192页）在这座漂亮的山顶村庄享用烤羊羔。

❺ **梅迪纳塞利**（见235页）在历史悠久的村庄里逃离城市生活。

❻ **塞哥维亚**（见185页）想象自己是在古罗马和迪士尼乐园之间的某个地方游走。

❼ **库莱布拉山脉**（见203页）在桑纳比亚村附近寻找狼的踪迹。

❽ **弗兰西亚山脉**（见181页）探索被时间遗忘的美丽村庄。

❾ **吉胡埃洛**（见183页）前往源头了解（然后品尝）西班牙最棒的火腿。

卡斯蒂利亚-莱昂西南部（SOUTHWEST CASTILLA Y LEÓN）

你在卡斯蒂利亚-莱昂西南部可以轻松待上一周或更久，这里是这片地区最迷人的角落之一。萨拉曼卡、罗德里戈城和阿维拉是西班牙中部最迷人的三座城镇，但美丽的格雷多斯山脉、弗兰西亚山脉和贝哈尔山脉古老的村庄会带你远离城市的生活，享受惬意的时刻。

阿维拉（Ávila）

人口 58,083/海拔 1130米

阿维拉的老城被高耸的城墙所环绕，城墙有8座城门、88座瞭望塔和2500多座角楼，是西班牙保存最完好的中世纪堡垒之一。在冬天，当寒风从平原上吹拂而来时，老城瑟缩在高高的城墙后面，仿佛在躲避卡斯蒂利亚的严寒。到了晚上，当墙壁被灯光照亮呈现出魔幻效果时，你会怀疑自己是不是走进了童话世界。这是一座宗教氛围浓厚的城市，有许多教堂、女修道院和围绕着高墙的宫殿，数百年来，吸引着无数朝圣者前来朝拜阿维拉的圣特蕾莎(Santa Teresa de Ávila)。如上所述，阿维拉是卡斯蒂利亚的精华和古老西班牙的缩影。

景点

★四柱台 观景点

四柱台（Los Cuatro Postes）位于城镇西北部，就在去往萨拉曼卡的途中，是欣赏阿维拉城墙景色的最佳位置。这里还是圣特蕾莎和她的兄弟从家里跑出来（他们想在穆斯林的手中完成殉道）后被他们的叔叔抓回去的地方。晚上景致最佳。

★古城墙 城墙

（Murallas；www.muralladeavila.com；成人/12岁以下儿童 €5/免费；⏲4月至10月 10:00~20:00，11月至次年3月 至18:00；👪）阿维拉壮观的12世纪城墙全长2.5公里，俯瞰着古罗马和穆斯林城垛的遗迹，是世界上保存最好的中世纪防御城墙之一。有两段城墙可供游人攀登——一段长300米，可以从王宫门（Puerta del Alcázar）的内部爬上去；另一段更长的城墙（1300米）从忠诚门（Puerta de los Leales）出来，位于老城北侧边缘。

★救世主主教座堂 主教座堂

（Catedral del Salvador；☎920 21 16 41；Plaza de la Catedral；门票 含语音导览 €5；⏲4月至9月 周一至周五 10:00~19:00，周六 10:00~20:00，周日 正午至18:30，10月至次年3月 周一至周五 10:00~17:00，周六 10:00~18:00，周日 正午至17:00）阿维拉的这座建于12世纪的主教座堂既是宗教崇拜场所，又是一座设计精巧的堡垒：它敦实的花岗岩半圆形后殿是古老城墙的中央堡垒。肃穆的哥特风格外立面包裹着装饰华丽的内部空间，精致的16世纪早期祭坛饰带上描绘着耶稣的一生，还有文艺复兴时期雕刻的唱诗班座位，以及一座藏有埃尔·格列柯画作的博物馆，此外还有一个出自胡安·德阿尔费（Juan de Arfe）之手的华美银质圣体匣。按下按钮可以照亮祭坛和唱诗班坐席。

圣托马斯修道院 修道院、博物馆

（Monasterio de Santo Tomás；☎920 22 04 00；www.monasteriosantotomas.com；Plaza de Granada 1；€4；⏲7月和8月 10:30~21:00，9月至次年6月 10:30~14:00和15:30~19:30）由天主教双王费尔南多和伊莎贝拉下令建造，并于1492年完工，这座修道院是伊莎贝拉风格建筑的精致典范，历史气息浓厚。3个互相连接的回廊通往教堂，教堂里有二人的独子唐·胡安（Don Juan）的雪花石膏墓穴。这里还有令人难忘的东方博物馆（Museo Oriental），共有11个展厅，展示了来自远东的艺术品；此外还有一个更为低调的自然历史博物馆（Museo de Historia Natural）。持修道院门票即可参观这两个博物馆。

圣特蕾莎修道院 教堂、博物馆

（Convento de Santa Teresa；☎920 21 10

> **ℹ 阿维拉游客卡**
>
> 如果你计划游览阿维拉所有的主要景点，买一张阿维拉游客卡（Visitávila Card；www.avilaturismo.com/en/organize-your-visit/visitavila-tourist-card；每人/家€13/25）会比较划算，卡片48小时有效，覆盖了城里主要景点的门票。

30; www.teresadejesus.com; Plaza de la Santa; 教堂和遗骨室 免费，博物馆 €2; ⏲周二至周日 9:30~13:30和15:30~20:00）建于1636年的圣特蕾莎修道院是围绕这位圣徒于1515年出生的房间建造的，也是有关特蕾莎的狂热崇拜的中心。这个女修道院包含3个景点：教堂、遗骨室和博物馆。亮点包括黄金装饰的小礼拜堂（建造在她出生房间的上面）、巴洛克风格的祭坛和这位圣徒佩戴戒指的（可怕的）手指遗骨。显然佛朗哥在统治期间一直把圣徒遗骨放在自己床边。

精致的礼拜堂内最引人注目的是格雷戈里奥·费尔南德斯（Gregorio Fernández）设计的巴洛克式祭坛，上面有这位圣徒的雕像。地下室里还有一个圣特蕾莎纪念博物馆，可以从Calle Aizpuru进入。

老圣多美教堂

教堂

（Iglesia de Santo Tomé El Viejo; Plaza de Italia; 门票 含省博物馆 €1.20，周六和周日 免费; ⏲7月至9月 周二至周六 10:00~14:00和17:00~20:00，周日 10:00~14:00，10月至次年6月 周二至周六 10:00~14:00和16:00~19:00，周日 10:00~14:00）这座教堂的历史可以追溯至13世纪。由于推行改革，圣特蕾莎曾在这里的讲道台上遭到了最激烈的反对和苛责。经过改造后的教堂包含了大部分古罗马时期的基石和一幅壮观的马赛克拼贴地板画。

圣维森特大教堂

教堂

（Basílica de San Vicente; ☎920 25 52 30; www.basilicasanvicente.es; Plaza de San Vicente; 门票 含语音导览 €2.30; ⏲4月至10月 周一至周六 10:00~18:30，周日 16:00~18:00，11月至次年3月 周一至周六 10:00~13:30和16:00~18:30，周日 16:00~18:00）这座优雅的教堂是罗马式简朴风格的杰作：一系列哥特式肃穆花岗岩的修饰和最初温暖色调的罗马式砂岩形成悦目的对比。修建工程开始于11世纪，而地址选在了据推测是3位殉道者——圣比森特与他的两个姐妹，萨维娜（Sabina）和克里斯特塔（Cristeta）——在4世纪初被罗马人杀害的地方。他们天篷遮盖的衣冠冢是罗马式风格的杰出作品，并稍带一抹哥特风。

化身修道院

修道院

（Monasterio de la Encarnación; ☎920 21 12 12; Calle de la Encarnación; 教堂 免费，博物馆 €2; ⏲5月至9月 周一至周五 9:30~13:00和16:00~19:00，周六和周日 10:00~13:00和16:00~19:00，10月至次年4月 周一至周五 9:30~13:30和15:30~18:00，周六和周日 10:00~13:00和16:00~18:00）位于城墙北侧，这个不加雕琢的文艺复兴风格修道院是圣特蕾莎彻底投身修行并生活了27年的地方。3个主要房间中有一个对公众开放，这个房间据说就是圣徒看到婴儿耶稣幻象的地方。特蕾莎的部分遗物也在展览之列，比如她用作枕头的一截木头（噢！多硌啊！），还有十字架圣约翰（St John of the Cross）忏悔时坐的那把椅子。

圣佩德罗教堂

教堂

（Iglesia de San Pedro; Plaza de Santa Teresa; €1.50; ⏲复活节至10月中旬 10:00至正午和17:00~20:00，10月中旬至次年复活节 周四和周五 18:00~20:00，周六 11:00至正午、13:00~14:00和18:00~20:00）圣佩德罗教堂（可以追溯至12世纪或13世纪）是这座城市最漂亮的教堂之一，其淡色的砂岩外墙与主宰城墙内的质朴花岗岩相得益彰。

圣胡安包蒂斯塔教堂

教堂

（Iglesia de San Juan Bautista; Plaza de la Victoria; ⏲弥撒 周一至周六 10:00和19:30，周日正午）**免费** 这座安静的教区教堂可追溯至16世纪，它存有圣特蕾莎于1515年4月4日受洗时所用的圣水盆。游人可在弥撒时间之前或之后进入教堂参观。

节日和活动

★圣周

宗教节

（Semana Santa; ⏲3/4月; 👪）阿维拉是在卡斯蒂利亚-莱昂观看庄严的复活节游行最好的地方之一。游行于耶稣升天节（Holy Thursday）开始，不过最激动人心的活动是在耶稣受难日（Good Friday）清晨（约5:00）举行的环绕城墙的游行。

圣特蕾莎节

文化节

（Fiesta de Santa Teresa; ⏲10月; 👪）这个一年一度的节日在10月的第二周举行，届时人们会用游行、音乐会和烟花纪念这座城市的守护神。

Ávila 阿维拉

Ávila 阿维拉

重要景点

1 救世主主教座堂......C3
2 古城墙......C4

景点

3 圣维森特大教堂......D2
4 圣特蕾莎修道院......A3
5 圣胡安包蒂斯塔教堂......B3
6 圣佩德罗教堂......D4
7 老圣多美教堂......D3
8 忠诚门......C3
9 王宫门......C4

住宿

10 Hostal Arco San Vicente......C2
11 Hotel El Rastro......A3
12 Hotel Las Leyendas......B4
13 Hotel Palacio de Monjaraz......B2
14 Hotel Palacio Valderrábanos......C3

就餐

15 Hostería Las Cancelas......C3
16 Mesón del Rastro......A3
17 Posada de la Fruta......B3
18 Soul Kitchen......B3

饮品和夜生活

19 La Bodeguita de San Segundo......C3

住宿

★Hotel El Rastro 历史酒店 €

(☎920 35 22 25; www.elrastroavila.com; Calle Cepedas; 标单/双 €38/60; ❄📶)这个氛围极佳的酒店占据着一座16世纪的宫殿，保留着最初的岩石、裸露砖墙和自然质朴的配色，散发出一种低调安静的优雅。每个房间的构造都不一样，不过大多数房间都有高高的天花板和宽敞的空间。注意店主在街角还经营着一家稍便宜些的同名青年旅舍。

Hostal Arco San Vicente 青年旅舍 €

(☎920 22 24 98; www.arcosanvicente.com; Calle de López Núñez 6; 标单/双 含早餐 €40/60; ❄📶)这家闪闪发光的经济型小旅馆有铺着蓝色地毯的小房间，还有浅色油漆墙面和铁艺床头板。2楼的房间有屋顶通风窗和空调，1楼的部分房间正对Puerta de San Vicente。位于拐角的109号房格外宽敞迷人。

★Hotel Palacio de Monjaraz 酒店 €€

(☎920 33 20 70; www.palaciodemonjaraz.com; Calle de Bracamonte 6; 标单 €55~110, 双 €65~137; ❄📶)这座16世纪的阿维拉联排别墅改造得十分美妙，再加上迷人的客房，这里就成了城里我们最喜欢的地方之一。这里的客房很大，有通风的高天花板，装饰有一种轻柔的奢华，每一间都不尽相同。部分客房有波斯地毯和四柱床；其他客房则有裸砖墙壁和无数的原创设计特色。

★Hotel Palacio Valderrábanos 历史酒店 €€

(☎920 21 10 23; www.hotelpalaciovalderrabanos.com; Plaza de la Catedral 9; 房 €55~115)这家酒店由一座华贵的14世纪宫殿改造而来，距离主教座堂的门口只有一步之遥，有一种柔和的优雅，有高高的天花板、抛光地板和令人安心的色调。部分客房甚至对着主教座堂。

Hotel Las Leyendas 历史酒店 €€

(☎920 35 20 42; www.lasleyendas.es; Calle de Francisco Gallego 3; 标单 €45~55, 双 €60~85; ❄📶)占据着一座16世纪的阿维拉贵族宅邸，这家私密酒店将旧时光的气氛和现代设施结合得天衣无缝。部分房间可以看到城外的平原，其他房间则可以欣赏酒店内部的花园。装潢风格多样，有带木梁、裸露砖石和石雕艺术品的原始风格房间，也有墙壁粉刷成质朴低调的大地色系的现代风格房间。早餐略微简单了些。

就餐

★Soul Kitchen 卡斯蒂利亚菜 €€

(☎920 21 34 83; www.soulkitchen.es; Calle de Caballeros 13; 主菜 €9~23; ⏲周一至周五 10:00至午夜，周六 11:00至次日2:00，周日 11:00至午夜)这家餐厅拥有其他地方所缺少的活力。兼容并包的菜单经常变化，从沙拉(有栗子和无花果等口味的酱汁)到平菇奶油汉堡，种类丰富。更简单的菜肴则有带美味配料的意式烤面包(bruschetta)。夏天有现场音乐表演和诗歌朗诵(以及其他相似的表演)。

Mesón del Rastro 卡斯蒂利亚菜 €€

(☎920 35 22 25; www.elrastroavila.com; Plaza del Rastro 1; 主菜 €11~24; ⏲13:00~16:00和21:00~23:00)从深色木梁内饰就能立刻看出这是一家老牌卡斯蒂利亚菜餐厅，它于1881年开张。这里有美味的主打菜品如judías del barco de Ávila(浸泡在浓厚酱汁里的白豆，常常搭配西班牙辣香肠)和烤羊羔，以及清淡的沙拉，可惜偶尔会有旅行团来吃饭。温馨推荐双人份的试吃套餐(menú de degustación, €39)，但你要真的很饿才能把它吃完。

Hostería Las Cancelas 卡斯蒂利亚菜 €€

(☎920 21 22 49; www.lascancelas.com; Calle de la Cruz Vieja 6; 主菜 €15~24; ⏲13:00~16:00和19:30~23:00)这家庭院餐厅占据了一个建于15世纪的漂亮的内部露台，被认为是阿维拉餐饮界的中流砥柱并因此闻名远近(牛排、烤羊羔或乳猪)。这里的传统菜肴都经过了精心烹制，厨师对于细节格外关注。周末或大多数傍晚建议提前预约。

Posada dela Fruta 卡斯蒂利亚菜、各国风味 €€

(☎920 25 47 02; www.posadadelafruta.com; Plaza de Pedro Dávila 8; 盘餐 €5~13, 酒吧主菜 €8~11, 餐厅 主菜 €13~22, 套餐 €14~25; ⏲13:00~16:00和19:30至午夜)在带有遮篷的

圣特蕾莎是谁？

1515年3月28日，特蕾莎·德塞佩达-阿乌马达（Teresa de Cepeda y Ahumada）出生于阿维拉的一个商人家庭，算上自己共10个兄弟姐妹，她也许是西班牙天主教会历史上最重要的女性（当然是除了圣母之外）。母亲死后，特蕾莎由奥古斯丁教义会的修女养大，在20岁时加入加尔默罗会（Carmelite）。早年的修女生活较为平淡，但在1560年，特蕾莎被一幅地狱幻象所震撼，这点醒了她追求真正的天职：改革加尔默罗会。

和16世纪西班牙教堂的富裕奢华形成鲜明对比的是，她的改革号召教会返璞归真，重拾耶稣苦行简朴的生活方式。加尔默罗会要求最严格的赤足修行，甚至通过鞭打自己来弥补罪恶。毫不令人意外的是，所有这些行为都非常不受主流天主教会的欢迎。

在许多支持者的帮助下，特蕾莎在西班牙各地建立了许多女修道院，她的著作也极受欢迎。她于1582年去世，并于1622年被教皇格里高利十五世（Pope Gregory XV）封为圣徒。

明亮庭院里可以享用简单美味的酒吧风格便餐，而传统餐室（comedor）供应的通常都是丰盛的肉类菜肴，配上简单清新的沙拉。

饮品和夜生活

★ La Bodeguita de San Segundo 葡萄酒吧

（☎920 25 73 09；Calle de San Segundo 19；⏲周三至周一 11:00至午夜）位于16世纪的慈善之家（Casa de la Misericordia）中，这家一流的葡萄酒吧通常只在夜晚才会座无虚席，不过下午时分则安静得多。它的葡萄酒单闻名全国，有1000多种葡萄酒可供选择，再来份西班牙小吃搭配创意的奶酪和腌肉，绝配。

实用信息

旅游局办事处（Centro de Recepción de Visitantes；☎920 35 40 00，分机 370；www.avilaturismo.com；Avenida de Madrid 39；⏲4月至9月 9:00~20:00，10月至次年3月 至17:15）市旅游局。

卡斯蒂利亚-莱昂旅游局（Oficina de Turismo de Castilla y León；☎920 21 13 87；www.turismocastillayleon.com；Casa de las Carnicerías，Calle de San Segundo 17；⏲7月至9月中旬 周一至周六 9:30~14:00和17:00~20:00，周日 9:30~17:00，9月中旬至次年7月 周一至周六 9:30~14:00和16:00~19:00，周日 9:30~17:00）

到达和离开

长途汽车 有开往塞哥维亚（€6.80，1小时）、萨拉曼卡（€7.95，1.5小时，每天5班）和马德里（€11，1.5小时）的班车从**客运站**（☎920 25 65 05；Avenida de Madrid 2）发车，车次频繁；每天还有两三班长途汽车前往格雷多斯山脉（Sierra de Gredos）的主要城镇。

小汽车和摩托车 从马德里出发开车大约1小时就能抵达；过路费为€9.30。

火车 有**西班牙国铁**（☎902 240202；www.renfe.es）的火车开往马德里（€12.25起，1.25~2小时，每天最多17班）、萨拉曼卡（€12.25起，1小时15分钟，每天8班）和莱昂（€21.90起，3~4小时，每天5班）。

当地交通

公共汽车 当地1路公共汽车经过火车站，抵达大教堂广场（Plaza de la Catedral）。

萨拉曼卡（Salamanca）

人口 144,949

无论是沉浸在夜色霓虹还是沐浴在午后的阳光中，萨拉曼卡都具有一种神奇的魔力。这是一座绝美之城，到处都是写满赭红沙拉丁铭文的金色砂岩，以及融合了银匠风格与文艺复兴风格的非凡艺术品。萨拉曼卡的亮点很多，而无与伦比的主广场（夜间的灯光效果令人震撼）令人难忘。这里也是卡斯蒂利亚最活跃的城市，许多西班牙学生和国际留学生会在夜晚涌上街头，令这座城市显得格外富有活力。

Salamanca 萨拉曼卡

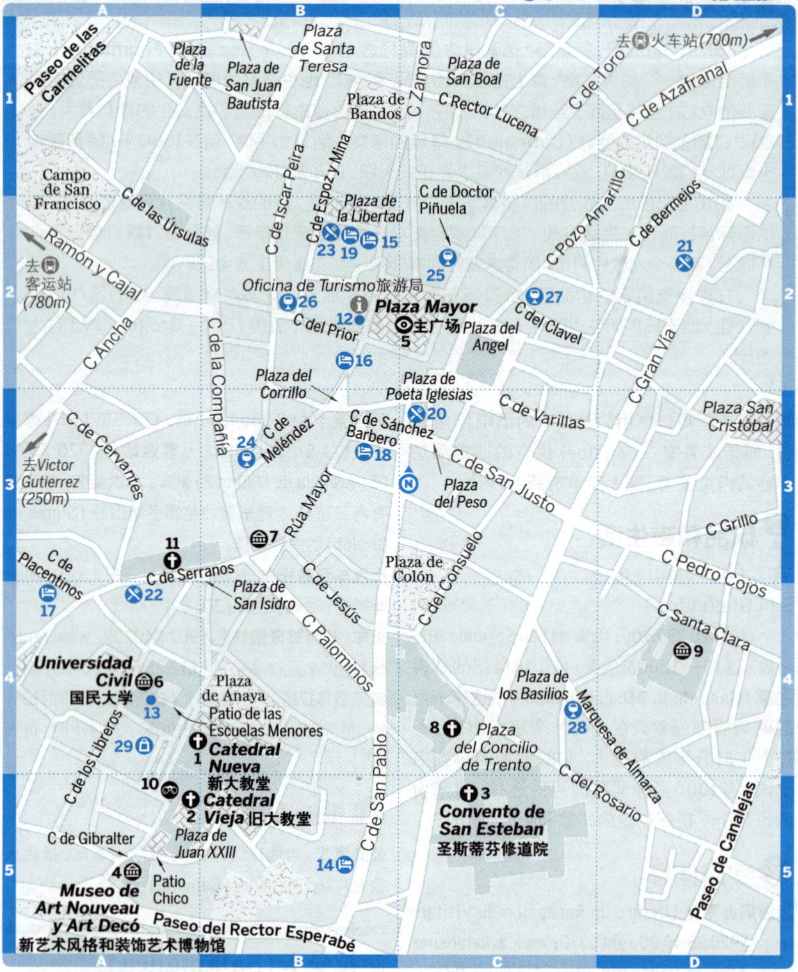

景点

★主广场(Plaza Mayor) 广场

主广场建于1729~1755年，是萨拉曼卡最壮观的广场，也被公认为是西班牙最美的中央广场。主广场最让人难忘的是在晚上灯光照射（直到午夜）下产生的奇幻效果。由阿尔贝托·丘里格拉（Alberto Churriguera）设计的这座城市广场呈现出有限的巴洛克风格，以及一种非凡的和谐之美。广场周围环绕的圆形基座上有众多著名人物的半身像。

在多年的争议之后，前独裁者佛朗哥的一座半身像终于在2017年6月被移除了。

19世纪时这里还经常举行斗牛活动；1992年举办了最后一场斗牛仪式。

★国民大学 历史建筑

（Universidad Civil; ☎923 29 44 00，分机1150; www.salamanca.es; Calle de los Libreros; 成人/优惠 €10/5，语音导览 €2; ⊙周一至周六 10:00~18:30，周日 10:00~13:30）国民大学始建于1218年，最初是作为一所综合性大学建造的，其声望在15~16世纪时达到巅峰。入口的巨大外立面可谓是场视觉盛宴，砂岩上的美

Salamanca 萨拉曼卡

重要景点

1	新大教堂	A4
2	旧大教堂	A5
3	圣斯蒂芬修道院	C5
4	新艺术风格和装饰艺术博物馆	A5
5	主广场	C2
6	国民大学	A4

景点

7	贝壳之家	B3
8	杜埃尼亚斯女修道院	C4
9	圣克拉拉修道院	D4
10	门楼	A5
11	圣马科斯皇家教士	A3

活动、课程和团队游

12	导览游	B2
13	萨拉曼卡大学	A4

住宿

14	Don Gregorio	B5
15	Hostal Concejo	B2
16	Hostal Plaza Mayor	B2
17	Microtel Placentinos	A4
18	Rúa Hotel	B3
19	Salamanca Suite Studios	B2

就餐

20	El Pecado	C3
21	La Cocina de Toño	D2
22	Mandala Café	A4
23	Zazu Bistro	B2

饮品和夜生活

24	Café El Corrillo	B3
25	Doctor	C2
26	Garamond	B2
27	Tío Vivo	C2
28	Vinodiario	C4

购物

29	Mercatus	A4

丽浮雕就像一匹精美的挂毯，刻满了神话英雄、宗教场景以及各种纹章图案，国王费尔南多和女王伊莎贝拉的半身雕像是其中最引人注目的。在外立面的背后，位于上层的一系列看起来很朴素的房间是国民大学的一个亮点：这里是非比寻常的**大学图书馆**，也是欧洲最古老的大学图书馆。

★新大教堂 主教座堂

（Catedral Nueva；☎923 21 74 76；www.catedralsalamanca.org；Plaza de Anaya；成人/儿童 含语音导览和旧大教堂 €4.75/3；⏲4月至9月 10:00~20:00，10月至次年3月 10:00~18:00）这座哥特晚期风格的主教座堂的塔楼坐落于萨拉曼卡的市中心，无论从哪个角度都能看到它那引人注目的丘里格拉风格（Churrigueresco；一种精美的巴洛克建筑风格）的圆顶。教堂内部同样令人难忘，精心设计的唱诗班席位、主礼拜堂和祭坛的后部，大部分出自多产的何塞·丘里格拉之手。天花板也同样令人赞叹，与文艺复兴风格的门廊道相映成趣——尤其是西面引人注目的**诞生之门**（Puerta del Nacimiento），是利用这座城市的本地砂岩雕刻出来的奇迹之一。

★旧大教堂 主教座堂

（Catedral Vieja；☎923 28 10 45；www.catedralsalamanca.org；Plaza de Anaya；成人/儿童 含语音导览和新大教堂 €4.75/3；⏲4月至9月 10:00~20:00，10月至次年3月 10:00~18:00）作为新大教堂的前任教堂，旧大教堂的建筑风格在很大程度上是罗马式的，装饰着一幅15世纪精美的**祭坛画**。这幅祭坛画是意大利境

不要错过

卡斯蒂利亚-莱昂最漂亮的村庄

- 科瓦鲁比阿斯（见223页）
- 佩德拉萨-德拉谢拉（见192页）
- 梅迪纳塞利（见235页）
- 圣马丁-德尔卡斯塔尼亚尔（见182页）
- 莫加拉斯（见182页）
- 桑纳比亚村（见204页）
- 拉阿尔韦卡（见183页）
- 卡拉塔尼阿索尔（见233页）
- 扬瓜斯（见234页）
- 西洛斯的圣多明戈（见224页）

外最美的同类作品之一，由53块描绘有基督与玛利亚生活景象的木板画拼接而成，上方是令人难忘的"最后的审判"的场景。回廊在1755年的地震中遭到严重毁坏，不过阿娜亚教堂（Capilla de Anaya）还保留着一座奢华的雪花石膏墓穴和一台欧洲最古老的管风琴之一——一件16世纪的穆德哈尔风格艺术杰作。

★圣斯蒂芬修道院 女修道院

（Convento de San Esteban；☎923 21 50 00；Plaza del Concilio de Trento；成人/优惠/儿童€3.50/2.50/免费；⏲10:00~13:15和16:00~19:15）从主教座堂的小山上下来，就来到了气派的道明会圣斯蒂芬修道院。它有着如圣坛般的外立面，以圣斯德望（San Esteban）遭石刑的场面作为中央图案，非同凡响。在修道院的内部，你会找到一座保存完好的博物馆，它是为纪念在海外传教的道明会的修道士和传教士们而建的；此外还有融合了哥特式和文艺复兴风格的华丽回廊，以及一座以拉丁十字架结构建造的精美教堂，建于17世纪，无比绚丽的祭坛出自何塞·丘里格拉之手。

★新艺术风格和装饰艺术博物馆 博物馆

（Museo de Art Nouveau y Art Decó；Casa Lis；☎923 12 14 25；www.museocasalis.org；Calle de Gibraltar；成人/12岁以下儿童 €4/免费，周四上午 免费；⏲4月至10月 周二至周日 11:00~20:00 外加8月 周一 11:00~20:00，10月至次年3月 周二至周五 11:00~14:00和16:00~19:00，周六和周日 11:00~20:00；👪）和萨拉曼卡其他任何博物馆截然不同，这里收藏着令人瞠目的雕塑、绘画，以及装饰艺术和新艺术作品，占据着一座美丽明亮的加泰罗尼亚新艺术风格（Modernista）建筑。这里有很多彩色玻璃，展品中包括带有花卉浮雕图案的玻璃、史泰福（Steiff，泰迪熊的发明者）设计的玩具、产自里摩日（Limoges）的瓷器、法贝热（Fabergé）品牌的手表、精美的青铜和大理石雕像以及孩子们最喜欢的种类众多的19世纪儿童玩具（有些看上去十分诡异，有点让人毛骨悚然）。还有一个咖啡厅和一家很棒的礼品店。

圣马科斯皇家教士 教堂、塔

（Real Clerecía de San Marcos；San Marcos；☎923 27 71 00、923 27 71 14；www.torresdelaclerecia.com；Calle de la Compañia；圣马科斯皇家教士 €3，Scala Coeli塔楼 €3.75，套票 €6；⏲圣马科斯皇家教士 周一至周五 10:30~12:45和17:00~18:30，周六 9:00~15:00和16:00~19:00，周日 10:00~14:00和16:00~19:00，Scala Coeli塔楼 10:00~19:15）想要游览这座宏伟的巴洛克风格教堂和旁边附属的天主教大学，你必须参加教堂组织的导览游（西班牙语），每45分钟发一个团。你还可以爬上Scala Coeli塔楼（€3.75，周二 10:00~14:00 免费）——约有166级台阶，其中包括钟楼——欣赏壮丽的全景风光。

门楼 观景点

（Puerta de la Torre；Ieronimus；www.ieronimus.es；Plaza de Juan XXIII；€3.75；⏲10:00~19:00）想要以最佳角度鸟瞰萨拉曼卡，就一定要去位于新大教堂西南角的塔楼。从这里开始，沿着塔楼内部盘旋而上的楼梯，经过陈列着主教座堂纪念品的展览区（布局有点乱，但陈列的方式恰到好处），然后顺着新、旧大教堂圣所的内阳台走，便可来到外部的阳台（真正的加分项）。

夜间导览游在20:00、20:30和22:00开始（每人€6）。

贝壳之家 历史建筑

（Casa de las Conchas；House of Shells；☎923 26 93 17；Calle de la Compañia 2；⏲周一至周五 9:00~21:00，周六 9:00~15:00和16:00~19:00，周日 10:00~14:00和16:00~19:00）免费 贝壳之家是萨拉曼卡最受欢迎的建筑之一，名字来源于外立面上点缀的300只扇贝贝壳。房子最初的主人是伊莎贝拉的宫廷医生罗德里戈·马尔多纳多·德塔拉韦拉（Rodrigo Maldonado de Talavera），他还是圣地亚哥骑士团（Order of Santiago）的成员，而该骑士团的标志便是贝壳。如今这里是公共图书馆，经由一个迷人的回廊入内，庭院有一个中央喷泉，还有复杂的石头窗饰。

圣克拉拉修道院 博物馆

（Convento de Santa Clara；☎660 10 83 14；Calle Santa Clara 2；成人/老年/儿童 €3/2/免费；⏲周一至周五 9:30~12:45和16:25~18:10，周六和

不要错过

找青蛙

这是所有来到萨拉曼卡的游客必玩的游戏，比"猜火车"有趣得多（而且你也不用必须穿着保暖外套用暖水瓶倒茶喝），最终的目的就是找到雕刻在国民大学外立面（见174页）上的青蛙。如果有人告诉你青蛙在哪里，你会发现它其实很明显，但未经指点就得花上好大一番工夫才能找到它。但为什么要去费这个力气呢？据说，那些能够不依靠任何帮助便找到青蛙的人可以获得好运，甚至可以保佑其在一年内结婚；一些满怀期望的学生相信他们会在考试里得到优。一些满怀美好期待的学生觉得如果能找到那只青蛙考试就能顺利过关。如果你相信这个传说，那就不要看下面的文字了——前方剧透。

如果你需要一些提示，请望向费尔南多与伊莎贝拉的半身像，再将目光转向你正前方最右边最大的那根柱子，在比半身像高度稍高的地方有一连串骷髅，骷髅的最左上方便是我们要寻找的这位小小的两栖动物朋友（或者说是它历经风雨侵蚀后留下的残迹）。

周日 9:30~14:10）这座经过大规模改造的女修道院最初是罗马式建筑，如今是一座小博物馆。你可以在这里欣赏美丽的湿壁画，登上几级台阶后还可以近距离观看14世纪和15世纪的穆德哈尔风格木质天花板。只能跟随（西班牙语）导览游随团游览，大约每小时发一次团。

杜埃尼亚斯女修道院 女修道院

（Convento de las Dueñas；☎923 21 54 42；Gran Vía；€2；⏲周一至周六 10:30~12:45和16:30~19:15）这座道明会女修道院拥有城里最美丽的回廊，柱顶上有一些令人毛骨悚然的雕刻。

课程

萨拉曼卡大学 语言课程

（University of Salamanca, Cursos Internacionales, Universidad Civil；☎923 29 44 18；www.cursosinternacionales.usal.es/es；Patio de las Escuelas Menores）萨拉曼卡是西班牙国内最受欢迎的学习西班牙语的地方之一，而萨拉曼卡大学也是西班牙国内最有名的语言学校。课程长度从3周（每日3小时，€565）到10周（每日5小时，€2035）不等。还可以安排住宿。

团队游

导览游 步行游览

（Guided Tours；☎622 52 46 90；visitasplaza@hotmail.es；团队游 每人 €8~15；⏲西班牙语 7月中旬至9月 周一至周五 11:00、20:00和20:30，周六和周日 20:00和20:30，10月至次年7月中旬 周一至周五 11:00，英语 3月中旬至12月 周一至周五 11:30，1月至3月中旬 周五 11:00、11:30和20:00，周六 10:30、11:30、16:30、17:00和20:00，周日 10:30）旅游局组织2小时的导览游，从主广场上出发。尽管具体有一些不同，白天的团队游包含了萨拉曼卡主要的历史建筑亮点，而夏季的夜间游览则是关于本地的传说和奇闻。提前在旅游局（见179页）买票。

住宿

Hostal Concejo 青年旅舍 €

（☎923 21 47 37；www.hconcejo.com；Plaza de la Libertad 1；标单 €28~50，双 €37~70；P ❄ 📶）比一般的小旅馆更高档，风格鲜明的Hostal Concejo有抛光木地板、雅致的家具、光线充足的房间以及市中心的绝佳地理位置。试着要一间拐角的房间，比如104号房，那里有包围着玻璃的传统阳台并配有桌椅，可以观赏楼下的人来人往。

Hostal Plaza Mayor 青年旅舍 €

（☎923 26 20 20；www.hostalplazamayor.es；Plaza del Corrillo 20；标单 €32~45，双 €35~70；❄ @ 📶）位于主广场附近，是一家友好的由家庭经营的经济型小旅馆，有着简单但被精心打理的房间、浅桃色墙壁和深色木家具，部分房间还有木梁。3个位于外侧的房间有小阳台，可以观景，但是晚上睡觉时也因此比较吵；内侧的房间则安静得多。

★ **Salamanca Suite Studios** 公寓 €€

（☎923 27 24 65；www.salamancasuitestudios.com；Plaza de la Libertad 4；房 €60~125；❄ 📶）这里十分出色，有光鲜而现代的套房和

公寓，房内配有厨房；部分配有雀巢胶囊咖啡机(Nespresso)，主色调是白色和青绿色，非常有格调。这里环境迷人，位置十分中心，服务周到细心。要一间朝向广场的客房（靠外）——双层玻璃窗非常棒。

★ Microtel Placentinos 精品酒店 €€

(☎923 28 15 31; www.microtelplacentinos.com; Calle de Placentinos 9; 标单/双 含早餐 周日至周四 €57/73，周五和周六 €88/100; ❄📶)作为萨拉曼卡最迷人的精品酒店之一，Microtel Placentinos隐藏在一条安静的街道深处，房间内有裸露的石墙和木质横梁。服务无可挑剔，总体氛围亲切而随意。所有的房间均装有按摩淋浴或浴缸，还有一个户外涡流水疗（仅限夏季）。

Rúa Hotel 酒店 €€

(☎923 27 22 72; www.hotelrua.com; Calle de Sánchez Barbero 11; 标单/双 €74/80起; ❄@📶)这里从前是公寓，经过改造后的宽敞客房里摆放着沙发和冰箱。浅色木地板、涂花的墙面和艺术喷绘为房间定下清新的基调。这里的位置堪称市中心的中心。

★ Don Gregorio 精品酒店 €€€

(☎923 21 70 15; www.hoteldongregorio.com; Calle de San Pablo 80; 房间/套 含早餐 €165/280起; P❄📶)这是一家富丽堂皇的酒店，部分萨拉曼卡城的古罗马城墙就紧挨着它的花园。房间的配色是令人舒服的牛奶咖啡色，还有清爽的白色亚麻床上用品，以及奢华的附加设施，包括私人桑拿设施、蒸汽咖啡机和两台电视（在套间里）、免费的迷你吧、超大的床和巨大的水流按摩浴缸。公共区域装饰着华丽的古董和中世纪挂毯。

✕ 就餐

Mandala Café 地中海菜 €

(☎923 12 33 42; www.mandalasalamanca.com; Calle de Serranos 9-11; 套餐 €12.90; ⏲8:00~23:00; 👪)带着好胃口来这里用餐，因为又酷又随意的Mandala提供包含3道菜的套餐（午餐和晚餐都有，这并不常见），菜品有黑米饭配海鲜以及蔬菜千层面等。还有18种口味的热巧克力、52种奶昔、56种果汁组合，茶的种类更是数不胜数。

★ La Cocina de Toño 西班牙小吃 €€

(☎923 26 39 77; www.lacocinadetoño.es; Calle Gran Via 20; 西班牙小吃 €2起，套餐 €17~38，主菜 €18~23; ⏲周二至周六 正午至16:30和20:00~23:30，周日 正午至16:30; 📶)这个地方的忠实追随者都是为了富有创意的pincho（西班牙小吃式零食）和可以点半份的菜肴而来的，如鹅肝酱薄肉片配烤苹果和百香果果冻。餐厅的食物与其装饰风格一样充满了传统风情，不过这里的酒吧却是萨拉曼卡当地的美食明星之一。此处离老城区稍微有点距离，来用餐的主要是西班牙人。

Zazu Bistro 意大利菜 €€

(www.restaurantezazu.com; Plaza de la Libertad 8; 主菜 €11~18; ⏲14:00~16:00和20:30至午夜)这里有浪漫私密的氛围，以及受意式烹饪技法启发的菜肴，如芦笋、薄荷和芝士烩饭配番茄、培根、伏特加和帕尔马干酪。这些烹饪上的惊喜还包括甜点，如美味的英式太妃糖布丁。这里的每道菜都做到了极致。你可以挑一张窗边的桌子俯瞰宁静的广场。

El Pecado 当代西班牙菜 €€

(☎923 26 65 58; www.elpecadorestaurante.es; Plaza del Poeta Iglesias 12; 主菜 €16~19，试吃套餐 €25; ⏲13:30~16:00和20:30~23:30)El Pecado（意为“罪”）是个时髦的地方，其常客里有西班牙名流也有本地小康阶层，餐室温馨，菜品古怪而富有创意。这里的特点是口味清新、迷人却不自我标榜、有趣的组合，以及根据当天市场的新鲜食材而定期变换的菜肴。试吃套餐十分出色。建议预约。

★ Victor Gutierrez 当代西班牙菜 €€€

(☎923 26 29 73; www.restaurantevictorgutierrez.com; Calle de Empedrada 4; 套餐 €65~95; ⏲周二至周四 13:30~16:00和20:30~23:30，周五和周六 13:30~16:00和21:00~23:30，周日 14:00~16:00; 📶)这里仍旧是城里最棒的餐厅。主厨维克托·古铁雷斯(Victor Gutierrez)拥有一颗米其林评星，他这家店氛围独特，注重菜肴的创新，而且菜品丰富。你可以根据自己的喜好点菜，但这里也有一些很好的套餐（定期变换）供你选择。一定记得提前预约。

饮品和夜生活

★ Tío Vivo
酒吧

(☎923 215 768; www.tiovivosalamanca.com; Calle del Clavel 3-5; ⏲15:30至深夜)在闪烁的烛光与20世纪80年代的背景音乐中喝上几杯，欣赏这里由旋转木马和奇异古玩构成的古怪装潢。周二至周四，午夜过后会有现场音乐演出，偶尔会收€5的服务费。

Doctor
鸡尾酒吧

(☎923 26 31 51; Calle del Doctor Piñuela 5; ⏲16:00至深夜)这里就在主广场北边一点，有出色的鸡尾酒、热情的工作人员和酷酷的客人，这些混合在一起非常不错。除了富有创意的鸡尾酒以外，这里还有30多种杜松子酒和高于平均水平的汤力水做搭配。

Café El Corrillo
酒吧

(☎923 27 19 17; www.cafecorrillo.com; Calle de Meléndez; ⏲8:30至次日3:00)无论是一天当中的什么时候，这里都是喝啤酒、吃西班牙小吃的好去处，周日和周四22:00起有现场音乐(特别是爵士乐或唱作人)演出；有时在别的晚上有音乐会。后面的露台在温暖的夏季傍晚是完美的选择。

Vinodiario
葡萄酒吧

(☎923 61 49 25; www.vinodiario.com; Plaza de los Basilios 1; ⏲周日至周四 10:00至次日1:00，周五和周六 至次日1:30)远离旧城中心的喧嚣，这间安静而典雅的社区葡萄酒吧有博学广闻的调酒师，深受当地居民的喜爱，夏季的傍晚他们会早早前来占据户外的桌子，然后惬意地喝上几杯。西班牙小吃也很不错，按杯出售的葡萄酒售价€2.50起。

Garamond
夜店

(☎923 26 88 98; Calle del Prior 24; ⏲21:00至深夜)萨拉曼卡夜生活的一家老牌夜店，店内装潢为中世纪风格。Garamond的音乐通常不会与主流风格偏离太远，很适合跳舞。没有服务费。

购物

★ Mercatus
礼品和纪念品

(☎923 29 46 48; www.mercatus.usal.es; Calle de Cardenal Pla y Deniel; ⏲周一至周六 10:00~20:15，周日 10:15~14:00)萨拉曼卡大学的官方商店拥有种类惊人的文具用品、皮革包装的书本和其他精选的萨拉曼卡特色纪念品。

实用信息

旅游局(Oficina de Turismo; ☎923 21 83 42; www.salamanca.es; Plaza Mayor 32; ⏲复活节至10月中旬 周一至周五 9:00~14:00和16:30~20:00，周六 10:00~20:00，周日 10:00~14:00，10月中旬至次年复活节 周一至周五 9:00~14:00和16:00~18:30，周六 10:00~18:30，周日 10:00~14:00)地区旅游局和市旅游局共用位于主广场上的地区办公室。智能手机可以在www.audioguiasalamanca.es获取城市景点语音导览。

到达和离开

客运站和火车站距离主广场分别有10分钟和15分钟的步行路程。

长途汽车 可乘坐长途汽车到达的目的地包括：马德里(普通/特快 €17/24.50, 2.5~3小时，每小时1班)、阿维拉(€7.95, 1.5小时，每天5班)、塞哥维亚(€16, 2.5小时，每天4班)和巴利亚多利德(€9.20, 1.5小时，每天8班)。还有一辆班次有限的长途汽车开往较小的城镇，除了周日外每天1班，目的地是拉阿尔韦卡(€6, 约1.5小时)，沿途会在弗兰西亚山脉的村庄如莫加拉斯(Mogarraz)和圣马丁-德尔卡斯塔尼亚尔停靠。

火车 固定时刻表的列车会准时开往马德里的查马丁火车站(Chamartín station; €16起，1.5~4小时)、阿维拉(€12.25, 1.25小时)和巴利亚多利德(€10.45, 1.5小时)。

罗德里戈城(Ciudad Rodrigo)

人口 12,896

靠近葡萄牙边境并远离热门旅游路线，昏昏欲睡的罗德里戈城是卡斯蒂利亚-莱昂西部最可爱的城镇之一。它距离萨拉曼卡80公里，可以轻松地来此进行一日游，但如果你选择在它的城墙庇护下过夜，则可以更好地欣赏这座城镇的中世纪魅力。

景点

★ 古城墙
城墙

免费 有很多阶梯可以带你登上斑驳破

败的古城墙(Murallas),城墙环绕老城区,建于12~15世纪。你可以沿着2.2公里长的城墙环绕罗德里戈城,欣赏周围平原壮丽的景色。

★圣玛利亚大教堂 主教座堂

(Catedral de Santa María; www.catedralciudadrodrigo.com; Plaza de San Salvador 1; 成人/优惠 €3/2.50, 周日 16:00~18:00 免费, 塔 €2; ⊙教堂和博物馆 周一 11:00~14:00, 周二至周六 11:00~14:00和16:00~19:00, 周日 正午至14:00和16:00~18:00)这座饱经沧桑却始终优雅的砂岩主教座堂始建于1165年,高耸在历史悠久的镇中心。特别值得一提的有卡德纳斯门(Puerta de las Cadenas),上面有哥特风格的《旧约》人物浮雕;优雅的宽恕之门(Pórtico del Perdón);还有教堂内部精巧的橡木雕刻的唱诗班座位。你还可以在周六和周日的13:15登上塔楼;那里能欣赏到罗德里戈城最好的风景。在本书写作期间,教堂的开放时间处于变动状态,所以请向旅游局确认。

★主广场(Plaza Mayor) 广场

狭长且略带坡度的主广场是这座美丽小镇的重头戏。市政厅(Casa Consistorial)位于山坡顶,这座拱形结构的两层小楼令人难忘。不过广场上最漂亮的建筑是塞拉尔沃侯爵府(Casa del Marqués de Cerralbo),这是一幢16世纪初的联排别墅,拥有美妙的外立面。不足的是,广场边缘可以停车,所以广场的魅力被削弱了一些。

圣佩德罗和圣伊西德罗教堂 教堂

(Iglesia de San Pedro & San Isidro; Plaza de Cristobal de Castillo; ⊙弥撒之前或之后)各种不同的12世纪罗马式和穆德哈尔式元素与后来的哥特风格装饰互相融合,令这座教堂值得游览一番。不要错过回廊里的柱廊。雕刻于12世纪的古罗马王后、阿拉伯国王和天主教大主教的浮雕于1994年大规模修复期间被发现,这些浮雕从教堂结构之后增加的部分之下浮现出来,它们反映了该地区在漫长的岁月中经历的各种不同宗教文化。

巴斯克斯之家 历史建筑

(Casa de los Vázquez, Correos; Calle de San Juan 12, Plaza Cristóbal Castillejo 16; ⊙周一至周五 8:30~14:30, 周六 9:30~13:00)即使你没什么想邮寄的,这座邮局(correos)也值得你顺道去看看它那华丽的穆德哈尔式木天花板(artesonado)、彩色玻璃窗和平铺的中世纪风格瓷砖画。

小便池博物馆 博物馆

(Museo del Orinal; ☎952 38 20 87; www.museodelorinal.es; Plaza Herrasti; 成人/10岁以下儿童 €2/免费; ⊙周一至周六 11:00~14:00和16:00~19:00, 周日 11:00~14:00; 👪)夜壶、便桶、便盆……罗德里戈城的小便池博物馆尽管位于神圣的主教座堂对面,但这里的主题更接地气儿。罗德里戈城拥有西班牙(也许是全世界)唯一一座专门收藏夜壶的博物馆(就是我们俗称的尿桶)。这些都是前当地居民何塞·玛丽亚·德尔阿尔科(José María del Arco)的私人收藏,共计1300件,令人叹为观止。这些展品来自27个国家,有一些算得上是真正的古董。

阿维拉和铁德拉宫 历史建筑

(Palacio de los Ávila y Tiedra; Plaza del Conde 3; ⊙周一至周六 9:00~19:00) **免费** 建于16世纪的阿维拉和铁德拉宫拥有镇上最引人入胜的银匠风格外立面——是伯爵广场(Plaza del Conde)周围几个精美外立面中最好的。尽管建筑的大部分都不对外开放,你可以溜达着进去欣赏漂亮袖珍的庭院,周围有石柱环绕。

团队游

导览游 步行游览

(Guided Tours; ☎680 42 67 07; www.viveciudadrodrigo.com; 日间/夜间游览 €6/7; ⊙周六 正午、16:30和20:00, 周日 正午)旅游局

不要错过

最佳城市广场

➡ 萨拉曼卡(见173页)
➡ 塞哥维亚(见185页)
➡ 拉阿尔韦卡(见183页)
➡ 佩德拉萨-德拉谢拉(见192页)
➡ 佩尼亚菲耶尔(见226页)
➡ 梅迪纳塞利(见235页)

（见179页）在白天经营2小时的团队游，包含了罗德里戈城的主要历史景点。90分钟的周六夜间游览则全部是关于本地传说的。

节日和活动

狂欢节 狂欢节

（Carnaval；www.carnavaldeltoro.es；2月；）人们会怀着极大的热情在2月份庆祝狂欢节的到来。除了充满异国风情的盛装表演外，你还能看到（或参与）五彩缤纷的奔牛（encierro）和业余斗牛（capea）活动。

住宿

★Hospedería Audiencia Real 历史酒店 €€

（923 49 84 98；www.audienciareal.com；Plaza Mayor 17；双 €45~85；）就在主广场上，这座精致的16世纪旅馆经过改造后异常美丽，而可爱的裸露石墙仍然保持着鲜活的历史感。部分客房有铁艺家具和几个可以俯瞰广场的狭窄的户外阳台；最好的房间里有一座专属的玻璃包围的飘窗，里面摆着一张双人桌，十分适合晨间坐在桌边读报纸。

★Parador Enrique II 历史酒店 €€

（923 46 01 50；www.parador.es；Plaza del Castillo 1；房间 €120~185；P@）这是罗德里戈城的住宿首选。Parador Enrique Ⅱ曾是一座与西城墙融为一体的城堡，1931年被改造为一座华丽的酒店，它也是西班牙第三古老的国营酒店。这里风景优美，客房充满特色，餐厅无疑是城里最棒的。在宜人的露台花园里还可以俯瞰阿格达河（Rio Agueda）。

就餐

★Zascandil 西班牙小吃 €

（665 63 58 84；Correo Viejo 5；pincho €3，吐司 €5.50~8；13:00~16:00和19:30~23:00）这是一家装饰艺术风格的时尚餐厅，供应精致得像画一样的美味西班牙小吃（比如刺身和风味迷你汉堡）。有机素食的食材来自店主自己的菜园（huerta），还供应生态葡萄酒。夏季有现场音乐表演。

El Sanatorio 西班牙小吃 €€

（923 46 10 54；Plaza Mayor 14；盘餐和主菜 €5~16；11:00至深夜）作为一家开业于1937年的老店，店内的装饰反映了罗德里戈城迷人的社会历史。整面的贴纸墙壁上挂着黑白相片，大多数照片反映的都是一年一度的狂欢节和斗牛盛况。这里的西班牙小吃和盘餐很不错；试试farinato（一种口味浓厚的本地猪肉肠，用各种香料做成）——这里的版本里边有个鹌鹑蛋。

★Parador Enrique II 西班牙菜 €€€

（923 46 01 50；www.parador.es；Plaza del Castillo 1；主菜 €17.50~25，套餐 €26起；13:00~16:00和20:00~23:30）这家相当正式的国有酒店是罗德里戈城最有名的餐厅，供应精致的本地料理，但我们推荐你点一份套餐，以确保尝到各种口味。烤肉是这里的一个循环的主题，而且这里没有太多创新——本地特色菜已经这么好吃了，为什么还要乱改传统呢？

实用信息

关于城里的网上信息，见www.turismociudadrodrigo.com。

罗德里戈城旅游局（Oficina de Turismo de Ciudad Rodrigo；923 49 84 00；www.aytociudadrodrigo.es；Plaza Mayor 27；4月至9月 周六和周日 10:00~13:30和16:00~19:00；10月至次年5月 时间不定）

卡斯蒂利亚-莱昂旅游局（Oficina de Turismo de Castilla y León；673 57 37 98；www.turismocastillayleon.com；Plaza de Amayuelas 5；周一至周五 9:00~14:00和17:00~19:00，周六 10:00~14:00和17:00~20:00，周日 10:00~14:00）

到达和离开

每天最多有13班长途汽车（周末班次较少）从**客运站**（923 46 10 36；Calle del Campo de Toledo）出发开往萨拉曼卡（€6.80，1小时）。要去弗兰西亚山脉，你得在萨拉曼卡中转。

弗兰西亚山脉（Sierra de Francia）

深藏于卡斯蒂利亚-莱昂西南偏僻的角落，遗世独立了千百年，这片拥有青翠山坡和可爱木石结构村庄的山区曾一度是西班牙最贫瘠的地区之一，如今是卡斯蒂利亚-莱昂最隐秘的地方之一。你可以花上几天时间去探索那些由安静的山区公路串连起来的村庄。这里的生活节奏在很大程度上还没有受到现代社会的影响。

景点

弗兰西亚山脉的主要旅游中心是拉阿尔韦卡。自驾可以让你充分领略这些村庄的宁静魅力，如拉阿尔韦卡东边的莫加拉斯，那里有该地区最引人入胜的老房子，还以腌肉（embutidos）闻名，此外最新增添的新奇之物莫过于展示在民宅外面的300多幅过去和现在居民的肖像，它们均出自当地画家弗洛伦西奥·迈略（Florencio Maíllo）之手。这个超乎寻常的项目可以追溯到20世纪60年代，当时这里还十分贫穷，许多当地人都去外面（主要是南美）寻找工作——他们需要身份证，于是艺术家受到启发，绘制了这些画像。

再往东走，沿着一条狭长山脊铺展开来的米兰达-德尔卡斯塔尼亚尔（Miranda del Castañar）也一样有趣。不过圣马丁-德尔卡斯塔尼亚尔（San Martín del Castañar）才是最迷人的，那里有木石结构的房屋，鲜花像瀑布一样从阳台倾泻而下，还有一条汩汩流淌的溪流，以及位于镇子高处的一座小村庄斗牛场，旁边就是翻修过的城堡及其历史悠久的公墓（这里还有个解说中心）。孔德新镇（Villanueva del Conde）也是一个可爱的小山村。

这片地区的主要自然景点是该地区的最高峰，佩尼亚-德弗朗西亚山（Peña de Francia；海拔1732米）。山顶有一座修道院，可以从拉阿尔韦卡附近爬一段12公里的曲折山路到达，那里十分迷人，向东可以遥望格雷多斯山脉，向南可以俯瞰埃斯特雷马杜拉，向西则可以望见葡萄牙。

Versos Microbodega 葡萄酒厂

（☎923 20 81 31, 696 33 41 68; www.versosmicrobodega.com; Calle del Cementerio 3-13, San Martín del Castañar）这家出色的小精品葡萄酒厂出产几种优质的红葡萄酒和一种迷人的白葡萄酒。这里会开放举办品酒会和葡萄酒厂（可以追溯至1846年）游，事前会有通知。这里还有一家特别棒的餐厅（试吃套餐 €25）。

住宿

Hostal Las Madras 青年旅舍 €

（☎627 45 52 90; www.gruposierrarural.es; Plaza Juan José Hidalgo Acera 21, Villanueva del Conde; 双 €42起; 📶）这家出色的经济型青年旅舍位于漂亮的小村庄孔德新镇；客房有裸砖墙壁。餐厅也同样出色。

★**Abadía de San Martín** 酒店 €€

（☎923 43 73 50; www.abadiadesanmartin.com; Calle Paipérez 24, San Martín del Castañar; 双 €65~75, 套 €75~95; 📶）这里由一座老宅改造而成，位于弗兰西亚山脉最迷人的村庄之一，客房迷人现代，此外还有一个口碑很好的餐厅——你还想要什么呢？

Hotel Spa Villa de Mogarraz 酒店 €€

（☎923 41 81 80; www.hotelspamogarraz.com; Calle Miguel Ángel Maíllo 54, Mogarraz; 房 €48~130; ❄📶）这家水疗馆兼酒店改造得很巧妙，位于漂亮的莫加拉斯的步行入口，客房宽敞，部分有木梁，其余的则有裸石墙壁。我们尤其喜欢从125号房欣赏楼下鹅卵石主街的风景。这里还有一家不错的餐厅。

实用信息

弗兰西亚山脉没有旅游局。萨拉曼卡（见173页）和罗德里戈城的旅游局提供的关于这片地区的信息比较有限。

到达和离开

有公路连接弗兰西亚山脉和罗德里戈城（SA220）、萨拉曼卡（CL512和SA210）和贝哈尔（SA220）。这里唯一的公共交通是从萨拉曼卡出发的长途汽车，每日一两班。

从南边开车穿过梦幻般的巴图埃卡斯山谷（Valle de las Batuecas）就可以进入埃斯特雷马杜拉，一路上的景色极为壮观。刚刚走出拉阿尔韦卡，一片次第变低的山脉便在你眼前延展开来。山路盘旋着向下深入山谷，之后你会穿过一片曾被诗人、作家兼学者米格尔·德乌纳穆诺（Miguel de Unamuno）赞美的美丽地带。春天，当紫色的石楠和黄色的油菜花像地毯一样覆盖整片山坡时，当心别在这儿流连忘返耽误了行程。

当地交通

周一至周六每天至少有一班大巴从萨拉曼卡出发经过弗兰西亚山脉的部分村庄，但这些车只适用于进入该地区，而不是在该地区内出行——你需要自己开车才能比较好地探索这片地区。

拉阿尔韦卡（La Alberca）

人口 1125/海拔 1048米

拉阿尔韦卡是弗兰西亚山脉最大也是保存得最美丽的村庄之一。古老的狭窄街巷和谐地交织在一起，街两侧是用石头、木梁和灰泥建造的房屋，破败中又带有几分韵味。注意看门楣上雕刻的修建时间（一般是18世纪末）。

有很多商店出售当地特产如火腿和篮子，还有不可免俗的纪念品。村子中心是如明信片一般漂亮的主广场（Plaza Mayor），周六上午这里会有一个市场。

住宿

Hostal La Alberca 青年旅舍 €

（☎923 41 51 16；Plaza Padre Arsenio；标单/双/标三 €30/37/53；📶）这家舒适的旅馆占据了拉阿尔韦卡最具怀旧韵味的半木结构建筑之一，提供翻新过的客房。阳台可以俯瞰村庄入口的一个小广场。楼下是一家餐厅。

★**Hotel Doña Teresa** 酒店 €€

（☎923 41 53 08；www.hoteldeteresa.com；Carretera de Mogarraz；标单/双 €60/90起；P❄📶）迷人的Doña Teresa是一家与村庄的古老魅力相得益彰的现代酒店。宽敞的房间既独具个性（有木梁和裸露的石墙），同时又拥有所有必需的现代化生活设施；部分房间朝向花园。店主还经营着1.5公里外的一个水疗中心，酒店客人可享受多种水疗项目的折扣。

★**Abadia de los Templarios** 酒店 €€

[☎923 42 31 07；www.abadiadelostemplarios.com；Ctra SA201（Salamanca-La Alberca）Km 76；双/套/墅 €95/112/121起；P❄📶🏊]大部分客房配有木地板和木梁，因而这里是个非常不错的选择。这是一组大型建筑群，靠近城镇的主入口，位于一个漂亮葱郁的山坡上，其设计旨在复原拉阿尔韦卡的砖木结构建筑。这里还有一个水疗馆和游泳池。我们唯一不满的地方就是这里经常被本地旅行团订满。

就餐

Restaurante El Encuentro 西班牙菜 €€

（☎923 41 53 10；www.restauranteelencuentro.es；Calle de Tablado 8；⊙周四至周二13:00~16:00和20:30~23:00）这家餐厅在游客们中始终如一的好名声令我们注意到了这里。这里的装饰属于中等水平，但食物非常出色，有小牛肉丸（albóndigas de ternera）、牛尾、猪蹄和野鸡肉等。西班牙人喜欢这里真材实料的料理和对一切了如指掌的严谨服务态度。我们也是。

Entrevinos 西班牙菜 €€

（☎618 47 94 89；Calle de la Iglesia 37；主菜 €12~18；⊙13:00~16:00和20:30~23:00）拉阿尔韦卡最富创意的餐厅秉持着这座城镇对肉食的痴迷，但即兴演绎了一些，比如红酒、树莓和鱼子酱做成的酱烩牛里脊肉饼。这里的用餐区看起来更加现代，老板很年轻，与其他地方深色木板装饰的餐厅和暴躁的服务员不同。

到达和离开

工作日每天有2班长途汽车往返于拉阿尔韦卡和萨拉曼卡之间（€5.90，约1~1.5小时），周末则减少为每天1班。

吉胡埃洛（Guijuelo）

人口 5630

吉胡埃洛或许不是卡斯蒂利亚-莱昂最漂亮的城镇（事实上，这里相当丑），但本地人不在乎，因为这里是西班牙饮食界的巨星。许多美食家都一致同意西班牙最好的火腿来自吉胡埃洛及周边地区，西班牙很少有地方能够比这里更好。

景点

查奇内拉工业博物馆 博物馆

（Museo de la Industria Chacinera；Museo Guijuelo；☎923 59 19 01；Calle Nueva 1；成人/儿

童 €2/1; ⏲周一至周六 10:00~14:00）尽管名字相当有实用性，这座交互式博物馆其实是个以火腿为主题的博物馆，与工业完全无关。在第一个展厅，视频展示了火腿以及其他吉胡埃洛知名腌肉（embutido）的制作。第二个展厅介绍特别的伊比利亚猪（cerdo ibérico），这种猪是火腿产业中的重心。第三个展厅也是最后一个展厅，不适合神经脆弱的人，展示的是屠宰（matanza）的仪式。展示和视频只有西班牙语。

团队游

吉胡埃洛有几家火腿制造商提供工厂导览参观，这是一个沉浸在这一本地执念中的很好的方式。导览参观没有固定的时间，所以你需要提前打电话或发邮件了解何时有队伍出发。旅游局也有提供游览的工厂清单，且可以帮助安排参观，不过我们建议提前咨询——如果你等到来了这里才咨询，你可能会遇上当天没有游览的状况。

★Alma de Ibérico 食品和饮品

（☎923 58 09 44; www.almadeiberico.com; Calle de Alfonso XIII 18; 团队游 每人 €20~30; ⏲商店 周一至周五 10:00~19:30，周六和周日 10:30~15:30，团队游 周六 正午，其他时间预约）这家本地火腿制造商提供45分钟的工厂游，你会被成千上万只悬挂着的火腿包围，并在结束的时候享用一顿以火腿为主的大餐。解说以西班牙语为主，但即便你听不懂，也会拥有感官上的享受。请提前发电子邮件或到其位于吉胡埃洛的商店安排游览——预约很重要。

Simón Martín 食品和饮品

（☎923 58 01 29; www.simonmartin.es; Calle de Filiberto Villalobos; 团队游 每人 €20~30; ⏲预约）这家口碑很好的吉胡埃洛火腿制造商提供1小时的工厂导览参观，带你进入生产、风干、腌制等环节的火腿制作的世界。提前打电话或发邮件安排时间。

就餐

★Alma de Ibérico 火腿 €

（☎923 58 09 44; www.almadeiberico.com; Calle de Alfonso XIII 18; 西班牙小吃 €3起; ⏲周一至周五 10:00~19:30，周六和周日 10:30~15:30）这个漂亮的地方部分是商店、部分是火腿试吃中心、部分又是小酒吧，将很多冲动都结合到了一起。我们尤其喜欢的是可以品尝各种腌肉，还有搭配一杯优质的本地葡萄酒的用这里最棒的火腿做成的西班牙小吃。

El Pernil Ibérico 西班牙菜 €€

（☎923 58 14 02; Calle de Chinarral 6; 西班牙小吃 €3.50起，主菜 €12~24; ⏲9:00至午夜）这里的主要菜肴是西班牙料理（美味而传统），此外还有出色的火腿和一份值得推荐的试吃套餐。这里的西班牙小吃也很棒——没有地方能点到比这里还棒的吉胡埃洛ración。

购物

Sabor Guijuelo 食品

（☎923 58 12 87; Calle Fragua 2; ⏲10:00~18:30）你可以在城里随便选择一家出售腌肉（embutido）的店，但这家出色的小商店距离主广场和旅游局只有一步之遥。挑选一块售价大约€10的切片预包装的橡果喂养的伊比利亚猪制成的火腿（jamón ibérico de bellota en lonchas），你很快就会意识到人们为什么这么着迷了。

实用信息

旅游局（Oficina de Turismo; ☎923 58 04 72; www.guijuelo.es; Plaza Mayor 21; ⏲周一和周五 9:00~15:00和16:00~19:00，周二至周四 9:00~15:00和16:00~20:00，周六 9:00~14:00）旅游局位于市中心，有路标指示；在查奇内拉工业博物馆有一个分局。他们有提供参观的本地火腿制造商清单，并且可以帮助安排导览游。还可以在www.saboraguijuelo.com网上查询实用信息。

到达和离开

吉胡埃洛位于A66/E803路旁，萨拉曼卡以南约50公里处，或贝哈尔以北20公里处。城里每天有几辆开往萨拉曼卡（€4.25，30分钟）或贝哈尔（€2.60，15分钟）的大巴经过。

贝哈尔山脉（Sierra de Béjar）

在弗兰西亚山脉和格雷多斯山脉之间，

贝哈尔山脉拥有更多风景优美的村庄和连绵起伏的山区景色。通常情况下，直到复活节后山顶的积雪才会慢慢融化。这是个进行户外活动的绝佳地区，有指示清晰的小道从无数起点深入山中。尽管这里距离马德里不远，但也足矣远到让周末不会有太多的徒步者了。

景点

该地区的中心城镇是贝哈尔(Béjar)，城镇的老城区还保存着部分城墙(但有点被荒弃的感觉)，就坐落在一条高高山脊的西端。如果你走A66进城，沿途景色相当激动人心。

托梅斯河(Río Tormes)河畔的埃尔巴科-德阿维拉(El Barco de Ávila)就在山脉东侧。那里矗立着一座壮观(却破败)的城堡。

该地区风景最优美的村庄是小小的坎德拉里奥(Candelario；人口934)，距离贝哈尔5公里远。这个迷人的小村庄倚着山脉陡峭的一面，到处都是粉刷成白色的山地石屋，它们紧挨在一起以抵抗恶劣的冬季气候；留意一下许多住宅门口的半截门，这种门在城里十分普遍。这里是一个很受欢迎的夏季度假胜地，也是徒步的好地方。

住宿

★ Casa de la Sal 客栈 €€

(923 41 30 51；www.casadelasal.com；Calle de la Fuente Perales 1, Candelario；房€75~90；)质朴的客房十分漂亮，且拥有雅致的粗线条和舒缓的淡彩色调及迷人的艺术品，因而这家友善的客栈是坎德拉里奥一个出色的据点。"特别"客房有个休息区。

Posada Puerta Grande 客栈 €€

(923 41 32 45；www.posadapuertagrande.com；Plaza del Humilladero 1, Candelario；房€75起；)这里位于通往老城区的山坡底部，迷人的客房里有裸露的石墙、木梁和地砖。这里有一家餐厅，附近也有其他的酒吧兼餐厅。

实用信息

旅游局(Oficina de Turismo；923 41 30 11；Calle del Parque, Candelario；周六 10:30~14:30和17:00~19:00，周日 10:30~14:30)旅游局靠近老城区入口的山脚。在周二至周五17:00~19:00，你可能会发现这里开着门，本地图书馆(与旅游局共在一栋建筑中)也开着。

到达和离开

贝哈尔位于萨拉曼卡(€6.50, 45分钟)与普拉森西亚(Plasencia；€8, 1小时)之间的路线上，每天有好几班大巴从高速公路下来开进城。偶尔有车从萨拉曼卡开往坎德拉里奥。

中部高原 (THE CENTRAL PLATEAU)

这片高原(meseta)的地平线看上去仿佛没有尽头，拥有一种能激荡灵魂的冲击力。这片高原上坐落着卡斯蒂利亚腹地令人愉悦的几座城镇——魔幻的塞哥维亚、活力四射的巴利亚多利德、辉煌的罗马风格的萨莫拉以及帕伦西亚超凡脱俗的主教座堂。这里有一些帕兰提纳山的迷人山景，有机会看见库莱布拉山脉的狼，还有迷人的桑纳比亚村，你会希望在这片地区待得尽可能久。

塞哥维亚(Segovia)

人口 52,257/海拔 1002米

入选联合国教科文组织世界遗产名录的塞哥维亚一直是个富有传奇色彩的地方，不只是因为在神话中这座城市是由大力神赫拉克勒斯(Hercules)或诺亚(Noah)之子建造的，也是因为西班牙国内可能再没有一个现代城市的市中心会有如此令人过目难忘的古罗马遗迹(高耸的高架渠)，又或者是因为塞哥维亚的生活本身就极富艺术气息——据说沃尔特·迪士尼在设计加利福尼亚州迪士尼乐园中的睡美人城堡时便是以塞哥维亚的阿尔卡萨城堡为原型的。无论如何，这里的风景的确很棒：坐落于卡斯蒂利亚绵延的群山中，背靠瓜达拉马山脉，这是一座被赤陶与砂岩的温暖色调笼罩的魔力城市。

景点

★ 高架渠(El Acueducto) 地标

塞哥维亚最具标志性的象征就是古罗马高架渠，这座全长894米的工程奇迹看起来就像是一把插在塞哥维亚土地上的巨大

不要错过

卡斯蒂利亚-莱昂的最佳城堡

塞哥维亚迪士尼风格的阿尔卡萨城堡和阿维拉美妙的古城墙（见169页）或许已吸引了你的全部注意力，不过傲然独立的山顶城堡才是这个地区的特色。最佳选择包括：

科卡（Coca；☎617 57 35 54；www.castillodecoca.com；Coca；导览游 €2.70；⏰团队游 周一至周五 10:30~13:00和16:30~18:00，周六和周日 11:00~13:00和16:00~18:00）位于塞哥维亚西北50公里处，是一座全砖石结构的建筑，融合了哥特式和穆德哈尔式的建筑艺术风格。

庞费拉达（Ponferrada；☎987 40 22 44；Avenida del Castillo；成人/优惠 €6/4，周三 免费；⏰6月上旬至9月 每天 9:00~21:00，10月至次年6月上旬 10:00~14:00和16:00~18:00）位于莱昂以西，是圣殿骑士团在13世纪建造的一座堡垒式修道院。

佩尼亚菲耶尔（Peñafiel；见226页）西班牙最长的城堡之一，如今是一座葡萄酒博物馆。

戈尔马斯城堡（Castillo de Gormaz；Fortaleza Califal de Gormaz；Gormaz；⏰24小时）免费 一座10世纪穆斯林统治时代的堡垒，有21座塔楼。位于埃尔布尔戈-德奥斯玛（El Burgo de Osma）以南14公里处。

佩德拉萨城堡（Castillo de Pedraza；见192页）位于塞哥维亚东北部，有一条不同寻常的完整外围墙。

图雷加诺（Turégano；☎634 46 02 15；€2；⏰7月和8月 11:00~14:00和17:00~20:00，其余月份时间不定）位于塞哥维亚以北30公里处，是一片独特的15世纪城堡和教堂建筑群。

如果你想自己发掘一些城堡，为什么不试试**San Felices de San Gallego**（罗德里戈城以北）、**Ampudia**（帕伦西亚西南）、**Simancas**（巴利亚多利德东南）或**Medina de Pomar**（布尔戈斯东北）的那些呢？要想了解关于这些地方或其他的建议，可以在任意一个地区旅游局拿一份《文化游》（*turismo cultural*）手册，里边列出了卡斯蒂利亚-莱昂的100多个城堡。

梳子。高架渠最初由古罗马人于公元1世纪建造，共用了2万多块粗糙不平的花岗岩巨石，且整个建造过程中没有用到一滴灰泥。高架渠共有163座拱门，其最高点位于集市广场（Plaza del Azoguejo），高达28米。

高架渠最初是复杂的高架渠和地下管道系统的一部分，管道从15公里外的山中引水入城。如今人们能够一睹高架渠的原貌还要归功于20世纪90年代时的一次大型修复工程。如果想从不同角度观赏这处古罗马遗迹，可以爬上位于旅游局办事处后面高架渠起点旁的台阶。

★ 大教堂　主教座堂

（Catedral；☎921 46 22 05；www.turismodesegovia.com；Plaza Mayor；成人/优惠 €3/2，周日上午 免费，塔楼游览 €5；⏰4月至10月 周一至周六 9:00~21:00，周日 13:15~21:00，11月至次年3月 周一至周六 9:30~17:30，周日 13:15~17:30，塔楼游览 全年 10:30和12:30，外加 4月至10月 16:30，11月 16:00）塞哥维亚的主教座堂动工于1525年，教堂的所在地从前建有一座礼拜堂。这是一座极富表现力的哥特风格建筑，花了近200年才建成。内部为庄严的三殿式结构，有壮观的唱诗班席位和充满活力的20余座小礼拜堂，包括**克里斯托德尔孔苏埃络堂**（Capilla del Cristo del Consuelo），其中保存有一座宏伟的罗马式门廊。此外还有保存着胡安·德朱尼（Juan de Juni）创作的著名祭坛画的**拉皮耶达堂**（Capilla de la Piedad）。参加1小时的导览游登塔欣赏迷人的风景。

★ 阿尔卡萨城堡　城堡

（Alcázar；☎921 46 07 59；www.alcazardesegovia.com；Plaza de la Reina Victoria Eugenia；成人/优惠/6岁以下儿童 €5.50/5/免费，塔楼 €2.50，语音导览 €3；⏰10月至次年3月 10:00~18:30，4月至9月 至19:30；👪）长发公主式的塔

楼顶部以板岩建造，呈女巫帽的形状，加上底部深深的护城河，使得阿尔卡萨城堡成为童话城堡的标准原型，以至于沃尔特·迪斯尼也深受触动，并由此获得了睡美人城堡的设计灵感。城堡自罗马人统治时代便已建成，名字取自阿拉伯语“al-qasr”（意为堡垒）。它在13世纪和14世纪时曾经历了重建，但随后又于1862年被完全烧毁。如今你所看到的城堡是在原址基础上重建的。

亮点包括天花板上有392颗菠萝形“钟乳石”的**拉斯佩尼亚斯殿**（Sala de las Piñas），以及**雷耶斯殿**（Sala de Reyes），后者有一幅立体装饰带，上面有52幅描绘在收复国土运动中浴血奋战的国王的浮雕画。站在胡安二世塔（Torre de Juan Ⅱ；于2016年修复）的最高点可以欣赏到无可匹敌的壮丽风景。

主广场（Plaza Mayor）
广场

阴凉的主广场是塞哥维亚老城的中枢，广场周围是各种各样的建筑、拱廊和咖啡馆，中心有一个开放式的凉亭。这里也是主教座堂和地区旅游局（见191页）的所在地。

美食博物馆
博物馆

（Museo Gastronómico；☎921 46 01 47；www.museogastronomicodesegovia.es；Calle de Daoiz 9；€1，含试吃 €3；⏲4月至10月中旬 周一至周五 11:00~15:00，周六和周日 11:00~20:00，10月中旬至次年3月 周一至周五 11:00~15:00，周六和周日 11:00~19:00）这个迷人的小型私人博物馆带你穿越西班牙食品的美妙世界，并着重关注塞哥维亚地区的美食。有关于本地奶酪、腌肉和塞哥维亚蛋糕（ponche segoviano）的展区，甚至还有一个关于本地威士忌DYC的展区。这里有几个不错的视频展示（以西班牙语为主），不过博物馆大部分的展区除了主要的文字介绍以外还有英文的概述。

犹太区教学中心
博物馆

（Centro Didáctico de la Judería；☎921 46 23 96；www.juderia.tursimodesegovia.com；Calle de la Judería Vieja 12；€2，周三 免费；⏲周一和周二 10:00~14:00，周三和周五 10:00~14:00和15:00~18:00，周四和周六 10:00~13:00和15:00~18:00，周日 10:00~13:00，导览游 周四、周六和周日 13:00）这个解说中心和博物馆介绍了塞哥维亚犹太人社区的迷人历史。这里占据了一座15世纪的住宅，曾经住着这个社区最重要的成员之一亚伯拉罕·塞尼奥尔（Abraham Seneor）。隔壁的**圣体堂**（Iglesia de Corpus Cristi）位于塞哥维亚古代犹太会堂的所在地。

圣玛利亚德尔帕拉尔
修道院

（Monasterio de Santa María del Parral；☎921 43 12 98；Calle Del Marqués de Villena；门票乐捐；⏲周三至周日 11:00和17:00）按门铃即可进入修道院内部参观部分回廊与教堂，教堂本身是一座火焰式的哥特风格建筑。周日正午与夏季每天13:00，僧侣们会在一起唱诵格利高里弥撒（Gregorian Mass）。

真十字教堂
教堂

（Iglesia de Vera Cruz；☎921 43 14 75；Carretera de Zamarramala；€2；⏲4月至9月 周二至周日 10:30~13:30和16:00~19:00，10月至次年3月 周二 16:00~18:00，周三至周日 10:30~13:30和16:00~18:00）这座十二面教堂是全欧洲同类教堂中保存最完好的几座教堂之一。于13世纪初由圣殿骑士团（Knights Templar）以位于耶路撒冷的圣墓教堂（Jerusalem's Church of the Holy Sepulchre）为原型建造，其内部曾藏有一件真十字架（Vera Cruz），如今这件圣物被保存在相邻村庄的萨马尔马拉（Zamarramala）教堂中（仅在复活节时展出）。奇妙的两层环形殿（内殿）是圣殿骑士们举行秘密仪式的地方。

圣马丁广场（Plaza de San Martín）
广场

这是塞哥维亚最迷人的小广场之一。广场上有胡安·布拉沃（Juan Bravo）的雕像；14世纪的**罗索亚高塔**（Torreón de Lozoya；☎921

不要错过

镇上最佳景色

如果想拍摄塞哥维亚的美景用作电脑屏保，出城后向着正北方——即库埃利亚尔（Cuéllar）的方向——走大约2公里之后，一片如电影特效画面般的城镇全景便会在你眼前铺展开来，而高架渠显然是这部电影当之无愧的主角。

Segovia 塞哥维亚

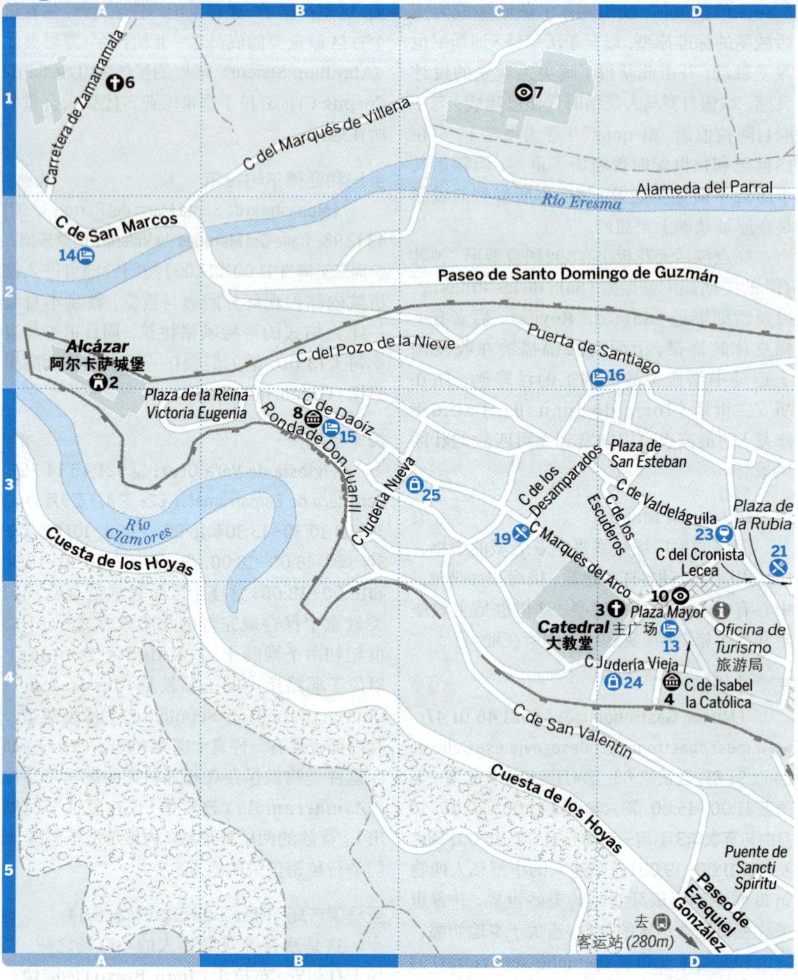

46 24 61; Plaza de San Martín 5; ⊙周二至周五 17:00~21:00，周六和周日 正午至14:00和17:00~21:00）免费，如今是举办展览的地方，还有**圣马丁教堂**（Iglesia de San Martín; ⊙弥撒时间之前或之后）。圣马丁教堂是罗马风格的建筑瑰宝，有穆德哈尔式的塔楼和拱形画廊。

节日和活动

Titirimundi国际木偶节 戏剧节

（Titirimundi International Puppet Festival; www.titirimundi.es; ⊙5月中旬; 👪）5月中旬举办，为期一周，届时塞哥维亚全城会举办各种木偶戏表演和街头活动。

圣若翰和圣伯多禄节 宗教节日

（Fiestas de San Juan y San Pedro; ⊙6月24日至29日; 👪）塞哥维亚的信徒在圣若翰日（San Juan's day; 6月29日）会举行一场前往城外隐士居所的朝拜之行。在长达6天的庆典活动中，有游行、音乐会和斗牛等活动。

Segovia 塞哥维亚

重要景点

1 高架渠 F5
2 阿尔卡萨城堡 A2
3 大教堂 D4

景点

4 犹太区教学中心 D4
5 圣马丁教堂 E4
6 真十字教堂 A1
7 圣玛利亚德尔帕拉尔 C1
8 美食博物馆 B3
9 圣马丁广场 E4
10 主广场 D4
11 罗索亚高塔 E4

住宿

12 Häb Urban Hostel F5
13 Hospedería La Gran Casa Mudéjar D4
14 Hotel Alcázar A2
15 Hotel Don Felipe B3
16 Hotel Exe Casa de Los Linajes D2
17 Hotel Palacio San Facundo E4

就餐

18 Casa Duque F5
19 La Almuzara C3
Limón y Menta .... （见13）
20 Mesón de Cándido F5
21 Mesón José María D3
Restaurante El Fogón Sefardí .... （见13）

饮品和夜生活

22 Canavan's Theatre E3
23 La Tasquina D3

购物

24 Artesanía La Gárgola D4
25 Montón de Trigo Montón de Paja C3

住宿

Hotel Exe Casa de Los Linajes 酒店 €

（☎921 41 48 10；www.exehotels.com；Calle del Doctor Valesco 9；房 €44~78；P❄📶）最近的翻新令这家酒店更棒了。这里的客房宽敞且充满了特色与现代风格，公共区域充满了旧世界的魅力。所有客房都能看见山丘；许多还能看到主教座堂和阿尔卡萨城堡的风景。

Häb Urban Hostel 青年旅舍 €

（☎921 46 10 26；www.habhostel.com；Calle de Cervantes 16；房 €50~80；❄📶）这家明亮热情的青年旅舍名为青旅，房间却是带私人卫浴的双人客房，而不是带铺位的宿舍间。这里十分现代，位置很好，步行街从这里向上通往老城区。部分客房有点儿小，但外观明亮而现代。

★Hotel Palacio San Facundo 历史酒店 €€

（☎921 46 30 61；www.hotelpalaciosan

facundo.com; Plaza San Facundo 4; 标单/双 含早餐 €95/130; ❄@📶)塞哥维亚的酒店非常善于将风格十足的现代客房融入拥有数百年历史的古老建筑里，这家酒店更是其中的佼佼者。这里拥有一个带柱子的迷人庭院、温暖的装潢配色、装饰时髦的房间和非常靠近镇中心的地理位置。自助早餐比其他大多数酒店都更丰盛。

★ **Hospedería La Gran Casa Mudéjar** 历史酒店 €€

(☎921 46 62 50; www.lacasamudejar.com; Calle de Isabel la Católica 8; 房间 €55~105; ❄@📶)酒店占据了两座建筑，经过华丽的翻修后，一些房间中15世纪的穆德哈尔式木雕天花板与现代生活设施完美结合了起来。在比较新的配楼，顶楼的房间可以眺望塞哥维亚古老的犹太区外美丽的山景。一个小水疗馆为这里锦上添花。酒店的餐厅非常值得推荐。

Hotel Don Felipe 历史酒店 €€

(☎921 46 60 95; www.hoteldonfelipe.es; Calle de Daoiz 7; 标单 €55~75, 双 €60~110)旅行者们对这里的评价非常高，而且原因不难理解。这家酒店位于一座改造过的塞哥维亚宅邸中，是少数位于老城区里阿尔卡萨城堡那一端的酒店之一，拥有迷人的客房，房内能看到屋顶的美丽风景。后边还有个可爱的花园。

★ **Hotel Alcázar** 精品酒店 €€€

(☎921 43 85 68; Calle de San Marcos 5; 标单/双 €145~190; ❄📶)这家迷人宁静的小酒店位于阿尔卡萨城堡下方河谷内的河畔，拥有设计漂亮的奢华客房，适合那些喜欢旧世界奢华的人。在后边露台上吃早餐是消磨早晨时光的迷人方式——整个体验中有一种温馨和亲切感。

甜点

如果你是那种把圣诞蛋糕上所有的杏仁蛋白软糖都一扫而光的人，你一定会爱上塞哥维亚的特色——塞哥维亚蛋糕(ponche segoviano，字面上的意思是“塞哥维亚一拳”)，但和那种当你还是满脸青春痘的小毛孩时喝过的低度数酒精饮料完全不同——这是一种柠檬味浓郁的海绵蛋糕，上面覆有杏仁蛋白软糖，顶部撒上糖霜，形成特别的十字图案。若想沉浸在属于你自己的蛋糕盛宴中，法式糕点店Limón y Menta是个好去处，就在主广场旁边。

就餐

塞哥维亚人对猪肉的热爱简直到了痴迷的地步。几乎每家餐厅都号称自家的烤肉(horno de asar)是最好的。主要的特色菜是烤乳猪(cochinillo asado)，大块猪肉配黄油豆子(judiones de la granja)也很有名。

Limón y Menta 面包房 €

(☎921 46 22 57; Calle de Isabel la Católica 2; 糕点 €2.50起; ⏲周一至周五 9:00~21:30，周六和周日 至20:30)这家蛋糕店紧邻主广场，你可以在这里尽情享用塞哥维亚蛋糕，这种味道浓郁的柠檬海绵蛋糕外边覆盖着杏仁糖，上边以独特的交叉纹撒着糖霜。

★ **Restaurante El Fogón Sefardí** 犹太菜 €€

(☎921 46 62 50; www.lacasamudejar.com; Calle de Isabel la Católica 8; 西班牙小吃 €2.50起，主菜 €12~26，套餐 €19~25; ⏲13:30~16:30和19:30~23:30)位于Hospedería La Gran Casa Mudéjar酒店内部，是镇上最具原创性的餐厅之一。你可以在氛围私密的露天庭院中或是15世纪穆德哈尔风格的豪华大厅里享用地道的西班牙犹太菜。酒吧的主题也很多样化。来这里尝尝备受赞誉的西班牙小吃吧。建议预约。

★ **Mesón José María** 卡斯蒂利亚菜 €€

(☎921 46 11 11; www.restaurantejosemaria.com; Calle del Cronista Lecea 11; 主菜 €14~26; ⏲餐厅 13:00~16:00和20:00~23:30，酒吧 周日至周四 9:00至次日1:00，周五和周六 10:00至次日2:00; 👪)供应精美的酒吧西班牙小吃，有5个餐室，可以让你品尝到精致的烤乳猪和其他当地特色菜肴——大多数菜肴中包括烤乳猪，都展示在橱窗里。午餐时间酒吧只有站位。

La Almuzara 意大利菜 €€

(☎921 46 06 22; Calle Marqués del Arco 3; 主

菜 €7~16；⏲周三至周日 12:30~16:00和20:30至午夜，周二 20:30至午夜；✎👪）如果你是一位素食主义者，在这座食肉之城也不会感到格格不入。La Almuzara供应多种精心烹饪的素食，此外还有比萨和意大利面，以及将近17种创意沙拉。甜点品种十分丰富，气氛温馨且充满艺术感。

Mesón de Cándido 烧烤餐馆 €€

（☎921 42 81 03；www.mesondecandido.es；Plaza del Azoguejo 5；主菜 €12~26）Mesón de Cándido位于高架渠遮蔽下的一座宜人的18世纪建筑中，以烤乳猪和野鸡肉等菜肴而闻名。建议预订。

★**Casa Duque** 西班牙菜 €€€

（☎921 46 24 87；www.restauranteduque.es；Calle de Cervantes 12；主菜 €19.50~24，套餐 €35~40；⏲12:30~16:30和20:30~23:30）这家很有情调的酒馆（mesón）自19世纪90年代就开始供应烤乳猪。如果是首次前来用餐，建议尝试包含烤乳猪在内的试吃套餐（menú de degustación；€40）。楼下是气氛轻松随意的洞穴（cueva）餐厅，在这里，你可以享用西班牙小吃和浓郁醇厚的炖汤（cazuelas）。建议提前预约。

🍷 饮品和夜生活

Canavan' s Theatre 夜店

（☎921 46 02 52；www.facebook.com/canavanstheatre/；Plaza de la Rubia；⏲周四至周六 午夜至次日6:30）这里绝不是俗气的迪斯科舞厅——装潢华丽，有精美的饰带、植绒壁纸、枝形吊灯和具有整体设计感的奢华的剧院氛围。这里非常赞，就像晚上出去嗨一场应该去的地方。

La Tasquina 葡萄酒吧

（☎921 46 39 14；Calle de Valdeláguila 3；⏲21:00至深夜）这家葡萄酒吧吸引的人群多到溢出来排到了人行道上，用美酒、起泡葡萄酒和奶酪喂饱他们。

🛍 购物

Montón de Trigo

Montón de Paja 饰品、纪念品

（☎921 46 07 69；www.montondetrigomontondepaja.com；Plaza de la Merced 1；⏲周一至周五 11:30~14:00和15:30~19:30，周六和周日 11:00~14:30和16:00~19:30，夏季时间延长）这家商店有手工手袋、珠宝、塞哥维亚版画和许多其他本地制作的艺术性物品，十分适合挑选创意礼品。

Artesanía La Gárgola 工艺品

（☎921 46 31 84；www.gargolart.com；Calle de la Judería Vieja 4；⏲7月和8月 周一至周六 10:00~20:00，9月至次年6月 周二至周六 11:30~14:30和17:00~20:00）看看这些非比寻常的优质手工艺品和纪念品——陶瓷的、木制的、纺织类的，各种材质的都有。

ℹ 实用信息

旅游局办事处（Centro de Recepción de Visitantes；☎921 46 67 21；ww w.turismodesegovia.com；Plaza del Azoguejo 1；⏲4月至9月 周一至周六 10:00~20:00，10月至次年3月 周一至周六 10:00~18:30，周日 至17:00）塞哥维亚旅游总局每天会组织至少2种城市历史建筑核心导览游（每人€10~17），通常在11:00和16:00出发（不过还是请确认一下，因为安排可能会变动）。需提前预约。

旅游局（Oficina de Turismo；☎921 46 60 70；www.segoviaturismo.es；Plaza Mayor 10；⏲7月至9月中旬 周一至周六 9:30~14:00和17:00~20:00，周日 9:30~17:00，9月中旬至次年6月 周一至周六 9:30~14:00和16:00~19:00，周日 9:30~17:00）提供关于更大范围的区域信息。

ℹ 到达和离开

长途汽车 客运站紧邻Paseo de Ezeq-uiel González。**La Sepulvedana**（☎902 119699；www.lasepulvedana.es）每半小时有1班车从马德里的Paseo de la Florida汽车站发往塞哥维亚（€7.89，1.5小时）。客运站也有从塞哥维亚发往阿维拉（€6.80，1小时，每天8班）、萨拉曼卡（€16，2.5小时，每天4班）和其他目的地的长途汽车。

小汽车和摩托车 有两条主要公路通往连接马德里和加利西亚（Galicia）的AP6。在这两条路中，N603沿途的风景更美丽些。

火车 还有几班由**西班牙国铁**（☎902 240202；www.renfe.es）运营的火车：只有3班普通列车每天从马德里开往塞哥维亚（€8.25，2小时），停靠在距高架渠2.5公里远的火车总站。高速Avant列

不 要 错 过

西班牙的凡尔赛宫

圣伊尔德丰索的拉格兰哈宫（La Granja de San Ildefonso；www.patrimonionacional.es；Sierra de Guadarrama；花园 免费，皇宫 成人/儿童 €9/4，喷泉 €4，欧盟公民 10月至次年3月 15:00~18:00，4月至9月 17:00~20:00免费；⊙4月至9月 周二至周日 10:00~20:00，10月至次年3月 周二至周日 10:00~18:00；P 🚻）瑰丽的花园始建于1720年，当时的法国建筑师和园艺家们在一些意大利人的帮助下开始设计这些错综复杂的巴洛克式花园，其最著名的是园中那28座描绘古代神话场景的喷泉。这里还有一座迷宫。同样令人印象深刻的还有包含300个房间的马德里**皇宫**（Palacio Real），它曾是西班牙皇室最爱的避暑行宫，在1918年的一场火灾后进行了重建，其内有一个五彩缤纷的**挂毯博物馆**（Museo de Tapices）。

这座宫殿是为波旁王朝国王费利佩五世修建的，国王亲自选择了位于瓜达拉马山脉（Sierra de Guadarrama）西侧山麓的这片地方作为宫殿所在地，其目的是重建属于自己的缩小版凡尔赛宫，而原版的凡尔赛宫正是他的法国祖父路易十四下令修建的。如果你在周三、周六或周日的下午5点半来这里游览，就能看到**喷泉**喷水的景象。

每天都有多达12班公共汽车定时从塞哥维亚客运站发往拉格兰哈宫（€2.20，20分钟）。

车（€12.90，28分钟）的速度更快，停靠在较新的Segovia-Guiomar火车站，距离高架渠5公里远。

当地交通

9路公共汽车环绕老城区中心，8路公共汽车去往塞哥维亚火车站，11路公共汽车去往Segovia-Guiomar火车站。所有公共汽车线路的票价均为€1.30，始发站就在高架渠外。

塞哥维亚周边（Around Segovia）

佩德拉萨-德拉谢拉（Pedraza de la Sierra）

人口 414

城墙环绕的迷人小村庄佩德拉萨-德拉谢拉位于塞哥维亚东北方向约37公里处，工作日时这里安静得可怕；但一到周末，这里的众多餐厅、酒吧和不拘一格的商店都会因为大量游客的涌入而焕发生机。这里是个漂亮的地方——是西班牙这片地区最漂亮的村庄之一。

景点

主广场（Plaza Mayor） 广场

这座14世纪的主广场十分动人，广场的古代柱廊十分引人注目。这里有许多角度都能拍出完美的照片，但完美的时间只有一个：在日落前一两个小时，这里的建筑会变成蜜糖色。

佩德拉萨城堡 城堡

（Castillo de Pedraza；Castillo de Ignazio Zuluaga；☎607 66 16 18；Plaza del Castillo；成人/优惠 €6/4；⊙4月中旬至10月 周三至周日 10:00~14:00和17:00~20:00，10月至次年4月中旬 周三至周日 11:00~14:00和16:00~19:00）佩德拉萨城堡孤零零地立在城镇的（西北）尽头——再走远一点你就掉到山谷里了，其保存完好的外部围墙非比寻常。城堡建于13世纪，下方是更为古老的防御工事。

节日和活动

蜡烛音乐会 音乐节

（Concierto de las Velas；☎921 50 99 60；www.pedraza.net/concierto-de-las-velas/；入场免费，音乐会 €49~79；⊙7月）自1993年起，每年7月的第一和第二个周日，佩德拉萨都会举办气氛十足的蜡烛音乐会，届时会切断电力，只留下纯粹的不插电现场音乐，伴着村中的烛光熠熠闪烁。来看看城里被烛光照亮的样子是免费的（并且很值得），但是音乐会本身要额外收钱。

住宿

★ Hospedería de Santo Domingo 旅馆 €€

（☎921 50 99 71；www.hospederiadesanto

domingo.com; Calle Matadero 3; 标单 €85~110, 双 €95~130, 套 €110~155; ❄📶)这间杰出的旅馆(hospedería)有非常棒的房间,室内装饰着温暖的赭石和大地色系。大部分房间都有宽阔的露台,可以俯瞰临近的矮山丘上纵横交错的干砌石墙。价格在周末会上涨很多。

El Hotel de la Villa 酒店 €€

(☎921 50 86 51; www.elhoteldelavilla.com; Calle de Calzada 5; 标单/双 €80/110起; 📶)这家出色的酒店有各式各样令人惊喜的客房,有地砖、木梁和锻铁家具,也有褶边四柱床、地板和明亮的色彩。无论你选择哪一间,都可以对优秀的环境和出色的服务放心。

就餐

El Yantar de Pedraza 西班牙菜 €€

(☎921 50 98 42; www.elyantardepedraza.com; Plaza Mayor; 主菜 €12~23; ⊙周三至周日 13:00~16:30)El Yantar环境迷人,楼上的阳台俯瞰主广场,供应近乎完美的烤羊羔和烤乳猪,而许多回头客都向我们介绍了关于菜品的一切相关信息。这里的套餐物超所值,但菜单上其他的亮点有沙拉、自制炸肉丸和本地绵羊奶酪。

El Soportal 西班牙菜 €€

(☎921 50 98 26; www.restaurantesdepedraza.com; Plaza Mayor 3; 主菜 €10~18, 试吃套餐 €30起; ⊙周四至周二 13:00~16:00和21:00~23:30, 周三 13:00~16:00)El Soportal位于一座精美的16世纪佩德拉萨联排别墅内,是佩德拉萨最受欢迎的烤羊羔店之一。这里的酒吧也很受欢迎,全天营业(不过尽管有官方的营业时间,也别指望餐厅在工作日晚上会营业);外边广场上有几张小餐桌。周末预订十分重要。

La Olma de Pedraza 西班牙菜 €€

(☎921 50 99 81; www.laolma.com; Plaza del Álamo 1; 主菜 €12~23; ⊙周日至周四 13:30~16:00, 周五和周六 13:30~16:00和21:00~23:00)这家迷人的餐厅位于主广场西边的一座小广场上,感觉就像是质朴的传统料理捍卫者,这里也确实如此,并且有温暖的服务相匹配。除了常规菜式之外,这里还有烹制完美的烤肉,尝尝野菌菇炸肉丸(croquetas de setas);或者就让工作人员为你挑选他们的拿手菜。

实用信息

旅游局(Oficina de Turismo; ☎921 50 86 66; www.pedraza.info; Calle Real 3; ⊙周二 16:00~19:30, 周一至周五 11:00~13:30和15:30~19:30, 周六和周日 11:00~14:00和15:30~20:00)如果人数凑足了的话,会在(除周一外每天)12:30和17:00组织城里的西班牙语**导览游**(€3/人)。

到达和离开

开往佩德拉萨的大巴寥寥无几,从塞哥维亚过来的大巴每周只有两班。佩德拉萨就在N110北边。

巴利亚多利德(Valladolid)

人口 301,876

巴利亚多利德是一座热闹的西班牙省会城市,也是通往西班牙北部地区的便利关口。作为一个拥有浓郁西班牙风情的迷人之地,这座城市的魅力就蕴含在引人注目的古迹、美丽的主广场和一些杰出的博物馆中。当夜色降临,庞大的学生群体将喧闹的酒吧挤得水泄不通,巴利亚多利德也因此变得活力四射。

景点

★国家雕塑博物馆 博物馆

(Museo Nacional de Escultura; ☎983 25 03 75; www.mecd.gob.es/mnescultura/inicio.html; Calle de San Gregorio 2; 成人/优惠 €3/1.50, 周日和周六16:00~19:30 免费; ⊙周二至周六 10:00~14:00和16:00~19:30, 周日 10:00~14:00)这是一座展示西班牙彩色木雕艺术品的顶级博物馆,位于从前的**圣格里高利神学院**(Colegio de San Gregorio; 1496年)内。博物馆所在的建筑是一栋火焰式的伊莎贝拉哥特式建筑,展厅环绕着一个精美的两层长廊庭院而建。雕刻家阿隆索·德贝鲁格特(Alonso de Berruguete)、胡安·德胡尼(Juan de Juní)和格雷戈里奥·费尔南德斯(Gregorio Fernández)的作品是这里的明星展品。不要

Valladolid 巴利亚多利德

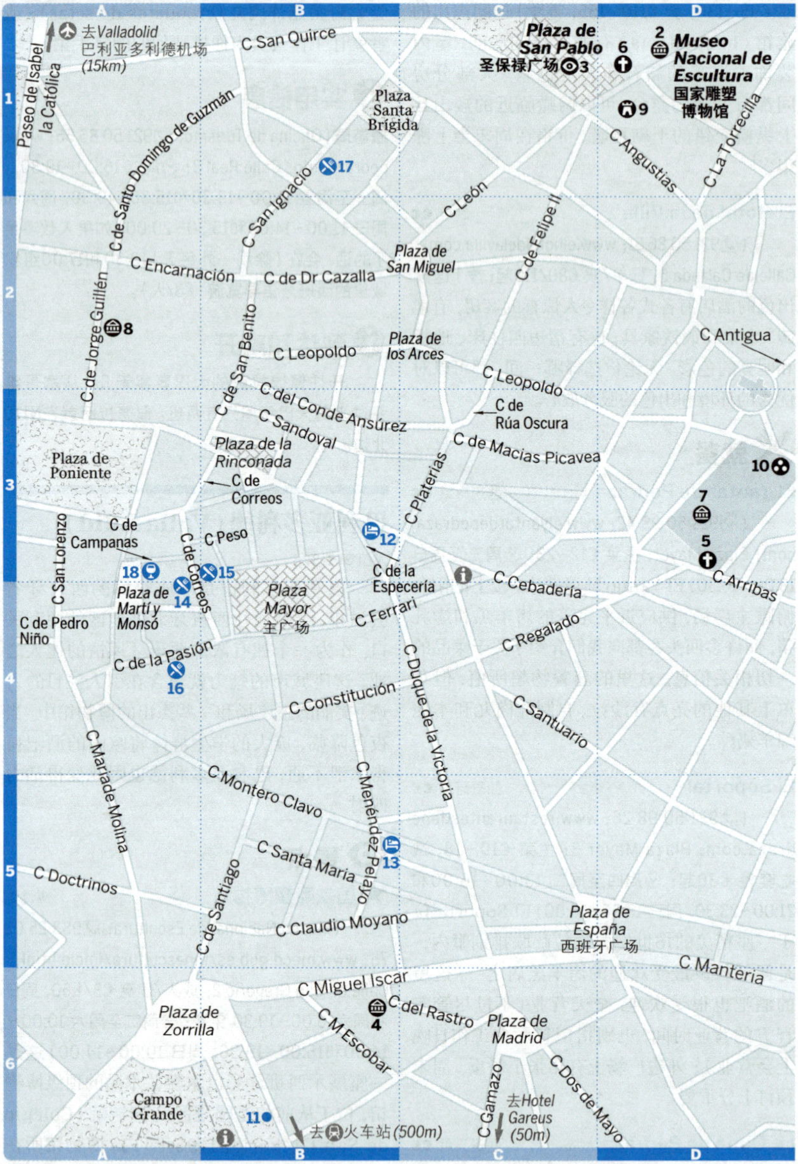

错过15号厅里费尔南德斯现实得痛苦的圣殇雕塑或是8号厅里的唱诗班坐席。也别忘记抬头看——有些天花板卓越非凡。

★哥伦布故居博物馆 博物馆

(Casa-Museo de Colón; ☎983 29 13 53; Calle de Colón; 成人/儿童 €2/免费，周三 成人 €1; ⊙周二至周日 10:00~14:00和17:00~20:30; 👪)哥伦布故居博物馆是一座极其宏伟华丽的博物馆，共有4层。这里有互动式展览和珍贵的老地图，可以带你重温克里斯多夫·哥伦布（西班牙语中为

Valladolid 巴利亚多利德

重要景点

1 哥伦布故居博物馆 F3
2 国家雕塑博物馆 D1
3 圣保禄广场 C1

景点

4 塞万提斯故居 B6
5 大教堂 D3
6 圣保禄教堂 D1
7 大教堂和主教区博物馆 D3
8 埃雷拉式庭院博物馆 A2
9 皮门特尔宫 D1
10 学院教堂遗址 D3

活动、课程和团队游

11 巴利亚多利德观光巴士 B6

住宿

12 Hostal París B3
13 Hotel Mozart B5

就餐

14 El Caballo de Troya A4
15 El Corcho B3
16 Los Zagales de Abadía A4
17 Martín Quiroga B1

饮品和夜生活

18 Café de la Comedia A3

Cristóbal Colón)的美洲之旅。顶层的展览则描绘了这位伟大冒险家(于1506年逝世于此)所处时代的巴利亚多利德。

★**圣保禄广场(Plaza de San Pablo)** 广场

开阔的圣保禄广场上矗立着精致的**圣保禄教堂**(Iglesia de San Pablo; ☎983 351 748; ⏲周一至周六 7:30~13:30和19:00~21:30,周日8:00~14:00和18:00~21:30),后者拥有西班牙北方最卓越的教堂立面之一。费利佩二世(Felipe Ⅱ)的出生地**皮门特尔宫**(Palacio de Pimentel; ⏲周二至周六 10:00~14:00和17:00~19:00)也位于这里。

大教堂 主教座堂

(Catedral; ☎983 30 43 62; Calle Arribas 1; 成人/优惠 €3/1.50; ⏲周二至周五 10:00~13:30和16:30~19:00,周六 10:00~14:00,周日 11:45~13:30,团队游 每45分钟一次)巴利亚多利德建于16世纪的主教座堂虽然不是卡斯蒂利亚最精美的主教座堂,但它却拥有一幅胡安·德胡尼创作的奢华祭坛画和一件出自胡安·德阿尔费之手的圣饼显置台,这两件珍贵的藏品都陈列于附属的**大教堂和主教区博物馆**(Museo Diocesano y Catedralicio; Calle Arribas 1;

成人/优惠 €3/1.50；⌚周二至周五 10:00~13:30和16:30~19:00，周六 10:00~14:00，周日 11:45~13:30）里。主教座堂和钟塔导览游（成人/优惠 €5/4）为时45分钟，景致美妙；与博物馆导览参观结合（成人/优惠 €8/6）的话需时2小时。你可以自己参观主教座堂和博物馆，但去不了塔楼。

在主教座堂东北边界处可以看到13世纪的学院教堂遗址（ruins of the Collegiate Church；Calle del Arzobispo Gandásegui），主教座堂便是在这上边建立起来的。

塞万提斯故居 博物馆

（Casa de Cervantes；☎983 30 88 10；www.mecd.gob.es/museocasacervantes；Calle del Rastro；成人/12岁以下儿童 €3/免费，周日免费；⌚周二至周六 9:30~15:00，周日 10:00~15:00）塞万提斯曾被短暂关押在巴利亚多利德，他的旧居幸运地被保存在一座安静的小花园后面。你可以花€5购买与国家雕塑博物馆（见193页）的成人套票。

埃雷拉式庭院博物馆 画廊

（Museo Patio Herreriano；☎983 36 29 08；www.museopatioherreriano.org；Calle de Jorge Guillén 6；成人/儿童 €3/2，周三 €1；⌚周二至周五 11:00~14:00和17:00~20:00，周六 11:00~20:00，周日 10:00~15:00）免费 这座出人意料的博物馆专门收藏了第一次世界大战后的西班牙艺术品，包括萨尔瓦多·达利（Salvador Dalí）、胡安·米罗（Joan Miró）、巴斯克雕塑家爱德华多·奇利达（Eduardo Chillida）、豪尔赫·奥泰萨（Jorge Oteiza）、安东尼·塔皮埃斯（Antoni Tápies）和埃斯特万·比森特的作品，全部展品围绕着从前修道院的回廊陈列。

住宿

★Hotel Mozart 酒店 €

（☎983 29 77 77；www.hotelmozart.net；Calle Menéndez Pelayo 7；标单/双 €58/69；❄📶）鉴于这里翻新过的客房品质很高，地理位置也很好，这家酒店算是超级划算了。这里有超大的床、舒适的大地色家具和床上用品、抛光镶木地板、闪闪发亮的大理石浴室及足够放下一把舒适扶手椅的空间。酒店入口也给人一种庄严宏伟之感，这一切再加上这里实惠的价格，真是令人喜出望外。

Hostal París 青年旅舍 €

（☎983 37 06 25；www.hostalparis.com；Calle de la Especería 2；标单/双 €50/55起；❄📶）距离主广场最近的住处之一，Hostal París显然由专业室内设计师打造。房间墙壁是淡淡的粉彩色，装饰着抽象艺术画面板，房间内还有宽敞的书桌和平板电视，再加上经济的价位让人感觉既舒适又有品位。

★Hotel Gareus 精品酒店 €€

（☎983 21 43 33；www.hotelgareus.com；Calle de Colmenares 2；房 €75起；❄📶）抛光地板、温暖的色调和创意的布光令这些成为巴利亚多利德最棒的客房之一。这里的服务也同样温暖而热情，而酒店本身则有一种安静的高雅。这里的位置也很出色，距离主广场只有10分钟的步程。

就餐

El Corcho 西班牙小吃 €

（Calle de Correos 2；吐司 €1.75起；⌚13:00~16:00和20:00~23:30）这个外表破败的馆子位于这座城市最好的西班牙小吃吧一条街上，它以一系列非常棒的带美味浇头的吐司类小吃（tostas）赢得了大众的认可。

巴利亚多利德卡

巴利亚多利德卡（Valladolid Card；www.valladolid.com/valladolid-card；成人/儿童 €7/5）可以帮你省下很多钱，持卡可以在24小时内免费参观许多博物馆——其中包括国家雕塑博物馆、哥伦布故居博物馆、埃雷拉式庭院博物馆和大教堂及其博物馆——外加免费乘坐巴利亚多利德观光巴士（Bus Turístico de Valladolid；☎983 33 03 59；www.auvasa.es/auv_busturistico.asp；Acera de Recoletos；成人/儿童 €7/5；⌚4月至9月 周五 17:00~19:00，周六和周日 正午至13:00和17:00~19:00 每小时1班，10月至次年3月 周五 17:00~18:00，周六和周日 正午至13:00和17:00~18:00 每小时1班）。卡片可以在两个旅游局中的任意一处购买。

★ Martín Quiroga 卡斯蒂利亚菜 €€

（☎605 78 71 17; Calle San Ignacio 17; 主菜€15~21; ⌚周一至周六 正午至16:00和20:00至午夜）这里只有4张餐桌，所以至少要提前一个月订位。你或许会以为如此高品质的餐馆一定也有相应的高价，然而实际的价格并没有那么高。这里没有菜单，做什么菜取决于当季有什么新鲜食材和当天能从市场上买到什么，不过你仍然有很多种选择。有特殊膳食需求的可以提前打招呼。务必提前订位。

Los Zagales de Abadía 卡斯蒂利亚菜 €€

（☎983 38 08 92; www.loszagales.com; Calle de la Pasión 13; 主菜 €9~19, 套餐 €25~35; ⌚周一至周六 13:00~16:00和19:00~23:00, 周日13:00~16:00）酒吧里悬挂着当地土产，所有获奖的西班牙小吃（店内出品）也都陈列在吧台上——不只是在当地，它在西班牙全国的美食竞赛中也表现优异。要想全面了解这里，试试Menú Maridaje：9种获奖西班牙小吃，售价€34.95。餐厅供应分量十足的上好美食。建议提前预约。

El Caballo de Troya 西班牙菜 €€

（Restaurante Santi; ☎983 33 93 55; www.restaurantesanti.es; Calle de Correos 1; 餐厅主菜 €18~25, 酒吧主菜 €8~22, 套餐 €25; ⌚周一至周六 13:30~15:30和21:00~23:30, 周日14:00~16:00）El Caballo de Troya（意为"特洛伊木马"）是巴利亚多利德的著名餐厅，位于一座美丽的文艺复兴风格庭院中，口味精妙，餐室设计漂亮——尝尝西冷牛排配罗克福干酪（solomillo con roquefort）。楼下的小酒馆（taberna）也有出色的盘餐。餐厅建议提前预约，特别是在周末。

🍷 饮品和夜生活

巴利亚多利德市中心充斥着热情的酒吧和咖啡馆。最密集的地区位于主广场以西的街区。

Café de la Comedia 鸡尾酒吧

（☎983 34 00 80; Plaza de Martí y Monsó 4; ⌚15:30至深夜）这里喜剧风格的装修恰到好处，电视里播放着《劳莱与哈代》（美国早期喜剧），墙壁上装饰着卓别林（以及类似人物）的照片。这里始终可靠而受欢迎，供应按杯出售的优质鸡尾酒和葡萄酒。

ℹ 实用信息

旅游局（Oficina de Turismo; ☎983 21 93 10; www.info.valladolid.es; Acera de Recoletos; ⌚7月至9月中旬 周一至周六 9:30~14:00和17:00~20:00, 周日 9:30~15:00, 9月中旬至次年6月 周一至周六 9:30~14:00和16:00~19:00, 周日 9:30~15:00）

旅游局（Oficina de Turismo; ☎983 33 08 93; www.info.valladolid.es; Plaza de Fuente Dorada; ⌚周二至周六 11:00~13:30和17:00~19:00, 周日 11:00~13:30）

ℹ 到达和离开

飞机 瑞安航空公司（Ryanair; www.ryanair.com）和伏林（Vueling; www.vueling.com）有航班飞往巴塞罗那。

火车 每天都有超过12班高速AVE列车往返于巴利亚多利德和马德里（€23.30起，1小时）之间，还有速度较慢的列车（3小时），只需€19.30。其他定时发出的列车会开往莱昂（€16.40, 1.25~2小时）、布尔戈斯（€6.85起，约1.5小时）和萨拉曼卡（€8.35, 1.5小时）。

ℹ 当地交通

飞机 巴利亚多利德的**机场**（☎983 41 55 00; www.aena.es/es/aeropuerto-valladolid/index.html; Carretera Adanero-Gijón）位于市中心西北方向10公里处。**Linecar**（www.linecar.es）每天有多达5班班车往来于巴利亚多利德市区与机场之间（单程/往返 €3.50/5.50）。日间/夜间乘坐出租车从机场到市区单程需要花费€23/25。

公共汽车 当地的2路和10路公共汽车开往西班牙广场（Plaza de España），沿途经过火车站和客运站。

巴利亚多利德周边（Around Valladolid）

里奥塞科城（Medina de Rioseco）

人口 4803

里奥塞科城仿佛一颗褪色的明珠，曾是西班牙繁荣的贸易中心，时至今日，你依然可以在这里感受到中世纪风情。不过由于城里越来越多的建筑外立面被盖上了防护板，这种感觉已大不如前了。前往Calle Mayor，那里有古代木柱支撑起的拱形柱廊，周三早上这里会有集市。

景点

梅地亚韦利亚圣玛利亚教堂 教堂

（Iglesia de Santa María de Mediavilla; Calle de Santa María; 导览游 €2; ⏲3月中旬至10月 周二至周日 11:00至正午和16:00~19:00，其余月份时间缩短）这座宏伟的伊莎贝拉哥特式建筑拥有3个星形拱状中殿和非常著名的小礼拜堂——**洛斯贝纳文特堂**（Capilla de los Benavente）。教堂内保存着由画家胡安·德胡尼从1543年起花了8年多时间雕刻而成的奢华的祭坛画。这里有时也会被称为"卡斯蒂利亚的西斯廷教堂"——堪称西班牙文艺复兴时期宗教艺术的最佳典范之一。游览以西班牙语进行。

圣弗朗西斯科博物馆 教堂、博物馆

（Museo de San Francisco; ☎983 70 00 20; www.museosanfrancisco.es; Paseo de San Francisco 1; 成人/儿童 €3/1; ⏲导览游 5月至8月 周二至周日 11:00~14:00和17:00~20:00，9月至次年4月 周二至周日 11:00~14:00和16:00~19:00）这座博物馆的前身是一座16世纪的修女院，内有一幅奢华的祭坛画（retablo），出自弗雷·哈辛托·德谢拉（Fray Jacinto de Sierra）之手，此外还有大量与宗教艺术相关的收藏品。导览游以西班牙语进行。

圣周博物馆 博物馆

（Museo de Semana Santa; Calle de Lázaro Alonso; 成人/优惠/儿童 €3.50/2.50/1; ⏲6月中旬至9月中旬 周二至周日 11:00~14:00和17:00~20:00，其余月份时间缩短）里奥塞科城以其复活节游行而闻名，但如果你不能在圣周的时候来这里，可以来这座博物馆体验一下复活节仪式的激情。就像位于萨莫拉的姊妹博物馆（见201页）一样，这里陈列有复活节仪式上的彩车（pasos）和其他大量的复活节纪念品。

食宿

Vittoria Colonna 酒店 €

（☎983 72 50 87; www.hotelvittoriacolonna.es; Calle de San Juan 2B; 标单/双/套 €35/58/79; ❄📶）这座现代化的三星级酒店距离里奥塞科城所有的景点都只有一小段的步行距离，拥有树莓粉色的正面，提供宽敞和设施齐全的房间。有些房间会优于其他房间，但所有房间都配有时髦的灰白相间的浴室。

Casa Manolo 卡斯蒂利亚菜 €€

（☎676 28 98 45; Calle de Las Armas 4; 主菜 €9~14; ⏲周五至周三 8:00至午夜）老城区中心的这条小街上有很多餐馆，这家是其中最好的。你可以在宜人的庭院里享用可靠优质且丰盛的卡斯蒂利亚菜。

> **联票**
>
> 如果你计划游览里奥塞科城的全部4个主要景点，可以考虑花€7/5买一张成人/老年的联票。联票可在4个景点中的任意一处购买，总共可为你节省€3.50。需要注意的是，4月至9月，这种联票仅在周末发售。

实用信息

旅游局（Oficina de Turismo; ☎983 72 03 19; www.medinaderioseco.com; Paseo de San Francisco 1; ⏲周二至周六 10:00~14:00和16:00~18:00，周日 10:00~14:00）位于圣弗朗西斯科博物馆旁边。

到达和离开

每天都有多达8班长途汽车开往莱昂（€8.25，1.25小时）；最多有10班长途汽车开往巴利亚多利德（€4，30分钟）。

托德西利亚斯（Tordesillas）

人口 8905

这座位于杜罗河北侧高地的可爱小镇拥有与其娇小面积不相符的深厚历史意义。托德西利亚斯原本是一座古罗马定居点，随着时间的推移，它在世界历史的发展过程中发挥了重要的作用。1494年，费尔南多和伊莎贝拉就在此地与葡萄牙签订条约，确定了彼此在拉美地区的势力范围。葡萄牙得到了巴西，而剩余大部分地区都落入了西班牙手中。人们来这里主要是为了参观记录这一时刻的博

物馆以及一座迷人的修女院。

景点

圣克拉拉皇家修道院 女修道院

（Real Convento de Santa Clara；☎983 77 00 71；www.patrimonionacional.es；Calle de Alonso Castillo Solorzano 21；成人/儿童 €6/免费，欧盟公民和居民 周三和周四免费；⊙周二至周六 10:00~14:00和16:00~18:30，周日 10:30~15:00）依然是几位方济会修女的隐居之所，这座穆德哈尔风格的女修道院始建于1340年，当时是阿方索十一世（Alfonso XI）的宫殿。1494年，《托德西利亚斯条约》（*Treaty of Tordesillas*）就是在这里签订的。50分钟的团队导览游（西班牙语）会带你游览一处以前宫殿遗留下来的美丽的穆德哈尔风格庭院和拥有炫目屋顶（techumbre）的教堂。其他亮点包括穆德哈尔风格的门、哥特式拱顶、华丽的阿拉伯铭文和阿拉伯浴场。

托尔德西拉斯条约博物馆 博物馆

（Museo del Tratado de Tordesillas；☎983 77 10 67；Calle de Casas del Tratado；⊙6月至9月 周二至周六 10:00~13:30和17:00~19:30，周日 10:00~14:00，10月至次年5月 周二至周六 10:00~13:30和16:00~18:30，周日 10:00~14:00）免费 该博物馆是为纪念1494年签订的《托德西利亚斯条约》（将世界分割为西班牙和葡萄牙的势力范围）而建，信息丰富的展览见证了条约签订前后世界所发生的改变，主要展品是一些意义非凡的老地图。馆内还有多语种视频演示。

食宿

Hostal San Antolín 青年旅舍 €

（☎983 79 67 71；www.hostalsanantolin.com；Calle San Antolín 8；标单/双/标三 €25/40/50；❄📶）这家青年旅舍位于主广场附近，整体装潢为现代风格——房间都被粉刷成明亮柔和的粉彩色调。它的主要亮点是附属的餐厅（主菜 €12~20），楼下的酒吧供应盘餐，用鲜花点缀的内部庭院非常美丽，菜品也很讲究。

Parador de Tordesillas 豪华酒店 €€

（☎983 77 00 51；www.parador.es；Carretera de Salamanca 5；房 €75~169起；P❄📶🏊）托德西利亚斯最精致的酒店就是这座矮矮的赭石色调的国营酒店，四周松树环绕，就位于城外。部分房间配有四根帷柱的大床，但所有房间都很宽敞，很多都面朝安静的花园。这里还有一家咖啡馆和供应本地特色菜的出色餐厅。

Don Pancho 西班牙菜 €€

（☎983 77 01 74；www.restaurantedonpancho.com；Plaza Mayor 10；主菜 €7~18；⊙13:00~16:00和20:30至午夜）Don Pancho有铺砖吧台和家常料理（其中包括柴炉烤肉），是老城中心最棒的堂食餐厅。

实用信息

旅游局（Oficina de Turismo；☎983 77 10 67；www.tordesillas.net；Calle de Casas del Tratado；⊙6月至9月 周二至周六 10:00~13:30和17:00~19:30，周日 10:00~14:00，10月至次年4月 周二至周六 10:00~13:30和16:00~18:30，周日 10:00~14:00）位于Casas del Tratado隔壁，靠近圣安托林教堂（Iglesia de San Antolín）。

到达和离开

客运站（☎983 77 00 72；Avenida de Valladolid）有大巴定时发往巴利亚多利德（€2.80，30分钟）和萨莫拉（€5.90，1小时）。

托罗（Toro）

人口 9115

托罗是一座典型的卡斯蒂利亚小镇，它的名字西班牙味道十足，却被往日激动人心的历史夺去了今日的光芒。1476年，费尔南多和伊莎贝拉就是在这里取得了托罗之战（Battle of Toro）的胜利，从而巩固了自己作为基督教统治西班牙的最高统治者的地位。这个小镇坐落在杜罗河北岸的高地上，在其迷人的历史中心城区内，有许多半木结构房屋和罗马式教堂。

景点

马约尔圣玛利亚大教堂 教堂

（Colegiata Santa María La Mayor；Plaza de la Colegiata；教堂 免费，圣器室 €4；⊙4月至10月 周二至周日 10:30~14:00和17:00~19:30，11月至次

年3月 周二至周日 10:00~14:00和16:30~18:30）这座12世纪教堂俯瞰着整个小镇，拥有壮观的**神圣门廊**（Pórtico de la Majestad），融合了罗马式和哥特式风格。教堂内的珍宝包括圣器室里著名的15世纪油画《苍蝇圣女》（*Virgen de la mosca*），看看你能不能找到画中圣女长袍上的苍蝇。进入主圣殿不需要购买门票，但如果要参观圣器室则需要购买门票。

圣斯皮里图斯修道院 修道院

（Monasterio Sancti Spiritus; Calle del Canto 27; €4; ⏲4月至9月 周二至周日 10:30~14:00和16:00~19:30，10月至次年3月 周二至周日 10:00~14:00和16:30~18:30）位于城中心西南部，这座修道院的亮点是文艺复兴风格的精美回廊和一座醒目的雪花石膏陵墓，胡安一世（Juan I）的妻子、葡萄牙的比阿特丽斯（Beatriz de Portugal）长眠于此。

住宿

Zaravencia 酒店 €

（☎980 69 49 98; www.hotelzaravencia.com; Plaza Mayor 17; 标单/双 含早餐 €44/55起; ❄📶）这家友好的酒店俯瞰着可爱的主广场。楼下有一个餐吧，客房里的浅色松木家具和奶油色墙壁显得有些沉闷，但房间本身还是相当宽敞的。多花€10即可住在能够欣赏广场景色并带有阳台的房间（完全值得），不过要注意，周末会很吵。

Hotel Juan II 酒店 €€

（☎980 69 03 00; www.hotelesentoro.es; Paseo del Espolón 1; 标单 €50~70，双 €52~85; P❄📶🏊）虽然酒店的外立面是现代感十足的红砖墙，但客房则装饰着暖色瓷砖地板，并配有深色木质家具和宽敞的露台，十分迷人。选择201号房间便可同时拥有杜罗河和圣玛利亚大教堂的绝美景致。这里的餐厅是托罗最好的就餐地之一（主菜 €15~21），招牌菜是各类丰盛的肉类菜肴。

就餐

La Esquina de Colas 西班牙小吃 €

（☎980 69 31 31; Plaza Mayor 24; 西班牙小吃 €3起; ⏲周四至周二 11:00~16:00和20:00至午夜）构思巧妙的西班牙小吃沿吧台排开（试试腌沙丁鱼），还有上边摆着各式各样小块美食的吐司可供挑选，这里因而成为托罗吃西班牙小吃最棒的地方。

★ **Asador Castilla** 西班牙菜 €€

（☎980 69 02 11; Plaza Bollos de Hito; 主菜 €14~22; ⏲周二至周日 13:00~16:00和20:30至午夜）这里有出色的服务、烤肉（烤山羊羔，是一道特色菜）和怡人的现代化用餐区，因而是个不错的选择。这里距离主广场不过50米。

> **值得一游**
>
> **帕戈斯-德尔雷伊**
>
> 漂亮先进的**帕戈斯-德尔雷伊葡萄酒博物馆**（Pagos del Rey; ☎980 69 67 63; www.pagosdelreymuseodelvino.com; Avenida de los Comuneros 90; 导览/自助游 含品酒 €6/4; ⏲4月至10月 周二至周六 11:00~14:00和16:00~20:00，周日 11:00~14:00，11月和12月 周二至周六 11:00~14:00和16:00~19:00，周日 11:00~14:00，1月至3月 周二闭馆）是卡斯蒂利亚-莱昂葡萄酒旅游业一个令人愉悦的加分项，带人深入了解托罗的葡萄酒产区，并提供大量品尝（及购买）当地葡萄酒的机会，十分美妙。这里位于Morales de Toro，托罗以东8公里处。

实用信息

旅游局（Oficina de Turismo; ☎980 69 47 47; www.turismotoro.com; Plaza Mayor 6; ⏲周二至周六 10:00~14:00和16:00~19:00，周日10:00~14:00）

到达和离开

有班次固定的长途汽车开往巴利亚多利德（€5.25，1小时）和萨莫拉（€3.20，30分钟）。工作日每天有2班直达萨拉曼卡（€6.50，1.5小时）的长途汽车。

萨莫拉（Zamora）

人口 63,217

第一印象可能会带有欺骗性：就像许多西

班牙城镇一样，初次来到偏僻的萨莫拉时，首先映入你眼帘的可能是没什么特色的公寓楼。但是你应该坚持朝前走，因为老城区（casco historico）非常美丽，华丽的中世纪遗迹为萨莫拉赢得了"罗马风格博物馆"的绰号。在这里你可以再次品味萨拉曼卡的往日荣光，而且这里还是度过圣周最好的地方之一。

景点

大教堂

主教座堂

（Catedral；☎980 53 19 33；Plaza de la Catedral；成人/儿童 €5/免费；⊙4月至9月 10:00~19:00，10月至次年3月 10:00~14:00和17:00~20:00）萨莫拉的主教座堂在很大程度上属于罗马风格，拥有一座方塔，一个周围环绕小角楼的非比寻常的拜占庭风格穹顶，以及华丽的**主教门**（Puerta del Obispo）。**大教堂博物馆**（Museo Catedralicio）是最具吸引力的景点，收藏了一系列可追溯到15世纪的佛兰德斯式挂毯。在建于12世纪的主教座堂内部，壮观的早期文艺复兴风格的唱诗班席位描绘了牧师、动物，以及一位僧侣和一位修女之间诙谐的相遇情景。另一处主要亮点是**圣伊德丰索堂**（Capilla de San Ildefonso），那里有精妙的哥特风格湿壁画。

城堡

城堡

（Castillo；Parque del Castillo；⊙4月至9月 周二至周日 10:00~14:00和19:00~22:00，10月至次年3月 周二至周日 10:00~14:00和16:00~18:30；👪）免费 这座漂亮而复原美观的城堡始建于11世纪，里边摆满了本地的雕塑，你还可以爬上塔楼并在堡垒上散步。环绕它的公园是个野餐的好地方。

民族博物馆

博物馆

（Museo Etnográfico；☎980 53 17 08；www.museo-etnografico.com；Plaza Viriato；成人/儿童 €3/免费；⊙周二至周日 10:00~14:00和17:00~20:00）这座出色的博物馆介绍了卡斯蒂利亚-莱昂的文化史，里边的展品包罗万象，有来自日常生活的文物也有穿越年代介绍本地传说和节日的展区。这里还有关于临时展览、工作坊和表演的动态日历。周二至周四的19:00~20:00和周日的17:00~20:00门票免费。

玛达肋纳堂

教堂

（Iglesia de la Magdalena；Rúa de los Francos；⊙4月至9月 周二至周六 10:00~14:00和17:30~20:00，周日 10:00~14:00，10月至次年3月 10:00~14:00和16:30~19:00，周日 10:00~14:00）免费 这座教堂的南边门廊位于贯穿老城区的主街上，因为上边主要的花形图纹而被认为是这座城市最精美的门廊。教堂内部是质朴简洁的典型罗马风格。

新门圣若翰堂

教堂

（Iglesia de San Juan de Puerta Nueva；Plaza Mayor；⊙4月至9月 周二至周六 10:00~14:00和17:30~20:00，周日 10:00~14:00，10月至次年3月 周二至周六 10:00~14:00和16:30~19:00，周日 10:00~14:00）免费 新门圣若翰堂是主广场中央一座迷人的罗马风格的瞩目建筑。教堂外有一尊精美的圣周兜帽忏悔者雕像。

新圣玛利亚教堂

教堂

（Iglesia de Santa María La Nueva；Calle de Carniceros；⊙4月至9月 周二至周六 10:00~14:00和17:30~20:00，周日 10:00~14:00，10月至次年3月 周二至周六 10:00~14:00和16:30~19:00，周六 10:00~14:00）免费 这座漂亮的教堂其实是一座7世纪教堂在中世纪的复制品，最初的教堂已在1158年毁于火灾。

圣周博物馆

博物馆

（Museo de Semana Santa；☎980 53 22 95；www.semanasantadezamora.com；Plaza de Santa

不要错过

萨莫拉的最佳风景

萨莫拉有无数引人注意的观景点，其中许多都位于老城区的高处——比如从城堡的城墙上，或是从市旅游局后边的**Mirador del Troncoso**。但若想欣赏到萨莫拉的全景风光，就从老城区下到河岸和漂亮的多拱**石桥**（Puente de Piedra）。过桥沿河岸往西南方走，经过小小的河边沙滩**毛沙滩**（Playa de los Pelambres），到达现代化的**诗人桥**（Puente de los Poetas）。不仅沿途的风光迷人，你还能欣赏到位于河流背后的老城美景。

María La Nueva; 成人/儿童 €4/2; ⊙周二至周六 10:00~14:00和17:00~20:00, 周日 10:00~14:00) 这座博物馆将引领你进入诡异而奇妙的西班牙风格复活节仪式中。馆内收藏了在城镇各处游行时所用的雕刻彩绘人像(pasos)。戴着兜帽的人偶看起来栩栩如生, 甚至有些吓人。

团队游

萨莫拉的旅游局在3月至12月的每天11:00组织老城区的2小时导览游。团队游(成人/儿童 €8/免费)从Plaza de Viriato出发, 费用不包括主教座堂的门票。也可以打听一下夜间团队游(€8~12), 出发时间为20:00或21:00前后, 具体时间取决于季节。对于行走不便的人来说, 在4月至9月还有一趟玩具一样的观光火车(tren turístico; €2.50)从主广场出发, 环绕老城区运行。

节日和活动

圣周 宗教节日

(Semana Santa; ⊙3月或4月)如果圣周期间(复活节前一周)你在西班牙, 那就来萨莫拉吧, 这座城镇以其复杂的庆祝活动著称。这里戴着面罩斗篷的游行是西班牙最壮观的复活节游行之一。看着忏悔者们穿行在充满历史感的街道中, 有时几乎完全寂静无声, 这会是令你永生难忘的体验。

住宿

★ Hostal Chiqui 青年旅舍 €

(☎980 53 14 80; www.hostalchiqui.es; 2nd fl, Calle de Benavente 2; 标单/双 €35/45起)这个漂亮的地方是卡斯蒂利亚-莱昂这一地区最棒的城市青旅, 口碑很棒, 回头客很多。每间客房都不一样, 但全部都时尚雅致且色彩缤纷, 店主非常了解旅行者的需求。总而言之, 性价比超高。

NH Palacio del Duero 酒店 €€

(☎980 50 82 62; www.nh-hotels.com; Plaza de la Horta 1; 房 €80起; P ❄ @ 令)位置绝佳, 紧邻一座可爱的罗马式教堂。这座看上去极富现代气息的建筑巧妙地环绕着从前女修道院的一部分, 还有一座20世纪40年代的发电站(有点诡异)——高高的砖砌烟囱至今还保留着。这里客房装饰雅致, 服务热情, 符合你对于这一连锁品牌的期待。

Parador Condes de Alba y Aliste 历史酒店 €€€

(☎980 51 44 97; www.parador.es; Plaza Viriato 5; 房 €100~175; ❄ @ 令 ≋)坐落在一座华丽的15世纪宫殿中, 这是一家现代豪华酒店, 保留了许多旧时代的建筑细节(大部分在公共区域)。酒店有一个游泳池, 而且和许多国营酒店不同的是, 它就位于城中心。至于劣势, 停车位很有限(只有8个车位)。餐厅(套餐 €35)是一如既往的国营餐厅品质。

就餐

De Picoteo 西班牙小吃、西班牙菜 €

(☎980 03 21 55; Rúa los Notarios 3; 西班牙小吃 €1.50起, 盘餐 €8~14; ⊙周二至周日 正午至16:00和20:00至午夜)De Picoteo隐藏在老城区一条安静的偏巷内, 每日特餐(menú del día; €12)包括优质的萨莫拉饭(arroz a la zamorana), 还有一些出色而实惠的西班牙小吃, 服务也很热情。

La Rua 卡斯蒂利亚菜 €€

(☎980 53 40 24; Rúa de los Francos 21; 主菜 €9~19; ⊙周日至周五 13:00~16:00, 周六 13:00~16:00和20:30~23:30)这家餐厅地理位置中心, 专做萨莫拉乡土料理, 是个品尝萨莫拉饭(用猪肉和火腿或腊肠做的饭)的好地方, 不过通常需要两个人点餐才能做。冬季周二有时会歇业。

El Rincón de Antonio 卡斯蒂利亚菜 €€€

(☎980 53 53 70; www.elrincondeantonio.com; Rúa de los Francos 6; 西班牙小吃 €1.90起, 主菜 €15~35, 套餐 €35.50~60; ⊙周一至周六 13:30~16:00和20:30~23:30, 周日 13:30~16:30)这是个精致的地方, 酒吧供应西班牙小吃(其中包括用萨莫拉地区的17种不同的奶酪做成的盘餐), 高档用餐区提供可以坐下来慢慢享用的正餐。餐厅还有各种试吃套餐, 经典的菜肴加入了一些当代的改良——比如可以试试鸟蛤配青柠酸奶、欧芹黄芥末和番茄干。建议预约。

购物

就在主广场西边，你会找到6家美食店和熟食店出售奶酪、腌肉、葡萄酒和本地油酥糕点。

La Despensa 食品

（☎699 56 91 52；Calle de Ramos Carrión 6；⏲10:00~14:30和17:00~21:00）与主广场往西街道上其他的食品店不同，La Despensa是专卖火腿和其他腌制肉品的熟食柜台——如果你计划野餐，请确保带上一些吉胡埃洛的火腿，这里有卖。

La Buena Jera 食品和饮品

（www.facebook.com/LaBuenaJera/；Calle de Ramos Carrión 12；⏲10:00~14:00和17:00~20:30）La Buena Jera也是这条街上众多美食店的一家，有各种出色的本地奶酪和来自托罗的葡萄酒，以及本地油酥糕点、蜂蜜和其他美味。

实用信息

市旅游局（☎980 53 36 94；www.zamora-turismo.com；Plaza de Arias Gonzalo 6；⏲4月至9月 周一至周六 10:00~14:00和17:00~20:00，周日10:00~14:00，10月至次年3月 周一至周六 10:00~14:00和16:00~19:30，周日10:00~14:00）

地区旅游局（☎980 53 18 45；www.turismocastillayleon.com；Avenida Príncipe de Asturias 1；⏲3月至10月 10:00~14:00和16:30~20:30，11月至次年2月 10:00~14:00和16:00~19:00）

省旅游局（☎980 53 64 95；Plaza Viriato；⏲3月至10月 10:00~14:00和16:30~20:30，11月至次年2月 10:00~14:00和16:00~19:00）

到达和离开

长途汽车 几乎每个小时都有1班长途汽车来往于萨拉曼卡（€5.30起，1小时，每天5~13班），周末班次会减少。另有其他的定时班车前往莱昂（€9.75，1.5小时）、巴利亚多利德（€7.65，1.5小时）和布尔戈斯（€16.80，4.5小时）。

火车 萨莫拉已经通了快车线，前往马德里（€15.30起，2.25小时，每天4班）的时间被缩短了不少。还有火车开往巴利亚多利德（€12.45，1.5小时，每天1班）和桑纳比亚村（€9.25起，1.25小时，每天4班）。

萨莫拉周边（Around Zamora）

库莱布拉山脉（Sierra de la Culebra）

库莱布拉山脉位于桑纳比亚村和萨莫拉之间的西葡国界线上，有起伏的迷人丘陵乡野和漂亮的石头村落，很少有外国游客来到这里。最棒的是，这里是欧洲最适合看野狼的地方。

景点

★卡斯蒂利亚-莱昂的伊比利亚狼中心 博物馆、动物园

（Centro de Lobo Ibérico de Castilla y León；☎608 05 34 15、980 56 76 38；www.centrodellobo.es；Robledo；含/不含导览游 €8/6；⏲周五至周日 10:00~14:00和16:00~19:30，周二至周四 预约）这个出色的伊比利亚狼解说中心开放于2015年末。中心以传统环形畜栏的形式建造，本地农民使用这种畜栏防止自家的牲畜被狼伤害，中心有关于狼传说、狼在本地文化中的位置以及对狼的科学研究的展示。在主建筑后边的山坡上，3个大型圈地里生活着7匹狼，如果你没有在野外见到狼，这里有不错的拍照机会。

活动

Wild Wolf Experience 野生动物

（☎636 03 14 72；www.wildwolfexperience.com；4天5夜游 每人 £995）英格兰人约翰·哈洛威尔（John Hallowell）在库莱布拉山脉组织出色的观狼（和观鸟）远足。他是一名知识广博的导游，组织起点和终点位于马德里或奥维多机场的套餐游。他还将其与阿斯图里亚斯的观熊活动相结合。

Zamora Natural 野生动物

（☎655 82 18 99；www.zamoranatural.com；每人 €50）如果你渴望在库莱布拉山脉看到一两只狼，就联系Zamora Natural，他们全年组织远足，其中包括在俯瞰狼群经常出没的区域的瞭望点欣赏日出和日落。不过这里并不保证你肯定能看到狼；概率在20%至40%，最佳月份为10月至次年5月或6月。

节日和活动

狼领地节 文化节

（Festival Territorio Lobo；www.festivalterritoriolobo.com；Villardeciervos；⏲8月上旬）这个有趣的节日有现场音乐演出、很赞的本地美食、关于伊比利亚狼的介绍以及山脉内的远足。

住宿

★Santa Cruz 客栈 €

（☎619 85 00 10；www.loscuerragos.com；Santa Cruz de los Cuérragos；每人 全膳 €30；PⓌ）现在这里有点特别的东西了。主要是费尔南多（Fernando）和卡门（Carmen）一直致力于令这座迷人的石头村庄重获生机。他们迷人的乡村小屋被修复得十分漂亮，装饰以裸石墙壁、抛光地板、舒适的床铺和满满的温暖感——这里是那种会令你想要比原本计划住得更久一些的地方。只接受现金。

Hotel Remesal 酒店 €

（☎980 65 49 11；www.hotelruralremesal.com；Calle de Mediodía 25，Villardeciervos；标单/双 €38/55；PⓌ）这家出色的三星级酒店位于Villadeciervos，有10间漂亮的客房，房内全部有裸石墙壁和出色的供暖。酒店位于贯穿全城的主路上，作为探索山脉的大本营十分便利，附近有许多可以观狼的地方。

就餐

La Enredadera 西班牙菜 €€

（☎980 59 31 21；Calle de Arriba 26，Ferreras de Arriba；主菜 €8~15，午市套餐 €13；⏲周四至周二 13:30~16:00和20:30~23:30）真是一个巨大的发现！La Enredadera位于其他方面都平淡无奇的村庄Ferreras de Arriba内，附近有几处绝佳的观狼地点，尽一切努力使自己看起来像个酷酷的城市咖啡馆。这里的食物被精心呈现，服务热情，特色菜有鳕鱼（bacalao）或烤肉（carnes a la brasa）。

Hotel Remesal 西班牙菜 €€

（☎980 65 49 11；www.hotelruralremesal.com；Calle de Mediodía 25，Villardeciervos；主菜 €8~17，工作日/周末午市套餐 €10/13；⏲13:00~16:00和20:30~23:00）穿过这家酒店平淡无奇的酒吧，进入光线充足的餐厅，这里的工作人员供应丰盛的肉类菜肴和分量十足的午市每日特餐（menú del día）。

到达和离开

N631连接了萨莫拉和桑纳比亚村，与库莱布拉山脉相平行，有无数条岔路攀进山地。Villardeciervos是这片地区最大的村庄。Robledo是解说中心狼中心的所在地，位于山脉西北端，与桑纳比亚村相通。

桑纳比亚村（Puebla de Sanabria）

人口 1460

靠近葡萄牙边境，这座迷人的村庄有几条错综复杂的中世纪街巷，围绕着一座15世纪城堡展开并朝山下延伸。它是西班牙最可爱的村庄之一，值得在此过夜停留：宁静的鹅卵石小路会让你感觉仿佛穿越回到了几百年前。

景点

城堡 城堡

（Castillo；成人/12岁以下儿童 €3/免费；⏲11:00~14:00和16:00~20:00；P🚻）占据着全村的制高点，从数公里外便可看到这座城堡的身影。这里有一些关于当地历史、植物和动物的有趣展览；还有一段关于村庄文化和历史的幻灯片，以及一个暗箱。孩子们会很喜欢穿上那些盔甲的。堡垒上的风景也很优美。

主广场（Plaza Mayor） 广场

位于村庄最高处，这座引人注目的小镇主广场被一些精美的历史建筑所环绕。17世纪的镇公所（ayuntamiento）有一个可爱的拱顶外立面，在它对面广场的另一侧是**水银圣母教堂**（Iglesia de Nuestra Señora del Azogue；⏲周五 正午至14:00和16:00~18:00，周六和周日11:00~14:00和16:00~19:00），那是一座可爱的乡村教堂，其历史可以追溯至12世纪。

住宿

Hostal Carlos V 青年旅舍 €

（☎980 62 01 61；www.hostalcarlosv.es；Avenida Braganza 6；房 €50起；❄Ⓦ）Carlos V是这里最棒的经济住所，有宜人的房间、耀眼的白色床铺、超松软的毛巾、紧实的床垫、超

西班牙最古老的教堂之一

孤零零的7世纪教堂**纳韦的圣伯多禄堂**(San Pedro de la Nave; ☎660 23 39 95、696 29 24 00; Calle Larga, Campillo; ⏲4月至9月 周二至周日 10:30~13:30和17:00~20:00, 10月至次年3月 周五和周六 10:00~13:30和16:30~18:30, 周日 10:00~13:30)位于萨莫拉西北方约24公里处，是一座稀有而杰出的西哥特式教堂建筑，融合了凯尔特、日耳曼和拜占庭风格的元素。特别值得注意的是那些雕工精美的柱头。教堂在1930年建造埃斯拉(Esla)水库期间搬到了现在位于萨莫拉西北方的Campillo。要从萨莫拉抵达这里，应走N122，然后沿着路标来到Campillo。

大淋浴喷头和优质的浴室用品。这里还有一家很棒的咖啡馆兼餐厅。这里位于老城区入口处的山脚下。

★ Posada Real La Cartería 历史酒店 €€

(☎980 62 03 12; www.lacarteria.com; Calle de Rúa 16; 房 €90~155起; ❄@📶)这家超棒的旧旅馆是这个地区最好的酒店之一。它将现代设施的舒适和这座村庄的所有古老时代气息结合得天衣无缝，有宜人的宽敞房间，装饰着裸露石墙和木梁。浴室有极可意(Jacuzzi)水流按摩浴缸，酒店甚至还有一个小健身房(好像在这个山区小村庄散步还不够令人兴奋似的)。

La Hoja de Roble 历史酒店 €€

(☎980 62 01 90; www.lahojaderoble.com; Calle Constanilla 13; 标单/双 €65/75起; ❄📶)酒店位于山脚下通往老城区的上坡路的起点附近，是一个出色的住宿选择。建筑历史可追溯至17世纪，房间有真正的历史感(裸露石墙和木梁)，又从不会让住客感到压抑。这里还有一个葡萄酒吧和一家优质的餐厅。

就餐

★ Posada Real La Cartería 卡斯蒂利亚菜 €€

(☎980 62 03 12; www.lacarteria.com; Calle de Rúa 16; 主菜 €12~21; ⏲13:00~16:00和21:00至午夜)当地人对野蘑菇(setas和boletus)和(从村庄下面的河流中捕捉到的)鳟鱼(trucha)的痴迷在这里体现得淋漓尽致。此外，这里也是这座村庄最迷人的老建筑中最有氛围的一个。

La Posada de Puebla de Sanabria 卡斯蒂利亚菜 €€

(☎980 62 03 47; www.laposadadelavilla.com; Plaza Mayor 3; 主菜 €10~16; ⏲周四至周二 13:30~16:00和20:30~23:00)这家出色的餐厅就位于主广场上，铺着优雅的白桌布，供应当地牛排和该地区著名的野蘑菇。两者搭配出来的效果出众，比如一种牛肉野菌火锅(tenera estofada con boletus)。

实用信息

旅游局(Oficina de Turismo; ☎980 62 07 34; www.turismosanabria.es; ⏲11:00~14:00和16:00~20:00)位于城堡内。在夏日旺季，这里有时会一直开放到22:00，但也别总是指望这个。

到达和离开

有零星几辆长途汽车从萨莫拉发往桑纳比亚村(€8.50起，1.25小时)。

帕伦西亚(Palencia)

人口 79,137

低调的帕伦西亚有一座巨大的哥特式教堂、几座美丽的广场和一条带柱廊的步行大街(Calle Mayor)，大街两侧商铺林立，还有其他几座教堂。这是一座迷人的城市，也是一座比较安静的省会。大部分的旅行者都是从巴利亚多利德过来进行一日游的。

景点

★ 大教堂 主教座堂

(Catedral; ☎979 70 13 47; www.catedraldepalencia.org; Calle Mayor Antigua 29; 成人/儿童 €5/1; ⏲5月至9月 周一至周五 10:00~13:30和16:00~19:30, 周六 10:00~14:00和16:00~19:30, 周日 16:30~20:00, 10月至次年3月 周一至周五 10:00~13:30和16:00~18:00, 周六 10:00~13:30和16:00~17:30, 周日 16:00~19:00)在这座宏伟的教堂(卡斯蒂利亚最大的大教堂之一)肃穆

的外表下掩藏着极其丰富的内涵，它常常被称为“未知美人”（La Bella Desconocida）。主教门（Puerta del Obispo）是其外立面的亮点。进去之后，前往埃尔萨格拉里奥小堂（Capilla El Sagrario）：跟天花板一样高的祭坛画由数十块精致的嵌板组成。唱诗班席位后面的石头屏风出自吉尔·德索洛埃（Gil de Siloé）之手，是一件浅浮雕杰作。

教区博物馆 博物馆

（Museo Diocesano；☎979 70 69 13；Calle de Mayor Antigua；西班牙语团队导览游 €4；⏲导览游 7月至9月 周二至周日 10:30、11:30、12:30、16:30、17:30和18:30，其余月份时间缩短）栖身于18世纪的主教宫（Palacio Episcopal）内，这座博物馆展示了从中世纪到文艺复兴时期的各种艺术品。亮点包括佩德罗·德贝鲁格特（Pedro de Berruguete）的作品和一幅圣母祭坛画（作者是迭戈·德索洛埃）。

圣米格尔教堂 教堂

（Iglesia de San Miguel；☎979 74 07 69；Calle de Mayor Antigua；⏲周一至周六 9:30~13:30和18:30~19:30，周日 9:30~13:30和18:30~20:00）免费 这座教堂有一座高高的哥特式塔楼和一个城堡似的角楼。圣米格尔教堂内部朴实无华，呈现出简朴之美。根据传说，埃尔·熙德（El Cid）就是在这里和他的唐娜·希梅纳（Doña Jimena）订婚的。

住宿

Eurostars Diana Palace 商务酒店 €

（☎979 01 80 50；www.eurostarsdianapalace.com；Avenida de Santander 12；标单/双 含早餐 €55/60起；P ❄ 📶）一家舒适而现代的酒店，步行即可到达镇中心。这里外观现代，以商旅客人为主。

Hotel Colón 27 酒店 €

（☎979 74 07 00；www.hotelcolon27.com；Calle de Colón 27；标单 €35~55，双 €40~70；❄ 📶）这家位于市中心的二星级酒店性价比不错，舒适（不过有点单调）的客房里铺着地毯，配有单色松木家具、紧实的床垫、贴着绿色瓷砖的明亮的浴室和小平板电视。

就餐

Gloria Bendita 卡斯蒂利亚菜 €€

（☎979 10 65 04；Calle de la Puebla 8；主菜 €14~26；⏲周一至周六 13:30~16:00和21:00至午夜，周日 13:30~16:00；📶）忽略周围了无生气的现代公寓楼，找到这家新开业的帕伦西亚餐厅。这里氛围优雅，供应经过现代创新的精致的卡斯蒂利亚菜肴。肉类和鱼类菜肴是主角，有炖牛肉配平菇这样的经典菜式。这里环境私密，只有几张桌子，预订很重要。

★**Lucio Asador Gastrobar** 卡斯蒂利亚菜 €€€

（☎979 74 81 90；www.restaurantecasalucio.com；Calle de Don Sancho 2；主菜 €20~26，盘餐 €4.50~18；⏲周一至周六 10:00至午夜，周日 10:00~16:00）这家帕伦西亚名店最近将烤肉店（asador）与一个崭新的美食餐吧相结合。传统的氛围已经不见，取而代之的是厨房里迸发的创意。这里仍旧烹制卡斯蒂利亚特色菜烤羊羔（2人份 €39），做得非常棒，但既然来了，如果不尝尝创意西班牙小吃可就太遗憾了。

实用信息

旅游局办事处（Patronato de Turismo；☎979 70 65 23；www.turismocastillayleon.com；Calle Mayor 31；⏲7月至9月中旬 周一至周六 9:30~14:00和17:00~20:00，周日 9:30~17:00，9月中旬至次年6月 周一至周六 9:30~14:00和16:00~19:00，周日 9:30~17:00）囊括了市旅游局和地区旅游局，提供关于帕伦西亚市和周边地区的信息。

到达和离开

长途汽车 从客运站（☎979 74 32 22；Carerra del Cementerio）有定时的班车开往巴利亚多利德（€4.55，45分钟）、马德里（€9.34起，3.5小时）和阿吉拉尔-德坎波奥（Aguilar de Campóo；€8.15，1.5小时）。

火车 高铁如今已经将帕伦西亚与马德里（€16.30~33.10，1.5~3小时）和莱昂（€11.75起，45分钟）相连接。其他的火车目的地还有布尔戈斯（€7.35起，45分钟）和巴利亚多利德（€4.25起，30分钟）。

帕伦西亚周边 (Around Palencia)

帕伦西亚周边的地区与其他省会的相比，面积较小，但这里有3座小教堂，其中一座是西班牙最老的教堂，另外两座是西班牙最漂亮的乡间教堂，绝对值得一看。

景点

★白色圣母堂 教堂

（Iglesia de Santa María La Blanca；☎979 88 08 54；Villalcázar de Sirga；€1.50；⏲6月至9月中旬 每天 11:00~14:00和17:00~20:00，9月中旬至次年4月 周六和周日 10:30~14:00和16:00~18:00）这座卓越的堡垒兼教堂是圣地亚哥朝圣之路（Camino de Santiago）上一个重要的地标，位于弗罗米斯塔（Frómista）和卡里翁德洛斯孔德斯（Carrión de los Condes）之间P980沿线的卡斯蒂利亚平原上。教堂始建于12世纪并在14世纪完工，既有罗马风格也有哥特风格。其高耸而雕刻精美的门户值得稍作留恋。而里边的亮点则包括了皇家墓穴和一个奢华的祭坛画（retablo mayor）。

★圣马丁教堂 教堂

（Iglesia de San Martín；☎979 81 01 44；Avenida del Ejército Español，Frómista；成人/优惠/儿童 €1.50/1/免费；⏲4月至9月 9:30~14:00和16:30~20:00，10月至次年3月 10:00~14:00和15:30~18:30）这座比例漂亮的教堂历史可以追溯至1066年，并在20世纪初重建，是西班牙乡村最迷人的罗马式教堂之一，屋檐下装饰着各式各样的人物和动物形象。室内是朴素风格的典范，除了装饰丰富的柱头之外。

每天有两班大巴从帕伦西亚开过来（€3.50，30分钟），但大部分人都是在往来帕伦西亚与北方的时候顺路拜访这里。

圣约翰教堂 教堂

（Basílica de San Juan；☎628 72 08 85；Baños de Cerrato；€2，周三免费；⏲4月至9月 周二至周日 10:30~14:00和16:50~20:00，10月至次年3月 周二至周日 11:00~14:00和16:00~18:00）7世纪的圣约翰教堂是西班牙最古老的教堂，位于巴尼奥斯德塞拉托（Baños de Cerrato），靠近没有丝毫吸引力的铁路交会处Venta de Baños。教堂由西哥特人在661年建造，此后历经多次修整，它的岩石和赤陶外立面散发出一种朴素而又悦目的简约之美，有一座14世纪的施洗者圣约翰雪花石膏像。

> **值得一游**
>
> **伊比利亚最好的古罗马别墅**
>
> 好吧，这里不是庞贝古城，但这里有伊比利亚半岛最激动人心且保存最完好的古罗马别墅。**奥伊梅达罗马别墅**（Villa Romana La Olmeda；☎979 14 20 03；www.villaromanalaolmeda.com；紧邻CL615；成人/优惠/12岁以下儿童 €5/3/免费，周二15:00~18:30 免费；⏲周二至周日 10:30~18:30；🅿♿）所处之地荒无人烟，周围是肥沃的平原，藏在一幢与之不太协调的未来派建筑后面。然而步入别墅，你就会像滑稽的时间旅行者一样被传送回公元4世纪——这座别墅的原主人是富有的贵族和地主，别墅占地总面积约为1000平方米，里边还有一些精美的马赛克镶嵌画。这里可以和在欧洲任何地方发现的古罗马私人别墅相媲美。

住宿

★Hotel Monasterio Real San Zoilo 历史酒店 €€

（☎979 880 049；www.sanzoilo.com；Carrión de los Condes；标单/双 €55/75起；🅿❄📶）卡里翁德洛斯孔德斯这家漂亮的酒店位于一座11世纪的隐修院中，其迷人的客房里有木梁、裸砖和粉刷成赭色的墙壁。部分客房围绕着回廊，这里还有一家不错的餐厅。

实用信息

弗罗米斯塔旅游局（Oficina de Turismo de Frómista；☎979 810 180；www.turismocastillayleon.com；Calle de Ingeniero Rivera；⏲周一至周五 10:00~14:00和16:00~19:00，周六和周日 10:00~14:00）十分有帮助的旅游局。

到达和离开

要探索这里的大部分区域需要自己开车。尽管每天有两班大巴从帕伦西亚开往弗罗米斯塔，但当

值得一游

罗马式教堂巡回之旅

阿吉拉尔-德坎波奥周围凉爽的山间乡村地带散布着不少于55座罗马式教堂。沿着宁静的乡村小路漫步，寻觅这些教堂，轻轻松松便可消磨掉一天的时光。

在**皮苏埃加河畔奥列罗斯**（Olleros de Pisuerga），有一座利用岩石雕凿出来的小教堂；它的路标牌上写着"Ermita Rupestre"（洞穴教堂）。可以在城镇主街道上的Bar Feli酒吧找个人给你带路。

再往南走，在一条僻静的小路上，本笃会的**玛维圣玛利亚修道院**（Monasterio de Santa María de Mave；☎620 13 70 55、979 12 36 11；⏲时间不定）里有一座有趣的13世纪罗马式教堂，是这片建筑中唯一向游客开放的部分，去隔壁的咖啡馆索要钥匙。它紧邻主路，位于阿吉拉尔-德坎波奥以南约8公里处。附近的**阿罗约的圣安德肋修道院**（Monasterio de San Andrés de Arroyo；www.sanandresdearroyo.es；导览游 €5；⏲团队游 11:00、正午、12:30、16:00、17:00和18:00，12月中旬至次年3月中旬和复活节 关闭）是杰出的罗马式建筑瑰宝——尤其是它建于13世纪的回廊。每小时有一次西班牙语团队导览游。

你想继续前行的时候就会发现自己滞留不前了。

帕兰提纳山（Montaña Palentina）

远在卡斯蒂利亚-莱昂北端的这些山丘是坎塔布连山脉（Cordillera Cantábrica）美丽的前奏，这座山脉是卡斯蒂利亚和西班牙北方大西洋沿岸地区的分界线。这里周边的景色可能是帕伦西亚地区最美的，有被遗忘的罗马风格教堂和无比寂静的岔路，你在路上很有可能被拖拉机耽搁前行，而不是被观光大巴打扰。

阿吉拉尔-德坎波奥（Aguilar de Campóo）

人口 6979

阿吉拉尔-德坎波奥是一个熙熙攘攘的城镇，有一些有趣的遗迹。最重要的是，这里是帕兰提纳山的迷人风景和罗马式教堂的门户，并且让你在往来帕伦西亚与桑坦德（Santander）之间时可以休息一下。

景点

圣塞西莉亚教堂 教堂

（Ermita de Santa Cecilia；☎979 18 14 24；Calle de Santa Cecilia；门票 €1；⏲4月至9月 周二至周日 11:00~14:00和17:00~20:00，10月至次年3月 周二至周日 11:00~14:00和16:00~18:00）俯瞰着城镇的12世纪城堡和优雅的罗马式圣塞西莉亚教堂为这里提供了如画的背景。这座漂亮低调的小隐修所是省内周边地区罗马风格珍宝的序曲。

皇家圣玛利亚修道院 修道院

（Monasterio de Santa María la Real；☎979 12 30 53；www.santamarialareal.org；Carretera de Cervera；成人/儿童 €5/3；⏲7月至9月 10:30~14:00和16:30~20:00，10月至次年6月 周二至周五 16:00~19:30，周六和周日 10:30~14:00和16:30~19:30）经过重建的罗马式修道院皇家圣玛利亚修道院位于城外不远处前往皮苏埃加河畔塞尔韦拉（Cervera de Pisuerga）的公路边。修道院里的13世纪哥特式回廊带有精致的柱顶，非常漂亮。你可以自行参观教堂，但要想看其他部分就需要参加团队游了——时间见网站。

食宿

★**Posada Santa María La Real** 历史酒店 €€

（☎979 12 20 00；www.posadasantamarialareal.com/EN/hotel.html；Carretera de Cervera；标单/双 €54/81起；P❄📶）栖身于同名的罗马式修道院中但经过了现代化的翻新，这个迷人的农舍（posada）是该地区最有氛围的住宿地。部分房间饰有石墙，其他的房间则是错层式设计，所有房间都铺着木地板。餐厅提供中世纪主题晚餐和几款套餐（€16起）。

Mesón Añejo 西班牙菜 €€

(☎979 12 29 71; www.mesonanejo.wixsite.com/anejo; Calle Comercio 10; 主菜 €12~18; ⏲周四至周一 13:00~15:30和21:00~23:30, 周二13:00~15:30) Mesón Añejo拥有迷人的木梁砖造结构，是我们在城里最推荐的餐厅，特色菜有牛里脊片塞鹅肝（carpaccio de solomillo relleno de foie）和热石烤牛排（chuletón a la piedra）。本地农产品是这里反复出现的主题。

实用信息

旅游局（Oficina de Turismo; ☎979 12 36 41; www.aguilardecampoo.com/turismo/; Paseo de la Cascajera 10; ⏲周二至周六 10:00~13:45和16:00~17:45，周日 10:00~13:45）

到达和离开

开往布尔戈斯、帕伦西亚和桑坦德（Santander）的长途汽车每天至少有1班。每天最多有5班火车连接阿吉拉尔-德坎波奥和帕伦西亚（€8.85起，1小时），但火车站在城外4公里处。

西北部（THE NORTHWEST）

莱昂（León）

人口 126,192/海拔 837米

莱昂是一座奇妙的城市，融合了出色的历史建筑与难以抗拒的活力。这里最出名的景点是主教座堂，堪称西班牙最美的主教座堂之一，不过此外就没有太多可以看的东西和可以做的事情了。白天，你见到的是一座深深扎根于卡斯蒂利亚北部土壤中的城市，这里有宏伟的历史古迹和象征忠诚信仰的天主教遗迹，同时它也是圣地亚哥朝圣之路（Camino de Santiago）上的一个重要驿站。夜间，莱昂便会被风景如画的老城区胡梅朵区（Barrio Húmedo）的狭窄街道和广场上深入夜空的背景音乐所占据。这种奇妙的融合真令人叫绝。

景点

把一天中最好的时间留出来，确保自己见到了莱昂所有的景点。去市旅游局拿一份《莱昂博物馆与古迹开放时间》（*Horarios de Museos y Monumentos de León*），上边列有目前的开放时间。

Calle Ancha是主要的步行购物街。别错过3号美妙的**Farmacia Alonso Nuñez**（⏲周一至周五 9:30~14:00和16:30~20:00，周六9:30~13:30）。药房历史可以追溯至1827年，除了陈列的抗皱霜和安全套之外，华贵的内饰和华丽的天花板一点都没有变。

★大教堂 主教座堂

（Catedral; ☎987 87 57 70; www.catedraldeleon.org; Plaza de Regia; 成人/优惠/12岁以下儿童 €6/5/免费，与回廊和主教座堂堂区博物馆的套票 €9/8/免费; ⏲6月至9月 周一至周五 9:30~13:30和16:00~20:00，周六 9:30至正午和14:00~18:00，周日 9:30~11:00和14:00~20:00，10月至次年5月 9:30~13:30和16:00~19:00，周日 9:30~14:00）莱昂的主教座堂建于13世纪，有高耸的塔楼、飞拱和美到无以言表的内部空间，它是这座城市的精神中心。无论是在夜间聚光灯的照射下，还是沐浴在北边耀眼的阳光中，这座主教座堂无疑都是西班牙首屈一指的哥特式建筑杰作，散发着光辉夺目的魅力。引人注目的外立面上有一扇光芒四射的**玫瑰窗**、3道雕工复杂精致的门廊和两座雄伟的塔楼。正门入口处的天花板上描绘着《最后的晚餐》中的场景，镶满彩色玻璃窗（vidrieras）的走廊无与伦比。

窗户的设计灵感来自法国，大部分安装于13~16世纪，万花筒式的彩色光线令人惊叹。这里的玻璃窗看上去似乎比砖石还多，128面窗户总共安装了1800平方米的玻璃，但仅仅用这些数字还无法描绘出这座主教座堂在光影变换中散发出的空灵气质。

其他珍品还包括祭坛上由恩里克·德阿尔费（Enrique de Arfe）设计的一个银质骨灰坛，里面安放着莱昂的主保圣人圣弗罗伊兰（San Froilán）的遗骸。华丽的**唱诗班席位**也值得一看。

将游览主教座堂与**回廊和主教座堂堂区博物馆**（Claustro & Museo Catedralicio-Diocesano; Plaza de Regia; 成人/优惠/12岁以下儿童 €5/4/免费; ⏲6月至9月 周一至周五 9:30~13:30和16:00~20:00，周六 9:30至正午和14:00~18:00，周日 9:30~11:00和14:00~20:00，10月至次

León 莱昂

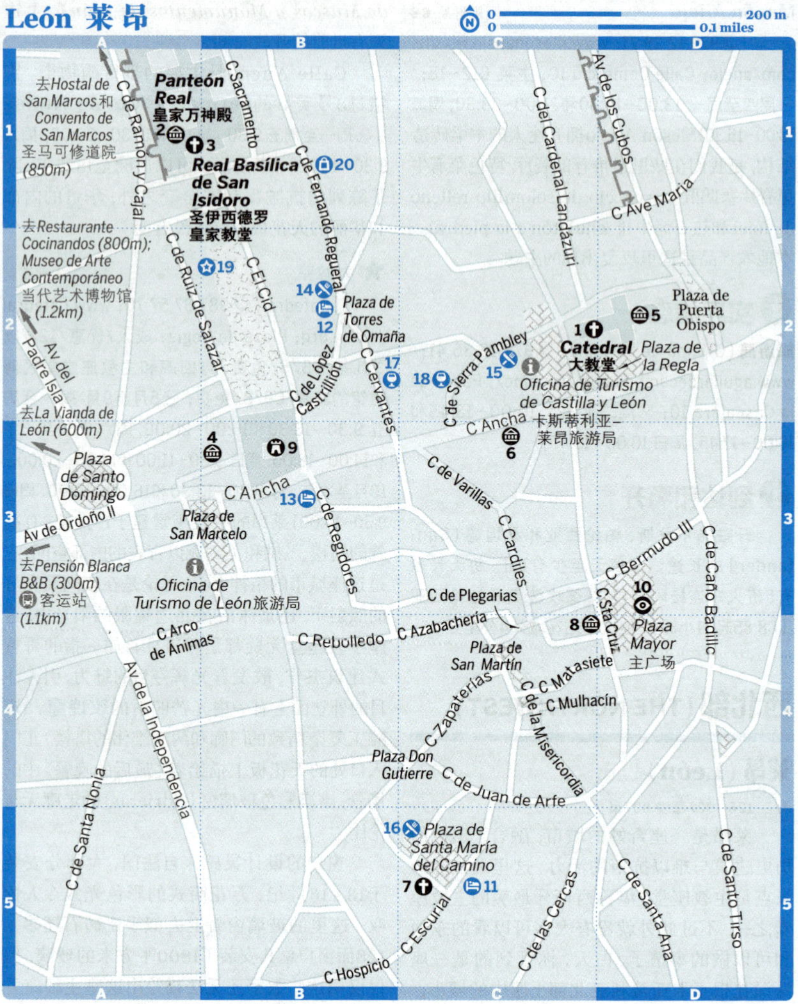

年5月 周一至周六 9:30~13:30和16:00~19:00，周日 9:30~14:00）的时间结合起来，后者就在街角。在宁静明亮的回廊里有一幅15世纪的壁画，令主圣殿更加完美，而博物馆则有一幅由胡尼和斯帕·贝塞拉（Gaspar Becerra）创作的艺术珍品令人印象深刻，旁边还有一座珍贵的早期罗马风格的圣母玛利亚雕像。

★阿利坎特当地艺术博物馆 画廊

（Museo de Arte Contemporáneo, Musac; ☎987 09 00 00; www.musac.es; Avenida de los Reyes Leóneses 24; 成人/优惠/儿童 €3/2/1，周日 17:00~21:00和周二至周四 19:00~20:00免费；⏲周二至周五 11:00~14:00和17:00~20:00，周六和周日 11:00~15:00和17:00~21:00，导览游 13:00和18:00）作为一座令莱昂备感自豪的博物馆，当地艺术博物馆因其外立面上的37扇彩色玻璃窗而广受好评，这一设计的灵感来自莱昂主教座堂的一扇彩色玻璃窗。博物馆内部是西班牙最具活力的艺术空间之一。宽敞的展厅在大部分时间里举办的都是有关西班牙前沿艺术、国际摄影、视频装置和其他类似形式艺术的临时展览，永久性

León 莱昂

展品的数量也在增加。这里还定期举办音乐会。

★皇家万神殿 历史建筑

(Panteón Real; www.turismoleon.org; Plaza de San Isidoro; 成人/儿童 €5/免费; ⌚周一至周六 10:00~14:00和16:00~19:00, 周日 10:00~14:00)迷人的皇家万神殿附属于圣伊西德罗皇家教堂(见本页),里边保存着留存下来的雕花大理石石棺,它们宁静庄严地排列在西班牙最精美的罗马式湿壁画下方。这座非凡厅堂的拱顶和拱门上布满了各种描绘圣经场景的缤纷浮雕,支撑着整座殿堂的大理石柱的柱顶上也有复杂精美的雕刻。皇家万神殿内还有一座小**博物馆**,里面有圣依西多禄(San Isidoro)的神龛和这位圣徒已经木乃伊化的一根手指,以及其他珍宝。

★圣伊西德罗皇家教堂 教堂

(Real Basílica de San Isidoro; ☎987 87 61 61; Plaza de San Isidro; ⌚7:30~23:00) 免费 这座教堂的历史甚至比莱昂大教堂的历史还要悠久。相对于主教座堂的哥特风格,圣伊西德罗皇家教堂体现了一种令人惊艳的罗马风格。费尔南多一世(Fernando I)和唐娜桑查(Doña Sancha)在1063年修建了这座教堂来保存圣依西多禄的遗骸,他们自己以及其他21位早期莱昂和卡斯蒂利亚君主也长眠于此。遗憾的是,拿破仑的军队在19世纪初洗劫了这座教堂,不过仍然有很多引人注目的东西留存了下来。

圣马科斯修道院 女修道院

(Convento de San Marcos; Plaza de San Marcos; ⌚周二至周六 10:00~14:00和16:00~19:00, 周日 10:00~14:00) 免费 你必须在Hostal de San Marcos国营酒店(见212页)入住才能欣赏这座宏伟的前修道院的大部分景致,不过非住客可以随意参观历史感十足的牧师会礼堂和华丽的回廊。银匠风格的建筑外观也很漂亮,以细长的立柱分隔,并以精美的圆形浮雕和饰带装饰,其历史可以追溯至1513年。这里在夜间点亮泛光灯的时候尤其迷人。

博丁内斯之家 历史建筑

(Casa Botines; ☎987 35 32 47; www.casabotines.es; Plaza de San Marcos 6; 成人/儿童 €5/免费; ⌚周一、周二和周四至周六 11:00~14:00和17:00~21:00, 周三 17:00~21:00, 周日 11:00~14:00)安东尼·高迪(Antoni Gaudí)向莱昂的天际线献上的一份大礼——像城堡一样的新哥特风格的博丁内斯之家(1893年),不过这位古怪的巴塞罗那知名建筑师似乎被更为素净的莱昂给压制住了。外边的一个长椅上坐着一尊高迪的雕像。

古兹马内斯宫 宫殿

(Palacio de los Guzmanes; ☎987 292 204;

Plaza de San Marcelo 6；成人/儿童 €2/1；⏲周三至周日 11:00至次日5:00）文艺复兴主题在华丽的古兹马内斯宫（1560年）中继续得到彰显，这座建筑拥有出类拔萃的外立面和中庭。若想进入中庭参观必须参加免费的导览游。

主广场（Plaza Mayor）
广场

美丽而又古老的17世纪主广场位于老城区的东北端。广场3面环绕着柱廊，周三和周六这座宁静的广场会变身为一处热闹的土产市场。广场西面坐落着建于17世纪晚期的巴洛克风格的老市政厅。

贸易圣母教堂
教堂

（Iglesia de Santa María del Mercado；Plaza de Santa María del Camino；⏲6月中旬至9月中旬 周二至周日 10:00~13:30和17:00~20:00，9月中旬至次年6月中旬 周一至周六 11:00至正午和19:00~20:00）罗马风格的石头教堂——贸易圣母教堂显得十分沧桑，位于坡下，俯瞰一座怡人的广场。广场给人的感觉就像是卡斯蒂利亚村庄里的鹅卵石广场。开放时间不定，但这里最迷人的是外墙和周边的环境。

团队游

莱昂导览游
团队游

（Visitas Guiadas León；☎688 94 14 03；www.visitasguiadasoficiales.com；免费至€20；⏲周四至周二 11:00、12:15和17:15）这些导览游为时1~3小时，包含各种选择，其中包括（偶尔会组织的）晚8点的夜间游。在免费的游览结束时会需要根据你的满意度捐款。大部分的游览都从主教座堂的门口出发。

节日和活动

★圣周
宗教节日

（Semana Santa，Holy Week；⏲3月/4月）莱昂是观赏肃穆的圣周游行的好地方，届时戴着兜帽的忏悔者会列队从街上穿过，这座城市的古迹则充当令人激动的背景。

圣若翰和圣伯多禄节
节日

（Fiestas de San Juan y San Pedro；⏲6月；👪）这座城市在夏季刚刚来临（6月21日至30日）时会尽情狂欢。节日期间会有音乐会、街头摊贩和各种娱乐活动。

住宿

Pensión Blanca B&B
家庭旅馆 €

（☎987 25 19 91；www.pensionblanca.com；Calle de Villafranca 2；双/标三 €45/60，标单/双不带卫生间 €30/40；📶）这家中等偏上的家庭旅馆无疑是莱昂最棒的经济型住所之一，拥有色彩明亮的迷人客房，地理位置优越，位于客运站/火车站和大教堂中间；沿主购物街步行10分钟就能抵达大教堂。

Hostal San Martín
青年旅舍 €

（☎987 87 51 87；www.sanmartinhostales.es；2nd fl，Plaza de Torres de Omaña 1；标单/双 €30/43，不带浴室 €20/30；📶）这家位于城中心的老式经济型住所性价比不错，栖身于一座18世纪建筑内，房间明亮通风，糖果色调，且所有房间都带小阳台。一尘不染的浴室水压很足，还有浴缸和淋浴设备。旅馆里有一个舒适的休息区，热情友好的酒店主人可以为你提供旅游建议和地图。

★La Posada Regia
历史酒店 €€

（☎987 21 31 73；www.regialeon.com；Calle de Regidores 9-11；含早餐 标单 €54~70，双 €59~130；📶）尽管位于市中心，这个地方却给人一种农舍的感觉。这是因为这座建于14世纪的建筑被全面翻新过（里面有木质横梁、裸露的砖石和低调的古董家具），每个房间都独具风格，房间内还配有无比舒适的床和浴室。和潮湿区（Barrio Húmedo）的其他地方一样，周末的夜晚这里会比较吵。

Hospedería Monástica Pax
青年旅舍 €€

（☎987 34 44 93；www.hospederiapax.com；Plaza de Santa María del Camino；房 €51~80；❄📶）这个出色的住处俯瞰莱昂最迷人的广场之一，位于一座翻修过的前修道院中；客房大多宽敞且陈设雅致。除非你睡觉真的很轻，不然就要一间俯瞰广场的客房吧。

★Hostal de San Marcos
历史酒店 €€€

（☎987 23 73 00；www.parador.es；Plaza de San Marcos 7；双 含早餐 €110起；P❄@📶）虽然名字里有"hostal"（青年旅舍），但这座奢华的国营酒店是全国最好的酒店之一。富丽堂皇的房间内充满了古代的豪华装饰。这里是西班牙国营连锁酒店的旗舰店之一。正如你所期待的那样，这里的服务和对细节的重视程度无可挑剔。酒店位于地标建筑圣马科斯修道院（见211页）内。

就餐

La Trébede 西班牙小吃 €

（☎637 25 91 97；Plaza de Torres de Omaña；西班牙小吃 €2.50起，盘餐 €7起；⏲周一至周六正午至16:00和20:00至午夜）这里是吃西班牙小吃（试试炸丸子）、小酌几杯开胃酒（葡萄酒每杯€1.50起）的好地方，所以总是人满为患。内部装潢显得有些混搭——鹿角、旧式无线电和象征正义的天平齐聚一堂。门外的标志宣称这里距离圣地亚哥有350公里——这么写的目的可能是想让你放弃踏上圣地亚哥朝圣之路的念头，在这儿再多待一会儿。

Taberna La Piconera 西班牙小吃、西班牙菜 €€

（☎987 26 34 56；Plaza Santa María del Camino 2；西班牙小吃 €2.50起，盘餐 €9~17，主菜 €15~18；⏲周二至周日 13:00至午夜）这里提供出色的肉类菜肴，精心搭配新鲜的沙拉，但我们喜欢这里是因为它位于莱昂最迷人的广场之一。找个露天餐位坐下，在饭前或饭后磨蹭一会儿，喝杯葡萄酒欣赏风景。

★Restaurante Cocinandos 新派西班牙菜 €€€

（☎987 07 13 78；www.cocinandos.com；Calle de las Campanillas 1；套餐 €43；⏲周二至周六 13:45~15:30和21:30~23:00）Cocinandos骄傲地持有莱昂唯一的米其林评星，供应创意的菜肴，菜单每周根据季节和市场出售的食材变换。这里的气氛有些正式，所以请得体着装并提前订位，但其年轻的团队会令客人们安心，而且食物（按照古怪的新派西班牙料理标准来评判）非常棒。

饮品和夜生活

★Camarote Madrid 葡萄酒吧

（www.camarotemadrid.com；Calle de Cervantes 8；⏲10:00~16:00和20:00至次日0:30）一条条整只火腿排成一线展示在酒吧里，令人不禁联想起某些百老汇歌舞团的性感热舞。这家人气十足的酒吧因其西班牙小吃而闻名——小陶瓷杯装的冷汤（salmorejo）也是名副其实。但最吸引人的还是这里种类繁多的美酒，酒客们围绕着中央的吧台欢饮畅谈，其乐融融。

Four Lions Brewery 酒吧

（☎619 89 19 02；www.fourlionsbrewery.com；Calle Sierra Pambley 6；⏲周一至周六 13:00~17:00和20:00至午夜，周六 13:00至午夜）我们喜欢这里的精品啤酒和令人愉悦的氛围——这里有6种自酿啤酒，其中包括拉格、艾尔和一种烈性黑啤。人们对这里的食物褒贬不一。

娱乐

La Lola 现场音乐

（☎987 22 43 03；www.papaquijano.com；Calle de Ruiz de Salazar 22；⏲周三至周六 21:00至次日5:00，现场音乐 周三和周四从午夜开始，周五和周六从1:00开始）来听一听基哈诺爸爸（Papa Quijano）的音乐吧，这位传奇的拉丁摇滚低吟歌手已经发行过好几张专辑并收获了一大批粉丝。他从20世纪70年代起便经营着这家富有氛围的酒吧。这里灯光朦胧，酒吧后面的壁龛甚至包裹着部分古罗马的城墙，这里可能不符合所有人的口味，但十分迷人。

购物

La Vianda de León 食品

（☎987 24 03 70；www.laviandadeleon.com；Gran Vía de San Marcos 47；⏲周一至周五 10:30~15:00和17:30~21:00，周六 10:00~15:00）这家出色的风味熟食店位于比较新的城区，出售包括奶酪、葡萄酒、腌肉和本地油酥糕点在内的一切食品。

El Escribano 工艺品

（☎987 07 32 22；www.elescribano.com；Calle de Fernando Regueral 6；⏲周一至周五 11:30~13:30和18:00~20:00）这间漂亮的小店最吸引人的当属一些可爱的蚀刻画和中世纪艺术品的复制品。

实用信息

卡斯蒂利亚-莱昂旅游局（Oficina de Turismo de

Castilla y León; ☎987 23 70 82; www.turismocastillayleon.com; Plaza dela Regla 2; ⏲4月至9月 周一至周六 9:30~14:00和17:00~20:00, 周日 9:30~17:00, 10月至次年3月 周一至周六 9:30~14:00和16:00~19:00, 周日 9:30~17:00)位于主教座堂对面,也有关于卡斯蒂利亚-莱昂的一般信息。

莱昂旅游局(Oficina de Turismo de León; ☎987 87 83 27; www.turismoleon.org; Plaza de San Marcelo 1; ⏲9:00~20:00)有关于这座城市和周边地区的信息。

到达和离开

火车站和客运站位于贝尔内斯加河(Río Bernesga)西岸,紧邻Avenida de Ordoño II西端。

长途汽车 有大巴从**客运站**(☎987 21 10 00; Paseo del Ingeniero Sáez de Miera)发车开往马德里(€24, 3.5小时,每天8班)、阿斯托加(€3.95, 1小时,每天17班)、庞费拉达(€9.25, 2小时,每天最多12班)、布尔戈斯(€5.20起,2小时,每天3班)和巴利亚多利德(€11.30, 2小时,每天9班)。

值得一游

埃斯卡拉达的圣弥额尔修道院

矗立在卡斯蒂利亚的北部平原上,这座漂亮简单的珍宝(Monasterio De San Miguel De Escalada; €2; ⏲5月至10月 周二至周日 10:00~14:30和16:30~19:30, 3月和4月 周五至周日 10:00~14:30, 其余时间关闭)为9世纪时从科尔多瓦流亡而来的修士们在这里的一座供奉总领天使弥额尔的西哥特风格教堂的遗址上修建而成。尽管最初那座教堂已经几乎没有留下什么痕迹,这里最为出名的是它那美丽而简洁的马蹄铁拱形设计,这种建筑样式在西班牙如此靠北的地区十分少见。优雅的外墙和门廊由其内部令人叹为观止的大理石立柱支撑。入口建筑的历史可以追溯至11世纪。

从莱昂出发,沿N601公路向东南方向行驶约14公里后,转而驶上向东面去的LE213小路,行驶16公里经过岔路口后就能见到这座教堂。

小汽车和摩托车 在圣多明各广场(Plaza de Santo Domingo)周围的街道可以找到停车场(12小时收费 €12~16)。或者在Junta de Castilla y León外边的露天大停车场免费停车;那里位于市中心西边,靠近Hostal San Marcos。

火车 高铁网络如今已经通到了莱昂,大大缩短了往来巴利亚多利德(€16.40起,1.25~2小时)和马德里(€27起,2.25~5小时)的时间。其他的非高铁目的地有布尔戈斯(€9.90起,2小时)。

当地交通

司机们需要注意莱昂市中心的地下停车场是私营的,比大多数停车场更贵(€1.50/小时),通常过夜也没有优惠。你或许想考虑一下在有私家停车场的酒店入住。

阿斯托加(Astorga)

人口 11,264 / 海拔 870米

坐落于卡斯蒂利亚北部荒凉的平原和加利西亚西部群山之间的一座小山丘的山顶,阿斯托加是一座迷人的小镇,景点多得和它本身的规模不成比例。除了华美的主教座堂,阿斯托加还有一座高迪设计的宫殿,以及散布在各处的古罗马遗迹,并因圣地亚哥朝圣之路上的位置而声名远播。或许,最有意思的是巧克力博物馆。

景点

主教宫 博物馆、建筑

(Palacio Episcopal, Museo de los Caminos; Calle de Los Sitios; 成人/儿童 €3/免费; ⏲3月至9月 周二至周六 10:00~14:00和16:00~20:00, 周日 10:00~14:00, 10月至次年2月 周二至周六 11:00~14:00和16:00~18:00, 周日 10:00~14:00)加泰罗尼亚建筑师安东尼·高迪在阿斯托加主教宫童话般的塔楼、镶满褶边的外立面中都留下了他独特的印记。这座主教宫建于19世纪,如今是朝圣之路博物馆(Museo de los Caminos; 位于地下室)的所在地,其中的收藏包罗万象:罗马时代的手工艺品和货币、当代绘画作品陈列在顶层、中世纪雕塑、哥特风格墓穴和银十字架(位于底层和二层)。主要的看点是礼拜堂,那里有美丽的壁画和彩色玻璃。

巧克力博物馆

博物馆

(Museo del Chocolate; ☎987 61 62 20; www.museochocolateastorga.com; Avenida de la Estación 16; 成人/儿童 €2.50/免费，含罗马博物馆 成人儿童 €4/免费; ⊙周二至周六 10:30~14:00和16:30~19:00, 周日 10:30~14:00; 👪)这间古怪的私立小博物馆证明了阿斯托加并不只是为那些行走在圣地亚哥朝圣之路上贞洁正直的灵魂而存在的。在18世纪和19世纪，巧克力是阿斯托加的经济命脉，博物馆收藏了一系列旧机器、五颜六色的广告和平板画，位于一座迷人的老宅中，距离市中心只有一段步行距离，最棒的是你在参观完毕后还可以得到一块免费的巧克力。

大教堂

主教座堂

(Catedral; Plaza de la Catedral; 含博物馆和回廊 €5; ⊙4月至10月 周一至周六 10:00~20:30, 周日 10:00~11:15和13:00~20:30, 11月至次年3月 周一至周六 10:30~19:00和周日 13:00~19:00)大教堂引人注目的银匠风格南侧外立面是由焦糖色砂岩精细雕刻而成。修建工程开始于1471年，持续了3个多世纪，最终建成了这座风格混合的主教座堂。以哥特风格为主的教堂内部有高高的天花板，以及一幅由加斯帕·贝塞拉(Gaspar Becerra)创作的夺人眼球的16世纪祭坛画。附属的**大教堂博物馆**(Museo Catedralicio; ☎987 61 58 20; 含主教座堂和回廊 €5; ⊙3月至9月 周二至周六 10:00~14:00和16:00~20:00, 周日 10:00~14:00, 10月至次年2月 周二至周六 11:00~14:00和16:00~18:00, 周日 10:00~14:00)陈列着常见的宗教艺术作品、文件和手工艺品。

罗马博物馆

博物馆

(Museo Romano; ☎987 61 68 38; Plaza de San Bartolomé 2; 成人/儿童 €3/免费，含巧克力博物馆 成人/儿童 €4/免费; ⊙7月至9月 周二至周日 10:00~14:00和16:30~19:00, 10月至次年5月 周二至周六 10:30~14:00和16:00~18:00, 周日 10:30~14:00; 👪)位于古罗马的奴隶监狱(ergástula)中，罗马博物馆收藏有一系列朴素的手工艺品，还有一段有趣的大屏幕幻灯片放映，讲述着古罗马时期的阿斯托加。

团队游

Ruta Romana

步行游览

(☎987 61 69 37; rutaromana@ayuntamientodeastorga.com; 每人 €4, 含罗马博物馆 €5; ⊙周二至周六 11:00和17:00, 周日 11:00)这一阿斯托加的古罗马遗迹(部分遗迹只能参加这个团队游才能看)导览游为时1小时45分，是种真正深入这座城镇的古罗马历史的绝妙方式。导览游仅以西班牙语进行，但大部分景点都有英文信息板。

节日和活动

圣马大节

宗教节日

(Festividad de Santa Marta; ⊙8月下旬; 👪)在阿斯托加以烟火和斗牛活动纪念其主保圣人的时候，神圣与渎圣浑然天成地混合在了一起。时间是8月的最后一周。

住宿

Hotel Vía de la Plata

酒店 €€

(☎987 61 90 00; www.hotelviadelaplata.es; Calle Padres Redentoristas 5; 双/套 含早餐 €80/100; ❄@📶)这家水疗酒店占据着一座漂亮的前修道院，紧邻西班牙广场(Plaza España)。住店客人能够以相当优惠的价格享受水疗服务项目，包括听起来就令人垂涎欲滴的巧克力护理(chocoterapia)。房间整洁而现代，配色为时尚的蘑菇棕和奶油白，有管状灯具和超大的浴缸以及淋浴。

El Descanso de Wendy

公寓 €€

(☎987 617 854; www.eldescansodewendy.com; Calle de Matadero Viejo 11; 标单/双 €64/90起)El Descanso de Wendy位于老城区的西端，但所有的景点都只有不远的步行距离，这里的装饰风格兼收并蓄，有简单的也有奢华的。服务热情友善，旅行者经常对其大肆赞美。

Hotel Astur Plaza

酒店 €€

(☎987 61 89 00; www.hotelasturplaza.es; Plaza de España 2; 标单/双/套 €55/75/110起; ❄@📶)来选一间朝着可爱的西班牙广场的超级舒适的房间吧——然而到了周末，你或许会想要舍弃风景，换到背街更安静的房间

鹰嘴豆炖肉

鹰嘴豆炖肉(cocido maragato)是阿斯托加及周边村庄的特色菜(不过你在莱昂也能找到它)。其采用的食材与一般的乱炖(乱炖在马德里和卡斯蒂利亚腹地十分受喜爱)一般无二——锅里有不同的肉类(有些人说是7种肉类)、土豆、鹰嘴豆和面条汤,与其他地方乱炖的区别在于,这里的不同食材上桌的顺序是反向的:先是肉,然后是蔬菜,之后是汤。

这一传统的背后起源颇具争议性。有人说它可以追溯至人们用毛驴往来拉斯梅杜拉斯(Las Médulas)运送货物的年代,大家选择先吃最硬的食物,因为它们最适合在路上吃。另一种说法是这片地区曾经有很多土匪,如果吃饭必然会被打断的话,至少先把肉吃了。还有一种更为无聊的说法是,本地农民据说如此吃乱炖的原因是在室外如果按照正常的顺序吃乱炖,肉就凉了。

无论原因如何,这道菜的分量都非常大,通常情况下点一份就可以足够两个人吃了。这道菜其实只被视作午餐菜肴(因此大多数的阿斯托加餐厅甚至懒得在傍晚营业)。最适合品尝这道菜的两个地方是Restaurante Las Termas(见本页)和Casa Maragata(见本页)。周末预订很关键。

去。套房里配有水流按摩浴缸,这里还有3间贵宾房,房间里的床"超帝王级"的大,但即便是这里的标准间都已经很好了。

就餐

★Restaurante Las Termas 卡斯蒂利亚菜 €€

(☎987 60 22 12; www.restaurantelastermas.com; Calle de Santiago Postas 1; 主菜€9.50~22; ⏲周二至周日 13:00~16:00; 🚻)这家午餐餐厅由圣地亚哥(Santiago;当地非常流行的名字)经营,他除了是个有魅力的店主之外,还亲自监督菜品。餐馆以优质鹰嘴豆炖肉(€22)和鹰嘴豆鳕鱼沙拉(ensalada maragata)闻名。这里是那种让人一进门就感觉宾至如归的地方,而且食物也无懈可击。

Casa Maragata 西班牙菜 €€

(☎987 61 88 80; www.casamaragata.com; Calle de Húsar Tiburcio 2; 炖菜 每人 €22; ⏲周三至周一 13:30~16:00)这里是一家炖鹰嘴豆做得比较好的餐厅(因此也更受欢迎)。其实这里别的菜不多。在城另一边还有一家分店,如果这家没有餐位了,你可以去那边看看。这里还有无麸质的版本。

Restaurante Serrano 当代西班牙菜 €€

(☎987 61 78 66; www.restauranteserrano.es; Calle de la Portería 2; 主菜 €13~23; ⏲周二至周日 12:30~16:00和20:00~23:30)高档餐厅Restaurante Serrano的菜单上有各种各样精致的美食,有新鲜的夏日开胃菜、创意十足的肉类与鱼类主菜,以及许多诱人的巧克力甜点。这里也有鹰嘴豆炖肉和其他当地菜肴。建议预约。

购物

Confitería Mantecadas Velasco 食品

(☎987 61 59 35; www.mantecadasvelasco.com; Plaza Eduardo de Castro 1; ⏲10:30~14:00和16:30~19:30)本地行家都知道Confitería Mantecadas Velasco有阿斯托加最棒的黄油蛋糕(mantecada)和其他的油酥糕点。我们已经尝过了并且无法反驳。这里是卡斯蒂利亚-莱昂的吃货体验中不可或缺的一部分。

实用信息

旅游局(☎987 61 82 22; www.turismocastillayleon.com; Glorieta Eduardo de Castro 5; ⏲4月至9月 10:00~14:00和16:00~20:00,10月至次年3月 10:00~14:00和16:00~18:00)位于主教宫对面。

到达和离开

有定时发车的长途汽车往返于阿斯托加和莱昂(€3.95,1小时,每天17班)及马德里(€25起,4.5小时,每天3班)之间。火车站位于城北两三公里外,不太方便。

萨哈冈（Sahagún）

人口 2645/海拔 807米

如今的萨哈冈是一个虽然风景如画但很低调的小镇，而过去，这里曾是西班牙势力最强大的修道院的所在地；这里对于前往圣地亚哥朝圣的人来说，现在依然是途中的一个重要驿站。

景点

贝里格纳庇护所 女修道院

（Santuario de La Peregrina；紧邻Avenida Fernando de Castro；€3；7月至9月中旬 周二至周日 10:30~14:00和16:30~20:00，9月中旬至次年6月 周三至周日 11:00~14:00和16:00~18:30，周二 16:00~18:30）这座建于13世纪的前修女院经过了彻底的翻新，你可以在这里看见精美的13世纪湿壁画和17世纪穆德哈尔式灰泥天花板（后者位于主殿右侧的小礼拜堂中）。当代艺术作品充斥着连接空间，而修女院新增加的现代部分里边收藏着一些精致的萨哈冈主要古迹的等比例模型。

圣蒂索教堂 教堂

（Iglesia de San Tirso；Plaza de San Tirso；周三至周六 10:00~14:00和15:00~17:50，周日 10:00~14:00）免费 建于12世纪早期的圣蒂索教堂位于城镇的西入口处，是圣地亚哥朝圣之路上的重要一站。它以纯粹的罗马式风格和带有圆拱的穆德哈尔式钟楼而闻名。

食宿

La Bastide du Chemìn 青年旅舍 €

（987 78 11 83；www.labastideduchemin.es；Calle del Arco 66；标单/双 €28/40；）2013年开业，这家舒适小巧的青年旅舍正对着Albergue de Peregrinos（朝圣者旅舍），有宜人的简朴房间和带梁的天花板。

San Facundo 卡斯蒂利亚菜 €€

（98778 02 76；Avenida de la Constitución

值得一游

拉斯梅杜拉斯

拉斯梅杜拉斯（Las Médulas）位于庞费拉达西南约20公里处，这里的古罗马金矿曾是整个罗马帝国主要的黄金来源——根据最终统计数据，这里一共出产了惊人的300万公斤黄金。这里漂亮迷人，特别是在日落时分——将是你在西班牙见到的最为奇异的景观之一。从欧瑞兰观景台（Mirador de Orellán）看到的风景最漂亮，而从拉斯梅杜拉斯村出发还有几条很棒的步行路线。

拉斯梅杜拉斯这一超凡脱俗的外观并不是自然现象：一大群奴隶在这片区域像建造蜂巢一般挖掘水渠和隧道（有些长度甚至超过40公里），通过抽水打碎岩层，并将这种贵重的金属从中分离出来。

要过来，就从庞费拉达沿N536往西南方走，然后走上Carucedo村的岔路。在Carucedo的外缘，道路岔开，左边的岔路通往漂亮的石头村庄欧瑞兰（Orellán；2.8公里之后），村庄向下塌陷至一条山谷，再继续走就到了欧瑞兰观景台的停车场。从停车场再爬一段750米的陡坡到达观景台，从那里望出去的风景动人心魄。

回到岔路口，右边的路通往拉斯梅杜拉斯村（3公里后）。在村口停车，然后去**Aula Arqueológica**（987 42 28 48；www.ieb.org.es；成人/儿童 €2/免费；4月至9月 10:00~13:30和16:00~20:00，10月至次年3月 周日至周五 10:00~14:00，周六 10:00~13:30和15:30~19:00），这个解说中心有关于金矿历史的有趣展览（门票 €2）。这里还有关于穿过栗树到达旷工们留下的洞穴、菜市场和古怪地形的步行路线的信息。如果你状态很好，一条5.1公里的上坡路从这里通往欧瑞兰观景台（单程/往返 3/4.5小时），但也有许多更短的小路通往拉斯梅杜拉斯的中心。你还可以咨询这片地区的骑马活动。

拉斯梅杜拉斯在周末可能会挤满了游客，但工作日要安静得多。如果你舍不得走，拉斯梅杜拉斯村有几家餐厅和农舍。

97-99；主菜 €14~26；⏲13:00~16:00和20:00~23:00；📶👪）这家传统餐厅属于**Hostal La Codorniz**（www.hostallacodorniz.com；标单/双 €40/50，早餐 €4.50；❄📶），有令人难忘的穆德哈尔式雕刻天花板，擅长制作肥美多汁的烤肉。

ℹ 实用信息

旅游局（Oficina de Turismo；☎987 78 21 17；www.sahagun.org；Calle del Arco 87；⏲周一至周四 正午至14:00和18:00~21:00，周五至周日 11:00~14:00和16:00~21:00）位于Albergue de Peregrinos里。

ℹ 到达和离开

全天都有定时从莱昂（€5.75起，40分钟）和帕伦西亚（€5.75起，35分钟）开来的火车。

东部（THE EAST）

布尔戈斯（Burgos）

人口 176,608/海拔 861米

布尔戈斯非凡的哥特式大教堂是西班牙宗教建筑中一颗耀眼的明星，它俯瞰着整座城市，是天际线上一道醒目的风景。从表面看来，保守的布尔戈斯似乎集西班牙中北部城镇所有特点于一身，这里有肃穆的灰色岩石建筑，有高原独有的风味浓重的烹饪，还有极端的气候。然而，这是一座值得深入探索的城市：在表象之下潜藏着许多美味的餐馆；在太阳照耀下，美丽的街景越过地标性的大教堂一路延伸至远方。这个地方甚至还有传奇的故事：在大教堂宏伟的尖顶之下，是布尔戈斯最喜爱也是最捣蛋的儿子埃尔·熙德（El Cid）之墓。

👁 景点

★ **大教堂** 主教座堂

（Catedral；☎947 20 47 12；www.catedraldeburgos.es；Plaza del Rey Fernando；成人/14岁以下儿童 含语音导览 €7/2 周二 16:30后免费；⏲4月至9月 9:30~19:30，10月至次年3月 至18:30）这座被列入联合国教科文组织《世界遗产名录》的主教座堂是一项杰作，它最初是一座低调的罗马式教堂，1221年开始大规模扩建，工程进度很快，仅仅花了40年就完成了绝大部分法国哥特式建筑结构。从圣玛利亚广场（Plaza de Santa María）进教堂不收门票，但只能进入**桑提斯莫克里斯托堂**（Capilla del Santísimo Cristo）和**圣特克拉堂**（Capilla de Santa Tecla），前者有令人敬畏的13世纪耶稣受难像，后者有美妙的天花板。不过，我们建议你游览整座大教堂。

教堂的双塔于15世纪建成；每座塔高84米，装饰着丰富的哥特风格元素，四周环绕着无数同样精巧复杂的尖顶。各个大门中最令人印象深刻的或许要属**萨尔门托门**

Camino Francés in Castilla y León
卡斯蒂利亚-莱昂的法兰西之路

Burgos 布尔戈斯

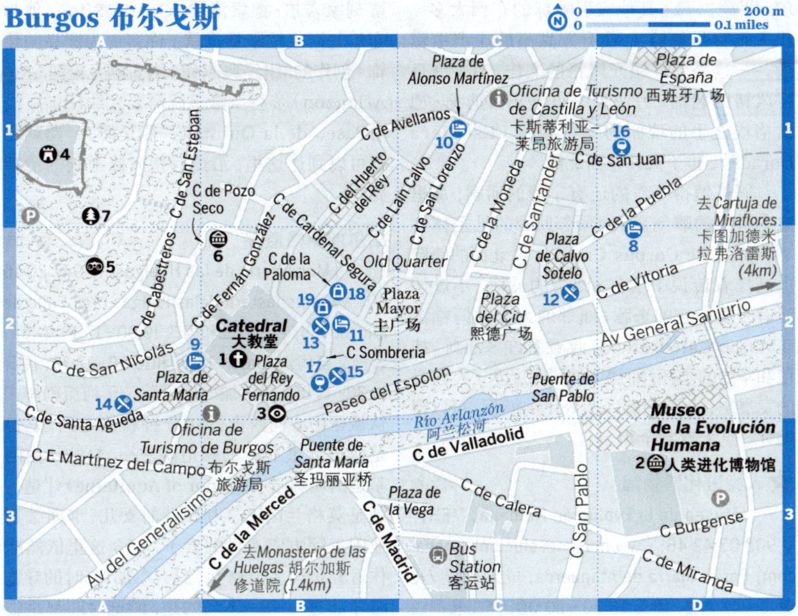

Burgos 布尔戈斯

重要景点

1 大教堂 B2
2 人类进化博物馆 D3

景点

3 圣玛利亚拱门 B2
4 布尔戈斯城堡 A1
5 观景台 A2
6 祭坛博物馆 B2
7 城堡公园 A1

住宿

8 Hotel Cuéntame La Puebla D2
9 Hotel Mesón del Cid A2
10 Hotel Norte y Londres C1
11 Rimbombín B2

就餐

12 Casa Ojeda C2
13 Cervecería Morito B2
14 El Huerto de Roque A2
15 Mari Castaña B2

饮品和夜生活

16 El Bosque Encantado D1
17 Vermutería Victoria B2

购物

18 Casa Quintanilla B2
19 Jorge Revilla B2

(Puerta del Sarmental)，它是游客的主入口，西北一侧的**科罗耐利亚门**(Puerta de la Coronería)也同样令人难忘，它展示了基督被圣史环绕的场景。

进入主圣殿，从明亮通风的**宣讲堂**(Capilla de la Presentación)到拥有15世纪镀金祭坛的**教义堂**(Capilla de la Concepción)，以及拥有漂亮祭坛画的**圣阿娜小堂**(Capilla de Santa Ana)，众多小礼拜堂展示了教堂内部的多样性。**警戒堂**(Capilla del Condestable)位于主祭坛后面，是一座融合了哥特式和银匠式风格的建筑。这里的亮点包括穹顶的不同寻常的星形拱顶结构，以及下面的3个祭坛。正对警戒堂入口的雕塑是15世纪与16世纪的石雕杰作，描绘了耶稣受难、死亡、复活与升天的场景。

主祭坛是经典的包金奢华之作，而大殿中央星形拱顶结构的穹顶正下方就是**埃**

尔·熙德之墓。其他吸引眼球的东西太多，让人很容易忽略主殿上方高高的庄严主穹顶——这是一件银匠风格的杰作，有少许哥特风格的装饰。另一处亮点是出自迭戈·德索洛埃之手的瑰丽的镀金楼梯（Escalera Dorada），位于大教堂西北侧。

同样值得一看的还有宁静的回廊，那里有中世纪的雕刻墓穴。紧邻回廊的是圣体堂（Capilla de Corpus Cristi），西北面的墙壁上高挂着传说中埃尔·熙德的灵柩，不过始终有人质疑它的来源。毗邻的大教堂博物馆（Museo Catedralicio）收藏着许多油画、挂毯和华丽的圣杯，而楼下的回廊展示了大教堂的发展史，并陈列着一座等比例模型，可以帮助你一览大教堂全貌。

★人类进化博物馆 博物馆

（Museo de la Evolución Humana，MEH；☎902 02 42 46；www.museoevolucionhumana.com；Paseo Sierra de Atapuerca；成人/优惠/儿童 €6/4/免费，周三 16:30~20:00，周二和周四 19:00~20:00 免费；⏲周二至周五 10:00~14:30 和16:30~20:00，周六和周日 10:00~20:00）这座卓越的博物馆就在老区的河对面，精彩地介绍了人类的进化。地下有关于阿塔普尔卡（见222页）的精彩展览，阿塔普尔卡是位于布尔戈斯北边的一处考古遗址，2007年在那里发现了欧洲最古老的人类化石；地面层中心关于查尔斯·达尔文和出色的"人类进化"展区非常出色。即便你对主题不是特别感兴趣，也别错过这里。

祭坛博物馆 博物馆

（Museo del Retablo；Calle de Pozo Seco；门票 含教堂 €2，周二 17:00~20:00免费；⏲周二至周日 10:00~14:00和17:00~20:00）祭坛博物馆就在主教座堂西边的圣斯蒂芬教堂（Iglesia de San Esteban）内，陈列了从15世纪到18世纪的18个祭坛。

卡图加德米拉弗洛雷斯 修道院

（Cartuja de Miraflores；☎947 25 25 86；www.cartuja.org；乐捐；⏲周一至周六 10:15~15:00和16:00~18:00，周日 11:00~15:00和16:00~18:00）**免费** 坐落在市中心以东4公里的一片宁静林地里，这座修道院里有15世纪西班牙雕刻家吉尔·德索洛埃（Gil de Siloé，他为布尔戈斯主教座堂贡献了许多更为漂亮的装饰）创作的3组经典杰作。沿着阿兰松河（Río Arlanzón）步行至修道院需要大约1小时。沿着Paseo de la Quinta（一侧是河）一路朝北也可以到达这里，沿途有指向修道院的清晰路标。

胡尔加斯修道院 修道院

（Monasterio de las Huelgas；☎947 20 16 30；www.monasteriodelashuelgas.org；Calle de Alfonso XIII；€6，周三和周四 16:00~17:30 免费；⏲周二至周六 10:00~13:00和16:00~17:30，周日 10:30~14:00）胡尔加斯修道院位于河流南岸，从城区中心向西步行30分钟就能走到，它曾是西班牙最显赫的修道院之一。1187年由阿基坦的埃莉诺（Eleanor of Aquitaine）建造，她是英格兰国王亨利二世的女儿、卡斯蒂利亚国王阿方索八世的妻子，如今这里依然居住着35位西多会修女。只有参加1小时的导览游才能进来——不巧的是，游览时间都是临时的，所以最好提前打电话确认。

圣玛利亚拱门 大门

（Arco de Santa María；☎947 28 88 68；⏲周二至周六 11:00~13:50和17:00~21:00，周日 11:00~13:50）**免费** 壮观的圣玛利亚拱门曾经是老城的主大门，也是14世纪城墙的一部分。这里如今会举办临时性的免费展览，但其真正的魅力是作为圣玛利亚桥（Puente de Santa María）或Paseo de Espolón的背景。

布尔戈斯城堡 城堡

（Castillo de Burgos；☎947 20 38 57；成人/14岁以下儿童 €3.70/2.60；⏲周六和周日 11:00~18:30；👪）城堡公园（Parque de Castillo）坐落在郁郁葱葱的小山顶上，是经过重建的布尔戈斯城堡巨大的防御工事。布尔戈斯城堡的历史可追溯至9世纪，它见证了一段混乱而动荡的历史：1736年城堡遭遇了一次大火，然后1813年被拿破仑的军队炸毁。这里有一座小博物馆，讲述着这座城镇的历史，最初那座城堡的地基也在展示之列。停车场南边有一座观景台（mirador），能看到主教座堂和城里的极佳风景。

西班牙独有

从1620年起，小村庄Castrillo de Murcia（布尔戈斯以西25公里处）就会用**跨婴儿节**（El Salto del Colacho；⏲5月/6月）庆祝圣体节。村庄里的婴儿被排成一排放到垫子上，成年男人从6个平躺着（看起来非常困惑）的婴儿身上跳过去。这个仪式是为了驱逐恶魔——但是为什么要从婴儿身上跳过呢？村民们没有说。不过他们向我们保证在这个节日的历史记录中从来没有婴儿因此受伤。

团队游

市旅游局组织（或售票）主教座堂以及其他主要古迹的导览游。大部分的出发时间都在11:00或17:00前后，费用为每人€5~8。

住宿

★ Rimbombín 青年旅舍 €

（☎947 26 12 00；www.rimbombin.com；Calle Sombrería 6；双/标三/公寓 €60/70/110；❄📶）2013年开业，这家小旅馆当代感十足，白色家居和装饰都很时髦，与浅色松木梁和组装家具相得益彰。其中有3个房间带有可以俯瞰步行街的阳台。十分方便的一点是，这里位于布尔戈斯密集的西班牙小吃区中心。公寓的外观同样现代时髦，有两间卧室，长住的话价格会很实惠。

★ Hotel Norte y Londres 历史酒店 €

（☎947 26 41 25；www.hotelnorteylondres.com；Plaza de Alonso Martínez 10；标单/双 €38/40起；P@📶）坐落于16世纪的一座宫殿里，具有低调的古典魅力，这家精致的酒店由家庭经营，提供宽敞的房间，内部有古朴的陈设和抛光木地板，全部客房都带有漂亮的阳台，4楼的房间更现代化。浴室特别大，服务热情高效。

Hotel Cuéntame La Puebla 精品酒店 €€

（☎947 25 09 00；www.hotelescuentame.com；Calle de la Puebla 20；双/标三 €48/65起；❄@📶）这家精品酒店为布尔戈斯的酒店业增添了一抹别样风景。房间并不大，大多数也没什么景观，但是室内灯光柔和，设计优美，非常舒适。其他优点包括提供自行车和可选的枕头；至于缺点，部分读者曾抱怨过街道噪声大的问题。

Hotel Mesón del Cid 历史酒店 €€

（☎947 20 87 15；www.mesondelcid.es；Plaza de Santa María 8；双/套 €60/115起；P📶）酒店正对大教堂，栖身于一幢百年老建筑里。房间内装饰有摄政时期风格的酒红色和奶油色织品，与深色木质家具和赤陶砖相得益彰。其中有几个房间享有可以遥望大教堂美景的"头排座位"的绝佳位置（额外收费€10）。

就餐

★ Cervecería Morito 西班牙小吃 €

（☎947 26 75 55；Calle de Diego Porcelos 1；西班牙小吃/盘餐 €4/6起；⏲12:30~15:30和19:00~23:30）这里是布尔戈斯西班牙小吃吧中无可争议的王者，因此总是挤满了人。特色菜是alpargata（大量熏火腿配面包、番茄和橄榄油）或revueltos Capricho de Burgos（炒蛋配土豆、血肠、红辣椒、小鳗鱼和蘑菇）——后者本身就够一顿饭了。

★ El Huerto de Roque 卡斯蒂利亚菜 €€

（☎947 27 87 93；www.facebook.com/ElHuertoDeRoque/；Calle de Santa Águeda 10；主菜 €11~15，套餐 €16；⏲餐厅 周二至周六 13:00~16:00，美食餐吧 周四 21:00至次日0:30，周五和周六 21:00至次日1:30；✎）🌿你可以来这里吃一顿品类丰富又实惠的午餐。这里强调环保，菜单根据季节和本地市场出售的新鲜优质食材变更。这里的整体氛围是波希米亚乡村风，有新颖的瓷砖、木质家具和先锋艺术作品。毗邻的美食餐吧供应西班牙小吃风格的类似菜肴。

Mari Castaña 新派西班牙菜 €€

（☎947 20 61 55；www.facebook.com/maricastanaBU；Paseo del Espolón 10；主菜 €8~18；⏲8:30~23:00）这家明亮的餐厅厌倦了陈旧的烹饪概念，成功地赋予其新的生机。一荤三素的老菜plato combinado在这里保留了将一顿饭放在一个盘子上的概念，用的都是市场里新鲜的当季食材。这里还供应早餐、共享菜肴和几种诱人的套餐，其中有几道采用了蘑菇，烹制得十分美妙。

Casa Ojeda 卡斯蒂利亚菜 €€

（☎947 20 90 52；www.grupojeda.com；Calle de Vitoria 5；主菜 €16~25，套餐 €32；⊙周一至周六 13:00~15:30和20:00~23:00，周日13:00~16:00）自1912年起，这家全部以深色木头包裹起来且拥有醒目竖框窗户的布尔戈斯餐厅就是镇上品尝烤羊羔和血肠最好的地方之一，但这里加入了一些令人惊喜的改良，比如牛里脊片配鹅肝和树莓香精。楼上的餐厅供应精致的食物，服务亦是无可挑剔。建议提前订位。

饮品和夜生活

★Vermutería Victoria 酒吧

（☎947 11 58 75；Plaza del Rey San Fernando 4；⊙正午至16:00和19:30~23:00）这家酒吧非常受欢迎，是喝第一杯酒的经典之选。西班牙长久以来的餐前威末酒（vermut，或马提尼）传统在这里加入了一些改良——每晚22:00所有人会一起演唱布尔戈斯的非官方市歌。这里的威末酒得过奖，口感醇厚，而且像西班牙人喜欢说的那样，斟得完美。

El Bosque Encantado 酒吧

（☎947 26 12 66；www.facebook.com/cafe.pub.elbosqueencantado.burgos/；Calle de San Juan 31；⊙16:30至次日1:00）"魔幻森林"装潢略显媚俗，最适合在傍晚时分来喝一杯。这一带还有许多其他的酒吧可以消磨夜晚。

购物

Casa Quintanilla 食品

（☎947 20 25 35；www.casaquintanilla.es；Calle de la Paloma 22；⊙周一至周六 10:00~14:00和17:00~20:30，周日 10:00~14:00）这是镇中心众多当地特产商店里的最佳选择，出售的食物很适合用来野餐或者带回家当礼物。

Jorge Revilla 珠宝

（☎947 274 040；www.jorgerevilla.com；Calle de la Paloma 29；⊙周一至周五 10:00~14:00和17:00~20:00，周六 10:00~14:00）布尔戈斯本地珠宝设计师豪尔赫·雷维利亚（Jorge Revilla）正在用他精致复杂的银饰作品在全世界打造出自己的声誉。

实用信息

布尔戈斯旅游局（Oficina de Turismo de Burgos；☎947 28 88 74；www.aytoburgos.es/turismo；Plaza de Santa María；⊙6月至9月 每天 9:00~20:00，10月至次年5月 周一至周六 9:30~14:00和16:00~19:00，周日 9:30~17:00）拿一份24小时、48小时和72小时的布尔戈斯旅游指南。这些实用的路线建议也可以在网上下载PDF版本。

卡斯蒂利亚-莱昂旅游局（☎902 20 30 30；www.turismocastillayleon.com；Plaza de Alonso Martínez 7；⊙周一至周六 9:30~14:00和16:00~19:00，周日 9:00~17:00）有关于卡斯蒂利亚-莱昂的信息。

到达和离开

长途汽车 本地**客运站**（☎947 26 55 65；Calle de Miranda 4）位于河流南岸的城镇新区。有定时发车的长途汽车开往马德里（€12.25，3小时，每天最多20班）、毕尔巴鄂（€6.25~13.30，2小时，每天8班）和莱昂（€5.20起，2小时，每天3班）。

火车 从城中心走到东北方的火车站要很久；2路公共汽车（€1.30）连接火车站和西班牙广场（Plaza de España）。**西班牙国铁**（☎947 20 91 31；

> **值得一游**
>
> ### 阿塔普尔卡
>
> 考古遗址**阿塔普尔卡**（Atapuerca；☎902 02 42 46；www.atapuerca.org；西班牙语导览游 €6；⊙团队游 预约）位于布尔戈斯以西15公里处，一直以来都是令研究早期人类历史的学生感到兴奋的一处地方。考古学家们最伟大的发现是2007年7月出土的颚骨和牙齿，它们可能是已知最古老的欧洲人的骸骨：这些骸骨有着120万年的历史，比西欧其他任何地方发现的遗骸还要早约50万年。阿塔普尔卡已被联合国教科文组织列为世界遗产，并仍在发掘中。遗址只对预约的游客开放。

埃尔·熙德：英勇的雇佣兵

很少有人像埃尔·熙德那样在西班牙历史上引起人们的共鸣，这位11世纪的雇佣兵和冒险家的故事就是那个动荡年代的缩影，当时的西班牙正被穆斯林和基督教徒分而治之。因为矢志不渝的忠诚以及超人般的力量，埃尔·熙德成为一个浪漫主义的理想化历史人物，这种印象在很大程度要归功于1961年由查尔顿·赫斯登（Charlton Heston）和索菲亚·罗兰（Sophia Loren）主演的电影。然而现实却是另外一副模样。

埃尔·熙德（El Cid，"Cid"来自阿拉伯语中的"sidi"，意思是"酋长"或"领主"）于1043年出生于布尔戈斯以北约10公里处的村庄维瓦尔（Vivar）。在费尔南多一世（Ferdinand Ⅰ）去世后，他卷入了王位继承权的黑暗斗争中，这导致他在1076年被驱逐出卡斯蒂利亚。毫无顾忌的埃尔·熙德服务过许多统治者，无论对方是基督教徒还是穆斯林。每一次战争结束后，他都变得更加强大和富有。

没人知道他到底是突然开始忠诚于基督教君主，还是预感到西班牙将会成为一个基督教国家。不管怎样，当埃尔·熙德听说穆斯林军队占领了巴伦西亚并驱逐了所有的基督教徒后，他进军巴伦西亚，经过一场毁灭性的围攻后，于1094年重新夺回巴伦西亚并成为这座城市的统治者。在埃尔·熙德的权力和声望达到巅峰时，这位众所周知的"斗士"选择退休并在巴伦西亚安度晚年，直到1099年去世。他的遗体被运回布尔戈斯，安葬在这座城镇的大教堂（见218页）里。

Calle de la Moneda 21；⌚周一至周五 9:30~13:30和17:00~20:00）在市中心设有一个售票处，十分方便。火车连接的目的地包括马德里（€25.85起，2.5~4.5小时，每天6班）、毕尔巴鄂（€13.85起，3小时，每天4班）、莱昂（€9.90起，2小时，每天4班）和萨拉曼卡（€14.40起，2.5小时，每天7班）。

布尔戈斯周边（Around Burgos）

布尔戈斯的腹地是探索宁静的卡斯蒂利亚村庄最迷人的区域之一。其中有两处最为出众——科瓦鲁比阿斯和西洛斯的圣多明戈。但这片地区安静的岔路上还在最出人意料的地方藏着许多宝藏和教堂。

科瓦鲁比阿斯（Covarrubias）

人口 578/海拔 975米

距离那些宏伟的中世纪建筑仅一步之遥，风景如画的科瓦鲁比阿斯是卡斯蒂利亚-莱昂深藏的宝石。这个小村庄沿着阿兰松河绿树成荫的两岸分布，其独特的拱形半木结构房屋俯瞰着鹅卵石铺就的安静广场。

7月的第二个周末是拜访此地的最佳时间，届时村里会举办中世纪集市樱桃市场（Mercado de la Cereza）和樱桃节（Cherry Festival）。

景点

★圣科斯梅和达米安教堂 教堂

（Colegiata de San Cosme y Damián；€2.50；⌚导览游 周一和周三至周六 11:00、正午、13:00、16:30和17:30，周日 13:00和16:30）这座15世纪的哥特式教堂的氛围让你不禁感觉它更像是一座微缩版的大教堂。它里面有西班牙现在仍在使用的最古老的教堂管风琴和一个灿烂夺目的奢华祭坛，祭坛前面是几座罗马石墓，以及10世纪卡斯蒂利亚王国的创立者费尔南·冈萨雷斯（Fernán González）的石墓。不要错过优雅的回廊和圣器室（sacristía），里面有凡爱克（Van Eyck）创作于15世纪的充满生气的画作以及《三王朝拜》（*Adoración de los Magos*）。教堂只能通过导览游进入——在旅游局确认有没有开团。

节日和活动

樱桃市场 食品和饮品

（Mercado de la Cereza；www.covarrubias.es；⌚7月）7月的第二个周末是拜访科瓦鲁比阿斯的最佳时间，届时村里会举办中世纪集市和樱桃节。

住宿

Hotel Rural Princesa Kristina 酒店 €

(947 40 65 43; www.hotelprincesakristina.com; Calle de Fernan Gonzalez 5; 标单/双 €38/50起;) Princesa Kristina隐藏在一条行人很少的安静偏巷内，但位于村子的正中心，其迷人的客房有木制的房梁和窗框、飞溅的色块和鲜花。性价比极高。

Hotel Rey Chindasvinto 酒店 €

(947 40 65 60; www.hotelreychindasvinto.com; Plaza del Rey Chindasvinto 5; 标单/双 含早餐 €36/55;) 镇上最好的酒店，房间漂亮宽敞，有木梁和裸露的砖墙，还有一个不错的餐厅。店主人很友善，但是服务有时会跟不上。

就餐

Reastaurante Tiky 卡斯蒂利亚菜 €€

(947 40 65 05; www.restaurantetiky.com; Plaza de Doña Urraca 9; 主菜 €6~14, 套餐 €12~21; 周五至周三 13:00~16:00和21:00~23:30) Tiky是城中心一个不错的选择，烹制所有常见的卡斯蒂利亚特色菜——腌肉、烤肉、炖肉，还有各种创意套餐，附有一个随意的酒吧（盘餐 €5.25起），广场上有露天餐位。

Restaurante de Galo 卡斯蒂利亚菜 €€

(947 40 63 93; www.degalo.com; Calle Monseñor Vargas 10; 主菜 €9~18, 套餐 €19; 周四和周日至周二 13:30~16:00, 周五和周六 21:00~23:00) 这家优质餐厅地处科瓦鲁比阿斯中心，用炭火烤箱烤制的口味浓重的传统菜肴是这里的特色。你可以品尝当地特色烤羔羊。这里的烂锅（olla podrida）做得也不错，烂锅是一种中世纪时期的卡斯蒂利亚炖菜，里边有红小豆、排骨和血肠（比名字听起来好吃得多，是超棒的冬季慰藉食物）。

实用信息

旅游局(947 40 64 61; www.ecovarrubias.com; Calle de Monseñor Vargas; 4月至9月 周一至周五 10:00~14:00和17:00~20:00, 周六和周日 10:00~15:00和17:00~20:00, 10月至次年3月 周一至周五 10:00~14:00和16:00~19:00, 周六和周日 10:00~15:00和16:00~19:00) 位于高耸的北门拱顶下，旅游局在大多数周末的正午举办导览游。

到达和离开

工作日有2班长途汽车往返于布尔戈斯和科瓦鲁比阿斯之间，周六有1班（€4.10, 1小时）。在老城区西北边缘的开放地区有免费停车场。

西洛斯的圣多明戈 (Santo Domingo de Silos)

人口 297

坐落于布尔戈斯南面起伏的群山中，这个安静、漂亮的石头村庄有一项不同寻常的事迹：修道院中的修士在20世纪90年代中期以格利高里（Gregorian）圣咏的唱片登上了英国流行音乐排行榜。这座修道院是西班牙中部最著名的修道院之一，以其迷人的回廊著称。周边的环境以及弥漫的平静感使其非常适合待上一两天。

景点

西洛斯的圣多明戈修道院 修道院

(Abadía de Santo Domingo de Silos; 947 39 00 49; www.abadiadesilos.es; Calle de Santo Domingo 2; 成人/儿童 €3.50/免费; 周二至周六 10:00~13:00和16:30~18:00, 周日 正午至13:00

值得一游

阿尔兰萨的圣伯多禄修道院

这些令人难忘的遗迹（Monasterio De San Pedro De Arlanza; BU-905; 成人/儿童 €2/免费; 4月至9月 周三至周日 11:00~13:55和16:00~19:50, 10月至次年3月 周三至周日 10:30~17:00）高踞在阿尔兰萨河（Río Arlanza）上方，既有哥特风格的元素也有罗马风格的元素，而其优雅的废弃感会令你见过之后一直难忘。这里最初在10世纪是个隐修所，在之后的几个世纪里发展壮大，成为卡斯蒂利亚最重要的修道院之一。但它在1835年被废弃，其时政府在全国各地废弃了很多的教堂和修道院。这里位于科瓦鲁比阿斯与奥尔蒂古埃拉（Hortigüela）之间安静的BU-905公路上。

和16:00~18:00）这座备受推崇的修道院的回廊和博物馆如同一个双层的百宝箱，囊括了西班牙最富想象力的罗马式艺术。整体效果引人入胜，柱顶的雕刻尤其精美，狮子浮雕与花卉和几何图案交织在一起。团队导览游会带你参观17世纪的药房（botica）和一个小博物馆，馆内珍藏着很多宗教艺术品，如佛兰德斯式挂毯和古怪的中世纪雕花大理石石棺。导游只会说西班牙语，不参团的游客一般也可以自由参观。

圣塞瓦斯蒂安大教堂 教堂

（Basílica de San Sebastián; ⌚6:00~14:00和16:30~22:00，祷告 6:00、7:30、9:00、13:45、19:00和21:30）以其令人愉悦而不加雕饰的罗马式圣殿闻名，殿内有多穹顶天花板，在这里能听修士们一日祷告六次。教堂在2000年被教宗授予令人艳羡的"宗座圣殿"称号。

食宿

Hotel Santo Domingo de Silos 酒店、青年旅舍 €

（☎947 39 00 53; www.hotelsantodomingodesilos.com; Calle Santo Domingo 14; 标单 €38~54，双 €45~72，公寓 €75~125; P❄📶🏊）这个地方是简单小旅馆和三星级酒店的结合体，房间宽敞舒适（部分带有水疗浴缸），正对着修道院。它在附近还有几间公寓、一个游泳池和一个地下停车场。这里有一家不错的餐厅（主菜 €7~17），供应丰盛但平淡无奇的食物。

★Hotel Tres Coronas 历史酒店 €€

（☎947 39 00 47; www.hoteltrescoronasdesilos.com; Plaza Mayor 6; 含早餐 标单 €58~80，双 €75~105; P❄📶）这家酒店超级棒，坐落在一幢17世纪的宫殿里，极富特色，房间有厚厚的石墙，散发着一种老派的韵味——其中包括公共区域成套的扶手椅和古董家具。前面的房间可以看到广场的景色，并且有粗犷的石墙。

Hotel Tres Coronas 卡斯蒂利亚菜 €€

（☎947 390 047; www.hoteltrescoronasdesilos.com; Plaza Mayor 6; 主菜 €10~21; ⌚13:00~16:00和20:00~23:00）这家氛围十足的餐厅擅长制作炭火烤箱烤肉，是村子里最好的餐厅。

ℹ 实用信息

旅游局（☎947 39 00 70; www.turismocastillayleon.com; Calle de Cuatro Cantones 10; ⌚周二至周日 10:00~13:30和16:00~18:00）

ℹ 到达和离开

从周一到周六，每天都有1班长途汽车从布尔戈斯开往西洛斯的圣多明戈（€6.75，1.5小时）。

杜罗河岸（Ribera del Duero）

杜罗河岸上有许多沉重的废弃城堡在埃尔布尔戈-德奥斯玛与莱尔马等漂亮的老城之间交替相间。河流穿过两个夸张的峡谷网络，罗博斯河峡谷（Cañon del Río Lobos）和杜拉东峡谷（Hoz del Duratón）。此外还有西班牙最著名的葡萄酒产区之一——杜罗河岸葡萄酒产区，探索这片区域可以令你轻松度过精彩的一周。

莱尔马（Lerma）

人口 2652/海拔 827米

如果你正在布尔戈斯和马德里之间旅行，并发现沿途的景色其实不太吸引人，那么矗立在路边的莱尔马绝对会让你眼前一亮。作为一个古老的定居点，莱尔马在17世纪初期遇到了最好的发展机遇，费利佩三世的大臣唐·弗朗西斯科·德罗哈斯·桑多瓦大公（Grand Duke Don Francisco de Rojas y Sandoval）启动了一个雄心勃勃的工程，想要重新创造一个埃尔埃斯科里亚尔（El Escorial）。虽然没有成功，但是老城区的鹅卵石街道和可爱的广场却成了令人印象深刻的遗产。

景点

穿过紧邻主路（通往布尔戈斯）的监狱门（Arco de la Cárcel），沿着长长的Calle del General Mola一直往上走就会看到巨大的主广场，广场正前方就是超大的公爵宫（Palacio Ducal），现在是一个国营酒店，以其庭院和210个阳台而闻名。广场的右边是道明会的圣布拉斯女修道院（Convento de San Blas），可以通过旅游局组织的导览游参观。

主广场西北方不远处有一条漂亮的走廊兼观景台——洛斯阿科斯观景台（Mirador de los Arcos），可以欣赏阿兰松河的景色。它的拱桥与建于17世纪的圣特蕾莎女修道院（Convento de Santa Teresa）相连。

住宿

Posada La Hacienda de Mi Señor 历史酒店 €€

（☎947 17 70 52；www.lahaciendademisenor.com；Calle del Barco 6；标单/双 含早餐 €48/70；❄@📶）这家迷人而古怪的酒店靠近城区顶端（从广场下坡两个街区就是），是中档价位的最佳选择，宽敞的客房位于一座经过修复的古老建筑中。如果你待的时间太久，棉花糖般的糖果配色可能会让你心烦意乱；记得要选205号房间，因为它的色调更柔和些。

★ Parador de Lerma 历史酒店 €€€

（☎947 17 71 10；www.parador.es；Plaza Mayor 1；房间 €90~180；P❄@📶）无疑是莱尔马最优雅的住处，这家国营酒店占据了经过翻修的华丽的旧主教宫，但没有某些国营酒店的那种铺张自负的装潢（成套的盔甲之类的装饰）。就算你不在这儿住，也可以看看它带回廊的优雅中庭。房间尽显奢华和个性；服务无可挑剔。

就餐

你正位于卡斯蒂利亚炭烤美食王国的中心地带。环绕主广场周围的优质餐厅都会提供烤羊羔这道菜（2人份€40是个不错的价格）。

Asador Casa Brigante 卡斯蒂利亚菜 €€

（☎947 17 05 94；www.casabrigante.com；Plaza Mayor 5；主菜 €14~23，2人份烤羊羔 €40；⏲13:30~16:00）我们在城里最喜欢的烤肉店就是出色的Asador Casa Brigante——你不会在别处吃到更好的烤羊羔了。如果你吃得太多走不动了可以顺便打听一下附近的住宿信息。

实用信息

旅游局（☎947 17 70 02；www.citlerma.com；Calle de la Audiencia 6，Casa Consistorial；⏲4月至9月 每天 10:00~14:00和16:00~20:00，10月至次年3月 周二至周日 10:00~14:00和16:00~19:00）从4月到9月，每天组织3次时长1.25小时的团队导览游（€4），会带领游客参观小镇和大部分景点。

到达和离开

工作日每天有8班长途汽车从布尔戈斯（€4.20，30分钟）开过来，周六和周日只有4班。从杜罗河畔阿兰达（Aranda de Duero）或马德里出发的部分长途汽车也会经过这里——但大部分会让你在山脚下车，那里还有一段很长的上坡路要走。

佩尼亚菲耶尔（Peñafiel）

人口 5327

佩尼亚菲耶尔是通往杜罗河岸葡萄酒产区的门户，因此也是了解该地区著名葡萄酒的最佳基地。这里有该地区最著名的广场之一，在一座绝妙的城堡兼葡萄酒博物馆的俯瞰下，这里甚至有些许自己的魅力。

景点

★ 科索广场（Plaza del Coso） 广场

来这座西班牙最与众不同的广场一定要准备好相机。这个15世纪的长方形沙地广场被认为是西班牙最早的主广场之一。在一些庆祝场合这里仍会上演斗牛。广场四周是独特的、半木结构立面房屋，也可以看到远处山顶的城堡。

★ 佩尼亚菲耶尔城堡 城堡

（Castillo de Peñafiel, Museo Provincial del Vino；☎983 88 11 99；Peñafiel；城堡 成人/儿童 €3.30/免费，含博物馆 €6.60/免费；⏲4月至9月 周二至周日 10:30~14:00和16:00~20:00，10月至次年3月 周二至周日 10:30~14:00和16:00~18:00）这座城堡夸张地高居于佩尼亚菲耶尔的上方，里边有最先进的葡萄酒省立博物馆（Museo Provincial del Vino）。这座奇妙的博物馆通过互动展示、实景模型和电脑终端等方式介绍该地区的葡萄酒。城堡本身是西班牙最长最狭窄的城堡之一，其余部分可以通过40分钟（强制性）的导览游参观，其间你可以欣赏到城堡锯齿状的城墙和塔楼（绵延200多米长，却只有20多米宽）。它们从10世纪以来经历了400多年的加高和改造。

Convento de Las Claras 葡萄酒厂

(☎983 88 01 50; www.bodegasconventodelasclaras.com; Carretera Pesquera de Duero, Km 1.5; 团队游和品酒 €12; ⊙团队游 周一至周五 10:00~13:00 每小时一次，周六 12:30，周日 11:30)提供出色的葡萄酒游和品酒，靠近佩尼亚菲耶尔。这里以自己的红酒为傲，2012年的桃红葡萄酒特别值得一提。

Legaris 葡萄酒厂

(☎983 87 80 88; www.legaris.es; Curiel de Duero; 品酒和团队游 €12~25; ⊙团队游 周一至周五 11:00、13:00和16:30，周六和周日 11:30和13:00)这个酒庄距离佩尼亚菲耶尔只有5分钟的路程，提供出色的团队游，在一座引人注目的建筑里还有一个葡萄酒吧。备受推崇的红酒是这里的特色，有20个不同的种类组成的非凡系统，精心挑选酒桶用来酿酒。请提前打电话确认团队游时间。

Matarromera 葡萄酒厂

(☎983 10 71 00; www.bodegamatarromera.es; Valbuena de Duero; 品酒和团队游 €25起; ⊙周一至周六 10:00~14:00和15:00~19:00)这里是杜罗河岸最大的葡萄酒制造商之一，在这片地区有许多其他的酒庄。这里采用杜罗河岸产区主要的丹魄葡萄酿造优质的红酒。

Protos 葡萄酒厂

(☎983 87 80 11; www.bodegasprotos.com; Calle Bodegas Protos 24-28; 团队游 €10; ⊙团队游 周二至周五 10:00、11:30、13:00、16:30和18:00，周六和周日 10:00、11:00、正午、13:00、16:30、17:30和18:30)这个位于城堡的城墙遮蔽下的酒庄采用最先进的技术酿造杜罗河岸知名的葡萄酒。这里出产的红葡萄酒和白葡萄酒在西班牙各地的商店和餐厅里十分常见。

食宿

Hotel Convento Las Claras 历史酒店 €€

(☎983 87 81 68; www.hotelconventolasclaras.com; Plaza de los Comuneros 1; 房 €83~133; P❄︎📶🏊)真令人想不到，小小的佩尼亚菲耶尔竟然有这么一家又酷又有品位的酒店(前身是一座修女院)，这里的客房优雅娴静，配有蒸汽浴缸等全套水疗服务。酒店有个出色的餐厅，不出所料，餐厅里有精选的葡萄酒单。自助餐厅提供菜式更简单的便餐。

> **另辟蹊径**
>
> **雷尤**
>
> 山顶的石头村庄雷尤(Rello)位于杜罗河畔贝朗加(Berlanga de Duero)以南约17公里处，其中世纪的城墙被保留下来很多，感觉像被时间遗忘的地方。从村子南边岩架上看到的风景非常漂亮。如果你喜欢这里的宁静祥和，村里至少有一家农舍可以过夜。

Hotel Castillo de Curiel 历史酒店 €€

(☎983 88 04 01; www.castillodecuriel.com; Curiel de Duero; 标单/双/套 €81/90/132起; P📶)这家酒店就在佩尼亚菲耶尔北边的杜罗河畔库列尔(Curiel de Duero)村里，是痴迷于城堡式浪漫风格的人们的最佳选择。酒店位于一座该地区最古老的城堡中(可以追溯至9世纪)。翻新后的酒店拥有迷人的客房，房内布满了古董陈设，且视野开阔。酒店内还有一家广受好评的餐厅。

Asados Alonso 西班牙菜 €€

(☎983 88 08 34; www.facebook.com/restauranteasadosalonso/; Calle de Derecha al Coso 14; 主菜 €14~21; ⊙周日和周二至周四 13:00~16:30，周五和周六 13:00~16:30和20:30~23:30)这家老字号烤肉店的工作人员令这里保持着简单，用柴炉烤制春季羊羔肉并搭配沙拉——许多游客眼中的极乐享受。

购物

Vinos Ojos Negros 葡萄酒

(☎983 88 00 68; www.vinosojosnegros.com; Plaza de San Miguel de Reoyo 1; ⊙周一至周五 9:00~14:00和17:00~20:30，周六 9:00~14:30和16:00~20:30)城里比较好的一家葡萄酒商店，距离河边不远。

Ágora 葡萄酒

(☎983 88 18 57; Calle Derecha al Coso 31; ⊙周一、周二、周四和周五 10:30~14:00和17:00~20:00，周六 11:00~14:00和17:00~20:00，

周日 11:00~14:00）老城中心一家出色的葡萄酒商店。

实用信息

旅游局（☎983 88 15 26；www.turismopenafiel.com；Plaza del Coso 31-32；⊙4月至9月 周二至周日10:30~14:30和17:00~20:00，10月至次年3月 周二至周日 10:30~14:00和16:30~19:00）在周二至周日13:30组织导览游（€4）。有可以参观的酒庄清单，可在网站上也可以查阅。出租自行车（半/全天 €3/5）。

旅游局（Castillo de Peñafiel；⊙4月至9月 周六和周日 11:00~14:30和17:00~20:00，10月至次年3月 周六和周日 11:30~14:00和16:30~19:00）

到达和离开

每天有4班或5班长途汽车开往佩尼亚菲耶尔以西60公里的巴里亚多利德（€5.50，45分钟）。

塞普尔维达 (Sepúlveda)

人口 1122/海拔 1313米

房屋交错排列在被杜拉通河（Río Duratón）峡谷切割而出的山脊上，因烤羊羔和烤乳猪而闻名的塞普尔维达对马德里人来说是一个周末度假的好地方。周三是市集日。

食宿

具有托斯卡纳风情和温暖色调的塞普尔维达建筑面朝中央的西班牙广场，为周日烧烤提供了令人称羡的环境。事实上，在这里用餐的人们是如此心满意足，你很难在傍晚找到很多能吃晚餐的营业场所。

Hospedería de los Templarios 精品酒店 €€

（☎921 54 00 89；www.hotelruralsepulveda.es；Plaza de España 19-20；房 €70~95；📶）这家酒店经过翻修后变得非常漂亮，怡人的房间虽然摆放着古董家具，但气氛绝不老派，有时髦的浴室、水洗暖色调的墙壁和一些先锋艺术作品。小露台的风景极美。

Fogón del Azogue 卡斯蒂利亚菜 €€

（☎690 20 27 72；Calle de San Millán 6；主菜 €14~23；⊙13:30~16:00和21:00~23:00）Fogón del Azogue是塞普尔维达最棒的餐厅之一，以塞普尔维达由来已久的方式烤制肉类，并以此在美食界赢得了名声，但这里的东西很新鲜，菜单随季节变化。

Asador El Panadero 卡斯蒂利亚菜 €€

（☎921 54 03 78；www.asadorelpanadero.es；Calle del Conde de Sepúlveda 4；主菜 €13~21，套餐 €30~36）这是城里吃烤羊羔和烤乳猪比较可靠的一家店。塞普尔维达的惯用警告在这里也适用——周末请预订，不然你就要饿着肚子了。

Restaurante Figón Zute el Mayor 卡斯蒂利亚菜 €€

（☎921 54 01 65；www.figondetinin.com；Calle de Lope Tablada 6；主菜 €11~25；⊙13:30~16:30）我们强烈推荐这个地方。冬天的周末，Figón Zute el Mayor会人满为患，所以务必提前预约。这里自1850年便一直营业——就是那么棒。

实用信息

解说中心（Centro de Interpretación；☎921 54 05 86；www.miespacionatural.es；Calle del Conde de Sepúlveda 34；⊙10:00~18:00；👪）这个出色的中心有个内容丰富的永久性展览，展示着关于附近的霍兹德尔杜拉东自然公园各个方面的知识，包括植物和动物。中心占据着圣地亚哥教堂（Iglesia de Santiago）的一部分。

到达和离开

每天至少有2班长途汽车往返于塞普尔维达和马德里之间（€8.75，2小时）。

罗博斯河水道公园 (Parque Natural del Cañón del Río Lobos)

位于埃尔布尔戈-德奥斯玛以北约15公里处，这座公园拥有险峻的岩石地貌和一条壮丽幽深的河谷，以及种类繁多的秃鹫和其他猛禽。

景点

圣巴泰勒米教堂 (Ermita de San Bartolomé) 教堂

这座漂亮的隐修所建于13世纪初期，孤零零的外观十分美妙，融合了晚期罗马风格和早期哥特风格，不过外观上体现得较少；里边却

值得一游

乌克萨马

乌克萨马(Uxama; ⏲24小时) 免费 遗址就位于埃尔布尔戈-德奥斯玛外，在山丘间轻微的褶皱里夹杂着一层一层的历史。这里最初是一个凯尔特-伊比利亚人的定居点，在公元前99年被罗马人控制之后，成为一座重要的古罗马城镇；最终在8世纪落入穆斯林之手。一座旧宅位于低处的遗迹和其他碎片会让你好奇地面下究竟还有什么有待发掘的东西。再深入遗址一些，9世纪的Atalaya（瞭望塔）上能够看到周边乡间的美景，特别是朝向埃尔布尔戈-德奥斯玛和奥斯玛城堡（Castillo de Osma）的东北方。

有一条路况不错的土路穿过遗址，从埃尔布尔戈-德奥斯玛沿N122往西3公里都有清晰的路牌指示。

很少开放，但教堂的环境真的值得一看。从公路过来大约有4公里；从之字形公路的坡底走有路标的岔路过来，一路开到停车场然后步行走完最后的1公里。

住宿

Camping Cañón del Río Lobos 露营地 €

（☎975 36 35 65; www.campingriolobos.es; 营地 每人/帐篷和车 €5.50/13.50; ⏲复活节至9月中旬; ）这片颇受好评的露营地位于乌塞罗（Ucero）北边——如果你沿着曲折的小路向北爬上峡谷，回头就能看到乌塞罗的美丽景色。这是一片迷人的河边营地，有个不错的餐厅，还有许多阴凉处。

Posada Los Templarios 客栈 €€

（☎649 65 63 13; www.posadalostemplarios.com; Plaza de la Iglesia; 标单 €48~55, 双 €62~80, 套 €92~102; ）在乌塞罗，从埃尔布尔戈-德奥斯玛往北来罗博斯河水道公园的路上，你能找到这家不错的客栈。这里位于一座17世纪的家宅中，迷人的客房配有石墙，这里还有一间不错的餐厅。

到达和离开

公园不通公共交通，所以你需要自己开车才能过来。走埃尔布尔戈-德奥斯玛和圣莱昂纳多德亚格（San Leonardo de Yagüe）之间的SO920公路能过来。

埃尔布尔戈-德奥斯玛 (El Burgo de Osma)

人口 5005/海拔 943米

位于圣埃斯特万-德戈尔马斯（San Esteban de Gormaz）是卡斯蒂利亚-莱昂最被低估的中等城镇之一。这里曾经重要到拥有自己的大学，如今仍旧部分被城墙围起来，拥有一些优雅的街景，还有一座引人注目的主教座堂。这里周围有迷人的乡间风景。

景点

大教堂 主教座堂

（Catedral; ☎975 34 03 19; Plaza de San Pedro de Osma; 成人/儿童 €2.50/免费; ⏲7月至9月 10:30~13:00和16:00~19:30, 10月至次年6月 周二至周五 10:30~13:00和16:00~18:00, 周六 10:30~13:30和16:00~19:00）这座主教座堂的建筑历史可以追溯至12世纪，先后融合了哥特风格和巴洛克风格（在庄严的塔楼上体现得很明显）。圣殿里收藏了许多宝贵的艺术品，包括16世纪的主**祭坛画**和**主礼拜堂**（Capilla Mayor）内一份珍贵的11世纪手稿，即**奥斯玛福音**（Beato de Osma）。值得一提的有光线充足的圆形**帕拉福克斯礼拜堂**（Capilla de Palafox），它是这个地区难得一见的新古典主义风格建筑，这里还有带有最初罗马风格特色的美丽**回廊**。

食宿

★ Hotel Il Virrey 酒店 €

（☎975 34 13 11; www.virreypalafox.com; Calle Mayor 2; 房 €50~60, 套 €95~105; ）这家酒店最近大大装修了一番，现在它将古老的西班牙魅力和现代感奇妙地融合在一起——公共区域仍然充斥着镀金家具、瓷质小天使、枝形吊灯和弧形楼梯。2月和3月的周末房价会飙升，这时人们会为宰猪仪式（matanza）蜂拥而至，仪式过后人们会沉浸在自助餐式的晚间盛宴中。

Mesón Marcelino 西班牙菜 €€

（☎975 34 12 49; Calle Mayor 71; 主菜 €12~32; ⏲13:00~16:30和20:30~23:30）Mesón

Marcelino是主街上一个可靠的选择，满足着这座城镇对于肉食理直气壮的渴望。这里全是烤羊羔或烤乳猪，并为埃尔布尔戈-德奥斯玛带来一些不同的牛排和野味。无须多言，沙拉是至关重要的配菜。隔壁还有一家不错的西班牙小吃吧。

实用信息

旅游局（975 36 01 16；www.sorianitelaimaginas.com；Plaza Mayor 9；周三至周日 10:00~14:00和16:00~19:00）拿一份出色的《埃尔布尔戈领域》（*Tierra del Burgo*）手册作为游览城镇的指南。

到达和离开

长途汽车将埃尔布尔戈与索里亚（€4.20，50分钟，每天2班，周日1班）和巴利亚多利德（€11.25，2小时，每天3班）连接起来。

霍兹德尔杜拉东自然公园（Parque Natural del Hoz del Duratón）

塞普尔维达西北的一大片区域被划为自然公园，其中心是**霍兹德尔杜拉东**（Hoz del Duratón）。人们很喜欢到霍兹德尔杜拉东自然公园进行周末远足——有人会划着皮划艇去**布戈米略多**（Burgomillodo），然后顺流向下漂到峡谷里。如果你也想这么做，请联系**Situral**（656 904 303；www.situral.com；Sebúlcor）。

从小村比利亚塞卡（Villaseca）到**圣弗鲁托斯教堂**（Ermita de San Frutos）需要

另辟蹊径

埃尔布尔戈-德奥斯玛周边景点

圣巴乌德利欧教堂（Ermita de San Baudelio；€1；周三至周六 10:00~14:00和16:00~20:00，周日 10:00~14:00）位于贝朗加德多埃罗东南方约8公里处，其简单的外墙内隐藏着11世纪的莫扎拉布风格的非凡内饰。唯一的中殿中心处的一根大柱子在顶端像棕榈树一般散开，形成精美的马蹄拱。这里是卡斯蒂利亚乡间最令人惊喜的发现之一。

蒂尔梅斯考古遗迹（Yacimiento Arqueologico de Tiermes；639 18 59 05；www.museodetiermes.es；门票 免费，导览参观 成人/儿童 €5/免费；4月至9月 周二至周六 10:00~14:00和16:00~20:00，周日 10:00~14:00，10月至次年3月 周二至周六 10:00~14:00和16:00~18:00，周日 10:00~14:00）拥有凯尔特伊比利亚的根源，其历史可以追溯至1世纪，是卡斯蒂利亚-莱昂最重要的古罗马遗址之一。漂亮的12世纪罗马风格教堂蒂尔梅斯圣母堂（Iglesia de Nuestra Señora de Tiermes）俯瞰着这片遗址，见证了这里在被人类使用一千年的历史。这里还保留着古罗马城镇的痕迹，其中包括被留下的房屋、马赛克地面、广场和高架渠，因此这里十分值得游览。这里位于蒙特霍·德蒂尔梅斯（Montejo de Tiermes）东南方7公里处。

贝朗加德多埃罗城堡（Castillo de Berlanga de Duero；Berlanga de Duero；10:00~14:00和16:00~20:00）上最显眼的建筑是一座被废弃的卓越城堡，因为其所在山丘脚下连绵的城墙而显得更大。城堡最老的部分历史可以追溯至15世纪，但外墙大部分是在16世纪建造的。**旅游局**（975 34 34 33；www.berlangadeduero.es；Plaza de Nuestra Señora del Mercado 5, Berlanga de Duero；周六和周日 10:00~14:00和16:00~20:00）位于城堡下方的大门旁边，在周末组织免费的导览游。如果你想参观城堡却发现大门紧闭，就去主广场（Plaza Mayor）上的市政厅索取钥匙。

当费尔南多在1059年将戈尔马斯城堡（见186页）从其伊斯兰抵抗者手中夺来时，他在随后几年的最初举动之一就是在城堡下方的山坡上建造小隐修所**戈尔马斯的圣弥额尔教堂**（Ermita de San Miguel de Gormaz；975 34 09 02；Gormaz；€1.50；6月至7月中旬 周六 11:00~14:00和17:00~20:00，周日 11:00~14:00，7月中旬至次年5月 时间不定）。尽管外边没什么可看的，主殿里的湿壁画却十分迷人，也是这片地区被保存最好的秘密之一。教堂就位于戈尔马斯村外一点，在通往城堡的路上。

值得一游

卡拉塞纳

埃尔布尔戈-德奥斯玛南边安静的岔路因其漂亮的城堡（位于戈尔马斯和贝朗加德多埃罗）和偏远而美丽宁静的村庄（如雷尤）而一直十分有名。卡拉塞纳（Caracena）是一座二者兼具的小村庄，位于埃尔布尔戈-德奥斯玛沿SO4123往南约24公里处。这座小村庄（人口 16）位于一条长河谷尽头的山坡上，有一组漂亮的石头和陶土房屋。城区有两座12世纪的罗马风格教堂——其中最令人印象深刻的是**圣佩德罗教堂**（Iglesia de San Pedro），还有位于城区以北约1公里处的简单的巴洛克风格隐修所**山中圣母教堂**（Ermita de La Virgen del Monte），在6月的第三个周日能看到一场小型的游行。在村庄上方几百米处的顶端，**卡拉塞纳城堡**（Castillo de Caracena）似乎与周围的悬崖融为一体，在下午稍晚些的时候气氛十分美妙——要想欣赏最佳的风景，你需要往两边走上一段距离。城堡建于12世纪，但如今的外观是15世纪修复的结果。

要想过来，就从埃尔布尔戈-德奥斯玛往La Rasa方向走（5公里），然后沿路标走完最后的19公里。

沿一条小土路向西走5公里。这座偏僻的教堂由圣弗鲁托斯和他的同胞兄弟姐妹圣巴伦廷（San Valentín）和圣恩格拉西娅（Santa Engracia）建于7世纪，如今成了一片废墟。他们就葬在旁边的小礼拜堂里。这是一个神奇的地方，俯瞰着众多蛇形弯曲峡谷中的一条，秃鹫和鹰在高空翱翔。

塞普尔维达有一个很棒的解说中心（见228页），那里有一个关于公园的永久性展览，内容翔实，其中涉及了这里的植物和动物。

到达和离开

公园不通公共交通，你需要自己开车才能探索公园。

索里亚（Soria）

人口 39,171/海拔 1055米

小镇索里亚是西班牙较小的省首府之一。坐落在杜罗河畔，位于卡斯蒂利亚边远的乡村腹地，这是个避开西班牙众多观光客的好地方，有一个紧凑但迷人的旧城区，城镇各处以及河边零星散布着一些令人惊叹的遗迹。至少规划出一整天的时间来把这里所有值得一看的地方都游览一下。

景点

★圣萨图里奥冬宫 历史建筑

（Ermita de San Saturio；☎975 18 07 03；Paseo de San Saturio；⏲7月和8月 周二至周六 10:30~14:00和16:30~20:30，周日 10:30~14:00，4月至6月、9月和10月 周二至周六 10:30~14:00和16:30~19:30，周日 10:30~14:00，11月至次年3月 周二至周六 10:30~14:00和16:30~18:30，周日 10:30~14:00）免费 从圣胡安杜罗修道院沿着美丽的河岸向南走2.3公里，你会经过圣殿骑士团建造的13世纪教堂——**圣波罗修道院**（Monasterio de San Polo；不对公众开放），然后便可来到迷人的巴洛克风格的圣萨图里奥冬宫。这座偏僻的教堂是卡斯蒂利亚-莱昂位置最棒的建筑之一，这栋八角形建筑高高地矗立在河畔，俯瞰着索里亚的主保圣人度过大半生时光的洞穴。

★圣胡安杜罗修道院 遗迹

（Monasterio de San Juan de Duero；☎975 23 02 18；Camino Monte de las Ánimas；€1，周六和周日 免费；⏲6月至9月 周二至周六 10:00~14:00和16:00~20:00，周日 10:00~14:00，2月至6月和10月 周二至周六 10:00~14:00和16:00~19:00，周日 10:00~14:00，11月至次年1月 周二至周六 10:00~14:00和16:00~18:00，周日 10:00~14:00）作为索里亚最引人注目的景点，这座令人思绪驰骋的修道院已经部分变为废墟，可以看到裸露在外的回廊和交错的优雅拱顶，这些拱顶完美地结合了穆德哈尔式和罗马式风格，而且没有任何两个柱顶是一样的。这些描绘着密集图案的雕刻值得你近距离观赏。教

古罗马时期的索里亚

努曼西亚（Numancia；☎975 25 22 48；www.numanciasoria.es；成人/优惠/13岁以下儿童 €5/3/免费；⏰6月至9月 周二至周六 10:00~14:00和16:00~20:00，周日 10:00~14:00，10月至次年5月时间不定）的主要罗马遗迹位于Garray村外（索里亚以北8公里处），是反抗罗马人统治最顽强的城市之一所留下的全部遗迹。最终，摧毁迦太基的西庇阿（Scipio）在公元前134年采用围城战术造成饥荒，终于令这座城市屈服于自己。在罗马的统治下，努曼西亚成为从Caesaraugustus（萨拉戈萨）到Astúrica Augusta（阿斯托加）的道路上的重要一站。

德埃萨罗马别墅（Villa Romana La Dehesa；Magna Mater；☎626 99 25 49；www.villaromanaladehesa.es；Las Cuevas de Soria；€2，语音导览 €2；⏰7月至9月 周二至周六 11:00~20:00，周日 11:00~14:30，10月至次年6月 时间不定）解说中心位于一座古罗马别墅的上方，别墅里曾发现了迷人的马赛克地砖。参观以一段介绍别墅历史的视频展示（西班牙语）开始，之后一座小博物馆展示了遗址中发现的文物，最后沿架高的步道漫步，步道俯瞰着留存的马赛克；最壮观的马赛克如今收藏在马德里的考古博物馆（见117页）内。这座房子最初于20世纪30年代被发现，曾经占地4000平方米。

堂位于老城区山下的河岸边。

圣多明各教堂 教堂

（Iglesia de Santo Domingo；☎975 21 12 39；Calle de Santo Tomé Hospicio；⏰7:00~21:00）免费 罗马风格的圣多明各教堂是索里亚最漂亮的教堂。它小而精致的雕刻门廊很特别，尤其是在日落时分，泛红的岩石仿佛在发光。

葛马拉公爵宫 历史建筑

（Palacio de Los Condes Gomara；Calle de Aguirre）主广场往北一个街区是宏伟的16世纪砂岩宫殿葛马拉公爵宫。这里只能从外面欣赏。

纽曼蒂诺博物馆 博物馆

（Museo Numantino；Paseo del Espolón 8；€1，周六和周日 免费；⏰7月至9月 周二至周六 10:00~14:00和17:00~20:00，周日 10:00~14:00，10月至次年6月 周二至周六 10:00~14:00和16:00~19:00，周日 10:00~14:00）西班牙语过得去的考古学爱好者会喜欢上这座井然有序的博物馆，其中收藏了在索里亚省各个古代遗址中发掘的物品，特别是古罗马遗址努曼西亚（Numancia）。从猛犸象的骨头到瓷器和珠宝，可谓包罗万象，还有关于各个凯尔特伊比利亚和古罗马定居点历史发展的详细介绍。

节日和活动

圣胡安和圣母节 宗教狂欢节

（Fiestas de San Juan y de la Madre de Dios；www.sanjuaneando.com；⏰6月）自13世纪以来，索里亚的12个区就开始相当狂热地庆祝这个一年一度的节日。节庆活动会在6月的下半月举办，有时会延续到7月，主要的庆祝活动会在圣周四（Jueves La Saca）举行，每个区都会挑一头公牛参加第二天的斗牛活动。

住宿

Hostería Solar de Tejada 精品酒店 €

（☎975 23 00 54；www.hosteriasolardetejada.es；Calle de Claustrilla 1；标单/双 €50/55；❄📶）这家漂亮的精品酒店正挨着老城区的步行区，有独立设计（虽然比较小）的房间，温馨的装潢色彩明亮。部分客房有阳台可以俯瞰熙熙攘攘的步行街。

★ Parador de Soria 酒店 €€

（☎975 24 08 00；www.parador.es；Calle de Fortún López，Parque del Castillo；房 €65~155；❄@📶）这家现代的国营酒店迷人地高居于城上方——客房不太有特色但超级舒适，服务堪称楷模，风景壮丽。餐厅也值得让人住在这里。

★ Apolonia 精品酒店 €€

（☎975 23 90 56；www.hotelapoloniasoria.com；Puertas de Pro 5；标单/双 €60/66起；❄@📶）焦炭色、棕色和乳白色的配色设计，玻璃的大量运用以及使用抽象艺术作品做装饰，这一切使得这家时尚的酒店充满了当代都市感。而且在其中的4间客房里，主卧室和步入式淋浴间之间的灯光效果十分有趣（或富有情趣）——也许最适合追求浪漫情调的情侣。青春洋溢的管理人员可以为住客安排该地区的远足活动，比如采集松露。

就餐

Crepería Lilot Du Ble Noir 法国菜 €

（☎651 49 53 17；www.creperialilot.com；Calle Fueros de Soria 12；法式薄饼 €6.60~12；⏲13:00~16:30和21:00至午夜）这家迷人的法式薄饼小店为索里亚的餐饮界增添了一些不可或缺的式样。咸味的版本有肉末配卡芒贝尔奶酪和蘑菇，或是猪肉配米粉、照烧酱和芒果梨酸辣酱。这里还有甜味的法式薄饼与沙拉，以及一份英文菜单。不出所料，旅行者和本地人对这里的评价都非常好。

★ **Baluarte** 卡斯蒂利亚菜 €€

（☎975 21 36 58；www.baluarte.info；Calle de los Caballeros 14；主菜 €12~25，试吃套餐€48；⏲周二至周六 13:30~16:00和20:45-22:45，周日 13:30~16:00）奥斯卡·加西亚（Oscar Garcia）是西班牙最令人激动的主厨之一，在这家位于索里亚的餐厅里展示自己的厨艺。菜肴以经典卡斯蒂利亚食材为基础，但进行了恰到好处的处理，既令人兴奋和心满意足，又不会显得太过做作。应季套餐尤其值得一吃。预约很重要。

Fogón del Salvador 卡斯蒂利亚菜 €€

（☎975 23 01 94；www.fogonsalvador.com；Plaza de El Salvador 1；主菜 €13~22；⏲13:30~16:00和21:00至午夜；☑）索里亚烹饪界的中坚力量，正对一个很受欢迎的酒吧，Fogón del Salvador有一张长长的葡萄酒单——跟你的胳膊一样长（真是如此），还有用神奇的炭火烤箱烘烤出多汁的肉类菜肴，比如山羊配大蒜（cabrito al ajillo），以及各种美味的牛排。

实用信息

旅游局（☎975 22 27 64；www.soria.es；Mariana Granados；⏲周二至周六 10:00~14:00和16:00~19:00，周日 10:00~14:00）周末会组织2小时的历史中心或杜罗河岸景点导览游（€5），夏季较频繁。需要预约。

旅游局（☎975 21 20 52；www.turismocastillayleon.com；Calle de Medinaceli 2；⏲周一至周六 9:30~14:00和16:00~19:00，周日 9:30~17:00）有关于本城和卡斯蒂利亚-莱昂地区的信息。

到达和离开

客运站（☎975 22 51 60；Avenida de Valladolid）位于市中心以西，步行15分钟即到，有定时发往布尔戈斯（€12.50，2.5小时）、马德里（€16.80，2.5小时）和巴利亚多利德（€15.80，3小时）以及各大省会城镇的班车。

火车站（Carretera de Madrid）位于市中心西南2.5公里处，有连接索里亚和马德里（€22.15，3小时，每天3班）的火车线路，但很少有其他线路的直达列车。

当地交通

市中心的地下停车场**Aparcamiento Plaza del Olivo**（Plaza del Olivo；每24小时€2.95；⏲24小时）一定是所有西班牙城市里最便宜的停车场，每24小时只要€2.95！

索里亚周边（Around Soria）

卡拉塔尼阿索尔（Calatañazor）

人口 56/海拔 1071米

作为卡斯蒂利亚-莱昂最浪漫的山顶小村庄之一，迷人的卡拉塔尼阿索尔值得你绕道一游。这座村庄小得哪怕就站在公路上（仅仅1公里外）都看不见它，而且还有一种破败的中世纪氛围。穿过小镇的大门，沿着曲折的鹅卵石小巷向上走，在狭窄的街道上穿行，你会看到街边尽是赭石色的岩石和土坯房屋，房子带有红砖屋顶和圆锥形的烟囱——电影《日瓦戈医生》（*Doctor Zhivago*）的外景就是在这里拍摄的。

景点

卡拉塔尼阿索尔城堡 遗迹

（Castillo de Calatañazor；⏲24小时）高耸在村庄上方的是曾经的穆斯林堡垒，它也是卡拉塔尼阿索尔名字的由来（来自阿拉伯

另辟蹊径

乔尔纳

小村庄乔尔纳(Chaorna)位于卡斯蒂利亚-莱昂东端的角落里，几乎整个被卡斯蒂利亚-拉曼查所包围，是这片地区保存最完好的秘密之一。这座村庄位于一条狭窄峡谷的裂缝与转弯处，与其他卡斯蒂利亚-莱昂的村庄都不同。这里以保存完好的石头建筑为主，上方是圣米格尔教堂(Iglesia de San Miguel)和一座历史可以追溯至穆斯林统治时期的塔楼。要想欣赏最夸张的风景，就出去走上峡谷的顶端，找个优越的地方向下欣赏村庄。

从A2往南岔出来走9公里就是乔尔纳——岔路口位于梅迪纳塞利东北方15公里处。

语"Qala' at an-Nassur"，意为"秃鹫的城堡")。如今虽已成废墟，但从城墙和瞭望塔上望见的景色依然很美，可以俯瞰村庄的屋顶和北方一片被称为血之谷(Valle de la Sangre)的广阔地区。

食宿

El Mirador de Almanzor 客栈 €

(☎975 18 36 42; www.elmiradordealmanzor.com; Calle Puerta Vieja 4; 房 €55~65; 📶)这里位于村子的最北端，城堡下方一座15世纪的砖木结构住宅中，是本地一个不错的住宿选择。客房装饰着裸石墙壁、锻铁家具和柔和的灯光。

★ **Casa del Cura de Calatañazor** 客栈 €

(☎975 18 36 42; www.posadarealcasadelcura.com; Calle Real 25; 房 €65~75; 📶)这里有卡拉塔尼阿索尔最雅致的客房，沿贯穿全村的鹅卵石主路上坡到一半就是。客房有抛光地板、斑马皮面椅子和裸露的木梁。餐厅(主菜€13起，试吃套餐€27)也是村子里最棒的。享受下方的峡谷风光吧。

到达和离开

去卡拉塔尼阿索尔没有固定班次的公共交通工具。如果你是自驾旅行的话，村子就位于N122以北大约1公里处——岔路口有清晰的路标，位于索里亚以西大约29公里、埃尔布尔戈-德奥斯玛东北方大约27公里处。

乌尔维翁山脉和黑湖 (Sierra de Urbión & Laguna Negra)

位于索里亚西北方的乌尔维翁山脉坐拥美丽的黑湖(Laguna Negra)，这是一个小冰川湖，就像一面黑色的镜子躺在高耸的岩壁底部，周围是半披植被的山丘。

小湖位于比努埃萨村(Vinuesa)以北18公里处，可以通过一条蜿蜒且时而颠簸的风景小路抵达。这条路的尽头是一个停车场，那里有个小小的信息咨询处(⏲6月至10月 10:00~14:00和16:00~18:30)。再向上爬2公里就到了湖边，可以选择步行或坐摆渡车(往返€1.50，6月至10月 10:00~14:00及16:00~18:30每半小时1班)前往，汽车会停靠在距湖边300米处。

一条陡峭的小路从湖边向上通往位于拉里奥哈(La Rioja)的乌尔维翁湖(Laguna de Urbión)或抵达乌尔维翁峰(Pico de Urbión)的顶点，山下是杜鲁埃洛德拉谢拉(Duruelo de la Sierra)村，再继续向前还有一系列其他的小冰川湖。

到达和离开

这片地区不通公共交通，你需要自己开车才能过来。

扬瓜斯 (Yanguas)

人口 104

小村庄扬瓜斯靠近卡斯蒂利亚-莱昂攀至拉里奥哈的地方，是索里亚漂亮的高地(Tierras Altas)中最迷人的村庄之一。扬瓜斯的各方都被峡谷和山丘包围起来，而其漂亮的石造建筑和鹅卵石小巷(可以从一座中世纪的石拱门下方抵达)十分迷人。

住宿

Los Cerezos de Yanguas 客栈 €

(☎975 39 15 36; www.loscerezosdeyanguas.com; Paseo San Sebastián 6; 标单/双 €48/58, 2室公寓 €130; P❄📶)这家农舍由家庭经营，靠近城门，是一座典型的扬瓜斯石造建筑，有木制床头，地砖或镶花地板，但足够

舒适了。单凭这里烹制的家常美食就足以让人留下来。

El Rimero de la Quintina 客栈 €

(☎625 48 58 74; www.elrimerodelaquintina.net; Calle de la Iglesia 4; 双/标三 €55/75; ❄📶)这座漂亮的农舍位于村子顶端，紧邻宪法广场(Plaza de la Constitución)，迷人的客房里有木梁、地砖和粉彩色调，更别说后边迷人的花园了。

到达和离开

没有定时运营的公共交通工具开往扬瓜斯，沿SO615往索里亚西北方走47公里就是扬瓜斯了。

索里亚南部(South of Soria)

梅迪纳塞利(Medinaceli)

人口 741/海拔 1270米

梅迪纳塞利是卡斯蒂利亚-莱昂最美丽的村庄(pueblos)之一，位于A2高速公路边一条高高的山脊上。这里混合了古罗马遗迹、鹅卵石小巷和超棒的食宿场所，非常适合作为探索卡斯蒂利亚-莱昂这一美丽角落的大本营。

现代化的梅迪纳塞利位于老城区坡下的远处，A2高速公路北边一条匝道的沿线，是个现代化的小城。

景点

要领略梅迪纳塞利的魅力，在宁静的鹅卵石小巷漫步也是不错的选择。周围环绕着令人心旷神怡的岩石房屋，让人想起1124年收复失地运动之后在此居住的名流贵族们。村内各处还分布有一些罗马遗址。

★主广场(Plaza Mayor) 广场

部分带柱廊的主广场是村子迷人的中心，也是卡斯蒂利亚-莱昂最漂亮的广场之一。留存下来的最古老的建筑是16世纪的阿尔洪尼达(Alhónidga)，这也是广场上唯一一座有双层柱廊的建筑。

罗马拱门 遗迹

梅迪纳塞利1世纪的罗马拱门(Arco Romano；罗马凯旋门)，守卫着城区的入口，在过来的路上便可以看见，是西班牙保存最完好的城门之一。这里也是西班牙唯一一座三个拱门都保存完好的拱门。

阿拉伯门(Puerta Árabe) 大门

尽管在几个世纪中一直被改造，村子西边的这座大门最初是古罗马时期定居点的四座城门之一，也是穆斯林统治时期重要的大门。这里是个迷人的角落，梅迪纳塞利狭窄的小路从这里通向卡斯蒂利亚起伏坦荡的乡村风光。

公爵宫 宫殿

(Palacio Ducal; Palacio del Duque de Medinaceli; ☎975 32 64 98; Plaza Mayor; €2; ⏲周四至周一 10:00~14:00和16:00~19:00)这座主要建于17世纪的宫殿俯瞰着主广场，经常举办高质量的当代艺术展。房间环绕着美得令人瞠目的两层文艺复兴式庭院，其中一个房间有一幅公元2世纪的罗马马赛克拼贴画和关于梅迪纳塞利周边发现的马赛克的信息板。建筑的立面是胡安·戈麦斯德莫拉(Juan Gómez de Mora)的手笔，他也是马德里主广场的设计者。

圣玛利亚教堂 教堂

(Colegiata de Santa María; Plaza de la Iglesia; 乐捐; ⏲7月和8月 周二至周日 11:00~14:00和16:00~20:00，9月至11月和复活节至6月 周六和周日 11:00~14:00和16:00~18:00，12月至次年复活节关闭)这座勉强算得上有趣的哥特式教堂建于1561年，其原址可能是一座犹太会堂或清真寺。17世纪的晚期哥特风格塔楼可以从城的另一边看到，而内部的亮点则有18世纪的梅迪纳塞利基督(Cristo de Medinaceli)和罗马风格地宫。开放时间不太可靠。

节日和活动

梅迪纳塞利歌剧节 音乐节

(Festival Ópera Medinaceli; ☎913 08 46 35; ⏲7月至8月)在7月的最后一周和8月的前两周，梅迪纳塞利的主教宫(见214页)会举办优质的歌剧表演。

国际音乐节 音乐节

(Festival Internacional de Música; http://

值得一游

韦尔塔圣玛利亚

这座美妙的西笃会**修道院**(Santa María de la Huerta; ☎975 327 002; www.monasteriohuerta.org; €3; ⏲周一至周六10:00~13:00和16:00~18:00，周日10:00~11:15和16:00~18:00)建于1162年，1835年被征用，于1930重归修会，如今有20位西笃会士生活于此。进入修道院前，留意观看教堂令人难忘的12世纪建筑外立面，上面有华丽的玫瑰花窗。**骑士回廊**(Claustro de los Caballeros)位于修道院内，是两个回廊中最美的一个。紧邻这条回廊的是闲置却迷人的餐厅(refectorio)，餐厅修建于13世纪，以不用柱子支撑拱顶而闻名。

festivalmusicamedinaceli.blogspot.com.es)7月的周六和/或周日，圣玛利亚教堂(见235页)会有来自世界各地的音乐家登台演出，以古典音乐会为主。

住宿

★ Medina Salim
精品酒店 €€

(☎975 32 69 74; www.hotelmedinasalim.com; Calle Barranco 15; 标单/双 含早餐 €60/80起; P ❄ 📶)这是一家温馨的精品酒店，房间非常宽敞通透，带冰箱和露台，从露台可以俯瞰开阔的山谷或中世纪的鹅卵石街道。装饰现代明亮，有浅色木地板和出色的卫生间。其他亮点包括一个小型水疗中心和令人愉悦的早餐室，早餐室可以俯瞰一部分原始的罗马城墙，并且供应梅迪纳塞利最棒的早餐。

Hostal Rural Bavieca
精品酒店 €€

(☎975 32 61 06; www.bavieca.net; Calle del Campo de San Nicolás 6; 标单/双 €40/58起; P ❄ 📶)这里的客房内大胆的色彩和风格或许不会符合每个人的口味，但这里无疑是一家提供高品质客房和与之相匹配的氛围的精品酒店。这里还有一家不错的**餐厅**(主菜€12~25)。

La Ceramica
酒店 €€

(☎975 32 63 81; Calle de Santa Isabel 2; 标单/双/标三 含早餐 €45/65/89，双 含早餐和晚餐 €88; ⏲2月至12月中旬; 📶)位于老城区的中心，这里的房间温馨舒适，散发着质朴的乡村魅力。位于阁楼的22号房间很可爱，而能睡4个人的CR2公寓会让你感觉就像回到家一样。有时会有最少住两晚的规定。

就餐

梅迪纳塞利有三家不错的餐厅。从10月开始，晚餐的时间就不太可靠——我们于10月的一个周二在这里过夜，老城区没有一家餐厅在晚餐时间营业，我们不得不开车下坡去了新城区。

Asador de la Villa El Granero
卡斯蒂利亚菜 €€

(☎975 32 61 89; www.asadorelgranero.es; Calle de Yedra 10; 主菜 €13~21; ⏲5月至9月 13:30~16:00和21:00~23:00，10月至次年4月 时间不定)这个地方有显眼的路标指示，前面的商店出售当地出产的食品，被许多人认为是梅迪纳塞利最好的餐厅。野蘑菇(setas de campo)算得上是当地特色菜，不过毫不意外的是，这家丰盛卡斯蒂利亚菜的捍卫者主要提供烤肉类。夏季周末用餐需要提前预约，冬季工作日晚餐时间别指望这里会营业。

La Bavieca
西班牙菜 €€

(☎975 32 61 06; www.bavieca.net; Calle del Campo de San Nicolás 6; 主菜 €12~22，套餐€17起; ⏲5月至9月 周四至周二 13:00~16:00和21:00~23:00，10月至次年4月 时间不定)这里是梅迪纳塞利比较有创意的一家餐厅，供应小羊排等传统特色菜，不过也有不错的猪里脊汉堡。前菜为什么不试试白兰地和鸭酱鹌鹑蛋配松露和野菌菇呢？服务热情，用餐区很雅致，葡萄酒单也不错。

La Ceramica
西班牙菜 €€

(☎975 32 63 81; Calle de Santa Isabel 2; 主菜 €9~19，套餐 €16~25; ⏲13:00~15:30和21:00~23:00，12月中旬至次年1月歇业)La Ceramica提供温馨而随意的用餐体验，供应出色的本地

特色菜，如牧羊人面包屑（migas del pastor）或鹌鹑沙拉（ensalada de codorniz），此外还有常见的肉菜。

实用信息

旅游局（☎975 32 63 47；www.medinaceli.es；Calle del Campo de San Nicolás；⊙周三至周日10:00~14:00和16:00~19:00）位于小镇入口处，就在拱门附近。

到达和离开

ALSA（www.alsa.es；Plaza del Ayuntamiento）每天有最多4班往返索里亚的大巴（€5.50，45分钟）或3班往返马德里的大巴（€10.70，1.75小时）从新城区的市政厅外出发前往索里亚。旧城区和新城区之间没有交通工具，路很陡，走起来会比较辛苦。

托莱多和卡斯蒂利亚-拉曼查

包括 ➡

最佳餐饮

- Raff San Pedro（见265页）
- Cenador de las Monjas（见267页）
- Alfileritos 24（见248页）
- Calle Mayor（见268页）
- El Bodegón（见263页）

最佳住宿

- Casa Rural Tia Pilar（见255页）
- Antiguo Palacio de Atienza（见270页）
- Posada de San José（见263页）
- Casa de Cisneros（见246页）
- Hotel Albamanjón（见259页）

为何去

卡斯蒂利亚-拉曼查是西班牙人口最稀少的地区之一。这里位于一片饱经风吹的丰饶高原上，自然风光异彩纷呈，在广袤起伏的平原地区棕红色的土地上，橄榄树林和葡萄园排列成整齐。塞万提斯笔下的堂吉诃德就是在这里踏上旅程的，你可以在这一地区找到许多书中提到的这位虚构的骑士曾到过的地方：从孤零零的风车到众多（大部分被废弃）的城堡。

该地区最负盛名的城市是辉煌的托莱多，这里是西班牙的精神之都，而昆卡则是另一个奇妙的地方，看起来好像要从高踞峡谷之上的鹰巢中摇摇欲坠。

感官体验的层面上来说，这里是藏红花生长的地方，也是西班牙无与伦比的曼彻格奶酪之都。曼彻格奶酪是当地葡萄酒的绝配——拉曼查产区的葡萄比世界上其他任何地区都要多。

何时去

托莱多

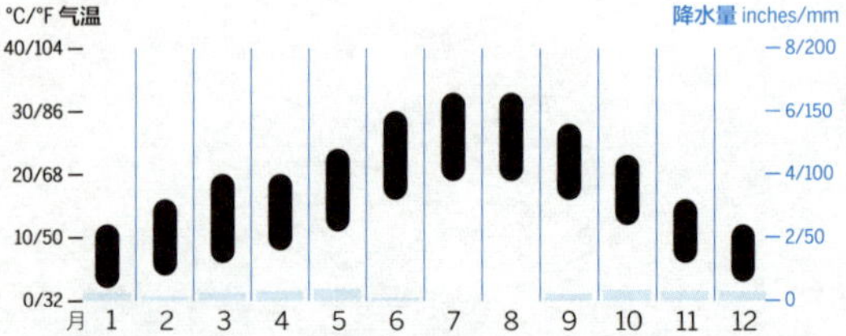

3月和4月 见识昆卡那紧张刺激又氛围十足的圣周游行。

4月和5月 欣赏乡间葱郁风景中绚丽多彩的野花。

9月和10月 徒步穿行在卡斯蒂利亚-拉曼查的自然公园和风景如画的村庄。

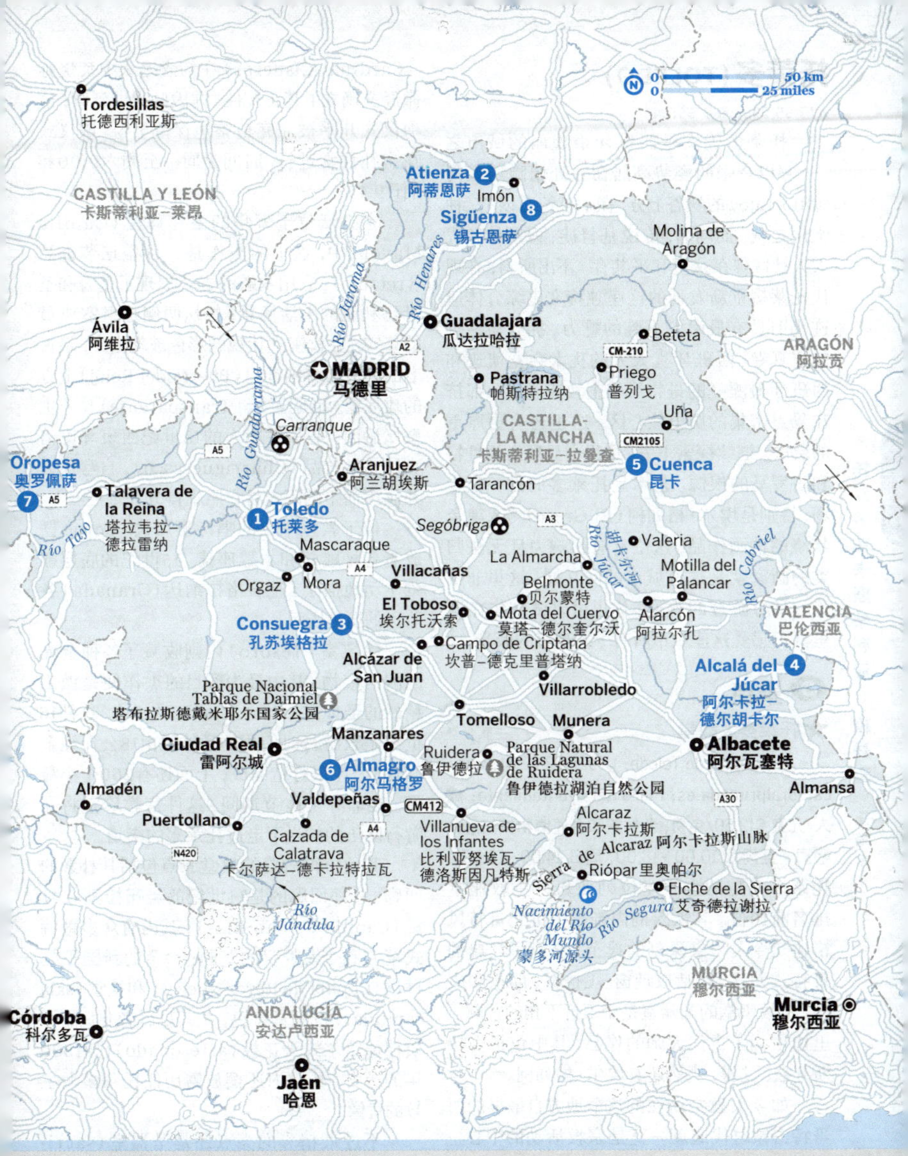

托莱多和卡斯蒂利亚-拉曼查亮点

❶ **托莱多**（见240页）在狭窄街道中了解3种中世纪文化。

❷ **阿蒂恩萨**（见269页）从圣地亚哥朝圣之路的南部路段徒步进入山顶小城。

❸ **孔苏埃格拉**（见252页）在孔苏埃格拉拍下堂吉诃德的风车照片。

❹ **阿尔卡拉-德尔胡卡尔**（见256页）在层层叠叠的房屋和城堡下找一家酒吧，来杯啤酒。

❺ **昆卡**（见260页）参观昆卡卓越的炫舞和中世纪中心。

❻ **阿尔马格罗**（见254页）在这座诱人的小城惊叹于漂亮的广场和古老的剧场。

❼ **奥罗佩萨**（见251页）住在国营酒店里，当一回国王或王后。

❽ **锡古恩萨**（见267页）在被低估的小城锡古恩萨看一看动人的中世纪历史中心区。

托莱多(TOLEDO)

人口 85,593/海拔 655米

托莱多确实是西班牙最瑰丽的城市之一。它以夸张的姿势高居在一处俯瞰塔霍河(Río Tajo)的峡谷上方，在中世纪时以"三种文化之城"而闻名，传说基督徒、穆斯林和犹太人社区曾在这里和平共存。不出所料，在现代托莱多重新发现的这座独特文化综合体遗迹仍旧具有最引人入胜的魅力。拥有马蹄拱的清真寺、西班牙犹太人的犹太会堂遗迹和西班牙最漂亮的哥特风格主教座堂之一都挤在景点密集的历史核心区。这里还有更厚重的层次。继续探索下去，这里会显现出西哥特和古罗马的根源。艺术是托莱多的另一项专场，特别是埃尔·格列柯(El Greco)令人魂牵梦绕的油画作品，这位富有影响力且无法归类的画家就是这座城市的同义词。这里非常受一日游游客的欢迎，你也可以试试住在这里真正感受这座城市所有令人难忘的荣光。

景点

★托莱多大教堂 主教座堂

(Catedral de Toledo; ☎925 22 22 41; www.catedralprimada.es; Plaza del Ayuntamiento; 成人/儿童 €12.50/免费，含纺织和金匠博物馆门票; ⏲周一至周六 10:00~18:00, 周日 14:00~18:00)托莱多卓越的主教堂位列西班牙主教座堂排名前10位。其恢宏的内饰是中世纪哥特风格建筑令人印象深刻的典范，充满了经典的哥特式元素，包括玫瑰窗、飞扶壁、肋拱和尖拱。主教座堂的圣器室是个不折不扣的艺廊，里边摆满了古代大师的作品，其中包括委拉斯开兹、戈雅，当然还有埃尔·格列柯。

如今大教堂所在的这个地方自最早的西哥特占领时代起就一直是宗教活动的中心。在穆斯林统治期间，这里又建了托莱多的大清真寺，在1085年被改造成了一座教堂，但最终在140年之后被毁。主教座堂的历史可以追溯到13世纪20年代，它基本上是一座哥特式建筑，重建时混合了包括穆德哈尔和文艺复兴在内的多种风格。如今你还可以透过独特的莫扎拉布礼拜仪式(Mozarabic Rite)一窥西哥特时期的影响。这是一种起源于6世纪的礼拜仪式，后来经由西斯内罗斯红衣主教(Cardinal Cisneros)在信念之火中焚烧弥撒经文确立了其正统性，并因此得以延续；这项仪式几乎被完完整整地保留至今。该仪式在主礼拜堂进行，时间为周一至周六9:00和周日9:45。

主祭坛位于奢华的**主礼拜堂**(Capilla Mayor)中，这里的杰作是一件祭坛装饰品(retablo)，它用木雕的方式展现了基督和圣母玛利亚的生活场景；祭坛两侧是皇室成员的墓穴。主教座堂壮观的彩色玻璃窗中，最古老的是卡塔赫纳钟门(Puerta del Reloj)上方的玫瑰窗。**透明圣坛**(Transparente)位于主祭坛后面，是一件迷人的18世纪西班牙巴洛克风格装饰品(Churrigueresco)，自穹顶天井倾泻而下的阳光将它照耀得分外灿烂。

位于教堂中央的唱诗班席位(Coro)摆放着各种雕塑和木雕座椅。15世纪的底层雕刻生动地描绘了征服格拉纳达(Granada)各阶段的历史场面。

珍宝室(Tesoro)内则收藏了各种金光闪闪的宝物，其中最为醒目的杰作便是做工精妙的**圣体龛**(Custodia de Arfe)。这件16世纪宗教游行时使用的圣体匣由18公斤纯金和183公斤银打造而成，上面还有260个小雕像。在耶稣圣体节期间，这件宗教珍宝将在游行队伍的护送下走过托莱多的街道。

其他值得游览的教堂景点包括其朴素的回廊，紧邻回廊的是14世纪的**圣布拉斯礼拜堂**(Capilla de San Blas)，其内有众多哥特式墓穴和令人赞叹的壁画；涂金的**新国王礼拜堂**(Capilla de Reyes Nuevos)和礼堂(sala capitular)也别具特色，尤其是后者非凡的木质穆德哈尔式天花板(artesonado)已有500年的历史。礼堂内还摆放着历任托莱多大主教的肖像。

不过最精彩的亮点还是圣器室(sacristía)，那里收藏了埃尔·格列柯、苏巴朗、卡拉瓦乔、提香、拉斐尔、委拉斯开兹等大师的画作。这些作品密密麻麻地挤在昏暗的光线下确实不便欣赏，但在这么小的地方却集中了这么多杰作不得不令人惊叹。在隔壁房间里，不要错过一面壮观的摩尔人旗帜，它是在1340年萨拉多之战(Battle of Salado)中缴获的。

只需多付3欧元，你就可以爬到回廊的上层和钟楼，在那里，你可以站在托莱多的历史中心饱览美景。

★阿尔卡萨城堡 要塞

（Alcázar, Museo del Ejército; ☎925 22 30 38; Calle Alféreces Provisionales; 成人/儿童 €5/免费，周日免费；⏲周四至周二 10:00~17:00）幽魅般的阿尔卡萨城堡是这座城市的最高建筑。在佛朗哥执政时期曾被重建，之后作为一个规模巨大的军事博物馆重新开放。这里有常见的军装和奖章等展品，不过最精彩的是内容详尽的历史展区，用西班牙语和英语深入检视了西班牙的国家历史。展览规模宏大，但就像一场组织良好的马拉松，值得投入体力（和精力）。

10世纪，阿卜杜勒-拉赫曼三世（Abd ar-Rahman Ⅲ）在这里建立了一座堡垒（al-qasr），后来被基督徒改造。阿隆索·科瓦鲁比阿斯（Alonso Covarrubias）将其重建成卡洛斯一世（Carlos I）的皇家宅邸，但当皇室搬到马德里之后，这座堡垒最终成了一所军事院校。1936年内战之初，在忠于共和政府的民兵围困下，阿尔卡萨城堡严重受损。士兵们的顽强抵抗，以及指挥官莫斯卡尔多（Moscardó）拒绝用弃城来交换儿子性命的选择，使阿尔卡萨城堡成为民族主义的有力象征。

阿尔卡萨城堡最恐怖的景点是复原的莫斯卡尔多办公室，那里破破烂烂地满是弹孔；其他亮点还包括一个装饰着哈布斯堡王朝（Habsburg）纹章的纪念性中央庭院和门口附近摩尔人时代的考古遗址。

★特兰西托犹太教堂 犹太教堂、博物馆

（Sinagoga del Tránsito; ☎925 22 36 65; http://museosefardi.mcu.es; Calle Samuel Leví; 成人/儿童 €3/1.50，周六14:00以后和周日全天免费；⏲3月至10月 周二至周六 9:30~19:30，11月至次年2月 周二至周六 至18:00，全年 周日 10:00~15:00）这座雄伟的犹太教会堂是1355年在佩德罗一世（Pedro I）的特别许可下修建的，里面有一座塞法迪博物馆（Museo Sefardí；见本页）。巨大的中央祷告厅得到了良好的修复，穆德哈尔式风格的装饰和雕刻复杂的松木天花板分外引人注目。展览介绍了西班牙犹太文化的历史，包括考古发现、一座纪念花园、服装及仪式用品等。

托莱多从前的犹太区（judería）曾经拥有10座犹太教会堂，占据着城墙内区域10%左右的面积。1492年犹太人被驱逐出西班牙之后，这座犹太教堂先后被用作小修道院、隐士居所和军事兵营等各种场所。

塞法迪博物馆 博物馆

（Museo Sefardí; ☎925 22 36 65; http://museosefardi.mcu.es; Sinagoga del Tránsito, Calle Samuel Leví; ⏲周一至周六 9:30~18:00，周日 10:00~15:00）这座博物馆位于华丽的特兰西托犹太教堂（见本页）内，罕见而重要地令人一瞥西班牙过去的犹太文化。门票包含在犹太会堂的门票内。

圣十字博物馆 博物馆

（Museo de Santa Cruz; ☎925 22 10 36; Calle de Cervantes 3; 成人/儿童 €5/免费；⏲周一至周六 9:45~18:15，周日 10:00~14:30）很难想象这座16世纪的建筑曾经是一所医院。如果现代医院也配有这座漂亮的艺术和陶瓷器博物馆门口这种精致的银匠风格门廊就好了。这里最主要的部分是底层十字形的大型画廊。展出的各式艺术品和雕塑都配备有趣的解说版，后者介绍了所有作品各自的历史背景。

希腊博物馆 博物馆、画廊

（Museo del Greco; ☎925 22 44 05; www.mecd.gob.es/mgreco; Paseo del Tránsito; 成人/儿童 €3/1.50，周六14:00以后和周日全天免费；⏲3月至10月 周二至周六 9:30~19:30，11月至次年2月 至18:00，周日 10:00~15:00）20世纪初，一个贵族以为这里是埃尔·格列柯的故居，并买下了它，然后把这座房子装修成了那个时期的风格，效果值得表扬。虽然他判断失误（埃尔·格列柯从未住过这里），但博物馆保留了下来。这座房子附带一个漂亮的庭院，此外还有从一座犹太区宫殿中挖掘出来的几个迷人的酒窖，以及精选的画作收藏，其中包括一幅苏巴朗的作品、一系列埃尔·格列柯的耶稣门徒画，以及埃尔·格列柯的儿子和各位追随者的作品。

纺织和金匠博物馆 博物馆

（Museo de Textiles y Orfebrería; ☎925 22 22 41; Plaza del Colegio de Infantes 11; 门票 €2，含

Toledo 托莱多

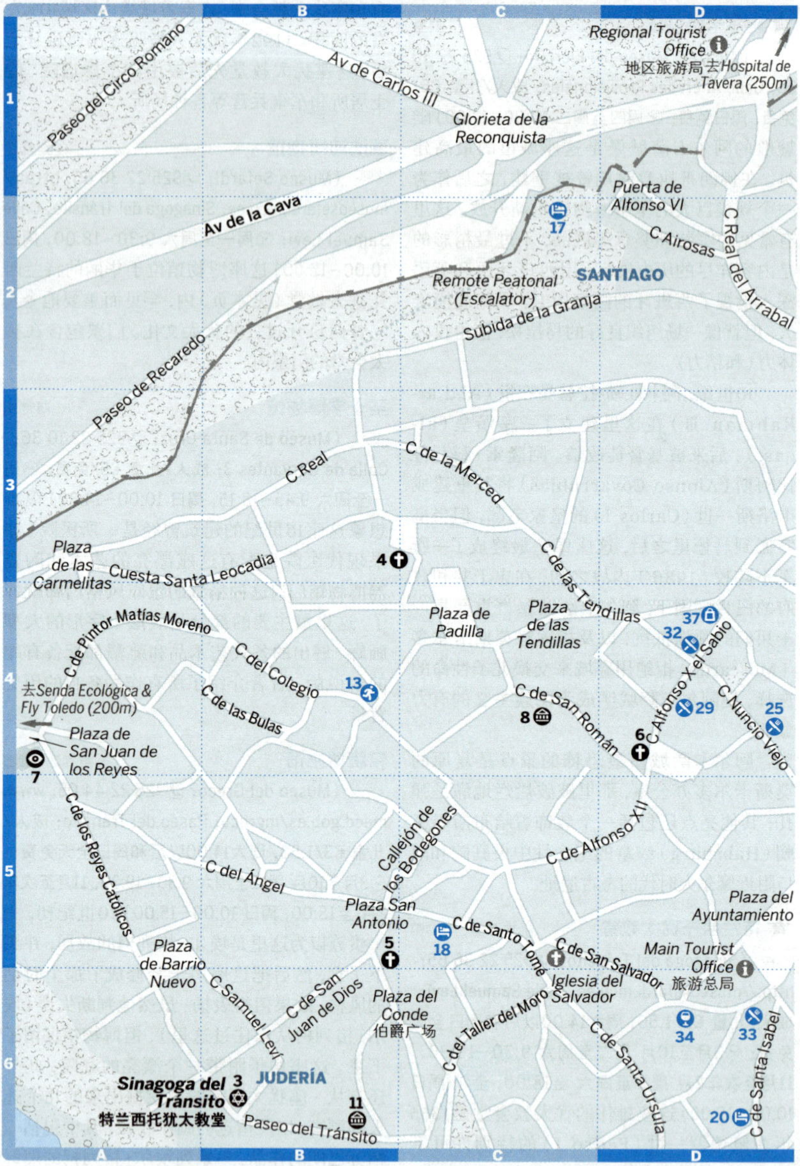

主教座堂门票；⏲10:00~18:00）这座博物馆于2014年开放，位于17世纪的一所旧唱诗班学校，里边展示有一些可以追溯至15世纪的华丽织锦。这里的展品大部分以宗教为主题，其中最大的织锦长约10米。这里的织锦每年会搬出来透透风，在圣体节的时候挂在主教座堂外（尽管这对织锦产生了明显的不良影响）。博物馆下方的地面层有个关于学校的有趣展览，配有视听资料和动人的合唱音乐录音带。

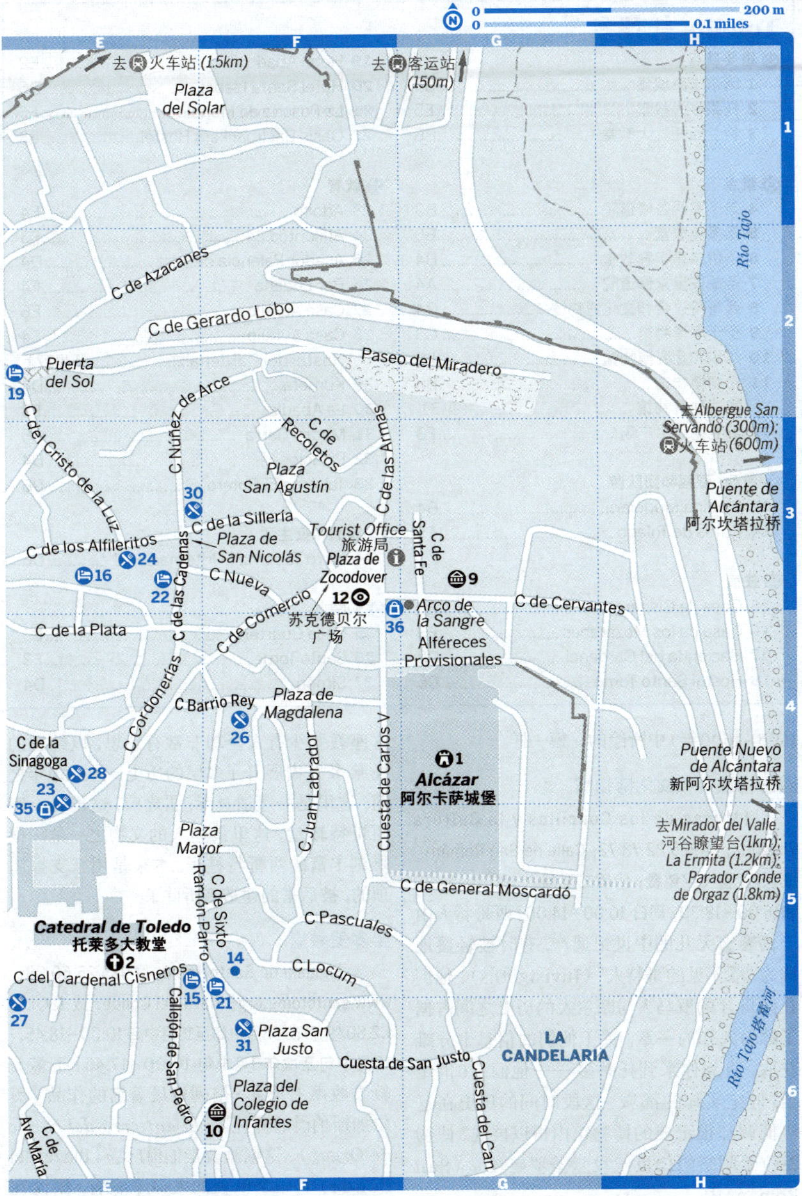

河谷瞭望台 观景点

（Mirador del Valle；Carretera Circunvalación）要想拍到托莱多的终极照片，你需要跨过塔霍河，在另一边上坡到达这个战略性的瞭望台。你既可以从Puente Nuevo de Alcántara走上来，也可以从苏克德贝尔广场（Plaza de Zocodover）搭乘观光火车（见251页）上来，观光火车30分钟的观光之旅中会在这里经停。这里的风景与埃尔·格列柯著名的风景画《托莱多风景》（*Vista de Toledo*；

Toledo 托莱多

1596~1600年）中所绘的一模一样。

西哥特议会和文化博物馆 博物馆

（Museo de los Concilios y la Cultura Visigoda; ☎925 22 78 72; Calle de San Román; 成人/儿童 €1/免费; ⏲周二至周六 10:00~14:30和16:00~18:30，周日 10:00~14:00）西哥特人由于其寥寥无几的中世纪遗产，有时被轻蔑地称为“看不见的哥特人”（Invisigoths），他们在西班牙的罗马人与摩尔人的历史之间占据了鲜为人知的一章。关于他们的信息十分难获取，直到你来到托莱多——他们于6世纪至7世纪实际的都城。这段时间的历史在这座低调却很重要的博物馆内得以再现，博物馆位于阴暗的13世纪教堂圣罗曼教堂（San Román）中。

救世主堂 教堂

（Iglesia del Salvador; ☎925 25 60 98; Plaza del Salvador; 门票 €2.80; ⏲周六至周四 10:00~18:45，周五 10:00~14:45和16:00~18:45）这座教堂少有人至却非常有意思，以纯正的托莱多方式展开了多层的历史。在1159年之前，这里是一座清真寺；再之前，这里是一座西哥特教堂。这里最迷人的文物之一是一根雕刻丰富的西哥特柱子，本来是用来支撑屋顶的，被后来的建造者拆除了。

圣多美教堂 教堂

（Iglesia de Santo Tomé; ☎925 25 60 98; www.santotome.org; Plaza del Conde; 成人/儿童 €2.80/免费; ⏲3月中旬至10月中旬 10:00~18:45，10月中旬至次年3月中旬 10:00~17:45）圣多美教堂收藏有埃尔·格列柯最著名的作品《奥尔加斯伯爵的葬礼》（*El entierro del conde de Orgaz*），这幅画要走伯爵广场（Plaza del Conde）上一个单独的入口才能看。据说在1322年奥尔加斯伯爵的葬礼上，圣奥思定（St Augustine）和圣斯德望（St Stephen）从天而降参加了葬礼。埃尔·格列柯的作品描绘了这一事件，并添加了一些神奇的嘉宾，包括他自己、他的儿子还有塞万提斯。

活动

★ Senda Ecológica
步行

这一步行路线非常不一样，沿着塔霍河穿过一条两边陡峭的峡谷，你在那里会感觉自己已经把城市远远甩在了身后（尽管都市生活就在你头上几米高的地方激荡）。这段路线位于Azarquiel和San Martín两座桥之间，其中有一些相对狂野的路段，比如一条被固定在岩石表面上的木栈道。

Fly Toledo
探险运动

（☎693 464845；www.flytoledo.com；Puente de San Martin 2；€10；⏰10:30~18:30）有时候博物馆逛多了就需要放松一下，参与一下这种危险的活动，经由欧洲最长的都市高空滑索在高空中令人晕眩地越过塔霍河峡谷或许不错。起点和终点位于城西端的San Martín桥附近。

Medina Mudéjar
蒸汽浴

（☎925 22 93 14；www.medinamudejar.com；Calle Santa Eulalia 1；€27，含按摩 €45；⏰周一至周五 10:00~22:00，周六 至23:00，周日至20:00）在这家放松的蒸汽浴室的奢华环境中纵情享受，这里有暖调的赭色墙壁、拱门、裸石和砖砌拱顶。这里有热水、温水和冷水浴、蒸汽浴和各种按摩可以选择，因此非常适合在观光之余放松休息。最后还有摩洛哥茶作为理想的放松形式。

> ### 托莱多最佳景色
>
> 想要领略绝佳的城市景色，你可以穿过阿尔坎塔拉桥（Puente de Alcántara）走到塔霍河的另一边，然后沿着右手边的路上坡（路面铺着石板），每走一步，景色就愈加壮美一分。如果你在这里过夜，这条路上的Parador de Toledo拥有最好的景色，餐厅La Ermita（见250页）也同样风景优美，菜品少而精，都是精致的西班牙菜肴。
>
> 在市中心，你还可以爬到圣伊尔德丰索教堂（Iglesia San Ildefonso, Iglesia de los Jesuitas；☎925 25 15 07；Plaza Juan de Mariana 1；成人/儿童 €2.80/免费；⏰4月至9月 10:00~18:45，10月至次年3月 至17:45）的塔楼上去，近距离欣赏主教座堂和阿尔卡萨城堡。

团队游

各种旅行社提供在城镇四处的团队步行导览游（且一般有主题），既有围绕3种文化（伊斯兰文化、基督教文化和犹太文化）主题展开的团队游，也有以埃尔·格列柯为主题的游览活动等。此外还有与当地传说相关的夜间团队游。

Rutas de Toledo
步行游览

（☎630 793338；www.rutasdetoledo.es；Calle de Sixto Ramón Parro 9；每人 €6~20；⏰10:30~14:00和17:30~20:00）很好地结合了标准团队游（埃尔·格列柯和西班牙犹太文化）和更具创意的夜间游览，部分更具戏剧性的项目有身着传统服装的演员。

节日和活动

耶稣圣体节（Corpus Christi）
宗教节日

西班牙最精彩的耶稣圣体节之一，在复活节星期天60天后的周四举行。持续数天的纪念活动随着厚重的圣体龛游行的开始达到高潮。

住宿

Oasis Backpackers Hostel
青年旅舍 €

（☎925 22 76 50；www.hostelsoasis.com；Calle de las Cadenas 5；铺 €18，双 €34~44；@📶）这家青年旅舍是西班牙的四家Oasis青旅之一，拥有这一连锁品牌出彩的特色：慵懒但清爽有序的服务，以及有趣却从不吵闹的氛围。如果你不想和人拼住宿舍间，这里还有私人客房，而且提供许多关于城中景点的免费信息。

Hotel Santa Isabel
酒店 €

（☎925 25 31 20；www.hotelsantaisabeltoledo.es；Calle de Santa Isabel 24；标单/双 €40/50；📶）这里是托莱多一处安全经济的住所，干净、地理位置极佳且待客友善。酒店位于一座贵族老宅内，简单的客房环绕着两座庭院。有好几间客房能够看到主教座堂，还有一个螺旋楼梯通往迷人的屋顶露台。这里的自助餐厅提供简单的早餐（额外收取一小笔费用）。

Albergue San Servando
青年旅舍 €

（☎925 22 45 58; www.reaj.com; Subida del Castillo; 铺 €15~18; ❄@📶🏊）这家罕见的青年旅舍位于一座14世纪的城堡（城堡可是由圣殿骑士团建造的），这种功能配置通常都是留给国营酒店的。宿舍分为带两张单人床的双人间和配有两张上下铺的四人间，还有一个提供餐食的自助餐厅和一个夏季游泳池。如果你不是国际青旅（HI）的会员，你还得再花钱办张卡才能住在这里。

★Hacienda del Cardenal
历史酒店 €€

（☎925 22 49 00; www.hostaldelcardenal.com; Paseo de Recaredo 24; 房间 含早餐 €90~135; ❄📶🏊）这座美妙的18世纪前主教府拥有淡赭色的墙壁、摩尔式拱门和威严的石柱。有些房间很豪华，有些则比较朴素，所有房间都配有深色家具、舒适蓬松的织物和镶木地板。有几个房间还可以俯瞰漂亮的台地花园。附近有地下停车场可用（€15/天）。

★Casa de Cisneros
精品酒店 €€

（☎925 22 88 28; www.hospederiacasadecisneros.com; 12 Calle del Cardenal Cisneros; 标单/双 €40/66; ❄📶）这座迷人的酒店位于主教座堂对面，其所在的位置原来是一座11世纪的伊斯兰宫殿，在地下餐厅可以欣赏到宫殿的旧貌。相比之下，这座16世纪房屋显得更加年轻，有漂亮的石造木梁客房和极其时髦的卫生间。屋顶露台上能欣赏到主教座堂和远处的迷人风景。性价比超高。

Hostal Santo Tomé
青年旅舍 €€

（☎925 22 17 12; www.hostalsantotome.com; Calle de Santo Tomé 13; 标单/双 €55/72; P❄📶）这家青年旅舍性价比很高，位于富有氛围的犹太区一家纪念品店楼上，其客房比大多数地方的都大，配有淡色木地板和家具，外加五星级水准的卫生间，内有浴缸（及淋浴）和吹风机。停车收费€12。

Hotel Abad
酒店 €€

（☎925 28 35 00; www.hotelabad.com; Calle Real del Arrabal 1; 房/套/寓 €80/120/75起; P❄📶）紧凑、漂亮，令人赏心悦目，这家酒店坐落在老城区的低坡处，性价比很高。房间非常成功地将现代化的舒适和裸露的老砖墙结合起来；部分房间配有小阳台，不过后面的房间通常更安静些。隔壁楼里还提供2~4室公寓，而且很少见地不要求最短入住时间。

Casa de los Mozárabes
公寓 €€

（☎925 21 17 01; www.casadelosmozarabes.com; Callejón de Menores 10; 公寓 €90~150; ❄📶）这些出色的公寓建于一栋历史悠久的托莱多房屋里，藏身于一条宁静的小巷内。与裸露的砖石和最初的建筑外表相得益彰的是房间内现代化的家具。公共休息区有一个台球桌、一些举重器材，以及为不那么爱运动的人准备的书刊。

La Posada de Manolo
精品酒店 €€

（☎925 28 22 50; www.laposadademanolo.com; Calle de Sixto Ramón Parro 8; 标单 €55起，双 €77~88; ❄📶）这家令人难忘的酒店每一层都用家具和装饰突出了不同的主题，反映了托莱多3种文化中的一种：基督教文化、伊斯兰文化或犹太文化。客房尺寸费用不一，具体取决于靠内还是靠外，而且部分客房带有阳台。酒店的露台可以眺望老城区和主教座堂的绝美风景，并且在天气允许的时候供应早餐。

★Parador Conde de Orgaz
酒店 €€€

（☎925 22 18 50; www.parador.es; Cerro del Emperador; 房间 €115~215; P❄📶🏊）这家托莱多的低层parador酒店（豪华国营酒店）高耸在塔霍河南岸，拥有高档的内部装修和壮丽的日落城市美景。路标指示得很清楚：在老城区中心的东北边过桥后右转即到。你需要开车或者打车（约€8）过去。

就餐

Madre Tierra
素食 €

（☎925 22 35 71; www.restaurantemadretierra.com; Bajada de la Tripería 2; 主菜 €9~12; ⏰周三至周一 13:00~16:00和20:00~23:00; 📶🌱）在托莱多这个火腿和野味的港湾，素食者们可以来这里填饱自己的肚子。这家出色的素菜馆拥有各式菜品，从豆腐到面筋类乃至更为主

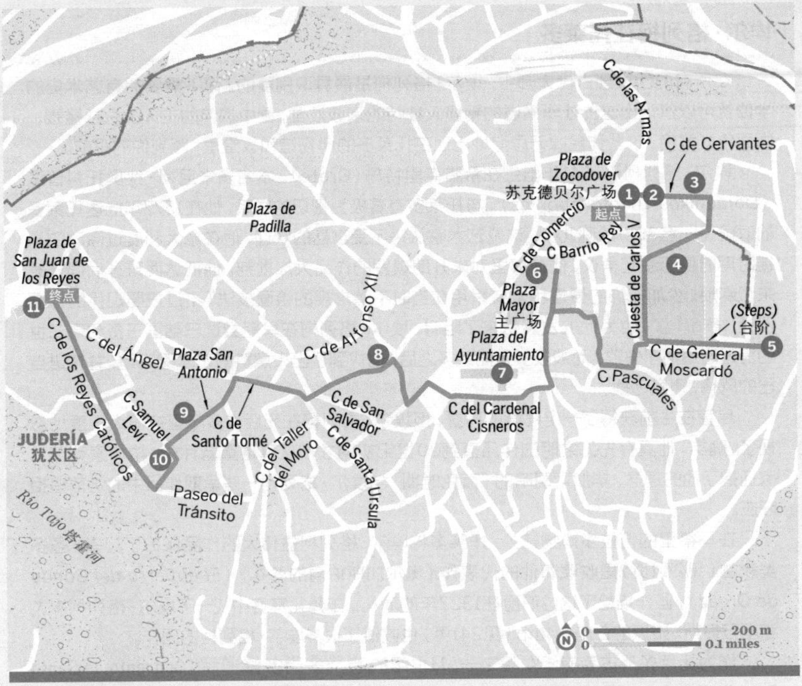

步行游览
在历史中漫步

起点: 苏克德贝尔广场

终点: 圣胡安皇家修道院

全程: 2公里; 1.5~2.5小时

从市中心的❶**苏克德贝尔广场**(见249页)出发,这里数百年来都是这座城市的集市、斗牛活动和宗教法庭的火刑柱的所在地。在广场东边穿过❷**圣血门**(Arco de la Sangre),就可以欣赏到❸**圣十字博物馆**(见241页)的外立面。往南上坡是托莱多标志性的❹**阿尔卡萨城堡**(见241页),从这里出发(沿着阿尔卡萨城堡的西墙走Cuesta de Carlos V,然后往左拐沿着Calle de General Moscardó往下走)可以俯瞰❺**塔霍河**美景;阿尔卡萨城堡的绝佳位置和视野证明托莱多很适合充当中世纪的防御堡垒。

从城堡的尖塔下山往西走,穿过❻**托尔内利亚斯清真寺**(Mezquita de las Tornerías)的遗迹,然后抵达❼**托莱多大教堂**(见240页),这里是天主教西班牙的精神故乡。向西北方向拐去,来到❽**圣马可文化中心**(Centro Cultural San Marcos),它位于17世纪的圣马可教堂(San Marcos church)内,其带有天花板壁画的穹顶为临时性艺术展览创造了一个充满氛围的画廊式的展示空间。

走下山坡,你就会进入托莱多老犹太区的中心。欣赏一下❾**Calle de San Juan de Dios**沿线商店里的宝剑,然后经过❿**特兰西托犹太教堂**(见241页)来到悬崖顶上俯瞰美丽的河流景色。如果你继续沿着Calle de los Reyes Católicos走便可来到辉煌的⓫**圣胡安皇家修道院**,相比之下,前面那座犹太教会堂便会给人一种格外辛酸的感觉。西班牙的天主教统治者正希望这座教堂能代表他们的宗教对其他宗教的最终胜利。这是个结束旅途的好地方,不过你也可以从这里向下走到河边的路上,然后沿着河边继续走,绕过半个旧城区便可回到起点附近(再走2公里)。

埃尔·格列柯在托莱多

在所有的西班牙古代大师中，埃尔·格列柯是最具识别度的。你不需要拥有艺术史的学位就可以辨认出这位才华横溢的希腊人独特的宗教油画，画中憔悴的主人公衣衫褴褛，画面色彩鲜艳。这些作品肆无忌惮地出现在托莱多的博物馆和教堂里，蹦到你的眼前。

埃尔·格列柯于1541年出生在希腊克里特岛（Crete），本名多米尼柯·狄奥托科普洛（Domenikos Theotokopoulos），与托莱多有着极为密切的联系，他在1577年抵达托莱多的时候是一名36岁的刺儿头。这位艺术家从来不受宫廷的欢迎，他在意大利度过骚动的学徒时期时便已激起争议，他在那里对米开朗琪罗的作品大加批判。他抵达西班牙后同样惹来了麻烦。少加掩饰的傲慢和坚持采用在当时不落常规的绘画技法（不过按照现代的标准便是“革命”了）也为他的发展带来了阻碍，埃尔·格列柯在早期尝试巴结国王费利佩二世的宫廷时遭遇了失败。而被吸引到托莱多之后，他找到了出人意料的艺术避难所，并精进自己的风格，声名远播。

尽管在生前获得了一定程度的尊重，但埃尔·格列柯在死后许多年里被很大程度地忽视了。确实，他具有先见之明的作品直到20世纪初期才被认真地重新评价，毕加索等艺术家拥抱了他的理念，毕加索阴暗的“蓝色时期”与埃尔·格列柯一些早期作品中的忧郁遥相呼应。

在马德里的普拉多博物馆外，托莱多将埃尔·格列柯最伟大的作品保护了起来。圣多美教堂（见244页）里收藏着他的代表作《奥尔加斯伯爵的葬礼》（*El entierro del Conde de Orgaz*），画作描绘了这位伯爵在1322年的葬礼。在葬礼宾客中找一下埃尔·格列柯本人和塞万提斯。附近的希腊博物馆（见241页）也收藏了很多埃尔·格列柯的画作。

作为托莱多最古老的修女院之一，11世纪的**老圣多明各修道院**（Convento de Santo Domingo El Antiguo；☎925 22 29 30；Plaza de Santo Domingo el Antiguo；成人/儿童 €2.50/免费；⏲周一至周六 11:00~13:30和16:00~19:00，周日 16:00~19:00）收藏了埃尔·格列柯的早期委托书、其他副本和画家的签名合同。从地板上的一个洞口可以看到地下室和画家本人的木质棺椁。

其他在托莱多可以欣赏埃尔·格列柯作品的地方包括圣十字博物馆（见241页）、主教座堂的圣器室（见240页）和**Hospital de Tavera**（☎925 22 04 51；Calle Duque de Lerma 2；庭院和小堂 €4，全票 €6；⏲周一至周六 10:00~14:30和15:00~18:30，周日 10:00~14:30）。

流的比萨饼和意面。沙拉富有想象力且分量很足，而汤羹则真正令人惊喜。这里隐藏在一条偏巷里，位于主教座堂的东南角后方。

Bar Ludeña 西班牙菜 €

（☎925 22 33 84；Plaza de Magdalena 10；主菜 €8~12；⏲10:30~16:30和20:00~23:30）尽管地理位置中心，靠近托莱多的主要旅游街道，有游客们来这里吃饭，Ludeña仍旧吸引着很多本地的常客。加入在吧台喝啤酒吃托莱多特色菜蔬菜炖猪肉（carcamusa）的本地人之中，或者在阴凉宜人的露台上找个长椅坐下来用餐。

Palacios 西班牙菜 €

（☎925 22 34 97；Calle Alfonso X el Sabio 3；西班牙小吃 €2，套餐 €7.50起；⏲7:00~22:30）在西班牙省事儿的老式酒馆吃饭有时就像撞大运，但Palacios的食物做得很好，其每日特餐（简单却美味的3道菜套餐，配有面包和饮品）超级划算。这里非常适合在早上吃西班牙油条，也有不错的西班牙小吃，本地氛围浓厚。

★Alfileritos 24 新派西班牙菜 €€

（☎925 23 96 25；www.alfileritos24.com；Calle de los Alfileritos 24；主菜 €19~20，酒吧美食 €4.50~12；⏲周日至周四 9:30至午夜，周五和周六 至次日1:00）这个14世纪的餐厅共有4层，由圆柱、横梁和筒状拱顶天花板构成的室内装潢与中庭的现代艺术品及明亮的餐厅相映成趣。从菜单上可以看出厨房总在不断创新,如绿米饭配鹌鹑或鹿腰肉配焙烤瑞茵内塔(reineta)苹果。

La Abadía 卡斯蒂利亚菜、西班牙小吃 €€

(☎925 25 11 40; www.abadiatoledo.com; Plaza de San Nicolás 3; 盘餐 €7~15; ⊙酒吧20:00至午夜,餐厅13:00~16:00和20:30至午夜)这家很有气氛的酒吧兼餐厅位于一座16世纪的宫殿中,有拱门和壁龛,一个个狭小的砖石房间中各处都装饰着成排的彩色瓶子。菜单上有分量较小的菜肴和西班牙小吃可供选择,不过3道菜的"托莱多山区套餐"(Menú de Montes de Toledo; €20)集合了附近山区的各种美味佳肴,其中包括山鹑、野菌菇和杏仁(美味的杏仁糖芝士蛋糕里也有杏仁)。

Asador Palencia de Lara 烧烤餐馆 €€

(☎925 25 67 46; www.asadorpalenciadelara.es; Calle Nuncio Viejo 6; 西班牙小吃 €2.50, 主菜 €17~20; ⊙周一至周六 13:00~16:00和20:30~23:30,周日13:00~16:00,7月和8月不营业)这家时髦的现代化餐厅坐落于一个有篷庭院中,主营烤肉。价格过高的开胃菜可以直接略过了,从拥有社团氛围的小酒吧区那边便宜的各式西班牙小吃开始吧,然后再选择以肉为主的主菜。这里的一切都与一杯自酿红酒非常搭。

Taberna El Botero 西班牙菜 €€

(☎925 22 90 88; www.tabernabotero.com; Calle de la Ciudad 5; 盘餐 €9~17; ⊙周三至周日正午至16:00和20:00至午夜,周一和周二 正午至16:00)就在主教座堂附近,这家气氛十足的酒吧兼餐厅供应用传统西班牙食材(如章鱼、鳕鱼和野味)精心烹制的菜肴。此外这里还有特别调制的鸡尾酒和混合饮料,水平相当不错,可以问问调酒大师哈维尔(Javier)有什么推荐。

Kumera 新派西班牙菜 €€

(☎925 25 75 53; www.restaurantekumera.com; Calle Alfonso X El Sabio 2; 主菜 €16~20,套餐 €30; ⊙周一至周五 8:00至次日2:30,周六和周日 11:00至次日2:30)这里供应创意的本地菜,如烤乳猪(cochinito)、牛尾(rabo de toro)或鹿脊肉(lomo de venado; 卤肉配榛子汤团和红莓),此外还有其他创意菜肴。带鹅肝酱的菜肴是压轴菜,尤其令人难忘。坐在露台上,近距离欣赏如画的圣伊尔德丰索教堂(Iglesia de San Ildefonso)。

★Adolfo 新派欧洲菜 €€€

(☎925 22 73 21; www.adolforestaurante.com; Callejón Hombre de Palo 7; 主菜 €25~28; 套餐 €76; ⊙周一至周六 13:00~16:00和20:00至午夜,周日 13:00~16:00)托莱多向这个美食和新鲜食材的殿堂脱帽致敬。餐厅由出生在拉曼查的知名大厨阿道尔夫·穆尼奥斯(Adolfo Muñoz)经营,已经营业了超过25个年头,并且成为西班牙一流的美食场所。山鹑是这里的特色。

餐厅品藏丰富的酒窖也十分出名,里边有3.2万多瓶葡萄酒。

Casa Aurelio 西班牙菜 €€€

(☎925 22 41 05; www.casa-aurelio.com; Calle de la Sinagoga 6; 主菜 €19~22, 套餐 €33; ⊙周二至周六 13:00~16:30和20:00~23:30,周一 13:00~16:30; 📶)这里自称是托莱多最老的餐厅,自1953年前后就开始营业,至今仍旧是托莱多最棒的传统餐厅之一。野味和烤肉是这里的骄傲,门口柜子里的肉块和添馅山鹑就是明证。主教座堂附近还有一家**分店**(☎925 21 36 18; www.casa-aurelio.com; Plaza del Ayuntamiento; 主菜 €10~16, 套餐 €18; ⊙周一、周三和周日 9:30~18:00,周五和周六

> **不要错过**
>
> ### 杏仁蛋白软糖
>
> 对杏仁蛋白软糖(marzipan)不感兴趣吗?三思呀!再也找不到比这里更好吃的地方了。托莱多的这种含大杏仁的糖果(西班牙语称为mazapán)十分有名,似乎每家店都有得卖。Santo Tomé的牌子一直都是响当当的,他们在城中有好几家分店,其中一家位于**苏克德贝尔广场**(☎925 22 11 68; www.mazapan.com; Plaza de Zocodover 7; ⊙9:00~22:00)。就连当地修女也会参与制作杏仁蛋白软糖,大部分女修道院都卖这种糖果。

10:30~18:00和20:00至午夜）。

Hostal del Cardenal 西班牙菜 €€€

（☎925 22 49 00；www.hostaldelcardenal.com；Paseo de Recaredo 24；主菜 €18~25；⊙13:00~16:00和20:00~23:00）这家酒店餐厅拥有托莱多最奇妙的户外就餐位置：穿过城墙上的专属大门，餐厅就藏身在漂亮的私家花园里。食物都是经典的西班牙菜，首当其冲的便是烤肉——乳猪和羔羊更是这里的招牌菜。游客有点多，不过在温暖惬意的夏夜里，这绝佳的位置实在令人难忘。

La Ermita 西班牙菜 €€€

（☎925 25 31 93；www.laermitarestaurante.com；Carretera de Circunvalación；主菜 €18~22，试吃套餐 €48；⊙13:30~16:00和20:45~23:00）地段，地段，还是地段。La Ermita位于城区的塔霍河峡谷对面，这就意味着你在研究简短菜单上的精致西班牙料理时，托莱多纷乱的中世纪中心会回头向你眨眼。菜单定期变更，但你可以见到创意烹制的野猪、鲑鱼和烤乳猪。

这里也优雅地照顾到了素食者。

饮品和夜生活

★ Libro Taberna El Internacional 酒吧、咖啡馆

（☎925 67 27 65；www.facebook.com/librotabernatoledo；Calle de la Ciudad 15；⊙周二至周四 20:00至次日1:30，周五和周六 正午至次日1:30，周日 正午至16:00）如果你认为托雷多更有旅游气息而不是时尚气息，你显然没有来过酷炫的El Internacional，这里骄傲地呈现慢餐、喷漆桌面、满满登登的书柜、20世纪70年代的扶手椅，当然还有大胡子。

> **通往天堂之梯**
>
> 从阿方索六世门（Puerta de Alfonso VI）附近开始，有一系列的**行人专用扶梯**（remonte peatonal；Puerta de Alfonso VI；⊙周一至周五 7:00~23:00，周六 8:00至次日2:00，周日 8:00~22:00）一路通至圣多明各修道院（Monasterio de Santo Domingo El Antiguo）附近，这是前往小镇历史街区的捷径，还可以免去游人攀爬陡峭山坡的辛苦。

购物

Simón 工艺品

（☎925 22 21 32；Plaza de San Vicente 1；⊙10:00~16:00和16:30~19:30）自1963年起，这家略显破烂的小店便专门从事金银丝工艺（damasquinados；用金银丝装饰钢器的工艺）。这里是几家出售正宗手工艺品的地方之一；如今你在托莱多大部分地方见到的都是机器制作的了。

Casa Cuartero 食品、饮品

（☎925 22 26 14；www.casacuartero.com；Calle Hombre de Palo 5；⊙周一至周五 10:00~14:00和17:00~20:00，周六 10:00~15:00和16:00~20:00）就在主教座堂北边，这家美妙的食品店（自1920年开始便在此营业）出售杏仁蛋白软糖、腌肉、葡萄酒、奶酪和卡斯蒂利亚-拉曼查周边的各种当地美食。这里很适合购买礼物回去送人或者为野餐储备食物。

实用信息

旅游总局（Main Tourist Office；☎925 25 40 30；www.toledo-turismo.com；Plaza Consistorio 1；⊙10:00~18:00）在主教座堂目力所及范围之内。在**苏克德贝尔广场**（☎925 25 40 30；www.toledo-turismo.com；Plaza de Zocodover；⊙10:00~19:00）和**火车站**（☎925 25 40 30；www.toledo-turismo.com；Estación de Renfe，Paseo de la Rosa；⊙9:30~15:00）也有分局。

地区旅游局（Regional Tourist Office；☎925 22 08 43；www.turismocastillalamancha.es；Puerta de Bisagra；⊙周一至周五 10:00~14:00和15:00~19:00，周六 10:00~15:00和16:00~18:00，周日 10:00~15:00）有关于这片地区的丰富信息。位于老城北边。

到达和离开

要前往大多数主要目的地都需要先返回马德里中转。

从漂亮的**火车站**（☎902 240202；www.renfe.es；Paseo de la Rosa）出发，大约每小时有1班AVE（Alta Velocidad Española）列车开往马德里

(€13，30分钟)。

从托莱多的**客运站**（☎925 21 58 50；www.alsa.es；Bajada Castilla La Mancha）出发，开往马德里伊立普提卡广场（Plaza Elíptica）的班车（€5.50起，1~1.75小时）大约每半小时1班，有些是直达车，有些车还要停经一些村庄。每天也有一班开往昆卡（€15，3.25小时）的班车。

当地交通

苏克德贝尔广场和客运站（5路）及火车站（61路和62路）之间有公共汽车往来运营（€1.50）。

Trainvision（☎625 301890；Plaza de Zocodover；成人/儿童 €5.50/2.60；⏲周一至周四 10:00~20:30，周五和周日 至21:00，周六 至22:00）的无轨电车往来主要的古迹与河谷瞭望台。每30分钟从Plaza Zocodover发一班车。

在老城区开车就是个噩梦。有几个地下停车场分布在各处。如果在酒店订有房间，可以使用有地锁的车位。

塔拉韦拉-德拉雷纳（TALAVERA DE LA REINA）

人口 88,565

塔拉韦拉-德拉雷纳长久以来以其陶瓷闻名，有一种悠闲懒散的魅力。塔拉韦拉位置醒目，被高山环绕，有塔霍河穿过。三座桥梁连接了城市的两端，其中一座历史可以追溯至古罗马时代，复原得十分美观。在历史上，这座城市因为发生了1809年对抗拿破仑军队的塔拉韦拉战役（Battle of Talavera）而闻名，当时威灵顿公爵成功地将法国人驱逐出了这座城市。

景点

★ **普拉多圣母大教堂** 宗座圣殿

（Basílica de Nuestra Señora del Prado；Jardines del Prado）塔拉韦拉的主教堂因为错综复杂的铺砖而有时被戏称为"陶瓷西斯廷小堂"，这里展示着城中最精美的瓷砖，其中许多绘制了宗教主题。这里位于优雅的花园之间，旁边是塔拉韦拉的斗牛场，那里曾经发生过一场臭名昭著的斗牛，西班牙最著名的斗牛士"雄鸡小何塞"（Joselito El Gallo）在1920年5月受到了致命的顶伤。这位陨落英雄的一尊雕像装饰着花园的外部。

购物

Cerámica San Agustín 陶瓷

（☎925 80 89 16；www.ceramicasanagustin.es；Calle de la Puerta del Río 9；⏲周一至周五 9:00~14:00和16:00~20:30，周六 9:00~14:00）这家明亮的陶瓷店由家庭经营，非常靠近旅游局，如果你不想提着购物袋去城西端的专营店的话，这里非常适合。这里有所有经典的塔拉韦拉设计。

实用信息

旅游局（☎925 82 63 22；www.talavera.org；Ronda del Cañillo 22；⏲周一至周五 9:30~14:00和17:00~19:00，周六和周日 10:00~14:00）兼作展览（你猜得没错）陶瓷制品的美术馆。这里位于古罗马老桥的旁边。

到达和离开

客运站位于市区中心。往返于马德里和巴达霍斯（Badajoz）之间的定期长途汽车在塔拉韦拉-德拉雷纳停靠。

Autocares Toletum（www.autocarestoletum.es；Avenida de Toledo）大约每小时有一班大巴开往托莱多（€7.15起，1.5小时），还有火车定时从市中心北边Paseo de la Estación的火车站开往马德里（€12起，1.5小时，每天7班）。

奥罗佩萨（Oropesa）

人口 2850

奥罗佩萨村位于塔拉韦拉-德拉雷纳以西34公里处，从南边的N5高速公路上就能看到它迷人的身影，其最受瞩目（也最著名）的建筑是带塔楼的14世纪城堡，城堡朝北越过平原遥望格雷多斯山脉（Sierra de Gredos）。部分老城墙留存至今，而村子里还有几座贵族宅邸和两个文艺复兴风格的教堂值得看看，袖珍的主广场旁边有酒吧和餐厅。

景点

奥罗佩萨城堡 城堡

（Castillo de Oropesa；☎925 45 00 06；

Calle Castillo；成人/儿童 €3/1.50；⏱周二至周日10:00～14:00和16:00～18:00）这座坚固的14世纪城堡建造在更古老的地基上，向北越过平原遥望宏伟的格雷多斯山脉。城堡有5座塔楼，其中4座通往城墙，可以真正欣赏到迷人的风景；不过不适合行动不便的人。城堡中有部分区域如今是一家国营酒店，但可以分开参观。

住宿

La Hostería de Oropesa 酒店 €

（☎925 43 08 75；Paseo Escolar 5；标单/双€50/65；🅿❄📶）La Hostería就在奥罗佩萨的城堡下方，拥有独立装修、带木梁天花板的漂亮客房，还有一个很受欢迎的餐厅，餐桌一直摆到了开满鲜花的庭院里。这里性价比超高，但客房差异非常搭，所以请尽可能提前查看一下。

Parador de Oropesa 历史酒店 €€

（☎925 43 00 00；www.parador.es；Plaza Palacio 1；房间 €75～145；🅿❄📶）这座14世纪的宫殿附属于奥罗佩萨的山顶城堡，里边拥有西班牙第二老的国营酒店，这里既保留了令人陶醉的历史感，又不至于像许多典型的西班牙国营酒店那样太过火。客房宽敞奢华，有厚重的锦缎窗帘和古董。

到达和离开

从塔拉韦拉-德拉雷纳出发，每天有三四班长途汽车（€4，40分钟）开往这里。

卡斯蒂利亚-拉曼查南部（SOUTH CASTILLA-LA MANCHA）

这片土地是许多人心目中典型的拉曼查：西班牙内陆高原上平坦且通常平淡无奇的原野延伸至地平线，中间点缀着一些零星的农舍或典型的风车。不过，东南方却惊人地葱郁，有河流、自然公园和省内最漂亮的几座村庄。

孔苏埃格拉（Consuegra）

人口 10,668

如果你只是想在卡斯蒂利亚-拉曼查找一个地方看风车，那就选择孔苏埃格拉吧。

景点

孔苏埃格拉城堡 城堡

（Castillo de Consuegra；☎925 47 57 31；Cerro Calderico；成人/儿童 €4/免费；⏱6月至9月 周一至周五 10:00～13:30，周六和周日 10:30～13:30和16:30～18:30，10月至次年5月 时间缩短；🅿）这里适合看风车的新手，你能拍到最多12个风车（molinos de vientos）分布在孔苏埃格拉12世纪的城堡两旁的经典照片，这处氛围十足地盘踞在高处，仍旧在翻新之中，复原后美观的房间与原封未动的废墟融合在一起。这里有许多台阶和窄道，因此对一些人的体力来说是个挑战。

Molino Rucio 风车

（☎925 09 53 39；www.elmolinoquefunciona.es；Carretera del Castillo；门票 €2；⏱9:00～18:30）在孔苏埃格拉城堡两侧草地山脊上排列的12个风车中，Rucio是唯一一个完全正常运转的。风车内展示了本地藏红花的种植、风车内部的机械细节，以及这座风车所研磨出的一部分的面粉样品。门票包含了楼下小店里的一份饮品。

住宿

La Vida de Antes 酒店 €€

（☎925 48 06 09；www.lavidadeantes.com；Calle de Colón 2；标单/双 €55/75；🅿❄@📶🏊🐾）孔苏埃格拉人最棒的住所位于一座贵族老宅内，有地砖、古董家具和一个漂亮的露台，让人想起过去的时代。复式套房特别舒适，酒店内随处可见有趣的艺术品。最近的变动包括楼下新增了一家餐厅，在漂亮的开放式庭院内（只在晚餐时间开放）供应传统本地特色菜。

就餐

El Alfar 西班牙菜 €€

（☎925 48 18 07；www.restaurantealfar.com；Calle de Valderribas；主菜 €16～23；⏱周五至周日 13:00～17:00和20:00至深夜，周一13:00～17:00；📶）孔苏埃格拉最具野心的餐厅专注于制作精致的拉曼查特色菜，并且多少也算是一家博物馆。餐厅位于一个陶瓷老作坊内，建造在这座城市的古罗马竞技场的废墟之上。废弃的石柱和柱头在宽敞的庭院里与众多的花盆、植物和树混杂在一起，而室内的装饰也同样不逊色于博物馆。

你很容易就会忘记自己身处一家餐厅——直到食物被端上来。3道菜的试吃套餐包括山鹑沙拉与面包屑（migas；通常与腊肠一起烹制，并搭配葡萄）等菜肴和种类丰富的本地葡萄酒（来自世界最大的葡萄种植区）。建议预订。

实用信息

旅游局（☎925 47 57 31；www.consuegra.es；Ronda Molinos 29；⏲9:00~18:00，6月至9月 至19:00）从镇上出发，沿着弯弯曲曲的道路抵达的第一个风车叫波列罗（Bolero；每个风车都有自己的名字），旅游局就在这里边。你可以爬上这里的楼梯，看看最初的机械装置。客运站旁边还有一个旅游局。

到达和离开

工作日有多班长途汽车（周末只有3班）往返于孔苏埃格拉和托莱多（€5.50，1小时）之间，每天有多达7班长途汽车开往马德里（€10.60，2小时）。每天还有一班车开往雷阿尔城（Ciudad Real；€4.75，1小时）。

坎普-德克里普塔纳（Campo de Criptana）

人口 14,600

作为堂吉诃德旅游路线上最受欢迎的站点之一，坎普-德克里普塔纳拥有10座风车，远在数公里之外就能看见。备受尊崇的当代电影制片人佩德罗·阿尔莫多瓦（Pedro Almodóvar）出生于此，但他在青少年时期就离开这里去了马德里。这座城镇尽管普通却很怡人。

景点

风车售票处 风车

（Windmill Ticket Office；www.campodecriptana.es；参观 每个风车 €2；⏲周二至周六 10:00~14:00和16:30~19:00）Poyatos是城区北部边缘的10个风车之一，出售参观另外3个风车的门票，也提供导览游。

埃洛伊特诺博物馆 博物馆

（Museo Eloy Teno；☎926 56 22 31；www.campodecriptana.es；Calle Rocinante 39；成人/儿童 €2/免费；⏲6月至9月 周二至周六 10:00~14:00和18:00~21:00，10月至次年5月 10:00~14:00和16:00~18:30；👪）旅游局内这个适合家庭的小博物馆展示了本地的手工产品、风车模型和使用回收金属制作的精巧艺术品（通常以堂吉诃德为主题）。

住宿

Casa Rural del Bachiller 农舍 €€

（☎926 55 01 04；www.lacasadelbachiller.es；Calle Bachiller Sansón Carrasco 26；房 €95；📶）这里是一家出人意料的藏身之处。这座历史悠久的房屋被改造得十分美观，能够欣赏到令人陶醉的风车和最初洞穴（房屋内之前的主要起居空间）的景观，住在这里能够让人享受到十足的堂吉诃德式体验。客房拥有不受时间影响的经典感，其悠闲的装饰确保了入住的宁静；房客可以免费享用该地区出产的葡萄酒（这也有所助益）。

就餐

Cueva La Martina 西班牙菜 €€

（☎926 56 14 76；www.cuevalamartina.

值得一游

塞尔纳宫

从无趣的省会雷阿尔城向南驱车20分钟即可到达，这家一流的酒店（Palacio de la Serna；☎926 84 22 08；www.hotelpalaciodelaserna.com；Calle Cervantes 18，Ballesteros de Calatrava；房 €90~140，套 €180~220；🅿❄📶🏊🐾）就位于慵懒的巴列斯特罗卡拉特拉瓦（Ballesteros de Calatrava）村里，仿佛与世隔绝。酒店坐落在一个庭院中，将乡村的舒适和迷人的设计完美地结合在一起；店主令人回味的现代雕塑很是显眼。客房时髦而现代，拥有许多镜子、投射灯、明亮的色彩和前卫的当代画作。

这里还有一个水疗馆，配有漂浮池（每段时间 €30）和一家不错的餐厅。

com; Calle Rocinante 13; 主菜 €8~15; ⏲周一 13:30~16:00, 周二至周日 13:30~16:00和20:30至午夜; Ⓟ)氛围十足的Cueva La Martina是最佳用餐选择，就在风车的对面。如同洞穴一般的用餐区是从岩石中开凿出来的凹室，楼上有一个微风吹拂的露台可以俯瞰全镇。值得一尝的菜肴有超级简单的拉曼查烤菜(asadillo manchego；一种慢烤蔬菜锅，主要以红辣椒调味)或口味更浓郁的布尔戈斯风格黑布丁。

这里十分受大巴旅行团的欢迎，所以请尽早过来以占到座位。

ℹ 实用信息

旅游局(Calle Rocinante 39; ⏲周一至周六 10:00~19:00, 周日 至14:00)位于Inca Garcilaso风车对面一座低层建筑内，与埃洛伊特诺博物馆(见253页)共享空间。

ℹ 到达和离开

从这座城市位于市中心以南Calle Agustín de la Fuente的火车站(Estación de Tren)有火车开往马德里主要的阿托查站(€17, 1.5小时，每天4班)。

坎普-德克里普塔纳和雷阿尔城之间，周一至周五每天有2班长途汽车往来，周六有1班(€9, 1.25小时)。

阿尔马格罗(Almagro)

人口 9100

剧院和腌茄子是阿尔马格罗一对荒谬的组合。阿尔马格罗之于戏剧就像塞维利亚之于弗拉明戈，这一艺术的精神之乡(至少在西班牙是)拥有"黄金年代"的剧院(西班牙最古老的剧院)和包罗万象的戏剧博物馆。倒也不是说只有演员才能更好地享受这里。这座袖珍城镇在收复失地运动期间日渐重要，或许在设计的时候就将21世纪的游客考虑了进去。任何值得注意的东西距离这里的枢纽——鹅卵石铺就的主广场(Plaza Mayor)，都只有一小段的步行距离。

👁 景点

庭院剧场 历史建筑

(Corral de Comedias; ☎926 88 24 58; www.corraldecomedias.com; Plaza Mayor 18; 成人/儿童 含英语语音导览 €4/免费; ⏲4月至9月 周一至周五 10:00~14:00和17:00~20:00, 周六 至18:00, 周日 10:00~12:45和17:00~20:00, 其余月份时间缩短)这座西班牙最古老的剧场一直延伸到了广场上。建于17世纪的庭院剧场令人想起西班牙戏剧的黄金时代，成排的木质露台朝向最初的舞台，还附带更衣室。每天会有一次(周六2次)身着演出服装的演员出现代替语音导览进行讲解，游览也会因此变得十分"戏剧化"：这需要多花€3。在3月底到10月底的周六傍晚，这里仍旧会有戏剧表演，可以在网上买票。

剧场的历史十分有意思。1628年一个富有的神父建造了这里，然而，在表演了一个世纪之后，这里由于国王费利佩五世(King Philip V)的文化压制而关闭。在那之后，剧院基本被人遗忘了，直到本地一名旅馆老板在20世纪50年代找到了一副旧扑克牌。主广场上随后对遗址的发掘工作导致剧院重新被发现，这里在1954年重新开放表演。这套18世纪的扑克牌如今在城里的国家戏剧博物馆展出。冬季和节日期间时间不定。

国家戏剧博物馆 博物馆

(Museo Nacional de Teatro; ☎926 26 10 14; http://museoteatro.mcu.es; Calle Gran Maestre 2; 成人/儿童 €3/免费; ⏲周二至周五 10:00~14:00和16:00~18:30, 周六 10:30起, 周日 10:30~14:00)无论是不是演员，你都应该在阿尔马格罗这座卓越的博物馆里花上几个小时浏览这里的亮点。这里的戏剧展品有一套1729年的手工绘制卡牌(于附近的庭院剧场被发现)、一个雕刻精美的梅里达古罗马剧场的模型、查瑞拉歌剧的服装和道具，以及安置它们的一座漂亮的13世纪庭院。

☞ 团队游

阿尔马格罗导览游 步行游览

(Visitas Guiadas a Almagro; ☎609 79 36 54; www.almagrovisitasguiadas.com; Plaza Mayor 41; 每人 €12)除了标准的2小时阿尔马格罗步行游览外，这里还提供前往新卡拉特拉瓦(Calatrava la Nueva)、塔布拉斯德戴米尔国家公园(Parque Nacional Tablas de Daimiel）和鲁伊德拉湖（Lagunas de Ruidera）的城外团队游。

节日和活动

国际古典戏剧节
戏剧节

（Festival Internacional de Teatro Clásico; www.festivaldealmagro.com; Corral de Comedias; ⌚7月）7月份，庭院剧场会举行为期一个月的国际戏剧节，吸引世界级剧团前来表演，主要是古典剧目。

住宿

La Posada de Almagro
客栈 €

（☎926 88 22 44; www.laposadadealmagro.com; Calle Gran Maestre 5; 标单/双 €44/60; ❄📶）距离主广场只有几步之遥，这家精致的旅馆有简洁的房间，配有铁艺床头板、精心装饰的墙壁以及贴瓷砖的浴室。周末住在这里时最好带上耳塞，因为来自餐馆的喧哗声不绝于耳。

★Casa Rural Tía Pilar
客栈 €€

（☎926 88 27 24; www.tiapilar.com; Calle de los Carrascos 1; 标单/双 €40/70; P❄📶🏊）这座漂亮的18世纪房屋十分宜人，有4个中庭、一个迷人的公共休息室（配有一台高级的咖啡机）和一个小而优雅的游泳池。客房以古董装饰，对于老房子来说暖气或空调十分强劲。住在这里的老板提供温暖周到的服务。性价比极高。

La Casa del Rector
酒店 €€

（☎926 26 12 59; www.lacasadelrector.com; Calle Pedro de Oviedo 8; 标单/双 €85/100; ❄@📶🏊）这里有三种客房：现代房、"设计"房和传统的历史房。Rector用一个词来形容就是"精彩"。很难想象还有哪些人的口味没有被这里照顾到，这里内饰豪华，中间有3座庭院，院内有优雅的喷泉，室内还有怀旧的古董（缝纫机）和一家现代化的咖啡馆。

设计房内有木地板淋浴间、咖啡机和电动窗帘。米黄色调的现代房更为主流。传统房内保留了许多这座建筑最初的特点，如木梁和地砖。最棒的是，这里还有一个水疗馆。

Retiro del Maestre
酒店 €€

（☎926 26 11 85; www.retirodelmaestre.com; Calle de San Bartolomé 5; 标单 €60~80, 双 €75~100; P❄📶）你可以在这家时尚的酒店里享受到关怀备至的服务，同时还不必忍受大酒店的吵吵闹闹。这里的房间很宽敞，粉刷成温暖的黄色和蓝色；选择高楼层带私人阳

不要错过

卡拉特拉瓦城堡

雄伟的卡拉特拉瓦城堡（Castillo de Calatrava; ☎926 850 371; www.castillodecalatrava.com; Ctra de Calzada de Calatrava Km 2.3, Calzada de Calatrava; 成人/儿童 €4/免费; ⌚4月至9月 周二至周五 11:00~14:00和17:30~20:30，周六 10:00~14:00和17:30~20:30，周日 10:00~14:00和17:00~21:00，其余月份时间缩短; P）直刺天空，位于卡尔萨达-德卡拉特拉瓦（Calzada de Calatrava）镇以南约6公里、阿尔马格罗以南约30公里处。它曾经控制着通往Sierra Morena和安达卢西亚的道路。一段陡峭的石子路通向城堡顶端，你可以在上边欣赏广袤的风景并探索这座卓越的卡拉特拉瓦城堡的近处细节。亮点包括宏伟的宗座圣殿和带灵柩的会礼堂，后者还有原始壁画的部分残留。

这组建筑曾经是西班牙最古老的军队卡拉特拉瓦骑士团（Calatrava Knights; 为了挑战伊比利亚的摩尔政权而成立于1158年）的总部。他们最初的据点是北边60公里处的Calatrava La Vieja，这是一座曾经两次从摩尔人手中大胆抢夺过来的城堡。阿方索八世在1212年于托洛萨会战（Battle of Las Navas de Tolosa）中取得胜利之后，基督徒对摩尔人的地盘节节推进，卡拉特拉瓦骑士团于1217年委托建造了这座新的堡垒，而建造者就是他们在会战中捕获的俘虏。

你可以自己探索城堡，也可以选择（西班牙语）导览游，导览游的费用包含在门票中。

台的房间。位置不能再好了，只需步行5分钟即可到达主广场。价格更高的高级房配有超大双人床、按摩浴缸以及其他的额外设施。

就餐

El Patio de Ezequiel 西班牙菜 €€

（☎926 09 72 03; Calle de San Agustín 4; 主菜 €10~14; ⏰正午至午夜; 📶）这里光线柔和的中庭配有潺潺的喷泉，是城里最浪漫的餐饮场所。这里有几种出色的沙拉，配有烟熏的鱼类、山鹑或沙丁鱼，外加蛋类菜肴、烤肉或鱼类。菜码很大。

Restaurante Abrasador 卡斯蒂利亚菜 €€

（☎926 88 26 56; www.abrasador.es; Calle San Agustín 18; 吐司 €2, 主菜 €12~25, 套餐 €28起; ⏰11:30~16:00和20:30~23:00）餐厅后面的区域主要供应精心烹制的菜肴（其中包括火候完美的烤肉）。冬天尽量抢一张靠近壁炉的桌子。而在前面，你会找到一些阿尔马格罗最富创意的西班牙小吃——当地有名的茄子是重头戏，无论它隐藏在怎样的伪装之下，都是我们的最爱。

实用信息

旅游局（☎926 86 07 17; www.ciudad-almagro.com; Calle Ejido de Calatrava; ⏰周二至周五 10:00~14:00和17:00~20:00，周六 10:00~14:00和17:00~19:00，周日 10:00~14:00）小客运站旁边的这个旅游局资料充足，有乐于助人的会说英语的工作人员。11月至次年3月，下午的开门和关门时间都会提前一小时。

到达和离开

有长途汽车前往雷阿尔城（€4，30分钟，周一至周六每天5班）。

塔布拉斯德戴米尔国家公园（Parque Nacional Tablas de Daimiel）

在雷阿尔城东北方向40公里处，这座面积不大的国家湿地公园是个观鸟的好地方。游客中心有一个关于当地脆弱的生态系统的展览。3条小路沿着湖畔伸展开来并一直通至木板人行道附近。从这里以及各个隐藏观察点（带上双筒望远镜），你可以看到种类多到令人惊叹的野生动物，包括鸭子、鹅、翠鸟、火烈鸟、鹭和其他涉禽、乌龟、水獭等。清晨和傍晚是来这里的最佳时间。

实用信息

国家公园游客中心（Centro de Visitantes Parque Nacional de Daimiel; ☎926 69 31 18; www.lastablasdedaimiel.com; Carretera a las Tablas de Daimiel; ⏰9:00~20:00; 📶）游客中心靠近公园中心，路标指示清晰，有一个关于塔布拉斯德戴米尔国家公园动植物的小型展览，这里还提供推荐路线的地图。

到达和离开

公园位于戴米尔（Daimiel）城西北方10公里处，有大巴定时往来雷阿尔城。从戴米尔过来需要自己开车。

阿尔卡拉-德尔胡卡尔（Alcalá del Júcar）

人口 1300

在阿尔瓦塞特（Albacete）的东北方，树木茂密而又深邃的胡卡尔河（Río Júcar）河谷很值得你绕道一游。沿着CM3201开到一半左右的位置，经过一个急转弯后沿坡而下，挂在峭壁上的阿尔卡拉-德尔胡卡尔镇便会映入眼帘。这里的地标是大约建于15世纪的城堡，其塔楼俯瞰着那一片沿着河谷陡峭的两岸铺展开来的民房（许多都位于洞穴内）。小镇脚下有一座最初建于罗马时期的中世纪古桥，还有一个用于庆祝和集会的郁郁葱葱的广场。这里的车辆禁行区面积很大，河流拐弯处也有安全的步行区，所以很适合孩子们玩耍。

景点

恶魔洞 洞穴

（Cuevas del Diablo; ☎967 47 31 02; www.cuevasdeldiablo.com; Calle San Lorenzo 7; 门票 €3; ⏰周一至周五 9:00~21:00，周六和周日 10:00~21:00）这一大型洞群内有通道和一组私人收藏的古怪历史文物与农具。门票包含了一份免费的饮品。老板胡安·何塞·马丁内斯·加西亚(Juan José Martínez García)拥有达利风格的华丽八字胡，因此在城里很容易认出他来。

胡卡尔堡城堡 城堡

(Castillo de Alcalá de Júcar; ☎967 47 30 90; Calle Laberinto 10; 成人/儿童 €2.50/1.50; ⊙5月至9月 11:00~14:00和17:00~20:00，10月至次年4月 11:00~14:00和15:00~18:00)阿尔卡拉-德尔胡卡尔这座地标城堡拥有五边形的主塔，始建于穆瓦希德(Almohad)王朝，但你如今所看到的版本大多建于15世纪。这里全年举办临时展览，主要以艺术和古董为主题——从城墙上欣赏到的风景非常棒。

团队游

Avenjúcar 探险游

(☎967 47 41 34; www.avenjucar.com; Avenida Constitución; 👪)阿尔卡拉-德尔胡卡尔地区的探险活动有干湿溪降运动与河流体验。部分旅程为时两三天，中途(一晚或两晚)在乡下过夜。

住宿

Hostal Rambla 青年旅舍 €

(☎967 47 40 64; www.hostalrambla.es; Paseo de Los Robles 2; 标单/双 €50/55; ❄📶)阿尔卡拉-德尔胡卡尔有几家价格实惠的酒店，古罗马桥边的Hostal Rambla就是其中之一。房间小而乏味，但服务态度友好，地理位置优越，还有一个带大露台的舒适餐厅，特色菜是烤肉配青椒和土豆。

就餐

Fogones el Chato 西班牙菜 €€

(☎622 035696; Calle Canal 16; 主菜 €10~12, 套餐 €15; ⊙周四至周一 正午至16:00和20:00~23:00, 周二 正午至16:00)这里阳光斑驳的露台适合稍作逗留，旁边是私家菜地(是的，这里的菜使用的是有机新鲜食材)，靠近河边。简单的菜单以精心烹制的传统菜肴为主。每日特餐性价比超高。

实用信息

旅游局(☎967 47 30 90; www.turismocastillalamancha.com; Paseo de los Robles 1; ⊙周六和周日 10:00~14:00)这个小小的旅游局提供很多关于乡村别院(casas rurales; 农场住宿)、洞穴住宿和活动的信息，还有标明当地徒步线路的地图。如果这里没开门，城堡的售票处兼纪念品商店也提供信息和城区地图。

到达和离开

工作日每天有1班长途汽车往返于阿尔瓦塞特和阿尔卡拉-德尔胡卡尔之间(€6.50, 1.5小时)，由Emisalba(www.emisalba.com)经营。

贝尔蒙特(Belmonte)

人口 2010

宁静的小城贝尔蒙特位于莫塔-德尔奎尔沃(Mota del Cuervo)东北方约17公里处，部分被城墙环绕，因其童话般的城堡贝尔蒙特城堡而闻名。环绕小城的15世纪城墙如今还有3个最初的城门保留着。这里与其他几个景点一起值得溜达着游览一圈，其中包括一座漂亮的哥特风格教堂和一个17世纪的旧耶稣会隐修院，后者如今是法庭和邮局的所在地。

景点

贝尔蒙特城堡 城堡

(Castillo de Belmonte; ☎967 81 00 40; www.castillodebelmonte.com; Calle Eugenia de Montijo; 成人/儿童 含语音导览 €9/5; ⊙6月至9月 周二至周日 10:00~14:00和16:00~19:00，10月至次年2月中旬 10:00~14:00和15:30~18:30，2月中旬至5月 10:00~14:00和16:00~19:00; Ⓟ)这才是城堡应该有的样子，有角楼、基本完整的城墙以及城墙上俯瞰拉曼查平原的居高临下的位置。在1层和2层之间有个直梯，此外还有一家小咖啡馆，因此游客被照顾得很好。法国的欧仁妮皇后(Empress Eugénie)在丈夫拿破仑三世于1871年失去法国皇位之后曾经住在这里，城堡的房间以19世纪的恢宏风格装饰。之前的地牢如今是个小型军械库。

住宿

Palacio Buenavista Hospedería 精品酒店 €€

(☎967 18 75 80; www.palaciobuenavista.

es; Calle José Antonio González 2; 标单/双/套 含早餐 €50/80/100; P❄📶) Palacio Buenavista Hospedería是一家漂亮的精品酒店，位于学院教堂（Colegiata）旁边的一座16世纪宫殿内。雅致的客房环绕一个带阳台的中央天井，天井内还有历史悠久的石柱；尽可能要一间能看到城堡的客房。这里还有一家出色的餐厅和一个漂亮的露天平台，露台上（在天气允许的时候）供应自助早餐。

实用信息

旅游局（☎967 17 07 41; www.turismocastillalamancha.es; Estación de Autobuses, Avenida Luis Pinedo Alarcón; ⏲10:00~14:00和17:00~20:00）可以提供关于村子和周边地区的信息，也能帮助预订住宿。

到达和离开

每天有一班大巴从昆卡（€7, 1.25小时）和马德里（€12, 2.5小时）开往贝尔蒙特。

埃尔托沃索（El Toboso）

人口 1887

如果你正在走堂吉诃德之路，小村庄埃尔托沃索是不可或缺的一站，这里是游侠骑士虚构甜心的家乡，也是书中少数被确切提到名字的地方之一。堂吉诃德传奇在这里的影响如此之大，以至于据说在19世纪初的半岛战争（Peninsula War）期间，波拿巴的军队拒绝在这里放火。

埃尔托沃索有两座以堂吉诃德为主题的博物馆还不错，漂亮的主广场上还有一尊堂吉诃德殷勤地向杜尔西内娅下跪的美妙雕像。这里被葡萄园所环绕，因此还有几个不错的酒窖和家常餐厅。

景点

塞万提斯博物馆 博物馆

（Museo Cervantino; ☎925 19 74 56; Calle de Daoíz y Velarde 3; 成人/儿童 €2/1; ⏲周二至周日 10:00~14:00和16:00~20:00）这座博物馆里收藏有300多本同一标题的书（你没猜错——《堂吉诃德》），比听起来要好玩得多。这里陈列有序的塞万提斯经典包括了盲文版和巴斯克语在内的多种语言的版本。这里还有名人签名的版本，找一找纳尔逊·曼德拉（Nelson Mandela）和（更令人战栗的）阿道夫·希特勒（Adolf Hitler）的签名。

在楼上的一间展室里，有两个关于堂吉诃德及其和拉曼查地貌关系的短片（带英文字幕）。

杜尔西内娅故居博物馆 博物馆

（Casa-Museo de Dulcinea; ☎925 19 72 88; Calle Don Quijote 1; 成人/儿童 €3/1.50; ⏲周二至周六 9:45~13:45和15:00~18:15，周日 10:00~14:00）鉴于她是小说女主角，并且基本上是堂吉诃德想象出来的，这座博物馆显然不是著名的杜尔西内娅·德尔托沃索（Dulcinea del Toboso）的真实故居。这里其实是安娜·马丁内斯·萨尔科·德莫拉雷斯（Ana Martínez Zarco de Morales）的家，她是塞万提斯的熟人，或许是杜尔西内娅的原型。这里通过展示那一时期的典型文物，旨在唤起堂吉诃德与书中的精神。

两层楼上的不同展室环绕着一个适宜的乡村天井，里边有鸡在漫步。找一找厨房里独特的塔拉韦拉蓝白陶瓷。

Bodega Campos de Dulcinea 葡萄酒厂

（☎925 56 81 63; www.camposdedulcinea.es; Calle Garay 1; 团队游 €6; ⏲周一至周五 9:00~19:00，周六 10:00~14:00; P）名字恰如其分的Campos de Dulcinea（意为"杜尔西内娅农场"）是城里最老的葡萄酒厂之一，多年来赢得无数奖项；如果你想买酒的话，这里的丹魄（tempranillo）一直都不错。不过需要注意的是，酒窖团队游与品酒（配奶酪）必须提前打电话或在网上联系预约。

就餐

Mesón La Noria de Dulcinea 西班牙菜 €€

（☎925 56 81 92; www.mesonlanoriatoboso.com; Calle Don Quijote; 主菜 €12~20; ⏲正午至16:00和20:00~23:00）在埃尔托沃索，看起来像是堂吉诃德经常会光顾的那种旅馆不是一件坏事。这里的烹饪无甚惊喜，都是百分之百的拉曼查菜。这里有出色的面包屑、烤羊羔和山鹑。开放式庭院看起来就像是直接从塞万提斯的想象中蹦出来的。

他们还在村子里出租客房。

实用信息

旅游局（☎925 56 82 26；www.eltoboso.es；Calle de Daoíz y Velarde；⏲周二至周日 10:00~14:00和16:00~19:00）有个方便的城区地图，上边列有景点。旅游局位于城西端。

到达和离开

周一至周六每天有一班大巴开往托莱多（€10，2.25小时），由Samar（www.samar.es）经营。

鲁伊德拉湖泊自然公园（Parque Natural de las Lagunas de Ruidera）

15个小湖泊连成一串，周围环绕着郁郁葱葱的公共绿地、营地、野餐区域，以及选址考究的餐厅和酒店。在鲁伊德拉镇（Ruidera）拐弯并沿着湖畔行驶即可到达公园，这条路沿途有几个出租脚踏船、独木舟和自行车的地方，你还可以骑马探索这片区域。

住宿

Camping Los Batanes 露营地 €

（☎926 69 90 20；www.losbatanes.com；Laguna Redondilla；营地 含2人、帐篷和轿车€18~35，平房 €55~130；P 📶 🏊）这片葱郁的露营地俯瞰着瑞登迪利亚湖（Laguna Redondilla；这片地区比较大的一座湖），设施出色，有一个小型超级市场、餐厅、咖啡馆和儿童游乐场，以及两个位于漂亮的景观花园中的水池。在夏季，这里有个儿童娱乐项目。收费根据季节变动非常大。

★ Hotel Albamanjón 酒店 €€€

（☎926 69 90 48；www.albamanjon.net；Calle Extramuros 16, Laguna de San Pedro；双€120~195；P ❄ 📶）这里位于鲁伊德拉东南方10公里处的圣佩德罗湖（Laguna de San Pedro）畔，是个非常棒的住处。迷人的套房坐落在主建筑后面的山上，彼此独立，还有一个可以观赏湖景的专属露台以及冬季用于取暖的篝火，大部分套房都配有按摩浴缸。

到达和离开

周一至周六每天有一班大巴连接阿尔瓦赛特和鲁伊德拉（€9，1.5小时）。你需要有车才能探索公园。

阿尔卡拉斯山脉（Sierra de Alcaraz）

跨越阿尔瓦塞特省的南部地带，阿尔卡拉斯山脉凉爽葱郁的山峰让人们有机会逃离阿尔瓦塞特周边尘土飞扬的平原。该地区的门户是坐落于山顶上的宁静慵懒的阿尔卡拉斯（Alcaraz），它有一座可爱的文艺复兴风格的主广场和纵横交错的狭窄的鹅卵石街道。最优美的乡村景色位于CM412公路沿线，特别是在波多德拉斯克鲁塞塔斯（Puerto de las Crucetas，海拔1300米）和艾奇德拉谢拉（Elche de la Sierra）之间的路段沿线。然后就是壮观的蒙多河源头（Nacimiento del Río Mundo）。

值得一游

比利亚努埃瓦-德洛斯因凡特斯

比利亚努埃瓦-德洛斯因凡特斯（Villanueva de los Infantes）是个迷人而繁忙的省城，因其巴洛克和文艺复兴风格的建筑而闻名。也有传言说这里是堂吉诃德的拉曼查漫游的起点。主广场（Plaza Mayor）是这里的亮点，拥有赭色的建筑、木石结构的阳台，以及热闹的酒吧和餐厅。广场上矗立着15世纪的圣安德列斯教堂（Iglesia de San Andrés），那里葬着16世纪的诗人弗朗西斯科·德戈维多（Francisco de Quevedo）。**La Morada de Juan de Vargas**（☎926 36 17 69；www.lamoradadevargas.com；Calle Cervantes 3；双€60~70；❄ 📶 🐾）位于离市中心区的优越位置，紧邻主广场，因此是城里几家迷人的乡村酒店之中最棒的一个。酒店的装饰充满了独特而艺术的元素，老板则极其热情好客。

周一至周五每天有3班大巴开往雷阿尔城（€9，2小时），周六则有1班。

景点

蒙多河源头 瀑布

（Nacimiento del Río Mundo；CM3204；⏲10:00至黄昏；🅿）站在蒙多河源头前拍一张自拍，把它发给家乡的人们，他们会以为你瞬移到了尼亚加拉大瀑布。要想到达这些神奇的瀑布，在里奥帕尔（Riópar）前沿路标在CM3204上前进约8公里——经过好玩的图片告示牌"小心两栖动物"（beware of the anfibios），直到你抵达入口和停车场。

走一小段路穿过主要由松柏构成的森林就会来到瀑布下——水流经由几个岩石水池激流而下。这里有两个瞭望点：第一个位于瀑布下方，抬头能看到上边夸张的瀑布；爬一段陡峭的山路能走到上面的第二个观景点，但很值得一试。在大约800米的海拔处，水流从平台上方的岩石（近得几乎可以摸到）上冒出来，然后飞流直下近24米（沿途激起的水花经常能溅到你身上）。瀑布周围是茂密的森林，向着岩石构成的地平线蔓延开来——所有怀疑拉曼查平淡无奇的人都绝对应该来看一下这些瀑布。

住宿

Mirador Sierra de Alcaraz 酒店 €

（☎967 38 00 17；www.alcarazmirador.com；Calle Granada 1，Alcaraz；双 €48~70；❄📶）Mirador Sierra de Alcaraz所在的这座漂亮的建筑主要建于16世纪，位于阿尔卡拉斯中心，其摩尔风格的中央庭院历史可以追溯至9世纪，真是令人难以置信。客房有天花板房梁、雕刻木床头和沉重的复古风格窗帘与家具。所有房间都能看到漂亮的风景，而且外边的街道停车非常容易。

Las Salegas del Maguillo 酒店 €€

（☎660 24 96 92；www.lassalegasdelmaguillo.es；Carretera Riópar-Siles Km11；双 €90，4人/6人公寓 €150/210；🅿❄）这家酒店位于高山之上，即在里奥帕尔以西11公里的公路上方，过了蒙多河源头岔路口就是，由一组位于林间的漂亮石头建筑组成。部分别墅配有壁炉，酒店还有一个露天游泳池。这里质朴、宁静而舒适。

就餐

Restaurante Alfonso VIII 烧烤餐馆 €€

（☎967 38 04 14；Calle Padre Pareja 1，Alcaraz；主菜 €10~15；⏲周二至周日 9:00至午夜）这家久经考验的热门餐厅紧邻城里迷人的主广场（Plaza Mayor），位于一座漂亮的文艺复兴时期建筑中。这里的菜品非常传统，以烤肉为主（你可以在门口看到展示出来的不同肉块），搭配文火煎土豆而不是薯条。建议周末预订。

到达和离开

每天有两班大巴从阿尔卡拉斯开往阿尔瓦赛特（€6.50，1.5小时）。

卡斯蒂利亚-拉曼查东北部（NORTHEAST CASTILLA-LA MANCHA）

这片地区有着崎岖的山脉和苍翠的山谷，点缀着未受破坏的可爱村庄。这里也有西班牙最妩媚的普韦布洛人村庄和城镇，包括省会城市昆卡，它有着极好的中世纪老城区，并且少有游客。

昆卡（Cuenca）

人口 55,102

作为世界遗产保护区，昆卡是西班牙最令人难忘的城市之一，其古老的市中心如同一座展台，汇聚了众多动人的中世纪建筑，其中许多被刷上了明亮的颜色，聚集在两个深深的河谷交汇处的岬角上。狭窄曲折的街道将带有木阳台的高屋子分隔开来，这些房子就在陡峭的悬崖上。然而，尽管历史悠久且被联合国教科文组织列入《世界遗产名录》，昆卡颇具讽刺性地成为抽象现代艺术的中心。这里两座最具标志性的建筑——其中一座是著名的悬屋——将内部改造为现代的画廊。这是城里许多酒店、博物馆和餐厅的共同主题。

就像许多西班牙城市一样，周边的新城区乏味现代，所以请在路过时闭上双眼——山坡上就是另一个世界了。

景点

★悬屋 历史建筑

（Casas Colgadas；Calle Canónigos）作为中世纪风格的昆卡最引人注目的元素——悬屋摇摇欲坠地挂在陡峭的韦卡尔河河谷上方。这些房子的历史可以追溯到14世纪，带有层层叠叠的木制阳台，看起来就像是从岩石里长出来的一般，仿如悬崖的延伸。想要看到最好的悬屋风景，就得跨过圣保禄步行桥（Puente de San Pablo）。如今位于这些屋子里的是（听起来有点不真实）一座成立于20世纪60年代的抽象艺术博物馆。

★西班牙抽象艺术博物馆 博物馆

（Museo de Arte Abstracto Español，Museum of Abstract Art；☎969 21 29 83；www.march.es/arte/cuenca；Calle Canónigos；成人/儿童 €3/免费；⏲周二至周五 11:00~14:00和16:00~18:00，周六 11:00~14:00和16:00~20:00，周日 11:00~14:30）从外边看，它们似乎是从某个高海拔的西藏寺庙上锯下来的，但从里边看，昆卡著名的悬屋已经被改造成了一组宽敞简洁的画廊，展示着西班牙中部最优秀的抽象艺术品。你可以在这里花上几个小时去解读模糊画风的费尔南多·索贝尔（Fernando Zóbel；博物馆创始人）、明亮直接的何塞·格雷罗（José Guerrero）和极其独特的加泰罗尼亚艺术家、安东尼·塔皮埃斯（Antoni Tàpies）的作品。

★圣周博物馆 博物馆

（Museo de la Semana Santa；☎969 22 19 56；Calle Andrés de Cabrera 13；成人/儿童 €3/免费；⏲周二至周六 11:00~14:00和16:30~19:30，周日 11:00~14:00，8月闭馆）如果不能亲身体验西班牙最激动人心的圣周游行，这座博物馆是个次好的选择。两层楼内都有超级精彩的视听展览，一间一间展示当地人在肃穆的音乐声中游行的场面。之后你可以悠闲地到处漫步，欣赏服装、十字架和宗教图像志。

昆卡大教堂 主教座堂

（Catedral de Cuenca；☎969 22 46 26；Plaza Mayor；成人/儿童 €4.80/免费，含堂区博物馆 成人/儿童 €8/免费；⏲10:00~19:30）昆卡的主教座堂拥有令人印象深刻的沧桑立面（其实是1902年按照新哥特风格精巧重建的），十分迷人，值得参观一下。教堂是1177年阿方索八世（Alfonso Ⅷ）在夺回这座城市后在大清真寺的原址上修建的。里面的亮点包括通往回廊的华丽的文艺复兴风格门廊，以及会礼堂以粉彩绘制的木（artesonado）天花板。引人注目的抽象彩色玻璃窗是在20世纪加上去的。

阿方索八世隧道 隧道

（Túneles de Alfonso VIII；Calle Alfonso VIII；导览游 €3.50，最少4人；⏲时间不定）昆卡老城的下方有一座布满隧道的小山。随着时间的推移，这些隧道曾经发挥着不同的作用，以前是水渠和墓穴，最近曾在内战期间被当做防空洞。隧道经过翻修，里边被安装了步道、灯光和解说版。只能通过（西班牙语）导览游游览，且必须通过旅游总局（见265页）预约。

索科罗山（Cerro del Socorro） 山丘

这座山丘从昆卡老城跨越韦卡尔河（Río Huécar）峡谷，山顶有一尊巨大的基督像，雕像在夜晚会被照亮。一条3公里的小径以之字形通往山顶，沿途标记有苦路十四处（14 Stations of the Cross）。路的起点就在Parador de Cuenca后边。

安东尼奥·佩雷斯基金会 画廊

（Fundación Antonio Pérez；☎969 23 06 19；www.fundacionantonioperez.es；Ronda de Julián Romero 20；成人/儿童 €2/免费；⏲11:00~14:00和17:00~20:00）这座大型的现代艺术画廊位于错综复杂的前加尔默罗会修女院（Convento de las Carmelitas），是典型的新旧昆卡结合体。这里大而拥挤，里边的展览或许让人感到困惑、鼓舞并且（或许）愉快。这里出色地呈现了安东尼奥·绍拉（Antonio Saura）以及众多其他20世纪50年代和60年代艺术家的作品。展品中还包括两个知名美国波普艺术家安迪·沃霍尔（Andy Warhol）的作品。

城堡区观景台 观景点

（Mirador Barrio del Castillo；Calle Larga）爬到老城区的顶部，从这个出色的观景点眺望昆卡及其深邃的峡谷。你也可以从新城区搭乘2路大巴，附近有个公交站。

古生物博物馆 博物馆

（Museo de Paleontología；☎969 27 17 00；Río Gritos 5；成人/儿童 €3/1.50，周三下午和周

日免费；⏲周二至周六 10:00~14:30和16:30~19:00，周日 10:00~14:30；👪）🌿昆卡的前阿拉斯自然博物馆（Ars Nature）被改造成了现代化的古生物博物馆，重头戏是适合儿童的恐龙展（Tierra de Dinosaurios）。宽敞的现代画廊装饰以本地发现的化石、骨架和头骨，外加巨大的侏罗纪两栖动物的全尺寸模型。这里有几个好玩的视听展览，以及更多史前巨兽的生存景观，孩子们可以在旁边拍摄照片并拿回家显摆。

昆卡博物馆 博物馆

（Museo de Cuenca；☎969 21 30 69；Calle Obispo Valero 12；成人/儿童 €3/免费，周三下午和周末免费；⏲周二至周六 10:00~14:00和16:00~19:00，周日 10:00~14:00）这座城市的历史博物馆十分详尽，但着重强调前中世纪的时代。展览从青铜时代开始，但7号厅尤其独特，里边陈列着古罗马雕塑（包括国王奥古斯都雕像）原作，还有在附近的塞戈勃里加和巴莱里亚考古遗址发现的石柱和山墙。后文艺复兴时期的历史只是一笔带过。

节日和活动

圣周 宗教节日

（Semana Santa；www.juntacofradiascuenca.es；⏲复活节）昆卡的圣周庆典活动闻名全国，尤其是穿过老城区街道的异常安静的游行队伍。这里甚至有一座圣周博物馆（见261页）专门介绍这个一年一度的活动。

住宿

★**Posada Huécar** 酒店 €

（☎969 21 42 01；www.posadahuecar.com；Paseo del Huécar 3；标单/双 €35/48；P❄📶）以很低的预算感受奢华。这家迷人的酒店位于新老城区的正中间，拥有宽敞的河景客房、质朴的家具和带浴缸的卫生间，还有淋浴和稳定的水压。房费包含了早餐的油酥糕点和咖啡套餐。这里出租自行车（€20/天）。路对面通常有免费停车位。

Hostal Tabanqueta 青年旅舍 €

（☎969 21 40 76；www.hostaltabanqueta.com；Calle Trabuco 13；双 €45，公寓 €50~100；P❄📶）位于从主广场上坡的山上，这个友好的住处拥有全城最佳的视野，附近还有免费停车场。住宿条件很好，有暖气、贴着时髦瓷砖的浴室，充满魅力的艺术品，以及酒店标准的设施，如洗漱用品、一台浓缩咖啡机和装

托莱多和卡斯蒂利亚-拉曼查 昆卡

当地知识

抽象的昆卡

这座历史古城隐藏的乐趣之一就超现实般地悬挂在两条夸张的峡谷上，它成功将先锋主义并入了不走寻常路的历史核心中去。

昆卡对于抽象艺术的热爱可以追溯至20世纪50年代，当时一群在本地活跃的艺术家组成了后来知名的"昆卡派"。这一团体中的名人有费尔南多·索贝尔（Fernando Zóbel），这位拥有西班牙和菲律宾血统的画家兼艺术收藏家与出生于昆卡从工程师转行成为艺术家的古斯塔沃·托尔内尔（Fustavo Torner），在1966年合伙于这座城市著名的悬屋内开设了抽象艺术博物馆。这是一个来源于灵感的选择。在历史悠久的中世纪住所内，陈设漂亮的展品利用了重新配置的极简主义房间。博物馆大获成功，其他人紧随其后。1988年，出生于锡古恩萨的艺术家兼诗人安东尼奥·佩雷斯（Antonio Pérez）在一座加尔默罗会的旧隐修院里开设了同名基金会，并用沃霍尔和安东尼·塔皮埃斯等人的作品将其填满。7年后，托尔内尔在昆卡的圣伯多禄修女院中创立了自己的博物馆，托尔内尔空间（Espacio Torner；由于资金问题，博物馆目前暂停开放）。

但抽象已经延伸到了传统的博物馆之外。昆卡12世纪的主教座堂被托尔内尔于20世纪90年代初期改造，加上了鲜艳的黄色和橙色玻璃，以创造出异想天开的混合效果，而在坡下的新城区，水泥和玻璃结构的古生物博物馆则不只是致敬先锋主义而已。你在昆卡的一些酒店和餐厅的装饰中甚至都能看到抽象派的影响，这些艺术性的内饰通常隐藏在中世纪的外壳下。

着糕点的迎客托盘。老板在附近还出租许多间公寓。

★ **Posada de San José** 历史酒店 €€

(☎969 211 300; www.posadasanjose.com; Ronda de Julián Romero 4; 标单/双 €60/85, 双 有风景 €97, 标单/双 共用卫生间 €32/45; ❄@📶)这里本来是一所17世纪的唱诗班学校,错综复杂如迷宫般的酒店布局、不拘一格的艺术品、凹凸不平的地面和最初的瓷砖仍保留着独特的修道院风情,老板是安东尼奥(Antonio)和他的加拿大妻子詹妮弗(Jennifer)。房间各不相同,便宜些的是从前神父的住所,和共用卫生间的房间,而贵一点的双人间则将居家的舒适与复古的魅力结合了起来。一些带阳台的房间可以观赏壮观的峡谷。地面层还有一家口碑很好的餐厅。

Convento del Giraldo 历史酒店 €€

(☎969 23 27 00; www.hotelconventodelgiraldo.com; Calle de San Pedro 12; 双/套 €66/125; ❄@📶)就在主教座堂上方,这家酒店由17世纪的女修道院改造而成,亮点在于地理位置和风格,尽管最初的特色并没有太多地保留下来。不过,迷人的房间里有深色木家具和大浴室,许多房间都能看到美妙的风景。在线预订可享受很好的折扣。

CH Victoria Alojamientos 酒店 €€

(☎620 782937; www.grupochvictoria.es; Calle Mateo Miguel Ayllón 2; 标单 €25~45, 双 €50~80; P📶)介乎于小旅馆和酒店之间,这家出色的酒店的房间十分舒适,装修时尚,配有现代化的浴室、结实的床垫和许多贴心的附加设施。酒店没有前台,所以你需要提前订房并安排拿钥匙。

Hostal San Pedro 青年旅舍 €€

(☎628 407601, 969 23 45 43; www.hostalsanpedro.es; Calle de San Pedro 34; 标单/双 €40/70; 📶)这家小旅馆价格实惠,位置优越,房间涂成黄油一样的颜色,配以传统的铺砖、铁艺床头板和朴素的木家具与百叶窗;卫生间大而现代。老板在主广场上经营餐厅Mangana,所以你可以直接去那边或提前打电话咨询。

Parador de Cuenca 历史酒店 €€€

(☎969 23 23 20; www.parador.es; Calle de Hoz de Huécar; 标单/双 €100/175; P❄📶🏊)这家酒店的前身是一座宏伟的女修道院,从这里欣赏到的对面悬崖上延伸出来的悬屋风景大概是城里最好的。经过修缮的房间有一种整体的奢华感,而公共区域(其中包括一个老回廊)有巨大的挂毯和各种古董,历史感浓厚。

🍴就餐

★ **El Bodegón** 西班牙菜 €

(☎969 21 40 29; Cerrillo de San Roque A1; 主菜 €7~10, 套餐 €10; ⏰周二至周日 13:00~16:00和20:30~23:30; 📶)这里不加修饰,物超所值,且服务高效。位于新城区的一条狭窄小巷里,这个当地人的社交酒吧会成为萦绕你心头的卡斯蒂利亚-拉曼查用餐体验。这里最适合享用一顿漫长而缓慢的午餐。试试性价比超高的每日特餐。

Posada de San Julián 西班牙菜 €

(☎969 21 17 04; Calle de las Torres 1; 主菜 €7~12, 套餐 €11; ⏰周二至周六 正午至15:00和19:00~22:00, 周日 正午至15:00)这里就在历史中心区的下坡处,于16世纪的环境中寻欢作乐,有高高的天花板、过去的石柱和嘎吱作响的地板,由家庭经营(早点过来的话你会看见有老爷爷在削土豆),菜品或许不算精致但十分美味,分量很足且物超所值,采用市场里的新鲜食材。

Asador María Morena 西班牙菜 €€

(☎969 23 88 25; www.asadormariamorena.com; Calle Larga 31; 主菜 €17~20; ⏰13:00~16:00和20:00~23:00)这家不错的全能型餐厅位于老城区的最高处,能够欣赏到河谷的全景风光,会满足浪漫的用餐者和想要吃一顿更为随意的晚餐的人。从黑大锅饭(使用了墨鱼汁)到家常的穷人土豆(patatas a lo pobre,土豆配洋葱、大蒜和胡椒),这里的一切都被熟练地加上了艺术的手法。

El Secreto 西班牙菜 €€

(☎678 611301; www.elsecretocuenca.com; Calle de Alfonso VIII 81; 主菜 €10~17; ⏰周一和周二 11:00~16:30, 周四至周日 11:00~16:30和20:00

Cuenca 昆卡

至午夜；)El Secreto（意为“秘密”）算不得什么秘密。以彩色房梁和贴砖壁画为代表的热情洋溢的装饰和友好闲适的态度意味着这家餐厅十分繁忙。这里有一系列精选意大利面、沙拉和肉菜，其中包括打破常规的鹿肉汉堡，全部都可以在后边的餐室（能看到风景）或前边极度狭窄的吧台享用。

La Bodeguilla de Basilio 西班牙小吃 €€

（969 23 52 74; Calle Fray Luis de León 3; 盘餐 €10~13; 周二至周六 13:00~16:00 和 20:00~23:00, 周日 13:00~16:00）带上你的好胃口来这里吧，因为如果你点一杯饮品，就能获得一份免费的西班牙小吃，不只是一片干掉的奶酪——典型的赠品套餐组合了鹌鹑蛋和炸土豆或一碗肉汤（caldo）。传统的昆卡菜烤羊羔肉串（zarajos）也是这里的特色。这里是新城区最受欢迎的西班牙小吃吧之一，所以请尽早来占座位。

可以想象，吧台肯定爆满，所以去餐厅后边的用餐区吧，点一些这里的特色菜如穷人土豆或小羊排。墙上乱七八糟地摆着迷人的昆卡老照片和农具等装饰物。

Cuenca 昆卡

重要景点	
1 悬屋	C2
2 西班牙抽象艺术博物馆	C3
3 圣周博物馆	B3
景点	
4 昆卡大教堂	C2
5 安东尼奥·佩雷斯基金会	D1
6 城堡区观景台	D1
7 昆卡博物馆	C2
8 阿方索八世隧道	B3
住宿	
9 CH Victoria Alojamientos	A3
10 Convento del Giraldo	C2
11 Hostal San Pedro	C2
12 Hostal Tabanqueta	C1
13 Parador de Cuenca	D2
14 Posada de San José	C2
15 Posada Huécar	B3
就餐	
16 Asador María Morena	D1
17 El Bodegón	A5
18 El Secreto	C3
19 Figón del Huécar	C2
20 La Bodeguilla de Basilio	A4
21 Posada de San Julián	B4
22 Raff San Pedro	C1
23 Romera Bistrót	B4
饮品和夜生活	
24 La Tasca del Arte	A4

★ Raff San Pedro 新派西班牙菜 €€€

（☎969 69 08 55；www.raffsanpedro.es；Ronda de Julian Romero；主菜 €18~25，套餐 €27~36；⊙周二至周六 13:00~16:00和20:30~23:00，周日 13:00~16:00；📶）这里隐藏在主教座堂附近的一条狭窄的步行街道上，其创意的料理拥有新鲜的口感，有茄汁泡扇贝和山药馅茄子等结合。套餐非常适合品尝各种现代的菜肴，不过这里的大菜码可不算新派。

★ Romera Bistrót 各国风味 €€€

（☎626 087832；www.romerabistrot.com；Calle de los Tintes 19；主菜 €18~25；⊙周一至周六 正午至15:00和20:00~23:00；📶）🍃自行车、松露、生鱼片……听起来还有意思吗？Romero是昆卡新种类的现代餐厅之一，菜品很少，却来自世界各地：三文鱼片、黑意大利细面和高贵的鹅肝酱。这里只有10个餐桌，光线明亮，带有巴黎小馆的氛围，一切都处理得非常完美，还有自行车图案为这里的氛围（或是环保性）增色——其中还包括（有时会出现的）自行车形意面。

★ Figón del Huécar 西班牙菜 €€€

（☎969 24 00 62；www.figondelhuecar.es；Ronda de Julián Romero 6；主菜 €13~25，套餐 €26~36；⊙周二至周六 13:30~15:30和21:00~22:30，周日 13:30~15:30；📶）这里是老城区餐饮的亮点，浪漫的露台提供了绝佳的视野。你可以在这里看到神气十足且经过精心烹制的烤乳猪，填满芦笋的羊羔肉，以及许多卡斯蒂利亚的特色菜。这座房子曾经是西班牙歌手何塞·路易斯·佩拉莱斯（José Luis Perales）的家。

饮品和夜生活

La Tasca del Arte 酒吧

（☎969 16 01 95；www.la-tasca-del-arte.es；Calle Fray Luis de León 9；⊙13:00至次日2:00）来这家西班牙小吃吧（tasca）在温馨的氛围里欣赏现场的弗拉明戈表演吧，这里还供应西班牙小吃和酒水，其中包括数量丰富的进口和精酿啤酒。表演在周四至周六的21:00进行，但空间有限，所以请尽早过来占个座位。读者们对这里餐厅的评价也非常不错。

实用信息

旅游总局（☎969 24 10 51；http://turismo.cuenca.es；Calle de Alfonso VIII 2；⊙周一至周五 10:00~14:00和16:30~19:30，周六和周日 10:00~20:00）在这里预订老城区那蜂巢般的中世纪隧道——阿方索八世隧道的团队游。

旅游局（☎969 23 58 15；http://turismo.cuenca.es；Avenida de la República Argentina 4；⊙周一至周六 10:00~14:00和17:00~20:00，周日 10:00~14:00）昆卡第二大旅游信息咨询中心，位于新城区，冬季周末的工作时间会缩短一些。

到达和离开

昆卡有两个火车站。高速AVE列车（通往巴伦西亚和马德里）使用城西南6公里处现代化的**昆卡-费尔南多·佐贝尔站**（Estación de Cuenca-Fernando Zóbel；☎912 43 23 43；www.renfe.com；Avenida Cerro de la Estrella；⏲6:45~22:30）。12路公共汽车（€1.25，每30分钟1班）连接该车站与市中心。

区域性火车站**昆卡站**（Estación de Cuenca；☎912 32 03 20；www.renfe.com；Calle Mariano Catalina 10；⏲售票处 8:30~21:15）位于新城区，Calle de Fermín Caballero的西南方，客运站对面。

每天都有多班列车开往马德里，既有慢速的地区列车（regionales，只在一个地区内运营的列车，一般在所有的站都停靠；€15，3小时），也有高速AVE列车（€35，55分钟）。去往巴伦西亚的列车的情况也是差不多的（€16~38）。

每天有多达9班长途汽车开往马德里（€15，2.25小时），还有固定时刻表的班车开往卡斯蒂利亚-拉曼查的其他城市，其中包括托莱多（€14.50，3.25小时）和阿尔瓦赛特（€12，2.75小时）。

值得一游

昆卡山脉

从昆卡出发沿着CM2105走30公里就来到了卓越的**魔法城**（Ciudad Encantada；Carretera CM2104, Km 19；成人/儿童 €5/免费；⏲10:00至日落；Ⓟ），那里的石灰岩被大自然雕琢成千奇百怪的形状。沿CM2105继续朝北行驶，穿过风景如画的村庄**乌尼亚**（Uña）、晶莹清澈的**托巴尔池**（Embalse del Tobar），然后经过**埃尔霍斯基略自然保护区**（Reserva Natural de El Hosquillo），后者是一个重新引进棕熊并放归自然的保护区。

你可以取道CM210返回昆卡，这是一条僻静的乡村公路，途经几个传统的村庄，比如**普列戈**（Priego），一个历史可以追溯至古罗马时代的可爱山谷小镇。如果你要去锡古恩萨，从贝特塔出发朝东北方向走到美丽的小镇**莫利纳德阿拉贡**（Molina de Aragón），这里有西班牙最壮观的城堡之一。

当地交通

当地1路和2路公共汽车会沿着从新城区至主广场（€1.20，每30分钟1班）的环线行驶，在昆卡-费尔南多·佐贝尔站外设有停靠站。在老城区的最高处拱门上方的Calle Larga有一个大型免费停车场。

帕斯特拉纳（Pastrana）

人口 1054

帕斯特拉纳是一片未被破坏的处女地，千回百转的鹅卵石街道两侧林立着蜂蜜色的岩石建筑，实在不应错过。这里有家庭小店、不错的餐厅和富有氛围的酒吧，酒吧在鹅卵石地面上还有露天餐位。这里因16世纪臭名昭著的一桩宫廷丑闻和出产华丽的佛兰德斯织锦而闻名。

景点

霍拉广场（Plaza de la Hora）是这里的核心和灵魂之所在，这是一个长方形的大广场，旁边种着合欢树，正前方是坚实的**公爵宫**（Palacio Ducal）。1581年，恩波利（Éboli）的独眼公主安娜·门多萨·德拉塞尔达（Ana Mendoza de la Cerda）因与西班牙国王费利佩二世的秘书闹出风流韵事而被禁足于帕斯特拉纳。你能看到她的"监房"窗户上安装的铁栅栏，她在被囚10年后去世。可以参加旅游局（见267页）组织的周六11:30的团队游（只有西班牙语；€6）。

圣母升天堂和堂区博物馆 博物馆

（Iglesia de Nuestra Señora de la Asunción & Museo Parroquial；☎949 37 00 27；www.museoparroquialdetapicesdepastrana.com；Calle Mayor；成人/儿童 €5/免费；⏲周二至周五 11:30~14:00和16:30~19:00，周日 13:00~14:00和16:30~19:00）从Plaza de la Hora沿着Calle Mayor往前走，不久就会来到巨大的圣母升天堂面前。教堂内有一座有趣的小型堂区博物馆，收藏了恩波利公主的珠宝和一些精致的15世纪佛兰德斯挂毯，甚至还有一幅埃尔·格列柯的画。

雷科波利斯考古公园 考古遗址

（Parque Arqueológico de Recópolis；Roman ruins；☎949 37 68 98；www.recopolis.com；

Carretera de Almoguera, Zorita de los Canes；成人/儿童 €5/2.50；⏲周三至周日 10:00~18:00；Ⓟ）迷人的考古遗址雷科波利斯实属罕见。这里是西哥特时期西欧可能建造的4座城市之一，由国王莱奥维吉尔多（King Leovigildo）建造于578年，最初的设想是与君士坦丁堡分庭抗礼（这一梦想很快破灭了）。遗址内有一个解说中心提供遗址导览游，遗址位于帕斯特拉纳以南13公里，紧邻Tarancón路并有路牌指示（刚过核电站后就右拐）。

住宿

Hotel Palaterna 酒店 €

（☎949 37 01 27；www.hotelpalaterna.com；Plaza de los Cuatro Caños 4；房/套 €65/95；❄📶）Hotel Palaterna是一家宜人的现代化酒店，俯瞰着一个小广场，广场上的喷泉流水汩汩。房间被粉刷成清爽的颜色，配有漂亮的织物和淡色木家具。

就餐

★Cenador de las Monjas 西班牙菜 €€

（☎949 37 01 01；www.cenadordelasmonjas.es；Calle de las Monjas；主菜 €12~20，套餐 €35~40；⏲周五和周六 14:00~16:00和21:00~23:00，周日 14:00~16:00；Ⓟ）这家餐厅位于16世纪古老的圣若瑟隐修院（San José monastery）内，提供精致的正宗西班牙美食。坐在木梁天花板下，被油画中表情严肃的贵族俯瞰着，尽情享用鹿肉丸子或蜜汁金枪鱼。根据修道院的传统，大多数蔬菜都是这里种植的。

实用信息

旅游局（☎949 37 06 72；www.pas trana.org；Plaza de la Hora 5；⏲周一至周五 10:00~14:00和16:00~19:00，周六 10:00~14:00和16:00~20:00，周日 10:00~14:00）

到达和离开

从地区首府瓜达拉哈拉（Guadalajara）沿着CM200往南行驶42公里即可到达帕斯特拉纳。如果想搭乘公共交通工具从马德里或昆卡过来，你需要先乘坐长途汽车或火车前往瓜达拉哈拉，那里每天有1班往返帕斯特拉纳（€6，1.25小时）的长途汽车，后者由Guadalbus（www.guadalbus.com）经营。

锡古恩萨（Sigüenza）

人口 4335

如今安静慵懒的锡古恩萨曾有过一段动荡不安的历史，很值得绕道去游览一番。城镇坐落在埃纳雷斯河（Río Henares）怀抱的一座低矮的山上，拥有一座城堡、一座主教座堂和几家位于蜿蜒山间小路上的中世纪建筑中的优质餐厅。从美丽的16世纪主广场开始你的游览吧。这里是马德里的热门一日游目的地。

景点

★锡古恩萨圣玛利亚主教座堂 主教座堂

（Catedral de Santa María de Sigüenza；☎619 362715；www.lacatedraldesiguenza.com；Plaza del Obispo Don Bernardo；⏲周二至周六 9:30~14:00和16:00~20:00，周日 正午至17:30）在老城区腹地拔地而起的就是这座城市最引人注目的中心建筑——主教座堂。它在1130年作为一座罗马式建筑开始修建，由于不断扩建和修缮，这项工程整整持续了4个世纪。最终的成果大体上是哥特式的，但也掺杂了很多其他风格——从银匠风格到文艺复兴风格再到穆德哈尔风格——的元素。主教座堂曾在西班牙内战期间被严重损毁（留意钟塔上密密麻麻的弹孔），但随后进行了重建。

教堂幽暗的内部有一种古老忧思的感觉，装饰着精美的彩色玻璃，还有一幅令人印象深刻的15世纪祭坛画。要进入礼拜堂、圣器室和哥特式回廊，你需要参加一个西班牙语讲解的导览游（每人 €7；周二至周日 正午、13:00、16:30和17:30）。导览游的亮点包括**主礼拜堂**（Capilla Mayor），里面有身躯倾斜的唐·马丁·巴斯克斯·德·阿克（Don Martín Vázquez de Arc）的大理石雕像[雕像被命名为“孩子”（El Doncel）]，他在收复失地运动的最后阶段死在与穆斯林战斗的战场上。

头像圣器室（Sacristía de las Cabezas）尤其漂亮，天花板上的数百个头像雕饰出自科瓦鲁比阿斯（Covarrubias）之手。**圣灵礼拜堂的门廊**（Capilla del Espíritu Santo's doorway）融合了银匠风格、穆德哈尔风格和哥特式风格；里面有一个非凡的穹顶和埃尔·格列柯所

Sigüenza 锡古恩萨

Sigüenza 锡古恩萨

重要景点

1 锡古恩萨圣玛利亚主教座堂 B1

景点

2 锡古恩萨城堡 B4

住宿

3 El Doncel A1

Parador de Sigüenza .... （见2）

就餐

4 Bodega Sigüenza B3

5 Calle Mayor B3

6 Gurugú de la Plazuela B3

7 Nöla B3

绘的《天使报喜图》(*Anunciación*)。

锡古恩萨城堡 城堡

(Castillo de Sigüenza; www.parador.es; Plaza del Castillo; P)从主教座堂出来沿着Calle Mayor朝南上坡，可以看到一座外观宏伟的城堡。它最初由罗马人建造，后来被依次改造成了摩尔人的堡垒(alcázar)、皇宫、收容所和军营。城堡实际上已经在西班牙内战中被毁，后来在佛朗哥统治时期经过重建，最终成为一家国营酒店。

这里也欢迎非住客进来漫步并使用自助餐厅以及其他综合区域，下边有个漂亮的庭院。

住宿

★El Doncel 酒店 €€

(☎949 39 00 01; www.eldoncel.com; Paseo de la Alameda 3; 双 €60~70; ❄📶)朴实的大地色、裸露的岩石、聚光照明、冰箱(用来放食物)和棉花糖般柔软的羽绒被和枕头，这个地方致力于为情侣们提供一个远离马德里的浪漫周末度假地。这里舒适又迷人，还有一个很不错的餐厅。工作日的价格会便宜很多。

Parador de Sigüenza 历史酒店 €€€

(☎949 39 01 00; www.parador.es; Plaza del Castillo; 双 €110~185; P❄📶)锡古恩萨的豪华国营酒店位于一座俯瞰着整个城镇的城堡中。城堡的历史可追溯至12世纪，华丽的庭院是你消磨时间的好地方。房间内有古典风格的家居和城堡风格的窗户，所以可能会很暗；记得要一间带阳台的房间，以便尽可能享受充足的自然光和最佳视野。

就餐

★Calle Mayor 西班牙菜 €€

(☎949 39 17 48; www.restaurantecallemayor.com; Calle Mayor 21; 主菜 €12~18; ⏲13:00~15:30和20:30~23:00)这里位于主教座堂和城堡之间的山丘上，是一家出色的餐厅，请一定点一下老板在后院里种植的番茄做成的简单前菜。这里的主菜是偏向传统的本地烤肉，比如山羊和羊羔，还有菜蓟塞大虾等精致的创意菜品。这里服务优雅，且可以使用英语。

Bodega Sigüenza 西班牙菜 €€

(☎949 39 32 46; www.bodegasiguenza.es; Calle Mayor 41; 主菜 €12~14，套餐 €27; ⏲周四至

周日13:30~16:00和20:30~23:00）这家小而温馨的餐厅位于城堡附近，供应种类有限的传统卡斯蒂利亚-拉曼查菜肴。这里的特色菜是牛百叶（callos），但也有（对某些人来说）更常见的主菜，比如配有风干番茄和滑腻的拉曼查奶酪的汉堡。

Gurugú de la Plazuela 西班牙小吃 €€

（949 39 01 34；www.gurugudelaplazuela.com；Plazuela de la Cárcel；蘑菇菜肴 €16~19；周四至周六 12:30~16:00和20:00~23:00，周日12:30~16:00）这家历史悠久的小酒馆俯瞰着富有氛围的小广场Plazuela de la Cárcel，其特色菜是各种各样的蘑菇。菜单上有16种蘑菇，主厨可以用所有你能想象得到的方式为你烹制菜肴。其他比较好的选择还包括各式野味。这里会在铺有传统瓷砖的用餐空间内定期举办艺术和摄影展览。

Nöla 新派西班牙菜 €€€

（949 39 32 46；www.nolarestaurante.es；Calle Arcedianos 20；主菜 €15~32，套餐 €26；周四至周六 13:30~15:30和20:30~22:30，周日13:30~15:30；）Nöla位于一座宏伟的哥特风格穆德哈尔宅邸中，因此是个逗留的好地方。这里以最为宜人而创新的方式烹饪传统菜肴，如番茄面包泥（salmorejo）配蜘蛛蟹和鲜豆芽与烤羊羔配榛子。

实用信息

旅游局（949 34 70 07；www.turismocastillalamancha.es；Calle de Serrano Sanz 9；周一至周四和周六 10:00~14:00和16:00~18:00，周五10:00~14:00和16:00~20:00，周日10:00~14:00）就位于主教座堂山下。夏季下午的开门和关门时间会延后1小时。

到达和离开

地区列车途经瓜达拉哈拉开往马德里的查马丁火车站(Chamartín station; €12~14, 1.5~1.75小时，每天5班)，还有部分列车朝另一个方向去往索里亚(Soria)。

阿蒂恩萨（Atienza）

人口 444

站在阿蒂恩萨饱经风霜的城堡遗址之间俯瞰枯燥的原野与低矮的山坡，你却身处西班牙，这种旅行经历便是卡斯蒂利亚-拉曼查最棒的回忆之一了。这座城镇袖珍却氛围浪漫，并没有许多外国游客，但却是个消磨周末（这里的博物馆在周末也开着），以砖木结构的主广场为中心漫无目的地漫步的好去处。阿蒂恩萨位于锡古恩萨西北方约30公里处，其山顶城堡从数英里外便可以看见。

景点

半木结构的主广场**特里戈广场**（Plaza del Trigo）在16世纪曾是市场，文艺复兴时期的**圣施洗者约翰教堂**（Iglesia San Juan Bautista）俯瞰着广场。教堂有令人难忘的管风琴和奢华的镀金祭坛（retablo）。这是一座迷人的广场，不过如果没有车停在这里的话就会更漂亮了。这里还有几座袖珍却坚实的罗马式风格教堂，其中3座都附带小型博物馆（只在周末开放）。

圣吉尔博物馆 博物馆

（Museo de San Gil；949 39 99 04；Plaza de Don Agustín González Martínez Sacerdote, Iglesia de San Gil；门票 €2；周六和周日 11:30~14:00和16:00~19:00）这座陈列漂亮的博物馆位于罗马风格的圣吉尔教堂（Iglesia de San Gil）内。拥有穆德哈尔天花板和银匠风格大门的教堂本身或许就是主要的展品。中殿内陈列着宗教艺术品和关于考古（主要是箭簇）和古生物（化石）的小展区。

罗克罗城堡 城堡

（Castillo Roquero；Camino de San Salvador；日出至日落；）免费 这才叫城堡！这里看起来就像是下方岩石的自然延伸，阿蒂恩萨这座凌乱的城堡之前曾经住过罗马人、西哥特人和摩尔人。这里最终被基督教国王阿方索六世在1085年从摩尔人手中夺了过来，如今饱经风霜，可以欣赏到周边台地（meseta）的绝佳风景。

住宿

Hostal El Mirador 青年旅舍 €

（949 39 90 38；www.elmiradordeatienza.com；Calle Barruelo；标单/双 €30/45；P）El Mirado的房间一尘不染，非常整洁，在这

另辟蹊径

前往阿蒂恩萨之路

前往被山顶环绕的小城阿蒂恩萨的大巴着实有点少；但对于那些能走路的人来说还有另一种可行的选择。你可以通过圣地亚哥朝圣之路（Camino de Santiago）南段比较少有人走的一条支线走到这里来，其间会穿过典型的卡斯蒂利亚风光：枯燥的山间点缀着半被遗忘、半被遗弃的村庄。

这段32公里的路线路标指示清晰，连接锡古恩萨和阿蒂恩萨两座古城，途经袖珍却富有氛围的村庄Palazuelos、Olmeda de Jadraque和Riofrío del Llano。

要上路的话，先从Calle Santa Bárbara出锡古恩萨，经过一个足球场并越过一条铁轨。然后走一车宽的土路上坡，沿着紫色和黄色的"Camino"指示牌走，指示牌上装饰着著名的金龟子符号。这段指示清晰的路线（在天气不错的情况下）全年路况都很好，但无论你在什么季节徒步，都请带上充足的食物和水。沿途的村庄能提供的补给很少。

个价位下实属难得，是个很经济的选择。粉刷成白色的建筑现代感十足，可以俯瞰下方田野的壮观美景。餐厅很不错，视野也同样开阔，菜品很有创意，还有经典的羔羊肉（cordero）和小羊肉（cabrito）。

★Antiguo Palacio de Atienza 历史酒店 €€

（☎949 39 91 80；www.palaciodeatienza.com；Plaza de Agustín González 1；双 €55~85；P❄📶🏊）想住在一座宫殿里，那里巧妙地翻新过，装饰着精心挑选的艺术品，有舒适的床和裸露的横梁，足以令现代的王子公主（以及游客们）感到满意。价格取决于房间大小，以及时髦的小浴室中是否有热水浴缸。阳台俯瞰着草坪和水池，还有一家不错的餐厅。

La Casa de San Gil 农舍 €€

（☎626 165544；www.lacasadesangil.com；Plaza de Don Agustín González Martínez Sacerdote 1；房 €70~80；P📶）这座传统的18世纪石头小屋位于圣吉尔教堂的遮蔽下，被来自马德里的老板们翻新得十分美观。5间客房各不相同，但全部以大地色和质朴的魅力装饰得抚慰人心。客厅有壁炉，还有漂亮的小花园。

ℹ 实用信息

旅游局（☎949 39 90 01；www.atienza.es；Calle Héctor Vázquez 2；⏰周一至周五 11:00~14:00和16:00~19:00，周六和周日 11:00~14:00）有个小博物馆展示本地服饰和与城内习俗及节日相关的个人物品。

ℹ 到达和离开

这里几乎不通大巴。每天清早有两三辆前往马德里（€12，2.45小时）和锡古恩萨（€4，45分钟）。

阿拉尔孔（Alarcón）

人口 160

在昆卡以南大约100公里处，坐落着迷人的中世纪村庄阿拉尔孔。这里被胡卡尔河三面夹击，形成了天然的护城河，沿着一条狭窄的道路蜿蜒穿过3座中世纪防御性拱门便可抵达。村庄最著名的景点是地基呈三角形的伊斯兰城堡，城堡的历史可以追溯至8世纪，在经历了9个月的围城之后于1184年被摩尔人攻下。这里如今是一家国营酒店——西班牙最小的国营酒店之一。周围的乡间十分迷人，而且是热门的徒步场地。

🛏 食宿

★Parador de Alarcón 历史酒店 €€€

（Marqués de Villena；☎969 33 03 15；www.parador.es；Avenida Amigos de los Castillos 3；双 €195起；P❄📶）Parador de Alarcón是西班牙各地宏伟的城堡国营酒店之一，所以你或许会完全放手，预订一间配有四柱床和躺椅的房间。这里或许很豪华，但其实是西班牙最小的国营酒店之一，只有24间客房。历史悠久，但却温馨。

La Cabaña de Alarcón 西班牙菜 €€

（☎969 33 03 73；www.restaurantelaca

banadealarcon.es; Álvaro de Lara 21; 主菜€12~16, 套餐 €18; ⏲周一至周六 13:00~16:00和20:30~23:00, 周日 13:00~16:00; 📶) La Cabaña de Alarcón是城里最棒的餐厅，这里有落地窗、深粉色墙壁、当代艺术品，以及精心烹制的本地菜（以野味和烤肉为主）。

ℹ 实用信息

旅游局（☎969 33 03 01; Calle Posadas 6; ⏲周二至周六 10:00~14:00）过来拿一份村子周边和更远处的步行地图。如果这里没开，附近有详细的告示牌，上边也有地图。

ℹ 到达和离开

每天有一班大巴开往昆卡（€4.50, 1.5小时），由Rubiocar (www.rubiocar.com) 经营。村子底下有个大型的免费停车场。

伊蒙（Imón）

人口 40

这座美丽的小山村位于锡古恩萨西南方16公里处，这里的东西多得惊人，其中包括高雅的食宿场所（主要针对来过周末的马德里人）、一个隶属Salinas de Imón的水疗馆，以及出色的步行和观鸟场地。

👁 景点

别错过**盐场**，沿着锡古恩萨那条路步行一小段就到了；周围摇摇欲坠的建筑作为背景，可以拍出很美的照片。盐场于1996年被废弃。

要想轻松地漫步一段，沿着主街（Calle Cervantes）尽头的堂吉诃德之路往北走。这段4.5公里长的宜人路线会穿过田野，通往一座15世纪的城堡**La Riba de Santiuste**，城堡位于被半废弃的同名村庄上方的一块岩石上，部分沦为了废墟，探索起来十分迷人。

伊蒙也是许多鸟类的迁徙目的地中心，其中包括黑鹤、金雕和黑翅鸢。

🛏 住宿

La Botica 精品酒店 €€

（☎949 39 74 15; www.laboticahotelrural.com; Calle Cervantes 40; 双 €70~80; ❄📶🏊）La Botica以前是一家药房，有6间配有按摩浴缸的浪漫客房——不，是“套房”，部分还配有阳台和壁炉。这里还有个露天游泳池、环境宜人的露台和一家供应出色早晚餐的餐厅，甚至还有一个小博物馆，以纪念这座建筑之前的身份。

Salinas de Imón 历史酒店 €€

（☎949 39 73 11; www.salinasdeimon.com; Calle Real 49; 双 €95~145, 套 €195; P❄📶🏊）Salinas de Imón位于一座17世纪中期的石头建筑中，拥有13间客房，并进行了完整的翻新，细节处的设计也周到贴心，并仍旧保持着历史感。酒店奢华的卫生间和一个僻静迷人的花园（内有草坪、树荫和水池）为其增添魅力，还有一个附属水疗馆提供按摩及其他护理。

ℹ 到达和离开

伊蒙位于锡古恩萨沿CM110往西北方16公里处。公共交通基本没有。

巴塞罗那

包括 ➡

最佳餐饮

- Disfrutar（见339页）
- Kaiku（见335页）
- Tickets（见345页）
- Tapas 24（见336页）
- La Cova Fumada（见334页）
- Restaurant 7 Portes（见336页）

最佳住宿

- Casa Gràcia（见326页）
- Casa Camper（见323页）
- Cotton House（见326页）
- Serras Hotel（见322页）
- DO Reial（见323页）

为何去

巴塞罗那将明媚的地中海风情和典型的欧洲都市风貌完美地融为一体，享乐主义者和文化爱好者都会在这里感觉宾至如归。从哥特风格到高迪，这座城市迸发着艺术和建筑的激情；这里的加泰罗尼亚菜肴是西班牙最好的；追逐夏日阳光的人们占据了市区内外的各个海滩；酒吧和夜店全年无休。

最初，巴塞罗那是一座中等规模的古罗马城镇，中世纪发展成为贸易重城，如今仍能在城中看到历史的残迹。古老的市中心保留着欧洲最集中的哥特式建筑群之一。除此之外，巴塞罗那还拥有一些世界上最古怪的建筑，譬如安东尼·高迪的神圣家族教堂。从毕加索和米罗到今天的当代奇观，自19世纪末以来，巴塞罗那就是艺术、建筑和时尚风格的开拓进取之地。

何时去

巴塞罗那

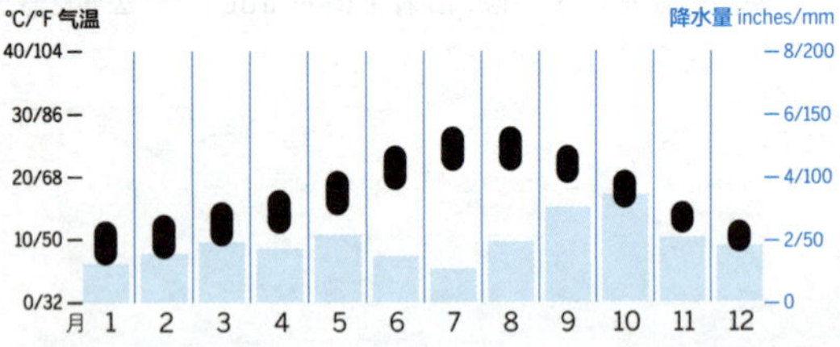

5月 春之声音乐节期间，Plaça del Fòrum会举办流行乐和摇滚乐演唱会，持续4天。

6月 欧洲最大的电子音乐节在这月末举行，届时整座城市都会沉浸在音乐会中。

9月 圣梅尔塞节在夏季末压轴上演，是巴塞罗那最大的派对。

历史

人们认为巴塞罗那可能是公元前230年左右由迦太基人(Carthaginians)建立的，名字来源于哈米尔卡·巴卡[Hamilcar Barca，汉尼拔(Hannibal)的父亲]的姓氏。罗马时代的巴塞罗那(被称为“Barcino”)所覆盖的区域仅限于今天的哥特区，和西南方90公里外的塔拉戈纳(Tarragona；当时名叫“Tarraco”)相比毫不起眼。在相继被穆斯林占领和法兰克人统治之后，Guifré el Pilós(毛发旺盛的威尔弗里德)于公元878年建立了巴塞罗那伯爵(Comtes de Barcelona)领地。1137年，伯爵拉蒙·贝伦格尔四世(Ramon Berenguer Ⅳ)迎娶阿拉贡的女继承人彼得罗妮拉(Petronilla)，从而创建了一个联合国家，为加泰罗尼亚的黄金时代揭开序幕。13世纪30年代至40年代，豪梅一世(Jaume I；1213~1276年)从穆斯林手中夺取了巴利阿里群岛和巴伦西亚。他的儿子彼得二世(Pere Ⅱ)随后又在1282年夺取了西西里(Sicily)。1479年，阿拉贡贵族费尔南多(Fernando)继承王位，这对巴塞罗那来说不是个好兆头，而他与卡斯蒂利亚的伊莎贝拉(Isabel)女王的婚姻更是使巴塞罗那雪上加霜。加泰罗尼亚实际上沦为了卡斯蒂利亚王国的附庸领土。西班牙王位继承战争(War of the Spanish Succession；1702~1713年)之后，巴塞罗那在1714年9月落入波旁王朝国王费利佩五世(Felipe V)的统治中。

现代主义、无政府主义和内战

19世纪迎来了经济复苏。葡萄酒、棉花、软木和钢铁工业迅速发展，但同时造成了工薪阶层贫困和动乱的局面。为了缓解这种压力，巴塞罗那于1854年推倒了中世纪城墙，又在1869年开始建造扩建区，将城市范围延伸到加泰罗尼亚广场(Plaça de Catalunya)之外。繁荣的中产阶级为豪华的建筑买单，许多是不拘一格的现代主义风格，其中堪称翘楚的建筑师当属安东尼·高迪。1937年，西班牙内战已经持续了一年，加泰罗尼亚共产党(Partit Socialista Unificat de Catalunya，简称PSUC)经过与无政府主义者和托洛茨基主义者(Trotskyists)同室操戈的街头巷战后控制了这座城市。乔治·奥威尔(George Orwell)在他的经典著作《向加泰罗尼亚致敬》(*Homage to Catalonia*)中记录了这些事件。1939年，巴塞罗那落入佛朗哥之手，由此经历了长期的压迫统治。

从佛朗哥到现在

在佛朗哥的统治下，巴塞罗那迎来了大批移民，主要来自安达卢西亚。在20世纪五六十年代，大约有75万人涌入巴塞罗那，还有几乎同样多的人去了加泰罗尼亚的其他地方。许多人的生活环境很恶劣。在佛朗哥逝世(1975年)3年后，新的西班牙宪法确立了加泰罗尼亚自治区(加泰罗尼亚语称为“Catalunya”；卡斯蒂利亚语称为“Cataluña”)的设立，并将巴塞罗那设为首府。1992年奥运会让巴塞罗那声名远播。在加泰罗尼亚社会党领袖帕斯卡尔·马拉加利(Pasqual Maragall)富有远见的领导下，这项公共工程的建设给蒙特惠奇山和一度凋敝的海滨带来了新的活力。

伴随着奥运会改造带来的巨大成功，巴塞罗那继续复兴以前破败的街区。拉巴尔区见证了一系列建筑工程的拔地而起，从1995年由理查德·迈耶设计的极具前卫感的巴塞罗那现代艺术博物馆(MACBA)，到2012年建成的加泰罗尼亚电影博物馆(Filmoteca de Catalunya)。

再往西，曾被遗弃的诺坎普工业区现已改造成为高新产业开发区22@(发音为“vint-i-dosarroba”)，这片占地200公顷的区域如今是科技和设计产业的中心。创新型企业和未来主义建筑[如设计博物馆(Museu del Disseny)仍在继续重塑着这座不断发展的城市的都市景观。

分离主义抬头

2007年，经济危机的爆发激化了国内矛盾，失业率的飙升和令人痛苦的紧缩政策，更不要提加泰罗尼亚沉重的税负，导致该地区人们对马德里政府产生了不满与愤怒，催生独立浪潮的兴起。

近年来，独立的呼声更加高涨，近期民调和2017年末举行的地区选举表明，约一半的加泰罗尼亚人支持这一地区(下接278页)

巴塞罗那亮点

❶ **神圣家族教堂**（见298页）在尚未完工的教堂惊叹于安东尼·高迪仍在建造中的现代主义杰作。

❷ **哥特区**（见279页）漫步于狭窄的中世纪小巷，感受巴塞罗那迷人的老城区。

❸ **加泰罗尼亚音乐宫**（见289页）坐在欧洲最华丽的音乐厅之一里，欣赏一场高品质的音乐会。

❹ **诺坎普体育场**（见357页）去巴塞罗那球迷心目中的圣地，感受一场足球狂欢。

❺ **古埃尔公园**（见307页）在高迪设计的公园中喝上一杯，细细品味大师的神奇之作。

❻ **扩建区**（见302页）沉浸在异彩纷呈的建筑街景，尽享美酒佳肴。

❼ **毕加索博物馆**（见292页）发现巴勃罗·毕加索的早期艺术佳作。

❽ **小巴塞罗那区**（见295页）沿着木栈道漫步，享用一顿新鲜的海鲜大餐。

❾ **拉巴尔区**（见288页）体验波希米亚式的迷人夜生活。

❿ **蒙特惠奇山**（见314页）游览山顶罗马艺术风格的堡垒、胡安·米罗基金会和美丽的花园。

EL GUINARDÓ
Turó de la Rovira
Túnel de la Rovira
Park Güell
公园
EL CARMEL
Gaudí Experience
迪休验馆
Recinte Modernista de Sant Pau
圣保罗现代主义风格建筑群园区
Guinardó
Alfons X
Joanic
C de Pi i Margall
Travessera de Gràcia
C de Sant Antoni Maria Claret
Camp de l'Arpa
CAMP DE L'ARPA
Sant Pau/ Dos de Maig
Encants
Sagrada Família
C de Còrsega
C de Padilla
C de Sardenya
C d'Aragó
1 La Sagrada Família
神圣家族教堂
Sagrera
Av Meridiana
C de Felip II
Navas
C de las Navas Tolosa
Clot
EL CLOT
Bac de Roda
C d'Aragó
Sant Martí
Rambla de Prim
Gran Via de les Corts Catalanes
C de Pere IV
LA VERNEDA
SANT MARTÍ
C de Bac de Roda
Av Diagonal
Glòries
Museu Can Framis
坎・弗拉米斯博物馆
Poblenou
见恩典区地图(310页)
GRÀCIA
恩典区
Pg de Sant Joan
Verdaguer
Av Diagonal
Monumental
Gran Via de les Corts Catalanes
Museu de la Música
音乐博物馆
Llacuna
C dels Almogàvers
C de Pallars
EL POBLENOU
波布雷诺
Cementiri de l'Est
Pg de Calvell
见扩建区地图(304页)
Estació del Nord
北部长途汽车站
Marina
Bogatell
Platja de Bogatell
Ronda del Litoral
Av del Litoral
6
L'Eixample
扩建区
Pg de Gràcia
EIXAMPLE
扩建区
C d'Aragó
Ronda de Sant Pere
Arc de Triomf
EL FORT PIENC
VILA OLÍMPICA
C de la Marina
Platja de la Nova Icària
Palau de la Música
3 Catalana
加泰罗尼亚音乐宫
Pg de Pujades
Pg de Picasso
见海岸区地图(290页)
Port Olímpic
Universitat
见哥特区、兰布拉大道和拉巴尔区地图(280页)
Museu Picasso 7
毕加索博物馆
Platja de la Barceloneta
小巴塞罗那海滩
C del Comte d'Urgell
Urgell
Ronda de Sant Antoni
Barri Gòtic
哥特区 2
Via Laietana
9
El Raval
拉巴尔区
CIUTAT VELLA
老城区
La Rambla
Pg de Colom
LA BARCELONETA
小巴塞罗那区
8 La Barceloneta 小巴塞罗那区
Platja de Sant Sebastià
圣塞瓦斯蒂亚海滩
Rocafort
SANT ANTONI
圣安东尼区
Platja de Sant Miquel
圣米克尔海滩
Av del Paral·lel
POBLE SEC
波布里塞克
Marina
码头
PORT VELL
旧港
见小巴塞罗那区地图(296页)
Port Vell
旧港
Montjuïc 10
蒙特惠奇山
MEDITERRANEAN SEA
地中海
Ronda del Litoral
去Sitges
锡切斯(38km)
Cementiri del Sud-Oest
公共墓园
0 1 km
0 0.5 miles

街区速览

❶ 兰布拉大道和哥特区（见279页）

永远热闹非凡的兰布拉大道是巴塞罗那最著名的步行大道，熙来攘往的人群中充斥着街头艺人和流动小贩、游客和骗子（保持警惕），大道两侧的咖啡馆和商店沐浴在灿烂阳光下。毗邻兰布拉大道的哥特区则汇集了不少历史珍宝——古罗马遗迹、14世纪的哥特式教堂和极具氛围的鹅卵石小巷，后者布满了商店、酒吧和餐厅。

❷ 拉巴尔区（见288页）

曾经贫穷破败的拉巴尔区，如今部分地方面貌依旧，但近年来这里逐渐焕发了生机。这个区建起了前卫的博物馆和文化中心，包括理查德·迈耶（Richard Meier）设计的巴塞罗那现代艺术博物馆。其他不容错过的亮点还有拉巴尔区充满波希米亚风情的夜生活，博盖里亚市场内眼花缭乱的丰富美食，足以叫人食指大动。

❸ 海岸区（见289页）

从高端购物场所到巴塞罗那最热闹的西班牙小吃吧，这个中世纪建起的街区可谓麻雀虽小五脏俱全。这里的主要景点包括一流的毕加索博物馆、令人惊叹的哥特式的海之圣玛利亚教堂，以及拥有精美雕刻的现代主

义风格的加泰罗尼亚音乐宫。当地人会前往郁郁葱葱的城堡公园，呼吸新鲜空气。

❹ 小巴塞罗那区和海滨地区（见295页）

自20世纪末开始，巴塞罗那昔日的工业海滨区经历了一场翻天覆地的变化，波光粼粼的海滩上出现了海滨酒吧和餐厅、优雅的雕塑、4.5公里长的木栈道、超现代化的摩天大楼以及游艇码头。网格状布局的小巴塞罗那区是通往地中海的门户，在这个老式渔区，传统的海鲜餐厅随处可见。

❺ 神圣家族教堂和扩建区（见302页）

虽然交通拥挤，但不失雅致的扩建区（发音为“lay-sham-pluh”）是现代主义建筑的绝佳展示舞台，其中包括高迪未完成的杰作神圣家族教堂。同时，扩建区云集了知名的餐厅、高端精品店和丰富多彩的夜生活，这里混合了3个酒吧区：高校派对场所、熠熠生辉的鸡尾酒会和同性恋集中区（Gaixample）热闹的同性恋俱乐部。

❻ 恩典区和古埃尔公园（见307页）

在19世纪90年代前，恩典区一直是一个独立的小镇，狭窄的小巷和风景如画的广场至今仍散发着乡村魅力。破旧的咖啡馆和酒吧、古着店和零星的多元文化小餐馆使得这里像一块磁石，吸引着来自世界各地的时尚青年群。北部山坡上的古埃尔公园是高迪最迷人的作品之一，它如同一本现代主义的童话故事书。

❼ 诺坎普、佩德拉尔贝斯和高地区（见312页）

巴塞罗那一些最为神圣的景点坐落于扩建区西北部蔓延出去的开阔区域。宁静的中世纪修道院佩德拉尔贝斯是其中之一，另一个当属伟大的加泰罗尼亚足球圣地诺坎普体育场。吸引人们来这里的还包括一座游乐园、在提比达波山（Tibidabo）顶欣赏到的绝佳风景、克塞罗拉公园内的林木小径以及一座孩子们很喜欢的科学博物馆。

❽ 蒙特惠奇山、波布里塞克和圣安东尼区（见313页）

巴塞罗那一些最好的艺术收藏都位于能够俯瞰港口的蒙特惠奇山坡上，例如加泰罗尼亚国家艺术博物馆、胡安·米罗基金会和卡伊莎中心。除此之外，还有不少美术馆、花园和一座威严的城堡共同构成了这一地区的风景线。蒙特惠奇山脚下则是波布里塞克区热闹的西班牙小吃吧和小馆子，而相邻的圣安东尼区是新兴社区，对年轻人和时髦人士有很大的吸引力。

（上接273页）成为一个新的欧洲国家。2017年11月，针对加泰罗尼亚地区领导人卡莱斯·普伊格德蒙特（Carles Puigdemont）宣告独立的行为，马德里出台强制措施，西班牙法官裁定独立公投明确违反西班牙宪法，2018年初，几个加泰罗尼亚政治人物被控煽动叛乱和叛乱罪，被捕入狱。

景点

哥特区和海岸区拥有这座城市大部分的古代和中世纪的辉煌建筑。位于兰布拉大道另一侧的拉巴尔区连同巴塞罗那老城与大海相连的旧港（Port Vell）一起构成了城市生活的中心——无论白天或夜晚。这里的热门景点包括巴塞罗那历史博物馆、大教堂和毕加索博物馆。景点分散的扩建区是现代主义大行其道的地方，恩典区大街（Passeig de Gracia）集中展示了一些最为别出心裁的作品。

其他有意思的地方包括工薪族聚集区——小巴塞罗那区——的海滩和海鲜餐厅。拥有花园、博物馆、美术馆和奥运会会址

在巴塞罗那的……

1日

从一早去探索哥特区狭窄的中世纪小巷开启第1天吧。参观**大教堂**（见279页）——别错过满是鹅的回廊——接着漫步穿过美丽如画的**圣约瑟广场**和**皇家广场**（见282页）。在引人入胜的**巴塞罗那历史博物馆**（见279页）发现这座城市的古老根源。午餐之前，加入兰布拉大道熙来攘往的人群中随意逛逛。

下午去海岸区，这里散落着不少建筑瑰宝。感受庄严的**海之圣玛利亚教堂**（见289页）。**毕加索博物馆**（见292页）优雅地坐落在中世纪联排宅邸中，你可以花上几个小时欣赏20世纪最伟大的艺术家之一的早期作品。

在**加泰罗尼亚音乐宫**（见289页）观赏一场表演，这是巴塞罗那最著名的现代主义杰作之一，然后享用一顿迟来的晚餐（这是西班牙人的习惯）。最后在烛光摇曳的**Rubí**（见349页）品味具有热带风情的美酒。

两日

第2天早上先造访**神圣家族教堂**（见298页），高迪这一令人惊叹不已的作品仍在建造中。多付点钱参加导览游（或租语音导览）是值得的，有助于你更深入地了解巴塞罗那最著名的景点。

午餐后，沿着扩建区的**恩典区大街**散步，探索更多精美的现代派建筑。可以选择参观一座高迪的住宅博物馆——**巴特洛公寓**（见302页）或**采石场**（见302页），都在这条大街上。

晚上可以去顶级足球俱乐部巴塞罗那的主场**诺坎普体育场**（见357页）观看一场足球比赛。在热情呐喊的人群中，做好肾上腺素激增的准备，尤其是当巴萨对阵宿敌皇马时。

3日

第3天是时候去看看美丽的地中海了。早上可以沿着海滨散步、慢跑或骑自行车。沿途朝向海滩的餐厅和咖啡馆能让你恢复活力。

在小巴塞罗那区转转，逛一下Mercat de la Barceloneta，品尝**Baluard**（见334页）的糕点。然后去参观**加泰罗尼亚历史博物馆**（见295页），通过一场互动之旅回顾加泰罗尼亚绵延数世纪的历史。

晚上去哥特区欣赏现场乐队表演，**Harlem Jazz Club**（见356页）和**Jamboree**（见356页）是欣赏爵士乐和世界音乐的不错选择。如果你还有精力，可以去一些更隐蔽的酒吧，例如**L' Ascensor**（见347页），这是个非常舒适的饮酒地点，有口感很好的混合鸡尾酒，且相比哥特区其他地方，这里能吸引更成熟的客人。

的蒙特惠奇山是自成一体的小小世界。不要错过加泰罗尼亚国家艺术博物馆和胡安·米罗基金会。

高迪设计的古埃尔公园正好位于恩典区之外，这个狭窄的街巷和广场为活力四射的夜生活提供了舞台。再走远些，你可以去位于高处的提比达波山的游乐园和教堂，以及克塞罗拉公园里树木繁茂的山丘、巴塞罗那足球俱乐部的主场诺坎普体育场和宁静的佩德拉尔贝斯修道院博物馆。

兰布拉大道和哥特区 (La Rambla & Barri Gòtic)

哥特区东南面是1英里长的兰布拉大道，西北面则是莱埃塔那大街（Via Laietana）。宏伟的哥特式大教堂是哥特区的心脏，而巴塞罗那一些最好的博物馆，例如巴塞罗那历史博物馆和弗雷德里克·马雷斯博物馆（Museu Frederic Marès；见289页）距离教堂只有很短的步程。圣豪梅广场（Plaça de Sant Jaume）和皇家广场（Plaça Reial）是两个很重要的广场，也是你旅行时辨别方向的地标，前者周围是政府建筑，后者很漂亮，布满拱廊。

★大教堂 主教座堂

（La Catedral；见280页地图；☎93 342 82 62；www.catedralbcn.org；Plaça de la Seu；捐赠入内 €7，唱诗班席位 €3，顶层 €3；⊙周一至周五 8:00~12:45和17:45~19:30，周六和周日 8:00~20:00，捐赠入内 周一 13:00~17:30，周六 13:00~17:00，周日 14:00~17:00；Ⓜ Jaume I）巴塞罗那的中心礼拜场所非常宏伟。富丽堂皇的主立面点缀着许多怪兽雕像及错综复杂的石刻，可能会让你联想起北欧的哥特式风格，而这种装饰风格也使它在巴塞罗那的众多教堂中显得独树一帜。主立面实际上是在1870年加上去的，不过建筑的其余部分完成于1298~1460年。其他立面的装饰比较少，八角形的平顶塔楼直白地提醒着人们，即使在这里，加泰罗尼亚哥特式建筑风格也依然盛行。

★巴塞罗那历史博物馆 博物馆

（Museu d' Història de Barcelona，简称MUHBA；见280页地图；☎93 256 21 00；www.museuhistoria.bcn.cat；国王广场；成人/优惠/儿童 €7/5/免费，每月第一个周日和其他周日的15:00~20:00免费；⊙周二至周六 10:00~19:00，周一 10:00~14:00，周日 10:00~20:00；Ⓜ Jaume I）巴塞罗那最引人入胜的博物馆之一，会把你带回到几个世纪前罗马时代所建立的巴塞罗那。你可以漫步在古老的街道、下水道、洗衣店、酒厂和鱼类加工厂的遗迹之间，它们都曾在这里繁荣发展，而这一切都要归功于罗马皇帝奥古斯都在大约公元前10年建立了这座城镇。同样令人印象深刻的是建筑本身，它曾经是国王广场（Plaça del Rei）上的大皇宫的一部分，位于中世纪巴塞罗那王公贵族聚居的重要区域。

利塞乌大剧院 建筑

（Gran Teatre del Liceu；见280页地图；☎93 485 99 00；www.liceubarcelona.cat；La Rambla 51-59；团队游 成人/优惠/7岁以下儿童 45分钟团队游 €9/7.50/免费，25分钟团队游 €6/5/免费；⊙45分钟团队游 周一至周五 14:00~18:00每小时1次，周六 9:30~18:00每小时1次，25分钟团队游 周一至周六 13:30；Ⓜ Liceu）利塞乌大剧院位列欧洲最伟大的歌剧院行列当中，当地人简称为"利塞乌"。即使没能赶上歌剧院晚上的演出，你仍然可以在白天前来参观。它的规模比米兰的斯卡拉歌剧院（La Scala）小，但比威尼斯的凤凰剧院（La Fenice）大，巨大的观众席可容纳2300人。

国王广场 广场

（Plaça del Rei；见280页地图；Ⓜ Jaume I）国王广场是一个风景如画的广场。据说哥伦布完成第一次美洲之旅后，费尔南多和伊莎贝拉就是在这里接见他的。这里是前大皇宫（Palau Reial Major）的庭院。如今的宫殿里有一间很棒的历史博物馆，博物馆地下有重要的罗马遗迹。

加泰罗尼亚政府宫 历史建筑

（Palau de la Generalitat；见280页地图；http://presidencia.gencat.cat；圣豪梅广场；⊙每月的第二个和第四个周末；Ⓜ Jaume I）建于15世纪初，仅在少数时间开放（除了开放日，每月的第二个和第四个周末开放1小时的导览团队游）。众多礼堂中最令人印象深刻的是圣乔

Barri Gòtic, La Rambla & El Raval
哥特区、兰布拉大道和拉巴尔区

巴塞罗那

景点

0 200 m
0 0.1 miles
E
F
G
H
1
2
3
4
5
6
7
LA RIBERA 海岸区
CIUTAT VELLA 老城区
PORT VELL 旧港
Via Laietana
Plaça d'Antoni Maura
C de Montsió
C de Duran i Bas
C de Ripoll
C dels Capellans
C dels Sagristans
Av de la Catedral
C dels Arcs
Plaça Nova
Plaça de la Seu
C dels Comtes
C dels Boters
C de la Palla
Plaça de Sant Felip Neri
C del Pi
Plaça del Pi
Baixada de Santa Eulàlia
C de Sant Domènec del Call
C del Bisbe
C de Sant Honorat
Plaça de Sant Jaume
圣豪梅广场
C dels Banys Nous
C del Call
C de la Boqueria
C de Ferran
Baixada de Sant Miquel
Plaça de Sant Miquel
C de la Ciutat
C de la Bellafila
C dels Templers
C del Palau
C de la Comtessa de Sobradiel
C d'Ataülf
C del Regomir
C d'en Quintana
C de n'Aroles
C d'en Rauric
C de la Lleona
C dels Escudellers Blancs
Plaça de George Orwell
C d'Avinyó
Plaça Reial
皇家广场
C del Vidre
C de la Unió
La Rambla dels Caputxins
C Nou de Zurbano
C dels Escudellers
C d'en Rull
C d'en Carabassa
C d'en Serra
C dels Còdols
C Ample
C Simó Oller
Plaça de la Mercè
C Louis Braille
C d'en Gignàs
C de la Plata
C de Marquet
C de la Fusteria
C d'en Giralt i Pellisser
C de les Freixures
C dels Mercaders
C dels Assaonadors
C del Rec
C dels Flassaders
C de la Princesa
C de la Bòria
Plaça de Ramon Berenguer el Gran
C de Montcada
蒙特卡达街
C dels Banys Vells
Jaume I
C de l'Argenteria
C del Sots-Tinent Navarro
C dels Lledó
C de la Nau
Basílica de Santa Maria del Mar
海之圣玛丽亚教堂
C dels Agullers
Casa Llotja de Mar (La Llotja)
Plaça del Teatre
C Nou de Sant Francesc
Ptge de la Pau
Plaça de Joaquim Xirau
Plaça del Duc de Medinaceli
Pg de Colom
Ronda del Litoral
Port de Barcelona
巴塞罗那港
C de Lancaster
C de la Guàrdia
C de l'Arc del Teatre
C de Santa Mònica
C de Montserrat
La Rambla de Santa Mònica
圣莫妮卡大街
Ptge de la Banca
C del Parc
Drassanes
Av de les Drassanes
C del Portal Santa Madrona
去Transmediterránea Ferry Terminal 渡船码头(200m)
Port Vell 旧港
弗雷德里克·马雷斯博物馆
Museu Frederic Marès
La Catedral 大教堂
Museu d'Història de Barcelona 巴塞罗那历史博物馆
La Rambla 兰布拉大道
Palau Güell 古埃尔宫
Museu Marítim 海洋博物馆
1
2
5
6
7
8
9
11
12
13
21
22
25
28
29
30
31
32
34
35
38
39
40
45
48
50
51
56
57
59
60
62
64
67
70
71
72
73
74
75
77
80
83
84
85
88
90
91
92
93
95
96
97
98
99
101
102
105
106
107
108
109
111
115
116
118
119
120
124
126

Barri Gòtic, La Rambla & El Raval
哥特区、兰布拉大道和拉巴尔区

治厅（Saló de Sant Jordi），以该地区的守护圣徒命名。想要进入参观，需要在网站进行预约。

奥古斯都神庙 遗迹

（Temple d' August；见280页地图；☎93 256 21 22；www.muhba.cat；Carrer del Paradis 10；⊙周二至周六 10:00~19:00，周日 10:00~20:00，周一 10:00~14:00；Ⓜ Jaume I）免费 位于大教堂东南端对面，狭窄的天堂街（Carrerdel Paradis）通向圣豪梅广场。这条街的10号是一座带有哥特式和巴洛克式设计风格的有趣建筑，在里面你能看到巴塞罗那主要的罗马神庙的4根柱子和楣梁。这座神庙修建于公元1世纪，表达了对当时至高无上的恺撒·奥古斯都（Caesar Augustus）的崇拜。

皇家广场 广场

（Plaça Reial；见280页地图；Ⓜ Liceu）巴塞罗那最上镜的广场之一，也是最具活力的广场之一。在19世纪新古典主义建筑风格的拱廊

饮品和夜生活

娱乐

购物

下，坐落着许多餐厅、酒吧和夜店，全天上演着各种热闹的活动。

市政厅

建筑

（Ajuntament，Casa de la Ciutat；见280页地图；☎93 402 70 00；www.bcn.cat；圣豪梅广场；⏰周日 10:30~13:30；Ⓜ Jaume I）**免费** 市政厅又被称为Casa de la Ciutat，几个世纪来一直都是权力机构的所在地。巴塞罗那市议会（Consell de Cent）在14世纪时首先进驻这里，不过数百年来，这座建筑已历经了多次改造，只有Carrer de la Ciutat入口处保留下来的最早部分仍然具有哥特元素，不过如今这里已经不再使用。

圣豪梅广场

广场

（Plaça de Sant Jaume；见280页地图；Ⓜ Liceu，Jaume I）在罗马人来此定居后的大约2000年中，这个广场（经常被改建）及周边地区从最初的集会场所逐渐变成巴塞罗那公众生活的中心，至今仍是巴塞罗那传统节日的主要庆祝场所。广场北面的加（下接288页）

重要景点

兰布拉大道

巴塞罗那最著名的街道如磁石般吸引着游客纷至沓来，而街道两旁林立着文化中心、剧院和引人入胜的建筑也成为了解加泰罗尼亚文化的窗口。兰布拉大道是一条宽阔的步行大道——在这里散步足以令你体验感官超负荷，纪念品小贩、街头艺人、行为艺术和真人雕像等构成了一道千变万化的街头风景线。

历史

兰布拉大道得名于一条曾经流经于此的季节性河流(阿拉伯语称之为"ramla")。自中世纪初起，它更为人所知的名字是Cagalell(意为"粪便之河")，14世纪之前，这条河沿着城墙外围流淌。后来，这里建起了修道院建筑，接着在16~19世纪初，有钱人在此盖起了宅邸。兰布拉大道被非正式地划分为五段，所以很多人也用复数形式(Las Ramblas)称呼这条街道。

不要错过

- 总督夫人宫
- 圣莫妮卡艺术中心
- 贝特莱姆教堂
- 摩哈宫
- 米罗马赛克画

实用信息

- 见280页地图
- Ⓜ Catalunya，Liceu，Drassanes

卡纳雷特斯街(La Rambla de Canaletes)

兰布拉大道位于加泰罗尼亚广场北边的这一段以**卡纳雷特斯喷泉**(Font de Canaletes)命名，这座建于20世纪之交的饮用喷泉并不起眼，据说，喷泉水来自昔日的卡纳雷特斯泉。过去有个说法，即喝卡纳雷斯特喷泉水的人才算是真正的巴塞罗那人。每当巴塞罗那足球俱乐部赢得奖杯或者联赛冠军时，欣喜若狂的球迷就会聚集于此，疯狂庆祝。

学院街(La Rambla dels Estudis)

兰布拉大道从Carrer de la Canuda往南到Carrer de la Portaferrissa的这段曾经是有着150年历史的鸟市，后于2010年关闭。就在Carrer del Carme以北，矗立着**贝特莱姆教堂**(Església de Betlem；☎93 318 38 23；www.mdbetlem.net；Carrer d' en Xuclà 2；⏰8:30~13:30和

18:00~21:00；Ⓜ Liceu)，这座巴洛克风格的建筑建于17世纪末18世纪初，取代了1671年被火焚毁的旧教堂。火在一定程度上成为这个地方挥之不去的梦魇：教堂曾被认为是巴塞罗那最华丽的巴洛克建筑，但1936年，教堂被左派纵火付之一炬。

摩哈宫(Palau Moja；☎93 316 27 40；palaumoja.com；Carrer de Portaferrissa 1；⏲10:00~21:00，咖啡馆 周一至周五 9:30至午夜，周六和周日 11:00至午夜；Ⓜ Liceu) 免费 耸立于兰布拉大道东侧，建于18世纪后半期，是一座新古典主义风格的建筑。街对面是欣赏其利落、古典线条的最佳位置。摩哈宫内部绝大部分地方是政府办事处，入口处如今是一家大型礼品店兼咖啡馆。

圣约瑟夫街(La Rambla de Sant Josep)

从Carrer de la Portaferrissa到博盖利亚广场(Plaça de la Boqueria)的这段兰布拉大道，正式名称为圣约瑟夫街，因两旁摆满花卉摊档又被称为花卉街(La Rambla de les Flors)。情色博物馆(Museu de l'Eròtica；见280页地图；☎93 318 98 65；www.erotica-museum.com；€10；⏲10:00至午夜；Ⓜ Liceu)也位于这条街上。

总督夫人宫(见288页)是一座恢宏的18世纪洛可可式宅邸(有一些新古典主义元素)，如今这里是影像中心(Centre de la Imatge；☎93 316 10 00；www.ajuntament.barcelona.cat/lavirreina；Palau de la Virreina；⏲周二至周日12:00~20:00；Ⓜ Liceu) 免费 所在地，会举办摄影展。

博盖里亚市场(见288页)位于总督夫人宫南面的拉巴尔区，这是欧洲商品最多、色彩最丰富的菜市场之一。在Liceu地铁站北面的博盖里亚广场，你可以从米罗身上走过——一块彩色的马赛克拼图(见294页方框)，其中一块有艺术家的签名。

La Rambla dels Caputxins

这条街从博盖利亚广场延伸至Carrer dels Escudellers。街道西侧是利塞乌大剧院(见286页)，东南侧通往栽满棕榈树的皇家广场(见282页)的入口。

圣莫妮卡街(La Rambla de Santa Mònica)

兰布拉大道最后一段逐渐变宽，通往俯瞰旧港(Port Vell)的哥伦布纪念塔(见297页)。这段路以圣莫妮卡修道院命名，修道院曾经矗立于街道西侧，如今被改建成圣莫妮卡艺术中心(Centre d'Art Santa Mònica)，该文化中心常常举办现代多媒体展览。

内战

西班牙内战期间，很多作家和新闻记者来到巴塞罗那，包括英国作家乔治·奥威尔，他在《向加泰罗尼亚致敬》一书中生动地描述了内战初期兰布拉大道沉浸在革命热潮中的景象。

学院街东侧，沿着Carrer de la Canuda这部分区域是马德里维拉广场(Plaça de la Vila de Madrid)，这是一个下沉式花园，曾经是古罗马墓地(Via Sepulcral Romana)所在地，至今仍能看到罗马时期的坟墓。

独家贴士

清晨的兰布拉大道呈现出最迷人的一面，这个时候大型游轮还没有送来大批的游客。留意随身携带的物品，将背包背在前面。这里扒手很多，他们总是很容易得手。

Café de l'Opera(La Rambla 74)是享用美味早餐，或者在一天里任何时间喝杯咖啡的最佳选择。

兰布拉大道

大事年表

除了人物雕塑和挤满游客的餐厅外，兰布拉大道还能帮你了解巴塞罗那许多个世纪以来的迷人历史。

13世纪 城墙外流淌着一条蜿蜒曲折的季节性河流（阿拉伯语称之为“兰布拉”）。随着巴塞罗那城市的发展，这条河逐渐成为一条开放式下水道，最后被封了起来。

1500~1800年 早期兰布拉大道上有很多女修道院和修道院，包括18世纪初竣工的巴洛克风格的❶贝特莱姆教堂。

1835年 城市爆发了反教权运动，暴徒行凶，女修道院被焚毁。兰布拉大道两侧许多宗教建筑被毁或被收归国有，也为新建设铺平了道路，包括1840年建成的❷博盖里亚市场、1847年竣工的❸利塞乌大剧院和1848年落成的❹皇家广场。

Teatre Poliorama
建于1894年，作为皇家科学和艺术学院，后来成为电影院。西班牙内战期间，这里一度是共产主义派系的战略监督点。

KIEV.VICTOR/SHUTTERSTOCK ©

贝特莱姆教堂
兰布拉大道上仅剩的这座教堂是献给圣家族的，奢华的内部结构在西班牙内战期间被毁。

博盖里亚市场
这座巴塞罗那最上镜的市场官方名称为“圣约瑟夫市场”，是为了纪念原本矗立于此的圣约瑟夫女修道院。

ALE ARGENTIERI/SHUTTERSTOCK ©

TONO BALAGUER/SHUTTERSTOCK ©

利塞乌大剧院
这座奢华的大剧院在1994年的大火中遭到严重毁坏，1999年修复后重新开放现在仍是欧洲最美的剧院之一。

1883年 建筑师Josep Vilaseca对❺**布鲁诺夸德洛斯之家**(Casa Bruno Cuadros)进行了翻新。此时正值现代主义浪潮横扫整个巴塞罗那，Vilaseca的设计将彩绘玻璃、锻铁、埃及图像和日本版画集于一体。

1888年 巴塞罗那举办了世界博览会。城市开始进行大规模翻新工程，兰布拉大道和❻**哥伦布纪念塔**上首次使用了电灯。

1936~1939年 西班牙内战期间，兰布拉大道沦为血腥的街巷战的战场。这期间，英国记者、作家乔治·奥威尔曾在❼**Teatre Poliorama**躲藏了3天，后来在他的著名作品《向加泰罗尼亚致敬》中描述了这段狂暴的历史。

2017年 兰布拉大道遭遇了一次可怕的恐怖袭击，一辆货车冲向行人，造成14人遇难，多人受伤。

布鲁诺夸德洛斯之家
这一建筑被当地人称为雨伞之屋，非常显眼，墙上装饰着许多雨伞和一条漂亮的中国龙。

JOAN BAUTISTA/SHUTTERSTOCK ©

NITO/ SHUTTERSTOCK ©

皇家广场
这是巴塞罗那最美丽的广场之一，毗邻兰布拉大道，有很多露天咖啡馆和酒吧，栽种着很多棕榈树，还有一个 流淌的喷泉，以及许多高迪年轻时设计的与众不同的路灯柱。

哥伦布纪念塔
在兰布拉大道最南端，是1888年世界博览会的一部分60米高的观景台上视野开阔，景色一流。

A. ALEKSANDRAVICIUS/SHUTTERSTOCK ©

（上接283页）泰罗尼亚政府宫（见279页）是加泰罗尼亚自治区政府所在地，和南面的市政厅相对而立。

总督夫人宫 建筑

（Palau de la Virreina；见280页地图；La Rambla 99；ⓂLiceu）总督夫人宫是一座华丽的18世纪洛可可式宅邸（也有部分新古典主义元素）。市政厅在这里设了一个提供艺术/娱乐信息及票务的办公室。总督夫人宫由腐败的智利总督Manuel d'Amat i de Junyent建造（当时，智利是西班牙殖民地，包括Potosí的银矿），是巴塞罗那罕见的后巴洛克风格的建筑。

拉巴尔区（El Raval）

★巴塞罗那现代艺术博物馆 艺术中心

（Museu d'Art Contemporani de Barcelona，简称MACBA；见280页地图；☎93 412 08 10；www.macba.cat；Plaça dels Àngels 1；成人/优惠/14岁以下儿童 €10/8/免费；⏲周一和周三至周五 11:00~19:30，周六 10:00~21:00，周日和节假日 10:00~15:00；ⓂUniversitat）1995年开放的MACBA由理查德·迈耶（Richard Meier）设计，是巴塞罗那最重要的当代艺术中心，为真正的艺术爱好者提供了无数迷人的收藏品。底层展示的是永久性藏品，专注于20世纪下半叶的西班牙及加泰罗尼亚艺术，包括安东尼·塔皮埃斯（Antoni Tàpies）、胡安·布罗萨（Joan Brossa）、米克尔·巴尔赛洛（Miquel Barceló）等人的作品，保罗·克利（Paul Klee）、布鲁斯·瑙曼（Bruce Nauman）、约翰·凯奇（John Cage）等国际艺术家的作品也时有出现。

★博盖里亚市场 市场

（Mercat de la Boqueria；见280页地图；☎93 318 20 17；www.boqueria.info；La Rambla 91；⏲周一至周六 8:00~20:30；ⓂLiceu）博盖里亚市场恐怕是兰布拉大道最有趣的建筑，这么说并非因其受现代派风格影响的设计（事实上，该建筑花了很长时间才完工，从1840年开始，一直到1914年，这里以前是圣约瑟夫修道院），而是因为内部热闹非凡的食品市场。

★古埃尔宫 宫殿

（Palau Güell；见280页地图；☎93 472 57 71；www.palauguell.cat；Carrer Nou de la Rambla 3-5；成人/优惠/10岁以下儿童 含语音导览 €12/9/免费，每月第一个周日免费；⏲4月至10月 周二至周日 10:00~20:00，11月至次年3月 10:00~17:30；ⓂDrassanes）这是高迪建筑狂想曲系列的早期杰作——超凡脱俗的新哥特式宅邸，在当时那个年代是老城区少有的大型建筑，从中可以一窥创造者令人叹服的设计天赋。

圣保尔坎普教堂 教堂

（Església de Sant Paudel Camp；见280页地图；☎93 441 00 01；Carrer de Sant Pau 101；成人/

罗马遗迹

从国王广场出发，很值得绕道去东北参观两段巴塞罗那保存最完好的**罗马城墙**（见280页地图；ⓂJaume I）。这两段城墙曾拥有78座塔楼（既是威严的象征，也有实际的防御作用）。其中一段位于Plaça Ramon de Berenguer Gran的南侧，**Capella Reial de Santa Àgata**（见280页地图；MUHBA，国王广场；⏲周二至周六 10:00~19:00，周一 10:00~14:00，周日 10:00~20:00；ⓂJaume I）坐落其上。广场上最醒目的就是Ramon de Berenguer Gran伯爵的雕像，由约瑟夫·黎蒙纳（Josep Llimona）在1880年完成。再往南走，能看到另一段城墙，就在Carrer del Sots-Tinent Navarro北端附近。3世纪和4世纪，罗马人在第一次遭受北方日耳曼部落的袭击后，修建并加固了这些城墙。

Carrer de la Canuda沿街，位于兰布拉大道东面的这片区域是一个下沉式花园，这里还保存着一些**古罗马墓地**（见280页地图；☎93 256 21 22；www.muhba.cat；Plaça de la Vila de Madrid；成人/优惠/儿童 €2/1.50/免费；⏲周二和周四 11:00~14:00，周六和周日 11:00~19:00；ⓂCatalunya）。这里还设有一个规模极小的展览，用西班牙语和加泰罗尼亚语介绍了墓葬仪式和习俗。此外，还有些陶器展品（包括一个陪葬用的双耳细颈瓶、一具3岁的古罗马儿童的骨架）。

优惠/14岁以下儿童 €3/2/免费；周一至周六 10:00~13:30和16:00~19:30；Ⓜ Paral·lel）罗马式建筑在这座城市的最好范例就是这座教堂里秀丽的小回廊。它坐落在一个有些陈旧的花园里，主入口上有一些西哥特式的雕塑。

老圣十字医院 历史建筑

（Antic Hospital de la Santa Creu, Former Hospital of the Holy Cross；见280页地图；www.barcelonaturisme.com；Carrerdel' Hospital 56；9:00~22:00；Ⓜ Liceu）免费 耸立在博盖里亚市场背后的老圣十字医院，曾经是巴塞罗那最主要的医院。它建于1401年，直到20世纪30年代它都发挥着治病救人的作用，在中世纪最鼎盛的时候被认为是欧洲最好的医院之一——1926年，安东尼·高迪就是在这里去世的。如今这里是**加泰罗尼亚图书馆**（Biblioteca de Catalunya）和**加泰罗尼亚学研究所**（Institut d' Estudis Catalans；见280页地图；☎93 270 16 20；www.iec.cat；Carrer del Carme 47；9月至次年7月 周一至周五 8:00~20:00；Ⓜ Liceu）的所在地。15世纪的小礼拜堂**La Capella**（☎93 256 20 44；www.bcn.cat/lacapella；周二至周六 正午至20:00，周日和节假日 11:00~14:00；Ⓜ Liceu）免费 常举办临时展览。

巴塞罗那当代文化中心 文化中心

（Centre de Cultura Contemporània de Barcelona，简称CCCB；见280页地图；☎93 306 41 00；www.cccb.org；Carrer de Montalegre 5；成人/优惠/12周岁以下儿童 1场展览 €6/4/免费，2场展览 €8/6/免费，周日 15:00~20:00 免费；周二至周日 11:00~20:00；Ⓜ Universitat）这是一个由礼堂、展览空间和会议厅组成的综合建筑群，于1994年开放。它的前身是一家18世纪的宗教收容所，名为Casa dela Caritat。庭院一侧有一面巨大的玻璃墙，十分壮观。文化中心的4个独立展区共包含4500平方米的展览空间，持续不断地举办各种不同的展览、电影周和其他活动。

海岸区 (La Ribera)

★加泰罗尼亚音乐宫 建筑

（Palau de la Música Catalana；见304页地图；☎93 295 72 00；www.palaumusica.cat；Carrer de Palau de la Música 4-6；成人/优惠/10岁以下儿童 €18/15/免费；导览团队游 10:00~15:30，复活节、7月和8月 10:00~18:00；Ⓜ Urquinaona）这座音乐厅是巴塞罗那现代主义建筑的巅峰之作，它就像是一曲由瓷砖、砖块、石刻和彩色玻璃合奏而成的交响乐。它是1905~1908年间由多梅内克·伊·蒙塔内尔（Domènech i Montaner）为Orfeo Català音乐协会建造的，最初的构想是一座加泰罗尼亚文艺复兴风格的殿堂。

> **不要错过**
>
> **弗雷德里克·马雷斯博物馆**
>
> **弗雷德里克·马雷斯博物馆**（Museu Frederic Marès；见280页地图；☎93 256 35 00；www.museumares.bcn.cat；Plaça de Sant lu 5；成人/优惠/儿童 €4.20/2.40/免费，周日15:00~20:00和每月的第一个周日免费；周二至周六 10:00~19:00，周日 11:00~20:00；Ⓜ Jaume I）有着令人诧异的历史珍玩收藏。展馆坐落在一座巨大的中世纪建筑群内，曾经是巴塞罗那历任伯爵的皇宫的一部分。墙壁上一个相当破旧的纹章说明这里还曾是巴塞罗那西班牙宗教法庭的所在地。弗雷德里克·马雷斯（Frederic Marèsi Deulovol；1893~1991年）是一位富有的雕刻家、旅行者和痴迷的收藏家，博物馆里陈列着宗教艺术品和各式各样的古董物品。

★海之圣玛利亚教堂 教堂

（Basílica de Santa Maria del Mar；见290页地图；☎93 310 23 90；www.santamariadelmarbarcelona.org；Plaça de Santa Maria del Mar；13:00~17:00 含导览团队游 €8；周一至周六 9:00~20:30，周日 10:00~20:00；Ⓜ Jaume I）在博恩大道（Passeig del Born）西南端矗立着巴塞罗那最精致的加泰罗尼亚哥特式教堂——海之圣玛利亚教堂（意为“我们的海上圣母”）。建造者在14世纪以破纪录的速度（只用了54年）建成了这座教堂，建筑风格和谐而简洁。

蒙特卡达街 街道

（Carrer de Montcada；见290页地图；

La Ribera 海岸区

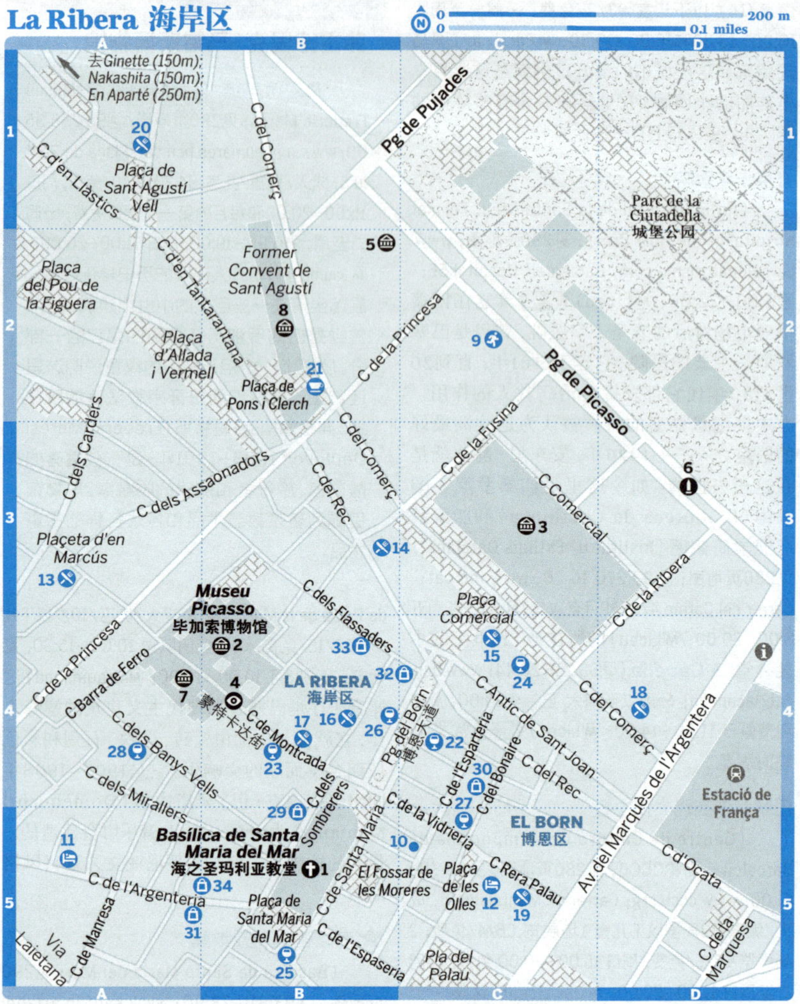

ⓂJaume I）作为城镇规划的早期范例，这条通向海边的中世纪主干道脱胎于12世纪一条从城墙向东北方向延伸的道路。这条街是当时的商人阶级最垂涎的地方。保留至今的大宅邸大部分修建于14世纪和15世纪。

世界文化博物馆 博物馆

（Museu de Cultures del Món；见290页地图；☎93 256 23 00；museuculturesmon.bcn.cat；Carrer de Montcada 12；成人/优惠/16岁以下€5/3.50/免费，临时展览 €2.20/1.50/免费，周日的5:00~20:00和每月第一个周日免费；⊙周二至周六 10:00~19:00，周日 10:00~20:00；ⓂJaume I）2015年，纳达尔宫（Palau Nadal）和里奥侯爵宫（Palau Marquès de Lló）——昔日分别是穆勒博物馆（Museu Barbier-Mueller）和纺织博物馆（Museu Tèxtil）——重新对公众开放，变为全新的世界文化博物馆。这里展出的既有私人收藏，也有公众藏品，很多来自蒙特惠奇的民族博物馆（Museu Etnològic）。参观者可以了解非洲、亚洲、美洲和大洋洲的古老文化。可以购买与埃及博物馆（Museu Egipci；见303页）和民族博物馆（见318页）

La Ribera 海岸区

的联票，票价€12。

圣卡塔林纳市场 市场

（Mercat de Santa Caterina；见280页地图；☎93 319 57 40；www.mercatsantacaterina.com；Avinguda de Francesc Cambó 16；⊙周一、周三和周六 7:30~15:30，周二、周四和周五 7:30~20:30，7月和8月下午不开放；Ⓜ Jaume I）来这座造型独特的农贸市场买点食物吧。这座市场由恩里科·米拉勒斯（Enric Miralles）和贝妮黛塔·塔利亚韦（Benedetta Tagliabue）设计，取代了19世纪修建的老市场。这里于2005年竣工，其最大的特点是熙熙攘攘的农货摊、餐馆、咖啡馆和酒吧上面万花筒般的波浪状屋顶，屋顶像是由灰色钢铁树的柔软树枝交织而成的。

弗托克莱克塔尼亚基金会 美术馆

（Fundació Foto Colectania；见290页地图；☎93 217 16 26；www.colectania.es；Passeig de Picasso 14；成人/优惠/14岁以下儿童 €4/3/免费，每月第一个周日免费；⊙周一至周六 11:00~20:00，周日 11:00~15:00；Ⓜ Arc de Triomf，Jaume I）这个非营利性的基金会举办的最新展览会让摄影爱好者流连忘返，展品来自世界各地，发人深省。2016年，基金会从恩典区的总部搬至博恩区这一面积达500平方米的空间。展出的作品可能来自基金会收藏的多达3000件作品，都是自20世纪50年代后西班牙、葡萄牙摄影师拍摄的，但你更有可能看到的是临时展览。

城堡公园 公园

（Parc de la Ciutadella；见296页地图；Passeig de Picasso；⊙5月至9月 8:00~21:00，10月至次年4月 8:00~19:00；👪；Ⓜ Arc de Triomf）来这里散步、野餐、泛舟湖上或参观加泰罗尼亚地区议会，总之，不要错过巴塞罗那最中心的这片绿肺。城堡公园是放松身心的绝佳去处。

博恩文化与纪念中心 历史建筑

（Born Centre de Cultura i Memòria；见290页地图；93 256 68 51；elbornculturaimemoria.barcelona.cat；Plaça Comercial 12；中心免费，展览 成人/优惠/16岁以下儿童 €4.40/3/免费；⊙3月至10月 周二至周日 10:00~20:00，11月至次年2月 周二至周六 10:00~19:00，周日 10:00~20:00；

MARCO RUBINO / SHUTTERSTOCK ©

重要景点

毕加索博物馆

毕加索博物馆占据了5座相邻的中世纪岩石宅邸，光是这样的规模就已经让它独一无二了。Palau Aguilar、Palau del Baró de Castellet和Palau Meca的历史都可以追溯到14世纪，如今内设永久性展览。18世纪的Casa Mauri建在中世纪遗址之上（考古鉴定甚至还有部分罗马遗迹），毗邻的是建于14世纪的Palau Finestres，这两处设临时展览。

博物馆历史

据说在1960年，正是毕加索本人向他的朋友兼私人秘书贾米·萨巴特斯提出了建立博物馆的设想。3年后，“萨巴特斯收藏”对外开放，因为当时以毕加索名字命名的博物馆会遭到严格审查——众所周知，毕加索反对佛朗哥政权。今天我们见到的毕加索博物馆于1983年开放。博物馆最初只展出萨巴特斯个人收藏的毕加索艺术作品和部分巴塞罗那艺术博物馆拥有的作品，不过，后来在人们的捐赠下，藏品越来越丰富，包括萨尔瓦多·达利和塞巴斯蒂亚·朱雅·维达尔的作品，但大多数来自毕加索本人的遗赠。毕加索去世后，遗孀杰奎琳·洛克也捐赠了41件陶瓷作品以及《戴压发帽的女人》（*Woman with Bonnet*）这幅画作。

萨巴特斯为博物馆做出的贡献和多年的尽心服务得到了认可，有一整个展厅是献给他的，展品包括毕加索在著名的“蓝色时期”为其创作的一幅肖像画作，画中的萨巴特斯戴着轮状皱领。

不要错过

- 《姑妈佩帕的肖像画》
- 《科学与慈善》
- 《巴塞罗那的屋顶》
- 《疯子》
- 《宫娥》

实用信息

- 见290页地图
- www.museupicasso.bcn.cat
- Carrer de Montcada 15-23
- 成人/优惠/18岁以下儿童 所有展览 €14/7.50/免费，永久性展览 €12/7/免费，周四18:00~21:30和每月第一个周日免费
- ⏲周二至周日 9:00~19:00，周四 9:00~21:30
- Ⓜ Jaume I

藏品

毕加索博物馆的藏品以画家在艺术成型期——巴塞罗那和西班牙其他地方——创作的作品为主，不过这里也有大量毕加索后期的创作，能让你对这位艺术大师的卓绝天赋和多才多艺有全面的了解。最重要的是，在这座博物馆内，你能感受到毕加索是一位真正的创意大师，他总是能超越自己（更不要说其他人了），且孜孜不倦地寻找新的表达方式。博物馆收藏了3500多件艺术作品，多数是在1904年之前完成的，由此可以推断毕加索在巴塞罗那度过了他形成自己风格的最有创造力的时期。

但不要期待能在这里见到大量毕加索的著名作品，甚至是其最众所周知的创作时期的代表性作品。这座博物馆之所以让人印象深刻并能在世界范围内众多毕加索博物馆中脱颖而出，是因为它将毕加索年轻时期的超高天赋展现得淋漓尽致。举个例子，面对《科学与慈善》（*Ciència i caritat*）这幅技艺精湛的画作，实在很难想象这样的作品竟然是出自一个15岁少年之手。部分毕加索的自画像和他为父母画的肖像画（自1896年起开始创作）也足以证明他是个早熟的天才。

毕加索对《宫娥》的再创作

1954~1962年，毕加索沉浸在对伟大作品的研究和“解构”中，尤其是对委拉斯开兹的作品。1957年，他创作了一系列以委拉斯开兹的杰作《宫娥》（*Las meninas*）为原型的画作，如今就在12~14号展厅展出。毕加索仿佛通过三棱镜，从各个角度对委拉斯开兹的原作进行了研究和分析，然后创作出自己的伟大作品。在这个美丽的空间内，欣赏完整的《宫娥》系列，真是妙不可言。

陶瓷作品

毕加索博物馆另一个特别之处在于其展出了大师鲜为人知的创作。最后的展厅展出了版画和约40件陶瓷作品，全都是毕加索在不知停歇的创作生涯后期完成的。你能看到描绘有鱼、猫头鹰以及其他动物的盘、碗，线条简单利落，这些都是典型的毕加索陶土作品。

展厅指南

Palau Aguilar、Palau del Baro´ de Castellet和Palau Meca内为永久性展览。Casa Mauri和毗邻的Palau Finestres（建于14世纪）设临时展览。

“毕加索博物馆年票”（Carnet del Museu Picasso）售价€15，只比普通门票略高，但可以多次进入博物馆。普通票售票窗不出售年票，它有专门的售票处。

落脚点

Euskal Etxea（见331页）也位于蒙特卡达街上，是巴塞罗那供应巴斯克小吃最好的酒吧之一。

街头艺术

巴塞罗那有很多街头雕塑。米罗公园内有米罗于1983年创作的《女人与鸟》(*Dona i Ocell*; 见316页地图; Carrer de Tarragona; ⓂTarragona)。弗兰克·盖里(Frank Gehry)设计的那座闪耀的青铜色无头鱼——《鱼》(*Peix*; 见296页地图; Carrer de Ramon Trias Fargas 2; ⓂCiutadella Villa Olímpica)就面对着奥林匹克港(Port Olímpic)。兰布拉大道中间,就在博盖里亚广场上,你可以从米罗的马赛克画(见280页地图; 博盖里亚广场; ⓂLiceu)上走过。

毕加索的露天画作出现在哥特区大教堂对面的加泰罗尼亚建筑师行会大楼(Col·legi d'Arquitectes de Catalunya)的立面上。其他作品还包括罗伊·利希滕斯坦(Roy Lichtenstein)在旧港Via Laietana尽头留下的《巴塞罗那的头》(*Barcelona Head*; 见280页地图; Passeig de Colom; ⓂBarceloneta),Rambla del Raval上由费尔南多·博特罗(Fernando Botero)创作的圆胖的El Gat。

沿着小巴塞罗那区的海滨散步,可以看到丽贝卡·霍恩(Rebecca Horn)在1992年完成的作品——专门为了纪念矗立在海滨的老棚屋。这座看似摇摇欲坠的棚屋被称为致敬小巴塞罗那区(*Homenatge a la Barceloneta*; 见296页地图; Passeig Marítim; ⓂBarceloneta)。从这里再往南,则是完成于2003年的《致敬游泳者》(*Homenatge a la Natació*; 见296页地图; Plaça del Mar; ⓂBarceloneta),这是阿尔弗雷多·兰兹(Alfredo Lanz)的金属作品,展现了游泳者和潜水者在水中的姿态。

将时钟再往回拨一点,1983年,安东尼·塔皮埃斯(Antoni Tàpies)创作了《致敬毕加索》(*Homenatge a Picasso*; 见290页地图; Passeig de Picasso; ⓂArc de Triomf, Jaume I),这件作品就摆在Passeig de Picasso的池塘中,是一个玻璃立方体,里面装的是破烂物品。奥林匹克港两座摩天大楼附近的瀑布公园(Parc de les Cascades)中有一座用管子和铁皮做成的大型雕塑,这是安东尼·莱纳(Antoni Llena)创作的《大卫与歌利亚》(*David i Goliat*),看上去就像是一只凌乱的风筝,灵感仿佛来自万圣节。而在Avinguda d'Icària旁是建筑师恩里克·米拉莱斯(Enric Miralles)设计的*Pergoles*——古怪、扭曲的金属装置。

ⓂJaume I)这个文化空间于2013年开放,作为纪念加泰罗尼亚在西班牙王位继承战争战败300周年的纪念活动的一部分。以前的博恩市场(Mercat del Born)就在这里,一座19世纪的精致砖铁建筑。2001年,人们在这里挖掘出了为建造令人厌恶的堡垒而拆除的街道遗迹——如今就在这里的地下展区展出。

巧克力博物馆 博物馆

(Museu de la Xocolata; 见290页地图; ☎93 268 78 78; www.museuxocolata.cat; Carrer del Comerç 36; 成人/优惠/7周岁以下儿童 €6/5/免费; ⏲周一至周六 10:00~19:00, 周日 10:00~15:00; 👪; ⓂArc de Triomf)这座以巧克力为主题的博物馆非常考验巧克力控们的定力,特别是在出口处的咖啡馆面对用可可粉制作的点心时。馆内的展览追溯了巧克力的起源,包括巧克力如何进入欧洲,以及许多与它相关的传说和图像。除了丰富的展品和用于制作巧克力的机器,这里还有许多大型巧克力模型,比如像神圣家族教堂那样的标志性建筑物,还有西班牙国内外的名人等。

巴塞罗那动物园 动物园

(Zoo de Barcelona; 见296页地图; ☎902 457545; www.zoobarcelona.cat; Parc de la Ciutadella; 成人/优惠/3岁以下儿童 €20/12/免费; ⏲11月至次年3月 10:00~17:30, 4月、5月、9月和10月 10:00~19:00, 6月至8月 10:00~20:00; 👪; ⓂBarceloneta)这座动物园是孩子们的户外乐园,从壁虎到大猩猩,从狮子到大象,共有400多种、7500多只动物生活在这里。动物园里还有野餐区、一个很棒的冒险乐园,孩子们可以在里面骑小马,此外还有一座宠物动物园和一列园内小火车。多亏了禁止动物表演法律的进一步修改(包括禁止马戏表演和斗牛),动物园在2015年后期停止了海豚表演。

小巴塞罗那区和海滨地区 (Barceloneta & the Waterfront)

从小巴塞罗那区到**奥林匹克港**（Port Olímpic；见296页地图；Moll de Mestral；Ⓜ Ciutadella Vila Olímpica），一路上可以看到由弗兰克·盖里（Frank Gehry）创作的巨型铜雕《鱼》（*Peix*），在阳光中闪闪发光。奥林匹克港是为1992年奥运会帆船项目建造的，如今是游客聚集的码头，周围酒吧、餐厅林立。从码头开始，沿着东北海岸线直到虽现代但略显呆板的**El Fòrum区**（Ⓜ El Maresme Fòrum），有不少很受欢迎的海滩（见307页），是夏日音乐会和游乐场的聚集地。宽阔的海滨大道上有很多散步者、骑行者和滑旱冰的，两边有不少美味的海鲜餐厅，在暖洋洋的夏天会吸引来不少晒日光浴的人。

★ 海洋博物馆 博物馆

（Museu Marítim；见280页地图；☎93 342 99 20；www.mmb.cat；Avinguda de les Drassanes；成人/儿童 €10/5，周日 15:00后免费；⏲10:00~20:00；Ⓜ Drassanes）巴塞罗那的海洋博物馆建在威严的哥特式船厂内，后者是昔日巴塞罗那海上帝国时代的非凡遗物。亮点包括16世纪舰队奥地利的唐·胡安（Don Juan）的等比例复制品（20世纪70年代制作）、渔船、古代航海地图和巴塞罗那海滨地区的实景模型。

坎·弗拉米斯博物馆 博物馆

（Museu Can Framis；☎93 320 87 36；www.fundaciovilacasas.com；Carrer de Roc Boronat 116-126；成人/儿童 €5/2；⏲周二至周六 11:00~18:00，周日 11:00~14:00；Ⓜ Glòries, Llacuna）这座当代博物馆位于18世纪的纺织厂内，展出了20世纪60年代以来的加泰罗尼亚画作。博物馆内约有300件作品，布展通过不同画家的作品（有时候则是不同时期）所呈现出迷人的交织与冲突，而发人深省。

巴塞罗那水族馆 水族馆

（L'Aquàrium；见296页地图；☎93 221 74 74；www.aquariumbcn.com；Moll d'Espanya；成人/儿童 €20/15，潜水 €300，与鲨鱼共眠 €90；⏲7月和8月 10:00~21:30，9月至次年6月开放时间缩短；Ⓜ Drassanes）看到鲨鱼在头顶游来游去，露出牙齿，咧开大嘴“微笑”，很难让人不发抖，但这座欧洲规模最大的水族馆的亮点之一当属一条80米长的鲨鱼隧道。这里拥有的地中海水中生物是世界上最好的，有很多色彩斑斓的鱼，来自红海、加勒比海和大堡礁。共有450种、约11,000个生物（包括十几条鲨鱼）生活在这里。网上购票可以便宜€2。

加泰罗尼亚历史博物馆 博物馆

（Museu d'Història de Catalunya；见296页地图；☎93 225 47 00；www.mhcat.cat；Plaça de Pau Vila 3；成人/儿童 €4.50/3.50，10月至次年6月的最后一个周二免费；⏲周二和周四至周六 10:00~19:00，周三 10:00~20:00，周日 10:00~14:30；Ⓜ Barceloneta）这座值得一看的博物馆在**Palau de Mar**（见296页地图；Plaça de Pau Vila；Ⓜ Barceloneta）内，它将带你从石器时代走到20世纪80年代初。展出通过丰富多样的透视画、艺术品、影像、模型、档案资料和互动设施，浓缩展现了加泰罗尼亚2000年的历史。注解为加泰罗尼亚语和西班牙语。

ℹ 折扣优惠

持有**Bus Turístic**（见320页）通票，可以在参观部分博物馆时享受优惠。

Articket（www.articketbcn.org）使你能以€30的优惠票价参观6个地方，有效期6个月。你可以在位于加泰罗尼亚广场、圣豪梅广场和桑兹总火车站（Estació Sants）的旅游局办事处以及博物馆购买通票。这6个景点分别是毕加索博物馆、加泰罗尼亚国家艺术博物馆、巴塞罗那现代艺术博物馆、安东尼·塔皮埃斯基金会美术馆、巴塞罗那当代文化中心和胡安·米罗基金会。

对考古学和古代历史感兴趣的人可以购买**Arqueoticket**（€14.50），可进入下列博物馆：加泰罗尼亚考古博物馆、埃及博物馆、巴塞罗那历史博物馆、博恩文化与纪念中心，可以在以上任意博物馆或旅游局办事处买票。

La Barceloneta 小巴塞罗那区

巴塞罗那设计博物馆 博物馆

(Museu del Disseny de Barcelona; ☎93 256 68 00; www.museudeldisseny.cat; Plaça de les Glòries Catalanes 37; 永久性展览/临时展览 成人€6/4.50, 儿童 €4/3, 联票 成人/儿童 €8/5.50, 周日15:00后和每月第一个周日免费; ⏲周二至周日 10:00~20:00; Ⓜ Glòries) 巴塞罗那设计博物馆位于一座巨大的当代建筑内，几何图形的立面和野兽派的外表使得其被当地人昵称为"订书机"。博物馆收藏有丰富的陶瓷、装饰

La Barceloneta 小巴塞罗那区

艺术和纺织作品。任何对设计感兴趣的人都不应该错过这里。

蓝色博物馆 博物馆

（Museu Blau；☎93 256 60 02；www.museuciencies.cat；Edifici Fòrum，Parc del Fòrum；成人/儿童 €6/免费，周日15:00起和每月第一个周日免费；⏲3月至9月 周二至周六 10:00~19:00，周日 10:00~20:00，10月至次年2月 周二至周五 10:00~18:00，周六 10:00~19:00，周日 10:00~20:00；Ⓜ El Maresme Fòrum）蓝色博物馆位于未来风格的Edifici Fòrum内，占地9000平方米，能让参观者深入了解自然世界。多媒体和互动展览以进化史、地球形成和帮助人类增长知识的伟大科学家们等为主题。这里还有各种动物、植物和矿物标本，以及恐龙骨架。展出让人过目难忘。

哥伦布纪念塔 观景点

（Mirador de Colom，Columbus Monument；见280页地图；☎93 285 38 32；www.barcelonaturisme.com；Plaça del Portal de la Pau；成人/儿童 €6/4；⏲8:30~20:30；Ⓜ Drassanes）高耸于车水马龙的环形路口中央，哥伦布永远地注视着这一切，依稀遥指着地中海。这根科林斯式的铁柱是为了1888年万国博览会修建的。你可以乘坐电梯直达60米高处，鸟瞰巴塞罗那的港口和背后的兰布拉大道。

据说，1492年，哥伦布在结束了首次美洲探索之旅后，就是在巴塞罗那向开心的天主教君王提交了航行报告。19世纪，这里的人普遍认为哥伦布是最著名的巴塞罗那人之一。部分历史学家至今仍然坚持这一观点。

波布雷诺墓地 墓地

（Cementiri del Poblenou，Poblenou Cemetery；☎93 225 16 61；www.cbsa.cat；Av d' Icària；⏲8:00~18:00；Ⓜ Llacuna）**免费** 这个墓地就在Carrer del Taulat附近Platja de（下接302页）

KIEV.VICTOR / SHUTTERSTOCK ©

重要景点
神圣家族教堂

如果你在巴塞罗那的行程只有一次外出观光的机会，那么你绝对应该来这里。神圣家族教堂拔地而起的垂直外观，以及它对伟大的中世纪大教堂的模仿，足以激发人们的敬畏之心。教堂目前仍处于建设中：工程始于1882年，有望（但绝不是预计）在2026年竣工，也就是建筑师辞世100年之际。

神圣使命

神圣家族教堂（全称为Temple Expiatori de la Sagrada Família）是安东尼·高迪耗尽全部心血的工程，他将完成这一任务视为自己的神圣使命。在教堂中，高迪设计了一座高达170米的中央高塔（代表基督），横跨在耳堂之上，其余17座塔的高度为100米或更高。沿着3个立面而建的12座塔代表十二门徒，而剩下的5座代表圣母和4位福音传教士。出于他不喜欢直线的审美偏好（他曾说自然中没有一条直线），高迪从巴塞罗那城外的圣山蒙塞拉特诡异的山峰汲取了灵感，为自己的塔赋予了好像正在膨胀的轮廓线，并在表面增添了很多雕刻。

高迪去世时，教堂只完成了地穴、后殿的墙壁、一个大门和一座塔。1936年，无政府主义者焚烧并洗劫了教堂内部，许多设计图和模型遭到毁坏。反对工程继续的人们声称高迪的设计在那次无政府主义者的纵火中所剩无几，基于这些极为有限的资料做出的计算机模型与高迪原来的设计没有一丝关联。这场争论看起来没有解决的希望。

内部和后殿

教堂屋顶由许多角度特别的柱子支撑。为了能让支柱向上支起天花板，他们设计了网形的

不要错过

- 后殿、柱子和彩绘玻璃
- 诞生立面
- 受难立面（见图）
- 高迪博物馆

实用信息

- ☎93 208 04 14
- www.sagradafamilia.org
- Carrer de Mallorca 401
- 成人/儿童 €15/免费
- ⏲4月至9月 9:00～20:00，3月和10月 9:00～19:00，11月至次年2月 9:00～18:00
- Ⓜ Sagrada Família

分支支柱，创造出森林树冠般的效果。当阳光透过角度精心设计的窗户照射进来时，能够产生光线穿透浓密森林的斑驳效果。柱子由4种不同的岩石打造而成，从沿着侧廊排列的柔软的蒙特惠奇石柱到花岗岩、深灰玄武岩，再到最后用于中殿和耳堂连接处关键承重柱的深浅紫红色相间的伊朗斑岩。阳光穿透彩绘玻璃洒下红色、蓝色、绿色和赭色的光影，营造出迷人且奇妙的氛围。

诞生立面（Nativity Facade）

诞生立面是神圣家族教堂最具有观赏价值的艺术巅峰之作，大部分是在高迪亲自监督下完成的。通过电梯和狭窄的螺旋楼梯间，你可以从4座塔的内部往上爬到高处——绝对是令人目眩的体验。从左到右，大门的3个部分分别代表“希望”（Hope）、“爱”（Charity）和“信”（Faith）。在代表“爱”的入口上面的众多雕塑中，你可以分辨出马槽周围围绕着一头牛、一头驴、牧羊人和国王，以及天使乐师。立面右边是玫瑰回廊（Claustre del Roser）——一座哥特风格的迷你回廊，牢牢地钉在教堂的外侧。走进去之后，回头看装饰繁复的入口。在较低的右手边，你会注意到一幅雕塑，描绘了一个有着爬行动物外形的魔鬼将一枚炸弹交到一个恐怖分子手中——在内战之前的几十年里，巴塞罗那经常遭受炸弹的袭击。

受难立面（Passion Facade）

西南方受难立面的主题是基督最后的日子和受难日，包含4座高塔和一个由雕塑点缀的巨大入口。雕塑家约瑟夫·苏比拉克（Josep Subirachs）在1986~2006年完成了这些雕像，并引发了争议，因为他并没有尝试模仿高迪的作品，而是创作出具有自己风格的充满棱角的图案。主雕塑群呈S形排列，从底部左侧“最后的晚餐”开始，到顶部右侧“基督的葬礼”结束。

荣耀立面（Glory Facade）

荣耀立面尚未完工，完工之后也会像其他立面那样拥有4座高塔——3个立面的总共12座高塔象征基督的十二门徒。从这个立面进入将会来到教堂前厅——一个由16个“灯笼式构造”组成的门厅，“灯笼”指的是一个个顶端为圆锥形的双曲面体。后续的装饰会让整座建筑成为基督教堂的微缩象征，其中耳堂上方高达170米的巨型中央塔象征基督，余下的5座尚未动工的塔则象征圣母玛利亚和4位福音传教士。

隐藏的肖像

仔细观察受难立面，你会发现雕塑家苏比拉克为了致敬高迪而留下的特殊标志。中间的雕塑群（钉在十字架上的耶稣下面），从右至左，耶稣怀抱十字架，维罗妮卡（Veronica）拿着印有耶稣沾血面容的汗巾，两位士兵正看着这一切，还有一个福音传教士——苏比拉克用了一张罕见的高迪的照片（大师离世前几年拍的），作为这位福音传教士的面容。

尽管神圣家族教堂尚未竣工，但每年仍吸引450多万名参观者，是西班牙接待游客最多的景点。2010年11月，教皇本笃十六世（Pope Benedict XVI）封教堂为宗座圣殿。

高迪博物馆

位于地下的高迪博物馆（Museu Gaudí）的开放时间与教堂相同，收藏着与高迪一生相关的有趣资料和其他作品，也包括神圣家族教堂的模型和照片。

神圣家族教堂

大事年表

1882年 Francisco de Paula del Villar y Lozano被任命建造一座新哥特式教堂。

1883年 安东尼·高迪接受总建筑师职务，计划建造一座能容纳13,000名信徒的宏伟教堂。

1926年 高迪逝世。工程由Domènec Sugrañes i Gras接棒，继续进行。❶**后殿**和❷**诞生立面**大部分已经完工。

1930年 诞生立面的❸**钟楼**完工。

1936年 西班牙内战打断了工程进度，无政府主义者破坏了高迪的设计图。

1939~1940年 建筑师Francesc de Paula Quintana i Vidal修复地下室，并小心重组了许多在内战中遗失的模型，你可以在❹**高迪博物馆**内看到一部分模型。

1976年 ❺**受难立面**完工。

1986~2006年 雕塑家约瑟夫·苏比拉克为受难立面增加了一些雕刻细节，包括讲述耶稣最后日子的嵌板，但由于其风格与高迪的特色相距甚远，引发了争议。

2000年 ❻**中殿拱顶**完工。

2010年 教堂屋顶竣工。教皇本笃十六世将其册封为宗座圣殿。教堂的❼**荣耀立面**下面开始建设一条高铁隧道。

2020~2040年 预计竣工时间。

独家贴士

- 傍晚时分的光线最佳——穿过受难立面的彩绘玻璃射入教堂中央。
- 工作日开门时间来参观，能避开拥挤的人群。
- 登上诞生立面钟楼观景，因为受难立面塔楼下往往排着长龙。

KIEV.VICTOR / SHUTTERSTOCK ©

诞生立面

高迪使用当地石膏模型（甚至偶尔采用太平间里的尸体），作为耶稣诞生场景中的肖像模型。

中殿拱顶

中殿宽30米，外侧7.5米，总宽度达60米。中间的穹顶高度为65米。

后殿

后殿在地下室完工后开建，大体呈新哥特式风格，从上面覆盖的尖顶可以窥见高迪的设计天才，他计划将这种风格延续到教堂其他地方。

STEFAN CIOATA / GETTY IMAGES ©

钟楼

3个外立面上的12座塔象征十二门徒，其中8座塔已经完工。游客可以搭乘电梯登上诞生立面和受难立面的钟楼（后者排队更长），欣赏壮观的风景。

NIKADA / GETTY IMAGES ©

教堂完工部分

除了荣耀立面和4座塔楼，还有6座塔楼尚在建设中。它们象征着4位福音传教士和圣母玛利亚，高耸于耳堂之上的170米高的中央塔象征基督。

荣耀立面

完工后的荣耀立面将是所有立面中最富想象力的。门厅由6个灯笼式构造组成，灯笼指的是顶端为圆锥形的双曲面体，看上去就像是用融化的冰激凌组成的管风琴。

高迪博物馆

这里收藏了大量老照片、设计图和修复过的石膏模型，由此可以一窥高迪的雄心壮志。馆内还有一个很复杂的铅垂线装置，是高迪用来计算建筑受力效果的。

受难立面

展示了基督最后的日子，从“最后的晚餐”到“基督的葬礼”，自下而上呈S形排列。留意雕塑中藏的数字密码，这些数字加起来总和为33，即耶稣死时的年龄。

YURY DMITRIENKO / SHUTTERSTOCK ©

地下室

地下室位于耳堂之下，是教堂最早竣工的部分，大体呈新哥特式风格。在高迪博物馆就可以看到这里的高迪之墓。

FOTOKON / SHUTTERSTOCK ©

（上接297页）Bogatell靠内陆的一面，历史可以追溯到1773年。当时，巴塞罗那市区出于健康原因将这片城外区域划为墓地。墓地中间的纪念碑是专门纪念1821年席卷巴塞罗那的黄热病疫情的受害者。里面随处可见华丽的家族墓碑，但令人稍感不安的是《死亡之吻》（*El petó de la mor*）这座雕塑，一个长翅膀的骷髅正在亲吻一具双膝下跪、毫无生气的年轻躯体。

音乐博物馆 博物馆

（Museu de la Música；☎93 256 36 50；www.museumusica.bcn.cat；Carrer de Lepant 150；成人/儿童 €6/4.50，周日 15:00后免费；⏲周二、周三和周五 10:00~18:00，周四 10:00~21:00，周六和周日 10:00~19:00；Ⓜ Monumental）这座博物馆展出了大约500件乐器（不到其藏品总数的三分之一），它位于巴塞罗那最重要的古典音乐厅L' Auditori（☎93 247 93 00；www.auditori.cat；Carrer de Lepant 150；票价 免费至€59；⏲售票处 周二至周五 17:00~21:00，周六 10:00~13:00和17:00~21:00；Ⓜ Marina）的行政楼的二层。

神圣家族教堂和扩建区（La Sagrada Família & L' Eixample）

扩建区最具吸引力的景观就是两旁的现代主义建筑，尤其是恩典区大街（Passeig de Gràcia）上的4座建筑——采石场、阿马特耶之家、巴特洛公寓和叶奥·莫雷拉之家。在这一街区的北部（最好是乘坐地铁或出租车前往），你会找到神圣家族教堂和圣保罗现代主义风格建筑群园区。

★巴特洛公寓 建筑

（Casa Batlló；见304页地图；☎93 216 03 06；www.casabatllo.es；Passeig de Gràcia 43；成人/儿童 €28/免费；⏲9:00~21:00，20:00后停止进场；Ⓜ Passeig de Gràcia）欧洲最奇特的住宅建筑之一，也是高迪最好的梦幻作品。外墙点缀着蓝色、淡紫色和绿色的瓷砖，镶嵌着波浪形窗框和阳台，凹凸不平的蓝色屋顶上有一座孤独的塔楼。

Carrer del Consell de Cent和Carrer d'Aragó之间的3座房子赋予了这个街区"Illa de la Discòrdia"（不和谐街区；西班牙语为Manzana de la Discordia，意为不和谐的苹果——Manzana既有街区的意思，也有苹果的意思）的名号。其他两座建筑分别是普伊赫·卡达法尔克（Puig i Cadafalch）设计的阿马特耶之家（Casa Amatller；见303页）和多梅内克·伊·蒙塔内尔（Domènech i Montaner）设计的叶奥·莫雷拉之家（Casa Lleó Morera；见305页）。它们都是在1898年至1906年翻修的，展示了现代主义是多么不拘一格的"风格"。当地人称呼巴特洛公寓为"骨头屋"（casa dels ossos）或"龙屋"（casa del drac）。不难看出他们为什么这么叫：阳台看起来非常像某种奇怪野兽的下颚骨，屋顶代表着圣乔治（Sant Jordi）和龙。屋顶建造得好像某种动物带有闪光鳞片的脊背——而且会在你来回走动时呈现不同的颜色。如果你盯着这座建筑看足够长的时间，会觉得它几乎就是活的。在进去之前，先看看地面，每一块铺砖上都有一只章鱼和一只海星的风格化图案，都是高迪专门为巴特洛公寓设计的。

当高迪接到翻修这座建筑的任务时，他将公寓从里到外彻底改造了一番。内部的天井在深海般的蓝色瓦片的映衬下熠熠生辉。高迪没有使用直线，他利用旋转楼梯将你引至第一层（主要楼层），在那里你可以俯瞰恩典区大街。这里的一切都是旋转的：天花板被扭曲成漩涡状，中间是太阳状的顶灯；门、窗户和天窗是木头和彩色玻璃的组合，构成梦幻的波浪形。其他房间和带顶的露台延续着同样的主题。阁楼的特色是高迪的标志性双曲面拱门。扭曲的贴砖烟囱管帽为屋顶增加了超现实主义色彩。

★采石场 建筑

（La Pedrera；Casa Milà；见304页地图；☎902 202138；www.lapedrera.com；Passeig de Gràcia 92；成人/儿童 €25/15；⏲3月至10月 9:00~20:30，11月至次年2月 9:00~18:30；Ⓜ Diagonal）高迪的这一杰作建造于1905~1910年，是公寓和办公室结合的商住两用建筑。它正式的名字是米拉公寓（Casa Milà），这是委托建造它的商人的名字，不过它更为人们所熟知的名字是"La Pedrera"（采石场），因为它拥有一个凹凸不平的玄武岩立面，如一袭波浪摇曳在Carrer de Provença的拐角处。

圣保罗现代主义风格建筑群园区 建筑

(Recinte Modernista de Sant Pau; ☎93 553 78 01; www.santpaubarcelona.org; Carrer de Sant Antoni Maria Claret 167; 成人/儿童 €13/免费; ⏰4月至10月 周一至周六 9:30~18:30, 周日 9:30~14:30, 11月至次年3月 周一至周六 9:30~16:30, 周日 9:30~14:30; Ⓜ Sant Pau/Dos de Maig)作为建筑师和慈善家的多梅内克·伊·蒙塔内尔，通过完成现代主义风格的圣十字和圣保罗医院(Hospital de la Santa Creu i de Sant Pau)实现了自我超越。2014年建筑更名为"现代主义风格建筑群园区"。在很长的一段时间里，这里都是巴塞罗那最重要的医院，后来被赋予了新的用途——内部不同的空间变成文化中心、办公室和类似纪念馆的场所。整个建筑群包括16座独立建筑，全部装饰华丽，而且每一座都是独一无二的，它们与加泰罗尼亚音乐宫(见289页)一起被列入联合国《世界遗产名录》。

阿马特耶之家 建筑

(Casa Amatller; 见304页地图; ☎93 461 74 60; www.amatller.org; Passeig de Gràcia 41; 成人/儿童 1小时导览团队游 €17/8.50, 40分钟多媒体团队游 €14/7, 带20分钟巧克力品尝 €17/10; ⏰11:00~18:00; Ⓜ Passeig de Gràcia)作为普伊赫·卡达法尔克最引人注目的现代主义幻想作品之一，阿马特耶之家既有哥特式风格的窗框，又有借鉴于荷兰城市建筑的阶梯式三角墙。不过仿佛要从主立面上"滴下来"的半身雕像和浮雕龙、骑士及其他元素则纯粹来自设计师随性的奇思妙想。

立柱支撑的门厅和阶梯在彩绘玻璃映衬下，让人感觉如同置身于浪漫的城堡。1900年，巧克力大亨及慈善家安东尼·阿马特耶(Antoni Amatller; 1851~1910年)对这座建筑进行了翻修。

安东尼·塔皮埃斯基金会美术馆 美术馆

(Fundació Antoni Tàpies; 见304页地图; ☎93 487 03 15; www.fundaciotapies.org; Carrer d' Aragó 255; 成人/儿童 €7/5.60; ⏰周二至周日 10:00~19:00; Ⓜ Passeig de Gràcia)安东尼·塔皮埃斯基金会美术馆是现代主义的先锋建筑(完工于1885年)，这里主要收藏了20世纪加泰罗尼亚顶级艺术家安东尼·塔皮埃斯的作品。安东尼·塔皮埃斯的作品以深奥难懂出名，他于2012年2月去世，享年88岁，身后留下大量绘画作品和一笔为了激励当代画家而设立的基金。门票包含语音导览。

埃及博物馆 博物馆

(Museu Egipci; 见304页地图; ☎93 488 01 88; www.museuegipci.com; Carrer de València 284; 成人/儿童 €11/5; ⏰6月中旬至10月初和12月 周一至周六 10:00~20:00, 周日 10:00~14:00, 1月中旬至6月初和10月初至11月 周一至周五 10:00~14:00和16:00~20:00, 周六 10:00~20:00, 周日 10:00~14:00; Ⓜ Passeig de Gràcia)酒店业大亨Jordi Clos在其一生中花费了大量时间收藏古埃及文物，并将它们都集中在这个私人博物馆中。博物馆分为不同的主题区(法老、宗教、葬礼习俗、木乃伊、工艺品等)，陈列着各式各样有趣的展品。

曼弗雷基金会 美术馆

(Sala Fundación MAPFRE; 见304页地图; ☎93 401 26 03; www.fundacionmapfre.org; Carrer de la Diputació 250; 成人/儿童 €3/免费, 周一免费; ⏰周一 14:00~20:00, 周二至周六 10:00~20:00, 周日 11:00~19:00; Ⓜ Passeig de Gràcia)这座漂亮的、经过精心修复的现代主义宅子曾经是弗朗西斯科·戈迪亚基金会(Fundación Francisco Godia)的所在地。2015年，西班牙保险巨头曼弗雷旗下的慈善文化部门接管这里，使之成为艺术和摄影展的举办地。宅子名叫Casa Garriga i Nogués，最初是为一富裕的银行业家族建造的，由恩里克·萨格尼尔(Enric Sagnier)在1902~1905年设计。

尖顶屋 建筑

(Casa de les Punxes; Casa Terrades; 见310页地图; ☎93 016 01 28; www.casadelespunxes.com; Avinguda Diagonal 420; 成人/儿童语音导览团队游 €12.50/11.25, 导览团队游 €20/17; ⏰9:00~20:00; Ⓜ Diagonal)普伊赫·卡达法尔克设计的特拉德斯之家(Casa Terrades)建成于1905年，凭借带尖顶的塔楼获得了一个更为人熟知的名字"尖顶屋"。这座昔日的公寓很像中世纪的城堡，是扩建区唯一完全独立的建筑，1976年被认定为国家级文物。尖顶

L'Eixample 扩建区

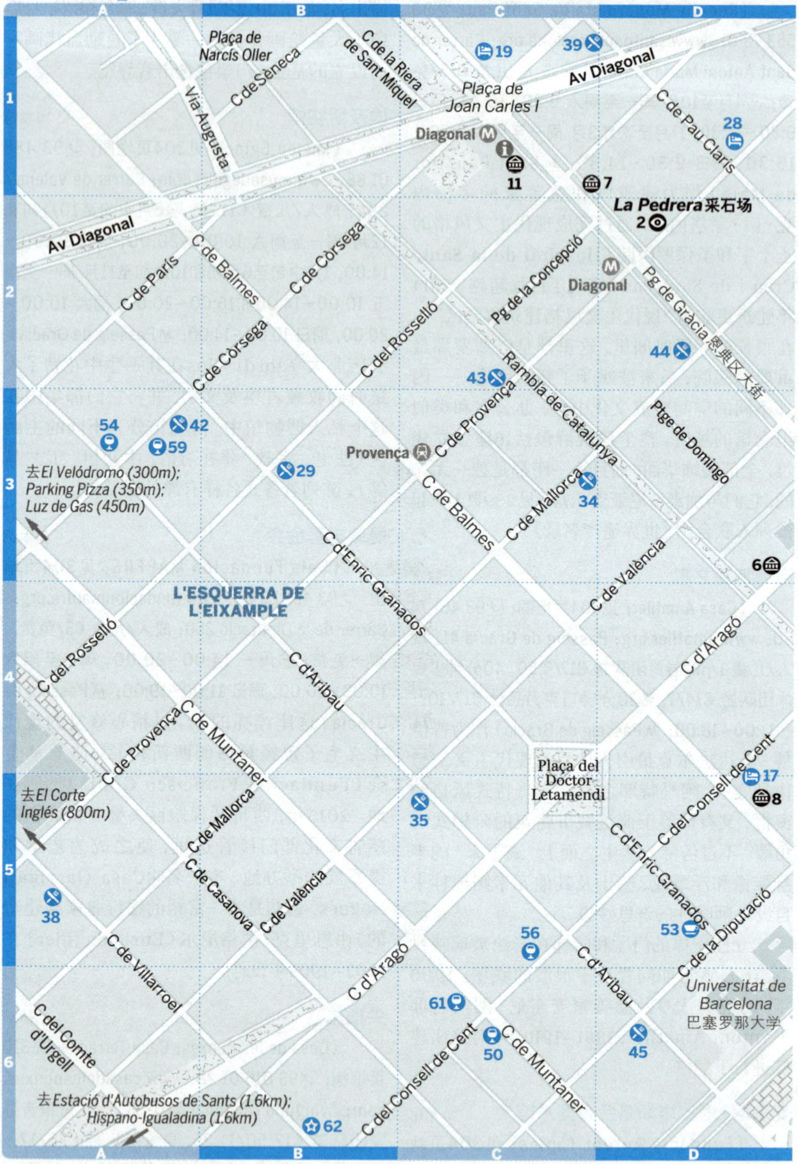

屋自2017年对公众开放。你可以参观内部镶有彩绘玻璃的凸窗，漂亮的锻铁阶梯和屋顶。16:00有英语导览游，时长1小时。

巴塞罗那现代主义博物馆 博物馆

(Museu del Modernisme Barcelona; 见304页地图; ☎93 272 28 96; www.mmbcn.cat; Carrer de Balmes 48; 成人/儿童 €10/5; ⏲周二至周六10:30~19:00，周日 10:30~14:00; Ⓜ Passeig de Gràcia) 博物馆坐落在一座现代主义建筑内，底层看起来像一个巨大的现代主义家具陈列室。

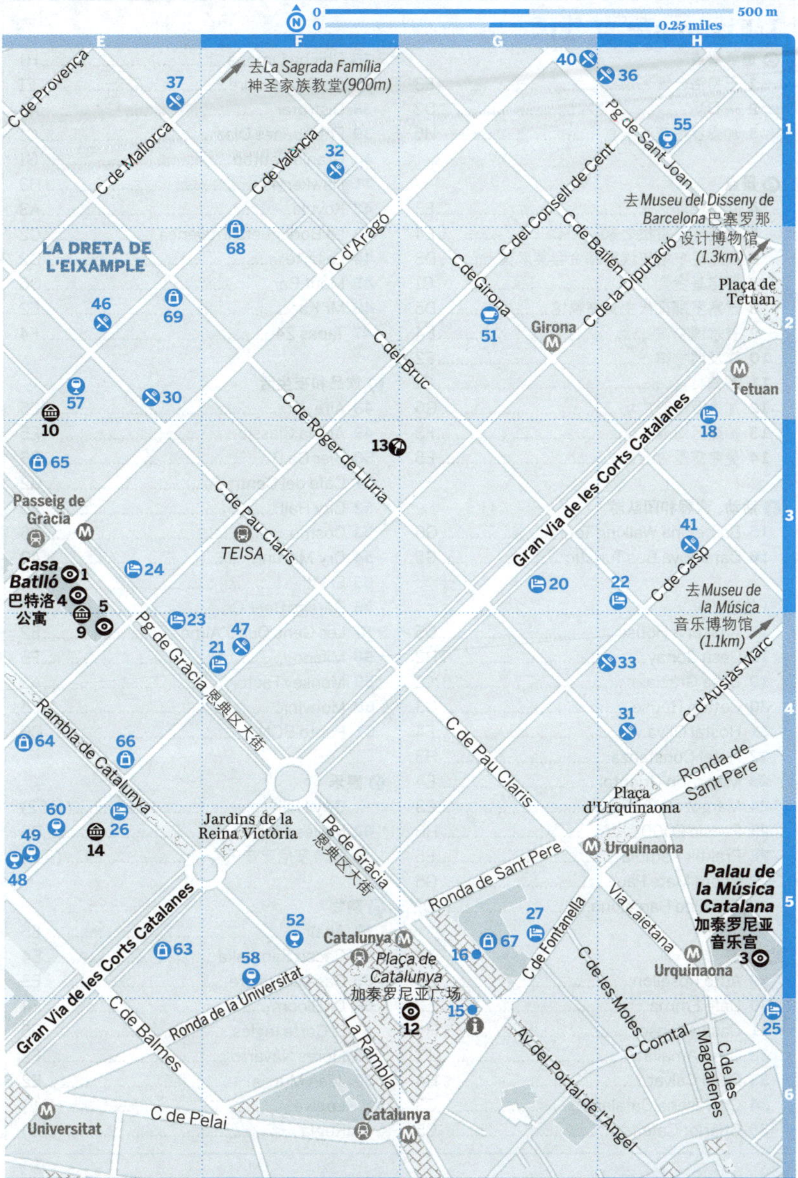

这里收藏了几件安东尼·高迪设计的作品，包括几把来自巴特洛公寓的椅子和一面来自卡佛公寓(Casa Calvet)的镜子，还有一些作品出自与他同时代、没他出名的同行们，包括普伊赫·卡达法尔克异想天开的仿中世纪作品。

叶奥·莫雷拉之家 建筑

（Casa Lleó Morera；见304页地图；Passeig de Gràcia 35；Ⓜ Passeig de Gràcia）这是多梅内克·伊·蒙塔内尔在1905年为“不和谐街区”做出的贡献。建筑的外墙装饰着现代主义雕

L'Eixample 扩建区

重要景点
1 巴特洛公寓 E3
2 采石场 D2
3 加泰罗尼亚音乐宫 H5

景点
4 阿马特耶之家 E3
5 叶奥·莫雷拉之家 E4
6 安东尼·塔皮埃斯基金会美术馆 D3
7 苏诺基金会 C1
8 巴塞罗那现代主义博物馆 D5
9 香水博物馆 E4
10 埃及博物馆 E2
11 罗伯特宫 C1
12 加泰罗尼亚广场 G6
13 扩建区海滩 F3
14 曼弗雷基金会 E5

活动、课程和团队游
15 Barcelona Walking Tours G6
16 Catalunya Bus Turístic G5

住宿
17 Anakena House D5
18 Casa Bonay H2
19 Casa Gràcia C1
20 Cotton House G3
21 Hostal Oliva F4
22 Hotel Constanza H3
23 Mandarin Oriental E4
24 Margot House E3
25 Pensió 2000 .... H6
26 Praktik Rambla E5
27 Room Mate Pau G5
28 The One Barcelona D1

就餐
29 Auto Rosellon B3
30 Cafe Emma E2
31 Casa Alfonso H4
32 Casa Amalia F1
33 Casa Calvet H4
34 Cerveseria Catalana C3
35 Charlot Cafè C5
36 Chicha Limoná H1
37 De Tapa Madre E1
38 Disfrutar A5
39 Entrepanes Díaz C1
40 Granja Petitbo G1
41 Hawker 45 .... H3
42 Koyuki A3
43 La Bodegueta Provença C2
44 Lasarte D2
45 Mont Bar D6
46 Mr Kao E2
47 Tapas 24 .... F4

饮品和夜生活
48 Aire E5
49 Arena Classic E5
50 Bier Ca B C6
51 Cafè del Centre G2
52 City Hall F5
53 Cosmo D5
54 Dry Martini A3
55 El Viti H1
56 Garage Beer Co C5
57 Les Gens Que J'Aime E2
58 Milano F5
59 Monkey Factory A3
60 Monvínic E5
61 Punto BCN C6

娱乐
City Hall .... (见52)
62 Méliès Cinemes B6
加泰罗尼亚音乐宫 .... (见3)

购物
63 Altaïr E5
64 Cacao Sampaka E4
65 Casa Del Llibre E3
66 Dr Bloom E4
67 El Corte Inglés G5
68 Flores Navarro F2
69 Joan Múrria E2
Loewe .... (见5)
Regia .... (见9)

刻，内部有一个明亮的贴砖大厅，装饰着很多花卉浮雕。它或许是"不和谐街区"3座主要建筑中看起来最不古怪的一座。奢侈品店**Loewe**（见304页地图；☎93 216 04 00；www.loewe.com；Passeig de Gràcia 35；⏲周一至周六10:00~20:30；ⓂPasseig de Gràcia）就在这里。

罗伯特宫 文化中心

（Palau Robert；见304页地图；☎93 238 80 91；http://palaurobert.gencat.cat；Passeig de Gràcia 107；⏲周一至周六 9:00~20:00，周日9:00~14:30；ⓂDiagonal）**免费** 加泰罗尼亚地区旅游局（见365页）也设有展区，大多数以

加泰罗尼亚为主题。夏季，在这座于1903年完工的建筑大厅内或后面的宁静花园内，不时会举办音乐会。

苏诺基金会 美术馆

（Fundació Suñol；见304页地图；☎93 496 10 32；www.fundaciosunol.org；Passeig de Gràcia 98；成人/儿童 €4/免费；⏲周一至周五 11:00~14:00和16:00~20:00，周六 16:00~20:00；Ⓜ Diagonal）这座私人博物馆收藏的大部分是20世纪的艺术品（共约1200件），包括曼·雷（Man Ray）的摄影作品到阿尔佩托·贾科梅蒂（Alberto Giacometti）的雕塑，展品会定时轮替。在占据了两个楼层的展厅内，你将会看到包括毕加索和Jaume Plensa在内的众多西班牙艺术家的作品，当然，这里也有少数国际艺术家的作品。

香水博物馆 博物馆

（Museu del Perfum；见304页地图；☎93 216 01 21；www.museudelperfum.com；Passeig de Gràcia 39；成人/儿童 €5/免费；⏲周一至周五 10:30~20:00，周六 11:00~14:00；Ⓜ Passeig de Gràcia）博物馆坐落在**Regia香水店**（见304页地图；☎93 216 01 21；www.regia.es；Passeig de Gràcia 39；⏲周一至周五 9:30~20:30，周六 10:30~20:30；Ⓜ Passeig de Gràcia）后面，收藏了来自古埃及和古罗马的奇特香水瓶（后者大多来自1~3世纪），还有经典的古龙香水瓶，林林总总约有5000个瓶子，形状大小来源各异。馆内其他藏品还包括古老的伊特鲁里亚（Etruscan）青铜镊子，以及19世纪早期用精美的塞弗尔瓷器制成的小巧花香碗。这里还展出了过去的广告目录和海报。

扩建区海滩 海滩

（Platja de l' Eixample；见304页地图；☎93 423 43 50；Carrer de Roger de Llúria 56；€1.55；⏲6月下旬至9月 10:00~20:00；Ⓜ Girona）位于典型的扩建区街区一座隐蔽的花园内，有一座老式水塔和一片城市"海滩"——扩建区海滩。其实，这是一个深度及膝的游泳池（最深处为60厘米），周围有沙滩环绕。这里非常适合孩子玩，有救生员看管。

加泰罗尼亚广场 广场

（Plaça de Catalunya；见304页地图；Ⓜ Catalunya）加泰罗尼亚广场位于老城和扩建区相交处，是巴塞罗那的交通枢纽（包括公共汽车和火车），同时也是非常便捷的碰头地点。广场很大，有让人印象深刻的喷泉和高雅的雕塑。不过周围是四条交通要道，并不是一个适合逗留的地方。

恩典区和古埃尔公园 (Gràcia & Park Güell)

★古埃尔公园 公园

（Park Güell；☎93 409 18 31；www.parkguell.

最佳海滩

巴塞罗那有绵延数英里的黄金海岸线。最好的海滩包括：

小巴塞罗那海滩（Platja de la Barceloneta；见296页地图；http://lameva.barcelona.cat；Ⓜ Barceloneta）就位于同名街区的东边，小巴塞罗那的金色沙滩深受阳光追逐者的喜爱，靠内陆一边有很多餐饮选择，可以帮你恢复活力。

圣米克尔海滩（Platja de Sant Miquel；见296页地图；lameva.barcelona.cat；Ⓜ Barceloneta）这片沙滩的名字来自附近小巴塞罗那区一座18世纪的教堂，天气暖和的时候，海滩爱好者就会聚集于此。由于海滩靠近老城，与更远一些的海滩相比，这里的人会比较多。

圣塞瓦斯蒂亚海滩（Platja de Sant Sebastià；见296页地图；lameva.barcelona.cat；Ⓜ Barceloneta）位于小巴塞罗那区边缘，前往很便捷。当你想离开老城小憩时，可以来这里享受阳光，体验冲浪。

波布雷诺海滩（El Poblenou Platges；lameva.barcelona.cat；Ⓜ Ciutadella Vila Olímpica, Llacuna, Poblenou, Selva de Mar）一系列宽阔的沙滩从奥利匹克港的码头往东北延伸。它们大部分是人工沙滩，但到了夏季，依然能吸引无数阳光爱好者和游泳者。

1

天才高迪

高迪这个名字已经成了巴塞罗那的代名词，而他独一无二的建筑杰作也像一块巨大的磁石吸引着无数游客来到这座城市。

天主教徒和加泰罗尼亚人

安东尼·高迪（Antoni Gaudí i Cornet；1852~1926年）出生于雷乌斯（Reus），最初在金属制造业接受培训，他身处世纪之交现代主义运动如火如荼的巴塞罗那，他天才（或者说疯子）般的奇思妙想不但为这项革新运动赋予了人性意义，也大大提升了运动的水平。高迪是虔诚的天主教徒和坚定的加泰罗尼亚民族主义者，他的作品是对加泰罗尼亚身份认同的有意识的表达，其中一些也表达了设计者本人对于宗教的虔敬。

杰作

高迪把自己后半生的大部分时间和心力都献给了巴塞罗那如今的标志性建筑——尚未完工的神圣家族教堂。高迪最初的构想是建造一座哥特式教堂，但他也试图模仿自己从自然中观察到的和谐规律，最明显的表现是在他的大多数作品中都摒弃了直线，而采用曲线。

他使用复杂的铅锤拉线模型进行计算。你可以在采石场楼上的迷你博物馆中看到范例。

建筑师作品里所呈现出的梦幻或超现实的感觉，唤起了人们对于曲线的热爱。巴特洛公寓就是个极好的例子，所有看似非常规的设计都是将自然寓于荒诞之中，或者说是将荒诞寓于自然之中。不只直线被消灭了，真实和非

1. 古埃尔公园 2. 神圣家族教堂的诞生立面

真实、清醒和迷醉、严肃和玩闹之间的界限也都变得模糊了。高迪的作品从形到意都是一个"多维空间",你可能会看到圣乔治屠龙的场面,也可能看到一系列瘦骨嶙峋的海怪从墙壁上挣扎着钻出来。

他似乎对屋顶有着某种特别的迷恋。特别是在采石场和古埃尔宫,他创造出了各种各样奇幻多彩的瓷砖意象,比如那些烟囱管帽,看起来既像是《爱丽斯梦游仙境》中的蘑菇,又像是《星球大战》中的帝国骑兵。

圣人高迪?

正如仍在建造中的神圣家族教堂一样,高迪的故事远比其生命更长。2000年3月,罗马教廷决定启动对他封圣的调查工作,而朝圣者早已在他位于地下室的墓前向他致敬了。出于对高迪的热爱,神圣家族教堂的主要雕塑家之一——日本人Etsuro Sotoo——已经皈依天主教。

最伟大的作品

- 神圣家族教堂(见298页),一曲献身于宗教的交响乐。
- 采石场(见302页),因其起伏不平的立面得到"采石场"的绰号。
- 巴特洛公寓(见302页),从童话故事中走出的龙。
- 古埃尔公园(见307页),一座充满现代主义曲线魅力的公园。
- 古埃尔宫(见288页),高迪最早的作品之一。

Gràcia 恩典区

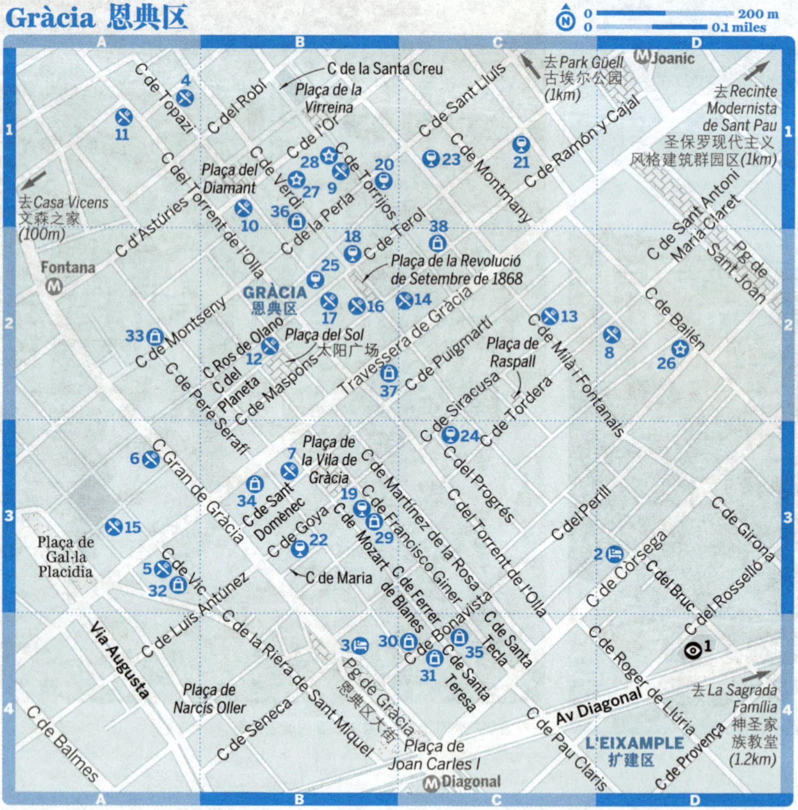

cat; Carrerd' Olot 7; 成人/儿童 €8/5.60; ⏲5月至8月 8:00~21:30, 4月、9月和10月 8:00~20:30, 11月至次年3月 8:00~18:30; 🚌24, 92, Ⓜ Lesseps, Vallcarca) 这座被列入联合国教科文组织世界文化遗产的公园位于恩典区北边，同样出自高迪之手。这是一个奇怪又迷人的地方，高迪对自然的崇尚在这里得到真正的升华——他塑造的人工景观看起来比自然还要自然。

这个公园极受欢迎，据估计，每年约有400万人前来参观。每半小时会允许一定数量的人进入园内参观，所以最好提前在网上预约（网上购票还能便宜€1）。

古埃尔公园始建于1900年，当时欧塞比·古埃尔伯爵（Count Eusebi Güell）买下了一片覆盖着树木的山坡（当时这片地方还未被划入巴塞罗那的城界范围内），并雇用高迪在这片风景秀美的土地上为富人创造一个美丽的微型城市。由于商业运作失败，这项工程于1914年被放弃，但在此之前高迪已经用他无法被效仿的创意修建了3公里长的道路、步行道、阶梯、一座广场和两个门房。1922年，巴塞罗那市政府将这块地产买下，当作公园。

位于Carrer d' Olot街上的正门有两个非常醒目的像糖果屋一样的门房。走进大门就是公园的**导览中心**（Centre d' Interpretaciò），位于曲线形的Pavelló de Consergeria内，它曾经是守门人的住所，现在则是一个关于高迪建筑方法和这座公园历史的展览。在顶楼可以看到一流的风景。

入口处的阶梯由一只马赛克拼贴的半龙半蜥蜴怪兽（其复制品在市中心的许多纪念品商店里都可以买到）把守着，这条阶梯一直通向**柱式大厅**（Sala Hipóstila，亦称Doric

Gràcia 恩典区

景点

住宿

就餐

饮品和夜生活

娱乐

购物

Temple)。这里有86根石柱，部分柱子就像是被时间的重量压弯了的大树一般。大厅最初是作为一处市场建造的。左侧有一条曲折的长廊，其扭曲的石柱和屋顶给人一种长廊隐匿于盘根之下的效果——你可以在公园中的很多地方看到树根造型的浮雕。柱式大厅的顶上是一片开阔的空间，位于中心的是**弯曲长凳**(Banc de Trencadís)。这是一条贴有瓷砖的弯曲的长椅，设计者是高迪最亲近的同事之一、建筑师约瑟夫·马利亚·尤约尔(Josep Maria Jujol; 1879~1949年)。不过作为高迪的作品，事情总是远不止双眼看到的那样简单。这个巨大的平台实际上是用来收集从山坡上流下来的雨水的装置。雨水经过一层砂石的过滤，然后通过柱子流入地下的一个蓄水池里。

右上方的尖顶房子是**高迪故居博物馆**(Casa-Museu Gaudí; ☎93 219 38 11; www.casamuseugaudi.org; Park Güell, Carretera del Carmel 23a; 成人/儿童 €5.50/免费; ⏰4月至9月 9:00~20:00, 10月至次年3月 10:00~18:00; 🚌24, 92, 116, Ⓜ Lesseps)，高迪生命的最后20年(1906~1926年)的大部分时间都是在这里度过的。里面有他设计的家具(包括高迪在采石场、巴特洛公寓和卡佛公寓的家里用过的物件)和其他纪念品。这栋房子于1904年由弗兰塞斯克·贝伦格尔·伊·梅斯特雷斯(Francesc Berenguer i Mestres)建造，目的是给原本打算在这里建造的60多栋房屋树立一个建筑范例。

公园的大部分区域仍覆盖着树木，不过其间交织着多条小径。站在位于公园西南角的**Turó del Calvari**上可以看到最好的风景，山顶上树立着一个十字架。

1小时的导览团队游提供包括英语在内的不同语言的解说，全年都有，费用€7(再加公园门票)，需提前在网上预订。

在Lesseps地铁站有路标指引你走到公园。从Vallcarca地铁站步行过来的路途稍近，而且上山还可以搭乘自动扶梯。24路和92路公共汽车会停靠在靠近公园最高处的入口外。

维森斯之家 博物馆

(Casa Vicens; ☎93 348 42 58; www.

casavicens.org; Carrer de les Carolines 18-24; 成人/儿童 €16/14, 导览团队游额外收费 每人 €3; ⏲10:00~20:00, 团队游最晚 19:30; ⓂFontana)维森斯之家被联合国教科文组织列入世界文化遗产, 该杰作于2017年首次定期开放。这座带尖顶角楼、1885年完工的私人住所是为股票及货币经纪人Manuel Vicens i Montaner建造的, 是高迪接到的第一单委托, 当时建筑师年仅30岁。维森斯之家位于恩典区主干道西面, 立面细节丰富, 陶瓷马赛克色彩斑斓, 构成各异的图案。你可以按照自己的节奏逛逛, 但30分钟的导览团队游(提供英语解说)会让这座建筑变得鲜活起来。

高迪体验馆 博物馆

(Gaudí Experience; ☎93 285 44 40; www.gaudiexperiencia.com; Carrer de Larrard 41; 成人/儿童 €9/7.50; ⏲4月至9月 10:30~19:00, 10月至次年3月 10:30~17:00; ⓂLesseps)高迪体验馆非常有趣, 以迪士尼风格呈现这位巴塞罗那宠儿的生平和作品, 这里距离古埃尔公园很近。馆内有高迪设计的建筑模型和一流的互动展览, 以及触摸屏, 不过最大的亮点是在小巧的放映室里看让人胃里翻江倒海的4D影片。不推荐身体较弱的人或6岁以下儿童体验。

诺坎普、佩德拉尔贝斯和高地区 (Camp Nou, Pedralbes & La Zona Alta)

★诺坎普体验 博物馆

(Camp Nou Experience; ☎902 189900; www.fcbarcelona.com; Gate 9, Avinguda de Joan XXIII; 成人/儿童 €25/20; ⏲4月至9月 9:30~19:30, 10月至次年3月 周一至周六 10:00~18:30, 周日 10:00~14:30; ⓂPalau Reial)对于全世界的足球迷而言, 诺坎普(见357页)就是一处朝圣地, 尤其对巴塞罗那足球俱乐部的球迷来说, 这里更是必到之处。自助游览可以让你深入了解足球俱乐部, 从设有多媒体展览、摆满奖杯和历史展品的博物馆开始, 接着就是参观球场。为这次体验留出约两个半小时。

★佩德拉尔贝斯修道院博物馆 修道院

(Museu-Monestir de Pedralbes; ☎93 256 34 34; monestirpedralbes.bcn.cat; Baixada del Monestir 9; 成人/儿童 €5/免费, 周日 15:00后免费; ⏲4月至9月 周二至周五 10:00~17:00, 周六 10:00~19:00, 周日 10:00~20:00, 10月至次年3月 周二至周五 10:00~14:00, 周六和周日 10:00~17:00; 🚌63、68、75、78、H4, 🚆FGC Reina Elisenda)这座女修道院建于1326年, 1983年首次向公众开放, 现在这里是一座展示修道院生活的博物馆(修道院里的少数修女已经搬到了附近更为现代化的建筑里)。它屹立于Avinguda de Pedralbes顶端的居民区内, 在20世纪前这里一直是市郊, 如今仍然是巴塞罗那庄严宁静的角落。

★科学博物馆 博物馆

(CosmoCaixa; Museu de la Ciència; ☎93 212 60 50; www.cosmocaixa.com; Carrer d' Isaac Newton 26; 成人/儿童 €4/免费, 导览团队游 €2起, 天文馆 €4; ⏲周二至周日 10:00~20:00; 🚌60、196)这座科学博物馆的展览会令孩子们(和童心未泯的成年人)着迷。最大的亮点是一块人工建造的面积超过1平方公里的泛洪亚马孙雨林(Bosc Inundat), 在这个独一无二的、活生生的立体模型中生活着100多种亚马孙植物和动物(包括水蟒、鲜艳的有毒蛙类以及鳄鱼), 你甚至能在其中感受一场热带倾盆大雨。

提比达波山 山

被林木覆盖的提比达波山(Tibidabo)矗立于巴塞罗那市北端, 海拔512米, 是克塞罗拉山脉(Serra de Collserola)的最高峰。除了在山顶能欣赏到绝佳景观外, 提比达波山的亮点还包括面积达8000公顷的克塞罗拉公园(见313页)、一座老派的游乐园(见本页)、一座带观景台的电信塔(☎93 406 93 54; www.torredecollserola.com; Carretera de Vallvidrera al Tibidabo; 成人/儿童 €5.60/3.30; ⏲开放时间不定, 1月至2月不开放; 🚌111, 🚡Funicular de Vallvidrera)、一座高耸威严的教堂(Basilica of the Sacred Heart of Jesus; ☎93 417 56 86; www.templotibidabo.es; Plaça de Tibidabo; 电梯 €3.50; ⏲11:00~19:00; 🚌T2A, 🚡Funicular del Tibidabo) **免费**, 从巴塞罗那的很多地方都能看到这座教堂。

提比达波游乐园 游乐园

(Parc d' Atraccions; ☎93 211 79 42; www.

tibidabo.cat; Plaça de Tibidabo 3-4; 成人/儿童 €28.50/10.30; ⏲1月和2月不开放; 🚌T2A, 🚡Funicular del Tibidabo)大多数巴塞罗那人来提比达波山都是为了去这座靠近山顶缆索铁路站的游乐园寻求刺激。这里有旋转着的高速过山车和高科技4D影院，还有一些怀旧的经典游乐项目，包括一列蒸汽火车和Museu d'Autòmats博物馆里收藏的可追溯至1880年的自动木偶。可以在网站查看游乐园不同季节的营业时间。

奥尔塔迷宫花园　花园

(Jardins del Laberint d'Horta; ☎93 413 24 00; http://lameva.barcelona.cat; Passeig del Castanyers 1; 成人/儿童 €2.23/1.42, 周三和周日 免费; ⏲4月至10月 10:00~20:00, 12月至次年3月 10:00~19:00; Ⓜ Mundet)18世纪后期由Antoni Desvalls和Marquès d'Alfarràs i de Llupià主持修建，这座得到精心打理的公园一直保留着私家花园的浪漫气质，直至20世纪70年代向公众开放。迷宫(加泰罗尼亚语为laberint)指的是花园中央的迷宫，你可以沿着其他的小路观赏一个令人愉悦的人工湖、一些瀑布、一座新古典主义的亭台和一个假墓地，后者的灵感来源于19世纪的浪漫主义思潮，其特色是对死亡场景的迷恋。

克鲁瓦尔达德尔戈伊公园　公园

(Parc de la Creueta del Coll; Passeig de la Mare de Déu del Coll 77; ⏲4月至10月 10:00~21:00, 11月至次年3月 10:00~19:00; 🚌92、129、N5, Ⓜ Penitents)这个令人神清气爽的公园很受家庭出游者欢迎，公园里有蜿蜒曲折、可以戏水游泳的湖泊，外加秋千、淋浴设施和小吃吧。只不过这个游泳池仅在夏季开放。公园位于一个很深的坑内，这个坑是多年开采石头留下的。公园一侧有一个巨大的混凝土雕塑，是由艾德瓦尔多·奇立达设计的《水之赞歌》(*Elogio del agua*)。

你可以从Carrer Mare de Déu del Coll进入，这个入口位于Penitents地铁站以东1公里处。

贝斯瓜德塔　建筑

(Bellesguard; ☎93 250 40 93; www.bellesguardgaudi.com; Carrer de Bellesguard 16; 成人/儿童 €9/免费; ⏲周二至周日 10:00~15:00; 🚆FGC Avinguda Tibidabo)高迪的这一杰作于2013年对公众开放，从此不再默默无闻。这座私人宅邸(至今仍属于最初的业主Guilera家族)建于1900~1909年，外表如城堡，有锯齿状的砖石墙面、狭窄的彩绘玻璃窗、精美的铁艺和一座高耸的角楼，顶端有一个高迪风格的十字架。它融合了哥特和现代主义元素，非常迷人。

克塞罗拉公园　公园

(Parc de Collserola; ☎93 280 35 52; www.parcnaturalcollserola.cat; Carretera de l'Església 92; ⏲信息中心 9:30~15:00, Can Coll周日和节假日 9:30~14:30, 6月底至次年9月初不开放; 🚆FGC Baixador de Vallvidrera, 🚡Funicular de Vallvidrera)当巴塞罗那人想要逃离城市，却又不想逃得太远时，他们就会来到这个位于山林中、占地80平方公里广阔的公园。这里是徒步和骑自行车的绝佳场所，有许多咖啡馆和小吃吧。你可以在信息中心拿一张地图(例如Carretera de l'Església 92, 靠近Baixador de Vallvidrera FGC火车站的信息中心)。

👁 蒙特惠奇山、波布里塞克和圣安东尼区(Montjuïc, Poble Sec & Sant Antoni)

这里有引人入胜的博物馆、美术馆和花园，如何规划行程便成了来这片区域的挑战：一天可不够，而且景点之间相距都不近。

★加泰罗尼亚国家艺术博物馆　博物馆

(Museu Nacional d'Art de Catalunya, 简称MNAC; 见316页地图; ☎93 622 03 76; www.museunacional.cat; Mirador del Palau Nacional; 成人/儿童 €12/免费, 周六15:00后和每月的第一个周日免费, 屋顶观景 €2; ⏲5月至9月 周二至周六 10:00~20:00, 周日 10:00~15:00, 10月至次年4月 周二至周六 10:00~18:00; 🚌55, Ⓜ Espanya)即便站在城市的另一端，你仍可远远地望见矗立于蒙特惠奇山坡上的Palau Nacional的轮廓。这是一座华丽的新巴洛克风格建筑，最初是为1929年世博会而建，后来在2005年进行了修复。馆内的大量展品以加泰罗尼亚艺术为主，年代跨越从中世纪早期一直到20世纪初。亮点是精彩绝伦的罗马湿壁画。

蒙特惠奇山

一日游旅行线路

在前罗马时代，蒙特惠奇山也许是一处定居点。如今，这里是一处可以俯瞰城市与大海的山顶绿肺。花园中散布着重要的艺术作品、一座要塞、一座奥林匹克体育场等。一条充实的一日游旅行线路能引领你参观主要景点。

从Espanya地铁站下车前往❶**卡伊莎中心**，这里通常会有3~4个顶级展览。附近的❷**密斯·凡·德罗馆**由20世纪最伟大的建筑师之一设计建造，是研究20世纪20年代未来主义房屋的绝佳范本。位于山顶的❸**加泰罗尼亚国家艺术博物馆**收藏有罗马艺术作品，不容错过。馆内的餐厅是享用午餐的怡人选择。上行的自动扶梯通往1992年奥运会的举办场馆❹**奥林匹克体育场**沿着道路往东可以到达❺**胡安·米罗基金会**，此处是这位超现实主义大师的创意圣地。参观完❻**加泰罗尼亚考古博物馆**内的古代遗迹后，接着去安静的❼**Jardins de Mossèn Cinto Verdaguer**稍事休息，这是山上最漂亮的花园。然后乘坐缆车前往❽**蒙乔克城堡**。如果选对了日子，可以欣赏到华丽的❾**魔力喷泉**声光秀，接着再到❿**西班牙村**的露天酒馆喝点东西，跳跳舞。

独家贴士

- 从小巴塞罗那区乘坐空中缆车前往蒙特惠奇山，可以鸟瞰城市。也可以乘坐蒙特惠奇缆车前往城堡，欣赏更多的空中美景。
- 夏季，蒙乔克城堡会播放露天电影、举办露天音乐会（参见http://salamontjuic.org）。
- 宁静又色彩斑斓的Jardins de Mossèn Cinto Verdaguer，有精心种植的球根花卉，尤其是郁金香，此外还有各种水生花卉。

TONIFLAP/SHUTTERSTOCK ©

卡伊莎中心

这个昔日的厂房和营房由约瑟夫·普伊赫·卡达法尔克设计，是一座杰出的现代主义建筑，看上去就像是用砖头搭建的乐高玩具。

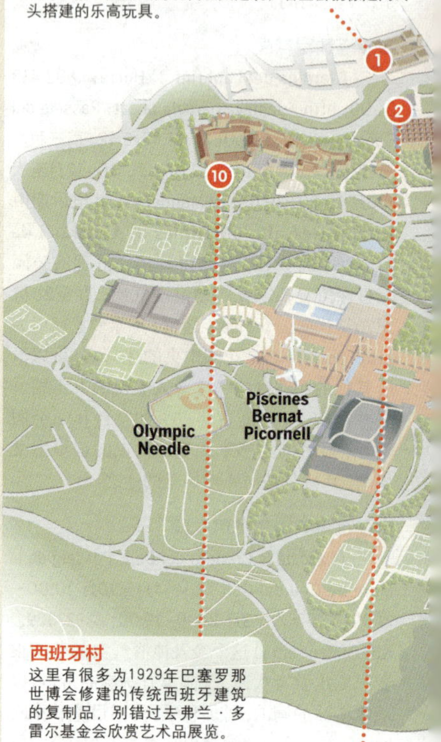

西班牙村

这里有很多为1929年巴塞罗那世博会修建的传统西班牙建筑的复制品，别错过去弗兰·多雷尔基金会欣赏艺术品展览。

CATARINA BELOVA/SHUTTERSTOCK ©

密斯·凡·德罗馆

来这里欣赏伟大的德国建筑师的天才之作，这座建筑是以他为1929年世博会设计的前卫的德国馆改建而成的。

魔力喷泉

个夏天的夜晚来欣赏魔力喷泉15分钟的特声光秀，闪闪发光的水流如同一口巨大的锅。

加泰罗尼亚国家艺术博物馆

直奔罗马艺术展区和12世纪的彩色耶稣像，后者发现于加泰罗尼亚西北一座乡村小礼拜堂的后殿中。

加泰罗尼亚考古博物馆

考古博物馆位于1929年世博会的平面艺术宫内，展示了加泰罗尼亚和西班牙其他地区的文化。展品包括前穴居时代的头骨、迦太基人可爱的项链和西哥特人镶嵌珠宝的十字架。

蒙乔克城堡

在这座建于17世纪的堡垒顶上可以欣赏到大海与城市的壮丽景色，这里曾是城市监狱，长期以来都是压迫的象征。

胡安·米罗基金会

欣赏米罗的巨幅油画，探索艺术家早年在Sala Joan Prats和Sala Pilar Juncosa创作的鲜为人知的作品。

Montjuïc & Poble Sec 蒙特惠奇山和波布里塞克

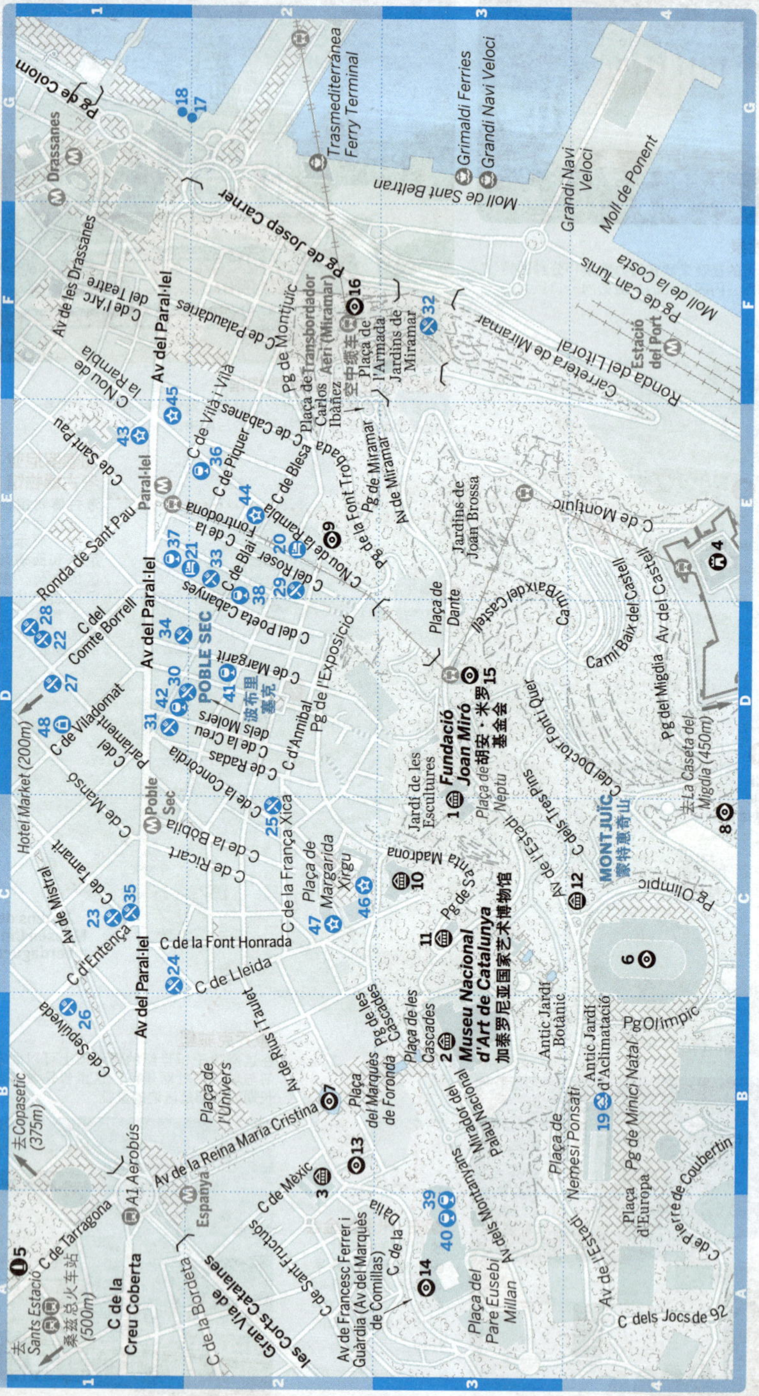

Montjuïc & Poble Sec 蒙特惠奇山和波布里塞克

重要景点
1 胡安·米罗基金会 C3
2 加泰罗尼亚国家艺术博物馆 B3

景点
3 卡伊莎中心 B2
4 蒙乔克城堡 E4
5《女人与鸟》........ A1
6 奥林匹克体育场 C4
7 魔力喷泉 B2
8 植物园 C4
9 巴塞罗那历史博物馆307防空洞 E2
10 加泰罗尼亚考古博物馆 C3
11 民族博物馆 C3
12 奥林匹克和体育博物馆 C4
13 密斯·凡·德罗馆 B2
14 西班牙村 A3
15 蒙特惠奇缆车 D3
16 港口缆车 F2

活动、课程和团队游
17 Las Golondrinas G2
18 Orsom G1
19 Piscines Bernat Picornell B4

住宿
20 Hotel Brummell E2
21 Sant Jordi Mambo Tango E2

就餐
22 Agust Gastrobar D1
23 Bodega 1900 .... C1
24 Casa de Tapas Cañota C1
25 Casa Xica C2
26 Enigma B1
27 Federal D1
28 Horchateria Sirvent D1
29 Lascar 74 .... E2
30 Malamén D1
31 Mano Rota D1
32 Martínez F3
33 Quimeti Quimet E2
34 Spice D1
35 Tickets C1

饮品和夜生活
36 Abirradero E2
37 El Rouge E1
38 La Cambicha E2
39 La Terrrazza A3
40 Pervert Club @ The One A3
41 Redrum D2
42 Tinta Roja D1

娱乐
43 BARTS E1
44 Gran Bodega Saltó E2
45 Sala Apolo E1
46 Teatre Lliure C2
47 Teatre Mercat De Les Flors C2

购物
48 Popcorn Store D1

★胡安·米罗基金会 博物馆

(Fundació Joan Miró; 见316页地图; ☎93 443 94 70; www.fmirobcn.org; Parc de Montjuïc; 成人/儿童 €12/免费; ⏲周二、周三、周五和周六 10:00~20:00, 周四 10:00~21:00, 周日 10:00~15:00; 🚌55, 150, Ⓜ Paral·lel)胡安·米罗是这座城市20世纪最著名的艺术家，他在1971年将这个艺术基金会馈赠给自己的故乡。这座光线充盈的建筑由米罗的密友、建筑师约瑟夫·路易·赛特(Josep Lluís Sert; 马略卡岛的米罗工作室也是他的手笔)设计，里面陈列着从米罗早期素描草图到晚年的油画等众多开创性的作品。

蒙特惠奇缆车 缆车

(Telefèric de Montjuïc; 见316页地图; ☎93 328 90 03; www.telefericdemontjuic.cat; Avinguda de Miramar 30; 成人/儿童单程 €8.20/6.50; ⏲6月至9月 10:00~21:00, 3月至5月和10月 10:00~19:00, 11月至次年2月 10:00~18:00; 🚌55, 150)这趟缆车从蒙特惠奇公园站(Estació Parc Montjuïc)出发，终点是蒙乔克城堡，途中经过观景台(mirador)。

港口缆车 缆车

(Teleférico del Puerto; 见316页地图; ☎93 430 47 16; www.telefericodebarcelona.com; Avinguda de Miramar; 单程/往返 €11/16.50; ⏲6月至9月中旬 10:30~20:00, 3月至5月和9月中旬至10月 10:30~19:00, 11月至次年2月 11:00~17:30; 🚌150)从海滩到蒙特惠奇山，最快的方式就是乘坐往返于小巴塞罗那区的Torre de Sant Sebastiá和蒙特惠奇Miramar站之间的缆车。从蒙特惠奇公园站另有蒙特惠奇缆车带

乘客前往蒙乔克城堡，途中经过观景台。

加泰罗尼亚考古博物馆 博物馆

（Museu d' Arqueologia de Catalunya，简称MAC；见316页地图；☎93 423 21 49；www.mac.cat；Passeig de Santa Madrona 39-41；成人/儿童 €5.50/免费；⊙周二至周六 9:30~19:00，周日 10:00~14:30；🚌55，Ⓜ Poble Sec）这座考古博物馆位于1929年世博会的平面艺术宫（Graphic Arts Palace）内，展示了加泰罗尼亚和西班牙其他地区的多彩文化。藏品丰富多样，包括前穴居时代的头骨复制品、漂亮的迦太基人项链和西哥特人镶嵌珠宝的十字架等。

巴塞罗那历史博物馆307防空洞 古迹

（MUHBA Refugi 307；见316页地图；☎93 256 21 22；http:// ajuntament.barcelona.cat/museuhistoria；Carrer Nou de la Rambla 175；成人/儿童含团队游 €3.40/免费；⊙英语团队游周日 10:30；Ⓜ Paral·lel）作为巴塞罗那历史博物馆（简称MUHBA）的一部分，这个防空洞的历史可追溯至西班牙内战期间。巴塞罗那是这场战争中遭受炸弹空袭最多的城市，曾拥有超过1300个防空洞。1937年3月，当地市民开始在蒙特惠奇山底下挖掘这座防空洞。门票已包含团队游，周日10:30为英语解说，11:30是西班牙语，12:30则是加泰罗尼亚语。名额有限，需提前预订。

魔力喷泉 喷泉

（Font Màgica；见316页地图；☎93 316 10 00；Avinguda de la Reina Maria Cristina；⊙每30分钟1次 6月至9月 周三至周日 19:30~22:30，4月、5月和10月 周四至周六 21:00~22:00，11月至次年1月初和2月中旬至3月 周四至周六 20:00~21:00；Ⓜ Espanya）**免费** 从Avinguda de la Reina Maria Cristina延伸到Palau Nacional巨大立面的长长的一段路上，位于最顶端的便是这座巨大的喷泉，这里的喷泉表演独一无二，水花看起来就像盛放的烟火或沸腾的彩色烟雾。

蒙乔克城堡 城堡

（Castell de Montjuïc；见316页地图；☎93 256 44 45；http:// ajuntament.barcelona.cat/castelldemontjuic；Carretera de Montjuïc 66；成人/儿童 €5/3，周日15:00后和每月第一个周日免费；⊙4月至10月 10:00~20:00，11月至次年3月 10:00~18:00；🚌150，🚡Telefèric de Montjuïc，Castell de Montjuïc）这座令人生畏的"castell"（城堡或要塞）屹立在蒙特惠奇山东南部的高地上，居高临下地俯瞰着地中海。它目前的外观可以追溯到17世纪末至18世纪。在大部分黑暗的岁月中，这里曾用来守卫城市、关押政治犯并充当刑场。

西班牙村 文化中心

（Poble Espanyol；见316页地图；www.poble-espanyol.com；Avinguda de Francesc Ferrer i Guàrdia 13；成人/儿童 €14/7；⊙周一 9:00~20:00，周二至周四和周日 9:00~0:00，周五 9:00至次日3:00，周六 9:00至次日4:00；🚌13，23，150，Ⓜ Espanya）欢迎来到西班牙！这里应有尽有！这个"西班牙村"是西班牙建筑的"剪贴簿"，这些建筑是为1929年世界博览会的西班牙工艺品展区修建的。在两三个小时的观光中，你可以轻而易举地从安达卢西亚漫步到巴利阿里群岛，通过复制品一窥西班牙标志性建筑的风采。117座建筑包括17家餐厅、咖啡馆和酒吧，20家工艺品店和工坊（玻璃艺术家以及其他工匠），此外还有纪念品店。

卡伊莎中心 美术馆

（CaixaForum；见316页地图；☎93 476 86 00；www.caixaforum.es；Avinguda de Francesc Ferrer i Guàrdia 6-8；成人/儿童 €4/免费，每月第一个周日免费；⊙10:00~20:00；Ⓜ Espanya）卡伊莎建筑学会以其对艺术——尤其是当代艺术——的参与（以及所有权）为荣。这间设在巴塞罗那的最重要的艺术展览空间展出了学会从全球收集而来的海量藏品中的一部分。建筑本身是一座经过彻底改造的老工厂，名叫Fàbrica Casaramona，是普伊赫·卡达法尔克设计的现代主义砖墙建筑典范。这里在1940~1993年一直是骑警第一中队的驻地，总共有120匹马。

民族博物馆 博物馆

（Museu Etnològic；见316页地图；☎93 424 68 07；http://ajuntament.barcelona.cat/museuetnologic；Passeig de Santa Madrona 16-22；成人/儿童 €5/免费，周日16:00~20:00和每月第

一个周日 免费；⏲周二周六 10:00~19:00，周日10:00~20:00；🚌55）巴塞罗那民族博物馆内的永久性展览引人入胜，淋漓尽致地呈现了加泰罗尼亚的丰富遗产。展览内容包括最初的神话、宗教节日、民间传说，神圣与世俗的融合[不要错过用古怪的加泰罗尼亚特色“拉屎小人”（el caganer）重现的耶稣降生场景]。

植物园 花园

（Jardí Botànic；见316页地图；www.museuciencies.cat；Carrer del Doctor Font i Quer 2；成人/儿童 €3.50/免费，周日15:00后和每月第一个周日免费；⏲4月至9月 10:00~19:00，10月至次年3月 10:00~17:00；🚌55, 150）这座植物园里种植的大多是地中海植物，有约1500个物种的40,000多株植物，包括很多生长在与地中海气候相似地区的植物，例如加那利群岛、地中海东部、北非、澳大利亚、加利福尼亚、智利和南非等。

奥林匹克体育场 体育场

（Estadi Olímpic Lluís Companys；见316页地图；☎93 426 20 89；www.estadiolimpic.cat；Passeig Olímpic 15-17；⏲5月至9月 8:00~20:00，10月至次年4月 10:00~18:00；🚌13, 150）免费 奥林匹克体育场是巴塞罗那奥运会的主会场。体育场在1929年建成开放，为了迎接1992年奥运会又进行了修复。如果你在电视上观看了奥运会，可能会觉得这座可容纳60,000名观众的体育场看上去出奇的小。开幕式上一名弓箭手射出带火的箭引燃火炬，甚是壮观，引燃之前的奥林匹克火炬看上去也很小。

西南墓地 墓地

（Cementiri del Sud-Oest；Cementiri Nou；☎93 484 19 99；www.cbsa.cat；Carrer de la Marede Déu de Port 56-58；⏲8:00~18:00；🚌21, 107）免费 这个巨大的墓园于1883年对外开放，位于奥林匹克环南边的山上，顺着山坡南面向下延伸，既有设计精美的富人墓地，也有其他人的简单小墓穴。这里埋葬着许多加泰罗尼亚艺术家和政治家。灵车博物馆（Col·lecció de Carrosses Fúnebres；见本页）位于南入口处，收藏了很多灵车。107路公共汽车仅在周日和公共假日经过墓园。周一至周六，可以乘坐21路公共汽车到达主门。

奥林匹克体育博物馆 博物馆

（Museu Olímpic i de l' Esport；见316页地图；☎93 292 53 79；www.museuolimpicbcn.cat；Avinguda de l' Estadi 60；成人/儿童 €5.80/免费；⏲4月至9月 周二至周六 10:00~20:00，周日 10:00~14:30，10月至次年3月 周二至周六 10:00~18:00，周日 10:00~14:30；🚌55, 150）奥林匹克体育博物馆是一个信息丰富的互动体育博物馆。验票后，你将沿着一条蛇形的地下坡道游览，两侧是关于体育以及奥林匹克运动会历史的多媒体展示。

密斯·凡·德罗馆 建筑

（Pavelló Mies van der Rohe；见316页地图；☎93 215 10 11；www.miesbcn.com；Avinguda de Francesc Ferrer i Guàrdia 7；成人/儿童 €5/免费；⏲3月至10月 10:00~20:00，11月至次年2月 10:00~18:00；Ⓜ Espanya）密斯·凡·德罗馆是一件极简之作，是现代主义运动的象征。这座建筑成为许多研究和解读的对象，激发了几代建筑师的灵感。这意味着除非你是个铁杆建筑迷，否则除了建筑外表外，内部没有太多可看的。

灵车博物馆 博物馆

（Col·lecció de Carrosses Fúnebres；☎93 484 19 99；www.cbsa.cat；Carrer de la Mare de Déu de Port 56-58；⏲周六和周日 10:00~14:00；🚌21, 107）免费 如果18世纪后期至20世纪中期的灵车能激发你的想象，那么这个位于西南墓地（见本页）里的博物馆或许是巴塞罗那市最古怪的景点。面对着为人在尘世最后一程准备的大排场，你将陷入沉思。这家葬礼公司宣称在世界范围内，该博物馆是同类之中规模最大的。

活动

Base Nautica Municipal 水上运动

（☎93 221 04 32；www.basenautica.org；Avinguda de Litoral；2小时课程€40起，设备租赁 每小时 €20起，潜水服租赁 每天 €10；⏲10:00~19:00；Ⓜ Poblenou）从玛贝拉海滩（Platja de la Mar Bella）回来，你可以在Base Nautica Municipal学习皮划艇、风帆

带孩子旅行

巴塞罗那非常适合年龄较大一点的孩子和青少年游玩——典型的地中海观念意味着他们可以参加很多看似属于成年人的活动，例如很晚还在酒吧或餐厅就餐。婴儿会爱上热情友好的地中海文化，蹒跚学步的幼儿尤其备受关注。

托儿服务 在Tender Loving Canguros（tlcanguros.wordpress.com）或者5 Serveis（☎93 412 56 76；www.5serveis.com；Carrer de Pelai 50；Ⓜ Catalunya）找临时保姆。

补给用品 巴塞罗那市很多药店都能买到尿布、橡皮奶嘴、乳霜和婴儿食物。超市购买尿布更便宜。

地铁 巴塞罗那的地铁对于婴儿车通行很方便。小心扒手。

便捷性 相比巴塞罗那其他地方，老城区（Ciutat Vella）难以预测的交通状况和鹅卵石铺就的街巷不太适合带有婴儿车的游客。

冲浪、双体船航行或立式单桨冲浪的基础技巧。你也可以在这里租借设备。两人或超过两人报班价格更便宜。这里也提供时间更长的课程，从8~12小时不等。

Aire De Barcelona 水疗

（见290页地图；☎93 295 57 43；www.airedebarcelona.com；Passeig de Picasso 22；热水浴和香薰疗法 周一至周四 €36，周五至周日 €39；⏲周日至周四 9:00~23:00，周五和周六 9:00至午夜；Ⓜ Arc de Triomf）灯光幽暗，香氛环绕，在一天即将结束时，这个令人放松的水疗基地是完美的选择。这里有热、温和冷水浴、蒸汽浴以及各种按摩选择，包括在发烫的大理石板上享受按摩，你能舒适惬意地放松大约1个小时。提前预订，带上泳衣。

Club Natació Atlètic-Barcelona 游泳

（见296页地图；☎93 221 00 10；www.cnab.cat；PlaçadelMar；全天票成人/儿童€12.55/7.15；⏲周一至周五 7:00~23:00，周六 7:00~22:00，周日 7:00~20:00；🚌V15，39，59，64，Ⓜ Barceloneta）这个健身俱乐部从1907年开始营业，有一个室内游泳池和两个户外泳池。两个户外泳池中有一个是加热泳池，可供人们在冬季畅游。购买门票即可使用该机构的健身房、水疗和一片私人海滩。

Piscines Bernat Picornell 游泳

（见316页地图；☎93 423 40 41；www.picornell.cat；Avingudadel' Estadi 30-38；成人/儿童 €11.90/7.30，裸体时间 €6.55/4.70；⏲周一至周五 6:45至午夜，周六 7:00~21:00，周日 7:30~16:00；🚌13，150）这是位于蒙特惠奇山的巴塞罗那奥运会游泳馆，门票除了能使用游泳馆之外，还包括健身房、桑拿房、按摩浴缸、蒸汽浴和跑道。周六21:00~23:00，泳池（包括桑拿和蒸汽浴）只对裸体主义者开放。10月至次年5月的周日，室内游泳池在16:15~18:00时间段也只对裸体主义者开放。

My Beautiful Parking 骑车

（见280页地图；☎93 510 8724；www.mybeautifulparking.com；Carrer de la Bòria 17；自行车租赁 2小时/24小时 €5/14；⏲周一至周六 10:30~20:00，4月至9月 周一至周日 10:30~20:00；Ⓜ Jaume I）氛围友好的店，提供三种自行车——折叠式、山地车或普通自行车——的租赁服务，2小时€5起。

☞ 团队游

Bus Turístic 巴士游

（☎93 298 70 00；www.barcelonabusturistic.cat；成人/儿童 一日通票 €29/16，两日通票 €39/16；⏲9:00~20:00）这条观光巴士路线包括3条环线（44个站点），几乎途经所有主要旅游景点，乘客可以随上随下。在旅游局办事处、TMB交通官方办事处和许多酒店都可以找到这些观光巴士线路的宣传页。两条主要环线中的任意一条都要走大约两个小时。第三条环线从奥林匹克港前往El Fòrum，在4月至9月运行，没有其他两条线路精彩。

持旅游巴士车票在某些博物馆还可以享

受门票优惠。

Barcelona Walking Tours 步行游览

（见304页地图；☎93 285 38 34；www.barcelonaturisme.com；Plaça de Catalunya 17；Ⓜ Catalunya）巴塞罗那旅游局（Oficina d' Informació de Turisme de Barcelona；见304页地图；☎93 285 38 34；www.barcelonaturisme.com；Plaça de Catalunya 17-S，地下；⏲8:30~21:00；Ⓜ Catalunya）组织数条时长1小时的步行导览团队游（提供英语讲解），主题有探索哥特区（成人/儿童€16/免费）、毕加索的足迹（成人/儿童€22/7）和现代主义（成人/儿童€16/免费）。时长2小时的美食团队游（成人/儿童€22/7）包含美食品尝。此外还有各种街头艺术步行游和自行车团队游（€17起）。如果在网上预订，所有团队游都可以获得10%的优惠。

Devour Barcelona 团队游

（☎695 111832；www.devourbarcelonafoodtours.com；团队游 €49~99）专业导游带领的美食团队游，在恩典区、老城和小巴塞罗那寻找美味，同时能让你了解历史。游览途中可以品尝小规模当地供应商和家族经营餐厅的丰富美食。大多数团队游持续3~4小时。

My Favourite Things 团队游

（☎637 265405；www.myft.net；团队游€26起）提供各种主题的团队游（最多10人参与），包括街头艺术之旅、购物、美食之旅、电影、音乐之旅和游览被遗忘的社区。其他活动包括观看弗拉明戈和萨尔萨舞、烹饪研习班以及在巴塞罗那城市内外开展的自行车之旅。还有一些不太常见的活动，时长也不尽相同。

Bike Tours Barcelona 骑车

（见290页地图；☎93 268 21 05；www.biketoursbarcelona.com；Carrer de l' Esparteria 3；每人 €25；⏲10:00~19:00；Ⓜ Jaume I）众多组织自行车骑行游的机构之一，每日有游览哥特区、水滨、神圣家族教堂和其他高迪代表性作品的团队游，时长3小时。团队游从位于圣豪梅广场的旅游局办事处出发，可以上网站查询出发时间和葡萄园团队游的细节。这里也提供自行车租赁服务，每小时€5起。

节日和活动

Festes de Santa Eulàlia 文化节

（http://lameva.barcelona.cat/santaeulalia；⏲2月）每年2月12日左右，人们会通过这个盛大的冬季节日来纪念巴塞罗那的第一位守护圣徒，文化活动会持续一周时间，包括巨人游行、露天艺术装置、剧院、跑火表演和"叠人塔"。

圣乔治节 文化节

（Dia de Sant Jordi；⏲4月23日）这一天是纪念加泰罗尼亚守护者（乔治）的日子，同时也是图书日（Day of the Book）：情侣和朋友会互赠书籍和玫瑰，出版社也会在这一天发行新书。兰布拉大道、圣豪梅广场和城市中心的其他街道和广场满是书摊和花摊。

春之声 音乐节

（Primavera Sound；www.primaverasound.com；⏲5月至6月）5月底或6月初举办，为期3天。届时Parc del Fòrum会成为国际乐队和DJ大显身手的舞台。

巴塞罗那电子音乐节 音乐节

（Sónar；www.sonar.es；⏲6月）巴塞罗那电子音乐节通常在6月中旬举办，是盛大的电子音乐庆祝会，有DJ表演、展览、声音实验室、唱片交易会以及城市艺术。每年的举办地点不固定。

圣约翰节前夕 文化节

（La Revetlla de Sant Joan，Nit de Sant Joan，Verbenas de Sant Joan；http://santjoan.bcn.cat；⏲6月）6月23日，当地人不是聚集在街头，就是聚集在家里，开怀畅饮、跳舞、燃放篝火和烟火，以庆祝圣约翰节前夕。

巴塞罗那同性恋自豪日 同性恋节日

（Pride Barcelona；www.pridebarcelona.org；⏲6月底至7月初）巴塞罗那的同性恋节日在6月底或7月初举行。在持续一周的时间里将有各种文化和音乐活动轮番上演，周日还会举行盛大的同性恋骄傲大游行。

恩典区艺术节 文化节

（Festa Major de Gràcia；www.festamajordegracia.org；⏲8月）恩典区艺术节在8月15日左

右，为期一周，很受欢迎，当地人争相将这条街道装饰得精美。节日还包括免费户外音乐会、街头市集和其他活动。

圣梅尔塞节 文化节

（Festes de la Mercè; www.bcn.cat/merce; ⏲9月）巴塞罗那最大的派对，在9月24日前后举办。活动包括为期4天的音乐会、舞蹈、叠人塔、与蒙特惠奇喷泉同步的焰火表演、周六的巨人舞蹈，以及周日的烟火游行（correfocs），烟火游行的亮点是与人群一起奔跑的喷火怪兽和魔鬼。

三王节 文化节

（Reis/Reyes; ⏲1月6日）1月6日的主显节（Epifanía）又称三王节（Dia dels Reis Mags/Día de los Reyes Magos）。节日前夕，孩子们会在三王游行活动（Cavalcada dels Reis Mags）中尽情玩乐，在挂满彩带、音乐飘扬的游行活动中，人们向兴高采烈的孩子们（还有为数不少的大人）抛撒成吨的糖果。

住宿

兰布拉大道和哥特区

Alberg Hostel Itaca 青年旅舍 €

（见280页地图；☎93 301 97 51; www.itacahostel.com; Carrer de Ripoll 21; 铺 €15~27，标双不带浴室 €76; ❄📶; ⓂJaumel）位于大教堂附近的这家青年旅舍，光线明亮，环境清幽。拥有宽敞的床位间（可睡6~10人）和两个双人间，房间铺木地板，色调令人心情愉悦。这里的气氛很欢快，旅舍还会组织活动（串酒吧、弗拉明戈音乐会、每日免费徒步游），是独行游客的好选择。

Kabul 青年旅舍 €

（见280页地图；☎93 318 51 90; www.kabul.es; Plaça Reial 17; 铺 €11起; ❄📶; ⓂLiceu）床位间小而拥挤，服务态度粗鲁。如果你睡觉很容易醒，在这里别指望能在凌晨4点前入睡。但对喜欢派对的人来说，地处中心位置的Kabul是首选。在这里很容易结识其他旅行者，每晚都会举办活动（串酒吧、俱乐部之夜），公共区（包括设有台球桌的休息厅和屋顶露台）很热闹。

Hotel Continental 酒店 €€

（见280页地图；☎93 301 25 70; www.hotelcontinental.com; La Rambla 138; 标单/双€110/116起; ❄📶; ⓂCataluny）1937年，从西班牙内战前线回来的乔治·奥威尔就住在这里，当时巴塞罗那正深陷派系冲突中。Continental的房间有点破旧且陈设十分简朴，但吊扇、黄铜床架和饰有褶边的床上用品营造出一种浪漫气息。多花€20可以住进带小阳台的客房，能够俯瞰兰布拉大道。酒店还提供24小时自助餐服务。

Vrabac 民宿 €€

（见280页地图；☎663 494029; https://vrabacguesthouse.wordpress.com; Carrerdela Portaferrissa 14; 标单/双含早餐 €65/85; ❄📶; ⓂLiceu）位置很好，紧邻兰布拉大道。Vrabac置身于一座经过完美修复的古建筑中，这里有原装饰的天花板、裸露的砂岩墙面和大幅油画装饰。房间大小、特色不一，最好的房间有雅致的瓷砖地板、宽敞的阳台和独立卫浴；最便宜的房间很小，只有基本生活设施，没有浴室，不推荐。只收现金。

Soho House 精品酒店 €€€

（见280页地图；☎93 220 46 00; www.sohohousebarcelona.com; Plaça del Duc de Medinaceli 4; 房间 €300起; ❄📶🏊; ⓂDrassanes）伦敦著名的会员俱乐部在巴塞罗那的分店，有奢华的客房、名人专享的酒吧，屋顶泳池可以眺望无与伦比的海景。单是冲着底层的意大利餐厅Cecconi's，就很值得一去。

Serras Hotel 精品酒店 €€€

（见280页地图；☎93 169 18 68; www.hoteltheserrasbarcelona.com; Passeig de Colom 9; 房间€266起; ❄📶🏊; ⓂBarceloneta）亮丽时髦的五星级酒店，方方面面都很舒适周到。屋顶酒吧设有一个小巧的泳池，能俯瞰港口美景，不会给人死板的感觉。前面的客房更明亮，景色更好（部分可以让你泡在浴缸里欣赏风景），但侧面的客房可以屏蔽交通噪声。

Hotel Neri 设计酒店 €€€

（见280页地图；☎93 304 06 55; www.hotelneri.com; Carrer de Sant Sever 5; 标双€362; ❄📶; ⓂLiceu）这家安静的酒店位于一

幢背靠Plaça de Sant Felip Neri的老建筑内，建筑有数百年历史，改建后非常漂亮。砂岩墙和木质家具营造出怀旧感，客房则不乏前沿技术，例如等离子电视机，石面覆盖的浴室设计感很强，并装有红外线灯。有一张床单和枕头清单供你挑选。也可以去屋顶露台享受阳光。

Hotel 1898

奢华酒店 €€€

（见280页地图；☎93 552 95 52；www.hotel1898.com；La Rambla 109；标双 €189~221；❄📶🏊；Ⓜ Liceu）曾经的菲律宾烟草公司（Compañía de Tabacos Filipinas）被改建成了一家奢华酒店。屋顶酒吧和泳池充满田园风情。部分客房很小，但高级客房和套房自带露台。所有客房都很现代化，非常舒适雅致，铺有硬木地板，摆放着品位不凡的家具。

DO Reial

精品酒店 €€€

（见280页地图；☎93 481 36 66；www.hoteldoreial.com；PlaçaReial 1；标单/双含早餐€288/360起；❄📶🏊；ⓂLiceu）酒店俯瞰着宏伟的广场。18间客房经过精心设计，有带横梁天花板、硬木地板，隔音做得非常好。服务一流，设施多样，包括屋顶露台（夏天有一个酒吧）、游泳池、日光浴室和水疗中心。餐厅吸引了许多美食家前来用餐。

拉巴尔区

Hotel Peninsular

酒店 €

（见280页地图；☎93 302 31 38；www.hotelpeninsular.net；Carrer de Sant Pau 34；标单/双 €53/80；❄📶；ⓂLiceu）这个女修道院（有一条隧道通往Església de Sant Agustí）改造而成的酒店是位于不太安全的Barri Xino边缘的一座绿洲。郁郁葱葱的中庭占据了大部分内庭空间。60个房间简洁宽敞，铺有瓷砖地板和粉刷成白色的墙壁，维护得也很好。淡季时优惠力度很大。

★ Barceló Raval

设计酒店 €€

（见280页地图；☎93 320 14 90；www.barceloraval.com；Rambladel Raval 17-21；房间€144起；❄📶；ⓂLiceu）作为巴塞罗那提升拉巴尔区品位工程的一部分，这座圆柱形的时尚酒店大楼极具21世纪的现代感。楼顶露台的风景很好，而酒吧兼餐厅充满活力，是用餐和啜饮鸡尾酒的好地方。房间时髦整洁（整体为白色，间有浅绿或红宝石色），有胶囊咖啡机和iPod基座音响。

Chic & Basic Ramblas

设计酒店 €€

（见280页地图；☎93 302 71 11；www.chicandbasicramblashotel.com；Passatge Gutenberg 7；房间 €156~208；❄📶；ⓂDrassanes）Chic & Basic连锁酒店最新开业的这家分店是旗下目前为止最具趣味性的一家。走进大门，眼前便充斥着古怪又五彩缤纷的室内装潢，大厅里还停放着一辆Seat 600老爷车。店名容易让人产生误解——需要深入拉巴尔区两个街区才能到达这家酒店。

客房同样色彩缤纷，而且每个房间的设计都在向20世纪60年代巴塞罗那的生活风格致敬。所有房间都有阳台和设施简单的厨房。

Hotel Sant Agustí

酒店 €€

（见280页地图；☎93 318 16 58；www.hotelsa.com；Plaça de Sant Agustí 3；房间 €115~152；❄📶；ⓂLiceu）这个18世纪的前修道院在1840年摇身变成了酒店，也是全市最古老的酒店。地理位置得天独厚——在兰布拉大道旁一座风格独特的广场上。房间非常棒，大多数都宽敞明亮。阁楼房间有倾斜的屋顶，可以欣赏外面的屋顶风景，值得入住。

Casa Camper

设计酒店 €€€

（见280页地图；☎93 342 62 80；www.casacamper.com；Carrerd' Elisabets 11；标单/双€277/297；❄📶；ⓂCatalunya）巨大的大堂看上去像一座当代艺术博物馆，不过房间才是真正的惊喜。以红色、黑色和白色为主色调，大多数房间都有一个卧室和浴室区，你可以欣赏窗外的空中花园。穿过走廊是一个独立的私人起居室，带阳台、电视和吊床。

如果你不喜欢受打扰，城市景观房将卧室和起居室融为一体。屋顶可以俯瞰全城美景。

Hotel España

酒店 €€€

（见280页地图；☎93 550 00 00；www.hotelespanya.com；Carrer de Sant Pau 9-11；房间€261~282；❄📶🏊；ⓂLiceu）这家酒店以餐厅和酒吧里的现代主义内饰闻名，由建筑师多

梅内克·伊·蒙塔内尔设计，摆放着雕塑家Eusebi Arnau和画家Ramon Casas的作品。酒店位于一个仍然散发着历史气息的建筑中，提供豪华、现代化的房间。屋顶有跳水池和晒日光浴的地方，还有一个酒吧。

底层餐厅La Fonda提供性价比很高的加泰罗尼亚美食。

海岸区

Pensió 2000
客栈 €

（见304页地图；☎93 310 74 66；www.pensio2000.com；Carrerde Sant Peremés Alt 6；标双 €70~80；❄📶；Ⓜ Urquinaona）这家位于一楼的家庭旅馆正对着加泰罗尼亚音乐宫。7间宽敞的双人间铺有马赛克拼贴地板，所有房间都带独立浴室。你可以在小小的庭院里吃早餐。

Pensión Francia
客栈 €

（见290页地图；☎93 319 03 76；www.milisa.com/P.Francia；Carrer de Rera Palau 4；标双 €90；📶；Ⓜ Barceloneta）这个小而雅致的家庭旅馆弥漫着洗衣房的温馨气味。这里位置极好，靠近海滨、城堡公园和夜生活丰富的博恩区。11个房间整洁如新，没有什么华而不实的装饰。带阳台的房间采光极好，基本没有噪声。

Hotel Banys Orientals
精品酒店 €€

（见290页地图；☎93 268 84 60；www.hotelbanysorientals.com；Carrer de l' Argenteria 37；标单/双 €72/120；❄📶；Ⓜ Jaumel）需要提前很久预订才能住进这家极受设计师青睐的酒店。非常酷的蓝色和绿色搭配深色地板，令这家简洁的精品酒店有一种宁静的魅力。房间面积略小，临街或背巷。附近两栋建筑里有较为宽敞的套房。

Grand Hotel Central
设计酒店 €€€

（见280页地图；☎93 295 79 00；www.grandhotelcentral.com；Via Laietana 30；标双 €218；❄📶🏊Ⓟ；Ⓜ Jaumel）这家设计型酒店是Via Laietana沿路最好的酒店之一。房间隔音效果一流，面积不小于21平方米，设计很时尚，有高高的天花板、柔和的色调（米色、褐色和奶油色）、硬木地板和微光照明。屋顶有一个无边泳池。

小巴塞罗那区和海滨地区

Equity Point Sea Hostel
青年旅舍 €

（见296页地图；☎93 231 20 45；www.equity-point.com；Plaça del Mar 1-4；铺 €20~34；❄@📶；🚌15、39，Ⓜ Barceloneta）这家青年旅舍坐落在海边附近一块相当难看的高地上，背包客们进进出出，很是热闹。房间内只有基本设施，狭小且吵闹（带上耳塞吧），但再也没有比它更靠近海滩的住处了。自助厨房能帮助住客节省开支。注意，这里不允许饮酒。

Bed & Beach
客栈 €€

（☎630 528156；www.bedandbeachbarcelona.com；Pasaje General Bassols 26；铺 €75~130，标单/双 不带浴室 €40/70；❄📶；Ⓜ Bogatell）客栈位于海滩以西200米的一条安静窄巷内。客栈有8个风格各异的房间，都干净舒适，有些缺少自然光，有些则光照充足，配有简单的现代家具，房间里有厨房。此外，客栈还有公共厨房，供住客自助使用。屋顶露台是享用下午茶的好地方。

住客要将鞋子脱在外面，客栈提供拖鞋。

Poblenou Bed & Breakfast
客栈 €€

（☎93 221 26 01；www.hostalpoblenou.com；Carrerdel Taulat 30；标单/双 €55/88起；❄@📶；Ⓜ Llacuna）这座建于20世纪30年代的房子就位于沙滩后面，和餐厅林立的Rambla del Poblenou只有几步之遥。房间天花板很高，铺着美丽的瓷砖地板，6个迷人的房间以西班牙艺术家的名字命名。部分特别设计的房间有小阳台。所有房间提供浅色调和舒适的床铺，给人清新的感觉。5月至11月入住的话要求至少住两晚。

Hotel 54
酒店 €€

（见296页地图；☎93 225 00 54；www.hotel54barceloneta.es；Passeig de Joan de Borbó 54；标单/双€135/155起；❄@📶；Ⓜ Barceloneta）酒店地理位置绝佳。现代化的房间铺有深色的瓷砖地板，浴室设计感十足，房间能看到游艇码头，欣赏日落美景。其他房

间则能俯瞰小巴塞罗那区的小巷。你也可以坐在屋顶露台，享受城市和海港全景。

Pullman Barcelona Skipper Hotel 酒店 €€€

（见296页地图；☎93 221 65 65；www.pullmanhotels.com；Avinguda del Litoral 10；标双/套€212/475起；❄@📶🏊P；Ⓜ Ciutadella Vila Olímpica）在这家五星级酒店的屋顶无边泳池可以看到弗兰克·盖里创作的闪闪发光的铜雕像《鱼》（见294页方框）。酒店共有241个房间，部分房间也能看到盖里的作品。房间内有时尚的木艺装饰（部分房间面向露台）。庭院侧翼的塔楼底层还有一个游泳池。酒店配备设施很适合家庭出游者，能提供相互连通的房间、婴儿床和临时看护服务。

W Barcelona 酒店 €€€

（☎93 295 28 00；www.w-barcelona.com；Plaça de la Rosa del Vents 1；标双/套€314/554起；❄@📶🏊P；🚌V15、39，Ⓜ Barceloneta）这座耀眼、大三角帆形状的玻璃塔堪称海滨地标，由出生于巴塞罗那的建筑师里卡多·波菲尔（Ricardo Bofill）设计，2009年开业。酒店拥有时髦而雅致的473个房间、67个套房。住客可以使用健身房、无边泳池（旁边设有鸡尾酒吧）和水疗，美食餐厅由星级大厨Carles Abellán打理。

神圣家族教堂和扩建区

Urbany Barcelona 青年旅舍 €

（☎93 245 84 14；www.urbanyhostels.com；Avinguda Meridiana 97；铺/标单/双 €29.50/118/126起；❄@📶；Ⓜ Clot，Encants）这个拥有400个床位的大型青年旅舍靠近El Poblenou，是结识其他旅行者的好地方。旅舍有自己的酒吧和通风的休息室，布满了涂鸦艺术作品，还有个很大的露台，能够看到让·努维尔（Jean Nouvel）设计的闪耀的光辉塔（Torre Glòries）。单人间和双人间都有浴室和小冰箱。住客可以使用自助厨房和附近的游泳池、健身房。

★ Praktik Rambla 精品酒店 €€

（见304页地图；☎93 343 66 90；www.hotelpraktikrambla.com；Ramblade Catalunya 27；标单/双/三 €119/140/165起；❄📶；Ⓜ Passeig de Gràcia）这家华丽的小精品酒店藏在一栋堪称现代主义瑰宝的建筑中。在保留了高高的天花板和大多数最初的瓷砖地板的同时，43间客房饰以大胆的陶瓷、聚光灯和当代艺术。店内有一个氛围轻松的阅读区和甲板风格的休闲露台。酒店位于一条林荫大道上，位置十分便捷。

这家是Praktik的旗舰店，同一街区还有其他分店，分别是Praktik Bakery（内有一家面包房）、Praktik Garden（满是植物）和Praktik Vinoteca（以红酒为主题）。

Hotel Constanza 精品酒店 €€

（见304页地图；☎93 270 19 10；www.hotelconstanza.com；Carrerdel Bruc 33；标单/双/家 €85/135/190起；❄📶；Ⓜ Urquinaona）许多旅行者都会对这家美丽的精品酒店念念不忘。酒店有46个房间，设计元素随处可见，浴室中的花朵等小细节令房间更具魅力。屋顶露台摆满了白色的沙发，是时尚的放松之选，还能眺望扩建区的屋顶风光。面朝大街的房间有阳台。

家庭房有折叠沙发，也提供婴儿床。部分房间配备轮椅。

Anakena House 酒店 €€

（见304页地图；☎93 467 36 15；www.anakenahouse.com；Carrer del Consell de Cent 276；标双 €157起；❄📶；Ⓜ Passeig de Gràcia）这座现代主义风格的建筑由加泰罗尼亚建筑师Enric Sagnier i Villavecchia设计，一层被改建成氛围幽静的高雅酒店。8个房间以橄榄绿为主色调，摆放着古董家具，光线设计感很强。除了1个房间俯瞰庭院外，其他房间能欣赏到街景。

Casa Bonay 酒店 €€

（见304页地图；☎93 545 80 70；www.casabonay.com；Gran Via de les Corts Catalanes 700；标双/家 €150/234起；❄📶；Ⓜ Tetuan）时尚的Casa Bonay提供装饰简洁、铺有时髦瓷砖的房间，部分房间带有玻璃房阳台，其他房间带露台和露天淋浴。屋顶露台酒吧在夏季开放。酒店独特的吸引力在于楼下一系列“住客专属”商店、酒吧和餐厅，包括专业的咖啡吧、越南烤肉店和果汁吧。

Room Mate Pau 酒店 €€

（见304页地图；☎93 343 63 00；www.room-matehotels.com；Carrer de Fontanella 7；标双/套 €192/252起；❄📶；Ⓜ Catalunya）毗邻加泰罗尼亚广场，Room Mate Pau介于高档青年旅舍和精品酒店之间。66个房间设计巧妙，配有设计师设计的家具、舒适的床垫和带USB接口的电视机。内部露台非常棒，有酒吧，还有笔直的花园墙，吸引年轻的时尚人士。价格较贵的房间和套房有露台。

同一片街区还有4家同样不错的Room Mate酒店：分别是Anna、Emma、Carla和Gerard。

Hostal Oliva 旅馆 €€

（见304页地图；☎93 488 01 62；www.hostaloliva.com；Passeig de Gràcia 32；标单/双 €79/89起，不带浴室 €64/74起；❄@📶；Ⓜ Passeig de Gràcia）一个精美的古董电梯将你带到4楼的旅馆。在全城房价最贵的区域里，这里绝对是物美价廉的选择。一些单人间仅能容纳一张床，但双人间足够宽敞明亮，通风也不错（部分房间铺瓷砖地板或镶木地板）。

不要选择5号房间，它就在入口旁边，夜里很吵闹。

★ The One Barcelona 设计酒店 €€€

（见304页地图；☎93 214 20 70；www.hotelstheone.com；Carrer de Provença 277；标双/套 €230/330起；Ⓜ Diagonal）这家一流的五星级酒店于2017年营业，有89个光照充足的房间，其中25个是套房。房间和公共区域摆放有智利艺术家费尔南多·普拉兹（Fernando Prats）的作品。能欣赏全景（5月至10月开放）的露台有酒吧、餐厅和跳水池。酒店还有带室内泳池的水疗中心、芬兰桑拿和24小时开放的健身房。

Margot House 精品酒店 €€€

（见304页地图；☎93 272 00 76；www.margothouse.es；Passeig de Gràcia 46；标双/套 €202/310起；❄@📶；Ⓜ Passeig de Gràcia）这家高雅的精品酒店位于恩典区大街中段，有9间很不错的房间（包括5个套房），非常适合既想要感受热闹氛围又需要安静的人，酒店有一个宽敞、安宁、摆满书的客厅，还有一个“诚信酒吧”。选择临街的房间，有更多自然光。房费包括美味可口的自助早餐。

Cotton House 酒店 €€€

（见304页地图；☎93 450 50 45；www.hotelcottonhouse.com；Gran Via de les Corts Catalanes 670；标双/三/套 €240/340/490起；❄📶；Ⓜ Urquinaona）这家超棒的奢华酒店位于昔日的棉织行业协会总部，而这也体现在酒店的很多方面，包括大堂装饰的棉铃和房间名字（锦缎、塔夫绸等）。酒店在图书馆旁边，你可以选择心仪的布料，定制衬衫。

Mandarin Oriental 设计酒店 €€€

（见304页地图；☎93 151 88 88；www.mandarinoriental.com/barcelona；Passeig de Gràcia 38-40；标双/套 €625/1350起；❄📶🏊Ⓟ；Ⓜ Passeig de Gràcia）酒店位于一幢醒目的建筑内，这里曾是银行，98个房间设计很现代，有利落的线条，以白色和淡色调为主。很多标准间（不小于32平方米）配备很深的浴缸，全都能俯瞰恩典区大街或酒店内部的雕塑花园。酒店配套设施包括带小型健身游泳池的水疗中心、健身区和米其林星级餐厅。

恩典区和古埃尔公园

★ Casa Gràcia 青年旅舍 €

（见304页地图；☎93 174 05 28；www.casagraciabcn.com；Passeig de Gràcia 116；铺/标单/双/三/公寓 €31/106/120/147/194起；❄@📶；Ⓜ Diagonal）作为一家与众不同的青年旅舍，时髦的Casa Gràcia提高了廉价住宿的标准。公共区域很有吸引力，包括露台、僻静的图书馆、装饰精美的休息区、一个设备齐全的自助厨房，还有餐厅和有DJ助兴的酒吧。除了床位间，这里还有带露台的私人房间和公寓。

所有房间都以白色为主，彩色为辅。酒店会举办丰富多彩的活动：鸡尾酒调制班、瑜伽课、葡萄酒品鉴和大屏幕电视播放着外国电影（有时是巴塞罗那足球俱乐部的比赛）。

Generator Hostel 青年旅舍 €

（见310页地图；☎93 220 03 77；www.generatorhostels.com；Carrer de Còrsega 373；铺/标双/四/顶层公寓 €20/109/186/329起；ⓂDiagonal）这家时尚的青年旅舍属于设计品牌Generator，很多方面都值得推荐，包括用回收木材和电梯部件搭建的奇特酒吧，装饰有大量纸灯。房间本身很简单，设施算不上特别齐全——除非你选择顶层公寓，露台能俯瞰城市全景。

★Hotel Casa Fuster 历史酒店 €€€

（见310页地图；☎93 255 30 00；www.hotelcasafuster.com；Passeig de Gràcia 132；标双/套 €287/396起；❄@📶🏊P；ⓂDiagonal）这座奢华的现代主义宅邸建于1908~1911年，是巴塞罗那较华丽的酒店之一。标准间很豪华，就是略小。虽然建筑本身古老，但在经过大成本修复后，房间配备了带水力按摩的浴缸、等离子电视和特大号床。顶层露台（有游泳池）能欣赏到绝美景色。

诺坎普、佩德拉尔贝斯和高地区

Alberg Mare de Déu de Montserrat 青年旅舍 €

（☎93 210 51 51；www.xanascat.cat；Passeig de la Mare de Déu del Coll 41-51；铺 €24；📶P；🚌87，ⓂVallcarca）这家青年旅舍提供197个床位，主楼非常漂亮，曾经是宅邸，带有一个穆德哈尔风格的大厅。房间可以住6~12人不等，公共区域宽敞，氛围休闲。不过由于墙壁较厚，无线网络不稳定。旅舍位于巴塞罗那市中心以北4公里处，从Móra d'Ebre-Sant Eudald公共汽车站往东北方向上坡100米可达。

Anita's Bed & Breakfast 民宿 €€

（☎670 064258；www.anitasbarcelona.com；Carrer d'August Font 24；标双含早餐 €95起；@📶；🚌124）这家位于山坡上的民宿能眺望城市以及远处地中海的绝美风光。民宿有3个房间，都很宽敞，有起居室和配套浴室。住客可以在公共露台享用欧洲大陆式的自助早餐（包含在房费中），这里也能欣赏一览无余的美景。

Fairmont Rey Juan Carlos I 奢华酒店 €€€

（☎93 364 40 40；www.fairmont.com/barcelona；Avinguda Diagonal 661-671；标双/套 €229/389起；❄@📶🏊P；ⓂZona Universitària）这座奢华的大酒店所在的玻璃塔楼就如同巴塞罗那西南入口处超现代化的灯塔。酒店提供400多个宽敞的房间，大多数能欣赏到令人震撼的美景。酒店被宽广的花园环绕，花园曾经是农场的一部分，农场一直保留到20世纪。酒店配套设施包括两个户外泳池、一个湖泊、一家健身俱乐部和五间餐厅。

地铁站就在酒店附近，只需约20分钟就能带你到达巴塞罗那市中心。

蒙特惠奇山、波布里塞克和圣安东尼区

Pars Tailor's Hostel 青年旅舍 €

（见280页地图；☎93 250 56 84；www.parshostels.com；Carrer de Sepúlveda 146；铺 €25~33；❄📶；ⓂUrgell）这家受欢迎的青年旅舍的风格像20世纪中期的裁缝店，房间以不同的织物为主题。公共区摆放有老式的缝纫机、可爱的内衣框架和复古的装置。你可以在老式台球桌上小试身手，在舒适的休息厅放松，在配备齐全的厨房煮一顿美味，或者参加旅舍组织的活动。

旅舍组织一日游和串酒吧活动，提供自行车租赁，安排烹饪课程（例如学做海鲜饭），还会举办以西班牙小吃和酒水为主的夜晚聚会。工作人员很友好，对巴塞罗那非常熟悉，能以当地人身份提供建议。

Sant Jordi Mambo Tango 青年旅舍 €

（见316页地图；☎93 442 51 64；www.hostelmambotango.com；Carrer del Poeta Cabanyes 23；铺 €33起，标双带共用浴室 €74起；❄@📶；ⓂParal·lel）这家充满乐趣的国际青年旅舍提供最基本的宿舍（可睡4~9人），氛围热情友好但略显混乱。床铺略硬，睡眠不太好的人需要戴上耳塞。旅舍会举办串酒吧和其他夜间活动，是结识其他旅行者的好地方。

★Hotel Brummell 精品酒店 €€

（见316页地图；☎93 125 86 22；www.hotelbrummell.com；Carrer Nou de la Rambla 174；

标双 €160起；❄📶🏊；Ⓜ Paral·lel）自2015年开业以来，新潮的Brummell就颇受关注。这家精心设计的酒店极富创意，氛围浓郁。20个明亮的房间都是极简设计，其中最好的房间拥有宽敞、能欣赏美景的露台，甚至还有露天浴缸。最便宜的房间（“泳池边经典”房）略显局促。

房间只是Brummell魅力的一小部分。酒店里还有一家相当不错的餐厅/咖啡馆Brummell Kitchen（周末早午餐尤其棒），有一个带小型跳水池的露台，热心周到的工作人员随时愿意与住客分享巴塞罗那鲜为人知的瑰宝。不要错过走廊的自动售货机，出售瓶装葡萄酒和美味点心，也可以去体验一下免费的瑜伽和健身课程。

Hotel Market 精品酒店 €€

（见280页地图；☎93 325 12 05；www.hotelmarketbarcelona.com；Carrer del Comte Borrell 68；标双/套 €158/186起；❄@📶；Ⓜ Sant Antoni）这家精品酒店位于一座重新装修过的建筑内，就在庞大而古老的圣安东尼市场北边的一条窄巷内。酒店有68个以黑白为主色调的房间，铺设宽木板地板，有超大衣橱，大胆的艺术印刷品以及经过精心设计的浴室（石质洗手盆，淋浴）。部分房间有小阳台（有两个座位），套房带露台。

主楼层有家一流的餐厅兼酒吧，设有摆在小巷的露天座位。旺季之外，房费下降幅度很大。

就餐

巴塞罗那的美食闻名遐迩，世界级的大厨、富有想象力的食谱和源自农场与大海、妙不可言的新鲜食材都聚集于此。费兰·阿德里亚（Ferran Adrià）和阿尔伯特·阿德里亚（Albert Adrià）、卡莱斯·阿伯兰（Carles Abellán）等加泰罗尼亚烹饪大师已成为国际标杆，他们为高级烹饪引入了全新理念。而遍布全城的餐厅和西班牙小吃吧中，经典的老派加泰罗尼亚美食依然受到人们的称颂。

兰布拉大道和哥特区

Federal 咖啡馆 €

（见280页地图；☎93 280 81 71；www.federalcafe.es；Passatge de la Pau 11；主菜 €7~10；⏲周一至周四 9:00~23:00，周五和周六 9:00~23:30，周日 9:00~17:00；📶；Ⓜ Drassanes）不要因为工业风、众多打开的MacBook或者成堆的设计杂志而望而却步，这家Poble Sec Federal旗舰店的分店店员非常热情，供应用心烹制的健康美食，性价比很高。你可以选择沙拉加配料（水煮蛋、鸡肉丝），或者黄咖喱，饭后再点一块松软的胡萝卜蛋糕。

La Plata 西班牙小吃 €

（见280页地图；☎93 315 10 09；www.barlaplata.com；Carrer de la Mercè 28；西班牙小吃 €2.50~5；⏲周一至周六 9:00~15:30和18:30~23:30；Ⓜ Jaume I）La Plata隐藏于海滨附近一条窄巷内，虽然简陋，却是个很受欢迎的小酒馆。这里只供应三种菜式：炸小鱼（pescadito frito）、香肠（butifarra）和西红柿沙拉，还有好喝便宜的葡萄酒（每杯€1.20）。在正式用餐之前，来这里以西班牙小吃打些牙祭，再理想不过了。

Milk 各国风味 €

（见280页地图；☎93 268 09 22；www.milkbarcelona.com；Carrer d' en Gignàs 21；主菜 €9~12；⏲周四至周一 9:00至次日2:00，周五和周六 9:00至次日3:00；📶；Ⓜ JaumeI）爱尔兰人经营的Milk在巴塞罗那夜猫子心中扮演着很重要的角色，对很多人来说，这里的鸡尾酒也很有吸引力。Milk供应早午餐（一直供应到16:30）。在舒适、休息厅风格的环境中，避开直晒的阳光，享用薄饼、火腿蛋松饼和其他能治愈宿醉的美味，墙上贴着华丽的墙纸，挂着镶框印刷品，座位上有齐整的靠垫。背景音乐也很好听。

Benedict 早午餐 €

（见280页地图；☎93 250 75 11；www.benedictbcn.com；Carrer d' en Gignás 23；主菜€10~11；⏲周一 9:00~16:00，周二至周五 9:00~16:00和19:00至次日2:00，周六和周日 9:00至次日2:30；📶；Ⓜ JaumeI）店如其名，早午餐是这家氛围友好的小店的招牌。这里有各种鸡蛋做法，还可以选择全套英式的煎火腿鸡蛋。此外，店里还供应各种手工制作的汉堡和夜总会三明治，晚上则是品种繁多的西班牙小吃，外加洋葱圈、油炸布里干酪、鸡翅和其他受人喜爱的美式餐点。

Taller de Tapas 加泰罗尼亚菜 €

（见280页地图；☎93 301 80 20；www.tallerdetapas.com；Plaça de Sant Josep Oriol 9；主菜 €7~10；⏰5月至9月 正午至次日1:00，10月至次年4月 正午至午夜；📶；Ⓜ Liceu）地理位置很好，有设在圣约瑟广场的露天座位，供应丰富的西班牙小吃和其他美味。

★ La Vinateria del Call 西班牙菜 €€

（见280页地图；☎93 302 60 92；www.lavinateriadelcall.com；Carrer de Sant Domènec del Call 9；一份西班牙小吃 €7~12；📶；⏰19:30至次日1:00；Ⓜ Jaume I）这个精致的小餐馆位于从前的犹太区内一个神奇的地方，供应美味的伊比利亚菜肴，包括加泰罗尼亚章鱼、用苹果酒烹煮的西班牙香肠和加泰罗尼亚烤蔬菜沙拉（escalivada，烤甜椒、茄子和洋葱）配凤尾鱼。菜的分量较小，而且每份菜都是共享式的，还有许多物美价廉的葡萄酒可供选择。

★ Cafè del' Acadèmia 加泰罗尼亚菜 €€

（见280页地图；☎93 319 82 53；Carrer dels Lledó 1；主菜 €15~20；⏰周一至周五 13:00~15:30和20:00~23:30；📶；Ⓜ Jaume I）这里供应传统的加泰罗尼亚菜肴，也会推出创意改良的新菜肴。午餐时段，当地市政厅的工作人员会来这里享用当日套餐（€15.75）。餐厅夜晚更显浪漫，朦胧的灯光、带横梁的天花板和石墙令这里格外具有温馨私密感。天气暖和时，你还可以在前面可爱的广场上用餐。

Belmonte 西班牙小吃 €€

（见280页地图；☎93 310 76 84；Carrer de la Mercè 29；西班牙小吃 €4~10，主菜 €13~14；⏰7月至10月 周二至周五 20:00至午夜，周六 13:00~15:30和20:00至午夜，10月至次年6月 周二至周四 19:30至午夜，周五和周六 13:00~15:30和19:30至午夜；Ⓜ Jaume I）这家小巧的西班牙小吃吧位于哥特区南侧，供应摆盘精美的小份菜，包括味道极好的西班牙土豆烘蛋（truita），口感丰富的咸土豆配烧烤酱蘸香肠（patatons a la sal），鲜嫩的生章鱼片（carpaccio de pop），搭配自制的味美斯酒一起享用。

Ocaña 各国风味 €€

（见280页地图；☎93 676 48 14；www.ocana.cat；Plaça Reial 13；主菜 €9.50~16；⏰周日至周四 正午至次日2:00，周五和周六 正午至次日2:30；📶；Ⓜ Liceu）醒目而雅致的设计空间，天花板很高，装饰有枝形吊灯和豪华家具，Ocaña集深夜狂饮和用心美食于一体。厨师将西班牙菜和加泰罗尼亚菜创造性地融合在一起，周四、周五和周六晚上还供应丰富的墨西哥菜。

你也可以在楼下具有摩尔风格的Apotheke喝杯鸡尾酒，或者去能够看到皇家广场的露台。但如果不品尝一下这里的美味，那就太遗憾了。

Can Culleretes 加泰罗尼亚菜 €€

（见280页地图；☎93 317 30 22；www.culleretes.com；Carrer d' en Quintana 5；主菜 €10~18；⏰周二至周六 13:30~15:45和20:00~22:45，周日 13:30~15:45；📶；Ⓜ Liceu）这家巴塞罗那最古老的餐厅建于1786年，至今仍受到人们热捧。餐厅内部布局凌乱，装饰着老式瓷砖。游客和当地人在此享用分量十足的传统加泰罗尼亚菜肴，包括新鲜的海鲜和黏稠的炖菜。周二至周五午市供应套餐（€14.50）。

Pla 创意菜 €€

（见280页地图；☎93 412 65 52；www.restaurantpla.cat；Carrer de la Bellafila 5；主菜 €17~23；⏰周日至周四 13:30~17:30和19:00~23:30，周五和周六 至午夜；📶；Ⓜ Jaume I）时尚浪漫的Pla是哥特区长盛不衰的餐厅之一，充满中世纪风情，诱人的菜肴包括红酒烩牛尾、香煎金枪鱼配烤甜椒以及玉米粥配应季蘑菇等。

Koy Shunka 日本菜 €€€

（见280页地图；☎93 412 79 39；www.koyshunka.com；Carrer de Copons 7；品尝套餐 €89~132；⏰周二至周六 13:30~15:00和20:30~23:00，周日 13:30~15:00；Ⓜ Urquinaona）位于大教堂北边一条小巷的深处，Koy Shunka打开了一扇通往东方精致美食的大门——这里供应令人垂涎的寿司、刺身、香煎神户牛肉和滋味浓郁的海藻沙拉，还有更大胆的创意菜肴，如日本清酒蒸蛤蜊、扇贝天妇罗和大对虾配日本蘑菇。不要错过口感柔嫩的特色菜金枪鱼腩(toro)。

大多数食客会选择坐在宽敞的吧台前用餐，你可以边吃边欣赏大厨施展神奇的烹饪魔法。包含数道菜的套餐价格不菲，但对寻找真正非凡就餐体验的人来说，很值得一试。

Els Quatre Gats　加泰罗尼亚菜 €€€

(见280页地图；☎93 302 41 40；www.4gats.com；Carrer de Montsió 3；主菜 €23~29；⏲13:00~16:00和19:00至次日1:00；Ⓜ Urquinaona) Els Quatre Gats曾是巴塞罗那现代主义艺术家的聚集地，是那场运动的绝佳代表。餐厅内外都装饰着色彩斑斓的瓷砖、几何砖砌图案和木质配件。食物本身不如环境令人心醉，但你可以在前面的咖啡馆(营业时间为9:00至次日1:00)喝杯咖啡，吃个羊角面包。

拉巴尔区

Sésamo　素食 €

(见280页地图；☎93 441 64 11；Carrer de Sant Antoni Abat 52；主菜 €9~13；⏲周二至周日19:00至午夜；📶✍；Ⓜ Sant Antoni) Sésamo被一致认为是城里最好的素食餐厅(不过在巴塞罗那这一称号不像在别的地方那样响亮)，这是个舒适有趣的地方。菜单上大都是西班牙小吃，多数人是为了包含7道菜的西班牙小吃套餐(€25，含葡萄酒)而来的，不过这里也有更实在的菜肴。自制面包和蛋糕让人眼前一亮。

Bar Muy Buenas　加泰罗尼亚菜 €

(见280页地图；☎93 807 28 57；Carrer del Carme 63；主菜 €9~13；⏲周日至周四 13:00~15:30和20:00~23:00，周五和周六 13:00~16:00和20:00~23:30；Ⓜ Liceu) 经典现代主义风格的Muy Buenas自1924年起就是酒吧，在经历了几年的低谷后，如今在新主人的带领下重整旗鼓。漂亮起伏的木质构架已有百年历史，现被精心修复，同样被小心修复的还有蚀刻玻璃和大理石吧台。如今，这里更像是一家餐厅，而非酒吧，不过鸡尾酒让人印象深刻。

虽然厨房(烹制传统加泰罗尼亚菜肴)只在列出的时间内开放，但Muy Buenas全天营业，直到次日凌晨2:00才关闭(周五和周六会营业至更晚)。工作日这里还供应两道菜的当日套餐(menú del día)，价格为€13。

Caravelle　各国风味 €

(见280页地图；☎93 317 98 92；www.caravelle.es；Carrer del Pintor Fortuny 31；主菜 €10~13；⏲周一 9:30~17:00，周二至周四 9:30至午夜，周五和周六 10:00至次日1:00，周日 10:00~17:00；Ⓜ Liceu) 这家明亮的小店深受拉巴尔区时尚达人以及对美食很有品位者的喜爱。这里有你从来没吃过的墨西哥玉米卷(鳕鱼，青柠蛋黄酱和小萝卜，去骨猪肉配烤玉米和牛油果)，以及超赞的牛排三明治(将牛排和腌块根芹夹在自制的奶油蛋卷上制成)，还有各种美国南部风味美食。

饮品也极具创意，试试自制的姜汁啤酒或葡萄苏打水。

Bar Kasparo　咖啡馆 €

(见280页地图；☎93 302 20 72；www.kasparo.es；Plaça de Vicenç Martorell 4；主菜 €7~11；⏲周二至周六 9:00~23:00，6月至9月 9:00至午夜；📶；Ⓜ Catalunya) 这家氛围友好的露天咖啡馆很受周边街区有孩子的家长的喜爱，这里能俯瞰一个不受繁忙交通干扰的广场(有一个游乐场)。咖啡馆供应果汁、西班牙小吃和沙拉，此外还有分量更足的各国美味。

Elisabets　加泰罗尼亚菜 €

(见280页地图；☎93 317 58 26；Carrer d'Elisabets 2-4；主菜 €8~10；⏲周一至周四和周六 7:30~23:30，9月至7月 7:30至次日1:30；Ⓜ Catalunya) 非常棒的邻家餐厅，餐馆有些年头了，墙上装饰着老式收音机。Elisabets以简朴、高性价比的菜肴而闻名。当日套餐(€12)每天更换菜式，不过如果你喜欢点菜吃，可以尝试野猪肉炖菜(ragú de jabalí)，最后来一份蜂蜜凝乳(mel i mató；用奶酪和蜂蜜制作的加泰罗尼亚甜点)。

★ Bar Pinotxo　西班牙小吃 €€

(见280页地图；☎93 317 17 31；www.pinotxobar.com；Mercat de la Boqueria；主菜

€9~17; ⏲周一至周六 7:00~16:00; ⓂLiceu) Bar Pinotxo无疑是博盖里亚市场乃至整个巴塞罗那最好的西班牙小吃吧。富有个人魅力的店主Juanito会为你奉上鹰嘴豆配松子和葡萄干、口感柔软的咸味土豆和菠菜，章鱼仔配大白豆或者一块摇摇晃晃、四四方方的焦糖色甜五花肉。

Gats　创意菜 €€

(见280页地图; ☎93 144 00 44; www.encompaniadelobos.com; Carrer d' en Xuclà 7; 主菜 €9~19; ⏲正午至午夜; 📶; ⓂLiceu) Gats是拉巴尔区餐饮业的新成员，一开业便广受好评，露台总是聚满了食客。菜式包括香烤茄泥、泰式绿咖喱，食材新鲜，非常可口。这里也供应大量当地菜，可以试试配有香肠的"海鲜饭山"，或者蜂蜜和松露配烟熏沙丁鱼。厨房全天开放。

Flax & Kale　素食 €€

(见280页地图; ☎93 317 56 64; www.teresacarles.com; Carrer dels Tallers 74; 主菜 €13~18; ⏲周一至周五 9:30~23:30, 周六和周日 10:00~23:30; 📶✍; ⓂUniversitat) Flax & Kale和老式的素食餐厅大大不同，它树立了一种新的标准(至少在巴塞罗那是如此)，宣称不吃荤食并不等同于放弃选择、创意或格调。这里有无麸质和严格素食选择，菜肴包括鳄梨酱玉米卷、茄子和酸腰果奶油、槟榔红咖喱。

Bar Cañete　西班牙小吃 €€

(见280页地图; ☎93 270 34 58; www.barcanete.com; Carrer de la Unió 17; 西班牙小吃 €4.50起; ⏲周一至周六 13:00至午夜; 📶; ⓂLiceu) 这是高端版传统酒吧(兼供应美食)的时尚追逐者之一。狭长的餐厅内有一个开放式厨房和一个木质装饰酒吧，客人们就坐在这里，可以点自己想吃的，或者从列有一长串经典西班牙小吃和platillos(可一起分享的拼盘)的菜单中选择自己心仪的。

很多菜式(例如柠檬调味的贻贝)都经过了改良。

海岸区

Paradiso/Pastrami Bar　鸡尾酒吧 €€

(见290页地图; ☎639 310671; www.rooftopsmokehouse.com; Carrer de Rera Palau 4; 主菜 €7~9; ⏲周一至周四 19:00至次日2:00, 周五和周六 19:00至次日3:00; 📶; ⓂBarceloneta) Paradiso就像是来到现实中的纳尼亚世界。前面是一片比衣橱大不了多少的雪白空间，供应熏牛肉三明治、手撕猪肉和其他自制美味。但这还只是个开始，拉开巨大的木质冷冻门，你会进入引人入胜的鸡尾酒吧，哪怕是最厌世的人来到这里，也会觉得眼前一亮。

Euskal Etxea　西班牙小吃 €

(见290页地图; ☎93 310 21 85; www.euskaletxeataberna.com; Placeta de Montcada 1; 西班牙小吃 €2.10; ⏲周日至周四 10:00至次日 0:30, 周五和周六 10:00至次日1:00; 📶; ⓂJaume I) 巴塞罗那有很多巴斯克和冒牌巴斯克风格的西班牙小吃吧，这家才是最正宗的。相比很多新兴的竞争对手，这里更具有圣塞巴斯蒂安风情。你可选择喜欢的巴斯克小吃(pintxos; 放在面包片上)，品尝巴斯克白葡萄酒(txakoli)，留好牙签，以便侍者统计数量，结算账单。

Koku Kitchen Buns　亚洲菜 €

(见290页地图; ☎93 269 65 36; www.kokukitchen.es; Carrer del Comerç 29; 主菜 €9~11; ⏲13:00~16:00和19:30~23:30; 📶; ⓂBarceloneta) 热气腾腾的圆面包里塞有牛肉或猪肉，搭配香菜、花生、腌渍茴香，淋上清酒酱，是这家店最大的吸引力。不过前菜、配菜和味道一流的自制柠檬汁，还有具有创意的鸡尾酒都值得一尝。每日午市套餐(€13)性价比很高。

Cat Bar　严格素食 €

(见280页地图; www.catbarcat.com; Carrer de la Bòria 17; 主菜 €6~9; ⏲周四至周一 13:00~22:00; 📶✍; ⓂJaume I) 这家小小的餐厅内有一间严格素食厨房，并供应众多当地手工酿制的啤酒，偶尔会有现场音乐表演。食物以不同的汉堡为主，外加当日特选的无麸质菜肴、西班牙小吃和鹰嘴豆泥。啤酒定期更换，但总有一款小麦啤酒、一款黑啤酒、一款无麸质啤酒和一款淡色艾尔啤酒。

Bormuth　西班牙小吃 €

(见290页地图; ☎93 310 21 86; Carrer

del Rec 31; 西班牙小吃 €4~10; ⏲周日至周四 正午至次日1:30, 周五和周六 正午至次日2:30; 📶; Ⓜ Jaume I) Bormuth已经站稳脚跟, 在现代服务和装饰风格中供应老派的西班牙小吃, 并提供所有经典之选, 包括辣味番茄酱马铃薯(patatasbravas)、俄罗斯沙拉(ensaladilla)、墨西哥薄饼等, 此外还有精心烹饪的特色菜品(试一试炭烤红辣椒配黑布丁)。

错层式用餐区气氛十分热闹, 不过如果你能召集一大帮人, 还有一个更安静的长桌可以使用。

EnAparté

法国菜 €

(☎93 269 13 35; www.enaparte.es; Carrer de Lluís el Piadós 2; 主菜 €8~13; ⏲周一至周四 10:00至次日1:00, 周五和周六 10:00至次日2:00, 周日 10:00至次日0:30; 📶; Ⓜ Arcde Triomf) 一个享用优质法国食物的低调场所, 紧邻安静的圣佩雷广场(Plaçade Sant Pere)。餐厅虽小, 但食客坐在里面会觉得很宽敞, 里面摆着缝纫机和一些古董器物。午后, 美妙的阳光会透过巨大的落地窗照进餐厅。

午市套餐(€13)很棒, 含一份沙拉(如甜菜根拌苹果和核桃)和一份法式乳蛋饼(quiche)或其他菜肴, 如酿辣椒烤土豆。周末供应早午餐, 包括法式吐司、火腿蛋松饼(eggs Benedict)和什锦麦片配酸奶。

★ Casa Delfín

加泰罗尼亚菜 €€

(见290页地图; ☎93 319 50 88; www.facebook.com/Casa-Delfin-326525620764565/; Passeig del Born 36; 主菜 €10~17; ⏲周日至周四 8:00至午夜, 周五和周六 8:00至次日1:00; 📶; Ⓜ Jaume I) 这里是在巴塞罗那享受美食的好地方, 你可以找到加泰罗尼亚(和地中海)风味的所有美食。开胃菜可选刺鼻的甜西班牙韭葱(calçots; 只在2月和3月供应)或撒盐的芝心西班牙青椒(Padrón peppers), 接着是烤沙丁鱼西芹, 压轴菜是用白葡萄酒和大蒜烤肥美的安康鱼。

你也可以将贻贝和蛤蜊肉从壳里挑出来, 搭配加泰罗尼亚的coca面包, 将番茄酱和橄榄油抹在面包上才是正宗的吃法。最后, 品尝一下Eton Mess(这是英国老板凯特向其祖国致敬的一道美味)——一大杯奶油、蛋白酥和浆果的混合物。

Nakashita

日本菜 €€

(☎93 295 53 78; www.nakashitabcn.com; Carrer del Rec Comtal 15; 主菜 €12~22; ⏲周一至周日 13:30~16:00和20:30至午夜; 📶; Ⓜ Arc de Triomf) 巴西特有的移民现象意味着其拥有烹制一流日本菜的传统, Nakashita的巴西大厨自然不例外, 他能做出味道极好的生鱼片、寿司卷、软壳蟹和天妇罗拼盘(kakiage)。这是巴塞罗那较好的日本餐厅之一, 餐桌不多——可以的话, 记得预订。

Bar del Pla

西班牙小吃 €€

(见290页地图; ☎93 268 30 03; www.bardelpla.cat; Carrer de Montcada 2; 主菜 €12~16; ⏲周一至周四 正午至23:00, 周五和周六 正午至午夜; 📶; Ⓜ Jaume I) 餐厅明亮, 有时候略吵闹, 装饰着漂亮的加泰罗尼亚瓷砖, 拱形天花板, 墙上陈列着数瓶葡萄酒。乍看之下, 氛围悠闲的Bar del Pla供应的西班牙小吃很传统, 但是即兴的主题摆盘显示出店家的自信。可以试试火腿炸丸子、和牛汉堡、T骨牛排或腌三文鱼、酸奶和芥末。

Ginette

法国菜 €€

(☎93 280 95 03; www.ginette.es; Carrer del Rec Comtal 12; 主菜 €16~18; ⏲9月至次年6月 周二至周四 8:30至次日2:00, 7月和8月 周一至周六 18:00至次日2:00; Ⓜ Arc de Triomf) Ginette开业于2017年, 由巴黎来的大厨掌勺, 装饰风格兼有北欧斯堪的纳维亚和巴塞罗那的时尚, 但菜单上尽是法式菜肴, 例如香煎鳕鱼配榛子、鸭胸肉配甜橙。这里也供应西班牙小吃, 但即使西班牙小吃也有如法式热吐司三明治配孔泰奶酪这样的法式点心。

El Chigre

西班牙小吃 €€

(见290页地图; ☎93 782 63 30; elchigre1769.com; Carrer dels Sombrerers 7; 主菜 €10~17; ⏲正午至23:45, 11月至次年3月 周一至周五 13:00起; Ⓜ Jaume I) El Chigre很时尚, 既是阿斯图里亚斯苹果酒屋, 又是加泰罗尼亚式vermuteria(以味美斯酒为特色, 加冰块、一块橙片和一颗绿橄榄), 菜单云集了这两个地区的经典菜肴, 很丰富。可以试试味道很棒的西红柿、金枪鱼沙拉配西红柿果冻, 或炖羊肉玉米夹心饼。

Santagustina

西班牙小吃 €€

（见290页地图；☎93 315 79 04；www.santagustina.com；Plaça Sant Agustí Vell 9；主菜€9~14；⊙周日至周四 正午至次日1:00，周五和周六 正午至次日3:00；📶；Ⓜ Arc de Triomf）这家西班牙小吃吧兼餐厅设在迷人小广场上的餐桌。这里给人一种略显怪异的基督教会感觉，菜单分"神圣西班牙小吃""天赐西班牙小吃""无瑕西班牙小吃"和"诱惑"。供应可口的西班牙和加泰罗尼亚食物——炖牛尾、"祖母的肉丸"、烤章鱼——分量都较少，旨在让食客多试一些。如果服务可以再周到一些就更完美了。

小巴塞罗那区和海滨地区

El 58

西班牙小吃 €

（Le cinquante huit；Rambla del Poblenou 58；西班牙小吃 €3.50~12；⊙周二至周六 13:30~23:00，周日 13:30~16:00；Ⓜ Llacuna）这家法式加泰罗尼亚式餐厅供应富有想象力、摆盘精致的西班牙小吃：鳕鱼球配烧烤酱、酸橘汁腌扇贝、奶酪火腿炖马铃薯（tartiflette）、鞑靼三文鱼。独自用餐的客人可以坐在大理石台面的前吧台旁。后面的餐厅有裸露的砖墙、工业风灯具和当地人的艺术创作，是一个很热闹的地方，适合慢慢享用美食。

L' Òstia

西班牙小吃

（见296页地图；☎93 221 47 58；www.facebook.com/barceloneta；Plaça de la Barceloneta 1；西班牙小吃 €2.50~8，主菜 €11~19；⊙10:00~23:45；📶；Ⓜ Barceloneta）这个街区酒吧位于一个漂亮隐蔽的广场上，有露台朝向小巴塞罗那区漂亮的巴洛克式教堂圣米克尔港口教堂（Església de Sant Miquel del Port）。这里的西班牙小吃不仅反映这一地区的传统特色，也进行了创意改良，例如川式辣沙丁鱼、鸭肉松露西班牙式鸡蛋饼。葡萄酒以加泰罗尼亚风味为主。供应的桑格利亚酒是这一带最好的。

冬季，露台上会搭建加热的遮篷。

La Bodega La Peninsular

西班牙小吃 €

（见296页地图；☎93 221 40 89；www.tabernaycafetin.es；Carrer del Mar 29；西班牙小吃€3.50~9；⊙11:30至午夜；Ⓜ Barceloneta）🍃在这家传统的小酒馆内，葡萄酒桶的数量超过餐桌。店里供应30余种西班牙小吃，可以搭配加泰罗尼亚佳酿和自制的味美斯酒。小店坚持慢食理念，使用有机、应季和当地食材。可以试试盐腌风干的金枪鱼（mojama），辣味炸土豆肉丸（bombas）配味道强烈的蒜泥蛋黄酱，后者很有名。大多数的夜晚，这里只有站立的空间。

Timesburg Poblenou

汉堡 €

（www.timesburg.com；Carrer de Pujades 168；汉堡 €6~13；⊙13:00~16:30和20:30至午夜；📶；Ⓜ Poblenou）在巴塞罗那大获成功的Timesburg有几家分店，包括这个位于El Poblenou的宽敞夹层空间。汉堡面包上有店的标志，共有16种不同的汉堡可选，包括La Massimo（牛肉、帕尔马干酪、西红柿干、葵花籽和红葱）和Balear（马略卡香肠、马洪奶酪、刺山柑和蜂蜜蛋黄酱）。手工薯条用橄榄油炸两次。

Més De Vi

西班牙小吃 €

（☎93 007 91 51；www.mesdvi.cat；Carrer de Marià Aguiló 123；西班牙小吃 €8~13；⊙周一 7:00~23:00，周二至周六 13:00~16:00和19:00~23:00；Ⓜ Poblenou）在这家热闹的葡萄酒吧，搭配加泰罗尼亚葡萄酒的是极有创意且美味的西班牙小吃：胡瓜香蒜酱和布拉塔奶酪沙拉、秘鲁黄辣椒腌渍的红金枪鱼、烟熏鲭鱼配茄子鱼子酱，羊脖配烤芜菁泥。砖墙、硬木地板、实木餐桌和饰钉装饰的切斯特菲尔德沙发让餐厅显得舒适惬意。

Cal Cuc

亚洲菜 €

（☎93 000 28 37；www.mosquitotapas.com/calcuc；Carrer del Taulat 109；西班牙小吃 €4~8；⊙周一至周四 18:00至午夜，周五至周日 13:00至次日1:00；🌿；Ⓜ Poblenou）这家时髦的餐厅从亚洲街头美食中汲取灵感，制作出诸如中式茄子（配辣酱）、日式平底锅煎饺子（gyoza）、韩式泡菜（kimchi）、豆腐沙拉（老挝腌渍豆腐）和日式章鱼烧（takoyaki）这样的小吃，搭配当地酿酒厂生产的精酿啤酒，例如Beer Cat、Guineu和Les Clandestines。

Filferro
西班牙小吃 €

（见296页地图；☎93 221 98 36；Carrer de Sant Carles 29；西班牙小吃 €5~8，主菜 €7~12；⏰10:00至次日1:00；📶✍；Ⓜ Barceloneta）Filferro是小巴塞罗那区少有的非海鲜餐厅，以高性价比的西班牙小吃、西班牙三明治（bocadillos）、沙拉和意大利面吸引了一群忠实的拥趸。餐厅内配有暖色灯光、兼容并蓄的装饰。你也可以在广场上的露天餐桌就餐（很受家庭顾客的欢迎，游乐场就在几步之遥）。

Aguaribay
素食 €

（☎93 300 37 90；www.aguaribay-bcn.com；Carrer del Taulat 95；主菜 €7~13；⏰周一至周三13:00~16:00，周四至周六 13:00~16:00和20:30~23:00，周日 13:00~16:30；✍；Ⓜ Llacuna）🌿优雅的Aguaribay在夜间提供菜式有限但精心挑选的美食：味噌和烟熏豆腐丸子、香菇荞麦面、应季蔬菜、分量十足的黑米饭，此外还有精酿啤酒和生物动力学酿制的葡萄酒。午餐时间，你可以点一份定价午间套餐，菜式每日更换。使用的都是有机食材，有充足的严格素食和无麸质选择。

Guingueta de la Barceloneta
西班牙菜 €

（www.carlesabellan.com；Platja de la Barceloneta；菜肴 €6~16；⏰3月至11月 9:00至午夜；Ⓜ Barceloneta）这是卡莱斯·阿伯兰（Carles Abellán）打造的美食帝国的成员之一，面朝海滩，供应沙拉、三明治（包括西班牙蛋饼三明治）和西班牙小吃（例如炸鳕鱼丸子、腌渍凤尾鱼、番茄沙司鸟蛤），你可以搭配鲜榨果汁、经过创新改良的经典鸡尾酒（Napoleon Sour、Cubano Loco），边品美食边赏波光粼粼的海景。

Baluard Barceloneta
面包房 €

（见296页地图；Carrerdel Baluard 38；食物 €1~3.50；⏰周一至周六 8:00~21:00；Ⓜ Barceloneta）Baluard是城里较好的新鲜烘焙面包房之一，面包品种繁多，带馅料的法棍是海滩野餐的完美选择。这里还烘焙一系列诱人的酥皮糕点，例如xuiuixo（赫罗纳的炸蛋奶糕）和bunyols（塞有奶酪或火腿、甜甜圈形状的糕点），此外还有诸如无花果或野莓为馅的馅饼。

El Ben Plantat
各国风味 €

（见296页地图；☎93 624 38 32；Carrer de Sant Carles 21；西班牙小吃 €5~10，特色午餐 €9；⏰周三至周一 13:00~16:00和20:30~23:30；✍；Ⓜ Barceloneta）在以海鲜为主的小巴塞罗那区，这家餐厅服务热情，菜单丰富，菜是小份的，有味道相当不错的素食选择（鹰嘴豆泥、鳄梨酱和薯条、豆腐酱、带馅料的腌蘑菇）。工作日还供应含多道菜的特色午餐——贻贝配土豆、自制沙拉三明治、香肠配蔬菜杂烩、蔬菜丸子，性价比很高。

La Cova Fumada
西班牙小吃 €

（见296页地图；☎93 221 40 61；Carrer del Baluard 56；西班牙小吃 €4~12；⏰周一至周三 9:00~15:15，周四和周五 9:00~15:15和18:00~20:15，周六 9:00~13:00；Ⓜ Barceloneta）没有招牌，环境也很差，但这个小小的、人声鼎沸的家庭经营的西班牙小吃吧常常人满为患。开放式小厨房烹制的爽口章鱼（pulpo）、鱿鱼（calamari）、沙丁鱼、辣味炸土豆肉丸（bombas）和烤洋蓟（carxofes）都很不错。所有东西都极为新鲜。

Bitácora
西班牙小吃 €

（见296页地图；☎93 319 11 10；Carrer de Balboa 1；西班牙小吃 €4~12.50；⏰周一至周五 9:00至次日2:30，周六和周日 10:00至次日2:30；Ⓜ Barceloneta）这家店很受周边街区居民的喜爱，简单却洋溢着令人愉悦的氛围，供应价廉物美、分量充足的西班牙小吃。后面有一个隐蔽的小露台。首选酸橘汁腌鱼（ceviche de pescado）、章鱼仔（chipirones）和烤对虾（gambas a la plancha）。这里只接受现金，不能使用银行卡。

El Poblenou（☎93 277 87 12；www.facebook.com/bitacorapoblenou；Plaça de la Unió 24；西班牙小吃 €2~8，1/2/3道菜午餐 €5/7/10；⏰9:00至次日1:00；Ⓜ Poblenou）是其另一家分店。

Can Maño
海鲜 €

（见296页地图；Carrer del Baluard 12；主菜 €7~15；⏰周一 20:00~23:00，周二至周五 8:30~

16:00和20:00~23:00，周六 8:30~16:00；ⓂBarceloneta）在这个家庭经营的餐厅，你要做好排队的准备，才能挤进一张坐满人的桌子，在喧闹中享受整晚的西班牙小吃，还可以来一瓶加利西亚葡萄酒（turbio）。海鲜品类丰富，有最好的鱿鱼、对虾和鱼，物美价廉。

Vaso de Oro
西班牙小吃 €

（见296页地图；☎93 319 30 98；www.vasodeoro.com；西班牙小吃 €4~12；⊙11:00至午夜；ⓂBarceloneta）人们喜欢聚在这家狭窄的小吃店内，兴致勃勃地享用美味的西班牙小吃。爱说俏皮话、穿着白色夹克的服务员会为你呈上烤对虾、烤鹅肝（foiealaplancha）或牛里脊肉（solomillo）。想来点与众不同的饮品？就点一杯flautacincuenta——一半拉格啤酒加一半黑啤。

El Tío Ché
咖啡馆 €

（www.eltioche.es；Rambla del Poblenou 44；菜肴 €2~6；⊙周日至周四 10:00~22:00，周五和周六 10:00至次日1:00；ⓂPoblenou）这家餐厅在当地非常有名，早在1912年就开业了（当时在博恩区）。这里制作的horchata很出名，这是一种用油莎豆奶制成的口感清新的甜味饮料，略有颗粒感。有些人很爱喝，有些人则不然。你也可以点其他自制饮料，搭配三明治和冰激凌享用。

★Isla Tortuga
西班牙小吃 €€

（见296页地图；☎93 198 40 74；www.encompaniadelobos.com/en/isla-tortuga；Carrer de Llauder 1；西班牙小吃 €3~9.50，主菜 €11~18；⊙正午至午夜；ⓂBarceloneta）木条、裸砖以及吧台上呼应店名的乌龟（tortuga）营造出一种时尚的漂流感。随季节更换的菜单集中了20余种当代西班牙小吃（例如伏特加蒸蛤蜊、黄貂鱼配黑黄油、烤章鱼配卡拉马塔橄榄酱、泡菜馅辣椒）外加墨西哥玉米卷饼（北京烤鸭、脆皮对虾、腌排骨），还有几种不同的海鲜饭。

★Can Recasens
加泰罗尼亚菜 €€

（☎93 300 81 23；www.facebook.com/canrecasens；Rambla del Poblenou 102；主菜 €8~21；⊙周一 8:30~13:30和17:00~23:45，周二至周四 至次日1:00，周五 至次日3:00，周六 9:00~13:00和21:00至次日3:00，周日 21:00至次日1:00；ⓂPoblenou）在波布雷诺最浪漫的环境中，Can Recasens有一系列灯光温暖的房间，闪烁的烛光映衬着满屋的油画、漂亮的灯具和果篮。这里供应品质一流的食物，包括沙拉、熏肉、奶酪火锅（fondues），以及上面堆有野蘑菇和布里干酪等美食的开口三明治，此外还有烤蔬菜（escalivada）、格鲁耶尔干酪（Gruyère）和西班牙辣香肠。

隔周周三有现场爵士乐表演。

Green Spot
素食 €€

（见296页地图；☎93 802 55 65；www.encompaniadelobos.com/en/the-green-spot；Carrer de la Reina Cristina 12；主菜 €10~15；⊙周一至周五 12:30至午夜，周六和周日 13:00至午夜；🅥；ⓂBarceloneta）这家极简主义风格的时尚餐厅有拱形天花板，供应创意素菜、严格素食和无麸质菜肴，例如紫胡萝卜沙拉配番木瓜和羊乳酪、茄子胡瓜墨西哥玉米卷、荞麦和菠菜手工鸡蛋面（spätzle）、意式甜土豆团子配黑松露、比萨配腰果奶酪和芦笋。每周二晚上有现场弗拉明戈表演。

Kaiku
海鲜 €€

（见296页地图；☎93 221 90 82；www.restaurantkaiku.cat；Plaça del Mar 1；主菜 €13~19；⊙周二至周六 13:00~15:30和19:00~22:30，周日 13:00~15:30；ⓂBarceloneta）Kaiku位于小巴塞罗那区南端，眺望着海滨。食材来自附近鱼市，烹制的菜肴十分美味，例如薄荷小龙虾、薄切剑鱼片配鳄梨和西红柿干、辣金枪鱼配绿苹果和蘑菇，还有供两个人享用的米饭菜肴。

★Oaxaca
墨西哥菜 €€€

（见296页地图；☎93 018 06 59；www.oaxacacuinamexicana.com；Pla de Palau 19；主菜 €22~32；⊙13:00~16:00和20:00至午夜；🅥；ⓂBarceloneta）大厨Joan Bagur在墨西哥学习了10年的传统菜肴烹饪，拥有栽种有墨西哥植物的花园，这些新鲜食材创造出了如撒有辣椒粉的烤玉米（coyoacán）和慢烤猪肉墨西哥玉米卷（cochinita pibil）等美味。宽大的餐桌是用墨西哥硬木做的，墙上陈列着墨西哥原创艺术作品。回廊下有户外座位。

Bagur开的街区酒吧La Mezcalería d'Oaxaca由一个木刻的卡拉维拉人偶(calaca,亡灵节头骨)守卫。这是个非常棒的地方,有牛皮覆盖的椅子、飞鸟标本,一面墙上播放着墨西哥黑白默片。酒吧供应200多种不同的梅斯卡尔酒(mezcal,龙舌兰的一种)。

★La Barra de Carles Abellán 海鲜 €€€

(见296页地图;☎93 760 51 29;www.carlesabellan.com/mis-restaurantes/la-barra;Passeig Joan de Borbó 19;西班牙小吃 €5~8.50,主菜 €24~36;⏲13:30~16:00和20:00~23:00;Ⓜ Barceloneta)加泰罗尼亚大厨卡莱斯·阿伯兰经营的这家玻璃屋餐厅漂亮至极,铺有光亮的瓷砖。这里的海鲜西班牙小吃非常出名,例如腌章鱼、迷你凤尾鱼蛋饼和煎牡蛎配三文鱼卵。更令人难忘的是主菜:橙子酱烤蛏子肉、塞有辣味水煮蛋黄的鱿鱼、爆炒海参、丰盛的龙虾海鲜饭配熏对虾。

通过电视屏,食客可以看到楼下忙碌的厨师。大多数座位在公用柜台风格的长桌旁,非常适合独自用餐者。

Restaurant 7 Portes 海鲜 €€€

(见296页地图;☎93 319 30 33;www.7portes.com;Passeig d'Isabel II 14;主菜 €19~32;⏲13:00至次日1:00;📶;Ⓜ Barceloneta)7 Portes在1836年开业时是个咖啡馆,1929年改为餐厅,回廊下的用餐环境非常大气,也有种怀旧氛围,有木镶板、瓷砖、镜子,罗列着曾经来此用餐名人的名字的匾牌——例如奥逊·威尔斯(Orson Welles)。海鲜饭是这里的特色,也可以尝尝"大盘海鲜"(gran plat de marisc)。

Els Pescadors 海鲜 €€€

(☎93 225 20 18;www.elspescadors.com;Plaça de Prim 1;主菜€18~42;⏲13:00~15:45和20:00~23:00;📶;Ⓜ Poblenou)这一古朴典雅的家庭餐厅位于一个风景如画的广场上,广场上排列着低矮的房屋和栽种多年的南美遮阴树。餐厅一直供应巴塞罗那最好的烤鱼和海鲜米饭菜肴。内有3个用餐区:其中两个非常现代化,主屋则保留了老式客栈风情。暖和的夜晚,可以选择坐在露天餐桌用餐。

Can Majó 海鲜 €€€

(见296页地图;☎93 221 54 55;www.canmajo.es;Carrer del Almirall Aixada 23;主菜 €15~36;⏲周二至周六 13:00~16:00和20:00~23:30,周日 13:00~16:00;Ⓜ Barceloneta)这家餐厅位于海滨大道对面的广场上,设有露天餐桌,冬季有取暖灯。这里一直以来就因美味的海鲜而备受好评。招牌菜是米饭类菜肴和丰盛的炖鱼(suquets)。鱼类菜肴和用海鲜烹煮而成的马赛鱼汤(bouillabaisse)多汁味美。

神圣家族教堂和扩建区

★Tapas 24 西班牙小吃 €

(见304页地图;☎93 488 09 77;www.carlesabellan.com;Carrer de la Diputació 269;西班牙小吃 €2.20~12;⏲9:00至午夜;📶;Ⓜ Passeig de Gràcia)著名大厨卡莱斯·阿伯兰经营的这家西班牙小吃店位于地下室,以对经典菜式的改造而闻名。这里的招牌菜包括烤火腿芝士三明治(bikini;火腿是腌过的,特别添加的松露令这道菜脱胎换骨)和美味的柠檬腌渍凤尾鱼(boquerones al limón)。这里不接受预订,但等待是值得的。

甜点可以选择可口的橄榄油浸巧克力球(xocolata amb pa, sal i ol),上面撒了些许盐和威化饼。

Hawker 45 亚洲菜 €

(见304页地图;☎93 763 83 15;Carrer de Casp 45;主菜 €8.50~16;⏲周一至周五 13:00~16:00和20:00~23:00,周六 12:30~16:00和20:00~23:30,周日 12:30~16:00;Ⓜ Tetuan)这家香味四溢的餐厅从亚洲街头美食汲取灵感,烹制出各种街头美味,例如香辣的马来西亚鱿鱼叻沙、印度尼西亚羊肉沙嗲、韩式猪肋排配年糕、泰式牛肉沙拉和新加坡绿芒果叁巴酱蒸蟹。含6道菜的品尝套餐(€35)最好搭配精酿啤酒(€42)或亚式风情鸡尾酒(€60)享用。

你可以在长长的红色吧台用餐,这里能看到开放式厨房,也可以去后面宽敞的就餐区,横梁和通风管道裸露着,呈现出后工业风格。

Copasetic 咖啡馆 €

(☎93 532 76 66; www.copaseticbarcelona.com; Carrer de la Diputació 55; 主菜 €6~13.50; ⏲周二和周三 10:30至午夜，周四 10:30至次日1:00，周五和周六 10:30至次日2:00，周日10:30~17:30; 📶✏; Ⓜ Rocafort）一家有趣友好的咖啡馆，装饰着复古家具。无论你的心头好是火腿蛋松饼、野莓小果馅饼，还是肥美多汁的汉堡，都能在菜单上找到。此外，这里还有许多素食、无麸质及有机食品可供选择，周末供应物美价廉的早午餐。周二至周五供应午间套餐（€9.50~12）。

Charlot Cafè 咖啡馆 €

（见304页地图；☎93 451 15 65; Carrer d' Aribau 67; 菜肴 €6.50~13.50; ⏲厨房 周一至周五 8:30~22:00，周六 7:00~22:00，酒吧 周五和周六 至次日3:00; 📶✏; 🚆FGC Provença）从《蒂凡尼的早餐》到《低俗小说》，Charlot的墙上陈列着很多电影剧照和海报。元气满满的早餐包括松露西班牙蛋饼（tortilla española）、伊比利亚火腿煎蛋，也可以来这里享用午餐（清炒藜麦沙拉、汉堡配手切薯条）或晚餐（鸭肉配黑莓酱）。精酿啤酒和鸡尾酒全天供应。

Cantina Mexicana 墨西哥菜 €

(☎93 667 66 68; www.cantinalamexicana.es; Carrer de València 427; 主菜 €7~13; ⏲13:00至午夜; ✏; Ⓜ Sagrada Família）这家装饰简朴的餐厅正好能避开神圣家族教堂熙攘的人流，供应正宗的墨西哥菜，包括20多种不同的玉米卷饼或麦粉卷饼（例如清炒虾和豆）、传统的慢烤猪肉搭配红木籽（cochinita pibil）、4种不同的酸橘汁腌鱼。素食选择包括美味的南瓜花炸玉米粉饼。

Granja Petitbo 地中海菜 €

（见304页地图；☎93 265 65 03; www.granjapetitbo.com; Passeig de Sant Joan 82; 三明治 €4~8，主菜 €8~12; ⏲周一至周三 9:00~23:00，周四和周五 9:00~23:30，周六 10:00~23:30，周日 10:00~17:00; 📶; Ⓜ Girona）高高的天花板，磨损的皮质扶手椅，精心摆放的漂亮花束，这些都为这家光线充足、小小的角落咖啡馆奠定了基调。这里受到当地时尚人士和年轻夫妻的喜爱。除了全天供应的自制蛋糕、鲜榨果汁和味道一流的咖啡外，这里还有汉堡、沙拉和意大利面，周末供应早午餐。

Koyuki 日本菜 €

（见304页地图；☎93 237 84 90; koyuki.eltenedor.rest; Carrer de Còrsega 242; 主菜 €8~12; ⏲周二至周日 13:00~15:30和20:00~23:00; 🚆FGC Provença）这家低调、位于地下的日本餐厅就如同未经切割过的钻石。日本老板很有礼貌，菜单配有图片——你不会失望的。生鱼片拼盘（sashimi moriawase）分量很足，食材很新鲜，品种繁多。天妇罗乌冬面尤其美味，可以搭配面包屑炸虾。

★ Auto Rosellon 各国风味 €€

（见304页地图；☎93 853 93 20; www.autorosellon.com; Carrer de Rosselló 182; 主菜 €12~18; ⏲周一至周三 8:00至次日1:00，周四和周五 8:00至次日2:00，周六 9:00至次日2:00，周日 9:00至午夜; 📶✏; 🚆FGC Provença）🌿店内是矢车菊蓝的色调，所有的新鲜食材都陈列着。Auto Rosellon主要使用来自小生产者以及自家花园种植的有机食材，烹制出火腿蛋松饼、鞑靼三文鱼配鳄梨、意式乳清团子配西红柿百里香焖肉、慢烤墨西哥猪肉玉米卷饼。自制果汁和玫瑰柠檬汁味道很不错。此外，这里还供应很棒的鸡尾酒和精酿啤酒。

Mr Kao 点心 €€

（见304页地图；☎93 445 25 88; www.misterkao.com; Carrer de València 271; 点心 €2.80~4，主菜 €11~28; ⏲周二至周六 12:30~15:30和20:30~23:30，周日 12:30~15:30; Ⓜ Passeig de Gràcia）这家优雅的上海点心店位于气派的Hotel Claris内，供应味道极好的饺子。点心价格不便宜，但每吃一口都会让你身心愉悦，猪蹄馅饺子尤其好吃，小龙虾和鳟鱼卵烧卖也值得一尝。店里还供应分量更大的北京烤鸭、松露野蘑菇鸡蛋面。

Entrepanes Díaz 三明治 €€

（见304页地图；☎93 415 75 82; Carrer de Pau Claris 189; 三明治 €6~10，西班牙小吃 €3~10; ⏲13:00至午夜; Ⓜ Diagonal）在这家亮眼的老式酒吧里，可口的三明治是一大亮点，从烤牛肉到乳猪，或松脆的鱿鱼配墨鱼汁蒜泥蛋黄酱，品种很多。此外，店里还供应可分享食用的西班牙特色菜，例如海胆和对虾馅饼、炸血肠。店里只聘请年龄超过50岁、有经验的侍者，服务更加迷人，也增添了一丝严谨。

墙上挂着巴塞罗那相关的黑白照片。

Parking Pizza 比萨 €€

（☎93 633 96 45；www.parkingpizza.com；Carrer de Londres 98；比萨 €9.50~14.50；⌚周一至周六 13:00~16:00和20:00~23:00，周日13:00~16:00；FGC Provença）在这个车库风格的餐厅内，你很可能要和其他食客共享长长的原木桌，坐在纸箱制成的凳子上。不过，木炭烤制的比萨和前菜弥补了私密性欠缺的不足，前菜有浓稠的布拉塔奶酪"蛋花汤"（stracciatella），味道很好的红藜麦沙拉配鳄梨酱和水煮蛋。

Chicha Limoná 地中海菜 €€

（见304页地图；☎93 277 64 03；www.chichalimona.com；Passeig de Sant Joan 80；主菜€12~17；⌚周二至周四 9:30至次日1:00，周五和周六 9:30至次日2:00，周日 9:30~17:00；📶；Ⓜ Tetuan）Passeig de Sant Joan是时尚人士的聚集地，明亮热闹的Chicha Limoná为他们提供了一个很棒的就餐选择。这里供应鞑靼牛排配柚子、兔肉墨西哥玉米卷饼、酸奶浸三文鱼、蒸比萨和龙舌兰、芒果、辣椒冰糕，菜单经常更换（套餐€13.90）。

Cerveseria Catalana 西班牙小吃 €€

（见304页地图；☎93 216 03 68；Carrer de Mallorca 236；西班牙小吃 €3~14；⌚9:00至次日1:30；FGC Provença）无论何时来，"加泰罗尼亚酿酒厂"都堪称完美。早晨可以喝一杯咖啡，点一个羊角面包，中餐和晚餐则可以点桑格利亚酒、开胃菜（montaditos）和西班牙小吃。你可以坐在吧台用餐，也可以在石板铺就的露台或后面的餐厅用餐。热西班牙小吃、沙拉和其他小食品类繁多，吸引了很多穿着讲究的客人。不接受预订。

Cafe Emma 法式小馆 €€

（见304页地图；☎93 215 12 16；www.cafe-emma.com；Carrer de Pau Claris 142；主菜€14~25.50；⌚周一至周五 8:00~22:30，周六和周日 9:00~22:30；📶；Ⓜ Passeig de Gràcia）这家法式小馆受本土和国际风味影响，不过葡萄酒都来自法国。一天中无论何时，在这里的露台、餐厅或吧台用餐都是美好的享受。开口三明治（例如羊奶酪、甜菜根和烤牛肉）非常好吃。不要错过新鲜去壳的牡蛎，搭配一杯应季的爽口白葡萄酒。

La Bodegueta Provença 西班牙小吃 €€

（见304页地图；☎93 215 17 25；www.provenca.labodegueta.cat；Carrer de Provenca 233；西班牙小吃 €6~15，主菜 €9.50~16；⌚周一至周五 7:00至次日1:45，周六 8:00至次日1:45，周日 13:00至次日0:45；📶；FGC Provença）这个"小酒窖"供应味道经典、摆盘精致的西班牙小吃，例如鱿鱼圈（calamares a la andaluza）和腌牛肉干（cecina）。餐厅的特色是ous estrellats（字面意思是"碎鸡蛋"）——就是将蛋白、蛋黄、土豆、鹅肝酱、黑布丁（morcilla）等食材炒在一起。

El Velódromo 西班牙小吃、地中海菜 €€

（☎93 430 60 22；www.moritz.com；Carrer de Muntaner 213；西班牙小吃 €2.50~10.50，主菜 €9.50~24；⌚厨房 13:00至次日1:00，酒吧 24小时；📶；Ⓜ Hospital Clínic）巴塞罗那啤酒公司Moritz对这一充满历史感的文学小酒馆进行了修葺，使其重新变得令人着迷。可以来这里喝杯开胃酒，品尝西班牙小吃，或者享用更丰盛的菜肴，例如三文鱼配焦糖卷心菜、小牛肉丸配新鲜西红柿和马苏里拉奶酪。

这里有着高高的天花板，颇为壮观，保留了许多最初的装饰元素。

Casa Alfonso 西班牙菜 €€

（见304页地图；☎93 301 97 83；www.casaalfonso.com；Carrer de Roger de Llúria 6；西班牙小吃和三明治 €4~15，主菜 €13~23；⌚周一至周五 8:00至次日1:00，周六 13:00至次日1:00；📶；Ⓜ Urquinaona）自1934年营业以来，Casa Alfonso就是早晨喝杯咖啡或在长长的大理石吧台享用西班牙小吃的完美选择。木镶板、装饰有旧照片、海报、悬挂的火腿，为它赢得一帮忠实的本地顾客，他们随时会来这里享用各种馅的法棍（flautas）、火腿、奶酪、热菜和自制甜点。

这里还有分量更大的菜肴，多数含有烤肉。饭后可以考虑来一小杯爱尔兰咖啡（alfonsito）。

Casa Amalia 加泰罗尼亚菜 €€

（见304页地图；☎93 458 94 58；www.casamaliabcn.com；Passatge del Mercat 4-6；主菜 €9~20；⏲周二至周六 13:30~15:30和21:00~22:30，周日 13:00~15:30；Ⓜ Girona）这个极具本土风情的错层式餐厅以丰盛的加泰罗尼亚菜而大受欢迎，新鲜的食材采自隔壁繁忙的市场。冬季每周四供应大份经典的加泰罗尼亚炖菜（escudella）。你也可以尝试其他小分量的当地菜肴，例如苹果蒜泥蛋黄酱配鳕鱼（bacallà al allioli de poma）。含3道菜的当日套餐（€15.50）价格不贵。

De Tapa Madre 加泰罗尼亚菜 €€

（见304页地图；☎93 459 31 34；www.detapamadre.com；Carrer de Mallorca 301；西班牙小吃 €4~7.50，主菜 €14~25.50；⏲11:30至午夜；Ⓜ Verdaguer）从推开门的那一刻，热闹的氛围扑面而来。窗旁摆着几张小餐桌（外面还有露台座位），不过楼上空间更大，楼下吧台有很多诱人的西班牙小吃。分量十足的龙虾饭（arròs amb llamàntol）很好吃。

★ Lasarte 现代欧洲菜 €€€

（见304页地图；☎93 445 32 42；www.restaurantlasarte.com；Carrer de Mallorca 259；主菜 €52~58；⏲周二至周六 13:30~15:30和20:30~22:30，8月前三周不营业；Ⓜ Diagonal）巴塞罗那较好的餐厅之一，也是这座城市最早的米其林三星餐厅，由饱受赞誉的大厨Martín Berasategui监管。精致用心的菜肴杜洛克猪蹄配、柑橘、鞑靼鱿鱼配卡菲尔清汤等。你将在非常现代化的餐厅内用餐。即便是最战战兢兢的顾客，这里的侍者也能令其放松下来。

★ Disfrutar 现代欧洲菜 €€€

（见304页地图；☎93 348 68 96；www.en.disfrutarbarcelona.com；Carrer de Villarroel 163；品尝套餐 €120~185；⏲周二至周六 13:00~14:45和20:00~21:45；Ⓜ Hospital Clínic）米其林二星的Disfrutar（加泰罗尼亚语"享受"）是巴塞罗那较好的餐厅之一。由费兰·阿德里亚（Ferran Adrià）经营的具有革新意义（现在已关闭）的El Bulli餐厅的同僚打理。绝不要相信眼前所看到的，例如黑色和绿色的橄榄其实是用橙子花水做的巧克力甘纳许。

★ Mont Bar 法式小馆 €

（见304页地图；☎93 323 95 90；www.montbar.com；Carrer de la Diputació 220；西班牙小吃 €2~13，主菜 €12.50~26.50；⏲正午至15:30和19:00至午夜；Ⓜ Universitat）这家餐厅以老板的家乡阿兰山谷命名，是一家很时尚的葡萄酒吧风格餐厅，铺有黑白双色的地板，长软座为森林绿色调，墙上摆满了酒瓶，烹饪技术一流。先品尝精致的西班牙小吃（猪蹄配虾米、蛋白霜配海葵和马斯卡彭奶酪），接着是"小盘"主菜（松仁乳金枪鱼肚），还有令人赞不绝口的甜点（羊奶冰激凌配黑加仑利口酒）。提前预订很有必要。

Casa Calvet 加泰罗尼亚菜 €€€

（见304页地图；☎93 412 40 12；www.casacalvet.es；Carrer de Casp 48；主菜 €27~35；⏲周一至周六 13:00~15:30和20:00~22:30；Ⓜ Urquinaona）高迪早期的杰作充斥着其标志性的曲线特色，建筑主入口右边有一家华丽的餐厅。穿上正装，提出去木质小隔间（taula cabina）用餐的要求。你可以选择以扇贝和对虾为馅的洋蓟、板栗炖松鸡或鹅肝酱小牛肉。

恩典区和古埃尔公园

Chivuo's 汉堡 €

（见310页地图；☎93 218 51 34；www.chivuos.com；Carrer del Torrent de l'Olla 175；汉堡 €7~9；⏲周一至周六 13:00~17:00和19:00至午夜；Ⓜ Fontana）在这个热闹的地方，汉堡和精酿啤酒成为绝配。来这里的大多为本地客，他们冲着大汉堡（除非特别说明，否则是半生的）而来，搭配店家自制的酱料——最好再点一份松软、金黄色的炸薯条。8个龙头供应口感很好的啤酒，大多数来自加泰罗尼亚和西班牙啤酒公司，包括总部在巴塞罗那的Edge Brewing、Catalan Brewery、Napar和Garage。

.IT 意大利菜 €

（见310页地图；☎93 461 92 71；Carrer del

Topazi 26；主菜 €6.50~12；⌚周一至周五 9:30至午夜，周六 正午至16:00和19:00至午夜，8月不营业；📶✍；Ⓜ Fontana）.IT（"意大利传统"Italian Tradition的缩写）的比萨底是用卡普托面粉做的，发酵48小时，然后放入400度的炭烤炉中烘烤。有经典的配料组合，例如威尼托（Veneto；戈贡佐拉奶酪、马苏里拉奶酪、菊苣和核桃）和阿布鲁佐（Abbruzzo；新鲜西红柿、斯卡莫扎奶酪、开心果熏肠和罗勒）。大分量的新鲜沙拉本身也可以饱腹。意大利面的品种每日更换。

Casa Portuguesa　面包房 €

（见310页地图；☎93 021 88 03；www.acasaportuguesa.com；Carrer de l' Or 8；菜肴 €2~8；⌚10:30~21:00；Ⓜ Fontana）这是一家令人愉悦的面包房，能眺望Plaça del Diamant广场，供应诱人的美味。葡式蛋挞（pasteis de belém）非常好吃。此外，你还能找到水果馅饼、每日更换的有机沙拉、醇香的咖啡和葡萄牙葡萄酒。想来点带劲的，就喝杯樱桃白兰地（ginjinha）吧。

Bar Bodega Quimet　西班牙小吃 €

（见310页地图；☎93 218 41 89；Carrer de Vic 23；西班牙小吃 €3~11.50；⌚周一至周五 10:00~23:30，周六和周日 正午至23:30；Ⓜ Fontana）这家令人愉悦的酒吧装饰着旧瓶子的墙壁、大理石桌子、擦得铮亮的木质吧台，算得上是逝去时代的遗留品。西班牙小吃和海鲜品种非常多。另一个招牌菜是torrades——大块烤白面包配腌肉、新鲜凤尾鱼和沙丁鱼。

La Pubilla　加泰罗尼亚菜 €

（见310页地图；☎93 218 29 94；Plaça de la Llibertat 23；主菜 €8~13.50；⌚周一 8:30~17:00，周二至周六 8:30至午夜；Ⓜ Fontana）这家餐厅隐于自由市场（Mercat de la Llibertat）内，丰盛的"猪肉早餐"（esmorzars de forquilla）是其招牌，深受市场工作人员和附近居民的喜爱。这里也供应含3道菜的当日套餐（€16），包括烤鳕鱼、烤猪脸肉配鹰嘴豆等加泰罗尼亚菜。早点过来占位。

La Nena　咖啡馆 €

（见310页地图；☎93 285 14 76；www.facebook.com/chocolaterialanena；Carrer de Ramon i Cajal 36；菜肴 €2~4.50；⌚周一至周五 8:30~22:30，周六和周日 9:00~22:30；👪；Ⓜ Fontana）在这个混沌无序又令人愉悦的空间里，尽情品味热巧克力（suïssos），搭配一盘浓稠的自制鲜奶油和蓬松甜饼干（melindros）、甜点，以及可口的咸点（包括可丽饼）。咖啡馆里有很多书，架子上有棋盘游戏可供客人使用。

Himali　尼泊尔菜 €

（见310页地图；☎93 285 15 68；www.restaurantehimalibcn.com；Carrer de Milà i Fontanals 60；主菜 €7.50~13；⌚正午至23:30；Ⓜ Joanic）这个简朴的餐厅挂着尼泊尔特色的经幡，供应羊肉咖喱、烤肉配米饭和馕、羊肉和蔬菜饺子等菜肴。

Pepa Tomate　西班牙小吃 €€

（见310页地图；☎93 210 46 98；www.pepatomategrup.com；Plaça de la Revolució de Setembre de 1868 17；分享盘 €7~17；⌚周一 20:00至午夜，周二至周五 9:00至午夜，周六 10:00至午夜，周日 11:00至午夜；Ⓜ Fontana）这家位于Plaça de la Revolució de Setembre de 1868的悠闲小馆全天候都很受欢迎。新鲜农产品在菜单上占最多，供应炸绿番茄、安达卢西亚章鱼仔、泥炉烤羊肉墨西哥卷饼、伊比利亚猪肉、蘑菇、炸丸子，夏季则有胡萝卜冷菜汤。

Café Godot　各国风味 €€

（见310页地图；☎93 368 20 36；www.cafegodot.com；Carrer de Sant Domènec 19；主菜 €10~18.50；⌚周一至周五 10:00至次日1:00，周六和周日 11:00至次日2:00；Ⓜ Fontana）裸砖、木头、瓷砖和后面的开放式花园，时尚的Godot是个能让人放松的地点。菜单上列出了丰富的选择，有白葡萄酒蒸贻贝、泰式绿咖喱扇贝，油封鸭腿配小扁豆和菠菜。早午餐是美式风味，有鸡蛋、香脆培根和松软的薄饼。

Cantina Machito　墨西哥菜 €€

（见310页地图；☎93 217 34 14；Carrer de Torrijos 47；主菜 €9.50~16.50；⌚13:00~16:00和19:00至次日1:00；Ⓜ Fontana、Joanic）色彩斑斓的Machito位于一条植被葱郁的街上，店里装饰有弗里达·卡罗的画像。当地人很喜

欢这里，户外餐桌是享用美食佳酿的好地方，可以一直待到晚上。先来一份辣味啤酒混鸡尾酒（michelada），然后再品尝墨西哥美味，例如油炸玉米粉饼、玉米卷饼和辣卷饼。提神的冰水加了蜂蜜和酸橙，或者是薄荷和水果。

La Panxa del Bisbe 西班牙小吃 €€

（☎93 213 70 49；Carrer del Torrent de les Flors 158；西班牙小吃 €8.50~15，品尝套餐 €28~36；⏰周二至周六 13:30~15:30和20:30至午夜；Ⓜ Joanic）柔和的灯光，充满艺术气息的极简风格内饰，"主教的肚子"供应的创意西班牙小吃赢得了当地食客的高度赞赏。你可以敞开肚子，品尝对虾馅胡瓜花、青椒烤章鱼配西瓜、慢烤羊肉配薄荷小米饭。再开一瓶葡萄酒，例如来自加利西亚的阿尔瓦里尼奥白葡萄酒（按杯出售的选择有限）。

Cal Boter 加泰罗尼亚菜 €€

（见310页地图；☎93 458 84 62；www.restaurantcalboter.com；Carrer de Tordera 62；主菜 €8~15；⏰周二至周六 13:00~16:00和21:00至午夜，周日和周一 13:00~16:00；Ⓜ Joanic）这家传统餐厅吸引了家庭客人和朋友聚餐，他们来此品尝清炒蜗牛（cargols a la llauna）、橙子和鹅肝酱浸厚切嫩牛肉（filet de bou amb salsa de foie），以及其他加泰罗尼亚特色菜。

Envalira 加泰罗尼亚菜 €€

（见310页地图；☎93 218 58 13；Plaça del Sol 13；主菜 €13~21；⏰周二至周六 13:30~16:00和21:00至午夜，周日 13:30~17:00；Ⓜ Fontana）恩典区遗珠低调的入口很难被人留意到，但当认真的侍者将各种海鲜和米饭菜肴端到你的餐桌上，你就知道来对地方了。这里供应可口的米饭配鸡肉、猪肉和奶酪碎（arròs a la milanesa），无须鳕块煮香草米饭配蛤蜊（a bullit de llu）。

Taverna La Llesca 加泰罗尼亚菜 €€

（见310页地图；☎93 285 02 46；www.tavernalallesca.com；Carrer de Terol 6；主菜 €10~18；⏰13:30~16:00和20:30至午夜；Ⓜ Fontana）在这家老派的小酒馆里，吧台上挂着味美斯酒桶，供应分量十足的肉菜。搭配西班牙红酒一起享用。

Can Travi Nou 加泰罗尼亚菜 €€€

（☎93 428 03 01；www.gruptravi.com；Carrer de Jorge Manrique 8；主菜 €15.50~30；⏰13:00~16:00和20:00~23:00；Ⓜ Montbau）这座宽敞的18世纪宅邸有两层用餐区域，温暖的色调、落地摆钟和乡村氛围使得这里成为享用加泰罗尼亚特色菜的美妙地方。菜肴有慢烤猪肉和羊肉，海鲜炖锅。需预订。

Botafumeiro 海鲜 €€€

（见310页地图；☎93 218 42 30；www.botafumeiro.es；Carrer Grande Gràcia 81；主菜 €22~59；⏰12:00至次日1:00；Ⓜ Fontana）长久以来，这里堪称殿堂级的加利西亚贝类吸引着众多探访巴塞罗那的贵宾慕名而来。想省钱的话，就两人共享新鲜海产品制作的半份西班牙小吃拼盘（mediasraciones），接着点些诸如蜘蛛蟹馅饼、墨鱼汁海鲜饭或烤龙虾类的主菜。

试试狗爪螺（percebes），味道不错，这是一种产自加利西亚大西洋北海岸的造型诡异的贝类，被许多西班牙人认为是终极海鲜美味。

诺坎普、佩德拉尔贝斯和高地区

La Fermata de Sarrià 比萨 €

（☎93 315 84 02；www.lafermata.es；Carrer Major de Sarrià 2-4；比萨 每公斤 €14~28；⏰12:30~16:00和19:30~23:00；🚌66、130、🚆FGC Sarrià）这家小小的比萨餐馆由一位在罗马接受过培训的厨师经营，方形切片比萨按重量卖，既有经典的配料，也有加泰罗尼亚式配料，共有150种，不过并不是同时都有供应的。这些比萨很适合外带，你也可以在店里的柜台前坐在高脚凳上享用，外面的人行道上也放着几张餐桌。

Mitja Vida 西班牙小吃 €

（www.morrofi.cat；Carrer de Brusi 39；西班牙小吃 €3~7；⏰周一至周四 18:00~23:00，周五和周六正午至16:00和18:00~23:00，周日 正午至16:00，8月不营业；🚆FGC Sant Gervasi）Mitja Vida是一家处处可见不锈钢装饰的西班牙小吃吧，里面总是坐满了有趣的年轻人，主要是当地人。这是个气氛欢快的餐饮场所，供应分量很大的凤尾鱼、鱿鱼、熏鲱鱼、奶酪和腌金枪鱼（mojama）。特别饮品是自酿的味美斯酒。

Santamasa 加泰罗尼亚菜 €

（☎93 676 35 74；www.santamasarestaurant.com；Carrer Major de Sarrià 97；菜肴€6.50~13；⊙周一至周五 8:00至午夜，周六和周日 9:00至午夜；🚉FGC Reina Elisenda）这家餐厅就在Sarrià漂亮的18世纪教堂Sant Vicenç de Sarrià边上，是个很迷人的用餐地点，一天中无论什么时候，都可以来这里享用一顿轻食。菜单内容很丰富，有创意配料的小比萨（pizzetes）、沙拉、开口三明治、奶酪火锅、汉堡、油炸玉米粉饼和分量较多可一起分享的开胃菜，例如鹰嘴豆和墨西哥鳄梨酱。

★Acontraluz 地中海菜 €€

（☎93 203 06 58；www.acontraluz.com；Carrer del Milanesat 19；主菜 €15~27；⊙周一至周六 13:30~16:00和20:30至午夜，周日 13:30~16:00；🚉FGC Les Tres Torres）在这家浪漫的餐厅用餐，最怡人的地方就是绿树成荫的花园，穿过凉棚就可以到达。橄榄脆皮安康鱼配焦糖茴香、墨鱼蛤蜊黑汁海鲜饭、乳猪配无花果酱味道绝佳。甜点别错过朗姆酒胡萝卜蛋糕配豆蔻冰激凌。

★Aspic 咖啡馆、熟食 €€

（☎93 200 04 35；www.aspic.es；Avinguda de Pau Casals 24；菜肴 €9~19.50；⊙咖啡馆 周二至周六 11:00~13:30和18:00~20:30，周日 11:00~16:00，熟食 周二至周六 9:00~20:00，周日 9:00~16:00，酒吧 周二至周六 至午夜，周日 至16:00；📶🖋；🚋T1、T2、T3 Francesc Macià）这家巴塞罗那饮食公司的咖啡旗舰店使用的食材（熏三文鱼、顶级熟食和奶酪，优质橄榄油和精心挑选的西班牙葡萄酒）称得上华丽，菜肴令人赞不绝口，例如本地鲽鱼配乌蛤沫和西兰花泥。你可以在附属的熟食店买些美味，去附近的Jardins del Poeta Eduard Marquina野餐。

Bangkok Cafe 泰国菜 €€

（☎93 339 32 69；Carrer d' Evarist Arnús 65；主菜 €10~14；⊙周一至周三 8:00~23:00，周四至周日 13:00~15:45和20:00~23:00；Ⓜ Plaça del Centre）如果你很想吃泰国菜，那么专程来一趟Bangkok Cafe还是很值得的。这里供应绿咖喱番木瓜沙拉、冬阴功汤、脆虾配李子酱、红咖喱和其他美味，菜比大多数加泰罗尼亚餐馆要辣。

餐厅小而热闹，有开放式厨房，能看到泰国皇室的照片，黑板上写着特色菜，还挂了一盏超大的枝形吊灯。从一旁的小巷进去。

El Asador de Aranda 西班牙菜 €€

（☎93 417 01 15；www.asadordearanda.net；Avinguda del Tibidabo 31；西班牙小吃 €6~16.50，主菜 €15~22.50；⊙13:00~16:30和20:00~23:30；📶；🚉FGC Avinguda Tibidabo）这家餐厅位于一座漂亮的现代主义建筑内，有彩绘玻璃，摩尔风格的砖式圆拱和精美的天花板，最受欢迎的位置是风景优美的露台。餐厅供应不少可以分享的西班牙小吃拼盘，不过用炭火炉烤制的肉菜才是其主打（烤羊肉、排骨、牛肉）。

★La Balsa 地中海菜 €€€

（☎93 211 50 48；www.labalsarestaurant.com；Carrer de la Infanta Isabel 4；主菜 €20~28；⊙周二至周六 13:30~15:30和20:30~22:30，周日 13:30~15:30；📶；🚉FGC Avinguda Tibidabo）室内有气派的天花板，主露台就餐区被香气四溢的花园所环绕，这是巴塞罗那市顶级的餐厅之一。菜单随季节更换，这里供应传统加泰罗尼亚菜和创意菜（甜瓜乳猪、梅子酱焖鳕鱼）。在正式就餐之前，可以在吧台悠闲地喝一杯鸡尾酒。

★Via Veneto 美食店 €€€

（☎93 200 72 44；www.viaveneto.es；Carrer de Ganduxer 10；主菜 €28~52.50；⊙周一至周五 13:00~16:00和20:00~23:45，周六 20:00~23:45，8月不营业；🚉FGC La Bonanova）这家高档餐厅自1967年就开始营业，达利曾是这里的常客，现在你仍然可以在大师最喜欢的餐桌用餐。椭圆形的镜子、玫瑰和橙子图案的桌布、皮椅和精致的餐具为丰富的菜肴做了极好的铺垫。熏牡蛎配黑面包碎、红梭鱼配炭烤洋葱叶都很美味。

Can Cortada 加泰罗尼亚菜 €€€

（☎93 427 23 15；www.cancortada.com；

Avinguda de l' Estatut de Catalunya；主菜 €21.50~29；⏲13:00~16:00和20:00~23:00；Ⓜ Mundet）环境和热心周到的服务令这座建于11世纪的建筑（还保留着防御塔的残迹）相当值得造访。这里主要供应烤肉，不过你也能找到当季菜肴，例如冬季有烤洋蓟和小洋葱（calçots）。就餐可以选择前面地窖或者花园露台的位置。

蒙特惠奇山、波布里塞克和圣安东尼区

Spice 咖啡馆 €

（见316页地图；☎93 624 33 59；www.spicecafe.es；Carrer de Margarit 13；菜肴 €3.50~5；⏲周二至周四 16:00~21:00，周五至周日 11:00~21:00；📶；Ⓜ Poble Sec）这是一家令人愉悦的咖啡馆，员工非常友好，会说英语。这里凭借自制的美味甜点获得了不少拥趸，例如乳清干酪和肉桂芝士蛋糕、无麸质的香橙和豆蔻蛋糕，可以搭配香浓的咖啡一起享用。这里还供应散叶茶以及自制苏打水。

Federal 咖啡馆 €

（见316页地图；☎93 187 36 07；www.federalcafe.es；Carrer del Parlament 39；主菜 €9~12；⏲周一至周四 8:00~23:00，周五 8:00至次日1:00，周六 9:00至次日1:00，周日 9:00~17:30；📶🖉；Ⓜ Sant Antoni）在一段如今充斥着咖啡馆的街道上，由澳大利亚人经营的Federal是最初的开拓者。咖啡很棒（包括香醇的澳白），还供应一流的早午餐。当天晚些时候，店里会供应健康美味、品种繁多的小食（对虾吐司、玉米薯条配戈贡佐拉干酪），也有分量较大的菜肴，例如素汉堡、烤三文鱼荞麦面。屋顶的露台微风轻拂。

Escribà 糕点 €

（见280页地图；☎93 454 75 35；www.escriba.es；Gran Via de les Corts Catalanes 546；糕点 €2~6.50；⏲8:30~20:30；Ⓜ Urgell）Antoni Escribà延续着家族传统（自1906年起），将巴塞罗那人的认真用心融入令人难忘的糕点和巧克力美味。当季特色包括复活节推出的塞有巧克力奶油的小圆球（bunyols de xocolata）。兰布拉大道一座现代主义建筑内还有一家Escribà分店（见359页）。

Horchateria Sirvent 冰激凌 €

（见316页地图；☎93 441 27 20；www.turronessirvent.com；Carrer del Parlament 56；冰激凌 €1.60~3，油莎豆奶 €2.20~3.90；⏲9:00~22:00；Ⓜ Sant Antoni）这家老派风格的店不仅供应冰激凌、冰碎水果（granissat）和牛轧糖（turrón），还有自1926年起就是巴塞罗那人最爱的油莎豆奶（orxata/horchata）——不用再赶去这种饮品发源地瓦伦西亚了，这里就有最可口的选择。你可以选择外带或用玻璃杯堂吃。

★ **Agust Gastrobar** 法式小馆 €

（见316页地图；☎93 162 67 33；www.agustbarcelona.com；Carrer del Parlament 54；主菜 €12.50~24；⏲厨房 周一至周四 19:00至午夜，周五至周日 14:00至午夜，酒吧 至次日2:00；Ⓜ Poble Sec）由两位法国厨师（其中一位在Gordon Ramsay手下接受过培训）经营，位于一个精致的夹层空间内，饰有木质横梁、裸砖和带纹理的瓷砖。小扇贝配海藻黄油、对虾馅鳄梨卷尤其美味。甜点包括很好吃的"el cactus"（碎巧克力、莫吉托慕斯和刺梨冰糕），用陶瓷花碗盛装。

★ **Quimeti Quimet** 西班牙小吃 €€

（见316页地图；☎93 442 31 42；Carrer del Poeta Cabanyes 25；西班牙小吃 €4~10，小吃串 €2.80~4；⏲周一至周五 正午至16:00和19:00~22:30，周六 正午至16:00，8月不营业；Ⓜ Paral·lel）Quimeti Quimet是一家代代相传的家族式餐厅。这个摆满瓶子、只能站着就餐的地方甚至没有转身的空间，但这里的美食绝对会惊艳你的味蕾，按照食客要求制作的西班牙小吃面包片（montaditos）尤其美味。

Mano Rota 法式小馆 €€

（见316页地图；☎93 164 80 41；www.manorota.com；Carrer de la Creu dels Molers 4；主菜 €15~22；⏲周一 8:00~23:30，周二至周六 13:00~15:30和20:00~23:30，周日 13:00~15:30；Ⓜ Poble Sec）裸砖、铝管、工业风灯具和循环利用的木材营造出了时尚、现代化的环境。菜肴口味非常好，Mano Rota（字面意思翻译过来是"断手"，但其实这是西班牙的一句习

语，指技艺精湛），融合了亚洲、南美和地中海风味，例如香脆鱿鱼配柚子蒜泥蛋黄酱、鲷鱼配白菜松子青酱。

Lascar 74 秘鲁菜 €€

（见316页地图；☎93 017 98 72；www.lascar.es；Carrer del Roser 74；主菜 €12~15；⊙周一至周四 19:00~23:30，周五至周日 14:00~17:00和19:00~23:30；ⓂParal·lel）在这家自封为"酸橘汁腌鱼和皮斯科白兰地酒吧"的店里，你能品尝到牡蛎鸡尾酒（oyster shooter）配秘鲁传统酸橘汁腌鱼汤（leche de tigre），以及泰式、日式和墨西哥菜。尤其推荐酸味皮斯科白兰地、起泡蛋清等。

Malamén 加泰罗尼亚菜 €€

（见316页地图；☎93 252 77 63；www.malamen.es；Carrer de Blai 53；主菜 €12~24；⊙周二至周日 20:00至午夜；ⓂPoble Sec）Carrer de Blai两边酒吧餐厅林立，但Malamén凭借优雅的装饰艺术风格设计、无可挑剔的服务和美味的加泰罗尼亚经典菜肴脱颖而出。菜单很短，供应油封金枪鱼、莳萝和刺山柑沙拉、多汁的牛排配奶油蘑菇和炸蓝奶酪丸子，可选的葡萄酒数量也有限。

Bodega 1900 西班牙小吃 €€

（见316页地图；☎93 325 26 59；www.bodega1900.com；Carrer de Tamarit 91；西班牙小吃 €6~15；⊙周二至周六 13:00~22:30，8月不营业；ⓂPoble Sec）这里如同老派的西班牙小吃和味美斯酒吧，但别被骗了：这里供应世界知名的阿德里亚兄弟出的西班牙小吃，例如"球形"的改良橄榄、mollete de calamars和可能是世界上最好吃的鱿鱼三明治，后者用平底锅现煎，热气腾腾，搭配干红辣椒蛋黄酱、泡菜和柠檬。

Casa Xica 创意菜 €€

（见316页地图；☎93 600 58 58；Carrer de la França Xica 20；分享盘 €5~15；⊙周一 20:30~23:00，周二至周六 13:30~23:00；ⓂPoble Sec）这家店位于一幢老宅的会客厅，氛围悠闲，经过精心设计。所供应的菜肴是远东风味与加泰罗尼亚新鲜食材的融合（店主Marc和Raquel在亚洲旅行和生活过）。

Casa de Tapas Cañota 西班牙小吃 €€

（见316页地图；☎93 325 91 71；www.casadetapas.com；Carrer de Lleida 7；西班牙小吃 €5~14；⊙周二至周六 13:00~16:00和19:30至午夜，周日 13:00~16:00；ⓂPoble Sec）这家店位于波布里塞克和西班牙广场（Plaça d'Espanya）之间，氛围友好，供应高性价比、精心制作的西班牙小吃。海鲜是其特色，有肥美的蛏子、蒜炸对虾和嫩章鱼。搭配提神的阿尔瓦里尼奥（加利西亚白葡萄酒）一起享用。

Fàbrica Moritz 美食酒吧 €€

（见280页地图；☎93 426 00 50；www.moritz.com；Ronda de Sant Antoni 41；三明治 €6.50~11，主菜 €8~19.50；⊙9:00至次日3:00；ⓂSant Antoni）位于Moritz酿酒厂的餐厅内，所在的建筑是由建筑师让·努维尔设计的，菜单则是米其林星级餐厅Alkímia（见345页；位于同一地点）大厨Jordi Vilà设计的，供应泛欧洲美食，例如可口的三明治、蚌类和薯条（moules-frites）、鞑靼牛排、烤全鸡、烤鱼和薯条、熏肠配酸菜和阿尔萨斯比萨（flammkuchen）。

Bodega Sepúlveda 加泰罗尼亚菜 €€

（见280页地图；☎93 323 59 44；www.bodegasepulveda.net；Carrer de Sepúlveda 173；主菜 €11~21；⊙周一至周五 13:30~16:30和20:00至次日1:00，周六 20:00至次日1:00；ⓂUniversitat）这一古老的小酒馆自1952年开始营业，丰富多样的菜肴融合了传统特色[例如炖小牛犊（cap i pota，你不会愿意细想）这样的加泰罗尼亚特色菜]和更出人意料的选择，包括胡瓜薄片配鳕鱼和帕尔马干酪（carpaccio de calabacín con bacalao y parmesán）。

★ Enigma 美食店 €€€

（见316页地图；☎616 696322；www.enigmaconcept.es；Carrer de Sepúlveda 38-40；品尝套餐 €220；⊙周二至周五 13:00~16:00和16:30~22:30，周六 正午至17:30和18:00~22:30；ⓂEspanya）著名的阿德里亚兄弟开设的概念店就如同一件3D艺术装置，在6个不同的用餐区供应40道口味绝佳的前沿美食。一顿餐需要花费3.5小时，包括双份定制鸡尾酒（你也可以额外点酒水)。要求用餐人数至少两人,需提前数月预订。预订时要支付€100押金。

★ Tickets 西班牙小吃、美食店 €€€

(见316页地图;☎93 292 42 50;www.ticketsbar.es;Avinguda del Paral·lel 164;西班牙小吃 €3~26;⏲周二至周五 19:00~23:30,周六 13:00~15:30和19:00~23:30,8月不营业;Ⓜ Paral·lel)这里有华丽的马戏团图像、剧院灯光,称得上是餐饮界炙手可热的门票之一。在富有传奇色彩的El Bulli关闭之后,费兰·阿德里亚和其兄弟阿尔伯特开了这家米其林西班牙小吃吧。只接受提前两个月的网上预订,但你也可以试着打电话碰碰运气,没准儿有人取消预订呢。

Martínez 西班牙菜 €€€

(见316页地图;☎93 106 60 52;www.martinezbarcelona.com;Carretera de Miramar 38;主菜 €21.50~32;⏲13:00~23:00;🚌21,🚡Teleférico del Puerto)这里能欣赏城市和海港的美丽全景,因此在蒙特惠奇山上乏善可陈的就餐选择中,这家餐厅显得很出众。暖和的日子里,可以坐在户外露台享用招牌的米饭和海鲜饭菜肴(两人价格 €38~62)。餐厅也供应牡蛎、鱿鱼、市场买来的新鲜鱼和其他海鲜,外加火腿和烤肉类菜。

Alkímia 加泰罗尼亚菜 €€€

(见280页地图;☎93 207 61 15;www.alkimia.cat;Ronda de Sant Antoni 41;主菜

哥特区最佳咖啡馆

巴塞罗那一些最有气氛的咖啡馆藏身于哥特区历史悠久的鹅卵石街巷中。我们最爱的提神清单包括:

Salterio(见280页地图;☎93 302 50 28;Carrer de Sant Domènec del Call 4;⏲正午至次日1:00;📶;Ⓜ Jaume I)非常上镜的Salterio藏身于El Call的一条小巷内,供应土耳其咖啡、原汁原味的薄荷茶和小吃。店内烛光摇曳,四周是裸露的石墙,耳畔环绕着中东音乐。如果感到饿了,可以尝试sardo(烤扁面包,覆盖着香蒜酱、奶酪或其他浇头)。

Čaj Chai(见280页地图;☎93 301 95 92;www.cajchai.com;Carrer de Sant Domènec del Call 12;⏲10:30~22:00;Ⓜ Jaume I)这间明亮又嘈杂的咖啡馆洋溢着浓浓的布拉格波希米亚茶馆气息。它位于老犹太区的中心,是品茶鉴赏家的天堂,有约200种来自中国、印度、韩国、日本、尼泊尔和摩洛哥等地的茶叶。这里是一个深受当地人青睐的地方。

Caelum(见280页地图;☎93 302 69 93;www.caelumbarcelona.com;Carrer de la Palla 8;⏲周一至周五 10:00~20:30,周六和周日 10:00~21:00;📶;Ⓜ Liceu)西班牙各地数百年的美食传统大都集中在这家市中心的精致的中世纪餐厅里。楼上的咖啡馆环境优雅,是个品尝蛋糕和酥皮糕点的好地方,而步入四周石墙环绕、烛光摇曳的地下室,感觉就像穿越到了中世纪。

Cafè de l'Òpera(见280页地图;☎93 317 75 85;www.cafeoperabcn.com;La Rambla 74;⏲8:00至次日2:00;📶;Ⓜ Liceu)利塞乌大剧院对面就是兰布拉大道最传统的咖啡馆,自1929年营业以来,至今仍受到歌剧爱好者的推崇。夜幕初降时或者早上前来,点杯咖啡,再来个羊角面包,最舒服不过了。楼上的座位可以俯瞰熙来攘往的大道,不妨品尝下这里的特色,咖啡配巧克力慕斯(cafè de l'Òpera)。

La Granja(见280页地图;☎93 302 69 75;Carrer dels Banys Nous 4;⏲9:00~21:00;📶;Ⓜ Jaume I)这家开业很久的咖啡馆供应香浓醇厚、品种繁多的热巧克力。不过这里并不供应热巧克力的最佳搭档——西班牙油条(churros),你可以在相隔不远的Xurreria买一些,带到这里,用西班牙油条蘸巧克力,堪称绝配。咖啡馆后面可以看到一段罗马城墙遗址,不要错过。

步行游览
拉巴尔区现代主义风格餐饮之旅

起点： Casa Almirall

终点： La Confitería

全程： 2公里；1小时

19世纪中期就开业的❶**Casa Almirall**（见348页）由Almirall家族长期经营，这个角落小酒馆位于Carrerde Joaquín Costa上，保留了绝大多数现代主义风格的装饰，尤其是临街绘有图案的窗户、柜台和陈列柜。

进入Carrer del Carme的❷**Bar Muy Buenas**（见330页），你会发现类似的曲线。19世纪后期开业之初，这是一家牛奶吧，至今保留了多数最初的装饰。氛围友好，适合来享用午餐或者喝一杯，非常舒服。

❸**博盖里亚市场**（见288页）有六七家低调的就餐选择，市场的历史可以追溯到13世纪，但直到1840年才正式落户现在这个地方。1914年，市场加盖了金属顶棚，增加了漂亮的锻铁、现代主义入口标志，上面嵌有斑斓的彩绘玻璃。

❹**Hotel España**（见323页）餐厅非常有名，部分是由多梅内克·伊·蒙塔内尔在1903年设计的。Sala Arnau内有由Eusebi Arnau设计的雪花石膏壁炉。餐厅供应价格适中的传统加泰罗尼亚菜。

逛拉巴尔区时不能错过❺**古埃尔宫**（见288页），这是高迪早期的重要作品之一。虽然古埃尔宫不是大师一贯的现代主义风格，但还是有着明显的高迪元素，例如屋顶露台用碎瓷砖拼砌而成的烟囱。如果晚上逛酒吧时错过这里，不妨白天再来看看。

沿着Carrer de Sant Pau往南经过罗马风格的教堂后来到❻**La Confitería**（见348页），它曾是一家理发店，后来很长一段时间是糖果店。1998年，它被改建成漂亮的酒吧。前面部分的大多数元素，包括立面、吧台和陈列柜都令人印象深刻。后屋最近经过彻底修复，不过风格还是很讨人喜欢的。

€22~42；⏲周一至周五 13:30~15:30和20:00~22:30；ⓂUniversitat）位于Fàbrica Moritz（见344页）酿酒厂内，烹饪大师Jordi Vilà创造出了改良版的加泰罗尼亚菜（牡蛎馅胡瓜花、烤野兔配甜菜根、糖渍柠檬舒芙蕾配腌葡萄干冰激凌），也因此获得了米其林一星。套餐价格为€98~155。

饮品和夜生活

兰布拉大道和哥特区

L' Ascensor 鸡尾酒吧

（见280页地图；☎93 318 53 47；Carrer de la Bellafila 3；⏲周一至周四 18:00至次日2:30，周五至周日 18:00至次日3:00；📶；ⓂJaume I）这家雅致的酒吧以前门的升降梯门命名，有拱形砖砌天花板、古董镜和大理石台面的吧台。这里拥有一群忠实拥趸，他们来这里品尝老派的鸡尾酒，在快节奏的爵士和放克乐的陪伴下谈笑风生。

Sor Rita 酒吧

（见280页地图；☎93 176 62 66；www.sorritabar.es；Carrer de la Mercè 27；⏲周日至周四 19:00至次日2:30，周五和周六 19:00至次日3:00；📶；ⓂJaumeI）作为所有艳俗事物的爱好者，Sor Rita足够花哨，从豹纹壁纸到装饰着高跟鞋的天花板，以及灵感来自阿尔莫多瓦电影的情色装饰。这是个有趣且欢乐的地方，有许多主题之夜活动，包括周一的塔罗牌占卜、周二的小吃自助餐（€7）、周四的卡拉OK。

Polaroid 酒吧

（见280页地图；☎93 186 66 69；www.polaroidbar.es；Carrer dels Còdols 29；⏲周日至周四 19:30至次日2:30，周五和周六 19:30至次日3:00；📶；ⓂDrassanes）这里将带你重温20世纪80年代——墙上挂着家用录像带、老电影海报、被漫画书覆盖的桌子、可动人偶展示以及其他世俗的装饰。不出意外，这家店吸引了一群有趣朴实的顾客，他们来这里畅饮便宜的生啤（cañas）、莫吉托鸡尾酒和免费的爆米花。

Marula Café 酒吧

（见280页地图；☎93 318 76 90；www.marulacafe.com；Carrer dels Escudellers 49；入场费最高 €10；⏲周一至周四和周日 23:00至次日5:00，周五 23:30至次日6:00，周六 21:30至次日6:00；ⓂLiceu）这间位于哥特区核心地带的奇妙酒吧，将带你回到20世纪70年代放克音乐和灵魂乐的鼎盛时期。詹姆斯·布朗（James Brown，美国灵魂乐教父）的粉丝会恍惚以为自己与偶像同时代。不过这里的主题并不单一，DJ偶尔也会放其他音乐，从碎拍舞曲（breakbeat）到浩室（house）音乐都有，也经常能听到桑巴和其他巴西舞曲。

La Macarena 夜店

（见280页地图；☎93 301 30 64；www.macarenaclub.com；Carrer Nou de Sant Francesc 5；入场费 €5~10；⏲周日至周四 午夜至5:00，周五和周六 午夜至6:00；ⓂDrassanes）你不会相信如今这个幽暗的舞厅曾是安达卢西亚弗拉明戈博物馆附属的酒吧。在约5平方米的空间内，你可以坐在吧台，结识周围的人，或者站起来随着DJ播放的电子乐和浩室乐起舞。

Boadas 鸡尾酒吧

（见280页地图；☎93 318 95 92；www.boadascocktails.com；Carrer dels Tallers 1；⏲周一至周四 正午至次日2:00，周五和周六 正午至次日3:00；ⓂCatalunya）这是巴塞罗那历史较悠久的鸡尾酒吧之一，以台克利酒（daiquiris）闻名。自Miguel Boadas在1933年开始经营这家酒吧以来，打着领结的侍者就为客人端上独特爽口的创意饮品。米罗和海明威都曾在这里畅饮。Miguel出生于哈瓦那，是不朽的La Floridita（哈瓦那著名酒吧）的第一个酒保。

拉巴尔区

近20年来，拉巴尔区葱郁的小巷两旁，酒吧和夜店一个挨一个，尽管锐气逐渐消退，但依旧是个很适合逛一逛的地方。你会发现十分时髦的地方，以及至今仍顾客盈门的古老小酒馆——有些自毕加索时代就是巴塞罗那波希米亚聚集地。拉巴尔低地一端在历史上有过一段很肮脏的时期，Carrer de Sant Pau周边区域至今仍给人一种脏兮兮的感觉：有毒贩、扒手、妓女和夜间享乐者出没。夜晚如果在这片区域出行，要留个心眼。

★ La Confitería 酒吧

（见280页地图；☎93 140 54 35；Carrer de Sant Pau 128；⏲周一至周四 19:00至次日2:30，周五和周六 18:00至次日3:00，周日 17:00至次日2:30；📶；Ⓜ Paral·lel）在这里，你可以穿越回19世纪。直到20世纪80年代，这里都还是一家糖果店，虽然原本的橱柜里如今摆满了酒，但在改造过程中外观基本没有改变。后屋最近经过整修，也让人印象深刻。如今这里是一家热闹的鸡尾酒吧。

入夜之后，这里坐满了从附近BARTS（见358页）和Sala Apolo（见358页）音乐厅回来的人。

Bar Pastís 酒吧

（见280页地图；www.barpastis.es；Carrer de Santa Mònica 4；⏲周二至周四和周日 20:00至次日2:00，周五和周六 20:00至次日3:00；📶；Ⓜ Drassanes）这家法国卡巴莱主题的经典酒吧小巧却略显凌乱，自第二次世界大战起，它就一直开开关关。要想找到位置或者靠近吧台，就必须晚上9点之前到。有时候晚上会安排现场表演，通常是法国香颂。

Bar Marsella 酒吧

（见280页地图；☎93 442 72 63；Carrer de Sant Pau 65；⏲周一至周四 22:00至次日2:30，周五和周六 22:00至次日3:00；Ⓜ Liceu）1820年开业，招待过海明威之类的名人——他曾在这里痛饮苦艾酒（absenta）。如今这里依然以苦艾酒为特色，这是一种应该怀着敬意喝的酒。

Granja M Viader 咖啡馆

（见280页地图；☎93 318 34 86；nwww.granjaviader.cat；Carrerd'e Xuclà 6；⏲周一至周六 9:00~13:00和17:00~21:00；Ⓜ Liceu）在过去的一个多世纪中，人们蜂拥来到这家经典的加泰罗尼亚风格的牛奶饮料店，为的就是品尝一杯手工制作的热巧克力加鲜奶油（跟服务员说要"suís"）。1931年，Viader家族发明了"Cacaolat"，瓶装巧克力牛奶饮料，外加招牌标签。咖啡馆内部是愉悦的复古风格，气氛总是很欢快热闹。

Casa Almirall 酒吧

（见280页地图；☎93 318 95 92；www.casaalmirall.com；Carrer de Joaquín Costa 33；⏲周一至周三 17:30至次日2:00，周四至周六正午至次日2:30，周日 正午至次日0:30；📶；Ⓜ Universitat）自19世纪60年代开业以来，这家角落酒吧的幽暗和迷人从未改变，你会在这里见到现代主义装饰和各式各样的客人。这里有一些价值不凡的古董，如大理石柜台和1888年巴塞罗那万国博览会上的缪斯铸铁雕像。

33|45 酒吧

（见280页地图；☎93 187 41 38；www.3345.struments.com；Carrer de Joaquín Costa 4；⏲周日至周一 13:00至次日2:00，周五和周六 13:00至次日3:00；📶；Ⓜ Universitat）这家非常时尚的酒吧位于一条酒吧林立的街上，供应好喝的莫吉托鸡尾酒，也是一处时髦人群的聚集地。墙上的艺术展经常更换。大多数夜晚，这里都有DJ助兴，跳舞累了，就躺进沙发和扶手椅里吧。

Moog 夜店

（见280页地图；☎93 319 17 89；cwww.masimas.com/moog；Carrerdel' Ar del Teatre 3；入场费 €5~10；⏲周日至周四 午夜至5:00，周五和周六 午夜至6:00；Ⓜ Drassanes）这家趣味纷呈的小型夜店长久以来一直受到城里人的喜爱。在主舞区，DJ打碟时会选取浩室音乐或电子乐，而楼上则可以享受各种美妙的独立音乐，偶尔会放经典流行乐。

Betty Ford's 酒吧

（见280页地图；☎93 304 13 68；Carrer de Joaquín Costa 56；⏲周二至周六 13:00至次日2:30，周日和周一 13:00~17:00；📶；Ⓜ Universitat）学生云集的Carrer de Joaquín Costa有几家不错的酒吧，这家迷人的角落酒吧就是其中之一。这里有一些很好的鸡尾酒，既有本地顾客，也有外国客人，通常年龄不会超过30岁太多。店里也供应可口的汉堡和汤。

Kentucky 酒吧

（见280页地图；Carrer de l' Arc del Teatre 11；⏲周三至周六 22:00至次日4:00；Ⓜ Drassanes）这里曾是到港美国海军聚集地，具有美式风情，是为晚上画上圆满句号的绝佳地方——只要你能挤进去。来自这个街区和其他街区的各种人聚集在这里。Kentucky是非常有名的凌晨酒吧，经常开到黎明（并非正式营业时间）。

海岸区

Guzzo
鸡尾酒吧

（见290页地图；☎93 667 00 36；www.guzzoclub.es；Plaça Comercial 10；⏲周一至周四18:00至次日2:30，周五和周六 18:00至次日3:00，周日 正午至次日3:00；📶；Ⓜ Jaume I）这家华丽但氛围轻松的鸡尾酒吧由深受喜爱的巴塞罗那DJ弗雷德·古佐（Fred Guzzo）经营，他经常待在混音台，播放动听的放克、灵魂和少有的groove音乐。这里还经常会有质量上乘的现场音乐表演。一天中任何时候来这里，你都会感受到扑面而来的时尚气息。

La Vinya del Senyor
葡萄酒吧

（见290页地图；☎93 310 33 79；Plaça de Santa Maria del Mar 5；⏲周一至周四 正午至次日1:00，周五和周六 正午至次日2:00，周日 正午至午夜；📶；Ⓜ JaumeI）这家小酒吧在圣玛利亚教堂的阴影围裹中，你可以在露台上惬意地休憩片刻，或在拥挤的室内喝上两杯。葡萄酒单的长度快赶上《战争与和平》了，楼上有一张桌子是给那些想远离疯狂人群细品葡萄酒的人准备的。

Bar del Convent
咖啡馆

（见290页地图；☎93 256 50 17；www.bardelconvent.com；Plaça de l'Acadèmia；⏲周二至周六 10:00~21:00；👪；Ⓜ Arc de Triomf）这家令人愉悦的咖啡馆兼酒吧就位于圣奥古斯蒂女修道院（Sant Agusti convent）回廊残留的哥特式拱门旁边，尤其适合带孩子的顾客。孩子们经常在回廊开阔区踢足球，咖啡馆里也提供童书和玩具。你也可以从Carrer del Comerç 36号进入，穿过詹姆斯·特瑞尔（James Turrell）设计的光雕。

Rubí
酒吧

（见290页地图；☎647 737707；Carrerdels Banys Vells 6；⏲周日至周四 19:30至次日2:30，周五和周六 19:30至次日3:00；📶；Ⓜ JaumeI）拥有闺房般的照明和便宜的莫吉托鸡尾酒，Rubí是博恩街区的行家们睡前享用一杯（或几杯）的地方。这里是一个狭窄、惬意的地方，后面有几张很受欢迎的桌子，供应很棒的酒吧食物，包括越南春卷（Vietnameserolls）和更传统的各式奶酪、火腿。

El Born Bar
酒吧

（见290页地图；☎93 319 53 33；www.elbornbar.com；Passeig del Born 26；⏲周一至周四 10:00至次日2:00，周五和周六 10:00至次日3:00，周日 正午至次日2:30；📶；Ⓜ Jaume I）苔藓绿的油漆面、大理石桌、黑白方格瓷砖铺设的地板，给这家很受欢迎的小咖啡馆兼酒吧营造出不过时的氛围。螺旋形的锻铁楼梯通往楼上更安静的房间（弯曲的台阶意味着楼上不能享受到餐桌服务，且热饮不能带上楼）。

El Xampanyet
葡萄酒吧

（见290页地图；☎93 319 70 03；Carrer de Montcada 22；⏲周二至周六 正午至15:30和19:00~23:15，周日 正午至15:30；📶；Ⓜ Jaume I）巴塞罗那著名的葡萄酒吧之一，数十年来没有一丝变化。你可以坐在吧台旁，也可以选一张靠着装饰性瓷砖墙边的餐桌，喝几杯便宜的西班牙卡瓦酒（cava），搭配各式西班牙小吃，例如味道浓烈的醋浸新鲜凤尾鱼（boquerones en vinagre）。

Miramelindo
酒吧

（见290页地图；☎93 310 37 27；www.barmiramelindobcn.com；Passeig del Born 15；⏲周一至周四 20:00至次日2:30，周五和周六 20:00至次日3:30，周日 19:00至次日2:30；📶；Ⓜ JaumeI）这个宽敞的小酒馆位于一栋哥特式建筑内，至今仍是博恩大道上的经典酒肆，供应各式饮品，还有温柔的爵士乐和灵魂乐飘荡在耳边。尽量在挤满人之前占一张后面的桌子，那里的座位更加舒适。这条大道的同一侧有两三个谷仓一样大的类似场所。

Mudanzas
酒吧

（见290页地图；☎93 319 11 37；Carrer de la Vidrieria 15；⏲周一至周五 8:00至次日2:30，周六和周日 10:00至次日2:30；📶；Ⓜ JaumeI）博恩区较早营业的一批酒吧之一，如今仍然拥有一批忠实的老顾客。这个很有吸引力、充满活力的地方，有着方格图案的地板、大理石台面的桌子。你可以来喝点啤酒，搭配点三明治或西班牙小吃，朗姆酒和麦芽威士忌也很不错。

小巴塞罗那区和海滨地区

★Perikete 葡萄酒吧

(见296页地图；www.gruporeini.net/perikete; Carrer de Llauder 6; ⌚11:00至次日1:00; Ⓜ Barceloneta) 自2017年开业以来，这家一流的葡萄酒吧就聚满了本地客。天花板上挂着火腿，吧台上方摆着味美斯酒桶，所有架子上都塞满了酒瓶——200多种酒可供选择，可以来上一杯，也可以直接点一瓶，有50余种西班牙小吃可佐酒。晚上这里人满为患，甚至蔓延到街上。

Black Lab 小型啤酒厂

(见296页地图；☎93 221 83 60; www.blacklab.es; Plaça de Pau Vila 1; ⌚正午至次日1:30; Ⓜ Barceloneta) 巴塞罗那最早的啤酒厂开业于2014年，就位于古老的Palau de Mar (见295页)内。这里供应18种自酿啤酒，包括saison、双料淡色艾尔(double IPA)和无甜味烈性黑啤酒(dry stout)。酿酒专家仍在不断研究新口味，例如将酸味的柏林白啤和超辣的墨西哥辣椒组合到一起。1小时的团队游(每周日17:00; €12)会带你观摩酿酒过程，还能品尝4种酒。

Absenta 酒吧

(见296页地图；☎93 221 36 38; www.absenta.bar; Carrerde Sant Carles 36; ⌚周一至周四 18:00至次日2:00，周五和周六 11:00至次日3:00，周日 18:00至次日1:00; Ⓜ Barceloneta) 店内装饰着古老的油画、古董灯和有趣的雕塑(包括一个悬挂起来的蝴蝶女人)。这家古怪的酒吧以苦艾酒为特色，共有20多种(悠着点：50%~90%的酒精含量会让人极度亢奋)。如果你不喜欢绿色的苦艾酒，这里也供应自酿的味美斯酒。

Can Paixano 葡萄酒吧

(见296页地图；☎93 310 08 39; www.canpaixano.com; Carrer de la Reina Cristina 7; ⌚周一至周六 9:00~22:30; Ⓜ Barceloneta) 这家房顶很高的卡瓦酒吧(也被称为La Xampanyeria)开业以来一直很成功。标准的饮酒方式是用优雅的小玻璃杯喝桃红起泡酒，并搭配着小份西班牙三明治(bocadillos)和西班牙小吃。注意，这个地方总是人满为患，挤到吧台可不是件容易的事。

Madame George 休闲酒吧

(www.madamegeorgebar.com; Carrer de Pujades 179; ⌚周一至周四 18:00至次日2:00，周五和周六 18:00至次日3:00，周日 18:00至次日0:30; Ⓜ Poblenou) 这家点着枝形吊灯的休闲小酒吧毗邻Rambla del Poblenou，内部装饰夸张(略显不自然)又雅致。酒保技艺娴熟，能调出口感均衡的鸡尾酒，例如，用复古玻璃容器装的Lychee-tini(香草伏特加、新鲜荔枝、荔枝利口酒和柠檬汁)。角落里的DJ会播放黑胶唱片(主要是灵魂乐和放克乐)。

Balius 鸡尾酒吧

(☎93 315 86 50; www.baliusbar.com; Carrer de Pujades 196; ⌚周二和周三 18:00至次日2:00，周四至周六 17:00至次日3:00，周日 17:00至次日1:00; Ⓜ Poblenou) 这家位于El Poblenou的复古鸡尾酒吧弥漫着一种老派的欢乐氛围。侍者会将不同的经典酒类与味美斯酒混合在一起，选择有限的西班牙小吃供应至22:30。每周日19:30左右有现场爵士表演。

Guingueta del Bogatell 酒吧

(Platja del Bogatell; ⌚5月至9月 9:00~22:30; Ⓜ Llacuna) 在这个夏季营业的酒吧，你可以把脚伸进沙堆里，一边欣赏翻滚的海浪，一边享用冰凉的啤酒、鸡尾酒或桑格利亚水果酒。

Catwalk 夜店

(见296页地图；☎93 224 07 40; www.clubcatwalk.net; Carrer de Ramon Trias Fargas 2-4; 入场费 €15~20; ⌚23:30至次日6:00; Ⓜ Ciutadella Vila Olímpica) 位于海边的Catwalk是奥林匹克港区规模较大的夜店之一，两层空间能容纳1000人。着装考究的人蜂拥来此欣赏美妙的浩室乐，偶尔也会有电子乐、R&B、嘻哈和放克乐。舞厅楼上设有舒服的休息厅。凌晨1:00前通常可以免费入场。可上网查看Catwalk的活动安排。

Opium 夜店

(见296页地图；☎93 225 91 00; www.

opiumbarcelona.com; Passeig Marítim de la Barceloneta 34; 入场费 €10~20; ⌚夜店 周日至周四 22:00至次日5:00，周五和周六 22:00至次日6:00，餐厅 12:00开始营业; Ⓜ Ciutadella Vila Olímpica）这个位于海滨的跳舞场所拥有宽敞的舞池，大约凌晨3点人气才旺起来。夏季是最理想的季节。露台能眺望海滩。

CDLC

休闲酒吧

（Carpe Diem Lounge Club; 见296页地图; ☎93 224 04 70; www.cdlcbarcelona.com; Passeig Marítim de la Barceloneta 32; ⌚12:00至次日5:00; Ⓜ Ciuta del la Vila Olímpica）在前往附近的夜店之前，你可以先来在这里热热身。面朝海滩的Carpe Diem Lounge Club有着亚洲风情装饰，店里供应亚洲创意菜（寿司等），味道不错，但有点贵。你也可以等待午夜来临，那时桌椅会被收起，将现场交给活力四射的DJ和舞者们。

神圣家族教堂和扩建区

★Monvínic

葡萄酒吧

（见304页地图; ☎93 272 61 87; www.monvinic.com; Carrer de la Diputació 249; ⌚周二至周五 13:00~23:00，周一和周六 19:00~23:00; Ⓜ Passeig de Gracia）来这里体验一曲葡萄酒狂想曲吧。电子葡萄酒单列出了3000多种各国葡萄酒，原产地、年份和葡萄种类均可查询。约50种葡萄酒可按杯购买，当然也可以点瓶装酒。店里标价合理。如果你想挥霍一把，这里也有上好的陈年佳酿可选。

★Milano

鸡尾酒吧

（见304页地图; ☎93 112 71 50; www.camparimilano.com; Ronda de la Universitat 35; ⌚正午至次日3:00; Ⓜ Catalunya）走在街上，你完全不会留意到这个隐蔽的巴塞罗那夜生活瑰宝。这是一家位于地下、老派的鸡尾酒吧，穿着白色夹克的侍者穿梭于鹅绒长条软座和玻璃陈列柜之间。每晚都有现场音乐表演（古巴乐、爵士、布鲁斯、弗拉明戈和摇摆乐），晚上11点后会有DJ助兴。鸡尾酒妙不可言，包括"毕加索"（龙舌兰、蜂蜜、苦艾酒和柠檬）和6种不同的"血腥玛丽"。

★Les Gens Que J' Aime

酒吧

（见304页地图; ☎93 215 68 79; www.lesgensquejaime.com; Carrer de València 286; ⌚周日至周四 18:00至次日2:30，周五和周六 19:00至次日3:00; Ⓜ Passeig de Gràcia）这个位于20世纪60年代地下室遗址的酒吧氛围浓郁又温馨，遵循着一个简单的布置原则：以沁人心脾的爵士乐为背景，跳蚤市场淘来的灯具散发着点点灯光，舒适窄小的红色天鹅绒沙发围绕着小小的深色桌子。

BierCaB

精酿啤酒

（见304页地图; ☎644 689045; www.biercab.com; Carrer de Muntaner 55; ⌚酒吧 周一至周四 正午至午夜，周五和周六 正午至次日2:00，周日 17:00至午夜，商店 周一至周六 15:30~22:00; 📶; Ⓜ Universitat）这家一流的精酿啤酒吧有着类似巨大火柴棍的天花板艺术装置，龙头中流淌着30种来自世界各地的啤酒。搭配啤酒一起享用的汉堡是用神户牛肉做的，以巴塞罗那街区的名字命名。附属的商店还有500种瓶装啤酒冷藏在冰箱里，以供挑选。

Monkey Factory

鸡尾酒吧

（见304页地图; ☎93 681 78 93; Carrer de Còrsega 234; ⌚周二和周三 18:30至次日2:00，周四至周六 18:30至次日3:00; 🚉FGC Provença）大多数晚上，这家热闹的酒吧早早就会聚满人，周末还会有DJ打碟。吧台霓虹闪烁，调酒师能调制出各种创意鸡尾酒，例如"Funky monkey"（三份香槟、杜松子酒、酸橙汁和蛋清）、"chimpa sour"（皮斯科酸白兰地注入豆蔻）和"chita"（百香果的汁、伏特加、肉桂糖浆和姜）。

Garage Beer Co

精酿啤酒

（见304页地图; ☎93 528 59 89; www.garagebeer.co; Carrer del Consell de Cent 261; ⌚周一至周四 17:00至午夜，周五 17:00至次日2:30，周六 12:00至次日3:00，周日 14:00至午夜; Ⓜ Universitat）这是巴塞罗那较早涌现的精酿啤酒吧之一，吧台便生产自酿啤酒，一次可以供应约10种不同的啤酒。与店名相同的Garage（一款清香的淡色艾尔）和Slinger（一款口味更浓烈的淡色艾尔）常年供应。

Dry Martini
酒吧

(见304页地图; ☎93 217 50 80; www.drymartiniorg.com; Carrer d' Aribau 162-166; ⏰周一至周五 13:00至次日2:30, 周六和周日 18:30至次日2:30; 🚉FGC Provença) 这里的侍者会给你专业的品鉴鸡尾酒建议, 你可以坐在吧台或者绿色的长毛绒软座里慢慢品酒。杜松子酒和汤力水都是用很大的玻璃杯装的——一杯就够你兴致盎然一晚上了。

El Viti
酒吧

(见304页地图; ☎93 633 83 36; www.elviti.com; Passeig de Sant Joan 62; ⏰周日至周四 正午至午夜, 周五和周六 12:00至次日1:00; 📶; Ⓜ Tetuan) 在时尚的Passeig de Sant Joan, El Viti具备了所有潮流元素——高高的天花板、裸露和上釉的砖墙、黑衣侍者, 吧台还摆放着一个手工酿制味美斯酒的酒桶。这里也供应不错的西班牙小吃。

City Hall
夜店

(见304页地图; ☎93 238 07 22; www.cityhallbarcelona.com; Rambla de Catalunya 2-4; 入场费 €10起; ⏰周一 22:00至次日6:00, 周二至周日 12:30至次日6:00; Ⓜ Catalunya) 这个华丽且深受欢迎的夜店位于昔日的剧院内, 一条长长的走廊通往舞池。音乐每日更换, 包括浩室乐、另类电子乐、放克乐。你可以在网上查询日程安排。入场费包括一杯饮品。

Cosmo
咖啡馆

(见304页地图; ☎93 105 79 92; www.galeriacosmo.com; Carrer d' Enric Granados 3; ⏰10:00~22:00; Ⓜ Universitat) 这家顶级的咖啡馆兼画廊位于大学后面的步行街上, 高高的白墙上挂着一辆自行车, 这里有着明亮、引人注目的壁画和色彩鲜艳的通风管道, 就连消防水管也成为特色装饰。除了新鲜果汁、热巧克力、茶、糕点和点心外, 这里也供应啤酒和葡萄酒。

Cafè del Centre
咖啡馆

(见304页地图; ☎93 488 11 01; Carrer de Girona 69; ⏰周一至周五 9:00~23:00, 周六 11:00~23:00; 📶; Ⓜ Girona) 这家咖啡馆自1873年营业, 当你走进去就如同回到了19世纪。入口右手边是红木吧台, 前面摆有大理石台面的桌子和木椅。白天, 这里的气氛近乎忧郁, 但晚上就会变得热闹起来, 现场会有爵士钢琴表演。店里备有50种啤酒和15种活页茶。

恩典区和古埃尔公园

★ Bobby Gin
鸡尾酒吧

(见310页地图; ☎93 368 18 92; www.bobbygin.com; Carrer de Francisco Giner 47; ⏰周日至周三 16:00至次日2:00, 周四 16:00至次日2:30, 周五和周六 16:00至次日3:00; Ⓜ Diagonal) 这个拥有粉刷石墙的酒吧是杜松子酒爱好者的聚集地, 供应60多种酒。可以尝尝调制的混合饮品 (亨利爵士杜松子酒中注入玫瑰茶, 配草莓和酸橙; 添加利10号金酒注入柑橘, 配龙舌兰花蜜和苦柑橘), 或者诸如Santa Maria (夏敦埃酒配奶蓟糖浆、百里香、鼠尾草和柠檬) 这样的鸡尾酒。创意西班牙小吃包括苦艾酒腌三文鱼。绿爆米花裹虾和牛肉香菇馄饨也是很不错的选择。

★ Rabipelao
鸡尾酒吧

(见310页地图; ☎93 182 50 35; www.elrabipelao.com; Carrer del Torrent d' En Vidalet 22; ⏰周日至周四 19:00至次日1:30, 周五和周六 19:00至次日3:00, 周日 13:00~16:30; Ⓜ Joanic) 这家酒吧是恩典区夜生活的支柱, 是个适合喝酒庆祝的场所, 有耀眼的迪斯科舞池, DJ会配上萨尔萨舞曲节奏。角落里, 红天鹅绒墙纸覆盖的墙上播放着默片。吧台上方有色彩丰富的壁画。富有热带风情的鸡尾酒 (例如莫吉托和caipirinha) 搭配南美点心一起享用, 例如, 肉馅玉米面包 (arepas) 和酸橘汁腌鱼。

后面露台也摆有餐桌。偶尔会有现场音乐表演。

La Vermuteria del Tano
酒吧

(见310页地图; ☎93 213 10 58; Carrer Joan Blanques 17; ⏰周一至周五 9:00~21:00, 周六和周日 正午至16:00; Ⓜ Joanic) 墙上的酒桶、带木门的老式冰箱、古董钟和大理石台面的桌子等数十年来几乎没有什么变化, 这家味美斯酒吧很受当地人喜欢。自酿特色酒Peruchi会按照传统配上一杯苏打水。西班牙小吃也很传统, 大多是用罐头食材制成的 (凤尾鱼、熏蛤蜊、鸟蛤和腌章鱼)。

Chatelet
鸡尾酒吧

（见310页地图；☎93 284 95 90；Carrer de Torrijos 54；⊙周一至周五 18:00至次日2:30，周六和周日 12:00至次日2:30；Ⓜ Joanic）Chatelet是这个街区颇受欢迎的碰面地，坐在里面透过大大的窗户静看街上人来人往，内部装饰充满艺术气息，能让人窥见恩典区的社会百态。背景乐播放的是布鲁斯和老式美国灵魂乐。鸡尾酒很好喝，价格公道（22:00前有优惠折扣）。

Viblioteca
葡萄酒吧

（见310页地图；☎93 284 42 02；www.viblioteca.com；Carrer de Vallfogona 12；⊙19:00至午夜；Ⓜ Fontana）玻璃橱窗里满满的熟奶酪（50多种）吸引你进入这个小巧洁白、设计精妙的现代化场所。不过Viblioteca真正的特色是葡萄酒，你可以从150个品牌（大部分产自当地）中选择自己喜欢的，许多都可以论杯出售。

Bar Canigó
酒吧

（见310页地图；☎93 213 30 49；www.barcanigo.com；Carrer de Verdi 2；⊙周一至周四 10:00至次日2:00，周六 20:00至次日3:00；Ⓜ Fontana）这个能眺望Plaça de la Revolució de Setembre de 1868的角落酒吧，如今已是第三代传人接班。在摇摇晃晃的古老大理石台面桌旁品尝店家自酿的味美斯酒或Estrella啤酒，自1922年起，光顾这里的人就一直是这么做的。

白天，这里也是一个喝咖啡的好地方。

Musical Maria
酒吧

（见310页地图；☎93 501 04 60；Carrer de Maria 5；⊙周日至周四 21:00至次日2:30，周五和周六 21:00至次日3:00；📶；Ⓜ Diagonal）自20世纪70年代末营业以来，这儿就连音乐也没有变过。摇滚乐爱好者聚集到这家氛围热烈的酒吧，倾听老歌，畅饮啤酒。后面有一张台球桌，吧台供应各种本地Estrella Damm啤酒。

Raïm
酒吧

（见310页地图；Carrer del Progrés 48；⊙周二至周四 20:00至次日2:00，周五和周六 20:00至次日3:00；Ⓜ Diagonal）你可以从墙上那些生动的黑白照片了解古巴人的生活。大理石桌边环绕着来自另一个时代的旧木椅，墙壁上还挂着巨大的木框镜子。酒吧吸引了一群友好、爱聊天的人，他们聚在这里品着口味一流的莫吉托以及各种精选朗姆酒。

诺坎普、佩德拉尔贝斯和高地区

El Maravillas
鸡尾酒吧

（☎93 360 73 78；www.elmaravillas.cat；Plaça de la Concòrdia 15；⊙周一和周二 正午至午夜，周三 12:00至次日1:00，周四 12:00至次日2:00，周五和周日 12:00至次日3:00；Ⓜ Maria Cristina，🚊T1、T2、T3 Numància）这家酒吧如同隐世之地——当你刚从老城区人头攒动的街巷过来，这种感觉尤其强烈。这里能眺望安宁的Plaça de la Concòrdia。耀眼的酒吧只有几张桌子，天气暖和的时候，店家会将座位摆到露天广场上。你可以在创意鸡尾酒、口感颇佳的西班牙红葡萄酒和顺口的味美斯酒中选择自己喜欢的。

Dō Bar
酒吧

（☎93 209 18 88；www.do-bcn.com；Carrer de Santaló 30；⊙周二至周四 19:00至午夜，周五和周六 20:00至次日1:00；📶；🚆FGC Muntaner）这个迷人的街区酒吧装饰得温馨又迷人，当地人聚集在木头餐桌旁品味上好的杜松子酒和汤力水、杯装葡萄酒、精酿啤酒和令人心满意足的小份小吃（凤尾鱼、贻贝、墨西哥玉米卷饼、熟食）。天气暖和的夜晚，可以早点儿到，挑一张酒吧前面露台的餐桌就坐。从Carrer de l' Avenir进入。

Mirablau
酒吧

（☎93 418 58 79；www.mirablaubcn.com；Plaça del Doctor Andreu；⊙周一至周三 11:00至次日3:30，周四 11:00至次日4:30，周五至周六 10:00至次日5:00，周日 10:00至次日2:30；🚌196，🚆FGC Avinguda Tibidabo）这家位于缆车站Funicular del Tibidabo的餐厅拥有一个私人阳台，能俯瞰整个城市的美景。吧台以品种繁多的杜松子酒出名，有30种不同的选择。楼下的小舞池23:30开放，你可以加入跳舞的人群。在夏天，你可以到更小的露台上呼吸一下新鲜空气。

Bikini
夜店

（☎93 322 08 00；www.bikinibcn.com；

Avinguda Diagonal 547；入场费 €12起；⏲周四至周六 午夜至6:00；🚌6、7、33、34、63、67、L51、L57、🚊T1、T2、T3 L' Illa）这里堪称巴塞罗那夜生活的一颗历史悠久的明星，自1953年以来就一直保持着高水准。从拉丁和巴西音乐，到20世纪80年代的迪斯科，各种音乐都可能出现，而你能听到哪种取决于你去的时间和所在的区域。

蒙特惠奇山、波布里塞克和圣安东尼区

★ Abirradero 啤酒厂

（见316页地图；☎93 461 94 46；www.abirradero.com；Carrer Vila i Vilà 77；⏲周一至周四 17:00至次日1:00，周五和周六 12:00至次日2:00，周日 12:00至次日1:00；📶；Ⓜ Paral·lel）巴塞罗那有很多精酿啤酒厂，这个明亮、热闹的地方轮流供应20种新鲜的自酿啤酒，包括双料淡色艾尔（IPAral·lel）、“原谅我，我正在亲吻我的烈性黑啤酒”（Excuse Me While I Kiss My Stout）和Tripel du Poble Sec。厨房烹制的西班牙小吃、分享菜式和汉堡非常好吃。这里不时也会有现场爵士和布鲁斯表演。

★ La Casetadel Migdia 酒吧

（☎617 956572；www.lacaseta.org；Mirador del Migdia；⏲4月至9月 周三至周五 20:00至次日1:00，周六和周日 12:00至次日1:00，10月至次年3月 周六和周日 12:00至日落；🚌150）不说别的，单单为了体验一下chiringuito（简易式咖啡馆兼酒吧）的氛围，你也应该来这里看看。白天可以一边看海一边喝啤酒或咖啡。当落日坠至地平线，又是另一种气氛——山坡中回荡着雷鬼、桑巴、放克音乐。除了酒水，你也可以点些露天烧烤类食物。

La Terrrazza 夜店

（见316页地图；☎687 969825；www.laterrrazza.com；Avinguda de Francesc Ferrer i Guàrdia；入场费 €15起；⏲5月至9月 周四至周六 午夜至6:30；🚌13、23、150，Ⓜ Espanya）每到夏

同性恋在巴塞罗那

巴塞罗那的同性恋群体很活跃，在“Gaixample”（同性恋gay和扩建区L' Eixample混合而成的词）区有些很不错的餐厅、酒吧和夜店，这个地区覆盖了恩典区大街西南，Carrer del Consell de Cent附近五六个街区。

Aire（Sala Diana；见304页地图；☎93 487 83 42；www.grupoarena.com；Carrer de la Diputació 233；入场费 周五/周六 €5/6；⏲周四至周六 23:00至次日2:30；Ⓜ Passeig de Gràcia）这里很受女同性恋喜爱。舞池很宽敞，通常有DJ打碟，从20世纪八九十年代的乐曲到拉丁舞曲和电子乐，多种多样。Aire规定，只有女性顾客陪伴的男性友人才能进入。不过事实上，这里的男女人数比例很均衡。

Arena Classic（见304页地图；☎93 487 83 42；www.grupoarena.com；Carrer de la Diputació 233；入场费 周五/周六 €6/12；⏲周五和周六 2:30~6:00；Ⓜ Passeig de Gràcia）这里以电子舞曲为主，吸引了很多积极有活力的同性恋群体。入场费包含一杯饮品。

Metro（见280页地图；☎93 323 52 27；www.metrodiscobcn.com；Carrer de Sepúlveda 185；入场费 2:00前/后 €8/20起；⏲周日至周四 0:15~5:30，周五和周六 0:15~6:45；Ⓜ Universitat）Metro有两层舞池、三个吧台和非常幽暗的房间，吸引了有趣的男同性恋人群。留意丰富的表演和派对活动，有模特展示，也有宾果之夜（周四晚上有时候会有有趣的奖励），偶尔会有脱衣舞表演。

Punto BCN（见304页地图；☎93 451 91 52；www.grupoarena.com；Carrer de Muntaner 65；⏲周日至周四 18:00至次日2:30，周五和周六 18:00至次日3:00；Ⓜ Universitat）这个大酒吧虽然略显陈旧，但非常好，共有两层空间，来这里的客人年龄略大。周五和周六晚上这里会变得很拥挤，有西班牙流行歌曲和舞曲的伴奏。男同性恋朋友可以来此聚会，然后再去周边转一圈。

天，La Terrazza就会吸引许多俊男美女（包括本地人和外国人）前来享受整晚的音乐（主要是浩室乐、电子舞曲和电子乐）和鸡尾酒。星光下的西班牙村（Poble Espanyol；见318页）格外迷人。

El Rouge 酒吧

（见316页地图；☎666 251556；Carrer del Poeta Cabanyes 21；⊙周四 21:00至次日2:00，周五和周六 22:00至次日3:00，周日 11:00至次日2:00；📶；Ⓜ Poble Sec）进入这家鲜红色调的休闲鸡尾酒吧，听着迷幻爵士乐、鼓声、贝斯和其他声音，脑海中便会浮现出"颓废"这个词。墙上挂着镶在厚重框架里的画作，有朦胧的灯光和镜子，店内没有两张雷同的椅子。有时候，这里会有DJ助兴，或举办粗俗的诗歌大会、卡巴莱歌舞表演，偶数日子的夜晚有探戈舞表演。

Pervert Club @ The One 男同性恋酒吧

（见316页地图；☎93 453 05 10；http://pervert-club.negocio.site；Avinguda Francesc Ferrer i Guàrdia 13；入场费 €18起；⊙周六 午夜至6:00；🚌13、23、150，Ⓜ Espanya）西班牙村（见318页）的The One每周举办一次聚会。聚会以电子乐为主，虽然在清晨6:00结束，但对很多人来说，"夜晚"才刚刚开始。做好准备，你会看到很多肤色健康、身材健美的同性恋，他们大多赤裸上身，非常养眼。

La Cambicha 酒吧

（见316页地图；☎93 187 25 13；Carrer del Poeta Cabanyes 43；⊙周一至周三 18:00至次日2:00，周四至周日 13:00至次日2:00；Ⓜ Paral·lel）这家迷你酒吧如同迷失在森林中的小木屋，里面报纸覆墙、点着灯笼，还有和体育相关的旧照片。挤到小桌旁，和一群有着年轻灵魂、喜爱布鲁斯音乐的人一起，品尝价廉物美的肉馅卷饼和味美斯酒。有时候有乐队演出。

Redrum 酒吧

（见316页地图；☎670 269126；Carrer de Margarit 36；⊙周一至周四 18:00至次日1:00，周五 18:00至次日2:00，周六 14:00至次日2:00，周日 18:00至次日0:30；Ⓜ PobleSec）Redrum同时供应精酿啤酒和鸡尾酒，再配上墨西哥街头美食（包括味道很好的墨西哥玉米卷饼和酸橘汁腌鱼）一起享用。酒吧内部色调明亮，服务很友好。18:00~20:00为酒水优惠的欢乐时光。

Tinta Roja 酒吧

（见316页地图；☎93 443 32 43；www.tintaroja.cat；Carrer de la Creudels Molers 17；⊙周三 20:30至次日0:30，周四 20:30至次日2:00，周五和周六 20:30至次日3:00，8月不营业；Ⓜ Poble Sec）一个接一个的隐匿角落和狭小过道里点缀着从跳蚤市场淘换来的东西，朦胧的紫罗兰色、红色和黄色灯光营造出别样的氛围。这里是品鉴精酿啤酒、鸡尾酒或杯装阿根廷葡萄酒的好地方。酒吧里有时还会举办戏剧、杂技等各种表演。

☆ 娱乐

☆ 兰布拉大道和哥特区

利塞乌大剧院 剧院、现场音乐

（Gran Teatre del Liceu；见280页地图；☎93 485 99 00；www.liceubarcelona.cat；La Rambla 51-59；⊙售票处 周一至周五 9:30~19:30，周六和周日 9:30~17:30；Ⓜ Liceu）这座巴塞罗那宏伟古老的歌剧院在1994年火灾后进行了重建，是世界上技术较先进的剧院之一。坐在华丽的大礼堂里会让你感觉仿佛穿越回了19世纪，但耳边最先进的音响效果又将你带到了另一个时代。

票价分为多个档次，柱子后面的座位票价最便宜（€10起），最好的位置在晚上演出时价格高达€200。

El Paraigua 现场音乐

（见280页地图；☎93 302 11 31；www.elparaigua.com；Carrer del Pas de l' Ensenyança 2；⊙周日至周三 12:00至次日2:00，周四 12:00至次日1:00，周五和周六 12:00至次日3:00；Ⓜ Liceu）免费 这里像是现代主义的深色小巧克力盒，"雨伞"自20世纪60年代就开始营业。很多装饰是从同一街区的一家商店上拆下来的，经过重新拼装后，成就了这个有着世纪之交特色的舒适惬意的地方。

Sidecar Factory Club 现场音乐

（见280页地图；☎93 302 15 86；www.sidecarfactoryclub.com；Plaça Reial 7；⊙周一至

周四 19:00至次日5:00，周五和周六 19:00至次日6:00；Ⓜ Liceu）大部分夜晚，这个有着淡红色砖砌穹顶的地方有现场音乐表演。音乐类型十分多样，包括英国独立音乐、乡村朋克音乐，最多的还是摇滚和流行乐。大部分演出从22:00左右开始，0:30后由DJ接手。楼上供应食物（午夜之前），也可以喝上几杯（凌晨3:00之前）。

Jamboree 现场音乐

（见280页地图；☎93 319 17 89；www.masimas.com/jamboree；Plaça Reial 17；门票€5~20；⏲20:00至次日6:00；Ⓜ Liceu）半个多世纪以来，Jamboree一直在为巴塞罗那的摇摆舞者带来欢乐。这里的表演水平很高，既有爵士三重奏、布鲁斯、非洲音乐、拉丁音乐的现场表演，也有大型爵士乐队登台献艺。大部分夜晚会举办两场音乐会（20:00和22:00），然后在午夜变身为DJ打碟的夜店。周一会举办WTF爵士乐即兴表演（入场费仅€5）。

Harlem Jazz Club 爵士乐

（见280页地图；☎93 310 07 55；www.harlemjazzclub.es；Carrer de la Comtessa de Sobradiel 8；门票 €7~10；⏲周日和周二至周四 20:00至次日3:00，周五和周六 20:00至次日5:00；Ⓜ Liceu）这个位于老城区的小小的夜店是在城内欣赏爵士乐的最佳场所，但这里也有放克音乐、拉丁音乐、布鲁斯和吉卜赛爵士乐演出。它吸引了各式各样的人群慕名而来，宾客都会在嘉宾表演时保持安静以示尊重。大多数音乐会在22:00左右开始。如果想要在靠近舞台的前排寻得座位，尽量提早入场。

Sala Tarantos 弗拉明戈

（见280页地图；☎93 304 12 10；www.masimas.com/tarantos；Plaça Reial 17；门票€15；⏲表演 10月至次年6月 19:30、20:30和21:30，7月至9月 19:30、20:30、21:30和22:30；Ⓜ Liceu）自1963年以来，这个地下空间就是冉冉升起的弗拉明戈新团队在巴塞罗那的表演舞台。如今，Tarantos主要举办面向游客的活动，每晚有3场时长半小时的表演。不过，这里仍然是了解弗拉明戈的好地方，环境也很适合喝一杯。

☆ 拉巴尔区

★ 加泰罗尼亚电影博物馆 电影院

（Filmoteca de Catalunya；见280页地图；☎93 567 10 70；www.filmoteca.cat；Plaçade Salvador Seguí 1-9；成人/优惠 €4/3；⏲放映 17:00~22:00，售票处 周二至周日 10:00~15:00和16:00~21:30；Ⓜ Liceu）加泰罗尼亚电影博物馆（加泰罗尼亚的国家电影院）位于拉巴尔区一座占地6000平方米的现代建筑中。这里放映的电影不仅有经典片，也有最新上映的片子，还经常举办主题影展。含10场电影的通票便宜得出人意料（€20）。

Jazz Sí Club 现场音乐

（见280页地图；☎93 329 00 20；www.tallerdemusics.com/en/jazzsi-club；Carrer de Requesens 2；入场费含饮品 €6~10；⏲周二至周六 20:30~23:00，周日 18:30~22:00；Ⓜ Sant Antoni）这间小酒吧由音乐人工作室（Taller de Músics）经营，经常举办即兴爵士乐、弗拉明戈（周五和周六晚上）等各种演出。周四晚上是古巴之夜，周二和周日的主题是摇滚，其他夜晚都奉献给爵士乐或布鲁斯。音乐会一般从21:00左右开始，之前可能会有爵士乐即兴演出。

☆ 海岸区

★ 加泰罗尼亚音乐宫 古典音乐

（Palau de la Música Catalana；见304页地图；☎93 295 72 00；www.palaumusica.cat；Carrer de Palau de la Música 4-6；门票 €18起；⏲售票处 周一至周六 9:30~21:00，周日 10:00~15:00；Ⓜ Urquinaona）这座现代主义建筑本身既是一场视觉盛宴，同时也是城里举办古典音乐会和合唱表演最传统的场所。不过这里的音乐类型不拘一格，弗拉明戈、流行音乐以及（尤其是）爵士乐也经常登上这里的舞台。休息室的贴砖柱子闪闪发光，音乐会开始之前，你可以来这里喝一杯。

Tablao Nervión 舞蹈

（见280页地图；☎93 315 21 03；www.restaurantenervion.com；Carrer de la Princesa 2；演出含一份饮品 €18，演出和晚间套餐 €30；⏲演出 周三至周日 20:00~22:00；Ⓜ Jaume I）虽然这

个低调的酒吧里的弗拉明戈演出都是针对游客(演出在地下室进行的),但价格要比大多数同类场所便宜,餐饮和服务都不错。可以上网了解更多细节。

☆小巴塞罗那区和海滨地区

Sala Monasterio 现场音乐

(见296页地图;☎616 287197;www.facebook.com/sala.monasterio;Moll de Mestral 30;门票依演出场次不同;⊙周日至周四 22:00至次日5:00,周五和周六 22:00至次日6:00;Ⓜ Ciutadella Vila Olímpica)这个袖珍音乐场地能眺望奥林匹克港晃动的桅杆和细高的棕榈树,乐队现场表演的风格多变,包括爵士乐、forró(来自巴西东北部的音乐风格)、即兴布鲁斯和摇滚。

Razzmatazz 现场音乐

(☎93 320 82 00;www.salarazzmatazz.com;Carrer de Pamplona 88;门票€17起;⊙21:00至次日4:00;Ⓜ Bogatell)巴塞罗那经典的现场音乐和夜店场所之一,偶有来自各地的乐队在这里进行"嗨翻天"的表演。有时乐队演出会持续1周(具体安排可上网站查询),每天演出时间各异。周末的现场演出通常结束较早,接着会播放流行的夜店舞曲。

Yelmo Cines Icària 电影院

(见296页地图;☎902 220922;www.yelmocines.es;Carrer de Salvador Espriu 61;门票 成人/儿童 €9.90/7.30;Ⓜ Ciutadella Vila Olímpica)这家大型综合影院有15间原声电影放映厅,可供选择的影片非常多。除了电影,这里还有几家气氛欢乐的就餐地、酒吧和其他供观众在观影前后休憩消遣的地方。

☆神圣家族教堂和扩建区

City Hall 现场音乐

(见304页地图;☎93 238 07 22;www.cityhallbarcelona.com;Rambla de Catalunya 2-4;Ⓜ Catalunya)这个昔日的剧院是欣赏现场音乐表演的完美地方,能容纳约500人。音效非常好,合理的座位分布意味着每个人都能对舞台有着极佳的视野。

Méliès Cinemes 电影院

(见304页地图;☎93 451 00 51;www.meliescinemes.com;Carrer de Villarroel 102;门票€4~7;Ⓜ Urgell)舒适的电影院,有2间放映厅,会播放新近上映的好莱坞和欧洲影片中最受好评的片子。

☆恩典区和古埃尔公园

Cine Texas 电影院

(见310页地图;☎93 348 77 48;www.cinemestexas.cat;Carrer de Bailèn 205;Ⓜ Joanic)这家现代化电影院有4间放映厅,从艺术片到好莱坞大片,类型多样。播放的都是原声电影(配加泰罗尼亚语字幕),加泰罗尼亚语电影配的是英语字幕。

Verdi Park 电影院

(见310页地图;☎93 238 79 90;www.cines-verdi.com;Carrer de Torrijos 49;Ⓜ Fontana)这家持续受欢迎的艺术电影院有4间放映厅,大多是原声电影。

Verdi 电影院

(见310页地图;☎93 238 79 90;www.cines-verdi.com;Carrer de Verdi 32;Ⓜ Fontana)这家位于恩典区核心地带的电影院有5间放映厅,放映原声艺术片和大片,也有加泰罗尼亚语和西班牙语的影片。影院附近食肆和酒吧众多,如果想在观影前后消遣一下非常方便。

☆诺坎普、佩德拉尔贝斯和高地区

诺坎普体育场 足球

(Camp Nou;☎902 189900;www.fcbarcelona.com;Carrer d'Arístides Maillol;Ⓜ Palau Reial)巨大的诺坎普体育场(加泰罗尼亚语意思为"新球场")是传奇足球俱乐部巴塞罗那的主场。在球迷们的呐喊声中观看一场比赛将是你西班牙之行难忘的体验。赛季从9月持续到次年5月。你也可以参加互动性质的诺坎普体验(见312页),感受所有激动人心的时刻,项目包含游览体育场。

Luzde Gas 现场音乐

(☎93 209 77 11;www.luzdegas.com;Carrer de

观看巴塞罗那足球俱乐部的比赛

你可以在诺坎普体育场、网上（通过俱乐部官方网站）以及市区多个地点购买巴塞罗那足球俱乐部比赛的门票。位于加泰罗尼亚广场的巴塞罗那旅游局（见321页）和俱乐部设于Botiga的商店也出售门票。票价根据位置和比赛场次从€39~250不等。比赛日，售票窗口（9号门，Avinguda de Joan XXIII；⊙周一至周六 10:00~18:00，周日 10:00~14:15，比赛日 9:15至开球；Ⓜ Palau Reial）从9:15开放到比赛开球时。巴塞罗那与皇家马德里的比赛门票，提前好几年就已经售罄。

如果去看比赛，尽早去，这样才有充足的时间找位置（体育场很大），感受观赛氛围。

售票窗口附近几乎肯定会有票贩子出没。他们往往是俱乐部会员，有时候能给出很大的优惠折扣。但你最好确认位置没有问题，坐下来之后再付款。

Muntaner 246；⊙周四至周六 午夜至6:00；🚌6、7、27、32、33、34、H8，🚊T1、T2、T3 Francesc Macià）昔日的剧院如今转身为夜店，每周都有几个夜晚上演各种音乐会，音乐类型囊括了摇滚乐、灵魂乐、萨尔萨、爵士乐和流行乐。音乐会通常在凌晨1:00左右开始。凌晨2:00左右这个地方会变身为夜店，吸引音乐品味各异、打扮入时的人群前来，具体参与的人群视当晚的演出类型而定。上网站查询最新安排。

☆ 蒙特惠奇山、波布里塞克和圣安东尼区

BARTS 演出场所

（Barcelona Arts on Stage；见316页地图；☎93 324 84 92；www.barts.cat；Avinguda del Paral·lel 62；Ⓜ Paral·lel）BARTS以富有创意的表演名声在外，演出团体包括城市舞团、电子摇摆乐、迷幻流行乐和其他类型的音乐。漂亮的设计，加上舒适、中等大小的观众席，再搭配一流的音效，称得上是一种享受。演出时间和票价不固定，可以上网站查询具体细节。

Gran Bodega Saltó 现场音乐

（见316页地图；☎93 441 37 09；www.bodegasalto.net；Carrer de Blesa 36；⊙周一至周四 19:00至次日2:00，周五和周六 正午至次日3:00，周日 正午至午夜；Ⓜ Paral·lel）成排的酒桶透露了其传统酒窖的历史。酒吧重新装修时添加了奇怪的灯、小雕像和古老的中国啤酒海报，营造出迷幻的效果，现在如同一块磁石，吸引了各种酒吧常客。大家都很友好，有现场音乐演出的晚上，氛围更是热闹。

Sala Apolo 现场音乐

（见316页地图；☎93 441 40 01；www.sala-apolo.com；Carrer Nou de la Rambla 113；夜店 €15起，音乐会价格不固定；⊙音乐会 20:00起，夜店午夜起；Ⓜ Paral·lel）这家精致的老剧院内到处是红色天鹅绒，你会感觉自己走进了电影片场，而且还刚好赶上拍摄跳舞的一场戏。"疯狂星期一"和"蹩脚星期二"最适合那些"三天三夜，三更半夜，跳舞不要停歇"的人。夜店入场费含一份饮品。音乐会一般在晚上早些时候开始，楼下较小的礼堂"La 2"也会上演类似的音乐会。

音乐风格不拘一格，从本地乐队和滑稽歌舞表演（burlesque）到国际大牌演出，应有尽有。

Teatre Mercat De Les Flors 舞蹈

（见316页地图；☎93 256 26 00；www.mercatflors.cat；Carrer de Lleida 59；⊙售票处周一至周五 11:00~14:00和16:00~19:00，外加演出前1小时；🚌55）位于Teatre Lliure（见316页地图；☎93 289 27 70；www.teatrelliure.com；Plaça de Margarida Xirgu 1；⊙售票处 9:00~20:00，外加演出前2小时；🚌55）隔壁，统称为戏剧之城（Ciutat de Teatre）。这个宽敞的现代舞台是巴塞罗那顶级的场馆，有本地和国际现代舞蹈演出。

Renoir Floridablanca 电影院

（见280页地图；☎91 542 27 02；www.cinesrenoir.com；Carrer de Floridablanca 135；Ⓜ Sant Antoni）这家电影院有7间放映厅，放映高质量的艺术片和大片，都是原声（配西班牙语字幕）电影。电影院距离拉巴尔区不远，因此不缺观影之后的娱乐选择。

购物

兰布拉大道和哥特区

Torrons Vicens 食品

（见280页地图；☎93 304 37 36；www.vicens.com；Carrer del Petritxol 15；⏰周一至周六 10:00~20:30，周日 11:00~20:00；Ⓜ Liceu）这家店自1775年起就开始卖招牌糖果，牛轧糖（turrón）全年有售。

Sabater Hermanos 化妆品

（见280页地图；☎93 301 98 32；www.sabaterhermanos.es；Plaça de Sant Felip Neri 1；⏰10:30~21:00；Ⓜ Jaume I）这家香气扑鼻的小店出售各种尺寸的手工皂。手工皂有多种香味，例如无花果、肉桂、葡萄柚和巧克力，都非常好闻，甚至让人忍不住想尝一口。此外，檀香、木兰花、薄荷、雪松和茉莉等香味的手工皂会让泡澡变得更有情趣。

Formatgeria La Seu 食品

（见280页地图；☎93 412 65 48；www.formatgerialaseu.com；Carrer de la Dagueria 16；⏰9月至次年7月 周二至周六 10:00~14:00和17:00~20:00；Ⓜ Jaume I）这家小店由奶酪专家Katherine McLaughlin经营，销售西班牙各地由传统匠人手工制作的奶酪。与批量生产恰好相反——店里只出售农民小规模制作的最好的奶酪，库存定期更换。后面舒适的房间可以品尝葡萄酒和奶酪，非常有意思。

Escribà 食品和饮品

（见280页地图；☎93 301 60 27；www.escriba.es；La Rambla 83；⏰9:00~21:30；📶；Ⓜ Liceu）这家有着现代主义马赛克立面的店由Escribà家族打理，这个名字等同于令人产生罪恶感的美味甜品。你可以在店内小口品尝巧克力、美味糕点和令人垂涎欲滴的蛋糕，或者打包带走独自享用。它的存在让兰布拉大道更有气氛。

El Corte Inglés 百货店

（见280页地图；☎93 306 38 00；www.elcorteingles.es；Av del Portal de l' Àngel 19-21；⏰10月至次年5月 周一至周六 9:30~21:00，6月至9月 9:30~22:15；Ⓜ Catalunya）这是西班牙仅剩的百货商店的第二家分店，出售电器、时装、文具和运动装备。

L' Arca 二手店、服装

（见280页地图；☎93 302 15 98；www.larca.es；Carrer dels Banys Nous 20；⏰周一至周六 11:00~14:00和16:30~20:30；Ⓜ Liceu）走进这家迷人的商店，看看过去时代的漂亮服装，包括18世纪的刺绣女士背心、做工精致的丝绸和服，以及20世纪20年代的婚礼礼服和披肩。由于这里无与伦比的收藏，它曾为《泰坦尼克号》《对她说》（*Talk to Her*）和《香水：一个谋杀犯的故事》等电影提供过服装。

Herboristeria del Rei 化妆品

（见280页地图；☎93 318 05 12；www.herboristeriadelrei.com；Carrer del Vidre 1；⏰周二至周四 14:30~20:30，周五和周六 10:30~20:30；Ⓜ Liceu）这家永不落伍的角落商店自1823年开始就出售各种奇特和美妙的香草、香料和药用植物，女王伊莎贝拉二世也曾是这里的常客。店里的布置自19世纪60年代起几乎没有变化过——一些销售的产品是有变化的，现在你能在这里找到从香皂到按摩油等各种产品。

电影导演汤姆·提克威（Tom Tykwer）的片子《香水：一个谋杀犯的故事》部分取景于这家店。

Cereria Subirà 家庭用品

（见280页地图；☎93 315 26 06；cereriasubira.net；Calle de la Llibreteria 7；⏰周一至周四 9:30~13:30和16:00~20:00，周五 9:30~20:00，周六 10:00~20:00；Ⓜ Jaume I）即便你对一堆堆色彩斑斓的蜡制品不感兴趣，也不妨到巴塞罗那最古老的店里逛逛。这家店自1761年起开始生产蜡烛，19世纪搬到现在这个地址。内部装饰是精美的巴洛克风格，漂亮的楼梯会让你联想到电影《乱世佳人》。

La Colmena 食品

（见280页地图；☎93 315 13 56；www.pastisserialacolmena.com；Plaça de l' Angel 12；⏰9:00~21:00；Ⓜ Jaume I）这家糕点店出售很多美味的食品，包括松子包裹的甜杏仁蛋糕（panellets）、调味蛋白酥，以及轻如羽毛、撒有糖粉的软甜面包（来自马略卡）。

La Manual Alpargatera 鞋

（见280页地图；☎93 301 01 72；www.lamanualalpargatera.es；Carrerd'Avinyó 7；⊙周一至周五 9:30~13:30和16:30~20:00，周六 10:00~13:30和16:30~20:00；ⓂLiceu）从萨尔瓦多·达利到让·保罗·高缇耶（Jean Paul Gaultier），许多名人都曾在这家著名的鞋店订购麻布底系带帆布鞋（espadrilles）。这家店始于西班牙内战结束后，不过简洁的鞋款设计可以追溯到数百年前，源自加泰罗尼亚比利牛斯山区。

Petritxol Xocoa 食品

（见280页地图；☎93 301 82 91；www.xocoa-bcn.com；Carrer del Petritxol 11-13；⊙9:30~21:00；ⓂLiceu）位于"巧克力街"Carrer del Petritxol上的这家店，陈列着成排成排设计精美的巧克力块、甜馅的巧克力、黏黏的糕点等。城里还有好几家分店。

拉巴尔区

★Les Topettes 化妆品

（见280页地图；☎93 500 55 64；www.lestopettes.com；Carrer de Joaquín Costa 33；⊙周二至周六 11:00~14:00和16:00~21:00，周一16:00~21:00；ⓂUniversitat）这家小巧雅致的香皂和香水店在拉巴尔区生存下来，也见证了这个区的时代变迁。人们来这里购物，不仅因为其质量上乘，还因为设计很吸引人。你会找到来自Diptyque、Cowshed和L'Artisan Parfumeur等品牌的香水、蜡烛和药膏。

Fantastik 工艺品

（见280页地图；☎93 301 30 68；www.fantastik.es；Carrer de Joaquín Costa 62；⊙周一至周五 11:00~14:00和16:00~20:30，周六11:00~15:00和16:00~21:00；ⓂUniversitat）这家色彩丰富的店里有400多件商品，包括一个墨西哥头骨拨浪鼓，来自中国的月球勘探者机器人，来自南非、用回收塑料做的斑马。你可以在这里找到墨西哥、印度、保加利亚、俄罗斯、塞内加尔以及其他20个国家的好玩的东西。如果你的购物理念不局限于生活必备品，这是个完美的地方。

Holala! Plaza 时装和饰品

（见280页地图；www.holala-ibiza.com；Plaça de Castella 2；⊙周一至周六 11:00~21:00；ⓂUniversitat）这家背靠Carrer de Valldonzella的店出售伊维萨岛进口物品，灵感来自伊维萨岛长期（在一定程度上显得商业化）的嬉皮传统，主要出售古董服饰，也常举办各种展览和活动。

海岸区

El Rei de la Màgia 魔术

（见280页地图；☎93 319 39 20；www.elreydelamagia.com；Carrer de la Princesa 11；⊙周一至周六 10:30~14:00和16:00~19:30；ⓂJaume I）100多年来，这里的主人一直致力于给本地人惊喜和逗他们开心。如果你决定留在巴塞罗那当个魔术师，可以来这里买悬浮扫帚、隐形牛奶和魔术卡片。

Vila Viniteca 葡萄酒

（见280页地图；☎93 777 70 17；www.vilaviniteca.es；Carrer dels Agullers 7；⊙周一至周六 8:30~20:30；ⓂJaumeI）这是巴塞罗那较好的葡萄酒商店之一（不过似乎每家店都这么标榜），从1932年开始销售最好的本地和进口葡萄酒。11月有两三个晚上会组织品酒活动，并已经成为Carrer dels Agullers和附近街道最热闹的同类活动，届时来自西班牙各地的酒窖会呈上自己的新酿葡萄酒。

Casa Gispert 食品

（见290页地图；☎93 319 75 35；www.casagispert.com；Carrer dels Sombrerers 23；⊙周一至周六 10:00~20:30；ⓂJaume I）这家美妙、充满氛围、以木头为前面装饰的店自1851年起就开始烘烤坚果，出售各种水果干。架子上的盆罐堆得高高的，里面装着品种繁多、松脆可口的小食：有些是烤制的，有些是蜜汁，全都让人停不下嘴。这家店的经营方式很老派，你的订单由工作人员大叫着告诉收银台，对方也以同样的方式把价格告知顾客。

El Magnífico 咖啡

（见290页地图；☎93 319 60 81；www.cafeselmagnifico.com；Carrer de l'Argenteria 64；⊙周一至周六 9:30~20:00；ⓂJaume I）这里自20世纪初就开始烘焙各种咖啡。咖啡（和茶）品种之多让人印象深刻，你会不自觉就

被扑鼻的香气吸引进去。主人还在马路对面经营上好的茶叶店Sans i Sans（见290页地图；☎93 310 25 18；www.sansisans.com；Carrer de l' Argenteria 59；⏰周一至周六 10:00~20:00；Ⓜ Jaumel）。

Coquette 时装和饰品

（见290页地图；☎93 310 35 35；www.coquettebcn.com；Carrer de Bonaire 5；⏰周一至周五 11:00~15:00和17:00~21:00，周六 11:30~21:00；Ⓜ Barceloneta）优雅的女装店，有来自世界各地设计师的作品，以西班牙设计师为主。

Loisaida 服装、古玩

（见290页地图；☎93 295 54 92；www.loisaidabcn.com；Carrer dels Flassaders42；⏰周一至周六 11:00~21:00，周日 11:00~14:00和16:00~20:00；Ⓜ Jaumel）Loisaida（西班牙式英语中"下东区"的意思）本身就是一道风景。它位于皇家铸币厂（Royal Mint）曾经的马车房和马厩中，是一个迷人的大型商场，里面出售五彩缤纷并带有些许学院风的复古男女服装、戏服首饰、20世纪40年代和50年代的音乐，以及一些令人爱不释手的古玩，牛仔服有专门的区域。

Arlequí Màscares 工艺品

（见280页地图；☎93 268 27 52；www.arlequimask.com；Carrer de la Princesa 7；⏰周一 11:30~20:00，周二至周五 10:30~20:00，周六 11:00~20:00，周日 11:30~19:00；Ⓜ Jaume I）这家小店如同一方美妙的创意绿洲，主要销售演出面具和饰品，有些东西让人赞不绝口。此外，店里还有一系列加泰罗尼亚主题的漂亮装饰盒、一些老式牵线木偶。

Hofmann Pastisseria 食品

（见290页地图；☎93 268 82 21；www.hofmann-bcn.com；Carrer dels Flassaders 44；⏰周一至周六 9:00~14:00和15:30~20:00，周日 9:00~14:30；Ⓜ Barceloneta）这家小巧的美味糕点店与享有盛誉的Hofmann烹饪学校挂钩，漆木橱柜有些时间停驻的意味。店里出售罐装的美味巧克力、名声在外的羊角面包（不同口味）和热量更高的点心，你也可以选择蛋糕和各色甜点。

小巴塞罗那区和海滨地区

Vernita 儿童服装

（☎625 092341；www.facebook/vernilastudioshop；Carrer del Joncar 27；⏰周二至周五 10:00~13:30和17:00~20:00，周六 10:00~14:00和17:00~20:00；Ⓜ Poblenou）在这个轻快明亮的工作室兼服装店里，Neli、Laura和Nacha三位母亲设计并亲手缝制儿童服装及饰品，例如，印有动物图案的靠垫、包、孩童珠宝、蝶形领结、毛巾（包括可爱的恐龙设计）、可洗尿布以及毛茸茸的柔软玩具。晚上有针对孩子的缝制课程和折纸班（可提供英语讲解）。

Ultra-Local Records 音乐

（☎661 017638；www.ultralocalrecords.com；Carrer de Pujades 113；⏰周一至周五 16:00~20:30，周六 11:00~20:30；Ⓜ Llacuna）这家精致的小店位于El Poblenou相对空旷的区域，主要出售加泰罗尼亚、西班牙、法国、美国和英国艺术家的旧唱片（外加部分当下独立摇滚红人重新灌制和发行的唱片、专辑）。除了黑胶唱片，你还能找到少量CD、非主流杂志以及其他一些稀有物品。店前面设有售价仅€1的折价区。

Bestiari 书籍、手工艺品

（见296页地图；☎www.bestiari.net；Plaça de Pau Vila 3；⏰周二和周四至周六 10:00~19:00，周三 10:00~20:00，周日 10:00~14:30；Ⓜ Barceloneta）这家店位于加泰罗尼亚历史博物馆（见295页）底层，出售英语、加泰罗尼亚语和西班牙语的书籍，面向各个年龄段，种类丰富。此外，店里还出售加泰罗尼亚主题的礼物，包括CD、T恤、雨伞、邮差包、国际象棋、马克杯和玩具（还有成排自己动手搭建的哥特式或高迪建筑）。

Els Encants Vells 市场

（Fira de Bellcaire；☎93 246 30 30；www.encantsbcn.com；Plaça de les Glòries Catalanes；⏰周一、周三、周五和周六 9:00~20:00；Ⓜ Glòries）这个"散发古老魅力"的跳蚤市场位于Plaça de les Glòries Catalanes旁一栋闪闪发亮的开放式建筑中，是巴塞罗那同类型市场中规模最大的。在如同镜子般的

巨大嵌板下面有500多个各式摊位，从古董家具到二手衣服，应有尽有。这里有很多滥竽充数的玩意儿，但偶尔也能淘到便宜的好货。

Maremàgnum 购物中心

（见296页地图；☎93 225 81 00；www.maremagnum.es；Moll d' Espanya 5；⏰10:00~22:00；Ⓜ Drassanes）这个热闹的购物中心矗立在已基本废弃的码头上，有19个就餐地、酒吧、电影院和59家商铺，包括年轻的西班牙连锁品牌Mango，总部设在巴塞罗那的Desigual时装很吸引眼球。足球迷会被巴塞罗那足球俱乐部Botiga店的各种物品吸引。周日，这里就会变得格外热闹，因为城里大多数商店都关门了。

神圣家族教堂和扩建区

★ Joan Múrria 食品和饮品

（见304页地图；☎93 215 57 89；www.murria.cat；Carrer de Roger de Llúria 85；⏰周二至周五 10:00~20:30，周六 10:00~14:00和17:00~20:30；Ⓜ Girona）这个美食圣殿主要出售来自加泰罗尼亚及其周边的各种美味，现代主义风格的店招广告是Ramon Casas在1898年设计的。你能在店里买到传统匠人手工制作的奶酪、伊比利亚火腿、鱼子酱、罐装美食、熏鱼、卡瓦酒和葡萄酒、咖啡和茶叶。

★ Flores Navarro 鲜花

（见304页地图；☎93 457 40 99；www.floristeriasnavarro.com；Carrer de València 320；⏰24小时；Ⓜ Girona）你永远不会知道自己什么时候需要鲜花，不过这家花店从不打烊。花店开业于1960年，空间很大（事实上占据了两个空间）。单冲着斑斓芬芳的鲜花，就很值得一去。

Cacao Sampaka 食品

（见304页地图；☎93 272 08 33；www.cacaosampaka.com；Carrer del Consell de Cent 292；⏰周一至周六 9:00~21:00；Ⓜ Passeig de Gràcia）这家店简直是巧克力爱好者的天堂。你可以大量购买，也可以去后面的吧台点一杯经典的热巧克力（xocolata），精美的巧克力蛋糕、馅饼、冰激凌、糖果和三明治可以让你大快朵颐。这里的小糖果非常适合作为伴手礼。

Altaïr 书籍

（见304页地图；☎93 342 71 71；www.altair.es；Gran Via de les Corts Catalanes 616；⏰周一至周六 10:00~20:30；📶；Ⓜ Catalunya）这家藏书丰富的书店犹如一个旅行乐园，这里有足够多的旅行指南、地图、旅行文学和其他能激发你“说走就走”冲动的书。书店内设有一个旅行者布告牌，楼下还有一家咖啡馆。

Dr Bloom 时装和饰品

（见304页地图；☎93 292 23 27；www.drbloom.es；Rambla de Catalunya 30；⏰周一至周六 10:00~21:00；Ⓜ Passeig de Gràcia）Dr Bloom每个月都会上新品，因此存货不断更换。这一时尚品牌的产品在巴塞罗那设计并制作，不管季节如何，其旗下的连衣裙、上衣、披巾等都色调明亮，印有大胆的图案。

El Corte Inglés 百货店

（见304页地图；☎93 306 38 00；www.elcorteingles.es；Plaça de Catalunya 23；⏰周一至周六 9:30~21:00；Ⓜ Catalunya）从电脑到靠垫，从高级时装到家居用品，西班牙仅剩的一家百货连锁店有各种你能想到的东西。顶层的餐厅能欣赏美丽的城市景观。附近有一家分店位于**Avinguda Diagonal 471-473**（☎93 493 48 00；www.elcorteingles.es；Avinguda Diagonal 471-473；⏰周一至周六 9:30~21:00；Ⓜ Hospital Clínic）。

Casa Del Llibre 书籍

（见304页地图；☎902 026407；www.casadellibro.com；Passeig de Gràcia 62；⏰周一至周六 9:30~21:00，周日 11:00~21:30；Ⓜ Passeig de Gràcia）“书籍之家”在西班牙各处开有分店，是一家很全面的综合书店，有英语、法语和其他语言的文学书籍，还有不少不错的旅行指南。

FNAC 电子产品、书籍

（见280页地图；☎902 100632；www.fnac.es；El Triangle，Plaça de Catalunya 4；⏰周一至周六 9:30~21:00；Ⓜ Catalunya）FNAC是法国一家出售电子产品、书籍和音乐的百货店，在巴塞

罗那市有不少分店，这家规模最大。

恩典区和古埃尔公园

★Colmillo de Morsa 时装和饰品

（见310页地图；☎645 206365；www.facebook.com/colmillodemorsa；Carrer de Vic 15-17；⏲周一 16:30~20:30，周二至周六 11:00~14:30和16:30~20:30；🚉FGC Gràcia）Javier Blanco和Elisabet Vallecillo组成的设计团队在马德里西贝尔斯时装周和巴黎“谁是下一个”时装展上掀起浪潮，这家旗舰店里展出了他们在巴塞罗那制作完成的女装。店里也为年轻、新兴的本土品牌开辟了区域。这家灯光明亮的店还会举办艺术、图像设计和摄影展，以及时尚活动。

Hibernian 书籍

（见310页地图；☎93 217 47 96；www.hibernian-books.com；Carrer de Montseny 17；⏲周一 16:00~20:30，周二至周六 11:00~20:30；Ⓜ Fontana）巴塞罗那最大的二手英语书店，从烹饪到儿童经典，有数千本各种题材的书籍，也有相对较少的英语新书。

Amalia Vermell 珠宝

（见310页地图；☎655 754008；www.amaliavermell.com；Carrer de Francisco Giner 49；⏲周一至周六 11:00~14:00和17:00~21:00；Ⓜ Diagonal）Amalia Vermell在自己的这间工作室里，使用纯银等高档材料，手工制作漂亮的几何图形珠宝。你可以欣赏或购买她做的吊坠和项链、手镯和戒指，也可以报名参加珠宝制作课程（2小时€65起；有英语讲解）。

Vinil Vintage 音乐

（见310页地图；☎93 192 39 99；Carrer de Ramón y Cajal 45-47；⏲周二至周六 10:30~14:00和17:00~20:30；Ⓜ Joanic）淘碟爱好者会爱上这里的黑胶唱片，忍不住翻箱倒柜地寻找宝贝。店里有很多摇滚、流行和爵士唱片，还有大量西班牙音乐。这里还出售唱机转盘和扬声器。

Lady Loquita 服装

（见310页地图；☎93 217 82 92；www.ladyloquita.com；Travessera de Gràcia 126；⏲周一至周六 11:00~14:00和17:00~20:30；Ⓜ Fontana）在这家时髦的小店里，你会看到Tiralahilacha的风格轻快、本土制作的夏季裙装，Japamala的晚装和本土设计品牌Klimbim的手工珠宝。这里还有一些奇怪的零碎玩意儿：绘有狗和人像的餐盘，About Paola数字印刷的木器。

Tintin Shop 礼品和纪念品

（见310页地图；☎93 289 25 24；www.tintinshopbcn.com；Travessera de Gràcia 176；⏲周一至周五 10:30~14:30和17:00~20:30，周六 11:00~14:30；Ⓜ Fontana）喜欢丁丁这个比利时男孩的人应该直奔这家位于恩典区的商店，你会在这里找到丁丁的T恤、海报、活动人偶、书袋、腕表、铅笔盒，甚至还有柔软、让人难以抗拒的白雪（丁丁的刚毛猎狐梗），当然不会少了丁丁的书籍（有加泰罗尼亚语、西班牙语和法语版）。

Picnic 服装

（见310页地图；☎93 016 69 53；www.picnicstore.es；Carrer de Verdi 17；⏲周一至周五 11:00~21:00，周六 11:00~15:00和16:00~21:00；Ⓜ Fontana）这家布局精美的小巧时装店有很多诱人之处：巴塞罗那品牌Meyba的时尚运动鞋、巴斯克品牌Loreak Mendian的条纹运动衫、Mödernaked图案大胆的背包。其他商品还包括适合在家使用的印有动物图案的陶瓷、小的艺术印刷品和时尚杂志。

Be 礼品和纪念品

（见310页地图；☎93 218 89 49；www.bethestore.com；Carrer de Bonavista 7；⏲周一至周六 10:30~21:00；Ⓜ Diagonal）这家销售各种饰品和礼物的店铺很有意思，你会找到结实的复古背包、手提皮包、时髦（且经典）的Happy Socks袜子、便携式唱机、运动鞋（Vans、Puma和老款Nike）和一些小玩意儿（包括色彩丰富的Pantone微型喇叭和宝丽莱数字相机）。

Bodega Bonavista 葡萄酒

（见310页地图；☎93 218 81 99；Carrer de Bonavista 10；⏲周一至周五 10:00~14:30和17:00~21:00，周六 正午至15:00和18:00~21:00，

周日 正午至15:00；ⓂFontana）这是一家非常好的街区酒窖，面积很小，致力于寻找价格合理的上好葡萄酒。店里的酒大多来自加泰罗尼亚和西班牙其他地区，也有法国的精选好酒。Bonavista也供应熟食，有些口味非常好的奶酪。你可以找一张桌子坐下来，品尝杯装葡萄酒，搭配奶酪和熟食。

Mushi Mushi
时装和饰品

（见310页地图；☎93 292 29 74；www.mushimushicollection.com；Carrer de Bonavista 12；⏰周一至周六 11:00~15:00和16:30~20:30；ⓂDiagonal）在一片不缺精品时装店的街区，小巧的Mushi Mushi是个很不错的选择，古怪却优雅的女装和饰品是这家店的特色。店里出售的品牌有Des Petits Hauts、Sessùn和Orion London，还有Adriana Llorens的珠宝。商品经常更换，所以再度光顾是值得的。

诺坎普、佩德拉尔贝斯和高地区

Normandie
儿童服装

（☎93 209 14 11；www.normandiebaby.com；Plaça de Sant Gregori Taumaturg；⏰周一至周六 10:30~14:30和16:30~20:30；🅡FGC La Bonanova）巴塞罗那出生、在巴黎学习设计的Graziella Antón de Vez在2000年创立了这个时尚品牌，专注于婴儿和6岁及以下的儿童，使用纯天然面料，例如安哥拉山羊毛、棉、山羊绒和羊毛。可爱的设计灵感来自法国的诺曼底地区，有着复古的线条设计。

Ukka
时装和饰品

（☎661 919710；Carrer de Laforja 122；⏰周一至周五 10:30~14:00和17:00~20:30，周六 11:00~14:00和17:30~20:30；🅡FGC Muntaner）Ukka设在巴塞罗那的工厂生产波希米亚风情的女装和饰品（包括围巾、帽子和一些引人注目的珠宝），然后在这家时髦的铺赤褐色地板的精品小店出售。

Labperfum
化妆品

（☎93 298 95 12；www.labperfum.com；Carrer de Santaló 45；⏰周一至周六 10:00~14:30和17:00~20:30；🅡FGC Muntaner）这家小店看起来像个老式药店，架子上摆满了漂亮的玻璃瓶，里面都是品质一流的香水（男士、女士香水都有），所有香水都是店家自制的，包装精美，一些与众不同的香味包括烟草、午夜兰花和皮革。你也可以买到香氛蜡烛、香皂和护肤霜。

L' Illa Diagonal
购物中心

（☎93 444 00 00；www.lilla.com；Avinguda Diagonal 557；⏰周一至周六 9:30~21:00；ⓂMaria Cristina）这是巴塞罗那较好的商场之一，你可以在这里逛几小时（或几天），有不少高端店铺和让人眼花缭乱的餐馆。

蒙特惠奇山、波布里塞克和圣安东尼区

Popcorn Store
时装和饰品

（见316页地图；Carrer Viladomat 30-32；⏰周一至周六 11:00~15:00和16:30~20:30）这家2017年开业的时装店出售巴塞罗那最新潮女装品牌的产品，包括Sister Dew不对称的上衣、夹克、连衣裙等，大胆印刷图案和蕾丝元素为特色的Ester Gueroa。男士会找到意大利和欧洲设计品牌的时髦衬衫、裤子和皮带。

10000 Records
音乐

（☎93 292 77 76；www.10000records.es；Carrer de Floridablanca 70；⏰周一 17:00~20:00，周二至周五 10:00~14:00和17:00~20:00，周六 10:00~14:00；ⓂPoble Sec）店如其名，这家唱片店有各种类型音乐的新旧唱片，但以摇滚、流行、金属和爵士乐为特色。你还会发现复古的收音机、卡带和音乐类书籍。

圣安东尼市场
市场

（Mercat de Sant Antoni；见280页地图；☎93 426 35 21；www.mercatdesantantoni.com；Carrer de Comte d' Urgell 1；⏰周一至周四 7:00~14:30和17:00~20:30，周五和周六 7:00~20:30；ⓂSant Antoni）建于1872~1882年的圣安东尼市场，位于拉巴尔区西部边缘，是一个非常壮观的老式砖铁建筑。周日上午会有二手书市场。

市场最近经过长达9年的翻新，已经重新开放，设有250个摊位。

实用信息

紧急情况和有用的电话

救护车	☎061
欧盟标准急救电话	☎112
旅游局	☎93 256 24 30

医疗服务

➡ 所有外国人拥有和西班牙公民相同的权利，即在公立医院接受紧急医疗治疗。欧盟公民有权在公立医院获取全部健康服务，但必须出示欧洲健康保险卡（从所在国健康服务机构获取），可能需要预先支付费用。

➡ 非欧盟公民在接受除紧急医疗之外的医疗服务时需要支付费用。大多数旅行保险包含医疗费用。

➡ 遇到小小的健康问题，可以去药店（farmàcia），相比美国、澳大利亚或英国，在西班牙购买药品不用出示处方，相对更方便。

➡ 如果你的国家在西班牙设有领事馆，工作人员可以帮你找到能说你母语的医生。

现金

巴塞罗那有很多银行，其中很多都设有自动柜员机。加泰罗尼亚广场周边、Via Laietana和兰布拉大道沿线自动柜员机随处可见。大多数自动柜员机接受国际借记卡或信用卡，能直接提取欧元。使用银联卡在境外自动柜员机上取现通常要支付手续费（1.5%~2%）。

任何银行或货币兑换处（bureau de change；通常写着canvi/cambio）都提供大多数主流货币的现金或旅行支票兑换服务。

兰布拉大道及其他地方的外汇办事处营业时间比银行长，但汇率相对较低。此外，要格外留意货币兑换处的手续费。

邮局

Correos是西班牙的国家邮政服务机构。巴塞罗那的邮政总局位于旧港东北角对面，就在Plaça d' Antonio López上，是一座布满壁画的可爱建筑。恩典区大街附近有另一家很便捷的邮政分局（Carrer d' Aragó 282）。其他很多分局的营业时间为周一至周五的8:30~14:30，周六营业时间则是9:30~13:00。

大多数烟草店（estancs）和遍布全城的邮局都出售邮票（Segells/sellos）。

旅游信息

巴塞罗那有几个旅游局办事处。值得记住的两个可以提供综合信息的咨询电话分别是☎010（巴塞罗那地区）和☎012（整个加泰罗尼亚地区，由加泰罗尼亚自治区政府负责）。有时候会遇到英语接线员，不过大多数接线员只会说加泰罗尼亚语或西班牙语。除了旅游局外，在北部长途汽车站、Portal de la Pau和兰布拉大道靠海港这一端的哥伦布纪念塔均设有咨询处。夏季，市中心会设有多个咨询处。

加泰罗尼亚广场（Plaça de Catalunya；见304页地图）

圣豪梅广场（Plaça Sant Jaume；见280页地图；☎93 285 38 34；www.barcelonaturisme.com；Plaça Catalunya 17；⏲8:30~20:30；Ⓜ Catalunya）

桑兹总火车站（Estació Sants；☎93 285 38 34；www.barcelonaturisme.com；Barcelona Sants；⏲8:30~20:30；Ⓡ Sants Estació）

埃尔普拉特机场（El Prat Airport；www.barcelonaturisme.com；⏲8:30~20:30）

地区旅游局（Palau Robert Regional Tourist Office；见304页地图；☎93 238 80 91；www.palaurobert.gencat.cat；Passeig de Gràcia 107；⏲周一至周六10:00~20:00，周日10:00~14:30；Ⓜ Diagonal）位于罗伯特宫，有许多关于加泰罗尼亚的信息和音视频资料，此外这里还有一家书店和一个Turisme Juvenil de Catalunya（专为青年旅游者服务）的办事处。

到达和离开

飞机

巴塞罗那的**埃尔普拉特机场**（El Prat airport；☎902 404704；www.aena.es）位于加泰罗尼亚广场西南17公里处的El Pratde Llobregat。机场有2座主要的航站楼：T1和旧一点的T2，分为3个航站区（A、B和C）。

到达 T1航站楼的到达大厅主要在1层（分欧盟申根到达区、非欧盟国际到达区和巴塞罗那-马德里通道）。

出发 T1航站楼的登机口位于1层和3层。

旅游局 主要的**旅游局办事处**位于T2航站楼B区底层。其他位于T2航站楼A区底层和T1航站楼的旅游局办事处开放时间相同。

船

乘船可以往返巴塞罗那和巴利阿里群岛

(Balearic Islands)与意大利，不过这种交通方式并不便宜。

Trasmediterránea(☎902 454645; www.trasmediterranea.es; ⓂDrassanes)经营着往返于巴塞罗那和巴利阿里群岛之间的定期客运和车辆运输渡轮，渡轮停靠在旧港的Mollde Barcelona码头周边。可以在Moll de Sant Bertran、Moll de Barcelona和旅行社获取相关信息并购票。

不同季节、提前多久订票以及是否选择舱位决定了票价的不同。从巴塞罗那到群岛中的任意目的地，座位票价通常€60起。夜间标准渡轮也提供4人舱位。

Grandi Navi Veloci(见316页地图; www.gnv.it; Ronda del Port; ⓂDrassanes)经营往返于巴塞罗那和热那亚(Genoa)的高速豪华渡轮，每周有3天发船(有时会增开)，航程18小时。不同季节和提前多久订票都会影响到最终的票价，夏季航空式座椅的单程票价约€80起。你可以在线订票或到Trasmediterránea的售票窗口购票。这家公司还经营着从巴塞罗那到摩洛哥丹吉尔(Tangier)之间的轮渡，班次与前者相同(航行时间约为26小时)。

Grimaldi Ferries(见316页地图; www.grimaldi-lines.com; Ronda del Port; ⓂDrassanes)经营从巴塞罗那到奇维塔韦基亚(Civitavecchia; 靠近罗马; 20.5小时; 每周6~7班)、里窝那(Livorno; 托斯卡纳区; 19.5小时; 每周3班)和托雷斯港(Porto Torres; 撒丁岛西北; 12小时; 每天1班)的渡轮服务。

长途汽车

长途汽车都从**北部长途汽车站**(Estaciódel Nord; ☎93 706 53 66; www.barcelonanord.cat; Carrerd' AliBei 80; ⓂArcdeTriomf)发车。许多公司都经营前往西班牙不同地区的长途客车线路，其中很多都隶属**ALSA**(☎902 422242; www.alsa.es)。其他长途汽车公司的信息可以在汽车站咨询。开往马德里、巴伦西亚和萨拉戈萨的班次很多(每天至少20班)，每天还有几班长途车开往较远的目的地，如布尔戈斯、圣地亚哥-德孔波斯特拉和塞维利亚等。

Eurolines(www.eurolines.es)是当地主要的国际线路经营商，与欧洲许多本地客运商合作，其公司官网提供各国客运商的链接。该公司经营有从北部长途汽车站和桑兹总火车站(EstacióSantsBarcelona)旁边的**Estaciód' Autobusos de Sants**(☎902 432343; www.adif.es; CarrerdeViriat; ⓂSants Estació)发往欧洲各地以及摩洛哥的班车。

比利牛斯山脉大部分地区和整个布拉瓦海岸都只通公共汽车，因为火车服务仅限于重要的铁路转运点，如赫罗纳、菲格拉斯、莱里达(Lleida)、里波尔(Ripoll)和普奇塞达(Puigcerdà)。有多家客车公司经营该地区线路，大多从北部长途汽车站发车，除了**Hispano-Igualadina**(☎93 339 79 29; www.igualadina.com; Carrer de Viriat; ⓂSants Estació)和**TEISA**(☎93 215 35 66; www.teisa-bus.com; Carrer de Pau Claris 117; ⓂPasseig de Gràcia)，前者从桑兹总火车站发车，后者从扩建区Carrer de Pau Claris的站点发车。

火车

选择陆路的方式从马德里、巴伦西亚这些西班牙主要的中心城市到巴塞罗那，火车最方便。从欧洲其他地方坐火车来巴塞罗那需要耗费较长时间——廉价航空往往省时又便宜。巴塞罗那的主要火车站是**桑兹总火车站**(Estació Sants; ⏲8:00~20:00; ⓂPasseig de Gràcia)，每天都有高速列车(Tren de Alta Velocidad Española; 简称AVE)频繁往返于马德里和巴塞罗那，部分班次不到3小时。

大多数长途(largo recorrido或Grandes Líneas)列车设有一等座和二等座(分别为

ℹ 警告：看好你的物品

- 在巴塞罗那，暴力犯罪很少发生，但小偷小摸、抢包事件是主要问题。
- 拖着行李前往或离开酒店时，是你最容易粗心大意的时候，务必在抵达前明确路线。
- 尤其要在拥挤的场合留意自己的物品。
- 避免深夜在拉巴尔区以及兰布拉大道南端步行。
- 晚上不要走在空旷的街道上。一旦觉得不对劲，就坐出租车。
- 去海滩的时候不要带任何值钱的东西，不要留下东西不管。

preferente和turista）。除了AVE、Euromed和部分其他同样的现代化列车之外，最常见的长途列车是速度更慢、站站停靠的Talgos。夜班火车trenhotel的座位分三种等级：turista（硬座）、preferente（卧铺）和gran clase（豪华卧铺）。

巴塞罗那（及机场）周边有rodalies/cercanías火车服务网。具体可咨询**西班牙国铁**（Renfe；91 232 03 20；www.renfe.es）。

当地交通

在巴塞罗那市内出行，有充足的交通选择。地铁非常方便，能够带你去大多数地方。地铁到不了的地方可以依赖公共汽车和轻轨。晚上，出租车是最好的选择。

抵离机场

A1机场巴士（A1 Aerobús；见316页地图；902 100104；www.aerobusbcn.com；Plaça d' Espanya；单程/往返 €5.90/10.20；5:05至次日0:35）从1号航站楼开往加泰罗尼亚广场（根据交通情况需要30~40分钟），途经西班牙广场、Gran Via de les Corts Catalanes（位于Carrer del Comted' Urgell拐角处）和大学广场（Plaça de la Universitat），6:10至次日1:05每隔5~10分钟1班。加泰罗尼亚广场发车的时间是5:30至次日0:30，沿途停靠Carrer de Sepúlveda 和Carrer del Comte d' Urgello的交叉路口及西班牙广场。A2机场巴士从2号航站楼（停靠在A、B、C航站区外面）出发，和A1机场巴士的线路相同，6:10至次日1:00每隔10~20分钟1班。

乘坐当地公共汽车也能前往两个航站楼，但速度较慢（如往返西班牙广场和机场的46路，还有两趟夜间班车，往返加泰罗尼亚广场和机场的N17、N18）。地铁L9连接机场（专用票€4.60），但速度慢。如果你住在城市北部，这条线才是真的方便。

乘坐出租车往返市中心和任一航站楼需要约半小时，具体时间视交通情况而定，车费约€25。出租车内乘客位置旁贴有起步费和计价方式，上车时确定司机会打表。

火车运营商**西班牙国铁**（Renfe）运营的R2 Nord线每半小时从2号航站楼出发（5:42~23:38），途经数个站点到达桑兹总火车站和巴塞罗那市中心的恩典区大街，然后继续朝西北方向驶离巴塞罗那。恩典区大街发车的首末班车时间分别为5:08和23:07，约5分钟后到达桑兹总火车站。机场与恩典区大街之间用时25分钟。单程票价€2.50。

小汽车和摩托车

巴塞罗那的公共交通网络很发达，加上停车费用很高，自驾不是明智之选。不过，如果你打算出城游玩，有辆小汽车会很方便。

租车公司Avis、Europcar、National/Atesa和Hertz在埃尔普拉特机场、桑兹总火车站和北部长途汽车站都设有柜台。巴塞罗那的租赁点如下：

Avis（902 110275；www.avis.com；Carrer de Còrsega 293-295；周一至周五 8:00~21:00，周六 8:00~17:00，周日 8:00~13:00；M Diagonal）

Cooltra（93 221 40 70；www.cooltra.com；Via Laietana 6；小型摩托车租赁 每天 €28~35；10:00~20:00；M Barceloneta）提供小型摩托车租赁服务，组织摩托车团队游。

Europcar（93 302 05 43；www.europcar.es；Gran Via de les Corts Catalanes 680；周一至周五 8:00~14:00和15:30~19:30，周六 9:00~14:00；M Girona）

Hertz（902 998707；www.hertz.com；Carrerde Viriat 45；周一至周五 7:00~22:00，周六和周日 7:00~21:00；M Sants Estació）

Mondo Rent（93 295 32 68；www.mondorent.com；Passeigde JoandeBorbó 80-84；小型摩托车租赁 每天 €35起；10:00~20:00；M Barceloneta）出租小型摩托车及电动自行车。

Enterprise（93 323 07 01；www.enterprise.es；Carrer de Muntaner 45；周一至周五 8:00~20:00，周六 9:00~13:00；M Universitat）

公共交通

公共汽车

大多数市区内的公交线路运营时间为5:00和6:30间至22:00和23:00左右，每隔几分钟就有1班。许多线路途经加泰罗尼亚广场和大学广场。23:00以后，数量相对较少的黄色夜班巴士（nitbusos）运行至凌晨3:00或5:00。所有夜班巴士都经过加泰罗尼亚广场，大多数线路是每隔30~45分钟1班。

地铁和FGC

地铁系统很方便，共有11条编号和颜色不同的线路。地铁运行时间为：周日到周四和节假日

5:00至次日0:00，周五和假期前几天5:00至次日2:00，周六24小时运营。

由**Ferrocarrils de la Generalitat de Catalunya**（FGC；☎012；www.fgc.net）经营的市郊铁路包括几条有用的市内线路。所有线路从加泰罗尼亚广场向北开，在Carrer de Provença和恩典区停靠。其中一条支线（L7）可带你前往提比达波，另一条支线（L6至Reina Elisenda）在佩德拉尔贝斯修道院附近有一个站点。大多数从加泰罗尼亚广场出发的火车驶离巴塞罗那后，会开往Sant Cugat、Sabadell和Terrassa。其他FGC线路从西班牙广场往西开，包括开往Manresa的线路，对于前往蒙塞拉特非常方便。

根据线路不同，这些火车的运营时间为：周日到周四5:00左右（6:00前只有1~2班车）至23:00或次日0:00，周五和周六5:00至次日1:00左右。

车票和通票

地铁、FGC列车、西班牙国铁经营的本地列车（rodalies/cercanías）和公共汽车是同一个组合公共交通系统。1区（Zone 1）内的所有标准交通工具都采用单程票，票价€2.15。

Targetes是多程交通票，所有市中心地铁站均有售。这里提供的价格为1区内费用。4岁以下儿童免票。有如下选择：

➡ TargetaT-10（€10.20）——可乘坐10次地铁、公共汽车、FGC列车和本地列车（每次有效时间为1.25小时）。你可以在地铁、FGC、本地列车和公共汽车之间换乘，可以多名乘客使用1张通票。

➡ TargetaT-DIA（€8.60）——单日内无限次乘坐各种交通工具。

➡ 2日/3日/4日/5日票（€15/22/28.50/35）——无限次乘坐除机场巴士之外的所有交通工具，可以在地铁站和旅游局办事处购买。

➡ T-Mes（€54）——30天内无限次乘坐所有公共交通工具。

➡ TargetaT-50/30（€43.50）——30天内乘车50次，所有公共交通工具都可以使用。

➡ T-Trimestre（€145.30）——90天内无限次乘坐所有公共交通工具。

出租车

出租车起步价为€2.10，之后每公里加收€1.10（20:00至次日8:00和周末全天为€1.30）。往返机场额外收取€3.10，行李尺寸超过55厘米×35厘米×35厘米要加收€1。从桑兹总火车站到加泰罗尼亚广场约3公里，打车费用约€11。

TaxiAmic（☎93 420 80 88；www.taxi-amic-adaptat.com）是专为残疾人或有特殊要求的乘客（例如携带大件行李）服务的特殊出租车。尽可能至少提前24小时预约。

加泰罗尼亚

包括➡

最佳住宿

- Mil Estrelles（见386页）
- Parador de Cardona（见420页）
- Set Terres（见406页）
- Palau dels Alemanys（见384页）

最佳餐饮

- El Celler de Can Roca（见385页）
- Les Cols（见399页）
- Cal Ton（见427页）
- El Jardinet（见417页）
- Can Ventura（见406页）

为何去

加泰罗尼亚与西班牙的其他地区截然不同，这里有自己的语言，本地风俗也自成一派。除了巴塞罗那，其他四个省还拥有无比丰富的壮丽的自然景色。比利牛斯山峰赫然耸立在草地和湖泊之上，平原上布满了火山锥，岩石嶙峋的小海湾紧连着沙滩，海风吹过的岬角上有海滨小道和葡萄园。

布拉瓦海岸的海滨是其最具魅力的地方。旅行者还将在赫罗纳欣赏到中世纪建筑、了解犹太人历史和品尝美味佳肴；在菲格拉斯的达利戏剧博物馆领略超现实主义艺术；多拉达海岸的锡切斯则是夏季休闲度假的好去处。

北边的比利牛斯山脉海拔高达3000米，沿着山谷里的徒步小径，会经过一些罗马式教堂和修道院。塔拉戈纳和恩普亚斯的罗马遗址仿如昨日重现。而埃布罗三角洲的沼泽地中，截然不同的风景在等着你。

何时去

塔拉戈纳

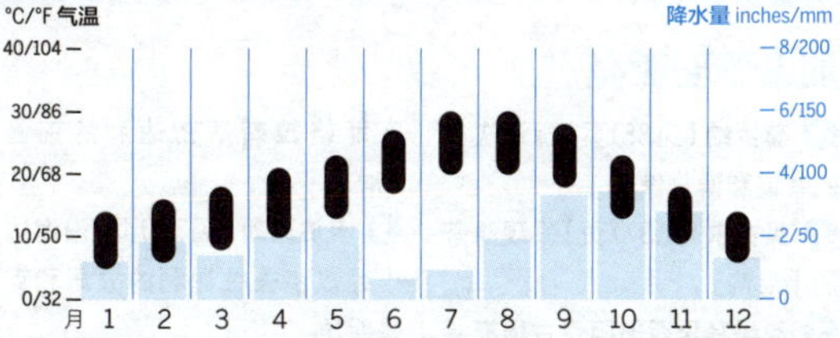

5月 如果你不介意海水有点凉，将有机会独享布拉瓦海岸的海滩和小径。

9月 比利牛斯山脉秋色绚烂，正适合徒步。前往海岸的路上无游人打扰。

12月至次年2月 银装素裹的比利牛斯山脉正是滑雪的好季节。

加泰罗尼亚亮点

❶ **赫罗纳**（见381页）探访极好的巷道和博物馆。

❷ **贝古尔**（见377页）发现隐蔽的小海湾。

❸ **圣玛乌里西的阿伊古埃斯特斯国家公园**（见409页）在加泰罗尼亚唯一的国家公园征服高山湖边的徒步路线。

❹ **达利戏剧博物馆**（见394页）在**菲格拉斯**解密达利的荒诞艺术。

❺ **卡达克斯**（见390页）沿海边小径散步去往达利的故居和克鲁斯角。

❻ **西多会之路**（见432页）驾车驰骋在丘陵间，欣赏庄严的修道院。

❼ **锡切斯**（见422页）来这个对同性恋友好的小镇尽情玩乐。

❽ **埃布罗三角洲**（见433页）观赏成群的火烈鸟。

❾ **奥洛特**（见398页）站在火山喷发形成的山上，感受脚下传来的闷响声。

❿ **塔拉戈纳**（见427页）体验古罗马遗址带来的震撼。

布拉瓦海岸(COSTA BRAVA)

从巴塞罗那向北延伸至西法边境的布拉瓦海岸(亦称“崎岖海岸”),毫无疑问是西班牙三大度假海岸中最美的一处。尽管这里商业气息浓重,但无损它的如画美景。这里有原始风貌的小海湾、壮丽的海景、海风呼啸的岬角、贴着海岸的徒步小径,迷人的海滨小镇拥有一流的餐厅,受保护的梅德斯群岛(Illes Medes)周围还有多处西班牙最好的潜水点。

南部多山的偏远地区,为苍翠的伞松所覆盖,坐落着迷人的石头村庄和庄严的罗马式圣佩罗德罗卡斯修道院。内陆地区则有加泰罗尼亚北部最大的城市——赫罗纳,其醒目的中世纪中心极富历史韵味,且保存得相当完好,此外还有一间全球顶级的餐厅。邻近的菲格拉斯则因风格奇特的达利戏剧博物馆而闻名,在与这位超现实主义艺术家相关的一系列景点中,这座博物馆占据着最重要的地位。不远处的卡达克斯以其充满野性的自然风光吸引着达利等众多艺术家。

多萨德马尔(Tossa de Mar)

人口 5050

多萨德马尔的弧形海湾零星地停放着一些船只,突出的岬角上还保留着宏伟的中世纪防御城墙和塔楼。这里原本是一个街道狭窄曲折的村庄,但随着旅游业的发展,它已变得更大且更为现代化,不过老城区和悬崖边的风景还是一如从前般美丽。

多萨德马尔是布拉瓦海岸较先吸引外国游客前来旅游的地点之一,20世纪30年代,俄裔法国画家马克·夏加尔(Marc Chagall)称此地为“蓝色天堂”,一小群艺术家和作家由此慕名而来。而让它名声大噪的则是1951年由艾娃·加德纳(Ava Gardner)主演的电影《潘多拉和飞翔的荷兰人》(*Pandora and the Flying Dutchman*)——你可以在前往灯塔的小径上看到这位银幕女王的雕像。

七八月时,海滩上躺满了全身涂得油光发亮的晒日光浴者。而旺季之外,许多景点和生活便利设施会缩短营业时间或索性不营业。

景点

Mont Guardí海岬位于多萨德马尔的主海滩南端,海岬上点缀着松树,有一座深赭色、童话般的城墙和**塔楼**,后者建于12-14世纪。城墙围绕的区域就是**老城**(Vila Vella),15世纪时这里一派繁荣,现在则遍布鹅卵石铺成的陡峭小巷和有鲜花装饰的白色房屋。建于1917年的**灯塔**(Passeig de Vila Vella, Mont Guardí; €1.50; ⏲7月和8月 10:00~14:00和16:00~20:00, 9月至次年6月 周二至周日 10:00~16:00)是海岬的最高点。

食宿

Manà Manà 青年旅舍 €

(☎972 34 25 49; www.manamanahostel.com; Carrer Sant Telm 9; 铺 €20~26, 标双 €58~92; ⏲复活节至10月; 📶)距离海滩仅2分钟步行路程的一间青年旅舍,有提供独立锁柜的4人间和6人间(包括一个女生间),以及公共卫浴,装潢色调鲜艳明快,气氛活跃。生活设施包括厨房、自助洗衣房和屋顶露台用餐区。旅舍会组织步行游览等活动,因此很适合独立旅行者。

Capd' Or 酒店 €€

(☎972 34 00 81; www.hotelcapdor.com; Passeigdel Mar 1; 含早餐标单/双 €79~85/119~135, 四 €172~195; ⏲复活节至10月中旬; ❄📶)老城区城墙下的这个家庭经营的酒店充满了历史怀旧感。有10间粉笔画风格的可爱客房,每间都是复古图画和海洋主题的混搭。最好的房间面朝海滩。可远眺沙滩的咖啡馆兼餐厅全天供应海鲜、沙拉、煎蛋饼和小吃(€7~12)等食物。

La Cuina de Can Simón 加泰罗尼亚菜 €€€

(☎972 34 12 69; http://restaurantcansimon.com; Carrer del Portal 24; 主菜 €28~35, 品尝套餐 €68~135; ⏲4月至7月和9月 13:00~15:30和20:00~22:30, 周一不营业, 10月至次年3月 周日晚、周一和周二不营业)Carrer del Portal的老城墙边有许多餐馆,而这栋建于18世纪的渔夫石屋可说是其中的佼佼者。作为米其林名单上的一员,他们的创意菜肴得益于两大传统:老板们的祖父母是渔夫和艺术家。创意菜采用当季食材烹饪而成，味道浓郁可口，如黄油炸鳎鱼配伊比利亚火腿和卡瓦酒（起泡酒）浸对虾。

实用信息

多萨德马尔旅游局（Oficina de Turisme de Tossa de Mar；☎972 34 01 08；www.infotossa.com；Avinguda del Pelegrí 25；⏲6月至9月 周一至周六 9:00~21:00，周日 10:00~14:00和17:00~20:00，10月至次年5月 周一至周六 10:00~14:00和16:00~19:00，周日 10:00~14:00，11月至次年4月的周日不开放）就在多萨德马尔汽车站旁边。

到达和离开

Sarfa（www.sarfa.com）的长途汽车从多萨德马尔的**汽车站**（Plaça de les Nacions Sense Estat）出发，往返于巴塞罗那北部长途汽车站（€12.15，1.25小时，每天5~15班）和机场（€14.25，2小时，每天2~11班），6月中旬至10月还会增开前往赫罗纳机场（€10，55分钟，每天2班）的班车。

帕拉弗鲁赫尔及周边（Palafrugell & Around）

巴塞罗那至法国边界的海岸线中间，是布拉瓦海岸沿线最美的一段海滩的起点。内陆4公里处的帕拉弗鲁赫尔镇是进入这里众多迷人海滩的主入口。卡雷亚德帕拉弗鲁赫尔（Calella de Palafrugell）、利亚弗朗克（Llafranc）和塔马留（Tamariu）曾是隐匿于小海湾中的3个小渔村，如今是布拉瓦海岸上最低调迷人的度假地。

帕拉弗鲁赫尔东北7公里处的贝古尔（Begur），是一个保存完好、有一座城堡的小村庄，附近有一些尚未开发的海滩。去内陆找找小小的巴尔斯（Pals）和有鹅卵石街道的村庄佩拉塔利亚达（Peratallada）吧。

帕拉弗鲁赫尔（Palafrugell）

人口 21,050

帕拉弗鲁赫尔位于海岸以西4公里处，是从卡雷亚德帕拉弗鲁赫尔往北至贝古尔这一片地区的主要交通、购物和生活服务枢纽。但是，这个内陆小镇不仅仅是前往海滩的一个过路站，马里奥广场（Plaça Can Mario）有大量艺术文化珍宝等着你去发现，这里还有该地区最瞩目的一座哥特式教堂。

Sant Martí de Palafrugell 教堂

（Plaça de l' Església；⏲开放时间不固定）这座精美的哥特式建筑有一个不完整的多角小塔楼，它高耸于帕拉弗鲁赫尔镇中心的上空，仿佛一顶王冠。根据旧文件记载，11世纪时这里曾有一座教堂，但是现在你所见到的宏伟教堂建于17世纪和18世纪。

实用信息

帕拉弗鲁赫尔旅游局（Oficina de Turisme Palafrugell；☎972 30 02 28；www.visitpalafrugell.cat；Avinguda de la Generalitat 33；⏲7月和8月 周一至周六 10:00~20:00，复活节至6月和9月至10月中旬 周一至周六 10:00~13:00和16:00~19:00，10月中旬至复活节 周一至周五 10:00~17:00，周六 10:00~13:00和16:00~19:00，全年周日 9:30~13:30）就在小镇西南侧的C31边上。

到达和离开

Sarfa（www.sarfa.com）的长途汽车从帕拉弗鲁赫

龙达之路

龙达之路（The Camí De Ronda；也被称为布拉瓦海岸之路）是一条由悬崖、小海湾、多岩石的海岬和松树林组成的道路，全长230公里，从加泰罗尼亚的布拉内斯（Blanes）一直通往法国的科利乌尔（Collioure）。因此，说它拥有加泰罗尼亚最好的一些步行路线也就不足为奇了。这其中既包括适合散步的简单路段，也有需要手脚并用的高难度地方。如果你想走完全程，需要徒步10天左右。步道的大部分路段沿使用已久的GR92而行，但有时候也会拐去海岸再回来。

有一条热门路段连接了卡雷亚德帕拉弗鲁赫尔、利亚弗朗克（见376页）、塔马留（见377页）和贝古尔地区。另一条路线是从卡达克斯（见390页）到**克鲁斯角**（见393页）的灯塔，这条路线相对轻松（8公里，2.5小时），会经过Lligat和几处偏僻的海滩。

Costa Brava 布拉瓦海岸

尔**汽车站**(Carrer de Lluís Companys)出发，往返于巴塞罗那(€18.50, 2.25小时，每天6~7班)和赫罗纳(€6.50, 1~1.5小时，每天10~21班)。另有班车开往海岸边的卡雷亚德帕拉弗鲁赫尔、利亚弗朗克和塔马留(仅夏季)。

卡雷亚德帕拉弗鲁赫尔 (Calella de Palafrugell)

人口 670

在帕拉弗鲁赫尔众多美丽的海滨村镇中，卡雷亚德帕拉弗鲁赫尔是最靠南的一个。

加泰罗尼亚与西班牙

像欧洲其他许多国家一样，西班牙王国也是众多一度独立的政权之间互相征服和联合而形成的产物。尽管这是五百多年前的事情，但相对于整个国家，伊比利亚半岛上的人们仍然对他们的祖先村庄或当地地区——patria chica（"小祖国"）——更有认同感。西班牙有些地区存在分离主义运动，尤其是巴斯克自治区和加泰罗尼亚。

除了巴塞罗那和布拉瓦海岸，加泰罗尼亚让人感觉好像走进了另一个国家。这里基本上没人说西班牙语，街边阳台悬挂的是加泰罗尼亚自己的红黄相间的旗帜。里里外外都给人一种"加泰罗尼亚不是西班牙"的感觉，而这句话也常见于墙上的涂鸦。

加泰罗尼亚的历史起源于8世纪和9世纪，法兰克人在查理曼大帝（Charlemagne）的领导下击退了摩尔人。加泰罗尼亚的黄金时代从12世纪初开始，当时已经控制了加泰罗尼亚和法国南部部分地区的拉蒙·贝伦格尔三世（Ramon Berenguer Ⅲ）派出了该地区的第一支航海舰队。1137年，他的继任者拉蒙·贝伦格尔四世与当时年仅1岁的阿拉贡王位女继承人订婚，从而赋予加泰罗尼亚足够的力量将帝国版图延伸到了地中海，不过它自己也加入了阿拉贡王国。1479年，费尔南多（Fernando）成为阿拉贡国王，当时他已娶卡斯蒂利亚女王伊莎贝拉（Isabel），现代西班牙的雏形由此形成。

加泰罗尼亚不喜欢这样的附属地位，但是也无能为力。由于在西班牙王位继承战争（1702~1714年）中支持了失败的一方，巴塞罗那选择对抗西班牙政权，结果遭到了国王军队的包围。围困从1713年3月一直持续到1714年9月11日。最终获得胜利的费利佩五世（Felipe V）废除了加泰罗尼亚的特权，禁止在书面上和教学中使用加泰罗尼亚语，并将加泰罗尼亚的殖民地转让给了其他欧洲强国。

接下来的数百年，巴塞罗那的贸易业再次兴盛，到19世纪末、20世纪初时，寻求更大程度自治的呼声越来越高。然而1939年西班牙内战结束后，支持共和政府的加泰罗尼亚遭到了佛朗哥将军的残酷对待。报复和大清洗导致至少35,000人遭到枪决。加泰罗尼亚语被禁止在公共场合使用，所有街道和城镇名称都改用西班牙语，西班牙语也成为学校和媒体唯一允许使用的语言。1975年佛朗哥去世后，加泰罗尼亚重新拥有了自治权，但愤恨不满的情绪一直到今天还存在。

最近几十年加泰罗尼亚的文化开始繁荣，传统节日和舞蹈重新出现，加泰罗尼亚的旗帜随处可见，人们在公共场所大都说加泰罗尼亚语。加泰罗尼亚人视自己的语言为身份认同的关键。

从西班牙独立出去已成为加泰罗尼亚多年来的政治中心议题，2008年西班牙爆发经济危机后，这个议题变得愈加重要和紧迫。2015年9月，在卡莱斯·普伊格德蒙特（Carles

怪石嶙峋的海湾和漂亮的小沙滩边分布着爱琴海风格的白色房子，沙滩上停着几艘渔船。尽管这里拥有名副其实的美丽海湾，但一直没有扩张，保持着惬意舒适，当然夏季时这里还是会有许多游客，但他们带来的更多是欢声笑语而非嘈杂拥堵。

景点和活动

梦幻般的**海滨步道**包括长长的GR92和龙达之路（Camí de Ronda），沿着海滨往东北方向走可抵达利亚弗朗克（1.5公里，30分钟）、塔马留（约6公里，2~3小时）和更远的地方，往南走则可到Cap Roig附近的Platja del Golfet（1.5公里，40分钟）。

盖普罗伊格花园

花园

（Jardins de Cap Roig; Cap Roig; 成人/儿童€7/免费; ⏲4月至9月 10:00~20:00，10月至次年3月 10:00~18:00，1月和2月 仅周末开放）这个美丽的植物园位于镇中心西南方2公里处的盖罗伊格上，有将近1000种植物。它们分布在20世纪初建造的尼古拉·弗沃特斯基（Nikolai Voevodsky）的城堡宫殿周边。尼古拉·弗沃

Puigdemont）的领导下，支持独立的联盟Junts pel Sí（“为了胜利团结起来”）在加泰罗尼亚议会选举中赢得了超过39%的选票。获得极左势力Candidatura d' Unitat Popular（CUP）支持的Junts pel Sí组建了政府，承诺将就加泰罗尼亚独立问题进行全民投票。

马德里的西班牙中央政府称此次公投为非法行为，此时担任首相的是人民党的马里亚诺·拉霍伊（Mariano Rajoy）。加泰罗尼亚政府抢先宣布他们将在2017年10月1日进行公投。西班牙政府派出国家警察试图阻止这一活动，结果造成投票站发生数起暴力事件。据加泰罗尼亚政府称，有800多人因此受伤，而与此同时有43%的潜在选民参加了投票，其中90%的人投给了独立。全民投票开始前，西班牙的宪法法院便已宣布此次投票不合法。

大量公民——尤其是在巴塞罗那——都在抗议西班牙警察的行动和西班牙政府阻挠全民投票的行为。然而，接下来一股支持西班牙国家统一的浪潮却席卷了这个国家的大部分地区，甚至还包括加泰罗尼亚内部：巴塞罗那爆发了一场35万人参加的反独立游行示威。在全民投票前，一些民意调查显示，仅有40%～45%的加泰罗尼亚人支持独立。

马德里和巴塞罗那这种你来我往式的冲突并没有带来任何之前希冀的折中方案，于是在10月27日，加泰罗尼亚议会为独立进行了投票，而马德里的国家议会援引西班牙宪法第155条（此前从未使用过），称根据此条法律马德里有权在极端条件下收回地区的自治权、对自治区进行直接管控。他们解除了普伊格德蒙特的职务，解散了加泰罗尼亚议会，并宣布在2017年12月21日进行加泰罗尼亚地区的重新选举。

不久之后，西班牙首席检察官指控普伊格德蒙特和他的13名部长犯有叛乱罪和煽动罪，这两项罪名成立的最高量刑分别是有期徒刑30年和15年。不过，指控发生时普伊格德蒙特和4名部长已逃往布鲁塞尔。在本书写作期间，他们还待在那里，坚称自己如果不能获得公正审判就不会回到西班牙。

在12月21日的选举中，加泰罗尼亚主张分裂的党派获得了135个议会席位中的70个，这让他们可以组建新的加泰罗尼亚政府。关于新任领导人，流亡的普伊格德蒙特呼声最高，但他在2018年3月声明放弃竞选；普伊格德蒙特支持霍尔迪·桑切斯（Jordi Sànchez）——他也是Junts per Catalunya的一员。在本书写作期间，西班牙最高法院拒绝释放桑切斯去参加授职仪式（桑切斯在2017年10月被指控犯煽动罪，之后一直被警方拘留），2018年3月25日，普伊格德蒙特在德国被捕。

尽管加泰罗尼亚的独立运动没有任何缓和的迹象，但整个局势仍不明朗。部分加泰罗尼亚人认为他们交的税被拿来补贴其他群体，而2008年经济危机带来的经济不景气进一步加深了他们的这种感受。不过，加泰罗尼亚是如此的重要，中央政府不会愿意就这样放手让它离开。

特斯基是一个喜好奢华的沙皇上校，俄国革命爆发后他在家乡失宠。

食宿

Hotel Mediterrani 酒店 €€€

（☎972 61 45 00；www.hotelmediterrani.com；Carrer de Lladó 55；含早餐 标单/双 €99～150/€99～245；⏰4月至10月；❄📶🅿）房间色调是让人倍感宁静的奶油色，装饰清新雅致，许多房间可以看到美丽的碧绿海水和银色沙滩。也因此，这家位于小镇西南端的家庭经营、已营业多年的酒店很难被打败。最佳房型是顶楼带独立晒台、专供女士入住的房间。

Tragamar 海鲜、各国风味 €€

（☎972 62 43 36；www.tragamar.com；Platja del Canadell；主菜 €12～22；⏰7月和8月 正午至23:00，复活节至6月和9月至10月中旬每周关门1天，10月中旬至复活节不营业；✍）这家餐馆距离海滩仅一步之遥，餐桌就摆在海湾边上。作为巴塞罗那声名赫赫的美食帝国Tragaluz开在卡雷亚的分店，这里聚集了全球的美食，不仅有加泰罗尼亚最受欢迎的菜肴和布拉瓦海岸的海鲜，还有亚洲风味和地中海风味的食物，如盐水毛豆、金枪鱼鲣鱼配牛油果酱和美味沙拉。

实用信息

卡雷亚德帕拉弗鲁赫尔旅游局（Oficina de Turisme Calella de Palafrugell；972 61 44 75；www.visitpalafrugell.cat；Carrer de les Voltes 4；7月和8月 10:00~13:00和17:00~20:00，6月和9月周一至周六 10:00~13:00和17:00~20:00，周日10:00~13:00，4月和5月仅周末开放）就在海滨不远处，开放时间依季节而定。

到达和离开

Sarfa/Moventis（www.sarfa.com；www.moventis.es）有班车来往于卡雷亚德帕拉弗鲁赫尔与帕拉弗鲁赫尔（€1.70，15分钟，每天3~19班）、塔马留和利亚弗朗克。

利亚弗朗克（Llafranc）

人口 280

利亚弗朗克位于卡雷亚德帕拉弗鲁赫尔的东北方向，两地仅相隔2公里，公路经过岩石嶙峋的海滨将它们连接在一起。利亚弗朗克给人以高大上的感觉，它的海湾虽小，但是绵长的金色沙滩依然赋予了它壮丽的风光，沙滩是生长着松树的陡峭岩层。7月和8月会有许多人过来晒日光浴，其他时候这里就是一个宁静美丽的小村庄。

景点和活动

长长的GR92和龙达之路（见372页）将利亚弗朗克与附近的海滨村庄相连，包括塔马留（1.5小时，约4.5公里）和卡雷亚德帕拉弗鲁赫尔（30分钟，1.5公里），旅行者可以步行前往这些村镇，沿途风景十分怡人。许多路线即使穿着沙滩鞋也能轻松应付，旅游局（见377页）可提供详细信息。其他受欢迎的活动还有皮划艇、立式单桨冲浪和桨板瑜伽。

★德圣塞瓦斯蒂亚角 观景点

神奇的德圣塞瓦斯蒂亚角（Cap de Sant Sebastià）位于利亚弗朗克东端，拥有眺望大海的极佳视野。这里有一座建于1857年的**灯塔**（夏季时设有休闲吧）、一座建于15世纪的**瞭望塔**和一座建于18世纪的小教堂（现已成为一间高级酒店的一部分）。这里还有前罗马时代的伊比利亚半岛**定居点遗址**（附多种语言的解说板）。从村中心出发走1.2公里（20分钟）的上坡路即可到达：从港口沿台阶往上走。从这里继续往北可以到塔马留（4公里，约1小时）。

食宿

Terralet 酒店 €€

（972 30 64 54；www.terraletllafranc.com；Carrer de Carudo 12~14；标双 €95~125，标三 €135~155，四 €135~175；3月至10月；）在本书调研期间，这间绿松石色调的酒店才刚刚营业不久，属于海滩北部的酒店业“新人”。房间的形状和大小不一，但它们都拥有以下共同点：整洁、简洁、白色和浅绿色调。有品位高雅的双人间和带客厅的家庭房等，装饰全都简单又不失时尚感。楼下有一个咖啡馆兼酒吧，屋顶可进行瑜伽和冥想练习。

Hotel El Far 酒店 €€€

（972 30 16 39；www.hotelelfar.com；德圣塞瓦斯蒂亚角；房间含早餐 €200~300；2月中旬至次年1月中旬；P）一家极具情调的酒店，位于悬崖顶端，有着隐居的奢华感，且供应诱人的当地海鲜美食。每个房间都有独立阳台，其中大部分能看到绝佳的海景。酒店餐厅供应新鲜的海鲜和米饭类菜肴（主菜€17~27），如西班牙海鲜面（fideuà）。酒店周边的步道视野开阔，可以将利亚弗朗克的海岸一览无遗。从酒店到海岸的1.2公里的路程比较陡峭（20分钟）。

Casamar 加泰罗尼亚菜 €€€

（972 30 01 04；www.hotelcasamar.net；Carrer del Nero 3；主菜 €21~30，套餐 €48~73；4月至12月 周二至周日 13:30~15:30和20:30~23:00，9月至12月和4月至6月的周日晚上不营业）这家一流的米其林星级餐厅位于俯瞰海湾和港口的海岬上，供应经典的海鲜美食和充满艺术感的主菜，食材经过精心挑选极具创意，服务人员态度友好，就餐氛围愉悦。天气晴朗的日子可在松树围绕的露台上用餐。沿海滩西端的台阶往上走即可到达餐厅。

这里同时也是一间受欢迎的酒店（972 30 01 04; www.hotelcasamar.net; Carrer del Nero 3; 房间含早餐 €120~145; 4月至12月; ），有20间舒适现代的全白色客房，大部分带有可赏海景的阳台。

实用信息

利亚弗朗克旅游局（Oficina de Turisme de Llafranc; 972 30 50 08; www.visitpalafrugell.cat; Passeig de Cípsela; 7月和8月 10:00~13:00和17:00~20:00，6月和9月至10月中旬 周一至周六 10:00~13:00和17:00~20:00，周日 10:00~13:00，4月和5月仅周末营业）海滩西端的一个亭子，开门时间根据季节而变化。

到达和离开

Sarfa/Moventis（www.sarfa.com; www.moventis.es）运营的班车从帕拉弗鲁赫尔（€1.70，20分钟，每天3~20班）、塔马留和卡雷亚德帕拉弗鲁赫尔开往利亚弗朗克。

塔马留 (Tamariu)

人口 130

塔马留坐落在利亚弗朗克以北4公里处的一个新月形小海湾边，小巧而安静，村边排列着一栋栋漂亮的白色房屋，空气中弥漫着松树的香味。这里拥有西班牙地中海海岸最透明的海水。

漂亮的海岸步道开始于塔马留，大部分沿着长长的GR92和龙达之路（见372页）而行，最受欢迎的是向南通往利亚弗朗克、途经德圣塞瓦斯蒂亚角（1.5小时，约4.5公里）的一段路。这里也能找到皮划艇和立式单浆冲浪商店。

食宿

Hotel Tamariu 酒店 €€

（972 62 00 31; www.tamariu.com; Passeig del Mar 2; 含早餐标单 €84~102，标双 €96~168; 2月末至11月初; ）酒店的前身是渔民们的小酒馆，作为家庭经营的产业它已经历经四代人。这里的房间宽敞，主色调为碧蓝色和白色，一些带阳台的房间可以看到这个海滨小镇的藤蔓垂挂。酒店主人还在附近出租两卧和三卧的公寓。

面朝海滩的餐馆El Clot dels Mussols（972 62 00 31; www.tamariu.com; Passeig del Mar 2; 主菜 €16~23; 6月中旬至9月中旬 13:00~22:30，9月中旬至11月和2月末至6月中旬 13:00~15:30和19:00~22:30）供应的海鲜和套餐（€25~30）大受欢迎。

实用信息

塔马留旅游局（Oficina de Turisme de Tamariu; 972 62 01 93; www.visitpalafrugell.cat; Carrer de la Riera; 7月和8月 10:00~13:00和17:00~20:00，6月和9月 周一至周六 10:00~13:00和17:00~20:00，周日 10:00~13:00）仅在夏季开放的信息中心。

到达和离开

5月中旬至10月中旬，**Sarfa/Moventis**（www.sarfa.com; www.moventis.es）运营的班车来往于塔马留和帕拉弗鲁赫尔（€1.70，15分钟，每天3~12班）。

贝古尔及周边 (Begur & Around)

人口 1240

一座高耸的建于11世纪的城堡、周围的海岸闪闪发光，这里是贝古尔——布拉瓦海岸较美、较受青睐的目的地之一。贝古尔位于帕拉弗鲁赫尔东北方向的8公里处，有各种餐馆、沙滩精品店、舒适的文化酒店和精品酒店，以及为镇中心充满中世纪韵味的石街带来一抹色彩的现代主义宅第。如果这些还不能令你满足，还可以沿风景优美的蜿蜒道路走到松树掩映的一些小海湾，比如埃瓜布拉瓦（Aiguablava）、福尔内斯（Fornells）、Sa Tuna、Sa Riera和Aiguafreda。

景点和活动

贝古尔有一些特别棒的步道，其中有些通往迷人的海滩，还有一条沿GR92往南抵达塔马留（11.5公里，5小时）。

旅游局（见379页）有关于历史主题步行游览的单页传单。

贝古尔城堡 城堡

（Castell de Begur; Pujada al Castell; 24小时）免费 1810年，为了阻止拿破仑军队的行进，西

不要错过

贝古尔周边的海滩

在贝古尔周边的海岸线上，小小的海湾边生长着松树和亚热带花卉，清澈的海浪拍击着海岸，并且分布着一些西班牙最美的海滩。这些海滩面积不大而且进出不怎么方便，不过也正是如此，它们大多尚未被开发。

6月中旬至9月中旬，Sarfa（www.sarfa.com）运营的公共汽车从贝古尔的Plaça de Forgas开往Sa Tuna、Sa Riera、福尔内斯（Fornells）和埃瓜布拉瓦（Aiguablava）。

Cala d' Aiguafreda 往贝古尔的东北方前行大约4.5公里，你就会看到这个岩石嶙峋的小海湾，两边生长着松树的小道从海岬上穿过。比起晒日光浴，这里更适合静静地欣赏风景。

Platja Fonda（福尔内斯）找到福尔内斯停车场（贝古尔以南4公里）东北边的石阶，沿着它走下去就到了这片海滩（设有标志牌）。这是一个布满鹅卵石的石板灰色海滩，很多人会来这儿晒太阳浴（尽管地面不怎么平整）。石阶前有一条标明“福尔内斯”的小径，它通往一处散落着石头的裸露岩层，那里有一个天然水池，蔚蓝色的海浪拍击着岸边的岩石。

Cala de Sa Tuna（Sa Tuna）这个卵石海滩位于贝古尔以东3公里的一个小海湾边，周围矗立着改建过的渔夫房屋。这里有餐馆和停车场，但有时海浪可能会有点大。一座老旧的石头瞭望塔守卫着这片风光旖旎的海岸。从贝古尔出发，沿一条小径走2.3公里即可到达。

班牙军队摧毁了这座中世纪城堡，让它变成了一堆断壁残垣——也就是它今天所呈现的模样。沿贝古尔镇中心一条设有路标的1公里长的陡路可以走到城堡的土城墙（25分钟），在那里朝地中海远眺，可以看到连绵的群山。

圣佩雷教堂　　教堂

（Església de Sant Pere；Plaça de l' Església；⏲时间不定）这座敦实的砂岩教堂是贝古尔镇广场（Plaça de la Vila）的中心建筑，建筑的大部分历史可追溯至17世纪，不过自1199年以来这个地点就有教堂存在了。

食宿

Sa Barraca　　民宿 €€

[☎972 62 33 60；www.sabarraca.com；Carrer Begur-Aiguablava（GIV6532）；房间€67~85；❄📶P]这家受欢迎、高性价比的民宿位于长满松树的山坡上，坐拥最棒的海岸景观。主人友好和善，把这里打理得井井有条，每天会为客人准备新鲜的早餐。一共有7间温馨宽敞的客房，全都带视野开阔的露台。这里距离贝古尔3公里，从贝古尔往南向埃瓜布拉瓦海滩方向走。

★Cluc Hotel　　精品酒店 €€€

（☎972 62 48 59；www.cluc.cat；Carrer del Metge Pi 8；房间含早餐 €99~171；❄📶）原本是建造于1800年的印第安人房屋（casa d' indians，由回乡的美洲殖民者所建的房屋），经过翻新后成为古镇贝古尔较雅致且服务友好的酒店之一。12间客房稍微有点小，但经过修复的老家具和瓷砖地板赋予了它们一种优雅的复古风。酒店有自助吧台和图书室，可在迷人的露台上享用早餐。不接待12岁以下的儿童。

Sa Rascassa　　旅馆 €€€

（☎972 62 28 45；www.hostalsarascassa.com；Cala d' Aiguafreda；标单/双 含早餐 €128/160；⏲3月至11月；❄📶🐾）这家旅馆位于贝古尔东北方向4.5公里处的Cala d' Aiguafreda，周围松树掩映，装饰华丽、服务高效。鸽子灰和奶油白令风格简洁的5个房间更显雅致，所有的房间都可看见花园。这里有一个空间足够大的室外休闲区、一个自助吧台和夏季开放的沙滩酒吧（xiringuito），僻静的环境让人身心愉悦。

点着蜡烛的花园里有一间当代加泰罗尼亚餐厅（☎972 62 28 45；www.hostalsarascassa.com；Cala d' Aiguafreda；主菜 €13~21；⏲3月至11月 13:30~15:30和20:30~23:00，9月至11月和4月至6月周二不营业，3月仅晚上营业；📶），供应当日新鲜的海鲜、烤肉、爽脆沙拉、奶油饭等。

Aiguaclara 历史酒店 €€€

(☎972 62 29 05; www.hotelaiguaclara.com; Carrer Santa Teresa 3; ⊙2月中旬至12月中旬; ❄📶)酒店坐落在一座粉色的建于19世纪中期的印第安人房屋里，兼具历史韵味和精致浪漫。在10间通风透气、整洁干净的客房里，保留了屋子原来的挑高天花板和古色瓷砖，并加入了当代艺术、复古风格、丰富的色彩、明亮的现代卫生间。美味的早餐保证了你每天都有一个愉悦的开始。鸡尾酒休闲吧和餐厅(主菜 €12~19; ⊙7月和8月 周一至周六 19:30~22:30, 9月至12月中旬和2月中旬至6月 周二至周六 19:30~22:30)位于很梦幻的花园里。

实用信息

贝古尔旅游局(Oficina de Turisme de Begur; ☎972 62 45 20; www.visitbegur.com; Avinguda del Onze de Setembre 5; ⊙7月至9月 周一至周五 9:00~21:00, 周六和周日 10:00~21:00, 10月和6月 至20:00, 11月至次年5月 周一至周五 9:00~15:00, 时间不定)提供关于贝古尔的景点、徒步和海滩的实用信息。

到达和离开

Sarfa(www.sarfa.com)有班车开往巴塞罗那北部长途汽车站(€19.50, 2~2.5小时, 每天2~7班), 许多会途经帕拉弗鲁赫尔(€1.70, 15分钟, 每天4~16班)。还有班车开往赫罗纳(€8.35, 1.25小时, 工作日每天1班)。

巴尔斯(Pals)

人口 1040

巴尔斯在贝古尔西北方向约7公里处，正位于贝古尔和热门目的地佩拉塔利亚达(Peratallada)之间。巴尔斯镇坐落在美丽的城墙内，尽管大多数历史建筑只能从外面欣赏，但仅仅在凹凸不平的鹅卵石小道上散步，细细口味那些有着中世纪风物的角落，便已不虚此行。

景点

旅游局(☎972 63 73 80; www.visitpals.com; Plaça Major; ⊙4月至9月 10:00~14:30和17:00~20:00, 10月至次年3月 10:00~17:00)提供巴尔斯老城区步行游览的导览游小册子(加泰罗尼亚语、西班牙语和英语)，内容详尽。

钟塔 塔

(Torre de les Hores; Carrer de la Torre)这座15米高的罗马式钟塔是巴尔斯的重要古迹，它原本是一座城堡的一部分，历史可以追溯至16世纪的钟如今依然每天会敲响。

到达和离开

Sarfa(www.sarfa.com)运营的长途汽车从巴尔斯开往巴塞罗那北站长途汽车站(€20, 2.5小时, 每天3班)和机场(€22, 3.25小时, 每天2班), 以及贝古尔(€1.70, 10分钟, 每天4~6班)、帕拉弗鲁赫尔(€1.70, 25分钟, 每天4~6班)和赫

吃在加泰罗尼亚

得益于大海和高山赐予的食材，加泰罗尼亚菜与巴斯克菜同为西班牙最佳菜系，其精华在于优质的当地食材和肉鱼类所用的各种酱料。主要有5种酱料: sofregit, 用炸洋葱、番茄和大蒜调配而成; samfaina, 在sofregit的基础上再加入红辣椒和茄子或西葫芦; picada, 以杏仁为主料，常配大蒜、香芹、松仁或榛果，有时还有面包屑; allioli, 蒜蓉、橄榄油和蛋黄做成的蛋黄酱; romesco, 成分是杏仁、番茄、橄榄油、大蒜和醋。

在整个布拉瓦海岸都可以吃到最好的海鲜，它们最常见的烹饪方式是烧烤和什锦面(fideuà)。南行至埃布罗三角洲时别忘了吃鸭肉饭。

奶酪、熏肉和根茎类蔬菜是内陆最普遍的食物。比克的特色菜Llonganissa香肠是一道不可错过的美味。西班牙小洋葱(calçots)是一种长条青葱，常作为开胃菜搭配romesco一起食用，只在冬末初春才能吃到。加罗特克萨地区的火山菜肴很出名。

除此以外，加泰罗尼亚人似乎都会吃一种抹了番茄、橄榄油和大蒜的面包(paambtomáquet)。

不要错过

达利的普博尔城堡

如果你被萨尔瓦多·达利激起了好奇，那么**普博尔城堡**（Castell de Púbol; www.salvador-dali.org; Plaça de Gala Dalí，普博尔；成人/优惠 €8/6；⏲6月中旬至9月中旬 10:00~19:15，3月中旬至6月中旬和9月中旬至10月 周二至周日 10:00~17:15，11月至次年1月初 周二至周日 10:00~16:15）就是理解他的一个关键点。这座建于14世纪的城堡坐落在赫罗纳与帕拉弗鲁赫尔之间（帕拉弗鲁赫尔西北22公里处、C66的南边），是达利送给他妻子同时也是他的灵感女神加拉的礼物，加拉后来埋葬于此。藤蔓植物爬满外墙，石砌楼梯呈螺旋状，花园里绿树成荫，这座哥特-文艺复兴风格建筑是按照加拉的喜好进行装饰的，但仍然有怪脸琵琶鱼造型的喷泉和噘嘴的沙发等达利式的超现实主义风格元素。

加拉·达利的一生充满了传奇色彩，这主要是由于她与20世纪上半叶的好几位名人有情感上的牵扯。加拉在1917年嫁给了法国诗人保尔·艾吕雅（Paul Éluard），并与达达主义的先锋人物马克斯·恩斯特（Max Ernst）有两年的婚外情，然后在1929年遇到了达利。达利允许她继续约会情人，但两人对彼此的忠诚不减半分。加拉出生在俄罗斯，她因优雅而为人所爱慕，但不怒自威的仪态又让人不由得对她敬畏三分。

1969年，达利终于找到了这栋适合改建成加拉居所的理想建筑。当时加拉已经76岁，不再喜欢达利狂热的生活方式。达利只有在提前获得书面许可的情况下才能进入城堡，对这位艺术家而言，这种许可蕴含着强烈的情欲。

从赫罗纳（€3，40分钟，每天10~19班）或帕拉弗鲁赫尔（€3.05，25分钟，每天7~13班）搭乘前往Cruilla de la Pera的汽车，在C66上的车站下车，往南步行2公里即到达城堡。另一个选择是先从赫罗纳坐火车到Flaça（€3.30，15分钟，每天至少15班），然后坐出租车前往（5公里）。

罗纳（€6.70，1小时，工作日每天1班）。

佩拉塔利亚达（Peratallada）

人口 130

离开贝古尔往西北方向行进15公里后，便来到令人无比惊艳的佩拉塔利亚达，一踏入这里，你立马就能明白为什么这个中世纪小镇如此受欢迎——巴塞罗那的一日游游客、法国游客和几乎所有人都喜欢这里。灰白的拱廊、鹅卵石广场和悬挂着常春藤的砂岩房屋共同营造出童话般美好的氛围——尽管大部分历史建筑只能站在外面欣赏。蜿蜒的小巷与残破的墙体交织，隐藏在此的一些手工艺品店和服装店及一座建于11世纪的城堡共同构成了许多游客心中佩拉塔利亚达最迷人的一面。

圣埃斯蒂夫教堂　　教堂

（Església de Sant Esteve; Plaça de l' Església; ⏲开放时间不固定）这座优雅的后罗马式教堂就在佩拉塔利亚达的历史中心外，在小镇的北侧边缘。

El Cau del Papibou　　酒店 €€

（☎972 63 47 16; hotelelcaudelpapibou.com; Carrer Major 10; 房间 €110~130; ⏲1月至11月，10月至次年3月的周一和周二不营业；📶）这家服务友好、别具一格、具有田园风光的酒店位于佩拉塔利亚达的镇中心，藏身于一栋建于12世纪的建筑中。房间时尚，采用旧木装饰，天花板有横梁。楼下的餐厅供应当地自创的西班牙小吃（€3.80）——用餐地点在常青藤垂挂的小巷长椅上。

La Riera　　加泰罗尼亚菜 €€

（☎972 63 41 42; www.lariera.es; Plaça de les Voltes 3; 主菜 €13~20; ⏲3月至次年1月 13:00~15:30和20:00~22:30）这家精致友好的小餐馆位于老镇上一栋建于15世纪的建筑里，有一个鲜花盛开的露台。你能在此吃到各色米饭类菜肴——包括简单的海鲜饭和龙虾饭（arròs de llamàntol），还有外焦里嫩的各种烤肉，如蘑菇酱煎肋间牛排和烤鸭。

这里也是一间口碑极好的旅馆（标双含早餐€80）。

到达和离开

在工作日，**Sarfa**（www.sarfa.com）运营的长途汽车从帕拉弗鲁赫尔（€4，35~55分钟，每天2班）、贝古尔（€2.50，20~40分钟，每天2班）和赫罗纳（€6，55分钟，每天1班）开来佩拉塔利亚达。

赫罗纳（Girona）

人口 94,300

赫罗纳是加泰罗尼亚北部最大的城市，鹅卵石小巷和中世纪城墙间分布着丰富多彩的博物馆、美术馆和哥特式教堂。现代主义风格的宅第在Riu Onyar的水面上投下倒影，河的东岸是适合步行游览的历史老街区，西岸是光彩夺目的商业中心。

罗马小镇Gerunda位于从Gades（即今天的Cádiz加的斯）到比利牛斯山脉的奥古斯都之路（Vía Augusta）上。公元8世纪末，法兰克人从穆斯林手中夺过了这座城市，赫罗纳成为加泰罗尼亚地区一个重要郡县的首府。公元9世纪末，赫罗纳又归巴塞罗那管辖。繁荣的中世纪为赫罗纳带来许多精美的罗马式和哥特式建筑，虽历经战争洗礼，至今仍巍然屹立于世人面前。1492年之前这里还有一个热闹的犹太人聚集区，后来犹太人遭到了驱逐。

赫罗纳拥有加泰罗尼亚地区除巴塞罗那之外最丰富多彩的夜生活和美食，是你畅享海岸美景后的完美歇息地。

景点

狭窄的Carrer de la Força两边有一片保存完好的**犹太人区**（Call），这是一个由低矮拱门和狭长鹅卵石街道构成的迷宫，犹太人曾在这里生活了600年，最终因为受到基督教的残酷迫害而不得已离开了西班牙。

★ 赫罗纳大教堂 主教座堂

（Catedral de Girona; www.catedraldegirona.org; Plaça de la Catedral; 成人/学生含圣费利乌大教堂 €7/5; ⏲7月和8月 10:00~19:30，4月至6月、9月和10月 10:00~18:30，11月至次年3月 10:00~17:30）大教堂高耸于大教堂广场（Plaça de la Catedral）86级台阶的上方，它的历史远比其巴洛克风格的立面所呈现的要悠久。教堂在一个古罗马广场上建成，它的部分地基可追溯至公元5世纪。尽管12世纪的双柱式罗马式**回廊**保存至今，但现在的它主要呈现的是14世纪的哥特风格（它在11世纪的罗马教堂上改建）。大教堂内的哥特式中殿为世界第二宽，看点很多，你可以借助音频导览器。

这里的亮点包括回廊南端的画廊，内有雕刻精致细腻的虚构野兽和圣经中的场景，以及14世纪的镶嵌了宝石的祭坛银饰品。别错过主教座位和**博物馆**，后者收藏着罗马风格的艺术杰作创世纪挂毯（Tapísdelacreació）。这里还有975年的莫札拉比语的《比亚图斯》（*Beatus*）手抄本。教堂正面和钟塔直到18世纪才完工。

★ 犹太历史博物馆 博物馆

（Museu d' Història dels Jueus; www.girona.cat/call; Carrer de la Força 8; 成人/儿童 €4/免费; ⏲7月和8月 周一至周六 10:00~20:00，周日 10:00~14:00，9月至次年6月 周一和周日 10:00~14:00，周二至周六 10:00~18:00）直到1492年赫罗纳都是中世纪加泰罗尼亚第二重要的犹太人聚居地（见386页方框），仅次于巴塞罗那，也是当时西班牙较好的犹太人区之一。博物馆不遗余力地展示了赫罗纳的犹太文化遗产，但也没有回避诸如宗教法庭迫害和强迫性谈话等不太光彩的一面。你可以在这里看到一个罕见的建于11世纪的仪式浴池和一个建于13世纪的犹太人房屋。

赫罗纳艺术博物馆 美术馆

（Museu d' Art de Girona; www.museuart.com; Pujada de la Catedral 12; 门票 €4.50，含大教堂和圣费利乌大教堂的联票 €10; ⏲5月至9月 周二至周六 10:00~19:00，10月至次年4月 10:00~18:00，全年的周日 10:00~14:00）这间美术馆紧邻大教堂，坐落于建于12~16世纪的主教宫（Palau Episcopal）建筑里，规模和藏品种类丰富得令人惊叹。大约8500件艺术品中的大部分来自该地区，包括罗马风格的木雕和壁画、20世纪波兰裔法国艺术家Mela Mutter的绘画作品、20世纪早期的加泰罗尼亚颇有影响的建筑师Rafael Masó i Valentí的雕塑作品和现代主义领袖人物Santiago Rusiñol的作品。

Girona 赫罗纳

圣费利乌大教堂 教堂

（Basílica de Sant Feliu; Plaça de Sant Feliu; 成人/学生含大教堂 €7/5; ⏲周一至周六10:00~17:30，周日 13:00~17:30）赫罗纳的第二大教堂位于大教堂的下坡处，被切去顶端的钟楼极具辨识度。宏伟的中殿为哥特式肋状拱顶结构，大理石和碧玉建造的巴洛克晚期风格的侧礼拜堂内供奉着这座城市的守护圣徒St Narcissus。礼拜堂右边是这位圣徒的哥特式墓室，墓室建于1328年（其遗骸之前就

Girona 赫罗纳

存放于此），里面有他的卧身雕像和描绘他日常生活的壁画，包括与妇女谈话、殉道和驱逐鬼怪等场景。门票含语音导游。

阿拉伯浴室　遗迹

（Banys Àrabs; www.banysarabs.org; Carrer de Ferranel Catòlic; 成人/儿童 €2/1; ⌚3月至10月 周一至周六 10:00~19:00，周日 10:00~14:00，11月至次年2月 10:00~14:00）这个阿拉伯浴场尽管在建筑风格上模仿了早期伊斯兰和罗马浴室，但它仍是一个保存完好的12世纪罗马式基督教建筑（13世纪经历过修复）。浴室内有一个更衣室（apodyterium），八边形的小水池被细长柱子围绕。另外还有冷水浴室（frigidarium）和热水浴室（tepidarium），以及一个由地下炉加热的高温浴室（caldarium，类似桑拿）。

考古步道　城墙

（Passeig Arqueològic; Passeig de la Muralla; Carrer de Ferran el Catòlic; ⌚黎明至黄昏）免费 沿着赫罗纳宏伟的中世纪城墙散步是欣赏这座城市的好方式。有几个上城墙的入口，最受欢迎的入口在阿拉伯浴室对面（在老城区的北端），那里有台阶通向美丽的花园，城镇和植物在这里无缝对接，成为一幅有机的杰作。城墙的最南端在加泰罗尼亚广场（Plaça de Catalunya）附近，Torre de Sant Domènec是一个特别棒的观景点。

圣佩德罗德加利根兹修道院　修道院

（Monestir de Sant Pere de Galligants; www.mac.cat; Carrer de Santa Llúcia; 成人/儿童 含加泰罗尼亚-赫罗纳考古博物馆 €4.50/3.50; ⌚10月至次年4月 周二至周六 10:00~18:00，5月至9月 周二至周六 10:00~19:00，全年的周日 10:00~14:00）这座修建于11~12世纪的罗马式本笃会修道院中有一座庄严的钟楼和一条华丽的回廊，回廊的60个双柱柱顶上雕刻着来自宗教世界的动物和虚构生物，教堂里也有一些这样的建筑细节。

修道院内坐落着**加泰罗尼亚-赫罗纳考古博物馆**（Museu d'Arqueologia de Catalunya-Girona; www.mac.cat; Carrer de Santa Llúcia 8; 含圣佩德罗德加利根兹修道院 成人/儿童 €4.50/3.50; ⌚10月至次年4月 周二至周六 10:00~18:00，5月至9月 周二至周六 10:00~19:00，全年的周日 10:00~14:00），里面陈列着从史前到中世纪时期的手工艺品。

赫罗纳历史博物馆　博物馆

（Museu d' Història de Girona; www.girona.cat/museuhistoria; Carrer de la Força 27; 成人/学生/儿童 €4/2/免费; ⌚10月至4月 周二至周六 10:30~17:30，5月至9月 周二至周六 10:30~18:30，全年的周日 10:30~13:30）18世纪的回廊赋予了这里一种恰如其分的古老气息，带领参观者从罗马时代走入中世纪再来到现在。博物馆的亮点包括3~4世纪的马赛克图案

赫罗纳的犹太人

犹太人出现在赫罗纳的最早记录是公元9世纪，到13世纪时，他们已形成加泰罗尼亚第二大的犹太社群（仅次于巴塞罗那）。总的来说，犹太人与基督徒邻居相处和平，他们发展得越来越繁荣，并在天文学、数学和药学等多领域做出了贡献。

然而，犹太人后来遭到了基督徒的攻击，尤其是在12世纪和13世纪时期。犹太区（Call）——一个城墙环绕的由狭窄巷子构成的迷宫——从庇护所变成了贫民区，犹太人的活动范围被逐渐缩减至自己小小的居住地内，禁止跨越西侧的边界。最令人反胃的是所谓的“辩论”，这些受到暗中操控的辩论意在歪曲犹太社会的信仰，将其与基督徒认为的至高无上的思想对立起来。当时的宣传称这些辩论让大批犹太人改变了信仰，但这更有可能是压力和恐惧带来的结果。针对犹太人的诽谤污蔑变得越来越荒唐，连杀害基督徒婴儿这样的说法也开始在人群中流传。

事件在1391年达到顶峰：一群暴徒冲入犹太区，屠杀了40位居民。由于当时犹太人还处在国王的保护之下，军队因此被派驻进去，并将幸存者关进了Galligants Tower长达17周之久（宣称这是为了他们的安全着想）。等他们出来时，却发现自己的房子已经被毁。许多犹太人在15世纪改宗基督教。1492年，所有未改宗的犹太人被驱逐出西班牙，结束了这里500多年的犹太历史。

Can Pau Birol（描绘了多人驾双轮战车的热闹场面），还有一个关于1808~1809年拿破仑军队围困赫罗纳的展览。许多展品是复制品而非真品。馆内提供西班牙语、英语和法语的讲解小册子，弥补了展品标签为加泰罗尼亚语的不足。

住宿

赫罗纳最有氛围的住宿选择都藏身于老城区里，但也不要将河西岸的商业区完全排除在外，那里也有一些优质的酒店，并且距离热门景点很近。

★ Bells Oficis 民宿 €€

（☎972 22 81 70；www.bellsoficis.com；Carrer dels Germans Busquets 2；房间含早餐€42~93；❄📶）Bells Oficis朝向老城区南端，是一间经过修复的19世纪公寓，也是加泰罗尼亚艺术家Jaume Busquets i Mollera的故居。装修时尚，热情友好。5间风格迥异的客房（其中一间是有高低床的小房间）还保留着过去的一些装饰细节。3个房间共用一个卫生间，套房的卫生间没有装门。

Casa Cúndaro 客栈 €€

（☎972 22 35 83；www.casacundaro.com；Pujada de la Catedral 7；标双 €59~79，四和公寓€99；❄📶）在这座外观朴实无华的中世纪犹太人住宅里，有5个别具一格的房间和4间自助式公寓（适合2~5人入住），原本的裸露石墙、古色古香的老门与现代舒适达到了平衡。紧邻大教堂的位置让人或喜或忧，这取决于你喜不喜欢教堂的钟声。建议提前预订。

客栈主人在同条街上还经营着一家更为高端的**Hotel Històric**（☎972 22 35 83；www.hotelhistoric.com；Carrer de Bellmirall 4A；房间€90~170；❄📶）。

Bellmiral 客栈 €€

（☎972 20 40 09；bellmirall.eu；Carrer de Bellmiral 3；含早餐标单 €49~66，标双 €83~88；📶）一间藏在赫罗纳历史老街区里的田园风格客栈，它所在的石屋已有百年历史，里面饰以油画和明亮的色彩。7间采用裸露墙面装饰的房间会比你预计的更现代一点，其中有5间可以欣赏老城区。

★ Palau dels Alemanys 历史酒店 €€€

（☎618 536852；www.allotjamentsingular.com；Carrer dels Alemanys 10；房间含早餐€150~250）位于老城区的这家年代久远的私人精品酒店，年轻的主人很热心。这里提供3间精致的“套房”（带小厨房的迷你公寓），原本的建筑细节（如哥特式窗拱和18世纪的石墙）与复古家具和时尚的当代风格结合在了一起。早餐可以送至房间，或在罗马时期留下的围墙环绕的庭院里享用。

Hotel Llegendes de Girona Catedral
酒店 €€€

(☎972 22 09 05; www.llegendeshotel.com; Carrer Portal de la Barca 4; 房间 €137~329; ❄📶P)这栋经过修复的18世纪建筑里有15间房，每间都按不同的加泰罗尼亚传说或主题进行了设计，内有舒适的床、淋浴和免费的卡瓦酒(cava)，很好地实现了复古与现代的结合。有些房间能看到大教堂。有3间为情侣设计的“爱神”套房，里面有臀形椅子和密宗性爱沙发(附易懂的指导手册)，需要预订。

就餐

★La Fábrica
咖啡馆 €

(http://lafabrica.cc; Carrer de la Llebre 3; 菜肴 €3~8; ⏲9:00~15:00; 📶✎)🌿这里高品质的咖啡和加泰罗尼亚风格的早午餐代表了赫罗纳的烹饪天赋。这是一间以自行车为主题的咖啡馆，老板是德裔加拿大人，所有菜肴均采用当地食材制作而成。柔软的手工吐司(torrades)——上面也许会有牛油果、羊乳酪和辣椒——被放在木质滑条上呈上桌，与冲泡讲究的咖啡(咖啡豆采购来自有生态保护意识的供应商)形成完美搭配。

Rocambolesc
冰激凌 €

(☎972 41 66 67; www.rocambolesc.com; Carrer de Santa Clara 50; 冰激凌 €2.90~4.50; ⏲周日至周四 11:00~22:00，周五和周六 11:00至次日0:00)来Rocambolesc吃西班牙最美味的冰激凌。这个品牌属于世界著名的洛卡兄弟餐厅(El Celler de Can Roca)。店内装饰着糖果色条纹图案，供应各种极具创意的冰品，如烤苹果冰激凌或撒上百香果肉的柑橘汁冰球。

> **赫罗纳博物馆优惠卡**
>
> **赫罗纳博物馆优惠卡**(Gironamuseus; www.gironamuseus.cat)涵盖了赫罗纳的6座博物馆：犹太历史博物馆(见381页)、赫罗纳艺术博物馆(见381页)、赫罗纳历史博物馆(见383页)、加泰罗尼亚-赫罗纳考古博物馆(见383页)、电影博物馆和Casa Masó。在第1个博物馆购买全价票后，去另外5个地方便可享受50%的门票折扣。有效期为6个月。

B12
严格素食、素食 €

(☎972 01 32 02; Plaça del Vi 11; 3道菜套餐 €12.50; ⏲周一至周三 11:00~22:00，周四和周五 11:00~0:00，周六和周日不营业；✎)穿过石拱门，在低调的B12品尝用有机素食农产品烹饪而成的简单、新鲜、美味的菜肴。你也许会爱上这里的腰果奶油意大利面、素汉堡、辣味炸豆丸子或豆腐沙拉。午餐供应的是3道菜的套餐，晚上则主推西班牙小吃和该店的特色——精酿啤酒。

Nu
创意菜 €€

(☎972 22 52 30; www.nurestaurant.cat; Carrerdels Abeuradors 4; 主菜 €14~20; ⏲周一 20:15~22:30，周二至周六 13:15~15:30和20:15~22:30; 📶)老城区的这家现代餐馆时尚而自信，菜式新颖且味道可口，服务也很友好。融合了加泰罗尼亚和亚洲风味的菜肴让人胃口大开，试试他家的金枪鱼生鱼片蘸酱油、伊比利亚火腿酱牛里脊肉和鱿鱼墨汁荷包蛋。就菜肴的高品质而言，这家餐馆可以说是性价比极高。

Café Le Bistrot
加泰罗尼亚菜、法国菜 €€

(☎97221 88 03; www.lebistrot.cat; Pujada de Sant Domènec 4; 主菜 €7.50~14; ⏲正午至16:00和19:00~23:00)墙上垂挂着茉莉花，餐桌摆到了通往一座建于17世纪教堂的台阶上——这里可能是赫罗纳最具情调的餐馆。经典的法国和加泰罗尼亚小酒馆美食这里都有：法式薄煎饼、意大利面、各种肉类主食、“pagès”比萨和搭配当地奶酪一起吃的各色沙拉。室内铺有格纹瓷砖，整体给人一种怀旧之感。

★El Celler de Can Roca
加泰罗尼亚菜 €€€

(☎972 22 21 57; www.cellercanroca.com; Carrer Can Sunyer 48; 品尝套餐 €180~205; ⏲周二 12:30~14:00，周三至周六 12:30~14:00和20:00~21:30，12月末至次年1月中旬和8月下旬不营业)旨在“引领加泰罗尼亚菜永远走在创新

路上"的洛卡兄弟餐厅在全世界都具有响当当的名号。被评定为米其林三星的这家餐厅于2015年获选"全球50佳餐馆"并荣列第一。每年这里都会推出新作，如分子美食、多重感官式的美食艺术、科幻甜品车等，而灵感都来源于当地的家常菜。

餐厅在赫罗纳市中心西北方向2公里处一栋翻新过的乡间别墅里，经营者是赫罗纳本地人洛卡三兄弟。如果没能提前11个月在网上预订到座位，你就得加入等位的长队。

饮品和夜生活

Espresso Mafia 咖啡馆

(www.espressomafia.cc; Carrer de la Cort Reial 5; 周一至周四 9:00~19:00，周五和周六 9:00~20:00，周日 10:00~16:00;) 在赫罗纳的众多咖啡馆中，Espresso Mafia是你不可错过的一家。这家店采用纯白色调，将餐桌（禁烟）摆放在石拱下，使用的咖啡豆均来自可持续发展农产品供应商。这里有顺滑的意式浓咖啡、带艺术拉花的拿铁和牛奶咖啡（café amb llet）等，配上咖啡馆自制的蛋糕一起吃最美妙。

Ham Session 葡萄酒吧

(682 189023; http://donjamon.cat; Carrer del Riu Güell 18; 周五和周六 21:30至次日2:00) 葡萄酒、深夜、美味始终如一的伊比利亚火腿——以上元素在这里得到了融合。夜猫子们会深深爱上这个致力于美食的葡萄酒吧，除了高品质的葡萄酒，你还能吃到各种口味的当地奶酪和现切现卖的火腿。提前预订以确保可以获得葡萄酒桶周边的座位。

实用信息

赫罗纳旅游局（Oficina de Turisme de Girona; 972 22 65 75; www.girona.cat/turisme; RambladelaLlibertat 1; 4月至10月 周一至周五 9:00~20:00，周六 9:00~14:00和16:00~20:00，11月至次年3月 周一至周五 9:00~19:00，周六 9:00~14:00和15:00~19:00，全年的周日 9:00~14:00）位于河边，提供多种语言服务。

到达和离开

飞机

赫罗纳-布拉瓦海岸机场（Aeroport de Girona-CostaBrava; www.aena.es）位于市中心西南方向的13公里处，是瑞安航空公司在西班牙的交通枢纽。

长途汽车

TEISA（www.teisa-bus.com）的长途汽车从赫罗纳开往贝萨卢（€4.70，40~60分钟，每天8~16班）和奥洛特（€7.45，1~1.5小时，每天8~16班）。**Sarfa**（www.sarfa.com）的长途汽车来往于卡达克斯（€11，1.75小时，工作日和夏季周末每天1~2班）和其他海滨目的地。赫罗纳**汽车站**（972 21 23 19; Plaça d' Espanya）就在老城区西南方向1公里处的火车站旁边。

小汽车和摩托车

地下停车场的收费贵得吓人（一天通常要€35），而免费的车位又往往被他人抢先占领。老市中心南侧的Carrer Josep Morató i Grau周边有一些免费停车点，还有一处免费停车点在El Celler de Can Roca附近的交通环岛Carrer de Sant Gregori，在市中心西北3公里处（步行30分钟）。

值得一游

夜宿星空下

占星师和情侣们会喜欢**Mil Estrelles**（972 59 67 07; www.milestrelles.com; La Bastida, Borgonyà; 标双 €112~236; ）。酒店位于赫罗纳以北16公里处，其独特的风格来自店主的一手设计，他将古老的石墙建筑与现代塑料制品完美地结合进这栋建于18世纪的农舍里。除了3个古朴的房间，花园里还有用透明塑料膜建造的雅致客房（部分带浴缸），你可以躺在自己的大床上观赏星空。

所有这些都是为情侣设计的，也兼顾了环保理念。房间没有浴室门，提供漂浮池（floatarium）、桑拿房、热水浴池和按摩浴缸。晚餐可以送进房间享用。

酒店在Pont-Xetmar（位于C66边上）西北方向1.5公里处，沿途有清晰明确的路标。

火车

赫罗纳位于铁路沿线，与巴塞罗那（€10~31，40~80分钟，每半小时至少1班）、菲格拉斯（€4.10~6.90，30~40分钟，每半小时至少1班）和法国边境的Portbou（€6.15~8.25，1小时，每天11~15班）互通火车。还有数班开往法国及更远目的地的直达列车。

当地交通

抵离机场

Sagalés（www.sagales.com）运营的公共汽车来往于机场与赫罗纳的汽车站/火车站（€2.75，25分钟，每小时1班）和巴塞罗那北部长途汽车站（往返€25，1.25小时）。另有其他直达公共汽车开往布拉瓦海岸各目的地，包括多萨德马尔（€12，55分钟，每天2班）。

出租车（☎972 22 23 23）到赫罗纳市中心的价格约€25/€35（白天/晚上）。

雷斯塔蒂特和梅德斯群岛（L' Estartit & the Illes Medes）

雷斯塔蒂特位于拉埃斯卡拉（L' E-scala）东南18公里、托罗埃利亚-德蒙特格里（Torroella de Montgrí）以东的6公里处，拥有一片又长又宽的细沙海滩，棕榈树摇曳的滨海步行道洋溢着法国圣特罗佩般的风情。不过吸引旅行者来这里的还是潜水。由一系列岩石小岛组成的梅德斯群岛距离海岸只有短短1公里，却拥有西班牙沿岸最丰富多样的海洋生物群落。

景点和活动

雷斯塔蒂特海滩北端港口边的亭子提供潜水课程、浮潜和玻璃船底的梅德斯群岛乘船游（90分钟的航程€20）。你也可以选择划2小时的皮划艇（€15）或立式单桨冲浪（€25）前往群岛。带向导的2小时立式单桨冲浪和皮划艇收费€30。

4月至10月，雷斯塔蒂特到处是潜水者。如果你经验丰富，一次2小时的潜水价格通常为€35/人，全套潜水装备一天的租金为€25。如果你是生手，可以参加入门级潜水（€65）或5天的PADI开放水域潜水课程（€400）。Les Illes（☎972 75 12 39；www.hotellesilles.com；Carrer de les Illes 55，L' Estartit；单次潜水 含装备 €50起；⏲4月至10月）是当地经营时间较长的一间潜水服务商，服务质量值得信赖。一次2小时的浮潜价格为€30/25（成人/儿童）。

★ 梅德斯群岛　　潜水点、岛屿

（☎972 75 17 01；www.gencat.cat/parcs/illes_medes；L' Estartit）梅德斯群岛是距离雷斯塔蒂特海滩不远的7座小岛，它们的迷人之处在于其足够深的深度（可以下潜50米）、丰富多彩的海洋生物、水底洞穴和通道。这里自1983年被宣布为水下自然保护区以来，群岛周围的海洋生物越来越多，进而成为西班牙最受欢迎的浮潜和潜水地点。2010年，梅德斯群岛被纳入面积达80平方公里的蒙特格里、梅德斯群岛和巴伊斯德尔自然公园（Parc Natural del Montgrí, les Illes Medes i el Baix Ter）的保护范围。

住宿

★ Les Medes　　露营地 €

（☎972 75 18 05；www.campinglesmedes.com；Paratge Camp de l' Arbre，雷斯塔蒂特；营地€17~34，成人 €7.45~9.30，儿童 €4.10~6.30；❄📶🏊🅿）位于雷斯塔蒂特西南方向的2公里处，距离海岸1公里，这个全年经营、友好的露营地是加泰罗尼亚的较佳露营地之一。这里有桑拿室、两个泳池（包括一个恒温池）、可出租的自行车、洗衣设施和潜水学校，甚至还能提供按摩服务。营地里还有可容纳2~4人的现代化小屋（标双 €87~96）。

Hotel Les Illes　　酒店 €€

（☎972 75 12 39；www.hotellesilles.com；Carrer de les Illes 55，雷斯塔蒂特；含早餐标单€53~84，标双 €106~136，标三 €159~198；⏲3月中旬至11月中旬；❄📶）如果你想要去海底探险，这间拥有自己的潜水中心（见本页）的酒店就是你的最优选择。酒店位于港口后方，由家庭经营，白色调的内部装饰让整间屋子显得十分敞亮。房间最多可容纳4人，虽然没什么可圈可点之处，但生活设施一应俱全。有些房间带可以欣赏海景的阳台。

实用信息

雷斯塔蒂特旅游局（Oficina de Turisme de

l' Estartit; ☎972 75 19 10; www.visitestartit.com; Passeig Marítim, 雷斯塔蒂特; ⏲7月和8月 9:00~21:00, 6月和9月 9:30~14:00和16:00~20:00, 5月 周一至周五 9:00~13:00和16:00~19:00, 周六和周日 10:00~14:00和16:00~19:00, 10月、3月和4月 周一至周五 9:00~13:00和15:00~18:00, 周日 10:00~14:00, 11月至次年2月 周一至周五 9:00~17:00, 周六和周日 10:00~14:00)可提供雷斯塔蒂特水肺潜水和其他活动经营商的名单。

ℹ 到达和离开

Ampsa(www.ampsa.org)运营的长途汽车来往于托罗埃利亚-德蒙特格里(€1.70, 10分钟, 每天9~19班)和赫罗纳(€6, 1.25小时, 每天6~12班)。**Sarfa**(www.sarfa.com)运营的长途汽车开往巴塞罗那北部长途汽车站(€22, 2.25小时, 每天4班)和机场(€24, 3小时, 每天3~4班)。

拉埃斯卡拉(L' Escala)

人口 9870

拉埃斯卡拉坐落在16公里长的玫瑰湾(Golf de Roses)南端,是一个与众不同的度假地。没错,夏季时这里也会吸引游客在海滨散步、在沙滩上吃冰激凌和品尝葡萄酒。小镇同时还是游览古希腊-罗马遗址恩普亚斯(Empúries)的必经之地,遗址位于拉埃斯卡拉的北部边缘,它的前方是一片对着地中海的近乎原始的海滩。

★ 恩普亚斯 考古遗址

(Empúries; ☎972 77 02 08; www.mac.cat; Carrer Puig i Cadafalch; 成人/儿童 €5.50/免费; ⏲6月至9月 10:00~20:00, 10月至11月中旬和2月中旬至5月 10:00~18:00, 11月中旬至次年2月中旬 10:00~17:00, 周一不开放)恩普亚斯考古遗址位于拉埃斯卡拉镇中心西北方向1.5公里的海边,这里曾是古希腊和随后的古罗马帝国时代的重要贸易港口。生动的语音导览器(门票已含)会先带你了解位于遗址低处的古希腊小镇历史,然后前往高处的古罗马小镇,那里有一个公元前1世纪的古罗马广场(重建)。博物馆里陈列着重大的发现物,包括一座公元前2世纪的阿斯克勒庇俄斯(Asclepius,古希腊的医药神)大理石雕像。

公元前6世纪,福西亚(Phocaea)的商人在如今的圣马蒂-恩普亚斯(Sant Martí d' Empúries)村所在地做起了生意,当时那里是一座岛屿。没过多久,他们建立了一个大陆殖民地,由此形成恩普亚斯(意为"市场")。之后数百年的时间里,这里都是重要的贸易中心和古希腊文化传往伊比利亚的通道。

公元前218年的第二次布匿战争(Second Punic War)中,古罗马军队为了切断汉尼拔(Hannibal)的补给线从这里的海岸线登陆。公元前195年前后,他们在此建立起军事营地。到公元前100年,这里又增添了一个小镇。一百年后,这个古罗马小镇与古希腊小镇合并到了一起。随着历史的更迭,原古希腊小镇所在地矗立起一座基督教教堂和墓园。再往后的千年里,这里整体被黄沙所掩埋,直到20世纪才被人们发掘出来。

古希腊遗址里的景点包括厚实的南侧城墙、有阿斯克勒庇俄斯雕像的医术神殿(Asklepíeion),以及早期基督教堂(公元4~7世纪)和古希腊市场(stoa)所在的小镇广场(agora)。

较大的古罗马小镇有宏伟的Domus 1,许多精美的马赛克(出于保护需要仅在4月至10月展览)都出土于此,以及新近挖掘出来的古罗马浴室。城墙外有一处公元前1世纪的椭圆形阶梯剧场遗址。

Hostal Spa Empúries 酒店 €€€

(☎972 77 02 07; www.hostalempuries.com; Platjadel Portitxol; 房间 €150~300; ❄📶P)🍃酒店紧邻古希腊-古罗马遗址,门前是一片沙滩。房间为中性色调,浴室贴着马赛克——灵感来自遗址。有的房间可以看到大海。侧楼的房间是后建的,内有淋浴设施和特大号床,住起来尤为舒服。酒店的两家餐厅(主菜 €17~27)主要供应创新式地中海菜和海鲜,用的都是当地的食材。

★ La Gruta 创意菜 €€€

(☎972 77 62 11; www.restaurantlagruta.com; Carrerde la Casa Gran 1; 2/3道菜套餐 €27/32起; ⏲7月至9月 周一至周六 12:30~15:00和20:00~22:30, 周一的午餐时段不营业, 10月至12月和4月至6月 周一不营业)法国菜与西班牙

菜融合在一起，再加上一点亚洲风味——位于镇中心小海滩上的这间餐馆就是凭借这个创新给客人留下深刻印象。推荐生牛肉片蘸茄子鱼子酱、法式松露煎蛋、西葫芦炒藏红花、贻贝和虾，以及各种各样的自制甜点。

实用信息

旅游局（Oficina de Turisme；☎972 77 06 03；www.visitlescala.com；Plaça deles Escoles1；⏰6月至9月周一至周六 9:00~20:30，周日 9:00~13:00，10月至次年5月 周一至周五 9:00~13:00和16:00~19:00，周六 10:00~13:00和16:00~19:00，周日 10:00~13:00）位于拉埃斯卡拉汽车站旁边。

到达和离开

Sarfa（www.sarfa.com）运营的长途汽车来往于巴塞罗那北部长途汽车站（€22，3小时，每天3班）、赫罗纳（€6.40，1小时，每天2~5班）和菲格拉斯（€4.95，1小时，每天6班）。抵达拉埃斯卡拉的汽车停在学校广场（Plaça de les Escoles）的旅游局外面。

恩普亚斯城堡（Castelló d' Empúries）

人口 3840

这个漂亮的小镇曾管辖中世纪时期加泰罗尼亚的郡县恩普亚斯，直至14世纪这个郡县还保持着相当程度的独立。如今的恩普亚斯城堡依然散发着前首府的霸气和历史韵味，这里还有一度繁荣的中世纪犹太人区遗迹。现在小镇的鹅卵石小巷里不再有贵族，只有友善的当地人和各色游客。

对于户外爱好者而言，这里是一个绝佳的大本营。附近的阿伊瓜莫伊斯德恩波达自然公园（Parc Natural dels Aiguamollsdel' Empordà）是一个热门的观鸟地，里面还有许多难度不大的徒步路线和自行车道。自然公园位于宁静的海滩的东边6公里处。

景点

旅游局（☎972 15 62 33；www.castelloempuriabrava.com；Plaça dels Homes；⏰7月和8月 10:00~14:00和16:00~20:00，9月、10月和3月至6月 周一至周六 10:00~14:00和16:00~19:00，周日 10:00~14:00，11月至次年2月 周一至周四 10:00~16:00，周五和周六 10:00~14:00和16:00~18:00，周日 10:00~14:00）有关于恩普亚斯城堡的犹太人区的游览单页提供。

阿伊瓜莫伊斯德恩波达自然公园　公园

（Parc Natural dels Aiguamolls de l' Empordà；☎972 45 42 22；www.gencat.cat/parcs/aiguamolls_emporda；GIV6216 Sant Pere Pescador-Castelló d' Empúries Km 4.2；停车费 摩托车或汽车 €5，面包车 €10；⏰El Cortalet 信息中心 复活节至9月 9:00~18:30，10月至次年复活节 9:00~16:00）广阔的沼泽曾经覆盖着这里的整片海滨平原，这座自然公园保护的就是其中保留了下来的一些沼泽地。公园位于恩普亚斯城堡的南侧，面积达47平方公里，是鸟类迁徙途中的一个重要站点。3月至5月和8月至10月的迁徙季期间，鸟的数量会大幅增加。观鸟爱好者有可能看到火烈鸟（flamingo）、紫鹭（purple heron）、彩鹮（glossyibis）、篦鹭（spoonbill）、稀有的黑鹳（blackstork）等329种经过此地的候鸟（有82种会在这里筑巢）。

公园全年都栖息着大量鸟类，任何时候都会让你感觉不虚此行。公园的**El Cortalet**信息中心（有标志牌）位于从圣佩雷佩斯卡多

值得一游

圣马蒂-恩普亚斯村

小小的**圣马蒂-恩普亚斯村**（Sant Martí D' empúries）坐落在拉埃斯卡拉的**恩普亚斯遗址**（见388页）以北1公里处，壮丽的海岸、金色调的小巷和中世纪历史让这里散发着迷人魅力。1079年以前，它一直是恩普亚斯郡县的行政中心，后来海盗攻占并夺取了这里的政权。现在的恩普亚斯村是从拉埃斯卡拉（以南4公里）或恩普亚斯城堡（以北16公里）过来的一个短途游目的地。走过充满历史韵味的村中心，大片的多沙海滩展现在你面前。主广场的优质餐馆之多超乎想象，那里还有一栋建于16世纪的砂岩教堂。

尔(Sant Pere Pescador)至恩普亚斯城堡的GIV6216以东1公里处，正好在两地中间。该中心提供野生动物信息、地图(标记了徒步路线与两个观景点)和望远镜出租(€2.50)，也是几条徒步道和自行车道的起点。

圣玛利亚大教堂 教堂

(Basílica de Santa María; Plaça Mossèn Cinto Verdaguer; 成人/儿童 €2.50/免费; ⏲7月至9月中旬 9:00~21:00, 9月中旬至次年6月 10:00~14:00和16:00~18:00)你一定会被这里的罗马式塔楼和精雕细刻的大门所吸引，主入口上方雕刻着抱着耶稣的圣母玛利亚，旁边是投以钦佩目光的东方三贤。1064年这里就有了第一座教堂，但现在你看到的哥特式建筑建于13~15世纪。走进教堂内部，仔细看看15世纪的雪花石膏主祭坛和14世纪给耶稣施洗礼的洗礼盆。

食宿

Hostal Casa Clara 旅馆 €€

(☎972 25 02 15; www.hostalcasaclara.com; Plaça de les Monges; 标单/双 含早餐 €65/85; ⏲3月至12月; ❄📶P)亲切的服务和舒适的房间让这间旅馆成为老街区中心地带的一个优质中档住宿选择。8间客房均宽敞且光线充足，配有舒适的床、瓶装水和不同的配色。休闲室里有书、桌游和观鸟信息。餐厅供应浓郁可口的当季加泰罗尼亚菜(3道菜套餐€18~25)。

Hotel de la Moneda 酒店 €€€

(☎972 15 86 02; www.hoteldelamoneda.com; Plaça de la Moneda 8-10; 房间 含早餐 €99~240; ⏲3月至11月; ❄📶🏊P)Hotel de la Moneda占据着一栋装饰豪华的18世纪宅第，非常适合情侣度假。低矮的中世纪门廊下弥漫着温馨而古朴的气氛，11间房间被刷上亮丽的原色，有些浴室贴有安达卢西亚风格的瓷砖，并有热水浴缸。酒店内有一个小型游泳池，还有一些令人倍感愉悦的小细节，如到达时为你奉上的卡瓦酒，房间里提供拖鞋。把孩子留在家里，尽情享受二人世界吧。

Les Voltes 加泰罗尼亚菜 €€

(☎972 25 08 12; www.lesvoltesrestaurant.net; Placa dels Homes 4; 西班牙小吃 €2~6, 主菜 €10~18; ⏲周五至周三 12:30~15:30和19:30~22:30)Les Voltes的餐桌从洞穴般的石墙内摆到了外面的霍梅斯广场(Placa dels Homes)上，他家的红酒苏打水(tinto de verano)和烤肋间牛排都能令人胃口大开。户外露台上的餐桌铺着白色桌布，在这里尽情享用西班牙小吃和有馅料的面包卷(entrepans)吧。

到达和离开

Sarfa(www.sarfa.com)的长途汽车开往菲格拉斯(€1.70, 15分钟, 每天8~29班)、卡达克斯(€4.20, 45分钟, 每天6~13班)和巴塞罗那北部长途汽车站(€21, 2小时, 每天1~4班)。

卡达克斯(Cadaqués)

人口 2700

卡达克斯坐落在加泰罗尼亚最东端的岩层上，白色村庄的下方就是嶙峋的钴蓝色海湾。海风吹拂着这里的鹅卵石海滩，村里的小巷蜿蜒曲折，它还有座美丽的港口和原始质朴的克鲁斯角(Cap de Creus)。尽管它很美，这一点毫无疑问，但真正让它声名远扬的还是萨尔瓦多·达利。

这位超现实主义艺术家在幼年时会和家人到这里度假，后来又在附近的Port Lligat度过了人生中的大部分时光，那里的海边有他的一栋故居。因为达利和其他名流——如他的朋友费德里戈·加西亚·洛尔卡(Federico García Lorca)，许多名人慕名而来，至今魅力不减。

卡达克斯在夏季会迎来大量游客，因此提前预订以确保能顺利出行。9月游客逐渐减少，到10月中旬许多旅游设施会暂停服务，在此期间如果发生海洋风暴的话，整个小镇会从秋歇期直接进入沉寂状态。

景点和活动

★**达利故居博物馆** 住宅、博物馆

(Casa Museu Dalí; ☎972 25 10 15; www.salvador-dali.org; Port Lligat; 成人/8岁以下儿童 €11/免费; ⏲6月中旬至9月中旬 9:30~21:00, 9月中旬至次年1月和2月中旬至6月中旬 10:30~18:00, 1月中旬至2月中旬闭馆, 11月至次年3月

中旬周一闭馆）这座漂亮的海边建筑位于Port Lligat（卡达克斯东北方向1公里处的小渔村），面朝一个平静的小海湾，是萨尔瓦多·达利的故居，1930~1982年，他和妻子加拉（Gala）生活在这里。这栋建筑是农舍和阳光露台的混合体，它们之间通过迷宫般的狭窄走廊相连，陈设着各种不落俗套的装饰品。进入参观需参加8人一组的半导览式团队游，尽早通过电话或网络预订非常重要。

小屋原本只是一个渔夫的房子，达利逐步对它进行改造和扩大。奇异的建筑细节或艺术装饰品充斥着这里的每个角落：一个用珠宝装饰的北极熊标本、书架高处的天鹅填充饰品（达利对这个形象非常迷恋）和有回声的子宫般的**椭圆屋**（Oval Room），**达利工作室**里的两幅未完原作尤其有趣。他还在**卧室**里放置了一面华丽的镜子，确保每天早上他能第一个看到日出。加拉布置的**更衣室**里挂着许多他们与名人朋友的合影，包括毕加索、可可·香奈儿，甚至还有弗朗哥。跟随导游游览完后，你可以独自游览种着橄榄树的空地（有一些白色的巨蛋装饰）和浅绿色的游泳池（池边有一个桃红色的嘴唇形状长凳）。

卡达克斯博物馆 博物馆

（Museu de Cadaqués；☎972 25 88 77；Carrer de Narcís Monturiol 15；⏲大约复活节至10月）萨尔瓦多·达利的作品经常是馆内临时展的主题，与卡达克斯有关的同辈艺术家的作品也常常出现在这里，比如毕加索。开门时间请咨询旅游局（见392页）。

海滩

卡达克斯的主海滩和周边海岸的其他海滩都不大，且布满鹅卵石，但其旖旎的风光和碧蓝的海水可以让人完全忽略这些不足。**伊亚内海滩**（Platja Llané）在镇中心以南，它的不远处坐落着达利父母的度假屋。所有的海滩上都刮着大风。

住宿

★ Tramuntana Hotel 精品酒店 €€

（☎972 25 92 70；www.hotel-tramuntana-cadaques.com；Carrer de la Torre 9；房间 含早餐€125；⏲3月至9月；❄📶🅿）这间小小的精品酒店藏匿在老城区里，传统的白色正面墙背后是11间带阳台的灰白色房间。酒店经营十分专业，房间为个性化的极简主义现代风格，设计者是当地的一对知识分子夫妇。从松树围绕的露台、色彩鲜艳的休闲室、自助酒吧，到自家橄榄油精心烹饪的早餐，都可以看出主人的用心。

Hotel Tarongeta 酒店 €€

（☎972 25 82 89；hoteltarongeta@telefonica.net；Paratge Tarongeta；房间 €90~180；⏲复活节至11月；❄📶🅿）坐落在小镇北部边缘的一间两星级酒店，这里有免费的停车位，很适合自驾者。走廊可能会让人觉得沉闷乏味，但漂亮且现代的房间很快就会让你忘了这一点。房间里装饰着花卉或航海主题，有明亮的卫生间，部分房间带独立阳台。后建的套房和"浪漫"房间里有诸如四柱床一类的家具装饰。

不要错过

圣佩罗德罗卡斯修道院

远处比利牛斯山脉的山峰和深蓝色的地中海充当了**圣佩罗德罗卡斯修道院**（Monestir De Sant Pere De Rodes；☎972 19 42 38；monuments.mhcat.cat/conjunt_monumental_de_sant_pere_de_rodes；GIP6041；成人/儿童 €4.50/免费；⏲6月至9月 周二至周日 10:00~19:30，10月至次年5月 10:00~17:00）的背景，这座罗马风格建筑坐落在El Port de la Selva（卡达克斯西北13公里）西南7公里、一座500米高的山上。它建于9世纪，后来成为恩普亚斯最具权势的修道院。大教堂内有3个中殿和桶形穹顶，一座12世纪的方形钟楼Torre de Sant Miquel，先后建于11世纪和20世纪的两层回廊分列两旁。

这里还有一个克鲁斯角自然公园的**信息中心**（见393页）。从El Port de la Selva过来，在有标志牌的停车场下车，从修道院走10分钟即可到达。

Hostal Vehí 旅馆 €€

（☎972 25 84 70；www.hostalvehi.com；Carrer de l'Església 6；标单/双 €40/85；⊙3月至10月；❄📶）这间家庭经营的客栈位于老城中心，房间经过精心设计，打扫得一尘不染，花卉图案的羽绒被、木质家具和自然采光让它们充满了家的温馨感觉。高级双人间很宽敞，能看到卡达克斯的珊瑚色屋顶群。汽车无法开进这个区域，但这是附近最好的中档住宿选择。7月和8月前来的话尽早预订。

L'Hortad'en Rahola 精品酒店 €€€

（☎972 25 10 49；www.hortacadaques.com；Carrer Sa Tarongeta 1；房间 €140~205；⊙3月中旬至11月；❄📶🏊P）酒店位于卡达克斯北侧边缘的环形交叉路口旁边，由一间18世纪的农舍改造而成，内有一个水果蔬菜园和碧蓝的游泳池。仅接受成人入住。9个现代风格的房间各不相同，但都具有轻盈明亮的海洋风情。酒店的个性化服务体验极佳，你一定会住得很舒服。

餐饮

Mut 加泰罗尼亚菜、各国风味 €

（www.facebook.com/Mutcadaques；Plaça Doctor Pont 12；西班牙小吃 €5~7，主菜 €8~12；⊙复活节至9月 9:00至深夜，10月仅周末营业，时间不固定；✍）坐在时尚的Mut的露台上用餐，可以欣赏Port Doguer。创新式的世界各地美食在这里一一登场：苹果酒西班牙腊香肠、辣味蔬菜咖喱、小扁豆鸭肉芒果沙拉，还有鹰嘴豆泥和辣酱土豆块（patatas mojo picón）等西班牙小吃。或者只是过来喝杯苦艾酒或鸡尾酒也行。

Lua 创意菜 €€

（☎972 15 94 52；www.facebook.com/lua.cdqs；Carrer Santa Maria 1；菜肴 €8~16；⊙5月至9月 正午至16:00和20:00至次日0:00，10月至次年4月 周三不营业，1月至3月可能不营业；✍）这间气氛慵懒的酒吧兼餐馆位于一条老街巷里，黄色的大门便透露了它的爵士乐主题。餐桌和长凳摆在啤酒桶边上，你会吃到美味新颖的地中海-亚洲"灵魂食物"。这里也特别适合素食主义者，试试它的黑米饭、鹰嘴豆泥和茄子沙拉，或者奶酪拼盘、瓷碗盛放的沙拉和番茄橄榄油面包（pa amb tomàquet）等轻食。

Compartir 创意菜 €€€

（☎972 25 84 82；www.compartircadaques.com；Riera Sant Vicenç；主菜 €20~26；⊙7月和8月 13:00~15:30和20:00~22:30 周一不营业，10月、11月、4月和5月 周一和周二不营业，11月至次年3月 周一和周日不营业）这间露台餐馆由elBulli alumni的三位大厨经营，致力于创意式美食拼盘（店名意为"分享"），店内氛围慵懒闲适。菜单一直在更新，将传统加泰罗尼亚风味融入了当代的热门菜中，例如将蔓越莓、甜菜根和开心果加入泰式大比目鱼或腌沙丁鱼。餐馆位于一栋有300年历史的老房子里。提前预订很有必要。

Es Baluard 海鲜 €€€

（☎972 25 81 83；www.esbaluard-cadaques.net；Carrer de la Riba Nemesi Llorens；主菜 €17~27；⊙3月至9月 13:00~15:30和20:30~23:00）菜单上可能会出现生狍肉片和盐味烤芦笋，但显然餐馆主人更崇尚海神波塞冬（Poseidon）——海鲜菜肴充斥了整张菜单，如卡达克斯凤尾鱼、蜘蛛蟹饭和当地鱼类炖菜（suquet de peix）。这里还供应糖浆无花果和柑橘酱奶油奶酪冰激凌等多种甜点。

Bar Boia 酒吧、咖啡馆

（http://boianit.com；Passeig de Cadaqués；⊙6月至9月 8:30至次日3:00，10月至次年5月 9:00~22:00；📶）自1946年开业以来，这个海滩酒吧就一直被艺术名流和知识分子频繁光顾，它也因此跻身声名赫赫的鸡尾酒吧行列。专业调制的酒精饮品（€9.50~12）——浮游生物-海茴香杜松子苏打水，名为"加拉·达利"（Gala Dalí）的卡瓦酒——出自在el Bulli接受过培训的获奖调酒师Manel Vehí之手。供应咖啡/西班牙小吃的露台开门时间很早，夏季晚上还会举办Boia Nit鸡尾酒会。

实用信息

旅游局（Oficina de Turisme；☎972 25 83 15；www.visitcadaques.org；Carrer del Cotxe 2；⊙7月至9月中旬 周一至周六 9:00~21:00，周日 10:00~13:00和17:00~20:00，9月中旬至次年6月 周一至周六 9:00~13:00和15:00~18:00，周日 10:00~13:00，

10月至次年3月的周日不开放）

到达和离开

Sarfa（www.sarfa.com）的长途汽车来往于卡达克斯和巴塞罗那北部长途汽车站（€25，2.75小时，每天2~5班）及机场（€27，3.5小时，每天1~2班），开往菲格拉斯（€5.50，1小时，每天4~7班）和赫罗纳（€11，1.75小时，工作日及夏季周末每天1~2班）的班车途经恩普亚斯城堡（€4.20，45分钟，每天6~13班）。

克鲁斯角（Cap de Creus）

克鲁斯角位于西班牙大陆的最东边，于1998年被宣布为自然保护区，崎岖的地形和猛烈的北风赋予了它一种庄严肃穆之美。陡峭多岩的海岸边分布着碧蓝色的小海湾，在黎明和日落时尤为好看。

奇形怪状的岩石、贫瘠的高原和空寂的海岸线充斥在达利的著名画作中，它们不仅仅是画家丰富想象力的产物，相反，或许正是这些景观激发了这位伟大超现实主义艺术家的灵感。

从卡达克斯出发，往东北沿一条偏僻的公路前行8公里，穿过荒凉的地带，就可到达这个海角，也可从卡达克斯徒步8公里过来（2.5小时）。

景点和活动

克鲁斯角半岛的崖边步道是它深受欢迎的原因，去之前先到信息中心或卡达克斯旅游局拿一份路线图。**路线17**（Itinerari 17）从Paratge de Tudela停车场到Cala Culop，往返4公里，蜿蜒经过巨大的Roca Cavallera——达利以它为蓝本创作了画作《伟大的自慰者》（*The Great Masturbator*）。

Far Cap de Creus 灯塔

海角上的这座灯塔可追溯至1853年。

就餐

Bar Restaurant Cap de Creus 加泰罗尼亚菜、印度菜 €€

（☎972 19 90 05；www.facebook.com/pg/restaurante.capdecreus；主菜 €10~15；⏰11月至次年4月 周日至周四 9:30~20:00，周五和周六 9:30至次日0:00，5月至10月 每天 9:30至次日0:00，营业时间不定）这家全天营业的餐馆位于海角顶部，招待的多是筋疲力尽的徒步者和来海滩玩的人，而他们肯定没想到竟然能在这里同时吃到加泰罗尼亚菜和印度菜。吃多了卡达克斯无处不在的海鲜烧烤，正好可以借印度菜换换口味。试试他家的羊肉咖喱或蔬菜馅三角饺。坐在餐馆微风习习的露台上，可以欣赏开阔优美的海岸风景。这里也经常有现场音乐演出。

实用信息

Espai Cap de Creus（http://parcsnaturals.gencat.cat/ca/cap-creus；⏰7月至9月中旬 10:00~14:00和15:00~19:00，5月、6月和9月下半月 10:00~15:00）公园的主要信息中心，位于海岬的灯塔内，有步行游览的路线图和关于当地动植物的展览。

自然公园信息中心（Centre d' Informació del Parc Natural；☎972 19 31 91；http://parcsnaturals.gencat.cat/ca/cap-creus；Palau de l' Abat, Monestir de Sant Pere de Rodes, GIP6041；⏰7月至9月 10:00~14:00和15:00~18:00，10月至次年6月 10:00~15:00）位于克鲁斯角以西30公里处的圣佩罗德罗卡斯修道院（Monestir de Sant Pere de Rodes）。

菲格拉斯（Figueres）

人口 45,100

菲格拉斯是距离加泰罗尼亚闪闪发光的玫瑰海湾（Golf de Roses）14公里的一个内陆小镇，这里是萨尔瓦多·达利的出生地，如今这里建有一座光彩夺目的达利戏剧博物馆。尽管达利的事业发展主要在马德里、巴塞罗那、巴黎和美国，但菲格拉斯依然占据着他心底的重要位置。20世纪60年代至70年代，他创办了非凡的达利戏剧博物馆——一座超现实主义的丰碑。从知名度和本身展现的华丽感来说，达利留下的这件艺术品都足以令西班牙其他同行相形见绌。不管你怎样看待这个复杂又自我的男人，这座博物馆都会让你感觉不虚此行。

除了知名景点，有趣的博物馆、优质的餐

厅、Carrer de Peralada附近的购物街和18世纪的宏伟要塞都让这里充满了勃勃生机。太阳下山后，当冲着达利而来的一日游游客坐上巴士离开，这座小城终于可以喘口气，而你也有了机会欣赏它安静的一面。

景点

★达利戏剧博物馆 博物馆

（Teatre-Museu Dalí; www.salvador-dali.org; Plaça de Galai Salvador Dalí 5; 成人/9岁以下儿童€14/免费; ⏲7月和9月 9:00~20:00, 8月 22:00至次日1:00, 10月至次年6月 10:30~18:00, 10月至次年5月的周一闭馆）一座红色城堡般的建筑，顶部安置着巨蛋和奥斯卡奖杯式的非写实雕塑，周身镶着覆盖石膏的羊角面包——当你看到这样一座建筑时，脑海里率先冒出来的名字一定是萨尔瓦多·达利。而这个地方作为达利的最终安息之地，也再合适不过了，它让世人永远记住了这位超现实主义大师。展品既有体量巨大、让人无法忽视的现代雕塑装置，比如《雨中出租车》（*Taxi Plujós*）——一辆早期凯迪拉克轿车上矗立着雕像，也有各种小巧雅致的物件，比如一间有火烈鸟形状镜子的神秘的小房间。

“戏剧博物馆”是一个非常贴切的标签，你将在这里领略到20世纪最抓人眼球的艺术家带来的丰富想象力。1939年内战尾声时，一场大火烧毁了菲格拉斯的市剧院，达利花了十多年（1961~1974年）时间将它改造成了如今的达利戏剧博物馆。这里充满了幻想、错觉和意想不到，并收藏了大量达利的作品，不过他最著名的作品没有包括在内（它们散落到了世界各地）。

仅从外观看这栋建筑已足以令人惊叹：头顶法棍、身披中世纪盔甲的雕像从高处注视着入口处；门外的加拉和萨尔瓦多·达利广场（Plaça de Galai Salvador Dalí）上矗立着一组奇异的雕塑；Pujadaal Castell和Carrer Canigó边的外墙刷成粉红色。Torre Galatea是1983年新建的，达利在里面度过了他生命中的最后一段时光。

走进馆内，最先进入眼帘的是《雨中出租车》，往投币口投一枚硬币，车里就会出水把里面的人像淋透。Sala de Peixateries中收藏了不少达利的油画，包括著名的《柔软的自画像与煎熏肉》（*Autoretrat Tou amb Tall de Bacon Fregit*）和《毕加索肖像》（*Retrat de Picasso*）。剧院之前的舞台下方有一个地下室，是达利的简易坟墓。

看完一些惊世骇俗的作品，比如爬上楼梯去著名的Mae West Room，去找找背上稳稳地放着一枚金币的乌龟，然后透过窥视孔看打着绿光灯、仿真植物丛中放置着一面火烈鸟形状镜子的房间，还有达利对西斯廷教堂的创新式塑造——Palau del Vent。

加拉（达利的妻子和一生的灵感女神）的形象随处可见：2楼有《凝视地中海的裸体加拉》（*Gala Nua Mirant el Mar Mediterrani*）——从远处看起来就像是亚伯拉罕·林肯的肖像（最佳欣赏地点是Mae West Room展厅外面），以及经典的《原子的丽达》（*Leda Atòmica*）。

经另一个独立入口（同样的票价和开门时间）进入达利珠宝馆（Dalí Joies），这里收藏了1941~1970年由达利设计并于纽约制作的37件珠宝。令人不安的“时间之眼”（Ulldel Temps）、“太空象”（Elefant de l' Espai）、“皇家之心”（Cor Reial）……每一件都是独一无二的珍品。

> **游览达利戏剧博物馆**
>
> 达利戏剧博物馆（见本页）是西班牙除马德里以外游客数量最多的博物馆（2016年游客数量超过110万），因此留意它的开放时间（10月至次年5月不开放）并且提前在网上预订门票很有必要。8月份博物馆晚上10点至次日凌晨1点也会开放（门票 €15，记得预约）。早点到以避免排长队。

圣费兰城堡 堡垒

（Castell de Sant Ferran; www.lesfortalesescatalanes.info; Pujade del Castel; 成人/儿童 €3/免费; ⏲7月至9月中旬 10:30~18:00, 9月中旬至10月和4月至6月 10:30~18:00, 11月至次年3月 10:30~15:00）这座坚固的建于18世纪的堡垒坐落在镇中心西北方向1公里远的低矮山丘上，俯瞰着周围的平原。整个建筑是一个军事工程奇观：它占地达32公顷，可容纳6000人在里面齐

萨尔瓦多·达利

作为20世纪较有辨识度的偶像人物之一，萨尔瓦多·达利（Salvador Dalí；1904～1989年）的一生简直超越了生命本身。不过，面对这样的赞誉，达利可能会以粉红色的菠萝装扮来回应。

达利出生于菲格拉斯，他一生中尝试了一切他能够接触到的事物，比如电影制作、绘画、建筑、文学、珠宝制作。20世纪的西班牙社会风气严肃，而达利却凭借超现实主义艺术获得了巨大成就，从而和许多著名人士产生了交集与合作，包括巴勃罗·毕加索（Pablo Picasso）、路易斯·布努埃尔（Luís Buñuel）、费德里戈·加西亚·洛尔卡（Federico García Lorca）和（备受争议的）佛朗哥。外国名流蜂拥而至，只为成为他高端朋友圈中的一员。

尽管达利自认性格古怪并且不断发表令人难忘的言论，但在某些方面他仍是一个保守分子和虔诚的天主教徒。1929年他去卡达克斯拜访法国诗人保尔·艾吕雅（Paul Éluard）及其俄罗斯妻子加拉，这次拜访为他的生活带来翻天覆地的转变——他和加拉（他一生迷恋的对象并在后来成为他的妻子）私奔去了巴黎，在那里参加了超现实主义运动。与加拉的长期关系成为他一生百转千回的基石。

巨大的名声、极为高产的作品以及——实话实说——他那搞笑的小胡子容易让人忽视这样一个事实：萨尔瓦多·达利是一名顶尖艺术家。达利画作中的超现实主义常常比它们给人的第一印象要深刻得多。在他最著名的作品《记忆的永恒》（*The Persistence of Memory*）中，钟表形象被一些人认为是在回应爱因斯坦提出的时空灵活性。他的《圣约翰十字架上的基督》（*Christ of St John of the Cross*）具有精巧的构图和充满象征的文艺复兴风格图像，画中他深爱的加泰罗尼亚海岸带给人一种怀旧甚至是伤感的情绪。

加泰罗尼亚东北部的"达利三角"（2016年的游客数量多达140万）包括超凡的达利戏剧博物馆（菲格拉斯）、兼具多种风格的达利故居博物馆（见390页；卡达克斯附近的Port Lligat）和不那么张扬的普博尔城堡（见380页；赫罗纳东北部）。

步走或在营房里打盹。门票包括杂音不断的语音导览器（年代几乎和城堡一样久远）。

雷恩波达博物馆 博物馆

（Museu de l' Empordà；www.museuemporda.org；La Rambla 2；成人/儿童 €4/免费；⏲5月至10月 周二至周六 11:00～20:00，11月至次年4月 周二至周六 11:00～19:00，全年的周日 11:00～14:00）这间当地博物馆共有4层，展品包括古老的双耳陶罐、7世纪雕塑和转动的当代艺术装置。博物馆将这个地区的文化和历史以一种碎片式的方式呈现出来，但整个观展过程令人感觉愉悦。17世纪的宗教艺术品尤为值得关注。不要错过了达利1962年创作的浓墨重彩的《圣纳西斯》（*Sant Narcís*）。

食宿

Hostel Figueres 青年旅舍 €

（☎630 680575；www.hostelfigueres.com；Carrer dels Tints 22；铺/标双 €21/42；❄📶）这间新开的青年旅舍满足了背包客们的需要。旅舍有4人间、6人间和8人间，都很现代、通风、干净，有风扇和独立锁柜。3间带空调的双人间共用卫生间，设施齐全的3卧公寓（€65）适合团队游客人。工作人员会热情地为你提供旅行建议，旅舍里有厨房、露台和公共空间，并提供毛巾出租（€1）。

Hotel Duran 酒店 €€

（☎972 50 12 50；www.hotelduran.com；CarrerdeLasauca 5；标单/双 €80/95；❄📶🅿）想要全身心地感受达利，就住进这间19世纪中期的酒店吧——艺术家和他的妻子以前经常光顾此地。旧式优雅和现代设计、超现实风格完美融合，你还会看到达利与前酒店经理（他的后人现在经营着酒店）的合影。房间明亮、现代，性价比高。早餐收费€10，停车收费€15。

餐厅（☎972 50 12 50；www.hotelduran.com；Carrer Lasauca 5；主菜 €16～25；⏲12:45～16:00和20:30～23:00）具有皇家宴会厅的豪华

感，服务高效，供应品尝套餐（€49）和稍作改良的加泰罗尼亚菜。

El Motel 加泰罗尼亚菜 €€€

（☎972 50 05 62；www.hotelemporda.com；Hotel Empordà, Avinguda Salvador Dalí 170；主菜€13~30；⏰12:45~15:45和20:30~22:30；📶🅿）这家酒店兼餐厅位于镇中心以北1公里的繁忙路边，主厨（也是店主）Jaume Subirós花了很大力气将它从传统加泰罗尼亚家常菜馆改造成今天优美亮丽的创意餐厅。当地当季的食材是菜单上的主角，比如盐水玫瑰湾虾、乳清干酪和帕尔马干酪馅的西葫芦花、克鲁斯角龙虾饭。

除了美食，这里还提供迷人传统的客房（标双€65~105，套€110~145）。

ℹ 实用信息

菲格拉斯旅游局（Oficina de Turisme Figueres；☎972 50 31 55；visitfigueres.cat；Plaçade l'Escorxador 2；⏰7月至9月 周一至周六 9:00~20:00，周日 10:00~15:00，10月至次年6月 周二至周六 9:30~14:00和16:00~18:00，周一和周日 10:00~14:00）

ℹ 到达和离开

Sarfa（www.sarfa.com）的长途汽车来往于菲格拉斯的**长途汽车站**（Plaça de l' Estació 7）和卡达克斯（€5.50，1小时，每天4~7班），途经恩普亚斯城堡（€1.70，15分钟，每天13~25班）。

火车站在镇中心的东南方800米处，往返于赫罗纳（€4.10~5.45，30分钟）和巴塞罗那（€12~16，1.75~2.5小时）的火车每半小时1班，往返于西法边境Portbou（€3.40，30分钟）的火车每小时1班。镇中心以西1.5公里的地方还有一个Figueres-Vilafant火车站，这里有开往赫罗纳、巴塞罗那和法国的高速列车。

> **值得一游**
>
> **拉伯拉陆龟繁殖中心**
>
> 这个运营多年的**野生动物保护区**（Centre de reproducció de tortugues de l' Albera；☎972 55 22 45；www.tortugues.cat；Garriguella；成人/儿童 €6/4.50；⏰7月至9月中旬 10:00~18:00，3月中旬至6月和9月中旬至10月 10:00~13:00，11月至次年3月中旬不开放）🍃是赫尔曼陆龟的天堂，同时也让人们得以了解比利牛斯山的这些"身披盔甲的小坦克"的生存危机。一部影片（加泰罗尼亚语、西班牙语、英语、法语或德语字幕）解释了这个地区的陆龟面临的威胁。最激动人心的部分是走上室外的木板道，看看在岩石堆和花圃里慢腾腾挪动的140个陆龟。这个保护区就在Garriguella（菲格拉斯东北方向13公里处的一个小镇）的北侧，有明确清晰的标志牌。

贝萨卢（Besalú）

人口 2400

当造型优雅、叫人眼前一亮的11世纪防御桥（Pont Fortificat）出现时，说明你已到达保存完好的中世纪古镇贝萨卢，横跨于Riu Fluvià上的这座桥将带你进入小镇迷宫般的历史老街区——由鹅卵石铺成的狭窄街巷。历经罗马人、西哥特人和穆斯林的统治后，贝萨卢在10世纪和11世纪成为一个独立郡县的首府，该郡县西至塞尔达尼亚（Cerdanya），然后又在1111年受到巴塞罗那的管辖统治。今天的贝萨卢是从赫罗纳（以南35公里）和奥洛特地区（以西20公里）过来一日游的热门目的地，源源不断的游客徘徊在土城墙边，探访这里的犹太历史文化。

👁 景点和活动

旅游局（见397页）和**Ars Didàctica**（☎607 453531；www.arsdidactica.com；Carrer Major 2；30/60分钟团队游 €3/4.80；⏰6月中旬至9月中旬 每天都有团队游，9月中旬至次年6月中旬仅周末有团队游）都能提供贝萨卢老城区步行导览游。

★防御桥 桥梁

（Pont Fortificat；Carrer del Pont）贝萨卢的防御石桥年代过于久远，以至对它的记忆都是模糊不清的。最早期的记载可追溯至1075年，但之后它每隔一段时间都会进行修缮，以巩固其防御功能。1939年西班牙内战时堡垒桥遭到轰炸，但很快就得到修复。精致的浅砂岩桥上有两扇塔状大门和笨重的铁闸门，勾起人们对中世纪贝萨卢模样的畅想。

值得一游

雷克西利纪念馆

任何熟悉毕加索《格尔尼卡》作品的人都能从中感受到内战期间西班牙平民的恐惧。这间引人深思的**雷克西利纪念馆**(Museu Memorial De l' exili; www.museuexili.cat; Carrer Major 43-47, La Jonquera; 成人/儿童 €4/免费; ⏲6月至9月周二至周六 10:00~20:00, 10月至次年5月 周二至周六 10:00~18:00, 全年的周日 10:00~14:00)追溯了西班牙内战时加泰罗尼亚人民被流放和处决的历史。博物馆位于菲格拉斯以北20公里的La Jonquera,靠近西法边境,1939年共和党被击败后,许多西班牙人就是从这里逃往法国的。展览采用照片、语音导览(加泰罗尼亚语、西班牙语、英语或法语)和令人难忘的艺术装置回顾了那段历史。

犹太广场 遗迹

(Jewish Square; Baixadade Miqvé; 导览游 €2.25~4.80)在遭到基督徒残酷迫害之后,贝萨卢兴盛的犹太社群在1436年逃离了这里,空留一座河边的12世纪仪式浴池(miqvé),西班牙极少有同类建筑幸存下来,浴池于1964年被发现。浴池在一座穹顶石头教堂里。2005年,浴池周围出土了一座13世纪**犹太教堂**的残余部分。旅游局(见397页)或Ars Didàctica都提供该仪式浴池的导览游,你也可以选择独自参观广场和遗址内部。

圣佩德罗修道院 修道院

(Monestir de Sant Pere; Plaça Prat de Sant Pere; 捐款进入; ⏲开门时间不定)这座罗马式修道院建于11世纪,圣坛后面的回廊柱顶上有不常见的花纹图案。

食宿

3 Arcs 酒店 €€

(☎972 59 16 78; www.hotel3arcs.com; Carrer de Ganganell 15; 标单/双/三含早餐 €81/89/103; ❄📶)酒店位于一栋翻新过的老城区建筑内,就像酒店名显示的那样,你可以通过它旁边的细长石头拱廊认出它来。这里的12间房小巧而现代,酒店的服务友好,楼下还有一个舒适怡人的咖啡馆。

Casa Marcial 酒店 €€

(☎608 029427; www.casa-marcial.com; Carrer del Comte Tallaferro 15; 含早餐标单 €85~90, 标双 €110~139; ❄📶🏊)酒店有部分位于一座经过修葺的20世纪初的宅邸里,服务亲切,小水池和12间漂亮、整洁、现代化的客房使它成为老城区一个极具吸引力的住宿选择。有些房间带阳台,所有房间均光线充足;5间宽敞的"套房"内提供茶和咖啡用具,其中一间适合家庭入住。绿草如茵的花园将一座12世纪的教堂围了起来,经过它时可看见小水池。

Amb els 5 Sentits 加泰罗尼亚菜 €€

(☎633 633390; www.facebook.com/ambels5sentitsbesalu; Carrer Abat Zafont 8; 品尝套餐 €15~19; ⏲周一至周四和周日 13:00~15:30, 周五和周六 13:00~15:30和21:00~22:30)这间石墙小餐馆里气氛温馨,给人的感觉像是一个小杂货店,他家的品尝菜肴是新鲜的当季当地食材、有趣富有想象力的做法和精致的摆盘的融合体。点一份5道或6道菜套餐(通常包括一份饭类菜品),就有可能品尝到鸭肉鹰嘴豆海鲜饭、拉埃斯卡拉凤尾鱼、红色金枪鱼鞑靼牛肉配柑橘,或可卡(糕点)配马略卡香肠和加罗特克萨奶酪。

Pont Vell 加泰罗尼亚菜 €€

(☎972 59 10 27; www.restaurantpontvell.com; Carrer Pont Vell 24; 主菜 €15~24; ⏲7月和8月 周一 13:00~15:30, 周三至周日 13:00~15:30和20:30~22:30, 9月至次年6月 周一和周日 13:00~15:30, 周三至周六 13:00~15:30和20:30~22:30, 12月末至次年1月末不营业)古桥(餐厅名字的由来)的风景足以吸引你前来这个改造过的18世纪建筑里用餐,更何况还有味道一流、种类丰富的菜肴,它们都是选用本地食材精心烹制而成的,如自制肉冻、赫罗纳肋间牛排配卡夫拉莱斯奶酪酱、鱿鱼墨汁炖蘑菇馅鱿鱼等。

实用信息

旅游局(Oficina de Turisme; ☎972 59 12 40; www.

besalu.cat; Carrerdel Pont 1; ◷10:00~14:00和16:00~19:00）位于防御桥东侧、镇中心的对面，组织30~60分钟的步行团队游（€2.25~4.60）。

ℹ 到达和离开

TEISA（www.teisa-bus.com）的长途汽车来往于巴塞罗那（€15，2小时，每天4班）、奥洛特（€3.90，40分钟，每天12~25班）、菲格拉斯（€4，30分钟，每天3班）和赫罗纳（€4.70，40~60分钟，每天8~16班）。

加泰罗尼亚比利牛斯山（THE CATALAN PYRENEES）

加泰罗尼亚境内的比利牛斯山脉绝不仅仅是全年皆宜的探险乐园，除了一些主要的度假村以外，这里还有更多原始风貌的自然景观等着人们去探索。不过可以确定的是，冬季的阿兰山谷（Val d'Aran）已成为开展滑雪和滑雪板运动的胜地（度假村风格各异，既有华贵隆重的也有针对家庭的），而夏秋时节徒步爱好者则会去圣玛乌里西的阿伊古埃斯特斯国家公园（Parc Nacional d'Aigüestortes i Estany de Sant Maurici）探访美若珍宝的湖泊和山谷、游玩塞尔达尼亚（Cerdanya）的低洼乡村和攀登卡迪山（Serra del Cadí）。

壮丽的风光、深邃的山谷和雪顶山峰之间蕴含着加泰罗尼亚丰富的文化遗产。静立于山间的修道院有些已有千年的历史，这其中还包括了一些西班牙最杰出的罗马式建筑，徒步者在欣赏山谷全景的同时很可能还会遇到荒废的教堂。

如果觉得仅仅徒步让人意犹未尽的话，还有奥洛特（Olot）和加罗特克萨德火山区自然公园（Parc Natural de la Zona Volcànica de la Garrotxa）丰富的火山景观可赏。

奥洛特（Olot）

人口 24,580/海拔 443米

如果你在奥洛特旅行期间听到了“咕隆隆”的声音，可能不是你的胃在发出饥饿预警，而是“火山大餐”快来了。这个繁华的小镇是加罗特克萨（la Garrotxa）的首府，70万年前剧烈的地质活动造就了如今这里遍地火山口、树木繁茂的景象。现在这里已作为加罗特克萨德火山区自然公园被保护了起来。奥洛特位于公园内部，因此特别适合作为探访火山地貌的大本营。

奥洛特面积广阔，宽宽的街道两边绿树成荫，但其中世纪风貌的镇中心非常适合步行游览，那里有一些博物馆、华丽的现代主义建筑、出色的餐馆和热闹的周一集市，因此这里就其本身而言也非常值得一游。

👁 景点和活动

开始游览前，不妨先去旅游局（见399页）拿一份介绍奥洛特**现代主义建筑**（包括Lluís Doménech i Montaner在1916年设计的Casa Solà Morales）的自助步行游览宣传单页。

奥洛特的边缘坐落着4座由火山作用形成的小山丘。沿一条2公里（45分钟）的小径可爬上市中心以北的**Volcàdel Montsacopa**。

火山博物馆 博物馆

（Museu dels Volcans; museus.olot.cat; Parc Nou, Avinguda de Santa Coloma; 成人/儿童 €3/1.50; ◷周二至周六 10:00~14:00和15:00~18:00, 周日 10:00~14:00）这间像学校教室一样的博物馆位于翠绿的Parc Nou（展示奥洛特地区植物的植物园）内，有关于火山、地震、火山喷发类型、加泰罗尼亚火山历史和加罗特克萨地质学方面的详细展览。馆内有一些非常有意思的视听设备，比如让人腿发软的地震模拟器。此外，博物馆还有一个视野极佳的咖啡馆。

🛏 食宿

Alberg Torre Malagrida 青年旅舍 €

（☎972 26 42 00; www.xanascat.cat; Passeig de Barcelona 15; 铺 30周岁以下/以上 €13/15; 📶）这栋大理石柱子的现代主义建筑修建于20世纪初，四周环绕着花园，走廊地板铺有瓷砖，门口有石狮子守卫，很难相信这里会是青年旅舍。多人间（有2人间、3人间、6人间、8人间和10人间）没有过多装饰，但配备了锁柜，虽然称得上舒适，但相较于气派的建筑外观还是有点落差。这里供应饭菜，也出租自行车。

加泰罗尼亚的比利牛斯山活动指南

加泰罗尼亚的比利牛斯山脉风景壮美，适合徒步游览。你可以随意地走几个小时，或者把时间拉长至1天，还可以将这些路线连起来连续徒步数天。大部分路线可以不带露营装备，漂亮的村庄或山间旅舍可以提供住宿。

大部分山间旅舍由两个登山俱乐部经营：Federació d' Entitats Excursionistes de Catalunya（FEEC；www.feec.cat）和Centre Excursionista de Catalunya（CEC；www.cec.cat），它们还提供徒步路线的相关信息。在山间旅舍住一晚需要花费€18~20（含早餐）。旺季期间有时会提供价格适中的饭菜（€15~20）。最好提前在网上或打电话预订，以确保你到时能顺利入住（夏季时山间旅舍容易客满，淡季则许多不营业）。La Central de Refugis（见411页）网站可以很方便地预订山间旅舍。

GR11长途步道横贯整个比利牛斯山脉，连接起布拉瓦海岸的克鲁斯角和比斯开湾（Bay of Biscay）的翁达利比亚（Hondarribia）。其他有名的徒步目的地包括圣玛乌里西的阿伊古埃斯特斯国家公园（见408页）里的高山湖泊和加罗特克萨德火山区自然公园（见400页）里植被繁茂的火山地貌。

在比利牛斯山高海拔地区徒步的最佳季节是6月末至10月初，9月游客数量减少，徒步体验更佳。无论你什么时候去，都要时刻做好准备以应对瞬息万变的天气。

旅游局、公园巡逻队、山间旅舍和其他徒步者提供的建议非常宝贵。细致的徒步地图必不可少，Editorial Alpina（www.editorialalpina.com）出版的一些地图质量上乘。

这里适合攀岩的地方数不胜数；卡迪山（见407页）的Pedraforca地形险峻，是攀岩的绝佳地点。比利牛斯山可供选择的探险运动越来越多，包括激浪漂流、皮划艇、溪降、铁索攀岩和骑行等，巴亚斯索维拉（见408页）地区和阿兰山谷（见414页）是开展所有这些运动的热门地点。当然还少不了滑雪这项运动，阿兰山谷的巴凯艾勒-贝雷-布那伊瓜（见415页）山坡上聚集了许多滑雪度假村。

Can Blanc

乡村旅馆 €€

（☎972 27 60 20；www.canblanc.es；Paratges dela Deu；标单/双 含早餐 €67/110；❄📶🏊P）这个灰粉色的农舍位于僻静的奥洛特东南边缘，四周是树木繁茂的绿地。房间色彩鲜艳、装饰简洁，既现代又质朴，有多种房型可选。花园和小水池会让你满心喜悦，你还能在花园里吃早餐。

La Deu

加泰罗尼亚菜 €€

（☎972 26 10 04；www.ladeu.es；Carretera La Deu；主菜 €10~23；⏰周一至周六 13:00~16:00和20:30~22:30，周日 13:00~16:00；P）家庭经营的La Deu坐落在一条两侧都有树的道路边，用作就餐区的露台上有一个汩汩流动的火山石喷泉。餐馆自1885年营业以来便一直致力于供应最好的火山美食，服务热情而高效，食物种类非常丰富，有文火炖羊肉、猪肉配甜栗、烤鳕鱼、用罗勒油制作的芦笋"蛋糕"和经典的奥洛特土豆。

★ Les Cols

加泰罗尼亚菜 €€€

（☎972 26 92 09；www.lescols.com；Carretera de la Canya；品尝套餐 €95，含葡萄酒 €150；⏰周三至周六 13:00~15:30和20:30~22:30，周日 13:00~15:30）Les Cols距奥洛特市中心东北2公里，位于一栋经过改造的19世纪农舍（masia）中，是加罗特克萨数一数二的餐馆。餐厅室内装潢前卫，有玻璃墙和金光闪闪的装饰等元素。米其林两星级大厨Fina Puigdevall用当地食材精心烹饪出奥洛特香肠、猪肋排和炭烤天妇罗扁豆等菜肴。

ℹ 实用信息

Casal dels Volcans（☎972 26 60 12；http://parcsnaturals.gencat.cat/ca/garrotxa；ParcNou，Avinguda de Santa Coloma；⏰周二至周日 10:00~14:00）加罗特克萨火山区自然公园的官方信息提供者。

奥洛特旅游局（Oficina de Turisme d' Olot；☎972

当地知识

火山烹饪

奥洛特及周边有一群热爱火山烹饪的厨师，这种传统烹饪方式自1994年延续至今。这里异常肥沃的火山土壤是火山烹饪的灵魂。虽然黑萝卜、野蘑菇、圣保豆（Santa Pau beans）、蒙塞拉特番茄、果酒（ratafia；含草本香料的酒，有时会用核桃调味）和干猪肉香肠（puimoc）等食材非常传统，但成品菜肴却常能叫人眼前一亮。www.cuinavolcanica.cat上有更多关于火山烹饪的信息。

26 01 41；www.turismeolot.cat；Carrer Doctor Fàbregas 6；⏲周一至周六 10:00~14:00和15:00~19:00，周日 10:00~14:00）装修时尚现代的一个信息中心，工作人员会说多国语言，提供地图和公园步行游览的信息。

到达和离开

TEISA（www.teisa-bus.com）运营的长途汽车来往于奥洛特的**汽车站**（Carrer de Tomàs de Lorenzana）和赫罗纳（€7.25~8.50，1~1.5小时，每天8~30班），有些班次会经过贝萨卢（€3.90，40分钟，每天12~25班），也有车来往于巴塞罗那（€16~19，1.5~2.5小时，每天9~11班）。

加罗特克萨德火山区自然公园（Parc Natural de la Zona Volcànica de la Garrotxa）

奥洛特周围的小山丘起源于火山运动，它们组成了占地150平方公里的加罗特克萨德火山区自然公园（parcsnaturals.gencat.cat/garrotxa）。这里的火山活动开始于大约35万年前，但最近一次喷发是在11,500年前左右。随着非洲和亚欧大陆的地壳构造板块越来越靠近（以每年2厘米的速度在移动），公园偶尔还会发生轻微的地震——加泰罗尼亚每年要经历100多次小地震（大多数不可预测）。不过，公园内为草地和橡树林所覆盖的火山依然长期处于休眠状态。

公园里大约有40座火山锥，它们高达160米、宽1.5公里，与茂盛的植被（得益于这里的肥沃土壤和潮湿气候）一起创造出独特的葱茏美景。其中，又以奥洛特和圣保罗村（Santa Pau；东南方向10公里处）之间的区域最具趣味性。

景点

圣保罗 村庄

（GI524，Santa Pau）狭窄的鹅卵石小巷在中世纪村庄圣保罗里纵横交错，经过鲜花盛开的街角、陶器作坊、有柱廊的主广场（Plaça Major），说它是公园内最美的村庄也毫不为过。主广场边上有一座建于13世纪的城堡。

Castellfollit de la Roca 村庄

（GI522，Castellfollit de la Roca）除了山丘，公园里较引人注目的地质景观之一就是小镇Castellfollit de la Roca（奥洛特东北方向10公里处）了。它临黑色玄武岩悬崖而建，两条重叠的熔岩流塑造了悬崖的表面。小镇下方、Hostal Mont-Rock附近的公路是欣赏它的最佳地点。

Monestir de Sant Joan les Fonts 修道院

（www.turismesantjoanlesfonts.com；Sant Joan les Fonts；⏲周六和周日 正午至14:00）免费 修道院位于Sant Joan les Fonts（奥洛特东北方向6公里处）北端的河边，是一座建于12世纪的罗马式建筑。注意看它独特的圆凸结构、石砌钟楼和粉红色的当地石砖。

活动

这个自然公园里有28条徒步路线，其中大部分设有清晰的路标。奥洛特的Casal dels Volcans（见399页）和旅游局（见399页）可提供地图、信息和建议。

从奥洛特和圣保罗附近的停车场出发，有多条通往火山口的低难度级别徒步道。Sant Joan les Fonts附近的玄武岩火山熔岩尤为壮观。从小镇的旅游局开始的步道上大多设置了路标。公园较为热门的徒步路线之一是前往Volcà de Santa Margarida的火山口，那里有一座罗马式小教堂，这条路始于GI524，具体位置是圣保罗村以西3公里的一个有路标的停车场，全程2公里。

住宿

Camping Ecològic Lava 露营地 €

(☎972 68 03 58; www.campinglava.com; Carretera Olot-Santa Pau (GI524), Km 7; 汽车和帐篷/成人/儿童 €17/8/7;)这个全年开放的露营地坐落在加罗特克萨德火山区自然公园的树林里(奥洛特东南方向6公里处),提供洗衣设施、热水淋浴、宽敞的户外空间、一个游泳池(仅夏季开放)和餐馆。对于旅行者来说参加徒步或骑马等活动非常方便。这里还有可容纳4~10人不等的平房(四€90)。

Cal Sastre 精品酒店 €€

(☎972 68 00 95; www.calsastre.com; Plaça dels Balls, 圣保罗; 标双 €120~160;)Cal Sastre占据着两栋经过精心翻新的15世纪房屋,中世纪拱门的后方是8间散发着复古气息的客房,床头板上有金色图案,明净透亮的现代卫生间里配有浴缸。酒店在圣保罗村中心的城堡对面,附带一个家庭餐馆。

Mas La Ferreria 精品酒店 €€€

(☎972 29 13 45; www.hotelmaslaferreria.com; Santa Margarida de Bianya; 房间 含早餐 €155~200;)在奥洛特西北方向的8公里处,原本是一间14世纪的农舍,现在是一间同时具备历史余韵、当代装饰和贴心服务的酒店。在令人平和的色调和裸露石墙间,分布着6个不同设计的房间(有些带露台或四柱床),它们还保留着房屋原本的建筑细节。小小的海水游泳池可远眺加罗特克萨的火山地貌。

到达和离开

TEISA(www.teisa-bus.com)运营的长途汽车从加罗特克萨的交通枢纽奥洛特开往赫罗纳(€7.25~8.50, 1~1.5小时, 每天8~30班),其中有些班次经过贝萨卢(€3.90, 40分钟, 每天12~25班)和巴塞罗那(€16~19, 1.5~2.5小时, 每天9~11班)。

当地交通

游览加罗特克萨的最佳方式是自驾或骑自行车,因为这个地区的公共交通不太便利。

TEISA(www.teisa-bus.com)运营的公共汽车从奥洛特开往Castellfollit de la Roca(€1.70, 15分钟, 每天6~23班),途经Sant Joan de les Fonts(€1.70, 10分钟)。

里波尔(Ripoll)

人口 9270/海拔 691米

如果不是镇中心和东北10公里的小小的圣胡安-德阿巴德萨斯(Sant Joan de les Abadesses)各有一座宏伟华丽的修道院,里波尔就只是一个不起眼的地方,但由于它们的存在,这里对于喜欢罗马风格艺术的人而言就变得很有价值。

从某种程度上里波尔可以说是加泰罗尼亚的起源地。9世纪,这里是当地铁腕人物Guifréel Pilós["毛发旺盛的威尔弗里德"(Wilfrid the Hairy)]的权力中心,以此为据点他成功地统一了比利牛斯山脉南侧沿线的法兰克边境区(Frankish March)的数个郡县。Guifréel后来成为巴塞罗那的世袭伯爵第一人。为了鼓励人们去比利牛斯山脉谷地安家落户,他修建了圣玛利亚修道院(Monestir de Santa Maria)——中世纪时期加泰罗尼亚最具权势的修道院,也是他死后的葬身之所。

里波尔地理位置优势:北边13公里处坐落着努里亚山谷(Vall de Núria),高而陡峭的地形是徒步和滑雪的绝佳场所,东边30公里的加罗特克萨有许多休眠火山等人去探索。

★圣玛利亚修道院 修道院

(Monestir de Santa Maria; www.monestirderipoll.cat; Plaça de l'Abat Oliba; 成人/儿童 €5.50/2.75; ⌚4月至9月 10:00~14:00和16:00~19:00, 10月至次年3月 周一至周六 10:00~13:30和15:30~18:00, 周日 10:00~14:00)里波尔的这座修道院在888年被奉为神圣,是加泰罗尼亚从10世纪中期至11世纪中期的精神文化中心。这座宗座圣殿共有5个中殿,并在1100年又装上了一扇石门——西班牙较为华丽大气的罗马风格艺术杰作之一。教堂内部得到了精心修复,有漂亮的地面马赛克图案、《里波尔圣经》(*Bibles of Ripoll*; 1008~1020年创作的罕见插图手稿)的多语种展览和修道院创办者Guifréel Pilós的墓室。

La Trobada 酒店 €€

（☎972 70 23 53；www.latrobadahotel.com；Passeig del Compositor Honorat Vilamanyà 4；标单€42~47，标双€70~100，标三€88~98；🛜🅿）位于小镇东端的La Trobada是里波尔最舒适的住宿地，这里环境干净简洁，服务人员热情亲切。房间虽然普通但打理得很好，许多房间可以看到圣玛利亚修道院。前排建筑里的房间最时尚。酒店餐厅供应简单的加泰罗尼亚菜，尤其是铁板烤肉（carnes a la piedra）。

实用信息

里波尔旅游局（Oficina de Turisme de Ripoll；☎972 70 23 51；www.ripoll.cat/turisme；Plaça del Abat Oliba；⏲4月至9月 周一至周六 10:00~14:00和16:00~19:00，10月至次年3月 周一至周六 10:00~13:30和15:30~18:00，全年的周日 10:00~14:00）位于圣玛利亚修道院隔壁，有一个关于里波尔和修道院历史的解说中心。

到达和离开

每天都有当地火车（R3线）来往于巴塞罗那（€9，2小时，每天11~17班），途经比克（€6.15，40分钟）。里波尔往北，有火车开往里韦斯德夫雷塞尔（€2.50，20分钟，每天8班）和普奇塞达（€5，1小时，每天6~7班）。

努里亚山谷和里韦斯德夫雷塞尔（Vall de Núria & Ribes de Freser）

塞尔达尼亚东南方、里波尔北方的里韦斯山谷和努里亚山谷里分布着3个小村镇。Serra Cavallera和Serra de Montgrony之间是松树林、陡峭山谷和壮观崎岖的小山丘，这样的地貌一直延伸到了北边的Capçaleres del Ter i del Freser山脉。

坐落在里韦斯山谷里的是里韦斯德夫雷塞尔（Ribes de Freser），这里面积虽小但生活设施齐全，与南边的里波尔相距13公里。在它北边的6公里处是迷人的石头村庄Queralbs（海拔1180米），村里有一座10世纪的教堂，其入口处有漂亮的罗马式圆柱门廊。再往北就到了努里亚（Núria；海拔1960米）及其所在的山谷，这里只能坐齿轨铁路火车（cremallera）进入。努里亚的圣玛利亚圣所（Santuari de la Mare de Déu）备受人们尊崇，即使在冬天，为它而来的朝圣者数量与来

值得一游

圣胡安-德阿巴德萨斯

电闪雷鸣的夜晚，是谁骑着浑身是火的马奔跑在圣胡安-德阿巴德萨斯（Sant Joan de les Abadesses；里波尔东北10公里、通向奥洛特的N260）周边的山间，身后还跟着一群饥饿的黑狗？如果你相信这个画面的存在，那这个人就是被诅咒的阿尔诺伯爵（Count Arnau）。数百年以来，伴随着圣胡安-德阿巴德萨斯修道院（www.monestirsantjoanabadesses.cat；Plaça de l'Abadia；成人/儿童 €3/免费；⏲7月和8月 10:00~19:00，5月、6月和9月 10:00~14:00和16:00~19:00，10月、3月和4月 10:00~14:00和16:00~18:00，11月至次年2月 周一至周五 10:00~14:00，周六和周日 10:00~14:00和16:00~18:00）这座罗马式建筑的不仅是宗教活动，还有一些神秘莫测的传奇故事。修道院由Guifré el Pilós创建于公元887年，因为建筑所具有的美感和这个传说而出名。

与圣胡安的旅游局（☎972 72 05 99；www.santjoandelesabadesses.cat；Plaça de l'Abadia 9；⏲周一至周六 10:00~14:00和16:00~19:00，周日 10:00~14:00）同在一栋建筑内的还有14世纪的Palau de l'Abadia，里面有关于阿尔诺伯爵传说的视听展览（€2.50）。

如果你想在圣胡安停留一晚，Hotelet de St Joan（☎872 59 96 99；www.hoteletdestjoan.com；Carrer del Mestre Josep Maria Andreu 3；房间 €75~95；❄🛜）是个不错的住宿选择，这间极简主义工业风格的精品酒店有10间灰色调的客房，供应美味的早餐（€8）。

TEISA（www.teisa-bus.com）经营的长途汽车来往于此地与里波尔（€2.20，20分钟），工作日至少每小时1班，周末每2小时1班。

此进行冬季运动项目的游客数量不相上下。坐齿轨铁路火车前往努里亚的途中，布满青苔的碎石地、小瀑布、树林和裂开口子的山谷相继展现在你眼前——即使是为了这段旅程你也值得来一趟。

景点和活动

冬季的努里亚会变成一个小型**滑雪度假村**（☎972 73 20 20；www.valldenuria.cat/hivern；努里亚；一日通票含火车票 成人/儿童 €30/23；⏲12月至次年3月；👪），而夏季会有体力强健的徒步爱好者为它而来。

努里亚山谷里有带路标的**徒步小径**。努里亚旅游局（见本页）可以提供地图（€4）。较佳也较受欢迎的路线之一是**Camí Vell**，它从努里亚开始，穿过峡谷到Queralbs（8公里，2~3小时），如果爬山的话则需双倍时间。

从努里亚出发，你还可以徒步翻越比利牛斯山脉主山脊上的几座山峰，海拔在2700~2900米，需要2.5~4个小时（每个山峰单为4~9公里）。其中最受欢迎的是**Puigmal峰**（海拔2909米）。

★ 圣玛利亚圣所 教堂

（Santuari de la Mare de Déu；www.valldenuria.cat；努里亚；⏲8:00~18:00）免费 这座质朴无华的圣所建于1911年，是这个地区的最高点（给人的感觉和实际相符）。圣所与其所在的建筑看起来很不和谐，因为建筑很像寄宿学校。沿有金边装饰的淡彩色走廊走到楼上，你会看到矗立在圣坛上方的**努里亚圣玛利亚**（Mare de Déu de Núria）雕像。圣玛利亚穿着带星形闪光饰片的袍子，表情傲然地紧抱着成年后的耶稣。这个雕像为12世纪罗马风格，但信徒们坚持认为它是在700年出自Sant Gil之手。

在前往努里亚的途中看多了开阔的山谷和幽深的群山后，这间圣所可能会让你觉得有点过于普通。然而，周围景色、雕像和民间传说还是会让你觉得不虚此行。

食宿

Alberg Picdel' Àliga 青年旅舍 €

（☎972 73 20 48；www.xanascat.cat；努里亚；铺 30岁以下/以上含早餐 €21/25；⏲12月至次年10月）想花很少的钱体验睡在海拔2120米高处的感觉？这个空间宽敞的青年旅舍就能满足你。它坐落在从努里亚上来的缆车（telecabina）顶部。多人间可以睡3~18人，有一个咖啡馆、棋盘游戏和结交其他旅行者的公共区。不营业的时间段请去他们的官网查询。

★ Hotel Els Caçadors 酒店 €€

（☎972 72 70 77；www.hotelsderibes.com；Carrer de Balandrau 24-26，Ribes de Freser；标单/双 €70/88起；⏲12月至次年10月；❄📶）这间家庭经营的酒店从1920年开始营业，在当地享有很高的知名度，设有三种档次的37间客房。"青铜房"采用浅棕色调和木质家具，"白银房"通过天窗、阳台和漩水按摩浴缸将舒适度升级，"黄金房"和套房最奢华。屋顶有休闲室，还有一个可以看见群山风景的露台（带一个热水浴池）。

受欢迎的**餐厅**（主菜 €14~19；⏲12月至次年10月 周一至周六 8:00~10:30、13:00~15:45和20:30~22:00，周日 8:00~10:30和13:00~15:45）供应美味的加泰罗尼亚菜，如鱿鱼通心粉和烤鳕鱼配明虾，工作日午餐时段还供应3道菜套餐（€17）。

Hostal les Roquetes 旅馆 €€

（☎972 72 73 69；www.hostalroquetes.com；Carretera de Ribes 5，Queralbs；标单 €38，标双 €68~78；📶🅿）这间舒适的石头客栈就在Queralbs的火车站上方，不管是步行游览还是乘齿轨铁路火车去努里亚一日游都很方便。房间宽敞、简洁、干净，部分带独立阳台，可以欣赏壮丽的山景。餐厅性价比高，加泰罗尼亚香肠（botifarra）、有馅料的面包卷（entrepans）和山羊奶酪沙拉（3道菜套餐€12）等丰盛菜肴能为徒步提供充足的能量。

实用信息

努里亚旅游局（Oficina de Turisme de Núria；☎972 73 20 20；www.valldenuria.com；努里亚；⏲周一至周五 9:00~14:00和15:00~16:45，周六和周日 9:15~17:45）位于努里亚的圣玛利亚圣所隔壁。

里韦斯德夫雷塞尔旅游局（Oficina de Turisme de Ribes de Freser；☎972 72 77 28；www.vallderibes.cat；Carretera de Bruguera 2，里韦斯德夫雷塞尔；⏲周二至周四 10:00~14:00和16:00~18:00，

周五和周六 10:00~14:00和16:00~19:00，周日10:00~14:00）位于小镇的南入口处。

到达和离开

里韦斯德夫雷塞尔有两个火车站，都在通往努里亚（汽车无法进入）的齿轨铁路沿线上。

小镇南边的Ribes-Enllaç站，有开往巴塞罗那（€10，2~2.5小时，每天7班）和里波尔（€2.50，20分钟，每天8班）的地区铁路列车。

位置靠中心的Ribes-Vila站位于Ribes-Enllaç和Queralbs的齿轨铁路沿线上。**齿轨铁路火车**（www.valldenuria.cat；里韦斯德夫雷塞尔—努里亚往返成人/儿童 €25/15）从里韦斯德夫雷塞尔出发，经Queralbs（15~20分钟）开往努里亚（35~40分钟），旺季时7:50~18:20每50分钟发1班，淡季时班次减少。如果乘齿轨铁路火车去努里亚一日游，Ribes-Vila和Queralbs都有停车场，不过旺季时一位难求。

塞尔达尼亚（Cerdanya）

东西走向的比利牛斯山脉有一片低洼的绿色盆地，那里坐落着风景怡人的塞尔达尼亚和边境对面的法国塞尔达涅（Cerdagne）。塞尔达尼亚和塞尔达涅曾经同属加泰罗尼亚郡县，而后在1659年因《比利牛斯条约》（*Treaty of the Pyrenees*）分别划给西班牙和法国，但边境两边都说加泰罗尼亚语，令两地在沟通上无缝对接。夏季时，徒步者和山地自行车骑行者聚集到该地区的主要城镇普奇塞达（Puigcerdà），以及附近的利维亚（Llívia）。到了冬天，拉莫利纳（La Molina）和马塞拉（Masella）的山坡吸引了众多滑雪和滑雪板爱好者。塞尔达尼亚也是前往西南方向卡迪山（见407页）进行徒步或攀岩的出发地。

普奇塞达（Puigcerdà）

人口 6800/海拔 1202米

普奇塞达（puh-cher-da）距法国仅2公里，历史可追溯至12世纪——这可能与你了解的不一样，因为它的大部分历史建筑在内战中毁坏了。内战之前的19世纪，这里是加泰罗尼亚贵族的夏季度假地。今天它主要是人们旅途中的一个过路站，但却是一个令人愉悦的过路站，因为这里有不错的商店和餐馆，友善的当地人和一个漂亮的湖泊，冬季的滑雪者和夏季的徒步者都把这里当成自己的大本营。它周边45公里内还分布着西班牙、安道尔和法国的十几个滑雪度假村。

景点

圣玛利亚教堂 塔

（Església de Santa Maria；Plaça Santa Maria；塔成人/儿童 €1.50/免费；⌚周一至周五 9:30~13:00和16:30~19:00，周六 10:15~13:00和

当地知识

龙、巨人和大脑袋

篝火和烟花在西班牙许多节日中都扮演着重要的角色，而加泰罗尼亚的烟火游行（correfoc）赋予了它们别样的风情。在游行中，魔鬼和恶龙造型的道具会在街道上奔行，同时向人群喷吐烟火。

城镇或村庄每年的重大节日（festa major）常常会有烟火游行，它们一般在7月或8月举办。节日的部分乐趣来自萨达纳舞（sadana，加泰罗尼亚的民族圆圈舞）和巨人（gegants），这些穿着华丽、高达5米的巨人会在街道里穿行或者去广场上跳舞。几乎每个镇子和村庄都有自己的一对巨人（通常为一男一女），有的甚至多达6对。这些巨人会有造型怪异的“矮人”（被称作capsgrossos，即“大脑袋”）相随。

在**圣胡安之夜**（La Nit de Sant Joan；6月23日），加泰罗尼亚人为了庆祝仲夏和圣约翰前夕（St John's Eve），会生起盛大的篝火并整夜燃放烟花。最大的与火相关的节日是**La Patum de Berga**（www.lapatum.cat），举办地点是Berga（里波尔以西30公里处）。耶稣圣体节（Corpus Christi；复活节60天后的周四）的晚上，人们会在火焰和烟雾中跳舞，参与这场狂欢的还有喷着烟火的天使、恶魔、骡子一样的怪兽、矮人、巨人和身披青草的人。

17:00~19:30，周日 10:15~13:00）尽管这座17世纪的教堂只剩下塔楼了，但这个敦实的罗马式建筑结构仍然是圣玛利亚广场（Plaça Santa Maria）上最显眼的建筑。塔楼里面有楼梯可登塔。

食宿

Sant Marc 乡村旅馆 €€

（☎972 88 00 07；www.santmarc.es；Camí de Sant Marc 34；标单/双 含早餐 €70/100；📶🏊🅿）位于普奇塞达镇中心以南2公里的这个乡村，拥有绿树满地和豪华舒适的床。铺着木地板的客房空间宽敞，奶油色给人以身心舒缓和优雅之感。这里可以骑马、游泳（有一个可爱的游泳池）和进行其他户外运动。石墙餐厅供应美味新鲜的早餐，当地产的肉类和奶酪为美食增色不少。

Hotel Parada Puigcerdà 精品酒店 €€

（☎972 14 03 00；www.hotelparadapuigcerda.com；Plaça de l' Estaciò；标单/双 €63/79；📶）谁会想到火车站里竟然有一间极有格调的酒店呢？酒店藏身于20世纪用红砖砌成的火车站里，它保留了原本迷人的建筑，并将室内装修一新。28间客房全都粉刷成灰色和白色，顶楼房间的天花板上有倾斜的木质横梁。房间里有热水浴缸，有些房间有淋浴设施。

La Caixeta 西班牙小吃、各国风味 €

（☎619 202174；www.facebook.com/caixetabistro；Carrer Querol 22；菜肴 €5~14；⏰周二至周五 19:30至次日2:00，周六和周日 正午至16:00和19:30至次日2:00；📶📝）这家店兼具咖啡馆、法式小馆和酒吧三重特色，室内砌有全木块墙面，与之风格不搭的家具和艺术装饰，西班牙和法国的菜肴通过摆盘精致的创意式西班牙小吃在这里得到了融合：法式卡门贝尔奶酪、自制牛油果酱、乳蛋饼、沙拉、迷你汉堡、覆盖馅料的吐司（torrades）和加泰罗尼亚熟食。此外还供应纸杯蛋糕、鸡尾酒和法国葡萄酒。

Tapa Nyam 加泰罗尼亚菜、西班牙小吃 €€

（☎972 88 23 60；http://tapanyam.es；Plaça de l' Alguer 2；西班牙小吃 €4.50~13；⏰周三至周日 8:00至午夜）坐在这家餐厅的露台上，一边啜饮加泰罗尼亚葡萄酒一边欣赏同样令人心醉的美景。普奇塞达的石板屋顶和延伸至比利牛斯山的绿草地在你眼前一览无遗，将目光收回到餐桌上，又有土豆卷心菜配猪肉（trinxat）、烤蜗牛和青椒酱赫罗纳肋间牛排及贻贝、章鱼和高原奶酪等西班牙小吃等为你打开味蕾。

实用信息

塞尔达尼亚旅游局（Oficina de Turisme de la Cerdanya；☎972 14 06 65；N260；⏰周一至周六 9:00~13:00和15:30~19:00，周日 10:00~13:00）位于镇中心西南方向1公里处的主干道上。

普奇塞达旅游局（Oficina de Turisme de Puigcerdà；☎972 88 05 42；圣玛利亚广场；⏰周一至周五9:30~13:30和16:30~19:30，周六 10:00~13:30和17:00~20:00，周日 10:00~13:30）位于普奇塞达镇中心的一座老塔里。

到达和离开

ALSA（www.alsa.es）的长途汽车来往于巴塞罗那（€20，3.25小时，每天1~2班）和拉塞乌-杜尔赫尔（La Seu d' Urgell；€6.90，1小时，每天4~6班），班车停靠在普奇塞达镇中心西南的火车站旁边的**车站广场**（Plaça de l' Estació）和巴塞罗那广场（Plaça Barcelona）。

往来于普奇塞达与巴塞罗那（€12，3小时，每天6班）之间的火车，途经里韦斯德夫雷塞尔（45分钟）、里波尔（1小时）和比克（1.75小时）。其中有4班列车穿过边境到达Latour-de-Carol（加泰罗尼亚语：Lo Tor de Querol），在那里你可以换乘法国的火车继续旅行。

自驾的话，C16公路从巴塞罗那穿过卡迪隧道（Túnel del Cadí；€11）抵达普奇塞达，也可以从东南边的里韦斯德夫雷塞尔出发，取道风景如画的N260公路。进入法国的主要口岸在Bourg-Madame——普奇塞达镇中心以东1公里处。

利维亚（Llívia）

人口 1400/海拔 1224米

仔细打量地图上的西法边境，你会在法国境内紧挨着边界的地方找到利维亚。这个有着石板屋顶的小镇位于普奇塞达东北方向6公里处，周围是青翠的草地和法国小村庄。

根据1659年的《比利牛斯条约》，西班牙向法国割让了33个村庄，但利维亚是一个"镇"（vila），于是它和下辖的13平方公里的土地仍然归西班牙所有。这座小镇并不止是地图上的一个异类，它还有一个美丽的中世纪镇中心、几个值得一住的酒店和超过你预期的高品质餐馆。大部分游客会在夏天来这里的山间徒步，或者在冬季从这里去比利牛斯山脉上西法两国的滑雪度假村。

景点

利维亚为数不多的景点都在它顶部（东端）的中世纪小街区里。

利维亚城堡

城堡

（Castell de Llívia；24小时）免费 尽管这座位于山顶的城堡遗迹只剩下一些断壁残垣，但环绕其周围的法国乡村风景仍值得你花15分钟爬山上来。在对遗址进行修复期间发现已挖掘的部分可以追溯到公元9世纪。

天使圣母教堂

教堂

（Església de Mare de Déu dels Àngels；开门时间不定）这座建于16世纪的后哥特风格的教堂周围有三个防御塔楼，教堂内有一个罗马式洗礼盆。

镇博物馆

博物馆

（Museu Municipal；Carrer dels Forns 10；成人/儿童 €3.50/1；7月中旬至8月 10:00~20:00，9月至次年7月中旬 周二至周五 10:00~14:00和16:00~18:00，周六和周日 11:00~14:00和16:00~20:00）博物馆所在建筑原本是一间据称欧洲最古老的药房（从1415年营业到1926年），里面有多种语言的讲解文字和多媒体设备，展示了这个地区从旧石器时代到当代的历史。

食宿

★ Set Terres

精品酒店 €€

（972 89 64 99；www.setterres.com；Carrer Puigcerdà 8；房间 含早餐 €90~170；）一对心思细腻的夫妇将1772年的住宅里的马厩改造成了精致的酒店。仅有7间房，每间都不一样，但全都简洁温馨，裸墙配白色调带来乡村时尚感。顶楼3间房的天花板为倾斜状。早餐是用当地食材精心准备的自助餐，总而言之，这是一个既特别又浪漫的地方。

★ Can Ventura

加泰罗尼亚菜、创意菜 €€

（972 89 61 78；www.canventura.com；Plaça Major 1；主菜 €14~20；13:30~15:30和20:00~22:30，9月左右至次年6月周日晚餐时间、周一和周四不营业）这家餐馆对加泰罗尼亚菜的成功改良吸引了一大批顾客。餐馆位于一栋1791年的老建筑里，装饰现代而质朴。传统的加泰罗尼亚菜在这里大放异彩，有烤章鱼、文火炖羊肉、烟熏土豆卷心菜和猪肉等，同时你也能在此吃到亚洲风味的创意菜和一些法式菜肴。最后用丝滑的酸奶浆果慕斯或无麸质的巧克力熔岩蛋糕为一餐饭画上完美的句号。

实用信息

旅游局（Oficina de Turisme；972 89 63 13；www.llivia.org；Carrer dels Forns 10；7月中旬至8月 10:00~20:00，9月至次年7月中旬 周二至周五 10:00~14:00和16:00~18:00，周六和周日 11:00~14:00和16:00~20:00）位于镇博物馆内。

到达和离开

ALSA（www.alsa.es）运营的长途汽车从普奇塞达开往利维亚（€1.70，20分钟，每天4~8班）。

拉莫利纳和马塞拉（La Molina & Masella）

拉莫利纳和马塞拉这两个滑雪度假村坐落在普奇塞达以南15公里的Tosad' Alp（海拔2537米）两侧，两地之间通过Alp 2500缆车连接。这里有各种难度级别、海拔高度介于1600~2500米的滑雪道，共计141公里。两个度假村都可以租到滑雪装备，也有滑雪学校，拉莫利纳更适合初学者。缆车通票适用于整片区域。

拉莫利纳是西班牙最早的滑雪度假村，它的历史可追溯到20世纪40年代。夏天拉莫利纳还会开放山地自行车公园，可开展四轮摩托、溪降运动和户外瑜伽等活动，深受户外活动爱好者欢迎。

食宿

Hotel Adserà

酒店 €€

（972 89 20 01；www.hoteladsera.com；Carrer Pere Adserà，拉莫利纳；标单/双/三/四 含

加泰罗尼亚 塞尔达尼亚

另辟蹊径

卡迪山

壮观的卡迪山（Serra del Cadí）拥有美丽迷人的石屋村庄和崎岖山脉，对于有合适装备和徒步经验的人而言，这里是绝佳的徒步地点。Pedraforca（"石头草义"；海拔2506米）是整条山脉最有名的山峰，也是全加泰罗尼亚最具挑战性的攀岩地点。卡迪山主脉是410平方公里的Parc Natural Cadí-Moixeró（parcsnaturals.gencat.cat/ca/cadi）的一部分，有许多为多日徒步者提供住宿的山间旅舍。

探索该地区时可以将这里的村庄作为出发地，这些村庄位于风景如画的B400和C563沿线，介于C16（通往普奇塞达）和C14（通往拉塞乌-杜尔赫尔）之间，它们包括Saldes（Pedraforca下的一个热门徒步大本营）、Gósol（有一座11世纪城堡的遗址）、Josa del Cadí和Tuixent。最佳信息中心在Bagà的Centre del Parc Natural del Cadí-Moixeró（938 24 41 51；parcsnaturals.gencat.cat/cadi；Carrer de la Vinya 1，Bagà；7月至9月 周一至周六 9:00~13:00和16:00~19:00，周日 9:00~13:00，10月至次年6月 周一至周四 8:00~15:00，周五 8:00~15:00和16:00~18:30，周六 9:00~13:00和16:00~20:30，周日 9:00~13:00）和Saldes的旅游局（938 25 80 05；www.elbergueda.cat；Saldes；周二 9:00~14:00，周三至周日 9:00~14:00和16:00~19:00），它们都在山脉东面。山谷适合自驾，有一条连接普奇塞达和拉塞乌-杜尔赫尔的长途路线，沿途风景美不胜收。

早餐 €78/130/162/195；12月至复活节和7月至9月中旬；P）和这个地区的许多度假村不一样，这间气氛温馨的酒店带给你的是个性化的服务和浓郁的历史韵味。酒店位于山坡下方2.5公里处，坐落在一栋石头建筑里。每天都会为孩子们举行各种活动，还有游戏室、花园、游泳池和餐馆，非常适合带着孩子的旅行者。房间装饰质朴、复古而舒适，服务人员乐于为客人提供各种信息。

到达和离开

在滑雪季的周末，有长途汽车来往于拉莫利纳的缆车站（telecabina）与利维亚（1.25小时），途经普奇塞达（1小时）。汽车7:40从利维亚出发，14:30从拉莫利纳返回。拉莫利纳镇和山坡（€2）之间还有班车，每半小时或每小时1班，可与从普奇塞达开来的火车（20分钟，每天6班）接驳。

拉塞乌-杜尔赫尔（La Seu d' Urgell）

人口 10,930/海拔 691米

生气勃勃的山谷小镇拉塞乌-杜尔赫尔是从西班牙前往北边10公里处的安道尔（见409页）的门户。拉塞乌的中世纪镇中心里有许多拱廊式石街和一座俯视周边的罗马风格教堂。当法兰克人在9世纪初将穆斯林从比利牛斯山脉这边驱逐出去后，他们将拉塞乌设为乌尔赫尔郡（Urgell）的主教辖区和首府，至今仍是重要的市场和主教座堂城镇。

景点

★圣玛利亚大教堂及教区博物馆 主教座堂

（Catedral de Santa Maria & Museu Diocesà；Plaça dels Oms；成人/儿童 €4/免费；6月至9月 周一至周六 10:00~13:30和16:00~19:00，10月至次年5月 周一至周六 10:00~13:30和16:00~18:00）建于12世纪的圣玛利亚大教堂是一座灰白色的砂岩建筑，它坐落在拉塞乌-杜尔赫尔的老城区，是加泰罗尼亚杰出的罗马风格建筑之一。整洁的回廊里保留着最初的3个画廊，柱顶上有精心雕刻的神秘怪兽和怪相滴水兽。附属的博物馆展出了来自多个教堂的罗马风格壁画，还有世间仅存的25份中世纪插图手稿《比亚图斯》中的一份。

回廊旁边是11世纪的罗马风格教堂Església de Sant Miquel，建筑风格粗犷简洁。教堂里面的13世纪壁画被收藏在巴塞罗那的加泰罗尼亚国家艺术博物馆（见313页）里。

食宿

Groc Rooms 公寓、客栈 €€

（644 966034；Carrer Major 59；标双

€65~77，标三 €85~135，四 €143；📶🅿）在老城区这栋经过华丽改造后的老房子里，既有古董镜子、古董壁炉和沿用至今的瓷砖地板，也加入了色彩与时尚感。4间“精品公寓”宽敞、带厨房，可以睡4~8人。其他则是舒适时尚的房间，套房内有浴缸。员工热情友好，在你到达时就能感受到。

Parador de La Seu d'Urgell 历史酒店 €€

（☎973 35 20 00；www.parador.es；Carrer de Sant Domènec 6；房间 €75~125；📶🏊🅿）这间酒店不像西班牙其他国营酒店那般豪华。房间装饰质朴、现代，沿着一个文艺复兴时期风格的回廊排列。回廊的石拱廊之间有一个咖啡馆-酒吧，晚上走廊会亮起彩色的灯。还有一个餐厅（3道菜套餐 €29）和室内游泳池。酒店与大教堂在同一条街上。

PKtus 加泰罗尼亚菜 €€

（☎973 35 08 46；Carrerdela Creu 14；菜肴 €10~16；⏲周二至周六 13:00~15:30和20:30~22:30；📶）现代、小巧而友好的PKtus专注于种类不多的美味熟食，包括优质奶酪、肉酱（patés）、炸肉丸、腌火腿和精心烹饪的热菜（如芝士火锅和汉堡），还有高品质的葡萄酒。全部采用当地食材制作而成，让人吃得放心。

Les Tres Portes 加泰罗尼亚菜 €€

（☎973 35 56 58；restaurantlestresportes@gmail.com；Avinguda Joan Garriga i Massiga；主菜 €10~20；⏲周一至周六 13:30~15:30和20:30~22:30，周日 13:30~15:30）这里是享用当季新鲜食物的好地方，例如安达卢西亚鱿鱼小盘、淋上辣番茄酱的土豆块（patatas bravas）、加利西亚章鱼肉和鹅颈藤壶（percebes），以及烤兔肉等各种加泰罗尼亚热门菜肴。餐馆内部装饰得温馨愉悦，而安静的花园是夏季完美的就餐地。这里还供应3道菜套餐（€19）。

ℹ 实用信息

拉塞乌旅游局（Turisme La Seu；☎973 35 15 11；www.turismeseu.com；CarrerMajor 8；⏲周一至周六 10:00~14:00和16:00~19:00，周日 10:00~13:00，10月左右至次年3月周日不开放）大教堂街对面的这个旅游局能提供历史老城区步行游览的地图，还有关于当地历史的展览。

ℹ 到达和离开

长途汽车站（Carrer Mont）位于老城区的北部边缘。**ALSA**（www.alsa.es）运营的长途汽车开往巴塞罗那（€28，3~3.5小时，每天8~9班）、普奇塞达（€6.90，1小时，每天4~6班）和莱里达（€19，2.25小时，每天3~7班）。

巴亚斯索维拉（Pallars Sobirà）

诺格拉-帕利亚雷萨河（Riu Noguera Pallaresa）从阿兰山谷流下一路向南，塑造了两岸原始自然的风光，这个区域就是巴亚斯索维拉。河的西岸坐落着**圣玛乌里西的阿伊古埃斯特斯国家公园**（Parc Nacional Aigüestortes i Estany de Sant Maurici）；东岸则是广达698平方公里的**Parc Natural de l'Alt Pirineu**（http://parcsnaturals.gencat.cat/ca/alt-pirineu），公园里零星地分布着一些罗马式教堂，蜿蜒的徒步小径从它们之间穿过。

漂流和其他探险运动爱好者被吸引来到河岸边的小镇，从北至南主要有**Llavorsí**、**Rialp**和**Sort**。每个小镇都有住宿处、咖啡馆和餐馆，不过3月至10月以外游客稀少，供给也不足。

活动

除了激浪漂流，夏季时山谷里还可进行很多其他的探险运动，包括皮划艇、溪降、立式单浆冲浪、骑马、攀岩、独木舟和带向导的徒步，冬季这里的高山则是滑雪胜地。Parc Natural de l'Alt Pirineu内有一些可独立完成的徒步路线。**Llavorsí**（Carrer de la Riba；⏲周一至周五 9:00~15:00，周六 9:30~17:30，周日 9:00~14:00）和Sort（见409页）的旅游局可提供更多信息。

3月中旬至10月中旬，诺格拉-帕利亚雷萨河的4级激流吸引了源源不断的漂流爱好者前来。水势最好时是5月和6月，那时周边群山的冰雪正好消融。

从Llavorsí到Rialp的这12公里是漂流的最佳河段，标准的2小时皮筏漂流收费为每人€40~45。前往Sort或更远的话价格会更贵。Sort是难度较高的4级激流的起点。通常来说，至少要有4人才能成行，但经营商会灵活安排。Llavorsí有几家可靠的漂流经营商，包括**RocRoi**（☎973 62 20 35；www.rocroi.com；Plaça Biuse 8, Llavorsí；2小时漂流 €45起；⊙3月中旬至10月中旬）和**Rafting Llavorsí**（☎973 62 21 58；http://raftingllavorsi.cat；Carrer Vilanova, Llavorsí；2小时漂流 €41；⊙3月左右至9月）。**LA Rafting Company**（☎973 62 14 62；www.laraftingcompany.com；Plaça Caterina Albert 2, Sort；2小时漂流 €45~50；⊙3月中旬至10月中旬）是Sort较好的选择。

食宿

Hostal Noguera 旅馆 €

（☎973 62 20 12；www.hostalnoguera.info；Carretera Vall d' Aran, Llavorsr；标单/双 含早餐 €36/68；⊙3月至12月；📶🅿）这栋石头建筑位于小镇的南部边缘，共有15间房，其中9间带可俯瞰河流的阳台。屋顶3个房间的天花板上有木质横梁，总的来说更好看。楼下的餐厅供应当地特色菜，如烤肉和蔬菜杂烩煎蛋。

Hotel Pessets 水疗酒店 €€

（☎973 62 00 00；www.hotelpessets.com；Avinguda de la Diputació 3, Sort；标双 含早餐 €101起；❄📶🏊）一间注重客人体验的酒店，有风格简洁、中性色调的双人间，也有用自然主义印刷画和木板天花板装饰的套房。亮点包括水疗浴池区、私人室外休闲区（可欣赏群山风景）和季节性开放的露天游泳池。

实用信息

巴亚斯索维拉旅游局（Oficina de Turisme del Pallars Sobirà；☎973 62 10 02；turisme.pallarssobira.cat；CamídelaCabanera, Sort；⊙6月末至9月中旬 周一至周六 9:00~15:00和16:00~19:00，周日 9:00~15:00，9月中旬至次年6月初 周一至周四和周日 10:00~14:00，周五和周六 10:00~14:00和16:00~19:00）这个地区主要的旅游局，提供地图和步行游览信息，工作人员会说多种语言。里面还设有关于当地历史和文化的展览。

到达和离开

ALSA（www.alsa.es）运营的长途汽车从巴塞罗那（€36，5小时，每天1班）和莱里达（€12，3小时，每天1~2班）出发，途经Sort和Rialp抵达 Llavorsí。**Viatges Matí**（☎689 495777）在拉塞乌-杜尔赫尔和Sort（€4，1小时，11:15和19:30）之间有运营车辆，需提前1天预约。

圣玛乌里西的阿伊古埃斯特斯国家公园及周边（Parc Nacional d' Aigüestortes i Estany de Sant Maurici & Around）

这是加泰罗尼亚唯一的国家公园，东西

值得一游

安道尔

如果你在寻找出众的徒步路线或滑雪目的地，想要买免税的烟酒、化妆品或电子产品，或只是想去另一个国家，那么**安道尔**（Andorra；人口 78,260）就很值得过关一游。它在拉塞乌-杜尔赫尔北边10公里，国土面积仅468平方公里，是欧洲较小的国家之一。尽管安道尔有自己的民主制议会，但名义上的国家首脑却是两位君主：西班牙Urgell地区的主教和法国总统。加泰罗尼亚语是其官方语言，不过也有很多人说西班牙语、法语以及由于大量外来劳动力拥入带来的葡萄牙语。除了免税店，繁忙的首都**安道尔城**（Andorra la Vella）还有一些迷人的景点，最著名的是鹅卵石路面的**老城区**（Barri Antic）和老城区里16世纪的**Casa de la Vall**——这里在2011年前一直是安道尔总理事会（Consell General d' Andorra）的所在地。

Montmantell（www.montmantell.com）经营的长途汽车来往于拉塞乌-杜尔赫尔和安道尔城（€3.10，45分钟），每小时1班（周日班次减少）。自驾的话，不妨在安道尔把油箱加满，因为这里的油价便宜得多。游客被检查护照的概率很小，不过有可能在回西班牙的路上被海关拦下，所以购买商品时注意不要超出免税额。安道尔不属于欧盟，但流通欧元。

Parc Nacional d'Aigüestortes i Estany de Sant Maurici
圣玛乌里西的阿伊古埃斯特斯国家公园

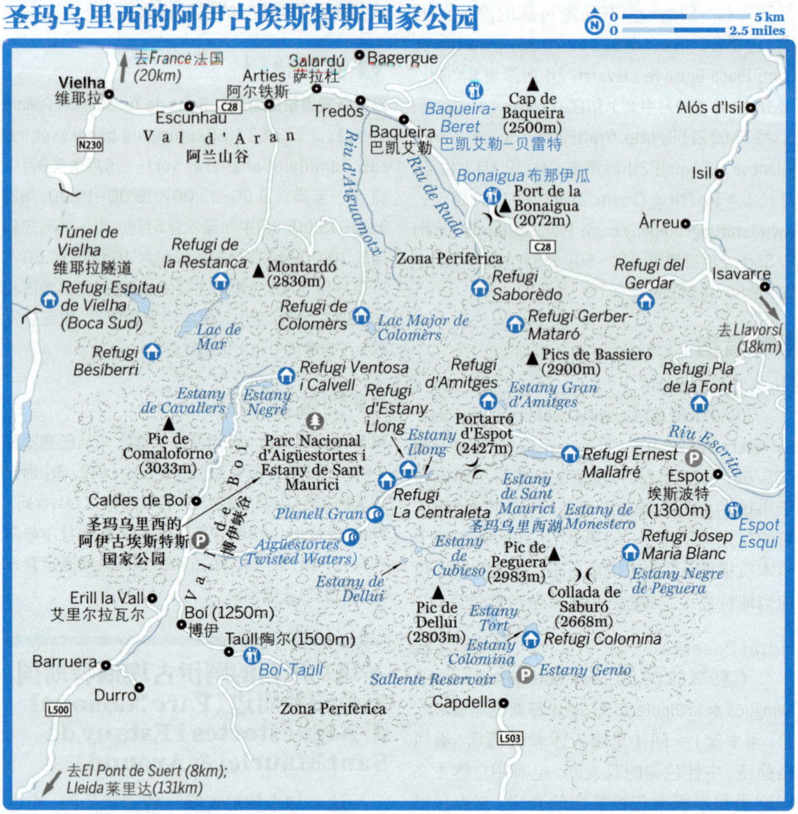

长20公里，南北跨度只有9公里。区域面积不算大，却散布着超过200个湖泊、不计其数的溪流和瀑布，松树、冷杉林与开阔的灌木和草场相接，春季野花盛开，秋天缀满红叶。

200万年前的冰川运动造就了这里，公园基本上是两条海拔1600~2000米东西走向的山谷，两侧是海拔2600~2900米的参差不齐的花岗岩和板岩山峰。

国家公园位于一片广阔的荒野中心，边界被称为zonaperiférica（外围区域），包括北部和南部的一些景色壮丽的高原乡村。

公园的主要人口有两个：位于公园以东4公里的**埃斯波特**（Espot），距**圣玛乌里西湖**（Estany de Sant Maurici）8公里；西边的**博伊峡谷**（Vall de Boí）。8月是徒步旺季，9月和10月更安静，风景也更迷人。

私人交通工具不能进入公园。公园内禁止野外露营，在河流湖泊里游泳或进行“其他水上运动”同样不被允许。**Editorial Alpina**（www.editorialalpina.com）出版的该公园地图为同类里的最佳版本。

交通

自驾前来的话，若从东侧进入，你能到达距离公园最近的是埃斯波特以西4公里处的一个停车场；西侧前来则是博伊以北3公里处的一个停车场。

四驱出租车可来往于埃斯波特与圣玛乌里西湖（单程€5.25）、博伊与阿伊古埃斯特斯（单程€5.25），也能去海拔更高的湖泊和山间小屋。这两段路程分别为8公里和10公里。出租车从**埃斯波特**（见412页）和**博伊**（见412页）的旅游局外出发（7

步行游览圣玛乌里西的阿伊古埃斯特斯国家公园

公园内的步道纵横交错，有些有清晰明确的路标，有些无任何标识。你可以去埃斯波特或博伊的公园办公室（Casa del Parc）获取专业的建议。西班牙国家公园的官方网站（www.mapama.goh es/es/red-parques-nacionales）上可以下载步行游览路线地图，但只有西班牙语版本。

东西穿越

在一天之内横穿公园完全可行。埃斯波特—博伊（或反方向）全程大约30公里，算上停留休息时间大概需要花费9.5小时，不过你可以乘坐四驱出租车前往/离开圣玛乌里西湖或阿伊古埃斯特斯（Estany Llong西南4公里）。埃斯波特（海拔1300米）与圣玛乌里西湖（海拔1950米）之间相距8公里（2小时）。接着有一条小道爬升至Portarró d' Espot山口（海拔2427米；约2小时），在那里可以俯瞰公园的两个主要山谷。从山口下来后，去Estany Llong（海拔1985米；从圣玛乌里西湖过来约需3.5小时）和阿伊古埃斯特斯（海拔1820米；从圣玛乌里西湖过来4.5小时）。之后前往公园入口（3.5公里）、L500（4公里）和博伊（海拔1250米；往南2.5公里）——总共需要3小时左右。最佳徒步路线是：从东往西行，在埃斯波特乘坐四驱出租车（€5.25）去圣玛乌里西湖，这样可以避免最初的8公里上山路，下车地点的海拔比动身时所在地低700米。记得穿上适合高山长途徒步的衣服。

Carros de Foc

Carros de Foc（www.carrosdefoc.com）是一条连接了9个山间旅舍的环线，全程55公里，海拔在1885~2395米，将公园内最恢宏大气的群山景色纳入其中。走完这条路线需要在公园内住5~7晚，可以从任一你喜欢的山间旅舍开始。

短线徒步

圣玛乌里西湖或阿伊古埃斯特斯有许多深入旁边山谷的徒步路线，往返只需3~5小时。

从圣玛乌里西湖东端出发，沿一条向南小道去Monestero山谷，往山上走2.5公里，到达Estany de Monestero（海拔2171米；1.5小时），其间经过双子峰（Els Encantats）。另一条小道沿西北方向经Estany de Ratera（海拔2190米；45分钟）和Estany d' Obagues de Ratera抵达Estany Gran d' Amitges（海拔2350米；1.75小时），全程3公里。

埃斯波特出发的四驱出租车（见410页）可以开过圣玛乌里西湖去位置更靠里的几个地点，因此你也可以将起点设在Estany Gran d' Amitges、Estany de Ratera和Estany Negre（位于公园内的Peguera山谷）。

至于西侧，从阿伊古埃斯特斯沿东北方向往Sant Nicolau山谷走1公里到达Planell Gran（海拔1850米），这里有一条2.5公里长的小道通往东南方向的Estany de Dellui（海拔2370米），然后下山去Estany Llong。这条路线总共长5.5公里，需走4小时。

山间旅舍

公园内和周边有许多供多日徒步者入住的山间旅舍（refugis），它们大部分配有高低床的多人间（自备睡袋或床单）。复活节、6月初（或中旬）至9月以及上半年滑雪季的数个星期，会有工作人员提供服务，其余时间，有几个旅舍会开放部分区域，供徒步者过夜。La Central de Refugis（☎973 64 16 81；www.lacentralderefugis.com）可提供更多相关信息和网上预订（夏季时尤为重要）。大部分山间旅舍的收费标准为每人€20~25（含早餐），提供午餐、晚餐和野餐食物（有时也接待经过此地的一日游徒步者）。

月至9月 9:00~19:00，夏季以外和天气恶劣时班次减少）。

6月中旬至9月，**ALSA**（www.alsa.es）运营的公共汽车来往于埃斯波特与陶尔（€12，2.5小时），每天各开2班，途经博伊和艾里尔拉瓦尔（Erill la Vall）。徒步者穿越公园后可以在当天或第二天坐车返回。

埃斯波特（Espot）

人口 300/海拔 1300米

风景优美的埃斯波特是从东边进入圣玛乌里西的阿伊古埃斯特斯国家公园的主要门户，公园位于埃斯波特以西4公里。这里有许多酒店、餐馆和漂亮的石头建筑，是一个极其方便、设备完善的大本营。看着周围的群山，你一定等不及要穿上徒步靴前去一探究竟了。

食宿

Camping Voraparc 露营地 €

（☎973 62 41 08；www.voraparc.com；Prat del Vedat；帐篷/汽车/成人 €6/6/6，豪华帐篷 €58~90；⏲复活节至10月中旬；📶🏊P）埃斯波特的最佳露营地坐落在小镇西北方向1.5公里外的河边，周围树木繁茂。营地里有咖啡吧、游戏室、游乐区、迷你市场和游泳池。如果你没有带帐篷，这里也有现成的，包括3个豪华营帐。这里还有3个舒适的豪华小屋，可以住2人（€68~82）或4人（€87~112）。

★ **Roca Blanca** 酒店 €€

（☎973 62 41 56；www.hotelrocablanca.com；Carrer Església；含早餐 标双 €80~90，套€120~125；📶P）这间气氛愉悦的酒店是该地区较受欢迎的酒店之一，共有16个明亮宽敞、带现代卫生间的房间。擦得锃亮的休闲室里有壁炉。墙壁上挂着当代艺术装饰品，服务贴心而及时，早餐很丰盛。其他值得称赞还有健身房、桑拿室和花园，还有一条名为荷马·辛普森的圣伯纳犬。

Cafè & Bistro È Bo 加泰罗尼亚菜、法国菜 €€

（Plaça Doctor Benavent 3；菜肴 €6~15；⏲8月 9:00~22:00，9月至次年7月 10:30~22:00；✎）这个生意繁忙的咖啡馆兼餐馆桌椅已经摆到了人行道上，很适合悠闲地享用一餐美味简单的加泰罗尼亚-法国菜。服务人员态度亲切，提供沙拉、芝士火锅、汉堡（包括豆腐馅）和法式薄饼（分甜咸两种口味）。试试撒了奶油蘑菇酱的“法式小馆风味”土豆。

实用信息

埃斯波特公园办公室（Casa del Parc d' Espot；☎973 62 40 36；www.gencat.cat/parcs/aiguestortes；Carrer de Sant Maurici 5；⏲9:00~14:00和15:30~17:45，9月至次年6月的周日下午不开放）提供地图、徒步建议、交通信息、天气预测等。

到达和离开

从巴塞罗那（€39，5小时，每天1班）和莱伊达（€13，3小时，每天1~2班）开往Esterri d' Áneu的**ALSA**（www.alsa.es）长途汽车会在C13的埃斯波特岔路口停车，从那里沿LV5004往西边上山走7公里便抵达埃斯波特。

当地交通

游览圣玛乌里西的阿伊古埃斯特斯国家公园时，**四驱车队**（☎973 62 41 05；www.taxisespot.com；Carrer de Sant Mau-rici；单程埃斯波特-圣玛乌里西湖 成人/儿童 €5.25/3.25；⏲9:00~19:00）可以帮你省点力气，他们可以把你带到公园里的多个停靠点。收费固定，通常需要满4人才会发车，运营时间取决于天气状况。

博伊（Boí）

人口 220/海拔 1250米

博伊坐落在陶尔西北3公里的漂亮山谷里，绝佳的地理位置为它吸引来许多徒步者和冬季运动爱好者。村里教堂的钟楼是博伊峡谷里较漂亮的加泰罗尼亚罗马风格建筑之一。

景点

圣乔安德博伊 教堂

（Sant Joan de Boí；www.centreromanic.com；Plaça del Treio，博伊；€2；⏲9月至次年6月 10:00~14:00和16:00~19:00，7月和8月 10:00~14:00和16:00~20:00）这座建于11世纪的教堂有一个5层高的石砌棱角边钟楼，为村庄带来一种浪漫的气氛。13世纪时钟楼曾发生火灾，

经过修复后可以正常攀登（共有75个台阶）。教堂内罗马风格的壁画为复制品，真品现存于加泰罗尼亚国家艺术博物馆（见313页）。

艾里尔拉瓦尔的圣阿拉利亚教堂 教堂

（Santa Eulàlia d' Erill la Vall；艾里尔拉瓦尔；€2；⌚9月至次年6月 10:00~14:00和16:00~19:00，7月和8月 10:00~14:00和16:00~20:00）这座教堂细长的6层钟楼建于12世纪，曾被用于交流信息和监控山谷，被认为是该地区最优雅的钟楼。教堂内部有7座罗马风格的杨木雕塑复制品，描绘的是降下十字架的基督（Descent from the Cross），真品现存于巴塞罗那的加泰罗尼亚国家艺术博物馆（见313页）和比克的主教博物馆（见417页）。

从博伊出来往西行2.5公里即可到达。

食宿

Hotel-Hostal Pey 酒店 €€

（☎973 69 60 36；www.hotelpey.com；Plaça del Treio 3；含早餐 标双/三/四 €72~98/100/120；📶）这间受欢迎的酒店位于博伊的中心地带，由两部分组成，房间舒适温馨。另有一间品质可靠的餐厅（主菜 €9~14）和一座滑雪场。服务人员可以提供大量当地信息，还有一间售卖比利牛斯山香皂和加泰罗尼亚葡萄酒的商店。最漂亮最现代的房间位于属于酒店部分的建筑里。提早预订。

实用信息

博伊公园办公室（Casa del Parc de Boí；☎973 69 61 89；Carrer de les Graieres 2；⌚9:00~14:00和15:30~17:45，9月至次年6月周日下午不开放）可以咨询徒步和冬季运动的信息。

到达和当地交通

从巴塞罗那（€31，4~5小时，每天4~6班）和莱里达（€10，2.25小时，每天6~10班）开往维耶尔的**ALSA**（www.alsa.es）长途汽车全年经停博伊西南方向19公里处的El Pont de Suert，那里有许多不固定班次开往博伊。

9座**出租车**（☎973 69 63 14；www.taxisvalldeboi.com；Plaça del Treio 3，博伊；单程博伊-圣玛乌里西湖 成人/儿童 €5.25/3.25；⌚9:00~19:00）来往于博伊与阿伊古埃斯特斯（€5.25），后者在圣玛乌里西的阿伊古埃斯特斯国家公园东北方向的10公里处，运营的时间根据天气而定。

陶尔（Taüll）

人口 250/海拔 1500米

陶尔在博伊东南3公里处，是圣玛乌里西的阿伊古埃斯特斯国家公园西侧风景最好的地方。这里还有两座被列为世界文化遗产的加泰罗尼亚罗马式教堂。

景点

★**圣科里蒙德陶尔** 教堂

（www.centreromanic.com；陶尔；€5；⌚9月至次年6月 10:00~14:00和16:00~19:00，7月和8月 10:00~14:00和16:00~20:00）这座建于12世纪的罗马式教堂位于陶尔的入口处，它造型优美简洁，有一个瘦高的6层钟楼（可以上楼），内部曾经的艺术品更是让教堂熠熠生辉。中央

不要错过

博伊峡谷的加泰罗尼亚罗马风格教堂

博伊峡谷位于圣玛乌里西的阿伊古埃斯特斯国家公园的西侧，这里分布着一些加泰罗尼亚最精美的罗马风格教堂——这些建于11~14世纪的石头建筑优雅朴素，默然立于寒冷干燥的高山上。2000年它们被列入联合国教科文组织世界遗产。

其中最为耀眼的教堂位于**博伊**（见412页）、**陶尔**（见本页）和**艾里尔拉瓦尔**（Erill la Vall；见本页）；此外还有Barruera的**圣费利乌大教堂**（Sant Feliu）和Durro的**La Nativitat**。艾里尔拉瓦尔的**博伊峡谷罗马风格建筑中心**（Centre del Romànic de la Vall de Boí；☎973 69 67 15；www.centreromanic.com；Carrer del Batalló 5，艾里尔拉瓦尔；€2；⌚4月至12月 9:00~14:00和17:00~19:00）可帮助你了解教堂的历史和预订导览游，同时出售联票（3座教堂 €7）。

的半圆形殿有著名的1123年壁画的复制品，原作现存于巴塞罗那的加泰罗尼亚国家艺术博物馆（见313页）。教堂的中央是一座基督像（Pantocrator），雕像用色丰富，深受莫札拉比风格影响，造型栩栩如生而又超凡脱俗，是典型的加泰罗尼亚罗马风格艺术作品。

德陶尔圣玛利亚教堂 教堂

（Santa Maria de Taüll；www.centreromanic.com；陶尔；⏲9月至次年6月 10:00~19:00，7月和8月 10:00~20:00）**免费** 这座建于12世纪的罗马式圣玛利亚教堂位于小镇西北端的老中心街区里，有一座5层的塔楼。就像博伊峡谷里的许多教堂一样，这里的艺术真品也被搬到了巴塞罗那。

食宿

★Alberg Taüll 青年旅舍 €

（☎645 750600；www.alberguetaull.com；Avinguda Feixanes 5~7，陶尔；铺/标双/套含早餐€28/45/100；📶🅿）这里具备青年旅舍该有的一切：多人间（2~7人）配备了宽大的床和舒适的床垫，套房里有热水浴缸，天气寒冷的早晨会开地暖，公共区有一张大幅的公园地图以便规划徒步路线。这里欢迎带小孩的客人，还会提供有用的步行游览建议。床单和毛巾收费€4.50。工作日价格有优惠。

Hotel Santa Maria Relax 精品酒店 €€

（☎973 69 62 50；www.taull.com；Plaça Cap del Riu 3，陶尔；房间含早餐 €80~110；⏲11月有可能不营业；📶🅿🐾）走进一个巨大的石拱门，便到了这个让人倍感舒适的乡间安静庭院。阳台上盛开着玫瑰，主人热情友善。4个房间和3个公寓装修得很有品位，用古董摆设进行了装饰，给人以精致之感。酒店所在的建筑是一栋年代久远的石砌房子，屋顶材料为木头加石板瓦。花园里有日光浴床和一个热水浴池，周围群山环绕。

Sedona 各国风味 €

（☎973 69 62 54；Les Feixes 2，陶尔；主菜 €8.50~13；⏲13:00~16:00和20:00~23:00；📶📝）覆盖着馅料的吐司、沙拉、什锦西班牙小吃、美式墨西哥菜（芝士烤饼、芝士玉米片）、蔬菜炒饭、焦糖山羊奶酪芦笋……这间滑雪区的小餐馆里汇集了世界各地的美食。

ℹ 到达和离开

ALSA（www.alsa.es）全年运营的长途汽车从巴塞罗那（€31，4~5小时，每天4~6班）和莱里达（€10，2~2.25小时，每天6~10班）开过来，停在El Pont de Suert，那里有不固定班次的当地公共汽车开往陶尔。

阿兰山谷（Val d'Aran）

加泰罗尼亚最北边的地区是一个探险者乐园，它的名气来自陡峭的山谷、石墙瓦片房屋组成的村庄、罗马式教堂和西法边境处的雪山。巴凯艾勒-贝雷特-布那伊瓜（Baqueira-Beret-Bonaigua）的滑雪道和阿尔铁斯（Arties）的豪华酒店在冬季吸引来大批钱包充裕的游客，云雾缭绕的山间分布着诸如萨拉杜（Salardú）一样迷人的村庄，徒步者可以从任意方向翻越山脉，尤其值得一提的是往南翻越至圣玛乌里西的阿伊古埃斯特斯国家公园所在地。

阿兰山谷原本无法进人，直到1948年隧道完工才开放。这条5公里长的隧道连接起山谷的主要小镇维耶拉与西班牙的其他地区。也是因为这样特殊的地理环境，阿兰山谷当地没有被同化为加泰罗尼亚语，而是一直使用阿兰语（Aranés），这是法国南部流行的古罗马语言——奥克西坦语（Occitan，或称langued'oc）的一种。

维耶拉（Vielha）

人口 3490/海拔 974米

石墙瓦片的房屋、户外用品商店、假日公寓组成了繁忙的维耶拉——阿兰山谷的"首府"。小小的镇中心矗立着拥有独特塔尖的哥特式Sant Miquèu，还有许多装饰质朴的餐馆，大多集中在加罗纳河（Riu Garona）沿岸。尽管维耶拉不如阿兰山谷里的其他小镇迷人，但因为商店、超市、餐馆和各种各样的住宿选择，徒步者、滑雪者和参加其他探险运动的人都会将这里作为大本营。你最好能自驾过来，如果徒步的话，博伊峡谷在往南20公里处，而巴凯艾勒-贝雷特-布那伊瓜滑雪区在往东15公里处，都不方便。

食宿

★Hotel El Ciervo 精品酒店 €€

（☎973 64 01 65；www.hotelelciervo.net；Plaça de Sant Orenç 3；标单/双 含早餐 €45/70；⏲12月中旬至复活节和6月中旬至10月中旬；📶）El Ciervo位于镇中心，由家庭经营，服务热情，性价比高。这里与滑雪小镇常见的旅馆截然不同，它的正面外墙上画着森林生物，室内则用花卉图案、柔和的色彩和格纹图案装饰得温馨舒适，给人的感觉好像进入了比利牛斯山脉的童话故事里。每个房间风格各异，早餐十分美味。

Parador de Vielha 酒店 €€

（☎973 64 01 00；www.parador.es；Carretera del Túnel；房间 €80~130；⏲12月初至 次年10月中旬；🏊P）徒步或滑雪一天后，来这个舒适的（街边）国营酒店休息再合适不过了。奶油色和淡彩色装饰的118间客房，另有一个游泳池、餐厅、花园和水疗浴池。这里欢迎带小孩的客人，高级房里有阳台或可以看到群山美景。

Woolloomooloo 各国风味 €

（☎654 788327；rennyhut@hotmail.com；Carrèr Major 8；菜肴 €5~12；⏲周四至周二 15:00至次日2:00）这是维耶拉带给人们的一个惊喜。餐馆位于镇中心，老板是澳裔意大利人。紫色墙面，树干餐桌，你可以在这里吃到加泰罗尼亚菜（极有可能）、意大利菜和澳洲菜，烤虾、淋上辣番茄酱的土豆块、菠菜蘑菇馅炸肉丸、澳式小肉饼和淋上酸奶黄瓜酱的沙拉……每一样都美味无比。

Era Móla 加泰罗尼亚菜、法国菜 €€

（Restaurant Gustavo i María José；☎973 64 24 19；www.facebook.com/eramolavielha；Carrèr de Marrrèr64；主菜 €15~20；⏲周一至周五 20:00~23:00，周六和周日 13:00~15:30和20:00~23:00）Era Móla是镇上较好的餐厅之一，它藏身于镇中心巷子里的一栋漂亮的石头建筑里，凭借精心打造的融入法国风味的当地美食而闻名。尝尝苹果白兰地猪排（solomillo de cerdo al Calvados）和充满艺术感的甜点。

实用信息

阿兰山谷旅游信息处（☎973 64 01 10；www.visitvaldaran.com；Carrèr de Sarriulèra 10；⏲10:00~13:30和16:00~20:00，9月中旬至12月的周日不开放）位于维耶拉的Sant Miquèu教堂附近。

到达和离开

ALSA（www.alsa.es）运营的长途汽车从维耶拉西北端的**汽车站**（Carretera N230）开往巴塞罗那（€35，5~6小时，每天5~7班）和莱里达（€14，2.75小时，每天8~10班）；另有车往东至山谷高处的巴凯艾勒（Baqueira；€1.10，每天10~15班），途经阿尔铁斯（€1.10，10分钟）和萨拉杜（€1.10，15分钟）。

大部分旅行者会选择自驾的方式游览阿兰山谷，但停车是个问题。小镇东南端有一个巨大的免费停车场，距离镇中心仅2分钟的步行路程。

N230从莱里达和El Pont de Suert出来后经5公里长的维耶拉隧道（Túnel de Vielha）抵达阿兰山谷；或沿C28，离开巴亚斯索维拉地区后，往西北方向翻越Port de la Bonaigua山口（海拔2072米）进入阿兰山谷的高地，与N230在维耶拉交会。

阿尔铁斯（Arties）

人口 400/海拔 1143米

迷人的阿尔铁斯位于维耶拉以东7公里

值得一游

顶级滑雪度假村：巴凯艾勒-贝雷特-布那伊瓜

加泰罗尼亚的顶级**滑雪胜地**（www.baqueira.es；一日通票 成人/儿童 €51/34；⏲11月末至次年4月初）由3个区域组成：萨拉杜以东3公里的巴凯艾勒（Baqueira），巴凯艾勒以北8公里的**贝雷特**（Beret），海拔2072米的同名山口（巴凯艾勒东南9公里）上的**布那伊瓜**（Bonaigua）。这些白得耀眼的山坡吸引了许多上流社会人士（西班牙王室是这里的常客），住宿也都豪华奢侈。高品质的电梯系统将游客送往滑雪道，滑雪道总计有156公里长（比西班牙其他滑雪度假村的都长），海拔在1500~2510米。

ALSA（www.alsa.es）的长途汽车从维耶拉（€1.10，25分钟，每天10~15班）开往巴凯艾勒，途经阿尔铁斯（€1.10，10分钟）和萨拉杜（€1.10，5分钟）。

处，加罗纳河（Riu Garona）与Riu Valarties在这里交汇。由于在高端滑雪度假区巴凯艾勒-贝雷特-布那伊瓜以东6公里处，这里的高级酒店也经营得红红火火。除了旺季（夏季和冬季），阿尔铁斯就是一个安静的小镇，但对于一个家家户户阳台上都盛开着天竺葵的地方，任何时候前来都会让你觉得不虚此行。

景点和活动

圣玛利亚教堂 教堂

（Església de Santa Maria；⏲开门时间不定）布满鲜花的房屋之间矗立着这座建于12～13世纪的罗马式教堂，它有一个3层楼的钟楼和3个半圆壁龛。

Banys d'Arties 温泉浴池

（C28 Km 28；1小时成人/儿童 €3/免费；⏲7月和8月 周二至周日 10:30～14:30和16:30～20:00，9月至次年6月 周二至周日 10:00～17:00，开门时间不固定）徒步之后，不妨来这里的两个露天温泉浴池（一个仅允许成人进入）泡澡，舒缓一下疲惫不堪的四肢。阿尔铁斯的西端有一条步道，沿着它往西走700米即可到达；自驾的话，先沿C28到达Garòs（阿尔铁斯以西2.5公里处），然后转上附近一条有标志牌的土路行驶1.4公里。

食宿

Casalrene 水疗酒店 €€

（☎973 64 43 64；www.hotelcasairene.com；Carrer Major 22；房间 €75～150；⏲12月至复活节和7月至9月；❄📶🍴🅿）这里的22个房间拥有裸露的木梁、大理石浴室、超大尺寸床和彩色的床上用品。休闲室又是另一种质朴风格。房间宽敞时尚，有些套房配备了漩水按摩浴缸，两间带阁楼的房间适合家庭入住。有土耳其浴室、桑拿室和热水浴缸等多种设施供客人舒缓身心。另有一间高级餐厅（主菜€24～28）供应各种改良过的加泰罗尼亚菜。

Urtau 加泰罗尼亚菜、巴斯克菜 €

（www.facebook.com/urtau；Plaça Urtau 12；西班牙小吃 €4.50～11；⏲8:00至午夜）这个自封高山酒馆的地方，可俯视阿尔铁斯的主广场，烤肉、丰盛的早餐（培根煎蛋饼、火腿奶酪炒蛋）和阿兰山谷奶酪拼盘很受欢迎。但真正的明星菜肴是70多种巴斯克小吃，从午餐时段开始它们就是餐桌上的主角。

到达和离开

ALSA（www.alsa.es）运营的长途汽车从维耶拉（€1.10，20分钟，每天10～15班）开往阿尔铁斯。

萨拉杜（Salardú）

人口 500/海拔 1267米

萨拉杜的西边3公里处是灯红酒绿的阿尔铁斯，东边3公里处是豪华滑雪地巴凯艾勒（Baqueira），但这没有影响到它保持着原始的自然风光和与之相随的安静，徒步者可以在这里找到不错的经济型和中档住宿。比萨拉杜更小的村庄Bagergue在它的东北方向2公里处，村里盛开着鲜花，很适合喜欢僻静和山林景色的徒步者。

景点

圣安德鲁教堂 教堂

（Església de Sant Andrèu；Plaça Pica；⏲10:00～14:00和16:00～19:00）免费 这座建于12～13世纪的教堂拥有色彩丰富的壁画以及一座罗马风格的萨拉杜基督像。这个被绑在十字架上的基督木雕是13世纪的物件，而文艺复兴时期的壁画直到20世纪才被人发现。这里的钟楼在1649年以前是一个城堡，但如今只剩下教堂和一些断壁残垣。

食宿

Refugi Rosta 青年旅舍 €

（☎973 64 53 08；www.refugirosta.com；Plaça Major 3；铺/标双 含早餐 €27/73；📶🅿）比利牛斯山脉的山间旅舍是特别又欢乐的地方，而这栋破旧的老建筑（自1858年就开始接待客人）是其中较有个性的之一。这里没有豪华的装饰，但能让人感觉愉悦。多人间是典型的通铺，住起来很舒适。需自带睡袋或者租床单和毛巾。餐馆提供丰盛的套餐。

Hotel Seixes 酒店 €€

（☎973 64 54 06；www.hotelseixes.com；Bagergue；标单/双/三/四 €55/80/115/150；⏲12月至次年3月和6月至10月；📶🅿）酒店坐落在萨拉杜东北方向2公里处的Bagergue，距离圣费利乌教堂（Sant Feliu）很近，能听到

教堂的敲钟声。酒店服务高效，深受徒步者的青睐。17间客房简单舒适，可容纳1~5人。喜欢亲近自然和寻求僻静的人会很满意这里的地理位置。工作人员可提供在当地徒步的建议。

到达和离开

ALSA（www.alsa.es）运营的长途汽车从维耶拉（€1.10，15分钟，每天10~15班）出发抵达萨拉杜。

加泰罗尼亚中部（CENTRAL CATALONIA）

比克（Vic）

人口 42,640

巴塞罗那以北70公里的这个小镇位于前往比利牛斯山的途中，拥有梦幻般的中世纪建筑，同时又充满了年轻的活力。老城区的街道在主广场周边蜿蜒交错，两边有一些赭石色和砖红色房屋。而精心修复过的古罗马遗址、华丽的现代主义风格房屋和11世纪的罗马式桥梁让这里具有多样化的风情。尽管行政上属于加泰罗尼亚，但生活着大量学生的比克实际上拥有非常多元的文化。

从巴塞罗那出发的一日游足以让你游览完这里的大教堂和博物馆，还能吃上一两家餐馆，但如果留给它更多时间，就能在充满艺术感的街道和中世纪小巷里慢慢逛了。

景点

★圣佩雷大教堂 主教座堂

（Catedral de Sant Pere；Plaça de la Catedral；成人/儿童 €3/免费；⏲10:00~13:00和16:00~19:00）数百年来的艺术风格均在比克的这座大教堂留下了印记。新古典主义的外墙大多建于18世纪，罗马式的7层钟楼是11世纪的遗迹之一。教堂内由Josep Maria Sert创作的"二战"时期壁画Stations of the Cross非常动人。科林斯式圆柱在昏暗中发出金色的光芒。进入大教堂免费，但参观14世纪哥特式回廊、11世纪教堂地下室和Pere Oller创作的祭坛装饰品要收费。

★主教博物馆 画廊

（Museu Episcopal；www.museuepiscopalvic.com；Plaça Bisbe Oliba 3；成人/10岁以上儿童 €7/3.50；⏲4月至9月 周二至周六 10:00~19:00，10月至次年3月 周二至周五 10:00~13:00和15:00~18:00，周六 10:00~19:00，全年的周日 10:00~14:00）这间博物馆收藏的罗马和哥特风格的艺术品令人惊叹，规模仅次于巴塞罗那的加泰罗尼亚国家艺术博物馆。罗马风格藏品包括一些触目惊心的血腥图像，比如被砍头或受折磨的圣徒；一组来自比利牛斯山脉博伊峡谷的12世纪木雕，它描绘的是耶稣被卸下十字架的情景。哥特风格藏品包括了Lluís Borrassà和Jaume Huguet等大师的作品，以及比克大教堂的圣坛装饰门真品，它的历史可追溯至15世纪20年代，设计者是Pere Oller。

主广场（Plaça Major） 广场

比克的主广场是加泰罗尼亚最大的广场，这里拥有漂亮的中世纪、巴洛克和现代主义建筑。许多咖啡馆会将自己的桌椅摆放到广场上。每周两次的**集市**（周二和周六早上）也在这里举办。

罗马神庙 罗马遗迹

（Temple Romà；Plaça de la Pietat；⏲周二至周六 11:00~13:00和18:00~20:00，周日 18:00~20:00）**免费** 这个罗马神庙包围在11世纪城堡的城墙中间，它建于公元1世纪，在19世纪和20世纪时进行过修复。

食宿

Seminari Allotjaments 客栈 €€

（☎938 86 15 55；www.seminarivic.cat；Ronda Francesc Camprodón 2；含早餐 标单 €49~64，标双 €72~75，标三 €93，四 €124；❄📶🅿）这里在主广场以北600米处，原本是一个神学院，现在是一个各方面都井井有条的现代风格客栈。房间分布在一栋空旷的大楼里，大楼中间是一个有青草地的庭院。房间一尘不染，采用原色装饰。由于有大学生居住，这里弥漫着一股校园气氛。工作人员热情友好，这里可以停车（€6），前台和餐厅24小时服务。

★El Jardinet 加泰罗尼亚菜 €€

（☎938 86 28 77；www.eljardinetdevic.com；Carrer de Corretgers 8；主菜 €15~23；

⌚周二至周六 13:00~15:30和20:30~23:00，周日13:00~15:30；🛜）自1980年营业以来，这家热情友好的餐馆就一直在完善着加泰罗尼亚菜系。这里是城里较好的就餐选择之一，总是人满为患。供应无花果草莓鸭肉、浇了布里奶酪的虾肉火腿沙拉和精致的甜点等多种美食。你可以坐在极简风格的室内用餐，也可以去室外用餐。尝尝他们的3道菜套餐（€28）。

ℹ 实用信息

旅游局（Oficina de Turisme；☎938 86 20 91；www.victurisme.cat；Plaça del Pes；⌚周一至周五10:00~14:00和16:00~20:00，周六 10:00~14:00和16:00~19:00，周日 10:30~13:30）就在主广场旁边的市政厅里，工作人员态度友好，会说多种语言，提供语音导览器（€2）和地图。还有关于加泰罗尼亚历史的展览。

ℹ 到达和离开

有固定列车（R3线）来往于巴塞罗那（€6.15，1~1.5小时）。火车站在主广场以西500米处。

蒙塞拉特（Montserrat）

海拔 720米

位于巴塞罗那西北50公里的蒙塞拉特，在加泰罗尼亚文化里占据着核心位置，它坐拥群山、修道院和穿越独特岩石层的自然公园。历经千年风雨冰霜打磨的蒙塞拉特山极具辨识度：海拔1236米的山峰上，粗糙的石灰岩和腐蚀石块像手指关节般伸展。距离山顶不到一半路程的地方坐落着蒙塞拉特本笃会修道院（Benedictine Monestir de Montserrat），这里是La Moreneta（又称"棕色小圣母像"或"黑面圣母像"）的所在地，它是西班牙较受尊崇的圣象之一。离开修道院后不久即进入蒙塞拉特山自然公园（Parc Natural de la Muntanya de Montserrat），一条条小溪流在这里奔流进入峡谷，从观景点可欣赏到岩石柱的全貌，是一个非常棒的徒步地点。

蒙塞拉特（经常也被用来指代修道院和山）是从巴塞罗那过来的一个热门一日游目的地。修道院总是挤满了游客，但如果你来这里徒步或过夜的话，就能发现它宁静祥和的一面。

👁 景点

★蒙塞拉特修道院　修道院

（Monestir de Montserrat；www.abadiamontserrat.net）加泰罗尼亚最著名的修道院建于1025年，用来纪念牧羊人在幻觉中看到圣母玛利亚，据他们说，当时圣玛利亚周身有光晕并伴随着圣乐。现在这里生活着55名修道士。修道院由两部分组成：一边是大教堂和修道院，另一边是旅游和朝圣设施。靠圣玛利亚广场（Plaça de Santa Maria）一侧的修道院建筑包括优雅的15世纪回廊、有圣乔治和圣班尼迪克浮雕的19世纪末的正门。

➡ 圣玛利亚

（Cambril de la Mare de Déu；⌚8:00~10:30和正午至18:30，7月至9月中旬 8:00~10:30，正午至18:30和19:30~20:00）按蒙塞拉特主大教堂门口右边的标志牌指示走，就会来到圣玛利亚礼拜堂，你可以在这里向著名的La Moreneta（又称"棕色小圣母像"或"黑面圣母像"）祷告，这是一座备受尊崇的12世纪罗马风格的圣母木雕像，耶稣坐在她的膝上，旁边还有自1881年以来的女资助人。

➡ 大教堂

（Basílica；www.abadiamontserrat.net；⌚7:30~10:30和正午至20:00）免费 大理石地板、新艺术派壁画、优雅的拱廊——蒙塞拉特大教堂正门的露天庭院让人过目难忘。教堂建于1592年，20世纪初在砖面正墙上雕刻了基督和十二使徒。笨重的大门后，是融合文艺复兴风格和加泰罗尼亚哥特风格的殿堂，在大理石和金色装饰的映衬下散发着夺目的光彩。

蒙塞拉特博物馆　博物馆

（Museu de Montserrat；www.museudemontserrat.com；Plaça de Santa Maria；成人/儿童 €7/4含语音导览器 €10/6；⌚周一至周五 10:00~17:45，周六和周日 10:00~18:45）这座博物馆拥有一流的展品，包括考古发现的埃及木乃伊、哥特风格祭坛装饰品，卡纳瓦乔、埃尔·格列柯、毕加索和几位印象派画家（莫奈、德加）的油画，还有丰富多样的20世纪加泰罗尼亚艺术作品，以及一些东正教圣像。

活动

除了游客熙攘的蒙塞拉特修道院和大教堂周边，还有宁静的山林等你去探访，那里有许多纵横交错的徒步小径。旅游局能提供简易地图。

先乘10分钟的圣胡安缆车（Funicular de Sant Joan；www.cremalleredemontserrat.cat；单程/往返 €8.10/13；⌚11月至次年3月 10:00~16:50，9月、10月、4月和5月 10:00~17:50，6月至9月中旬 10:00~18:50，每12~20分钟1班，1月份关闭3周）上到250米高处，也可以沿公路从底下的缆车站走45分钟到高处的缆车站。再走20分钟（有路标）就能抵达圣胡安教堂（Ermita de Sant Joan），它的西边拥有优美的风景。

另一条路线让人更为兴奋：从圣胡安的上缆车站往西北方向走（有路标），抵达蒙塞拉特的最高峰Sant Jeroni（海拔1236米）后返回，全程7.5公里，需走2.5小时。这条路线将带你穿过蒙塞拉特山的高地，有机会近距离欣赏一些岩柱。

娱乐

Escolania de Montserrat 现场音乐

（www.escolania.cat；⌚表演 周一至周四 13:00，周日 11:00，周日至周四 18:45）从14世纪开始，就一直有清澈的歌声回荡在大教堂里，它们来自欧洲最古老的一个男孩唱诗班。唱诗班在大多数日子里有简短的表演（学校假日除外），曲目包括加泰罗尼亚民族诗人Jacint Verdaguer写的乐曲诗Virolai和Salve Regina。唱诗班成员有50人，年龄在9~14岁，他们都在蒙塞拉特的寄宿学校上学，必须经过两年的选拔才能加入唱诗班。

实用信息

旅游局（Oficina de Turisme；☎938 77 77 77；www.montserratvisita.com；⌚复活节至9月 9:00~20:00，10月至复活节 9:00~17:45）位于修道院入口内，提供徒步路线相关的信息。

到达和离开

FGC（www.fgc.net）运营的R5线列车来往于巴塞罗那的西班牙广场站（1小时，每30~60分钟1班），头班车的发车时间是5:16，但最好乘坐8:36那一班，这样就可以接驳第1班**AERI缆车**（☎938 35 00 05；www.aeridemontserrat.com；单程/往返 €7/10；⌚9:40~19:00 每15分钟1班，11月至次年2月班次减少，1月中下旬关闭），缆车通往修道院，乘坐地点在Montserrat Aeri。

另一种方式是乘R5线列车到下一站Monistrol de Montserrat，再转乘开往修道院的**齿轨铁路火车**（☎902 31 20 20；www.cremallerademontserrat.com；单程/往返 €6/10；⌚9月中旬 至次年6月 8:48~18:15，复活节和7月至9月中旬8:48~20:15，每20~40分钟1班），车程20分钟。有多种普通列车/齿轨铁路火车的联票出售。

自驾的话，向巴塞罗那西北方走C16公路，然后在经过Terrassa不久后拐到C58公路上，接着沿C55公路向南抵达蒙塞拉特修道院。你可以把车停在免费停车场，然后乘坐齿轨铁路火车上山，也可以开车上去并停放车辆（小汽车停车费€6.50）。

卡尔多纳（Cardona）

人口 3590

卡尔多纳位于Manresa西北30公里处。在距离卡尔多纳还有很长一段路的时候，高耸的11世纪城堡轮廓便已出现在视野中。这里曾被自封"盐的领主"（Lords of Salt）的人所统治，他们通过开采盐山（Muntanya de Sal）给卡尔多纳带来了财富。今天的游客来城堡主要欣赏敦实的瞭望塔和罗马式教堂。除了这个亮点，卡尔多纳就是一个慵懒的小镇，适合作为一日游目的地，或在巴塞罗那—比利牛斯山脉之间旅行时顺路过来看看。如果你对城堡里的豪华国营酒店有兴趣，就住一晚吧。

★卡尔多纳城堡 城堡

（Castell de Cardona；⌚6月至9月 10:00~13:00和15:00~19:00，10月至次年5月 周二至周日 10:00~13:00和15:00~17:00）**免费** 高耸于山顶的卡尔多纳城堡俯视着这个现代化小镇，远远就能望见它的身影。几百年以来，贵族们一直利用这个战略位置监控卡尔多纳的盐山——那里的"白色金子"是小镇的财富来源。站在城墙上可以眺望广阔的莱里达平原，地势最高的观景点是11世纪的Torre de la Minyona。你可以自由游览城堡，但城堡内部景点要收门票。

公元前3世纪时这里便有一座堡垒，但它是在11世纪卡尔多纳领主到来并统治这里后才达到鼎盛的，他们在此修建了宫殿建筑和造型优雅的罗马式Colegiata de Sant Vicenç（Castell de Cardona；成人/儿童 €3.50/2.50；⌚团队游 10:30、11:30、12:30、15:30和16:30，以及 10月至次年5月 18:00）。在长达1100年的时间里，卡尔多纳城堡从未被人征服过。

★ **Parador de Cardona** 历史酒店 €€

（☎938 69 12 75；www.parador.es；卡尔多纳城堡；房间 €88~155；❄📶🅿）这家国营酒店开在了卡尔多纳的中世纪城堡里，尽管房间实际在相邻的另一栋现代建筑里，但你依然可以体验一把当年领主的生活。房间宽敞舒适，风格老派，许多房间可以看到窗外优美迷人的风景。公共区域摆放着古色古香的家具和古代华服。吃早餐的地方是一个经过改造的僧侣食堂，食堂的天花板为哥特式的拱顶。

★ **La Volta del Rector** 加泰罗尼亚菜 €€

（☎938 69 16 37；lavoltadelrector.cat；Carrer de les Flors 4；主菜 €12~16；⌚周二至周四和周日 8:00~17:00，周五和周六 8:00~0:00；✍）12世纪的石墙混搭野生紫罗兰装饰，就是这家位于镇中心的餐馆。这里弥漫着质朴而浪漫的气息，却又不失时尚感。与此同时，不管是烧烤、野味还是餐馆特色菜（高原土豆配散养鸡蛋和西班牙辣味香肠）都充满了新意。服务员能就该地区的高品质葡萄酒提出专业的建议。

ℹ 实用信息

旅游局（Oficina de Turisme；☎938 69 27 98；http://cardonaturisme.cat；Avinguda del Rastrillo；⌚4月至10月 周一至周六 10:00~14:00和16:00~20:00，周日 10:00~14:00，11月至次年3月 周一至周五和周日 10:00~14:00，周六 10:00~14:00和16:00~19:00）位于老城的最上方，旁边是通往城堡（那里另有一个小型信息中心）的步道。

ℹ 到达和离开

ALSA（www.alsa.es）运营的长途汽车从巴塞罗那（€13，1.75小时，每天2~4班）和Manresa（€4.40，35~60分钟；周一至周五每小时1班，周末每天3班）抵达卡尔多纳。长途汽车站就在旅游局以北的Avinguda del Rastrillo上。

莱里达（Lleida）

人口 131,520

战火纷飞的莱里达已成历史，现在的它不过是一座普通的适合打工的城市。14世纪和15世纪期间，身处干旱内陆的莱里达是一个经济活动中心，许多犹太人和穆斯林来此定居。由于周边修道院的存在，文化和艺术在这里得以繁荣。1300年，这里建立起一座大学。在前往圣地亚哥-德孔波斯特拉的圣地亚哥朝圣之路（在加泰罗尼亚境内为Camí de Sant Jaume）上，拥有圣布遗迹和荆棘的莱里达大教堂是一个备受尊崇的站点。

在加泰罗尼亚的历史长河里，莱里达总是冲突不断，而它几乎每次都站错队。在西班牙王位继承战争（War of the Spanish Succession）中，莱里达的老城区被毁。1812年，作为征服者们的替代定居地的它遭到了法国人的洗劫。

高耸的老教堂同时也是一座城堡，从它身上可以一窥莱里达当年的辉煌，分布在城市各处的博物馆和现代主义建筑也给了旅行者前来的理由。

👁 景点

去旅游局拿一份莱里达最美老建筑的路线地图。造型优雅的15世纪老圣玛利亚医院（Antic Hospital de Santa Maria）和20世纪的天花板上有现代主义壁画的Casa Magí Llorenç值得一看。

★ **老教堂** 主教座堂

（La Seu Vella；www.turoseuvella.cat；成人/儿童 €5/免费，含国王城堡 €7/免费；⌚5月至9月 周二至周六 10:00~19:30，10月至次年4月 周二至周五 10:00~13:30和15:00~17:30，周六 10:00~17:30，全年的周日 10:00~15:00）莱里达的老教堂于高高的山顶上俯瞰着这座城市，它被后来修建的堡垒建筑群包围在里面。教堂初建于1203年，但今天我们看到的是一座风格大胆的罗马式建筑，同时拥有哥特式穹顶和精致的花式窗棂。14世纪的哥特式回廊里有许多细长的圆柱并且视野开阔，它的西南角矗立着一座60米高的八边形钟楼，钟楼顶部有一些哥特式花饰。爬上钟楼的238级台阶，便可欣赏到美丽的城市全景图。

圣劳伦斯教堂

教堂

（Església de Sant Llorenç; Plaça Sant Josep; ⏲周一至周五 9:30-12:30和17:00~20:00，周六和周日 10:00~13:30和17:00~20:00，时间不定）**免费**这座建于12世纪的罗马式教堂经过翻修焕然一新，内有3个中殿，尤为值得欣赏品味的是它的八边形钟楼及屋檐上的怪兽滴水装饰。

莱里达博物馆

博物馆

（Museu de Lleida; www.museudelleida.cat; Carrer del Sant Crist 1; 成人/儿童 €5/2.50; ⏲6月至9月 周二至周四和周六 10:00~14:00和17:00~19:00，10月至次年5月 周二至周四和周六 10:00~14:00和16:00~18:00，全年周五和周日 10:00~14:00）这座明亮宽敞的博物馆展出了早至石器时代、罗马时代、西哥特的文物和中世纪艺术品，以及19世纪的珍品。亮点包括被打上柔灯的中世纪宗教雕塑、伊比利亚半岛已知最古老的啤酒容器、古罗马埃尔罗梅拉尔（El Romeral）庄园里精致的1~4世纪马赛克、孔雀羽毛和树叶做的拼缝工艺品。展品标签使用的是加泰罗尼亚语，但馆内提供英语版和西班牙语版的导览册子。

食宿

Parador de Lleida

历史酒店 €€

（☎973 00 48 66; www.parador.es; Carrer del Cavallers 15; 房间 €80~103; ❄📶🅿）2017年营业的这家国营酒店，为这个城市原本毫无特色的住宿添上了浓墨重彩的一笔。酒店由17世纪的罗塞修道院（Convent del Roser）改建而成，垂挂着窗帘的回廊造型优雅，奶油色、淡棕色和温馨原木色的现代风格房间围绕在回廊旁边，小礼拜堂变成了现在的高级餐厅。酒店位于莱里达历史中心街区的正中位置。

Macao

创意菜、日本菜 €€

（☎973 04 63 08; www.facebook.com/macaolleida; Carrer del Camp de Mart 27; 主菜€9~15; ⏲周二至周五 13:00~16:00和20:30~23:30，周六和周日 13:30~15:00和20:30~0:00; 📶✍）这家人气很高的餐馆位于老教堂以西500米。精致的菜肴融合了日本菜、加泰罗尼亚菜和地中海菜的多种风味，店内环境也如餐盘里的食物呈现出一种海洋般的氛围。试试盐水毛豆、各种诱人炒菜、生鱼片、微熏鲣鱼、反卷和握寿司，它们都从开放式厨房端出来。

L' estel de la Mercè

加泰罗尼亚菜、创意菜 €€€

（☎973 28 80 08; www.lesteldelamerce.com; Carrer Cardenal Cisneros 30; 主菜 €19~25; ⏲周三至周六 13:00~15:30和20:30~23:30，周二和周日 13:00~15:30）这间餐馆位于镇中心西南约1公里处，供应使用当季新鲜农产品烹饪而成的创意菜肴。试试兔肉配蔬菜和蜗牛（莱里达特色菜）、亚洲风味鱼（如加入了生姜的西班牙冷菜汤金枪鱼）和火焰草莓配辣椒。

ℹ 实用信息

莱里达旅游局（Turisme de Lleida; ☎973 70 0319; www.turismedelleida.cat; CarrerMajor 31; ⏲周一至周六 10:00~14:00和16:00~19:00，周日 10:00~13:30）在主步行街上，提供地图和当地旅行建议。

旅游局（Oficina de Turisme; ☎973 23 84 46; La Seu Vella; ⏲5月至9月 周二至周六 10:00~19:30，周日 10:00~15:00，10月至次年4月 周二至周五 10:00~13:30和15:00~17:30，周六 10:00~17:30，周日 10:00~15:00）位于大教堂内，负责莱里达及周围一带。

ℹ 到达和离开

莱里达的中心**长途汽车站**（Avinguda de Blondel）位于老城区的西南边，**ALSA**（www.alsa.es）运营的长途汽车从这里开往萨拉戈萨（€11，1.75~2.5小时，每天2~3班）、巴塞罗那北部长途汽车站（€21，2.25小时，每天10~14班）、埃尔普拉特机场（€22，2.75~3.25小时，每天2~4班）、维耶拉（€14，2.75小时，每天8~10班）和拉塞乌-杜尔赫尔（€19，2.25小时，每天3~7班）。

固定班次的火车从巴塞罗纳（€23~52，1小时）开往莱里达，部分车次继续前进经萨拉戈萨（€15~33，40~80分钟）抵达马德里（€73~100，2小时，每天10班）。

多拉达海岸及周边 (COSTA DAURADA & AROUND)

锡切斯 (Sitges)

人口 25,880

锡切斯位于巴塞罗那西南35公里处，这里有海滩、营业到深夜的夜店和丰富的节日。锡切斯自19世纪以来便是一个度假胜地，它在现代主义运动中也扮演了重要角色，这场运动为毕加索等大师的出现创造了条件。现在的锡切斯是西班牙最著名的同性恋度假地。7月和8月，这里会变成一个巨大的海滩派对，而狂欢节（见本页）的到来更是展现了这个城镇纵情享乐的一面。不过，除了拥有狂欢作乐的夜生活，锡切斯也没有偏离高雅：这里有各种规模的画廊和博物馆，历史中心街区（街道两边有精品店）里藏着多间高级餐馆，10月的电影节Festival Internacional de Cinema Fantàstic de Catalunya（www.sitgesfilmfestival.com）吸引来周边的文艺青年。淡季时的锡切斯比较安静，但你仍然可以感受到它的美好。

景点

锡切斯最美的地方是海岬区，这里矗立着精致的圣巴塞洛缪和圣特克拉教堂（Església de Sant Bartomeu I Santa Tecla），周边还有宏伟的现代主义宫殿和宅邸，远处是泛着光的蓝色地中海。

★考费拉博物馆 博物馆

（Museu del Cau Ferrat; www.museusdesitges.cat; Carrer de Fonollar; 含德尔玛马里切尔博物馆 成人/儿童 €10/免费; ⏲7月至9月 周二至周日 10:00~20:00，4月至6月和10月 10:00~19:00，11月至次年3月 10:00~17:00）这座海滨宅第建于19世纪90年代，集住宅和工作室于一体，原主人Santiago Rusiñol是加泰罗尼亚艺术家、现代主义运动的先锋，馆内展出了许多他和同代艺术家（包括他的朋友毕加索）的作品，还有大量他私人收藏的文物古董，例如希腊古瓮、15世纪的洗礼盆和18世纪的瓷砖（一直贴到了有花卉图案的木梁天花板上）。

展览介绍仅有西班牙语和加泰罗尼亚语，但也有一些展品细节有英语和法语指示。德尔玛马里切尔博物馆（Museu Maricel del Mar; www.museusdesitges.cat; Carrer de Fonollar; 含考费拉博物馆 成人/儿童 €10/免费; ⏲7月至9月 周二至周日 10:00~20:00，4月至6月和10月 10:00~19:00，11月至次年3月 10:00~17:00）是附属于它的另一间博物馆。

圣巴塞洛缪和圣特克拉教堂 教堂

（Església de Sant Bartomeu i Santa Tecla; Plaça de l' Ajuntament; ⏲弥撒 周一 至周五 19:30，周六 20:00，周日 9:00、11:00、12:30和19:30，时间不定）锡切斯最显眼的地标就是这座建于17世纪的教区教堂，它坐落在临海的崎岖岩石上，正好将西南方2公里长的主海滩与东北方较小的其他海滩分隔开来。

海滩

锡切斯的主海滩被防波堤划分为9个区域，上面点缀着海滩酒吧（xiringuitos），沿岸是迷人的海滨风光带（Passeig Marítim）。处在中心的是热闹的La Fragata，它就位于圣巴塞洛缪教堂的下方，La Ribera紧挨在它的西边。中心区域的西南方向大约500米处，是摆放着日光浴床的L' Estanyol；同一方向再过去1.5公里，便到了Les Anquines和Terramar，这里有脚踏船出租。中心区域的东北方是进出方便的Sant Sebastià、有荫蔽的Balmins（颇受天体浴爱好者的欢迎；锡切斯东北1公里处）和棕色沙滩Aiguadolç（再往东过去500米的地方）。紧挨着中心区域西侧的是Bassa Rodona——人们心照不宣的著名的"同性恋海滩"。

节日和活动

狂欢节 狂欢节

（Carnaval; www.carnavaldesitges.com; ⏲2月/3月）锡切斯的狂欢节是为期一周的开怀畅饮，以及周日和周二举行的假面舞会，恣意的同性恋游行。特色是绚丽装束的变装女王、巨型音响设备以及整夜的派对，节日期间酒吧将通宵营业至第二天清晨。每年举办的时间不定；具体信息请上网查询。

住宿

Utopia Beach House 青年旅舍 €

（☎938 11 11 36; www.utopiasitges.com;

Sitges 锡切斯

Sitges 锡切斯

重要景点

1 考费拉博物馆......D4

景点

2 圣巴塞洛缪和圣特克拉教堂......C4
德尔玛马里切尔博物馆......（见1）
3 Platja de la Fragata......B4
4 Platja de la Ribera......A4
5 Platja de Sant Sebastià......D3

活动、课程和团队游

6 Sitges SUP......B3

住宿

7 Hotel Galeón......B2
8 Hotel Platjador......B3
9 Parrots Hotel......A3

就餐

10 33 Sitges......C3
11 El Cable......C3
12 La Salseta......B3
13 Lady Green......B3
14 Nem......B2

饮品和夜生活

15 La Sitgetana......B2

Carrer Socias 22；铺 €20~32，标双 €50~99；📶）在锡切斯市中心以西1.5公里处，离海滩很近。旅舍有色彩柔和的4人间、6人间和10人间（提供锁柜和毛巾），双人间带独立卫生间，有些还带大阳台。绿荫遮挡的花园里有一个气氛愉悦的咖啡馆兼酒吧，花园里经常有现场音乐演出。旅舍内还有自助洗衣机（€3）、公共厨房和附带迷你图书室的公共休闲区。

Babalu Sitges Beach Hostel 青年旅舍 €€

(☎938 94 62 74; www.sitgesbeachhostel.com; Calle Anselm Clavé 9; 铺 €30~40, 标双 €80~110; ❄📶)这个微风习习的青年旅舍坐落在市中心以西1公里的沙滩附近。4人间、6人间、8人间或14人间环境舒适,有锁柜和独立卫生间。虽然价格不便宜,但考虑到这里实惠的饭菜、可出租自行车、活跃的公共区和大空间的露台,令你花出去的每分钱都很值。

Parrots Hotel 酒店 €€

(☎938 94 13 50; www.parrotshotel.com; Calle de Joan Tarrida 16; 含早餐 标单/双 €109/120~160; ⏲2月至10月; ❄📶)这家亮蓝色的酒店很难不被人注意到,这里对同性恋也很友好。酒店有最现代的房间,房间采用洁净的白色和皇室蓝装饰,大部分带阳台或露台(有日光躺椅)。酒店位于核心区中央,有一个桑拿房。

Hotel Platjador 酒店 €€€

(☎938 94 50 54; www.hotelsitges.com; Passeig de la Ribera 35; 标单 €110~160, 标双 €137~200; ❄📶🏊)这间海滨酒店很受欢迎。房间(许多带阳台)色彩丰富、现代化,豪华大床和可供选择的枕头是它的特色。还有蓝色游泳池和可以俯瞰大海的屋顶酒吧。淡季时房费的折扣超过50%,非常划算。

他们还同时经营**Hotel Galeón**(☎938 94 06 12; www.hotelsitges.com; Carrer de Sant Francesc 46-48; 含早餐 标单 €80~123, 标双 €123~160; ❄📶🏊),房间朴实却不失舒适,有一个被绿色植物环绕的游泳池。

就餐

★El Cable 西班牙小吃 €

(☎938 94 87 61; www.facebook.com/elcablebarsitges; Carrer de Barcelona 1; 西班牙小吃 €2~6; ⏲周一至周五 19:00~23:30, 周六和周日 正午至15:30和19:00~23:30)El Cable也许是锡切斯最受欢迎的西班牙小吃吧,店里总是高朋满座。这家务实的餐厅专注于美食,供应辣番茄酱土豆块(经常被冠以锡切斯最佳)和正好适合一口一个的创意小吃。试试蔬菜馅千层饼(saquito),或获奖的菜肴蘑菇馅鱿鱼配意大利调味饭和杏仁糖,再配上一杯香醇的比利牛斯山产的有机葡萄酒。热情的服务为整个就餐过程又增添了一丝愉悦。

Nem 创意菜 €€

(☎938 94 93 32; www.nemsitges.com; Carrer de l' Illa de Cuba 9; 西班牙小吃 €4.50~7; ⏲周二至周五 19:30~23:00, 周六和周日 13:30~15:30和19:30~23:00, 11月左右至次年4月周日不营业; 📶)一家人气很高的西班牙小吃店,厨师令西班牙和亚洲两种美味兼容。供应的菜品不多,但经常更换,有海鲷刺身、柑橘味辣番茄酱土豆块和烤甜菜根配农家干酪等。可以在半开放区域找一个舒适的角落用餐,或者在吧台上用餐。最后以锡切斯产的精酿啤酒和创意甜点——比如柠檬罗勒白巧克力冰激凌,结束完美的一餐。

Lady Green 素食、严格素食 €€

(☎931 71 59 14; www.facebook.com/ladygreensitges; Carrer de Sant Pau 11; 2/3道菜套餐 €15/20; ⏲周一 19:00~22:00, 周二、周三和周日 13:00~16:00和19:00~22:00, 周四至周六 13:00~16:00和19:00~23:00, 11月左右至次年5月的周一和周二不营业; 📶🖉)墨西哥拼盘、素汉堡、藜麦塔博勒沙拉和美式素食奶酪蛋糕……即使最挑剔的人在这里也会满意,这些没有添加任何肉类的菜肴充满了想象力,味道浓郁,甜点也令人惊艳。还供应严格素食和无麸质食物,以及清爽的鲜榨果汁与奶昔。

La Salseta 加泰罗尼亚菜 €€

(☎938 11 04 19; www.lasalseta.com; Carrer de Sant Pau 35; 主菜 €10~20; ⏲周三至周六 13:30~15:30和20:30~23:00, 周二和周日 13:30~15:30)🍃餐厅有家的温馨又不失优雅,主打慢餐和当季农产品,如松脆可口的猪脚配血肠和锡切斯拌饭(arròs a la sitgetana)等各种米饭类菜肴。

饮品和夜生活

锡切斯的夜生活集中在海岸附近的一个拥挤的步行区: Carrer 1er de Maig (Calle del Pecado; Sin St)、Plaça de la In-dústria和Carrer del Marquès de Montroig。大部分酒吧的关门时间是次日3:30。想要整晚饮酒作乐的人可去城外的夜店,最受欢迎的夜店一直在变。游轮派对是另一大乐趣。

La Sitgetana　精酿啤酒

(www.facebook.com/lasitgetanacraftbeer; Carrer de Sant Bartomeu 10; ⏲周一至周五18:30~23:30, 周六和周日 正午至15:00和18:30~23:30; 📶)这间现代极简主义风格的精酿啤酒吧看起来野心不小：它的后面就是一个啤酒厂。酒吧内有6桶精酿啤酒(每品脱€4.90~6)，试试Tecla Centennial IPA、佩内德斯葡萄酒(杯装)或瓶装锡切斯淡啤酒(La Sitgetana Pale Ale)。小吃有由火腿和奶酪等组合而成的拼盘(€3~9)。

Sweet Pacha　夜店

(www.facebook.com/sweetpachasitges; Avinguda Port d'Aiguadolç 9; 含2杯饮品 €20; ⏲周五和周六 午夜至5:30)跟随撩人的R&B和让人昏昏欲睡的浩室音乐，就能找到这间供应鸡尾酒的夜店——它就在Aiguadolç码头后面，从锡切斯市中心往东走20分钟即可到达。如果你不喜欢过于吵闹的环境，这里还有一间海鲜餐厅。想要了解店内活动的话，可去网上查询或留意其张贴在老城区里的海报。

ℹ 实用信息

锡切斯旅游局(Oficina de Turisme Sitges; ☎938 94 42 51; www.sitgestur.cat; Plaça Eduard Maristany 2; ⏲6月中旬至10月中旬 周一至周六10:00~14:00和16:00~20:00, 10月中旬至次年6月中旬 周一至周六 10:00~14:00和16:00~18:30, 全年的周日 10:00~14:00)在火车站旁边。

ℹ 到达和离开

Monbus(www.monbus.cat)运营的长途汽车从Passeig de Vilafranca开往巴塞罗那(€4, 50分钟, 每15~50分钟1班)和巴塞罗那机场(€7, 25分钟, 每30~60分钟1班)，经停Passeig de Vilanova。

R2线地区铁路火车在5:00~22:00定时开往巴塞罗纳的恩典区大街火车站和桑兹总火车站(€4.10, 45分钟)。去巴塞罗那机场(€4.10, 40分钟)可在El Prat de Llobregat转车。

佩内德斯葡萄酒之乡 (Penedès Wine Country)

西班牙一些最好的葡萄酒产自巴塞罗那西边和西南边的佩内德斯平原。巴塞罗那以西35公里处的圣萨杜尔尼达诺亚(Sant Sadurníd'Anoia)是西班牙卡瓦酒(cava)之都，这种类似香槟的起泡酒在全世界和整个西班牙都很受欢迎。往西南方向继续前行12公里，到达拥有悠久历史的佩内德斯自由镇，这里是获得佩内德斯葡萄酒原产地称号认证(Denominació d'Origen, Denomination of Origin, 简称DO)的中心(www.dopenedes.cat)，出产清爽的白葡萄酒和香醇的红葡萄酒。

圣萨杜尔尼达诺亚 (Sant Sadurní d'Anoia)

人口 12,310

圣萨杜尔尼达诺亚有一百多家酿酒厂，是西班牙卡瓦酒(一种用与法国香槟相同酿制方法的西班牙起泡酒)的生产中心。这个安静的小镇最悦耳的声音便是砰砰的开瓶塞声，丰富的美食和葡萄酒节日会让旅行者在这里待得很愉快。

ℹ 实用信息

圣萨杜尔尼达诺亚旅游局(Oficina de Turisme de Sant Sadurní d'Anoia; ☎938 91 03 25; www.turismesantsadurni.cat; Carrer de l'Hospital 23; ⏲周二至周五 9:15~14:45和16:00~18:30, 周六10:00~14:00和16:30~19:00, 周日 10:00~14:00)提供葡萄酒厂团队游预订和地图，有一个关于卡瓦酒的交互式解说中心。

ℹ 到达和离开

巴塞罗那桑兹总火车站有开往圣萨杜尔尼达诺亚(€4.10, 40分钟, 每半小时1班)的地区铁路火车。

佩内德斯自由镇 (Vilafranca del Penedès)

人口 39,000

如果你想游览佩内德斯葡萄酒之乡，但又不想参加长长的导览游或自驾，最好就先来自由镇。这个小镇比附近的圣萨杜尔尼(Sant Sadurní)要热闹，虽然布局较为分散，但它的镇中心有让人眼前一亮的中世纪建筑和现代主义建筑(旅游局提供的小册子能帮你自助游览），还有许多供应高品质葡萄酒的好餐馆。从这里可以轻松前往各葡萄园。

就餐

El Convent 加泰罗尼亚菜、西班牙小吃 €€

（☎931 69 43 84；www.facebook.com/elconvent1850；Carrer de la Fruita 12；菜肴 €8~19；⊙周二至周五 19:00~0:00，周六 9:00~15:30和20:00~0:00）这间迷宫般的酒馆既现代又质朴，供应精心烹制的加泰罗尼亚特色菜，比如比利牛斯山肋间牛排、野生三文鱼片、山羊奶酪沙拉和各种双人奶酪火锅，此外还有奶酪、鹰嘴豆泥和冷肉组成的拼盘。餐馆友好

在佩内德斯品尝葡萄酒

佩内德斯地区酒窖热情的工作人员将带你了解葡萄酒的酿造历史、参观独特的建筑，展示卡瓦酒和其他葡萄酒的制作过程，最后再提供一两杯美酒供你品尝。团队游一般会持续1.5小时，提前预订十分重要。大部分团队游的讲解语言为加泰罗尼亚语、西班牙语或英语，有些也能提供其他语言。登录www.dopenedes.es和www.enoturismepenedes.cat可获取更多关于葡萄酒旅游的信息。

如果你对品酒抱有更高的期望，可以参加**Catalunya Bus Turístic**（见304页地图；☎932 85 38 32；www.catalunyabusturistic.cat；Plaça de Catalunya；⊙6月至9月 9:00~20:00，10月至次年5月 9:00~19:00；Ⓜ Catalunya）从巴塞罗那出发的一日游（€66~73）。

Codorníu（☎938 91 33 42；www.visitascodorniu.com；Avinguda de Jaume Codorníu，圣萨杜尔尼达诺亚；成人/儿童 €12/8；⊙团队游 周一至周五 10:00~17:00，周六和周日 10:00~13:00）品尝卡瓦酒的话再没有比Codorníu更令人愉快的地方了，就在圣萨杜尔尼达诺亚的东北部边缘过去一点的地方。这些有穹顶天花板的现代主义建筑由加泰罗尼亚建筑师Josep Puig i Cadafalch设计。关于Codorníu酿酒的记录在16世纪就有记载。1872年，Josep Raventós首创用酿造香槟的方法酿造了西班牙起泡酒，而他的儿子Manuel则让自己的父亲在19世纪后期名声大噪。

90分钟的团队游可提供加泰罗尼亚语、西班牙语、英语和法语等多种语言讲解，去网上了解它们的时间表并提前预订。

Freixenet（☎938 91 70 96；www.freixenet.es；Carrer de Joan Sala 2，圣萨杜尔尼达诺亚；成人/儿童 €12/8.50；⊙团队游 周一至周六 9:00~16:30，周日 9:00~13:00）这个全球最大的卡瓦酒生产商就在圣萨杜尔尼达诺亚的火车站旁边，交通非常便利。一个半小时的团队游（加泰罗尼亚语、西班牙语、英语、法语、德语或日语）包含参观其20世纪20年代的酒窖、乘观光火车游览葡萄园和品尝卡瓦酒，需要预订。如果你不参加团队游，依然可以去富有情调的品酒室或怡人的露台品尝顶级起泡酒和火腿小吃拼盘。

Torres（☎938 17 73 30；www.torres.es；Pacs del Penedès；团队游 成人/儿童 €9/6.50起；⊙周一至周六 9:15~16:00，周日 9:15至正午）Torres位于佩内德斯自由镇西北3公里的BP2121上，是这个地区最好的葡萄酒生产商，它传承的葡萄酒酿造工艺可追溯至17世纪，同时十分注重有机种植和对再生能源的使用。20世纪60年代，Torres在西班牙的葡萄酒制造业掀起了一场革命：它引进了温控不锈钢生产系统和法国葡萄品种。现在这里生产各种品质的红白葡萄酒和起泡酒。

Jean León（☎938 17 76 90；www.jeanleon.com；Château Leon，Torrelavit；成人/儿童 €10.25/免费；⊙周一至周五 9:00~18:00，周六和周日 9:00~13:00）自1963年以来，这家酒厂便一直用赤霞珠和其他法国葡萄品种酿造高品质的葡萄酒。90分钟的团队游（加泰罗尼亚语、西班牙语或英语）带你参观风景秀丽的葡萄园，并品尝3种葡萄酒，必须预订。

低调，拥有很高的人气。

★ Cal Ton　　加泰罗尼亚菜 €€€

（☎938 90 37 41；www.restaurantcalton.com；Carrer Casal 8；主菜 €16~27，品尝套餐 €26~50；⊙周二和周日 13:00~15:30，周三至周六 13:00~15:30和20:30~22:30；📶）1982年就开始营业的Cal Ton将带给你整晚的美食享受，轻如羽毛的土豆虾馅小方饺、墨鱼饭、松露汁牛里脊肉……这里的菜肴值得任何程度的赞美。服务人员彬彬有礼且知晓许多知识，能为你挑选当地葡萄酒提出实用的建议。不要错过他家的巧克力岩溶蛋糕配百香果冰激凌。

ℹ 实用信息

佩内德斯自由镇旅游局（Oficina de Turisme de Vilafranca del Penedès；☎938 18 12 54；www.turismevilafranca.com；Carrer Hermenegild Clascar 2；⊙周一 15:00~18:00，周二至周六 9:30~13:30和15:00~18:00，周日 10:00~13:00）

ℹ 到达和离开

有多班地区铁路列车从巴塞罗那桑兹总火车站开往佩内德斯（€4.90，50分钟）。

塔拉戈纳（Tarragona）

人口 63,600

在这个生机勃勃的港口城市，古罗马历史与海滩、酒吧和空气里飘荡着的海鲜烧烤味交织在了一起。塔拉戈纳最吸引人的地方是它拥有西班牙第二重要的古罗马遗址，包括一个贴着马赛克的博物馆和一个海滨圆形露天竞技场。迷人的中世纪城中心矗立着一座罗马和哥特风格的大教堂，交错的小巷里分布着这座城市的各式美食餐馆。

如果想去多拉达海岸的海滩或去附近的雷乌斯（见434页）欣赏现代主义建筑，塔拉戈纳也是通往它们的门户。

历史

塔拉戈纳在公元前218年被罗马人占据，罗马人称它为Tarraco，在此之前这里先后居住着伊比利亚人和迦太基人。公元前27年，奥古斯都（Augustus）将这里设为他的新塔拉哥那行省（Tarraconensis；约为现代西班牙面积的四分之三）的首府，并在这里指挥战役，一直待到公元前25年。在古罗马时代的全盛时期，塔拉戈纳拥有20多万人口。公元714年，由于穆斯林的到来，这座城市被遗弃。11世纪，它作为基督教大主教管区的所在地得到了重生。

> ### ℹ 塔拉戈纳历史博物馆
>
> **塔拉戈纳历史博物馆**（Museu d' Història de Tarragona；MHT；www.tarragona.cat/patrimoni/museu-historia；成人/儿童 每个景点 €3.30/免费，所有景点 €7.40/免费；⊙景点 复活节至9月 周二至周六 9:00~21:00，周日 9:00~15:00，10月至复活节 周二至周六 9:00~19:00，周日 9:00~15:00）包含了多处被列入联合国教科文组织世界遗产的古罗马遗址和镇上其他一些历史建筑。凭联票可参观比勒陀利塔与罗马竞技场、罗马圆形剧场、城墙考古步道和殖民地广场（Fòrum de la Colònia）。开始游览吧！

👁 景点和活动

有几家私营公司提供塔拉戈纳老城导览游，旅游局（见432页）有它们的名单。

Itinere（☎977 23 96 57；www.facebook.com/ItinereTarragona；Baixada del Roser 8；2小时团队游 €90）服务高效且经营时间长，提供2小时或3小时的深度步行游览，导游会说多国语言。

★ 塔拉戈纳大教堂　　主教座堂

（Catedral de Tarragona；www.catedraldetarragona.com；Plaça de la Seu；成人/儿童 €5/3；⊙6月中旬至9月中旬 周一至周六 10:00~20:00，3月中旬至6月中旬和9月中旬至10月周一至周六 10:00~19:00，11月至次年3月中旬 周一至周五 10:00~17:00，周六 10:00~19:00）俯视全镇的塔拉戈纳大教堂融合了罗马风格和哥特风格，这一点在它的主正面上体现得尤其明显。鲜花盛开的回廊里有哥特式拱顶结构和罗马风格的雕刻柱顶，其中一个柱顶雕刻的是老鼠

Tarragona 塔拉戈纳

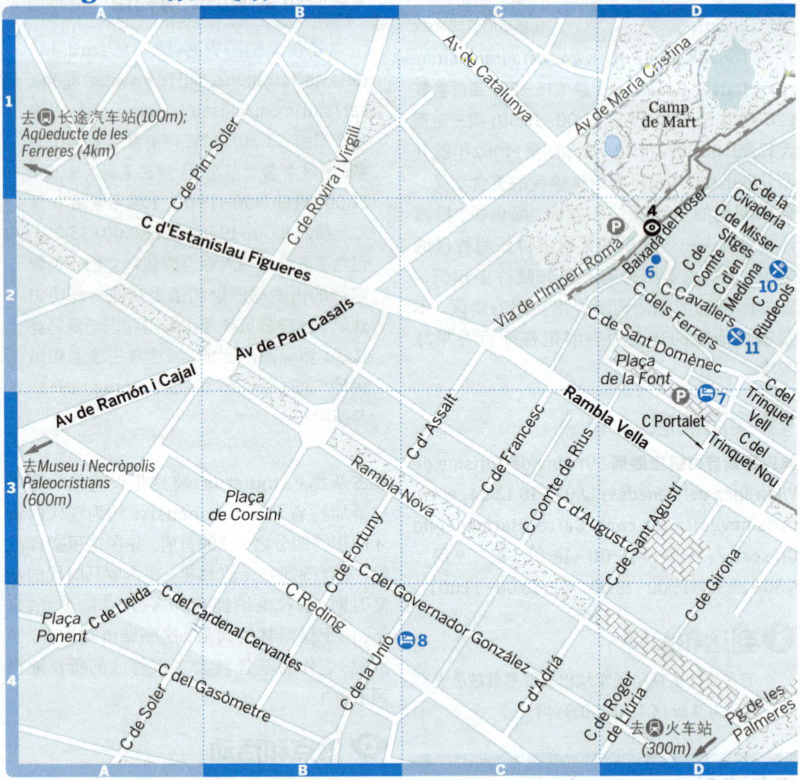

Tarragona 塔拉戈纳

重要景点

1 塔拉戈纳大教堂 E2
2 塔拉戈纳国家考古博物馆 E3

景点

3 罗马圆形剧场 E4
4 城墙考古步道 D2
5 比勒陀利塔与罗马竞技场 E3

活动、课程和团队游

6 Itinere D2

住宿

7 Hotel Plaça de la Font D3
8 Tarragona Hostel C4

就餐

9 AQ E1
10 Arcs Restaurant D2
11 Degvsta D2
12 El Vergel E2
13 Korxo E2

们正在为一只猫举行葬礼，猫却突然复活了！紧邻回廊的房间里陈列着一座古罗马庙（发现于2015年）的遗物。**教区博物馆**（Museu Diocesà）里展出了罗马时代的发簪和13~14世纪的彩色圣母木雕等。不要错过东中殿里的14世纪壁画。

★塔拉戈纳国家考古博物馆 博物馆

（Museu Nacional Arqueològic de Tarragona; www.mnat.cat; Plaça del Rei 5; 成人/儿童 €4.50/免费; ⏲10月至次年5月 周二至周六 9:30~18:00, 6月至9月 9:30~20:30, 全年的周日 10:00~14:00）这座优秀的博物馆充分地展示了古罗马时

代塔拉戈纳的文化和物质财富。马赛克藏品勾勒出了它们不断变化的历史过程：从简单的黑白设计到复杂的全彩图案，亮点包括2或3世纪的《美杜莎马赛克》（*Mosaic de la Medusa*）和3世纪的几乎完整的巨幅《拉普内达的鱼马赛克》（*Mosaic de Peixos de la Pineda*，展示鱼和海洋生物的形象）。解说文字使用的是加泰罗尼亚语和西班牙语，但馆内提供英语版的导览册子。

罗马圆形剧场 遗迹

（Amfiteatre Romà；Parc de l' Amfiteatre；成人/儿童 €3.30/免费；⌚复活节至9月 周二至周六 9:00~21:00，周日 9:00~15:00，10月至次年复活节 周二至周六 9:00~19:00，周日 9:00~15:00）这座保存完好的圆形竞技场就在海滩附近，历史可追溯至2世纪，角斗士们在这里互相（或者和野兽）搏斗。场地里有一座6世纪西哥特风格的教堂和一座12世纪罗马风格的教堂遗址，它们被用来纪念基督教主教Fructuosus和两位教牧执事的殉难——据说他们于259年在这里被活活烧死。

费雷斯高架渠 桥梁

（Aqüeducte de les Ferreres；Pont del Diable；⌚24小时；P）免费 高架渠位于市中心以北4公里的地方，紧邻AP7（在它与N240交会的附近），它的周围是错综复杂的灰尘扑面的小径。这是一段两层高架引水渠（长217米、高27米），你可以从它上面穿过。5路和85路公共汽车（€1.50，每30分钟1班）从Plaça Imperial de Tàrraco发车，开往Sant Salvador，参观完你可以沿河走回城里（4.6公里，大约90分钟）。

比勒陀利塔与罗马竞技场 遗迹

（Pretori i Circ Romans；Plaça del Rei；成人/儿童 €3.30/免费；⌚复活节至9月 周二至周六 9:00~21:00，周日 9:00~15:00，10月至复活节 周二至周六 9:00~19:00，周日 9:00~15:00）这个大建筑群设两个独立入口，看点包括：1世纪末的**罗马竞技场**（Roman circus），这里曾经举办双轮战车比赛，至今保存完好；国王广场（Plaça del Rei）上的**Pretori tower**（可登上塔顶欣赏城市全貌）；古罗马时代塔拉哥那行省的政治中心**省议会广场**（provincial forum）的一部分。竞技场长300米，可容纳30,000名观众，从这里一直延伸至西边的Plaça de la Font之外。

城墙考古步道 城墙

（Passeig Arqueològic Muralles；Avinguda de Catalunya；成人/儿童 €3.30/免费；⌚复活节至9月 周二至周六 9:00~21:00 周日 9:00~15:00，10月至复活节 周二至周六 9:00~19:00，周日 9:00~15:00）老城区边缘是由两道墙组成的城墙，安静的城墙脚下是散步的好去处。靠内的城墙主要修建于古罗马时代，其历史可追溯至公元前3世纪，而外侧的城墙则由英国人修建于1709年，当时是西班牙王位继承战争期间。最早修建的一段城墙厚度达4米。这里有一个解说中心（加泰罗尼亚语、西班牙语和英语）。

住宿

Tarragona Hostel 青年旅舍 €

（☎877 05 58 96；www.tarragonahostel.

当地知识

加泰罗尼亚的人体“城堡”

加泰罗尼亚奇特的场景之一就是叠罗汉（castells），或者称为人体“城堡”。这种运动起源于18世纪的Valls（塔拉戈纳以北20公里处），之后流传到加泰罗尼亚的其他地方。参加叠罗汉的人一个接一个站在队友的肩膀上，然后一个大胆的孩子顺着这座人体城堡爬上去，一直爬到顶端。这个过程完成后，他们再慢慢地“分拆”掉，“城堡”可高达9层。塔拉戈纳的**圣特克拉节**（Festival de Santa Tecla；⊙9月中旬）上有最壮观的叠罗汉表演。

com；Carrer de la Unió 26；铺 €14~25，标三 €50~60；📶）性格活泼的工作人员、绿荫遮挡的露台、舒适的公共区、公用厨房和洗衣设施——这里具备一间青年旅舍该有的一切。旅舍位于市中心，有两个8人间和一个4人间（全都有空调和独立锁柜），以及一个仅有风扇的3人间。

Hotel Plaça de la Font 酒店 €€

（☎977 24 61 34；www.hotelpdelafont.com；Plaça de la Font 26；标单/双/三 €63/78/98；❄📶）塔拉戈纳较好的住宿选择之一，房间舒适现代，每个房间都饰有不同的当地历史遗迹照片。前排的房间带阳台，虽然窗外就是热闹的Plaça de la Font，但隔音效果很好。咖啡馆的桌椅摆到了广场上，是吃一顿简便早餐的好地方。

Gran Claustre 精品酒店 €€

（☎977 65 15 57；www.granclaustre.com；Carrer del Cup 2，Altafulla；标单 €77~133，标双 €90~157；❄📶🏊🅿）这个飘着花香的酒店是高端住宿里的一个不错选择，它位于塔拉戈纳东北方向的11公里处，俯视着Altafulla老城区里的17世纪城堡。房间优雅，走极简主义风格，但在保留下来的18世纪石墙建筑里也有色彩丰富、充满历史韵味的房间，那里还有一个游泳池。其他的亮点包括水疗浴池、热水浴池和优雅的餐厅。

Hotel Sant Jordi 酒店 €€

（☎977 20 75 15；www.hotelsantjordi.info；Avinguda Vía Augusta 185；房间 €68~80；⊙1月中旬至12月中旬；❄📶🅿）这家受欢迎的酒店在塔拉戈纳市中心东北2.5公里处的Platja de la Savinosa，接待处让人感觉像是回到了20世纪70年代，但房间干净舒适并带阳台，可以欣赏海景。复古的氛围和热情的服务让这里实际上比你对它的第一印象要更好。

就餐

El Vergel 严格素食 €€

（☎877 06 48 50；www.elvergeltarragona.com；Carrer Major 13；3道菜套餐 €15~18；⊙13:00~23:00；📶🍷）🌿白色的墙、薄荷绿色的百叶窗、有图案的瓷砖和原创艺术品共同组成了这个漂亮时尚的严格素食餐馆，这里供应创意素食的2道或3道菜套餐，经常更换的菜品包括豆腐炖菜、全蔬菜比萨、蘑菇意大利调味饭、花椰菜炸丸子和生姜椰子汤等，饮品有冷榨果汁、自制苦艾酒和有机葡萄酒。

Degvsta 创意菜、加泰罗尼亚菜 €€

（☎977 25 24 28；www.degvsta.com；Carrer Cavallers 6；主菜 €15~19；⊙周一 13:30~16:00，周二至周六 13:30~16:00和21:00~22:30）穿过一个时尚的休闲室，来到这个风格质朴的餐馆，店内采用奶油色调装饰，有一个爪足浴缸。这里主要供应现代加泰罗尼亚创意菜，牛油果西班牙冷菜汤、柑橘黑鲈、番茄橄榄油面包和添加草莓调味汁的绵羊奶酪沙拉都非常美味。工作日午餐时段提供的3道菜套餐（€6）很受欢迎。

AQ 地中海菜、创意菜 €€

（☎977 21 59 54；www.aq-restaurant.com；Carrer de les Coques 7；主菜 €11~24；⊙13:30~15:30和20:30~23:00）这间有棕榈树图案的餐馆环境优雅，精心烹制的丰富菜肴包括加泰罗尼亚、意大利和亚洲风味。你的味蕾会充分享受鱿鱼墨汁炸肉丸、辣番茄酱土豆块、烤和牛牛排、照烧鳕鱼茄子和炒贻贝带来的快感。

Arcs Restaurant 加泰罗尼亚菜 €€€

（☎977 21 80 40；www.restaurantarcs.com；Carrerde Misser Sitges 13；主菜 €17~22；⊙周二至周六 13:00~16:00和20:30~23:00）餐馆位于

一个中世纪洞穴里，饰以色彩明快的当代艺术，头顶是原建筑保留下来的哥特式拱顶。供应当季的加泰罗尼亚菜肴（有些为传统菜，有些为改良口味）。试试他家的榛子苦艾酒鸭肉、微熏三文鱼配芥末冰激凌，或总是非常好的当日捕获物。

实用信息

塔拉戈纳旅游局（Tarragona Turisme；☎977 25 07 95；www.tarragonaturisme.es；Carrer Major 39；⊙6月至9月 10:00~20:00，10月至次年1月 周一至周五 10:00~14:00和15:00~17:00，周六 10:00~14:00和15:00~19:00，周日 10:00~14:00）

到达和离开

飞机

雷乌斯机场（Reus airport；www.aena.es；紧邻C14，Reus）位于塔拉戈纳西北11公里处，以瑞安航空公司（Ryanair）的航班为主，目的地包括伦敦、都柏林、曼彻斯特、布鲁塞尔、埃因霍温和法兰克福-哈恩机场等。

长途汽车

长途汽车站（Plaça Imperial Tarraco）位于老城区以西1.5公里处的Rambla Nova。**ALSA**（www.alsa.es）运营的长途汽车开往巴塞罗那北部长途汽车站（€8.70，1.5小时，每天7班）和巴伦西亚（€22，3~4.5小时，每天6班）。**Hispano Igualadina**（www.igualadina.com）运营的长途汽车开往莱里达（€6，1.25~1.75小时，每天1~5班）。

小汽车和摩托车

老城区西侧的Via de l' Imperi Romà旁有一个中央地下停车场（€5.50/天）。

火车

塔拉戈纳有两个火车站。**当地火车站**（local train station；在塔拉戈纳市内）在海滩附近，从老城区向南步行10分钟就到，有往返于巴塞罗那（€8.05~21，1~1.5小时，每10~30分钟1班）和巴伦西亚（€17~27，2~4小时，每天15~17班）的火车。另一个火车站**Camp de Tarragona**在市区外，在市中心以北10公里处（坐出租车20分钟）。有多班开往巴塞罗那（€12~32，35分钟）和莱里达（€14~26，30分钟）的高速列车。

当地交通

抵离机场

有公共汽车（发车时间与航班接驳）往返于塔拉戈纳**长途汽车站**（€4，20分钟，每天3 -5班）和巴塞罗那（€15，1.75小时，每天1班）。

普里奥拉和蒙桑特葡萄酒产区（Priorat & Montsant Wine Regions）

塔拉戈纳以西40公里是加泰罗尼亚的普里奥拉葡萄酒产区，这里的山坡种满了葡萄，出产西班牙最负盛名（和最贵）的一些葡萄酒，也获得了普里奥拉优质法定产区认证（Denominació d' Origen Qualificada，简称DOQ；www.doqpriorat.org），整个西班牙只有两个葡萄酒产区得到这个令人艳羡的分类（另一个是拉里奥哈）。这里主要出产用佳丽酿葡萄（cariñena）和歌海娜葡萄（garnatxa）酿造的红葡萄酒。普里奥拉的葡萄酒产区几乎被蒙桑特原产地称号（Montsant Denominació d' Origen；www.domontsant.com）的葡萄园所包围，后者也以出产浓郁的红葡萄酒（用同种葡萄酿造而成）和寇修酒（kosher）而出名。

N420以北的**Falset**是该地区的主要城镇，也是最富有生活气息、生活设施齐全的大本营。另一个选择是山顶上的**Gratallops**（Falset西北方向10公里处），这里有普里奥拉最知名的几个葡萄酒厂。

Clos Mogador 葡萄酒厂

（☎977 83 91 71；http://closmogador.com；Camí Manyetes, Gratallops；团队游 €30；⊙开门时间不定）从Gratallops往西南方向走5分钟就到这里了。这里由法国葡萄酒酿造师René Barbier于1979年创办，是普里奥拉地区出色的葡萄酒厂之一。酒厂生产两种芳香的红葡萄酒，原料大部分用的是佳丽酿葡萄和歌海娜葡萄，以及一种优质白葡萄酒（白歌海娜葡萄和马卡贝尔葡萄）。3~4小时的深度导览游会带你坐车游览葡萄园，然后品尝这3种葡萄酒。

Catedral del Vi 葡萄酒厂

（Cooperativa Falset-Marça；☎696 545254；

不要错过

西多会之路

西多会之路（Ruta del Cister; www.larutadelcister.info）蜿蜒穿过塔拉戈纳和莱里达之间的山区，将加泰罗尼亚最古老最漂亮的3座宗教建筑——**波夫莱特圣玛利亚皇家修道院**（Santa Maria de Poblet）、**桑特克鲁斯皇家修道院**（Santes Creus）和**瓦博纳圣玛利亚皇家修道院**（Santa Maria de Vallbona）相连。加泰罗尼亚内陆的Conca de Barberà河谷葡萄酒产区适合自驾游览，而GR175是一条连接3座修道院的104公里的长距离环线。

在一天之内游完3座修道院是可行的，你可以从莱里达或更方便的塔拉戈纳出发，但要把时间安排好：有2座修道院只能通过参加不定时的导览游才能进入参观。早点动身，赶在开门时间（10:00）到达第1座修道院。购买联票（€12；有效期一年）可以进入全部3座修道院。

如果你不想在中途返回喧嚣的市区，临街的**Fèlix Hotel**（☎977 60 90 90; http://felixhotel.net; Carretera N240, Km 17, Valls; 标单/双 €54/62; ❄️🏊🅿️）是一间不错的客栈，它就在Valls（塔拉戈纳以北17公里）的南边，交通方便、设施齐全。

桑特克鲁斯皇家修道院（Reial Monestir de Santes Creus; ☎977 63 83 29; www.larutadelcister.info; Plaça de Jaume el Just, Santes Creus; 成人/老年人和学生 €4.50/3.50; ⏲6月至9月 10:00~18:30，10月至次年5月 10:00~17:00）到这座宏伟的修道院要经过宽敞的Plaça de Sant Bernat Calbó，后者弥漫着一股令人敬畏的气氛，广场上风格各异的建筑沉淀了700多年，包含一个18世纪的装饰性喷泉。进入兼具罗马和哥特风格的修道院正立面后，有一座14世纪的哥特式砂岩回廊（注意看12世纪的洗手盆上雕刻的大象与猴子）、12世纪的肋拱穹顶牧师会礼堂、初建于12世纪的教堂和伯爵-国王（comtes-reis; 加泰罗尼亚和阿拉贡联合王国的统治者）的皇室公寓。

教堂是一座按照法国传统修建的高大的哥特式建筑，里面有一些皇室成员的墓穴。耳堂的北侧有罕见的13世纪西多会彩色玻璃。西多会的修道士于1160年到达这里，此后，这里发展成为一个重要学术中心，也为吸引人们重新来周边地区定居起到了助推作用。修道院有一

www.etim.cat; Carrer Miquel Barceló 1, Falset; 团队游 €10; ⏲11:00~19:00，团队游 4月至12月 周六和周日正午）这个洋溢着中世纪风情的葡萄酒厂创办于1919年，设计者是高迪的弟子塞萨尔·马丁内尔（Cèsar Martinell），它的内部有一个巨大的穹顶，在建筑风格上融合了现代主义和新世纪主义。酒厂现在仍在生产葡萄酒，包括浓郁的蒙桑特红葡萄酒、各种白葡萄酒、桃红葡萄酒与苦艾酒。游客可免费品酒，周末还有团队游。如果需要安排导游，需提前打电话或发邮件预订。

Lotus Priorat 精品酒店 €€

（☎977 83 10 45; www.lotuspriorat.com; Carrer de Baix 33, Falset; 房间 含早餐 €75~78）这间装饰质朴的精品酒店位于Falset中心一栋经过翻新的18世纪排屋，经营者是三兄弟。11间用色大胆的客房舒适现代，有裸露石墙、木梁天花板、树干床头柜、古董门和床头板。许多房间带阳台。有些带小厨房，更偏公寓风格。

酒店里的**酒吧-餐厅**（☎977 83 10 45; www.lotuspriorat.com; Carrer de Baix 33, Falset; 菜肴 €7~12; ⏲周一和周二 19:00至深夜，周三至周日 9:00~15:00和19:00至深夜）供应富有创意的加泰罗尼亚和各国风味菜肴，采用当地食材，就餐地点是一个景色怡人的露台。

ℹ 实用信息

普里奥拉旅游局（Oficina de Turisme del Priorat; ☎977 83 10 23; www.turismepriorat.org; Plaça de la Quartera 1, Falset; ⏲周二至周六 10:00~14:00，周日 11:00~14:00）

ℹ 到达和离开

周一到周五，**Hispano Igualadina**（www.igualadina.com）每天有2班车来往于Falset和塔拉

个讲述背景知识的视频短片（加泰罗尼亚语、西班牙语、英语等）。修道院在Valls东北15公里处，有清晰明确的标志牌。

波夫莱特圣玛利亚皇家修道院（Reial Monestir de Santa Maria de Poblet；☎977 87 12 01；www.poblet.cat；Plaça Corona d' Aragó 11, Poblet；成人/学生 €7.50/4.50；⊙周一至周六 10:00~12:30和15:00~17:55，周日 10:30~12:25和15:00~17:25）被列为联合国教科文组织世界遗产的波夫莱特圣玛利亚皇家修道院是西多会之路上最大的修道院，由来自法国南部的修道士于1150年创建，后来迅速发展成加泰罗尼亚最具权势的宗教地。今天这里生活着28名修道士。亮点包括以哥特风格为主、飘荡着香草气味的主回廊，以及这座12世纪教堂神殿（Panteó Reial）里的雕塑。置于高处的石膏石棺里安睡着Jaume I（马略卡岛和巴伦西亚的征服者）和Pere III。参观得跟随每30分钟1次的半导览式游览（加泰罗尼亚语和西班牙语）。修道院在L' Espluga de Francolí西南3.5公里、Montblanc西北8.5公里的N240附近，沿途有清晰明确的标志牌。由于这里的午休时段较长，因此最好上午早点过来参观。

瓦博纳圣玛利亚皇家修道院（Reial Monestir de Santa Maria de Vallbona；☎973 33 02 66；www.monestirvallbona.cat；Carrer Major, Vallbona de les Monges；成人/学生 €4/1；⊙3月至10月 周二至周六 10:30~13:30和16:30~18:30，周日 正午至13:30和16:30~18:45，11月至次年2月 周二至周六 10:30~13:30和16:30~17:30，周日 正午至13:30和16:30~17:30）西多会之路上唯一的一座女修道院（建于12世纪），至今生活着8名修女。修道院经过多年修复，终于把内战造成的创伤清理干净，展现在你面前的是一个从12世纪跨越到16世纪的安静回廊。这座罗马-哥特风格的教堂（注意看用加泰罗尼亚语和匈牙利语书写的牌匾）里存放着匈牙利女王Violant的遗体，她是阿拉贡Jaume一世的王后，也是一位令人敬畏的政治领袖。参加每小时1次的导览游（西班牙语或加泰罗尼亚语）进入参观，时长40分钟。修道院在Montblanc以北25公里、C14西北11公里处的LP2335边上。

戈纳（50分钟）。

Marçà-Falset火车站位于Falset西南方向2.5公里处，每天有5~6班往返塔拉戈纳（€5.60，50分钟）和巴塞罗那桑兹总火车站（€11.95，2小时）的火车。每天有7~8班公共汽车往来于火车站和Falset之间。

埃布罗三角洲（Delta de l' Ebre）

埃布罗三角洲是加泰罗尼亚南部边境附近的一个沙洲，它全长20公里，周围的水域最后汇入巴利阿里海（Balearic Sea），是这个地区出乎意料的一个亮点。火烈鸟和朱鹭在芦苇丛生的潟湖边昂首踱步，海风拍打着沙丘起伏的海滩，落日余辉倒映在沼泽地上闪闪发光。这是西班牙体量最大的河流的尾段，它从坎塔布里亚的Fontibre向东南方蜿蜒900公里。白色农舍和绿油油的稻田会让你对这个偏远的乡村景观留下深刻印象。

这片原始裸露的土地上还坐落着**埃布罗三角洲自然公园**（Parc Natural del Delta de l' Ebre），它占地78平方公里，生活着330种鸟类，是西班牙北部最重要的水鸟栖息地。迁徙季（10月和11月）是鸟类数量最多的时候，冬天和春天数量也不少。广阔平坦的水边小道非常适合骑车和步行游览，还可以开展一些水上运动。

破旧的小镇**Deltebre**位于三角洲中央，最东端的**Riumar**和南边的**Poblenou del Delta**虽然面积较小，但更为迷人。

景点

生态博物馆 博物馆

（Ecomuseu；www.facebook.com/PNDeltaEbre；Carrer de Dr Martí Buera 22, Deltebre；€2；⊙9月至次年6月 周一至周六 10:00~14:00和15:00~18:00，7月和8月 周一至周六 10:00~14:00和

值得一游

雷乌斯的高迪中心

极富远见的加泰罗尼亚建筑家安东尼·高迪(Antoni Gaudí)1852年出生在雷乌斯(Reus;塔拉戈纳西北14公里),在他的家乡有一座**高迪中心**(Gaudí Centre; www.gaudicentre.cat; Plaça del Mercadal 3; 成人/儿童 €9/5; ⏲6月至9月 周一至周六10:00~20:00,10月至次年5月 周一至周六10:00~14:00和16:00~19:00,全年的周日10:00~14:00)。尽管家乡没有他设计的作品,但这里的许多历史建筑曾带给他灵感。中心通过引人入胜的多语言视听展览深入介绍了高迪和他对世界建筑的影响,你能了解他如何从大自然中汲取灵感以及他自己的思考,这里还有可触摸的高迪建筑等比例模型。

这座博物馆也是旅游局,不妨拿一张地图以便寻找雷乌斯著名现代主义建筑。雷乌斯和塔拉戈纳之间有固定班次的火车(€2.85, 15分钟)。

16:00~19:00,全年的周日10:00~14:00)这座露天博物馆介绍了埃布罗三角洲的生态系统和传统行业,尤其是渔业和水稻栽培。花园的步道和木板路曲折经过当地植物、鸟类、渔夫的工具和一艘llagut——20世纪初一次性可以拖350麻袋稻米的船。这里还有一间水族馆,带你了解生活在三角洲淡水里的"居民"。

活动

观鸟

带上望远镜去三角洲南部的**L' Encanyissada**、**La Tancada**潟湖和**Punta de la Banya**。2017年大约有2700对大火烈鸟来潟湖和**Punta de la Banya**筑巢,这个三角洲是它们在整个欧洲为数不多的繁殖地之一。

L' Encanyissada有5个免费的观景点,La Tancada有2个,信息中心(见435页)提供的地图上标记了公园里其他观景点的位置。Punta de la Banya通过一条5公里长的狭窄沙嘴(上面有一条土路)与大陆相连,它上面很多区域都禁止进入,但你可以去它东边的一个观景点。清晨和黄昏是观鸟的最佳时段。

乘船游

Creuers Olmos(☎645 927110, 977 07 70 22; Passeig Reinosa, Deltebre; 成人/儿童 €11/7)和**Creuers Delta de l' Ebre**(☎977 48 01 28; creuersdeltaebre.com; Carretera Final Goles de l' Ebre, Riumar; 成人/儿童 €8.75/6.75)经营去埃布罗河口和三角洲的乘船游(45~90分钟)。发船的频率和时间取决于季节,但每家公司通常每天至少会发2班,旺季时每天最多有7班或8班。由于大体积的船身会吓到鸟,因此如果你想要观赏远处的朱鹭的话,最好带上望远镜。

骑车

骑行是探索三角洲地区的绝佳方式,路线长度从7公里到43公里不等;信息中心(见435页)提供地图,parcsnaturals.gencat.cat上有多个语言版本的指南可供下载。在Deltebre、Riuma、Poblenou del Delta可以租到自行车(€10/天)。

食宿

Mas del Tancat 乡村旅馆 €

(☎656 901014; masdeltancat@gmail.com; Camí dels Panissos, Amposta; 标单/双 €43/55; ❄📶🏊🅿)Mas del Tancat坐落在宁静的稻田中,是一栋经过改造的农舍,有5个色调柔和的房间,铁艺床头板是其中的亮点。这里还有一个养着家畜的院子和一个平静的游泳池。提供自制正餐(€15)和早餐(€6)。离开Amposta后,沿TV3405往东行3公里,然后向南再前行1公里,沿途有路标。

★**Hostal Cling 43** 民宿 €€

(☎659 335577; www.hostalcling43.com; Avinguda Colom 43, Deltebre; 标单 €40~45, 标双 €65~80, 标三 €90~100; ❄📶)这间装修精致的民宿所在地是改建过的排屋,房间舒适时尚,服务热情,并提供美味的早餐(用当地食材烹饪而成)。6个不同的房间里均饰有当地鸟类的手绘壁画、裸砖墙面和木梁天花板。

★**Masia Tinet** 乡村旅馆 €€

(☎977 48 93 89; www.masiatinet.com; Barrio Lepanto 13, Deltebre; 标双 含早餐 €72~80; ❄📶🏊🅿)这间家庭经营的客栈有6

个房间，木梁、挑高天花板和裸砖（或亮色）墙面令它们优雅中不乏质朴。花园里有折叠躺椅和小游泳池，从那里可以看到生活着各种鸟类的沼泽地，是一个欣赏日落的好地点。早餐有自制果酱和新鲜农产品，服务贴心。

★ **Mas Prades** 加泰罗尼亚菜 €€

（☎977 05 90 84；www.masdeprades.cat；Carretera T340, Km 8, Deltebre；主菜€15~22；⏲13:30~16:00和20:30~22:30，11月至次年3月仅周末营业；📶）美食家们从巴塞罗那远道而来，在这间翻新后的农舍里品尝味道一级棒的三角洲菜肴。3道菜午市套餐（€20）帮你建立对当地菜肴的大致认知，你也可以单点鱿鱼仔、烤鳗鱼、大蒜黄油烤贻贝和经典的野鸭肉三角洲米饭。

★ **Casa Nuri** 海鲜 €€

（☎977 48 01 28；www.restaurantnuri.com；Carretera Final Golesde l' Ebre, Riumar；主菜€13~25；⏲9:00~22:00，1月初不营业）这间临河餐馆坐满了当地人，这得益于它在当地餐饮界获得的长期美誉。这里供应蛏子、鱿鱼墨汁饭、烘焙黑鲈鱼、橙汁鸭和各式各样的西班牙海鲜饭等。

ℹ 实用信息

信息中心（Centred' Informació；☎977 48 96 79, 977 48 90 11；parcsnaturals.gencat.cat；Carrer de Dr Martí Buera 22, Deltebre；⏲9月至6月 周一至周六 10:00~14:00和15:00~18:00，7月和8月 周一至周六 10:00~14:00和16:00~19:00，全年的周日10:00~14:00）与Deltebre的生态博物馆在同一栋综合建筑内，这里提供地图和骑行路线小册子。

Casa de Fusta（☎977 26 10 22；parcsnaturals.gencat.cat；Partida Cuixota, Poblenou del Delta；⏲9月至次年6月 周一至周六 10:00~14:00和15:00~18:00，7月和8月 周一至周六 10:00~14:00和16:00~19:00，全年的周日 10:00~14:00）

ℹ 到达和离开

在工作日，**Hife**（www.hife.es）运营的长途汽车来往于托尔托萨与Deltebre（€3.90，50分钟，每天7班）和Poblenou del Delta（€5.15，1小时，每天2班）。塔拉戈纳（€12~14，1~2小时，每天4~8班）和托尔托萨（€2.25~2.70，20~45分钟，每30~90分钟1班）也有车开往三角洲的小镇Amposta和Sant Carles de la Ràpita。

ℹ 当地交通

这个地区的公共交通非常不方便，如果你不是自驾到达埃布罗三角洲的，可以考虑租一辆自行车。

托尔托萨（Tortosa）

人口 24,100

因为高耸的城堡、梦幻般的雕塑园、华美的哥特式和现代主义建筑，塔拉戈纳西南70公里处的托尔托萨慢慢地吸引了人们的目光。这是一个略显沉闷甚至有点脏乱的小镇，但越来越多的人选择在周末前来感受这里的文化气息。

在中世纪基督教统治时期和西班牙摩尔王朝，托尔托萨是一个战场。内战期间，它是民族独立主义者和共和党人冲突的前线（1937~1938年共遭受了86次空袭），发生过一场史诗级战役，这场战役摧毁了它的中世纪街区，造成35,000人死亡。6世纪时，犹太人也在托尔托萨留下了一段历史。

👁 景点

圣玛利亚大教堂 主教座堂

（Catedral de Santa Maria；Carrer Portal del

> **值得一游**
>
> **米拉韦特城堡**
>
> 加泰罗尼亚南部最精美的**米拉韦特城堡**（Castell De Miravet；成人/儿童 €3.50/2.50；⏲6月至9月 周二至周日 10:00~19:30，3月至5月和10月至12月中旬 10:00~17:00，12月中旬至次年2月 10:00~15:30）由摩尔人修建于11世纪，12世纪50年代被基督徒攻占，之后被献给圣殿骑士（Templar），内战时期又被民族主义者武装占领。这座堡垒的城墙厚实无比，气势凛然地俯视着埃布罗河边的一个漂亮村庄。米拉韦特位于N420西南8公里、塔拉戈纳以西70公里处。城堡入口旁有一条小道，它通往米拉韦特老城区的河边，那里是欣赏风景的最佳地点。

Palau；成人/儿童 €4/3；⏰周二至周六 10:00～14:00和16:00～19:00，周日 11:00～14:00）这座哥特式大教堂建于1347年至18世纪中叶，在此之前这里本是一座罗马式教堂。多个小塔楼、屋檐上的怪兽滴水装饰和朴实无华的13世纪回廊是它的亮点之所在。

托尔托萨博物馆 博物馆

（Museu de Tortosa；☎977 51 01 44；www.museudetortosa.cat；Rambla Felip Pedrell 3；成人/儿童 €3/免费；⏰5月至9月 周二至周六 10:00～13:30和17:00～20:00，10月至次年4月 周二至周六 10:00～13:30和16:00～19:00，全年的周日 11:00～13:30）这座极简风格的现代博物馆坐落在一栋漂亮的蓝色现代主义建筑内，装饰着白色棋盘图案。这栋建筑建于1908年，之前是市屠宰场，设计上带有一点摩尔风格的元素。博物馆内的展览完美地展示了这个地区的历史，从早期伊比利亚人定居开始，到罗马人统治和摩尔王朝，再到残酷的西班牙内战。租一个语音导览器（€1），可以更好地了解这些历史。

苏达城堡 城堡、遗迹

（Castell de la Suda；⏰24小时）免费 这座建于10世纪的城堡耸立在老城的高处，未完工的楼梯和未打通的小道在里面交错分布，周边风光壮丽。现在城堡的大部分区域为豪华的国营酒店Parador de Tortosa所占。酒店入口的旁边有一个小伊斯兰墓园，其历史可追溯至10～12世纪。

食宿

Parador de Tortosa 历史酒店 €€

（☎977 44 44 50；www.parador.es；苏达城堡；房间 €85～130；❄📶🚭🅿）酒店位于托尔托萨宏伟的城堡内，以几近垂直的角度俯瞰着小镇，城堡里还保留着如中世纪时期一般的气氛。房间是舒适的旧式风格，还有一间装修精致的餐厅、山顶游泳池和带露台的休闲室。

Xampu Xampany 西班牙小吃 €€

（☎977 50 13 41；www.xampu-xampany.com；Rambla de Catalunya 41；西班牙小吃 €3～13；⏰周一至周五 11:30～17:00和19:00至深夜，周六 11:30～16:00和19:00至深夜；📶📝）这间酒吧兼餐馆位于托尔托萨西岸，供应地区热门菜和创意西班牙小吃，既有火腿、绵羊奶酪和涂满番茄酱的面包，也有鹰嘴豆泥拼盘和明虾蔬菜小方饺。还可以选择精心烹制的加泰罗尼亚经典菜，配上当地葡萄酒一起享用。

ℹ 实用信息

Terres de l' Ebre旅游局（Oficina de Turisme de les Terres de l' Ebre；☎977 44 96 48；www.tortosaturisme.cat；Rambla Felip Pedrell 3；⏰5月至9月 周一至周六 10:00～13:30和16:30～19:30，10月至次年4月 周一至周六 10:00～13:30和15:30～18:30，全年的周日 10:00～13:30）附属于托尔托萨博物馆，负责的区域覆盖埃布罗三角洲。

ℹ 到达和离开

Hife（www.hife.es）运营的长途汽车来往于托尔托萨与塔拉戈纳（€12，1～1.75小时，每天4～9班）以及埃布罗三角洲地区的几个城镇。

塔拉戈纳（€8.05，1～1.5小时，每天9～10班）和巴伦西亚（€13.35～15.30，2.5～3小时，每天3～4班）有火车开往托尔托萨。

阿拉贡

包括 ➡

最佳餐馆

- Casa Pardina（见470页）
- Restaurante Callizo（见466页）
- La Tasca de Ana（见459页）
- Restaurante Gaby（见454页）
- La Torre del Salvador（见476页）

最佳住宿

- Hotel Barosse（见458页）
- La Casadel Tío Americano（见478页）
- Hotel Los Siete Reyes（见466页）
- Parador de Sos del Rey Católico（见452页）
- Hotel Sauce（见442页）

为何去

阿拉贡也许是西班牙最被低估的地区，实际上，不管你去哪里，阿拉贡总能让你收获满满。北部有十字军般的城堡和罗马式教堂，南部的特鲁埃尔有杰出的穆德哈尔风格建筑。首府萨拉戈萨是西班牙的一个主要城市，拥有活力无限的夜生活和引人入胜的文化（当地天才艺术家弗朗西斯科·德·戈雅的作品只是其中的一部分），连绵起伏的山间零星分布着许多如画的中世纪村庄，包括粉红色调的阿尔瓦拉辛和石屋村庄索斯-德尔雷卡托利科。不过，真正令阿拉贡脱颖而出的还是坐落在其北部边缘的比利牛斯山中心区域。作为这条雄伟山脉最高、也可以说是最漂亮的部分，那里拥有令人赏心悦目且难得一见的风光，同时还是一个巨大的自然探险游乐场：不仅是在西班牙开展徒步与登山最好的地方，也是体验滑雪、溪降、漂流和滑翔伞的顶级目的地。

何时去

萨拉戈萨

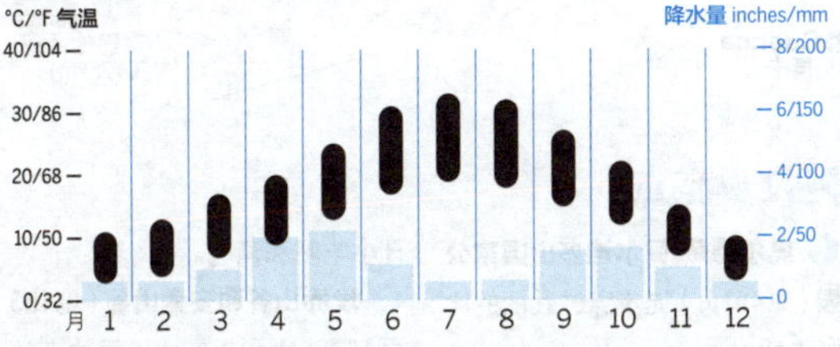

5月至6月和9月至10月 萨拉戈萨和其他阿拉贡低地区域气温最佳。

6月至10月 在阿拉贡比利牛斯山徒步的最佳时节。

10月 兼具宗教神圣感和城市狂欢气氛的萨拉戈萨皮拉尔节。

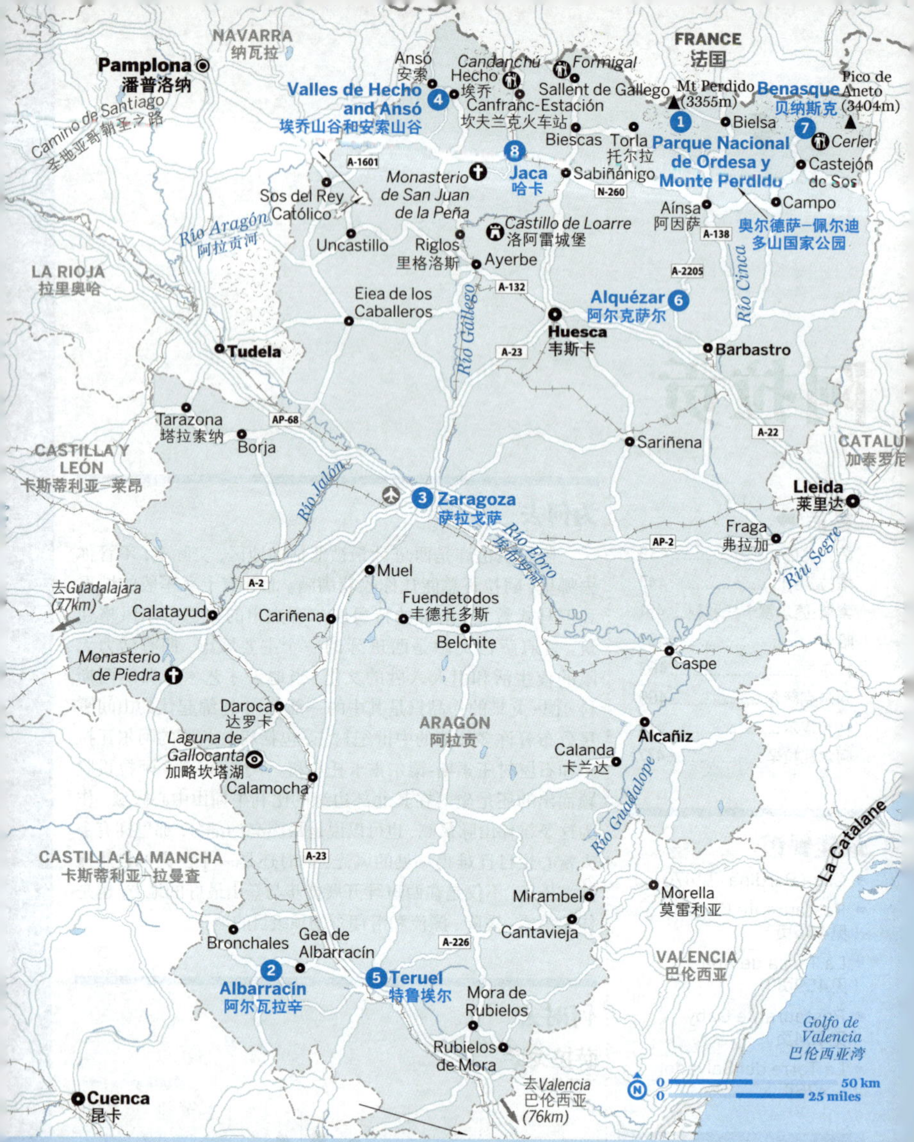

阿拉贡亮点

❶ **奥尔德萨-佩尔迪多山国家公园**（见461页）徒步穿过壮丽的比利牛斯山。

❷ **阿尔瓦拉辛**（见477页）穿行于粉红色房屋间和中世纪历史中。

❸ **萨拉戈萨**（见439页）探索名胜古迹，寻找西班牙最棒的西班牙小吃吧和酒吧。

❹ **埃乔山谷和安索山谷**（见453页）探访比利牛斯山谷里的森林和古代村庄。

❺ **特鲁埃尔**（见473页）欣赏穆德哈尔风格建筑，享用美食。

❻ **阿尔克萨尔**（见469页）到峡谷下方，去古雅的街道上闲逛。

❼ **贝纳斯克**（见467页）以比利牛斯山最高峰的门户为据点，进行一些户外活动。

❽ **哈卡**（见457页）在活力十足的比利牛斯山门户小镇品尝最棒的西班牙小吃。

历史

8世纪，穆斯林入侵伊比利亚半岛后，基督徒们在比利牛斯山南侧选中一个地方作为桥头堡，这个地方就是后来的阿拉贡。接下来的几百年里，桥头堡不断向南扩张，发展壮大成半岛上最强盛的王国之一。1137年，阿拉贡通过与邻国巴塞罗那进行王室联姻合为一国（这个联合王国名为"阿拉贡王冠"）。1469年，阿拉贡国王费尔南多二世（Fernando Ⅱ）与强大的卡斯蒂利亚女王伊莎贝拉（Isabel）结合，随之形成的联合王国就是现代西班牙的雏形。

萨拉戈萨（ZARAGOZA）

人口 661,000/海拔 200米

有多个穹顶的柱上的圣母大教堂倒映在埃布罗河——这个画面已成为萨拉戈萨具有代表性的一种象征。作为西班牙的地区首府之一，萨拉戈萨被严重低估了，这里其实还有很多精美的建筑，包括一座内部如迷你版阿尔罕布拉宫的带塔楼的城堡，以及一些布置巧妙的地下古罗马遗址。不过，萨拉戈萨的魅力远远不止于名胜古迹，作为西班牙第五大城市（阿拉贡130万人口中超过一半生活在这里），萨拉戈萨拥有全国最好的西班牙小吃吧和酒吧，开创了艺术新纪元的弗朗西斯科·德·戈雅在这里留下了大量作品——这位天才画家1746年出生在距离萨拉戈萨不远的地方。

历史中心区（埃布罗河、Calle del Coso和Avenida César Augusto之间）几乎看不见车辆，包括著名的大教堂旁400米长的皮拉尔广场（Plaza del Pilar）。

历史

罗马人于公元前14年建立了Caesaraugusta（"萨拉戈萨"的由来）。大约25,000人迁移到这座城市，使埃布罗河成为世界知名的水上交通要道。在繁荣了近三个世纪后，随着公元472年西哥特人对这座城市的侵占才开始衰落。穆斯林统治时期，萨拉戈萨是安达卢斯（Al-Andalus）的边境地区Upper March的首府。阿拉贡基督教王国的统治者阿方索一世（Alfonso I）于1118年攻占了萨拉戈萨，并在此定都。在接下来的几个世纪里，萨拉戈萨逐渐发展成了西班牙内陆最重要的经济和文化枢纽之一，并成为受天主教信徒欢迎的朝圣地。如今，萨拉戈萨是西班牙的第五大城市，自从2008年世博会以来，城市现代基础设施得到了很大的改善。

景点

★柱上的圣母大教堂 教堂

（Basílica de Nuestra Señora del Pilar; www.basilicadelpilar.es; 皮拉尔广场; ⌚周一至周六 6:45~20:30，周日 6:45~21:30）让自己尽情徜徉在宏伟的巴洛克风格的岩洞式天主教大教堂吧。信徒们坚信在公元40年1月2日这天，圣地亚哥（使徒圣詹姆斯）看到了圣母玛利亚降临在碧玉柱子上，这根柱子便是她曾经显身的物证。以柱子为中心建起了一座小礼拜堂，之后又多次扩建，越建越宏伟，直到形成现在的巨大建筑。

西北角的塔楼内有一部**电梯**（Torre; 成人/儿童 €3/免费; ⌚4月至10月 10:00~14:00和16:00~20:00，11月至次年3月 16:00~18:00），搭乘它至高层然后走上去，从那里可以俯视教堂的穹顶和城市风景。

大教堂最初是在1681年由本地建筑师

追随戈雅之旅

弗朗西斯科·何塞·德·戈雅·卢西恩特斯（Francisco José de Goya y Lucientes）——人们更习惯直接称他戈雅——出生于阿拉贡，他的作品遍及故乡各地。

- 戈雅博物馆-伊贝尔卡哈藏品（见441页），萨拉戈萨
- 纳塔尔德戈雅故居（见447页），丰德托多斯
- 戈雅版画博物馆（见447页），丰德托多斯
- 萨拉戈萨博物馆（见442页），萨拉戈萨
- 韦斯卡博物馆（见449页），韦斯卡
- 柱上的圣母大教堂（见本页），萨拉戈萨

Zaragoza 萨拉戈萨

Zaragoza 萨拉戈萨

重要景点

1 柱上的圣母大教堂 C1
2 拉赛奥教堂 D2
3 戈雅博物馆-伊贝尔卡哈藏品 C2

景点

4 母校博物馆 D2
5 电梯 B1
挂毯博物馆 .... （见2）

住宿

6 Catalonia El Pilar A2
7 Hotel Pilar Plaza C2
8 Hotel Sauce C2
9 The Bridge D3

就餐

10 Café Nolasco C4
11 Casa Lac B4
12 El Limpia B3
13 La Clandestina Café C3
14 Los Xarmientos C2
15 中心市场 A1

饮品和夜生活

16 Café Botánico B2
17 Libertad 6.8 .... B3
18 Rock & Blues Café A3

Felipe Sánchezy Herrera设计，18世纪时皇室建筑师Ventura Rodríguez对它进行了大手笔改造。他在东端（富有传奇色彩的柱子所在地）新建了一座极致巴洛克风格的**圣塔小教堂**（Capilla Santa），在主穹顶的周围添加了10个贴有彩色瓷砖的小穹顶。

这根著名的柱子顶上有15世纪哥特风格的圣母怀抱耶稣雕像，它隐藏在一个精美的银盒子里，而盒子本身又有四分之三被圣母所披的长袍（每月的2日、12日和20日长袍会被解下）覆盖。柱子有一小块椭圆部分暴露在礼拜堂西面的外侧走廊，源源不断的人群排着队来亲吻这个光滑、有裂纹的表面，甚至连教皇都曾向圣柱致以"飞吻"。每天13:30～14:00和18:30～19:30，会有许多父母在这里排队等候，以便让自己的孩子能够贴近圣母领受祝福。这座教堂的特别之处不仅在其建筑本身，还有神圣的象征和它在信徒心中激发出的虔诚。

在圣塔小教堂东北方的圆柱上，悬挂着两个炮弹壳。内战时期它们曾被投向教堂，却没有爆炸。信徒说这是个奇迹，愤世嫉俗的人说这肯定是捷克的军火。

雪花石膏雕成的主祭坛装饰品（retablo mayor）竖立在教堂中间，面朝西，它是教堂最出色的艺术品，出自16世纪西班牙著名雕刻家达米安·福门特（Damián Forment）之手。这里还有两幅戈雅的画作：《对上帝之名的崇拜》（*La Adoración del Nombre del Dios*），它位于教堂东端小回廊的天花板上，是戈雅在1772年创作的一幅早期经典画作；另一幅是风格截然不同的《殉道者女王》（*Regina Martirum*），它在北侧走廊的上方（从东边数过来的第3个穹顶），完成于1780年。模糊的印象派画风曾在当时引起巨大争议。

★拉赛奥教堂 主教座堂

（La Seo；Catedral de San Salvador；☎976 29 12 31；www.zaragozaturismo.es；拉赛奥广场；成人/老年人/儿童€4/3/免费；⏲6月中旬至10月中旬周一至周四 10:00~18:30和19:45~21:00，周五 10:00~18:30，周六和周日 10:00至正午，15:00~18:30和19:45~21:00，10月中旬至次年6月中旬 10:00~14:00和16:00~18:30）皮拉尔广场东端的拉赛奥教堂建于12~17世纪，是一栋精美的基督教建筑，历经从罗马风格到巴洛克风格的演变。教堂建在伊斯兰教时期萨拉戈萨的主清真寺原址上（而在清真寺之前这里曾是罗马广场神庙）。门票包含挂毯博物馆（Museo de Tapices；开放时间与教堂一致），里面的佛兰德斯和法国挂毯被认为是全世界同类产品中最好的。

教堂的东北外墙是穆德哈尔风格的建筑杰作，上面用经典的砌砖和彩陶拼出了复杂的几何图案。教堂内部的天花板是漂亮的扇形拱顶，礼拜堂的墙面有风格多变的石雕装饰，既有朦胧阴暗的圣马可礼拜堂（Capilla de San Marcos），也有金色巴洛克风格的基督礼拜堂（Capilla del Santo Cristo）。雪花石膏雕刻的15世纪高祭坛装饰品同样值得细细品味。

母校博物馆 博物馆

（Alma Mater Museum；☎976 39 94 88；www.almamatermuseum.com；Plaza de la Seo 5；€3；⏲周二至周六 10:00~20:00，周日 10:00~14:00）有的教堂博物馆就像是一个集合了各种缺乏特色的神圣艺术品的无聊商场，但母校博物馆显然不是。时尚的多媒体展览营造出艺术气息，展厅布局巧妙地融合了原建筑（前皇家和主教宫殿）的特点。你将在这里了解罗马广场、受人尊敬的柱子上的圣母和阿拉贡历史（尤其是教堂的历史）。顶楼展出两名当地画家——戈雅和巴约（Bayeu）的文艺复兴时期的作品。

★戈雅博物馆-伊贝尔卡哈藏品 博物馆

（Museo Goya-Colección Ibercaja；☎976 39 73 87；http://museogoya.ibercaja.es；Calle de Espoz y Mina 23；成人/老年人和儿童€4/免费，音频导览或平板电脑€2；⏲4月至10月 周一至周六 10:00~20:00，周日 10:00~14:00，11月至次年3月 周一至周六 10:00~14:00和16:00~20:00，周日 10:00~14:00）戈雅是西班牙最受尊敬的艺术家之一，这个布置精巧的博物馆收藏了他最好的一些作品，仅逊于马德里的普拉多博物馆。三层展厅各有侧重点，展示戈雅自己作品的是第二层。馆内收藏了他的四套完整版画，最有名的是怪诞风格的开创性作品《战争的灾难》（*Desastres de la Guerra*），戈雅通过这组画揭露了战争的残酷和愚蠢。

★阿尔哈费里亚宫 宫殿

（Aljafería；☎976 28 96 83；www.cortesaragon.es；Calle de los Diputados；成人/学生和老年人/儿童€5/1/免费，周日免费；⏲4月至10月 10:00~14:00和16:30~20:00，11月至次年3月 10:00~14:00和16:00~18:30）阿尔哈费里亚宫是西班牙安达卢西亚地区之外最精美的穆斯

林时期的建筑。它建于11世纪，是萨拉戈萨的穆斯林统治者的防御性宫殿。1118年，当基督教在萨拉戈萨取而代之后，宫殿经历了多次改建。15世纪90年代，天主教君主费尔南多和伊莎贝拉（天主教双王）将其作为自己的宫殿。16世纪90年代后，阿尔哈费里亚宫作为堡垒意义胜于宫殿。20世纪的修复工作让这座建筑重新焕发生命，1987年以后，这里一直是阿拉贡的地区议会所在地。

走进主门，穿过比较枯燥的庭院进入**圣伊莎贝拉庭院**（Patio de Santa Isabel），这里曾是伊斯兰宫殿的中心庭院。你身处精美的交织形拱门中，周围满是伊斯兰建筑中典型的几何艺术。北面漂亮的门廊外是一个八角形的小**祈祷室**（oratorio），里面有一扇华丽的马蹄形拱门，一直通向“米哈拉布”（mihrab，意为清真寺礼拜殿后墙正中间朝向麦加的祈祷壁龛）。雕刻精美的花卉图案源自《古兰经》（*Quran*）的阿拉伯碑铭，简单的圆顶则是伊斯兰艺术的典范。

移步楼上，你将穿过**中世纪基督宫**（Palacio Cristiano Medieval），它大部分都是由14世纪阿拉贡的修道士所建。然后是**天主教君王宫**（Palacio de los Reyes Católicos），这里仿佛是在对伊斯兰装饰进行还击，有一些穆德哈尔风格的精美天花板，尤其是在华丽的**君主厅**（Salón del Trono）里。

每天有几场西班牙语讲解的团队游，7月和8月每天各有一场英语和法语团队游。非旺季的周四、周五上午或周日下午，宫殿经常关门。

预订

阿拉贡有各种各样的住宿选择，包括精品民宿、豪华国营酒店、青年旅舍、露营地、山间旅舍、经济型旅馆（hostales）、旅游公寓和乡村旅馆（casas rurales）。在比利牛斯山脉，即使是最小的村庄也能提供住宿。

7月、8月和其他重要节假日期间（比如圣周和当地节日），不管哪种住宿都建议提前预订。有些山间旅舍会在这些时间段的前3个月就被预订一空。www.alberguesyrefugiosdearagon.com可预订住宿。

折纸博物馆 博物馆

（Museo Origami；☎876 03 45 69；www.emoz.es；Centro de Historias, Plaza San Agustín 2；成人/学生和老年人 €3/2；⊙周二至周六 10:00~14:00和17:00~21:00，周日 10:00~14:30；👪）这间折纸主题的博物馆有6间高质量的固定和临时展厅，吸引了全世界的折纸爱好者前来。如果你不熟悉这种艺术形式，这里展出的东西很可能会让你眼前一亮。

萨拉戈萨博物馆 博物馆

（Museo de Zaragoza；www.museodezaragoza.es；Plaza de los Sitios 6；⊙周二至周六 10:00~14:00和17:00~20:00，周日 10:00~14:00）免费 博物馆主要以考古文物和精美的艺术品闻名，展示了从史前到伊斯兰统治时期的工艺品，还有古罗马萨拉戈萨时期独特的马赛克。楼上收藏有戈雅的19幅油画和20多幅版画。博物馆位于罗马剧院以南400米。

节日和活动

★皮拉尔节 宗教节日

（Fiestas del Pilar；⊙10月）萨拉戈萨最盛大的节日，届时会进行一周的节日庆祝（宗教及其他形式）。节日的高潮在10月12日这天，也就是圣母显灵节（Día de Nuestra Señora del Pilar）：成百上千名信徒身穿彩色的地区或本国服装，将圣母像从柱上的圣母大教堂搬到皮拉尔广场上，旁边堆有小山包一样高的鲜花。

住宿

★Hotel Sauce 酒店 €

（☎976 20 50 50；www.hotelsauce.com；Calle de Espoz y Mina 33；标单 €43~49，标双 €46~70；❄📶）这间时尚的小酒店位于交通便利的市中心，房间现代明快怡人，挂着品位高雅的水彩画。友好贴心的工作人员和24小时营业的咖啡馆也为它加分不少。咖啡馆供应美味的早餐、蛋糕和鸡尾酒，考虑到酒店提供的各种设施和服务，价格可以说是很实惠了。

The Bridge 旅馆 €

（☎627 307932；www.thebridgerooms.es；Calle de San Vicente de Paul 30；标单 €36~45，标双 €38~60；📶）2017年开始营业的一家旅馆，

地下城恺撒奥古斯都

不了解萨拉戈萨的人绝对想不到这座现代化的城市地下还存在着一个平行世界。它是罗马古城恺撒奥古斯都（Caesaraugusta）的见证，古城建于公元前14年，曾是伊比利亚半岛上最兴旺辉煌、地理位置最具战略意义的聚居区之一。

中世纪时期周边的萨拉戈萨开始壮大，而恺撒奥古斯都逐渐衰败了下去，之后在长达1500年中，这里被黄沙掩盖，彻底被世人所遗忘。直到20世纪八九十年代，古城一些崩塌的遗迹才得以重见天日，并在4间博物馆里安了家。这4个地下展览空间分别是：**恺撒奥古斯都广场博物馆**（Museo del Foro de Caesaraugusta；☎976 72 12 21；www.zaragozaturismo.es；Plaza de la Seo 2；成人/学生/老年人和儿童 €3/2/免费；⏲周二至周六 10:00~14:00和17:00~21:00，周日 10:00~14:30），由出土的古城广场下层建筑构成；**河港博物馆**（Museo del Puerto Fluvial；Plaza de San Bruno 8；成人/学生/老年人和儿童 €3/2/免费；⏲周二至周六 10:00~14:00和17:00~21:00，周日 10:00~14:30），里面陈列着从前的河港设施；**公共温泉博物馆**（Museo de las Termas Públicas；Roman Baths；Calle San Juan y San Pedro 3~7；成人/学生/老年人和儿童€3/2/免费；⏲周二至周六 10:00~14:00和17:00~21:00，周日 10:00~14:30），以前的公共浴室；**恺撒奥古斯都剧院博物馆**（Museo del Teatro de Caesaraugusta；☎976 72 60 75；www.zaragozaturismo.es；Calle de San Jorge 12；成人/学生/老年人和儿童 €4/3/免费；⏲周二至周六 10:00~14:00和17:00~21:00，周日 10:00~14:30），里面有当时伊比利亚半岛上最大的剧院之一，共有6000个座位。

尽管与梅里达和塔拉戈纳保存完好的罗马遗址相比，这里的遗址可能真的只剩下废墟了，但萨拉戈萨的博物馆的宝贵之处在于它们的布局和创意设计。精心布置的展览室里既有文物的仿造模型，又有让人一目了然的多媒体展览。最棒的是古罗马剧场，它的上方有一个起保护作用的大型聚碳酸酯屋顶，从旁边的博物馆透过落地窗能将它看得一清二楚。

4座博物馆有联票（成人/学生/儿童€7/5/免费）出售，这笔钱可以说花得很值。博物馆彼此相隔很近，一天之内参观完没有任何问题。

气氛友好随意，让人感觉像是走进了一间青年旅舍。不过在本书调研期间，这里只有单间（预计会增加一个小多人间和厨房）。有大约十几个明快怡人的房间，设计得实用而不失时尚。房间内有泡茶和冲咖啡）的器具、小冰箱和为客人特别准备的欢迎词。价格较便宜的双人间需与他人共用厕所，但有独立的淋浴间和洗脸池。

Albergue de Zaragoza 青年旅舍 €

（☎976 28 20 43；http://behostels.com；Calle Predicadores 70；含早餐 铺 €16~18，标双/三 公共卫生间 €35/45；❄@📶）这家人气很高的青年旅舍规模较大，既有整洁干净的小单间，也有可容纳4~10人的多人间（金属高低床）。所有的房间都不含独立卫生间，公用卫生间很干净。这里的特色是有一个名为La Bóveda的地下室，有着砖砌的拱顶天花板，每周都会上演风格各异的现场音乐（有一个吧台）。

Hotel Pilar Plaza 酒店 €€

（☎976 39 42 50；www.hotelpilarplaza.es；Plaza del Pilar 11；标单 €57~72，标双 €60~75，早餐 €9；❄📶）面朝圣母大教堂的这间酒店虽然距离戈雅博物馆很近，但它显然更喜欢班克斯（Banksy）之类的前卫艺术（楼梯旁的墙壁上画着他的《女孩与气球》）。50间客房时尚、舒适、明亮，黑白灰的色调营造出一种精致感，而枝形吊灯等装饰品起到了良好的点缀效果。

Catalonia El Pilar 酒店 €€

（☎976 20 58 58；www.hoteles-catalonia.com；Calle de la Manifestación 16；标单/双 €72/78，早餐 €14；❄@📶）一栋现代主义建筑经过巧妙改造，变成了现在这间格外舒适的当代风格酒店，其美观的正面让人无可挑剔。客房很宽敞，采用宁静的哑光朴素色调装饰，配有优雅的大理石浴室。有些房间提供的是特大号床。

就餐

西班牙广场（Plaza de España）北侧的El Tubo是一个由多条小巷组成的方形区域，这里是西班牙小吃吧最密集的地方之一。想要体验纯正的萨拉戈萨，El Tubo是必到之处，一年中任何一个晚上过来，你都会发现这里热闹无比。随便走走瞧瞧，看哪家能勾起你的兴趣，许多小吃吧的服务员会说英语或法语。

Café Nolasco

咖啡馆 €

（www.facebook.com/cafenolasco; Calle San Jorge 18; 早餐食物和蛋糕 €2.50~4.50，套餐周一至周五 €11，周六 €15；周一至周四 8:30~23:00，周五 8:30至次日2:30，周六 10:30至次日2:30，周日 10:30~23:00；）这间时尚、简洁的咖啡馆可满足你多方位的需要：不仅供应早餐和午餐，晚上还像酒吧一样供应饮品；任何时候过来，你都能享用咖啡和美味蛋糕，以及Wi-Fi。它位于老城区一个漂亮广场边的上方，前厅的墙壁上挂满了植物。

Birosta

素食 €

（www.birosta.com; Calle Universidad 3; 菜肴 €5~9；9月至7月 周二至周六 11:00~23:00，8月 18:30~23:00；）Birosta是一家素食餐馆-咖啡馆-酒吧的综合体，就像Magdalena街区里其他同类餐馆一样，这里也弥漫着非传统的氛围，可以感受到他们对动物和生态的保护意识。午餐供应时间为13:30~16:00，晚餐从20:30开始供应。餐馆环境整洁，采用绿白相间的色调装饰。供应精心烹饪的比萨、木莎卡、葡萄叶包饭、米饭、豆腐、意大利面等，味道非常好。

El Limpia

西班牙小吃 €

（Calle Cuatro de Agosto 17; 一盘西班牙小吃 €5~16；周三至周日 正午至16:00和20:00至午夜）在这个人挤人的小吃店里点好单，吧台服务员准备好后会大声通知你。这里的papapico（碎猪肉和土豆拌莫哈奇孔辣酱）很有名，但野生蘑菇海鲜烩饭、切片火腿或奶酪或脆玉米饼同样不错。

Los Xarmientos

阿拉贡菜 €€

（976 29 90 48; www.facebook.com/xarmientos; Calle de Espoz y Mina 25; 主菜 €12~16，套餐 €15~27；周三至周六 13:30~16:00和20:30~23:30，周二和周日 13:30~16:00）这间充满艺术感的餐馆以阿拉贡肉类菜为特色。餐馆将自己定位成烧烤店，意味着菜肴都是在烧

吃在阿拉贡

阿拉贡的厨房和餐桌是肉类的舞台。在数不清的美食餐厅里，它们可能会与其他食材进行创造性的结合；而在传统餐馆里，它们一般用老式的烧烤、炉烤和锅炖方法进行烹饪。

这个地区的寒冷强风为腌火腿——顶级西班牙小吃——创造了有利条件。品质最好的一些腌火腿来自特鲁埃尔地区，那里生产的腌火腿带有自己的DO标志（Denominación de Origen；质量认证产区）。乳羊肉（ternasco）通常用炉烤的方式制作，或取其肋骨与土豆一起做成菜肴——萨拉戈萨的Los Xarmientos是品尝这道菜的一个好地方。

阿拉贡的当地奶酪多达130种，不管你去哪里都别错过它们。阿尔瓦拉辛、Tronchón和贝纳斯克的奶酪收获好评最多。

既然有法国这个邻居，那么在阿拉贡的餐桌上发现蜗牛（caracoles）也没什么好惊讶的。尝尝它们！

阿拉贡人还喜欢烘焙类食品。在萨拉戈萨以北的任何地方，你都能看到trenza de Almudévar，这是用面粉、蛋黄、黄油、扁桃仁、核桃和葡萄干做成的一种长长的面包形状的蛋糕，外观很像发辫状的面包。

素食主义者可以试试alubias pochas（加了胡椒、番茄和洋葱的白豆炖菜），索斯-德尔雷卡托利科的La Cocina del Principal（见453页）供应这种菜肴。只吃蔬菜水果的人也许会想待在Posada Magoría（见456页）不走，这是一间罕有的严格素食客栈，位于比利牛斯山脉的安索村。

值得一游

贝尔奇特的内战遗址

萨拉戈萨的东南方向45公里处有一个令人难忘的贝尔奇特村遗址。1937年，内战中的一次激烈战役将村庄夷为了平地，战后也一直没有进行重建。**贝尔奇特老村**(Pueblo Viejo de Belchite; 贝尔奇特; 团队游 €6)遗址现在修建了围栏，可以通过导览游(为西班牙语讲解，提供英语、法语和德语音频导览器)进入参观。导览游由**贝尔奇特旅游局**(☎976 83 07 71; belchite.es; Calle Becú, 贝尔奇特新村; ⏲9月至次年6月 10:00~13:00和15:00~18:00, 7月和8月 10:00~14:00和16:00~19:00)经营，每天安排2~3次。旅游局在贝尔奇特新村附近的教堂隔壁。从围栏外面看遗址则不受时间限制。

1937年8月的贝尔奇特战役中，共和党人将民族主义者赶出了村庄，数千人因此丧命。民族主义者后来又夺回了贝尔奇特(并赢得了这场战争)。他们下令让村庄维持废墟的状态，让共和党囚犯在旁边修建了一个新村庄。遗址包括4座建于18世纪或更早的教堂(2座附属于女修道院，1座仅保存下了穆德哈尔风格的钟楼)。

烤架上烹制而成。你可以在这里吃到当地羊肉(ternasco)，这是阿拉贡最具标志性的一道菜，记得配索蒙塔诺的葡萄酒一起享用，还可以点一份菠菜山羊奶酪沙拉……或者再来点蜗牛？

Casa Lac 西班牙小吃 €€

(☎976 39 61 96; www.restaurantecasalac.es; Calle de los Mártires 12; 主菜€16~27, 西班牙小吃 €1.50~7, 套餐 €30~41; ⏲周一至周六 13:00~16:00和20:00至午夜, 周日 13:00~16:00) Casa Lac是萨拉戈萨餐饮业界的一名贵妇，自1825年开始营业，是西班牙最古老的持牌餐厅。食物在烹饪时充分照顾了现代人的口味，不管是"美食西班牙小吃"(gastro-tapas)还是点套餐或按菜单点菜，味道都非常可口。底层的酒吧装修漂亮，但环境相对随意。沿造型优雅的楼梯走到楼上，那里有更为正式的餐厅。

La Clandestina Café 咖啡馆 €€

(☎876 28 11 65; Calle San Jorge 4; 早午餐 €15, 轻食 €6~15; ⏲周二至周五 10:00至午夜, 周六和周日 11:00至午夜; 📶✎)白色砖墙上画着一对大红唇，很吸引眼球。美食与装饰风格一样出众，早午餐(11:30~15:30, 含一杯卡瓦酒)和咖啡、蛋糕一类的食物尤其值得称赞。这里的鸡尾酒也很受欢迎，而清凉的鲜榨果汁(包括橙子、酸橙、柠檬、姜混合果汁)更是炎炎夏日里的一种享受。

🍷 饮品和夜生活

西班牙小吃吧在午夜纷纷关门后，就轮到深夜营业的音乐酒吧登场了。历史中心区分布着大量这样的店，除了7月和8月可能会比较安静以外，其余月份的任意一天晚上你都能在城里找到上演现场音乐的地方。记得拿一份免费的城市最新活动指南*Go!*(www.laguiago.com)。

Café Botánico 咖啡馆

(Calle de Santiago 5; ⏲周日至周三 9:00~22:30, 周四 9:00~23:30, 周五和周六 9:00至次日3:00; 📶) Café Botánico将花店和种有绿色植物的咖啡馆组合到了一块，供应咖啡、茶、tostadas(上面加了不同口味配料的吐司)、鸡尾酒和美味的蛋糕。市中心的好位置为它带来了不错的生意。

Rock & Blues Café 酒吧

(Calle Cuatro de Agosto 5-7; ⏲16:00至次日2:00)这里一切与摇滚乐相关的东西，都是在向摇滚巨星吉米·亨德里克斯(Jimi Hendrix)和披头士这样的人物致敬，也为酒吧的音乐和风格定下了基调。周四、周五和周日21:30左右有流行乐、摇滚乐或者布鲁斯音乐的现场演出。这是个富有情调的高人气场所。

Oasis 夜店

(☎976 43 95 34; www.salaoasis.es; Calle de Boggiero 28; 入场费 €6起; ⏲周五和周六 午夜

至6:00）Oasis位于市中心以西几个街区的地方，很早之前是一间杂耍剧场，现在已变成夜店。凌晨3、4点，当城市各地的酒吧渐渐安静下来后，这里依然灯火通明。偶尔会举办现场音乐会和主题派对。

Libertad 6.8 酒吧

（www.facebook.com/libertad.terraza; Calle de la Libertad 6-8; ⏲周二至周四 20:00至次日1:00，周五和周六 13:00至次日2:00，周日和周一13:00~18:00）位于El Tubo里的一个时尚的半露天式酒吧，供应20种杜松子酒和品类繁多的鸡尾酒，酒吧也提供食物。

ℹ 实用信息

市旅游局（Municipal Tourist Office; ☎976 20 12 00; www.zaragozaturismo.es; 皮拉尔广场; ⏲10:00~20:00; 📶）在市内各处设有多家办事处，包括火车站。

阿拉贡旅游局（Oficina de Turismo de Aragón; ☎976 28 21 81; www.turismodearagon.com; Plazade España 1; ⏲9:30~14:30和16:30~19:30）提供覆盖整个阿拉贡地区的旅游宣传册。

ℹ 到达和离开

火车和长途汽车共用市中心以西3公里处的**德利西亚斯联合运输站**（Estación Intermodal Delicias; Avenida de Navarra 80）。

飞机

萨拉戈萨机场（Zaragoza Airport; ☎976 71 23 00; www.zaragoza-airport.com）位于市中心以西10公里处，瑞安航空公司（Ryanair; www.ryanair.com）有航班往返萨拉戈萨与伦敦（斯坦斯特德机场）、布鲁塞尔（沙勒罗伊机场）、米兰（贝加莫机场）和巴黎（波维机场，3月至10月）。

长途汽车

萨拉戈萨有几十条前往阿拉贡地区和西班牙其他地方的长途汽车线路，汽车从德利西亚斯联合运输站里的**长途汽车站**（☎976 70 05 99; www.estacion-zaragoza.es）发出。

Alosa（☎974 21 07 00; www.avanzabus.com）有车前往韦斯卡（€7.80, 1.25小时，每天至少14班）、哈卡（€16, 2.5小时，每天至少6班）。

ALSA（☎902 422242; www.alsa.es）有车往返于马德里（€16起，3~4小时，每天至少19班）和巴塞罗那（€16起，3.75小时，每天至少16班）。

Autobuses Jiménez（www.autobusesjimenez.com）每天至少有4班车前往特鲁埃尔（€11, 2.25小时）。

Conda（www.conda.es）每天有8~9班车前往潘普洛纳（€16, 2~2.5小时）。

火车

西班牙国铁（Renfe; ☎91 232 03 20; www.renfe.com）的火车从**德利西亚斯联合运输站**开往西班牙各地。开往马德里（€21~55, 1.5小时）和巴塞罗那（€23~60, 1.75小时）的AVE高速列车每天大约有20班。AVE列车还能直达更远的塞维利亚（€59~68, 3.75小时，每天2~3班）和韦斯卡（€9~15, 45分钟，每天1~2班）。也有票价相对便宜的慢速火车开往巴塞罗那、马德里和韦斯卡。开往韦斯卡的火车中有两三班会继续前行至比利牛斯山的哈卡（€15, 3.25小时）和坎夫兰克火车站（Canfranc-Estación; €16, 4小时）。开往特鲁埃尔（€15~20, 2.5小时）的火车每天有4班。

ℹ 当地交通

公共汽车

501路公共汽车（☎902 30 60 65）在Paseo María Agustín 7和机场（€1.85, 45分钟）之间运营，途经德利西亚斯联合运输站，每半小时1班（周日每小时1班）。

34路公共汽车（€1.35）从德利西亚斯联合运输站开往**中心市场**（Mercado Central; Avenida de César Augusto; ⏲周一至周五 9:00~14:00和17:00~20:00，周六 9:00~14:00）附近的Avenida César Augusto。返回联合运输站的话，在Avenida César Augusto以西大约100米处的**Calle Conde Aranda**乘坐其西向行驶的车。

自行车

萨拉戈萨路面平坦，并修了很多自行车道，限速30公里/小时。**La Cicleria**（☎876 16 73 56; lacicleria.com; Calle Gavín 6; 每2小时/4小时/8小时/24小时/48小时 €6/8/12/15/22; ⏲9月至次年7月 周一至周五 9:00~14:00和17:00~22:00，周六10:00~22:00，周日 10:00~17:00，8月 周一至周六10:00~14:00和17:00~21:00，周日10:00~20:00）和**Bicicletas La Pomada**（Zaragoza en Bici; ☎876 03 62 69; www.lapomadabikestore.com; Calle

Manifestación 17；每2小时/5小时/12小时 周一至周五 €5/6/15，周六 €5/6/18；⌚周一至周五 9:00~14:00和16:30~20:30，周六 10:00~14:00）提供自行车出租。

阿拉贡中部（CENTRAL ARAGÓN）

埃布罗河从阿拉贡中部流过，由此形成的平坦山谷纵贯这个地区的东西两侧。萨拉戈萨以外，西边（以塔拉索纳为主）和南边聚集了主要的城镇。与北方城镇不同的是，这些城镇很多后来都被基督教军队所攻占，因此你将在这里看到大量穆德哈尔风格的建筑。戈雅的故乡就在这里，他出生在丰德托多斯（塔拉索纳以南45公里），村里有他的故居和一间收藏了其版画作品的博物馆。

丰德托多斯（Fuendetodos）

人口 125

纳塔尔德戈雅故居 博物馆

（Casa Natal de Goya；www.fundacionfuendetodosgoya.org；Plaza de Goya；含戈雅版画博物馆成人/学生和老年人/儿童 €3/2/免费；⌚周二至周日 11:00~14:00和16:00~19:00）戈雅简陋的出生地直至20世纪初仍属于其家人，后来被巴斯克画家伊格纳西奥·苏洛阿加（Ignacio Zuloaga）所购得。这座房屋曾在内战期间被毁，随后得以修复，里面有一些家具和其他展品，展出了戈雅生平及那个时代的相关信息。

你会在这里看到简朴的18世纪厨房、戈雅1746年出生时的房间和一面展示其家谱的墙。

隔壁的Sala Zuloaga（门票已含）内设临时展览，主题大多为平面造型艺术。

戈雅版画博物馆 博物馆

（Museo del Grabado de Goya；www.fundacionfuendetodosgoya.org；Calle Zuloaga 3；含纳塔尔德戈雅故居 成人/学生和老年人/儿童 €3/2/免费；⌚周二至周日 11:00~14:00和16:00~19:00）这座博物馆与戈雅故居在同一条街上，彼此相距仅100米。馆内收藏着艺术家的重要版画作品，一共有4个系列，包括著名的讽刺作品《狂想曲》（*Los Caprichos*）和斗牛主题的La Tauromaquia。

到达和离开

萨拉戈萨每天有一两班长途汽车前往丰德托多斯（€6.75，1小时）。

塔拉索纳（Tarazona）

人口 10,330/海拔 480米

在萨拉戈萨与巴斯克地区或卡斯蒂利亚-莱昂之间旅行，可以经过或绕行至塔拉索纳。这里有一个如迷宫般的大地色调的老镇（有一个中世纪的犹太区），它坐落在小小的Río Queiles之上，有一座迷人的哥特和穆德哈尔风格的大教堂，以及奇异的小丑节（Cipotegato festival）——每年8月，一个勇敢的当地人会装扮成小丑被喧闹的人群扔西红柿。

景点

★韦尔塔圣玛利亚大教堂 主教座堂

（Catedral Santa María de la Huerta；www.catedraldetarazona.es；Plaza de la Seo；成人/学生和老年人/儿童 €4/3/免费；⌚4月至9月 周二至周六 11:00~14:00和16:00~19:00，10月至次年3月 周三至周五 11:00~14:00和16:00~18:00，周六 11:00~14:00和16:00~19:00，周日 11:00~14:00和16:00~14:00）这座宏伟的大教堂建于13世纪，之后数百年里又进行过重建。经历了30年的修复工作（现在仍在进行）之后，它于2011年重新开放，展出了许多以前珍藏起来的宝物。从其拱形结构和中殿的尖拱还能看到教堂最初法式哥特风格的影子，复杂的钟塔和圆顶能看出穆德哈尔风格的影响，文艺复兴时期的艺术作品装饰着主礼拜堂（Capilla Mayor），主正门上方的锦缎体现了强烈的巴洛克式奇思妙想。

市政厅 建筑

（Ayuntamiento，Town Hall；Plaza de España）市政厅的16世纪正门立面就像一本雕塑故事书。较大的雕刻描绘了神话人物（你会在左边看到大力神赫拉克勒斯）。长35米的装饰雕带是数百个骑马和步行人物的微型雕像，展示了1530年西班牙国王卡洛斯一世在博洛尼亚被加冕为神圣罗马帝国皇帝的游行。

主教宫 宫殿

（Palacio Episcopal, Bishop's Palace; Plaza Palacio; 成人/儿童 €1.50/免费; ⊙4月至9月 周二至周六 11:30~14:30和16:30~19:30，周日 11:30~14:30和16:30~18:30，10月至次年3月 周三至周五和周日 11:30~14:30，周六 11:30~14:30和16:30~19:30）免费这座建筑花费了一个多世纪之久才建好，于16世纪中期完工，曾经是一座穆斯林城堡，后来住过几位阿拉贡国王。

外立面有一系列比例完美的拱形结构，而内部的亮点则包括一个漂亮的文艺复兴风格的庭院、一系列创作于16世纪的主教肖像画和一座穆德哈尔式平顶镶板装饰的天花板，另外两处穆德哈尔风格天花板已经不在了——20世纪初期被威廉·伦道夫·赫斯特（William Randolph Hearst）买走建造自己的加利福尼亚风格"城堡"。

犹太区（Judería） 街区

塔拉索纳有西班牙保存最为完好的犹太区之一，Calle Conde的悬屋（casas colgadas）从上方突出俯视着这个街区。尽管街区里没有什么名胜古迹，你还是可以过来随便逛逛，旅游局提供的地图和现场的解说板能让你对它有更多的认识。

12~15世纪，有超过70户犹太人家庭居住在这里，他们主要集中在Calle Judería和Rúa Alta de Bécquer附近。

> **值得一游**
>
> **DIY湿壁画**
>
> 小镇博尔哈（Borja）位于塔拉索纳东南23公里处，附近的教堂里有一幅20世纪的宗教油画作品——《戴荆冠的耶稣画像》（*Ecce Homo*）。一名81岁的业余艺术家在修复它时弄砸了工作，结果却让这个小镇在2012年时获得了全世界的关注。修复后的油画（后来被戏称为"土豆耶稣"）在互联网上被疯狂传播，讽刺的是，这反而促进了该地区的旅游业发展。游客们蜂拥而至欣赏这幅画作——现在它已被印在了各种广告横幅上，并被流行艺术家模仿。"土豆耶稣"位于15世纪的**慈悲圣所**（Santuario de la Misericordia; La Muela Alta de Borja; €2; ⊙4月至9月 11:00~14:00和16:30~20:00，10月至次年3月 10:30~13:30和15:30~19:00），它位于博尔哈西北6公里的一处山坡上。一座16世纪建筑改造的青年旅舍**El Caserón**紧挨在旁边，你还能在那里买到戴荆冠的耶稣画像T恤、拼图玩具甚至葡萄酒（博尔哈法定原产地认证）。

节日和活动

小丑节 文化节

（Cipotegato; ⊙8月27日）在一个以怪异节日闻名的国家，塔拉索纳的小丑节将这种古怪特质上升到了一个新的层次。节日的主角是一个身穿红、绿、黄色服装的小丑，他会在8月27日正午在市政厅现身，然后跑着穿过街道，在此期间几乎全城的人都会朝这个倒霉蛋扔西红柿。

食宿

Hostal Santa Águeda 旅馆 €

（☎976 64 00 54; www.santaagueda.com; Calle Visconti 26; 含早餐标单 €41~50，标双 €54~63; ❄📶）这间200年历史的旅馆位于Plaza San Francisco旁边，迷人的老式房间中装饰有木梁和欢快的饰品。小小的早餐厅和大堂是敬奉当地女孩、20世纪初阿拉贡流行歌后Raquel Meller的圣地，早餐吃着羊角面包时你会听到她的低声吟唱。

Hotel Condes de Visconti 酒店 €€

（☎976 64 49 08; www.condesdevisconti.com; Calle Visconti 15; 房间 €59~69，套 €79~110; ❄📶）漂亮的客房大部分饰以不同的色彩，外加一座保存完好的文艺复兴式庭院，这两点使得这座16世纪的宫殿改造成的酒店成为很好的旅途停靠地。酒店内有一间咖啡馆，提供老派的优质服务。早餐价格为€5.50。

Saboya 21 阿拉贡菜 €€

（☎976 64 24 90; www.restaurantesaboya21.com; Calle Marrodán 34; 主菜 €14~20; ⊙周日至周四 13:00~16:00，周五和周六 13:00~16:00和21:30~23:00; 📶）天资甚高的主厨José Tazueco将传统食材加以烹饪创新，于是就诞生了一系列美妙的菜肴，比如甘草鸭胸肉或菊

苣熏鲑鱼、酸牛乳酒和莳萝。餐馆在生意兴隆的Cafetería Amadeo I。建议预订。

实用信息

旅游局(☎976 64 00 74; www.tarazona.es; Plaza San Francisco 1; 团队游 €5~8; ⊙4月至9月 9:30~14:30和16:00~19:00, 10月至次年3月 周一至周六 9:30~14:00和16:00~19:00, 周日 10:00~18:00)可以组织周六和周日的历史中心区和主要名胜古迹的导览游,提供西班牙语讲解。

到达和离开

Therpasa(☎976 30 00 45; www.therpasa.es)运营的长途汽车往返于萨拉戈萨(€7.90, 1.5小时)和索里亚(€5.90, 1.25小时)。

阿拉贡比利牛斯山 (THE ARAGÓN PYRENEES)

当你离开阿拉贡中部干旱的平原后,绿色逐渐出现,继续往前行,高山的影子隐约可见。阿拉贡的比利牛斯山海拔超过3000米,与法国的比利牛斯山共同组成这座山脉的核心部分,山脉最壮丽的风景很多都处在这一区域。从南面眺望,它们起伏不平的山脊遮挡了北方的地平线。树木繁茂的山谷里点缀着美丽的老石屋村庄,对于西班牙人和他们的法国邻居(奇怪的是其他国家的旅行者不多见)来说,整个地区就像个巨大的探险乐园,不仅有绝佳的徒步路线,还能进行攀岩、滑雪、激浪漂流和溪降等激动人心的运动。

韦斯卡(Huesca)

人口 51,450/海拔 465米

大多数旅行者不会在打工仔聚集的省会城市韦斯卡停留太长时间,不过,如果你来了这里,可以去西班牙最古老的杂货店看看,参观一个将戈雅版画与中世纪皇宫结合的博物馆,然后参加一次哥特和罗马风格建筑之旅——它们因两座引人注目的教堂而开设。

景点

★老圣佩德罗教堂 教堂

(Iglesia de San Pedro El Viejo; www.sanpedroelviejo.com; Plaza de San Pedro; 成人/儿童 €2.50/1.50; ⊙周一至周六 10:00~13:30和16:30~18:00, 周日 11:00~12:15和13:00~14:00)圣佩德罗教堂是西班牙最古老和最重要的罗马式建筑之一,它的历史可追溯至12世纪。六边形塔楼尤为与众不同,开放式回廊里有38个雕刻精美的罗马式柱顶(有些是19世纪的作品),陵墓里埋葬着两位阿拉贡国王(和兄弟)——阿方索一世(Alfonso Ⅰ; 1104~1134年在位)和拉米罗二世(Ramiro Ⅱ; 1134~1137年在位)。

圣玛利亚大教堂 主教座堂

(Catedral de Santa María; www.museo.diocesisdehuesca.org; Plaza de la Catedral; 成人/老年人和学生/儿童 €4/2/免费; ⊙周一至周六 10:30~14:00和16:00~19:00)这座哥特风格的大教堂是阿拉贡的一大惊喜。雕梁画栋的正门建于1300年,附属于教堂的**教区博物馆**(Museo Diocesano)里有非凡的壁画和祭坛装饰油画。在庄严的教堂内部,16世纪的表现基督受难的石膏雕塑尤为显眼——这是达米安·福门特(Damián Forment)创作的祭坛装饰品。最后,爬上**钟楼**的180级台阶,俯瞰以比利牛斯山为背景的城市全景,为这次游览画上一个圆满的句号。

韦斯卡博物馆 博物馆

(Museo de Huesca; Plaza Universidad 1; ⊙周二至周六 10:00~14:00和17:00~20:00, 周日 10:00~14:00) 免费 这座城市博物馆里有一个优雅的庭院,展品以韦斯卡省出土的文物和当代艺术的早期作品为主,包括戈雅的8幅画。博物馆将一座12世纪的阿拉贡王宫并入其中,王宫里有个房间(有令人毛骨悚然的回音)被认为"韦斯卡的钟"(La Campana de Huesca)惨剧的发生地——13名贵族因不愿合作而被国王拉米罗二世斩首。

食宿

La Posada de la Luna 精品酒店 €

(☎974 24 17 38; www.posadadelaluna.com; Calle Joaquín Costa 10; 标单 €46~51, 标双 €46~60; ❄📶P)这间迷人的小酒店兼具充满奇思妙想的现代感与古雅的历史感。这里有8间以不同的天体为主题的房间,地板所铺的瓷砖和壁画都很有年代感,而卫生间设计时尚，有漩水按摩淋浴。尽管有些房间比较小，但整体上都称得上舒适而漂亮。

Hostal Joaquín Costa 旅馆 €

（Hostal Un Punto Chic；☎974 24 17 74；www.hostaljoaquincosta.com；Calle Joaquín Costa 20；标单 €37~51，标双 €42~66；）房间为黑白极简主义风格，一些饰有壁画和鼓励性铭文（比如淋浴房的玻璃墙上用西班牙语刻有吉卜林的《如果》）。卫生间设施完备而现代，房间为小或中等面积，总的来说是一个交通方便、环境舒适的住宿地。

★ Tatau Bistro 西班牙小吃 €€

（☎974 04 20 78；www.tatau.es；Calle Azara；菜肴 €5~25；⊙周二至周六 13:00~15:30和20:00~22:45；）市中心的这个美食吧拥有超高人气，服务员穿戴整齐，墙上挂着20世纪50年代风格的海报，有几张桌子和吧台被设计成西班牙小吃吧的风格。菜单每个季节都会更换，包括做法相对简单的小份美食（如炸肉丸）以及梨子甘草鸭和章鱼馅茄子卷等。

El Origen 阿拉贡菜 €€

（☎974 22 97 45；Plaza del Justicia 4；套餐€17~40；⊙周一、周二和周四至周六 13:15~15:30和21:00~23:00，周日 13:15~15:30）尽管这个现代广场让人感觉有点单调，看起来不像会有什么好东西，但这家环境和美味兼备的餐馆却让人眼前一亮。套餐既有传统阿拉贡菜，也有更具创意的现代菜。食材最大可能地使用了可持续农业产品。建议预订。

ℹ 实用信息

旅游局（☎974 29 21 70；www.huescaturismo.com；Plaza López Allué 1；⊙9:00~14:00和16:00~20:00）提供关于阿拉贡各个方面的信息。7月至9月中旬的每天以及其他月份的周末，会组织韦斯卡历史中心区的团队游（成人/老年人和学生/儿童€5/2.50/免费）。

ℹ 到达和离开

长途汽车

Alosa（☎974 21 07 00；www.avanzabus.com）经营的目的地有：萨拉戈萨（€7.80，1.25小时，每天至少14班）、哈卡（€7.80，1.25小时，每天6班）、巴尔瓦斯特罗（€4.60，50分钟，每天至少6班）、巴塞罗那（€17，4小时，每天5班）和贝纳斯克（€13，2.75小时，周日1班，其他时候每天2班），汽车出发/到达的地点在**中央汽车站**（Estación Intermodal；Calle Gil Cávez 10）。

火车

每天有6~8班火车抵达/离开萨拉戈萨：有一两班是AVE高速列车（€7.85起，40分钟），它们连接马德里（€22起，2.25小时），其余是地区火车（€7.15，1~1.25小时）。抵离哈卡（€8.25，2.25小时）和坎夫兰克站（€11，2.75小时）的地区火车有两三班。

> **值得一游**
>
> **洛阿雷城堡**
>
> 洛阿雷是一个农业村庄，位于韦斯卡西北30公里处。它的名气全部源自**洛阿雷城堡**（Castillo de Loarre；www.castillodeloarre.es；成人/老年人或学生/儿童€4.50/4/3；⊙6月至9月 10:00~20:00，3月至5月和10月 10:00~19:00，11月至次年2月周二至周日 11:00~17:30），这是一座收复失地运动时期的城堡，筑有多个塔楼。城堡耸立在村庄上方的山坡上（自驾5公里，步行上山2公里）。
>
> 城堡由纳瓦拉的桑丘三世（Sancho Ⅲ）修建于11世纪，后来阿拉贡的Sancho Ramírez又对它进行了扩建，风格与十字军城堡很相似。里面有许多看点，包括一个罗马风格的小礼拜堂及其地下室，你还能爬到两座主塔的高处欣赏风景。
>
> 如果你想在这里过夜，村里的中心广场上有一间酒店，它所在的建筑建于16世纪。村庄和城堡之间的中点位置还有一个颇受欢迎的露营地。
>
> 周一至周五，Alosa有一两班车往返于洛阿雷与韦斯卡（€3.05，40分钟），但很有可能无法当天返回韦斯卡。

里格洛斯及周边（Riglos & Around）

人口 80（里格洛斯）/海拔 650米（里格洛斯）

在韦斯卡西北43公里有一组令人惊叹的

高耸岩石群，衬托得村庄看起来小小的，仿佛困于大峡谷，它们就是洛斯马洛斯-里格洛斯岩（Los Mallos de Riglos），小小的里格洛斯村就坐落在岩石群脚下。里格洛斯岩很受攀岩者的喜爱，除此以外，大量体型庞大的秃鹰也是这里的常客。

对于不想挑战垂直坡度的人，Camino del Cielo是个不错的选择，这条环线将带你从里格洛斯出发，去往洛斯马洛斯（Los Mallos）的顶部，全程大约需要2.5小时。

里格洛斯西南方向2.5公里处有一条Río Gállego（自驾10公里或步行45分钟），河对面的A132边上坐落着Murillo de Gállego村庄，这是一个繁忙的漂流和皮划艇活动中心，就在洛斯马洛斯下面。3月至9月，有几家公司会经营半日团队游（每人 €40起）。

两个村庄里都有几家乡村旅馆（casas rurales，由当地农舍改造而成，为旅行者提供住宿）和旅馆，里格洛斯还有一家全年营业的针对攀岩者的青年旅舍。

里格洛斯在萨拉戈萨—坎夫兰克铁路沿线上，位于韦斯卡（€3.65，1小时）和哈卡（€5.45，1.25小时）之间，上午有一班往北去的火车，下午有一班往南去的火车。如果自驾来这些地方会更方便。

阿卡兹鸟类解说中心 观鸟

（Centro de Interpretación de Aves Arcaz；☎974 56 19 10；www.vultouris.net；里格洛斯；成人/儿童 €2/1；⌚6月至9月 周三至周日 10:00~14:00和15:00~19:30，4月至5月和10月 周六和周日 10:00~14:00和16:00~18:00）这个中心位于里格洛斯以南1公里处，自驾或步行前往都很方便。中心内有关于比利牛斯山地区秃鹰的展览和信息，还有一个观赏洛斯马洛斯大型秃鹰群的观景台。

索斯-德尔雷卡托利科（Sos del Rey Católico）

人口 500/海拔 625米

如果阿拉贡国王费尔南多二世转世到21世纪，他很可能还可以在索斯-德尔雷卡托利科辨认出自己儿时生活的小屋。1452年，日后将成为卡斯蒂利亚伊莎贝拉女王的丈夫及西班牙联合王国的国王在此出生，这个布局紧凑的山顶小村庄自那时起便无太大变动——只是多了一些机动车辆和夏季时的游客。据说费尔南多二世的母亲为了让自己的儿子出生在阿拉贡，已开始分娩的她从纳瓦拉的Sangüesa骑马14公里赶来了这里。

除却与王室的渊源，索斯-德尔雷卡托利科也是一个能让你充分体验古代阿拉贡村庄的好地方。在迷宫般的街道里探访完历史遗踪后，还可以沿着布满苔藓的步道深入周边的乡村。

景点

萨达宫 历史建筑

（Casa Palacio de Sada；Plaza de la Hispanidad；成人/儿童 €2.90/1.90；⌚周一至周五 10:00~13:00和16:00~19:00，周六和周日 10:00~14:00和16:00~19:00，9月至次年6月的周一不开放）1452年，阿拉贡国王费尔南多二世出生在这里。这是一座宏伟的建筑——尤其是经过了1600年左右的扩建和20世纪的修复后，与费尔南多时代相比更为庞大。房间里的西班牙语信息板讲述了费尔南多多变和重要的一生，另外还有一些模型。在Capilla de San Martín de Tours内，播放着关于索斯历史和礼拜堂内14世纪哥特式壁画的影片。

圣斯蒂芬教堂 教堂

（Iglesia de San Esteban；€1；⌚周一至周六 10:00~13:00和15:30~17:30，周日 10:00~10:00）这座罗马-哥特式教堂有一个饱经风霜的罗马式入口，有趣又幽暗的地下室里有许多精美的中世纪壁画。

佩尼亚费利西亚诺 城堡

（Castillo de la Peña Feliciano）12世纪建造的城堡主楼和一些城墙是城堡仅存的遗迹，这座城堡曾守卫阿拉贡和纳瓦拉（Navarra）两个基督教王国的边防重地。爬上来俯视村庄及其四周的乡间风景。

住宿

Hostal Las Coronas 旅馆 €

（☎948 88 84 08；www.hostallascoronas.com；Calle Pons Sorolla 2；标单/双 含早餐 €40/60；❄📶）这家旅馆由友好的费尔南多

(Fernando)经营。客房简单质朴，推荐配水疗淋浴和阳台的3号房，从阳台可俯视被团团围住的广场。底层的西班牙小吃吧里播放着悦耳的经典音乐，供应西班牙小吃、西班牙三明治(€3.50~6)、整盘西班牙小吃(€3~22)、组合套餐(€12.50~18.50)和早餐(包含在房费里)。

★**Parador de Sos del Rey Católico** 酒店 €€

(☎948 88 80 11; www.parador.es; Calle Arquitecto Sainz de Vicuña 1; 房间 €64~156; ⊙2月中旬至12月; ❄📶Ⓟ)尽管索斯的这间国营酒店并不是历史建筑(它建造于20世纪70年代)，但与小镇的气质完美契合，国营酒店应有的服务和舒适度这里也一样不少。你可以独自看书，坐在餐厅露台上喝一杯桑格利亚酒，或者就待在豪华的房间里欣赏风景。餐厅(套餐€30~38)供应该地区的各种特色菜。

Rutadel Tiempo 精品酒店 €€

(☎948 88 82 95; www.rutadeltiempo.es; Plaza de la Villa; 含早餐标单 €50，标双 €70~110; ❄📶)中心广场上的拱顶总是容易勾起人们对往昔岁月的遐想，而酒店就坐落在这样的拱顶下方。一楼房间的主题是与索斯有关联的3位阿拉贡国王，二楼的4个房间装饰则以四个大洲为主题，4个房间都很不错，其中又以宽敞的"亚洲"和"非洲"主题房最佳。

El Peirón 精品酒店 €€

(☎948 88 82 83; www.elpeiron.com; Calle Fernando el Católico 24; 标单 €75起，标双 €85~140; ⊙3月至12月; ❄📶)厚石墙、铸铁工艺、复古装饰(包括一些16世纪和17世纪的门和家具)、当代艺术、彩色墙和宽敞的卫生间这些元素都集中在了家庭经营的El Peirón。酒店

比利牛斯山丰富的探险运动

拥有原始和多样化地貌的阿拉贡是西班牙的自然探险乐园。从名字就可以看出，阿拉贡比利牛斯山是这个地区最棒的组成部分，而它也是山脉在西法边境最原始和雄伟的存在。攀岩(以及越来越多的铁索攀岩)、山间小道和被雪覆盖的山坡让这里全年可进行的户外活动不断，你大可按自己的喜好近距离探索这些山峰和山口。

徒步爱好者可以尝试全程或部分的GR11，这条著名的长距离步道将把你从一个海岸带到另一个海岸。而只想随便走走逛逛的人可以去某些高山的山脚，比如令人肃然起敬的奥尔德萨-佩尔迪多山国家公园，那里有瀑布、清澈的溪流以及石灰岩悬崖和峡谷。水上运动爱好者会喜欢在Río Gállego和Río Ésera里玩激浪漂流、皮划艇和独木舟。而阿尔克萨尔周边及另外一些地方则可以满足溪降爱好者们在峡谷里平移、跳跃和绕绳下降的愿望。卡斯特洪德索斯(Castejón de Sos)是滑翔胜地，阿因萨是山地骑行的大本营。筋疲力尽地玩了一天后，遍布整个地区的石屋村庄保证你不用费太大劲就能找到住所(和食物)。

Montaña Segura (www.montanasegura.com)有大量关于阿拉贡山间徒步和攀岩的实用信息，其中很多都只提供西班牙语，但"传单"(Folletos)栏目有英语和法语的徒步路线信息。

观鸟

这里是欧洲观赏猛禽的最佳地区之一，观鸟者蜂拥而至，只为能看到红鸢和黑鸢，以及埃及秃鹰、格里芬秃鹰和濒危的髭兀鹰，最高的一些山峰上还盘旋着鸟类之王——金雕。即使你不是鸟类爱好者，当你身处Garganta de Escuaín或里格洛斯的阿卡兹鸟类解说中心(Centro de Interpretación de Aves Arcaz)时，也会被眼之所见打动。

阿拉贡旅游局是负责这个地区旅游业的机构，他们能提供遍布阿拉贡的16条观鸟路线(www.turismodearagon.com/es/naturaleza.html)的详细信息。分布在阿拉贡各地的旅游办事处也能提供帮助，观鸟者还可以在www.birdingpirineos.com(阿拉贡西北部)和www.aragonbirding.com查阅信息。

位于老城区的其中一个大门——萨拉戈萨门(Puerta de Zaragoza)边，14间房里有两间为套房。

就餐

Landa Terraza 西班牙菜 €€

(Calle Fernando el Católico 37; 菜肴 €5.50~8.50, 套餐 €13; ⏲9:00至次日0:00)实在的美食、实惠的价格加上令人愉悦的服务，是促使人们来这个小餐馆的原因。餐馆外还有一个露台，你可以坐在那里吃大份或中份的鸡蛋火腿西班牙小吃，或者西班牙红肠配野生蘑菇、西班牙三明治、高性价比的每日套餐等。

La Cocina del Principal 阿拉贡菜 €€

(☎948 88 83 48; www.lacocinadelprincipal.es; Calle Fernando el Católico 13; 主菜 €17~26; ⏲3月至11月周二至周六 13:30~15:30和20:30~22:30, 12月至次年2月需要预订)这间餐馆的食物被普遍认为是索斯的最佳，羔羊肉(ernasco)、烧烤牛里脊肉和猪蹄赢得了人们的赞誉。沿着入口的楼梯往下走，你会以为自己正走入一个地下酒窖，但最后展现在你眼前的却是一间优雅的石墙餐馆，门外还有一个视野开阔的露台，一些充满趣味的艺术品更是为它加分不少。

实用信息

旅游局(☎948 88 85 24; www.oficinaturismososdelreycatolico.com; Plaza Hispanidad; 团队游 成人/儿童 €4.40/1.90, 含萨达宫 €6.40/2.90; ⏲周一至周五 10:00~13:00和16:00~19:00, 周六和周日 10:00~14:00和16:00~19:00, 9月至次年6月的周一不营业)位于萨达宫，每天安排2~3次西班牙语讲解的村庄导览游。

到达和离开

周一至周五的7:00, **Autobuses Cinco Villas** (☎976 66 09 80; www.autobusescincovillas.com)的长途汽车从索斯-德尔雷卡托利科开往萨拉戈萨(€11, 2.5小时), 17:00返回。

埃乔山谷和安索山谷 (Valles de Hecho & Ansó)

这两个平行的迷人山谷位于阿拉贡偏远的西北角，它们穿过浓密的树林，抵达法国边境处的比利牛斯山主山脊。高耸的崖壁边，坐落着一些古老的石屋村庄，猛禽在高高的上空盘旋。阿拉贡苏巴丹河(Río Aragón Subordán)从群山出来后往南流去，在它西侧几公里处还有一条维拉尔河(Río Veral)，它们分别塑造出埃乔山谷和安索山谷。很少有外国人了解这两个山谷及其周边山区，但这里堪称徒步者的天堂，河流、湖泊、峡谷和瀑布组成了壮丽的高山风光，并有大量可供住宿的地方。两个山谷的高处是270平方公里的西部山谷自然公园(Parque Natural de los Valles Occidentales)的一部分。

活动

景色壮美的山林间分布着数不尽的徒步道，这些小道都设有清晰明确的路标，有些路线1小时便可轻松走完，有些需要攀登一整天，或花几天来完成。山里的天气向来变化多端，无法预测，但一般来说6月至10月是徒步的最佳时间。喜欢挑战高峰的人不会愿意错过Bisaurín(海拔2670米)、Castiello d'Acher(海拔2384米)和Meseta d'os Tres Rais(又称Mesa de los Tres Reyes; 海拔2448米)，从距离各山峰最近的道路尽头出发，往返这些山峰各需要至少7小时(海拔落差1200~1300米)。

Prames出版的《西部山谷安索和埃乔》(*Valles Occidentales Ansó-Echo*; 比例尺1:25,000)是一张非常实用的地图。

当地旅游局能提供有关徒步路线信息的印刷页，以下3个西班牙语网站也有关于路线的描述和地图: www.rutasvalledehecho.com、www.montanasegura.com和http://senderosturisticos.turismodearagon.com。

到达和离开

路面平整的A176从N240上的蓬特-拉雷纳(Puente la Reina)延伸至埃乔和安索两个村庄(相隔13公里)。通往山谷高处的道路较窄但路况不错，一直到埃乔山谷的Selva de Oza和安索山谷的Zuriza都有铺装路。

周一至周四和周六的18:20(周五以及7月和8月周一至周六 19:40, 周日停运)，有长途汽车从哈卡汽车站出发开往埃乔(€3.50, 1.25小时)，并继续前行至西雷萨和安索。这趟车会在周一至周六6:30从安索返回，并在6:50经停西雷萨、7:00经停埃乔。

埃乔（Hecho）

人口 590/海拔 820米

斜坡屋顶、高高的烟囱和鲜花锦簇的阳台是埃乔（也写作Echo，即“回声”）的石头房屋标配，对于想要短暂游览比利牛斯山的人来说，大概没有比这个低调的村庄更为理想的目的地了。

景点和活动

当地艺术博物馆 雕塑

（Museo de Arte Contemporáneo；www.valledehecho.es；Carretera de Oza）免费 韦斯卡该感谢这里在1975~1984年每年举办一次的国际艺术研讨会，多亏了它们，这个村庄才得以拥有如此丰富的当代雕塑和油画作品。旅游局后面和村里其他地方分布着40多座雕塑，其中大部分都是石雕。旅游局里陈列着26幅油画和9座木雕（可在旅游局开门时参观）。

Val d' Echo Activa 探险运动

（☎974 37 54 21；www.valdechoactiva.com；Carretera de Oza 2；半日每人 €40~45）韦斯卡的这家公司经营地狱之口（Boca del Infierno）峡谷的溪降运动，以及奥尔瓦德欧萨（Selva de Oza）和其他地方的铁索攀岩（沿钢梯、楼梯和缆线攀登的一种运动），至少3人以上成行。

食宿

Casa Blasquico 旅馆 €

（☎974 37 50 07；www.casablasquico.es；Plaza La Fuente 1；标双 €55~60，标三 €75；⏲3月至12月；❄📶）家庭经营的Casa Blasquico是镇上最好的住宿地，它只有7个房间，因此最好提前预订。房间饰有花盒、山墙、花卉图案的纺织用品和木质装饰，就像是从瑞士阿尔卑斯山上瞬移过来的一样。

★Restaurante Gaby 阿拉贡菜 €€

（☎974 37 50 07；www.casablasquico.es；PlazaLaFuente 1；主菜 €12~19；⏲3月至12月 13:30~15:30和20:30~22:00；📶）Casa Blasquico的这间餐厅气氛舒适怡人，天花板上有木梁，从室外的露台可俯视一个鹅卵石广场。餐厅供应的高山菜肴虽简单，但都是采用顶级食材精心烹饪而成：野生蘑菇可丽饼、脆皮油封鸭、肋间牛排都非常美味。这里还有丰富的葡萄酒可供选择。强烈建议预订。

Restaurante Canteré 西班牙菜 €€

（☎974 37 52 14；www.cantere.es；Calle Aire 1；主菜 €14~23，套餐 €21；⏲7月至9月 13:30~15:30和20:30~22:30，10月至次年6月 周日至周四 13:30~15:30，周五和周六 13:30~15:30和20:30~22:30）经典的食材、一流的烹饪、热情的服务和明亮的现代风格环境是这间餐馆成功的秘诀。4道菜套餐很值得尝试：你可以在椰泡胡萝卜汤、肋间牛排、无须鳕鱼配奶酪焗蘑菇等菜肴中进行选择，只要你愿意，还可以遍尝所有开胃菜和甜点！

实用信息

旅游局（☎974 37 55 05，市政厅 974 37 50 02；www.valledehecho.es；Carretera de Oza；⏲7月至9月中旬 10:00~13:30和17:30~20:00，9月中旬至次年6月周六和周日 10:00~13:30和16:30~19:00）

西雷萨（Siresa）

人口 125/海拔 870米

西雷萨位于埃乔以北数公里处，这个迷人的小村庄是中世纪基督教时期阿拉贡起步的地方。

景点

圣佩德罗教堂 教堂

（Iglesia de San Pedro；€2；⏲7月至9月 11:00~13:00和17:00~20:00，10月至6月仅周六和周日开放）这座墙体厚实的教堂是西雷萨最显眼的建筑，它创建于9世纪，当时是一座修道院的一部分，而那座修道院在其初期是刚建立没多久的阿拉贡郡的中心。11世纪重修时赋予了教堂罗马风格，之后它又在13世纪和20世纪90年代得到了翻新整修。教堂内有一个耶稣受难的哥特式彩色木雕，是在20世纪90年代的那次整修中被发现的。

食宿

Hotel Usón 酒店 €

（☎974 37 53 58；www.hoteluson.com；

在阿拉贡滑雪

阿拉贡是西班牙最好的滑雪胜地之一，比利牛斯山脉的滑雪季可以从12月一直持续到来年的4月中旬。以下是几个主要的滑雪场：

Candanchú（974 37 31 94; www.candanchu.com; ）位于哈卡（很好的大本营）以北30公里处，各种类型的滑雪道总计长约60公里。这里很有阿尔卑斯山村的感觉，特别受家庭游客和专业滑雪者的青睐，同时也是西班牙价格较便宜的滑雪地之一。

Astún（974 37 30 88; www.astun.com）比利牛斯山上最新（相当难看）的一个滑雪场，距离Candanchú3公里，两个滑雪场共享门票和接驳车服务。各种级别的滑雪道总长40公里。

Panticosa（974 48 72 48; www.formigal-panticosa.com; ）阿拉贡比利牛斯山5个滑雪场中最小的Panticosa依村庄而建，以红色和蓝色滑雪道为主，如果你觉得附近的Formigal太大，可以来这里放松一下。

Formigal（974 49 00 00; www.formigal-panticosa.com）阿拉贡最大的滑雪场，位于Sabiñánigo以北的特纳山谷高处，总计长达137公里的各级别滑雪道分布在4个山谷里。有不错的现代设施和较为丰富的滑雪后活动地。

Cerler（974 55 10 12; www.cerler.com）这个设施齐全的滑雪场紧挨着贝纳斯克，有丰富的就餐、住宿和滑雪后的活动选择。滑雪道总计长达81公里，尤其适合中级水平者和初学者。

Carretera Selva de Oza, Km 7; 标单 €40~50, 标双 €50~70, 公寓 €75~85; 3月至10月; ）酒店在西雷萨以北5公里、通往塞尔瓦德欧萨（Selva de Oza）的路上，拥有舒适的房间和宁静美丽的周边环境。这里是徒步者和观鸟者的大本营，有一间供应美味家常菜的餐厅（早餐/晚餐 €7/17），著名的精酿啤酒Pirineos Bier就是在这里酿造的。

Hotel Castillod' Acher 酒店 €

（974 37 53 13; www.castillodacher.com; PlazaMayor; 标单/双/三/四 €35/55/65/75; ）这间石头建造的酒店有舒适怡人的房间，装饰风格偏现代，配有松木家具。老板还在村里开了间假日公寓，适合周末度假或长期住户。酒店的餐厅供应丰盛的每日套餐（€15）。

塞尔瓦德欧萨（Selvade Oza）

埃乔山谷的顶部风光尤为优美：阿拉贡苏巴丹河（Río Aragón Subordán）从茂密的森林中流过，车辆在与河流平行的道路上留下一道道辙印。道路在经过西雷萨大约7公里后变窄，继续往前延伸3公里左右，到达**地狱之口**（Boca del Infierno），它处在塞尔瓦德欧萨繁茂的森林里。道路穿过地狱之口，再往前3公里抵达山谷和步道的分岔口**A Mina**。

从A Mina出发的一日徒步路线包括：沿一条古罗马道的轨迹横穿比利牛斯山，到达法国境内的**Puerto del Palo**山口，往返约需5小时，海拔落差750米；前往高山湖泊**阿彻托湖**（Ibón d' Acherito），往返需4~5小时，海拔落差660米；经**阿瓜斯韦尔塔斯**（Aguas Tuertas）草甸前往**埃斯坦内斯湖**（Ibón d' Estanés）。最后一条路线可结合自驾：先从A Mina出发往东行驶4.5公里，然后步行完成剩下的路程，这样可将单程所需时间缩减至3.5小时（海拔落差600米）。

另有一条更轻松也更短的路线（3.5小时；海拔落差520米）：从Puen de Santana桥出发，沿埃乔山谷里的地狱之口绕行一圈；沿途会经过古罗马道的另一段路。

活动

Bosque de Oza 探险运动

（974 37 54 21; bosquedeoza.com; 成人/儿童€18/16; 6月至8月 11:00~19:00, 3月至5月和9月、10月仅周六和周日营业; ）这个活动中心位于塞尔瓦德欧萨的树林里，有8条高空滑索、空中爬网、索道、步道和藏式桥，这里很适合带孩子前来，可以玩上两三个小时。

Camping Selva de Oza 露营地 €

（☎974 56 55 15；camping-selvadeoza.com；成人/帐篷/汽车 €6/6/5.50，标单/双/三/四 含早餐 €35/60/95/110起；📶）在关闭了20多年后，这个临河露营地于2017年重新开放。这里有一个停车免费的树下帐篷区、一间餐馆、一个酒吧和七个松木板房间（床垫弹性很好）。

安索（Ansó）

人口 410/海拔 840米

安索坐落在维拉尔河东岸的高处，被美丽的高山和森林所团团围住。村里布满狭窄的街道，两边是整洁的石屋。两个主要游览点是紧凑的主广场——多明戈米拉尔广场（Plaza Domingo Miral）和规模庞大的16世纪圣佩德罗教堂（Iglesia de San Pedro）。

食宿

Posada Magoría 农舍 €

（☎974 37 00 49；http://posadamagoria.com；Calle Milagros 32；标双 €55~60；📶）酒店位于教堂的下方，由对当地了如指掌的家庭经营，复古风格的房间干净整洁。厨房能制作严格素食菜肴（晚餐 €10~16，早餐 €6），食材主要采自他们的有机菜园，有一张长长的公共用餐桌。此外还供应有机葡萄酒。

Hostal Kimboa 旅馆 €

（☎650 987837；www.hostalkimboa.com；Paseo Chapitel 24；标单/双 含早餐 €45/55，含半食宿 7月和8月 €50/85；⏲圣周至10月；📶）这座由家庭经营的受欢迎的旅馆位于村庄顶部，客房中有美丽的松木家具。楼下的美味餐厅擅长制作传统烤肉（套餐 €15~35），外面露台上还有一个热闹的酒吧。

Maiberal 阿拉贡菜 €

（☎974 37 01 74；www.restaurantemaiberal.es；Calle Arrigo 1；主菜 €8~14，套餐 €17~27；⏲6月中旬至7月和9月 周一至周五 11:00~16:30和19:00~22:30，周六至周日 10:00~22:30，8月 10:00~22:30，10月至次年6月中旬 周五 11:00~16:30和19:00~22:30，周六至周日 10:00~22:30）这家餐厅的食物味道正宗，供应蔬菜馅羊肉、西葫芦意大利面、虾米蘑菇酱和树莓红酒炖鹿肉，也有美味的西班牙小吃（€1.20）、开口三明治、汉堡、沙拉和香肠（或火腿）炒蛋（huevos rotos）。

实用信息

旅游局（Tourist office；☎974 37 02 25；www.turismoanso.es；Plaza Domingo Miral；⏲7月和8月10:00~13:00和17:00~20:00，5月、6月和9月 仅周末）

祖利扎山谷（Valle de Zuriza）

过了Foz Veral峡谷，在安索村以北11公里的地方，安索山谷变宽形成祖利扎山谷。这是一个由草地、树林和河流组成的地方，一些小路和徒步道（包括GR11）在这里交会。

从Camping Zuriza出发，可徒步前往**Cuello Petraficha**山口然后返回，单程约需3小时，海拔落差750米。沿途大部分时候，你都会看到南边的Sierra d' Alano的锯齿状山脊。另有一条前往**Achar d' Alano**（海拔2078米；往返大约7小时；海拔落差845米）的路线，难度相对较大。对于这两条路线，你可以先驾车沿非铺装路到A Taxera，再走完剩下的路程，这样每个单程能节省半个小时。

一条非铺装路从Camping Zuriza经过，然后往北5公里到达**Refugio de Linza**，这是Senda de Camille环线上的山间旅舍之一，也是攀登**Meseta d' os Tres Rais**（Mesa de los Tres Reyes；海拔2448米）的起点，往返约需7小时，海拔落差1275米。

食宿

Camping Zuriza 露营地 €

（☎620 879572；www.campingzuriza.es；成人/帐篷/汽车 €5/5/5，标双共用/独立卫生间 €45/55，2~4人平房 €75；⏲圣周至10月初；P）这个露营地的部分区域空间相当局促，但能提供不同类型的住宿，也有餐馆、食品商店，周边风景绝美（处在山谷的中心地带）。

圣克鲁斯-德拉塞罗斯（Santa Cruz de la Serós）

人口150/海拔 780米

圣克鲁斯-德拉塞罗斯是一个漂亮的石屋村庄，它围绕11世纪罗马风格的圣玛利亚教堂（Iglesia de Santa María）而建——教堂最初是阿拉贡最早的女修道院的一部分。村庄在哈卡以西、N240以南4公里的地方，人们来这里主要是为了参观阿拉贡最迷人的圣胡安德尔佩尼亚修道院。

景点

★圣胡安德尔佩尼亚修道院 修道院

（Monasterio de San Juan de la Peña；老修道院；www.monasteriosanjuan.com；老修道院/含一个中心/含两个中心成人 €7/8.50/12，儿童 €4.50/5/7；3月至5月 9月和10月 10:00~14:00和15:30~19:00，6月至8月 10:00~14:00和15:00~20:00，11月至次年2月周日至周五 10:00~14:00，周六 10:00~17:00；P）两座圣胡安德尔佩尼亚修道院坐落在德尔佩尼亚山（Sierra de la Peña）上，从高处俯视着圣克鲁斯-德拉塞罗斯。建于10世纪的**老修道院**（Monasterio Viejo）在1675年的一场大火中毁于一旦，修道士们在更高一点的位置上建造了**新修道院**（Monasterio Nuevo）。这两座历史悠久的修道院在19世纪中期被弃置不用，但之后它们被修葺一新，任何对古建筑、雕塑、历史、风景或野生动物感兴趣的人都不应错过这里。

道路从圣克鲁斯村蜿蜒上山7公里，在一个转弯处岩壁向外突出，将老修道院揽入怀中。这是中世纪阿拉贡最重要的修道院之一，阿拉贡最早的三位国王就葬在这里，他们是拉米罗一世（Ramiro I，1036~1064年）、桑丘·拉米雷斯（Sancho Ramírez，1064~1094年）以及佩德罗一世（Pedro I，1094~1104年）。此外还有两座教堂，位置较低的是莫札拉比-罗马混合风格，位置较高的是纯粹的罗马风格。不过修道院最大的亮点还是**罗马风格的回廊**，12世纪和13世纪的柱顶雕塑描绘了《创世纪》里的内容和基督的生平。

从老修道院沿道路往山上再走1.5公里即到达新修道院，这是一座规模更大、有两个塔楼的砖石建筑。破败的修道院遗址上方建了一个大型的修道院解说中心（Centro de Interpretación del Monasterio），里面有关于两座修道院和阿拉贡王国历史的介绍文字（西班牙语）。透过它的玻璃地板，你会看到修道士和修道院生活场景模型，这些模型与实物一般大小，不过做得有点粗陋。重建的主教堂里还有一个阿拉贡王国解说中心（Centro de Interpretación del Reino de Aragón），你可以坐在里面看一段40分钟的影片，了解早期的阿拉贡历史。

两座修道院的门票都在新修道院购买，夏季（6月至8月）这里也是停车的地方。每隔几分钟，就会有接驳车开往下面的老修道院然后返回。门票价格取决于你想要参观多少个解说中心。

观景点和秃鹰

从新修道院往北走400米到达**比利牛斯山阳台**（Balcón del Pirineo），比利牛斯山的壮丽风景在这里一览无遗，运气好的话还能看到盘旋的秃鹰。

想要了解更多关于秃鹰和该地区的自然景观的话，可以去新修道院旁边的**圣胡安德尔佩尼亚和奥罗尔山解说中心**（Centro de Interpretación San Juan de la Peña y Monte Oroel；974 36 14 76；7月和8月 周二至周日、4月至6月和9月至11月 周六和周日 10:00~14:00和15:00~18:00）看看。

食宿

Hostal Santa Cruz 旅馆 €

（974 36 19 75；www.santacruzdelaseros.com；Calle Ordana；标单/双/三含早餐 €40/60/80；）这家漂亮的旅馆在圣克鲁斯-德拉塞罗斯的教堂旁边，服务亲切友好，有8间迷人的客房，其中4间带阳台，可以俯视教堂。旅馆里有一个供应西班牙三明治等小吃的吧台，还有一间餐厅（8月以外的月份周一不营业），你可以在那里品尝蔬菜炖野猪肉等丰盛的肉食和每日套餐（€14）。

旅馆每年会休息几个星期，具体请查阅它的网站。

到达和离开

没有公共交通前往修道院，甚至连圣克鲁斯-德拉塞罗斯也无法通过公共交通工具到达。徒步者可以沿着一条4公里长的带标志的崎岖小路从圣克鲁斯-德拉塞罗斯通往旧修道院，大约需要1.5小时，海拔上升350米。

哈卡（Jaca）

人口 12,000/海拔 820米

哈卡位于阿拉贡比利牛斯山脉西部山谷

的入口处，有一座布局紧凑的迷人老城，这里有着深厚的历史底蕴——11世纪时它是阿拉贡王国的首府，在16世纪又充当了西班牙抵御法国可能会入侵的一个要塞。

除了7月、8月的夏季旅游旺季，冬季周末还会有人过来滑雪，这个时候的城市会从早上热闹到晚上。

景点

圣佩德罗大教堂 主教座堂

（Catedral de San Pedro; Plaza de la Catedral; ⏲11:00~13:30和16:15~20:00）哈卡建于11世纪的大教堂是非常雄伟的建筑，其壮观的外部是典型的阿拉贡北部坚石建筑风格。它曾采用过非常优雅的法国罗马式风格，但在15和16世纪增添了一些哥特和文艺复兴风格的细节和修饰后，就有了一个混搭的外观。其内部仍然保存了一些美好的特征，特别值得参观的是教堂内西北角的小礼拜堂，它是为城市的守护者Santa Orosia而建的，有关他殉难的事迹被记录在一系列神秘的壁画上。

★教区博物馆 博物馆

（Museo Diocesano; www.diocesisdejaca.org; Plaza de la Catedral; 成人/老年人和学生/儿童 €6/4.50/3; ⏲7月和8月 10:00~14:00和16:00~20:30, 9月至次年6月 周一至周六 10:00~13:30和16:00~19:00, 周日 10:00~13:30）哈卡的教区博物馆（位于大教堂回廊的房间里，从大教堂内部进入）可看作巴塞罗那的加泰罗尼亚国家艺术博物馆的迷你版。它的镇馆之宝是从哈卡教区教堂抢救出来的罗马风格与哥特风格艺术品。重建的教堂是这里的亮点，它原本位于Bagüés村，教堂里的11世纪后期壁画是欧洲罗马风格系列绘画中的佳品。

堡垒 要塞

（Ciudadela, Citadel; www.ciudadeladejaca.es; Avenida del Primer Viernes de Mayo; 成人/老年人和学生/儿童 €6/5/4, 含军事微缩模型博物馆 €10/8/5; ⏲7月至9月 10:30~14:30和16:30~20:30, 10月和12月至次年5月 周二至周日 11:00~14:00和16:00~19:00）哈卡的这座星形堡垒建于16世纪90年代，被用来抵御法国军队可能发起的入侵。现在的它是欧洲仅存的两座五边形要塞之一。通过40分钟的导览游（西班牙语讲解，有其他语言版本的资料单页）进入参观，导览游在开放时段每小时组织1次。

军事微缩模型博物馆 博物馆

（Museo de Miniaturas Militares; www.museominiaturasjaca.es; Avenida del Primer Viernes de Mayo, Ciudadela; 成人/老年人和学生/儿童 €6/5/4; ⏲7月至9月 10:30~14:30和16:30~20:30, 10月和12月至次年5月周二至周日 11:00~14:00和16:00~19:00）对于任何一个10岁以上的人来说，士兵模型博物馆听起来可能并没什么吸引力，不过你真的可以再考虑一下。展览用3D技术再现了过去的战场，从使用投矛器的新石器时代讲到动用坦克的佛朗哥法西斯政府，可以说是一节非常生动的历史课。博物馆位于堡垒里，展厅之间相互连接。

节日和活动

比利牛斯山脉民俗节 音乐节、舞蹈

（Festival Folklórico de los Pirineos; www.festivaljaca.es; ⏲7月/8月）7月底或8月初（逢奇数年）举办的民俗节，为期一周，可以欣赏到当地、本国和国际的音乐、舞蹈和工艺品，举办地点分布在几个会场和街道上。

住宿

Hostal París 旅馆 €

（☎974 36 10 20; www.hostalparisjaca.com; PlazadeSanPedro 5; 标单/双 共用卫生间 €32/42; 📶）这家热情友好的旅馆位于大教堂附近，地处中心地带。房间宽敞、时髦，有着高高的天花板，打扫得一尘不染，木地板踩上去嘎吱作响，公共浴室整洁。许多房间可以俯瞰广场。提供简单的早餐（€3）。

Hotel Jaqués 酒店 €€

（☎974 35 64 24; www.hoteljaques.com; Calle Unión Jaquesa 4; 标单 €40~50, 标双 €60~70; ❄📶）中档酒店里一个不错的选择，装饰带一点英国摄政时期风格，有现代化卫生间和一间咖啡馆。酒店最近在Calle Obispo的拐角处新开了一家公寓酒店，房间里非常干净整洁，价格跟这里差不多。

★Hotel Barosse 精品酒店 €€€

（☎974 36 05 82; www.barosse.com; Calle

Estiras 4, Barós; 含早餐标单 €110~159, 标双 €138~199; 📶) Hotel Barosse位于哈卡以南2公里处的安静的Barós, 有5间风格各异的房间, 从裸露的石墙、缤纷的色彩到设施齐全的卫生间, 所有细节都做得十分出色。舒适的起居室兼阅览室、漂亮的花园、水疗、诚信酒吧和比利牛斯山风光让人心情愉悦。

酒店主人José和Gustavo非常棒, 他们还会应客人要求制作美味的晚餐 (€26~28)。只接待成年人。

就餐

★ La Tasca de Ana 西班牙小吃 €

(Calle de Ramirol 3; 西班牙小吃 €1.80~3.50, 一盘西班牙小吃 €2.50~14; ⏰7月至9月12:30~15:30和19:30至午夜, 10月至次年6月周一至周五 19:00~23:30, 周六和周日 12:30~15:30和19:00~23:30; 📶) 阿拉贡最棒的西班牙小吃吧之一——所以生意才会这么好。吧台上陈列着众多诱人的美食供食客挑选, 菜单上也有很多其他美食可以单点, 本地产的葡萄酒价格合理。可以参考黑板上的"最受欢迎菜品"(tapasmassolicitados), 榜首的有力竞争者之一是有山羊奶酪、芦笋 (trigueros) 和水煮全熟鸡蛋的吐司。

★ La Terapia 西班牙小吃、阿根廷菜 €

(☎649 088874; Calle Mayor 31; 西班牙小吃和一盘西班牙小吃 €3~12, 主菜 €8~24; ⏰周二至周日 正午至16:00和19:00至午夜) 气氛活跃的Terapia可满足不同口味就餐者的需求, 传统西班牙小吃或大份西班牙小吃包括炸肉丸、火腿、香肠和海鲜, 以及各种沙拉、炸鱼、阿根廷烤肉。不过, 阿根廷风味肉馅饼 (empanadas) 才是这里当之无愧的主角, 馅料由火腿、奶酪、番茄和罗勒混合而成, 野生蘑菇拌浓郁的卡夫拉莱斯奶酪也是主打。

Restaurante Asador Biarritz 阿拉贡菜 €€

(☎974 36 16 32; www.restaurantebiarritz.com; Avenida Primer Viernes de Mayo 12; 主菜 €16~28, 套餐 €15~55; ⏰周四至周二 13:00~16:00和20:00~23:00) Biarritz里总是坐满了顾客, 他们开心地吃着经典阿拉贡菜。烤肉和烤鱼是这里的主打菜, 还有不同价位的各种套餐。餐馆位于哈卡的林荫主道上, 有一个大的室外区域。建议提前预订。

ℹ 实用信息

旅游局 (☎974 36 00 98; www.jaca.es; Plaza de San Pedro 11-13; ⏰7月和8月周一至周六 9:00~21:00, 周日 9:00~15:00, 9月至次年6月 周一至周六 9:00~13:30和16:30~19:30)

ℹ 到达和离开

Alosa (www.avanzabus.com) 每天至少有6班车从**哈卡汽车站** (☎974 35 50 60; Plaza Biscós) 开往韦斯卡 (€7.80, 1.25小时) 和萨拉戈萨 (€16, 2.5小时)。La Burundesa (www.laburundesa.com), 每天有一两班车开往潘普洛纳 (€7.80, 1.75小时)。

每天有两班火车开往南边的韦斯卡 (€8.25, 2小时) 和萨拉戈萨 (€15, 3.25小时), 以及北边的坎夫兰克火车站 (€2.80, 35分钟)。

阿拉贡山谷 (Valle del Aragón)

阿拉贡得名于阿拉贡河 (Río Aragón), 这条河流从比利牛斯山往南经过哈卡, 然后向西拐入纳瓦拉。阿拉贡诞生于8世纪, 原本只是一个小小的基督教郡县, 之后才逐渐成长为一个强大的王国, 这个河流名字也随之保留了下来。从哈卡出来, 有一条N330公路往北翻过夹在雄伟群山间的阿拉贡山谷, 前往法国边境处的Puerto de Somport山口 (海拔1640米)。

阿拉贡山谷除了通往法国Vallée d'Aspe山谷 (如今8.6公里长的Sompot隧道是前往山口的一条替代路线), 谷内还拥有非凡的坎夫兰克火车站和Astún、Candanchú两个滑雪度假村 (见455页), 以及大量风光优美的步道。

旁边的山谷里有许多适合在夏季探访的徒步路线, 包括坎夫兰克火车站以东的Valle de Izas, 旅游局能提供相关信息。徒步上山去Collado de Izas山口然后返回约需7个小时, 海拔落差累积有1000米, 最初的2公里是一条铺装路, 你可以驾车通行, 在废弃的Fuerte de Coll de Ladrones下车, 完成剩下的路程。如果觉得这条路线过长, 也有大量短途路线可供选择。

坎夫兰克国际火车站 建筑

(Estación Internacional de Canfranc; Canfranc-Estación)比利牛斯山跨国铁路曾经运营了近50年,宏伟的现代主义风格建筑坎夫兰克火车站就是它的见证物。火车站于1928年建成投用,主楼有250米之长,针对萨拉戈萨—波城(Pau;位于法国)设置了海关和移民局。直至1970年前它都是一个运输量很大的车站——那年法国边境处的一座桥梁突然倒塌,之后(至今)也没有进行修理。不过现在两国政府正在洽谈重开这条线路的事宜。

铁路迷和喜欢追忆昔日光辉的人可以通过**坎夫兰克旅游局**(Canfranc tourist office; ☎974 37 31 41; www.canfranc.es; Plaza del Ayuntamiento, Canfranc-Estación; ⊙7月和8月 9:00~20:00, 9月至次年6月 周二 16:30~19:30, 周三至周六 9:00~13:30和16:30~19:30, 周日 9:00~13:30)组织的40分钟导览游(€4)游览火车站,这也是进入这座破败建筑内部的唯一途径。团队游用西班牙语讲解,免费的语音导览器内置英语和法语翻译。导览游每天会组织多次(除了9月至次年6月的周一),旅游局的网站上有它们的时间表。建议提前预约。

ℹ 到达和离开

Mancomunidad Alto Valle del Aragón (www.mavaragon.es)每天有5班车从哈卡汽车站开往Astún (€2.90, 35分钟)然后返回,沿途经停坎夫兰克火车站(€2.05, 20分钟)、Candanchú和Puerto de Somport。

萨拉戈萨每天有2班火车开往坎夫兰克火车站(€16, 4小时)然后返回,沿途经过韦斯卡(€11, 2.75小时)和哈卡(€2.80, 35分钟)。

法国

法国Nouvelle-Aquitaine (http://car.aquitaine.fr)运营的地区长途汽车从坎夫兰克火车站开往法国阿斯佩山谷的伯杜(Bedous; €6.40, 1小时)然后返回,每天至少4班。在伯杜可接驳抵离奥洛龙-圣玛丽(Oloron Sainte Marie)和波城的火车。从坎夫兰克火车站到波城的汽车-火车联票价格为€16,总共2.25小时。

特纳山谷(Valle de Tena)

特纳山谷起于小镇Sabiñánigo,一直延伸到北边的群山,Río Gállego从中流过,一路沿着A136公路可抵达Puerto del Portalet山口(海拔1794米)——这是进入法国奥索山谷(Vallée d' Ossau)的门户。

特纳山谷高处有两个滑雪胜地(见455页):Panticosa(小滑雪场)和Formigal(大滑雪场,在通向Portalet边境的6公里山坡沿途大部分都有滑雪道)。两个滑雪场之间坐落着历史悠久的漂亮石屋村庄Sallent de Gállego,很多徒步者会将这里作为他们的大本营。一条8公里长的公路从Panticosa出来后往山上蜿蜒穿过Garganta del Escalar峡谷,抵达最近升级整修的温泉度假村Baños de Panticosa。

Resort Balneario de Panticosa 水疗

(☎974 48 71 61; www.panticosa.com; Baños de Panticosa; 30分钟成人/儿童 €36/12; ⊙6月至10月和圣诞节至圣周 正午至20:00; 🚼)17世纪90年代这里就有一个浴室,不过"用特殊的水洗澡"这件事直到19世纪中期才真正变得流行起来。现在的Balneario是一个刚进行过改建的豪华水疗度假村,由两间4星级酒店和好几间餐厅组成。非住客也可以使用这些设施和服务,包括各种按摩、理疗和套餐服务。主要的水区域(zona de aguas)由5个泳池、1个桑拿房、土耳其浴室、冰屋、日光浴室等组成。

Respomuso徒步 徒步

从Sallent de Gállego沿名副其实的清水河(Río Aguas Limpias)往山上走,最终会到达风景优美、高山环绕的**Embalse de Respomuso**(海拔2200米)。这条路线是长距离步道GR11的一部分,避开了装有滑雪场设备的地带,是很好的一日徒步游路线,去程12公里的上坡(约3.5小时,海拔上升900米)。

你也可以先驾车到Embalse de la Sarra远端的餐馆Asador La Sarra,然后再步行完成剩下的路程,可以少走3.5公里,单程能节省1小时。如果你想要在山里过夜,**Refugio de Respomuso**(☎974 33 75 56; www.alberguesyrefugiosdearagon.com; Embalse de Respomuso; 铺成人/儿童 €17/9, 早餐 €6, 午餐或晚餐 €16; ⊙3月中旬至12月中旬)里有多人间,旺季常满员。

Pirineos Sur 文化节

（www.pirineos-sur.es；⏲7月）7月，Sallent de Gállego和附近的Lanuza村会举办世界音乐节，整个下半个月每天晚上都有音乐会。最近几年参加的艺术家有弗拉明戈明星Diego El Cigala和Duquende、波多黎各说唱歌手Residente，西非音乐家Youssou N' Dour和Toumani Diabaté。

Hotel Balaitus 酒店 €

（☎974 48 80 59；http://hotelbalaitus.com；Calle Francia 18，Sallent de Gállego；标单€39~52，标双€52~76；📶）Balaitus是一栋位于Sallent村中心的18世纪建筑，木地板踩上去嘎吱嘎吱响，充满了年代感。房间虽然不大，但都装饰得很漂亮。酒店里有一个雅座酒吧，供应组合套餐、西班牙三明治和沙拉。门前围墙内的花园是夏季夜晚的好去处。

到达和离开

哈卡每天有一两班长途汽车开往Panticosa村（€5.35，1小时）、Sallent de Gállego（€6.25，1.25小时）和Formigal（€6.75，1.5小时）。Alosa（www.avanzabus.com）也经营从萨拉戈萨和韦斯卡开往这些村庄的长途汽车。

奥尔德萨-佩尔迪多山国家公园（Parque Nacional de Ordesay Monte Perdido）

这里是西班牙比利牛斯山脉真正让你屏息赞叹的地方。公园从法国边境如龙脊背般的石灰岩山峰往南延伸，它的东南方向有一片山峰，其中有比利牛斯山脉的第三大高峰——佩尔迪多山（Monte Perdido；海拔3355米）。深谷从高地横切而下，大部分受到冰川的侵蚀，其顶端因此形成了碗状的冰斗地貌（circos），背后是壮丽的岩石幕墙。山谷中的主要村落有西边的奥尔德萨（Ordesa）、南边的Añisclo、东南边的Escuaín和东边的Pineta。

这里有险峻的峡谷、高耸的悬崖、茂密的森林、河流、瀑布、雪峰、高山湖泊和高海拔冰川——如果你在西班牙比利牛斯山只能选择一个旅行目的地的话，奥尔德萨-佩尔迪多山国家公园毫无疑问就是你该来的地方。

活动

奥尔德萨-佩尔迪多山国家公园是个徒步乐园。

一般来说，6月中旬至9月初是天气和路况最好的时候。低海拔的路线可通行的时间更长，但一旦地上有积雪，原本容易走的路也会很艰难，而原本高难度的路段则会变得危险重重。

建议随时携带一张实用地图，比如Editorial Alpina出版的《奥尔德萨-佩尔迪多山国家公园》（*Parque Nacional de Ordesa y Monte Perdido*；1:25,000）。公园信息中心提供的示意图上标明了公园的4个区域（奥德沙、Añisclo、Escuaín和Pineta）和徒步路线，工作人员还能告诉你更多信息（大部分会说英语或其他语言）。

★马尾瀑布 徒步

这条热门路线起于Pradera de Ordesa，在奥德沙山谷里穿行8公里（海拔上升500米），两边高耸的悬崖挂满了无数瀑布，之后到达Circo de Soaso，这是一个圆形剧场般的岩石凹地，旁边有一座名为马尾（Cola de Caballo）的瀑布，抬头可见高耸的佩迪多山。之后沿原路返回。全程往返16公里，算上休息时间需要花费5.5小时左右。

★Faja de Pelay 徒步

相较于马尾瀑布那条路线，这条路线在最初阶段走起来更费力，但风景也更壮美。从Pradera de Ordesa出发，沿蜿蜒的猎人小道（Senda de los Cazadores）往山上走，海拔上升600米，不休息的话只需1.5小时。剩下的路几乎全是坡度缓和的下山路，有一条高海拔小道通往马尾瀑布。

到达瀑布后，沿山谷里的主路返回Pradera de Ordesa。算上休息全程总共需要大约6.5小时。

Refugio de Góriz和佩迪多山 徒步

身强力健的徒步者可以爬马尾瀑布上方的Circo de Soaso，接连不断的陡峭弯路将把你带到Refugio de Góriz（见463页），需时1.5~2小时。这家山间旅舍是攀登包括佩迪多

Parque Nacional de Ordesa y Monte Perdido
奥尔德萨-佩尔迪多山国家公园

山（Monte Perdido）在内的许多高峰的常用起点，也是比利牛斯山的重要活动中心之一。

请注意，攀登佩迪多山可不是儿戏：从山间旅舍往后的路段在一年中的大部分时间里都完全或部分被积雪覆盖，徒步者需要具备登山技术并穿上冰爪、使用破冰斧才能前行。即使没有下雪（一般来说是从7月中旬到9月的某个时间点），它也是一条高难度路线，挑战它的人需有强健的身体和丰富的高山徒步经验。你会从海拔2200米上升到3355米，并且还会经过一段又长又陡的石头路（石头很多是松动的）。从Refugio de Góriz出发，上山需要约4小时，回程下山3小时，最好早点动身。

Cañón de Añisclo 徒步

这道峡谷的最大深度达到了500米。HU631边的Puente de San Úrbez桥有一条小径通往山上的La Ripareta，步行约需2.5小时（海拔上升450米），Barranco de la Pardina沟谷在那里与Río Bellós汇合。继续往前走2小时（海拔上升300米），到达Fuen Blanca瀑布下的河流汇合处。

★ Balcón de Pineta 徒步

这条颇具挑战但令人激动的一日徒步路线（往返大约需要7小时）开始于Pineta山谷西端的停车场，最终抵达Balcón de Pineta，海拔上升1300米（逐渐变陡）。这片远高于林木线的地区贫瘠如高原，但能看到壮丽的山谷风景和近距离欣赏佩迪多山被冰川覆盖的北坡。

Miradores de Revilla 观鸟

得益于环保主义者们在附近建立的鸟类

养育场，我们才有机会看到罕见的髯鹫、埃及秃鹰、格里芬秃鹰和金雕。从Revilla村沿一条小道走1.25公里即可到达这些观景点，也可从A138附近的一条铺面弯路过来（12公里）。

住宿

公园里只有一家可以过夜的山间旅舍Refugio de Góriz，但公园周边的城镇、村庄和乡间可以提供充裕的住宿，包括托尔拉、Broto、阿因萨、Escalona、Bielsa和布哈鲁埃罗山谷。住宿类型有露营地、徒步者旅舍、青年旅舍、旅馆、假日公寓、农舍、酒店等，有些在11月至次年3月不营业。

Refugio de Góriz 青年旅舍 €

（☎974 34 12 01; www.goriz.es; 铺 €17）西班牙比利牛斯山的明星旅舍之一。它位于佩迪多山的脚下，是这座山的一个非官方大本营。大量徒步小道从这里向外延伸，位置之优越不言而喻。7月和8月及6月和9月的周末，72张高低床铺全部都会住满，如果在这些时间段过来一定要预订。

从Pradera de Ordesa经由Circo de Soaso走过来是最快的（约4小时）。搭帐篷的时间限制在日落与日出之间。旅舍全年营业并有工作人员，有一个全天无休的吧台，提供野餐午饭、早餐（€6）和晚餐（€17）。

实用信息

以下是这个国家公园的主要信息中心（开门时间不定）：

Bielsa（☎974 50 10 43; Casa Larraga, Plaza Mayor, Bielsa; ⌚复活节至10月 8:00~15:00和16:15~19:00，11月至复活节 周一至周五 8:00~15:00，周六和周日 9:00~14:00和15:15~18:00）

托尔拉游客中心（Centro de Visitantes de Torla; ☎974 48 64 72; Avenida Ordesa, Torla; ⌚复活节至10月 9:00~14:00和16:15~19:00，11月至复活节周一至周五 8:00~15:00，周六和周日 9:00~14:00和15:15~18:00）

Tella游客中心（Calle La Iglesia, Tella; ⌚复活节至10月 9:00~14:00和16:15~19:00，11月至复活节周六和周日 9:00~14:00和15:15~18:00）

Escalona（☎974 50 51 31; Calle Mayor, Escalona; ⌚复活节至10月 8:00~15:00和16:15~19:00，11月至复活节周一至周五 8:00~15:00，周六和周日 9:00~14:00和15:15~18:00）

Escuaín（⌚9:00~14:00和15:00~19:00）

到达和离开

进入公园的主要地点是：西边的**托尔拉**，可以很方便地进入奥尔德萨山谷；公园东南方的小镇**阿因萨**，从那里自驾可以到达Añisclo和Escuaín；东边Pineta山谷口的**Bielsa**，从阿因萨出来沿A138往北行驶34公里即到。这3个地方都可以坐长途汽车到达。

从**托尔拉**出发，自驾或徒步8公里到**Pradera de Ordesa**，这里是奥尔德萨山谷里好几条徒步路线的起点。私人车辆任何时候不得越过Pradera de Ordesa行驶，复活节周、7月、8月和9月初，整个奥尔德萨山谷都禁止私人车辆进入。在这期间，托尔拉的**游客中心**和Pradera de Ordesa之间会开设专线车（单程/往返成人€3/4.50，儿童免费）。公园内的奥尔德萨山谷里最多只能同时容纳1800人进入。

在阿因萨以北11公里、A138沿线的**Escalona**，一条平整小路（HU631）往西北方向到达**Sarvisé**，后者在托尔拉以南7公里。这条路横穿公园南端，在经过Bellos山谷时变得狭窄而蜿蜒，从那里可去风景壮丽的Añisclo峡谷（Bellos山谷的高处）徒步。

在复活节周、7月、8月和9月初，这条路的部分路段会变成单行道：Puyarruego和Buerba岔路之间的13公里仅允许车辆沿西北方向行驶。往东南方向行驶的车辆需走另一条与这条路大致平行、偏南的路，会经过Buerba。

托尔拉（Torla）

人口 220/海拔 1040米

托尔拉是一个阿尔卑斯风格的可爱村庄，带石板屋顶的石屋聚集在Río Ara河岸上，背后就是国家公园的群山，环境十分优美。托尔拉是徒步者进入奥尔德萨-佩尔迪多山国家公园的门户，所以7月和8月会很拥挤。

活动

Guías de Torla 探险运动

（☎974 48 64 22; www.guiasdetorla.com; Calle

Francia；半天溪降运动 每人 €46起）奥尔德萨-佩尔迪多山国家公园及其周边地区可以开展丰富的探险运动，包括需要在峡谷里跳下、平移和沿绳索滑下的溪降运动。Guías de Torla是一家口碑良好的专业公司，它在复活节至10月期间经营适合各种水平的溪降运动。

住宿

Edelweiss Hotel 酒店 €

（☎974 48 61 73；www.edelweisshotelordesa.es；Avenida Ordesa 1；标单/双 含早餐 €44/60；⊙复活节至11月中旬；📶P）这里的房间也许缺乏装饰，但都足够舒适，并且许多都带视野开阔的露台或阳台。工作人员特别热情和乐于助人，房间价格合理，早餐丰盛。位置也很便利：就在通往奥德沙的公路边，有充足的免费停车位。

Hotel Villa de Torla 酒店 €

（☎974 48 61 56；www.hotelvilladetorla.com；Plaza Aragón 1；标单 €45~50，标双 €58~75，标三 €85~95；@📶≋）房间很整洁——有些较时尚的房间贴着白色和奶油色的图案的墙纸，另外一些房间配有印花床罩，散发着一丝复古气息。游泳池是这里当之无愧的亮点，也是欣赏风景的好地点。酒店供应丰盛的自助早餐（€6）。

Hotel Villa Russell 酒店 €€

（☎974 48 67 70；www.hotelvillarussell.com；Calle Francia；含早餐 标单 €63，标双 €88~99，四 €165；⊙复活节至11月；📶P）客房虽然称不上很时尚，但胜在宽敞且配有沙发、微波炉和漩水按摩淋浴。顶楼还有一间类似配置的家庭套房。房间价格在8月会上调€25左右。酒店可停车（€8.80）。

就餐

La Brecha 阿拉贡菜 €

（☎974 48 62 21；www.lucienbriet.com；Calle Francia；套餐 €16；⊙圣周和6月至11月 13:30~15:30和20:00~22:30；📶）这家楼上餐馆生意很好，烤羊肉配裹有面包屑的土豆块、油煎小牛肉片和西班牙红肠（longaniza）等家常菜是这里的特色。虽然套餐里含葡萄酒，但你一定要试试他家自制的黑刺李酒（pacharán；据说有助于消化）。

Café Mondarruego 西班牙菜 €

（Calle Francia 44；菜肴 €6.50~12；⊙8:00~23:00）这家身兼咖啡馆和酒吧功能的餐馆服务态度友好，它供应的正是饥肠辘辘的徒步者最需要的丰盛、美味、实惠的食物，实践了“把简单的事情做好”的道理。分量大的套餐（platos combinados）通常有猪排或炸鸡柳，另有不错的沙拉和汉堡，以及火腿炸肉丸和鸡肉小烤串等整盘西班牙小吃（raciones）。

Restaurante El Duende 阿拉贡菜 €€

（☎974 48 60 32；www.restauranteelduende.com；Calle de la Iglesia；主菜 €13~26，套餐 €22~32；⊙2月至12月13:30~15:30和20:00~22:30；📶）Duende（Elf）位于一栋用当地石材建造的19世纪建筑内，是镇上最好的餐馆，供应顶级品质的烤肉和创意甜品。这里的生意非常好，建议预订。

实用信息

村里有几台自动柜员机，还有销售户外用品、食物和地图的商店。

到达和离开

Alosa（☎902 21 07 00；www.avanzabus.com）每天有一两班往返Sabiñánigo（€4.25，1小时）的长途汽车，从那里可以接上来往于哈卡和萨拉戈萨的长途汽车和火车。往返阿因萨（€4.35，1小时）的长途汽车每天有一两班，7月至10月，每天还有一两班车往返巴尔瓦斯特罗（€10，2小时）。

布哈鲁埃罗山谷（Valle de Bujaruelo）

美丽的布哈鲁埃罗山谷位于托尔拉以北、挨着奥尔德萨-佩尔迪多山国家公园的西部边缘，拥有足可媲美国家公园的风景，是另一个绝佳的步行游览地。

私家车最远可至托尔拉以北10公里的布哈鲁埃罗的圣尼古拉斯（San Nicolás de Bujaruelo）。从托尔拉徒步过来也完全没问题，沿着Puente de los Navarros往北的GR11行进即可。

许多不错的一日徒步路线都以布哈鲁埃罗的圣尼古拉斯为起点，包括难度低的奥塔尔山谷（Valle de Otal；西边）和奥迪索山谷（Valle de Ordiso；西北边），以及难度稍高的囊括二者的环线（6小时）。美丽的高山湖泊Ibón de Bernaluara在圣尼古拉斯北边，走过去大概需要3.5小时（海拔上升975米），回程2.5小时。

从圣尼古拉斯往东，走过一段4.5公里的上坡路（约3.5小时，海拔上升950米）到达西法边境的布哈鲁埃罗港山口（Puerto de Bujaruelo），回程3小时。也可以从那里继续前行至法国——下山去加瓦尔尼村（Gavarnie；3小时）或翻越山口去山间旅舍Refuge des Sarradets（约1.5小时）。

Camping Valle de Bujaruelo 露营地 €

（☎974 48 63 48；www.campingvalledebujaruelo.com；成人/帐篷/汽车 €4.90/5/5，标双/三/四共用卫生间 €30/45/58，平房 €80~105；⏰4月至10月；📶🅿🐾）这个露营地位于托尔拉以北7公里处，环境宜人且设施完备。除了树木遮挡的帐篷营地，这里还有可容纳4人的木质平房，内设厨房和卫生间，以及可容纳2~5人的"山间旅舍式"房间。营地里有一间不错的餐馆和一间商店。

阿因萨（Aínsa）

人口 1640/海拔 560米

赫然立于崎岖山顶的中世纪村庄阿因萨是阿拉贡的一颗明珠——尽管夏季旺季时这里挤满了游客。站在它的高处，群峰尽收眼底，宏伟的拉佩尼岩堡（La Peña Montañesa）一目了然。山下则是现代化的阿因萨，一个繁忙的交叉路口和两条源自比利牛斯山的河流（阿拉河和Cinca河）构成了这个新城区的核心。

景点

★主广场（Plaza Mayor） 广场

阿因萨老城区的主广场放眼全国都能入选最热闹的行列，宽阔的广场长80米，铺有可爱的鹅卵石，两旁石头拱廊和房屋鳞次栉比。广场形成于12和13世纪，最初是举办集市和进行农畜产品交易的地方。这么多年过去了，广场上的建筑几乎没有任何变化。许多餐馆在广场上支起遮阳伞、摆上桌椅，看起来与中世纪集市一样充满了生气。

城堡 城堡

免费 城堡位于主广场西北侧，大部分建于16和17世纪，但主楼Torre del Homenaje的历史可追溯至11世纪。站在城墙上可以看到优美的风景。

两个保留下来的塔楼被布置成了有意思的博物馆：生态博物馆（Eco Museo；☎974 50 05 97；www.quebrantahuesos.org；Castillo；€4；⏰5月至10月 11:00~14:00和16:00~20:00，3月、4月、11月和12月周一、周四和周五 11:00~14:00，周六和周日 11:00~14:00和16:00~19:00；👪）🍃位

探险之都阿因萨

比利牛斯山脉及其所有附属山脊和山谷让阿因萨成为一个天然的探险运动中心，这里可以进行山地骑行、溪降、铁索攀岩、漂流和皮划艇等各种运动。经营这些项目的公司有好几家。

阿因萨周边的索布拉贝（Sobrarbe）地区聚集了山谷、山丘、峡谷和高山，并有500公里长的越野赛道，其中很多路段都设有指示牌，是进行山地骑行的天堂。Zona Zero项目（http://bttpirineo.com）可为山地骑行者提供大量信息，包括方便自行车进出的住宿地、修理店、导游和自行车运输服务。你可以在T-T Aventura（☎974 51 00 24；www.ttaventura.com；Avenida Pirenaica 10；⏰9:00~14:00和16:00~21:00）租到耐力赛山地自行车（半天/1天€40/60），连租多日的话价格有优惠。

户外活动所需要的大部分装备都可以在Inter Sport（Avenida Sobrarbe 4；⏰周一至周六 9:00~21:00，周日 9:00~14:00和16:00~21:00）买到，包括靴子、背包、头盔和睡袋，这里还有各种地图。

于Torre del Homenaje，主题是比利牛斯山的动物群；**索布拉贝地质公园中心**（Espacio del Geoparque de Sobrarbe；www.geoparquepirineos.com；Castillo；⏲9:30~14:00和16:30~19:00）免费 有关于该地区迷人的地质的展览。

圣玛利亚教堂 教堂

（Iglesia de Santa María；钟楼门票 €1；⏲7月至9月 7:30~20:00，10月至次年6月 16:00~20:00）阿因萨的主教堂拥有纯粹古罗马风格的所有特点。公元11世纪的裸露厚墙上几乎没有任何装饰品。不要遗漏了漂亮的小地下室和有趣的小梯形回廊，钟楼也值得爬上去瞧一瞧。

住宿

主广场周边有一些古色古香的住宿地，但大部分住宿还是集中在山下的新城区里。

Albergue Mora de Nuei 青年旅舍 €

（☎974 51 06 14；www.alberguemoradenuei.com；Calle del Portal de Abajo 2；铺/标双 €20/55；⏲2月至12月；📶）阿拉贡最好的青年旅舍之一，位于老城区地势较低的一端。色彩丰富的标间和多人间（2人、4人和10间）全都带独立卫生间。供应好吃不贵的食物，酒吧（带一个环境怡人的露台）提供40种精酿啤酒。定期会举办现场音乐演出和其他活动。

★Hotel Los Siete Reyes 精品酒店 €€

（☎974 50 06 81；www.lossietereyes.com；Plaza Mayor；房间 €90~120；❄📶）Siete Reyes位于阿因萨主广场边的拱廊之下，有一种充满历史气息的精致感。这里提供6个房间。老石墙上挂着现代艺术画作，天花板的木梁上装有营造气氛的灯具。

Hotel Sánchez 酒店 €€

（☎974 50 00 14；www.hotelsanchez.com；Avenida Sobrarbe 10；标单 €41~71，标双 €51~105，套 €84~140；❄📶P）这间高人气且经营良好的酒店位于山下的新城里，提供两种房间。"经典"房间整洁，中等大小，房间色调为黄色、白色和淡松木色；较新的"设计感空间"，即宽敞舒适的套房和公寓，为银灰色调，有渐变照明设备和各种木质家具等现代设备。淋浴花洒的水压非常不错。

就餐环境和食物品质同样出色。高级餐厅主营鱼类和烤肉。热闹的咖啡馆除了吧台上的诱人烤肉串，还供应沙拉、比萨和套餐（大部分€6~9）。

Casa de San Martín 历史酒店 €€€

（☎974 50 31 05；www.casadesanmartin.com；San Martín de la Solana；标单/双€132/165起；⏲3月至次年1月；❄📶P）这间高大的18世纪石屋俯视着一个空寂无人的山谷，周围视野开阔，是一个僻静的乡间休养所。经过翻新整修后的房间品位高雅，装饰得恰到好处。饮食（套餐 €25）也做得十分出色。从阿因萨过来，先沿N260往西行16公里，看见"San Martín de la Solana"标志牌后沿一条非铺装路往山上前行5公里即可到达。

就餐

L' Alfil 西班牙小吃 €

（Travesera de la Iglesia；一盘西班牙小吃 €6.50~10；⏲5月至10月 11:00~16:00和19:00至次日0:00，11月至次年4月营业时间缩短）这间漂亮小巧的咖啡馆兼酒吧位于教堂对面的一条街上，室外的餐桌上摆放着美丽的鲜花。他家的整盘西班牙小吃比别处更具创意，包括野生蘑菇砂锅菜、鹿肉、蜗牛、鸭肉饼和腌野猪肉等。你还可以在此品尝当地著名香肠——格劳斯红肠（longaniza de Graus）。

Bodegón de Mallacán 阿拉贡菜 €€

（☎974 50 09 77；Plaza Mayor 6；主菜 €17~21；⏲9:00~16:30和19:00~23:00）在没有尝过被称为ternasco的文火炖当地羊肉前，你是不会想离开阿拉贡的，而阿因萨老广场上的Bodegón de Mallacán就是品尝这道菜的一个好地方。你还能在这里吃到鸭肉、野猪肉、牛肉、山鹑肉、青蛙腿和鹿肉等经典阿拉贡菜。

★Restaurante Callizo 当代西班牙菜 €€€

（☎974 50 03 85；www.restaurantecallizo.es；Plaza Mayor；套餐 成人/儿童 €50/25；⏲周三至周一 12:45~15:00和20:45~22:00）Callizo成功地在阿拉贡传统饮食当中加入现代创意美食元素，这样的结果就是让客人不只是吃了一餐饭，而是获得了一次真正的美食体验。菜看包括Cinca河的鳟鱼、山鹑肉和酱汁嫩小牛排，全都采用独特的方法烹饪而成。需要预订（可通过其网站），记得准时到！

实用信息

市旅游局（Municipal Tourist Office; ☎974 50 07 67; www.villadeainsa.com; Avenida Ordesa 5; ⊙10:00~14:00和16:00~19:30）位于山下的新城区。

地区旅游局（Oficina Comarcal de Turismo; ☎974 50 05 12; www.turismosobrarbe.com; Torre Nordeste, Plazadel Castillo 1; ⊙9:30~13:30和16:30~19:00）位于城堡内。

到达和离开

Alosa（☎902 21 07 00; www.avanzabus.com）经营往返巴尔瓦斯特罗（€5.85，1小时）和托尔拉（€4.35，1小时）的长途汽车，每天一两班。要去韦斯卡、萨拉戈萨或巴塞罗那的话，需要在巴尔瓦斯特罗转车。

Autocares Bergua（☎974 50 06 01; www.autocaresbergua.com）在7月和8月每天有1班往返Bielsa（€5，1小时），其余月份的周一、周三和周五每天1班。

汽车站位于阿拉河（Río Ara）的桥南端。

贝纳斯克（Benasque）

人口 1535 / 海拔 1150米

阿拉贡东北角坐落着比利牛斯山脉一些最高和形状最为奇特的山峰，小巧讨人喜爱的贝纳斯克是进入这些高山峡谷的门户。即便是在盛夏，这些雄伟群山也覆盖着冰雪。该地区大部分已被划入普萨瓷-马拉德塔自然公园（Parque Natural Posets-Maladeta）的保护范围。

贝纳斯克的阿尔卑斯式建筑采用石头和石板建成，排列得整整齐齐，看起来很现代，但这个小镇实际上拥有相当悠久的历史：镇上的教堂带有古罗马风格的特点，而主街上的里贝戈萨伯爵宫（Palacio de los Condes de Ribagorza）建于16世纪。

活动

贝纳斯克地区是个真正的探险运动乐园。除了有适合徒步和攀岩的山谷和高山，小镇东北方向几公里处的Cerler（见455页）还有优质的滑雪场，小镇以南14公里的Castejón de Sos可以开展滑翔伞运动，小镇以南33公里的坎普（Campo）可以玩漂流。贝纳斯克有好几家可以提供以上所有活动的旅行社。

这个地区为徒步者提供了无穷选择，尤其是在上贝纳斯克山谷（见468页）及其侧谷。最好的徒步季节是大约在5月至10月，低难度级别的路线开放时间可能会更长，高难度级别的路线开放的时间则可能较短，具体取决于冰雪融化的情况。

Compañía de Guías Valle de Benasque
探险运动

（☎974 55 16 90; www.guiasbenasque.com; Avenida de Francia; Edificio Els Ibons; ⊙办公室10:00~14:00和16:30~20:30）这家公司经营了20多年，能提供各种适合夏季和冬季的活动和课程，包括徒步、攀岩、溪降和滑雪。这里还出租开展这些活动的必要装备。

住宿

Hotel Avenida
酒店 €

（☎974 55 11 26; www.hotelavenidabenasque.es; Avenida de los Tilos 14; 含早餐标单€39~46，标双€62~74; 📶）这间滑雪旅馆风格的酒店位于镇中心，房间虽小但干净，有木质装饰、山墙屋顶，工作人员很热情。酒店内有一间餐厅。家庭和团体游客可以选择三人间或四人间。

★Hotel Aneto
酒店 €€

（☎974 55 10 61; www.hotelesvalero.com; Avenida de Francia 4; 标单/双 含早餐 €73/106起; ⊙6月至9月中旬和圣诞节至复活节; ❄📶🏊P）Aneto是一间超级现代的酒店，房型多样，或时尚或豪华，远胜过一般的滑雪旅馆。小型室内游泳池、大堂酒吧和丰盛的早餐为其加分不少。

Hotel Vallibierna
酒店 €€

（☎974 55 17 23; www.hotelvallibiernabenasque.com; Paseo Campalets; 标单/双 含早餐€50/75; 📶P）酒店由一栋私人住宅改建而

成，离镇中心有点远，但也因此享有宁静。房间里有木梁天花板、石墙（或绘有彩色图案的墙面）和一些捕猎战利品装饰，可以闻到花园中松树的香气。此外这里还提供美味的早餐和免费的停车位，总的来说是一间非常不错的酒店。

8月的前三个星期房间价格会上调。酒店在11月和复活节后的几周会暂停营业。

就餐

El Veedor de Viandas 西班牙菜 €€

（www.elveedordeviandas.com；Avenida Los Tilos 6；西班牙小吃 €1.80，主菜 €8~13；周四至周二 12:00~15:30和18:00~23:00；）这里将美味熟食店、葡萄酒商店、西班牙小吃吧和餐厅融为一体。西班牙小吃和tostadas充满创意，例如里脊肉（solomillo）配红辣椒和奶酪、鸭胸肉配红色浆果。此外还有沙拉、生牛肉片、鸡蛋菜肴、分量不小的小份炖菜（cazuelitas）和美味的蛋糕。

Mesón de Benás 阿拉贡菜、啤酒馆 €€

（692 189033；Calle Mayor 47；主菜 €7~20，套餐 €15~22；13:00~16:00和20:00~23:00）一家很棒的高人气餐馆，墙壁用石块砌成，从楼上可以看到河流。主营家常口味的高山菜肴，烧烤肉类和高性价比的套餐是这里的特色。

Restaurante El Fogaril 阿拉贡菜 €€

（974 55 16 12；CalleMayor 5；主菜 €14~26，套餐 €24；13:00~16:00和20:30~23:00；）这间餐厅属于广受欢迎的HotelCiria，供应美味的阿拉贡高山菜肴。特色菜包括柴火烤肉（鹿肉、山鹑肉和野猪肉等野味），以及用扁豆和其他配料做的当地家常炖菜。

如果你在正餐时段稍有点饿，或只想随便吃点东西，可以试试这里的西班牙三明治（bocadillos，形似长棍面包的一种三明治）、沙拉和丰盛的组合套餐（platos combinados，价格€10~18）。

蓝天白浪

坎普村位于贝纳斯克以南33公里的Río Ésera河边，是比利牛斯山脉的顶级漂流中心之一（4月至6月是最佳时间）。经营商分布在穿村而过的N260两边。**Sin Fronteras**（974 55 01 77；www.sinfronterasadventure.com；Carretera Benasque 1，坎普；半日漂流 €35~45；复活节至9月 10:00~19:00；）是其中一个不错的选择，它位于村南端的环形路口处，提供各种夏季活动，包括独木舟、在附近的Aigüeta de Barbaruéns峡谷溪降和漂流，所有活动都有多条适合儿童的路线选择。

贝纳斯克以南14公里的Castejón de Sos是西班牙的顶级滑翔中心之一，它的Liri起飞点海拔2300米，全年都可以进行这项运动。主路边有几家滑翔学校和商店。双人滑翔（20~30分钟）的价格约€70。

购物

Barrabés 体育用品和户外用品

（www.barrabes.com；Avenida de Francia；10:00~14:00和17:00~21:00）这里可谓镇上的一站式运动商店，你所能想到的所有运动需要的装备和服装这里都有。店里还出售各种指南和地图，并有自己的网店。

实用信息

旅游局（974 55 12 89；www.turismobenasque.com；Calle San Pedro；7月至9月每天和10月至6月的周二至周六9:30~13:00和16:30~19:45）

到达和离开

Alosa（www.avanzabus.com）每天有2班车（周日1班）抵离韦斯卡（€13，2.75小时），沿途经过Castejón de Sos、坎普和巴尔瓦斯特罗。

上贝纳斯克山谷和马拉德塔山（Upper Benasque Valley & the Maladeta Massif）

A139从贝纳斯克出来后往东北方向延伸，之后爬上Río Ésera山谷（也被称为贝纳斯克山谷），道路在13公里后到达尽头，此地距离构成法国边境的山脊不到1.5公里。上贝纳斯克山谷附近的侧谷里拥有这个地区最

在阿伊瓜伊鲁特平原徒步

全世界的完美野餐地名单上一定会有阿伊瓜伊鲁特平原（Plan d' Aiguallut）的名字。这片广阔的绿草地位于比利牛斯山脉最高峰Aneto下方，7条蜿蜒的高山溪流奔流其间，最后汇聚成阿伊瓜伊鲁特瀑布（Cascada d' Aiguallut）。幸运的是，从La Besurta出发到达这个美丽的野餐地（45分钟）用不着穿过这些水域。

像这样的徒步路线还有很多，足够让你在有清晰路标的小道上走上一整天。从La Besurta离开后，你可以绕道去**Refugio de la Renclusa**（☎974 34 46 46; www.alberguesyrefugiosdearagon.com; 铺 €17，早餐 €6，午餐或晚餐 €16），然后经小小的Collado de Renclusa山口（单程1.5小时）去阿伊瓜伊鲁特平原。从平原往东边的山上走2.5公里（单程1小时，海拔上升200米），到达**库伊德达拉高山湖**（Ibón de Coll de Toro）。或者你可以爬上南边-东南边的巴朗科斯（Barrancs）山谷——山谷位于Aneto峰东侧的下方，前往**巴朗科斯高山湖**（Ibón de Barrancs; 单程2公里，约1.5小时，海拔上升300米）甚至**Collado de Salenques山口**（4公里，约3小时，海拔上升750米）。

壮丽的风光和最棒的徒步、攀岩路线。A139在快要到尽头时分出一条向东的岔路，这是一条6公里长的非铺装路，经过Hospital de Benasque酒店到达La Besurta的一个停车区域，La Besurta是好几条徒步路线的起点。马拉德塔山赫然耸立在La Besurta南边，山顶覆盖着冰川，Aneto（海拔3404米）是它的最高峰，也是比利牛斯山的最高峰。比利牛斯山的第二高峰Posets（海拔3375米）在A139的西侧。

活动

贝纳斯克旅游局和夏季汽车出发地点Vado del Hospital可提供关于徒步路线的信息和地图。Editorial Alpina出版的地图*Parque Natural Posets Maladeta*（1:25,000）非常值得购买。

Ibón d' Escarpinosa徒步 徒步

贝纳斯克山谷西侧最棒的一日徒步路线之一，它通往树木繁茂的Estós山谷高处，抵达两个高山湖泊：小小的Ibonet de Batisielles和稍微大一点的Ibón d' Escarpinosa，它们的身后是呈锯齿状的山峰。这条路线单程6公里，海拔变化累积达700米（含休息时间在内往返需要5个小时左右）。

从贝纳斯克出发，先沿A139往山上走3公里，然后左转沿Valle d' Estós有路标的道路走700米，来到一个停车区域，这里是该条徒步路线的起点，你会看到它的指示牌。最开始的3公里是GR11通往Refugio de Estós的一段路。

住宿

Hospital de Benasque 酒店 €€

（☎974 55 20 12; www.llanosdelhospital.com; Llanos del Hospital; 标双 含早餐 €60~128; ⊙12月至次年10月; 📶 🅿）这个山间旅舍位于Ésera山谷风景优美的高处，距离通往La Besurta的A139大约2公里。这里有55个豪华风格的房间，"特别"（special）房间更新、更大，与标准房间相比给人的感觉是更舒适更具年代感，不过所有的房间都很不错。酒店里有水疗中心、酒吧和餐厅，同时它还是一个越野滑雪中心。

到达和离开

9月中旬左右至次年6月底，自驾最远可到La Besurta，没有公共交通。7月至9月中旬，私人车辆（除非是要去Hospital de Benasque）必须停在Vado del Hospital，这里位于通往La Besurta的路边，距离A319大约1.5公里。接下来到La Besurta的4.5公里可以坐接驳车（单程/往返 €2.80/5），这班车从贝纳斯克发车，一天往返数次（单程/往返€7.90/12，45分钟），贝纳斯克**旅游局**内有发车时刻表。

阿尔克萨尔（Alquézar）

人口 226/海拔 610米

就像阿拉贡的许多村庄一样，阿尔克

萨尔出其不意地令人惊喜。它坐落在维罗河(Río Vero)峡谷险峻的悬崖边，你只有深入其紧凑的迷宫般的街道才能真正体会它的迷人之处。除了美丽的风光，阿尔克萨尔还是西班牙的溪降运动之都，这里有好几家公司经营这种运动，他们会带你去周边的Sierra de Guara——比利牛斯山脚的一片人烟稀少的石灰岩群山，那里有着数不清的壮丽溪谷，你将在它们中间爬上爬下、平移下降。

景点

圣玛利亚学院教堂 修道院、城堡

(Colegiata de Santa María; €3; ⌚3月至12月 11:00~13:30和16:30~19:30，1月和2月仅周六和周日开放)阿尔克萨尔的高处就是这座大型城堡修道院。这里最早是由摩尔人在9世纪建的一座要塞(alcázar)，后来在1099年被奥古斯丁(Augustinian)修道院所征服和取代。精美回廊中的一些柱子上雕刻着动物、花卉、葡萄和圣经中所描述的场景，回廊墙壁上有迷人的壁画。楼上是一间关于宗教艺术的博物馆。

活动

4月至10月都可开展溪降运动，但对于简单和中等难度的探险运动来说，6月中旬至9月中旬才是最适宜的时节。小团队的价格一般是每人€45~50，在大约4个小时的时间里你将在溪谷里下降。费用包含装备、导游和保险，交通需自理(几乎全程都需要使用车辆，你可以自驾或坐出租车)。

Guías Boira 探险运动

(☎974 31 89 74; www.guiasboira.com; Paseo San Hipólito) Guías Boira是提供比利牛斯山溪降、铁索攀岩和漂流的专业公司。2日套餐包括两个峡谷或一个峡谷的溪降和在漂流、攀岩、铁索攀岩中任选一项(每人€90起)。

Vertientes 探险运动

(☎974 31 83 54; www.vertientesaventura.com; Paseo San Hipólito)经营溪降运动(每人€46~52)、半日崖降(rápel)、铁索攀岩(每人€39~48)和攀岩(每人€58~68)。

住宿

Albergue Rural de Guara 青年旅舍 €

(☎974 31 83 96; www.albergueruraldeguara.com; Calle Pilaseras; 铺/标双 €16/48; 📶)这家热闹的青年旅舍位于村子的高处，周围风景优美。提供舒适的双人间和多人间(高低床，可容纳6~8人)，所有房间都带独立卫生间。工作人员可为你准备野餐午饭(€8)。早餐价格€5.50。

Hotel Maribel 精品酒店 €€

(☎974 31 89 79; www.hotelmaribel.es; Barrio Arrabal; 标双含早餐 €120~150; ❄📶🅿)这间精品酒店很迷人，虽然装潢风格并不能迎合所有人(高雅的当代艺术中又带几分庸俗)，但9间客房都很舒适(比如说都有“极可意”漩水浴缸)。如果前台没有人，试着去附近的Restaurante Casa Gervasio找找。

Hotel Villa de Alquézar 酒店 €€

(☎974 31 84 16; www.villadealquezar.com; Calle Pedro Arenal Cavero 12; 含早餐 标单 €68~84，标双 €75~125; ⌚2月至12月中旬; ❄📶🏊🅿)这个漂亮的酒店规模很大，34间客房通风透气且风格不一，所有客房都带有一种复古感。12米长的游泳池为炎热夏日带来一丝清凉。最贵的客房(顶层)宽敞、带顶篷阳台——坐在那里一边喝索蒙塔诺葡萄酒一边欣赏日落，再惬意不过了。

就餐

L' Artica 咖啡馆 €

(☎974 31 88 69; www.panaderialartica.com; Calle Iglesia 1; 比萨 €10~16，轻食 €5~11; ⌚周一至周五 8:00~18:00，周六和周日 8:00~19:00; 📶) L' Artica有两层，它的露台正好在壮观的峡谷上方。店内布置得像一个小酒馆：奶油色家具，橱柜里摆放着乐器。楼下更像咖啡馆，楼上则更偏向餐馆，但两个地方的视野都非常开阔。你可以吃到tostadas(覆有配料的吐司)、鸡蛋类菜肴、沙拉、汉堡和脆皮比萨。

★ Casa Pardina 阿拉贡菜 €€

(☎660 399472; www.casapardina.com; Calle Medio; 套餐 €29~38; ⌚4月至10月

13:30~15:30和20:30~22:30，11月至次年3月仅周六和周日营业）餐厅位于一座令人心情舒缓的石头建筑里，天花板上的枝形吊灯闪闪发亮，烹饪融入了一些当代创意，四周的风光更是美若《国家地理》里的图片。菜肴精致经典，如牛尾配坚果、大枣蜂蜜炖鹿肉。建议预约。

实用信息

旅游局（☎974 31 89 40；www.alquezar.org；Paseo San Hipólito；⌚9月至次年5月的周五至周二和6月至8月的每天9:30~14:00和16:00~19:30）经营西班牙语讲解的村庄团队游（€4），每天有两次，提供音频导览器（€6），有西班牙语、法语、荷兰语和德语可选。

到达和离开

学校开学期间的周一至周五7:30，有车从阿尔克萨尔出发开往巴尔瓦斯特罗（€2.75，40分钟），学校放假期间这班车的发车时间是9:25，从巴尔瓦斯特罗返回的时间全年都是14:30。

索蒙塔诺葡萄酒产区（Somontano Wine Region）

索蒙塔诺是阿拉贡最负盛名的葡萄酒产地。以小镇巴尔瓦斯特罗（Barbastro）为中心，获得索蒙塔诺葡萄酒原产地认证（Somontano DO）的葡萄酒厂有30多家，他们用15种本地葡萄和其他葡萄品种酿造红、白和玫瑰葡萄酒。几乎所有的葡萄酒厂都在小镇外的乡间，而小镇除了后哥特风格教堂周边的老城区和Paseo del Coso大道，也算不上特别漂亮。巴尔瓦斯特罗西北方向26公里处的阿尔克萨尔更迷人，可以作为你游览葡萄酒厂的大本营。

巴尔瓦斯特罗的旅游局（☎974 30 83 50；http://turismosomontano.es；Avenida de la Merced 64，巴尔瓦斯特罗；⌚周二至周六 10:00~14:00和16:00~19:30）和Ruta del Vino Somontano（www.rutadelvinosomontano.com）、DO Somontano（dosomontano.com）网站上有大量关于对外开放的葡萄酒厂的信息，你可以去这些酒厂参观、购买葡萄酒、参加团队游或品尝葡萄酒。如果你不满足于在商店里随便逛逛，需要提前打电话与他们预约时间，或者亲自前往旅游局，让他们帮你处理这个问题。有3家葡萄酒厂的商店提供免费品尝，它们是：Viñas del Vero、邻近的Bodegas Pirineos（位于通往阿尔克萨尔的A1232上）和Bodegas Otto Bestué（位于巴尔瓦斯特罗以北8公里、通往阿因萨的A138上）。

Viñas del Vero　葡萄酒

（☎974 30 22 16；www.vinasdelvero.es；Carretera Naval, Km 3.7；⌚周一至周五 10:00~14:00和16:00~19:00，周六 10:00~14:00）阿拉贡最知名的葡萄酒厂位于距巴尔瓦斯特罗3公里的A1232（朝阿尔克萨尔方向）上，宽敞的商店里提供免费品尝，那里陈列着他们生产的所有葡萄酒，价格从€5~68不等。

葡萄酒厂团队游（需预约）的价格为每人€7起，时长1.75小时，含品尝3种葡萄酒。

Hotel San Ramón　精品酒店 €€

（☎974 31 28 25；www.hotelsanramonsomontano.com；Calle Academia Cerbuna 2；含早餐标单 €75，标双 €90~125，套 €144起；❄📶🅿）San Ramón位于大教堂附近，是镇上最好的住宿选择。它曾是一栋有百年历史的现代主义风格建筑，几年前改造成酒店。这里有18间时尚舒适的客房，每间房里都装了漩水按摩淋浴或极可意漩水浴缸。酒店里还有水疗中心、酒吧和巴尔瓦斯特罗最棒的餐厅。

到达和离开

巴尔瓦斯特罗的**长途汽车站**（Plaza Aragón 2）位于镇中心，每天有几班车抵离韦斯卡（€4.60，50分钟）、萨拉戈萨（€12，2~2.5小时）、莱里达（€6.25，1.5小时）和巴塞罗那（€14，3~3.5小时），还有一两班车抵离阿因萨（€5.85，1小时）。

阿拉贡南部（SOUTHERN ARAGÓN）

达罗卡（Daroca）

人口 2070/海拔 775米

“两个阿拉贡”在老墙相围的小镇达罗卡相遇：一个是洋溢着罗马风格的北方，另一个是穆德哈尔风格的南方。作为一个文化过渡的地带，达罗卡的建筑很好地反映了这一特点：很多建筑同时存在截然不同的罗马风格和穆德哈尔风格两种元素（比如说沉积岩的使用）。

达罗卡被逐渐坍塌的中世纪城墙围在里面，这里曾有114座塔楼，但只有为数不多的几座保留到了现在。由于许多老建筑只能站在外面欣赏，游览达罗卡更像是走在一个大型露天博物馆里。

景点

萨格拉多斯科波雷利斯圣玛利亚大教堂

教堂

（Basílica de Santa María de los Sagrados Corporales；西班牙广场；⊙10月至次年5月 周二至周日 11:00~13:00和17:30~19:00，6月至9月周二至周日 11:00~13:00和18:30~20:00）漂亮的西班牙广场（Plaza de España）上最显眼的就是这座华丽的罗马-哥特-穆德哈尔-文艺复兴多重风格的教堂，以奢华的内部著名。教堂西端哥特风格的赦罪之门（Puerta del Perdón）建于14世纪或15世纪，其上的《最后的审判》（*Last Judgement*）雕塑还保留着些许中世纪创作它时的蓝色颜料。总的来说，圣玛利亚大教堂是达罗卡最迷人（和出人意料）的瑰宝。

马约尔城堡（Castillo Mayor）

城堡

免费 城堡位于达罗卡北侧的山顶上，无法从下面的小镇直接看到它，但它完全值得你爬上来一睹真容，不仅为了这些散发着历史气息的建筑及其附近的城墙，还因为从山顶可以俯瞰小镇全貌。城堡建于8世纪，原本是一座穆斯林堡垒，它经历过不计其数的围攻、战役和重建，最近一次发挥作用是在19世纪的卡洛斯战争（Carlist Wars）中。

圣米格尔教堂

教堂

（Iglesia de San Miguel；Plaza de San Miguel）这座建于12世纪的教堂位于小镇西北角的山坡上，是名副其实的罗马风格建筑杰作，但其最珍贵的是半圆形后殿里14世纪哥特风格的彩色壁画。教堂不对个人开放，但你可以通过旅游局组织的导览游进入参观。

圣胡安教堂

教堂

（Iglesia de San Juan；Plaza de San Juan）这里一般不对外开放，但没关系，反正它最核心（和有趣）的地方是建筑的外观。在半圆形后殿，你可以清楚地看到建筑材料从罗马风格的灰白石块变成了赤陶砖。教堂最后呈现的是穆德哈尔风格，转变发生在13世纪中期，而圣胡安教堂也由此成为阿拉贡早期穆德哈尔风格建筑的典范之一。

团队游

导览游

步行

旅游局提供的几种导览游均值得参加，其中1.75小时的**Ruta Monumental**（每人€5，周二至周日每天11:00和16:30/18:00）比较有特色，它能带你参观一般不对外开放的圣米格尔教堂和城市的入口——矮门（Puerta Baja）。

食宿

La Posada del Almudí

历史酒店 €

（☎976 80 06 06；www.posadadelalmudi.es；Calle Grajera7；含早餐标单 €45，标双 €65~80；❄@📶）这间漂亮的老式酒店非常迷人。主建筑是一座16世纪的宫殿，里面的客房一直在进行细致的修缮，铺了木地板，保留了原来的木梁。街对面是更现代的客房，装饰色调为时髦的黑白色，铺着镶木地板。所有的房间均十分宽敞。

餐厅（套餐€12.50）供应美味的当地菜肴，带围墙的花园中还有一个怡人的小露台。酒店的吧台每周六午餐时段会供应刚做好的西班牙小吃。

Hotel Cien Balcones

酒店 €€

（☎976 54 50 71；www.cienbalcones.com；Calle Mayor 88；含早餐 标单 €56，标双 €72~90；❄📶P）这是一间家庭经营的现代酒店，设计师设计的客房很宽敞，带有现代风格浴室，从里到外用色都很大胆。酒店内有一家餐厅（主菜€9~20，套餐€14~20）和一家咖啡馆，提供整盘西班牙小吃、西班牙三明治和比萨，迷人的中央庭院中设有座位。

实用信息

旅游局（☎976 80 01 29；http://turismo.comarcadedaroca.com；Calle Mayor 44；⊙10:00~14:00和16:00~20:00）提供标记了自助式步行游览路线的实用地图。

到达和离开

长途汽车停在Mesón Félix酒吧（Calle Mayor 106）门外，但6月中旬至9月中旬停在同一街道往南70米的矮门（Puerta Baja）。周一至周五的8:00和16:30以及周六至周日的18:00，有车开往萨拉戈萨（€6.80，2小时）。前往特鲁埃尔（€6.80，2小时）的车在周日至周五每天发2班，周六仅1班，发车时间是11:35。

加略坎塔湖（Laguna de Gallocanta）

海拔 993米

加略坎塔湖位于达罗卡西南约20公里处，是西班牙最大的自然湖泊（面积约15平方公里），不过在夏季可能会全部干涸。冬季这里是多种鹤类和其他许多水禽的栖居地或迁徙停留点，记录下来的鸟类超过了260种。鹤类于10月中旬陆续抵达，它们会在次年2月底或3月返回斯堪的纳维亚半岛的繁殖地。湖边候鸟数量在12月份达到顶峰，大约有25,000~30,000只。2013年2月28日，观察到的鹤多达惊人的135,600只。

一条长30公里的道路绕湖而建，大部分路段都不是铺装路，会经过许多鸟类栖居地和观鸟点。普通车型可在上面通行，但暴雨过后除外。记得带上望远镜。

这里有两个解说中心：明亮现代的**加略坎塔湖解说中心**（Centro de Interpretación Laguna de Gallocanta；☎976 80 30 69；www.facebook.com/oficinaturismo.gallocanta；成人/儿童€2/1；⏲10月至次年3月 9:00~13:30和15:30~18:30，其余月份开放时间缩短；🅿）位于湖泊北端的加略坎塔村，另一个**中心**（☎978 73 40 31；Carretera A1507, Km 18；⏲11月和次年2月周二至周日 10:00~14:00和16:00~19:00，3月至10月和12月、1月仅周末开放；🅿）免费 位于湖泊南端的Tornos-Bello公路边，它建得比较早，规模也小一些。

Allucant 旅馆、青年旅舍 €

（☎976 80 31 37；www.allucant.com；Calle San Vicente, Gallocanta；铺 €13，标双 €30~60；📶🅿）加略坎塔村的这个旅馆是观鸟者的大本营，装修简单但打理得非常好，让人像住在家里一样舒适。标间（有些不带独立卫生间）和多人间采光好且色调明艳，贴有一些鸟类和花卉的照片。这里还有一间图书室、明亮的餐厅（早餐/午餐/晚餐 €4.50/9/12）和酒吧。提供野餐午饭（€7）和望远镜出租（€3）。

到达和离开

你需要自驾才能好好地探索这个湖泊。Agreda的长途汽车从达罗卡开往莫利纳德阿拉贡（Molina de Aragón；发车时间 周一至周五 16:30，周六和周日 14:55），每天1班，它会在通往加略坎塔的岔路（Empalme de Gallocanta）停靠（€1.45，20分钟），这里在加略坎塔村以北3.5公里处的A211路边。返程汽车会在7:30（工作日）或17:30（周六和周日）离开岔路口。

特鲁埃尔（Teruel）

人口 33,000/海拔 928米

特鲁埃尔是穆德哈尔风格建筑的代名词。在融合伊斯兰工艺与基督教品位这方面，除了塞维利亚再没有任何一个地方像它一样表现明显。它的标志物——用赤陶砖和釉彩瓷砖拼成的图案、华丽的木质天花板——被巧妙地融入了城市的塔楼和教堂中，它们中有4座建筑已被联合国教科文组织列为世界遗产。

特鲁埃尔是西班牙最小的省会城市，但它的热闹程度却完全不输大都市。除了一些优质的餐馆，建于1171年的特鲁埃尔还有一座10世纪就已存在的摩尔堡垒，但城市的创建者却是一位开拓疆土的基督教国王——阿方索二世（Alfonso Ⅱ）。在接下来的几百年里，特鲁埃尔逐渐衰败，变成阿拉贡偏远南部高原上一个被人遗忘的角落。这个城市最著名的历史时刻是一场悲剧——1937~1938年的严冬，发生在特鲁埃尔的一场战役造成了14万人伤亡，这也是西班牙内战中最血腥的一场战役。

景点

★ **阿曼德斯基金会** 博物馆、教堂

（Fundación Amantes；www.amantesdeteruel.es；Calle Matías Abad 3；通票 成人/儿童、学生和老年人 €9/7；⏲10:00~14:00和16:00~20:00）Isabel de Segura和Juan Diego Martínez de Marcilla的爱情故事是特鲁埃尔的著

Teruel 特鲁埃尔

Teruel 特鲁埃尔

重要景点

1 梅迪亚维利亚圣玛利亚大教堂 B1
2 阿曼德斯基金会 C2
3 萨尔瓦多塔 B2

景点

圣佩德罗教堂 .... (见9)
4 阶梯通道 B3
5 宗教艺术博物馆 B1
6 特鲁埃尔博物馆 C1
7 托里科广场 C2
8 圣马丁塔 A1
9 圣佩德罗塔 C2

住宿

10 Fonda del Tozal C1
11 Hotel El Mudayyan B2
12 Hotel Teruel Plaza C3

就餐

13 Bar Gregory B3
14 La Barrica – Calle Abadía C2
15 La Barrica – Paseo del Óvalo B3
16 La Torre del Salvador B2

名传说，而这个城市最受欢迎、最有趣的景点也与此有关。这对恋人的陵墓位于穆德哈尔风格的圣佩德罗教堂的侧礼拜堂里。整座大建筑被划分成不同区域单独售票，但将陵墓、教堂、回廊、塔楼和外部通道（ándito）都游览一遍是非常值得的。

完整的游览需要参加导览游，讲解为西班牙语，但提供英语和法语的音频导览器，而且只在塔楼和外部通道这两个区域才必须跟随导游。导览游从观看一段讲述阿曼德斯博物馆和特鲁埃尔历史的视频开始，接着参观包含阿曼德斯陵墓在内的展览室，这对恋人的遗体埋葬处上方摆放着Juan de Ávalos创作的现代雪花石膏雕像，在这个作品中，他们两人的手几乎（但还是没有）触碰到了彼此。除了他们的生平故事，你还将了解到他们死后被制作成木乃伊的过程。

陵墓的下一站是14世纪的圣佩德罗教堂（Iglesia de San Pedro；Calle Matías Abad），这是特鲁埃尔唯一的一座穆德哈尔风格教堂，不过最吸引你目光的很可能是彩色的壁画和有金色星状图案的天花板，它们出自Salvador

Gisbert之手，1900年前后的一次修复赋予了教堂现代主义风格。回廊和旁边的花园是参观的第三站。之后爬上13世纪的**圣佩德罗塔**（Torre de San Pedro），这是特鲁埃尔保留下的4个穆德哈尔风格塔中最古老的一座。最后去外部通道走一圈，这个不寻常的拱顶环形走廊位于教堂的高处，可以俯视特鲁埃尔的全貌。

托里科广场 广场

（Plaza del Torico；Plaza de Carlos Castel）在特鲁埃尔闲逛时几乎总是不经意就会走到托里科广场，这里的地势稍微有点倾斜，周围到处是咖啡馆。在广场的末端你会看到城市的象征物——一座名为托里科（El Torico）的小公牛铜像，它仅有35厘米高，作者未知，它的下面是一座比它高得多的基座。这座雕像自1865年以来便一直在这里。

★萨尔瓦多塔 塔、博物馆

（Torre de El Salvador；www.teruelmudejar.com；Calle El Salvador 7；成人/儿童和老年人€2.50/2；2月至10月 11:00~14:00和16:30~19:30，其余月份开放时间缩短）特鲁埃尔最宏伟的穆德哈尔式塔楼就是这座40米高的萨尔瓦多塔，它建于14世纪初，建筑材料为砖块和瓷砖，造型模仿了一座阿莫哈德宣礼塔，在塔里建塔，然后在两塔之间填充楼梯。你可以爬到顶部的钟室，欣赏它优雅的两层拱顶窗户和特鲁埃尔最棒的城市全貌风景。在沿着楼梯往上走时，有一个关于穆德哈尔式艺术和建筑以及老特鲁埃尔的有趣展览。

★梅迪亚维利亚圣玛利亚大教堂 主教座堂

（Catedral de Santa María de Mediavilla；Plaza de la Catedral；含宗教艺术博物馆成人/儿童€3/2；4月至10月 11:00~14:00和16:00~20:00，11月至次年3月 11:00~14:00和16:00~19:00）大教堂万花筒般的砖砌工艺和色彩丰富的陶瓷瓦片，充分显示了穆德哈尔建筑风格的艺术魅力，其中又以13世纪的钟楼最惊艳。教堂的穆德哈尔式天花板上绘有图画，内容涉及乐器、捕猎、盾形纹章和耶稣受难等多种场景，展现了中世纪时期的宇宙观。如果你是独自旅行，又正好碰上团体游客去高处近距离观看天花板，可以跟着他们一起上去。

宗教艺术博物馆 博物馆

（Museo de Arte Sacro；Plaza de la Catedral；978 61 99 50；Plaza Francés de Aranda 3；含梅迪亚维利亚圣玛利亚大教堂成人/儿童€3/2；4月至10月 周一至周六 10:00~14:00和16:00~20:00，11月至次年3月 10:00~14:00和16:00~19:00）宗教艺术博物馆位于庄严的主教宫（Palacio Episcopal）里，紧挨着大教堂。里面有两层展厅，陈列着12~18世纪的宗教绘画和雕塑杰作，还有一些华丽的16世纪主教法衣。

特鲁埃尔博物馆 博物馆

（Museo de Teruel；Plaza Polanco；周二至周五 10:00~14:00和16:00~19:00，周六和周日 10:00~14:00）免费 省博物馆位于一座16世纪的文艺复兴风格的宫殿里，2011~2013年进行了全面翻新整修。博物馆共有6层精心布置的展厅，展览涉及的时间从史前跨越到中世纪。亮点是瓷器展区（一些保存完好的中世纪瓷器），以及伊比利亚和罗马时期展区，顶层还有罗马风格的巨幅马赛克。讲解信息仅有西班牙语，但可以大概猜到它们的意思。

圣马丁塔 塔

（Torre de San Martín；Calle San Martín）圣马丁塔是老城的西北大门，和萨尔瓦多塔一样美丽，但不能攀登。圣马丁塔于1316年完工，16世纪被并入城墙之中。在Plaza Pérez Prado可以让它全部映入眼帘。

节日和活动

天使节 节日集市

（Fiestas del Ángel；www.vaquillas.es；7月）天使节就是人们口中的La Vaquilla，它在圣克里斯托弗日（Día de San Cristóbal；7月10日）前后举办，延续一个星期，用来纪念特鲁埃尔的建立。

节日里有各种音乐演出，人们齐聚街头庆祝，穿着彩色服装游行。周一，还有4头拴着绳的公牛进行奔跑表演，这是节日的重头戏。

住宿

Fondadel Tozal 旅馆 €

（649 103411；Calle del Rincón 5；标双€38~45；）Tozal所在建筑建于16世纪，是

西班牙最古老的旅馆之一。房间风格迥异但都散发着古雅的气息，有木梁天花板、结实的家具和老瓷砖地板。尽管谈不上豪华，但住着非常舒适。有些房间的油漆已经脱落，露出了原本的灰泥墙面，上面的图案隐约可见。

酒馆由原先的马厩改建而成，天花板保留了木梁，墙上挂着一些古式小饰品，给人一种典型的西班牙老派酒馆的感觉。人们在这里谈论巴萨的比赛或者玩多米诺骨牌。

★Hotel El Mudayyan 精品酒店 €€

（☎978 62 30 42；www.elmudayyan.com；Calle Nueva 18；标单 €39~99，标双 €59~99；❄📶）最近进行了扩建的Mudayyan是一间风格独特的酒店。现代、干净、舒适的房间以及友好高效的服务自不必说，真正让它脱颖而出的是供应培根鸡蛋和自制油酥点心等食物的自助早餐（每人 €5.90），以及一条通往隔壁教堂牧师房屋的16世纪秘密通道（10:00有工作人员提供免费的团队游）。

Hotel Teruel Plaza 酒店 €€

（☎978 60 88 17；www.hotelteruelplaza.com；Plaza del Tremedal 3；标单 €40，标双 €50~150；❄📶）这家酒店最近进行过翻修，服务热情，有18间宽敞的客房，房里配置了沙发或扶手椅，装有色彩鲜艳的霓虹灯式的灯。卫生间里铺了蓝色和赭石色的瓷砖。酒店的底层有一间咖啡馆兼餐厅，里面挂着有趣的版画。早餐（€6）在地下层享用，旁边是一个儿童游戏室——带孩子的旅行者应该会很喜欢这个配置。

就餐

La Barrica–Paseo del Óvalo 阿拉贡菜 €

（Paseo del Óvalo 10；一盘西班牙小吃 €7~12；⌚周二至周六 9:00~16:00和20:30至午夜，周日 9:00~16:00）这里是特鲁埃尔的顶级西班牙小吃吧（Calle Abadía 5；西班牙小吃 €2~3；⌚周一至周五 9:30~15:30和20:00~23:00，周六 12:00~15:30和20:00~23:00，周日 12:00~15:30，9月至次年5月的周二/6月至8月的周日不营业）新开的一家同名餐馆。菜肴融合了经典的食材和新奇的烹饪方法，比如烤章鱼配芦笋和红椒杏仁酱，或者混合了菠菜、布里干酪、火腿和水果干的沙拉。餐馆内装饰简洁明快，没有多余摆设，室外设有许多座位。

★La Torre del Salvador 阿拉贡菜 €€

（☎978 60 52 63；Calle El Salvador；主菜 €12~19；⌚周二、周三和周日 12:00~16:00，周四

阿拉贡的穆德哈尔风格建筑——基督教-伊斯兰教风格的完美融合

西班牙有许多建筑都融合了多种风格，但没有几个城市的景观可以媲美活力满满的特鲁埃尔——基督教和伊斯兰教风格在这个西班牙穆德哈尔风格建筑之都得到了充分融合。

穆德哈尔是一种西班牙独有的建筑风格，是收复失地运动时期的产物。8世纪中期到1492年，基督徒从穆斯林手中夺取了城镇和村庄，并在这些地方雇佣技艺高超的穆斯林建筑师和工匠，让他们设计修建新建筑，将伊斯兰建筑和装饰工艺应用于基本的基督教建筑中。

西班牙不同地方的穆德哈尔风格建筑有细微差别，但它达到顶峰是在13~16世纪的特鲁埃尔、萨拉戈萨和塔拉索纳。这也许是受到了萨拉戈萨的阿尔哈费里亚宫（见441页）的影响，这座摩尔风格宫殿在1118年被基督教国王阿方索一世（Alfonso Ⅰ）接管并修筑了防御工事。

阿拉贡的穆德哈尔风格同时借鉴了罗马风格和哥特风格，但采用的是赤陶砖而不是灰石砖作为主要建筑材料。特鲁埃尔有4座兼敲钟和瞭望之用的塔楼，上面有拱顶结构，并用有几何图案的釉彩瓷砖进行了装饰。外观与摩洛哥的阿莫哈德风格宣礼塔很相似。

穆德哈尔风格在17世纪前就已销声匿迹，但20世纪初时它又在特鲁埃尔短暂重现，从高迪作品中获得灵感的现代主义艺术家是其推动者，包括Pau Monguió（也是特鲁埃尔许多新艺术派建筑的设计者）。大教堂的装饰门廊和阶梯通道（连接Paseo del Óvalo与火车站）都建于这个时期。

至周六12:00~16:00和21:00~23:00; 🛜)这间时尚餐馆能扬名靠的是以新式方法烹饪阿拉贡传统菜肴，比如鸭肉配黑刺李酒和红色水果酱、白葡萄酒烩火腿、安康鱼虾肉丸配藏红花酱。餐馆生意很好但店面不大，因此建议提前预订或早点到。

Bar Gregory 阿拉贡菜 €€

(Paseo del Óvalo 6; 主菜 €7~14; ⏲8:00至午夜)服务高效又热情、品种丰富的菜肴兼具美味与分量，天气适宜时室外还会设座位——这些都是Gregory长期拥有好口碑的原因。这里供应沙拉、鸡蛋菜肴和各种海鲜，不过肉类才是主角，除了常见的火腿、猪肉和羊肉，你还能吃到猪耳朵、猪鼻子和猪蹄。

ℹ 实用信息

城市旅游局(City Tourist Office; ☎978 62 41 05; www.turismo.teruel.es; Plaza de los Amantes 6; ⏲9月至次年7月 10:00~14:00和16:00~20:00, 8月 10:00~20:00)提供适用于老城区游览的语音导览器(英语/法语/西班牙语; €2)和单页《特鲁埃尔欧洲现代主义游览路线》(*Teruel Ruta Europea del Modernismo*)，后者标注了17座20世纪早期现代主义风格和的新艺术风格建筑的位置。

ℹ 到达和离开

长途汽车

特鲁埃尔的**长途汽车站**(☎978 61 07 89; www.estacionteruel.es; Ronda de Ambeles)有车开往巴塞罗那(€32, 5.25小时，每天1班)、昆卡(€12, 2.25小时，每天1班)、达罗卡(€6.80, 1.75小时，每天1~3班)、马德里(€22, 3.5~4.5小时，每天2~4班)、巴伦西亚(€11, 2小时，每天4~5班)和萨拉戈萨(€11, 2.25~3小时，每天4~6班)。

火车

特鲁埃尔位于萨拉戈萨(€15~20, 2.5小时)与巴伦西亚(€13~18, 2.75小时)之间的铁路沿线上，每天开往两个方向的火车各有三四班。火车站在阶梯通道(Escalinata)的下方。

阿尔瓦拉辛(Albarracín)

人口 940 /海拔 1150米

粉红色的中世纪村庄阿尔瓦拉辛是西班牙的一个独特存在。蜿蜒曲折的街道及其两边建筑的木质阳台完全保留了过去的模样，让人不禁期待堂吉诃德和桑丘·潘沙会从某个隐蔽的角落里走出来。村庄坐落在瓜达拉维尔河(Río Guadalaviar)的一个岩石岬角上，由堡垒、教堂和房屋共同组成。让它更具魅力的是，在过去60年里，这个曾经的中世纪独立小国从几近废弃的状态中走了出来，恢复了往昔的活力。无论你心中的西班牙最美村庄榜单如何排序，阿尔瓦拉辛绝对会是其中之一。阿尔瓦拉辛位于特鲁埃尔以西38公里，值得你停留一两晚。

顺便说一下，这种不常见的粉红色是当地石膏的颜色，而这种石膏是村里的重要建筑材料。

历史

10世纪时，柏柏尔人Banu Razin部落控制了阿尔瓦拉辛地区，开创了一个独立的伊斯兰王朝(1013~1104年)。这个小国在1170年被基督徒所灭，但一直维持着独立状态直到1284年并入阿拉贡。基督教时期的阿尔瓦拉辛拥有自己的主教和大教堂，并凭借畜牧业发展繁荣，这种情况一直持续到了17世纪。然而20世纪中期阿尔瓦拉辛开始衰落，到处呈现一派破败颓废之景。针对它的修复工作已经开始，目前仍在进行中。

👁 景点

阿尔瓦拉辛的许多景点都由**阿尔瓦拉辛圣玛利亚基金会**(Fundación Santa María de Albarracín; ☎978 70 40 35; fundacionsantamariadealbarracin.com; Calle Catedral; ⏲10:00~14:00和16:00~18:30)管理，想要进入教堂和城堡参观只能参加他们的(西班牙语)导览游。原来主教的马厩现已成了他们的信息中心，你可以去那里预订活动。开门时间和团队游频次随季节而变——一般来说7月和8月会更多，冬季后会相应减少。基金会的网站上有最新的日程表。

★ 救世主主教座堂 主教座堂

(Catedral del Salvador; 团队游 €3.50; ⏲团队游 10:30、12:00和16:30, 9月至次年6月的周日下午不开放)在经过20年的精心修复后，这座16世纪的大教堂恢复了往日的富丽堂皇。教堂最初呈现的是哥特和文艺复兴风格，但18世纪的几次修饰让它变成了一座巴洛克风格建筑。你可以通过阿尔瓦拉辛圣玛利亚基金会组织的导览游（仅有西班牙语讲解）进入参观，即便你只能听懂一点点，也能从中收获很多东西。亮点包括壁画和一件用当地松木制作的16世纪祭坛装饰品，后者被用来献给圣彼得。

教区博物馆 博物馆

（Museo Diocesano; Calle Catedral; €2.50; ⌚10:30~14:00和16:30~18:30，9月至次年6月的周日下午闭馆）大教堂旁边的这座18世纪主教宫殿收藏了丰富的宗教艺术品，远胜于其他的普通教堂博物馆。6张巨幅挂毯尤为引人注目，主题是关于基甸的《圣经》故事。同样吸引眼球的还有一个意大利风格的鱼形盐罐（或用作香座），它采用水晶石和宝石制作而成。

阿尔瓦拉辛博物馆 博物馆

（Museo de Albarracín; Calle San Juan; €2.50; ⌚10:30~13:00和16:30~17:30，9月至次年6月的周日下午闭馆）博物馆位于小镇以前的医院里，以详细生动的文字（西班牙语）讲述了阿尔瓦拉辛的历史。展品包括城堡出土的大批考古文物，可以帮助人们了解这座小镇的历史。

城堡 城堡

（Castillo; 团队游 €2.50）老城里的这座城堡建于9世纪，在17世纪被废弃。除了围墙和12座塔楼，你所看见的所有东西都是在过去的10年里挖掘出来的——包括11世纪的Banu Razin伊斯兰统治者住所遗址。城堡只能通过参加西班牙语团队游进入，出发地点在阿尔瓦拉辛博物馆。

城墙（Muralla） 城墙

阿尔瓦拉辛的最高点**通道塔**（Torre del Andador）建于10世纪，那时穆斯林小镇还被挤在城堡周边，而它就是小镇的防御前哨。11世纪小镇扩张，人们在塔旁边修建了登塔的城墙。沿着墙走上去，你可以欣赏到小镇全貌，看看让它成为重要战略位置的独特地形。

住宿

Posadadel Adarve 历史酒店 €

（☎978 70 03 04; www.posadadeladarve.com; Calle Portal de Molina 23; 标单€35，标双€50~75; @📶）这间酒店位于中世纪城墙的一座塔楼里，经过修复后焕然一新，有5个面积虽小但装饰漂亮的房间。酒店服务态度十分友好。

★ **La Casadel Tío Americano** 精品酒店 €€

（☎978 71 01 25; www.lacasadeltioamericano.com; Calle Los Palacios 9; 标单/双 含早餐€80/100; 📶）这是个美丽的小酒店，“汤姆叔叔的小屋”以其明亮的房间、裸露的石墙和友善、无懈可击的招待为荣。从吃早餐的阳台（以及有长廊的2号和3号房间）可以看到村庄的壮丽景色。酒店会为新客人奉上一瓶起泡酒，丰盛的早餐包括当地产奶酪、蜂蜜和火腿。

Casa de Santiago 历史酒店 €€

（☎978 70 03 16; www.casadesantiago.es; Subida alas Torres 11; 标单 €48~54，标双€64~95; 📶）房间装饰得很漂亮，有裸露的镶木和瓷砖地板。酒店有自己的餐厅和3间客厅。早餐的价格为€6。服务也相当好。酒店位于老城中心，离主广场很近。穿过马路就是一片安逸之地。

La Casona del Ajimez 历史酒店 €€

（☎978 71 03 21; www.casonadelajimez.com; Calle de San Juan 2; 标单/双 €60/76; 📶）正如其他经过整修后的阿尔瓦拉辛小酒店一样，这座18世纪的建筑同样温馨又迷人（挂着有趣的植物素描画），一些房间能欣赏优美的风景。绿草如茵、带露台的花园就在城堡的围墙下。这样的酒店你再也找不出第二家！早餐的价格为€5。

就餐

圣周、7月至9月中旬和节假日周末是旅游旺季，其他时候一些地方的营业时间会比较随心所欲。

★ **La Despensa** 阿拉贡菜 €

（Calle del Chorro 18; 菜肴 €3.50~8; ⌚周一和周三至周五 19:30~23:00，周六和周日 12:30~23:00; 📶）免费 如果你只是想简单吃点美味可口的食物，这家街角小店能满足你的需要。他家的特色菜是各种腌肉和香肠

（embutidos）以及奶酪，它们被做成西班牙小吃、整盘西班牙小吃、西班牙三明治或开口三明治（tostas）售卖。

★ **Tiempo de Ensueño** 现代西班牙菜 €€

（☎978 70 60 70；www.tiempodcensuenyo.com；Calle Los Palacios 1B；主菜 €19~20，套餐 €39~45；⏲周一和周三 13:30~15:30，周四至周日 13:30~15:30和20:30~22:30）这家灯火通明的高级餐厅，服务周到但不过分，不断更新的创意美食让人回味悠长。这里的鹿肉是我们吃过最嫩的，西班牙火腿开胃菜足有满满一大盘，甜菜根蛋奶酥和苹果酪好吃极了。

Rincón del Chorro 阿拉贡菜 €€

（☎978 71 01 12；http://rincondelchorro.es；Calle del Chorro 5；主菜 €11~20，品尝套餐 €23；⏲周三至周日 13:00~16:00和20:00~23:00，周一13:00~16:00，12月至次年6月仅周五至周日营业）当地最受欢迎的餐馆已经营多年，阿尔瓦拉辛的传统菜肴包括烤羊肉、乳羊羔肉（cabrito lechal）以及特定季节才能吃到的松露和蘑菇。楼下的酒吧供应美味的西班牙小吃和整盘西班牙小吃，饮品菜单包含25种杜松子酒。

实用信息

旅游局（☎978 71 02 62；www.turismosierradealbarracin.es；Calle San Antonio 2；⏲周一至周六 10:00~14:00和16:00~20:00，周日 10:00~14:00和16:00~19:00）从特鲁埃尔过来的话，旅游局就在快到老城区的主路边。

到达和离开

周一至周六的8:55，阿尔瓦拉辛有1班车开往特鲁埃尔（€4.50，45分钟），这班车会在14:10从特鲁埃尔汽车站返回。

巴斯克、纳瓦拉和拉里奥哈

包括 ➡

最佳就餐

- La Viña del Ensanche（见492页）
- Arzak（见508页）
- Bar Borda Berri（见509页）
- Mesón Arropain（见499页）
- Restaurante Amelibia（见542页）
- Bar Gaucho（见522页）

最佳住宿

- Hotel Marqués de Riscal（见539页）
- Hotel Zubieta（见498页）
- Miró Hotel（见490页）
- Palacio Guendulain（见522页）
- La Casa de los Arquillos（见518页）
- Hotel Maria Cristina（见506页）

为何去

这个独特的地区有着层峦叠嶂的翠绿色群山和细雨迷蒙的灰色天空，它与西班牙留给人们的普遍印象截然不同。居住在这个小角落的巴斯克人也认为自己是与众不同的。他们自认是最古老的欧洲人，讲着原始的欧洲语言，虽然这一点尚未被证实，但毋庸置疑的是他们确实生活在一片异常美丽且多姿多彩的土地上。这里有众神庇佑的群山（虽然这些神明的名字已几乎被人们遗忘），有许多文化博物馆和美术馆，有超过百万人参加的街头派对，而且这里还有西班牙最好的美食。

走过崎岖荒凉的北部地区，你会感到气温逐渐上升，之后便可看到一片具有西班牙典型地貌特征的开阔平原，这就是南部的潘普洛纳。你正在进入纳瓦拉和拉里奥哈的世界。这里有多如潮水的葡萄美酒、色彩耀眼的梦幻美景、中世纪的修道院和诱人的葡萄酒乡。

何时去

毕尔巴鄂

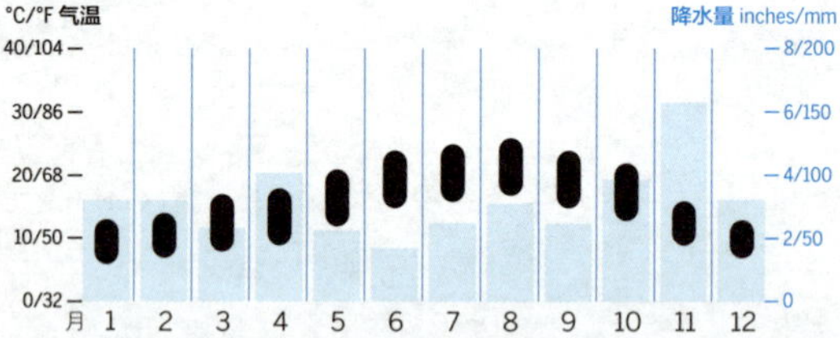

5月 春天的温暖带来了人群，毕尔巴鄂的博物馆和美术馆会举办丰富的现代艺术展。

7月至9月 圣塞瓦斯蒂安最美的季节，也是探访比利牛斯山的最佳时间——除非你要来滑雪。

9月 丰收庆典让拉里奥哈的村庄充满欢乐，空气中弥漫着葡萄酒的香气。

巴斯克、纳瓦拉和拉里奥哈亮点

❶ **多诺斯蒂亚（圣塞瓦斯蒂安；**见500页）在这座海滨城市完美无瑕的海滩上玩耍，享受美妙的食物，探访鹅卵石小巷。

❷ **毕尔巴鄂**（见482页）去欧洲建筑珍宝之一的古根汉姆博物馆寻找艺术灵感。

❸ **莱凯提欧**（见498页）来这个风光优美的村庄的海岸边，趁退潮走上近海处的一座岛屿。

❹ **拉里奥哈**（见538页）在拉里奥哈的葡萄园和博物馆里探究美酒的秘密。

❺ **纳瓦拉比利牛斯山脉**（见525页）攀登被女巫传说笼罩的山脉。

❻ **潘普洛纳**（见520页）体验海明威当年的生活，然后加入奔牛节的狂欢。

❼ **奥利特**（见529页）走进围墙内的老城区，欣赏这个由塔楼和尖顶构成的童话小镇。

巴斯克(BASQUE)

历史

没有人清楚地知道巴斯克人是从什么地方来到这里的(他们的口传历史中没有关于移民的传说),但他们被认为在最早的移民到来之前就已经生活在这里了。罗马人并未给巴斯克自治区带来太大改变,但在中世纪(1000~1450年),持续扩张领土的卡斯蒂利亚王朝在经历了巨大的困难后占领了这个地区。而直到1512年,纳瓦拉(Navarra)都是一个独立的王国。即使是在卡斯蒂利亚人统治的时期,纳瓦拉和另3个巴斯克省份(Guipúzcoa、Vizcaya和Álava)也依然享有相当广泛的自主权,并以巴斯克人的古代法律(fueros)而闻名。

在1876年的第二次卡洛斯战争(Second Carlist War)结束后,除纳瓦拉以外的所有省份都被剥夺了他们觊觎已久的自主权,这也催生了巴斯克民族主义的萌芽。然而于1894年成立的巴斯克民族主义政党(Partido Nacionalista Vasco,简称PNV)并没有得到统一的支持,因为所有巴斯克省份中都存在着相当大的卡斯蒂利亚势力。

1936年,马德里的共和政府提出,巴斯克人可以拥有地区性的法律(自治政府),这一提议也得到了Guipúzcoa和Vizcaya两省的认可。西班牙内战爆发后,保守的乡村纳瓦拉和Álava支持佛朗哥,而Vizcaya和Guipúzcoa则站在了共和党一边,在接下来的40年里,他们为自己的决定付出了高昂的代价。

在佛朗哥统治时期,恐怖组织埃塔(Euskadi Ta Askatasuna,简称ETA,意为"巴斯克祖国和自由")诞生了。其建立之初是为了反抗佛朗哥的统治,佛朗哥通过禁用巴斯克语言和禁止一切形式的巴斯克文化来压制巴斯克人。在这个独裁者逝世之后,埃塔依然推行完全独立的政策并持续血腥地抗击西班牙政府,直到2011年10月宣布"永久性停止武装活动"。

毕尔巴鄂(Bilbao)

人口 34.52万

毕尔巴鄂是巴斯克自治区的宝地之一:这里有令人叹为观止的建筑、备受推崇的美食和近在市中心外围的壮丽风景。

毕尔巴鄂并不是那种依靠外表捕获你的心的城市——如果你要的是这种感觉,请跳过它直接去圣塞瓦斯蒂安——但它会慢慢地赢得你的认可。毕竟,这个城市的成长环境非常恶劣,多年来它一直被重工业和工业废墟所包围,河边的景观和古怪的建筑很难吸引到经过此地的旅行者。不过,毕尔巴鄂最终凭借明智的投资成功转型——银光闪闪的地标建筑古根汉姆博物馆是最大的功臣,艺术爱好者从世界各地赶来一睹其风采。

被当地居民亲切称为"孔"(Botxo)的这个地方已逐渐成为欧洲的一个主要艺术中心,但它本质上还是一座勤劳且充满个性的城镇。那些数不清的艺术馆并不能代表毕尔巴鄂,脚踏实地的作风才是这座城镇真正的灵魂,是充满活力、振奋人心又充满浓厚文化氛围的它吸引着人们前来。

景点

★毕尔巴鄂古根汉姆博物馆 美术馆

(Museo Guggenheim Bilbao; ☎944 35 90 16; www.guggenheim-bilbao.es; Avenida Abandoibarra 2; 成人/学生/儿童 €16/9/免费起; ⏲10:00~20:00, 9月至6月的周一闭馆)毕尔巴鄂古根汉姆博物馆是最具标志性的现代建筑之一。在毕尔巴鄂经历后工业时期萧条时,这栋银光闪闪的金属钛外壳建筑在帮助城市走出萧条、进入21世纪上扮演了重要角色——并带来了巨大的轰动效应。它推动了这座城市的重生,进一步刺激了它的发展,为毕尔巴鄂在世界艺术和旅游景点中赢得了一席之位。

可能有人会说,古根汉姆博物馆的结构远胜过它的功能,它之所以享誉世界是因其建筑风格而非内容。即便如此,出自加拿大建筑师弗兰克·盖里(Frank Gehry)之手的那些充满灵性的设计,如悬浮天顶、峭壁形外墙、岬角、船形外观、高塔以及栩栩如生的鳞状墙体材料,都为美术馆增添了令人难以抗拒的魅力。

盖里在设计古根汉姆博物馆时脑中所想的是它的历史和地理环境。美术馆所在的位置曾是一片工业废墟,是毕尔巴鄂位于内尔维翁河(Ría del Nervión)河岸边衰败破旧仓库区的一部分。这座城市具有历史传统的造船业和捕鱼业迎合了盖里的个人爱好，尤其是他以前的作品也大量使用了工业材料。闪闪发光的钛瓦覆盖了该建筑的大部分区域，就像一片片巨大的青鱼鱼鳞，据说这是因为建筑师本人童年时着迷于鱼的缘故。

其他艺术家也做出了诸多贡献。博物馆中庭的玻璃扶壁与内尔维翁河之间有一个简单的水池，每隔一段时间就会喷出由Fujiko Nakaya设计的“雾气装置”。附近的河岸上有一座路易丝·布尔乔亚（Louise Bourgeois）设计的《妈妈》（*Maman*），这座形如蜘蛛的天篷状骨架雕塑据说象征着母亲对后代的保护。博物馆西边有一座深受孩子们喜爱的喷泉雕塑，喷泉不时地向空中喷出水柱。博物馆靠城市的一侧矗立着一只用数千株秋海棠做成的高地小猎犬，高达12米，这是杰夫·昆斯（Jeff Koons）的怪诞作品《小狗》（*Puppy*）。毕尔巴鄂如今依然保留着“El Poop”（即小狗），它本不起眼，很容易被旅行者错过。而毕尔巴鄂的市民会告诉你，El Poop才是最重要的，所以他们得给它在后面建造一个狗屋。

博物馆的内部被特意设计得十分宽敞。大教堂般的中庭有45米多之高，光线透过高处的玻璃窗照射进来。固定展览设在底层，有理查德·塞拉（Richard Serra）用风化钢材创作的大型迷宫式雕塑，以及珍妮·霍尔泽（Jenny Holzer）的作品——9根直达天花板的LED灯柱，上面滚动播放着习语和经文段落（英文、西班牙文和巴斯克文）。

对于许多人而言，临时展览才是最吸引人的，它们包括当代视频艺术家比尔·维奥拉（Bill Viola）的回顾展和关于19世纪末期的各种主题展览。门票包含提供多种语言的语音导览游，还为儿童特别准备了语音导览。

12:30和17:00有免费的西班牙语导览游，需要提前半个小时在信息台报名。馆内也能安排其他语言的导览游，但要提前向信息台咨询。队伍人数不得超过20人（至少8人），因此建议早点到达。博物馆也可以组织西班牙语、英语、法语、德语或其他语言的私人团队游，但要提前做好安排。对于有听力障碍的人，博物馆还提供特别改装的PDA视频导览。

排队进馆的队伍长得超乎你的想象，特别是在温润的夏季和复活节期间——你很可能要等上1个多小时。博物馆里设有无障碍通道。

★美术馆 美术馆

（Museo de Bellas Artes；☎944 39 60 60；www.museobilbao.com；Plaza del Museo 2；成人/学生/儿童 €9/7/免费，周三 10:00~15:00和周日15:00~20:00 免费；⏲周三至周一 10:00~20:00）这座博物馆拥有一系列引人注目的收藏，从哥特式雕塑到20世纪的流行艺术，应有尽有。藏品主要分为三类：古典艺术，包括牟利罗（Murillo）、苏巴朗（Zurbarán）、埃尔·格列柯（El Greco）、戈雅（Goya）和凡·戴克（van Dyck）的作品；当代艺术，有高更（Gauguin）、弗朗西斯·培根（Francis

城市团队游

这里有许多不同类别的城市团队游。有些是大家都感兴趣的项目，有些侧重于特定领域，例如建筑或食物。下面是我们推荐的一些机构。

毕尔巴鄂旅游局（见495页）组织1.5小时的徒步团队游，包括老城区或新城区的建筑。高峰期时，次数更多。

Bilboats（☎946 42 41 57；www.bilboats.com；Plaza Pío Baroja；成人/儿童 € 13/9起）运营Nervión河上的巡航游，每日数次。

Bilbao Greeters（www.bilbaogreeters.com；建议捐款）有一个更加独特和有趣的方式了解这座城市、认识当地人的方法就是通过Bilbao Greeters组织的活动。其实就是由当地人带领你参观城市，介绍他们最喜爱的景点、游玩场所，当然了，还有巴斯克小吃酒吧。至少要提前两周通过网站预约。

Bilbao 毕尔巴鄂

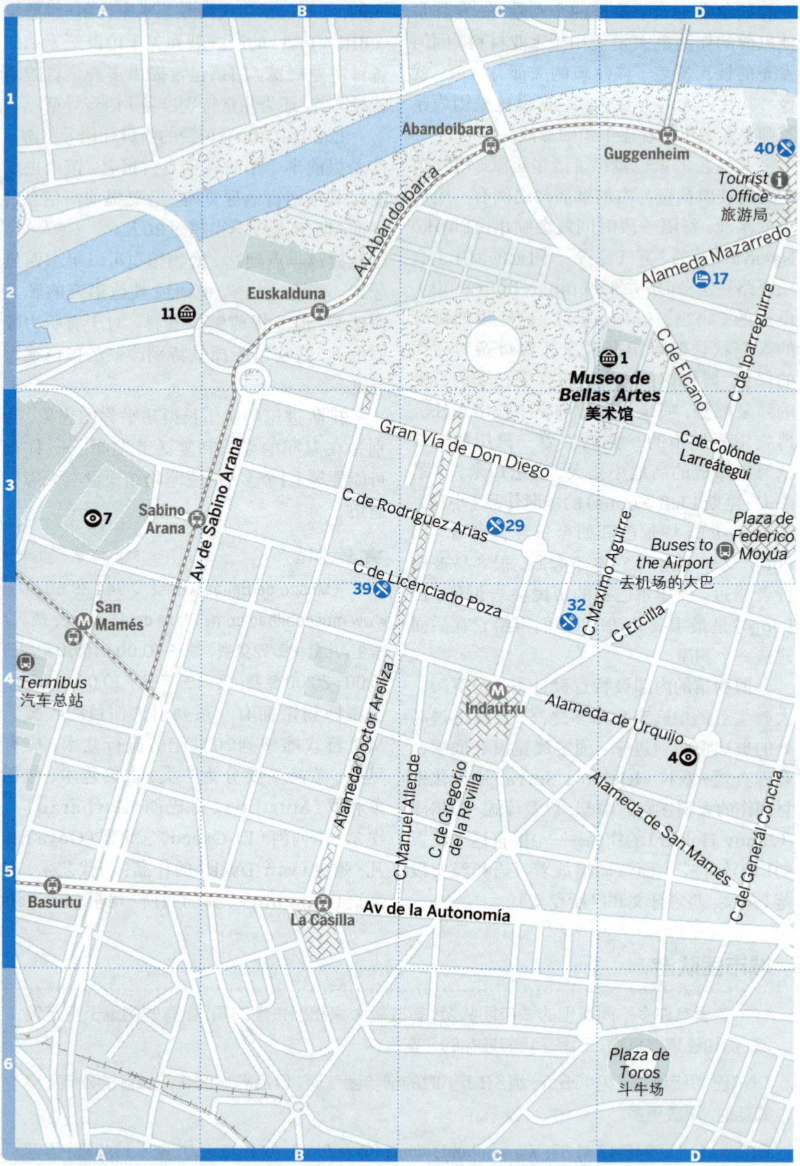

Bacon)、安东尼·卡罗(Anthony Caro)的经典作品;还有巴斯克艺术,收藏了伟大的雕刻家奥泰伊萨(Jorge de Oteiza)和爱德华·奇利达(Eduardo Chillida)的作品,还有像伊格纳西奥·苏洛阿加(Ignacio Zuloaga)和胡安·德艾切瓦利亚(Juan de Echevarría)等人的优秀绘画作品。

老城区(Casco Viejo) 老城

小巧的老城区是毕尔巴鄂气氛浓厚的古老角落,满是迷人的街道、喧闹的酒吧和许

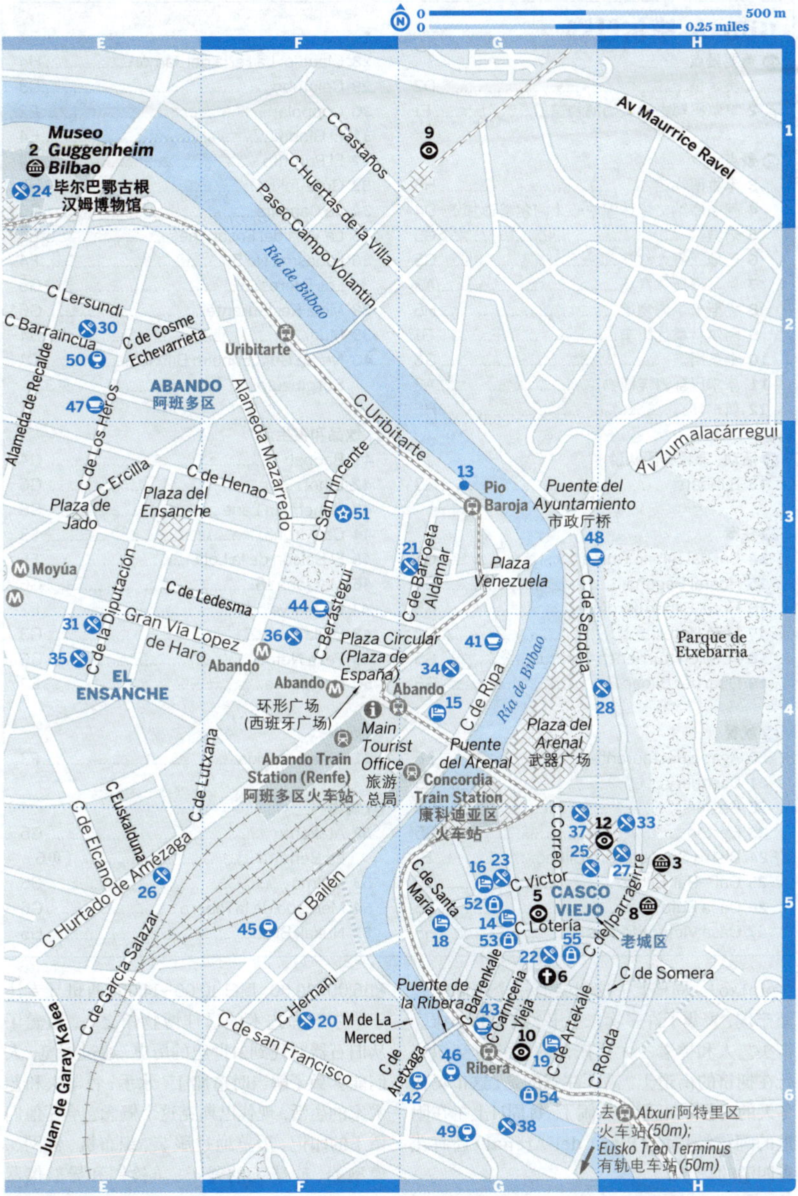

多新奇的独立商店。城区的中心是毕尔巴鄂最初的**七条街道**(Las Siete Calles),其历史可以追溯到15世纪。

14世纪的哥特式**圣地亚哥大教堂**(Catedral de Santiago; www.bilbaoturismo.net; Plaza de Santiago; 成人/儿童 €5/3.50; ⏲周一至周六10:00~14:00和16:00~20:00)有着华丽的文艺复兴门廊和漂亮的小回廊。再往北走,在带有19世纪拱廊的**新广场**(Plaza Nueva; Plaza Barria)上可以买到广受赞誉的巴斯克小吃

Bilbao 毕尔巴鄂

重要景点
1 美术馆 D2
2 毕尔巴鄂古根汉姆博物馆 E1

景点
3 考古博物馆 H5
4 阿兹库纳文化休闲中心（阿尔翁迪加）. D4
5 老城区 G5
6 圣地亚哥大教堂 G5
7 圣马梅斯体育场 A3
8 尤斯卡尔博物馆 H5
9 阿尔特桑达缆车 G1
10 七条街道 G6
11 毕尔巴鄂海洋博物馆 A2
12 新广场 H5

活动、课程和团队游
13 Bilboats G3

住宿
14 Casual Bilbao Gurea G5
15 Hostal Begoña G4
16 Hotel Bilbao Jardines G5
17 Miró Hotel D2
18 Pensión Iturrienea Ostatua G5
19 Quartier Bilbao G6

就餐
20 Agape Restaurante F6
21 Basquery G3
22 Baster G5
23 Berton G5
24 Bistró Guggenheim Bilbao E1
25 Café-Bar Bilbao G5
26 Casa Rufo E5
27 Casa Victor Montes H5
28 Claudio: La Feria del Jamón H4
29 Colombo C3
30 Coppola E2
31 El Globo E4
32 El Puertito C4
33 Gure Toki H5
34 La Camelia G4
35 La Viña del Ensanche E4
36 Ledesma No 5 .... F4
37 Los Fueros G5
38 Mina Restaurante G6
39 Mugi B4
40 Nerua Guggenheim Bilbao D1
Sorginzulo .... （见33）

饮品和夜生活
41 Baobab G4
42 Bihotz G6
43 Bohemian Lane G6
44 Café Iruña F3
45 El Balcón de la Lola F5
46 Marzana 16 .... G6
47 Mr Marvelous E2
48 Opila G3
49 Peso Neto G6
50 Residence E2

娱乐
51 Kafe Antzokia F3

购物
52 Ätakontu G5
La Bendita .... （见6）
53 Malmö G5
54 Mercado de la Ribera G6
55 Nukak Bilbao G5

（pintxo）。周日上午这里会有一个热闹的**跳蚤市场**，聚集了许多卖二手书、磁带的小摊。街头艺人和捧着一大摞托盘的服务生交织穿行在拥挤的街道上。需要注意的是，这市场在冬天的时候就不那么热闹了。每周日上午在附近的**阿雷纳广场**（Plaza del Arenal）还有花香四溢的**花市**。

尤斯卡尔博物馆 博物馆

（Euskal Museoa; Museo Vasco; ☎944 15 54 23; www.euskal-museoa.eus; Plaza Miguel Unamuno 4; 成人/儿童 €3/免费，周四免费；⏲周一和周三至周五 10:00~19:00，周六 10:00~13:30 和16:00~19:00，周日 10:00~14:00）西班牙专注于毕尔巴鄂艺术的最佳博物馆之一，覆盖了从旧石器时代到21世纪的历史，通过展览，人们能大致了解当时造船工、水手、牧羊人和艺术家的生活，现代巴斯克这个概念包含了他们留下的印记。展览通过服装、织布机、渔网、模型船、砍柴工的斧子、羊铃铛和导航仪器展示了当时的日常生活，而标志性的圆形墓石则将人们的关注点转向巴斯克的宗教仪式和信仰。

毕尔巴鄂海洋博物馆 博物馆

（Museo Marítimo Ría de Bilbao; www.

museomaritimobilbao.org; Muelle Ramón de la Sota 1; 成人/儿童 €6/3.50, 9月至6月的周二免费; ⊙周二至周日 10:00~20:00, 10月至次年3月至18:00; 🚻)这座交互式海洋博物馆位于海边，色彩明快、设计精巧的展览生动地还原了毕尔巴鄂和巴斯克的海洋历史。先观看一段10分钟的视频，它能带你大致了解毕尔巴鄂从14世纪至今的历史，然后再慢慢地逛占据两层楼的展览。展览展示了古时的造船技艺、可怕的沉船事件（和独创的海岸救援措施）、海盗的威胁和充满艺术感的模型——包括一个按1:1比例复原的1511年的领事馆驳船（Consulate Barge）。

阿兹库纳文化休闲中心（阿尔翁迪加） 建筑

[Azkuna Zentroa (Alhóndiga); ☎944 01 40 14; www.azkunazentroa.com; Plaza Alhóndiga 4; ⊙周一至周五 7:00~23:00, 周六和周日 8:30~23:00] 将一个废弃的葡萄酒仓库改造成休闲文化中心，再添加一点毕尔巴鄂风格的装饰，阿兹库纳文化休闲中心（阿尔翁迪加）就这样诞生了。它的设计者是著名建筑师菲利浦·斯塔克（Philippe Starck），里面现有电影院、艺术馆、玻璃底面的屋顶游泳池、公共媒体中心、咖啡馆和餐馆。底层的43根敦实的柱子非常有名，每一根都拥有自己独特的设计。

多纳卡希尔达伊朵利萨公园 公园

(Parque de Doña Casilda de Iturrizar; Paseo de José Anselmo Clavé) 在美术馆不远处，漂浮在平静的水波之上的多纳卡希尔达伊朵利萨公园是另一件出色的艺术品。这个优雅的绿色空间完工于1920年，其中最吸引人的是一个有鸭子和天鹅的小池塘。

考古博物馆 博物馆

(Arkeologi Museo; Calzadas de Mallona 2; 成人/学生/儿童 €3/1.50/免费，周五 免费; ⊙周二至周六 10:00~14:00和16:00~19:30) 这间两层楼的博物馆带人回顾遥远的过去，最古老的展品是在阿塔普尔卡山（Sierra de Atapuerca）发现的化石，它们已有43万年的历史！走上二楼，你将看到早期防御性村庄的模型、迁居到伊比利亚半岛的凯尔特人的雕刻品、古罗马时期的雕塑和碎片，时间上跨越了西哥特时期和接下来的中世纪。其他稀奇的展品还包括配合石弩使用的石头、一个10世纪的钻孔头骨和13世纪的珠宝。

祖毕如里桥（Zubizuri） 桥梁

内尔维翁河上的几座现代桥梁里，祖毕如里桥（巴斯克语意为"白桥"）是最显眼壮观的，事实上自从1997年完工以后，它就成为毕尔巴鄂的一张城市名片。西班牙建筑师圣地亚哥·卡拉特拉瓦（Santiago Calatrava）是其设计者，他赋予了这座索桥一条弯曲的步行道，通过数根钢质辐条与顶上的白色流线型拱相连。

圣马梅斯体育场 体育场

(Estadio San Mamés; www.athletic-club.eus; Calle de Licenciado Poza) 毕尔巴鄂的现代足球场是当地球队毕尔巴鄂竞技（Athletic Bilbao）的主场所在地，它俯视着市中心以东的河流，距离圣马梅斯地铁站很近。体育场里有一间不错的咖啡馆和西班牙小吃吧。

阿尔特桑达缆车 缆车

(Funicular de Artxanda; Plaza Funicular; 成人/儿童 €0.95/0.31; ⊙6月至9月周日 8:15~

值得一游

悬索桥

被联合国教科文组织列入世界遗产名录的这座**悬索桥**（Puente Colgante, Vizcaya Bridge; www.puente-colgante.com; 每人 €0.40, 人行道 €8, 语音导览器 €10; ⊙人行道 11月至次年3月 10:00~19:00, 4月至10月 至20:00; Ⓜ Areeta, Portugalete）又被称为比斯开桥（Vizcaya/Bizkaia Bridge），是世界上最早的运输桥梁，于1883年通车，设计者埃尔贝托·帕拉西奥（Alberto Palacio）是格斯塔夫·埃菲尔（Gustave Eiffel）的追随者。汽车和行人通过它跨越内尔维翁河（Ría del Nervión），在格特（Getxo）和波图加莱特（Portugalete；大毕尔巴鄂的一部分）两地间往返。

你可以乘电梯到46米高的桥上，沿桥走到对岸，吹着微风欣赏美丽的风光。

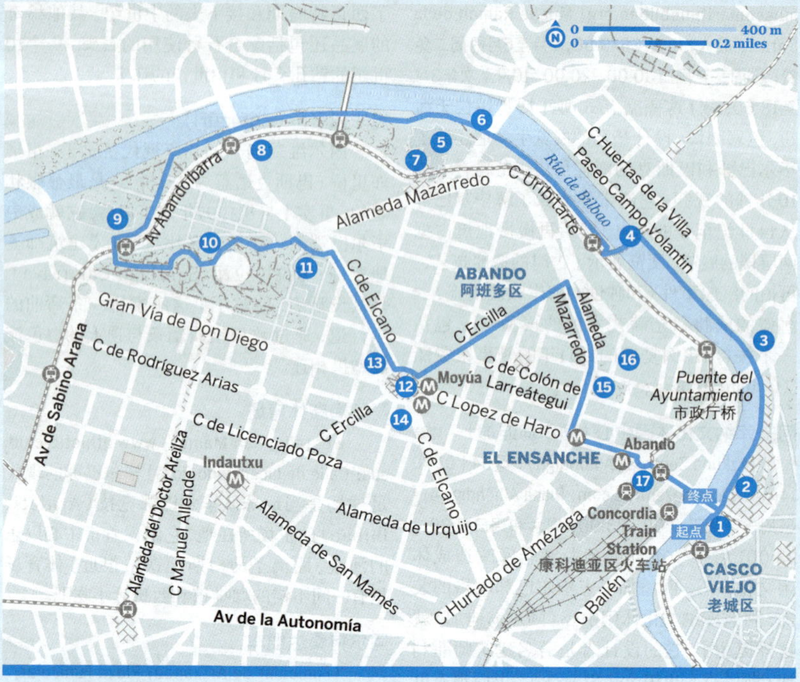

步行游览
建筑和河畔风景

起点: 阿里亚加剧院
终点: 阿里亚加剧院
全程: 4公里; 3小时

在毕尔巴鄂旅游的一大乐趣就是四处走走，欣赏各式各样的建筑风格和河畔风景。

从老城区边上的❶**阿里亚加剧院**（见494页）开始，这座巴洛克式建筑建于1890年。顺着河岸穿越❷**Plaza del Arenal**，路过宏伟的❸**市政厅**（ayuntamiento），这座建筑建于19世纪。继续顺着Paseo Campo Volantín逆流而上，两边有许多不同风格的建筑。横渡❹**Puente Zubizuri**，这座海浪形状的大桥由圣地亚哥·卡拉特瓦拉（Santiago Calatrava）设计，是城里最迷人的一座。

到达对岸后右转，继续逆流而上，来到城里最著名的建筑❺**毕尔巴鄂古根汉姆博物馆**（见482页）。让你将目光从博物馆上移开会很困难，但还是要提醒你别错过了形似蜘蛛的❻**《妈妈》**和❼**《小狗》**雕塑，后者将是你见过的最香的小狗。

沿着河岸继续前进会经过很多雕塑。左侧的是❽**Iberdrola塔**，这座165米高的玻璃办公楼是本地区最高建筑。最后，到达现代风格的❾**Euskalduna Palace**（见494页）。左转，漫步穿越古怪的❿**多纳卡希尔达伊朵利萨公园**（见487页），经过⓫**美术馆**（见483页），沿Calle de Elcano下行到达⓬**Plaza de Federico Moyúa**，这里是新城区的中心。这座广场两边有许多令人印象深刻的建筑，包括你右手边的建于20世纪早期的佛兰德斯式的⓭**Palacio de Chávarri**和对面宏伟的⓮**Hotel Carlton**（见490页）。沿Calle Ercilla下行，然后从Alameda Mazarredo继续向下，直至来到美丽的⓯**Jardines Albia**，这里能看见建于16世纪的⓰**Iglesia San Vicente Mátir**教堂。从Calle Lopez de Haro下行，经过带有新艺术风格外立面的⓱**FEVE火车站**，穿过Puente del Arenal返回徒步游起点处。

22:00，周一至周六 7:15~23:00，10月至次年5月至22:00）毕尔巴鄂是一个被群山紧紧环绕着的谷地。搭乘缆车时你可以从高处俯瞰这座城市令人窒息的美景，观赏巴斯克山脉狂野的自然风光。已运行了近一个世纪的缆车带着厚重的声音爬上陡峭的斜坡，直达阿尔特桑达（Artxanda）的顶峰。

节日和活动

Aste Nagusia 文化节

（⌚8月）毕尔巴鄂最盛大的宗教节日在每年8月15日后的第一个周六举行。在9天时间里会有连续不断的文化活动，包括音乐和舞蹈、巴斯克乡村运动（比如劈柴和举重石）、巨人游行和每晚的烟火。

Noche Blanca 文化节

（⌚6月）6月的某个晚上，毕尔巴鄂的街道、桥梁和广场都会变成一件鲜活生动的艺术作品，彩色的灯具装置和视听展览充斥着每个角落。节日通常在某个周六的20:30至次日2:00举行。

狂欢节 狂欢节

（⌚2月或3月）毕尔巴鄂的狂欢节充满了活力：穿着化装服的人群和花车一起从城市中穿过，还有音乐会、游行队伍、舞蹈和各种适合儿童参与的活动。整场狂欢持续大约6天，于圣灰星期三（Ash Wednesday）前的星期四开始，在忏悔星期二（Shrove Tuesday）那天结束，其间会有一项火烧沙丁鱼的仪式。狂欢节的举办地点在老城区。

毕尔巴鄂BBK音乐节 音乐节

（Bilbao BBK Live；www.bilbaobbklive.com；3日通票 €80起；⌚7月）毕尔巴鄂最大的音乐盛事，吸引了全世界各地的顶级艺术家，包括赶时髦乐队（Depeche Mode）、布莱恩·威尔森（Brian Wilson）、两门剧院乐队（Two Door Cinema Club）、回答乐队（Die Antwoord）和Naranja——他们全都在2017年的音乐节上演出过。节日持续3天（一般在7月初至中旬的这段日子），地点在市中心以西大约2公里处山坡上的赫贝塔门迪公园（Parque Kobetamendi）。

住宿

Quartier Bilbao 青年旅舍 €

（☎944 97 88 00；www.quartierbilbao.com；Calle Artekale 15；铺/大床 共用卫生间 €18/55起；📶）坐落在老城区的这家新开的青年旅舍拥有优越的地理位置，推荐它的原因有很多，其中包括设施现代且维护良好，工作人员乐于助人。它占据一栋6层建筑中的几个楼层，迷人的公共区有助于你结识其他旅行者。

Hostal Begoña 客栈 €

（☎944 23 01 34；www.hostalbegona.com；Calle de la Amistad 2；标单/大床 €60/75起；🅿📶）Begoña的房间虽小但舒适，并用现代艺术品进行了装饰，有铁艺床和贴有彩色瓷砖的卫生间。温馨的公共区提供丰富的书籍和关于当地文化及景点的信息。这里也是认识其他旅行者的好地方。

Pensión Iturrienea Ostatua 精品酒店 €€

（☎944 16 15 00；www.iturrieneaostatua.com；Calle de Santa María 14；标单/大床 €85/95；📶）作为毕尔巴鄂最古怪的酒店之一，Pensión Iturrienea Ostatua的外观与众不同：这里一半是农家宅院一半是老式玩具店，花卉图案的墙纸、亮色扶手和黑白地板瓷砖混搭在一起。这听起来很奇怪，但它确实符合美学原理。酒店位于历史城中心区的一条步行街上，很受旅行者的喜爱。

Casual Bilbao Gurea 家庭旅馆 €€

（☎944 16 32 99；www.casualhoteles.com；Calle de Bidebarrieta 14；标单/大床 €90/100；📶）家庭经营的Gurea提供充满艺术感的现代房间，房间铺有木地板、采光好，工作人员服务特别热情。位于老城区一栋建筑的第3层和第4层，出门不远就能找到很好的餐馆。

Hotel Bilbao Jardines 精品酒店 €€

（☎944 79 42 10；www.hotelbilbaojardines.com；Calle Jardines 9；标单/大床/标三/四 €60/85/95/125；❄📶）尽管这间酒店从外面看起来有点像社会公共机构，绿色的室内色调也给人一种过时的感觉，但它仍然是老城区的一家高性价比住宿地。客房很舒适，入住的客人可免费租用自行车。

Miró Hotel 设计酒店 €€€

(☎946 61 18 80; www.mirohotelbilbao.com; Alameda Mazarredo 77; 大床 €234起; ❄@📶)坐落在毕尔巴鄂古根汉姆博物馆对面的这间酒店是时尚设计师安东尼奥·米罗(Antonio Miró)充满激情的一件作品。酒店里充斥着摄影作品与艺术品、稀奇古怪的书籍和极简主义风格——与有强烈审美意识的毕尔巴鄂完美融合。

Hotel Carlton 历史酒店 €€€

(☎944 16 22 00; www.hotelcarlton.es; Plaza de Federico Moyúa 2; 大床 €145~315; P❄@📶)傲然立于费德里科默伊广场(Plaza Federico Moyúa)上的Hotel Carlton拥有无可比拟的优越位置,时尚、品位、高雅是这里的关键词,里里外外都散发着旧式的奢华感。这栋宏伟的法式帝国风格建筑是毕尔巴鄂建筑师曼努埃尔·玛丽亚·史密斯(Manuel María Smith)的作品,建于1919~1926年。

就餐

Basquery 各国风味 €

(☎944 07 27 12; www.basquery.com; Ibañez de Bilbao 8; 主菜 €10~13; ⏲周一至周四8:00~22:00,周五和周六 至23:00,周日 9:00~16:30)2017年,著名餐馆Bascook的经营者在同街区的一头新开了这间店,没过多久它就拥有了自己的粉丝。工业风装饰的它拥有多个包间,身兼咖啡馆、面包房、小酿酒厂和餐馆数职。供应的食物有手撕猪肉或五香烟熏牛肉三明治、严格素食汉堡、熟肉和开胃菜,而印度淡啤酒、金麦啤酒和工休黑啤酒则是它们的完美搭档。

El Puertito 海鲜 €

(☎944 02 62 54; Calle de Licenciado Poza 22和Calle Maestro García Rivero交叉路口; 牡蛎 €2~4.50; ⏲10:00~22:00)温暖的夏季傍晚,人们聚集在这个小吃吧边喝葡萄酒边吃牡蛎。海鲜爱好者可以从用粉笔写的菜单(法国和加利西亚牡蛎)里挑选自己的所爱,对海鲜没太多了解的人只需让服务员推荐即可——他们对此很在行,而且会说英语。

Baster 巴斯克小吃 €

(https://basterbilbao.com; Calle Correo 22; 巴斯克小吃 €2.50~7; ⏲周二至周四 10:00~22:00,周五和周六 至23:00,周日 至17:00; 📶)这里气氛惬意并深受人们欢迎,有各式味道出众的巴斯克小吃,包括章鱼烤串配土豆、迷你乳蛋饼、自制炸肉丸和生肉火腿。所有巴斯克小吃都会配一杯清爽的查科丽(txakoli,当地产白葡萄酒)。周末的午餐时段店里会非常忙,人行道上的餐桌边和明亮现代的室内都坐满了客人。

★ **Casa Rufo** 巴斯克菜 €€

(☎944 43 21 72; www.casarufo.com; Hurtado de Amézaga 5; 主菜 €16~20; ⏲周一至周六 13:30~15:30和20:30~22:30)Casa Rufo藏身于一家卖熟食和葡萄酒的小商店后面,给人

吃巴斯克小吃的艺术

光是pintxo(peen-cho)这个词在舌尖上滚动一番就足以让人感受到这种活泼俏皮的巴斯克小食的精华了。完美的巴斯克小吃应该有细腻的味道和质地,精致的外表,还应该两口就能被优雅地吃完。作为巴斯克版的西班牙小吃,pintxo通过华丽的烹饪技术而超越了凡俗。

许多小吃是以小面包或半个小法国长棍面包为底,然后在此之上发挥创意码得像高塔一般。有些酒吧擅长烹饪海鲜,经常使用的是卤汁凤尾鱼、对虾和鱿鱼条,再以螃蟹泥或肉酱等做浇头。有些则擅长辣味或蘑菇系列菜肴,或者各种食材组合料理。可选择的种类不只局限于酒吧中摆放在你面前的这些,有些最美味的都特别受欢迎,需要预订。这些一般会在墙上某处挂着的黑板上用粉笔写出。

当地人一般在每个酒吧只吃一两样特色菜品,然后继续去别处品尝。点菜时,要先告诉酒保你想吃什么,可不要自己直接从柜台上往下拿哦。

感觉像是故意躲起来一样，但显然它的保密工作开展得并不顺利（提前预订座位）。客人们坐在陈列着优质葡萄酒的货架间，品尝纳瓦拉芦笋和蘑菇配鹅肝酱、牛尾浓汤、炭烤牛排和香味浓郁的墨汁小鱿鱼（chipirones en su tinta）。

Colombo 各国风味 €€

（☎944 39 22 45；http://colombobilbao.com；Calle de Rodríguez Arias 32；主菜 €11~19；⌚13:00~16:00和20:00~23:00；✎）宽敞的雅座、复古灯具、超大尺寸的窗户和天花板传来的流行音乐——Colombo对时尚感的营造是如此的不着痕迹。这里的食物也一定不会让你失望，如野生蘑菇意式调味饭配黑松露和芦笋、炭烤猪肋排和大虾天妇罗，开胃菜也同样美味。

La Camelia 严格素食 €€

（Calle Villarías 3；主菜 €6~13；⌚13:00~22:00；✎）La Camelia位于通往老城区的大桥附近，它所在的巷子基本上只有行人通过。这里供应严格素食，有羊栖菜沙拉、藜麦粒番茄沙拉、豆腐或素肉三明治、6种蔬菜卷寿司（用海苔卷起米饭和蔬菜的一种寿司）。

Agape Restaurante 巴斯克菜 €€

（☎944 16 05 06；www.restauranteagape.com；Calle de Hernani 13；每日特餐 €13，套餐 €22~36；⌚周一和周二 13:00~16:00，周三至周六 13:00~16:00和21:00~23:00；📶）这里的超值菜肴在当地人中间很有名气，而且品质也不逊色，如果要品尝地道的毕尔巴鄂美食，这里是优先选择。黑鲈虾米韭葱意式调味饭、油封羊肉配烤茄子、扁桃仁芝麻青酱炒蔬菜——你将在时尚而不失质朴的室内环境里品尝到这些美食。

Los Fueros 巴斯克菜 €€

（☎944 15 30 47；www.losfueros.com；Calle Fueros 6；小吃 €5~6，主菜 €12~19；⌚周三至周日 正午至16:00和20:00~23:00）这间酒吧兼餐馆在新广场附近的后街小巷里，海鲜是这里的主角，烤明虾、当日鲜鱼和鳕鱼馅辣椒等都是经受住了时间考验且广受好评的菜肴。酒吧贴有当代风格的马赛克，采用地中海蓝作为装饰色调，比老城区里的许多店铺都要精致。

Coppola 意大利菜 €€

（☎944 24 94 63；Calle Barraincúa 6；主菜 €13~16；⌚13:00~16:00和20:00~23:00；✎）Coppola被公认为毕尔巴鄂最好的意大利餐馆，你可以在它的薄脆比萨上添加各种馅料，还能品尝到多汁的意式番茄沙拉、意式蔬菜调味饭、蘑菇松露意大利面等。这里的服务友好，偶尔还有现场音乐演出，价格也公道。

★ **Mina Restaurante** 巴斯克菜 €€€

（☎944 79 59 38；www.restaurantemina.es；Muelle Marzana；品尝套餐 €74~110；⌚周三至周日 14:00~15:30和周三至周六 21:00~22:30）这间河滨餐馆位于一个不太起眼的街区里，但高雅的室内环境和美味的菜肴一定会带给你意想不到的惊喜，有些美食家甚至认为它是毕尔巴鄂的最佳餐馆。呈上餐桌的将是一些真正的创意美食：搭配百香果食用的蜘蛛蟹、油封明虾茄子、当季蘑菇配骨髓蛋糕等，之后是藏红花焦糖奶油一类的餐后甜点。

Nerua Guggenheim Bilbao 巴斯克菜 €€€

（☎944 00 04 30；www.neruaguggenheimbilbao.com；Avenida Abandoibarra 2；午餐/晚餐套餐 €80/110起；⌚周二至周六 13:00~15:00和周三至周六 20:30~22:00）毕尔巴鄂古根汉姆博物馆的这间餐厅为白色的现代主义和极简主义风格，负责菜肴品质的是米其林星级厨师约瑟恩·阿利贾（Josean Alija；费兰·阿德里亚的徒弟）。新式巴斯克菜（nueva cocina vasca）带给味蕾的震撼感无须多言，在你结束旅行后的很长时间里你都将惦记着这里的9道/18道菜套餐。

建议提前预订座位。如果觉得这里的套餐有点过于丰盛，可以去馆内的**Bistró**（☎944 23 93 33；www.bistroguggenheimbilbao.com；Ave Abandoibarra 2；2道/3道菜套餐 €22/30起；⌚9月至次年6月周二至周日 13:30~15:30和周四至周六 20:00~22:30，7月和8月每天营业）。

毕尔巴鄂最佳巴斯克小吃店

虽然不如圣塞瓦斯蒂安的巴斯克小吃那么有名气，但这里的价格一般较低（所有的小吃价格都在€2.50左右），品质却不相上下。整个毕尔巴鄂有几百家巴斯克小吃店，不过老城区边的新广场、Calle de Perro和Calle Jardines选择尤其丰富。下面是城里比较突出的一些小吃店，排名不分先后：

Gure Toki（Plaza Nueva 12；巴斯克小吃 €2.50起；⊙周一至周六 10:00~23:30，周日至16:00）精妙但不失简单的创意巴斯克小吃，有些是用鸵鸟肉做成。

Café-Bar Bilbao（Plaza Nueva 6；巴斯克小吃 €2.50起；⊙周一至周五 7:00~23:00，周六 9:00~23:30，周日 10:00~15:00）蓝色的南方陶瓷作品融合温暖的北方氛围。

Casa Victor Montes 巴斯克小吃和正餐一样著名。

Sorginzulo（Plaza Nueva 12；巴斯克小吃 €2.50起；⊙10:00至午夜）这个火柴盒大小的酒吧有着许多非常具有典型特色的巴斯克小吃。特色是鱿鱼，但只在周末供应。

Berton（www.berton.eus；Calle Jardines；巴斯克小吃 €2.10起；⊙周三至周一 8:30~23:00）在这里，你可以看到介绍自己正在咀嚼的极其美味的巴斯克小吃制作过程的影片。

Claudio: La Feria del Jamón（Calle Iparragirre9-18；巴斯克小吃 €2.50起；⊙周一至周五 10:00~14:00和17:00~21:00，周六 10:00~14:00）这个吱嘎作响的旧餐厅中摆满了古老的家具。从屋顶上悬挂的火腿就可以猜到，这里主打有蹄类动物肉。

La Viña del Ensanche（☎944 15 56 15；www.lavinadelensanche.com；Calle de la Diputación 10；小盘 €5~15，套餐 €30；⊙周一至周五 8:30~23:00，周六 正午至次日1:00）这家出色的巴斯克小吃店里的墙边排列了几百瓶葡萄酒瓶子。说出色是指，这里是城里品尝巴斯克小吃最好的地方。

El Globo（www.barelglobo.com；Calle de la Diputación 8；巴斯克小吃 €2.50起；⊙周一至周五 8:00~23:00，周六11:00至午夜）这家低调却很受欢迎的餐厅有蜘蛛蟹等热门菜式。

Mugi（www.mugiardotxoko.es；Calle de Licenciado Poza 55；巴斯克小吃 €2.50起；⊙周一至周六 9:00至午夜）备受好评的巴斯克小吃酒吧，因为太火爆了，所以你可能只能站在外面用餐。

Ledesma No 5（www.ledesma5.com；Calle de Ledesma 5；巴斯克小吃 €3.75起；⊙周一至周六 10:00~22:00）步行街Ledesma上的一家不可错过的室外小吃店。

Casa Victor Montes 巴斯克菜 €€€

（☎944 15 70 67；www.victormontes.com；Plaza Nueva 8；主菜 €19~27，巴斯克小吃 €2.50起；⊙周一至周四 10:30~23:00，周五和周日 至午夜）Victor Montes一部分是酒吧，一部分是商店，还有一部分是餐厅，合起来就是一件艺术品。这里很受游客欢迎，但当地人也很喜欢它夸张的装饰、美味的食物以及大约1000瓶葡萄酒。如果你准备在这吃上一顿正餐，记得提前订位，并尝一尝该店的特色盐腌鳕鱼（bacalao）。

饮品和夜生活

Peso Neto 酒吧

（www.pesoneto.es；Calle San Francisco 1；⊙11:00至次日1:00）想要在服务友好、气氛悠闲的地方喝上一两杯并吃点美味小吃？南岸的这间波希米亚风格酒吧就是最好的选择。玻璃罐状灯具、迷幻的条状光影、古怪的墙壁挂饰给室内营造了氛围，头顶上方飘荡着怀旧的放克乐。过来品尝一下他们精心调制的鸡尾酒和散装的柏龙啤酒（Paulaner），当然也不要错过了美味的小吃。

Bihotz
酒吧

（Calle de Aretxaga 6；⏲周二至周五 15:00~22:00，周六和周日 11:00~22:00）精酿啤酒爱好者被吸引到这个时髦的地方：室内装修得舒适且风格多样，除了一些不搭配的家具，还在墙上悬挂了自行车零件，天花板上安装了多声道音箱。友好的服务态度、美味的小吃（鹰嘴豆泥、蔬菜三明治、蛋糕）和味道出众的咖啡给这里更增添了一份魅力。

Residence
酒吧

（www.facebook.com/residencecafe；Calle Barraincua 1；⏲周日至周四 16:00至次日1:00，周五和周六至次日3:00）这个小酒吧整月都有即兴演奏会，风格包括爱尔兰民谣、蓝调和世界音乐。即使当天没有节目，这里也是一个喝鸡尾酒的好地方，还能跟友好的服务员聊几句天。威士忌爱好者请注意了，Residence可是有200多种你们钟爱的酒哦。

Marzana 16
酒吧

（Muelle Marzana 16；⏲周一至周五 16:00~23:00，周六和周日正午至23:00）俯视着内尔维翁河的Marzana吸引了许多喜欢热闹的新潮人士，他们在晚上过来喝酒和观看人群。这间老式酒吧的室内空间很小，因此在温暖的夜晚大部分人都会去河口上方的露台或台阶上喝酒。

El Balcón de la Lola
夜店

（Calle Bailén 10；€12；⏲周四和周五 23:45至次日6:15，周六14:00~15:30和23:45至次日6:15，周日正午至16:30）毕尔巴鄂同时受同性恋与异性恋欢迎的高人气夜店，如果你想要一

毕尔巴鄂的咖啡馆

毕尔巴鄂有一些很吸引人的咖啡馆，可以进去喝杯咖啡、吃点小吃。风格从守旧和老式到现代闪亮的都有。下面是我们挑选的一些。

Café Iruña（www.cafesdebilbao.net；Calles de Colón de Larreátegui和Berástegui交叉路口；⏲周一至周四 7:00至次日1:00，周五 7:00至次日2:00，周六 9:00至次日1:00，周日正午至次日1:00）这家古老咖啡馆最具特色的就是摩尔式的装潢风格和流传了一个世纪的小道故事，是观赏人群的绝佳场所。不要错过美味的香辣烤羊肉串（pinchos morunos）。

Bohemian Lane（www.bohemianlanebilbao.com；Calle Carnicería Vieja 3；⏲周一至周五 10:00~20:30，周六 10:00~14:30和16:30~20:30）一家同时卖蛋糕、曲奇饼和其他甜食的咖啡馆，全都是用100%素食材制作而成。这里慵懒闲适，装饰色调柔和，充满了艺术感，坐在里面一边喝咖啡、茶或鲜榨果汁一边聊天非常惬意。

Mr Marvelous（Calle de los Heros；⏲周一至周五 9:00~22:00，周六 10:00~23:00，周日 11:00~18:00；📶）尽管店名有点可笑，但这家集咖啡馆、酒吧和餐馆于一体的店铺将每个方面都做到了位：葡萄酒好喝（且不贵），咖啡香醇，巴斯克小吃非常美味（不要错过了他家的墨西哥玉米饼）。店里装修得很漂亮，地板铺了吸引人的瓷砖，裸砖墙上挂着的艺术品隔一段时间就会更换。

Baobab（www.baobabteteria.com；Calle Principe 1；⏲周一 17:00~23:00，周二至周四 11:00~23:00，周五和周六 正午至次日2:00，周日 正午至22:00）遇上下雨天，Baobab就是一个打发时间的好地方。这间酒吧兼茶屋氛围温馨怡人，供应美味的小吃、各种茶、香草饮剂、啤酒、葡萄酒、苦艾酒和其他饮品。墙上有当地艺术家的绘画作品，还会定期举办即兴演奏会和诗歌朗读，提供以塞内加尔烹饪为主题的特别晚餐。

Opila（Calle de Sendeja 4；⏲周一至周五 8:00~22:00，周六和周日 10:00~22:00）这家糕点咖啡店的咖啡和自制点心（点心 €1.50起）值得你特意前来。店内为艺术装饰风格，有玻璃展示柜，楼上的座位可以看到店外的小巷和远处的河口，点一份奶油味浓郁的葡式馅饼坐下来慢慢品尝吧。

直待到天亮，来这里就对了。店内采用工业风装饰，周末时挤满了爱好跳舞的人。位于铁路轨道的下面，要到深夜才会开门营业。

☆ 娱乐

★ Kafe Antzokia 现场音乐

（☎944 24 46 25；www.kafeantzokia.com；Calle San Vicente 2）这是现代的巴斯克毕尔巴鄂最为响亮的心跳声，以国际摇滚、蓝调和雷鬼为特色，同时也是巴斯克摇滚流行乐的精髓所在。周末音乐会从22:00到次日1:00，接着是DJ们的表演，一直持续到凌晨5:00。白天它是咖啡馆、餐厅和文化中心的集合体，经常有许多精彩的节目上演。

Euskalduna Palace 现场音乐

（☎944 03 50 00；www.euskalduna.net；Avenida Abandoibarra 4）在古根汉姆博物馆下游约600米的地方有一座现代主义风格的建筑杰作，坐落于河岸的它模仿了19世纪巨大的造船厂。这里是毕尔巴鄂交响乐团（Bilbao Symphony Orchestra）和巴斯克交响乐团（Basque Symphony Orchestra）的所在地，会举行各种各样的活动。

阿里亚加剧院 剧院

（Teatro Arriaga；☎944 79 20 36；www.teatroarriaga.com；Plaza Arriaga）这个巴洛克风格的演出场地占据了位于老城区和内尔维翁河之间的El Arenal的开放空间。这里会有戏剧演出和古典音乐会。

购物

Malmö 工艺品

（www.facebook.com/malmogallery；Calle Torre 7；⏰周一至周五 11:00~14:00和17:00~20:00，周六 11:00~14:00）Malmö这个名字取自瑞典城市马尔默，店里主要经营很难在其他地方看到的斯堪的纳维亚风格商品，比如Ölend的背包、Ferm Living的动物木版画和Öm Design的彩色搪瓷杯。不断更新的家居用品、艺术品、玩具甚至还有服装让这里充满了探索的乐趣。

Ätakontu 服装

（www.atakontu.es；Calle Jardines 8；⏰周一至周六 11:00~14:00和17:00~20:30）🍃毕尔巴鄂的两名纺织品艺术家创办了这家小店，结果在整个巴斯克自治区引起了轰动。绘图T恤是它的特色商品，主打古怪和稚拙派艺术风格设计（恐龙头是其标志）；所有衣服都在当地制作生产，面料为有机棉，尺码男女皆宜。每种样式的数量都有限，可以保证你不会与人撞衫。

Mercado de la Ribera 市场

（www.mercadodelaribera.net；Calle de la Rlbera；⏰周一和周六 8:00~14:30，周二至周五 8:00~14:00和17:00~20:00）每天早上都有大厨从城市各处赶到这个大食品市场挑选新鲜食材。就算你没打算去野餐，也不要错过楼上售卖巴斯克小吃的店铺（营业至22:00），那里提供香醇的人造黄油，并且在室内和室外都设有座位。

La Bendita 食品和饮品

（www.labenditabilbao.com；Carrera de Santiago 1；⏰周一至周六 10:30~14:00和16:30~20:30，周日 正午至14:30和18:30~20:30）教堂隔壁的这间商店虽然在店面大小上垫底，但它独特的美食却绝对值得你的拜访。店里的食物几乎全来自巴斯克自治区，有巧克力、鹅肝酱、鳀鱼、橄榄油、鱼肉酱，以及会让你想为之清空行李箱的饮品，如黑刺李酒（patxaran）和查科丽白葡萄酒（txakoli）。

Nukak Bilbao 时装和饰品

（www.facebook.com/nukakbilbao；Calle Correo 25；⏰周一至周六 11:00~14:30和17:00~20:30）这间时尚小店总能把握住当下的流行趋势，而且店内的所有物品都是用回收材料制作而成。你会看到用旧广告横幅做的彩色

> **ℹ BARIK卡**
>
> 你可以在地铁站的自动售卖机上花€3买一张Barik卡，充值（€5起）后可在乘坐地铁、有轨电车和公共汽车时使用。一张卡可供多人使用，而且在用过5次后即可免掉卡片工本费。地铁站的自动售卖机上还可购买单日通票。

信使包、卡车轮胎做的潮流背包、消防软管做的抢眼腰带和自行车内胎做的钱包。这些设计明快而大胆——还能为你平时的社交提供一个良好的话题。

ℹ 实用信息

毕尔巴鄂旅游局的员工态度友善且消息灵通，最重要的是，他们对自己的城市充满了热情。所有的旅游局都提供免费的双月刊《毕尔巴鄂指南》（*Guía Bilbao*），上面有娱乐活动、餐厅、酒吧和夜生活的信息。

新开的**旅游总局**（944 79 57 60；www.bilbaoturismo.net；Plaza Circular 1；9:00~21:00；）在硬件上最为先进，里面提供免费Wi-Fi和一排供查询信息的触摸屏电脑，最棒的是，还有专人回复游客的问题（取号排队）。**机场**（944 03 14 44；www.bilbaoturismo.net；Bilbao Airport；9:00~21:00）和**古根汉姆博物馆**（www.bilbaoturismo.net；Alameda Mazarredo 66；7月至8月10:00~19:00，9月至次年6月至15:00）有它的分局。

ℹ 到达和离开

飞机

毕尔巴鄂的**机场**（BIO；902 404704；www.aena.es；Loiu；）位于城市东北方向12公里处的洛尤（Loiu），靠近松迪卡（Sondika）。欧洲许多国家航空公司都在这里设有航班。廉价航空公司**EasyJet**（www.easyjet.com）和**Vueling**（www.vueling.com）覆盖的目的地最多。

长途汽车

毕尔巴鄂汽车总站（Termibus；944 39 50 77；www.termibus.es；Gurtubay 1, San Mamés）在市中心以西。有固定班次的长途汽车开往以下目的地：

目的地	票价（€）	时长（小时）
巴塞罗那	36~52	7~8.5
比亚里茨（法国）	12~20	3
洛格罗尼奥	10~14	2.75
马德里	32~43	4.5~5.5
奥尼亚特	7	1.25
潘普洛纳	15	2~2.5
圣塞瓦斯蒂安	7~12	1.25
桑坦德	7~15	1.25
维多利亚	9	1.5

Bizkaibus的长途汽车可以到达巴斯克自治区乡村地区的多个地点，包括蒙达卡（Mundaka）和格尔尼卡（Gernika；€2.50）等海滨城镇。Euskotren有轨电车可到莱凯提欧（Lekeitio；€6.65）。

如果你打算在抵达毕尔巴鄂机场后直接前往圣塞瓦斯蒂安，可以在机场搭乘直通车，这趟车在6:45至23:45每小时1班（€17，1.25小时）。

火车

阿班多区火车站（Abando train station；902 43 23 43；Plaza Circular 2）就在Plaza Arriaga和老城区的河对岸。有开往以下目的地的火车：

目的地	票价（€）	时长（小时）
巴塞罗那	27起	6.75
布尔戈斯	12起	3
马德里	27起	5~7
巴利亚多利德	21起	4

附近的**康科迪亚区火车站**（Concordia train station；Calle Bailén 2）的正面为用铸铁和瓷砖打造的精美新艺术风格。它由隶属西班牙国营铁路公司的**Renfe Feve**（www.renfe.com/viajeros/feve）在使用，有往西去坎塔布里亚的火车。每天有3班慢速火车前往桑坦德（€9起，3小时），在那里可以换乘火车去阿斯图里亚斯。

阿特里区火车站（Atxuri train station；944 01 99 00；Calle Atxuri 6）位于老城区的上游方向。**EuskoTren/Ferrocarril Vasco**（www.euskotren.es）每半小时有1班火车开往以下目的地：

目的地	票价（€）	时长（小时）
贝尔梅奥	3.40	1.5
格尔尼卡	3.40	1
蒙达卡	3.40	1.5

ℹ 当地交通

抵离机场

机场大巴（Bizkaibus A3247；€1.50）从你离开进站口时最右边的站台出发。路线贯穿城市西北部，途经毕尔巴鄂古根汉姆博物馆，Plaza de Federico Moyúa有停靠站，终点在汽车总站。6:20至午夜期间夏季每20分钟1班，冬季每30分钟1班。也有每小时1班的汽车可从机场到达圣塞瓦斯蒂安（€17，1.25小时）。运营时间为7:45~23:45。出租车从机场至老城区花费约€25~35，依据交通情况而变。

地铁

El Ensanche和老城区所有主要景点都有地铁站。票价在€1.60~1.90（刷Barik卡€0.90~1.20），具体取决于路程远近。河道两岸许多车站都有地铁可至北海岸，因此去毕尔巴鄂最近的海滩很方便。

有轨电车

毕尔巴鄂的Eusko Tren有轨电车对当地人和游客来说都很方便。可往返城市西南的Basurtu和Atxuri火车站。停靠点包括汽车总站、毕尔巴鄂古根汉姆博物馆和老城区旁的阿里亚加剧院。票价为€1.50（刷Barik卡€0.73），搭乘前在自动售票机旁的闸机上验票。

毕尔巴鄂周边（Around Bilbao）

格尔尼卡（Gernika）

人口 16,900

格尔尼卡（西班牙语：Guernica）是描绘西班牙内战的残酷的代名词。1937年4月的一天，一次毁灭性空袭将这座城市夷为了平地，整个社会因此产生了巨大的震荡。战争结束后，格尔尼卡迅速重建，尽管历史老建筑已不复存在，但市中心的狭窄巷道现已恢复了勃勃生机。你能在这里参观到讲述空袭的高品质博物馆，并体验永不会覆灭的巴斯克文化。此外，格尔尼卡还是一个被低估了的美食城，这里的巴斯克小吃非常好吃，完全值得你花上一天时间慢慢探访。

景点

格尔尼卡和平博物馆 博物馆

（Museo de la Paz de Gernika; Gernika Peace Museum; ☎946 27 02 13; www.museodelapaz.org; Plaza Foru 1; 成人/儿童 €5/3，周日免费; ⏲3月至9月周二至周六 10:00~19:00周日 10:00~14:00，10月至次年2月周二至周六 10:00~14:00和16:00~18:00，周日 10:00~14:00，1月闭馆）格尔尼亚最令人难忘的体验就是参观这座安静的博物馆，这里的视听展览不动声色地展示出战争的可怕，这不仅指巴斯克自治区，对全世界来说都是如此。博物馆为当年4月发生的事情创作了一幅令人动容的人物肖像画，除此以外还通过阿道夫·佩雷斯·埃斯基维尔（Adolfo Pérez Esquivel）等人的启发性见解讨论了“和平与和解”这一主题。

尤斯卡尔赫里亚博物馆 博物馆

（Museo de Euskal Herría; ☎946 25 54 51; Allende Salazar 5; 成人/儿童 €3.50/1.75; ⏲周二至周六 10:00~14:00和16:00~19:00，周日 10:30~14:30）这座博物馆坐落在建于18世纪的蒙特福特宫（Palacio de Montefuerte）中，提供巴斯克历史的全面展览，展品包括古代地图、出土文物和一系列其他文件和肖像画。顶楼的两层展厅最有意思，展览的主题是该地区丰富的文化传统，包括舞蹈、民谣、神话和体育运动等。

欧洲人民公园 公园

（Parque de los Pueblos de Europa; Allende Salazar）欧洲人民公园中有一座亨利·摩尔（Henry Moore）创作的曲线优美的雕塑和著名巴斯克雕塑家爱德华多·奇里达（Eduardo Chillida）的优秀作品。公园通往迷人的众议院（Casa de Juntas），自1979年以来一直是自治区政府的办公地。附近是著名的格尔尼卡之树（Tree of Gernika），中世纪时期至1876年，巴斯克议会就是在这里召开。

桑蒂玛米尼尔洞 洞穴

（Cuevas de Santimamiñe; ☎944 65 16 57; www.santimamiñe.com; 成人/儿童 €5/3; ⏲4月中旬至10月中旬 10:00~17:30，10月中旬至次年4月中旬 周二至周日 10:00~13:00）这个洞穴群位于格尔尼卡的东北方向不远处，里面有大约50幅不同的新石器时代壁画，描绘的对象为野牛、马、犀牛等动物。为了保护这些脆弱的艺术品，现在展出的仅是它们的复制品。

这里在每逢整点会组织团队游，时长90分钟。需要英语导游的话请提前电话预约。

就餐

格尔尼卡有很多出售美味巴斯克小吃的小店，尤其是在毕加索街（Calle Pablo Picasso）和各交叉路口。去旅游局了解一下Ruta del Pintxo，这张€9.90的通票（及地图）

格尔尼卡大轰炸

佛朗哥想要摧毁格尔尼卡的原因是显而易见的。当时正值西班牙内战如火如荼之时，第二次世界大战的阴影也笼罩在地平线上。佛朗哥的国民军正在向全西班牙挺进，但巴斯克人拥有地区自治政府，坚持支持左翼和巴斯克民族主义者，反对佛朗哥势力，格尔尼卡于是成为国民军占领毕尔巴鄂的最后障碍。难以理解的是希特勒为什么要加入，人们普遍认为纳粹想要试验针对平民的"恐怖轰炸"这一想法带来的效果。于是，当佛朗哥请求希特勒给予帮助时，他正乐得随心所愿。

于是在1937年4月26日的清晨，希特勒兀鹰军团的战机在城镇上空来回盘旋，展示他们新制定的密集轰炸政策的效果。几个小时过去，城镇被夷为平地，死伤众多。具体死难人数至今仍难以确定，数字在几百至上千之间，众说纷纭。格尔尼卡和平博物馆（见496页）宣称有250名平民死亡，几百人受伤。轰炸令人最震惊的一点在于，这并不是第一次。就在几日之前，附近的Durango就遭受到了类似的噩运，但当时外界并不相信这个消息。

除了阻碍占领毕尔巴鄂进程之外，格尔尼卡被佛朗哥视为攻击目标的另一个原因在于它对巴斯克人的象征意义。这里是古代巴斯克民主会议的举办地，从中世纪开始直至1876年，巴斯克议会都会在这里的一棵神圣的橡树下举行。现在，最早的那棵橡树只剩树桩，但格尔尼卡之树又以一棵小橡树的形式存续了下来。

格尔尼卡悲剧引起国际社会的共鸣，毕加索创作的油画《格尔尼卡》已成为20世纪暴力的象征。现在联合国纽约总部的门厅中就悬挂有这幅画作的复制品，其原件收藏在马德里的索菲亚王后艺术中心。在格尔尼卡和平博物馆附近，Calle Pedro Elejalde的一面墙上有一幅用陶瓷砖拼凑的原尺寸复制品。

能让你在上面所列出的17间店里任意消费8份巴斯克小吃。

Auzokoa 巴斯克小吃 €

（Calle Pablo Picasso 5；巴斯克小吃 €2起；⏲正午至15:30和19:00~22:30）Auzokoa位于格尔尼卡城中心的美食街上，他家有全城最好的一些巴斯克小吃。

ℹ 实用信息

旅游局（☎946 25 58 92；www.gernikalumo.org；Artekalea 8；⏲4月至10月 周一至周六 10:00~14:00和16:00~19:00周日 10:00~14:00，11月至次年3月 周一至周五 10:00~14:00和16:00~18:00，周六和周日 10:00~14:00）服务态度友好，工作人员会说多国语言，能提供格尔尼卡及其附近景点的信息。

ℹ 到达和离开

从毕尔巴鄂来格尔尼卡一日游很方便，在阿特里区火车站乘坐ET/FV的火车（€3.40，1小时）就可轻松到达。火车每半小时1班；也可以坐长途汽车过来。

巴斯克海岸中部（Central Basque Coast）

从毕尔巴鄂去圣塞瓦斯蒂安，一幅壮丽的海景图在你面前徐徐展开：海面泛着金光的小海湾一个连着一个，在青翠的田野尽头，悬崖直入海中。尽管有些人只会在此停留一两天，但你如果想待上一个星期也完全不成问题。除了欣赏美丽的海滩风光，沿着陡峭的海岸边散步，你还可以深入了解这个地区的悠久历史——这包括1亿1千万年前形成的岩石层和一座以高级时装为主题的未来派博物馆。

蒙达卡（Mundaka）

人口 1880

蒙达卡对于全世界的冲浪者来说都是一个传奇般的名字，众所周知，这里有着全欧洲最好的左手浪。浪涛拍打在乌尔代白河（Río Urdaibai）所塑造出的完美的逐渐变尖的沙洲上，天气晴好之时，巨大的左手波浪能翻卷数百米远。对于经验老道的冲浪者来说这种体验可谓如梦似幻，但不适合新手。

虽然所有的亮点都在海浪上，但蒙达卡仍然是一个巴斯克港口城镇，有一个美丽的主广场和港口区。

景点

莱达海滩（Playa de Laida） 海滩

金色的莱达海滩是蒙达卡周边的一个休闲好去处。这片风光旖旎的海滩位于河口对面，有1公里之长，搭乘Urdai Ferry（☎622 222919; http://urdaiferry.com; Muelle de Txorrokopunta; 往返票 €4; ⏲6月至9月 10:00~20:00，10月至次年5月周六、周日和节假日10:00~20:00）的渡船可到。海岸边的水非常浅，适合孩子们玩耍。远处的大海则是冲浪者的乐园。

食宿

Hotel Atalaya 酒店 €€

（☎946 17 70 00; www.atalayahotel.es; Kalea Itxaropena 1; 标单/大床 €100/130; P 📶）海岸附近的这栋老建筑里有装修漂亮的房间，其中许多都带面朝大海的露台。工作人员态度亲切且会说英语，再加上优越的地理位置，让这里成为城里最好的住宿选择（建议尽早预订）。

El Puerto 咖啡馆 €

（www.hotelelpuerto.com; Portu 1; 小拼盘 €6~12; ⏲11:00~22:00）Hotel El Puerto是一栋面朝海港的蓝白建筑，这间咖啡馆就位于有着树荫遮挡的露台上，供应咖啡、葡萄酒和小吃。

旅游信息

去海港附近的小**旅游局**（☎946 17 72 01; www.mundaka.org; Kepa Deuna; ⏲周二至周六 10:30~13:30和16:00~19:00，周日 11:00~14:00）获取这个地区的信息。

到达和离开

往返毕尔巴鄂和贝尔梅奥（Bermeo; €3.20, 1小时）的长途汽车和ET/FV火车在这里停靠。你还可以在毕尔巴鄂乘坐Bizkaibus的长途汽车（€2.50, 1小时）前来。

莱凯提欧（Lekeitio）

人口 7200

热闹的莱凯提欧景色优美。迷人的老城中心有一座大得异乎寻常的后哥特式的阿松希恩圣玛利亚教堂（Basílica de Santa María de la Asunción），看上去稍稍有些格格不入，忙碌的海港边排列着五颜六色的半木结构的老房子—有些是美味的海鲜餐厅和小吃酒吧。不过对大多数游客来说，两处海滩才是这里的主要景点。而其中一处在河流东岸，带一座岩石小岛的海滩则是巴斯克自治区最美的海滩之一。这座小镇从很多方面来说都像是圣塞瓦斯蒂安的缩微版，不过到目前为止，这里还主要只是一座西班牙人和法国人的度假小镇。

景点

圣尼古拉斯岛（Isla de San Nicolás） 岛屿

莱凯提欧的最佳景点之一就是这座岩石嶙峋的岛屿，巴斯克人称其为Garraitz。位于主海滩（Playa Isuntza）的近海处，退潮时会显露一条平整的小道，游客可以沿着它走上岛屿，再沿一条200米的小径登上岛屿顶部，在那里可以欣赏到美丽的海滨风光。不过请留意潮水高度——如果你不想游泳回去的话。旅游局（见499页）张贴了潮汐时刻表。

食宿

★ **Hotel Zubieta** 精品酒店 €€

（☎946 84 30 30; www.hotelzubieta.com; Atea; 标单/大床 €95/110起; P 📶）这家美丽浪漫的精品酒店距离镇中心步行需要10分钟，弥漫着18世纪上流社会生活的氛围。坐落在一座美丽的花园中，周围的樱桃树春天时开遍鲜花。

Hotel Metrokua 酒店 €€

（☎946 84 49 80; www.metrokua.com; Playa de Karraspio; 标单/大床 €96/120; 📶）远眺卡拉斯皮欧（Karraspio）海滩的Metrokua有9间不大但明亮的房间，里面铺有木地板并提供小冰箱。最好的房间外与公共露台相连，露台的脚下是激起层层浪花的海岸。酒店距离城中心大约1.3公里（步行20分钟）。

值得一游

圣胡安噶特鲁噶克岛

小镇巴基奥（Bakio）和贝尔梅奥（Bermeo）之间的道路边有一个巴斯克海岸上镜率最高的景点：**圣胡安噶特鲁噶克岛**（San Juan de Gaztelugatxe）。这条岩石小岛通过一条短短的堤道与大陆相连，它的顶部是一个**隐居处**（⏲7月和8月 周二至周六 11:00~18:00 周日 11:00~15:00）。岛屿的名字取自施洗者圣约翰（St John the Baptist），根据当地传统的说法他曾拜访过这里。《权力的游戏》的粉丝能认出这个地方，因为它曾在第7季里出现过。

Taberna Bar Lumentza 巴斯克小吃 €

（www.lumentza.com; Buenaventura Zapirain 3; 巴斯克小吃 €2~5; ⏲周二至周日 正午至15:30和19:00~22:30）藏身于侧街里的这间小吃吧在当地人中很受欢迎。可尝试烧烤架烹饪的章鱼、乳汁（大蒜和橄榄油混合物）浇鳕鱼或上等的鳀鱼。所有菜肴搭配葡萄酒一起食用味道更佳。

★Mesón Arropain 海鲜 €€€

（☎946 84 03 13; Iñigo Artieta Etorbidea 5; 主菜 €20~25, 每公斤鱼 €48~62; ⏲13:30~15:30和20:30~22:30）餐馆位于城中心以南1公里，环境优雅、气氛怡人，他家有些海鲜是当地最佳。厨师用高品质食材制作出简单但精致的菜肴。先尝尝蛤蜊和番茄牛油果沙拉，再进入正题：烤大菱鲆、海鲷或安康鱼。这里还供应品类丰富的葡萄酒。

ℹ 旅游信息

主广场上的**旅游局**（☎946 84 40 17; Plaza Independencia; ⏲10:00~14:00和16:00~20:00）可为老城区自助游提供信息。

ℹ 到达和离开

Bizkaibus的A3512（€3.30，1.5小时）长途汽车从毕尔巴鄂的汽车总站出发开往这里，每小时1班。慢车会经过格尔尼卡和埃兰特克索韦（Elantxobe; 2小时）。莱凯提欧每天有4~5班车开往圣塞瓦斯蒂安（€6.85，1.5小时）。

自驾的人注意：夏季想找停车位非常困难。如果入口处的停车场已满，你可以去通往灯塔（Faro de Santa Catalina）的路上找车位。

赫塔里亚（Getaria）

人口 2820

迷人的地中海渔港赫塔里亚是一个远离附近圣塞瓦斯蒂安都市喧嚣的避世之地，也是体验海滨巴斯克文化的好地方。这个古老的小村位于一片地势和缓的山坡上，下面有个小港口和一片小巧怡人的海滩，这里几乎避开了大西洋最汹涌的海涛。安全的浴场是家庭游客的理想游乐地。

港口的末端有一座树林覆盖的小岛，名为老鼠岛（El Ratón）——尽管你可能只有在几杯酒下肚后才能发现它们的相似性。可能是这只巨型老鼠最早激励了镇子最出名的子孙——水手胡安·塞巴斯蒂安·埃尔卡诺（Juan Sebastián Elcano）去驾驭海浪。他的探险让他成为第一个环游世界的人，而他的船长麦哲伦却死在了途中。

景点

★巴黎世家博物馆 博物馆

（Cristóbal Balenciaga Museoa; ☎943 00 88 40; www.cristobalbalenciagamuseoa.com; 成人/学生 €10/7; ⏲7月和8月 10:00~20:00，3月至6月和9月至10月 周二至周日 10:00~19:00，11月至次年2月 周二至周日 10:00~15:00）尽管赫塔里亚的关键词总是阳光、沙滩和海鲜，但也别错过了这间巴黎世家博物馆。出生在这里的克里斯托瓦尔成为20世纪五六十年代时尚界的大人物，这里展出了他最好的一些作品。

食宿

Hotel Itxas-Gain 酒店 €€

（☎943 14 10 35; www.hotelitxasgain.com; St San Roque 1, Getaria; 标单 €50, 大床 €70~125; Ⓟ📶）Hotel Itxas-Gain距离两个海滩很近且性价比高，提供多种房型，其中有些带可以远眺海岸的小阳台和漩水按摩浴缸。天气好的日子会在宁静的花园供应早餐（€6）。

Pensión Getariano 客栈 €€

（☎943 14 05 67; www.pensiongetariano.es; Calle Herrerieta 3, Getaria; 标单 €40~75, 大

床 €55~95; P 📶)这座迷人的浅黄色建筑带有种满鲜花的阳台和舒适的客房。位于贯穿镇子的干路边上，距离鹅卵石地面的老城中心很近。

Txoko Getaria 海鲜 €€

(☎943 14 05 39; http://txokogetaria.com; Calle Katrapona 5; 主菜 €17~21，烤鱼每公斤 €40~70; ⏲12:30~16:00和19:30~23:30)这间微风习习的海滨餐馆在店前的烧烤架上制作海鲷、大菱鲆和比目鱼等深受人们喜爱的美味。除了鱼类菜肴，海鲜饭（尤其是鱿鱼蒜泥蛋黄酱饭）也非常好吃。提前打电话预订室外的座位。

到达和离开

圣塞瓦斯蒂安的汽车站有固定时间开往赫塔里亚（€2.45，1小时）的长途汽车。这些汽车停在赫塔里亚旅游局外的主路上，就位于老城边缘，距离港口（往山下走）和巴黎世家博物馆（往山上走）都很近。

多诺斯蒂亚（圣塞瓦斯蒂安）(Donostia-San Sebastián)

人口18.61万

被金色沙滩和茂密山林包围的圣塞瓦斯蒂安拥有无可争辩的魅力，这体现在它备受推崇的美食、宏伟的建筑和丰富的文化活动上。懂得享受生活的人最爱这里——米其林的星星就像是从天堂降落在这里的餐厅中，更不必说巴斯克小吃了，西班牙其他任何地方都比不过这里，圣塞瓦斯蒂安经常荣登世界最佳就餐地点榜首。

和食物一样美好的还有夏季的艳阳。不论是环境、地貌构造或是待客之道，贡恰海滩都不输于欧洲的任何一片城市海滩。此外，这里还有祖里奥拉海滩，那里有很多冲浪者和热情的海滩游玩者。在炎热的夏日，你可以躺下喝杯饮料，点上一份充满艺术性的巴斯克小吃，然后你会意识到，哦，你也被圣塞瓦斯蒂安的魅力迷倒了。

圣塞瓦斯蒂安有4个主要的活动中心。在海湾东部的海角地区，活跃的老城区（Parte Vieja）位于乌尔古尔山的山腰，这里有最受欢迎的巴斯克小吃吧，以及许多价格最便宜的客栈。老城区南部是商业中心和购物区Área Romántica，它那棋盘式的街道两侧林立着各种19世纪晚期的建筑，从贡恰海滩一直延伸到乌鲁梅亚河（Río Urumea）的沿岸。河的东岸是Gros区，这是一个令人愉快和时尚的小地方，有轻松的气氛和冲浪海滩，与游客更集中的河西岸很不一样。

景点

★贡恰海滩 海滩

(Playa de la Concha; Paseo de la Concha)贡恰海滩（以及它向西延伸从而形成的欧德雷塔海滩）几乎满足了人们对完美城市海滩的所有幻想，它也因此轻松跻身于欧洲最佳城市沙滩行列。在整个漫长的夏季，这里都会弥漫着狂欢节般的气氛，沙滩上有成千上万晒成古铜色皮肤的人。在这里游泳一直很安全。

★水族馆 水族馆

(www.aquariumss.com; Plaza Carlos Blasco de Imaz 1; 成人/儿童 €13/6.50; ⏲7月和8月 10:00~21:00，复活节至6月和9月周一至周五 10:00~20:00 周六和周日 10:00~21:00，10月至次年复活节 周一至周五 10:00~19:00 周六和周日至 20:00)来这里感受大鲨鱼隔着玻璃逼近时自己产生的恐惧感，或体会看到发光水母时自己难以置信的心情。水族馆里最精彩的地方是影院银幕大小的深海与珊瑚礁展览，以及周边游弋着各种深海海洋生物的长长的海底隧道。此外，这里还有一座附属的海事博物馆。给自己预留至少1.5小时的时间参观。

★克里斯蒂娜恩内公园 公园

(Parque de Cristina Enea; www.cristinaenea.eus/es/inicio; Paseo Duque de Mandas; ⏲5月至9月 8:00~21:00，10月至次年4月 9:00~19:00)曼达斯公爵（Duke of Mandas）为纪念自己的妻子创办了这个公园，现在的它是当地人休闲放松的一个好去处。公园布局整齐，是城市里同类景点中最美的一个，里面有装饰性植物、鸭子和孔雀以及开放型草坪。在树林里沿小径散步时，你会看到高耸的红杉和一棵巨大的黎巴嫩雪松。

圣特尔莫博物馆 博物馆

(San Telmo Museoa; ☎943 48 15 80; www.

santelmomuseoa.com；Plaza Zuloaga 1；成人/学生/儿童 €6/3/免费；⏲周二至周日 10:00~20:00）圣特尔莫博物馆是巴斯克自治区的最佳博物馆之一，它讲述了巴斯克地区复杂的历史和文化，引发人们对此进行思考。展厅由两部分组成：经过修复的16世纪女修道院和充满时尚感的新侧厅，后者与满是植物的乌尔古尔山结合在了一起。展品远至古时的手工艺品，近至风格鲜明的当代艺术作品。此外，博物馆还会举办一些优质的临时展览。

圣克拉拉岛（Isla de Santa Clara） 岛屿

这座岛屿距离贡恰海滩700米远，夏季期间，每半小时会有一班**船**（☎943 00 04 50；www.motorasdelaisla.com；Lasta Plaza；常规船 €4，玻璃底船 €6.50；⏲6月至9月 10:00~20:00）从渔港出发开往岛屿。落潮时，岛屿周边会显露出小海滩。你可以沿着植被繁茂的小径走到一个小灯塔的脚下。岛上还有野餐桌和一个简陋的咖啡馆。

伊瓜尔多山 观景点

（Monte Igueldo；www.monteigueldo.es；⏲7月和8月 周一至周五 10:00~21:00 周六和周日 至22:00，6月和9月 周一至周五 10:00~19:00 周六和周日 至20:00；其余月份时间缩短）站在城西的伊瓜尔多山山顶眺望，你会拥有如同盘旋在空中的雄鹰般的视野，宽阔的贡恰湾全景以及周围的海岸线和山脉尽在你眼前。来这里的最佳方式是乘坐老式**缆车**（www.monteigueldo.es；Plaza del Funicular；往返成人/儿童 €3.15/2.35；⏲6月至8月 10:00~21:00，其余月份时间缩短）到达**游乐园**（Parque de Atracciones；☎943 21 35 25；www.monteigueldo.es；Paseo de Igeldo；门票 €2.20；⏲7月和8月周一至周五 10:00~21:00 周六和周日 至22:00，6月和9月周一至周五 10:00~19:00 周六和周日 至20:00；其余月份时间缩短），这是山顶上的一个老旧小型主题公园。每年不同月份的开放时间不一，具体请登录其官网查询。

Tabakalera 文化中心

（国际当代艺术中心；☎943 11 88 55；www.tabakalera.eu；Andre Zigarrogileak Plaza 1；⏲周二至周四 正午至20:00，周五 至21:00，周六 10:00~21:00，周日 10:00~20:00）圣塞瓦斯蒂安最著名的新景点之一就是这个洒满阳光的文化空间，它由一个有90年历史的烟草厂改建而成，是艺术和设计的交流中心，也是许多文化企业机构的所在地，包括巴斯克电影资料馆（Basque Film Archive）、库特萨基金会（Kutxa Foundation）以及多个画廊和创意公司。对于游客们来说，这里有他们想要的展厅和电影院，以及定期举办的研讨会、研习班、讨论会和其他面向公众的活动。各种活动节目全年不停歇，具体请上网或亲自前往了解。

《风之梳》（Peine del Viento） 雕塑

作为城市象征的《风之梳》雕塑位于贡恰湾（Bahía de la Concha）遥远的西端、伊瓜尔多山的下方，是巴斯克雕塑家埃德瓦多·奇里达（Eduardo Chillida）和建筑师路易斯·佩尼亚·甘切圭（Luis Peña Ganchegui）的共同杰作。他们在3块邻近的粉色花岗岩上分别安置了一个巨大的铁质模型，这种充满力量和神秘感的造型让其比海浪狂拍的海岸更显大气。

祖里奥拉海滩（Playa de Zurriola） 海滩

当地人称格罗斯区前的这片海滩为"祖里"，它从Kursaal延伸至尤利亚山（Monte Ulía），优质的海浪吸引了远近的冲浪爱好者。一般来说这里的水面波动过大不适合游泳，但这并不影响它成为一个放松身心、享受当地生活的地方——所谓享受当地生活，就是指观看沙滩排球、沙滩足球和过往人群。

乌尔古尔山（Monte Urgull） 城堡

你可以从苏洛亚加广场（Plaza de Zuloaga）或水族馆后面的小路登上乌尔古尔山的山顶，上面有莫塔城堡（Castillo de la Mota）的矮城墙和一座巨大的基督雕像。山顶风景壮丽无比，再走一段上坡路来到树木繁茂的绿地，这里远离城市喧嚣，充满了宁静祥和之感。

圣文森特教堂 教堂

（Iglesia de San Vicente；Calle de San Vicente 3；⏲9:00~13:00和17:00~20:00）从高处俯视着老城区的这座宏伟教堂被认为是圣塞瓦斯蒂安最古老的建筑。它最初建于12世纪，但在16

Donostia-San Sebastián 多诺斯蒂亚(圣塞瓦斯蒂安)

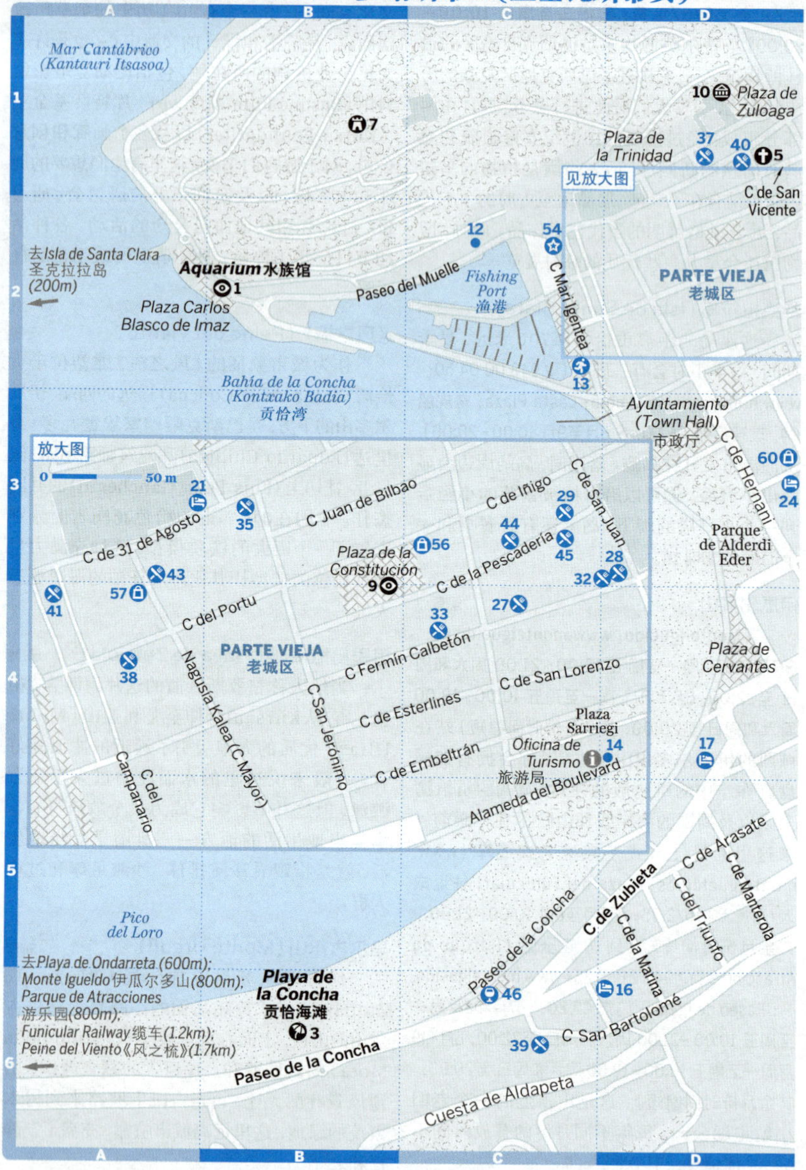

世纪早期进行了重修，赋予了它如今的哥特风格。穿过高耸的正门，来到头顶穹隆的教堂内部，你会看到一个精致的黄金圣坛和一架19世纪的法式管风琴。给人留下深刻印象的还有它彩色的玫瑰图案窗户。

宪法广场(Plaza de la Constitución) 广场

宪法广场坐落在老城区的中心地带，是巴斯克自治区最迷人的城市广场之一。它的历史可追溯至1813年，但在那之前原址上还存在着一个比它更古老的广场。这里曾被用作

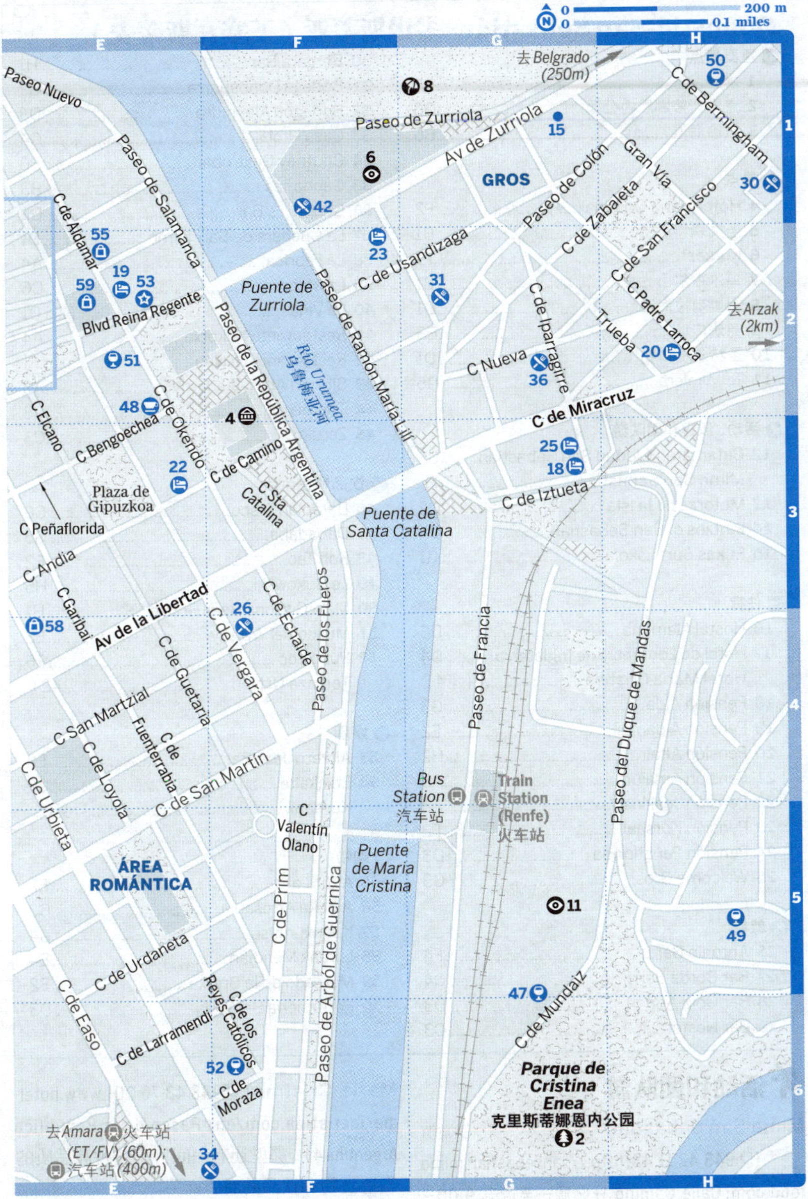

斗牛场，周边房屋的阳台被出租给观众观看表演。

Kursaal 知名建筑

(☎943 00 30 00; www.kursaal.eus; Zurriola Hiribidea 1)拉菲尔·莫奈欧(Rafael Moneo)设计的Kursaal是这座城市最受人们喜爱、同时也是最显眼的建筑之一，它由两个半透明的立方体组成，用来表现沙滩上的两块岩石。Kursaal是圣塞瓦斯蒂安的文化与会议中心，整年都会举办各种音乐和文化活动。

Donostia-San Sebastián 多诺斯蒂亚（圣塞瓦斯蒂安）

重要景点

1 水族馆 B2
2 克里斯蒂娜恩内公园 G6
3 贡恰海滩 B6

景点

4 Hotel Maria Cristina F2
5 圣文森特教堂 D1
6 Kursaal F1
7 乌尔古尔山 B1
8 祖里奥拉海滩 G1
9 宪法广场 B3
10 圣特尔莫博物馆 D1
11 Tabakalera G5

活动、课程和团队游

12 Catamarán Ciudad San Sebastián C2
Mimo San Sebastián .... （见4）
13 Motoras de la Isla C2
14 Pintxos of San Sebastián D4
15 Pukas Surf Eskola G1

住宿

16 Hostal Alemana D6
17 Hotel de Londres y de Inglaterra D4
Hotel Maria Cristina .... （见4）
18 Pensión Aida G3
19 Pensión Aldamar E2
20 Pensión Altair H2
21 Pensión Amaiur A3
22 Pensión Joakina E3
23 Pensión Kursaal F2
24 Pensión Peñaflorida D3
25 Welcome Gros G3

就餐

26 Antonio Bar F4
27 Bar Borda Berri C4
28 Bar Goiz-Argi D3
29 Bar Nestor C3
30 Bergara Bar H1
31 Bodega Donostiarra G2
32 Bodegón Alejandro D3
33 Casa Urola C4
34 Chutney Gastrobar E6
35 Gandarias B3
36 Gerald’s Bar G2
37 La Cuchara de San Telmo D1
38 La Fábrica A4
39 La Madame C6
40 La Viña D1
41 Restaurante Kokotxa A4
42 Restaurante Ni Neu F1
43 Sirimiri Atari Akademy A3
44 Txepetxa C3
45 Zeruko C3

饮品和夜生活

46 Bataplan Disco C6
47 Dabadaba G5
48 Koh Tao E2
49 Le Bukowski H5
50 Mala Gissona Beer House H1
51 Museo del Whisky E2
52 Pub Drop F6
Terraza Ni Neu .... （见42）

娱乐

53 Altxerri Jazz Bar E2
54 Etxekalte C2
Kursaal .... （见6）

购物

55 Aitor Lasa E2
56 Alboka Artesanía C3
57 Kukuxumusu A4
58 Loreak Mendian E4
59 Mercado de la Bretxa E2
60 Perfumería Benegas D3

活动和团队游

Mimo San Sebastián 美食游

（☎943 42 11 43；http://sansebastian.mimofood.com；Calle Camino 1；⊙周一至周五 9:00~20:00，周六和周日 9:00~13:00和16:00~20:00）Mimo San Sebastián在市内及周边经营一系列的巴斯克小吃品尝团队游（€95起）和烹饪课程（€165起），还会组织品酒会（€60起）。烹饪课程的上课地点在街对面的**Hotel Maria Cristina**（☎943 43 76 00；www.hotel-mariacristina.com/en；Paseo de la República Argentina 4），那里还有一间售卖各种高品质的当地食物和饮品的商店。

Pintxos of San Sebastián 团队游

（☎943 48 1166；www.sansebastianturismo.com/en/offers/other；团队游 €22；⊙5月和6月 周三和周六，7月 周二、周四和周六，9月 周五和周六 11:30）旅游局经营一个两小时的团队游

（英语；也可要求用法语），探访城市的巴斯克小吃店。旅游旺季之外的时间团队游的次数会减少——你可以向旅游局咨询时间。集合地点在老城区边缘的主旅游局（见511页）外面。

Catamarán Ciudad San Sebastián 划船

（☎607 201155；www.ciudadsansebastian.com；Paseo del Muelle 14；成人/儿童 €10/6；⌚7月至8月正午至20:00，9月至次年6月时间缩短）夏季时，乘坐机动双体船游览海湾和外海的团队游每小时出发1次（15:00除外）。这趟40分钟的风光之旅将带你经过圣克拉拉岛、《风之梳》、祖里奥拉海滩和其他景点。

Pukas Surf Eskola 冲浪

（☎943 32 00 68；www.pukassurf.com；Avenida de Zurriola 24；⌚周一至周六 10:00~14:00和16:00~20:00，周日 9:00~14:30）祖里奥拉海滩拥有稳定的海浪，适合初学者练习冲浪——但要注意那些风浪大的日子（大部分集中在冬季）。有追求的冲浪者应该来Pukas，这里提供冲浪课程以及冲浪板和潜水服出租。课程价格根据上课人数和课程长度而定，周末课程€64起，每天上一节课（1.5小时）。

节日和活动

大圣周 夏季节日

（Semana Grande；https://astenagusia.donostiakultura.eus；⌚8月中旬）大圣周（巴斯克语为“Aste Nagusia”）是夏季的重大节日，其间各种好戏活动接连上演，有街头派对、音乐会、烟火表演、乡村运动比赛、长距离游泳比赛（从赫塔里亚到圣塞瓦斯蒂安）、儿童活动和巨人大头游行。如果你想了解这个城市最生动的一面，大圣周就是最佳观察时机。

圣塞瓦斯蒂安国际电影节 电影节

（San Sebastián International Film Festival；www.sansebastianfestival.com；⌚9月）20世纪50年代以来，这个世界闻名的电影节已成为每年9月下半月的一个固定盛典。电影节持续两周时间，其间会放映来自欧洲、美国和拉丁美洲的影片，有些电影会选择在此时举行首映。

喜力爵士音乐节 音乐节

（Heineken Jazzaldia；www.heinekenjazzaldia.com；⌚7月）这个音乐节已有超过50年的历史，全球一流的爵士乐和世界音乐演奏家都集聚在这个小镇的十几个舞台上。节日持续5~6天，时间通常在7月末，很多节目免费。其中一些大型演出会在有1800个席位的**Kursaal**（☎943 00 30 00；www.kursaal.eus；Zurriola Hiribidea 1）举办。

圣塞瓦斯蒂安日 宗教狂欢节

（Día de San Sebastián；⌚1月20日）这座城市在庆祝自己的守护神（他自然就是圣塞瓦斯蒂安了）方面充满了热情。击鼓（Tamborrada）是其中的一场盛大活动，上千个穿着19世纪军装的人敲着鼓从城市里穿过。这个节日从午夜开始，在第二天的午夜结束（象征19世纪末期至20世纪末期），不多不少刚好24小时，最终在宪法广场上画上句号。

狂欢节 狂欢节

（⌚2月或3月）狂欢节（日期不固定）是圣塞瓦斯蒂安的一大盛事，届时人们会身穿奇装异服伴随着现场音乐在街上游行。节日持续6天，从圣灰星期三之前的星期四开始，到忏悔星期二结束，最大的活动时间在周末。附近托洛萨（Tolosa）举办的狂欢节也很有名。

住宿

Pensión Altair 家庭旅馆 €

（☎943 29 31 33；www.pension-altair.com；Calle Padre Larroca 3；标单/大床 €75/110；❄@📶）这间家庭旅馆由一栋独立住宅改建而成，拥有不常见的教堂式拱窗和现代简约风格的房间，与老城区小旅馆的老派装修风格截然不同。内部的房间没有大窗户，但更宽敞。

Welcome Gros 酒店 €€

（☎943 32 69 54；www.welcomegros.com；Calle Iparragirre Kalea 3；标单/大床/套€85/130/150起；❄📶）Welcome Gros是一栋7层楼的优雅建筑，它位于圣塞瓦斯蒂安最具魅力的一个街区里，房间好看但空间相当紧

凑。如果你对宽敞度和风格有要求，可以考虑7间采光好的套房，套房的墙上挂有带框的画作，并提供一些厨房小用具。

Pensión Aida

家庭旅馆 €€

（☎943 32 78 00; www.pensionesconencanto.com; Calle de Iztueta 9; 标单/大床 €75/99; ❄@📶）这间家庭旅馆的老板一定看过一本讲如何经营好酒店的书，并且严格按照书中所说进行了实践。9间客房通明透亮、风格大胆，采用裸露的石砖作为墙面。公共区有柔软的沙发，工作人员能提供丰富的信息——加分！

Pensión Kursaal

精品酒店 €€

（☎943 29 26 66; www.pensionkursaal.com; Calle Peña y Goñi 2; 大床 €75起; ❄@📶）Kursaal地理位置优越，走着去海滩只需1分钟左右，它的附近还有一些很棒的餐馆。尽管房间小，但大窗户和迷人的粉刷墙面（房间的墙壁上画有插图）让这里成为格罗斯区一个不错的住宿选择。

Pensión Joakina

客栈 €€

（☎656 301790; www.pensionjoakina.com; Calle de Camino 4; 房间带/不带卫生间€90/75起; 📶）家庭经营的Pensión Joakina位于吉普斯夸广场（Plaza de Gipuzkoa）的拐角处，门口铺着一块欢迎地垫，客房采光好、干净，并铺有木地板，阳台就在巷子的上方。这里房间虽小，但胜在性价比高。

Pensión Peñaflorida

客栈 €€

（☎943 43 53 31; http://pensionpeñaflorida.es; Calle Peñaflorida 1; 标单/大床 €95/125; ❄📶）Pensión Peñaflorida距离海滩和老城区都很近，迷人的室内设计和热情的服务让人对它印象深刻。10间房采用浅原木色和灰色进行装饰，有漂亮的灯具和现代卫生间。有些房间非常小，但装饰精美的阳台（有的能看见海滩）缓解了这种拥挤感。

Hostal Alemana

精品酒店 €€

（☎943 46 25 44; www.hostalalemana.com; Calle de San Martín 53; 房间 €80~150; P❄📶）这间漂亮的酒店距离海滩仅几步之遥，房间小巧精致、色调柔和，黑白照片给原本呈现的极简主义风格增添了一丝趣味。美好时代风格的外观造型更让它加分不少。

Pensión Amaiur

精品酒店 €€

（☎943 42 96 54; www.pensionamaiur.com; Calle de 31 de Agosto 44; 大床 带/不带卫生间 €75/60起; @📶）Amaiur位于老城区的核心地带，房间墙上贴着花卉图案的亮色墙纸，卫生间贴有安达卢西亚风格的蓝白瓷砖。最好的房间带可俯视主街的阳台，还可以坐在那里闻花香。有些房间需共用卫生间。客用厨房和免费小吃让人又多了一个选择它的理由。

Pensión Aldamar

酒店 €€

（☎943 43 01 43; www.pensionaldamar.com; Calle Aldamar 2; 大床 €130起; ❄📶）这家服务友好的家庭旅馆提供白色装饰的石墙房间，有些房间带小阳台，可以看到楼下的熙攘街道。这里的环境比老城区的许多家庭旅馆要好很多。

Hotel Maria Cristina

历史酒店 €€€

（☎943 43 76 00; www.hotel-mariacristina.com; Paseo de la República Argentina 4; 大床 €576起; P❄@📶）奥黛丽·赫本（Audrey Hepburn）曾下榻此地——客人名单上还有可可·香奈儿（Coco Chanel）、阿尔弗雷德·希区柯克（Alfred Hitchcock）和米克·贾格尔（Mick Jagger）等人的名字。奢华的Maria Cristina现在是喜达屋集团（Starwood Collection）旗下成员，坐落在河岸的它构成了日落时最美的一道天际线。环境和服务都无可挑剔，房间宽敞而豪华，至今仍是王室成员和好莱坞明星的最爱。

Hotel de Londres y de Inglaterra

历史酒店 €€€

（☎943 44 07 70; www.hlondres.com; Calle de Zubieta 2; 大床 €370; P❄📶）坐落在海岸边的Hotel de Londres y de Inglaterra（"伦敦和英格兰酒店"）可以说店如其名。伊莎贝拉二世女王（Queen Isabel Ⅱ）在一个多世纪以前就为这家酒店设定了基调，自那时起这里的摆设就非常富丽堂皇。酒店散发着高贵的气息，有些房间能一眼望见贡恰海滩的绝美风景。

当地知识

萨库埃斯的日落

圣塞瓦斯蒂安的地理位置让它拥有数不清的观赏夏季日落地点，但最佳观赏地非祖里奥拉海滩远东端的萨库埃斯(Sagüés)街区莫属。萨库埃斯东侧的尤利亚山(Monte Ulía)是另一个重要的日落观赏地。同时也是徒步前往帕萨赫斯的出发地，全程7.6公里，路面崎岖但风景优美。

就餐

18家米其林星级餐厅让圣塞瓦斯蒂安成为全球著名的美食之城。如果这些还不够的话，这座城市还有数不尽的酒吧等着你——几乎所有酒吧的吧台上都堆放着巴斯克小吃，而几乎每个西班牙人都会告诉你它们是全西班牙最棒的。

Sirimiri Atari Akademy 巴斯克小吃 €

(943 44 03 14; www.sirimirigastroleku.com; Calle de Mayor 18; 巴斯克小吃 €2.50~5; 周一和周三至周五 18:30至次日1:00，周六和周日 12:30~17:00和18:30至次日1:00)这间当代风格的小吃店装饰得现代而花哨，比老城区许多同类店铺都要漂亮。除了摆盘精致的巴斯克小吃，这里还供应精心调制的鸡尾酒。店里人多的时候，附近教堂的台阶上可能是更为适合的就餐点。它的隔壁是口味偏传统的姐妹店Atari。

Chutney Gastrobar 创意菜 €

(943 35 89 39; www.facebook.com/arifyalex; Calle de Egaña 8; 巴斯克小吃 €2.50起; 周二至周六 12:30~15:00和19:00~22:00;)当一个法国酒吧和一个有巴基斯坦和沙特背景的英国厨师决定合作经营饮食时，最具创意的巴斯克小吃店就诞生了。这间时尚的小餐馆供应辣菠菜土豆馅孟买卷、烟熏沙丁鱼配番茄丁、岩羊奶酪配紫洋葱酱、迷你蔬菜塔吉锅等菜肴。

Belgrado 咖啡馆 €

(Avenida de Navarra 2; 主菜 €8~13; 周日至周四 9:00~23:00，周五和周六 至次日1:30;)Belgrado就在祖里奥拉海滩的对面，是个集咖啡馆、熟食店和精品店于一体的地方：在这里你既能吃到新鲜出炉的点心、汉堡和美味的奶酪三明治，也能喝到让你重新恢复活力的饮品（啤酒、葡萄酒、茶），还能买到手工香皂、葡萄酒和服装等商品。

★ **La Fábrica** 巴斯克菜 €€

(943 43 21 10; www.restaurantelafabrica.es; Calle del Puerto 17; 主菜 €15~20，套餐 €29起; 周一至周五 13:00~16:00和19:30~23:30，周六和周日 13:00~15:30和20:00~23:30)室内的红砖墙壁和白色桌布营造出高雅的气氛，经过现代改良的巴斯克经典菜在近些年广受当地人的好评。La Fábrica只供应多道菜套餐，也就是说你将品尝到多种美味，比如野生蘑菇馅小方饺配鹅肝酱或葡萄酒焗鹿肉。

Bar Nestor 巴斯克菜 €€

(943 42 48 73; Calle de la Pescadería 11; 小拼盘 €5~14，牛排每公斤约€40; 周二至周六 13:00~15:00和20:00~23:00，周日 13:00~15:00)这间看起来有点老旧的餐馆很容易被人忽略，但了解它的人就知道这里的牛排异常美味，尤其是搭配烤青椒一起吃的时候。他家的生意特别好，座位却很有限，因此得在开门的时候就到这里才能保证你能吃到这些美味。

La Viña 巴斯克小吃 €€

(943 42 74 95; www.lavinarestaurante.com; Calle de 31 de Agosto 3; 巴斯克小吃 €2起，主菜 €14~24; 周二至周日 10:30~17:00和18:30至午夜)这间传统小吃店的吧台上摆放着各种鱼类巴斯克小吃和美味小吃，但它真正的亮点是奶酪蛋糕(€5)。这些蛋糕都是根据特别的食谱当日现做然后放在架子上的，奶油味十足，特别适合作为上午的零食、下午茶甜点或你想吃它的任何时刻。一片够两人吃。

Bergara Bar 巴斯克小吃 €€

(www.pinchosbergara.es; General Artetxe 8; 巴斯克小吃 €2.50起; 10:00~15:00和18:00~23:00)Bergara Bar是格罗斯区评价最高的巴斯克小吃小吃店之一，它的吧台上堆放着各种令人垂涎三尺的美味，除此以外你还可以从粉笔写的菜单上点菜。不管是肥美的鹅肝配芒果酱、圆鼓鼓的烤蘑菇，还是西班牙海鲜面(fideuá),每一样菜都不会让你失望。

Gerald's Bar 创意菜 €€

(☎943 08 30 01; http://geraldsbar.eu; Calle Iparragirre 13; 主菜 €12~20; ⊙周二至周日 13:00~16:00和19:00至午夜)长居墨尔本的餐馆老板杰拉尔德·迪非(Gerald Diffey)为圣塞瓦斯蒂安深深着迷,进而将他的第二家店开在了这里——第一家店距此1.7万公里又有什么关系。店内没有巴斯克小吃,而是一些不太常见的美味,如加了黄瓜和羊乳酪的塔博勒沙拉、鸭肉咖喱、香料腌制的鸡肉配菠萝等在城里其他地方吃不到的食物。

La Madame 创意菜 €€

(☎943 44 42 69; www.lamadamesansebastian.com; Calle San Bortolomé 35; 主菜 €14~20; ⊙周一和周三至周五 18:00至次日1:00, 周六和周日 正午至17:00和20:00至次日1:00)想要尝点巴斯克小吃和经典巴斯克菜以外的东西?来这间距离海滩一个街区的现代纽约风格餐馆吧。身兼餐馆与休闲吧功能的它主营创意菜——想象一下摩洛哥风味五香羊肉或岩石虾天妇罗配海藻沙拉会是怎样的美味——以及创意鸡尾酒。周末时会供应早午餐,而常驻的DJ则让店内一直保持着令人愉悦的气氛。

Arzak 巴斯克菜 €€€

(☎943 27 84 65; www.arzak.info; Avenida Alcalde Jose Elósegui 273; 品尝套餐 €210; ⊙周二至周六 13:30~15:15和21:00~22:30, 6月中旬至7月初不营业)广受好评的大厨胡安·马里·阿萨克(Juan Mari Arzak)是这间米其林三星餐厅的经营者,在烹饪新式巴斯克菜上无人可与之匹敌,而这里也被认为是全球最棒的餐馆之一。阿萨克的女儿埃莉娜(Elena)现在也参与了餐馆的经营,在创新菜式这条路上他们从不停歇。这里只接受预订。

餐馆在圣塞瓦斯蒂安以东2.5公里处。

Restaurante Kokotxa 现代西班牙菜 €€€

(☎943 42 19 04; www.restaurantekokotxa.com; Calle del Campanario 11; 主菜 €27~35, 套餐 €65~90; ⊙周二至周六 13:30~15:30和20:30~22:45)这家米其林星级餐厅隐藏在老城区一条不起眼的小巷中,但食物值得你花精力找到它。大多数人都会选择市场套餐(€65),享用从繁忙集市上买来的各色食物。餐馆在2月中旬至3月间以及10月底的两周里不营业。

Bodegón Alejandro 海鲜 €€€

(☎943 42 71 58; www.bodegonalejandro.com; Calle de Fermín Calbetón 4; 每日特餐 €16, 主菜 €21~32; ⊙6月至10月中旬 13:00~15:30和20:00~22:30, 10月中旬至次年5月 周二和周日 13:00~15:30, 周三至周六 13:00~15:30和20:00~22:30)这间漂亮的地窖餐馆位于一条行人熙攘的街道旁边,食物种类虽不多但做得非常美味,因此获得了人们的交口称赞。在随时推陈出新的菜单上,你可能会看到蜘蛛蟹沙拉配茴香奶油、脆皮鳕鱼配柠檬调味汁、风干牛肉配大蒜酱等菜名。

饮品和夜生活

Mala Gissona Beer House 精酿啤酒

(☎943 04 56 15; Calle Zabaleta 53; ⊙周一 17:00~23:30, 周二至周四 13:00~23:30, 周五和周六 至次日1:30, 周日 正午至次日00:30)格罗斯区新开的一家精酿啤酒吧,内有长长的木质吧台和工业风灯具,门前有一个充分展示设计感的露台。坐在这样的环境里喝一杯优质桶装啤酒(共12种)是再合适不过了——某些啤酒产自奥亚尔特孙(Oiartzun)的同名啤酒厂。

Koh Tao 咖啡馆

(Calle Bengoechea 2; ⊙周一至周四 7:30~22:00, 周五 至次日2:00, 周六 9:00至次日2:00, 周日 9:00~22:00)坐落在老城区边缘的一件迷人且友好的咖啡馆。店内摆放着风格不搭的复古家具和舒适的扶手椅,播放着悦耳的音乐,不管在一天中的何时过来,都带给人一种悠闲放松的感觉。特别适合边喝咖啡边收发邮件或放松下来喝上一杯傍晚咖啡。

Terraza Ni Neu 酒吧

(☎943 00 31 62; www.restaurantenineu.com; Ave de Zurriola 1; ⊙周二、周三和周日 10:00~20:00, 周四至周六 至23:00)这间露台上的咖啡馆附属于**Restaurante Ni Neu**(☎943 00 31 62; www.restaurantenineu.com;

圣塞瓦斯蒂安的最佳巴斯克小吃店

走进这里的任意一家巴斯克小吃店，你都会在柜台看到堆积如山的美食。从以下店铺开始你的美食之旅吧：

La Cuchara de San Telmo（☎043 44 16 55；www.lacucharadesantelmo.com；Calle de 31 de Agosto 28；巴斯克小吃 €2.50起；⏰周二 19:30~23:00，周三至周日 12:30~15:30和19:30~23:00）这家生意繁忙、总是坐满了人的店里供应新式巴斯克菜（nueva cocina vasca）。与圣塞瓦斯蒂安其他店不一样的是，这里没将巴斯克小吃堆放在吧台上；你得根据柜台后黑板上的菜单来点单。

Bar Borda Berri（☎943 43 03 42；Calle Fermín Calbetón 12；巴斯克小吃 €2.50起；⏰周二至周六 12:30~15:30和19:30~23:00，周日 12:30~15:30）Bar Borda Berri的食物品质完全配得上它的名气。店内芥末色墙壁上挂着老照片和一串串大蒜，人们急不可耐地等着红酒烩小牛面颊肉、蘑菇伊迪亚萨瓦尔（一种绵羊奶酪）海鲜烩饭和口感柔软的章鱼被端上桌。

Gandarias（☎943 42 63 62；www.restaurantegandarias.com；Calle 31 Agosto 23；巴斯克小吃 €2.50起；⏰正午至15:30和19:00~23:00）任何对圣塞瓦斯蒂安的热门美食感兴趣的人都不应该错过Gandarias，他家的巴斯克小吃充满了艺术感，名气远近皆知。你能在这里吃到所有的经典菜，比如焦鹅肝配小红葡萄酒干、小何塞伊比利亚火腿、背肉（里脊肉）三明治和蟹肉馅饼。

Txepetxa（☎943 42 22 27；www.bartxepetxa.com；Calle Pescadería 5；巴斯克小吃 €2.50起；⏰周二 19:00~23:00，周三至周日 正午至15:00和19:00~23:00）便宜常见的鳀鱼在这间贴有木板条的古朴餐馆里获得了至高无上的地位。他们可以用各种不同的方法来烹饪鳀鱼，浇在鱼上的有包括海胆和黑橄榄肉酱在内的各种配料。海鲜爱好者可别错过这里。

Zeruko（www.barzeruko.com；Calle Pescadería 10；巴斯克小吃 €3起；⏰周二至周日 13:00~16:00和周二至周六 19:30~23:30）充满趣味和欢乐的Zeruko凭借高品质的创意巴斯克小吃获得了奖项和好评。他家的烟熏鳕鱼配迷你烧烤（及芦笋泥）很有名，但鹅肝酱无花果、烤扇贝、奶油海胆和其他多种食物也一样的美味。

Bodega Donostiarra（☎943 01 13 80；www.bodegadonostiarra.com；Calle de Peña y Goñi 13；巴斯克小吃 €2.50起，主菜 €11起；⏰周一至周四 9:30~16:00和19:00~23:00，周五和周六 至午夜）石墙、盆栽植物和窗户装饰物让这个地方看起来就像个法式小馆，但在用餐高峰期店里可能会挤得你压根注意不到这些。它是Urumea这部分区域里最佳的巴斯克小吃。

Casa Urola（☎943 44 13 71；www.casaurolajatetxea.es；Calle Fermin Calbetón 20；巴斯克小吃 €2.50起，主菜 €22~31；⏰周三至周一 正午至15:30和19:00~23:30）自1957年开业以来，Casa Urola已赢得了三代食客的赞许。加入来这里吃午餐和晚餐的人群，试试烤白芦笋、鹅肝糖水梨和蘑菇伊迪亚萨瓦尔奶酪馅饼。

Bar Goiz-Argi（Calle de Fermín Calbetón 4；巴斯克小吃 €2.70起；⏰周三至周日 11:00~15:30和18:30~23:30，周一 11:00~15:30）烤虾串（Brochetas de gambas）是这家的特色菜。听上去似乎很简单，但城里没有第二家能烤得像这里一样恰到好处。其他值得一吃的有海盐炒青椒和烤三文鱼和鳀鱼（mari juli）。

Antonio Bar（www.antoniobar.com；Calle de Vergara 3；巴斯克小吃 €2.50起；⏰周一至周六 7:30~16:00和19:00~23:30）新城区最好的巴斯克小吃店之一，供应虾肉小方饺等特色菜，灯笼椒也值得一尝。店铺很小，从外面看起来更像是火车站候车厅里会出现的那种咖啡馆。

Avenida de Zurriola 1；主菜€14~30；⊙周二、周三和周日 13:00~15:30，周四至周六 13:00~15:30和20:30~22:30），坐下来喝杯饮品、吃盘餐（比如炸鱿鱼、金枪鱼沙拉或贻贝）是一件十分惬意的事。能够俯视海岸的地理位置为它吸引了不少人。

Dabadaba 酒吧

（☎943 26 58 26；www.dabadabass.com；Calle de Mundaiz 8；⊙周日至周三 17:00~23:00，周四 至次日1:00，周五和周六 至次日4:00）Dabadaba是深受众人喜爱的一个独特场所，这里拥有慵懒闲适的气氛、优质的精酿啤酒和温暖夜晚里的迷人露台，让你能远离老城区人群带来的喧嚣。周末时会举办音乐演出，或有DJ播放摇滚、流行乐、非洲流行乐等各种类型的音乐。

Pub Drop 小酒馆

（Calle de los Reyes Católicos 18；⊙周一至周五 16:00至午夜，周五 至次日4:00，周六 正午至次日4:00，周日 正午至午夜）这间老旧但别致的酒馆位于教堂附近的一条高人气饮品街上，是品尝当地啤酒的好地方。店里供应多达50种精酿麦芽啤酒，包括19种桶装酒。试试出自巴斯克酿酒项目（Basque Brewing Project）的任意一款高度数啤酒。

Le Bukowski 夜店

（www.facebook.com/lebukowski；Calle Egia；⊙周一至周三 11:00~23:00，周四 至次日2:00，周五 至次日4:00，周六 19:00至次日4:00，周日 19:00至午夜；📶）Le Bukowski是格罗斯区以南的一个老牌夜店，DJ们播放着各种类型的音乐——放克乐、嘻哈、灵乐、摇滚等。大多数晚上都有现场乐队演出。夜店位于发展势头良好的埃格亚区（Egia）。

Museo del Whisky 酒吧

（www.museodelwhisky.com；Alameda Boulevard 5；⊙15:30~3:30）这个钢琴酒吧的名字非常贴切，里面简直就像是博物馆一样，满是苏格兰最好的威士忌（确切地说有3400瓶）。还有相关的小装饰品，旧酒瓶、黏糊糊的马克杯、眼镜，以及一种友好、接地气的氛围。

Bataplan Disco 夜店

（☎943 47 36 01；www.bataplandisco.com；Paseo de la Concha；⊙夜店 周四至周六 1:00~7:00，露台 6月至9月 14:00至次日2:30）这个经典的迪斯科舞厅是圣塞瓦斯蒂安的顶级夜店，它位于海滨的一栋宏伟建筑里，是各种令人难忘的海滩派对的举办地。夜店到深夜才会开始营业，但夏季时会开放与街面齐高的露台，你可以先坐在那里喝点东西。注意这里的入场挑选规则不定，成群结队的男性有可能不被允许进入。

☆ 娱乐

Altxerri Jazz Bar 现场音乐

（www.altxerri.eu；Blvd Reina Regente 2；⊙16:00至次日3:00）这座爵士和蓝调的殿堂经常举办当地甚至是国际艺术家的小型现场演唱会，没有演唱会的晚上会有摇滚爵士乐的即兴演奏会。这里还有一间室内艺术画廊。

Etxekalte 爵士乐

（www.facebook.com/etxekaltejazzclub；Calle Mari Igentea 11；⊙周二至周四和周日 18:00至次日4:00，周五和周六 18:00至次日5:00）这是港口附近的一个深夜聚集地，会播放各种风格的舞曲和爵士乐。大多数时候都会有特邀DJ。

购物

Alboka Artesanía 工艺品

（www.albokaartesania.com；Plaza de la Constitución；⊙周一至周五 10:30~13:30和16:00~20:00，周六 10:30~13:30）这间商店位于老城区最漂亮的一个广场上，售卖巴斯克自治区制作生产的工艺品和物品，如瓷器、茶巾、牵线木偶、画框、T恤、回力球和标志性的大号贝雷帽等。

Loreak Mendian 服装

（www.loreakmendian.com；Calle de Hernani 27；⊙周一至周六 10:30~20:00）巴斯克品牌Loreak Mendian在圣塞瓦斯蒂安开的分店，主要经营男女服装，包括T恤、套头衫、长裙和轻便毛衣。楼下还有一间美发沙龙。

Perfumería Benegas 化妆品

（Calle de Garibai 12；⊙周一至周六 10:00~

13:15和16:00~20:00）一家历史悠久的香水店，既有最好的国际品牌，也有如Ssirimiri一样的自制品，这种香水从圣塞瓦斯蒂安获取灵感——雨水、阳光和海洋的微风全被装在了一个盒子里（用来比喻这座城市很恰当）。你还能在这里看到化妆品和男士的美容用品。

Kukuxumusu 服装

（Nagusía Kalea 15; ⏲周一至周六 10:30~14:30和16:30~21:00，周日 11:00~15:00和16:30~20:00）巴斯克最时髦、最著名的时装品牌，原创T恤挂满了店里的整个衣柜，T恤主题为各种形式的公牛、绵羊和狼的搞笑图案。这里还卖包包、苹果手机壳和其他小商品。

Aitor Lasa 食品

（www.aitorlasa.com; Calle de Aldamar 12; ⏲周一至周五 8:30~14:00和17:00~20:00，周六 8:30~14:30）带上从这里买的熟食，你将拥有一次永远难忘的野餐体验。这家店主营各种口味的奶酪、蘑菇和当季食品。

Mercado de la Bretxa 市场

（Alameda del Boulevard; ⏲周一至周六 8:00~21:00）Mercado de la Bretxa位于老城区的东侧，镇上的每个厨师都会来这里买新鲜食材。需要采购野餐食物的话，这里是个不错的选择，而且就其本身而言也值得你来一看。

ℹ 旅游信息

旅游局（☎943 48 11 66; www.sansebastianturismo.com; Alameda del Boulevard 8; ⏲7月至9月周一至周六 9:00~20:00 周日 10:00~19:00，10月至次年5月周一至周六 9:00~19:00 周日 10:00~14:00）这家友好的旅游局可以提供关于这座城市和巴斯克自治区的大量信息。

ℹ 到达和离开

飞机

圣塞瓦斯蒂安机场（Aeropuerto de San Sebastián; EAS; ☎902 404704; www.aena.es）位于城外22公里处的翁达利比亚附近。固定班次的航班可至马德里和巴塞罗那，有时也可到达欧洲其他大城市。廉价航空中的瑞安航空和EasyJet可至国界线彼端的法国的比亚里茨，价格一般更便宜。

长途汽车

圣塞瓦斯蒂安的新**火车站**（Estación Donostia Geltokia; www.estaciondonostia.com; Paseo Federico García Lorca 1）位于老城区东南方的1公里处，它在河的东岸，与国铁（Renfe）火车站相对。所有的长途汽车公司都在新火车站的地下层设立了办公室和售票处。

每日有车开往以下目的地：

目的地	票价（€）	时长（小时）
比亚里茨（法国）	6.75起	1.25
毕尔巴鄂	7起	1.25
毕尔巴鄂机场	17.10	1.25
马德里	37起	5~6
潘普洛纳	8起	1
维多利亚	12	1.5

火车

西班牙国铁火车站（Renfe; Paseo de Francia）就在乌鲁梅亚河对岸，能连接巴黎和马德里。每日有数个班次可至马德里（€29起，5.5小时），2班可至巴塞罗那（€39，6小时）。

要去法国，首先要到达西法边境小镇依伦（Irún；或者有时也有火车可最远到达昂达伊；€2.25起，27分钟），EuskoTren/Ferrocarril Vasco（www.euskotren.es）也可选择，然后到那里换乘。市中心以南1公里处的**Amara火车站**（Easo Plaza 9）出发的车次每半小时1班，在帕萨赫斯（€1.70起，12分钟）和依伦/昂达伊（€2.45，25 分钟）也停靠。ET/FV的另一条铁路线可向西途经Zarautz、Zumaia和Durango到达毕尔巴鄂，但速度极慢，所以搭乘长途汽车是更好的选择。

ℹ 当地交通

DBus（www.dbus.eus）是城市的公共汽车运营商。标准票价为€1.70（夜间票价 €2.10），可向司机支付车票。

公共汽车在7:30~22:30营运，过了这个时间，只有少量夜班车会继续运营到次日4:00。最常坐的是16路公共汽车，这条路线连接了市中心与伊瓜尔多山。

圣塞瓦斯蒂安周边地区（Around San Sebastián）

帕萨赫斯（Pasajes）

人口 16,200

奥亚尔特孙河（Oiartzun）在帕萨赫斯（巴斯克语：Pasaia）汇入大西洋。这是一个拥有多重身份的地方，既是工业港口（吉普斯夸省最大的港口），也是一个有着古朴中世纪临河房屋的静谧村庄。帕萨赫斯实际由4个不同的地方组成，不过它的迷人之处全在帕萨伊多尼巴恩（Pasai Donibane）和帕萨伊圣佩德罗（Pasai San Pedro）。这两个村庄分列河的两岸，有一些纪念该地区海洋历史的景点。

东岸的帕萨伊多尼巴恩更具魅力，村里有一些吸引人的广场和名声在外的海鲜餐馆。两个村庄通过一艘班次频繁的快艇来往。除了美食，还有一个地点也值得你探访：进到海港的入口。这是一道因岩壁分开而形成的锁眼状裂口，在经过的大型集装箱船的映衬下显得尤为宏伟壮观。

景点和活动

阿尔瓦拉基金会 博物馆

（Albaola Foundation；☎943 39 24 26；www.albaola.com；Ondartxo Ibilbida 1, Pasai San Pedro；成人/儿童 €7/5；⏰复活节至9月 周二至周日 10:00~14:00和15:00~19:00，10月至复活节至18:00）这间博物馆记录了帕萨赫斯的捕鲸业历史。故事的主角是一艘名为"圣胡安"的帆船，1565年，它在纽芬兰海岸附近沉没。通过模型和解说牌，我们可以了解到帆船的模样，以及加拿大的一支海底考古学家队伍在1978年发现沉船残骸的过程。最大的亮点当属按原比例还原的帆船模型了，这种还原甚至还包括制造它的技术和材料。

维克多·雨果故居博物馆 博物馆

（Casa Museo Victor Hugo；☎943 34 15 56；Calle Donibane 63, Pasai Donibane；⏰7月和8月 9:00~14:00和16:00~19:00，9月至次年6月 周二至周六 10:00~14:00和16:00~18:00）免费 法国作家维克多·雨果在1843年夏天居住在帕萨赫斯，这栋典型的17世纪河滨房屋便是他的居所，当时他正在写作旅行见闻录《阿尔卑斯山和比利牛斯山之旅》（*En Voyage, Alpes et Pyrénées*）。然而当年9月他的长女去世，悲伤的他停止了手头的写作工作。二楼还保留着一些年代久远的家具以及各种印刷品和初版图书，还有一个讲述雨果饮食习惯（他的早餐包括豌豆、油桃、牡蛎、苹果汁和一杯马拉加葡萄酒）的语音解说。

银色灯塔（Faro de la Plata） 灯塔

从帕萨伊圣佩德罗爬山过来颇费一番工夫，但灯塔（不对外开放）周边的景色会让你觉得一切都值得。当有大型货轮穿过由崖壁形成的海港入口时，这种感觉会更加强烈。这段路长2公里，需要花费大约30分钟。

海岸小径（Coastal Path） 徒步

探访圣塞瓦斯蒂安与帕萨赫斯之间风景的最佳方式是沿海岸小径步行游览。这条小径会翻越两地之间的悬崖，带领你看到美丽的大海和独特的岩石层，天气炎热的时候还可以去中途的一个隐蔽海滩避暑。圣塞瓦斯蒂安的旅游局（见513页）能提供路线信息。这条小径长7.6公里，走完需花费2.5~3小时。

就餐

Ziaboga Bistrot 海鲜 €€

（☎943 51 03 95；www.ziabogabistrot.com；Calle Donibane 91, Pasai Donibane；主菜€18~21，西班牙小吃 €4~16，套餐 €20~50；⏰13:00~16:00和20:00~23:00）帕萨赫斯遍地是优质的海鲜餐馆，不过Ziaboga Bistrot仍然是其中的佼佼者。这里的性价比极高，工作日期间的午餐套餐只需€20。正餐时段以外的时间（11:00~23:00）还供应西班牙小吃。

Casa Cámara 海鲜 €€€

（☎943 52 36 99；www.casacamara.com；Calle San Juan 79；主菜 €18~36；⏰周二至周日 13:30~16:00和20:30~23:00）Casa Cámara有一半建在帕萨赫斯湾的木桩上，海鲜是这里的主角，菜肴品质可靠，口味偏传统。餐馆已在同一家族好几代人的手中经营多年，他们在地板中间开了个洞，将龙虾装进一个笼子中从洞里放入海中喂养。

旅游信息

帕萨伊多尼巴恩的**旅游局**(☎943 34 15 56; Calle Donibane 63; ⊙7月和8月 9:00~14:00和16:00~19:00,9月至次年6月 周二至周六 10:00~14:00和16:00~18:00)能提供关于徒步路线和该地区其他景点的信息。

到达和离开

帕萨赫斯实际上是圣塞瓦斯蒂安的郊区,两地之间有多条公共汽车(€1.70,25分钟)路线运营。如果你自驾过来此地,在帕萨伊圣佩德罗停车会比在帕萨伊多尼巴恩更容易。

到达此处更有趣的方式是从圣塞瓦斯蒂安沿着岩壁顶端一路走来。徒步需要2.5~3小时,途中要穿越森林,偶尔能看到田园风情的海滩,落满海鸟的奇形怪状的岩石阵;往山下走,然后乘小渡船横过水湾,便可抵达帕萨赫斯。

当地交通

在帕萨赫斯,你很可能会需要乘坐小**渡船**(单程 €0.70;⊙周一至周四 6:30~23:00,周五 6:30至午夜,周六 7:00至午夜,周日 7:45~23:00)在帕萨伊圣佩德罗和帕萨伊多尼巴恩间往返。

翁达利比亚(Hondarribia)

人口 16,950

风景如画的翁达利比亚(卡斯蒂利亚语为Fuenterrabía)能越过河口看到法国,这里散发着浓郁的法国气息,有一个迷人的老城(Casco Antiguo)和一片热闹的海滩。

进入老城,要从Calle San Compostela上的拱廊进入漂亮的吉普斯夸广场(Plaza de Gipuzkoa)。一直走到Calle San Nicolás,然后左转到更大的武器广场(Plaza de Armas),这里有一座哥特式的**阿松希恩圣玛利亚教堂**(Iglesia de Santa María de la Asunción; Calle Mayor)。

去La Marina,要从拱廊走另一条路。这是翁达利比亚最美丽的街区。主街Calle San Pedro两边都是特色渔民房屋,它们的外墙上涂上了明快的绿色或蓝色,木头阳台上摆放着秀美的花盆。

海滩距离镇子约1公里,酒吧和餐厅林立的它并不是海岸线上最漂亮的一处,但拥有整个地区最为平稳的海面。

景点

历史老区 景区

翁达利比亚的历史城中心区(Casco Histórico)被围墙环绕,优雅的广场、鹅卵石小巷、有木雕屋檐和锻铁阳台的迷人房屋在里面纵横交织,许多建筑可追溯至15和16世纪。最具实用功能的广场是**武器广场**(Plaza de Armas)——当地的旅游局所在地(见514页),但精致无瑕的**吉普斯夸广场**(Plaza de Gipuzkoa)在外观上显然更胜一筹。

海兹基贝山(Monte Jaizkibel) 山

海兹基贝山高547米,它就像一堵巨大的岩石板防御墙,为内陆的城镇和田野遮挡来自海洋的狂风海啸。一条路况艰难的步道(从翁达利比亚出发大约8公里)和一条汽车行进困难的公路通往山上的一个堡垒遗址,那里视野开阔,能欣赏到壮丽的风景。之后你可以步行去帕萨赫斯(这段路有9公里)。

卡洛斯五世城堡 城堡

(Castillo de Carlos V; Plaza de Armas 14)现在这里是一间国营酒店(见514页),但在过去的千年时间里,它一直是骑士们和国王们的居所。酒店坐落在老城区的山上,这样的地理位置让它将比达苏亚河口(Bidasoa)收入眼底,这个河口长期以来被作为西法两国的边境。在酒店大堂可以好好欣赏一下它的中世纪装饰。

昂达伊(Hendaye) 海滩

(法国)流经翁达利比亚的河流对面坐落着美丽的法国小镇昂达伊。来这里的理由除了酥脆的羊角面包,还有它的3公里海滩,从渡船码头走过去只需一小会儿工夫。两个小镇之间有定期发船的渡船(见514页),但夏季时排队等候的队伍可能会比较长。

住宿

Hotel San Nikolás 酒店 €€

(☎943 64 42 78; www.hotelsannikolas.es; Plaza de Armas 6; 标单 €83,大床 €109~127; 📶)这间小酒店位于翁达利比亚历史城中心区的主广场上,是一栋漂亮的老建筑,环境让人感觉愉悦。

Parador de Hondarribia 历史酒店 €€€

(☎943 64 55 00; www.parador.es; Plaza de Armas 14; 大床 €288起; P 🅔 @ 🅦)睡在守卫西班牙边境的千年古堡的机会可不是每天都有。这间奢华的国营酒店提供有硬木地板和石墙的现代客房，其中许多能看见大海。不过，欣赏日落的最佳地点还是城堡中的各个庭院或露台——别忘了同时来一杯葡萄酒。

就餐

★Gastroteka Danontzat 巴斯克菜 €€

(☎943 64 65 97; Calle Denda 6; 小拼盘 €7~17; ⊙周三至周一 正午至16:00和20:00至午夜) Gastroteka Danontzat对食物的处理充满了趣味与创意，他们从市场购买新鲜食材，然后用新奇的方法做成精致的菜肴。先试试烟熏沙丁鱼、鳀鱼或蟹肉布丁，再尝一下柔嫩的金枪鱼刺身、油封土豆鱿鱼或牙买加风味鸡翅。菜的分量小，这意味着你可以一次品尝多种美味。

La Hermandad de Pescadores 海鲜 €€

(☎943 64 27 38; http://hermandaddepescadores.com; Calle Zuloaga 12; 主菜 €18~22; ⊙周二至周日 13:00~15:30 周二和周四至周六 20:00~22:00)消息灵通的当地人从圣塞瓦斯蒂安赶来翁达利比亚这家老餐馆。在这栋蓝白色的传统农舍，各种海鲜经典菜自是不会缺席，不过最有名的还是鱼汤(sopa de pescado)——据说是该地区的最佳。

Gran Sol 巴斯克菜 €€

(☎943 64 27 01; www.bargransol.com; Calle San Pedro 65; 巴斯克小吃 €2.20~4.20; ⊙周二至周日 12:30~15:30和20:30~22:30) Gran Sol是翁达利比亚名气最大的餐馆之一。他们在木质吧台供应创意巴斯克小吃，如焦糖洋葱炒鹅肝等；相邻餐馆的菜肴同样新颖独特(套餐 €35起)。

Arroka Berri 巴斯克菜 €€

(☎943 64 27 12; www.arrokaberri.com; Calle Higer Bidea 6; 主菜 €18~26; ⊙周四至周日 13:00~15:30和20:00~23:00)像许多引领时尚的巴斯克餐馆一样，Arroka Berri也在保证当地食材品质的基础上对传统烹饪方法进行了一些创新。牛尾馅灯笼椒、无须鳕腰肉片配贻贝和蔬菜脆、牛里脊肉配伊迪阿扎巴尔干酪酱都是让人眼前一亮的美味佳肴。

> **值得一游**
>
> **阿伦特萨足庇护所**
>
> 奥尼亚特以南大约10公里处的**阿伦特萨足庇护所**(Santuario de Arantzazu; ☎943 78 09 51; www.arantzazu.org; Barrio de Arantzazu 8; ⊙9:00~20:00)是一个基督教朝圣地，它结合了宗教的虔诚与先锋派艺术，人来人往，非常热闹。这座庇护所修建于20世纪60年代，1468年一个牧羊人在这里的山楂树丛里发现了一尊圣母玛利亚雕像。庇护所的设计就是源于这个发现。
>
> 这座宏伟大气的建筑是一件神秘主义和抽象主义的艺术作品，厅堂里有14座棱角分明的信徒雕像，仰卧的基督像上方站立着一个没有披长袍的圣玛利亚——它们共同组成了巴斯克雕塑家豪尔赫·奥泰扎(Jorge Oteiza)的这座丰碑式作品。别忘了去地下室看看内斯特·巴斯特雷特塞(Néstor Basterretxea)创作的充满力量感的壁画。

旅游信息

旅游局(☎943 64 36 77; www.hondarribia.org; Plaza de Armas 9; ⊙7月至9月中旬 9:30~19:30, 9月中旬至次年6月 周一至周六 10:00~18:00和周日 10:00~14:00)在有围墙的老城区的主广场上，提供关于附近景点的实用信息。

到达和离开

开往圣塞瓦斯蒂安(€2.45, 35分钟)的长途汽车每小时1班；乘车地点在Sabin Arana，从老城区往东走一小段路即可到。

想要过境去法国，可以乘坐**昂达伊-翁达利比亚渡船**(www.transfermuga.eu; 单程 €1.90; ⊙7月至9月中旬 10:15至次日1:00, 4月至6月和9月中旬至10月 至19:00, 11月至次年3月 至18:00)，大约每15分钟1班。从La Marina的Calle San Pedro走过几条街就可到达乘船地点。

奥尼亚特（Oñati）

人口 11,400

这座毅然坚持巴斯克传统的小镇奥尼亚特是了解巴斯克农村的绝佳去处，它周围的青山间散落着大量宏伟建筑和一系列有趣的景点。许多游客在前往或离开阿伦特萨足庇护所（Santuario de Arantzazu）的路上会经过这里。

景点

圣米格尔教堂 教堂

（Iglesia de San Miguel；☎943 78 34 53；Avenida de Unibertsitate 2；⏲时间不定）这座后哥特风格的精致建筑有一条横跨河流之上的回廊和一个17世纪地下室（里面埋葬着格瓦拉伯爵）。教堂面朝主广场——弗罗斯广场（Foruen Enparantza），上面的巴洛克风格市政厅（Ayuntamiento）非常显眼。

比道雷塔修道院 修道院

（Monastery of Bidaurreta；☎943 78 34 53；Kalea Lazarraga；⏲时间不定）这座修道院建于1510年，内有一个精美的巴洛克式祭坛。它位于镇上与旅游局和圣米格尔教堂相对的一端。作为一个仍然正常运转的"贫穷克莱尔"女修道院，这里鲜少对外开放，不过旅游局有时会组织团队游。

圣克拉拉大学 历史建筑

（Universidad de Sancti Spiritus；Avenida de la Universidad 8）奥尼亚特排在首位的景点就是这座文艺复兴风格的圣克拉拉大学。它建于16世纪，是巴斯克自治区第一所大学，直至1902年关闭之前，男性学生们一直在这里学习哲学、法律和医药学。穆迪札尔风格的庭院值得一看。

住宿

奥尼亚特很少有旅游者会留下来过夜。不过镇子周围的乡村却有许多乡村旅馆——可在旅游局办事处索取名录。

Torre Zumeltzegi 酒店 €€

（☎943 54 00 00；www.hoteltorrezumeltzegi.com；Calle Torre Zumeltzegi 11；标单/大床€87/123起；❄📶）这是山腰上一栋修建了防御工事的13世纪宅第，从城中心走过来只需几分钟（上山路）。12间风格独特的客房有横梁天花板和石墙，窗外是小镇全景。在外逛了一天之后，可以去宁静的露台放松身心。

Zumeltzegi还有奥尼亚特最棒的餐馆之一（主菜 €16~20）。

旅游信息

旅游局（☎943 78 34 53；www.oñatiturismo.eus；Calle San Juan 14；⏲6月至9月 9:30~14:00和15:30~19:00，10月至次年4月周二至周日 10:00~14:00和16:00~18:00）就在圣米格尔教堂西侧的河边。7月（周末）和8月（每天）期间，旅游局经营圣克拉拉大学和圣米格尔教堂的导览游，讲解语言为西班牙语，13:00开始。有时也会提供英语讲解的导览游，但你需要提前至少24小时联系他们。

到达和离开

巴斯克自治区许多地方都有开往奥尼亚特的PESA长途汽车，包括毕尔巴鄂（€6.85，60~75分钟，每天3班）。

加斯泰斯（维多利亚）（Vitoria-Gasteiz）

人口 24.5万/海拔 512米

加斯泰斯（维多利亚；常简称为维多利亚）总是被人遗忘，但其实这里不仅仅只是巴斯克南部阿拉瓦省（巴斯克语：Araba）的省会，也是整个巴斯克自治区的首府。它被赋予这样的荣耀也许正是因为它为人所遗忘，不过如果事实果真如此，那么请准备好迎接惊喜吧。这里有一座藏品赶超毕尔巴鄂著名美术馆的艺术馆，有迷人的老城、几十家很棒的巴斯克小吃酒吧和餐厅、大量的学生人群和友好的当地人，而这些都是构成一座美好城市的要素。

景点

★圣玛利亚大教堂 主教座堂

（Catedral de Santa María；☎945 25 51 35；www.catedralvitoria.eus；Plaza Santa María；团队游€8.50~10.50；⏲10:00~13:00和16:00~19:00）

Vitoria-Gasteiz 加斯泰斯(维多利亚)

Vitoria-Gasteiz 加斯泰斯(维多利亚)

◎ 重要景点

1 巴斯克当代艺术博物馆 D1
2 圣玛利亚大教堂 C1

◎ 景点

3 比巴特 C1
4 军械博物馆 A4
5 美术馆 A4
福尼尔纸牌博物馆 .... (见3)
6 Paseo de los Arquillos C2

住宿

7 Abba Jazz Hotel B3
8 Albergue de la Catedral C1
9 Hotel Dato C3
10 La Casa de los Arquillos C2

就餐

11 Asador Matxete C2
12 Bar El Tabanko B2
13 El Clarete B2
14 La Malquerida B2
15 PerretxiCo B3
16 Saburdi C3
17 Toloño C2

饮品和夜生活

18 La Cassette Vitoria C2

占据古城和天际线制高点的是建于中世纪的圣玛利亚大教堂。尽管许多年来大教堂一直在进行修复，但仍可通过导览游进入参观，以展现这13世纪的杰作中蕴藏的层层精彩历史。

推荐的大教堂和钟楼团队游（€10.50）会带你了解数百年来建筑工艺的演变，你将穿过地下室，然后登上屋顶，在那里俯瞰城市。团队游以一个投影在墙上的3D影片作为结束，通过影片你可以看到几百年前呈现丰富色彩的教堂（而不是现在的冷灰色石质浮雕）。教堂内提供安全帽。需提前电话或网上预约。每天至少有一次英语讲解的团队游。

★巴斯克当代艺术博物馆 博物馆

（Artium；☎945 20 90 00；www.artium.org；Calle de Francia 24；成人/儿童 €5/免费，周三和每月最后一个周末捐赠进入；⏰周二至周五 11:00~14:00和17:00~20:00，周六和周日 11:00~20:00；👪）维多利亚的现代艺术殿堂也许看起来不怎么恢宏大气，但它拥有巴斯克自治区最大胆最深刻的一些展览。艺术爱好者不要错过了这个欣赏前卫艺术的好地方。

绿化带（Anillo Verde） 公园

这座城市的外围有一圈绿化带——维多利亚人为之骄傲。各个公园、池塘和沼泽地通过环形小道彼此相连，形成一条长31公里的环线，这也是维多利亚被评为2012年欧洲绿色之都的原因之一。这些绿化区域中最重要的部分是萨尔布鲁瓦公园（Parque de Salburúa）。有提供自行车出租的装备店，Capital Bikes（见520页）还经营自行车导览游（€20~30）。

比巴特 博物馆

（Bibat；☎945 20 90 00；Calle de la Cuchillería 54；⏰周二至周五 10:00~14:00和16:00~18:30，周六 10:00~14:00，周日 11:00~14:00）免费 **考古博物馆**（Museo de Arqueología）和**福尼尔纸牌博物馆**（Museo Fournier de Naipes；Calle de la Cuchillería 54；成人/学生/儿童 €3/1/免费；⏰周二至周五 10:00~14:00和16:00~18:30，周六 10:00~14:00，周日 11:00~14:00）共同组成了这座博物馆。考古博物馆中的交互式展览讲述着往昔岁月的故事。气质古怪的福尼尔纸牌博物馆中收藏着大量古老报纸和扑克牌，包括一些欧洲最古老的甲板。

美术馆 美术馆

（Museo de Bellas Artes；Paseo de Fray Francisco 8；⏰周二至周五 10:00~14:00和16:00~18:30，周六 10:00~14:00和17:00~20:00，周日 11:00~14:00）免费 这个美术馆坐落在一座精致的新文艺复兴风格建筑中，收藏有18和19世纪的巴斯克油画和雕塑作品。当地艺术家费尔南多·德阿马里卡（Fernando de Amaríca）的作品公开展出，他的作品具有一种迷人的浪漫主义风格，这种风格来源于戏剧性与暖色构图的结合。

Paseo de los Arquillos 历史建筑

Paseo de los Arquillos是一条新古典主义风格的有顶拱廊，用来区分新城与老城。它修建于1787~1802年。

军械博物馆 博物馆

（Museo de Armería；Paseo de Fray Francisco；⏰周二至周五 10:00~14:00和16:00~18:30，周六 10:00~14:00，周日 11:00~14:00）免费 这座博物馆坐落在市中心西南方的一条林荫大道上，昏暗的室内陈列着历史上曾使用过的武器，远至青铜器时代的矛头，近至19世纪的火枪。藏品来自全球，包括非洲的武器、设计精美的17世纪日本武士服和一套闪闪发亮的盔甲——盔甲下的马也同样保存完好。

节日和活动

白圣母庆典 城市节日

（Fiestas de la Virgen Blanca；⏰8月4日至9日）到了喧闹的白圣母庆典，维多利亚的宁静就要靠边站了。人们用焰火、斗牛、音乐会和街头舞蹈迎接赛莱登（Celedón）降临尘世，这座戴着贝雷帽、拿着雨伞的巴斯克雕像将顺着绳索从圣米格尔教堂来到下面的广场上。

爵士音乐节 音乐节

（Jazz Festival；www.jazzvitoria.com；⏰7月中旬）这个城市最盛大的夏季节日之一就是这个为期5天的音乐节，届时会有来自全世界的伟大乐队。除了在主剧院（Teatro Principal）一类的地方举行的音乐会，街上还有爵士乐（jazz en la calle），在城市各处上演免费的户外节目。

阿兹肯纳摇滚音乐节 音乐节

（Azkena Rock Festival；www.azkenarockfestival.com；⏰6月第三个周末）这个摇滚音乐

节每年举办一次，表演者来自西班牙国内和国外，还有视听活动和户外电影。

住宿

Albergue de la Catedral 青年旅舍 €

（☎945 27 59 55; www.alberguecatedral.com; Calle de la Cuchillería 87; 铺 €18~24，大床 €50; @📶）这间旅舍实际上建在大教堂的围墙之内。17间干净质朴的客房因天花板木梁的存在而别具特色。除了多人间（可以容纳4~8人），这里还有一些装饰朴素的单间，其中有几间位于顶楼。

Hotel Dato 酒店 €

（☎945 14 72 30; www.hoteldato.com; Calle de Eduardo Dato 28; 标单/大床 €40/60起; 📶）Hotel Dato坐落在市中心，采用了大量古董和艺术品进行装饰。14间房全都经过独立设计，有油画或艺术装饰派风格的家具，不过有一些最好的作品（包括郁特里洛的油画）在公共区。有6间房带临街小阳台。

La Casa de los Arquillos 民宿 €€

（☎945 15 12 59; www.lacasadelosarquillos.com; Paseo Los Arquillos 1; 房间 €120; ❄📶）这间客栈位于主广场上的一栋漂亮老建筑内，有8个明亮的房间，提供高端品质的床上用品和精美的家具（包括一个沙发床、迷你厨房和小早餐角）。有些房间还保留着以前的石墙，楼上的房间有天窗。有5间房带阳台。

Abba Jazz Hotel 酒店 €€

（☎94510 13 46; www.abbahotels.com; Calle de la Florida 7; 标单/大床 €76/85; 📶）这家自信满满的小酒店提供亮白色调的小客房，采用黑白琴键、喇叭和其他爵士乐器图片装饰。客房大小有差别，所以选择之前可以先要求看一看。这家酒店在漂亮的佛罗里达公园（Parque de la Florida）的边上。

就餐

维多利亚的菜肴或许达不到圣塞瓦斯蒂安的国际水准，不过在消息灵通的西班牙食客看来，这座城市可是有着严格的菜肴系谱的。有多严格？好吧，在2014年，这里因为拥有一流的巴斯克小吃酒吧和极富创意的大厨而荣获了Capital Nacional de la Gastronomía（国家美食之都）的称号。

Saburdi 巴斯克小吃 €

（Calle Eduardo Dato 32; 巴斯克小吃 €2.50起; ⏲周一至周六 8:00至午夜，周日 11:00至午夜）Saburdi有点被低估了，它应该算城里最好的巴斯克小吃店之一。这里的美食都很具创意，而且采用的都是高级食材。试试他家的鳕鱼馅灯笼椒、伊比利亚火腿蛋、金枪鱼烤辣椒等极品美味。餐馆内部时尚现代，天气好的日子会在室外摆放桌椅。

Toloño 巴斯克小吃 €

（Calle de San Francisco 3; 巴斯克小吃 €3

浓墨重彩的城市

走在维多利亚老城区里弯弯绕绕的街道上，不时有机会目睹一场视觉盛宴——它们是遍布城市各处的大幅壁画。2007年，两名艺术家在街边的一面空白墙上画下了《时间的缝线》（*The Thread of Time*）——一幅五彩斑斓的织物图案画，由此拉开加斯泰斯（维多利亚）壁画运动（Itinerario Muralístico Vitoria-Gasteiz，简称IMVG）的序幕。在这场运动中，城市的空白墙被当成油画布，而城市中心也变成了一个展品丰富的露天美术馆。

在接下来的6年里，全世界的艺术家都加入贝罗妮卡·克里斯蒂娜·维克梅斯特（Verónica y Christina Werckmeister，参与创作第一幅壁画的艺术家）的队伍中来，用画笔为维多利亚添上自己的一抹色彩。今天市中心各处大约有十几幅这样的壁画。许多作品的主题与维多利亚的历史有关，包括民族服装、中世纪的吟游乐师和巴斯克的传说。

你可以独自游览这些壁画，也可以参加**IMVG**（☎633 184457; www.muralismopublico.com; 导览游 €7）的艺术家带队的导览游，讲解语言有英语、法语和其他语言，时长90分钟。想要体验的话可联系他们为你安排。

起；⏰周一至周四 9:00至午夜，周五和周六 至次日4:00，周日 10:30~15:30）这家店曾凭借创意巴斯克小吃而获奖；很多特色菜都是以当地的蘑菇作为食材。餐馆很大，因此一般来说总能找到坐的地方，小小的室外露台方便人边吃边观看人群。

Bar El Tabanko　巴斯克小吃 €

（www.eltabanko.com；Calle de la Korrería 46；巴斯克小吃 €2.50起；⏰周二至周四 19:00~23:30，周五和周六 13:30~16:00和19:00~23:00，周日 12:30~16:30）不管是室内装饰还是食物，这家店都仿佛来自闷热潮湿的南部地区安达卢西亚。生意一直很好的同时，食物的品质也经受住了时间的考验。早点过来，以便占到靠前的座位看路边景象。

La Malquerida　巴斯克小吃 €

（http://lamalqueridavitoria.com；Calle de la Correría 10；巴斯克小吃 €3起；⏰周一至周五 10:00~16:00和18:30至午夜，周六和周日 10:00至次日1:00）藏身于教堂尖塔影子里的一个巴斯克小吃店，是许多当地人心目中的最佳。

PerretxiCo　巴斯克小吃 €€

（☎945 13 72 21；http://perretxico.es；Calle San Antonio 3；巴斯克小吃 €2起，主菜€11~13；⏰10:00至午夜）这家获奖餐馆供应蘑菇海鲜烩饭、苹果松仁烤鹅肝和鳕鱼天妇罗等各种小份的创意菜肴。想要吃一顿丰盛的大餐，可以预订餐馆后部的座位，然后慢慢地等蘑菇烤大菱鲆或红酒烩牛面颊肉做好。

Asador Matxete　牛排 €€

（☎945 13 18 21；www.matxete.com；Plaza de Matxete 4-5；主菜 €15~22；⏰周二至周六 13:00~15:45和20:30~23:00，周日 正午至15:45）有两种风格的烧烤店（asador）：一种就像被熏黑的旧农舍，几十年来没有变过模样；一种进行了装修，充满了城市的时尚感。这里属于第二种，而且他家的烤牛排和烤全鱼特别好吃。餐馆在安静的老城区广场上，夏季时会开放一个怡人的露台。

El Clarete　巴斯克菜 €€€

（☎945 26 38 74；Calle Cercas Bajas 18；午餐/晚餐套餐 €22/55；⏰周一至周六 13:30~15:30和周四至周六 21:00~23:00，8月不营业）作为维多利亚最棒的餐馆之一，这里尽管位置偏僻，但还是有大批美食爱好者慕名前来。供应的菜肴随当季的食材而变化，因此出现在菜单上的可能是海鲜烩饭，也可能是波特红酒烩鹅肝或烤羊肉。厨师还能根据你的饮食习惯来烹饪食物。餐馆虽不大但很温馨，石墙、贴心的服务和品类丰富的葡萄酒窖为其加分不少。

🍷 饮品和夜生活

老城区政治艺术氛围浓重，但活跃的学生群体改变了这种气质，创意海报充斥在街头巷尾，让这里变成了一个繁华喧闹的地方。Calle de la Cuchillería/Aiztogile和邻近的Cantón de San Francísco Javier最为热闹，两个区域都挤满了酒吧，吸引了不同年龄群体的人。有些酒吧具有强烈的巴斯克民族主义气氛。

La Cassette Vitoria　酒吧

（www.lacassettevitoria.com/home/english；Calle Nueva Fuera 7；⏰周日、周三和周四 18:00~23:00，周五和周六 至次日4:00）不同年龄阶层和宗教信仰的人都爱来这个充满欢乐的酒吧，让友好的酒吧服务员为自己调制一杯莫吉托鸡尾酒或奎宁水金酒。酒吧在周末尤为热闹，DJ不断切换舞池里的音乐，让其在20世纪70年代、80年代和90年代风格间变来变去。

ℹ 旅游信息

旅游局（☎945 16 15 98；www.vitoria-gasteiz.org/turismo；Plaza de España 1；⏰7月至9月 10:00~20:00，10月至次年6月 周一至周六 10:00~19:00 周日 11:00~14:00）位于老城区中心广场，会组织大型壁画主题的城市导览游，以及探访市郊自然风光和观鸟地的团队游。

ℹ 到达和离开

火车站和巴斯克当代艺术博物馆附近和大教堂东侧有停车场。

维多利亚的**长途汽车站**（www.vitoria-gasteiz.org；Plaza de Euskaltzaindia）有前往以下地点的班车：

目的地	票价（€）	时长（小时）
巴塞罗那	32起	7
毕尔巴鄂	6.30	1.25
马德里	27	4.5
潘普洛纳	8起	1.75
圣塞瓦斯蒂安	7起	1.25

有前往以下地点的火车：

目的地	票价（€）	时长（小时）	班次（每日）
巴塞罗那	44起	5	1班
马德里	42起	4~6	5班
潘普洛纳	6起	1	5班
圣塞瓦斯蒂安	13起	1.75	最多10班

当地交通

自行车在维多利亚畅通无阻；想要租自行车的话，可联系**Capital Bikes**（☎691 112292；www.capitalbikes.es；Casa de la Dehesa de Olárizu；自行车 每小时/每天 €5/13，电动车 每小时/每天 €8/30；⏲周二至周五 10:00~15:00，周六和周日 9:00~14:00和16:30~20:30），他们提供送车上门服务。

纳瓦拉（NAVARRA）

纳瓦拉（巴斯克语为Nafarroa）是西班牙几个地区的交会处。纳瓦拉比利牛斯山脉柔软的草地和令人欢欣鼓舞的气候就像是南部地区中暑的额头上的冷敷布。南部地区到处都是荒凉的平原、谷类作物和葡萄园，并被高高的石灰石组成的齿形山脊分割开来。纳瓦拉也是朝圣的地方，几个世纪以来，信徒们穿过龙塞斯瓦列斯关口从法国前往圣地亚哥-德孔波斯特拉。

历史上，纳瓦拉曾是巴斯克的心脏地带，但是由于敌对政治势力造成的王朝争斗和更迭，包括佛朗哥政权，使它成为半自治省，北方依然属于巴斯克，而南方则向卡斯蒂利亚靠拢。

纳瓦拉的首府潘普洛纳试图用它举世闻名的奔牛节占据报纸头条的位置，但是这个地区真正的魅力是其各种各样的壮观景色和那些美丽迷人的小镇和村庄。

潘普洛纳（Pamplona）

人口 20.13万/海拔 456米

在潘普洛纳（巴斯克语为Iruña）你将体验到全方位的冲击感。这里是独立程度异常高的纳瓦拉王国的首府，也是西班牙许多著名而疯狂的节日的所在地。即使没遇上公牛狂奔穿过市中心的鹅卵石街道，对旅行者来说这里也是个迷人的地方。漫步散发着复古气息的中世纪小巷，你将经过宏伟的教堂、考古出土文物和16世纪的堡垒。枝叶繁茂的公园和遍地餐馆饮品店的市中心会让你立刻明白许多人为此地着迷的原因——这些人中包括了海明威。坐落于圣地亚哥朝圣之路上的村庄也一直在迎来朝圣者，沿圣地亚哥之路徒步是一项已有几百年历史的传统活动。

景点

★纳瓦拉博物馆 博物馆

（Museo de Navarra；☎848 42 89 26；www.cfnavarra.es/cultura/museo；Calle Cuesta de Santo Domingo 47；成人/学生/儿童 €2/1/免费，周六下午和周日免费；⏲周二至周六 9:30~14:00和17:00~19:00，周日 11:00~14:00）纳瓦拉博物馆坐落在一座从前的中世纪医院里，收藏了多种风格的出土文物（包括纳瓦拉南部出土的一些奇妙的罗马镶嵌工艺品）以及一些艺术精品，其中包括戈雅的《圣阿德里安侯爵》（*Marqués de San Adrián*）。解说牌仅有西班牙语，但是提供其他语言的宣传页。

圣玛利亚大教堂 主教座堂

（Catedral de Santa María；www.catedraldepamplona.com；Calle Dormitalería；成人/儿童 €5/3；⏲4月至9月 周一至周六 10:30~19:00，10月至次年3月至17:00）潘普洛纳最重要的大教堂坐落在城市城墙内一条灌木丛式昏暗狭窄的街道中的一块凸起的平地上。这座大教堂是中世纪晚期的哥特式建筑瑰宝，只是18世纪附加上去的十分死板的新古典主义立面破坏了一些气氛。庞大的内部展示了一些不错的艺术品，包括一个镀银的圣母像，还有15世纪纳瓦拉卡洛斯三世（Carlos Ⅲ）和他妻子

Pamplona 潘普洛纳

0 200 m
0 0.1 miles

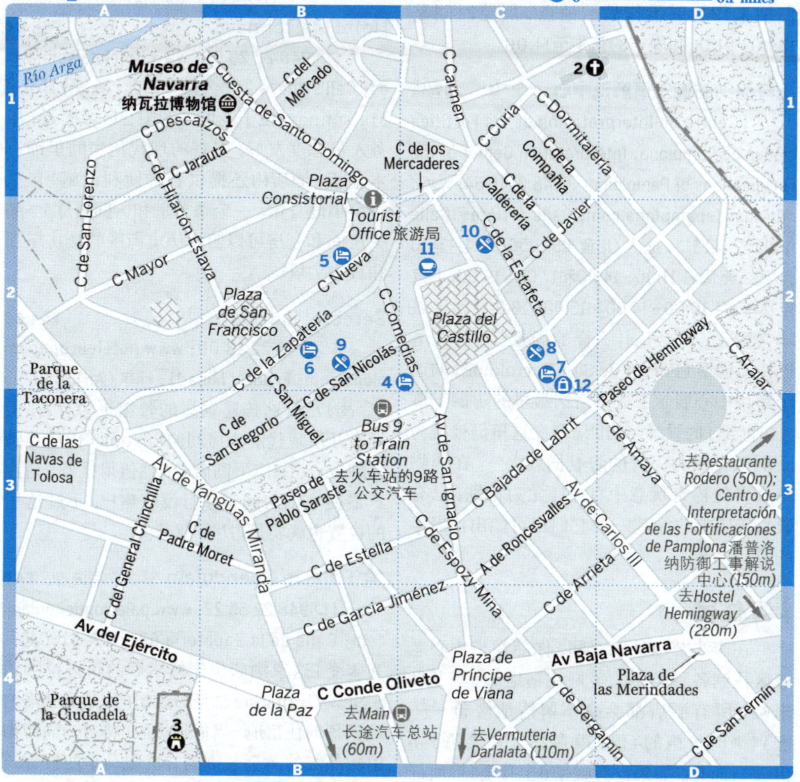

Pamplona 潘普洛纳

重要景点
1 纳瓦拉博物馆 B1

景点
2 圣玛利亚大教堂 C1
3 堡垒 A4

住宿
4 Hostal Arriazu C2
5 Hotel Maisonnave B2
6 Palacio Guendulain B2
7 Sercotel Europa C2

就餐
8 Bar Gaucho C2
9 Baserri B2
10 La Cocina De Alex Múgica C2

饮品和夜生活
11 Café Iruña C2

购物
12 Kukuxumusu C2

Doña Leonor辉煌的陵墓。这里真正的乐趣是一个哥特式的回廊，那里的石墙上有精妙的石雕。

堡垒 要塞

（Ciudadela; Avenida del Ejército; 周一至周六 8:00~21:30，周日 9:00~21:30）免费 这座星状堡垒拥有宏伟坚固的围墙与壁垒，它们建于1571~1645年，国王费利佩二世（King Felipe II）是工程的监管者。这些防御工事被认为是西班牙文艺复兴时期的军事建筑佳作。之前的护城河和棱堡现在被艺术家们用来作为展示作品的地点，展览时间是18:30~21:00和周末的正午至14:00。

潘普洛纳防御工事解说中心 博物馆

（Centro de Interpretación de las Fortificaciones de Pamplona, Interpretation Center of the Fortifications of Pamplona; ☎948 21 15 54; www.murallasdepamplona.com; Calle Arrieta和Calle Aralar交叉路口; 成人/儿童 €3/1.50; ⏰4月至10月 周二至周日 11:00~14:00和17:00~19:00, 11月至次年3月 10:00~14:00和16:00~18:00）如果城墙会说话，那会是什么样的场景？坐落在圣巴托洛梅堡（Fortín de San Bartolomé）的这个解说中心展示了潘普洛纳最早的防御工事（16世纪）的设计与功能。现在这里仍被视为欧洲保存最为完好的防卫据点之一。在博物馆众多的稀奇玩意中有一样尤为特别：已有数百年历史的涂鸦——它们很可能出自当年的卫兵之手。

住宿

在奔牛节以外的时间，你能在市中心老城区找到各种类型的美好住宿地。而当节日来临，所有酒店都会毫不留情地涨价——涨到平时价格的4倍，很多甚至还会涨到5倍——而且，如果没有提前6个月至1年预订的话，几乎不可能找到住的地方。

Hostel Hemingway 青年旅舍 €

（☎948 98 38 84; www.hostelhemingway.com; Calle Amaya 26; 铺 €17~20, 标单/大床 €35/42起; @📶）从老城区步行几分钟就可以到达这个青年旅舍。旅舍在2013年进行过翻新整修，有一个休闲室，可供客人休息交流（还可以看书、听音乐和看电影），是一个非常不错的经济型住宿选择。这里还有一个公共厨房。

Hostal Arriazu 酒店 €

（☎948 21 02 02; www.hostalarriazu.com; Calle Comedias 14; 房间 €54~84; 📶）介于经济型家庭旅馆和中档酒店之间的一间酒店，性价比很高。该建筑从前是一座剧院，14间客房都是怡人的旧式风格，但浴室却装修得很现代。酒店里还有一个美丽的庭院和一个颇具趣味性的休闲室。

Hotel Maisonnave 酒店 €€

（☎948 22 26 00; www.hotelmaisonnave.es; Calle Nueva 20; 大床 €99起; ❄📶）Hotel Maisonnave位于老城区的中心区域附近，服务人员态度友好，美观的现代化房间里铺有木地板，酒店内还提供各种便利设施（包括一个小健身馆、一个桑拿室和一间餐厅）。高级房间和套房可以俯视历史街区的楼房屋顶和教堂尖塔。

Sercotel Europa 酒店 €€

（☎948 22 18 00; www.hoteleuropapamplona.com; Espoz y Mina 11; 标单/大床 €80/95起; 📶）尽管这栋建筑里的餐馆更为有名，但拥有几层现代酒店房间的Europa（优质连锁品牌Sercotel旗下酒店）依然值得推荐。请注意最便宜的房间很小且没有窗户，不过这里的位置也确实是占尽了优势。

★Palacio Guendulain 历史酒店 €€€

（☎948 22 55 22; www.palacioguendulain.com; Calle de la Zapatería 53; 大床 €160起; P❄📶）这家酒店位于修缮后的新格拉纳达（New Granada）总督的故居内，是潘普洛纳最豪华的住宿地。当你到达后，将有一辆博物馆藏品级的黄金装饰的17世纪马车迎接你，从总督的私人小教堂可以俯瞰停在院落各处的众多老爷车。房间就像《豌豆公主》里描述的那样：柔软的床铺、超大的淋浴室，还有帝王扶手椅。

就餐

★Bar Gaucho 巴斯克小吃 €

（www.cafebargaucho.com; Espoz y Mina 7; 巴斯克小吃 €2~4; ⏰8:00~15:00和18:30~23:00）这家热闹的酒吧供应曾荣获过多项大奖的巴斯克小吃，虽然有许多强有力的竞争者，但当地人还是会告诉你这里是最好的。

La Cocina De Alex Múgica 巴斯克小吃 €

（☎948 51 01 25; www.alexmugica.com; Estafeta 24; 巴斯克小吃 €2起; ⏰周二至周日 13:00~17:00和周二至周六 19:00~23:00）这间深受人们喜爱的巴斯克小吃店可能需要你早点到才能抢到座位。美食专家亚历克斯·穆

奔牛

你可能会形容那些经常参加潘普洛纳的圣佛明节（Fiesta de San Fermín）的狂热爱好者们是放纵、沉迷或者干脆就是疯了。这个节日于每年7月6日至14日举行，其间会有无休止的音乐、舞蹈、焰火和游行活动，还会有人跟着几只两角不停摆动的疯狂的toros（公牛）奔跑。

奔牛据说起源于14世纪，最初是为了将公牛赶进集市，卖家会跟在旁边驱赶它们加速进入集市。后来，这种方法又被用来将牛群从畜栏赶进斗牛场，实际上直至今天仍是如此。在圣佛明节期间，潘普洛纳每天早上都要将牛群从畜栏赶进斗牛场以供下午斗牛使用。届时会有6头公牛被从Corralillos de Santo Domingo放出，冲过同名广场。公牛接下来冲上街头，从Plaza Consistorial转向Calle de los Mercaderes，然后向右到达Calle de la Estafeta，最后冲进斗牛场。被称作mozos（勇者或傻子，依据你的观点而定）的爱好者们会疯狂追随公牛，只为近距离贴近它们，但也不能太近。整个路程全长825米，持续时间为3分钟以上。

参与者于7:30从Plaza de Santo Domingo进入路线。8:00会发射两枚烟火，第一枚是宣布公牛已经从畜栏放出来了；第二枚是让参与者知道他们可以开始跑了。第一个危险点是在Calle de los Mercaderes进入 Calle de la Estafeta的地方。许多公牛在这里会滑出界限，因为转弯时速度过快。它们脱离了牛群之后会变得非常危险。另一个危险处是在结尾时，Calle de la Estafeta下行最后转向Plaza de Toros。当所有的公牛都被赶进斗牛场之后，会发射第三枚烟火，牛群聚拢以后发射最后一枚。

想要观看而非参加的男人（我们在这里故意使用“男人”这个词，是因为从技术上来说，女性是被禁止参加的，虽然奔跑的女性也越来越多），可早早在路边占好地方。找到了位子并不意味着就能看个清楚，因为在观众和奔跑者之间还隔着第二道“安全”栅栏，视线会被遮挡大部分（只有警察、医疗人员和其他被授权人士才能进入两道栅栏之间）。有些人会在能俯瞰路线的房屋中租一个阳台。还有人会买票在斗牛场等待奔跑者和公牛冲出入口隧道进入斗牛场。不管找到多么有利的地位，这个活动在搞不清状况的几秒钟之内就完事了。

每天晚上都会举行传统的斗牛。圣佛明节在7月14日午夜达到高潮，届时会有被称作Pobre de Mí（可怜我吧）的蜡烛游行队伍，起点在Plaza Consistorial。

针对近年来参加奔牛活动的人数的关注越来越多。自1924年开始记录以来，有16人死于潘普洛纳的奔牛活动。许多参加奔牛的人都是在逞强（或喝晕了头），对于自己在做的事毫无认知。每年的受伤人数会有不同，但重伤的案例非常常见（通常是被牛戳伤，但也有人群拥挤的缘故），有人死亡也不是什么新鲜事。不仅参与者会面临危险，公牛也注定在斗牛场上死去；比赛本身伴随着巨大压力，公牛在狂奔过程中还可能摔倒并受伤，因为以上种种原因，这种传统习俗遭到了动物权益保护组织的强烈谴责。

希卡（Alex Múgica）在当地拥有一批忠诚的“粉丝”，他制作的传统菜肴里融合了现代人的口味，比如盛放在沙丁鱼罐头里的美味蜘蛛蟹鳀鱼（anchoas con txangurro）。

Baserri 巴斯克菜 €€

（☎948 22 20 21；www.restaurantebaserri.com；Calle de San Nicolás 32；品尝套餐 €25~40，巴斯克小吃 €2起；⏲巴斯克小吃吧台周二至周日正午至23:30，餐馆周二至周日 13:30~15:30和20:30~22:30）繁忙的Calle San Nicolás上有许多酒吧、餐馆和咖啡馆，Baserri就是其中之一，他家的巴斯克小吃曾多次获奖。明星菜肴有酸橘汁腌鱼、红咖喱土豆和西班牙火腿炸肉丸。

Restaurante Rodero 西班牙菜 €€€

（☎948 22 80 35；http://restauranterodero.

com; Calle Emilio Arrieta 3; 套餐 €65~78, 主菜 €26~32; ⌚周一至周六 13:30~15:30和周三至周六 21:00~23:00)如果你想要吃一餐令人难忘的饭，就来斗牛场东侧这间家庭经营的木具林餐厅。最优质的纳瓦拉当地食材经著名大厨科尔多·罗德罗(Koldo Rodero)之手后，变成了充满想象力并带给人以愉悦感的菜肴。友好的服务和优雅的环境又让它增添了几分魅力。

饮品和夜生活

Café Iruña
咖啡馆

(www.cafeiruna.com; Plaza del Castillo 44; ⌚周一至周四8:00至午夜，周五至周日9:00至午夜)Café Iruña在1888年的奔牛节前夕开业，凭借优越的地理位置、浓厚的历史感和美好时代风格的室内装饰成为城里最有名的酒吧。除了一系列葡萄酒和烈酒，这里还供应各种巴斯克小吃和简餐。

海明威曾是这里的常客。事实上，这个酒吧因为被他写入《太阳照常升起》而永远被人们所铭记。

Vermuteria Darlalata
酒吧

(www.facebook.com/vermuteriadarlalata; Calle Navarro Villoslada 14; ⌚周日至周四 11:00~23:00，周五和周六 至次日2:00)这个小酒吧就在有很多人经过的小路边，复古的室内装饰、友好的服务员和美味的巴斯克小吃为它赢得了人们的青睐。不过它真正的亮点还是80多种的苦艾酒。欢乐随和的气氛让潘普洛纳的各个不同群体都集聚在了这里。

购物

Kukuxumusu
服装

(www.kukuxumusu.com; Estafeta 76; ⌚周一至周六 10:00~14:00和17:00~20:00)潘普洛纳这家服装公司创办于1989年的奔牛节期间，现在巴斯克自治区各地都开有门店。你能在这里买到古怪卡通公牛图案的主题T恤，以及手提包、钱包、马克杯、磁铁、贴纸等物品。

旅游信息

旅游局(☎948 42 0700; www.turismo.navarra.es; Plaza Consistorial; ⌚周一至周六 10:00~14:00和15:00~19:00，9月中旬至次年6月中旬周日10:00~14:00，6月中旬至9月中旬每天 9:00~14:00和15:00~20:00)这家组织得当的机构位于新城区公牛雕像对面，提供大量关于本城和纳瓦拉的信息。城里还有两家只在夏天开放的旅游信息亭。

到达和离开

飞机

潘普洛纳的**机场**(☎902 40 47 04; www.aena.es; 📶)位于城市以南7公里处，固定航班可至马德里和巴塞罗那。16路公共汽车(大约每15分钟1班)往返于市区的长途汽车站和Noáia郊区(20分钟)之间，从Noáia步行800米即可到达机场。乘坐出租车过去需花费€15~20。

长途汽车

位于La Ciudadela附近地下层的**长途汽车总站**(☎902 02 36 51; www.estaciondeautobusesdepamplona.com; Ave de Yanguas y Miranda 2)有开往纳瓦拉大部分市镇的长途汽车。不过它们仅在周日营运。

有固定班次的长途汽车开往以下目的地：

目的地	票价(€)	时长(小时)
毕尔巴鄂	15	2~2.5
洛格罗尼奥	10	2
圣塞瓦斯蒂安	8	1~1.5
维多利亚	9	1.25~2

本地区目的地包括：

目的地	票价(€)	时长(小时)	班次(每日)
埃斯特利亚	5.25	1	10班
奥利特	3.75	0.75	16班

火车

潘普洛纳火车站可从市中心的Paseo de Sarasate乘坐**9路公共汽车**到达，每15分钟1班。火车票在网上或火车站购买。

请注意：乘坐汽车到圣塞瓦斯蒂安更快。火车可抵/离以下地点：

目的地	票价(€)	时长(小时)	班次(每日)
马德里	42~66	3	4班
圣塞瓦斯蒂安	16~22	2	2班
图德拉	9~18	1	5班
维多利亚	7~12	1	4班

纳瓦拉比利牛斯山脉（The Navarran Pyrenees）

深掩在经常云雾缭绕的绿色山林之中，起伏的群山、带状的悬崖、湿冷的森林和冰雪覆盖的山峦组成了纳瓦拉的比利牛斯山脉，这里是户外运动爱好者的运动场，也是圣地亚哥之路（Camino de Santiago）上朝圣者的必经之地。尽管有着浓厚的巴斯克历史、文化和景观特点，藏在这片斜坡下面的小镇和村庄却给人一种不一样的感觉。可能是它与法国邻近的缘故，但是总体来说，它们看起来比那些低地上的城镇更加循规蹈矩也更加得体。这些都增添了探索这个地方的魅力，毫无疑问，这里是欧洲西部山脉中最讨人喜欢、也是开发得最少的地方。

巴斯坦恩山谷（Valle del Baztán）

这里是巴斯克自治区的乡村地区，具有最典型的红绿相间的地貌风景。沿着辅路即可到达或离开这些迷人的村庄，例如**阿拉伊奥斯**（Arraioz；更为人熟知的名字是Casa Jaureguizar）和**齐家**（Ziga），那里有16世纪的教堂。沿着N121B公路经过伊鲁里塔（Iruri-ta）便可到达山谷中最大的城镇**伊莱松多**（Elizondo），这里是探索这一地区很好的基地。

过了伊莱松多，NA2600公路蜿蜒穿梭于风景如画的农场、村庄和山丘之间，然后急剧攀升到法国的边境关口**伊兹佩吉隘口**（Puerto de Izpegui），在这里，世界会呈现出一幅悬崖、陡峰和峡谷交错碰撞的壮观景色。你可以在边境停留一会儿，徒步登上**伊兹佩吉山**（Mt Izpegui）的峰顶。

N121B继续向北到达奥顿多隘口（Puerto de Otxondo）和法国边境处的丹塔里内亚（Dantxarinea）。边境线前面有一条辅路向西转入这座美得难以言表的村庄**苏加拉穆尔迪**（Zugarramurdi）。

景点

苏加拉穆尔迪洞穴 洞穴

（La Cueva de Zugarramurdi；www.turismozugarramurdi.com；Zugarramurdi；成人/儿童€4/2；⌚7月至9月 11:00~19:30，10月至次年6月至18:00）根据宗教法庭的记录，这些山洞（也被称为“女巫洞穴”）曾是处决道德败坏者的地方，审判者在这里对所谓的女巫施以酷刑或火刑。从苏加拉穆尔迪村中心往西走一小段路即可到达。

女巫博物馆 博物馆

（Museo de las Brujas；www.turismozugarramurdi.com；Calle Beitikokarrika 22，Zugarramurdi；成人/儿童€4.50/2；⌚7月中旬至9月中旬周二至周日 11:00~19:30，9月中旬至次年7月中旬周三至周日 11:00~18:00）苏加拉穆尔迪洞穴的女巫是这个博物馆的主题，它将带你深入了解比利牛斯山神秘的巫术。博物馆在苏加拉穆尔迪村中心附近。

住宿

Hostal Trinquete Antxitónea 青年旅舍 €€

（☎948 58 18 07；www.antxitonea.com；Braulío Iríarte 16，Elizondo；铺/标三 €66/91起；📶）这家旅馆提供带阳台的质朴房间，阳台上栽种着鲜花，有些房间能看到河流。附属于旅馆的餐馆（主菜 €11~16）也值得一去。

到达和离开

大部分旅行者都是自驾过来。从潘普洛纳出来往北沿N121A行驶80公里即可到达。

布尔格特（Burguete）

人口 240

圣地亚哥朝圣之路上的朝圣者接连不断地经过这个古朴的12世纪小镇。在布尔格特（巴斯克语为Auritz），主路被紧紧地夹在整洁的、刷成白色并带有赤裸的墙角石的房屋中间，所有东西都被赋予了更加冷静的法国气息。尽管它的历史不是很长，但比起附近的龙塞斯瓦列斯，这在晚间确实是更好的去处。

住宿

Hostal Burguete 客栈 €

（☎948 76 00 05；www.hotelburguete.com；San Nicolás 71；标单/大床/标三 €44/59/79；📶）这家客栈位于布尔格特的主街上，有20间提供木质家具和质朴装饰的房间。海明威迷应该会想住下23号房间——海明威到这个地区来过多次，有一次就住在了这个客栈的23号房间里，据说《太阳照常升起》有很大一部分就是在此完成的。

Camping Urrobi

露营地 €

(☎948 76 02 00; www.campingurrobi.com; 露营地 含两名成人和汽车 €30，可容纳3人的平房 €74，铺 €12起；⏰4月至10月；P 🛜)露营者会喜欢小镇以南几公里的这个临河露营地，也提供青年旅舍的多人间和平房。

Hotel RuralLoizu

酒店 €€

(☎948 76 00 08; www.loizu.com; Calle de San Nicolás 13; 标单/大床 €63/87起；⏰4月至12月；P 🛜)宁静的布尔格特里的一家乡村酒店，楼上的客房有木梁天花板和裸石墙，窗外是优美的乡村风景。楼下有一间不错的餐厅(主菜 €12~20)。

ℹ 到达和离开

大部分游客都是自驾或步行过来，但潘普洛纳与这里也通班车(€5.50，1小时)。

另辟蹊径

阿拉拉尔山脉

景色优美的阿拉拉尔山脉(Sierra de Aralar)是纳瓦拉众多自然公园中的一个，非常适合徒步旅行和自驾。这个地区除了主要城镇**勒孔贝里**(Lekunberri)老城区的一群坚固的巴斯克农房和远处一些建设中的毫无生气的现代建筑之外，没有什么值得游览的。

对于大多数游客来说，来到勒孔贝里的主要原因是可以在迂回曲折的NA1510弯路上旅行，这条路一直向西南延伸，穿过如织毯般的混合了落叶和常绿树种的树林，在行驶21公里后到达**阿拉拉尔圣米格尔教堂**(Santuario de San Miguel de Aralar; www.aralarkosanmigel.info; Monte Aralar; ⏰10:00~14:00和16:00~18:00) 免费。

旅游局(☎948 50 72 04; www.plazaola.org; Plazaola 21, Lekunberri; ⏰周二至周日10:00~14:00)非常有帮助，能为这一地区数不清的绝佳徒步路线提供建议。

龙塞斯瓦耶斯(Roncesvalles)

人口 30

龙塞斯瓦耶斯(巴斯克语：Orreaga)的空气中都弥漫着浓厚的历史气息。传说中，查理曼大帝的军队就是在这里被打败的，查理曼大帝的后备军司令官罗兰(Roland)于778年被巴斯克部族所杀。这一事件成就了11世纪史诗《罗兰之歌》(*Chanson de Roland*)中的不朽篇章，至今仍然会被巴斯克人所谈论。然而，除了暴力和杀戮以外，龙塞斯瓦列斯一直以来都是通往圣地亚哥-德孔波斯特拉之路的重要一站。如今，朝圣者们仍对穿越比利牛斯山脉的全体僧侣心存感激，因为那是圣地亚哥之路上最困难的路段之一。

在这里最重要的旅行项目就是参观**修道院**(☎948 79 04 80; www.roncesvalles.es; 导览游成人/儿童 €5/2.50; ⏰4月至10月 10:00~14:00和15:30~19:00，11月和3月10:00~14:00和15:00~18:00，12月和2月 周四至周二 10:30~14:30)，它包含了许多不同的有趣建筑。

👁 景点

圣玛利亚皇家学院教堂

教堂

(Real Colegiata de Santa María; ☎948 79 04 80; ⏰9:00~20:30) 免费 13世纪哥特风格的圣玛利亚皇家学院教堂是一座典型的纳瓦拉哥特建筑，里面有一座令人敬畏的镀银圣母像，其头顶的华盖极具现代主义风格，完全可以媲美弗兰克·盖里的设计。

🛏 住宿

Casa de Beneficiados

酒店 €€

(☎948 76 01 05; www.casadebeneficiados.com; Orreaga-Roncesvalles; 标单/大床/标三 €80/90/115，寓 €90~150; ⏰3月中旬至12月；🛜)18世纪时这里是修道士的住所，现在则变成了一个漂亮的酒店。有些房间能俯视庭院，徒步一天后可以去极具氛围的公共区放松。酒店里还有一间高性价比的餐厅，此外还提供自行车出租和骑马游。

ℹ 到达和离开

许多旅行者选择步行或自驾过来，但你也可以在潘普洛纳坐汽车过来龙塞斯瓦耶斯(€5，1小

纳瓦拉和拉里奥哈的朝圣之路

在西班牙的门户中，纳瓦拉是朝圣者从法国之路进入圣地亚哥-德孔波斯特拉时进入西班牙的第一站。这片开放的区域跨越比利牛斯山脉，同时也是整条朝圣之路上最壮观的部分。

龙塞斯瓦列斯至潘普洛纳

从伊巴涅塔隘口（Puerto de Ibañeta）开始，朝圣之路进入西班牙的这一段非常险峻，地势下降进入龙塞斯瓦列斯（见526页）。这里有一座庄严的大修道院，为这条非同寻常的路途奠定了极好的基调。在这座经过大量修复的13世纪修建的哥特式教堂中，你会发现第一尊装饰成朝圣者的圣地亚哥的雕像（有扇贝壳和支撑物）。

潘普洛纳（见520页）在11世纪因为其繁荣盛景而成为朝圣之路上的正式停靠站。这里的大教堂外立面是温和的新古典主义风格，内部却是14世纪纯粹而高扬的哥特式线条。

潘普洛纳至洛格罗尼奥及周边

从潘普洛纳向西经过扎里基埃古（Zariquiegui）和宽恕山（Sierra del Perdón），就到了蓬特-拉雷纳（见531页），在这里，从东面而来的阿拉贡朝圣之路和法国之路会合了。

下一站埃斯特利亚（见532页）有许多不同寻常的罗马式建筑：圣米格尔教堂精美的大门，圣佩德罗-德拉鲁阿教堂（Iglesia de San Pedro de la Rúa）的回廊，还有纳瓦拉国王宫（Palacio de los Reyes de Navarra）。

出了埃斯特利亚到处都是波浪起伏的常绿橡树和葡萄园，直至有一条漫长而贫瘠的地区通向沉闷的城镇洛斯阿科斯（Los Arcos）、桑索尔（Sansol）和河滨托雷斯（Torres del Río）。在托雷斯山腰会看见另一座保存完好的八边形罗马式小礼拜堂，即圣墓教堂（Iglesia del Santo Sepulcro）。

伟大的埃布罗河就是洛格罗尼奥（见534页）的入口，也体现出这里的富饶和规模。阴沉的哥特式圣地亚哥教堂中有一座很应景的文艺复兴式祭坛，上面描述着圣人生平中的重要场景，例如与巫师赫莫杰尼斯的争论。

纳胡拉（Nájera）确实是从红色崖壁上发展起来的，11世纪时，拉米罗国王（King Ramiro）在崖壁上的一个岩洞中发现了一尊神秘的圣母雕像。

卡尔扎达圣多明各（见538页）是朝圣之路上最迷人的地方。其名称来自11世纪时城镇的创建者圣多明各，他清理了森林、修筑了道路桥梁、朝圣者招待所和一座教堂，并按照大教堂中的西班牙-佛兰德斯风格的杰出画作中所描绘的场景实现了许多奇迹。

时）；7月至9月，这些长途汽车每天有2班，其余月份每天1班。

夏季时每天有4班车来往于龙塞斯瓦耶斯和圣让派德波特（St-Jean-Pied-de-Port；€5，40分钟）。

欧恰加维亚（Ochagavía）

人口 540

这座迷人的比利牛斯山小镇横跨狭窄的佐拖亚河（Río Zatoya），将自己与远处南方的村庄明确地分隔开。灰色的石头、石板和鹅卵石占据着老镇中心，一座怡人的中世纪桥横跨在潺潺溪流之上。海市蜃楼般的圣胡安传教士教堂（Iglesia de San Juan Evangelista）更增添了小镇宁静而庄严的气息。

食宿

Hostal Casa Sario 酒店 €

（948 89 01 87；www.casasario.com；Llana 11，Jaurrieta；标单/大床/标三 €47/65/80；）这间小乡村酒店位于豪列塔（Jaurrieta；欧恰加维亚西南方大约8公里处）的村中心，提供6间铺有木地板的房间，楼下有一个繁忙的酒吧兼餐馆。

Camino Francés in Navarra & La Rioja
纳瓦拉和拉里奥哈的法兰西之路

Hotel Rural Auñamendi
酒店 €€

（☎948 89 01 89；www.hotelruralaunamendi.com；Urrutià 23；大床/标三 €80/105；📶）这间酒店在2014年进行过大面积的整修，现在是欧恰加维亚最好的住宿地，有11间明亮宽敞的客房、舒适的公共区和带室外露台座位的咖啡馆。

餐馆供应美味的正餐菜肴和巴斯克小吃。

Asador Sideria Kixkia
巴斯克菜 €€

（☎646 387407；www.kixkia.com；Urrutia 59；套餐 €25~33；⏲13:00~15:30和21:00~23:00；🐾）这里有很多可供选择的餐馆，但村子北端的Asador Sideria Kixkia凭借质朴的室内环境和丰盛的高山食物将其他竞争者都比了下去。

ℹ 到达和离开

从欧恰加维亚开往潘普洛纳的ALSA长途汽车每天仅有1班（9:00，€9.15，1.5小时），这趟车会在15:00从潘普洛纳返回。长途汽车在周日不营运。

如果要去往法国，可以沿着欧恰加维亚东北的NA140公路进入阿博迪山（Sierra de Abodi），然后跨过壮观荒凉的拉劳隘口（Puerto de Larrau；海拔1585米）。

隆卡尔山谷 (Valle del Roncal)

纳瓦拉最壮观的山区就在隆卡尔周边，位于最东边的这个山谷由7个村庄组成，是另一条可以进出纳瓦拉比利牛斯山脉的路线。

比尔吉 (BURGUI)

人口 220

通往比利牛斯山脉这一区域的大门就是比尔吉——迷人的石屋建在一条清澈的艾斯卡河（Río Esca）边，河水里面有许多青蛙和鱼，河上架着一座罗马拱桥。

比尔吉的公共交通不怎么便利。从潘普洛纳出发往东沿A21开车大约1小时即可到达。

Hostal El Almadiero
青年旅舍 €€

（☎948 47 70 86；www.almadiero.com；Plaza Padre Tomás de Burgui 1；大床 €65起；❄📶）这家乡村旅馆位于村中心，有明亮舒适的19世纪风格房间，还有一间高品质的餐厅。

隆卡尔 (RONCAL)

人口 210

尽管仍然是一座小村庄，却是这条路上最大的中心区，隆卡尔的鹅卵石小巷在黑色的石屋间蜿蜒迂回，一直延伸到一条满是鲑鱼的河边。隆卡尔最著名的是它的隆卡尔奶酪（Queso de Roncal），即该村出售的一种羊奶奶酪。

伊萨巴 (ISABA)

人口 440

在山谷中俯视着其他村庄，高傲的伊萨

巴坐落在贝拉瓜河（Ríos Belagua）和乌斯塔罗斯河（Ríos Uztárroz）的交汇处，是另一个深受徒步旅行者和滑雪者欢迎的基地。出镇向北，法国边境处的风景愈加壮观。道路开始摆脱了限制，穿梭在山巅之间，然后突然敞开来到阿尔卑斯的一片高山牧场，其背景是比利牛斯山西部最壮观的部分。靠近法国边境的地方，道路盘旋上升到达朗卡利亚（Roncalia）山口，在这里有一座小型滑雪度假村。之后就进入法国境内，这里有另一座更大的滑雪度假村Pierre St Martin。国界两边都有带路标的徒步步道。

去村中心的**旅游局**（☎948 89 32 51；www.vallederoncal.es；Barrio Izargentea 28；⊙周一至周六 10:00~13:30和17:00~20:00，7月中旬至9月中旬 10:00~13:30，9月中旬至次年7月中旬仅周六和周日开门）了解周边徒步和其他活动的信息。

大部分旅行者都是自驾过来，但你也可以在潘普洛纳乘坐La Tafallesa的长途汽车到附近的乌斯塔罗斯（Uztárroz；€10，2小时），然后从那里坐出租车来伊萨巴（€15起，15分钟）。

Onki Xin 客栈 €

（☎618 317837；http://onkixin.com；Barrio Izarjentea 25；大床 €55，寓 €110~140；📶）Onki Zin位于村中心的一栋传统房屋里，9间房里有木梁天花板和古雅的家具，窗外风景优美。如果想要更宽敞一点的房间，可以看看拐角处的两卧或三卧公寓。客栈老板态度友好且会说英语，能提供大量关于这个地区的旅游信息。

Hostal Lola 酒店 €€

（☎948 89 30 12；www.hostal-lola.com；Mendigatxa 17；大床 €75；📶）这一家族经营的酒店隐藏在一条窄巷中，但价格上是最超值的，客房中有许多桌子、沙发，配备的是大床。有一个边缘种着鲜花的露台和一间优质的餐厅（每日特餐 €15）。

Ezkaurre Restaurant 巴斯克菜 €€

（☎657 621467；www.restauranteezkaurre.es；Garagardoya 14；每日特餐 €18；⊙13:00~15:30和19:30~21:30）这间外表看起来普普通通的餐馆供应的菜肴以市场买的鲜鱼为主，最近推出的主打菜有烤鳟鱼、牛面颊肉配松露土豆和蘑菇培根海鲜烩饭。

纳瓦拉南部（South of Navarra）

选择潘普洛纳南部的A15公路，你只需要行驶15分钟就会进入一个全新的世界。在几公里内的范围内，你已深深爱上的巴斯克地区和纳瓦拉北部地区的那片绿色风景将渐渐远去，取而代之的是更明亮且具有地中海特色的赭石色风景。随着阳光变得越来越耀眼（并越来越常见），北部如鲨鱼牙齿一般险峻的群山会变成安静平坦的低地平原，潮湿的森林则会变成枯萎了的葡萄园和橄榄丛，甚至连人也会跟着改变——他们变得更合群了，而且根据街头涂鸦表明，他们坚定地反对巴斯克。这个地区等着旅行者的是一些仿佛从童话故事走出来的中世纪村庄，以及纳瓦拉的荒原——像沙漠一样的巴尔德纳斯雷亚尔斯自然公园。

奥利特（Olite）

人口 3890/海拔 365米

就像是把童话书上的画面撕下来了一样，到处都是角楼和尖塔的奥利特充满了国王和王后、勇敢的骑士和美丽的公主的故事。尽管现在很难令人相信，这个安静的村庄曾是纳瓦拉贵族的家，城墙围起的老城区弥漫着他们的回忆。

奥利特由罗马人建立（一些城墙的历史可以追溯到罗马时代），它第一次引起皇家注意是在1276年，但直到15世纪得到了国王卡洛斯三世的喜爱后才真正兴起，他在这里建造了一系列大胆的建筑。

景点

皇宫 城堡

（Palacio Real；CastillodeOlite；www.guiartenavarra.com；Plaza Carlos III；成人/儿童 €3.50/2；⊙7月至8月 10:00~20:00，5月至6月和9月周一至周五 10:00~19:00周六和周日 10:00~20:00，10月至次年4月时间缩短）我们必须感谢国王卡洛斯建立了这座壮丽的皇宫，它俯视着整个村庄。在卡洛斯三世统治时代（15

世纪初期），城堡里的居民不仅有王室成员，还有狮子、长颈鹿和其他来自异国的宠物，此外受到巴比伦风格的启发，城堡中还建有梦幻般的空中花园。如今，经过修复的城堡成了散步的一个好去处。想要感受过去岁月的它，可以参加导览游，或租一个语音导览器（€2）自己游览。

你可以登上瞭望塔看风景，在镀金大厅里随意走走，爬上护城墙散步，与此同时想象中世纪时期骑马比武、斗牛和回力球比赛的场景。与城堡融为一体的**皇家圣玛利亚教堂**（Iglesia de Santa María la Real）拥有极为精致的哥特式大门。

皮蒂利亚斯潟湖（Laguna de Pitillas） 湖泊

免费 皮蒂利亚斯的湖泊和沼泽是纳瓦拉最好的观鸟地。现在作为加入了拉姆萨尔湿地保护公约的一处重要的国际湿地，皮蒂利亚斯潟湖栖居有近160种常居鸟类和候鸟，包括湿地鹞和鹗。

纳瓦拉葡萄与葡萄酒博物馆 博物馆

（Museo de la Viña y el Vino de Navarra; www.guiartenavarra.com; Plaza de los Teobaldos 10; 成人/儿童 €3.50/2; ⌚3月至10月周一至周六 10:00~14:00和16:00~19:00 周日 10:00~14:00, 11月至次年2月时间缩短）这座博物馆将带你踏上了解葡萄酒和葡萄酒文化的奇幻旅程——可别错过了它。占据三层楼的英文解说和交互式展览展示了关于葡萄的一切，从土壤和纳瓦拉的葡萄品种说起，一直讲到老式的摘葡萄技术。这里还有一个充满气味（动物、香料、木头等）的箱子，你可以闻出在许多葡萄酒中都会闻到的常见气味。

食宿

★ Parador de Olite 历史酒店 €€

（☎948 74 00 00; www.parador.es; Plaza de los Teobaldos 2; 房间 €135起; ❄@）镇上最气派的住宿地位于奥利特经过修复的中世纪城堡的侧厅（有些房间在新区）。同时属于国营连锁酒店和国家级名胜古迹的它弥漫着优雅复古的气息，房间里的家具多为木材材质，墙上还挂由一些用镶金框裱起来的绘画复制品（有些房间带有可俯视庭院的阳台）。酒店内还有一间高品质的餐厅。

Hotel el Juglar 精品酒店 €€

（☎948 74 18 55; www.merindaddeolitehoteles.com; Rúa Romana 39; 标单/大床/套 €100/115/155; P❄🛜🏊）Hotel el Juglar是一座有石头围墙的宅第，这里有顶级的优质服务和整洁的房间，从村中心往西北方向走过来10分钟（800米）。9间房彼此稍有差别（有些带圆形的漩水浴缸，有些带阳台），但所有房间都有优雅的家具。游泳池在炎热的夏季显得尤为诱人。

Hotel Merindad de Olite 历史酒店 €€

（☎948 74 07 35; www.merindaddeolitehoteles.com; Rúa de la Judería 11; 标单 €58~68, 大床 €68~84, 套 €104; ❄🛜）这个迷人的酒店几乎是建在了旧城墙里的，房间小巧舒适，而且大量结合了中世纪的风格。尽量提早预订，因为这里很抢手。

旅游信息

奥利特有一家友好热情的**旅游局**（☎948 74 17 03; Plaza de los Teobaldos 10; ⌚周一至周六 10:00~14:00和16:00~19:00, 周日 10:00~14:00），和葡萄酒博物馆在同一栋建筑中。

到达和离开

每日有16班长途汽车来往于奥利特和潘普洛纳（€3.75, 45分钟）之间。从潘普洛纳过来的长途汽车在（有城墙的）奥利特入口处放下乘客。要返回潘普洛纳的话，在奥利特历史街区外面的候车亭乘车；候车亭所在的道路通往潘普洛纳。

乌淮（Ujué）

人口 180

奥利特以东约18公里处是小村庄乌淮，它坐落在满是梯田的山顶之上，俯瞰着南部的纳瓦拉平原，是中世纪防御型村庄的完美典范。如今，这座小镇显现出寂静而又美丽的神态，狭窄陡峭的街道斜着延伸至山下。

在圣马可节（St Mark's Day, 4月25日）之后的第一个周日，村子会主办非常吸引人的朝圣活动（romería），届时数以百计的人们会从图德拉（Tudela）连夜步行来到村里的教堂庆祝弥撒。

景点

乌淮圣玛利亚教堂-堡垒 教堂

（Iglesia-Fortaleza de Santa María de Ujué; San Isidro 8; 捐款进入; ⏲4月至10月 10:00~18:30, 11月至次年3月 至17:30）这座兼具罗马与哥特风格的教堂位于村里的最高点，山谷在它脚底一览无余。除了从连廊上看到的壮美风景，还能在这里欣赏到一座罕见的黑圣母雕像，据说是一个牧羊人在鸽子的引导下发现的这座雕像。除此以外，教堂里还保存着卡洛斯二世的心脏。

就餐

Pastas Urrutia 面包房 €€

（☎948 73 92 57; www.pastasurrutia.com; San Isidro 41; 每日特餐 €15~18; ⏲面包房 周四至周二 10:00~18:00, 餐馆周四至周二 13:30~15:30）村中心以北的这家面包房也供应美味的3道菜午餐套餐，里面包含Urrutia有名的自制面包和葡萄酒。你可以吃到炉烤鳕鱼、牛面颊肉或松露蛋（12月至次年2月）。

到达和离开

大部分旅行者过来都是通过自驾。如果你打算从潘普洛纳坐长途汽车过来，需要在塔法利亚（Tafalla）或奥利特转车，这两个地方都在乌淮以东大约20公里处。

巴尔德纳斯雷亚尔斯自然公园 (Parque Natural de las Bárdenas Reales)

在一片潮湿山坡占主导地位的地区，你怎么也想不到会有干燥的沙漠存在。巴尔德纳斯雷亚尔斯是一片荒原，水、风和侵蚀共同造就了这种壮观的地貌。

公园内有徒步道和自行车道，不过许多都没有清晰的路标。考虑到高温、缺少荫蔽并且路程遥远，大部分人都选择沿公园的环路（34公里）行驶游览。

景点

巴尔德纳斯雷亚尔斯自然公园 自然保护区

（Parque Natural de las Bárdenas Reales; ☎948 83 03 08; www.bardenasreales.es; ⏲8:00至黄昏）免费 自然公园里，你真的能找到一片沙漠。自然公园建于1999年，2000年成为联合国生物圈保护区（UN Biosphere Reserve）之一，巴尔德纳斯雷亚尔斯呈现出的是一片干旱土地的景色：光秃秃的山丘，开阔的沙砾平原，还有蜿蜒曲折的蛇形峡谷，覆盖了纳瓦拉东南超过410平方公里的土地。除了壮丽的景色，公园里还有数不清的鸟儿和动物，包括大鸨、金雕、埃及秃鹫和兀鹫、许多爬行动物、山猫以及野猪。

有一个提供公园亮点信息的游客中心。

住宿

Cuevas Rurales Bardenas 别墅 €€€

（☎661 846757; www.bardeneras.com; Palomares 23, Valtierra; ⏲寓 €150起; ❄📶）你可以在巴尔铁拉（Valtierra）的一个洞穴里过夜，这里提供Wi-Fi、现代卫生间、设备齐全的厨房和怡人的家具。9间公寓依山而建，每间可容纳2~8人，特别适合家庭住客或人更多的团体。房间有最低入住天数（2~4晚）。

Hotel Aire de Bardenas 精品酒店 €€€

（☎948 11 66 66; www.airedebardenas.com; Carretera de Ejea, Km 1, Tudela; 大床 €225~292, 套 €418; P❄📶🏊）在有很多人经过的小径附近的荒地上，你会看到这个由板条箱改建而成的精品酒店。所有的房间都配备了豪华设施；有些还带可欣赏广阔半沙漠风景的室外浴缸或露台。服务人员态度友好，酒店里还有一个游泳池和一间餐厅（主菜€15~25）。

到达和离开

公园不通公共交通；你需要自驾或乘汽车（或火车）到附近的图德拉（Tudela）。

蓬特-拉雷纳 (Puente la Reina)

人口 2810/海拔 421米

蓬特-拉雷纳（巴斯克语为Gares）位于潘普洛纳西南22公里处的A12公路上，主要亮点是一座雄伟的建于中世纪的**六拱桥**，地点在镇子西端，不过这里也有其他许多值得游览之处。作为圣地亚哥朝圣之路上的主要停靠站，这里的美丽街道上聚集了众多朝圣者的灵魂。他们在这里的第一站是晚期罗马风格的**十字架教堂**（Iglesia del Crucifijo），它由圣殿骑士建造，并保存着现存最好的哥特式十字架之一。出了镇子不远有一座小礼拜堂，是整个朝圣之路上最美的一座。这里有一些很好的住宿处，旁边的乡村有一座古罗马城市遗迹，值得停留个一两天的时间。

景点

厄纳特圣玛利亚 教堂

（Santa María de Eunate; www.santamariadeeunate.es; Carretera de Campanas; €1; ⏲4月至6月 9月和10月 周二至周五 10:30~13:30 周六和周日 11:00~13:30和16:30~18:30，7月和8月 周三至周一 10:30~13:30和17:00~18:30）厄纳特圣玛利亚教堂中的罗马式八面小礼拜堂位于一片玉米地和野花的中央，几近完美。这里是整条朝圣之路上最美丽的小礼拜堂。其起源可追溯至12世纪——至于为什么会建在一片无名之地呢，至今仍然是一个谜。小礼拜堂位于Muruzábal东南2公里处，距离蓬特-拉雷纳东北5公里。

食宿

Hotel Rural El Cerco 精品酒店 €€

（☎948 34 12 69; www.elcerco.es; Calle de Rodrigo Ximénez de Rada 36; 标单/大床 €50/75; 📶）老城区东端的这间酒店是镇上最漂亮的住宿地之一。店主将一座老建筑改造成了这座时髦的小精品酒店，房间里有裸石墙和木梁。

Casa Martija 咖啡馆

（www.facebook.com/casamartija; Calle Mayor 104; ⏲8:00~14:00和16:30~21:00）Casa Martija位于桥附近的一条鹅卵石小巷里，是一个供应咖啡、葡萄酒和点心的熟食店兼咖啡馆，店门外摆放了桌椅。这里也是采购野餐食物的好地方，有奶酪、面包、橄榄油等美食。

到达和离开

潘普洛纳汽车站与埃斯特利亚之间每天有多班车（€5.25，1小时），全都经过蓬特-拉雷纳并在村里的主路上停靠。

埃斯特利亚（Estella）

人口 13,700 /海拔 483米

埃斯特利亚（巴斯克语为Lizarra）在中世纪时被称为“La Bella”，因为这里有壮丽的遗迹和建筑，尽管这个城市有些已经被现代的城郊占据，它的历史城中心仍然充满了魅力。11世纪时，埃斯特利亚成了圣地亚哥之路一个主要的朝圣者接待处。现在大多数游客依然持续着那种传统的沉重缓慢的步伐。

景点

鲁阿圣佩德罗教堂 教堂

（Iglesia de San Pedro de la Rúa; ☎948 55 00

值得一游

漫步修道院

埃斯特利亚周边的乡村地区散布着许多修道院。**伊拉切修道院**（Monasterio de Irache; 紧邻Carretera NA-1110, Ayegui; ⏲1月中旬至11月中旬 周三至周日 10:00~13:15和16:00~18:00）免费 是这里最好的修道院之一，它位于埃斯特利亚西南3公里处，靠近Ayegui。这座古代的本笃会（Benedictine）修道院有一个可爱的16世纪的银匠风格回廊，还有一个用精致的雕塑品装饰的埃斯托萨门（Puerta Especiosa）。如果不能被这些献给上帝的美物所打动，那么这里的**葡萄酒喷泉**（Fuente de Vino）也足以让你成为信徒。喷泉位于著名的当地葡萄酒生产商**Bodegas de Irache**（☎948 55 19 32; www.irache.com; Monasterio de Irache, 紧邻Carretera NA-1110, Ayegui; ⏲周末 10:00~14:00和16:00~19:00，冬季 至18:00）后面，没错，它真的是一座葡萄酒泉水，不过每天只会供应100升，你得早点到达才能喝到美酒。

埃斯特利亚以北约10公里处、Abárzuza附近坐落着**伊兰苏修道院**（Monasterio de Iranzu; 紧邻Carretera NA-7135, Abárzuza; €3; ⏲10:00~14:00和16:00~18:00），它建立于11世纪，最近进行了重建。这座沙色的修道院有着漂亮的回廊，它是如此沉稳安静，甚至能启迪撒旦进行宗教冥想。

70; ⏲周一至周六 10:00~13:30和18:00~19:00 周日 10:00~12:30, 11月至次年3月开放时间缩短）免费 这座12世纪的教堂是埃斯特利亚最重要的纪念性建筑。它的回廊是罗马式雕塑的一个优秀典范。

古斯塔沃马厄兹图博物馆 宫殿

（Museo Gustavo de Maeztu; www.museogustavodemaeztu.com; Calle San Nicolás 1, Palacio de los Reyes; ⏲5月至9月 周二至周六 9:30~13:30和16:00~19:00, 10月至次年4月 周二至周六 9:30~13:30）免费 旅游局旁边坐落着**雷耶斯宫**（Palacio de los Reyes），这是一栋罕见的罗马风格民用建筑，里面有一间博物馆，陈列着古斯塔沃·马厄兹图·惠特尼（Gustavo de Maeztu y Whitney; 1887~1947年）的油画作品，马厄兹图的父母分别来自古巴和英国，但他成长在巴斯克，也自认为是一个巴斯克人。从风景画、肖像画和圆润的裸体画中可以感受到马厄兹图营造的迷人浪漫主义风格。

Los Llanos 公园

（Paseo los Llanos）这个树木繁茂的公园就在城中心以南的位置，与中世纪的名胜古迹带给人的感受全然不同。埃加河（Río Ega）从公园的南部边缘缓缓流过，它的岸边有一个小吃吧，你可以坐在那里喝杯东西或欣赏河对岸高耸的悬崖。

节日和活动

中世纪周 文化节

（Semana Medieval; ⏲7月中旬）7月中旬有一个星期，埃斯特利亚会举办活力四射的中世纪集市，届时会有穿戏服的表演者、马背长矛比武、街头戏剧、训鹰表演、特别市场及各种好玩的活动。

食宿

Hotel Tximista 设计酒店 €€

（☎948 55 58 70; www.sanvirilahoteles.com/en/hotel-tximista; Zaldu 15; 标单/大床/套€87/97/120; P ❄ 📶）这座吸引人的现代酒店位于城中心以北1公里处的一座古老的水力磨坊之中，将磨坊里古老的乡村风情的工业齿轮和车轮与罂粟红的艺术作品混搭在一起。客房很舒适，不过有些能听到路上的噪声，有一个美丽的花园能俯视汩汩的河流。

Hospedería Chapitel 酒店 €€

（☎948 55 10 90; www.hospederiachapitel.com; Chapitel 1; 标单/大床 €80/105起; P 📶）Hospedería Chapitel位于老城中心的一个好地段上，房间里铺有木地板，有木梁天花板和小阳台，舒适怡人，有些房间还能看到教堂。尽管身处闹市，但它的内部却非常安静。

Casanellas Taller Gastronómico 创意菜 €€

（☎638 912838; www.tallergastronomico.es; Espoz y Mina 3; 主菜 €16~20, 品尝套餐 工作日/周末 €35/45; ⏲周二至周六 13:30~15:30）这间环境优雅的餐馆主推慢速烹饪美食，他家的菜肴食材取自当地，但在制作时加入了世界其他地方的风味。食材采购自当天的市场，你能吃到菠萝红咖喱鸭肉、迷迭香羊肉和口感美妙的大菱鲆。

到达和离开

长途汽车站（Plaza Coronación）有车开往潘普洛纳（€5.25, 1小时, 周一至周五 每天10班, 周六和周日 每天6班）。

哈维尔（Javier）

人口 110/海拔448米

小小的哈维尔（又称Xavier）位于桑格萨（Sangüesa）东北11公里处，是一座位于绿色乡间的安静村庄。它被一座儿童时代幻想中的城堡完全占据，这座城堡被保存得很好，你可能会期望吊桥轰然降下，一位身穿铠甲的骑士骑着白马飞奔而来。它不仅来自童话般梦境的灵感，也是纳瓦拉的守护者圣弗朗西斯科·泽维尔（San Francisco Xavier）的出生地，他于1506年出生在这座村庄里。泽维尔将他的大部分时间都用于在亚洲旅行、讲道、教学和治病。现在他的遗体被奇迹般地保存在印度果阿（Goa）的一座大教堂里。

景点

哈维尔城堡 城堡

（Castillo de Javier; ☎948 88 40 24; Plaza del Santo, Javier; €2.75; ⏲3月至10月 10:00~18:30, 11月至次年2月 至16:00）这座10世纪的

城堡坐落在纳瓦拉王国和阿拉贡王国的边境处，是哈维尔最重要的景点。它里面有一间讲述圣弗朗西斯科·泽维尔生平的小博物馆；泽维尔是纳瓦拉的守护者，他于1506年出生在这个村庄里。

住宿

Hotel Xabier 酒店 €

（☎948 88 40 06；www.hotelxabier.com；Paseo de la Abadía 2，Javier；标单/大床/标三€47/56/71；P 📶）如果你想住在城堡附近，就来常青藤爬满红砖墙的Hotel Xabier。透过房间的窗户，你可以尝试在月色下寻找飘荡在城堡周围的幽灵。这里有一间优质的餐厅（每日特餐 €20）。

到达和离开

大部分旅行者都是自驾来此地。潘普洛纳汽车站每天有几班车开往桑格萨，从那里搭乘出租车不久后即可到达哈维尔。Tafallesa也有车直接开往哈维尔，通常每天1班，从潘普洛纳汽车站开出。

拉里奥哈（LA RIOJA）

为拉里奥哈和这里生产的最好的红葡萄酒拿出酒杯（copas）吧。葡萄酒与这一地区的赭色土壤以及大片的蓝色天空十分相配，这里看上去比北边绿色的巴斯克更具地中海风情。实际上，在这里很容易就让你产生一种又到了另一个国家的感觉。大半葡萄园都围绕在哈罗镇周围的埃布罗河（Río Ebro）沿岸，但有些也延伸至相邻的纳瓦拉和巴斯克的阿拉瓦省（Álava）。这一多样性的地区提供的不仅仅是葡萄带来的快乐，在这里待上几天你就会把它跟可爱的城镇以及安静的朝圣者教堂联系起来，你甚至会去寻找巨大的爬行动物留下的骸骨。

洛格罗尼奥（Logroño）

人口 15.1万

洛格罗尼奥所在地是葡萄酒产区，市中心有着绿树成荫的广场、狭窄的街巷和隐蔽的角落。这里没什么历史遗迹，但对一些人来说，重要的是这里的巴斯克小吃店非常多。事实上，洛格罗尼奥正在迅速积累美食名气，足以和西班牙任何地方相媲美。

景点

★拉里奥哈博物馆 博物馆

（Museo de la Rioja；☎941 29 12 59；www.museodelarioja.es；Plaza San Agustín 23；⏲周二至周六 10:00～14:00和16:00～21:00，周日10:00～14:00）**免费** 市中心的这间博物馆将带你了解拉里奥哈的历史和文化（有西班牙和英语两种语言）。亮点包括令人困惑的伊比利亚凯尔特人石雕（公元前5世纪）、古罗马时期的漂亮珠宝和雕塑、中世纪时期的彩色圣坛装饰品和19世纪的肖像画和风景画。

雷东达圣玛利亚大教堂 主教座堂

（Catedral de Santa María de la Redonda；Calle de Portales；⏲周一至周六 8:30～13:00和18:00～20:45，周日8:30～14:00和18:00～20:45）雷东达圣玛利亚大教堂建在一座12世纪祈祷室的原址上，它的修建时间是15世纪至18世纪，呈现出多种风格。引人注目的钟楼（被称作gemelas或双子塔）和华丽的圣坛装饰品是拉里奥哈巴洛克风格的最佳诠释。不要错过米开朗琪罗创作的十字架上的耶稣，这幅精美的画作位于主圣坛后面，往盒子里投入一枚硬币后就会有灯光将它照亮。

圣巴泰勒米教堂 教堂

（Iglesia de San Bartolomé；Calle de Rodríguez Paterna；⏲11:30～13:15）这是洛格罗尼奥最为古老的教堂（建于12～13世纪），入口两侧的门廊由数个向内逐层递减的拱形组成，非常华丽，中间为壮观的大门。

活动

Rioja Trek 葡萄酒

（☎941 58 73 54；www.riojatrek.com；Calle Francisco de Quevedo 12）Rioja Trek位于市中心以东3公里处，经营各种葡萄园团队游、葡萄酒品尝会和拉里奥哈的山林徒步。其中的一个亮点活动是一个体验栽种葡萄和酿造葡萄酒的3小时游览（每人 €28），他们会带你游览传统葡萄园和酒窖，甚至让你亲自动手制作葡萄酒。

他们还经营城里的西班牙小吃团队游、两小时的葡萄酒品尝课程和适合儿童的活动。

Logroño 洛格罗尼奥

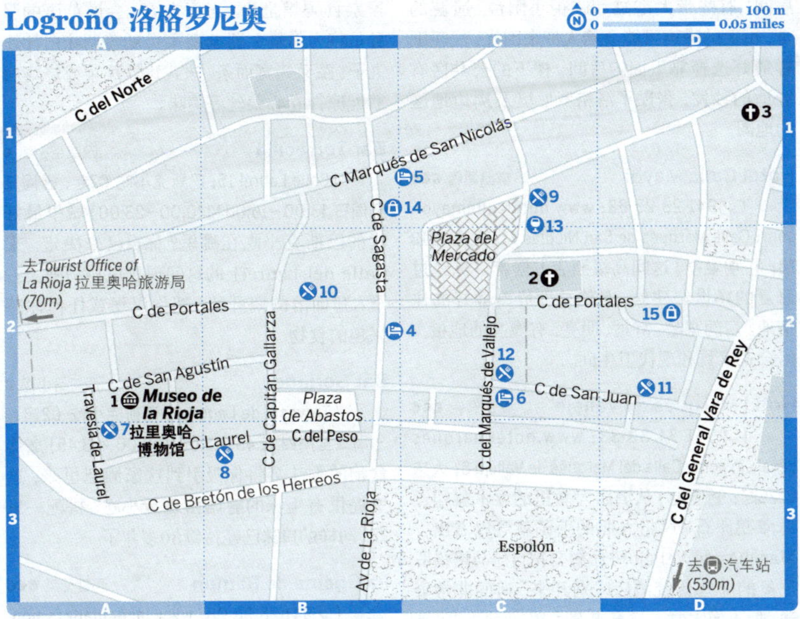

节日和活动

圣马特奥节 文化节

（Fiesta de San Mateo；⌚9月）洛格罗尼奥持续一周的圣马特奥节于9月21日的周六开始，然后延长为丰收节，在此期间，所有的拉里奥哈人都会来到镇上观看Espolón的葡萄压榨仪式，然后畅饮葡萄酒。

Actual 文化节

（www.actualfestival.com；⌚1月）1月份第一个星期举办的节日，有各种文化、音乐和艺术活动。

圣伯纳贝节 盛会

（Feast of San Bernabé；⌚6月11日）圣伯纳贝节纪念的是1521年洛格罗尼奥遭法国军队围困的历史事件，节日当天有美食和葡萄酒品尝、传统音乐会、烟花和对这场中世纪时期战役的戏剧演绎。

住宿

Hostal La Numantina 家庭旅馆 €

（☎941 25 14 11；www.hostalnumantina.com；Calle de Sagasta 4；标单/大床/标三 €35/56/70起；📶）这个经济型旅馆有舒适温馨的

Logroño 洛格罗尼奥

重要景点
1 拉里奥哈博物馆 A2

景点
2 雷东达圣玛利亚大教堂 C2
3 圣巴泰勒米教堂 D1

住宿
4 Hostal La Numantina B2
5 Hotel Calle Mayor C1
6 Hotel Marqués de Vallejo C2

就餐
7 Bar Soriano A3
8 Bar Torrecilla B3
9 Camino Vegano C1
10 La Cocina de Ramón B2
11 Tastavin D2
12 Umm C2

饮品和夜生活
13 Odeón Mercado Craft Beer C1

购物
14 Félix Barbero Botas Rioja B1
15 La Luci Delicatessen D2

房间，有些带大浴缸和临街小阳台。遗憾的是，街上的噪声可能会给人带来困扰，浅睡眠者最好选择靠里面的房间。楼下的公共区有舒适的沙发，张贴了洛格罗尼奥及周边地区的地图。

Hotel Calle Mayor 精品酒店 €€€

（☎941 23 23 68；www.hotelcallemayor.com；Calle Marqués de San Nicolás 71；大床 €110起；P ❄ @ 📶）这间高级酒店占据着一栋经过修复的16世纪建筑，是洛格罗尼奥最好的住宿地。房间宽敞、舒适、明亮，有漂亮的地板、组合式家具和现代卫生间。

Hotel Marqués de Vallejo 设计酒店 €€€

（☎941 24 83 33；www.hotelmarquesdevallejo.com；Calle del Marqués de Vallejo 8；大床 €126起；P ❄ 📶）从酒店大堂里的浮木雕塑、海滩鹅卵石、风格大胆的壁画就可以看出，Marqués de Vallejo拼命想要把自己与洛格罗尼奥的那些传统酒店区别开来。房间非常舒适，但不像大堂一样充满艺术感。

就餐

Tastavin 巴斯克小吃 €

（Calle San Juan 25；巴斯克小吃 €2.50起；⏲周二 20:00~23:00，周三至周日 13:00~16:00和20:00~23:00）Tastavin位于街两边到处是巴斯克小吃店的Calle San Juan，供应全城最好吃的小份巴斯克小吃，包括烟熏鳟鱼、炒洋蓟、微熏金枪鱼片和炖牛尾。葡萄酒香醇适口。

Umm 巴斯克小吃 €

（www.ummfoodanddrink.com；Calle San Juan 1；巴斯克小吃 €2.50起；⏲周二至周日 13:00~16:00和20:00~23:00）路过这条热闹的美食街时，你很难不被这家时尚的当代风格餐馆所吸引进去。只需看一眼这些精美的食物，你就会忍不住想要尝尝它们。烤鹅肝、五香烟熏牛肉配韩式泡菜、奶油汁海藻鳕鱼和手撕猪肉是其中的一些。

Camino Vegano 素食 €

（☎941 48 37 33；Plaza del Mercado 25；主菜 €9~12，午餐套餐 €12.50；⏲周日至周二 13:00~15:30，周三至周六 13:00~15:30和20:30~23:00）从肉食里抽身出来，来主广场上的这家素食餐馆坐坐。态度友好、会说英语的服务员将为你呈上蘑菇蔬菜贝夏美调味白汁炸丸子、蔬菜烤宽面条、法式达炒蔬菜或烧烤面筋配凉拌卷心菜丝等美味。

Bar Torrecilla 巴斯克小吃 €

（Calle Laurel 15；巴斯克小吃 €2起；⏲周三至周日 13:00~16:00和20:00~23:00）城里最好吃的巴斯克小吃在哪里？你自己来决定。来Calle del Laurel上的这间现代风格酒吧尝一下入口即溶的鹅肝酱、迷你汉堡或任何你感兴趣的食物。

Bar Soriano 西班牙小吃 €

（Travesía de Laurel 2；巴斯克小吃 €2起；⏲周二至周四 11:45~15:00和19:00~23:45）烹炸食物的香味会将你吸引到这家酒吧里来，这里提供有美味的蘑菇西班牙小吃，搭配一只虾，同样的口味已经持续30多年了。

La Cocina de Ramón 西班牙菜 €€€

（☎941 28 98 08；www.lacocinaderamon.es；Calle de Portales 30；套餐 €28~55，主菜 €16~25；⏲周二至周六 13:30~16:00和20:30~23:00，周日 13:30~16:00）虽然外表看上去不起眼，但这里的食物都是采用从市场上买来的当地产新鲜食材制作，品质很高，经过了多次尝试和检验的家庭烹饪菜肴，这些为Ramón赢得了不少粉丝。与美味的食物相呼应的是这里热情的服务，Ramón喜欢为每一位顾客解释每一道菜的信息。

饮品和夜生活

Odeón Mercado Craft Beer 酒吧

（Plaza del Mercado 27；⏲周三至周五 18:30至次日3:30，周六和周日 16:30~3:30）四面八方的啤酒爱好者聚集在广场上的这个悠闲的酒吧。这里有大概20种桶装精酿啤酒，其中有很多产自巴斯克自治区、加泰罗尼亚及其他地区。不时会有现场音乐演出。

购物

La Luci Delicatessen 食品和饮品

（☎941 44 18 54；Calle Portales 3；⏲周二至周日 10:30~14:00和17:30~21:00）来这个小店挑选一些美食作为礼物，有葡萄酒、奶酪、橄榄

油、精酿啤酒、苦艾酒和旋转木马盒装饼干等可供选择。

Félix Barbero Botas Rioja 工艺品

(http://botasrioja.artesaniadelarioja.org; Calle de Sagasta 8; ⊙周一至周六9:00~13:30和16:00~20:00)Félix Barbero维持着一项濒于灭绝的手艺，即采用动物皮手工制作成经典的西班牙葡萄酒容器，农民们用它来装取一日份的葡萄酒以供田地劳作时饮用。一个1升的优质葡萄酒容器价格为大约€20起。

ℹ 旅游信息

旅游局(☎941 29 12 60; www.lariojaturismo.com; Calle de Portales 50; ⊙7月至9月周一至周五 9:00~20:00，周六 10:00~20:00，周日 10:00~14:00，10月至次年6月 周一至周五 9:00~14:00和16:00~19:00，周六 10:00~14:00和17:00~19:00，周日 10:00~14:00)位于老城中心区西端的附近，能提供关于城市和整个拉里奥哈地区的大量信息。

ℹ 到达和离开

到达火车站或**汽车站**(☎941 23 59 83; Avenida de España 1)后，首先去Avenida de España，然后向Calle del General Vara de Rey前进，直至到达Espolón，这是一座公园一样的广场，非常奢侈地种上了许多悬铃木(并设有一座地下停车场)。北面就是老城区。

长途汽车开往以下目的地：

目的地	票价(€)	时长
毕尔巴鄂	15	2小时
哈罗	6.05	40分钟
潘普洛纳	10	2小时
卡尔扎达圣多明各	3.50	45分钟
维多利亚	10	2.25小时

洛格罗尼奥与以下目的地通火车：

目的地	票价(€)	时长
毕尔巴鄂	16起	2.5小时
布尔戈斯	14起	2小时
马德里	31起	3.5小时
萨拉戈萨	15起	2小时

圣米良-德科戈利亚(San Millán de Cogolla)

人口 290/海拔 733米

在纳胡拉(Nájera)西南方向16公里处的茂密山谷里，坐落着只有几百人的村庄圣米良-德科戈利亚。像纳胡拉一样，圣米良-德科戈利亚也拥有悠久而迷人的犹太历史——可追溯至10世纪。不过大多数人都是奔着这里的两座著名修道院而来，正是它们帮助了卡斯蒂利亚语的诞生。鉴于其在语言传承上所做出的贡献和其中精美的艺术品，联合国教科文组织将它们认定为世界文化遗产。

👁 景点

尤索修道院 修道院

(Monasterio de Yuso; ☎941 37 30 49; www.monasteriodesanmillan.com; San Millán de la Cogolla; 成人/儿童 €7/3; ⊙4月至9月 周二至周日 10:00~13:30和16:00~18:30，10月至次年3月至17:30)尤索修道院有时也被称为El Escorial de La Rioja，其中的博物馆中收藏有大量真品。只能以导览游(只有西班牙语；非西班牙语者会领到英语和法语信息单)的形式进入。游览时长50分钟，约半小时一次。8月份的周一也会开放。

苏索修道院 修道院

(Monasterio de Suso; ☎941 37 30 82; www.monasteriodesanmillan.com/suso; San Millán de la Cogolla; €4; ⊙4月至9月 周二至周日 9:30~13:30和15:30~18:30，10月至次年3月 至17:30)苏索修道院建在圣米兰(San Millán)曾经居住过的洞穴之上，于10世纪时被奉为神圣。据称13世纪时，有位名叫Gonzalo de Berceo的修士在这里写下了卡斯蒂利亚语第一个单词。这里只能以导览游的形式进入。必须提前买票，门票包含乘坐公共汽车上来的费用。

ℹ 到达和离开

大部分旅行者都是自驾过来。从拉里奥哈出来，往西沿A12行驶大约1小时即可到达村庄。

卡尔扎达圣多明各（Santo Domingo de la Calzada）

人口 6370 /海拔 640米

卡尔扎达圣多明各是西班牙最好的小镇。大部分居民仍然居住在带有部分城墙的老城中，这里就像是一座中世纪街道的迷宫，弥漫着过去的痕迹，社区感很强。在这里，你会感觉面包师好像记得所有顾客的名字，所有人都会参加玛利亚的洗礼。去圣地亚哥朝圣很久以前就是镇子的传统习俗，并一直持续至今日，多半游客也都是腿脚乏力的朝圣者。所有这一切都帮助圣多明各成为拉里奥哈最迷人的地方之一。

景点

圣多明各-德拉卡尔萨达大教堂 主教座堂

(Catedral de Santo Domingo de la Calzada; ☎941 34 00 33; www.catedralsantodomingo.es; Plaza del Santo 4; 成人/学生/儿童 €5/3/免费; ⏲4月至10月周一至周五 9:00~20:00，周六 9:00~19:00，周日 9:00至正午和14:00~20:00，11月至次年3月时间缩短）这座沉郁而不朽的大教堂及其附设的博物馆闪烁的金光展示出朝圣之路为这座其他方面都停滞不进的镇子所带来的巨大财富。大教堂及其珍宝音频导览价格为€1。也提供导览团队游，包括夜间的一场。

大教堂最古怪的地方在于入口地窖（抬头看），对面的正面是玻璃的笼子中饲养的白公鸡和母鸡。这些动物的存在代表着一个流传已久的传说，即公鸡的奇迹。它讲述的是一个年轻人受到不公审判但却无意间奇迹般得以复原，当时法官盘子中煮熟的公鸡和母鸡突然跳了起来，浑身羽毛也重新长了出来。

食宿

Hostal Rey Pedro I 酒店 €

(☎941 34 11 60; www.hostalpedroprimero.es; Calle San Roque 9; 标单/大床 €45/56起; 📶）这家经过细致修复的酒店拥有赤土色的客房，能看见屋顶上的木梁，配备有完全现代化的浴室，棒极了。

Parador de Santo Domingo de la Calzada 历史酒店 €€

(☎941 34 03 00; www.parador.es; Plaza del Santo 3; 房间 €135起; P📶）Parador Santo Domingo一反镇上惯常的虔诚风气。这家宏伟的酒店位于大教堂对面一座建于12世纪的建筑中，之前是一家医院，除了朴素的中世纪风格，这里什么都有。附设的餐厅很不错。

Parador Santo Domingo Bernado de Fresneda 酒店 €€

(☎941 34 11 50; www.parador.es; Plaza de San Francisco 1; Ave Juan Carlos I; 大床 €90起; P📶）酒店就在老城区边上，这里原本是一座女修道院和朝圣者旅馆，不过现在的它已变成有舒适床铺和奢华客房的豪华酒店。

Los Caballeros 西班牙菜 €€

(☎941 342 789; http://restaurantelosca balleros.com; Calle Mayor 58; 主菜 €18~23; ⏲周一至周六 13:00~16:00和19:30~23:00，周日 13:00~16:00）在这间有裸砖墙、木梁天花板和彩色玻璃窗的高级餐馆，品尝香味浓郁的乳猪肉、烟熏沙丁鱼和鳕鱼等经典纳瓦拉菜。需提前预订座位。

到达和离开

有多班车开往纳胡拉（€2.60，30分钟）并继续前行至洛格罗尼奥。汽车站位于圣赫罗尼莫埃莫西拉广场（Plaza San Jerónimo Hermosilla），紧邻Avenida Juan Carlos I（也称为Calle San Roque），与老城区中心相隔一条街；你可以在那里看到汽车时刻表。

拉里奥哈葡萄酒产区（La Rioja Wine Region）

拉里奥哈的葡萄酒无论是名字还是味道都能给人一种安逸的感觉，令人回味无穷。所有葡萄酒爱好者都知道有名的拉里奥哈葡萄酒，这里从罗马时代就开始酿造葡萄酒了。这一地区是经典的葡萄产区，葡萄园覆盖了整个埃布罗河腹地。该地区位于河的北岸，是巴斯克自治区的一部分，被称作拉里奥哈阿拉伟沙（La Rioja Alavesa）。

哈罗（Haro）

人口 11,300/海拔 426米

除去它在葡萄酒世界里的名声，拉里奥哈

体验葡萄的馈赠

小小的葡萄为拉里奥哈的一些村庄带来了巨大财富。关于这一点，最近几年冒出来的多间豪华酒厂和酒店便是最好的证据，没有它们，拉里奥哈只会是一个闭塞的乡村。

在踏上葡萄酒之旅前，先了解一些基本知识：拉里奥哈的葡萄酒品级分为四类：浅龄（Young）、佳酿（Crianza）、陈年（Reserva）和特级陈年（Gran Reserva）。浅龄葡萄酒只陈放了一或两年，因此口感不可避免地有点"新鲜"。佳酿葡萄酒必须陈放三年且至少要有一年是在小木桶内，之后还需在瓶中成熟几个月。陈年葡萄酒指的是特定年份的上等葡萄酒，必须在小木桶和瓶中至少陈放三年，其中至少要在小木桶中陈放一年。特级陈年葡萄酒是极品葡萄酒，至少要在小木桶中陈放两年，然后在瓶中成熟三年。这些都是"丝绒般柔润口感"的葡萄酒。

当埃尔希耶戈村（Elciego）Bodegas Marqués de Riscal的所有者决定要创造一些特别的东西时，他没有犹豫。**Hotel Marqués de Riscal**（☎945 18 08 80；www.hotel-marquesderiscal.com；Calle Torrea 1, Elciego；房间 €344起；P❄📶）由此诞生。这栋建筑花费了大约850万美元，在建筑材料上大量采用了钛板，色彩五彩斑斓、绚丽夺目，与身后的村庄形成鲜明对比。尽管酒店不接待临时客人，但你可以参加酒厂的某一个**葡萄酒团队游**（Vinos de los Herederos del Marqués de Riscal；☎945 18 08 88；www.marquesderiscal.com；Hotel Marqués de Riscal, Calle Torrea 1, Elciego；团队游 €12；⏲团队游10:30~13:00和16:00~18:00），英语讲解的团队游每天至少有一次，最好预订。虽然不能进入酒店，但你可以从远处欣赏它的外观。酒店内有两间餐厅可接受预订：米其林餐厅**Restaurante Marqués de Riscal**（☎945 18 08 80；www.restaurantemarquesderiscal.com；Hotel Marqués de Riscal, Calle Torrea 1, Elciego；14道/21道套餐 €110/140）和**1860 Tradición**（☎945 18 08 80；www.hotel-marquesderiscal.com/restaurante-1860-tradicion；Hotel Marqués de Riscal, Calle Torrea 1, Elciego；主菜 €22~34；⏲13:30~15:30和20:00~22:15），你可以借此近距离打量它的内部环境。如果想要感受酒店深层次的一面，你需要提前预订房间，不过你的钱包可能会要遭殃了。

拉瓜迪亚以北几公里的地方坐落着**Bodegas Ysios**（☎902 239 773；www.ysios.com；Camino de la Hoya；团队游 €12；⏲团队游周一至周五 11:00、13:00和16:00 周六和周日 11:00和13:00）。设计者圣地亚哥·卡拉特拉瓦（Santiago Calatrava）意在将它打造成"献给葡萄酒的寺庙"，由铝板和雪松木建造的屋顶呈波浪状，与身后延绵起伏的嶙峋山峰相得益彰。晚上灯光从屋内倾泻出来之时是它最美的时刻。酒厂每天都会组织团队游，可通过它初步了解葡萄酒的酿造过程。需要预约。

拉瓜迪亚还有一些对外开放的葡萄酒酒厂，但通常都只接受预约——可联系拉瓜迪亚的旅游局（见540页）获取详细信息。位于通往埃尔希耶戈村路上的**Bodegas Palacio**（☎945 60 01 51；www.bodegaspalacio.com；Carretera de Elciego；团队游 €5；⏲团队游 13:00，其他时间需预约）距离拉瓜迪亚仅1公里；同样建议提前预约。这家酒厂还经营优质的葡萄酒课程。酒厂内有一间酒店，但与拉瓜迪亚其他住宿相比缺乏特色。

拉瓜迪亚外围还有一个**卢西亚葡萄酒主题中心**（Centro Temático del Vino Villa Lucía；☎945 60 00 32；www.villa-lucia.com；Carretera de Logroño；团队游 €12；⏲周二至周六 9:00~14:00和16:00~20:00，周日 9:00~14:00），这是一间葡萄酒博物馆兼商店，出售来自当地小葡萄酒厂的高品质葡萄酒。博物馆只能通过参加团队游游览，结束时会看一部4D影片和品尝葡萄酒。

的葡萄酒产区的首府哈罗并不是一个什么了不起的地方，但是这座小镇有一种愉快的节奏，从Plaza de la Paz开始的紧凑的老城区有一些迷人的小巷，里面有很多酒吧和酒水商店。

镇子周边有许多葡萄酒厂，有些对游客开放（大多都需要预约）。旅游中心有完整名录。

活动

Bodegas Muga
葡萄酒

（941 30 60 60；www.bodegasmuga.com；Barrio de la Estación；葡萄酒厂团队游 €15起；周一至周六 需预约）走过镇外的铁路桥即可到达Bodegas Muga葡萄酒厂，这里是对待游客非常热情，每天都有导游带队的参观和品尝团（周日除外）。提前预约团队游。

节日和活动

葡萄酒大战
葡萄酒节

（Batalla del Vino, Wine Battle；www.batalladelvino.com；6月29日）在葡萄酒大战节日上，一向温和的哈罗市民会突然变得疯狂暴躁起来，他们以圣胡安（San Juan）、San Felices和San Pedro的名义相互喷洒葡萄酒。当然也有很多的酒是被喝下去的，这才是不辜负美酒的合适方式。

食宿

Hotel Arrope
酒店 €€

（941 30 40 25；www.hotelarrope.com；Calle Virgen de la Vega 31；标单/大床 €70/80起；❄📶）这个镇中心酒店有着非常年轻潇洒的态度，这在保守的哈罗是非常让人出乎意料的。房间用色大胆，木地板擦得锃亮，（有些房间）的阳台能俯视庭院。

酒店的酒吧兼咖啡馆有一个大露台，坐在那里喝酒吃东西非常惬意。

Hotel Los Agustinos
历史酒店 €€

（941 31 13 08；www.hotellosagustinos.com；San Agustín 2；标单/大床 €99/131起；P❄📶）这间由14世纪女修道院改建的酒店里弥漫着历史的韵味，房间有点老旧，但有遮蓬的庭院是个喝酒的好地方。酒店的餐厅（主菜 €16~22）同样做得很出色。

El Rincón del Noble
西班牙菜 €€

（941 31 29 32；www.elrincondelnoble.net；Martinez Lacuesta 11；主菜 €16~20；每天13:00~16:00和周五和周六 21:00~23:00）尽管哈罗并不是一个美食城，但这家气氛轻松愉悦的餐馆还是凭借简单但制作精良的经典菜获得了好评。拉里奥哈红酒烩嫩牛尾、热腾腾的炉烤鲈鱼、嗞嗞作响的鸭胸肉配焦糖苹果是其中较为出色的几道菜。

旅游信息

旅游局（941 30 35 80；www.haroturismo.org；Plaza de la Paz 1；6月中旬至9月周一10:00~14:00，周二至周日 10:00~14:00和16:00~19:00，10月至次年6月中旬周日和周二至周四10:00~14:00，周五和周六 10:00~14:00和16:00~19:00）位于主广场附近，能提供关于这片地区许多葡萄酒厂的实用信息。

到达和离开

哈罗与洛格罗尼奥（€6起，40分钟）之间有固定班次的火车。

另有长途汽车连接洛格罗尼奥、纳胡拉、维多利亚、毕尔巴鄂、卡尔扎达圣多明各和拉瓜迪亚（Laguardia）。**长途汽车站**（Calle Castilla）位于老城中心区以南5个街区的地方，有一间小小的室内咖啡馆。沿Avenida de la Rioja走可到。

布里奥尼斯（Briones）

人口 810/海拔 501米

一个人的理想使得布里奥尼斯的这座古色古香的村庄成为西班牙葡萄酒观光地图上的一个重要景点。这座会在日落之时被映满金色阳光的村子温柔地倚靠在山坡上，如同一个站在高处的指挥官一样俯瞰着周围布满葡萄园的平原地区。在这里你将会看到美妙的Vivanco（见本页）。在几层楼和数不清的房间里，你将了解到所有关于酒的历史和文化，以及不同酒类的酿制过程。过来欣赏一下世界上最丰富的开瓶器藏品，然后再去葡萄酒厂品尝一下不同品类的葡萄酒。

景点

Vivanco
博物馆

（葡萄酒文化博物馆；941 32 23 23；www.

vivancoculturadevino.es; Carretera Nacional, Km 232; 含葡萄酒品尝的导览游 €18~25; ⏲周二至周五和周日 10:00~18:00, 周六 10:00~20:00) 葡萄酒爱好者必到之处。先去**葡萄酒文化博物馆**(Museo de la Cultura del Vino), 在那里你将了解到葡萄酒的历史和文化, 以及酿造葡萄酒的多道程序; 之后再去参观葡萄酒厂。在最新技术的帮助下, 这些有趣的展览生动地还原了事物真实的模样。展览中的珍宝包括毕加索设计的葡萄酒壶、罗马和拜占庭风格的马赛克以及从葡萄酒文化中获取灵感的宗教神器。

住宿

Los Calaos de Briones 酒店 €

(☎941 32 21 31; www.loscalaosdebriones.com; San Juan 13; 大床 €65起) 将喝醉酒的自己安置在这间漂亮的酒店里吧。一些房间有四柱床, 与室内装饰共同营造出一种浪漫的气氛。酒店餐厅位于一个老酒窖中, 供应当地风味的美食(主菜€11~16)。

到达和离开

布里奥尼斯位于哈罗与洛格罗尼奥之间。Autobuses Jiménez经营从洛格罗尼奥开往布里奥尼斯(€3.95, 50分钟)的长途汽车, 之后它们会继续前行至哈罗。汽车停在布里奥尼斯的边缘, 紧邻公路。

拉瓜迪亚(Laguardia)

人口 1480/海拔 557米

拉瓜迪亚这座中世纪的防守城镇曾经被称作"纳瓦拉的守护者", 骄傲地坐落于多岩石的山顶, 在这里, 时间之轮能够轻易地转回到过去。被城墙包围的老城区占据了城镇的大部分, 交通十分通畅, 在这里悠闲地漫步绝对是一大乐趣。除了对早已远去的旧日时光的回忆, 现在镇上的葡萄酒产业和迷人风光也同样吸引人。

景点

Bodega El Fabulista 葡萄酒厂

(☎945 62 11 92; Plaza San Juan; 团队游 €7; ⏲11:30~13:00和17:30~19:00) 你可以通过团队游参观拉瓜迪亚这间传统葡萄酒厂的中世纪酒窖, 行程结束时会让你品尝酒厂出品的两款葡萄酒。可提前预约英语讲解的团队游(1小时)。

Bodegas Casa Primicia 葡萄酒厂

(☎945 621 266; www.bodegascasaprimicia.com/en/visits-and-lunches; 团队游 €9; ⏲团队游周二至周日 11:00、13:00和17:30) 在老城中心以北大约600米的地方坐落着拉瓜迪亚最老的葡萄酒厂。75分钟的团队游里, 导游将带你穿过这座16世纪的建筑, 向你展示葡萄酒的酿造过程和拉里奥哈丰富的葡萄酒文化, 最后以品尝葡萄酒结束行程。最好提前预订。

阿巴西亚塔 塔

(Torre Abacial; Calle Mayor 52; €2; ⏲10:30~14:30和15:30~19:30) 爬100多级楼梯到这座"男修道院院长之塔"(Abbot's Tower)上欣赏小镇和远处葡萄园的全貌。这座塔原本属于一座修道院, 有部分结构修建于12世纪。

国王圣玛利亚教堂 教堂

(Iglesia de Santa María de los Reyes; ☎945 60 08 45; Travesía Mayor 1; 团队游 €3; ⏲导览游6月至9月 11:15、13:15、17:30和18:30) 宏伟的国王圣玛利亚教堂的哥特式门廊建于14世纪后期, 有优美的门徒和其他人物主题的雕像。如果教堂的大门锁着, 可以到旅游局拿钥匙。夏季期间每天会组织多次导览游(西班牙语讲解)。

食宿

Posada Mayor de Migueloa 历史酒店 €€

(☎945 600 187; www.mayordemigueloa.com; Calle Mayor 20; 标单/大床 含早餐 €112/124; ❄📶) 这座宅第外观的酒店由一栋17世纪的建筑改造而成, 老旧的石墙、低矮的木梁天花板和擦亮的古董家具让7间房散发着迷人的复古气息。不要错过酒店的葡萄酒窖。餐厅的品质同样出众(主菜 €21起)。

Castillo el Collado 历史酒店 €€€

(☎945 62 12 00; www.hotelcollado.com; Paseo el Collado 1; 大床/套 €138/193; ❄📶) Castillo el Collado就像一个童话故事中的迷人城堡, 这里有锯齿形塔楼、象征城堡身份

的盾徽和优雅的花园。10间房都有自己独特的家具，比如造型精美的天花板、有壁画的墙壁和古董床架。

酒店里还有一间同时对外营业的餐厅和露台咖啡馆，从露台可以欣赏拉瓜迪亚老城区的风景。

Hospedería de los Parajes 历史酒店 €€€

（945 62 11 30；www.hospederiadelosparajes.com；Calle Mayor 46-48；房间 €150起；）极尽奢华的房间兼具现代和怀旧的风格。18间房内有光亮的木地板、艺术装饰品和风格独特的天花板。床铺非常舒适，淋浴间地板采用朴实的石板材质，服务专业高效。

Hotel Viura 设计酒店 €€€

（945 60 90 00；www.hotelviura.com；Calle Mayor, Villabuena de Álava；大床 €209起；P）Hotel Viura是葡萄酒产区的一座现代风格地标建筑，它给人的第一印象像是山坡上的一堆彩色金属盒。走近了看，一间时尚的设计酒店的形象便清晰了起来，与传统村庄Villabuena de Álava形成鲜明对比。这里的服务和设施都是一流的，是个极为出色的住宿地。

酒店位于拉瓜迪亚以东12公里处。

就餐

★Restaurante Amelibia 西班牙菜 €€

（945 62 12 07；www.restauranteamelibia.com；Barbacana 14；主菜 €16~22；周三至周日13:00~15:30和周五和周六 21:00~22:30）这间高级餐馆是拉瓜迪亚的亮点之一：品尝绝妙的传统菜肴时，将视线移向窗外，就可以看见被烧焦的平原和远处的高山山脊。等待你的是红酒烩牛尾野蘑菇配时蔬或烤黑鲈配南瓜奶油和松露油这样的美味。

Castillo el Collado Restaurant 西班牙菜 €€

（www.hotelcollado.com；Paseo El Collado 1；套餐 €30起）餐馆里弥漫着古朴的韵味，供应烤乳猪之类的经典拉里奥哈菜。有英文菜单，当然了，还有丰富的葡萄酒可供选择。

旅游信息

旅游局（945 60 08 45；www.laguardia-alava.com；Calle Mayor 52；10:00~14:00和16:00~19:00）位于镇中心的主路上，能提供当地对外开放的葡萄酒厂名单。

到达和离开

从洛格罗尼奥开往维多利亚（€8，1.5小时）的长途汽车每天有8班或9班，它们会经过并停靠在拉瓜迪亚（€3，25~30分钟）。拉瓜迪亚没有汽车站。在贯穿小镇的主路上、靠近观景点的地方有一些遮蓬，汽车就停在那里。

坎塔布里亚和阿斯图里亚斯

包括 ➡

最佳餐饮

- Real Balneario de Salinas（见579页）
- Tierra Astur（见568页）
- La Huertona（见576页）
- Bar Javi（见553页）
- Agua Salada（见549页）
- Arbidel（见576页）

最佳住宿

- Hotel Torre de Villademoros（见581页）
- La Casa del Puente（见554页）
- Posada del Valle（见587页）
- Hotel del Oso（见596页）
- 3 Cabos（见581页）
- Palacio de Flórez Estrada（见584页）

为何去

花一个多小时，你就可以从北向南纵贯这两个地区中的任何一个——但是千万别这么匆忙，坎塔布里亚和阿斯图里亚斯会带给那些悠游信步的人丰厚回报。这两个地区壮丽的海岸线是由一连串悬崖峭壁、美丽的沙滩和小小的渔港组成的。海岸线的后面是披着绿色华服的河谷，其间错落有致地点缀着古老而神秘的石砌小镇。坎塔布连山脉的峭壁高达2000多米，它一直绵延至欧洲之巅高高的顶峰。这里的美是无穷无尽而又时刻变化着的。

坎塔布里亚和阿斯图里亚斯肥沃的土地保证能让你在这里吃好喝好：上乘的肉食、本地奶酪、阿斯图里亚斯大名鼎鼎的苹果酒，以及沿海区域得天独厚的大量海产。与此同时，对历史感兴趣的旅行者也绝对不虚此行：早期人类祖先在阿尔塔米拉和别处留下了世界上最壮丽的史前壁画艺术；1300年前，西班牙民族的种子在科瓦东加第一次发芽。

何时去

奥维耶多

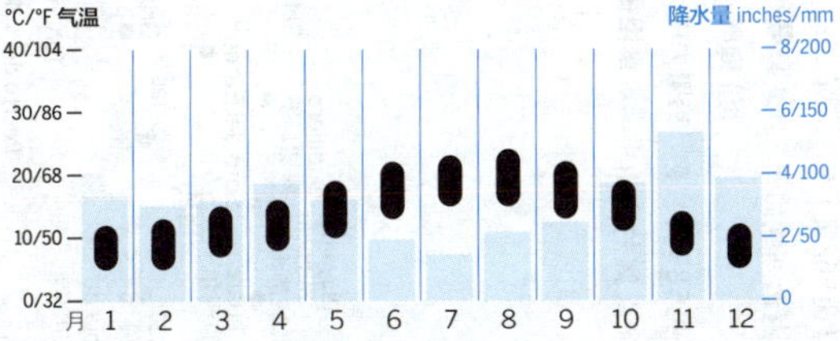

5月、6月和9月 气温回升，物价回落，也没有大批游客，是旅行的最佳时间。

7月 桑坦德的“超级礼拜”带来最有趣的夏季嘉年华。

10月 在阿斯图里亚斯硕果累累的果园和熙熙攘攘的苹果酒屋里庆祝苹果丰收。

坎塔布里亚和阿斯图里亚斯亮点

❶ **奥亚布里海滩**（见562页）在坎塔布里亚西海岸邂逅细腻如丝的沙滩。

❷ **科瓦东加湖**（见589页）漫步在欧洲之巅波光粼粼的高山湖泊。

❸ **桑蒂利亚纳德尔玛尔**（见559页）陶醉在这位中世纪美人的无穷魅力中。

❹ **桑坦德**（见545页）在充满活力的首府，忘我地享受西班牙小吃和冲浪运动。

❺ **提托布斯提约洞**（见575页）在里瓦德塞利亚海滨欣赏精美的洞穴艺术。

❻ **奥维耶多**（见565页）欣赏优雅的大教堂和前罗马式建筑，到“苹果酒大道”放纵自己，这里是西班牙苹果酒的心脏。

❼ **卡莱斯咽喉**（见591页）徒步穿越西班牙最著名的峡谷。

❽ **多里比亚海滩**（见578页）在与世隔绝的金色沙滩上晒日光浴。

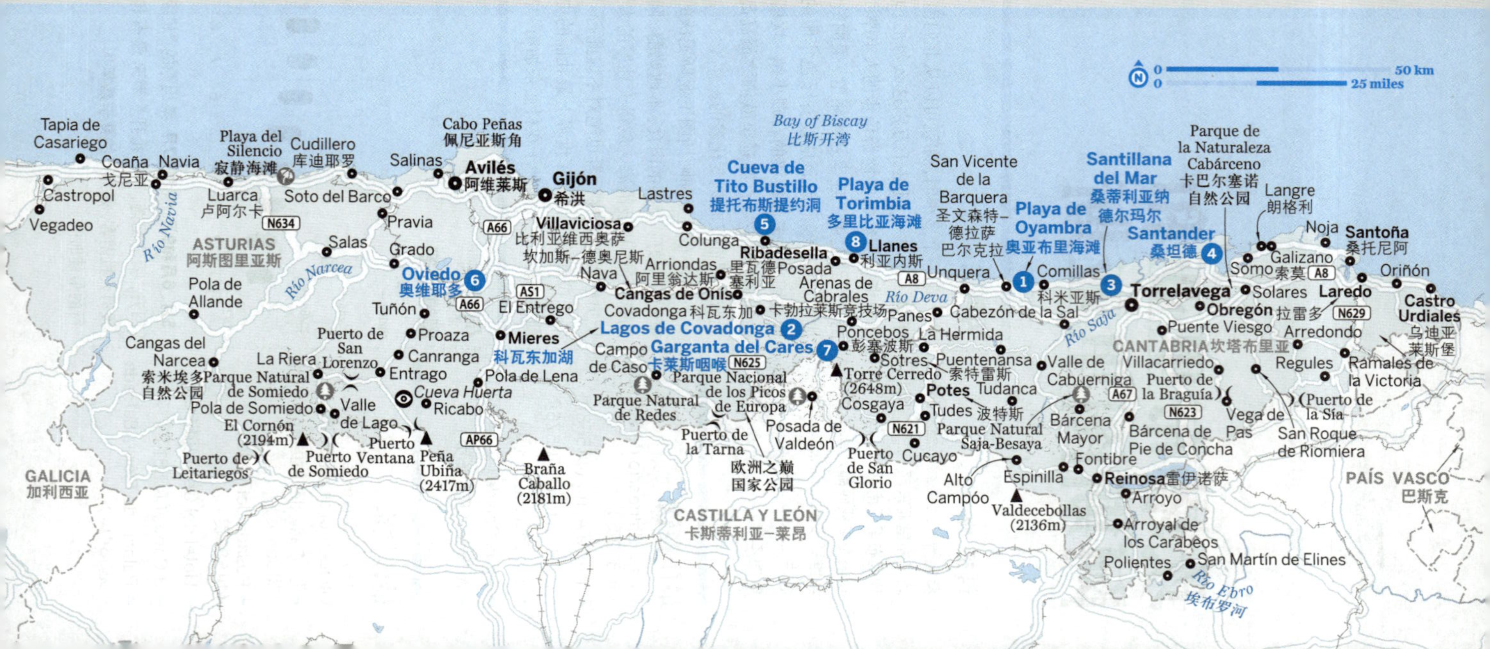

坎塔布里亚(CANTABRIA)

对现代旅行者来说，坎塔布里亚能够提供各方面的旅行乐趣。150公里长的海岸线以葱翠的海岬和背靠悬崖峭壁的狂野海滩为主，五彩缤纷的渔港和沙质小海湾点缀其间，是到海边度过一个夏日的完美去处(但是要根据天气情况而定)。坎塔布里亚的内陆矗立着令人惊艳的绿色群山，其间穿插着深不见底的峡谷，由陡峭的隘口相连接，顶端就是壮观的欧洲之巅。在这些内陆风景中，星罗棋布地散落着安静的村庄。无论你是驱车沿山路游览还是在小道上徒步，都有美不胜收的自然美景可以让你一饱眼福。

桑坦德是坎塔布里亚活力四射的首府，你可以在熙熙攘攘的海滩上边欣赏美景边品尝美酒，尽情享受城市生活。桑蒂利亚纳德尔玛尔和科米亚斯是两座兼具中世纪风格和现代主义美感的迷人小镇。而阿尔塔米拉、El Castillo和多瓦莱纳斯那些山洞中拥有世界上最古老也最精美的一些史前艺术作品。在如此丰富多彩的景观中，你可以轻轻松松地度过自己的整个假期。

桑坦德(Santander)

人口 171,951

除了黄金时代优雅的El Sardinero，现代桑坦德算不上是最漂亮的城市。1941年，一场大火席卷了整座城市，几乎没什么珍稀古迹保留下来。但是坎塔布里亚的首府桑坦德仍然是一个迷人的地方，桑坦德湾(Bahía de Santander)北部沿岸的美丽风光被充分展现，而这座城市具有前瞻性的设计体现在有着惊人现代感的博丁中心，它地处海滨，于2017年年中开放。

桑坦德是西班牙游客最喜欢的一处夏日度假胜地。在这个热闹的地方待上一两晚，享受典雅的城市沙滩、熙熙攘攘的商业街、热闹的酒吧和餐厅、大量的冲浪运动，一些迷人的文化景点更是为这里增色不少。

景点

★ 博丁中心 艺术中心

(Centro Botín; ☎942 22 60 72; www.centrobotin.org; Jardines de Pereda; 画廊 €8; ⏲6月至9月 周二至周日 10:00~21:00; 10月至次年5月 10:00~20:00)这座位于海滨的艺术与文化中心雄心勃勃，是桑坦德最新、最时髦的地标，于2017年6月隆重开放。这座别具一格的现代建筑由意大利建筑师伦佐·皮亚诺(Renzo Piano)设计，两层楼的空间包括了2500平方米的画廊，未来主义风格的顶层观景台伸向外面的桑坦德湾，格外引人注目。底层受欢迎的咖啡馆(☎942 04 71 50; www.centrobotin.org/el-muelle; 博丁中心; 午餐菜肴 €13~21; ⏲咖啡馆 周日、周二和周三 9:30~20:00，周四至周六 9:30至午夜，午餐 周二至周五 13:00~16:00，晚餐 周四至周六 21:00~23:00)已迅速跻身这座城市的社交中心。周围的广场同样热闹，从玩滑板的孩子到白发苍苍的老人，都聚集于此。

位于一楼和二楼的画廊需购票参观，这里循环展出当代国际艺术作品。大楼的其余区域可免费入内。

★ 坎塔布里亚史前和考古博物馆 博物馆

(Museo de Prehistoria y Arqueología de Cantabria; ☎942 20 99 22; www.museosdecantabria.es; Calle de Bailé; 成人/儿童 €5/2，周日下午免费; ⏲6月至9月 周二至周日 10:00~14:00和17:00~20:00，10月至次年5月 周二至周日 10:00~14:00和17:00~19:30)桑坦德这座杰出典雅的史前和考古博物馆内展出了坎塔布里亚庞大的考古财富，提供法语、英语和西班牙语的解说资料。详细的多媒体互动展览内容丰富，介绍了从早期人类遗迹，还有古罗马之前的坎塔布里亚人雕刻的巨型石碑、一个罗马式庭院复制品、史前洞穴艺术，以及中世纪西班牙王国中的阿斯图里亚斯和莱昂地区的考古发现。

★ 马格达莱纳半岛 公园

(Península de la Magdalena; ⏲8:00~21:00)这个广阔的公园位于海湾东端，是散步或野餐的绝佳地点。在这里，孩子们可以与常驻成员海狮和企鹅嬉戏，到西班牙大帆船的复制品上玩耍，还可以搭上环绕海岬的观光火车(成人/儿童 €2.45/1.45)游览一番。附近那些海滩与波涛汹涌的大海构成一幕幕惊心动魄的风景。

Santander 桑坦德

0 200 m
0 0.1 miles

Santander 桑坦德

马格达莱纳宫 宫殿

（Palacio de la Magdalena；☎942 20 30 84；www.palaciomagdalena.com；Península de la Magdalena；团队游 €3；⏲团队游 周一至周五 11:00~13:00和16:00~18:00 每小时1次，周六和周日 10:00~12:00每小时1次，6月中旬至9月中旬 仅周末开放）这座折中派风格的宫殿受英国同类建筑启发，占据了马格达莱纳半岛的制高点，修建于1908~1912年，是当时城市赠予皇室家族的礼物，并作为皇室的夏季行宫一直使用到1930年。由导游带领的团队游（西班牙语讲解）时长45分钟，讲解详细，会带领游客踏着橡木地板，欣赏那些青铜枝形吊灯，参观简朴得令人吃惊的卧室、精雕细刻的栗木楼梯和国王以前的书房。

夏季仅在周末开放，届时宫内会举办Universidad Internacional Menéndez Pelayo（www.uimp.es），这是一场全球各领域专家汇聚的盛会。

佩雷达花园和大道 公园、步行街

（Jardines & Paseo de Pereda；Paseo de Pereda）美丽的佩雷达花园（Jardines de Pereda）最近经过修缮，是以坎塔布里亚19世纪的作家何塞·马里亚·德·佩雷达（Jos María de Pereda）的名字命名的。何塞对后世影响深远的作品《山居小景》（*Escenas Montañesas*）中所描绘的山区生活场景被雕刻成青铜和石头雕塑，放置在这里。

佩雷达花园前面那条毗邻海湾的步行街往东一直通向小港（Puerto Chico）码头。夏季（冬季也经常如此）夜晚，城里一半的人似乎都在这里闲逛或慢跑。小港对面的佩雷达大道和Calle Castelar街道两旁高大建筑的玻璃露台清晰可见。

埃斯佩兰萨市场 市场

（Mercado La Esperanza；⏲周一至周五 8:00~14:00和17:00~19:30，周六 8:00~14:00）这个繁忙的市场位于桑坦德市政厅后面一座19世纪的铸铁建筑里，是体验原汁原味的本地生活的好去处。各种货摊占据了两层楼的空间，摆满海鲜、肉类、奶酪、水果和orujo（一种烈酒，来自坎塔布里亚的列尔班纳山谷）。

阿松希恩大教堂 主教座堂

（Catedral de la Asunción；☎942 22 60 24；Plaza del Obispo José Eguino y Trecu；捐款入内；⏲6月至9月 10:00~13:00和16:00~20:00，10月至次年5月 8:30~13:00和17:00~20:00）桑坦德这个宁静的大教堂由两座哥特式教堂组成，其中一座在另一座之上。上层教堂（Upper Church）是一座14世纪的建筑，15世纪时被用作修道院，1941年大火后被大规模重建，当地著名学者Marcelino Menéndez Pelayo之墓（☎942 23 44 93；Calle de Rubio 6；⏲周一至周五 10:30~13:00和17:30~20:00，周六 10:30~13:00）免费就在里面。位于下方的教堂是13世纪的Iglesia del Santísimo Cristo（Iglesia Vieja；☎942 21 15 63；Calle de Somorrostro；⏲6月至9月 8:00~13:00和16:00~20:00，10月至次年5月 8:00~13:00和17:00~20:00），透过玻璃地板，旅行者能看到桑坦德的几位保护圣徒的遗物，还可瞥见古罗马时代的地基。

◎ 海滩

萨尔丁内罗海滩 （Playa del Sardinero） 海滩

萨尔丁内罗是一片美丽的金色沙滩，绵

延1.5公里，位于马格达莱纳半岛北边，附近集中了一些桑坦德最昂贵的房产，例如**大赌场**（Gran Casino）等20世纪初的标志性建筑。秋冬季节，当海浪情况良好之时，大批冲浪者会出现在这里，届时浪头能达到1.5米高。前往萨尔丁内罗，可在佩德罗花园坐1路和2路向东行驶的公共汽车（€1.20）。

伯恩达尔海滩（Playa del Puntal） 海滩

伯恩达尔海滩是一片伸向桑坦德海湾的2公里长的沙滩，大致位于马格达莱纳半岛对面，在风平浪静的日子里有着无与伦比的田园美景（但需注意此处水流湍急）。夏季这里有几家广受欢迎的海滩酒吧（chiringuitos）营业。天气允许的情况下，5月至10月可从Estación Marítima Los Reginas（见551页）乘渡轮前往，往返€4，10:30~19:30约30分钟1班。

索莫海滩（Playa de Somo） 海滩

索莫海滩位于桑坦德海湾对面、紧靠伯恩达尔海滩，是一片美丽的金色海滩，那里的海浪常常很不错。常年都有渡轮（单程/往返€2.70/4.85，8:30~19:30 每30分钟或60分钟1班，30分钟）搭载游客从Estación Marítima Los Reginas（见551页）前往索莫。

课程

Escuela de Surf Sardinero 冲浪

（☎942 27 03 01；www.escueladesurfsardinero.com；Balneario de la Primera Playa del Sardinero；2小时团队课程 包括冲浪板、潜水衣和交通费 €35/人，冲浪板/潜水衣租赁 €25/12/天；⏲3月至11月）这家运营良好的冲浪学校和商店位置绝佳，就在萨尔丁内罗海滩中央，提供用西班牙语、英语和法语授课的冲浪课程。根据当日天气情况，可能会去西边10公里处的Liencres授课。

Escuela Cántabra de Surf 冲浪

（☎609 482823，942 51 06 15；www.escuelacantabradesurf.com；Calle Isla de Mouro 12，Somo；冲浪板及潜水衣租赁 €20/天，2小时团队课 包括冲浪板及潜水衣 €30/人；⏲3月中旬至11月中旬 周一至周日 10:30~20:00，其余月份仅周末）这家常设的冲浪学校总部位于索莫，隔着一个小海湾与桑坦德市中心遥遥相望，带领冲浪爱好者冲入海浪的历史已有25年之久，提供使用英语、西班牙语或意大利语的单次冲浪课程，以及一系列冲浪营地和长期课程，还有立式单桨冲浪（stand-up paddleboard；缩写SUP）团队课（2小时€50）。

节日和活动

桑坦德国际音乐节 音乐节

（Festival Internacional de Santander，简称FIS；www.festivalsantander.com）桑坦德规模浩大的夏季音乐季演出囊括了歌剧、钢琴、爵士乐、芭蕾等诸多类型。

超级礼拜 狂欢节

（Semana Grande；www.semanagrandesan

值得一游

桑坦德周边的海滩

朗格利海滩（Playas de Langre；朗格利；🅿）朗格利有两片狂野不羁的金色海滩，它们背靠悬崖峭壁，悬崖顶上是连绵起伏的绿色田野。附近常有适合冲浪的海浪。大多数到海滩玩的游客都会前往**Langre La Grande**，不过旁边比较小的**Langre La Pequeña**保护得更好。从桑坦德驱车向东30公里即可到达这里：绕过通往索莫（Somo）的小海湾，然后顺着CA141公路向东行驶4公里，再向北开2公里到达朗格尔，这两片海滩位于东北方500米（有路标）。

瓦尔德亚雷纳斯海滩（Playa de Valdearenas，Playa de Liencres；Liencres；🅿）这片3公里长的优美的金色海滩，被长满松树的自然公园**Parque Natural de las Dunas de Liencres**保护着，有种令人欣喜的纯天然感，在冲浪爱好者和热爱沙滩的人当中大受欢迎。从桑坦德驱车西行16公里即可到达此处：先顺着A67公路向西行驶11公里，然后取道CA231公路向北4公里，沿途有路标。

tander.com）桑坦德盛大的夏季节日在7月25日前后开展持续10天的娱乐活动。

住宿

Hostel Santander 青年旅舍 €

（☎942 2239 86；www.hostelsantander.es；Paseo de Pereda 15；铺 含早餐 €24~29；❄📶）这家优秀的现代旅舍位于市中心，在佩雷达大道上一栋古老的城市住宅内，欢快的公共休息室里装饰着带有大象足印的靠垫，摆放着桌子和电视，玻璃的露台上可以欣赏海景。3间床位间简单干净而清新，配有储物柜，每间可住6~9人，后面的那间可俯瞰Plaza de Pombo。

Hostal La Mexicana 旅馆 €

（☎94222 23 54；www.hostallamexicana.com；Calle de Juan de Herrera 3；标单 €41~50，标双 €57~65；📶）这是一家很受欢迎的经济型酒店，经营良好，维护也很用心，位于桑坦德市中心一条几乎没什么车辆的购物街上。38个房间是纯粹的旧式风格，到处饰有花朵，但非常舒适。这里还为家庭游客提供打通的房间。供应早餐（€3）。

★Los Balcones del Arte 公寓 €€

（☎94203 65 47；www.losbalconesdelarte.com；Plaza del Príncipe 2，5楼；1居套间 €80~140，2居套间 €125~190；📶P）4套迷人的当代风格公寓，为这座修缮得漂漂亮亮的建筑顶层锦上添花。位置超级好，就在Plaza Porticada旁边。每套公寓都设计得完美无缺，风格典雅，配有古典式的家具、有趣的织物、醒目的细节装饰和设备齐全的厨房。一居室的“Argenta”套间里装饰着微微闪着蓝光的蛇皮纹壁纸，可住4人的“Puerto”套间拥有豹纹印花枕头、一个金色主题的卧室和一个海景阳台。7月至9月中旬入住的话最少需要住满5晚，其他月份最少住2晚。

Le Petit Boutique Hotel 精品酒店 €€

（☎942 07 57 68；www.lepetithotelsantander.com；Avenida de los Castros 10；标双 含早餐 €65~168；❄📶）这家超现代风格的精品酒店靠近萨尔丁内罗海滩，有7间不同风格的客房，是一个迷人（虽然舒适度可能略差）的住处。每间客房的设计从世界各地汲取灵感，包括柚木家具的“巴厘岛”、都市全景壁纸的“纽约”和别致而漂亮的奶油色“巴黎”主题房。所有客房都装饰得温暖高雅，并有舒适的床铺和一尘不染、配有电吹风的浴室。

Jardín Secreto 精品酒店 €€

（☎94207 07 14；www.jardinsecretosantander.com；Calle de Cisneros 37；房 €55~80；📶）这个迷人的酒店得名于它那个小小的后花园，6个房间自成一体，分布在市中心附近一座有着200年历史的老宅里。它由一支对酒店行业很专业的兄妹团队经营，他们的母亲负责设计，将各种色度的银色、灰色和浅淡彩色与裸露的石头、砖块、木头组合成时髦的当代风格。位于顶层的3号和4号房间有面朝花园的露台。

Hotel Bahía 酒店 €€€

（☎942 20 50 00；www.hotelbahiasantander.com；Calle de Cádiz 22；房 €80~194；❄📶P）位于桑坦德市中心的顶级酒店，就在开往英国的轮渡码头对面，位置和设施无可匹敌。宽敞、舒适的房间布置成闪亮的银色和奶油色，典雅的极简主义风格配上华丽的地毯。有些房间能看到海景，另外一些俯瞰大教堂。家庭房里有舒适的儿童高低床。酒店服务专业而友好。

就餐

★Casa Lita 西班牙小吃 €

（☎942 36 48 30；www.casalita.es；Paseo de Pereda 37；小吃 €2.60；⏲周二至周日 12:00至午夜）跟着一群群时髦的桑坦德人挤进“小吃之家”，店内的砖墙上贴着20世纪初的桑坦德海报。如果你能找到桌位，算你运气好。这里供应经典的伊比利亚火腿和本地奶酪套餐，而别具创意的当代美食如迷你汉堡和南瓜韭菜乳蛋饼则能迅速打开你的味蕾。这里甚至还供应少量坎塔布里亚精酿啤酒。

★Agua Salada 创意菜 €€

（☎942 04 93 87；www.facebook.com/aguasaladasantander；Calle San Simón 2；午餐套餐 €14，主菜 €11~18；⏲周一 13:00~16:00，周三至周日 13:00~16:00和20:00至午夜）与其说老板

Carlos García和Pilar Montiel是在做生意，不如说是热爱做菜。这家亲切的街角小饭馆供应超棒的伙食，价格合理，食材是从市场上采购的新鲜货，烹饪风格介于传统与创新之间。你可以尽情享受一份美味的鞑靼金枪鱼（tuna tartare）配英国芥末冰激凌，或者烤猪腿加自制的桃子生姜酸辣酱，以及特级初榨橄榄油炒蔬菜。工作日的午市套餐性价比很高。

★ **La Conveniente** 西班牙小吃 €€

（☎942 21 28 87；Calle de Gómez Oreña 9；一盘西班牙小吃和奶酪浅盘 €7~20；⏲周一至周六 19:00至午夜）这家酒窖有高耸的石墙、木头立柱，以及比其他任何一个地方都要多的酒瓶子。你要么从人群中挤进有轨电车似的前门，在巨大的餐厅排队，要么就只是在吧台点些小吃。这里的食物并不复杂——浅盘奶酪（tablas）、香肠（embutidos）、火腿、肉酱（pâté），分量却是很足。若想抢到桌位，就在20:30之前来店里。

El Machi 海鲜、早餐 €€

（El Machichaco；☎942 21 87 22；www.elmachi.es；Calle de Calderón de la Barca 9；主菜 €16~30；⏲周一至周五 8:00至午夜，周六和周日 9:00至午夜）这是一家非常受欢迎的物有所值的海鲜餐厅，地理位置优越，从所有交通枢纽和市中心来到这里都很方便。可以品尝一下这里的西班牙小吃，如桑坦德特有的炸鱿鱼（rabas），他们的海鲜玉米饼里填有加利西亚式水煮章鱼（pulpo a la gallega），味道很棒，也可以选择海鲜烩饭（arroces）和烤鱼这类菜式。早餐也不错——即便只是鸡蛋和培根。

Cañadío 坎塔布里亚菜 €€€

（☎942 31 41 49；www.restaurantecanadio.com；Calle de Gómez Oreña 15；一盘西班牙小吃 €9~18，主菜 €18~25；⏲周一至周六 13:00~16:00和21:00至午夜；📶）这个非常有品位的现代餐馆内，红墙上装饰着艺术品，有舒适的小隔间和木地板。Cañadío提供独具创意的顶级美食，并成功地将本地元素融入其中。鳕鱼有多种烹饪方式，油炸山羊奶酪沙拉非常美味，通常还有一道传统的坎塔布里亚特色菜。或者你也可以在前面的酒吧跟大家一起享用非常诱人的小吃。

🍷 饮品和夜生活

Plaza de Cañadío、Calles de Daoíz y Velarde和Hernán Corté有许多酒吧（bares de copas），你可以在这里喝着啤酒、鸡尾酒、烈酒和红葡萄酒聊天。Calle de Santa Lucía、Calle del Sol，尤其是Calle del Río de la Pila的上段，有更多波希米亚风格的酒吧。佩雷达大道及其向东延伸的部分，即Calle Castelar，分布着一些咖啡馆。

ℹ 旅游信息

坎塔布里亚旅游局（Oficina de Turismo de Cantabria；☎942 31 07 08；www.turismodecantabria.com；Calle de Hernán Corté 4；⏲9:00~21:00）位于Mercado del Este内。

市旅游局（Oficina de Turismo Municipal；☎942 20 30 00；www.santanderspain.info；佩雷达花园；⏲6月中旬至9月中旬 9:00~21:00，其余月份 周一至周五 9:00~19:00，周六 10:00~19:00，周日 10:00~14:00）夏季在**El Sardinero**还有一个分支（☎942 20 30 09；Primera Playa del Sardinero；⏲7月至9月中旬 10:00~21:00，复活节至6月和9月下旬 周六和周日 10:00~21:00）。

ℹ 到达和离开

飞机

桑坦德的机场**Aeropuerto Seve Ballesteros**（☎942 20 21 00；www.aena.es；Avenida de Parayas）位于小镇以南约5公里的Parayas。每天有大巴往返于机场和桑坦德长途汽车站（€2.90，10分钟，6:30~23:00每半小时1班），从机场发车的时间为整点和半点，从市区发车的时间为整点后15分钟和45分钟。

航线和目的地：

伊比利亚航空公司（Iberia；www.iberia.com）有航班飞往马德里。

瑞安航空公司（Ryanair；www.ryanair.com）有航班飞往巴塞罗那、柏林（舍讷费尔德机场）、布鲁塞尔（沙勒罗伊机场）、布达佩斯、都柏林、杜塞尔多夫、爱丁堡、伦敦（斯坦斯特德机场）、马拉加、马拉喀什、米兰（贝加莫机场）、罗马（钱皮诺机场）、特内里费岛和巴伦西亚。

伏林航空公司（Vueling；www.vueling.com）有航班飞往巴塞罗那。

船

Brittany Ferries（www.brittany-ferries.co.uk）每周有3班汽车渡轮，其中1班只提供基本服务，从英国的朴茨茅斯港（24~32小时）和普利茅斯港（20小时）驶往桑坦德市区的**Estación Marítima**。船票价格变化较大：从英国这两个港口中的任意一个到桑坦德之间的标准往返航程，2月预订7月或8月的双人舱标准间带一辆小汽车的票价约£800，但是如果预订10月份的行程只需要£500。类似的往返票，若搭乘只提供基本服务的朴茨茅斯港渡轮（也是双人舱标准间），预订7月班次的渡轮需花费约£600，10月约£400。

2018年，Brittany Ferries宣布开通从爱尔兰的科克开往桑坦德的轮渡，每周2班。

长途汽车

ALSA（www.alsa.es）是桑坦德**长途汽车站**（☎942 21 19 95; Calle Navas de Tolosa）主要的长途汽车公司。

目的地	票价（€）	车程（小时）	每日发车频率
毕尔巴鄂	6.65	1.25~1.75	16班
马德里	32~39	5~6.25	6班
奥维耶多	13~28	2.25~3.25	13班
圣塞瓦斯蒂安	13~30	2.5~3	11班

火车

桑坦德有2个火车站，并排位于Calle de Rodríguez。**FEVE**（Renfe Ancho Métrico; ☎912 32 03 20; www.renfe.com/viajeros/feve.es）的列车发往西班牙北部海岸沿线，而**西班牙国铁**（☎912 32 03 20; www.renfe.com）的列车则发往南部。

毕尔巴鄂（€8.90，3小时，每天3班FEVE列车）

马德里（€26~52，4~6小时，每天3~5班西班牙国铁长途列车）途经雷伊诺萨、帕伦西亚和巴利亚多利德。

奥维耶多（€16.35，5小时，每天2班FEVE列车）途经圣文森特-德拉萨巴尔克拉、利亚内斯、里瓦德塞利亚、阿里翁达斯。

ℹ 当地交通

船

从**Estación Marítima Los Reginas**（☎942 21 67 53; www.losreginas.com; Paseo Marítimo）定期出发的轮渡将桑坦德市中心和海湾对面**伯恩达尔海滩**（单程/往返€2.80/4.10）和**索莫海滩**（单程/往返€2.80/4.95）连接起来。

公共汽车

通过步行，可轻松探索桑坦德市中心，不过，乘坐1路和2路郊区巴士往返市区和萨尔丁内罗（€1.30）也很方便。它们会在邮政总局附近的**Avenida de Calvo Sotelo**和**佩雷达花园**停车。

桑坦德周边（Around Santander）

桑坦德周边有一些值得一游的景点，全都可以从市区轻松前往，如美丽的冲浪海滩（见547页）、西班牙最好的野生动物公园之一，而在宁静的小镇Puente Viesgo，可找到世界上最古老的史前洞穴艺术。

卡巴尔塞诺自然公园 动物园

（Parque de la Naturaleza Cabárceno; ☎902 21 01 12; www.parquedecabarceno.com; Obregón; 成人/儿童 €30/17; ⏲3月至10月 9:30~18:00，11月至次年2月 周一至周五 10:00~17:00，周六和周日 10:00~18:00; Ⓟ）这座户外动物园位于桑坦德以南17公里，游览这座动物园是一次奇妙而成功的体验。这里曾经是一座露天开采的矿山，如今则散养着许多动物，包括犀牛、小袋鼠、大猩猩、单峰驼、猞猁和濒危的坎塔布里亚棕熊等。公园游览路线总长14公里，你需要有辆车，游览约需3小时。也可以乘坐公园里两条6公里长的崭新缆车（telecabinas）路线，从空中俯瞰这里的景色。

从桑坦德出发，沿N623向Burgos方向，然后顺着S30向东南方向行驶，顺着指示牌前往卡巴尔塞诺。

坎塔布里亚东部（Eastern Cantabria）

桑坦德和毕尔巴鄂（位于巴斯克地区）之间的海岸线绵延95公里，为两座城市各提供了好几个海滨度假胜地。虽然这里的市镇不如坎塔布里亚西海岸的迷人，但其中也不乏壮丽的海滩。在内陆，坎塔布里亚东南部的Valles Pasiegos和Alto Asón地区有一片绿色的海洋等待着游客光临。

值得一游

城堡山洞穴

4个被列入联合国教科文组织《世界遗产名录》的城堡山洞穴(Cuevas De Monte Castillo; ☎942 59 84 25; cuevas.culturadecantabria.com/el-castillo-2; Puente Viesgo; 成人/儿童 每个洞穴 €3/1.50; ⊙6月中旬至9月中旬 周二至周日 10:30~14:30和15:30~19:30，其余月份开放时间缩短且周二关闭; P)位于桑坦德西南27公里处，El Castillo和Las Monedas这2个洞穴能参加长达45分钟的导览游(西班牙语)，强烈建议预订，尤其是更壮观的山洞El Castillo，里面有欧洲最古老的洞穴艺术。当你深入洞中500米处探索时，你看到的洞穴艺术几乎跟坎塔布里亚著名的阿尔塔米拉山洞(见561页)一样叹为观止，不同于后者的是，你在这里看到的是艺术原物，而非复制品。

El Castillo内的275处岩画和雕刻于1903年被发现，描绘了鹿、野牛、马、山羊、欧洲野牛、手印、神秘的象征符号和一头猛犸象(实属罕见)，历史可追溯到公元前39,000至前公元11,000年。这里的一个红色象征符号被认为是40,800年前的，是已知最古老的欧洲洞穴艺术。El Castillo也有一些形如教堂的精美石头。Las Monedas里的洞穴艺术(黑色的动物轮廓，刻画于公元前10,000年左右)要少一些，但洞本身很漂亮，是钟乳石和石笋组成的迷宫。

桑坦德每天有5~8班巴士开往Puente Viesgo(€2.30; 35分钟)，这里距洞穴还有2公里上坡路，可以步行或搭乘出租车。如果自驾，从洞穴停车场到桑坦德车程40分钟。

桑托尼阿(Santoña)

人口 11,004

悠闲的桑托尼阿渔港位于桑坦德以东42公里处，以凤尾鱼闻名，瓶装或罐头装的凤尾鱼用橄榄油加以保存。美丽的海滩Playa de Berria位于小镇北边。

景点和活动

Playa de Berria 海滩

沿着CA141公路北行2.5公里，就可以到达Playa de Berria，这是一片壮观的金色沙滩。你可以去开放海域的惊涛骇浪中冲浪，从桑托尼阿前来的公共汽车很多(€1.45, 5分钟)。

布希耶罗山文化公园 徒步

(Parque Cultural Monte Buciero; www.santona.es/turismo/monte-buciero-0)这座公园占据了桑托尼阿向东北延伸的丘陵海岬。这里有5条徒步小路径，包括相对轻松的环线Sendero de Faros y Acantilados(12公里，4小时)，途经几座灯塔、峭壁和堡垒。

住宿

Hotel Juan de la Cosa 酒店 €€

(☎942 66 12 38; www.hoteljuandelacosa.com; Playa de Berria 14; 标单 €65~98，标双 €70~138，标四 €104~185; ⊙复活节至10月; ❄ 📶 🏊 P)看上去有点冷酷的外观的设计灵感来自海洋，蓝色客房都很宽敞，三分之二的房间能看到一览无余的海滩风景。酒店内有一家美味的餐厅，以海鲜为主打菜。酒店也有为家庭游客设计的简朴公寓，可以自己做饭。

实用信息

桑托尼阿旅游局(Oficina de Turismo de Santoña; ☎942 66 00 66; www.turismosantona.es; Calle Santander 5; ⊙6月中旬至8月 10:00~14:00和17:00~20:00，9月至次年6月中旬 周一至周五 9:00~16:00，周六 10:00~14:00)在6月中旬至8月，海滨步道也设有一个咨询台。

到达和离开

船

3月至11月，**Excursiones Marítimas**(☎637 584164; www.excursionesmaritimas.com; ⊙7月中旬至9月中旬 9:00~21:00，3月至7月中旬和9月中旬至11月 周一至周五 9:00~19:00，周六和周日 9:00~20:00)有轮渡从桑托尼阿穿过河口，开往拉雷多海滩西北端(单程/往返€2/3.50)。6月至9月，每天提供几趟环游海湾的带解说的1小时游船，中途停靠拉雷多镇中心和风景如画的Faro del Caballo灯塔(往返€10)。

长途汽车

桑托尼阿的**长途汽车站**(Calle Marinos de Santoña)有**ALSA**(见551页)和**Autobuses Palomera**(☎942 88 06 11; www.autobusespalomera.com)公司的长途汽车。周一至周五，每天有16班长途汽车往返于桑托尼阿和桑坦德(€4.25, 1小时)，周六10班，周日8班。另外每天还有7~13班开往拉雷多(€1.80, 30分钟)，从拉雷多有开往乌迪亚莱斯堡的车。

乌迪亚莱斯堡及周边 (Castro Urdiales & Around)

人口 31,817

乌迪亚莱斯堡位于毕尔巴鄂(巴斯克地区)以西31公里和拉雷多以东26公里，是一座活泼、迷人的海滨小镇，拥有美丽的港口，若干错综复杂的狭窄小巷构成了它中世纪风格的镇中心，一座壮观的哥特式教堂高耸于此。历史上的乌迪亚莱斯堡是"海岸四城"(Cuatro Villas de la Costa)之一(另外3个城镇是桑坦德、拉雷多和圣文森特-德拉萨巴尔克拉)。"海岸四城"由4个中世纪的港口组成，它们在1779年联合起来，构成了坎塔布里亚省。

在衔接拉雷多和乌迪亚莱斯堡的A8公路中途附近，你会找到两片金色的海滩：奥里诺和索纳比亚，很值得停下来游览一番。两片海滩都可顺着同一条小公路进入，从奥里诺继续前行1.7公里(没有路牌)即可到达索纳比亚。

景点

阿松希恩圣玛利亚教堂 教堂

(Iglesia de Santa María de la Asunción; ⏲周一至周六 10:00~13:00和16:00~18:00)一组混乱而壮观的哥特式建筑傲慢地耸峙在乌迪亚莱斯堡的港口之上，这就是阿松希恩圣玛利亚教堂。它建于1208年，但增建各种附属建筑的工作差不多持续到20世纪。教堂与一座废墟位于同一个海岬上，那处废墟曾有好几百年都是镇上防御性的城堡，如今则矗立着一座灯塔，同样位于海岬上的还有一座中世纪的单拱桥，不过大部分都经过重建。

索纳比亚海滩 海滩

(Playa de Sonabia; Sonabia)小小的索纳比亚海滩位于拉雷多以东14公里处，它嵌入峭壁下的岩石小海湾里，罕见的狮鹫在狂野荒凉的海滩上空盘旋。驱车穿过小村索纳比亚，经过教堂后直接向左拐，你必须把车子停在海滩上方，然后步行下去。经由那条通往奥里诺海滩的小公路就可进入这个地方。海滩上方的停车场有几个季节性的酒吧兼餐厅。

奥里诺海滩 海滩

(Playa de Oriñón; Oriñón)从乌迪亚莱斯堡顺着A8公路西行16公里，就来到这片宽阔的沙滩带附近。它位于一些如同屏障的海岬深处，因此这里海水平静，而且相对暖和。这里的定居点由一些丑陋的度假平房和房车停车场组成。一条10公里长的上下起伏的**步道**从奥里诺经索纳比亚海滩和更荒凉的**Playa de San Julián**海滩，通往拉雷多。

食宿

Ardigales 11 精品酒店 €€

(☎942 78 16 16; www.pensionardigales11.com; Calle de Ardigales 11; 标单 €48~56, 标双 €68~88, 标四 €98~120; ❄📶)在老城区Castro的主要酒吧街上，坚固的石墙外表下隐藏着一家带有未来主义色彩的酒店。11间整洁的现代客房饰以有品味的黑、白、灰色调。楼下，柔和的霓虹灯照亮了舒适的休息区，酒店自带的酒吧也很棒。

★ Bar Javi 西班牙小吃 €

(☎942 78 35 30; www.barjavi.com; Ardigales 42; 西班牙小吃 €2.50~3; ⏲11:30~16:30和18:30至午夜)在这家可爱的本地西班牙小吃吧，餐巾上的警告说明了一切："若对店内牙签小吃上瘾，本店概不负责。"确实，品尝着各种每日特色菜——从精心煎炸的小鱿鱼丸子到烟熏大比目鱼或蘑菇炖鳕鱼，全都配一杯价格合理的顶级葡萄酒——食客很难不对这里恋恋不舍。

旅游信息

旅游局(☎942 87 15 12; www.turismocastrourdiales.net; Parque Amestoy; ⏲7月至9月中旬 9:00~21:00, 9月中旬至次年6月 9:30~14:00和16:00~19:00)位于海滨。

值得一游

坎塔布里亚东部山谷

坎塔布里亚东部的山谷少有游客探访，这里有大量未被破坏的壮丽的乡村风景，很适合探险。在游览完桑坦德以南25公里处Puente Viesgo的**城堡山洞穴**后，不妨再去探访下列路线，出发前请确认天气状况。

El Soto在Puente Viesgo南部不远处的N623公路旁，从这里顺着CA270和CA142公路往东南方抵达Selaya。顺着路牌指引前往家庭经营的**Quesería La Jarradilla**（☎652 779660，942 59 03 42；www.quesoslajarradilla.com；Barcenilla 246，Tezanos de Villacarriedo；⏲团队游 周六 12:00，商店 周一至周六 11:00~14:00和16:30~18:30，周日 11:00~14:00），可在此品尝、购买并了解又软又嫩的**Valles Pasiegos**奶酪（产自Pas、Pisueña和Miera 3个山谷；www.vallespasiegos.org），这里是坎塔布里亚最传统的乡村地区。

顺着CA262公路继续向南前往Vega de Pas，它是**Valles Pasiegos**的"首府"。从海拔720米的**Puerto de la Braguía**山口看到的风景非常惊艳。从Vega de Pas沿CA631公路向东南进入卡斯蒂利亚-莱昂（公路在此变为BU570），接着从Las Nieves附近开始北行。沿着BU571攀上海拔1240米的**Puerto de la Sía**山口 前往CA265公路上的Arredondo，它位于坎塔布里亚东南的**Alto Asón区**（www.citason.com）内。这条公路蜿蜒曲折，到处是之字形拐弯，要经过两个山口和一座50米高的瀑布，也就是**Nacimiento（Source）del Río Asón**。如果不走这条路，也可在过了Puerto de la Sía山口后立刻在那个交叉路口右转，你可以顺道拜访一个信息中心**Centro de Interpretación Collados del Asón**（☎619 892634，942 67 73 71；www.facebook.com/colladosdelason；Barrio Lavín，La Gándara；⏲周三至周五 10:00~15:30，周六和周日 10:00~18:00），这里提供该地区各种活动的相关信息，还有一座雄伟的瞭望台可以俯瞰Río Gándara河谷。

坎塔布里亚已知的9000座山洞有一半多在Alto Asón境内，你可以从Arredondo东行或从信息中心向东北方前进，到达**Ramales de la Victoria**，这座河谷城镇有两个壮观的洞穴可以参观。巨大的**Cueva de Cullalvera**（☎942 59 84 25；cuevas.culturadecantabria.com/cullalvera-2；Ramales de la Victoria；成人/儿童 €3/1.50；⏲6月中旬至9月中旬 周二至周日 10:30~14:30和15:30~19:30，9月中旬至次年6月中旬 开放时间缩短）里面有史前岩画。从Ramales向南沿N629公路向上3公里，然后沿着小路向上步行650米，就到了细长的**多瓦莱纳斯洞穴**（Cueva de Covalanas；☎942 59 84 25；cuevas.culturadecantabria.com；成人/儿童 €3/1.50；⏲6月中旬至9月中旬 周二至周日 10:30~14:30和15:30~19:30，9月中旬至次年6月中旬 开放时间缩短）。这个洞被列入联合国教科文组织《世界遗产名录》，对鹿和其他动物的描绘都以独特的点画技巧完成，其历史可追溯到公元前20,000年左右。两个洞穴的导览游都长达45分钟，最好预订。

在Ramales西南10公里的Regules，**La Casa del Puente**（☎942 63 90 20，645 820418；www.lacasadelpuente.es；Regulesabajo 3，Regules；房 含早餐 €86~154；Ⓟ）矗立在Río Gándara旁一个宁静、阴凉之处。这是一座经过修复的美丽的casa de indianos（从拉丁美洲或加勒比海地区归乡的殖民者建造的庄园），房间是温暖舒适、色彩鲜艳的现代乡村风格，有裸露的石质工艺和花卉图案的织物，有些房间还有独立的按摩浴缸。顶层房间带有木梁斜屋顶的阁楼。你可以在玻璃餐厅中尽情享受美味的坎塔布里亚风味美食。店主Emilio拥有丰富的当地知识。

在Ramales以南，N629公路会先到达920米高的**Alto de los Tornos**瞭望台，这里可以眺望全景，然后继续向卡斯蒂利亚-莱昂的布尔戈斯前进。

到达和离开

ALSA（见551页）每日至少有8班长途汽车从乌迪亚莱斯堡的**长途汽车站**（☎942 86 71 45; Calle Leonardo Rucabado 42）经拉雷多开往桑坦德（€6.40; 1小时）。

IRB Castro（☎942 86 70 26; www.bilbao-castro.es）开往毕尔巴鄂的长途汽车（€2.75; 6:00~22:00 每半小时1班，周日 每小时1班；45分钟）沿途在多个车站停靠，包括距海滨半个街区的**Calle La Ronda 52**。

没有公共交通工具前往奥里诺海滩和索纳比亚海滩，游客需要自己驾车。

拉雷多（Laredo）

人口 11,347

拉雷多位于桑坦德以东46公里处，是一个特别受欢迎的西班牙海滩度假胜地。5公里长的Playa de Salvé海滩就在桑托尼阿海湾对面，背靠一些建于20世纪的丑陋街区。但在小镇的东端，充满怀旧气息的鹅卵石街道从La Atalaya山蜿蜒连接起古老的Puebla Vieja，街道两侧挤满繁忙的酒吧和餐馆。

景点

Fuerte del Rastrillar

要塞

（⏲10:00~22:00）Puebla Vieja上方的La Atalaya山上矗立着一座16世纪的要塞（可经一条500米长的陡峭小路抵达），不过如今连废墟都在不断缩水。从这里的**Mirador de la Caracola**，游客可以眺望拉雷多壮观的海滩风景，以及桑托尼阿后面和对面那些披着绿色外衣的群山。

Túnel de Laredo

隧道

（⏲10:00~22:00）这条220米的长隧道如同巨大的洞穴，建于1885年，从小镇的东端穿过La Atalaya山，通往崎岖的海滨瞭望台。它最初是为了抵达一座如今已经毁坏的要塞而修建的，在西班牙内战期间作为一处避难场所而被派上用场。

圣玛利亚教堂

教堂

（Iglesia de Santa María; ☎942 84 03 17; Calle Santa María; €1; ⏲周一至周五 10:00~13:00和16:00~19:00，周六 10:00~13:00）壮观的圣玛利亚教堂建于13世纪，从1931年起就成为西班牙的国家历史文物。它坐落在Puebla Vieja最高处，里面有一幅15世纪的佛兰德斯人（Flemish）的祭坛装饰画（retablo）。

就餐

Somera

创意菜 €€

（☎942 60 30 19; www.divinocanalla.com; Rua Mayor 17; 主菜 €12~20; ⏲7月至9月中旬 周二至周日 12:00~17:00和20:00至次日1:00，其余月份 周四 20:00至午夜，周五至周日 13:00~16:00和20:00至午夜）Somera由一个雄心勃勃、服务周到的年轻团队经营，专门烹制西班牙-亚洲融合风格的创意菜式，全部采用本地食材。美味的开胃菜包括煎鸡蛋、寿司和分量很大的松脆沙拉（如巨大的对虾、水果和苹果冰激凌）。主菜是另一种风格，包括美味的汉堡和鞑靼金枪鱼，而一口一份的巧克力甜点则为这些美味佳肴画上完美的句号。

实用信息

旅游局（☎942 61 10 96; www.laredoturismo.es; Alameda Miramar; ⏲7月至9月中旬 9:00~21:00，9月中旬至次年6月 9:30~14:00和16:00~19:00）在小镇东端。

到达和离开

长途汽车

ALSA（见551页）经营的长途汽车每天至少有17班往返拉雷多与桑坦德（€4.25，40分钟）、毕尔巴鄂（€3.60，50分钟），至少有15班开往乌迪亚莱斯堡（€2.15，20~40分钟）。汽车从**长途汽车站**（Calle Reconquista de Sevilla 1）发车。

船

3月至11月，**Excursiones Marítimas**（见552页）有船只从拉雷多海滩西北端开往桑托尼阿（单程/往返€2/3.50）。同一家公司也经营一些观光游船，6月至9月，每天有数班从拉雷多市中心开往桑托尼阿（往返€10）。

坎塔布里亚南部（Southern Cantabria）

高耸的山峰和深隧的河谷，以及如百衲衣般的绿色山坡构成一幕幕精美的全景，等

另辟蹊径

游览埃布罗河沿岸的岩石教堂

埃布罗河是西班牙水流量最大的河，发源于雷伊诺萨（Reinosa）西北5公里处的Fontibre，在注满东边的Embalse del Ebro水库后，蜿蜒向南和向东流入卡斯蒂利亚-莱昂。这条河的河道两岸点缀着许多风景优美的迷人城镇。你可以沿着GR99的长步道或是雷伊诺萨延伸出来的次要公路游览。

从雷伊诺萨沿CA730公路东行——如果有兴趣的话，途中可以参观罗马式建筑**胡利奥布里加**——前往Arroyo，从这里顺着CA735公路转向南，沿着路标到达**Santuario de Montesclaros**（☎942 77 05 50；Carretera CA741，Montesclaros；⊙开放时间不固定；🅿），这座修道院里有迷人的前罗马式地下室，也是俯瞰埃布罗河谷的绝佳地点。从这里沿着CA741向西南到达Arroyal de los Carabeos（要经过修道院对面一个很棒的观景台**Mirador del Cañon**），接着沿CA272向南到达与CA273会合的环形路口。沿CA273向西9公里即可到达著名的**瓦尔韦尔德圣玛利亚岩石教堂**（Iglesia Rupestre de Santa María de Valverde；Santa María de Valverde；€1；⊙7月至9月中旬 周二至周日 11:00~18:00，弥撒 全年周日 13:00），这座漂亮的教堂有多个拱形结构，是从原生岩石中雕凿而成的，它是本地区岩石教堂（iglesias rupestres）中最雄伟壮观的一座，其历史可追溯至7~10世纪，也就是基督教在这一地区开始传播的早期岁月。教堂旁边的信息中心 **Centro de Interpretación del Rupestre**（☎942 77 61 46；Santa María de Valverde；成人/儿童 €2/免费；⊙7月至9月中旬 周二至周日 10:00~14:00和16:00~19:00，其余月份 开放时间缩短）通过照片、地图、视频和多媒体的形式介绍了本地区奇特的岩石教堂现象——即使你不懂西班牙语也值得参观，它还提供了大量有用的信息。从这里掉头向东到La Puente del Valle，过河之后到**Ermita de San Pantaleón**参观一系列人形轮廓的墓室坟墓。然后继续向东前往Campo de Ebro，小小的**Ermita de Santa Eulalia**也是从岩石上开凿出来的，就隐藏在主路旁一座17世纪的教堂后面。继续向东深入3公里，就到了该地区最大的村子**Polientes**，这里有一家银行和加油站（自助服务，仅限信用卡支付），还有若干住处，小镇中央的**Posada El Cuartelillo Viejo**（☎942 77 61 51，619 918281；www.elcuartelilloviejo.com；Carretera General 31，Polientes；标单 含早餐 €34~37，标双 €60~70；⊙4月至10月）值得推荐。

在Polientes以东，顺着CA275前行，你会找到本地区其他岩石教堂中最精美的一些。首先是**Cadalso**的一座路边小教堂，然后是**Arroyuelos**的一座两层楼的雄伟教堂。在Arroyuelos过埃布罗河，精美的罗马式教堂**圣马丁德埃利内斯**（San Martín de Elines）值得绕道游览。最后是小巧但位置很棒的**El Tobazo**岩石教堂，是Arroyuelos以东的埃布罗峡谷顶部一组小山洞群的一部分。要找到它，过大桥进入位于Arroyuelos以东2.5公里的Villaescusa del Ebro，把车泊好，然后顺着河流南岸一条美丽的小径步行前往。继续走个几百米，右侧一条有指示牌的岔路通往El Tobazo，从这里向上走700米上坡路。当一座美丽的瀑布（如果干旱季节持续太久，看上去会像是一座被苔藓覆盖、有山洞的岩壁）映入眼帘时，你差不多已走了一半路程，岩石教堂就在它上面的右侧。

除了圣玛利亚教堂在7月至9月中旬开放，其他所有教堂通常都是锁着的（不过它们的外观也非常壮观）。你需要提前联系**Oficina de Turismo de Valderredible**（☎942 77 61 46；www.valderredible.es；Avenida de Cantabria，Polientes；⊙周二至周六 10:00~14:00），他们会帮你安排好参观事宜。

CA275从Villaescusa del Ebro继续沿埃布罗峡谷延伸，通往卡斯蒂利亚-莱昂的Orbaneja del Castillo。

待着旅行者深入坎塔布里亚内陆地区探险。这里有你能想到的每一种绿色，狭窄的乡村小道连接起一座又一座温馨的小石村。该地区的主要城镇是雷伊诺萨。

雷伊诺萨及周边 (Reinosa & Around)

人口 9331/海拔 851米

作为坎塔布里亚南部的主要城镇，雷伊诺萨位于桑坦德以南70公里处。它本身并没有什么特别，不过附近有许多新奇的去处，包括坎塔布里亚最重要的古罗马定居点遗迹，由岩石中开凿出来的蔚为壮观的罗马式教堂建筑群，以及西班牙最波澜壮阔的河流之一——埃布罗河（Río Ebro）的源头。

景点

埃布罗河源头 泉

（Nacimiento del Río Ebro; Fontibre; P）埃布罗河是西班牙最大的河流，它的源头就在雷伊诺萨西北5公里的这个绿树掩映的宁静泉眼。这是一个美丽而安详的地方，幽深的泉水如绿松石般，旁边有一座小小的神龛，几只鸭子在水中嬉戏。从这里，埃布罗河向东南方蜿蜒930公里，流经拉里奥哈地区的洛格罗尼奥和阿拉贡地区的萨拉戈萨，最后注入地中海。

圣佩德罗教堂 教堂

（Colegiata de San Pedro; 942 75 02 24; Cervatos; €2; 11:00~13:30和16:00~19:30）建于12世纪的圣佩德罗教堂位于雷伊诺萨以南5公里处的Cervatos，是坎塔布里亚最好的罗马式教堂之一，枕梁上有一些罕见的异国风情的雕刻。如果你想要看看教堂的内部，请提前打电话确认开放时间。

胡利奥布里加 遗迹

（Julióbriga; 942 59 84 25; centros.culturadecantabria.com; Retortillo; 成人/儿童 €3/1.50; 6月中旬至9月中旬 周二至周日10:30~14:30和15:30~19:30，9月中旬至次年6月中旬 开放时间缩短; P）胡利奥布里加废墟是坎塔布里亚最壮观的罗马城镇遗址，位于雷伊诺萨以东5公里处。胡利奥布里加在1世纪和2世纪达到鼎盛，随后在3世纪被废弃。这里提供的导览游（45分钟，西班牙语）在整点后40分钟开始，会带领游客穿过Museo Domus——一座经过全面重建的罗马式建筑。游客可以独自探索遗址的其余部分，包括12世纪的罗马式教堂。

食宿

雷诺萨市中心有6处住宿选择。如果想要寻找更宁静、青翠的乡村住处，可前往小镇以西5公里处的Fontibre。

Posada Fontibre 旅馆 €€

（942 77 96 55; www.posadafontibre.com; El Molino 23, Fontibre; 标单 €52~59，标双 €69~84; ）这座古老的石头住宅位于Fontibre村中央，是一处安静的避风港，有6间经过精心维护的客房和一个芳草萋萋的宜人庭院，距埃布罗河源头仅数步之遥。房间装饰为乡村风格，木梁天花板、石墙、色彩鲜艳的小地毯和棋盘格地砖的浴室。毗邻的河畔公园是一处令人愉悦的漫步场所。

La Cabaña 坎塔布里亚菜 €€

（942 75 08 37, 637 798731; Calle de Juan José Ruano 4, 雷伊诺萨; 主菜 €10~20，套餐€13.50; 周一 13:30~16:00，周三至周日13:30~16:00和21:00~23:00; ）这家友好的餐馆由一位曾在马德里接受训练的大厨领导，专注于有趣的融合美食，既从本地菜肴中产生灵感，又别具创意，但不会过分偏离传统。精心制作的菜肴主要有烤肉、大分量的沙拉和自制的美味意面（在这些地区实属罕见）。意式小方饺是用4种奶酪做成的豪华大餐，有辛辣的欧洲之巅奶酪，以及把蘑菇切成碎屑填进本地Orzales面包里。

实用信息

旅游局（942 75 52 15; www.surdecantabria.es; Avenida del Puente de Carlos III 23; 周一至周五9:30~14:30和16:00~19:00，周六9:30~14:30）

到达和离开

长途汽车

ALSA（见551页）每天至少有6趟长途汽车往返雷伊诺萨的**长途汽车站**（942 75 40 67; Avenida de Castilla）与桑坦德（€6.50，1.5小时），有2趟长途汽车向南开往帕伦西亚（€6.80，2小

北线：另一条圣地亚哥朝圣之路

圣地亚哥朝圣之路上大约65%的朝圣者，都是经由传统的法国之路抵达圣地亚哥-德孔波斯特拉，这条路从比利牛斯山脉的Roncesvalles西行783公里，穿过卡斯蒂利亚-莱昂。不过，最近几年，一些不愿随大流的徒步者把目光投向了西班牙最靠北的地区，那里有另外几条朝圣之路蜿蜒穿过罕有人涉足的乡村，最终通往加利西亚的圣地亚哥-德孔波斯特拉和那座宏伟的主教座堂。

这些北方的朝圣之路穿过巴斯克地区、坎塔布里亚和阿斯图里亚斯，沿途是披着绿衣的美丽风景，是走在法国之路上的朝圣者所不曾见过的（2017年，有大约181,000人经由法国之路抵达圣地亚哥的朝圣者办事处）。2015年，4条位于北方的路线跟法国之路一样，被列入联合国教科文组织的《世界遗产名录》。

海岸之路（Camino de la Costa），又名北路（Camino del Norte）作为主要路线的海岸之路——现在有大约6%的朝圣者选择这条路线——从位于西班牙和法国边境的圣塞瓦斯蒂安附近的Irún开始。这条815公里长的路线更荒凉，在向西延伸的过程中把西班牙北部崎岖的海岸线囊括在内，途经圣塞瓦斯蒂安、毕尔巴鄂、桑坦德和阿斯图里亚斯的东部海岸地区，然后在快要抵达奥维耶多之前一分为二。一条支线向西南延伸通往奥维耶多，但海岸路线则继续沿着阿斯图里亚斯西海岸延伸，经过希洪、阿维莱斯和卢阿尔卡后，在里瓦德奥（属于加利西亚）转向内陆，在即将到达圣地亚哥前，与法国之路汇合。

原始之路（Camino Primitivo）这条美丽的乡间小路以奥维耶多为官方起点。奥维耶多长久以来就是一个重要的朝圣地点，因为它那座带有多个尖塔的大教堂珍藏着一些圣徒遗物，包括Santo Sudario，据说这块布曾经覆盖在基督的脸上。这条321公里长的小路通往卢戈（Lugo；属加利西亚），并在最后一段与法国之路合并。据说这是西班牙最古老的朝圣之路：在9世纪发现圣雅各的遗体后，以奥维耶多为大本营的阿斯图里亚斯国王阿方索二世（Alfonso Ⅱ）就在829年出发前往圣地亚哥。2016年，有4%的朝圣者——大约12,000名徒步者——顺着昔日皇家的足迹朝圣。

里巴尼耶格之路（Camino Lebaniego）这条路线从桑坦德或坎塔布里亚海岸线的圣文森特-德拉萨巴尔克拉开始，前往位于欧洲之巅山脚的圣托里维奥德列尔巴纳修道院（Monasterio de Santo Toribio de Liébana）——从桑坦德到此120公里。尽管准确地说它并非属于圣地亚哥朝圣之路，但这座修道院里收藏了一件圣物，据说是基督十字架上幸存下来的最大一块木头，因此这里也就成为一个主要的朝圣目的地。而且，就像圣地亚哥那座大教堂一样，这里也有可能让朝圣者在大赦年（下一次是2023年）获得大赦（去除所有罪恶带来的惩罚）。

Camino del Interior Vasco-Riojano 是走的人最少的朝圣步道，从Irún向西南方延伸200公里，在卡斯蒂利亚-莱昂与法国之路汇合。

时）、巴利亚多利德（€9.25，2.75小时）、萨拉曼卡（€15.25，4.75小时）和马德里（€30，5小时）。

火车

西班牙国铁（见551页）每天有5趟火车往来于雷伊诺萨和桑坦德（€8.10起，1.25小时），另外每天还有几趟向南开往帕伦西亚、巴利亚多利德、萨拉曼卡和马德里。

当地交通

要造访本地的主要景点，最好（往往也是唯一）的办法是使用自己的交通工具。

坎塔布里亚西部（Western Cantabria）

坎塔布里亚最优美也最受欢迎的村庄就

像一串珍珠，点缀在桑坦德西边那条披着绿衣的海岸线上。我们首先遇到的是中世纪的"美人"桑蒂利亚纳德尔玛尔，以及它附近阿尔塔米拉洞穴里的史前奇迹，然后是科米亚斯及其出人意料的现代主义建筑，最后是俊美的圣文森特-德拉萨巴尔克拉和它美丽的港口。

朝内陆看去，坎塔布里亚西部那些人迹罕至的山谷里，一个全新的世界正向你敞开怀抱。一座座繁茂的绿色群山间隐藏着一些用石头砌成的美丽的村庄，如Barcena Mayor和Tudanca，可让你体验坎塔布里亚乡村的历史和文化传统。

桑蒂利亚纳德尔玛尔 (Santillana del Mar)

人口 4154

都说桑蒂利亚纳德尔玛尔是由3个谎言构成的小镇，因为这里既不神圣(santi)，也不平坦(llana)，更没有海(del mar)！这座中世纪的小镇保存得尤为完好，明亮的街道铺着鹅卵石，鲜花点缀着两边的阳台，还有一簇簇深褐色的砖石建筑，让人恍惚以为闯入了电影布景。但它是真实存在的。人们仍然居住在这里，将他们宏伟而珍贵的祖屋一代一代传承下去。夏季，好奇的游客把街道变得熙熙攘攘。

镇子严格的规划最早可追溯到1575年，现在只有本地居民或有停车场的酒店住客才能将车开进古老的镇中心。其余酒店的住客在驾车到酒店卸下行李后，必须回到镇入口的停车场泊车。

桑蒂利亚纳本身就是珍贵的宝物(bijou)，同时也是到附近的阿尔塔米拉(见561页)游览的基地。

景点

圣朱利安娜教堂 教堂

(Colegiata de Santa Juliana; Plaza del Abad Francisco Navarro; 成人/儿童 €3/免费; ⏲10:00~13:30和16:00~19:30，10月至次年6月周一不开放)沿着桑蒂利亚纳纵横的鹅卵石大街，经过15~18世纪的贵族房屋，便到了这座12世纪的罗马风格的修道院改建的美丽教堂。其最大的亮点是回廊，一座罗马风格手工艺品装饰的高大库房，柱头上有大量精心雕饰的人物。修道院原本是围绕着圣朱利安娜(她的名字后来演变成桑蒂利亚纳)的遗骸而建，他是3世纪的土耳其基督教殉道者，其坟墓就位于教堂中央。

住宿

Posada de la Abadía 客栈 €

(☎942 84 03 04; www.posadadelabadia.com; Calle de Revolgo 26; 标单 €48~65，标双 €55~75; 📶Ⓟ)这个友好的小宾馆由家庭经营，坐落在一座翻修后的19世纪坎塔布里亚风格的宅子里，位于主路以南200米处。10间漂亮的客房一尘不染，舒适安逸，全部配有浴缸。早餐(已含在房费里)也很丰盛。

★Casa del Organista 酒店 €€

(☎942 84 03 52; www.casadelorganista.com; Calle de Los Hornos 4; 标单 €66~79，标双 €82~96; ⏲1月上半月歇业; 📶Ⓟ)这座优雅的18世纪建筑曾经是圣朱利安娜教堂风琴演奏者的家。14间客房很有吸引力，饰有奢华的挂毯、古董家具和大量裸露的橡木横梁和石质结构。有些带阳台的房间能眺望教堂或镇上层层叠叠的红瓦屋顶。酒店服务热情，还供应美味的早餐(€6.50)。

这条街上还有几家风格类似的住宿处。

★Casa del Marqué 历史酒店 €€€

(☎942 81 88 88; www.hotelcasadelmarques.com; Calle del Cantón 24; 房 €99~199; ⏲3月初至12月初; ❄📶Ⓟ)这座15世纪的哥特式建筑曾经是桑蒂利亚纳侯爵(Marqué de Santillana)的家，住在这里你可以体验一把庄园主或庄园夫人的生活。15间装饰豪华的客房(风格各不相同，有些非常现代)都有裸露的木梁、厚重的砖墙和酷酷的陶土地板。位于一楼的3间卧室可俯瞰一座座美丽眩目的花园，你可以在园子里啜饮一杯下午茶、杜松子酒或碳酸饮料。

酒店的扶栏有700年历史，是用一棵树制作而成的，店主为此感到非常自豪。酒店有停车场(这在桑蒂利亚纳是稀缺品)，每天€11。

Parador de Santillana Gil Blas 历史酒店 €€€

(☎942 81 80 00, 942 02 80 28; www.para

dor.es; Plaza Ramón Pelayo 11; 房 €135~205; 📶)这是一座保存完好、拥有数百年历史的贵族府邸，从这里可以瞥见桑蒂利亚纳铺着鹅卵石的主广场。28间客房舒适、时髦、设施齐全，又充满历史特色，让人想起经典的西班牙国营酒店（parador），服务也同样上乘。店内有很多豪华而隐蔽的躺椅，你可以坐在里面发呆。夏季，房客可以在带围墙的精致花园里吃早餐。

就餐

La Villa 坎塔布里亚菜 €€

（☎942 81 83 64; www.lavillarestaurante.es; Calle La Gándara; 套餐 €16.50; ⏰13:00~16:00和20:00~23:00）La Villa的午餐和晚餐套餐都含有3道菜，还有一整瓶葡萄酒，在游

值得一游

探索坎塔布里亚的西部山谷

欧洲之巅更远的西部地带常被度假者忽略，坎塔布里亚西部的河流Río Saja和西边相邻的Río Nansa的河谷就位于此，它们相对于欧洲之巅的陡峭巍峨，地形缓和得多，探索起来赏心悦目。

从欧洲之巅东端开始的CA282公路是一条美丽的驾车路线，它从位于德瓦河（Río Deva）上的La Hermida向东蜿蜒攀升，**Puentenansa**村庄构成一条十字路。顺着CA181向北行驶15公里（在Rábago转向东，驶过7公里长的上坡路），就到了**El Soplao**（☎902 82 02 82; www.elsoplao.es; 成人/优惠€12/9.50; ⏰8月 10:00~21:00, 7月 10:00~19:00, 4月至6月和9月、10月 10:00~14:00和15:00~18:00, 11月至次年3月 10:00~14:00和15:00~17:00, 10月至次年6月 周一不开放; 🅿），这片绵延20公里的洞穴里满是钟乳石和石笋，它在1979年之前是一座锂锌矿。

CA281公路在Puentenansa以南顺着Río Nansa逆流而上。途中，向东绕行2公里就可到达一个迷人的小村Tudanca，一座18世纪的白色乡村住宅**Casona de Tudanca**（☎942 59 84 25; www.museosdecantabria.es; Tudanca; 成人/儿童 €3/1.50, 周日 免费; ⏰6月中旬至9月中旬 周三至周日 11:30~14:30和15:30~19:30, 其余月份 开放时间缩短）矗立在此。这栋房子里摆满了拥有几百年历史的家具，是一名indiano（到美洲发财后回国的移民，这一位去的是秘鲁）修建的。里面还有一个容纳了18,000册藏书的图书馆，曾属于作家José María de Cossío，20世纪这房子归他所有。这里提供45分钟的导览游。

CA281公路最终与CL627公路汇合，沿着后者，你可以南行前往卡斯蒂利亚-莱昂的Cervera de Pisuerga，或者转向西北，返回欧洲之巅。

或者，也可以从Puentenansa顺着CA182公路向东，穿过**Carmona**和典雅的石头住宅，其上方的观景台所眺望的风景绝好。等你抵达Valle de Cabuérniga村与Río Saja河后，取道CA280公路上向南，前往热门的美丽小村**Bárcena Mayor**——从CA280公路出来后顺着CA871公路向东行进9.5公里即到，它是坎塔布里亚最古老的村子之一。这里有少量乡村旅馆和一些颇有氛围的小酒馆，例如**La Jontana**（☎942 74 12 11; www.lajontana.es; Calle La Larga, Bárcena Mayor; 主菜 €9~16, 套餐 €12; ⏰周三至周一 10:00开始营业; 👪），它是品尝该地区备受热爱的杂烩炖菜（cocido montañés）的完美地点，食物被装在一个巨大的罐子里供大家分享。如果想去**Parque Natural Saja-Besaya**周边茂密的山毛榉树林、山谷和丘陵中徒步，这也是一个不错的基地。公园的信息中心**Centro de Interpretación Parque Natural Saja-Besaya**（☎608 065846; Carretera CA280, Km 13, Saja, Los Tojos; ⏰7月和8月 10:00~19:00, 9月 周二至周日 10:00~19:00, 10月至次年6月 开放时间缩短）位于CA280公路上的Bárcena Mayor出口以南6公里处，提供地图、信息和导览徒步游。

过了信息中心，蜿蜒穿过一片片美丽的风景，直到位于坎塔布里亚南部的雷伊诺萨（Reinosa），途中会经过位置绝美的观景台**Balcón de la Cardosa**、海拔1260米的**Puerto de Palombera**，你还会看到许多游荡的马匹。

客云集的桑蒂利亚纳性价比很高。坐在石墙围绕的花园庭院里，品尝西班牙北部的经典菜肴，例如用肉类和豆类烹制的坎塔布里亚炖菜（cocido montañes），或者大块小牛肉配上来自欧洲之巅索特雷斯村的坎塔布里亚奶酪，餐后甜点是美味的米布丁。

Restaurante Gran Duque 坎塔布里亚菜 €€

（www.granduque.com; Calle del Escultor Jesús Otero 7; 主菜 €15~20; ⏲全年13:00~15:30和20:00~22:30，9月至次年6月 不提供周日晚餐和周一午餐）这座石头房子里供应高质量的当地美食。裸露的砖块和横梁颇有装饰性。有许多海鲜或内陆菜肴选择，包括2人份的海鲜大餐（mariscadas; €50起），午餐和晚餐有丰盛的每日套餐（menú del día; €19）。

实用信息

地区旅游局（Oficina Regional de Turismo; ☎942 81 88 12; Calle del Escultor Jesús Otero; ⏲7月至9月中旬 9:00~21:00，9月中旬至次年6月 9:30~14:00和16:00~19:00）

到达和离开

Autobuses La Cantábrica（☎942 72 08 22; www.lacantabrica.net）每天有至少3班长途汽车从桑坦德发往桑蒂利亚纳（€2.65，40 分钟），并继续开往科米亚斯（€1.50，从桑蒂利亚纳到此20分钟）和圣文森特-德拉萨巴尔克拉（€2.20，从桑蒂利亚纳到此40分钟）。桑蒂利亚纳德尔玛尔的发车点在主要公路南边的**Campo del Revolgo**。

阿尔塔米拉（Altamira）

阿尔塔米拉山洞中描绘野牛、马、鹿和其他动物的精彩壁画是西班牙最精美的史前艺术作品，这里距桑蒂利亚纳德尔玛尔西南2.5公里，1879年被坎塔布里亚历史学家和科学家Marcelino Sanz de Sautuola及其8岁大的女儿María Justina发现。直到2002年，阿尔塔米拉已经吸引了太多游客，为了保护壁画艺术，山洞已经关闭，但博物馆中有一个复制的山洞可供所有游客欣赏这些拥有13,000~35,000年历史的古老壁画。这些用碳和赭石画的图案非常特别，因为它们描绘的动物都经过彻底填色，而非简单的动物轮廓（坎塔布里亚的其他洞穴就是这样）。

自2014年以来，阿尔塔米拉当局在每周五早上通过抽奖随机选出5名幸运游客，让他们进入阿尔塔米拉的洞穴实地参观。周五10:30之前参观博物馆的游客如果有兴趣可以填写一张申请表，抽奖会在10:40举行。

景点

★阿尔塔米拉博物馆 博物馆

（Museo de Altamira; ☎942 81 80 05; museodealtamira.mcu.es; Avenida Marcelino Sanz de Sautuola, Santillana del Mar; 成人/儿童 €3/免费，周六14:00后和周日免费; ⏲5月至10月 周二至周六 9:30~20:00，11月至次年4月 周二至周六 9:30~18:00，全年周日和节假日 9:30~15:00; P 👪）**Neocueva**是这座博物馆的最大看点，它是仿照阿尔塔米拉山洞中最有趣的洞室**Sala de Polícromos**（多彩大厅）按原比例复制的。洞里有15,000年历史的赭色与黑色野牛壁画，细腻精美，是用天然的岩石浮雕创造出来的。其余精彩的展示包括全世界史前人类和洞穴艺术作品，地域跨度从阿尔塔米拉到澳大利亚，用英语和西班牙语双语展示。博物馆热门程度超乎想象（2017年有288,000人次的游客），所以最好提前订票，尤其是在复活节、7月、8月和9月。

住宿

要探索阿尔塔米拉，显然最好以此处东北2.5公里处的桑蒂利亚纳德尔玛尔为基地，那个铺着鹅卵石的美丽小镇有很多很棒的住处，大部分都是由辉煌的历史住宅改造而成的。

到达和离开

ALSA（见551页）每天有4趟车从桑蒂利亚纳德尔玛尔开往这里（€1.50，5分钟），汽车时刻表随季节变化。如果没有车，则只能顺着一条铺设路面的小路走30分钟（2.5公里）或搭乘出租车前来（€5）。

科米亚斯及周边 (Comillas & Around)

人口 2195

科米亚斯位于桑蒂利亚纳以西16公里

处，要穿过一片青翠的乡野。科米亚斯所在的小山头有一些坎塔布里亚最古老和最漂亮的建筑。这要归功于第一位科米亚斯侯爵（1817~1883年），他出生于此，原本只是一个名叫Antonio López的平民，后来在古巴成为烟草种植园主、船主、银行家和奴隶贸易家，发迹后，他在19世纪末回到这里，并任命加泰罗尼亚现代主义领军建筑师来建设家乡小镇。这样的行为后来也推动科米亚斯建起其他奇异的房屋。一片可爱的金黄色海滩、一座小渔港和铺设着鹅卵石的怡人的古老中心城区更是为小镇增添了魅力。

景点

★索布勒伊利亚诺宫 历史建筑

（Palacio de Sobrellano；☎942 72 03 39；centros.culturadecantabria.com；Barrio de Sobrellano；成人/儿童 €3/1.50，庭院免费；⊙4月至10月 周二至周日 9:45~14:30和15:30~18:30，6月中旬至9月中旬 19:30闭馆，11月至次年3月 开放时间缩短）科米亚斯侯爵豪华的新哥特式宫殿矗立在山坡上的公共绿地上。凭借这座1888年的建筑，现代主义建筑师Joan Martorell实现了真正哥特风格的超越。在25分钟的导览团队游（西班牙语）中，你会看到华丽的休息室里装饰性的木雕壁炉和上面由高迪设计的龙，精致的餐室里有用黄金和木头做成的带装饰嵌件的交错天花板（artesonado），还能看到美丽的彩窗玻璃和详细描绘侯爵生平故事的原创壁画。Martorell还为侯爵设计了华丽的家族墓园（成人/儿童 €3/1.50），就在隔壁。

★高迪奇想屋 建筑

（Capricho de Gaudí；☎942 72 03 65；www.elcaprichodegaudi.com；Barrio de Sobrellano；成人/儿童 €5/2.50；⊙7月至9月 10:30~21:00，3月至6月和10月 10:30~20:00，11月至次年2月 10:30~17:30，1月 闭馆一周）安东尼·高迪的天才之作在加泰罗尼亚以外的地区留存很少，1885年在科米亚斯建设的高迪奇想屋是其中最绚丽的。这座砖石建筑是高迪最早期的作品之一，最早是科米亚斯侯爵亲戚的夏季游玩居所，建筑外墙全部镶着向日葵和绿叶图案交替出现的陶瓷饰带。优雅的内部装饰相对有所克制，但仍然有奇异之处，包括交错天花板（木梁中嵌有装饰板）、彩色玻璃窗和细长的旋转楼梯。

★奥亚布里海滩 海滩

（Playa de Oyambre；Ⓟ）奥亚布里海滩位于科米亚斯以西5公里处，有2公里长的金色细沙，称得上是在奥亚布里自然公园（Parque Natural Oyambre）保护下的梦幻沙滩。这里有一些适合冲浪的海浪和两处全年可以使用的露营地。美国与西班牙通航的第一趟航班于1929年紧急迫降于此，也为这里增添了一缕迷人的历史氛围。

Fuente de los Tres Caños 喷泉

（Calle de Joaquín del Piélago）这个精美的三层喷泉兼灯柱位于镇中心，由现代主义建筑师路易斯·多梅内克·伊·蒙塔内尔（Lluís Domènech i Montaner）创造于1899年，装饰着精致的花朵主题。

前罗马教皇大学 建筑

（Antigua Universidad Pontificia；☎630 256767；Calle de Manuel Noriega；成人/儿童 €3.50/免费，小汽车 €2；⊙6月至9月 10:00~13:00和17:00~20:00，10月至次年5月 10:00~13:00；Ⓟ）这座复杂的建筑修建于1892年，前身为神学院。现代主义建筑师Joan Martorell、Cristóbal Cascante和路易斯·多梅内克·伊·蒙塔内尔都曾为它出过力，例如其中的中世纪风格就出自蒙塔内尔之手。这里现在是一座西班牙语言文化中心Centro Universitario CIESE-Comillas（☎942 71 55 00；www.fundacioncomillas.es；团体课每1/2/3/4周 €225/430/620/800起）。有西班牙语导游带领游客参观装饰精美的建筑内部和院子，6月至9月每天18:00有英语团队游。只参观庭院是免费的（除非需要开车进入）。

食宿

Posada Los Trastolillos 旅馆 €€

（☎942 72 22 12；www.lostrastolillos.com；Barrio Traceño, El Tejo；标双 €90~120，套€120~150；🛜）这处宁静的乡村退隐之地位于科米亚斯和奥亚布里海滩之间，拥有10间客房，包括3个宽敞的套间，外加一个阳光充足的早餐室、一间配有木柴炉子的舒适沙龙，还有一间图书室兼游戏室，里面柳条编的漂亮椅子是给小孩子坐的。客栈的外面是一片奶牛信步的土地，可以看到由若干山丘、嶙峋的海岬和大海构成的远景。

Hotel Marina de Campíos 精品酒店 €€

（☎942 72 27 54, 607 441647; www.marinadecampios.com; Calle del General Piéagos 12; 标单 €75~105, 标双 €90~160; ⊙6月至9月 每天，10月至次年5月 周六和周日; ❄📶）这座建于19世纪的鲜红色建筑距离科米亚斯中心广场仅数步之遥，现在已经被改造成一家上等的现代酒店。19间风格大胆的客房，绝大多数配有带帘幕的床、带图案的墙壁，客房以著名歌剧命名。房子后面有一个可爱的内部庭院，开有一间钢琴酒吧和小吃店。早餐€5，除了夏季之外，这家酒店仅在一些周末开放，提前询问是否营业。

Restaurante Gurea 坎塔布里亚菜、巴斯克菜 €

（☎942 72 24 46; Calle Ignacio Fernández de Castro 11; 主菜 €9~15; ⊙13:00~15: 45和20:15~23:00，周二晚餐和周三不营业）这家友好、优雅的餐厅兼社交酒吧隐藏在镇中心以东几个街区外的一条小街上，提供巴斯克菜和坎塔布里亚菜，可以将美味的沙拉和整盘西班牙小吃放在一起。你会在此找到各种价格固定的套餐，从工作日的午市套餐（€14.50），到午餐或晚餐的特别套餐（menú especial, €24），以及2人晚餐套餐（€50）。

ℹ 实用信息

旅游局（☎942 72 25 91; www.comillas.es; Plaza de Joaquín del Piéago 1; ⊙7月至9月中旬 9:00~21:00, 9月中旬至次年6月 周一至周六 9:00~14:00和16:00~18:00，周日 9:00~15:00）就在主广场附近。

ℹ 到达和离开

Autobuses La Cantábrica（见561页）每天有三四趟长途汽车来往于科米亚斯和桑坦德之间（€4, 1小时），途经桑蒂利亚纳德尔玛尔。主要的**班车停靠点**（Calle del Marqué de Comillas）就在镇中心西边。

圣文森特-德拉萨巴尔克拉及周边（San Vicente de la Barquera & Around）

人口 4173

渔港圣文森特-德拉萨巴尔克拉是坎塔布里亚海岸线上进入阿斯图里亚斯之前的最后一个小镇，它位于两条狭长水湾之间的一块尖角上，后面就是欧洲之巅陡峭的山峦。圣文森特跟桑坦德、拉雷多和乌尔迪亚莱斯堡一起构成"海岸四城"，由4座中世纪港口组成的联邦在1779年转变为坎塔布里亚省。镇东绵延的沙滩令圣文森特在夏季相当热闹。

👁 景点

罗萨尔海滩和梅龙海滩 海滩

（Playa El Rosal & de Merón）沿着镇子东部的海岸线，这两片美丽的海滩基本上连成一片4公里长的宽阔的金色海岸。梅龙可以冲浪，而罗萨尔海滩的西端拥有圣文森特最美的风景。留意告示牌：红色表示禁止游泳，黄色表示要小心。

天使圣母教堂 教堂

（Iglesia de Nuestra Señora de los Ángeles; ☎942 84 03 17; Calle Alta; 成人/儿童 €1.50/免费; ⊙7月至9月中旬 周二至周日 10:00~14:00和16:00~20:00，其余月份开放时间缩短）天使圣母教堂是圣文森特老城不朽的杰作，于1210年由国王阿方索八世委任建造。虽然建筑总体呈哥特式，但有两座罗马风格的门廊。其中16世纪的审判官Antonio del Corro栩栩如生的怪诞雕像（斜倚着一只手肘在阅读）被认为是西班牙最出色的文艺复兴时期的葬礼艺术作品。从教堂后面可以看到群山掩映下的Río del Escudo。

雷伊城堡 城堡

（Castillo del Rey; Calle Padre Antonio; 成人/儿童 €2/1; ⊙7月和8月 10:30~14:00和16:30~20:00，3月至6月和9月至12月 开放时间缩短，1月和2月关闭）圣文森特这座建于13世纪的中世纪城堡是坎塔布里亚保存最完好的一座，位于老城的最高处。城堡内可看的东西有限，展览都只有西班牙语说明，不过在天气晴朗的日子，从这里可以看到壮观的欧洲之巅、Ría de San Vicente、大西洋和小镇全貌。

课程

Escuela de Surf Costa Norte

冲浪

(☎609 282963; www.escueladesurfcostanorte.com; Avenida Francisco Giner de los Ríos 20; 冲浪板/潜水衣出租 每小时 €10/5, 2小时团体课 每人 €30)这所受欢迎的冲浪学校就位于圣文森特的罗萨尔海滩和梅龙海滩背面,在河口的东边。提供团体课(含冲浪板和潜水衣),适合各种水平的3~7天冲浪露营。这里也出租冲浪板和潜水服,也提供立式单桨冲浪(SUP)课程(€30)。

食宿

Hotel Luzón

酒店 €€

(☎942 71 00 50; www.hotelluzon.net; Avenida Miramar 1; 标单/双/三/四 €45/70/95/115; ⏲1月关闭; 📶)二星级酒店Luzón位于镇中心地带,占据了一座拥有100年历史的石头城市住宅。酒店保留着古老的氛围:高高的天花板、长长的走廊、华丽的楼梯和安静的休息室。36间客房都简洁朴素,但绝大多数都很宽敞。可要求住前面的客房,这里视野开阔,能看到镇子和海面。

Boga-Boga

海鲜 €€

(☎942 71 01 50; www.restaurantebogaboga.es; Plaza Jos Antonio 9; 主菜 €11~24; ⏲全年 13:00~16:00和20:00~23:00, 9月至次年6月 周一晚餐和周二不营业)这家热门的海鲜餐厅外观虽然不惊艳,但内部有一种航海时期的氛围,墙上装饰着西班牙战舰的徽章。尝尝用陶罐放上油和大蒜烹制的鳕鱼、海鲜炖欧洲龙虾(marmita de bogavante),或者一些不同寻常的北方海洋生物如蜘蛛蟹(centollo)和蝎鱼(cabracho)。

实用信息

市旅游局(Oficina Municipal de Turismo; ☎942 71 07 97; www.sanvicentedelabarquera.es; Avenida del Generalísimo 20; ⏲7月和8月 10:00~14:00和16:00~20:00, 9月 9:30~14:00和17:00~20:00, 其余月份营业时间缩短)

到达和离开

长途汽车

圣文森特的**汽车站**(☎942 71 08 33; Avenida Miramar)位于Puente De La Maza旁边,有**ALSA**(见551页)、**Autobuses Palomera**(见553页)和**Autobuses La Cantábrica**(见561页)公司的长途汽车也在此提供服务。

目的地	票价(€)	车程(小时)	每日发车频率
希洪	10.90	2.5	4班
奥维耶多	9.10	2	5班,有些经过利亚内斯、里瓦德塞利亚和阿里翁达斯
波特斯	3.80	1.25	2班
桑坦德	5.15	1.25	6班,有些经过科米亚斯和桑蒂利亚纳德尔玛尔

火车

圣文森特的**火车站**位于小镇南边2公里处的La Acebosa,每天有2班桑坦德(€5.15, 1.5小时)与奥维耶多(€11.15, 3.5小时)之间的**FEVE**(见551页)火车在此停靠。

阿斯图里亚斯(ASTURIAS)

正如谚语所说:"如果作为西班牙人是一种骄傲,那么作为阿斯图里亚斯人就是高贵的标志。"(Ser español es un orgullo, ser asturiano es un título)。有人认为,作为西班牙唯一未被穆斯林征服的土地,只有阿斯图里亚斯才是真正的西班牙,其他地方都是"被收复的失地"(tierra de reconquista)。

这片位于北方的葱郁沃土与它东边的邻居坎塔布里亚有许多相似之处。它崎岖的海岸狂野生动,点缀着一些多姿多彩的渔港,如里瓦德塞利亚和库迪耶罗(Cudillero),以及超过200个海滩。而它的内陆,则是群山(包括欧洲之巅的大部分)高耸,山谷充满欢快的乡村气息。对建筑爱好者来说,阿斯图里亚斯是前罗马风格建筑之乡,这里有保存下来的中世纪早期建筑,如圣萨尔瓦多的瓦尔德迪欧斯教堂,以及位于阿斯图里亚斯文化首府奥维耶多的那些被列入联合国教科文组织世界文化遗产的历史遗址。

奥维耶多(Oviedo)

人口 220,301/海拔 232米

作为阿斯图里亚斯文明的首府，奥维耶多历史悠久的老城区(casco antiguo)虽然小巧却独具特色，尽管其光芒如今逐渐被位于其西面和北面的美丽公园和忙碌的现代购物街所掩盖。奥维耶多是一个有趣而久经世故的城市，有隐蔽的迷人景点、绝佳的餐厅和活泼的学生群体。而在城市外围，工厂的轰鸣与嘈杂声时刻提醒着游客：奥维耶多是纺织品、武器和食物的重要产地。

景点

★萨尔瓦多大教堂 主教座堂

(Catedral de San Salvador; ☎985 21 96 42; www.catedraldeoviedo.com; Plaza de Alfonso II; 成人/老人/学生/儿童 €7/6/5/免费; ⏲6月至8月 10:00~20:00, 9月 10:00~19:00, 3月至5月和10月 10:00~13:00和16:00~18:00, 11月至次年2月 10:00~18:00, 全年周日关闭)奥维耶多这座令人惊艳的大教堂综合建筑群融入了近千年的建筑风格元素，是这座城市的精神和艺术核心。尽管建筑大部分都是建于13~18世纪的哥特和巴洛克风格，它最初和最有趣的部分却是建于9世纪的**Cámara Santa**，它是阿方索二世为供奉精致圣物而修建的前罗马建筑风格礼拜堂。这座礼拜堂在1998年被列入联合国教科文组织世界文化遗产，它拥有中世纪西班牙基督教的一些关键标志。

★阿斯图里亚斯考古博物馆 博物馆

(Museo Arqueológico de Asturias; ☎985 20 89 77; www.museoarqueologicodeasturias.com; Calle de San Vicente 3-5; ⏲周三至周五 9:30~20:00, 周六 9:30~14:00和17:00~20:00, 周日 9:30~15:00) 免费 阿斯图里亚斯迷人的考古博物馆部分位于修复后的16世纪的修道院中，文物展通过丰富的影像资料和大量信息揭开了这一地区考古成果的面纱。展览主题从史前洞穴壁画到罗马早期的防御性村庄(castro)的文化，还包括罗马时代和中世纪

不要错过

广场和雕塑

奥维耶多最快乐的事就是探索老城区的角角落落。**阿方索二世广场**(Plaza de Alfonso II)是大教堂所在的地方，与之毗邻的**Plaza de Porlier**前有一些优雅的17世纪和18世纪住宅。**宪法广场**(Plaza de la Constitución)位于奥维耶多老城区中心地带一处几乎难以察觉的小丘上，16世纪的**Iglesia de San Isidoro**(⏲弥撒 周一至周五 20:00, 周六和周日 12:00和20:00)高耸于广场的一角，旁边是建于17世纪的**市政厅**(ayuntamiento)。就在南边，经过五彩缤纷的食品市场**Mercado El Fontán**(☎985 20 43 94; www.mercadofontan.es; Plaza 19 de Octubre; ⏲周一至周五 8:00~20:00, 周六 8:00~15:00)即可到达带有拱廊的**Plaza Fontán**，这里有几家漂亮的苹果酒屋(sidrerías)，经由一些穿过漂亮房屋的通道，与周围的街道相连。

其他迷人的广场包括**Plaza de Trascorrales**，广场上有一个挤奶女工雕像；还有**雨伞广场**(Plaza del Paraguas)，它因酷似倒置雨伞的造型设计而得名，曾被用作露天市场。如今这座广场上建有一座巨大的混凝土雨伞，保护人们免遭日晒雨淋。

漫步在奥维耶多市中心，你会遇到一系列引人注目的现代露天雕塑：由爱德华多·乌尔库洛(Eduardo Úrculo)设计的**Culis Monumentalibus**(Calle Pelayo)——一双腿顶着一个巨大的臀部；大教堂外那尊由Mauro Álvarez Fernández创作的**La Regenta**(Plaza de Alfonso II)，是向Leopoldo Alas19世纪的长篇小说*La Regenta*的致敬，这部小说的创作灵感来自奥维耶多；**伍迪·艾伦雕像**(Calle de las Milicias Nacionales)，2008年伍迪·艾伦在这里拍摄了《午夜巴塞罗那》，伍迪·艾伦在电影中充分展现了奥维耶多迷人浪漫的气质。

Oviedo 奥维耶多

Oviedo 奥维耶多

重要景点

1 萨尔瓦多大教堂 D2
2 阿斯图里亚斯考古博物馆 D2
3 阿斯图里亚斯美术馆 D3

景点

4 市政厅 C3
5 Culis Monumentalibus B2
6 Iglesia de San Isidoro C3
7 La Regenta Statue C2
8 阿方索二世广场 C2
9 宪法广场 C3
10 Plaza de Porlier C2
11 Plaza de Trascorrales C3
12 Plaza del Paraguas D3
13 Plaza Fontán C4
14 伍迪・艾伦雕像 A2

住宿

15 Hotel Fruela B3

就餐

16 Mar de Llanes C2
17 Sidrería El Fartuquín D4
18 Tierra Astur C1
19 Tierra Astur Parrilla C1
20 Veintiséis Grados B4

饮品和夜生活

21 La Leyenda del Gallo C3
22 Per Se D3

娱乐

23 Ca Beleño D1

购物

24 Mercado El Fontán C4

阿斯图里亚斯王国的历史。在博物馆的顶层，留意寻找那些奥维耶多独特的前罗马式建筑（见571页）遗产，以及用石灰岩雕刻的中世纪贵族头像。讲解材料为西班牙语，但可以向工作人员借阅英语或法语的导览小册子。

★阿斯图里亚斯美术馆 博物馆

（Museo de Bellas Artes de Asturias; ☎985 21 30 61; www.museobbaa.com; Calle de Santa Ana 1; ⏲7月和8月 周二至周六 10:30~14:00和16:00~20:00，周日 10:30~14:30，其余月份开放时间缩短）免费 美术馆位于两座奥维耶多最杰出的宫殿内。馆内珍藏了大量宝贵的藏品，且仍在不断增加，主要包括西班牙和欧洲伟大画家，例如戈雅、苏巴朗、格列柯、里贝拉、提香、老勃鲁盖尔（Brueghel the Elder）的画作。美术馆于2015年修建了簇新的**Ampliación**（从Calle de La Rúa入馆），里面收藏了一系列数量庞大的19~21世纪的西班牙艺术品，包括毕加索、米罗、达利和索罗拉（Sorolla），以及阿斯图里亚斯艺术家Evaristo Valle和Darío de Regoyos的作品。

节日和活动

Fiestas de San Mateo 狂欢节

奥维耶多最盛大的节日是San Mateo，庆典从每年9月的第三周开始，在9月21日达到高潮。在9天的节日中，这座城市的广场和音乐厅陶醉在现场音乐、戏剧、烟花和一连串包罗甚广的儿童活动中。

住宿

Hotel Favila 酒店 €

（☎985 25 38 77; www.hotelfavila.es; Calle Uria 37; 标单 €32~45，标双 €40~59; 📶）这家小酒店有两大优势：超级便宜的价格和超级便利的位置——奥维耶多火车站近在咫尺。酒店的客房条件还算过得去，有网速可靠的Wi-Fi。楼下有一家咖啡馆兼餐厅，早上你可以到那里弄些早餐吃。

★Barceló Oviedo Cervantes 酒店 €€

（☎985 25 50 00; www.barcelo.com; Calle de Cervantes 13; 房 €75~170，套 €260起; ❄@📶P）酒店由一栋改造后的百年公寓以及两栋现代烟色玻璃的侧翼建筑组成，就位于市中心Campo de San Francisco西北几个街区之外。无可挑剔的当代风格贯穿始终，从前台悬挂的镜面球灯和酒吧似的闪亮的大堂，到72间宽敞奢华的房间，以及房间里的珠帘、大量镜子和用玻璃隔墙隔起来的浴室。

Hotel Fruela 酒店 €€

（☎985 20 81 20; www.hotelfruela.com; Calle de Fruela 3; 标单 €57~110，标双 €79~140; ❄📶P）凭借迷人的现代装潢、原创艺术品、专业但友好的服务，以及舒适亲密的感觉，拥有28间客房的Fruela酒店轻而易举就成为奥维耶多中心地带中档酒店的上乘之选。它的正立面仍保留了19世纪末的奢华风格，而那些以商务旅行为导向的客房却明亮舒适，配有书桌、吊灯和许多方便接入的插头。一楼的咖啡厅兼餐厅供应早餐和西班牙小吃。

Hotel de la Reconquista 历史酒店 €€€

（☎985 24 11 00; www.eurostarshoteldelareconquista.com; Calle de Gil de Jaz 16; 房 €130~190，套 €240~480; ❄@📶P）这是奥维耶多最时髦的度假村，位于Campo de San Francisco西北两个街区之外，曾经是一个18世纪的收容所。围绕2个天井而建的142个客房大小、布局不一，木质家具、波浪形的窗帘混搭从地面直抵天花板的落地窗，在传统和舒适之间保持了完美的平衡。西班牙皇室和其他杰出名流会在每年一度的阿斯图里亚斯王子奖（Príncesa de Asturias）庆典活动期间在此逗留。

就餐

Veintiséis Grados 咖啡馆 €

（☎985 73 83 31; www.facebook.com/veintiseisgrados; Calle del Rosal 13; 早餐 €2.10~4.50，主菜 €8~12; ⏲周一至周四 8:00~23:00，周五 8:00至午夜，周六 9:00至午夜，周日 9:00~17:00; 📶）这家舒适、现代的乡村咖啡馆兼面包店在一天中的任何时间都广受欢迎。入口是半开放的天井，墙上有壁画。这里是享用早餐、咖啡、各种点心、三明治甚至早午餐的绝佳选择。这里有趣味十足的都市生活氛围，人们会带着笔记本电脑在这里消磨时间。

★ **Tierra Astur** 苹果酒、阿斯图里亚斯菜 €€

(☎985 20 25 02; www.tierra-astur.com; Calle de la Gascona 1; 主菜 €9~33, 套餐 €11~28; ⊙13:00~16:30和20:00至午夜; 📶) 是一家氛围独特的苹果酒屋餐馆,因其获奖的苹果酒和性价比很高的工作日午市套餐(€10.80)而闻名。每天都有很多当地人在店外排队等候用餐,或者在吧台享用美味的西班牙小吃,或仅仅是打包一些传统食品。尝尝这里分量巨大的沙拉、阿斯图里亚斯cachopo(带馅儿的牛肉饼)、大份烤蔬菜拼盘、各式馅料的油炸玉米饼(tortos)或者本地奶酪套餐。

如果想找营业时间更长、烤肉更好吃的地方,不妨顺着这条大街往南走一个街区,到他们的姐妹店Tierra Astur Parrilla (☎984 84 66 24; www.tierra-astur.com/parrilla; Calle Gascona 9; 主菜 €13~33; ⊙13:00至次日1:00)去。

★ **Gloria** 阿斯图里亚斯菜 €€

(☎984 83 42 43; www.estasengloria.com; Calle de Cervantes 24; 西班牙小吃 €4.50~6, 一盘西班牙小吃 €12~18; ⊙周一至周六 12:30~18:00和20:30至次日1:00, 周日 12:30~18:00; 📶) 通过这家优雅的美食之家(casa de comidas),阿斯图里亚斯的米其林二星大厨Nacho Manzano将他的烹饪天赋带到了奥维耶多。精心烹制的传统菜肴包括西班牙小吃、半份盘装或者一整盘西班牙小吃,工作日有午餐套餐(€20)。你可以在酒吧品尝西班牙小吃,也可以去西装革履的专业人士聚集的烛光摇曳的黑色餐厅里,坐在皮革包厢里用餐。需要预订。

Sidrería El Fartuquín 苹果酒、阿斯图里亚斯菜 €€

(☎985 22 99 71; www.restauranteelfartuquin.es; Calle del Carpio 19; 主菜 €11.50~22, 套餐 €10~16; ⊙周一至周六 13:00~16:00和20:00至次日0:00) 这间忙碌的小餐厅提供品类丰富、价格合理的阿斯图里亚斯风格的肉、鱼和海鲜。周一至周五的午餐可以选择含葡萄酒的套餐(€10),物有所值。周六有更好的午餐套餐(€16)。本地人总是在晚上挤在前面的吧台吃西班牙小吃。

Mar de Llanes 海鲜 €€€

(☎984 29 22 84; www.mardellanes.es; Calle Águila 11; 主菜 €22~25; ⊙周二至周日 13:15~15:30和20:15~23:45) 这家友好的小餐馆由一个家庭经营,店里供应的海鲜全都是老板在利亚内斯海捕捞的新鲜产品。开胃菜炸鱿鱼(rabas)、精心烤制的主菜鳕鱼(merluza)和红鲱鱼(salmonete),搭配蔬菜、土豆、硬皮面包和特级橄榄油。餐厅很简朴,结实的木桌上铺着白色的亚麻桌布。

饮品和娱乐

想喝苹果酒就去Calle de la Gascona。每到周末,老城区狭窄的步行街就挤满了奔赴酒吧或夜店的人们。奥维耶多的中轴线是Calle de Mon,这里酒吧林立,并一直延伸至Calle Oscura和毗邻的Calle del Carpio、Postigo Alto和Plaza del Sol。在工作日,老城区的酒吧通常在凌晨1:00打烊,而且较安静。到了周五和周六,则会一直热闹到至少凌晨3:00。

★ **La Leyenda del Gallo** 鸡尾酒吧、夜店

(☎984 84 06 84; www.facebook.com/laleyendadelgallo; Calle de Altamirano 9; ⊙周二 13:00~16:00和20:00至次日2:30, 周三和周四 13:00~16:00和20:00至次日3:30, 周五和周六 13:00~16:00和20:00至次日5:30) 一支充满热情的年轻团队将这所位于老城区的房子变成了奥维耶多最热门的聚会地点。马赛克地板、柔和的灯光和石头砌的墙便是内部布置。尝尝其中一款专业调制的原创鸡尾酒——很可能是用杜松子酒加上罗勒和树莓调成——味道超凡脱俗。如果想品尝独具创意的西班牙-国际菜式(€10~19),尽量提前预订。到了午夜,餐桌会被挪开,摇身一变进入派对模式。

Per Se 咖啡馆、酒吧

(Calle de la Canóniga 18; ⊙周日和周一 17:00至次日1:00, 周二和周三 17:00至次日2:30, 周四 17:00至次日3:30, 周五和周六 17:00至次日5:30; 🐾) 这家洞穴似的咖啡馆兼酒吧非常舒适,到处是小彩灯、厚镜子、露出石头的墙壁、印着热带图案的靠垫和藤条躺椅。你可以

不要错过

奥维耶多的前罗马建筑风格

穆斯林的入侵很大程度上割断了奥维耶多与信仰基督教的欧洲其他地区的联系，8世纪在阿斯图里亚斯崛起的强悍又娇小的王国造就了这一时期独特的艺术和建筑风格，被后世称作"前罗马建筑风格"。

这15栋建筑（其中6座被列入世界文化遗产）在长达两个世纪的阿斯图里亚斯王国中幸存下来，大多数为教堂，灵感来源于罗马式、西哥特式，或许还有加洛林王朝的法国建筑，但是并非一脉相承。具有代表性的是建筑的直线轮廓，半圆形的罗马式拱门和三开间的中殿。很多建筑的柱基座和柱顶都带有科林斯式或者植物花形的装饰，而这种装饰的样式都直接承袭自早期的建筑风格。另外，格子窗的使用也是源自穆斯林统治时期对西班牙建筑设计的影响。

这类建筑中一些最好的范例可在奥维耶多市内及其周边找到，包括大教堂的**Cámara Santa**（见565页）。位于市中心东北1公里、A66公路上方的**圣胡利安德洛斯普拉多斯教堂**（Iglesia de San Julián de los Prados; Iglesia de Santullano; ☎687 052826, 607 353999; Calle de Selgas 1; 成人/儿童 €2/0.50; ⏲7月至9月 周一 10:00~13:00, 周二至周五 9:30~13:00和16:00~18:00, 周六 9:30~12:30和16:00~18:00, 其余月份 开放时间缩短），是9世纪初阿方索二世统治时期修建的前罗马式教堂中现存最大的一座，也是最古老的教堂之一。教堂两侧有2道门廊——又一个阿斯图里亚斯特色——教堂内部还有保存完好的几何图形、花卉图案和其他壁画。

位于奥维耶多市中心西北3.5公里的Monte Naranco山脉的斜坡上高耸着狭长的**圣玛利亚德尔纳兰科宫**（Palacio de Santa María del Naranco; ☎638 260163; Monte Naranco; 含圣米格尔教堂 成人/儿童 €3/2, 周一 免费; ⏲4月至9月 周二至周六 9:30~13:00和15:30~19:00, 周日和周一 9:30~13:00, 10月至次年3月 周二至周六 10:00~14:30, 周日和周一 10:00~12:30）和经过修复的**圣米格尔教堂**（Iglesia de San Miguel de Lillo; ☎638 260163; Monte Naranco; 含圣玛利亚德尔纳兰科宫 成人/儿童 €3/2, 周一 免费; ⏲4月至9月 周二至周六 9:30~13:00和15:30~19:00, 周日和周一 9:30~13:00, 10月至次年3月 周二至周六 10:00~14:30, 周日和周一 10:00~12:30）都是由拉米罗一世（Ramiro I, 842~850年）下令修建的，标志着阿斯图里亚斯建筑艺术的进步。圣玛利亚德尔纳兰科宫（可能曾被用作皇家狩猎居所）共有两层，比例匀称美观，其显著特点是建筑中的sogueado装饰风格，即在圆柱上使用绳索一般的雕刻装饰图案。它的32个圆形浮雕装饰中有一些模仿了古伊朗装饰风格，后者是经罗马人传入阿斯图里亚斯的。圣米格尔教堂原本的建筑仅有三分之一保存了下来（其余部分几个世纪之前就倒塌了），但是保留下来的部分格外吸引人。尤其需要留意的是那些用一块石头做成的格子窗。

就在它的下面，还有一个讲解中心**Centro de Interpretación de Prerrománico**（☎902 306600, 985 18 58 60; www.prerromanicoasturiano.es; Monte Naranco; ⏲7月和8月 10:00~14:00和15:30~19:30, 2月至6月和9月至12月 周三至周日 10:00~13:30和15:30~18:00, 1月不开放; Ⓟ）免费，有英语、西班牙语和法语的信息展。乘A2路公共汽车（€1.20, 9:30~20:30每小时1班），从Uría Norte站开往西北方向就能到达这里，车站位于火车站附近的Calle de Uría大街北端。乘坐A1路可返回市区。如果自驾，可把车子停在圣玛利亚宫下方300米处再走上去。

从这两座教堂出发，你可以徒步、骑自行车或驾车上行3公里到达**圣心纪念碑**（Monumento al Sagrado Corazón; Monte Naranco; Ⓟ），一座建于1981年、30米高的基督石像，装饰着阿斯图里亚斯的胜利十字（Cruz de la Victoria），高耸于Monte Naranco上。这里风景绝佳，可以俯瞰夹在常常覆盖着白雪的山峰和北方波光粼粼的比斯开湾之间的奥维耶多杂乱的市区。

圣胡利安、圣玛利亚和圣米格尔教堂均有导览游（西班牙语），但周一没有导游带领参观。

在这里享用咖啡、自制糕点或漂亮的鸡尾酒，好好放松一下。这里气氛友好，而且学生派对感十足。店里还会定期举办摇摆舞课程和一些诗歌活动。

Ca Beleño 现场音乐

（www.facebook.com/cabeleno; Calle de Martínez Vigil 4; ⏲周日至周三 16:30至次日1:00，周四至周六 16:30至次日3:30）这里是奥维耶多的首家精酿啤酒酒吧，供应5种自酿啤酒，而且也是欣赏凯尔特音乐的好去处，无论是阿斯图里亚斯、加利西亚还是爱尔兰风格分支的音乐都非常好听。周四22:00左右开始有现场乐队表演。

旅游信息

阿斯图里亚斯旅游局（Oficina de Turismo de Asturias; ☎902 30 02 02, 984 4935 60; www.turismoasturias.es; Plaza de la Constitución 4; ⏲6月至9月 9:00~19:00，10月至次年5月 周一至周五 9:00~18:00，周六和周日 10:00~18:00）提供整个阿斯图里亚斯地区的旅游信息。

El Escorialin旅游局（☎985 22 75 86; www.oficina.turismo@oviedo.es; Calle del Marqué de Santa Cruz 1; ⏲周一至周五 10:30~18:00）奥维耶多市立旅游局，位于Campo de San Francisco。

到达和离开

飞机

阿斯图里亚斯机场（Aeropuerto de Asturias; ☎902 404704; www.aena.es; Santiago del Monte）在奥维耶多西北47公里、希洪以西40公里处。从奥维耶多长途汽车站直达机场的大巴7:00~20:00每小时1班（€8; 40分钟）、末班车21:30。返程车7:00~19:00每小时1班，外加20:30、22:00和23:20的这3班。

航空公司和目的地如下：

Air Europa（www.aireuropa.com）飞往马略卡岛和特内里费岛。

易捷航空（easyJet; www.easyjet.com）飞往日内瓦和伦敦（斯坦斯特德机场）。

伊比利亚航空（Iberia; www.iberia.com）飞往伦敦（希思罗机场）和马德里。

Volotea（www.volotea.com）飞往伊维萨岛、马拉加、塞维利亚、巴伦西亚和慕尼黑。

伏林航空（Vueling Airlines; www.vueling.com）飞往巴塞罗那和伦敦（盖特威克机场）。

长途汽车

奥维耶多**长途汽车站**（☎985 96 96 96; www.estaciondeautobusesdeoviedo.com; Calle de Pepe Cosmen）在Campo de San Francisco以北700米处，**ALSA**（☎902 42 22 42; www.alsa.es）是主要的长途汽车公司。

目的地	车费（€）	车程（小时）	每日发车频率
阿维莱斯	2.55	0.5~1	6:30~23:00每15~30分钟1班
坎加斯-德奥尼斯	7	1.5	7~13班
希洪	2.45	0.5	6:30~22:30每10~30分钟1班
利亚内斯	10.75	1.25~2.75	10~11班
马德里	34~59	5~7	12~13班
里瓦德塞利亚	8.05	1.75~2	6~8班
桑坦德	13~29	2.25~3	9~12班
圣地亚哥-德孔波斯特拉	30~43	4.5~6.75	3~4班

火车

有两家公司的列车经停奥维耶多**火车站**（☎912 43 23 43; Avenida de Santander; 📶）：**西班牙国铁**（☎912 32 03 20; www.renfe.com）公司的列车开往位于南部的目的地；**FEVE**（Renfe Ancho Métrico; ☎912 32 03 20; www.renfe.com/viajeros/feve.es）在楼上，目的地是西班牙北部海滨沿岸。

库迪耶罗（€3.30; 1.25小时; 每天3班FEVE直达列车）

希洪（€3.30; 35分钟; 6:25~22:00每半小时或每小时有1班西班牙国铁的cercanías）

莱昂（€10~20; 2~2.75小时; 每天5~6班西班牙国铁列车）

利亚内斯（€8.55; 2.75小时; 每天3~4班FEVE列车），途经阿里翁达斯（€5.15; 1.75小时）和里瓦德塞利亚（€6.65; 2.24小时）。

卢阿尔卡（€7.40；2.5小时；每天2班FEVE列车），继续驶入加利西亚和Ferrol（€24.10；7.25小时）。

马德里（€33~55；4.25~7.25小时；每天6~8班西班牙国铁列车）

桑坦德（€16.35；5小时；每天2班FEVE列车），途经阿里翁达斯、利亚内斯和里瓦德塞利亚。

当地交通

A2路公交（€1.20）从火车站附近的Calle Uría北端开往Monte Naranco历史遗址，A1路返回市区。**Transportes Unidos de Asturias**（www.tua.es）是了解奥维耶多郊区公交信息的方便的渠道。

希洪（Gijón）

人口 272,365

相比奥维耶多，位于海边的希洪面积更大、沙砾更多，是阿斯图里亚斯最大的城市。这里过去出产钢铁和化学制品，是阿斯图里亚斯煤炭的主要装货码头。不过希洪现在已经凤凰涅槃，从昔日的工业市镇摇身一变成了有步行街、公园、海滨步道、文化景点、活跃的餐饮和购物场所的迷人城市。夏季是派对和海滩的热门地点，有无穷无尽的娱乐活动。虽然希洪在阿斯图里亚斯的渔港中算不上有趣，但它显然知道该如何生存。

希洪的古城中心集中在Cimadevilla海岬上，是过去的渔人居住区。带有柱廊的主广场（Plaza Mayor）在海岬最南端，往西延伸是Puerto Deportivo（码头）和Playa de Poniente宽阔的金色海滩，建于19世纪和20世纪的热闹的市中心坐落在南部，东边紧靠Playa de San Lorenzo海滩。

景点

Plaza de Jovellanos 广场

一片小巷和小广场所组成的诱人区域

当地知识

苹果酒的品鉴艺术

阿斯图里亚斯苹果酒采用escanciada的形式上酒，即将瓶子高举过头顶，然后倒入拿得很低的酒杯中，这样会使酒起泡。别担心，你不用亲自动手——酒保可能根本不会让你尝试。他们很乐于炫技，倒酒的时候甚至不用看酒杯或酒瓶，极有可能还同时扭头和其余人谈话。一次要倒入酒杯的五分之一，这被称作culete或culín，趁气泡消失之前立即一饮而尽（杯底留下少许）。

每个阿斯图里亚斯小镇都有许多苹果酒屋，核心地带是奥维耶多的"苹果酒大道"（El bulevar de la sidra），沿途排列着十几家人满为患的苹果酒屋。

80%的西班牙苹果酒产于阿斯图里亚斯：年产量高达4500万升，具体取决于苹果的产量。其中有95%都在阿斯图里亚斯本地被消费掉。苹果于秋季成熟，被压榨成果浆（一个苹果大约有四分之三会变成果汁）。苹果酒会装在大桶（pipes）里发酵，并放置于llagares（制作苹果酒的地方）过冬。要想装满一个450升的大桶需要大约800公斤苹果，而酿出的酒则可以装满600个酒瓶。按照传统，大桶会被运到阿斯图里亚斯各处的苹果酒酒馆（chigres），饮酒者们则直接从大桶里倒酒喝。不过酒桶正在逐渐消失，现在苹果酒屋里出售的苹果酒大多是瓶装酒。

自2002年以来，阿斯图里亚斯的21家苹果酒屋获得了阿斯图里亚斯苹果酒原产地认证（Denominación de Origen Protegida，简称DOP），它们都能达到一定的技术和质量标准，而且只使用本地产的阿斯图里亚斯苹果品种做原料，如Raxao和Xuanina——但这并不意味着非DOP的苹果酒质量不如这些本地产的酒。

苹果酒的主要产区在奥维耶多以东，以希洪、Nava、比利亚维西奥萨（Villaviciosa）和Siero为中心。可以访问**Comarca de la Sidra**（www.lacomarcadelasidra.com）和**Consejo Regulador Sidra de Asturias**（www.sidradeasturias.es）了解更多信息。

环绕着Cimadevilla靠内陆的一侧，不过这个区域在西班牙内战期间遭到了严重破坏。广场以希洪最著名的人物、18世纪启蒙运动政治家Gaspar Melchor de Jovellanos的名字命名。这位大人物的家如今是**Museo Casa Natal de Jovellanos**（985 18 51 52；museos.gijon.es；周二至周五 9:30~14:00和17:00~19:30，周六和周日10:00~14:00和17:00~19:30）免费 博物馆。从广场向西有一段**罗马城墙**，现在已经完成部分重建。

节日和活动

自然苹果酒节（Fiesta de la Sidra Natural） 美食节

希洪的苹果酒节包括酒厂团队游、免费品酒活动和每年一度试图创造同时喝苹果酒人数的世界纪录（2017年为9403人）的活动。它于8月的第4个周末在Playa de Poniente举行。

超级礼拜（Semana Grande） 狂欢节

希洪最盛大的节日从8月的第一个周末持续到第二个周末，届时，各种音乐会、舞蹈表演、烟花和大量派对会在这座城市的广场、街道和海滩上举行。

食宿

Hotel Central 酒店 €€

（985 09 86 51；www.hotelcentralasturias.com；Plaza del Humedal 4；标单 €49~59，标双€52~79；）由家庭经营的酒店，虽然处处显得有点过时，但温馨不减，也是希洪最富个性的酒店之一。它位于Cimadevilla以南900米处，靠近汽车站。这里有9间虽小但温馨的客房，装饰得整洁简练，采用精品酒店式的白色与乳白色色调。早餐（€6）在温暖舒适的休息室里享用。

Hotel Asturias 酒店 €€

（985 35 06 00；www.hotelasturiasgijon.es；Plaza Mayor 11；房 €74~154；）殷勤待客的阿斯图里亚斯酒店提供简朴但宽敞、舒适的客房，位置超级居中，俯瞰着Cimadevilla的主广场。"古典"客房拥有极简主义的老式风格，拐角处的卧室可以从玻璃阳台上瞥见大海和广场。"现代"客房少点个性，但设施更好，配有漩水按摩浴缸或淋浴。

Restaurante Ciudadela 阿斯图里亚斯菜 €€

（985 34 77 32；www.restauranteciudadela.com；Calle de Capua 7；西班牙小吃 €7~15，主菜和套餐 €11~22；周二至周六 12:30~16:00和20:00至午夜，周日 12:30~16:00）Ciudadela和希洪大多数餐馆一样，前设西班牙小吃吧、后设餐厅，不同的是，这里它们通过一个独特的洞穴似的地下室相连，像是旧日卡斯蒂利亚小酒馆的情景重现。精心调制的菜肴囊括了阿斯图里亚斯最好的美食，从每天供应的pucheros（砂锅菜/炖菜；€10），到沙拉和tortos（玉米饼），以及优质的海鲜和肉类。店里甚至还有一些低热量的饮食选择。

La Galana 阿斯图里亚斯菜 €€

（985 17 24 29；www.restauranteasturianolagalana.es；Plaza Mayor 10；主菜和一盘西班牙小吃 €16~25；13:30~16:00 和20:00至午夜；）前面是喧闹的苹果酒酒吧，供应西班牙小吃（€8~18）和自由流动的苹果酒。如果想要更雅致的就餐体验，就到后面那间天花板上覆满壁画的宽敞餐厅去。野生海鲈或琵琶鱼（pixín）配蛤蜊是鱼类菜肴的最佳搭配。这里也提供美味的素食，包括分量巨大的蔬菜天妇罗拼盘和精心准备的沙拉。

Casa Gerardo 阿斯图里亚斯菜 €€€

（985 88 77 97；www.restaurantecasagerardo.es；Carretera AS19，Km9，Prendes；主菜€19~39，套餐 €66~115；周二至周日 13:00~15:45，周五和周六 13:00~15:45，21:00~22:45；P）餐厅距希洪以西12公里，位于一座前有石墙的现代乡村风格的房子里。这里从1882年起就一直供应顶级菜肴，Morán家族通过五代人的努力换得了米其林的一颗星。美味的阿斯图里亚斯炖菜（fabada）、鱼和贝类远近闻名，不过最值得品尝的还是传统、创意兼具的套餐。

饮品和夜生活

在Cimadevilla，沿着Cuesta del Cholo（Tránsito de las Ballenas）和城镇周边有很多苹果酒屋（sidrerías）。Plaza Corrada

广场周边是学生聚集区。在Cimadevilla南部的Playa de San Lorenzo附近，顺着la ruta de los vino（Calles del Buen Sucesos, Santa Rosa and Begoña），以及与Playa de Poniente平行的两条大街Calles Rodríguez San Pedro和Marqués de San Esteban，有热闹的酒吧。

Toma3
咖啡馆

（☎984 04 70 61；www.facebook.com/toma3gijon；Calle del Marqués de Casa Valdés 27；⊙周一至周三 11:00~23:00，周四 11:00至次日1:00，周五 11:00至次日3:00，周六 12:00至次日3:00，周日 12:00~23:00；📶👪）这家咖啡馆兼书店有柔软的天鹅绒沙发，白墙上挂着当代艺术作品，环境舒适，对家庭顾客友好。如果想安静地喝杯咖啡，或稍晚来畅饮西班牙葡萄酒和古怪的精酿啤酒，它都是一个完美的去处。日程表上排满了艺术表演、烹饪展示、DJ之夜和现场音乐。

Varsovia
鸡尾酒吧

（☎984 19 68 42；www.varsoviagijon.com；Calle de Cabrales 18；⊙周日至周四 16:00至次日2:00，周五和周六 16:00至次日3:00）这家了不起的鸡尾酒吧位于海滨对面，酒吧内是错层式结构，石墙裸露，酒瓶一直堆到天花板。啜饮口感较强的“紫色”朗姆酒（加入了紫色利口酒），或者更传统的西瓜马丁尼酒，同时透过那些巨大的拱形窗户，欣赏Playa de San Lorenzo的街景。

ℹ 实用信息

希洪旅游局（☎985 34 17 71；www.gijon.info；Espigón Central de Fomento；⊙5月至10月 10:00~20:00，11月至次年4月 10:00~14:30和16:30~19:30）是这里的主要旅游局办事处，位于Puerto Deportivo的一个码头上，非常有用。夏季还会开设一个**信息亭**（Playa de San Lorenzo；⊙5月至9月）。

ℹ 到达和离开

长途汽车

ALSA（见609页）的汽车从**长途汽车站**（Calle de Magnus Blikstad）发往阿斯图里亚斯各地及阿斯图里亚斯以外的地方。

目的地	车费（€）	车程（小时）	每日发车频率
阿斯图里亚斯机场	8	0.75	6:00~20:00每小时1班，21:30末班
奥维耶多	2.45	0.5~1	6:30~22:30每10~20分钟1班
里瓦德塞利亚	6.85	1.5	7~10班
桑坦德	14.45	2.75~3.5	12~15班

火车

西班牙国铁（见570页）和**FEVE**（见570页）的所有列车都从**Estación Sanz Crespo**（Calle de Sanz Crespo）车站发出，地点位于市中心以西1.5公里处。目的地包括**库迪耶罗**（€3.30；1.75小时；每天5~10班FEVE直达列车）和**奥维耶多**（€3.30；35分钟；6:30~23:30每小时两三班西班牙国铁的cercanías）。

FEVE前往其他大多数目的地的列车需要在Pravia或奥维耶多转车。西班牙国铁每天也有几班列车前往莱昂（€14~23；2.5小时）和马德里（€40~56；每小时5班）。

阿斯图里亚斯东部海岸地区（East Coast Asturias）

大多数西班牙度假者都喜欢前往希洪的阿斯图里亚斯东部海岸的海滩和海湾，这里背靠欧洲之巅，往内陆走15公里，地势就开始上升了。

比利亚维西奥萨及周边（Villaviciosa & Around）

人口 6386

比利亚维西奥萨位于希洪以东约27公里处，正和Nava竞争奥斯图里亚斯的苹果酒之都。除了一座罗马风格的建筑**圣玛利亚教堂**（Iglesia de Santa María），比利亚维西奥萨美丽的中心区几乎都是18世纪的建筑。

👁 景点

罗迪莱斯海滩
海滩

（Playa de Rodiles；🅿）这片宽广美丽的

金色沙滩绵延1公里，背靠一些松树和桉树，位于镇北11公里的比利亚维西奥萨河（Ría de Villaviciosa）的入海口，是冲浪爱好者在夏末追逐浪潮的好去处。取道比利亚维西奥萨东北的N632公路，然后在VV6左转，穿过Selorio，顺着指示牌即可到达这个海滩。

圣萨尔瓦多的瓦尔德迪欧斯教堂 教堂

（Iglesia de San Salvador de Valdediós；☎670 242372；www.hospederiavaldedios.es；Valdediós；门票 成人/儿童 €4/1.50；⊙4月至9月 周二至周日 11:00~13:30和16:30~19:00，10月至次年3月 周二至周日 11:00~13:30）比利亚维西奥萨周围点缀着许多古老的教堂。不要错过这座保存完好、拥有三开间中殿的教堂，它建于893年，曾是阿方索三世的宫殿建筑群的一部分，按照古老的阿斯图里亚斯王国独特的前罗马风格（见569页）修建。教堂位于比利亚维西奥萨西南9公里处，从AS267公路下来后顺着一条通往Pola de Siero的岔路前进，有标识清楚的路牌指示教堂的方向。

阿斯图里亚斯侏罗纪博物馆 博物馆

（Museo del Jurásico de Asturias，简称MUJA；☎902 30 66 00；www.museojurasicoasturias.com；Rasa de San Telmo, Colunga；成人/老人和儿童 €7.24/4.70，周三 免费；⊙7月和8月 10:30~20:00，2月至6月和9月至12月 周三至周五 10:30~14:30和15:30~18:00，周六和周日 10:30~14:30和16:00~19:00，1月不开放；P）希洪和比利亚维西奥萨之间的阿斯图里亚斯海岸上点缀着侏罗纪时期的化石，被称为“恐龙海岸”（La costa de la los dinosaurios）。阿斯图里亚斯的这座热门的侏罗纪博物馆形如爪子，距比利亚维西奥萨以东18公里、里瓦德塞利亚以西24公里。这里有恐龙的足印、化石、骨骼和20件巨大的恐龙复制品，包括一对超过12米、正在交配的暴龙模型，它们将带你穿越到45亿年前的史前时代。恐龙主题的游戏场深受孩子们的喜爱。

团队游

El Gaitero 酿酒厂

（☎985 89 01 00；www.sidraelgaitero.com；La Espuncia，比利亚维西奥萨；⊙5月中旬至9月中旬 周一至周五 10:00~12:45和16:00~17:45，周六 10:00~12:45，9月中旬至次年5月中旬 周四至周日 10:00~12:30和16:00~18:30）免费 要想尽情品尝苹果酒，就走出比利亚维西奥萨市中心，沿N632公路向东北前行2公里，在历史悠久的El Gaitero苹果酒酒厂参加一次免费的团队游。这家酒厂建于1890年，如今苹果酒的年产量达到2700万瓶。时长1小时的团队游有导游带领（西班牙语），包含一次免费的品酒、参观细致入微的博物馆。建议预订。

当地知识

阿斯图里亚斯的烹饪特色

阿斯图里亚斯炖菜（Fabada asturiana）再也没有比不起眼的fabada更能体现阿斯图里亚斯的简单口味了，这道丰盛的豆子炖菜中配有肉和香肠。想品尝这道经典热门菜式，可以去索米埃多自然公园的Casa Cobrana（见585页）。

来自欧洲之巅的超刺激的蓝纹奶酪 阿斯图里亚斯的奶酪之王是口味强烈——却出人意料地让人吃了还想吃——蓝绿色的queso de Cabrales，它用未经加工的牛奶或者牛奶、山羊奶和绵羊奶的混合物，放在山洞中发酵成熟。它往往在肉酱中出现，或者倒在土豆上（patatas al Cabrales）。想尽情品尝当地奶酪，可以找一间优雅的城市餐馆点一道tabla de quesos（浅盘奶酪）。

海鲜 阿斯图里亚斯的新鲜海鲜资源非常丰富，内陆的河流则出产鳟鱼、三文鱼和鳝鱼。可以品尝传统风味的顶级美味鱼类菜肴，或者去阿维莱斯附近的Real Balneario de Salinas（见579页）探索“新概念”海鲜。

Cachopo 这种阿斯图里亚斯特产是填有火腿、奶酪和蔬菜并撒有面包屑的小牛肉肉饼，堪称肉食爱好者的梦幻美食。可以去奥维耶多的Tierra Astur（见568页）大快朵颐。

食宿

★ La Casona de Amandi 历史酒店 €€

（☎985 89 34 11；www.lacasonadeamandi.com；Calle de San Juan 6，Amandi；含早餐，标单€65~90，标双€85~130；Ⓟ）这座建于19世纪的精美农庄被宁静的花园环绕着，房客会受到热情的欢迎，是比利亚维西奥萨地区最吸引人的住处。房间舒适，大小不同，都很有特色，配备了古董床、大量枕头、手工漆家具、栗树木地板和有机肥皂。晚餐按房客要求供应。这里位于比利亚维西奥萨镇以南1.5公里处。

La Cacharrería 阿斯图里亚斯菜 €€

（☎984 84 69 83；www.lacacharreriavillaviciosa.com；Calle del Agua 16，比利亚维西奥萨；主菜€12~18；⏲周三、周四和周日12:30~16:00和20:00~23:00，周五和周六12:30~16:00和20:00至午夜）比利亚维西奥萨镇中心最近开张的这家餐馆，有棋盘式样的地板和色彩丰富的餐桌布置，洋溢着过节的气氛。你可以在此品尝由各种美味小拼盘组成的大杂烩，从覆着血红色香肠和芒果蜜饯的玉米饼（tortos），到加有酸橙芥末蛋黄酱的煎鳕鱼，再到野蘑菇煎牛排，别忘了为餐后甜点奶酪蛋糕留出空间！

ℹ 实用信息

比利亚维西奥萨旅游局（Oficina de Turismo de Villaviciosa；☎985 89 17 59；www.turismovillaviciosa.es；Calle Agua 29，比利亚维西奥萨；⏲4月至9月 周三至周日10:30~14:00和16:00~19:30，10月至次年3月 周二至周六10:30~14:00和16:00 ~19:30）坐落在建于16世纪的Casa de los Hevia里。

ℹ 到达和离开

比利亚维西奥萨的长途汽车站（Calle Ramón Rivero Solares）位于镇中心西北几个街区。**ALSA**（见551页）每天有7班或更多的汽车从这里发往奥维耶多（€4.30，0.5~1小时）和里瓦德塞利亚（€3.9，35~60分钟），还有超过13班车发往希洪（€3，25~60分钟）。

里瓦德塞利亚及周边 (Ribadesella & Around)

人口 2796（里瓦德塞利亚）

里瓦德塞利亚是一个低调的渔业小城和活跃的海滩度假胜地。它被塞利亚河（Río Sella）河口一分为二，又长又矮的塞拉桥（Sella bridge）将两个部分连接起来。西边的部分（是大部分酒店所在地）拥有大片金色海滩，即Playa de Santa Marina，而东边则是老城区和渔港。在里瓦德塞利亚和利亚内斯之间，顺着海岸线向东28公里，有超过20片沙滩和漂亮的小海湾等待着人们去发现。

除非提前很久预订，否则8月的第一个周末最好不要去里瓦德塞利亚，因为那时这里正好是里瓦德塞利亚著名的塞利亚国际独木舟赛，届时整座小镇都会为之疯狂。

景点

★ 提托布斯提约洞 洞穴

（Cueva de Tito Bustillo；☎98518 58 60，预约电话902 30 66 00；www.centrodearterupestredetitobustillo.com；Avenida de Tito Bustillo；含岩画中心 成人/老人、学生和儿童€7.34/5.30，周三免费；⏲3月至10月 周三至周日10:15~17:00；Ⓟ）参观这个被收录于《世界遗产名录》的石洞，你可以欣赏西班牙的一些最精美的岩画，包括可能完成于公元前15,000年至公元前10,000年的骏马主题的岩画。提托布斯提约洞位于塞拉桥西端以南300米处。每天允许入洞参观的游客数量有严格限制，所以提前上网或打电话预约非常有必要。即便你错过了石洞本身，往南走200米便可到达**岩画中心**（Centro de Arte Rupestre Tito Bustillo；成人/优惠€5.30/3.16，周三免费；⏲7月和8月 周三至周日10:00~19:00，2月至6月和9月至12月 周三至周五10:00~14:30和15:30~18:00，周六和周日10:00~14:30和16:00~19:00，1月关闭；Ⓟ），这里的展览、视频资料和复制品也非常值得一看。

节日和活动

塞利亚国际独木舟赛 划船

（Descenso Internacional del Sella；www.descensodelsella.com）8月2日之后的第一个星期六，是塞利亚河最繁忙的时候，数百名参加塞利亚国际独木舟赛的职业选手（更多业余爱好者跟在他们后面）从阿里翁达斯顺流而下，前往里瓦德塞利亚。这个国际皮划艇与独木舟活动始于1930年。

食宿

塞利亚河东岸繁忙的河滨苹果酒屋是吃海鲜的好地方。里瓦德塞利亚也有一些顶级的餐厅。

Villa Rosario 历史酒店 €€€

（☎985 86 00 90；www.hotelvillarosario.com；Calle de Dionisio Ruisánchez 3-6；房 €89~275；⏲3月中旬至次年1月；❄@📶Ⓟ）这家充满历史感的豪华酒店位于一座拥有上百年历史的casa de indianos（回乡殖民者建造的房子）里面，可俯瞰Playa de la Marina的壮丽海景。酒店内部装饰颇有品位，有大理石地板、色彩丰富的地毯和原来的樱桃木楼梯，而纯白色的客房是时髦的现代极简主义风格。后面的Villa Rosario Ⅱ里，房价更便宜，但完全没有历史感。

★**Arbidel** 阿斯图里亚斯菜 €€€

（☎985 86 14 40；www.arbidel.com；Calle Oscura 1；主菜 €26~32，套餐 €50~80；⏲周二至周五 13:30~16:00和20:30~23:00，周一和周六 13:30~16:00，1月不营业）这家米其林星级餐厅备受人们喜爱，大厨Jaime Uz将经典的阿斯图里亚斯风味和食材重新创造，形成独具特色的现代风味，也因此一举成名，但菜肴价格并不昂贵（相对而言）。那些精心准备的美味佳肴受本地烹饪启发，包括青苹果冷菜汤、烤琵琶鱼（pixín）配鱿鱼面条或分量很大的双人份牛排，性价比很高的品尝套餐（degustación）也很棒。

★**La Huertona** 阿斯图里亚斯菜 €€€

（☎985 86 05 53；www.restaurantelahuertona.com；Carretera de la Piconera；主菜 €20~29，品尝套餐 €50；⏲周三至周一 13:30~16:00，周四至周日 9:00~23:30；Ⓟ）精心烹制的高质量现代肉类和海鲜菜肴，再搭配上精选的西班牙葡萄酒，在这家气氛优雅、坐拥大片田野与花园风光的餐厅里，堪称顶级的就餐体验。侍者们穿着一袭时髦的白色工作服，为你送上火红的拼盘，上面的肉还在嘶嘶作响。问问有没有当天的本地鲜鱼供应。餐厅位于Playa de Santa Marina以南2公里处。

实用信息

里瓦德塞利亚旅游局（Oficina de Turismo de Ribadesella；☎985 86 00 38；www.ribadesella.es；Paseo Princesa Letizia；⏲7月和8月 10:00~14:00和16:00~20:00，9月至次年6月 周二至周六 10:00~14:00和16:00~18:30，周日 11:00~14:00）位于塞利亚桥东端。

到达和离开

长途汽车

ALSA（见551页）的汽车从河东岸、塞利亚桥以南约300米的**长途汽车站**（Avenida del Palacio Valdé）发车。

目的地	车费（€）	车程	每日发车频率
希洪	6.85	1.5~1.75小时	6班
利亚内斯	2.75	40分钟	7班
奥维耶多	8.05	1~1.75小时	6班
桑坦德	8.05	1.5~2.5小时	2班

火车

每天有三四班**FEVE**（见551页）的列车往返里瓦德塞利亚和奥维耶多（€6.65，2.25小时）、阿里翁达斯（€1.85，30分钟）、利亚内斯（€2.55；35分钟），还有2班往返里瓦德塞利亚和桑坦德（€9.65，2.75小时）。

利亚内斯及周边 (Llanes & Around)

人口 13,759（利亚内斯）

自荒蛮的远古时代起，利亚内斯就有人类居住。莱昂国王阿方索九世（Alfonso Ⅸ）于1206年颁布特许令，这使得利亚内斯在很长一段时期内一直是一座具有独立精神的城镇和捕鲸渔港。如今这里保留了一小部分中世纪的中心古城、一个繁忙的港口和一些可以轻松抵达的壮观海滩。利亚内斯是西班牙北部深受青睐的度假胜地之一。虽然它本身并不令人特别兴奋，但这里却是游览阿斯图里亚斯海岸和同样不远的欧洲之巅的大本营。

景点

Bufones de Arenillas 地标

（Puertas de Vidiago）Bufones de Arenillas有一系列地下洞穴，间歇泉式地喷射海水——因为潮汐的压力而通过地下的洞穴向上涌出。在海浪大的时候，可喷出高达20米的海水，蔚为壮观（靠太近会有危险）。而当大海风平浪静的时候，你或许只能听到空气和水穿过下面的隧道时发出的奇怪的轰鸣声。

在N634公路沿线的Puertas de Vidiago（利亚内斯以东6公里），跟着路牌指引，经过教堂后2公里（顺着一条崎岖不平的路）抵达Bufones。

宾达尔洞

洞穴

（Cueva del Pindal；☎608 175284；www.artepaleoliticoenasturias.com；Pimiango；成人/优惠€3.13/1.62，周三免费；⏲团队游 周三至周日 10:30、12:00和13:30，7月和8月 10:30、12:00、13:30和15:30）被列入世界文化遗产的宾达尔洞位于Pimiango东北2公里处，这里有31处旧石器时代的动物岩画和雕刻，大部分为赭色，包括野牛、马和罕见的猛犸象及鱼。尽管它与坎塔布里亚的阿尔塔米拉山洞（见561页）或里瓦德塞利亚的提托布斯提约洞（见575页）有些差别，但它是阿斯图里亚斯发现的第一个史前岩画洞。宾达尔洞藏身于树木繁茂的海边峭壁之间，附近还有一座16世纪的小礼拜堂、罗马式修道院遗迹和一个讲解中心，称得上是一处吸引人的景点。

游览洞穴必须至少提前一天电话预订，每组最多20人，7岁以下的儿童不允许参加。在利亚内斯以东21公里的N634公路上有路牌标出了通往这里的岔路。途中，你会经过一个风景很美的**海岸瞭望台**，此处距离洞穴约1公里。

食宿

Calles Mayor和Manuel Cué两侧有许多活跃的海鲜餐馆（marisquerías）和苹果酒屋，因此在这里找个地方大啖海鲜，并搭配着苹果酒把它们送下肚是不成问题的。

★Cae a Claveles

设计酒店 €€

（☎985 92 59 81, 658 110774；www.caeaclaveles.com；La Pereda；标单 €95~120，标双 €100~140；📶🅿）你绝对想不到阿斯图里亚斯的乡村会有这样一家精美的现代酒店。5间客房被设计得像小山，却有种别致的都市情调。老板是位热情的艺术家，这座纤细、弯曲的低矮建筑同时也是他的工作室，作品装饰着店里的墙壁。迷人又通风的双人间色彩丰富，阳光透过落地窗洒入室内，有种酷酷的极简主义风格。

酒店还有充足的室外空间和酒吧供客人享受，美丽的群山就是它的背景。酒店位于利亚内斯以南4公里处。

★La Posada de Babel

设计酒店 €€

（☎985 40 25 25；www.laposadadebabel.com；La Pereda；标单 €75~90，标双 €99~128，套 €135~170；⏲3月中旬至12月中旬；📶🅿🐾）🍃酒店在利亚内斯以南约4公里处，独一无二的地理位置，结合引人入胜的现代建筑和大胆的设计风格，以及可爱的大草坪，透着随意又文明的气息。主人在亚洲各地旅行时受到启发创办了这间酒店。12间各不相同的客房占据了4栋风格各异的建筑，包括一栋修建在石柱上的典型的阿斯图里亚斯粮仓（hórreo）。

酒店厨房（早餐€7.50，晚餐€28）主要供应新鲜食物和有机食物。

El Bálamu

海鲜 €€€

（☎985 41 36 06；www.facebook.com/elbalamu；Barrio Valles；西班牙小吃 €4~14，主菜 €19~29；⏲13:00~16:00和20:30~23:30，周三不营业）从外面看，港口旁边这个朴实的地方就像一个灰色的洞穴仓库，不过，上楼后就会进入利亚内斯最好的海鲜餐馆，你盘子里的鱼直接来自刚捕捞靠岸的渔船。你可以在酒吧享用一点炸鱿鱼（rabas）和蒜味小虾（gambas al ajillo）等小吃。如果需要正儿八经用餐，最好提前预订，要一个位于靠着时髦斜窗的桌位，边俯瞰港口美景边享用美食。

实用信息

旅游局（☎985 40 01 64；www.llanes.es；Calle Marqués de Canillejas, Antigua Lonja；⏲6月中旬至9月中旬 10:00~14:00和17:00~21:00，9月中旬至次年6月中旬 周一至周六 10:00~14:00和16:00~18:30，周日 10:00~14:00）会告诉你这个地区许多不错的徒步线路，包括从葡萄牙经过这里到俄罗斯的海岸小径E9，长达5000公里。

值得一游

利亚内斯周围的海滩

在利亚内斯和其西边28公里的里瓦德萨利亚之间蜿蜒壮丽的海岸线上，点缀着超过20片沙滩和隐蔽的小海湾。

多里比亚海滩（Playa de Torimbia；Niembro）是一片美丽的金黄色新月形海滩，位于利亚内斯以西9公里处，背靠着一片环抱的绿山和若干满是岩石的海角，景色壮观。这里也是非常热门的天体海滩。在波萨达（Posada）离开AS263公路，转向通往Niembro（2公里）的路，从这里再开2公里就是海滩（跟随海滩的标志穿过Niembro狭窄的街道）。最后约1公里路程你可能需要徒步前往，这也正好将大批的游人挡在外面。

多兰达海滩（Playa de Toranda；Niembro）位于利亚内斯以西8公里处，这片海滩风景绮丽，背靠一片片田野和一个树木丛生的海岬。要抵达这里，需在波萨达离开AS263公路，朝西北方行进2公里前往Niembro。海滩距离Niembro仅500米，有标识清楚的路牌。

古尔毕尤里海滩（Playa de Gulpiyuri；Naves）这个隐蔽的神奇小海湾长50米，与其说是晒日光浴的地方，不如说是个景点。它的边缘镶嵌着一道道悬崖峭壁和常绿树木，是西班牙最著名的内陆沙滩。它并非位于海滨，但你可以听见海浪嗖嗖地穿过水下暗道，扑向这里的金色沙子。要抵达这里，需要在Naves东端从AS263或A8公路向北拐——沙滩就在此处北边500米，最后300米需步行。

你也可从其东南1.5公里的Playa de San Antolín步行过来。

巴约达海滩（Playa de la Ballota；Andrín）这个350米长的海滩特别迷人，距利亚内斯以东4.5公里，四周是绿色的峭壁，从Cué通往Andrín的LLN2公路上出来后有路牌指引游客顺着一条土路前往这里。

到达和离开

长途汽车

ALSA（见551页）经营的班车从**长途汽车站**（☎985 40 24 85；Calle Bolera）发车。

目的地	车费（€）	车程	每日发车频率
阿里翁达斯	4.55	0.5~1小时	5~7班
希洪	8.75	2小时	4~5班
奥维耶多	10.75	1.25~2.25小时	11~12班
里瓦德塞利亚	2.75	20~40分钟	7~11班
圣文森特-德拉萨巴尔克拉	2.25	0.5小时	4~7班
桑坦德	5.95	1.5~2小时	4~8班

火车

每天有三四班**FEVE**（见551页）列车从奥维耶多（€8.55；2.75小时）、阿里翁达斯（€4；65分钟）和里瓦德塞利亚（€2.55；40分钟）开往这里，其中2班继续开往桑坦德（€7.80；2.25小时）。

阿斯图里亚斯西部海岸地区（West Coast Asturias）

佩尼亚斯角（Cabo Peñas）位于希洪西北20公里，这里的峭壁标志着阿斯图里亚斯海岸西边部分的开始，海岸的最北和最高点（将近100米）都在这里。生产钢铁的工业城市阿维莱斯和西边两个宁静多彩的渔港库迪耶罗、卢阿尔卡仿佛来自不同的世界。继续西行，你就会抵达加利西亚。整段海岸线上都点缀着一片片漂亮的沙滩和高耸的悬崖峭壁。

阿维莱斯（Avilés）

人口 75,744

阿维莱斯距希洪以西29公里、奥维耶多以北34公里，是一座古老的河港和炼钢城市。它历史悠久的核心区很适合闲逛，这里有一些带有柱廊的优雅街道，位处中心的西班牙广场前有两座17世纪的精美建筑，城里还有些不错的正宗阿斯图里亚斯餐厅可供你歇脚。在这里，你有可能在奥斯卡·尼迈耶国际文化中心（Centro Cultural Internacional Oscar Niemeyer）偶遇颇具创意和独立精神的西班牙和全球音乐、戏剧、电影或艺术活动。

景点

奥斯卡·尼迈耶国际文化中心 文化中心

（Centro Cultural Internacional Oscar Niemeyer; Centro Niemeyer; ☎984 83 50 31; www.niemeyercenter.org; Avenida del Zinc; 团队游 成人/儿童€3/2; ⏲团队游 9月至次年6月 周三至周五 17:00，周六和周日 12:30和17:00，7月和8月 每天 12:30和17:00）这个多功能国际文化中心建于2011年，以前是一片工业用地，就位于市中心那条河流东边，由巴西建筑大师奥斯卡·尼迈耶（Oscar Niemeyer）设计，作为送给阿斯图里亚斯的礼物，这座建筑也被认为是伊比里亚半岛和拉丁美洲之间的文化纽带。这座雪白的综合建筑会举办一系列独立、前卫的戏剧、音乐、电影、文学和艺术演出。时长1小时的导览团队游（西班牙语）信息量丰富，会带领游客参观演出大厅和穹顶，并详细介绍尼迈耶在这里和其他地方的作品。

食宿

Hotel Don Pedro 酒店 €€

（☎627 561723, 985 51 22 88; www.hdonpedro.com; Calle de La Fruta 22; 标单 €50~70,标双 €65~80, 标三 €75~90; 📶）Hotel Don Pedro就位于市中心的西班牙广场（Plaza de España）旁。舒适迷人的客房中，石墙或砖墙裸露，配色丰富，放置着天鹅绒沙发，木地板上铺着小地毯。

Casa Tataguyo 阿斯图里亚斯菜 €€

（☎985 56 48 15; www.tataguyo.com; Plaza del Carbayedo 6; 主菜 €12~22; ⏲13:00~16:00和20:00至深夜）Casa Tataguyo位于一个餐馆林立、熙熙攘攘的广场中，从19世纪40年代以来就一直欣欣向荣。享受美味的经典阿斯图里亚斯鱼肉菜肴，包括没有多余修饰的炖菜（cocidos）和烤羊肉（lechazo al horno），或者来点清淡的由冷肉、奶酪和堆得高高的沙拉组成的拼盘。高质量的午餐套餐（€16，含葡萄酒）包括3道菜，很受欢迎。

★Real Balneario de Salinas 阿斯图里亚斯菜、海鲜 €€€

（☎985 51 86 13; www.realbalneario.com; Avenida de Juan Sitges 3, Salinas; 主菜 €25~36, 套餐 €50~154; ⏲周二至周六 13:00~15:30和20:00~23:30, 周日 13:00~15:30, 1月中旬至2月中旬不营业）认真的美食爱好者们，去郊区海滨的Real Balneario de Salinas吧！它位于阿维莱斯市中心西北5.5公里处，最初是海滨洗浴中心，由阿方索十三世建于1916年，如今是顶级海鲜餐厅。选择包括各种传统或者独具创意的"新派"菜肴，另外还有一些非常诱人的甜点。目前最受欢迎的是龙虾，经久不衰的特色菜是香槟海鲈鱼。

实用信息

旅游局（☎985 54 43 25; www.avilescomarca.info; Calle de Ruiz Gómez 21; ⏲7月至9月中旬 10:00~20:00, 9月中旬至次年6月 周一至周五 10:00~14:00和16:30~18:30，周六和周日 10:30~14:30）就位于主要的西班牙广场旁边。

到达和离开

长途汽车

ALSA（见551页）发往奥维耶多（€2.55; 30~60分钟; 每天至少37班）和希洪（€2.40; 30分钟; 每天至少27班）的长途汽车从市中心的西班牙广场北边800米处的**长途汽车站**（Avenida Telares）出发。

火车

火车站（Avenida Telares）在西班牙广场北边700米，有火车开往希洪（€1.95, 40分钟，每天至少31班），部分列车继续开往奥维耶多（€3.30, 1.5~2小时）。

库迪耶罗（Cudillero）

人口 1355

库迪耶罗距奥维耶多西北60公里，是阿斯图里亚海岸风景最美的渔村——它也因此远近闻名。这里的房屋被刷成彩虹一般的颜色，如瀑布一般"倾泻"入一个狭窄海湾的小港口。尽管游客很多，但库迪耶罗还是理所当然地保持轻松自如的氛围，称得上是一个迷人的逗留之地，即便在8月中旬镇上所有酒店都爆满时。周围的海岸线上有一系列惊心动魄的悬崖峭壁和美丽海滩。

景点

寂静海滩 海滩

（Playa del Silencio；Castañeras）这是西班牙最美丽的沙滩之一。长长的海湾布满银色沙滩，还有一道天然的半圆形岩石屏障。由于水下有很多岩石，这里并不适合游泳，但作为散步的地点却景色绝佳，天气允许时也适合晒日光浴。海滩位于库迪耶罗以西15公里处，取道A8公路西行，从通往Santa Marina的441出口下来，然后沿N632向西前往Castañeras，从这里跟着路标即可抵达海滩，最后500米只能靠步行。

Playa de Aguilar 海滩

（Muros de Nalón；P）距离库迪耶罗最近的海滩是沙子细腻的Playa de Aguilar，从El Pito顺着AS317往Muros de Nalón方向东行5公里即到。紧靠着它的东边，从相连的停车场顺着一条小路，可通往一个被峭壁包围的海滩Playa de Xiró。

Mirador de La Garita-Atalaya 观景点

这个破败的瞭望台矗立在港口上方的高处，一条狭窄、倾斜、蜿蜒的街道通往这里。站在上面向远处眺望，视线从库迪耶罗的建筑屋顶，越过那些在港口里随波荡漾的船只，一直看到开阔的大西洋。这里是观赏日落的绝美地点。

食宿

La Casona de Pío 酒店 €€

（985 59 15 12；www.lacasonadepio.com；Calle del Ríofrío 3；标单 €59~73，标双 €73~98；1月中旬至2月中旬 不营业；）这家乡村风格的迷人酒店就隐藏在港口后面，位于一栋有200年历史的石头建筑里。11个非常舒适的房间里有漩水按摩浴缸、泥土色调的装饰，有些还有鲜花怒放的木质露台。酒店提供各种自制的美味早餐（€7.70）。

Hotel Casa Prendes 酒店 €€

（985 59 15 00；www.hotelcasaprendes.com；Calle San Jos 4；房 €65~85，2人公寓 €65~100，4人公寓 €90~130；）这是一间维护得非常不错的二星级酒店，就位于海港后面一座鲜艳的蓝色城市住宅里。酒店有9间石头砌成的舒适房间，饰以五颜六色的窗帘和印花被单，服务周到，另外还有一间小型私人咖啡馆。友好的酒店主人在附近还有7套公寓可供出租。

El Faro 海鲜 €€

（985 59 15 32；Calle del Ríofrío 4；主菜 €14~22；周四至周二 12:00~16:00和20:00至午夜）这家餐厅隐藏在海港后面的一条街上，虽然看不到海景，但餐厅本身时髦而吸引人，五彩缤纷的石头和木质艺术品以及酷酷的奶油色装饰品营造出一种友好热情的氛围。你可以品尝一下当天捕捞的鲜鱼、用各种方式烹制的鳕鱼（merluza）、满是鱼肉的沙拉、各种贝类的烧烤拼盘（parrillada de marisco）或者海鲜烩饭（arroz caldoso）。

实用信息

库迪耶罗旅游局（Oficina de Turismo de Cudillero；旅游局985 59 13 77，市政厅985 59 00 03；www.turismocudillero.com；Puerto del Oeste；7月和8月 10:00~14:00和16:00~19:30，其余月份办公时间缩短）位于港口附近。淡季的工作日，旅游局会在港口后面的市政厅（ayuntamiento）运营。

到达和离开

长途汽车

位于山顶的**公交车站**距离港口800米，每天有3班或更多的**ALSA**（见551页）长途汽车发往希洪（€5.55，1.25~1.5小时），途经阿维莱斯（€3.20，50分钟），到阿维莱斯后可以换乘其他汽车继续前往奥维耶多。

小汽车

唯一可以停车的地方在港口，就在旅游局办事处前面。

火车

火车站（Camin de la Estación）位于港口往内陆方向2公里处，有**FEVE**（见551页）列车发往希洪

有熊出没

包括索米埃多自然公园在内的阿斯图里亚斯西南部和卡斯蒂利亚-莱昂西北部的荒野山区，是西班牙最大的动物——棕熊（oso pardo）的主要栖息地。活跃于坎塔布连山脉（Cordillera Cantábrica）地区的棕熊数量从20世纪90年代中期的70只左右增加至如今的250多只，其中包括一个约40只棕熊的小种群，分布在横跨阿斯图里亚东南部、坎塔布里亚西南部和卡斯蒂利亚-莱昂北部地区的一片单独区域内。虽然自1973年起，在西班牙猎杀棕熊就属于违法行为，但是直到20世纪90年代，针对棕熊恢复的协调行动计划才开始实施。最近至少有一个东、西种群杂交的案例，使得专家们大受鼓舞。

这些笨重的猛兽可以长到300公斤，寿命达25~30年。尽管它们基本上完全食素，但是素来不为农民喜欢。公众的支持在近来坎塔布连山脉的棕熊恢复计划中发挥了重要作用，并在很大程度上归功于奥维耶多西南部的阿斯图里亚斯熊之径（见582页）上著名的棕熊。专家们警告棕熊并没有完全脱离危险——对野生棕熊设下的非法圈套以及投喂给狼的毒饵仍对它们造成严重的威胁。此外还有森林火灾、新建道路和滑雪场都使棕熊的栖息地和活动范围逐渐缩小，在过去几年中，盗猎夺去了至少2头棕熊的性命。

在熊之径的**棕熊围场**，你可以看见半自由生活的棕熊。**棕熊基金会**（Fundación Oso Pardo; www.fundacionosopardo.org）是为西班牙棕熊提供资金和支持的主要机构，其信息中心Centro de Interpretación 'Somiedo y El Oso' 位于Pola de Somiedo，是一个了解棕熊知识的好地方。

985 18 58 60; www.parquedelaprehistoria.es; San Salvador de Alesga; 成人/优惠 €6.12/3.57; ⌚7月和8月 10:30~20:00，2月至6月和9月至12月 周三到周日 10:30~14:30和16:00~18:00，1月不开放; Ⓟ）这个公园博物馆在Entrago以南4公里，因为对西班牙和欧洲洞穴艺术有着精彩的介绍，非常值得参观。其中有阿斯图里亚斯被列入《世界遗产名录》的提托布斯提约洞（见575页）、Candamo洞和法国的Niaux洞的复制品，以及一座不错的美术馆，介绍了有关欧洲史前洞穴艺术的情况、建设时间、涉及人物、方法和原因的相关信息。

在与博物馆相连的地方，游客能够观察到那些史前马、牛和野牛的现代后裔在围栏里平静地吃草。

棕熊之家 展览中心

（Casa del Oso; ☎985 96 30 60; www.osodeasturias.es; Proaza; ⌚10:00~14:00和16:00~18:00）免费 Proaza的棕熊之家是阿斯图里亚斯棕熊基金会（Fundación Oso de Asturias）的总部，运营着Paca-Tola棕熊保护项目，还有关于西班牙棕熊的展览。它也兼作旅游局办事处，提供有关“熊之径”和其他本地活动的信息。

活动

“熊之径”沿途有许多体育运动用品商店出租自行车（€9~22），满足这条骑行小径上一日游的游客需求，有些还提供从Entrago至Tuñón下坡的单程骑行，再坐皮卡车返回Entrago的选择。

就餐

★L' Esbardu 阿斯图里亚斯菜 €€

（☎985 76 11 52; www.lesbardu.es; Calle El Puente, Proaza; 主菜 €8.50~20; ⌚周三至周日 14:00~16:00，周五和周六 14:00~16:00和20:30~23:00; 🖉）骑行途中不妨到Proaza的这家有着石墙和木梁的可爱乡村餐馆稍作休息。就餐者聚集在铺着红白方格桌布的餐桌周围，品尝一锅方便食物（土豆、鸡蛋、腊肠、火腿和胡椒）、焖豆子，以及包括鹿肉、山羊肉和野猪肉的野味特色菜。这里供应大量素食菜肴。

实用信息

在Proaza北端的**棕熊之家**可获得本地旅游信息。

到达和离开

Pullmans Llaneza（☎985 46 58 78；www.pullmansllaneza.com）每天有三四班长途客车从奥维耶多汽车站开往Tuñón（€2，30分钟）、Proaza（€2，45分钟）和Entrago（€2.50，1小时），终点站设在San Martín，过了Entrago再走1公里就到了，离史前公园还有3公里。

索米埃多自然公园（Parque Natural de Somiedo）

如果你喜欢探索少有外国游客拜访的美丽山村，可以前往坎塔布连山脉北翼被列入联合国教科文组织《世界遗产名录》的291平方公里的生物圈保护区。这里主要由5条从2000多米高的山峰绵延而下的山谷组成，公园内有茂密的林地、多岩的山地和点缀着brañas（一片片现在大部分已被废弃的茅草屋）的高山草甸。这里也是西班牙棕熊的主要栖息地（见583页）。

平淡无奇的Pola de Somiedo（奥维耶多西南70公里）是公园内主要的人口聚居区，有一家银行、一台自动柜员机、一家超市、一个加油站和索米埃多自然公园解说中心（Centro de Interpretación del Parque Natural de Somiedo；见585页）。另一个主要基地Valle de Lago有不错的步道——从Pola de Somiedo顺着一条8公里长的大道向东南蜿蜒攀登至海拔1300米。

景点

"索米埃多和棕熊"解说中心 博物馆

（Centro de Interpretación 'Somiedo y El Oso'；☎942 23 49 00，985 76 34 06；www.fundacionosopardo.org；Calle Flórez Estrada，Pola de Somiedo；成人/儿童 €3/1；⏲6月中旬至9月中旬 11:00~14:00和17:00~21:00，4月底至6月中旬和9月中旬至10月 周六和周日 11:00~14:00和16:00~19:00）这个展览会由棕熊基金会（Fundación Oso Pardo）运营，是了解西班牙北部棕熊知识的好地方。它提供信息丰富的展览和视频（西班牙语），包括棕熊为了生存继续拼搏的各种详细情况。

活动

索米埃多最好也最热门的徒步区域是Valle de Lago，山谷上部有冰川湖泊和高山夏季草甸。在这里，Ruta de Valle de Lago（6公里，单程约需2.5小时）小径通往阿斯图里亚斯面积最大的湖泊。车子必须停在Valle de Lago村。

其他不错的步道包括Pigüeña山谷高处的La Peral Villar de Vildas路线（13公里，单程约5小时），途中会经过规模最大、保存也很完好的茅屋区La Pornacal，以及通往公园最高峰El Cornón（海拔2194米）的那段颇具挑战性的上坡路（14公里，往返约9小时）。

从索米埃多向东前往"熊之径"，你会在海拔1347米高的山口Puerto de San Lorenzo找到更多不错的徒步机会。公路从这里越过Camín Real de la Mesa（GR101），一条连接Astorga（卡斯蒂利亚-莱昂）和阿斯图里亚斯海滨的古道。

Alto Aragón 徒步

（☎616 452337；www.altoaragon.co.uk）经验丰富的英国向导Richard Cash偶尔会在索米埃多自然公园带团徒步，主题为当地植物、野生动物、鸟类和蝴蝶。长达一周的团队游每人收费€1000左右，费用包含高品质的住宿、向导服务、地面交通和就餐。他的公司也在西班牙其他地区提供自然活动团队游，包括比利牛斯山和多尼亚纳国家公园（Doñana National Park）。

食宿

★Palacio de Flórez Estrada 历史酒店 €€

（☎616 17 00 18，985 76 37 09；www.florezestrada.com；Pola de Somiedo；标单 €60~70，标双 €80~90，公寓 €70~80，套 €90~110；⏲房 4月至10月，公寓 全年；🛜🐾🅿）这家酒店位于一座古老的河畔大楼中，就在去往Valle de Lago山谷路边的大片花园中，位于Pola de Somiedo东侧。温暖舒适的房间占据了一座15世纪的塔，提供简单的饮食，老板还会组织各种文化活动和瑜伽隐修。在同一地点，还有4套用马厩改建的双人公寓。

Auriz 公寓 €€

（☎619 320001；www.auriz.es；Calle Álvaro Florez Estrada 8，Pola de Somiedo；2/4/6人套

间€90/125/160；⏲1月中旬至2月初不营业；📶🅿🐾）这里有6套优质的现代公寓，每套都色彩缤纷，为复式结构，有3个卧室以及厨房和烧木头的炉子。它们就在通往Valle de Lago的公路边上，位于Pola de Somiedo的东侧。

Casa Cobrana 阿斯图里亚斯菜 €€

（☎687 483388, 985 76 37 48; Valle del Lago; 主菜 €11~20; ⏲6月至9月 周四至周二 8:30~22:30，周二 无晚餐）要品尝传统的阿斯图里亚斯山区美食，你决不能错过这家位于Valle del Lago村子中心的简朴餐厅。你可以一边观看大屏幕电视播放的足球比赛，一边在坚固的木桌上品尝经典菜肴，如阿斯图里亚斯炖菜（fabada asturiana）和填满野蘑菇和卡夫拉莱斯奶酪的牛肉馅饼（cachopo de setas al Cabrales）。炖山羊羔肉（cabrito guisado）之类的美味需要提前预订。

实用信息

索米埃多自然公园解说中心（☎985 76 37 58; www.parquenaturalsomiedo.es; Pola de Somiedo; ⏲6月至9月 周一至周六 10:00~14:00和16:00~20:00，周日 10:00~14:00和16:00~18:00，10月至次年5月 开放时间缩短）提供有关这个公园及徒步道的大量免费信息。

欧洲之巅网站

El Anillo de Picos（www.elanillodepicos.com）对于了解山间旅舍（refugios）很有用。

Incatur Picos de Europa（www.picosdeeuropa.com）提供欧洲之巅位于阿斯图里亚斯境内的信息。

Liébana y Picos de Europa（www.liebanaypicosdeeuropa.com）提供欧洲之巅东部地区的信息。

Organismo Autónomo Parques Nacionales（www.mapama.gob.es/en/red-parques-nacionales）西班牙国家公园的官网。

到达和离开

长途汽车

周一至周五每天17:00有1班**ALSA**（见531页）的长途汽车从奥维耶多汽车站开往Pola de Somiedo（€8.65; 2小时），周末10:00发车，从Pola返回的时间是在6:45（周末17:30）。

小汽车

如果自驾，可以从熊之径区域取道由San Martín向西通往La Riera的那条风景壮丽的AS265公路，经Puerto de San Lorenzo山口（海拔1347米，冬季经常下雪）抵达索米埃多。

欧洲之巅（PICOS DE EUROPA）

陡峭峻拔、沟壑纵横的欧洲之巅横亘于阿斯图里亚斯东南、坎塔布里亚西南和卡斯蒂利亚-莱昂北部，是西班牙境内最棒的乡村徒步区域，有些地方也拥有欧洲最壮观的山地风景。

欧洲之巅由3座巨大的山峰组成：东部海拔2444米的Macizo Ándara、西部海拔2596米的Macizo El Cornión、海拔2648米的Macizo Central（即西班牙语中的Macizo de los Urrieles）。三座山峰都位于占地671平方公里的欧洲之巅国家公园（Parque Nacional de los Picos de Europa）里。在园内海拔较高的地区，开阔的草地上满是牧放的牛群，后面是波光粼粼的湖泊与雄伟的石灰岩山峰组成的原始风景；而在地势较低的地方，则有嶙峋的山岩直抵一系列蔚为壮观的河谷深峡。

冬季这里游客罕至，8月则是一番人潮涌动的景象，7月人也不少，6月和9月相对安静，但明媚的阳光不输8月。

实用信息

地图

关于欧洲之巅的最佳地图是Adrados Ediciones出版的*Picos de Europa*（1:80,000）、*Picos de Europa Macizos Central y Oriental*（1:25,000）和*Picos de Europa Macizo Occidental*（1:25,000），在坎加斯-德奥尼斯（Cangas de Onís）、波特斯（Potes）和其他地方的商店均有出售（€5~6）。

Picos de Europa 欧洲之巅

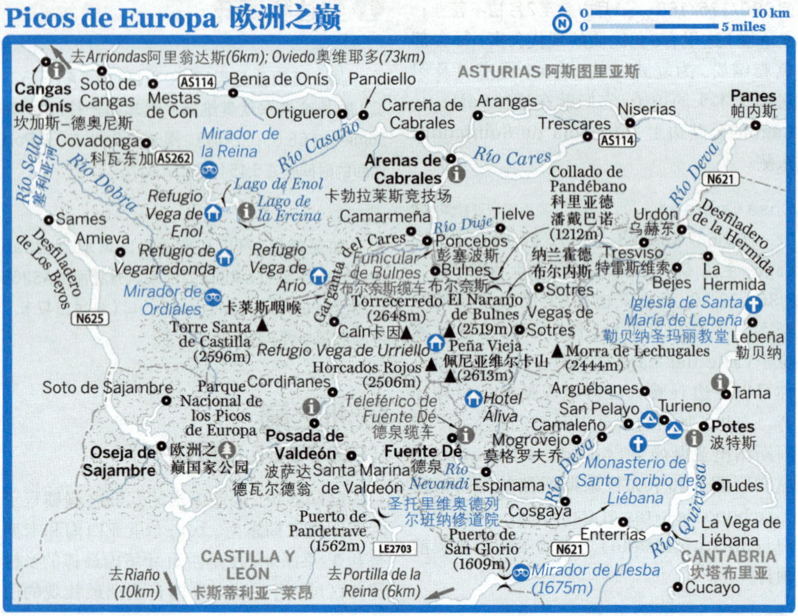

游览信息

国家公园有3个主要的信息中心：

Centro de Información Casa Dago（见589页）服务于欧洲之巅西部地区，位于坎加斯-德奥尼斯，提供欧洲之巅各地的徒步和入口信息。

Centro de Visitantes Sotama（见595页）服务于欧洲之巅东部地区，位于波特斯以北2公里的Tama，在N621公路上，提供各种详细的徒步信息，以及有关欧洲之巅地质、河流和野生动物的一流展览。

Oficina de Información Posada de Valdeón（☎987 74 05 49；www.valdeon.org；El Ferial, Posada de Valdeón；⏲全年 周一至周五 8:00~15:00，7月至9月周六和周日 9:00~14:00和16:00~18:30）服务于欧洲之巅南部地区，其工作时间弹性很大。

其他信息咨询处在7月1日至9月15日和西班牙主要公共假期期间在国家公园内各个重要地点开放。本地游客中心也提供相应的旅游信息。

ℹ 到达和当地交通

小汽车与长途汽车

去往欧洲之巅的主要入口是西北部的坎加斯-德奥尼斯、中北部的卡勃拉莱斯竞技场（Arenas de Cabrales）、西南部的波特斯以及南部的波萨达德瓦尔德翁（Posada de Valdeón）。铺装路构成了便捷的交通网络：从坎加斯出发向东南方行驶可到科瓦东加和科瓦东加湖；从卡勃拉莱斯竞技场出发向南通向彭塞波斯（Poncebos），然后向东可到达索特雷斯（Sotres）和特雷斯维索（Tresviso）；从波特斯向西可至德泉（Fuente Dé）；从波萨达德瓦尔德翁向北可至卡因（Caín；这段路特别狭窄）。

4个主要入口所在的城镇都有合理甚至很好的长途汽车服务，将它们与位于坎塔布里亚、阿斯图里亚斯和卡蒂利亚-莱昂的其他地方连接起来，但从入口所在的城镇进山的公共汽车很少（大多数在夏季运营）。

出租车

除了那些只在路况较好的道路行驶的普通出租车，如坎加斯-德奥尼斯合营的**Taxitur**（见589页），还有4驱出租车服务可以胜任山区越野需求。几家出租车公司都提供这种4驱出租车欧洲之巅一日游，通常每个人的费用为€50。

欧洲之巅西部地区（Western Picos）

阿斯图里亚斯一侧（西侧）的欧洲之巅Macizo Occidental（El Cornión）在一连串明丽的高海拔湖泊、绿油油的牧场和光秃秃的岩石构成的全景图中展开。平淡无奇的坎加斯-德奥尼斯是该地区的主要基地，可以开展一系列户外活动，而距其西北8公里的低调的阿里翁达斯，是划着皮划艇与独木舟沿塞利亚河顺流而下的起点。神圣的科瓦东加位于坎加斯东南约10公里处，作为西班牙境内第一个击败穆斯林的地方而闻名。一条曲折的山区公路从科瓦东加蜿蜒向上，通往美丽且特别热门的科瓦东加湖（Lagos de Covadonga），这里是几条徒步道的起点。

阿里翁达斯（Arriondas）

海拔 85米

阿里翁达斯是个普通的小镇，位于坎加斯-德奥尼斯西北8公里处，这是美丽的塞利亚河上大受欢迎的有趣的皮划艇与独木舟之旅的基地，漂流终点在Toraño和Llovio（7~16公里，1.5~4小时）之间的多个地点。

阿里翁达斯在8月2日之后的第一个周六会变得热闹异常，届时有成千上万的游客赶来参加塞利亚国际独木舟赛（见575页），在这场国际皮划艇与独木舟盛事中，数百名严肃的选手从中午开始顺流而下，前往里瓦德塞利亚，他们身后还有更多纯为娱乐的划手。

活动

当地一些旅行社可以为参加塞利亚河划行之旅的游客出租皮划艇、船桨、救生衣和防水容器，还会教你如何划桨，最后将你带回阿里翁达斯。塞利亚河的这一段有一些小急流，但是并不危险，8岁以上都可以尽情享受。标准收费（成人/儿童€25/15）包括午间野餐。启程时间一般是11:00~13:00。记得带上替换衣物。

坎加斯-德奥尼斯和附近海滨小镇的旅行社提供的服务都差不多，都会负责游客至阿里翁达斯的往返接送。

食宿

★ Posada del Valle 酒店 €€

（☎985 84 11 57；www.posadadelvalle.com；Collía；标单 €62~68，标双 €77~94；⏲4月至10月；📶🅿）这座由英国人经营的著名酒店位于阿里翁达斯以北3公里的美丽山谷中，拥有12个迷人的房间，是一处乡村静居之地，也是极好的徒步游基地，而且还可以体验多种可持续发展。酒店设计和装潢侧重于当地艺术和工艺，12间客房都能看到山谷景色。

餐厅供应的食物有35%来自酒店自己的有机农场（有一部分被开辟为野花保护区）。早餐（€9）和包括4道菜的晚餐（€26，非酒店房客需要预订）都有素食选择。

这里可提供欧洲之巅、阿斯图里亚斯海滩和当地的**自助游徒步**信息，也会组织各种**课程和讲座**，包括有机烹饪、西班牙语会话、毛毡制作。酒店位于AS342公路上，过了Collía村就是。

★ Casa Marcial 美食餐厅 €€€

（☎985 84 09 91；www.casamarcial.com；Calle La Salgar, La Salgar；套餐 €98~148；⏲周二至周六 13:00~15:00和21:00~23:00，周日 13:00~15:00）阿斯图里亚斯大厨Nacho Manzano将这家米其林二星餐厅开在了自己的家乡，就在阿里翁达斯北边的美丽乡村里。虽然菜单“很短”，但也是包括12道菜的豪华大餐，包括当地海鲜（苹果酒炖贻贝、鳕鱼、蛤蜊、羊鱼），以及Manzano用当地经典食物制作的招牌菜，如阿斯图里亚斯白腰豆炖菜（fabada asturiana）和小火慢炖的鸡肉烩饭（arroz con pitu）。

El Corral del Indianu 阿斯图里亚斯菜 €€€

（☎985 84 10 72；www.elcorraldelindianu.com；Avenida de Europa 14；主菜 €28~39；⏲周五至周三 13:30~14:00，周五、周六、周一和周二 21:00~23:00）这家米其林星级餐厅是品尝阿斯图里亚斯传统美食的好地方，也是阿里翁达斯最原始的就餐地点。如果你不喜欢创意度极高且包罗甚广的品尝套餐（€60~89），可以选择现代化的阿斯图里亚斯fabada（豆子、肉和香肠的炖菜）或者tortos de maíz（玉米蛋糕）和鳄梨沙拉，以及苹果酒炖鳕鱼配烤洋葱。

到达和离开

长途汽车

ALSA（☎902 42 22 42；www.alsa.es）每天至少有7班长途汽车从奥维耶多开往阿里翁达斯（€6.25，1.25小时），并继续开往坎加斯-德奥尼斯（€1.50，15分钟）。每天还有5班或更多的ALSA长途汽车从利亚内斯（€4.55，0.5~1小时）开往阿里翁达斯，另有3班或更多的车从位于阿斯图里亚斯海岸东段的里瓦德塞利亚（€1.80，25分钟）开往阿里翁达斯。

火车

阿里翁达斯位于奥维耶多、里瓦德塞利亚、利亚内斯和桑坦德之间的FEVE铁路线上，每天有4班列车开往上述各个城市。

坎加斯-德奥尼斯（Cangas de Onís）

人口 6368/海拔 84米

阿斯图里亚斯这座大体称得上现代的平凡小镇坎加斯-德奥尼斯位于卡勃拉莱斯竞技场以西30公里处，曾经（短暂地）是中世纪阿斯图里亚斯王国的第一个首都。如今，这里是深入欧洲之巅西部地区游览的主要起点。尤其是在8月，坎加斯会挤满徒步游客、露营者和度假者。尽管如此，这里仍是一个亲切友好的基地，能提供各类设施，以及到附近参加冒险活动的充足机会。

景点

罗马桥（Puente Romano） 桥梁

这座被称作罗马桥的桥梁横跨在塞利亚河两岸，其拱形形状就像一只受惊的猫，桥实际修建于13世纪，并非古罗马时期，但年份错认无损桥梁的美。桥上悬挂着被视作阿斯图里亚斯象征物的胜利十字（Cruz de la Victoria）的1939年复制版，真品现存于奥维耶多大教堂。

圣克鲁斯教堂 礼拜堂

（Capilla de Santa Cruz；Avenida Contranquil；门票成人/儿童 €2/免费；⏲7月和8月 周一至周六 10:00～14:00和16:00～19:00，9月至次年6月上午不开放）这座建于20世纪中期的小礼拜堂是为了取代其前身——建于8世纪、毁于西班牙内战的教堂（由佩拉约之子Favila所建）。20世纪40年代重建时发现，礼拜堂的地基是建在一座拥有5000年历史的巨石坟墓上，现在从礼拜堂的地板下还能看见。半导览服务有西班牙语、英语和法语，具体请咨询旅游局（见589页）。

食宿

要寻找经典的苹果酒屋（sidrerías）——供应阿斯图里亚斯特色菜如fabada asturiana（豆类、腊肠和肉的炖菜）和cachopo（牛肉馅饼），就去Calles de Constantino González和Ángel Tarano（位于Avenida de Covadonga和坎加斯的第二条河流Río Güeña之间）。在市中心的Calle San Pelayo两侧及周边还有更多饮食选择。

Hotel Nochendi 酒店 €€

（☎985 84 95 13；www.elmolin.com/nochendi；Avenida Constantino González 4；房€65～110；⏲3月至10月；📶）Nochendi在Río Güeña河畔的一幢现代公寓楼中占有一层楼面，是一个让人惊喜的住宿，能找到家的感觉。12间客房都很宽敞明亮，一尘不染，配有舒适的床铺、局部照明、全白装饰和少许现代艺术作品，大多数能眺望河景。

Parador de Cangas de Onís 历史酒店 €€€

（☎985 84 94 02；www.parador.es；Villanueva de Cangas；房 €140～180；❄📶🅿）坎加斯的这座国营奢华酒店俯瞰塞利亚河，位于小镇西北3公里处。这里最早是一座修道院，在12～18世纪修建于阿斯图里亚斯早期国王Favila的宫殿原址上。主建筑里有11间个性鲜明的漂亮房间，古典风格的客房都非常舒适，有些从前是僧侣们的寝室（不过经过了适当升级和改造）。酒店里还有一家时髦的**餐厅**（主菜€19～25，套餐€26～57；⏲8:00～11:00，13:30～16:00和20:30～23:00）。

La Sifonería 阿斯图里亚斯菜 €€

（☎985 84 90 55；www.lasifoneria.net；Calle San Pelayo 28；菜肴 €9～20；⏲周三至周一 12:00～16:00和20:00至午夜）这家务实的西班牙小吃吧放满了古代制造苹果酒的虹吸管，墙壁镶着蓝白瓷砖，挂着友好的店主们斟倒苹果酒的照片，若要尽情享用简单而价格公道的阿斯图里亚斯食物，这是一个完美的地点。尝尝油炸卡夫拉莱斯奶酪丸子（Cabrales cheese croquettes）、玉米糕点（tortos）和各种炒鸡蛋菜肴（revueltos），或者牛肉馅饼之类更经典的菜肴。店里只有少量类似于长凳的餐桌。

★El Molín de la Pedrera 阿斯图里亚斯菜 €€

（☎985 84 91 09；www.elmolin.com；

Calle Río Güeña 2；主菜 €17~26；⏲周四至周一 12:00~16:30和20:30~23:30，周二 12:00~16:30）这座砖石结构的家庭餐厅性价比很高，以其传统的阿斯图里亚斯菜肴闻名——比如fabada（豆子、肉和香肠炖菜）、tortos de maíz（玉米糕点）和本地奶酪拼盘——此外还有许多创新菜式，比如加有卡夫莱斯奶酪和榛子的前菜酥点，或者美味的自制甜点。很棒的肉菜、热情的服务和美味的红酒必将带来顶级就餐体验。

购物

Quesos Aquilino 饮食

（☎985 94 71 06；www.quesosaquilino.com；Calle Ángel Tárano 1；⏲9:00~22:00）坎加斯有大量出售阿斯图里亚斯特产的店铺。这家店从1865年就开始营业了，从地板到天花板都塞满了这个地区最好的本地奶酪、肉类、苹果酒、果酱和利口酒。

实用信息

Centro de Información Casa Dago（☎985 84 86 14；Avenida de Covadonga 43；⏲周一至周五 8:00~14:30，周六和周日 9:00~14:00和16:00~19:00）提供欧洲之巅徒步信息和7月至9月的免费导览徒步（建议预订）。

旅游局（☎985 84 80 05；www.cangasdeonis.es；Avenida de Covadonga 1；⏲7月至9月中旬 9:00~21:00，9月中旬至次年6月 周一至周六 10:00~14:00和16:00~19:00，周日 10:00~14:00）

到达和离开

ALSA每天至少有7班长途汽车从奥维耶多开往坎加斯（€7；1.5~2小时）并返回，途中全都会在阿里翁达斯停车。坎加斯的长途汽车站在Río Güeña北岸的Barrio La Pedrera，有一条人行天桥将它与镇中心相连。

出租车顺着路况较好的公路行驶，是长途汽车的替代选择。**Taxitur**（☎985 84 87 97）在坎加斯提供服务。

科瓦东加 (Covadonga)

人口 54/海拔 260米

科瓦东加位于坎加斯-德奥尼斯东南10公里处，尽管这里也是一个风景美丽的地方，有一座雄伟的19世纪长方形教堂隐藏在高耸的群山之间，但这里的重要地位在于其象征意义。

722年前后，在这一带，穆斯林第一次被西哥特贵族（后来的阿斯图里亚斯国王）佩拉约（Pelayo）所领导的西班牙人打败，这次事件被认为是持续800年之久的收复失地运动的开端。传说，在那场战斗开始之前，圣母玛利亚曾在佩拉约的战士面前现身，地点就在这里一个山坡上的洞穴里。科瓦东加至今仍是一个朝圣地。

景点

圣库埃瓦洞 洞穴

（Santa Cueva；⏲9:00~19:00）免费 据说722年佩拉约的战士们战胜穆斯林之前，圣母就是在这个洞穴里向他们现身的。如今这里建有一座礼拜堂，每逢周末和夏季，虔诚的信徒和好奇的人士排成长队等待进入洞穴。洞穴中的两座坟墓据称属于佩拉约国王和其女儿Hermesinda及女婿阿方索一世。

科瓦东加大教堂 教堂

（Basílica de Covadonga；⏲9:00~19:00）科瓦东加原来那座木质教堂在1777年被烧毁，19世纪的山体滑坡使得科瓦东加大部分定居点遭到毁坏，这座新罗马式风格的主教堂建于1877~1901年。

到达和离开

每天至少有3班**ALSA**（见548页）长途汽车从坎加斯-德奥尼斯开往科瓦东加（€1.50，15分钟）。7月底至9月中旬，有一辆穿梭巴士（€1.50）从坎加斯-德奥尼斯的4个停车场（在长途汽车站旁）开往科瓦东加（每辆车€2）。

科瓦东加湖 (Lagos de Covadonga)

别因为夏季拥挤的游客就望而生畏，过了科瓦东加后继续往山上走12公里，就到了这两个位于峻峭群峰（常常覆盖着白雪）之间的美丽小湖了。大部分一日游的游客都会走到湖边拍拍母牛的鼻子，再拍上几张照片，在这里徒步就和在欧洲之巅其他地方一样令人愉悦。

Lago de Enol是到达的第一个湖，再继续走（往下山方向）就是大停车场和一个信息站。湖与1公里外的Lago de la Ercina之间有一条铺装路和一条步行小径（PRPNPE2的一部分）相连，中途经过Centro de Visitantes Pedro Pidal（见本页），后者展示了欧洲之巅的动植物。

途中，从科瓦东加往上山方向前行8公里左右的Mirador de la Reina也值得驻足，你可以在这里一览众山小，远眺比斯开湾的壮阔全景。

活动

科瓦东加湖是几条优美步道的起点。

Ruta de los Lagos（PRPNPE2；5.7公里，约 2.5小时）是一条带有标识的环形步道，2个湖、Centro de Visitantes Pedro Pidal（见590页）和过去的矿厂Minas de Buferrera都被囊括其中。在Lago de Enol西南400米处，步道会经过Refugio Vega de Enol（Casa de Pastores；☎630 451475；www.facebook.com/refugioenol；Lago de Enol；铺 €15；⏲全年；），这里有16个铺位，是距离湖区最近的住宿地，提供热水淋浴、不错的膳食（主菜€8~15），可开车到达。

以这些湖泊为起点，另外两条相对较容易走的步道会带你在野外走得更远一些。PRPNPE4从Lago de la Ercina向东南走7.6公里，上行610米可至Vega de Ario，这里的Refugio Vega de Ario（Refugio Marqué de Villaviciosa；☎656 843095，984 09 20 00；www.refugiovegadeario.es；铺 成人/儿童 €15/8；⏲复活节和6月至10月）有40张铺位，并提供膳食服务。3小时的行走途中会跨越卡莱斯咽喉（Garganta del Cares）到达欧洲之巅的Macizo中心，这里风景壮丽，物有所值。

PRPNPE5从Lago de Enol大致向南通往海拔1410米的Refugio de Vegarredonda（☎985 92 29 52，626 343366；www.vegarredondaremis.com；铺 成人/儿童 €15/8；⏲3月至11月），这里有59张铺位，提供膳食服务。继续走到Mirador de Ordiales，这个瞭望台能看到下方1公里深的Valle de Angón山谷。沿着驮运路走到山间旅舍的单程10公里（约3.5小时）相对较容易，然后挑战增大，登上mirador瞭望台。在路况许可的情况下，驾车可节省约40分钟，最远可开到Lago de Eno以南2公里的Pandecarmen停车场。

实用信息

Centro de Visitantes Pedro Pidal（☎985 84 86 14；www.parquenacionalpicoseuropa.es；⏲复活节和6月中旬至10月中旬 10:00~18:00）位于科瓦东加湖的两个湖泊之间，有一些关于欧洲之巅野生动植物的展览和徒步相关信息。

到达和离开

长途汽车

7月至9月中旬，偶尔也包括其他月份的节日周末，有一辆穿梭巴士（1日票 成人/儿童€8/3.50）从坎加斯-德奥尼斯长途汽车站附近的4个停车场（每辆车停车费€2）开往科瓦东加湖，它也在坎加斯-德奥尼斯和科瓦东加之间运营。

小汽车

从7月至9月中旬，以及其他主要节日，为避免引发交通混乱，8:30~20:00禁止私家车从科瓦东加开到科瓦东加湖。不过8:30之前和20:00之后不受限制，任何时间都可以往下开。

出租车

按照惯例，出租车从坎加斯-德奥尼斯到科瓦东加湖单程收费€30，往返加上在湖边等候1小时收费€48，往返加上在湖边等候1小时并在科瓦东加等候30分钟收费€60。7月至9月中旬和其他主要节日期间，**Taxitur**（见589页）有一些可乘坐8名乘客的车辆提供往返交通服务（每名成人/儿童€11/5）。

欧洲之巅中部地区（Central Picos）

欧洲之巅中部山区最迷人的景色应该是一道巨大的峡谷，它将欧洲之巅与西部的Macizo El Cornión分隔开来。著名的卡莱斯咽喉（Garganta del Cares）小道从这里穿过，夏季会变得异常繁忙，但是在此徒步是令人愉快的经历。这一地区有多条游人稀少的小路，既有难度不高的徒步小径，也有极具挑战性的高山可供攀爬。卡勃拉莱斯竞技场位于坎加斯-德奥尼斯和Panes之间的AS114上，也是一处很受欢迎的徒步大本营，不过彭塞波斯(Poncebos)、索特雷斯、布尔奈斯(Bulnes)和卡因也提供各种设施。

卡勃拉莱斯竞技场(Arenas de Cabrales)

人口 782/海拔 135米

卡勃拉莱斯竞技场(又叫Las Arenas)位于卡莱斯河(Río Cares)和卡萨尼约河(Río Casaño)的交汇处、坎加斯-德奥尼斯以东30公里。交通繁忙的主路两侧排列着许多家旅馆、餐厅和酒吧,由安静的广场和背街小巷交织而成的三角地带位于主路附近。若打算去美不胜收的卡莱斯咽喉徒步,竞技场是一个热门的大本营。

景点

Cueva-Exposiciónl Cabrales 博物馆

(985 84 67 02; www.fundacioncabrales.com; Carretera AS264; 成人/儿童 €4.50/3; 团队游 4月至9月 10:15~13:15和16:15~19:15,每小时1次,10月至次年3月 10:15~13:15和16:15~18:15)想要了解和品尝香浓的卡勃拉莱斯奶酪,可以去竞技场的这个博物馆。这家奶酪博物馆就位于镇中心以南500米的彭塞波斯路(Poncebos road)上。导览游服务(45分钟)使用西班牙语,偶尔也有英语导览。

活动

对于热门的卡莱斯之路(见592页),竞技场是一个不错的入口。这条步道从彭塞波斯以南6公里处开始。有关奶酪制作的团队游也是这里的一大热门,具体可向当地旅游局(见本页)以及位于坎加斯-德奥尼斯的旅游局(见589页)咨询,了解哪些生产商欢迎游客参观。

食宿

La Portiella del Llosu 乡村旅馆 €

(984 11 24 34, 646 866780; www.llosu.es; Pandiello; 房 含早餐 €65;)位于竞技场西北10公里安静的Pandiello,背靠壮丽的山谷,能一览欧洲之巅全景。其喜人的乡村式建筑改建于一座17世纪的家宅。5间色调温暖的客房(可看见风景)装饰有古董和家族传家宝,比如手绘的橱柜和陶瓷水槽,一切都被好客的主人收拾得干净整洁。这里提供自制的早餐。

这里距离Ortiguero以东的Pandiello岔路口2公里。

Hotel Rural El Torrejón 酒店 €

(985 84 64 28; www.hotelruraleltorrejon.com; Calle del Torrejón; 房 含早餐 €50~65; 1月中旬至12月中旬; P)这家热情好客的家庭经营的乡村别墅是旅途劳顿的旅行者一个良好的休憩点。有着摆满鲜花的阳台、漂亮的花园、原始配色方案,颇有品位的房间是舒适的乡村风格。这里性价比很高,而且拥有田园牧歌般的环境。酒店就在流向竞技场东端的卡萨尼约河旁边。

Restaurante Cares 阿斯图里亚斯菜 €€

(985 84 66 28; Calle Mayor; 主菜 €8.75~24, 套餐 €15; 7月至9月中旬 13:00~15:30和20:00~23:30, 9月中旬至次年6月 周二至周四和周日 13:00~15:30, 周五和周六 13:00~15:30和20:00~23:30;)餐厅就在彭塞波斯路口旁的主路上,是附近几公里内最好的餐馆之一。午餐和晚餐会供应价格合理的套餐,包括一种素食套餐(在西班牙北部非常罕见),以及platos combinados(肉类/鸡蛋配薯条和蔬菜)、儿童餐、可以单点的鱼和肉类菜肴,以及鲜嫩的阿斯图里亚斯牛肉馅饼(cachopo)。

实用信息

旅游局(985 84 64 84; www.cabrales.es/turismo; Calle Mayor; 复活节和6月至9月中旬 周二至周六 10:00~14:00和16:00~20:00, 周日 10:00~14:00)位于镇中心,就在彭塞波斯交叉路口对面。

到达和离开

每天至少有2班**ALSA**(902 42 22 42; www.alsa.es)的长途汽车从坎加斯-德奥尼斯开往竞技场(€2.95; 40分钟)并返回。周一至周五每天有2班长途汽车将竞技场与利亚内斯(€3.40; 55分钟/€6.45; 2.25小时)连接起来。它们停靠在镇中心彭塞波斯交叉路口的**旅游局**旁边。

卡莱斯咽喉(Garganta del Cares)

险峻的卡莱斯咽喉峡谷深1公里、长10公

里，卡莱斯河从谷中流过，将欧洲之巅西部和中部的群山分隔开来。这条奇崛逶迤的石灰岩峡谷从阿斯图里亚斯的卡勃拉莱斯竞技场以南6公里的彭塞波斯与卡蒂利亚-莱昂的卡因之间穿过，一年到头都有蜂拥而至的游客，夏天尤甚，他们在热门得近乎疯狂的卡莱斯之路（Ruta del Cares）徒步，它就深深地嵌在彭塞波斯与卡因两个村子之间参差不齐的峭壁中。

活动

★卡莱斯之路

徒步

（Ruta del Cares, Garganta del Cares Walk; PRPNPE3）10公里长的卡莱斯之路是西班牙最受欢迎的徒步小径，你可以从它的任意一端开始徒步，不过如果从北端（彭塞波斯）向南端（卡因）走，就可以把最美的路段留到最后。徒步游的前段路程宽阔又平缓，多是裸露的峡谷。从彭塞波斯的顶端顺着卡莱斯之路的路牌向上攀登700米，经过3公里的跋涉，你会看到一些荒废的建筑。再往前走一点，就会翻过这条步道的最高点。

到达和离开

7月中旬前后至9月初，**ALSA**每天上午有两三班长途汽车从坎加斯-德奥尼斯开往卡因（€8，2小时），然后在午后从卡因返回；另外还有两三班下午或傍晚发出的长途汽车从坎加斯途经卡勃拉莱斯竞技场开往彭塞波斯（€4.50，45分钟）再返回。这样的时刻表可以让游客在1天之内，从坎加斯坐到卡因，然后从卡因向北徒步卡莱斯咽喉到达彭塞波斯，再从彭塞波斯坐长途汽车返回坎加斯。

另有类似的长途汽车早上从莱昂经波萨达德瓦尔德翁开往卡因，然后于下午从彭塞波斯返回波萨达德瓦尔德翁和莱昂（€20往返）。

在欧洲之巅的各个城镇，有若干旅行社可以把游客送到这条步道的任何一端，再到另一端接游客。如果额外加一些费用，还会在行程中加上深入欧洲之巅的四驱车团队游。

布尔奈斯（Bulnes）

人口 22/海拔 647米

位于彭塞波斯以南，紧邻卡莱斯峡谷的侧谷上方就是布尔奈斯村，村里的房屋有着锈迹斑斑的屋顶。这里没有通公路，但你可以从彭塞波斯徒步约2小时走完这段5公里长的上坡路。也可以乘坐**布尔奈斯缆车**，缆车站较低的一端在彭塞波斯下方，沿着2公里多的隧道在陡峭的山体内上升至布尔奈斯。这趟旅程的顶点是小小的布尔奈斯村，这里位于与世隔绝的美丽山谷中，周围都是高耸的岩峰。

你也可以从位于东边的Collado de Pandébano向下徒步约2.5公里（1.25小时）到达布尔奈斯。

布尔奈斯被一分为二：上部的Barrio del Castillo和下部的La Villa。所有的便利设施都位于La Villa。

活动

不通公路的布尔奈斯坐落在若干很不错的步道上，很适合不在乎走大量上下坡路的旅行者。

PRPNPE19小径从**彭塞波斯**一路上行5公里，路程比较艰辛，攀升高度约500米（需要2小时左右），然后继续南行4公里，强度更大，攀升高度超过1100米，沿途往往是石头山坡，最后到达**Refugio Vega de Urriello**（☎650 780381, 638 278041, 984 09 09 81; www.refugiodeurriellu.com; 铺成人/儿童 €15/8，早餐€5，午餐或晚餐 €15; ⊙全年），就在巍峨的**纳兰霍德布尔内斯**（El Naranjo de Bulnes）下方。

你也可以从布尔奈斯向东攀登2.5公里前往**科里亚德潘戴巴诺**（Collado de Pandébano）山口，从这里切入通往Refugio Vega de Urriello的小路PRPNPE21，这样走相对轻松（只是相对而言）。从科里亚德潘戴巴诺向东下山4公里前往索特雷斯，约需1小时。

食宿

La Casa del Chiflón 乡村旅馆 €

（☎985 84 59 43; www.lacasadelchiflon.com; La Villa; 标单/双 含早餐 €45/60; ⊙复活节和6月至10月中旬; 📶）这个石头砌成的乡村住宅，拥有6个温暖的客房，管理高效。它还有一个河畔餐厅（La Casa del Puente），在布尔奈斯的下部村子。

到达和离开

布尔奈斯缆车（☎985 84 68 00；单程/往返 成人€17.61/22.16，儿童 €4.32/6.71；⏲复活节和6月至9月中旬 10:00~20:00，一年中的其他时间 10:00~12:30和14:00~18:00）每半个小时在彭塞波斯与布尔奈斯之间有一趟双向行驶的缆车，行驶时间为7分钟。

索特雷斯（Sotres）

人口 113/海拔 1045米

从彭塞波斯至小村索特雷斯有一条蜿蜒11公里的上行公路，索特雷斯是欧洲之巅一带地势最高的村落，也是一系列徒步线路的起点。

活动

沿波特斯-帕内斯（Potes-Panes）公路向东前往**特雷斯维索**（Tresviso）和下行至乌赫东（Urdón），是一条非常受欢迎的徒步线路。**乌赫东-特雷斯维索之路**（Ruta Urdón-Tresviso；PRPNPE30）在到特雷斯维索为止的10公里都是柏油马路，但是最后7公里却是一段惊心动魄的徒步小道，蜿蜒850米下行至Desfiladero de la Hermida峡谷。从乌赫东上行的线路也深受喜爱。

很多徒步者会从索特雷斯西行到**科里亚德潘戴巴诺**（Colla-do de Pandéano）山口（海拔1212米），这是一条在Duje山谷最远处的4公里长（1~1.5小时）的步道。在这个山口，被认为是欧洲之巅的象征的2519米的“手指山峰”**纳兰霍德布尔内斯**（El Naranjo de Bulnes）会闯入你的视野——这是攀登者的经典挑战项目。几乎所有徒步者都渴望近距离感受纳兰霍德布尔内斯的魅力，你需要从科里亚德潘戴巴诺出发，步行5公里（约3小时），海拔上升700米，途中沿着PRPNPE21小道攀至山脚的**维加德里埃卢**（Vega de Urriello；1953米）。这里有一家全年营业（天气允许的情况下）的Refugio Vega de Urriello，能提供96个铺位并供应餐食。或者你也可以从科里亚德潘戴巴诺向西徒步2.5公里（1小时），下山到达布尔奈斯。

你还可以从索特雷斯顺着一条四驱车车道向南前往Hotel Áliva（见596页）或位于这个国家公园东南部的Espinama。

食宿

Hotel Peña Castil 酒店 €

（☎酒店985 94 50 80，餐厅985 94 50 49；www.hotelpenacastil.com；CA1；标单/双 含早餐€40/60；⏲1月或2月不营业；📶）友好的Hotel Peña Castil拥有10间虽小但个性十足的客房，分布在一座经过翻修的石头住宅里面，铺着优雅瓷砖的地板，一半用石头砌成的墙壁，有些房间带独立阳台。酒店有自己的酒吧兼餐厅。

到达和离开

要去索特雷斯，只能从彭塞波斯顺着11公里的铺装路驾车前往，或者徒步（从乌赫东、特雷斯维索、布尔奈斯或其他地方）前往，还可以从南部的Hotel Áliva或Espinama参加一次四驱车之旅。从卡勃拉莱斯竞技场搭乘出租车前往约需€20。

欧洲之巅东部地区（Eastern Picos）

单调乏味的小镇帕内斯（Panes）位于AS114公路（自坎加斯-德奥尼斯和卡勃拉莱斯竞技场向东）与N621公路（从海岸线向南）的交会处。在帕内斯南边，N621公路沿着德瓦河（Río Deva）逆流而上穿过令人惊艳的**Desfiladero de la Hermida**峡谷。在从**La Hermida**村以北2公里处的乌赫东过河进入坎塔布里亚后，继续南行18公里就可以到达**波特斯**（Potes），后者是欧洲之巅东部的大本营和活动中心。**德泉**（Fuente Dé）位于波特斯以西约23公里处，这里的缆车是该地区通往欧洲之巅的主要接入点。

波特斯和列尔班纳山谷（Potes & the Liébana Valley）

人口 1360/海拔 291米

波特斯是欧洲之巅东南边缘一处深受喜爱的旅游目的地，附近矗立着Macizo Andara。铺着鹅卵石的波特斯老城区在旺季人满为患，但仍然生机勃勃、令人愉快，是列尔班纳实际的“首府”。列尔班纳位于欧洲之巅和坎塔布连山脉的主要山脊之间，是一条青翠美丽的古老山谷。

景点

波特斯的中心地带聚集了众多桥梁、塔楼和迷人的后街小巷，其中一些建筑曾在内战中遭到相当程度的破坏，后以传统石板、木头和红瓦进行了重建。波特斯以北2公里处的Centro de Visitantes Sotama（见595页）有介绍欧洲之巅的野生动物、历史和地质情况，以及中世纪僧侣Beato de Liébana和罗马式建筑的一流展览。

圣托里维奥德列尔班纳修道院 修道院

（Monasterio de Santo Toribio de Liéana；☎942 73 05 50；www.santotoribiodeliebana.org；⏲5月至9月 10:00~13:00和16:00~19:00，10月至次年4月 10:00~13:00和16:00~18:00；Ⓟ）免费 8世纪时，西班牙的基督教难民从穆斯林占领区逃到列尔班纳，同时也带来了**Lígnum Crucis**——据传是基督十字架上最大的一块木头，上面保留着刺穿耶稣左手的钉子留下的孔洞。这件圣物此后就被收藏在波特斯西边3公里的这座修道院里，这里同时也因居住着8世纪的中世纪僧侣和神学家Beato de Liébana而闻名。他的著作*Commentary on the Apocalypse*在欧洲享有极高的声誉。

勒贝纳圣玛利亚教堂 教堂

（Iglesia de Santa María de Lebeña；列尔班纳；成人/儿童 €1.50/1；⏲6月至9月 周二至周日 10:00~13:30和16:00~19:30，10月至次年5月 10:00~13:30和16:00~18:00；Ⓟ）迷人的勒贝纳圣玛利亚教堂位于波特斯东北9公里处，其历史可追溯到9世纪或10世纪。马蹄状的拱门是莫扎拉比风格（Mozarabic）的显著标志，这种风格在西班牙最北部十分少见。内廊柱上的雕花装饰属于西哥特式建筑风格。18世纪的主祭坛（retablo）下有一处凯尔特风格的石板雕刻。据说教堂外那棵巨大的紫杉树是1000年前栽种的（2007年的一场风暴中被破坏，现在只剩一段树桩）。

活动

波特斯提供了通往德泉的便捷通道，也是欧洲之巅东部地区各种活动的主要大本营，有若干旅行社提供一系列选择，从山地自行车和骑马到攀岩、溪降和双人滑翔伞都有。游客还可以参加团队游，去看看奶酪和一种本地烈酒orujo是怎样制造出来的。

Quesería Alles 饮食

（☎942 73 35 13；www.quesopicon.es；Calle Mayor 6，Bejes；⏲10:00~13:00和16:00~19:00）免费 如果你渴望了解坎塔布里亚气味超级浓郁的蓝色Picón奶酪，那就从波特斯北行20公里，前往小村**Bejes**（海拔582米；在N621上有路标标出通往这里的岔路），在这里参加团队游，品尝该地区非常成功的奶酪制造商（queserías）的产品。详细的西班牙语团队游包括参观奶酪制作过程和设备，如果你提前询问，说不定还能参观本地放置奶酪以待其成熟的洞穴。

波特斯的烈酒

整个西班牙北部都喝一种名叫orujo的烈酒，这种酒用葡萄压榨后的残渣制成，从某种程度上来说可以算是波特斯特产。这里的人们喜欢把它作为正餐之后的开胃酒，是一种名叫té de roca或té de puerto的草药茶的一部分。镇上许多商店都出售orujo，包括用蜂蜜、水果、草药调制出的各种口味，如果想买，许多商店允许你品尝。

波特斯欢乐的**奥鲁霍酒节**（Fiesta del Orujo；www.fiestadelorujo.es）在每年11月的第二个周末开幕，镇上所有酒吧都会支出小摊，几分钱就可以买到一杯orujo，其收益将用作慈善。

波特斯地区的orujo酒生产商最近向游客敞开了大门。在波特斯西北约5公里的**El Coterón**（☎942 73 08 76；www.elcoteron.com；Argüébanes；⏲团队游 周一至周五 10:30和16:00，周六和周日 12:00和16:00）免费 是一个由家庭经营的小型酒厂，提供信息量丰富的团队游（有时用英语），介绍其酿酒设施，当然也提供品尝和购买orujo酒的机会。如果在10月或11月造访，就可以目睹采摘和压榨葡萄的过程。建议预订。

食宿

★Posada de Cucayo 酒店 €

（☎942 73 62 46; www.laposadadecucayo.com; Cucayo; 标双 含早餐 €56~73; ⏰2月中旬至次年1月中旬; 🛜🅿）这家漂亮的小酒店由家庭经营，坐落在海拔超过900米的地方，从La Vega de Liébana驱车上行12公里即到，沿途风光旖旎。它周围是饱经风雨的山峰，下面是绿色的田野。酒店内12间宽敞客房布置得颇有品位，其中有11间都能看到一览无余的景色。这里还有一家性价比很高的餐厅（主菜€8~15; ⏰2月中旬至次年1月中旬 14:00~15:30和19:00~22:00; 🛜），主要供应来自隔壁农场的农产品。

★Posada San Pelayo 酒店 €€

（☎942 73 32 10; www.posadasanpelayo.com; San Pelayo; 标单 €50~60, 标双 €65~80; 🛜🏊🅿）Posada San Pelayo距波特斯以西约5公里，是新近按照传统乡村风格兴建的乡村酒店，由家庭经营，非常漂亮，待客热情。现代化的乡村客房十分宽敞，很多都有木头露台，装饰成令人愉快的质朴色彩。酒店有充足而舒适的公共空间，冬季有炉火，还有一个美妙的花园，以及能看见优美山景的游泳池。早餐（€6.50）很不错。

La Casa de las Chimeneas 公寓 €€

（☎942 73 63 00, 648 531594; www.lacasadelaschimeneas.es; Plaza Mayor, Tudes; 1居套间€83~116, 2居套间 €127~170; 🛜🏊🅿）这座古老的农庄位于一个美丽的山麓村子，被改建成8套优雅舒适、设施齐全、个性鲜明的公寓，大多数房间在二楼或三楼。每套公寓都有自己的主题，通过那些受中世纪启发、手工绘制的精细壁画表现出来。房客可以享受弯曲的无边游泳池、游戏房、美得令人难以置信的欧洲之巅全景，还可以在同样独具创意的Taberna del Inglés（一盘西班牙小吃和主菜€4.50~15; ⏰9:00~21:30, 11月至次年4月 仅周五至周日营业）用餐。

Asador Llorente 坎塔布里亚菜 €€

（☎942 73 81 65; Calle de San Roque 1, Potes; 主菜 €10~19; ⏰周三至周一 13:00~16:00和20:30~23:00）想要分量超大、新鲜、质量又高的当地美食，可以来这个位于楼上的、温馨的、阁楼式的空间，这里装饰着欧洲之巅的照片和一个喷出涓涓细流的小喷泉。肉食爱好者可以尝试列尔班纳特色菜cocido lebaniego（炖鹰嘴豆、土豆、青菜、西班牙辣香肠、血肠、培根和牛肉）或者大吃半公斤重的chuletón（大牛排）。鲜脆的沙拉也很美味。

实用信息

Centro de Visitantes Sotama（☎942 73 81 09; N621, Tama; ⏰7月至9月 9:00~19:00, 10月至次年6月 9:00~18:00）提供有关欧洲之巅徒步路线的信息，位于波特斯以北约2公里处。

旅游局（☎942 73 07 87; turismopotes@yahoo.es; Plaza de la Independencia, 波特斯; ⏰6月至9月中旬 10:00~14:00和16:00~20:00, 9月中旬至次年5月 10:00~14:00和16:00~19:00）位于改作俗用的14世纪乡村哥特风格的圣文森特教堂（Iglesia de San Vicente）里。

到达和离开

Autobuses Palomera（☎942 88 06 11; www.autobusespalomera.com）有长途汽车从桑坦德经圣文森特-德拉萨巴尔克拉、帕内斯、乌赫东和勒贝纳（Lebeña）开往波特斯（€8.30, 2.5小时）并返回，每天有1~3班。

德泉和欧洲之巅东南部地区

人口 9（德泉）/海拔 1078米

小小的德泉（Fuente Dé）村位于欧洲之巅的Macizo Central南部荒凉的屏障脚下，位置引人注目，这里只有2家酒店和1个露营地，它们围绕着热门得不可思议的德泉缆车（Teleféico de Fuente Dé）。在缆车的顶端，徒步旅行者和登山爱好者可以深入欧洲之巅的中部山区。从波特斯通往德泉的CA185公路蜿蜒23公里，沿途风景美丽。

景点

★德泉缆车 缆车

（Teleférico de Fuente Dé; ☎942 73 66 10; www.cantur.com; 德泉; 成人/儿童 往返 €17/6, 单程€11/4; ⏰复活节和7月至9月中旬 9:00~20:00, 9月中旬至次年6月 10:00~18:00, 1月下半月 不开放; 🅿）不到4分钟，这个令人脊背发麻的缆车就能载你直上753米，到达欧洲之巅中央高地（1823米）陡峭的南壁顶部，徒步旅行者和登山爱好者从这里就可以深入群山中探险。在天气允许的情况下，缆车在整个白天持续发车。你可以从网上查询最新信息，不过打电话更靠谱。旅游旺季（特别是8月）坐缆车上山或下山可能都要排队1小时才有座位。缆车两端都有咖啡馆。

莫格罗夫乔（Mogrovejo） 村庄

小小的莫格罗夫乔（人口44人）是坎塔布里亚风景最美的村庄之一，它位于波特斯以西10公里和德泉以东15公里，依偎着一个山坡。这里很值得一逛，尤其是在清晨或黄昏时分，中世纪的瞭望塔、16世纪的房屋和17世纪的教堂都沐浴在晨光或暮色中，在欧洲之巅蔚为壮观的背景映衬下显得生机勃勃。

活动

有一些精彩的步道以德泉缆车顶端为起点。德泉的酒店也提供深入群山的四驱车之旅（约€100）。

从德泉缆车的顶部轻松走3.5公里（1小时）就能到达Hotel Áliva（942 73 09 99；www.cantur.com；标单/双/三 €50/80/95；6月中旬至10月中旬），你可以在这里吃些点心提提神。从酒店出发有2条四驱车道可下到将中央山峰和东部山峰分开的山谷。其中一条向北经过Vegas de Sotres通往索特雷斯（约9公里，徒步2小时）。另一条向南蜿蜒7公里下行至CA185公路上的Espinama（徒步约2.5小时）。PRPNPE24因光秃秃的石灰岩山峰与葱翠的高山牧场构成对比鲜明的风景而备受欢迎，它以Hotel Áliva为起点，顺着Espinama步道延伸，然后大约在半途分叉，向下返回德泉（11公里，从酒店出发约3.25小时）。

其余开展的活动包括跨越山峰到达纳兰霍德布尔内斯（El Naranjo de Bulnes；Pico Urriello；the Picos' emblem），或者攀登佩尼亚维尔卡山（Peña Vieja；2613米）。这些活动需要合适的装备和具备一定的登山经验——据称尼亚维尔卡山的遇难人数比欧洲之巅的其他山峰都多。稍为轻松的路线是从德泉缆车沿PRPNPE23向西北行进5.5公里，途中会途经佩尼亚维尔卡山下，到达Collado de Horcados Rojos山口，这里能看到包括纳兰霍德布尔内斯在内的全景画面。往返约4.5小时。

这里也有一些相对轻松的山谷步道，起点就在CA185或附近的村子，如Brez（位于Camaleño以北5公里处）、莫格罗夫乔（见本页）和Espinama。

食宿

德泉有1个露营地和2家酒店，包括一个丑陋的国营酒店（parador）。位于波特斯和德泉之间那条23公里长的CA185公路，沿途分布着一些迷人的乡村旅馆、经济型酒店和露营地。德泉东南3.5公里的Espinama和德泉东南10公里的Cosgaya有一些很不错的住宿选择。

Puente Deva 旅馆 €

（942 73 66 58；www.hostalpuentedeva.com；Espinama；标单/双/三 含早餐 €36/49/64；）友好的Puente Deva是实实在在的朴素之选。它有16个简单、整洁且迷人的乡村风格的客房，大多数都能俯瞰河流。这里就在德泉东南3.5公里处的CA185附近。

★ Hotel del Oso 酒店 €€

（942 73 30 18；www.hoteldeloso.com；Cosgaya；标单 €63~71，标双 €78~89；）这家庄严的酒店由2座石砌建筑组成，它们隔德瓦河（Río Deva）相对。乡村风格的房间宽敞，铺着木地板，有花朵图案的装饰，非常吸引人。这里还有一个大游泳池。酒店的餐厅（主菜 €15~25，套餐 €21；2月至12月 13:00~15:45和20:30~22:30；）也是这一地区最好的餐厅之一，供应优质的肉类、炖菜和甜点（也提供早餐€11）。它就在波特斯西南13公里、或德泉东南10公里处。

Hotel Rebeco 酒店 €€

（942 73 66 00；www.hotelrebeco.com；德泉；标双 €70，含早餐/半食宿/全食宿 €82/109/137；营业时间不固定，1月不营业；）这个美丽温馨的石头建筑有30个房间，大部分都能望见山景，其中11个房间带阁楼，非常适合带孩子的家庭入住。你一定会忍不住羡慕店主人Conchi Cuesta的挂毯。店里还有一间味道不错、价格公道的餐厅（☎942 73 66 01; www.hotelrebeco.com; 德泉; 主菜 €10~20; ⊙2月至12月 13:00~22:30），冬季会生火取暖。这里还提供深入欧洲之巅的四驱车之旅（约€100，最多坐6人）。

Vicente Campo 坎塔布里亚菜 €€

（☎942 73 66 58; Espinama; 主菜 €10~21; ⊙13:00~17:00和20:00~23:00）位于小村Espinama的核心，这家路边小饭馆供应正宗的坎塔布里亚菜，食材充分利用了其圈养的家畜。菜肴包括红酒炖小牛肉（estofado de añojo al vino tinto）、烤山羊羔肉（cabrito al horno）和加有本地特雷斯维索奶酪酱料的烤猪排。

ℹ 到达和离开

7月至9月中旬，**Autobuses Palomera**（见595页）每天有一两班长途汽车往返波特斯与德泉（€2，30分钟）。从波特斯坐出租车到德泉约需€25。

圣地亚哥-德孔波斯特拉和加利西亚

包括 ➡

最佳餐饮

- Quinta de San Amaro（见628页）
- O Curro da Parra（见607页）
- Abastos 2.0（见607页）
- Adega O Bebedeiro（见617页）

最佳住宿

- Quinta de San Amaro（见628页）
- Hotel Herbeira（见622页）
- Hotel Costa Vella（见605页）
- Casa de Trillo（见614页）
- Parador Hostal dos Reis Católicos（见606页）

为何去

加利西亚是一个拥有自己语言和独特文化的地区，其首府圣地亚哥-德孔波斯特拉是著名的圣地亚哥朝圣之路的终点，每年有300,000名朝圣者最终会到达这里。圣地亚哥是西班牙最美丽、梦幻的城市之一，所有去往西北部的旅行者都对它青睐有加。

然而，加利西亚不只有圣地亚哥。长达1200公里的粗犷的海岸线，被壮丽的近岸海湾冲刷得曲曲折折，连接着一个个海崖、沙滩、岛屿以及渔港——据说它们带来了欧洲最优质的海鲜。而内陆地区则是由葱翠山谷构成的迷宫，点缀着石头村庄、中世纪的修道院和古老的葡萄园。在这里旅行，你会不断碰到一些让你想起加利西亚独特文化身份的东西：风笛的声音、路边经过雕刻的石头十字架和加利西亚人的凯尔特祖先们修建的带有堡垒的村庄。

何时去

圣地亚哥-德孔波斯特拉

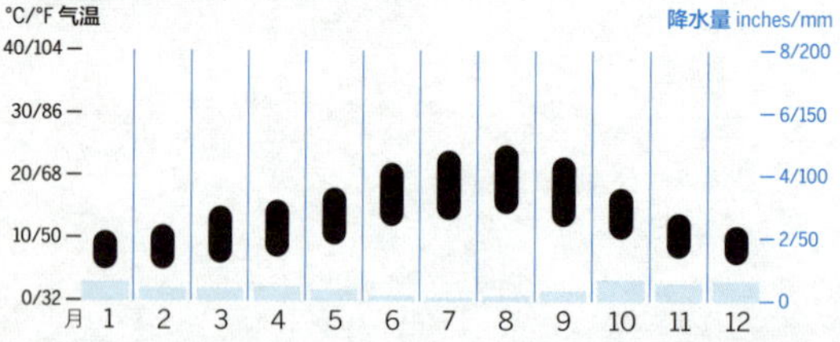

6月和9月 没有旺季的汹涌人潮，价格也相应回落，而且理所当然这个时节天气（可能）会很好。

7月和8月 邂逅晴好天气的最佳时机。

7月24日 壮观的烟火揭开了圣地亚哥-德孔波斯特拉的Día de Santiago庆典。

圣地亚哥-德孔波斯特拉和加利西亚亮点

❶ **圣地亚哥-德孔波斯特拉**(见600页)领略这个美丽迷人的城市氛围和历史。

❷ **莫尔特海岸**(见610页)在西班牙的"天涯海角"探索菲斯特拉海岬北边的若干海岬和灯塔。

❸ **海鲜和葡萄酒**(见638页)在**阿瓜尔达**就着加利西亚的葡萄酒,大啖新鲜的鱼类、章鱼或贝类。

❹ **海滩时光**(见613页)在烈日之下浸泡在凉爽的海水中,还可以到**内米尼亚海滩**去冲浪。

❺ **阿尔达斯海湾的峭壁和海岬**(见623页)矗立在**Garita de Herbeira**那些堪称欧洲南部最高的海崖上。

❻ **希耶斯群岛**(见636页)出海航行至这些群岛的海滩和步道上,这里景色壮观,没有车辆。

❼ **萨克拉河岸**(见644页)在葡萄酒厂和蜿蜒的峡谷中漫游。

历史

早期的加利西亚人建造了无数的巨石墓和铁器时代的castros（用来防御敌人的圆形石屋）。如今，这些遗迹中有许多已经挖掘出来，供游客参观。人们普遍认为建造castro的是凯尔特人，罗马人在公元前1世纪平定了这个地区，建立了包括Lucus Augusti（卢戈）在内的一些城市。

409年，一个日耳曼部落Suevi在加利西亚定居，建立了加利西亚王国，它至少在名义上一直延续到1834年。不过，中世纪时期的加利西亚先后并入莱昂（León）和卡斯蒂利亚（Castilla）。它确实在10世纪和11世纪享受过短暂的独立，在此期间与葡萄牙北部形成密切的联系。

9世纪20年代，在后来的圣地亚哥-德孔波斯特拉，发现了传说中使徒圣地亚哥（Santiago Apóstol，也称作使徒圣雅各）的墓地。这里逐渐成为西班牙基督教收复失地运动的核心象征，来自欧洲各地的朝圣者不辞辛苦，长途跋涉来到圣地亚哥，它逐渐发展成基督教世界的核心所在。

直到19世纪晚期，一种被称作“Rexurdimento”的加利西亚身份意识才开始被唤醒。在19世纪和20世纪，成千上万名贫穷的加利西亚人登上了开往拉丁美洲的越洋轮船，去寻找美好的新生活。

20世纪70年代，当西班牙回归民主后，一切开始变得兴旺起来。今天的加利西亚是一个重要的渔业、造船业和农业中心，这一地区拥有的港口比欧盟其他任何地区都要多。

圣地亚哥-德孔波斯特拉 (SANTIAGO DE COMPOSTELA)

人口 79,800

在史诗般的圣地亚哥朝圣之路上，作为最后一站的圣地亚哥是一个独特的城市，浸透了上千年变革所营造出的氛围。那些早已逝去的历史在它带有拱廊的街道和雄伟的石头建筑中保持了鲜活的生命力，而那座著名的主教座堂则是它皇冠上的一颗明珠。

如今每年有大约300,000名朝圣之路上的朝圣者和数千名游客跋涉至此，赋予圣地亚哥前所未有的国际地位。它也是西班牙的加利西亚自治区的首府，拥有强烈的本地特征——在这里，演奏风笛的乐声飘荡在一个个广场上，而无数的餐厅与酒吧专门提供典雅的加利西亚海鲜和当地葡萄酒。

游客很难不对这座城市发出惊叹或拜倒在它的魅力之下。甚至这里的降水也自有优势：很多人觉得，当那些石头铺砌的街道在雨中闪着微光时，圣地亚哥是最美的。

7月和8月来到这座城市的人最多，然而在天气比较温暖的半年里，圣地亚哥始终都洋溢着节日的气氛。如果你不喜欢拥挤的人群，5月、6月和9月是比较理想的旅游时间。

历史

虔诚的教徒深信圣地亚哥（使徒圣雅各，基督最亲密的门徒之一）曾在加利西亚讲道，他在巴勒斯坦被处死后，被石船运送回来并埋葬在此。据推测，圣雅各的坟墓是于820年左右，由一位虔诚的隐居者Pelayo在星象的指引下被重新发现的（从那时起，就有了“德孔波斯特拉”这个名称，它是从拉丁语campus stellae，即“星之土地”而来的）。阿斯图里亚斯国王阿方索二世（Alfonso Ⅱ）在这块神圣的遗址上建造了一座教堂，朝圣者便开始蜂拥而至，在9世纪90年代，阿方索三世用一座更大的教堂取代了它，到11世纪时，沿着圣地亚哥之路的朝圣之行就已经变成了欧洲范围内一项非常重要的活动，也让大量资金源源不断地流入这座城市。我们今天看到的这座气势恢宏的主教堂是在1075年开始建造的。Diego Xelmírez主教在1100年为圣地亚哥争取到了大主教辖区的地位，并在12世纪兴建了许多教堂。然而，在接下来的几个世纪中，同圣地亚哥有着竞争关系的贵族们争论不休，圣地亚哥反而退到了幕后。

直到20世纪80年代，它才作为加利西亚自治区的首府和一个重新进入人们视野的旅游及朝圣地，再次受到重视。

景点

壮观的大教堂和工人广场自然是圣地亚哥游览的起点和重点。它们所在的老城区大致呈椭圆形，被一圈中世纪建造的城墙包围其中，几乎所有的景点都集中在此。老城区的砖石街道是令人愉快的漫游之地，路边有许多咖啡馆、酒吧和餐厅可供你中途休息。

加利西亚广场（Praza de Galicia）是旧城区与扩建区（Ensanche）的分界线，建于20世纪的购物与住宅区位于城市南部。

★圣地亚哥-德孔波斯特拉大教堂 主教座堂

（Catedral de Santiago de Compostela; http://catedraldesantiago.es; Praza do Obradoiro; ⏲7:00~20:30）这座大教堂是圣地亚哥雄伟的核心建筑，它在这座城市的尖塔和雕像之间直冲云霄。经过几个世纪的逐步修建和完善，这座美丽的建筑将原本的罗马式结构（建于1075年和1211年之间）、后来的哥特风格和艳丽的巴洛克风格融为一体。主祭坛之下的圣地亚哥之墓是吸引所有朝圣者的源泉。大教堂西入口的**Pórtico de la Gloria**（http://catedraldesantiago.es; Praza do Obradoiro; 成人/

探索大教堂周边地区

在大教堂周围漫步，可以欣赏一些圣地亚哥最吸引人的广场。

大教堂的西立面前雄伟壮观的**工人广场**（Praza do Obradoiro）得名于修建大教堂时设于此处的石匠铺子。这里没有繁忙的交通，也没有咖啡馆，弥漫着一种独特的神秘气氛。

文艺复兴风格的**Hostal dos Reis Católicos**（☎981 58 22 00; www.parador.es; 成人/儿童 €3/免费，周一免费；⏲周日至周五 正午至14:00和16:00~19:00）位于广场北端，这座建筑由天主教统治者伊莎贝拉和费尔南多建于16世纪早期，为疲惫的朝圣者提供了休息之所。如今这里是富裕旅行者的避风港，是一个parador（豪华的国营酒店），同时这里的4个庭院还有一些其他地方开放给游客参观：其自助导览团队游很值得参加，提供传单和超过40块信息牌。

广场的西侧是一座典雅的18世纪**Pazo de Raxoi**，如今是圣地亚哥的市政厅。在广场的南端矗立着**Colegio de San Xerome**（⏲周一至周五，开放时间不确定），以前是一所为穷人设立的学院，如今是圣地亚哥大学的校长办公室。这座17世纪的建筑有一座15世纪的罗曼式/哥特式大门，是从学院原址搬过来的。

在大教堂的南边，可以在咖啡馆林立的**Praza de Fonseca**停一下，参观**Colexio de Fonseca**（⏲庭院 周一至周五 9:00~21:00，展览 周二至周六 11:00~14:00和17:00~20:30，周日 11:00~14:00）**免费**，这里有一个美丽的文艺复兴时期的庭院，最初这里是圣地亚哥大学的校址（建于1495年），现在是大学的主要图书馆。入口两边的哥特式小礼拜堂和Salón Artesonado现在是临时展厅。

银匠广场（Praza das Praterías）以建于1825年的一座优雅的喷泉**马群喷泉**（Fuente de los Caballos）为标志，这里是热门的照相留念处。台阶顶部就是大教堂那座罗马式的南门。有趣的是，在广场较低的一边，有一座建于18世纪50年代的巴洛克式**Casa do Cabildo**，这是一座用来装饰广场的不足3米深的大门。

宽阔的**Praza da Quintana**位于大教堂东侧外面。此处的教堂大门**Puerta Santa**仅在圣年（下一次是2021年）开放，其两侧竖立着24尊罗马式的圣经人物雕塑，曾经属于大教堂、最初用石头砌成的唱诗班席位，是由Maestro Mateo及其团队在12世纪末创作的。

广场的东边耸立着**Mosteiro de San Paio de Antealtares**修道院又长又朴素的围墙，这座修道院是9世纪为照看圣地亚哥遗物的修道士而修建（如今这里是一座女修道院）的。其**Museo de Arte Sacra**（Vía Sacra 5; 门票 €1.50; ⏲周一至周六 10:30~13:30和16:00~19:00，周日 16:00~19:00）须由广场台阶上端的女修道院教堂进去，博物馆里面有原来修建在那些遗物上的祭坛。

大教堂的北边是**Praza da Inmaculada**广场，绝大多数朝圣者到达圣地亚哥后首先看到大教堂的地方就是这里。在其对面耸立着巨大的本笃会**圣马丁品里奥修道院**，这是一所简约的巴洛克式神学院。

Santiago de Compostela 圣地亚哥-德孔波斯特拉

优惠/儿童 €10/8/免费，与大教堂博物馆联票 成人/优惠/儿童 €12/10/免费；⏲4月至10月 9:00~20:00，11月至次年3月 10:00~20:00）是其艺术成就的最高体现，其中有200多尊杰出的罗马式雕像。

几百年来，这座大教堂因为漏水、沉陷和潮湿而遭到相当大的损坏。最近这些年的修复工作使得它面对工人广场的大部分主要正立面及其内侧的Pórtico de la Gloria都被脚手架覆盖。不过正立面及Pórtico de la Gloria的修复已在2018年完成，并重新向公众开放，这意味着人们又能够靠近并一睹Pórtico de la Gloria的雄姿。对教堂其他部分的修复工作预计会一直持续到2020年。

大教堂采用了传统的拉丁十字式布局，有三座正厅，被三座气势雄伟的罗马式拱门轮廓隔开。正对着工人广场（Praza do Obradoiro）的巴洛克式西侧正门非常奢华，于18世纪建成，取代了饱受风雨侵蚀的原本的罗马式入口。只有正对着Praza das Praterías的南

Santiago de Compostela 圣地亚哥-德孔波斯特拉

重要景点

1 圣地亚哥-德孔波斯特拉大教堂............B3
2 Hostal dos Reis Católicos A2
3 大教堂博物馆...B3
4 圣地亚哥朝圣博物馆................................B3
5 工人广场...A3

景点

6 Casa do Cabido B3
7 Colexio de Fonseca......................................B3
8 Colexio de San Xerome B3
9 马群喷泉..B3
10 圣马丁品里奥 修道院.............................B2
11 Mosteiro de San Paio de Antealtares.......................................B3
12 Museo de Arte Sacra.................................C3
13 加利西亚人博物馆....................................D1
14 Parque de San Domingos de Bonaval...D1
15 Pazo de Raxoi..A3
16 Praza da Inmaculada B2
17 Praza da Quintana.....................................B3
18 银匠广场..B3
19 Praza de Fonseca B3
20 圣门...B3

住宿

21 Altaïr Hotel..C1
22 Hostal Suso..B4
23 Hotel Costa Vella...B1
24 Hotel Pazo de Altamira..............................C3
25 Last Stamp C3
26 Moure Hotel C1
27 O Xardín de Julia...D3
Parador Hostal dos Reis Católicos..（见2）
28 San Francisco Hotel Monumento...B1

就餐

29 Abastos 2.0...C3
Café de Altamira...................................（见24）
Café-Jardin Costa Vella.....................（见23）
30 Cocina María..C3
31 La Bodeguilla de San Roque......................C1
32 La Flor D2
33 María Castaña B4
Mariscomanía...（见34）
34 Mercado de Abastos C3
35 O Curro da Parra..C2
36 O Filandón..B2

饮品和夜生活

37 Pub Atlántico B2

娱乐

38 Casa das Crechas...C2

立面仍然保留了原来的罗马风格结构，现在这里充当了供游客使用的主要入口。

无与伦比的Pórtico de la Gloria（加利西亚语为Porta da Gloria）就在西侧立面的里面，极具艺术感，这里放置有200座马提欧（Maestro Mateo）创作的罗马式雕塑作品，这位建筑师和雕塑家于12世纪晚期被任命负责教堂的修建工作。这些雕塑精致且具有启发性，看起来栩栩如生，它们为更全面地审视圣经中的主要人物提供了额外的视角，北边是《旧约全书》及其先知，南边是《新约全书》和使徒，中心拱门处展现的则是耶稣升天与复活的场景。

柱廊中心拱门的主要雕塑是坐在宝座上复活的耶稣，4位福音传道者、天使和耶稣受难的象征物环绕在他身边。《启示录》中提到的24位音乐家呈弧形坐在天堂王座的四周。基督脚下是圣雅各，在他之下是大力神赫拉克勒斯（Hercules，正用手撑开两头狮子张大的嘴）。按照传统，刚刚抵达大教堂的游客会进行短暂的祷告，同时将手指放在大力神头上的5个孔里。几百年来，数百万虔诚信徒不断重复着这个动作。中心支柱的另一侧是马提欧。几个世纪以来，一直都有参观者用头去碰撞马提欧的传统，以分享他的智慧。但是无数次的碰撞导致马提欧的鼻子明显变塌了，所以在柱廊于2013年被脚手架覆盖起来之前，他和大力神就被一道金属栅栏封锁起来了。

根据传说，在《旧约》里的先知中，但以理脸上之所以有着灿烂的笑容，是因为他对面柱子上有位穿着紧身衣服的以斯帖女王（Queen Esther）的雕像。以斯帖的石质乳房原来大得多，由于一位主教认为它们不太合宜，下令将它们锉小了。于是，镇上的人们创造了锥形的tetilla（乳头）奶酪以表示对以斯帖的敬意。

走向教堂的东端，极其精致且具有西班牙巴洛克风格的**主祭坛**（Altar Mayor）高耸于耳堂嵌入主殿的中央十字所在之处。在环绕主祭坛后侧的回廊（过道）右边，有一小段楼梯通向圣地亚哥雕像，从他1211年获得封圣之日起就一直守护着大教堂，许多虔诚的教徒排起长队只为亲吻或拥抱一下他。再从这尊雕像左边下几阶楼梯，你就来到了**Cripta Apostólica**，我们可以肯定这里就是圣地亚哥的坟墓，其中安放的是一副19世纪的银质棺椁。主祭坛后面是**圣门**（Puerta Santa），它通向Praza da Quintana广场，只在圣年时才打开（下一次是在2021年）。

每天正午和19:30，主祭坛通常都有弥撒，周六和周日的10:00和18:00以及周日的13:15也有弥撒。以上时段不鼓励游客以游览目的入内参观。

对大教堂东边部分所做的修复意味着，在2020年之前，参观圣地亚哥雕像和Cripta Apostólica，以及教堂里举行的弥撒数量和参加弥撒的信徒数量都会受到限制。

如果想从大教堂顶上的几层欣赏教堂精美的内部装饰，或者在教堂的屋顶欣赏这座城市的风光，那就参加一次大教堂屋顶观光团吧。

★大教堂博物馆 博物馆

（Museo da Catedral; Colección Permanente; http://catedraldesantiago.es; Praza do Obradoiro; 成人/优惠/儿童 €6/4/免费，与Pórtico de la Gloria的联票 成人/优惠/儿童 €12/10/免费; ⏲4月至10月 9:00~20:00，11月至次年3月 10:00~20:00）大教堂博物馆面积很大，包括教堂16世纪银匠式的哥特式大型回廊，共占据四层楼的空间。你将欣赏到马提欧超大型的石雕唱诗台原作（1604年被毁，于1999年拼补在一起）、一系列令人印象深刻的宗教艺术作品（包括位于二楼文库的botafu-meiros，即那个闻名于世的巨型香炉）；还有富丽堂皇的18世纪牧师会礼堂（sala capitular），里面的挂毯是根据戈雅设计的图案织成的；以及紧邻回廊的皇家万神殿（Panteón de Reyes），这里有中世纪莱昂国王的坟墓。

★圣地亚哥朝圣博物馆 博物馆

（Museo das Peregrinacións e de Santiago; http://museoperegrinacions.xunta.gal; Praza das Praterías; 成人/朝圣者和学生/老人和儿童 €2.50/1.50/免费; ⏲周二至周五 9:30~20:30，周六 11:00~19:30，周日 10:15~14:45）这座明亮的圣地亚哥朝圣博物馆通过迷人的展览让人一窥几百年来圣地亚哥的各种现象（人类、城市和朝圣）。大部分说明资料都使用西班牙文、加利西亚文和英文。从3楼的窗口还可以近距离看到教堂塔楼的尖塔。周日全天以及周六14:30后免费参观。

圣马丁品里奥修道院 修道院

（Mosteiro de San Martiño Pinario; http://espacioculturalsmpinario.com; Praza da Inmaculada; 成人/学生、朝圣者和老人 €3/2; ⏲10:30~18:30或更晚，5月至6月 14:00~16:00）这座庞大的巴洛克式修道院高耸于Praza da Inmaculada上方，如今是一所神学院，其核心部分，包括那条辉煌的回廊，都不向游客开放——但它那座巨大的教堂及其华丽的装饰都作为博物馆的一部分开放，值得一游（入口在广场较高的一端）。教堂的核心装饰品是那幅精美得令人难以置信的圣坛装饰，镶嵌着一些雕刻的圣徒、小天使、花卉、植物、马匹和主教。它后面的胡桃木唱诗班席位也值得仔细欣赏。

加利西亚人博物馆 博物馆

（Museo do Pobo Galego, Galician Folk Museum; www.museodopobo.gal; Campo de San Domingos de Bonaval; 成人/老人、学生/儿童 €3/1/免费，周日 免费; ⏲周二至周六 10:30~14:00 和16:00~19:30，周日 11:00~14:00）这家博物馆以前是一所女修道院，通过迷人的展览让人得以窥见仍然在一些农村地区延续的传统加利西亚生活方式。展览主题囊括了音乐、农业、建筑、渔业和其他很多方面，展品包括渔船、风笛、传统服饰和古老的印刷机。顶上的几层可通过一道由多明各·德·安德拉德（Domingo de Andrade）在1700年前后设计的三层螺旋形楼梯进入。在博物馆的后面，有个可爱而宁静的公园**Parque de San Domingos de Bonaval**（Campo de San Domingos de Bonaval; ⏲4月至9月 8:00~23:00，10月至次年3月 8:00~20:00），可以让人避开圣地亚哥的嘈杂人群。

团队游

★ 大教堂屋顶团队游 团队游

（Cathedral Rooftop Tour；☎902 557812；www.catedraldesantiago.es；成人/优惠/儿童€12/10/免费，大教堂博物馆联票 €15/12/免费；⏲团队游时间 10:00~13:00和16:00~19:00；♿）如果想从大教堂顶上的几层鸟瞰教堂令人难忘的精美内部装饰，或者在教堂的屋顶欣赏这座城市的风光，那就参加一次大教堂屋顶观光团吧，它从游客接待中心（见608页）开始。这种团队游非常热门，因此请在游客接待中心预订当天的参观，或者在这座大教堂的网站上提前几个星期预订。团队游的导游用西班牙语，不过也有一些导游能说英语。

那些导游详细介绍了圣地亚哥和这座大教堂的历史。从10月底直到次年3月，最后一趟团队游的出发时间都是17:00。

节日和活动

使徒圣雅各节 文化、宗教

（Fiestas del Apóstol Santiago, Fiestas of the Apostle St James；⏲7月）Día de Santiago（圣雅各节；7月25日）会举办为期两周的音乐、游行和其他庆祝活动，其间正值加利西亚“国庆”节。庆祝活动的最高潮是7月24日夜间在工人广场上举行的壮观的激光烟火表演，即Fuegos del Apóstol。

住宿

从供朝圣者和背包客住宿的青年旅舍到时尚的精品寓所和历史悠久的奢华酒店，圣地亚哥有成百上千家不同价位的住宿选择。即便如此，夏季（尤其是7月和8月）性价比最佳的中心城区酒店仍然提前几周就被预订一空。

★ Hostal Suso 青年旅舍 €

（☎981 58 66 11；www.hostalsuso.com；Rúa do Vilar 65；房间 €48~65；❄@📶）这家友好的Suso酒店由家庭经营，位于一家方便的咖啡馆（有性价比很高的早餐）上面，共有14间客房，在2016年做过全面改建，拥有精心设计的完美房间，色彩为迷人的灰色和白色，还有新式浴室和坚固的床铺，价格非常合算。这里的一切都经过彻底的隔音处理——外面的那条街道没有车辆，但在夏季会变得相当热闹。

★ O Xardín de Julia 酒店 €

（☎626 004591；www.oxardindejulia.com；Rúa da Virxe da Cerca 20；房间 €45~90；⏲1月和2月歇业；❄📶）位于老城区边上的Xardín de Julia（“朱莉娅的花园”）于2016年开门营业，是一个令人愉快的小型酒店，共有10间客房。这里的一切都明亮、干净，有大量木头和石头构造，但没有那些不必要的嘈杂喧闹。酒店花园则为这里锦上添花，里面有一株山茶树，从一些房间的阳台（galerías）可以俯瞰花园。

Last Stamp 青年旅舍 €

（El Último Sello；☎981 56 35 25；www.thelaststamp.es；Rúa Preguntoiro 10；铺 €15~20；⏲12月底至次年2月底关闭；@📶）这是一家精心设计的旅舍，位于旧城区中心一座拥有300年历史的五层楼建筑中（有电梯）。设计巧妙的半封闭式宿舍（全都是男女混住）中配有超级结实的床铺、电源插座、优质床垫和私人阅读灯。有些客房能看见大教堂。浴室和厨房都很宽敞，朝圣之路主题壁画更添乐趣。

★ Hotel Costa Vella 精品酒店 €€

（☎981 56 95 30；www.costavella.com；Rúa da Porta da Pena 17；标单 €50~60，双 €55~97；❄@📶）客房设计细心，环境安静，部分房间包含具有加利西亚特色的玻璃阳台（galerías），管理团队和工作人员友好热情，可以提供许多帮助，花园中还设有一间可爱的咖啡馆（见606页），住在这个由家庭经营的酒店会是不错的选择。它位于一所古老的石头房子里，从主教座堂步行400米即可到达，€6的早餐分量很足。

★ Altaïr Hotel 精品酒店 €€

（☎981 554 712；http://altairhotel.net；Rúa dos Loureiros 12；标单 €60~85，双 €75~120；⏲1月歇业；❄📶）Altaïr将传统的石砌墙壁和坚固的橡木地板与温暖舒适的环境、殷勤备至的工作人员、柔和的家具布置和一部分当代设计结合在一起。在这里用早餐（€8.50）是一次美食体验，卡洛斯·桑塞贡多（Carlos Sansegundo）那些色彩超级鲜艳的油画悬挂在酒吧兼早餐区，堪称大师手笔！从客房里能看到很棒的城市风景。

★ **Moure Hotel** 设计酒店 €€

（☎981 58 36 37；www.mourehotel.com；Rúa dos Loureiros 6；双含早餐 €65~110；⏲1月歇业；❄@📶）超赞的Moure由一座19世纪的建筑改建而成，会让所有喜欢在他们的酒店设计中探索的人感到愉快。这里舒适、友好而实用，有宽敞的浴室和上好的床铺，还有不同色调的白色、灰色和少许鲜艳酸橙绿构成的时髦极简主义设计，部分石头墙壁暴露在外。房费包含一顿不错的早餐。

Hotel Pazo de Altamira 精品酒店 €€

（☎981 55 85 42；www.pazodealtamira.com；Rúa Altamira 18；房间 €70~120；⏲1月和2月歇业；❄@📶🐾）这座结实的石头房子之前是一座贵族宅邸，距离熙攘的Mercado de Abastos只有几步，其中有16间时髦明亮的白色客房，铺设的是实木地板，配备有舒适的床铺、镶着大理石的浴室，在高级客房则有玻璃阳台。早餐€10~12。前台乐于助人，会提供有关圣地亚哥的一些小贴士。酒店里还有一个不错的**Café de Altamira**（Rúa das Ameas 9；主菜 €9~18，午餐套餐 周一至周五 €14；⏲13:30~15:45和20:30~23:15，11月至次年3月 周日晚上及周三歇业；📶）。

★ **Parador Hostal dos Reis Católicos** 历史酒店 €€€

（☎981 58 22 00；www.parador.es；Praza do Obradoiro 1；含早餐 标单 146~226，双 €167~392；P❄@📶）这座壮丽的国营酒店据称是世界上最古老的酒店，于1509年开始营业，最初是为朝圣者准备的。它占据了一座漂亮的大楼，后者本身就是圣地亚哥主要的历史建筑。即使那些标准客房也很豪华，不过装饰风格略显陈旧，里面有木地板、原创的艺术品、宽敞的浴室，以及很大的玻璃淋浴间。有些客房内还有四柱床。

★ **San Francisco Hotel Monumento** 历史酒店 €€

（☎981 58 16 34；www.sanfranciscohm.com；Campillo San Francisco 3；含早餐 标单 €110~138，双 €154~334；P❄@📶🏊）带有三条回廊的庭院和光线暗淡的走廊及其石质门框，会让人回想起这家酒店作为方济各会修道院的前身。不过那些宽敞的现代客房全都设计成当代风格，非常舒适，这里还有一座很棒的室内游泳池，以及一个芳草萋萋的巨大花园、一家咖啡馆、一个修道院风格的餐厅和非常宽敞的公共区域。房费含停车费。

就餐

圣地亚哥市中心挤满了餐馆，能满足大多数人的口味和预算，从供应廉价当日套餐（menú del día）的地方（见www.santiagomenus.es），到适合美食家的创新菜式，应有尽有。繁忙的Rúa do Franco上几乎从头到尾都是餐厅和酒吧，但最诱人的选择却分散于其他地方。

在离开之前，一定要尝尝tarta de Santiago，这是城中有名的杏仁蛋糕。

★ **Café-Jardin Costa Vella** 咖啡馆 €

（www.costavella.com；Rúa da Porta da Pena 17；早餐 €2.70~4.50；⏲8:00~23: 00；📶）要想吃早餐（或者晚些时候想喝上一杯），Hotel Costa Vella（见605页）的这个花园咖啡馆是最令人愉快的地点，里面有喷泉、分散于各处的雕像以及一些繁花盛开的美丽果树。如果天气转变为圣地亚哥特有的雨天，你仍然可以从镶着玻璃的凉亭与阳台上欣赏这个花园。

★ **Mercado de Abastos** 市场 €

（www.mercadodeabastosdesantiago.com；Rúa das Ameas 5-8；⏲周一至周六 8:00~15:00）🌿圣地亚哥的食品市场是个迷人的地方，这里总是一派热闹景象，非常干净，300多家摊位上摆放着各种诱人的山珍海味。可选购tetilla奶酪、腌肉、香肠、水果和酥皮派（empanada）或从**Cocina María**（Posto C61, Mercado de Abastos；每件 €1.30~14；⏲周一至周六 9:30~15:00）买一些美味的外卖去野餐。

市场外面的大街上排列着无数酒吧和咖啡馆，在市场里面还有一些，包括位于中间那条巷子里的一家葡萄酒酒吧。你可以在非常热门的**Mariscomanía 10%**（Posto 81, Mercado de Abastos；⏲周二至周六 9:00~15:00）买一些海鲜肉食，并让店里的人为你当场烹制，每人€4，不过他们不烹制章鱼或鱼类。市场的东侧是为出售果园或菜园农产品的村民

加利西亚语

大部分加利西亚人都会讲西班牙语（卡斯蒂利亚语）和加利西亚语（galego，或在卡斯蒂利亚语中称为gallego）。加利西亚语与葡萄牙语相近（后者是在中世纪后期从加利西亚语发展形成的），与卡斯蒂利亚语的相似之处稍微少一些。在本章中，我们使用的地点名称（非中文）都是你在旅途中最可能遇到。总体来说，大部分都采用加利西亚语。

和摊贩保留的。

La Flor 创意菜 €

（Rúa das Casas Reais 25；菜肴 €7~10；周一至周六 正午至12:30，周日 14:00至午夜，厨房 13:30~15:30和20:00~23:30；）La Flor是一个热闹的酒吧，适合喝些饮品（送免费的西班牙小吃）和欣赏动听的音乐——但也适合享受一系列创意小菜，从鸡肉卷（chicken fajitas）到芝麻菜和山羊奶酪沙拉，或者从自制的汉堡到用蔬菜茎和山葵做馅的皮塔饼——而周围则是各种艺术品、古董和吊灯，构成了独特而随意的混搭风格。

O Filandón 西班牙小吃、盘餐 €€

（Rúa Acibechería 6；半份盘餐 €10~12；13:00~16:00和20:30至次日1:00，周五和周六至次日2:00）从奶酪柜台挤进后面窄窄的地下室一般的酒吧区，在这里你可以用许多免费零食搭配各种饮品，也可以点empanadas，即用火腿、香肠、腌肉、奶酪、辣椒或凤尾鱼做的拼盘。这里的墙壁上钉着由过去的顾客潦草写就的留言和名言警句，在寒冷的冬季夜晚，还用木头烧着令人倍感温馨的炉火。

★ O Curro da Parra 加利西亚菜、创意菜 €€

（www.ocurrodaparra.com；Rúa do Curro da Parra 7；主菜 €15~23，开胃菜及半份盘餐 €5~15；周二至周日 13:30~15:30和20:30~23:30）楼上是整洁小巧的石墙餐厅，楼下是稍显狭窄的食品和红酒吧。提供精心设计的菜肴，使用从市场上采购的新鲜食材，每周都有变化。这里的一切都很美味，典型的菜肴包括亲自捕捉的鳕鱼加鸟蛤和菜豆，或者牛肉里脊炒香菇。自从他们开业以来，2010号奶酪蛋糕就一直是食客们的最爱。

在工作日的午餐时间，这里提供很棒的市场套餐（menú mercado），售价€13。在繁忙的夏季夜晚，他们会供应两批晚餐，时间分别是20:30和22:30。

★ Abastos 2.0 加利西亚菜 €€

（654 015937；www.abastoscompostela.com；Rúa das Ameas；菜肴 €6~13，套餐 €30起；周一至周六 正午至15:30和20:30~23:00）这家非常具有创新精神的餐厅其受欢迎的程度出人意料，其中的新菜式都是采用当天市场的新鲜食材混搭烹饪，以海鲜为重点。餐厅里有一张12个座位的长餐桌，他们在这里提供每天都会改变花样的套餐，价格€30起；强烈建议预订！餐厅外卖也有少数餐桌（不能预订），他们在这里供应小份和中份的单独菜肴。在两个就餐区内几乎每种食物都很美味。

María Castaña 加利西亚菜 €€

（Rúa da Raiña 19；盘餐 €6~22；正午至15:30和19:30~23:30）这是一个位于市中心的可靠选择，供应多种多样的海鲜、奶酪或火腿膳食、沙拉、炒鸡蛋菜肴和一些肉菜。辣椒粉章鱼片（pulpo á feira）是顶级之选。店内还有一个长长的酒吧区，如果继续往里走，还有两个用石头砌成的房间，里面也有一些餐桌。

La Bodeguilla de San Roque 西班牙菜 €€

（981 56 43 79；www.labodeguilla.gal；Rúa de San Roque 13；盘餐和主菜 €5~18；周一至周五 9:00~12:30，周六和周日 10:30~16:00 和 19:00~12:30）这家两层楼的餐厅和葡萄酒吧位于旧城区西北处，待客热情，提供的美味菜肴从素食沙拉到砂锅炖对虾、野蘑菇和海带，还有加利西亚波特酒牛里脊肉、盘装奶酪、香肠或火腿。

饮品和娱乐

夏夜，老城街边的每个角落都充满了品尝西班牙小吃和美酒的人们。最具活力的酒吧都位于大教堂东边。午夜前后，尤其在周四到周六的晚上，圣地亚哥大批学生会如潮水般涌上街头。之后人们又会聚集在Ensanche地区的Rúas da República Arxentina和Nova de

Abaixo大街周边的夜店里。

Pub Atlántico
酒吧

（☎981 57 21 52；Rúa da Fonte de San Miguel 9；⊙17:30至次日3:00，冬季营业时间缩短）这间热闹的酒吧吸引了二三十岁的艺术界人士，供应的杜松子酒、碳酸饮料和鸡尾酒非常不错。播放的音乐从阿卡迪亚蓝调到西班牙独立摇滚乐，应有尽有。

★Casa das Crechas
现场音乐

（www.facebook.com/casadascrechas；Vía Sacra 3；⊙18:00至次日3:00；📶）这里是聆听凯尔特音乐和其他现场音乐的不二之选。通常来说，9月至次年6月中旬的周三22:30以后，这个位于楼下的酒吧总是挤满了来听加利西亚民间音乐会Banda das Crechas（门票€1）的听众。通常每周还有另外两个晚上会有现场爵士乐、民间音乐或弗拉明戈舞曲的演出，周五和周六还有DJ时段。

ℹ 实用信息

大教堂游客接待中心（Cathedral Visitor Reception Centre；☎881 55 79 45；http://catedraldesantiago.es；Praza do Obradoiro；⊙4月至10月 9:00~20:00，11月至次年3月 10:00~20:00）游客可以在此购买大教堂博物馆和大教堂屋顶团队游的门票，这里也是屋顶团队游的起点。在2018年之前，由于大教堂Obradoiro一侧的立面在做修复，接待中心转移到大教堂北边的Pazo de Xelmírez。等那里的修复工作完成后，接待中心可能会搬回它以前的地方，即Obradoiro立面台阶下的地下室里。

朝圣者接待处（Centro Internacional de Acogida al Peregrino，Pilgrim's Reception Office；☎981 56 88 46；http://oficinadelperegrino.com；Rúa das Carretas 33；⊙复活节至10月 8:00~20:00，11月至次年复活节 10:00~19:00）若游客出于宗教或灵性原因，或者本着“调查研究的态度”以步行或骑马的方式走过圣地亚哥朝圣之路的最后至少100公里，或者以骑自行车的方式通过最后200公里，那就可以在这里得到一个“孔波斯特拉”证书来加以证明。网站有大量有关朝圣的信息。

加利西亚旅游局（☎881 86 63 97；www.turismo.gal；Praza de Mazarelos 15；⊙周一至周六 10:00~17:00，周日 10:00~14:30）可以挖掘到加利西亚的各种信息。

Turismo de Santiago（☎981 55 51 29；www.santiagoturismo.com；Rúa do Vilar 63；⊙4月至10月 9:00~21:00，11月至次年3月 周一至周五 9:00~19:00，周六和周日 9:00~14:00及16:00~19:00）效率很高的市旅游局总办事处。其网站是个多语言的信息集合地。

ℹ 到达和离开

飞机

圣地亚哥繁忙的**Lavacolla airport**（☎902 404 704；www.aena.es）位于城市以东11公里处。

5种顶级美食体验

Mercado de Abastos（见606页）圣地亚哥-德孔波斯特拉的这座迷人的食品市场上堆积着优质的农产品，展示了来自加利西亚的山珍海味，市场内还有许多热闹的餐馆和酒吧。

坎巴多斯的阿尔瓦里尼奥葡萄酒和海鲜（见629页）在阿尔瓦里尼奥之都坎巴多斯的酒馆中，这种加利西亚最著名的白葡萄酒是搭配一盘海扇、贻贝、扇贝或鲜鱼的完美饮品。

Pulpo á feira（见619页）加利西亚标志性的章鱼菜肴，这道美味将章鱼触须切片，以橄榄油和红辣椒烹饪，如果配上水煮的土豆片（cachelos）就更棒了。拉科鲁尼亚的Pulpeira de Melide有这种美味的菜肴，在其他几乎所有地方也都很棒。

卢戈的西班牙小吃（见648页）拉科鲁尼亚、奥伦塞和蓬特韦德拉的西班牙小吃区都差不多，但卢戈的小吃区却赢得了我们的赞美，因为这里拥有活泼愉快的氛围，几乎家家户户都有酒吧，而且他们会给每一份饮品搭配两道免费的美味小吃。

拉科鲁尼亚的鱼类和贝类（见619页）在加利西亚东南端这个小渔港，港口前面排列着一些餐厅，他们用当地捕捞的海产品为顾客的味蕾准备各种美味佳肴。顺着港口漫步，选出自己中意的地方。

直飞航班(有些只在夏季月份运营)包括:

Air Europa(www.aireuropa.com)伊维萨岛(Ibiza)、梅诺卡岛(Menorca)、马略卡岛帕尔马(Palma de Mallorca)、塞维利亚。

Aer Lingus(www.aerlingus.com)都柏林。

EasyJet(www.easyjet.com)巴塞尔机场(Basel-Mulhouse)、日内瓦(Geneva)、伦敦(盖特威克机场)、米兰(Malpensa)。

Iberia(www.iberia.com)巴塞罗那、毕尔巴鄂、马德里。

Lufthansa(www.lufthansa.com)法兰克福、慕尼黑。

瑞安航空公司(www.ryanair.com)阿利坎特、巴塞罗那、法兰克福(Hahn机场)、伦敦(斯坦斯特德机场)、马德里、马拉加、米兰、马略卡岛帕尔马、塞维利亚、巴伦西亚。

Swiss(www.swiss.com)苏黎世。

Vueling Airlines(www.vueling.com)阿利坎特、阿姆斯特丹、巴塞罗那、布鲁塞尔、伊维萨岛、伦敦(盖特威克机场)、马拉加、马略卡岛帕尔马、巴黎(戴高乐机场)、罗马(菲乌米奇诺机场)、苏黎世。

长途汽车

汽车站(☎981 54 24 16; Praza de Camilo Díaz Baliño; 🛜)距离市中心东北,步行20分钟可达。

Monbus(☎982 29 29 00; www.monbus.es)运营至加利西亚许多地方的汽车,**Empresa Freire**(www.empresafreire.com)和**ALSA**(☎902 422242; www.alsa.es)有开往卢戈的车,**ALSA**还有车开往加利西亚以外的地方。

目的地	车费(€)	行驶时间(小时)	发车频率(每天)
拉科鲁尼亚	6	1~1.5	13班
坎巴多斯	5.60	1.5	2班
费罗尔	10	1.5	5班
菲斯特拉	13	2~3	4班
莱昂	30	6	1班
卢戈	9~13	1.5~2.75	10班
马德里	20~67	8.5~10	3班
穆西亚	8	1.5	2班
奥伦塞	12	2	4班
奥维耶多	30	5.25~6.75	2班
蓬特韦德拉	5.85	1~1.5	11班
波尔图(葡萄牙)	27~34	4.25	1班
桑坦德	43~50	8~10	2班

带上雨伞

加利西亚位于大西洋岸边,一阵又一阵的雨幕从这里横扫而过,使得其降雨量达到了西班牙全国平均水平的两倍。加利西亚人有超过100个词汇来描述不同降水的细微差别,从babuxa(一种毛毛细雨)到xistra(一种大雨)再到treboada(雷阵雨)。6月至8月降雨量最少。如果你没带雨伞,不要慌张——在加利西亚的任何城镇都有近在咫尺的雨伞店,只需问问离你最近的paragüería(par-ag-wer-ee-ah)在哪里即可。

火车

火车站(www.renfe.com; Rúa do Hórreo)从旧城向南步行约15分钟即到。所有的火车都由**西班牙国铁**(☎91 232 03 20; www.renfe.com)运营,它在老城区边缘及火车站都设有**售票处**(Rúa das Carretas 29; ⊙周一 15:00~19:30,周二至周五 9:30~14:00和15:00~19:30,周六 9:30~14:00)。这里有开往拉科鲁尼亚和奥伦塞的高速列车。

目的地	车费(€)	行驶时间	最少班次(每天)
拉科鲁尼亚	6.10~16	30~40分钟	19班
马德里	17~56	5.25小时	2班
奥伦塞	6~20	35~45分钟	9班
蓬特韦德拉	6.10~7.35	35分钟至1小时	15班
维哥	9.25~11	50分钟至1.5小时	15班

当地交通

抵离机场

Empresa Freire(www.empresafreire.com)运营的机场巴士(€3,45分钟)可从**Praza de Galicia**广场开往Lavacolla机场,6:00至午夜每半小时1班,中途会经过火车站和汽车站。返程的巴士7:00至次日1:00每半小时1班。出租车收费约€21。

小汽车

私家车不允许进入老城区。其周边的地下停车场通常24小时收费€16。**Aparcadoiro Xoan**

XXIII（Avenida de Xoan XXIII；每24小时 €11；⏲24小时）和露天的**Aparcadoiro Belvís**（Rúa das Trompas；每24小时 €7.50；⏲24小时）的停车场收费较低。大约从6月至9月，这两家也提供最长7天的停车服务，收费€30。老城区的一些宾馆酒店也为客人提供优惠的地下停车服务。

莫尔特海岸（COSTA DA MORTE）

遍布岩石的海岬、蜿蜒的水湾、小渔村、壁立千仞的悬崖、开阔的海湾和遥远的沙滩，这一切形成了美丽的"死亡海岸"（Coast of Death），这里是西班牙大陆最西端的边远地带，神话与传说中的繁盛之地。作为加利西亚最迷人的地区之一，这片海滩与世隔绝、人烟稀少，最重要的是，它尚未受到破坏。海滩始于穆罗斯（Muros），从穆罗斯-诺伊阿河（Ría de Muros y Noia）的河口开始，并在即将到达拉科鲁尼亚（A Coruña）之前，一路蜿蜒至Caión。在内陆方向，弯弯曲曲的狭窄小路穿过一片片林地，其两侧是石头砌成的小村子，这些村庄围绕着一些古老的教堂兴建起来，隐藏在起伏绵延的山丘的褶皱之中。这个危险的海岸线曾发生过很多沉船事故。当海上薄雾降临的时候，这里田园般的景致就会骤然发生变化。到这时，旅行者就该到一家当地的酒吧安顿下来，品尝一些当地顶级的海鲜和上好的加利西亚葡萄酒了。

菲斯特拉及周边（Fisterra & Around）

人口 2800（菲斯特拉）

渔港菲斯特拉（卡斯蒂利亚语为Finisterre）拥有风景如画的港口、将Ría de Corcubión尽收眼底的秀美风景以及若干位于周边几公里范围内的美丽海滩，但人们蜂拥而至是为了继续前往菲斯特拉海岬（Cabo Fisterra）。人们普遍认为这个矗立在风中的美丽海岬是西班牙版图的西部边缘[而西班牙真正的最西端是位于此处以北20公里处的海角托里尼扬角（Cabo Touriñán）]，也是越来越热门的圣地亚哥朝圣之路延长线的终点（距离圣地亚哥-德孔波斯特拉90公里）。

随着朝圣之路上的旅行者和游客被吸引

风笛手与提琴手

加利西亚民间音乐跟布列塔尼、爱尔兰和苏格兰的凯尔特传统音乐有很多相似之处，风笛（gaita）、提琴、bombo（一种大鼓）、笛子和摇把琴（zanfona，一种跟手风琴有些相似的乐器，将管乐器和弦乐器融为一体）的声音萦绕在耳边，为你在这里度过的很多时刻提供了背景音乐。

要欣赏加利西亚风笛手的演奏，到圣地亚哥-德孔波斯特拉工人广场和Praza da Inmaculada之间的通道去，绝对错不了。一些当地的民间艺人整天都待在这里。如果想欣赏定期演出的现场音乐，圣地亚哥的Casa das Crechas（见608页）是最好的地方。几个凯尔特音乐节让夏季的几个月变得生动活泼起来，其中规模最大、最好的是为期4天的**Festival Ortigueira**（www.festivaldeortigueira.com；⏲7月），于7月中旬在阿尔达斯海湾的Ortigueira举行，会吸引多个国家的乐队和音乐家以及数万名音乐爱好者。其他值得参加的年度音乐节包括在Moaña（维哥湾）举行的**Festival Intercéltico do Morrazo**（⏲7月/8月），时间是7月或8月的一个周末，以及8月第一个周六在Zas（莫尔特海岸）举行的**Festa da Carballeira**（www.festadacarballeira.com；⏲8月）。

在加利西亚，主风笛手（gaiteros）和其他民间乐手是受人欢迎的英雄。如果你喜欢置身在这种独具加利西亚特色且充满热情的文化场景里，并陶醉于音乐之中，不妨留意擅长演奏风笛和其他多种乐器的Carlos Núñez、风笛手Xosé Manuel Budiño或Susana Seivane、提琴手Begoña Riobó、风笛手兼歌手Mercedes Peón、歌手Uxía、竖琴师兼摇把琴师及希腊曼陀铃乐手Roi Casal或者乐队Luar Na Lubre或Milladoiro的现场音乐。

到西班牙这个具有古怪魔力的角落，菲斯特拉及其海岬变得愈加繁忙起来。

景点

★菲斯特拉海岬 景区

（Cabo Fisterra /Cabo Finisterre；P）从菲斯特拉镇向南驱车或步行3.5公里就可到达拥有全景视野的菲斯特拉海岬，它的顶上耸立着一座菲斯特拉灯塔（Faro de Fisterra）。圣地亚哥朝圣之路的朝圣者通常都在这里结束行程，并仪式性地在灯塔边的石头上烧掉臭袜子、T恤等。很多人来这里看落日，但它在任何时候（除非笼罩在大雾或雨幕中）都是个风景壮丽的地方。以前的灯塔看守人住处如今是一个舒适的酒店，带有一个不错的咖啡馆兼酒吧和餐厅。

在从菲斯特拉来这里的途中，你会经过那座12世纪的**圣玛利亚地区教堂**（Igrexa de Santa María das Areas）。过了教堂后向前走600米，顺着一条标有"Conxunto de San Guillermo"的小路向右走一段上坡路，就可到达**圣吉列尔梅山**（Monte de San Guillerme），这里曾经是异教徒举行生育仪式的场所。这里提供了另一条通往海岬的路线，路程更长（多2~3公里），挑战更大，但是风景更美：在小山上有一些单独的小径，通往Pedras Santas以及一座挖掘出来的、缺乏生气的老隐修院遗址，即**Ermida de San Guillermo**（或Guillerme）。而**Pedras Santas**则是一些石头，直到18世纪，都有一些没有孩子的夫妇爬上这里来，试图加大他们怀孕的概率。

从菲斯特拉镇坐出租车到这个海岬的单程费用为€5。

Praia da Mar de Fora 海滩

壮观的Praia da Mar de Fora海滩位于菲斯特拉半岛（Fisterra Peninsula）靠海一侧（西侧），可从小镇顶端步行800米到达。这里的风景美不胜收，但有强风巨浪，在这个海滩附近的海域游泳很不安全。

住宿

Albergue Cabo da Vila 青年旅舍 €

（☎981 74 04 54；www.alberguecabodavila.com；Avenida A Coruña 13；铺/标单/双/四€12/25/30/48；◷3月中旬至11月中旬；@📶）这是一家很友好的旅舍，有几位会说多国语言的老板和10个私人房间（共用浴室），以及一间包含24个铺位的大宿舍，有坚固的金属制铺位和很大的存物柜。被单和毛巾（包含在房费里）是棉制的。旅舍里还配有厨房、洗衣设施（洗衣/烘干€3/4）、宽敞的室内起居间和一个小小的后花园。早餐€4。

★Hotel Mar da Ardora 设计酒店 €€

（☎667 641304；www.hotelmardaardora.com；Rúa Atalaia 15；含早餐 标单 €77~99，双85~110；◷12月中旬至次年1月歇业；P@📶🏊）这间家庭经营的小酒店位于镇子高处，6间客房的大窗户和阳台上都能眺望到西边的海景。从其立体主义的建筑风格到舒适的白色、灰色和银色色调，都呈现出极其现代化的风格，感觉很舒适。楼下有一个不错的水疗中心和健身房，以及带有利用太阳能加热的游泳池和一个土耳其浴室。

Hotel Rústico Spa Finisterrae 酒店 €€

（☎981 71 22 11；www.hotelspafinisterrae.com；Lugar da Insua 128；标单 €39~79，双€49~129；◷1月和2月歇业；P📶🏊）客房宽敞明亮，有铜床、清新的白色亚麻布寝具和石墙带来的魅力。酒店由农庄改建而成，很有特色，客人从海港上行700米就可到此，能看到全景式的风景和一个花园。店内提供不错的早餐和晚餐（€29；需要预订）。

O Semáforo de Fisterra 精品酒店 €€

（☎981 11 02 10；www.hotelsemaforodefisterra.com；Cabo Fisterra；房间 含早餐 €99~270；📶）本店可能是西班牙位置最棒的酒店，以前是菲斯特拉灯塔旁边的灯塔看守人住所，现在是一个非常舒适的膳宿酒店，共有5间明亮的新式客房。这里的**餐厅**（菜肴 €9~22；◷13:00~16:00和20:00~22:30）和咖啡馆专攻传统加利西亚菜肴，大多数都是用当地购买的鱼类和海鲜烹制的。不用说，这里的风景（在没被雨雾遮蔽的时候）无与伦比。

就餐

O Pirata 海鲜 €

（Paseo de Calafigueira；盘餐 €7~12；◷2月至5月和9月至11月 11:00~17:00，6月至8月

11:00~23:00，周一和12月至次年1月歇业）这里只有6张餐桌，但能俯瞰港口的美丽风景，菜单虽短，但菜肴美味。O Pirata供应最新鲜的鱼类和海鲜，价格公道。尝尝它的混合鱼类和/或海鲜套餐（portions; €15~20）。

Mesón A Cantina 加利西亚菜 €

（Paseo de Calafiguera 1; 盘餐和主菜 €6~15; ⏲10:00至次日1:00，厨房 13:00~16:00和20:00~23:30）这家忙碌的餐厅是渔民、朝圣者、旅游者和各种人士的消闲地，气氛活跃，是品尝长面包三明治（bocadillos）、章鱼、鱿鱼、各种鱼类、鱼类炖菜（caldeirada）、大份沙拉、肉类主菜和优质Estrella de Galicia啤酒的好地方。

★O' Fragón 当代加利西亚菜 €€

（☎981 74 04 29; www.ofragon.es; San Martiño de Arriba 22; 主菜 €14~20; ⏲13:15~15:45和20:15~22:45）从美食的角度说，O' Fragón比该地区的其他任何地方都要稍微精致几分。这里供应烹制得美轮美奂的菜肴，食材是从市场采购的，主要是鱼类和海鲜，餐厅布置得很时髦，有适合观景的大型落地窗。店内的服务专业而殷勤，能看到Ría de Corcubión宽阔的河流风景，覆盖着松木的极简主义装饰设计更是为这里的就餐体验锦上添花。

O' Fragón位于菲斯特拉以北2公里处的一个山麓小村中。北行出镇，在Hotel Arenal所在之处离开主干道，再走1公里上坡路即可到达。这家餐厅在公路下方，不是很容易被发现：寻找它那个能泊下3辆车的停车场，从那里有一条之字形小路通往餐厅所在的建筑。

ℹ 实用信息

市旅游局（Oficina Municipal de Turismo; ☎981 74 07 81; www.concellofisterra.com; Rúa Real 2; ⏲13:00~21:00）这是一个乐于助人的地方，就在市立朝圣者旅舍里面，从主要港口停车场爬50米的上坡路即可到达。

ℹ 到达和离开

Monbus（www.monbus.es）每天运营有4~6班

灯塔之路

要体验莫尔特海岸的精华，再没有比顺着它崎岖蜿蜒的海岸线徒步更好的方式了。2012年，最初只是一小群当地人出发去寻找一条尽可能靠近海岸的路线，多亏了他们的努力，现在有了一条长达200公里的徒步小径，即灯塔之路（Camiño dos Faros /Way of the Lighthouses; www.caminodosfaros.com/en），从拉科鲁尼亚以西约40公里处的马尔皮卡-德贝甘蒂诺斯（Malpica de Bergantiños）一直通往西南部的菲斯特拉海岬（Cabo Fisterra）。

这条路线分成8段，每段18~32公里，差不多1天的行程，沿途有一系列连续不断的壮观美景，大片长长的海滩、壁立千仞的悬崖、高耸的海角和风景如画的渔村一个接着一个。不过，这可不像周末在公园里溜达，甚至也不像一条圣地亚哥朝圣之路，而是更像在海边的山区徒步。途中有大量上下坡路，有时是地形陡峭的羊肠小道，而且这条路线从靠近悬崖的地方经过。要怀着一种冒险精神、穿上抓地能力比较好的结实鞋子前往，在必要的时候要保持小心谨慎。如果你不喜欢自己要去的地方，那就收回你的脚步。

这条路线的网站有大量实用的详细信息，下载一份Wikiloc步道在徒步时参考是个不错的办法。

作为一条初创步道，这条路线仅Malpica至菲斯特拉方向有路标和记号，是一些绿色的小箭头和油漆记号，偶尔会很容易错过。它即将升级为一条受到官方承认的GR（Gran Recorrido）路线，这意味着至少道路质量和路标会改善——双向均是如此。在这项工作完成之前，别顺着菲斯特拉往Malpica方向走。

那个网站还提供了沿途的住宿和饮食地点的详细信息，但是并非每一段行程结束后都会有很棒的选择。很多人喜欢把灯塔之路当作一日游步道，每次只走一段，并在必要的情况下搭乘出租车回到出发点。

车往返于菲斯特拉和圣地亚哥-德孔波斯特拉（€13，2~3小时），途经塞埃（Cée）、O Pindo、卡诺塔（Carnota）和穆罗斯。这家公司也可将游客从菲斯特拉送到穆西亚，需在塞埃转车（仅周一至周五有车；乘坐9:45和11:45从菲斯特拉发车的巴士转车最方便）。**Arriva**（www.arriva.gal）每天有5班车（周六和周日更少）往返于这里和拉科鲁尼亚（€15，2.25小时）。

里拉斯及周边(Lires & Around)

人口 150（里拉斯）

美丽宁静的村庄里拉斯坐落于一个距离海岸不远、朝向内陆的地方，就在小小的里拉斯湾（Ría de Lires）上方。经由公路，从菲斯特拉北行13公里，或从穆西亚南行20公里，即可抵达这里。对徒步者而言，不管是走29公里长的圣地亚哥朝圣之路，还是走51公里长的灯塔之路（Camiño dos Faros），它大致都在菲斯特拉和穆西亚的中间，位置非常方便。这里是两条河流交汇之处，周围有莫尔特海岸典型的树木丛生的绿色原野，附近还有几处很棒的海滩，即使你没计划在任何一条朝圣之路上徒步，这里也是一个逗留的好地方。

景点

内米尼亚海滩（Praia de Nemiña） 海滩

弯曲美丽的内米尼亚海滩长达1.5公里，从里拉斯湾的河口向北延伸，4月左右到11月都会吸引一些冲浪者，而且这里也有几家冲浪学校。夏季落潮时可涉过那个河口到达海滩，但如果不走这条路线，就需要从里拉斯村步行2.5公里左右（驾车需绕行9公里）。

罗斯特罗海滩 海滩

（Praia do Rostro；P）作为加利西亚最壮丽的海滩之一，罗斯特罗海滩是一条长达2公里、连续不断的宽阔沙滩，其起始点位于里拉斯以南约4公里处。从海滩两端的海岬望去，大西洋的海浪从外海不断涌来，风景特别壮丽。不幸的是，这里不适合游泳（即使你想挑战这里冰冷的海水），不过在此漫步也很愉快。

住宿

As Eiras 酒店、青年旅舍 €

（☎981 74 81 80；http://ruralaseiras.com；Lires；铺 €12，标单 €35~45，双 €45~65；P@）不管你是在朝圣之路上徒步，还是坐车旅游，这里都是个很棒的落脚点，As Eiras既有经济型的旅舍（宿舍里有结实的高低床，可住4~9人），也提供宽敞的酒店式客房，里面布置成深浅不一的粉红色和灰色，拥有舒适的床铺和漩水按摩淋浴间（最好的客房里还有能够看见海景的露台）。它位于里拉斯的中心地带，店里还有一个不错的咖啡馆兼餐厅。

Casa Fontequeiroso 酒店 €€

（☎617 490851；www.casafontequeiroso.com；Hotel Rural Fontequeiroso, Lugar de Queiroso；双 含早餐 7月至9月 €75，10月至次年6月 €65；P）这所拥有百年历史、经过修复的石头房子位于一个非常小的村子Queiroso里，就在冲浪海滩内米尼亚海滩（以及灯塔之路）上方2公里处，距离圣地亚哥朝圣之路2.5公里，是一个可爱而热情的住处。美味的饭菜大致按照传统的加利西亚乡间菜谱烹制，使用的往往是有机食材，就来自当地。

穆西亚及周边(Muxía & Around)

人口 1540（穆西亚）

石头砌成的渔村穆西亚位于Ría de Camariñas南岸，据说圣母玛利亚曾在圣地亚哥（圣雅各）在此布道时向他显现，因此这里成为最受欢迎的朝圣地之一。

景点

福克塞达巴萨圣所 教堂

（Santuario da Virxe da Barca；弥撒 全年周日正午和19:00，6月至10月 周一至周六 19:00；P）这座18世纪的教堂位于小镇北端多石的海岸上，是传说中圣母玛利亚乘着石船出现在圣地亚哥（圣雅各）面前的地方，当时他正在这里布道。

★托里尼扬角 自然景观

（Cabo Touriñán；P）风景如画的海岬托里尼扬角怪石嶙峋，位于穆西亚西南17公里处，有该地区众多的灯塔中的一座标出它的位置，很适合在微风中散步。位于海岬西北角的Punta de Sualba是西班牙半岛最西端的地点（经度9° 18'），从3月21日至4月25日，以及

8月13日至9月22日，这里也是欧洲大陆上太阳最晚落山的地方。

食宿

★Bela Muxía 青年旅舍 €

（☎687 798222；www.belamuxia.com；Rúa da Encarnación 30, Muxía；铺 €12~15，双 €40~50；⏰1月或2月歇业；@📶）这处由名家专门设计的旅舍非常舒服、时髦，既拥有酒店标准的房间，明亮而私密，配有浴室，也拥有铺着舒适床垫的宽敞宿舍，每张铺位都有阅读灯和插座，还有很大的储物柜和充足的淋浴间与厕所。公共区域包括厨房和就餐区，非常宽敞，设计得很棒，顶上的几层还能看到壮观的全景。

Albergue Arribada 青年旅舍 €

（☎981 74 25 16；www.arribadaalbergue.com；Rúa José María del Río 30, Muxía；铺 €12，标单/双/标三 €40/50/67；@📶）这家精心设计、待客热情的现代旅舍于2015年开始营业，拥有两间巨大的私密房间，分别带有单独的浴室，这里另有4间可住10人的宿舍，以及很不错的浴室、厨房和洗衣设施。他们甚至还有一个盐水足浴缸来抚慰你酸痛的脚。

★Casa de Trillo 酒店 €€

（☎634 759557；www.casadetrillo.com；Santa Mariña；标单 €48~73，双 €60~92，2人公寓 €80~95，全部含早餐；⏰12月底至1月歇业；P@📶）位于加利西亚乡村深处的Santa Mariña，在穆西亚以南约8公里处（那条乡村小路沿途有清楚的路标指出其位置），这家16世纪的迷人庄园很有历史感，客房舒适，明亮的餐厅俯瞰那些可爱的花园，供应自产食物。不管是探索本地区，还是仅仅到此放松一下，这都是一个很好的大本营。热情好客的老板们能够回答你的每一个问题。

Restaurante A Marina 加利西亚菜 €

（Avenida A Marina 30, Muxía；盘餐和主菜 €6~14；⏰8:00~23:00；📶）A Marina是一个繁忙而友好的餐厅，室外就餐区正对着马路对面的港口，为那些即将开始（或已经结束）长途徒步的人提供丰盛的早餐。稍晚些时候，这里还供应质量可靠的章鱼肉（á feira或flambé）和其他美味海鲜、沙拉、烤舌鳎、大块辛辣的腌渍猪肉（raxo），以及煎鸡蛋或炸鸡蛋菜肴。

到达和离开

Hefe SL（www.grupoferrin.com）每天有2趟长途汽车往返于穆西亚与圣地亚哥-德孔波斯特拉（€8，1.5小时）之间。在周一至周五的6:00，以及周日的18:10，**Arriva**（www.arriva.gal）有1班长途汽车从穆西亚开往卡马里尼亚斯和拉科鲁尼亚（€13，2小时），并于周一至周六的15:00从拉科鲁尼亚返回穆西亚。

卡马里尼亚斯到卡梅耶：海滨之路（Camariñas to Camelle: Ruta Del Litoral）

人口 2500（卡马里尼亚斯）

小渔村卡马里尼亚斯环抱着五彩缤纷的港口，以精致的传统蕾丝工艺品闻名，在有几家专卖蕾丝产品的商店和一个有趣的蕾丝博物馆（Museo do Encaixe；Praza Insuela；门票 €2；⏰周二至周六 11:00~14:00和16:00~19:00，周日至18:00）都可以看到它们。

从卡马里尼亚斯到位于其东北部的卡梅耶之间崎岖的海岸线是莫尔特海岸最美丽的一段。你可以顺着24公里长的滨海路（部分是柏油路，部分是坑坑洼洼的土路/石子路）驾车、骑行或徒步。从卡马里尼亚斯向西北方向前进5公里，就可到达Cabo Vilán灯塔（有一家咖啡馆，以及有关船难和灯塔的展览），然后继续向东19公里前往卡梅耶。这条路蜿蜒经过一些与世隔绝的海滩，穿过暴露在风中的山坡和经过风吹雨打的嶙峋怪石，沿途有很多地方值得驻足停留。位于Cabo Vilán以东的Praias da Pedrosa、da Balea和da Reira是一片风景如画的短沙滩，被一堆堆巨石隔开。Ceminterio dos Ingleses（英国人墓地；Areal de Trece）是1890年一艘英国失事船只的遇难人员埋葬地，那次海难夺走了172名英国海军士官的性命。

如果你想再靠近海岸线一些，可以到灯塔之路（见612页）的第五段徒步，从Arou到卡马里尼亚斯西行即可到达这里。

穆西亚至菲斯特拉地区的朝圣之路

穆西亚是从圣地亚哥-德孔波斯特拉和菲斯特拉出发的那些越来越热门的朝圣路线的终点。以圣地亚哥-德孔波斯特拉为起点的圣地亚哥朝圣之路刚过Hospital村（距圣地亚哥60公里）就一分为二，一条支线通往西北27公里处的穆西亚，另一条通往西南30公里处的菲斯特拉海岬。另外一条29公里长的路线将穆西亚与菲斯特拉连接起来，构成一个完整的三角形。

圣地亚哥朝圣之路顺着穆西亚与菲斯特拉之间一条带有清晰路标的美丽路线延伸，穿过一片片林地和绿色的乡村。还有一条不同类型的小路从穆西亚通往菲斯特拉，那就是灯塔之路（见612页），它贴近风景壮丽的海岸线，覆盖了一条长达51公里、更具挑战性和冒险性的路线，途中会造访一个个险峻的海岬，如托里尼扬角（见613页），以及一些美丽的海滩，包括内米尼亚海滩（见613页）和罗斯特罗海滩（见613页）。

若想了解卡马里尼亚斯地区徒步路线的更多信息，可访问www.turismocama。

卡梅耶村没有什么特别的魅力，但它确实拥有两处有关"曼弗雷德"的感人纪念物，这个长期居住于此的德国怪人曼弗雷德·格内丁格尔（Manfred Gnädinger）在2002年逝世了。其中一座是曼弗雷德的**花园博物馆**（Museo Xardín de Man），是他在码头旁修建的一个离奇的雕塑花园，另一处是**卡梅耶人的博物馆**（Museo Man de Camelle; ☎981 71 02 24; www.mandecamelle.com; Rúa do Muelle 9; 成人/儿童 €1/免费; ⏲6月中旬至9月中旬 周二至周日 11:00~14:00和17:00~20:00，9月中旬至次年6月中旬 周六和周日 11:00~14:00和17:00~19:00; Ⓟ），就在后面的海滨一带。

Praia de Traba是一条4公里长的步道，就在卡梅耶东边顺着海岸线延伸。

食宿

★ Lugar do Cotariño 乡村住宅 €€

（☎639 638634; www.docotarino.com; Camariñas; 双 含早餐 €75~120; Ⓟ@📶）这家酒店耗费了店主大量的心血，坐落在青翠乡村中，由拥有400年历史的一座农场精心重建而成，距离卡马里尼亚斯1公里。7间乡村风情的客房舒适又美丽，主楼中的2间"特色房"尤为宽敞迷人。可爱的花园中有两座古老的石头谷仓。

到达和离开

周一至周五的6:30及周日的18:40，有**Arriva**（www.arriva.gal）的巴士开往拉科鲁尼亚（€12，1.5小时）。从拉科鲁尼亚到卡马里尼亚斯，仅周日有直达车服务（15:30发车），在其他日子，你必须到塞埃换车。

拉克塞及周边（Laxe & Around）

人口 1800（拉克塞）

一片巨大的海湾沙滩顺着渔港拉克塞的海边延伸，15世纪的哥特式教堂**圣玛利亚达阿塔拉亚**（Santa María da Atalaia）守护着海港。拉克塞的**旅游局**（☎981 70 69 65; www.concellodelaxe.com/turismo; Avenida Cesáreo Pondal 26; ⏲周一至周五 9:00~15:00）及其网站（用西班牙文和加利西亚文）提供本地步道信息，包括一条4.6公里的环形步道，通往位于小镇以北Insua海岬顶端（PRG70公路），以及一条8公里长（单程）的海岸步道，向西经Praia de Soesto（PRG114公路）冲浪海滩到达**Praia de Traba**。

如果你想来一次迷人的考古之旅的话，就顺着通往As Grelas的AC429公路驱车向东行驶7公里，经过Canduas后继续向南沿着AC430公路开2.4公里，找到那条通往阿西达-德博尔内罗堡（Castro A Cidá de Borneiro）的岔路，那座前罗马风格的城堡就在茂密的树林里。继续沿着AC430开1公里，向右转，顺着DP1404公路前行1公里，就会来到**Dolmen de Dombate**（Dombate; ⏲7月至9月 9:00~14:00和15:00~21:00，10月至次年6月 20:00

关闭，7月至9月的每天以及10月至次年6月的周五至周日 10:00~13:30和16:00~18:30 每30分钟有1次免费导览游；P）免费，这是一座保存完好的巨型史前石墓，被称为“加利西亚的巨石教堂”，自从2011年以来就被一座保护性的展馆围了起来。

到达和离开

每天有1班或以上的Arriva直达长途汽车往返于拉克塞和拉科鲁尼亚之间（€9~10，1.25~2小时）。还有更多的长途车需在卡瓦略（Carballo）换乘。

阿尔达斯海湾（RÍAS ALTAS）

很少有地方能看到陆地和海洋相会形成如此震撼的美景。阿尔达斯海湾（加利西亚北部海岸自拉科鲁尼亚向东的一段）充满野性的海滩、高耸的悬崖和强劲的海浪，绝对要比下海湾的景色更加令人心潮澎湃。而且这里的游客和人口都更少，是旅行者避开人满为患的主流旅行路线的理想目的地。而拥有丰富文化底蕴的沿海城市，包括拉科鲁尼亚、贝坦索斯和蓬特德乌梅在内的中世纪小镇、若干生机勃勃的小渔港以及点缀着农庄的绿色乡村更是增添了该地区的魅力，在此旅行你一定会乐在其中。

拉科鲁尼亚（A Coruña）

人口 213,400

拉科鲁尼亚（卡斯蒂利亚语为La Coruña）是个港口城市和热门的海滩所在地；是文化中心和繁忙的商业中心；也是一座历史古城和一个骄傲的现代都会，拥有典雅的就餐场所和丰富的夜生活——总而言之，这里是一个值得探索的有趣的地方，却往往被旅行者忽视。

这座城市位于加利西亚海滨一个特别险峻的角落。市中心建在一处地峡上，东南方是港口，西北则是主要的海滩。呈不规则形状扩展的半岛向北延伸2公里，直至被列入《世界遗产名录》的罗马式灯塔赫拉克勒斯灯塔（Torre de Hércules）。一条13公里长的徒步和自行车道Paseo Marítimo从港口出发，环绕半岛，从海滨一直通往西部。

景点

★赫拉克勒斯灯塔 灯塔

（Torre de Hércules；www.torredeherculesacoruna.com；Avenida Doctor Vázquez Iglesias；成人/老人和小孩 €3/1.50，周一免费；⏲6月至9月 10:00~21:00，10月至次年5月 10:00~18:00；P）这座被列入《世界遗产名录》的“大力神灯塔”位于多风的城市北端附近。传说灯塔是由大力神赫拉克勒斯手下的一位工人所建，但其实是在1世纪由罗马人建造的，标志着这里是罗马文明世界的最远端。登上234级台阶可以眺望整座城市和海岸的全景。3路和5路公共汽车可从玛丽亚·皮塔广场（Plaza de María Pita）附近的Puerta Real开往这里。

★菲斯尼特拉水族馆 水族馆

（Aquarium Finisterrae；☎981 18 98 42；www.mc2coruna.org/aquarium；Paseo Marítimo 34；成人/老人和儿童 €10/4；⏲7月至8月 10:00~20:00，其余月份开放时间缩短；P 👪）孩子们喜欢这座宏伟水族馆中的海豹乐园和鹦鹉螺（Nautilus）厅的水下世界（周围都是鲨鱼，还有50种鱼类），地址位于城市北部的海岬。亮点是加利西亚海岸和大西洋的海洋生物。

★国家科技博物馆 博物馆

（Museo Nacional de Ciencia y Tecnología；www.muncyt.es；Plaza del Museo Nacional 1；⏲7月至9月中旬 周二至周六 11:00~20:00，周日 11:00~15:00，9月中旬至次年6月 周二至周五 10:00~17:00，周六 11:00~19:00，周日 11:00~15:00；👪）免费 拉科鲁尼亚的国家科技博物馆不仅适合书呆子，也会吸引所有人。你会看见在西班牙使用过的第一台电脑（是1959年的一台巨大的IBM650），以及一架波音747飞机的整个前身部分。不过其中最迷人的也许还是展出20世纪每一年创新成果的展厅——其中包括一辆1965年的SEAT 600汽车（“使用西班牙发动机”的微型轿车）、一台索尼的PlayStation游戏机（1994年）和一个1946年的一流削笔器等。

毕加索故居 博物馆

（Casa Museo Picasso; Calle Payo Gómez 14, 2º; ⏲周二至周六 11:00~13:00和18:00~20:00，周日 正午至14:00）免费 巴勃罗·毕加索从9岁至13岁（1891~1895年）曾居住于此，当时他父亲在附近Plaza de Pontevedra的学校Instituto da Guarda教授艺术课。这套公寓仍然保留了当年的布置，装饰着当时的家具，以及毕加索住在这里时画的很多作品和素描的复制品，这些都是他超前艺术天赋的证明。热情的服务人员使得这里的参观更加有趣。想进去参观请按门铃。

别哈城（Ciudad Vieja） 景区

拉科鲁尼亚原来的市中心十分紧凑，位于北部海岬的南端，里面有绿树成荫的广场，迷人的老教堂，位于山坡上的鹅卵石小巷和许多咖啡馆、酒吧。可以从庄严的**玛丽亚·皮塔广场**开始游览，然后穿过迷宫来到16世纪的Castillo de San Antón，这座要塞守卫着海港入口，如今里面是**考古学和历史学博物馆**（Museo Arqueológico e Histórico; ☎981 18 98 50; Paseo Marítimo; 成人/老人和儿童 €2/1，周六免费；⏲7月和8月 周二至周六 10:00~21:00，周日 10:00~15:00，9月至次年6月 周二至周六 10:00~19:30，周日 10:00~14:30）。

途中会经过一些值得停留参观的有趣景点，包括**圣地亚哥教堂**（Iglesia de Santiago; Calle de Santiago），以及一位当地女英雄**玛丽亚·皮塔的故居**（Casa Museo María Pita; Calle Herrerías 28; ⏲周二至周六 11:00~13:30和16:00~20:00，周日 正午至14:00）免费，在她的鼓舞下，西班牙军队在1589年击败了入侵的英军。另外还有**Xardín de San Carlos**（Calle de San Francisco），英国将军约翰·摩尔爵士（Sir John Moore）在1809年与西班牙联合作战时战死并安葬于此。

住宿

Lois 酒店 €

（☎981 21 22 69; www.loisestrella.com; Calle Estrella 40; 标单 €46，双 €58~78; ❄📶）Lois比其他经济型酒店高出一个等级，因为它拥有舒适而时髦的客房，采用当代风格的各种灰色和白色色调，并配有新式的浴室，而且还有一家用石头砌成的餐厅（早餐€8）。少量单人间显得有些狭窄拥挤，但7个双人间都很宽敞；房间全都有独立的玻璃阳台（galerías）。

Blue Coruña Hotel 酒店 €€

（☎881 88 85 55; www.hotelbluecoruna.com; Calle Juana de Vega 7; 标单 €73~110，双 €81~125; ❄📶）当代风格的Blue将每间客房都按照世界各地的不同城市为主题来装饰，拥有独特的壁画。这里的一切都亮亮堂堂的，舒适而又方便，有新式的设施，如触控式台灯，还有带雨幕淋浴头的浴室，以及能将映像放大的非流线型镜子。单人间有些小，但双人间真的很大。早餐€11。

Meliá María Pita 酒店 €€

（☎981 20 50 00; http://melia.com; Avenida Pedro Barrié de la Maza 3; 含早餐 标单 €87~166，双 €100~180; P❄@📶）这家漂亮的酒店共有180间客房和一个闪闪发光的巨大休息区，还是很不错的就餐选择。这里提供丰盛的早餐自助餐，还有充足的停车空间，以及设计成迷人的灰色、银色和白色的宽敞客房。不过，最大的优势是它与Playa del Orzán隔街相望的位置，以及透过顶上几层房间落地窗看到的壮观的海滩风景。

就餐

想品尝西班牙小吃、盘餐、红酒和便宜的午间套餐，可以去玛丽亚·皮塔广场以西的街道——Calle de la Franja、Calles Barrera、Galera、Olmos和Estrella。顺着这些小巷向西移动，老式饭馆（mesones）和酒馆（tabernas）的气氛逐渐向当代风格的小吃酒吧转变。

如果想坐下来享受更丰盛的菜肴，可以到那些分布在中心区周围各处的餐厅去。

★ **Adega O Bebedeiro** 加利西亚菜 €€

（☎981 21 06 09; www.adegaobebedeiro.com; Calle de Ángel Rebollo 34; 主菜 €16~25; ⏲周二至周六 13:30~16:00和20:00至午夜，周日 13:30~16:00）位于北部海岬一条小街上，外表看起来不起眼，但里面却是一派乡村风情的整洁气氛，各种分类加利西亚小摆件让人很

A Coruña 拉科鲁尼亚

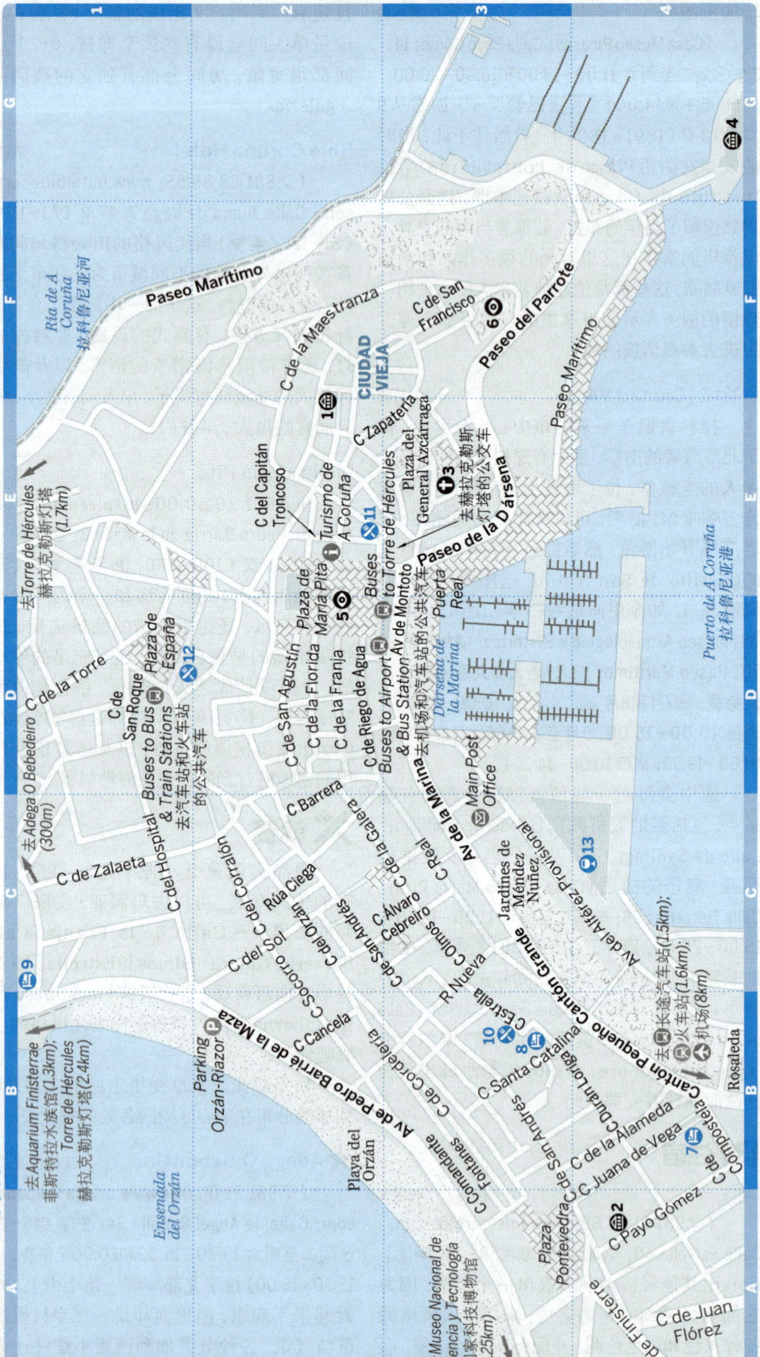

A Coruña 拉科鲁尼亚

景点

1 玛丽亚·皮塔的故居 E2
2 毕加索故居 A4
3 圣地亚哥教堂 E3
4 考古学和历史学博物馆 G4
5 玛丽亚·皮塔广场 D2
6 Xardín de San Carlos F3

住宿

7 Blue Coruña Hotel B4
8 Lois B3
9 Meliá María Pita C1

就餐

10 A Taberna de Cunqueiro B3
11 Pablo Gallego E2
12 Pulpeira de Melide D1

饮品和夜生活

13 Los Cantones Village C4

有谈话欲望。其中的食物都是经典的家庭风味，又带有一些创新色彩，比如塞满海鲈鱼千层饼的扇贝、加利西亚牛排（entrecôte）加山羊奶酪，分量都很足。周末会很拥挤。

A Taberna de Cunqueiro 加利西亚菜、西班牙小吃 €€

（www.atabernadecunqueiro.com；Calle Estrella 22；盘餐和主菜 €9~21；⏲正午至16:00和19:00至午夜；📶）Cunqueiro位于Calle Estrella狭窄的街道上，是这里一连串具有室内和室外就餐区的繁忙酒吧兼餐厅之一，而且往往是它们中最繁忙最活跃的一个。它凭借免费的西班牙小吃和精心烹制、价格合理的典型加利西亚海鲜和肉类菜肴吸引了各种各样的人。

Pulpeira de Melide 海鲜 €€

（Plaza de España 16；盘餐 €8~18；⏲周二至周六 12:30~16:00和19:30至午夜）这家非正式的酒吧兼餐厅经常挤满人，是享受加利西亚人最爱的那种古怪食物Pulpo á feira（嫩嫩的章鱼肉片加上红辣椒和橄榄油煎成，每份盘餐€11）的好地方，如果再点一份cachelos（水煮土豆，€2.40）就更完美了。如果你喜欢来点不同的食物，这里每天都有从市场上购买的其他新鲜海鲜可供选择。

Pablo Gallego 新派加利西亚菜 €€

（☎981 20 88 88；www.pablogallego.com；Calle del Capitán Troncoso 4；主菜 €18~25；⏲周一至周六 13:00~16:00和21:00至午夜，周日 13:00~16:00）这家美味的小餐厅选用加利西亚市场出售的传统原料制作出极富艺术气息的21世纪菜肴。尝尝沙丁鱼配鳄梨酱和辣辣的墨西哥粗酱（pico de gallo）调味品，或者放在戈贡佐拉干奶酪和甜甜的Pêdro Ximénez葡萄酒里煎的牛排（entrecôte），也可选择当日鱼类和贝类。

饮品和夜生活

拉科鲁尼亚到处都是酒馆、酒吧和夜总会。午夜前可去玛丽亚·皮塔广场品尝度数较低的饮品，或是去其西边的酒馆或西班牙小吃酒吧。从周四至周六，Playa del Orzán后面那些街道上的数十个酒吧会一直狂欢宴乐至凌晨3:00或4:00，而在**Los Cantones Village**（Avenida del Alférez Provisional；⏲周四至周六 午夜至次日5:00，从22:00开始有现场音乐）那些可眺望港口景色的夜店营业时间更长。

旅游信息

Turismo de A Coruña（☎981 92 30 93；www.turismocoruna.com；Plaza de María Pita 6；⏲周一至周五 9:00~20:30，周六 10:00~14:00和16:00~20:00，周日 10:00~19:00，11月至次年1月开放时间缩短）城里主要的旅游局办事处，提供多种语言的信息，很方便也很专业。

到达和离开

飞机

从市中心以南8公里处的**拉科鲁尼亚飞机场**（Aeropuerto de Alvedro；☎981 18 72 00；www.aena.es）出发，Iberia（www.iberia.com）和Air Europa（www.aireuropa.com）公司每日有几班至马德里的航班，Vueling Airlines（www.vueling.com）每日有1班至伦敦（希思罗机场）和巴塞罗那（每日3班）的飞机，每周还有几班飞往塞维利亚

和瓦伦西亚，TAP Portugal（www.flytap.com）每周有4班航班可至里斯本（Lisbon）。

长途汽车

从市中心以南2公里处的**汽车站**（☎981 18 43 35；www.coruna.gal/estacionautobuses；Calle de Caballeros 21）出发，Monbus的汽车可向南到达圣地亚哥-德孔波斯特拉（€6，1~1.5小时，每日12班或以上）及其他地方。**Arriva**（☎981 33 00 46，981 31 12 13；www.arriva.gal）的车可至莫尔特海岸、费罗尔、阿尔达斯海湾、卢戈和奥伦塞；ALSA的车可至阿斯图里亚斯、坎塔布里亚、巴斯克地区和卡斯蒂利亚-莱昂。

火车

火车站（Plaza de San Cristóbal）位于市中心以南2公里处。直达列车包括：

目的地	车费（€）	行驶时间	班次（每天）
费罗尔	6.10~15.40	1.25小时	5~6班
莱昂	25~44	5~6小时	1~4班
卢戈	10~15	1.5~2小时	3~5班
马德里	35~58	5.5~11小时	1~3班
蓬特韦德拉	14~16	1~1.5小时	12~14班
圣地亚哥-德孔波斯特拉	6.10~16	30~40分钟	19~26班

从费罗尔开往阿尔达斯海湾、阿斯图里亚斯、坎塔布里亚和巴斯克地区的火车由**FEVE**（www.renfe.com/viajeros/feve）公司运营。

当地交通

从7:15左右至21:45，每半小时有1班蓝色的机场大巴（€1.50，30分钟，周六和周日1小时1班）可往返机场和市中心的**Puerta Real**。

当地的5路公共汽车可从火车站至市中心的Puerta Real，然后从**Plaza de España**返回火车站。1路、1A和4路公共汽车可从汽车站至市中心，回程时从Puerta Real乘坐1路或1A，从Plaza de España广场乘坐4路。票价为€1.30。

位于市中心的停车场**Parking Orzán-Riazor**（Avenida de Pedro Barrié de la Maza；每24小时€20；⏲24小时）收费并没有高得离谱，它在海滨公路Avenida de Pedro Barrié de la Maza下方，长达1.3公里，有好几个入口。

贝坦索斯（Betanzos）

人口 10,200

贝坦索斯曾经是一个可以和拉科鲁尼亚相匹敌的河口城市，如今以供应当地自产红酒和美食的热情酒馆而闻名，城中有一座保存完好的中世纪古城，将带有阳台的房屋、旧式的店铺和一些雄伟的建筑和谐地结合起来。

从市中心的广场顺着Rúa Castro上行进入老城区，在这里，漂亮的Praza da Constitución广场两侧是几家迷人的咖啡馆，以及一座罗马和哥特式教堂Igrexa de Santiago，其主要柱廊的修建受到圣地亚哥-德孔波斯特拉的Pórtico de la Gloria启发。向东北走一小段路有两座美丽的哥特式教堂Santa María do Azougue和San Francisco（Rúa San Francisco；€2；⏲10:30~13:30和16:30~19:00，周日 至18:00），几乎并排而立，位于市政市场对面。后者有很多尤为精美的石雕坟墓。

食宿

Hotel Garelos 酒店 €€

（☎981 77 59 30；www.hotelgarelos.com；Calle Alfonso IX 8；含早餐 标单 €55~60，双 €66~82；P ❄ 📶）酒店距离Praza dos Irmáns Garcia Naveira150米，崭新的客房中配备的是舒适的床铺、镶木地板和不错的浴室，装饰有原创的水彩画作品，自助早餐可口而丰盛。

O Pote 加利西亚菜 €€

（www.mesonopote.com；Travesí a do Progreso 9；单盘套餐 €9~18；⏲13:30~15:45和20:30~23:00，周日晚上和周二歇业；📶）从中央广场往下延伸的两条狭窄街道上有几家热情好客的小酒馆，O Pote即是其中之一。这里供应经典的tortilla de Betanzos（当地一种特别黏稠的西班牙土豆煎蛋），外加精心准备的章鱼和其他海鲜菜肴。

到达和离开

Arriva（见620页）运营的巴士从周一至周五（6:30至21:30）大约每半小时1班往返于贝坦索斯和拉科鲁尼亚（€2.20，40分钟），周末每小时1班（7:00至20:00）。每天还有4班以上Arriva的汽车可至蓬特德乌梅(€2.50, 30分钟),有些可至费罗尔、卢戈和比韦罗(Viveiro)。所有巴士都停靠在Praza dos Irmáns García Naveira。

贝坦索斯Cidade车站位于镇中心西北Río Mendo河对面。每天至少有3班火车往返贝坦索斯与拉科鲁尼亚(€4, 40分钟)之间,至少有5班开往蓬特德乌梅(€2.25, 15分钟)和费罗尔(€4, 40分钟)。

蓬特德乌梅(Pontedeume)

人口 4500

欧梅(Eume)河口内渔船随波荡漾,登上它上方的山腰,蓬特德乌梅迷人的旧城有带阳台的美丽房屋、铺着鹅卵石的小巷,偶尔还有开阔的广场,以及大量的酒馆和西班牙小吃酒吧。几条并行的狭窄街道从主路攀爬而上,中间的Rúa Real带有柱廊。

坚固的**Torreón dos Andrade**(Avenida Torreón; 讲解中心:成人/儿童 €2/1; ⏲11:00~13:30和17:00~19:00, 6月中旬至9月中旬 至20:30)高达18米,很可能由Fernán Pérez de Andrade 'O Boo'(绰号"好人")修建于14世纪末,在卡斯蒂利亚皇室的内讧中,他为获胜的一方战斗,作为奖赏,国王恩里克二世(Enrique Ⅱ)封他为加利西亚北方大片土地的领主。这座塔里有一个值得探访的讲解中心,介绍了Andrade家族的历史,他们持续统治该地区达两个世纪之久,当地的**旅游局办事处**(☎981 43 02 70; www.pontedeume.gal; ⏲11:00~13:30和17:00~19:00, 6月中旬至9月中旬 至20:30)也在这座建筑里面。

来往于拉科鲁尼亚、贝坦索斯和费罗尔之间的长途汽车和火车中途在此停靠。

镇上有一些差强人意的经济型旅馆(hostales),但这个地区最迷人的住宿选择是乡村酒店(见621页)。

佛拉格斯德埃乌梅自然公园(Parque Natural Fragas do Eume)

蓬特德乌梅以东的欧梅河(Río Eume)河谷中有欧洲保存最完整的大西洋海岸丛林,其中有美丽的落叶林地和珍稀的孑遗种蕨类植物。面积达91平方公里的佛拉格斯德埃乌梅自然公园(http://parquesnaturais.xunta.gal/es/fragasdo-eume)有一个工作人员乐于助人的**讲解中心**(Centro de Interpretación; ☎981 43 25 28; Carretera DP6902; ⏲全年 周二至周日 10:00~14:00, 下午的上班时间随季节变动)距离蓬特德乌梅有6公里,位于去卡韦罗(Caaveiro)的DP6902公路上。一条柏油路和一条位于公路附近的小路(the Camiño dos Encomendeiros)沿着生长着茂盛森林的山谷延伸,顺着它们继续东行8公里,即可到达古老的**卡韦罗修道院**(Mosteiro de Caaveiro; ⏲团队游 11:15~14:15和16:00~18:00 每小时1次, 6月中旬至9月中旬 每天, 9月中旬至12月 仅周五至周日) 免费 ,该修道院坐落于一个风景很美的地方。

如果有时间且有条件自驾的话,公园那些少有人迹的地方还是很值得探索的。在公园南缘以外几公里远的蒙费罗,你会找到一座气势更加恢宏的**蒙费罗修道院**(Mosteiro de Monfero; Carretera DP5003; ⏲6月中旬至9月中旬 周二至周日 11:00~14:00和16:00~18:30, 其余月份 周五 15:00~18:30, 周六和周日11:00~14:00和16:00~18:30; P) 免费 ,它附近还有另一个**游客中心**(visitors centre; ☎881 06 39 92; Carretera DP5003; ⏲3月中旬至9月中旬 周二至周日 10:00~18:00, 9月中旬至次年3月中旬开放时间缩短)。从这里向东几公里,你可以进入公园内几条带有清晰路标的步道—全长6.5公里的**Camiño dos Cerqueiros**环道风景尤其美丽,它位于Encoro do Eume水库上方。

住宿

★ **Casa do Castelo de Andrade** 酒店 €€

(☎981 43 38 39; www.casteloandrade.com; Lugar Castelo de Andrade; 房间 €105~130; ⏲10月中旬至次年3月歇业; P 📶)这家迷人的乡村酒店坐落在蓬特德乌梅东南7公里处的山丘之间,是一座漂亮的石头农庄,周围有一个很大的院子。酒店内有宽敞的公共空间和10间旧大陆风格的完美客房,全都独具特色。老板知道很多关于本地的信息且乐于助人。除夏季以外房费会降低。早餐€11。

到达和当地交通

复活节期间,以及6月中旬至9月末,这条公路到卡韦罗修道院之间的最后6.5公里禁止小汽车通行，不过有免费的巴士服务。另一个便捷选择是到位于La Alameda的**Toure-bike**（www.tour-ebike.com；租金 1/1.5/2小时/1天 €8/12/16/25；🚻）租赁电动自行车。这里也是那条公路开始封闭的地方，过了讲解中心之后再走1公里即可。

塞代拉及周边（Cedeira & Around）

人口 4600（塞代拉）

军港费罗尔以北的海岸上散落着一些海滨小镇和美丽的海滩。渔港塞代拉是一处低调的度假地，隐藏在一处隐蔽的海岸小水湾（ría）内，是探索阿尔达斯海湾的一个不错的大本营。

费罗尔本身是一个交通枢纽（除了其他交通，它也是FEVE经营的铁路线顺着海岸通往巴斯克自治区的西部终点），不过没有什么值得逗留的地方。

景点和活动

塞代拉可爱而小巧的老城区坐落在小河Río Condomiñas西岸，正对着东部新城的是Praia da Magdalena。绕行海岬向南（开车7公里）会到达更加迷人的Praia de Vilarrube，这是一片位于两条河口之间的长形沙滩，水波清浅，地处一片由沙丘和湿地构成的保护区。

庞坦海滩 冲浪

（Praia de Pantín；🚻）这片位于塞代拉西南12公里处的海滩有很棒的右手浪。每年8月底或9月初，这里会举行为期6天的Pantín Classic（www.pantinclassic.com；⏲8月或9月），是世界冲浪联盟（World Surf League）的一次预选赛。从6月底至9月初，有几家冲浪学校在此运营，课程每2小时€30，5堂每次2小时的课程共€110。

Punta Sarridal Walk 徒步

如果想舒舒服服走上一两个小时，那么可以沿着塞代拉海滨前往渔港，攀登到它上方那座18世纪的Castelo da Concepción旁，然后徒步到Punta Sarridal眺望塞代拉河口风景。这周围的岩石海滨盛产一种名为狗爪螺（percebes）的海鲜。

住宿

塞代拉有许多家庭旅馆和小酒店，从南部沿主要公路过来，位于塞代拉以南1公里处路边Cordobelas的两家最为出色。

Casa Cordobelas 酒店 €€

（☎981 48 06 07；www.cordobelas.com；Cordobelas；标单 €44~55，双 €55~72，1居公寓 €61~83，2居公寓 €83~110；⏲12月中旬至次年1月中旬歇业；Ⓟ📶）这座迷人的石砌酒店由一个友好的家庭经营，是由4座拥有百年历史的乡村住宅改建而成，7套乡村风情的客房宽敞舒适，带有一个可爱的花园。早餐€7.70。

★Hotel Herbeira 设计酒店 €€

（☎981 49 21 67；www.hotelherbeira.com；Cordobelas；标单 €60~105，双 €70~125；⏲12月22日至次年1月12日歇业；Ⓟ❄@📶🏊）这家家庭经营的酒店是加利西亚最雅致的酒店，提供16间当代风格的宽敞客房，全都带有封闭的玻璃阳台和设施精良的浴室，能看到河口风景——将设计、舒适度与实用性完美地结合起来。酒店前面有一座漂亮的泳池，还附设有一家明亮、宽敞的咖啡馆和休息区，供吃早餐（€4~8）时使用。

就餐

凭借河口和一支小型的渔船舰队，塞代拉成为享受新鲜的加利西亚海鲜的好地方。这里以狗爪螺（percebes）闻名，那是一种备受称赞（而且价格昂贵）的美味。

A Taberna do Jojó 海鲜 €€

（Rúas Ezequiel López & Ferrol交叉路口；盘餐 €8~17；⏲周二至周六 11:00~16:00和20:00~23:00）若想品尝原汁原味的海鲜（使用顶级的食材和最简单的烹饪方法烹制而成），那就到这家热门的酒吧兼餐厅，点一些在电炉烤盘上烤制的海扇、贝类和鱿鱼（berberechos/almejas/calamares a la plancha），或者蒸贻贝（mejillones al vapor）、用橄榄油和辣椒粉煎的章鱼片（pulpo á feira），以及狗爪螺。再加一杯阿尔瓦里尼奥葡萄酒就完美了。

实用信息

旅游局办事处（☎981 48 21 87；http://turismo.

cedeira.gal; Avenida de Castelao 18; ⏲6月至9月周一至周五 9:00~21:00，周六 10:00~14:00，周日11:30~13:30，其余月份办公时间缩短）位于新城区主要道路旁边，有大量有用信息。

到达和离开

从南部乘坐长途汽车前来，需要先到达费罗尔，然后乘坐Monbus公司的长途汽车从Praza de Galicia前往塞代拉（€1.5，1小时，周一至周五 每日4班，周六和周日 每日2班）。塞代拉汽车站位于Avenida Castelao旁边的Rúa Deportes街上，河流Río Condomiñas东南方700米处。

奥特加尔角及周边（Cabo Ortegal & Around）

阿尔达斯海湾闻名的崎岖海岸线以塞代拉上方作为真正的起点。如果你有自己的交通工具的话，那么加利西亚的西北部是个非常壮观的值得探索的地方。那里有令人头晕目眩的悬崖、壮丽的大洋景观、茂密的森林和满山游荡的马群。

景点和活动

圣安德烈斯-德特西多（San Andrés de Teixido） 村庄

大批游客和朝圣者都会前往神圣的小村圣安德烈斯-德特西多，这里因保存有圣安德鲁（St Andrew）遗物的圣所而闻名。村庄位于海岸丘陵一个美丽的小山谷里，从塞代拉驱车北行12公里即可到达。你可以在这里的几家咖啡馆品尝当地有名的狗爪螺。壮观的**Ruta dos Peiraos**小道从Chao do Monte观景台出发，沿着山崖顶部全长5公里，从通往塞代拉方向的公路上行4公里即可到达（或者也可以顺着一条陡峭的山路步行1公里）。

★ Garita de Herbeira 观景台

（Ⓟ）DP2205公路从圣安德烈斯-德特西多蜿蜒向上并穿过Serra da Capelada，通往卡里尼奥（Cariño），在这里能够看到美妙绝伦的景观。必看的海军瞭望塔Garita de Herbeira距圣安德鲁（San Andrés）6公里，建于1805年，位于海平面上方615米处。这里是站在欧洲南部最高的海边悬崖上体验惊心动魄之感的最佳地点。

★ 奥特加尔角 观景台

（Cabo Ortegal; Ⓟ）在平凡的渔港小镇卡里尼奥以北4公里处，西班牙最美的海角奥特加尔角若隐若现，在这里，大西洋和比斯开湾相遇。海面上的悬崖异常高耸，下面的海浪拍打着岸边的岩石。**Os Tres Aguillóns**（三个怪石嶙峋的小岛）是海鸟的栖息地。如果有望

当地知识

加利西亚海鲜指南

加利西亚有大量新鲜海鲜，可能是你吃过的最好的。几乎所有的餐厅和酒吧菜单上都有很多海鲜特色菜。贝类爱好者会为这里各种各样的蛤蜊（ameixas）、贻贝（mexillons）、扇贝（vieiras）、小型扇贝（zamburiñas）、海扇（berberechos）和蛏子（navajas）而感到大喜过望。不过加利西亚顶级的贝类还是昂贵的狗爪螺（percebes），看上去很像指甲或爪子，让人很不安。要食用狗爪螺，需要抓住“爪子”的末端，从另一端拧开，食用里面柔软多汁的肉。

其他美味还有各种螃蟹，从小小的nécoras和santiaguiños到巨大的蜘蛛蟹（centollos）和“海牛”（buey del mar），以及带着两个大钳子的欧洲龙虾（bogavante或lubrigante），应有尽有。

餐厅的贝类一般按照重量计价：每个人大约250克就是很大一份了。简单地把它们蒸熟或放到电炉烤盘上烤熟（a la plancha）就是烹制贝类的最好方式，也可以加一点橄榄油、大蒜或香草来强化其自然风味。

大多数蟹类都是野生的，不像蚌、蚝还有一些鱼类，这些普遍都是养殖的。在菜单上可以找一下“salvaje”（野生的）或者“del pincho”（捕捞的）这样的字眼来辨别非养殖的鱼类。

远镜，你还可能看见海豚或鲸鱼。

在从卡里尼奥出发的公路上，你可以停在第一个路口（Miradoiro Gabeira）处，登上悬崖小路到小小的Ermida de San Xiao do Trebo礼拜堂（1.6公里）。这条路线沿途标识清晰，会穿过森林和Río Soutullo河，景观壮丽。你可以从礼拜堂回到公路上，继续行进1.5公里前往奥特加尔角。

食宿

A Miranda 酒店 €€

（☎654 341150；www.hotelamiranda.com；Lugar do Barral；房间 含早餐 €80~110；⏰3月至10月；P 📶）这家当代风格的小酒店里有6间整洁舒适的客房，其中5间都拥有能够俯瞰Ría de Ortigueira河景的阳台。早餐健康而丰盛。店里有一间明亮的休息室，可提供晚餐。从卡里尼奥顺着P6121公路南行6.5，然后顺着一条支路上行200米即到（有路标）。

Muiño das Cañotas 酒店 €€

（☎698 138588；www.muinodascanotas.es；A Ortigueira 10；房间 含早餐 €60~90；P 📶）迷人的Muiño das Cañotas位于卡里尼奥以南2公里处，就在DP6121公路附近一个漂亮的小峡谷中。旅馆由一座14世纪的水磨坊改建而成，有5个木石结构的房间，装饰成乡村风格。在DP6121公路上有路标指向这里。

Chiringuito de San Xiao 加利西亚菜 €€

（☎690 309968；Lugar San Xiao do Trebo；盘餐 €6~15；⏰周二至周日 正午至23:30，11月至次年2月营业时间缩短）在这个地区，你很难找到比这个拥有木头横梁、待客友好的小酒吧更棒的就餐地点。在到达海岬之前的1.5公里处，能看见全景的餐厅和露台从卡里尼奥—奥特加尔公路俯瞰大海。这里有各种各样的加利西亚优质海鲜，不过他们真正的特产是直接在炭火上烤好的鱼类和肉类，以及鱼类或海鲜炖菜（caldeiradas）。

到达和离开

Arriva（☎981 31 12 13；www.arriva.gal）从周一至周五每天有3班双向发车的巴士在卡里尼奥和位于其南部10公里处的梅拉（Mera）之间运营（20分钟，€1.40）。部分车次在梅拉与Arriva公司顺着AC862公路往返于费罗尔和比韦罗的巴士相衔接。乘坐Arriva公司13:00（周一至周五）从塞代拉开往梅拉的车（€1.95），可换乘13:30从梅拉开往卡里尼奥的巴士。

巴雷斯半岛（Bares Peninsula）

风景如画的巴雷斯半岛向北伸入比斯开湾，这里有几条步道、海滩和几处低调喜人的住宿点。

那条顺着半岛延伸的公路通往一座典型的渔村奥巴尔克罗（O Barqueiro），离开AC862公路，这里的白色房屋都铺着板岩屋顶，一直延伸到港口。若想寻找更为安静的地方作基地，可继续北上到达小港巴雷斯（Porto de Bares），这里位于河口水流包围的一片可爱的新月形沙洲上。

到半岛末端那个能看到全景的灯塔Punta da Estaca de Bares逛逛，这里是西班牙的最北端。还可朝西南方走个几公里，从那个号称“全球最佳海岸”的长椅上享受眼前的美景，俯瞰蔚为壮观的Acantilados de Loiba崖壁和那些罕有人知的海滩，如Praia do Picón（P）。

★“全球最佳海岸” 观景台

（Best Bank of the World；P）从Praia do Picón顺着Loiba悬崖顶西行200米和400米，有两把长椅能够眺望从Punta da Estaca de Bares一直延伸到奥特加尔角的崎岖海岸的壮观全景。第二把长椅因为那个令人迷惑的英语名称“Best Bank of the World”（全球最佳海岸）而闻名于世，这是因为英文单词bank包含了西班牙文语“banco”的意思，它具有“长椅”和“岸边”这两个含义。你可能需要在一群挥舞着自拍杆的家伙后面排队才能真正坐到那张长椅上。

食宿

Hospedaxe Porto Mar 青年旅舍 €

（☎981 41 40 23；www.portomar.eu；Calle Feliciano Armada；Porto de Bares；标单/双 €35/€45；📶）这是巴雷斯港唯一的住处，里面有17间干净舒适的小客房，其中半数面海。

和蔼的店主还经营着海滩上三家海鲜餐厅之一的O Centro（Porto de Bares；盘餐 €7~20；⏲9:30至午夜，7月至9月 8:30起）。

Semáforo de Bares 酒店 €€

（☎981 41 71 47；www.hotelsemaforodebares.com；标单 €56~66，双 €80~150，套 €180~200；⏲2月下半月和10月下半月歇业；P📶）想好好休息的话，可以预订这家由海岸信号站改造而成的风格现代的酒店，它的5间客房（条件最好的那些相当不错）位于小村巴雷斯港上方3公里处，矗立在一个能看到壮丽的全景风景的山顶上。这里也向入住的客人供应早餐（€8）和正餐（€18~30）。

它还有一个方便的咖啡馆兼酒吧，向公众开放。

La Marina 海鲜 €€

（www.lamarinabares.es；Porto de Bares；主菜 €8~30；⏲10:00至午夜）La Marina有一个能俯瞰巴雷斯港海滩的全景餐厅，供应很棒的海鲜什锦饭（paellas）和一系列其他海陆美食，从煎鸡蛋加薯条到加利西亚牛肉、狗爪螺或烤鱼。

到达和离开

每天有几班FEVE列车和Arriva巴士在从费罗尔开往比韦罗的途中在O Barqueiro停靠。

比韦罗（Viveiro）

人口 7400

这座小镇位于Río Landro河口，保存完好的历史街区上有石头建筑和石砌街道（有几条是禁止车辆驶入的步行街），自从1540年大火重建后，镇子的外观并没有发生太大的变化。修建于15世纪的桥梁Puente de la Misericordia长达500米，仍然承担着老城区前面那个河口的跨河通行职责。

比韦罗以复活节前一周精心准备的Semana Santa（www.semanasantaviveiro.com；⏲3月或4月）庆典活动而闻名，届时小镇上会充满游行队伍和各种装饰。夏季的音乐节Resurrecion Fest（Resu；www.resurrectionfest.es；⏲7月）则完全是另一码事，届时会吸引多达90,000名粉丝参加这场持续4天的重金属与朋克的音乐盛会。

令人叹为观止的5大顶级美景

- Garita de Herbeira（见623页）
- Best Bank of the World（见624页）
- Ruta Monte Faro（见636页）
- 圣特雷加山（见638页）
- 菲斯特拉海岬（见611页）

景点

去看看哥特式教堂Igrexa de Santiago-San Francisco（Rúa de Cervantes；⏲11:30~13:30和18:30~20:00）和12世纪建造的罗马式教堂Igrexa de Santa María do Campo（Rúa de Felipe Prieto；⏲周一至周六 7:30~20:30，周日 11:00至正午）。可驾车4公里到达Mirador San Roque，这里的全景景观超值。比韦罗河口（Ría de Viveiro）有几处不错的海滩，都在距离镇上几公里内。

Playa de Area是一片1.2公里长的细沙沙滩，其背景中有一半是建筑群，顺着LU862公路向东北方行进5公里即到。继续前行5公里——可顺着蜿蜒穿过一片片林地的LUP2610公路去，也可沿着带有清晰路标的步道Camino Natural da Ruta do Cantábrico前往——就到了一片游人比较少的可爱的海滩Praia de Esteiro，这里的海浪很适合初学冲浪的人（有时也适合经验更丰富的冲浪者）。

食宿

Viveiro Urban Hotel 酒店 €€

（☎982 56 21 01；www.urbanviveiro.es；Avenida Navia Castrillón 2；标单 €66~100，双 €88~180；P❄📶）一座黑色的玻璃建筑俯瞰港口Puente de la Misericordia以南400米处的河口，这就是从2017年开始营业的酒店Urban。跟比韦罗的其他位于镇上的酒店相比，这是一个进步。这里的客房宽敞明亮，特别舒适，有很大的镜子、泛光灯和上好的浴室。多亏了店内美味的餐饮选择，你不用离开酒店就能一饱口福。

Hotel Ego 酒店 €€

(☎982 56 09 87; www.hotelego.es; Playa de Area; 标单 €77~110, 双 €100~165, 套 165~275; P❄📶)这家当代风格的时髦酒店位于比韦罗以北5公里处的里瓦德奥公路上，能眺望到Playa de Area海滩。店内那45间宽敞的客房中绝大多数都能看见海景，且带有阳台。毗邻的**Restaurante Nito**(主菜 €12~35; ⌚13:30~16:00 和20:00至午夜)属于同一个老板，是海滨地区最好的餐厅之一。

到达和离开

Arriva公司运营的几班长途客车可至卢戈以及阿尔达斯海湾沿岸远至拉科鲁尼亚和里瓦德奥的地方。汽车站位于海滨的Avenida Ramón Canosa街，就在旧城以北。

从费罗尔开往奥维耶多的FEVE列车会在这里停靠。

里瓦德奥(Ribadeo)

人口 6860

里瓦德奥海湾这座热闹的港口小镇将加利西亚与阿斯图里亚斯分隔开来，夏天这里就是一个吸引阳光的磁铁。旧城位于市中心的Praza de España和港口之间，将许多美丽的老长廊和石头房屋融为一体，非常迷人。想找海滩，可以出镇向西走10公里，教堂海滩(见本页)是西班牙最壮观的海滩之一。

Camino Natural de la Ruta del Cantábrico是一条不错的徒步和骑行小道，带有清晰的路标，从里瓦德奥顺着海岸向西延伸150多公里。最初的3公里从里瓦德奥镇中心的Praza de España通往Illa Pancha灯塔，是一条很好的支线，位于河口附近。小路从Illa Pancha顺着一段美丽的海岸延伸17公里，通往教堂海滩，途中经过一个小渔村Rinlo，村里有一些不错的海鲜饭馆，路上还有另外几个海滩。

★ 教堂海滩 海滩

(Praia As Catedrais, Cathedrals Beach; P🚻)这个1.5公里长的沙滩不会让你失望，如果顺着公路去，它位于里瓦德奥以西10公里处。沙滩上点缀着许多令人敬畏的哥特式石塔、拱门和石室，是在漫长的海水侵蚀作用下形成的。避开涨潮前后的一两个小时，那时整个海滩都会被海水淹没。这个海滩人气极旺，在复活节之前的圣周，以及7月、8月和9月，游客需持证才可进入海滩(出入证是免费的，在里瓦德奥很容易弄到)。

食宿

Hotel Rolle 酒店 €€

(☎982 12 06 70; www.hotelrolle.com; Rúa de Ingeniero Schulz 6; 房间 含早餐 €60~98; ❄@📶)Rolle酒店距离Praza de España只有两个街区，现代乡村风格的客房宽敞迷人，配备舒适现代的浴室，还有许多裸露的石砖和木头装饰。店主会很乐意告诉你本地的景点和活动信息。

Casona de Lazúrtegui 遗产酒店 €€

(☎982 12 00 97; www.hotelcasona.com; Rúa Julio Lazúrtegui 26-28; 双 €50~92; ⌚3月至12月中旬; P❄@📶)这家酒店位于Praza de España西北500米处，稍微有点远离中心区，但这是一座经过现代化整修的城镇住宅，建于20世纪初，有一尘不染、非常舒适的现代客房，以及待客热情、乐于助人的工作人员。

La Botellería 创意菜 €€

(https://labotelleriaribadeo.es; Rúa de San Francisco 24; 主菜 €9~18; ⌚正午至16:00和20:00至午夜; 周一和周四午餐不营业; 📶)到这家气氛欢乐的酒吧或者摆着白色餐桌的漂亮小餐厅去，你可以尝到美味的红酒和各种原创的诱人菜肴，包括加有鳄梨和芒果调味酱的鞑靼金枪鱼，或者香蕉香肠肉丸子蘸薄荷酱。它距离Praza de España仅100米。

旅游信息

旅游局办事处(Tourist Office; ☎982 12 86 89; http://turismo.ribadeo.gal; Praza de España; ⌚10:00~14:00和16:00~19:00, 10月至次年6月 周日和周一关闭)位于主广场上，非常方便。

到达和离开

每日至少有4班长途汽车可至阿斯图里亚斯的卢阿尔卡和奥维耶多。周一至周五有8班车开往比韦罗，但周六和周日每天只有2班。到卢戈、拉科鲁尼亚和圣地亚哥-德孔波斯特拉的车每天1班。汽车站在Praza de España以北500米处的Avenida Rosalía de Castro。

FEVE运营一些在沿途多处停车的列车，穿过阿斯图里亚斯往返于里瓦德奥和奥维耶多之间（€12，4小时，每天2班），以及穿过加利西亚往返于里瓦德奥和费罗尔之间（€11，3小时，每天4班）。

下海湾（RÍAS BAIXAS）

又长又宽的海滩和相对平静（虽然有点凉）的海水使得下海湾（卡斯蒂利亚语为Rías Bajas）成为加利西亚最热门的度假胜地。Rías de Muros y Noia，de Arousa，de Pontevedra和de Vigo是加利西亚最长的4个海岸边的河口水湾（rías），这一带的小镇、村庄、酒店和餐厅远比加利西亚海岸线上的其他海滨更多，其自然美景似乎因此而相形逊色。不过，这里有美丽的村庄、沙质海滩和美食餐厅可供选择，尤其是那些美味的海鲜，令绝大多数游客都很开心。在可爱的蓬特韦德拉老城、颇有大城市氛围的热闹的维哥、奇异的阿尔瓦里尼奥葡萄酒之都坎巴多斯以及包括希耶斯群岛（Illas Cíes）在内的近岸岛屿，你可以享受到如鸡尾酒般丰富多样的诱人旅行。

这里有各式各样、适合不同预算人群的住处可供选择，不过，在7月的下半月或8月，最好还是预订。在其他时间，房费往往大幅下降。

阿罗萨湾（Ría de Arousa）

坎巴多斯（Cambados）

人口 7000

坎巴多斯这座美丽的河口小镇是阿尔瓦里尼奥葡萄酒之都，这里是游览下海湾的绝佳基地。老街两旁都是石头建筑，其中散落着诱人的酒馆和餐厅。坎巴多斯其实融合了3座中世纪村庄——位于小镇北端的Fefiñáns（以美丽而宽阔的Praza de Fefiñáns为中心）、位于正中间的坎巴多斯和位于南边的渔村Santo Tomé。

Rías Baixas
下海湾

景点

坎巴多斯自治市有10家不同的酒厂（有的在镇上，最远的在镇外6公里处——详见www.cambadosenoturismo.com），还有超过20家位于镇子周边12公里范围内（详见www.rutadelvinoriasbaixas.com）。最有名的酒厂都在镇外，但镇子北端那个宽阔的Praza de Fefiñáns上也有两家有趣的小酒厂。坎巴多斯的**旅游局办事处**（☎986 52 07 86; www.cambados.es; Edificio Exposalnés, Paseo da Calzada; ⌚6月至9月 10:00~14:00和17:00~20:00，10月至次年5月 周二至周五和周日10:00~14:00，周六 10:30~14:00和16:30~19:30）有详细信息，介绍那些可供游客参观的酒厂。我们始终建议你在前往某家酒厂之前先打电话问问是否有人接待游客。

★ **Gil Armada** 历史建筑、葡萄酒厂

（☎660 078252; http://bodegagilarmada.com; Praza de Fefiñáns; 团队游 €7~15; ⊙团队游 6月至9月 正午、13:00、18:00、19:00，10月至次年5月 12:30和17:30，周日下午歇业）这是一座家庭经营的小型葡萄酒厂，位于漂亮的17世纪宅邸Pazo de Fefiñáns内。这里提供各种吸引人的导览游，最基本的一种时长1小时，游览范围包括这座历史住宅的主要房间（里面有一些有趣的古董和艺术品）、蒸馏室和那些巨大的花园，里面种着一些拥有150年历史的葡萄树，还有一座古老的林地。更贵的选择（长达2小时）包括品酒和参观那座全景式的塔。建议在6月至9月造访前先打电话询问一下。

Bodegas del Palacio de Fefiñanes 葡萄酒厂

（☎986 54 22 04; www.fefinanes.com; Praza de Fefiñáns; 参观 €3，含品尝1/2杯葡萄酒每人 €6/10，每团最少 €30/40; ⊙周一至周五 10:00~13:00和16:00~19:00，1月关闭）这家小葡萄酒厂是位于那座漂亮的17世纪宅邸Pazo de Fefiñáns内的两家葡萄酒厂之一，生产夺得锦标的高质量阿尔瓦里尼奥葡萄酒供游客购买，价格€12起。导游能说流利的英语。

Igrexa de Santa Mariña Dozo 教堂

（Rúa do Castro; ⊙24小时）免费 这座15世纪教堂遗迹位于葡萄酒博物馆旁边，现在已经没有屋顶了，但是4座半圆形屋顶斗拱仍然完好，周围是一处保护完好的墓园，坟墓设计很精致——天黑之后在泛光灯的照耀下非常美丽。

Martín Códax 葡萄酒厂

（☎986 52 60 40; www.martincodax.com; Rúa Burgáns 91, Vilariño; 团队游 含品尝1/2/3/4杯葡萄酒 €3/5/10/15，含参观葡萄园及品尝3/4杯葡萄酒 €15/25; ⊙团队游 6月至9月 周一至周五 11:00、正午、13:00、17:30和19:00，周六 11:00、正午和13:00，其余月份开放时间缩短; Ⓟ）这里是加利西亚最著名的葡萄酒厂，从坎巴多斯向东驾车2.5公里即到。提供时长45分钟至3小时的各种团队游，包含品尝多达4杯葡萄酒。有些包含参观葡萄园。提前打电话咨询至关重要。

☆ 节日和活动

阿尔瓦里尼奥节 葡萄酒

（Festa do Albariño; http://fiestadelalbarino.com; ⊙8月）在8月的第一个周日和之前的4天会举行阿尔瓦里尼奥节，有音乐会、焰火表演和展览，以及年度最佳葡萄酒的颁奖典礼，整个节日会消耗大量的葡萄酒和西班牙小吃。

住宿

Hotel O Lagar 酒店 €

（☎986 52 08 07; www.hotelolagar.com; Rúa Pontevedra 14; 标单 €40，双 €50~60; Ⓟ📶）是一处优雅的经济型酒店，其中有16间宽敞明亮的干净客房，都配有浴缸，还附设酒吧兼咖啡馆，供应好吃不贵的盘餐。可以选择107、108、207或208号房，外面能看到一座漂亮的小广场和教堂。

★ **Quinta de San Amaro** 精品酒店 €€

（☎986 74 89 38; www.quintadesanamaro.com; Rúa San Amaro 6, Meaño; 含早餐 标单 €95~130，双 €110~190; Ⓟ❄📶🏊）要享受在下海湾游览的乐趣，独特的Quinta de San Amaro是一个梦幻大本营，它位于坎巴多斯以南12公里处，周围都是葡萄园。这座经过改建和扩建的农庄拥有受灵感启发的设计，将传统与当代元素融为一体。它提供14间不同的客房及风格类似的公共空间，包括一个可看到全景的游泳池和一家（顶级）餐厅，以及一些可爱的花园，花园内一座经过改建的谷仓（hórreo）里还有日光浴室！

他们会邀请客人免费参观一家当地的葡萄酒厂（并品酒），服务一流（很多工作人员都说英语），而全景式的餐厅（☎986 74 89 38; 主菜 €14~20; ⊙13:30~16:00和20:30~23:30，10月中旬至次年3月 周一至周四歇业）是其迷人魅力的重要部分，它是该地区最好的餐厅之一，供应美味的菜肴，在加利西亚传统烹饪方法的基础上有所更新（餐厅向所有人开放，建议预订）。4人及以上的团体还可在一间巨大的厨房参加烹饪课——学习制作加利西亚、墨西哥和日本菜，每人€50，包含一顿全套午餐或晚餐，以及自己烹饪的食物。

Pazo A Capitana 酒店 €€

(☎986 52 05 13; 679 282259; www.pazoacapitana.com; Rúa Sabugueiro 46; 含早餐标单 €59~70, 双 80~100; ⏲12月中旬至1月歇业; P ❄ 📶)这座酒店位于镇郊的一座建于17世纪的乡村小屋中，是住宿的理想之选，客房典雅，有宽敞的花园，还有一间葡萄酒厂，其中有4座拥有400多年历史的石头压榨机。

Hotel Real Ribadomar 精品酒店 €€

(Hotel Real Cambados; ☎986 52 44 04; www. http://hotelrealcambados.com; Rúa Real 8; 标单 €55~90, 双 €70~125; ❄ 📶)位于镇中心一座修葺一新的迷人建筑中，漂亮的客房将外露的石墙与墙纸结合起来，铺有崭新的白色亚麻布床单，床铺柔软，还配有闪闪发光的崭新浴室，有一种家的感觉，包括用缎带包裹的毛巾和一篮篮的混合香料。

就餐

海鲜是这里的首选（扇贝尤其是坎巴多斯特产），还有种类无穷无尽的阿尔瓦里尼奥为它锦上添花。方便行人的Rúa Príncipe和Rúa Real是Fefiñáns地区的主要街道，都有许多餐厅，多数都能提供像样的饭食，价格也很合理；在与这些街道相连的小巷中还有更多的选择。

Restaurante Ribadomar 加利西亚菜 €€

(www.ribadomar.es; Rúa Valle Inclán 17; 主菜 €13~18, 套餐 €24~30; ⏲13:30~16:00和21:00~23: 00, 10月至次年6月 周日至周四 晚上歇业)如果想品尝比酒馆更好的饭菜，可以去这家家庭经营的餐厅，这里提供大量加利西亚菜肴，比如舌鳎煎扇贝或chuletón de ternera（大牛排），就餐环境相对来说比较正式，装饰着许多原创油画和雕塑。

到达和离开

每天有几班长途汽车可以往返圣地亚哥-德孔波斯特拉、蓬特韦德拉和奥格罗韦。汽车站位于Avenida de Galicia，大致算镇中心，就在Praza de Fefiñáns以南600米处，Monbus每天至少有2班长途汽车往返于坎巴多斯和圣地亚哥-德孔波斯特拉（€5.60, 1.5小时），每天至少有3班往返于这里和奥格罗韦（€1.55, 30分钟）。Autocares Cuiña (www.autocarescuina.com)每天至少有3班车往返于这里和蓬特韦德拉（€3.15, 1小时）。

> **值得一游**
>
> **巴罗尼亚城堡**
>
> 在下海湾的4个主要海湾中，Ría de Muros y Noia是最靠北的一个。这里有2个生机勃勃的古镇Muros和Noia，南边的海岸上还有一些不错的海滩，你可以在这里找到加利西亚最蔚为壮观的史前定居点**巴罗尼亚城堡**（Castro de Baroña; ⏲24小时）**免费**。这座城堡坐落在一个大风吹袭、俯瞰大西洋海浪的海角上，位于Porto do Son西南4公里处。把车停在Cafe-Bar Castro附近，顺着那条600米长的岩石小路走到下面的废墟去。显然，选中这个暴露在风雨之中的地点是因为它易守难攻：一条护城河和两条石砌的城墙保护着它那个跨越一条小地峡的入口。里面是20多座已经挖掘出地基的圆形石头建筑。这个定居点是在1世纪遭到废弃的。

蓬特韦德拉（Pontevedra）

人口 62,000

蓬特韦德拉是一座热情的河畔历史小城，同时富有时尚气息，是探索下海湾的热闹基地。拥挤的老城中错综复杂的小巷和广场遍布商店、市场、咖啡馆和西班牙小吃酒吧。

在16世纪，蓬特韦德拉是加利西亚最大的城市，也是最重要的港口，哥伦布的Santa María号旗舰就在此建造。事实上，有些当地人确信哥伦布本人并非如人们普遍认为的那样来自热那亚，而是一个蓬特韦德拉贵族，名叫Pedro Madruga，出于一些模糊的原因，他伪造了自己的死亡，并采用了一个新的身份。

景点

这里有一座优秀的博物馆和一些不同寻常的古老教堂，值得花时间参观，不过蓬特韦德拉真正的明星景点是作为整体的老城区。单是围绕那些主要依靠步行的街道闲逛

Pontevedra 蓬特韦德拉

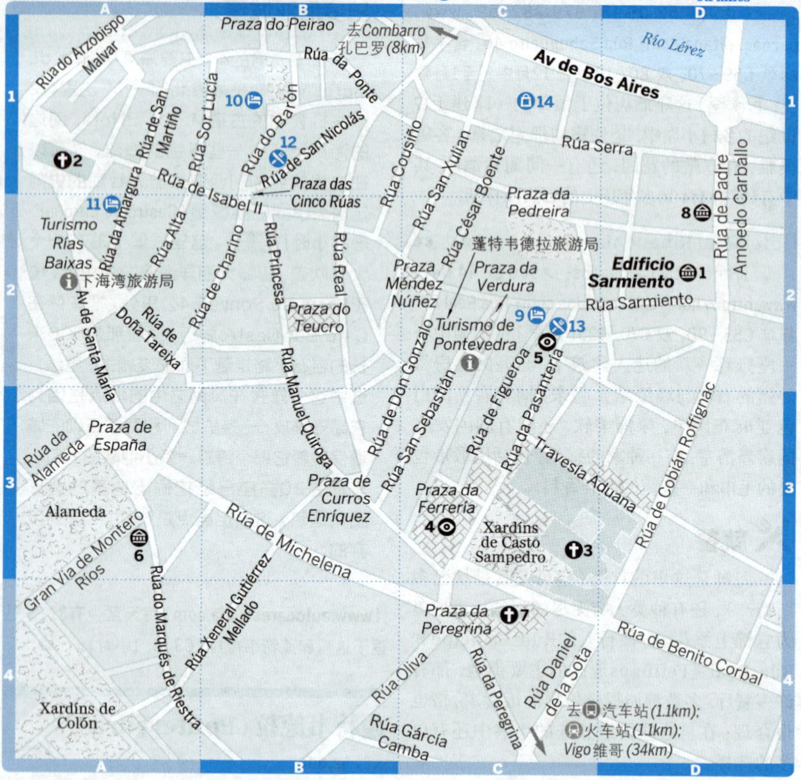

Pontevedra 蓬特韦德拉

重要景点

1 Edificio Sarmiento D2

景点

2 圣玛利亚马约尔大教堂 A1
3 Igrexa de San Francisco C3
4 Praza da Ferrería C3
5 Praza da Leña C2
6 Ruínas de San Domingos A3
7 Santuario da Virxe Peregrina C4
8 Sexto Edificio D2

住宿

9 Hotel Rúas C2
10 Parador Casa del Barón B1
11 Slow City Hostel A2

就餐

12 Casa Fidel O Pulpeiro B1
13 Loaira Xantar C2
Restaurante Rúas .... （见9）

购物

14 Mercado Municipal C1

就是一大乐事，它们将十几座广场连接起来，**Praza da Leña**尤为古雅。

蓬特韦德拉博物馆 博物馆

（Museo de Pontevedra；☎986 80 41 00；www.museo.depo.es；⌚周二至周六 10:00~21:00，周日 11:00~14:00）蓬特韦德拉博物馆散落在镇中心的5座建筑中。在本书调研期间，有2座建筑因维修而关闭，不过最新也是最有趣的几部分仍然开放：例如最近兴建的**Sexto Edificio**（Rúa de Padre Amoedo；

⊙周二至周六 10:00~21:00，周日 11:00~14:00）免费 和毗邻的Edificio Sarmiento（Rúa Sarmiento；⊙周二至周六 10:00~21:00，周日 11:00~14:00）免费，后者位于一座经过修复的18世纪耶稣会学院里，另外还有Ruínas de San Domingos（Gran Vía de Montero Ríos；⊙5月至9月 周二至周六 10:00~14:00和16:00~20:30，周日 11:00~14:00，3月、4月和10月 周二至周六 19:30闭馆，11月至次年2月关闭）免费，这是一座废弃的14世纪教堂，里面收藏有一些盾牌、圣物匣和其他中世纪雕刻。

Edificio Sarmiento的藏品引人入胜，包括加利西亚的Sargadelos陶瓷、现代艺术作品（包括毕加索、米罗和达利的作品各一件）、加利西亚史前金质首饰、岩画和雕刻。

Sexto Edificio有三层楼，展示了14~20世纪的加利西亚和西班牙艺术作品，有些展品还算有趣，不过其中并没有真正的名家。

圣玛利亚马约尔大教堂　教堂

（Basílica de Santa María a Maior; Praza de Alonso de Fonseca; ⊙10:00~13:30和17:00~21:00，除弥撒期间）这是蓬特韦德拉令人印象最深刻的一座美丽教堂，建筑为后哥特时期风格，不过也带有一些银匠式风格和葡萄牙曼努埃尔风格的影响。教堂由蓬特韦德拉水手行会建于16世纪。西门精致的圆花窗两边有克里斯托弗·哥伦布（Christopher Columbus）和荷南·科尔蒂斯（Hernán Cortés）的半身雕像，西门本身是银匠式风格，出自佛兰德斯人科内利斯·德·奥兰达（Cornelis de Holanda）与葡萄牙人若昂·诺布雷（João Nobre）的手笔。

Praza da Ferrería　广场

Praza da Ferrería广场有镇上最好的咖啡馆，也是蓬特韦德拉的社交生活中心。14世纪所建的Igrexa de San Francisco（⊙7:30~12:45和17:30~18:45）眺望着广场，据传由阿西西的圣方济各（St Francis）建于13世纪，是他在去圣地亚哥朝圣途中所建（原来那座教堂的主要柱廊保留了下来）。走出广场后，不要错过Santuario da Virxe Peregrina（Praza da Peregrina; ⊙9:00~14:00和16:00~21:00）独具特色的弧形大门，这是一座建于18世纪的古怪建筑，带有明显的葡萄牙风格。

住宿

Hotel Rúas　酒店 €

（☎986 84 64 16; www.hotelruas.net; Rúa de Figueroa 35; 标单 €33~44，双 €44~61; ❄@📶）客房舒适宜人，装饰有明亮的木地板、简洁的家具，配有光洁闪亮的宽敞浴室（不过有些淋浴间很小），部分房间能看到美丽的广场——因为地处老城区中心，所以超值。前台十分热情，酒店里有不错的餐厅和咖啡馆，是镇上最受欢迎的早餐场所。

Slow City Hostel　青年旅舍 €

（☎631 062896; www.slowcityhostelpontevedra.com; Rúa da Amargura 5; 铺/双 €17.50/40; ⊙11月歇业; 📶）Slow City由一对游历甚广、待客热情的当地夫妇经营，有一个宽敞的宿舍，里面是6张坚固而舒适的高低床，另外还有两间一尘不染、全白色的独立双人间。地处老城区，位置绝佳。店内有一间不错的厨房和免费的茶、咖啡与水果。不管你是否顺着葡萄牙朝圣之路旅行，这里都是经济型游客的上好选择。

Parador Casa del Barón　历史酒店 €€

（☎986 85 58 00; www.parador.es; Rúa do Barón 19; 双 €80~163; P❄📶）这间16世纪的由宫殿翻新的优雅酒店中全部配备了古董风格的家具和古老的艺术品，还有一个可爱的小花园，就在咖啡馆和餐厅所在的露台旁边。客房大小各异，那些朝着大街的房间可能深夜比较吵，因为外面有各种周末聚会。

就餐

Casa Fidel O Pulpeiro　海鲜 €

（Rúa de San Nicolás 7; 盘餐 €6~14; ⊙周四至周二 11:00~15:00和19:00至午夜）50多年来，Fidel一直在供应烹饪得尽善尽美的pulpo á feira，这是加利西亚的精华章鱼菜肴，是用辣椒粉和橄榄油煎的细嫩章鱼触手（向店员要一些cachelos，即煮熟的土豆片，跟它搭配起来吃）。不过，如果你喜欢吃点不同的食物，这家拥有松木餐桌、铺着白色纸桌布、简朴而一尘不染的餐馆也提供充足的贝类、肉馅卷饼（empanadas）和煎蛋。

Restaurante Rúas 加利西亚菜 €€

（Rúa de Figueroa 35；主菜 €12~20；⌚11:00~16:00和20:00至午夜）要享用美味可口令人满意的肉类、鱼类、海鲜、沙拉和鸡蛋菜肴，喜欢毫不做作的服务，那么这里就是一处可靠的选择。除了楼上的一间餐室，Praza da Leña的拱门下也有一些室外桌位。

Loaira Xantar 加利西亚菜 €€

（Praza da Leña 2；盘餐 €6~14；⌚13:30~16:00 和 20:30~23:30，周日晚上不营业；📶）外面可爱的广场和楼上餐厅都摆有餐桌，是品尝美味的加利西亚创意特色菜的好去处，比如明虾和蔬菜天妇罗或油炸蜘蛛蟹丸子。这里还提供当地猪肉和鱼、诱人的甜点和加利西亚优质葡萄酒。套餐是中份的。

ℹ 实用信息

蓬特韦德拉旅游局（Turismo de Pontevedra；☎986 09 08 90；www.visit-pontevedra.gal；Praza da Verdura；⌚6月至10月 周一至周六 9:30~14:00和16:30~20:30，周日 10:00~14:00，其余月份开放时间缩短）位于市中心，非常便利。

下海湾旅游局（Turismo Rías Baixas；☎886 21 17 00；http://turismoriasbaixas.com；Praza de Santa María；⌚6月中旬至9月中旬 周一至周五 9:00~21:00，周六和周日 10:00~14:30和16:30~21:00，其余月份开放时间缩短）有蓬特韦德拉全省信息。

兰扎达海滩

奥格罗韦（O Grove）至桑亨霍（Sanxenxo）地区位于那个将阿罗萨湾（Rías de Arousa）与蓬特韦德拉分开的半岛末端，是加利西亚最吸引西班牙夏季海滩度假游客的地方。这两个小镇并不漂亮，但有一些美丽的海滩，当然，游人不少。

背后沙丘起伏的**兰扎达海滩**（Praia A Lanzada；🅿）景色壮观，沿着位于低处的地峡西侧往奥格罗韦方向延伸了2.3公里，是加利西亚最壮丽的一片沙滩。其自然风光非常迷人，但又并非完全荒无人迹，那个庞大的停车场就是证据。

ℹ 到达和离开

汽车站（☎986 85 24 08；www.autobusespontevedra.com；Rúa da Estación）位于老城东南1.5公里处。Monbus每天至维哥（€2.50，30分钟）的车至少18班，至圣地亚哥-德孔波斯特拉（€5.85，1小时）的车有14班或更多。也有至桑亨霍、奥格罗韦、坎巴多斯、帕德龙（Padrón）、布埃乌（Bueu）、图伊、奥伦塞和卢戈的车。

蓬特韦德拉火车站（Rúa Eduardo Pondal）位于汽车站的环岛对面，从7:00或8:00~22:00或23:00，几乎每小时都有车可至圣地亚哥-德孔波斯特拉（€6.10~7.35，35分钟至1小时）、拉科鲁尼亚（€14~16，1~1.75小时）和维哥（€3.20~3.65，15~30分钟）。

蓬特韦德拉湾（Ría de Pontevedra）

古老的小城蓬特韦德拉坐落于这个海湾的顶上，是下海湾最迷人的旅游区之一。海湾的海滩已经被建筑占据得差不多了，要一直走到最外面，才会找到一些像样的海滩。位于北岸的桑亨霍地区，跟稍微更靠北的奥格罗韦一起，构成了加利西亚夏季最繁忙的海滩旅游区。

孔巴罗（Combarro）

人口 1270

孔巴罗位于海湾北岸，靠近蓬特韦德拉，有一片特别离奇有趣的老城区，你从这里穿过时，值得停下来吃顿饭。一些混杂的hórreos（修建在支柱上的传统石砌谷仓）矗立在海滨，另外还有许多滨海餐厅，它们的后面是一些曲折小巷（有些直接从岩床上开凿而出）构成的网络，其中点缀着一些cruceiros（石头十字架，传统的加利西亚艺术形式）。不过，在夏季高峰期，这里会变得非常拥挤。

🍴 就餐

Bodega O Bocoi 海鲜 €€

（☎986 77 11 42；Rúa do Mar 20；菜肴 €8~18，2人份米饭类菜肴 €35~45）若想品尝准备得尽善尽美的海鲜，O Bocoi是最好的选择。例如放到电炉烤盘里烤制的章鱼肉和贝类，以及炸鱼，全都美味可口，你在这里点的任何菜肴都不大可能让你失望。而且他们还供应分量很大的新鲜沙拉。

你可以选择坐在小酒馆区，位于两个石墙小房间里，也可以坐在那间铺着方格桌布的明亮餐室，那里有很大的落地窗，可以看见窗外的海湾风景。

昂斯岛 (Illa de Ons)

人口 67

夏季，你可以远离都市文明，乘船到达没有汽车行驶的昂斯岛，它位于蓬特韦德拉湾的河口，是加利西亚大西洋群岛国家公园（Parque Nacional de las Islas Atlánticas de Galicia）的一部分。岛屿全长5.6公里，有1个小村子和几处沙滩、悬崖、遗迹、4条徒步步道（1~8公里长的环线）和大量鸟类。在任何时候，这里最多允许1800名游客到岛上来，5月、6月和9月是最安静的。

食宿

Camping Isla de Ons 帐篷营地 €

（☎986 44 16 78; www.campingisladeons.com; 自带帐篷营地 €7, 2/4/6人标准帐篷租金 €30/60/90, 超级帐篷 €70/100/120, 睡袋或垫子 €5）这个营地位于船码头以西约600米处的Chan de Pólvora。它可以住下200多人，有帐篷和卧具出租，包括一种舒适型露营：将一些带有床和床垫的“超级”帐篷设在一个木头平台上。这里还有个食堂。需要预订。

Casa Acuña 旅馆 €€

（☎986 44 16 78; www.isladeons.net; 双含早餐 €65~90, 2人公寓 €90~110, 4人公寓 €120~160）在昂斯村的这家旅馆，你可以住在明亮的客房或公寓里，它一共有20间客房和6套公寓，强烈建议预订。这里的餐厅提供曾获大奖的pulpo á feira。

到达和离开

夏季，有3家公司，即Cruceros Rías Baixas（www.crucerosriasbaixas.com）、Naviera Mar de Ons（www.mardeons.com）和Nabia Naviera（www.piratasdenabia.com），运营驶往昂斯岛的船只，出发地点是位于蓬特韦德拉湾北边的桑亨霍和Portonovo，以及位于海湾南边的布埃乌。从6月初至月底，有从桑亨霍或Portonovo出发的周末班次，然后直到9月底，每天都有船（在7月和8月每天大约12班船）。航程需45分钟，往返票成人€12~14，儿童€6或7。在复活节之前的圣周、5月的周末以及从6月至9月底的每天，还有一些船从布埃乌出发。

维哥湾（Ría de Vigo）

北湾最远端的海岸是下海湾人口最少，风景最美的地区。宁静的小村庄Hío吸引游客前来观看加利西亚最著名的cruceiro（路边的石雕十字架，一种传统的加利西亚艺术形式），即**Cruceiro de Hío**（P）。

Hío附近还有几片沙滩，包括全长800米的**Praia Areabrava**，位于村北3公里处。

景点

★Cabo de Home 景区

（P）大风吹袭的嶙峋海岬Cabo de Home从位于Hío村以西4公里处的Donón小村向南延伸2.5公里。这处海角上点缀着几条徒步步道和少数可供车辆行驶的道路，还有3座灯塔和2个海滩，并且能看到希耶斯群岛美景。附近法乔山（Monte Facho）的山顶上有一座铁器时代的堡垒**Berobriga**，其部分遗迹已被挖掘出来，能看到壮观的景象。到这里需走20分钟的上坡路（部分路段顺着一条铺过石头的道路延伸，是在修建那座堡垒时铺的）。

Hotel Doade 酒店 €€

（☎986 32 83 02; www.hoteldoade.com; Rúa Baixada a Rioesteiro, Hío; 双含早餐 €55~77; ⊙11月歇业; P❄📶）这间整洁、友好的酒店有8间温暖舒适又宽敞的客房，其中配有崭新的白色亚麻床单和木头天花板，同时这里还有一家主打海湾捕捞到的新鲜海鲜的美味**餐厅**（主菜 €10~28，套餐 €10~20; ⊙周二至周日13:00~16:30 和20:30~23:30，11月歇业），还有在炉子上烤制的特色烤鱼。

加利西亚葡萄酒

要搭配加利西亚食物，没有比加利西亚葡萄酒再好的了，它们完全有自成一派的特色。其中最著名的是采用阿尔瓦里尼奥葡萄制作的果味白葡萄酒，位于加利西亚西南海岸附近及Río Miño下游的优良法定产区（Denominación de Origen）下海湾出产的酒，有90%以上都是这种果味白葡萄酒。在过去的几十年中，阿尔瓦里尼奥葡萄酒受欢迎程度达到白热化，为了迎合某些人群的口味，出产了一些超甜或果味超浓的产品。而传统优质阿尔瓦里尼奥葡萄酒应该带有青苹果的芳香，味道稍稍有些酸涩。

阿尔瓦里尼奥葡萄酒的成功，鼓励了加利西亚其他地区的葡萄种植者对19世纪遭受葡萄根瘤蚜虫害而几近绝种的本地葡萄种植技术进行创新、扩大其规模，并生产出更好的葡萄酒。很多最好的红葡萄酒是用本地的门西亚（mencía）葡萄生产的，酿酒商也在振兴其他加利西亚葡萄——其中包括格德约（godello）白葡萄、布兰塞亚奥（brancellao）和梅伦萨奥（merenzao）红葡萄。加利西亚人在点葡萄酒时往往只说葡萄的名称："un mencía"或"un albariño"……

加利西亚其他优良法定产区包括：

里贝罗（Ribeiro）从加利西亚南部的里瓦达维亚（Ribadavia）地区开始，这里出产一些非常优质的白葡萄酒，大部分使用特蕾萨杜拉（treixadura）葡萄。

萨克拉河岸（Ribeira Sacra）地处东南，出产大量门西亚红葡萄，有些种植在锡尔河之上异常陡峭的山腰上。

Monterrei 位于加利西亚东南最温暖干燥的地区，毗邻葡萄牙，红白葡萄均有出产，Crego e Monaguillo出产非常可口的门西亚红葡萄酒和果味格德约（godello）白葡萄酒。

Valdeorras 这处毗邻卡斯蒂利亚-莱昂的东南地区出产格德约白葡萄和门西亚、布兰塞亚奥红葡萄，还有其他一些品种。

维哥（Vigo）

人口 293,000

根据你欣赏的不同角度，维哥可以是一座历史文化名城，也可以是一座粗犷的工业海港。这里有欧洲最大的渔船队，是西班牙北部商贸中心。其中心区域非常方便步行，有许多有趣的角落，这里也是通往美丽的希耶斯群岛的门户。总之维哥是一座热情好客、充满自信的城市，这里的市民真的很会享受生活，尤其喜欢天黑之后到众多繁忙的西班牙小吃吧、餐厅和夜店去好好享受。

从游轮码头上山就可以到达老城（Casco Vello），新城区的中心从这里向东延展，其中央是如同公园一般的Praza de Compostela，也是一处惹人喜爱的绿地。

景点

优雅的**Praza da Constitución**在老城区（Casco Vello）错综复杂的迷人街巷的中心，是喝东西的好去处。从**Rúa dos Cesteiros**下行，可以看见许多售卖古雅柳条制品的商店，还能抵达老城区的主要教堂**圣玛利亚大教堂**（Concatedral de Santa María; Praza da Igrexa; ⌚周一至周六 18:00~20:00）。Rúa Pescadería（见635页）就在教堂下面，以其牡蛎剥壳器闻名。

卡斯特罗公园

公园

（Parque do Castr0; 👪）从老城向南直行（上山），可以到达这座栽种有将近100棵山茶树的绿色公园中漫步。当太阳沉入希耶斯群岛后面的大海后，待在这里真的特别棒！你能看到部分经过重建的**Castro de Vigo**（☎986 81 02 60; Parque do Castro; 👪）免费，其历史可追溯至公元前3世纪。可以到山顶的**Castelo do Castro**转一转，这里是菲利浦四世（Felipe Ⅳ）在17世纪下令建造的维哥防御工事的一部分。

维哥当代艺术博物馆 博物馆

（Museo de Arte Contemporánea de Vigo; Marco; www.marcovigo.com; Rúa do Príncipe 54; ⌚周二至周六 11:00~14:30和17:00~21:00，周日 11:00~14:30）免费 维哥从某种程度上来讲可以算是一座当代艺术中心，有好几座博物馆和美术馆可以作证。当代艺术中心是举办油画、雕塑、时尚和设计等发人深思的展览的最佳地点。

萨米伊海滩 海滩

（Praia de Samil; ）一片片长长的沙滩从市区向西南方向延伸，1.2公里长的萨米伊海滩是其中最好的一个，它从距离市中心大约5公里的地方开始，后面是一条很长的散步道，可以看到希耶斯群岛的美景。从市中心有几班公共汽车开往这里。

住宿

Hotel Compostela 酒店 €

（☎986 22 82 27; www.hcompostela.com; Rúa García Olloqui 5; 标单 €44~82，双 €48~82; P ）这家高效的酒店位于Praza de Compostela附近，客房相当宽敞、舒适且一尘不染，是理想之选。附设的咖啡馆提供便利的早餐服务。

Hotel América 酒店 €€

（☎986 43 89 22; http://hotelamerica-vigo.com; Rúa de Pablo Morillo 6; 含早餐 标单 €70~110，双 €85~120; P @ ）这家酒店宽敞的客房设施齐备，装饰有高雅的现代艺术品，配色采用雅致的哑光色系，员工友好高效，令人不禁想伸大拇指赞叹。这里位于海滨附近一处幽静的小街上，47间客房几乎全部朝着外面，早餐是丰盛而美味的自助餐，夏季会在屋顶露台供应餐食。

★ Gran Hotel Nagari 豪华酒店 €€€

（☎986 21 11 11; www.granhotelnagari.com; Praza de Compostela 21; 双 €105~230，含自助早餐和水疗 €140~275; P ）这家豪华酒店采用当代风格的高级设计和服务，带有一种热情的私人化感觉。漂亮的房间装饰着银色、金色、白色、灰色和暗色木头，拥有遥控彩灯、大莲蓬头的淋浴（同样有变色彩灯）、高科技咖啡机和大屏幕智能电视，屋顶有可加热的游泳池和露台，景色美不胜收。底层有一家餐厅和葡萄酒吧。

就餐

一些很不错的餐厅、西班牙小吃酒吧和咖啡馆分布于整个中心区及以外的地方。老城区狭窄的街巷中，尤其是Praza da Constitución周围和Praza de Compostela地区，全都有很多就餐地点。

Rúa Pescadería 海鲜 €

（Rúa das Ostras; 牡蛎每打 €12~15）老城区低地部分的Rúa Pescadería小街挤满了品尝新鲜海鲜的食客。10:00~16:00（冬季有时营业时间缩短），可以向这里的ostreras（牡蛎贩子）购买牡蛎，选一间餐厅坐下来搭配饮品品尝。牡蛎和阿尔瓦里尼奥葡萄酒是维哥周日早上缓解宿醉的传统良方。

Othilio Bar 加利西亚菜 €€

（☎986 19 00 17; Rúa Luis Taboada 9; 主菜 €10~19，午餐套餐 周一至周五 €12.50; ⌚13:30~15:30和20:00~23:30，周六 正午至16:00和20:00至午夜）这里供应专业烹制的鱼类、肉类和贝类（还有餐后甜点），一支繁忙的团队献上友好的服务，更是为各种美食锦上添花。菜肴都是当代加利西亚风格，如鞑靼牛肉、椰汁蒸鳕鱼。干净利落的设计（轻木家具和石头墙壁）也为就餐体验增添了几分风味。这里非常热门，因此尽量提前预订，或者就早点赶到餐厅去。

Follas Novas 加利西亚菜 €€

（☎986 22 93 06; Rúa de Serafín Avendaño 10; 主菜 €12~19; ⌚周一至周六 13:00~15:45和20:00~23:45）为了在这家质朴无华的小餐厅品尝顶级美食，很值得从Praza de Compostela冒险向东走个400米。不过建议你还是预订，因为它很快就客满了。殷勤而友好的服务为这里用优质新鲜食材精心烹制的食物增光添彩。

开胃菜不妨选择烤贝类、章鱼或saquitos rellenos（一种用猪里脊肉和韭菜、蘑菇做馅的煎饼），然后再点一些烹制得尽善尽美的鱼类或ternera（牛排）菜肴。

值得一游

希耶斯群岛

希耶斯群岛（Illas Cíes）由3座美丽壮观的岛屿组成，有着加利西亚最好的海滩，距离维哥14公里，乘坐渡轮需要45分钟。这片小群岛形成了一道6公里长的防波堤，保护维哥湾不受大西洋惊涛骇浪的冲击，是加利西亚大西洋群岛国家公园（Atlantic Islands of Galicia National Park；www.iatlanticas.es）的主要景点。

若想懒洋洋地躺在沙滩上，希耶斯就是一个完美的地方，比如潟湖后面、1公里长的新月形海滩Praia das Rodas，或者是裸体主义海滩Praia das Figueiras。这个群岛也很适合徒步和探索，例如长达7.4公里的环线Ruta Monte Faro通往一些位于高处的壮观观景台。虽然东海岸的地形相对缓和，西海岸却是一些壁立千仞、令人胆战心惊的悬崖峭壁。

这个群岛没有车辆，保持了天然的原始风貌，不过你并不是这里唯一的游客。这里最多可允许3000名游客同时游览，在7月和8月，岛上经常会达到这个客流限制。

如果想在群岛上过夜，必须在Camping Islas Cíes（986 438 358；www.campingislascies.com；成人/儿童/帐篷 €8.90/6.70/8.90，2/4人帐篷和床位租金 每晚 €52/79；复活节前的圣周、5月底至9月底）露营。这个营地有一间餐厅和超市，可容纳800人入住，8月经常客满。如果你租住他们的帐篷，那就必须至少住两晚。

游客可在网上或营地办事处（camping office；986 43 83 58；Estación Marítima de Ría；8:30~13:30和15:30~19:30）预订住处。如果是在网上预订，就必须在维哥的营地办事处（如果你是从这里坐船过去）或者在坎加斯或布埃乌登上轮渡时出示打印出来的预订单子。

到达和离开

天气条件允许的情况下去往希耶斯的客船（7月和8月往返 成人/儿童 €18.50/6，其他时间 €19/6）一般只在复活节前的圣周（Semana Santa）、5月的周末和节假日、6月至9月底每天、10月前两周的周末运营。维哥是主要的出发港口，不过也有一些船从坎加斯和巴约那出发。至少有4家公司经营这些航线。（我们总是建议）游客通常可通过网上、电话（用信用卡）或出发的港口预订。

Naviera Mar de Ons（986 22 52 72；www.mardeons.es）每天至少有4班船次从维哥的Estación Marítima de Ría（Ferry Port；Rúa Cánovas del Castillo 3）出发，从坎加斯出发的有4班或更多，从巴约那出发的有4班或更多；Nabia Naviera（986 32 00 48；www.piratasdenabia.com）每天有5班船从维哥出发，从坎加斯出发的船次有3班或4班，从巴约那出发的船有4班（7月至9月中旬）；Cruceros Rías Baixas（678 491922；www.crucerosriasbaixas.com）从7月至9月中旬每天有3班船次从维哥出发；Tours Rías Baixas（680 733990；www.toursriasbaixas.com）每天有4班船从巴约那出发（仅7月和8月）。

饮品和娱乐

如果想在刚入夜时喝几杯，可以去旧城区Praza da Constitución和Praza de Compostela周围的几间诱人的酒吧。从23:00左右开始，可以稍微向东移动，去Rúa de Areal和Rúa de Rosalía de Castro路边的音乐酒吧。

老城区东南约1公里处的Churruca区是维哥学生和另类夜生活的核心，你会在这里找到西班牙北部最好的两间有现场摇滚乐和独立音乐的小型夜总会：La Iguana Club（www.facebook.com/laiguanaclub；Rúa de Churruca 14；周二至周六 午夜至次日5:00，如有现场爵士乐演奏会，开门时间更早）和La Fábrica de Chocolate Club（http://fabricadechocolateclub.com；Rúa Rogelio Abalde 22；周四至周六 午夜至次日4:30，现场爵士乐演奏会22:00开始）每周都有两三场爵士乐演奏会。

旅游信息

维哥旅游局办事处（986 22 47 57；www.

turismodevigo.org; Estación Marítima de Ría, Rúa Cánovas del Castillo 3; ⏲10:00~17:00)位于渡轮总站，提供方便的旅游信息。

到达和离开

飞机

维哥的**Peinador机场**(✆986 26 82 00; www.aena.es)位于市中心以东9公里，有直飞航班往返这里和马德里[伊比利亚(Iberia)和欧洲航空公司(Air Europa)]、巴塞罗那[伏林航空(Vueling)和瑞安航空公司(Ryanair)]、毕尔巴鄂(伊比利亚航空公司)、马拉加(欧洲航空公司)和意大利的博洛尼亚(Ryanair)，另外还有季节性的瑞安航空航班往返于这里和爱丁堡、都柏林、米兰(贝加莫机场)和博洛尼亚。

长途汽车

汽车站(✆986 37 34 11; Avenida de Madrid 57)位于老城东南2公里处。**Monbus**(www.monbus.es)每天运营有几班可至加利西亚所有主要城市的车次，包括蓬特韦德拉(€2.50, 30分钟至1小时)、圣地亚哥-德孔波斯特拉(€8, 1.5小时)、奥伦塞(€6.55, 1.5小时)和海滨度假胜地。**ATSA**(www.automovilesdetuy.es)有班车服务于巴约那(Baiona)、阿瓜尔达(A Guarda)和图伊(Tui)。**Avanza**(www.avanzabus.com)每天至少有4班车往返于这里和马德里之间(€41~44, 7.25~9小时)。**Autna**(www.autna.com)每日至少运营有2班车次可往返葡萄牙波尔图(€12, 2.5小时)的车次，从那里可换车至里斯本。

火车

维哥有两个火车站，所有往返维哥与蓬特韦德拉(€3.65, 15分钟)、圣地亚哥-德孔波斯特拉(€11, 50分钟至1小时)和拉科鲁尼亚(€18, 1.5小时)的高速列车(每天至少10班)都使用位于老城东南1公里处的**Vigo-Urzáiz火车站**(Praza da Estación)。位于老城以东1公里处的**Vigo-Guixar火车站**(Rúa Areal)每天有至少5班稍微便宜些的慢车开往同样的城市，另外还有一些开往奥伦塞(€12~23, 1.5~2小时，每天至少8班)、葡萄牙的波尔图(€15, 2.5小时，每天2班)和其他目的地，包括里瓦达维亚(Ribadavia)、图伊、葡萄牙的瓦伦萨(Valença)、拉科鲁尼亚、莱昂和马德里。

当地交通

Vitrasa(✆986 29 16 00; www.vitrasa.es)运营有城市公共汽车(每次乘坐€1.33)。9A路公交车往返市中心的Rúa Policarpo Sanz 和机场之间；C2(往返Porta do Sol)将长途汽车站与Vigo-Guixar火车站跟市中心连接起来。而4C公交车往返于长途汽车站与Rúa Policarpo Sanz之间。

加利西亚西南部(SOUTHWEST GALICIA)

加利西亚西南角有3个小镇，是本地区环游或往返葡萄牙旅途中不错的停靠站，它们分别是美丽的渔港阿瓜尔达(A Guarda)、河畔小镇图伊，以及历史悠久的港口和度假胜地巴约那(Baiona)。阿瓜尔达和图伊位于将加利西亚与葡萄牙分开的界河Río Miño上，尤其迷人。

巴约那(Baiona)

人口 2780

巴约那(卡斯蒂利亚语为Bayona)是一处热门的度假胜地，这里在历史上也小有名气：重要时刻发生在1493年3月1日，当时哥伦布小舰队中的一条船Pinta号在此停靠补给，带来重要消息——探险者们已经去过印度(其实是西印度群岛)。当时巴约那是一个重要的贸易港口，但后来被维哥盖过了风头，不过，在从小镇水滨伸向海里的Motne Boi海岬上，那些坚固的防御性城墙、高塔和排炮仍然会让人想起它昔日的荣光。

巴约那的**历史中心区**(casco histórico)位于港口道路Rúa Elduayen之后，这里有错综复杂的迷人小巷，两边有许多建于16和17世纪的房屋及小礼拜堂。小镇以东4公里的地方是Nigrán壮丽的**Praia América**海滩。

蒙特利尔堡垒 要塞

(Fortaleza de Monterreal; 行人/轿车 6月底至9月中旬 €1/5，其余月份免费；⏲7月和8月10:00~22:00, 9月至次年6月 10:00~19:00; Ⓟ)不要错过松树密布的海角**Monte Boi**，这里高耸着蒙特利尔堡垒的城墙。这座堡垒修建于11~17世纪，它那条坚不可摧的城墙全长3

公里，屹立至今，不过如今城墙里面的建筑并没有那么古老。绕着海角周围岩石密布的海岸线上那条环形徒步道走一圈需要40分钟，途中会经过几片小海滩。

现在城墙内建有一座豪华酒店Parador de Baiona（☎986 35 50 00；www.parador.es；Monterreal；含早餐 标单 €111~280，双 €127~339；P ❄ 📶 🏊），可以到它咖啡馆的露台上喝一杯，能看到整个海湾的壮丽风景。

实用信息

旅游局办事处（☎986 68 70 67；www. turismodebaiona.com；Paseo da Ribeira；⏰5月中旬至9月中旬 10:00~14:00和16:00~21:00，其余月份工作时间缩短）位于去Monte Boi海岬的途中，可以在这个乐于助人的地方获取地图和其他旅游信息。

到达和离开

ATSA（www.automovilesdetuy.es）的长途汽车可往返维哥（€2.55，45分钟），每30~60分钟1班，直至21:00。每天南下去阿瓜尔达（€3.25，45分钟）的车次只有2班。搭车要在Rúa Elduayen海港路的一些车站。

阿瓜尔达（A Guarda）

人口 6050

阿瓜尔达（卡斯蒂利亚语为La Guardia）是Río Miño汇入大西洋海湾北部的渔港，有一座漂亮的海港、一些很不错的海鲜餐厅、位于一座古老的女修道院内的可爱酒店，以及一处虽然有点小但仍然很酷的老城区（casco antiguo），由一些集中于Praza do Reló上的石头建筑组成。不过其特色还是在于其美丽的圣特雷加山，就矗立在小镇外。你可以驱车或步行前往能看见壮观全景的山顶上去。另一条美丽的徒步小道从阿瓜尔达海港出发，沿着海滨向南走上3公里到达Miño顶部。葡萄牙海岸朝圣之路（Camino Portugués de la Costa），即从葡萄牙通往圣地亚哥-德孔波斯特拉的葡萄牙朝圣之路（Camino Portugués）的一条派生路线，就从这里穿过。总的来说，阿瓜尔达是一颗罕有人知晓的明珠，也是一个有趣的地方，值得待上一两天。

景点

★圣特雷加山 山丘

（Monte de Santa Trega；成人/儿童 乘车 2月至12月 周二至周日 €1/0.50，周一和1月免费；P 👪）阿瓜尔达的一个独特景点就是美丽的圣特雷加山，从镇上出发去海拔341米的顶峰，开车要走4公里，步行要走2公里的上坡路（PRG122）。上山途中可去部分经过修复的铁器时代的Castro de Santa Trega周围转转。山顶有一座建于16世纪的小礼拜堂，一座关于城堡文化的有趣的小型考古博物馆（⏰7月和8月 9:00~21:00，4月至6月及9月 10:00~20:00，3月和10月 10:00~19:00，2月下半月及11月至12月 11:00~17:00）**免费**，两家咖啡馆和纪念品小摊，还能眺望庄严的全景风景，将Miño河、葡萄牙和大西洋尽收眼底。

圣克鲁兹城堡 要塞

（Castelo de Santa Cruz；Avenida de Santo Domingo de Guzmán；⏰4月至9月 10:00~21:00，10月至次年3月 10:00~18:00；P 👪）**免费**这座要塞是一个有趣的景点，有4个箭头状的棱堡，全都位于拐角处。它是17世纪为了保护阿瓜尔达免受葡萄牙人侵略而修建的。

食宿

阿瓜尔达以其海鲜，尤其是arroz con bogavante（米饭配欧洲龙虾）闻名。有许多面朝渔港的海鲜餐厅。

★Hotel Convento de San Benito 历史酒店 €€

（☎986 61 11 66；www.hotelsanbenito.es；Praza de San Bieito；标单 €48~61，双 €51~99；⏰12月中旬至1月初歇业；P ❄ 📶）住在Hotel Convento de San Benito真的是一大乐事，它位于港口南部附近，在一座16世纪的女修道院中。它那33间优雅的客房都很浪漫，还有个性化装饰，非常舒适，维护得很好。整个酒店就像一座迷你博物馆，每个角落里都有一些有趣的古董、绘画、雕塑、书籍和手稿。

价格€7.50的早餐为一天的生活开了一个很棒的头，而放置在主要休息室里供客人饮用的波尔多红葡萄酒则为一天的生活画上圆满的句号！

Casa Chupa Ovos

海鲜 €€

（☎986 61 10 15；Rúa La Roda 24；主菜及盘餐 €7~19；⏲周四至周二 13:45~16:00和20:30~23:30）从港口所在的大街Rúa do Porto需登上一段台阶才能到达Chupa Ovos，这里看不到海景，不过拥有烹制得尽善尽美的新鲜海鲜、友好而快捷的服务、欢快的气氛和美味的葡萄酒，使得它在当地人和游客中都理所当然地成为最爱的就餐地点。

到达和离开

ATSA（www.automovilesdetuy.es）运营的长途汽车可往返维哥（6.05，80分钟），每20分钟或60分钟1班，直至19:00（周末时间车次较少）。大多数班次都经过图伊，不过每天也有2班或3班途经巴约那。这些车会在横穿市中心的主要街道Avenida de Galicia停靠。

还有1趟**渡轮**（☎986 61 15 26，葡萄牙 258 092 564；www.cm-caminha.pt；轿车/摩托车/自行车 含驾车人或骑手 €3/2/1，车辆或步行乘客 €1；⏲约每小时1班，周二至周五 10:30~13:30和15:30~20:15，周六和周日首班为11:30）可从阿瓜尔达以南2公里处的Camposancos越过Miño，到达葡萄牙的卡米尼亚（Caminha）。时刻表会随着海浪状况或季节而变化。阿瓜尔达**旅游局办事处**（☎986 61 45 46；www.turismoaguarda.es；Praza do Reló；⏲周一至周五 9:00~14:00）的网站上有当前的时刻表，离轮渡最近的大桥位于上游13公里处，在Goián附近。

图伊（Tui）

人口 6125

边境城镇图伊（卡斯蒂利亚语为Tuy）距宽阔的Río Miño河岸25米，这里热闹的酒吧氛围、市中心密集的中世纪建筑和宏伟的大教堂吸引了无数葡萄牙和西班牙一日游的游客。其老城区周围及下面的Paseo Fluvial很值得逛逛，后者是一条河畔小路，顺着河流Miño向下延伸1公里。在小镇的西南端，矗立着建于19世纪的国际桥（Puente Internacional/International Bridge），共有两层（上层为铁路，下层为公路），跨过Miño河，对面就是葡萄牙那个同样迷人的城镇瓦伦萨。

景点

★圣玛利亚大教堂

主教座堂

（Catedral de Santa Maria；www.catedraldetui.com；成人/老人/学生/儿童 €4/3.50/3/免费；⏲7月至9月中旬 10:45~20:00，9月中旬至次年6月 10:45~14:00和16:00~19:00）旧城区的亮点是堡垒一般的圣玛利亚大教堂，这是Praza de San Fernando广场上的主要建筑。其建设始于12世纪，大部分建筑体现出恬淡寡欲的罗马风格，不过装饰华丽的正门估计是伊比利亚半岛上最早的哥特式雕塑作品。标准门票包含一份多语言版的音频导览，有对可爱的哥特式回廊，以及中殿和小礼拜堂的介绍。

食宿

Ideas Peregrinas

旅舍 €

（☎98607 63 30；www.ideas-peregrinas.com；Rúa Porta da Pía 1；铺 €13~15，房间 €35~55；📶）这个由家庭经营的旅舍干净而热情，位于老城区的中央，对葡萄牙朝圣之路的徒步者和其他人来说都很实惠。里面的装饰以白色涂料和轻木制品为主，客人可以选择住那些独立的房间（有些有独立卫生间）或带有坚固木头上下床的4人间宿舍。这家人也在楼下经营一个舒适宜人的咖啡馆（食品饮品 €3~11；⏲7:00~22:00；📶）。

Hotel A Torre do Xudeu

历史酒店 €€

（☎986 60 35 35；www.atorredoxudeu.es；Rúa Tide 3；房间 含早餐 €60~75；⏲12月中旬至次年2月歇业；P📶）这座建于1746年的可爱大楼能看见厚实的石墙，带有一个美丽的花园，氛围很好，只有6间保养得当的正式风格客房，都配有大浴室。其中几间还能看到Miño河对岸的葡萄牙。免费的停车服务非常受欢迎。

O Novo Cabalo Furado

加利西亚菜 €€

（Praza do Concello；主菜 €11~23，海鲜前菜 €6~15；当日套餐 €15；⏲13:00~15:30和20:30~23:00，7月至9月 周日歇业）这间热门的餐厅与大教堂只相隔2座房屋，擅长烹饪鱼、贝类和满盘的羊排。它跟附近的旅馆Novo Cabalo Furado hostal不是一家。

实用信息

市旅游局办事处（☎677 418405; www.concellotui.org; Praza de San Fernando; ⏲4月至9月 8:00~21:00, 10月至次年3月 工作时间缩短）非常实用的办事处，位于大教堂前面。

到达和离开

ATSA（www.automovilesdetuy.es）的长途汽车可去往维哥（€3.30, 40分钟）和阿瓜尔达（€3.25, 40分钟），都是半小时或60分钟1班，直至19:45，周末班次减少，都在Hostal Generosa旅馆前面的Paseo de Calvo Sotelo停靠。另外每天分别还有2班火车开往维哥（€4, 40分钟）和葡萄牙的瓦伦萨（€2.15, 10分钟），从位于市中心以北1公里处的图伊火车站发车。

加利西亚东部（EASTERN GALICIA）

虽然经常被加利西亚辉煌壮丽的海岸线和更加有名气的圣地亚哥-德孔波斯特拉掩盖了光芒，但加利西亚东部是一个蕴含着丰富宝藏的地方，有可爱的自然景色、葡萄种植区和老式乡村风格的飞地（指在本国境内隶属于另一国家的领土）。对那些喜欢自己挖掘宝藏的旅行者来说，这里是完美的目的地。

奥伦塞（Ourense）

人口98,900

奥伦塞（卡斯蒂利亚语为Orense）是加利西亚的第三大城市，虽然罕有人称赞却十分迷人。这里有迷宫般的历史街区，有热闹的西班牙小吃餐厅和与众不同的河畔温泉浴场。它最早在11世纪作为贸易中心开始发展。宽阔的Río Miño由东向西穿越城市，河上架设有几座桥梁，包括那座优雅的石头老桥（Ponte Vella），部分为罗马式，部分为中世纪风格；还有那座巍然高耸的钢筋混凝土大桥千禧桥（Ponte do Milenio /Millennium Bridge），于2001年建成开放。中心城区位于河流南岸高处，包括紧凑的老城区。

景点

老城区围绕建于12世纪前后的圣马蒂诺大教堂展开，大教堂周边是迷宫般的狭窄街道和小广场，探索起来很有趣。置身于那些铺着石头的街道、表面镶着石头的建筑和石头拱廊之间——几乎没有什么车辆行驶——你必须提醒自己现在是21世纪。最大的广场是带坡度的**Praza Maior**，周围镶嵌着一些古老的石头建筑，其拱廊下有一些咖啡馆，大门为古典主义风格的**市政厅**（Casa do Concello）就在广场脚下。

圣马蒂诺大教堂 主教座堂

（Catedral de San Martiño; www.catedralourense.com; Rúa de Juan de Austria; 含音频导览 成人/儿童/学生/朝圣者/老人 €5/2/3/3.50/4.50; ⏲周一至周六 11:30~14:30和16:00~18:30，周日 13:00~15: 00和16:00~18:30）免费 奥伦塞这座罗马-哥特式主教座堂建于12世纪和13世纪，其艺术亮点在于镀金的Santo Cristo小礼拜堂，位于北边那个入口的里面。位于西端的Pórtico do Paraíso是对圣地亚哥-德孔波斯特拉的Pórtico de la Gloria的模仿，不过稍显逊色，风格变成了哥特式，色彩也更鲜艳。

住宿

Grelo Hostel 青年旅舍 €

（☎988 61 45 64; www.grelohostel.com; Rúa Pena Trevinca 40; 铺 含早餐 朝圣者/其他人 €15/17; ⏲12月10日至次年1月10日歇业; @📶）这家友好的旅舍很不错，其客人有一半都是圣地亚哥朝圣之路中Camino Mozárabe路线上的朝圣者——这条线以安达卢西亚为起点。不过它对所有人开放，并且可以24小时入住（没有宵禁，也不会在凌晨拒绝接待客人）。3间可住10~12人的宿舍里有不错的铁质上下床，鸭绒被、纯棉床单和毛巾都包括在房费内。

Hotel Novo Cándido 酒店 €

（☎988 98 91 25; www.hotelnovocandido.com; Rúa San Miguel 14; 标单/双 €40/55; ❄📶）这家酒店于2017年新开张，距离其他价位相似、位置居中的住处只有一步之遥。它那14个明亮的客房令人愉快，有朴素的照明、木头地板和镶板、巨大的镜子和长方形的白色洗脸盆。有些浴室内设有用玻璃隔断的淋浴间，有些有浴缸。底层有一个活跃的咖啡馆兼酒吧。

到奥伦塞的温泉浴场泡个澡

奥伦塞最早以温泉闻名。如今这座城市经过现代化改建的迷人温泉浴场(http://termalismo.ourense.es)使得每个人都能在里面泡一泡治病,即便在冬天也可以。Miño河北岸4公里的美景建造了4处免费的露天浴场和2处部分在室内的私营浴池。

你可以步行去上述浴场中的任何一处,不过另一个选择是Tren das Termas(www.urbanosdeourense.es;单程 €0.85;⏲10:00~13:00和16:00~20:00每小时1班,10月至次年5月班次减少),他们有从Praza Maior开往所有河畔浴场的车。带上游泳装备、一条毛巾和人字拖。记住,这里的温泉很烫(约40℃),且富含矿物质,每次在里面泡的时间不要超过10分钟,然后就要出来休息一下。

离市中心最近的私营浴场(步行需20分钟或30分钟)之一是部分浴池在室内、部分在室外的日式Estación Termal de A Chavasqueira(www.termaschavasqueira.com;门票€4;⏲周二至周日 9:00~23:30或更晚),它有4个热水池和1个冷水池,外加两个桑拿浴池,提供按摩服务,并设有一个咖啡馆。

Termas de A Chavasqueira(⏲10:00~19:00或20:00)的温泉浴池就在河岸上,是奥伦塞最靠近市中心的免费露天河畔浴场。你可以从老城区步行20~30分钟到那里。

不过奥伦塞的免费露天温泉浴场中最诱人的是Termas de Muiño da Vega(⏲10:00~19:00或20:00)那4个相对较大的浴池(长达15米),它坐落在Miño河畔一处宜人的绿地里,位于市中心西北约5公里处。

就餐

Ir de tapeo(去吃西班牙小吃)在奥伦塞是一种生活方式,位于大教堂附近的街道,比如Fornos、Paz、Lepanto、Viriato、San Miguel和Praza do Ferro两旁的酒馆中,需要推开人群才能进去的那些就是品质的标志。小吃售价€1.20起,可用一杯本地葡萄酒把它冲下肚。

Casa do Pulpo 加利西亚菜 €

(Rúa de Juan de Austria;盘餐 €5~12;⏲正午至16:00和20:00至午夜;📶)这家当地人最爱的餐厅正对着大教堂的围墙,中间隔着一条狭窄的街道。这里不单有烹制得尽善尽美的章鱼(pulpo),而且还有其他美味的加利西亚食品,如小扇贝(zamburiñas)、沙丁鱼(xoubas)和辣辣的猪肉块(raxo),外加一些组合小吃,包括凤尾鱼加奶酪或里脊肉(solomillo)加奶酪、熏肉和红辣椒。

Sybaris 2.0 西班牙菜 €€

(Rúa Santo Domingo 15, entrance Rúa Cardenal Quiroga 22;菜肴 €8~16,午餐套餐 €12;⏲周一11:00~20:00,周二至周五 11:00~23:30,周六 正午至23:30)Sybaris不单是一家供应当代西班牙菜的餐厅,也是一家货源充足的红酒商店和加利西亚特色熟食店——当然供应奶酪和火腿,但也有油煎七鳃鳗、螃蟹肉饼(rab pâté)和海胆鱼子酱。套餐经常换花样,可能包括鹌鹑菊芋意大利调味饭(partridge-and-artichoke risotto)或波尔多红酒煎伊比利亚猪里脊加糖渍苹果和栗子。

娱乐

Café Latino 爵士乐、蓝调

(www.cafelatino.es;Rúa Coronel Ceano7;⏲周一至周六 7:30至次日3:00,周日8:30至次日2:00;📶)经典的Café Latino有一座美丽的街角舞台,一般周四都有爵士乐表演会,大约从22:00或23:00开始,5月会举办爵士音乐节。这里举办爵士乐演出已经有30年,也是用早餐的好去处。

实用信息

市旅游局(☎988 36 60 64;www.turismodeourense.gal;Calle Isabel La Católica 2;⏲周一至周五 9:00~14:00和16:00~20:00,周六和周日 11:00~14:00)位于Xardinillos Padre Feijóo公园之下,就在Rúa do Paseo步行街旁边,提供大量有用信息。

终极章鱼盛筵

大多数加利西亚人都同意，最好的pulpo á feira（加利西亚标志性的章鱼菜肴）是在远离海边的内陆城镇O Carballiño烹制的，它位于奥伦塞西北30公里处。在8月的第二个周日，数万人会涌入O Carballiño参加**奥卡瓦利诺章鱼节**（Festa do Pulpo de O Carballiño; www.festadopulpodocarballino.es; ⌚8月第2个周日）。

这里的厨师在中世纪研制出了这份烹饪食谱，因为当地修道院从他们那些海滨庄园的佃农手中获得了大量的章鱼供应。

ℹ 到达和离开

长途汽车

从奥伦塞市中心西北2公里处的**汽车站**（☎988 21 60 27; Carretera de Vigo 1）出发，**Monbus**（见609页）运营的长途汽车可至圣地亚哥（€9, 1.75小时，每天4班或以上）、维哥（€6.55, 1.5小时，每天4班或以上）、蓬特韦德拉（€7.10, 1小时，每天1班或更多）和卢戈（€6.05, 1.75小时，每天2班或以上）。**Arriva**（见620页）有班车开往拉科鲁尼亚（€19~22, 2.25~3小时，每天3班或4班）**Avanza**（www.avanzabus.com）的班次则可至马德里（€34~39, 6~7小时，每天5班）。

火车

火车站（Avenida de Marín）位于Río Miño以北500米处。**西班牙国铁**（见609页）运营的车次可至圣地亚哥（€10~20, 40 分钟至1.75小时，每天10班）、维哥（€12~24, 1.75~2.5小时，每天10班或以上）、莱昂（€15~35, 3.75~4.5小时，每天5班）和其余地方。

ℹ 当地交通

当地公共汽车1路、3路、6A路和其他（€0.85）可往返火车站和市中心的Parque de San Lázaro公园。6A、6B和12路往返汽车站或Parque San Lázaro公园之间。

里瓦达维亚和里贝罗葡萄酒产区（Ribadavia & the Ribeiro Wine Region）

人口 3130（里瓦达维亚）

作为里贝罗葡萄酒优良法定产区（Denominación de Origen，缩写为DO）的总部，里瓦达维亚出产加利西亚最好的白葡萄酒。它位于奥伦塞以西30公里处的河流阿维亚河（Río Avia）旁边，周围是起伏绵延的葱翠山丘，其间点缀着一些葡萄园和古老的石头村庄（位于小镇以北的山谷阿维亚尤其迷人）。小镇历史中心区宛如一座迷人的迷宫，狭窄的街道两旁满是沉重的石块建造的游廊，偶尔有小广场。以Rúa Merelles Caulla为中心的地区在中世纪的时候曾经是加利西亚最大的犹太人区。

👁 景点和活动

本地区有超过20家葡萄酒厂可以开放参观。大部分要求提前电话预约：最好的办法是跟里瓦达维亚旅游局办事处的工作人员聊聊，他们非常了解本地的葡萄酒厂，可以帮忙安排参观。欲知更多详情，可查看www.rutadelvinoribeiro.com和www.ribeiro.wine网站。

Museo Sefardí 博物馆

（Centro de Información Xudía de Galicia; Praza Maior 7; 成人/儿童 含萨尔门托城堡和音频导览 €3.50/免费; ⌚6月至9月 周一至周六 9:00~14:30和17:00~20:00，周日 10:30~14:30，其余月份开放时间缩短）这家博物馆位于旅游局办事处上方那个可爱的主广场上，有关于加利西亚犹太人自1492年被西班牙驱逐以来的历史展览。

萨尔门托城堡 城堡

（Castelo dos Sarmento; Rúa Progreso; 成人/儿童 含塞法迪博物馆和音频导览 €3.50/免费; ⌚6月至9月 周一至周六 9:00~14:30和17:00~20:00，周日 10:30~14:30，其余月份开放时间缩短）这座城堡大部分是15世纪由里瓦达维亚伯爵所建，是加利西亚最大的中世纪城堡之一，其光秃秃的石头院子里面有一个中世纪的公共墓地，音频导览（有英语版）把它介绍得“栩栩如生”。门票在旅游局办事处购买。

Bodega Viña Meín 葡萄酒厂

（☎676 358763; www.vinamein.com; Lugar de Meín, San Clodio; ⏲每天，需要预订; P）**免费**这家中等规模的葡萄酒厂毗邻乡村酒店Viña Meín，每年生产的优质红葡萄酒和白葡萄酒超过100,000瓶，是用阿维亚山谷周围那16公顷葡萄园里种植的加利西亚本地葡萄酿造的。它有一间明亮可爱的现代品酒室，供游客品尝其陈年佳酿。

Paseo Fluvial 徒步

可以沿着阿维亚和Miño河畔这条小路漫步放松，从里瓦达维亚犹太人老城区（Judería）的Praza Madalena广场旁的Praza Buxán广场上，顺着台阶向下走，即可到达。到阿维亚河与更大的Miño河的交汇处有600米，然后顺着Miño河走1.8公里就到了小径的尽头。

如果你想再走远一点，里瓦达维亚的旅游局办事处会给你介绍阿维亚河谷里面及周围的几条更长且带有路标的步道。

节日和活动

Feria do Viño Ribeiro 葡萄酒节

（http://feiravinoribeiro.com; ⏲5月）5月第一个周末里瓦达维亚会举办盛大的葡萄酒节和狂欢活动。

食宿

镇上的住宿选择有限，不过本地区有许多很棒的乡村酒店，尤其是在北边美丽的阿维亚河谷里面。

★Casal de Armán 酒店 €€

（☎699 060464; www.casaldearman.net; O Cotiño, San Andrés; 房间 含早餐 €75~90; P 📶）这家庄严的乡村住宅坐落于葡萄园和可爱的阿维亚河谷乡村里。住在这里，可以一举数得。它那6个温暖舒适的房间以大量外露的石墙和用葡萄萃取物生产的化妆品为特色！同样位于此处的还有一家顶级的餐厅（见本页；周末预订至关重要）和一家顶级的里贝罗**葡萄酒厂**（☎638 043335; 含品酒 €7; ⏲11月至次年8月 周二至周日，参观需预订; P），餐厅或酒店客人可免费参观。

位于里瓦达维亚东北6公里处。

Pazo de Esposende 酒店 €€

（☎696 378670; http://pazoesposende.es; Carretera OU211, Esposende; 房间 含早餐 €50~85; P ❄ 📶）这座16世纪的庄园位于阿维亚河谷里面，就在里瓦达维亚以北几公里处，在2017年换了主人后做过全面翻新改造。它拥有迷人舒适的新式房间，有精致的照明，一整面墙上都画着以当地风景为主题的壁画，但又保留了以前厚厚的石墙、带有柱子的漂亮庭院，可以俯瞰乡村的迷人风景。这里待客友好，早餐丰盛。

Viña Meín 乡村住宅 €

（☎617 326385; www.vinamein.com; Meín, San Clodio; 双 含早餐 €66; P 📶 🏊）Viña Meín位于里瓦达维亚以北约10公里处阿维亚山谷风景秀美的地段，是一座乡村客栈，古老的石头建筑里有6间客房，这里还有一家中等规模的店内葡萄酒厂。用当地加利西亚葡萄生产的不错的白葡萄酒和红葡萄酒。总之，要游览该地区，这是一个不错的大本营。

O Birrán Gastrobar 加利西亚菜 €

（Praza da Madalena 8; 主菜 €6.50~13; ⏲周二至周日 正午至15:30及20:00~23:00）O Birrán位于古老的犹太人聚居区内一座中世纪的房子里，用经典的加利西亚食材烹制出一些美味的菜肴——章鱼加奶酪（pulpo con tetilla）和煎蛋加绿色蔬菜、奶酪、熏肉和野蘑菇（tortilla abierta）都是不错的选择。

★Sábrego 加利西亚菜 €€

（☎988 49 18 09; www.sabrego.es; Casal de Armán, O Cotiño, San Andrés; 主菜 €17~19; ⏲周二至周日 13:15~15:45和20:45~23:15，10月中旬至次年6月中旬 周二至周四及周日晚上歇业; P）这家乡村风格的餐厅位于可爱的乡村酒店Casal de Armán内，供应一系列随季节变化的美味佳肴，主要是加利西亚菜，但又有所创新。比较出色的菜包括羔羊肩胛肉加菠菜和煮过的土豆（cachelos），红色金枪鱼加San Simón奶酪的奶油，以及章鱼肉点心。周末预订至关重要。

实用信息

旅游局办事处（☎988 47 12 75；http://ribadaviaturismo.weebly.com；Praza Maior 7；⊙6月至9月 周一至周六 9:30~14:30和17:00~20:00，周日10:30~14:30，10月至次年5月工作时间缩短）位于可爱的主广场上的里瓦达维亚伯爵旧宅中，提供很多有用信息。

到达和离开

每日至少有2班长途汽车和2班火车可以到达奥伦塞和维哥，车站位于镇东，过了阿维亚河就是。

萨克拉河岸（Ribeira Sacra）

在奥伦塞东北部，沿着锡尔河和米尼奥河走，萨克拉河岸（Ribeira Sacra，又称"神圣河岸"）就慢慢展现出它的自然美景和文化遗产。河岸如此命名是因为早期基督教隐士和修道士们被吸引来到这处遥远的地区后，在这里修建了很多中世纪的修道院。在那些美丽且有时显得严酷的景致中——锡尔峡谷（Cañón do Sil）那一带的风景尤为壮观——该地区提供了一些不错的徒步和山地自行车骑行小径，有一些葡萄酒厂（现在加利西亚地区5处葡萄酒优良产区之一就以萨克拉河岸命名）可以参观，还可坐船顺着一条条河流游览。

这里的公共交通十分不好，但是如果你有自己的车，这将是一段绝佳的旅途。有一条风景秀丽的路线是从奥伦塞经罗卡斯圣佩德罗修道院（Mosteiro de San Pedro de Rocas）、圣埃斯特沃修道院（Mosteiro de Santo Estevo）、帕拉达德西尔（Parada de Sil）和卡尔德拉堡（Castro Caldelas）前往蒙福特-德莱莫斯（Monforte de Lemos）。如果要尽情享受这个地区的各种美景乐事，至少给自己留出2天时间。

实用信息

萨克拉河岸的网站（www.ribeirasacra.org）是一个非常有用的资源，在其提供的众多信息中，包括该地区葡萄酒厂和20多条徒步路线（有地图）的详细信息。很多村庄都有游客信息中心，但它们的开放时间往往有限；总体而言，该地区最好的信息中心是位于蒙福特-德莱莫斯的**Centro do Viño da Ribeira Sacra**（☎982 10 53 03；www.centrovino-ribeirasacra.com；Rúa Comercio 6；团队游 含1杯葡萄酒 €2.50；⊙7月至9月 周二至周日 10:00~14:00和17:00~21:00，10月至次年6月10:00~14:00和16:30~20:00）。

到达和当地交通

蒙福特-德莱莫斯有合理的长途汽车和火车班次与奥伦塞、卢戈和加利西亚的其他城市相连接，位于锡尔峡谷南边那些村庄的公共汽车服务非常有限，仅周一至周五有往返奥伦塞的车；在卡尔德拉堡和蒙福特-德莱莫斯之间也有周一至周五的巴士。

卢因塔及周边（Luintra & Around）

人口 410（卢因塔）/海拔 640米（卢因塔）

在位于奥伦塞东北约25公里处的卢因塔村，萨克拉河岸上最令人难忘且对比鲜明的两座修道院矗立在村子两侧几公里远的地方。如果你从奥伦塞开始游览萨克拉河岸，把它们当作第一站很不错。

景点

★罗卡斯圣佩德罗修道院 修道院

（Mosteiro de San Pedro de Rocas；☎661 508243；www.centrointerpretacionribeirasacra.com；⊙4月至9月 每天 10:30~13:45和16:00~19:45，10月至次年3月 周二至周日 10:30~13:45和16:00~18:00）免费 这座迷人的小修道院建于573年，隐藏在卢因塔以南11公里处的茂密树林里，包括3个洞穴教堂，最初是在岩石上凿刻出来供早期隐修士居住的，另外还有从10世纪以来在岩石上凿刻出来的若干坟墓。旁边就是讲解中心，这里有一些关于萨克拉河岸的有趣展览。你也可以从这里顺着美丽的Camiño Real（PRG4）走一圈，穿过这个风景如画的地区，这是一条9公里长的环形路。

要从奥伦塞直接驾车到这里，可顺着OU536公路向东行驶到Tarreirigo。在这里，过了那块标着"15公里"的路标后继续前行500米，接着向左转入OU0509公路，跟着路标沿着一些次要公路行驶4公里，穿过森林，就到了这座修道院。然后你可以继续顺着OU0509公路向北行驶前往卢因塔。

★ 圣埃斯特沃修道院 修道院

（Monasterio de San Esteban；◷1月至2月中旬关闭；P）免费 巨大的圣埃斯特沃修道院位于锡尔河（Río Sil）上方陡峭而树木茂密的河谷山坡上，其历史可以追溯到12世纪，有3个壮观的柱廊（一个罗马-哥特式，两个文艺复兴式）、一个罗马-哥特式教堂和一个18世纪的巴洛克式正立面。现在是一家豪华的国营酒店（☎988 01 01 10；www.parador.es；Santo Estevo；标单/双 含早餐 €108/126起；◷1月至2月中旬关闭；P❄📶），即使不是酒店的客人，也可以免费在主要建筑四周观赏，并且在咖啡馆或餐厅用餐。

住宿

A Casa da Eira 乡村住宅 €

（☎696 749493；www.acasadaeira.com；Lugar Alberguería 31，Cerreda；标单/双 €45/55，2/4人公寓 €90/136；P📶）A Casa da Eira位于卢因塔以东11.5公里处OU0508公路附近300米的一个小村子里，在一座花岗岩与木头结构的农庄内提供经过现代化改造、舒适充足的客房。关于该地区的众多步道和其他活动，好客的主人们有满肚子的实用信息，他们还供应丰盛的早餐（€5.50），果酱是用他们家果园的水果做的（但没有午餐和晚餐）。

帕拉达德西尔及周边 (Parada de Sil & Around)

人口 190（帕拉达德西尔）/海拔 660米（帕拉达德西尔）

小村帕拉达德西尔位于卢因塔以东22公里处，坐落在锡尔峡谷上方高处的高地上。从这里开始，有一些单独的公路通往1公里外那个壮观的观景台Balcón de Madrid，可以俯瞰下面的峡谷。继续向下4公里，就到了可爱的里巴斯德西尔圣克里斯蒂娜修道院（Mosteiro de Santa Cristina de Ribas de Sil；内部 €1；◷外部 24小时，内部 周二至周日 11:00~14:00和16:00~18:00；P）及其修建于12世纪的罗马式教堂，它们隐藏在峡谷上方的树林里。PRG98徒步路线有一段通往下面的修道院，然后经一条环线回到上面那个距离村子10公里的观景台。

活动

★ 马奥河谷步道 步道

（Ruta Cañón do Río Mao；PRG177）这条很棒的步道从帕拉达德西尔以东11公里处的Albergue A Fábrica da Luz开始。你可以在漂亮的马奥峡谷（Mao canyon）下山（最初是一段木板路）到Barxacova村，然后走1.5公里的上坡路，穿过葡萄园前往San Lourenzo村，再下山回到A Fábrica，把全长16公里的环线缩短成5公里的宜人环线（约需2.5小时）。

在San Lourenzo，不妨绕道500米（单程），去San Víto看看有趣的中世纪公墓。

完整的16公里环线相对来说比较艰巨，爬升的垂直高度达600多米，需要在San Lourenzo继续南行，前往高地村庄A Miranda和Forcas，以及那座位于Conceliños的中世纪桥梁，然后重新北行，在马奥峡谷下山回到San Lourenzo和A Fábrica da Luz。

住宿

Reitoral de Chandrexa 乡村住宅 €

（☎605 867622，988 20 80 99；www.chandrexa.com；Chandrexa；双 €48~56；◷12月中旬至次年1月歇业；P📶）🍃这是一家迷人的小旅馆，位于以前的教区牧师家里，就在Santa María de Chandrexa教堂旁边，供应优质的有机早餐（€5.50）和晚餐（€12~15），很多食材都来自他们自己的菜园。这里有3间舒适的客房，带有石墙、木质地板和天花板及不错的浴室，还有一个温暖舒适的农庄风格就餐区兼起居室。

Albergue A Fábrica da Luz 青年旅舍 €

（☎988 98 49 90；http://afabricadaluz.com；OU0605 Km 5.7；铺/双 含早餐 €17/34；◷6月至9月 每天，3月中旬至5月和10月至12月中旬 仅周六、周日和节假日营业；P📶）这是一家精心管理的旅舍，位于马奥河（Río Mao；锡尔河的一条支流）绿树成荫的美丽河谷内一座经过改建的小型水电站里。里面有2间拥有14个铺位的宿舍和2个双人间（共用卫生间），全都干净整洁，照管得很好，还供应好吃不贵的食物。从帕拉达德西尔顺着OU0605东行11公里即到。

马奥河谷步道（见645页）就从这里一条850米长的木板路Pasarela do Río Mao开始，顺着峡谷下行。这家旅舍在1公里外峡谷山脚下的马奥河上有皮划艇出租（每小时€10），并且兼做萨克拉河谷山地自行车中心（Centro BTT Ribeira Sacra /Ribeira Sacra Mountain Bike Centre），有自行车出租（每天€15，含头盔），还提供一些不错的骑行路线的信息。

卡尔德拉斯堡及周边 (Castro Caldelas & Around)

人口 610（卡尔德拉斯堡）/海拔 780米（卡尔德拉斯堡）

卡尔德拉斯堡是一座位于山顶的村庄，主要街道都铺着鹅卵石，古老的石头房子带有加利西亚式镶玻璃的阳台和照顾得很好的窗外花箱，在这里过夜是很好的选择。不妨到村子顶上探索其老街区，上面矗立着一座14世纪的城堡（成人/儿童 €2/免费；⏲10:00~14:00和16:00~19:00；Ⓟ），能看见全景。村子位于奥伦塞以东52公里处。

OU903公路从卡尔德拉斯堡向北蜿蜒10公里，通往锡尔峡谷，从锡尔桥（Ponte do Sil）过河，然后那条路就变成了LU903，途中爬升穿过一些近乎垂直的葡萄园，前往蒙福特-德莱莫斯。沿途有一些有趣的葡萄酒厂，包括Ponte da Boga、Adega Algueira（☎982 41 02 99；www.adegaalgueira.com；Doade；西班牙语/英语团队游 含品酒 €5/7；⏲英语团队游 正午，西班牙语团队游 13:00；Ⓟ）和Regina Viarum（☎619 009777；www.reginaviarum.es；Doade；团队游 含品酒 €1~5；⏲团队游 6月至9月 每天 10:30~13:30和16:30~20:00，10月至次年5月 周四至周日 10:30~14:00和16:00~19:00；Ⓟ）——后面两个都在Doade，从峡谷北岸上山几公里即到。

你可以从锡尔桥参加河流巡航游，不妨乘坐可载16名乘客的Brandán（☎982 41 02 99；www.adegaalgueira.com；成人/儿童 €15/7；⏲3月至11月 周四至周二 11:00，12:30，17:00和18:30），或者乘坐Diputación de Lugo（☎982 26 01 96；www.lugoterra.com；Embarcadoiro de Doade；成人/老人和儿童 €9/5；⏲11:30、16:00或16:30，6月至9月 每天，10月至11月和4月至5月 周三至周日，6月至9月中旬 每天19:00还有1班）经营的更大的船只。

卡尔德拉斯堡那片怪异的老城区有4家小型酒店。

景点

★ Ponte da Boga 葡萄酒厂

（☎988 20 33 06；www.pontedaboga.es；Carretera OU903, Km 21.8, O Couto, San Paio；45分钟团队游 含品尝7杯葡萄酒 €5；⏲复活节至10月 10:00~14:00和16:00~22:00，11月至次年复活节 10:00~13:30和15:00~19:00；Ⓟ）免费 这是卡尔德拉斯堡地区最有趣的葡萄酒厂之一，其历史可追溯到1898年，也是让本地加利西亚葡萄品种走向复苏的越来越多的葡萄酒厂之一。这里生产的一些葡萄酒是萨克斯河谷最好的，如果参加标准的团队游，你可以品尝7杯葡萄酒。顺着从卡尔德拉斯堡通往锡尔峡谷的OU903下行6公里即到。

住宿

Hotel Casa de Caldelas 酒店 €

（☎988 20 31 97；www.hotelcasadecaldelas.com；Praza do Prado 5, Castro Caldelas；含早餐标单 €35~40，双 €45~55；Ⓦ）这家受人欢迎的小型酒店是一个很棒的选择。它位于一座18世纪的石屋中，地点在村子的主广场上，客房舒适现代，浴室很小，不过有相当好的当代风格家具。

蒙福特-德莱莫斯 (Monforte de Lemos)

人口 16,335/海拔 300米

这个处于交叉路口的城镇与该地区的其他镇子不同，既不紧凑也不原始。但它有一个历史悠久的核心区，市中心北边的小山圣维森特山（Monte de San Vicente）很值得你爬上去看看。这里有一座17世纪的圣维森特修道院（Monasterio de San Vicente），如今被一家国营酒店占据，其庭院、咖啡馆和餐厅向所有人开放。你还可以造访Torre da Homenaxe（门票 €1.50；⏲周二至周日 11:00~13:45和16:00~18:30；Ⓟ），它是莱莫斯伯爵（Counts of Lemos）那座中世纪城堡最后的遗迹。你可以驾车登上圣维森特山，不过步行上山更有趣，从市中心Praza de España开始，你会路过一些中世纪的城墙和房屋。顺着Rúas Zapaterías、Pescaderías和Falagueira这几条大街走，然后顺着"Castillo"小路往上走几米，进入Porta Nova大门。

Pazo Molinos de Antero（☎676 573563；www.pazomolinosdeantero.com；Carretera de Malvarón；房间 55~65，双 105~115；🅿📶）位于镇东头一座18世纪的庄园里，以前的马厩被改建成舒适的现代客房和一些可以自己做饭的公寓。住在这里会感受到很多迷人之处，包括对客人的热情欢迎、宽敞舒适的浴室、一间提供免费咖啡与茶的起居室和一个绿草茵茵的花园。庄园现在仍然由当时的家族所有，提供团队导览游，更添入住乐趣。

卢戈（Lugo）

人口 90,000

古老的卢戈城由宏伟的罗马时代的城墙环绕，被认为是同类型古城中保存最完好的，这也是游客到此游览的最重要的原因。堡垒之内是迷宫般保存完好的美丽街巷和广场，绝大多数都没有车辆通行，是漫步的理想之地，有大量有趣的东西可看（差不多全是免费的），还有很棒的西班牙小吃和酒吧。Lucus Augusti在罗马时代是加利西亚的主要城邦，而现代卢戈则是一个幽静却迷人的城市，除了城墙外还有许多其他的罗马遗迹。

景点

★罗马城墙 城墙

（Roman Walls；⏲24小时；👪）免费 被列入世界遗产的罗马城墙上的道路之于卢戈，就像是海滨漫步对于海滨度假胜地一般重要。这里可以慢跑，可以夜间漫步，看风景的同时也被别人观察。这座城墙建于3世纪，围绕着古城一圈长达2.2公里，高度为15米，建有85座坚固的塔楼。但它们未能让卢戈在460年免遭Suevi占领，或者在3个世纪后免遭穆斯林占领。

一直到19世纪，运送货物进城还要收取通行费，城门夜间关闭。

Centro de Interpretación de la Muralla（Praza do Campo 11；⏲6月中旬至10月中旬 周一至周三 11:00~13:30 和17:00~19:30，周四至周六 11:00~19:30，周日 11:00~18:00，10月中旬至次年6月中旬 周一至周三 11:00~14:00，周四至周日 11:00~18:00）位于卢戈大教堂北部一个街区开外，能提供罗马城墙的有趣背景信息，提供有视频和免费的音频导览，全部都有英语。

圣玛利亚大教堂 主教座堂

（Catedral de Santa María；☎982 23 10 38；Praza Pio XII；⏲8:25~20:45）这座受圣地亚哥-德孔波斯特拉大教堂影响的教堂开建于1129年，工程一直持续了几个世纪，融罗马式（十字形翼部）和新古典式（正立面）于一体，是一座宁静的建筑，值得近距离参观。华丽的镀金主祭坛有Cornelis de Holanda于15世纪30年代雕刻的有关基督生平的场景，现在分别位于十字形翼部的两端。

在高高的装饰华丽的巴洛克式祭坛（它周围有色彩非常鲜艳的彩窗玻璃窗户）背后有一座极端巴洛克风格的小礼拜堂，其中藏有卢戈的一位基督徒资助人Nosa Señora dos Ollos Grandes（我们的大眼睛夫人）的美丽的哥特式肖像，是用彩绘石膏做的。北门外之上的庄严的基督雕像是西班牙罗马式石雕的杰作。

省博物馆 博物馆

（Museo Provincial；http://redemuseisticalugo.org；Praza da Soidade；⏲周一至周五 9:00~21:00，周六 10:30~14:00和16:30~20:00，周日 11:00~14:00）免费 卢戈的主博物馆中包括哥特式的Convento de San Francisco部分，是加利西亚最好最大的博物馆。那些精心布置的展品包括前罗马时代的金首饰、罗马的马赛克艺术品、加利西亚Sargadelos的陶器和大量19世纪至20世纪的加利西亚艺术品。

马赛克之家 考古遗址

（Casa dos Mosaicos；Rúa de Doutor Castro 20-22；⏲6月中旬至10月中旬 周二至周六 11:00~13:30及16:00~19:30，周日 11:00~14:00，10月中旬至次年6月中旬 周四至周六 11:30~13:30和17:00~19:00，周日 11:30~13:30）免费 这是一座罗马式庄园的遗址，位于老城区的街道下面，有一些保存得很好的漂亮马赛克和壁画作品。

节日和活动

Arde Lucus 宗教狂欢节

（www.ardelucus.com；⏲6月；👪）6月（有

Camino Francés in Galicia
加利西亚的法兰西之路

时会持续到7月），当这座城市在为期3天的节日中追溯其古罗马之根时，大约50万人聚集到卢戈。庆典活动以战车比赛、角斗和大量古罗马的服装等为特色。

住宿

Hotel Méndez Núñez 宾馆 €

（☎982 23 07 11; www.hotelmendeznunez.com; Rúa da Raíña 1; 房间 €50~135; ❄@📶）Méndez Núñez拥有69间宽敞明亮的客房，其中配备有舒服的床铺、闪闪发光的浴室和镶木地板。位于老城中心地带，可以把车停在附近的停车场，费用€6，非常划算，因为停车费通常是€50~65。有些楼层的Wi-Fi信号比较弱。

Hotel España 酒店 €

（☎982 81 60 62; hotelespanalugo@hotmail.com; Rúa Vilalba 2 Bis; 标单/双 €25/35; 📶）这里有令人愉快的前台接待服务，房间里也有令人愉快的装饰元素，例如橘红色的墙壁或描绘鸟类的壁画。España的房价很划算。17间客房中有7间都能看到大街对面的古罗马城墙。早餐€2.50。

Orbán e Sangro 精品酒店 €€€

（Hotel Pazo de Orbán; ☎982 24 02 17; www.pazodeorban.es; Travesía do Miño 6; 双 €110~220，含早餐 €132~253; P❄📶）这间热情的酒店位于罗马式城墙之内的一座18世纪的建筑中，12间客房风格都很庄严，装饰有富丽的亚麻制品、古董家具，配有设计师设计的浴室和2.15米的乳胶垫大床（在10间客房里）。酒店里满是迷人的古典和经典艺术品，提供很棒的“环保”早餐，附设的酒馆采用具有高度独创性的20世纪初期的风格。

就餐

在古城中，尤其是大教堂北部的Rúa da Cruz、Rúa Nova和Praza do Campo，有大量诱人的酒吧兼餐厅，提供西班牙小吃和各种主要菜式。其中有许多都为每份饮品提供2道免费的西班牙小吃，一份由酒吧挑选，另一份则要从酒吧服务员（通常说得非常快）报出的菜单中挑选。

Las Cinco Vigas 西班牙小吃 €

（Rúa da Cruz 9; 盘餐 €4~12; ⊙周三至周一 9:00至午夜）这里一直是最繁忙的西班牙小吃酒吧，有各种各样的顾客来享受特别美味的免费小吃，包括一种很棒的红酒煎小牛肉（terneira al vino tinto）。如果你想要的不只是几口小吃，这里还提供其他以盘餐（raciones; 满满一盘）形式出现的食物。

Restaurante Paprica 加利西亚菜 €€€

（www.paprica.es; Rúa das Nóreas 10; 主菜 €19~29; ⊙13:30~15:45和20:30~22:45，6月至9月的周一晚上和周日以及10月至次年5月的周日晚上和周一不营业）这里有一支很有才华的团队，根据加利西亚本地的时令食材如新鲜的鱼类、贝类、蔬菜和高品质肉类，创造出令人满意的原创菜肴——干净整洁而又不过分注重细节的装饰为这里当代风格的就餐体验增添了魅力。你可以在酒吧里品尝一点小吃，也可以坐下来照单点菜或要一份套餐。这里的一切都很美味，包括餐后甜点！

Mesón de Alberto 加利西亚菜 **€€€**

（☎982 22 83 10; www.mesondealberto.com; Rúa da Cruz 4; 主菜 €13~30; ⏲周日和周一 13:00~16:00，周二至周六 13:00~16:00和

加利西亚的圣地亚哥朝圣之路

所有的圣地亚哥朝圣之路都汇集在加利西亚，这是它们共同的目标。大约63%的朝圣者都取道法兰西朝圣之路（Camino Francés）而来，以比利牛斯山（Pyrenees）作为起点。这条路线在位于卡斯蒂利亚-莱昂附近丘陵之中的O Cebreiro进入加利西亚，然后向西，在最后的154公里路程中穿过怡人的绿色乡村，前往圣地亚哥-德孔波斯特拉。不过，越来越多的朝圣者也取道葡萄牙之路（Camino Portugués; 在图伊或阿瓜尔达进入加利西亚）、北方朝圣之路（Camino del Norte; 顺着海岸从巴斯克自治区穿过坎塔布里亚和阿斯图里亚斯）、银之路（Vía de la Plata; 从安达卢西亚而来）、Camino Primitivo之路（从奥维耶多经卢戈而来）和英国之路（Camino Inglés，从拉科鲁尼亚或费罗尔而来）。

小小的**O Cebreiro**海拔1300米，是法国朝圣之路中最长、最困难的一段上坡路的顶点。这里近半数的建筑都是酒吧兼餐厅（很多都提供非常便宜的多盘套餐）或膳宿公寓或朝圣者的旅舍，这些旅舍中点缀着几座pallozas（一种圆形的茅草屋，从前罗马时代就已存在于加利西亚农村，人们和自己的牲畜都住在这里面）。其中最好的旅馆是有5间客房的**Hotel O Cebreiro**（☎982 36 71 82; www.hotelcebreiro.com; O Cebreiro; 标单/双 €40/50; 📶），其主建筑的客房中能看见木梁和石墙，建议预订。

从O Cebreiro下山走19公里就到了Triacastela，朝圣之路在这里分成两条路，但最后都在萨里亚（Sarria）汇合。经过萨摩斯（Samos）的南线要更长（25公里）。在这里你会看见本笃会的萨摩斯修道院（Mosteiro de Samos; ☎982 54 60 46; www.abadiadesamos.com; 团队游 €4; ⏲团队游 5月至10月 周一至周六 9:30~12:30和16:30~18:30 每小时1次，周日 12:45，另16:30~18:30 每小时1次，11月至次年4月 周一和周四至周六 10:00至正午 每小时1次，16:30和17:30各一次，周日 12:45、16:30和17:30; Ⓟ）。它有两个巨大的美丽回廊——一个是哥特式的，在喷泉上装饰着一些明显与修道院格格不入的希腊仙女，另一个是新古典风格的，并且到处都是玫瑰花。萨摩斯有很多可以住宿的经济型旅店，不过受人欢迎的**Casa de Díaz**（☎982 54 70 70; www.casadediaz.com; Vilachá; 房间 €35~50，早餐 €6.30; ⏲大约11月至次年3月歇业; Ⓟ@📶）🍃是另一个不错的选择。它是一个由18世纪的农舍改造成的乡村风格酒店，位于萨摩斯之西3.5公里处的Vilachá。这里有12间旧大陆风格的舒适客房。

只走最后100公里的人们往往从萨摩斯以西12公里处的萨里亚（距圣地亚哥114公里）出发。从这里，朝圣之路蜿蜒地穿过一个又一个村庄，穿过森林和田野，然后经一段地势陡峭的下坡路来到位于Río Miño河之上的Portomarín。走过艰难的25公里的后就到达了Palas de Rei，接下来到梅利德（Melide）的15公里路途中有很多美丽的乡间小路。从梅利德再走53公里，经过森林、村庄、农田以及最后的城市道路，朝圣之路经过Rúa de San Pedro进入圣地亚哥中心，到达大教堂北面的Praza da Inmaculada。大多数朝圣者会多走几步，经过拱门，来到教堂著名的西侧外立面之前的宏大教堂广场工人广场。

如果你来加利西亚旅游而不是朝圣，从O Cebreiro到萨摩斯的30公里将是一段美好的旅途。从Astorga驾车经A6公路进入加利西亚的游客可转入Pedrafita do Cebreiro，之后沿着LU633公路向南4公里来到O Cebreiro。从这里到萨摩斯的路穿过绿色的田野，可以极目远眺，并和朝圣之路多次交会。

20:30~23:30）Alberto是小吃区最时髦的就餐地点，提供按传统方式烹制的美味肉食、鱼和贝类菜肴，但又略带几分创意——就餐是在楼上的主餐厅，小吃在底楼。€15的西班牙小吃赏味套餐（3道菜和葡萄酒）非常合算。

旅游信息

市旅游局（982 25 16 58；www. http://lugo.gal；Praza do Campo 11；6月中旬至10月中旬 周一至周三 11:00~13:30和17:00~19:30，周四至周六 11:00~19:30，周日 11:00~18:00，其余月份工作时间缩短）位于Centro de Interpretación de la Muralla内，乐于助人。

到达和离开

从南部城墙之外的**汽车站**（982 22 39 85；Praza da Constitución）出发，**Empresa Freire**运营的长途汽车可至圣地亚哥-德孔波斯特拉（€9.45，2小时，每天6班或以上），**Arriva**（见620页）的班次可至拉科鲁尼亚（€9.15，1.25~2小时，每日5班或5班以上）。其余还有客车可至蒙福特-德莱莫斯、奥伦塞、蓬特韦德拉、比韦罗、里瓦德奥、莱昂、马德里、阿斯图里亚斯及其他地区。

西班牙国铁（见609页）每日至少有3班火车可至拉科鲁尼亚（€10~€12，1.75小时）、蒙福特-德莱莫斯（€6~€16，1小时），每天还有1班或1班以上的列车开往马德里（€28~€53，7~9.5小时）。

埃斯特雷马杜拉

包括 ➡

最佳餐饮

- Atrio（见657页）
- Restaurante La Meancera（见669页）
- La Rebotica（见679页）
- La Cacharrería（见657页）
- Villa Xarahiz（见667页）

最佳住宿

- Atrio（见656页）
- El Jardín del Convento（见669页）
- La Flor de Al-Andalus（见675页）
- Eurostars Palacio de Santa Marta（见662页）
- Hospedería del Real Monasterio（见664页）

为何去

探索埃斯特雷马杜拉就像是在旧时的西班牙中心地区穿行一样，旅人在这里可以尽览保存完好的古罗马遗迹、神秘的中世纪城市和饱经风霜的村庄。从北方偏远的山地到东部神圣的瓜达卢佩和安达卢西亚南端的萨夫拉，埃斯特雷马杜拉的村庄具有一种永恒的魅力，而梅里达、卡塞雷斯和特鲁西略绝对可以跻身西班牙保存最为完好的历史聚居地之列。

很少有国外游客会行至此处，然而，西班牙人却深知这里是品尝西班牙内陆最佳美食的好地方，这些美味佳肴包括烤肉和浓郁的羊乳奶酪，以及上乘的莫内斯特里奥火腿。

这一地区拥有广阔的蓝天，人口稀少的大片土地，散布着一个个孤立的农舍和看起来摇摇欲坠的山顶城堡。郁郁葱葱的山脊起伏于北部、东部和南部的边缘地区，而有许多食肉猛禽出没的蒙弗拉格国家公园则是埃斯特雷马杜拉最引人注目的一角。

何时去

卡塞雷斯

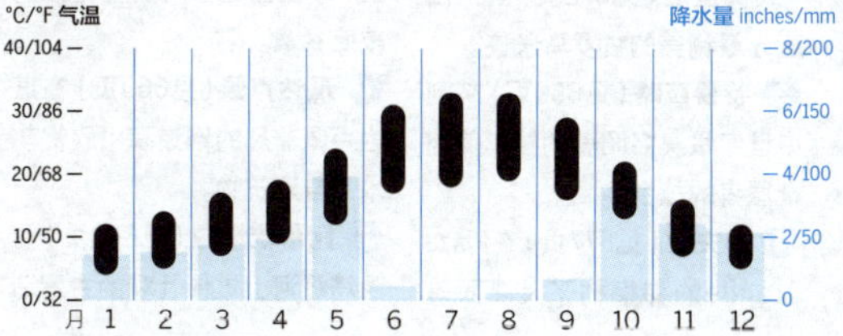

3月至4月 赫尔特山谷将变成盛开着樱花的白色海洋，景致非常壮观。

7月至8月 梅里达有着2000年悠久历史的古罗马剧院将举行国际古典戏剧节。

9月至10月 是旅行的最佳时间：游客较少，天气晴好，没有夏季的酷热。

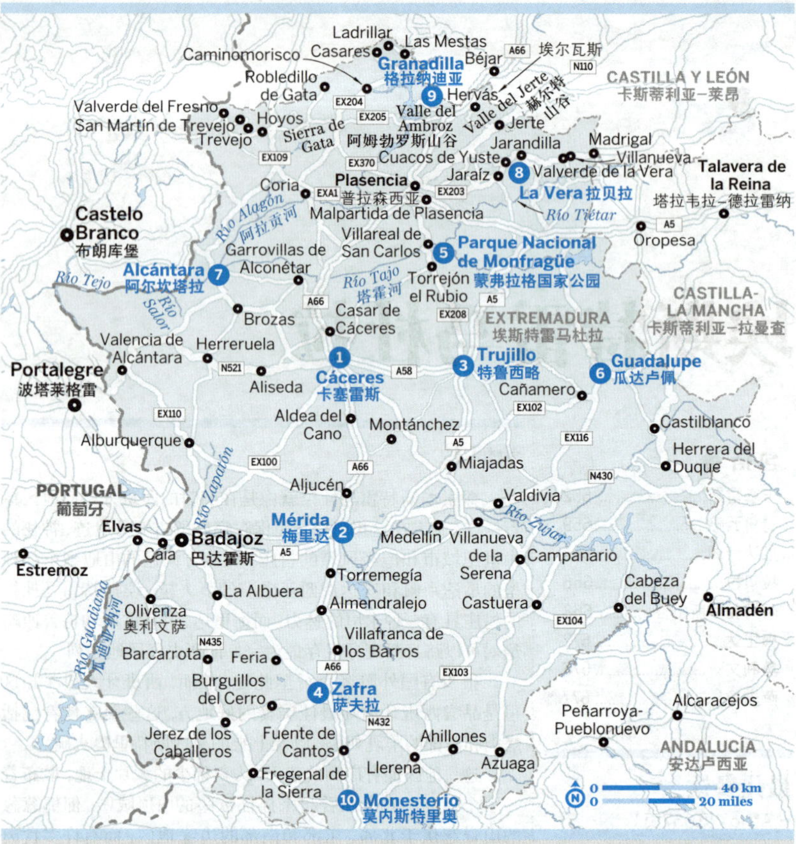

埃斯特雷马杜拉亮点

❶ **卡塞雷斯**（见652页）到纪念之城的鹅卵石街巷和顾客盈门的外卖小吃吧中闲逛。

❷ **梅里达**（见672页）登上西班牙最精美的古罗马遗迹。

❸ **特鲁西略**（见659页）来到中世纪最臭名昭著的拉丁美洲征服者的故乡。

❹ **萨夫拉**（见677页）在Plaza Grande的棕榈树下大啖西班牙小吃，然后入住这里的一座城堡。

❺ **蒙弗拉格国家公园**（见670页）寻找在塔霍河上空翱翔的威武猛禽。

❻ **瓜达卢佩**（见663页）在瓜达卢佩非凡的修道院中欣赏艺术品与建筑物。

❼ **阿尔坎塔拉**（见658页）参观塔霍河上雄伟壮观的古罗马大桥。

❽ **拉贝拉**（见666页）探索半木结构的村庄和湍急的河流，惊艳于附近赫尔特山谷中的樱花。

❾ **格拉纳迪亚**（见668页）在这个经过修复的历史博物馆村庄的幽静小道上漫步。

❿ **莫内斯特里奥**（见679页）来到火腿博物馆了解并品尝这种西班牙人最爱的食物。

卡塞雷斯（Cáceres）

人口 95,814

欢迎来到西班牙最美的城市之一。虽然卡塞雷斯的郊区就风格而言在众多西班牙城市中显得并不是特别出众，但其纪念之城（Ciudad Monumental）则非比寻常。狭窄的鹅卵石街道蜿蜒曲折，穿梭于古老的石墙中，两侧坐落着宫殿和庄园、拱门与教堂。天空的轮廓被角楼、塔尖、石像和巨大的鹳巢装点着。有了坚固的护城墙的保护，这里几乎保留了16世纪全盛时期的一切。黄昏降临或者渐入黑夜的时候，人群离去，你会感觉自己仿佛踏入了中世纪一般。

城墙脚下，带有拱廊的热闹的主广场（Plaza Mayor）是西班牙最美的公共广场之一。

景点

圣玛利亚广场及周边 (Plaza de Santa María & Around)

大多数游客会经过主广场抵达蔚为壮观的纪念之城，从修建于18世纪的Arco de la Estrella（Calle Arco de la Estrella）拱门下穿过就到了圣玛利亚广场，广场上能看见著名的主教宫Palacio Episcopal（Plaza de Santa María）、Palacio de Mayoralgo（Plaza de Santa María）和Palacio de Ovando（Plaza de Santa María）的外立面，这三座建筑都是16世纪文艺复兴时期的风格。

继续深入探索纪念之城的东南部地区，你还会经过文艺复兴时期风格的Palacio de la Diputación（Plaza de Santa María）。

★ Torre de Bujaco 塔

（☎927 24 67 89；Plaza Mayor；成人/儿童 €2.50/免费；⊙5月至9月 周二至周六 10:00~14:00和17:30~20:30，10月至次年4月 周二至周日 10:00~14:00和16:30~19:30）在攀登从主广场至纪念之城的阶梯时，左转可以登上12世纪落成的高25米的Torre de Bujaco，这里的展览附有说明，介绍了卡塞雷斯的历史。登上屋顶，可以如鹳一般鸟瞰主广场。从这里可步行穿过18世纪的建筑Arco de la Estrella顶部。

圣玛利亚大教堂 主教座堂

（Concatedral de Santa María；Plaza de Santa María；成人/老人/学生/儿童 €4/3.50/3/免费；⊙5月至9月 周一至周六 10:00~21:00，周日 10:00~12:30和14:00~19:00，10月至次年4月开放时间不定）这座修建于15世纪的哥特式大教堂为纪念之城创造了一个壮观的入口。教堂内部有一座16世纪雪松雕刻的宏伟祭坛，几座精致的贵族坟墓、小礼拜堂和一间小教会博物馆。祭坛上方的拱顶天花板装饰着色彩鲜艳的美丽壁画（包括几条龙）。登上钟楼能眺望老城区的风景。

卡瓦哈尔宫 历史建筑

（Palacio de Carvajal；☎927 25 55 97；Calle Amargura 1；⊙周一至周五 8:00~20:45，周六 10:00~13:45和17:00~19:45，周日 10:00~13:45）**免费** 在圣玛利亚广场主广场东北角旁边矗立着这座建于15世纪末的建筑。它在19世纪因遭大火肆虐而被废弃，如今已修复，里面有关于埃斯特雷马杜拉名胜景点的现代化展览和可以为游客提供很多帮助的地区旅游局办事处（见657页）。

Palacio Toledo-Moctezuma 历史建筑

（Plaza del Conde Canilleros）在圣玛利亚广场北边坐落着这座带有圆顶的建于16世纪的Palacio Toledo-Moctezuma，这里曾是阿兹特克（Aztec）皇帝蒙特祖马二世（Moctezuma Ⅱ）的女儿伊莎贝拉·蒙特祖马（Isabel Moctezuma）的家，她作为一个征服者的新娘来到了卡塞雷斯。该宫殿现在存放着市政档案资料。

圣弗朗西斯科哈维尔教堂 教堂

（Iglesia de San Francisco Javier, Iglesia de la Preciosa Sangre；Plaza de San Jorge；成人/儿童 €1/免费；⊙4月至9月 10:00~14:00和17:00~20:00，10月至次年3月 10:00~14:00和16:30~19:30）这座建于18世纪的耶稣会教堂有着巴洛克式的立面，耸立在圣乔治广场上。游客可登上塔楼观看老城区的壮丽风景，不过那些网使得视线稍稍有些模糊。

Plaza de San Mateo及周边

★ 下戈尔菲内斯宫 历史建筑

（Palacio de los Golfines de Abajo；☎927 21 80 51；www.palaciogolfinesdeabajo.com；Plaza de los Golfines；团队游 成人/儿童 €2.50/免费；⊙团队游 每小时1次，5月至9月 周二至周六 10:00~13:00和17:00~19:00，周日 10:00~13:00，10月至次年4月 10:00~13:00和16:30~18:30，周日 10:00~13:00）这里是卡塞雷斯望族Golfín家族的华丽豪宅，被修复得非常美丽。它是在

Cáceres 卡塞雷斯

Cáceres 卡塞雷斯

重要景点

1 Arco de la Estrella............................C2
2 卡塞雷斯博物馆............................C4
3 下戈尔菲内斯宫............................C2
4 圣玛利亚广场............................C2
5 Torre de Bujaco............................C2

景点

6 圣玛利亚大教堂............................C2
7 圣弗朗西斯科哈维尔教堂............................C3
8 卡瓦哈尔宫............................D2
9 Palacio de la Diputación............................C2
10 Palacio de Mayoralgo............................C2
11 Palacio de Ovando............................C2
12 Palacio Episcopal............................C2
13 Palacio Toledo-Moctezuma............................C1
14 Torre de las Cigüeñas............................C3

活动、课程和团队游

15 Asociación de Guías Turísticos............................C2

住宿

16 Atrio............................C4
17 Hotel La Boheme............................C1
18 Hotel Soho Boutique Casa Don Fernando............................B2
19 NH Collection Palacio de Oquendo............................B3

就餐

20 Alma del Sabor............................C4
Atrio............................（见16）
21 La Cacharrería............................C3
Café-Jardin Costa Vella............................（见23）
22 La Tahona............................A3
23 Los Siete Jardines............................D3
24 Tapería Yuste............................A3
25 Torre de Sande............................C3

14~20世纪一点点修建起来的，里面放满了历史珍宝：原有的17世纪壁毯和军械库壁画、一尊修造于19世纪的阿方索十二世（Alfonso Ⅻ）半身像、天主教君主（Reyes Católicos）在1485年向其Golfín总管们征集的军队的签名文件。但这里引人注目的是详细的、戏剧性强的团队游（用西班牙语、英语、法语或葡萄牙语），你将穿过4间装饰得富丽堂皇的休息室、一座奢华的礼拜堂和一间使人着迷的档案室。

卡塞雷斯博物馆 博物馆

（☎927 01 08 77；Museo de Cáceres；Plaza de las Veletas 1；非欧盟/欧盟居民 €1.20/免费；⏲4月至9月 周二至周六 9:00~15:00和17:00~20:30，周日 10:15~14:30，10月至次年3月 周二至周六 9:00~15:00和16:00~19:30，周日 10:15~14:30）这座精彩的博物馆占据了一所建于16世纪庄园的12座建筑，该房屋修建在一个令人不禁生发出思古悠情的12世纪落成的蓄水池（aljibe）上，是卡塞雷斯摩尔风格城堡中仅存的部分。这里有一个令人印象深刻的考古专区，里面陈列着一个精致的野猪石雕，其历史可追溯到公元前4世纪至公元前2世纪，而同样迷人的美术展览（在博物馆主楼后面，仅早晨开放）则展示了包括毕加索、米罗、塔皮埃斯和格列柯等大家的作品，是西班牙受到低估的藏品集之一。

鹳塔 塔

（Torre de las Cigüeñas；Plaza de San Pablo））这座塔楼夹在Plaza de San Mateo和Plaza de las Veletas之间，是老城区最高的建筑，也是卡塞雷斯的护城墙中仅存的一座哨塔，其余的都在Isabel la Católica的命令下于15世纪末拆除了。

活动

El Aljibe de Cáceres 土耳其浴室

（☎927 22 32 56；www.elaljibedecaceres.com；Calle de Peña 5；⏲周二至周日 10:00~14:00和18:00~22:00）这个奢华的摩尔式浴池在改建后采用了非常怡人的建筑结构，提供一系列的特殊疗法和护理方式。普通的温泉浴池通票包括香薰和草药茶，不过你也可以加上一系列按摩（洗浴加按摩€20起）。

团队游

★Cuentatrovas de Cordel 徒步

（☎666 836332，667 776205；www.cuentatrovas.com；成人 €7起，儿童 超过/未满10岁 €5/免费）导游和古装演员带领团队从不同路线穿过纪念之城。团队游非常有趣，而且能让你了解许多知识（如果你懂西班牙语的

埃斯特雷马杜拉顶级美食与葡萄酒体验

- 去卡萨尔德卡塞雷斯的奶酪博物馆（Museo del Queso；见657页）找寻找西班牙著名的奶酪之一：羊乳奶酪（Torta del Casar）。
- 去莫内斯特里奥参观火腿博物馆（见679页），品尝本地区最好的火腿。
- 为在卡塞雷斯的Atrio（见657页）尽情享受西班牙最受追捧的典雅用餐体验而梳妆打扮。
- 到萨夫拉的Iberllota（见679页）、**Joaquín Luna**（☎924 55 05 37；www.joaquinluna.com；Plaza de España 10；⏲周一至周五 10:00~14:00和17:30~20:30，周六 10:00~13:30）和La Cava del Queso（见679页）为埃斯特雷马杜拉野餐采购食品。
- 在Bodegas Medina（见678页）、Palacio Quemado（见677页）和Bodegas Ruíz Torres（见663页）品尝Ribera de Guadiana葡萄酒产区口感最醇厚的红葡萄酒。
- 在特鲁西略于4月底举行的奶酪节（见661页）上，或者在一年中的任何时候到萨夫拉的**Quesería La Bendita**（☎615 266265；Plaza Chica 14；西班牙小吃/盘餐 €4/11起；⏲周二至周六 12:30~15:30和19:30至午夜，周日 12:30~16:00），享用西班牙最好的奶酪。

话)，强烈推荐。出发时间不同，晚上的团队游是这里的特色，从Arco de la Estrella出发。

导游联合会 徒步

(Asociación de Guías Turísticos; ☎927 21 72 37; Plaza Mayor 2; 团队游 成人/儿童 €6/免费)这些西班牙语导览游将持续一个半小时至两个小时的时间，沿途游览纪念之城的热门景点，时间是周一至周六的11:00、12:30和18:00(10月至次年4月17:00为最后一批)，以及周日的11:00和12:30。步行游览从位于主广场的协会办公室出发，每个团最少10人，不过你(通常)可以加入一个现成的团。

节日和活动

圣乔治节 当地宗教狂欢节

(Fiesta de San Jorge; ⌚4月22日至23日)卡塞雷斯将通过各种表演、烟花、比赛、对基督徒与摩尔人之间的一场战斗的再现和一条巨大的龙来庆祝圣乔治节，以纪念其守护神。演出在主广场举行。

Womad 音乐节

(World of Music, Arts and Dance; www.womad.org; ⌚5月)5月中旬，在洋溢着节日激情的三天时间里，卡塞雷斯将举办一场持续上演的Womad(世界音乐、艺术和舞蹈节)，届时将有许多国际乐队在老城广场上举办音乐演出。

住宿

Hotel La Boheme 酒店 €

(☎674 014060; www.hotellaboheme.com; Plaza Mayor; 标单/双/套 €45/60/80; ❄📶)Hotel La Boheme位于主广场地势较低的北端，有一些气氛古怪的宽敞客房，里面的装饰色彩丰富，具有鲜明的个性，但绝不会过分，带有阳台的套间尤其棒；俯瞰广场的房间光线充足，但也会很吵。

★Hotel Casa Don Fernando 精品酒店 €€

(☎927 62 71 76, 927 21 42 79; www.casadonfernando.com; Plaza Mayor 30; 标单/双 €55/65起; P❄📶)这个精品酒店是卡塞雷斯最时髦的中档酒店，位于主广场上，在Arco de la Estrella的正对面。精品客房占据了四层楼，呈现出颇有品位的现代风格，还带有用玻璃门隔开、闪着微光的浴室。更贵的"高级"客房有最好的广场景观(不过周末的夜晚可能会很喧闹)。阁楼风格的顶层房间非常适合家庭居住。服务保持了专业而又友好的完美格调。

NH Collection Palacio de Oquendo 历史酒店 €€

(☎927 21 58 00; www.nh-collection.com; Plaza de San Juan 11; 房间 €95起; ❄📶)这里的客房时髦而宽敞，表面刷成乳白色，咖啡设备、低矮厚实的床垫、令人舒坦的灯光和时髦的现代浴室让它显得更加完美，在这座被翻修得漂漂亮亮的16世纪宫殿中等待客人光临。带有阳台的房间是最好的，可以远眺Plaza de San Juan的风景。你还可以踏进位于酒店内的Tapería Yuste(西班牙小吃 €4.85, 盘餐 €9~19, 套餐 €21.50~30; ⌚13:00~16:00及20:00至午夜)品尝别具创意的美味小吃。

★Atrio 精品酒店 €€€

(☎927 24 29 28; www.restauranteatrio.com; Plaza de San Mateo 1; 双 €270~500; P❄📶🏊)整洁得无懈可击的现代风格、房间里贴着的热情的白底白纹壁纸，还有一些严肃的原创当代艺术品，使得这间豪华的五星级精品酒店独具特色，此外这里还有西班牙较负盛名的餐厅之一。酒店位于老城中心地带，地理位置非常棒，从排列着柑橘树的屋顶游泳池和露台上可以看到卡塞雷斯的全景。再加上顶级的个人服务，Atrio被视为埃斯特雷马杜拉最佳酒店的原因显而易见。

就餐

Los Siete Jardines 咖啡馆 €

(☎927 21 73 36; www.lossietejardines.es; Calle Rincón de la Monja 9; 小吃和便餐 €5起; ⌚周一至周五 16:00至深夜，周六和周日 正午至深夜)Los Siete Jardines隐藏在犹如迷宫般的老城区，兼具三重身份：既是当代美术馆和文化中心，也是一家给人放荡不羁之感的咖啡馆。在后花园里可以点一杯咖啡和小吃或便餐，周围都是卡塞雷斯高耸的历史建筑，或者也可在墙上露出砖头与石头的室内就餐区透

过落地窗欣赏外面的风景。

★ La Cacharrería 西班牙小吃 €€

(☎927 03 07 23; lacacharreria@live.com; Calle de Orellana 1; 西班牙小吃 €5, 盘餐 €10~18; ⊙餐厅 周四至周一 12:30~16:00和20:30至午夜, 咖啡馆 周四至周六 16:00至次日1:30, 周日 16:00~23:00; ✎)这家体现出极简主义设计风格的西班牙小吃吧顾客盈门, 隐藏在老城区的一座房子里。它将当地风味和食材结合起来, 形成一些受国际烹饪风格影响的精致大杂烩。用羊乳奶酪烹制的里脊肉(Solomillo)会搭配上几杯马丁尼。对素食者来说, 美味的鳄梨酱、鹰嘴豆泥、沙拉三明治和“salsiki”简直是天赐之物。这里不能预订桌位, 请在13:45或20:30来就餐。

★ Atrio 当代西班牙菜 €€€

(☎927 24 29 28; www.restauranteatrio.com; Plaza de San Mateo 1; 套餐 €135起; ⊙14:00~16:00和20:30~23:30; ✎)这里是埃斯特雷马杜拉的顶级餐厅, 位于卡塞雷斯老城区的中心。这里的装饰采用别致的当代设计, 餐厅服务也非常友好正式, 衬托出了他们别具创意的美妙烹饪。主打是最高品质的当地菜肴, 有包括12~13道菜的赏味套餐。如果提前通知, 餐厅也可提供素食和无麸质套餐。预订至关重要。

Torre de Sande 创意菜、西班牙菜 €€€

(☎927 21 11 47; www.castillodelaarguijuela.com; Calle Condes 3; 主菜 €19~26, 套餐 €28~40 ⊙周二和周日 13:30~16:00, 周三至周六 13:30~16:00和20:30至午夜; ✎)这间优雅的美食餐厅位于纪念之城的中心地带, 你可以在它漂亮的庭院里进餐, 大啖烤乳猪或烤山羊羔肉, 或者来一些更具挑战性的时令菜肴, 如包裹着海鲜的鳕鱼(merluza), 或者西红柿和罗勒汤配山羊奶酪和无花果。如果想吃一些口味更为清淡的饮食, 可以在走廊中的那个繁忙的小吃吧台(tapería)停下来喝一些饮品, 品尝西班牙小吃。

ℹ 实用信息

旅游局办事处(☎927 11 12 22, 674 301332; www.turismoextremadura.com; Plaza Mayor; ⊙6月至9月 10:00~14:00和17:30~20:30, 10月至次年5月 10:00~14:00和16:30~19:30)位于主广场上, 主要聚焦本市和埃斯特雷马杜拉的景点。

旅游局办事处(☎927 25 55 97; www.turismocaceres.org; Palacio Carvajal, Calle Amargura 1; ⊙周一至周五 8:00~20:45, 周六 10:00~13:45和17:00~19:45, 周日 10:00~13:45)位于卡瓦哈尔宫里面。

ℹ 到达和离开

长途汽车

汽车站(☎927 23 25 50; www.estacionautobuses.es; Calle Túnez 1; ⊙6:30~22:30)位于老城区西南方2公里处。

目的地	车费(€)	行驶时间	班次(每天)
巴达霍斯	6.30	1.25小时	3~6班
马德里(普通/特快)	23/30	4.5/3.75小时	5/2班
梅里达	6.50	1小时	2~3班
普拉森西亚	5.90	50分钟	1~4班
特鲁西略	3.65	0.75小时	5~6班

火车

火车站位于老城区西南方2.5公里处, 有多趟列车往返于这里和马德里(€28~33, 3.75~4.25小时, 每天5班)、梅里达(€6.10~7.35, 1小时, 每天6班)及普拉森西亚(€5.20~6.05, 1小时, 每天4班)之间。

卡萨尔德卡塞雷斯(Casar de Cáceres)

人口 4604

热爱奶酪的人有福了! 埃斯特雷马杜拉出产的火腿声名在外, 不过当地生产的光滑的羊乳奶酪在西班牙烹饪界也同样享有盛名。卡萨尔德卡塞雷斯位于卡塞雷斯以北约12公里处, 在通往普拉森西亚的N630公路上有明显的路标, 这种当地珍馐就诞生于此, 而且至今仍在制作——从卡塞雷斯到此, 是一次轻松而短暂的美食之旅。

👁 景点

奶酪博物馆 博物馆

(Museo del Queso; ☎927 290081; Calle

Barrionuevo Bajo 7; ⌚周二至周六 10:00~14:00) 免费 这家小型博物馆专门展示埃斯特雷马杜拉备受热爱的羊乳奶酪，它有着刺激性的气味，呈乳脂状，需40天才能发酵成熟，大多是搭配tostas（单片三明治）食用，但也可搭配牛排，或者也放在如今那些具有创意的现代混合菜肴里。这里的大部分展览只有西班牙文说明，不过，即使你不懂这种语言，在此探索一番也仍然值得。

ℹ 到达和离开

如果你没有自己的交通工具，从周一至周五每日有8班（周六2班）巴士（€2.10，20分钟）在卡萨尔德卡塞雷斯和卡塞雷斯汽车站之间往返行驶。

阿尔坎塔拉（Alcántara）

人口 1518

"Alcántara" 在阿拉伯语中是 "桥梁" 的意思，所以在这座偏远的埃斯特雷马杜拉小镇之下，当然就有一座横跨塔霍河（Río Tajo）两岸的宏伟的罗马大桥。而这个小镇本身保存着古老的城墙，一座摩尔式城堡遗迹，几处壮观的宅邸和教堂，还有那座文艺复兴风格的巨大的圣贝尼托女修道院。总而言之，这是西班牙内陆地区值得绕道一游（且鲜为人知）的地方之一。

👁 景点

如果想要从上方窥见罗马大桥的一部分，可从教堂Iglesia de Santa María de Almocóvar向西顺着Calle de Carnicería走100米，然后继续顺着仅供行人通行的石头小路往下山方向走250米左右，到塔楼（mirador）所在的地方。

还有一座更好的塔，可以将这座小镇和罗马大桥的景色尽收眼底，不过那里有一些电线。要到达这个地方，可驱车跨过罗马大桥，顺着EX207公路朝葡萄牙方向行驶1公里多一点，然后从指向 "Embalse" 和一个（如今已关闭）露营地路标的岔路下来，顺着这条路继续行驶400米，那个观景台就在你右侧。

罗马大桥（Puente Romano） 桥梁

在阿尔坎塔拉的西北方，有一座横跨塔霍河的宏伟的罗马大桥。这座桥始建于2世纪，204米长，61米高，有6个桥拱，几个世纪以来进行了多次加固。它位于阿尔坎塔拉水库（Embalse de Alcántara）巨大的大坝下面。多次的修复或许减少了大桥那种古色古香的韵味，但它看起来仍然令人惊叹不已。从大桥出发，有一座20公里长的美丽的环形步道沿河边前行，然后盘旋上山，并经过一座村庄和一处史前巨石柱（menhir）。

圣贝尼托女修道院 女修道院

（Convento de San Benito; ☎927 39 00 81; Calle Regimiento de Argel; ⌚团队游 每小时1次，4月至10月 周一至周五 10:15~13:15和17:00~19:00，周六 11:15~13:15和17:00~19:00，周日 11:15~13:15，11月至次年3月时间多变） 免费 在埃斯特雷马杜拉人烟稀少的偏远地区居然有这样的地方，真是出人意料！修道院修建

值得一游

MALPARTIDA DE CÁCERES和LOS BARRUECOS

漂亮的白墙小镇Malpartida de Cáceres（www.malpartidadecaceres.es）位于卡塞雷斯西南部，当你往返于梅里达或Valencia de Alcántara时，它让你有充分的理由从N521公路上拐下来，绕道一游。尤其是在5月至9月，Plaza de los Paraguas上撑起一千多把色彩艳丽的大遮阳伞，阴凉舒适。要乘船探索塔霍河，或在周围参加其他活动，Malpartida de Cácere也是一个很好的大本营。不过，Monumento Natural Los Barruecos是该地区无可争议的最棒景点，一片嶙峋巨石高高地堆积在一些美丽的自然湖泊沿岸，构成一个令人感到惊心动魄的世界，而且风景如画，也是白鹳的重要繁殖地。这里美如电影场景的风景吸引了《权力的游戏》制片人们的目光——第7季第4集和第5集中如史诗般壮阔的战斗场面就是在这里拍摄的。

于16世纪，供阿尔坎塔拉骑士团（Orden de Alcántara）——一半僧侣一半士兵组成的收复失地运动骑士团——居住，在当时他们将埃斯特雷马杜拉西部大部分地区作为私人领地加以统治。这座文艺复兴风格的女修道院在19世纪被废弃了，经过修复后，其亮点包括那座哥特式的回廊和比例堪称完美的三层凉廊。可通过免费的导览游进入参观（如果大门关着，就摁一下门铃）。

住宿

Hospedería Conventual de Alcántara 历史酒店 €€

（☎927 390638；www.hospederiasdeextremadura.es；Carretera del Poblado Iberdrola；房间含早餐 €75起；P❄📶🏊🐾）酒店就在小镇的东部边缘地带，是一座舒适时尚的现代酒店，位于一座由15世纪的修道院改建的面粉厂中，位置极好。酒店里有一些青柠绿的明亮房间，色彩艳丽。其餐厅供应一些埃斯特雷马杜拉特产，如雉鸡肉，还有各种各样的菜肴，包括野蘑菇，以及气味刺激、奶油状的羊乳奶酪。

购物

Artesanía Pepi 食品

（☎605 929657, 927 39 09 38；Calle Arco de la Concepción 3；⊙10:00～14:00和17:00～20:00）这家古老的糕饼店很棒，出售备受喜爱的当地点心，即所谓"mormentera"，里面是蜂蜜和杏仁做的馅，与该地区历史上的阿拉伯和西班牙系犹太人烹饪方法之间有着密切的联系。店铺的开门时间经常变化——如果你发现它关着门，就到那家旅游局办事处去问问。

实用信息

阿尔坎塔拉旅游局办事处（Oficina de Turismo de Alcántara；☎927 39 08 63；www.alcantara.es；Avenida de Mérida 21；⊙周一至周五 10:00～14:00和16:30～18:30，周六和周日 10:30～14:30）

到达和离开

Mirat（☎927 23 33 54；www.mirat-transportes.es）周一至周五每天有4班长途汽车可往返卡塞雷斯（€6.80，1.5小时），但周末没有车。

单人泳池

酒店中的游泳池是一回事，在一个古老的罗马采石场游泳则是另一种截然不同的体验。为了修建罗马大桥，罗马人就是在**Cantera de Alcántara**采集的石头。在此后的2000年里，这个深深的洞穴里都装满了水，形成一个绝妙的游泳之地，周围都是高耸的石壁，被凿成一步步台阶，从水面向上延伸，而且这里还有一片小沙滩。

要到达这个地方，需驱车跨过罗马大桥，再顺着EX207公路朝葡萄牙方向行驶1公里多一点，然后在写着"Embalse"的牌子和（如今已经关闭的）露营地旁驶离这条公路，再继续行驶2.7公里。Cantera就在你的左侧，其入口就在这条柏油公路结束的地方。

特鲁西略（Trujillo）

人口 9436

不管是沐浴在夏日温暖的夕阳中，还是笼罩在冬日的迷雾之下，特鲁西略都是一个神奇的地方。这个小镇历史悠久的镇中心是西班牙保存较完好的中世纪城镇之一。从主广场开始，它壮美的风景一直铺展至山腰上，进入一个由大宅、枝繁叶茂的庭院、果园、宁静的广场、教堂和女修道院组成的迷宫，镇子的上城区都被那道900米长的城墙环绕着，它们的历史全都可以追溯至16世纪，当时特鲁西略宠爱的子民们作为富有的征服者从美洲荣归故里。他们留给故乡小镇的遗产还将以最美丽的方式继续存在下去。

景点

★主广场（Plaza Mayor） 广场

特鲁西略的主广场是西班牙较壮观的广场之一，周围环绕着巴洛克式和文艺复兴式的石头建筑，它们有着经过精雕细刻的立面，顶上是由塔楼、炮塔、圆屋顶、开垛口和筑巢的鹳鸟构成的天际线。

一座巨型青铜骑马**雕像**（Plaza Mayor）俯瞰着这个广场，是由美国雕塑家查尔斯·拉姆齐（Charles Rumsey）为征服者弗朗西斯科·皮萨罗(Francisco Pizarro)修建的。其实拉姆齐一开始很明显雕刻的是荷南·科尔蒂斯，准备送给墨西哥，不过墨西哥人并不喜欢科尔蒂斯，拒绝接受，因此就被作为皮萨罗的雕像送给了特鲁西略。

在这个广场的南边，建造于16世纪的**Palacio de la Conquista**(Plaza Mayor)的一个角上装饰有皮萨罗及其情人Inés Yupanqui(印加帝王阿塔瓦尔帕Atahualpa的妹妹)的雕像。右边是他们的女儿Francisca Pizarro Yupanqui及其丈夫(和叔叔)埃尔南多·皮萨罗(Hernando Pizarro)。这座大宅建于15世纪60年代，是献给埃尔南多和弗朗西斯科的礼物，当时正值埃尔南多——皮萨罗兄弟中只有他没有在秘鲁血腥惨死——因谋杀入狱关押20年后出狱。在更高的位置，一块浮雕描绘了皮萨罗家族的盾徽(由两头熊和一棵松树构成)、库斯科(位于今秘鲁境内)的城墙和皮萨罗的船队。

广场东北角之外是建于16世纪的**圣卡洛斯公爵宫**(Palacio de los Duques de San Carlos; Palacio de los Carvajal Vargas; Plaza Mayor)，及其古典风格的朴素柱廊，那架宏伟的花岗岩楼梯和一些与众不同的砖石烟囱是按照穆德哈尔(Mudéjar)风格修建的(不过也有人说它们代表了新大陆的那些文明被西班牙人征服)。如今这里是圣耶罗米教团(Jerónimo)的一座女修道院。

同样高耸于这个广场之上的还有建于16世纪的**圣马丁教堂**(Iglesia de San Martín; Plaza Mayor; 成人/儿童 €1.50/免费; ⌚4月至9月 10:00~14:00和17:00~20:00, 10月至次年3月 10:00~14:00和16:00~19:00)，其中殿有精致的哥特式天花板装饰线条、令人惊艳的彩窗玻璃、一套于1724年制造的圣坛装饰物和宏伟的18世纪的管风琴。登上唱诗班席位(就在你进去的右边)可看到最好的风景。

★特鲁西略城堡 城堡

(Castillo de Trujillo; 成人/儿童 €1.50/免费; ⌚4月至9月 10:00~14:00和17:00~20:00, 10月至次年3月 10:00~14:00和16:00~19:00)特鲁西略城堡位于镇子里那座600米高的山峰顶上，建于10世纪，最早是一座伊斯兰建筑(可留意入口处马蹄形的斗拱)，后来被基督徒加固。可以到那些城垛上去欣赏视野开阔的景色(日落时分的风景非常壮丽)，还可以参观废弃的蓄水池(aljibe)，登上特鲁西略守护神"凯旋圣母"(Our Lady of the Victory)隐修院；往水槽中投50分硬币就能让她在壁龛中旋转；你也可以在抵达的时候在入口处的大门上方窥见她的身影。

★马约尔圣玛利亚教堂 教堂

(Iglesia de Santa María la Mayor; Plaza de Santa María; Plaza de Santa María; 成人/儿童 €2/免费; ⌚10:30~14:00和16:30~19:30)这座修建于13世纪的教堂令人叫绝。它有一座主要为哥特风格的中殿和两座塔，可以登上去欣赏特鲁西略、城堡和大片乡村土地构成的壮丽风景。教堂庄严的圣坛装饰画包括25幅色彩绚丽的15世纪绘画，由西班牙艺术家费尔南多·加列戈(Fernando Gallego)按照西班牙-佛兰德斯风格创作，描绘了圣母玛利亚和基督的生平场景。拥有124级楼梯的Torre Julia是一座令人惊艳的罗马风格高塔，而拥有106级楼梯的Torre Nueva的第一个楼梯平台上有一些有趣的建筑符号。

Centro de Visitantes Los Descubridores 博物馆

(Cuesta de la Sangre; 成人/儿童 €1.50/免费; ⌚4月至9月 10:00~14:00和17:00~20:00, 10月至次年3月 10:00~14:00和16:00~19:00)这家博物馆于2016年7月开放，里面容纳了那座建于17世纪的教堂Iglesia de la Preciosa Sangre de Cristo，并有一些高科技展览介绍了西班牙征服美洲的历史以及那些具有传奇色彩的特鲁西略的英雄们——他们往往率领征服者的队伍。展览包括宗教在其中扮演的角色、一份征服大事年表和世界各地以特鲁西略命名的城镇。令人惊讶的是，除了一尊阿塔瓦尔帕(Atahualpa)的木头胸像以外，展览中很少提到美洲原住民——仿佛他们根本不存在一样。

皮萨罗故居博物馆 博物馆

(Casa-Museo de Pizarro; Calle del Convento de las Jerónimas; 成人/儿童 €1.50/免费; ⌚4月至9月 10:00~14:00和17:00~20:00, 10月至次年3月 10:00~14:00和16:00~19:00)这座小博物馆位

于老城区上部（在Puerta de Santiago有路标指示），占据了一座据说属于皮萨罗家族的15世纪家宅。其中有过去那个时代的家具、皮萨罗家族的小伙子们掠夺来的各种小摆设和一份简易的皮萨罗家谱，楼上还有一些展览，详细介绍了西班牙在美洲的征服史（用西班牙文，部分用英文）。

团队游

特鲁西略有一种2小时的导览游（用西班牙语），虽然步履匆匆但信息量丰富，每天11:00和17:30（10月至次年3月 16:30）从旅游局办事处（见662页）出发，票价€7.50（儿童免费），游览的景点包括特鲁西略城堡、马约尔圣玛利亚教堂、皮萨罗故居博物馆、Iglesia de Santiago、Aljibe Hispano-Musulmán（只能通过导览游参观）和主广场。凭导览游的票还可免费进入圣马丁教堂、Centro de Visitantes Los Descubridores和Torre del Alfiler。如果提前预订，这些团队游也可使用其他语言进行解说。

节日和活动

奶酪节 饮食节

（Feria del Queso；www.feriadelquesotrujillo.es ⏲4月底至5月初）西班牙各地（以及国外）的奶酪制作者都汇聚在主广场，参加特鲁西略气味刺鼻的奶酪集市。

Fiestas de Trujillo 当地宗教狂欢节

（⏲8月底至9月初）在每年一度的节日Fiestas de Trujillo期间，这个镇子会在音乐、戏剧表演和各种派对中变得活跃起来。

住宿

★ El Mirador de las Monjas 酒店 €

（☎927 65 92 23；www.elmiradordelasmonjas.com；Plaza de Santiago 4；房间 含/不含早餐 €65/55；❄）这间超级友好的小酒店位于老城高处，有6间一尘不染的明亮客房，采用现代风格的极简主义装饰，使用了大量乳白色和白色，还有亮闪闪的漂亮浴室。楼上的客房天花板是倾斜的，风景怡人，比楼下的稍好，不过都非常超值。还有一家高品质的餐厅（☎927 65 92 23；www.elmiradordelasmonjas.com；主菜 €10~22，套餐 €20；⏲复活节至8月 13:00~15:30和20:00~22:00，9月、10月和3月 周五和周六 13:00~15:30和20:00~22:00，周一、周四和周日 13:00~15:30，11月至次年2月歇业；📶）附属于这家酒店。

★ Posada dos Orillas 历史酒店 €

（☎927 65 90 79；www.dosorillas.com；Calle de Cambrones 6；双 €50~70；📶）这间高雅的酒店位于老城区一个很棒的角落，是由一座始建于15世纪的宅邸改建而来的，充满个性。13间舒适的客房模仿了西班牙殖民地风格，其名称来自那些有特鲁西略镇的国家。拥有两

埃斯特雷马杜拉的特色烹饪

- Mesón La Troya（见662页）的migas extremeñas（大蒜、辣椒煎猪肉再撒上面包屑），或者Tábula Calda（见676页）的蜂蜜。
- Villa Xarahiz（见667页）的炖小山羊肉（caldereta de cabrito）。
- **La Tahona**（☎620 389991；www.asadorlatahonadecaceres.com；Calle Felipe Uribarri 4；西班牙小吃 €4.50起，盘餐 €12~22，主菜 €18~28，套餐 €15~35；⏲13:00~16:00和20:00~23:00）的烤乳猪（cochinillo asado）。
- 任何地方都有Torta del Casar（一种搭配吐司的浓郁奶酪），包括**Fusiona Gastrobar**（☎924 10 29 36；Calle de José Ramón Mélida, 14；西班牙小吃 €4.50起；⏲周二至周日 正午至午夜；📶）和**Alma del Sabor**（☎927 22 76 82；www.restaurantealmadelsabor.com；Plaza de las Veletas 4；西班牙小吃 €5.50，主菜 €12.50~22，套餐 €17.50；⏲正午至15:30和19:30~23:30）🌿。
- 伊比利亚火腿（Jamón ibérico）随处可见，不过尤以莫内斯特里奥（见679页）酒吧里的为最佳。山村Montánchez也以一流的火腿而闻名。

个房间的“埃斯特雷马杜拉”可从浴室瞥见大教堂。夜晚静谧，而店主们提供的个人服务棒得不能再棒了。到了周末，房价会涨€10。

★ Eurostars Palacio de Santa Marta 酒店 €€

（☎927 65 91 90；www.eurostarshotels.com；Calle de los Ballesteros 6；双 标准/高级 €60/90起；P ❄ 📶 🏊）这家酒店就在主广场经过整修的16世纪圣母宫（Santa Marta Palace）中，将木质地板的华丽房间与裸露的石墙和高屋顶等漂亮的原创设计融于一体。有一座游泳池只在夏季开放，在那里能眺望特鲁西略的屋顶风景；如果想欣赏广场风景，那就预订一个奢华或高级客房。宽敞的208号房间有一个带柱子的小阳台，令人惊艳。这里也供应超赞的早餐。

Parador de Trujillo 历史酒店 €€

（☎927 32 13 50；www.parador.es；Calle Santa Beatriz de Silva 1；房间 €75~160；P ❄ @ 📶 🏊）考虑到特鲁西略有大量位于历史建筑里的怡人酒店，这座奢华的官方酒店占据了一座建于16世纪的女修道院也就不足为奇了。客房都很宽敞，铺有陶砖地板，透露出历史的痕迹，与之相连的是两条充满怀旧气息的回廊，上面点缀着一些柑橘树和橄榄树。吃早餐的地方是一座经过修复的礼拜堂，夏季店内还有一个游泳池。酒店位于老城曲折的小街上，就在主广场以东350米处。

就餐

MesónLa Troya 西班牙菜 €

（☎927 32 13 64；www.mesonlatroya.com；Plaza Mayor 10；主菜 €7~22，套餐 €16~25；⏲13:00~16:00和20:00~23:00；👪）这家餐厅因为提供分量很足的朴实的家常菜（comida casera）而享誉整个西班牙，其地理位置优越，就在特鲁西略的主广场上。这里的食物丰盛，但还不单单是分量充足。在午餐时，你会直接被带到其中一个就餐区，呈上玉米饼和西班牙猪肉肠，之后是生菜西红柿沙拉。这时你甚至还没点你的三道菜套餐。周末这里的门外都排着长队。

★ El 7 de Sillerías 西班牙菜 €€

（☎927 32 18 56；www.el7desillerias.com；Calle Sillerías 7；盘餐 €9~22，主菜 €10~24；⏲周三至周一 正午至深夜；📶 ✍）这家咖啡馆兼酒吧兼餐厅就在主广场东南附近，有着友好的本地气氛、友好热闹的本地顾客、带有木梁的温馨的内部装饰和摆放得优雅美观的传统美食，是特鲁西略就餐地点中的最佳选择。美味的菜肴包括各种埃斯特雷马杜拉火腿和奶酪食品、大量的伊比利亚猪肉和大盘的烤蔬菜拼盘（parrilladas de verduras）。咖啡馆兼酒吧区供应盘餐（raciones）、夹肉面包卷（bocadillos）和带有浇头的烤面包（tostas）。

Restaurante Corral del Rey 西班牙菜 €€

（☎927 32 30 71；www.corraldelreytrujillo.com；Plazuela Corral del Rey 2；主菜 €12~28，套餐 €25~36；⏲4月至9月 周一至周六 13:30~16:00和21:00~23:30，10月至次年4月 13:30~16:00和20:30~23:00，10月至次年4月 周三和周六晚上不营业）这家经典的时髦餐厅隐藏在主广场的一个角落里，有4间包间——可以选择那个带有拱顶的砖砌地下餐室，因为这里气氛很好。优质的套餐很棒，或者也可以在一系列诱人的烧烤、烘烤、鱼类和汤菜中选择，其中一个特色菜是烤鳕鱼配小胡瓜和烤蒜酱（bacalao Corral del Rey）。

实用信息

旅游局办事处（☎927 32 26 77；www.turismotrujillo.com；Plaza Mayor；⏲4月至9月 10:00~14:00和17:00~20:00，10月至次年3月 10:00~14:00和16:00~19:00）就在主广场上。

到达和离开

汽车站（☎927 32 12 02；Avenida de Extremadura）位于主广场以南1公里处。

目的地	车费（€）	行驶时间（小时）	发车频率（每天）
巴达霍斯（普通/特快）	12/21	2/1.75	4/4班
卡塞雷斯	3.65	0.75	5~6班
马德里（普通/特快）	19/31	3.5/2.75	10/3班
里斯本（普通/特快）	30/34	4.25/4	2/1班

当地交通

需要注意的是，在主广场上，（从理论上说）只能在周一至周五的10:00至20:00在指定的停车地点停30分钟。如果想在街边不受限制地停车，请从主广场顺着Calle de García de Paredes和Avenida de la Coronación向北。

瓜达卢佩（Guadalupe）

人口 1999

闪闪发光的白色小村瓜达卢佩是非常热门的朝圣中心，值得游览，它就像点缀在周围Sierra de Villuercas山脉[地质公园Geoparque Villuercas（Ibores y Jara）的一部分]和山岭的绿色皇冠上的一颗璀璨宝石。村子围绕着其中宏伟壮观的修道院展开，那里是艺术、建筑和历史的宝库。郁郁葱葱的群山里有很多美丽的步道，通过这些步道你可以穿过一片片由栗树、栎树和黄檗组成的茂密树林，以及点缀其间的橄榄园和葡萄园。

景点

★瓜达卢佩圣玛利亚皇家修道院　修道院

（Real Monasterio de Santa María de Guadalupe；927 36 70 00；www.monasterioguadalupe.com；Plaza de Santa María de Guadalupe；教堂免费，修道院导览游 成人/儿童 €5/2.5；教堂 9:00~19:30，修道院 9:30~13:00和15:30~18:00）根据传说记载，瓜达卢佩的这座被列入世界遗产名录的著名修道院位于14世纪初一名牧羊人发现圣母玛利亚显灵的地方。于是，此地修建起一座华丽的教堂修道院，吸引了来自世界各地的朝圣者。这里现在由9名方济各会修士精心照管，时至今日仍然是西班牙重要的朝圣地之一，对南美和菲律宾天主教徒来说尤其如此。修道院本身也是一处令人愉快的建筑，充满了历史珍宝。

Bodegas Ruíz Torres　葡萄酒厂

（927 36 90 21；www.ruiztorres.com；Carretera EX116，Km 33；10:00~14:00和17:00~20:00）这家受到精心照顾的葡萄酒厂位于瓜达卢佩以南约6公里处，靠近Puerta Llano，占据了一块俯瞰群山的高地，生产白葡萄酒、红葡萄酒和汽酒（cavas）。这里提供一项时长1小时的深度团队游，让游客参观这里的各种业务和酿酒过程，最后还有机会品酒和买酒。它位于瓜达卢佩与Navalvillar de Pela之间的公路旁，就在山口南边。

节日和活动

瓜达卢佩圣母节　宗教节日

（Fiesta de la Virgende Guadalupe；9月6日

瓜达卢佩圣母

在西班牙，很少有圣所像瓜达卢佩圣母（Virgen de Guadalupe）那样，在信徒中激起那么强烈的热情。故事要从公元8世纪说起，一些教士为了逃离穆斯林对塞维利亚的袭击，于712年将一尊圣母像埋在了瓜达卢佩河（Río Guadalupe）上方的崇山峻岭中。信徒们宣称这尊圣母像是由福音书的作者路加雕刻的。在它被掩埋6个世纪之后的14世纪，圣母向寻找一头失踪家畜的当地牧羊人Gil Cordero显灵。据Cordero所言，圣母告诉他把教士们带到他看到显灵的地点，然后开始挖掘。结果那些教士就这样找到了数世纪之前弄丢的这尊雕像。这个地方修建起了一所圣殿，在随后的几个世纪里，它逐渐发展为我们今天看到的这座富丽堂皇的修道院。

第一批朝圣者从1326年开始抵达这里，14年后，国王阿方索十一世（Alfonso XI）声称，他之所以在萨拉多河战役（Battle of Río Salado）中击败了穆斯林，是因为圣母代他祈祷，于是就在这里修建了一所圣耶罗米教团的修道院。1492年，天主教君主伊莎贝拉和费南多签署了官方文件，授权哥伦布（Cristobel Colón）第一次远航美洲。哥伦布在成功返航后来到这里还愿致谢。1928年10月12日，教皇庇护十一世（Pius XI）用一顶镶嵌着钻石和蓝宝石的皇冠在这里为瓜达卢佩圣母像举行了所谓教皇加冕礼（canonical coronation），如今，游客可以在这座修道院的导览游中看到那顶皇冠。

另辟蹊径

加罗维利亚斯德亚尔科内塔尔

如果你在阿尔坎塔拉和卡塞雷斯或普拉森西亚之间驾车游览，不妨留出一些时间到小小的加罗维利亚斯德亚尔科内塔尔（Garrovillas De Alconétar）驻足游览。这个在其他方面平淡无奇的小镇，凭借一个真正雄伟壮观的**主广场**（Plaza Mayor）而闻名遐迩，周围是带有拱门的柱廊和一些两层楼的建筑，其历史甚至可以追溯至15世纪，是埃斯特雷马杜拉较美丽的同类广场之一。

Hospederia Puente de Alconétar（☎927 30 94 25；www.hospederiasdeextremadura.es/hotel/hospederia-puente-de-alconetar；Plaza de la Constitución 18；标单/双 €67/75；📶）是少数可在镇上找到的住处之一，就在那个历史悠久的Plaza de la Constitución。这个四星级酒店占据了一座经过修复的15世纪宫殿。其迷人的现代客房干净整洁，而有些客房则位于更古老的侧翼建筑里，有石砌或砖砌的特色墙壁，非常可爱，为它们平添了几分个性色彩。

加罗维利亚斯德亚尔科内塔尔位于N630公路以西10公里处的EX302公路沿途。从阿尔坎塔拉向东行驶40公里即到，或者也可从卡塞雷斯北行47公里。这里的公共交通工具极少，偶尔有公共汽车从卡塞雷斯发往此处。

至8日）瓜达卢佩会通过举办一系列错综复杂的仪式向他们热爱的瓜达卢佩圣母致敬。届时，人们会把圣母像从它平常所在的那个房间（camarín）取下来，给它穿戴上特殊的珠宝，临时向公众展出。在9月6日和8日（这一天刚好也是埃斯特雷马杜拉地区的节日）的晚上，人们会抬着一尊圣母雕像四处游行。

住宿

★ **Hospedería del Real Monasterio** 历史酒店 €€

（☎927 36 70 00；www.hotelhospederiamonasterioguadalupe.com；Plaza de Juan Carlos I；标单 €55~62，双/标三 €75/103；⏲1月中旬至2月中旬歇业；P❄📶）这座古老风格的酒店位于皇家修道院（Real Monasterio）美丽的哥特式回廊（现在里面有一个酒吧和咖啡馆）周边，使你不用支付官方运营的酒店的费用也可以住在这座满是国家文物的建筑物之中。客房的屋顶很高，虽然光线稍暗，不过很庄重，住起来很舒适，充满个性。大厅旁边是一个开满鲜花的奢华庭院，酒店内还有一家不错的餐厅，整个地方都颇具历史氛围。

Parador de Guadalupe 历史酒店 €€

（☎927 36 70 75；www.parador.es；Calle Marqués de la Romana 12；房间 €95~145；P❄📶🏊）瓜达卢佩这座官方运营的酒店由一所15世纪的医院和16世纪的宗教学校改造而成，位于修道院对面。客房宽敞，带有高雅装饰，庭院里铺着鹅卵石，有一个中央喷泉、若干柠檬树和柑橘树以及周围回廊般的拱形柱廊。店内还有一个仅在夏季对外开放的豪华游泳池，外加一个时髦（虽然价格略贵）的餐厅。

就餐

Hospedería del Real Monasterio 西班牙菜 €€

（☎927 36 70 00；www.hotelhospederiamonasterioguadalupe.com；Plaza de Juan Carlos I；盘餐 €6~21，主菜 €11~24；⏲13:00~15:00和21:00~22:30，1月中旬至2月中旬歇业；P）在宏伟的哥特式回廊斗拱下或那个奢华的用餐大厅中享受一顿正式餐宴吧，大厅中有许多17世纪的木头家具和古董陶器。这里还提供出色的肉食和鱼类菜肴以及经典的盘餐（raciones），大部分甜点是自制的。包括3道菜的多盘套餐（€15~18）让就餐变得简单明快。

Parador de Guadalupe 埃斯特雷马杜拉菜 €€€

（☎927 36 70 75；www.parador.es；Calle Marqués de la Romana 12；主菜 €17~28，套餐 €23~35；⏲13:30~16:00和20:30~23:00）位于一座经过改建的15世纪的医院内，这家官方

运营的酒店的时髦餐厅供应雅致的埃斯特雷马杜拉食物，菜单随季节的变迁而变化。瓜达卢佩传统套餐（menú tradicional de Guadalupe）尤其美味。在夏季，你还可坐在点缀着柑橘树的庭院内就餐，聆听小喷泉滴滴答答的流水声。

实用信息

瓜达卢佩旅游局办事处（☎675 286987, 927 15 41 28; www.oficinadeturismoguadalupe.blogspot.co.uk; Plaza de Santa María de Guadalupe; ⊙10:00~14:00和16:00~18:00）位于主广场上，就在那家修道院的对面。

到达和离开

长途汽车在市政厅附近的Avenida Conde de Barcelona停靠，位于Plaza de Santa María de Guadalupe以南200米处。**Mirat**（☎927 23 33 54; www.mirat-transportes.es）周一至周五每日运营有2班车次（周日1班）可往返卡塞雷斯（€13, 2.5小时），取道特鲁西略。**Samar**（☎902 257025; www.samar.es）每日运营的2班车次可往返马德里（€18, 4小时）。

普拉森西亚（Plasencia）

人口 40,663

这座繁忙而怡人的小镇是埃斯特雷马杜拉北部的天然中心枢纽。地点位于Río Jerte河的一个转弯处，其防御城墙至今还保存着很长的一段，不过，一旦你置身城内，要找到它们却并不容易。迷人的老城区中有狭窄的街道、罗马式教堂、庄严的石头宫殿和热闹的西班牙小吃吧，值得探索一番。如果要到附近的拉贝拉、Jerte和Ambroz等山谷探险，普拉森西亚也是一个很好的基地。

景点

普拉森西亚大教堂 主教座堂

（Catedral de Plasencia; ☎927 42 44 06; www.catedraldeplasencia.org; Plaza de la Catedral; €4; ⊙4月至9月 周一至周日 11:00~14:00和17:00~20:00, 10月至次年3月 周二至周日 11:00~14:00和16:00~19:00）普拉森西亚宏伟的主教座堂实际上是一座二合一建筑。修建于16世纪的**新大教堂**（Catedral Nueva）融哥特式和文艺复兴式建筑风格为一体，有一个漂亮的带复杂花叶形装饰的立面、一套高耸的17世纪retablo（祭坛装饰）和用胡桃木精雕细刻的唱诗班席位，其座位是专门留给天主教君主（Reyes Católicos）的。而那座罗马式的**旧大教堂**（Catedral Vieja）内部有一道修建于13世纪的古典回廊，围绕着一座喷泉和柠檬树。八角形的**Capilla de San Pablo**里面有一幅卡拉瓦乔（Caravaggio）作于1569年的油画，生动描绘了施洗约翰（John the Baptist）的形象，这里还有一个宗教博物馆，前门外则是一道罗马式的拱形大门。

主广场（Plaza Mayor） 广场

在普拉森西亚，日常生活都要穿过主广场热闹的拱门进行，这里是10条街道的交会点，有大量的酒吧兼餐厅，从12世纪起，每到周二这里就会成为农民的集市。哥特式的**市政厅**大楼之上快活地敲钟报时的人物形象是El Abuelo Mayorga，现在的这尊雕像是20世纪70年代根据13世纪的原件复制的，他也是城镇的非官方象征。市政厅里也有一面卡洛斯一世（Carlos I）的盾徽。

食宿

★Palacio Carvajal Girón 历史酒店 €€

（☎927 42 63 26; www.palaciocarvajalgiron.com; Plaza Ansano 1; 房间 €97~177; P❄📶🏊）令人惊艳的改建工作将古城中心这座以前曾被废弃的宫殿变成了一间时尚酒店。客房有现代的布置，清爽的白色装饰，外加一些原来的元素，包括壁炉。顶层那些风格别致的标准客房有倾斜的屋顶和室内混凝土浴缸或淋浴，而一楼那些时髦的套间则有超大的浴室，仍然贴着原来的瓷砖。

Parador de Plasencia 历史酒店 €€€

（☎927 42 58 70; www.parador.es; Plaza San Vicente Ferrer; 房间 €85~175; P❄📶🏊）普拉森西亚这座官方运营的酒店是埃斯特雷马杜拉同类酒店中较好的之一，堪称经典——它是在一座建于15世纪的女修道院中改建的，仍然弥漫着原来的气氛，体现出朴素的风格，保留着巨大的石柱、高高的天花板和一座文艺复兴风格的传统回廊。它的66间客房则远非修道院那样的简陋，里面装饰着奢华的小地毯和富丽的织物，还有木雕的床头、红色的天鹅绒窗帘和光滑的琉璃砖地板。店内的酒吧占据了一个古老的西班牙式酒馆。

Succo 当代西班牙菜 €€

（☎927 41 29 32; www.restaurantesucco.es; Calle Vidrieras 7; 主菜 €10~19; ⊙周一至周六 9:00至深夜，周日 至16:00; 📶）这家别致的都市西班牙小吃吧位于普拉森西亚饮食区的中心地带，就在主广场附近，供应一盘盘独具创意的美味小吃和盘餐，在高高的白色餐桌上或那间点缀着竹子的餐室里，食物摆放得非常美观。碎鸡蛋（huevos rotos）加火腿（jamón），以及土豆煎西红柿和洋葱（patatas panaderas）让人直竖大拇指，服务人员也很友好。

★Casa Juan 埃斯特雷马杜拉菜 €€

（☎655 585 146, 927 42 40 42; www.restaurantecasajuan.com; Calle Arenillas 2; 主菜 €15~18; ⊙13:30~16:00和20:30~23:00，1月歇业; 🍷）这家受人欢迎的餐厅位于老城区的一条僻静的小巷中，提供精心准备的埃斯特雷马杜拉肉食（比如烤乳猪），外加一些美味的素食和无麸质小吃。可从当地生产的橄榄油和面包开始，然后带有自制羊乳碎奶酪涂层的食品，或当地出产的retinto风干牛肉。最后再品尝一下西班牙各地出产的价格公道的葡萄酒。

ℹ 实用信息

旅游局办事处（☎927 42 38 43; www.plasencia.es; Calle de Santa Clara 4; ⊙周一至周五 8:00~15:00和16:00~19:00，周六和周日 10:00~14:00和16:00~19:00）提供普拉森西亚和埃斯特雷马杜拉北部地区的实用信息。

ℹ 到达和离开

长途汽车

汽车站（☎927 41 45 50; Calle de Tornavacas 2）位于主广场以东1公里处，有长途汽车开往卡塞雷斯（€6，50分钟，每日1~4班），马德里（€18~23，3.5小时，每日2~3班）和萨拉曼卡（€11，1.5~2.25小时，每日7~8班）。此外，还有车次可从这里开往埃斯特雷马杜拉北部周边的小城镇。

火车

火车站位于镇子西南1公里处的Avenida de España（卡塞雷斯公路）旁。普拉森西亚每天最多有4班火车可开往马德里（€24~28，2.75小时）、卡塞雷斯（€5.20~6.05，1小时）和梅里达（€13~15，2小时）。

拉贝拉（La Vera）

Sierras de Tormantos和Gredos两座山环绕着拉贝拉，山岳上经常直至5月还覆盖着积雪，埃斯特雷马杜拉富饶的拉贝拉地区出产树莓和芦笋，最重要的特产是红辣椒（pimentón），装在迷人的老式锡罐里出售，带有独特的烟熏风味。除此以外，很有特色的还有角度倾斜、古怪的半木结构房屋，高悬的顶上几个楼层用木头或石柱支撑。因为这里拥有汩汩流淌的溪流和便于驾驶车辆的公路，从普拉森西亚驾车至拉贝拉是一次非常美妙的旅程。

👁 景点

★尤斯特修道院 修道院

（Monasterio de Yuste; ☎902 04 44 54; www.patrimonionacional.es; Cuacos de Yuste; 成人/儿童 €7/4，音频导览/导览 €3/4，周三和周四的最后3个小时欧盟公民和居民免费; ⊙4月至9月 10:00~20:00，10月至次年3月 10:00~18:00; Ⓟ）这座修道院位于夸科斯-德尤斯特（Cuacos de Yuste）西北方向1.5公里处的一个绿树成荫的可爱地点，1557年，西班牙的卡洛斯一世（即查理一世，又称奥地利的卡洛斯五世）从西欧和中欧大部分国家的皇帝位置上退位之后，来此等待死亡。这里位于林木茂盛的山林之间，是一处荡涤灵魂、引人回忆的地方，也是从前遍布西班牙其他地区的宏伟的皇家建筑的安宁版替代品。

节日和活动

Los Empalaos 宗教节日

（Valverde de la Vera; ⊙3月/4月）在耶稣受难日前夜的午夜，巴尔韦德（Valverde）会举办西班牙较怪异的宗教节日之一：Los Empalaos（字面意思为“被钉死之人”）。当地的悔过者会将他们的胳膊捆绑在横梁上，几近赤裸的身体从腰部至手指之间用60米长的条带紧紧绑住。这些“活着的十字架受难者”赤着脚，蒙着面纱，背上绑着两把剑，头戴荆冕，沿着痛苦的耶稣赴难路（Way of the Cross）前进。

住宿

★ Parador de Jarandilla 历史酒店 €€

（☎927 56 01 17；www.parador.es；Avenida de García Prieto 1, Jarandilla de la Vera；房间€85~115；P❄📶🏊）这座酒店由一座始建于15世纪的城堡改建而成，有一种温暖而热情的气氛，到这里享受当城堡主人的感觉吧。在等待其位于修道院的住所完工期间，卡洛斯一世在这里住过几个月。在结实的墙壁和炮塔之内排列着一些点缀着古代家具的客房，不那么招摇，也并不富丽堂皇，却仍然非常舒适，另外还有一座古典的庭院，你可以从餐厅菜单点菜，享受皇家级别的餐宴。

La Vera de Yuste 乡村住宅 €

（☎927 17 22 89；Calle Teodoro Perianes 17, Cuacos de Yuste；标单/双 含早餐€55/75；❄）这座瑰宝位于Cuacos de Yuste的主广场附近，在两座典型的18世纪乡村住宅中。客房中能看见木头横梁，其中有低矮厚重的乡村风格家具，花园令人欣喜，周围种着玫瑰丛，有一座小庭院和蔬菜园。

就餐

★ Villa Xarahiz 西班牙菜 €€

（☎927 66 51 50；www.villaxarahiz.com；Carretera EX203, Km 32.8, Jaraíz de la Vera；主菜€14~22；⏲周二至周六 13:30~15:45和21:00~22:45，周日 13:30~15:45；📶）这座露出木梁的高级餐厅位于哈赖斯村以北1公里处，从露台和餐厅中能看到壮观的锯齿状起伏的山脊，是品尝西班牙葡萄酒和美味的本地泛西班牙风味食物的最佳去处，以当地辣椒、羊乳奶酪、埃斯特雷马杜拉火腿和炖山羊羔肉和其他高品质的埃斯特雷马杜拉农产品为特色。价格€12的工作日午餐套餐非常受欢迎。

Parador de Jarandilla 西班牙菜 €€

（☎927 56 01 17；www.parador.es；Avenida de García Prieto 1, Jarandilla de la Vera；主菜18~22；⏲13:30~16:00和20:30~23:00；P📶🍷）在哈兰迪利亚这座建于15世纪城堡低矮厚实的围墙内，你可以坐在室外点缀着椰子树的浪漫庭院里，像帝王一样享受雅致的埃斯特雷马杜拉菜肴和上等的西班牙葡萄酒。其标志性菜肴包括migas extremeñas（埃斯特雷马杜拉式撒着面包屑的菜肴）或caldereta de cabra（炖山羊肉），不过别忘记看看这里正在供应什么套餐。

探索拉贝拉的山谷

首先前往位置优越的**帕萨龙**（Pasarón），这里有建于16世纪的Condes de Osorno宫殿。接下来向东，造访红辣椒（pimentón）大本营**哈赖斯**（Jaraíz），这里也是饱餐一顿的好地方。继续向东北方前行，**夸科斯-德尤斯特**（Cuacos de Yuste）有许多典型的半木结构房屋和可爱的广场，不远的地方还有一座令人怀旧的皇家修道院（见666页）。继续东行，**哈兰迪利亚**（Jarandilla）是拉贝拉迷人的旅游目的地之一。这里城堡般的教堂由圣殿骑士团（Templars）所建，其中的古代洗礼盘是从圣地（Holy Land）带来的，而那座建于15世纪的城堡曾经是卡洛斯一世（Carlos I）的宅邸。走出哈兰迪利亚之后，可探索**巴尔韦德**（Valverde），这里是举行复活节仪式Los Empalaos（见666页）的地方，修建于15世纪的教堂和可爱的西班牙广场（Plaza de España）周围都是木头露台。顺着山谷继续向上，前往**Madrigal**及其雄伟的**罗马大桥**（Puente de Alardos; Madrigal de la Vera）。循原路返回到达**加甘塔拉奥亚**（Garganta La Olla），这是一座风景如画、地势陡峭的山村，主街上方有悬空的阳台，门楣之上还有几个世纪前镌刻在此的铭文。从这里驾车经过一段风景壮丽的崎岖公路，就可到达海拔1269米的**皮奥尔纳尔山口**（Puerto de Piornal; 这里以火腿而闻名），然后下山进入长着樱桃树的赫尔特山谷（Valle del Jerte）。

实用信息

Jarandilla de la Vera旅游局办事处（☎927 56 04 60；www.jarandilla.com；Avenida Soledad Vega Ortiz, Jarandilla de la Vera；⏲周二至周六 10:00~14:00和16:30~19:30，周日 10:00~14:00）拉贝拉周边众多旅游局办事处中最实用的。

拉贝拉老城区旅游局办事处（Oficina de Turismo de Villanueva de la Vera；☎639 068544；www.villanuevadelavera.es；Avenida de la Vera, Villanueva de la Vera；⏲周三和周四 9:00~15:00，周五至周日 9:00~17:00）位于穿过拉贝拉老城区的主要公路上。

到达和离开

长途汽车

Mirat（☎927 23 33 54；www.mirat-transportes.es）周一至周五每天有3班长途汽车从普拉森西亚开往哈兰迪利亚（€6.40，1小时），取道Jaraíz（€4.25，50分钟）和位于拉贝拉下游的一些村子，周日只有1班车。有些会继续深入山谷。从周一至周五及周日每天还有1班车往返于卡塞雷斯和哈兰迪利亚之间（€16.50，2.25小时）。

小汽车

自驾游客可从拉贝拉沿着蜿蜒CC17公路翻越海拔1269米高的山口Puerto de Piornal，穿过北部，进入赫尔特山谷。

阿姆勃罗斯山谷（Valle del Ambroz）

这座宽阔的山谷位于赫尔特山谷的西北方和普拉森西亚的东北方，被银之路（Vía de la Plata）和A66公路分割开来。这里气氛友好，有一些迷人的景点，其中最著名的是"鬼村"格拉纳迪亚、古罗马城市卡帕拉的废墟、生动活泼的埃尔瓦斯及其保存至今的那片美丽的犹太人聚居区。

景点

★格拉纳迪亚　村庄

（Granadilla；☎927 01 49 75；Carretera CC168；⏲4月至10月 周二至周日 10:00~13:30和16:00~20:00，11月至次年5月 周二至周日 10:00~13:30和16:00~18:00；Ⓟ）免费 "鬼村"格拉纳迪亚位于埃尔瓦斯以西约25公里处，是个令人陶醉的地方，它会让你回忆起埃斯特雷马杜拉的村庄在进入现代以前是多么迷人。格拉纳迪亚是由摩尔人在9世纪建立起来的，并在20世纪60年代因附近修建水坝而被遗弃。20世纪80年代以来，这里被作为政府教育工程的一部分，当地人煞费苦心地将该村庄的传统建筑进行了修复。你可以在那座修建于15世纪的坚固城堡的俯视下，通过狭窄的Puerta de Villa进入村庄，还可以爬到城堡上去欣赏壮丽的全景。

卡帕拉罗马遗迹　建筑遗址

（Yacimiento Romano de Cáparra；☎927 19 94 85；Carretera CC13.3；⏲6月至9月 周二至周六 10:00~14:00和17:00~20:00，周日 10:00~14:00，10月至次年5月 周二至周六 10:00~14:00和16:00~19:00，周日 10:00~14:00；Ⓟ）免费 1929年，古罗马城镇卡帕拉的这片迷人的坚固废墟被挖掘出来。它一度十分辉煌，其历史可追溯到大约公元1世纪，最初因其位于白银之路上的战略位置而受到青睐，但在4世纪走向衰落，最终遭到废弃。在这块14公顷的遗址上逛逛，看看那些坍塌的墙壁、大门、庭院、温泉浴池和圆形大剧场。其中最壮观的是保存得不错的Arco de Cáparra，这是一道带有4个斗拱的花岗岩大门，建于1世纪后期。

实用信息

埃尔瓦斯旅游局办事处（见670页）。

到达和离开

从周一至周五，每天有1班Cevesa（见670页）的巴士往返于埃尔瓦斯与普拉森西亚之间（€3.30，1小时），并继续开往卡塞雷斯（€8.45，2.25小时）。每天还有3班巴士从埃尔瓦斯出发顺着山谷开往上面的温泉Baños de Montemayor（€1.15，10分钟）。

埃尔瓦斯（Hervás）

人口 4120

埃尔瓦斯位于普拉森西亚东北45公里处，是一个生动活泼又漂亮大方的小镇，拥有一个风景如画的老城区和一些不错的餐厅。

另辟蹊径

拉斯赫德斯

宁静的山区公路将拉斯赫德斯（Las Hurdes）与位于卡斯蒂利亚-莱昂的弗兰西亚山脉（Sierra de Francia）连接起来。

这里值得让你绕道游览一番，不妨从**Las Mestas**开始，它是那座精美的17世纪石头教堂**Iglesia de Nuestra Señora del Carmen**的所在地。一条美丽的公路从这里蜿蜒上行，穿过**Valle de Las Batuecas**前往卡斯蒂利亚-莱昂的拉阿尔韦卡（La Alberca; 20公里）。如果你想待在埃斯特雷马杜拉，那就继续前往风景如画的**Ladrillar**，它隐藏在一道陡峭的山脊上。然后继续前往小小的**Riomalo de Arriba**，这里拥有拉斯赫德斯最好的原始石砌板岩房屋，在我们上一次造访时，这里只有3个居民。这条公路继续顺着陡峭的上坡路通往**Mirador de las Carrascas**，从上面可以俯瞰拉斯赫德斯的两条主要山谷的美丽风景。继续行进可前往**Casares de Las Hurdes**，游览那些狭窄的街巷网，以及与众不同的教堂，它的钟楼立于一旁，跟主要建筑分开。继续下行，前往**Nuñomoral**，然后沿着那条9公里长的安静公路绕行一段路，前往生机勃勃的**El Gasco**，这里有一些传统的拉斯赫德斯房屋和**Restaurante La Meancera**（☎927 03 53 68, 674 18 97 92; www.facebook.com/RestauranteCafeteriaMeancera/; 主菜 €14~18, 套餐 €20~30; ⏲13:00~16:00和20:00~23:00），后者是埃斯特雷马杜拉较好的餐厅之一。在抵达El Gasco之前约1公里处（或者也可在回程中游览，因为你需要回到Nuñomoral），到**Mirador de El Gasco**停留片刻，这里可俯瞰下面的河谷及其壮观的双曲流湾河道，这条河就是从那里流过去的。

如果你想要探索阿姆勃罗斯山谷甚至整个埃斯特雷马杜拉北部地区，这里都是一个极好的大本营。

景点

犹太聚居区（Barrio Judío） 景区

埃尔瓦斯拥有埃斯特雷马杜拉保存得最好的犹太聚居区，这里狭窄的街道从镇上一直延伸至河边。这片社区的繁荣兴盛一直延续到1492年犹太人惨遭驱逐逃往葡萄牙为止。到这里探索一番，尤其是Calle Rabilero和Sinagoga等街道。

住宿

★**El Jardín del Convento** 酒店 €€

（☎660 452292, 927 48 11 61; www.eljardindelconvento.com; Plaza del Convento 22; 房间€50~85, 小屋 €100~115; ❄📶）这是埃斯特雷马杜拉最精致的酒店，位于犹太区的边缘。店里有一个美丽的花园——到处种着玫瑰花和蔬菜，还有安静的座椅——营造了乡趣十足而又非常时髦的放松方式。酒店的房间各具特色，房间内装饰有木地板、裸露的石墙以及典雅的古代家具，部分房间拥有宽敞的木头阳台。店内还提供梦幻般的早餐（€7.50），包括自制果酱、蛋糕和其他本地美食。

Hospedería Valle de Ambroz 历史酒店 €€

（☎927 47 48 28; www.hospederiasdeextremadura.es; Plaza del Hospital; 房间 €75起; P❄📶🏊）到老城区的南部边缘来，住到一座建于17世纪的女修道院里，这家雅致的四星级hospedería拥有一个漂亮的庭院、略带些旧大陆格调的房间以及一家很棒的餐厅（套餐€15~37），供应的菜肴有南瓜、苹果和甜菜根煎鳕鱼，或者还有添加了山羊奶酪的小胡瓜馅儿意大利方饺。

就餐

La Bodeguita 西班牙菜 €

（☎676 782828; Calle Relator González 2; 盘餐 €4~8; ⏲周三至周一 正午至16:00和20:00~23:00）繁忙的小店La Bodeguita供应色香味俱全的传统菜肴，若想到一个朴素的环境中饱餐一顿却无须繁文缛节，这里就是一个绝佳的选择。烤对虾、蒜味腊肠玉米饼（chorizo tortilla）、加利西亚风格的章鱼肉（pulpo a la gallega）和清淡新鲜的沙拉在这里等待着你。当然，饭后还可以补充一点西班牙小吃。这是一个简单而欢快的地方，周围是一片老城区的房子。

★ **Nardi** 埃斯特雷马杜拉菜 €€

（☎927 48 13 23；www.restaurantenardi.com；Calle Braulio Navas 19；盘餐 €9~15，主菜 €14~22；⏲周三至周一 13:30~16:00和20:30~23:00；✎👪）Nardi供应丰盛而经典的菜肴，带有几分当代风味，令人印象深刻，其餐厅温暖而雅致，带有木头横梁、黄色的墙壁，装饰着乡村艺术品。这里的焦点是各种埃斯特雷马杜拉肉类，如伊比利亚猪腰肉（solomillo ibérico de bellota），但也有一些不错的素食菜肴，包括沙拉、南瓜汤和蘑菇（boletus）加松露沫，另外还有一份儿童菜单。

ℹ 实用信息

埃尔瓦斯旅游局办事处（☎927 47 36 18；www.turismodehervas.com；Calle Braulio Navas 6；⏲5月至9月 周二至周日 10:00~14:00和16:30~19:00，10月至次年4月 周二至周日 10:00~14:00和17:00~20:00）有许多关于埃尔瓦斯和阿姆勃罗斯山谷的信息。

ℹ 到达和离开

Cevesa（☎902 39 31 32；www.cevesa.es）从周一至周五每天有1班长途汽车往返于埃尔瓦斯和普拉森西亚之间（€3.30，1小时），并继续开往卡塞雷斯（€8.45，2.25小时）。

蒙弗拉格国家公园（Parque Nacional de Monfragüe）

这是西班牙的第14个国家公园，风光旖旎，地势起伏，面积达180平方公里，是观鸟者（和其他热爱大自然的人）的天堂。公园横跨塔霍山谷（Tajo valley），是西班牙最壮观的猛禽群及75%以上的保护物种的家园。在约175种不同种的鸟类中，大约有300对黑秃鹫（欧洲最大型猛禽的最大聚集地），以及其他2种稀有的大型鸟类：西班牙帝雕（Spanish imperial eagle；12对）和黑鹳（black stork；30对）。而鹿、水獭、麝猫、獾、野兔、狐狸和野猪也是这里的居民。

游览这里的最佳时间是3月至10月，因为很多鸟类要迁徙到非洲去过冬。

大部分徒步路线以美丽的村庄Villareal de San Carlos作为起点，这里是最方便的大本营。公园南边的Torrejón el Rubio也有一些住处。

👁 景点

★ **Mirador Salto del Gitano** 观景台

（Ⓟ）毫无疑问，Mirador Salto del Gitano是这个国家公园中风景最壮丽的地方。从Villareal顺着EX208公路南行5公里就可到达这个观景台，从这里可欣赏塔霍河河谷直到Peña Falcón峭壁的一览无余的美丽景色，悬崖上栖息着一个秃鹫种群，它们经常在空中盘旋。位于Villareal和蒙弗拉格城堡之间8公里长的"Ruta Roja"从这里穿过。

★ **蒙弗拉格城堡（Castillo de Monfragüe）** 城堡

城堡位于山顶上，是一座建于9世纪的穆斯林堡垒的遗迹，从这里可欣赏到360°的景色，将整个公园的景观尽收眼底，还有各种鸟类在这里上下翩飞。在Villareal de San Carlos沿EX208公路南行8公里，有一条带有路标的上坡公路蜿蜒通往这里。你还可以从Villareal出发，沿着一条非常吸引人的步行路线——即8公里长的Ruta Roja（红色步道）——徒步1.5小时前往城堡。

蒙弗拉格岩石艺术解说中心 博物馆

（Centro de Interpretación del Arte Rupestre de Monfragüe；☎927 45 52 92；www.centrosurmonfrague.com/centro-arte-rupestre-monfrague/；Paseo de la Carrera, Torrejón el Rubio；⏲周三和周四 10:00~14:00和16:00~19:00，周五和周六 10:00~14:00和16:00~20:00，周日 10:00~14:00）这个很不错的新机构是一家解说中心，介绍在蒙弗拉格国家公园中发现的岩画，就在那座城堡附近。这里解释了这些新石器时代的岩画产生的背景以及它们是怎样绘制的，而且也很好地解释了这些位于偏僻岩壁上的神秘象征符号。

☞ 团队游

Monfragüe Vivo 观鸟、冒险运动

（☎927 45 94 75, 620 941778；www.monfra

guevivo.com）提供观鸟团队游和在公园里开展的各种活动，包括徒步、皮划艇和吉普车之旅，有当地导游。

EN-RUTA Rutas por Monfragüe 观鸟

（☎927 40 41 13, 605 898154; www.rutaspormonfrague.com）提供在公园里开展的一系列观鸟、徒步和吉普车之旅。

Iberian Nature 观鸟

（☎676 784221; www.iberian-nature.com）这里有当地观鸟专家组织的徒步导览游（每人€35起）和开设的课程。

Birding in Extremadura 观鸟

（☎927 31 93 49; www.birdingextremadura.com）由英国鸟类学者马丁·凯尔西（Martin Kelsey）经营的观鸟之旅。

食宿

★Casa Rural El Recuerdo 乡村住宅 €€

（☎609 684719, 927 31 93 49; www.casaruralelrecuerdo.com; Calle Aguaperal 8, Pago de San Clemente; 标单/双 含早餐 €59/70; P 🛜 🏊）这家拥有6间客房的乡村住宅非常可爱，就在特鲁西略东南方向12公里处，是观鸟爱好者不容错过的住处。它由两位专业的观鸟爱好者马丁（Martin）和克劳迪娅（Claudia）经营，他们也经营"Birding in Extremadura"观鸟之旅（见671页）。这里的每个房间都各不相同，但都布置得很漂亮，周围有大量橄榄树林，以前是一家葡萄酒厂。葡萄酒窖里还有一间只提供晚餐的餐厅（€20）。

★Hospedería Parque de Monfragüe 酒店 €€

（☎927 45 52 78; www.hospederiasdeextremadura.es; Carretera EX208, Km 39, Torrejón el Rubio; 双 含早餐 €75~125; P ❄ @ 🛜 🏊）🌿这家安静的四星级酒店位于Torrejón el Rubio以北1公里处。从酒店向远处望去，越过平原可以看到美丽的国家公园。这里的部分能源来自太阳能和生物能源。新近改装过的墨绿色客房是用刷过亮漆的木头装修的，里面有桌子、吱吱作响的地板和镶着瓷砖的浴室。复式房间非常适合家庭居住。此外，酒店还有一个优质的餐厅。

Paraíso de los Sentidos 埃斯特雷马杜拉菜 €€

（☎927 45 52 78; www.hospederiasdeextremadura.es; Hospedería Parque de Monfragüe, Carretera EX208, Km 39, Torrejón el Rubio; 主菜€15~22, 套餐 €15~28; ⏲13:30~16:00和20:30~23:00）一家时髦的酒店餐厅，在一个明亮而宁静的环境中供应精心制作的埃斯特雷马杜拉菜肴。从Torrejón el Rubio顺着EX208北行1公里即到。

实用信息

Centro de Visitantes（☎927 19 91 34; Villareal de

值得一游

梅雷罗河曲

作为埃斯特雷马杜拉最美丽的地理景观，**梅雷罗河曲**（El Meandro Del Melero）是阿拉贡河（Río Alagon）出现非凡弯曲河道的一段，围绕一个林木葱茏的泪珠形岛屿，形成一个近乎完美的牛轭曲。当河水满涨的时候，它是最美的，即使是在最近的干旱时节中，河里只有一点点水，它看起来也仍然引人入胜。从Mirador de La Antigua望过去，风景美不胜收。

要想抵达这个地方，可沿着EX204公路（在卡斯蒂利亚-莱昂被称为SA225公路）前往Riomalo de Abajo。在那座桥属于埃斯特雷马杜拉的这一侧，顺着那条随着河道往南延伸的路（Calle Escuelas）走，这条公路蜿蜒向上钻入群山1.5公里，然后铺设了路面的路段就结束了。为了继续前行，你得驱车驶过坑坑洼洼的土路——如果你小心驾驶，二驱车也没事，但在雨后路况恶劣——或者你还可以选择一个更好的办法，徒步走过剩余的1.6公里，前往观景台。Meandro本身属于卡斯蒂利亚-莱昂，但观景台位于埃斯特雷马杜拉境内。

San Carlos; ⏲7月至9月 每天 9:30~19:30, 10月至次年6月 周一至周五 9:30~18:00, 周六和周日 9:00~18:00)这是公园的主要信息中心，可提供有关徒步和观鸟地点的建议。它也在周五、周六和周日的9:00组织两小时的免费徒步导览游(最少3人; 提前打电话预约)。

蒙弗拉格国家公园讲解中心(Centro de Interpretación del Parque Nacional de Monfragüe; Villareal de San Carlos; ⏲7月至9月 9:30~19:30, 10月至次年6月 9:30~18:00, 周六和周日 全年9:00起)举办了一些关于当地历史、动植物的展览，对公园的介绍非常完美。

蒙弗拉格鸟类中心(Monfragüe Bird Center; ☎927 19 95 79; www.centrosurmonfrague.com; Monfragüe Centro de Visitantes Sur, Torrejón el Rubio; ⏲周二至周六 10:00~14:00, 周三和周四 16:00~18:00, 周五和周六 16:00~19:00, 具体时间有变动)提供有关观鸟地点的地图和建议，另外还有关于当地鸟类及其迁徙模式的配有西班牙语说明的展览，隔壁有蒙弗拉格的史前洞穴岩画。

Oficina de Turismo de Torrejón el Rubio(☎927 45 52 92; www.torrejonelrubio.com; Calle Madroño 1, Torrejón el Rubio; ⏲周三至周日 10:00~14:00 和16:30~19:30)位于主要公路上，提供有关徒步、观鸟和公园里举行的其他活动的有用信息。

ℹ 到达和离开

公园内的公共交通工具有限。**Emiz**(☎607 514078, 927 24 72 21; www.emiz.es)周一至周五有1班巴士往返于普拉森西亚和Torrejón el Rubio之间(€4.40, 45 分钟); 中途停靠在Villareal de San Carlos。周一至周五还有1班巴士往返于Torrejón el Rubio和特鲁西略之间(45分钟)。

梅里达(Mérida)

人口 58,174

埃斯特雷马杜拉的首府梅里达曾经是古罗马卢西塔尼亚省(Lusitania)的首府(以前被称为Emerita Augusta, 兴建于公元前25年)，现在仍然拥有整个西班牙最多、最令人印象深刻的罗马遗迹。这些遗迹散布在城镇四周，经常在似乎不太可能出现的角落里偶遇它们，而这总会引发人们猜想这座生机勃勃的现代城市下面究竟还埋藏着什么。

Emerita Augusta以今梅里达所在地为中心，是古罗马皇帝奥古斯都为在坎塔布里亚作战的罗马老兵建立的殖民地，其罗马名称可大致翻译为来自奥古斯都军队的“单身汉”或“退伍士兵”。这座城市的战略位置也使之能够保卫附近位于瓜迪亚纳河(Río Guadiana)上的一处关口和桥梁。它逐渐繁荣起来，成为罗马行省卢西塔尼亚的首府和罗马帝国最重要的文化和政治中心，其人口在鼎盛期曾经达到了4万人。在西罗马帝国灭亡后，这座城市又在公元6世纪成为西哥特人在伊比利亚的首府，其历史建筑大体上完好无损。后来，梅里达在8世纪落入穆斯林手中，又自1230年成为基督教城市。当拿破仑在19世纪侵入西班牙时，梅里达的很多历史建筑都遭到了破坏。

👁 景点

★罗马剧院 遗迹

(Teatro Romano; Paseo Álvarez Sáez de Buruaga; 成人/儿童 含露天剧场 €12/6, 6处景点联票成人/优惠/儿童 €15/7.50/免费; ⏲4月至9月 9:00~21:00, 10月至次年3月 9:00~18:30)这是梅里达最壮观的罗马历史遗迹，也是唯一一处重新恢复其原始职能的建筑——在夏天举办国际古典戏剧节(见675页)，是这座城市无可争议的亮点。剧院建于公元前15年，能容纳6000名观众，旁边是(不那么光彩夺目的)**露天剧场**(Anfiteatro; Paseo Álvarez Sáez de Buruaga; 成人/儿童 含古罗马剧场 €12/6, 6处景点联票 成人/优惠/儿童 €15/7.50/免费; ⏲4月至9月 9:00~21:00, 10月至次年3月 9:00~18:30)，于公元前8年开始在这里举行辩论赛，可以容纳14,000位观众(国家罗马艺术博物馆中的角斗士与狮子搏斗的壁画就是从这里取走的)。

★罗马大桥(Puente Romano) 桥梁

这座非常壮观的古罗马大桥不容错过。它横跨瓜迪亚纳河，全长792米，有60个花岗岩桥拱，是罗马人修筑的较长的大桥之一，始建于公元前25年，即创建Emerita Augusta(现代的梅里达)的时候，然后在17世纪经过部分修复。那座修建于20世纪的**Puente Lusitania**大桥是由圣地亚哥·卡拉特拉瓦(Santiago Calatrava)设计的一座时尚的悬

Mérida 梅里达

Mérida 梅里达

重要景点

1 阿尔卡萨瓦城堡............B3
2 国家罗马艺术博物馆............D2
3 罗马大桥............A3
4 罗马剧院............D2

景点

5 露天剧场............D3
6 图拉真拱门............B2
7 米德雷之家............D4
8 圣埃乌拉利亚教堂............C1
9 古罗马骨灰龛............D4
10 西哥特艺术博物馆............B2
11 Pórtico del Foro............C2
12 Puente Lusitania............A2
13 戴安娜神庙............C3

住宿

14 Capitolio............C1
15 Hostal Emeritae............C2
16 La Flor de Al-Andalus............C1
17 Parador de Mérida............B2

就餐

18 A de Arco............B2
19 El Trasiego............B3
20 Fusiona Gastrobar............C2
21 Mercado Gastronómico San Albín............C4
22 Tábula Calda............B3

索桥，在西北方与其遥相辉映。观看那座古罗马大桥的最佳地点是阿尔卡萨瓦城堡西南边的城墙。

★国家罗马艺术博物馆 博物馆

（Museo Nacional de Arte Romano；924 31 16 90；www.museoarteromano.mcu.es；Calle

de José Ramón Mélida；成人/儿童 €3/免费，周六14:00以后和周日全天免费；⏲4月至9月 周二至周六 9:30~20:00，周日 10:00~15:00，10月至次年3月 周二至周六 9:30~18:30，10:00~15:00）即使你只参观梅里达的少数景点，无论如何你也不能错过这个神奇的博物馆，这里收藏了大量极好的雕像、半身像、镶嵌工艺品、壁画、硬币、瓷器和其他的罗马手工艺品，优雅地在整整三层楼上展示着，旁边有信息量丰富的带有西班牙语和英语说明的标牌。这座高耸的砖砌建筑有一些拱门，由纳瓦拉建筑师Rafael Moneo设计，令人惊艳，是存放这些藏品的绝佳场所，其墙壁上有规模最大、最美丽的马赛克。

★阿尔卡萨瓦城堡

堡垒

（Alcazaba；Calle Graciano；成人/儿童 €6/3，6处景点联票 成人/优惠/儿童 €15/7.50/免费；⏲4月至9月 9:00~21:00，10月至次年3月 9:00~18:30）这座大型的伊斯兰堡垒于9世纪修建于一处已经由罗马人和西哥特人占据的地方，很可能是安达卢西亚的第一座城内碉堡（alcazaba）。在这座庞大而杂乱的综合建筑中央有一个满是金鱼的漂亮蓄水池（aljibe），是用回收利用的西哥特大理石、花卉图案和石板材修建的，从那些城墙上可以远眺罗马大桥和瓜迪亚纳河的风景。其东北角上有一座建于15世纪的修道院，现在是该地区的政府办公室。

联票

梅里达的大部分罗马遗址都可凭借一张联票进入（成人€12，学生和领退休金的人€6，12岁以下的儿童免费）。它覆盖的景点包括罗马剧院和露天剧场、Casa del Anfiteatro（重新开放后可参观）、古罗马骨灰龛、米德雷之家、阿尔卡萨瓦城堡、罗马圆形竞技场、圣埃乌拉利亚教堂和莫雷利亚考古区（Zona Arqueológica de Morería）。但联票不包括国家罗马艺术博物馆。凭联票可以进入上述每个景点一次，没有时间限制，在以上除莫雷利亚考古区之外的任何一个景点均可购买联票。

罗马圆形竞技场

遗迹

（Circo Romano；Avenida Juan Carlos；成人/儿童 €6/3，6处景点联票 成人/优惠/儿童 €15/7.50/免费；⏲4月至9月 9:00~21:00，10月至次年3月 9:00~18:30）这座建于1世纪的圆形竞技场曾经可以容纳30,000名观众，发现于16世纪，是西班牙保存下来的唯一一座此类型的竞技场遗址。在附属的讲解中心里，你可以读到有关马拉战车赛手（auriga）冠军狄奥克莱斯（Diocles）的介绍（西班牙语），他在参加罗马战车大联盟赛前曾在梅里达当学徒。

圣埃乌拉利亚教堂

遗迹、教堂

（Cripta de Santa Eulalia；Avenida de Extremadura；成人/儿童 €6/3，6处景点联票 成人/优惠/儿童 €15/7.50/免费；⏲4月至9月 9:00~21:00，10月至次年3月 9:00~18:00）这座长方形教堂是5世纪为纪念梅里达的守护圣徒而修建的，据说他在4世纪殉教了。后来教堂又在13世纪进行了重建。那座现代教堂不对公众开放，但在旁边还有一座博物馆和一块被挖掘出来的区域可以使你更深入地了解众多古罗马房屋、一座建于4世纪的基督教墓地和一座原本修建于5世纪的教堂。

米拉格罗斯高架渠

遗迹

（Acueducto de los Milagros；Calle Marquesa de Pinares）这座830米长的奇迹水道桥建于公元前1世纪与公元3世纪之间，在古罗马时代一度从城市以北6公里外的Lago Proserpina水库为梅里达供水。如今这里是筑巢鹳鸟们的最爱。

米德雷之家

遗址

（Casa del Mitreo；Calle de Oviedo；成人/儿童 €6/3，6处景点联票 成人/优惠/儿童 €15/7.50/免费；⏲4月至9月 9:00~21:00，10月至次年3月 9:00~18:30）这所住宅位于梅里达的Plaza de Toros旁边，是一座建于1世纪末或2世纪的古罗马房屋，有一处保存完好的湿壁画和几幅繁复的马赛克画，其中产生于3世纪的那幅仅保留下一部分的mosaico cosmológico（一些色彩鲜艳的创世寓言画）非常漂亮，但被一场大火破坏。有一条步行小道将这里与毗邻的古罗马骨灰龛（Los Columbarios；

Calle del Ensanche；成人/儿童 €6/3，6处景点联票 成人/优惠/儿童 €15/7.50/免费；⏲4月至9月 9:00~21:00，10月至次年3月 9:00~18:30）相连，后者是一处古罗马时代的丧葬遗址。

戴安娜神庙 遗迹

（Templo de Diana；Calle de Sagasta）这座神殿的命名并不是非常准确，因为据目前的了解，它是被用于帝国的皇室祭祀仪式的。这座公元前1世纪落成的神殿坐落于市政广场上，是市政府的所在地。神庙的一部分后来被融合进了一座建于16世纪修建于其中的住宅中。重新修复后的广场门廊Pórtico del Foro（Calle de Sagasta）就位于Calle de Sagasta东北方100米处。

图拉真拱门 遗址

（Arco de Trajano；Calle de Trajano）这座庄严的花岗岩拱门高15米，没有人知道它与古罗马皇帝图拉真有什么关系，不过它位于梅里达主要的古罗马街道上，还覆盖着原来的大理石，可能曾经是一座圣所的大门。

西哥特艺术博物馆 博物馆

（Museo de Arte Visigodo；Calle de Santa Julia；⏲4月至9月 9:30~20:00，10月至次年3月 周二至周六 9:30~18:30，周日 10:00~15:00）免费 这座考古博物馆紧邻西班牙广场（Plaza de España），位于一座16世纪的教堂兼女修道院内，其中收藏着梅里达出土的许多西哥特时期的物品。在这里，你可以一窥鲜为人知的西班牙历史（说明文字为西班牙文）。在侧面的一个小房间里，有一块刻有摩尔铭文的石碑，注明了奠定阿尔卡萨瓦城堡那835块地基的时间。

节日和活动

国际古典戏剧节 剧院

（Festival del Teatro Clásico；www.festivaldemerida.es；€15~45；⏲7月至8月）这个负有盛名的夏季节日在梅里达的罗马剧院和圆形剧场举行，以希腊和近代的经典戏剧、音乐、摄影和舞蹈为特色。晚上的演出通常是从22:45左右开始。

住宿

★La Flor de Al-Andalus 青年旅舍 €

（☎924 31 33 56；www.hostallaflordeal-andalus.com；Avenida de Extremadura 6；标单 €33，双 €45~90；❄📶）真希望所有的旅馆都有这样高的性价比，La Flor de Al-Andalus是一家自封的"精品客栈"，有18间五彩缤纷的舒适客房，被布置成漂亮的安达卢西亚风格（有优雅的瓷砖、精致的镜子和悬挂的灯笼），服务人员非常友善，并且位置很方便，梅里达的所有主要景点都可以步行到达。不过尽量不要选择底层靠近前台的房间。

Capitolio 公寓 €

（☎924 30 31 63；www.capitolio.es；Travesia de Cervantes 2；标单/双/套 €50/60/130起；P❄📶）这些风格华丽的小公寓位于位置便捷的中心地区，配有带厨具的厨房，有着充足的空间、光线和活力，每个客房单独的配色方案在典雅肃穆和极简主义与奢华艳丽之间变换，还有贴满一整面墙的花卉照片、不对称的床头或覆盖着标语的枕头、垫子。不论你选择哪种客房，都非常超值。

★Hostal Emeritae 青年旅舍 €

（☎924 30 31 83；www.hostalemeritae.com；Calle de Sagasta 40；标单 €30~40，双 €42~70，标三 €56~70；P❄📶）这个不可思议的地方于2015年开始营业，有一种轻松悠闲的感觉，而温暖舒适的当代客房则浸润在清爽的白色和乳白色中，更是强化了这种感觉。位于顶层的"超级双人间"装饰着格调柔和的艺术品，有独立的阳台，值得额外花点钱，这里还有颇有品位的紫色和灰色主题的公共庭院。

Parador de Méridaa 历史酒店 €€€

（Parador Vía de la Plata；☎924 31 38 00；www.parador.es；Plaza de la Constitución 3；房间 €85~215；P❄📶🏊）来到这里，你将睡在一座罗马神庙的原址上，这里后来又化身为一座18世纪的女修道院，不过，这并非埃斯特雷马杜拉最好的官方运营的旅馆。现在的休息室曾经是个小礼拜堂，后来又被用作医院和监狱。花园里面的建筑混合了罗马、西哥特和穆德哈尔风格，可让你一瞥梅里达的建筑史。

就餐

★Mercado Gastronómico San Albín 西班牙小吃 €

（☎647 591261；www.facebook.com/MercadoGastronomicoSanAlbin/；Plaza de Toros，Calle Oviedo；西班牙小吃 €4~10；⊙正午至16:00和21:00至午夜）梅里达刷成红色的20世纪斗牛场已经化身为一个西班牙小吃风格的就餐地点，令人流连忘返。在每一个凹室里，都有供应小吃的独立的小摊，这里的特色小吃从火腿和油炸丸子到鸡尾酒和蛋糕应有尽有。把它们混搭组合起来，找个喜欢的地方坐下。跟那些正襟危坐等着侍者上菜的正规餐厅相比，这是另一个很棒的选择。

★El Trasiego 当代西班牙菜 €€

（☎924 48 50 66；Calle Romero Leal 3；西班牙小吃 €4~7，盘餐 €9~19，主菜 €9~15；⊙13:00~16:30和20:30~23:30；✎）在梅里达的就餐场所中，备受欢迎的El Trasiego显得相对年轻，它将乡村风格的装饰跟有趣的当代氛围以及融入了本地食材的精美创意菜肴合为一体。侍者用金属桶将面包送到餐桌上来，面包类菜单为经典的西班牙烹饪增添了几分现代格调。尽情享用分量很大的奶油意面、蘑菇意大利调味饭和羊奶沙拉吧，还有美食小吃、以海鲜为主要食材烹制的美味佳肴以及优质的西班牙葡萄酒。

★Tábula Calda 西班牙菜 €€

（☎924 30 49 50；www.tabulacalda.com；Calle Romero Leal 11；主菜 €12~19，套餐 €13~25；⊙13:00~16:30和20:00至午夜）🍃这个诱人的餐馆把墙壁刷成黄色，铺有瓷砖，配有绿色植物，提供了价格合理的高品质膳食，涵盖了西班牙最爱的主食。所有的食品要么出产于自家花园，要么来源于其厨房周边100公里以内的地方。在等待上菜时，你会享受到赠送的西班牙小吃、自制沙拉（橘子、糖和橄榄油，体现出店主家的犹太渊源）和橄榄。曼纽尔（Manuel）是一位热情周到的店主。

A de Arco 西班牙菜 €€

（☎924 30 13 15；www.adearco.com；Calle Trajano 8；主菜 €8~19；⊙13:00~16:00和20:00至午夜）这个迷人的地方就位于梅里达最美古建筑罗马拱门的阴影中，拥有可爱的就餐环境，供应一系列的埃斯特雷马杜拉食品和更丰富的西班牙菜肴——尝尝奶酪加松露（queso con trufa）。这里是那种你在就餐后还想留下来喝上一杯的地方。

实用信息

旅游局办事处（☎924 38 01 91；www.turismomerida.org；Calle Santa Eulalia；⊙4月至9月 周一至周三 9:00~19:30，周四至周日 9:30~14:00和17:00~20:00，10月至次年3月 周一至周三 9:00~19:30，周四至周日 9:30~14:00和16:30~19:30）在主购物街的顶端（东北端）。

旅游局办事处（罗马剧院；☎924 33 07 22；www.turismomerida.org；Paseo Álvarez Sáez de Buruaga；⊙4月至9月 9:00~19:30，10月至次年3月 周一至周三 9:00~18:30）位于罗马剧院旁边。

到达和离开

火车

有几班列车从Avenida de Extremadura旁的火车站发车，开往马德里（€31~47，4.5~7.5小时，每天6~7班）、卡塞雷斯（€6.10~7.35，1小时，每天4~5班）、塞维利亚（€21，3.75小时，每天1班）和萨夫拉（€6.10~7.35，45分钟，每天1~3班）。

长途汽车

长途汽车从**汽车站**（☎924 37 14 04；Avenida de la Libertad）发车，从Puente Lusitania大桥过了河即可到达。

目的地	车费(€)	行驶时间	发车频率(每天)
巴达霍斯	6	50分钟	3~7班
卡塞雷斯	6.50	1小时	2~3班
里斯本（普通/特快）	26/29	4/3小时	1/1班
马德里（普通/特快）	26/39	5/4小时	4/4班
塞维利亚	15	2.75小时	5班
萨夫拉	5.75	1.25小时	5~10班

奥利文萨（Olivenza）

人口 12,032

美丽迷人的奥利文萨位于巴达霍斯西南方向27公里处，坚守着其葡萄牙传统——这里从1801年开始才成为西班牙领土。古老的镇中心铺着鹅卵石，石灰涂白的房屋、蔚为壮观的教堂与城堡、带有典型塔楼的防御性城墙很有特色，而且装饰着不少美丽的蓝白陶瓷砖瓦，你可以立刻从街道路标上看出来。

景点

奥利文萨城堡 城堡

（Castillo de Olivenza; ☎924 49 02 22; Plaza Santa María del Castillo; 成人/儿童 €2.50/免费; ⏲5月至9月 周二至周五 10:30~14:00和17:00~20:00，周日 10:00~14:15，10月至次年4月开放时间多变）奥利文萨这座建于14世纪的城堡雄伟庄严，恰好位于镇中心，其主体是一座36米高的塔Torre del Homenaje，不妨到上面去俯瞰小镇和周边乡村的美丽全景。其门票也包括信息详细的**埃斯特雷马杜拉人种学博物馆**（Museo Etnográfico Extremeño; www.museodeolivenza.com; 成人/儿童 €2.50/免费; ⏲5月至9月 周二至周六 10:30~14:00和17:00~20:00，周日 10:00~14:15，10月至次年4月 周二至周六 10:30~14:00和16:00~19:00，周日 11:00~14:15）。

食宿

Hotel Heredero 酒店 €

（☎924 49 08 35; www.hotelheredero.net; Carretera de Badajoz, Km 23.7; 标单/双 含早餐 €40/70; P ❄ 📶）这个酒店就在老城区的北边，其现代风格的外表毫无魅力，而漂亮的旧式客房则会给人一个惊喜。那些木头家具赋予它一种旧大陆风格的感觉，不过其效果显得很柔和而非过犹不及。

Casa Maila 埃斯特雷马杜拉菜、西班牙小吃 €€

（☎924 49 15 05; Calle Colón 3; 西班牙小吃 €3.50~5，主菜 €12~19; ⏲周二至周日 正午至午夜，周一 至16:00）友好的Casa Maila朴素得令人感到清爽，是品尝美味小吃和盘餐以及更精致且以肉类为主菜的好地方，它就在热闹欢腾的西班牙广场（Plaza de España）边上。

实用信息

旅游局办事处（☎924 49 01 51; www.olivenzavirtual.com; Plaza Santa María del Castillo 15; ⏲5月至9月 周二至周六 9:30~14:00和17:00~19:00，周日 10:00~14:00，10月至次年4月 9:30~14:00和16:00~18:00，周日 10:00~14:00）位于老城区主广场上的Convento San Juan de Dios内。

到达和离开

从周一至周五，差不多每小时都有1班长途汽车从**长途汽车站**（☎924 49 05 31; Calle Avelino Palma Brioa）往返于这里与巴达霍斯（€2.20，25分钟）之间，周六则有2班车。

萨夫拉（Zafra）

人口 16,855

如果你在寻找安达卢西亚式样的白色村庄（pueblo blanco），在塞维利亚和梅里达之间A66公路沿途闪闪发光的白色小镇萨夫拉便是这样一个安宁迷人的中间站。因为与安达卢西亚的首府非常相似，萨夫拉被贴上了“小塞维利亚”（Sevilla la chica）的标签，这里原本是一处穆斯林定居点，狭窄的街道两旁排列着巴洛克式的教堂、老式商店、镶着玻璃的阳台和点缀着繁花盛开的九重葛及亮粉色天竺葵的传统房屋。萨夫拉的新城区没有那么迷人，但其历史悠久的核心区则非常美丽。

景点

萨夫拉有一座融合哥特式、穆德哈尔式和文艺复兴建筑风格于一体的城堡，现在是奢华的官方经营的酒店Parador de Zafra（见678页），位于镇中心。Plaza Grande和毗邻的Plaza Chica都建有美丽的拱廊，周围有西班牙小吃吧，是体验萨夫拉生活的好去处。Plaza Grande西南端栽种着棕榈树，还有一些有数百年历史的住宅，是埃斯特雷马杜拉较美的景点之一。而守卫着老城区西侧入口的则是Puerta de Jerez，它属于萨夫拉建于15世纪的那道城墙的一部分。

★ Palacio Quemado 葡萄酒厂

（☎924 12 00 82; www.palacioquemado.com; Carretera Almendralejo-Palomas Km 6.9, Alange; ⏲5月至9月 周一至周五 10:00~15:00，10月至次年4月 周一至周五 10:00~18:00，其他时间需预约）在埃斯特雷马杜拉的Ribera del Guadiana葡萄酒产区，Palacio Quemado是

众多明星之一，生产优质的红葡萄酒并经营导览游（其中一种需乘坐拖拉机）、品酒和葡萄酒品酒课程。其酒窖门口还有酒出售。就在萨夫拉东北方的A66东侧附近，你需要提前打电话预约并要求他们给你指路。

Bodegas Medina 葡萄酒厂

[☎924 57 50 60; www.bodegasmedina.net; Carretera de Córdoba (N432); 团队游 无/含品酒 €6/12; ⏲周一至周五 8:30~14:00和16:00~19:00，周六 10:00~13:00]埃斯特雷马杜拉唯一的葡萄酒法定优良产区（Denominación de Origen，缩写为DO）是Ribera del Guadiana。Bodegas Medina就在小镇东边，是DO较著名的南部葡萄酒厂之一，你可以在45~90分钟的团队游中参加品酒活动。这里生产红葡萄酒、白葡萄酒、粉红葡萄酒和汽酒（cava）。建议预订。

圣克拉拉女修道院 女修道院

（Convento de Santa Clara; ☎924 55 14 87; www.museozafra.es; Calle Sevilla 30; ⏲6月中旬至10月中旬 周二至周日 10:00~14:00，10月中旬至次年6月中旬 周二至周六 11:00~14:00和17:00~19:00，周日 11:00~14:00）免费 这座建于15世纪的威严的女修道院就隐藏在萨夫拉的主商业街边，原本是被设计出来作为当地强大的Feria王朝残存势力的神圣安息所，至今仍在运转，其中有隐居的修女。不过游客可探索修道院内那座细致入微的博物馆，以及它对这些修女生活和萨夫拉历史的有趣讲解（西班牙语）。门票包含镀金小礼拜堂，英格兰女王玛丽一世（Mary I of England）的侍女即第一位费里亚公爵夫人Jane Dormer就埋葬于此。

坎德拉里亚教堂 教堂

（Iglesia de la Candelaria; Calle Tetuán; ⏲周二至周四 11:00~14:00和18:00~19:00，周五 11:00~14:00，周六 11:00~14:00和17:00~19:00）免费 在这座建于16世纪的教堂中，那些精美的祭坛装饰画值得参观，最有特色的是弗朗西斯科·德·苏巴朗（Francisco de Zurbarán）的作品。

住宿

★ Hotel Plaza Grande 酒店 €

（☎924 56 31 63; www.hotelplazagrande.es; Calle Pasteleros 2; 标单 含早餐 €31~38，双 50; P ❄ 📶）这家友好而充满活力的酒店就像一枚宝石镶嵌在Plaza Grande上，住在这里非常合算。现代乡村风格的装饰十分优雅，强调了被刷成赤褐色加乳白色的墙壁色彩以及外露的砖头、花卉版画和柔和的彩色蜡笔画。可选择108号房，角落的阳台能眺望广场景色；208号房也可以，不过只有窗户，没有阳台。楼下那个活跃的**咖啡馆兼餐厅**（☎924 56 31 63; www.hotelplazagrande.es; Calle Pasteleros 2; 西班牙小吃 €4.50~7，盘餐 €9~18，主菜 €14~21; ⏲12:30至午夜; 📶 ✍）非常不错。

Hotel Huerta Honda 酒店 €€

（☎924 55 41 00; www.hotelhuertahonda.com; Calle de López Asme 30; 标单/双/高级/套 €55/65/85/120; P ❄ 📶 🏊）Huerta Honda拥有丰富的橘黄色和黄色，不管你喜欢什么类型的房间，这里都是时髦的选择，而且还可提供顶尖的服务。标准型房间和高级客房都很舒适，大量选用棕色和米黄色；而"豪华型"客房则是奢华的套间，有新摩尔风格的装饰、木雕天花板、四柱床、镶着瓷砖的浴室和古董家具。最好挑一间能眺望覆盖着九重葛的庭院和萨夫拉城堡的房间。

Parador de Zafra 酒店 €€

（☎924 55 45 40; www.parador.es; Plaza Corazón de María 7; 房间 €80~125，套 €120~195; P ❄ 📶 🏊）人们说，一个人的家就是他们的城堡，在这座被修复得美轮美奂的建于15世纪的堡垒里，这句话要反过来讲。除了竖立着大理石柱子的那个文艺复兴风格的精美庭院，那些欢快的客房中还装饰着富丽堂皇的深紫红色的织物和古董家具。安静的游泳池边环绕着常春藤和塔楼。**餐厅**（☎924 55 45 40; www.parador.es; Plaza Corazón de María 7; 主菜 €12~22，套餐 €23~35; ⏲12月中旬至次年10月 13:30~16:00和20:30~23:00）很赞。客人可登上城垛眺望萨夫拉最美丽的风景。

就餐

★ La Casabar 小吃 €

（☎924 55 39 72; www.lacasabar.es; Avenida Campo del Rosario 2; 西班牙小吃 €2.50~4，盘餐 €5~8; ⏲7月和8月 周三至周四

20:30至次日1:00，周五 19:00至次日2:30，周六 13:30至次日2:30，周日 13:30~23:00，9月至次年6月 周四 20:30至次日1:00，周五和周六 13:30至次日2:30，周日 13:30~23:00；📶）一个有趣又友好的酒吧兼餐厅摇身一变，成了一个深夜饮酒的热门地点，这个绝妙的地方隐藏在一座经过修复的建于15世纪的住宅里，位于老城区的边缘。其现代乡村风格的装饰以砖头外露的拱门、露出石头的墙壁和镶着瓷砖的地板为主。这里供应的食物主要有包含丰富肉食又略带当代风味的埃斯特雷马杜拉小吃和盘餐，另外还有美味的沙拉、带有浇头的烤面包（tostas）和炒蛋（revueltos）。

★ **La Rebotica** 西班牙菜 €€

（☎924 55 42 89；www.lareboticazafra.com；Calle Boticas 12；主菜 €16~21；⏰周二至周六 13:30~16:00和20:30至午夜，周日 13:30~16:00；📶）这家雅致的餐厅位于萨夫拉旧城区中心地带，餐室里摆放着真皮座椅，墙上装饰着一面面镜子，就餐环境精致优雅。提供传统肉食（注意那些别具创意的变化）。到这里品尝精心准备的牛尾（rabo de toro）和不同的猪肉菜肴，外加少数海鲜或全素食品，最后是美味的餐后甜点，如添加了草莓冰糕的巧克力慕斯。建议预订。

购物

La Cava del Queso 奶酪

（☎924 55 36 95；www.facebook.com/lacavadelquesozafra/；Calle de Huelva 32；⏰周三 11:00~15:00，周四和周五 11:00~15:00和19:00~22:00，周六 11:00~15:00和19:30~22:00，周日 正午至15:00和19:30~22:00）这家诱人的奶酪店就像对埃斯特雷马杜拉和西班牙奶酪的一站式介绍，以那些罕为人知的当地奶酪为焦点。在购买之前，你还有机会可以先尽情品尝一番。

Iberllota 食品

（☎924 55 59 95；www.iberllota.com；Calle de López Asme 36；⏰周一至周六 10:00~14:00和17:00~20:00，周日 10:00~14:00）这里主要出售上等腌肉、奶酪和一些埃斯特雷马杜拉葡萄酒，是购买美味野餐食品和当地风味礼物的好去处。待在这里的时候还可尽情享用填满火腿的pulguitas（迷你三明治或夹馅面包；€1）。

值得一游

莫内斯特里奥

随着A66高速公路的完工，许多旁道上的城镇渐渐湮没无闻，不过莫内斯特里奥并非如此：这里是西班牙（当然也是埃斯特雷马杜拉）最著名的火腿之乡。为了找到机会深入了解西班牙的这种标志性的美食，或者在城里的众多酒吧之一内品尝它，你都有充足的理由顺着高速公路上的那个出口来到这里。

出色的**火腿博物馆**（Museo del Jamón；☎924 51 67 37；www.museodeljamondemonesterio.com；Paseo de Extremadura 314，Monasterio；⏰周一至周六 9:30~14:00和17:30~20:00，周日 10:00~14:00；🅿）骄傲地占据着莫内斯特里奥的南端，这里毫无疑问是西班牙同类型博物馆中最好的一家。各种展览、交互式展示和当地火腿制作者主演的视频（全都是西班牙语）可以带领参观者见识火腿生产的过程，从伊比利亚猪的品种及其理想的生活环境至宰猪（matanza）和加工过程全有。馆内也提供英语的语音导览。

Los Templarios（☎924 51 61 88；www.lostempIariosmonesterio.com；Calle de los Templarios 20；主菜 €13~15；⏰10:00至午夜）自从1980年前后就开始营业了，它长盛不衰的秘密很简单——这里的火腿和其他猪肉或牛排菜肴都是第一流的，而且价格合理，另外还有少量鱼类菜肴。其就餐区甚至还经过整修。

到达和离开

Leda（www.leda.es）运营的巴士每天有3班至7班往返于莫内斯特里奥和萨夫拉之间（€3.56，40分钟）。

实用信息

市旅游局办事处（Turismo Zafra；☎924 55 10 36；www.visitazafra.com；Plaza de España 8A；⏰6月至9月 周一至周五 10:00~14:00和17:30~19:30，周六和周日 10:00~14:00，10月至次年5月 周一至周五 10:00~14:00和16:30~18:30，周六和周日 10:00~14:00）位于老城区南部边缘的主广场上。

到达和离开

长途汽车

萨夫拉的**长途汽车站**（☎924 55 39 07；Carretera Badajoz-Granada 4）位于老城区东北方向1公里处。这里有车开往巴达霍斯（€6.95，1.25小时，每天5~7班）、卡塞雷斯（€10.75，1.75~2.25小时，每天6班）、梅里达（€5.75，1.25小时，每天5~10班）和塞维利亚（€12.90，1.75小时，每天4~6班）。

火车

从萨夫拉坐火车可到达的目的地包括梅里达（€6.10，45分钟，每天3班）、卡塞雷斯（€9.50，2小时，每天3班）和塞维利亚（€15.30，3小时，每天1班）。

萨夫拉周边（Around Zafra）

道路从萨夫拉穿过连绵起伏的Sierra Aracena通往位于其西南方的韦尔瓦省（Huelva）北部地区（安达卢西亚）和位于东南方的Parque Natural Sierra Norte de Sevilla（安达卢西亚）。

宁静的布尔吉略斯-德尔塞罗（Burguillos del Cerro）位于萨夫拉西南方向19公里处，长满青草的山坡上有一座建于15世纪的城堡，可眺望整个小村。

在萨夫拉西南方向40公里处，弗雷赫纳尔-德拉谢拉（Fregenal de la Sierra）及其众多教堂、贵族府邸、斗牛场和建于13世纪的城堡Castillo Templario（Calle El Rollo 1, Frenegal de la Sierra；Plaza Constitución；⏰7月和8月 10:00~14:45和18:00~20:00，9月至次年6月 10:00~14:45和17:00~19:00）免费吸引着游客。而那座建于13世纪（经过多次重修）的圣玛利亚教堂（Iglesia de Santa María；Plaza de la Constitución, Frenegal de la Sierra）免费附属于这座城堡，主要以其18世纪的巴洛克式圣坛装饰画为看点。

萨夫拉西南方向42公里处是多山的赫雷斯-德洛斯卡瓦列罗斯（Jerez de los Caballeros），这里建有城墙，非常漂亮，是一些美洲征服者的摇篮。这里的景点包括建于13世纪的圣殿骑士城堡（Templars' castle；Plaza del Ayuntamiento, Jerez de los Caballeros；⏰8:00~22:00）免费，外加几座美丽的教堂，其中三座建有模仿塞维利亚希拉尔达塔。15世纪的教堂圣米格尔教堂（Iglesia de San Miguel；Plaza del Padre Ruíz, Jerez de los Caballeros；⏰12:15~14:30）免费 高耸于主广场上。

萨夫拉西北约19公里处，小村Feria在14世纪曾作为当地强大的Feria王朝所在地而名噪一时。那座始建于15世纪而后经过修复的城堡（☎685 147292；Feria；成人/儿童 €5/2.50；⏰3月中旬至9月中旬 11:30~13:30和17:30~20:30，9月中旬至次年3月中旬 11:00~14:00和16:00~18:00）高耸于山巅，令人胆战心惊，是当地的一个著名景点。

实用信息

弗雷赫纳尔-德拉谢拉旅游局办事处（Oficina de Turismo de Frenegal de la Sierra；☎924 70 00 00；Calle El Rollo 1, Frenegal de la Sierra；⏰7月和8月 10:00~14:45和18:00~20:15，9月至次年6月 10:00~14:45和17:00~19:15）

赫雷斯-德洛斯卡瓦列罗斯旅游局办事处（Oficina de Turismo de Jerez de los Caballeros；☎924 73 03 72；www.jerezcaballeros.es；Plaza de San Agustín 1, Jerez de los Caballeros；⏰周一至周六 10:00~14:30和16:30~18:30，周日 10:00~14:00）

到达和离开

从周一至周五，每天有1班巴士往返于萨夫拉和弗雷赫纳尔-德拉谢拉之间（€3.45，50分钟）及萨夫拉和赫雷斯-德洛斯卡瓦列罗斯之间（€3.70，45分钟至1小时），途经布尔吉略斯（€2.15，20分钟）。如果要去Feria，就只能依靠自己的交通工具了。

巴达霍斯（Badajoz）

人口 149,946

巴达霍斯靠近葡萄牙边境，有少量不错

的博物馆和一座位于山顶上的阿尔卡萨瓦城堡。除此之外，它不过是个破旧而散漫的工业城市，根本算不上埃斯特雷马杜拉最美或最有趣的城市。即便如此，如果你坚持穿过那令人感到有几分沮丧的郊区，深入其历史悠久的核心区域，也仍然会发现这里值得你逗留几个小时——如果你刚好就在这个地区。

景点

★阿尔卡萨瓦城堡 要塞

（Alcazaba；⌚24小时；P）免费 巴达霍斯的这座雄伟的城堡建于12世纪，占地8公顷，是西班牙同类城堡中最大的，它在Plaza Alta上方居高临下地俯视着这个城市。守卫着这一切的是那座高塔Torre de Espantaperros（即猛狗塔；⌚每月第1个周六10:30通过导览游参观）免费，它是巴达霍斯的象征，由摩尔人修建，顶上是一座建于16世纪的穆德哈尔式钟楼，里面包裹着原来更古老的塔。在这个要塞内，有一座经过修复的文艺复兴式宫殿府邸，是Museo Arqueológico Provincial（☎924 00 19 08；www.museoarqueologicobadajoz.gobex.es；Plaza José Álvarez y Sáenz de Buruaga, Alcazaba；⌚周二至周六 9:00~15:00，周日 10:00~15:00）免费 的所在地，里面有许多从史前时代到古罗马、伊斯兰和中世纪基督教时代的各种文物。

Plaza Alta 广场

不同寻常的Plaza Alta位于老城区的顶端，就在阿尔卡萨瓦城堡的城墙下方，其历史可追溯到1681年，它的东边有一座受到摩尔建筑风格影响的宅子Casas Coloradas，这座建筑有深红色和白色的墙壁，颜色大胆得惊人。

埃斯特雷马杜拉和拉美当代美术馆 画廊

（Museo Extremeño e Iberoamericano de Arte Contemporáneo，缩写为MEIAC；☎924 01 30 60；www.meiac.es；Calle del Museo 2；⌚周二至周六 9:30~13:30和17:00~19:00，周日 9:30~13:30）免费 这座威风凛凛的现代圆形建筑是巴达霍斯的骄傲与欢乐所在，致力于收藏西班牙、葡萄牙和拉美的当代艺术品，展示了包罗甚广的前卫绘画、雕塑和摄影作品。这座美术馆就在市中心的西班牙广场（Plaza de España）以南800米处。

美术馆 画廊

（Museo de Bellas Artes；☎924 21 24 69；www.dip-badajoz.es/cultura/museo；Calle del Duque de San Germán 3；⌚全年 周二至周日 10:00~14:00，6月至8月 周二至周五 18:00~20:00，9月至次年5月 周二至周五 17:00~19:00）免费 这家优秀的美术馆展出苏巴朗、Morales、戈雅、毕加索和达利的作品，另外还有出生于巴达霍斯的艺术家Felipe Checa（19世纪）和Antonio Juez Nieto（20世纪）的一些惊人之作。

活动

Baraka 土耳其式浴池

（☎924 25 08 26；www.barakalasoledad.com；Calle Virgen de la Soledad 14；90分钟洗浴套餐 €23~70；⌚洗浴套餐 周二至周四 正午、17:30和19:30，周五和周六 正午、18:00、20:00及22:00）在这座令人惊艳的建筑中，你可以好好享受包括热水、温水到凉水的摩尔式洗浴，外加舒适的敲打、薄荷茶和一系列按摩（热石按摩，可缓解压力）和美容（面部美容和磨砂）。记得预订。

节日和活动

狂欢节 狂欢节

（Carnaval；www.carnavalbadajoz.es；⌚2月）巴达霍斯五彩缤纷的狂欢节庆典与街头聚会至少始于19世纪，是西班牙最为异彩纷呈和最受欢迎的狂欢节。

住宿

Hotel San Marcos 酒店 €

（☎924 22 95 18；www.hotelsanmarcos.es；Calle Meléndez Valdés 53；标单 €32~55，双 €38~60；P❄📶）这家友好的酒店位于市中心，弥漫着香子兰的香味，其完美的服务和先进的设施使得它成为超值的顶级之选。客房非常宽敞，阳光充足，而且配备了冰箱和保险柜，有些还有阳台。现代浴室光滑雅致；很多都有漩水按摩淋浴。

NH Gran Hotel Casino Extremadura 酒店 €€

（☎924 28 44 02；www.nh-hotels.com；

Avenida Adolfo Díaz Ambrona 11；房间 €60~125；P❄📶）巴达霍斯最经典的几家酒店就在瓜迪亚纳河对面，从老城区步行短短的一段路程即到。这家时髦而散漫的综合建筑拥有商务风格的优雅现代客房，装饰着漂亮的深色木头，配有桌子和放在房间内的蒸馏咖啡机。它还有一家店内水疗馆和健身房，接待服务友好而专业。

就餐

Papabuey 烧烤餐馆、西班牙菜 €€

（☎924 18 15 93；www.papabuey.com；Calle Vicente Barrantes 5；主菜 €8~16；⏰周四至周六 14:00~16:30和20:30~23:00，周二和周三 13:00~16:00）这家繁忙的烤肉餐厅（asador）能将鲜嫩多汁的肉类烤得尽善尽美，这也是其大获成功的关键。它就在西班牙广场近旁。肉食者会对着那份满是肉类的菜单馋涎欲滴，上面有像chuletón de buey（巨大的牛排）这样的特色菜和extremeño cochinillo asado（烤乳猪）这样的经典菜肴。包括3道菜的工作日午间套餐（€15）会让你兴奋不已。

La Casona Alta 西班牙小吃 €€

（☎924 24 73 95；Plaza Alta；西班牙小吃 €2~5，主菜 €8~16；⏰周一至周五 8:30至深夜，周六和周日 正午至深夜）La Casona Alta在巴达霍斯最凉爽的广场上摆着椅子，还有一个在几张桌子上摆着酒桶的热闹的酒吧区，你可以从它那个由标准盘餐组成的健康菜单中挑选合意的菜肴，或者选择更丰盛的受摩洛哥影响的菜肴。这里还有一种物超所值的每日套餐（menú del día），价格为€11至€13。

实用信息

市旅游局办事处（☎924 22 49 81；www.turismobadajoz.es；Paseo de San Juan；⏰7月至9月 周一至周六 10:00~14:00和17:30~20:00，周日 10:00~14:00，10月至次年6月 周一至周六 10:00~14:00和17:00~19:30，周日 10:00~14:00）就在位于市中心的西班牙广场附近。

Casas Mudéjares旅游局（☎924 29 13 69；www.turismobadajoz.es；Plaza de San José 18；⏰周一至周五 10:00~14:00和17:00~19:30，周六 10:00~14:00）就位于阿尔卡萨瓦城堡下面。

到达和离开

长途汽车

各种长途汽车从位于西班牙广场以南1.5公里处的**长途汽车站**（☎924 25 86 61；Calle José Rebollo López）发车。

目的地	车费(€)	行驶时间	发车频率（每天）
卡塞雷斯	6.30	1.25小时	3~6班
里斯本（普通/特快）	24/27	2.5/2小时	2/1班
马德里（普通/特快）	31/43	5.75/4.75小时	5/4班
梅里达	6	50分钟	3~7班
塞维利亚	18	3.5小时	2~4班
萨夫拉	6.95	1.25小时	5~7班

塞维利亚和安达卢西亚山区城镇

包括➡

最佳餐饮

- ➡ Bar-Restaurante Eslava（见720页）
- ➡ Almocábar（见765页）
- ➡ Casa Pepe de la Judería（见783页）
- ➡ Jesús Carrión（见735页）
- ➡ El Jardín del Califa（见768页）

最佳住宿

- ➡ Hotel Casa 1800（见716页）
- ➡ Aire de Ronda（见763页）
- ➡ La Casa del Califa（见767页）
- ➡ Casa Olea（见785页）
- ➡ Hotel Convento Aracena（见734页）

为何去

安达卢西亚西部基本传承了烈日炎炎的西班牙南部的灵魂与美丽，有着独特的穆德哈尔建筑、山顶的白色城镇（pueblos blancos）和热情似火的弗拉明戈传统。迷人的首府塞维利亚是当下西班牙炙手可热的旅行目的地之一，优雅的宫殿、熙熙攘攘的西班牙小吃吧和富有感染力的激情，面对这些，没有游客会无动于衷。如果想换个节奏，可以往南去加的斯省，那里有一连串看似摇摇欲坠的白色城镇，标注出了昔日在基督教统治下的西班牙与摩尔人的安达卢斯之间的分界线。安达卢西亚的摩尔历史对这一地区造成了持久的影响。无论走到哪里，你都会发现伊斯兰过往留下的痕迹，其中最壮观的是科尔多瓦大清真寺。

从多尼亚纳国家公园内栖息着众多鸟类的湿地到塔里法大风吹拂的海滩，再到由那些纵横交错的徒步小径串联起来的未受破坏的荒野，这里也能让自然爱好者感到心满意足。

何时去

塞维利亚

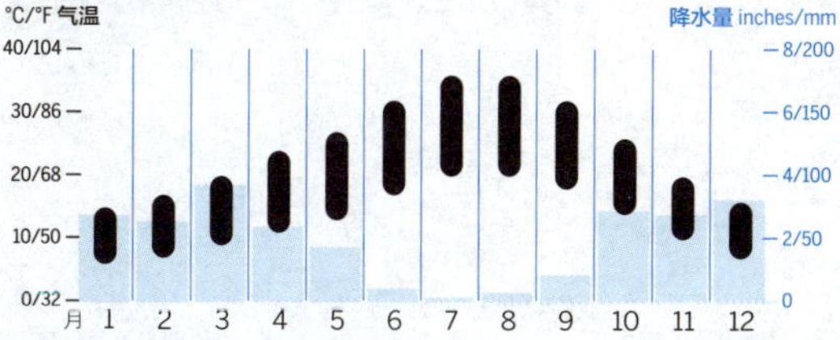

3月至4月 届时会举办圣周游行，紧随其后的是热闹的春季集会。

5月至6月 天气暖和，阳光灿烂，非常适合徒步，还有更多丰富多彩的活动。

9月至10月 理想的徒步季节，也很适合去海滩游览，没有拥挤的人群。

塞维利亚和安达卢西亚山区城镇亮点

❶ **塞维利亚**（见686页）探索安达卢西亚最美丽的城市及其宏伟的历史遗迹、富有创意的西班牙小吃吧，感受这里热情似火的气氛。

❷ **赫雷斯-德拉弗龙特拉**（见749页）进入一个有弗拉明戈、马、雪利酒和酒窖的时尚世界。

❸ **科尔多瓦**（见774页）在这座古老迷人又热闹的当代城市，发现令人惊叹的大清真寺和更多杰作。

❹ **苏埃罗**（见786页）沉醉于这个背靠陡峭山谷的迷人白色村庄中，享受惬意的徒步体验，这里还有一座完美的城堡。

❺ **桑卢卡尔-德巴拉梅达**（见746页）在Bajo de Guía沿线，从海里捕捞上来的鲜鱼让你大快朵颐，还可以进入多尼亚纳国家公园。

❻ **塔里法**（见769页）尽情体验风筝冲浪、帆板冲浪，在海滩懒洋洋地放松。摩洛哥在海的对面若隐若现。

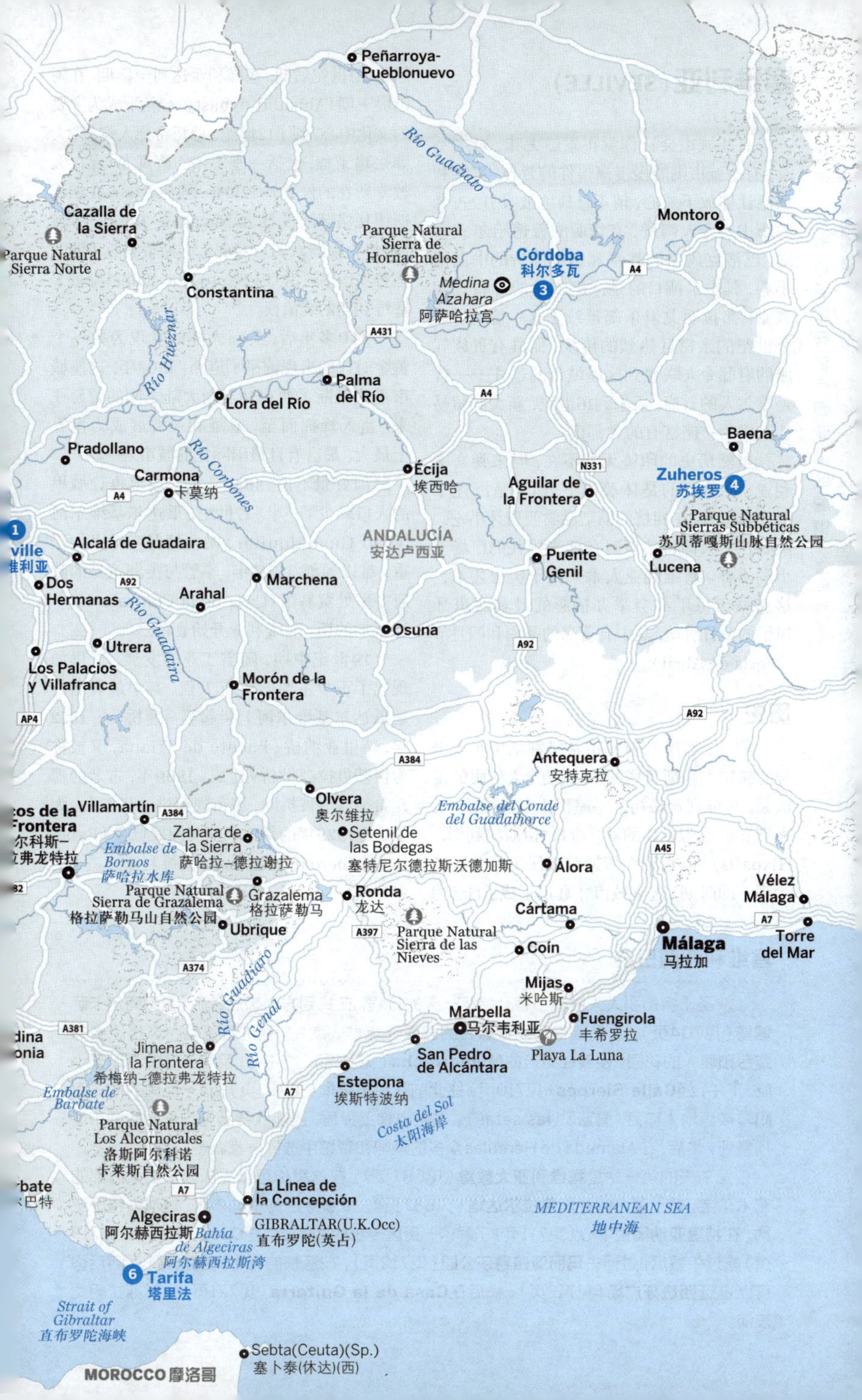
Peñarroya-Pueblonuevo
Río Guadiato
Cazalla de la Sierra
Parque Natural Sierra Norte
Constantina
Parque Natural Sierra de Hornachuelos
Medina Azahara
阿萨哈拉宫
Córdoba
科尔多瓦
3
Montoro
A4
A431
Río Huéznar
Palma del Río
Lora del Río
Pradollano
Río Corbones
Carmona
卡莫纳
A4
Écija
埃西哈
Aguilar de la Frontera
N331
Baena
Zuheros
苏埃罗
4
Parque Natural Sierras Subbéticas
苏贝蒂嘎斯山脉自然公园
1
ville
维利亚
Alcalá de Guadaira
ANDALUCÍA
安达卢西亚
Puente Genil
Lucena
Dos Hermanas
A92
Río Guadaira
Arahal
Marchena
Osuna
A92
Utrera
Los Palacios y Villafranca
Morón de la Frontera
AP4
A92
A384
Antequera
安特克拉
Olvera
奥尔维拉
Embalse del Conde del Guadalhorce
Villamartín
A384
Zahara de la Sierra
萨哈拉–德拉谢拉
Setenil de las Bodegas
塞特尼尔德拉斯沃德加斯
Embalse de Bornos
萨哈拉水库
Álora
A45
Vélez Málaga
Parque Natural Sierra de Grazalema
格拉萨勒马山自然公园
Grazalema
格拉萨勒马
Ronda
龙达
Cártama
A7
Torre del Mar
Ubrique
A397
Parque Natural Sierra de las Nieves
Coín
Málaga
马拉加
A374
Río Guadiaro
Mijas
米哈斯
Río Genal
Marbella
马尔韦利亚
Fuengirola
丰希罗拉
A381
Jimena de la Frontera
希梅纳–德拉弗龙特拉
Playa La Luna
San Pedro de Alcántara
Estepona
埃斯特波纳
A7
Embalse de Barbate
Costa del Sol
太阳海岸
Parque Natural Los Alcornocales
洛斯阿尔科诺卡莱斯自然公园
A7
La Línea de la Concepción
Algeciras
阿尔赫西拉斯
GIBRALTAR(U.K.Occ)
直布罗陀(英占)
MEDITERRANEAN SEA
地中海
Bahía de Algeciras
阿尔赫西拉斯湾
6
Tarifa
塔里法
Strait of Gibraltar
直布罗陀海峡
Sebta(Ceuta)(Sp.)
塞卜泰(休达)(西)
MOROCCO 摩洛哥

塞维利亚（SEVILLE）

人口 690,570

有些城市会让你觉得索然无味，避之不及，有些城市则能慢慢赢得你的芳心。塞维利亚能让你放下戒心，情不自禁地被吸引。古老的市中心令人陶醉，有华丽的穆德哈尔式宫殿、巴洛克风格的教堂和蜿蜒曲折的中世纪小巷，其中最醒目的是一座宏伟的哥特式大教堂。弗拉明戈俱乐部延续了这一传承了数个世纪的亲密且热烈的传统，而具有贵族气派的府邸令人联想到这座城市的过往——曾是摩尔人的首府，后来到16世纪，新大陆贸易让其成为一座富有的大都市。

虽然历史的印迹无处不在，但来到塞维利亚，更重要的是体验当下，而不是沉迷于过去。你可以在拥挤的酒吧品尝西班牙小吃，或者在一天即将结束时在熙来攘往的广场上小酌一杯。塞维利亚人素来精于庆祝艺术，这座城市每年都会举办精彩的最具西班牙风情的节日活动，其中有著名的圣周和四月节（Feria de Abril）。

历史

传说，塞维利亚是由希腊神话中半人半神的赫拉克勒斯建成的。不过更令人信服的说法是，塞维利亚最初是一座伊比利亚城镇，后来则发展成为重要的罗马港口（伊斯帕利斯，Hispalis）。但直到在伊斯兰数任统治者连续治理下的时期，这座城市才真正形成了自己的风格。11世纪后期，塞维利亚达到全盛期，在阿巴堤王朝（Abbadid dynasty）统治下成为主要的文化中心。到了12世纪，穆瓦希德人掌权，大肆兴建工程，包括一座宏伟的清真寺（现在大教堂所在的位置）。1212年，穆瓦希德人在纳瓦斯德托洛萨战役（Las Navas de Tolosa）中惨败，势力逐渐减弱。1248年，卡斯蒂利亚王国的圣费尔南多三世（El Santo, the Saint）夺取了塞维利亚的统治权。

240多年后，美洲大陆的发现为另一个黄金时代的出现铺平了道路。1503年，这座城市正式垄断了西班牙与新大陆之间的贸易往来。富人蜂拥而至，塞维利亚发展成为世界上最大、最富有且最国际化的城市之一。

但好景不长。1649年的一场瘟疫让城里的人口减少了一半。17世纪，瓜达尔基维尔河（Río Guadalquivir）淤塞情况变得更加严重，难以通航。1717年，掌管与美洲贸易的政府办事处贸易馆（Casa de la Contratación）迁至加的斯。塞维利亚开始衰落。

19世纪中期，随着工业的发展，这里涌现出了不少主要的建筑工程。其中最著名的是瓜达尔基维尔河上架起第一座桥——1852年，特里亚纳桥（Puente de Triana，又被称为伊莎贝拉二世桥）建成。1869年，古老的穆瓦希德城墙被拆除，城市规模进一步扩大。为了举办1929年的伊比利亚美洲展览会（Exposición Iberoamericana），塞维利亚建造了更多建筑。

塞维利亚两日游

从圣十字街引人入胜的小巷开始第一天的行程。在找到方向感后，前往**皇家阿尔卡萨城堡**（见704页），这是塞维利亚最著名的宫殿建筑群。欣赏华丽的穆德哈尔风格凉爽的露台和迷人的花园。接着在附近的**Mamarracha**（见718页）吃午餐，品尝美味的西班牙小吃。下午，经**Calle Sierpes**（见710页）往北前往**都市阳伞**（见707页），这一巨大的木质遮阳伞被当地人称为“蘑菇”（las setas）。乘坐电梯上顶层，还能欣赏到无与伦比的城市屋顶景观。最后，在Alameda de Hércules众多的酒吧和餐馆中选择一家就餐，结束这一天。

第二天的第一站是**塞维利亚大教堂**（见687页）。在这里你可以品味教堂宏大内部的艺术珍宝，登上著名的钟塔**希拉尔达塔**（见687页）。接着穿过阿雷纳尔区，过河去特里亚纳。在**特里亚纳陶瓷中心**（见711页）了解这一街区传统的陶瓷业。在**Casa Cuesta**（见719页）吃过午餐后，过河去**玛丽亚路易莎公园**（见712页），在葱郁的树木间放松身心。随后你可以逛逛**西班牙广场**（见712页），最后在**Casa de la Guitarra**（见721页）欣赏弗拉明戈表演。

1936年，西班牙内战爆发。战争初期，尽管工人阶级占主导的区域发起反抗（遭到残酷的报复），但塞维利亚还是很快就被民族主义者掌控了。在后来的年代里，塞维利亚经历了许多的起起伏伏。1982年，它被定为安达卢西亚自治区的首府。1992年，这座城市承办了世界博览会。到21世纪初期，受益于旅游业、商业、技术和工业一起发展，塞维利亚的经济呈上升势头。但2008年，经济危机袭来，虽然诸如都市阳伞（Metropol Parasol）这样的项目得以延续，但塞维利亚的经济还是遭遇重创，2012年更是跌至最低点。近年来，西班牙经济有所复苏，但失业率，尤其是年轻人的失业率依旧是个令人担心的问题。

景点

塞维利亚大教堂及周边

★ 塞维利亚大教堂和希拉尔达塔 主教座堂

（Catedral de Sevilla & Giralda；见708页地图；☎954 21 49 71；www.catedraldesevilla.es；Plaza del Triunfo；成人/儿童 €9/免费，顶层团队游 €15；⊙9月至次年6月 周一 11:00~15:30，周二至周六 至17:00，周日 14:30~18:00）从规模和宏伟程度看，塞维利亚的大教堂都令人叹为观止。这座世界上最大的哥特式大教堂建于1434年至1517年，是在塞维利亚昔日的主清真寺的遗址上建立起来的。亮点包括希拉尔达塔（这一高耸的钟塔融合了清真寺当初的宣礼塔）、克里斯托弗·哥伦布（Christopher Columbus）的纪念墓碑、主礼拜堂惊人的镀金圣坛装饰画。

大教堂的历史可以追溯到15世纪，但基督教对这个地方的崇拜则从13世纪中期就开始了。1248年，卡斯蒂利亚国王费尔南多三世（Fernando Ⅲ）从穆瓦希德统治者手中夺取了塞维利亚，并将他们于12世纪建造的伟大清真寺改建成教堂。153年后，也就是1401年，这座城市的基督教会权威决定重建这座昔日的清真寺——1356年遭遇地震被毁——取而代之的则是一座壮丽的全新大教堂："让我们来建一个大到让后人感到疯狂的教堂。"他们说出了这样一句俏皮话（至少传说是这样的）。

结果就是如今你见到的这座让人难以置信的大教堂，官方名称为塞维利亚圣母主教座堂（Catedral de Santa María de la Sede）。这是世界上最大的教堂之一，也是一个藏满苏巴朗（Zurbarán）、穆里洛（Murillo）、戈雅（Goya）和其他艺术家创作的伟大作品的宝库，名副其实。

> **大教堂门票贴士**
>
> 如果不想为了买大教堂门票而排队，你有两个选择：可以通过大教堂西班牙语网站购票，或者在萨尔瓦多教区教堂（见707页）买票。这座教堂很少出现排队现象，出售包含教堂、大教堂以及希拉尔达塔的联票。

➡ 外部

如果凑近来看的话，大教堂厚重外部的哥特式装饰元素暗示着其内部收藏的珍宝。在Calle Alemanes停下来仔细看看**免罪之门**（Puerta del Perdón；现在位于大教堂出口处），这是最初清真寺少数保留下来的部分之一。

➡ 展馆大厅（Sala del Pabellón）

售票处后侧的第一间房间内展出了大教堂收藏的众多珍贵的艺术品。这里以及大教堂内的陈列品大多是17世纪黄金时期塞维利亚艺术大师们的作品。

➡ 哥伦布之墓

进入大教堂后，往右走，你会看到克里斯托弗·哥伦布之墓（Tomb of Christopher Columbus，Sepulcro de Cristóbal Colón），就在**王子之门**（Puerta de los Príncipes）前面。据说，这座墓碑里安放着这位伟大航海家的遗骨，但关于这份遗骨究竟是不是哥伦布的争议持续至今。

哥伦布（1506年死于西班牙北部的巴利亚多利德）死后，他的遗体被挪动过很多次。有人称他的遗骨在圣多明各（Santo Domingo）。诚然，哥伦布的遗骨从最初的安息之地被运到西班牙控制的伊斯帕尼奥拉岛（Hispaniola）后，曾在多米尼加共和国待过一段时间——1537年放在卡尔图哈修道院（Monasterio de la Cartuja；见801页）。但后来，他的遗骨被转移到哈瓦那，1898年又重返塞维利亚。

Seville 塞维利亚

Seville 塞维利亚

重要景点

1 玛丽亚路易莎公园 D6
2 西班牙广场 D6

景点

3 马卡雷纳大教堂 D1
4 圣乔治城堡 A4
5 安达卢西亚当代艺术中心 A2
6 特里亚纳陶瓷中心 A4
7 考古博物馆 D7
8 民俗博物馆 D7
9 航海馆 A2
10 拉斯杜埃尼亚斯宫 D2
11 阿尔加巴侯爵宫 C1
12 辛德勒塔 A3

活动、课程和团队游

13 Taller Andaluz de Cocina A4
14 Taller Flamenco C1

住宿

Corner House .... （见27）
15 Hotel Boutique Doña Lola C2
16 Hotel Sacristía de Santa Ana C2
17 Hotel San Gil D1

就餐

18 Arte y Sabor C2
19 Bar-Restaurante Eslava B2
20 Casa Cuesta A4
21 conTenedor D2
22 Dúo Tapas C1
23 La Azotea C2
24 Manu Jara Dulcería A4
25 Mercado de Feria C1
26 Mercado Lonja del Barranco B4

饮品和夜生活

27 Corner House Roof Terrace Bar C2
28 El Viajero Sedentario C2
29 Gallo Rojo C2
30 Maquila C2

娱乐

31 Casa Anselma A4
32 Fun Club C2
33 Naima Café Jazz C2

购物

Cerámica Triana .... （见6）
34 Tarico C2

交通

ALSA .... （见35）
Damas .... （见35）
35 Estación de Autobuses Plaza de Armas A3
Eurolines .... （见35）

2006年的DNA检测证明大教堂里的遗骨与其儿子蒂亚戈的遗骨匹配。不过这并不能真正解开谜团，但强烈暗示了这位伟大的人物真的安葬在这座以其名字命名的陵寝中。

➡ **圣器收藏室（Sacristía de los Cálices）**

哥伦布之墓右边的几个房间里收藏着大教堂最伟大的杰作。第一个房间是圣器收藏室，在室内的祭坛上方悬挂着西班牙著名画家弗朗西斯科·戈雅的珍贵作品*Santas Justa y Rufina*（1817年），画中描绘的是塞维利亚殉道者。

➡ **主圣器收藏室（Sacristía Mayor）**

旁边有着精致石头穹顶的大房间建于1528年到1547年，圆拱形的屋顶上刻着16世纪的食物雕塑。位于中央祭坛南端上方的《走下十字架》（*El Descendimiento*）和《圣特蕾莎》（*Santa Teresa*）是这里最珍贵的两幅画，前者是由佩德罗·德坎普尼亚（Pedro de Campaña）于1547年创作的，后者则是弗朗西斯科·德·苏巴朗创作的。值得一看的还有阿尔费家族的圣体龛（Custodia de Juan de Arfe），重达475公斤的银质圣体龛由文艺复兴时期的首饰匠人阿尔费家族于16世纪80年代制作而成。

➡ **教士会堂（Sala Capitular）**

这个圆形的教士会堂也被称作Cabildo，有一个带有精美雕刻的穹顶，大主教座席其上方装饰着一幅著名画家牟利罗（Murillo）的大作《圣灵感孕说》（*La Inmaculada*）。该礼堂建于1558年至1592年，用作教堂的高层阶级聚会场所。

➡ **主礼拜堂（Capilla Mayor）**

即便是在这样一座壮丽的教堂内，主礼拜堂依旧凭借其惊人的哥特式祭坛装饰脱颖而出，据说这是世界上最大的祭坛装饰。礼拜堂由来自佛兰德斯的著名雕（下接704页）

塞维利亚大教堂

精华游

1402年，灵感迸发的塞维利亚建筑师决心建造中世纪史上最雄伟的建筑。他们希望这座建筑的规模和宏伟程度能让后世叹为观止。这一项目直到1506年才完成。不过500年后，塞维利亚大教堂仍然是世界上最大的哥特式大教堂。

为避免迷路，可通过主要景点来定位。从南（主）入口进去后就能看到宏伟的❶**哥伦布之墓**。在此右转进入东南角能看到一些重要的艺术珍品：圣器收藏室有一幅戈雅的作品，❷**主圣器收藏室**有一幅苏巴朗的作品，此外在教士会堂还有牟利罗的大作《圣灵感孕说》。沿着大教堂东墙前行，经过常常关闭的❸**皇家礼拜堂**，这里有些重要的皇家陵墓。不过更难以抗拒的是❹**主礼拜堂**，这里有梦幻的祭坛。隐藏在西北角的是❺**圣安东尼礼拜堂**，这里有一幅牟利罗的传奇作品。附近这扇巨大的门就是鲜少打开的❻**圣母升天之门**。接着去❼**希拉尔达塔**，沿途可以欣赏高耸的拱形屋顶。在俯瞰过规模巨大的大教堂后，下来，最后从❽**橘院**离开。

独家贴士

- 不要试图在同一天参观皇家阿尔卡萨城堡和大教堂，因为那样太赶时间了。
- 不妨花点时间，从外面欣赏大教堂。夜晚，从雷亚斯女神广场（Plaza Virgen de los Reyes）和河对岸的特里亚纳看大教堂，景观尤其壮观。
- 网上购票或者在位于萨尔瓦多广场的萨尔瓦多教区教堂买票，这样能避免排队。

TRABANTOS / SHUTTERSTOCK ©

圣安东尼礼拜堂（Capilla de San Antonio）

这是大教堂内部80座小礼拜堂中的一座，得好好寻找一下这一不起眼的瑰宝。礼拜堂因为收藏着牟利罗1656年的画作《圣安东尼教堂风光》（*The Vision of St Anthony*）而闻名。画作在1874年被盗走，不过后来又被追回。

橘院（Patio de los Naranjos）

在这座清凉的庭院中呼吸着60棵塞维利亚橘树散发出来的香气，周围要塞般的围墙是最初建于12世纪的清真寺残留的遗迹。出口要经过马蹄形的免罪之门。

圣母升天之门（Puerta de la Asunción）

圣母升天之门位于大教堂西侧，也被称为主门（Puerta Mayor）。这扇巨大的门很少打开，只在圣周期间开放，让肃穆的天主教兄弟和队伍通过。

DMITRY SHAKIN / GETTY IMAGES ©

CEZARY WOJTKOWSKI / SHUTTERSTOCK ©

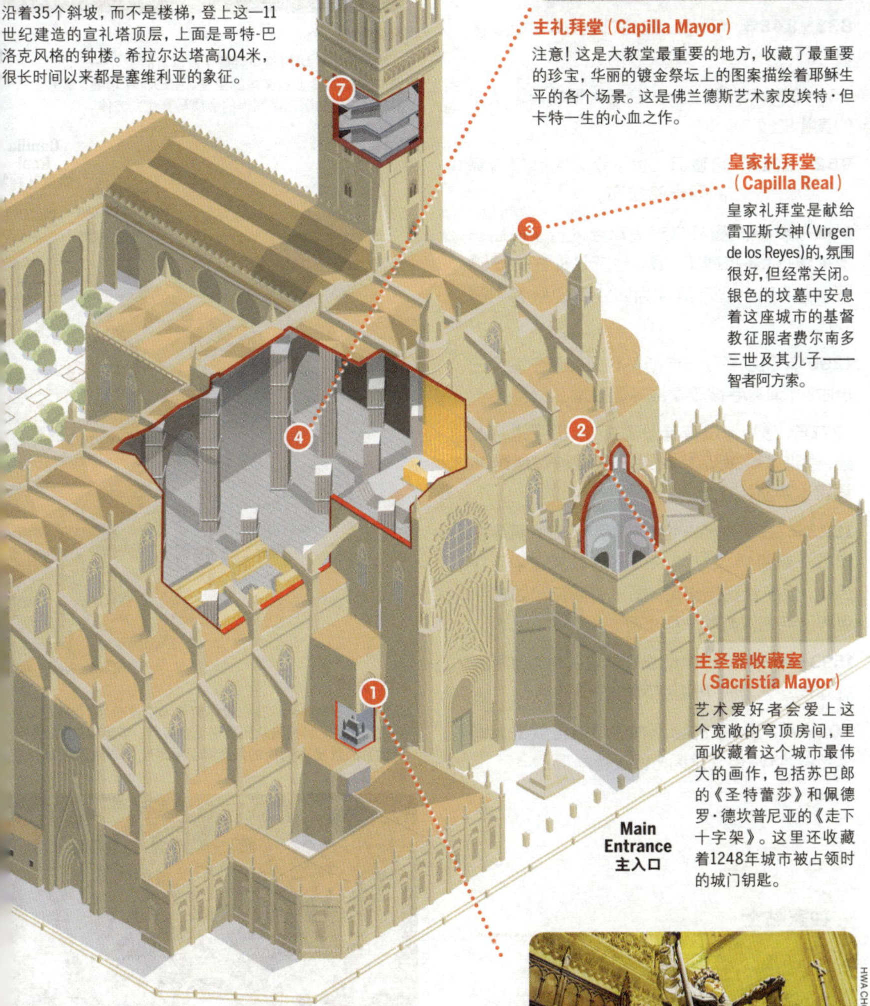

希拉尔达塔（Giralda）

沿着35个斜坡，而不是楼梯，登上这一11世纪建造的宣礼塔顶层，上面是哥特-巴洛克风格的钟楼。希拉尔达塔高104米，很长时间以来都是塞维利亚的象征。

主礼拜堂（Capilla Mayor）

注意！这是大教堂最重要的地方，收藏了最重要的珍宝，华丽的镀金祭坛上的图案描绘着耶稣生平的各个场景。这是佛兰德斯艺术家皮埃特·但卡特一生的心血之作。

皇家礼拜堂（Capilla Real）

皇家礼拜堂是献给雷亚斯女神（Virgen de los Reyes）的，氛围很好，但经常关闭。银色的坟墓中安息着这座城市的基督教征服者费尔南多三世及其儿子——智者阿方索。

主圣器收藏室（Sacristía Mayor）

艺术爱好者会爱上这个宽敞的穹顶房间，里面收藏着这个城市最伟大的画作，包括苏巴朗的《圣特蕾莎》和佩德罗·德坎普尼亚的《走下十字架》。这里还收藏着1248年城市被占领时的城门钥匙。

哥伦布之墓（Tomb of Columbus）

1506年，克里斯托弗·哥伦布的遗体葬于巴利亚多利德。不过，他的遗骨此后经过四次迁移，直到1898年才回到塞维利亚，被放入这个带有精致雕刻的灵柩台中。

HWA CHO YI / SHUTTERSTOCK ©

清真寺(见775页)

大事年表

6世纪 在现今清真寺所在的位置上，基督教堂圣维森特教堂建成。

786~787年 埃米尔阿卜杜·拉曼一世利用西哥特和罗马留下的残迹，用清真寺取代了原有的教堂。

833~848年 阿卜杜·拉曼二世下令扩建了清真寺。

951~952年 阿卜杜·拉曼三世下令建造了新的宣礼塔。

962~971年 哈基姆二世下令再次扩建清真寺，并加建了新的**❶米哈拉布**。

991~994年 曼苏尔对清真寺进行了最后一次扩建，他还扩建了庭院，也就是现在的**❷橘院**，使得整个建筑群成为如今我们所看到的规模。

1236年 科尔多瓦被卡斯蒂利亚的费尔南多三世收回，清真寺被改建成基督教堂。

1271年 基督徒没有摧毁清真寺，而是进行改建，建造了**❸维拉维西奥萨教堂**和**❹皇家礼拜堂**这两座礼拜堂。

1523年 在卡洛斯一世的许可下，在清真寺内建造一座哥特-文艺复兴风格的教堂这项工程启动，但在看到结果后，国王哀叹自己毁掉了世界上绝无仅有的一样东西。

1593~1664年 10世纪建造的宣礼塔被加固，重建成文艺复兴-巴洛克风格的**❺钟塔**。

2004年 西班牙的穆斯林请愿能再度进入清真寺做礼拜，但梵蒂冈方面没有同意。

独家贴士

- 任何时候，你都可以免费进入橘院。
- 除周日8:30至9:30外，可以免费进入清真寺主建筑。
- 10:00前不接受团队访客，这个时候的清真寺更加安静，更有氛围。

INU/SHUTTERSTOCK ©

米哈拉布

这里所有的一切都指向清真寺最珍贵的宝贝——位于朝向麦加的墙上的美丽的圣龛，在10世纪增建。留意来自拜占庭的雕刻家制作的金质马赛克立方体。

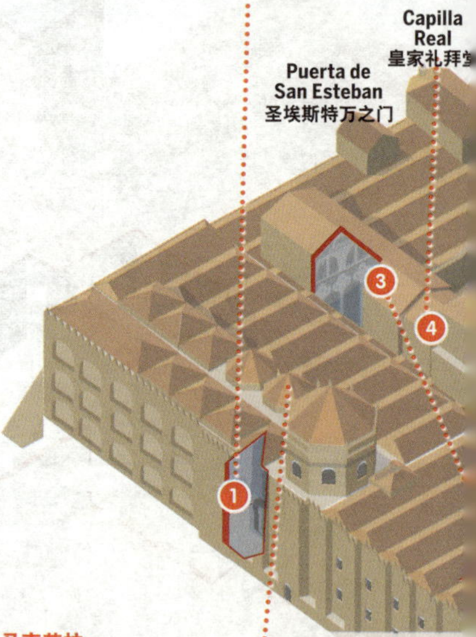

马克苏拉

马克苏拉(Maksura)指引着你前往米哈拉布，这里曾是王室内院，哈里发和其随从人员在此做礼拜。华丽精美的圆拱设计的目的就是将信徒的目光吸引至米哈拉布以及麦加所在的方向。

RENATA SEDMAKOVA/SHUTTERSTOCK ©

主礼拜堂

伊斯兰清真寺内有一处基督教文物，听起来真是讽刺，但这里就是如此：16世纪，卡洛斯一世批准在世界第三大清真寺内建造一座高耸的哥特式礼拜堂。

钟塔

这座54米高的钟塔经历了24年的修复之后，于2014年重新对游客开放，这里可以观赏到全城最美的景色。钟塔建于17世纪左右，在清真寺10世纪的宣礼塔基础之上完成。

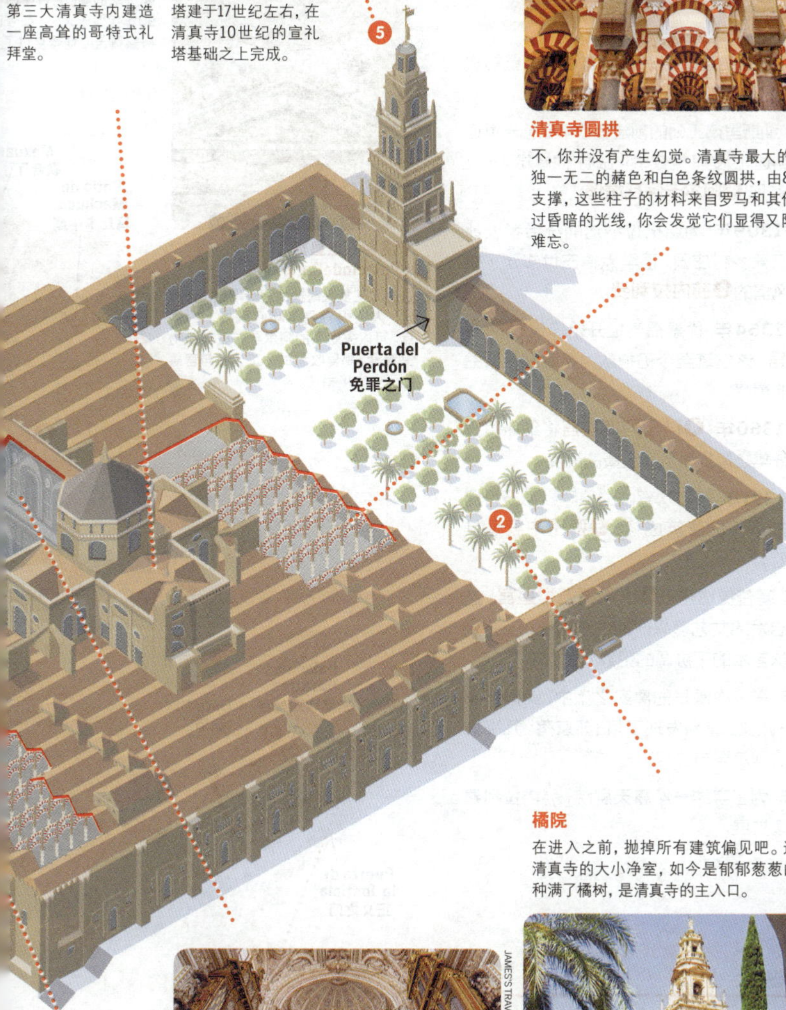

BILL PERRY/SHUTTERSTOCK ©

清真寺圆拱

不，你并没有产生幻觉。清真寺最大的特色就是独一无二的赭色和白色条纹圆拱，由856根柱子支撑，这些柱子的材料来自罗马和其他古迹。透过昏暗的光线，你会发觉它们显得又阴森又令人难忘。

橘院

在进入之前，抛掉所有建筑偏见吧。这里曾是清真寺的大小净室，如今是郁郁葱葱的庭院，种满了橘树，是清真寺的主入口。

MATT TROMMER/SHUTTERSTOCK ©

维拉维西奥萨教堂

从清真寺众多礼拜堂中仔细挑选，直到你找到这座瑰宝为止。这是早期基督徒改建的，将哥特风格的拱顶和柱子与原有的摩尔式元素结合在一起。在1607年之前，这里一直作为主礼拜堂使用。

JAMES'S TRAVEL AND PHOTOS/SHUTTERSTOCK ©

大教堂唱诗班席位

几乎没有人会错过这一令人震撼的唱诗班席位，建于16世纪和17世纪。欣赏过刻有圣经场景的精美红木唱诗班席位之后，抬头领略一下巴洛克式天顶的风采。

阿尔罕布拉宫

（见792页）

大事年表

900年 格拉纳达萨比卡山上的红色城堡初次被载入史册。

1237年 纳斯里德王朝的创建者穆罕默德一世迁都格拉纳达。因受基督教军队威胁，他修建了一座防御要塞，即❶阿尔卡萨瓦城堡。

1302~1309年 为给格拉纳达的统治者设计一座夏宫兼乡村庄园，穆罕默德三世修建了极具田园风情的❷赫内拉利费。

1333~1354年 优素福一世开始修建❸纳塞瑞斯皇宫，该建筑至今仍被认为是欧洲伊斯兰教文化的巅峰。

1350~1360年 ❹科马列斯皇宫将纳斯里德王朝的奢华之风提升到了全新的高度。

1362~1391年 第二次驾临的穆罕默德五世促成了更加辉煌的建筑成就，❺狮子中庭是其中的典范。

1527年 基督徒增建了❻卡洛斯五世皇宫。这是深受启发的文艺复兴时期的宫殿建筑，还是针对摩尔艺术的不协调的犯罪？由你来评判。

1829年 在一次漫长的离家之旅中，美国作家华盛顿·欧文"重新发现了"日渐衰落、几乎被遗忘了的阿尔罕布拉宫。

1954年 为了容纳一座露天剧院，赫内拉利费花园向南扩展。

独家贴士

➡ 可以通过电话☎858 95 36 16或在http://alhambra-patronato.es网站预订门票。

➡任意时间都可以从正义之门进入，免费参观宫殿的公共区域。

➡ 如果你想过夜，这里有两家很好的酒店：Paradorde Granada（贵）和Hotel América（比较实惠）。

CHOI HYEKYUNG / SHUTTERSTOCK ©

祝福厅（SaladelaBarca）

在通往科马列斯皇宫的厅可以仰头看看那里的金天花板，其形状就像翻过来的船。它曾在19世纪90年代毁于火灾，如今被煞费苦心地修复过了。

卡洛斯五世皇宫（PalaciodeCarlosV）

这座文艺复兴时期的宫殿增建于1527年，人们很容易忽略它风格上的优点。可以去底层的阿尔罕布拉宫博物馆看看，那里收藏的手工艺品与宫殿的历史直接相关。

阿尔卡萨瓦城堡（Alcazaba）

找时间去探索一下原先城堡的塔楼，最主要的是，经过一段蜿蜒的楼梯登上这座瞭望塔，你就会来到阿尔罕布拉宫视野开阔的地方。

EMPERORCOSAR / SHUTTERSTOCK ©

桃金娘中庭（Patiode los Arrayanes）

如果你能在这座平静的矩形水池边的一排排桃金娘树篱（arrayanes）中多停留一会儿就好了。建有七座协调拱门的柱廊吸引着人们进一步的关注。

科马列斯皇宫（Palacio de Comares）

科马列斯皇宫最大的房间以富丽的几何图形天花板而闻名，人们将继续忍受颈部的酸痛。埃米尔们的谈判室——大使厅是摩尔式设计的杰作。

JOSE IGNACIO SOTO / SHUTTERSTOCK ©

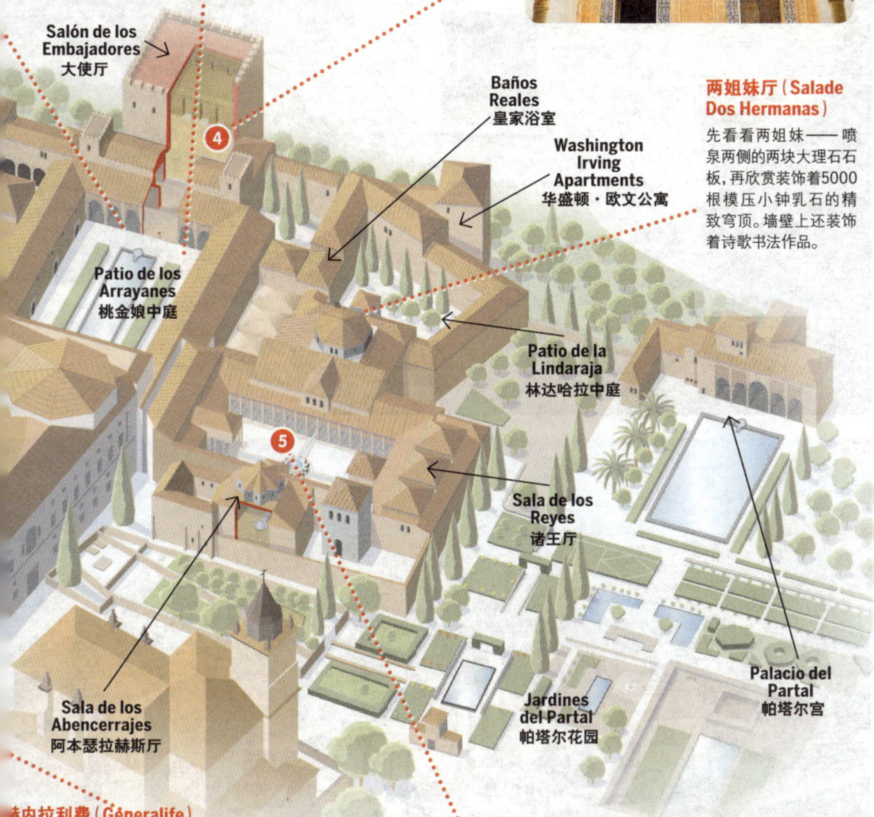

两姐妹厅（Salade Dos Hermanas）

先看看两姐妹——喷泉两侧的两块大理石石板，再欣赏装饰着5000根模压小钟乳石的精致穹顶。墙壁上还装饰着诗歌书法作品。

赫内拉利费（Generalife）

乍为大多数人参观的最后一站，这座"建筑师的花园"并不会给人留下什么印象。虽然最早建于纳斯里德王朝，但其中的园艺相对较新：水池和长廊都是20世纪初期新建的。

狮子中庭（Patio de los Leones）

数一数这里的12只用大理石雕刻而成的狮子，它们支撑着一座流水潺潺的喷泉。然后回头观赏精致的圆柱和拱门，它们象征着伊斯兰教的天堂。

FOTOGRAFIECOR.NL / SHUTTERSTOCK ©

1

2

1. 阿因萨 2. 阿尔瓦拉辛 3. 索斯-德尔雷卡托利科

阿拉贡的村庄

阿拉贡的小村庄可能是这个地区最令人惊喜的发现了，它们风格各异但都具有时光停驻般的魅力。它们背倚比利牛斯山脉或身处偏僻的南部峡谷里，这样的自然环境与村庄本身一样迷人。

阿尔瓦拉辛（见477页）

在经过数周对阿拉贡最美村庄的筛选后，相当多的旅行者会将阿尔瓦拉辛排在首位。小巷在粉红色调房屋之间蜿蜒而过，破败的中世纪瞭望塔散发着古雅的气息，经过修复的名胜古迹重新焕发出神采，而远景是陡峭险峻的山峰——难怪他们会做出这样的选择。

阿因萨（见465页）

远处，高耸的比利牛斯山巅覆盖着皑皑白雪，在岩石嶙峋的山间，一个美若仙境的灰色石头村庄突然跳入了旅行者的眼帘。它拥有称得上是西班牙最美的中世纪广场、纯粹的罗马式教堂和自基督徒与摩尔人交战以来就没有多大变化的街道。这里就是阿因萨。

阿尔克萨尔（见469页）

户外活动中心一般不会在这样古老的地方。在西班牙溪降运动之都外围下方缺乏激起肾上腺素之处，坐落着一个宁静的浅黄色调村庄——像极了托斯卡纳的山城。

索斯-德尔雷卡托利科（见451页）

整齐划一的鹅卵石街道、历史上阿拉贡国王与此地的渊源，以及保存完好的老石头宅第，让索斯成为比利牛斯山脉旅行途中一处令人难忘的站点。

安索（见456页）

狭窄的街道两边矗立着干净整齐的石屋，四周环绕着美丽的高山和森林，这里是安索，经它可抵达阿拉贡比利牛斯山脉地处偏远、充满魔力的山谷。几公里外的埃乔也如它一样古雅。

1

巴斯克文化

巴斯克人是不同于大多数西班牙人的。他们好似永远住在西班牙和法国的那一小片属于自己的土地上。尽管他们的独特文化中有许多难得一见之处，但对游客们来说，以下几个方面还是可以看到的。

回力球

回力球（pelote basque）是巴斯克地区的民族体育运动，每个村庄都有球场，球场通常都背靠着村里的教堂。打回力球有几种不同的方式：手打、用木质小球拍打、持一种被称作chistera的长形球篮打，后者广为人知，球手使用chistera投球，球速可达每小时300公里。在夏季，整个地区都可能观看到回力球比赛。

劳布鲁

巴斯克文化最常见的符号就是劳布鲁（Lauburu），即巴斯克十字纹。这一古老符号的含义已不可考，有人说代表的是古时巴斯克的四个地区，也有人说代表的是精神、生命、感觉和形式，但如今大多数人把它看作是繁荣的象征，因此经常可以在现代首饰和房门上看到。它也被用来象征生与死，所以还会出现在墓碑上。

巴斯克传统运动

巴斯克的体育项目并不仅限于回力球，还有伐木、举石头、投沙包、拔河等。大多数运动起源于这一地区农夫和渔夫的日常劳动。虽然

LONGJON / SHUTTERSTOCK ©

RICARDO HERNANDEZ / SHUTTERSTOCK ©

1. 奔牛节上的传统红白服饰（见523页）
2. 回力球赛
3. 劳布鲁（巴斯克十字纹）

TERESA EGUIDAZU URRUTICOECHEA / GETTY IMAGES ©

曾经每天都要用到的技能如今已被科技取代，但是在数不清的各种节日庆祝活动上，这些运动仍然生机勃勃。

牛和狂欢节

巴斯克最著名的节日要数奔牛节（Sanfermines；见523页），届时潘普洛纳会举行极富传奇色彩的奔牛（encierro）活动。过去，奔牛活动的目的是将公牛从休憩的畜栏运送到斗牛场。到了14世纪，有人想出了最快也“最简单”的运送方法，就是将公牛从畜栏一路赶至斗牛场。顺理成章地，运送公牛场景就演变成了潘普洛纳圣佛明节上公牛们的横冲直撞。

传统服装

大多数巴斯克节日是欣赏巴斯克传统服装和舞蹈的好时候。据说，巴斯克舞蹈约有400种之多，其中许多配有独特的服装。

巴斯克语

维克多·雨果（Victor Hugo）将巴斯克语形容成“故乡”，在这一点上，很少有持反对意见的巴斯克人。巴斯克语（euskara）是欧洲最古老的语言，与印欧语系全无关系。巴斯克语曾经被佛朗哥禁止使用，后来还是成为西班牙的官方语言之一，它也是越来越多年轻巴斯克人选择的语言。

北部的惊喜

坎塔布里亚和阿斯图里亚斯所处的北部地区面积虽小，却很值得探索。绿色的山谷从积雪覆盖的山峰一直延伸到美丽的海滨。当地人喝着苹果酒，享用着美妙绝伦的海鲜和奶酪。本地区迷人的历史要从那些世界上最精彩的岩画开始讲起。

壮美的山峰

宏伟的欧洲之巅距离海滨只有15公里，是坎塔布连山脉最高最险峻的部分，这里有激动人心的山地风景，是无可争辩的西班牙最佳山地徒步区域。你可以漫步经过高山湖泊，从千米高的悬崖俯瞰山谷，或者穿越壮丽的卡莱斯咽喉（见591页）。

传奇的苹果酒屋

阿斯图里亚斯出产的苹果酒占整个西班牙产量的80%，热闹有趣的苹果酒屋（sidrerías）是当地人生活的一部分。苹果酒从高处准确无误地注入低处的酒杯，玻璃杯里的酒开始哧哧起泡，再没有比这更好玩的了。

古老的岩画艺术

人类创作的第一个艺术品是在公元前39,000年至前10,000年的石器时代，由以狩猎为生的原始人在欧洲洞穴岩壁上描画和雕刻而成。坎塔布里亚的阿尔塔米拉（见561页）、城堡山洞穴（见552页）和多瓦莱纳斯这些被列入《世界遗产名录》的洞穴岩画达到了最高的艺术水准。

美妙的海滩

坎塔布里亚和阿斯图里亚斯550公里长的海岸线上有几百处与世隔绝的沙滩和隐秘的小海湾，它们原始、崎岖、未经破坏，堪称西班牙之最，美得令人窒息。涨潮时，这里就成了充满活力的冲浪胜地。

1. 阿尔塔米拉博物馆（见561页）
2. 加利西亚的教堂海滩（见626页）
3. 欧洲之巅中部的卡莱斯咽喉（见591页）

KSL/SHUTTERSTOCK ©

1

摩尔人的遗赠

从711年至1492年，在将近8个世纪的时间里，安达卢西亚受到了北非的影响，这里的大街小巷处处散落着能让人回想起这段历史的痕迹，从富丽堂皇的阿尔罕布拉宫到科尔多瓦和马拉加的茶室及浴室都是如此。

茶室

安达卢西亚的咖啡因爱好者喜欢在充满了异国风情的teterías消磨时间，这种摩尔式茶室装饰华丽的室内带有一丝马拉喀什甚至是开罗的气息。格拉纳达阿尔拜辛区的Calle Caldereria Nueva隐藏着最好的茶室，不过近年来，茶室数量激增；现在甚至连托雷莫利诺斯都有了一家！寻找那些光线暗淡、摆满了垫子、适合苏丹享受的咖啡馆，在那里，整壶的药草茶连同一盘盘阿拉伯甜点会放在银托盘上送到你的桌前。

安达卢西亚的浴室

安达卢西亚的浴室风格介于西式水疗和摩洛哥的土耳其浴室之间，它们保留着旧式的优雅风格，足以满足一位对摩尔时代的奢华风格情有独钟的现代埃米尔。你可以躺在点着蜡烛的地下浴室中啜饮薄荷茶，并体验摩尔人那样的沐浴仪式——连续浸泡在凉水、温水和热水中。塞维利亚、格拉纳达、阿尔梅里亚、科尔多瓦和马拉加都有很棒的阿拉伯风格的浴室，那里也可提供按摩服务。

建筑

阿尔罕布拉宫无疑是安达卢西亚留存下来的摩尔建筑的最高水平的杰作，不过这一地区还有很多其他的建筑是按照安达卢斯统治者的命令建造的。有些时候其影响非常明显。

ESZTER SZADECZKY-KARDOSS/SHUTTERSTOCK ©

DAVID ACOSTA ALLELY/SHUTTERSTOCK ©

1. 阿尔罕布拉宫的几何形图案瓷砖（见792页）
2. 安达卢西亚阿萨哈拉宫考古遗址的Casa de Yafar（见781页）
3. 格拉纳达摩尔式茶室的室内装饰（见808页）

MATYAS REHAK/SHUTTERSTOCK ©

有些穆德哈尔或新摩尔风格的混合建筑则暗示着昔日纳斯里德王朝的辉煌：装饰华丽的木质天花板、几何形瓷砖图案或是灰泥得到了大量运用。格拉纳达是参观摩尔人遗产的第一站，紧接着是马拉加、科尔多瓦、阿尔梅里亚、塞维利亚和阿尔普哈拉斯峡谷。

菜肴

西班牙菜肴，尤其是安达卢西亚菜肴，在很大程度上借鉴了北非的特色，甜辣的肉食和富含淀粉的蒸粗麦粉与地中海食材融合在了一起。摩尔人为西班牙烹饪引入了许多重要元素：用于海鲜饭的藏红花、用于西班牙甜点的杏仁以及用于安达卢西亚热门的西班牙小吃糖浆茄子（berenjenas con miel de caña）。如果你想品尝地道的菜式，安达卢西亚有许多纯正的摩洛哥餐馆，尤其是在格拉纳达和塔里法。

摩尔建筑亮点

格拉纳达 阿尔罕布拉宫（见792页）、阿尔拜辛（见795页）

科尔多瓦 清真寺（见775页）、阿萨哈拉宫（见781页）

塞维利亚 希拉尔达塔（见704页）、黄金塔（见711页）

马拉加 阿尔卡萨瓦城堡（见822页）、希布拉尔法罗城堡（见822页）

阿尔梅里亚 阿尔卡萨瓦城堡（见857页）

阿尔普哈拉斯峡谷 卡皮莱拉村的柏柏尔式房屋（见817页）

(上接689页)刻家皮埃特·但卡特(Pieter Dancart)于1482年开始建造,直至1564年才由其他雕刻家共同完成。镀金彩饰的木头柱子撑起千余个栩栩如生的雕像。在雕像群最底层中间的是一个13世纪完成的小型镀银的木质圣母像(Virgen de la Sede),它是大教堂的守护神。

主礼拜堂西面是与一座巨大管风琴合在一起的唱诗班席位。

➡ 南北礼拜堂 (Southern & Northern Chapels)

大教堂南侧和北侧的礼拜堂里收藏着更多艺术珍宝。其中最值得一看的是位于北廊西尽头的圣安东尼礼拜堂(Capilla de San Antonio),里面有牟利罗1656年创作的巨大油画,描绘了帕多瓦(Padua)的圣安东尼(St Anthony)教堂的情景。1874年,画作成为一桩令世人震惊的艺术品盗窃案的受害者。

➡ 希拉尔达塔(Giralda)

在大教堂的东北角,你会看到通往希拉尔达塔的入口。登顶要爬35道斜坡,当初之所以这么设计是为了方便守城的卫兵安全快速地骑马登上希拉尔达塔,最上面有一小段楼梯。而你能得到的奖励就是顶层美丽绝伦的景色。

这座美观的砖石结构塔高达104米,曾是清真寺的宣礼塔,于1184年至1198年由穆瓦希德政权在巅峰时期建造而成。该塔的比例、精致的砖石装饰和它的颜色(还能随着光线变化而变化)使其成为西班牙最完美、杰出的伊斯兰建筑。希拉尔达塔的最高点(钟楼部分)是16世纪建造而成的,当时的西班牙天主教徒都忙着"改造"存留下来的伊斯兰建筑。最顶端的就是塞维利亚胜利女神(El Giraldillo)了,这是一个16世纪的青铜风向标,代表着信仰,也是塞维利亚的象征。

➡ 橘院(Patio de los Naranjos)

大教堂北面的这座橘院最初是清真寺的主庭院。这里栽种着66棵橘树,中心还有一个西哥特式的小喷泉。留意庭院门上挂着的一条鳄鱼填充标本,这是埃及苏丹在1260年左右送给阿方索十世(Alfonso X)的礼物的复制品。

★皇家阿尔卡萨城堡 宫殿

(Real Alcázar; 见708页地图; ☎954 50 23 24; www.alcazarsevilla.org; Plaza del Triunfo; 成人/儿童 €9.50/免费; ⏲4月至9月 9:30~19:00, 10月至次年3月 至17:00)基督教建筑和穆德哈尔建筑的完美融合,塞维利亚这一被联合国教科文组织列入《世界遗产名录》的王宫建筑群是令人震撼的奇观。王宫的前身是建于913年的堡垒,在随后的11个世纪里,它经过了多次改建。一直是其中最引人注目的部分是14世纪国王佩德罗建造的华丽的佩德罗宫殿(Palacio de Don Pedro),至今是王宫这个王冠上的点睛之笔。王宫也是电视剧《权力的游戏》(*Game of Thrones*)的取景地。

10世纪,王宫最初是塞维利亚的科尔多瓦统治者建造的堡垒。不过直到11世纪,它才经历了第一次重要的重建。在阿巴堤统治者的管理下,原来的堡垒被扩大,在现在王宫西部建造Al-Muwarak(被祝福之意)宫殿。后来,12世纪的穆瓦希德统治者在东面又增加了一个宫殿,现在成为翼殿中庭(Patio del Crucero)庭院。基督教国王费尔南多三世在1248年占领塞维利亚后进入王宫,此后数位君王们都将这里作为主要住所。费尔南多的儿子阿方索十世将很多穆瓦希德宫殿改建成了哥特式建筑。1364年到1366年,佩德罗一世(Pedro Ⅰ)建造了以他自己名字命名的绝美宫殿。

➡ 狮子园(Patio del León)

通往狮子园的入口是位于凯旋广场(Plaza del Triunfo)的狮子门(Puerta del León)。穿过这扇被夹在带雉堞的城墙之间的门,你就进入了狮子园,这里是Al-Muwarak宫殿的卫戍庭院。左边位于圆拱前面的是正义之厅(Sala de la Justicia),有漂亮的穆德哈尔式的雕刻艺术和一个有着纵横交错花纹的横梁及嵌入的装饰品的天花板(artesonado),是天主教国王阿方索十一世(Alfonso Ⅺ)于14世纪40年代建造的,也是阿方索十一世与他的情人德古斯曼(Leonor de Guzmán)玩乐的地方,据说她是西班牙最美的女人。从这里可以来到石膏天井(Patio del Yeso)庭院,这是12世纪穆瓦希德人建造的宫殿,在19世纪重建。

➡ 狩猎园(Patio de la Montería)

佩德罗宫殿的立面衬着狩猎园，以前猎人在陪佩德罗国王打猎之前会在这里集合，因此得名。广场西侧的房间是**贸易馆**(Casa de la Contratación)的一部分，建于1503年，旨在控制西班牙在美洲殖民地的贸易。**上将厅**(Salón del Almirante)陈列着关于塞维利亚历史大事件和显贵人物的19世纪和20世纪的画作，北边尽头的房间里陈列着从世界各地收藏到的美丽精致的扇子。**参拜厅**(Sala de Audiencias)内挂着有西班牙海军上将盾牌的壁毯，以及Alejo Fernández于16世纪30年代创作的《水手们的少女》(*Virgen de los mareantes*)。

➡ 皇家住所(Cuarto Real Alto)

时至今日，这里依然是皇家宫殿。1995年，国王胡安·卡洛斯一世的女儿、公主埃琳娜(Infanta Elena)在塞维利亚大教堂举办婚礼，随后则在王宫里举行婚宴。**皇家住所**是西班牙皇室成员来塞维利亚时居住的地方，可通过导览团队游入内参观(€4.50；10:00~13:30每半小时一次；需要预订)。团队游有西班牙语或英语讲解，亮点包括建于14世纪的**参拜厅**(Salón de Audiencias)，这里依然是君主的会客室，此外还有佩德罗一世的卧室，有精美的穆德哈尔瓷砖和石膏装饰图案。

➡ 佩德罗宫殿(Palacio de Don Pedro)

佩德罗宫殿又被称为穆德哈尔宫(Palacio Mudéjar)，是塞维利亚最令人惊叹的特色建筑。

国王佩德罗尽管与同时代很多基督徒不和，但与格拉纳达的穆斯林领袖穆罕默德五世保持着长期盟友的关系，阿尔罕布拉宫的绝大多数装饰与后者有关。因此，1364年，当佩德罗决定建造一座新宫殿时，穆罕默德派出了他手下很多的顶级匠人去帮忙，此外还有塞维利亚和托莱多的匠人参与。他们融合了穆瓦希德和科尔多瓦阿拉伯的伊斯兰传统，打造出了一个独一无二的伊比利亚伊斯兰艺术综合体。

宫殿立面上的铭文表明了这里是集体智慧的结晶。其中有一句西班牙语，称该建筑的创造者是“至高无上、最尊贵且最强大的征服者佩德罗，上帝恩宠卡斯蒂利亚-莱昂国王”。另一句则是阿拉伯语反复宣称的“没有胜者，只有真主”。

这座宫殿的中心是一座典雅的**少女园**(Patio de las Doncellas)，四周环绕着美丽的拱门，装饰着精美雅致的雕刻和瓷砖。2004年，考古学家在一座建于16世纪的大理石雕像下发现了少女园中心处陷入地下的花园。

皇家寝宫(Alcoba Real)位于宫殿北侧，有着华美的天花板与精美的雕刻和瓷砖。寝宫后面的房间很可能是当时皇室夏季的卧室。

继续走就来到了位于宫殿寝宫的隐秘地带的**娃娃园**(Patio de las Muñecas)。娃娃园中格拉纳达风格的装饰体现了穆德哈尔艺术的精髓。的确，灰泥工艺是在19世纪由阿尔罕布拉宫引入的，当时的夹楼和画廊是为了伊莎贝拉二世皇后(Queen Isabel Ⅱ)而加盖的。**王子寝宫**(Cuarto del Príncipe)位于北侧，巧夺天工的黄金天花板旨在打造出星光灿烂的夜晚氛围。

使节厅(Salón de Embajadores)是宫殿内乃至整个王宫内最壮观的房间，位于娃娃园的南侧。这里最初是佩德罗一世的宝座室。大厅里美轮美奂的木质穹顶和星星形状的雕饰是于1427年建造的，象征着浩瀚的宇宙。由于穹顶的形状，这里也被称为“半个橙子大厅”(Sala de la Media Naranja)。

使节厅西侧的**孔雀廊亭**(Arco de Pavones)因装饰着美丽的孔雀图而得名，通往有着文艺复兴时期天花板(1589~1591年)的**菲利普二世屋顶大厅**(Salón del Techo de Felipe Ⅱ)和**王子花园**(Arco de Pavones)。

➡ 哥特宫(Palacio Gótico)

少女园东南角的楼梯通往建于13世纪的阿方索十世经过大幅改建的哥特式宫殿。**卡洛斯五世宫殿**(Salones de Carlos V)是这里的主要看点，以16世纪西班牙的国王卡洛斯一世(Carlos Ⅰ)的名字命名，他也是神圣罗马帝国君主查尔斯五世(Charles Ⅴ)。此外还有**挂毯宫**(Salone de los Tapices)，这个巨大的拱形厅有不少宽大的挂毯。

➡ 翼殿中庭(Patio del Crucero)

翼殿中庭在挂毯宫另一边，最初是建于12世纪的穆瓦希德宫殿的一座庭院的上层部分。一开始，这里只有四侧的上升步道以及两条在庭院中间交叉的步道。下面则栽种了橘树，沿着步道路过的幸运儿只要伸手就能找到果实。18世纪，庭院在地震中受损，下层被覆盖了。

➡ 花园和出口

挂毯宫的另一侧是王宫的花园。有湖和喷泉的花园紧挨着王宫整齐排列。通过舞会花园（Jardín de las Danzas）的通道可以到达风景如画的Baños de Doña María de Padilla（马利亚·帕蒂拉浴室），这个通道位于卡洛斯五世宫殿下方。翼殿中庭的下面有拱顶——原本是庭院的底层，地下室取代了庭院原本的游泳池。

花园最迷人的地方是怪异画廊（Galeria de Grutesco），这个加高的画廊内有16世纪的柱廊，源自一面穆斯林时期的古老城墙。这里还有一个树篱迷宫，孩子们会喜欢。在花园的东边，一面长长的墙后面有一些20世纪的建筑物，如今依旧美妙绝伦。

西印度群岛综合档案馆　博物馆

（Archivo de Indias；见708页地图；☎954 50 05 28；Calle Santo Tomás；⊙周一至周六 9:30~17:00，周日 10:00~14:00）免费 西印度群岛综合档案馆位于凯旋广场（Plaza del Triunfo）西侧一座昔日的商贸交易所内，能让人了解西班牙的殖民史，引人入胜。档案馆建于1785年，保存了众多西班牙美洲殖民地相关的文件和地图，资料架总长达7公里，有4.3万份文件，共8000万页，都是1492年到19世纪末帝国终结时的文献。大多数文件存档了，不过你可以查看部分珍贵的信件和手绘地图。

圣十字街（Barrio de Santa Cruz）

塞维利亚的中世纪犹太区（Jewish quarter）位于大教堂和皇家阿尔卡萨城堡东侧。现在这个区域尽是狭窄的街巷，弯弯曲曲犹如一个复杂的迷宫，广场周围种满了迷人的橘树，花朵散发着芳香。所有广场中最具特色的是圣十字广场（Plaza de Santa Cruz），这个地区（barrio）正是以广场的名字命名的，此外还有充满浪漫气息的Plaza de Doña Elvira。

★ 老年神父医院　博物馆

（Hospital de los Venerables Sacerdotes；见708页地图；☎954 56 26 96；www.focus.abengoa.es；Plaza de los Venerables 8；成人/儿童 €8/4，每月第一个周四 至14:00免费；⊙夏季 周四至周六 10:00~14:00，其余月份 周四至周六 至18:00）这座博物馆堪称瑰宝，位于曾经的老牧师救济院内，是塞维利亚最值得一逛的地方。韦拉兹克茨中心（Centro Velázquez）里有Focus-Abengoa基金会收藏的17世纪画作，是博物馆收藏的众多艺术作品中的珍宝。虽然规模不大，但这里的每件作品都堪称同类体裁中的杰作——亮点包括迭戈·委拉斯开兹（Diego Velázquez）的*Santa Rufina*和《圣母受孕》（*Inmaculada Concepción*），还有巴托洛梅·牟利罗（Bartolomé Murillo）栩栩如生的肖像画《圣卡塔利娜》（*Santa Catalina*）。

此外，你还可以欣赏医院华丽的礼拜堂和漂亮的庭院——柱廊、瓷砖、橘树环绕着下沉的喷泉，布局堪称经典。

萨利纳斯之家　历史建筑

（Casa de Salinas；见708页地图；☎618 254498；www.casadesalinas.com；Calle Mateos Gago 39；导览团队游 €6；⊙10月中旬至次年6月中旬 周一至周五 10:00~18:00，6月中旬至10月中旬 周一至周五 至14:00）如果你已经参观过皇家阿尔卡萨城堡，可以去附近这个鲜为人知的微缩版宅邸看一下，就在圣十字区，没有人排队。与彼拉多官邸（Casa de Pilatos）、雷布里哈宫（Palacio de Lebrija）和拉斯杜埃尼亚斯宫（Palacio de Las Dueñas）一样，这是私人宅邸，拥有者至今仍住在这里（令人敬畏的女主人已经90多岁了，和她一起住的还有12个儿子中的3个）。你会看到建于16世纪的庭院，拥有精美的穆德哈尔风格装饰的拱门和描述酒神节恶作剧的罗马马赛克画、最初的瓷砖以及该家族在冬、夏两季的会客厅，木质天花板上有精致的图案。

塞维利亚犹太讲解中心　博物馆

（Centro de Interpretación Judería de Sevilla；见708页地图；☎954 04 70 89；www.juderiadesevilla.es；Calle Ximénez de Enciso 22；成人/优惠 €6.50/5；⊙11:00~19:00）这家小规模博物馆致力于展现犹太史，令人心情沉重。博物馆位于混乱的圣十字区一座古老的西班牙犹太人房屋中，这个历史上的犹太社区自

从1391年残忍的大屠杀发生之后再也没有恢复。大屠杀和其他历史事件与记录文献、服饰和书籍等许多现存纪念物一同被编录在博物馆中。

市中心（El Centro）

顾名思义，这里是塞维利亚的中心区域，新广场（Plaza Nueva）北边和东边遍布羊肠小道的区域，以Calles Sierpes和Tetuán/Velázquez为中心，是塞维利亚的购物中心，也集中了不少一流的酒吧和餐厅。

★都市阳伞 地标

（Metropo Parasol；见708页地图；☎606 635214；www.metropolsevilla.com；Plaza de la Encarnación；€3；⊙周日至周四 10:00~22:30，周五和周六 至23:00）自2011年开放以来，备受争议的都市阳伞——当地人称为“蘑菇”（las setas）——已经成为城市的地标。都市阳伞由德国建筑师于尔根·梅耶-亨曼（Jürgen Mayer-Herman）设计，是一个巨大的遮阳篷，据说也是世界上最大的木质结构。高达30米的蘑菇形支柱和起伏的蜂巢状屋顶使得其格外醒目。乘坐电梯可以从底层到达顶层，在蜿蜒的步道上能欣赏到无与伦比的城市美景。

拉斯杜埃尼亚斯宫 宫殿

（Palacio de Las Dueñas；见688页地图；☎954 21 48 28；www.lasduenas.es；Calle Dueñas 5；成人/儿童 €8/6；⊙4月至10月 10:00~20:00，11月至次年3月 至18:00）这座建于15世纪的宫殿曾是世界上最有名望的贵族、已故阿尔巴女公爵心爱的家，这位女公爵在西班牙各地都拥有府邸、城堡和庄园。这里有栽满漂亮柠檬树的花园，华丽的拱廊庭院，画作和挂毯，还有女公爵收藏的和圣周、斗牛、足球（她是皇家贝蒂斯的球迷）有关的纪念品，这一切都会让你惊叹不已。如今，宫殿由其长子、第18任阿尔巴公爵卡洛斯继承，于2016年3月对公众开放。

雷布里哈伯爵夫人宫 宫殿

（Palacio de la Condesa de Lebrija；见708页地图；☎954 22 78 02；www.palaciodelebrija.com；Calle Cuna 8；底楼 €6，整座建筑 €9，周一 10:00和11:00 底楼免费；⊙9月至次年6月 周一至周五 10:00~19:30，周六 10:00~14:00和16:00~18:00，周日 至14:00，7月和8月 周一至周五 10:00~15:00，周六 至14:00）这一修建于16世纪的贵族府邸被漂亮的文艺复兴-穆德哈尔风格庭院环绕，融合了各种装饰元素，包括罗马马赛克、穆德哈尔石膏图案和文艺复兴风格砖石，显得多元化。前主人、已故的雷布里哈伯爵夫人是考古学家，她在1914年对府邸进行了改造，在不少房间里装满了她在旅行中收集的珍宝。

萨尔瓦多广场 广场

（Plaza del Salvador；见708页地图）这座广场适合在入夜时分喝一杯，是个很受欢迎的聚集地，在罗马统治时期这里是塞维利亚（那时叫作Hispalis）的一个公众聚会场所。广场上坐落着一座宏大的巴洛克式教堂——萨尔瓦多教区教堂。这座教堂建于1674年至1712年，就在昔日穆斯林伊斯比立亚区（Ishbiliya）主清真寺的原址上。

萨尔瓦多教区教堂 教堂

（Iglesia Colegial del Divino Salvador；见708页地图；www.iglesiadelsalvador.es；Plaza del Salvador；门票 €4，含塞维利亚大教堂和希拉尔达塔 €9；⊙9月至次年6月 周一至周六 11:00~18:00，周日 15:00~19:30，7月和8月 周一至周六 10:30~17:30，周日 15:00~19:00）这座巴洛克式教堂建于1674年至1712年，就在昔日穆斯林伊斯比立亚区（Ishbiliya）主清真寺的原址上。层叠的红砖立面体现出矫饰主义风格，内部镀金，并有精美的雕刻。日落时分，阳光从彩色玻璃窗中照进来，与雕饰交相辉映，显得更加美轮美奂。

彼拉多官邸 历史建筑

（Casa de Pilatos；见708页地图；☎954 22 52 98；www.fundacionmedinaceli.org；Plaza de Pilatos；底楼 €8，整个博物馆 €10；⊙4月至10月 9:00~19:00，11月至次年3月 9:00~18:00）彼拉多官邸是塞维利亚最为恢宏的宅邸，梅迪纳塞利（Medinaceli）公爵家族至今仍在此居住。这一建筑的历史最早可以追溯到15世纪后期，融合了穆德哈尔、哥特和文艺复兴建筑的元素，装饰了美丽的瓷砖和有着纵横交错

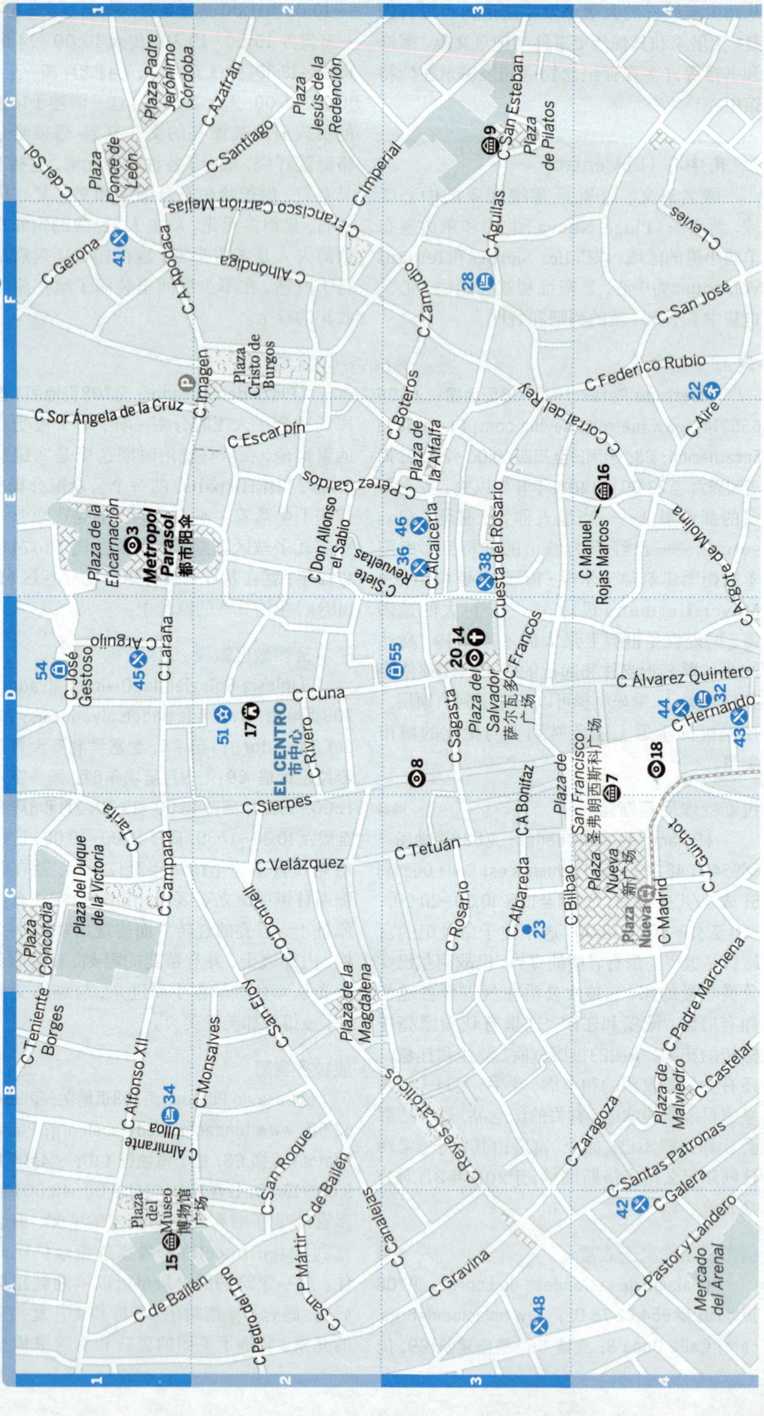

Central Seville 塞维利亚市中心

BARRIO DE SANTA CRUZ
EL ARENAL 埃尔阿雷纳尔区
TRIANA 特里亚纳区
Catedral de Sevilla & Giralda 塞维利亚大教堂和希拉尔达塔
Real Alcázar 皇家阿尔卡萨城堡
Hospital de los Venerables Sacerdotes 老年神父医院
Alcázar Gardens 阿尔卡萨花园
Archivo de Indias
Tourist Office 旅游局
City Expert Visitor Centre City Expert 游客中心
Estación Prado de San Sebastián 普拉多圣塞瓦斯蒂安汽车站
Autobuses Prado de San Sebastián
Río Guadalquivir 瓜达尔基维尔河
Teatro de la Maestranza
Patio de los Naranjos 橘院
Plaza Virgen de los Reyes 雷亚斯女神广场
Plaza del Triunfo 凯旋广场
Plaza de la Alianza
Plaza de las Cruces
Plaza Refinadores
Plaza de Santa Cruz
Plaza de los Venerables
Jardines de Murillo
Plaza Contratación
Puerta de Jerez
Prado de San Sebastián
Av de la Constitución
Av Menéndez Pelayo
Paseo Catalina de Ribera
Paseo de Cristóbal Colón
C San Fernando
Puente de San Telmo
Av de Carlos V
Av de Cádiz
Av Málaga
C Capitán Vigueras
Comes
Los Amarillos
Colón
C Dos Hermanas
C Santa María La Blanca
C Puerta de la Carne
C Doncellas
C Ximénez de Enciso
C Farnesio
C Fabiola
C Mesón del Moro
C Mateos Gago
C Segovias
C Abades
C Don Remondo
C R Caro
C Santa Teresa
Callejón del Agua
C Alemanes
C Santo Tomás
C Miguel de Mañara
C Tomas de Ibarra
C Fernández y González
C García de Vinuesa
C Arfe
C San Diego
C Gamazo
C Temprado
C Pavía
C Dos de Mayo
C Rodo
C Antonia Díaz
C V Leal
C de Adriano
C Betis
C Pureza
C Pagés del Corro
1 2 4 5 6 10 11 12 13 19 21 24 25 26 27 29 30 31 33 35 37 39 40 47 49 50 52 53
5 6 7 8
A B C D E F G

Central Seville 塞维利亚市中心

重要景点

1 塞维利亚大教堂和希拉尔达塔......D5
2 老年神父医院......E6
3 都市阳伞......E1
4 皇家阿尔卡萨城堡......E6

景点

5 安提瓜烟厂......E8
6 西印度群岛综合档案馆......D6
7 市政厅......D4
8 Calle Sierpes......D3
9 彼拉多官邸......G3
10 萨利纳斯之家......F5
11 塞维利亚犹太讲解中心......F5
12 慈善医院......C6
13 阿方索十三世酒店......D8
14 萨尔瓦多教区教堂......D3
15 美术馆......A1
16 弗拉明戈舞蹈博物馆......E4
17 雷布里哈伯爵夫人宫......D2
18 圣弗朗西斯科广场......D4
19 皇家骑士俱乐部斗牛场......B5
20 萨尔瓦多广场......D3
21 黄金塔......C7

活动、课程和团队游

22 Aire Baños Árabes......F4
23 CLIC......C3
24 Cruceros Torre del Oro......B6
25 Fundación Cristina Heeren de Arte Flamenco......A7
Mimo Sevilla......（见13）
Past View......（见3）

住宿

26 Casual Sevilla Don Juan Tenorio......F6
EME Catedral Hotel......（见49）
27 Hostal Plaza Santa Cruz......F6
28 Hotel Abanico......F3
29 Hotel Adriano......B5
30 Hotel Amadeus......F5
31 Hotel Casa 1800......E5
32 Hotel Casa de Colón......D4
33 La Banda......C6
34 Oasis Backpackers' Hostel......B1
35 Un Patio en Santa Cruz......G5

就餐

36 Bar Europa......E3
37 Bodega Santa Cruz......E5
38 Bolas......E3
39 Café Bar Las Teresas......F5
40 Casa Tomate......E5
41 El Rinconcillo......F1
42 La Brunilda......A4
43 laCava.bar......D4
44 Mamarracha......D4
45 Perro Viejo......D1
46 Sal Gorda......E3
47 Vinería San Telmo......G6
48 Zoko......A3

饮品和夜生活

49 Rooftop Bar EME Catedral......D5

娱乐

50 Casa de la Guitarra......F5
51 Casa de la Memoria......D2
52 La Casa del Flamenco......F5
53 骑士俱乐部剧院......B6

购物

54 Caotica......D1
55 Libelula Shop......D3

花纹的华丽镶板。整体效果就如同微缩版的王宫。

弗拉明戈舞蹈博物馆 博物馆

（Museo del Baile Flamenco；见708页地图；☎954 34 03 11；www.museoflamenco.com；Calle Manuel Rojas Marcos 3；成人/优惠 €10/8；⏲10:00~19:00）这家博物馆是塞维利亚著名的弗拉明戈艺术家Cristina Hoyos创办的，付出了极大努力来展示这一神秘的艺术，展品包括素描、绘画和历史上（及当代）伟大的弗拉明戈舞者的照片。比展览更棒的是每晚在博物馆庭院举行的精彩表演（19:00和20:45；€20）。

圣弗朗西斯科广场 广场

（Plaza de San Francisco；见708页地图）自16世纪起，圣弗朗西斯科广场就成为塞维利亚主要的大众休闲广场。广场西侧是历史悠久的**市政厅**（Ayuntamiento, Casa Consistorial；见708页地图；www.visitasayto.sevilla.org；Plaza de San Francisco；导览团队游 周一至周四 €4，周六 免费；⏲团队游 周一至周四 19:00和20:00，周六 10:00），其东南面的墙上有一些美丽的文艺复兴风格雕刻，历史可追溯到16世纪20至30年代。

Calle Sierpes 街道

（见708页地图）步行街Calle Sierpes始于

圣弗朗西斯科广场，往北延伸，和与之平行的Calle Tetuán/Velázquez组成了塞维利亚主要的购物区。街道两旁，连锁商店、家族经营的鞋店、不时出现的独立精品店、冰镇饮品店林立。18:00到21:00最为繁忙。

美术馆 博物馆

（Museo de Bellas Artes；见708页地图；☎955 54 29 42；www.museodebellasartesdesevilla.es；Plaza del Museo 9；欧盟居民/其他免费/€1.50；⊙9月中旬至次年6月中旬 周二至周六 9:00~20:00，周日 至15:00，6月中旬至9月中旬 周二至周日 9:00~15:00）塞维利亚的这间美术馆坐落在美丽的前修道院Convento de la Merced内，展出了西班牙和塞维利亚画作及雕塑作品，内容丰富。这里的作品创作于15世纪至20世纪，不过其中最值得驻足品味的是描绘塞维利亚17世纪黄金时代（Siglo de Oro）的宗教画作。

埃尔阿雷纳尔区和特里亚纳区(El Arenal & Triana)

布局紧凑的埃尔阿雷纳尔区紧挨瓜达尔基维尔河（Río Guadalquivir），毗邻圣十字区，有大量热闹的酒吧和历史悠久的塞维利亚斗牛场。在过去，凭借新世界的金子而发家致富的殖民者在街上昂首阔步，河上的西班牙货船则忙碌地卸下从美洲运回的战利品。

瓜达尔基维尔河对面，也就是河的西岸，是著名的特里亚纳区。这个氛围浓郁的街区以瓷砖而闻名，曾经，塞维利亚大多数重要的斗牛场都在这里，弗拉明戈明星也在此安家。至今，这里还有一些能唤起人回忆的景点。

皇家骑士俱乐部斗牛场 斗牛场、博物馆

（Plaza de Toros de la Real Maestranza；见708页地图；☎954 22 45 77；www.realmaestranza.com；Paseo de Cristóbal Colón 12；成人/儿童团队游 €8/3；⊙每半小时 9:30~21:00，斗牛日 至15:00）塞维利亚的斗牛场就像是足球界中的老特拉福德和诺坎普。换言之，如果你被选到这里比赛就意味着成功。此外这里是西班牙最古老的斗牛场（始建于1758年）。18世纪，正是在这里以及龙达的斗牛场，出现了徒手斗牛这种斗牛方式。来这里参观，不用看斗牛就能了解这一西班牙根深蒂固的传统。

慈善医院 博物馆

（Hospital de la Caridad；见708页地图；☎954 22 32 32；www.santa-caridad.es；Calle Temprado 3；€5；⊙周一至周六 10:30~19:30，周日 10:30~13:00和14:30~19:30）慈善医院是河东面的一幢坚固的建筑，建于17世纪后期，是米盖尔·马涅阿拉（Miguel de Mañara）为穷人和老人建造的安养院。据传，他曾是一个声名狼藉的花花公子，某次神游看到了自己葬礼的场景而改变了原来的生活方式。

医院最主要的景点是镀金的小礼拜堂，装饰着几位黄金时代画家和雕塑家的作品，最著名的是牟利罗和罗尔丹（Roldán）的杰作。

黄金塔 塔、博物馆

（Torre del Oro；见708页地图；Paseo de Cristóbal Colón；成人/优惠 €3/1.50，周一 免费；⊙周一至周五 9:30~18:45，周六和周日 10:30~18:45）这座建于13世纪的河畔瞭望塔是塞维利亚著名的地标之一，是穆斯林在这座城市留下的最后一座伟大建筑。作为大型防御建筑的一部分，黄金塔因为贴有金色瓷砖而得名。不过也有人提出异议，称“黄金塔”这个名字的由来是西班牙征服者从墨西哥和秘鲁回来后将从殖民地金库中掠夺来的赃物存在此处的缘故。如今，黄金塔内有一个小规模的海事博物馆，楼顶还有一个观景平台。

圣乔治城堡 博物馆

（Castillo de San Jorge；见688页地图；☎954 33 22 40；Plaza del Altozano；⊙周二至周六 11:00~17:30，周日 10:00~14:30）免费 圣乔治城堡毗邻特里亚纳区的伊莎贝拉二世桥。1481年至1785年，这里是臭名昭著的西班牙宗教法庭的总部所在地。19世纪，当宗教法庭点燃的火焰终于熄灭，城堡也被摧毁，其上建起一座集市，地基在1990年重新被发现。现在城堡残留部分建起了一座博物馆，展示宗教法庭犯下的罪行以及城堡昔日的生活场景。

特里亚纳陶瓷中心 博物馆

（Centro Cerámica Triana；见688页地图；☎954 34 15 82；Calle Antillano Campos 14；

€2.10；⌚周二至周六 11:00~17:30，周日 10:00~14:30）这一漂亮的博物馆于2014年开放，旨在复兴这一地区曾经繁荣的陶瓷业。博物馆的设计很用心，既介绍了陶瓷生产的方法和历史，又介绍了特里亚纳区以及生活在这里的人民的发展史。

市中心南部

圣十字区和市中心有许多开阔的公园和宽敞的林荫大道，近年来经过改造，出现了有轨电车、自行车道和步行道。这里主要的景点是玛丽亚路易莎公园——塞维利亚主要的公园——以及宏伟的西班牙广场。

★玛丽亚路易莎公园 公园

（Parque de María Luisa；见688页地图；⌚9月至次年6月 8:00~22:00，7月和8月 至午夜）玛丽亚路易莎公园是一片令人感到身心愉悦的绿洲，空间很开阔，远离城市噪声。这里有鸭池、打盹儿的塞维利亚人和树下蜿蜒曲折的绿荫道。

如果你更希望继续文化探索之旅，而不是与花草打交道，那么公园里也有一些知名的景观。最具有代表性的是西班牙广场。这座壮丽、铺有瓷砖的砖砌建筑非常精美，有喷泉、小运河和一系列描绘历史场景的瓷砖画。你可以租个划艇，在运河里悠闲泛舟，价格为€6（35分钟）。

考古博物馆（Museo Arqueológico；见688页地图；☎955 12 06 32；Plaza de América，Parque de María Luisa；欧盟居民/其他 免费/€1.50；⌚9月中旬至次年6月中旬 周二至周六 9:00~20:00，周日 至15:00，6月中旬至9月中旬 周二至周日 9:00~15:00）位于公园南部，收藏着一些很精美的罗马雕塑、马赛克画和雕像——很多都是从附近的伊塔利卡（Itálica）收集来的。

考古博物馆的对面是**民俗博物馆**（Museo de Artes y Costumbres Populares；见688页地图；☎955 54 29 51；Plaza de América 3，Parque de María Luisa；欧盟居民/其他 免费/€1.50；⌚9月中旬至次年6月中旬 周二至周六 9:00~20:00，周日 至15:00，6月中旬至9月中旬 周二至周日 9:00~15:00），主要展示当地习俗、服装和与传统相关的展品。

公园非常适合让孩子们释放多余的精力，也适合想要增进感情的家庭——可以选择骑车游，可供4人骑行的车租赁费为半小时€12。

★西班牙广场 广场

（Plaza de España；见688页地图；Avenida de Portugal，Parque de María Luisa）位于玛丽亚路易莎公园内的这一华美广场是1929年伊比利亚美洲展览会建筑项目中最宏伟的。这是一座巨大的铺有瓷砖的砖砌建筑，显得有些过火，但广场上的喷泉、小运河和威尼斯式的桥梁无疑给人留下了深刻的印象。一系列华丽的瓷砖画描绘了地图以及西班牙各省发生的历史故事。

安提瓜烟厂 历史建筑

（Antigua Fábrica de Tabacos；见708页地图；☎954 55 10 00；Calle San Fernando；⌚周一至周五 8:00~21:00，周六 至14:00，周一至周四 11:00 免费团队游）免费 塞维利亚曾经的大型烟厂如今是塞维利亚大学所在地，建于18世纪——比才（Bizet）笔下的女主角卡门工作的地方——据说是继马德里西北部的埃斯科里亚尔修道院之后的西班牙第二大建筑。

你可以随意进出校园，也可以在周一至周四11:00参加免费的团队游，在主门厅集合。

阿方索十三世酒店 地标

（Hotel Alfonso XIII；见708页地图；Calle San Fernando 2）既是一个地标又是一个可供选择的住宿场所，这座壮观、只设在塞维利亚的酒店于1928年与西班牙广场（Plaza de España）一同为1929年的世博会建造，建成后曾被认为是欧洲最奢华的酒店。酒店被高耸的棕榈树环绕，体现出经典的新穆德哈尔风格，有琉璃瓦和陶土砖。

市中心北部

阿拉米达大力神区（Alameda de Hércules）位于市中心的北部地区，是塞维利亚最酷也最生机勃勃的地区之一，这里随处可见时髦的酒吧、雅致的商店和受热捧的餐馆。河对岸与教堂遥遥相望的卡图亚岛（Isla de la Cartuja）是1992年世博会的举办地，有一座古老的修道院。

阿尔加巴侯爵宫

历史建筑、博物馆

（Palacio de los Marqueses de la Algaba；见688页地图；Plaza Calderón de la Barca；⏲4月至10月 周一至周五 10:00~14:00和18:00~21:00，周六至14:00，11月至次年3月 周一至周五 10:00~14:00和17:00~20:00，周六 至14:00）免费 这座古老的府邸是塞维利亚经典的穆德哈尔式宫殿之一，有漂亮的中央庭院。穆德哈尔介绍中心（Centro de la Interpretación Mudéjar）就在阿尔加巴侯爵宫内。这座小博物馆展出了12世纪至20世纪的许多穆德哈尔式文物。尽管在精心修复的大宅院内，这些展品让人有点迷失，不过字幕（西班牙语和英语）却详细地解释了复杂的穆德哈尔风格之间的各种细微差别。

马卡雷纳大教堂

主教座堂

（Basílica de La Macarena；见688页地图；☎954 90 18 00；Calle Bécquer 1；大教堂/博物馆 免费/€5；⏲周一至周六 9:00~14:30和18:00~21:30，周日 9:00~14:00和18:00~21:00）这座芥末黄的大教堂里珍藏着塞维利亚最受尊崇的宗教宝藏马卡雷纳圣母（Virgen de la Esperanza Macarena），其更为人所熟知的名字是马卡雷纳。这尊精美的雕塑是塞维利亚虔诚的圣周庆祝活动的明星，立在主祭坛后面，头戴金冠，穿着奢华的祭衣，佩戴着5个钻石和绿宝石做的饰针（由20世纪著名斗牛士Joselito El Gallo捐赠），显得华丽而有气势。

安达卢西亚当代艺术中心

博物馆

（Centro Andaluz de Arte Contemporáneo；见688页地图；☎955 03 70 70；www.caac.es；Camino de los Descubrimientos；临时展览 €1.80，所有展览 €3，周二至周五 19:00~21:00和周六全天 免费；⏲周二至周六 11:00~21:00，周日 10:00~15:30）这一历史上著名却又显得独树一帜的建筑曾经是一座修道院，后来被改建成陶瓷工厂，如今则成为安达卢西亚当代艺术中心。这里是塞维利亚的现代艺术圣殿，除了临时展览外，还收藏着古怪的永久藏品。不要错过克里斯蒂娜·卢卡斯（Cristina Lucas）的*Alicia*，这件由老修道院的两扇窗户中探出来的巨大的头和胳膊所组成的作品据称是从《爱丽斯漫游仙境》中获得启发；你可能会直接走过Pedro Mora的《汽车站》而对其视而不见，因为这件作品看上去完全就是一座汽车站。

航海馆

博物馆

（Pabellón de la Navegación；见688页地图；☎954 04 31 11；www.pabellondelanavegacion.es；Camino de los escubrimientos 2；成人/儿童 €4.90/3.50；⏲9月至次年6月 周二至周六 11:00~20:30，周日 至15:00，7月和8月 每日 10:00~15:30；👪）这个如同四四方方的盒子般的混凝土玻璃展馆位于瓜达尔基维尔河畔，恢复了航海博物馆昔日的风采（从1992年世博会到1999年一直开放）。它的永久性展品被分为四部分：航海、水手、船上生活和对塞维利亚的历史观点，虽然很多展品都可以互动，适合儿童，但对成人来说可能有些乏味。门票包括攀登旁边的辛德勒塔（Torre Schindler；见688页地图）的费用。

当地知识

骑车游塞维利亚

自从2007年推出Sevici（☎900 900722；www.sevici.es）自行车共享计划以来，骑车游塞维利亚就成为广受欢迎的项目。这个计划大获成功，拥有2500辆共享自行车和250个自行车站点，至今仍然是欧洲规模较大的同类项目之一。

Sevici的大部分使用者是当地人。但旅游者也可花€13.33开通7天使用权（加上€150押金，可退还）。找到自行车站点，根据屏幕上的指示就能完成注册。塞维利亚有130公里长的自行车道（全部被漆成了绿色，沿途安装了交通灯）。前30分钟免费使用。超出30分钟，第1小时€1.03，往后每小时€2.04。

除了Sevici之外，一些机构也可组织自行车团队游，包括Pancho Tours（见714页），2.5小时的骑行游费用为€25。

注意，7月和8月每逢周一时只开放临时展览。

活动

Aire Baños Árabes 浴室

（见708页地图；☎955 01 00 24；www.beaire.com；Calle Aire 15；洗澡/洗澡加按摩€33/49；⊙周日至周四 10:00~22:00，周五和周六 至午夜）这些精美、阿拉伯风格的浴室凭借宁静的氛围、古老的环境（位于圣十字街）和摩洛哥庭院（riad）风格的装饰赢得了广泛好评。这里提供各种洗澡及按摩套餐——登录网站可查询具体细节——最好提前一天左右预订。

课程

塞维利亚是一座非常适合学习一项新技能的城市。很多海外游客来学习西班牙语，这里有很多学校可提供语言课程。你也可以找一家弗拉明戈舞蹈学校，将隐藏在内心的表演欲望释放出来；或者参加烹饪课程，提升烹制西班牙美食的技巧。

Taller Andaluz de Cocina 烹饪

（见688页地图；☎672 162621；www.tallerandaluzdecocina.com；Mercado de Triana，Plaza del Altozano；课程 €35~55）这家位于特里亚纳市场的烹饪学校可提供一系列亲自动手的课程，包括经典的西班牙菜和西班牙小吃，此外还有品尝活动和导览市场团队游。如果想了解更多细节，登录其网站。

Taller Flamenco 舞蹈、语言

（见688页地图；☎954 56 42 34；www.tallerflamenco.com；Calle Peral 49）提供弗拉明戈舞蹈课程、唱歌及吉他课、语言课程，可以团队授课，也可以一对一私教。为期一周、半强化性质的语言课程的费用为€102。适合新手的为期一周的弗拉明戈课程费用为€259。

CLIC 语言

（International House；见708页地图；☎954 50 21 31；www.clic.es；Calle Albareda 19）这是一个非常完善的语言中心，提供良好的社交学习场景，与书店毗邻。有适合儿童、成人和高级水平的课程，一周课程的价格为€190起，含20节课。可以帮忙安排住宿。

Fundación Cristina Heeren de Arte Flamenco 舞蹈

（见708页地图；☎954 21 70 58；www.flamencoheeren.com；Calle Pureza 76；讲习班€60~80）塞维利亚知名度最高的弗拉明戈学校提供一系列课程和讲习班，课程内容涵盖唱歌、跳舞和吉他弹奏。90分钟的讲习班费用为€60至€80，夏季集中培训课费用为€2000。

团队游

★Pancho Tours 团队游

（☎664 642904；www.panchotours.com）免费 这里组织的免费团队游质量很好，不过如果你愿意给辛苦的导游小费的话也会受到欢迎，他们就像是百科全书，会给你讲述塞维利亚迷人过去的逸闻、故事、神话和学说。团队游每天都有，一般是在11:00开始——具体细节可查看网站上的说明。Pancho还提供自行车团队游（€25）、不用排队的大教堂和王宫游览（€15）以及夜生活团队游（€10~15）。

Mimo Sevilla 美食

（见708页地图；☎854 55 68 00；www.sevilla.mimofood.com/en；Calle San Fernando 2；团队游 €60~285）这家专业的机构位于阿方索十三世酒店（见712页）内，组织葡萄酒品尝、烹饪课程、西班牙小吃团队游和一日游活动，包括去雪利酒之城赫雷斯（Jerez）的游览活动。三小时的西班牙小吃团队游费用为€95，两小时的葡萄酒品尝之旅为€60。店里还有很多高质量的美食产品，如特级初榨橄榄油、墨鱼汁和脱水鱼子酱。

Past View 团队游

（见708页地图；☎954 32 66 46；www.pastview.es；Plaza de la Encarnación；团队游 €15；⊙6月至9月 周二至周日 10:30，周三、周五和周六 20:00，10月至次年5月 周二至周日 11:00，周三、周五和周六 16:30；🚸）这一采用增强现实技术的视频团队游非常棒，你可以戴上3D眼镜，跟随导游前往各个地方，目睹过去的景象重现在眼前。售票处和出发点都在都市阳伞（见707页），两小时的步行游（带导览）会经

过塞维利亚的主要景点，终点是黄金塔（见711页）。

Cruceros Torre del Oro 游轮

（见708页地图；☎954 56 16 92；www.crucerostorredeloro.com；成人/儿童 €16/免费；⊙5月至9月 11:00~22:00，10月至次年4月 至19:00；🚸）从黄金塔（见711页）出发乘船游览沿岸风光，历时60分钟。从11:00开始，每30分钟1班，冬季最后一班船19:00发出，夏季最后一班船22:00发出。

节日和活动

圣周 宗教

（Semana Santa；www.semana-santa.org；⊙3月/4月）塞维利亚的圣周庆祝活动赫赫有名。从每个棕榈主日（复活节前的星期天）到复活节的星期天的每一天，真人大小的象征耶稣受难的圣像（pasos）从塞维利亚的各个教堂出发，被庄严地抬到大教堂，忏悔者们则列队游行。

忏悔者们穿着白色的长跑，头戴可怕的锥形帽子——这个装束后来被美国的3K党（Ku Klux Klan）借用——令氛围更加肃穆。

游行在耶稣受难日凌晨时分达到高潮，由超过50个兄弟会共同组织（部分兄弟会的成员中也有妇女）。

圣周期间游行的时间表到处都可以拿到，或者可以上网站查询。如果想要获得更好的观看角度，需要在傍晚就到达大教堂附近。

四月展会 节日

（Feria de Abril；www.turismosevilla.org；⊙4月）这是安达卢西亚地区规模最大且最缤纷的节日。展会为期一周，于每年4月下旬（有时可延续到5月）进行，地点就在瓜达尔基维尔河以西Los Remedios区的El Real de la Feria。

连续6个晚上，塞维利亚人盛装打扮，坐着马车游行，品尝美食，畅饮美酒，跳舞到黎明。

弗拉明戈双年会 舞蹈

（Bienal de Flamenco；www.labienal.org；⊙9月）在每个偶数年的9月举办，弗拉明戈舞蹈界的大牌人物都会来塞维利亚参加这个节日。双年会期间，这里会举办一系列活动，内容很丰富，包括表演、展览和讲习班。

住宿

在塞维利亚最具氛围的三个区域——圣十字街[从普拉多圣塞瓦斯蒂安（Prado de San Sebastián）车站步行可达]、埃尔阿雷纳尔和市中心[都位于武器广场（Plaza de Armas）车站附近]——有一些很不错的酒店、青年旅舍和家庭旅馆。

3至6月、9至10月的旅游旺季期间，住宿费用较高。圣周和4月展会期间，住宿费用也会猛涨，需要提前预订。

大教堂区

EME Catedral Hotel 设计酒店 €€€

（见708页地图；☎954 56 00 00；www.emecatedralhotel.com；Calle de los Alemanes 27；双 €180~411，套 €274~609；❄@📶🏊）这家酒店的设计风格很现代化，地理位置绝佳，距离壮观的哥特式大教堂很近，各个方面都让人印象深刻。酒店占据了14座精美的塞维利亚老式房屋，提供60个漂亮现代的房间，最好的房间能看到大教堂。设施齐全，包括顶层酒吧、游泳池、健康中心和几家餐厅。

圣十字街

Casual Sevilla Don Juan Tenorio 酒店 €€

（见708页地图；☎955 54 44 16；www.casualhoteles.com/hoteles-sevilla/casual-don-juan-tenorio；Plaza de los Venerables 5；双 €77~155；❄📶）这是一家令人愉悦的酒店，位于圣十字街的中心。每个房间都以《唐璜》（*Don Juan Tenorio*）中的角色为主题进行设计，室内的采光营造出奇妙的氛围，墙上有石质装饰。虽然只是二星级，但酒店的无线网络效果很好，带水力按摩的淋浴和壁挂式电视机。酒店还提供与手机相关的路由器、充电器以及自拍杆租借服务，非常贴心。

Hostal Plaza Santa Cruz 酒店 €€

（见708页地图；☎954 22 88 08；www.hostalplazasantacruz.com；Calle Santa Teresa 15；双 €40~95；❄@📶）这家低调的酒店性价比很高，地理位置很不错，位于圣十字街，房间

分布在几个地方。酒店主楼紧邻圣十字广场，房间装饰风格简朴，有层压镶木地板，有些贴有斑斓的墙纸。而在附近公寓内的房间则相对高档，有瓷砖、艺术装饰和厚重的木头家具。

★ Hotel Amadeus 精品酒店 €€€

（见708页地图；☎954 50 14 43；www.hotelamadeussevilla.com；Calle Farnesio 6；双 €92~185，标三 €121~325，四 €180~355；P❄📶）这家优雅的酒店位于老犹太区中心，如同一个音乐绿洲。酒店内有铺设着陶瓷砖的大厅，白色的墙面，具有时代感的家具和精美展示的乐器，使得酒店散发出宁谧的气息。以作曲家名字命名的房间很时尚。此外还有一个小小的全景露台，能看到希拉尔达塔。

Un Patio en Santa Cruz 酒店 €€€

（见708页地图；☎807 31 70 70；www.patiosantacruz.com；Calle Doncellas 15；标单 €55~185，双 €70~200；❄📶）这里更像是画廊，而非酒店。裸露的白墙上挂着光鲜的艺术作品，还有挺拔的盆栽植物。具有夏日气息的房间里有镶木地板，还有几抹紫色调，漂亮而舒适。员工很友好。顶层还有一个露台，有摩洛哥式的马赛克拼贴桌子。

★ Hotel Casa 1800 豪华酒店 €€€

（见708页地图；☎954 56 18 00；www.hotelcasa1800sevilla.com；Calle Rodrigo Caro 6；双 €120~650；❄@📶）这一富丽堂皇的府邸位于圣十字街中心，距离大教堂不远，给人留下难以忘怀的印象。高雅复古的装饰——木质天花板、枝形吊灯、镶木地板和大量镀金元素——给酒店奠定了基调。这里有乐于助人的员工、顶层露台和免费的下午茶，方方面面都让人着迷。

市中心

Oasis Backpackers' Hostel 青年旅舍 €

（见708页地图；☎955 26 26 96；www.oasissevilla.com；Calle Almirante Ulloa 1；铺 €13~40，双 €45~150；❄@📶🏊）这家友好的青年旅舍就是繁忙市中心的一座名副其实的绿洲，位于一座宏伟壮观的建于19世纪的建筑中。从14人的混合宿舍到带浴室的双人间，这里有很多住宿选择。旅舍的配套设施也很棒，包括一家咖啡馆酒吧、厨房以及带小泳池的屋顶露台。早餐的费用为€3.50，大多数房费不含早餐。

★ Hotel Casa de Colón 精品酒店 €€

（见708页地图；☎955 11 78 28；www.hotelcasadecolon.com；Calle Hernando Colón 3；双 €65~180；❄@📶）这家由家族经营的小酒店凭借极好的中心位置（位于大教堂和市政厅之间）、友好暖心的服务、出挑的建筑和装饰特色、明亮露台上白色的铸铁柱子、新穆德哈尔式窗户上钴蓝色的彩绘玻璃窗脱颖而出。部分房间还有裸露的砖墙，能看到大教堂的侧面。顶层的豪华公寓（aticos）有私人露台。酒店供应大陆式早餐，费用为€8。

Hotel Abanico 酒店 €€

（见708页地图；☎954 21 32 07；www.hotelabanico.com；Calle Águilas 17；标单 €47~95，双 €47~125；❄📶）从美丽的拱形大厅到别出心裁的瓷砖拼贴，锻铁阳台和光芒四射的宗教艺术作品，这家热情的酒店散发出浓郁的“塞维利亚”气息。房间色彩明亮，室内摆着一些低调的复古家具。

Hotel Boutique Doña Lola 精品酒店 €€

（见688页地图；☎954 91 52 75；www.donalolasevilla.com；Calle Amor de Dios 19；标单 €36~63，双 €40~135；❄📶）适合同性恋者居住的Doña Lola位于市中心一处看似普通的公寓内，是个小巧的现代化住宿地，地理位置很好，去任何地方都很便捷。门厅铺有彩色的方格图案地板，顺梯而上就来到了面积不大但非常现代化且异常干净的客房。

埃尔阿雷纳尔区和特里亚纳区

★ La Banda 青年旅舍 €

（见708页地图；☎955 22 81 18；www.labandahostel.com；Calle Dos de Mayo 16；铺 €18~38；❄📶）这家青年旅舍由一群充满活力的年轻人打理，各方面都做得很周到。混合宿舍布置得干净而整洁，公共区域很吸引人，氛围很让人放松。最棒的是，这里有一家极好的顶层酒吧。21:00供应晚餐。每周都有活动，很热闹。

Hotel Adriano
酒店 €€

（见708页地图；☎954 29 38 00；www.adrianohotel.com；Calle de Adriano 12；标单 €70~80，双 €80~150；P❄📶）这家三星级的酒店位于斗牛场附近的阿雷纳尔街区，友好的员工、传统又具有个性的房间以及可爱的咖啡店（位于底楼的Pompeia）为其赢得了高度赞赏。酒店有停车场，每天的停车费用为€18。

市中心北部

Corner House
酒店 €€

（见688页地图；☎954 91 32 62；www.thecornerhousesevilla.com；Alameda de Hércules 31；双 €45~100；❄📶）这家友好的新酒店于2016年开业，位于阿拉米达大力神区，周围是热闹的酒吧和咖啡馆。酒店很现代化，洋溢着令人愉悦的氛围，客房的采光情况很好，有极简主义风格、低调的装饰和干湿分离的浴室。底楼的餐厅El Disparate可以满足就餐需求，顶层还有一家轻松的屋顶酒吧（见721页）。

Hotel San Gil
酒店 €€

（见688页地图；☎954 90 68 11；www.hotelsangil.com；Calle Parras 28；双 €65~180；❄📶🏊）San Gil位于马卡雷纳区北角，位置虽有些偏远，但却可由邻近阿拉米达大力神区的夜生活来弥补。在殖民风格的芥末黄颜色的立面后面，是富丽堂皇、铺着瓷砖的大厅，以及简洁、现代化的宽敞的房间，提供大床。

Hotel Sacristía de Santa Ana
精品酒店 €€€

（见688页地图；☎954 91 57 22；www.hotelsacristia.com；Alameda de Hércules 22；双 €95~250；❄📶）这间到处都很令人满意的酒店或许是塞维利亚最好的选择，其地点就在Alameda。去附近的酒吧和餐厅都很方便，酒店本身也宛若天堂，中央庭院有一座小喷泉，周围种满了盆栽，欢迎你的到来。这家令人愉快的酒店位于阿拉米达大力神区喧闹的酒吧和餐馆之间，位置很理想，给人留下了深刻的第一印象。进入酒店之后，首先映入眼帘的是华丽的红色瓷砖铺设而成的庭院，中间有一个小喷泉，上层有精心雕刻的木质栏杆。门厅通往老式风格的房间，里面有雅致的床架、带横梁的天花板和令人感到舒适的淋浴设施。

就餐

在塞维利亚，想吃顿美食并不难。这座城市不缺酒吧、咖啡馆、餐厅和市场，从有着数百年历史、供应传统西班牙小吃的酒吧到烹制当代创意美味的时髦餐厅，应有尽有。圣十字街、Plaza de la Alfalfa和阿拉米达大力神区（Alameda de Hércules）周边的街道是酒吧聚集区。注意，部分餐厅在8月关闭。

圣十字街

Bodega Santa Cruz
西班牙小吃 €

（见708页地图；☎954 21 86 18；Calle Rodrigo Caro 1；西班牙小吃 €2；⏲8:00至午夜）这是一家老派的酒吧，始终很忙碌，侍者态度生硬，却是本地人和游客们喜爱光顾的地方。这里的传统西班牙小吃非常好吃，最适合在户外搭配冰爽的啤酒一起享用，还能观看圣十字街上川流不息的人群。

Vinería San Telmo
西班牙小吃 €€

（见708页地图；☎954 41 06 00；www.vineriasantelmo.com；Paseo Catalina de Ribera 4；西班牙小吃 €2.90~5.80，半份盘餐 €6.90~14.20；⏲10:30~16:30和20:00~23:30）San Telmo自有的创意西班牙小吃品牌赢得了食客们的喜爱，三文鱼橘色的餐桌和内部的砖砌装饰会让用餐过程更加令人愉悦。如果想占到一个位置，要么就是等位，要么就是提前预订。到时候，香脆的面包屑裹对虾配大豆蛋黄酱，或者香草油鹅肝酱和焦糖花生都可以让你大快朵颐。

Casa Tomate
西班牙小吃 €€

（见708页地图；☎954 22 04 21；Calle Mateos Gago 24；西班牙小吃 €3~4.50，盘餐 €8.50~17；⏲正午至午夜）天花板上挂着的火腿，年代久远的海报搭配新艺术和装饰艺术风格的设计，户外的黑板上写着厨房正在烹制的美味。这里游客云集，但不要因此错过这样一家供应炸茄棒配蜂蜜和鲜美多汁的青酱烤鱿鱼的精致的西班牙小吃吧。

Café Bar Las Teresas
西班牙小吃 €€

（见708页地图；☎954 21 30 69；www.lasteresas.es；Calle Santa Teresa 2；西班牙小吃 €3.50，主菜 €8~14；⏲10:00至次日1:00）挂在店

里的火腿和这家被弯曲线条包裹起来的餐馆看起来一样古老，内部装饰虽然有些凌乱，但令人愉快，外面摆着摇摇晃晃的木桌。正如你期待的那样，这里菜单上的菜很传统，主食包括炸腌鳕鱼和分量十足的香肠（salchichón ibérico）。

市中心

Bolas

冰激凌 €

（见708页地图；☎954 22 74 11；www.bolasheladosartesanos.com；Cuesta del Rosario 1；€2.50～4.40；⊙13:00至午夜）如果炎夏让你无精打采——即使没有——来一份Bolas的冰激凌会让你感到神清气爽。这里有很多经典的水果口味的冰激凌，也可以选择一些古怪的口味——例如橙子、姜汁和肉桂味混合的La Medina，或者奇特的羊奶酪和榅桲冻。

Sal Gorda

安达卢西亚菜 €

（见708页地图；☎955 38 59 72；www.facebook.com/SalGordaSevilla；Calle Alcaicería de la Loza 23；西班牙小吃 €2.50～8.50；⊙周三至周一 13:00～16:30和20:00～23:30）这一小巧、低调的餐厅位于一家老鞋店内，显得有些格格不入，你得坐在平板玻璃窗旁。餐厅供应富有创意的安达卢西亚菜——草莓开心果冷菜汤和半烤金枪鱼（这道菜随处可见，但这里的口感一流）。泡菜鸡肉很受欢迎。此外，这里还有上好的本地葡萄酒，例如Constantina的El Mirlo Blanco。

El Rinconcillo

西班牙小吃 €

（见708页地图；☎954 22 31 83；www.elrinconcillo.es；Calle Gerona 40；西班牙小吃 €2.20～3.50，盘餐 €5.50～13；⊙13:00至次日1:30）这是塞维利亚最古老的酒吧，有人说，这也是西班牙历史最悠久的酒吧，1670年开始营业。数个世纪以来，它一直是其他酒吧效仿的对象。这些年来，光顾这里更多的是游客，不过它努力保留了原汁原味的粗糙感，内部装饰以木头与瓷砖为主，让人难忘，供应经典西班牙小吃。

★ Mamarracha

西班牙小吃 €€

（见708页地图；☎955 12 39 11；www.mamarracha.es；Calle Hernando Colón 1-3；西班牙小吃 €2.20～8，主菜 €6.50～16；⊙13:30至午夜）早上参观过大教堂后，这里是理想的午餐之地，是塞维利亚现代化西班牙小吃吧的典范。内饰很漂亮，集金色木头、裸露的水泥面和外露的管道于一体。菜单上有一些新奇的组合，包括一道很美味的由鹅肝酱和柑橘烹制而成的菜肴。

★ La Azotea

创意菜、安达卢西亚菜 €€

（见688页地图；☎955 11 67 48；www.laazoteasevilla.com；Calle Conde de Barajas 13；西班牙小吃 €3.75～6.50，盘餐 €11～19；⊙周二至周六 13:30～16:30和20:30至午夜）这家时尚餐厅是本地人强烈推荐的，是塞维利亚具有烹饪雄心的现代餐馆之一。餐厅内部以北欧风格的珍珠灰色为主，西班牙小吃和现代化的创意菜肴摆盘精致，例如西红柿、布拉塔奶酪和柠檬冰糕沙拉。城里还开了三家分店，Calle Mateos Gago 8号就有一家，在大教堂附近。

Bar Europa

西班牙小吃 €€

（见708页地图；☎954 21 79 08；Calle Siete Revueltas 35；西班牙小吃 €3.50～4.80，半份盘餐 €6.50～15；⊙8:30～16:30和19:30至次日0:30）这是一家老式酒吧，有着经典的瓷砖内饰，户外摆有几张餐桌。自1925年开业以来，Bar Europa就专注于烹制西班牙小吃。不过，这里也勇于进行新的尝试，供应一些非常好吃的现代化美味，例如烤鲭鱼配草莓和鞑靼萝卜，甜坚果面包配鹅肝酱、蘑菇和有嚼劲的火腿。

laCava.bar

西班牙小吃 €€

（见708页地图；☎954 53 16 52；www.lacava.bar；Calle Hernando Colón 12；西班牙小吃 €3.50～12；⊙周日至周四 12:30至午夜，周五和周六 至次日1:00）新颖的西班牙小吃，放松朴实的氛围，理想的中心位置，这是在塞维利亚游客云集的中心区域上好的就餐选择之一。餐厅在午餐时间特别忙，但是等你在座位上坐下来以后，你就可以享用到经典的西班牙小吃以及更有创意的菜肴，例如草莓冷菜汤和香草酸橘汁腌鱼。

Perro Viejo

创意菜 €€

（见708页地图；☎955 44 00 30；www.equipompuntor.com/perro-viejo；Calle Arguijo 3；

西班牙小吃 €4，主菜 €9~19；⏲13:30~16:30和20:00至午夜）塞维利亚西班牙小吃吧的热闹与欢快的纽约工业风格融为一体，这家占据了三层空间的大型餐厅供应性价比很高的亚洲和安达卢西亚菜，外加口味不错的本土精酿啤酒和葡萄酒。一直以来，猪肉饺、腌沙丁鱼和酸橘汁腌鱼都是深受食客喜爱的菜肴。餐厅位于一条安静的小巷内，位置绝佳，适合在购物之后享用午餐，还有一个阳光灿烂的露台。

埃尔阿雷纳尔区和特里亚纳区

★La Brunilda　西班牙小吃 €

（见708页地图；☎954 22 04 81；www.labrunildatapas.com；Calle Galera 5；西班牙小吃 €3.20~7.50；⏲周二至周六 13:00~16:00和20:30~23:30，周日 13:00~16:00）这家餐厅是塞维利亚最佳西班牙小吃榜单上的常客，位于僻静的小巷内，一直走在塞维利亚美食新浪潮的前沿。蓝色大门、砖砌拱顶和简洁的木桌使得餐厅洋溢着现代而悠闲的氛围。这里供应的食物很有创意，非常好看。不过既然我们推荐了，那就务必早点来，否则就做好排队的准备。

★Manu Jara Dulcería　法式糕点 €

（见688页地图；☎675 873674；Calle Pureza 5；糕点 €1.15~2.80；⏲每日 10:00~15:00和周一至周五 18:00~21:30，周六 16:00~21:30）传统，历史，弗拉明戈——忘掉所有这一切吧。吸引你过河来到特里亚纳区的真正原因就是这家精美的糕点店，这里供应大量味道绝佳的蛋糕。在传统风格的木头瓷砖内饰的映衬下，这些小巧的杰作被精心摆放，召唤着人们去享用。试试口感细腻的香草千层酥（milohajas）配尚蒂伊奶油。

Mercado Lonja del Barranco　各国风味 €

（见688页地图；www.mercadodelbarranco.com；Calle Arjona；点心 €2起；⏲周日至周四 10:00至午夜，周五和周六 至次日2:00）🌿这个食品市场位于伊莎贝拉二世桥附近一座漂亮的玻璃-锻铁结构建筑内，摊贩售卖各种食物，从海鲜沙拉到鳄梨卷，再到玉米卷饼、蛋糕和精酿啤酒，应有尽有。你可以慢慢逛，慢慢挑选，然后选一张共用餐桌坐下来，大口品尝。你也可以在后面细品鸡尾酒，沉醉在河畔的微风中。

Casa Cuesta　西班牙小吃 €

（见688页地图；☎954 33 33 35；www.casacuesta.net；Calle de Castilla 1；西班牙小吃 €3，半份盘餐 €7.50~10；⏲周一至周五 8:00至次日0:30，周六 9:00至次日0:30，周日 12:30至次日0:30）透过平板玻璃窗，能看到人来人往的特里亚纳广场，镜子巧妙地反射出斗牛场和弗拉明戈纪念品和闪亮的啤酒泵，木头吧台守护着看上去比大多数客人年长的瓶子。这里的食物和环境保持一致，是精选的传统西班牙小吃和米饭菜肴，还有肉和鱼的大份菜。

Zoko　安达卢西亚菜 €€

（见708页地图；☎954 96 31 49；www.facebook.com/zokosevilla；Calle Marqués de Paradas 55；西班牙小吃 €4.50起；⏲13:00~16:00和20:00至午夜）加的斯海岸的渔村萨阿拉-德洛斯阿图内斯（Zahara de los Atunes）以能持续不断捕捞到蓝鳍金枪鱼（atun de almadraba）而闻名——这是那里的一家顶级餐厅Zokarra位于塞维利亚的分店。除了鲜嫩的金枪鱼之外，店里还供应墨西哥玉米卷饼、日式慢烤小吃和肉馅卷饼，在不喜辣味的西班牙，沙嗲对虾的口味显得有些与众不同。

市中心北部

Mercado de Feria　市场 €

（Lonja de Feria；见688页地图；www.lonjadeferia.com；Plaza Calderón de la Barca；西班牙小吃 €3，主菜 €8；⏲周一至周六 13:00至午夜，周日 至18:00）如果想在极具氛围的环境下轻松地享用一顿高性价比的美味，可以去这个位于马卡雷纳的市场，据说这是塞维利亚历史最悠久的市场。西班牙小吃和大分量的主菜多为新鲜海鲜，但不限于海鲜，你将在以白色为主色调、很酷的大厅内用餐，摊贩都位于大厅中央。如果想点单，可以先去买一张票，然后递给柜台娴熟工作的友好女士。

Dúo Tapas　西班牙小吃 €

（见688页地图；☎955 23 85 72；Calle Calatrava 10；西班牙小吃 €3~4.50，半份盘餐 €8~12；⏲12:30~16:30和20:30至午夜）由于人

们很少向阿拉米达大力神区以北走，这家餐馆被许多人忽略了。Dúo Tapas是一个"新流派"的西班牙小吃吧，氛围悠闲。它没有华美的瓷砖，也没有地位显赫的老主顾，只好通过具有创意的亚洲风格的西班牙小吃得以弥补，例如蔬菜面和虾肉春卷。

★ conTenedor 安达卢西亚菜 €€

（见688页地图；☎954 91 63 33；www.restaurantecontenedor.com；Calle San Luis 50；主菜 €9~21；⏰周一至周四 13:30~16:00和20:30~23:30，周五至周日13:30~16:30和20:30至午夜，8月关闭）这家推崇慢食主义的餐厅位于充满波希米亚风情的马卡雷纳区，以使用本地的有机食材为荣。餐厅充满艺术气息，氛围让人放松，设有开放式厨房、不协调的家具和由店主之一Ricardo创作的色彩斑斓的当代画作。你还可以品尝一下以完美的口感和味道而闻名的鸭肉饭，也可以试试半烤鹿肉配甜菜、蘑菇和甘薯。

★ Bar-Restaurante Eslava 创意菜、安达卢西亚菜 €€

（见688页地图；☎954 90 65 68；www.espacioeslava.com；Calle Eslava 3；西班牙小吃 €2.90~4.20，餐厅主菜 €15~22；⏰酒吧 周二至周六 13:00~16:30和19:30~23:30，周日 13:30~16:30，餐厅 周二至周六 13:30~16:30和21:00~23:30，周日 13:30~16:00）这家餐厅受到当地人和嗅觉灵敏的游客的欢迎，饱受好评。这里没有传统西班牙小吃吧钟情的瓷砖和斗牛海报，取而代之的是简洁的蓝色空间，菜单上聚集了富有创意的当代菜肴。味道不错的菜包括慢熟鸡蛋配蘑菇蛋糕，还有让人难忘的蜂蜜猪排骨配迷迭香肉汁。准备好面对人挤人的热闹场面。

精明的餐厅与隔壁共用一个厨房。

Arte y Sabor 西班牙小吃 €€

（见688页地图；☎954 37 28 97；www.arteysabor.es；Alameda de Hércules 85；西班牙小吃 €2.90~4.50，盘餐 €7.50~14；⏰13:00至午夜；☑）这家休闲餐馆位于阿拉米达大力神区，人们挤在一起品尝美味，还可以观看人来人往。占一张桌子——不过得早点来——享用经典的北非菜肴，例如塔博勒沙拉和沙拉三明治这样的素食，也可以选择传统的西班牙主菜，例如猪腰肉配塞拉诺火腿。

🍷 饮品和夜生活

咖啡馆和酒吧已经成为塞维利亚人生活的必要组成部分，如果想喝一杯的话，不愁找不到地方。受欢迎的区域有很多，包括特里亚纳区萨尔瓦多广场的Calle Betis、圣十字街和阿拉米达大力神区，这些地方都很热闹，同时也是塞维利亚同性恋夜生活场所的聚集地。夏季，河两岸会出现很多露天酒吧。

★ El Viajero Sedentario 咖啡馆

（见688页地图；☎677 535512；www.elviajerosedentario.jimdo.com；Alameda de Hércules 77；⏰9:00~14:00和18:00至次日2:00）明亮的壁画、葱郁的庭院和摆满书的内部空间，这家波希米亚风格的书店咖啡馆很迷人，适合消磨时间。早起的人们会来这里吃早餐。在闷热的夏季夜晚，这里常常聚满了随着轻柔爵士乐起舞的人。

Gallo Rojo 咖啡馆、酒吧

（见688页地图；☎628 056489；http://gallorojo.es；Calle Madre Maria de Purisima 9；⏰周二至周四和周日 17:00至午夜，周五至周六 至次日2:00）酒吧、咖啡馆、联合办公空间、文化中心，Gallo Rojo是个既热闹又让人放松的地方，靠近Calle Feria。从音乐会到诗歌朗诵，这里每晚都会举办活动。在这里你可以坐在复古的皮沙发上品尝店家自酿的精酿啤酒、Zurda金黄麦芽酒以及Pallaksch淡色艾尔酒，这里还有更多种类的塞维利亚啤酒供应，外加自制蛋糕和肉馅卷饼。

Maquila 微型酒吧

（见688页地图；☎955 18 23 20；www.maquilabar.com；Calle Delgado 4；⏰周二至周日 13:00~16:30和20:00至午夜）精酿啤酒在塞维利亚很盛行，所以为什么不找一家小酒厂试试呢？这里供应6种不同的鲜啤酒，品种每月更换——3种是自酿的Son啤酒，可能有菠萝、椰子、黑莓的水果香味，外加来自美国和欧洲其余地方的啤酒。喝啤酒时还可以搭配这里味道不错的西班牙小吃，包括松脆的熏烤土豆配辣番茄酱（patatas bravas）。

Rooftop Bar EME Catedral 屋顶酒吧

(见708页地图；www.emecatedralhotel.com；Calle de los Alemanes 27；⏲周日至周四 正午至次日1:00，周五和周六 至次日2:00）来这个时尚的屋顶露台酒吧品味经典鸡尾酒（€14），近距离欣赏宏伟的大教堂。酒吧属于五星级酒店EME Catedral Hotel（见715页）。周五和周六是酒吧最迷人的时候，许多优雅的人聚集在这里，有DJ打碟助兴。

Corner House Roof Terrace Bar 屋顶酒吧

（见688页地图；☎954 91 32 62；www.thecornerhousesevilla.com；Alameda de Hércules 31；⏲冬季 周三至周日 17:30至次日1:00，夏日20:30起）这个悠闲的屋顶露台位于Corner House（见717页），木头装饰，有手工制作的桌子，还能俯瞰下方绿树环绕的热闹的广场，景色很美，是放松和享用一杯夜间冰爽饮品的绝好地方。

☆ 娱乐

★Casa de la Memoria 弗拉明戈

（见708页地图；☎954 56 06 70；www.casadelamemoria.es；Calle Cuna 6；成人/儿童€18/10；⏲10:30~22:30，表演 18:00和21:00）这个文化中心位于雷布里哈伯爵夫人宫（见707页）的旧马厩里，提供正宗的令人兴奋的弗拉明戈表演。每天晚上的演出始终很受欢迎，由于空间有限，你需要提前一天左右订票，可以打电话或者直接上门购票。

Naima Café Jazz 爵士乐

（见688页地图；☎653 753976；Calle Trajano 47；⏲20:00至次日3:00）长期以来，这家柔和放松、很受欢迎的酒吧就是现场爵士乐和蓝调乐的演出场地，大多数晚上有演出。饮品价格合理，内部空间很小——你可能会发现自己和鼓手紧挨在一起，踩钹就在距离你鼻子几英寸远的地方响起——肯定会让你的耳朵嗡嗡响。

骑士俱乐部剧院 演出场所

（Teatro de la Maestranza；见708页地图；☎954 22 33 44；www.teatrodelamaestranza.es；Paseo de Cristóbal Colón 22；音乐会 €8~20，歌剧€46~125）这个现代化的剧院是塞维利亚皇家交响乐团的主场，于1991年开放，举行丰富多彩的演出，由西班牙及国际顶尖表演者奉上的古典乐音乐会、歌剧和芭蕾舞表演。登录网站可查询演出日期。

Casa de la Guitarra 弗拉明戈

（见708页地图；☎954 22 40 93；www.flamencoensevilla.com；Calle Mesón del Moro 12；成人/儿童 €17/10；⏲表演 19:30和21:00）这个小巧、位于圣十字区的场馆只表演弗拉明戈（不提供饮品和食物）。每晚两场的演出氛围浓郁，有三位表演者上台，观众则挤在不大的座位区里观看，两侧展出了吉他。最好预订，这样才能确保有位置。

La Casa del Flamenco 弗拉明戈

（见708页地图；☎954 50 05 95；www.lacasadelflamencosevilla.com；Calle Ximénez de Enciso 28；成人/儿童 €18/10；⏲表演 秋季和冬季 19:00，春季和夏季 20:30）这个漂亮的露台位于圣十字区一座古老的西班牙犹太府邸内，La Casa del Flamenco就在这里。表演舞台为三侧的坐席所围住，表演令人着迷。

Casa Anselma 弗拉明戈

（见688页地图；Calle Pagés del Corro 49；⏲周一至周六 23:45至深夜）诚然，这里的音乐往往更偏民俗化风格，而不是弗拉明戈，但这个位于特里亚纳区、个性十足的地方完全不同于游客云集的弗拉明戈表演场地（tablao），人们脸贴着脸，自发地翩翩起舞，真是个神奇的所在。注意：这里直到23:45左右开门后才开始有人气。

Fun Club 现场音乐

（见688页地图；☎636 669023；www.funclubsevilla.com；Alameda de Hércules 86；€5~12；⏲周二至周六 午夜至深夜，音乐会之夜21:30起）以夜生活标准看，神秘的Fun Club很复古，从20世纪80年代后期开始就成为阿拉米达大力神区人们夜间娱乐的场所。至今，这里仍聚满了本地人，会举办俱乐部之夜活动，还会定期举办独立乐、摇滚乐和嘻哈乐的演奏会。

购物

塞维利亚主要的购物区以新广场北部的

Calles Sierpes、Velázquez/Tetuán和Cuna为中心。如果想获得更多的购物选择，可以去Calle Pérez Galdós和Calle Regina周边的区域Soho Benita，此外还有阿拉米达大力神区附近的Calles Amor de Dios。

河对面的特里亚纳区是购买陶瓷器皿的好地方。

Libelula Shop 服装

（见708页地图；☎954 22 28 19；www.libelulashop.com；Calle Cuna 45-49；⊙周一至周六 10:00~21:00）这是一家很大的时装中心，有两层，7间房子，出售男、女及儿童服装和饰品。20多位设计师设计的时装装饰样式和风格多变，从儿童睡衣到女式流苏披肩，从漂亮的毛衣到亮闪闪的上装，应有尽有。店里的布局引人入胜，有绳子做的护栏，还有光线充足的传统庭院。

Tarico 食品和饮品

（见688页地图；☎954 02 68 03；www.facebook.com/TiendaTarico；Calle Amor de Dios 14；⊙10:00~14:30和18:30~22:00）这家明亮、令人愉悦的店位于Alameda附近，摆满了（大多为安达卢西亚产的）精酿啤酒、葡萄酒、奶酪、橄榄油、冷餐肉、香肠、蜂蜜和其他小生产者制作的食品。值得购买的有韦尔瓦的羊奶酪、来自哈恩的获奖特级初榨橄榄油，以及成套的烹饪用具、肉类保鲜和储藏用具。

Caotica 书籍

（见708页地图；☎955 54 19 66；www.facebook.com/espaciocaotica；Calle José Gestoso 8；⊙周一至周六 10:00~14:00和17:00~21:00）这家书店有好几层，往楼下走，你可以在那里喝咖啡、新鲜果汁或享用健康早餐（酸奶配果蔬燕麦片和水果）。楼上则是数不尽的摆满大部头书籍的架子，类型包括文学和受欢迎的小说、漫画、旅行、艺术和建筑书籍。童书区有一个设在木头树上的书架，这样孩子们可以爬到上面，沉浸在自己的世界中。店里还出售奇特的礼物。

Cerámica Triana 陶瓷

（见688页地图；☎954 33 21 79；Calle San Jorge 31；⊙周一至周五 10:00~21:00，周日 11:00~18:00）瓷砖（azulejo）是塞维利亚的特产，特里亚纳区是这座城市陶瓷工业的历史中心，这里能看到最精美的瓷砖。Cerámica Triana（之前叫Cerámica Santa Ana）已经有50多年的历史了，瓷砖铺设的店面在当地很有名。店里摆满了装饰性的陶器、瓷砖、标牌、耶稣十字架受难像和小雕像。

ℹ 实用信息

旅游局遍布全城，获取旅行相关信息非常方便。

机场旅游局（☎954 78 20 35；www.andalucia.org;

值得一游

伊塔利卡

位于塞维利亚西北约9公里处的小镇Santiponce拥有安达卢西亚地区最令人惊叹的罗马遗迹。

古老的**伊塔利卡**（Itálica；☎600 141767；www.museosdeandalucia.es；Avenida de Extremadura 2；欧盟/非欧盟居民 免费/€1.50；⊙4月至6月 周二至周六 9:00~21:00，周日 8:00~15:00，7月至9月中旬 周二至周日 9:00~15:00，9月中旬至次年5月 周二至周六 9:00~18:00，周日至15:00）遗迹的保存状况之好，令人印象深刻，能唤起人们对古罗马的回忆。铺设路面的宽阔街道通往遗留的房屋，这些房屋被带精美马赛克壁画的露台所环绕。最大的亮点是能容纳2万人的壮观的**露天圆形剧场**，这是有史以来规模较大的圆形剧场之一。

伊塔利卡建于公元前206年，后来又成为罗马皇帝图拉真和哈德良（他建造了穿越英格兰北部的城墙）的故乡。公元2世纪是伊塔利卡的黄金时期，很多最精美的建筑就是在这期间建造的。

前往伊塔利卡，可以在塞维利亚的武器广场汽车站乘坐M172路公共汽车（€1.55，25分钟，至少每半小时1班），终点站就在伊塔利卡的入口处。

Seville Airport；⊙周一至周五 9:00~19:30，周六和周日 9:30~15:00）

旅游局（见708页地图；☎954 21 00 05；www.turismosevilla.org；Plaza del Triunfo 1；⊙周一至周五 9:00~19:30，周六和周日 9:30~19:30）

火车站旅游局（☎954 78 20 02；www.andalucia.org；Estación Santa Justa；⊙9:00~19:30）

City Expert的办公室也提供信息和预订服务，分布在**市中心**（见708页地图；☎673 289848；www.cityexpert.es；Avenida de la Constitución 21B；⊙9:30~20:00）和**火车站**（www.cityexpert.es；Estación Santa Justa；⊙周一至周六 9:30~18:00，周日 至14:30）。

旅游局工作人员通常都会说英语。

到达和离开

飞机

塞维利亚机场（Aeropuerto de Sevilla；☎902 404704；www.aena.es；A4，Km 532）位于城市以东7公里处，有从这里往返西班牙各城市以及包括伦敦、巴黎、阿姆斯特丹、都柏林、法兰克福和罗马在内的欧洲城市的航班。

瑞安航空（Ryanair Airline）、易捷航空（EasyJet Airline）和伏林航空（Vueling Airline）等国际航空公司也在此开通了服务。

长途汽车

武器广场汽车站（Estación de Autobuses Plaza de Armas；见688页地图；☎955 03 86 65；www.autobus esplazadearmas.es；Avenida del Cristo de la Expiración）是塞维利亚主要的长途汽车站。**ALSA**（见688页地图；☎902 422242；www.alsa.es）运营的班次可前往马拉加（€18.50~23.50，2.75小时，每日7班）、格拉纳达（€23~29，3小时，每日8班）、科尔多瓦（€12，2小时，每日7班）和阿尔梅里亚（€37~45，5.5~8.5小时，每日3班）。**Damas**（见688页地图；☎902 114492；www.damas-sa.es）的班次可开往韦尔瓦省，**Eurolines**（见688页地图；☎902 405040；www.eurolines.es）则提供去往德国、比利时、法国及其他目的地的班车。

普拉多圣塞瓦斯蒂安汽车站（Estación de Autobuses Prado de San Sebastián；见708页地图；Plaza San Sebastián）运营的班次可前往安达卢西亚西部更小的城镇。汽车公司包括**Los Amarillos**（见708页地图；☎902 210317；http://losamarillos.autobusing.com）和**Comes**（见708页地图；☎956 29 11 68；www.tgcomes.es），前者有前往塞维利亚省和加的斯省的城镇的班车，还有一些班车发往马拉加省部分城镇，后者的班车发往包括加的斯在内的不同地区的目的地，还有一些车前往加的斯省较难抵达的白色小镇（pueblos blanco）。

火车

塞维利亚的省际火车站**圣胡塔斯车站**（Estación Santa Justa；Avenida Kansas City）位于市中心东北方向1.5公里处。

这里有往返马德里（€60，2.5~3.25小时，每日14班）和科尔多瓦（€21起，45分钟至1.25小时，每日25班）的列车。速度更慢的列车开往加的斯（€16~23，1.75分钟，每日13班）、韦尔瓦（€12，1.5小时，每日4班）、格拉纳达（€30，3.5小时，每天4班）和马拉加（€24~44，2~2.5小时，每日10班）。

当地交通

塞维利亚市中心的布局相对紧凑，最适合步行探索。骑自行车游（见714页）也是一个不错的选择——这座城市地势平坦，随处可见自行车道。不建议在市中心驾车。

公共交通工具包括公共汽车、有轨电车和地铁。如果想要游览主要的旅游区，乘坐公共汽车出行最方便。

抵离机场

EA Bus（☎955 010010；www.tussam.es；单程/往返 €4/6）连接机场和市中心，往返武器广场车站和机场之间，途经圣胡塔斯火车站、普拉多圣塞瓦斯蒂安车站和黄金塔。

从机场出发的时间为5:20至次日0:45，每隔20到30分钟1班。从Plaza Armas出发的时间为4:30至午夜。注意，周日班次略有减少，早上发车时间很早，晚上较晚。

出租车的费用是固定的：€22（周一至周五白天）、€25（周末以及周一至周五夜间）、€31（复活节和四月展会夜间）。包裹超过10公斤时，要额外收取€0.49。

公共汽车

公共汽车的运营时间为6:00左右至23:30。

有用的路线包括：

C1和C2 绕市中心的外部路线。

C3和C4 绕市中心的内部路线。

C5 穿过市中心。

可以上车买票，也可以在车站或者车站旁边的书报摊买票。普通票价为€1.40，但有多种通票可使用，包括1/3日通票，价格为€5/10。

小汽车和摩托车

在塞维利亚驾车通常是件让人头痛的事。交通限制措施已经实施，古老的中心区域内大街小巷纵横交错，也不适合驾车。停车位很难找。

如果想要租车的话，可以去圣胡塔斯火车站的**Avis**（☎902 110283; www.avis.com; Estación Santa Justa; ⊙8:00至午夜）或**Enterprise**（☎954 41 26 40; www.enterprise.es; ⊙7:30~23:00），机场也能找到所有常见的租车公司。

有轨电车

塞维利亚有一条有轨电车路线，由**Tussam**（☎955 01 00 10; www.tussam.es）负责运营。T1往返于新广场（Plaza Nueva）和San Bernardo之间，途经Avenida de la Constitucíon、赫雷斯门、圣塞瓦斯蒂安。

普通票价为€1.40，但如果需要多次乘坐有轨电车，有多种通票可选。

塞维利亚省（SEVILLA PROVINCE）

距离塞维利亚不远处的伊塔利卡有许多保存完好的遗迹，是西班牙南部最迷人的古罗马遗址之一。在东部，闪耀着别样光彩的开阔的坎皮纳（La Campiña）平原上有许多迷人的城镇，其中最著名的是卡莫纳和埃西哈。

卡莫纳（Carmona）

人口 28,595

卡莫纳位于塞维利亚以东35公里处，俯瞰一片沐浴在阳光下的金色平原，令人愉悦。盘踞山顶的老城内有宏伟的宫殿、肃穆的穆德哈尔式教堂和两座摩尔要塞。附近的罗马墓地让人难忘，让人们不禁追忆起古老的历史。

这座战略位置极佳的城镇在古罗马人占据时期很繁荣，他们的街道布局保留至今：罗马通往加的斯的Via Augusta从东面的科尔多瓦门（Puerta de Cordoba）进入卡莫纳，然后从西面的塞维利亚门（Puerta de Sevilla）延伸出去。后来，穆斯林建造了一堵厚重的防御墙。但在1247年，卡莫纳落入了费尔南德三世之手。再后来，穆德哈尔和基督教的能工巧匠们建造起了壮丽的教堂、女修道院和宅邸。

景点

★罗马墓地 罗马遗址

（Necrópolis Romana; ☎600 143632; www.museosdeandalucia.es; Avenida de Jorge Bonsor 9; 欧盟/非欧盟居民 免费/€1; ⊙4月至6月中旬 周二至周六 9:00~18:00，周日 至15:00，6月中旬至9月中旬 周二至周日 9:00~15:00，9月中旬至次年5月 周二至周六 9:00~18:00，周日 至15:00）这一古罗马墓地位于卡莫纳西南边缘，被认为是安达卢西亚最重要的古罗马墓地之一。这里有数以百计的坟墓，有些墓碑很精美，很多是有隔间的，这些在岩石上凿开的坟墓的历史可以追溯到公元1世纪和2世纪。大多数埋葬在这里的人是被火化的。墓里是壁龛，能容纳盒子一样的石质骨灰瓮。你可以进入巨大的**Tumba de Servilia**，这是一个西班牙-罗马重要家族的坟墓，从这里往下可以进入其他的坟墓。

塞维利亚之门城堡 要塞

（Alcázar de la Puerta de Sevilla; Plaza de Blas Infante; 成人/儿童 €2/1，周一免费；⊙夏季 周一至周五 9:00~15:00，周六和周日 10:00~15:00，冬季 周一至周六 10:00~18:00，周日 至15:00）卡莫纳标志性的要塞是一处令人敬畏的景点。城堡居于老城雄伟的主门塞维利亚门上方，在罗马人对城堡重新进行加固并在上面建造起一座神庙时，它已经矗立了五个世纪之久。穆斯林的穆瓦希德人在上面的露台加建了一个蓄水池（aljibe），如今成为老鹰钟情的栖息地，在这里能欣赏到典型的安达卢西亚场景，有白色小屋和高耸的尖顶。

圣母升天教堂 教堂

（Prioral de Santa María de la Asunción; ☎954 19 14 82; Plaza Marqués de las Torres; €3; ⊙夏季 周二至周五 9:30~14:00和18:30~20:00，周六 19:00~20:30，周日 10:00至正午和19:00~20:30，

冬季 周二至周五 9:30~14:00和17:30~18:30，周六 9:30~14:00）这座宏伟的教堂主要建于15世纪和16世纪，这里原本是卡莫纳的清真寺。从Patio de los Naranjos中庭进门，这里的一根柱子上雕刻着**西哥特王国的日历**。内部有高高的哥特式拱顶，中间的**祭坛**细致到反常的程度，还装饰着20幅描绘圣经场景的镀金镶框的嵌板画。

住宿

Hostal Comercio 青年旅舍 €

（☎954 14 00 18；hostalcomercio@hotmail.com；Calle Torre del Oro 56；标单 €35，双 €40~50，标三 €70，四 €90；❄📶）这家由家族经营的青年旅舍开业很长时间了，就在塞维利亚门内，热情好客。14个房间围着一个种满植物的庭院，中间建有一座穆德哈尔式的斗拱。房间很简朴，有砖墙和厚重的木质家具。

★El Rincón de las Descalzas 精品酒店 €€

（☎954 19 11 72；www.elrincondelasdescalzas.com；Calle de las Descalzas 1；含早餐 标单 €52~62，双 €64~112，套 €134~175；❄📶）这一大型酒店位于一处经过翻新的18世纪联排房屋内，很优雅。酒店提供了13个色彩缤纷的房间，还有一个风景如画、以橙色为主色调的庭院。每个房间都不一样，其中一些更出色，但全都有木雕床、裸露的砖和砂岩、木拱，很有时代感，部分房间还设有壁炉。

Posada San Fernando 精品酒店 €€

（☎954 14 14 08，666 907788；www.posadasanfernando.es；Plaza de San Fernando 6；标单/双/三 €55/65/100；❄📶）这座非常超值的酒店位于卡莫纳的主广场，位置绝佳。在这座16世纪落成的建筑中，每间客房都独具特色，品位不凡，很舒服惬意。房间内有古董家具，浴室中有手绘图案的地砖。部分房间的阳台能俯瞰栽满棕榈树的广场的景色。

就餐

Cervecería San Fernando 安达卢西亚菜 €€

（☎661 654960；Plaza de San Fernando 18；西班牙小吃 €2.50，主菜 €10~17；⏲周二至周日正午至17:00和20:00至午夜）这家餐厅在卡莫纳活力四射的中心广场旁设有座位，服务友好，食物味道很不错，无可挑剔。菜单上有西班牙小吃和大份菜，品种繁多，从炸鱼到炒蛋和牛排，应有尽有。洋蓟火腿配甜酒的滋味特别好。

Molino de la Romera 安达卢西亚菜 €€

（☎954 14 20 00；www.molinodelaromera.es；Calle Sor Ángela de la Cruz 8；西班牙小吃 €2.50~4，主菜 €11~20；⏲周一至周六 13:00~16:00和20:30至午夜）这家备受欢迎的餐厅位于一座修建于15世纪的橄榄油作坊内，有露台，能欣赏到山谷的美丽景色，非常舒服。餐厅供应丰盛、用心准备的菜肴，颇为现代化。如果想品尝传统的卡莫纳菜，这里有alboronías（类似蔬菜杂烩）。如果想品尝国际风味，可以试试无花果和布拉塔奶酪沙拉。

实用信息

旅游局（☎954 19 09 55；www.turismo.carmona.org；Alcázar de la Puerta de Sevilla；⏲周一至周五 9:00~15:00，周六和周日 10:00~15:00）位于塞维利亚之门城堡，能为游客提供一些有用的信息。

到达和离开

Casal（☎954 99 92 90；www.autocarescasal.com）运营有前往塞维利亚（€2.80，1小时，每日至少7班）的班车，发车点位于Paseo del Estatuto。

ALSA（☎902 42 22 42；www.alsa.es）运营有前往科尔多瓦（€9.70，1.5小时）的班车，每日3班，途经埃西哈（€4.70，35分钟），发车点位于塞维利亚门附近。

埃西哈（Écija）

人口 40,270

在坎皮纳（Campiña）的城镇中，埃西哈是知名度最小的，却是一颗被低估的明星。很多旅行者会跳过这里，可能是被其"安达卢西亚煎锅"（la sartén de Andalucía）的名号吓退了——7月和8月，埃西哈的气温可高达令人窒息的45℃。但避开炎炎夏季，你会发现这是一个迷人的城镇，随处可见建筑和历史珍宝。

埃西哈布局紧凑的中心区布满了哥特-穆德哈尔风格的宫殿、教堂和巴洛克式塔楼——也因此得到了第二个昵称“塔楼之城”（la ciudad de las torres），罗马遗迹则诉说着过往，这里曾是富庶的伊比利亚中心。后来，这里又成为埃西哈奥古斯塔贸易殖民地（Colonia Augusta Firma Astigi），在公元1世纪和2世纪非常繁荣，为遍布罗马帝国的集市供应橄榄油。

景点

★市立历史博物馆 博物馆

（Museo Histórico Municipal; ☎954 83 04 31; http://museo.ecija.es; Plaza de la Constitución 1; ⏲周二至周五 10:00~13:30和16:30~18:30，周六 10:00~14:00和17:30~20:00，周日 10:00~15:00）免费 埃西哈的历史博物馆位于18世纪落成的Palacio de Benamejí中，是一个真正的瑰宝。展厅致力于呈现这个地区在史前和原始时代的面貌。不过博物馆主要的王牌展品是本地发掘出的丰富的罗马文物。其中包括一座优雅的受伤亚马逊（Amazon，传说中的女战士）的雕像，以及一系列保存极好的马赛克作品，大多数是在埃西哈的地下和周边出土的。不能错过的亮点是描述葡萄酒“诞生”场景的《贝科的胜利马赛克》（*Mosaico del Triunfo de Baco*）。

Palacio de Peñaflor 宫殿

（Calle Emilio Castelar 26）这个建于18世纪的巨大“长阳台宫殿”位于西班牙广场以东300米处，是埃西哈最具标志性的景点。宫殿内部不对公众开放，不过你仍然可以欣赏其弧形的立面，以及豪华的带立柱的大门、锻铁阳台和华丽的壁画痕迹。

食宿

Hotel Palacio de los Granados 历史酒店 €€

（☎955 90 53 44; www.palaciogranados.com; Calle Emilio Castelar 42; 双/套 含早餐 €99/145; P ❄ 📶 ≋）这座迷人宫殿的历史可以追溯到15世纪，主人是建筑师，曾对其进行了修复，修复后的效果很迷人。所有房间的风格都略有不同，很漂亮，有带木质横梁的天花板，穆德哈尔风格拱门，18世纪的地板，部分房间内甚至还有壁炉。小巧的庭院里种了石榴树，环绕着一个小型跳水池，这一切都使得酒店更具浪漫气息。

★Ágora 西班牙小吃 €

（☎955 31 70 77; Calle Barquete 38A; 西班牙小吃 €1.50~2.50，盘餐 €9.50~12.50; ⏲周一 11:00~16:00，周三和周四 至23:00，周五 至午夜，

埃西哈的塔楼

埃西哈被称为“塔楼之城”，以尖塔林立的天际线而闻名。一系列巴洛克式的塔楼高耸于这座城市的众多屋顶之上，大多数是在18世纪后期建造的——1755年毁灭性的大地震后，很多教堂被重建。

埃西哈较精美的塔楼之一属于圣玛利亚教堂（Iglesia de Santa María; Plaza de Santa María; ⏲周一至周五 9:30~13:30和17:30和20:30，周六 9:30~13:30和17:00~19:45，周日 10:00~13:00），这是一座修建于18世纪的教堂，紧邻西班牙广场。东北几个街区之外是圣胡安教堂（Iglesia de San Juan; Plaza de San Juan; 塔楼 €2; ⏲周二至周六 10:30~13:30和16:30~19:30，周日 10:30~13:30）惊艳的巴洛克式钟楼，这是埃西哈唯一能攀登的塔楼。附近，哥特-穆德哈尔风格的圣保罗教堂和圣多明各教堂（Iglesia de San Pablo y Santo Domingo; Plaza de Santo Domingo; ⏲周二至周五 18:30~19:30，周六 19:00~20:00，周日 11:30~12:30和19:00~20:00）有一座18世纪建造的砖砌塔楼。

大圣克鲁斯教区（Parroquia Mayor de Santa Cruz; Plazuela de Nuestra Señora del Valle; €1; ⏲夏季 周一至周六 9:00~13:00和17:00~21:00，周日 9:00~13:00和18:00~22:00，冬季 周一至周六 10:00~13:00和16:00~20:00，周日 10:00~13:00和18:00~20:00）位于老城北部，面朝一个漂亮的广场，曾是埃西哈最重要的清真寺，至今仍保留着伊斯兰元素，镌刻着一些阿拉伯铭文。除了无顶的中庭（保留了最早建于13世纪的教堂的哥特式尖拱，让人过目难忘）外，内部摆满了圣器和巴洛克式的银器。

周六 正午至午夜，周日 正午至23:00）这家友好的西班牙小吃吧由一群活力四射的年轻人经营，是埃西哈最受喜爱的酒吧之一。户外餐桌就摆在一棵多节的橄榄树下，非常抢手——尤其是周末，本地人蜂拥而至，调味炒蛋和慢炖猪脸肉配葡萄酒酱汁让他们大快朵颐。

实用信息

旅游局（955 90 29 33; www.turismoecija.com; Calle Elvira 1; 周一至周六 10:00~14:00和16:30~18:30，周日 10:00~14:00）工作人员会说英语，能提供帮助。

到达和离开

埃西哈位于卡莫纳以东53公里处，在科尔多瓦和塞维利亚之间的A4公路旁。

从**长途汽车站**（Avenida del Genil; 7:00~22:30）出发，**ALSA**（902 42 22 42; www.alsa.es）运营有前往卡莫纳（€4.70，35分钟，每日3班）、科尔多瓦（€5，1小时，每日6班）和塞维利亚（€7.30，1.25小时，每日至少4班）的班车。

韦尔瓦省（HUELVA PROVINCE）

韦尔瓦省位于安达卢西亚地区的最西边，这里集引人入胜的历史古迹、自然美景和太阳崇拜于一体。不过，海外游人在此依旧是稀客。你会找到宁静的山间村庄、哥伦布发现之旅的复制品、绵延不绝的未受破坏的海岸线以及西班牙最受喜爱的国家公园。美食爱好者会钟爱韦尔瓦省一流的猪肉制品，而节日爱好者则可以加入罗西奥朝圣节（Romería del Rocío）热闹的朝圣活动中。

韦尔瓦（Huelva）

人口 14.7万

韦尔瓦省的首府是一座现代化的平常的工业港口，介于奥迪埃尔河（Odiel）和力拓河（Tinto）河口之间。尽管交通不是很方便，且给人一种不太整洁的感觉，但韦尔瓦中心是个充满活力的地方。这座城市的居民——据说因为喜欢吃当地盛产的墨鱼（chocos）而被称为choqueros——以热情著称。

景点

力拓铁矿码头（Muelle-Embarcadero de Mineral de Río Tinto） 古迹

这座铁码头是本地区矿业历史中的一件奇特的遗产，弯弯曲曲地一直伸展至港口以南500米处的奥迪埃尔河口。在19世纪70年代，英国工程师乔治·巴克莱·布鲁斯（George Barclay Bruce）为力拓公司设计了这个码头。因为上下均有木板路，可在其上悠闲漫步或慢跑，欣赏港口和船只风景。码头就在Plaza de las Monjas西南方向1公里处。

韦尔瓦博物馆 博物馆

（Museo De Huelva; 959 65 04 24; www.museosdeandalucia.es; Alameda Sundheim 13; 非欧盟/欧盟居民 €1.50/免费; 6月中旬至9月中旬 周二至周日 9:00~15:00，其余月份 周二至周六 9:00~20:00，周日 9:00~15:00）免费 这座博物馆收藏着丰富的历史和艺术展品。底楼的永久展览主要是韦尔瓦省的各种令人震撼的考古大事记，还有一些有趣的有关罗马和矿业历史的物件。楼上则收藏了纵贯7个世纪的西班牙画作。不要错过绝妙的古罗马水轮（noria），在世界范围内，这是同类古迹中保存最为完好的。

节日和活动

哥伦布节 文化节

（Fiestas Colombinas; 7月底 /8月初）韦尔瓦用这个为期六天的节日纪念哥伦布当年出发去美洲的日子（1492年8月3日），节日期间会举办音乐、舞蹈、文化活动和斗牛活动，精彩纷呈。

住宿

Senator Huelva Hotel 商务酒店 €

（959 28 55 00; www.senatorhuelvahotel.com; Avenida Pablo Rada 10; 房 €60起; ）这是一家无可挑剔的面向商务住客的酒店，绝对是你能在韦尔瓦找到的最好的住所。亮红色的栏杆使得青枝绿叶的大厅更有生气，员工效率很高。所有162个房间都装备了深色的木桌和清新的白色床单。这里距离韦尔瓦的中心广场只有5分钟的步程。

Albergue Inturjoven de Huelva 青年旅舍 €

（☎959 65 00 10；www.inturjoven.com/albergues/huelva；Avenida Marchena Colombo 14；铺/双 含早餐 €22/44；❄@📶；🚌6）这是一家很棒的现代化青年旅舍，明亮怡人的庭院四周有53间客房。房间设有2~6张床位，以及独立卫生间。旅舍可提供自行车和毛巾租赁服务。位于汽车站以北2公里处的Calle JS Elcano，汽车站开来的6路公交车可抵达旅社所在的街角。

就餐

Ciquitrake 西班牙小吃 €

（☎956 25 69 58；www.ciquitrake.com；Calle Rascón 21；西班牙小吃 €2.70~8，盘餐 €7.50~14；⏲周一至周五 8:30至午夜，周六 10:00开门；📶）"懂得吃就能懂得生活"，这句话就是这家善于创新的西班牙小吃餐厅的箴言，这里长于在韦尔瓦主流品种上做出全新的变化，店里极简主义的装潢很酷也很迷人（例如将韦尔瓦俚语表作为墙纸）。一直很受欢迎的菜肴包括墨鱼丸（albóndigas de choco）和蔬菜冷汤（salmorejo）。

★Azabache 西班牙小吃 €€

（☎959 25 75 28；www.restauranteazabache.com；Calle Vázquez López 22；盘餐 €7~18；⏲周一至周五 8:30至午夜，周六 至16:00）已经品尝过传统韦尔瓦菜了？那就来这家狭窄、瓷砖铺设的西班牙小吃吧，侍者总是很忙碌，但乐于助人，他们会很快端上奶酪火腿拼盘、炒当地野蘑菇（gurumelos）、炸墨鱼和新鲜的特色鱼菜。除了前面的吧台区域以外，这里还有一家更正式的餐厅，供应价格更贵的套餐（€36包含葡萄酒、甜点和咖啡）。

实用信息

地区旅游局（☎959 25 74 67；www.turismohuelva.org；Calle Jesús Nazareno 21；⏲周一至周五 9:00~19:30，周六和周日 9:30~15:00）有全省地区的有用信息。

旅游局（☎959 54 18 17；Plaza de las Monjas；⏲周一至周六 10:00~14:00，外加周一至周五 17:00~20:00）

到达和离开

从**长途汽车站**（Calle Doctor Rubio）出发的大多数班车是由**Damas**（☎902 11 44 92；www.damas-sa.es；Calle Doctor Rubio）运营的。目的地包括阿尔蒙特（Almonte；至埃尔罗西奥，€4，1.25小时）、阿拉塞纳（Aracena；€10.85，2.5至3小时）、拉拉比达（€1.65，20分钟）、莫格尔（Moguer；€1.65，45分钟）、帕洛斯-德拉弗龙特拉（€1.65，30分钟）、塞维利亚（€8.65，1.25~2小时）和葡萄牙的法罗（Faro；€16，2.5小时）。周六、周日和公共假日班次有所减少。

韦尔瓦的**火车站**（Avenida de Italia）位于镇中心以南。从这里出发，**西班牙国铁**（Renfe；☎912 43 23 43；www.renfe.com；Avenida de Italia）每日有3班火车可开往塞维利亚（€12.25，1.5小时），有1班高速ALVIA火车直达科尔多瓦（€38，1.75小时）和马德里（€38~73，3.75小时）。

卢加莱斯哥伦比诺斯（Lugares Colombinos）

"哥伦布遗址"包括力拓河口东岸上的拉拉比达、帕洛斯-德拉弗龙特拉和莫格尔三座小镇。在哥伦布为其发现之旅做准备的过程中，这三处都曾发挥重要的作用，从韦尔瓦、多尼亚纳（Doñana）或韦尔瓦东海岸出发，可参加一日往返游活动，很有意思。数不尽的温室表明这是西班牙主要的草莓种植区（西班牙90%的草莓产自韦尔瓦省）。

到达和离开

每天至少有11趟班车从韦尔瓦出发，前往拉拉比达（€1.65，25分钟）和帕洛斯-德拉弗龙特拉（€1.65，30分钟）。其中有半数继续开往莫格尔（€1.65，45分钟）。这些班车使得在三座小镇之间出行更加方便。

拉拉比达（La Rábida）

人口 500

景点

拉拉比达修道院 修道院

（Monasterio de la Rábida；☎959 35 04 11；www.monasteriodelarabida.com；Paraje de la Rábida；成人/学生 €3.50/3；⏲周二至周六

10:00~13:00和16:00~19:00，周日 10:45起；Ⓟ）在漂亮宁静的拉拉比达村，不要错过这座建于14世纪和15世纪的方济各会修道院。哥伦布在远航之前曾数次到访这里。修道院的亮点包括一个13世纪的雪花石膏制成的圣母的礼拜堂，哥伦布曾在圣母像前祈祷；还有绘满壁画的穆德哈尔式回廊，这是少数从1755年地震中得以幸存下来的最初结构之一。

Muelle de las Carabelas 古迹

（Wharf of the Caravels；€3.60；6月中旬至9月中旬 周二至周日 10:00~21:00，其余月份周二至周日 9:30~19:30；Ⓟ）这个15世纪的假码头区就在拉拉比达修道院下方的河滨处，你可以登上真实大小的Niña、Pinta和Santa María复制品——哥伦布第一次横跨大西洋时用过的三艘船。买票后，你可以登上这三艘船及其附属博物馆，里面的展览追踪了哥伦布的航海历史（配有极好的英语-西班牙语双语介绍）。你还可以看到航海工具，了解美洲土著在西班牙人第一次抵达时的经历。

帕洛斯-德拉弗龙特拉（Palos de la Frontera）

人口 5300

哥伦布和他乐观积极的团队正是从帕洛斯-德拉弗龙特拉的港口出发，驶向未知世界的。这座小镇为探险家提供了两艘船、两位船长（Martín Alonso Pinzón和Vicente Yáñez Pinzón）以及超过半数的船员。

景点

圣豪尔赫教堂 教堂

（Iglesia de San Jorge；Calle Fray Juan Pérez；开放时间不定）Calle Colón北端尽头矗立着这座修建于15世纪的哥特-穆德哈尔式教堂，哥伦布和他的水手在启航之前曾在此举行圣餐仪式。洒在哥伦布船上的圣水来自附近的La Fontanilla水井。

马丁·阿隆索·品宋故居博物馆 博物馆

（Casa Museo Martín Alonso Pinzón；☎959 10 00 41；Calle Colón 24；成人/优惠 €1/0.50；周一至周五 10:00~14:00和17:00~20:30）品宋兄弟（Niña和Pinta号的船长们）的故居如今设有永久性展览，以帕洛斯在哥伦布著名的第一次航海探险中做出的关键性贡献为主题。

就餐

El Bodegón 安达卢西亚菜 €€

（☎959 53 11 05；Calle Rábida 46；主菜 €12~25；周三至周一 正午至16:00和20:30~23:30）这家氛围浓郁、有砖头铺设的地板的洞穴餐厅擅长烹制橡木烧烤的肉菜、鱼和蔬菜。

莫格尔（Moguet）

人口 1.43万

宁静的小镇莫格尔位于帕洛斯-德拉弗龙特拉东北方向8公里处，就在A494公路上，哥伦布的船Niña号就是在这里建造的。

根据历史记载，这里也是获得过诺贝尔文学奖的诗人胡安·拉蒙·希梅内斯（Juan Ramón Jiménez）的故乡。

景点

圣克拉拉修道院 修道院

（Monasterio de Santa Clara；☎959 37 01 07；www.monasteriodesantaclara.com；Plaza de las Monjas；导览团队游 成人/优惠 €3.50/2.50，周日 免费；团队游 周二至周六 10:30、11:30、12:30、17:30和18:30，周日 10:30和11:30）1493年3月，哥伦布第一次航海归来，在这座宏伟的建于14世纪的修道院中守了一夜，进行祈祷。亮点包括历时45分钟的导览团队游，可以参观迷人的穆德哈尔式回廊、建于14世纪的厨房、粉刷过的Claustro de las Madres回廊、华丽的手抄本和独一无二的14世纪纳斯瑞德风格的唱诗班席位，上面有从阿尔罕布拉汲取灵感的狮子、柱子和阿拉伯字母的图案。

塞诺维娅与胡安·拉蒙·希梅内斯之家博物馆 历史建筑

（Casa Museo Zenobia y Juan Ramón Jiménez；☎959 37 21 48；www.fundacion-jrj.es/servicios/visita-a-la-casa-museo；Calle Juan Ramón Jiménez 10；成人/优惠 €3.50/2.50；6月中旬至9月中旬 周二至周五 10:00~14:00和16:00~20:00，周六和周日 10:00~14:30，其余月份 周二至周日 10:15~13:00和周二至周六 17:15~

19:00）这里是著名诗人胡安·拉蒙·希梅内斯和作家妻子Zenobia Camprubí Aymar的故居，保存完好，很漂亮，可接纳独自参观者，还可安排导览游。你可以参观诗人的私人图书馆和楼上的几个房间，都保留着最初的家具。

所有展览都有西班牙语介绍。

就餐

Mesón El Lobito 安达卢西亚菜 €€

（☎959 37 06 60；www.mesonellobito.com；Calle Rábida 31；主菜 €7~16；⏰正午至16:00和20:30至午夜）这家餐厅位于市中心的Plaza del Cabildo西南方向约300米处，在洞穴空间内供应大分量、高性价比的陶盘传统乡村口味菜肴：烤肉和烤鱼都是用木火烤制的。

实用信息

旅游局（☎959 37 18 98；Calle Andalucía 17, Teatro Municipal Felipe Godínez；⏰周二至周六 10:00~14:00和17:00~19:00）这个服务一流的旅游局位于Teatro Municipal内。

多尼亚纳国家公园（Parque Nacional de Doñana）

多尼亚纳国家公园被列入了世界遗产名录，这里有着令人难以忘怀的自然美景和独特的地平线——在欧洲较辽阔的湿地之一（瓜达尔基维尔三角洲），成群的火烈鸟将夜空染成粉红色，成群结队的鹿和野猪轻快地穿过树林，神出鬼没的伊比利亚猞猁为生存而战。在这个西欧最大的无路区和这个西班牙最著名的国家公园中，你可以感受到大自然最原始、最有力量的一面。

公园的面积达到542平方公里，沿着或靠近大西洋海岸延伸30公里，深入内陆25公里。其边缘绝大部分与独立的多尼亚纳自然公园（Parque Natural de Doñana）接壤，后者受到的保护相对不那么严格，面积为538平方公里，是国家公园的缓冲区。

进入国家公园内部受到限制，不过任何人都可以沿着Matalascañas和瓜达尔基维尔河河口之间（也可以从加的斯省的Sanlúcar de Barrameda乘船往返）28公里长的大西洋海滩步行或骑行，只要不进入内陆区就行。

活动

Sendero Charco de la Boca 步行

在Centro de Visitantes La Rocina（见731页），Sendero Charco de la Boca是长3.5公里的往返步行线路，途中会沿着溪流行进，接着穿过一些栖息地，经过4个隐蔽的观鸟点。

Sendero Lagunas del Acebuche 步行

从Centro de Visitantes El Acebuche（见731页）出发，Sendero Lagunas del Acebuche的两条线路（Acebuche路径：1.5公里和3.5公里的往返行程）通往隐蔽的观鸟点，能够俯瞰附近的潟湖（不过有时湖中可能没有水）。

实用信息

公园有7处信息点。对从韦尔瓦省进入公园的

国家公园团队游

如果想从西侧进入公园，你得参加导览越野车团队游。这类项目通常持续约4小时的时间，8至30名乘客乘坐全地形车辆。你可以在官方认可的机构直接预订，包括**Doñana Nature**（☎959 44 21 60, 630 978216；www.donana-nature.com；Calle Moguer 10；团队游 每人 €28）、**Cooperativa Marismas del Rocío**（☎959 43 04 32, 648 762914；www.donanavisitas.es；Centro de Visitantes El Acebuche；团队游 €30）和**Doñana Reservas**（☎629 060545, 959 44 24 74；www.donanareservas.com；Avenida de la Canaliega；团队游 每人 €28）。若乘坐较大的车，会有点像是在主题公园游览，但导游能提供大量关于国家公园的详细信息。

春、夏两季和假日期间，尽可能提早预订。其余时间通常也需要提前1周预订。带上望远镜（如果你愿意）、饮用水和驱蚊剂（冬季除外）。提前联系，可以要求会说英语、德语或法语的导游。

游客来说，最重要的4个信息点如下：

Centro de Visitantes La Rocina（☎959 43 95 69；A483；⊙9:00~15:00和16:00~19:00）位于A483旁，在埃尔罗西奥以南1公里处。

Centro de Visitantes El Acebrón（☎671 593138；⊙9:00~15:00和16:00~19:00）位于Centro de Visitantes La Rocina以西，沿一条略经铺设的公路前行6公里就能到达。

Centro de Visitantes El Acebuche（☎959 43 96 29；⊙5月至9月中旬 8:00~15:00和16:00~21:00，9月中旬至3月 至19:00，4月 至20:00）沿着A483向南行进12公里，接着向西行进1.6公里。El Acebuche是国家公园的主要游客中心。

Centro de Visitantes José Antonio Valverde（☎671 564145；⊙4月至9月 10:00~20:00，3月和10月 至19:00，11月至次年2月 至18:00）位于公园东部边缘。到这里最便捷的方法就是参加埃尔罗西奥组织的经过授权的团队游。另一种方法是自驾，从Villamanrique de la Condesa或La Puebla del Río出发，沿着崎岖的道路往东北方向行驶。

到达和离开

你不能驾驶机动车进入国家公园，不过可以自驾前往4个主要的信息中心。**Damas**（www.damas-sa.es）每天有8~10班车往返于埃尔罗西奥和Matalascañas之间，可以应要求在A483的El Acebuche支路停靠。部分团队游公司可以在Matalascañas接客，需提前告知。

埃尔罗西奥（El Rocío）

人口 1340

埃尔罗西奥是多尼亚纳国家公园周边最重要的小镇，会让第一次造访的人倍感惊讶。这里砂石覆盖的街道两旁矗立着一些色彩斑斓的单层房屋，全都有一览无余的走廊，大多数时间空着。但埃尔罗西奥并非鬼镇：这些保存完好的房屋属于115个兄弟会（hermandades）成员，每年的圣灵降临节（Pentecost）的周末，这些朝圣者都会聚集在这个镇上，庆祝罗西奥朝圣节（见732页），这是西班牙规模最大的宗教节日。

除了充满异国情调的独特氛围以外，埃尔罗西奥就在发亮的多尼亚纳湿地（marismas）前面，景色极佳。黎明时分，鹿群会来湿地饮水，一年中某些时间段，大量粉色的火烈鸟会聚集在这里。

无论是沼泽地变幻的光线，在Ermita对着圣母祈祷的老妪，或者穿着弗拉明戈服经过的人，在埃尔罗西奥沙尘飞扬的昏暗街道上，总会有吸引你眼球的东西。

景点

罗西奥教堂 教堂

（Ermita del Rocío；Calle Ermita；⊙4月至9月 8:00~21:00，10月至次年3月 至19:00）罗西奥教堂是镇中心一抹令人眼前一亮的白色，现存的这座建筑建于1964年。这里是著名的Nuestra Señora del Rocío（我们的埃尔罗西奥夫人）永恒的家园，主祭坛上一般会摆放着一座身着珠饰长袍的圣母玛利亚的木制小雕像。

活动

埃尔罗西奥前的沼泽地几乎全年有水，因此是多尼亚纳地区最好的观鸟和观兽地点。鹿和马在浅滩吃草，倘若运气好的话，你还能看见一群群火烈鸟如同一大团粉红色的云朵一般飞过天空。带一副双筒望远镜，到水滨长廊漫步吧。

Francisco Bernis Birdwatching Centre 观鸟

（☎959 44 23 72；www.seo.org；Paseo Marismeño；⊙周二至周日 9:00~14:00和16:00~18:00）免费 从Ermita沿着水滨向东走大约700米，这处观鸟点背靠沼泽，你可以透过后窗或观景平台上的高倍望远镜观察火烈鸟、亮泽的朱鹭和篦鹭等鸟类。这里还有专家帮助你辨别特定的种类，告诉你这时有什么候鸟前来，以及何处得见。

Doñana a Caballo 骑马

（☎674 219568；www.donanaacaballo.com；Avenida de la Canaliega；每1/2小时 €20/30，半天€50）导览骑马游，适合不同水准的人，行程穿过埃尔罗西奥以东的Coto del Rey树林。

食宿

Hotel Toruño 酒店 €€

（☎959 44 23 23；www.toruno.es；Plaza

不要错过

西班牙最盛大的宗教朝圣：罗西奥朝圣节

每年复活节后的第七个周末，也就是圣灵降临节（Pentecost; Whitsuntide）期间，原本寂静的埃尔罗西奥小镇就变得热闹非凡，五彩斑斓，充满激情。这是西班牙规模最盛大的朝圣活动的高潮——罗西奥朝圣节（Romería Del Rocío），届时会有100万欢快的朝圣者前来。

所有狂欢都是围绕一座小巧的雕像Nuestra Señora del Rocío（我们的埃尔罗西奥夫人）展开的，这尊雕像是13世纪一位来自阿尔蒙特村的猎人在沼泽地里的一棵树中发现的。猎人在返家途中休息时，雕像神奇地回到了树上。不久之后，人们在树所在的位置（埃尔罗西奥）建起了一座礼拜堂，朝圣者们纷纷来此朝拜。

你很难用肃穆来形容这一安达卢西亚的盛事。参与者穿上自己最好的安达卢西亚服饰，唱歌、跳舞、欢笑，浪漫地一路去往埃尔罗西奥。他们中的大多数属于115个兄弟会，他们来自西班牙南部各个城镇，步行、骑马、乘坐装饰得五彩缤纷的马车来到这里。

周一早上，欢乐的气氛达到最高潮。阿尔蒙特兄弟会的成员——宣称圣母像为他们所有——拥入教堂，将雕像抬出。其他人会争抢抬La Paloma Blanca（白鸽）的荣耀，场面会变得很激烈，大家挤在一起，相互推搡。但圣母像会经过每一座兄弟会房屋，最后在下午回到教堂。罗西奥朝圣节接下来的举办时间为2020年5月31日和2021年5月23日。

近些年来，西班牙人对动物权利越来越重视，在动物维权政党PACMA（https://pacma.es）的带领下，他们开始关注罗西奥朝圣节期间动物——尤其是马和骡子——遭受虐待和未受到应有的照管的现象。虽然有兽医志愿者在场，但在2017年罗西奥朝圣节期间，仍有10匹马和1头牛死去。

Acebuchal 22；标单 €35~59，双 €50~80，全都含早餐；P❄📶）这座漂亮的白色别墅位于Ermita以东约350米处，就矗立在湿地旁。清晨，你能看到火烈鸟习惯性地"梳妆打扮"。在别墅内部，瓷砖壁画延续了野生动物主题——从水獭到鹳，连淋浴间也不例外！房间的内饰平淡乏味，尤其是底楼的房间。如果可以的话，你可以要求订一间能眺望沼泽地景色的房间。

Hotel La Malvasía 酒店 €€

（☎959 44 27 13；www.hotellamalvasia.com；Calle Sanlúcar 38；标单 €100~110，双 €110~150，套 €160~190；❄📶）这家田园风情的酒店位于一座气派的庄园宅邸内，能眺望镇东端的沼泽地。房间的装潢很有特色：有乡村风情的瓷砖铺设的地板、复古的埃尔罗西奥风光照片和带有花卉图案的铸铁床头。顶层光照充足的露台是绝佳的观鸟地，套房也是，正对着潟湖，景色很美。

★ **Restaurante Toruño** 安达卢西亚菜 €€

（☎959 44 24 22；www.toruno.es；Plaza Acebuchal；主菜 €13~25；⏲13:00~16:00和20:00~23:00；✎）这是埃尔罗西奥不能错过的餐厅，洋溢着传统安达卢西亚氛围，供应正宗的美食，分量都很大。菜单上值得一尝的有自由放养的mostrenca小牛犊，这是多尼亚纳独有的菜式；非肉食爱好者可以选择大份的烤蔬菜拼盘（parrillada），味道极好。你可以在餐厅前有着1000年历史的橄榄树下或能眺望湿地的后院用餐。

ℹ 实用信息

旅游局（☎959 44 23 50；www.almonte.es/es；Calle Muñoz Pavón；⏲9:30~14:00）位于镇政府办公厅内。

ℹ 到达和离开

Damas（www.damas-sa.es）运营的长途汽车可从塞维利亚的武器广场至埃尔罗西奥（€6.30，1.5小时，每日2班），然后继续前往Matalascañas（€1.30，25分钟）。从韦尔瓦省乘坐Damas的车可抵达阿尔蒙特（€4，1.25小时，每日1~4班），然后可换乘其他车次前往埃尔罗西奥（€1.30，20分钟，每日8班）。

里奥汀托矿区（Minas de Riotinto）

人口 3260/海拔 420米

世界上最古老的矿区之一隐藏在韦尔瓦莫雷纳山脉（Sierra Morena）南端。据说，就连耶路撒冷的所罗门王都曾在这里为他著名的神庙开采金矿，公元前4世纪，古罗马人也在这里挖掘过银矿。此后，矿区基本变得无人问津，直到19世纪70年代，英国的力拓公司让这里成为世界上重要的铜矿中心之一（也为西班牙首家足球俱乐部的创建打下了基础）。1954年，西班牙购回这一矿区，上一次有矿工作业是在2001年。如今，这里是一个值得探索的迷人之地，建有一座很棒的博物馆，还有机会参观古老的矿区，乘坐铁道矿车。

力拓河（Río Tinto）位于镇子东北方向几公里外的地方，其名字（“红河”）来源于铁和铜矿注入水中形成的深红棕色。

景点

Peña de Hierro 矿业

（☎959 59 00 25；www.parquemineroderiotinto.es；成人/儿童 €8/7；⏲10:30~15:00和16:00~19:00）这些古老的铜矿和硫黄矿位于Nerva（里奥汀托矿以东6公里处）以北3公里处。在这里你可以看到力拓河的源头，一座65米深的露天矿，还可以进入地下一座200米长的美术馆。每天固定有3次参观活动，但时间会有变化，所以务必通过矿业博物馆提前预订（电话或网络预订）。

矿业博物馆 博物馆

（Museo Minero；☎959 59 00 25；www.parquemineroderiotinto.es；Plaza Ernest Lluch；成人/儿童 €5/4；⏲10:30~15:00和16:00~19:00）这座矿业博物馆实则是为工业考古爱好者准备的一座模拟金矿。通过展览，你能了解本地区从公元前3000年的巨石陵墓至古罗马和英国殖民地时期，接着是动荡的1888年（año de los tiros，枪炮之年），直至矿业最后在2001年关闭期间的独特历史。你还可以参观一条经过重建的200米长的古罗马矿业模型。

团队游

矿业旅游铁路 铁路

（Ferrocarril Turístico-Minero；☎959 59 00 25；www.parquemineroderiotinto.es；成人/儿童 €11/10；⏲7月中旬至9月中旬 13:30和17:30，9月中旬至次年7月中旬 13:30，11月至次年2月中旬周一至周五关闭）游览本地区的一个有趣方法（尤其对儿童来说）就是登上古老的矿业火车按20世纪初的样式复原的车厢，运行22公里（循环）穿过梦幻般的风景。火车行驶的路线始终与力拓河平行，这样你可以欣赏其不断变换的色调。必须提前预订，可以在小镇的博物馆或火车站预订。

旅途沿着锈红色的力拓河展开，从里奥汀托矿以东4公里处、紧邻通往Nerva的公路的旧火车修复工坊出发，解说是西班牙语的（有英语讲解单）。

到达和离开

Damas（www.damas-sa.es）每日运营着3~5班往返里奥汀托矿和韦尔瓦之间的长途汽车（€6.85，1.75小时）。

阿拉塞纳及周边（Aracena & Around）

人口 6700/海拔 730米

繁荣的旧集市小镇阿拉塞纳呈现出一片白色，在山地间显得格外醒目。这个地方很热闹，也很有魅力，拥有一座中世纪教堂和残留的城堡，如同被扎上丝带精心包装起来的礼物一般。

景点

★奇迹岩洞 洞穴

（Gruta de las Maravillas；☎663 937876；www.aracena.es/es/municipio/gruta；团队游 成人/儿童 €9/6.50；⏲10:00~13:30和15:00~18:00）小镇城堡山下的喀斯特地形中有一系列洞穴和隧道。长1.2公里、历时50分钟的环游能带你进入12个洞穴，穿过6个地下湖泊，全部带有漂亮的照明灯光，充满了奇形怪状的精彩的岩石结构，这里是电影《地心游记》（*Journey to the Center of the Earth*）的外景地。

火腿博物馆 博物馆

（Museo del Jamón; Gran Vía; 成人/儿童€3.50/2.50; ⏲10:45~14:30和15:45~18:30）这一山脉地区著名的火腿在这家现代化的博物馆内得到了应有的认可。你会了解到吃橡子长大的伊比利亚猪为何肉质如此鲜美多汁，在天然牧场放养的重要性，以及传统和现代的屠宰、熏制方法。展览附西班牙语介绍，博物馆提供免费的语音导览，还有4种其他语言的讲解。参观完之后，博物馆商店会邀请访客免费品尝当地出产的bellota火腿。

阿尔塔广场（Plaza Alta） 广场

这个坡度平缓的广场曾是阿拉塞纳的中心广场，有一座迷人的建于15世纪的镇政厅，倚靠山顶雄伟的城堡和教堂。

城堡 城堡

（Castillo; Cerro del Castillo; 导览团队游 成人/儿童 €2.50/1）这一山顶城堡遗迹是小镇醒目的景点之一，是由葡萄牙和卡斯蒂利亚王国于12世纪在早期伊斯兰定居点废墟的基础上建立起来的。城堡的旁边就是哥特-穆德哈尔式Iglesia Prioral de Nuestra Señora del Mayor Dolor（Plazoleta Virgen del Mayor Dolor; ⏲10:00~17:00，7月和8月 至19:30）。从Plaza Alta一条陡峭的小巷上去，就能到达城堡和教堂。通过导览团队游能进入城堡内部，不过说实话，城堡的外面更令人印象深刻。

当 地 知 识

JAMONES EÍRIZ JABUGO

如果想获取优质法定产区（Denominación de Origen Calificada，简称DOC）伊比利亚火腿生产的第一手资料，没有什么比获过奖、家族经营、由第四代传承人接手的Jamones Eíriz Jabugo（www.rutadeljamondejabugo.com; Calle Pablo Bejarano 43, Corteconcepción; 每人含品尝 €39.50）组织的2~3小时团队游更好的选择了。你可以先花1个小时的时间，看看猪群在种满橡树的小天堂里欢快地大吃特吃橡子，遁入腌制室和熏制室构成的迷宫，在那儿，你能亲眼见证数百条悬挂着的火腿，散发出备受好评的风味。

最后就是品尝不同的肉制品[火腿、里脊肉（lomito）、细香肠（salchicha）和腊肠（chorizo）]。所有团队游都必须提前预订，可以应要求提供英语或其他语言的讲解。Jamones Eíriz Jabugo位于阿拉塞纳东北方向约6公里处。

活动

利纳雷斯－德拉谢拉步行 徒步

这一长5公里、时长2小时的步行路线难度不高，沿途景色很美。你会沿着翠绿的山谷而下，来到漂亮宁静的利纳雷斯－德拉谢拉（Linares de la Sierra）。步道沿线设有路标，紧邻阿拉塞纳西南边缘的HU8105，从镇游泳池过去500米即是，很容易找到。

住宿

★Hotel Convento Aracena 历史酒店 €€

（☎959 12 68 99; www.hotelconventoaracena.es; Calle Jesús y María 19; 双 €98~149，套 €173~234; P❄📶🏊）在这一经过精心改建的17世纪女修道院内，华丽、现代化的房间与原有的繁复的安达卢西亚巴洛克风格建筑元素形成鲜明对比。这是阿拉塞纳最好的住宿地。你可以在这里享用水疗、山地菜肴以及全年开放的盐池，还能欣赏到无与伦比的乡村景色，夏季还开设了酒吧。9号房间的位置很好，就在教堂穹顶内（不过预先警告一下，房间没有窗户，除了穹顶天窗外）。

Finca Valbono 酒店 €€

（☎959 12 77 11; www.fincavalbono.com; Carretera Aracena-Carboneras, Km 1; 双 €55~70，两人公寓 €65~80，4人公寓 €100~120; P❄📶🏊）这家迷人的农舍为葱郁绿色所环绕，位于阿拉塞纳东北方向1公里处，散发出迷人的乡村气息，优越的地理位置使得出行十分便捷。这里提供20个小屋，内设壁炉、小厨房，附加沙发床（适合团队或家庭出游者），外加6个朴素的房间。其他突出的特色包括一个漂亮的泳池、友好的工作人员和一个骑马学校（☎959 12 77 11; Finca Valbono, Carretera Aracena-Carboneras Km 1; 2小时骑马 每人€30）。

就餐

★Rincón de Juan 西班牙小吃 €

(Avenida de Portugal 3；西班牙小吃€2~3，盘餐€7~10；⊙周一至周六 7:30~16:00和18:30至午夜)这家餐厅虽然只是位于一家街道的楔形石墙酒吧中，但无可争辩地是镇上最好的西班牙小吃品尝处。伊比利亚火腿是这里最大的亮点，也是各种小馅料卷（montaditos）和足以满足好几个人的切片烧烤（rebanadas）的基本素材。当地的羊奶酪实在是个不错的选择。

★Jesús Carrión 西班牙小吃 €€

(959 46 31 88；www.jesuscarrionrestaurante.com；Calle Pozo de la Nieve 35；西班牙小吃€6.50~13，主菜€12~25；⊙周三至周日13:15~16:00，周四至周六20:15~23:00；)在这家美妙的家族经营的餐厅中，认真的大厨Jesús领导着富有创意的厨房，精美的摆盘和经过现代改良的传统阿拉塞纳菜肴让人赞不绝口。你还可以品尝一下生切伊比利亚火腿片和本地牛肝菌烩饭。自制面包是直接从烤炉里拿出来的，沙拉新鲜美味——绝不会看到罐头蔬菜！

实用信息

Centro de Visitantes Cabildo Viejo（959 12 95 53；Plaza Alta；⊙9:30~14:30，开放日不定）提供徒步信息和地图，还有一个关于阿拉塞纳山脉和阿洛切峰自然公园（Parque Natural Sierra de Aracena y Picos de Aroche）的展览。

旅游局（663 937877；www.aracena.es；Calle Pozo de la Nieve；⊙10:00~14:00和16:00~18:00）位于奇迹岩洞对面，出售很不错的步行地图。

到达和离开

汽车站（Calle José Andrés Vázquez）位于Plaza del Marqués de Aracena东南方向700米处。**Damas**（www.damas-sa.es）运营有从塞维利亚开来（€7.40，1.25小时），继续前往Cortegana via Alájar或Jabugo的班次，上午1班，下午2班（周日1班）。周一至周五每日下午有2班车次从韦尔瓦开来，周末则是1班（€10.85，2.5~3小时）。另外还有本地公司的车次可开往阿拉塞纳和Cortegana，途经利纳雷斯-德拉谢拉、Alájar和Almonaster la Real。

加的斯省（CÁDIZ PROVINCE）

如果要选一个能淋漓尽致地诠释安达卢西亚复杂多变魅力的地区，恐怕就要属加的斯省了。这个位于西班牙最南端的省有陡峭起伏的山峦，绵延无际的橄榄树，提神的雪利酒，丰富多彩的活动，最纯粹的弗拉明戈，安达卢西亚马文化的孕育地以及梦幻的金色沙滩海岸线——未被商业化污染的阳光海岸（Costa de la Luz）。

除了多姿多彩的文化精髓外，这里还有两个大型自然公园，从北部的奥尔维拉（Olvera）到南部的阿尔赫西拉斯（Algeciras）横贯整片大陆。这里曾经是基督教统治的西班牙和穆斯林统治的格拉纳达之间不断变化的分界线，沿线依旧点缀着城堡耸立的白色城镇，很多名字以"de la Frontera"（即边界线上的）结尾，显示出曾经的动荡历史。

加的斯（Cádiz）

人口 118,920

关于加的斯城，你可能写上好几部巨著后却仍然距离它的本质极其遥远。加的斯被普遍认为是欧洲最古老的定居地，由腓尼基人在约公元前1100年建造而成，最初被称为Gadir。现在，这座城市已经进入了第四个千年，古老的中心区几乎都被海水包围着，弯曲的街道交会在一起，大西洋的海浪撞击着被海水侵蚀的堤岸，令人愉悦的小酒馆里炸着新鲜海鱼，飘着咸味的海滩上随处可见日光爱好者。

1812年，西班牙的第一部自由宪法（La Pepa）在此签订，其独特的城市模式也为辨别美洲那些修筑有城墙的西班牙殖民地城市提供了线索。

被这里迷住的游客回去后都会满怀爱意地谈起加的斯的海鲜、沙滩，以及引人入胜的历史遗迹和博物馆。更重要的是，他们都乐于滔滔不绝地谈论加的斯人（gaditanos），他们率真友好，疯狂的狂欢节就是一次讽刺幽默的盛典，他们的乐观欢快（正如弗拉明戈歌曲所歌唱的那样）能温暖你的心房。

景点

如果要了解加的斯，你首先要熟悉其街

Cádiz 加的斯

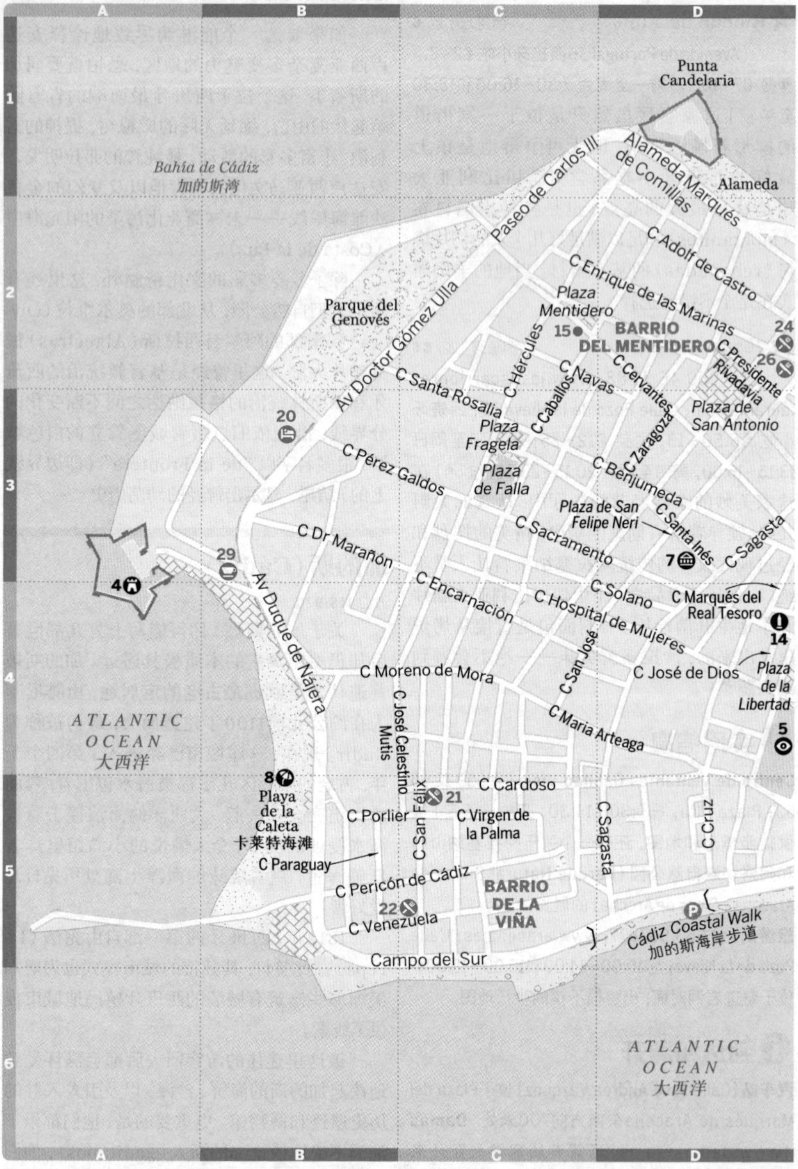

区（barrio）。老城区被分成四个部分：Barrio del Pópulo是大教堂所在地；曾经繁荣的中世纪聚居地Barrio de Santa María是旧时的罗马和弗拉明戈区；Barrio de la Viña曾是葡萄园，后成为这个城市主要的渔区以及狂欢中心；Barrio del Mentidero（据说名字源自街头巷尾流传的很多谣言）以西北部的圣安东尼奥广场（Plaza de San Antonio）为中心。

★ **加的斯大教堂** 主教座堂

（Catedral de Cádiz；☎608 090424；www.

catedraldecadiz.com; Plaza de la Catedral; 含人教堂博物馆和钟塔 成人/儿童 €5/免费; ⏲7月和8月 10:00~21:00, 4月至6月和9月 至20:00, 10月至次年3月 至19:00）加的斯漂亮的黄色穹顶大教堂是一座完美融合了巴洛克与新古典主义风格的建筑。在黄昏时分，教堂被傍晚的阳光笼罩，海滨的Campo del Sur是最佳欣赏点。虽然修建教堂的委托于1716年通过，但这项工程直到1838年才竣工，当时盛行的新古典主义元素（圆顶、尖塔和立面）削弱了建筑师

Cádiz 加的斯

Vicente Acero最初的巴洛克风格方案。大教堂内部的亮点包括复杂的木雕唱诗班席位，教堂地下室有20世纪加的斯著名作曲家马努埃尔·德·法雅（Manuel de Falla）的坟墓。

门票包含语音导览，可以参观东侧的**大教堂博物馆**（Museo Catedralicio; www.catedraldecadiz.com; Plaza de Fray Félix; 含加的斯大教堂和钟塔 成人/儿童 €5/免费; ⏲7月和8月 周一至周六 10:00~16:30，4月至6月和9月 至15:30，10月至次年3月 至15:00）里面的宗教珍宝，还能登上大教堂（东侧）的**钟塔**（Torre del Reloj; Torre de Levante; ⏲7月和8月 10:00~22:00，4月至6月和9月 至20:00，10月至次年3月 至19:00），在关闭了半个世纪之后，这里重新开放，能欣赏到老城区绝美的全景。

★加的斯博物馆 博物馆

（Museo de Cádiz; www.museosdeandalucia.es; Plaza de Mina; €1.50，欧盟居民 免费; ⏲6月中旬至9月中旬 周二至周日 9:00~15:00，9月中旬至次年6月中旬 周二至周六 9:00~20:00，周日 至15:00）虽然略显陈旧，但加的斯博物馆仍是这个省最好的博物馆。底楼的考古馆中的明星是两个腓尼基人大理石石棺，被雕刻成人形，此外，这里还有大量缺少头部的古罗马雕像和一尊完成于2世纪的罗马皇帝图拉真（Emperor Traja; 带头部）的巨大大理石像，是在博洛尼亚的巴埃罗克劳蒂亚（见772页）遗迹发现的。楼上则是精美的艺术收藏，展出了18世纪到20世纪初期的西班牙艺术作品，包括18幅由弗兰西斯科·德·苏巴朗在17世纪创作的油画，画作内容都是关于圣人、天使和修道士的。

罗马剧院 考古遗址

（Teatro Romano; Calle Mesón 12; ⏲4月至9月 周一至周六 11:00~17:00，周日 10:00~14:00，10月至次年3月 周一至周六 10:00~16:30，周日 至14:00，每月第一个周日关闭）免费 加的斯的罗马剧院位于Barrio del Pópulo朝海的一侧，其历史可以追溯到公元前1世纪后期，最初可以容纳10,000名观众。剧院目前正在进行修复（计划2020年完工），但你仍然可以通过现代化的**讲解中心**进入其中部分区域，中心设有引人入胜的关于剧院历史的展览，配有英语和西班牙语介绍。

圣胡安德迪奥斯广场 (Plaza San Juan de Dios) 广场

圣胡安德迪奥斯广场为迎接1812年宪

法200周年纪念而被装扮得焕然一新，周围咖啡馆林立。广场上最醒目的建筑是建于1800年左右的新古典主义风格的**市政厅**（ayuntamiento）。

托佩特广场 广场

这个三角形的广场位于大教堂西北约250米处，是加的斯最怡人的广场之一。五彩缤纷的鲜花为广场增色不少，它也往往被称为鲜花广场（Plaza de las Flores）。右边是经过翻修的**中央补给市场**（Mercado Central de Abastos; Plaza de la Libertad; ⌚9:00~15:00），市场于1837年建成开业，是西班牙最古老的带顶棚的市场，现在也是一个热闹的美食市场。

塔维拉塔 塔楼

（Torre Tavira; www.torretavira.com; Calle Marqués del Real Tesoro 10; 成人/儿童 €6/免费; ⌚5月至9月 10:00~20:00, 10月至次年4月 至18:00）塔维拉塔位于托佩特广场西北部，建于18世纪，是城里的最高点，能欣赏到令人惊叹的加的斯全景。这里还有一部投影机在大屏幕上播放城市宣传片（每20至30分钟一场）。

加的斯议会博物馆 博物馆

（Museo de las Cortes de Cádiz; Calle Santa Inés 9; ⌚周二至周五 9:00~18:00, 周六和周日 至14:00）免费 加的斯议会博物馆经过整修，能引领参观者回顾这座城市18~20世纪的历史，里面陈列着许多与具有革命性的1812年议会有关的纪念品。亮点是一个巨大的细节极为丰富的18世纪加的斯的模型，由阿方索·希梅内斯（Alfonso Ximénez）用红木、银和象牙于1777年至1779年制作。

卡莱特海滩（Playa de la Caleta） 海滩

这片面积不大却很受欢迎的城市海滩紧挨Barrio de la Viña西侧，仿摩尔风格、从东方汲取灵感的现代派公共浴场格外吸引人眼球。海滩的两侧是两座要塞：**圣塞瓦斯蒂安城堡**（Castillo de San Sebastián; Paseo Fernando Quiñones; ⌚9:30~17:00）免费，数百年时间里，这里一直是军事要塞；星形的**圣卡塔利娜城堡**（Castillo de Santa Catalina; ☎956 22 63 33; Calle Antonio Burgos, Playa de la Caleta; ⌚3月至10月 11:00~20:30, 11月至次年2月 至19:30）免费，1596年，盎格鲁-荷兰人洗劫了这座城市之后，这座城堡被建立起来，此外这里还有一座1683年落成的礼拜堂。

2002年，在詹姆斯·邦德系列电影之一《择日而亡》（*Die Another Day*）中，穿着橘色比基尼的哈莉·贝瑞（Halle Berry）就是在这里模仿了早先《诺博士》（*Dr.No*）中乌苏拉·安德丝（Ursula Andress）出水的情景。

陆地之门 城门

（Puerta de Tierra; Plaza de la Constitución; ⌚周二至周六 9:30~13:30和15:30~18:30）免费 这座宏伟的修建于18世纪的“陆地之门”守卫着加的斯老城的东南（唯一的陆地）入口。你可以逛逛上层的防御工事和防御塔楼，西班牙语和英语解说板详细介绍了能看到的景点和加的斯复杂的防御工事系统的发展历程。

维多利亚海滩（Playa de la Victoria） 海滩

人们通常会关注加的斯悠久的历史，而忽略了其海滩——无论是规模、感觉和美丽程度，都如科帕卡巴纳海滩一般。这片美丽宽广的大西洋沙滩从陆地之门以南1公里处开始，沿着半岛绵延4公里。到了夏季，海滩上就会出现热闹的酒吧。

你可以在**西班牙广场**（Plaza de España）乘坐1路公共汽车（Plaza España-Cortadura）到达此处，也可以从卡莱特海滩或Campo del Sur乘坐7路公共汽车（Hospital Mora-Ingeniero La Cierva; €1.10），或者从Barrio de Santa María沿途步行/慢跑而来。

课程

K2 Internacional 语言

（☎956 21 26 46; www.k2internacional.com; Plaza Mentidero 19）这家老城学校位于Barrio del Mentidero，为脱产学生和50岁以上的人提供特别课程，这里也开设了常规课程。一周的密集课程费用为€175。此外，这里也组织城市团队游，提供住宿，还有弗拉明戈、烹饪甚至冲浪课程。

Gadir Escuela de Español 语言

（☎956 26 05 57; http://gadir.net; Calle Pérgolas 5）这家成立已久的学校位于陆地之

门东南方向约300米处，有专门的小班授课，覆盖面很广。一周的密集课程费用为€170。

团队游

Las Bicis Naranjas 骑车

（☎956 22 97 25; https://lasbicisnaranjas.com; Calle Antonio López 5; 自行车租赁 每小时/每天 €4/15，3小时团队游 €30，⊙10:00~21:00）提供自行车租赁和环绕加的斯的自行车游（有多语言讲解），既有基础的3小时城市短途游（€30），也有4小时的自行车—西班牙小吃小径（€45）和4小时的摄影游（€60）。

住宿

Casa Caracol 青年旅舍 €

（☎956 26 11 66; www.casacaracolcadiz.com; Calle Suárez de Salazar 4; 含早餐 铺 €22~28，双 €43~55，公共浴室 €40~50; ）经营已久的Casa Caracol是加的斯老城区最早开业的背包客旅店。这里拥有加的斯特有的积极热情，提供色彩斑斓、现代化、带储物柜的宿舍，可容纳4、6或7人居住，有一个氛围友好的公共厨房，可以放置吊床的露台，外加3个独立的双人间（1间是复式结构的，带浴室）。其他配套设施包括旅舍自制晚餐、瑜伽课程、自行车和冲浪板租赁。没有电梯。

Hotel Patagonia Sur 酒店 €€

（☎856 17 46 47; www.hotelpatagoniasur.es; Calle Cobos 11; 标单 €86~113，双 €89~155; ）这家豪华的酒店由阿根廷人经营，距离大教堂仅几步之遥，堪称瑰宝，管理现代化、高效且友好。16个房间里都有泡茶和咖啡的套装用具，漂亮明亮，温暖舒适。加分项包括玻璃窗面的咖啡馆，5层的阁楼房间光照充足，能看到大教堂，在独立露台上，你可以一边沐浴阳光，一边休息。

Hotel Argantonio 酒店 €€

（☎956 21 16 40; www.hotelargantonio.com; Calle Argantonio 3; 含早餐 标单 €80~90，双 €100~155; ）这家时尚迷人的酒店位于卡的斯老城一座建于18世纪的府邸内，卧室、浴室和走廊都可以看到手绘的木雕门、色彩丰富的瓷砖地板。大厅里有繁复的摩尔式拱顶和喷泉。一层是穆德哈尔风格，二层是"殖民浪漫主义"，三层则是混搭风。酒店还有一个屋顶露台休息厅，外加咖啡馆和味道不错的早餐。

★ **Parador de Cádiz** 豪华酒店 €€€

（☎956 22 69 05; www.parador.es; Avenida Duque de Nájera 9; 含早餐 双 €183~268，套 €200~400; ）这家所谓大西洋酒店（Parador Atlántico）与安达卢西亚其他豪华的国营酒店截然不同，风格大胆而令人惊艳，靠近卡莱特海滩。这里的风格非常现代，完全是从头建起。性感的红色、海洋的蓝色、明亮的青绿色使得时髦现代化的房间更具个性，房间都有阳台和落地窗。你可以在4个有海景的游泳池中选一个畅泳，也可以享受水疗服务。

就餐

正如赫雷斯的空气中弥漫着雪利酒的味道一样，加的斯空气中的鲜鱼气息也让人难忘。如果想吃新鲜的海鲜，就去Barrio de la Viña的Calle Virgen de la Palma这条街。紧邻圣胡安德迪奥斯广场的Calles Plocia和Sopranis是两条更高档的餐饮街。Barrio del Mentidero的Plaza de Mina周边也有不错的选择。

★ **Casa Manteca** 西班牙小吃 €

（☎956 21 36 03; www.facebook.com/tabernamanteca; Calle Corralón de los Carros 66; 西班牙小吃 €2.50; ⊙正午至16:00和20:30至次日0:30，11月至次年3月周日和周一晚上可能关闭）Barrio de la Viña乐趣无穷的狂欢中心，墙上被各种弗拉明戈、斗牛和狂欢节相关的物品所覆盖，总是很热闹忙碌，这里供应各种广受喜爱的老式西班牙小吃。向爱聊天的侍者点一份贻贝或炸猪肉配柠檬汁（chicharrone），美味会被装在蜡纸里，从吧台的一头飞过来。

Rincón Gastronómico 西班牙小吃 €

（Mercado Central de Abastos, Plaza de la Libertad; 西班牙小吃 €2~8; ⊙周一 9:00~16:00，周二至周五 9:00~15:30和19:00至午夜，

周六 9:00~16:00和20:00至次日1:00；📝）这家超级热闹的美食市场就位于加的斯新古典主义风格的集市内，汇集了全球美味，摊档旁被来吃午餐的加的斯人围得水泄不通。你可以大吃特吃各种特色菜，例如土豆沙拉（patatas aliñadas）、山地奶酪和伊比利亚火腿拼盘。你也可以选择新鲜的鱼，亲眼见证其被烤制成美味的过程，尝一尝素的玉米圆饼（真的非常好吃），或者吃点寿司。

Taberna La Sorpresa 西班牙小吃 €

（☎956 22 12 32; www.tabernalasorpresa.com; Calle Arbolí 4; 西班牙小吃 €2.50~5.50; ⊙周二至周六 11:30~16:30和20:30~23:30，周日11:30~16:30）这家热闹务实的小酒馆从1956年开始营业，吧台后面堆满了装有甘菊色雪利酒（Pedro Ximénez、manzanilla）和深色的甜雪利酒（oloroso）的木桶。经过了精心的翻新之后，这里依然保留了加的斯的老派风格。西班牙小吃以古法捕捞（almadraba）的金枪鱼为主，但也供应很多美味的小吃，例如贻贝、炸肉、伊比利亚橡子火腿，外加其他加的斯省酿制的葡萄酒，还有新鲜的味美思酒供应。

在出口处那家小小的当地特产店里结账。

La Marmita Centro 西班牙小吃、创意菜 €€

（☎956 21 52 27; www.grupolamarmita.com; Calle Buenos Aires 5-7; 西班牙小吃 €4.50~10，5道菜套餐 €25; ⊙13:30~15:00和20:30~23:30; 📶📝）这一时髦的极简主义的餐厅属于加的斯无所不在的La Marmita集团，地处老城，供应极富创意、摆盘精致的安达卢西亚-各国风味的小吃，深受食客喜爱。餐厅里新颖的菜肴都是用当地食材烹制的，例如用Payoyo奶酪做的加的斯汉堡，鳄梨圆筒和红色almadraba金枪鱼。素菜包括越南春卷，馅料为鳄梨、罗勒和开心果青酱。

你可以预订后面漂亮的餐厅位置，而不是供应西班牙小吃的吧台，餐厅供应性价比很高、有5道菜的赏味套餐（€25）。

Ultramar&nos 安达卢西亚菜、创意菜 €€

（☎856 07 69 46; www.ultramarynos.com; Calle Enrique de las Marinas 2; 菜肴 €6~15;

当地知识

加的斯狂欢节

没有哪个西班牙城市能像加的斯这样，以如此大的热情，专注且风趣地投入**狂欢节**（Carnaval; .turismo.cadiz.es; ⊙2月）的庆祝当中。在这里，狂欢节将持续10天，横跨2月的两个周末，人们穿上漂亮的服装，畅饮佳酿，在街头欢歌热舞。在大量酒精的作用下，这种欢乐令人难以抗拒。

穿上华服的队伍被称为murgas，最多有45人。他们会步行或者坐彩车和拖拉机在市区游行，跳舞喝酒，唱着讥讽的小调，或者表演小品。最吸引人的是由12人组成的chirigotas，他们会使用幽默、讽刺和双关语的方式，通常将矛头对准政客。他们说的大多数有名的风趣话只有会说流利西班牙语的人才能听得懂。

狂欢节的目的就是自由自在，无拘无束。除了大约300支官方认可的murgas（由Gran Teatro Falla的评定小组进行评分）之外，狂欢节上还有很多非官方的队伍——任何想要上街游行的无组织队伍（ilegales）都可以尽情地唱歌玩耍。

在狂欢节达到高潮时，你可以在工人阶级聚集的Barrio de la Viña看到最热闹的场面，还有人们酩酊大醉的场景。这个街区位于Mercado Central de Abastos 和卡莱特海岸之间，Calle Ancha沿街以及托佩特广场周边，是无组织队伍的聚集地。

通常在狂欢节的第一个周末，非本地的派对爱好者蜂拥而至，而第二个周末才是加的斯人真正的活跃期。让人意外的是，周中这里会变得很清静。

如果你打算在狂欢节期间住在加的斯，需要提前几个月预订。

⏲13:30~16:00和20:30~23:00；✎）这家由杂货店精心改建而成的餐厅散发出简洁的现代化气息，使用循环利用的材料，有长长的铺蓝色瓷砖的吧台。这里的菜肴对加的斯风味进行了改良，很有创意，用应季的本地产食材烹制而成。光看菜单就让人垂涎欲滴：酸橙猪肉皮、美味的蔬菜咖喱、生金枪鱼片和烤大虾串。

La Esquina de Sopranis 西班牙小吃 €€

（☎956 26 58 42；www.sopranis.es；Calle Sopranis 5；西班牙小吃 €2~5；⏲周二至周六 13:00~16:00和20:45~23:30，周日 13:00~16:00，7月和8月 每日；✎）这是那种你不会想要离开的热闹的现代化西班牙小吃吧，休闲与精致完美融为一体。食物也很吸引人。本地产的应季食材经过创意烹制，摆盘精美，例如迷你汉堡、可携带的蘑菇配生肉片、酸奶酱沙拉三明治，还有一些经典菜（土豆沙拉和炸鱼）。首选入口即化的奶酪。

El Faro de Cádiz 西班牙小吃、海鲜 €€€

（☎956 21 10 68；www.elfarodecadiz.com；Calle San Félix 15；西班牙小吃 €2.70~3.50，主菜 €17~24；⏲13:00~16:00和20:30~23:30）随便问一个加的斯人，他们最喜欢加的斯的哪家西班牙小吃吧，他们很有可能会选择这里。海鲜，尤其是炸虾饼（tortillitas de camarones），正是人们来这里的原因。不过牛尾（rabo de toro）和土豆沙拉也有忠实的拥趸。El Faro的高档餐厅装饰着美丽的瓷砖，评价褒贬不一。

饮品和夜生活

Plaza de Mina、Plaza San Francisco、西班牙广场构成的三角区是老城区的深夜酒吧聚集中心，尤其是Calle Beato Diego，这里从午夜开始变得热闹起来，但在每周的前半段比较安静。更多酒吧分布在Barrio del Pópulo、大教堂东侧、港口北侧的Punta San Felipe（La Punta）。周四至周六3:00至6:00，酒吧/舞池都聚集了年轻人。

加的斯其他的夜生活聚集地（特别是夏季）沿着维多利亚海滩、Paseo Marítimo和Hotel Playa Victoria（陆地之门东南方向2.5公里处）附近的Calle Muñoz Arenillas周边分布。

La Colonial 鸡尾酒吧

（www.facebook.com/lacolonialalameda；Calle Buenos Aires 20；⏲20:00至次日2:00）这家时髦的鸡尾酒吧位于老城北边，霓虹灯闪烁，就在滨海步行道对面。餐桌围着一个汩汩作响、环绕着棕榈树的喷泉摆开，能欣赏到海景。调酒员能调制出新颖的鸡尾酒（€7），也可以品尝到来自赫雷斯著名的Bodegas Tradición（见749页）酿制的manzanilla、oloroso和（更贵的）陈年雪利酒。营业时间会有变化。

Nahu Centro 酒吧

（www.facebook.com/NahuCentro；Calle Beato Diego 8；⏲周二至周四 20:00至次日3:00，周五和周六 18:00至次日4:00；📶）这家时尚的鸡尾酒吧主要面向学生，光线很有氛围，有着摩洛哥风格的灯具，令人放松的沙发。当你坐在吧台，手里拿着杜松子苏打水（G & T），才是最美妙的时刻。你也可以选择咖啡，这里的无线网络也很不错。定期有DJ打碟，可以去Facebook页面查询。

Quilla 咖啡馆、酒吧

（www.quilla.es；Playa de la Caleta；⏲周日至周四 11:00至午夜，周五和周六 至次日2:00；📶）这间俯瞰着Playa de la Caleta的文艺范儿的咖啡馆像是一艘生锈的旧船，供应咖啡、酥皮点心、小吃、葡萄酒，还有艺术展览，能免费欣赏落日。此外，你还能品尝到改良的安达卢西亚菜（汉堡、沙拉、吐司、烤鱼，€7至€12）。夏季营业时间延长。

☆ 娱乐

加的斯是弗拉明戈的发源地，培养出了安达卢西亚最杰出的古典作曲家马努埃尔·德·法雅（Manuel de Falla）。如此厚重的音乐遗产也体现在这座城市的娱乐业的发展上。

★ Peña Flamenca La Perla 弗拉明戈

（☎956 25 91 01；www.laperladecadiz.es；Calle Carlos Ollero）油漆有些剥落的Peña La Perla紧邻Barrio de Santa María的Calle

Concepción Arenal，享受着大西洋袭来的阵阵海浪，氛围非常浪漫。大多数周五的22:00演出弗拉明戈，春夏季场次更频繁，吸引着忠实的弗拉明戈迷，会带给你难忘的体验。

La Cava 弗拉明戈

（☎956 21 18 66；www.flamencolacava.com；Calle Antonio López 16；€22）在这家装饰质朴的小酒馆，每周二、周四和周六的21:30会上演加的斯主要的弗拉明戈表演（tablao）。11月至次年2月，演出安排有所减少。

ℹ 实用信息

游客接待中心（Centro de Recepción de Turistas；☎956 24 10 01；www.turismo.cadiz.es；Paseo de Canalejas；⊙7月至9月 周一至周五 9:00~19:00，周六和周日 至17:00，10月至次年6月 周一至周五 8:30~18:30，周六和周日 9:00~17:00）靠近汽车站和火车站。

地区旅游局（Oficina de Turismo Regional；☎956 20 31 91；www.andalucia.org；Avenida Ramón de Carranza；⊙周一至周五 9:00~19:15，周六和周日 10:00~14:45）

ℹ 到达和离开

船

从加的斯的**都市海洋码头**（Marítima Metropolitana；Muelle Reina Victoria）出发，CMTBC（见743页）每天有17~19班双体船前往圣玛利亚港（El Puerto de Santa María；€2.70，30分钟）。

长途汽车

所有出城的长途汽车从加的斯的新**长途汽车站**（Avenida de Astilleros）出发，这个车站自2017年年底开始投入使用，位于火车站（老城东南端）东侧。大多数长途汽车都是由**Comes**（☎902 64 64 28；www.tgcomes.es）或**Los Amarillos**（☎902 21 03 17；http://losamarillos.autobusing.com）运营的。**Consorcio de Transportes Bahía de Cádiz**（简称CMTBC；☎955 03 86 65；www.cmtbc.es）运营往返**赫雷斯机场**（见755页）的班车。

目的地	票价（€）	时间	班次
阿尔科斯-德拉弗龙特拉	7.30	1~1.5小时	每天3~8班
圣玛利亚港	2.70	45分钟	每隔30~60分钟
格拉纳达	34	5.25小时	每天4班
赫雷斯-德拉弗龙特拉	3.80	50分钟	每天2~7班
赫雷斯-德拉弗龙特拉机场	3.80	1.5小时	每天1~2班
马拉加	28	4.5小时	每天4班
龙达	16	3.25小时	每天1~2班
桑卢卡尔-德巴拉梅达	5	1小时	每天5~10班
塞维利亚	13	1.75小时	每天9~10班
塔里法	10	1.25~1.75小时	每天8班
La Barca de Vejer（前往赫雷斯-德拉弗龙特拉）	5.85	1~1.5小时	每天9~11班

汽车和摩托车

从塞维利亚通往Puerto Real的AP4高速公路位于加的斯海湾东侧，该高速公路的通行费为€7.20。

火车

火车站位于老城东南边的长途汽车站旁，有火车从这里出发前往圣玛利亚港（€4.05~5.05，25至30分钟，每天28~38班）、赫雷斯-德拉弗龙特拉（€4.05~6.05，45分钟，每天33~42班）、塞维利亚（€16~22，1.75小时，每天12~15班）。此外每天有3至4班高速ALVIA列车前往马德里（€68~74，4.5小时）。

圣玛利亚港（El Puerto de Santa María）

人口 43,890

当你流连于加的斯、赫雷斯-德拉弗龙特拉和塞维利亚这样的历史名城时，很容易忽略一些小地方。圣玛利亚港就经历着这样的命运，尽管这里拥有众多知名标志。雪利酒Osborne及其著名的公牛标志（已经成为西班牙的标志，辨识度极高）就是在这里诞生的，如今它的总部仍设在这里，此外圣玛利亚港还有另外六七家雪利酒厂。圣玛利亚港就如同安达卢西亚南部的缩影，这里有着绵延的金色沙滩，诱人的美食，雪利酒厂和随处可见的建筑瑰宝。从加的斯或赫雷斯出发来这里一日游很方便。

景点

Bodegas Osborne　葡萄酒厂

（956 86 91 00; www.bodegas-osborne.com; Calle los Moros 7; 团队游 €14起，品尝€8~30）Osborne品牌的传奇性黑色公牛商标的创始人至今仍在西班牙各地真人大小的广告牌上展示（现在没有名字），El Puerto最著名的雪利酒厂由英国人Thomas Osborne Mann于1772年创建。这是西班牙最古老的公司，至今仍由创建家族的后人经营。

这座粉刷得很漂亮的酒厂提供带品尝的团队游，正午出发的团队游有西班牙语解说，10:00是英语解说，11:00为德语解说。提前预订。

6月到9月中旬会增加一次西班牙语解说的团队游，时间为19:30。

Bodegas Gutiérrez Colosía　葡萄酒厂

（956 85 28 52; www.gutierrezcolosia.com; Avenida de la Bajamar 40; 团队游 €10）这家由家族经营的雪利酒厂令人愉悦，建于1830年，团队游不需要提前预订。酒厂就在停泊双体船的码头旁。参观最后可以品尝6种葡萄酒，还能应要求提供西班牙小吃和弗拉明戈表演。团队游参观时间为周一至周五11:15（英语解说），12:30（西班牙语解说）。周六13:00提供双语解说。7月至9月增加夜间团队游。

圣马可城堡　城堡

（Castillo de San Marcos; 627 569335; servicios.turisticos@caballero.es; Plaza Alfonso X El Sabio; 成人/儿童 €8/4，周二免费; 团队游 周二 11:30~13:30、周三至周六 10:30~13:30 每隔1小时1次，11月至次年4月周三和周五关闭）圣玛利亚港最好的城堡在20世纪经过大规模的修复。1260年，“智者”阿方索十世（Alfonso X El Sabio）占据这座城镇后，在原本伊斯兰清真寺的位置上建起了这座城堡。内部的老清真寺如今被改建成教堂，是城堡的一大亮点。周三至周六的团队游参观最后可以品尝5种雪利酒（城堡为Bodegas Caballero所有）。所有11:30出发的团队游均是英语解说。周二的团队游需要提前预订。

拉斐尔·阿尔韦蒂基金会　博物馆

（Fundación Rafael Alberti; 956 85 07 11; www.rafaelalberti.es; Calle Santo Domingo 25; 成人/儿童 €4/2; 周二至周五 10:00~14:00，周六和周日 11:00~14:00）从智者阿方索十世广场（Plaza Alfonso X El Sabio）出发往内陆方向走两个街区，就能找到这个基金会，内设拉斐尔·阿尔韦蒂（Rafael Alberti; 1902~1999年）相关的展品，他是西班牙最伟大的“1927年一代”的诗人之一。诗人在圣玛利亚港度过童年。提供英语、法语和西班牙语的免费语音导览。

皇家斗牛场　知名建筑

（Plaza Real de Toros; 956 86 11 88; www.visitasplazarealelpuerto.com; Plaza Elías Ahuja; €3，团队游 €6; 6月至9月 周一至周五 10:00~14:00和18:00~21:00，周六和周日 10:00~14:00，10月至次年5月 周一至周五 16:00~19:00）免费 从西班牙广场（Plaza de España）向西南走4个街区，就到了壮丽的Plaza de Toros。它于1880年建成，至今仍是安达卢西亚重要的斗牛场之一，可容纳1.5万名观众。入口在Calle Valdés。参观斗牛场和观看斗牛不同。如果你愿意以这种方式支持斗牛场（很多旅行者可能不乐意），这也是一种了解这一根深蒂固的西班牙传统的方法，那么你就不用真的去观看一场斗牛。

节日和活动

春季美酒节　葡萄酒节

（Feria de Primavera y Fiestas del Vino Fino; 春季展会; 4月至5月）在这个持续6天的节日期间，人们会喝掉大约20万个半瓶草莓色的干型雪利酒（fino）。

加尔默罗山圣母节 宗教节日

（Festividad Virgen del Carmen; ⌚7月16日）安达卢西亚的渔民会在这个节日上向他们的保护神致以敬意：拿着圣母像的人们会沿着Río Guadalete游行。

住宿

El Baobab Hostel 青年旅舍 €

（☎956 54 21 23; www.baobabhostel.com; Calle Pagador 37; 铺 €20~35, 双 €40~80; ⌚2月中旬至10月中旬; 📶）这家有10间房的青年旅舍位于一座经过改建的18世纪建筑内，靠近斗牛场，是圣玛利亚港最佳的经济型住宿之选。旅舍如家一般舒适，氛围友好，内饰简单，设有公用厨房和庭院。旅舍有独立的双人间，能容纳4至8人的宿舍带有风扇和储物柜，其中一半有独立浴室。在本书调研期间，旅舍正在进行翻修。从2018年起，所有房间都会装上空调，划分出浴室。

Casa de Huéspedes Santa María 客栈 €€

（☎956 85 36 31; www.casadehuespedessantamaria.com; Calle Pedro Muñoz Seca 38; 双 €58~70, 带共用浴室 €47~55, 标三 €66~75; 📶🐾）这是一家温暖、热情而低调的客栈，由19世纪的房屋改建而成，裸露的石墙、瓷砖铺设的地板和带有火烈鸟图案的垫子营造出一种时尚的复古氛围。10个房间（2间是共用浴室）围绕一个宁静的庭院排开。贴心周到的服务包括茶/咖啡架、公共厨房、沙滩巾和雨伞，早餐有自制蛋糕。

就餐

圣玛利亚港以一流的海鲜和西班牙小吃吧而闻名。主要集中在市中心的Calles Luna和Misericordia，北边的Calle Ribera del Marisco，南边的Avenidas de la Ba- jamar和Aramburu de Mora，以及西班牙广场附近的Calle La Placilla。

在高档餐厅方面，圣玛利亚港拥有安达卢西亚的首家米其林三星餐厅Aponiente。

Romerijo 海鲜 €

（☎956 54 12 54; www.romerijo.com; Ribera del Marisco 1; 海鲜 每250克 €5起, 盘餐 €4~15; ⌚正午至23:30）这是一家总是很繁忙的大型港口饭店，自1952年开业以来就一直生意兴隆。店分成三个部分：第一部分烹制水煮海鲜，第二部分（对面）烹制油炸海鲜，第三部分则是啤酒酒吧（cervecería）。购买海鲜菜肴以250克为单位，食物盛在纸杯里。

La Taberna del Chef del Mar 西班牙小吃、海鲜 €€

（☎956 11 20 93; Calle Puerto Escondido 6; 西班牙小吃和盘餐 €5~17; ⌚4月至10月 周一至周六 13:30~16:30和20:30至午夜，周日 13:30~16:30）这家时尚的小酒馆挂着鱼形雕刻，色彩生动，供应小份的时髦海鲜菜肴，全都是圣玛利亚港米其林三星餐厅Aponiente（见本页）的西班牙顶级大厨Angel León创制的。专业的摆盘，大多是为分享而设计的，有烤章鱼串和红金枪鱼圆面包，还有奶油杂饭和海鲜冷汤（ajo blanco）。

Mesón del Asador 西班牙菜、烧烤 €€

（☎956 54 03 27; Calle Misericordia 2; 西班牙小吃 €2~4, 主菜 €9~20; ⌚13:00~16:00和20:15至午夜）在圣玛利亚港这个以供应海鲜为主的地方，还存在着这样一个提供肉类的餐馆，并且它可以和布宜诺斯艾利斯的任何一家牛排馆一较高下。看似简单的鸡肉烤串、两人份的烤肉拼盘（parrilladas）、放在迷你烧烤炉上烤制然后端到顾客面前的炭烤牛肉和猪肉，这些菜肴都深深吸引着顾客。

★ Aponiente 海鲜、创意菜 €€€

（☎956 85 18 70; www.aponiente.com; Molino de Mareas El Caño, Calle Francisco Cossi Ochoa; 21道菜套餐 €205; ⌚3月上旬至12月上旬 周二至周六，外加7月和8月 周一 13:00~13:30和20:00~20:30）这家餐厅由先锋派西班牙厨师Angel León创办，“大胆”是形容这里特色的最好词语。Angel León凭借以海鲜为主的创新实验赢得了许多奖项，将Aponiente提升为安达卢西亚首家米其林三星级餐厅。Aponiente位于设计感十足的19世纪水力磨坊中，在传统的圣玛利亚港备受争议。有些人对其自命不凡嗤之以鼻，而其他人则垂涎于其想象力超级丰富的21道菜的赏味套餐。

El Faro del Puerto 安达卢西亚菜、海鲜 €€€

（☎956 87 09 52; www.elfarodelpuerto.

com; Carretera de Fuentebravía, Km 0.5; 西班牙小吃 €5~15, 主菜 €18~27; ⊙周一至周六 13:30~16:30和20:30~23:00, 周日 13:30~16:30; ⓥ)这是一家值得一探的餐厅,供应传统却不乏创新的本地海鲜,一流的西班牙葡萄酒。在老式的宅邸内,分隔出好几个房间,装饰具有古典气息,很漂亮。鞑靼almadraba金枪鱼很不错。吧台/西班牙小吃菜单上有味道颇佳的素食和无麸质选择。餐厅就位于Calle Valdés西北尽头的交通环岛处。

饮品和夜生活

Bodega Obregón 酒吧

(☎956 85 63 29; Calle Zarza 51; ⊙周一至周五 9:00~14:00和18:00~23:00, 周六 9:00至深夜, 周日 10:00~14:00)你是否认为雪利酒只是给老奶奶喝的酒?那就来这家由家族经营的看起来脏兮兮的酒吧,喝着从木桶里打出来的自酿雪利酒,然后彻底改变你的想法吧!此外,店家自制的周六午餐炖菜(guisos)很受本地人喜爱。

娱乐

Peña Flamenca Tomás El Nitri 弗拉明戈

(☎956 54 32 37; Calle Diego Niño 1)这家小型私人俱乐部(peña)有一种让人兴奋到想跺脚的氛围,这座19世纪的弗拉明戈酒吧有一些实在令人惊艳的吉他手、歌手和舞者,总是挤满了常客,很是热闹。演出通常安排在周六夜晚,可以打电话或者前往旅游局咨询。

实用信息

旅游局(Oficina de Turismo; ☎956 48 37 15; www.turismoelpuerto.com; Plaza de Alfonso X El Sabio 9; ⊙6月至10月 周一至周六 9:00~14:50和17:00~20:00, 周日 9:00~14:00和18:00~20:00, 11月至次年5月 周日下午关闭)位于16世纪落成的Palacio de Aranibar内,有带托斯卡纳式柱子的庭院。

到达和离开

船

Catamarans(www.cmtbc.es; ⊙周一至周五 6:45~21:10, 周六和周日 9:00~14:00和15:30~21:25)从Hotel Santa María门前出发前往加的斯(€2.70, 30分钟),周一至周五每天18班,周末每天16班。

长途汽车

圣玛利亚港有两个长途汽车站点。CMTBC(见743页)运营的长途汽车前往加的斯(€2.70, 45分钟, 每30~60分钟1班)、赫雷斯-德拉弗龙特拉(€1.65, 20分钟, 每日8班)和桑卢卡尔-德巴拉梅达(Sanlúcar de Barrameda; €1.95, 25分钟, 每日5~11班),从斗牛场外面的**车站**(Plaza Elías Ahuja)发车。**Comes**(☎902 64 64 28; www.tgcomes.es)的长途汽车从火车站外出发,前往塞维利亚(€10, 1.5小时, 每日1~2班)。

火车

火车站位于城镇东北端,有火车往返于赫雷斯-德拉弗龙特拉(€2.70, 8分钟)、加的斯(€5.05, 35分钟)及塞维利亚(€14, 1.25小时)之间,班次频繁。

桑卢卡尔-德巴拉梅达(Sanlúcar deBarrameda)

人口 4.61万

在安达卢西亚的众多城市中,桑卢卡尔知名度不高,但却能让你感到惊艳。第一,这里有美食。桑卢卡尔叫Bajo de Guía的水滨地区有这一带最好吃的海鲜。第二,桑卢卡尔有着独一无二的地理位置,它位于知名的"雪利酒三角"的北角,遗迹遍布的安静的老城区里朴实的雪利酒厂能酿制出极受赏识、独一无二的manzanilla(甘菊色的干型桑卢卡尔雪利酒)。第三,桑卢卡尔位于瓜达尔基维尔河河口处,要进入多尼亚纳国家公园(见730页),相比位于韦尔瓦省更热门的西部入口,这里是个安静、游客较少的入口。

如果这些还不够的话,桑卢卡尔还有着令人骄傲的航海史:克里斯托弗·哥伦布(第三次航行)和葡萄牙人麦哲伦的航行都是从这里出发的。

景点

★Bodegas Barbadillo 葡萄酒厂

(☎956 38 55 21; www.barbadillo.com; Calle Sevilla 6; 团队游 €10; ⊙团队游 周二至周日 正午

和13:00，英语解说 周二至周日 11:00，7月和8月开放，11月至次年3月 周日关闭）酒窖建于1821年，Barbadillo是第一个开始生产桑卢卡尔著名的瓶装曼萨尼亚雪利酒（manzanilla）的家族，此外这里也出品一种在西班牙很受欢迎的葡萄酒。参加酒窖团队游的时候，你最后还可以品尝4种葡萄酒。这一19世纪的建筑内还有让人大开眼界的**曼萨尼亚雪利酒博物馆**（Museo de la Manzanilla；⊙10:00~15:00）免费，回顾了曼萨尼亚雪利酒200年的酿制史。

圣地亚哥城堡 城堡

（Castillo de Santiago；☎956 92 35 00；www.castillodesantiago.com；Plaza del Castillo 1；成人/儿童 €7/5；⊙约5月至10月 周一和周二 10:15~15:00和18:15~21:00，周三 10:15~19:30，周四至周日 10:15~21:00，约11月至次年4月 周一至周六 10:00~15:00和17:00~19:00，周日 10:00~15:00）桑卢卡尔的这座城堡位于Barbadillo bodegas内，建于15世纪，后来经过修复。从六角形的瞭望塔Torre del Homenaje远眺，能欣赏到瓜达尔基维尔三角洲的壮美景色，里面展出了军服和武器。传说，伊莎贝拉女王在这里第一次见到了大海。城堡的开放时间随季节变化。

圣母教堂 教堂

（Iglesia de Nuestra Señora de la O；Plaza de la Paz；建议捐赠 €2；⊙11:00~13:15，弥撒 周一、周三和周四 20:00，周日 正午和8:00）这座中世纪教堂正对着老城的Calle Caballeros，因其精美的哥特-穆德哈尔风格大门、丰富的内饰（穆德哈尔风格的天花板，横梁交错）而在桑卢卡尔的众多教堂中显得与众不同。教堂建于14世纪60年代。钟塔是由曾经矗立在这里的摩尔要塞改建而成的。

古兹曼宫 宫殿

（Palacio de los Guzmán；☎956 36 01 61；www.fcmedinasidonia.com；Plaza Condes de Niebla 1；团队游 €5；⊙团队游 周三和周四 正午，周日 11:30和正午）这座巨大的宫殿紧邻Calle Caballeros，曾是那个统治着大半个西班牙的贵族家族麦地那·西多尼亚公爵（Duques de Medina Sidonia）的行宫。宫殿始建于12世纪，不过绝大部分是17世纪建造的，室内陈列着诸多古董以及苏巴朗、戈雅等西班牙伟大艺术家的画作。

奥尔良和波旁王宫 宫殿

（Palacio de Orleans y Borbón；Calles Cuesta de Belén和Caballeros的交叉路口；⊙周一至周五 10:00~13:30）免费 在Calle Cuesta de Belén尽头，你会看到这座美丽的新穆德哈尔艺术风格的宫殿（老城内），是19世纪西班牙贵族Montpensier家族修建的夏季行宫。如今这里是桑卢卡尔的市政厅，带有红黄色的横条纹。你只能参观花园。

团队游

如果想探索多尼亚纳国家公园（见730页），桑卢卡尔是个不错的大本营，国家公园就在瓜达尔基维尔河的对岸闪闪发光。

有执照的**Visitas Doñana**（☎956 36 38 13；www.visitasdonana.com；Centro de Visitantes Fábrica de Hielo, Bajo de Guía；⊙9:00~19:00）组织导览游。首选是2.5小时的乘船/吉普车游（€35），行程30公里，可以乘坐21人的四轮驱动车穿过公园的沙丘、沼泽地以及松林。3月至9月上午2趟，下午2趟，11月至次年2月，每天1趟。第二个（相对不那么有趣的）选择是3小时的随上随下乘船游，其间有少量的步行（成人/儿童 €17/9），次数和第一个选择一样。在制冰厂游客中心（见748页）预订。

Viajes Doñana（☎956 36 25 40；http://viajesdonana.es；Calle San Juan 20；⊙周一至周五 10:00~14:00和17:00~20:30，周六 10:30~14:00）也能预订同样的行程，此外还有3.5小时的公园团队游（成人/儿童 €40/24）。

节日和活动

曼萨尼亚雪利酒节 葡萄酒节

（Feria de la Manzanilla；⊙5月下旬/6月上旬）桑卢卡尔的夏季从这一盛大的雪利酒盛会开始。

赛马节 体育节

（Carreras de Caballo；www.carrerassanlucar.es；⊙8月）自1845年起，几乎每年都会举行两次赛马会，就在瓜达尔基维尔河河口旁的海滩上。

住宿

★Hostal Alcoba 精品酒店 €€

（☎956 38 31 09; www.hotelalcoba.com; Calle Alcoba 26; 标单 €65~80, 双 €73~90; P❄📶🏊）这家时髦的酒店有14个房间，一个现代主义风格的华丽庭院，搭配着沙发、小型健身泳池、吊床，看上去就像是建筑师弗兰克·劳埃德·赖特（Frank Lloyd Wright）的设计。这些被娴熟地组合在一起，成为一个白色叠加的创举，温暖、实用且地处中心位置（紧邻Calle Ancha东北尽头）。早餐是很不错的自助餐（€7）。

La Casa 精品酒店 €€

（☎617 575913; www.lacasasanlucar.com; Calle Ancha 84; 房 €50~90）一支友好的年轻团队负责打理这家清新怡人的精品客栈。蓝色、白色、粉色和青绿色，8个房间的设计灵感都来自多尼亚纳国家公园，轻松而随意。传统魅力（19世纪的百叶窗、大理石效果的地板）和当代风格（透明的淋浴间、几何形状的灯和长方形的水槽）融为一体。早餐供应韦尔瓦有机火腿、鲜榨橙汁和其他本地美味。

Hotel Barrameda 酒店 €€

（☎956 38 58 78; www.hotelbarrameda.com; Calle Ancha 10; 房 €80~116; ⏲2月中旬至12月中旬; ❄📶）这家醒目的酒店有40个房间，能眺望Plaza del Cabildo上热闹的西班牙小吃吧。酒店位于城中心，房间时尚，有木头和米黄色装饰、底层庭院和大理石地面，服务高效。12个最好的房间全都有小露台，其中4个有热水浴缸。

就餐

桑卢卡尔中心东北1公里处的Bajo de Guía是安达卢西亚最有名的美食街集中地之一。昔日的桑卢卡尔只是个小渔村，如今却成为高质量海鲜餐厅聚集地，它们依旧保持着简朴的一面。海鲜饭（arroz caldoso a la marinera）是无可争议的特色，本地的国王虾（langostinos）是另一道备受喜爱的菜。Plaza del Cabildo也是美味集中地。

★Casa Balbino 西班牙小吃、海鲜 €

（☎956 36 05 13; http://casabalbino.es; Plaza del Cabildo 14; 西班牙小吃 €2~3; ⏲正午至17:00和20:00至午夜，11月前3周关闭）无论什么时候来，这家餐厅总是挤满了人，大家被美味可口的海鲜小吃所吸引。不管是在吧台，躲在角落里，或者足够幸运能占据露天广场上的餐桌位置，都得推搡着进去，对侍者大吼着点单。他们也会朝你喊话，为你送上食物。

Taberna Argüeso 安达卢西亚菜、寿司 €€

（☎956 36 07 87; http://tabernaargüeso.com; Calle Mar 2; 菜肴 €6~16; ⏲周二至周六13:00~15:30和20:30至午夜，周日 13:00~15:30，寿司 周四至周六 21:30起）带横梁的天花板，铺设瓷砖的地面，这里给人的感觉是一家老式的西班牙小吃吧，但在后面，则变成一个用玻璃围住的漂亮的寿司吧兼安达卢西亚-日式创意菜餐厅。生鱼片寿司、寿司卷和刺身都使用almadraba红金枪鱼。具有实验性的菜肴以桑卢卡尔国王虾和manzanilla为特色。或者，你也可以像本地人一样在这里点个土豆沙拉。

Poma 海鲜 €€

（☎956 36 51 53; www.restaurantepoma.com; Bajo de Guía 6; 主菜 €12~20; ⏲13:00~16:30和20:00至午夜）如果你随意在Guía de Bajo踢一脚足球的话，它肯定会落在一盘鱼上面，不过你或许应该对准Poma。这里的炸物拼盘（frito variado; €15）都是用附近大海或河里获取的食材轻炸制成的。两人份的海鲜炖菜、烤鱼和海鲜饭也非常受欢迎。

实用信息

制冰厂游客中心（Centro de Visitantes Fábrica de Hielo; ☎956 38 65 77; Bajo de Guía; ⏲4月至9月9:00~20:00，10月至次年3月 至19:00）

旅游信息办公室（Oficina de Información Turística; ☎956 36 61 10; www.sanlucarturismo.com; Avenida Calzada Duquesa Isabel; ⏲周一至周六 10:00~14:00和17:00~19:00，周日 10:00~14:00）

到达和离开

从桑卢卡尔的**长途汽车站**（Avenida de la Estación）出发，**Los Amarillos**（☎902 21 03 17; http://losamarillos.autobusing.com）每小时有往返圣玛利亚港（€2.15，30分钟）、加的斯（€5.10，

1小时）和塞维利亚（€8.77，2小时）的班车，周末班次减少。**Autocares Valenzuela**（见755页）提供每小时往返赫雷斯-德拉弗龙特拉的班车（€1.95，40分钟），周末班次减少。

赫雷斯-德拉弗龙特拉 (Jerez de la Frontera)

人口 191,550

大部分有见识的偏爱西班牙或特别喜欢西班牙文化或文明的人都知道，赫雷斯是安达卢西亚的真正代表。只不过它没有像塞维利亚和格拉纳达那样宣传自己而已。赫雷斯是安达卢西亚马文化之都，著名的"雪利酒三角"的第一站，以及西班牙弗拉明戈的摇篮（这一点加的斯和塞维利亚可能要提出抗议）。赫雷斯的"bulería"（弗拉明戈歌曲）是一种以更为诙谐的方式讲述逸闻趣事的弗拉明戈形式，比塞维利亚的悲剧式的"soleá"更早出现，最早是在传说中的罗马地区的圣地亚哥区（Santiago）和圣米加尔区（San Miguel）诞生的。与此同时，赫雷斯也是一座生机勃勃的现代化安达卢西亚之城，时尚品牌在古老的宫殿间出没，穿着时髦的商务人士坐在热闹的tabanco（供应雪利酒的简单小酒馆）里推杯换盏，品尝现代化的美味佳肴。

如果你想要揭开安达卢西亚的神秘面纱的话，那么就从赫雷斯开始吧。

景点

赫雷斯被低估的景点散落全城，往往隐藏在其他建筑后面，悄无声息地出现在你面前。你可以花上一两天与这座城市建立起联系。可一旦被吸引住了，就如同弗拉明戈魔力（duende）一样——就再也没有回头路了。

赫雷斯（这个词的意思就是"雪利酒"）有约20家雪利酒厂。大多数酒厂需要预订才能参观，不过有一些可以组织团队游。旅游局有相关的细节信息。

★ Bodegas Tradición 葡萄酒厂、画廊

（☎956 16 86 28；www.bodegastradicion.com；Plaza Cordobeses 3；团队游 €25；⊙7月和8月 周一至周五 9:00~17:00，9月至次年6月 开放时间缩短）这个酒厂很有意思，不仅因为它拥有陈年雪利酒（至少20年，大多数有30年之久），它还是Colección Joaquín Rivero（一个私人的西班牙艺术品收藏室）的所在地，其藏品包括戈雅、委拉斯开兹、埃尔·格列柯和苏巴朗的重要作品。团队游（英语、西班牙语或德语）需要提前预订，值得参加。

★ 萨尔瓦多大教堂 主教座堂

（Catedral de San Salvador；Plaza de la Encarnación；成人/儿童 €5/2.50，周日 10:30~12:30和周一 19:00~21:00 免费；⊙周一至周六 10:00~18:30）赫雷斯这座壮丽的教堂令人惊奇地融合了巴洛克、新古典主义和哥特式的风格，与塞维利亚的大教堂交相辉映。飞檐和错综复杂的石质天花板极为出挑。主祭坛后面有一系列房间和礼拜堂，展示了大教堂收藏的银器、宗教服装和艺术作品（包括苏巴朗和帕切科的画作）。广场对面的钟塔下半部分体现出15世纪的哥特-穆德哈尔风格，上半部分则是17世纪建造的。

阿尔卡萨城堡 要塞

（Alcázar；☎956 14 99 55；Alameda Vieja；不包括/包括暗箱 €5/7；⊙7月至9月中旬 周一至周五 9:30~17:30，周六和周日 9:30~14:30，9月中旬至次年6月 每日 9:30~14:30）赫雷斯的这座具有阳刚气息却十分优雅的城堡是安达卢西亚地区保存得最为完好的穆瓦希德时期建筑，建于11世纪或12世纪。它拥有典型的穆瓦希德防御城堡所具有的八角形塔楼，穿过伊斯兰风格的花园，经过12世纪清真寺改建的礼拜堂和17~18世纪建造的巴洛克式Palacio Villavicencio就能到达。开放时间不一。

从Patio de Armas可以进入城堡。左边是美丽的清真寺（mezquita），在1264年被阿方索十世改建成了礼拜堂，不过喷泉和马蹄形拱顶得以保留。它也是曾经矗立在赫雷斯的18座清真寺中唯一一座得以保存至今的。右手边的Palacio Villavicencio建在穆瓦希德宫殿废墟之上，设有艺术作品展。不过这里最出名的是能鸟瞰赫雷斯的全景。塔楼内有一个暗箱（camera obscura），可以看到赫雷斯的实时全景图片。

在Patio de Armas后方，宁静的花园重现了伊斯兰时期的风貌，有几何形状的花池和叮咚作响的喷泉。而保存完好、带有穆瓦希

Jerez de la Frontera 赫雷斯-德拉弗龙特拉

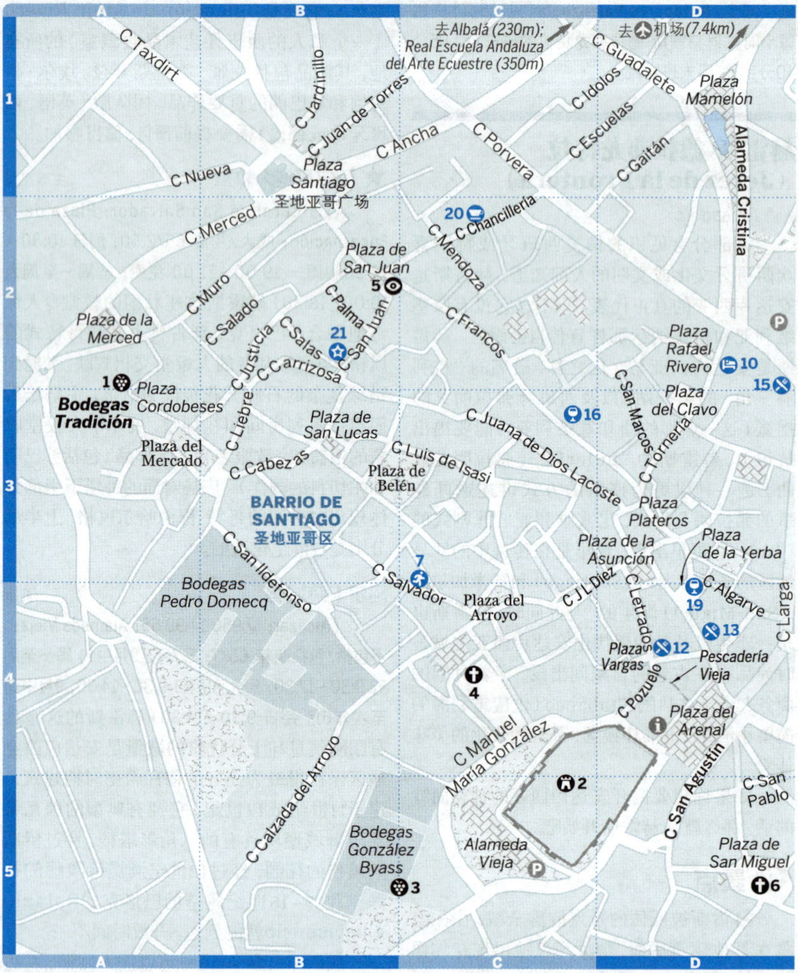

德式穹顶的阿拉伯浴室（Baños Árabes）尤其值得一看，有星形的透光孔。

圣米格尔教堂 教堂

（Iglesia de San Miguel; Plaza de San Miguel; 成人/儿童 €2/免费; ⊙周一至周五 9:30~13:30）这座漂亮的教堂建于15~18世纪，融合了哥特、文艺复兴和巴洛克建筑元素。三层结构、带精美巴洛克雕饰的钟塔顶层有色彩斑斓的瓷砖图案。

Bodegas González-Byass 葡萄酒厂

（Bodegas Tío Pepe; ☎956 35 70 16; www.bodegastiopepe.com; Calle Manuel María González 12; 团队游 €15起; ⊙团队游 周一至周六 正午至18:00，周日 正午至14:00 每小时一次）这是著名的Tío Pepe品牌的所在地，也是赫雷斯规模较大的雪利酒酿造厂之一，位于阿尔卡萨城堡的西侧，地理位置优越，非常便于参观。每天组织3~5次西班牙语解说的团队游，英语解说为3~4次，德语解说为2~3次。普通参观包括两种葡萄酒品尝，其他则还能品尝西班牙小吃和雪利酒。你可以在网上预订，但没这个必要。

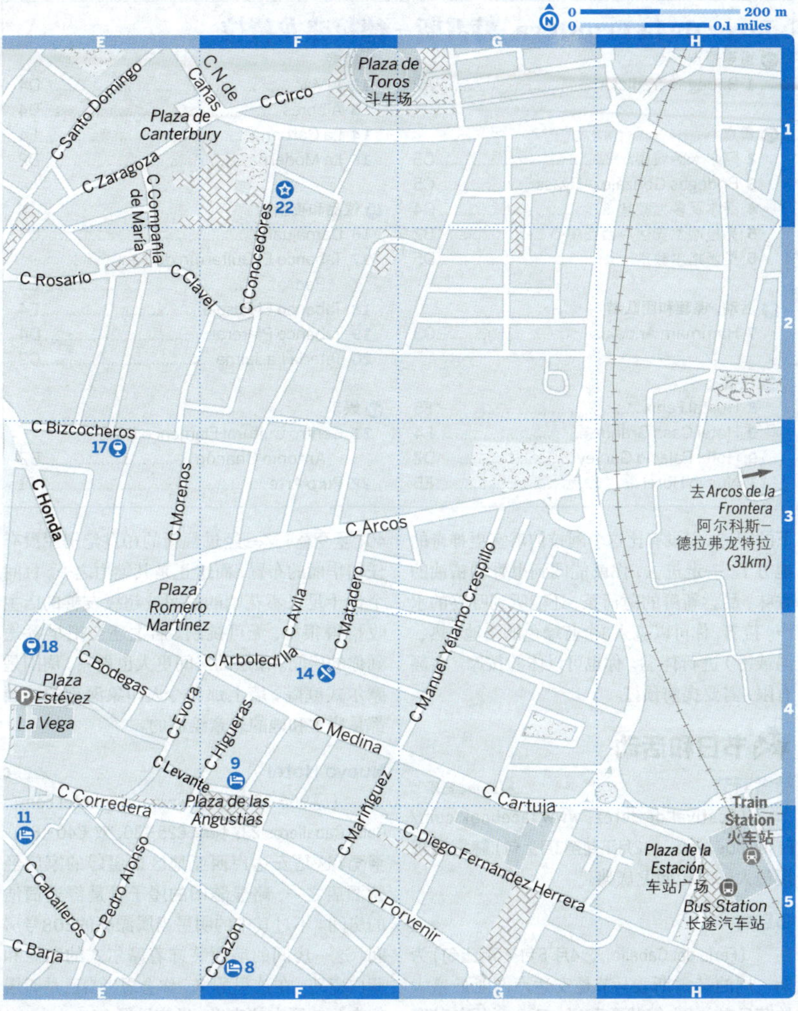

弗拉明戈安达卢西亚中心 艺术中心

(Centro Andaluz de Flamenco, Andalucian Flamenco Centre; ☎956 90 21 34, 956 34 92 65; www.centroandaluzdeflamenco.es; Plaza de San Juan 1; ⊙周一至周五 9:00~14:00) 免费 曾经是建筑景点（注意入口处建于15世纪的穆德哈尔式镶嵌式平顶和繁复精妙的安达卢西亚巴洛克风格的庭院）和梦幻的弗拉明戈中心，这座特色建筑收藏着几千件印刷品和音乐作品。9:00至13:30，每隔半小时会有弗拉明戈视频播放，工作人员能提供举办弗拉明戈演出的tabanco和19家本地peñas（小型私人俱乐部）的名单，此外还有赫雷斯弗拉明戈舞和歌唱课程、即将上演的表演相关的信息。

活动

阿拉伯浴室 浴室

(Hammam Andalusí; ☎956 34 90 66; www.hammamandalusi.com; Calle Salvador 6; 洗浴 €25，加15/30分钟按摩 €35/55; ⊙10:00~22:00) 赫雷斯城随处可见摩尔人统治时期留

Jerez de la Frontera 赫雷斯-德拉弗龙特拉

重要景点
1 Bodegas Tradición A2

景点
2 阿尔卡萨城堡 C5
3 Bodegas González-Byass C5
4 萨尔瓦多大教堂 C4
5 弗拉明戈安达卢西亚中心 B2
6 圣米格尔教堂 D5

活动、课程和团队游
7 Hammam Andalusí C3

住宿
8 Hostal Fenix F5
9 Hotel Casa Grande F4
10 Hotel Palacio Garvey D2
11 Nuevo Hotel E5

就餐
12 A Mar D4
13 Albores D4
14 La Carboná F4
15 La Moderna D2

饮品和夜生活
16 Damajuana C3
17 Tabanco El Guitarrón de San Pedro E3
18 Tabanco El Pasaje E4
19 Tabanco Plateros D4
20 Tetería La Jaima C2

娱乐
21 Centro Cultural Flamenco Don Antonio Chacón B2
22 Puro Arte F1

下的印迹，但没有比这个阿拉伯浴室更神奇的地方了。一走进去，你就能闻到熏香和精油的香味，品尝新鲜的薄荷茶，还能听到叮咚的水声。接着，你可以进入3个蓝绿色的浴池（热、温或冷）进行体验。你也可以体验按摩。名额有限，需要提前预订。

节日和活动

赫雷斯节 舞蹈节、音乐节

（Festival de Jerez；www.facebook.com/FestivalDeJerez；⊙2月下旬至3月上旬）赫雷斯规模最大的弗拉明戈庆典。

骏马节 集会

（Feria del Caballo；⊙4月下旬至5月上旬）为期一周的赫雷斯骏马节是安达卢西亚最盛大的节日之一。人们载歌载舞，还会举行各种赛马比赛和游行。

世界摩托车锦标赛 体育节

（Motorcycle Grand Prix；⊙5月）**赫雷斯赛道**（Circuito de Jerez；☎956 15 11 00；www.circuitodejerez.com）位于市东北边10公里处的A382公路上，承办世界摩托车锦标赛。

住宿

Hostal Fenix 青年旅舍 €

（☎956 34 52 91；www.hostalfenix.com；Calle Cazón 7；含早餐 标单 €30~35，双 €35~40；❄📶🐾）这一经过翻新的19世纪房屋没有任何华丽的布置，而这正是其魅力之一。14间个性十足又不花哨的房间被超级友善的店主收拾得很好，无可挑剔。店主还会把早餐送到你的房间。顶层的房间更大也更亮。周围是摩尔式庭院。墙上那些令人印象深刻的绘画都是店主和她的表亲绘制的。

Nuevo Hotel 酒店 €

（☎956 33 16 00；www.nuevohotel.com；Calle Caballeros 23；标单 €25~30，双 €40~60；❄📶）这是安达卢西亚地区最温馨的家族经营酒店之一，略显陈旧的屋子里是舒适简洁的房间。不过其中的明星当属漂亮的208号房间，这一房间的墙面装饰着摩尔式的灰泥和蓝白瓷砖。在这里醒来，你会思考自己是否居住在阿尔罕布拉宫里。供应早餐（€5）。

Hotel Casa Grande 酒店 €€

（☎956 34 50 70；www.hotelcasagrande.eu；Plaza de las Angustias 3；房/套 €100/165；🅿❄📶）这是一家非常漂亮的酒店，位于一座建于20世纪20年代的装修精美的宅邸中。15间古典优雅的房间分布在三层楼中，环绕一个光照充足的庭院，你可以在这里享用本地食材制作的早餐（€12），也可以去迷人的屋顶露台欣赏赫雷斯的屋顶风景。友善的Monika Schroeder可以为你提供大量关于赫雷斯的信息。

Hotel Palacio Garvey 酒店 €€

（☎956 32 67 00；www.hotelpalaciogarvey.com；Calle Tornería 24；含早餐 标单 €65~70，双 €77~99，套 €105~110；P❄📶）赫雷斯这家时髦酒店由建于19世纪的新古典主义风格的宫殿改建而成，电梯里能看到一段古城墙。公共区域有花豹图片、非洲主题的画作和低矮的桌子。16间具有独特装饰的客房内摆设着颜色大胆、豪华的皮质家具，这里还有铺设着瓷砖的浴室和摩洛哥式的碗盆。

就餐

La Moderna 西班牙小吃、安达卢西亚菜 €

（☎956 32 13 79；Calle Larga 67；西班牙小吃 €1.80；⊙7:00至深夜）这家餐厅大理石台面的餐桌总是挤满了人，早餐的炸玉米粉圆饼以及午餐的西班牙小吃[鳕鱼馅辣椒、西班牙土豆沙拉、赫雷斯猪腰（riñones al Jerez）]都很受欢迎。穿过热情似火的大门，餐厅就建在赫雷斯伊斯兰时期的古城墙中，往外眺望，还能看到城墙的背面。

★Albores 安达卢西亚菜、创意菜 €€

（☎956 32 02 66；www.restaurantealbores.com；Calle Consistorio 12；西班牙小吃 €2.50~4.50，主菜 €8~18；⊙周一至周六 8:00至午夜，周日 正午至午夜）Albores是古老的市中心较受欢迎的老店之一，将精致现代化的元素与本地风味相结合，制作出新颖的西班牙小吃。最大的亮点恐怕是鱼菜，不过样式精美的山羊奶酪tosta（烤面包片做的开口三明治）也很受喜爱。这是赫雷斯较好的早餐店之一。

主打海鲜的时髦餐厅**A Mar**（☎956 32 29 15；www.a-marrestaurante.com；Calle Latorre 8；主菜 €11~22；⊙全年 周二至周六 正午至16:30和20:00至午夜，10月至次年5月 周日 正午至17:00，6月至9月 周日 8:00至午夜）也是由Albores的团队负责打理的，客人可以享用当天捕获的烤制

不要错过

赫雷斯的TABANCO

赫雷斯的tabanco是直接用酒桶供应雪利酒的简单的小酒馆，历史悠久，非常有名，在市中心随处可见。大多数tabanco的历史可以追溯到20世纪早期。虽然tabanco这一名字是tabaco（烟草）和estanco（烟草店）这两个词合成的，但重点是本地酿制的廉价酒（例如雪利酒），这一点是毋庸置疑的。几年前，赫雷斯的tabanco面临着绝迹的危险，但如今在热忱的人们的带领下又重新焕发了活力，成为时髦的聚集地，常常被老客和时尚的赫雷斯年青一代所占据。有几家可以定期安排弗拉明戈演出（不过你也可能遇上即兴表演），有些提供雪利酒品尝服务。所有tabanco都很接地气，性价比高，妙不可言，你可以手拿fino，在这里体验真正的赫雷斯。

旅游局（见755页）设在**Ruta de los Tabancos de Jerez**（www.facebook.com/rutadelostabancosdejerez）的办事处提供相关信息，不过类似的信息点还有很多。一夜之间，所有其他的酒吧都开始自称为tabanco！我们认为下面这几家值得推荐：

Tabanco El Pasaje（☎956 33 33 59；www.tabancoelpasaje.com；Calle Santa María 8；⊙11:00~16:00和20:00至午夜，演出 14:00和22:00；📶）这是赫雷斯最古老的tabanco，诞生于1925年，供应雪利酒和西班牙小吃（€2~3），每天有两场弗拉明戈演出。

Tabanco El Guitarrón de San Pedro（www.facebook.com/guitarrondesanpedro；Calle Bizcocheros 16；⊙周一至周六 正午至16:00和20:00至午夜，演出 周四至周六 22:00）定期举办弗拉明戈舞蹈表演（周四）和唱歌表演（周五和周六），供应雪利酒和本地风味的西班牙小吃（€2~4）。

Tabanco Plateros（☎956 10 44 58；www.facebook.com/tabanco.plateros；Calle Algarve 35；⊙正午至16:00和20:00至午夜）这家热闹的酒吧总是人头攒动，你可以加入他们的行列，喝一杯fino、oloroso或amontillado，搭配简单而好吃的西班牙小吃（€2~3）。

鲜鱼，菜单上丰富的雪利酒品种和其他加的斯葡萄酒让人印象深刻。

★ **La Carboná** 安达卢西亚菜 €€

(☎956 34 74 75; www.lacarbona.com; Calle San Francisco de Paula 2; 主菜 €15~22; ⏲周三至周一 12:30~16:30和20:00至次日0:30) 这家富有想象力的洞穴式餐厅有古老优雅的酒窖和悬挂的壁炉，冬季非常舒适。特色菜肴摆盘精致，通常用雪利酒浸泡过，包括烤肉、鲜鱼、牛肝菌饭配蛏子、鞑靼almadraba红金枪鱼配蛋黄和干型雪利酒，此外还有一等的本地酿制葡萄酒可选。你也可以选择配雪利酒的套餐 (€45)。

Albalá 安达卢西亚菜、创意菜 €€

(☎956 34 64 88; www.restaurantealbala.com; Calle Divina Pastora和Avenida Duque de Abrantes的交叉路口; 西班牙小吃 €2~4, 主菜 €8~15; ⏲正午至16:00和20:30至午夜; 📶) 坐在金黄色的木质隔间里，在极简主义的新颖装饰环境中，你可以品尝大厨Israel Ramos用安达卢西亚典型的食材烹制的富有创意的精美的当代肉菜、鱼和蔬菜。餐厅特色菜包括炸牛尾丸子和almadraba红金枪鱼配泰式沙拉，外加可口松脆的蛋清胖芦笋蘸大豆蛋黄酱。餐厅位于Plaza del Arenal以北1公里处。

🍷 饮品和夜生活

Plaza del Arenal北边的狭窄小巷内隐藏着一些葡萄酒吧、啤酒吧和饮品 (copas) 吧，市中心东南部的Plaza de Canterbury有几家

不要错过

赫雷斯——弗拉明戈的摇篮

赫雷斯有着“弗拉明戈摇篮”之称，但这一称号经常会受到加的斯人和塞维利亚人的质疑。无论如何，这种说法自有其道理。这座游客相对较少的城市拥有两个罗马人聚居区：圣地亚哥区 (Santiago) 和圣米加尔区 (San Miguel)，培养出无数知名的艺术家，如罗马歌手Manuel Torre和Antonio Chacón。就如同竞争城市一样，赫雷斯也创造出了自己独有的弗拉明戈音乐形式——非常流行的bulería——这是一种节奏极快的音乐，其节拍与soleá十分相似。

探索这一艺术的第一站是弗拉明戈安达卢西亚中心 (见751页)。这里是西班牙唯一真正的弗拉明戈图书馆，在这儿你可以找到关于peña (小型私人俱乐部)、tabanco、表演、唱歌/跳舞/吉他课程的相关信息。从这里出发沿着Calle Francos穿过几家传奇的弗拉明戈酒吧，歌手和舞者至今仍聚集在那里。在弗拉明戈安达卢西亚中心北边的圣地亚哥区，你会发现不少弗拉明戈peña，它们都以易接近和私密性而闻名。如果进酒吧买饮品的话，入场一般是免费的。2月的Festival de Jerez (见752页) 期间，peña会变得格外热闹。赫雷斯逐渐复苏的tabanco (见753页; 直接用酒桶供应雪利酒的小酒馆) 也是欣赏弗拉明戈演出的不错选择。

Centro Cultural Flamenco Don Antonio Chacón (☎605 858371; www.facebook.com/DAChaconFlamencoJerez; Calle Salas 2) 赫雷斯 (也是安达卢西亚) 较好的小型私人俱乐部之一，通常能邀请到顶级的弗拉明戈表演者。登录Facebook页面可查询演出信息。

Puro Arte (☎647 743832; www.puroarteflamencojerez.com; Calle Conocedores 28; €30, 西班牙小吃/晚餐 €39/50) 这一赫雷斯主要的tablao (弗拉明戈编舞演出) 每天22:00有很受欢迎的本土艺术家进行表演。需要预订。

Damajuana (www.facebook.com/damajuanajerez; Calle Francos 18; ⏲7月至9月 周日至周四 20:00至次日3:00, 周五和周六 至次日4:00, 10月至次年6月 周二至周四 20:00至次日3:00, 周五至周日 16:00至次日3:00; 📶) Calle Francos上两家古老的酒吧之一，提供多样的现场音乐、西班牙小吃 (€2~5.50) 和精彩有趣的弗拉明戈演出。

很受欢迎的小酒馆，吸引了很多20岁左右的年轻人。赫雷斯的tabanco（见753页）是很繁忙的畅饮之地。

Tetería La Jaima 茶室

（Calle Chancillería 10；⏲9月中旬至次年6月中旬 周二至周四 16:00~23:30，周五和周六 至次日2:00，周日和周一 至21:00；📶）这是一家氛围浓郁、光线昏暗的洞穴茶室，可以品味果香四溢的香茶（也供应冷饮），放松身心，周围有舒服的垫子和摩洛哥灯具。如果觉得饿了，还可以点鹰嘴豆泥、带馅料的面包卷或蔬菜塔吉锅（菜肴 €4~10）。

实用信息

旅游局（Oficina de Turismo；☎956 33 88 74；www.turismojerez.com；Plaza del Arenal；⏲周一至周五 9:00~15:00和17:00~18:30，周六和周日 9:30~14:30）

到达和离开

飞机

赫雷斯机场（Jerez airport；☎956 15 00 00；www.aena.es；Carretera A4）是加的斯省的唯一一个机场，位于赫雷斯东北部10公里处，在A4公路上。

长途汽车

长途汽车站（☎956 14 99 90；Plaza de la Estación）位于市中心东南1.3公里处。这里有CMTBC（见743页）、**Comes**（☎902 64 64 28；www.tgcomes.es）、**Los Amarillos**（☎902 21 03 17；http://losamarillos.autobusing.com）和**Autocares Valenzuela**（☎956 34 10 63；www.grupovalenzuela.com）运营的班车。

目的地	票价（€）	时间	班次（每天）
阿尔科斯-德拉弗龙特拉	1.95~3.09	30~40分钟	18~29班
加的斯	3.75	1小时	3~9班
圣玛利亚港	1.65	20分钟	2~8班
龙达	13	2.25小时	1~2班
桑卢卡尔-德巴拉梅达	1.95	40分钟	7~14班
塞维利亚	8.85	1.25小时	5~7班

火车

赫雷斯的火车站就在长途汽车站旁。

目的地	费用（€）	时间	班次（每天）
加的斯	4.05~6.05	35~45分钟	29~42班
科尔多瓦	21~37	1.75~3小时	12班
圣玛利亚港	2.70	8分钟	29~45班
塞维利亚	11	1.25小时	13~16班

当地交通

抵离机场

每天有8到10班列车往返机场和赫雷斯（€2.45，7分钟）、圣玛利亚港（€3.65，15分钟）、加的斯（€6.05，45分钟）之间。

当地的机场巴士可前往赫雷斯（€1.10，30分钟），工作日每天3班，周六和周日每天1班，前往圣玛利亚港（€1.65，50分钟）是工作日每天1班，前往加的斯（€3.80，1.5小时）是每天1班。

出租车往返机场，单程费用为€15。

阿尔科斯-德拉弗龙特拉（Arcos de la Frontera）

人口 22,350

阿尔科斯-德拉弗龙特拉（赫雷斯以东33公里处）奇迹般地能满足你对白色城镇（pueblo blanco）的所有幻想：令人叹为观止地盘踞于悬崖顶的绝佳战略位置，华丽的国营酒店（parador），动荡的边境历史，令人昏昏欲睡的神秘老城，高耸在纵横交错的狭窄小巷之上的白色拱顶。尽管这里偶尔有旅游团光顾，还有外国人经营的旅店，但完全不会有损于这里特有的风情。

在11世纪的一段时期里，阿尔科斯曾经是由柏柏尔人（Berber）统治的小王国（taifa），随后塞维利亚的基督教国王"智者"阿方索十世在1255年攻取了这座小城，在1492年格拉纳达陷落之前，这里一直是真正意义上的前沿（de la frontera）。

景点

圣母升天教堂 宗座圣殿

（Basílica Menor de Santa María de la

Asunción; Plaza del Cabildo; €2，含圣伯多禄教堂€3；⊙3月至12月中旬 周一至周五 10:00~12:45和16:00~18:45，周六 10:00~13:30）这座哥特-巴洛克式建筑是安达卢西亚较为精美迷人的小教堂之一，建在原来的清真寺的位置上，用时数个世纪。留意装饰着金叶的祭坛画（塞维利亚大教堂的微缩版），它们雕刻于1580年至1608年，精美的圣克里斯托弗画作，经过修复的14世纪哥特-穆德哈尔风格壁画，华美的18世纪木刻唱诗班席位和美丽的灰黄色天花板花饰窗格。最初的钟塔在1755年里斯本大地震时倒塌，新古典主义风格的替代塔楼仍未完工。

卡毕尔多广场（Plaza del Cabildo） 广场

卡毕尔多广场是阿尔科斯老城的中心，周围是精美的古建筑。在令人眩晕的瞭望台（mirador）上可以欣赏到无与伦比的瓜达莱特河（Río Guadalete）全景。摩尔式的Castillo de los Duques城堡在14世纪和15世纪经过重建，不对公众开放，但它的外墙是阿尔科斯的经典景观之一。在广场的东侧，Parador de Arcos de la Frontera（见本页）是一座始建于16世纪的宏伟法官官邸，你可以进去喝杯咖啡。

圣伯多禄教堂 教堂

（Iglesia de San Pedro; Calle San Pedro 4; €2，含圣母升天教堂 €3；⊙周一至周五 10:00~12:45和16:00~18:45，周六 10:00~13:30）这是一座精美的哥特-巴洛克式建筑，很有可能是建在穆瓦希德时期的要塞之上。在18世纪的立面后面，你能看到可能是安达卢西亚地区最华丽的小教堂内饰。据说教堂内一幅16世纪的主祭坛画是加的斯省最古老的。

节日和活动

圣周 宗教节

（Semana Santa; ⊙3月/4月）在盛大的圣周游行上，戴着兜帽的忏悔者缓缓地走过阿尔科斯狭窄的街巷。

雪之圣母之夜 音乐节、舞蹈节

（⊙8月初）这个节日自1961年开始，包括在卡毕尔多广场举行的顶级弗拉明戈之夜。

圣米格尔集市 集会

（Feria de San Miguel; ⊙9月下旬）阿尔科斯举行为期4~5天的热闹非凡的集会，纪念守护者圣米格尔。

住宿

Casa Campana 客栈 €

（☎600 284928; www.casacampana.com; Calle Núñez de Prado 4; 房/公寓 €54/78; ❄📶）Casa Campana位于有着600年历史的老房内，是阿尔科斯老城数家迷人的客栈之一，有两间舒适的双人房和一个可住5人并带厨房的大公寓，很有个性。私密性好、栽满鲜花的庭院里摆放着日光躺椅，屋顶露台能欣赏到美景。主人见多识广，服务专业，能提供老城的步行游小册子。

★La Casa Grande 历史酒店 €€

（☎956 70 39 30; www.lacasagrande.net; Calle Maldonado 10; 房 €90~118，套 €120~135；⊙1月6日至31日关闭；❄📶）这一漂亮宽大的宅邸位于悬崖边上，其历史可以追溯到1729年，一度属于伟大的弗拉明戈舞者Antonio Ruiz Soler。7个房间各不相同，但质朴而现代化的设计都很有品位（大多能欣赏到绝佳景色），给人的感觉更像是艺术之家，而非酒店。早餐很棒（€10），有藏书丰富的图书馆和顶层露台，还可以应住客的要求提供按摩和瑜伽服务，堪称完美。

Parador de Arcos de la Frontera 历史酒店 €€

（☎956 70 05 00; www.parador.es; Plaza del Cabildo; 房 €85~150；❄@📶）这是一座经过重建的16世纪的法官官邸，既有典型的parador国营旅馆的奢华，也有极好的环境，能欣赏到城里的最佳景色。24间古典风格的房间里有8间带阳台，可以看到壮观的悬崖顶全景。其他的房间大部分朝向卡毕尔多广场。雅致的餐厅（主菜 €13~22；⊙8:00~11:00，正午至16:00和20:30~23:00）供应当地特色菜，菜单很吸引人。网上预订价格最实惠。

自驾游
白色城镇

起点: 阿尔科斯-德拉弗龙特拉

终点: 龙达

全程: 147公里; 2日

从迷人的❶**阿尔科斯-德拉弗龙特拉**开始加速。这个先后被罗马人、摩尔人和基督徒占据的要塞盘踞在陡峭的砂岩山脊上。沿着A372往东行驶32公里就到了❷**El Bosque**，这里是加的斯省格拉萨勒马山自然公园的西部入口。沿着A373往南绕到生产皮革的❸**Ubrique**，这里靠近格拉萨勒马和洛斯阿尔科诺卡莱斯自然公园。沿着A2302上坡7公里，地势迅速升高，这一站是小巧的❹**Benaocaz**，格拉萨勒马公园几条徒步线路的起点/终点就在这里。接着继续行进7公里，就到了❺**Villaluenga del Rosario**，这里有一座匠人奶酪博物馆。往东顺着崎岖的山脊行驶，然后取道A372往西进入❻**格拉萨勒马**(见759页)，这里有一座红屋顶的公园活动中心，地毯制作和自产蜂蜜也很出名。沿起伏陡峭的CA9104能登上景色开阔、海拔1357米的拉斯帕洛马斯山口(Puerto de las Palomas)，再往前就是典型的白色小镇❼**萨哈拉-德拉谢拉**，小镇能俯瞰格拉萨勒马山脉脚下平静的水库，白色房屋簇拥在悬崖上，一座城堡占据了制高点。沿A3200往北行进10公里能到达❽**Algodonales**，这座白色小镇毗邻国家公园，以吉他制作工坊和对悬挂式滑翔/滑翔伞的痴迷而出名。从这里取道A384往东北方向行驶19公里，途经Peñón de Zaframagón到达❾**奥尔维拉**(见760页)，其摩尔式城堡在几英里之外就能看见，此地也以橄榄油和Vía Verde自行车/徒步小径而闻名。顺着CA9106往东南方向走，你会经过鲜为人知的白色小镇❿**Torre Alháquime**。从这里出发，CA9120往东南方向蜿蜒11公里，进入与马拉加省的边界和⓫**塞特尼尔德拉斯沃德加斯**(见762页)，这个村庄的洞穴屋很有辨识度，曾经被用来储存葡萄酒，如今则是夏季纳凉之地，也开了一些很不错的西班牙小吃吧。从塞特尼尔出发，往南前进17公里，在马拉加省漂亮的峡谷之城⓬**龙达**(见762页)结束这趟旅行。

就餐

★ Taberna Jóvenes Flamencos

安达卢西亚菜、西班牙小吃 €

（☎657 133552; www.facebook.com/pg/taberna.jovenezflamencos; Calle Deán Espinosa 11; 西班牙小吃€2.50~3.50; ⊙周四至周二 正午至午夜，10月会关闭一周; ✎）你不得不佩服这家令人愉悦的热门餐厅，它敢在大萧条期间开业。除了精美的弗拉明戈和斗牛主题装饰、瓷砖地面和手工刷的火热红餐桌之外，这里的菜单也很吸引人，有肉、鱼、蔬菜、炒和炖的西班牙小吃以及芦笋、洒有本土蜂蜜的烤山羊奶酪等大份菜肴可供选择。服务无可挑剔，定时有音乐舞蹈演出。

Babel

摩洛哥菜、创意菜 €

（☎671 138256; www.restaurantebabel.es; Calle Corredera 11; 菜 €5~12; ⊙周一至周六 13:00~16:00和19:30~23:30，仅7月至9月中旬在夜间营业; 📶✎）这家阿尔科斯的摩洛哥创意菜餐厅有品位不俗的装饰品（粉刷成红色的墙面、舒适的隔间和从卡萨布兰卡运来的昂贵凳子），食物同样有品位。可以选择经过完美调味的塔吉锅（tagines）和北非小米饭（couscous），或者装在银壶里的阿拉伯茶和酥皮甜点。这是一个友好而惬意的地方。营业时间不定。

实用信息

旅游局（☎956 70 22 64; http://turismoarcos.com; Calle Cuesta de Belén 5; ⊙周一至周五 9:30~14:00和15:00~19:30，周六 10:00~14:00）旅游局同时也是讲解中心，设有历史展，还有一个当今的阿尔科斯的模型。

到达和离开

阿尔科斯的**长途汽车站**（Calle Los Alcaldes）位于新城（就在老城西边），紧邻Avenida Miguel Mancheño，从这里出发的长途汽车由**Los Amarillos**（☎902 21 03 17; http://losamarillos.autobusing.com）和**Comes**（☎902 64 64 28; www.tgcomes.es）运营。周末班次减少。乘坐前往塞维利亚的长途汽车最好在赫雷斯转车。

目的地	票价（€）	时间	班次
加的斯	5.73~7.30	1小时	每天5~10班
赫雷斯-德拉弗龙特拉	1.95~3.09	30~40分钟	每天18~29班
马拉加	18	3.75小时	周一至周五7:40和15:45
奥尔维拉	8	1.75小时	周一至周五14:35
龙达	10	2小时	周一至周五12:20和15:20，周六和周日10:20
塞维利亚	9	2小时	每天9:00和16:00

格拉萨勒马山自然公园及周边（Parque Natural Sierra de Grazalema & Around）

格拉萨勒马山自然公园内起伏的柱状山峰从加的斯东北部的平原拔地而起，这里有险峻的峡谷、罕见的冷杉、野兰花和这个省海拔最高的山峰，山脉郁郁葱葱，海拔高度从260米到1648米不等。这里和加利西亚、坎塔布里亚一起成为西班牙最湿润的地区——格拉萨勒马村的年平均降雨量可达2200毫米。这一地区非常适合徒步（最佳时间为5月、6月、9月、10月）。如果想获得更刺激的体验，这里有丰富的探险活动。

公园的面积达534平方公里，1977年成为西班牙首个被联合国教科文组织列入生物圈保护区的地区，延伸至马拉加省西北部，包括皮莱塔山洞（Cueva de la Pileta）。

活动

徒步、洞穴探险、溪降、皮划艇、攀岩、骑车、观鸟、骑马、滑翔伞、铁索攀岩——这片美丽的受保护区域有足够多的活动可供选择。如果想体验技术要求更高的活动，可以找个向导。萨哈拉的Zahara Catur（☎657 926394, 656 986009; www.zaharacatur.com）和总部设在格拉萨勒马的Horizon（☎655 934565, 956 13 23 63; www.horizonaventura.com; Calle Las Piedras 1; ⊙周一至周六 10:00~14:00和17:00~20:00）是两家备受好评的探险活动公司。

格拉萨勒马（Grazalema）

人口 1635/海拔 825米

几乎没有白色城镇如格拉萨勒马这般完美，白得一尘不染的房屋、带着铁锈的屋顶和用锻铁制成的窗栏散落在陡峭险峻的同名山脉上。这里到处是徒步路线。如果想进入格拉萨勒马山自然公园探险，这里是最热门的大本营。同时格拉萨勒马也是古老的毛毯、蜂蜜、奶酪和肉类炖菜的产地，散发着独特的山区魅力。

食宿

Casa de las Piedras 酒店 €

（☎956 13 20 14；www.casadelaspiedras.es；Calle Las Piedras 32；标单/双 €35/48，带共用浴室 €15/28；❄📶）山林空气般的清新和家的温暖在这家设计质朴的酒店完美融合，就如同伊莎贝拉和费尔南多这对西班牙历史上的统治搭档一样。楼下有舒适的客厅，还提供了大量关于公园活动的信息。房间舒适而惬意，有不同大小和户型，提供的毯子是格拉萨勒马村制造的。酒店位于西班牙广场以西100米处。

La Maroma 西班牙小吃、安达卢西亚菜 €€

（☎617 543756；www.facebook.com/gastrobarlamaroma；Calle Santa Clara；西班牙小吃 €2~6，主菜 €6~16；⏰正午至17:00和19:30~23:00；📶）这里有乡村风格的格子布，带横梁的天花板，以及从斗牛节中汲取灵感的装饰元素，不过这里烹饪的菜式要比环境更有意思且更具创意。这家舒适的美食酒吧由一支年轻的团队经营。创意改良的本地西班牙小吃和盘餐不吝惜食材的使用，味道极好，例如蘑菇配蜂蜜及百里香酱、土豆炒蛋（huevos rotos）、烤开口三明治、格拉萨勒马蜂蜜淋payoyo奶酪沙拉。

实用信息

旅游局（☎956 13 20 52；www.grazalema.es；Plaza de los Asomaderos；⏰6月至9月 周二至周日 9:00~15:00，10月至次年5月 周二至周日 10:00~14:00和15:00~17:30）提供详尽的格拉萨勒马山自然公园步行的相关信息，外加临出发前、当天的徒步许可证办理（只限个人）。这可能是这个省最有用的旅游局。

到达和离开

Los Amarillos（☎902 21 03 17；http://losamarillos.autobusing.com）每天有两班车往返龙达（€2.85，1小时）；两班车经Benaocaz（€1.61，20至30分钟）往返Ubrique（€2.32，30~40分钟）；周一至周五每天有一两班往返El Bosque（€1.45，30分钟），你可以在此换车前往阿尔科斯-德拉弗龙特拉。

不要错过

格拉萨勒马山脉徒步

格拉萨勒马山脉有20条纵横交错的美丽小径，沿途都设有官方路标。4条最好的小径——Garganta Verde、El Pinsapar、Llanos del Rabel和El Torreón（⏰10月16日至次年5月）——能进入受限制区域，徒步者需要从埃尔博斯克游客中心（Centro de Visitantes El Bosque；☎956 70 97 33；cvelbosque.amaya@juntadeandalucia.es；Calle Federico García Lorca 1, El Bosque；⏰10:00~14:00，6月至9月周一关闭）获取许可证 免费 。最好是提前一两个月预订。这个中心会根据申请者的需求通过电子邮件发送许可证，最晚需要提前5天。可以用英语沟通，但许可证只有西班牙语版。有时候，当天也能拿到许可证（如果有剩余名额）。你可以提前打电话或发电子邮件咨询，但必须在当天到中心或格拉萨勒马旅游局（见759页）取许可证。6月至10月15日，由于火灾隐患，部分路径完全或部分关闭。

埃尔博斯克游客中心、格拉萨勒马旅游局和非官方的萨哈拉-德拉谢拉信息点都提供标注出主要步行路线的地图。你也可以在www.ventanadelvisitante.es下载西班牙语和英语的徒步信息。

萨哈拉-德拉谢拉 (Zahara de la Sierra)

人口 1250/海拔 550米

萨哈拉位于格拉萨勒马山脉的山脚下，环绕着悬崖峭壁，眺望波光粼粼、绿松石色的萨哈拉水库（Embalse de Zahara），充满了摩尔式的神秘感。在14世纪和15世纪的150年里，这里一直是抵御近在咫尺的基督教统治下的奥尔维拉城的前沿阵地。如今的萨哈拉拥有“白色小镇”的一切元素。街道两旁栽满了高大的棕榈树和艳粉色的三角梅，吸引着人们去探索。这里也非常适合作为Garganta Verde徒步的大本营，所以很受欢迎。不过如果在午睡时间来访，这里依然安静无比，甚至可以听见一根针掉在地上的声音。

陡峭的CA9104公路通往非常险峻、海拔1357米的拉斯帕洛马斯山口（Puerto de las Palomas，鸽子山口），连接萨哈拉和格拉萨勒马（以南17公里），沿途曲曲折折，有很多让你紧张得握紧双拳的“之”字形山路。

景点

萨哈拉村以Calle San Juan为中心。这条街西端矗立着20世纪的Capilla de San Juan de Letrán（Calle San Juan; ⏲11:00~13:30），这座礼拜堂有摩尔式钟楼。街的东端是淡粉色的建于18世纪的巴洛克式教堂Iglesia de Santa María de Mesa（Plaza del Rey; 门票乐捐; ⏲11:00~13:30和15:30~17:15）。

住宿

Al Lago 精品酒店 €€

（☎956 12 30 32; www.al-lago.es; Calle Félix Rodríguez de la Fuente; 含早餐 套 €72~82，双 €90~120，家 €110~125; ⏲2月中旬至11月中旬; ❄📶）这家漂亮的精品酒店由英美团队打理，老板Mona是设计师，亲自设计了6间色彩丰富、现代化且独具个性的房间，这里弥漫着一种低调、质朴而又时尚的氛围，能眺望萨哈拉的水库。所有房间都有独立阳台，能看到湖景，两间超级豪华间内配有浴缸，凹处有个小露台，可以让你懒懒地躺下来放松放松。

楼下的餐厅（主菜 €12~17; ⏲2月中旬至11月中旬 13:00~16:00和20:00~23:00，约2月中旬至5月和10月至11月中旬 周三关闭; 📶✎）非常棒，大厨Stefan用应季的本土食材烹制出现代化的安达卢西亚菜肴和赏味套餐，还供应龙达地区以及西班牙的其他地方酿制的葡萄酒。

实用信息

萨哈拉-德拉谢拉信息点（Punto de Información Zahara de la Sierra; ☎956 12 31 14; Plaza del Rey 3; ⏲周二至周日 10:00~14:00）一家私营机构，提供萨哈拉和格拉萨勒马山自然公园的相关信息。

到达和离开

Comes（☎902 64 64 28; www.tgcomes.es）周一至周五，每天有2班车往返龙达（€4.55，1小时）。

奥尔维拉 (Olvera)

人口 8060/海拔 643米

隔着为橄榄树覆盖的乡村，奥尔维拉（位于萨哈拉-德拉谢拉东北27公里处）召唤着人们。这里矗立着一座醒目的摩尔时期城堡。1327年，阿方索十一世再度征服这座城镇。奥尔维拉相对游客较少，直到19世纪中叶，这里一直都是匪徒的避难所。如今，大多数人来奥尔维拉的目的是步行或骑自行车体验Vía Verde de la Sierra。但这是一座非凡的白色小镇，以橄榄油、两座精美的教堂和从罗马时代起过山车一般跌宕起伏的历史而闻名。

景点

阿拉伯城堡 城堡

（Castillo Árabe; Plaza de la Iglesia; 含La Cilla 成人/儿童 €2/1; ⏲6月至9月 周二至周日 10:30~14:00和16:00~20:00，10月至次年5月 周二至周日 10:30~14:00和16:00~18:00）阿拉伯城堡建于12世纪后期，矗立在奥尔维拉上方的悬崖之上。这座城堡后来成为纳斯瑞德王朝统治时期格拉纳达防御体系的组成部分之一。爬上塔楼，眼前出现的城市和乡村风光在更为开阔迷人。

圣母化身教区教堂 教堂

（Iglesia Parroquial Nuestra Señora de la Encarnación; Plaza de la Iglesia; €2; ⏲周二至周日 11:00~13:00）这座新古典主义风格的教堂是奥尔维拉的最高建筑，由Osuna公爵委托建造而成，取代了之前的哥特-穆德哈尔式教

不要错过

山脉绿道

长36公里的**山脉绿道**（Vía Verde de la Sierra; www.fundacionviaverdedelasierra.com）位于奥尔维拉和塞拉诺隘口（Puerto Serrano）之间（自东向西），经常被奉为西班牙最好的vía verde（绿色通道，将旧铁路改造后供自行车、行人和骑马者通行）。除了沿途原始、地势险峻的风景以外，这条通道还以穿过4座壮观的高架桥、30条隧道和3个旧车站改建的酒店餐厅而闻名。其实原来的火车线路并未完工：于20世纪20年代后期开始修建，是从赫雷斯到阿尔马尔亨（Almargen）铁路线的一部分。但西班牙内战的爆发导致工程停摆。在21世纪初期，线路被重建。

位于奥尔维拉以北1公里处的Hotel Estación Vía Verde de la Sierra是这条通道官方认可的东起点。在这里，**Sesca**（☎657 987432,687 676462; www.sesca.es; Calle Pasadera 4; 半/全天 自行车租赁 €9/12; ⏰9:00~14:00和16:00~18:00）提供自行车租赁服务，一天€12起。你可以去**山脉绿道解说中心**（Centro de Interpretación Vía Verde de la Sierra; www.fundacionviaverdedelasierra.es; Calle Pasadera 4; 成人/儿童 €2/1; ⏰周四至周一 9:30~16:30）。Coripe和塞拉诺隘口车站也提供自行车租赁服务（10月至次年5月每天，6月至9月仅周末）。其他服务机构还包括**Patrulla Verde**（☎638 280184; ⏰6月至9月 周六和周日 8:00~15:30，10月至次年5月 周六和周日 9:00~17:00）拥有路途自行车专家。

绿道的亮点之一是**Peñon de Zaframagón**，这是一片孕育了格里芬秃鹰的峭壁，景色独特。**信息中心和鸟类学观望台**（Centro de Interpretación y Observatorio Ornitológico; ☎956 13 63 72; www.fundacionviaverdedelasierra.es; Antigua Estación de Zaframagón; 成人/儿童 €2/1; ⏰9:30~17:30）在昔日的Zaframagón车站内，奥尔维拉以西16公里，可以通过安放在峭壁上的高清晰度照相机更近距离地观察秃鹰。

山脉绿道可以从任意方向体验。如果你只走单程的话，可以乘坐出租车回到起点（也可骑自行车）。如需了解相关信息，可咨询通道的信息中心。

堂，于19世纪40年代完工。

食宿

Hotel Estación Vía Verde de la Sierra 酒店 €

（☎644 747029; www.hotelviaverdedelasierra.es; Calle Pasadera 4; 标单/双/标三 €45/55/65, 2/6人公寓 €90/110; ⏰周二至周日; P❄📶🏊）这家独特的酒店位于奥尔维拉以北1公里处，是官方认可的西班牙最好的绿色通道Vía Verde de la Sierra的起点。在改造过的车站内有7间升级的漂亮房间，能住1到4人，也可以选择火车厢改成的“公寓”，有厨房，最多可以睡6人。其他服务和设施包括自行车租赁、一家餐厅和盐水泳池。

Taberna Juanito Gómez 西班牙小吃 €

（☎956 13 01 60; Calle Bellavista; 西班牙小吃 €2~3; ⏰周一至周六 13:30~16:30和20:30~23:30）这是一家简单的小餐厅，但供应性价比很高的美味西班牙小吃和小吃串（montadito），全都是大家喜爱的常见菜：蒜虾、烤蘑菇、曼彻格奶酪和伊比利亚火腿。

实用信息

旅游局（☎956 12 08 16; www.olvera.es; Plaza de la Iglesia; ⏰6月至9月 周二至周日 10:30~14:00和16:00~20:00，10月至次年5月 周二至周日 10:30~14:00和16:00~18:00）

到达和离开

Los Amarillos（☎902 21 03 17; http://losamarillos.autobusing.com）每天有一班车往返于赫雷斯-德拉弗龙特拉（€9.11, 2.5小时）和龙达（€5.40, 1.5小时）之间，有两班车往返马拉加（€12, 2小时）。**Comes**（☎902 64 64 28; www.tgcomes.es）周一至周五每天有一班车往返加的斯（€15, 3小时）。

龙达（RONDA）

人口 3.44万/海拔 744米

龙达横跨在被瓜达莱温河（Río Guadalevín）割开形成的巨大山谷上。亡命之徒、匪徒、游击队员、勇士和反叛者为这座城镇书写了跌宕起伏的历史。它位于断崖峡谷（El Tajo Gorge）上，极为壮观，是安达卢西亚最大的白色城镇，也因此格外受到游客的青睐——如果考虑到其相对其他城市而言较小的规模，所吸引到的游客数量更是惊人。18世纪后期，现代斗牛就是在这里起源的。因为与亲欧的美国人欧内斯特·海明威（Ernest Hemingway；斗牛爱好者）和奥森·威尔斯（Orson Welles；他的骨灰就埋在此地）有着密切的联系，龙达也变得举世闻名。

龙达的老城位于峡谷南侧，绝大多数区域的历史可以追溯到伊斯兰统治时期，当时这里是重要的文化中心，清真寺和宫殿随处可见。继续往北，网格状的"新"城高踞陡峭的悬崖上，周围的山脉上分布有公园和步道，很是气派。

景点

位于断崖峡谷南侧的老城（La Ciudad）历史悠久，氛围浓郁，非常适合漫步。在这里，历史依旧触手可及，令人感叹，有文艺复兴风格的府邸和大量的博物馆。如果你乘坐长途汽车或者火车，抵达的就是新城。这里有具有象征意义的斗牛场，绿树成荫的断崖杨树林（Alameda del Tajo）花园和成群结队的游客。横跨在峡谷之上的三座桥连接起老城和新城。

斗牛场 知名建筑

（Plaza de Toros; Calle Virgen de la Paz; 含语音导览 €8.50; ⏲10:00~20:00）龙达的斗牛场有着200多年的历史，是西班牙最古老的斗牛场之一，见证了斗牛史上一些最为重要的比赛。参观斗牛场是一种不用观看斗牛比赛就能了解这一西班牙根深蒂固传统的方式。

斗牛场内的斗牛博物馆（Museo Taurino）收藏着各种各样的纪念品，例如20世纪90年代的明星斗牛士赫苏林·德·乌布里克（Jesulín de Ubrique）穿过的染血的斗牛服。这里还有毕加索创作的艺术作品，以及奥森·威尔斯和欧内斯特·海明威这样的著名斗牛迷的照片。

摩尔王之家 花园

（Casa del Rey Moro; Calle Santo Domingo 17; 成人/儿童 €5/3; ⏲10:00~19:00）有数个景

> **值得一游**
>
> ### 塞特尼尔德拉斯沃德加斯
>
> 大多数白色小镇都选择建在高耸的悬崖上以获取有利的地势，塞特尼尔德拉斯沃德加斯（Setenil de las Bodegas; 奥尔维拉东南14公里处）的人却刚好相反，他们选择住在特雷霍河（Río Trejo）边峭壁下的黑暗洞穴里。这个策略显然是有效的。1484年，基督徒军队围困了15天才把摩尔人从他们的住所中逼出来。许多当时的洞穴屋被保留下来，有些被改建成了酒吧和餐厅。如今，塞特尼尔正逐渐成为热门的一日游目的地，人们从龙达和格拉萨勒马到此游览。
>
> **旅游局**（☎635 365147, 616 553384; www.setenil.com; Calle Villa 2; ⏲周二至周日 10:00~14:00）在镇上最高处附近，建于16世纪的Casa Consistorial内（里面有罕见的穆德哈尔式木天花板），组织塞特尼尔周边的导览步行游。再往上则是修建于12世纪的**城堡**（Calle Villa; ⏲周一至周五 10:30~14:00和17:00~20:00，周六和周日 10:30~19:00）。城堡在格拉纳达衰落前的8年里被基督徒占领，你可以登上13世纪建造的塔楼。
>
> 塞特尼尔有几个很棒的西班牙小吃吧，非常适合在研究这个城镇独特结构的过程中停下来歇脚——去试试**Restaurante Casa Palmero**（☎956 13 43 60; www.facebook.com/RestauranteCasaPalmero; Plaza de Andalucía 4; 主菜 €8~19; ⏲周五至周三 12:00~16:00和19:00~23:00; 📶👪）。

观露台通往矿井(La Mina),这是一条有300多级台阶的伊斯兰楼梯,全都是在岩石上开凿出来的,一直通到峡谷底部。当龙达遭遇攻击时,正是这些台阶保障了这座城市的供水。1485年,基督教士兵也是从这里强行突破入城的。这些台阶的颜色不明显,有些地方很陡且湿滑,要小心。

这些景观露台是法国景观建筑师让-克劳德·弗洛斯蒂尔(Jean-Claude Forestier)在1912年完成的作品。他也是塞维利亚玛丽亚路易莎公园(见712页)的设计者。

华金·佩纳多博物馆 画廊

(Museo Joaquín Peinado; ☎952 87 15 85; www.museojoaquinpeinado.com; Plaza del Gigante; €4; ⌚周一至周五 10:00~17:00,周六 至15:00)龙达本土的艺术家华金·佩纳多和毕加索是同时代的人,两人是朋友,这一点也反映在他的作品中——有力的抽象线条、对立体派的喜爱和看似对女性裸体的着迷。一切都反映在这个最典型的安达卢西亚式画廊中:内部呈现出极简主义风格的历史建筑。

马约尔圣玛利亚教堂 教堂

(Iglesia de Santa María La Mayor; Calle José M Holgado; 成人/儿童 €4.50/2; ⌚周一至周六 10:00~19:00,周日 10:00~12:30和14:00~18:00)这座城市最早的清真寺被改建成了如今优雅的教堂。入口里面就是一个被阿拉伯铭文覆盖的圆拱,它曾是清真寺的壁龛(mihrab;朝向麦加)。教堂被宣称为国家文物,内部的装饰极为华丽。中间巨大的雪松质地唱诗班席位将教堂分成了两部分:贵族在前面,其他人在后面。

阿拉伯浴室 古迹

(Baños Árabes; Hoyo San Miguel; €3.50,周一免费; ⌚周一至周五 10:00~19:00,周六和周日 至15:00)从市中心漫步到这里,令人身心愉悦。这些建于13世纪和14世纪的阿拉伯浴室背靠龙达的河流,保存完好,有马蹄形圆拱、立柱和界限分明的热水和冷水区。它们是安达卢西亚保存最好的一部分阿拉伯浴室。短视频和一些解说板能帮助你了解阿拉伯浴室的历史。

阿尔莫卡巴门 (Puerta de Almocábar) 大门

旧城被大规模的城墙所包围,其中有两座古老的城门:13世纪伊斯兰的阿尔莫卡巴门曾经是城堡的主门,还有一座是16世纪的**卡洛斯五世大门**(Puerta de Carlos V)。而其内部伊斯兰的布局保存完好,但迷宫一样狭窄的街道被那些显赫家族的府邸赋予了文艺复兴色彩。在这些家族的先祖帮助下,费尔南多于1485年开始统治这座城市。

节日和活动

龙达吉他节 音乐节

(Ronda Guitar Festival; www.rondaguitarfestival.com; ⌚6月)这个为期5天的节日始于2016年,地点是在相对较新的龙达吉他屋(Ronda Guitar House)。人们通过这个节日庆祝西班牙最具代表性的乐器。节日期间会有音乐会、研讨会、葡萄酒品尝以及吉他制作展,涵盖的范围远比弗拉明戈更广。

住宿

★Aire de Ronda 精品酒店 €€

(☎952 16 12 74; www.airederonda.com; Calle Real 25; 房 €125起; Ⓟ📶)这家酒店位于龙达特别平静的一片区域内,属于西班牙最擅长的外观看似破旧、内部非常现代化的酒店之一。房间很漂亮,是极简主义风格,以利落的黑白两色为主。浴室让人眼前一亮,铺有泛着光泽的银色或金色马赛克瓷砖,步入式淋浴间。在一间气氛浪漫的双人间里,一面玻璃隔开了淋浴和卧室。

★Hotel San Gabriel 酒店 €€

(☎952 19 03 92; www.hotelsangabriel.com; Calle José M Holgado 19; 标单/双 含早餐 €72/130; ❄📶)这家重量级的古老酒店摆设着各种古董和从各方面记载着龙达的历史的老照片,包括斗牛、庆典和其他的一切。蕨类植物从巨大的红木楼梯上垂下。这里还有一个台球厅、一间堆满书籍的舒适客厅和一个DVD放映室,其中还有从龙达剧院"抢救"出的10张天鹅绒面的座位。

★Enfrente Arte 酒店 €€

(☎952 87 90 88; www.enfrentearte.com;

Ronda 龙达

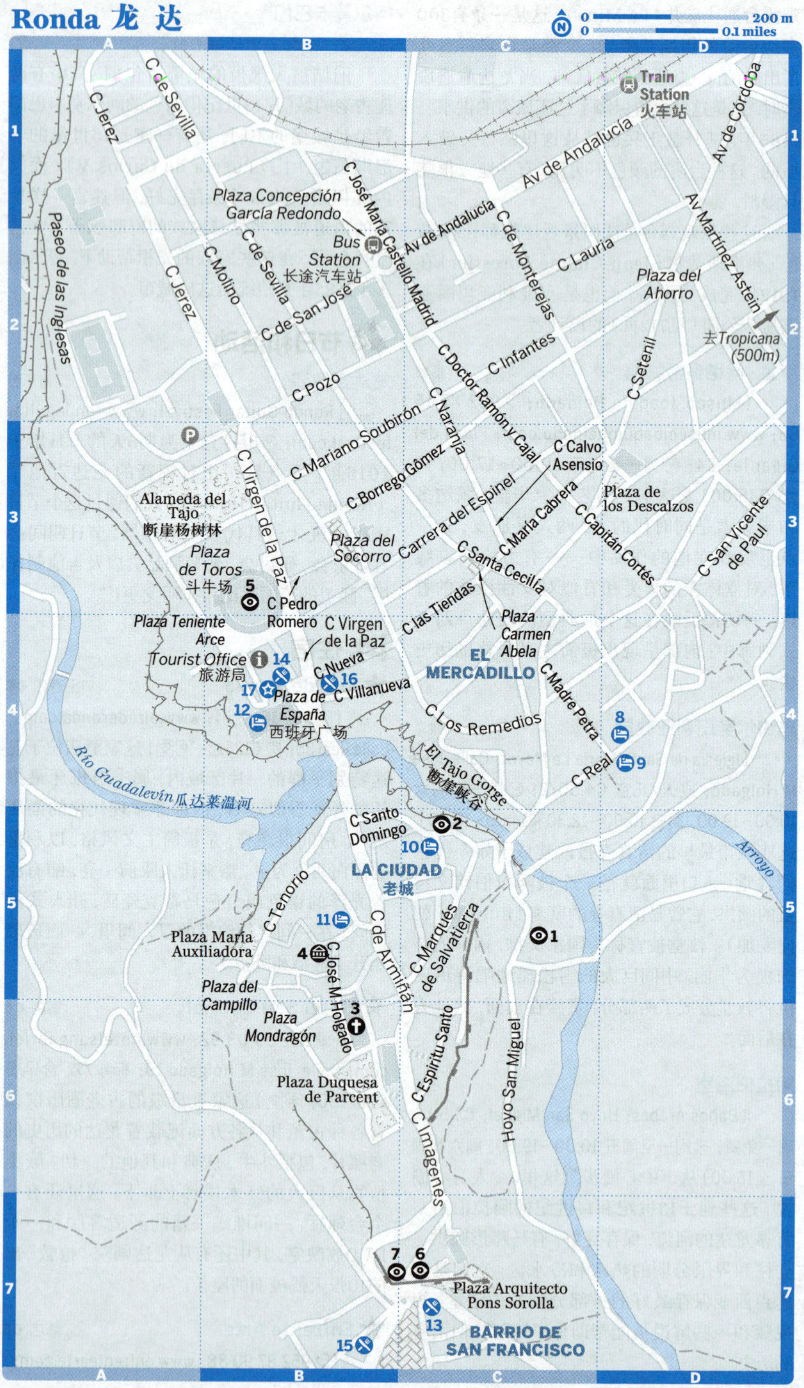
0 200 m
0 0.1 miles
Train Station 火车站
Av de Córdoba
Av de Andalucía
C José María Castelló Madrid
Plaza Concepción García Redondo
Bus Station 长途汽车站
C de Sevilla
C Jerez
Paseo de las Inglesas
C Molino
C de San José
C de Monterejas
C Lauria
Av Martínez Astein
Plaza del Ahorro
去Tropicana (500m)
C Infantes
C Setenil
C Pozo
C Doctor Ramón y Cajal
C Naranja
C Mariano Soubirón
C Borrego Gómez
C Calvo Asensio
Plaza de los Descalzos
C Virgen de la Paz
Alameda del Tajo 断崖杨树林
Plaza del Socorro
Carrera del Espinel
C María Cabrera
C Capitán Cortés
C San Vicente de Paul
Plaza de Toros 斗牛场
C Santa Cecilia
C Pedro Romero
Plaza Teniente Arce
C Virgen de la Paz
C las Tiendas
Plaza Carmen Abela
Tourist Office 旅游局
C Nueva
EL MERCADILLO
C Villanueva
Plaza de España 西班牙广场
C Madre Petra
C Los Remedios
Río Guadalevín 瓜达莱温河
El Tajo Gorge 断崖峡谷
C Real
C Santo Domingo
LA CIUDAD 老城
Arroyo
C Tenorio
Plaza María Auxiliadora
C de Armiñán
C Marqués de Salvatierra
C José M Holgado
Plaza del Campillo
Plaza Mondragón
C Espíritu Santo
Hoyo San Miguel
Plaza Duquesa de Parcent
C Imágenes
Plaza Arquitecto Pons Sorolla
BARRIO DE SAN FRANCISCO

Ronda 龙达

Calle Real 40；房间 含早餐 €99起；❄@☒）如果你讨厌普通、没有特色的酒店，那么你肯定会喜欢这里。它的个性化在前台就体现了出来，迎接你的是半辆西班牙旅游车。而这时，你还没看到那些有趣的色彩斑斓的房间，其舒适程度一点不亚于其古怪程度。房费包含了各种饮料，可以随意拿，还有丰盛的自助早餐。

Hotel Ronda 精品酒店 €€

（☎952 87 22 32；www.hotelronda.net；Ruedo Doña Elvira；标单/双 €53/70；❄📶）这家酒店提供相对简单（对龙达而言）而现代化的房间，这里还有种满了天竺葵的窗台，以及粉刷过的乡村风格的立面。房间的颜色很活泼，简洁有力的原创抽象画使得它们更令人难忘。在部分房间可以看到对面美丽的Mina花园。性价比不错。

Parador de Ronda 酒店 €€€

（☎952 87 75 00；www.parador.es；Plaza de España；房 €134~150；P❄@📶☒）拥有闪亮的大理石地面和舒适的家具，这家现代的旅馆有着自己独特的魅力，但这里真正吸引人的是景色。露台是喝东西的好地方，尤其是晚上。你可以一边品尝着咖啡或葡萄酒，一边观赏壮观的峡谷的景色。

就餐

传统的龙达美食主打丰盛的山地风味，特别注重炖菜（被称为cocido、estofado或cazuela）、鲑鱼（trucha）、炖牛尾（rabo de toro），还有野兔（conejo）、山鹑（perdiz）和鹌鹑（codorniz）等野味。

Casa María 安达卢西亚菜 €

（☎951 08 36 63；Plaza Ruedo Alameda 27；套餐 €20；⏰周四至周二 正午至15:30和19:30~22:30；👪）穿过龙达老城，走出卡洛斯五世大门（见763页），你会发现人群神秘地消失了，只剩下你和一些当地人待在Casa María的吧台旁。放轻松，好好享受。套餐菜单包括牛排、扇贝、三文鱼、鳕鱼和芦笋这些菜肴。

Tragatá 西班牙小吃 €

（☎952 87 72 09；www.tragata.com；Calle Nueva 4；西班牙小吃 €2~3；⏰13:15~15:45和20:00~23:00；📶）这家小店属于龙达新涌现的美食大师Benito Gómez，他还经营着附近的Bardal（见766页）。在这里，你不需花费太多就可以品尝到顶级菜肴。菜单上有很多有意思的菜肴可供选择，分量都很小，例如鳕鱼三明治和猪耳朵（信不信由你），做好味觉大爆发的准备。

Tropicana 安达卢西亚菜 €€

（☎952 87 89 85；Avenida Málaga和Calle Acinipo交叉路口；主菜 €12~20；⏰周三至周日12:30~15:30和19:30~22:00）这家餐厅位于新城，靠近铁路。尽管如此，它依然凭借获认证的有机食物赢得广泛好评。餐厅面积不大却很漂亮，像是现代化的法式小馆。

★Almocábar 安达卢西亚菜 €€€

（☎952 87 59 77；Calle Ruedo Alameda 5；西班牙小吃 €2，主菜 €15~30；⏰周三至周一12:30~16:30和20:00~23:00）这里的西班牙小吃包括小片面包上摆放诸如鸭胸肉和西班牙香肠这样的美味小食。你可以在优雅的餐厅品尝主菜，肉类是主角——野兔、山鹑、羊肉和牛肉就放在餐桌上的热石头上煮。楼上有个酒吧，可以安排葡萄酒品尝和晚餐，至少8人参加（每个人约€50）。

Bardal 美食店 €€€

（☎951 48 98 28；Aparicio 1；赏味套餐€60~77；⊙周二至周六 13:00~15:30和20:00~22:30，周日 13:00~15:30）昔日著名的Tragabuches餐厅被同样雄心勃勃的Bardal取代（部分老员工留了下来）。如果想品尝美味的15/20道菜的套餐，你得提前预订。套餐能让你品尝到炖牡蛎、黄番茄冷菜汤、冻苹果水、鲶鱼配鹅肝酱以及其他不常见的菜肴。坐稳了，握牢餐叉。

☆ 娱乐

El Quinqué 现场表演

（☎633 778181；www.elquinqueronda.com；Paseo de Blas Infante；门票 €8~15；⊙表演 周二至周日 14:00和20:30）如果想欣赏传统的弗拉明戈表演（包含唱歌、吉他和舞蹈），就来El Quinqué。这里有40分钟的午餐时间表演，入场费价格非常合理。晚上的表演时间加倍。现场的酒吧兼餐厅供应食物和饮品。

ℹ 实用信息

旅游局（www.turismoderonda.es；Paseo de Blas Infante；⊙周一至周五 10:00~18:00，周六 至19:00，周日 至14:30）工作人员乐于助人，能提供龙达和这一地区的详尽信息。

ℹ 到达和离开

长途汽车

从龙达的**长途汽车站**（Plaza Concepción García Redondo 2）出发，**Comes**（☎956 29 11 68；www.tgcomes.es）有往返阿尔科斯-德拉弗龙特拉（€9.50，2小时，每日1~2班）、赫雷斯-德拉弗龙特拉（€13，3小时，每日1~3班）和加的斯（€18，2小时，每日1~3班）的班车。**Los Amarillos**（☎902 21 03 17；www.samar.es）有经Algodonales和格拉萨勒马前往塞维利亚的班车。**Portillo**（☎952 87 22 62；www.portillo.avanzabus.com）每天有4班车前往马拉加（€12.25，2.75小时），有5班车去往马尔韦利亚（€6.50，1.25小时）。

火车

龙达的**火车站**（☎952 87 16 73；www.renfe.com；Avenida de Andalucía）位于Bobadilla和阿尔赫西拉斯的铁路线上。火车去往阿尔赫西拉斯（€30，1.5小时，每日5班）途经高辛（Gaucín）和希梅纳-德拉弗龙特拉（Jimena de la Frontera）。这条线路很值得体验，是西班牙风景最优美的火车旅程之一。这里还有前往马拉加（€10，2小时，每日1班）、马德里（€69，4小时，每日3班）和格拉纳达（€20，3小时，每日3班）的火车。若要前往塞维利亚，可在Bobadilla或Antequera-Santa Ana换乘。

从火车站去往大部分住宿场所的距离都不到1公里。打车费用大约€7。

阳光海岸南部（Southern Costa de la Luz）

这里有戴平顶帽的农民，吃草的牛群，午餐时可以一边享用西班牙小吃，一边小酌干型雪利酒——这就是阳光海岸。投身于被风吹拂的美丽金色海滩，活力四射的冲浪/风筝冲浪，一连串地理位置惊人的白色小镇，毫无疑问，你在安达卢西亚。西班牙人深谙这一点。7月和8月，他们蜂拥而至，来到塔里法和洛斯卡尼奥斯-德梅卡。这已经不是什么秘密了。但令人惊叹的阳光海岸一如既往，是老式的悠闲放松的海滩聚集地，贝赫尔-德拉弗龙特拉周边则有些高档选择。

贝赫尔-德拉弗龙特拉（Vejer de la Frontera）

人口 9260

贝赫尔的美会让人惊愕、目不转睛，并且让一切形容词相形失色。这个宁静但格局十分紧凑的白色小镇在繁忙的N340公路上方的岩石山顶上若隐若现，有着非常特别之处。位于加的斯以南50公里处，老城有如迷宫般的蜿蜒街道，外加许多美妙的观景台，一座废弃的城堡，出人意料的精致美食，少数优雅梦幻的酒店以及切实存在的摩尔风格的影响。但是贝赫尔还有另外一些东西——一种神奇、一种神秘以及一种潜移默化的神韵（duende）。

👁 景点

西班牙广场（Plaza de España） 广场

建于20世纪、铺设着塞维利亚瓷砖的精

美喷泉，完美的白色市政厅——贝赫尔棕榈树林立、咖啡馆遍布的西班牙广场深受人们喜爱，是个美不胜收的聚集地。西侧上方有个小小的瞭望台（可以从Calle de Sancho Ⅳ El Bravo进入）。

城墙

城墙

贝赫尔雄伟的15世纪城墙环绕着4万平方米的老城。Arco de la Puerta Cerrada（始建于11世纪或12世纪）和15世纪的Arco de la Segur之间的这段尤其壮观，这是保存下来的最早四道门中的两道。Arco de la Segur和Calle Judería周边的这片区域在15世纪是犹太区（judería）。从西班牙广场旁边的Puerta de Sancho IV（建于10世纪或11世纪，是另一道保存至今的古门）出发，绕城墙游览。

城堡

城堡

（Castillo; Calle del Castillo; ⊙约5月至9月10:00~14:00和17:00~21:00，约10月至次年4月10:00~14:00和16:00~20:00）**免费** 这座经过多次重建的城堡曾是梅迪纳·西多尼亚公爵（Duques de Medina Sidonia）的府邸，其历史可以追溯到10世纪或11世纪。城堡并没有到令人震惊的程度，但你可以穿过其摩尔风格的拱形入口，登上木槿环绕的城墙，俯瞰周围美丽的景色，还可以眺望拥有白沙滩的海岸线。

课程

★Annie B' s Spanish Kitchen

烹饪

（☎620 560649; www.anniebspain.com; Calle Viñas 11; 1天课程 €165）你有机会跟随本地一流的专家学习安达卢西亚的烹饪艺术。Annie的一日课程（以安达卢西亚、摩洛哥或海鲜菜肴为主）很受欢迎，最后你可以在她漂亮的老城住宅的泳池旁或屋顶露台享用午餐。她也提供为期6天的西班牙经典烹饪课程，外加贝赫尔、加的斯、赫雷斯和其他地区的西班牙小吃、美食及雪利酒团队游。

La Janda

语言

（☎956 44 70 60; http://lajanda.org; Avenida San Miguel 19; 每周20小时 €190）谁不想在贝赫尔学习西班牙语呢？这里有蜿蜒的街道，地道的酒吧，还充满了神秘感。La Janda的小班课程强调文化浸染，从弗拉明戈、瑜伽、骑马、西班牙小吃游和烹饪课程，再到阿莫多瓦（Almodóvar）的电影之夜，各种活动非常丰富多彩。

住宿

★La Casa del Califa

精品酒店 €€

（☎956 44 77 30; www.califavejer.com; Plaza de España 16; 含早餐 标单 €92~145，双 €106~155，套 €175~230; P❄🛜）这是一家华丽的酒店，错综复杂的走廊连接起7层空间，显得时尚而有个性，建筑本身的历史可以追溯到10世纪。房间很温馨，有一些体现摩洛哥风格的装饰元素，顶层的“非洲”套房非常棒。独特的“Emir”服务（€45）还包括鲜花、糕点和西班牙起泡酒（cava）。在美妙的摩洛哥—中东餐厅里，享用美味的早餐。

★Casa Shelly

精品酒店 €€

（☎639 118831; www.casashelly.com; Calle Eduardo Shelly 6; 房 €105~140; ⊙3月至11月; ❄🛜）低调的优雅，安达卢西亚风情，如家般舒适，这家酒店给人的感觉就像是从以新老冲击为主题的内饰设计杂志中走出来的，置身于历史悠久的贝赫尔老城。除了安宁的前台休息厅和带喷泉的露台外，这里有7个精心设计的房间，贴有古色古香的瓷砖，带木质横梁的天花板，百叶窗和粉色、红色、白色的清新装饰元素。

La Fonda Antigua

精品酒店 €€

（☎625 372616; www.chicsleepinvejer.com; Calle San Filmo 14; 房 含早餐 €90~150; ❄🛜）这家只对成年人开放的精品酒店位于贝赫尔老城的边缘，由一对喜爱时尚装饰元素的赫雷斯人经营。7个房间各具特色，古雅的门与床头融合，混搭风的复古瓷砖点缀着光亮的混凝土地板，淋浴间由玻璃包围。6号房间有带爪式底脚的浴缸。顶层的露台可以放松，能欣赏到开阔的老城风景。

★V...

精品酒店 €€€

（☎956 45 17 57; www.hotelv-vejer.com; Calle Rosario 11-13; 房 €219~329; ❄🛜）V...（V代表贝赫尔，而且你没看错，“...”的确是酒店名称的一部分）是安达卢西亚最精致的地方。酒店有12个房间，充满时尚的现代设计元素（有豪华的敞开式浴室，带大浴缸和超大镜子），混搭着古董陈设（前哥伦布时代的门）。观景露台有一个小泳池，还有冒着泡的热水浴缸。

就餐

Mercado de Abastos 安达卢西亚菜、各国风味 €

(Calle San Francisco; 菜肴 €2~8; ⏲正午至16:00和19:00至午夜)贝赫尔的这家餐厅具有现代美食酒吧的设计元素，已经成为深受美食爱好者热捧的地方。品一杯vino酒，在备受喜爱的经典菜肴和大胆现代化的创意菜中选择，西班牙小吃品种繁多：大份伊比利亚火腿、西班牙鸡蛋土豆饼(tortilla de patatas)、纸杯装炸鱼，还有超受欢迎的寿司。

★**El Jardín del Califa** 摩洛哥菜、创意菜 €€

(☎956 45 17 06; www.califavejer.com; Plaza de España 16; 主菜 €12~18; ⏲13:30~16:00和20:00~23:30; 🖉)这家充满异域风情的美丽餐厅也是酒店和茶室，热闹的氛围与美味的菜肴完美融合在一起。餐厅藏于洞穴屋内，就连找洗手间也像是一场冒险。摩洛哥—中东风味的菜单——塔吉锅、北非小米饭、沙拉三明治——也不缺马格利布风味（藏红花、无花果、杏仁）。无论你是想坐在栽满棕榈树的花园中，还是想坐在独具特色的内厅，都需要提前预订。

Califa Exprés(www.califavejer.com; Plaza de España 16; 菜肴 €4~6; ⏲12:30~16:00和19:30~23:30, 12月至次年3月可能关闭; 🖉)在西班牙广场摆着一些餐桌，环境更简洁，但也具有Califa的魅力。

★**Corredera 55** 安达卢西亚菜、地中海菜 €€

(☎956 45 18 48; www.califavejer.com; Calle de la Corredera 55; 主菜 €10~19; ⏲正午至23:00; 🖉)这家新出现的小餐馆提供一些素食菜肴，将本地食材、风味与精致、富有创意的烹饪方式结合在一起。菜单随季节的变而化更换。可以尝尝柠檬汁烤胡瓜、山羊奶酪、油炸花椰菜馅饼配蜂蜜—酸奶，用当日捕获的鲜鱼塞进对虾，浸西班牙起泡酒后烘烤。你可以在街边的餐桌享用(冬季有遮篷)，也可以选择装饰着贝赫尔画作的时尚舒服的餐厅。

☆ 娱乐

Peña Cultural Flamenca Aguilar de Vejer' 弗拉明戈

(☎606 171732, 956 45 07 89; Calle Rosario 29)贝赫尔神奇的魅力有一部分在于其小镇弗拉明戈风情，最佳的观赏地点就是这家气氛极好的表演场地，建于1989年。免费演出通常安排在周六21:30，可以预订晚餐（主菜€12~23）或饮品及西班牙小吃（€6）。旅游局提供演出时间表。

ℹ 实用信息

市旅游局(Oficina Municipal de Turismo; ☎956 45 17 36; www.turismovejer.es; Avenida Los Remedios 2; ⏲周一至周五 10:00~14:30和16:30~21:00, 周六 10:00~14:00和16:30~21:00, 周日 10:00~14:00, 10月中旬至次年4月 开放时间缩短)位于市中心以南约500米处，就在车站旁，旁边还有一个很大的免费停车场。

ℹ 到达和离开

从Avenida Los Remedios出发，**Comes**(☎902 64 64 28; www.tgcomes.es)运营的班车前往加的斯、巴尔巴特(Barbate)、萨阿拉-德洛斯阿图内斯(Zahara de los Atunes)、赫雷斯-德拉弗龙特拉和塞维利亚。更多长途汽车停靠在位于山脚下N340公路上的La Barca de Vejer。从车站步行至小镇要在坡度很陡的路上走20分钟，乘出租车的费用为€6。

目的地	票价(€)	时间	班次
阿尔赫西拉斯	7.20	1.25小时	每天10班
巴尔巴特	1.40	15分钟	每天4班
加的斯	5.70	1.25小时	每天3~4班
赫雷斯-德拉弗龙特拉	7.80	1.5小时	周一至周五每天1班
拉利尼亚（前往直布罗陀）	9.10	1.75小时	每天4班
马拉加	22	3.25小时	每天2班
塞维利亚	16	2.25小时	每天4班
塞维利亚（从Avenida Los Remedios出发）	17	3小时	周一至周五每天1班
塔里法	4.49	40分钟	每天8班
萨阿拉-德洛斯阿图内斯	2.50	25分钟	每天2~3班

洛斯卡尼奥斯-德梅卡(Los Caños de Meca)

人口 120

小小的洛斯卡尼奥斯-德梅卡位于贝赫尔西南方向16公里处，气氛悠闲，有一系列壮观开阔的白色海滩，不禁让人好奇马尔韦利亚为何存在。这里曾经是嬉皮士的避世之处，现在仍然吸引着来自各国的各种海滩爱好者——尤其是到了夏天，到处都是一派享乐主义的景象，这里有许多裸体主义海滩，还有大量的风帆冲浪、风筝冲浪和冲浪板冲浪的机会。

景点和活动

卡尼奥斯的**主海滩**就在A2233公路通往巴尔巴特途中的Avenida de Trafalgar交叉路口正前方。裸体主义者会去东端更僻静的小海湾，包括**Playa de las Cortinas**，特拉法加角旁边的**Playa del Faro**。开阔的金色海滩**Playa de Zahora**从卡尼奥斯往西北方向延伸。

★拉布雷尼亚自然公园与巴尔巴特沼泽 自然保护区

(Parque Natural de la Breña y Marismas del Barbate; www.ventanadelvisitante.es)这一面积50平方公里的海滨小公园保护着太阳海岸的重要的湿地、悬崖和松树林。主要入口是一条7.2公里长(2小时)的步道——**Sendero del Acantilado**步道顺着岩壁顶端，连接洛斯卡尼奥斯-德梅卡和巴尔巴特，可与德加塔角(Cabo de Gata)相媲美。

特拉法加角(Cabo de Trafalgar) 灯塔

洛斯卡尼奥斯-德梅卡西尽头有一条小路(通常一半被沙子覆盖)，通往一座建在地势较低的地上的灯塔(1860年建成)。这就是著名的特拉法加角(Cabo de Trafalgar)。1805年，在海军将领纳尔逊的带领下，英国舰队在这里重创西班牙海军。

Escuela de Surf 9 Pies 冲浪、瑜伽

(☎620 104241; www.escueladesurf9pies.com; 冲浪板和潜水服出租 2/4小时 €12/18，2小时团队课程 €28)这个专业的冲浪学校可提供冲浪板租赁服务，还开设了冲浪课程，适合各种水平的人，此外还有瑜伽课(€10)，同时提供站立式浆板租赁(2小时€15)。位于埃尔帕尔玛(El Palmar)沙滩北端。

食宿

Casas Karen 酒店 €€

(☎649 780834, 956 43 70 67; www.casaskaren.com; Camino del Monte 6; 双 €85~135，四 €155~195; P📶)这家奇特、轻松自在的酒店由荷兰人经营，房间和公寓质朴而有个性，周围开满鲜花，松树耸立。你可以选择改建过的农舍，茅草屋顶的传统小屋(choza)，还有两间现代化、错层式的"工作室"。装修体现出悠闲的安达卢西亚-摩洛哥风格，有吊床，色彩丰富。位于卡尼奥斯特拉法加角岔道东北方向1公里处。

Las Dunas 咖啡馆 €

(☎956 43 72 03; www.barlasdunas.es; Carretera del Cabo de Trafalgar; 菜肴 €4~12; ⏱9月至次年6月 9:00至午夜，7月和8月 至次日3:00; 📶)向这处极其悠闲的地方打个招呼吧，风筝冲浪者在刺激的冲浪间歇会从外面的海滩进来休息。这里还有鲍勃·马利(Bob Marley)的歌曲，味道极好的西班牙三明治、新鲜果汁、土豆沙拉、冬季温暖的炉火以及懒散的海边小屋氛围。

到达和离开

Comes(☎902 64 64 28; www.tgcomes.es)在工作日每天有两班车往返洛斯卡尼奥斯-德梅卡和加的斯(€6.30, 1.5小时)之间，途经埃尔帕尔玛(El Palmar; €2, 15分钟)。夏季可能会增加前往加的斯和塞维利亚的班次。

塔里法(Tarifa)

人口 13,680

塔里法位于西班牙的最南端，地中海和大西洋在此交汇，赋予了其与安达卢西亚其他地方截然不同的气候和个性。大西洋上强劲的风吸引着冲浪爱好者、风帆冲浪者和风筝冲浪者，他们轮流来到这座古老但看上去很小的镇子，给这里注入惬意清新的多元化的气息。塔里法是从西班牙前往摩洛哥的最后一站，也愿意迎接新事物。这座被城墙包

围、受大风吹拂的小镇让人感觉很像舍夫沙万或索维拉，这里有着蜿蜒曲折的白色街道和可以感知的北非氛围。不过，塔里法的存在早已不是什么秘密了，尤其是8月，这里就会变得格外拥挤（但这只是一半的乐趣）。

塔里法的历史如腓尼基人的加的斯一样悠久，也曾是罗马人定居点。不过塔里法这个名字来自Tarif ibn Malik，公元710年，也就是穆斯林对伊比利亚半岛发起主要攻击的前一年，他带领一支穆斯林队伍偷袭了这里。

景点

塔里法狭窄的老城街道大部分保持了伊斯兰原貌，暗示着与摩洛哥的联系。沿着加固的穆德哈尔式**赫雷斯门**（Puerta de Jerez）漫步，这道门建于收复失地运动之后，接着可以去热闹的**Mercado de Abastos**（Calle Colón；⏲周二至周六 8:30~14:00）逛逛，然后经过粉刷过的18世纪巴洛克-新古典主义风格的**Iglesia de San Francisco de Asís**（Calle Santísima Trinidad；⏲周一至周六 10:00~13:00和18:15~20:15，周日 9:15~11:00）到达主要建于16世纪的**Iglesia de San Mateo**（Calle Sancho IV El Bravo；⏲周一 8:45~13:00，周二至周六 8:45~13:00和18:00~20:00，周日 10:00~13:00和19:00~20:30）。沿着Calle Coronel Moscardó往南走，然后顺着Calle Aljaranda往上走。**Miramar**（Calle Amargura）位于城堡城墙上方，能眺望对岸非洲和851米高的摩西山（Jebel Musa），后者是"大力神柱"（Pillars of Hercules）之一（直布罗陀也是其中之一）。

古兹曼城堡

城堡

（Castillo de Guzmán；Calle Guzmán El Bueno；成人/儿童 €4/免费，周一至周六 8:30~9:20 免费；⏲约5月至9月 周一至周六 11:00~14:30和17:00~19:30，约10月至次年2月 周一至周六 11:00~14:30和16:00~18:30，全年 周日 11:00~16:00）960年，科尔多瓦哈里发阿卜杜勒-拉赫曼三世（Abd ar-Rahman Ⅲ）下令建造了这座城堡，不过如今经过修复的堡垒以收复失地运动的英雄"好人"古兹曼（Guzmán El Bueno）的名字命名。1294年，古兹曼的儿子被来自摩洛哥的马里尼德攻击者俘虏，面对除非投降交出城堡、否则儿子会被处死的威胁，古兹曼将自己的匕首交给对方，让他们处死其儿子。古兹曼的后人日后成为梅迪纳·西多尼亚公爵，这是西班牙最有名望的家族之一。在入口上方，留意10世纪城堡奠基时的铭文。

不要错过

塔里法的海滩天堂

风筝冲浪者和风帆冲浪者使用的色彩斑斓的风筝和风帆从青绿色的海浪上方飘过，显得活力四射，塔里法沿N340公路往西北延伸的这片优雅的白色海滩是安达卢西亚（以及西班牙）最迷人的海滩之一。在夏季，这里聚满了皮肤黝黑的海滩爱好者，还有氛围轻松的酒吧，不过无情的海风也会成为麻烦。如果你厌倦了慵懒躺在沙滩上的感觉，还可以选择风筝冲浪、风帆冲浪和骑马。

Playa Chica 小巧的Playa Chica位于塔里法最南端通往鸽子岛（Isla de las Palomas）的地峡处，比本地的其他海滩更为隐蔽。

Playa de los Lances 这片开阔的洁白沙滩从塔里法往西北方向绵延7公里。海滩后的低矮沙丘是自然保护区（paraje natural），你可以沿着1.5公里长的Sendero de los Lances徒步穿越这些沙丘，沿途有路标，通往Calle Batalla del Salado西北端。

Playa de Valdevaqueros Valdevaqueros位于塔里法西北7公里至10公里处，通往Punta Paloma的白色沙丘，是塔里法最受欢迎的风筝冲浪海滩之一，有洁白的沙子和浅绿色的海水。

Punta Paloma Punta Paloma位于塔里法西北10公里处，是安达卢西亚最美妙的海滩之一，以巨大的白色沙丘闻名。在海滩的西尽头，你可以洗个天然的泥浴。

活动

骑马

Aventura Ecuestre 骑马

（☎956 23 66 32, 626 480019; www.aventuraecuestre.com; Hotel Dos Mares, Carretera N340, Km 79.5）这是一家经营得当的骑马机构，提供多语言服务，有沿着Playa de los Lances展开的1小时骑马游（€30）、4小时的穿越Punta Paloma沙丘（€80）骑马之旅和4小时的深入洛斯阿尔科诺卡莱斯自然公园（Parque Natural Los Alcornocales）之旅，这里还提供适合孩童的小马骑行（30分钟€15）以及私人课程（5天€300）。位于塔里法西北方向5公里处。

Molino El Mastral 骑马

（☎646 964279; www.mastral.com; Carretera Santuario Virgen de la Luz; 每小时 €30）这是一家很棒的骑马机构，位于塔里法西北方向5公里处，提供丘陵乡村地区的骑马游。机构紧邻CA9210（靠近N340），沿途有路标。

观鲸

塔里法周边的水域是欧洲最好的观看鲸鱼和海豚的地点之一，4月到10月，它们会出现在大西洋和地中海，这期间你几乎一定能看到这些动物。除了条纹海豚和宽吻海豚、长肢领航鲸、逆戟鲸、抹香鲸外，你还有机会看到濒危的长须鲸和常见海豚。4月至8月，抹香鲸游过直布罗陀海峡。而看到逆戟鲸的最好时节是7月和8月。在塔里法的**Centro de Interpretación de Cetáceos**（www.facebook.com/CICAMTARIFA; Avenida Fuerzas Armadas 17; ⏲3月至10月）免费能了解到更多信息。

FIRMM 观鲸

（☎956 62 70 08; www.firmm.org; Calle Pedro Cortés 4; 2小时团队游 成人/儿童 €30/20; ⏲复活节至10月 10:00~19:00）在塔里法的众多组织观鲸的机构中，非营利的FIRMM是不错的选择。其主要目的是研究鲸鱼，记录数据。2或3小时的团队游以及为期一周的观鲸课程能让你更重视环境保护。

风筝冲浪和风帆冲浪

塔里法著名的风使得这座小镇成为欧洲顶级的风帆冲浪和风筝冲浪目的地。塔里法和Punta Paloma（西北10公里处）之间的海岸线最受欢迎。这里有30多家提供设备租赁和课程服务的公司，既有适合初学者的课程，也有适合高水准的冲浪者的课程。5月、6月和9月是冲浪运动的最佳时节，但记住，波涛起伏的大海并不总是适合初学者的。部分学校也提供站立式浆板课程。

ION Club 风帆、风筝冲浪

（☎956 68 90 98; www.ion-club.net; Hurricane Hotel, Carretera N340, Km 78; 2小时团队风筝冲浪/风帆冲浪课程 €80/60; ⏲复活节至12月）位于塔里法西北方向7公里处，推荐团队/私人风帆和风筝冲浪课程（初学者、中级或高级），还提供设备租赁（每天€90）和桨板（每小时€25）。有西班牙语、英语、法语、意大利语和德语服务。小镇西北方向10公里处的**Valdevaqueros**（☎619 340913; www.ion-club.net; Carretera N340, Km 76, Playa de Valdevaqueros; 2小时团队风筝冲浪/风帆冲浪课程 €80/60; ⏲复活节至12月）也设有分店。

Gisela Pulido Pro Center 风筝冲浪

（☎608 577711; www.giselapulidoprocenter.com; Calle Mar Adriático 22; 3小时团队课程 每人€70）这是世界冠军Gisela Pulido的风筝冲浪学校，广受好评，全年提供团队/私人课程，包括6小时的"洗礼"（€135）和9小时的"全套"课程（€199）。有西班牙语、法语、英语和德语讲解。这里也提供风筝冲浪设备租赁（每天€70）。

Spin Out 风帆、风筝冲浪

（☎956 23 63 52; www.tarifaspinout.com; Carretera N340, Km 75.5, Playa de Valdevaqueros; 90分钟风帆冲浪课程 每人 €59，桨板和风帆租赁 每小时 €30; ⏲4月至10月 10:30~19:00）位于塔里法西北方向11公里处，提供每日风帆冲浪课程，也有面向初学者、儿童和高级水准冲浪者的5日课程，授课团队专业，会说多国语言。这里还是一个风筝冲浪学校。

节日和活动

Feria de la Virgen de la Luz 集会

（9月第一周）塔里法为纪念守护圣人举办的集会，有宗教游行，能看到漂亮的马，是典型的西班牙宗教狂欢节。

住宿

★Hostal África 青年旅舍 €

（956 68 02 20；www.hostalafrica.com；Calle María Antonia Toledo 12；标单 €40~55，双 €55~80，标三 €80~110；3月至11月；）这座色调柔和、经过翻修的19世纪房屋位于塔里法老城，是阳光海岸（以及整个加的斯省）最好的经济型酒店之一。随处可见盆栽植物和天蓝/白色的圆拱，主人很热情，服务用心。旅舍设13个各具特色的房间（包括一个3人间），色调都很明亮。漂亮的屋顶露台能眺望对岸的非洲，还建有供休息的小屋。

Sulok Hostel 青年旅舍 €

（603 567229；http://suloktarifa.com；Calle Sancho IV El Bravo 23；铺 €20~40；12月至次年2月 可能关闭；）这是一家现代化的旅舍，穿过老城一时髦的精品店就到了，服务热情，是可靠的经济型住宿之选。这里有3个整洁的宿舍，分别可睡6人、8人及10人，并设有独立的男、女浴室。每个胶囊床铺有两个插座、1盏灯、1个储物柜和能保护隐私的帘子。

Hotel Misiana 精品酒店 €€

（956 62 70 83；www.misiana.com；Calle Sancho IV El Bravo 16；标单 €105~120，双 €125~155，套 €235~310；）这里的顶级套房有独立的屋顶露台，能眺望对岸的摩洛哥美景，是塔里法最好的房间之一。不过双人间也相当不错，以时尚的白色和浅灰色为主，浮木做的时髦装饰，描绘海洋生物的画作，桌上摆有茶/咖啡套具。睡眠较浅的人或许会更喜欢后面更安静的房间。可以想见的是，这家酒店很受欢迎，所以要预订。

早餐（€10）在临街热闹的咖啡馆—酒吧供应。

Hotel Convento Tarifa 酒店 €€

（956 68 33 75；www.hotelconventotarifa.es；Calle Batalla del Salado 14；双 €90~160，标三 €113~195；）这家效率极高的酒店绕着老城外缘古修道院破败的墙壁而建，白色、明亮和淡雅是这里的主题。房间现代化，很宁静，淋浴水很足，有巨大的镜子，花瓶里插有鲜花。

★Riad 精品酒店 €€€

（856 92 98 80；www.theriadtarifa.com；Calle Comendador 10；房 含早餐 €140~210）这一

值得一游

巴埃罗克劳蒂亚

废弃的小镇**巴埃罗克劳蒂亚**（Baelo Claudia；956 10 67 96；www.museosdeandalucia.es；€1.50，欧盟居民免费；6月中旬至9月中旬 周二至周日 9:00~15:00，4月至6月中旬 周二至周六 9:00~20:00，周日 至15:00，9月中旬至次年3月 周二至周六 9:00~18:00，周日 至15:00）是安达卢西亚地区最重要的罗马考古遗址之一。这些壮观的海滩遗迹——能眺望摩洛哥美景——包括一座剧院、一个铺设好的公共集会场所、热水浴场、一个集市、一尊大理石雕像和大教堂立柱和令巴埃罗克劳蒂亚成为罗马时代颇具知名度的城市的作坊：作坊生产的产品包括咸鱼和鱼子酱（用鱼剩下的部位制成的调味品）。这里还有一家很不错的博物馆。

在克劳狄乌斯皇帝（Emperor Claudius）统治期间（公元41年至54年），巴埃罗克劳蒂亚尤其繁荣，但在2世纪的一场地震之后，这座城镇开始衰落。2017年是这处遗址被发掘100周年。

遗址靠近博洛尼亚，在塔里法西北方向15公里处，紧邻N340公路，有路标。7月和8月，工作日每天有3班Horizonte Sur（见774页）运营的班车往返博洛尼亚和塔里法（€2.50，30至40分钟）。其他时间，你只能选择自驾。

极具吸引力的酒店是由17世纪的排屋精心改建而成的。抛光混凝土的大厅内有一个观赏喷泉/泳池，不过酒店仍旧保留了原来的建筑特色：裸露的石墙、古董门、红砖圆拱和带壁画的立面。10个私密性很好的房间就在庭院旁，有防水的灰泥墙、大胆的红蓝色调、时尚的安达卢西亚-摩洛哥设计元素。

就餐

★Café Azul

咖啡馆、早餐 €

（www.facebook.com/cafeazultarifa; Calle Batalla del Salado 8; 早餐 €2~8; 9:00~15:00; ）这家开业已经很久的咖啡馆由意大利人经营，有着吸引人眼球的蓝白色调、摩洛哥风格装饰，供应即便不是安达卢西亚地区也是塔里法最好的早餐。你会想尝尝这里的所有美味的。新鲜的水果沙拉配什锦燕麦片、酸奶和椰肉，水果酸奶可丽饼称得上艺术作品。这里也供应不错的咖啡、奶昔、果汁、西班牙三明治和熟食早餐，有可口的无麸质和严格素食可供选择。

Tarifa Eco Center

素食 €

（956 92 74 56; www.tarifaecocenter.com; Calle San Sebastián 6; 主菜 €8.50~12.50; 9:30~23:30; ）这是一家氛围轻松的露台餐厅，还兼作为联合办公空间和鸡尾酒/果汁吧，非常用心地制作超级吸引人的有机素食和严格素食。全麦炭烤比萨配五颜六色的植物配料是这里的特色，也可以选择诸如蔬菜咖喱、大豆汉堡、特选意大利面、“绿油油”的绿沙拉这样的健康美味，很多菜都是装在海鲜饭小盘里，摆盘很精致。

El Francés

西班牙小吃 €

（Calle Sancho IV El Bravo 21; 西班牙小吃 €2.50~4.80; 周五至周二 12:30至午夜; ）这里总是人头攒动，你可以挤进只有站位的吧台，或者尽力争一个露台餐桌位置。餐厅供应经过改良的安达卢西亚经典菜。这是塔里法最受喜爱的西班牙小吃吧，热闹非凡，供应辣土豆（patatas bravas）、炸虾饼，还有小份的鸡肉蔬菜小米饭和对虾咖喱。不接受预订。当天去占个位置（晚餐从18：30开始供应）。

La Oca da Sergio

意大利菜 €€

（956 68 12 49, 615 686571; Calle General Copons 6; 主菜 €8.50~19; 6月至10月和12月每天 13:00~16:00和20:00至午夜，1月至5月 周一和周三至周五 20:00至午夜，周六和周日 13:00~16:00和20:00至午夜; ）意大利人在塔里法的餐饮界扮演了很重要的角色。这家餐厅服务很友好，餐桌布置成意式风格，有层层叠叠的盘子和有趣的楼层结构，供应用心烹制的家乡菜，始终很受欢迎。餐厅就藏在Iglesia de San Mateo（见770页）的后面。值得期待的美味有卡普列塞（caprese）沙拉、自制意大利面（试试松露宽面）、炭烤薄底比萨、卡普奇诺和餐后柠檬酒（limoncello）。

Mandrágora

摩洛哥菜、安达卢西亚菜 €€

（956 68 12 91; www.mandragoratarifa.com; Calle Independencia 3; 主菜 €11~18; 复活节至10月 周一至周六 18:30至午夜; ）这家气氛很好、有棕榈树遮阴的餐厅位于Iglesia de San Mateo（见770页）后面一条安静的街上，供应安达卢西亚-摩洛哥-中东风味食物，水准一流。你不知道该从何选起，不过诱人的选择包括沙拉三明治和鹰嘴豆泥、羊肉配李子和杏仁、摩洛哥的蔬菜小米饭以及鸡肉或鲶鱼塔吉锅。

饮品和夜生活

冲浪者、风筝冲浪者和海滩爱好者聚集于塔里法，也使得此地的酒吧繁荣发展，热闹异常（在夏季尤其是如此），还有一些一直开到深夜的夜店。夜生活的中心主要在老城狭窄的Calles Cervantes、San Francisco和Santísima Trinidad上。到了夏天，Playa de los Lances和小镇西北面的海滩会出现小食吧（chiringuito），有音乐和DJ助兴，尤其是在日落时分。

Tumbao

休闲酒吧、酒吧

（www.facebook.com/tumbaotarifa; Carretera N340, Km 76, Playa de Valdevaqueros; 复活节至9月 17:00至午夜）这是塔里法最酷的海滩聚集地，供应鸡尾酒、tinto de verano（以葡萄酒打底的冰镇饮品，类似桑格利亚酒）。在摆满豆袋沙发的绿草地上，你可以悠闲地欣赏日落美景，还能眺望Playa de Valdevaqueros的风筝冲浪情景。这里位于塔里法西北方向10公里处。厨房还供应汉堡、沙拉、墨西哥玉米片、烤大牛排骨(chuletone)以及其他可口的美食,大多数都是在户外的烧烤架上烹制的(主菜€7~15)。

Tangana 酒吧

(☎956 68 51 32; www.tarifaweb.com/tangana; Carretera N340, Km 75.5, Playa de Valdevaqueros; ⊙复活节至10月 10:00~21:00; 📶)这家柔和的海滩酒吧有一个波希米亚风情的精品区,还有两个供放松的休息区,一个摆有帆布折叠椅,能够眺望海滩美景。酒吧位于塔里法西北方向11公里处。类似长凳的青绿色桌子很适合让你一边品味莫吉托和caipirinha鸡尾酒(€6),一边慵懒放松,还可以搭配西班牙三明治、汉堡、意大利面、海鲜饭和自助沙拉(菜肴€5~12)。

Bear House 酒吧

(www.facebook.com/bearhousetarifa; Calle Sancho IV El Bravo 26; ⊙周日至周四 16:00至次日2:00,周五和周六 至次日3:00)这一霓虹灯闪烁的饮品吧(bar de copas)有舒适的沙发,口感一流的莫吉托和其他鸡尾酒,足够长的欢乐时光,大屏幕上还会播放足球比赛(但没有酒吧名称里所说的熊)。营业时间不一。

实用信息

旅游局(☎956 68 09 93; Paseo de la Alameda; ⊙周一至周五 10:00~13:30和16:00~18:00,周六和周日 10:00~13:30)

到达和离开

船

FRS(☎956 68 18 30; www.frs.es; Avenida de Andalucía 16;成人/儿童/汽车/摩托车 单程€41/15/136/33)每天有8班船往返塔里法和丹吉尔(Tangier;摩洛哥),时间为1小时。**Inter Shipping**(☎956 68 47 29; www.intershipping.es; Recinto Portuario, Local 4;成人/儿童/汽车/摩托车 单程€38/14/100/24)每天有7班船前往丹吉尔,时间也是1小时。所有乘客都需要出示护照。

长途汽车

Comes(☎902 64 64 28; www.tgcomes.es)运营从**长途汽车站**(☎956 68 40 38; Calle Batalla del Salado)出发的班车,汽车站就在小镇西北尽头的加油站旁边。7月和8月期间,**Horizonte Sur**(☎699 427644; http://horizontesur.es)从周一至周六,每天有11~14班车从塔里法经海滩前往Punta Paloma。

目的地	票价(€)	时间	班次
阿尔赫西拉斯	2.45	30分钟	每天13~25班
加的斯	9.83	1.5小时	每天6班
圣玛利亚港	10	2小时	每天2班
赫雷斯-德拉弗龙特拉	11	2.5小时	每天12班
La Barca de Vejer(前往贝赫尔-德拉弗龙特拉)	4.49	40分钟	每天7班
拉利尼亚(前往直布罗陀)	4.45	1小时	每天6班
马拉加	17	2.75小时	每天3班
马尔韦利亚	11	1.75小时	每天3班
塞维利亚	20	3小时	每天4班

科尔多瓦省(CÓRDOBA PROVINCE)

历史悠久的科尔多瓦城曾是安达卢斯王国最耀眼的灯塔,现在则是与其同名的省最主要的吸铁石。不过除了首府外,这一地区还有大量人迹罕至的地区值得探索。科尔多瓦省北部矗立着莫雷纳山脉(Sierra Morena),绵延深入偏远的乡村、废弃的城堡和受保护的森林。南边,橄榄树和葡萄藤覆盖了起伏的土地,孕育出了一些西班牙最好的橄榄油和葡萄酒。

科尔多瓦(Córdoba)

人口 29.43万/海拔 130米

仅一座建筑就足以让科尔多瓦成为你旅程中不可或缺的一站:令人眼花缭乱的多拱形的清真寺。这是世界上最宏伟的伊斯兰建筑之一,是世俗而复杂的多元文化在此繁荣发展的象征。1000多年前,这座建筑建成的时候,科尔多瓦是伊斯兰统治下的西班牙首都以及西欧最大、最有教养的城市。不过今天的科尔多瓦拥有的可不仅仅是清真寺。这里有很多值得一看和体验的事物、迷人的住宿地、一流的餐厅和酒吧——尽管很多游客只是来去匆匆，但它其实值得让你花更长时间去探索。当你避开大清真寺周边的游客聚集区，沿着西、北和东边中世纪城区蜿蜒的石头小路漫步，科尔多瓦会展现出其真正的魅力。

安达卢西亚地区主要的河流瓜达尔基维尔河就从清真寺南侧流过，临河的街道有不少热闹的餐厅和酒吧，成为一道风景线。与此同时，现代城市生活主要聚集在古老市中心的北面，坦蒂里亚斯广场（Plaza de las Tendillas）周边有很不错的酒吧和餐厅，你能获得更本土化的体验。

4月中旬至6月中旬是科尔多瓦最热闹的时候，正值其最重要的节日期间。这时，天空湛蓝，气温宜人，科尔多瓦很多树林、花园以及庭院都为鲜花绿叶所点缀。9月和10月天气也很不错，7月和8月过于炎热。

历史

公元前3世纪，罗马定居点科杜巴（Corduba）建立，它成为罗马军团的物资供应点。约公元前25年，奥古斯都大帝（Emperor Augustus）将这座城市封为贝提卡省（Baetica；伊比利亚半岛三大罗马省份之一）的首府，科尔多瓦进入了一个繁荣发展期，文化地位上升，出现了塞涅卡（Seneca）和卢肯（Lucan）这样的著名作家。横跨瓜达尔基维尔河的古罗马桥和Calle Claudio Marcelo的神庙就是这座重要的罗马城市遗留下来的醒目标志，其余痕迹则位于地下1~2米处。到了3世纪，当基督教传至科尔多瓦时，古罗马城市已经进入衰退期。711年，它落入伊斯兰入侵者之手。

756年，阿卜杜·拉曼一世（Abd ar-Rahman I）在此自封为安达卢斯王国（穆斯林在伊比利亚半岛控制地区的统称）的埃米尔，这座城市开始占据主导地位。阿卜杜·拉曼一世建立了倭马亚王朝（Umayyad dynasty），在250年的时间里基本统一了安达卢斯王国。785年，阿卜杜·拉曼一世建造了大清真寺。这座城市以及安达卢斯王国在阿卜杜·拉曼三世（912~961年在位）统治时期达到了全盛。为了与北非的法蒂玛王朝竞争，929年，他自封为哈里发（穆斯林对穆罕默德继承者的称谓），开启了科尔多瓦哈里发国时代。

此时的科尔多瓦发展成西欧最大的城市，依靠农业和技艺高超的匠人产品，经济相当繁荣，人口约25万。城里建有数百座令人赞叹的清真寺、公共浴室、庭院、花园和喷泉。这是赫赫有名的“三文化之城”，穆斯林、犹太人和基督徒和谐共处，阿卜杜·拉曼三世的宫廷里总是聚满了来自这三种文化背景的学者。大学、图书馆和天文台使得科尔多瓦成为学问的中心，数百年后的基督教欧洲仍然受其影响。

10世纪末，冷酷无情的将军曼苏尔（Al-Mansur）率领游击队北上，吓坏了西班牙基督徒，他接手了这个哈里发国。但1008年，曼苏尔的儿子阿卜杜·马利克（Abd al-Malik）死后，哈里发国陷入混乱。1031年，柏柏尔人的军队袭击并占据了这座城市，宣告倭马亚王朝的结束。1069年，科尔多瓦成为塞维利亚小国（taifa）的组成部分，自此之后就一直处于塞维利亚的阴影之下。

尽管如此，12世纪的科尔多瓦还是出现了两位安达卢斯王国最著名的学者：一位是穆斯林的阿威罗伊（Averroës；1126~1198年），另一位是犹太人迈蒙尼德（Maimonides；1135~1204年），他们展现出多方面的天赋，其中最被人铭记的是致力于将宗教信仰与亚里士多德学派理性融合在一起。1236年，科尔多瓦被卡斯蒂利亚（Castilla）的费尔南多三世（Fernando Ⅲ）攻占，它衰退成为省城，直到19世纪末的工业革命时期才重新兴旺起来。不过，基督教占据主导的科尔多瓦培养出了西班牙最伟大的诗人之一路易斯·德·贡戈拉（Luis de Góngora；1561~1627年），他至今仍被这座城市铭记。

景点

★清真寺

清真寺、主教座堂

（Mezquita；见692页；☎957 47 05 12；www.mezquita-catedraldecordoba.es；Calle Cardenal Herrero；成人/儿童 €10/5，周一至周六 8:30~9:30 免费；⏲3月至10月 周一至周六 8:30~9:30和10:00~19:00，周日 8:30~11:30和15:00~19:00，11月至次年2月 周一至周六

Córdoba 科尔多瓦

8:30~9:30和10:00~18:00，周日 8:30~11:30和15:00~18:00）很难用言语来说尽科尔多瓦这座宏伟清真寺的美丽，它拥有令人难忘的宁静祥和（尽管游客众多）和宽敞的内庭。这是世界上最伟大的伊斯兰建筑之一，熠熠生辉的装饰让人们回忆起那个优雅的时代——穆斯林、犹太人和基督徒和谐共处，充满活力的多元文化相互碰撞，推动着这座城市进一步繁荣发展。

阿拉伯编年史详细记录了阿卜杜·拉曼一世为参加周五聚礼日的穆斯林买下了西哥特风格的圣维森特教堂的一半空间，接着在公元784年，他又买下了教堂的另一半，随后在教堂所在的位置建起一座新的清真寺。后来的3次扩建使得阿卜杜·拉曼一世的这座清真寺几乎扩大至原来的5倍，形成了你今天看到的样子——其中1次主要的改建之后，也就是16世纪，在清真寺中间矗立起一座基督教教堂（因此经常被称为“清真寺-教堂”）。

周一至周六9:30，周日的正午和13:30，中间的教堂会举行弥撒。

➡ **橘院（Patio de los Naranjos）**

这是一座迷人的庭院，栽种着橘树、棕

Córdoba 科尔多瓦

重要景点
1 天主教君主城堡 B5
2 福斯福托弗拉明戈中心 D3
3 清真寺 C4

景点
4 阿尔卡萨卡利法尔浴场 B4
5 皇家马厩 A5
6 赛法拉德中心 A4
7 考古博物馆 C3
8 胡里奥·罗梅罗·托雷斯博物馆 D3
9 古罗马桥 C5
10 犹太会堂 A4

住宿
11 Balcón de Córdoba C3
12 Hospedería Alma Andalusí B3
13 Hospedería del Atalia B3
14 Option Be Hostel B2

就餐
15 Bar Santos C4
16 Casa Pepe de la Judería B4
17 Garum 2.1 D3
18 La Bicicleta D4
19 La Boca D2
20 Mercado Victoria A2
21 Taberna Salinas D2

饮品和夜生活
22 Bodega Guzmán A3
23 El Barón C4
24 Sojo Mercado A2

娱乐
25 Jazz Café D2

购物
26 Meryan C3

榈树和柏树，还有喷泉，这些构成了清真寺的入口。信徒在进入清真寺之前会在这里进行大小净。其最让人印象深刻的就是免罪之门（Puerta del Perdón），一扇14世纪穆德哈尔风格的拱门就在钟塔旁。清真寺的售票处就在这里面。

钟塔（Torre Campanario）

你可以登上54米高的钟塔，欣赏无与伦比的全景，还可以鸟瞰清真寺主建筑，这个角度非常有趣。9:30至13:30和16:00至18:30（11月至次年2月 至17:30；7月和8月下午不安排登塔），每隔半小时至多允许20人登塔。售票点在免罪之门里面（€2），就在钟塔旁边：通常早于参观时间很久就售空了，所以最好在当天早些时候买票。钟塔最初由阿卜杜·拉曼三世在951至952年建造，作为清真寺的宣礼塔。16世纪和17世纪，基督徒在宣礼塔外面增加了一层坚固的外壳，并将塔进一步建高。现在，你仍然可以在塔内看到一些阿拉伯拱顶和圆拱。

最初的宣礼塔有些类似塞维利亚的希拉尔达塔，后者其实就是模仿之作。科尔多瓦的宣礼塔建成后，对此后整个西欧伊斯兰世界的宣礼塔都造成了影响。

清真寺内部

从结构角度出发，清真寺的建筑独特性和重要性体现在其是那个时代富有革命性的一座建筑。早期伊斯兰重要建筑，例如耶路撒冷的圆顶清真寺和大马士革的大清真寺都很强调其至高无上，但科尔多瓦的清真寺旨在打造一个民主平等化的简单空间，让人们的精神可以在这里自由漫游，轻松地与真主交流——即将最初简单的伊斯兰祈祷空间（通常是位于沙漠的宅院中敞开的庭院）进一步提炼美化。

男子并排在压实的淡红色砂浆地上祈祷。带条纹的圆拱支撑着平顶，顶上装饰着金色和多彩的图案，而这些条纹圆拱代表了海枣树林，它们由1293根柱子支撑着（如今还剩下856根）。游客入口旁摆放着多种语言的介绍小册子，很有用，是免费的。

阿卜杜·拉曼一世最初使用的祈祷室——就是如今游客入口进来的这片区域——被红砖白石构成的条纹圆拱分成11个"厅"。支撑圆拱的柱子使用的材料来自早期建在此地的教堂、科尔多瓦的罗马建筑，甚至从君士坦丁堡等地远道而来。为了让顶部尽可能更高一些，营造出开阔感，富有创意的建筑师们想出了两层结构的创意，将较高的柱子作为底部，然后在其上摆放较矮的柱子。

清真寺此后经过几次扩建——9世纪的阿卜杜·拉曼二世以及960年前后的哈基姆二世（Al-Hakim II）都将清真寺往南扩大；曼

苏尔在970年前后将其往东增加——覆盖面积近1.44万平方米，成为世界上最大的清真寺之一。圆拱的简洁设计及其数量赋予了清真寺无穷无尽的感觉。

最后，清真寺北侧有19道门，光线充足，变得极为开阔。如今，这些门几乎都关闭了，大大影响了红白色双圆拱充满活力的效果。基督徒增建的部分，例如中间巨大的教堂以及边缘的约50座礼拜堂，更使得原本通风的内庭变得闭塞压抑。

➡ 米哈拉布和马克苏拉

就像一个世纪之前的阿卜杜·拉曼二世那样，哈基姆二世在960年前后扩建了礼拜厅，在南端增建了新的朝圣墙（qiblah；指向麦加所在的方向）和米哈拉布（mihrab，圣龛）。壁凹就在米哈拉布前，朝向各个方向的壁凹构成了马克苏拉（maksura），就是哈里发及其随从做礼拜的地方。米哈拉布和马克苏拉是整个清真寺中最精美的部分。

哈基姆二世的扩建工程中最耀眼的部分就是米哈拉布的入口处，一个新月形的圆拱，为被称作alfiz的长方形所包围。为了装饰这一入口，哈基姆二世请求拜占庭国王Nicephoras II Phocas派一位能模仿大马士革大清真寺（建于8世纪的叙利亚倭马亚伟大建筑之一）镶嵌画的镶嵌细工师。这位基督教国王不仅给哈里发送来一位镶嵌细工师，还将一块重达1600公斤的黄金马赛克立方体送给哈里发。这块黄金雕刻上了花卉图案以及《古兰经》的经文，正是它让米哈拉布变得更加光彩夺目。在米哈拉布里面，一块白色的大理石被雕刻成扇贝的形状——《古兰经》的象

不要错过

科尔多瓦的犹太区

科尔多瓦古老的犹太区（Judería）位于清真寺西面和西北面，是老城的一部分，有着如迷宫般的狭窄街道和小广场，白色建筑和能窥见栽满植物的庭院的锻铁门。如今，这里一部分街道被俗气的纪念品商店和针对游客的餐厅所占据，但其他街道仍然很安静，没有受到打扰。在摩尔人统治时期的科尔多瓦，犹太区有多重要，从其紧挨清真寺和这座城市的权力中心的位置就能看出。西班牙曾经拥有欧洲规模最大的犹太社区之一，公元2世纪就已经有相关记载。在阿拉伯人占据这片土地后，遭受西哥特人迫害的犹太人与穆斯林结盟。到10世纪，他们跻身最精力充沛的社会成员之列，成为管理者、医生、法官、哲学家和诗人。1135年，最伟大的犹太神学家之一迈蒙尼提斯（Maimonides）在科尔多瓦出生，不过为了躲避穆瓦希德人的迫害，他很小就和家人一起逃离科尔多瓦，最后在埃及落脚。他的巨著《密西拿律法书》（*Mishne Torah*）总结了犹太教义，并系统性地整理了所有的犹太法律。

赛法拉德中心（Casa de Sefarad；✆957 42 14 04；www.casadesefarad.es；Calle de los Judíos和Averroes交叉路口；€4；⏲7月至9月 10:00~19:00，10月至次年6月 周一至周六 11:00~19:00和周日11:00~14:30）位于犹太区中心，曾有隧道和犹太教堂连通。这是一家很有趣的博物馆，致力于展现伊比利亚半岛犹太人（Sephardic）的传统。不同的展厅的展览涵盖了食物、家庭手工艺品、仪式、音乐、科尔多瓦的犹太名人和宗教审判等主题。这里还有关于安达卢斯王国女性知识分子（诗人、艺术家和思想家）的介绍。

犹太会堂（Sinagoga；✆957 74 90 15；www.turismodecordoba.org；Calle de los Judíos 20；欧盟成员/其他 免费/€0.30；⏲6月中旬至9月中旬 周二至周日 9:00~15:00，9月中旬至次年6月中旬 周二至周六 9:00~20:00和周日 9:00~15:00）建于1315年，是一家很小、可能是私人或家族打理的犹太会堂，是犹太人在中世纪安达卢西亚切实存在过的保存最好的证明之一。不过自1492年驱逐犹太人之后，这里就再也没有作为祈祷场地使用过。会堂的粉饰灰泥装饰非常精美，刻有希伯来铭文，还有复杂的穆德哈尔式星星及植物图案，上层有专为女性留出的位置。

征——构成了穹顶，能将伊玛目（引领伊斯兰礼拜的人）的声音放大，传遍整个清真寺。

马克苏拉的圆拱是清真寺内最复杂精巧的，马蹄形状交织在一起，令人眼花缭乱。同样吸引人的还有马克苏拉的天窗穹顶，有带星星图案的石质拱顶。每个穹顶都由四对交织的平行肋拱支撑，在10世纪的欧洲，这是一种非常先进的技术。

➡ **教堂**

1236年，基督教征服了科尔多瓦，此后，清真寺就被作为主教堂使用，但在近三个世纪里，这里基本保持原样。不过在16世纪，国王卡洛斯一世允许教堂权威在清真寺中心建起一座全新的主礼拜堂（Capilla Mayor）以及唱诗班席位。

传说，国王看到结果后惊恐万分，称建造者毁掉了世界上独一无二的东西。教堂花了近250年才完工（1523~1766年），因此包含不同的建筑元素，从复杂的花叶形装饰和后文艺复兴风格，再到夸张的西班牙巴洛克风格。后期的特色包括主祭坛大量使用17世纪的碧玉和红色大理石构成装饰。而精美的红木唱诗班席位是在18世纪由Pedro Duque Cornejo雕刻完成的。

➡ **夜间参观**

3月至10月周日之外的每天，11月至次年2月每周五和周六，晚上在清真寺有两场声光秀（www.elalmadecordoba.com），时长1小时，提供9种语言的语音导览。票价€18（老人或学生€9）。

★天主教君主城堡　要塞

（Alcázar de los Reyes Cristianos, Fortress of the Christian Monarchs; ☎957 42 01 51; www.alcazardelosreyescristianos.cordoba.es; Campo Santo de Los Mártires; 成人/学生/儿童€4.50/2.25/免费; ⏲6月中旬至9月中旬 周二至周六 8:30~15:00, 周日 至14:30, 9月中旬至次年6月中旬 周二至周五 8:30~20:45, 周六 至16:30, 周日至14:30; 👪）这座城堡兼宫殿建于13世纪和14世纪的卡斯蒂利亚王国时期，建在摩尔城堡废墟之上。1486年，天主教君主费尔南多和伊莎贝拉在这里第一次接见了哥伦布。城堡内有一个厅展示了一些20世纪50年代从Plaza de la Corredera出土的罗马马赛克画。城堡的花园里遍布鱼池、喷泉、橘树、鲜花，非常适合漫步，令人感到身心愉悦。

21:00（周一除外），城堡会上演名为**城堡奇幻之夜**（Noches Mágicas en el Alcázar; 成人/儿童 €6.50/免费）的多媒体秀，包含了灯光、弗拉明戈音乐和喷泉舞。参观完城堡，不妨去附近的**阿尔卡萨卡利法尔浴场**（Baños del Alcázar Califal; ☎608 158893; www.banosdelalcazarcalifal.cordoba.es; Campo Santo de los Mártires; 成人/学生/儿童 €2.50/1.50/免费）看一下，这是摩尔城堡建于10世纪的浴室，让人印象深刻。

皇家马厩　马厩

（Caballerizas Reales; ☎957 49 78 43; www.cordobaecuestre.com; Calle Caballerizas Reales 1; 成人/儿童训练 €5/1, 表演 €15/10; ⏲周日和周一 10:00~13:30, 周二 10:00~13:30和16:00~20:00, 周三至周六 10:00~13:30和17:00~20:00, 表演 周三至周六 21:00）1570年，腓力二世国王（King Felipe II）下令建造了这些雅致的马厩，作为饲养高大的西班牙纯种战马（caballo andaluz）的中心。这个中心至今仍然饲养着这些良驹（现在有47匹），并按照骑术纪律培训马匹和骑手。周二至周日每天的开放时间（11:00），你可以观看训练，也可以选择观看1个小时的表演，既有马术表演，也有弗拉明戈音乐和舞蹈，令人难忘！

古罗马桥（Puente Romano）　桥梁

气派的古罗马桥有16个桥拱，横跨瓜达尔基维尔河，位于科尔多瓦清真寺南方，是古代Via Augusta的组成部分之一，这条大道从加泰罗尼亚的赫罗纳通往加的斯。数百年来，古罗马桥经历过几次重建，如今禁止机动车通行，很适合漫步。有了CGI特效，这座桥在不久前还出现在《权力的游戏》中，变身为瓦兰提斯长桥。

★福斯福托弗拉明戈中心　博物馆

（Centro Flamenco Fosforito; Posada del Potro; ☎957 47 68 29; www.centroflamencofosforito.cordoba.es; Plaza del Potro; ⏲6月中旬至9月中旬 周二至周日 8:30~15:00, 9月中旬至次年6月中旬 周二至周五 8:30~19:30, 周六和周日 8:30~14:30）免费 可能是安达卢西亚最好的

弗拉明戈博物馆，内设展览、电影和信息板，通过英语和西班牙语告诉你吉他的历史，介绍所有伟大的弗拉明戈演出者。触屏视频示范了弗拉明戈歌曲、吉他、舞蹈和打击乐器的重要技巧——你可以通过敲击不同音乐形式的节奏来检验自己的技能。这里也定期举办免费的现场弗拉明戈表演，通常是在每周日正午（网站上有相关信息）。

博物馆位于Posada del Potro内，地理位置极佳，这是一座具有传奇色彩的酒店，曾出现在《堂吉诃德》中，塞万提斯称这是一个"贼窝"。博物馆所在的广场也很著名，曾是个马市，有一座迷人的16世纪石头喷泉，上面立着一匹直立的小马驹。

★比亚纳宫 博物馆

（Palacio de Viana; www.palaciodeviana.com; Plaza de Don Gome 2; 整个建筑/庭院 €8/5; ⌚9月至次年6月 周二至周六 10:00~19:00，周日至15:00，7月和8月 周二至周日 9:00~15:00）这个令人惊艳的文艺复兴式的宫殿有着12个美丽、种满植物的庭院，春季是最好的观赏时节。在1980年以前，这里还归比亚纳侯爵所有，这座宽敞的建筑随处可见艺术品和古董。你可以拿着自助小册子在漂亮的庭院和花园散步，也可以参加团队游，游览房间。从坦蒂里亚斯广场出发往东北方向走800米即可到达。

胡里奥·罗梅罗·托雷斯博物馆 画廊

（Museo Julio Romero de Torres; Plaza del Potro 1; 成人/学生/儿童 €4.50/2.25/免费; ⌚6月中旬至9月中旬 周二至周六 8:30~15:00，周日 8:30~14:30，9月中旬至次年6月中旬 周二至周五 8:30~20:45，周六 8:30~16:30，周日 8:30~14:30）这一很热门的博物馆位于昔日的医院建筑内，是献给当地备受尊敬的画家胡里奥·罗梅罗·托雷斯（1873~1930年）的。他的画作以表达对安达卢西亚女性之美的欣赏之情而出名。弗拉明戈和斗牛也赋予了他创作的灵感。

考古博物馆 博物馆

（Museo Arqueológico; ☎957 35 55 17; www.museosdeandalucia.es; Plaza de Jerónimo Páez 7; 欧盟居民/其他 免费/€1.50; ⌚9月中旬至次年6月中旬 周二至周六 9:00~20:00，周日 9:00~15:00，6月中旬至9月中旬 周二至周日 9:00~15:00）考古博物馆展出的展品很用心，回顾了科尔多瓦从前罗马时期到收复失地运动早期在规模、外观和生活方式方面的多次变化。这里有一些精美的雕塑、让人难忘的硬币收藏以及关于家庭生活和宗教的有趣展示，配有英语和西班牙语的说明。进入地下室，你可以走入科尔多瓦古罗马剧院的遗迹。

节日和活动

科尔多瓦庭院节 集会

（Fiesta de los Patios de Córdoba; http://patios.cordoba.es; ⌚5月）在两周的时间里（5月初开始，正是庭院最美的时节），50余个科尔多瓦美丽的私人庭院会向公众开放，直至22:00，最终评选出"最佳庭院"。同时各种文化活动也随之展开，在城里一些最华丽的庭院和花园举办弗拉明戈以及其他音乐会。

★弗拉明戈白夜节 音乐节

（Noche Blanca del Flamenco; http://nocheblancadelflamenco.cordoba.es; ⌚6月）由顶尖的弗拉明戈歌手、吉他手和舞者带来的持续整晚的一流弗拉明戈表演，在科尔多瓦众多风景如画的场地进行，例如清真寺的橘院和Plaza del Potro。所有表演都是免费的。时间为6月20日左右的周六晚上。

科尔多瓦吉他节 音乐节

（Festival de la Guitarra de Córdoba; www.guitarracordoba.org; ⌚7月初）节日为期2周，来自西班牙以及国际范围内的明星在科尔多瓦的剧场带来各种表演，包括古典音乐、弗拉明戈、摇滚、蓝调及其他音乐。

住宿

★Bed and Be 青年旅舍 €

（☎661 420733; www.bedandbe.com; Calle José Cruz Conde 22; 含早餐 铺 €17~35，标单 €30~50，双 €49~80; ❄📶）🍃非常好的旅舍，位于坦蒂里亚斯广场以北300米处。员工很熟悉科尔多瓦。每晚，旅舍都会举办社交活动——通常是在顶层小酌一杯，然后是酒吧或西班牙小吃游。带共用浴室的独立房间和4人或8人的宿舍都很干净，如同闪闪发光的白色小镇一样。

Option Be Hostel 青年旅舍 €

(☎661 420733; www.facebook.com/optionbecordoba; Calle Leiva Aguilar 1; 含早餐 铺€18~45, 双€44~99; ❄📶🛎)这是一家小巧、颇具吸引力的青年旅舍，热情友好，有着现代化的设计，地处安静的老城街道。顶层有一个令人愉悦的露台，还有跳水池。旅舍只有两个独立房间（带独立浴室）和两个宿舍，此外底楼有一个亮堂堂的厨房，中间是干净的庭院休息区。这里由一级棒的Bed and Be的团队经营，客人也可以参加Bed and Be举办的夜间社交活动。

Hospedería Alma Andalusí 酒店 €

(☎957 20 04 25; www.almaandalusi.com; Calle Fernández Ruano 5; 房€38~70; ❄📶)这家

值得一游

阿萨哈拉宫

阿萨哈拉宫(Medina Azahara; ☎957 10 49 33; www.museosdeandalucia.es; Carretera Palma del Río Km 5.5; 欧盟居民/其他 免费/€1.50; ⏲4月至6月中旬 周二至周六 9:00~19:00，6月中旬至9月中旬 至15:00，9月中旬至次年3月 至18:00，全年 周日 9:00~15:00)遗址位于科尔多瓦以西8公里处。这座奢华的宫殿—都城是由哈里发阿卜杜·拉曼三世在10世纪建造的。整个建筑群沿山坡而建，哈里发的宫殿（也就是你现在参观的地方）在最高层，能俯瞰花园和开阔的场地。居住区（尚未发掘出来）分布在每一侧。下方建有一个引人入胜的现代化博物馆。

传说，阿卜杜·拉曼三世为心爱的妻子阿萨哈拉建造了阿萨哈拉宫。看到妻子思乡心切，一心渴望见到叙利亚被白雪覆盖的群山，阿卜杜·拉曼三世在新城周围种满了杏树和樱桃树，用纷飞的白色花瓣代替雪花。更为可信的说法是，阿卜杜·拉曼三世在929年宣布建立哈里发国，和其他哈里发一样，他决定建造一座新都城。工程始于940年，编年史家记录了一些令人难以置信的数据：1万名工人在一天运送6000个石块，东西外墙长1518米，南北外墙长745米。

但不可思议的是，这样一座耗费35年建立起来的城池仅存在了几年，981年，篡位者曼苏尔将政权中心迁到了新宫殿。接着，在1010~1013年，阿萨哈拉宫遭到柏柏尔士兵的大肆破坏。在此后的数个世纪里，宫殿一再遭到劫掠，被拆毁用作其他建筑的材料。

从博物馆出发，你最先到达的就是这里，遗址门票也是在此购买（如果是自驾，必须把车停在这里），有摆渡车（lanzadera；成人/儿童和学生往返 €2.10/1.50）载你前往2公里外、地势更高的宫殿遗址。参观路线将引领你穿过都城最初的北门。在可以参观的区域中，亮点包括：宏伟的带拱顶的**Edificio Basilical Superior**，这是都城主要的行政办事处所在地；**Casa de Yafar**，这里被认为是哈里发首相的住所。而被称为**阿卜杜·拉曼三世厅**(Salón de Abd ar-Rahman III或Salón Rico)的皇家接见厅则是遗址王冠上的瑰宝。这里自2009年开始就因修复而关闭（在本书调研期间尚未有确定的完工日期）。这个大厅有精美的灰泥雕刻，据说装饰着金银瓷砖、象牙和乌木拱顶，墙上是多彩的大理石。

博物馆能带你回顾阿萨哈拉宫的历史，有其平面图和结构，介绍了这里的居民及最终走向衰颓的经过——精美的展品来自遗址，还有互动展示，英语翻译堪称完美。

自驾者应该沿着Avenida de Medina Azahara往西驶出科尔多瓦，这条路连接A431公路，6公里之后有岔路通往阿萨哈拉宫，路口有标牌。

科尔多瓦阿尔莫多瓦门（Puerta de Almodóvar）附近的Glorieta Cruz Roja站，周二至周日每天10:15和11:00有公共汽车前往阿萨哈拉宫（成人/儿童往返 €9/5，含博物馆和遗址之间的往返摆渡车），9月中旬至次年6月周二至周六14:45也有一班车。你可以上车买票，也可以提前在旅游局买票。周末和公共假日期间，最好提前买票。公共汽车从阿萨哈拉宫返回的时间为其离开科尔多瓦的3.25小时后。

小酒店位于犹太区安静的区域，从一座古建筑精心改建而成，变成了一处时尚而现代化的住地，房费很合理。房间虽小但很吸引人，装饰以蓝白色为主，有用心挑选的家具、科尔多瓦景点的大照片以及抛光木或传统瓷砖铺设的地板——非常舒服。

★ **Patio del Posadero** 精品酒店 €€

（957 94 17 33; www.patiodelposadero.com; Call Mucho Trigo 21; 房 含早餐 €95~170; ）这座位于清真寺以东1公里处一条安静小巷的15世纪建筑被改建成了一家热情好客的精品酒店，很舒服，独特的现代化设计与复古的科尔多瓦摩尔风格融合在一起。酒店中心是一个迷人的庭院，有鹅卵石地面、砖砌拱门，沿着台阶就可以来到漂亮的上层，有一处跌水池，一流的自制早餐就是在这里供应的。

★ **Viento10** 精品酒店 €€

（957 76 49 60; www.hotelviento10.es; Calle Ronquillo Briceño 10; 标单 €84~147, 双 €100~172; ）这家酒店是由落成于15世纪的医院建筑巧妙改建成的，有8个舒适惬意的房间。美丽明亮利落的装饰风格与庭院内古老的石柱完美融合。酒店洋溢着轻松自在的氛围，尤其是屋顶露台，有休息厅，还能眺望瓷砖铺就的屋顶和清真寺。

Hospedería del Atalia 精品酒店 €€

（957 49 66 59; www.hospederiadelatalia.com; Calle Buen Pastor 19; 房 €50~200; ）从犹太区一处安静的庭院能进入这家酒店，房间很优雅，都是主人亲自设计的，以紫红色、赤褐色和橄榄绿为主。早餐味道不错，很丰富，价格为€6。此外，这里有一个很宽敞的屋顶露台，光照充足，摆着椅子和桌子，能看到清真寺。

★ **Balcón de Córdoba** 精品酒店 €€€

（957 49 84 78; www.balcondecordoba.com; Calle Encarnación 8; 含早餐 标单 €160~320, 双 €170~400; ）顶级精品奢华酒店Balcón距离清真寺只有一步之遥，有一座迷人的庭院、10间时尚的客房、古董石头遗迹装点在周围，就好像是附近考古博物馆的一翼一般。服务无懈可击。房间装饰现代化，很有品位，能让人放松，摆放了一些艺术品，但不会显得凌乱。

就餐

科尔瓦多的招牌菜是salmorejo，这是一种口感醇厚、很美味的凉菜汤，用西红柿、大蒜、面包、柠檬、醋和橄榄油一起烹制，撒上了煮鸡蛋和火腿丝。这道菜和炖牛尾（rabo de toro）一样会出现在每家餐厅的餐厅上。这里也有大量安达卢西亚传统的肉菜和鱼菜。不过一些更现代化的小餐馆成功地用西班牙食材做出了改良版的佳肴。不要错过本地酿制的蒙蒂利亚酒（Montilla）和Moriles甜味葡萄酒。

★ **Mercado Victoria** 美食广场 €

（http://mercadovictoria.com; Paseo de la Victoria; 食品 €2~19; 周日至周四 10:00至午夜，周五和周六 10:00~14:00）这是一个美食广场，不过显得与众不同，很时髦。从阿根廷的肉馅卷饼和墨西哥的玉米粉圆饼到寿司和经典西班牙海鲜、烤肉，几乎是应有尽有，全都是在你眼皮底下现做的。环境也很特别——19世纪的锻铁镶玻璃大厅，就在老城西面的维多利亚花园内。

★ **La Bicicleta** 咖啡馆 €

（666 544690; Calle Cardenal González 1; 浅盘菜肴 €4~13; 正午至次日1:00，7月至8月 周一至周四 18:00起; ）这家友好随意的餐厅有很多饮品可选——各种大杯冰爽果汁，还有鸡尾酒、啤酒和葡萄酒，以及美味的菜肴，例如鹰嘴豆泥、鳄梨火腿吐司和每日现做的可口蛋糕。

La Tinaja 安达卢西亚菜 €

（957 04 79 98; http://latinajadecordoba.com; Paseo de la Ribera 12; 盘餐€8~18; 13:30~17:00和19:30至次日1:30）有些临河餐厅的食物与其绝佳的位置不符，但La Tinaia服务很可靠，用经典的西班牙食材精心烹制。入夜后，露台上点起蜡烛时，是最浪漫的。你可以选择韭葱卷海鲜、菠菜鳕鱼小方饺，或者烤猪肉配南瓜鹰嘴豆泥。这里菜的分量恐怕不能满足胃口好的人。

Taberna Salinas 安达卢西亚菜 €

（957 48 01 35; www.tabernasalinas.com;

Calle Tundidores 3; 盘餐 €8~9; ⊙周一至周六 12:30~16:00和20:00~23:30, 8月关闭）这是一家历史悠久的酒吧兼餐厅（自1879年开始营业），有一个庭院和几个客房。你能看到经典的科尔多瓦式装饰——瓷砖、葡萄酒桶、艺术品和斗牛士Manolete的照片。餐厅很受游客喜爱（提供5种语言的菜单），但保留了传统的氛围，侍者很热心，而且乐于助人。食物非常美味，有橘子鳕鱼沙拉，也有猪腰配榛子酱。

Bar Santos 西班牙小吃 €

（Calle Magistral González Francés 3; 西班牙小吃 €2~5; ⊙10:00至午夜）这家富有传奇色彩的小酒吧位于清真寺对面的街上，供应当地最好的土豆蛋饼（tortilla de patata）——当地人能不知道吗？店员娴熟地把带馅的圆形厚饼切下一块（€2.30），放在纸制的一次性盘子里递给客人，客人可以外带，在清真寺的围墙旁享用。这里还有其他的西班牙小吃可选。不要错过。

★Casa Pepe de la Judería 安达卢西亚菜 €€

（☎957 20 07 44; http://restaurantecasapepedelajuderia.com; Calle Romero 1; 盘餐 €10~26; ⊙13:00~16:00和19:30~23:00; 📶）这家餐厅（1920年首次开业）一直很受欢迎，你可以在阳光明媚的屋顶露台或装饰有传统和现代科尔多瓦艺术品的餐厅享用精心烹制的安达卢西亚经典美味。菜肴有可口的西红柿冷菜汤、裹面包屑的猪腰火腿卷（flamenquín）、沙拉、干煎比目鱼、羊肩肉配苹果酱。服务是一如既往的友好周到，即便外带也不例外。

★Bodegas Campos 安达卢西亚菜 €€

（☎957 49 75 00; www.bodegascampos.com; Calle de Lineros 32; 主菜 €14~24; ⊙周一至周六 13:30~16:30和20:30~23:30，周日 13:30~16:30）这家氛围浓郁、包间和庭院密集的餐厅堪称科尔多瓦经典，很受本地人和游客的欢迎。餐厅和更为随意的酒馆供应美味菜肴，将些许创意融入传统的安达卢西亚美食中——例如鳕鱼和墨鱼小方饺、猪里脊配葡萄酱。这里也自酿蒙蒂利亚酒（Montilla）。

Garum 2.1 安达卢西亚菜 €€

（☎957 48 76 73; Calle de San Fernando 122; 西班牙小吃 €3~9, 盘餐 €8~18; ⊙正午至午夜）这里供应传统的肉菜、鱼菜和素食，不乏创意。我们推荐伊比利亚猪肉配多汁的西红柿—洋葱—辣椒酱（presa ibérica con patatas al pelotón）。服务友好周到。

La Boca 创意菜 €€

（☎957 47 61 40; www.facebook.com/restaurante.laboca; Calle de San Fernando 39; 菜肴 €6~15; ⊙周三至周一 正午至16:00和20:00至午夜; 📶）如果觉得牛尾玉米卷饼、半烤红金枪鱼、鸭肉熏火腿沙拉和芒果核桃醋听上去很有吸引力，那么你就会喜欢La Boca的。这个创意小餐馆供应来自世界各地的美味，你可以在6个极具艺术气息的质朴"酒馆"房间里享用，也可以去更为正式的餐厅区。食物味道很好，不过分量不多。周末建议预订。

🍷饮品和夜生活

El Barón 酒吧

（Plaza de Abades 4; ⊙12:30至午夜）这是一家低调的本地酒吧，位于没有机动车打扰、橘树掩映的老城广场上，非常适合在夜晚安静地喝几杯。这里供应蒙蒂利亚酒和其他葡萄酒、西班牙起泡酒和啤酒，还有些不错的小吃，例如非常诱人的巧克力蛋糕。

Sojo Mercado 酒吧、休闲酒吧

（http://sojomercado.com; Mercado Victoria, Paseo de la Victoria; ⊙周日至周四 13:00至次日2:00，周五和周六 至次日3:00）在Mercado Victoria美食市场的一个角落里，有顶层露台，是一家很时尚的酒吧。每个周末，这里就会变得很热闹。周六15:00左右开始，二三十岁的人就聚集在这里，跟随着流行/电子/拉丁乐忘情跳舞。

Bodega Guzmán 葡萄酒吧

（Calle de los Judíos 7; ⊙周五至周三 正午至16:00和20:30~23:30）这是一家气氛浓郁、类似洞穴的犹太区酒吧，内部装饰着各种斗牛纪念品，吸引了众多当地人和游客。吧台背后有3个巨大的酒桶，装满了蒙蒂利亚酒。一定要尝尝这里的苦味酒（amargoso）。

从科尔多瓦出发的长途汽车

长途汽车站（☎957 40 40 40; www.estacionautobusescordoba.es; Avenida Vía Augusta）位于火车站后面，在坦蒂里亚斯广场西北方向1.3公里处。

ALSA（☎902 422242; www.alsa.es）

Autocares Carrera（☎957 50 16 32; www.autocarescarrera.es）

Autocares San Sebastián（☎957 42 90 30; www.autocaressansebastian.es）

Grupo Sepulvedana（☎902 119699; www.sepulvedana.es）

Socibus（☎902 229292; http://socibus.es）

目的地	长途汽车公司	票价（€）	时间（小时）	班次（每天）
巴埃萨	ALSA	12	2.25	2班
格拉纳达	ALSA	15	2.75~4	7班
哈恩	Grupo Sepulvedana	11	2	5~6班
马德里	Socibus	17~23	5	8班
马拉加	ALSA	12	3	4班
塞维利亚	ALSA	12	2	7班
乌韦达	ALSA	12	2.5	4班

Amapola

酒吧

（www.facebook.com/amapolabarcordoba; Paseo de la Ribera 9; ⊙16:00至次日2:30或更晚，周五至周日 正午起）临河酒吧，充满艺术气息，有精心调制的鸡尾酒，还有一个很不错的露台，可以俯瞰河景。周五和/或周六晚上经常有DJ助兴或现场音乐演出。

☆ 娱乐

在科尔多瓦，你有大量欣赏现场音乐演出的机会，部分场地可定期举办弗拉明戈、爵士、摇滚或蓝调乐表演。福斯福托弗拉明戈中心（见779页）就会定期举办弗拉明戈活动，也可以询问即将上演的活动。

Jazz Café

现场音乐

（www.facebook.com/jazzcafecordoba; Calle Rodríguez Marín; ⊙18:00至次日3:00或4:00）引人入胜的音乐聚集地，装饰着各种与音乐相关的物品。这里每周四都会举办蓝调演出，每周二则是爵士乐演出（都是22:00开始），还有其他现场活动。热闹的场景通常持续到凌晨。每周五和周六，往往会有DJ播放电子舞曲。

购物

科尔多瓦的手工艺品——色彩丰富的轧花革（cuero repujado）制品、银饰珠宝（尤其是金银丝制成的工艺品）和精致的陶瓷——历史悠久。轧花革也分为绵羊皮（guadamecí）或山羊皮（cordobán）。Calles Cardenal González和清真寺有一些时髦的工艺品店。

Meryan

工艺品

（☎957 47 59 02; www.meryancor.com; Calleja de las Flores 2; ⊙周一至周五 9:00~20:00，周六 9:30~14:30）这家店有些上等的轧花革制品：钱包、包、盒子、笔记本、皮盖木箱，甚至还有毕加索画作的复制品。

ℹ 实用信息

Córdoba（www.cordobaturismo.es）提供科尔多瓦省的旅游信息。

游客信息中心（Centro de Visitantes; ☎902 201774; www.turismodecordoba.org; Plaza del Triunfo; ⊙周一至周五 9:00~19:00，周六和周日 9:30~14:15）主要的游客信息中心，设有关于科尔多瓦历史的展览，楼下还保存了一些罗马和西哥特遗迹。

市旅游信息亭（Municipal Tourist Information Kiosk; ☎902 201774; www.turismodecordoba.org; Plaza de las Tendillas; ⊙9:00~14:00）

市旅游局（Municipal Tourist Information

Office; ☎902 201774; www.turismodecordoba.org; 火车站; ⏰9:00~14:00和16:30~19:00)位于火车站主入口大厅内。

到达和离开

火车

科尔多瓦现代化的**火车站**(☎91 232 03 20; www.renfe.com; Plaza de las Tres Culturas)位于坦蒂里亚斯广场西北方向1.2公里处，有速度较快的AVE列车，也有些速度慢一点的地区列车。

目的地	票价(€)	时间	班次(每天)
安杜哈尔	8~16	50分钟	5班
安特克拉(圣塔安那)	14~34	30~40分钟	12~16班
格拉纳达	28.95~36.5	1小时30分钟至2小时40分钟	8班
哈恩	15	1.75小时	4班
马德里	33~63	1.75~2小时	24~33班
马拉加	20~42	1小时	14~18班
塞维利亚	14~30	45~80分钟	27~39班

当地交通

公共汽车

3路公共汽车(☎957 76 46 76; www.aucorsa.es)(€1.30，每隔14至20分钟)从Avenida Vía Augusta(火车站和汽车站之间的街道)出发，开往Calle Diario de Córdoba和Calle de San Fernando(位于清真寺东面)。如果要返回的话，可以在古罗马桥附近的**Ronda de Isasa**上车，也可以在**Campo Santo de los Mártires**、**Glorieta Cruz Roja**或**Paseo de la Victoria**上车。

小汽车

科尔多瓦的单行线制度犹如梦魇，小汽车不能进入古老的中心区域，除非是有装卸需求或停在酒店里，大多数酒店都有清楚的路标，标出了停车位置。过了Puente de Miraflores，河南面有免费停车区。**Paseo de la Victoria**、**Avenida Doctor Fleming**(Avenida Doctor Fleming)及西面的街上有些免费和设有收费表的停车区。计费区(沿街画有蓝线的区域)在14:00至17:00和21:00至次日9:00，以及周六14:00至周一9:00是免费的。

苏贝蒂嘎斯山脉自然公园(Parque Natural Sierras Subbéticas)

这个位于科尔多瓦省东南部的公园面积达320平方公里，有崎岖险峻的翠绿石灰岩山，山间遍布洞穴、泉水和溪流，边缘散落着一些迷人的古老村庄和小镇。公园非常适合探索，可以在山谷、峡谷和高峰(最高峰为海拔1570米的La Tiñosa)之间徒步。大多数游客会以风景如画的苏埃罗或普列戈德科尔多瓦(Priego de Córdoba)附近为大本营。4月、5月、9月和10月是理想的徒步时节。

公园的信息中心圣丽塔游客中心(Centro de Visitantes Santa Rita; ☎957 50 69 86; Carretera A339, Km 11.2; ⏰5月至6月 周三至周五 9:00~14:00，周六和周日 9:00~14:00和18:00~20:00，7月至8月 周五至周日 9:00~14:00，9月 周三至周日 9:00~14:00，10月至次年4月 周三

值得一游

CASA OLEA

Casa Olea(☎696 748209; www.casaolea.com; Carretera CO7204，靠近El Cañuelo; 标单/双 含早餐 €107/121; P❄📶🏊)是一座为英国人所有的乡间别墅，位于普列戈以北12公里处，坐落于小橄榄林中。别墅很漂亮，也很宽敞，氛围轻松随意。这是个令人愉悦的乡村隐居点，非常适合作为探索这片区域的大本营。从这里去苏布韦蒂卡斯山脉步行非常便捷，也提供山地自行车租赁服务(每天€15)。科尔多瓦和格拉纳达距离这里都在1.5小时车程以内。

别墅内有一个迷人的泳池，一周有5个晚上供应晚餐(2/3道菜 €20/25)，味道非常好。主人非常了解周边区域，能提供相关信息和建议。不接待7岁以下儿童。

至周五 9:00~14:00，周六和周日 9:00~14:00和16:00~18:00）位于Cabra至普列戈德科尔多瓦的公路上。

苏埃罗（Zuheros）

人口 660/海拔 640米

苏埃罗位于苏贝蒂嘎斯山脉自然公园北部边缘，风景如画，地理位置绝佳。这里有纵横交错的白色街道，悬崖顶上的城堡踞于群山的背风处，橄榄树往山坡下绵延，一眼望不到尽头。从A318公路往上蜿蜒行进，就能到达这座氛围轻松随意的村庄。

景点

苏埃罗城堡 城堡

（Castillo de Zuheros; Plaza de la Paz; 门票或团队游 含考古博物馆 成人/儿童 €2/1.25; ⏲周二至周五 10:00~14:00和17:00~19:00，团队游 周六、周日和假日 11:00、12:30、14:00、17:00和18:30，10月至次年3月下午出发的时间提前1小时）苏埃罗城堡位于景色绝佳的山顶之上，最早修建落成于9世纪，当时被称为摩尔城堡，但如今保存下来的大多数是13世纪和14世纪基督徒建造的部分，还有16世纪文艺复兴风格的宫殿。城堡很小，但能从最高点欣赏全景。周末和假日参观有导游，其余时间则没有。可以在**考古博物馆**（Museo Arqueológico; ☎957 69 45 45; Plaza de la Paz; 成人/儿童 含城堡 €2/1.25; ⏲全年 周二至周日 10:00~14:00，4月至9月 17:00~19:00，10月至次年3月 周二至周五 16:00~18:00）购买城堡门票，门票也包含博物馆。博物馆就在广场对面，也是苏埃罗的旅游局所在地（见787页）。

蝙蝠洞 洞穴

（Cueva de los Murciélagos; ☎957 69 45 45; 成人/儿童 €6/5; ⏲导览游 周二至周五 12:30和17:30，周六和周日 11:00、12:30、14:00、17:00和18:30，10月至次年3月 下午出发的时间提前1小时; Ⓟ）这座非凡的洞穴位于苏埃罗上方4公里处的石灰岩山丘中。导览游是从巨大的洞口开始，环形走415米（700级台阶），经过一系列满是奇幻的岩石结构的走廊，欣赏岩石上描绘着的抽象山羊图形的岩画，其历史可以追溯到新石器时代。只能通过导览团队游入内参观，周二至周五的10:00至13:30可以通过打电话或发电子邮件至苏埃罗旅游局（见787页）进行预订。

食宿

★ **Hotel Zuhayra** 酒店 €

（☎957 69 46 93; www.zercahoteles.com; Calle Mirador 10; 含早餐 标单 €42~48，双 €52~60; ❄📶🏊）从苏埃罗城堡往下走一小段距离就能到达这家酒店，每个房间都超级舒适，都能看到令人屏息凝神的乡村景色，是探索这片区域的好基地。热情的店主Ábalos兄弟（会讲英语），提供了大量景点活动信息。

不 要 错 过

厄希蒂绿道

厄希蒂绿道（Vía Verde del Aceite; www.viasverdes.com; 👪）🍃是这一地区难度最低、标记最完善的路径，由废弃的铁路改建成了如今适合自行车骑行和步行的道路，蜿蜒穿过苏埃罗下方的乡野。这条路长128公里，从Puente Genil附近的Camporreal穿过科尔多瓦省和哈恩省，一直通往哈恩城，沿着苏贝蒂嘎斯山脉自然公园西部和北部边缘延伸。

这条绿色通道沿途有和缓的斜坡，废弃的老桥、隧道和高架桥，适合各个年龄段的游客，是非常有趣的体验。沿路的旧车站设有咖啡馆和自行车租赁点，还设有信息翔实的地图板——在这里你不可能迷路！科尔多瓦省的这一段也被称为Vía Verde de la Subbética（曾经用过的名字）。

Subbética Bike's Friends（☎691 843532, 672 605088; www.subbeticabikesfriends.com; 自行车 每半天/每天 €9/12，婴儿座椅 每天 €2; ⏲周六和周日 10:00~18:00; 👪）位于Doña Mencía车站，从苏埃罗出发，顺着山坡往西下去4公里就到了，提供各种自行车租赁服务，包括儿童车。如果提前打电话，在一周中的任何时候都可以租到自行车。

酒店内还有一家一流的餐厅（主菜和盘餐 €7~18，半份小吃 €4~7.50；⌚13:00~16:00和20:30~23:00；✎）。

Mesón Atalaya 安达卢西亚菜 **€€**

（☎957 69 45 28；Calle Santo 58；主菜€7~19；⌚周二至周日 13:00~16:00和21:00~23:00）这家家族经营的餐厅位于村子东边，供应好吃的本地美味，分量十足的羊肉、猪肉、火腿、各种西班牙炖菜（potajes和cazuelas）、本地奶酪和自制甜点。餐厅内有两个漂亮、种满植物的庭院。餐厅很受欢迎，周末总是坐满了人。

ℹ 实用信息

旅游局（☎957 69 45 45；http://turismodelasubbetica.es/zuheros；Plaza de la Paz 1；⌚全年 周二至周日 10:00~14:00，4月至9月 周二至周五 17:00~19:00，10月至次年3月 周二至周五 16:00~18:00）与考古博物馆共享一个空间，提供有用信息。你可以来这里买城堡门票，参加城堡导览游。

ℹ 到达和离开

长途汽车从Mesón Atalaya出发。

Autocares Carrera（见784页）每日有4班车往返科尔多瓦（€6.45，1.75小时）。

Autocares Valenzuela（☎956 70 26 09；www.grupovalenzuela.com）每日有2班或更多班汽车往返塞维利亚（€17，3.75小时）。

格拉纳达和安达卢西亚南海岸

包括 ➡

最佳餐饮

- El Mesón de Cervantes（见826页）
- El Bar de Fede（见807页）
- La Fábula Restaurante（见807页）
- Palacio de Gallego（见849页）
- 4 Nudos（见864页）

最佳住宿

- Claude（见832页）
- Santa Isabel La Real（见804页）
- Hotel Real de Poqueira（见817页）
- MC San José（见864页）
- Hostal El Olívar（见867页）

为何去

从高楼林立的沿海开发区到看似被时间遗忘了的白色山村，安达卢西亚的东南角汇集了假日乐趣、高雅文化，以及令人惊叹、鬼斧神工的美景。

位于该地区中心的格拉纳达，以极具阿拉伯风情的街头生活和壮观的阿尔罕布拉宫而令人向往不已。再往南走，活力四射的马拉加已逐渐成为当代文化的中心。附近排列在太阳海岸沿线的金色海滩度假胜地，一到夏季就会迎来络绎不绝的度假者。

但是，远离城市和假日喧嚣，这个地区也有不那么疯狂且更加安静的一面。格拉纳达距离内华达山脉雄伟的山峰很近，那里质朴的白色村庄和激动人心的徒步路线能为人们提供绝佳的旅行体验。更远处的加塔角又是另外一个世界，拥有令人难忘的半荒漠地带、未经开发的原始海岸线和美丽诱人的海滩。

何时去

格拉纳达

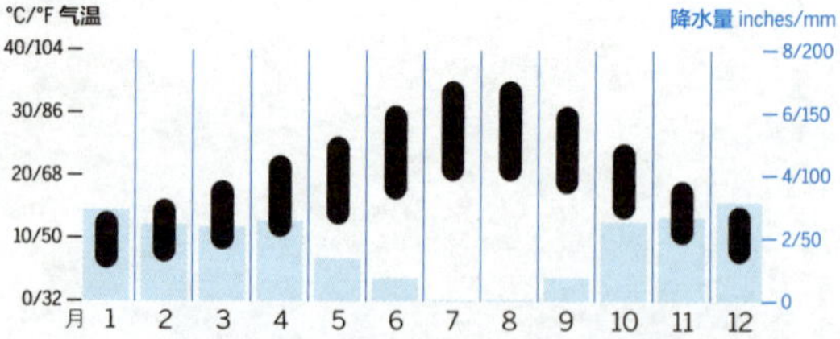

3月和4月 众多节日和复活节游行会吸引大量的游客慕名而至。

5月和6月 阳光明媚、繁忙热闹的时期，很适合旅行、徒步游和四处探索。

11月至次年2月 冬季游客较少，价格低廉，在此期间可以去内华达山脉滑雪。

格拉纳达(GRANADA)

人口 234,758/海拔 680米

在阿尔罕布拉宫的吸引下，很多游客来到格拉纳达，却不知道自己即将看到什么。他们将会看到一座引人入胜的坚韧城市。在那里，宁静的伊斯兰建筑和充满阿拉伯风情的街头生活，宏伟的教堂与老式的西班牙小吃吧，以及反主流文化都大放异彩。

这座城市坐落于内华达山脉的山脚下，它是西班牙摩尔人最后的大本营，到处都能看到他们的文化遗产：马蹄形拱门、古老的阿拉伯街区、阿尔拜辛（Albayzín）的茶室（teterías）。站在这里，你会闻到路边摊飘散而出的香料芬芳。当然，最引人注目的还是阿尔罕布拉宫，这座令人惊艳的宫殿群所拥有的伊斯兰装饰和景观花园在欧洲无可匹敌。

格拉纳达的街头也充满了活力，这有廉价而简陋的学生酒吧、不拘于传统的咖啡馆以及气氛融洽的弗拉明戈俱乐部，这些地方同样给人留下了难忘的印象。

历史

格拉纳达起初是公元前5世纪伊比利亚的定居点，到中世纪逐渐发展成为一座重要的伊斯兰城市。穆斯林初次来到这里早在711年，但是直到13世纪，这座城市才进入了真正繁荣的时期。科尔多瓦和塞维利亚相继于1236年和1248年被天主教的军队攻陷，名为穆罕默德·伊本·优素福·伊本·纳斯尔（Mohammed ibn Yusuf ibn Nasr）的小君主在格拉纳达建立了一个独立的王国，为之后长达250年的黄金时代铺平了道路。

在纳斯里德苏丹的统治下，阿尔罕布拉宫建成了壮观的宫殿兼堡垒，而安达卢斯（Al-Andalus）最后的支柱格拉纳达，则壮大成为欧洲最富有的城市之一，其街头挤满了商人和工匠。长达两个世纪的艺术和科学盛景在优素福一世（Yusuf I；1333~1354年在位）和穆罕默德五世（Mohammed V；1354~1359年和1362~1391年在位）的统治下达到了顶峰。

这一切在15世纪晚期开始走向衰落：经济停滞不前，而且敌对派系为了争夺王位，把宫廷政治变成了暴力对抗。一个派系支持埃米尔阿布·哈桑（Abual-Hasan）和他信奉基督教的妃子索拉雅（Zoraya），另一个派系则支持布阿卜迪勒（Boabdil），原名阿布·阿卜杜拉（Abu Abdullah），是阿布·哈桑的妻子艾克莎（Aixa）所生的儿子——尽管他还只是一个孩子。内战于1482年爆发，1485年，阿布·哈桑去世，布阿卜迪勒掌管了这座城市。然而，事实证明这胜利似乎有些得不偿失。王国的实力因内讧被削弱，天主教君主在1491年发起了突袭。经过8个月的围攻，布阿卜迪勒同意弃城投降，以换取阿尔普哈拉斯峡谷、30,000枚金币以及其臣民的政治和宗教自由。布阿卜迪勒徒步走出城市——他悔恨地回头看了一眼，发出了俗话所说的“摩尔人最后的叹息”——1492年1月2日，伊莎贝拉和费尔南多进入了格拉纳达。

随之而来的是一段时期的宗教迫害，基督教当局试图在这座城市和从前属于摩尔人的地区建立天主教统治。1492年，犹太人被驱逐出了西班牙，在一系列的穆斯林叛乱之后，西班牙的摩里斯科人（moriscos，改宗基督教的穆斯林）在1609年遭到驱逐。

但是，这次残酷的驱逐也附带产生了恶劣影响，格拉纳达——曾经是天主教双君主（Reyes Católicos）最得意的战利品——陷入了衰落的深渊，直到19世纪中期才开始复苏。当时的浪漫主义运动，尤其是华盛顿·欧文（Washington Irving）在1832年写下的游记《阿尔罕布拉宫的故事》（*Tales of the Alhambra*），激起了人们的兴趣，为这座城市伊斯兰遗产的恢复，以及它作为旅游胜地的复兴奠定了基础。

不过，这座城市的复兴并非一帆风顺，格拉纳达还经历了另一段黑暗时期。西班牙内战开始的时候，民族主义者占领了这座城市，估计有4000名与“左派”或自由主义有牵连的格拉纳达人（granadinos）被杀害，就连该市最著名的作家——费德里科·加西亚·洛尔卡（Federico García Lorca）也惨遭毒手。

景点

大多数景点都集中在城市的中心街区，大多可以步行前往。新广场（Plaza Nueva）是格拉纳达的主要广场，位于其北侧的阿尔拜辛区以Gran Vía de Colón和达罗河（Río

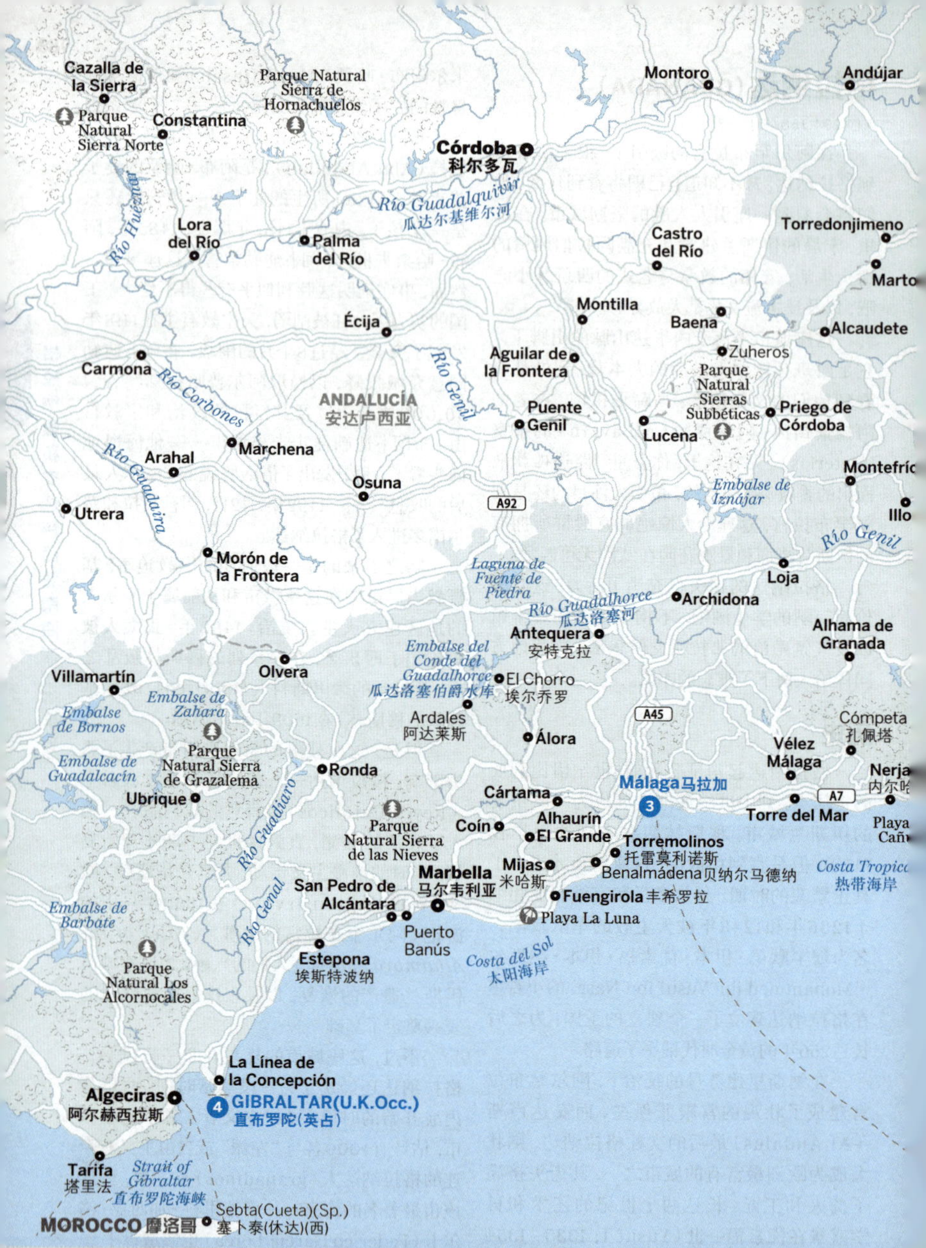

格拉纳达和安达卢西亚南海岸亮点

❶ **阿尔罕布拉宫**（见792页）在西班牙最辉煌的古迹中感受威严，这里是**格拉纳达**精美伊斯兰建筑和园艺景观的杰作。

❷ **加塔角-尼哈尔自然公园**（见863页）在安达卢西亚东南海岸线上的迷人海滩和悬崖峭壁之间穿梭。

❸ **马拉加**（见819页）在西班牙不断发展的非凡艺术之城，畅游于毕加索和现代涂鸦之间。

4 **直布罗陀**（见840页）爬上直布罗陀的地中海台阶，眺望非洲、地中海的狭窄入口和大群滑翔的海鸟。

5 **阿尔普哈拉斯峡谷**（见812页）徒步穿越内华达山脉南坡的白色村庄和令人眩晕的峡谷。

6 **乌韦达**（见850页）在灵感丰富的建筑和美食中放纵自己的感官。

Darro）为边界。河对岸是阿尔罕布拉山，雷阿莱霍占据着它的西南坡，这是格拉纳达从前的犹太区。位于这个区西侧的中心区（Centro）不但是大教堂的所在地，还拥有一系列充满活力的广场，其中最著名的是Plaza Bib-Rambla。

阿尔罕布拉和雷阿莱霍（Alhambra & Realejo）

★阿尔罕布拉宫 伊斯兰宫殿

（Alhambra；见694页；☎958 02 79 71，票务858 95 36 16；http://alhambra-patronato.es；成人/12~15岁/12岁以下€14/8/免费，赫内拉利费和阿尔卡萨瓦城堡成人/12岁以下 €7/免费；⊙4月至10月中旬8:30~20:00，10月中旬至3月至18:00，夜间游览4月至10月中旬周二至周六22:00~23:30，10月中旬至3月周五和周六20:00~21:30）阿尔罕布拉宫是格拉纳达，乃至整个欧洲献给摩尔文化的“情书”。这个防御森严的宫殿建筑群以内华达山脉的高耸山峰为背景，起初只是一座建有城墙的城堡，后来才成为格拉纳达纳斯里德王朝埃米尔的奢华宫殿。这里的标志性宫殿是14世纪的纳塞瑞斯皇宫，它是欧洲水准最高的伊斯兰建筑之一。这座精美的宫殿连同极具吸引力的赫内拉利费花园，构成了阿尔罕布拉宫中巧夺天工的盛世美景。

作为西班牙最引人注目的景点之一，阿尔罕布拉宫每天会吸引多达6000名游客前来参观。门票很快就会售罄，所以最好提前在线或电话预订。需要注意的是，在你购票的时候，将被告知进入纳塞瑞斯皇宫的时间，那里的入场是受到严格控制的。要了解更多信息，参见“阿尔罕布拉宫实用指南”（见794页）。

阿尔罕布拉宫这个名字来自阿拉伯语“al-qala'aal-hamra”，意思是“红色城堡”，其起源依然是一个谜。有关该地区建筑的记载首次出现于9世纪，但是根据推测，建筑自古罗马时代可能就已经存在了。以目前的形制来看，它大体上可以追溯到13世纪和14世纪，格拉纳达纳斯里德王朝的统治者在那时将这里改造成了加强防御的宫殿建筑群。1492年收复失地运动（Reconquista）之后，宫殿的清真寺被一座教堂所取代，哈布斯堡皇帝查理五世（Charles V）还拆除了宫殿的一翼，以腾出空间建造，如今仍以他名字命名那座文艺复兴时期的巨大建筑。后来，在19世纪初，法国拿破仑的军队又摧毁了宫殿的部分建筑，甚至试图炸掉这里的一切。修复工作从19世纪中叶开始，并且一直持续到了今天。

➡ 卡洛斯五世皇宫（Palacio de Carlos V）

一条设有路标的小径从入口凉亭通往建筑群的核心，途中会经过几处值得注意的宗教建筑。首先是圣弗朗西斯科修道院（Convento de San Francisco；见799页），也就是现在的酒店Parador de Granada（见803页），在伊莎贝拉和费尔南多位于皇家礼拜堂（Capilla Real；见799页）的坟墓仍在建造之时，他们的遗体曾经被安置在这里。再走一小段路，会来到阿尔罕布拉宫圣玛利亚教堂（Iglesia de Santa María de la Alhambra；⊙周二至周日10:00~13:00和周二至周六16:00~18:00），这座16世纪的教堂就坐落在阿尔罕布拉宫以前清真寺的原址之上。

走过教堂之后，卡洛斯五世皇宫将会映入眼帘，它与周围环境的风格显得有些格格不入。这座庞大的宫殿最初是托莱多建筑师佩德罗·马丘卡（Pedro Machuca）于1527年建造的，特色是宏伟的外观，以及环绕着32根圆柱的双层环形庭院。这种广场内的环形设计是西班牙唯一的文艺复兴建筑平面设计，象征着天地合一。

宫殿内有两座博物馆：阿尔罕布拉宫博物馆（Museo de la Alhambra；☎958 02 79 00；⊙4月至10月中旬周三至周六8:30~20:00，周日和周二至14:30，10月中旬至3月周三至周六8:30~18:00，周日和周二至14:30）免费 陈列着大量十分吸引人的伊斯兰手工艺品，包括两姐妹厅（Sala de Dos Hermanas）的大门；而美术馆（Museo de Bellas Artes；☎958 56 35 08；欧盟公民/其他参观者 免费/€1.50；⊙6月中旬至9月中旬周二至周六 9:00~15:00，4月至6月中旬和9月中旬至10月中旬 至20:00，1月至3月和10月中旬至12月 至18:00，全年周日 9:00~15:00）则收藏着15世纪至20世纪的艺术品。

➡ 阿尔卡萨瓦城堡（Alcazaba）

占据着阿尔罕布拉宫西端的是军事遗迹阿尔卡萨瓦城堡（包括阿尔罕布拉宫 成人/12~15岁/12岁以下 €14/8/免费，赫内拉利费和阿尔卡萨瓦城堡成人/12岁以下 €7/免费），这是当初13世纪堡垒的遗迹。**瞭望塔**（Torre de la Vela, Watchtower；成人/12~15岁/12岁以下€14/8/免费，赫内拉利费和阿尔卡萨瓦城堡成人/12岁以下 €7/免费）因1492年1月象征着收复失地运动的十字架及旗帜在这座塔上升起而闻名。一段蜿蜒的楼梯通往塔顶，你可以在那里俯瞰阿尔罕布拉宫屋顶的全景。

➡ 纳塞瑞斯皇宫（Palacios Nazaríes）

阿尔罕布拉宫最迷人、最有吸引力的中心部分，是名为**纳塞瑞斯皇宫**的宫殿建筑群，又名纳斯里德皇宫（Nasrid Palaces）。它本来分为三个部分：联合厅——行政和公共事务厅，科马列斯皇宫——埃米尔的官方和私人住所，还有狮子皇宫——皇室及后宫的私人区域。

入口位于**联合厅**（Mexuar），这间修建于14世纪的大厅是召开大臣会议以及埃米尔裁决公民申诉的地方。两个世纪后，它被改造成了一座小礼拜堂，祷告室设在大厅的远端。不管在这里还是别处，你都可以抬头欣赏几何形雕刻的木质天花板。

穿过联合厅，就进入了**黄金中庭**（Patiodel Cuarto Dorado），埃米尔会在这座庭院里听取民众的意见，而**黄金厅**（Cuarto Dorado）位于左侧。黄金厅对面是去往**科马列斯皇宫**（Palacio de Comares）的入口，漂亮的门面以釉面砖、灰泥和木雕为装饰。一条带有急转弯的走廊（伊斯兰建筑的常用设计，以保持内部房间的隐秘性）会将你带到**桃金娘中庭**（Patio de los Arrayanes），这座雅致的中庭得名于围绕着长方形水池的桃金娘树篱，是14世纪中期作为埃米尔优素福一世官方居所的宫殿的中央空间。

中庭南端有卡洛斯五世皇宫的墙壁投下的阴影。而北端45米高的**科马列斯塔**（Torre de Comares）内的**祝福厅**（Sala de la Barca）连接着**大使厅**（Salón de los Embajadores），埃米尔曾在那里与基督教的使者进行谈判。大厅惊人的镶嵌式穹顶天花板以8000多块杉木构成的颇为繁复的星形图案为装饰，所代表的是伊斯兰天堂的七重天。

桃金娘中庭通往**狮子皇宫**（Palacio de los Leones），这是穆罕默德五世在14世纪下半叶主持修建的。宫殿房间环绕在**狮子中庭**（Patio de los Leones）周围，庭院中心装饰着11世纪的喷泉，水流会从12只大理石狮子的口中喷出。庭院的布局采用了黄金分割的比例，显示了伊斯兰复杂的几何设计——124根细长圆柱以多轴对称的方式设置，支撑着装饰精美的亭子。

在中庭周围的四座大厅之中，南侧的**阿本瑟拉赫斯厅**（Sala de los Abencerrajes）令人印象最为深刻，这里装饰着迷人的八角形钟乳石天花板。这里就是传说中贵族阿本瑟拉赫斯家族成员被杀死的地方，他们的首领胆敢与阿布·哈桑的宠妃索拉雅调情。喷泉上的铁锈色污迹据说是死者那擦拭不去的血迹。

中庭的东端是**诸王厅**（Sala de los Reyes），这里覆盖着皮革的天花板上装饰着14世纪基督教艺术家们的画作。大厅的名字源自中央凹室上的画，绘制者是纳斯里德王朝的10位埃米尔。

中庭北侧是富丽堂皇的**两姐妹厅**（Sala de Dos Hermanas），这个名字的由来可能与喷泉两侧的白色大理石石板有关。该厅令人目眩的蜂巢式穹顶（muqarnas）由中央的星形图案和5000间巢室构成，令人联想到星座。这里可能做过埃米尔最宠爱的情人的房间，上层精雕细琢的木屏可以让女性（也可能是其他参与宫廷斗争的密谋者）从上面的走廊向下张望而不被发现。远端装饰着瓷砖的**达拉塞瞭望台**（Mirador de Daraxa）是个可爱的地方，能让宫中居住的人俯瞰下面的花园。

一条走廊从两姐妹厅通往**皇帝房间**（Estancias del Emperador），这是16世纪20年代为卡洛斯一世建造的，美国作家华盛顿·欧文也曾居住于此。从这里向下走会来到**格栅中庭**（Patio de la Reya）和**林达拉哈中庭**（Patio de la Lindaraja），在那里的西南角，你可以看见被透过星形天窗的光线照亮的浴室。

最后你会走进**帕塔尔花园**（Jardines del Partal），这座阶梯式花园是20世纪初期修建的。在这里映着倒影的水池后面坐落着**帕塔尔宫**（Palacio del Partal），这座带有门廊的小型建筑拥有自己的塔楼——贵妇人塔（Torre de las Damas），其历史可以追溯到14世纪初。你可以从面向卡洛斯五世皇宫的大门离开帕塔尔花园，也可以继续沿小径前往

阿尔罕布拉宫实用指南

阿尔罕布拉宫是西班牙最受欢迎的旅游景点，每年都会吸引将近250万名游客。为了让你的游览更加轻松，提前订票并熟知内情是很有好处的。

门票

阿尔罕布拉宫的一些区域可以免费参观，但是主要景区必须购票。下列是门票的种类：

普通票（General; €14）覆盖所有区域。

花园票（Gardens; €7）可以进入除了纳塞瑞斯皇宫以外的所有区域。

参观纳塞瑞斯皇宫的夜票（€8）在晚上参观纳塞瑞斯皇宫，即纳斯里德皇宫，全年可用。

参观花园及赫内拉利费的夜票（€5）4月至5月以及9月至10月中旬可用。

套票（Dobla de Oro; €11.65至€19.65）包含阿尔罕布拉宫以及阿尔拜辛区几处景点的门票。

如何购票

你可以提前2小时乃至3个月，在线或者通过电话（☎858 95 36 16; https://tickets.alhambra-patronato.es）预先购买门票，或者在阿尔罕布拉宫的售票处直接购买。售票处只出售当日门票，而且数量有限，具体取决于预售门票的数量。这些门票很快就会售罄，所以要提早购票。

如果你已经订了票的话，那么既可以自己打印出来，也可以到阿尔罕布拉宫入口凉亭（见792页）的售票处，或者煤炭之家（Corral del Carbón; 见800页）取票，那里有一台售票机。

所有儿童票必须到阿尔罕布拉宫的售票处领取，取票时需要证明孩子的年龄——要带上孩子的身份证件或护照。

所有门票都是指定的，不可转让。

阿尔罕布拉宫的门票包含在格拉纳达通票卡（Granada Card; 见801页）内。

设施

提供语音导览，费用为€6。

不允许带食物入场，不过Parador de Granada（见805页）有一家咖啡馆兼酒吧，阿尔卡萨瓦城堡前面还有一个售货亭。你也能在售票处旁边以及葡萄酒之门（Puerta del Vino）旁边的服务亭内找到自动售货机。

婴儿车不允许进入纳塞瑞斯皇宫。你可以把它们留在服务亭。

如何前往

如果想步行前往，可以从新广场出发，沿着Cuesta de Gomérez走，穿过树林，直至**正义之门**（Puerta de la Justicia; ☎958 02 79 71; http://alhambra-patronato.es; ⏲4月至10月中旬 8:30~20:00，10月中旬至3月 至18:00，夜间游览 4月至10月中旬 周二至周六 22:00~23:30，10月中旬至次年3月 周五和周六 20:00~21:30）**免费**。如果你已经有票了，可以从这里进入，否则请到售票处购票，方可继续前行。

C3路公共汽车从紧邻Plaza Isabel la Católica的**公共汽车站**（Plaza Isabel a Católica; €1.20）开往售票处。

赫内拉利费。

➡ **赫内拉利费（Generalife）**

苏丹华丽的夏季别墅——赫内拉利费可以追溯到14世纪。这里有小路、中庭、水池、喷泉和树木，在花朵盛开的季节，还能欣赏可以想象到的各色鲜花，这一切都令人心旷神怡。赫内拉利费这个名字来自阿拉伯语jinan al-' arif，意思是"监督者的花园"。

由一系列优雅的矩形地块组成的新花园（Jardines Nuevos）会将你引向埃米尔的夏宫——刷成了白色的赫内拉利费宫（Palacio del Generalife；成人/12~15岁/12岁以下 €14/8/免费，赫内拉利费和阿尔卡萨瓦城堡 成人/12岁以下 €7/免费）。这里的庭院特别优美。在第二个院子——苏丹娜柏树中庭（Patio del Ciprés de la Sultana）里，一棵生长了700年的古柏的树干，暗示着这里曾有宜人的树荫为这里增光添彩。庭院另一边的水道楼梯（Escalera del Agua）是景观工程中非常引人注目的作品，水道会沿着阴凉的台阶向下延伸。

曼努埃尔·德·法雅故居博物馆 博物馆

（Casa-Museo Manuel de Falla；☎958 22 21 88；www.museomanueldefalla.com；Paseo de los Mártires；成人/优惠 €3/1；⏲周二至周六10:00~17:00，周日至15:00）可以说，曼努埃尔·德·法雅（1876~1946年）是西班牙最伟大的古典音乐作曲家，也是洛尔卡（Lorca）的至交。他出生于加的斯，但是人生中最重要的时光都是在格拉纳达度过的，直至内战迫使他流亡国外。在这栋迷人的带有花园的传统住宅（carmen）中，你可以了解到法雅的一切，他曾在这里生活和创作，在他离开后，这里也得到了妥善的保管。按门铃进人。

罗德里格斯-阿科斯塔基金会 博物馆

（Fundación Rodríguez-Acosta；☎958 22 74 97；www.fundacionrodriguezacosta.com；Callejón Niño del Royo 8；导览游成人/优惠 €5/4；⏲4月至10月中旬10:00~18:30，10月中旬至次年3月至16:30）雷阿莱霍山上有一栋被称为"白色传统住宅"（Carmen Blanco）的建筑，里面的罗德里格斯-阿科斯塔基金会是出生在格拉纳达的现代主义艺术家何塞·玛丽亚·罗德里格斯-阿科斯塔（José María Rodríguez-Acosta）于1914年建立的。这个与众不同、奇思异想的地方借鉴了多种建筑风格，包括装饰艺术、纳斯里德艺术、希腊和巴洛克风格。一个小时的导览游能带你步行穿过房子的地下隧道，进入一座精心设计的博物馆，里面展示着弗朗西斯科·帕切科（Francisco Pacheco）、阿隆索·卡诺（Alonso Cano）和弗朗西斯科·德·苏尔瓦兰（Francisco de Zurbarán）的作品。

塞法迪纪念中心 博物馆

（Centro de la Memoria Sefardí；☎610 060255；Placeta Berrocal 5；导览游 €5；⏲全年周日至周五10:00~14:00，以及夏季17:00~20:30，冬季16:00~20:00）自从1492年遭到全体驱逐后，在格拉纳达生活的西班牙裔犹太人就所剩无几了。但是这并没有妨碍一对的夫妇在2013年开办这座纪念他们的博物馆，而这一年也是西班牙政府开始为所有能证明自己伊比利亚血统的西班牙犹太人后裔提供西班牙公民身份的时间。博物馆很小，不过精选的手工艺品为其所有者讲述的充满激情、引人入胜的历史提供了极好的佐证。

新广场及周边 (Plaza Nueva & Around)

圣安娜广场（Plaza de Santa Ana） 广场

新广场向东北方延伸至圣安娜广场，这里矗立着圣安娜教堂（Iglesiade Santa Ana；Plaza Santa Ana；门票€1.50；⏲周二至周五10:30~13:30）及其独具特色的钟塔。

沿着河畔的Carrera del Darro走一小段路就会把你带到巴纽埃洛阿拉伯浴场。

巴纽埃洛阿拉伯浴场 公共浴室

（Baños Árabes El Bañuelo；Carrera del Darro 31；⏲夏季9:00~14:30和17:00~20:30，冬季10:00~17:00）**免费** 这座11世纪的穆斯林公共浴室坐落在河畔的Carrera del Darro旁，依旧保存得很好。这里砖墙裸露的房间以圆柱、柱顶和大理石地面为特色。

阿尔拜辛 (Albayzín)

阿尔拜辛是格拉纳达古老的穆斯林街区，就坐落在面对着阿尔罕布拉宫的山丘上。这里是随意闲逛的好去处——你很可能会在一些地方迷路——这个迷人的街区有鹅卵石铺就的陡峭街道、阿拉伯茶室（teterías）和刷成了白色而且带有封闭花园的大宅（cármenes；源自阿拉伯语"karm"，意思是"花园"）。

★圣尼古拉斯瞭望台 观景点

（Mirador San Nicolás；Plaza de San Nicolás）

Granada 格拉纳达

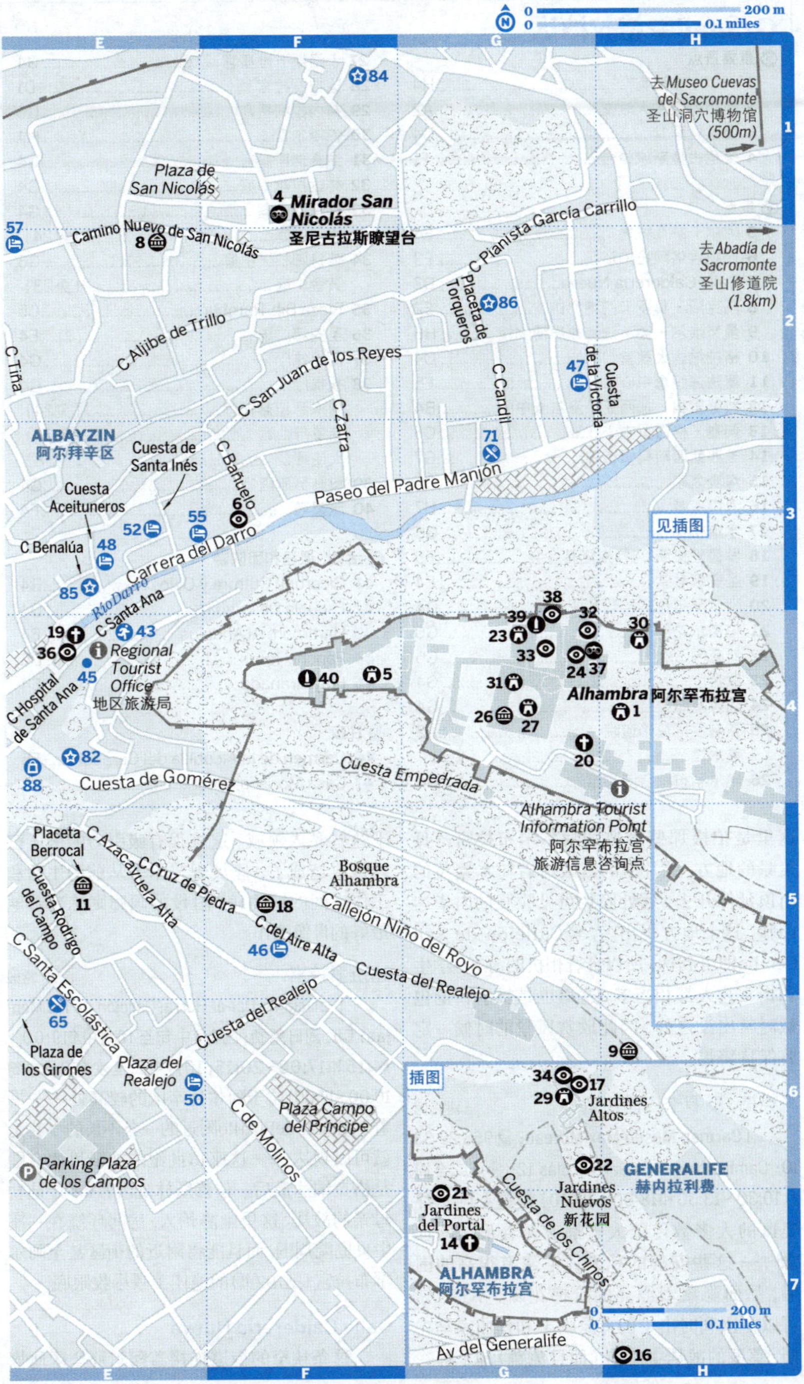
0 200 m
0 0.1 miles
E
F
G
H
1
2
3
4
5
6
7
84
去Museo Cuevas del Sacromonte 圣山洞穴博物馆 (500m)
Plaza de San Nicolás
4 Mirador San Nicolás
圣尼古拉斯瞭望台
57
Camino Nuevo de San Nicolás
8
C Pianista García Carrillo
去Abadía de Sacromonte 圣山修道院 (1.8km)
Placeta de Torqueros
86
C Aljibe de Trillo
C Tiña
C San Juan de los Reyes
47
Cuesta de la Victoria
C Candil
C Zafra
ALBAYZIN
阿尔拜辛区
Cuesta de Santa Inés
C Bañuelo
71
Paseo del Padre Manjón
Cuesta Aceituneros
6
55
52
48
C Benalúa
Carrera del Darro
见插图
85
Río Darro
38
C Santa Ana
39
32
30
19
43
23
36
Regional Tourist Office
地区旅游局
33
37
24
45
40
5
31
Alhambra 阿尔罕布拉宫
1
C Hospital de Santa Ana
26
27
20
82
88
Cuesta de Gomérez
Cuesta Empedrada
Alhambra Tourist Information Point
阿尔罕布拉宫旅游信息咨询点
Placeta Berrocal
C Azacayuela Alta
C Cruz de Piedra
Bosque Alhambra
11
Cuesta Rodrigo del Campo
18
Callejón Niño del Royo
C del Aire Alta
46
C Santa Escolástica
Cuesta del Realejo
65
Cuesta del Realejo
Plaza de los Girones
Plaza del Realejo
9
插图
34
17
29
Jardines Altos
50
C de Molinos
Plaza Campo del Príncipe
22
GENERALIFE
赫内拉利费
Parking Plaza de los Campos
21
Jardines del Portal
Cuesta de los Chinos
Jardines Nuevos
新花园
14
ALHAMBRA
阿尔罕布拉宫
0 200 m
0 0.1 miles
Av del Generalife
16

Granada 格拉纳达

重要景点

1 阿尔罕布拉宫 H4
2 圣胡安天主大教堂 A2
3 皇家礼拜堂 C4
4 圣尼古拉斯瞭望台 F1

景点

5 阿尔卡萨瓦城堡 F4
6 巴纽埃洛阿拉伯浴场 F3
7 Calle Caldereria Nueva D3
8 马克斯·莫罗卡门博物馆 E2
9 曼努埃尔·德·法雅故居博物馆 H6
10 格拉纳达大教堂 C4
11 塞法迪纪念中心 E5
12 费德里科·加西亚·洛尔卡中心 B4
13 何塞·格雷罗中心 C5
14 圣弗朗西斯科修道院 G7
15 煤炭之家 C5
16 入口凉亭 H7
17 水道楼梯 G6
18 罗德里格斯-阿科斯塔基金会 F5
19 圣安娜教堂 E4
20 阿尔罕布拉宫圣玛利亚教堂 G4
21 帕塔尔花园 G6
22 新花园 G6
23 联合厅 G4
24 达拉塞瞭望台 G4
25 圣赫罗尼莫修道院 A2
美术馆 (见31)
26 阿尔罕布拉宫博物馆 G4
27 卡洛斯五世皇宫 G4
28 达拉罗拉宫 D1
29 赫内拉利费宫 G6
30 帕塔尔宫 H4
31 纳塞瑞斯皇宫 G4
32 林达拉哈中庭 G4
33 桃金娘中庭 G4
狮子中庭 (见24)
34 苏丹娜柏树中庭 G6
黄金中庭 (见23)
35 Plaza Bib-Rambla C5
36 圣安娜广场 E4
37 两姐妹厅 G4
38 祝福厅 G4
阿本瑟拉赫斯厅 (见24)
诸王厅 (见24)
大使厅 (见38)
39 科马列斯塔 G4
40 瞭望塔 F4

活动、课程和团队游

41 Cicerone Cultura y Ocio B4
42 Escuela Delengua D4
43 Hammam Al Ándalus E4
44 Pancho Tours D5
45 Play Granada E4

住宿

46 Carmen de la Alcubilla del Caracol F5
47 Casa Morisca Hotel G2

这里是拍摄那些经典的阿尔罕布拉宫落日美景的地方，照片中的宫殿沿着树木繁茂的山顶延伸开去，远处隐约可见朦胧的内华达山脉。这个地方很出名，经Callejón de San Cecilio即可到达，所以带着相机的游客、学生和街头艺人都相当多。这里也是扒手和抢包贼时常出没之处，因此欣赏风景的时候一定要保持警惕。

马克斯·莫罗卡门博物馆 博物馆

（Carmen Museo Max Moreau；☎958 29 33 10；Camino Nuevo de San Nicolás 12；⏲周二至周六10:30~13:30和18:00~20:00）**免费** 阿尔拜辛区的大多数传统大宅都遵循着最初的理念——这些安静的私人住宅建有很高的围墙，后面隐藏着漂亮的阶梯花园。不过，你可以在比利时出生的肖像画家和作曲家马克斯·莫罗的故居中难得（而且免费）地了解一下这些私人领域。这栋很有吸引力的房子已经被改造成了一座展现艺术家从前的生活和工作空间的博物馆，附设的画廊则陈列着他最好的肖像画作。

达拉罗拉宫 宫殿

（Palacio de Dar-al-Horra；Callejón de las Monjas；€5，周日免费；⏲3月中旬至10月中旬9:00~14:15和17:00~20:15，10月中旬至次年3月中旬10:00~17:00）位于阿尔拜辛区的较高处——沿着Callejón del Gallo附近的一条不长的小巷走就可以到达——这座15世纪的纳斯里德宫殿是格拉纳达最后一位穆斯林统治者布阿卜迪勒母亲的故居。这里幽静怡人，房间环绕在一座中央庭院周围，而且能将附近的街区甚至阿尔罕布拉宫（见792页）的绝佳美景尽收眼底。

Calle Caldería Nueva 街道

这条狭窄的街道连接着阿尔拜辛区地势

48 Hotel Casa del Capitel Nazarí......E3	70 Poë......A5
49 Hotel Hospes Palacio de Los Patos......A7	71 Ruta del Azafrán......G3
50 Hotel Molinos......E6	72 Samarkanda......D3
51 Hotel Palacio de Los Navas......D6	73 Siloé Café & Grill......C4
52 Hotel Palacio de Santa Inés......E3	**饮品和夜生活**
53 Hotel Párragasiete......B6	74 Abaco Té......D3
54 Hotel Posada del Toro......D4	75 Botánico......B4
55 Hotel Zawán del Darro......E3	76 El Bar de Eric......B3
56 Oasis Backpackers' Hostel......D3	77 Mundra......B4
Parador de Granada......（见14）	78 Taberna La Tana......D6
57 Santa Isabel La Real......E2	79 Tetería Dar Ziryab......D3
	80 Tetería Kasbah......D3
就餐	81 Tetería Nazarí......D3
58 Arrayanes......D3	
59 Babel World Fusion......C3	**娱乐**
60 Bodegas Castañeda......D4	82 Casa del Arte Flamenco......E4
61 Carmela Restaurante......D5	83 Eshavira......C2
62 El Ají......D2	84 Jardines de Zoraya......F1
63 El Bar de Fede......B3	85 Le Chien Andalou......E3
64 Greens & Berries......D4	86 Peña La Platería......G2
65 Hicuri Art Restaurant......E6	
66 La Botillería......D6	**购物**
67 La Fábula Restaurante......C7	87 Alcaicería......C5
68 Los Diamantes......C6	88 Artesanías González......E4
69 Oliver......B4	89 La Oliva......D6
Parador de Granada......（见14）	90 Tienda Librería de la Alhambra......D4

较高和较低的区域。这里因阿拉伯茶室而闻名，然而也是购买拖鞋、水烟袋、珠宝和北非陶器的好地方，这些东西在摩洛哥集市的各色隐匿的商店中都可以买到。

中心区（Centro）

格拉纳达大教堂　主教座堂

（Catedral de Granada；☎958 22 29 59；www.catedraldegranada.com；Plaza de las Pasiegas；成人/优惠 €5/3.50；⊙周一至周六10:00~18:30，周日15:00~18:00）在街面上很难欣赏格拉纳达这座洞穴般的大教堂的巨大规模，它被其他建筑包围在里面，不显山不露水，尽管如此，它依然是一件不朽的建筑杰作。这座教堂建在该市从前的清真寺原址上，最初的外观是哥特式的，然而长达两个世纪的建造（1523~1704年）令它有很大的改动。其中最显著的，是建筑师迭戈·德·西洛（Diego de Siloé）将教堂的布局改成了文艺复兴时期的风格，而阿隆索·卡诺则为其添加了17世纪巴洛克风格的宏伟立面。

卡诺还在主礼拜堂（Capilla Mayor）的圣坛上增设了两尊亚当和夏娃的木制半身塑像。大教堂的内部极大，20根巨大的白色柱子支撑在黑白相间的瓷砖地板和天花板之间，上面的穹顶足有30米高。

★皇家礼拜堂　历史建筑

（Capilla Real；☎958 22 78 48；www.capillarealgranada.com；Calle Oficios；成人/学生/儿童€5/3.50/免费；⊙周一至周六10:15~18:30，周日11:00~18:30）皇家礼拜堂是西班牙的天主教君主伊莎贝拉一世（Isabel I de Castilla；1451~1504年）和费尔南多二世（Fernando II de Aragón；1452~1516年）最后的安息之地，这座精心建造的褐黄色哥特式陵寝是两位君主为自己修建的，直到1517年才完工，因此在1521年之前，他们被暂时安葬在了阿尔罕布拉宫的圣弗朗西斯科修道院（Convento de San Francisco；www.parador.es；Calle Real de la Alhambra）。

他们巨大的大理石墓（及其继承人们的

当地知识

格拉纳达的街头艺术

英国有班克斯（Banksy），格拉纳达有厄尔尼诺·德拉斯平图拉斯（El Niño de las Pinturas），这位真名叫劳尔·鲁伊斯（Raúl Ruíz）的街头艺术家的创意涂鸦已经成了这座城市的标志性象征。厄尔尼诺的壁画富有传奇色彩，浅显易懂而又发人深省，其中很多都位于雷阿莱霍区，他经常将生动的人脸特写与字体极具个人风格的简短诗节放在一起。在过去的20多年里，厄尔尼诺已经成了格拉纳达著名的地下人物，有时在大学进行现场绘画的表演，也会为人们所周知。虽然他的作品可能会遭受批评，偶尔还会被罚款，但绝大多数格拉纳达人都认同他的街头艺术为这座古城带来了创意色彩和当代优势。

墓）安置在圣坛内一扇镀金的锻铁圣坛屏后面，这扇围屏是巴托洛梅·德哈恩（Bartolomé de Jaén）于1520年创作的。

然而，这些墓棺不过是为了引人注目，君主的遗体实际安放在教堂圣坛下方地下室朴素的铅棺内。伊莎贝拉和费尔南多不幸的女儿——疯女胡安娜（JuanatheMad）、她的丈夫腓力一世（PhilipofFlanders）以及阿斯图里亚斯王子米格尔（Miguel；很小就夭折了）的棺材也安置在那里。

圣器收藏室内有一座虽然不大但令人印象深刻的博物馆，收藏着费尔南多的剑和伊莎贝拉的权杖、银冠及私人艺术收藏，藏品大多来自佛兰德斯，不过也包括波提切利（Botticelli）的作品《橄榄园中的祈祷》(*Prayerinthe Garden of Olives*)。费利佩·德·韦加尔尼（Felipede Vigarni）创作的两尊16世纪早期的天主教君主祈祷像也保存于此。

PlazaBib-Rambla 广场

这座风景如画的步行广场周围环绕着19世纪落成的连栋房屋、欧椴树、售货亭和咖啡馆。广场四周矗立着装饰性的路灯柱，中央则装饰着17世纪的巴洛克式喷泉，上面不太起眼的海神雕像站在一座方尖碑似的雕塑上面，雕塑本身立在由怪异的人像——所谓的巨人（gigantones）支撑着的圆盘上。

煤炭之家 庭院

（Corral del Carbón；Calle Mariana Pineda；⏲9:00~20:00）在Calle Reyes Católicos东侧，一扇设计繁复的马蹄形拱门会将你引入修建于14世纪的煤炭之家，这座铺着鹅卵石的庭院被两层的砖砌走廊环绕着。起初，这里是纳斯里德时代的谷物交易市场，但是在随后的几个世纪里，它被当成了煤炭经销商们的旅馆（所以现在的名字是煤炭之家），后来又成了一座剧院。

何塞·格雷罗中心 画廊

（Centro José Guerrero；☎958 22 01 09；www.centroguerrero.org；CalleOficios 8；⏲周二至周日10:30~14:00和周二至周六16:30~21:00）**免费**这个展览空间及画廊是以出生在格拉纳达、后来迁往美国居住的抽象画家何塞·格雷罗的名字（1914~1991年）命名的。这里举办的临时展览主要侧重于现代主义作品，不过画廊也永久收藏着一屋子格雷罗充满活力的典型作品。

市中心以外

★圣胡安天主大教堂 宗座圣殿

（Basílica San Juan de Dios；www.sjdgranada.es；Calle San Juan de Dios 19；€4；⏲周一至周六10:00~13:30，周日16:00~18:45）这座历史悠久的大教堂建于1737年至1759年，可以到这儿来欣赏华丽得令人目眩的巴洛克装饰。大教堂内部极尽奢华之能事，处处饰以闪闪发光的黄金和白银。由迭戈·桑切斯·萨拉维亚（Diego Sánchez Sarabia）和那不勒斯画家科拉多·贾昆托（Corrado Giaquinto）创作的壁画装饰着天花板和侧面的小礼拜堂，而在头顶上，大教堂的穹顶高达50米。不过，最精彩的还是主礼拜堂内非凡的金色圣坛雕刻。

看过这些令人头晕目眩的细节之后，可以找一名工作人员陪你从圣坛后面上楼，到存放圣约翰遗体的地方去看看。圣物保存在壁龛深处，周围环绕的全都是金子。

圣赫罗尼莫修道院 修道院

（Monasterio de San Jerónimo；☎958 27 93

37; Calle Rector López Argüeta 9; €4; ⏲10:00~13:30和16:00~19:30）这座16世纪的修道院带有回廊，内部装饰十分华丽，可谓格拉纳达最漂亮的天主教建筑之一。教堂融合了晚期哥特式风格和文艺复兴时期的风格，拥有大量的彩塑和鲜艳色彩，其中最引人注目的是半圆形后殿内巨大的八层镀金圣坛装饰。

贡萨洛·费尔南德斯·德·科尔多瓦（Gonzalo Fernández de Córdoba）是天主教君主在军事方面的得力助手，享有"伟大的将军"（El Gran Capitán）的称号，他就埋葬在这座教堂内，靠近阶梯底部，他和他妻子的雕像则立在圣坛装饰的两侧。

卡尔图哈修道院 修道院

（Monasterio de la Cartuja; ☎958 16 19 32; Paseo de la Cartuja; €5; ⏲10:00~20:00）这座修道院是16世纪至18世纪之间由加尔都西会的修士们自己建造的。修道院有着壮观的砂岩外观，以及一些极其奢华的巴洛克式装饰。亮点是教堂内主祭坛后面的圣所（sagrario），那里装饰着彩色大理石、圆柱和雕塑，顶部还有布满了壁画的美丽穹顶，令人目不暇接。

要前往修道院，可以从市中心搭乘LAC或N7路公共汽车。

教堂主祭坛左侧的圣器收藏室（sacristía）则以"婚礼蛋糕"式的灰泥装饰和棕色与白色相间的兰哈龙（Lanjarón）大理石提供了另一份晚期巴洛克风格的视觉盛宴。圣器室的陈列柜在18世纪嵌上了桃花心木、黑檀木、象牙、贝壳和白银作为装饰，体现了格拉纳达镶嵌艺术的巅峰水平。

加尔都西会的创始人圣布鲁诺（San Bruno）在这里随处可见；他的一部分遗骨就嵌在装有镜子的镀金祭坛内。

活动

Hammam Al Ándalus 土耳其浴室

（☎902 33 33 34; www.granada.hammamalandalus.com; Calle Santa Ana 16; 洗浴/洗浴和按摩 €30/45; ⏲10:00至午夜）这里是格拉纳达最好的阿拉伯式浴室，有三个不同温度的浴池，还有一间蒸汽浴室，以及可供选择的去角质按摩。铺着瓷砖的房间内光线昏暗，让人感觉舒适而放松，十分享受。去浴室前必须预约。

课程

Escuela Delengua 语言

（☎958 20 45 35; www.delengua.es; Calle Calderería Vieja 20; 个人课程 €36, 2周课程 €260）因为有大量的学生人群，所以格拉纳达是学习西班牙语的理想之地。这座位于阿尔拜辛区中心地带的学校开设了一系列课程，还提供个人授课和大量的课外活动，包括导览游和西班牙小吃之夜。这里也能安排住宿。

团队游

Play Granada 文化游

（☎958 16 36 84; www.playgranada.com;

格拉纳达通票卡

这种城市通票有两种，都可以预购或者在格拉纳达当地购买：

格拉纳达基本通票卡（Granada Card Básica; €37）3日有效，提供10处主要景点的门票，包括阿尔罕布拉宫、大教堂和皇家礼拜堂，还可以搭乘5次当地市区公共汽车。

格拉纳达升级通票卡（Granada Card Plus; €40）5日有效，提供与基本卡一样的景点门票，外加可搭乘当地公共汽车9次，还能免费乘坐1次观光列车。

儿童通票卡（Kids passes; €10.50）适用于3岁至11岁儿童。这些儿童卡必须跟一张正常的成人卡绑定，每名成人最多可绑定3张儿童卡。

要了解更多细节及在线预订的信息，可以登录网站www.granadatur.com，或者致电858 88 09 90。请注意，购买通票卡的时候必须确定起始日期，因为阿尔罕布拉宫部分景点的门票设有相关规定，要求在指定的时间入场参观。

Calle Santa Ana 2；团队游 €20起）步行、骑电动自行车、乘赛格威平衡车——都是这家机构提供的在这座城市及其历史悠久的街区中进行团队游的一种选择，此外还有阿尔罕布拉宫（见792页）的包价游。花上€20，就可以乘赛格威进行2小时8公里的游览，阿尔罕布拉宫导览游的价格为€60起。

Pancho Tours 步行

（☎664 64 29 04；www.panchotours.com）免费 这些身穿橙色T恤的家伙会带你进行很棒的免费城市游。步行游览于每天上午10点半从Plaza Isabella la Católica出发，大约会持续2.5小时。这里也提供阿尔拜辛和圣山（Sacromonte）的游览（每人€13），以及免排队进入阿尔罕布拉宫（见792页）外加阿尔拜辛区的团队游（€134），线上预订即可。

Cicerone Cultura y Ocio 步行

（☎958 56 18 10；www.ciceronegranada.com；Calle San Jerónimo 10）提供一系列个人和团队步行游览，还有主题旅行，以及出城去往阿尔普哈拉斯峡谷（Las Alpujarras）和热带海岸（Costa Tropical）的短途游。花费€18就可以参加2小时的城市步行游览。

节日和活动

圣周（Semana Santa，Holy Week） 宗教节日

格拉纳达复活节周中最引人注目的两个活动之一为Los Gitanos游行（于周三举行），届时兄弟会（fraternidad）的成员会游行前往被篝火照亮了的圣山修道院（Abadía de Sacromonte；€4；⏲周一至周六 10:00~13:00，周日 11:00~13:00和夏季每天 17:00~19:30，冬季16:00~18:00），另一个活动是El Silencio（于周四举行），为了进行沉默的烛光游行，街灯在这一天会被关掉。

基督圣体节 宗教节日

（Feria del Corpus Christi，Corpus Christi Fair；⏲5月/6月）这是格拉纳达一年一度的盛大节日，也是安达卢西亚场面最为壮观的基督圣体节庆祝活动。这个节日大约在复活节过后的60天举行，包括为期一周的斗牛、舞蹈和街头游行。活动在全城以及长途汽车站附近的露天游乐场内举行。

斗牛在安达卢西亚有着深厚的文化根基，但是游客也有一些反对的意见，游客可能希望避开在市中心北侧的斗牛场（Plaza de Toros）里展开的战斗。

国际音乐舞蹈节 音乐节

（Festival Internacional de Músicay Danza；www.granadafestival.org；⏲6月和7月）在6月和7月的3周时间内，一流的古典音乐和现代音乐表演将在阿尔罕布拉宫及其他历史遗迹举行。

住宿

格拉纳达拥有大量的酒店和青年旅舍，其中很多都聚集在大教堂周围密集的区域内。最漂亮的住处位于阿尔拜辛区，不过可能需要步行上山，其中大多数都不能乘出租车到达。阿尔罕布拉宫附近有几家酒店景色优美，但是去其他地方观光相当麻烦。春秋两季的房价最高，复活节时更会飙升。

阿尔罕布拉和雷阿莱霍

Carmen de la Alcubilla del Caracol 历史酒店 €€

（☎958 21 55 51；www.alcubilladelcaracol.com；CalledelAireAlta 12；房间 €100~180；⏲7月中旬至8月关闭；❄📶）这家广受欢迎的小酒店坐落在阿尔罕布拉山坡上，是一栋刷成白色且带有花园的传统住宅（carmen，可以追溯到摩尔时代的房子）。这里雅致而舒适的内部装潢以及7个安静精致、色彩柔和的房间，使它给人的感觉更像是一家民宿，而非酒店。在室外，你还可以从令人惊艳的阶梯花园欣赏绝佳的美景。

Hotel Molinos 酒店 €€

（☎958 22 73 67；www.hotelmolinos.es；CalleMolinos 12；标单 €35~53，双 €39~85；❄📶）不要被"世界上最狭窄的酒店"这个称号给吓到了——是的，它确实是有"吉尼斯纪录"的证书为证——Molinos迷人的房间拥有充足的自由空间。这家酒店坐落在雷阿莱霍脚下，是中心区的经济之选。

Hotel Palacio de Los Navas 历史酒店 €€

（☎958 21 57 60；www.hotelpalaciodelosnavas.com；CalleNavas 1；标单 €65~130，双

当地知识

圣山

圣山（Sacromonte）是格拉纳达历史悠久的吉卜赛（gitano）街区，位于阿尔拜辛（见795页）的东北部。这里以弗拉明戈传统而闻名，会吸引游客前往夜店，并让爱好者们奔向音乐学校，然而仍会给人城市边缘的感觉。不过在山坡上挖掘出的一些洞穴可以追溯到14世纪。

该地区以圣山之路（Camino del Sacromonte）为中心，很适合悠闲漫步，能看到一些神奇的美景，尤其是在Vereda de Enmedio，那里可以俯瞰阿尔罕布拉宫（见792页）和阿尔拜辛。如果想深入了解当地的一些情况，可以到**圣山洞穴博物馆**（Museo Cuevas del Sacromonte；☎958 21 51 20；www.sacromontegranada.com；Barranco de los Negros；€5；⏲3月中旬至10月中旬 10:00~20:00，10月中旬至次年3月中旬 至18:00）去参观，在那里能看到传统的窑洞民居曾经是什么样子。如果不怕累的话，还可以前往山顶的圣山修道院（见802页），去探索地下墓穴和地下洞穴礼拜堂。

请注意，无论白天还是夜晚，女性独自一人在这个地区无人居住的地方闲逛都不安全。

€70~165；❄📶）这栋16世纪的建筑环绕着一座经典的立着圆柱的中庭，颇具吸引力的房间采用了大量清爽的奶油色调，还有锻铁床头和瓷砖地板。酒店位置很好，便于到Calle Navas享用西班牙小吃，那里是格拉纳达最典型的酒吧街之一。

Parador de Granada 历史酒店 €€€

（☎958 22 14 40；www.parador.es；Calle RealdelaAlhambra；房间 €220~436；🅿❄@📶）几乎没有酒店能声称拥有比这家奢华的国营酒店（parador）更令人印象深刻的环境，因为它就坐落在阿尔罕布拉宫（见792页）内的女修道院（建于15世纪）里。如果你在寻找浪漫，或者想陶醉在周围的历史中，就预订这里吧。最好提早预订，很显然，这里极受欢迎。

新广场附近

Hotel Palacio de Santa Inés 酒店 €€

（☎958 22 23 62；www.palaciosantaines.es；Cuestade SantaInés 9；双 €85~125；❄📶）这栋在16世纪和17世纪进行过扩建的摩尔时代的房子有一座迷人的双层中庭，房间分三层环绕在其周围，有些能欣赏阿尔罕布拉宫的风光。内部装潢类似驿站，装饰包括深褐色的瓷砖、古老的木梁以及大件家具。

Hotel Zawán del Darro 历史酒店 €€

（☎958 21 57 30；http://hotelzawandeldarro.com；Carrera del Darro 23；标单 €50~70，双 €65~99；❄@📶）这家舒适惬意的三星级酒店位于阿尔拜辛区热闹的河畔地带，占据着一栋修复后别具风味的16世纪宅第。这里有石头地板、木梁以及13个别具一格的房间，而最棒的是可以欣赏阿尔罕布拉宫（见792页）的美景。这附近有很多餐饮店可供选择，因此晚上会有一些嘈杂。

阿尔拜辛

Oasis Backpackers' Hostel 青年旅舍 €

（☎958 21 58 48；https://hostelsoasis.com/granada-hostels/oasis-granada；Placeta Correo Viejo 3；铺 €11~23；❄@📶🍳）在这个不拘于传统的街区里，友善的Oasis是一个经济型住处，而且离Calle Elvira的茶室和酒吧只有几步之隔。现在它成了Oasis连锁青年旅舍中的第一家店，能提供可睡6~10人的宿舍，既有男女混住的，也有女性专用的，还有各类设施，包括设备齐全的厨房和屋顶露台。

Hotel Posada del Toro 酒店 €

（☎958 22 73 33；www.posadadeltoro.com；Calle de Elvira 25；标单/双/套 €45/49/71起；❄📶）这家令人愉快的小型酒店位于活力四射的阿尔拜辛区。斗牛海报沿着通往酒店主体建筑的一条小走廊排成一排，那里雅致的房间装饰着镶木地板、阿尔罕布拉宫风格的灰泥和质朴的家具。相对于它地处市中心的位置来说，这里的价格相当便宜。

Hotel Casa del Capitel Nazarí 历史酒店 €€

（☎958 21 52 60；www.hotelcasacapitel.com；Cuesta Aceituneros 6；标单 €52~100，双 €65~125；❄@📶）在文艺复兴时期风格的宫殿里展现的阿尔拜辛的另一种魅力，这里的建筑历史课简直跟中档酒店一样多。潺潺的水声会伴随你穿过立着圆柱的庭院，进入天花板偏低的传统房间，室内以瓷砖、砖块和厚重的木制品为装饰。酒店的位置也很好，就坐落在新广场边上。

★**Santa Isabel La Real** 精品酒店 €€€

（☎958 29 46 58；www.hotelsantaisabellareal.com；Calle de Santa Isabel La Real 19；房间 €119~199；❄@📶）这家热情的小型酒店坐落在阿尔拜辛的山顶上，占据着一栋刷成了白色的16世纪建筑。这里保持着很多原来的建筑特色，包括大理石圆柱和石板地面，壁炉和沙发则为公共区域增添了像家一般的舒适感。客房环绕在中庭周围，每间都以刺绣画和手工编织的小地毯分别装饰。

可以的话，建议选11号房间，那里可以欣赏阿尔罕布拉宫的风光。

★**Casa Morisca Hotel** 历史酒店 €€€

（☎958 22 11 00；www.hotelcasamorisca.com；Cuesta de la Victoria 9；双 €129~175，套 €231；❄📶）这栋15世纪晚期的宅第位于具有历史意义的阿尔拜辛区，在这里可以像纳斯里德王朝的埃米尔那样生活。木梁天花板、砖砌的柱子和令人陶醉的砖瓦庭院营造了浓厚的氛围和历史感。房间内的家具很简单，但很有吸引力，最好的房间还能眺望阿尔罕布拉宫。

中心区

Hotel Párragasiete 酒店 €€

（☎958 26 42 27；www.hotelparragasiete.com；Calle Párraga 7；标单 €36~65，双 €48~

费德里科·加西亚·洛尔卡

西班牙最伟大的诗人和剧作家费德里科·加西亚·洛尔卡（Federico García Lorca，1898~1936年）体现了安达卢西亚的许多典型标志——激情、暧昧、繁荣和创新。他出生在丰特瓦克罗斯（Fuente Vaqueros），这是格拉纳达以西17公里处的一座小村庄。1928年，他凭借《吉卜赛谣曲》（*El romancero gitano*）赢得了国际赞誉，这本罗姆人主题的诗歌集不但充满了惊人的暗喻，还融合了弗拉明戈歌曲的简洁。1933年至1936年间，他写了三部最为著名的悲剧：《血色婚礼》（*Bodas de sangre*）、《荒地》（*Yerma*）和《贝纳达·阿尔瓦之家》（*La casa de Bernarda Alba*）——这些作品饱含沉思，格调阴沉，又富于戏剧性，讲述了圈套和自由的主题。

1936年8月，洛尔卡在内战开始时被杀害。尽管他的遗体下落不明，但一般认为他是被忠于佛朗哥的军方处决了，因为他被认为持有左翼政治观点，而且是同性恋。

洛尔卡的避暑别墅——**圣维森特别墅**（Huerta de San Vicente；☎958 25 84 66；www.huertadesanvicente.com；Calle Virgen Blanca；€3，周三免费；⏲9月中旬至次年5月周二至周日9:30~17:00，6月至9月中旬周二至周日9:00~14:00）位于城市的南部郊区，现在成了一座博物馆。回到市中心，**费德里科·加西亚·洛尔卡中心**（Centro Federico García Lorca；☎958 27 40 62；www.centrofedericogarcialorca.es；Plaza de la Romanilla；⏲周二至周六11:00~14:00和17:00~20:00，周日11:00~14:00）**免费** 里面是洛尔卡基金会，还会为展览和文化活动提供现代化的场地。

在丰特瓦克罗斯，**费德里科·加西亚·洛尔卡出生地博物馆**（Museo Casa Natal Federico García Lorca；☎958 51 64 53；www.patronatogarcialorca.org；Calle Poeta Federico García Lorca 4；€1.80；⏲导览游每小时一次 全年周二至周六10:00~13:00，10月至次年3月16:00~17:00，4月至6月和9月17:00~18:00）展示着这位作家所写作的戏剧的照片、海报和戏服。每小时一班的**Ureña**（☎953 22 01 71）公共汽车从格拉纳达长途汽车站附近的Avenida de Andaluces开往这座村庄（€1.70，20分钟）。

150；❄📶）这家时髦的酒店拥有浅色的木地板和简洁的家具，线条干净而现代，看起来更具斯堪的纳维亚风格，而非西班牙南部风格。然而，墙上绘有当地名胜古迹的素描，酒店楼下还有一家名叫Vitola的时髦的酒吧兼餐馆——是享用早餐或西班牙小吃的理想选择，格拉纳达以这些形式体现了存在感。

Hotel Hospes Palacio de Los Patos 豪华酒店 €€€

（☎958 53 57 90；www.hospes.com/en/granada-palacio_patos；Solarillo de Gracia 1；双€140~420，套€344~1456；P❄📶🏊）这家酒店坐落在一栋宫殿般的19世纪建筑内，是格拉纳达最好的酒店之一。这里设计入时的极简抽象派房间分布在原有建筑和新建的当代侧翼内，全都以干净的白色和珠光灰色为装饰。如果想放松一下的话，怡人的阿拉伯花园内供应饮品，也可以预约水疗中心的按摩服务。

就餐

在格拉纳达外出用餐主要是享受西班牙小吃和安达卢西亚的传统美食。该市有各类餐馆，还有一大堆酒吧和咖啡馆，很多既为当地人服务，也会迎合游客和外地人的需求。这里也有很棒的摩洛哥菜肴，阿尔拜辛区就有很多味道正宗的地方。

阿尔罕拉和雷阿莱霍

Hicuri Art Restaurant 严格素食 €

（☎858 98 74 73；www.restaurantehicuriartvegan.com；Plaza de los Girones 3；主菜€7.50~10，当日套餐€13.80；⏲周一至周五11:00~23:00，周六正午至23:00，7月和8月至16:30；✍）格拉纳达最著名的涂鸦艺术家厄尔尼诺·德拉斯平图拉斯（El Niño de las Pinturas）曾在店内随性创作，为这家友好而悠闲的严格素食餐馆创造了非常迷幻的用餐背景。在传统的肉类菜肴主宰着那么多菜单的城市里，这里鲜美的沙拉、豆腐和咖喱面筋（seitan）为游客提供了很受欢迎的替代之选。

La Botillería 西班牙菜 €€

（☎958 22 49 28；www.labotilleriagranada.es；CalleVarela 10；主菜€10.90~18；⏲周三至周日12:30至次日1:00）自2013年开业以来，La Botillería已经在当地建立了很好的声誉，这归功于摆盘优雅的食物以及周到的酒单。这家餐馆的风格现代而悠闲，相当时髦，有一个专门供应西班牙小吃的吧台区，而且后面还有一家餐馆，在那里可以吃到坎塔布里亚凤尾鱼做成的开胃小吃，以及很有创意的主菜，比如猪肉牛油果千层糕（milhoja de presa ibérica）。

Los Diamantes 西班牙小吃、海鲜 €€

（www.barlosdiamantes.com；Calle Navas 26；盘餐€10~14；⏲12:30~16:30和20:30至午夜）这家其貌不扬的老式廉价小馆在格拉纳达享有盛名，它是酒吧林立的Calle Navas最好的小餐馆之一。这里客人总是满座，通常只有站位，但是海鲜——配饮品的第一份西班牙小吃免费——很棒，而且店内总是洋溢着令人愉快的社交氛围。

新广场上还有第二家更为时髦的分店。

Carmela Restaurante 西班牙菜 €€

（☎958 22 57 94；www.restaurantecarmela.com；CalleColcha 13；西班牙小吃 €7，主菜€7.50~16.90；⏲8:00至午夜，厨房 正午至午夜）这家全天营业的时髦咖啡馆兼餐馆位于雷阿莱霍区的入口处，为迎合21世纪而加以创新的传统西班牙小吃最受欢迎。可以在铺设砖块的凉爽室内或者户外露台上占一张餐桌，享用可乐饼（croquette）配血肠和焦糖洋葱，或是酱汁烤金枪鱼（tuna tataki）。

Parador de Granada 各国风味 €€€

（☎958 22 14 40；CalleRealdelaAlhambra；主菜€16~26；⏲13:00~16:00和20:00~22:30）不只美食——以当代安达卢西亚菜为主——在Parador de Granada（见803页）的酒店餐馆里用餐也是为了享受这里独一无二的阿尔罕布拉宫的环境。与酒店全天营业的酒吧兼咖啡馆共享的露台是享用正餐或在观光后吃小吃的美妙去处。然而其位置确实令价格抬高了不少。

新广场附近

Bodegas Castañeda 西班牙小吃 €

（☎958 21 54 64；Calle Almireceros 1；西班

牙小吃 €2~5; ⏲11:30~16:30和19:30至次日1:30)在这家传统的西班牙小吃吧里,吃饭变成了一种接触性运动项目,成群的饥饿食客会在悬挂着的火腿下方争抢食物。这里没有什么无意义的美食试验,只有供应速度快如闪电的经典西班牙小吃(和盘餐),以及从装在墙上的大木桶中现打出来的酒。

Greens & Berries

快餐 €

(Plaza Nueva 1; 小吃 €2.50起; ⏲9:00~22:00; ✎)格拉纳达式快餐。这家狭小的餐馆是稍作休息的理想选择,供应一系列烤三明治、卷饼、夹馅长棍面包(bocadillos)、沙拉,以及用成熟的多汁水果制成的新鲜思慕雪(smoothies)。广场上的长椅可以充当座位。

Rutadel Azafrán

各国风味 €€

(☎958 22 68 82; www.rutadelazafran.es; Paseodel Padre Manjón 1; 主菜 €17~21; ⏲13:00~23:30)在这家受欢迎的河畔餐馆里,现代设计与阿尔罕布拉宫(见792页)的美景以及博采众长的国际化菜单紧密地结合在了一起。摩洛哥风味的开胃菜,为颇具亚洲风情的金枪鱼菜肴以及丰盛的安达卢西亚主食——比如红酒煨猪颊——开了个好头。

阿尔拜辛

Babel World Fusion

西班牙小吃 €

(☎958 22 78 96; Calle de Elvira 41; 啤酒和西班牙小吃 €2, 主菜 €6.50起; ⏲12:30~16:30和18:00至次日2:00; ✎)Babel是一家很受外国学生喜爱的休闲餐馆,在酒吧林立的Calle de Elvira,它从更加传统的相邻餐馆中脱颖而出。这里以国际化的方式解读西班牙小吃的概念,这里会烹制炸豆丸子(falafels)、墨西哥烤肉卷(fajitas)和泰式面条,也有更常见的安达卢西亚菜肴。

Arrayanes

摩洛哥菜 €€

(☎619 076862, 958 22 33 53; www.rest-arrayanes.com; Cuesta Marañas 4; 主菜 €9~16; ⏲周三至周一 13:30~16:30和19:30~23:30; ✎)阿尔拜辛区是品尝摩洛哥美食的好地方,这家众所周知的餐馆作为该街区最好的摩洛哥餐馆之一而闻名。瓷砖、格状结构的华丽拱门和深红色的座椅为经典的北非主食提供了绝佳的舞台,比如bisara汤——用碎豆子烹制的、浓稠且果香浓郁的陶锅菜汤,还有酥脆的包馅点心(pastelas)。请注意,这里不提供酒精饮料。

ElAjí

西班牙菜 €€

(☎958 29 29 30; Plaza San Miguel Bajo 9; 主菜 €12~20; ⏲13:00~23:00)这家舒适的社区餐馆在阿尔拜辛区迷人的山顶广场上设置了露天座位,不但待客热情,菜单也能满足不同客人的需要。如果你喜欢意大利菜,这里有意面,还有美味的炭烤牛排和别出心裁的鱼类菜肴:比如龙舌兰蜂蜜对虾、酸橙汁鳕鱼。

Samarkanda

黎巴嫩菜 €€

(Calle Calderería Vieja 3; 主菜 €8~12; ⏲周四至周二 13:00~16:30和19:30~23:30; ✎)尽管装潢相当陈旧,但是这家友善的、家庭经营的黎巴嫩餐馆依然是明智的选择,它在阿尔拜辛区的后街小巷里烹制着各种传统美食。先尝尝鹰嘴豆泥和茄泥(mutabal,以茄子和芝麻酱为主的调味酱汁),再来一碗烤牛肉粒搭配土豆和芝麻酱(kafta)。

当 地 知 识

免费西班牙小吃

格拉纳达是坚守每杯饮品都会附送免费西班牙小吃这一高度文明惯例的最后堡垒之一。到酒吧点一杯饮品,转瞬之间就会有一盘分量十足、看上去很美味的小吃,魔术般地出现在眼前。再点一杯,另一盘又会突然出现。每次购买饮品,你都会看到同样的过程。因为很多酒吧只提供小杯啤酒(cañas的容量仅为250毫升),因此在一个晚上的时间里,可能吃免费的西班牙小吃就饱了,而且不会完全喝醉。事实上,有些人会从一家酒吧"摸到"另一家,在每个地方都点一杯酒,并享用免费小吃。Callede Elvira和Calle Navas遍布供应西班牙小吃的酒吧,是很好的去处。

中心区

Poë 西班牙小吃 €

（www.barpoe.com; Calle Paz和Calle Verónica de la Magdalena交叉路口; 西班牙小吃 €1.50, 盘餐 €5; ⊙20:00至次日0:30）友好的Poë提供了很有吸引力的多元文化氛围，以及深受喜爱的各国美味，比如巴西的黑豆炖猪肉（feijoada）和泰式香辣鸡。虽然看上去其貌不扬，但是就像神秘博士里的塔迪斯（Tardis），一进门就会发现一个完全不同的世界。

★ **El Bar de Fede** 各国风味 €€

（☎958 28 88 14; Calle Marqués de Falces 1; 盘餐 €7.50~16; ⊙周一至周四 9:00至次日2:00，周五和周六 至次日3:00，周日 11:00至次日2:00）店名中的"Fede"取自诗人费德里科·加西亚·洛尔卡的名字，他的自由精神似乎笼罩着这家对男同性恋十分友好的时髦酒吧。这个地方很漂亮，装饰着带有图案的壁纸，高高的桌子环绕在贴着瓷砖的像小岛一样的高台周围，食物也很美味。这里的特色包括搭配香橙汁的鸡肉酱（pâté）以及入口即化的烤鱿鱼。

Siloé Café & Grill 各国风味 €€

（☎958 22 07 52; http://siloebarygrill.com; Plaza de Diego Siloé; 主菜 €10~20; ⊙10:00~23:00）Siloé位于大教堂的后面，几乎无所不通，既适合悠闲地喝咖啡，也是享用全套午餐或晚餐的好去处。在夏季，令人愉快的户外露台是很棒的用餐场所，而在天气偏冷的月份，用餐者可以到现代的室内去享用汉堡包和烤鸡翅之类的食物。

Oliver 海鲜 €€

（☎958 26 22 00; www.restauranteoliver.com; Plaza Pescadería 12; 主菜 €12~22; ⊙周一至周六 12:30~15:30和20:00~23:30）这家店是群集在格拉纳达市中心Plaza Pescadería上的海鲜吧兼餐馆中最好的之一。在人头攒动的酒吧里，衣着考究的上班族会挤在清洁工旁边，畅快地享用整盘的蒜味虾和油炸食品，家庭用餐者和游客则会坐在更加安静的户外餐桌旁，舒舒服服地进餐。

★ **La Fábula Restaurante** 美食店 €€€

（☎958 25 01 50; www.restaurantelafabula.com; Calle de San Antón 28; 主菜 €24~28，品尝套餐 €75~90; ⊙周二至周六 13:00~16:00和20:30~23:00）在这里你很难不想到"Fábula"就是非常棒（fabulous）的意思。这家正式的美食餐馆坐落在Hotel Villa Oniria的优雅环境内，是大厨伊斯梅尔·德尔加多·洛佩斯（Ismael Delgado López）的地盘，他呈献的当代西班牙菜肴摆盘十分巧妙，肯定会给你留下深刻的印象。一定要预订。

饮品和夜生活

从老式的西班牙小吃吧，到历史悠久的咖啡馆、传统的葡萄酒吧和一千零一夜般的茶室，格拉纳达拥有大量可供畅饮一番的去处。热门地区包括相当破旧的Calle de Elvira、阿尔拜辛区低处的Río Darro、Calle Navas，以及三位一体广场（Plaza de Trinidad）北面的地区，在那儿能找到几家前卫时髦的酒吧。

Taberna La Tana 葡萄酒吧

（☎958 22 52 48; Placeta del Agua 3; ⊙12:30~16:00和20:30至午夜）成堆的酒瓶，一串串挂着的大蒜，砖木结构的狭小内室——友善的La Tana简直是一家模范葡萄酒吧。这里专门经营西班牙葡萄酒，而且会辅以与之完美相配的西班牙小吃。可以问问酒保"本月推荐葡萄酒"，并说明你的偏好——醇和（suave）的红葡萄酒，或者更烈（fuerte）一些的酒。

El Bar de Eric 酒吧

（☎958 27 63 01; Calle Escuelas 8; ⊙周一至周四 10:00至次日2:00，周五 至次日3:00，周六 13:30至次日3:00，周日 13:00至次日2:00）店内到处都是老旧的演出海报和装裱起来的音乐英雄们的照片，从黛比·哈利（Debbie Harry）到吉姆·莫里森（Jim Morrison），应有尽有。这家悠闲的酒吧是西班牙乐队Los Planetas的鼓手埃里克·希门尼斯（Eric Jiménez）创建的。可以从一些创意西班牙小吃和一瓶桑格利亚汽酒开始。

Botánico 酒吧

（☎958 27 15 98; www.botanicocafe.es; Calle Málaga 3; ⊙周一至周四 13:00至次日1:00，周

当地知识

格拉纳达的茶室

近年来，格拉纳达的茶室（teterías）数量激增，不过仍然保持住了迷人的异国风情，它们富有情调的昏暗内室充满了蕾丝纱帘、灰泥装饰和带有坐垫的低矮座椅。大部分茶室都会提供各种芳香茶和花草茶，还有精致黏糯的阿拉伯甜点。许多茶室依然允许顾客抽水烟管（cachimba）。

阿尔拜辛区的Calle Calderería Nueva是格拉纳达最著名的“茶室街”。

Abaco Té（☎958 22 19 35；Calle Álamo de Marqués 5；⊙周一至周四 15:00~21:30，周五至周日 13:30~23:30）Abaco采用的是阿拉伯风格的极简主义装饰，这个让人放松的地方配有舒适的地垫，可以让你坐在上面饱览阿尔罕布拉宫的美景。你可以从百科全书般的茶水和药草茶水单中做出选择，或者来一杯鲜果汁或奶昔以享受浓郁的果香。美味的蛋糕和一份以素食小吃为主的小菜单可以帮你驱赶饥饿感。

Tetería Nazarí（Calle Calderería Nueva 13；⊙14:00至午夜）是阿尔拜辛这个旅游区的茶室中最好的一家。你可以坐在绘着精美图案的小桌旁边的凳子上，在精选的茶品中选择其一，或许是薄荷和肉桂茶，再配上一份甜甜的蜂蜜糕点。

Tetería Dar Ziryab（☎655 446775；Calle Calderería Nueva 11；⊙13:00至次日1:00）这里光线微暗的室内铺着瓷砖，摆着带有坐垫的长椅，还有典型的摩尔式格栅拱门。可以到这儿来抽水烟管，并用装饰华丽的玻璃杯品味香草茶。

Tetería Kasbah（Calle Calderería Nueva 4；⊙正午至次日1:00）轻薄的窗帘、令人惊艳的灰泥拱门和昏暗的灯光，为悠闲的饮茶时间营造了良好的氛围——服务可能很慢——这是Calle Calderería Nueva最大、最忙碌的茶室。也提供完整的食品菜单。

五和周六 至次日2:00，周日 至18:00）蓄着设计师那样的胡子的潮流人士、刚写完洛尔卡论文的学生，以及放荡不羁又热爱艺术的人们都会在Botánico闲逛。这里白天是一家休闲餐馆，午后点心时间（17:00至19:00）是一家咖啡馆，晚上又会变成一家喧闹的酒吧。

Mundra 酒吧

（Plaza de la Trinidad；⊙周一至周四 20:30至次日2:00，周五和周六 至次日3:00）Mundra是树木茂密的三位一体广场上最好的酒吧之一，裸露的砖墙、佛像和让人放松的音乐为它营造了几分新时代的氛围。这里的户外餐桌很适合观察路人，西班牙小吃和适合分享的拼盘都是不错的选择。

Boogaclub 夜店

（www.boogaclub.com；Calle Santa Barbara 3；⊙周一至周三 2:00~6:00，周四和周日 23:00至次日6:00，周五和周六 至次日7:00）这家古老的夜店是激情热舞的好去处。先用灵魂浩室乐、放克乐和电子乐放松一下，然后开始跟随国际DJ在摇滚乐、灵魂乐、拉丁乐和雷鬼乐之间快速切换。这里也会主办即兴演奏会和定期演出。可查阅其网站了解即将举行的活动。

☆ 娱乐

Jardines de Zoraya 弗拉明戈

（☎958 20 62 66；www.jardinesdezoraya.com；Calle Panaderos 32；票价 €20，晚餐 €29起；⊙演出20:00和22:30）Jardines de Zoraya在阿尔拜辛区的一家餐馆里演出，这里给人的第一印象是那种旅游味很浓的精心编排过的弗拉明戈表演（tablao），但是合理的票价、才华横溢的表演者和极其富有情调的中庭使它成为值得每一位舞迷停留的地方。

Casa del Arte Flamenco 弗拉明戈

（☎958 56 57 67；www.casadelarteflamenco.com；Cuesta de Gomérez 11；票价 €18；⊙演出19:30和21:00）这个小型的弗拉明戈演出场所既不针对游客，也不是私人会所（peña），而

是介于两者之间。表演者总是一流的，他们能在小而舒适的空间里营造出感情浓厚的氛围。

Le Chien Andalou 弗拉明戈

（☎717 709100；www.lechienandalou.com；CarreradelDarro 7；票价 €10~12；⊙演出19:30、21:30和23:30）这家洞穴般的小酒吧以前是一个蓄水池，但是现在这里每晚都会举办3场弗拉明戈表演，而且价格只有大型场地的一半。演出水平不一，不过既然这么便宜，还是值得碰一下运气。

Peña La Platería 弗拉明戈

（☎958 21 06 50；www.laplateria.org.es；Placeta de Toqueros 7）Peña La Platería声称是西班牙最古老的弗拉明戈俱乐部，成立于1949年。与其他私人会所不同的是，这里经常在周四晚上10点对非会员开放演出。同时也供应西班牙小吃和饮品。推荐预约。

Eshavira 爵士乐、弗拉明戈

（☎958 29 08 29；https://eshaviraclub.wordpress.com；Calle Postigo de la Cuna 2；€6~15；⊙22:00至次日4:00）这是格拉纳达历史悠久的爵士乐和弗拉明戈演出场所之一，就坐落在Calle Azacayas附近。这里会定期举办演出、即兴演奏会和弗拉明戈表演——可查阅其网站了解活动时间。不过开场较晚，活动很少在23:00以前开始，而后派对会持续整个晚上。

购物

格拉纳达的许多商店都利用这座城市的摩尔文化遗产出售各种有趣的新奇物品，从一袋袋香料，到脚尖处卷曲的拖鞋和手工制作的皮包等，应有尽有。当地的特色手工艺品是镶嵌饰品（taracea）——最好的作品有贝壳、白银或珍珠母镶嵌，适用于盒子、桌子、国际象棋等。

La Oliva 食品和饮品

（☎958 22 57 54；CalleRosario 9；⊙周一至周六 11:00~14:30和周一至周五 19:00~22:00）白天，La Oliva是一家小食品店，出售精选的优质西班牙葡萄酒、橄榄油和美食。到了晚上，摆好桌子，老板弗朗西斯科（Francisco）会欢迎少部分客人（必须预订）来享用他售价€38.50的品尝套餐。

Tienda Librería de la Alhambra 书籍

（☎958 22 78 46；www.alhambratienda.es；Calle Reyes Católicos 40；⊙9:30~20:30）对喜爱阿尔罕布拉宫的人来说，这是一家绝妙的商店，拥有大量专门介绍这座古迹及其艺术和历史的书籍。你会发现各种各样的东西，既有简单的旅行指南，又有用亮光纸印刷的适合放在茶几上的伊斯兰艺术书籍，还有精选的优质礼品，包括手绘的扇子、文具和漂亮的摄影印刷品，你可以在资源丰富的数字图书馆中进行挑选。

Alcaicería 礼品和纪念品

（Calle Alcaicería；⊙10:00~21:00）从皮革撒切尔包和摩洛哥风格的拖鞋，到花哨的陶瓷制品、廉价首饰、围巾和瑞士军刀，这条狭窄街道旁货摊上摆满了各种各样琳琅满目的商品，它们是格拉纳达曾经的大集市遗留下来的全部。尽量在旅游团到达之前赶到那里。

Artesanías González 工艺品

（Cuesta de Gomérez 12；⊙11:00~20:30）自1920年以来，这家工匠店铺一直专注于镶嵌艺术，可谓选购纪念品和小礼物的绝佳去处。这里有精选的手工镶嵌装饰盒，以及杯垫、国际象棋和漂亮的西洋双陆棋棋盘。

实用信息

市内各办事处都能提供相关信息：

阿尔罕布拉宫旅游信息咨询点（Alhambra Tourist Information Point；☎958 02 79 71；www.granadatur.com；Calle Real de la Alhambra Granada, Alhambra；⊙8:30~20:30）对阿尔罕布拉宫的信息无所不知。

市旅游局（Municipal Tourist Office；☎958 24 82 80；www.granadatur.com；Plazadel Carmen 9；⊙周一至周六9:00~20:00，周日至14:00）官方的市旅游局。

省旅游局（Provincial Tourist Office；☎958 24 71 28；www.turgranada.es；Cárcel Baja 3；⊙周一至周五9:00~20:00，周六10:00~19:00，周日10:00~15:00）可提供格拉纳达省的相关信息。

地区旅游局（Regional Tourist Office；☎958 57 52 02；www.andalucia.org；Calle Santa Ana 2；⊙周一

至周五9:00~19:30，周六和周日9:30~15:00）可提供整个安达卢西亚地区的相关信息。

this.is:granada（☎958 21 02 39；www.thisisgranada.com；Plaza de Cuchilleros；⊙周一至周六9:30~14:00和16:00~19:00，周日至18:00）出售弗拉明戈演出、城市游览和公共汽车票的代理机构。

到达和离开

飞机

格拉纳达机场（Aeropuerto Federico García Lorca，Granada Airport；☎902 40 47 04；www.aena.es）又名费德里科·加西亚·洛尔卡机场，位于城市以西17公里处，在A92公路附近。这里有直飞马德里、巴塞罗那、毕尔巴鄂、马略卡岛帕尔马（Palma de Mallorca），以及非西班牙城市如伦敦、曼彻斯特和米兰的航班。相关服务由易捷航空公司（easyJet）、伏林航空公司（Vueling）、伊比利亚航空公司（Iberia）和英国航空公司（British Airways）等国际航空公司运营。

ALSA（☎902 42 22 42；www.alsa.es）的245路公共汽车在6:00开往市中心（€2.90，40分钟），之后在9:15至23:30至少每小时发出一班。这趟车会在不同的地方停站，包括大教堂附近的Gran Vía de Colón。在车上购票。乘出租车到长途汽车站大约要花费€20至€24。

长途汽车

格拉纳达的**长途汽车站**（☎958 18 54 80；Avenida Juan Pablo II；⊙6:30至次日1:30）位于市中心西北3公里处。要从那里前往市中心，可以乘坐SN1路市区公共汽车到**Gran Vía de Colón**下车。

ALSA（☎902 42 22 42；www.alsa.es）运营省内和地区间的长途汽车，还有一趟直达马德里巴拉哈斯机场（Barajasairport；€47.85，6.25小时）的夜班车。

目的地	费用（€）	行程（小时）	发车频率（每天）
阿尔穆涅卡尔	8.34	1.25~2	9班
科尔多瓦	15	2.25~4	8班
瓜迪克斯	5.50	1	14班
哈恩	8.87	1.25	15班
兰哈龙	4.27	1~1.5	9班
马拉加	10.25~13.70	1.75	17班
塞维利亚	23~29	3	8班

小汽车

格拉纳达位于A44公路和A92公路的交会处。从A395支路驾车前往阿尔罕布拉宫很容易。

火车

火车站（☎958 27 12 72；Avenidade Andaluces）位于市中心西北1.5公里处。如果要前往市中心，可以直接走到Avenida de la Constitución，然后右转搭乘SN1路公共汽车到达Gran Vía de Colón。

目的地	费用（€）	行程（小时）	发车频率（每天）
阿尔梅里亚	20.10	2.5	4班
马德里	27.65~39	4	5班
巴塞罗那	40~59	7.75	2班
科尔多瓦	23.10~36.50	2.25~3	7班
阿尔赫西拉斯	30	4.25~5	3班
塞维利亚	30.15	3.25	4班

当地交通

公共汽车

单程车票可以在公共汽车上购买（只收现金），票价€1.40。

实用的公共汽车线路如下：

C1路 从新广场向北去往阿尔拜辛。

C2路 从新广场向北去往圣山。

C3路 从伊莎贝拉二世广场（Plaza Isabel II）经雷阿莱霍去往阿尔罕布拉宫。

SN1路 将市中心的Via Gran Vía de Colóny与长途汽车站和火车站相连接。

小汽车

和安达卢西亚的多数大城市一样，在格拉纳达的市中心开车可能会令人沮丧，所以请尽量避免。最好把你的车停在市郊，并利用公共交通工具；选择相当多。如果你必须开车，市中心有几处停车场：**阿尔罕布拉停车场**（Parking La Alhambra；☎信息中心 902 44 12 21；Paseo de la Sabika；每小时/天€2.70/18.40；⊙24小时）、**圣阿古斯丁停车场**（Parking San Agustín；Calle San Agustín；每小时/天€1.70/25；⊙24小时）和**坎波斯广场停车场**（Parking Plaza de los Campos；Plaza de los Campos 4；每小时/天€1.95/19.50；⊙周一至周六8:00至次日1:00，周日8:30~23:00）。

出租车

出租车聚集在新广场以及火车站和长途汽车站。

如果想叫一辆出租车，可以联系**Tele-Radio Taxi Granada**（☎958 28 00 00；www.granadataxi.com）。

格拉纳达省（GRANADA PROVINCE）

耸立在格拉纳达上空的是内华达山脉的雄伟山峰。那里高得令人眩晕的山坡每一年当中大约有半年的时间被积雪覆盖，能提供绝佳的滑雪条件，在温暖的月份里，那里则是很棒的徒步去处。山脉南侧是阿尔普哈拉斯峡谷的所在地，这个草木葱茏的地区被山谷一分为二，巨大的峡谷中散布着白色村庄，里面排满了柏柏尔人传统的平顶房屋。

往西南方走会来到该省的海岸线，相对低调的热带海岸拥有很多受欢迎的海滩度假胜地，这些好去处坐落在小海湾和陡峭的悬崖之间。

内华达山脉（Sierra Nevada）

内华达山脉自西向东绵延约75公里，为格拉纳达提供了引人瞩目的背景。其顶部覆盖着皑皑白雪的原始山峰，拥有西班牙大陆的最高点——穆拉森峰（Mulhacén，3479米），以及位于Pradollano的欧洲最南端的滑雪胜地。在南侧的山麓地区散布着很多风景如画的白色村庄，那里统称为阿尔普哈拉斯峡谷地区。

占地面积约为859平方公里的内华达山脉国家公园（Parque Nacional Sierra Nevada）是西班牙最大的国家公园，西班牙的7000种植物中有2100种都生长在这个保护区内，包括独特的番红花、水仙、蓟、三叶草、罂粟和龙胆品种，而安达卢西亚规模最大的野山羊群也生活在这里。在低海拔地区与国家公园相接的是内华达山脉自然公园（Parque Natural Sierra Nevada）。

从7月到9月初，高山能提供精彩的多日徒步游和一日徒步活动。而在此期间之外的月份，尽管有遭遇恶劣天气的风险，但低海拔的阿尔普哈拉斯总是很受欢迎，那里的大部分积雪会在5月前融化。

ℹ 实用信息

Centro de Visitantes El Dornajo（☎958 34 06 25；A395, Km 23；⊙周三至周日10:00~17:00）内华达山脉的信息中心；在距离格拉纳达约23公里远的A395公路上。

ℹ 到达和离开

从格拉纳达前往内华达山脉的主要途径是取道A395公路。你可以在城市的东南边缘走上这条路。

> **不要错过**
>
> **在内华达山脉滑雪**
>
> 距离格拉纳达大约33公里远的现代村庄Pradollano（2100米）是**内华达山脉滑雪场**（Sierra Nevada Ski；☎902 70 80 90；www.sierranevada.es；Pradollano；一日滑雪通票 成人€36.50~48，儿童€24~35；👪）的所在地，这是欧洲最南端的滑雪胜地。这个设备齐全的地方很受来自格拉纳达的一日游游客的欢迎。这里有近125条带有标志的滑雪道，从高难度的黑色下坡道，到平缓的绿色滑道和越野路线，足以满足各个水平的滑雪者。这里还设置了专门的滑雪板区、家庭滑雪坡和儿童雪场，而且会在周四和周六开放夜间滑雪。
>
> 夏季，滑雪会被**内华达山脉自行车公园**（Sierra Nevada Bike Park；http://sierranevadabikepark.com；Pradollano；一日通票€21；⊙缆车 9:45~18:00）的山地自行车骑行所取代，公园内设有8条路线，总长37公里。
>
> 在冬季，**Tocina**（☎958 46 50 22；www.autocarestocina.es）每天发出3班（周末4班）从格拉纳达的长途汽车站开往Pradollano的长途汽车（€5，1小时）。而在滑雪季以外，每天只有一班长途汽车（9:00从格拉纳达出发，17:00从滑雪场车站出发）。

值得一游

瓜迪克斯

瓜迪克斯（Guadix; gwah-deeks）是坐落在内华达山脉山麓附近的一座生气勃勃的地方小镇，以窑洞而闻名，这里的很多窑洞如今依然被当地居民占据着。洞穴区（Barrio de las Cuevas）位于城镇的南部边缘，是一个仿佛超脱了尘世的怪异地方，据说这里有大约2000处民居都隐藏在岩石地带中。如果想把这个地区看得更清楚，可以前往没有路标的瞭望台Mirador Padre Poveda。

坐落在镇中心的瓜迪克斯派头十足的大教堂（Cathedral; ☎958 66 51 08; Paseo de la Catedral; 成人/优惠 €5/3.50; ⏰10月至次年5月周一至周六10:30~14:00和16:00~18:00，4月至5月周一至周六16:30~18:30，6月至9月周一至周六17:00~19:30，全年周日10:30~14:30和6月~9月周日17:00~19:30）是一个宏伟壮观的景点，老城区也颇具吸引力，这里独具特色的建筑很多都有暖色调的砂岩外观，很适合随意闲逛。

如果想过夜，Hotel GIT Abentofail（☎958 66 92 81; www.hotelabentofail.com; Calle Abentofail; 标单€40~63，双€48~73; ❄📶）能提供雅致的精品住宿，这家酒店就坐落在老城区的中心地带。

格拉纳达（€5.50，1小时，每天最多12班）、阿尔梅里亚（€9.37，2小时，每天3班）和马拉加（€18，3~3.5小时，每天4班）都有固定班次的长途汽车开往瓜迪克斯。格拉纳达和阿尔梅里亚还有每天开往这里的火车。

穆拉森峰和贝莱塔峰（Mulhacén & Veleta）

内华达山脉最高的两座山峰分别是海拔3395米的贝莱塔峰和海拔3479米的穆拉森峰，后者也是西班牙大陆的最高峰。它们都位于山脉的西端，而且都能从一个国家公园的岗亭登顶，这个岗亭位于山脉北侧的Hoya de la Mora（2512米），可以经公路从格拉纳达和Pradollano滑雪胜地前往，就坐落在通往一处山口的入口处，这个山口连接着位于山脉南侧的阿尔普哈拉斯村庄卡皮莱拉（Capileira）。然而，山顶的道路不允许私人车辆进入，只能乘坐国家公园的班车进入山脉的上部区域，班车在6月下旬至10月运营（如果没有太多积雪的话）。

活动

如果想从北侧攀登穆拉森峰和贝莱塔峰，可以从位于Hoya de la Mora的大学旅舍（Albergue Universitario）乘坐班车（shuttle bus; ☎671 564407; 单程/往返 €6/10; ⏰6月至10月 8:00~18:00）。这趟车会把你送到Posiciones del Veleta（3100米），从这里再徒步4公里（1.5小时）就可以登上贝莱塔的顶峰，如果要征服穆拉森峰，则需要徒步14公里（4~5小时）。

如果想从南侧登上穆拉森峰，可以从卡皮莱拉（Capileira）搭乘夏季班车到特雷韦莱斯瞭望台（Mirador de Trevélez），再从那里徒步大约3个小时登上顶峰（6公里，海拔升高800米）。

如果想进行需要过夜的短途游，可以在Refugio Poqueira（☎958 34 33 49; www.refugiopoqueira.com; 每人 €17.50）找到睡觉的地方，它坐落在穆拉森峰西南面下方海拔2500米高的地方。从特雷韦莱斯瞭望台及旅舍去往穆拉森峰的环路需要花费6~7小时。要预订。

最好事先打个电话，确认是否能乘坐班车。

这里介绍的路线适合健康状况良好及中级徒步者。出发前要时常留意天气预报，并为天气变化和可能出现的大风做好准备。网站http://sierranevadaguides.co.uk/information-about-the-sierra-nevada是一个很好的信息来源。

阿尔普哈拉斯峡谷（Las Alpujarras）

阿尔普哈拉斯峡谷是内华达山脉南侧长

达70公里的山谷和深谷区。这里由岩石覆盖的干旱山坡、森林和梯田组成，在融化的雪水的滋养下变得肥沃，而且因风景如画的白色村庄而闻名。这些村庄坐落在青翠的山坡上，村中柏柏尔式的平顶房屋令人回想起这个地区过去曾是摩尔人的避难所，当年他们为了躲避征服了格拉纳达的基督徒迁到了这里。如今，村庄里既有本地人，也有外籍人士居住，而低海拔地区的城镇则聚集着追寻内心的人、长期旅行者和渴望远离竞争的避世者。踩出来的步行小径在山间纵横交错，不但将村庄连接在了一起，还提供了最好的徒步去处。

到达和离开

从西边通往阿尔普哈拉斯峡谷的主要道路是A348公路，它在格拉纳达以南大约34公里处与A44公路分离。

ALSA（☎902 42 22 42；www.alsa.es）运营每天从格拉纳达开往阿尔普哈拉斯峡谷地区城镇及村庄的长途汽车。

兰哈龙（Lanjarón）

人口 3587

兰哈龙是阿尔普哈拉斯西部的主要门户，也是备受欢迎的一日游目的地。这座绿树成荫的迷人山镇以令人放松的温泉水疗而闻名，这一直是当地人的主要收入来源，现在仍吸引着大批游客。兰哈龙还通过当地纯净的泉水获利，这种泉水装瓶后会在西班牙各地销售。这里风干加工的火腿（jamón serrano）在很多当地菜单上也享有盛名。

活动

Balneario de Lanjarón 水疗

（☎958 77 04 54；www.balneariodelanjaron.com；Avenida de Madrid 2；洗浴 €18起）几个世纪以来，兰哈龙的温泉水一直是这座小镇的主要吸引力。为了检验它们的疗效，这个水疗中心——现在是一家四星级酒店的组成部分——提供了一系列的浴池可供选择，还有按摩和美容服务。

Caballo Blanco Trekking Centre 骑马

（☎627 794891；www.caballoblancotrekking.com；骑马2/4小时 €40/70，全天加野餐 €95）这家经营已久的机构就坐落在兰哈龙东部，能提供骑马课程以及周边山区的徒步游。工作人员会说英语、西班牙语、德语和一点儿法语。需提前预订。

就餐

El Arca de Noé 西班牙菜 €€

（☎958 77 00 27；Avenida de la Alpujarra 38；主菜 €6~18；⊙每天 10:00~15:00和周一至周六 18:30~22:30）挂得非常整齐的一排排火腿，以及摆满了葡萄酒瓶、果酱和腌制食品的货架泄露了这里的秘密。这家熟食店兼餐馆是品尝著名的本地火腿的好地方。你还可以尝尝各式各样的地区美食：辣香肠、山羊奶酪、肉酱和番茄沙拉。

到达和离开

ALSA（☎902 42 22 42；www.alsa.es）运营的长途汽车从格拉纳达（€4.27，1~1.5小时，每天最多9班）和马拉加（Málaga；€12.66，3.25小时，周一至周六每天1班）开往兰哈龙。

奥尔希瓦（Órgiva）

奥尔希瓦是阿尔普哈拉斯西部的主要城镇，与邻近的村庄相比，这里显得有点儿破旧，但是相当大。长久以来，该镇一直有着丰富的嬉皮士元素——另类生活社区Benéficio就在附近，那里的居民会定期到镇上来，在周四的集市上出售他们的商品或卖艺。读过克里斯·斯图尔特（Chris Stewart）的畅销书《驶过柠檬树》（*Driving over Lemons*）的英国游客或许能认出这座城镇。

食宿

Casa Rural Jazmín 乡村小屋 €€

（☎958 78 47 95；www.casaruraljazmin.com；Calle Ladera de la Ermita；双 €53~70；P ❄ 📶 🏊）这个宁静的住处位于城镇上部，入住的客人会受到热情的迎接。这里很舒适，有4间像家一样自在的客房，每间的装饰风格都不同，而且有的房间比较大。外面有一座花草繁茂的花园，夏季时会在那里供应早餐，你也可以在游泳池中戏水。

Western Sierra Nevada & Las Alpujarras 内华达山脉西部及阿尔普哈拉斯峡谷

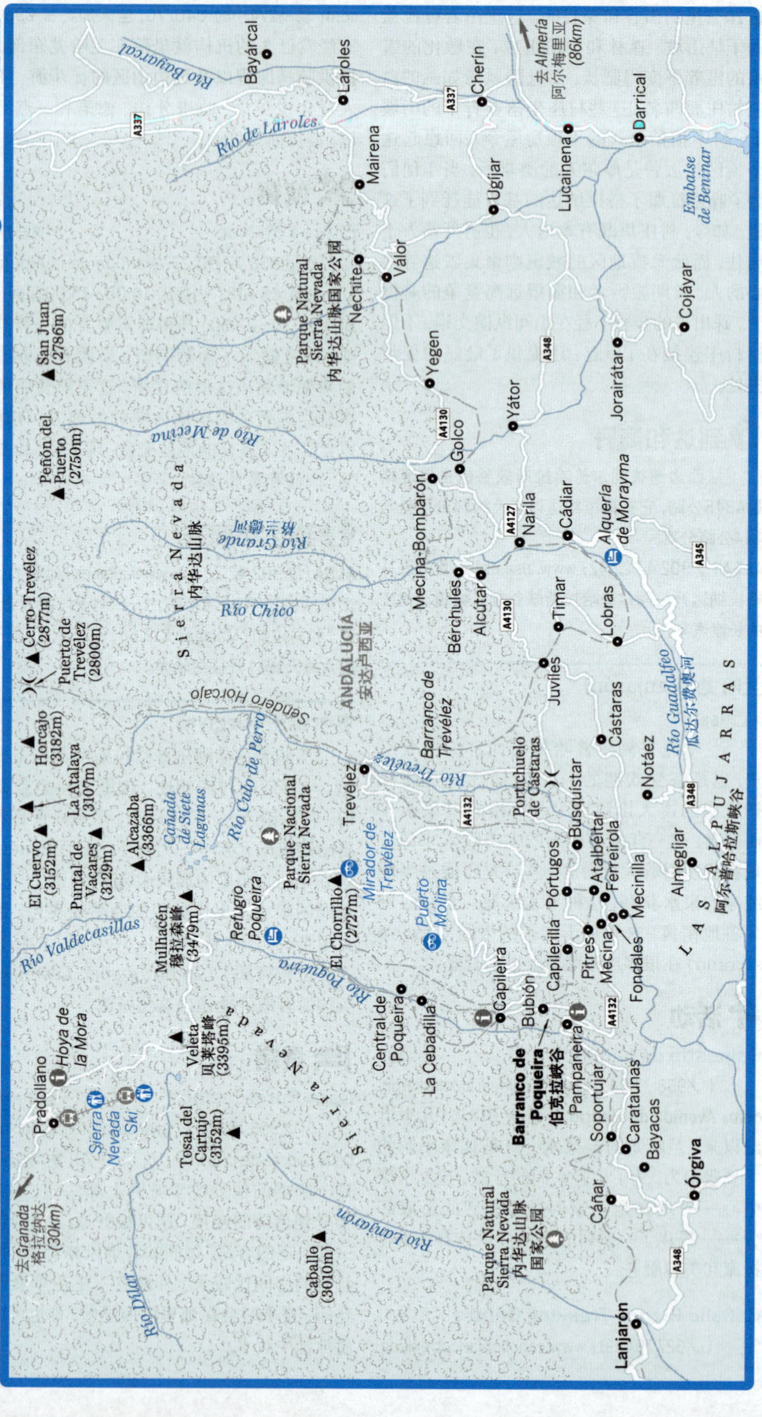

Tetería Baraka 各国风味 €€

（☎958 78 58 94；www.teteria-baraka.com；Calle Estación 12；主菜 €10~15；⏰周一至周三、周五和周六 10:00~23:00，周四 9:00~23:00，周日 11:00~23:00）这家店深受当地人喜爱，尤其是在周四，这一天从上午十点左右集市上的人群就会蜂拥而至。这里气氛悠闲，兼收并蓄的菜单以摩洛哥塔吉锅、蒸粗麦粉（couscous）、沙威玛烤肉（shawarmas）、卷饼和天然果汁为特色。你将在城镇上部市属停车场的上方找到它。

购物

Tara 时装和饰品

（Avenida González Robles 19；⏰周一至周六 10:00~14:00和17:30~20:00）为了跟奥尔希瓦的嬉皮士精神保持一致，Tara能解决你在民族服饰方面的问题，这里有次大陆风格的服装、窗帘、包袋和首饰可供选择。你也能买到一系列充满了异国情调的线香。

到达和离开

对奥尔希瓦来说，**ALSA**（☎902 42 22 42；www.alsa.es）运营的长途汽车非常便利，在工作日每天会有多达9班从格拉纳达（€5.11，1.5~1.75小时）开往这里的车，周六和周日则是每天6班。

拉塔阿 (La Tahá)

拉塔阿是伯克拉峡谷东侧的一座山谷，这里的生活节奏缓慢，游客数量也明显较少。这个地区仍然以阿拉伯语中伊斯兰王国对阿尔普哈拉斯划分的行政区而为人所知，包含位于山谷低处的Pitres及其外围村庄——Mecina Fondales、Capilerilla、Mecinilla、Ferreirola和Atalbéitar。

古老的小径（以标有“Sendero Local Pitres-Ferreirola”的路标为指示）连接着这些小村庄，沿途会穿过树林和果园，还有淙淙的流水声相伴。在Mecina Fondales下方步行大约15分钟，会遇到一座摩尔时代的老桥，它横跨在特雷韦莱斯河（Río Trevélez）深深的峡谷之上。

就餐

L' Atelier 素食 €€

（☎958 85 75 01；www.facebook.com/latelier vegrestaurant；Calle Alberca 21，Mecina Fondales；主菜 €10~14；⏰13:00~16:00和19:00~22:00；✍）这家小小的烛光餐厅坐落在小村庄Mecina Fondales内的一栋传统的房子里，与当地人喜爱肉食的特点背道而驰，供应的是一系列来自全球各地的素食和严格素食（塔布勒沙拉、摩洛哥塔吉锅、味噌汤）。最好预订，尤其是在冬季。老板米歇尔（Michel）也会根据要求安排素食烹饪课程。

这里还能提供两三个**住宿房间**（双/四 €50/56；📶）。

到达和离开

Pitres是拉塔阿最大的中心，它坐落在主路

另辟蹊径

巴洛尔的摩尔人和基督徒节

作为现在典型的阿尔普哈拉斯村庄，巴洛尔（Válor）有一段非常重要的历史。这里是莫里斯科人（morisco，改宗基督教的穆斯林）阿文·乌梅亚（Aben Humeya）的出生地，他在1568年领导了一场起义，以反抗腓力二世（Felipe II）禁止阿拉伯姓名、服饰甚至语言的高压政策。两年的山地游击战在腓力二世的异母兄弟唐·胡安（Don Juan de Austria）被派来镇压起义、而阿文·乌梅亚被他的堂兄弟阿文·阿布（Aben Aboo）刺杀了之后就落下了帷幕。为了重现历史上的冲突，如今巴洛尔会举行盛大的摩尔人和基督徒（Moros y Cristianos）**节日**（⏰9月12~15日），让身着鲜艳服饰的“军队”进行较量。

每天有2班**ALSA**（☎902 42 22 42；www.alsa.es）的长途汽车从格拉纳达（€10.23，3.5小时）开往这座村庄，途中会经过兰哈龙、奥尔希瓦、卡迪亚尔（Cádiar）和贝丘莱斯（Bérchules）。

伯克拉峡谷

伯克拉峡谷（Barranco De Poqueira）是阿尔普哈拉斯峡谷最著名、也是最受欢迎的三座村庄的所在地，它们是：潘帕尼拉、布维翁和卡皮莱拉，分别位于奥尔希瓦东北14公里、18.5公里及20公里处。从远处看，它们就像是在令人眩晕的绿色景观中散落的杰克逊·波洛克（Jackson Pollock）风格的白色斑点。靠近一些，会发现它们是堆叠在陡峭山坡上的白色村庄的典型代表，而阿尔普哈拉斯正是以白色村庄而闻名的。

这座峡谷也因手工艺品而驰名，你会在这里发现很多出售皮革制品、编织地毯和瓷砖的商店。

如果想参加一些更有活力的活动，可以挑战连接着村庄的徒步小径，大多数都能在一天内完成。要了解在该地区徒步的更多信息，可以咨询位于卡皮莱拉的**Servicio de Interpretación de Altos Cumbres**（☎671 564406；picapileira@oapn.mma.es；Carretera de Sierra Nevada；⏲10:00~14:00和17:00~20:00）。

每天有3班**ALSA**（☎902 42 22 42；www.alsa.es）的长途汽车从格拉纳达开往这些村庄。

潘帕尼拉（Pampaneira）

Estrella de las Nieves（☎958 76 39 81；www.estrelladelasnieves.com；Calle Huertos 21；标单/双/套 €50/75/100；P 🛜 ❄）这个令人印象深刻的白色建筑群位于村庄的顶部，能提供雅致而朴素的现代房间，房间的露台可以俯瞰屋顶和周围的群山。这里还有令人愉快的花园，以及游泳池和停车场（每天€5）这两个额外福利。

Bodega El Lagar（☎673 636394；Calle Silencio；盘餐€10；⏲每天11:00~17:00和20:00至午夜）这个小酒窖藏在自由广场（Plaza de la Libertad）后面的一条蜿蜒曲折的小街上，是该村最好的餐馆之一。这里以经典的乡村风格为装饰——可以想象一下装饰着农具和柳条篮子的粗糙白墙——会烹制分量十足、令人安心的农家食物，包括美味的烤牛排。

布维翁（Bubión）

阿尔普哈拉斯之家（Casa Alpujarreña；Calle Real；€1.80；⏲周日、周一、周三和周四11:00~

A4132公路上，每天有3班**ALSA**（☎902 42 22 42；www.alsa.es）的长途汽车从格拉纳达（€6.79，2.75小时）开往这里。要前往其他村庄则需要自备交通工具。

特雷韦莱斯（Trevélez）

人口 776

对美食爱好者来说，特雷韦莱斯以火腿（jamónserrano）而闻名，这种火腿是西班牙最好的腌制火腿之一，要在村庄稀薄的高山空气中完全腌成。对徒步爱好者来说，这里是进入高山徒步路线网络的门户，就连登上西班牙大陆最高峰——穆拉森峰的主要路线之一也包含在内。对统计学家来说，这是西班牙海拔第二高的村庄，仅次于阿拉贡（Aragón）的巴尔德利纳雷斯（Valdelinares）。

这座村庄坐落在特雷韦莱斯峡谷（Barranco de Trevélez）几乎没有树木的斜坡上，海拔1486米，它分为两部分：高（alto）区——更古老、更复杂的地区，可以眺望最棒的风光；低（bajo）区，大部分旅游设施都位于此处。

食宿

Hotel La Fragua II 酒店 €

（☎958 85 86 26；www.hotellafragua.com；Calle Posadas；双/标三/四 €62/78/85；🛜 ❄）La Fragua是由两家酒店——这家以及更加经济的**Hotel La Fragua I**（Calle San Antonio 4；标单/双/标三/四 €38/50/65/70；🛜）——和一家友好的**餐馆**（Calle San Antonio；主菜 €8~14；⏲12:30~16:00和20:00~22:30；✎）组成的小型连锁店。La Fragua Ⅱ有着整洁漂亮的高山风格，白墙与石墙相间的外部装饰着盆栽花卉，洒满了阳光的房间十分宽敞。在户外，你可以一边在游泳池里消磨时间，一边尽情地欣赏山景。

14:00，周五、周六和节假日 11:00~14:00和17:00~19:00）这座民俗博物馆坐落在村庄下部的教堂旁边，它占据着一栋典型的山地房屋，所展示的家庭用具、农具和传统家具能让人了解阿尔普哈拉斯地区过去的生活。

Estación 4（☎651 831363；Calle Estación 4；主菜 €9~15；⏰周一、周二、周四和周五 19:00~23:00，周六和周日 13:00~16:00和19:00~23:00）从大路上下来，放慢脚步，找到这家可爱的乡村餐馆。这里舒适的餐厅很迷人，是享用经典的当地主食的好去处，比如风干加工的火腿（jamón serrano）、意面和摩洛哥风味的羊肉菜肴。

卡皮莱拉（Capileira）

Hotel Real de Poqueira（☎958 76 39 02；www.hotelpoqueira.com；Doctor Castillas 11；标单 €40~50，双 €60~70；❄📶🏊）这家很棒的三星级酒店坐落在卡皮莱拉纯白色的教堂对面，占据着一栋典型的老房子，是由同一个家庭经营的几家乡村旅馆之一。不过这里有精品屋似的现代房间、设计师设计的浴室和小型游泳池，是其中的上品。

Taberna Restaurante La Tapa（☎618 30 70 30；Calle Cubo 6；主菜 €9~18；⏰正午至16:00和20:00至午夜；✎）阿尔普哈拉斯峡谷是一个小型美食区，拥有自己的独特风味，在La Tapa，这些味道以及该地区的摩尔人历史，都被巧妙地融入了菜肴，比如野猪肉炖菜和蔬菜蒸粗麦粉。这家餐馆安坐于一栋经典的白色房屋内，空间很小，所以，如果你想到这儿来用餐，最好预订。

El Corral del Castaño（Plaza del Calvario 16；主菜 €8~21；⏰周四至周二 13:00~16:00和19:30~22:00）到这家热情的乡村餐馆来享受坐落在古雅广场上的美妙环境和美食吧。你可以在大量的传统阿尔普哈拉斯经典菜肴中做选择，也可以尝尝更有创意的，比如鸡肉柑橘姜串。或者试试意大利菜，来一份比萨或佛卡夏（focaccia）。

Mesón Joaquín 安达卢西亚菜 €€

（☎958 85 85 14；http://jamonestrevelez.com；Carretera Laujar Órgiva, Km 22；主菜 €8~20；⏰12:30~16:30）开胃菜有切得薄薄的火腿、火腿鸡蛋细面汤以及火腿盖鳟鱼肉。这家休闲餐馆坐落在村庄的南侧入口旁，这里的明星材料不言自明。似乎是为了强调这一点，在装饰着瓷砖的室内，天花板上就挂着大量的腌制火腿。

🛍 购物

Jamones Cano González 食品

（☎958 85 86 32；www.jamonescanogonzalez.com；Calle Pista del Barrio Medio 18；⏰周一至周五 10:00~14:00和17:00~19:00，周六 11:00~14:00和16:00~20:00，周日 11:00~14:00）这家小商店充满了火腿、腌肉及其他当地美食，可以在这里尽情地采购特雷韦莱斯著名的火腿。

ℹ 到达和离开

每天有3班**ALSA**（☎902 42 22 42；www.alsa.es）的长途汽车从格拉纳达（€7.96，3.25小时）出发，经过漫长的爬升到达特雷韦莱斯。

如果开车，取道A4132公路即可轻松前往这座村庄。

热带海岸（Costa Tropical）

热带海岸有点类似意大利的阿马尔菲海岸（Amalfi Coast），这是格拉纳达省长达80公里的海岸线。它得名自当地的亚热带小气候，远不及东部的太阳海岸发达，不过通常都是极其美丽的，不但有暗褐色的山脉伸入大海，还有依偎在海湾中的白色村庄。这里的主要度假胜地阿尔穆涅卡尔和萨各夫雷纳都是夏季避暑的热门目的地，有长长的海滩、山顶城堡和宏伟的历史中心区。

阿尔穆涅卡尔和拉埃拉杜拉 (Almuñécar & La Herradura)

人口 27,397

阿尔穆涅卡尔是热带海岸的主要度假小镇，它在夏季总会迎来许多游客，来此享受假期的西班牙人和追求阳光的北欧人会成群结队地涌向长长的卵石海滩和棕榈树环绕的滨海大道。离开滨海区，老城区并不是一个特别吸引人的地方，但是看看远处沉闷的高楼大厦，你会发现小镇风景如画的历史中心区（即老城区，casco antiguo）别具情调，那里有狭窄的小巷、两侧坐落着酒吧的广场以及一座引人注目的山顶城堡。

在西边大约7公里处，与之相邻的村庄拉埃拉杜拉保持着更加荒僻的感觉，那里主要为年轻的风帆冲浪和水上运动爱好者服务。

景点

圣岩 观景点

（Peñón del Santo；⌚5月至9月 7:00至午夜，10月至次年4月 至22:00）圣岩是一块露出地面的岩石，上面竖立着一座巨大的耶稣受难十字架，在这里可以将小镇的海滨风光尽收眼底。位于其西边的圣克里斯托瓦尔海滩（Playa de San Cristóbal）是阿尔穆涅卡尔最好的海滩，这片灰色的卵石滩是白天享受阳光的好去处。另一侧的海之门海滩（Playa Puerta del Mar）是东边的主要海滩，它后面就是成片的高层建筑。

圣米格尔城堡 城堡

（Castillo de San Miguel；☎958 83 86 23；Explanada del Castillo；成人/儿童 €2.35/1.60；⌚7月至9月中旬 周二至周六 10:00～13:30和18:30～21:00，4月至6月和9月中旬至10月 周二至周六 10:00～13:30和17:30～19:30，11月至次年3月 周二至周六 10:00～13:30和16:00～18:30，全年 周日 10:00～13:00）阿尔穆涅卡尔令人印象深刻的山顶城堡位于小镇的最高处，是16世纪得胜的基督徒在穆斯林和罗马人防御工事的基础上建造的。当你满头大汗、曲里拐弯地攀登至入口后，不但能欣赏绝佳的风光，还可以参观一座资料丰富的小博物馆。别忘了看看地牢里的骷髅——那是在这里发现的人类遗骸的复制品。

节日和活动

海岸爵士音乐节 音乐节

（Jazz en la Costa；www.jazzgranada.es；⌚7月）安达卢西亚海岸规模最大的爵士音乐节，每晚都有西班牙及国际音乐家在马胡埃洛植物园（Parque Botánico El Majuelo；Avenida de Europa, Almuñécar；⌚8:00～22:00）免费 登台表演。

食宿

HotelCasablanca 酒店 €€

（☎958 63 55 75；www.hotelcasablancaalmunecar.com；Plazade San Cristóbal 4；标单 €35～86，双 €42～96；❄📶）从这家酒店去往海滩和阿尔穆涅卡尔生机勃勃的镇中心都很便利，这里拥有独特的安达卢斯式外观，房间装饰得很漂亮，有些还可以观赏海景。如果想吃早餐（售价€7左右）或享用悠闲自在的午后饮品，可以去底楼的酒吧，它在外面的广场上设有餐桌。

★ Los Geráneos 安达卢西亚菜 €€

（☎958 63 40 20；Placeta de la Rosa 4, Almuñécar；套餐 €15；⌚周一至周六 13:00～17:00和19:30～23:00）Los Geráneos的餐桌或者设在阳光明媚的鹅卵石广场上，或者摆在质朴室内带有木梁的低矮天花板下方，给人的第一印象很不错。当菜肴送上来的时候，你会觉得一切变得更加美妙：吸引人的沙拉、神奇地带着大海味道的新鲜烤鱼，以及熟透了的甜瓜。而且全套只要€15——棒极了！

La Ventura 安达卢西亚菜 €€

（☎958 88 23 78；Calle Alta del Mar 18；午餐套餐 €10，品尝套餐 €29.90；⌚周三至周日 13:00～16:00和20:00～23:30）Ventura将弗拉明戈的秘密带到了阿尔穆涅卡尔，并使它更具魅力。最好在周四、周五或周六晚上前往这家餐馆，届时会有音乐和舞蹈表演，点燃温馨舒适的氛围，为极其传统的安达卢西亚菜肴配上令人难忘的佐餐伴奏。

实用信息

信息亭（Information Kiosk；☎958 61 60 70；Paseo del Altillo；⌚7月至9月中旬 10:00～13:00和18:30～21:00）就在滨海区边上。冬季营业时间

值得一游

拉埃拉杜拉的水上运动

如果想寻找比阿尔穆涅卡尔更偏远或者更热闹的海滩，可以向西前进7公里，到拉埃拉杜拉马蹄形的小海湾去，那儿聚集着许多年轻的风帆冲浪和水上运动爱好者。海滩上的**Windsurf La Herradura**（☎958 64 01 43；www.windsurflaherradura.com；PaseoAndrésSegovia 34，La Herradura；风帆租赁/课程 €20/30；⏰学校 复活节至10月10:30~20:00，商店 全年10:30~14:00和17:30~20:30）是一个很好的参照标准，会提供设备租赁及相关课程。

拉埃拉杜拉附近的水域是很棒的潜水点，这里形形色色的海底由海草、沙子和岩石构成，还有许多洞穴、裂隙和甬道。如果想亲眼看看的话，**Buceo La Herradura**（☎958 82 70 83；www.buceolaherradura.com；Puerto Marina del Este；潜水及装备€48；⏰周一、周三至周五10:30~16:30，周六和周日9:30~16:30）是一个可靠的潜水机构，它就坐落在阿尔穆涅卡尔和拉埃拉杜拉之间的莫纳角（Punta de la Mona）的码头外面。

缩短。

拉埃拉杜拉旅游局（La Herradura Tourist Office；☎958 61 86 36；Centro Civico La Herradura；⏰7月至9月中旬 周二至周日 10:00~13:00和17:45~20:15）能提供拉埃拉杜拉及周围地区的信息。冬季营业时间缩短。

旅游总局（Main Tourist Office；☎958 63 11 25；www.turismoalmunecar.es；AvenidaEuropa；⏰7月至9月中旬 10:00~13:00和18:30~21:00）位于离滨海区一个街区的地方，坐落在粉红色的新摩尔式Palacete de la Najarra建筑内。冬季营业时间缩短。

ℹ 到达和离开

阿尔穆涅卡尔长途汽车站（Almuñécar Bus Station；☎958 63 01 40；AvenidaJuanCarlosI 1）位于镇中心北部。**ALSA**（☎902 42 22 42；www.alsa.es）提供当地往返于格拉纳达（€8.34，1.5小时，每天最多12班）、马拉加（€7.43，1.75~2小时，每天最多8班）和阿尔梅里亚（€11.80，3.5小时，每天5班）的长途汽车服务。

这里也有去往拉埃拉杜拉（€1.16，15分钟，每天最多17班）和奥尔希瓦（€4.68，1.25小时，每天1班）的公共汽车。

马拉加省（MÁLAGA PROVINCE）

经过了几十年（特别是被去往沿海度假胜地的游客）的刻意忽视，现在重新焕发活力且颇为时髦的马拉加成了人们争相谈论的安达卢西亚城市。这里的近30座博物馆和前卫的城市艺术景观，与现代而时尚的餐饮选择、一批崭新的精品酒店以及一条被评为西班牙最时尚的购物街之一的街道相得益彰。马拉加在一年一度的节日集市期间最有活力，届时弗拉明戈、浅黄色的干雪利酒（fino）以及在宗教节日饮用的瓶装酒会营造出浓郁的派对氛围。

从拉阿萨尔基亚（La Axarquía）神话般的山脉，到太阳海岸（Costa del Sol）令游客心驰神往的喧闹狂欢，该省的每个地区都各不相同，却拥有同样迷人的魅力。内陆还有白色城镇（pueblos blancos）和被低估了的优雅古镇安特克拉（Antequera），以及它附近的考古遗址和绝妙的当地浓汤（porra antequera）。

马拉加（Málaga）

人口 569,000

如果你认为太阳海岸没有灵魂，那么你显然没有来过马拉加。它满载着历史，也洋溢着青春活力，并会自豪地认可自己多层次的过去。这座为世界带来了毕加索的城市在过去十年间以惊人的方式发生了彻底的改变，新建了6座艺术馆，彻底重新规划了码头区，还出现了一个名为Soho的新兴艺术区。并不是马拉加一直缺乏活力：极具西班牙风情的酒吧能让失眠的马德里人（madrileño）眼前一

Málaga 马拉加

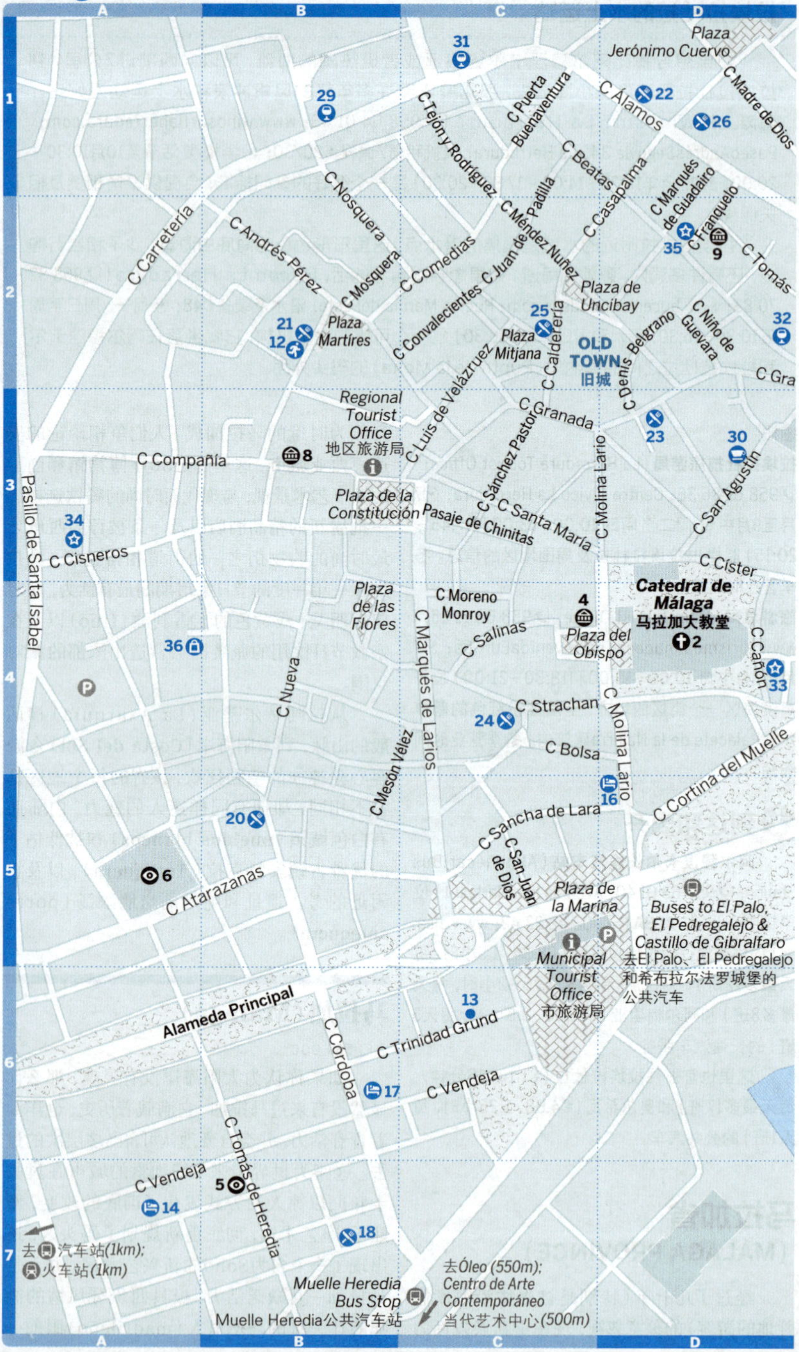

格拉纳达和安达卢西亚南海岸

马拉加

亮，而出色的美食文化既包含米其林星级餐馆，也不乏别具风味的破旧鱼屋。

来到这里，可以用甜美的当地葡萄酒搭配西班牙小吃，住在被罗马圆形剧场、摩尔式堡垒和多彩的蓬皮杜中心（Pompidou Centre）夹在中间的创意精品酒店中，同时思考富有表现力的马拉加是如何在21世纪重塑自我的。塞维利亚可要小心了。

景点

★马拉加毕加索博物馆　　博物馆

（Museo Picasso Málaga；☎952 12 76 00；www.museopicassomalaga.org；Calle San Agustín 8；€7，含临时展览 €10；⏲7月和8月 10:00~20:00，3月至6月、9月和10月 至19:00，11月至次年2月 至18:00）这座不容错过的博物馆位于毕加索出生的城市，对这位大师及他的作品进行了详尽的概述，尽管这是出人意料地经过了50多年的规划，直到2003年才结出的硕果。这里收藏的200多件作品是克里斯蒂娜·鲁伊斯-毕加索（Christine Ruiz-Picasso，毕加索长子保罗的妻子）和伯纳德·鲁伊斯-毕加索（Bernard Ruiz-Picass，毕加索的孙子）捐赠及借给博物馆的，逐一列出了毕加索的辉煌生涯，只是有几处显著的间隔期（“蓝色”和“玫瑰色”时期存在很大程度的缺失）。

尽管如此，仍有很多珍品令画廊纯白的墙壁熠熠生辉。亮点包括毕加索的妹妹洛拉（Lola）的一幅画像，他在创作这幅画的时候只有13岁；还有用黏土、石膏和金属薄片制成的雕塑，以及大量的素描、立体主义作品速览和一些有趣的晚期作品——那时毕加索沉迷于火枪手。博物馆坐落在16世纪的布埃纳维斯塔宫（Buenavista Palace）内，有一家很棒的咖啡馆，也会举办循环临时展览。

★马拉加大教堂　　主教座堂

（Catedral de Málaga；☎952 21 59 17；www.malagacatedral.com；Calle Molina Lario；大教堂和Ars Málaga €6，含屋顶 €10；⏲4月至10月 周一至周五 10:00~21:00，周六 至18:30，周日 14:00~18:30，11月至次年3月 每天 18:30关闭）马拉加精致繁复的大教堂始建于16世纪，就建在从前清真寺的所在地之上。清真寺里只有橘子中庭（Patio de los Naranjos）幸存了下

Málaga 马拉加

重要景点

1 阿尔卡萨瓦城堡......F3
2 马拉加大教堂......D4
3 马拉加毕加索博物馆......E3

景点

4 Ars Málaga......C4
5 马拉加Soho城市艺术区......B7
6 Mercado Atarazanas......A5
7 Museo Alborania......F5
8 卡门·蒂森博物馆......B3
9 弗拉明戈艺术博物馆......D2
10 马拉加博物馆......E4
11 罗马圆形剧场......E3

活动、课程和团队游

12 Hammam Al-Andalus......B2
13 Málaga Bike Tours......C6

住宿

Dulces Dreams......（见1）
14 Feel Málaga Hostel......A7
15 Hotel Boutique Teatro Romano......E3
16 Molina Lario......D5
17 Soho Málaga Boutique Hotel......B6

就餐

18 Al Yamal......B7
19 Batik......E3
20 Casa Aranda......B5
21 Dulces Dreams Cafeteria......B2
22 El Mesón de Cervantes......D1
23 El Piyayo......D3
24 Gorki......C4
25 Pepa y Pepe......C2
26 Tapeo de Cervantes......D1
27 Uvedoble Taberna......E4

饮品和夜生活

28 Bodegas El Pimpi......E3
29 La Madriguera Craft Beer......B1
30 La Tetería......D3
31 La Tranca......C1
32 Los Patios de Beatas......D2

娱乐

33 Clarence Jazz Club......D4
34 Kelipe......A3
35 Tablao Flamenco Los Amayas......D2

购物

36 La Recova......A4

来，这座小庭院里种满了芬芳的橘子树。

在大教堂内部，惊人的穹顶天花板高达40米，布满了廊柱的巨大中殿内有一处引人注目的雪松木制的唱诗班席位。过道连接着15座小礼拜堂，装饰着极其华丽的18世纪的祭坛装饰和宗教艺术品。参加导览游登上屋顶（cubiertas）去欣赏城市的全景也很值得。

建造这座大教堂是一项浩大的工程，持续了近200年。由于耗资巨大，工程于1782年被叫停。两座钟楼中的一座没有建成，因此它有了一个并无新意的绰号——"独臂女士"（La Manquita）。门票价格包含语音导览的费用，还可以进入**Ars Málaga**（www.arsmalaga.es; Plaza del Obispo; €4，含大教堂 €6; ⏲4月至10月 周一至周五 10:00~21:00，周六至18:30，周日14:00~18:30，11月至次年3月 每天 18:30关闭），这座宗教艺术品和非洲手工艺品博物馆在对面的主教宫（Bishop' s House）内。

★ 阿尔卡萨瓦城堡 城堡

（Alcazaba; ☎630 932987; www.malagaturismo.com; CalleAlcazabilla; €2.20，含希布拉尔法罗城堡 €3.55; ⏲周二至周日 9:30~20:00）没时间参观格拉纳达的阿尔罕布拉宫？那么，可以感受一下马拉加的阿尔卡萨瓦城堡。入口紧挨着罗马圆形剧场，一条蜿蜒的小路从这里向上伸展，一路上都是郁郁葱葱的植物：深红色的叶子花、高大的棕榈树、飘香的茉莉花丛以及成排的橘子树。这座经过了大规模修缮的宫殿兼堡垒始建于11世纪的摩尔时期，阿拉伯式的马蹄形拱门、庭院和冒泡的喷泉都令人回想起马拉加历史上这段极有影响力的时期。

这里有各种各样未贴标签的伊斯兰陶器展品，不过主要的乐趣在于建筑本身、花园及风景。极富吸引力的**水池中庭**（Patio de la Alberca）会令人联想到阿尔罕布拉宫。

希布拉尔法罗城堡 城堡

（Castillo de Gibralfaro; ☎952 22 72 30; www.malagaturismo.com; Camino de Gibralfaro; €2.20，含阿尔卡萨瓦城堡 €3.55; ⏲4月至9月 9:00~21:00，10月至次年3月 至18:00）希布拉尔法罗城堡的陡峭城墙是马拉加穆斯林统治时

期留下来的遗迹。这座城堡雄踞于山顶之上，俯视着城市。它是8世纪科尔多瓦的埃米尔阿卜杜勒-拉赫曼一世（Abdar-RahmanI）建造的，到了14世纪，在马拉加作为格拉纳达酋长国的主要港口时进行了重建，城堡最初是一座灯塔和兵营。

城堡内部的原始遗迹所剩无几，不过城墙周围起保护作用的步道提供了俯瞰马拉加的最佳视角。

罗马圆形剧场 地标

（Roman Amphitheatre；☎951 50 11 15；Calle Alcazabilla 8；⏲10:00~20:00）免费 马拉加罗马剧场的挖掘故事几乎跟剧场本身一样有趣。它建于奥古斯都时代（公元1世纪），1951年才被工人们重新发现，当时他们正在为新的文化之家（Casa de Cultura）修建地基。如今，这座剧场完全暴露在阿尔卡萨瓦城堡的城墙下。隔壁的一个小型解说中心概述了它的历史，还展示了一些从表面坚硬的地基中出土的文物。

马拉加博物馆 博物馆

（Museo de Málaga；☎951 29 40 51；Plaza de la Aduana；⏲6月中旬至9月中旬 周二至周日 9:00~15:00，9月中旬至次年6月中旬 周二至周日至20:00）免费 2016年12月，这座设在马拉加新古典主义风格的海关大楼（Palacio de Aduana）内的博物馆，在经过了全面整修后重新开放，该馆展出的是艺术和考古藏品。一楼的美术收藏已经保存了近20年，主要包括19世纪安达卢西亚的风景画和风俗画，还有“1927年一代”（Generation of ‘27’）创作的更加现代的作品。大规模的考古收藏是显贵的洛林-埃雷迪亚（Loring-Heredia）家族遗赠给这座城市的，从附近的内尔哈洞（Cueva de Nerja；见838页）内发现的新石器时代的碎片，到一尊罗马贵妇人的无头雕像，种类繁多，应有尽有。

弗拉明戈艺术博物馆 博物馆

（Museo de Arte Flamenco；☎952 22 13 80；www.museoflamencojuanbreva.com；Calle Franquelo 4；捐赠 €1；⏲周一至周六 10:00~14:00）这座惊人的博物馆位于马拉加最古老也最负盛名的弗拉明戈私人会所（peña）的总部，共占有两层楼，展品包括扇子、服饰、海报和其他弗拉明戈用具，可谓这座城市辉煌的弗拉明戈历史的证明。

卡门·蒂森博物馆 博物馆

（Museo Carmen Thyssen；www.carmenthyssenmalaga.org；Calle Compañía 10；€6，含临时展览 €9；⏲周二至周日 10:00~20:00）这座博物馆位于城中前摩尔人聚居区的中心地带，坐落在一栋修复得很有美感的16世纪的宫殿内。这里数量庞大的藏品主要为由华金·索罗利亚-巴斯蒂达（Joaquín Sorollay Bastida）和伊格纳西奥·苏洛阿加（Ignacio Zuloaga）等画家创作的19世纪的西班牙和安达卢西亚艺术品。

马拉加Soho城市艺术区 景区

（Málaga Arte Urbano en el Soho，简称MAUS；www.mausmalaga.com）与马拉加久负盛名的世界级艺术博物馆相对的，是令人耳目一新且脚踏实地的Soho城市艺术区，这个草根运动的起源在于街头艺术家大批涌入此地。结果是从前位于市中心和港口之间的破败街区得到了彻底改造——现在这里被称为Soho，既有前卫的几层楼高的现代壁画，也有艺术咖啡馆、颇具民族特色的餐馆和街市。

当代艺术博物馆 博物馆

（Centro de Arte Contemporáneo；www.cacmalaga.org；Calle Alemania；⏲周二至周日 9:00~14:00和17:00~21:00）免费 当代艺术博物馆坐落在河口的一个经过了巧妙改造的20世纪30年代的批发市场内。建筑怪异的三角形平面图被保留了下来，立体主义的线条和形状出色地展示着在展的现代艺术品。博物馆被彻底漆成了白色，包括窗户及所有的一切，这里主办的临时展览以著名当代艺术家的作品为主，并且带有明显的西班牙色彩。馆内总是充满了很多引人注目的古怪展品。

马拉加蓬皮杜中心 博物馆

（Centre Pompidou Málaga；☎951 92 62 00；www.centrepompidou.es；Pasaje Doctor Carrillo Casaux，Muelle Uno；€7，含临时展览 €9；⏲周三至周一 9:30~20:00）这座巴黎蓬皮杜中心的分馆于2015年在港口开业，它坐落在一栋低矮的现代建筑内，建筑顶上有一个有趣的多

彩立方体。馆内的永久性展览包括卡德·阿提亚（Kader Attia）创作的非凡作品《幽灵》（*Ghost*），这些用家用铝箔纸制成的雕塑描绘的是一排排低头祈祷的穆斯林女性。此外还有弗丽达·卡洛（Frida Kahlo）、弗朗西斯·培根（Francis Bacon）和安东尼·塔皮埃斯（Antoni Tàpies）这样的现代大师们的作品。这里也有视听装置、会说话的"头"以及临时展览。

Muelle Uno 港口

（P）该市长期处于困境的码头区在2013年经历了一次彻底改造，进行了重新设计，以满足日益增加的游轮乘客的需求。如今宽敞的码头区人行道装饰着1号码头和2号码头（Muelle 1 and Muelle 2），那里不但种着成排的棕榈树，还有商店、餐馆、酒吧以及一家小型儿童水族馆，即Museo Alborania（☎951 60 01 08; www.museoalborania.com; PalmeraldelasSopresas, Muelle 2; 成人/儿童€7/5; ⊙7月至9月10日 11:00~14:00和17:00~20:00, 9月11日至次年6月 10:30~14:00和16:30~18:30; 👪）。

活动

Hammam Al-Andalus 土耳其浴室

（☎952 21 50 18; www.hammamalandalus.com; Plazadelos Mártires 5; 洗浴 €30; ⊙10:00至午夜）这些摩尔式公共浴室为马拉加的居民（malagueños）提供了装饰着大理石的豪华洗浴环境，让他们能够享受跟格拉纳达和科尔多瓦的类似设施一样的放松服务。也提供按摩服务。

团队游

★ Málaga Bike Tours 骑车

（☎606 978513; www.malagabiketours.eu; Calle Trinidad Grund 1; 团队游 €25; ⊙4月至9月 10:00~20:00, 10月至次年3月 至19:00; 👪）🌿 该市最好的团队游之一，当然也是骑车游之中最好的选择。Málaga Bike Tours创立于10年前，是城市骑行的先驱。这里常年热门的短途游览包括经典的城市自行车游（City Bike Tour）——至少有5种语言可供选择，如果你带着家人，他们也可提供儿童座位。

团队游于每天上午10:00从Plazadela Marina的市旅游局外面出发。需要预订，而且至少要提前24小时预订。

另外，你也可以租用自己的自行车，费用为4小时€5起。

节日和活动

圣周（Semana Santa） 圣周

从棕枝主日（Palm Sunday）到耶稣受难日（Good Friday），每晚都会有六七名兄弟会的成员（cofradías）抬着圣像，用几个小时的时间穿过城市，其间会吸引大批的人群围观。

马拉加节 市集

（Feria de Málaga; ⊙8月中旬）马拉加为期9天的节日集市伴随着盛大的焰火表演，这是安达卢西亚最热闹的夏季市集。它就像一场活力四射的里约热内卢式街头狂欢，到处都是弗拉明戈舞和浅黄色的干雪利酒；想要体验最激烈的气氛就往市中心挤。

晚上，庆祝活动会转到大型露天游乐场，在市中心西南3公里处的Cortijo de Torres，每晚都有摇滚乐和弗拉明戈表演；专线公共汽车会从城市各处开往这里。

住宿

酒店是马拉加21世纪复兴的另一个受益者。精品公寓、屋顶游泳池、时尚的青年旅舍和复古的摩尔式客栈在这里随处可见。

★ Dulces Dreams 青年旅舍 €

（☎951 35 78 69; www.dulcesdreamshostel.com; Plaza de los Mártires 6; 房间含早餐 €45~60; ❄📶）Dulces Dreams由一个热情的年轻团队管理，这里的房间都恰如其分地以甜点的名字命名，"纸杯蛋糕"（Cupcake）是个不错的选择，有一个露台，可以让你俯瞰街对面宏伟的红砖教堂。这是一栋老建筑，所以没有电梯，房间大小不一，但是都很明亮，装饰也别出心裁，并且尽可能多地使用了回收材料。

Feel Málaga Hostel 青年旅舍 €

（☎952 22 28 32; www.feelhostels.com; CalleVendeja 25; 双 €45，带公用浴室 €35，铺 €16

艺术复兴

马拉加不愧是毕加索的出生地，这里的艺术收藏能与塞维利亚和格拉纳达的相媲美，尤其是在现代艺术领域，这类画廊和工作室总是不断地挑战极限。然而并非一贯如此。

仅仅15年前，马拉加的艺术界发展还不均衡，而且毫不起眼。第一次重大成功出现在2003年，在经过了50年时断时续的商讨之后，这座城市终于在这一年用马拉加毕加索博物馆（见821页）的开放向它最著名的孩子表达了敬意。更多的画廊紧随其后，其中一些聚焦于著名的马拉加居民，比如豪尔赫·兰多（Jorge Rando）和费利克斯·雷韦略·德托罗（Félix Revello de Toro），其他的——例如令西班牙民俗艺术（costumbrismo）绽放光芒的卡门·蒂森博物馆（见823页）——则展示了更加丰富的西班牙绘画作品。2015年，在圣彼得堡享有盛名的俄罗斯国家博物馆（Russian State Museum）和巴黎的蓬皮杜中心在这里建立分馆后，马拉加获得了被称为真正的国际艺术城市的权利。大约在同一时间，前卫的街头艺术家们提出了Soho城市艺术区（见823页）的想法，这个城市改建项目在Soho社区为街头和涂鸦艺术家们提供了自由的创作空间。

这幅丰富多彩的油画的最后润色是在2016年12月添加上去的：在黑暗中度过了20年之后，马拉加多达2000件的美术藏品终于在该市港口附近经过了精心修复的老海关大楼（见823页）中恢复了原貌。

起；@ 🛜）这里离市中心的火车站很近，住宿环境干净整洁，设施齐全，有双人间和多人间可供选择。楼下色彩鲜艳的公共区域带着海滨风情，配有带条纹的折叠式躺椅和迷你足球；浴室贴着高级的马赛克瓷砖；顶层的厨房能满足下厨的各种需要，足以准备一顿像样的饭菜。

★Hotel Boutique Teatro Romano 精品酒店 €€

（☎951 20 44 38；www.hotelteatroromano.com；Calle Alcazabilla 7；房间 €117~130；❄🛜）马拉加新豪华精品酒店潮流中的一家。这里俯瞰着罗马圆形剧场（见823页），巧克力色的走廊会将你带到一尘不染的白色房间，那里干净得就像从未被人使用过一样。酒店整体都很现代，管理良好，而且充满有趣的设计特色。这里明亮的咖啡馆所供应的健康早餐对游客来说会是一个意外收获。

★Molina Lario 酒店 €€

（☎952 06 20 02；www.hotelmolinalario.com；Calle Molina Lario 20-22；房间 €125~137；❄🛜🏊）对追求浪漫的情侣来说，这家酒店是理想的选择。这里充满了精致的当代感，宽敞的房间以冷色调的大地色系为装饰，有挺括的白色亚麻制品、如棉花糖一样柔软的枕头以及品位高雅的绘画，还有美妙的屋顶露台和可以远眺大海的游泳池。酒店就坐落在马拉加大教堂（见821页）附近。

Soho Málaga Boutique Hotel 精品酒店 €€

（☎952 22 40 79；https://sohomalaga.sohohoteles.com；Calle Córdoba 5；房间 €86~118；❄🛜）Soho社区的复兴在与这里类似的酒店中得到了生动的体现，它为一栋气派的19世纪建筑增添了华丽的新房间。在这里可以享受豪华浴室和床边的浓缩咖啡机，还有一些更有年代的特色，比如巨大的落地窗和铸铁阳台。每个房间内都挂着马拉加的巨幅照片，楼下还有一家很棒的小咖啡馆。

Parador Málaga Gibralfaro 历史酒店 €€€

（☎952 22 19 02；www.parador.es；Castillo-deGibralfaro；房间含早餐 €130~155；P❄🛜🏊）这家酒店坐落在松林密布的希布拉尔法罗山（Gibralfaro）上，就在马拉加的摩尔式城堡（见822页）旁边。这是该市用石头建造的豪华国营酒店（parador），处处都充满着苏丹式生活的精髓。和大多数西班牙的豪华国营酒店一样，令人兴奋的要素不是房间——房间现代而务实，而主要在于环境和设施，大部分房间都能在露台上欣赏壮丽的景色。

就算你不住在这里，也可以在出色的露

台餐馆用餐。

就餐

马拉加的西班牙小吃吧和餐馆数量惊人，特别是在历史中心一带（根据最新统计足有400多家），所以要找个地方吃饭完全没有问题。

Dulces Dreams Cafeteria 咖啡馆 €

（Plaza de los Mártires 6；早餐€5~7；⏲8:00~22:00）这家咖啡馆坐落在舒适怡人的步行广场上，是马拉加极好的早餐店之一，会提供什锦麦片（muesli）、果汁、咖啡和番茄吐司。在你回来享用午后点心（merienda）时，可能会把你所有的健康承诺都抛在一边——实在很难抵制蛋糕的诱惑。

Casa Aranda 咖啡馆 €

（www.casa-aranda.net；Calle Herreríadel Rey；吉事果€0.45；⏲周一至周六 8:00~15:00；🚻）Casa Aranda位于市场旁的一条狭窄的小巷内，自1932年以来，这里一直是城里享用巧克力和吉事果（churro，管状甜甜圈）的地方。咖啡馆占据着整条街，有好几个出入口，由一大批穿着白衬衫、主要由年长者组成的侍者管理，他们会像欢迎老朋友一样迎接每个人（大部分确实就是老朋友）。

Tapeo de Cervantes 西班牙小吃 €

（www.eltapeodecervantes.com；Calle Cárcer 8；半份盘餐 €4.50~8，盘餐 €9~16；⏲周二至周六 13:30~15:30和19:30~23:30，周日 19:30~23:30）最早的Cervantes酒吧兼餐馆（现在有4家）比拐角处的Mesón更热闹、更拥挤，不过菜单几乎完全相同——都是城里最好的。

★El Mesón de CervanteS 西班牙小吃、阿根廷菜 €€

（☎952 21 62 74；www.elmesondecervantes.com；Calle Álamos 11；半份盘餐 €4.50~8，盘餐 €9~16；⏲周三至周一 19:00至午夜）Cervantes最早是由阿根廷移民加夫列尔·施帕茨（Gabriel Spatz）开办的一家不起眼的西班牙小吃吧，不过现在已经扩展成了4家酒吧兼餐馆（每家都有略带不同的偏好），而且相互之间不超过一个街区的距离。这家是总部，几

当地知识

西班牙小吃之路

在马拉加享乐本质上要求不高，很容易安排，价格也非常便宜。最好的方法之一就是慢悠悠地在城里数量众多的西班牙小吃吧和老酒窖（bodega）之间闲逛。

La Tranca 在这家总是非常忙碌的狭窄酒吧里喝酒是一项身体接触运动，盛着西班牙小吃的小盘子会从人们的头顶上越过。

El Piyayo（☎952 22 90 57；Calle Granada 36；盘餐 €6~11；⏲12:30至午夜）这家贴着传统瓷砖的热门酒吧及餐馆以炸鱼（pescaitos fritos）和典型的本地西班牙小吃而闻名，包括松脆的楔形曼彻格奶酪（Manchego cheese），它跟一杯醇厚的拉里奥哈葡萄酒是理想搭配。

Uvedoble Taberna（www.uvedobletaberna.com；Calle Císter 15；西班牙小吃 €2.70；⏲周一至周六 12:30~16:00和20:00至午夜；📶）如果你想找一些更加现代的食物，可以到这个大受欢迎的地方来体验它对传统西班牙小吃的创新。

Pepa y Pepe（☎615 656984；Calle Calderería 9；西班牙小吃 €1.30~2，盘餐 €3.60~5.50；⏲12:30~16:30和19:30至次日0:30）这家舒适的西班牙小吃吧里挤满了享用西班牙小吃的年轻食客，菜式包括炸鱿鱼圈（calamares fritos）和炸青椒。

Gorki（☎952 22 70 00；www.grupogorki.com；Calle Strachan 6；主菜 €10~13；⏲正午至16:00和20:00至午夜）这家装饰雅致的西班牙小吃吧是享用小口精致美食的好地方，比如迷你汉堡包和酥饼夹杂碎。

乎菜单上的所有菜式都备受好评——炖羊肉配蒸粗麦粉、南瓜蘑菇调味饭，以及，伙计听好喽，烤章鱼！

★ Óleo

创意菜 €€

（☎952 21 90 62；www.oleorestaurante.es；Edificio CAC, Calle Alemania；主菜 €16~22；⏲周三至周六 13:15~16:30和20:30至午夜，周二和周日13:15~16:30；📶）Óleo位于城市的当代艺术博物馆（见823页），拥有以白衬白的极简抽象派装饰。这里会为用餐者提供与众不同的地中海或亚洲食物，包括一些颇为精妙的组合，比如鸭胸海藻配海鲜酱，还有更纯粹的亚洲美食，例如糖汁烤乳猪。

Batik

新派西班牙菜 €€

（☎952 22 10 45；www.batikmalaga.com；Calle Alcazabilla 12；主菜 €9~16；⏲12:30~16:00和20:00至午夜；📶）餐厅背景中马拉加的阿尔卡萨瓦城堡（见822页）看上去就像是阿尔罕布拉宫。这家很有品位但不太豪华的餐馆（你可以选择凳子而不是椅子）是马拉加人享受难忘约会的地方。食物讲究味道和具有艺术气息的摆盘，而非靠数量取胜，不过确实很有冲击力：章鱼配南瓜泥和绿色混酱（mole）可谓异想天开的创新之一。

Al Yamal

摩洛哥菜 €€

（Calle Blasco de Garay 7；主菜 €13~16；⏲周一至周六 正午至15:00和19:00~23:00）摩洛哥餐馆在马拉加并不像在格拉纳达那样无所不在，不过这家由家庭经营的餐馆就坐落在如今颇为时髦的Soho区的中心，供应正宗的摩洛哥菜肴，包括塔吉锅、蒸粗麦粉、鹰嘴豆泥和摩洛哥肉丸（kefta）。外面街道的样子看起来并不怎么繁荣，但是小餐厅里有6个舒适的雅座，还有色彩鲜艳的摩洛哥织物和一个别致的喷泉为装饰。

El Balneario de los Baños del Carmen

海鲜 €€

（www.elbalneariomalaga.com；Calle Bolivia 40, La Malagueta；主菜 €8~18；⏲周日至周四8:30至次日1:00，周五和周六 至次日2:30；🅿📶）El Balneario是个令人愉快的去处，在宁静的晚上，坐在户外分享一盘大虾或烤沙丁鱼，再配上一些可以慢慢喝的冷饮。这栋建于1918年的建筑迎合了马拉加的中产阶级的品位，现在它正作为该市最著名的社交场所之一重新点燃过去的辉煌。

🍷 饮品和夜生活

大批国际游客还没有意识到马拉加拥有西班牙最生动活泼的夜生活景象之一（这是实话）。这座城市可能没有马德里那么大，但是同样充满乐趣。只允许步行的老城区是主要的热点，尤其是在宪法广场（Plaza de la Constitución）和梅塞德广场（Plaza de la Merced）一带。

★ La Tetería

茶室

（www.la-teteria.com；Calle San Agustín 9；特色茶 €2.50；⏲周一至周六 9:00至午夜）马拉加有很多茶室，但是只有一家La Tetería。尽管跟一些更有情调的同行相比，这里的摩尔风情不那么浓厚，不过仍然出售各式各样的水果茶，还会配上一系列味道浓郁的蛋糕。它和咖啡馆一起坐落在马拉加毕加索博物馆（见821页）旁边，这确保了客流量总是接近饱和状态。

La Tranca

酒吧

（www.latranca.es；Calle Carretería 93；⏲周一至周六 12:30至次日2:00，周日 至16:00）在La Tranca，你不得不在混乱中挤来挤去。这家狭窄的老式酒吧后面有一个很像摇滚乐队演出场所的地方，那里的地上尽是丢弃的餐巾纸，墙上装饰着鲜为人知的黑胶唱片套，响亮的爆发式歌声也并不罕见。

La Madriguera Craft Beer

精酿啤酒

（☎951 71 62 11；Calle Carretería 73；⏲周一至周四 正午至16:00和18:00至次日1:00，周六和周日 正午至次日3:00）几年前，精酿啤酒在西班牙几乎不会得到人们的注意，但是“兔子洞”（在西班牙的译名）正在掀起新浪潮，这里每天都会推出十几种不断变化的精酿啤酒，还有同等数量的常规简餐与之相配。墙上的排行榜显示了以往顾客完成的壮举——11瓶似乎是目前的纪录。

Bodegas El Pimpi

酒吧

（www.elpimpi.com；CalleGranada 62；⏲周一至周五 正午至次日2:00，周六和周日 至次

日3:00；🛜）这家格局凌乱的大酒吧在该市享有盛名。室内包含多个房间，还有一座庭院，以及俯瞰着罗马圆形剧场（见823页）的开阔露台。墙上装饰着古老的节庆海报和以前访客的照片，巨大的木桶上则留有更加知名的过路人的签名，包括托尼·布莱尔（Tony Blair）和安东尼奥·班德拉斯（Antonio Banderas）。酒吧内还供应西班牙小吃和正餐。

Los Patios de Beatas 葡萄酒吧

（☎952 21 03 50；www.lospatiosdebeatas.com；Calle Beatas 43；⊙周一至周六 13:00~17:00和20:00至午夜，周日 13:00~18:00；🛜）两栋18世纪的宅第已经彻底变成了这个奢华空间，在这里你可以品尝优质的葡萄酒，该店的精选酒单据说是市内最全面的。彩色玻璃窗和漂亮的镶嵌着马赛克和贝壳的树脂餐桌使充满了艺术气息的整体氛围锦上添花。酒吧内也提供创意西班牙小吃和盘餐（raciones）。

☆娱乐

★Kelipe 弗拉明戈

（☎692 829885；www.kelipe.net；Muro de Puerta Nueva 10；€25；⊙演出 周四至周六 21:30）安达卢西亚各地都有很多弗拉明戈俱乐部涌现而出，但是很少有地方能像Kelipe这样震撼人心。不仅音乐技巧和舞蹈达到了最高水准，才华横溢的表演者还会创造亲密感以建立与观众之间的真实联系。

Tablao Flamenco Los Amayas 弗拉明戈

（☎686 936804；www.flamencomalagacentro.com；Calle Beatas 21；€25；⊙演出 19:00和21:00）这个令人愉快的演出空间位于一栋稍有褪色的马拉加大楼的一层，这里有很多宏大的元素，为一些华丽而喧闹的音乐和舞蹈定下了基调，由来自格拉纳达的一个存在已久的弗拉明戈家庭成员表演。

Clarence Jazz Club 现场音乐

（☎951 91 80 87；www.clarencejazzclub.com；Calle Cañón 5；⊙周三和周四 20:00至次日2:00，周五和周六 16:00至次日4:00）这家美式爵士乐俱乐部坐落在大教堂对面，会举办一些高品质的音乐会以及更加自由的即兴演奏会，通常是在周日。周末最好预订一张桌子。价格不等，€5是平均价位。

🔒购物

装饰着大理石、时髦而雅致的Calle Marqués de Larios正逐渐成为设计师商店和精品店的聚集地。在周围的街道上，家庭经营的小店坐落在经过了精心修复的古老建筑内，出售各种各样的东西，从弗拉明戈舞裙到当地的马拉加甜葡萄酒。不要错过每天的**Mercado Atarazanas**（Calle Atarazanas；⊙市场 周一至周六 8:00~15:00；Ⓟ），这个市场相当棒。

La Recova 工艺品

（www.larecova.es；Pasaje Nuestra Señora de los Dolores de San Juan；⊙周一至周四 9:30~13:30和17:00~20:00，周五 9:30~20:00，周六 10:00~14:00）一定要找到这个有趣的“阿拉丁山洞”。这家工艺美术品及古董店出售传统的塞维利亚瓷砖、手工制作的首饰、古董熨斗、纺织品及其他很多东西。角落里还有一家当地小酒吧，可以方便地在浏览商品的间隙喝上一杯啤酒。

ℹ实用信息

市旅游局（Municipal Tourist Office；☎951 92 60 20；www.malagaturismo.com；Plaza de la Marina；⊙3月至9月 9:00~20:00，10月至次年2月 至18:00）能提供一系列城市地图和小册子。还在阿尔卡萨瓦城堡入口处（Calle Alcazabilla）、火车总站（Explanada de la Estación）、梅塞德广场（Plazadela Merced）和东部的海滩（El Palo和La Malagueta）设有信息亭。

地区旅游局（Regional Tourist Office；Plaza de la Constitución 7；⊙周一至周五 9:30~19:30，周六 10:00~19:00，周日 10:00~14:00）这个小旅游局坐落在一栋18世纪落成的建筑内，以前是贵族的耶稣会学院，现在常年举办艺术展览。这里提供整个马拉加省的各类信息，包括该地区多座城市的地图。

ℹ到达和离开

飞机

马拉加机场（Málaga airport；AGP；☎952 04 88 38；www.aena.es）是去往安达卢西亚的主要国际

口岸，位于市中心西南9公里处。这是西班牙南部的主要枢纽，为全球顶级航空公司及廉价航空公司提供服务。

长途汽车

长途汽车站（☎952 35 00 61；www.estabus.emtsam.es；PaseodelosTilos）位于市中心西南1公里处，它连接着西班牙的所有主要城市。主要的长途汽车线路是**ALSA**（☎952 34 17 38；www.alsa.es）和**Portillo**（☎91 272 28 32；www.avanzabus.com）运营的。

去往太阳海岸（东部和西部）的长途汽车通常也在更靠近中心的**Muelle Heredia汽车站**停站。

目的地包括下列（请注意，列出的价格是该路线的最低报价）：

目的地	费用（€）	行程（小时）	发车频率（每天）
阿尔梅里亚	19	4.75	8班
加的斯	27	4	3班
科尔多瓦	12	3~4	4班
格拉纳达	12	2	18班
哈恩	20	3.25	4班
马德里机场	45	10	5班
塞维利亚	19	2.75	6班

火车

马拉加玛丽亚·桑布拉诺火车站（Málaga María Zambrano Train Station；☎902 43 23 43；www.renfe.com；Explanada de la Estación；⏲5:00至次日0:45）就在长途汽车站附近，从市中心步行前往需要15分钟。目的地包括科尔多瓦（€27.50，1小时，每天18班）、塞维利亚（€24，2.75小时，每天11班）和马德里（€80，2.5小时，每天17班）。需要注意的是，对于科尔多瓦和塞维利亚而言，每天的时刻表中包含AVE高速列车，费用大致是上述价格的两倍。

ℹ 当地交通

抵离机场

从早上7:00至午夜，每20分钟有一班A线公共汽车从到达大厅外面出发，开往市中心（€3，20分钟）。开往机场的公共汽车从Paseo del Parque的东端，以及长途汽车站和火车站外面出发，运营时间为6:30至23:30，大约每半小时一班。

从6:50至23:54，每20分钟有一班火车驶往玛丽亚·桑布拉诺火车站，以及Río Guadalmedina旁边的马拉加中心火车站（Málaga-Centro station）。从市区去往机场的火车运营时间为5:30至23:30，每20分钟一班。

乘出租车到市中心要花费€20至€25。

公共汽车

市内实用的公共汽车线路（市中心的所有行程皆为€1.35）包括去往**马拉加俄罗斯博物馆**（Museo Ruso de Málaga）的16路，去往**El Pedregalejo和El Palo**的34路，以及去往希布拉尔法罗城堡的35路，这些车都从Paseo del Parque的站点出发。

太阳海岸（Costa del Sol）

西班牙著名的"太阳海岸"虽然经常遭人嘲笑，但却始终很受欢迎。这个变化多端的地方由许多分布密集的度假小镇组成，这些小镇曾经（难以置信）仅仅是不起眼的渔村。过去60年的开发影响深远，但并未细致入微，城市化（urbanizaciones）进程不一，好在各有各的特色。托雷莫利诺斯是热门的同性恋度假胜地，贝纳尔马德纳大力宣传主题公园和水族馆，丰希罗拉吸引着家庭游客和水上运动爱好者，马尔韦利亚非常富有，而且偏爱大型游艇和高尔夫，至于埃斯特波纳，则保持着昔日西班牙的面貌。各具特色的目的地任你挑选。

托雷莫利诺斯和贝纳尔马德纳 (Torremolinos & Benalmádena)

人口 136,000

一旦小小的沿海村庄遍布着塔楼（torres）和水磨（molinos），"糟糕的托雷"就成了低劣全包度假的代名词。20世纪70年代，这里欣然接受了产业规模的旅游业，变成了吸引喜欢畅饮啤酒的英国人的地方，他们掌握的西班牙语几乎只有这句话"dos cervezas, por favor"（请来两杯啤酒）。但是时代在不断变化。托雷长大了，也扩大了它的影响范围。如今，这座城镇吸引着更加广泛的人群，包括时髦的夜店常客、热爱海滩的家庭、同性恋游客，对了，甚至还有一些西班牙游客。等候他们的是彻夜不眠的夜生活、7公里长的洁净沙滩和大量的酒店，不过这些酒店大部分都采用了通常被描述为“灾难性”的建筑风格。

贝纳尔马德纳位于托雷西侧，是跟它极其相似的孪生兄弟，只是多了几个怪异的地方：一座向高迪致敬的大型游艇码头和一座巨大的佛塔。

景点

纳瓦哈斯之家

历史建筑

（Casa de los Navajas; Calle del Bajondillo, Torremolinos; ⌚11:00~14:00和18:00~20:00）免费 在托雷莫利诺斯的混凝土丛林中，忽视这栋新穆德哈尔风格的美丽建筑是不可能的，这座小宫殿曾经属于当地的糖业大亨安东尼奥·纳瓦哈斯（António Navajas）。该建筑最初建于1925年，风格跟塞维利亚的西班牙广场（Plaza de España）并没有什么不同，2014年对其进行了修复，随后向公众开放。尽管这里没有特定的博物馆，但是阶梯形花园、装饰精致的建筑以及从楼上的阳台一览无遗的景色，都令人印象深刻。

拉卡里韦拉

海滩

（La Carihuela; Torremolinos）拉卡里韦拉是托雷莫利诺斯最西边的海滩，从一块露出地面的小岩石——拉蓬塔（La Punta），一直延伸到了贝纳尔马德纳。这里从前是一个渔区，现在则是镇上仅有的几处不曾遭受过度开发的地区之一。滨海步行区边上排满了低矮的商店、酒吧和餐馆，这里是最受马拉加人喜爱的目的地之一，他们会在周末到这儿来享用新鲜的海鲜。

佛塔

博物馆、纪念碑

（Buddhist Stupa; Benalmádena Pueblo; ⌚周二至周六10:00~14:00和15:30~18:30，周日10:00~19:30; P）免费 欧洲最大的佛塔位于贝纳尔马德纳村。这座宏伟的建筑极不协调地矗立在村庄外围，周围是一片新建住宅，还有壮丽的海岸风景。塔内很高，装饰着精美的宗教绘画。

活动

Tivoli World

游乐园

（www.tivolicostadelsol.com; Avenida de Tivoli, Benalmádena; €8, Supertivolino票 €15; ⌚夏季18:00至次日1:00; 👪）马拉加省历史最悠久、规模最大的游乐园，拥有各式各样的游乐设施和滑梯，而且每天都有舞蹈、弗拉明戈表演和儿童活动。可以考虑物超所值的“Supertivolino”票，它包含门票，还能无限次地乘坐约35种游乐设施。

食宿

★ Hostal Guadalupe

青年旅舍 €€

（☎952 38 19 37; www.hostalguadalupe.com; Calle del Peligro 15, Torremolinos; 标单€57~63，双 €66~87，3/4/5人公寓 €118/144/171; 📶）这个充满了老西班牙风情的美妙住处坐落在通往托雷莫利诺斯主海滩的阶梯底部，在一片混凝土丛林中就像是一个美丽的时代错误。经过令人愉快的装饰着瓷砖的酒吧，向上进入简单而舒适的房间，其中几间带有可以俯瞰大海的露台。这里还有几套配备了厨房设施的公寓，可以住得更久一些。

★ El Gato Lounge

海鲜 €

（☎951 25 15 09; www.elgatolounge.com; Paseo Marítimo 1; 主菜 €5~10; ⌚10:00至深夜）Gato Lounge试图与海滩上的其他地方有所不同，所以你不会在这里找到常规的沙丁鱼。菜单倾向于国际化菜式，还带着些许亚洲创意：泰式炸鱼饼和日式生牛肉片（carpaccio）。令人放松的室内朝向海滩，散发着华丽的魅力，鸡尾酒和服务极其周到的工作人员让大多数人都会对这里流连忘返。

La Zoca

海鲜 €€

（☎95 238 59 25; www.restaurantelazoca.es; Calle Bulto 61, La Carihuela; 主菜 €15~20; ⌚12:30~17:00和19:30至午夜; 👪）举家出游的人请注意：这家海滨餐馆在人行道对面有一个游乐场。这里的重点是海鲜，比如香辣铁板虾（gambas pil-pil）和米饭类菜肴（有5种可供选择）。这个地方一到周日就会挤满吵闹的西班牙家庭，所以并不适合亲密的交谈。

实用信息

主要的**旅游局**（☎951 95 43 79; https://turismotorremolinos.es; Plaza de Andalucía, Torremolinos; ⌚9:30~18:00）位于镇中心。在**Playa**

Bajondillo（Playa Bajondillo；⏲10:00~14:00）和**拉卡里韦拉**（La Carihuela；Playa Carihuela；⏲10:00~14:00）也另外设有旅游信息亭。

ℹ 到达和离开

长途汽车

Portillo（☎91 272 28 32；www.avanzabus.com）运营去往马拉加（€2.50，25分钟，每天14班）、马尔韦利亚（Marbella；€5.90，1.25小时，每天24班）和龙达（Ronda；€13，2.5小时，每天6班）的长途汽车。

火车

从5:30至22:30，每20分钟就有一班火车从马拉加（€2.05，18分钟）出发，经西班牙国家铁路（Renfe）的近郊线路（cercanías line）去往**托雷莫利诺斯**（Torremolinos；Avenida Palma de Mallorca 53）和**阿罗约德拉米耶尔-贝纳尔马德纳**（Arroyo de la Miel-Benalmádena；Avenida de la Estación 3），这趟车会继续开往终点站——丰希罗拉（€2.05，22分钟）。

丰希罗拉（Fuengirola）

人口 77,500

丰希罗拉是一座拥挤的海滩城镇，处处都是实用的公寓楼。尽管经历了半个世纪的失控发展，这里依然保留着一些可取之处。看看全长7公里的海滩，那里还装饰着一座10世纪的摩尔式城堡。镇上也居住着大量的外国人口，其中很多都是20世纪60年代来到这里的，然后就留了下来（如今他们的发辫已经斑白）。

景点

丰希罗拉动物园

动物园

（Bioparc；☎952 66 63 01；www.bioparcfuengirola.es；Avenida Camilo José Cela；成人/儿童€20/15；⏲10:00至日落；P 👪）这座动物园建有宽敞的围场，动物都得到了善待。这个动物园经营着保护和育种项目，还有一些教育活动。园内设有蝙蝠洞、爬行动物园、数家咖啡馆和一家大型礼品店。

就餐

★Arte y Cocina

地中海菜 €€

（☎952 47 54 41；Calle Cervantes 15；主菜€11~20；⏲周二至周日19:30~23:30；🍷）这里的意式改良菜肴跟装修风格一样新颖，不但有手制的意面，还有摆盘颇具艺术气息的兔肉小方饺和奶油大虾小胡瓜调味饭。

ℹ 实用信息

旅游局（Tourist Office；☎952 46 74 57；Paseo Jesús Santos Rein；⏲周一至周五9:30~18:00，周六和周日10:00~14:00；📶）可提供该镇的大量信息。

ℹ 到达和离开

长途汽车

Portillo（☎91 272 28 32；www.avanzabus.com）运营去往马拉加（€4.25，50分钟，每天15班）、埃斯特波纳（€6.70，1.75小时，每天10班）和马尔韦利亚（€4.25，30分钟，每天4班）的长途汽车。丰希罗拉的**汽车站**离火车站半个街区。

火车

从6:20至次日凌晨0:40，每20分钟就有一班**火车**（Avenida Jesús Santos Rein）经西班牙国家铁路的近郊线路去往马拉加（€3.60，45分钟），经停站点包括机场和托雷莫利诺斯。

马尔韦利亚（Marbella）

人口 140,750

跟这片海岸上的大多数城镇一样，太阳海岸的奢华堡垒同样具有两面性。最受游客瞩目的是“黄金海岸”（Golden Mile），这个由明星云集的俱乐部、闪亮的餐馆和昂贵的酒店构成的极其奢华的区域一直延伸到了巴努斯港（Puerto Banús），后者是海岸上最闪耀的游艇码头，黑色的梅赛德斯会沿着停满了豪华游艇的码头滑行。

不过，马尔韦利亚也有不那么招摇的另一种魅力。这里的自然风光十分旖旎，背后矗立着美丽的布兰卡山脉（Sierra Blanca Mountains），而迷人的老城区（casco antiguo）则布满了狭窄的街巷和精心养护的花箱。

早在马尔韦利亚开始吸引高尔夫球手、超级富翁和退休的拉丁美洲独裁者之前，这里曾是腓尼基人、西哥特人、罗马人和摩尔人的家园。如今游览现代城市的乐趣之一，就是试图发现他们留下的遗产。

景点

纳兰霍斯广场（Plaza de los Naranjos） 广场

马尔韦利亚老城区的中心坐落着非常漂亮的纳兰霍斯广场，其历史可以追溯到1485年，广场上有热带植物、棕榈树、橘子树，以及不可避免的、定价过高的酒吧。

拉利博物馆 博物馆

（MuseoRalli; www.museoralli.cl; Urbanización Coral Beach; ⏲周二至周六 10:00~15:00）免费 这座很棒的私人艺术博物馆在光线明亮的画廊中展出主要由拉丁美洲和欧洲艺术家创作的画作。它是一个非营利性基金会的一部分，该基金会还拥有其他四座博物馆（分别位于智利、乌拉圭和以色列）。这里的展品包括亨利·摩尔（Henry Moore）和萨尔瓦多·达利的雕塑、阿根廷超现实主义画家艾丽西亚·卡莱蒂（Alicia Carletti）和古巴同类画家林飞龙（Wilfredo Lam）充满活力的当代画作，还有胡安·米罗（Joan Miró）、马克·夏加尔（Marc Chagall）和乔治·德·基里科（Giorgio de Chirico）的作品。

博物馆位于马尔韦利亚镇中心以西6公里处，就在巴努斯港附近。

西班牙版画博物馆 博物馆

（Museo del Grabado Español; Calle Hospital Bazán; €3; ⏲周二至周五 9:00~19:30，周六和周一 至14:00）老城区的这座小型艺术博物馆收藏着一些大师的作品，包括巴勃罗·毕加索、胡安·米罗、萨尔瓦多·达利及其他（以西班牙为主的）画家的作品。

住宿

Hotel San Cristóbal 酒店 €€

（☎952 86 20 44; www.hotelsancristobal.com; Avenida Ramón y Cajal 3; 标单/双含早餐 €60/85; 📶）地理位置优越的San Cristóbal可以追溯到20世纪60年代，它并不是马尔韦利亚的酒店中最"有马尔韦利亚格调的"（例如十分招摇），然而定期的翻新依然让这个地方看上去很现代：房间以雅致的浅灰色和奶油色为装饰，还铺着整洁漂亮的深蓝色织物。大部分房间都带阳台。

★Claude 精品酒店 €€€

（☎952 90 08 40; www.hotelclaudemarbella.com; CalleSanFrancisco 5; 双/套 €265/330; ❄📶）拿破仑三世的妻子从前的避暑别墅已经更新了帝王般的装饰，以打造适合21世纪的皇后入住的酒店。Claude位于城镇更加安静的北部，这里的拱形庭院和造型优美的柱子成功地将当代的华丽装饰与宅第原本的建筑融合在了一起，爪足浴缸和水晶吊灯则为其增添了古典的历史氛围。

就餐

Garum 各国风味 €€

（☎952 858 858; www.garummarbella.com; Paseo Marítimo; 主菜 €9~18; ⏲11:00~23:30; 📶）这家由芬兰人所有的餐馆拥有极富吸引力的位置，它就坐落在海滩对面的"黄金海岸"上。这里的菜单特别能取悦那些寻求各种美食的人，从烟熏奶酪汤到摩洛哥鸡肉炸三角饼（samosa）和炸红扁豆丸子，各式菜肴，应有尽有。

★Farm 西班牙菜 €€€

（☎952 82 25 57; www.thefarm-marbella.com; Plaza Altamirano 2; 3道菜套餐 €24~32; ⏲正午至23:00; ✎👪）🌿首先，这不是一座农场，而是位于马尔韦利亚老城区的一家极其漂亮的餐馆，由一座中庭、一个露台和一间餐厅组成，其配备的家具带着现代的"放松式"华丽。食物都是农场新鲜出品的，有很棒的标明了有机材料的精选套餐，包括素食和儿童餐。便宜吗？不见得（这可是马尔韦利亚）。值吗？绝对值！

加分项：在大多数周二、周四和周六的20:00和22:00，餐厅都会为用餐者献上弗拉明戈表演。

饮品和夜生活

想找最热闹的酒吧和夜生活，可以前往马尔韦利亚以西7公里处的巴努斯港。在镇上，最好的去处是小小的Puerto Deportivo一带。当地也有一些只在夏季营业的海滩夜店。

实用信息

旅游局（Tourist Office; www.marbellaexclusive.

com; Plaza de los Naranjos; ⌚周一至周五9:00~20:00, 周六10:00~14:00)有许多宣传单,还有一份详细的城镇地图。

ℹ 到达和离开

长途汽车站(☎952 823 409; Avenida del Trapiche)位于老城区以北1.5公里处,紧邻A7高速公路(autovía)。

Portillo(☎91 272 28 32; www.avanzabus.com)运营去往丰希罗拉(€4.25, 30分钟, 每天4班)、埃斯特波纳(€4.30, 1小时, 每小时1班)、马拉加(€7.25, 45分钟, 每半小时1班)和龙达(€7.50, 1.5小时, 每天9班)的长途汽车。

埃斯特波纳(Estepona)

人口 66,500

埃斯特波纳是大约45年前吸引外国居民和游客的首批度假胜地之一,尽管周边进行了开发,镇中心却仍然保持着舒适怡人的老式气氛。其中的理由很充分:埃斯特波纳的起源可以追溯到4世纪。几个世纪以后,在摩尔人时代,该镇由于邻近直布罗陀海峡的战略位置,成为重要而繁荣的中心。

埃斯特波纳正在稳步地朝马尔韦利亚扩展它的步行区;其中心地带是令人愉快的拉达海滩(Playa de la Rada)。Puerto Deportivo是镇上夜生活的焦点,尤其是在周末,这里也是水上运动的好去处。

食宿

Hotel Boutique Casa Veracruz 精品酒店 €€

(☎951 46 64 70; www.hotelboutiquecasaveracruz.com; Calle Veracruz 22; 双/套 €85/125; ❄📶)"精品"这个标签几乎无法公正地评价这个地方。小小的庭院、别致的喷泉、富丽堂皇的画作以及时髦的古式家具——这家酒店仿佛将古老塞维利亚的一小片土地搬到了太阳海岸,而你只需要花一笔非常划算的费用就能享受这一切。锦上添花的还有Nespresso咖啡机、欧陆风格的丰盛早餐,以及全天免费赠送的茶、咖啡和糖果。

La Escollera 海鲜 €

(Puerto Pesquero; 主菜 €8~11; ⌚周二至周六 13:00~16:30和20:00~23:30, 周日 13:00~16:30)熟知内情的当地人会到这家坐落在浅滩上的港口餐馆享用称得上是镇上最新鲜、最好的海鲜。用餐环境很简单,只能满足最基本的需要,比如塑料餐桌和纸桌布。但是当鱼吃起来如此美味,啤酒又如此冰爽,谁还会在乎呢?

Venta García 欧洲菜 €€

(☎952 89 41 91; Carretera de Casares, Km 7; 主菜 €12~18; ⌚周二至周六 正午至22:00, 周日 至17:00; Ⓟ)🍃 Venta García专门用当地农产品烹制摆盘精美、构思巧妙的菜肴,这里的乡村景色同样令人赞叹。菜式以肉类为重点,比如鹿肉(搭配一种红色水果酱)和猪肉:Montes de Málaga菜选用以当地手法烹饪的猪肉,并辅以甜椒、煎蛋和炸薯条。不过需要提醒的是:周末要预订。

这家餐馆坐落在通向卡萨雷斯(Casares)的公路旁,距离埃斯特波纳镇中心大约7公里。

ℹ 实用信息

旅游局(Tourist Office; www.estepona.es; Plaza de las Flores; ⌚周一至周五 9:00~20:00, 周六和周日10:00~14:00)这个旅游局坐落在历史悠久的广场上,有小册子,还有一份相当好的城镇地图。

ℹ 到达和离开

每天有不下十几班**Portillo**(☎91 272 28 32; www.avanzabus.com)运营的长途汽车去往马尔韦利亚(€4.30, 1小时)和马拉加(€9.90, 2小时)。

米哈斯(Mijas)

人口 77,750/海拔 428米

米哈斯的故事浓缩了太阳海岸的故事。它起初只是一个不起眼的村庄,现在却成了该省最富有的城镇。自20世纪50年代和60年代受到放荡不羁的艺术家和作家青睐以来,米哈斯已经扩展到了周围的山上,并一直延伸到了海边,不过它成功保留了原始村庄(pueblo)的复古魅力。

景点

岩中圣母 古迹

(Virgen de la Peña; Avenida Virgen de la Peña)

如果你走过了市政厅（ayuntamiento），就会到达这个极其吸引人的岩洞。据说，1586年，两个孩子被一只鸽子引到了这里，当时圣母玛利亚出现在了他们的面前。在位于悬崖顶部的洞穴内，圣母像前面设了一个装饰着鲜花的圣坛，还展示着一些陈列在玻璃橱内的圣杯和旗帜。这是一个令人动情的地方，尽管游客络绎不绝。

米哈斯当代艺术中心 博物馆

（Centro de Arte Contemporáneo de Mijas，简称CAC；www.cacmijas.info；Calle Málaga 28；成人/儿童 €3/免费；⏲周二至周日 10:00~18:00）这座艺术博物馆举办了非同寻常的毕加索陶瓷展（藏品规模世界第二），还有一些精致的达利青铜雕像、玻璃制品和浅浮雕作品。这里也举办临时展览。需要注意的是，尽管叫这个名字，但该馆与马拉加的当代艺术博物馆并无关联。

住宿

★ TRH Mijas 酒店 €€

（☎952 48 58 00；www.trhhoteles.com；Plaza de la Constitución；标单/双 €65/85；P ❄ ≈）TRH的位置引人注目，从这里长长的露台酒吧看到的太阳海岸的风光很可能是当地最棒的。令人回味的装饰风格让人想起了装饰艺术时代，还融入了些许古老的帝国风情。这里有橘子树中庭、水疗中心、可爱的室外游泳池、回头率很高的画作，以及大堂里展示的老式摩托车。

到达和离开

前往米哈斯最快捷的方式，是从丰希罗拉的汽车站搭乘每半小时一班的M122路公共汽车（€1.55，15分钟）。每天还有4班**Portillo**（☎91 272 28 32；www.avanzabus.com）运营的长途汽车往返于当地和马拉加（€2.30，1小时）之间。

内陆地区（The Interior）

马拉加省多山的内陆地区极具原始美，陡峭而崎岖的风景间散布着浪漫的白色村庄。而在群山的另一边，青翠的乡村逐渐变成了开阔的方格形漫滩。这里与挤满了游客的海岸有着天壤之别。

阿达莱斯和埃尔乔罗（Ardales & El Chorro）

在马拉加西北50公里处，瓜达洛塞河（Río Guadalhorce）穿过令人赞叹的**乔罗峡谷**（Garganta del Chorro）一路向前。这座峡谷也被称为盖塔内斯峡谷（Desfiladero de los Gaitanes），约4公里长，最深可达400米，有的地方只有10米宽。这里近乎垂直的岩壁，以及附近的其他峭壁，吸引着攀岩爱好者，数百条攀登路线在石灰岩峭壁上蜿蜒爬升。

尽管阿达莱斯（人口2700）是这个地区的主要城镇，但是大多数人都把小村庄埃尔乔罗当成基地，这里有火车站、徒步路线和不错的酒店。宁静的**瓜达洛塞伯爵水库**（Embalse del Conde del Guadalhorce）位于西边6公里处，这座巨大的水库主导着这一带的风景，并以钓鲤鱼而闻名。这里也是于最近复兴了的大名鼎鼎的国王之路（Caminito del Rey）的起点。整个地区都处在自然公园的保护之中。

活动

★ 国王之路 徒步

（El Caminito del Rey；www.caminitodelrey.info；€10；⏲4月至10月 周二至周日 10:00~17:00，11月至次年3月 周二至周日 至15:00）国王之路——之所以如此命名，是因为阿方索十三世（Alfonso XIII）在1921年宣布瓜达洛塞水电站大坝落成的时候，曾经沿着这条路走过——由2.9公里长的木板路组成，它悬在瓜达洛塞河上空100米高处，绕着峭壁蜿蜒延伸，在每个转弯处都能看到激动人心的美景。必须步行往返于北端和南端的入口，因此全部徒步路程长达7.7公里。

20世纪90年代末期，这条路已经严重失修，成了世界上最危险的步道，后于2000年正式关闭（虽然一些喜欢冒险的人仍企图尝试）。经过550万欧元的全面修复之后，它在2015年3月重新开放。现在这里很安全，所有不恐高的人都可以来挑战一下。

木板路由木板铺成；在一些路段还可以看到下面摇摇欲坠的老路。只能沿一个方向

（从北向南）步行，强烈建议你在线预订一个时间段。每半小时会有一班公共汽车（€1.55，20分钟）从埃尔乔罗火车站开往国王之路的起点，那里还有几家餐馆。从这里开始，你必须步行2.7公里前往路径的北端入口，在入口要出示门票，并被强制戴上头盔。在终点，还要再走2.1公里，从南端出口返回埃尔乔罗。尽量给徒步预留4小时的时间，这样才可以尽情享受途中的美景。

到达和离开

最便利的入口是有火车站的埃尔乔罗。这里每天有2班或3班火车去往马拉加（€4.85，42分钟）。也有向北开往龙达的火车。

每半小时有一趟班车（€1.55，20分钟）往返于火车站和国王之路（见834页）的起点。

如果你自己开车，可以把车停在任意一端，然后搭乘公共汽车前往。

安特克拉（Antequera）

人口 41,000/海拔 577米

安特克拉被称为安达卢西亚的十字路口，很多旅行者都会从这里经过，却很少有人逗留。但是，那些选择不停下的人正在错失良机。该镇拥有丰富的历史底蕴：两座青铜时代的古坟守卫着它的北端通路，还有摩尔人的传说萦绕着宏伟的阿尔卡萨瓦城堡。然而，这里最大的亮点是华丽的西班牙巴洛克风格，它为这座小镇增添了特色，城镇当局也在努力对其进行修复和维护。这里教堂的数量也相当惊人——超过30座，而且很多教堂的内部都十分华丽。难怪安特克拉经常被人们称为"安达卢西亚的佛罗伦萨"。

景点

★安特克拉石墓遗址 考古遗址

（Antequera Dolmens Site；⏲周二至周六 9:00~18:00，周日 至15:00）**免费** 安特克拉的两座土埋式古坟——**门加石墓**（Dolmen de Menga）和**比埃拉石墓**（Dolmen de Viera）——是青铜时代的人在公元前2500年左右用巨石建造的。1903年，在它们被重新发现的时候，墓里还藏有几百具遗体。它们被认为是欧洲最好的新石器时代遗迹之一，并于2016年被联合国教科文组织列为世界遗产。

阿尔卡萨瓦城堡 要塞

（Alcazaba；成人/儿童含马约尔圣玛利亚教堂 €6/3；⏲周一至周六 10:00~19:00，周日 10:30~15:00）安特克拉山顶上的摩尔式堡垒深受伊斯兰时代格拉纳达的埃米尔们喜爱，它有着迷人的历史，规模也相当庞大，占地面积可达62,000平方米。去往山顶的主要方式是从圣塞瓦斯蒂安广场（Plaza de San Sebastián）爬上带有阶梯的Cuesta de San Judas，再穿过令人印象深刻的建于1585年的拱门——**巨人拱门**（Arco de los Gigantes），从前上面还有巨大的大力神海格立斯雕塑。现在只有石头上的罗马铭文保留了下来。

马约尔圣玛利亚教堂 教堂

（Colegiata de Santa Maríala Mayor；Plaza Santa María；成人/儿童 含阿尔卡萨瓦城堡 €6/3；⏲10:00~19:00）巨大的马约尔圣玛利亚教堂建于16世纪，就坐落在阿尔卡萨瓦城堡的下方。这座教堂学院在安达卢西亚16世纪的人道主义运动中发挥了重要的作用。它有着漂亮的文艺复兴风格的外立面，内部装饰着带有精致凹槽纹的石柱，以及穆德哈尔风格的镶饰天花板（artesonado，横梁交错并带有镶嵌装饰的天花板）。这里还会主办一些优秀的音乐活动和展览。

罗梅拉尔石墓 考古遗址

（Dolmen del Romeral；Cerro Romeral；⏲周二至周六 9:00~18:00，周日 至15:00）**免费** 这座巨石墓遗址建于公元前1800年左右，特色是墙壁使用了大量的小石块。要前往这里，在经过该镇另外两座更加古老的石墓后需要再走2.5公里。其间得穿过一个工业园区，再左转跟着"科尔多瓦，塞维利亚"（"Córdoba,Seville"）的路标前行，500米后，在环岛左转，然后跟随"罗梅拉尔石墓"（"Dolmen del Romeral"）的路标走200米即是。

赤足修道院博物馆 博物馆

（Museo Conventual de las Descalzas；Plaza de las Descalzas；强制导览游 €3.30；⏲周二至周六 10:00~14:00和17:00~19:30，周日

9:00~12:30)这座博物馆设在17世纪的赤足加尔默罗会修道院内，位于该镇**市立博物馆**(Museo Municipal; Plaza del Coso Viejo; 强制导览游 €3; ⌚周二至周五 10:00~14:00和16:30~18:30, 周六 9:30~14:00和16:30~18:30, 周日 9:00~12:30)以东约150米处，主要展出安特克拉丰富的宗教艺术遗产之中的精华。杰出作品包括一幅卢卡·焦尔达诺(Lucas Giordano)创作的阿维拉的圣特蕾莎(St Teresa of Ávila, 16世纪赤足加尔默罗会的创建者)绘画、一尊佩德罗·德梅纳(Pedro de Mena)创作的悲苦之路(Dolorosa)半身像，以及La Roldana创作的*Virgende Belén*雕塑。

节日和活动

圣周

宗教节日

(Semana Santa; ⌚3月)安达卢西亚最传统的庆典之一。届时收藏在该镇宝库中的物品将被用于宗教游行。

住宿

Hotel Coso Viejo

酒店 €

(☎952 70 50 45; www.hotelcosoviejo.es; CalleEncarnación 9; 标单/双含早餐 €45/55; P ❄ 📶)这座经过了改造的17世纪新古典主义风格的宫殿就坐落在安特克拉的中心地带，与Plaza Coso Viejo和市立博物馆(见本页)相对。陈设简单的房间环绕在一座气派的中庭周围，院内还有一座喷泉。隔壁的西班牙小吃吧和餐馆很不错。

Parador de Antequera

历史酒店 €€

(☎952 84 02 61; www.parador.es; Paseo García del Olmo; 标单/双 含早餐 €85~120; P ❄ 📶 ≋)这家豪华国营酒店坐落在斗牛场北部一片宁静的公共绿地内，就在长途汽车站附近。酒店陈设舒适，带有赏心悦目的花园，可以欣赏绝佳的美景，尤其是在日落时分。

就餐

欢迎来到以传统烹饪为主导的安特克拉。当地的特色菜包括porra antequerana(一种美味的蒜香浓汤，跟西班牙凉菜汤类似)、bienmesabe(一种海绵蛋糕，字面意思是"我觉得味道不错")和angelorum(一种将蛋白脆饼、海绵蛋糕和蛋黄结合在一起的甜点)。安特克拉早餐时吃的mollete(松软的面包卷)也很不错，有多种馅料可以选择。

Baraka

西班牙小吃 €

(☎951 21 50 88; Plaza de las Descalzas; 西班牙小吃 €2~4; ⌚周三至周六和周一 8:00至次日2:00, 周日 10:00至次日2:00)应该给Baraka勇敢的工作人员脱帽致敬，他们要穿过繁忙的马路，举着装得满满的托盘，冒着生命危险为坐在对面小公园内的食客们服务。和所有优秀的安特克拉餐馆一样，Baraka做的巴斯克小吃(pintxos)很棒，而且会供应极好的面包，但这里的本地小吃却依旧很美味(尤其是porra antequerana)。

★ArtedeCozina

安达卢西亚菜 €€

(www.artedecozina.com; CalleCalzada 27-29; 主菜 €14~17, 西班牙小吃 €2.50; ⌚13:00~23:00)在接近安特克拉的时候，很难不注意到周围的农田，而这个迷人的小型酒店餐馆组合正是品尝当地农产品的地方。这里不但极其忠实于传统菜肴，还推广鲜为人知的安特克拉特色菜，比如用绿芦笋烹制的西班牙凉菜汤，或者加了橙子的porra浓汤，还有放了腌猪腰肉(lomo de orza)的肉菜。

实用信息

市旅游局(Municipal Tourist Office; ☎952 70 25 05; www.antequera.es; PlazadeSanSebastián 7; ⌚周一至周六9:30~19:00, 周日10:00~14:00)这个很有帮助的旅游局能提供城镇及地区的相关信息。

到达和离开

长途汽车

长途汽车站(Paseo García del Olmo)位于镇中心以北1公里处。**ALSA**(☎952 34 17 38; www.alsa.es)运营的长途汽车去往塞维利亚(€14, 2.5小时，每天5班)、格拉纳达(€9, 1.5小时，每天5班)、科尔多瓦(€11, 2小时40分钟，每天1班)、阿尔梅里亚(€23, 6小时，每天1班)和马拉加(€6, 1小时，每天5班)。

也有往返于安特克拉和丰特-德彼德拉(Fuente de Piedra)村的长途汽车(€2.50, 30分钟，每天2班)。

值得一游

安特克拉托卡尔自然保护区

安特克拉以南是属于安特克拉托卡尔自然保护区(Paraje Natural Torcal De Antequera)的令人惊叹的奇异岩层。这片12平方公里的地区由瘤状、锯齿状和柱状的石灰岩构成,它在1.5亿年前是一片海床,现在则升高到了海拔1336米(El Torcal,埃尔托卡尔)。由此可见,联合国教科文组织在2016年将这片吹拂着清新山风的超凡地貌(连同安特克拉的石墓;见835页)列为世界遗产也就不足为奇了。

这里有三条带有路标的徒步路线,所以无须导游也可以前往。1.5公里长的**绿色路线**(Ruta Verde)和3公里长的**黄色路线**(Ruta Amarilla)的起点和终点都是**游客中心**(Centro de Visitantes; ☎952 24 33 24; www.torcaldeantequera.com; ⏲4月至10月10:00~19:00, 11月至次年3月至17:00),它们会带你充分欣赏这幅由岩石呈现的超现实主义画作。请做好在岩石间跳来跳去的准备。3.7公里长的**橙色路线**(Ruta Naranja)连接着高处和低处的停车场,并沿着公路在其下方延伸。比较休闲的选择是前往游客中心附近的瞭望台(mirador),沿着公路走大约500米就可以到达。

当地没有去往埃尔托卡尔的公共交通工具。如果你自己有车,可以沿Calle Picadero离开安特克拉镇中心,它很快就会并入Zalea公路。前行1公里左右,你将在左侧看到去往康塞普西翁新镇(Villanueva de la Concepción)的标志。如果沿着这条路走,前行12公里后(进入新镇之前)右转,再行驶3.75公里上山就到信息中心了。

火车

安特克拉有两座火车站。**安特克拉城火车站**(Antequera-Ciudad train station; www.renfe.com; Avenida de la Estación)位于镇中心以北1.5公里处。在本书调研期间,有一条新的高速铁路线正在建设之中,火车站提供去往塞维利亚、格拉纳达和阿尔梅里亚的长途汽车换乘服务。
安特克拉-圣安娜火车站(Antequera-Santa Ana Train Station)位于城镇西北18公里处,这里有AVE高速列车往返于当地和马拉加(€26, 30分钟,每天12班)、科尔多瓦(€33, 30分钟,每天15班)和马德里(€75, 2.5小时,每天12班),也有去往格拉纳达和经科尔多瓦去往塞维利亚的列车。

一天大致有3班公共汽车从圣安娜开往安特克拉(€5),或者你也可以搭乘出租车(€25起)。

马拉加东部(East of Málaga)

马拉加东部的海岸有时被称为东部太阳海岸(Costa del Sol Oriental),与西部海岸相比,这里的开发程度较低。马拉加郊区的无计划扩张不断延伸,经过了一系列不值得注意的普通海滨城镇,其间混凝土高楼时断时续,最终到达更具吸引力的内尔哈。

这个地区主要的可取之处是地势崎岖的拉阿哈基亚(La Axarquía)地区,这里和格拉纳达的阿尔普哈拉斯峡谷一样令人赞叹,但是更难发音(让人想到拿着斧头去那些令人恼火的北欧家居店"axe-ikea"),如今依然鲜为人知。这里充满了绝佳的徒步机会。

内尔哈(Nerja)

人口 21,200

内尔哈在马拉加以东56公里处,背靠阿尔米哈拉山(Sierra Almijara),它成功地拒绝了开发商,使镇中心依旧保留着尽是低层建筑的村庄魅力,尽管纪念品商店已经遍地开花,游客也非常多。镇中心坐落着任何时候都非常漂亮的欧洲阳台(Balcón de Europa),这个棕榈树成行的海角建在一座古老堡垒的地基上,能让你欣赏侧面与蜜色小海湾相接的钴蓝色大海的壮丽全景。

如今这座小镇越来越受包价度假者和"住宅型游客"喜爱,这使它进行了大范围的扩展。城市化影响显著,尤其是在东部。从7月至9月,这里的假日氛围会浓厚得令人难以抗拒,旅游业海水污染也极其严重,但是在一年中的其他月份,这个地方都比较安静。

景点

★内尔哈洞 洞穴

（Cueva de Nerja；www.cuevadenerja.es；成人/儿童 €10/6，含内尔哈博物馆 €12，含洞穴和博物馆之间的火车 €15；⊙无向导游览9月至次年6月10:00~13:00和16:00~17:30，7月和8月10:00~18:00，导览游9月至次年6月13:00~14:00和17:30~18:30，7月和8月11:00至正午和18:30~19:30）很难想象在内尔哈以东4公里处的山麓下面存在着这么一个超现实世界，更令人难以置信的是，直到1959年五名当地的年轻人（chicos）在外出寻找蝙蝠时偶然发现了一个洞穴以前，这些巨大的洞穴竟然一直不为人所知。这个戏剧性的奇幻仙境是距今约500万年前被水溶蚀掏空的，曾经是石器时代猎人们居住的地方，由非同寻常的岩层、变化微妙的色彩以及钟乳石和石笋构成，仿佛是一座水下大教堂。

欧洲阳台（Balcón de Europa） 观景点

惊艳的欧洲阳台位于镇中心，像天然码头一样伸向大海，成为一座棕榈树成行的美丽露台，能将大海的全景尽收眼底。唯一的缺点是在任何时候都非常拥挤。

布里亚纳海滩 海滩

（Playa Burriana；P）这是内尔哈最长、最好的海滩，沙滩上有充足的空间让你铺展毛巾。可以经褪色变白的Calle Carabeo步行前往这里，走下台阶并沿着海滩走到布里亚纳。海滩后面有一排开放式餐馆（merenderos）。你也可以在这里租用皮划艇或冲浪板，每小时收费€5.50。

住宿

★Hotel Carabeo 酒店 €€

（☎952 52 54 44；www.hotelcarabeo.com；CalleCarabeo 34；双/套含早餐 €90/190起；⊙4月至10月；❄@📶🏊）这家由家族经营的滨海小酒店充满了时尚的古董和精彩的绘画，下面还有一座修剪整齐的阶梯式花园。露台上有一家出色的餐馆（主菜€16~25；⊙3月至11月周二至周日13:00~15:00和19:00~23:00；📶）🌿以及一座游泳池，而且可以眺望海景。这栋建筑是一座老校舍，而它所在的步行街是镇上最漂亮的步行街之一，街旁装饰着粉红色的九重葛。

Hotel Balcón de Europa 酒店 €€

（☎952 52 08 00；www.hotelbalconeuropa.com；Paseo Balcón de Europa 1；标单/双 €82/115；🏊）这家阶梯式酒店坐落在一处小海角上，它伸向大海，就像是一艘即将去往非洲的船。酒店外面总是一片混乱（这是内尔哈很受欢迎的旅游胜地），不过里面的气氛却宁静得出奇，在私人房间的阳台，你可以俯瞰一片被半透明的地中海海水轻轻拍打着的舒适海滩。游泳池、桑拿浴室、钢琴酒吧和观景餐厅都提升了它的价值。

就餐

★Chiringuito de Ayo 海鲜 €

（www.ayonerja.com；PlayaBurriana；主菜€9~13；⊙9:00至午夜；P👪）菜单上列有9种语言，不过在这家海滨餐馆，你只需要搞懂一个词："海鲜饭"（paella）。他们每天都在沙滩旁边烧木柴的灶火上，用巨大的平底锅烹制米饭类菜肴。其中一盘就是你的，只要€7.50。

La Piqueta 西班牙小吃 €

（Calle Pintada 8；西班牙小吃 €2，盘餐€4.50~6；⊙周一至周六 10:00至午夜）这是镇上最受欢迎的西班牙小吃吧，因为两个很有说服力的理由：第一，这里特选的葡萄酒非常棒；第二，你每点一杯酒都会得到一份免费的西班牙小吃——与马拉加省相比，这个传统更具格拉纳达特色。菜单上尽是敦实的经典菜肴，比如加入火腿、大蒜、土豆和甜椒一起烹制的牛肚和炒鸡蛋（huevos estrellados）。

实用信息

旅游局（Tourist Office；www.nerja.org；CalleCarmen；⊙周一至周五 10:00~14:00和18:00~22:00，周六和周日 10:00~13:00）有很多实用的传单和小册子。

到达和离开

ALSA（☎952 52 15 04；www.alsa.es）运营的定点长途汽车往返于当地和马拉加（€4.50，1小时，每

值得一游

科马列斯

科马列斯（Comares）就像是一个高山顶上的雪堆。真正的冒险是去往那里的过程：你一直都能看到它，直到永无尽头的蜿蜒公路上的最后一个转弯把你送到悬崖上的空中花园下方。从一座小停车场出发，你可以登上陡峭而曲折的台阶进入村庄。找找脚下的陶瓷脚印，然后跟随它们穿过一片狭窄曲折的小巷，经过**恩卡纳西翁教堂**（Iglesia de la Encarnación），最终到达科马列斯**城堡**的遗迹，以及引人注目的山顶**墓地**。

这座村庄有一段叛乱的历史，它曾是奥马尔·伊本·哈夫孙（Omar ibn Hafsun）的据点，不过如今这里确实有一种令人甘愿与世隔绝的感觉，而当地人和很多新来的人对此都很享受。游客通常是各种各样的冒险家。该村已经确立了自己跟登山和徒步短途游的关联，据说这里还有安达卢西亚最长的**滑索道**（zip line；搭乘1/2次€15/20）。

M-360路长途汽车会在18:00从马拉加长途汽车站（见829页）出发开往科马列斯，并于次日早上7:00返程（单程€3.20，1.5小时）。周日停运。

天23班）、马尔韦利亚（€11，2.25小时，每天1班）和安特克拉（€9，2.25小时，每天2班）。也有去往阿尔梅里亚和格拉纳达的长途汽车。

这里没有长途汽车站，只在Carretera N340上的主环岛处设了一个售票处和**车站**。

孔佩塔（Cómpeta）

人口 3700

这座令人一见钟情的村庄拥有可以欣赏全景的视野、陡峭而蜿蜒的街道，村中心酒吧林立的广场还俯瞰着一座16世纪的教堂，长久以来，这里一直吸引着大量形形色色的外国人。这有助于形成活跃的文化景观，而孔佩塔也有一两家超出了村庄平均水准、主要供应当代美食的餐馆。该村还有几家慈善商店（在西班牙很罕见）和许多有组织的徒步团体。不必惊讶，孔佩塔就是徒步及其他令肾上腺素飙升的类似活动的出色基地。

到达和离开

每天有3班Loymer运营的长途汽车从马拉加开往孔佩塔（€4.50，1.5小时），而且会在滨海托雷（Torre del Mar）停站。

拉阿哈基亚（La Axarquía）

阿哈基亚地区因深谷而变得四分五裂，山谷中排列着梯田和灌溉渠，其历史可以追溯到伊斯兰统治时代——散布在种植着橄榄、杏树和葡萄的山坡上的村庄，几乎也都始于那个年代。这片难以靠近的荒蛮山地，尤其是特赫达山（Sierrade Tejeda）一带，以前是土匪（bandoleros）的大本营，他们曾无惧无偏地在山间游荡。现今，这里主要的迷人之处包括绝佳的风景、美丽的白色村庄、用晒干的葡萄酿制的烈性甜葡萄酒，以及春秋两季宜人的步行机会。

拉阿哈基亚的"首府"是**贝莱斯马拉加**（Vélez Málaga），位于滨海托雷以北4公里处，这是一座繁忙但平凡的城镇，不过修复后的山顶城堡值得一看。

这个地区的一些令人难忘的风景，藏在海拔最高的两座村庄：**阿尔法纳特**（Alfarnate；925米）和**阿尔法纳特霍**（Alfarnatejo；858米），在那里能看到高耸而崎岖的峭壁向南延伸，比如Tajo de Gomer和Tajo de Doña Ana。

实用信息

你可以在马拉加（见828页）、内尔哈（见838页）、滨海托雷或**孔佩塔**（952 55 36 85；Avenida de la Constitución；周一至周六10:00~15:00，周日至14:00）的旅游局获取拉阿哈基亚的信息。想要徒步的人应该索要关于在特赫达山、阿尔米哈拉山和阿拉马山自然公园（Parque Natural Sierras de Tejeda, Almijara y Alhama）步行的小册子。对徒步者来说，米格尔·安赫尔·托雷斯·德尔加多（Miguel Ángel Torres Delgado）所著的《特赫达山地形图》（*Mapa topográfico de Sierra Tejeda*）和《阿尔米哈拉山地形图》（*Mapa topográfico de Sierra Almijara*）都是不错的地图，两本的比例尺都是1:25,000。你也可以在网站www.axarquia.es上按照链接找到在该地区步行的相关内容。

直布罗陀（GIBRALTAR）

人口 32,700

红色邮筒、炸鱼薯条店和建于20世纪70年代的破旧的海滨酒店：直布罗陀——正如英国诗人劳里·李（Laurie Lee）描述的那样——就像是从朴茨茅斯（Portsmouth）切割下来的一部分，之后又被人向南拖了500英里。“岩石”夸大了它的英国特色，对喜欢酒吧小食和下午茶的人来说是一件乐事，但是现代的英国人可能会反应不过来，他们认为纳尔逊勋爵（Lord Nelson）纪念品的日子早就一去不复返了。直布罗陀地处欧洲和非洲极具战略性的咽喉地带，拥有帕拉第奥风格的建筑和爱抢相机的巴巴利猕猴，与接壤的加的斯省（Cádiz province；西班牙安达卢西亚地区）拥有的白色城镇形成了有趣的对照。直布罗陀虚张声势的地方历史扮演着令人称赞的配角角色；英国人统治这里的时间比整个美国的历史还要长。

这座高耸的石灰岩山脊长5公里、高426米，北侧和东侧都是峭壁。直布罗陀人讲英语、西班牙语，以及一种由这两种语言混合而成的带有古怪口音、抑扬顿挫的语言，会在话说了一半的时候互相调换。标识是英文的。

历史

腓尼基人和古希腊人都在这里留下了痕迹，不过直布罗陀被真正载入史册是在公元711年。丹吉尔（Tangier）的穆斯林统治者塔里克·伊本·齐亚德（Tariq ibn Ziyad）在这一年率领一支10,000人的军队登陆直布罗陀，把它变成了穆斯林入侵伊比利亚半岛的首个桥头堡。直布罗陀这个名字就源于“Jebel Tariq”（意为塔里克的山）。

阿尔摩哈德王朝的穆斯林于1159年在这里建立了一座城镇，后于1462年被卡斯蒂利亚人夺取。1704年，在西班牙王位继承战争期间，一支英荷舰队占领了直布罗陀。1713年的《乌得勒支和约》（*Treaty of Utrecht*）导致西班牙把直布罗陀割让给了英国，但是直到1779年至1783年的大围攻（Great Siege）以失败告终，西班牙才放弃了武力夺回“岩石”的企图；自此以后，西班牙一直想把它要回去。

1969年，弗朗西斯科·佛朗哥（Francisco Franco；因直布罗陀人以12,138对44的投票结果决定继续留在英国主权下的公投而感到愤怒）关闭了西班牙与直布罗陀的边界。同一年，一部新宪法使英国承诺尊重直布罗陀人对主权的愿望，并给予直布罗陀自治权和自己的议会——众议院（House of Assembly；现在的直布罗陀议会）。1985年，就在西班牙加入欧洲共同体（现在的欧盟）之前，关闭了16年之久的边界才重新开放。

直布罗陀人相信他们的自决权，在2002年的一次公投中，他们成功地拒绝了英西联合主权的想法。关于直布罗陀长远未来的棘手问题仍然引人关注，主要围绕谁来控制它周围水域的矛盾，最近英国脱欧的决定所造成的尚不明确的影响也引发了一系列的争论。

景点

大多数直布罗陀之旅都以大炮台广场（Grand Casemates Sq）为起点，可经Landport隧道（曾经是直布罗陀城墙上唯一的陆路入口）到达广场，然后沿着沐浴着地中海阳光的英国风大街Main St继续前行。

★上岩石自然保护区 自然保护区

（Upper Rock Nature Reserve；成人/儿童含景点£10/5，车辆£2，步行游客不含景点50p，联票 含缆车 成人/儿童£22/14；4月至9月9:30~18:45，10月至次年3月 9:00~17:45）这块岩石是南欧最令人印象深刻的地貌之一。它上部的绝大部分（但是不包括主要观景台）都属于上岩石自然保护区。门票包含**圣米迦勒洞**（St Michael's Cave；St Michael's Rd）、**猴子洞穴**（Apes' Den）、**大围攻隧道**（Great Siege Tunnels）、**摩尔城堡**（Moorish Castle，Tower of Homage；Willis' Rd）、**军事遗产中心**（Military Heritage Centre；Willis' Rd和Queen's Rd交叉路口）以及纳尔逊锚地（见841页）的门票。上岩石自然保护区内生长着600种植物，这里也是观察在欧洲和非洲之间迁徙的鸟类的完美地点。

从岩顶缆车站沿St Michael's Rd向南前行大约1公里（步行15分钟），在O' Hara's Rd左转上坡即可到达**奥哈拉炮台**（O' Hara's Battery; 9.2 Gun; O' Hara's Rd; 成人/儿童£3/2; ⊙周一至周五 10:00~17:00），这座炮台位于岩石顶端（不包含在自然保护区门票内）。稍微向下走一点儿就到了令人赞叹的圣米迦勒洞，这个壮观的天然岩洞里布满了石笋和钟乳石。人们曾经认为这个岩洞可能从地下一直通到非洲。今天，除了吸引成群结队的游客前来参观，它也被用于举办音乐会、戏剧演出甚至时装表演。如果想更加深入地游览（包括看一看洞穴的地下湖），可以参加由向导带领的3小时**圣米迦勒洞深处游览**（Lower St Michael's Cave Tour; £10），旅游局（见844页）可以介绍向导，10岁以上的儿童才能参加。

从岩顶缆车站向北（下山）步行1.5公里（30分钟），就来到了军事遗产中心，它占据着18世纪的卡罗琳公主炮台（Princess Caroline's Battery）。这里有一条路向下通往皇家公主炮台（Princess Royal Battery; 那里有更多大炮），另一条路则向上延伸300米，通往大围攻隧道，这个复杂的防御系统是英国人在1779年至1783年的大围攻期间挖凿的，用来提供炮位。还可以参观**"二战"隧道**（WWIItunnels; ☎20071649; Willis' Rd, Hay's Level; 团队游 £8，含上岩石自然保护区和景点£18; ⊙周一至周六 10:00~16:00），当年同盟国入侵北非的计划就是在这里制订的。不过你需要预订，而且必须持有自然保护区的门票才能进入隧道，但实际上它们并不包含在门票内。即使把大围攻和"二战"隧道都算上，也只是岩石内超过50公里长的隧道的很小一部分，大部分隧道依然不对游客开放。

直布罗陀的摩尔城堡是1333年在从西班牙人手中夺回以后重建的，坐落在从卡罗琳公主炮台通往城镇的路上。

★直布罗陀博物馆 博物馆

（Gibraltar Museum; ☎20074289; www.gibmuseum.gi; 18-20 Bomb House Lane; 成人/儿童 £2/1; ⊙周一至周五 10:00~18:00，周六至14:00）这座高水准的博物馆快速地展现了直布罗陀虚张声势的历史。它由迷宫般的房间和展品组成，从史前和腓尼基人控制下的直布罗陀到声名狼藉的大围攻（1779~1783年），应有尽有。不要错过保存完好的14世纪的穆斯林浴室，以及19世纪在海湾中发现的公元前7世纪的埃及木乃伊。

> **ⓘ 联票**
>
> 探索岩石的最佳方式是乘**缆车**（Lower Cable-Car Station; Red Sands Rd; 成人单程/往返 £13/15，儿童单程/往返 £6/6，成人/儿童单程 含自然保护区 £22/14; ⊙4月至10月 9:30~19:45，11月至次年3月 至17:15）快速爬升到达**岩顶缆车站**，然后在往下走的时候，游览上岩石自然保护区（见840页）的所有景点。为此可以购买缆车和自然保护区的单程特别联票（成人/儿童£22/14）。需要注意的是，底部缆车站会在保护区关闭前2小时左右停止售票。如果要去猴子洞穴（见840页）游览，可以在中间站（⊙4月至10月关闭）下车。
>
> 通过观赏海豚的公司还可以购买观赏海豚（见844页）和缆车的联票（成人/儿童£30/16）。

纳尔逊锚地 地标

（Nelson's Anchorage; 100-Tonne Gun; Rosia Rd; £1，含上岩石自然保护区和景点成人/儿童 £10/5; ⊙4月至9月 9:30~18:15，10月至次年3月 9:00~17:45）纳尔逊锚地位于城镇西南端，精确地指出了特拉法尔加海战（Battle of Trafalgar）后，纳尔逊的遗体从英国皇家海军战舰"胜利"号运送上岸的地点——根据传说，遗体安放在一个朗姆酒桶中。重达100吨、由英国制造的维多利亚超级大炮（1870年）纪念着这个地点。

活动

★地中海台阶 徒步

这条带有陡峭阶梯（很多都是在石灰岩上凿出来的）的狭窄古道并不是直布罗陀最著名的景点，但绝对是最壮观的。它以自然保护区南侧入口的犹太门（Jew'sGate）为起点，横穿直布罗陀的南端，然后爬上东端悬崖的险峻绝壁。整条台阶沿着奥哈拉炮台附近

Gibraltar Town 直布罗陀镇

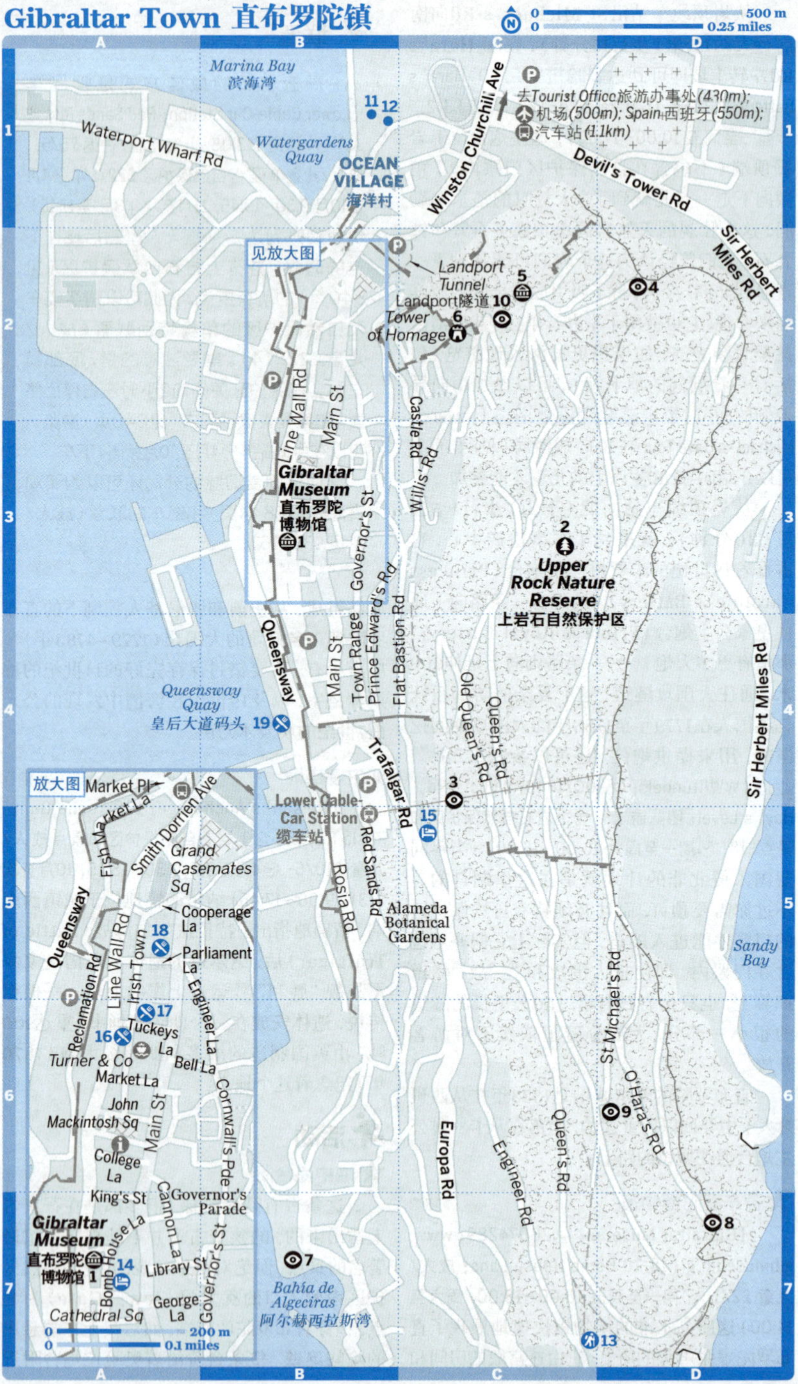

Gibraltar Town 直布罗陀镇

重要景点
1 直布罗陀博物馆......A7
2 上岩石自然保护区......C3

景点
3 猴子洞穴......C4
4 大围攻隧道......D2
5 军事遗产中心......C2
6 摩尔城堡......C2
7 纳尔逊锚地......B7
8 奥哈拉炮台......D7
9 圣米迦勒洞......D6
10 "二战"隧道......C2

活动、课程和团队游
11 Dolphin Adventure......B1
12 Dolphin Safari......B1
13 地中海台阶......C7

住宿
14 Bristol Hotel......A7
15 Rock Hotel......C5

就餐
16 Clipper......A6
17 Sacarello's......A6
18 Star Bar......A5
19 The Lounge......B4

的山脊而建。

住宿

Bristol Hotel
酒店 €€

(☎20076800; www.bristolhotel.gi; 10 CathedralSq; 标单 £69~74, 双 £86~93, 标三 £99~105; 🅟🅦🅢)在一家并未试图复古的20世纪70年代的复古酒店里，你还能住在哪里？陈旧但足够体面的Bristol有着嘎吱作响的木地板、带图案的红地毯、建有围墙的花园和小游泳池，酒店供应早餐(£6)，不过员工不太热情，该酒店就坐落在Main St路旁。

Rock Hotel
酒店 €€€

(☎20073000; www.rockhotelgibraltar.com; 3 Europa Rd; 含早餐 房间 £120~150, 套 £145~240; P❄🅦🅢)这家酒店跟当地的猴子一样著名，就像一位华贵的直布罗陀老妇人，在经过大规模的翻新后看起来非常棒，而且重新焕发了青春。这里有86个优雅舒适、铺着木地板的奶油色房间，房内装饰着鲜花，配有茶/咖啡套装，可以欣赏海景，有些还带私人阳台。此外还有健身房、游泳池、迎宾饮料、写字台、浴袍、一家光洁闪亮的咖啡馆兼酒吧，以及冬季的周日烤肉大餐(£25)和夏季游泳池边的烧烤。

就餐

向西班牙小吃说再见，向炸鱼薯条打招呼吧。直布罗陀的食物充满了英伦范儿——而且以安达卢西亚的标准来说，相当昂贵。主要食物有酒吧小食、啤酒、三明治、薯条和不易消化的甜点，不过在皇后大道码头(Queensway Quay)、滨海湾(Marina Bay)和海洋村(Ocean Village)也能发现一些国际风味。另外，鱼市小巷(Fish Market Lane)就在大炮台广场外面，那里有一些很棒的餐馆。

Clipper
小酒馆美食 €

(78B Irish Town; 主菜 £5~9; ⊙周一至周五 9:00~22:00, 周六 10:00~16:00, 周日 10:00~22:00; 🅦)在直布罗陀随便问5个、10个或20个人他们最喜欢的酒馆，十有八九都会选择Clipper。如今这里看起来非常时髦，而且会以传统的大分量供应地道的酒吧食物。英式菜肴中最受喜爱的包括烤土豆、马沙拉咖喱鸡、干酪薯条、周日烤肉大餐，以及必不可少的、全天供应的早餐(£5.95)。

Star Bar
小酒馆美食 €€

(www.starbargibraltar.com; 12 ParliamentLane; 菜肴 £5~14; ⊙周一至周六 8:00~23:00, 周日 10:00~22:00)直布罗陀最古老的酒吧(如果房屋广告可信的话)有一份略受地中海风味影响的酒吧菜单，甚至会供应晚间西班牙小吃，比如辣番茄酱煎土豆(patatas bravas)和曼彻格奶酪。挤进店里，可以享用卷饼、汉堡包、派、沙拉、肉眼牛排、胡桃南瓜山羊奶酪意面，当然也少不了炸鱼和薯条。

Sacarello's
各国风味、咖啡馆 €€

(☎20070625; www.sacarellosgibraltar.com; 57 Irish Town; 主菜 £8~15; ⊙周一至周五

观赏海豚

在阿尔赫西拉斯湾（Bahía de Algeciras）全年都可以看到数量可观的海豚（条纹原海豚、宽吻海豚和真海豚），而直布罗陀的一个亮点就是观赏它们。**Dolphin Adventure**（☎20050650；www.dolphin.gi；9 The Square，Marina Bay；成人/儿童£25/13）和**Dolphin Safari**（Blue Boat；☎20071914；www.dolphinsafari.gi；6 The Square，Marina Bay；成人/儿童£25/15）都提供非常好的观赏海豚之旅，行程耗时1~1.5小时。在一年中的大多数时间，这两家机构通常每天都会组织两三次短途游。Dolphin Adventure还会在夏季推出直布罗陀海峡观鲸之旅（成人/儿童£40/30）。必须预订。

9月至11月是观赏海豚的最佳月份，而3月和4月看到海豚的可能性最小。

8:30~19:30，周六9:00~15:00；📶✉）作为多面手以及一些方面的高手，Sacarello's在一座古老的多层咖啡仓库中供应各式各样的素食（意面、乳蛋饼）以及酒馆风格的菜肴。这里有非常不错的咖啡单，还有大量蛋糕、一个沙拉吧和每日特色菜。从15:30至19:30，你还可以慢慢地品味英式下午茶（£6.20）。

The Lounge 各国风味 €€€

（☎20061118；17A & B Ragged Staff Wharf，Queensway Quay；主菜£14~19；⏲周一至周六 正午至16:00和18:00~22:00，周日 正午至16:00）这家既时髦又热门的海滨美食吧和酒廊就坐落在镇中心南侧，涵盖各国风味并以新鲜农产品为主打的菜单上有沙拉、意面、意式调味饭、三明治、肉类以及炸鱼和薯条，还有一些颇具创意的应季特色菜。头盘包括杜松子酒腌鲑鱼配甜菜根，接着是啤酒炸鳕鱼或肉眼牛排配阿根廷香辣酱，用餐的时候还可以俯瞰皇后大道码头的巨型游艇。

实用信息

旅游局（Tourist Office；☎20045000；www.visitgibraltar.gi；Heritage Bldg，13 John Mackintosh Sq；⏲周一至周五 9:00~16:30，周六 9:30~15:30，周日10:00~13:00）

旅游局（Tourist Office；☎20050762；www.visitgibraltar.gi；Customs Bldg，Winston Churchill Ave；⏲周一至周五9:00~16:30）

到达和离开

飞机

直布罗陀航线众多的**机场**（☎20012345；www.gibraltarairport.gi）位于岩石北端，靠近西班牙边界。

英国航空公司（British Airways；www.britishairways.com）航班往返于伦敦（希思罗机场）之间。

易捷航空公司（EasyJet；www.easyjet.com）航班往返于伦敦（盖特威克机场）、布里斯托尔（Bristol）和曼彻斯特（Manchester）之间。

摩洛哥皇家航空公司（Royal Air Maroc；www.royalairmaroc.com）航班往返于卡萨布兰卡（Casablanca）和丹吉尔（Tangier）之间。

船

FRS（www.frs.es）的渡船在每隔两周的周五19:00从直布罗陀出发，去往丹吉尔-麦德（Tangier Med；Morocco；成人/儿童单程£39/26，1.5小时；本书调研期间，有迹象表明这条线路可能会停用）。可在**Turner & Co**（☎20078305；www.turnershipping.com；67 Irish Town；⏲周一至周五9:00~16:00）订票。

长途汽车

没有直达直布罗陀的长途汽车，但是位于拉利内阿-德拉康塞普西翁（La Línea de la Concepción；西班牙）的**长途汽车站**（Avenida de Europa）就坐落在边界以北400米处。这里有往返于阿尔赫西拉斯（Algeciras）、加的斯、马拉加、塞维利亚和塔里法（Tarifa）的定点长途汽车。

小汽车和摩托车

边界排起的长长车队和直布罗陀拥堵的街道，使得把车停在拉利内阿，然后步行向南穿越边境（到大炮台广场1.5公里）成为更加省时的选择。如果要开车进入直布罗陀（免费），需要提供保险凭证、登记文件、国籍证明和驾照。直布罗陀为靠右行驶。

直布罗陀的Line Wall Rd、Reclamation Rd和Devil's Tower Rd设有停车场（每30分钟50p）。拉利内阿有一些路边停车位，不过使用Avenida

Príncipe de Asturias北侧的地下停车场（每24小时€21）更便捷也更安全。

当地交通

每10至20分钟就有一班5路公共汽车往返于边境和市区。2路公共汽车去往欧罗巴角（Europa Point），3路去往城镇南部；4路和8路则去往加泰罗尼亚湾（Catalan Bay）。这些车都在**Market Pl**（Market Pl）停站，往大炮台广场西北方向走即是。车票售价£1.50，一日通票则为£2.25。可在网站www.gibraltarbuscompany.gi/site查询相关时刻表。

哈恩省（JAÉN PROVINCE）

对每一个热爱文化、自然、历史或美食的人来说，这个游客相对较少的省都是一个美妙的组合。一望无际的淡绿色橄榄树林——出产全世界六分之一的橄榄油——占据着这个地区的大部分风光。顶上坐落着城堡的山丘提醒人们，这里曾是基督徒与穆斯林之间的边境地带，而在被联合国教科文组织列入了世界遗产的城镇乌韦达和巴埃萨，极具吸引力的文艺复兴时期的建筑展现着收复失地运动中的贵族积聚的巨大财富。

除了城镇和橄榄园以外，哈恩省还有令人赞叹的山区。卡索拉、塞古拉和拉斯比利亚斯山自然公园是西班牙规模最大的保护区，对热爱自然的人来说，也是安达卢西亚的一大亮点，这里有崎岖的山脉、绿色的深谷、大量的野生动物以及引人注目的村庄——出色的住处、道路和小径可以帮助你充分体验这一切。

哈恩（Jaén）

人口 111,000/海拔 575米

哈恩坐落在巨大的橄榄园之间，而它不稳定的经济所依赖的也是这些橄榄。附近的乌韦达和巴埃萨所拥有的惊人之美让该镇多少有些黯然失色，来到该省的游客通常也对它视而不见。然而，一旦你进入市区，就会发现略显破旧但富有魅力的历史中心，那里有隐秘的社区、绝佳的西班牙小吃吧和一座宏伟的大教堂。

穆斯林控制的Yayyan是一座重要的城市，后于1246年被卡斯蒂利亚占领。在此后的250年间，基督徒统治的哈恩一直保持着重要的地位，这得益于它靠近纳斯里德格拉纳达边界的战略性位置——直到1492年，穆斯林被彻底逐出格拉纳达。哈恩随后陷入衰落，很多居民都移民去了西班牙殖民地——所以秘鲁和菲律宾也生活着其他哈恩人。

景点

★哈恩亚松森大教堂　主教座堂

（Catedral de la Asunción；Plaza de Santa María；成人含语音导览 €5，儿童/老年人 €1.50/2；周一至周五 10:00~14:00和16:00~20:00，周六 10:00~14:00和16:00~19:00，周日 10:00至正午和16:00~19:00）哈恩庞大的大教堂仍然让城市的其他部分相形见绌，尤其是从圣卡塔利娜山（Cerro de Santa Catalina）顶上的建筑看过去，更是如此。建设工作从1540年一直持续到了1724年，用以取代矗立在清真寺遗址上的一座摇摇欲坠的哥特式大教堂。由乌韦达和巴埃萨的主建筑师安德烈斯·德·班德尔比拉（Andrés de Vandelvira）及他的父亲佩德罗（Pedro）设计的哈恩大教堂堪称完美，这也使它成了拉丁美洲许多重要教堂的典范。

耸立在圣玛利亚广场（Plaza de Santa María）上的外立面直到18世纪才完工，由于装饰着塞维利亚艺术家佩德罗·罗尔丹（Pedro Roldán）创作的众多雕像，它更倾向于巴洛克风格的建筑传统，而非文艺复兴风格。不过占主导地位的美学原则属于文艺复兴风格——巨大的半圆拱和一连串科林斯式圆柱尤为明显。巨大的圆形穹顶在主祭坛前面的交叉口上方隆起。以交叉口南侧的圣器收藏室前厅为起点，一段57级的楼梯通往沿着大教堂的南部和西部边缘延伸的走廊，从那里可以俯瞰教堂内部令人印象深刻的景观。

★圣卡塔利娜城堡　城堡

（Castillo de Santa Catalina；Cerro de Santa Catalina；成人/老年人、学生和儿童€3.50/1.50，周三 15:00~18:00免费；周一至周六 10:00~18:00，周日 至15:00；P 🚻）这座堡垒坐落在峭壁环绕的圣卡塔利娜山顶上，高踞

城市上方，正是它几乎坚不可摧的优势，令哈恩在穆斯林和收复失地运动早期的数百年间变得如此重要。山脊的尽头竖立着一座大十字架，那是1246年费尔南多三世（Fernando Ⅲ）最终攻克哈恩后设置十字架的地点；那里的景色相当壮丽。

比利亚东帕多宫 公共浴室、博物馆

（Palacio de Villardompardo; Centro Cultural Baños Árabes; www.bañosarabesjaen.es; Plaza de Santa Luisa de Marillac; ⌚周二至周六9:00~22:00，周日至15:00）免费 这座文艺复兴时期的宫殿能让人在同一个屋檐下欣赏安达卢西亚最迷人的历史、考古和艺术展览之一：美丽的**阿拉伯浴场**（Baños Árabes）建于11世纪，是西班牙现存规模最大的伊斯兰统治时代的公共浴室之一；**艺术和民间习俗博物馆**（Museo de Artes y Costumbres Populares）陈列的数量庞大的各色展品，呈现了哈恩省工业化以前的生活；**国际朴素艺术博物馆**（Museo Internacional de Arte Naïf）则收藏着大量鲜艳生动、妙趣横生的稚拙艺术品。

住宿

Hotel Xauen 酒店 €

（☎953 24 07 89; www.hotelxauenjaen.com; Plaza del Deán Mazas 3; 含早餐标单 €52~56，双 €56~82；❄@📶🐾）这家酒店坐落在镇中心，位置极佳。公共区域装饰着各种主题的大幅彩色照片，房间则以棕色装饰，大小适中，舒适而且维护良好。屋顶的日光露台能看到大教堂的迷人美景。附近的停车位收费€11。

★ Parador Castillo de Santa Catalina 豪华酒店 €€

（☎953 23 00 00; www.parador.es; Cerro de Santa Catalina; 房间 €100~180; P❄@📶🏊）哈恩的豪华国营酒店高高地坐落在圣卡塔利娜山上的城堡旁边，有着无与伦比的环境和戏剧性的拱顶大厅。房间庄重而奢侈，摆放着豪华家具，有些还配备了四柱床。这里还有一家美味的餐馆和一家酒吧，露台上的座位可以欣赏壮丽的全景风光。

就餐

哈恩没有多少豪华餐馆，但是安达卢西亚最好的西班牙小吃区之一就在这里，它位于大教堂北侧，在Calle Maestra和Calle Cerón沿线及它们之间。这里也有很多酒吧可供选择，但是在两条街之间极其狭窄的小巷里，你会发现几家深受人们喜爱的小店，一个多世纪以来，它们一直都很兴旺。

El Gorrión 安达卢西亚菜 €

（Calle Arco del Consuelo 7; 西班牙小吃€2起，盘餐€8~18; ⌚周二至周日 13:30~16:00以及周五和周六20:30~0:30）店内播放着慵懒的爵士乐，墙上挂着旧剪报和歪歪扭扭的画作，感觉就像自1888年酒吧开业以来，当地的老主顾们一直在光顾这里。来自远近各处的老老少少都会到这儿来感受独特的氛围，体验当地的葡萄酒和食物，比如甜椒香肠和海鲜洋蓟。

Taberna La Manchega 安达卢西亚菜 €

（Calle Bernardo López 12; 西班牙三明治€2~2.50，拼盘和盘餐 €6~12; ⌚周三至周一10:00~17:00和20:00至次日1:00）La Manchega开业于19世纪80年代。除了享用西班牙三明治（bocadillos; 用长面包制成的三明治，馅料包括5种玉米饼）和盘餐（raciones），比如鹿肉香肠（chorizo de ciervo）、大蒜烧兔肉（conejo al ajillo）和猪里脊（solomillo），还可以啜饮葡萄酒，并跟老牌的酒吧男招待练习你的西班牙语。

★ Casa Antonio 西班牙菜 €€€

（☎953 27 02 62; www.casantonio.es; Calle Fermín Palma 3; 主菜 €19~24; ⌚周二至周六13:00~16:00和20:30~23:30，周日 13:00~16:00，8月关闭）这家高雅的小餐馆坐落在离维多利亚公园（Parque de la Victoria）不远的一条看似没什么发展前景的街道上，店内烹制的一流西班牙美食皆源自当地最受喜爱的食物，比如腌山鹑（用一种叫escabeche的用油、醋和葡萄酒制成的腌料）、羊排或烤山羊肩。这里也有不错的海鲜。没有过于复杂的菜肴，只是精心地料理顶级食材，服务优雅而周到。

实用信息

旅游局（Oficina de Turismo; ☎953 19 04 55;

www.turjaen.org; Calle Maestra 8; ⏲周一至周五9:00~19:30，周六10:00~15:00和17:00~19:00，周日至15:00）既是该市的旅游局，也是地区旅游局，乐于助人的员工会讲多种语言。

到达和离开

长途汽车

ALSA（☎902 422242; www.alsa.es）、**Grupo Sepulvedana**（☎902 119699; www.lasepulvedana.es）和**Autocares Samar**（☎902 257025; www.samar.es）运营的长途汽车都从**长途汽车站**（☎953 23 23 00; www.epassa.es/autobus; Plaza de la Libertad）开出。

目的地	公司	费用（€）	行程（小时）	发车频率（每天）
巴埃萨	ALSA	4.50	1	10~16班
卡索拉	ALSA	9.25	2.5	3班
科尔多瓦	Sepulvedana	11	2	6~9班
格拉纳达	ALSA	8.90	1.25	11~14班
马德里	Samar	20	4~5	3~4班
马拉加	ALSA	20~24	2.75~4.5	4班
乌韦达	ALSA	5.40	1~1.75	10~17班

火车

每天有4班火车从哈恩的**火车站**（www.renfe.com; Plaza Jaén por la Paz）出发，经过科尔多瓦（€15, 1.75小时）和塞维利亚（€28, 3小时），最终到达加的斯（€38, 5小时），还有4班列车去往马德里（€35, 3.75小时）。

巴埃萨（Baeza）

人口 15,400/海拔 760米

名列世界遗产名录的双子城镇巴埃萨（发音为"ba-eh-thah"）和乌韦达相距9公里，他们的存在驳斥了除了摩尔式建筑以外安达卢西亚几乎没有建筑艺术魅力的说法。这两座偏僻的村镇守护着一座华丽的基督教文艺复兴时期建筑的宝库，当时一些当地家族设法积聚了巨额财富，并将其中大部分用于美化自己的家乡。巴埃萨是两座城镇中规模较小的，可以从乌韦达前往这里进行一日游，不过它本身也有一些很好的住处。这里的少数富有而倔强的家族通过种植粮食以及生产布料和皮革而致富，他们留下了很多令人震撼的文艺复兴时期的教堂和城镇建筑，而且都保存得都非常完好。

巴埃萨是最早落入基督徒手中的安达卢西亚城镇之一（1227年），在经过了卡斯蒂利亚这么多世纪的影响之后，穆斯林城镇Bayyasa的影子如今已所剩无几。

景点

巴埃萨的主要景点几乎都聚集在镇中心的西班牙广场（Plaza de España）和宽阔的Paseo de la Constitución（曾经是巴埃萨的集市和斗牛场）南侧的狭窄街道上。

★圣弗朗西斯科橄榄园 工坊

（Oleícola San Francisco; ☎953 76 34 15; www.oleoturismojaen.com; Calle Pedro Pérez, Begíjar; 1.5小时团队游 €5; ⏲团队游 11:00和17:00）这座运营中的油坊位于巴埃萨附近。对于把橄榄变成油的过程、最好的橄榄油是如何生产的以及怎么辨别特级初榨油之类的问题，这些很有吸引力的团队游会把你想知道的一切都告诉你。最后你会品尝到一些不同的油，而且可能带上一两瓶圣弗朗西斯科的优质产品回家。

★巴埃萨大教堂 主教座堂

（Catedral de Baeza; Plaza de Santa María; 成人/儿童 €4/1.50; ⏲周一至周五 11:00~14:00和16:00~19:00，周六 10:00~19:00，周日 至18:00）和安达卢西亚很多地方的情况一样，收复失地运动拆毁了巴埃萨的清真寺，并在原址上建造了一座大教堂。这是将小镇转化成卡斯蒂利亚珍宝的第一步。这座大教堂混合了多种风格，不过最显著的是16世纪的文艺复兴风格，矗立在圣玛利亚广场（Plaza de Santa María）上的外立面，以及内部带有三座中殿的基础设计（出自安德烈斯·德·班德尔比拉之手）都体现了这一点。

★哈瓦尔金托宫 宫殿

（Palacio de Jabalquinto; Plaza de Santa Cruz; ⏲周一至周五9:00~14:00，周六和周日10:00~14:00和16:00~20:00）**免费** 巴埃萨最奢华的宫殿可能是15世纪晚期为贵族贝纳维德

斯(Benavides)家族的一名成员建造的。最辉煌的部分是采用了伊莎贝拉哥特式(Isabelline Gothic)装饰风格的颇为壮观的外立面，上面有一系列奇怪的裸体人物沿着门口上方的装饰线条攀爬；再往上是一排盾牌，上面是头盔，头盔上还有神话中的鸟兽。中庭拥有文艺复兴风格的双层拱廊，装饰着大理石圆柱、一座优雅的喷泉以及一段雕刻华丽的巴洛克式楼梯。

人民广场
广场

(Plaza del Pópulo; Plaza de los Leones)这座气派的广场被优雅的16世纪建筑围绕着。广场中心的狮子喷泉(Fuente de los Leones)由来自伊比利亚-罗马村庄卡斯图洛(Cástulo)的雕刻品制成，顶上的雕像据说是当地的公主依米尔珂(Imilce)，她是迦太基名将汉尼拔(Hannibal)的妻子之一。

老大学
历史建筑

(Antigua Universidad; Calledel Bea to Juan de Ávila; ⏲10:00~14:00和16:00~19:00) 免费 巴埃萨历史悠久的大学建立于1538年，它培养出来的进步思想与巴埃萨保守的统治家族相抵触，因此经常导致知识分子和富有阶层之间的冲突。从1875年开始，这栋建筑被改成了中学。大中庭装饰着优雅的文艺复兴风格的拱门，对游客开放，而著名诗人安东尼奥·马查多(Antonio Machado)在20世纪初期使用过的教室也可以参观，他曾于1912年至1919年在这里教授法语。

值得一游

莫塔堡垒

从远处看，莫塔堡垒(Fortaleza de la Mota; www.tuhistoria.org; Alcalá la Real; 成人/儿童 €6/3; ⏲4月至10月中旬 10:30~19:30, 10月中旬至次年3月 10:00~17:30; P 🚻)更像一座城市，而不仅仅是一座堡垒，它有着高耸的教堂塔楼，而且一直坚强地矗立在环绕周围的城墙之上。在某种意义上，确实如此。在中世纪，这座现在赫然耸立在雷亚尔堡(Alcalá la Real)镇上方的防御森严的山丘，就是雷亚尔堡。如果你打算沿着格拉纳达—科尔多瓦公路穿越哈恩省的西南部，这会是一个美妙的中间站；即使你没有这样的计划，它也值得你专门绕道前往一游。

节日和活动

圣周
宗教节日

(Semana Santa; www.semanasantabaeza.com; ⏲3月/4月)巴埃萨的复活节游行庄严、隆重，而且深深地扎根于小镇的传统。从棕枝主日到耶稣受难日，每晚都会举办活动。

节日集市
节日集市

(Feria; ⏲8月中旬)夏季集市以狂欢节式的、由纸胶巨人(gigantones)及其他绚丽多彩的角色组成的大游行拉开帷幕，在接下来的五天里，焰火表演、大型游乐场、音乐会和斗牛活动会带来浓厚的节日气氛。

住宿

Hostal Aznaitín
青年旅舍 €€

(☎953 74 07 88; www.hostalaznaitin.com; Calle Cabreros 2; 含早餐标单 €50~75, 双 €60~85; ❄📶🐾)🍃热情而明亮的Aznaitín与从前那些沉闷的青年旅舍截然不同。房间时髦而宽敞，床垫很不错，还张贴着吸引人的巴埃萨名胜的大照片。关于在巴埃萨及周边地区看什么还有做什么，前台能提供很多信息和建议。

Hotel Puerta de la Luna
历史酒店 €€

(☎953 74 70 19; www.hotelpuertadelaluna.com; Calle Canónigo Melgares Raya 7; 标单 €70~130, 双 €70~139; P❄@📶🐾)如果巴埃萨文艺复兴时代的贵族在今天重返故地，他们会住在哪里？答案显而易见。这家豪华酒店坐落在一栋17世纪的大宅内，雅致的中庭里种着橘子树，还有一座游泳池，陈设精美的沙龙配备了舒适惬意的壁炉。经典的家具和艺术品，以及很棒的大浴室，都是拥有宽敞房间的历史酒店加分项。自助早餐收费€15。

就餐

酒吧、咖啡馆、餐馆林立的Paseo de la Constitución和西班牙广场(Plaza de España)是观察当地人生活的好去处，然而大多数最好的店铺都隐藏在老城区的狭窄街道里。和该省的其他地方一样，几乎在所有的酒吧里

值得一游

安杜哈尔山自然公园

面积广阔（748平方公里）的安杜哈尔自然公园（Parque Natural Sierra De Andújar）位于安杜哈尔（Andújar）镇北侧，拥有莫雷纳山脉（Sierra Morena）范围最大的自然植被，以及大量饲养公牛的牧场。对野生动物观察者来说，这是一个令人兴奋的地方，因为这里发现了许多大型哺乳动物和鸟类，包括五个典型的濒危物种：伊比利亚猞猁、狼、黑鹫、黑鹳和西班牙帝雕。伊比利亚猞猁的种群是世界上规模最大的，在这里以及邻近的卡德纳山和蒙托罗自然公园（Parque Natural Sierra de Cardeña y Montoro；科尔多瓦省）生活着约200只猞猁。安杜哈尔公园里还有25对繁殖的西班牙帝雕（占到这种强大鸟类总数的十分之一，该物种仅发现于伊比利亚半岛）。

公园的游客中心**Centro de Visitantes Viñas de Peñallana**（☎953 53 96 28；Carretera A6177, Km 13；⊙周四10:00~14:00，周五至周日10:00~14:00和15:00~18:00，6月中旬至9月中旬下午关闭，7月和8月周四关闭）位于安杜哈尔镇以北13公里处，那里的工作人员能告诉你观赏野生动物的最佳区域，不过能否看到还是得看你的运气。发现猞猁的最佳月份是12月和1月，这是它们的繁殖季节。当地的导游机构可以带你进入私人土地，在那里看到猞猁的可能性通常更高：其中包括**Iberus Birding&Nature**（☎680 468098；www.iberusmedioambiente.com；Centro de Visitantes Viñas de Peñallana, Carretera A6177, Km 13）、**Iberian Lynx Land**（☎636 984515，英语626 700525；www.iberianlynxland.com）和**Turismo Verde**（☎628 709410；www.lasierradeandujar.com）。全天远足的费用约为2/4人€150/250。

公园中心地带的一座山顶上矗立着**卡韦萨圣母圣所**（Santuario de la Virgen de la Cabeza；Carretera A6177, Km 31, Cerro del Cabezo；P），这座小教堂是西班牙规模最大、最感人的宗教活动之一——**卡韦萨圣母朝圣**（Romería de la Virgen de la Cabeza）的焦点，朝圣活动在4月的最后一个周末举行。

La Caracola（☎640 758273；www.lacaracolahotelrural.com；Carretera A6177, Km 13.8；标单/双 含早餐 €40/60；P）是野生动物观察者的绝佳基地，这家酒店坐落在林地间，能提供明亮的当代房间、舒适的公共区域和美味的饭菜（午餐或晚餐€15）。他们也会按你要求的时间尽早提供早餐，或者为你准备野餐。酒店离A6177公路1.4公里：带有指示牌的岔道位于公园游客中心以北800米处。

每天分别有几班火车及长途汽车从哈恩和科尔多瓦开往安杜哈尔，也有从巴埃萨和乌韦达开过来的长途汽车。周六和周日有开往圣所的公共汽车。

点酒都能得到一份免费的西班牙小吃。

Bar Pacos 西班牙菜 €

（Calle de Santa Catalina；西班牙小吃和半份盘餐 €4.50~12；⊙13:30~16:00和20:30至午夜）Pacos经常挤满了当地人和游客，这里供应的摆盘精美又富有创意的美食品种繁多——而且分量通常都比普通的西班牙小吃多。法式薄饼（crêpes；馅料有猪肉和煎蛋等）是该店的一个特色，不过还有很多其他的诱人选择，比如菠菜大虾，或者鞑靼牛肉配苹果酱。

★**Palacio de Gallego** 西班牙菜 €€

（☎667 760184；www.palaciodegallego.com；Calle de Santa Catalina 5；主菜 €15~30；⊙周三 20:00至午夜，周四至周一 13:00~16:00和20:00至午夜）这家餐馆占据着一栋16世纪的房子，在令人愉快的中庭以及带有木梁的古老餐厅内都设置了餐桌，环境充满情调。Gallego供应极好的肉类和鱼类菜肴，还有烧烤及其他食物。酒单上有100多种西班牙葡萄酒，而且你很少能遇到比他们的山羊奶酪、橙子和胡桃沙拉更好的开胃菜。

饮品和夜生活

★**Café Teatro Central** 酒吧

（www.facebook.com/cafeteatrocentral；Calle

Barreras 19；⊙16:00至次日3:00；) Central是该省最独特也最稳定的夜总会，这里兼收并蓄的装饰风格非常迷人，而且坚定地支持着现场音乐表演。在周四至周六的午夜时分，这里总是挤满了来自其他城镇及巴埃萨的崇尚艺术的独立音乐人。而在10月至次年6月，每逢周四和大多数周五，都会在佛像、历史悠久的乐器和彩色灯光组成的背景中，为热情的人群献上现场演出。

购物

La Casa del Aceite

食品

（www.casadelaceite.com；Paseo de la Constitución 9；⊙周一至周六 10:00~14:00和17:00~20:30，周日 10:00~14:00和16:00~18:00）出售种类多样的优质橄榄油，以及其他令人感兴趣的当地特产，比如野猪或山鹑肉酱、橄榄和以橄榄为原料的化妆品。

实用信息

旅游局（Tourist Office；☎953 77 99 82；www.andalucia.org；PlazadelPópulo；⊙周一至周五 9:00~19:30，周六和周日9:30~15:00）坐落在修建于16世纪的人民之家（Casadel Pópulo）中。

到达和离开

长途汽车

ALSA（☎902 422242；www.alsa.es）运营的长途汽车从西班牙广场东北方向900米处的**汽车站**（☎953 74 04 68；Avenida Alcalde Puche Pardo）出发。

目的地	费用（€）	行程（小时）	发车频率（每天）
卡索拉	4.85	1.25~1.5	3班
科尔多瓦	11.50	2.5	2班
格拉纳达	13	2.5	7~9班
哈恩	4.50	0.75~1	7~14班
乌韦达	1.15	0.25	12~19班

火车

最近的火车站是城镇西北13公里处的Linares-Baeza（www.renfe.com），每天有几班火车从这里开往阿尔梅里亚、科尔多瓦、哈恩、马德里和塞维利亚。**ALSA**（☎902 422242；www.alsa.es）运营的长途汽车于17:30从巴埃萨汽车站开往火车站（€2.70，1小时），返程的车有2班，分别在7:10和15:45出发。从乌韦达开过来的车班次更多。乘**出租车**要花费€24。

乌韦达（Úbeda）

人口 33,600/海拔 760米

在名列世界遗产名录的乌韦达（发音为*oo*-be-dah）老城区（casco antiguo），几乎在所有的街道和广场都能看到为之增色的文艺复兴时期的美丽建筑。坐落在几栋古老大宅内的迷人酒店，以及一些顶级的餐馆和西班牙小吃吧，使在这里留宿成了全方位的乐事。

16世纪，乌韦达的贵族名流在哈布斯堡宫廷的权势争夺中成功上位。弗朗西斯科·德洛斯科沃斯-莫利纳（Francisco de los Cobos y Molina）成了国王卡洛斯一世（Carlos I）的国务卿，他的侄子胡安·巴斯克斯·德莫利纳（Juan Vázquez de Molina）接替了他的工作，并延续到了腓力二世（Felipe Ⅱ）统治时期。

宫廷要职使他们接触到了那时从意大利传入西班牙的文艺复兴时期的美学。他们将自己及通过繁荣的农业创造的大部分财富都花在了西班牙最纯粹的一些文艺复兴时期的建筑典范上。结果，乌韦达（像它的小妹妹巴埃萨一样）成了安达卢西亚为数不多的几个以非摩尔人建造的迷人建筑而自豪的地方之一。

景点

巴斯克斯·德莫利纳广场（Plaza Vázquez de Molina）

广场

美丽的巴斯克斯·德莫利纳广场是乌韦达老城区不朽的心脏，也是探索乌韦达的完美起点。作为安达卢西亚城市再开发的早期案例，这座广场在16世纪就呈现出了现在的面貌，当时乌韦达的贵族决定拆毁原有建筑，以便为能够彰显他们财富和名望的文艺复兴风格的宏伟建筑群腾出地方。

★萨尔瓦多神圣教堂

小教堂

（Sacra Capilla de El Salvador；www.fundacionmedinaceli.org；PlazaVázquezdeMolina；成人/儿童含语音导览 €5/2.50；⊙周一至周六 9:30~14:30和16:30~19:30，周日 11:30~15:00，以及10月至次年4月 周日 16:00~18:00）这座著名

的小教堂建于1536年至1559年，是乌韦达文艺复兴时期建筑之中的佼佼者。它是在弗朗西斯科·德洛斯科沃斯-莫利纳的委托下，作为他家族的葬礼教堂而建造的。内部相对朴素的风格（出自格拉纳达大教堂的建筑师迭戈·德西洛之手），与更具装饰性的西侧外立面形成了鲜明的对比。其外立面是仿银饰风格的杰出范例，设计者安德烈斯·德·班德尔比拉（Andrés de Vandelvira）是西洛（Siloé）的一名石匠，他在1540年接下了这项工程。

★ 阿瓜犹太教堂 历史建筑

（Sinagoga del Agua；☎953 75 81 50；www.sinagogadelagua.com；Calle Roque Rojas 2；团队游成人/儿童€4.50/3.50；⏲团队游 10:30~13:30和17:00~19:15，7月和8月17:45~20:00 每45分钟1次）2006年，一个正直的房地产开发商发现了中世纪的阿瓜犹太教堂，他本打算在这里建造公寓，却发现每挖一段距离，都会出现一些考古谜团的神秘端倪。最终是对已有几个世纪历史的犹太教堂和拉比之家进行了细致而巧妙的重建，并尽可能地利用了原有的砖石结构。特色包括女性走廊、保留着巨大存储容器的酒窖和宗教仪式的净身池（miqvé）。

★ 巴斯克斯·德莫利纳宫 历史建筑

（Palacio de Vázquez de Molina；Plaza Vázquez de Molina；⏲周一至周五 8:00~20:00，周六和周日 10:00~14:00和17:00~19:30）免费 乌韦达的市政厅（ayuntamiento）无疑是西班牙最美丽的市政厅，如果不是，也是其中之一。它是班德尔比拉在1562年前后为胡安·巴斯克斯·德莫利纳建造的宅第，后者的盾形纹章就装饰在门口上方。比例完美且深受意大利影响的外立面被纤细的飞檐分成了三层，顶层的女雕像柱延续了下层的科林斯式及爱奥尼亚式壁柱的线条风格。

安达卢西亚之家博物馆 博物馆

（Casa Museo Andalusí；☎953 75 40 14；Calle Narváez 11；€4；⏲11:00~14:00和17:30~20:00）这座迷人的私人博物馆包含两部分，一栋建于16世纪的由皈依了基督教的犹太人（conversos）居住过的房子，及其所有者帕科·卡斯特罗（Paco Castro）收藏的数量庞大、种类繁多的古董。轻松而随意的导览游会令一切都变得生动起来。表明这里是一处特别之所在的第一个暗示是那扇16世纪的沉重的雕花大门。如果门关着，请按门铃。

橄榄油解说中心 游客中心

（Centro de Interpretación Olivar y Aceite；www.centrodeolivaryaceite.com；Corredera de San Fernando 32；成人/儿童 €3.50/免费；⏲6月至9月 周二至周六 10:00~13:00和18:00~21:00，周日 至13:00，10月至次年5月 周二至周六 11:00~14:00和17:00~20:00，周日 至14:00）乌韦达的橄榄油解说中心在模型、压榨设备和视频的帮助下，用英语和西班牙语讲解了与这个地区的橄榄油历史相关的一切，以及橄榄油是如何从树上来到你餐桌上的。你还有机会品尝不同的橄榄油，并从品种齐全的产品中选择购买。

住宿

Hotel El Postigo 酒店 €

（☎953 79 55 00；www.hotelelpostigo.com；CallePostigo 5；标单/双 周日至周四 €51/56，周五和周六 €73/78；）这家有点儿小的现代酒店坐落在一条安静的街道上，能提供以红色、黑色和白色装饰的宽敞而舒适的房间。工作人员很热情，有一座怡人的庭院，以及播放着Spotify音乐的大客厅，冬季还会生起柴火。早餐的费用为每人€6.50。

★ Las Casas del Cónsul 历史酒店 €€

（☎953 79 54 30；www.lascasasdelconsul.es；Plaza del Carmen 1；双 周日至周四 €65~70，周五和周六 €80~90；）热情友好的"领事之家"由一栋富有魅力的文艺复兴时期的宅第改造而成，以白色为主色调的雅致房间带有一些老式的点缀，宽敞的公共区域以双层的柱廊式中庭为中心，不过真正令它有别于同类酒店的是令人惊叹的全景露台（带游泳池），在那里可以眺望橄榄园乃至远处的卡索拉山脉。

★ Afán de Rivera 历史酒店 €€

（☎953 79 19 87；www.hotelafanderivera.com；CalleAfándeRivera 4；标单/双/标三 含早餐 周日至周四 €45/69/89，周五和周六 €52/108/130；）这家出色的小酒店坐落于乌韦达最古老的建筑之一，其历史要早于文艺复兴。

老板豪尔赫（Jorge）和蔼可亲，经营也相当专业，店内有美丽而古老的公共区域，舒适的房间所提供的服务比同等价位上所常见的要好很多：剃须用具套装、昂贵的香波，以及融合了传统和现代风格的博采众长的高雅装饰。

早餐堪称当地菜肴的盛宴，能让你的入住体验更加愉快。

Parador de Úbeda 历史酒店 €€€

（Parador Condestable Dávalos；☎953 75 03 45；www.parador.es；PlazaVázquezdeMolina；房间€95~200；❄📶）西班牙最早的一批豪华国营酒店之一（开办于1930年），也是许多后继追随者的灵感来源。这家奢华的酒店占据着一处古迹——迪安·奥尔特加宫（Palacio del Deán Ortega），而它就坐落在美妙的巴斯克斯·德莫利纳广场上。这里进行过现代化改造，既舒适又颇具时代风格，房间和公共区域都豪华得恰到好处。早餐的费用为€17。

最好的房间带有自己的花园式小中庭。

就餐

乌韦达是哈恩省的美食热点地区；这里才华横溢的厨师会在安达卢西亚风味的基础上发挥创意，而这正是西班牙人聚集在这里度周末的一个原因。

★ Cantina La Estación 安达卢西亚菜 €€

（☎687 777230；www.facebook.com/cantinalaestacion；Cuesta Rodadera 1；主菜 €17~21；⏲周四至周一 13:00~16:00和20:00至午夜，周二 13:00~16:00；📶）这里迷人的创意从设计开始——三个房间都以铁路为主题（主餐厅装饰成了豪华车厢）。该店一直供应出色的季节性创意菜肴，比如用红酒酱汁烹制的野猪肉，或者章鱼配蒜片和红辣椒。别忘了点上一两条凤尾鱼并搭配用奶酪制成的"假橄榄"作为开胃菜。

★ Misa de 12 安达卢西亚菜 €€

（www.misade12.com；Plaza 1º de Mayo 7；盘餐 €10~24；⏲周三至周日 13:00~16:00和20:30至午夜）在这家小小的街角酒吧里，小料理台会像变魔术似的接连不断地送出一盘盘真正鲜美多汁的美食——烤得恰到好处的伊比利亚猪肉片（presa ibérica）、多汁的鳕鱼（bacalao）片，或者章鱼大虾炒鸡蛋（revuelto de pulpo y gambas）。

Llámame Lola 安达卢西亚菜 €€

（Calle Baja del Salvador 5；主菜和盘餐 €9~15；⏲12:30至午夜；✎）Lola坐落在萨尔瓦多神圣教堂附近的树下，位置很有吸引力。这里供应出色且富有创意的安达卢西亚美食，不像其他一些地方那么大肆宣传，价格也略低一些。猪里脊（solomillo ibérico）、章鱼和炒鸡蛋（revueltos）都非常美味。

与乌韦达的大多数餐馆相比，这里会提供更多的素食，包括鹰嘴豆泥和各种沙拉。

Zeitúm 安达卢西亚菜、创意菜 €€

（www.zeitum.com；Calle San Juan de la Cruz 10；主菜 €10~16，套餐 €25；⏲周二至周六 13:00~16:00和20:30~23:30，周日 13:00~16:00）Zeitúm坐落在一栋建于14世纪的古老建筑内，工作人员将带你参观原来的水井，以及带有犹太符号的石雕和横梁。橄榄油品尝（把选好的橄榄油滲入面包）是这里的特色，同时还提供品种多样、经常变换而且烹制水平一流的菜品——例如鹿肉和金枪鱼刺身、鳟鱼鞑靼或猪里脊配野生蘑菇酱。

RestauranteAntique 安达卢西亚菜 €€

（☎953 75 76 18；www.restauranteantique.com；Calle Real 25；主菜 €15~20，盘餐 €9~19；⏲正午至16:00和20:00至午夜）虽然名叫古董，食物却根本不是"古董"，而是对传统的原材料进行了高品质的当代改良——试试蔬菜炒山鹑和米粉，或是用酱油、橄榄油和调味酸奶腌制的海鲜制成的小烤串。店内装饰明快简单，不过很时尚。

购物

老城区的Calle Real和Calle Juan Montilla布满了商店，那里出售当地的工艺品和特产，比如食用油、葡萄酒、橄榄和蜂蜜。商业街风格的购物主街是位于安达卢西亚广场（Plaza de Andalucía）和圣地亚哥医院（Hospital de Santiago）之间的Calle Mesones和Calle Obispo Cobos。

Alfarería Tito 陶瓷

（Plaza del Ayuntamiento 12；⏲9:00~14:00

和16:00~20:00）胡安·蒂托（Juan Tito）的陶瓷独特风格与经典的绿釉截然不同，它们拥有复杂的图案和鲜艳的颜色，尤其是蓝色。他位于老城区的大型陈列室/工坊会展示并出售各种各样非常令人垂涎的商品。你还可以看看价位在€30或更高的装饰盘；其令人眼花缭乱的设计和工艺超值。

实用信息

旅游局（Oficina de Turismo；☎953 75 04 40；www.turismodeubeda.com；Plaza de Andalucía 5；⏰周一至周五9:00~19:30，周六9:30~15:00和17:00~19:30，周日9:30~15:00）位于老城区的边缘，很有帮助。

到达和离开

长途汽车

ALSA（☎902 422242；www.alsa.es）运营的长途汽车从**汽车站**（☎953 79 51 88；Calle San José 6）出发，该站位于新城区，在安达卢西亚广场以西700米处。

目的地	费用（€）	行程（小时）	发车频率（每天）
巴埃萨	1.15	0.25	11~17班
卡索拉	4.25	1	3~5班
科尔多瓦	12.20	2.5	4班
格拉纳达	13	2.25~3	6~10班
哈恩	5.40	1~1.25	9~15班

火车

最近的火车站是西北方向21公里处的**Linares-Baeza**（www.renfe.com），你可以乘坐每天4班的公共汽车（€2.10，30分钟）到达那里。

目的地	费用（€）	行程（小时）	发车频率（每天）
阿尔梅里亚	20~28	3.25	3班
科尔多瓦	14~20	1.75	1班
哈恩	6	0.75	3~4班
马德里	21~33	3~4	5~7班
塞维利亚	20~29	3	1班

卡索拉（Cazorla）

人口 7265/海拔 800米

这座风景如画、熙熙攘攘的白色城镇位于乌韦达以东45公里处，它坐落在高耸的峭壁下，就在橄榄树海中的卡索拉山（Sierra de Cazorla）脚下。它是探索美丽的卡索拉、塞古拉和拉斯比利亚山自然公园的完美出发点，这个自然公园戏剧性地以小镇正上方的猎鹰岩（Peña de los Halcones）峭壁为界。

景点

镇中心是**科雷德拉广场**（Plaza de la Corredera），那里有热闹的酒吧和高雅的市政厅，东南角还矗立着俯瞰一切的钟塔。宛如峡谷的街道向南通向**萨瓦莱塔阳台**（Balcón de Zabaleta），这座小瞭望台就像空白墙壁上突然出现的窗户，可以在这里眺望常春藤城堡以及更远处的迷人美景。另一条狭窄的街道从这里向南延伸，一直通往卡索拉最古雅的广场——**圣玛利亚广场**（Plaza de Santa María）。

★常春藤城堡　城堡

（Castillo de la Yedra；Museo del Alto Guadalquivir；欧盟公民/非欧盟公民 免费/€1.50；⏰6月中旬至9月中旬 周二至周日 9:00~15:00，9月中旬至次年6月中旬 周二至周六 9:00~20:00，周日至15:00）卡索拉引人注目的常春藤城堡位于圣玛利亚广场上方步行700米处，在这里可以欣赏到绝佳的风光，还能参观有趣的瓜达尔基维尔河上游博物馆（Museum of the Upper Guadalquivir）。馆内多种多样的藏品包括传统的农业和厨房用具、宗教艺术品、一台老橄榄压榨机的模型，以及一座小教堂，里面安置着一尊真人大小的罗马-拜占庭式耶稣受难雕像。

活动

卡索拉镇外就有一些很棒的徒步路线——都需要先上山，不过沿途你会看到美丽的森林小径，以及包括悬崖峭壁和空中盘旋的秃鹫在内的壮丽全景。这里的旅行社能提供当地的很多其他活动，包括在自然公园里溪降，还有在临近村庄拉伊鲁埃拉（La Iruela）为攀岩爱好者准备的令人兴奋不已的铁索攀登（via ferrata）。

Via Ferrata La Mocha 攀岩

（La Iruela）这项非常刺激的挑战是固定在险峻的岩石锥——拉莫查（La Mocha）上的一组钢制梯子、台阶、缆绳和链子，就在卡索拉镇外的拉伊鲁埃拉村上方。它建于2016年，向上延伸了130米，包括一座"西藏桥"（Tibetan bridge），这是一组横跨悬崖的水平缆索。**Tierraventura**（☎953 71 00 73；www.aventuracazorla.com；Carretera A319，Km 16.5，La Iruela；⊙周一至周六10:00~14:00和17:00~20:00）能提供带指导的攀登活动（每人€36，大约3小时）。

团队游

Turisnat 野生动物观赏

（☎953 72 13 51；www.turisnat.es；Calle Martínez Falero 11；半天团队游每人€30~39；⊙办公室周一至周六10:00~14:00和17:00~20:00，周日至14:00）这个经验非常丰富的机构提供的四轮驱动车之旅是很好的选择，该旅程会带你沿着自然公园的森林小径行进，并侧重于发现野生动物。也有讲英语或法语的向导，而且无须额外付费。

住宿

Hotel Guadalquivir 酒店 €

（☎953 72 02 68；www.hguadalquivir.com；Calle Nueva 6；标单/双 含早餐 €43/57；❄📶）这家由家族经营的酒店热情而友好，维护良好的房间既舒适又宽敞，配有松木家具，不过看不到什么特别的景色。这里经营有方，离镇中心的科雷德拉广场只有几步之遥，还供应相当好的早餐。一切都简单方便，物有所值。

Casa Rural Plaza de Santa María 乡村旅馆 €€

（☎953 72 20 87；www.plazadesantamaria.com；Callejón Plaza Santa María 5；含早餐标单€39~44，双 €55~77；❄📶🐾）这栋多层的房子环绕着一座可爱的、带有鱼池的花园式中庭。在露台上以及几个房间内都可以欣赏圣玛利亚广场、卡索拉城堡及远处群山的绝佳美景。颇具吸引力的房间各不相同，装饰以黄色、橙色和蓝色为主，还带着各式各样的民间风格。

就餐

Bar Las Vegas 西班牙小吃 €

（Plazadela Corredera；西班牙小吃 €1，盘餐€4~12；⊙周二至周六 10:00~16:00和20:00至午夜，周日 10:00~16:00）这里很小，但它是卡索拉镇中心最好的酒吧，户外还摆着酒桶餐桌（天气不好的时候，室内会十分拥挤）。这里的西班牙小吃非常棒，包括一种名叫"神圣荣耀"（gloria bendita——大虾和辣椒炒鸡蛋）的，也有当地最受喜爱的盘餐，比如奶酪、火腿、鹿肉和酱猪肉（lomo de orza）。

Mesón Leandro 西班牙菜 €€

（www.mesonleandro.com；Calle Hoz 3；主菜 €9~19；⊙周三至周一 13:30~16:00和20:30~23:00）Leandro的格调比卡索拉的大多数餐馆都要高——明亮的餐厅里播放着慵懒的音乐，墙上只装饰着一对鹿角，服务专业而友善。丰富的菜单上都是摆盘精美的菜肴，从山鹑和野鸡肉酱到海鲜宽面（fettuccine a la marinera）和棒极了的鹿里脊（solomillo de ciervo），应有尽有。

La Cueva de Juan Pedro 安达卢西亚菜 €€

（Plaza de Santa María；盘餐和主菜 €8~20，套餐 €13；⊙正午至22:00；✎）这家带有木梁的古老酒吧装饰着从墙上伸出来的鹿角和野猪头，隔壁还有一间用餐室，而且在下方的广场上设了户外餐桌。这里是享用卡索拉经济实惠的传统美食的好去处，包括多种烤肉（羔羊肉、猪肉、兔肉、野猪肉、鹿肉）、鳟鱼和rinrán（将盐渍鳕鱼、土豆和干辣椒混合在一起的菜肴）。

实用信息

市旅游局（Oficina Municipal de Turismo；☎953 71 01 02；www.cazorla.es/turismo；Plaza de Santa María；⊙4月至10月周二至周日10:00~13:00和16:00~20:00，11月至次年3月至19:00）坐落在圣玛利亚教堂的遗迹内，能提供自然公园及卡索拉镇的一些信息。

卡索拉信息中心（Punto de Información Cazorla；

☎953 72 13 51; Calle Martínez Falero 11; ⏰周一至周六10:00~14:00和17:00~20:00, 周日10:00~14:00)是获取自然公园还有小镇及周边地区信息的好地方。

ℹ 到达和离开

每天有3~5班由**ALSA**(www.alsa.es)运营的长途汽车去往乌韦达(€4.25, 1小时)、巴埃萨(€4.85, 1.25小时)、哈恩(€9.25, 2~2.5小时)和格拉纳达(€17.60, 3.75小时)。汽车站位于Calle Hilario Marco, 位于科雷德拉广场以北500米处, 途经宪法广场(Plaza de la Constitución)。

卡索拉、塞古拉和拉斯比利亚斯山自然公园(Parque Natural Sierrasde Cazorla, Segura y Las Villas)

哈恩省的最大卖点之一——对自然爱好者来说, 也是整个安达卢西亚地区的最大卖点之一——就是这座山峦起伏、树木繁茂的卡索拉、塞古拉和拉斯比利亚斯山自然公园。这是西班牙规模最大的保护区——占地2099平方公里, 包括崎岖的山脉、深深的绿色河谷、峡谷、瀑布、偏僻的山顶城堡以及丰富的野生动物, 其间贯穿着标识清晰的徒步路线和森林公路, 公园中部还有一座长达20公里、蜿蜒曲折的特兰科水库(Embalse del Tranco)。恩帕纳达斯山(Cerro Empanadas)顶峰的海拔从460米到2107米不等, 如此陡峭的地势造就了景观上的显著变化。安达卢西亚最长的河流——瓜达尔基维尔河(Río Guadalquivir)发源于公园的南部, 然后向北流入特兰科水库, 再向西穿越安达卢西亚, 汇入大西洋。

游览公园的最佳时间是春秋两季, 那时的植被最为绚丽多彩, 气温也颇为宜人。这座公园很受西班牙游客喜爱, 每年都会吸引几十万游客前往。高峰期包括圣周期间、7月、8月, 以及4月至10月的周末。

ℹ 到达和离开

卡索拉镇是你能乘公共汽车到达的离公园南部最近的地方。如果要前往北部的话, 可在周一至周五的12:15在紧邻N322公路的**蓬特-德赫纳韦汽车站**(Puente de Génave bus station; ☎953 43 53 17; Puente de Génave)搭乘去往塞古拉-德拉谢拉(Segura de la Sierra; €2.60, 45分钟)的Transportes Sierra Segura汽车。返程的车在周一至周五的7:30从塞古拉出发。

ℹ 当地交通

如果你有辆车, 那么探索这座公园会容易得多。由铺设了路面和未铺设的道路及人行小径组成的网络延伸到了一些偏远地区, 而且为全景式的日间徒步或自驾游览提供了大量的机会。如果你没有车, 可以选择带向导的徒步游、四轮驱动车短途游和野生动物发现之旅, 卡索拉(见853页)及其他地方的旅行社能提供这类活动。不过, 当地几乎没有公共汽车服务。

奥尔诺斯 (Hornos)

人口 410/海拔 867米

和更加著名的塞古拉-德拉谢拉一样, 小小的奥尔诺斯也拥有惊人的位置——它坐落在以连绵群山为背景的悬崖顶上, 视野绝佳, 能眺望波光粼粼的特兰科水库和苍翠繁茂的乡村, 到处都是由橄榄树、松树和杏树组成的画卷, 偶尔还有农舍点缀其间。

悬崖上的城堡是基督徒在13世纪中叶建造的, 可能就坐落在更早期的穆斯林防御工事的遗址之上。不要留恋颜色协调的天竺葵、纪念品商店或是一家旅游局: 奥尔诺斯的魅力在于探索狭窄蜿蜒的街道, 并从几处位置具有战略性位置的瞭望台欣赏令人惊叹的风光。

👁 景点

亚松森教堂 教堂

(Iglesia de la Asunción; Plaza de la Rueda)

16世纪早期的亚松森教堂拥有该省最古老的仿银饰大门——尽管已经摇摇欲坠——和一组色彩鲜艳而生动的圣坛装饰画(retablo), 后者由9块绘画镶板组成, 其历史可以追溯到1589年。

🛏 食宿

如果你想留宿, 奥尔诺斯有几家旅游公寓、青年旅舍和家庭旅馆(pensiones)。

至少有3家奥尔诺斯的青年旅舍附带餐

不要错过

博罗萨河步道

卡索拉自然公园内最受欢迎的步道是**博罗萨河步道**(Río Borosa Walk),它沿着清澈透明的博罗萨河逆流而上直至源头,会经过一座峡谷、两条隧道和一个山地湖,沿途景色从秀丽迷人发展为壮丽宏伟。步道单程大约11公里,上升的海拔高度约为600米,往返要花费7小时左右的时间。

要前往步道的起点,可在**Torre del Vinagre游客中心**(Centro de Visitantes Torre del Vinagre; ☎953 72 13 51; Ctra A319 Km 48; ⌚10:00~14:00和16:00~19:00, 7月至9月中旬17:00~20:00, 11月至次年3月16:00~18:00, 11月至次年3月周一关闭)对面离A319公路不远的"Sendero Río Borosa"指示牌处往东,前行1.7公里。步道的第一段会经过几座桥,这些桥交叉于水流翻滚的美丽河流。刚过3公里,在主路开始向左爬升的地方,走向右分岔的小道(本书调研期间,这里有一个摇摇晃晃的"Cerrada de Elías"指示牌)。这条路会穿过1.5公里长的路段,山谷会在这个景色优美的地方变窄成为**Cerrada de Elías**峡谷,小道在这里会变成木制通道。之后你会重新回到土路上,再走4公里会到达一座小型水电站**Central Eléctrica**。

经过发电站后,小道会穿过一座人行桥,然后"Nacimiento Aguas Negras, Laguna Valdeazores"指示牌会指引你前行并上山。这条路沿着山谷蜿蜒而上,沿途的风景越来越激动人心,小道也会逐渐变陡。大约一个小时之后,你会进入两条隧道中的第一条,隧道的作用是穿过岩石,让水流向发电站。经由狭窄的小道步行穿过第一条隧道大约需要5分钟(小道由金属栏杆与水道隔开),然后在户外走一小段,进入第二条隧道,这次只需要1分钟左右就能穿过去。你会来到**Embalse de los Órganos**(Laguna de Aguas Negras)的水坝下方,这座小水库被森林覆盖的群山环绕着。沿着水坝左侧的小道走,5分钟后,就会到达**Nacimiento de Aguas Negras**,在这里,博罗萨河从一块岩石下不断涌出,这就是它的生命之源。可以找棵大树,在铺开的树荫下享用你的野餐,之后再沿着来时的路往回走。

由于它的高人气,最好选择在工作日前来体验这条步道!一定要带个水壶:路旁的所有泉水都很好,可以直接饮用,但是过了Central Eléctrica就没有了。穿过隧道的时候,即便不是绝对必要,有手电筒照明还是能令人安心。

馆——供应简单但丰盛的山地食物。

ℹ 到达和离开

要前往奥尔诺斯,可在特兰科水坝以北12公里处经A319公路来到一个丁字路口;A317公路从这里蜿蜒伸展4公里到达奥尔诺斯村。

塞古拉-德拉谢拉(Segura dela Sierra)

人口 250/海拔 1145米

塞古拉-德拉谢拉是安达卢西亚最风景如画的村庄之一,它坐落在一座陡峭的山上,最高处还有一座收复失地运动时期的城堡。在圣地亚哥骑士团(Knights of Santiago)于1214年占领这座村庄以前长达5个世纪的时间里,它一直都是摩尔人的土地,该村的一些特色便源自于此。而在被占领之后,它成了基督徒对抗阿尔摩哈德王朝以及格拉纳达酋长国的前线的组成部分。

在你驱车进入村庄时,新门(Puerta Nueva)——伊斯兰时期的Saqura(这座村庄当时的名字)的四座大门之一——标志着塞古拉老城区的入口。通往城堡的路标会带你绕到北侧的一个路口,那里有一座带围墙的小斗牛场。在这里左转即可前往城堡。

👁 景点

★塞古拉城堡 城堡

(Castillo de Segura; ☎627 877919; 成人/儿童和老年 €4/3, 语音导览 €2.50; ⌚7月和8月10:30~14:00和17:00~20:45, 3月至6月和9月至12月 周三至周日 11:00~14:00和16:30~19:45, 4月至5月周三关闭; 👪)这座巍峨的城堡始建于摩

尔人时代，但是在13世纪被基督徒占领后进行了重建。它于17世纪被废弃，后来在20世纪60年代进行了修复，现在则成了一个"边境领土"解说中心。售票处也是塞古拉主要的旅游信息咨询点。

食宿

La Mesa Segureña 公寓 €

（☎953 48 21 01; Calle Cruz de Montoria; 含早餐 2人公寓 €45~55, 4人公寓 €80; ❄📶）这7间舒适的公寓就坐落在塞古拉城堡下方，可以欣赏绝佳的风景，室内点缀着一些充满了生气的艺术品，还有铸铁装饰，而且配备了壁炉和小厨房。

Mirador de Peñalta 安达卢西亚菜 €€

（☎953 48 20 71; Calle San Vicente 29; 主菜 €5~18; ⏲周二至周日 13:30~16:00和20:00~22:00; 📶）这家餐馆坐落在从下方进入塞古拉的大街上，会为饥肠辘辘的旅行者供应多种肉菜，包括牛排、羊排和猪肉，还有烟熏鳟鱼和一些山地特色菜，比如ajo atao（用土豆、大蒜和鸡蛋做成的可以填饱肚子的油煎食物）。

到达和离开

有几条乡村公路在这里会合：主要通路是从新科尔蒂霍斯（Cortijos Nuevos）和塞古拉河畔拉普埃尔塔（La Puerta de Segura）之间的A317公路前往。

阿尔梅里亚省（ALMERÍA PROVINCE）

阿尔梅里亚省拥有寂静的山谷、令人赞叹的海滩和大片大片的半荒漠灌木丛林地，充满了令人难忘的自然美景。尽管除此之外，还享受着每年长达3000小时的日照，但是对西班牙以外的地方来说，它依然不为人所知。这里最显著的亮点是壮丽的海岸线，而最出名的是加塔角-尼哈尔自然公园引人入胜的海滩，以及活力四射、快活享乐的度假胜地莫哈卡尔（Mojácar）。不过，如果你冒险前往内陆，就会发现在人口稀少而且通常都带着世外桃源感觉的腹地有很多地方值得探索。可以游览塔韦纳斯沙漠（Desierto de Tabernas）充满了意大利电影里美式西部风情的荒地，在索尔瓦斯（Sorbas）洞穴中发现地下宝藏。再往北，洛斯贝莱斯（Los Vélez）森林覆盖的山峰为登山提供了宏伟的背景。体验过如此丰富的大自然之后，港口城市阿尔梅里亚还能为你带来令人愉悦的城市活力，这里有令人印象深刻的名胜古迹、气派的市中心以及热闹嘈杂的西班牙小吃吧。

阿尔梅里亚（Almería）

人口 165,180

阿尔梅里亚是安达卢西亚的新兴目的地之一，这座充满活力的港口城市有着辉煌的过去。直到不久前，它还经常被旅行者忽视，但是最近在美化工作上所做的努力正开始产生效果。这里漂亮的市中心点缀着几座棕榈树环绕的广场，还有老教堂、几座有趣的博物馆以及大量吸引人的西班牙小吃吧。而最好的，是宏伟壮观的摩尔式城堡，仅凭这个理由便值得来此一游。

景点

阿尔梅里亚最好的景点是阿尔卡萨瓦城堡和大教堂，这两处都可以在早晨探索，不过在城市曲折的街道中还有很多有趣的去处。你可以从Paseo de Almería来确定自己的方位，这是该市的主要街道，从南北方向贯穿了历史中心。

★阿尔卡萨瓦城堡 要塞

（Alcazaba; ☎950 80 10 08; Calle Almanzor; ⏲4月至6月中旬周二至周六9:00~20:00，6月中旬至9月中旬周二至周六至15:00，9月中旬至次年3月周二至周六至18:00，全年周日至15:00）**免费** 阿尔梅里亚的阿尔卡萨瓦城堡是一处很有压迫感的防御工事，它巨大的帷幕式城墙耸立在悬崖之上。这座城堡建于10世纪中叶，后来成了西班牙境内最坚固的摩尔式堡垒之一。它保存得很好，尽管不像格拉纳达的阿尔罕布拉宫那样拥有复杂而精细的装饰，却仍然是一处壮丽的景点。要留出大约1.5小时来探索这里的一切。可以在带有四个拱门的入口内的小亭子拿一份导游小册子。

当地知识

古老的麦地那

迷宫般的阿尔梅迪纳（Almedina）坐落在阿尔卡萨瓦城堡（见857页）的脚下，这是阿尔梅里亚最富有情调的街区之一。它是被原来的阿尔梅里亚占据的地区——这个带有城墙的麦地那（medina，即城市）北至阿尔卡萨瓦城堡，南至大海，东侧和西侧则以现在的Calle de la Reina和Avenida del Mar为界。其中心地带坐落着城市的主清真寺——它的米哈拉布（mihrab，指示麦加方向的祷告壁龛）现在保存在**圣胡安教堂**（Iglesia de San Juan; Calle General Luque; ⏲4月至9月20:00，10月至次年3月19:00为弥撒而开放，周二和周五关闭）免费 内——周围环绕着由市场和仓库组成的商业区。Calle de la Almedina仍然遵循着古老主街的路线，沿对角线贯穿了麦地那。

友好的茶室兼餐馆Tetería Almedina（见859页）是享用茶点的好去处。**帕维亚广场市场**（Plaza de Pavía market; ⏲周一至周六9:00~14:00）同样值得前往。在最热闹的周六，市场上的货摊会出售各种各样的商品，从便宜的鞋子到西班牙油条（churro，美味多油的管状甜甜圈），无所不包。

阿尔卡萨瓦城堡被分成了三个截然不同的区域。最低处的**第一区**（Primer Recinto）是住宅区，有房屋、街道、水井、浴室和其他基础设施——现在被绿树成荫的花园和水道取代了。从城垛上，可以眺望城市挤在一起的屋顶，以及远处的**Muralla de Jayrán**，这道防御城墙建于11世纪，用于保护该市远离市中心的北部和东部。

在**第二区**（Segundo Recinto）继续往上走，你会发现穆斯林统治者宫殿的遗迹。这座宫殿是taifa（11世纪早期出现在伊比利亚半岛上的穆斯林小王国）的统治者阿尔莫塔辛（Almotacín; 1051~1091年在位）建造的，在他统治期间，中世纪的阿尔梅里亚达到了全盛时期。这里还坐落着**圣胡安教堂**（Ermita de San Juan），由最初的清真寺改建而成。最高的**第三区**（Tercer Recinto）是一座由天主教君主增建的城堡。

★化身大教堂 主教座堂

（Catedral de la Encarnación; ☎950 23 48 48; www.catedralalmeria.com; Plaza de la Catedral 8, Calle Velázquez入口; €5，周一至周六8:30~9:00和周日 10:30~11:30 免费; ⏲4月至6月周一至周五 10:00~19:00，周六 10:00~14:30和15:30~19:00，周日 13:30~19:00，7月至9月 周一至周五 10:00~20:30，周六 10:00~14:30和15:30~19:00，周日 13:30~19:00，10月至12月时间缩短）阿尔梅里亚规模庞大的大教堂带有六座塔楼，它始建于1525年，既是礼拜场所，也是当地居民躲避北非海盗频繁袭击的避难所。大教堂最初属于哥特-文艺复兴风格，不过在18世纪又添加了巴洛克和新古典主义风格的特色。经过一条精美的新古典主义风格的回廊进入哥特式的内部，映入眼帘的是令人印象深刻的壮观景象，带有蜿蜒凸起条纹的天花板、16世纪的胡桃木唱诗班席位，以及宏伟的主礼拜堂（Capilla Mayor，圣坛）无一不精彩。

吉他博物馆 博物馆

（Museo de la Guitarra; ☎950 27 43 58; RondadelBeatoDiegoVentaja; 成人/优惠 €3/2; ⏲6月至9月 周二至周日 10:30~13:30以及周五和周六 18:00~21:00，10月至次年5月 周二至周日10:00~13:00以及周五和周六 17:00~20:00）在你进入这座引人入胜的博物馆之前，有必要先了解两个重要的事实。第一，“吉他”（guitar）这个词来源于安达卢西亚阿拉伯语单词qitara，这暗示着它的西班牙根源；第二，所有的现代原声吉他都应该归功于阿尔梅里亚的吉他制造商安东尼奥·德托雷斯（AntoniodeTorres; 1817~1892年），这座博物馆就是为他而建的。博物馆本身详述了吉他的历史，并向托雷斯在其中发挥的作用表达了敬意。

阿尔梅里亚博物馆 博物馆

（Museo de Almería; 考古博物馆; ☎950 17

55 10; www.museosdeandalucia.es; Calle Azorín; ⏲6月中旬至9月中旬 周二至周日 9:00~15:00以及周三至周六 18:00~21:30，9月中旬至次年6月中旬 周二至 周六 9:00~20:00，周日 9:00~15:00）免费 阿尔梅里亚优秀的考古博物馆坐落在一栋宽敞的现代建筑内，这里的焦点是当地的两种史前文化——洛斯米利亚雷斯（Los-Millares；公元前3200至公元前2250年；可能是伊比利亚半岛最早的金属加工文化）和埃尔阿加尔（El Argar；公元前2250至公元前1550年），后者开创了青铜时代。来自这些重要遗迹的文物都得到了很好的展示，而且配有英语和西班牙语的信息解说板。

内战避难所 古迹

（Refugios de la Guerra Civil; ☎950 26 86 96; Plaza de Manuel Pérez García；成人/优惠 €3/2；⏲团队游 6月至9月10:00、11:30、12:30、18:00和19:30，10月至次年5月 周二至周日 10:30和正午，以及周五和周六 17:00和18:30）内战期间，阿尔梅里亚是共和党在安达卢西亚抵抗到最后的城市，遭受了多次残酷无情的轰炸。袭击促使一群工程师设计并建造了避难所——一个位于城市地下、长达4.5公里的混凝土掩体网络。游览——需要参加1.25小时的导览游，只有西班牙语解说——能让你穿过1公里长的隧道，包括重建的手术室和贮藏室。

住宿

Hotel Nuevo Torreluz 酒店 €

（☎950 23 43 99; www.torreluz.com; Plaza de las Flores 10；房间 €55~70；P❄📶）这家精致的四星级酒店坐落在历史中心的一座小广场上，地理位置十分优越。铺着地毯的走廊通往空间略小但舒适的房间，房间内铺着镶木地板，并以现代的珠光灰色调为装饰。酒店还经营着广场周围的三家咖啡馆和餐馆。提供停车位，费用为€11.90。

★Plaza Vieja Hotel & Lounge 精品酒店 €€

（☎950 28 20 96; www.airehotelalmeria.com; Plaza de la Constitución 5；双 €69~150，套 €119~175；❄📶）这个优雅的藏身之处是豪华的Hammam Aire de Almería（☎950 28 20 95；1.5小时洗浴 周一至周四 €27，周五至周日 €29；⏲10:00~22:00）的一部分。它坐落在美丽的宪法广场（Plaza de la Constitución）上，离该市的一些顶级西班牙小吃吧不过几步之遥，位置相当完美。这里装饰现代的华丽房间有着高高的天花板、抛光木地板以及巨大的当地风景照片墙，例如加塔角。

Hotel Catedral 精品酒店 €€

（☎950 27 81 78; www.hotelcatedral.net; PlazadelaCatedral 8；房间 €90~150；❄📶）这家时髦而自信的四星级酒店坐落在一栋19世纪50年代的气派建筑内，享受着可以俯瞰大教堂的绝佳位置。酒店内部的装饰巧妙地融合了新旧两种风格，将干净的现代线条与哥特风格的拱门以及餐馆里的镶板天花板（artesonado）结合在了一起。房间很宽敞，天花板也很高，在屋顶露台还能欣赏令人陶醉的大教堂风光。

就餐

阿尔梅里亚是享受美食的好地方。这座城市到处都是餐馆和西班牙小吃吧，从老式的酒窖到时髦的现代小店，应有尽有。很多店铺都挤在宪法广场和Paseo de Almería之间紧凑的区域里，而常来光顾的当地人跟外地人和游客一样多。

★Tetería Almedina 摩洛哥菜 €€

（☎629 277827; www.teteriaalmedina.com; CallePaz 2，紧邻Calle de la Almedina；主菜 €10~15，固定价格的套餐 €17~30；⏲周二至周日 13:00~23:00；🌿）想把注意力从西班牙小吃上移开换换口味，这家热情的小茶室兼餐馆就是你要找的答案。它藏在阿尔卡萨瓦城堡下方的后街里，使人安心的菜单上尽是家常摩洛哥主食——想想塔吉锅、塔布勒沙拉（tabbouleh）、蒸粗麦粉和加有少许香料的豆汤。至于饮品，药草茶或香草茶是最好的选择。

这家餐馆由一个致力于复兴老城区和振兴安达卢斯文化的当地团体经营，该组织有很多摩洛哥移民。

El Asador 西班牙菜 €€€

（☎950 23 45 45; www.elasadoralmeria.com; Calle Fructuoso Pérez 14；主菜 €18~25；⏲周一至周六 13:30~16:30和周二至周六 20:30至午夜）El Asador气氛正式，陈设颇为雅致，而

当地知识

西班牙小吃之旅

Paseo de Almería和宪法广场之间的地区挤满了既热闹又富有情调的西班牙小吃吧。其中很多都保持着随酒水赠送一份免费西班牙小吃的文明传统。分量通常都很足，而对饥肠辘辘——或者想要共享一份——的人来说，几乎所有地方都会供应盘餐（raciones）和半份盘餐（medias raciones）。

Casa Puga（www.barcasapuga.es; Calle Jovellanos 7; 西班牙小吃 €1.70起，盘餐 €8~15; ⌚周一至周六 正午至16:00和20:15至午夜）Casa Puga可以追溯到1870年，是阿尔梅里亚历史最悠久、最著名的西班牙小吃吧之一。这家店很小，悬挂的火腿、泛黄的墙画和酒瓶显得颇为杂乱。而在当地人和游客挤在里面享用经典的老式西班牙小吃时，气氛却显得活跃。

Nuestra Tierra（Calle Jovellanos 16; 西班牙小吃 €2.80~5; ⌚周一 7:30至正午，周二至周四至午夜，周五 至次日1:00，周六 8:30至次日1:00，周日 正午至午夜）这家漂亮的现代餐馆位于酒吧林立的Calle Jovellanos，可以到这儿来品尝用安达卢西亚的应季材料烹制的创意西班牙小吃。尤为出彩的包括土豆蒜香羊肉和如黄油般软嫩的烤章鱼。

El Quinto Toro（☎950 23 91 35; Calle Juan Leal 6; 西班牙小吃 €1.50起，盘餐 €8~15; ⌚周一至周六正午至17:00和周一至周五20:00至午夜）这家位于中央市场附近的老式酒吧依然保持着它的传统。不要期待华丽但难以持久的食物，这里只有久经考验的主食，比如辣香肠（chorizo ibérico）和葡萄酒酱汁肉丸（albóndigas）。

La Mala（Calle Real 69; 玉米饼 €8~12，盘餐 €6~22; ⌚13:00~17:00和20:30至次日1:30）这家喧闹的街角酒吧深受当地人喜爱，在周末的晚上很快就会客满。这里有不拘于传统的装饰和年轻的觅食人群，而且是品尝正宗的西班牙玉米饼（tortilla）的好去处，会配上从金枪鱼到大虾和辣椒等各种各样的馅料。

Entrefinos（☎950 25 56 25; www.entrefinos.es; Calle Padre Alfonso Torres 8; 西班牙小吃 €3.50，固定价格的套餐 €35~50; ⌚周一至周六 13:00~16:00和20:00至午夜）这家一直很受欢迎的餐馆拥有木梁天花板、桶上餐桌及黑板菜单，布置得就像一家木制葡萄酒吧。这里的菜单上都是经久不衰的西班牙小吃，比如烤蘑菇和油炸凤尾鱼。

Taberna Postigo（Calle Guzmán; 西班牙小吃 €2.50~3; ⌚周二、周三和周日 11:00~17:00和19:00至午夜，周四至周六 至次日1:00）这家酒馆休闲、友好，而且通常都非常热闹。它就藏在Paseo de Almería附近的一个绿树成荫的街角处。可以找一张户外餐桌，尽情享用广受欢迎的炭烤（a la brasa）西班牙小吃，包括浓郁可口的辣椒（pimientos）培根。不接受信用卡。

且比邻近的大多数西班牙小吃吧都要整洁漂亮。高背的椅子和挺括的桌布为高档西班牙菜肴奠定了基调，鹅肝类开胃小吃和美味多汁的烤牛排是这里的特色。

Casa Joaquín 海鲜 €€€

（☎950 26 43 59; Calle Real 111; 盘餐 €12~36; ⌚周一至周五 13:30~16:30和21:00~23:30，周六 至15:30）这家历史悠久的阿尔梅里亚酒窖的装饰很传统，挂着火腿，物品质朴而繁多。这里的明星是新鲜的海鲜，供应什么菜式取决于当天能捕捞到什么，不过深受人们喜爱的常规菜肴包括多汁的铁板红虾（gambas rojas）和炸鱿鱼（calamares）。

饮品和夜生活

La Cueva 小酒馆

（☎950 08 25 21; www.lacueva-almeria.com; Calle Canónigo Molina Alonso 23; ⌚16:00至次日4:00）在这家悠闲的小酒馆里，精酿啤酒和即兴演奏会与现场音乐表演结合在了一

起。柔和的灯光和贴满了海报及音乐会宣传单的墙壁，为各类音乐——从蓝调和摇滚乐，到朋克音乐、说唱乐和重金属音乐——营造了温馨的氛围。现场演出可能免费，也可能收费€3至€5左右。

Bar Hotel Catedral 酒吧

（Plaza de la Catedral 8; ⏲7:30~23:00）这家华丽的酒吧是Hotel Catedral（见859页）的一部分，在这里慢悠悠地品味酒水，可以享受由阿尔梅里亚大教堂提供的具有独特氛围的背景。可以坐在外面的广场上，或者进入酒吧优雅的室内，里面装饰着巨大的黑板和极简抽象派风格的入时家具。

☆ 娱乐

MadChester 现场音乐

（☎661 696930; www.facebook.com/madchesterclub; Parque Nicolás Salmerón 9; 服务费 €8~16; ⏲周五和周六 23:00至深夜，周日18:00~23:00）这家俱乐部有西班牙及国际DJ打碟，还会定期安排乐队现场演出独立音乐、摇滚乐和电子乐。

Clasijazz 爵士乐

（www.clasijazz.com; Calle Maestro Serrano 9; 非会员 €2~25）Clasijazz位于一家平淡无奇的购物中心，这家欣欣向荣的音乐俱乐部每周都在当代风格的整洁空间里举办四五场现场演出——从即兴演奏会到爵士乐、大乐队和古典音乐会，范围极广。可以查阅其网站，了解最新的活动安排。

Peña El Taranto 弗拉明戈

（☎950 23 50 57; www.eltaranto.com; Calle Tenor Iribarne 20）这是阿尔梅里亚的顶级弗拉明戈俱乐部，在这里演出的当地吉他明星托玛蒂托（Tomatito）以轻抚琴弦而闻名。俱乐部坐落在一系列中世纪的蓄水池里，也会举办展览、开设课程，偶尔还会上演独奏会和表演。

ℹ 实用信息

市旅游局（Oficina Municipal de Turismo; ☎950 21 05 38; www.turismodealmeria.org; Plaza de la Constitución; ⏲7月和8月10:00~14:00和18:00~20:00，9月至次年6月 周一至周五 9:00~15:00，周六和周日 10:00~14:00）会讲英语的工作人员非常乐于助人，能提供地图和城市信息。

地区旅游局（Regional Tourist Office; ☎950 17 52 20; www.andalucia.org; Parque de Nicolás Salmerón; ⏲周一至周三 9:00~19:00，周四和周五 至15:00，周六和周日 9:30~15:00）能提供整个安达卢西亚地区的信息和印刷资料。

ℹ 到达和当地交通

飞机

阿尔梅里亚的小**机场**（☎902 40 47 04; www.aena.es）位于市中心以东9公里处。

易捷航空公司（EasyJet; ☎902 59 99 00; www.easyjet.com）、**瑞安航空公司**（Ryanair; ☎902 05 12 92; www.ryanair.com）和**托马斯库克航空公司**（Thomas Cook Airlines; ☎950 21 39 78; www.thomascookairlines.com）都有往返于英国各机场的直飞航班（瑞安航空公司的飞机也从都柏林和布鲁塞尔飞往这里）；**伊比利亚航空公司**（Iberia; ☎901 11 13 42; www.iberia.com）和**伏林航空公司**（Vueling; ☎902 80 80 22; www.vueling.com）则为西班牙国内的目的地提供服务。

Surbus（www.surbus.com）运营的30路市区公共汽车（€1.05，35分钟）从机场开往市中心，会在主要的**联运车站**（Estación Intermodal; ☎950 17 36 02; Plaza de la Estación 6）及其他地方停站。运营时间约为7:15至23:20（周日提前停运），至少每小时发出一班车，通常为半小时一班。

船

Acciona Trasmediterránea（☎902 454645; www.trasmediterranea.es）运营的船从**客运港口**（☎950 23 60 33; www.apalmeria.com）开往摩洛哥港口纳祖尔（Nador, €62, 6小时）和梅利利亚（Melilla, €35, 8小时），每天至少一班车；而开往阿尔及利亚城市奥兰（Orán; €81, 9小时）和盖兹瓦特（Ghazaouet; €81, 9小时）的船则为每周至少一班。

长途汽车

汽车和火车共用的联运车站就位于市中心东侧。每天最多有6班（周日1班）**Bus Bam**（☎902 22 72 72; www.busbam.com）运营的长途汽车从这里往返于马德里（€23, 6.75小时）。大多数其他的城际汽运服务都由**ALSA**（☎902 42 22 42; www.alsa.es）运营。

目的地	费用（€）	行程（小时）	发车频率（每天）
科尔多瓦	29	5	1班
格拉纳达	14~17.50	2~4.25	8班
瓜迪克斯	9.50	2	2班
哈恩	19.50	4~5	3班
马拉加	19~22	2.5~5.5	7班
穆尔西亚	14	2.75~4.5	7班
塞维利亚	37	5.5~8.5	4班

火车

阿尔梅里亚有从**联运车站**开往格拉纳达（€20，2.5小时，每天4班）、塞维利亚（€41，5.75小时，每天4班）和马德里（€33至€83，6.5小时，每天3班）的直达列车。

塔韦纳斯沙漠（Desierto de Tabernas）

从阿尔梅里亚向北行进30公里，你就进入了另一个世界。塔韦纳斯沙漠是一个让人感到不可思议又令人难忘的地方，这片广阔的、被太阳晒得又干又硬的灌木丛林地由闪烁的暗褐色丘陵组成，其间散落着一簇簇灌木丛。20世纪60年代，这里曾是塞尔乔·莱昂内（Sergio Leone）拍摄的著名意式西部片——《荒野大镖客》（*A Fistful of Dollars*）、《黄昏双镖客》（*For a Few Dollars More*）、《黄金三镖客》（*The Good, the Bad and the Ugly*）和《西部往事》（*Once Upon a Time in the West*）——的外景地，时至今日仍有不少电影人到这里崎岖的荒地上拍片。现在该地区的很多"西部"场景都并入了以蛮荒西部为主题的公园，进而成了适合家庭游玩一整天的有趣目的地。

该地区的主要城镇是塔韦纳斯（Tabernas），坐落在N340A公路旁。

景点

布拉沃堡 游乐园

（Fort Bravo; Texas Hollywood; ☎902 07 08 14; www.fortbravooficial.com; Carretera N340A, Km 468; 成人/儿童 €19.40/10; ⏲9:00~19:30; P 🚻）这座受欢迎的蛮荒西部主题公园坐落在塔韦纳斯镇外的沙漠中，拥有某种尘土飞扬的魅力，园内有影片拍摄地——现在仍然用于影片摄制——以及日常的牛仔和康康舞表演（can can show）。这里还有一座游泳池（仅夏季），可以坐马车和骑马；而且能在小木屋里过夜。公园离N340A公路1公里，离阿尔梅里亚31公里，沿途设有路标。

奥西斯迷你好莱坞 游乐园

（Oasys Mini Hollywood; ☎902 53 35 32; www.oasysparquetematico.com; Carretera N340A, Km 464; 成人/儿童 €22.50/12.50; ⏲6月和9月 10:00~19:30，7月和8月 至21:00，10月至次年5月 至18:00，11月至次年3月 周一至周五关闭; P 🚻）这是塔韦纳斯最知名、最昂贵的蛮荒西部公园，能提供很棒的家庭娱乐活动。拍摄地本身维护得相当好，整洁的动物园里饲养着大约800只动物，包括狮子、长颈鹿、老虎和河马。孩子们通常都很喜欢20分钟的枪战，而成年人可能更倾向于酒馆里老套的康康舞（或者至少是啤酒）。这里也有两座在夏季开放的游泳池，以及餐馆和咖啡馆。一定要带上防晒霜和帽子，公园里没什么阴凉的地方。

团队游

Malcaminos 团队游

（☎652 022582; www.malcaminos.com;

值得一游

索尔瓦斯洞

罕见而壮观的索尔瓦斯洞（Cuevas de Sorbas; ☎950 36 47 04; www.cuevasdesorbas.com; 基本团队游 成人/儿童€15/10.50; ⏲团队游 全年10:00~13:00以及夏季15:00~19:00，春季16:00~18:00，冬季和秋季16:00~17:00; P 🚻）位于索尔瓦斯以东2公里处的地方是庞大的地下通道和隧道网络的一部分。导览游会带你穿过迷宫般的地下世界，欣赏闪闪发光的石膏晶体、静谧的池塘、钟乳石、石笋和黑洞洞的神秘隧道。基本团队游老少皆宜，大约要耗费1.5小时。参加团队游览需要至少提前一天预约，有会讲英语和德语的向导。

Avenida de las Angustias, Tabernas)这家当地机构能提供出色的塔韦纳斯电影风光团队游。导游们非常热情，而且对这个地区十分熟悉——不止电影地理，还包括历史和地质学。打包的活动项目包括在该地区的拍摄地上进行2小时的四轮驱动车游览（每名成人/儿童€30/18.50）。

加塔角-尼哈尔自然公园（Parque Natural de Cabo de Gata-Níjar）

加塔角-尼哈尔自然公园（Parque Natural de Cabo de Gata-Níjar; www.degata.com/en）从阿尔梅里亚向东南方向延伸，该公园拥有西班牙完美无瑕又不拥挤的海滩。从西边的雷塔马尔（Retamar）一直延伸到东边的阿瓜阿马加（Agua Amarga），覆盖着340平方公里的土地，包括离不开悬崖的引人注目的海岸线以及光秃秃的半荒漠地带，其间散布着偏僻的白色村庄和与世隔绝的农庄。废弃的矿井和随处可见的怪异岩层又为这里增添了些许可怕的怪诞氛围。

除了享受海滩和漫步，这里还有很多事情可做：潜水、浮潜、划皮划艇、乘帆船、骑自行车、骑马，还有四轮驱动车和乘船游都很受欢迎。许多运营商会在复活节和7月至9月从沿海村庄提供这些活动，而全年开展服务的只有少数。

自然公园的主要中心是圣何塞（San José），这个受欢迎的度假胜地位于东海岸。

景点

加塔角灯塔 灯塔

（Faro de Cabo de Gata; P）这座上镜的灯塔标示着海角的西南角，在这里可以一览美人鱼礁（Arrecife de las Sirenas）激动人心的美景，这是一块凹凸不平的火山礁，以前可以看到懒洋洋地躺卧在这里的僧海豹。

一条旁路从灯塔所在的地方延伸3公里，通往Torre Vigía Vela Blanca，这座18世纪的瞭望塔能让你欣赏更多的海岸风光。

紫晶瞭望台 观景点

（Mirador de la Amatista; P）这个高高的观景点位于拉伊斯莱塔-德尔莫罗（La Isleta del Moro）和Rodalquilar之间的主干道边，在这里可以欣赏未受破坏的海岸线令人赞叹的美景。公路从此处蜿蜒而下，进入Rodalquilar山谷的盆地。

金矿 遗迹

（Gold Mines; P）Rodalquilar金矿的骨架遗迹位于村庄顶部火星表面般的红岩地带，是一处怪异可怕的景点。这个建筑群在20世纪中叶还在全面运作，不过现在已经废弃了——你可以随意地探索从前的粉碎塔和倾析容器。

阿尔巴丁植物园 花园

（Jardín Botánico El Albardinal; ☎971 56 12 26; Calle Fundición; ⏰周二至周五9:00~14:00，周六和周日10:00~14:00和16:00~18:00; P）免费 Rodalquilar广阔的植物园展示着安达卢西亚干旱的东南部所拥有的植被。这里规划得很周详，每一种植物、树木和灌木都带有标识。这里还有一座迷人的菜园（huerta），并为它配上了果酱食谱和一具稻草人。

团队游

El Cabo a Fondo 划船

（☎637 449170; www.elcaboafondo.es; 1.5小时团队游成人/儿童€25/20）加塔角海岸的一些最为壮丽的风光要从海上才能看到——Cabo a Fondo组织的短途游可以提供这个视角，游览从拉伊斯莱塔-德尔莫罗、拉斯内格拉斯（Las Negras）或La Fabriquilla出发。团队游每天最多安排7次，全年运营，只要天气允许（淡季可能有最低人数要求）。必须提前预订。

住宿

El Jardín de los Sueños 乡村旅馆 €€

（☎669 184118, 950 38 98 43; www.eljardindelossuenos.es; Calle Los Gorriones; 含早餐双€76~98，套€96~140; P❄🛜🏊）这个全年营业的僻静之所就坐落在Rodalquilar村外，离主干道不远，并且没有路标，这里是远离喧嚣的理想去处。主要的农舍被一座美丽的花园环绕着，园内种植着适应干旱气候的植物和

Cabo de Gata 加塔角

果树，其中一些还为丰盛的早餐做出了贡献。农舍内部的房间则以鲜艳的色彩、独特的艺术品、私人露台和没有电视而引人瞩目。

La Posada de Paco 酒店 €€

（☎950 38 00 10；www.laposadadepaco.com；Avenida de San José 12；双 €61~150；⏰11月至次年2月关闭；P❄📶🏊）位于镇中心的便利位置、铺着闪闪发光的地砖的房间以及快活的夏日感觉，Paco的一切都为它赢得了赞誉。这里的房间尺寸不一、颜色各异，都带有自己的露台，有些房间还可以欣赏海景。酒店提供了一系列不错的设施，包括水疗中心、健身房、早餐咖啡馆和游泳池。

Hotel Senderos 酒店 €€

（☎950 13 80 87；www.hotelsenderos.com；Calle Pueblecico 1；标单 €59~105，双 €79~135；❄📶🏊）和阿瓜阿马加的所有地方一样，Senderos也将魅力隐藏在了沉静的白色外观之下。走进酒店内部，会发现房间宽敞而明亮，铺着抛光大理石地板，床铺又大又结实。外面就有公共停车场，而且步行2分钟左右就能到达海滩。

★**MC San José** 精品酒店 €€€

（☎950 61 11 11；www.hotelesmcsanjose.com；Calle El Faro 2；房间 含早餐 €92~220；⏰11月至次年2月关闭；P❄📶🏊）MC是个两全其美的地方——既有家人般的温暖接待，又有设计师设计的时髦外观。室内摆放的都是吸引人的现代家具，并以冷色调的白色和深灰色为装饰，而室外排列着植物的露台和小游泳池则是晒太阳的理想选择。

★**MiKasa** 精品酒店 €€€

（☎950 13 80 73；www.mikasasuites.com；Carretera Carboneras 20；双含早餐 €130~240；P❄📶🏊）MiKasa是一个既迷人又浪漫的僻静住处。这是一栋美丽的别墅，到海滩有几个街区的距离（不过仍在可以轻松步行前往的距离之内），风格各不相同的房间都很有魅力，还带有两座游泳池、一个水疗中心以及一家海滩酒吧。除8月以外的房间价格相对都较低。

就餐

★**4 Nudos** 海鲜 €€

（☎620 938160；Club Náutico, Puerto

Deportivo；€15~20；⏲周二至周日9:00~17:00和19:30至午夜）在圣何塞形形色色的海鲜餐馆中，“四个结”是表现优异的明星。它恰如其分地坐落在码头的航海俱乐部（Club Náutico）内，供应经典的西班牙菜肴——包括海鲜饭在内——以及更加新颖的创意菜，比如小虾酸橘汁腌鱼和酱油姜汁迷迭香腌金枪鱼。除非是在最清静的时段，否则建议预约。

La Gallineta 地中海菜 €€

（☎950 38 05 01；El Pozo de los Frailes；主菜€11~27；⏲13:30~15:30和21:00~23:00，周日和周一晚餐时关闭）这家雅致的餐馆坐落在圣何塞以北4公里处的El Pozo do los Frailes村内。它很受渴望远离城市的人们欢迎，他们会驱车到这儿来享用创新的开放性菜肴。菜单上的亮点包括鹅肝酱小方饺和红虾生鱼片。

Casa Miguel 西班牙菜 €€

（☎950 38 03 29；www.restaurantecasamiguel.es；Avenidade SanJosé 43-45；主菜 €10~20；⏲周二至周日13:00~16:30和19:30~23:30）这家经营已久的餐馆位于圣何塞，是最受人们喜爱的去处，服务和食物都很棒，而且是在主要街道旁设置户外座位的几家店之一。菜

不要错过

加塔角的海滩

加塔角最好的海滩排列在南海岸和东海岸沿线，其中一些景色最优美的位于圣何塞西南侧。一条设有路标——上面带着“Playas”和/或“Genoveses/Mónsul”标识——的土路从圣何塞通往这些海滩。然而，在6月中旬至9月中旬，海滩的停车场（€5）一旦停满，这条路就会禁止汽车通行，10:00前后一向如此。不过在9:00至21:00，每半小时会有一趟公共汽车（单程€1）从镇上开往这里。

圣何塞镇外的第一片海滩是**热那亚海滩**（Playa de los Genoveses；Ⓟ）。1147年，热那亚海军曾从这片1公里长的沙滩登陆，帮助基督徒进攻阿尔梅里亚。再向前走2.5公里，依然保持着原始状态的**蒙苏尔海滩**（Playa de Mónsul；Ⓟ）是另一个吸引人的地方——你可能会在电影《夺宝奇兵3：圣战奇兵》（*Indiana Jones and the Last Crusade*）中看到沙滩上那块独立的巨大岩石。蒙苏尔东端大沙丘后面的小道一直通往崇尚裸体主义的**巴龙海滩**（Playa del Barronal；离公路600米）。如果你在到达巴龙之前向左转，从最高的小山丘左侧的一个小山口翻过去，会来到**El Lance del Perro**。这片海滩拥有惊人的玄武岩岩层，是四片被称为**巴龙湾**（Calas del Barronal）极具吸引力的偏僻海滩之中的第一片。如果潮水不高，你可以绕着悬崖的底部从一片海滩走到另一片。

在蒙苏尔海滩往西一点的地方，从公路分出的小道通往另外两片人迹稀少的海滩——**梅迪亚卢纳湾**（Cala de la Media Luna）和**卡沃内湾**（Cala Carbón）。

圣何塞自身有一片繁忙热闹的沙滩，在其东北方向的**Los Escullos**和**拉伊斯莱塔-德尔莫罗**（La Isleta del Moro）也有还算不错的海滩。更好的是**普拉亚佐海滩**（Playa del Playazo；Ⓟ），这片宽阔的沙滩位于Rodalquilar以东3.5公里处的两座海岬之间（最后2公里沿着从主干道分出的一条可以行车的小道走），或者说是在拉斯内格拉斯以南2.5公里处，可经一条沿海步道前往。

拉斯内格拉斯（Las Negras）自己的海滩上既有沙子，也有不少石头，而它也是去往美丽的**圣佩德罗海滩**（Playa San Pedro）的门户，后者位于东北方向3公里处。这片传说中的海滩坐落在令人印象深刻的海岬之间，是一座新时代小村落的所在地，只能从拉斯内格拉斯步行或乘船（往返€12）到达这里。

沿着海岸继续往北走，在小小的度假胜地**阿瓜阿马加**（Agua Amarga）前面有一片很受欢迎的沙滩。往西南方向走一段不长但颇为陡峭的只有1.5公里长的路，会来到**恩梅迪奥湾**（Cala de Enmedio），这片僻静的可爱海滩，该沙滩被遭到了侵蚀的岩石环绕着。

品丰富多样的菜单上，有很多菜肴可供选择，不过点当日推荐的烤鱼通常不会有错。

★ **Restaurante La Villa** 地中海菜 €€€

(☎950 13 80 90; Carretera Carboneras 18; 主菜 €15~25; ⏲6月至9月 20:00至午夜，10月至12月和3月至5月 周一和周二关闭，1月和2月关闭) La Villa是一家精致的阿瓜阿马加餐馆，餐厅内的灯光十分浪漫，还有一座优雅的户外露台。这里的菜肴很独特，摆盘也十分巧妙，从兼具墨西哥和美国西南风格的开胃小吃，到鞑靼牛排和美味的安格斯黑牛汉堡包，品种极多。建议预订。

ℹ 实用信息

信息中心(Centro de Información; ☎950 38 02 99; www.cabodegata-nijar.com; Avenida San José 27; ⏲4月至10月10:00~14:00和17:30~20:30，11月至3月至14:00)公园的信息中心位于圣何塞。

Centro de Interpretación Las Amoladeras(☎950 16 04 35; Carretera Retamar-Pujaire, Km 7; ⏲周三至周日10:00~14:00)公园的主要游客中心，位于鲁埃斯卡斯(Ruescas)以西2公里处，就在从阿尔梅里亚通往这里的主干道边上。

ℹ 到达和离开

ALSA(☎902 42 22 42; www.alsa.es)每天至少有6班长途汽车从阿尔梅里亚的联运车站开往加塔角圣米格尔(San Miguel de Cabo de Gata; €2.90, 1小时)，还有一班开往拉斯内格拉斯(€2.90, 1.25小时)和Rodalquilar(€2.90, 1.5小时)。

Autocares Bernardo(☎950 25 04 22; www.autocaresbernardo.com)运营的长途汽车从阿尔梅里亚开往圣何塞(€2.90, 1.25小时，每天2~4班)。

莫哈卡尔(Mojácar)

人口 6490

莫哈卡尔既是大受欢迎的海滩度假胜地，又是富有魅力的山城——实际上，它由两个完全独立的部分组成。莫哈卡尔村(Mojácar Pueblo)是吸引人的历史中心，这些白色立方体似的房子杂乱地坐落在内陆的山顶上，风景如画。而在相距3公里左右的海岸上，莫哈卡尔海滩(Mojácar Playa)是它年轻的后代，这个由低层建筑构成的现代度假胜地前面就是一片7公里长的沙滩。

就在20世纪60年代，莫哈卡尔还在衰退，并且陷入了几乎被遗弃的境地。然而一位精明且很有见识的市长设法用提供免费土地的方法，将艺术家和旅行者吸引到了这里，令其起死回生——这也为它带来了极为放荡不羁的气质，并一直延续到了今天。

👁 景点

主要景点是莫哈卡尔的山顶村庄，那里有刷成了白色的房子、迷人的广场、酒吧和咖啡馆。热爱海滩的人应该前往莫哈卡尔，那里拥有7公里长的沙滩。要从海滩前往村庄，可在Parque Comercial——这座大型购物中心靠近海滩的北端——旁边的环岛朝内陆方向走。也有频繁的公共汽车往返于两地。

城堡瞭望台 观景点

(Mirador del Castillo; Plaza Mirador del Castillo, Mojácar Pueblo)这个山顶瞭望台(mirador)位于小镇的最高点——最初有一座城堡，现在是酒店**El Mirador del Castillo**(☎694 454768; www.elmiradordelcastillo.com; 房间 €68~145, 套 €136~145; ⏲复活节至10月; ❄📶🍽)的所在地——在这里可以眺望大海，一览朦胧的棕绿色景观，其间布满了白色的建筑和光秃秃的火山锥，就像莫哈卡尔占据的这座一样。

拉卡纳纳之家 住宅

(Casa La Canana; ☎950 16 44 20; Calle Esteve 6, Mojácar Pueblo; €2.50; ⏲周二至周六10:30~14:00和17:30~22:00，周日 11:00~15:00)这座最近开放的住宅博物馆重现了20世纪上半叶一个富裕村民的住所。家具——有些是住宅原有的——的布局体现了那个时期的室内装饰，信息板、工具和动物模型则说明了那个时代的家庭习惯。

公共喷泉 喷泉

(Fuente Pública; Calle La Fuente, Mojácar Pueblo)这座历史悠久的喷泉位于山顶村庄的山脚附近，是村庄的地标。当地人和游客会到这儿来用泉水灌满容器，这里的泉水从13个喷口注入大理石槽，然后沿着上面装饰着多彩植物的庭院叮咚作响。一块牌匾上写着1488年，两位天主教君主（Reyes Católicos；指天主教君主费尔南多和伊莎贝拉）的使者在这里会见了莫哈卡尔最后一任摩尔市长Alavez，并就村庄投降一事进行了谈判。

住宿

★ Hostal Arco Plaza 青年旅舍 €

（☎950 47 27 77, 647 846 275; www.hostalarcoplaza.es; Calle Aire 1, Mojácar Pueblo; 双€39~45, 标三 €45~50; ❄📶）这家亲切友好、物有所值的青年旅舍就坐落在活动的中心地带，富有吸引力的天蓝色房间配有熟铁打造的床，还铺着棕红色的地砖。最好的房间带有私人阳台，可以俯瞰新广场（Plaza Nueva），不过在公用的屋顶露台上也能欣赏到同样的风景。广场在晚上可能比较吵闹，但是午夜过后通常都会安静下来。

★ Hostal El Olívar 青年旅舍 €€

（☎950 47 20 02, 672 019767; www.hostalelolivar.es; Calle Estación Nueva 11, Mojácar Pueblo; 含早餐标单 €44~59, 双 €54~89; ❄📶）热情的Olivar位于莫哈卡尔的历史中心，是一个时尚的僻静住处。这里有8个珠光灰色调的房间，配备的家具属于时髦的现代风格。有些房间俯瞰着广场，其他的则可以欣赏到村庄背后的群山。早餐很丰盛，在天气不错的时候，你还能到全景屋顶露台上去享用它。

就餐

★ Tito's 各国风味 €€

（☎950 61 50 30; Paseo del Mediterráneo 2, Mojácar Playa; 主菜 €9.50~16; ⏲4月至10月 10:00~21:00, 6月下旬至8月 至午夜; 📶）想象一下理想的海滨酒吧，它看上去有可能就像Tito's一样，这里的天篷是由藤条搭成的，而且就坐落在南部滨海步道的棕榈树之间。这是一个很棒的休闲去处，可以让你用新鲜水果制成的鸡尾酒解渴，并享用颇具创意的国际化美食。

Arlequino 创意菜 €€

（☎950 47 80 37; Plaza de las Flores, Mojácar Pueblo; 主菜 €10~20; ⏲周三至周日 13:00~16:00以及每天19:00至次日2:00）Arlequino刻意搭配错位的波希米亚风装饰和全景屋顶露台，与这里中东风味的创意菜肴很好地结合在了一起。蔬菜炸三角（samosa）为主菜（比如优雅地摆在深灰色盘子里的香草羊肉）开了个好头，之后还有令人满意的丰盛甜点。

实用信息

市旅游局（Oficina Municipal de Turismo; ☎950 61 50 25; www.mojacar.es; Plaza Frontón, Mojácar Pueblo; ⏲周一至周五9:30~14:00和17:00~20:00, 周六10:00~14:00和17:00~20:00, 周日10:00~14:00）位于上方莫哈卡尔的山顶村庄。

旅游信息咨询点（Tourist Information Point; www.mojacar.es; Playa Villazar, Mojácar Playa; ⏲每天10:00~14:00以及周一至周六17:00~20:00）位于下方的海滩，就在Parque Comercial（购物中心）前面。

到达和离开

城际长途汽车在莫哈卡尔海滩Parque Comercial环岛周围的不同地点以及莫哈卡尔村的**Avenida de Andalucía**车站停车。

ALSA（☎902 42 22 42; www.alsa.es）运营的长途汽车往返于阿尔梅里亚（€7.67, 1.25~1.75小时，每天2~4班）和穆尔西亚（€9.18, 2.5~3小时，每天3班）之间。可在**Mojácar Tour**（☎950 47 57 57; Centro Comercial Montemar, Avenida de Andalucía, Mojácar Playa; ⏲10:00~13:30和17:30~20:00）购票，这家旅行社位于莫哈卡尔海滩的Parque Comercial。

当地公共汽车（€1.20）从莫哈卡尔村出发，沿着海滩的全长绕行一圈再返回，运营时间为6月至9月的9:15至23:35, 10月至次年5月则运营至21:15，大致每半小时发出一班。

巴伦西亚和穆尔西亚

包括 ➡

最佳餐饮

- Quique Dacosta （见905页）
- El Portal （见902页）
- El Granaino （见910页）
- El Pasaje de Zabalburu （见915页）
- La Pequeña Taberna （见915页）
- Magoga （见919页）

最佳住宿

- Bajo el Cejo （见923页）
- Cases Noves （见908页）
- Caro Hotel （见880页）
- Hotel Mayarí （见920页）
- Mont Sant （见893页）

为何去

西班牙最著名的输出品之一——海鲜饭的故乡，有绝佳的海滩、惊人的美食和令人难以置信的节日。使人着迷的文化景观和极具吸引力的建筑，令这里精彩纷呈。

在这座艳阳高照的海滨游乐场，有许多节日等着你。不管你是喜欢贝尼卡西姆的顶级摇滚乐、洛尔卡圣周期间头戴兜帽的游行和友好的竞赛、各种摩尔人和基督徒节日中重现的收复失地战役，还是偏爱世界上规模最大的食物大战之一——番茄狂欢节，都能在这里得到满足。

虽然诸如贝尼多姆这样的海滨度假胜地存在众所周知的过度开发问题，但是也有许多地方并非如此，比如德尼亚和哈维阿依然保留着巨大的魅力。古老的卡塔赫纳港口拥有一系列壮观的古罗马和迦太基遗迹，而繁忙的地区首府穆尔西亚则有令人愉快的公园和绝佳的美食。

何时去

巴伦西亚

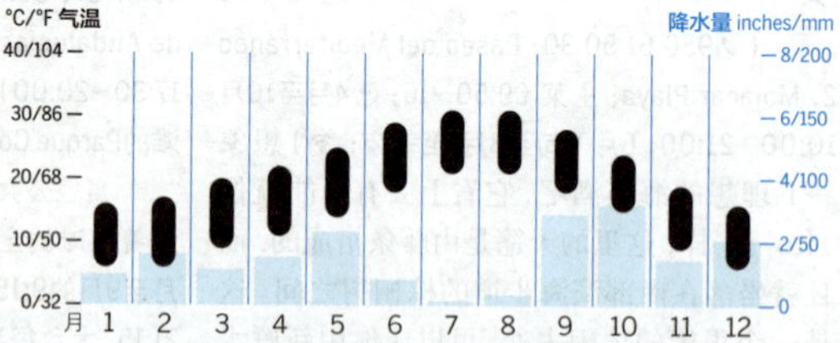

1月 温暖的天气使这里成了诱人的冬季度假胜地；住宿价格很低。

3月至4月 巴伦西亚激动人心的火节（又称法雅节），会把200万名游客带到这里。

10月 这时还可以在海里游泳，天气很好，不过人要少很多。

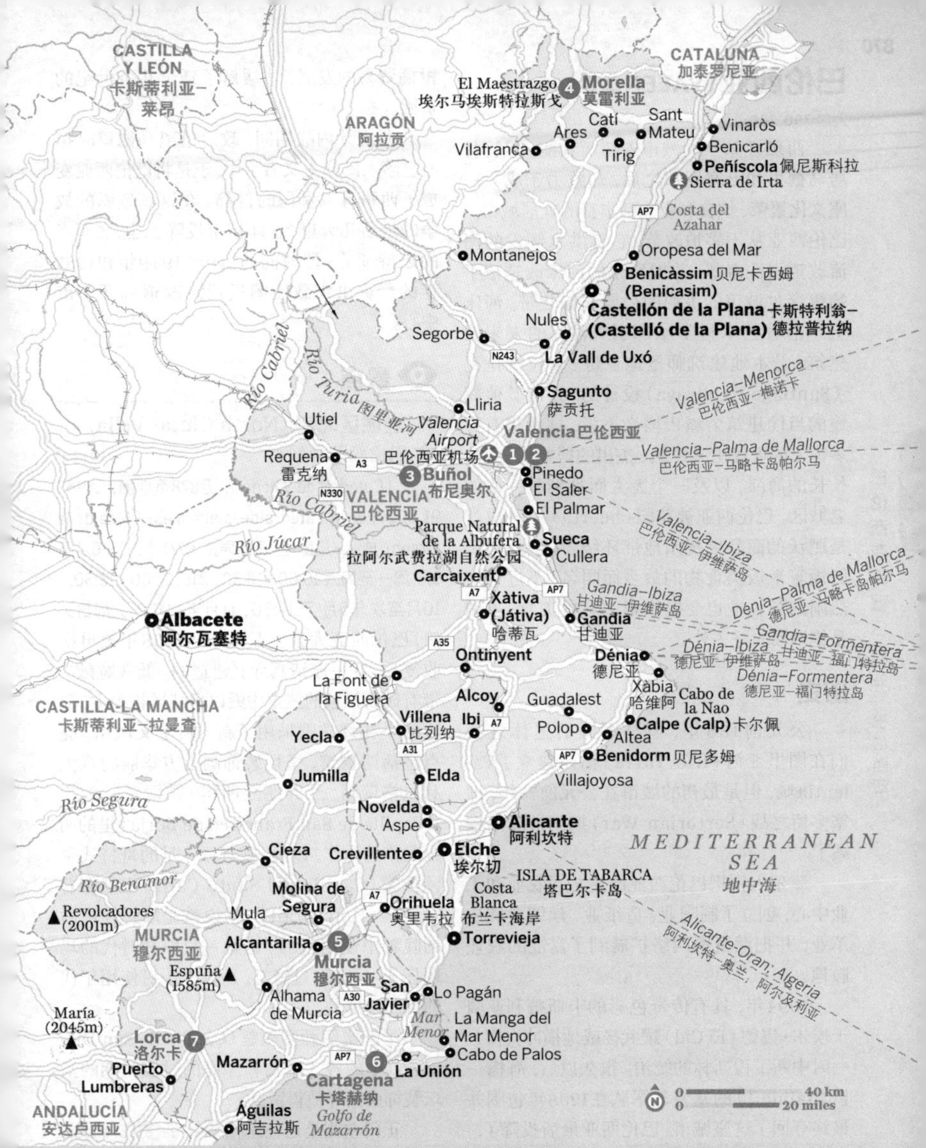

巴伦西亚和穆尔西亚亮点

❶ **艺术与科学城**（见872页）惊叹于**巴伦西亚**这个建筑群大胆的风格。

❷ **鲁萨法区**（见880页）在这个受欢迎的巴伦西亚市政区域纵情于西班牙小吃店、咖啡馆和酒吧。

❸ **番茄狂欢节**（见891页）在**布尼奥尔**著名的番茄大战中将小镇涂成红色。

❹ **莫雷利亚**（见898页）品味从远处第一次看到这座迷人的中世纪要塞城镇的感受。

❺ **穆尔西亚**（见913页）漫步于漂亮的市中心，感受这里的历史，并品尝非凡的美食。

❻ **卡塔赫纳**（见917页）探索这座港口城市悠久的历史，流连于古罗马和迦太基遗迹。

❼ **洛尔卡**（见921页）享受老城区及城堡的宏伟壮丽，沉浸于圣周传统的庆祝活动。

巴伦西亚(VALENCIA)

人口 790,200

西班牙第三大城市宏伟而壮丽，尽管甘居马德里和巴塞罗那之后，却致力于成为一座文化繁荣、饮食和夜生活丰富的宜居城市。巴伦西亚从不害怕改革，它将洪水频发的河流改道引往市郊，并把原来的河床改造成了蜿蜒穿过城市的美丽的公园式绿化带。河床上坐落着艺术科学城那引人注目的未来派建筑，是本地建筑师圣地亚哥·卡拉特拉瓦(Santiago Calatrava)设计的。还有其他辉煌的当代建筑为城市增光添彩，这里也有许多惊人的现代主义建筑、杰出的博物馆、一片长长的海滩，以及一个庞大而且别具一格的老城区。巴伦西亚被花园(huerta)——也就是肥沃的商品果蔬园地带环绕着，因作为海鲜饭等米饭类食物的故乡而闻名，不过当地热闹的餐饮业也会提供很多其他美食，可谓是饱口福的好去处。

历史

公元前138年，罗马军团的退休老兵们在图里亚河(Río Turia)沿岸建立了Valentia城，但是最初的城市在公元前75年，即塞多留之战(Sertorian War)期间被庞培摧毁了。

摩尔人则把巴伦西亚改造成了农业和工业中心，创立了制陶业、造纸业、丝绸业和皮革业，并把灌溉渠网络扩展到了富饶的农业腹地。

1094年，具有传奇色彩的卡斯蒂利亚骑士埃尔·锡德(El Cid)耀武扬威地横冲直撞，一时中断了穆斯林的统治。很久以后，海梅一世(Jaime I)的基督教军队在1238年包围并最终夺回了这座城市。巴伦西亚最后投降了，数以万计的穆斯林流离失所。

15世纪至16世纪初是巴伦西亚的黄金年代，当时它是地中海地区最强大的贸易中心之一。新大陆的发现使西班牙把重心转向了大西洋，塞维利亚作为贸易城市的卓越作用开始显现，巴伦西亚则逐渐衰落。经济困难导致1519年至1522年行会反对国王和贵族的工匠行会(Germanías)起义。直到19世纪，工业化的到来以及与北欧进行的获利丰厚的柑橘贸易的发展，才缓解了延续几个世纪的贫困。

西班牙内战期间，政府逃离马德里时担心它落入民族主义者手中，于是将巴伦西亚变成了西班牙共和国的首都。在这场残忍的战争的最后几天里，这座城市投降了，随之而来的是持续了一段时间的镇压。1949年和1957年的严重洪灾致使图里亚河改道离开了市中心。

景点

老城区北部(North Ciutat Vella)

★巴伦西亚大教堂 主教座堂

(Catedral de Valencia; 见878页地图; ☎963 91 81 27; www.catedraldevalencia.es; Plaza de la Virgen; 成人/儿童 含语音导览 €7/5.50; ⏲6月至9月 周一至周六 10:00~18:30，周日 14:00~18:30，10月至次年5月 至17:30，11月至次年2月 周日关闭)巴伦西亚大教堂是该市于1238年被再次收复后，在一座清真寺上建造的。低矮宽敞、带有砖石拱顶的三重中殿以哥特风格为主，旁边的小礼拜堂则采用了新古典主义风格。亮点包括博物馆、圣坛装饰画上方华丽的意大利风格壁画、圣弗朗西斯科·德博尔哈教堂(Capilla de San Francisco de Borja)里的两幅戈雅的画作，以及，在气派十足的哥特式圣杯教堂(Capilla del Santo Cáliz)中保存着的圣杯(Holy Grail)，据说就是耶稣在最后的晚餐中使用过的。这是一只罗马时代的玛瑙杯子，后来经过修复，所以至少对使用年代的判断是准的。

圣迪奥尼西奥教堂(Capilla de San Dionisio)中的各式圣物和漂亮的过渡时期的圣坛装饰画同样值得留意。

正门左侧是通往米格莱特钟楼(El Miguelete; 见878页地图; 成人/儿童 €2/1; ⏲周一至周五 10:00~19:00，周六 至19:30，周日 10:00~12:10和14:00~19:30)的入口。登上螺旋楼梯的207级台阶，可以将360度的绝佳美景尽收眼底。

1000多年来，水案法庭(Tribunal de las Aguas)一直于每个周四的正午在大教堂使徒之门(Puerta de los Apóstoles)的外面开庭。在这里，欧洲最古老的法律制度会用该地区使用的巴伦西亚语，为当地农民解决灌溉方面的纠纷。

教区大教堂博物馆 博物馆

（Museo Catedralicio Diocesano；见878页地图；☎963 91 81 27；www.catedraldevalencia.es；Catedral de Valencia；包含于大教堂门票内；⏰6月至9月 周一至周六 10:00~18:30，周日 14:00~18:30，10月至次年5月 周一至周六 10:00~17:30，周日 10:00~14:00，11月至次年2月 周日关闭）最近重新开放的大教堂博物馆是现代与庄严的完美融合。这里收藏着一些优秀的宗教画，看看维森特·马西佩（Vicente Macip）创作的文艺复兴时期的绘画，以及他的儿子、伟大的胡安·德华内斯（Juan de Juanes）的作品，感受发生在一代人之间的绘画风格的巨大演变，真的非常有趣。不过，博物馆的亮点其实是令人赞叹的14世纪的使徒雕像，他们的前身就竖立在大教堂正门的两侧。在地下室里还可以参观古罗马和中世纪的遗迹。

★中心市场 市场

（Mercado Central；见878页地图；☎963 82 91 00；www.mercadocentralvalencia.es；Plaza del Mercado；⏰周一至周六 7:30~15:00）巴伦西亚庞大的现代主义风格的室内市场建于1928年，是各种气味、活动和色彩的混杂之地。惊人的海鲜柜台上展示着许多头足类动物和各种各样的鱼，肉摊在香肠和特大牛排的重压下吱嘎作响，水果和蔬菜的品质极佳，其中很多都产自当地的巴伦西亚花园（商品果蔬园区）。这里的西班牙小吃吧能让你一边啜饮葡萄酒，一边享受市场繁忙的气氛。

★丝绸交易市场 历史建筑

（La Lonja；见878页地图；☎962 08 41 53；www.valencia.es；Calle de la Lonja；成人/儿童 €2/1，周日 免费；⏰周一至周六 10:00~19:00，周日 至14:00）这座辉煌的建筑被联合国教科文组织列入了《世界遗产名录》，它起初是巴伦西亚的丝绸和商品交易所，建于15世纪晚期，当时这座城市正在繁荣发展。它是西班牙民用哥特式建筑的典范之一。两栋主要建筑分立在种满了柑橘树的庭院两侧：宏伟的Sala de Contratación大厅是商业大教堂，拥有高耸的螺旋式柱子，而Consulado del Mar则是海事法庭的所在地。其顶层有一个迷人的镶板天花板，是从另一栋建筑移到这里来的。

★圣尼古拉斯教堂 教堂

（Iglesia de San Nicolás；见878页地图；☎963 91 33 17；www.sannicolasvalencia.com；Calle Caballeros 35；€5；⏰10月至次年6月 周二至周五 10:30~19:00，周六 11:00~18:30，周日 13:00~19:00，7月至9月 周二至周五 10:30~21:00，周六 10:30~19:30，周日 11:30~21:00）经过华丽的整修之后，这座只有一座中殿的教堂最近重新向公众开放了。它位于一条过道上，是一处不同寻常的景点。天花板覆盖在原先哥特式拱顶上，绘满巴洛克风格的缤纷图画，小天使多得足以拍一部以儿童肥胖为主题的严肃纪录片。圣坛装饰的风格与此类似，螺旋形圆柱（所罗门柱）框住了共享这座教堂的两位圣徒：圣尼古拉斯（San Nicolás）从腌菜缸中救出了孩子，圣彼得殉道者（San Pedro Mártir）的头上插着一把弯刀。

拉阿尔莫伊纳 遗迹

（La Almoina；见878页地图；☎963 08 41 73；www.valencia.es；Plaza Décimo Junio Bruto；成人/儿童 €2/1，周日 免费；⏰周一至周六 10:00~19:00，周日 至14:00）罗马人、西哥特人及穆斯林统治时期的巴伦西亚核心部分的考古遗迹位于巴伦西亚大教堂东侧的广场下方，被水覆盖着的玻璃顶使其看起来闪闪发亮。走下楼梯，会看到出土的很有气氛的罗马浴室、广场建筑和工厂，还有少量摩尔风格的堡垒（alcázar）及一座皇家陵墓，令人印象深刻。后来的遗迹来自这座广场上的一栋建筑，是一所为穷人而建的医院。最好使用语音导览，否则很难理解。

老城区南部（South Ciutat Vella）

★巴特里亚卡博物馆 画廊、教堂

（Museo del Patriarca, Colegio de San Juan；见878页地图；☎692 491769；www.patriarcavalencia.es；Calle de la Nave 1；门票 €4，导览游 €5~7；⏰每天 11:00~13:30，周一至周五 17:00~19:00）这所神学院是圣胡安·德里韦拉（San Juan de Ribera）于16世纪晚期创建的，他是一位杰出的反宗教改革人士，在西班牙乃至其他国家都掌握着极大的宗教及世俗权力。这里有一座质朴但令人印象深刻的文艺复兴

不要错过

艺术与科学城

艺术与科学城（Ciudad de las Artes y las Ciencias；见874页地图；☎961 97 46 86；www.cac.es；Avenida del Profesor López Piñero；👪）这个美轮美奂的建筑群占据着老图里亚河床350,000平方米的狭长区域，其间矗立着一系列壮观的建筑，大部分都是享誉世界的建筑师圣地亚哥·卡拉特拉瓦的作品，而他正是在本地出生。主要建筑包括宏伟的歌剧院、科学博物馆、3D电影院和水族馆。卡拉特拉瓦在很多巴伦西亚人心中都是很有争议的人物，人们埋怨他花费巨大，设计也有各种各样的缺陷。然而，如果你无须为此缴税，这里还是很令人敬畏的，以家庭为导向的设计也很让人舒心。建筑周围的步行区和水池是漫步的好去处，你还可以租用自行车、冲浪板及其他各种新玩意儿来享受它们。

索菲亚王后艺术歌剧院（Palau de les Arts Reina Sofía；见874页地图；☎团队游 672 062523；www.lesarts.com；Avenida del Professor López Piñero 1；导览游 成人/儿童 €10.60/8.10；⏲导览游每天 10:45、正午和13:30，以及周一至周六 15:45和17:00）这个超现代的艺术设施接在艺术与科学城上，仿佛是一只伏在河床上的巨大甲虫，其外壳铺着半透明的马赛克瓷砖，闪闪发光。歌剧院内有4座礼堂，迷人的植物层从陶瓷制成的外骨骼下方伸出。除非参加导览游，否则在演出时间以外不得入内。导游只讲西班牙语，不过通常都会提供英语摘要。

费利佩王子科学博物馆（Museo de las Ciencias Príncipe Felipe；见874页地图；☎961 97 47 86；www.cac.es；Ciudad de las Artes y las Ciencias；成人/儿童 €8/6.20，和天文馆的联票 €12.60/9.60；⏲9月中旬至次年6月 10:00~18:00或19:00，7月至9月中旬 10:00~21:00；👪）这座互动式科学博物馆像一具巨型鲸鱼骨架伸展在艺术与科学城内，里面有许多会让孩子们动心的东西，还有为不同年龄段的参观者准备的机械和展品。这里有些部分很棒，贯彻着"为兴趣而学，永无止境"的概念。每个部分都有一本英文概述手册。

巴伦西亚水族馆（Oceanogràfic；见874页地图；☎960 47 06 47；www.oceanografic.org；Camino de las Moreras；成人/儿童 €29.10/21.85，语音导览 €3.70，和天文馆及费利佩王子科学博物馆的联票 €37.40/28.40；⏲9月中旬至次年6月中旬 周日至周五 10:00~18:00，周六 10:00~20:00，6月中旬至7月中旬和9月初 10:00~20:00，7月中旬至8月 10:00至午夜；👪）西班牙最著名的水族馆是艺术与科学城最南端的建筑。令人印象深刻的展区分成了一系列的气候带，从中心枢纽建筑的地上和地下都可以到达。鲨鱼连同隧道显然是最受欢迎的部分，而一连串美丽的水槽则展示着来自温带和热带水域（包括地中海、红海）的物种。不幸的是，水族馆也饲养着被捕获的海豚和白鲸——研究表明，这对它们的健康有害。

天文馆（Hemisfèric；见874页地图；☎961 97 46 86；www.cac.es；演示活动 成人/儿童 €8.80/6.85，和费利佩王子科学博物馆的联票 €12.60/9.60；⏲10:00开始营业）天文馆的外形酷似大眼睛，不过厚重的"眼睑"从来不会眨动。这里既是天文馆，也是IMAX影院，还可以欣赏激光秀。演示活动基本每1小时一次，午餐时间休息，有多种语言的配音可供选择。夏季一定要提早预订，因为这里容量有限，经常客满。

风格的庭院回廊，而最有吸引力的是面积虽小却极为出色的宗教艺术博物馆。卡拉瓦乔（Caravaggio）、埃尔·格列柯（El Greco），以及当地名人何塞·德里韦拉（José de Ribera）和胡安·德华内斯都很有代表性。最令人惊讶的是托马斯·莫尔（Thomas More）在伦敦塔等待处决时写下的手稿。

★国家陶瓷博物馆 博物馆

（Museo Nacional de Cerámica；见878页地图；☎963 08 54 29；www.mecd.gob.es/mnescultura；Calle del Poeta Querol 2；成人/儿童 €3/免费，周六下午和周日 免费；⏲周二至周六 10:00~14:00和16:00~20:00，周日 10:00~14:00）这座陶瓷博物馆坐落在一栋引人注目的宫殿内，歌

颂着一项重要的当地产业。在楼下（还展示着一辆颓废的1753年的手绘马车），你会了解到从巴洛克时代直至现代的陶瓷史，信息量非常大，尽管有时很难与展示的陶器联系在一起。而在楼上，历史上的陶瓷制品之间巧妙地散布着一些现代作品，不过极尽奢华的内部装饰、华丽的灰泥、中国风的锦缎镶板以及精致的椅套会吸引大量的注意力。这个博物馆简直是洛可可风格的盛大表演。

丝绸博物馆 博物馆

（Museo de la Seda, Colegio del Arte Mayor de la Seda；见878页地图；☎697 155299；www.museodelasedavalencia.com；Calle del Hospital 7；成人/儿童 €6/4.50；⏲9月中旬至次年6月中旬 周二至周五 10:00~14:00和16:00~19:00，周六 10:00~19:30，周日 10:00~15:00，6月中旬至9月中旬 周二至周五 10:00~14:30和17:00~19:30，周六 10:00~19:30，周日 10:00~15:00）这座外观优雅的现代博物馆充分利用了绝佳的位置，它所在的建于15世纪（进行过巴洛克风格的扩建）的宫殿曾是丝绸制造商行会的所在地。丝绸是巴伦西亚的一项重要产业，这里易于理解的紧凑的展览会带你体验从一条条毛毛虫到天鹅绒袖朝服的整个过程。楼上有一些修复得非常漂亮的房间，亮点是惊人的洛可可风格的瓷砖地板，上面描绘着丝绸的美名。在这里，丝绸以女性的形象跨越了四大洲，各洲分别以与其地理相关的某种特点为代表。

卡门区（Barrio del Carmen）

老城区的西北角是巴伦西亚最古老的地区，充满了放荡不羁的当地特色，还有几座很好的博物馆。卡门区是吃吃喝喝的沃土，在狭窄而混乱的中世纪街道图中可以找到大量的小酒吧和小餐馆。

★夸尔特塔 大门

（Torres de Quart；见878页地图；☎618 803907；www.valencia.es；Calle de Guillem de Castro；成人/儿童 €2/1，周日 免费；⏲周二至周六 10:00~19:00，周日 至14:00）这是西班牙最宏伟的城门，从新城区看过去相当壮观。你可以爬上这座15世纪建筑的顶部，它面向马德里和落日所在的方向。在上面可以看到19世纪拿破仑入侵期间法国炮弹留下的凹痕。

塞拉诺塔 大门

（Torres de Serranos；见878页地图；☎963 91 90 70；www.valencia.es；Plaza de los Fueros；成人/儿童 €2/1，周日 免费；⏲周一至周六 10:00~19:00，周日 至14:00）气势雄伟的塞拉诺塔建于14世纪，它曾是通往巴塞罗那和北方的主要通道，俯瞰着图里亚河的旧河床。这座城门加上夸尔特塔，是仅存的巴伦西亚古城墙。爬上塔顶，可以俯瞰卡门区及图里亚河床的迷人全景。

巴伦西亚现代艺术馆 画廊

（Institut Valencià d' Art Modern，简称IVAM；见878页地图；☎963 17 66 00；www.ivam.es；Calle de Guillem de Castro 118；成人/儿童 €6/3，周五晚上和周日 免费；⏲周二至周四、周六和周日 11:00~19:30，周五 至21:00）这座令人印象深刻的画廊会举办优秀的临时展览，而且藏有规模不大但令人瞩目的20世纪的西班牙艺术品。最可靠的永久性展览是胡利奥·冈萨雷斯（Julio González）的藏品。这位加泰罗尼亚雕塑家（1876~1942年）居住在巴黎，会用铁创作十分精美的作品，他影响了许多的后世艺术家，比如戴维·史密斯（David Smith）和爱德华多·奇利达（Eduardo Chillida）。

卡门中心 文化中心

（Centro del Carmen；见878页地图；☎963 15 20 24；www.consorciomuseos.gva.es；Calle del Museo 2；⏲10月至次年6月中旬 周二至周日 11:00~19:00，6月中旬至9月 周二至周日 至21:00）**免费** 这个中心藏在地标卡门广场（Plaza del Carmen）上的教堂后面，占据着曾经资助过它的修道院气派的哥特式回廊及房间。这里带着相当简朴的西多会风格，专门举办临时展览；通常是一次开几个。仅仅在回廊里漫步就值得你前往一游。

扩建区和巴伦西亚南部（L' Eixample & Southern Valencia）

哥伦布市场 市场

（Mercado de Colón；见874页地图；www.mercadocolon.es；Calle de Cirilo Amorós；⏲7:00~1:30）这座壮丽的建筑从前是一座市场，建于1916年，为当时新开发的郊区——扩建区的新

Valencia 巴伦西亚

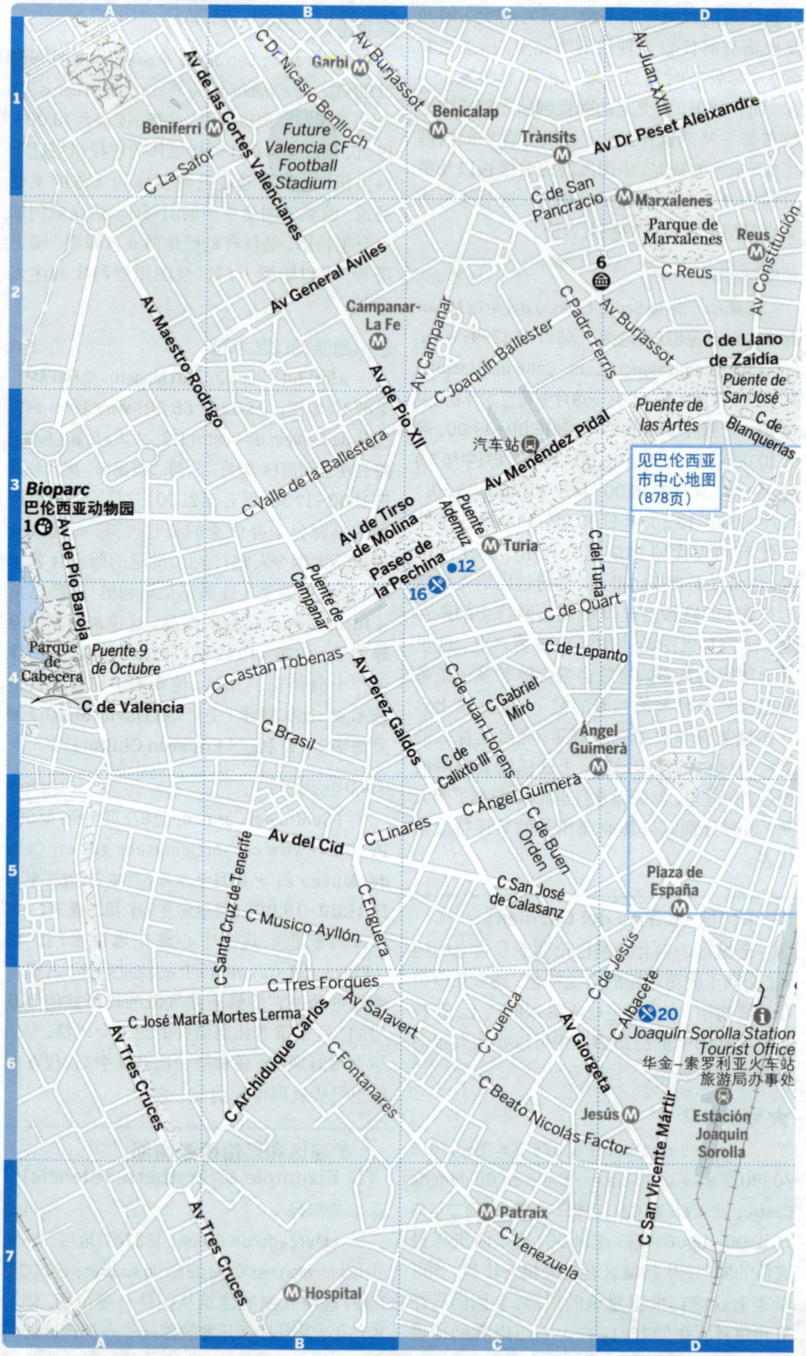

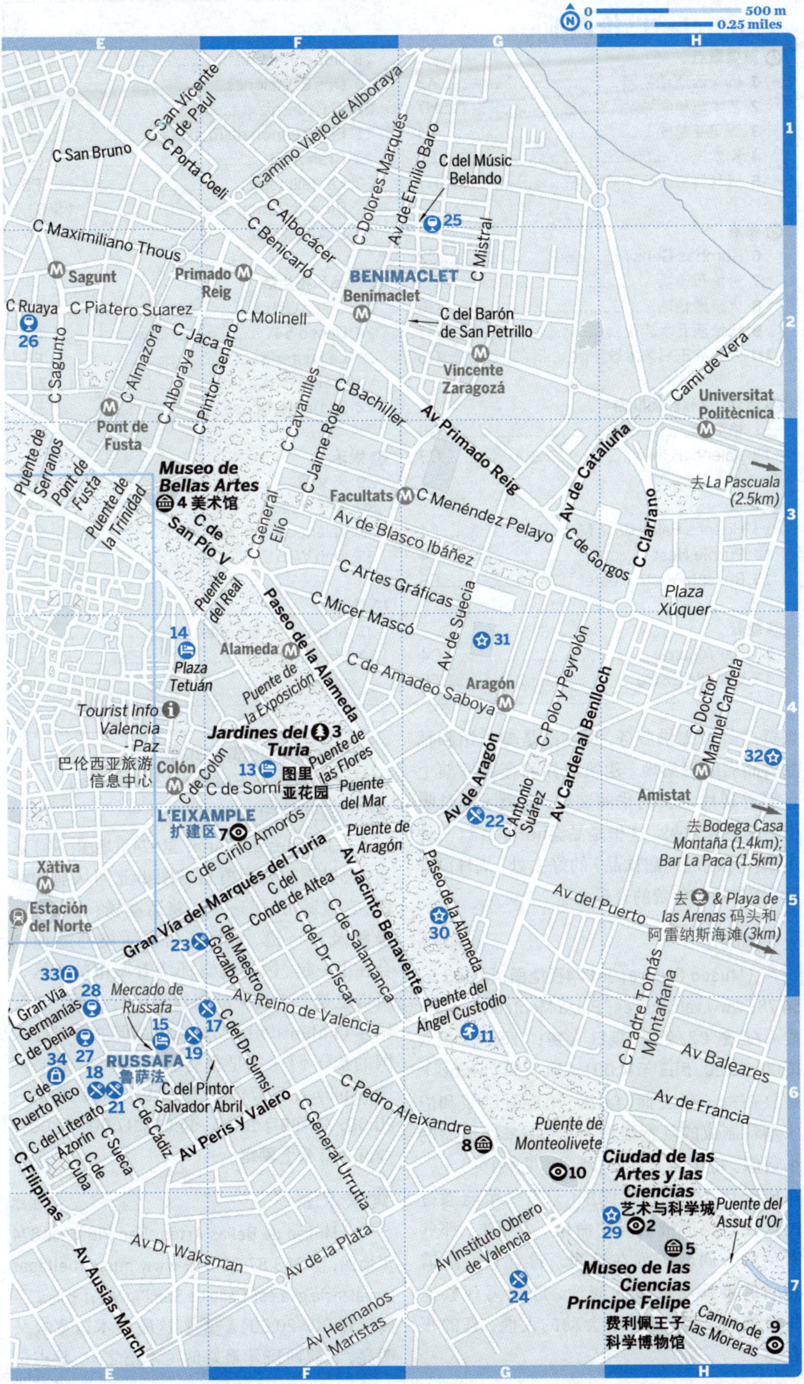
0 500 m
0 0.25 miles
E
F
G
H
1
2
3
4
5
6
7
C San Vicente de Paul
C San Bruno
C Porta Coeli
Camino Viejo de Alboraya
C Dolores Marqués
Av de Emilio Baro
C del Músic Belando
C Albocácer
C Benicarló
C Maximiliano Thous
25
C Mistral
Sagunt
Primado Reig
BENIMACLET
Benimaclet
C Ruaya
C Piatero Suarez
C Molinell
C del Barón de San Petrillo
26
C Jaca
C Sagunto
C Almazora
C Alboraya
C Pintor Genaro
C Cavanilles
C Bachiller
Vincente Zaragozá
Cami de Vera
Universitat Politècnica
Pont de Fusta
C Jaime Roig
Av Primado Reig
Av de Cataluña
Puente de Serranos
Pont de Fusta
Puente de la Trinidad
Museo de Bellas Artes
4 美术馆
C de San Pío V
C General Elío
Facultats
C Menéndez Pelayo
Av de Blasco Ibáñez
C de Gorgos
C Clariano
去La Pascuala (2.5km)
Puente del Real
C Artes Gráficas
Plaza Xúquer
C Micer Mascó
Av de Suecia
14
Plaza Tetuán
Alameda
Paseo de la Alameda
31
Puente de la Exposición
C de Amadeo Saboya
Aragón
C Polo y Peyrolón
Av Cardenal Benlloch
C Doctor Manuel Candela
Tourist Info
Valencia - Paz
巴伦西亚旅游信息中心
Jardines del Turia
3
图里亚花园
13
Puente de las Flores
Colón
C de Colón
C de Sorní
Puente del Mar
Av de Aragón
C Antonio Suárez
32
Amistat
L'EIXAMPLE
扩建区
7
C de Cirilo Amorós
22
去Bodega Casa Montaña (1.4km); Bar La Paca (1.5km)
Puente de Aragón
Xàtiva
Estación del Norte
Gran Vía del Marqués del Turia
C del Conde de Altea
C de Salamanca
C del Dr Ciscar
Av Jacinto Benavente
Paseo de la Alameda
Av del Puerto
去 & Playa de las Arenas 码头和阿雷纳斯海滩(3km)
30
23
C del Maestro Gozalbo
33
28
Gran Vía Germanías
Mercado de Russafa
Av Reino de Valencia
Puente del Ángel Custodio
C Padre Tomás Montañana
C de Denia
27
15
17
19
C del Dr Sumsi
11
Av Baleares
34
18
RUSSAFA
鲁萨法
C de Puerto Rico
21
C del Pintor Salvador Abril
C Pedro Aleixandre
Av de Francia
C del Literato Azorín
C de Cádiz
C Sueca
C de Cuba
Av Peris y Valero
C General Urrutia
8
Puente de Monteolivete
10
Ciudad de las Artes y las Ciencias
艺术与科学城
C Filipinas
29
2
Puente del Assut d'Or
Av Dr Waksman
Av de la Plata
Av Instituto Obrero de Valencia
5
24
Museo de las Ciencias Príncipe Felipe
费利佩王子科学博物馆
Av Ausias March
Av Hermanos Maristas
Camino de las Moreras
9

Valencia 巴伦西亚

重要景点

1 巴伦西亚动物园......A3
2 艺术与科学城......H7
3 图里亚花园......F4
4 美术馆......E3
5 费利佩王子科学博物馆......H7

景点

6 Bombas Gens......C2
7 哥伦布市场......F5
8 火祭博物馆......G6
9 巴伦西亚水族馆......H7
10 索菲亚王后艺术歌剧院......G6

活动、课程和团队游

11 格列佛......G6
12 Valencia Bikes......C3

住宿

13 Hospes Palau de la Mar......F4
14 Purple Nest......E4
15 Russafa Youth Hostel......E6

就餐

16 Bar Ricardo......C4
17 Canalla Bistro......F6
18 Copenhagen......E6
19 Dos Estaciones......E6
20 El Pederniz......D6
21 El Rodamón de Russafa......E6
22 Gran Azul......G5
23 La Gallineta......E5
Ricard Camarena......（见6）
24 Sólo del Mar......G7

饮品和夜生活

25 Chico Ostra......G1
26 Deseo 54......E2
27 La Fustería......E6
哥伦布市场......（见7）
28 Slaughterhouse......E6

娱乐

29 天文馆......H7
30 音乐厅......G5
31 Valencia Club de Fútbol......G4
32 Wah Wah......H4

购物

33 Abanicos Carbonell......E5
34 Madame Mim......E6

兴资产阶级提供服务，现在则是咖啡馆和精品食品店的聚集地。建筑宏伟的金属框架上点缀着现代主义的华丽装饰，造就了极具吸引力的整体效果。这里是品尝horchata（一种用油莎豆制成的甜饮品）的好去处，周日很舒适，正午还有免费的音乐会。

火祭博物馆

博物馆

（Museo Fallero；见874页地图；☎963 52 54 78；www.valencia.es；Plaza Monteolivete 4；成人/儿童 €2/免费，周日 免费；⊙周一至周六 10:00~19:00，周日 至14:00）法雅人偶（ninots）是放在每一尊法雅（falla，用混凝纸浆和泡沫塑料制成的巨型雕像）底部用来摆造型的小塑像。每年的火节（法雅节；见881页）上，在成千上万的法雅人偶中，只有一个能通过民众投票免遭被焚烧的命运。多年来，那些幸免的人偶就陈列在这里。看看它们随着时间的推移所发生的演变，近距离观察这些滑稽、怪诞，有时还会动的人偶，真的很有趣。

巴伦西亚北部和东部 (Northern & Eastern Valencia)

★图里亚花园

公园

（Jardines del Turia；见874页地图；👪）这座9公里长的公园覆盖着图里亚河从前的河道，它像城市绿肺一样，将运动场、自行车、慢跑及步行道、草坪还有游乐场巧妙地结合在了一起。因为蜿蜒环绕着城市的东区，所以也是令人愉快的周边游出行选择。在音乐厅（Palau de la Música）南侧能看到小人国的孩子们在总是很有耐心的大个子**格列佛**（Gulliver；见874页地图；⊙9月至6月 10:00~20:00，7月和8月 10:00~14:00和17:00~21:00；🚌19, 95）身上攀爬。

★美术馆

画廊

（Museo de Bellas Artes；San Pío V；见874页地图；☎963 87 03 00；www.museobellasartesvalencia.gva.es；Calle de San Pío V 9；⊙周二至周日 10:00~20:00）**免费** 这座美术馆宽敞又明亮，当属西班牙最好的美术馆之一。亮点包

括一批中世纪晚期华丽的圣坛装饰品，以及几位西班牙大师的作品，包括戈雅的一些精美的肖像画、一幅委拉斯开兹（Velázquez）令人难忘的自画像、埃尔·格列柯的《施洗约翰》(*John the Baptist*)，以及穆里洛（Murillos）、里韦拉和里瓦尔塔（Ribaltas）父子的作品。楼下有一系列出色的房间，集中展示了巴伦西亚多才多艺的伟大画家华金·索罗利亚（Joaquín Sorolla；1863~1923年）的作品，他在巅峰时期似乎通过极具表现力的肖像画捕捉到了一个时代的精神。

巴伦西亚西部（Western Valencia）

★巴伦西亚动物园 动物园

（Bioparc；见874页地图；☎902 250340；www.bioparcvalencia.es；Avenida Pío Baroja 3；成人/儿童 €24/18；⏲10:00至黄昏；👪）这座动物园是单独为非洲动物建造的，它背负着教育和环境保护主义者的责任，采取了一种与众不同的方式。虽然和以往一样，像大猩猩这样的动物被关在有限的空间里会让人产生复杂的心情，但是创新的景观美化无疑令人激动不已。由于没有显眼的栅栏，在你从大草原景观走到赤道景观时，动物们似乎是在自由地漫步。土豚、豹子和河马会吸引大批游客，不过最迷人的是马达加斯加区，在瀑布和草地之间，眼睛大大的狐猴会绕着你的脚嬉戏。

火车北站 知名建筑

（Estación del Norte；见878页地图；Calle de Xàtiva；⏲5:30至午夜）1917年，火车首次驶进了这座装饰华丽的现代主义终点站。大厅内装饰着陶瓷镶嵌画和壁画，还有马赛克拼成的、用欧洲主要语言表达的"一路平安"（bon voyage）的祝福。外面装点着色彩缤纷的橘子和绿色植物，里面的木制售票亭尤为可爱。不要错过格雷戈里奥·穆尼奥斯·杜埃尼亚斯（Gregorio Muñoz Dueñas）创作的陶瓷画，就收藏在右边的一个房间里。

巴伦西亚海滩（Valencia's Beaches）

巴伦西亚的城市海滩距离市中心3公里远。阿雷纳斯海滩（Playa de las Arenas）向北延伸，与马尔瓦罗萨海滩（Playa de la Malvarrosa）和帕塔克纳海滩（Playa de la Patacona）相接，形成了一片长达4公里左右的宽阔沙滩。海滩的边界是Paseo Marítimo步行区及一连串的餐馆和咖啡馆。为2007年的美洲杯（Americas Cup）翻新过的码头和港口区在海滩南侧，它们后面是颇为有趣、而且越来越时髦的渔区El Cabanyal，那里能让你尽享探索的乐趣。

活动和课程

Valencia Bikes 骑车

（见874页地图；☎650 621436；www.valenciabikes.com；Paseo de la Pechina 32；⏲9:30~20:00）这家久负盛名的机构每天都会组织3小时的自行车导览游，有多种语言的导游可选，保证出发（€25包括租车费和零食）。它也在这里及另外两个地点出租非常好的自行车。

Escuela de Arroces y Paella Valenciana 烹饪

（见878页地图；☎961 04 35 40；www.escueladearrocesypaellas.com；Calle Obispo Don Jerónimo 8；€50~75）一旦你知道了做法，烹制海鲜饭就不像你所想的那么令人紧张不安了。因此，这个有助于社交、有趣又友好的课程可能正合适。从参观市场开始，再到餐馆厨房里学做典型的米饭类菜肴。然后坐下来享用，还会配上足够的葡萄酒助兴。

住宿

老城区北部

Home Youth Hostel 青年旅舍 €

（见878页地图；☎963 91 62 29；www.homeyouthhostel.com；Calle de la Lonja 4；铺 €24~27，双 €59~67；❄@📶）位置便利，设施齐全，而且不止于此。这家青年旅舍就坐落在丝绸交易市场的正对面，离中央市场不过几步之遥。房间采用了令人愉快的复古装饰，像样的床上铺着得体的床寝用具，室友也很少。厨房、电影资料馆和令人愉快的员工使这里成了经济型住处之中的首选。除旺季以外，宿舍的价格会便宜得多。

Purple Nest 青年旅舍 €

（见874页地图；☎963 53 25 61；www.nes

Valencia City Centre 巴伦西亚市中心

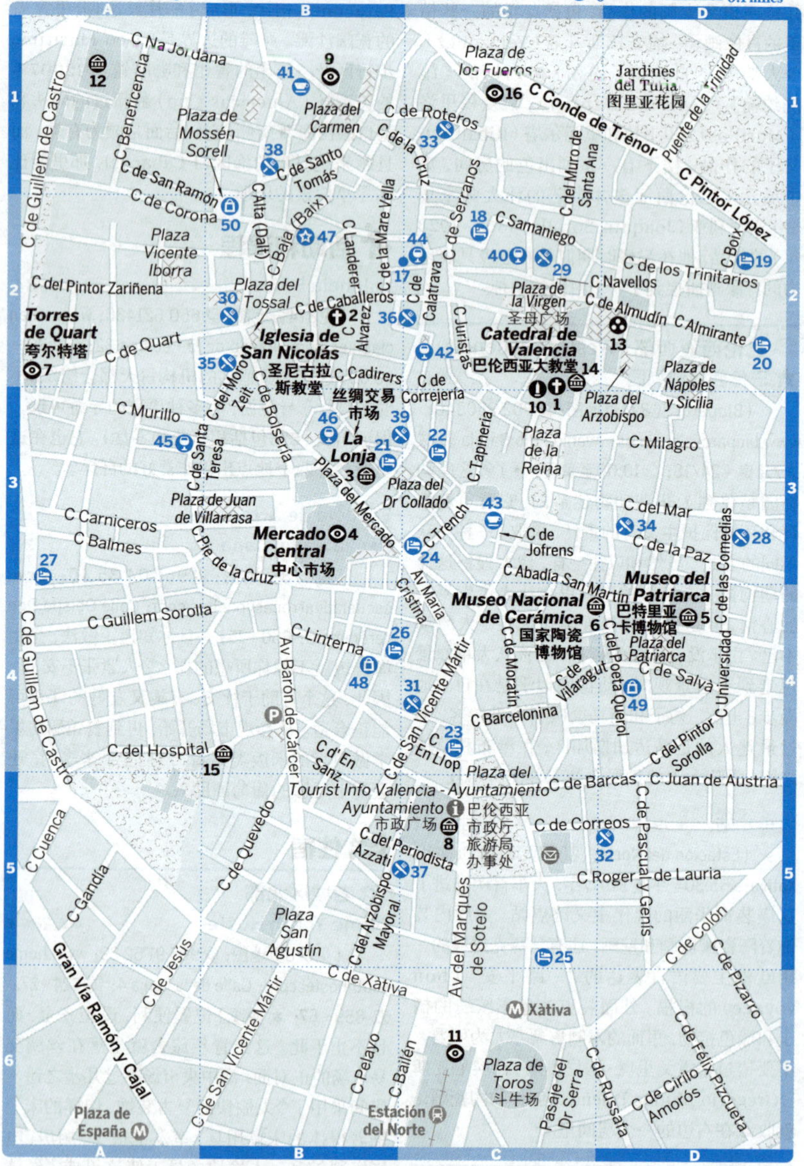

thostelsvalencia.com; Plaza de Tetuán 5; 铺 €17~24, 双 €65~79; ❄@📶)设施齐备，有许多活动帮助你在巴伦西亚开展社交生活，是一处不错的基地。这里有酒吧、厨房和露台，宽敞的房间绚丽多彩，每间可住4人至10人。如果你重视空间，升级到只有4张床的宿舍也很值得。供应早餐，需额外支付€3。

★ **Hostal Antigua Morellana** 青年旅舍 €€

（见878页地图；☎963 91 57 73；www.hostalam.com；Calle En Bou 2；标单/双 €55/65；

Valencia City Centre 巴伦西亚市中心

重要景点
1 巴伦西亚大教堂 C2
2 圣尼古拉斯教堂 B2
3 丝绸交易市场 B3
4 中心市场 B3
5 巴特里亚卡博物馆 D4
6 国家陶瓷博物馆 C4
7 夸尔特塔 A2

景点
8 市政厅 C5
9 卡门中心 B1
10 米格莱特钟楼 C2
11 火车北站 C6
12 巴伦西亚现代艺术馆 A1
13 拉阿尔莫伊纳 D2
14 教区大教堂博物馆 C2
15 丝绸博物馆 B4
多斯阿瓜斯侯爵宫 （见6）
16 塞拉诺塔 C1

活动、课程和团队游
17 Escuela de Arroces y Paella Valenciana B2

住宿
18 Ad Hoc Carmen C2
19 Ad Hoc Monumental D2
20 Caro Hotel D2
21 Home Youth Hostel B3
22 Hostal Antigua Morellana C3
23 Hostal Venecia C4
24 Hotel Plaza del Mercado C3
25 Hotel Sorolla Centro C5
26 One Shot Mercat 09 B4
27 Quart Youth Hostel A3

就餐
28 Cinnamon D3
29 Delicat C2
30 El Celler del Tossal B2
31 El Encuentro C4
32 El Poblet D5
33 El Tap C1
34 Entrevins D3
35 La Pilareta B2
36 La Salvaora C2
L' Ostrería del Carme （见50）
37 Navarro C5
38 Refugio B1
39 Tasca Ángel B3
Vuelve Carolina （见32）

饮品和夜生活
40 Café de las Horas C2
41 Café Museu B1
42 Café Negrito C2
43 Horchatería de Santa Catalina C3
44 L' Ermità C2
45 Radio City A3
46 Tyris on Tap B3

娱乐
47 Jimmy Glass B2

购物
48 Cestería El Globo B4
49 Lladró D4
50 摩森索雷尔市场 B2

)这家由家庭经营的旅舍十分友好。它占据着一家经过了翻新的18世纪的小旅馆（posada，富有的商人们在将农产品带到市场上售卖时，会在这里过夜），能提供18个舒适而宽敞的房间，其中很多都带阳台。讲究家庭陈设的店主将这里收拾得井然有序，还有很多出众的特色，包括记忆海绵床垫、漂亮的织物，以及供应咖啡的公共休息室。高层的自然光更充足。物超所值。

Ad Hoc Carmen 酒店 €€

（见878页地图；☎960 45 45 45；www.adhoteles.com；Calle Samaniego 20；标单/双/四€54/84/134；)这家酒店享受着既可以游览市中心的古老建筑，又可以前往卡门区的酒吧和餐馆的战略性位置。这里能提供各种气派的现代房间，皆以干净的线条和刷成了白色的木制品为装饰。很多房间都是复式的，为家庭、团体或争吵的夫妇提供了很好的睡眠解决方案。不供应早餐，也没有停车位。物有所值。

Ad Hoc Monumental 酒店 €€

（见878页地图；☎963 91 91 40；www.adhoteles.com；Calle Boix 4；标单/双 €71/83起；)友好的Ad Hoc地处老街区深处，能提供舒适的服务，散发着无穷的魅力。这里还经营着一家很棒的小餐馆。这栋19世纪晚期

不要错过

鲁萨法区

鲁萨法区（见884页）是新城最有魅力的角落，这里可能相对紧凑，但是极具感染力。这个低端街区已经时髦了起来，聚集于此的怪异画廊和古着店会在白天为人们带来愉悦的感受，到了晚上，它又摇身一变，成了该市最好的餐饮、咖啡馆、酒吧和夜生活区——高品质的西班牙小吃、新潮的味美思（vermouth）酒吧、文学咖啡馆以及颇具创意的文化产品汇集的热闹中心。这个区拥有自己的独特感觉，能带你体验不可或缺的巴伦西亚夜晚，尤其是在周末。

的建筑经过悉心的整修已经重现了往日的光彩，原来的天花板裸露着，配着色调柔和的砖墙和坚固的木梁。顶层的高级房带有很大的私人阳台式露台，可以在那里吃早餐。

Hotel Plaza del Mercado 公寓 €€

（见878页地图；☎963 15 33 67；www.myrhotelplazamercado.com；Plaza del Mercado 45；房€134~179；🅿❄@📶）这里以时髦的灰色调装饰的整洁漂亮的房间带有相当好的厨房，而且就坐落在城市的正中心。它正对着市场，拥有水疗中心、热闹的咖啡馆及餐馆区和一座停车场——是这个地区仅有的几处停车场之一。很多房间都能睡下两个孩子，是家庭出游的很好的选择。

★Caro Hotel 酒店 €€€

（见878页地图；☎963 05 90 00；www.carohotel.com；Calle Almirante 14；房€160~330；🅿❄📶）这家酒店坐落在一幢华丽的19世纪的豪宅内，坐拥巴伦西亚2000年的历史，在其修复过程中发现了一大片阿拉伯式墙壁、罗马式柱基和哥特式拱门。每间客房都配备了令人安心的深色调家具，特大号的床铺很舒服，还有上了清漆的水泥地面。浴室特别棒。如果有特殊需要，可以预订一楼的豪华套房，那里曾经是舞厅。

老城区南部

Quart Youth Hostel 青年旅舍 €

（见878页地图；☎963 27 01 01；www.quarthostel.com；Calle Guillem de Castro 64；铺€12~24，双 带公用浴室 €42起；❄@📶）这家青年旅舍气派而现代，它凭借出色的设施将自己定位在了奢华背包客的级别，设施包括健身房、优质的床铺，以及乐观的城市氛围。宿舍很棒，有通向铺位的台阶，而且充分保护了隐私。早餐很划算，只要€2。员工主动，也乐于助人。记得为储物柜准备一个挂锁。

★Hotel Sorolla Centro 酒店 €€

（见878页地图；☎963 52 33 92；www.hotelsorollacentro.com；Calle Convento Santa Clara 5；标单/双 €77/99；❄📶）这家酒店整洁而现代，不过没有任何招摇的设计噱头。精心设计的现代房间很舒适，配有强力的淋浴和许多其他设施，物有所值。员工极其热情，位置也很棒，就在靠近主广场的一条步行街上。

Hostal Venecia 青年旅舍 €€

（见878页地图；☎963 52 42 67；www.hotelvenecia.com；Plaza del Ayuntamiento 3；房€97~147；❄@📶）这栋奢华的建筑就坐落在巴伦西亚的主广场上，实用的内部装潢似乎与高贵的外表毫不相关。这里提供密集的现代客房，许多都带有小阳台。价格差异很大；€80左右的房间很划算。虽然名为青年旅舍，但设施相当于中档酒店的标准。其优势在于友好的服务和一流的位置。

★One Shot Mercat 09 精品酒店 €€€

（见878页地图；☎963 11 00 11；www.hoteloneshotmercat09.com；Calle Músic Peydró 9；房€100~180；❄📶🏊）这家气派的酒店是2017年开业的，坐落在市场附近由安静的小巷组成的区域内，占据着一个战略性的角落。这里只有22个房间，是个私人而温馨的地方，大堂里有艺术展览，还有一座可爱的屋顶游泳池。四个房间类型在大小和景致上基本都不同；商务间和普通套房面对着街道。这里还有一家很棒的餐馆。

扩建区和鲁萨法区

★Russafa Youth Hostel 青年旅舍 €

（见874页地图；☎963 31 31 40；www.russafayouthhostel.com；Carrer del Padre Perera 5；铺€18~20，标单 带公用浴室 €30，双 带公用浴室

€40~54; @📶) 这家可爱的青年旅舍超级热情，在这里你会有种宾至如归的感觉。它坐落在活力四射的鲁萨法区中心地带的一栋庄严的建筑中，一共有好几层。客房里用的都是床，而非铺位，每间最多住3个人，所以并不拥挤。温馨的房间和一尘不染的浴室会带给你轻松而舒适的入住体验。

★ **Hospes Palau de la Mar** 酒店 €€€

（见874页地图；☎963 16 28 84; www.hospes.com; Avenida Navarro Reverter 14; 房 €170~255; P ❄ @ 📶 ≋）这家精品酒店由两栋风格优雅的19世纪大厦合并而成，里面所有的黑色、白色、浅褐色和米色装饰都时尚而现代。这里有宽敞的内部花园式庭院、桑拿浴室、水疗中心和小而深的泳池。房间很舒适，不过没有特别惊艳的亮点，员工极有礼貌。

就餐

巴伦西亚被花园（huerta）环绕着，这个富饶的沿海农业平原会为它提供优质的水果和蔬菜。

说到数不胜数的餐馆，你肯定会挑花眼。与西班牙的其他地方相比，巴伦西亚不太流行在不同的店之间跳来跳去享用西班牙小吃的做法。当地人更喜欢在吧台或桌边坐下来，吃一顿由各种西班牙小吃组成的大餐。

老城区北部

Tasca Ángel 西班牙小吃 €

（见878页地图；☎963 91 78 35; Calle de la Purísima 1; 沙丁鱼 €4; ⏲周一至周六 10:30~15:00和19:30~23:30，周日 11:30~15:00）这个朴实无华的地方已经经营了70个年头，以鱼类西班牙小吃而闻名，尤其是烤沙丁鱼，真的非常美味。点鱼的时候再来一杯冰啤酒或者白葡萄酒，能帮你找到内心的平和。

La Pilareta 西班牙小吃 €

（Bar Pilar; 见878页地图；☎963 91 04 97; www.barlapilareta.es; Calle del Moro Zeit 13; 贻贝 €7.10; ⏲正午至午夜）质朴的La Pilareta是百年老店，而且几乎没有什么变化。这里是享用丰盛的西班牙小吃和clóchinas（当地多汁的小贻贝）的绝佳去处，后者在5月至8月供应。而在一年中的其他月份，这里会供应mejillones（也是一种贻贝），比clóchinas更肥，但是没那么好吃。一盘贻贝会浸在辣肉汤里上桌，可以用贻贝的壳舀起来享用。这里很有气氛。

★ **La Salvaora** 西班牙菜 €€

（见878页地图；☎963 92 14 84; www.lasalvaora.com; Calle de Calatrava 19; 主菜 €13~19; ⏲9月至次年5月 周三 13:30~15:30，周四至周一 13:30~15:30和20:30至午夜，6月至8月 每天 20:30至午夜）这个舒适宜人的地方装饰着弗拉明

火节（法雅节）

如果在3月中旬到访西班牙，一定要见识一下**圣何塞火节**（法雅节；Las Fallas de San José; www.fallas.com; ⏲3月），一睹焰火、音乐、节日篝火和彻夜狂欢那生机勃勃的狂乱场面。所谓法雅，是由当地艺术家团队在木头上制作的巨大的混凝纸浆雕像。

每个社区都会制作自己的法雅。3月16日清晨，当城市从彻夜搭建法雅的工作（plantà）中醒来，350多个雕像已经竖立起来了。它们高达15米，最昂贵的要花费数十万欧元。这些五彩缤纷、奇形怪状的雕像讽刺了名人、时事和当地风俗，从滑稽到感人，类型多种多样。这是一种在19世纪和20世纪成长起来的风俗。

昼夜不停的庆祝活动包括街头派对、海鲜饭烹饪竞赛、游行、露天音乐会、斗牛和免费的焰火表演。巴伦西亚自视为世界焰火之都，从3月1日至19日，每天14:00都会有mascletà（超过5分钟震耳欲聋的噼里啪啦声）震颤着市政厅广场（Plaza del Ayuntamiento）上的窗玻璃。

最后一日的午夜之后，所有法雅都会在火焰中消逝——背景中还会燃放更多的焰火。通过民众投票，最值得珍藏的人偶（ninot）将得以幸免，它会被保存在火祭博物馆（见876页）内，留给后人欣赏。

戈明星们的黑白肖像，感觉精致、优雅，而且并不贵。乍看之下，菜单上最受西班牙人喜爱的菜肴——想想牛脸、牛尾、火腿、炸土豆饼（croquettes）——都很常见，但是现代的外观和精细的品质很快就会证明这里并不是普通的餐馆（tasca）。就这里的标准而言很超值，西班牙小吃赏味菜单很便宜。

★Cinnamon
创意菜 €€

（见878页地图；963 15 48 90；Calle de las Comedias 5；菜肴 €9~16；周一 13:30~16:00，周二至周六 13:30~16:00和20:30~23:00；）这个温馨的空间非常小，你甚至会疑惑怎么烹制比煎蛋更复杂的菜肴。然而开放式厨房创造了奇迹，这里的菜肴既美味又新鲜。富有创意的选择包括爽脆的招牌沙拉、绝妙的每日特色菜以及很棒的素食。只要有空位，这将是一次超值的用餐体验。

Delicat
西班牙小吃 €€

（见878页地图；963 92 33 57；Calle Conde Almodóvar 4；菜肴 €8~18；周二至周六 13:45~15:30和20:45~23:30，周日 13:45~15:30；）在这个极为友好又舒适宜人的地方，开放式厨房会在午餐时提供极其超值的品尝套餐（€14.50），并在晚餐时提供美味的西班牙小吃。这里的菜肴受到了一系列要素的影响。装饰并不奢华，食物却令人难忘。最好预订，因为空间小，很快就会客满。

★Entrevins
西班牙菜 €€€

（见878页地图；963 33 35 23；www.entrevins.es；Calle de la Paz 7；主菜 €19~23；周二至周六 13:30~15:45和20:30~23:30）这家位于楼上的餐馆安静而素雅。午餐时能让你远离街道的喧嚣，享受令人愉快的用餐时间。从这里前往附近的几处景点也很便利。可以找一张靠窗的桌子，一边观看下面的行人，一边品尝美味佳肴。就品质而言，午餐套餐（€20，仅工作日供应）极其超值，包括两份可以共享的开胃小吃。

老城区南部

★Navarro
巴伦西亚菜 €€

（见878页地图；963 52 96 23；www.restaurantenavarro.com；Calle del Arzobispo Mayoral 5；米饭类菜肴 €14~17，套餐 €22；周一至周五 13:30~16:00，周六 13:30~16:00和20:30~23:00；）几十年来，Navarro高品质的米饭类菜肴一直是这座城市的代名词。现在它由创始人的孙辈经营，菜品选择众多，有户外座位，也供应套餐，其中主菜是一份米饭类菜肴。

El Encuentro
西班牙菜 €€

（见878页地图；963 94 36 12；www.restauranteelencuentro.es；Calle de San Vicente Mártir 28；主菜 €9~18；周一至周六 13:30~16:30和20:30至次日0:30；）这个地方有一种令人喜爱的老式感觉，提供传统的西班牙菜肴，价格很合理。除了很多豆子或辣香肠之类的炖菜，肉类和鱼类菜肴也值得一试。进门的时候可以扫一眼葡萄酒单，这样就不用再起身做选择了。令人愉快的夏季露台远离街道。

Vuelve Carolina
地中海菜 €€

（见878页地图；963 21 86 86；www.vuelvecarolina.com；Calle de Correos 8；菜肴 €10~20；周一至周六 13:30~16:30和20:30~23:30；）这家生意兴旺的酒吧兼餐馆由名厨基克·达科斯塔（Quique Dacosta）远距离监督，不但时髦——尽管那些晾衣架似的酒吧高脚凳还可以再舒适一些，而且提供的西班牙小吃和更加正式的菜肴也很令人满意。正式菜肴从受日本料理影响的精致菜式，到玉米饼、米饭及其他更多选择，应有尽有。服务体贴入微。看着纸板鹿头亲切注视下的开放式厨房总是非常有趣。

★El Poblet
美食店 €€€

（见878页地图；961 11 11 06；www.elpobletrestaurante.com；Calle de Correos 8；赏味套餐 €85~120，主菜 €25~35；周二 13:30~15:30，周一和周三至周六 13:30~15:30和20:30~22:30；）这家位于楼上的餐馆由著名的基克·达科斯塔监督，并由路易斯·巴列斯（Luis Valls）担任主厨，供应优雅的高水准美食，价格就品质而言也很有竞争力。它将新派法国菜和西班牙菜融合在一起，造就了豪华的品尝套餐。一些富有想象力的摆盘只能眼见为实。员工真诚而热情，并且乐于助人。

卡门区

★L' Ostrería del Carme
海鲜 €

（见878页地图；629 145026；www.laost

当地知识

巴伦西亚的米饭类菜肴

巴伦西亚是米饭类菜肴的故乡，其种类多样，远远超出了世界上其他地方所认为的海鲜饭。对巴伦西亚人来说，米饭仅仅是午餐菜式，不过有些地方也会为了旅游生意而在晚餐时烹制这类菜肴。

每逢周末，在海滩、花园地带或者阿尔武费拉（Albufera）的村庄，比如皮内多（Pinedo）或埃尔帕尔马（El Palmar），享用米饭类菜肴，是当地的传统，不过巴伦西亚人也喜欢聚在某个人的家里，自己动手烹制米饭。

巴伦西亚到处都是米饭。海鲜饭是一种干米饭，要把水分收干。带汤的米饭被称为汤烩饭（caldoso或meloso）。米饭类菜肴会反映季节的变化，冬季和夏季所用的原料会根据月份的不同而变动。几乎所有食物都能跟米饭搭配，包括各种蔬菜、鱼、海鲜和肉类。

海鲜饭是巴伦西亚海岸的典型食物。肉菜饭一般使用鸡肉和兔肉，夏季还会加入青豆及其他蔬菜，冬季则可能加入蚕豆和洋蓟。

鱼类海鲜饭通常更多汁，会用鱿鱼或墨鱼提味，并用对虾或大虾进行装饰。如果在肉菜饭里加入对虾，就是什锦海鲜饭（paella mixta）。海滨地区还有一种墨鱼饭（arroz negro），是在米饭中加入墨鱼汁和鱼汤烹制的。

Fideuà与海鲜饭类似，不过是用上等的意大利面制作而成。鱼汤则用新鲜的岩鱼制作。这道菜做起来更快，因为面条比米饭熟得快。

冬季很受欢迎的海鲜类烩饭包括花椰菜和腌鳕鱼海鲜饭。

内陆地区的米饭类菜肴口味更重一些。在阿尔科伊（Alcoy）和哈蒂瓦（Xàtiva），烩饭要放入烤箱烘烤，而且可能加入猪肉、香肠、豆子和血肠。阿利坎特（Alicante）的内陆地区有一种烩饭是用蜗牛、兔肉和鹰嘴豆烹制的，而在奥里韦拉（Orihuela）一带，用烤箱烹制的脆皮米饭（arroz con costra）上面会带有一层用蛋液做成的酥皮。

reriadelcarmen.com; Plaza de Mossén Sorell; 牡蛎€2~4; ⌚周一至周六 11:00~15:00，以及周四和周五 17:00~20:30）这个热情的小货摊位于**摩森索雷尔市场**（Mossén Sorell market; ⌚周一至周六 7:30~15:00，以及周四和周五 17:00~20:30，8月除外）内，是一个很棒的小吃店。这里出售来自巴伦西亚及其他地方的优质牡蛎；可以坐下来，让他们给你剥一些牡蛎，再配上白葡萄酒享用。

★El Tap　西班牙小吃、巴伦西亚菜 €€

（见878页地图；☎963 91 26 27; www.facebook.com/restauranteeltapvalencia; Calle de Roteros 9; 主菜 €10~18; ⌚周二至周六 13:30~16:00和19:30~23:30，周日 13:30~16:00; 📶）Tap是卡门区数量众多的特色小餐馆之中的一家，待客真诚而热情。供应的食物以市场为导向，既新颖又讨人喜爱。用当地西红柿烹制的菜肴很出色，葡萄酒和精品啤酒都是精挑细选的。物超所值。

Refugio　创意菜 €€

（见878页地图；☎690 617018; www.refugiorestaurante.com; Calle Alta 42; 主菜 €14~22，套餐 €13~16; ⌚14:00~16:00和21:00~23:30; 📶）这家餐馆的名字源于内战时期对面的一个藏匿处，店内简单地以刷成了白色的砖墙为装饰，保存着些许卡门区从前的革命精神。午餐套餐提供很棒的地中海式创意菜，品质惊人，会展示一些极其出色的菜式，不过素食并非总是那么味浓可口。晚餐水准很高，而且富有创意。

El Celler del Tossal　巴伦西亚菜 €€

（见878页地图；☎963 91 59 13; www.elcellerdeltossal.com; Calle de Quart 2; 主菜 €16~24; ⌚周日至周三 14:00~16:00，周四至周六 14:00~16:00和21:00~23:00）卡门区最好的午餐套餐选择之一（€20），还供应按菜单点菜的优质晚餐，包括几款高品质的米饭类菜肴。这家两层的餐馆既温馨又雅致，对食物很上心，并且将优质的原料和天赋与别具一格的装点结合在了一起。一切都很令人愉快。

鲁萨法区

鲁萨法区是巴伦西亚最适合享用晚餐的地方，这个小小的地区汇集了各种各样的选择，数量多得惊人。大多数都倾向于新派创意菜或是带有各国风味的特色菜肴。这里一到周末就会变得熙来攘往，洋溢着令人陶醉的兴奋感。

Copenhagen 素食 €

（见874页地图；☎963 28 99 28；www.grupocopenhagen.com；Calle del Literato Azorín 8；菜肴 €8~12；⏲周四至周一 13:30~16:00和20:30~23:30，周二和周三 13:30~16:00；📶✍）这家受欢迎的素食餐馆明亮而且活力四射，从这里传出的喧闹声似乎为整条街都染上了欢乐的氛围。该店供应非常美味的豆汉堡和顶级的自制意面，不过实际上各种菜肴都很美味。

★ **Dos Estaciones** 西班牙菜 €€

（见874页地图；☎963 03 46 70；www.2estaciones.com；Calle del Pintor Salvador Abril 28；主菜 €17~23，赏味套餐€35~48；⏲周二至周六 13:30~16:00和20:30~23:00）两位才华横溢的厨师监督着这家小餐馆，它由一排小餐桌和一个吧台组成，就在吧台后面有限的空间内烹制食物。尽管如此，它还是以非常合理的价格推出了一些惊人的菜品，保证新鲜，而且创意十足。

El Rodamón de Russafa 创意菜、西班牙小吃 €€

（见874页地图；☎963 21 80 14；www.elrodamon.com；Calle Sueca 47；西班牙小吃 €6~12；⏲周一和周二 19:30至午夜，周三至周日 14:00~16:00和19:30至午夜，7月至9月中旬 仅晚上营业；📶）这家餐厅从世界各地选出自己最喜欢的菜肴，再把它们做成巴伦西亚的西班牙小吃，所以你可以从各种各样博采众长的美食中做选择，它们来自几个国家，其中也包括西班牙。这家店既时髦又热闹，员工很优秀，菜品质量也非常高。还有几十种葡萄酒，按杯出售。

Canalla Bistro 创意菜 €€

（见874页地图；☎963 74 05 09；www.canallabistro.com；Calle del Maestro José Serrano 5；主菜 €10~17；⏲13:30~15:30和20:30~23:30；📶）这家餐馆时髦而雅致，却也颇为宽敞，店内以包装木箱、卡通鸡和其他怪异的东西为装饰。在这里，巴伦西亚的顶级厨师Ricard Camarena（见886页）的表现可能更轻松愉快。摆盘效果极佳的菜肴从世界各地的街头食品中汲取了灵感，富有创意、充满乐趣又美味可口。

扩建区和巴伦西亚南部

★ **La Gallineta** 西班牙菜 €€

（见874页地图；☎963 36 36 64；www.lagallineta.es；Calle del Conde de Altea 7；主菜 €10~19；⏲周一至周四 8:00~18:00，周五和周六 至午夜）这个热情的现代空间有一份简短但水准很高的菜单，上面的菜肴以此时什么新鲜而且品质好为灵感，市场的力量很好地发挥了作用。这里温馨而明亮，一条鱼的巨大画像极其醒目，而这家店的名字也由此而来。午餐很超值，早餐供应的炸玉米圆饼（tostadas）是开启一天生活的绝佳选择。

★ **Sólo del Mar** 海鲜 €€

（见874页地图；☎963 74 40 45；www.solodelmar.com；Calle Poeta Josep Cervera i Grifol 12，紧邻Avenida Instituto Obrero de Valencia；菜肴 €7~14；⏲周二至周四和周日 正午至16:00，周五和周六 正午至16:00和20:00至午夜，8月关闭，7月和9月 周四 晚上营业，周日 关闭）在游览艺术与科学城的时候，这个富有创新精神的地方是吃午餐的好选择，它坐落在一个住宅小区里。这是一家鱼店，同时在用餐时间也会变成餐馆和西班牙小吃吧。海鲜品质超群，制作简单而美味，价格十分公道。没有菜单，就按乐于助人的老板的推荐来。

巴伦西亚北部和东部

★ **Gran Azul** 巴伦西亚菜 €€€

（见874页地图；☎961 47 45 23；www.granazulrestaurante.com；Avenida de Aragón 12；主菜 €17~23；⏲周二至周六 13:30~18:00和20:30至次日1:00，周日 13:00~18:30；📶）这家宽敞而时尚的餐馆坐落在主干道上，是一座美食的殿堂。供应的食物集中于米饭类菜肴和烧烤，

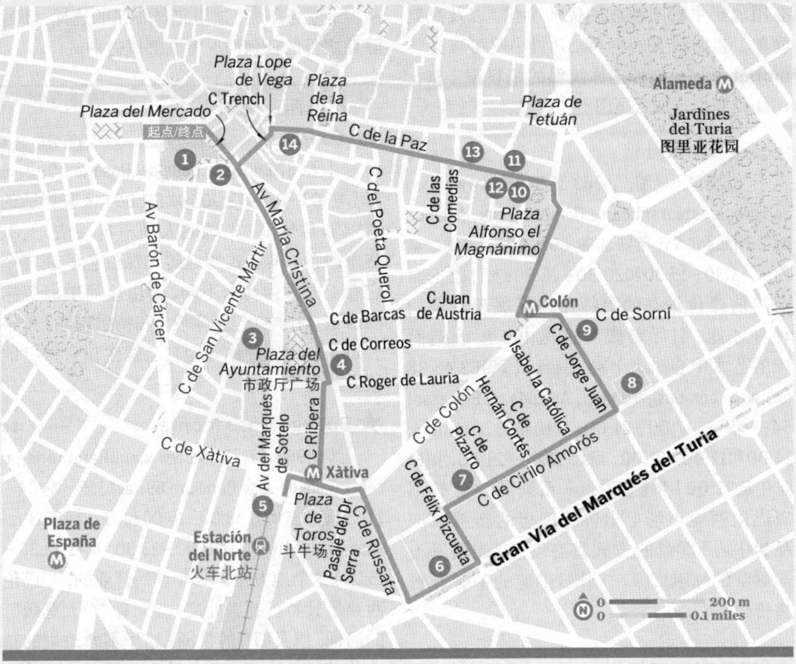

步行游览
现代主义漫步

起点: 中心市场

终点: 中心市场

全程: 3.25公里; 1.5小时

游览过❶**中心市场**(见871页)之后,去看看❷**Calle Ramilletes 1号**带有灰泥装饰的外立面,上面新哥特风格的壁柱寓意着巴伦西亚的丰饶多产。沿Avenida María Cristina前往市政厅广场(Plaza del Ayuntamiento),那里坐落着朴素的❸**市政厅**和富丽堂皇的❹**中央邮局**。可以顺便进去欣赏一下宏伟的铅条玻璃穹顶。

在Calle Ribera的尽头绕道前往❺**火车北站**(见877页),去看看现代主义的深色木制订票区,相邻的大厅则展示着精致的瓷砖作品。沿着Calle de Russafa前行,然后左转,会来到❻**Casa Ortega**(Gran Vía 9),这里有华丽的花朵装饰和阳台,而支撑着阳台的是一对漂亮的女像柱。左转后沿着Calle de Félix Pizcueta走,并且在第一个路口右转进入Calle de Cirilo Amorós。从这里开始,抬头观看那些现代的底层商店,欣赏每幢建筑的原始结构。在❼**Casa Ferrer**(29号)暂停一下,看看环绕着它的灰泥玫瑰和瓷砖。继续向北行进,到达❽**哥伦布市场**(见873页),停下来喝一杯,稍事休息。然后往西北方向走,前往❾**龙之家**(Casa del Dragón; Calle de Jorge Juan 3),该建筑因带有龙的图案而得名。

穿过Calle de Colón,右转沿着Calle Poeta Quintana前进,经过海梅一世国王的骑马雕像,就来到了Calle de la Paz。早在19世纪,❿**Hotel Vincci Palace**曾是巴伦西亚最好的酒店。它和对面的⓫**31号**都带有装饰性凸窗(拐角阳台),而⓬**Red Nest Hostel**(36号)则拥有树叶图案的铁栏杆。坐落在Calle de las Comedias街角处的⓭**21号和23号**,带有华丽窗户和阳台,还有一座立有圆柱的凸窗。

在Calle de la Paz的尽头继续直行,也许可以到⓮**Horchatería de Santa Catalina**(见888页)去喝一杯horchata。然后在洛佩·德维加广场(Plaza Lope de Vega)左转进入Calle Trench,返回中心市场。

有用成年牛的肉制成的优质牛排，以及烹制简单、装饰精美的鲜鱼。开胃小吃可以尝尝molletes——这种迷你汉堡的馅料很丰富，比如鞑靼牛排或牛尾肉。

Ricard Camarena 美食店 €€€

（见874页地图；☎963 35 54 18；www.ricardcamarenarestaurant.com；Bombas Gens，Avenida de Burjassot 54；赏味套餐 €98~150；⊙周二至周六 13:30~15:30和20:30~22:30；📶）巴伦西亚当前评价最高的厨师在这里展现着他的种种才能，餐厅新搬至这座由工厂改造而成的艺术中心**Bombas Gens**（☎963 46 38 56；www.bombasgens.com；Avenida de Burjassot 54；⊙周三 17:00~21:00，周四和周五 11:00~14:00和17:00~21:00，周六 11:00~21:00，周日正午至21:00）🍃 免费 。一系列品尝套餐都以巴伦西亚市场上出售的理想的新鲜农产品为中心，摆盘的方式富有创意，能激发不同寻常的细腻口味。工作日供应的午餐套餐售价€55。

巴伦西亚西部

★Bar Ricardo 西班牙小吃 €€

（见874页地图；☎963 22 69 49；www.barricardo.es；Calle de Doctor Zamenhof 16；主菜 €10~18；⊙周二至周六 8:00至午夜）冰啤酒——巴伦西亚最好的小杯啤酒（cañas）之一——和数量惊人的西班牙小吃及其他菜肴，描述了这个极其传统的地方所拥有的特征，这里有一个老式的夹层，还有令人愉快的露台。蜗牛、品质一流的海鲜和其他许多美味都在此恭候你的到来。厨房全天开放，所以，如果要在西班牙饭点以外的时间用餐，这里是很好的选择。

El Pederniz 西班牙菜 €€

（见874页地图；☎963 32 41 06；www.elpederniz.com；Pasaje de Ventura Feliú 20；主菜 €11~22；⊙周一和周三至周六 10:30~16:30和20:30~23:00，周二 10:30~16:30；📶）这家装饰得十分舒适的餐馆位于一个毫无特色的地区，不过离快车进出的火车站只有很短的距离。这里温暖而真诚的迎接和满腔热情会给你留下深刻的第一印象。美味的海鲜及野味能带来很棒的用餐体验。如果想在赶火车前从容地吃顿午餐，这里正是不错的选择，不过除此之外的任何情况下也都值得一试。

巴伦西亚海滩

Bar La Paca 西班牙小吃 €

（☎637 860528；Calle del Rosario 30；西班牙小吃 €3~8；⊙13:00至次日1:00）这家舒适的酒吧非常热闹，光顾的人群不拘一格，气氛热闹融洽。棋盘式的地砖和深红色的装饰令它看上去颇为与众不同，会供应简单但美味的西班牙小吃（包括素食）和精酿啤酒，价格公道。这是那种你希望自己就住在它楼上的地方。

★Bodega Casa Montaña 西班牙小吃 €€

（☎963 67 23 14；www.emilianobodega.com；Calle de José Benlliure 69；西班牙小吃 €4~14；⊙周一至周五 13:00~16:00和20:00~23:30，周六 12:30~16:00和20:00~23:30，周日 12:30~16:00）这个地方是1836年前后开业的，是巴伦西亚最具特色的去处之一，拥有“令人尊敬”的酒桶，以及旧日的氛围。这里不断改进的精选葡萄酒非常棒，还会供应一系列精致的西班牙小吃，包括很多腌制的海鲜。我们爱上了熏鳗鱼，不过别的也很棒。

饮品和夜生活

老城区北部

★Café Negrito 酒吧

（见878页地图；☎963 91 42 33；Plaza del Negrito；⊙15:00至次日3:30；📶）Negrito在某种意义上是当地的一个传奇，近年来它进行了少量的翻新，并以相当漂亮的内部装饰而自豪。不过这里的特色并没有改变，仍以有知识、社会意识强的左翼顾客群为主导，举办的艺术展览往往聚焦于可持续发展或者非政府组织。大露台是消磨晚间时光的绝佳去处。

★Radio City 夜店

（见878页地图；☎963 91 41 51；www.radiocityvalencia.es；Calle de Santa Teresa 19；⊙23:00至次日4:00）Radio City不但是夜店，几乎也是一家小型文化中心。从凌晨1:00左右，这里开始摩肩接踵，会用语言交流之类的活动吸引顾客，而且每晚都有DJ打碟或现场音乐表演。从弗拉明戈舞（周二）到雷鬼音乐和放克音乐，应有尽有。顾客群体风格多样，但是都非常投入。

Tyris on Tap

小型自酿酒吧

（见878页地图；961 13 28 73；www.cervezatyris.com；Calle Taula de Canvis 6；周二至周日 18:00至次日1:00或1:30；）漆成了白色的工业砖、垂得很长的吊灯和只满足基本需要的装饰，为这家酒吧营造了仓库式的时髦气息。它是一家当地小啤酒厂开的商店，有10个龙头用于供应非常美味的精酿啤酒。我们最喜欢的位于市中心的露台之一就设在店前面，还有一些简单的酒吧食物，比如烤干酪辣味玉米片等，都能让你更好地享受这里。

Café de las Horas

酒吧

（见878页地图；963 91 73 36；www.cafedelashoras.com；Calle Conde Almodóvar 1；周一至周五 10:00至次日2:00，周六和周日 11:00至次日2:00，8月 从16:00开始营业；）这里充满了巴洛克风格，装饰着挂毯、枝状大烛台和鲜花花束，播放着各种类型的音乐，并且会供应种类丰富的极具异国情调的鸡尾酒。周日还有主题早午餐（11:00至16:00）。服务还有改善的空间，不过，不管是喝咖啡还是copa（混合饮品），这里都是值得停留的迷人之处。

卡门区

L' Ermità

酒吧

（见878页地图；963 91 67 59；www.facebook.com/lermitacafe；Calle Obispo Don Jerónimo 4；周三至周六 19:00至次日1:30）这家酒吧就坐落在市中心的一条后街上，是喝一杯的首选。这里的音乐相当好，会定期组织文化活动，常客都很友善，员工热情而亲切。奇特有趣的内饰营造了放松的舒适环境，不过在温暖的夜晚，街边的桌子才是最佳选择。

Café Museu

咖啡馆

（见878页地图；960 72 50 47；Calle del Museo 7；周二至周四 9:00~23:00，周五 至次日1:30，周六 11:00至次日1:30，周日 11:00~23:00；）这个破旧的前卫场所是卡门区不拘于世俗陈规的人们的聚集之处，会举办各种令人印象深刻的文化活动，包括英语/西班牙语会话、定期的现场音乐表演、戏剧演出等。这儿的露台很受欢迎，是痛饮啤酒的最佳场所。

巴伦西亚北部和东部

★ Chico Ostra

酒吧

（见874页地图；960 71 99 44；www.chicoostra.com；Calle del Músico Belando 15；周日至周四 18:00至午夜，周五和周六 至次日1:30；）这家可爱的咖啡馆兼酒吧位于Benimaclet，在这个区是我们的最爱。经过洞穴似的入口，会来到以白色为主的时髦室内。这里供应多种美味的小吃（€2~9），出售二手服装和书籍，还能让你遭遇一系列不错的文化事件。

Deseo 54

同性恋酒吧

（见874页地图；697 699166；www.deseo54.com；Calle de la Pepita 13；周五和周六晚上和1:30~7:30；）进出这家高档的著名迪斯科舞厅（discoteca）的人群大多年轻而漂亮。这里提供高品质的电子音乐，顾客主要是LGBT群体，但是并不排外。门票价格各异，具体取决于是哪天的夜晚和哪个DJ，不过在网站上可以买到便宜一些的预售票。

鲁萨法区

★ La Fustería

酒吧

（见874页地图；633 100428；www.lafusteriaruzafa.com；Calle de Cádiz 28；周一至周四 19:00~23:30，周五和周六 至次日2:30；）这里从前是木工工场，现在则变成了杂乱却可爱的酒吧和餐馆，摆着并不匹配的家具，还有裸露在外的砖墙。这里特别适合饭后小酌，形形色色的顾客都很友善，还会在后面举办定期活动——我们上次去的时候，是弗拉明戈舞。

Slaughterhouse

酒吧

（见874页地图；963 28 77 55；Calle de Denia 22；18:00至次日1:30；）Slaughterhouse曾是一家肉店（所以店名叫屠宰场，同时也是受库尔特·冯内古特所著的名字相似的小说启发）。店里到处都是书（连厕所里也不例外）——新的、旧的、出售的或仅供阅览的，应有尽有。这里供应的菜式有限，包括汉堡、沙拉和奶酪，每道菜（€7~10）都拥有20世纪70年代的文学或流行文化渊源。

☆ 娱乐

★ Jimmy Glass 现场音乐

（见878页地图；www.jimmyglassjazz.net；Calle Baja 28；⊙周一至周四 20:00至次日2:30，周五和周六 21:00至次日3:30；📶）富有情调的Jimmy Glass有着爵士乐酒吧应有的样子，这里灯光昏暗，并且供应令人兴奋的鸡尾酒。一周会安排四场现场演出，其中很多都是免费的，还会在10月或11月举办一年一度的爵士音乐节，届时会吸引一些顶级音乐家的到来。其他时候，店内会播放老板收藏的众多CD中的曲目。在周四至周六供应西班牙小吃。

★ Valencia Club de Fútbol 足球

（Estadio de Mestalla；见874页地图；☎963 37 26 26；www.valenciacf.com；Avenida de Aragón）该市的主要球队，也是西班牙足坛上的一支劲旅，球迷以苛刻著称。搬迁到城市西北新球场的计划已经拖延了几年，所以目前它还在梅斯塔利亚球场（Mestalla），这座气氛十足、观众席颇为陡峭的球场靠近市中心。你可以通过网站提前几周购票。

品尝HORCHATA

巴伦西亚的特色饮品horchata（加泰罗尼亚语为orxata）是整个西班牙的一项夏季乐趣，这种不透明的含糖饮料用chufas（油莎豆：虽然叫这个名字，却是一种小块茎）压榨制成，你可以用一种被称为fartóns（不要笑，与英语“放屁”发音相似）的手指形状的面包蘸着吃。镇中心品尝horchata的传统去处是**Horchatería de Santa Catalina**（见878页地图；☎963 91 23 79；www.horchateriasantacatalina.com；Plaza de Santa Catalina 6；⊙8:15~21:30；📶），而**哥伦布市场**（见874页地图；www.mercadodecolon.es；Calle de Cirilo Amorós；⊙7:00至次日1:30；📶）也有几种选择。如果你想更多地了解chufas和制作horchata的过程，可以参加**Horta Viva**（☎691 093721；www.hortaviva.net）提供的团队游。

Wah Wah 现场音乐

（见874页地图；www.wahwahclub.es；Calle Campoamor 52；⊙周四至周六 22:30至次日3:00；📶）对许多人来说，Wah Wah仍是巴伦西亚最火爆的现场音乐场所，地下音乐和国际独立音乐尤其出色，虽然也会播放经典的西班牙车库乐和摇滚乐。注意查阅其网站，如果想提前购票，网站上有时更便宜一些。

音乐厅 表演艺术

（Palau de la Música；见874页地图；☎902 010284；www.palaudevalencia.com；Paseo de la Alameda 30）这个很有吸引力的场所就坐落在干涸的河床上，主要举办古典音乐独奏会；而它也是巴伦西亚主要管弦乐团的所在地。长长的玻璃通道看上去很棒，不过夏天待在下面可能会很热。

🛍 购物

★ Madame Mim 二手店、服装

（见874页地图；☎963 25 59 41；www.facebook.com/madame.mim.shop；Calle de Puerto Rico 30；⊙周二、周四和周五 11:00~14:30和17:30~21:30，周六 11:00~14:30和18:00~22:00）很多巴伦西亚人都会说这是城里最好的古着店，我们总是很好奇它还有什么存货。除了衣服，这里还有一大排奇特有趣的东西值得一看。

★ Cestería El Globo 艺术和手工艺品

（见878页地图；☎963 52 64 15；www.facebook.com/cesteriaelglobo；Calle del Músico Peydró 16；⊙周一至周五 9:45~13:30和16:30~20:00，周六 10:00~14:00和17:00~20:15）这家迷人的商店于1856年开业，以成堆的传统柳条制品为特色——为你的自行车买个车框怎么样？也有摇摆木马及其他实木玩具。

Abanicos Carbonell 艺术和手工艺品

（见874页地图；☎963 41 53 95；www.abanicoscarbonell.com；Calle de Castellón 21；⊙周一至周五 9:30~13:30和16:00~20:00）这家历史悠久的扇子店是于1810年开业的，专门提供手绘的手动冷却工具，从简单但可爱的扇子——售价€10，非常合理，到价值数千欧元的著名扇面画家的作品，应有尽有。该店已由

同一个家族经营了五代之久。

Lladró 陶瓷

（见878页地图；☎963 51 16 25；www.lladro.com；Calle del Poeta Querol 9；⏰周一至周六10:00~20:00）50多年前，利亚德罗（Lladró）三兄弟制作了他们的第一件著名瓷雕。如今，他们位于城市北郊的工厂雇用了数百名工人，雕像也出口到了世界各地。其零售店刻意开在了该市最时髦的一条街道上。店内几乎是一座迷你博物馆，你可以浏览并购买这些迷人的小雕像。

实用信息

该市的旅游网站是www.visitvalencia.com。机场设有一个旅游局办事处，市内还有三个：

市政厅旅游局办事处（Ayuntamiento Tourist Office；见878页地图；☎963 52 49 08；Plaza del Ayuntamiento 1；⏰周一至周六 9:00~18:50，周日10:00~13:50）位于市政厅。

华金-索罗利亚火车站旅游局办事处（Joaquín Sorolla Station Tourist Office；见874页地图；☎963 80 36 23；Valencia Joaquín Sorolla；⏰周一至周五10:00~17:50，周六和周日 至14:50）位于高速火车站。

和平旅游局办事处（Paz Tourist Office；见874页地图；☎963 98 64 22；Calle de la Paz 48；⏰周一至周六 9:00~18:50，周日 10:00~13:50；📶）

到达和离开

飞机

巴伦西亚的**机场**（VLC；☎902 404 704；www.aena.es）位于市中心以西10公里处，沿A3公路往马德里方向走就可以到达。这里的航班——包括很多廉价航班，飞往欧洲的主要目的地，包括伦敦、巴黎和柏林。

船

Trasmediterránea（见892页）和Baleària（见905页）运营的汽车和客运渡船去往伊维萨岛（Ibiza）和马略卡岛（Mallorca）。去往梅诺卡岛（Menorca）和阿尔及利亚（Algeria）的渡船班次较少。

长途汽车

巴伦西亚的**长途汽车站**（见874页地图；☎963 46 62 66；Avenida Menéndez Pidal）位于河床旁边。8路公共汽车从这里开往市政厅广场。

Avanza（www.avanzabus.com）每小时有1班长途汽车往返马德里（€30~36，4~4.5小时）。

ALSA（www.alsa.es）每天最多有10班车往返巴塞罗那（€29~36，4~5小时），还有超过10班开往阿利坎特（€21~25，2.5~5.75小时）的长途汽车，大多数车都经过贝尼多姆。

火车

现在所有快车进出的都是**巴伦西亚华金·索罗利亚火车站**（Valencia Joaquín Sorolla station；www.adif.es；Calle San Vicente Mártir 171），该站位于老城区以南800米处。这是暂时的，但是看起来会持续很长一段时间。

免费班车连接着它和附近的**火车北站**（见877页），两座车站相距500米。火车北站有开往甘迪亚（Gandia）、阿利坎特和马德里的慢车，而且连接着当地的近郊（cercanía）线路。

虽然近郊线路的一些车从火车北站出发，但是开往西边的车从位于城市西部的**巴伦西亚圣伊西德罗火车站**（Valencia San Isidro/Sant Isidre）出发。

主要目的地包括下列：

目的地	费用（€）	时间（小时）	发车频率（每天）
阿利坎特	17~30	1.5~2	12班
巴塞罗那	29~45	3.25~5.75	14班
马德里	27~73	1.75~7	18班

> ### 骑自行车游巴伦西亚
>
> 骑自行车是一种很棒的当地出行方式：河床公园能让你方便地前往城市的大部分地区，现在还设置了优秀的自行车道网络。这里有很多自行车租赁点，而且绝大多数提供住宿的地方都可以安排租车。城市自行车计划**Valenbisi**（www.valenbisi.es）可以让你在车架的机器上或者在线上签署为期一周的租赁合同（€13.30）。

当地交通

巴伦西亚有一套完善的由公共汽车、有轨电车和地铁组成的交通网络。旅游局办事处出售

巴伦西亚旅游卡（Valencia Tourist Card; ☎900 701818; www.valenciatouristcard.com; 24/48/72小时€15/20/25），持卡人可以享受免费的市内交通，以及其他各种优惠和赠品。

公共交通

大多数公共汽车都运营到晚上22:00左右，各种夜班服务则持续到凌晨1:00左右。1/2/3天的交通卡在公共汽车、地铁和有轨电车上均可使用，价格分别为€4/6.70/9.70。

有轨电车是去往海滩和港口的舒适选择。可以在Pont de Fusta站，或其与地铁交会的Benimaclet站上车。

地铁（www.metrovalencia.es）线路贯穿整座城市并且连接着远郊。离市中心最近的车站是Ángel Guimerá、哈蒂瓦（Xàtiva）、Colón和Pont de Fusta。

巴伦西亚省（VALENCIA PROVINCE）

拉阿尔武费拉湖（La Albufera）

拉阿尔武费拉湖位于巴伦西亚以南大约15公里处，是一个巨大的淡水潟湖，由一片松林覆盖的狭长沙丘与大海隔开。这里种植的水稻大名鼎鼎。而它也是一个重要的沙丘和湿地生态系统，该地区的大部分区域都属于**拉阿尔武费拉湖自然公园**（Parque Natural de la Albufera; www.parquealbufera.com）免费。园内非常适合观鸟。

阿尔武费拉最有趣的社区是就在潟湖边上的**埃尔帕尔马**（El Palmar），还有**埃尔萨勒**（El Saler），那里的一片海滩背后是松林沙丘，一侧是潟湖。**皮内多**（Pinedo）位于河口对岸，与巴伦西亚相对，它所拥有的海滩和米饭类菜肴使它成了另一个受欢迎的目的地。

这里的日落非常壮观。你也可以从埃尔帕尔马或埃尔萨勒出发，乘船到潟湖上游览，并加入当地渔民的队伍，他们会用平底船和渔网从浅水区捕捞鳗鱼和其他鱼类。

25路公共汽车从巴伦西亚市中心开往埃尔萨勒和埃尔帕尔马，大约每20分钟1班。14路和15路公共汽车去往皮内多。这些车都属于巴伦西亚城市系统。还有一些去往埃尔萨勒的车由Autocares Herca运营。

自行车道从巴伦西亚一直通往埃尔萨勒，使骑车成了探索这个地区的绝佳选择。

萨贡托（Sagunto）

人口 64,400

港口城镇萨贡托（巴伦西亚语为Sagunt）位于巴伦西亚以北25公里处，这里最主要的，是能从规模庞大但严重受损的山顶城堡建筑群，欣赏海岸及大片柑橘园的壮丽全景。从巴伦西亚到这儿来进行半日游十分方便。

景点

★萨贡托城堡 城堡

（Castillo de Sagunto; ☎962 61 71 67; www.aytosagunto.es; ⏲周二至周六 10:00~18:00或20:00，周日 10:00~14:00）免费 萨贡托的城堡威严地坐落在山顶上，石墙环绕着双峰延伸了几乎1公里。它有7个格局凌乱、多半都毁坏了的部分，每一部分都讲述着萨贡托不同时期的历史。参观这座堡垒需要多加小心，目前最好在遗迹中漫步，欣赏海岸沿线的壮观风光，而不是详细地了解它漫长的历史。不要指望解说板，不过可以下载的应用程序“萨贡托之旅”（Tour Sagunto）带有语音导览。

城堡的传奇历史始于一个欣欣向荣的伊比利亚居民区，当时被称为Arse（意为笨蛋，事后想来，这个名字真是不幸），它与希腊人和腓尼基人存在贸易往来。公元前219年，汉尼拔（Hannibal）围攻并摧毁了这座城镇，引发了罗马人和迦太基人之间的第二次布匿战争（Second Punic War）。罗马人取得了胜利，将城镇命名为Saguntum，并着手重建。摩尔人赋予了这座城堡现在的外形；后来基督徒对其进行了美化，半岛战争（Peninsular War）中还在此进行了激战。

入口处位于东侧的山顶，那里是罗马城镇的所在地。在发掘出来的广场遗迹周围，你会看到一座共和国圣殿遗留下来的楼梯和地基——一座柱帽，以及一些刻着字的石头遗迹。这个地区就是阿马斯广场（Plaza de Armas），它构成了中世纪城堡的中心。阿尔梅纳拉门（Puerta de Almenara）从这里通往经过加固的东部建筑群。

西侧的山顶是伊比利亚古城的原址，不过你在这里看到的大多是后来建于18世纪和19世纪的防御工事，其中最令人印象深刻的景点是一座尤为坚实的堡垒。风景也相当激动人心。

两座山顶之间坐落着**铭文博物馆**（Museo de Epigrafía），里面收藏着在这里发现的带有雕刻的石头。有拉丁文的丧葬和歌颂铭文、一些柱帽，以及少量中世纪时期刻着希伯来文的石头。这里有一些关于古罗马风俗的非常有趣的信息，但是仅限于西班牙语和巴伦西亚语。

在城堡下方，你还能参观**罗马剧场**（Roman theatre）。过度修复造就的巨大舞台和大理石座席无疑很适合演出，但是没有丝毫历史感。

实用信息

旅游局（Tourist Office；☎962 65 58 59；www.sagunto.es/turismo；Plaza Cronista Chabret；⏲4月至10月 周一至周五 10:00~14:30和16:30~19:30，周六和周日 9:00~14:30和16:30~18:30，11月至次年3月 周一至周五 9:30~14:30和16:00~18:30，周六和周日 9:00~14:00）从火车站步行15分钟就可以到达。夏季还会在海滩开设一个办事处。

到达和离开

从巴伦西亚前往萨贡托的最佳选择是乘坐C5和C6线路的近郊火车（单程€3.70，30分钟，有固定班次）。

甘迪亚（Gandia）

人口 74,800

惬意而宽敞的城镇甘迪亚（西班牙语为Gandía）曾是博尔哈（Borja）王朝（也就是人们熟知的臭名昭著的波吉亚家族）一个分支的所在地，现在则是繁荣的商业中心，气氛轻快活泼。同时，城镇6公里外可以享受阳光海滩的乐趣。邻近的港口区有一班新开的渡船连接着巴利阿里群岛。

景点

★博尔哈公爵宫 宫殿

（Palacio Ducal dels Borja；☎962 87 14 65；

不要错过

番茄狂欢节

在巴伦西亚以西40公里处的布尼奥尔（Buñol）举行的**番茄狂欢节**（La Tomatina；www.latomatina.info；票价 €10；⏲8月下旬），是一个必不可少的夏季活动：

8月的最后一个周三是庆祝西班牙最混乱的日子。番茄狂欢节是一场扔番茄的大狂欢，会将超过2万名游客被吸引到这座只有9000居民的小镇上。11:00开始，100多吨湿软的番茄将从卡车上倾倒到等待着的人群之中。在这一个小时里，所有人都会加入欢乐而狂乱的番茄大战。

番茄被捣碎成浆后，当地的消防队会用水管将其冲洗干净。

参加费用为€10，通过官方网站支付，不过也有很多旅行社售票，并提供从巴伦西亚、阿利坎特及其他地方出发的包价游。现场设有衣帽寄存设施，因为不能把包或相机带进节日区域。记得带一套干净的衣服，以便在结束之后替换。至于番茄大战本身，一些人会戴上护目镜来保护眼睛。人字拖并不适合；最好穿鞋，不过别指望再把它们弄干净。

如果你准备购买包价游，可以试试去掉“海鲜饭和桑格利亚汽酒”这项附加服务，因为在布尼奥尔的街道上很容易找到更便宜的。尽管大多数游客只是从巴伦西亚过来参加活动，但是在节日前后留宿一晚也非常值得。番茄狂欢节是当地主要宗教节日的一个环节，整个星期都充满节日氛围，还会举办音乐会。

在番茄狂欢节前的周六，还会组织一次儿童版的番茄大战，年龄限制在4~14岁，免费参加。

www.palauducal.com; Calle Duc Alfons el Vell 1; 成人/儿童 €6/4，语音导览 €2; ⏲11月至次年3月 周一至周六 10:00~13:30和15:00~18:30，周日 10:00~13:30，4月至10月 周一至周六 10:00~13:30和16:00~19:30，周日 10:00~13:30）甘迪亚富丽堂皇的宫殿建于14世纪初，在数百年里一直是甘迪亚博尔哈公爵的居所，耶稣会圣人弗朗西斯·波吉亚（Francis Borgia）也是这个家族的成员。虽然这栋建筑在19世纪进行了大规模的改建，但是依然保留着一些原始的细节。精美的Salón de las Coronas是几处奢华的空间之一，亮点是金色长廊（Galería Dorada），华美的瓷砖地板是这一组装饰华丽的房间中最吸引人的地方，地板上描绘着由四大元素组成的世界。

还可以留意一下低矮的祈祷室，那里铺着惊艳的木地板，墙上装饰着灰色模拟浮雕画。还有漂亮的瓷砖作品和天花板贯穿始终。一天会组织几次导览游（西班牙语，附带英文小册子），费用为€1多。

就餐

★ Telero 巴伦西亚菜 €€

（☎962 86 73 18; www.telero.es; Calle Sant Ponç 7; 主菜 €13~19; ⏲周二至周六 13:30~15:30和20:30~23:30）这家舒适宜人的餐馆很隐蔽，但是值得寻找，它所关注的焦点是高品质的食材。先在传统的房子里欣赏裸露着砖块、感觉舒适的用餐区，再听听菜单之外还有什么菜肴，并选择一顿用当地最优质的蔬菜和鱼类烹制的饭菜。

实用信息

甘迪亚海滩旅游局（Playa de Gandia Tourist Office; ☎962 84 24 07; www.visitgandia.com; Paseo de Neptuno; ⏲9月中旬至次年6月 周一至周五 9:30~14:00和15:30~18:30，周六和周日 9:30~13:30，7月至9月中旬 周一至周六 9:30~20:30，周日 至13:30）位于海滩。

镇旅游局（Town Tourist Office; ☎962 87 77 88; www.visitgandia.com; Avenida Marqués de Campo; ⏲9月中旬至次年6月 周一至周五 9:30~13:30和15:30~19:30，周六 9:30~13:30，7月至9月中旬 周一至周五 9:30~14:30和16:00~20:00，周六 9:30~13:30）位于汽车和火车站对面。

到达和离开

连接甘迪亚和巴伦西亚（€5.80，1小时）的近郊火车每30分钟发出一班（周末每小时1班）。汽车和火车共用的车站位于镇旅游局对面；在海滩附近也会停站。

ALSA运营的定点长途汽车去往德尼亚（Dénia; €3.60，30分钟）及其他沿海城镇。

Trasmediterránea（☎902 454645; www.trasmediterranea.es）运营的快速渡船去往伊维萨岛圣安东尼（Ibiza Sant Antoni; 乘客/小汽车 €82/119，2小时，每天1班或更多），夏季还有去往福门特拉岛（Formentera; 乘客/小汽车 €60/120，4小时，每周1班）的渡船。

当地交通

开往甘迪亚海滩的La Marina Gandiense公共汽车在镇旅游局旁边停车，每20分钟1班。

雷克纳（Requena）

雷克纳位于巴伦西亚以西65公里处，以前这里盛产丝绸，现在则以葡萄酒酿造和畜牧业为主，出产味道浓郁的红葡萄酒（尝尝当地的博巴尔葡萄）、起泡葡萄酒（cavas）、肥腻的香肠和香辣肉食。耸立在中心地带的La Villa是其中世纪的核心，由此伸展出了蜿蜒的街道和阴暗的小巷。这里没有为旅游业而刻意营造气氛，因此十分值得探索。可以看看入口处建于15世纪的警戒塔、美丽的哥特式外立面、小博物馆，以及曾经的犹太区内的窄巷。

对葡萄酒爱好者来说，有两个地方值得拜访：**葡萄酒博物馆**（Museo del Vino; ☎962 30 32 81; Carrer Somera 13; 成人/儿童 €2/1.50; ⏲周三至周五 正午至14:00，周六 正午至14:00和17:00~19:00），它坐落在气派的15世纪的Palacio del Cid内，还有**Ferevin**（☎962 30 57 06; www.ferevin.com; Cuesta de las Carnicerías; ⏲周一至周五 11:00~14:00和16:00~19:00，周六 11:00~14:30和16:00~19:00，周日 11:00~14:30），这是当地葡萄酒生产商的展览室。8月底有一个葡萄酒节。网站www.rutavino.com非常实用。

这里有往返巴伦西亚的定点长途汽车（€5.47，1小时）和近郊火车（€5.80，1.5小时)。价格更贵的快速列车在距离城镇6公里远的另一座车站停靠。

哈蒂瓦(Xàtiva)

人口 29,000

哈蒂瓦(西班牙语为Játiva)距离巴伦西亚50公里远,是便利的一日游目的地,此外也是北上或南下途中的一个停靠点。这里有引人入胜的古老街区,以及一座点缀在Serra Vernissa山顶上的宏伟城堡,小镇就依偎在山脚下。

摩尔人在哈蒂瓦建立了欧洲的第一家造纸厂,这里也因诞生了波吉亚教皇卡利克斯特斯三世(Calixtus Ⅲ)和亚历山大六世(Alexander Ⅵ),以及画家何塞·德里韦拉(José de Ribera)而闻名。1707年,腓力五世(Felipe Ⅴ)的军队将城镇的大部分地区付之一炬,终结了这里的辉煌岁月。

景点

老城区位于南部,从林荫大道(Alameda)上山。可以在旅游局索取该镇的英文小册子《哈蒂瓦:不朽之城》(*Xàtiva: Monumental Town*)。镇上有几座宏伟的建筑,值得花时间好好逛一逛。留意文艺复兴风格的医院气派的外立面,它就坐落在主教堂对面,附近还有历史悠久的药房。

★ 哈蒂瓦城堡 城堡

(Castillo de Xàtiva; ☎962 27 42 74; www.xativaturismo.com; 成人/儿童 €2.40/1.20; ⏲11月至次年3月 周二至周日 10:00~18:00, 4月至10月 周二至周日 至19:00)哈蒂瓦的城堡占据着一座带有双峰的山顶,能俯瞰老城区,可以说,它是整个巴伦西亚地区最引人联想、最有趣的城堡。在崩塌的城垛后面,你会看到花园(可以野餐)、看似摇摇欲坠的炮塔、塔楼和其他建筑(有些在20世纪使用过,因此发生了很大的变化),比如地牢和一座漂亮的哥特式小教堂。通往城堡的上坡路途漫长,但风景动人。

如果现在看到城堡都觉得很大,就不难想象300年前完整的建筑群是何等气派。不幸的是,1748年的一场地震给城堡造成了严重的破坏,并且一直未能完全修复。

在变成目前的状态之前,城堡山因其至关重要的战略位置,一直都是防御森严的有利地点。在罗马人和迦太基人的战争中,以及公元前1世纪罗马人的冲突中,它都相当重要。

上山途中,你会在左边看到一座18世纪的圣何塞普教堂(Ermita de Sant Josep),右边则是可爱的罗马式的圣费利乌教堂(Iglesia de Sant Feliu; 1269年)——哈蒂瓦最古老的教堂。你还会路过古老的穆斯林聚居城镇破败不堪的部分遗迹。每天有两三趟旅游列车从旅游局开往山上(€4.20)。

各种设有路标的步行路线遍布城堡山及周围地区。

食宿

★ Mont Sant 酒店 €€

(☎962 27 50 81; www.mont-sant.com; Subida al Castillo; 含早餐标单 €104~137, 双 €112~144; ⏲2月至12月; P ❄ 📶 🏊)热情的管理使这家迷人的酒店成了很棒的住处,它位于老城区和城堡之间,周围环绕着城墙、一座女修道院的遗迹以及棕榈园和柑橘园。这里充满了乡村风情,并不像从城镇步行几分钟就可以到达的地方。可以入住经过精心改造的主建筑,也可以选择宽敞、现代、拥有木制外观的小屋。

所有房间都有阳台或露台,还有一个带私人游泳池的套房。餐馆提供高档美食和包价服务,包括正餐。一定要看看令人惊叹的中世纪蓄水池。

La Picaeta de Carmeta 巴伦西亚菜 €€

(☎619 511971; Plaça de Mercat 19; 主菜 €13~18; ⏲周二至周四和周日 13:30~16:00, 周五和周六 13:30~16:00和20:30至午夜)坐落在一座迷人的老城区广场(享用酒水和西班牙小吃的好去处,极具发展前景)的一端,是一家很棒的餐馆,以裸露的砖墙和精选的艺术品为装饰,感觉时髦而朴素。这里供应精选的肉菜饭,以及简单烹制的鱼类和可口的创意沙拉。菜肴都很美味,还有一些美酒为你的一餐锦上添花。

实用信息

旅游局(Tourist Office; ☎962 27 33 46; www.

xativaturismo.com; Alameda Jaime I 50; ⏲周二至周四 10:00~17:00，周五 至18:00，周六和周日 10:15~14:00）位于哈蒂瓦绿树成荫的主街——林荫大道。

到达和离开

C2线上连接哈蒂瓦和巴伦西亚（€4.35，45分钟，每半小时1班）的近郊火车班次颇多，绝大多数巴伦西亚至马德里的火车也在此停站，不过后者价格更高。你也可以从这里乘火车（€13~17，1.25小时，每天7班）到达阿利坎特。

卡斯特利翁省（CASTELLÓN PROVINCE）

卡斯特利翁（Castellón）

人口 171,000

卡斯特利翁（Castellón de la Plana，巴伦西亚语为Castelló）是一座不受游客关注的省会城市。虽然没有什么景点，但是这个令人愉快的地方拥有性价比颇高的住处，市中心还有生气勃勃的餐饮区。距离市中心4公里远的格劳区（Grao）以渔港为中心，其北侧便是该市的海滩。

食宿

Tryp Castellón Center 商务酒店 €€

（☎965 34 27 77; www.melia.com; Ronda del Millars; 房 €52~74; P❄📶）因为卡斯特利翁的游客相对较少，所以这里的酒店已经缩减到了散布在中心区边缘附近的连锁商务酒店。这是其中最好的一家，有非常宽敞的房间、闪闪发亮的新镶木地板，以及为了使它感觉更个性化而付出的些许努力。以这里的标准而言，价格很超值。

★**Bodega La Guindilla** 西班牙小吃 €€

（☎964 22 88 94; www.grupolaguindilla.com; Calle Asarau 2; 主菜 €13~17; ⏲周一至周六 13:00~16:00和19:00至次日1:00）在这家明亮的街角餐馆，可以坐在木桶旁，选一张户外餐桌，或者到楼下的餐厅去——它是位于Calle Barracas的那家拥挤不堪的西班牙小吃吧的扩展。这里主打海鲜，不过所有东西都很美味，摆盘也很棒。可以期待石板墨鱼、奶油鳕鱼球和令人赞叹的每日特色菜。我们上次去的时候是乳猪煎饺和炸海葵。

实用信息

旅游局（Tourist Office; ☎965 35 86 88; www.castellonturismo.com; Plaza de la Hierba; ⏲周一至周五 10:00~18:00，周六 至14:00）位于各项活动的中心，就在大教堂旁边。在港口区还有一个办事处。

到达和离开

飞机

卡斯特利翁的**机场**（☎964 57 86 00; www.aeropuerto-castellon.com; Carretera CV13, Benlloch）位于城镇以北33公里处，是西班牙建设热潮中著名的"白象工程"（意指昂贵却无用）——每年在火星着陆的飞行器都比这里多。现在它为一些飞往英国及几个东欧国家的廉价航班提供服务。由Autos Mediterráneo运营的一些公共汽车和小型公共汽车从这里开往卡斯特利翁（€12，1小时）及其他沿海目的地，必须提前在线预约。

长途汽车和火车

卡斯特利翁是该地区的长途汽车枢纽，全省的服务主要由**Autos Mediterráneo**（☎964 22 00 54; www.autosmediterraneo.com）运营。每天有5班或更多长途汽车从这里开往巴伦西亚（€6.35，1.25小时）。

卡斯特利翁是C6近郊火车线路的北端终点站，该线路连接着这里和巴伦西亚（€5.80，1~1.5小时，每半小时1班）。

而在标准列车网络中，还有非常频繁的速度更快的列车（€6~20，45分钟至1小时）去往巴伦西亚。经塔拉戈纳（Tarragona）去往巴塞罗那（€24~40，2.5~4小时）的列车也很频繁。

贝尼卡西姆（Benicàssim）

人口 18,000

讨人喜爱的贝尼卡西姆沿着海岸绵延6公里。自从19世纪富有的巴伦西亚家庭在这里建造避暑别墅以来，这个地方一直是热门的度假胜地。如今这里依然是本地游客多于外国游客，街上说巴伦西亚语的人非常多。该镇还因盛大的夏季音乐节而闻名。

景点

棕榈沙漠

(Desierto de les Palmes) 自然保护区

沿着盘旋向上的CV147公路前行约6公里，就来到了这座偶尔会雾气弥漫的内陆山脉——比海滨地区更加凉爽——在其中心地带有一座加尔默罗会（Carmelite）修道院以及一家一流的**餐馆**（☎964 30 09 47; CV147, Km 9; 主菜 €13~22; ⊙3月至12月 周三至周一 9:30~17:30, 6月至9月上旬 至午夜）。现在这里成了自然保护区，远远称不上沙漠（对修士来说，沙漠意味着神秘的隐修地），而是一个非常适合户外活动的绿化区。从这里的最高峰**巴尔托洛山**（Monte Bartolo, 728米）上可以欣赏令人惊艳的风景。旅游局有一本很棒的小册子，列出了一系列不同的山间步道。

活动

Aquarama 水上乐园

（☎902 998711; www.aquarama.net; N340, Km 987; 成人/儿童/幼儿 一日通票 €26/19/15.50; ⊙6月中旬至9月上旬 11:00~19:00; 👪）这座巨大的水上乐园就在小镇西南方向的N340公路旁。在线订票可以享受合理的折扣。

节日和活动

★贝尼卡西姆国际音乐节 音乐节

（Festival Internacional de Benicàssim, 简称FIB; www.fiberfib.com; ⊙7月中旬）这个一年一度为期4天的盛会是欧洲主要的户外音乐节之一，届时会有数万名乐迷聚集于此。近年来参演的顶级明星之中包括一些经典的名字，不过大多数都是深受20多岁年轻人群喜爱的时兴艺人。如果表演在下午晚些时候开始，则意味着你可以在海滩上度过一天。

食宿

★Hotel Voramar 酒店 €€

（☎964 30 01 50; www.voramar.net; Paseo Pilar Coloma 1; 标单/双 含早餐 €105/130, 带海景 €145/170; P❄📶）这个受人仰慕的地方（由同一个家族经营了四代）在战争中曾被鲜血染红（西班牙内战期间它曾是一所医院），不但很有特色，位置也相当引人注目——坐落在海滩的东北端。带有阳台（和吊床）的房间可以观赏无比壮观的海景，而且能听到涛声。一流的餐馆同样视野极佳。还可以租赁自行车和皮划艇（对住客免费）。

El Charquito 西班牙小吃 €€

（☎964 30 27 04; Calle Santo Tomás 3; 主菜 €8~14; ⊙周一至周六 18:00至次日1:30）这家餐厅是你脑海中西班牙小吃吧该有的样子：悬挂着的火腿、成串的大蒜和辣椒、柜台后井然有序的家庭活动、放在冰上闪闪发亮的海鲜，以及氛围融洽的宴会。食物很美味，人很好，价格也合适。堪称贝尼卡西姆的经典。

实用信息

旅游局（Tourist Office; ☎964 30 01 02; http://turismo.benicassim.es; Calle Santo Tomás 74; ⊙10月至次年5月 周一至周五 9:00~14:00和16:00~19:00, 周六 10:30~13:30和16:00~19:00, 周日 10:30~13:30, 6月至9月 周一至周五 9:00~14:00和17:00~20:00, 周六和周日 10:30~13:30和17:00~20:00）位于内陆地区的镇中心。海滩上还有一个在夏季开放的办事处。

到达和离开

每天有9班火车从贝尼卡西姆开往巴伦西亚（€7.15~13.10, 1~1.5小时），也有向北去往托尔托萨、塔拉戈纳和巴塞罗那的服务。每15分钟就有一班长途汽车开往卡斯特利翁，可以从那里去往更多地方。

佩尼斯科拉（Peñíscola）

人口 7400

佩尼斯科拉的老城区充满了鹅卵石街道和刷成了白色的房屋，周围的石墙保护着这座深入海中的岩石海岬。这里的景色像明信片一样美丽，不过也像明信片一样商业化，到处都是纪念品和陶瓷商店。相比之下，北部海岸沿线拔地而起的高楼大厦则大多沉闷无趣，毫无魅力可言。不过，Paseo Marítimo步道能让你享受散步的乐趣，超过5公里长的海滩沙质极佳，而且一直延伸到邻镇贝尼卡洛（Benicarló）。佩尼斯科拉在淡季非常安静，但是也有许多东西让它不至于过分阴森恐怖——而且你还可以独享老城区。

景点

佩尼斯科拉城堡 城堡

(Castillo de Peñíscola; ☎964 48 00 21; www.dipcas.es; Calle Castillo; 成人/9~16岁儿童€5/3.50; ⊙10月中旬至次年复活节10:30~17:30, 复活节至10月中旬 9:30~21:30)这座庞大的城堡是14世纪由圣殿骑士团(Knights Templar)在阿拉伯遗址上建造的,后来成了佩德罗·德卢纳(Pedro de Luna,即"Papa Luna",被废黜的教皇本笃十三世)的居所。这里有各种关于城堡和城镇历史的展览,还有一座用从前的炮台前哨改建而成的花园,风景独特。

食宿

Pensión Chiki 家庭旅馆 €

(☎605 280295; www.restaurantechiki.es; Calle Mayor 3-5; 双 €55~70;) 这家旅馆就位于老城区,有7个一尘不染、风格现代的房间,可以眺望风景,服务真诚而热情。附近的教堂从早晨8:00开始鸣钟。这里舒适、友好,价格也合理。3月至10月还会经营一家迷人的餐馆,提供三道菜的超值套餐。友好的老板不常在店里,所以要提前致电。

Hotel La Mar 精品酒店 €€€

(☎964 48 00 57; www.hotelboutiquelamar.com; Calle Porteta 16; 房 €220~260; P) 这家优雅而现代的酒店位于老城区的海滨,俯瞰着大片的海滩和海湾,相当令人愉快。这里非常舒适,有一家令人满意的餐馆,待客也很热情。房间优美而现代,有些可以眺望老城区,其他的可以享受海景。令人赞叹的屋顶露台可以欣赏全景。价格在旺季(夏季)以外会暴跌。不接待儿童。

La Taverneta de Sant Roc 西班牙菜 €€

(☎964 48 21 70; Calle San Roque 15; 主菜€11~18; ⊙11:00~16:00和19:00至午夜)这家餐馆位于佩尼斯科拉游人如织的中心地带,众多把食物照片展示在街上的店铺难免让你往最坏的方向想。不过这里确实是个例外:这个慷慨、亲切的地方旨在让顾客心意满足地离开。这里有各种各样的美食,从美味的炸土豆饼,到精心烹制的海鲜和相当不错的牛排,无所不有。

实用信息

主旅游局(Main Tourist Office; ☎964 48 02 08; www.peniscola.es; Paseo Marítimo; ⊙6月中旬至9月中旬 10:00~20:00, 4月至6月中旬和9月中旬至10月中旬 10:00~19:00, 10月中旬至次年3月 周一至周六 9:30~17:30, 周日 10:00~14:00)位于Paseo Marítimo南端。可在此获取城镇信息;你也可以从网站上了解相关信息。

到达和离开

至少每半小时有一班长途汽车往返佩尼斯科拉、贝尼卡洛和比纳罗斯(Vinaròs)之间,你可以从那里去往巴伦西亚或卡斯特利翁。从7月至9月中旬,每小时会有一班火车开往佩尼斯科拉/贝尼卡洛火车站,该站离小镇7公里远。

埃尔马埃斯特拉斯戈 (El Maestrazgo)

横跨巴伦西亚西北部和阿拉贡东南部地区的埃尔马埃斯特拉斯戈(巴伦西亚语为El Maestrat),是一片远离海滨的山地。在这里,壮观的古代村落(pueblos)坐落在露出地面的岩石和山脊之上。这个原始而迷人的地方很适合独自徒步。

徒步、骑自行车或驾车开辟你自己的道路穿越埃尔马埃斯特拉斯戈是最有趣的。这里有许多荒无人烟的风景和可爱的村镇等待发掘。

到达和当地交通

从卡斯特利翁开往埃尔马埃斯特拉斯戈主要城镇的长途汽车很有限。较小的村庄鲜有或根本没有公交服务。总之,最好自己驾车探索这个地区。

圣马特奥 (Sant Mateu)

人口 2000/海拔 325米

从远处看,圣马特奥并不如该地区更深处的山顶村落那样美丽如画,不过这里曾经是埃尔马埃斯特拉斯戈的首府,其可爱的镇中心环绕在一座漂亮的广场周围。坚固的宅第和精致的外墙会让人想起该镇更加辉煌的往昔，以及从前靠羊毛赚取的财富。

景点

天使圣母教堂 教堂

（Ermita de la Mare de Déu dels Àngels；☎605 382935；⏲11:00~19:00）从主广场（Plaza Mayor）跟随路标就可以到达这座可爱的小教堂，它坐落在布满岩石的山坡上，驾车要走2.5公里，徒步可能更近一些。西班牙内战以前，这里一直是一座修道院，保存着一座巴洛克风格的小礼拜堂，里面铺着该地区典型的瓷砖地板，圣坛装饰着许多小天使。风景很美，还有一家不错的餐馆（见本页）。周中的开放时间不太可靠；可以打个电话安排参观。

阿西布列斯塔教堂 教堂

（Iglesia Arciprestal；http://turismosantmateu.es/iglesia-arciprestal；Calle Santo Domingo 6；成人/青年/儿童 €1.50/1.20/免费；⏲6月至9月 每天 10:00~14:00和16:00~19:00，10月至次年5月 每天 仅限导览游）这座哥特风格的乡村教堂就坐落在广场附近，有一扇罗马风格的大门，内部十分精致。新古典主义风格的小礼拜堂内装饰着壁画，还陈列着可怕的圣骨匣，里面的骷髅显然是为当地的摩尔人和基督徒节日装扮的。在夏季导览游并非强制，但是在其他时间则是进入教堂的唯一途径，游览包括圣器收藏室和一座小博物馆，里面展示着珠宝首饰、游行用的十字架，以及两具真正的十字架。任何时候都能透过玻璃屏看到教堂内部。

瓦尔托塔博物馆 博物馆

（Museo de Valtorta；☎964 33 60 10；www.ceice.gva.es；Pla de l' Om，Tirig；⏲周二至周日 9:30~14:00和16:00~19:00或17:00~20:00）免费 这座资料丰富的博物馆距离蒂里格（Tirig）2公里远，而蒂里格在圣马特奥西南10公里处。这里展示着内容详尽的史前艺术概览，以及埃尔马埃斯特拉斯戈列入了世界遗产的所有岩画（提供各种语言的信息）。最有趣的是一幅狩猎场景的复制品。每天还会安排几次在导游的带领下从这里步行前往岩画遗址的活动，免费参加。

> **在当地徒步**
>
> 从村庄向四周伸展的带有路标的环形徒步路线能带你穿越周围的群山，花费的时间为2.5~5小时。可向旅游局索取免费小册子《圣马特奥小径》（*Senderos de Sant Mateu*，西班牙文）。网站（http://turismosantmateu.es）也能提供详细信息（本书调研期间没有英文版本，不过不难理解，请搜索“Senderismo”）。

住宿

L' hostal de Cabrit 酒店 €€

（☎964 41 66 21；www.hostaldecabrit.com；Plaza Mare de Déu de la Font 19；标单/双/套 含早餐 €45/75/115；❄📶）这家漂亮的酒店就坐落在中央广场上，非常超值。客房大小不一，不过都很可爱，配有保险柜和冰箱，空间也很宽敞。套房有特大号的床铺和淋浴。价格在周中和冬季会大幅下跌。以石墙为装饰的咖啡馆兼餐馆提供各种美味的米饭类菜肴及其他菜式（主菜€12~16）。

就餐

★Farga 巴伦西亚菜 €€

（☎663 909586；fargarestaurant@gmail.com；Ermita de la Mare de Déu dels Àngels；套餐 €25~35；⏲周三至周日 正午至16:00，5月至10月周二也营业，晚餐需致电）这家高品质的餐馆位于从前的修道院（见本页），坐落在离小镇2.5公里远的山丘上，从露台可以欣赏周围平原无与伦比的景色，带有拱顶的餐厅也别具一格。这里由一对友善的年轻夫妇经营，供应美味而精致的菜肴。他们通常提供晚餐预订，所以要提前致电。

La Perdi 西班牙菜 €€

（☎964 41 60 82；www.laperdi.es；Calle de Historiador Betí 9；主菜 €8~15；⏲13:00~16:00和19:30~23:00）Perdi是我们最喜欢的在圣马特奥的镇中心享用传统饭菜的地方，它已由同一个家族经营了好几代人。这里有几种套餐，单点的菜肴也相当好，展现了温暖的地区美食。店内充满乡村风情，令人愉快。

实用信息

旅游局（Tourist Office；☎964 41 66 58；http://turismosantmateu.es；Calle de Historiador Betí 13；⏰周一 10:00～14:00，周二至周日 10.00～14:00和16:00～18:00）能提供大量帮助。位于主广场附近，位于一栋坚固的宫殿内。

到达和离开

Autos Mediterráneo的长途汽车（见895页）连接着圣马特奥和以下地点：

目的地	费用（€）	时间（小时）	发车频率
卡斯特利翁	5.20	1.5	周一至周五每天3班，周六2班
莫雷利亚	3.40	0.75	周一至周五每天2班，周六2班
比纳罗斯	2.70	1	周一至周五每天4班

莫雷利亚（Morella）

人口 2500/海拔 984米

引人注目的莫雷利亚是巴伦西亚埃尔马埃斯特拉斯戈的主要村镇，这里的冬天冷得刺骨，夏天则凉爽清新。它是中世纪堡垒城镇的杰出范例，乍看之下相当惊人——坐落在山顶上，最高处有一座城堡，周围环绕着未受损坏的护城墙，其长度超过2公里。莫雷利亚是Els Ports的古都，是一座"山口"，这个崎岖不平的地区有一些风景惊人的驾车路线和颇为艰苦的自行车骑行路线，另外也是徒步者的绝佳选择。

景点

莫雷利亚城堡

城堡

（Castillo de Morella；成人/儿童 €3.50/2.50；⏰10月至次年4月 11:00～17:00，5月至9月 至19:00）虽然破坏得非常严重，但是莫雷利亚的城堡还是值得你爬上蜿蜒而漫长的上坡路，去欣赏城镇和周围乡村震撼人心的美景。这座城堡是摩尔人建造的，经历过多次改造，并在19世纪见证了拿破仑和拥护法国卡洛斯争取西班牙王位者的战争。后者于1838年从废弃已久的厕所爬上来占领了它。其底部是圣弗朗西斯科修道院（Convento de San Francisco）空荡荡的教堂和回廊，你可以从那里进入。

圣米格尔塔

大门

（Torres de San Miguel；Plaza San Miguel；€1.50；⏰周二至周日 10:00～13:00和16:00～18:00）这座宏伟的城镇出入口的双子塔是开始探索该镇的绝佳起点。它们始建于14世纪，是坚固的八角形建筑。里面有一个小型展览，还可以欣赏颇具吸引力的风景。

马约尔圣玛利亚大教堂

教堂

（Basílica de Santa María la Mayor；☎964 16 03 79；Plaza Arciprestal；成人/儿童 €2.50/2；⏰周一至周六 10:00～14:00和15:00～18:00或19:00，周日 12:15～18:00）这座哥特风格的宗座圣殿很宏伟，其南侧外立面带有两座雕刻精美的大门。一段雕有华丽彩饰的石头阶梯通往精致的位于头顶上方的唱诗班席位，而镀金的圣坛装饰上则有许多攀爬和四处张望的小天使。这里的博物馆收藏着教堂的珍宝和一些宗教艺术品。

食宿

Hotel Cardenal Ram

酒店 €€

（☎964 16 00 46；www.hotelcardenalram.

另辟蹊径

探索马埃斯特拉斯戈地区

如果你有时间，离开主要村镇去探索一些更小的村庄非常值得一试。**阿雷斯**（Ares）位于莫雷利亚以南30公里处，能欣赏到最壮观的盛景之一——一座悬崖立于小镇上方。离这里大约13公里远的**锡德自由镇**（Vilafranca del Cid）有一座博物馆——出色的**干石博物馆**（Museo de la Pedra en Sec；☎964 44 14 32；www.ajuntamentdevilafranca.es；Calle de la Iglesia，Villafranca del Cid；成人/儿童 €2/1.50；⏰周五和周六 10:00～13:30和16:00～19:00，周日 10:30～13:30）——探究了那里的干石墙传统。如果馆内没有人，可以问问路对面的旅游局。不要错过边界对面、位于特鲁埃尔省的那些迷人之处；坎塔维耶哈（Cantavieja）和米兰贝尔（Mirambel）是其中最美丽的两座村庄。

com; Cuesta Suñer 1; 标单 €62, 双 €82~112; P ❄ 📶)这座壮丽的文艺复兴时期的宫殿就坐落在老莫雷利亚的中心地带，经过彻底的翻新后，将历史感和现代便利设施融为一体。半数的客房都能欣赏壮丽的风景（价格稍高一些），其余的一般都很宽敞。这里还有一家气派的餐馆，周中可以打折。

Hotel del Pastor 酒店 €€

（☎964 16 10 16; www.hoteldelpastor.com; Carrer San Julián 12; 标单/双 含早餐 €56/74; P ❄ 📶）这家位于镇中心的酒店非常超值，服务令人舒心，老式的客房很惬意，有些可以赏景，共有四层（没有电梯，这是酒店唯一的缺点）。房间内的陈设很传统，以温暖的赭色为主色调，还有许多优雅的木质装饰。浴室配有大理石盥洗台、浴缸和大镜子。

★ Daluan 西班牙菜 €€

（☎964 16 00 71; www.daluan.es; Carreró de la Presó 6; 主菜 €13~20, 赏味套餐 €42; ⏲周四至周二 13:00~15:30, 以及周五和周六 21:00~22:30, 1月关闭）由职业烹饪教师阿韦利诺·拉蒙（Avelino Ramón）和他的妻子约薇塔（Jovita）经营：这是一个非常友善的团队！楼上的小餐厅采用令人满意的现代风格装饰，露台占满了一条安静的小巷，两边的氛围都很悠闲。服务很友好，极富创意的菜单会随着季节定期变换。以这里的标准而言，堪称后街中的精品，物超所值。

ℹ 实用信息

旅游局（Tourist Office; ☎964 17 30 32; www.morellaturistica.com; Plaza San Miguel 3; ⏲4月至10月中旬 周一至周六 10:00~14:00和16:00~19:00, 周日 10:00~14:00, 10月中旬至次年3月 周二至周六 10:00~14:00和16:00~18:00, 周日 10:00~14:00）就在宏伟的圣米格尔塔和进入老城区的大门里面。

ℹ 到达和离开

经卡斯特利翁去往莫雷利亚最方便，前者有很好的火车连接。

Autos Mediterráneo（见895页）运营的长途汽车往返卡斯特利翁的火车站，工作日每天有2班（€9.70, 2.25小时），周六有1班。工作日也有长途汽车开往沿岸的比纳罗斯和特鲁埃尔省的阿尔卡尼斯（Alcañiz）。

如果要开车过来，最便利的方法是忽略通往圣马特奥门（Puerta San Mateo）的第一个小镇入口，继续沿着大路前行直至城镇顶部，从圣米格尔门（Puerta San Miguel）进入，那里有一座地方议会停车场，就在大门外面。

阿利坎特省（ALICANTE PROVINCE）

阿利坎特（Alicante）

人口 330,500

在西班牙所有的本土省会中，受旅游业影响最大的就是阿利坎特（巴伦西亚语为Alacant），这得益于其附近的机场和度假胜地。这座富有活力的西班牙城市非常迷人，它拥有一座城堡、老城区以及长长的海滨。这里的饮食氛围令人激动，以夜生活丰富而闻名，无论你是在晚上19:00的单身派对（只邀请男性参加）上狂饮，还是在7个小时之后和当地人一起在舞池里旋转。全年到头的周末夜间都会忙碌和喧闹到不可思议。

👁 景点

★ 阿利坎特当代艺术博物馆 画廊

（Museo de Arte Contemporáneo de Alicante, 简称MACA; www.maca-alicante.es; Plaza Santa María 3; ⏲周二至周六 10:00~20:00, 夏季 11:00开始营业, 周日 10:00~14:00）免费 这座辉煌的博物馆坐落在17世纪的Casa de la Asegurada内，拥有极好的20世纪西班牙艺术品收藏，包括达利、米罗（Miró）、奇利达（Chillida）、森佩雷、塔皮埃斯（Tàpies）和毕加索的作品。展品定期轮换，因为藏品量相当大。著名的抽象派艺术家欧塞维奥·森佩雷（Eusebio Sempere）的捐赠为这里的藏品奠定了基础，他是阿利坎特当地人，馆内有属于他的展区。

★ 阿利坎特考古博物馆 博物馆

（Museo Arqueológico de Alicante, 简称MARQ; ☎965 14 90 00; www.marqalicante.com; Plaza Dr Gómez Ulla; 成人/儿童 €3/1.50; ⏲9月中旬至次年6月中旬 周二至周五 10:00~19:00, 周

Alicante 阿利坎特

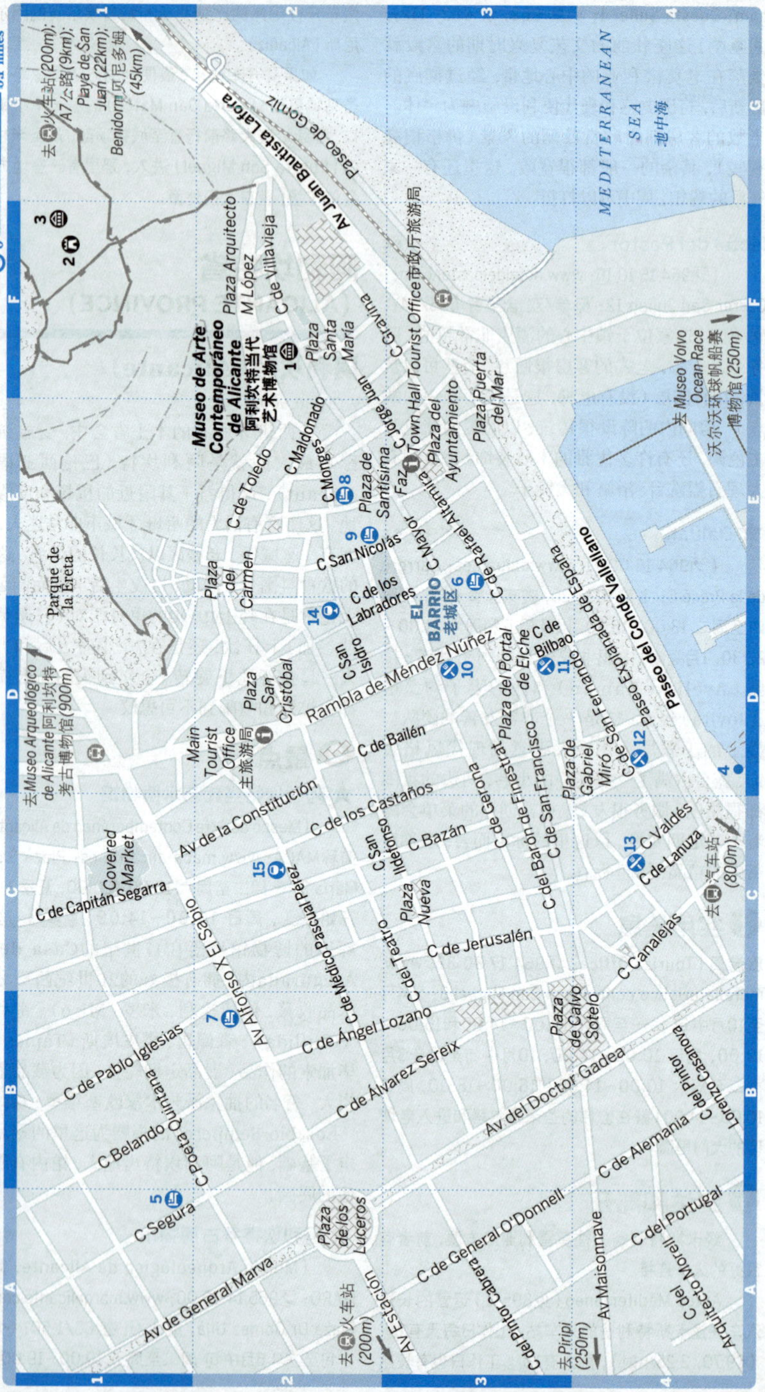

Alicante 阿利坎特

六 10:00~20:30，周日 10:00~14:00，6月中旬至9月中旬 周二至周六 10:00~14:00和18:00~22:00，周日 10:00~14:00）该馆收藏着大量的陶瓷制品和伊比利亚艺术品。展览为参观者提供了强烈的视觉和高科技体验，一切表现都很完美。这里也有高品质的临时展览。

沃尔沃环球帆船赛博物馆 博物馆

（Museo Volvo Ocean Race；☎965 13 80 80；http://museovolvooceanrace.esatur.com；Muelle de Levante；⏲9月至次年6月 周一 17:00~20:00，周二至周五 10:00~14:00和17:00~20:00，周六 10:00~14:00，7月和8月 周一 18:00~21:00，周二至周五 11:00~14:00和18:00~21:00，周六 11:00~14:00）免费 这座博物馆位于码头，用模拟装置、视频、照片，以及一个舰载设备展示，重现了沃尔沃环球帆船赛的艰苦条件。一艘参赛的游艇也在这里供你参观——想体验一下10个月的船上生活吗？

圣巴巴拉城堡 城堡

（Castillo de Santa Bárbara；☎965 92 77 15；www.castillodesantabarbara.com；Calle Vázquez de Mella；⏲4月至9月 10:00~22:00，10月至次年3月 至20:00）免费 这座巨大的城堡建于16世纪，从其护城墙上可以纵览城市的全景。城堡内有一座介绍该市历史的**博物馆**（MUSA；☎965 15 29 69；⏲10:00~14:30和16:00~20:00）免费，还有几个举办临时展览的房间。步行上山前往城堡非常辛苦，不过有一部**电梯**（上行/下行 €2.70/免费；⏲10:00~19:40，最后一班上行电梯 19:20）从山体内部直达山顶。返回时可以穿过**Parque de la Ereta公园**漫步下山，这段路非常惬意。

团队游

Kon Tiki 划船

（☎686 994538；www.cruceroskontiki.com；Puerto Deportivo；往返 €19；⏲3月至12月 周二、周四、周六和周日）45分钟的乘船游会把你带到受欢迎的塔瓦尔卡岛（Tabarca），你可以在那里待4.5小时左右。它于上午11:00从阿利坎特离开，并于下午16:30从岛上返回。6月下旬至9月下旬还会增加行程。

节日和活动

★ 圣胡安篝火节 宗教狂欢节

（Hogueras de San Juan，Fiesta de Sant Joan；www.hogueras.es；⏲6月20~24日）阿利坎特的主要节日在6月24日晚上举行，届时会点燃仲夏的篝火。使人联想到巴伦西亚火节（见881页）的庆祝活动中，带有讽刺意味的塑像（ninots）会在全城各处随着火光化为乌有。这个被称为cremà的举动是连续几日的游行和派对的高潮，这些庆祝活动从6月20日夜间塑像出现的时候开始。

住宿

Guest House 青年旅舍 €

（☎650 718353；www.guesthousealicante.com；Calle Segura 20；标单/双/公寓 €40/60/90；P✻📶）这里是极佳的经济之选。共有8个装饰雅致的宽敞房间，每间都有所不同：有些有裸露的石墙，其他则被漆成了浅绿、水仙黄或深海蓝色。所有房间都带有保险箱、大冰箱和免费制作饮料的设备。还有几间设施完备的公寓。最好提前致电，因为不是总有员工在前台。

Pensión San Nicolás 家庭旅馆 €

（☎965 21 70 39；www.alicantesanicolas.com；Calle San Nicolás 14；标单/双 带私人浴室 €30/45，双 带公用浴室 €40；❄📶）这家地理位置优越、由家庭经营的小客栈打理得非常好，一尘不染的客房以明快的色彩为装饰，墙上还装饰着照片。所有房间都有泡茶和煮咖啡的设备，有些带有小浴室。其中一个房间配有自己的厨房。位于市中心一条比较安静的街道上，不过周末仍然很吵闹。是很棒的派对基地。

Les Monges Palace 精品酒店 €€

（☎965 21 50 46；www.lesmonges.es；Calle San Agustín 4；标单 €61~80，双 €75~90；P❄@📶）这家宜人的古怪酒店位于夜生活区，拥有蜿蜒的走廊，装饰着瓷砖、镶嵌图案和古董家具，是一个很棒的住处。每个房间的装潢都不同——有些比其他的要宽敞许多——但是都很有特色；有些房间位于更加现代的侧翼。屋顶露台上的酒吧很不错，服务热情到无以复加。

La City Hotel Mercado 酒店 €€

（☎965 98 01 53；www.lacityhotelmercado.com；Avenida Alfonso X El Sabio 26；标单/双 €65/95；❄@📶）这家友好的小酒店坐落在主要的大道旁，位置颇佳。这里采用了明快的极简抽象派外观，有种轻快活泼的感觉。房间大小适中，配有冰箱和书桌，浴室里的淋浴很给力。也供应早餐，价格合理。基本符合三星级酒店的各项标准，只是没有停车位，不过附近就是车站。

Hotel Hospes Amérigo 酒店 €€€

（☎965 14 65 70；www.hospes.es；Calle de Rafael Altamira 7；房 €229~298；P❄@📶🏊）这家宽敞的五星级酒店坐落在古老的多明我会女修道院内，和谐地将传统及超现代风格融合在了一起。从屋顶的小游泳池可以欣赏风景，或者，如果你舍得离开设计美观又舒适的房间，也可以到健身区挥汗如雨。停车位非常少，所以一定要提前订好。

✕就餐

西班牙小吃区在哪里？事实上整个中心城区看起来遍地都是，你甚至可以确定，再走几个十字路口还会有更多选择。场面壮观！

就西班牙来说不同寻常的是，很多餐馆和西班牙小吃吧全天营业。市内还有许多美味的冰激凌店，可以帮你降温。

★Cervecería Sento 西班牙小吃 €

（www.somossento.com；Calle Teniente Coronel Chápuli 1；西班牙小吃 €2~10；⏲8:00至午夜）顶呱呱的小面包卷（montaditos）和富有创意的烧烤类西班牙小吃（尝尝图隆糖和猪肉"珍宝珠"），就是挤进这家很棒的小酒吧的理由。观看脸上挂笑、手一直不停的员工忙碌也是一项不错的体验：他们让每次到访都变得很有趣。附近还有一家更大的分店，不过这家氛围更好。

OneOne 法式小馆 €€

（☎965 20 63 99；Calle Valdés 9；主菜 €12~20；⏲周二至周六 正午至17:00和21:00至午夜，8月中旬至9月中旬关闭）在这个颇为古怪的地方，如果你能说一点儿西班牙语会更好一些。这里有一批忠实的回头客，不过热情洋溢的主人会保证让你得到最好的服务。这是一家真正的法式小馆，墙上贴满了极具巴黎风情的照片和海报，而且没有菜单。巴托洛梅（Bartolomé）说菜名的时候一定要仔细听。餐馆别具一格，而且令人难忘。

La Barra de César Anca 西班牙菜 €€

（☎965 20 15 80；www.grupocesaranca.com；Calle Ojeda 1；菜肴 €3~20；⏲周一 8:00~16:00，周二至周五 8:00~16:00和20:00~23:30，周六 正午至16:00和20:00至午夜，周日 正午至16:00；📶）这个有趣的地方高档而热闹，可以坐在吧台边，尝尝用很多优质的鱼烹制而成的顶级创意美食，摆盘也相当精美。这里总在尝试一些新东西。也有可以坐下来的餐位，但是吧台更有乐趣。该店也是很受欢迎的在上午10:00前后喝咖啡并简单吃点儿东西的好地方。

★El Portal 西班牙菜 €€€

（☎965 14 32 69；www.elportaltaberna.com；Calle Bilbao 2；主菜 €18~30；⏲13:00至次日1:30；📶✍）这家豪华而舒适的街角餐馆各

方面都很棒，刻意的过度装饰每半年就会更换，不过通常都很有趣。可以找一张桌子，或者挤在吧台边，享用西班牙这个地区最好的农产品。肥美的德尼亚大虾、美味的金枪鱼、鲜鱼以及令人垂涎的火腿；可谓是一场味觉的盛宴。也有以杯出售的优质葡萄酒。

这里并不便宜，但品质极高。气氛时尚而悠闲，有擅长挑选合适曲风的DJ，而在下午15:00左右和深夜时分，海鲜菜肴会为加奎宁水的杜松子酒让位。

Piripi 巴伦西亚菜 €€€

（☎965 22 79 40；www.noumanolin.com；Avenida Oscar Esplá 30；主菜€12~30；⏰13:00~16:15和20:15至次日0:15；📶）这家高品质的餐馆擅长烹制米饭类菜肴、海鲜和鱼类，所有原料都是每天从德尼亚和圣波拉（Santa Pola）的批发市场运来的。这里还有各种各样的西班牙小吃，以及每天都会更换的巴伦西亚特色菜。从市中心往西步行一小段路，或者从火车站下山都可以到达。

饮品和夜生活

阿利坎特的夜生活令人印象深刻。圣尼古拉斯大教堂（Catedral de San Nicolás）周围的老城区（被称为El Barrio）无所不在的周末酒吧，绝对会让你的夜生活酣畅淋漓。或者，你也可以去海边。Paseo del Puerto白天非常静谧，晚上则会变成赌场、餐馆、酒吧和夜总会排成的两条长龙。Calle Castaños也值得一逛，那里更安静，整周都有活动。

★El Coscorrón 酒吧

（☎965 21 27 27；Calle Tarifa 5；⏰21:00至次日3:30）在你进入这家迷人的地窖酒吧时，要当心碰头——实际上，应该把腰弯得更低——而它也很有先见之明地被名为"碰头"。一进入室内，马上就会感受到悦耳的背景音乐、友好的常客，以及墙壁上满满的涂鸦和用便条营造的舒适氛围。莫吉托（€4）用吧台上一个塞满了薄荷的茶壶供应，味道棒极了。

Söda Bar 酒吧

（☎639 918836；www.facebook.com/sodabar；Calle de Médico Pascual Pérez 8；⏰周五 19:00至次日2:00，周六 17:00至次日2:30；📶）如果想在热情、放松又时尚的氛围中享受优质的酒水和精心安排的音乐，就离开混乱的Barrio到这里来吧。这家酒吧聚集着友善的当地人，还有很多时髦人士。常规活动包括DJ打碟、文学朗读和舞蹈课。

实用信息

主旅游局（Main Tourist Office；☎965 20 00 00；www.alicanteturismo.com；Rambla de Méndez Núñez 41；⏰周一至周五 10:00~18:00，周六 至14:00）在**市政厅**（☎965 14 92 19；Plaza del Ayuntamiento 1；⏰9月至次年5月 周一至周六 10:00~14:00和16:00~19:00，周日 10:00~14:00，6月至8月 每天 10:00~14:00和17:00~20:00）附近和**火车站**（☎965 12 56 33；Avenida de Salamanca；⏰9月至次年5月 周一至周六 10:00~14:00和16:00~19:00，周日 10:00~14:00，6月至8月 每天 10:00~14:00和17:00~20:00），海滩及机场也设有办事处。

到达和离开

飞机

阿利坎特的**机场**（☎902 404704；www.aena.es；L' Altet）位于市中心西南大约12公里处，是通往白色海岸（Costa Blanca）的门户。来自欧洲各地的廉价航班、包机和定期航班都在这里起降。

长途汽车

从**长途汽车站**（Avenida de Salamanca）开出的长途汽车可以到达的目的地包括穆尔西亚（€6~7.50，1~2小时，每天11~17班）和巴伦西亚（€21，2.5~5.75小时，每天18~21班）。

火车

从主火车站出发的列车可以到达下列主要目的地。要去穆尔西亚，也可以乘坐班次非常频繁的近郊列车（€5.75，1.25小时），途中会经过埃尔切（Elche）和奥里韦拉（Orihuela）。

目的地	费用（€）	时间（小时）	发车频率（每天）
巴塞罗那	53	4.75~5.75	8班
马德里	66	最短2.25	11班
穆尔西亚	10~18	1.25	5班
巴伦西亚	17~30	1.5~2	12班

有轨电车

海岸有轨电车/轻轨非常便利；请查看TRAM（www.tramalicante.es）网站。观光轻轨1号线（Scenic Line 1）开往贝尼多姆，那里有去往德尼亚的换乘。在室内市场旁边上车。

德尼亚（Dénia）

人口 41,500

德尼亚（西班牙语为Denia）不仅是离巴利阿里群岛相当近的主要客运港口，也是一个非常令人愉快的地方，不但适合旅游，更适宜生活。老城区依偎着一座小山，山上有一座摇摇欲坠的城堡，镇上的街道则熙熙攘攘，充满了生活气息和顶级美食。西北部的La Marina海滩沙质非常好，而东南方向Les Rotes崎岖的海岸线及更远的地方则提供了一些鲜有人前往的岩石海湾。鉴于这里出色的酒店和餐馆选择，以及当地人和游客的融合，德尼亚很可能是白色海岸最有吸引力的基地。

景点

德尼亚城堡 城堡

（Castillo de Dénia；☎966 42 06 56；www.denia.net/castillo-de-denia；Calle San Francisco；成人/儿童 €3/1；⊙10:00~18:00或更晚，7月和8月 至次日0:30）从宪法广场（Plaza de la Constitución）沿着台阶往上走可以到达德尼亚城堡的遗迹，从这里可以一览城镇和海岸的壮丽风景。城堡庭院内还坐落着德尼亚考古博物馆（Museo Arqueològic de Dénia），馆内收藏的陶瓷碎片展示了城镇的悠久历史。关闭时间取决于一年中的不同时段；可以查阅网站了解确切时间。

住宿

★Hotel Chamarel 精品酒店 €€

（☎966 43 50 07；www.hotelchamarel.com；Calle Cavallers 13；双/套 含早餐 €102/120；P ❄ 📶）这家讨人喜欢的酒店占据着一栋漂亮可爱、建于19世纪的中产阶级公馆，里面陈设雅致，颇具时代风格。房间围绕着一座安静的中庭，每间都不一样，不过都很宽敞，且颇具特色。浴室巧妙地将现代设备与历史悠久的地砖结合在一起。内部沙龙的吧台铺着大理石台面，感觉十分惬意。整家酒店如同一座宽敞的画廊，展示着店主兼艺术家的画作。

Hotel Nou Romá 精品酒店 €€

（☎966 43 28 43；www.hotelnouroma.com；Calle Nou 28；含早餐 标单 €78，双 €90~144；P ❄ 📶）🍃这家酒店位于一条安静的后街，但是就在镇中心，可以步行前往Calle Loreto餐饮区，位置十分完美。员工很优秀，宽敞的房间带有贴着亮色瓷砖的浴室，相当令人满意。这里的餐馆值得尝试，全套服务令人印象深刻。还有大量体贴周到的细节会为你的入住体验增添额外的乐趣。

Hostal L' Anfora 青年旅舍 €€

（☎966 43 01 01；www.hostallanfora.com；Esplanada de Cervantes 8；标单/双 €55/72；❄ 📶）亲切的老板理应为这家顶级海滨旅舍而自豪。客房很紧凑，但感觉很新，铺着色彩鲜艳的床罩，带有完美无缺的浴室，而且一尘不染。除了旺季的夏季之外，价格很公道，是经济型住宿的理想之选。可以欣赏海景的房间要多花几欧元。

★El Raset 酒店 €€€

（☎965 78 65 64；www.hotelelraset.com；Calle Bellavista 1；标单/双 含早餐 €130/157；P ❄ @ 📶）这家现代的设计师酒店坐落在一栋气派的方形老建筑内，俯瞰着港口，只有20个惹人注目的客房，铺着颜色鲜艳的床罩，墙上还装饰着艺术品。这里气氛活跃，服务也很热情。门口的一排餐馆为你提供了多种就餐选择。8月之前或之后，价格会大幅下跌。

就餐

Bar Bus 海鲜 €

（☎965 78 11 37；Plaza del Archiduque Carlos 4；菜肴 €4~10；⊙正午至22:00；📶）汽车站旁边的酒吧一般不会因烹饪水准而受到推荐，但是这个生气勃勃的街角去处打破了常规。这里既适合在跳上12:10的汽车前匆忙地喝杯咖啡，也是品尝简单而优质的海鲜的好地方——原料都是每天从市场上挑选的。牡蛎、墨鱼和其他美食都很棒。

El Baret de Miquel Ruiz
西班牙小吃 €€

（☎仅限Whats App 673 740595；www.miquelruizcuiner.com；Carrer Historiador Palau 1；西班牙小吃 €4~16；⏰周二至周六 13:30~15:30和20:00~22:30）对美食爱好者来说是不可多得的好地方。这里的大厨开了一家米其林星级餐馆，却选择拒绝那个世界上自命不凡的称号，转而支持更加普通的生活。这里深受传统影响的菜肴采用市场选购的农产品烹制而成，美味、精致，足以惊艳味觉。餐馆坐落在一栋老房子的前厅内，风格简洁，复古而休闲。最好提前数月预订。

Els Tomassets
西班牙小吃 €€

（☎966 43 25 60；www.tascaelstomassets.com；Calle Loreto 35；主菜 €7~15；⏰9:00至午夜；📶）这个轻松友好、活力四射的地方有一间开放式厨房，会烹制各种美食。冬季的炭烤洋蓟（alcachofas a la brasa）堪称享受，而海胆丰富的口感则会吸引那些喜欢带刺食物的人。海鲜是这里的专长，不过肉菜也高于这片海岸的平均水准。员工总是在争吵，服务有待改善。

★Quique Dacosta
新派西班牙菜 €€€

（☎965 78 41 79；www.quiquedacosta.es；Calle Rascassa 1，El Poblet；赏味套餐 €210，品酒组合 €99；⏰2月至6月和9月至11月 周三至周日 13:30~15:00和20:30~22:30，7月和8月 每天营业）位于德尼亚以西3公里处，在海滩附近的一座优美的极简主义风格的白色建筑中，这里时尚而气派，是半岛上享用现代美食的圣地之一。与餐馆同名的主厨采用分子和其他当代技术，制作一直都让人惊艳的拥有多种风味和口感的美食。

Aitana
海鲜 €€€

（☎965 78 60 69；Calle de Sandunga 53；海鲜 €10~60；⏰周二至周四 13:30~16:00，周五和周六 13:30~16:00和20:30~23:30）或许是在德尼亚品尝当地著名的大虾及其他甲壳类动物的最佳去处。这家难以归类的后街酒吧总是人山人海，所以尽量预订一张桌子，或者早点儿到那里，去等吧台边的位子。态度生硬的老板经营这里已有多年，对自己的海鲜了如指掌。美味极了！

ℹ 实用信息

旅游局（Tourist Office；☎966 42 23 67；www.denia.net；Plaza Oculista Buigues 9；⏰9月至次年6月中旬 周一至周六 9:30~13:30和16:00~19:30，周日 10:00~14:00，6月中旬至8月 每天9:30~13:30和17:00~20:00）位于海滨和渡船附近，离火车/轻轨车站也很近。

ℹ 到达和离开

Baleària（☎902 160180，海外拨打912 66 02 14；www.balearia.com；Moll de la Pansa）全年都运营往返马略卡岛（Mallorca；乘客 €70~100，小汽车 €100~150，5~7小时，每天1班）和伊维萨岛（Ibiza；乘客 €70~105，小汽车 €120~160，2~3.5小时，每天1班）的渡船，从5月至9月还有直达福门特拉岛（Formentera；乘客 €70~100，小汽车 €80~110，2.5小时，每周5班）的渡船。

每小时有一班轻轨列车沿着风景优美的铁路线向南行驶，经卡尔佩（Calp）和阿尔特阿（Altea）到达贝尼多姆，从那里可以乘有轨电车前往阿利坎特。

每天有十几班ALSA（www.alsa.es）运营的长途汽车开往巴伦西亚（€11.05，1.5~2小时）和阿利坎特（€11.40，1.5~3小时）。也有去往贝尼多姆及其他白色海岸城镇的汽车。

哈维阿（Xàbia）

人口 27,200

哈维阿（西班牙语为Jávea）居住着大量的移民，是一个温和友善、以家庭为导向的地方。它在很大程度上抵制住了迎合旅游业的高层建筑开发，后者已经使白色海岸遭到了重创。舒适、悠闲风景如画的哈维阿拥有三种风情：内陆2公里处小小的老城区，老城区正东的El Puerto（港口），以及再向南几公里的El Arenal海滩区。进一步探索这部分海岸，还能收获美景如画的海岬和海湾。

🏃 活动

蒙特戈山（Montgó）
徒步

攀登蒙特戈山是很受欢迎的徒步活动，这座陡峭的山峰笼罩着小镇。登山最好从早上或下午晚些时候开始，因为会相当晒。登顶之路由石头铺成，比较艰苦但是并不困难。

可从哈维阿和德尼亚之间的公路进入徒步小径；从停车场往返大约有8公里路程。

食宿

Hotel Triskel 精品酒店 €€

（☎966 46 21 91；www.hotel-triskel.com；Calle Sor María Gallart 3；双 €110；P ❄ 📶 🐾）这家热诚的酒店位于老城区市场旁边，非常出色。5间可爱的客房都根据主题进行了巧妙而精心的布置，细节体贴入微，装饰着艺术品，手工制作的木制家具也赏心悦目。所有的一切都有着温暖的个性化特色，楼下舒适的酒吧会提供很棒的加奎宁水的杜松子酒。可以带宠物，淡季价格几乎减半。

Hotel Jávea 酒店 €€

（☎965 79 54 61；www.hotel-javea.com；Calle Pio X 5；双 €75，带海景 €120；❄ 📶）这家超级友善的小酒店位于港口区的中心，门口就有酒吧和餐馆。不落俗套的装饰风格和整洁漂亮的现代房间使它成了顶级之选。海景要多花不少钱，但是能纵览海湾美丽的全景。顶层的餐馆也充分利用了景色的优势。

Sotavent 西班牙菜 €

（☎660 341226；Calle Cristo del Mar 8；菜肴 €5~13；⏰正午至23:00）这个友好的地方位于港口区，就在海滨附近。这是一家面面俱到的餐馆，供应分量充足又美味可口的海鲜、米饭类、肝脏等多种菜肴，价格极其合理。中庭是享受另一个宜人的哈维阿之夜的好地方。

★ **La Renda** 巴伦西亚菜 €€

（☎965 79 37 63；www.facebook.com/rendajaveabyjoseluis；Calle Cristo del Mar 12；主菜 €10~22；⏰周二至周六 13:00~16:00和19:00~23:00，周日 13:00~16:00）这里的海鲜饭比你想象的要丰富得多。这家物美价廉、环境优雅且待客热情的餐馆位于港口，有多种不同口味的米饭类菜肴，包括美味的汤泡饭（meloso rice）和龙虾。大多数菜肴需要至少两人共用，不过一般都有含一份米饭类菜肴的套餐可供选择。

饮品和夜生活

Taverna Octopus 小酒馆

（Paseo del Tenista David Ferrer；⏰11:00至次日3:00；📶）这个破旧的地方已经经营了几十年，依然保持着简单明了的风格，微型啤酒杯里装着冰镇啤酒，背景音乐总是很摇摆。可以找一张户外餐桌，看海滨步道上的人们匆匆而过。极有可能是Arenal区内最好的酒吧。

实用信息

El Arenal（☎966 46 06 05；www.xabia.org；Avenida del Pla；⏰9月中旬至次年6月中旬 周一至周五 9:30~13:30，6月中旬至月中旬 每天 10:00~14:00和17:00~21:30）、**老城区**[☎965 79 43 56；Plaza de la Iglesia；⏰周一至周五 9:00~13:30和16:00~19:00（6月至9月 17:00~20:00），周六 10:00~13:30]和**港口**[☎965 79 07 36；Plaza Presidente Adolfo Suárez 11；⏰周一至周五 9:30~13:30和16:00~19:00（6月至9月 17:00~20:00），周六 10:00~13:30和16:00~19:00（6月至9月 17:00~20:00），周日 10:00~13:30]都设有旅游局办事处。

到达和离开

ALSA（www.alsa.es）每天至少有6班长途汽车开往巴伦西亚（€12，2~3小时）和阿利坎特（€10.20，2.25~2.75小时）。也有去往德尼亚、马德里、贝尼多姆、甘迪亚和卡尔佩的服务，以及直达巴伦西亚和阿利坎特机场的汽车，后者由**Beniconnect**（☎965 85 07 90；www.beniconnect.com）运营。

当地交通

你可以在港口区的**Xàbia's Bike**（☎966 46 11 50；www.xabiasbike.com；Avenida Lepanto 5；每天/周 €13/56起；⏰周一至周五 9:30~13:30和16:30~20:30，周六 9:30~13:30）租用自行车。这里也提供周末骑行服务，还能安排自行车导览游。旅游局有一本骑车旅行的小册子。公共汽车连接着该镇的不同区域。

卡尔佩（Calp）

人口 19,600

直布罗陀风格的伊法克岩非常引人注目，这块巨大的石灰岩伸出海面，赫然耸立在卡尔佩海滨度假胜地的前面。两座大海湾在岩石的两侧伸展开来：西侧的海滩Playa

Arenal背后就是城镇的中心区，而北侧的莱万特海滩（Playa Levante，也称La Fossa）非常吸引人，其背后都是旅游公寓。

活动

伊法克岩（Peñon de Ifach） 步行

从岩石的自然中心（Aula de Naturaleza）出发，可以沿着一条相当艰苦的步行路线（往返需要2小时）穿过一条隧道，再爬上332米高的峰顶，在尽头处可以欣赏壮观的海景。任何时候，山上的人数都不得超过150，所以在7月和8月，可能需要稍微等一会儿。

食宿

Hostal Terra de Mar 精品酒店 €€

（☎629 665124；www.hostalterrademar.com；Calle Justicia 31；房 €79~129；❄📶🐾）在这家非常独特且充满艺术气息的酒店里，一系列装饰共同打造了精致的视觉效果。这里的每个楼层都有自己的风格（顺着台阶向上走，你会依次经过日本、摩洛哥、非洲其他地方和巴黎）。有些房间带有小阳台，可以眺望老城区的街景。很多细微之处都很到位，比如叠得非常精致的毛巾和私人茶盒。

★El Bodegón 西班牙菜 €€

（☎965 83 01 64；Calle Delfín 8；主菜 €8~16；⏱周一至周六 正午至16:00和19:00~23:00）这家传统的西班牙餐馆经久不衰、口味正宗，几十年来从未改变，而这正是它的魅力所在。地道的经典菜肴，比如兔肉、海鲜和肥美的牛排，使它成了当地人和游客的最爱。

实用信息

海滩旅游局办事处（Beach Tourist Office；☎965 83 69 20；www.calpe.es；Avenida Ejércitos Españoles 44；⏱7月和8月 周一至周五 9:00~21:00，周六 10:00~15:00，9月至次年6月 周一至周五 9:00~16:30，周六 10:00~14:00）位于潟湖附近。

老城区旅游局办事处（Old Town Tourist Office；☎965 83 85 32；www.calpe.es；Plaza del Mosquit；⏱周一至周五 8:00~15:30）

到达和离开

长途汽车从卡尔佩开往阿利坎特（€7.25，1.5小时，每天6~10班）和巴伦西亚（€13.55，2.75~3.75小时，每天6或7班）。也有去往附近其他沿海目的地的定点长途汽车，包括贝尼多姆和阿尔特阿。**长途汽车站**（Avenida de la Generalitat Valenciana）就在环路旁边。

每天都有有轨电车向北开往德尼亚（€2.50，40分钟），向南开往贝尼多姆（€2.50，30分钟），那里有去往阿利坎特的有轨电车。

贝尼多姆（Benidorm）

人口 66,600

贝尼多姆的美妙之处在于老城区，它坐落在两片海滩之间的山上。从曾经矗立着城堡的平台眺望，夜晚的灯光及日落风景美得令人难以置信。贝尼多姆在夏季总是拥挤不堪，到处都是来此享受阳光的游客和派对动物，包括数量相当可观的LGBT人群。这个地区出色的主题公园也使它很受家庭欢迎。

贝尼多姆因两片宽阔的沙滩沿线发达的旅游业，及其背后新开发的高楼大厦而声名远播。宾果游戏（Bingo）、卡拉OK、炸鱼和薯条、全天的煎炸食物……应有尽有，而在遍地都是的外国人酒吧里一句西班牙语都听不到，也别有一番风味。

活动

特拉米蒂卡主题公园 游乐园

（Terra Mítica；☎902 020220；www.terramiticapark.com；成人/4~12岁儿童 €39/28；⏱复活节和5月中旬至9月中旬，9月中旬至10月 周六和周日 10:30~21:00或午夜；👪）贝尼多姆的一切都更大更炫，所以在你得知这是西班牙规模最大的主题公园时，应该不会感到惊讶。可以在这儿开心地游玩一天，尤其是如果你带着孩子的话。这里以地中海（好吧，有几分）为主题，有很多令人心惊胆战的游乐设施、街头娱乐活动，以及古埃及、希腊、罗马、伊比利亚和群岛的专题区域。

开放时间很复杂，所以在旺季以外的时间请查看网站了解具体信息。

Aqualandia 水上乐园

（☎965 86 01 00；www.aqualandia.net；成人/儿童 €38/29；⏱5月中旬至9月 10:00至黄昏；

)Aqualandia是欧洲规模最大的水上乐园，可以轻松地在这里玩上一整天。如果你在线订票，价格会便宜很多，跟该地区其他景点的联票也可以享受折扣。

住宿

Hostal Irati 青年旅舍 €€

(965 84 96 07; Calle Condestable Zaragoza 5; 房含早餐 €60~80;)位于老城区，房间舒适而整洁，带有很棒的瓷砖浴室，楼下还有一家友好的酒吧。相当超值。这里有一个停车位，不过你得足够幸运才能得到它。

★ Villa Venecia 精品酒店 €€€

(965 85 54 66; www.hotelvillavenecia.com; Plaza San Jaime 1; 标单 €205~308，双 €356~510; P)这家豪华而舒适的五星级酒店高高地坐落在老城区的教堂对面，俯瞰着下方汹涌的海滩人群，是个十全十美的住处。每个房间都可以纵览海景，而且配有超级现代的浴室。享受过水疗服务，懒洋洋地在屋顶的小游泳池旁边休息的时候，你会觉得自己离贝尼多姆有几海里远。酒吧和很棒的餐馆对所有来宾开放。

就餐

La Cava Aragonesa 西班牙小吃 €€

(966 80 12 06; www.lacavaaragonesa.es; Plaza de la Constitución; 主菜 €10~18; 正午至午夜，6月至9月 至1:30)这个地方已经从最初的小酒吧发展成了拥有庞大吧台的店铺，一排排足以令人眼花缭乱的西班牙小吃、高脂西点以及一盘盘冷切肉都摆放在你面前。可以堂食的餐馆提供木质大浅盘的拼盘食物，以及数量巨大的酒单。该区域充满了西班牙小吃，所以可以逛到心满意足。

实用信息

老城区旅游局(Old Town Tourist Office; 965 85 13 11; www.benidorm.org; Plaza de Canalejas; 周一至周五 9:00~21:00，周六 10:00~17:00，周日 10:00~14:00)位于老城区，在东部海滩的尽头处，这是几处贝尼多姆旅游局办事处中最主要的一个。

值得一游

瓜达莱斯特

小村庄瓜达莱斯特(El Castell de Guadalest, Guadalest)可经由一条天然隧道到达，**圣何塞城堡**(Castillo de San José; 965 88 53 93; 成人/儿童 €4/2; 10:00~18:00, 19:00或20:00)俯瞰着小村，瓜达莱斯特是个美丽如画的地方，迷人的风光沿山谷而下一直延伸到大海，而下方还有一座绿松石色的水库。你可不是最先发现它的人——从白色海岸的度假胜地开过来的长途汽车每年都会把数百万游客带到此地。不过你可以早点儿到达，或者留到最后一班车开走以后，那时这个地方将几乎为你所有。

这里有6座新奇的博物馆，包括非常疯狂的**盐和胡椒瓶博物馆**(Museo de Saleros y Pimenteros; Avenida de Alicante 2; 成人/儿童 €3/1; 11:00~18:00，夏季 至20:00)，该馆专门收藏盐瓶和胡椒瓶，藏品超过20,000个。

Cases Noves(965 88 53 09; www.casesnoves.es; Calle Achova 1; 房含早餐 标准 €85~98，高级 €105~145;)是很棒的留宿选择。它由才华横溢的索菲娅(Sofia)和托尼(Toni)经营，他们把这家民宿提升到了全新的水平，虽然路途遥远，但值得前往。这里有5间精心设计的卧室，里面装饰着鲜花，还有很多美妙的细节，包括能观看网飞(Netflix)影片或者点餐的平板电脑。极具吸引力的露台可以眺望远处的大海，也可以凝望泛光灯照明下的村庄。

Llorente(www.llorentebus.es)的长途汽车在工作日的早上从贝尼多姆出发,开往瓜达莱斯特(€3.75, 1小时)，并于下午较早的时候返回，可以到此进行一日游。在7月和8月，周六和周日汽车仍会运营。如果你自己开车，停车费用为€2。

到达和离开

ALSA（www.alsa.es）运营的长途汽车从贝尼多姆的长途汽车站（当地的41路和47路公共汽车可以到达）出发，开往下列目的地：

阿利坎特（€4~6，0.75~1小时，班次频繁）

阿利坎特机场（€9.45，40~50分钟，每小时1班）

巴伦西亚（€16.55~16.90，1.75~3.75小时，班次频繁）

有些车也从更靠近镇中心的Avenida Europa大道8号的车站出发，该站就在从海滩往回走两三个街区的地方。

有轨电车/轻轨列车开往阿利坎特（€3.75，1.25小时，每30分钟1班），另一个方向则去往阿尔特阿、卡尔佩和德尼亚。

埃尔切（Elche）

人口 227,700

埃尔切（巴伦西亚语为Elx）是重要的水果产地，这得益于摩尔人的灌溉。而它也是两次被联合国教科文组织列入《世界遗产名录》的地方：一次是因为一年一度的中世纪戏剧——埃尔切神秘剧（Misteri d' Elx），另一次则是因为广阔且惊人的棕榈树林，后者是欧洲最大的棕榈树林，最早由腓尼基人种植。棕榈树、清真寺风格的教堂、用沙漠色彩的石头建造的古老建筑，为这座位于阿利坎特西南23公里处的城市，带来了几分北非风情。

景点

将近20万棵棕榈树，每一棵的树龄都在250年左右，使这座忙碌的工业城镇的中心区变成了名副其实的绿洲。一条带有路标的2.5公里长的**徒步小径**（可在旅游局索取小册子）以**棕榈树博物馆**（Museu del Palmerar；☎965 42 22 40；Porta de la Morera 12；成人/儿童 €1/0.50，周日免费；⏰周二至周六 10:00~14:00和15:00~18:00，周日 10:00~14:00）为起点，贯穿了整片树林。

★治愈花园　　花园

（Huerto del Cura；☎965 45 19 36；http://jardin.huertodelcura.com；Porta de la Morera 49；成人/儿童 €5/2.50，语音导览 €2；⏰周一至周六 10:00至日落，周日 10:00~15:00或18:00）在伊斯兰世界，花园被认为是天堂的一种形式。因此，埃尔切的历史和文化在这些私家花园中得到了最好的展现。在这里，人力和自然携手合作，共同创造了某种接近于理想的地方。亮点在于水景设计和仙人掌园。

> **值得一游**
>
> **阿尔特阿**
>
> **阿尔特阿**（Altea）和贝尼多姆被埃拉达山（Sierra Helada）厚厚的楔形山峰分隔开来，总体而言，这里更加安静，有一座渔港，海滩主要由鹅卵石组成。现代的部分非常舒适惬意，低层建筑是相当标准的沿海度假胜地。相比之下，坐落在山顶上、被刷成白色的老城区则俯瞰着大海，是一座讨人喜欢的漂亮村镇（Pueblo）。
>
> 从海滩往回漫步10分钟就可以轻松到达**阿尔特阿老城区**（Altea Old Town），这片密密麻麻的山顶街区内全都是白色的房屋。这里看上去非常漂亮，虽然主要街道和广场的旅游气息很重，但是依然能找到一些更加安静的角落。三处瞭望台可以让你从不同的视角欣赏海岸风光。

市政公园　　公园

（Parque Municipal；Paseo Estación；⏰11月至次年3月 7:00~21:00，4月至7月、9月和10月 至23:00，8月 至23:45）这座美丽的公园位于埃尔切镇中心北侧，是几处吸引人的能在沙沙作响的棕榈树之间漫步的地方之一。公园内的小型游客中心（每天10:00~15:00开放，周五和周六16:00~19:00也开放）有多媒体展示的相关介绍。

埃尔切考古和历史博物馆　　博物馆

（Museo Arqueológico y de Historia de Elche，简称MAHE；☎966 65 82 03；www.elche.es/museos/mahe；Calle Diagonal del Palau 7；成人/儿童 €3/1，周日免费；⏰周一至周六 10:00~18:00，周日 至15:00）这座博物馆详细介绍了该镇漫长而起伏的历史。所有展品都有详尽的展示和标签说明，该馆占据着一座专门设计建造的建筑和镇上的城堡。从新石器时代的考古发现开始，你会逐一走过穆斯林占领时代和收复失地运动的历史。在城堡的主楼，一尊著名的“埃尔切夫人”（*Dama de Elche*）雕像的复制品占据着最重要的位置。当地人乐观地期待着总有一天原件能从马德里回到这里。

节日和活动

★埃尔切神秘剧 戏剧节

（Misteri d' Elx；www.misteridelx.com；8月14日至15日，以及偶数年11月1日）这部起源于中世纪的抒情戏剧每年都在**圣玛利亚大教堂**（Basílica de Santa María；965 45 15 40；Plaza de Santa María 2；塔楼 成人/儿童 €2/1；7:00～13:00和17:30～21:00，塔楼 6月至9月11:00～19:00，10月至次年5月 10:30～15:00）上演。神秘剧的两幕：《圣母死亡前夜》（*La Vespra*）和《圣母升天庆典》（*La Festa*），将分别于8月14日和15日由埃尔切民众用巴伦西亚语进行表演（前三天有公开排练）。

在偶数年的11月1日还会有一次单日演出，并且会在前几天进行两次排练。

相传，在很久很久以前的一天，一副棺材被冲到了埃尔切的地中海岸边。里面有一尊圣母的雕像以及*Consueta*——一部讲述圣母死亡、升天及加冕的神秘戏剧的音乐和歌词。

故事讲的是圣母玛利亚意识到死亡将至，便请求上帝允许她见使徒们最后一面。于是他们一个接一个地从遥远的国度赶来。在使徒们的陪伴下，圣母安详地死去。而她一被迎入天堂，就加冕成为天地女王，音乐奏起，钟声鸣响，周围一片欢呼，甚至燃起了壮观的焰火。

你还可以在**节日博物馆**（Museu de la Festa；965 45 34 64；Carrer Major de la Vila 25；成人/儿童 €3/1；周二至周六 10:00～14:00和15:00～18:00，周日 10:00～14:00）观看多媒体演示并进一步了解神秘剧。

食宿

★Hotel Huerto del Cura 精品酒店 €€

（966 61 00 11；www.hotelhuertodelcura.com；Porta de la Morera 14；房 €90～165；）这家令人赞叹的酒店提供以白色为主的时髦客房，摆设的都是古董木制家具。住处是苍翠的棕榈树花园中整洁美观的平房。这里很适合家庭入住，带有游乐场、大泳池，而且提供婴儿看护服务。而在其著名的餐馆Els Capellans用餐，能让入住埃尔切最古老的豪华酒店这一奢侈体验更加完美。如果是行动不便的客人，可以要一个靠近接待处的房间。

★El Granaino 西班牙菜 €€

（966 66 40 80；www.mesongranaino.com；Carrer Josep María Buck 40；主菜 €14～22；周一至周六 10:00～16:00和20:00至午夜；）El Granaino位于镇中心的河对岸，这里的酒吧里挤满了狼吞虎咽地享用快捷又美味的午餐的人们，值得你步行10分钟前往。顶级的海鲜、美味的炖菜和各种各样的西班牙小吃展现了经典西班牙菜肴的魅力。如果要吃正餐，可以去外面或者隔壁的餐厅。服务上乘，品质出众。

Dátil de Oro 巴伦西亚菜 €€

（966 45 34 15；www.datildeoro.com；Paseo de la Estación；套餐 €12～31；9:00～23:00；）这家餐馆坐落在市政公园中，是为举办婚礼设立的，拥有自己的小教堂，餐厅可容纳800人就餐。而在平时，这里的环境也非常美妙，可以在棕榈树环绕的玻璃亭阁里用餐。尝尝当地菜肴，例如arroz con costra（上面带一层鸡蛋脆皮的米饭类菜肴），这里也有椰枣果馅饼和椰枣冰激凌。

实用信息

旅游局（Tourist Office；966 65 81 96；www.visitelche.com；Plaza Parque 3；周一至周五 9:00～18:00或19:00，周六 10:00～18:00或19:00，5月至12月 周日 10:00～14:00）位于市政公园的棕榈树林旁边。

到达和离开

埃尔切在阿利坎特至穆尔西亚的近郊火车线路上。每天大约有20班列车从这里通过，开往阿利坎特（€2.70），或者经奥里韦拉（Orihuela；€2.70）开往穆尔西亚（€3.70）。火车和汽车站并列在Avenida de la Libertad（Avenida del Ferrocarril）路旁。

从汽车站出发的长途汽车可以到达包括下列目的地：

目的地	费用（€）	时间	发车频率（每天）
阿利坎特	2.25	35分钟	每30分钟1班
穆尔西亚	4.51	45分钟至2小时	12~13班
巴伦西亚	13.22	2.5~4小时	10~12班

长途汽车也开往阿利坎特机场，详情见网站www.aerobusalicante.es。

比列纳（Villena）

人口 34,200

惬意的比列纳位于阿利坎特和阿尔瓦塞特（Albacete）之间，是Val de Vinalopó走廊沿线城镇中最有吸引力的。圣地亚哥广场（Plaza de Santiago）位于老城区的中心，而在城区的最高处矗立着一座城堡。镇上的考古博物馆尤为著名。这里给人的感觉跟白色海岸相去甚远，反而更具卡斯蒂利亚风情。

景点

★考古博物馆 博物馆

（Museo Arqueológico；www.museovillena.com；Plaza de Santiago 1；成人/儿童 €2/1；周二至周日 10:00~14:00）圣地亚哥广场位于比列纳老城区的中心，而这座考古博物馆坐落在宏伟的16世纪的市政厅（Palacio Municipal）内，后者是镇议会的所在地。在你还没有看到青铜器时代晚期令人惊叹的宝藏之前，就能在普通藏品中看到一些非常华丽的展品，包括一系列用纯金制作的碗、手镯和胸针。这是镇上最令人印象深刻的景点。

阿塔拉亚城堡 城堡

（Castillo de la Atalaya；www.turismovillena.com；Calle Libertad；成人/儿童 €3/1.50；导览游 周二至周六 11:00、正午、13:00、16:00和17:00，周日 11:00、正午和13:00）这座建于12世纪的城堡坐落在老城区的最高处，经过大规模的修复，晚上灯火通明。可通过导览游入内，只有西班牙语，配有英语旁白。在镇上的旅游局或城堡底部附近的游客中心购票。一堵双层墙环绕着中央的武器中庭（patio de armas），可以从高高的广场主楼俯瞰庭院内部。

食宿

La Casa de los Aromas 民宿 €

（666 475612；www.hotelcasadelosaromas.com；Calle Arco 1；标单/双 €30/47；）这个地方位于古老镇中心的中央，会用真诚的态度迎接客人，有5个令人愉悦的房间，每间都有不同的香气主题。这里很有魅力，员工可以安排葡萄酒厂参观及其他活动。你可以使用冰箱和微波炉，还有颇具吸引力的公共休息室，那里收藏着不少黑胶唱片。早餐费用为每人€3。有两个房间非常适合家庭入住。

La Despensa 巴伦西亚菜、西班牙菜 €€

（965 80 83 37；www.mesonladespensa.com；Calle Cervantes 27；主菜 €12~20；周一 9:00~17:00和20:00~23:00，周二 9:00~17:00，周三至周六 9:00至午夜，周日 13:00~17:00；）La Despensa位于车站附近，店内装饰传统而气派，菜肴也十分出色。这里有一些很棒的米饭类菜肴，包括非常美味的兔肉和蜗牛烩饭，还有一些令人印象深刻的大块烤肉。如果想吃西班牙小吃，可以试试用火腿、鹌鹑蛋和sobrasada（马略卡猪肉和辣椒酱制作的香肠）制成的招牌菜。

实用信息

旅游局（Tourist Office；966 15 02 36；www.turismovillena.com；Plaza de Santiago 5；周一至周五 9:00~14:00，周六和周日 11:00~14:00）比列纳的旅游局位于主广场，在市政厅对面。

游客中心（Visitor Centre；965 80 38 93；www.turismovillena.com；Calle de General Prim 2；周二至周六 10:00~14:00和16:00~18:00，周日 10:00~14:00）位于城堡附近。

到达和离开

每天有9班火车往来阿利坎特和比列纳（€6~10，35~50分钟），也有长途汽车；这里还有开往巴伦西亚的火车。需要注意的是，位于城镇西南10公里处的Villena AV车站进出的是快速列车。

奥里韦拉（Orihuela）

人口 34,000

奥里韦拉历史悠久的中心区位于塞古拉河（Río Segura）岸边，与一座贫瘠的岩石山底部齐平，这里有许多宏伟的哥特风格、文艺复兴风格，尤其是巴洛克风格的建筑，非常值得绕道前往一游。老城区在河流和山峰之间连成一列，最高处还有一座荒废的城堡。主要景点分布在这个地区内，几乎排成一列，而且到处都设有清晰的路标。

奥里韦拉的摩尔人和基督徒节（Moros y Cristianos festival; http://morosycristianosorihuela.es; ⏲7月中旬）非常令人兴奋，而1月底规模庞大的中世纪市场则会重现那时的气氛。

景点

★萨尔瓦多大教堂 主教座堂

（Catedral de San Salvador; ☎965 30 48 28; Calle Doctor Sarget; 成人/儿童 €2/1; ⏲周一至周五 10:30~14:00和16:00~18:30，周六 10:30~14:00）这座大教堂虽然低矮，却展现了简朴低调的威严。它坐落在老城区的中心，由浅色石头建造而成，特色是三座雕刻精美的大门。不同寻常的是，圣坛被前面华丽的文艺复兴风格（其他三面是哥特风格）的金银丝精工屏风（reja）隔开了；还有一扇封闭了唱诗班席位，而更早期的充满了植物图案的哥特式屏风，则遮蔽了圣坛后面的小礼拜堂。不过，亮点还是后面街道上那座小巧而精致的文艺复兴风格的双层回廊。

神圣艺术教区博物馆 画廊

（Museo Diocesano de Arte Sacro; ☎966 74 36 27; Calle Mayor de Ramón y Cajal; 成人/儿童 €4/2; ⏲周一至周六 10:00~14:00和16:00~19:00）这座庞大而肃穆的主教宫坐落在大教堂旁边，现在里面收藏着很多宗教艺术品。这里有一些高水准的展品，不过亮点无疑是委拉斯开兹（Velázquez）创作的技艺精湛的《圣托马斯的诱惑》（*Temptation of St Thomas*）。这幅相当大的早期作品绘制于1632年前后，画中像年轻男子一样的圣人抵挡住了妓女（可以在背景中看到）的诱惑后晕倒在地，而天使们用一根白色的贞洁丝带奖励了他。

圣多明各修道院 修道院

（Convento de Santo Domingo; ☎965 30 02 40; http://colegio.cdsantodomingo.com; Calle Adolfo Clavarana; 成人/儿童 €2/1; ⏲周二至周六 10:00~13:30或14:00和16:00~19:00或17:00~20:00，周日 10:00~14:00）这座16世纪的修道院及大学带有两座文艺复兴风格的精美回廊，食堂里还覆盖着18世纪的瓷砖作品。这里规模极大，现在里面是一所学校。建筑的线条与轮廓威严而宏伟，不断延伸直至当地的一座城门。

就餐

★Bodega La Venganza 西班牙小吃 €

（☎661 542220; www.facebook.com/bodegalavenganzaorihuela; Calle Togores 3; 西班牙小

不要错过

摩尔人和基督徒

巴伦西亚地区南部有超过80座村镇都拥有自己的摩尔人和基督徒节（Fiesta de Moros y Cristianos），目的是庆祝收复失地运动的成功，即本地区从穆斯林的统治下获得解放。

其中规模最大也最为著名的是阿尔科伊（Alcoy; ⏲4月22日至24日）镇的庆祝活动，届时会有数百名当地人身着精致的、代表不同“派系”的传统服饰——穆斯林和基督徒士兵、奴隶、行会、街头公告员、传令官、法官——组成色彩缤纷的队伍，游行穿越大街小巷，进行模拟战斗。队伍在阿尔科伊的主广场和临时搭建的巨大木头堡垒处汇集。无论是眼前的场面，还是不绝于耳的欢呼，都极其壮观，令人激动不已。

每座城镇的庆祝形式都有自己的特色，这与暗示着收复失地运动相关事件的传统息息相关。例如，比列纳的节日（www.turismovillena.com; ⏲9月5日至9日）特色是夜间游行，而贝尼多姆附近的La Vila Joiosa的节日（7月24日至31日），则会重现穆斯林的船只在海滩登陆的情景。有的地方会在2月举行，所以无论你何时到访这个地区，都很有可能遇到这样一个节日。

吃 €4~15；⏲周三至周六 12:30~16:30和19:30~23:00或更晚，周日 11:30~17:00）你不可能不爱上这家很小但时髦的西班牙小吃吧，它在圣胡斯塔和圣鲁菲娜教堂（Iglesia de las Santas Justa y Rufina）后面的一座漂亮的广场上增添了一些带有树荫的餐桌。这里很注重采购优质的海鲜——螃蟹、鸟蛤、金枪鱼、鲭鱼——烹制也恰到好处。可以看看黑板上的每日特色菜，或者尝尝西班牙小吃。

实用信息

旅游局（Tourist Office；☎965 30 46 45；www.orihuelaturistica.es；Plaza de la Soledad；⏲周一 8:00~14:00或15:00，周二至周五 8:00~14:00或15:00和16:00~19:00或17:00~20:00，周六10:00~14:00和16:00~19:00或17:00~20:00，周日10:00~14:00）位于老城区的中心，靠近大教堂的后面。在火车站还有一个办事处。

到达和离开

奥里韦拉在穆尔西亚（€2，20分钟）和阿利坎特（€4.20，1小时，每小时1班）之间的近郊铁路C1号线上。火车和汽车站位于老镇中心以南1公里处。

穆尔西亚省（MURCIA PROVINCE）

穆尔西亚（Murcia）

人口 441,000

穆尔西亚是迈阿密的官方友好城市，却与那座罪恶都市正好相反；这座省会城市相当大，但十分悠闲，有好几处有趣的景点，以及适合闲逛的舒适惬意的市中心。和巴伦西亚一样，这里也以花园（huerta）闻名，这片环绕在周围的商品果蔬园区可以追溯到摩尔人时代，它为该市的餐馆提供了优质的新鲜农产品，也推动了西班牙小吃的蓬勃发展。这里很适合花上两三天的时间游玩。

景点

★穆尔西亚皇家赌场 历史建筑

（Real Casino de Murcia；www.casinodemurcia.com；Calle de la Trapería 18；成人/儿童 €5/3；⏲10:30~19:00）穆尔西亚富丽堂皇的赌场最早于1847年开业，当时是一家绅士俱乐部。这栋建筑在经历了煞费苦心的修复后恢复了昔日的辉煌，它是历史设计和财富象征的完美结合，能让你一睹过去的贵族气派。装饰性的外立面后面是一座令人眼花缭乱的摩尔式中庭，经典的英式图书馆拥有2万册藏书，华丽的舞厅装饰着闪闪发光的枝形吊灯，还有一间令人赞叹的女士化妆室（tocador），里面的天花板壁画上绘着小天使、天使，以及一个令人惊恐的女人，她长着翅膀，身陷火焰之中。

圣玛利亚大教堂 主教座堂

（Catedral de Santa María；☎968 35 87 49；Plaza del Cardenal Belluga；⏲9月至次年6月 周二至周六 7:00~13:00和17:00~20:00，周日和周一7:00~13:00和18:30~20:00，7月至8月 周一至周五7:00~13:00和18:30~20:00，周六和周日 7:00~13:00和19:00~21:00）**免费** 穆尔西亚的大教堂是1394年在一座清真寺的原址上建造的。最初的哥特式建筑在1748年进行了有趣的巴洛克式翻新，修建了面朝广场的绝美外立面。15世纪的**贝莱斯礼拜堂**（Capilla de los Vélez）是一个亮点，里面充满了锦上添花的裙褶状和卷曲状装饰。**大教堂博物馆**（Museo Catedralicio；Plaza de la Cruz 1；成人/儿童 €3/2；⏲周二至周六 10:00~17:00，周日 10:00~13:00）展示着宗教手工艺品，不过最值得关注的是挖掘场景的展出。

考古博物馆 博物馆

（Museo Arqueológico；☎968 23 46 02；www.museosregiondemurcia.es；Avenida Alfonso X El Sabio 7；⏲7月和8月 周二至周五 10:00~14:00，周六和周日 11:00~14:00，9月至次年6月 周二至周六 10:00~14:00和17:00~20:00，周日 11:00~14:00）**免费** 考古博物馆布局合理、资料完备的展览占满了两层楼，介绍从旧石器时代开始，包括视听展示。时髦的咖啡馆设有惬意的户外座位，是很受欢迎的去处。

节日和活动

圣周 宗教节日

（Semana Santa；⏲3月/4月）这座城市的复活节游行形式传统，被认为是西班牙同类活动中数一数二的，原因主要在于游行队伍中出

Murcia 穆尔西亚

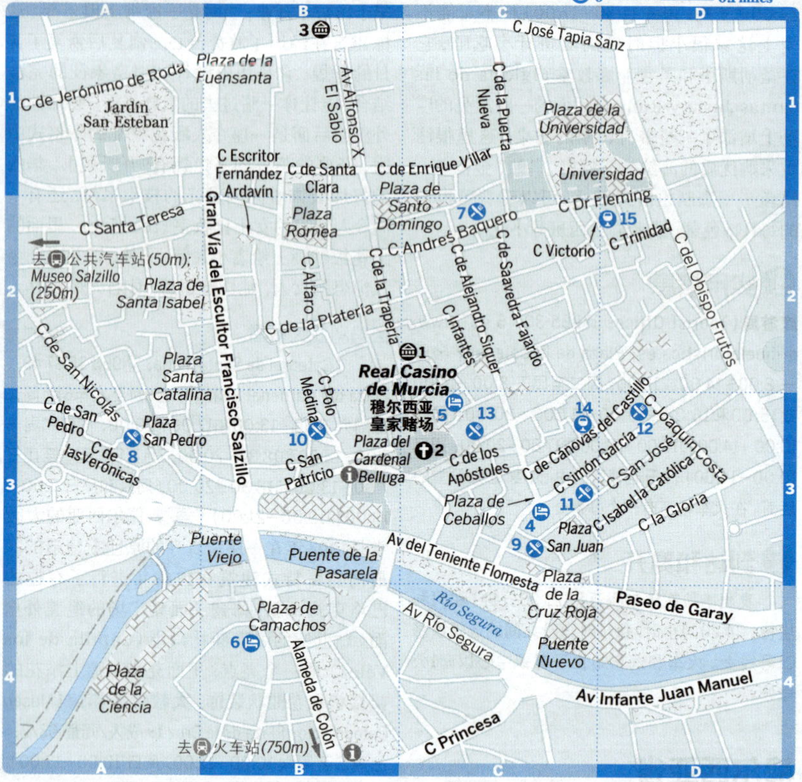

Murcia 穆尔西亚

重要景点

1 穆尔西亚皇家赌场 C2

景点

2 圣玛利亚大教堂 C3
3 考古博物馆 B1
大教堂博物馆 .... （见2）

住宿

4 Arco de San Juan C3
5 Hotel Cetina C3
6 Pensión Segura B4

就餐

7 Alborada C2
8 El Pasaje de Zabalburu A3
9 La Pequeña Taberna C3
10 Los Zagales B3
11 Pura Cepa C3
12 Salzillo D3
13 Vacanal C3

饮品和夜生活

14 La Ronería y La Gintonería C3
15 Sala Revolver D2

色的雕塑。几位著名的巴洛克艺术家创作了它们，这些雕塑栩栩如生，感情丰富。

Bando de la Huerta 宗教狂欢节

（⏲3月/4月）复活节星期日之后的两天，城市的氛围会从阴郁转为欢乐，因为该市会用游行、小吃摊、民俗表演和一瓶瓶为节日准备的烈酒，来庆祝这个一年一度的春季节日。

住宿

★Pension Segura 青年旅舍 €

（☎968 21 12 81; www.pensionsegura.es;

Plaza de Camachos 14；房 €38~48；❄📶）从镇中心穿过一座桥就可以到达，是很好的经济型住宿选择。员工会加倍努力让你感到宾至如归的感觉，客房相当好，也非常干净，不过浴室通常都很小。

★ **Hotel Cetina** 酒店 €€

（☎968 10 08 00；www.hotelcetina.com；Calle Radio Murcia 3；房 €55~80；❄📶）这家位于市中心的古老酒店在进行了彻底的整修后已焕然一新。现在这里宽敞、时髦又舒适的房间有着无与伦比的性价比，它们拥有引人注目的色彩搭配，配有Smeg冰箱和时尚的洗漱用品。员工非常乐于助人。唯一的问题是要走相当长的一段路才能到达其关联的停车场（Paseo del Teniente Flomesta）。

Arco de San Juan 酒店 €€

（☎968 21 04 55；www.arcosanjuan.com；Plaza de Ceballos 10；双 €60~80；P❄@📶）这家酒店的前身是一座18世纪的宫殿，如今它用原有的高达5米的大门和一些复制的粗大圆柱来突显自己的过去。房间经典而舒适，有许多硬木的装饰细节，织物也很高档，再加上低廉的价格和优越的地理位置——前往市中心的景点和最好的餐饮区都很便利，非常超值。服务专业而热情。

就餐

★ **El Pasaje de Zabalburu** 西班牙小吃 €

（☎622 622167；www.facebook.com/elpasajedezabalburu；Plaza San Pedro 3；西班牙小吃 €4~10；⏲周一至周六 正午至17:00和20:00至午夜，周日 正午至17:00；📶）这家酒吧位于市中心西侧，很难想象能有什么比这里精致的创意菜肴更美味的西班牙小吃。可以在长长的吧台边找个座位，享用独具特色的丰盛美食。这里的海鲜特别美味，可以配上很棒的烤鱿鱼，一定要尝尝招牌菜pelochos——裹着脆面条外皮的火腿炸土豆饼，嗯，好吃极了！

Los Zagales 西班牙菜 €

（☎968 21 55 79；www.facebook.com/barloszagales.murcia；Calle Polo de Medina 4；菜肴 €3~12；⏲周一至周六 9:30~16:00和19:00至午夜）参观完大教堂后可以顺便到这儿来。老派的Los Zagales很传统，提供物美价廉的西班牙小吃、盘餐（raciones）、拼盘（platos combinados）、自制甜品（和自制薯条）。这里很受当地人喜爱，所以你可能需要等位。即使是等位也完全值得。

★ **La Pequeña Taberna** 西班牙菜 €€

（☎968 21 98 40；www.lapequenataberna.com；Plaza San Juan 7；主菜 €10~21；⏲周一至周六 13:00~17:00和20:00至午夜，周日 13:00~17:00）这家品质出众的餐馆并不像它所声称的那么小，寻找它的时候，要留意门外大量的市售蔬菜。服务很贴心，桌子上摆着一箱箱西红柿、甜瓜等蔬果，还有各色菜肴，比如生鱼片、腌鱼籽（huevas de mújol）、猪肘（codillo）和高品质的沙拉和蔬菜拼盘。很美味，葡萄酒也很棒。

★ **Vacanal** 阿根廷菜、烧烤餐馆 €€

（☎968 71 58 93；www.vacanal.es；Plaza de los Apóstoles 5；主菜 €11~28；⏲周一至周六

不要错过

穆尔西亚的西班牙小吃

被花园（huerta，商品果蔬园区）环绕着的穆尔西亚拥有优质的新鲜农产品，对西班牙小吃发展十分有利。这里的西班牙小吃品种繁多，分量充足，而且不吃肉的人也能找到相当多的素食选择。该市的很多餐馆都设有西班牙小吃吧，或者供应盘餐（raciones），后者很适合分享。总的说来，穆尔西亚的西班牙小吃比普通的那些更富创意，通过它们对新鲜应季原料的使用，也可以看出该省全面的农业水平。当地的经典菜式是marinera，这种一勺量的俄罗斯沙拉会放在用面包条弯成的圈上供应，上面还会放一条凤尾鱼，真是美味！

圣胡安广场（Plaza San Juan）上及其东北侧的街道网尤为值得探索，位于老城区西侧不远处的圣卡塔利娜广场（Plaza Santa Catalina）和鲜花广场（Plaza de las Flores）一带也是活力四射的小吃区。

13:00~23:00，周日 13:00~19:00）这家整洁、宽敞而现代的阿根廷餐馆专注于肉类，有一些很棒的什锦烧烤特色菜，不过真正的亮点是在炭火上烤制的大块牛排。这里的一切都恰到好处，包括完美无缺的服务、锋利的刀具、手工切的薯条和其他很多到位的细节。菜品很多，足以在大多数预算范围内享用一顿顶级饭菜。还有一个大露台。

Pura Cepa 西班牙小吃 €€

（☎968 21 73 97；www.puracepamurcia.com；Plaza Cristo del Rescate 8；菜肴 €6~15；⏰周二至周六 13:00~16:30和20:00至午夜，周日 13:00~16:30；📶）虽然菜单上充满了典型的西班牙食材，但是这里的菜肴通常都很有创意，能更好地体现它们的高品质。洋蓟、章鱼及其他当地美味的小块食物会出现在各种菜肴中，从炒菜到沙拉再到精致的开胃菜，应有尽有。可以在外面有暖气的露台上、酒吧区的高桌旁，或者时髦的餐厅内用餐。

Alborada 西班牙菜 €€

（☎968 23 23 23；www.alboradarestaurante.com；Calle Andrés Baquero 15；主菜 €15~22；⏰周一至周六 正午至16:30和20:30~23:30，周日正午至16:30）从外面看，这家天花板很高的极简抽象派餐馆并不太引人注目，然而它会用精心挑选的天然产品烹制可靠的美味佳肴。摆盘现代而不前卫，味道组合都很令人愉快。在工作日只要花上€12，就可以在前面明亮的酒吧区内用餐。餐厅内经常使用空气清新剂。

Salzillo 西班牙菜 €€€

（☎968 22 01 94；www.restaurantesalzillo.com；Calle de Cánovas del Castillo 28；主菜 €20~24；⏰周一至周六 13:00~17:30和21:00至午夜，周日 13:00~17:30）这家优雅且舒适的餐馆深受富裕而保守的穆尔西亚人喜爱，其中有一家热闹的酒吧，错层式餐厅会提供真正的美食。前菜是用当地的洋蓟制作的精致菜式，肉类主菜的水准极高——可以点一份味浓可口的烤肉（a la brasa）。

🍷 饮品和夜生活

La Ronería y La Gintonería 酒吧

（☎968 90 00 05；www.la-roneria-y-la-gintoneria.com；Calle de Cánovas del Castillo 17；⏰周二至周六 15:00至次日3:00，周日和周一 15:00至次日2:00）一进入这家酒吧，就有大量难以置信的精选朗姆酒映入你的眼帘。足有近千种，还播放着加勒比海的旅游视频来帮你调动情绪。等你全部尝过一遍，就摇摇晃晃地上楼，开始品尝加奎宁水的杜松子酒吧。这里有几百种杜松子酒，几十种奎宁水。当然还有你。

Sala Revolver 酒吧

（☎868 12 49 17；www.facebook.com/salarevolver.murcia；Calle Victorio 36；⏰15:30至次日3:30；📶）这家酒吧位于以大学生为主导的夜生活区的中心，店内带着经典的摇滚乐风格，配有红色的塑料雅座，墙上装饰着珍奇小物件和照片，经常举办现场音乐表演。这里很有气氛，是享有真正摇滚乐酒吧信誉的去处。

ℹ 实用信息

弗洛里达夫兰卡旅游信息亭（Floridablanca Tourist Kiosk；www.turismodemurcia.es；Jardín Floridablanca；⏰周一至周五 16:30~20:30，周六 10:00~14:00和16:30~20:30，周日 10:00~14:00）位于老城区河对岸的公园内。

旅游局（Tourist Office；☎968 35 87 49；www.murciaturistica.es；Plaza del Cardenal Belluga；⏰周一至周六 10:00~14:00和17:00~20:00，周日 10:00~14:00；📶）位于大教堂广场。

ℹ 到达和离开

2019年，原先的穆尔西亚-圣哈维尔机场被**穆尔西亚地区国际机场**（Aeropuerto Internacional Región de Murcia；Aeropuerto de Corvera；☎913 21 10 00；www.aeropuertointernacionalmurcia.com；Avenida de España，Lo Jurado）取代，后者位于穆尔西亚市以南27公里处，在科尔韦拉、洛斯马丁内斯德普埃尔托和巴利亚多利塞斯三个城镇之间，邻近A-30公路。这里有廉价航班飞往英国及欧洲其他国家，也有飞往帕尔马和阿斯图里亚斯的季节性航班。从机场乘出租车去往穆尔西亚市中心花费为€29（25分钟）。

穆尔西亚的长途汽车站位于市中心以西1公里处，每天至少有10班长途汽车从该站出发，开往卡塔赫纳（€4.75，45分钟至1.25小时）和洛尔卡（€5.75，1.5小时）。

每天最多有6班火车往返马德里（€47，4.25小时）。还有去往阿利坎特（€5.75，1.25小时）和洛尔卡（€5.75，50分钟）的近郊火车。

当地交通

几条走环形路线的公共汽车经过长途汽车站，可以把你带到市中心。14路公共汽车速度最快。如果是从火车站出发，可以乘坐C5路。

穆尔西亚有一条有轨电车路线，但是对游客而言用处不大，它的作用主要是把乘客从广阔的北部郊区送进市区。

卡塔赫纳（Cartagena）

人口 214,800

卡塔赫纳令人难以置信的天然港口已然使用了数千年之久。站在俯瞰着城市的城堡的城垛上，你可以真切地看到层层叠叠的历史在脚下铺陈开来：腓尼基商人停靠过船只的码头，罗马军团行进过的街道，曾经矗立着一座西班牙穆斯林向真主祈祷的清真寺的广场，基督教收复失地时期军队翻越过的山岭，工业时代的工厂，现代主义建筑，以及当代的战舰——现在这里仍然是一座重要的海军基地。

随着考古学家继续挖掘埋藏已久——且引人入胜——的罗马和迦太基遗迹，这座城市终于开始得到应有的认同，成为西班牙最迷人的历史圣地之一。庞大的步行街网络和美丽的海滨使这里非常适合漫步探索。

历史

公元前223年，迦太基将领哈斯德鲁巴（Hasdrubal the Fair）率军入侵了曾经的伊比利亚村落Mastia，并将其重建为Qart Hadasht。罗马人统治时期，这里成了繁荣的新迦太基城（Carthago Nova），而在穆斯林的统治下，它成了独立的酋长国Cartajana，最终于1242年，这座城市被基督徒再度征服。尽管内战期间这里遭到了狂轰滥炸——它是共和国主要的海军港口——但是在20世纪50年代和60年代，工业得到了繁荣发展，人口也随之增加。

景点

★国家水下考古博物馆　博物馆

（Museo Nacional de Arqueología Subacuática，简称ARQUA；☎968 12 11 66；http://museoarqua.mcu.es；Paseo de Alfonso XII 22；成人/儿童 €3/免费，周六下午和周日 免费；⏲周二至周六 10:00~20:00或21:00，周日 10:00~15:00）这座迷人的优秀博物馆深入研究了水下考古这个极具吸引力的领域。从解说这些深海探索者的工作开始，然后带你徜徉于地中海的海洋史及文化。这里有很多古老的罐子和漂亮的灯，还有可以按的按钮、可以观看的电影，以及一艘令人赞叹的腓尼基商船的复制品。

罗马剧场博物馆　博物馆、遗迹

（Museo del Teatro Romano；www.teatroromanocartagena.org；Plaza del Ayuntamiento 9；成人/儿童 €6/5；⏲10月至次年4月 周二至周六 10:00~18:00，周日 10:00~14:00，5月至9月 周二至周六 10:00~20:00，周日 10:00~14:00）这个令人印象深刻的复合建筑群是西班牙最好的建筑师拉斐尔·莫内奥（Rafael Moneo）设计的。游览路线会带着游客从市政厅广场（Plaza del Ayuntamiento）上的博物馆开始，经自动扶梯和一段穿过大教堂遗址的地下通道，到达最近经过修复的罗马剧场，其历史可以追溯到公元前1世纪。博物馆的布局属于极简主义风格，精心挑选的雕像、陶器及其他手工艺品，都会带你回顾卡塔赫纳迷人的城市历史。

古罗马广场区　遗迹

（Barrio del Foro Romano；www.cartagenapuertodeculturas.com；Calle Honda；成人/儿童 €5/4；⏲11月至次年3月 周二至周日 10:00~17:30，4月至6月和9月中旬至10月 周二至周日 10:00~19:00，7月至9月中旬 每天 10:00~20:00）莫利内特山（Molinete hill）旁边是连接着港口和广场的整个城镇街区及街道的遗迹，是个能唤起往昔记忆的地方，其历史可以追溯到公元前1世纪，包括一座拱廊和温泉浴室。其中一处房子还保存着一座庭院和壁画的重要片段。

财富之家　遗迹

（Casa de la Fortuna；Plaza Risueño；成人/儿

童 €2.50/2; ⌚周二至周日 10:30~15:30, 12月至次年3月 仅周六和周日开放)财富之家包含一座可以追溯到公元前1世纪的罗马贵族别墅的迷人遗迹，里面有一些保存得很好的壁画和镶嵌画，此外还有一部分挖掘出土的道路。沿着广场上的台阶往下走就可以到达这里。

内战避难所博物馆 博物馆

(Museo Refugio de la Guerra Civil; www.cartagenapuertodeculturas.com; Calle de Gisbert; 成人/儿童 €3.50/2.50; ⌚4月至6月和9月中旬至10月 周二至周日 10:00~19:00, 7月至9月中旬 每天 10:00~20:00, 11月至次年3月 周二至周日 10:00~17:30)卡塔赫纳是共和国舰队的基地，拥有重要的军需工业，在西班牙内战期间遭受过猛烈地轰炸。这个很有气氛的防空洞位于城堡山内，是保护过该市居民的众多避难所之一，它会用个人证词、海报、完善的西班牙文和英文信息以及一段查理·卓别林的电影片段把参观者带回那段岁月。

康塞普西翁城堡 城堡

(Castillo de la Concepción; www.cartagenapuertodeculturas.com; 成人/儿童 €3.75/2.75; ⌚11月至次年3月 周二至周日 10:00~17:30, 4月至6月和9月中旬至10月 周二至周日 10:00~19:00, 7月至9月中旬 每天10:00~20:00)如果想欣赏全景，可以大步前往康塞普西翁城堡，或者搭乘**电梯**(Calle de Gisbert; 成人/儿童 €2/1, 含康塞普西翁城堡 €4.25/3.75)上山。在城堡的花园里能看到神气活现的孔雀，还有**卡塔赫纳历史讲解中心**(Centro de Interpretación de la Historia de Cartagena)，讲解中心通过音频屏幕和一段10分钟的短片(英语和西班牙语)，展示了卡塔赫纳数百年的简史。

> **折扣票**
>
> 要参观完卡塔赫纳所有不同的考古遗迹和博物馆要花费相当大一笔钱。幸运的是，有多种形式的通票可以提供优惠(进入4/5/6座博物馆 成人票 €12/15/18, 儿童票 €9/12/14)，进而帮你解决这个难题。进入所有此类景点的通票售价€22。15天内均有效。通票可在旅游局或景点处购买。罗马剧场博物馆(见917页)算两座博物馆的门票。其他选择还包括观光船和/或巴士游。

迦太基城墙 遗迹

(Muralla Púnica; www.cartagenapuertodeculturas.com; Calle San Diego 25; 成人/儿童 €3.50/2.50; ⌚11月至次年3月 周二至周日 10:00~17:30, 4月至6月和9月中旬至10月 周二至周日 10:00~19:00, 7月至9月中旬 每天 10:00~20:00)建在一段古迦太基城墙周围，集中展示了该镇在迦太基和罗马时期的遗产。这里还有一处16世纪隐居处显得摇摇欲坠的城墙，里面的坟墓埋满了骸骨。

市立考古博物馆 博物馆

(Museo Arqueológico Municipal; ☎968 12 89 68; www.museoarqueologicocartagena.es; Calle Ramón y Cajal 45; ⌚周二至周五 10:00~14:00和17:00~20:00, 周六和周日 11:00~14:00) **免费** 博物馆建在一座罗马晚期的墓地上，藏有丰富的迦太基、罗马、西哥特和穆斯林统治时期的手工艺品。要前往这里，可从市中心经Calle La Palma往西北方向走。

节日和活动

圣周 宗教节日

(Semana Santa; http://semanasanta.cartagena.es; ⌚3月/4月)在复活节的一周中，卡塔赫纳设计繁复、令人难忘的大游行真的很值得一看。

迦太基人和罗马人 宗教狂欢节

(Carthagineses y Romanos; www.carthaginesesyromanos.es; ⌚9月)在9月的10天里，当地人会在绚丽多彩的宗教节日期间，以战争游戏的形式重现第二次布匿战争中迦太基人和罗马占领者之间的战斗场面。

住宿

★ Pensión Balcones Azules 青年旅舍 €

(☎968 50 00 42; www.pensionbalconesazules.com; Calle Balcones Azules 12; 标单 €36~42, 双 经济/高级 €50/60; ❄📶)这个时髦之选坐落在市中心安静的街道上，俯瞰着广场遗迹，可谓物超所值。高级房带有更大的浴室，

不过，一些宽敞的“经济房”也一样。这里的一切都舒适惬意，敬业的员工把它打扫得一尘不染，虽然它实际上是一家小酒店。2月前后会歇业一个月。

NH Cartagena 酒店 €€

（☎968 12 09 08; www.nh-hotels.com; Calle Real 2; 房 €85~125; P ❄ @ 📶）这家商务酒店位置绝佳，离海滨和罗马剧场只有几步之遥，而且就在市政厅后面。房间很宽敞，高级房带有阳台或者大露台。和往常一样，这种连锁酒店的免费Wi-Fi慢得愁人，要提速还得花一大笔钱。最好别吃定价过高的早餐。

就餐

La Fuente 西班牙小吃 €

（☎868 04 73 22; www.bodegalafuente.com; Calle Jara 17; 1份饮品和西班牙小吃 €1.90; ⏲周一至周五 10:00~17:00和19:30至午夜，周六11:00~17:00和19:30至午夜，周日 11:00~17:00; 📶）这家明亮又忙碌的餐馆名副其实，确实有一座喷泉。这里是停下来随便喝点东西并吃点西班牙小吃的好地方。特色菜是从比斯开湾（Bay of Biscay）捕捞的凤尾鱼，又大又美味。这里有一小群类似的酒吧也提供便宜的饮品和小吃。17号街还经常被错认成27号。

El Barrio de San Roque 西班牙菜 €€

（☎968 50 06 00; www.elbarriodesanroque.es; Calle Jabonerías 30; 主菜 €12~20; ⏲周一至周六 13:30~16:00和20:30~23:00）参观完罗马遗迹，该吃顿像样的正餐了吧？许多步行街都充斥着相当普通的餐馆，会用冷冻海鲜饭招揽游轮游客，不过这个谨慎而雅致的地方提供的是真正高品质的餐食。售价€20的午餐套餐非常棒，裸露的砖墙、相当大的餐桌以及彬彬有礼的服务，使这里成了惬意的避风港。

★ **Magoga** 西班牙菜 €€€

（☎968 50 96 78; www.restaurantemagoga.com; Plaza Doctor Vicente García Marcos; 主菜 €15~26; ⏲周二至周六 13:30~16:00和20:30~23:30，周日 13:30~16:00; 📶）这家拥有白色外观的小馆子整洁而漂亮，它坐落在Calle Carlos Ⅲ附近的一条普通的步行林荫道上，有着雅致的用餐区和开放式厨房。年轻的店主对美食的热情在食物中大放异彩，这里菜肴的水准远高于卡塔赫纳的大多数餐馆。米饭类菜肴性价比很高，炖菜、烹制及摆盘皆无可挑剔的鱼类和肉类主菜一样出色。

La Marquesita 西班牙菜 €€€

（☎968 50 77 47; www.lamarquesita.net; Plaza Alcolea 6; 主菜 €13~24; ⏲周二至周六 13:00~16:30和20:00~23:30，周日 13:00~16:30; 📶）这家餐馆坐落在紧邻步行大街的一座颇为隐蔽的广场上，通过色彩缤纷的盆栽植物发现它并不困难。可以坐在里面或者户外享用品质尤其出众的鱼类菜肴，也供应其他传统菜式。这里由家庭经营，待客真诚而热情。

购物

Centro para la Artesanía 工艺品

（www.carm.es; Calle Honda 10; ⏲周一至周五 10:00~14:00和17:00~20:30，周六 11:00~13:30）🍃 这家政府资助的商店展示着当地手艺人的作品。从绘画到蜂蜜，品种繁多，应有尽有。很适合闲逛。

实用信息

大多数罗马遗迹都能为你提供城市地图和相关信息；如果你到达的时候旅游局关闭了，这些正好可以派上用场。

市政厅旅游局[Ayuntamiento Tourist Office; ☎968 12 89 55; www.cartagenaturismo.es; Plaza del Ayuntamiento 1; ⏲周一至周六 10:00~13:30和16:00~18:00（5月至9月 17:00~19:00），周日10:30~13:30]位于市中心靠近海滨的地方。

圣何塞门旅游局（Puertas de San José Tourist Office; ☎968 12 89 55; www.cartagenaturismo.es; Plaza Basterreche; ⏲10月至次年4月 周一至周五 10:00~14:00和16:00~18:00，周六 10:00~13:30，5月至9月 周一至周五 10:00~14:00和17:00~19:00，周六 10:00~13:30）位于汽车站附近，有很多实用信息。如果这里关门了，可以到对面**迦太基城墙**（见918页）内设置的服务台去看看。

到达和离开

每天有6~7班长途汽车从**汽车站**（Avenida Trovero Marín）出发，开往阿利坎特（€9，2.75小时)，还有大致每小时1班的汽车去往穆尔西亚(€4.75，45分钟至1.25小时)。

要前往西班牙国家铁路(Renfe)的火车可以到达的目的地，通常必须在穆尔西亚(€5.45起，50分钟，每天8~11班)换乘，不过也有一些直达快车。如果在穆尔西亚下车，最好搭乘当地火车，因为速度稍微快一些的Altaria/Talgo列车要贵得多。

乘出租车往返穆尔西亚-圣哈维尔机场的单程费用约为€50(30分钟)。

温暖海岸(Costa Cálida)

温暖海岸向西延伸，直至与安达卢西亚相交的边界，这里恰如其名，气候炎热而干燥，一年的日照长达300多天。尽管规模庞大的度假胜地拉曼加(La Manga)没什么吸引力，但是安静的海滨城镇可以提供更加有趣的体验。

阿吉拉斯(Águilas)

人口 34,700

阿吉拉斯靠近安达卢西亚的边界，从马萨龙(Mazarrón)沿着海岸再走30公里就会到达这座低调的城镇。这里的氛围有些沉闷，镇中心舒适宜人。镇上的海滨区很美，而且还保存着一支小渔船队；海滨后面是美丽的西班牙广场(Plaza de España)，那里有一些威严的树木。镇上的海滩被一座低矮的海岬隔开，海岬顶上有一座18世纪的堡垒。不过真正迷人的海滩是小镇以南几公里处的Cuatro Calas。

节日和活动

★阿吉拉斯狂欢节 狂欢节

(Carnaval de Águilas; www.carnavaldeaguilas.org; ⌚2月/3月)西班牙最有趣的狂欢节之一，以四个人物为特色，他们代表着仁慈、美德和罪恶的不同面貌。游行从星期五一直持续到忏悔星期二(Shrove Tuesday)，还有接下来的周末。

住宿

Pensión Rodríguez 家庭旅馆 €

(☎968 41 06 15; http://aguilaspensionrodriguez.blogspot.com; Calle Ramón y Cajal 7; 标单带公用/私人浴室 €23/27，双 带公用/私人浴室 €37/42; 📶)Pensión Rodríguez位于城镇相对中心的地带，走不远就可以到达海滩。这里一尘不染的房间价格很低廉。老板玛蒂尔德(Matilde)非常乐于助人，而且和蔼亲切。物有所值。

★Hotel Mayarì 酒店 €€

(☎964 41 97 48; www.hotel-mayari.com; Calle Río de Janeiro 14, Calabardina; 标单/双 含早餐 €65/98; ⌚3月至11月; P❄📶)位于离阿吉拉斯7公里远的海边定居点Calabardina，这座无忧无虑的别墅在干燥而壮丽的丘陵地带提供极好的服务。客房简单舒适，每间都不相同，装潢时尚清新。有些房间可以欣赏海景。会按要求提供美味的家常饭菜，还有实用的山间徒步建议，以及探索该地区的自行车。

Hotel Puerto Juan Montiel 酒店 €€

(☎968 49 34 93; www.hotelpuertojuanmontiel.com; Avenida del Puerto Deportivo 1; 房 含早餐 €90~176; P❄@📶🏊)这家酒店占据着小船坞旁边的一栋难看的建筑，但是比镇中心的那些酒店要好得多。这里离海滩不过几步之遥，房间很宽敞，通风良好，功能现代。设施也很不错，配备了夏季游泳池和餐馆，还有很多休息空间。海景要稍微贵一些。旺季(夏天)之外的价格会大幅下跌。

就餐

El Pimiento 西班牙菜 €

(Calle Joaquín Tendero 1; 西班牙小吃 €1~12; ⌚18:30至次日1:00)马具、瓷砖和悬挂着的火腿，这些极具西班牙风情的宜人装饰令这里从一开始就充满活力。室内色彩缤纷的餐桌和户外延伸到台阶下的座位总是挤满了人，为它增添了浓厚的氛围。店内的西班牙小吃很简单——想想分量十足的肉食、面包、土豆和番茄——同时非常美味，价格也十分公道。着实令人愉快！

★El Poli 海鲜 €€

(☎968 41 34 21; www.facebook.com/elpolirest; Calle Floridablanca 23; 菜肴 €5~15; ⌚周三至周一 13:30~16:00和20:30~23:00)上了

清漆的传统木质内饰带着一种船上的感觉，看上去似乎是另一个地区的咖啡馆，直到你意识到菜单上全都是在当地捕捞的鱼类和甲壳类动物。不过，不要花太多时间浏览菜单，因为只供应鱼市上可以买到的产品。店内采用的烹制方法很简单，但美味可口，员工充满才气，价格也相当实惠。

实用信息

旅游局（Tourist Office；☎968 49 32 85；www.aguilas.es；Plaza Antonio Cortijos；⊙9月中旬至次年4月 周一至周六 10:00~14:00和17:00~19:00，周日 10:00~14:00，5月和6月 至20:00，7月至9月中旬 周一至周五 9:30~14:00和17:00~21:00，周六 10:00~14:00和17:00~21:00，周日 10:00~14:00）位于镇中心，靠近海边。

到达和离开

长途汽车去往洛尔卡（€3，30分钟，每天3~7班）和穆尔西亚（€8.90，1.5小时，每天2~4班），还有卡塔赫纳（€7.20，1.75小时，每天2~3班）和阿尔梅里亚（€9.60，2.25小时，每天2~3班）。

每天有3班C2号线的近郊火车从穆尔西亚（€7.95，1.75小时）出发，经洛尔卡开往这里。

洛尔卡（Lorca）

人口 91,700

长久以来，洛尔卡这座集镇一直以美丽的老城区闻名，那里的最高处有一座建于13世纪的城堡，这里还会举办西班牙最绚丽夺目的圣周庆祝活动。2011年，这里发生了地震，致使9人死亡，多人受伤，还有许多人无家可归。地震造成了重大的经济损失，老城区受到的影响尤其严重。洛尔卡现在已经重新振作了起来，镇上又恢复了实实在在的欢乐气氛，这使它成了适合游览的好地方。

景点

★西班牙广场（Plaza de España） 广场

老城区的亮点是西班牙广场周围的一组巴洛克式建筑，包括一座16世纪的老粮仓**Pósito**，18世纪的**地方长官宅第**（Casa del Corregidor），以及**市政厅**。广场上占据主导地位的是金色的石灰岩建筑——圣帕特里克教堂，它在2011年的地震中破坏严重，不过已于2017年重新开放。

★圣帕特里克教堂 教堂

（Colegiata de San Patricio；☎968 46 99 66；Plaza de España；成人/儿童 €2/免费；⊙周一至周六 11:00~13:00和18:00~19:00）这座教堂是宏伟而美丽的珍宝，用金色石头打造完成，姿态雄伟壮丽，矗立于洛尔卡中央广场。朴素而气派的三层式外立面属于巴洛克风格，带有三重中殿的文艺复兴风格的内部拥有精美的圣坛装饰及其他绘画作品。它在2011年的地震中遭到了严重的破坏，最近才重新开放。地震时发现的地下室和壁画于2018年开放参观。可在相邻的旅游局（见923页）购票。

蓝色圣周兄弟会刺绣博物馆 博物馆

（Museo de Bordados del Paso Azul，MASS；☎968 47 20 77；www.pasoazul.com；Calle Cuesta de San Francisco；成人/儿童 €3/免费；⊙周一至周六 10:30~14:00和17:00~20:00，周日 10:30~14:00）这是蓝色（Azul）圣周兄弟会的现代博物馆，附属于圣弗朗西斯科修道院。关于圣周（见922页）对当地人意味着什么这个问题，该馆提供了很好的解释。除了激动人心的视频和背景资料，这里还展示了许多绝美的服装。如果你在工作日前往，可能还会看到楼上的刺绣车间里有人忙于制作它们——这是近距离观赏制作过程的好机会。

有的斗篷长达5米，丝绸上的所有装饰都是手工精心绣上去的，描绘了生动有趣的宗教和历史场景。

博物馆的一个展区会带你进入教堂的画廊，这非常有趣。如果要参观教堂，从一楼进入，需额外付€1。

白色圣周兄弟会刺绣博物馆 博物馆

（Museo de Bordados del Paso Blanco，muBBla；☎968 46 18 13；www.mubbla.org；Calle Santo Domingo 8；成人/儿童 €2.50/免费；⊙周一至周六 10:30~14:00和16:30~19:00或17:00~20:00，周日 10:30~14:00）这是白色圣周兄弟会的博物馆，附属于圣多明各教堂。在这里你会看到他们在受到热烈欢迎的圣周游行中所穿的精心制作的华美长袍。它们得到了很好的展示，相当令人惊叹，上面描绘着来自圣经和古代的场景。而在相邻的玫瑰圣母（Virgen del Rosario）小教堂中，你可能会被建议戴上墨镜，再去欣赏闪耀的巴洛克风格的黄金制品。

太阳要塞城堡 城堡

（Castillo Fortaleza del Sol, Castillo de Lorca; ☎968 47 90 03; www.lorcatallerdeltiempo.com; Carretera de la Parroquia; 成人/儿童 €5/4; ⏰10:30至黄昏; 👪）城堡坐落在小镇的高处，令人印象深刻，这个规模庞大的中世纪建筑群以两座塔楼为特色。基本的门票包含语音导览，可以进入地震后重建的**埃斯波隆塔**（Torre del Espolón），还有各种各样的蓄水池和护城墙，以及展览空间。气派的**阿方西娜塔**（Torre Alfonsina）和经过了修复的犹太教堂，以及**犹太区遗迹**，可以通过每天至少2次的推荐导览游（各€4）进行参观。售价€10的联票包含这两个团队游。

节日和活动

★ 圣周 宗教节日

（Semana Santa; http://semanasantalorca.com; ⏰3月/4月）如果你来自洛尔卡，那么你很可能属于热情的白色（Blanco）或蓝色（Azul），这是两大主要兄弟会的代表色，自1855年以来，它们一直在为谁能带来最盛大的圣周表演而激烈竞争。洛尔卡的复活节游行非常与众不同。尽管仍然满怀敬意，却也充满了色彩和活力，并且将来自古代和《旧约》传说，以及耶稣受难故事中的角色混在了一起。

每个兄弟会都拥有自己的圣母像（一尊披着蓝色斗篷，另一尊自然披着白色斗篷）、旗帜以及令人印象深刻的博物馆（蓝色圣周兄弟会刺绣博物馆和白色圣周兄弟会刺绣博物馆）。这种一年中的大部分时间都很和睦的激烈竞争所带来的结果是，这里的圣周活动几乎比你在西班牙其他地方见到的都要精彩。游行队伍中有马匹、精彩的戏剧场景、生动有趣的角色——上帝、皇帝和英雄——激动人心的音乐以及深厚的情感。

食宿

★ Parador de Lorca 历史酒店 €€

（☎968 40 60 47; www.parador.es; Castillo de Lorca; 房 €90~170; P ❄ @ 📶 🏊）这家既现代又整洁的豪华国营酒店（parador，通常都位于在历史建筑中）坐落在城镇高处通往城堡建筑群的途中，非常令人难忘。客房都是一流的，还有一座室内游泳池和水疗中心，风景令人惊艳。酒店融入了多种考古元素，包括停车场隔壁经过修复的犹太教堂。

价格通常在€90上下，不过周六往往会大幅提升。

Jardines de Lorca 酒店 €€

（☎968 47 05 99; www.hoteljardinesdelorca.com; Alameda de Rafael Méndez; 房 €65~80; P ❄ @ 📶 🏊）从镇中心走一小段路就可以到达这个大型综合设施，它带着几分度假村的感觉，从这里去往汽车站和火车站也很便利。宽敞的房间很舒适，铺着大理石地面，不过能听到走廊传来的回声。房间包含一个阳台。酒店内设施完备，包括水疗中心、仅夏季开放的游泳池、健身房和网球场。价格多变，但是都非常合理。

Albedrío 西班牙小吃 €

（☎660 409702; http://albedrio.es; Plaza Calderón de la Barca 2; 西班牙小吃 €1~7; ⏰11:00至次日0:30，厨房 16:30~20:00关闭; 📶）这家既明亮又热闹的餐馆坐落在地面低于广场的地方，这里很受欢迎，为洛尔卡餐饮场景锦上添花。一幅鲍嘉和赫本的壁画俯瞰着店内厚实的木桌，在这里，你可以从品种繁多的当地改良西班牙小吃中点餐。菜肴的性价比都很高，有自制的炸土豆饼、香辣血肠（morcilla）和鱼类小吃等很多美食。

Casa Roberto 西班牙菜 €€

（☎968 44 25 58; Calle Corredera 21; 主菜 €12~18; ⏰正午至16:00和20:00~23:00）这家由家庭经营的可爱餐馆，坐落在主步行街上的一栋迷人的粉色房子里，是个不错的选择。它将一系列房间改造成了舒适温馨的用餐区，还有一座令人愉快的庭院。菜肴涵盖了一系列传统和当代西班牙食材，价格也很公道。

购物

★ Centro para la Artesanía 工艺品

(☎968 46 39 12; www.carm.es; Calle Lope Gisbert; ⏲周一至周五 10:00~14:00和17:00~20:30, 周六 11:00~13:30) 穿过大门,慢慢进入一栋庞大的混凝土建筑,里面充满了各种各样的手工艺品,从色彩缤纷的小地毯,到葡萄酒和精美的陶瓷制品,着实惊人。作为一个政府项目,这里也是闲逛和购物的好地方。没有门牌号码;位于7号对面,格瓦拉宫(Palacio de Guevara)的隔壁。

实用信息

游客中心(Centro de Visitantes; ☎968 44 19 14; www.lorcatallerdeltiempo.es; Puerto de San Ginés; ⏲10:00~14:00)这个游客中心位于老城区的边缘,会提供旅游信息,出售游客门票,停车也十分便利。

旅游局(Tourist Office; ☎968 44 19 14; www.lorcaturismo.es; Plaza de España; ⏲周一至周五 10:00~14:00和16:00~18:30, 周六 10:00~14:00和16:00~18:00, 周日 10:00~14:00, 夏季 至19:00或19:30)位于老城区中心的西班牙广场。

到达和离开

每小时有一班长途汽车(€5.95, 1.5小时)和一班C2号线的近郊火车(€5.75, 50分钟)往返洛尔卡和穆尔西亚。还有各种各样的长途汽车开往阿尔梅里亚省和更远的地方。

埃斯普尼亚山地区公园(Parque Regionalde Sierra Espuña)

埃斯普尼亚山位于穆尔西亚西南,从那里往洛尔卡方向驱车行驶40分钟就可以到达。这里的松林高耸入云,下方则是一片炙热的沙尘之海。这座自然公园就在N340公路北侧,保护着这片脆弱而美丽的自然环境。这里有超过250平方公里未受破坏的高地,其间布满了小径,深受徒步者、登山者、自行车骑手和山地自行车爱好者喜爱。石灰岩岩层高耸于蔓生的森林之上。在公园的西北部还有许多冰屋(pozos de la nieve),在工业制冷时代到来之前,夏季人们会在冰屋里把雪压缩成冰块,再送往附近的城镇。

最好从穆尔西亚省阿拉马(Alhama de Murcia)进入公园。资料丰富的里卡多·科多纽游客中心(Centro de Visitantes Ricardo Codorniu; ☎968 43 14 30; www.sierraespuna.com; ⏲10月至次年5月 周二至周六 9:00~14:00和15:00~17:30, 周日 9:00~15:30, 6月至9月 周日和周二至周四 9:00~15:30, 周五和周六 9:00~15:30和17:00~20:00)位于公园的中心。有几条徒步路线以这个游客中心为起点,而它能提供这些路线及另外几条风景如画的徒步步道的详细地图。

El Berro村可以作为山脉旅行的驻地。这里是几条不错的环形徒步路线的起点,有几家餐馆和热情友好的Camping Sierra Espuña(☎968 66 80 38; www.campingsierraespuna.com; Calle de Juan Bautista; 露营地 每人€5, 帐篷 €5, 小汽车 €5, 2/6人平房 €55~106; P 📶 🏊)。如果想要更奢华的体验,那么哪儿也比不过Bajo el Cejo(☎968 66 80 32; www.bajoelcejo.com; Calle El Paso; 房 含早餐 €116~143; P ❄ 📶 🏊)。

游览山脉和穆尔西亚北部的另一处不错的基地是小镇穆拉(Mula)。该镇错综复杂的老街区紧靠着一块乏味的尖锥形岩石,其顶上有一片残破不堪的城堡遗迹。从远处看,这座小镇的确很像是直接从中东童话中搬出来的一样。El Molino de Felipe(☎968 66 20 13; www.hotelruralmula.com; Carretera Ribera de los Molinos 321, Mula; 双 €48, 供2/4/6人住的公寓 €70/106/142; P ❄ 📶 🏊)可以提供非常好的住处,这里离小镇大约4公里远。

到达和离开

最好自己开车前往公园。从穆尔西亚(€3.50, 45分钟)乘长途汽车到达穆尔西亚省阿拉马镇还算便利,但是这里离位于公园中心的游客中心还有19公里。从穆尔西亚(€3.30, 45分钟)乘长途汽车也可以到达穆拉。

巴利阿里群岛(Balearic Islands)

巴利阿里群岛(加泰罗尼亚语为Illes

Balears）点缀着波光粼粼的地中海，离西班牙的东部海岸线并不远。这里是出类拔萃的海滩旅游目的地，每座岛都独具特色，每个地方都设法保持着自己独有的个性和魅力。所有海滩都是地中海首屈一指的，不过每一处也为你提供了探索内陆的理由。

到达和当地交通

包机和定期航班从欧洲各地飞往马略卡岛和伊维萨岛。渡船是另一个前往群岛以及在岛间移动的主要方式。巴塞罗那、德尼亚（Dénia）、甘迪亚（Gandia）和巴伦西亚都是本土港口，有Baleària（见905页）和Trasmediterránea（见892页）运营的船只往来。

马略卡岛（Mallorca）

马略卡岛是地中海上广受欢迎的明星，这里美丽的海滩、蔚蓝的风景、偏远的群山和触动人心的山镇为它造就了开朗快活的个性。

马略卡岛帕尔马（Palma de Mallorca）

极具魅力的马略卡岛帕尔马坐落在从帕尔马湾（Badia de Palma）海水中升起的蜜色石头上，其历史可以追溯到13世纪基督徒再度征服这座岛屿，甚至是更早的摩尔人、罗马人和Talayotic人时期。帕尔马不但拥有历史遗迹中璀璨的明珠，还提供了大量的画廊、餐馆和酒吧——它无疑是马略卡岛的无上至宝。

景点

马略卡大教堂

教堂

（Catedral de Mallorca，La Seu；www.catedraldemallorca.org；Carrer del Palau Reial 9；成人/儿童 €7/免费；⏲6月至9月 周一至周五 10:00~18:15，4月、5月和10月 至17:15，11月至次年3月 至15:15，全年 周六 10:00~14:15）帕尔马的大教堂（加泰罗尼亚语为“La Seu”）是这座城市主要的地标性建筑。除了庞大的规模和毋庸置疑的美丽，其内部由安东尼·高迪（Antoni Gaudí）和当代著名艺术家米克尔·巴尔塞洛（Miquel Barceló）设计的迷人装饰，也使它与世界上其他地方的任何一座大教堂都截然不同。这座令人赞叹的建筑以哥特风格为主，只有主立面例外，其采用了极其混杂的令人惊讶的风格，但是也非常漂亮。

阿尔穆代纳王宫

宫殿

（Palau de l' Almudaina；https://entradas.patrimonionacional.es；Carrer del Palau Reial；成人/儿童 €7/4，语音导览 €3，导览游 €4；⏲全年周二至周日 10:00~20:00）这座位于大教堂对面的巨大建筑最初是一座伊斯兰堡垒，后来于13世纪末被改造成了马略卡君主的住所。现在西班牙国王仍然住在这里，至少是象征性的。王室很少在此居住，除非是偶尔的庆典场合，因为他们更喜欢在马里比克宫（Palau Marivent，位于Cala Major）度过夏日。其他时间，你可以漫步穿过一系列巨穴般的石墙房间，里面的装饰极其奢华。

马奇宫

宫殿

（Palau March；☎971 71 11 22；www.fundacionbmarch.es；Carrer del Palau Reial 18；成人/儿童 €4.50/免费；⏲4月至10月 周一至周五 10:00~18:30，11月至次年3月 至17:00，全年 周六 至14:00）这座富丽堂皇的豪宅是极为富有的马奇家族所拥有的几处住所之一。为露台增色的雕塑作品皆出自20世纪的大师之手，包括亨利·摩尔（Henry Moore）、奥古斯特·罗丹（Auguste Rodin）和芭芭拉·赫普沃思（Barbara Hepworth）。里面还展示着更多由萨尔瓦多·达利（Salvador Dalí）和何塞普·玛丽亚·塞特（Josep Maria Sert）创作的珍品。不要错过18世纪那不勒斯的基督诞生场景模型（belén）中精雕细琢的人物。

实用信息

Consell de Mallorca旅游局（☎971 17 39 90；www.infomallorca.net；Plaça de la Reina 2；⏲周一至周五 8:30~18:00，周六 至15:00；📶）可提供全岛的信息。

马略卡岛周边

马略卡岛的西北海岸与岛屿另一侧的高楼大厦相去甚远。这个受特拉蒙塔纳山脉（Serra de Tramuntana）支配的美丽的地区由橄榄园、松树林和小村庄组成。对司机来说，这里有两个亮点：通往小港口萨卡洛夫拉（Sa Calobra）的令人毛骨悚然的道路，以及去往岛屿北端福门托尔角(Cap Formentor)的旅程。

梅诺卡岛 (Menorca)

宁静的梅诺卡岛以原始的海滩和考古遗迹闻名,早在1993年就被联合国教科文组织纳入了生物圈保护区(Biosphere Reserve)。**马奥**(Maó)吸引着绝大多数游客。从这里往北,驾车穿过一片貌似月球表面的风景,可以到达位于法瓦里奇角(Cap de Favàritx)的灯塔。海角南侧绵延的沙滩海湾和海滩可以步行前往,包括Cala Presili和Platja d' en Tortuga。拥有小港口和历史建筑的**休塔德利亚**(Ciutadella)显然更具西班牙风情。一条狭窄的道路从这里向南通往一些漂亮的海滩,要前往那里,需要自己驾车。357米高的**埃尔托罗峰**(Monte Toro)位于岛屿中心,能欣赏绝佳的风光。而在北部海岸,风景如画的城镇**福内尔斯**(Fornells)坐落在一片大海湾上,很受风帆冲浪爱好者喜爱。

伊维萨岛 (Ibiza)

伊维萨岛(加泰罗尼亚语为Eivissa)非常极端。它的派对声誉绝非空穴来风,这里有一些世界上最棒的夜店,吸引着来自世界各地的享乐主义者。然而,岛屿的内陆及东北部却是另一番景象。宁静的车道、绿色的山丘、悠闲的海滩和小海湾,以及一些令人惊喜的内陆住处和餐馆,仿佛和西部的跃动节拍相距几光年之远。

伊维萨镇

这座活泼而时髦的首府是该岛的心脏和灵魂,其筑有防御工事的迷人老城区被联合国教科文组织列入了《世界遗产名录》,坐落在老城区顶部的城堡和大教堂与壮观的天然港口形成了对照。这里也是购物狂的理想去处和世界闻名的派对目的地。

景点

上城(Dalt Vila)是气势凛然的建于16世纪的堡垒,从伊维萨岛南部都可以看到。最早在这座建有防御工事的山顶定居的是腓尼基人,后来又被其他一些民族占领过。这个宁静的地方很有气氛,许多鹅卵石小巷只有步行才能到达。这里以住宅区为主,但是也包含中世纪的宅第和几处关键的文化景点。可经Portal de Ses Taules门进入,然后沿着蜿蜒的道路上山,所有小巷都通往山顶。

护城墙(Ramparts)伊维萨规模庞大的护城墙环绕着上城,其高度超过25米,筑有七座堡垒。晚上泛光灯会照亮这些防御工事,当年修建它们是为了保护伊维萨人免遭北非入侵者和土耳其海军袭击。用不了一个小时,你就能沿着它走完2公里的全程,沿途可以眺望港口和福门特拉岛南面的壮观美景。

饮品和夜生活

Sa Penya是伊维萨镇的夜生活中心。港口区有数十家酒吧,能让它从日落一直喧闹到清晨。随后你可以去世界闻名的夜店感受一下,比如**Pacha**(www.pachaibiza.com; Avinguda 8 d' Agost; 门票 €20起; 5月至9月 午夜至次日6:30)。位于城镇南侧的Platja d' en Bossa同样有着许多酒吧和夜店。

实用信息

旅游信息办公室(Oficina d' Informació Turística; 971 30 19 00; http://ibiza.travel; Avinguda de Santa Eulària; 周一至周六 9:00~20:00, 周日至15:00, 10月中旬至次年4月时间缩短)覆盖全岛信息的办公室,就在福门特拉渡船码头隔壁。

伊维萨岛周边

伊维萨岛有很多未遭破坏和相对原始的海滩。位于东北海岸的博伊克斯湾(Cala de Boix)是岛上唯一的黑沙滩,再往北还有美丽的艾瓜布拉瓦(S' Aigua Blanca)。在北部海岸,波蒂纳奇(Portinatx)附近的Cala Xarraca在一座风景如画的僻静海湾内,圣米克尔港(Port de Sant Miquel)附近的Cala Benirrás也很有吸引力。在西南部,Cala d' Hort拥有极其壮观的背景,它俯瞰着两座崎岖的岩石小岛。

喧嚣的圣安东尼(Sant Antoni)是该岛的第二大镇,这里最棒的旅行体验是前往北岸岩石和沙滩混杂的狭小地带,跟数百人一起在一连串令人放松的酒吧里,一边欣赏日落,一边小酌。最知名的仍然是**Café del Mar**(971 80 37 58; www.cafedelmaribiza.es; Carrer de Lepant 27; ⏲5月至10月中旬 17:00至午夜)，在靠北一点儿的地方。

福门特拉岛（Formentera）

福门特拉岛离伊维萨岛的南海岸不远，乘高速渡船只需半小时就可以到达。这是一处美丽纯净、可以远离一切烦恼的度假胜地，特别适合享受慵懒惬意时光的人群，到了这里，可以在欧洲一些最精致的海滩上消磨时光。这里如霜的白沙被蔚蓝色、绿松石色和天青石色的海水冲刷着。该岛的旅游业与环保道德观紧密地联系在一起，酒店数量有限，建筑受到管制，大多数游客都要用自行车进行探索。这里没什么景点，夜生活也很少，这使福门特拉岛成了尽情享受幸福的赤足生活的完美去处。

了解西班牙

今日西班牙

巨大的动荡打破了西班牙自20世纪70年代恢复民主以来所维持的公共事务现状。腐败和经济危机令民众的不满情绪日益增多，催生了新政党的成立，两党统治政坛的局面成为历史。加泰罗尼亚的独立运动威胁着西班牙的统一。2018年，西班牙政府最高层陷入腐败丑闻，执政的保守党派人民党（Partido Popular，简称PP）因此被迫下台。

最佳电影

《朝圣之路》（*The Way*；2010年）一个父亲带着儿子的骨灰、背着儿子的背包完成了一趟圣地亚哥朝圣之路。

《午夜巴塞罗那》（*Vicky Cristina Barcelona*；2008年）巴塞罗那与奥维耶多明信片般的街景和迷人、性感、浪漫的城市气质，衬托着伍迪·艾伦式的爱情电影。

《西班牙情事》（*Ocho apellidos vascos*；2014年）这部大获成功的喜剧电影，能带你领略西班牙的美丽风光。

最佳读物

《西班牙旅行笔记》（林达著；2007年）不仅是旅行笔记，也是关于西班牙历史、文化的不错读物。

《赭城》（田晓菲著；2006年）活色生香地描写了西班牙的阿拉伯遗城阿尔罕布拉宫的古往今来。

《丧钟为谁而鸣》（欧内斯特·海明威著；1941年）发生在西班牙内战期间的故事。

《堂吉诃德》（米格尔·德·塞万提斯著；1605年）西班牙最著名的小说，描述了一位沉迷于幻想的有趣骑士。

加泰罗尼亚危机

长久以来，不少加泰罗尼亚人觉得西班牙政府的中央集权趋势对该地区独特的文化、历史和传统没能给予充分的尊重。2008年，西班牙遭受经济危机重创之后，加泰罗尼亚的独立运动开始直接对抗马德里的中央政府，导致拥有现代民主体制的西班牙陷入有史以来最大的危机中。

加泰罗尼亚是西班牙最繁荣富庶的地区之一。据估计，该地区每年向西班牙国库缴纳的税款比其从政府获得的财政拨款多80~100亿欧元，这引发了当地民众的强烈不满。2015年，支持加泰罗尼亚独立的党派结成联盟，在卡莱斯·普伊格德蒙特（Carles Puigdemont）的领导下，承诺就独立问题举行有法律约束力的全民公投。虽然马德里方面对此坚决反对，而且西班牙立宪法院判定公投违法，但在2017年10月1日，加泰罗尼亚依旧提前进行了独立公投。马德里政府派遣国家警察，试图在部分投票站阻止民众投票，导致冲突发生，部分人员受伤。加泰罗尼亚政府宣称，有43%的选民参与了投票，其中90%赞成独立。

针对此次独立公投，西班牙大部分地区掀起了支持民族统一的浪潮。巴塞罗那出现了支持和反对独立的大规模和平游行。10月27日，加泰罗尼亚议会宣布该地区独立，但西班牙国家议会暂停了加泰罗尼亚的地区自治权，解散加泰罗尼亚议会。几天之后，西班牙首席检察官以叛乱、煽动叛乱等严重罪名对普伊格德蒙特及13名（前任）官员提起诉讼。普伊格德蒙特和其中4名官员逃往布鲁塞尔。

2017年12月，加泰罗尼亚自治区新的选举结果出炉，支持独立的党派获得了135个议会席位中的70席，他们因此有机会组建新的加泰罗尼亚政府。但到2018年3月下旬，地区政府仍然没有重组，因为提名的候选人不是在海外（例如普伊格德蒙特），就是处于审前羁押期。3月23日，西班牙高级法院给了独立党派又一击，25名政治人物被控叛乱以及在独立公投期间挪用公款，一旦定罪，其中一些人将面临最高达30年的刑期。两天后，普伊格德蒙特在德国被捕，德国法院需在60天内作出是否根据西班牙的请求将普伊格德蒙特引渡的决定。

虽然西班牙主要政党呼吁修改宪法，但马德里政府无意对独立运动作出任何让步，或许是他们觉得独立浪潮会在接下来的数月及数年时间里慢慢消退。

新政局

从国家层面看，数十年来，西班牙政坛一直呈现中左的工人社会党（PSOE）和保守的人民党分庭抗衡的局面。但在2015年和2016年，这种情形发生了变化，持续多年的经济危机引发了民众的强烈不满，两个反腐败的新兴党派—激进、反紧缩政策的Podemos（意为“我们可以”）和保持中立、重商的公民党（Ciudadanos）—在大选中赢得了不少席位。人民党试图组建少数党政府，但在2018年6月，事情以戏剧性的方式收尾，随着高级法院就西班牙政坛卷入的一桩长期腐败案作出判决，以及西班牙议会通过对首相的不信任投票，执政的人民党因此下台。这桩腐败案被称为“居特勒案”（Gürtel case），牵涉到的绝大部分事件都发生在21世纪初，十几位前人民党成员被认定从政府签订的合约中收取贿赂并犯有其他罪行，法官称人民党参与了“制度化腐败”。

新任首相是来自工人社会党的佩德罗·桑切斯（Pedro Sánchez），在其上任初期给出了稳定的信号，但工人社会党在议会350个席位中只占据了84席，还得让各党派盟友感到满意，因此西班牙政局在未来还将面临更多的不确定性。

经济回暖

截至2017年底，西班牙失业率降至16%。尽管仍然有370万人没有工作，但相比此前深陷经济危机的5年（失业率曾高达27%）已经有了明显的好转。西班牙是欧洲发展最快的大型经济体，旅游业、汽车制造业和数字化新公司的发展都很蓬勃。如今，该国仍有很长的路要走，评论认为太多新工作都是临时性的，缺乏稳定性，不过虽然政局动荡，可西班牙的经济形势无疑较几年前要乐观许多。

面积：505,370平方公里

人口：4896万

人均国内生产总值：US$36,400

失业率：16.7%

年通货膨胀率：2%

每100个西班牙人中

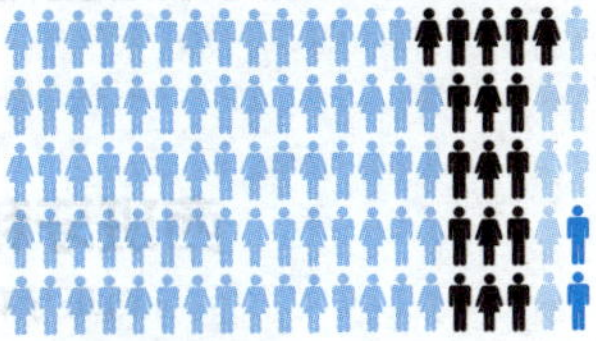

74人说卡斯蒂利亚语（西班牙语）
17人说加泰罗尼亚语
7人说加利西亚语
2人说巴斯克语

信仰体系

（占人口百分比）

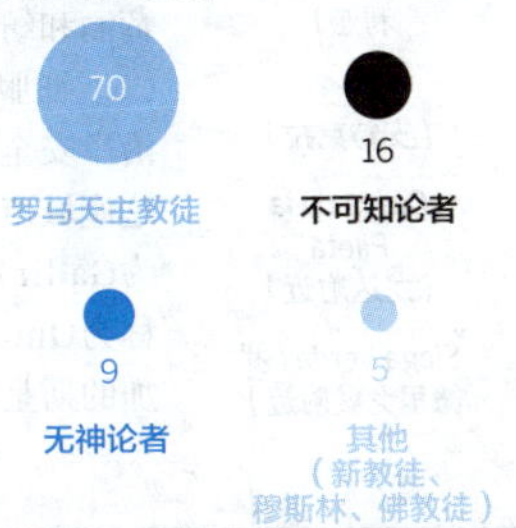

每平方公里人口数

历史

西班牙的历史就是一部宏大的欧洲史诗。中世纪，穆斯林和基督教徒在这片土地上演激烈的冲突；这里曾诞生过历史上最大的帝国之一；进入20世纪后，它又经历内战、独裁和最终恢复民主的风起云涌。周游西班牙，数不胜数、保存完好的纪念碑和历史遗迹，以及一流的博物馆，很容易带你回到西班牙引人入胜的过去，这将是一次无比愉悦的体验。

西班牙和古代文明

西班牙有力地证明了自己是西欧人类文明的摇篮——2007年，在北方城市布尔戈斯附近的阿塔普埃卡出土了西欧最古老的已知人属化石，据考证已有120万年的历史。但直到约3000年之前，西班牙才进入历史的主流。

最佳史前遗迹

- 阿尔塔米拉洞穴
- 阿塔普尔卡（布尔戈斯附近）
- 提托布斯提约洞（里瓦德塞利亚）
- 石墓（安特克拉）
- Cueva de la Pileta（龙达附近）
- Siega Verde（罗德里戈城附近）

腓尼基人、凯尔特人和希腊人

腓尼基是古代世界第一个将视线投向西班牙的重要文明。从他们沿现在的黎巴嫩南部海岸所建立的营地来看，腓尼基人也许是世界上最早的海洋统治者。但他们基本上是贸易者而非征服者，而且也正是贸易通商让他们在公元前1000年左右进入西班牙。他们带着香料、象牙、珠宝、油、葡萄酒和纺织品登陆西班牙海岸，用以交换这里的白银和青铜。

征服也许并不是腓尼基人的目的，但随着贸易的扩大，他们对地中海沿岸安全港口的需求与日俱增。其中一个就是现在位于突尼斯的迦太基，这座城市建于公元前814年，他们还在伊比利亚半岛的加的斯（腓尼基人称为Gadir）、阿尔穆涅卡尔（腓尼基人称之为Ex或Sex）、韦尔瓦（腓尼基人称为Onuba）和马拉加（腓尼基人称为Malaka）建立了沿海贸易殖民地。加的斯是西班牙南方腹地一座令人愉悦的安达卢西亚城市，可以满足腓尼

大事年表

约公元前39,000年至前10,000年

旧石器时代的猎人们在阿尔塔米拉和西班牙北部海岸的一些山洞里画下了精美的动物图案。

公元前218年

第二次布匿战争（Punic War）中，罗马军团来到西班牙与迦太基人作战，并开始了对伊比利亚半岛长达600年的占领。罗马人用了两个世纪才平定所有的当地抵抗。

公元1~3世纪

罗马统治下的和平时期稳定且繁荣。伊比利亚半岛被划分为三个行省：贝提卡（首府为科尔多瓦）、卢西塔尼亚（首府为梅里达）和塔拉戈南西斯（首府为塔拉戈纳）。

基人在欧洲长期定居的强烈需求。

腓尼基人之后，古希腊商人开始沿着海岸线抵达西班牙北方城市。公元前7世纪，希腊人在地中海沿岸建立了一系列贸易定居点，其中最大的是位于加泰罗尼亚拉埃斯卡拉的Emporion［又称恩普亚斯（Empúries）］。

腓尼基人和希腊人为西班牙带来的最重要的礼物并不是城市（那些城市现在只有残片遗留下来），而是他们随身带来的物品。包括制造铁器的技术和其他一些如今被认为极具西班牙特色的物品，例如橄榄树、葡萄藤和驴子（随腓尼基人和希腊人来到西班牙），外加许多实用技术和物品，例如文字、钱币、制陶转轮和家禽。

差不多在腓尼基人将制铁技术带入西班牙南部的同一时期，从中欧过来的凯尔特人将知识和啤酒酿制技术带到了西班牙北部。西北部的凯尔特人通常居住在山区堡垒中，这类村庄被称为castro，如今在加利西亚和葡萄牙北部仍有很多可供参观的castro。在meseta（西班牙中部的高原），凯尔特人与伊比利亚人（目前对生活在伊比利亚半岛绝大多数居民的泛称）融合，成为凯尔特伊比利亚人。

马德里的国家考古博物馆是感受西班牙深厚历史的绝佳地，这里收藏了从伊比利亚时期、古罗马时期、西哥特时期到中世纪的各种物品。

古罗马人

从公元前6世纪起，腓尼基人和希腊人开始被新获得独立的迦太基人驱逐出地中海西部地区，这些来自曾经腓尼基殖民地的迦太基人，在伊维萨岛建立起繁荣的定居点。接着在地中海地区兴起的新力量是古罗马人，公元前3世纪，为了争夺对地中海的控制权，他们在第一次和第二次布匿战争中击败了迦太基人。这两次战争期间，迦太基人征服了西班牙南部。第二次布匿战争（公元前218至公元前201年）中，迦太基将军汉尼拔（Hannibal）从此处派出大象军团翻过阿尔卑斯山威胁罗马边境。但公元前206年，古罗马在塞维利亚附近的Ilipa获胜，最终控制了伊比利亚半岛。很快，古罗马就在战场附近建立起在西班牙的第一个城镇伊塔利卡。

古罗马人对伊比利亚半岛的统治长达600年，其中花费了200年时间去平定本土部落的激烈反抗，不过到了公元50年，Hispania（古罗马当时对整个伊比利亚半岛的称呼）上的大部分百姓已经习惯了古罗马的生活方式。

古罗马人留下了不可估量的遗产，他们为西班牙带来了公路系统、高架渠、庙宇、剧场、竞技场和浴室，以及时至今日仍在西班牙信仰体系中处于支配地位的基督教。随罗马人而来的犹太民族在1000多年的西班牙历史

4~7世纪

日耳曼部落进入伊比利亚半岛，结束了西班牙的罗马和平时期。6世纪，西哥特人建立统治并为这里带来200多年的相对稳定的时期，西班牙的罗马（Hispano-Roman）文化得以保存了下来。

711年

穆斯林从非洲北部入侵伊比利亚半岛，没过几年就占领了这里。近4个世纪内，他们成了这个半岛的主要统治势力，并在之后的4个世纪里仍持续保持着影响力。

718年

基督徒贵族佩拉约在西班牙北部建立了阿斯图里亚斯王国。并在722年左右的科瓦东加战役中打败了穆斯林军队，收复失地运动开始。

756年

阿卜杜·拉赫曼一世在科尔多瓦成为安达卢斯（半岛上穆斯林统治的地区）的酋长（emir），开启了科尔多瓦近3个世纪的盛世。

最佳
古罗马遗迹

梅里达

塞哥维亚

伊塔利卡（Santiponce，塞维利亚附近）

塔拉戈纳

巴埃罗克劳蒂亚（博洛尼亚，塔里法附近）

卢戈

奥伊梅达罗马别墅（帕兰提纳山）

德埃萨罗马别墅（索里亚附近）

最佳
摩尔人遗迹

阿尔罕布拉宫（格拉纳达）

大清真寺（科尔多瓦）

阿尔拜辛（格拉纳达）

阿尔卡萨城堡（塞维利亚）

希拉尔达塔（塞维利亚）

阿尔哈费里亚宫（萨拉戈萨）

阿尔卡萨瓦城堡（马拉加）

中也起到了非常重要的作用。如今，伊比利亚半岛人民仍在广泛使用的语言——卡斯蒂利亚西班牙语、加泰罗尼亚语、加利西亚语和葡萄牙语——都是罗马士兵和移民所使用的通俗拉丁语经过2000多年的演变衍生出来的语言。而巴斯克人尽管战败，却从未像其他人一般被罗马化，因此他们的语言一直未被纳入拉丁语系。

最先开始砍伐覆盖了半个西班牙高原的森林（用于生产木材、木炭和武器）的，也正是罗马人。而作为回报，西班牙对罗马的贡献则有黄金、白银、谷物、葡萄酒、鱼、士兵和几位皇帝——图拉真、哈德良和狄奥多西，以及出自塞尼加（Seneca）、马提雅尔（Martial）、昆体良（Quintilian）和卢坎（Lucan）等人的文学作品。

罗马人统治的年代可以算是西班牙的黄金年代，不过罗马式和平（即在罗马统治下繁荣稳定发展的漫长年代）于3世纪和4世纪开始土崩瓦解，那时日耳曼部落开始越过比利牛斯山脉突袭而来。日耳曼的另一支队伍西哥特人于410年洗劫了罗马城，但后来却成为罗马的联盟。当日耳曼法兰克人于6世纪将西哥特人赶出高卢之后，后者在伊比利亚半岛定居，并将托莱多定为都城。

在西哥特人占据伊比利亚半岛期间，人数约20万的他们对超过几百万人口的更为复杂的西班牙罗马人维持着不稳定的统治，反倒是西哥特人更倾向于模仿罗马的方式。但不管怎样，罗马时代结束了。

摩尔人统治下的西班牙和收复失地运动

西班牙早期历史中反复发生的事情就是经常被外来势力入侵，在西班牙这片土地上兴起和衰落的帝国无一例外都是从外国来的。无论谁在此“坐庄”，一段时间后就会转化为为寻求西班牙之魂而发起的反抗斗争。

穆斯林的到来

632年，先知穆罕默德在遥远的阿拉伯逝世，整个世界为之震惊，西班牙很快也受到了影响。在穆罕默德那些被称作哈里发（caliphs，来自阿拉伯词语“追随者”）的信徒的努力下，这一新的宗教以极快的速度扩张。到656年，中东大部分地区已为他们所有，到682年，伊斯兰教已经抵达大西洋沿岸的摩洛哥。此时西班牙和欧洲也一起进入了伊斯兰教的视野。

穆斯林来的正是时候：西哥特王国在饥荒、疾病和贵族冲突之中土崩瓦解，伊比利亚半岛一片混乱，入侵时机已然成熟。

929年

阿卜杜·拉赫曼三世建立了科尔多瓦哈里发帝国，安达卢斯在他的统治下达到巅峰，拥有将近50万人口的科尔多瓦成为当时欧洲最大、文化最发达的城市。

1031年

在经历了一场毁灭性的内战之后，科尔多瓦哈里发帝国分裂成几十个小王国，塞维利亚、格拉纳达、托莱多和萨拉戈萨是其中最强大的。

1035年

位于基督教王国莱昂（即之前的阿斯图里亚斯王国）北部的卡斯蒂利亚成为一个独立的王国，后来逐渐发展为收复失地运动中的主导力量。

1085年

卡斯蒂利亚在与众多小王国的混战中夺得西班牙中部主要的伊斯兰城市托莱多，这使得其余小王国很容易受到攻击。

除了这些重要原因之外，随后发生的一场闹剧也为其推波助澜。如果你相信传说的话，穆斯林入侵西班牙源于西哥特最后一个国王罗德里格（Roderic）的一次风流韵事。据说他诱惑了弗罗琳达（Florinda）——摩洛哥海岸休达（Ceuta）统治者朱利安（Julian）的女儿，这位统治者为了报仇，制订了一套劝说穆斯林入侵西班牙的计划。711年，丹吉尔的穆斯林统领塔里克·伊本·齐亚德（Tariq ibn Ziyad）带领约10,000名精兵（其中大部分是北非土生的柏柏尔人）登陆直布罗陀。

大约在安达卢西亚西部瓜达莱特河（Río Guadalete）或巴尔瓦特河（Río Barbate）一带，罗德里格的部队被歼灭，而他本人则可能在逃跑时溺水身亡。西哥特幸存者北逃，而穆斯林则在短短几年内征服了整个伊比利亚半岛，除了北方坎塔布连山脉后的一小块地区。在732年的普瓦捷战役（Battle of Poitiers）中，他们进入欧洲的征程被法兰克人阻止。

理查德·弗莱彻（Richard Fletcher）撰写的《摩尔人统治之下的西班牙》（*Moorish Spain*）是一本安达卢斯（穆斯林在半岛上统治的地区）的优秀简史，如果你对这段历史了解很少，不妨看看。其他可阅读的书籍包括迈克尔·B.巴里（Michael B Barry）的《致敬安达卢斯》（*Homage to al-Andalus*）和玛利亚·罗萨·梅诺卡尔（María Rosa Menocal）的《装饰世界》（*The Ornament of the World*）。

安达卢斯：早期历史

统治了伊比利亚半岛几个世纪的先进的伊斯兰文明被称作安达卢斯。

起初，安达卢斯只是统治整个伊斯兰世界的大马士革哈里发政权的一部分。和古代一样，西班牙再次成为其他帝国的远方哨所。然而，750年，大马士革的倭马亚哈里发王朝（Umayyad）被敌对的阿巴斯王朝（Abbasids）推翻，哈里发政权转移至巴格达。倭马亚王朝一名幸存下来的贵族逃到了西班牙，并于756年在科尔多瓦建立了独立的安达卢斯酋长国，成为阿卜杜·拉赫曼一世（Abd ar-Rahman I）。他开始建造世界上最宏大的穆斯林建筑之一——科尔多瓦清真寺。其重要意义在于，科尔多瓦是一个不依靠任何外国势力的帝国的首都。这差不多是西班牙（更确切地说是安达卢斯）第一次成为一个只听命于自己的国家。

中世纪犹太人遗迹

- 犹太社区（托莱多）
- *The Call*（赫罗纳）
- 里瓦达维亚（加利西亚）
- 犹太社区（科尔多瓦）
- 埃尔瓦斯（埃斯特雷马杜拉）
- 犹太区教学中心（塞哥维亚）

科尔多瓦的黄金年代

8世纪中期至11世纪中期，穆斯林和基督徒之间领土的界限横跨了整个半岛的北部，范围大约从加泰罗尼亚南部一直到葡萄牙北方，其间还有一块在比利牛斯山脉中部的突出地带。界限南部的科尔多瓦、塞维利亚和格拉纳达这类伊斯兰城市建起了美丽的宫殿、清真寺、花园、大学、公共浴室以及热闹的市场（zocos）。安达卢斯的统治者允许其治下的百姓自由信仰犹太教和基督教，后者被称为莫扎拉比人（Mozarabs）。犹太社区基本

1091年

北非信仰伊斯兰教的穆拉比德人入侵半岛，通过在马拉喀什的控制，统一了安达卢斯地区，阻止了基督教徒的扩张。12世纪40年代，穆拉比德统治分崩离析，安达卢斯地区再次分裂。

1160~1173年

穆瓦希德人（北非穆斯林的另一宗派）征服了安达卢斯。他们把都城定在塞维利亚，促成了艺术和知识的复兴。

1195年

在雷阿尔城附近的阿尔科斯（Alarcos）之战中，穆瓦希德人对卡斯蒂利亚的阿方索八世发起了致命的进攻，这是基督徒在收复失地运动中最后一场大败仗。

1212年

北部基督教王国的联合军队在安达卢西亚的Las Navas de Tolosa击败了穆瓦希德的大军，这成为基督教徒与穆斯林战争的转折点，此后基督教一方开始占据上风。

12世纪的科尔多瓦，尽管哈里发王朝的黄金岁月已经逝去，却出现了两位安达卢斯最著名的学者：穆斯林阿贝勒斯（Averroës；1126~1198年）和犹太人迈蒙尼提斯（Maimonides；1135~1204年）。这两位多才多艺的学者最为人所津津乐道的就是他们通过亚里士多德逻辑来协调不同的宗教信仰。

上很繁荣，可是基督徒必须要交付一项特别的税金，所以他们要么转信了伊斯兰教，要么投奔了北方基督徒的领地。穆斯林移民本身并非出自同一民族，除了阿拉伯统治阶级外，有很大一部分是北非柏柏尔人，后者的反叛时有发生。

929年，统治者阿卜杜·拉赫曼三世自封为哈里发，建立了科尔多瓦哈里发帝国（929~1031年），在此期间，安达卢斯王国的国力达到鼎盛。此时的科尔多瓦是西欧最大最璀璨的城市，天文学、医药学、数学和植物学得到繁荣兴盛，宏大的穆斯林图书馆也在这座城市建立起来。

之后的10世纪，残暴的科尔多瓦将领曼苏尔（Al-Mansur）在20年间向北部的基督教地区发起了50多次猛烈的攻击。997年他摧毁了西班牙西北部圣地亚哥-德孔波斯特拉的大教堂，并且强迫基督教徒充当奴隶，将大教堂的门和钟运到科尔多瓦，用以装饰大清真寺。当时科尔多瓦的权势似乎一时无两。

安达卢斯：晚期历史

正当科尔多瓦的黄金时代看似会永远持续之时，安达卢斯陷入了漫长而缓慢的衰落过程。

曼苏尔去世之后，哈里发政权就开始崩塌并陷入毁灭性的内战之中，倭马亚哈里发统治结束，于1031年分裂为数十个小王国（taifas）。

摩尔人的遗产

穆斯林的统治给西班牙留下了难以磨灭的印记。伟大的纪念性建筑，如格拉纳达的阿尔罕布拉宫和科尔多瓦的清真寺，都是摩尔人留给西班牙的闪耀的遗产，还有其他上千座大大小小的建筑最早也都是摩尔人所建（包括许多教堂原本都是清真寺）。西班牙的许多城镇和村庄（尤其是南部）里蜿蜒的窄巷，历史都可以追溯到摩尔人统治时代。穆斯林也发展了西班牙罗马地区的农业基础，改善了灌溉系统，还引入了新的水果和作物，其中许多直到现在仍被广泛种植。西班牙语中有很多常见词汇都起源于阿拉伯语，包括一些新作物的名称，例如naranja（橘子）、azúcar（糖）、arroz（水稻）等。弗拉明戈虽然是摩尔时代之后由罗马人引入的现代形式，但带有明显的摩尔人风格。也正是经过安达卢斯的努力，古希腊和罗马的许多知识——由地中海东部的阿拉伯人所收集——才能被传输到信仰基督教的欧洲，而这一点对文艺复兴的产生具有深远的影响。

1218年

莱昂国王阿方索九世（Alfonso IX）创办了这个国家历史最悠久、现在依然最负盛名的大学——萨拉曼卡大学。

1229~1238年

阿拉贡的海梅一世（Jaume I）——统治范围包括加泰罗尼亚，从穆斯林手中收回了巴利阿里群岛和巴伦西亚，他的王国因此成为地中海西部的主要力量。

1248年

在拿下科尔多瓦12年后，卡斯蒂利亚的费尔南多三世用两年的围城战攻下了塞维利亚，使得格拉纳达的纳斯里德（Nasrid）酋长国成为半岛上最后一个伊斯兰王国。

1469年

18岁的卡斯蒂利亚王储伊莎贝拉嫁给了比她小1岁的阿拉贡王储费尔南多，促成了西班牙两个最强大的基督教王国的联合。

1091年穆拉比德人(Almoravid)入侵之后，安达卢斯在政治上又恢复成为一个统一的整体。穆拉比德人是北非柏柏尔民族中一支严格的穆斯林派系，在征服了北非后，他们首先受塞维利亚(当时最强大的小王国之一)的邀请，来到伊比利亚半岛帮助其解除不断强大的北部基督教徒的威胁。70年之后，另一支柏柏尔人派系穆瓦希德人(Almohads)在摩洛哥推翻穆拉比德人的统治后入侵半岛。这两支派系都彻底击败了在西班牙遇到的基督教军队，维持了穆斯林对半岛南部的控制。

13世纪早期，内部纷争和北方基督教军队持续施加的压力，导致穆瓦希德力量最终分崩离析。1248年，塞维利亚被基督教教徒攻陷，格拉纳达酋长国成为伊比利亚半岛唯一的穆斯林的领土。纳斯瑞德(Nasrid)王朝在奢华的阿尔罕布拉宫统治着格拉纳达，这座城市见证了伊斯兰西班牙最后的文化辉煌，与此同时，收复失地运动的基督教军队正逐步逼近。

有关收复失地运动中所建城堡的网络资源

www.castillosnet.org

www.castlesofspain.co.uk

收复失地运动

基督教徒针对伊比利亚半岛发动的收复失地运动大约在722年开始于阿斯图里亚斯的科瓦东加，随着1492年格拉纳达王国的解体而结束。在这将近800年中，西班牙的历史便穿插在灾难、激动人心的胜利和错失良机中，不同的基督教王国之间几乎也免不了彼此交战，频繁程度不亚于他们与穆斯林的对阵。

收复失地运动的一个核心部分就是对基督教十二使徒之一圣雅各(St James)的膜拜。大约在9世纪20年代，在加利西亚发现的一处古墓被认为可能就是使徒雅各的坟墓。围绕这片遗址，圣地亚哥-德孔波斯特拉城逐渐发展起来，并成为继罗马和耶路撒冷之后中世纪基督教徒朝圣的第三大圣地。在对抗穆斯林的袭击之前，基督教的将领们都见到了关于圣雅各的幻象，因而圣雅各成了收复失地运动过程中士兵们的精神动力和特别的保护者，并得名“摩尔人杀手”(Matamoros)。如今他也是西班牙的守护圣徒。

阅读杰森·韦布斯特(Jason Webster)的《安达卢斯：解开摩尔人统治下西班牙的奥秘》(*Andalus: Unlocking the Secrets of Moorish Spain*)，了解摩尔人统治时期为西班牙留下的遗产。

卡斯蒂利亚的崛起

科瓦东加位于阿斯图里亚斯的欧洲之峰，是穆斯林征服伊比利亚半岛之后西哥特贵族避难的地方。关于发生在722年的这次战斗，基督教徒的版本是一小队基督教战士在佩拉约(Pelayo)的带领下，击退了穆斯林的大军；而穆斯林的记载则说这只是一场小冲突。不管事实如何，到757年，基

1478年	1492年1月	1492年4月	1492年10月
天主教君主伊莎贝拉和费尔南多兴起了宗教狂热，设立了西班牙宗教法庭，到1834年它被完全废除时，已有上千人被处死。	伊莎贝拉和费尔南多夺取了格拉纳达，结束了收复失地运动。传说最后一位穆斯林统治者布阿卜迪勒被他的母亲嘲讽像女人一样哭泣。	在伊莎贝拉和费尔南多的驱逐下，大约20万名拒绝接受天主教洗礼的犹太人离开西班牙，并在地中海沿岸建立了犹太社区，他们的离去也带走了技术和知识，西班牙因此蒙受巨大的损失。	克里斯托弗·哥伦布在伊莎贝拉和费尔南多的资助下登上了巴哈马群岛，拉开了西班牙对美洲大陆殖民活动的帷幕。西班牙的海上贸易从地中海地区向大西洋港口转移。

天主教君主

世界上任何时代任何地方都很少有能像卡斯蒂利亚的伊莎贝拉和阿拉贡的费尔南多这对天主教君主那样，对一个国家的历史产生如此之大的影响。事实上，西班牙的存在很大程度上归因于这两人在1469年的联姻（此举有力地将伊比利亚半岛上两个最大的基督教王国统一在了一起），以及他们1492年征服格拉纳达和1512年吞并纳瓦拉。

据说，伊莎贝拉虔诚、忠实、贞洁，而且非常果断，而费尔南多则是一位机敏的政治权谋家，这两人的结合可以称得上是优势互补。伊莎贝拉拒绝了家人将她嫁给欧洲其他六国王室的提议，而是在巴利亚多利德第一次与费尔南多见面时，就私下与他结为夫妻。他们是远房堂亲，当时伊莎贝拉18岁，费尔南多17岁。1474年，女方继承了卡斯蒂利亚王位，1479年，男方继承了阿拉贡的王位。到1504年伊莎贝拉逝世之时，这对夫妇的政绩包括：

- 建立西班牙宗教法庭（1478年）；
- 征服格拉纳达，完成了收复失地运动（1492年）；
- 将所有拒绝改信基督教的犹太人（1492年）和穆斯林（1500年）都驱逐出境；
- 资助了哥伦布的美洲航行（1492年），为西班牙开辟了一片巨大的海外殖民地；
- 粉碎了卡斯蒂利亚的贵族叛乱势力。

现在，伊莎贝拉和费尔南多并排长眠于格拉纳达的皇家礼拜堂（见799页）——一座美丽的哥特式教堂，他们下令在这里为自己修建了陵墓。

督教徒已经夺回了伊比利亚半岛近四分之一的土地。

阿斯图里亚斯王国最终南迁都城于莱昂，并改名为莱昂王国，这里一直是收复失地运动的先锋，直到10世纪遭到曼苏尔的痛击，才被迫转入防御状态。卡斯蒂利亚最初只是莱昂境内的一个小公国，随着勇敢的探险者们在无人居住的杜罗（Duero）盆地建立起城镇，这里逐渐发展成为收复失地运动的重要阵地。1085年卡斯蒂利亚国王阿方索六世（Alfonso Ⅵ）夺取了托莱多，导致塞维利亚的穆斯林向北非的穆拉比德人寻求支援。

1212年，基督教王国的联合军队在安达卢西亚的Las Navas de Tolosa（如今的Santa Elena附近）击败了穆瓦希德的大军。这只是安达卢斯末路的开端：1229年和1230年，莱昂拿下了埃斯特雷马杜拉的几座关键城镇；13世纪30年代，阿拉贡拿下了巴伦西亚；卡斯蒂利亚的费尔南多三世El Santo（圣人费尔南多）先后于1236年和1248年拿下了科尔多瓦和塞维利

> 阿拉贡是中世纪西班牙最强大的王国之一。1137年，巴塞罗那伯爵拉蒙·贝伦格尔四世（Ramón Berenguer Ⅳ）迎娶阿拉贡王位的女继承人佩德罗尼拉（Petronilla），在东北部建立起一个强大的新兴基督教联盟，以巴塞罗那为权力中心。

1494年

西班牙和葡萄牙依据《托德西利亚斯巴利亚多利德条约》（*Treaty of Tordesillas*；靠近巴利亚多利德）将欧洲在西方新发现的大陆进行分割，其中西班牙控制了美洲的广阔地区。

1512年

伊莎贝拉在1504年去世之后，作为摄政王的费尔南多吞并了纳瓦拉。这是自罗马统治时代以来，西班牙首次统一在一个政权之下。

1517~1556年

自9世纪以来，西班牙哈布斯堡王朝（Habsburg）的第一位君主卡洛斯一世所统治的欧洲领土超越历代帝王，还包括迅速扩张的中南美洲地区。

1521年

来自埃斯特雷马杜拉麦德林（Medellín）的荷南·科尔蒂斯（Hernán Cortés）带领一小队征服者，以西班牙国王的名义征服了位于今天墨西哥和危地马拉一带的阿兹特克（Aztec）帝国。

亚；而葡萄牙则于1249年驱逐了穆斯林。这时伊比利亚半岛的伊斯兰王国只剩下格拉纳达酋长国这一个了。

格拉纳达的陷落

1476年，格拉纳达的统治者阿布·哈桑（Abual-Hasan）开始拒绝向卡斯蒂利亚进贡，导致两位天主教君主——卡斯蒂利亚女王伊莎贝拉和其丈夫阿拉贡国王费尔南多——发起了收复失地运动对格拉纳达的最后一次讨伐。这次讨伐的军费大部分是靠向犹太人借贷和天主教教会提供的财力支持。此时格拉纳达王国爆发了内斗，而基督教徒正好坐收渔翁之利，1492年1月2日，伊莎贝拉和费尔南多进入格拉纳达，开始了后来被证明是西班牙历史上最重要的一年。

对于格拉纳达末代国王布阿卜迪勒（Boadbil）来说，投降的条件已算是相当慷慨，他得到了格拉纳达以南的阿尔普哈拉斯峡谷和3万金币。但历史从来不会心慈手软。有一个真假难定的传言，当布阿卜迪勒在被放逐前含泪朝心爱的格拉纳达投去最后一瞥时，他的母亲却嘲讽道："你倒是该像女人一样哭泣，为你自己不能像个男人般战斗而哭泣。"阿拉贡王国承诺尊重余下穆斯林的宗教信仰、文化和财产，但这并没有持续多久。

自建立以来延续了800年的安达卢斯从此不复存在。

西班牙的帝国

当伊比利亚半岛作为自己领土的地位稳固之后，这些天主教君主的注意力就转移到了其他地方。几乎在征服格拉纳达的同时，自信的西班牙天主教徒也出现了一个发现新世界的机会——哥伦布到达美洲与格拉纳达的陷落发生在同一年。后者让西班牙社会发现了一整片全新的大陆，他们的军国主义思想和十字军东征运动在那里可以继续派上用场。

征服新世界

在1492年4月，天主教君主资助热那亚航海家克里斯托弗·哥伦布（西班牙语为Cristobel Colón），使其得以穿越大西洋去寻找与东方通商的新航线。

1492年8月3日，哥伦布率领3艘小船和120名船员从安达卢西亚的帕洛斯-德拉弗龙特拉港起锚远航。由于一直没有见到陆地，船上绝望的水手差点发生暴乱，但他们最后还是登上了巴哈马的瓜纳哈尼岛（Guanahaní），

西班牙美洲殖民地相关

- 特鲁西略（埃斯特雷马杜拉）
- 卢加莱斯哥伦比诺斯（韦尔瓦附近）
- 哥伦布故居博物馆（巴利亚多利德）
- 哥伦布之墓（塞维利亚大教堂）
- 托德西利亚斯（巴利亚多利德附近）
- 索布勒伊亚诺宫（科米亚斯）
- 美洲博物馆（马德里）

1533年

来自埃斯特雷马杜拉特鲁西略的弗朗西斯科·皮萨罗（Francisco Pizarro）带领一小队征服者，以西班牙国王的名义征服了南美洲的印加帝国。

1556~1598年

腓力二世（Felipe II）在位期间，也是西班牙国力最鼎盛的时期。西班牙在美洲的属地从佛罗里达延伸至智利，大量来自殖民地的财富被用来在西班牙本土建造富丽堂皇的建筑。

1561年

国王将小城镇马德里定为帝国都城。尽管这里修建了很多新的贵族宅邸，但这个新首都给人最震撼的印象依然是肮脏和混乱。

1571年

由西班牙和威尼斯领导的神圣同盟舰队在腓力二世的异母兄弟唐·胡安·德·奥斯特里亚（Don Juan de Austria）指挥下在勒班陀击败了奥斯曼土耳其帝国的舰队，结束了后者在欧洲的扩张。

吉尔·特雷穆莱特(Gile Tremlett)撰写的《阿拉贡的凯瑟琳：亨利八世的西班牙王后》(*Catherine of Aragón: The Spanish Queen of Henry VIII*)通过讲述伊莎贝拉和费尔南多的女儿的故事，详细展现了16世纪欧洲皇室的所有阴谋诡计。

之后他们继续航行，抵达古巴和伊斯帕尼奥拉岛（Hispaniola）。启程8个月后，哥伦布回到了巴塞罗那，受到了天主教君主英雄般规格的接待。此后，哥伦布又进行了3次远航，他在伊斯帕尼奥拉岛上建立了圣多明各（Santo Domingo），发现了牙买加、特立尼达和其他的加勒比海岛，到达了奥里诺科河（Orinoco）的入海口和中美洲的海岸。但直到他于1506年在巴利亚多利德穷困潦倒地病逝，都仍然坚信自己曾远航到达过亚洲。

包括埃尔南·科尔特斯（Hernán Cortés）和弗朗西斯科·皮萨罗（Francisco Pizarro）在内的凶残又聪明的征服者们沿着哥伦布的路线，为西班牙掠夺了美洲大陆的大片土地。1600年，西班牙已控制了今天墨西哥和中美洲的几乎全部领土、南美洲的大片土地、加勒比海所有的大岛屿和佛罗里达。他们从殖民地搜刮了大量金银和其他财物运回西班牙，之后将所得财物的五分之一上缴给国王（即quintoreal，五一税）。塞维利亚垄断了这种贸易并一跃成为欧洲最富庶的城市之一。

内战之前的书籍

《一个仲夏的早晨我走出来》(*As I Walked Out One Midsummer Morning*)，劳里·李(Laurie Lee)著

《格拉纳达以南》(*South from Granada*)，吉拉德·布莱南(Gerald Brenan)著

《西班牙迷宫》(*The Spanish Labyrinth*)，吉拉德·布莱南著

《西班牙素描》(*Sketches of Spain*)——费德里科·加西亚·洛尔迦(Federico García Lorca)著

纠缠的旧世界

伊莎贝拉和费尔南多这对天主教君主并不仅仅满足于让美洲成为自己的领土。他们通过膝下5个儿女与葡萄牙、神圣罗马帝国和英格兰的皇室联姻，使得西班牙可以插足欧洲事务。伊莎贝拉和费尔南多先后于1504年和1516年去世，他们的外孙卡洛斯一世（又名查理一世）继承了王位，他于17岁那年（1517年）从佛兰德斯来到西班牙。1519年，他还继承了奥地利哈布斯堡王朝的领地，并被选为神圣罗马帝国的皇帝（查理五世）：这意味着此时的他同时统治着西班牙、低地国家（即欧洲西北沿海地区）、奥地利、部分意大利领土、一部分法国和德国，以及西班牙庞大的美洲殖民地。

欧洲的混战消耗了王权从美洲获得的大量财富，被战争折腾得精疲力竭的卡洛斯于1556年宣布退位，前往埃斯特雷马杜拉的尤斯德修道院安度晚年，没过多久便离开了人世。他将众多疆土分给儿子腓力二世（Felipe Ⅱ，1556~1598年在位）和兄弟费尔南多。

腓力得到了大部分地区，包括西班牙、低地国家和美洲的殖民地，尽管学者们对他的政绩毁誉参半，但在他统治下的西班牙达到了全盛时期。他扩大了帝国在美洲的版图，并在1580年葡萄牙国王去世之后，实现了对葡萄牙的统治，却在一次旷日持久的叛乱中失去了荷兰。他的海军于1571年在勒班陀（Lepanto）海战中击败了奥斯曼土耳其人，而他于1588年派出

1580~1660年

伴随着塞万提斯的文学作品，以及委拉斯开兹、苏巴朗和埃尔·格列柯等人的画作，西班牙人享受着文化的黄金时代，这一时期的艺术成就达到了新的高度，但帝国的势力却在逐步衰落。

1609~1614年

在最后一次清理非基督徒的运动中，摩里斯科人（改信基督教的穆斯林）被驱逐出西班牙，更加剧了这个国家本来就已经开始的经济衰退。

1676年

第三次大瘟疫加上粮食歉收，对西班牙造成了长达一个世纪的毁灭性影响。17世纪，瘟疫和饥饿造成了西班牙超过125万人丧生。

1700年

波旁王朝的第一位国王腓力五世在卡洛斯二世去世、哈布斯堡王朝消亡之后继位，他的法国王位第二继承人的身份引发了整个欧洲的担忧。

西班牙宗教法庭

西班牙新兴的天主教统治者从一开始就明确表明，所有宗教并存的开明政策已成为过去。

天主教君主并不满足于领土征服，他们出于宗教狂热而设立了宗教法庭，以铲除那些有可能会危害到天主教会的宗教异己。法庭的领导者是大审判官托马斯·德·托尔克马达（Tomás de Torquemada），他于1479年被任命为伊莎贝拉女王的私人顾问。几个世纪之后，陀思妥耶夫斯基在《卡拉马佐夫兄弟》（*The Brothers Karamazov*）中将他描写成对耶稣本人展开审判的能言善辩的大法官，他还被巨蟒剧团（Monty Python）在《飞翔的马戏团》（*Flying Circus*）这一剧作中讽刺了一把。

最初，宗教法庭主要针对改信基督教的犹太人，他们中许多人被指控仍秘密信仰犹太教。在一份很有趣的历史脚注中记载，托尔克马达本人的父母就是改信基督教的犹太人。

接受宗教审判“幸运的”罪人的财产将被充公，此举是为了方便募集资金以便展开针对格拉纳达的战争。被定罪之人随后将穿上一件被称作背心（sambenito）的、装饰有十字架的黄色服装游街（背心很短，都不足以遮盖住罪人的私处），游行到当地教堂门外，接受鞭刑。

如果运气不好，在接受最终裁决（即被绑在火刑柱上当众烧死）之前，还要遭受各种难以想象的酷刑。那些宣布认错、并亲吻十字架的人在火刑前会先被绞死，而那些只认错的人会被绑在干木头上迅速焚烧。如果坚持不认错，火刑就将采用湿木头，慢慢烧死。

托尔克马达在担任卡斯蒂利亚宗教法庭大审判官的15年间，执行了10万次审判，将2000人送上了火刑柱。1492年3月31日，费尔南多和伊莎贝拉在托尔克马达的主张下颁布了驱逐令，所有拒绝接受基督教洗礼的犹太人都必须在2个月内离开西班牙，违者处以死刑。超过10万名犹太人转而信仰基督教，但仍有大约20万人离开西班牙去往其他地中海地区，他们是第一批西班牙裔犹太人。即将破产的国家没收了所有未出售的犹太人财产，社会中重要的中产阶级出现了严重断层。

作为宗教法庭的监管者，托尔克马达继承人红衣主教西斯内罗斯（Cisneros）也曾试图铲除穆斯林文化。在这个前格拉纳达酋长国所在地，他强迫穆斯林进行集体洗礼，焚毁伊斯兰教书籍，并且禁止使用阿拉伯语。在1500年安达卢西亚的一次暴动之后，穆斯林又被王国勒令要么改信基督教要么离开。大多数穆斯林（约30万人）接受了洗礼并留了下来，这些改变了信仰的穆斯林被称为摩里斯科人（morisco），但他们的皈依只是表面的，他们始终没有被同化。摩里斯科人最终于1609~1614年被完全驱逐。

1702~1713年

欧洲支持奥地利国王查尔斯的对手们发起了反对腓力五世的西班牙王位继承战。腓力保住了王位，但西班牙失去了对直布罗陀和低地国家的统治。

1793年

路易十六被砍头后，西班牙宣布对法国开战，但几年后，又转而支持法国抗击英国。

1805年

在特拉法加海战中，西法联合舰队被纳尔逊领导的英国战舰摧毁，西班牙失去了海上霸主的地位，滋生了国民对国王卡洛斯四世亲近法国政策的不满。

1808~1813年

法国占领了西班牙，卡洛斯四世被迫退位，拿破仑的兄弟成为国王何塞一世。随后发生的半岛战争中，英国帮助西班牙打败了法国。

拿破仑战争相关

特拉法加角（洛斯卡诺德梅卡）

特拉法加公墓（直布罗陀）

加的斯科尔特斯博物馆（加的斯）

圣卡洛斯公园（拉科鲁尼亚）

佛罗里达公墓（马德里）

的西班牙无敌舰队（Spanish Armada）却在英格兰遭遇惨败。腓力是个狂热的天主教徒，曾推动宗教法庭开始新的宗教迫害，却又联合信奉新教的英格兰对抗天主教的法国。他从美洲得到了有史以来最多的金银财富，最后却遭遇破产。

和他父亲一样，腓力也是在修道院中辞世的，他死在自己下令建造的圣洛伦索-德埃尔埃斯科里亚尔，这座宏伟的修道院日后也成为对他的王朝的忧伤的纪念碑，以及西班牙殖民时代的矛盾见证。

从富到贫

在西班牙最强盛的时期，即它统治着世界很大一部分领土时，这个国家的统治者却为其日后的分裂播下了种子。从美洲和其他殖民地获取的如此之多的财富被用在奢侈放纵的皇室生活上，对于改善普通平民的生活却没有什么帮助。其结果就是，这个四分五裂的国家将面临长达几百年、反复不断的皇室继承权之争，以及许多来自外部势力的战争，与此同时，大部分的平民变得越来越穷。

跟不上欧洲的步伐

从某种程度来说，17世纪西班牙繁荣的艺术创造了这一现代欧洲国家的华丽幻象。西班牙在一些伟大艺术家的杰作中不朽，如画家委拉斯开兹、埃尔·格列柯、苏尔瓦兰和牟利罗，以及作家塞万提斯和多产的剧作家洛佩·德·维加（Lope de Vega）。

然而国王软弱无能，教会高度保守，贵族们无所事事，致使经济停滞，最终导致了食物的短缺，贫富差距拉大。西班牙失去了对葡萄牙的控制，并且接连遭遇加泰罗尼亚、西西里和那不勒斯的反叛。从美洲运回的财富急剧缩水。被称为“中魔者”（El Hechizado）的国王卡洛斯二世（Carlos Ⅱ，1665～1700年在位）体弱多病，其身后无子，结果导致了西班牙王位继承战争（1702～1713年）。卡洛斯二世将王位传给了腓力五世（Felipe V，1700～1746年在位），后者在战争期间将西班牙最后一处低地国家的属地割让给了奥地利，将直布罗陀和梅诺卡岛割让给了英国，但最终保住了自己的王位。腓力五世是西班牙波旁王朝的第一位君主，如今的西班牙王室依旧属于波旁王朝。

在第一共和国期间，西班牙许多城市宣布独立，有些城市，例如塞维利亚和附近的Utrera甚至对彼此宣战。

这时正处于欧洲的启蒙时代（Age of Enlightenment），然而在西班牙，把持权力的教会和宗教法庭与从法国传入的理性主义势不两立。三分

1809～1824年	1814年	1833～1839年	1872～1876年
西班牙在美洲的大部分殖民地都借西班牙内忧之际获得了独立。到了1824年，只有古巴、波多黎各、关岛和菲律宾仍在西班牙统治之下。	费尔南多七世继位，在同意支持1812年的加的斯宪法（西班牙自由派引进宪法改革的一次尝试）仅几周后便废除了这份宪法。	第一次卡洛斯战争源于费尔南多七世年幼的女儿伊莎贝拉和他的兄弟唐·卡洛斯之间的继承纠纷。最后，伊莎贝拉在1843年成为女王。	第二次卡洛斯战争在三个派系间爆发，伊莎贝拉二世的儿子阿方索十二世在1873年建立的短暂而混乱的第一共和国结束后继位。

之二的国土掌握在贵族和教会的手上，贫富差距巨大，社会动荡不安。

法国入侵

1789年法国大革命爆发，1793年，路易十六（西班牙君主卡洛斯四世的堂兄，1788~1808年在位）被送上断头台，西班牙随即向法国宣战。仅两年后，西班牙就与法兰西共和国议和。1805年，西法联合舰队在安达卢西亚特拉法加角（Cabo de Trafalgar）附近被英国海军上将纳尔逊（Nelson）率领的舰队挫败，西班牙的海上霸主地位从此画上了句号。

1807年，法国军队涌入西班牙，据推测他们原本应该前往葡萄牙，但1808年法国军队却占领了西班牙。卡洛斯四世被迫退位，让位给拿破仑的兄弟约瑟夫·波拿巴（Joseph Bonaparte，即何塞一世）。

马德里爆发了民众起义，这一幕被戈雅记录在了画布上，他的《5月2日》（*El dos de mayo*）和《5月3日》（*El tres de mayo*）两幅作品现在收藏于马德里的普拉多博物馆中。西班牙各地人民纷纷拿起武器展开游击战，并得到了威灵顿公爵（Duke of Wellington）领导的英国和葡萄牙军队的支援。1812年，国会（Cortes）在加的斯召开会议，参考美国和法国的宪法起草了新的自由主义宪法。1813年，法国在维多利亚战败，最终撤出了西班牙。

西班牙的衰落

虽然赶走法国人之后暂时获得了统一，但此时的西班牙已四分五裂，更不用说社会日益倒退和封闭。19世纪大部分时间里，自由主义者（主张民主）和保守主义者（包括教会、皇室成员和其他不想改变现状的人）两股势力一直在激烈内斗。

王储问题上的摇摆不定导致了第一次卡洛斯战争（1833~1839年）的爆发。战争催生了暴力的反教权主义，教会被迫关闭。1836年，政府颁布了解除限定继承权的法令（Disentailment），教会的土地和财产被没收并拍卖。在这场斗争中只有军队是赢家。随后，不同继位人（这次是3位，而不仅有2位）的支持者为了争夺王位，展开了第二次卡洛斯战争（1872~1876年）。

1873年，受自由派主导的国会宣布国家为联邦共和国。不过第一共和国失去了对所辖领土的控制权，军队、教会和地主联合，推举女王伊莎贝拉二世的儿子阿方索（Alfonso）登上王位，成为阿方索十二世（1874~1885年在位）。

1898年	1923~1930年	1931年	1933~1935年
在美西战争中，美国打败了西班牙，并宣布支持古巴独立。这之后西班牙陆续失去了它最后的殖民地——古巴、波多黎各、关岛和菲律宾。	米格尔·普里莫·德里维拉将军发动了支持国王阿方索十三世的政变，并成为独裁者。他于1930年下台，并在不久后去世。	共和党在地方选举中大获成功，阿方索十三世流亡，西班牙第二共和国成立。左派政党赢得了全国大选，新宪法赋予女性选举权。	右翼政党赢得新一届的选举，政治暴力急速增加，在阿斯图里亚斯针对工人的无情军事暴力行为将西班牙壁垒分明地分成左右两派。

连本国领土都团结不了的西班牙无暇顾及海外仅剩的几处殖民地。1898年，西班牙在美西战争中被美国击败，失去了古巴、菲律宾、关岛和波多黎各。

这个曾经世界上最大的帝国之一，从昔日的荣华宝座上摔了个四脚朝天。

1937年，内战中的一场激烈交火导致阿拉贡中部的贝尔奇特（Belchite）村变成一片废墟，战后，村庄遗址被保存下来。参加当地旅游局组织的一日游，可以参观令人难忘的战争遗迹，包括4座教堂废墟。

西班牙内战

西班牙内战（1936~1939年）经过长时间的酝酿终于到来。从许多方面来看，分裂的种子在几个世纪前就已经种下，从殖民地获得的财富导致社会财富严重不均衡，而在19世纪，一些同样深刻的社会问题也浮出水面。

战争的种子

20世纪初期，西班牙深陷左翼势力和保守势力之间无止境的斗争中，但双方都不能保持长久的优势。

有一段时间左翼似乎占据上风。无政府主义和社会主义都获得了大量支持者，建立起强大的联盟。19世纪90年代和20世纪初，无政府主义者炸毁了巴塞罗那的利塞乌大剧院，暗杀了两位首相，又于1906年5月在国王阿方索十三世与巴腾堡的维多利亚·尤金妮亚（Victoria Eugenie）的婚礼上安放炸弹，造成24人死亡。在左翼势力不断崛起的同时，巴斯克和加泰罗尼亚的独立倾向也越发明显。当时的加泰罗尼亚在商业利益的驱使下，想在政治上脱离马德里。另一方面，19世纪90年代，由于越来越多的卡斯蒂利亚工人转移到巴斯克工厂，民族主义开始在巴斯克地区兴起：一些巴斯克当地人认为这些移民是对他们身份的威胁。1909年，一支西班牙部队的小分队在西属摩洛哥被当地的柏柏尔人消灭。西班牙政府准备召集加泰罗尼亚后备军进入摩洛哥参加战斗，却在巴塞罗那引发了被称为“悲剧周”（Semana Trágica）的事件，最初只是一般的罢工，后来转变为疯狂的暴力行动。西班牙政府因此处决了许多工人。

在第一次世界大战中，西班牙保持中立，但国内仍然深陷矛盾之中。1921年，1万名西班牙士兵在摩洛哥的Anual被柏柏尔人消灭。2年之后，一位脾气古怪的安达卢西亚贵族米格尔·普里莫·德里维拉（Miguel Primode Rivera）将军带领一支军队起义，建立了温和的独裁统治。华尔街大崩盘之后引发的经济萎缩使得德里维拉在1930年辞职。1931年，阿方

1936年	1936~1939年	1938年	1939年
左翼的人民阵线赢得了全国大选。弗朗西斯科·佛朗哥将军领导的右翼民族主义反对派发动叛乱，西班牙内战开始。	西班牙内战时期。佛朗哥领导的民族主义叛乱受到纳粹德国、意大利法西斯的支持，打败了由苏联支持的共和党。大约35万人死于这场战争和暴力行动。	民族主义者在埃布罗峡谷击溃了共和党最后的大规模进攻，2万人被杀。苏联结束了对共和党的支持。	1月，民族主义者占领了巴塞罗那，共和国政府流亡法国，共和国军队解体。3月28日，民族主义者进驻马德里。4月1日，佛朗哥宣布内战结束。

索十三世国王退位流亡，西班牙第二共和国建立。

1931年的全国大选为西班牙带来了由社会主义者、共和主义者和中立派组成的新一届政府。新宪法使女性获得了投票权，并允许希望自治的加泰罗尼亚组建自己的议会，将离婚合法化，剥夺了天主教的国教地位，并且禁止教士授课。但右派又在1933年的大选中获胜。何塞·安东尼奥·普里莫·德里维拉（Jos Antonio Primo de Rivera）领导的法西斯党派长枪党（Falange）成为一股新兴的右派力量，此人是20世纪20年代的独裁者普里莫之子。

到了1934年，暴力已经发展到了无法控制的地步。加泰罗尼亚宣布（从属于其宣称的"西班牙联邦共和国"）独立，工人组成的各种委员会占领了阿斯图里亚斯的北部矿区。西班牙海外兵团（Spanish Legion，20世纪20年代为与摩洛哥当地部落作战而组建）在弗朗西斯科·佛朗哥将军和何塞·米兰·阿斯特雷（Jos Millán Astray）将军的率领下，对阿斯图里亚斯的工人采取了暴力行动，这使得国内的左右两派彻底决裂。

在1936年2月的大选中，以共产党为首的左翼联盟人民阵线（Popular Front）险胜右翼的民族阵线（National Front）。

有些东西不得不放弃了。

内战开始

1936年7月17日，西班牙在北非梅利利亚（Melilla）的驻军起兵反对左翼人民阵线组成的政府，第二天西班牙本土的军队也开始叛乱。整个事件的策划者是5位将军，其中包括弗朗西斯科·佛朗哥。西班牙内战全面爆发。

这场战争拆散了社区、家庭和朋友，杀害了大约35万名西班牙人（有些作者说是50万人），并导致无法估量的损失和沉重的悲痛。交战双方均展开了残酷的屠杀和报复性行动。叛军自称民族主义者，因为他们相信自己是为西班牙而战，他们枪杀或绞死了成千上万的共和国支持者。共和主义者也处死了众多的民族主义拥护者，其中包括大约7000名教士、修道士和修女。

战争刚开始时，许多军人和国民警卫队都投向了民族主义者一边，他们打着清除上帝之敌的旗号迅速推进。在共和主义者阵营，无政府主义者、共产主义者和社会主义者最终控制了许多村镇和城市，并随之进行了社会革命。

内战相关读物

- 《丧钟为谁而鸣》，欧内斯特·海明威著
- 《向加泰罗尼亚致敬》，乔治·奥威尔著
- 《西班牙内战》，休·托马斯著
- 《心中的西班牙》，亚当·霍赫希尔德著

1939~1950年	1955~1965年	1959年	20世纪60年代
佛朗哥建立了右翼独裁统治，成千上万人被监禁。西班牙没有参与"二战"，但之后被北约和联合国拒之门外，并在国际贸易上遭遇联合抵制。	在同意美国建造基地之后，西班牙获准加入联合国。在美国的援助下，西班牙经济加速发展，布拉瓦海岸和太阳海岸开始大规模发展旅游业。	旨在为巴斯克争取独立的巴斯克祖国和自由组织埃塔（ETA）成立。截止2011年埃塔宣布放弃武装对抗时，该恐怖组织杀害了超过800人。	经历20年的经济凛冬后，这个十年被称为发展年代（años de desarroll），投资和乡村移民纷涌至马德里及其他城市。

民族主义者的突进

大部分驻扎着军队的城市很快落入了民族主义者之手——包括马德里以北的大部分地区，除了加泰罗尼亚、北部海岸和安达卢西亚部分地区以外。8月，佛朗哥的海外兵团和摩洛哥的雇佣兵被德国的军用飞机空运至塞维利亚。为了赢得叛乱的胜利，他们向北穿过埃斯特雷马杜拉向马德里进发，在一些城市，他们遇到了激烈的抵抗，但最终这些抵抗都失败了。10月，在萨拉曼卡，佛朗哥使所有的民族主义者都和他站在了同一条战线上。

11月，在国际纵队（International Brigades；共产主义者组织的国外理想主义者和志愿兵武装）第一大队的增援下，马德里击退了佛朗哥的第一次进攻，并在共产主义者的鼓舞下熬过了2年的围困。但国际纵队的增援人数从未超过2万，不足以对抗装备精良、更有组织性的民族主义军队。

纳粹德国和意大利法西斯支持民族主义者，为他们提供飞机、武器和军队（意大利7.5万人，德国1.7万人），并将这场战争变成了第二次世界大战的试验场。苏联也曾为共和主义者提供了飞机、坦克、大炮和顾问，但是其他国家都不愿卷入这场战争（尽管也有大约2.5万名法国军人在西班牙与共和主义者并肩作战）。

共和主义者的内讧

1936年年末，由于马德里被包围，共和国政府不得不迁往巴伦西亚，继续调解己方阵营内的无政府主义者、共产主义者、温和的民主主义者和地区分裂主义者之间的政见分歧。

1937年4月，德国飞机轰炸了巴斯克城镇格尔尼卡，造成巨大伤亡。这一事件成为毕加索那幅著名的反战油画《格尔尼卡》的主题，这幅画如今挂在马德里的索菲亚王后艺术中心。所有北方沿海地区都在那一年沦陷，共和主义者在马德里附近和阿拉贡的反击也以失败告终。与此同时，共和国内部的分裂升级，巴塞罗那爆发了激烈的街头械斗，受苏联影响的共产主义者彻底打倒了无政府主义者和几乎控制了这座城市一年的托洛茨基分子（Trotskyites）。共和国政府在1937年秋天迁往巴塞罗那。

民族主义者的胜利

1938年初，佛朗哥在阿拉贡的特鲁埃尔击退了共和主义者的进攻，随后率领10万人的部队、1000架飞机和150辆坦克向东挺进，切断了巴塞罗那和巴伦西亚之间的联系。7月，共和主义者在埃布罗峡谷发起了最后一次战斗。在

1975年

佛朗哥去世，国王胡安·卡洛斯一世继位。这位君主是由佛朗哥亲自培养，以继续他的政治事业，但国王本人很快表露出改革的愿望。

1976年

国王委任阿道夫·苏亚雷斯担任首相。苏亚雷斯带领西班牙回归民主，左翼政党合法化，尽管军队仍持反对意见，国家还是在1977年成功实现了自由普选。

1978年

经过公投，新宪法以绝对的支持率得到承认，西班牙开始实行议会民主制，没有国教，国王为国家元首。

1981年

2月23日，安东尼奥·特赫罗（Antonio Tejero）带领一支武装起来的国民警卫队占领了国会大楼，试图发动政变。国王在国家电视台上发表演说强烈谴责这一行径，政变失败。

这场血腥的激战中，民族主义者获得了胜利，激战导致2万人丧生。1938年9月，苏联撤军；1939年1月，民族主义者占领巴塞罗那，没有遇到任何抵抗。共和国政府和成百上千的支持者流亡法国。此时的共和主义者仍然控制着巴伦西亚和马德里，拥有50万名兵力，但最后军队锐减直至完全消失。1939年3月28日，民族主义者进入马德里，4月1日佛朗哥宣布战争结束。

佛朗哥的独裁统治

西班牙虽然早已鲜血淋淋，残破不堪，但战争的结束并没有带来和平。新的统治者弗朗西斯科·佛朗哥将军一上台就表明战争还将继续。

佛朗哥统治的早期

战后仅仅一年，就有大约10万人被杀害或死在狱中。在成千上万被囚禁的人中，包括知识分子和教师，其他一些人则流亡国外，使西班牙失去了整整一代科学家、艺术家、作家、教育家以及诸多领域的学者。

尽管佛朗哥曾向希特勒做出结盟的承诺，但西班牙始终没有参与"二战"。1944年，西班牙左翼分子从法国向西班牙发起进攻，以失败告终。一小支左翼游击队仍然坚持在西班牙北部、埃斯特雷马杜拉和安达卢西亚等地区继续着毫无希望的战斗，直到20世纪50年代才结束。

第二次世界大战后，佛朗哥时期的西班牙被联合国和北大西洋公约组织（North Atlantic Treaty Orgnization，简称NATO）拒之门外，并且遭到了联合国发起的国际贸易抵制，这导致了西班牙在20世纪40年代末遭遇"饥荒年"（años de hambre）。然而随着冷战的开启，美国想要在西班牙建立4个军事基地，佛朗哥答应了这一要求，条件是获得美国的大力援助。1955年，西班牙获准加入联合国。

佛朗哥时期的西班牙

佛朗哥采取铁腕统治，从不允许任何强大的游说势力——教堂、军队、民族运动（Movimiento Nacional；唯一合法的政党，前身是长枪党）或银行家——抬头。地区自治权被粗暴地拒绝了。军队占据了许多政府部长的职位，还享有最多的财政预算。天主教至高无上的权威也已得到充分恢复。

1959年，政府中与天主教团体主业会（Opus Dei）有关的新崛起的技术专家们实施了新的稳定计划，促进了经济的增长。西班牙工业实现现代化，交通得以改善，新建了用于灌溉和水力发电的大坝。

保罗·普雷斯顿（Paul Preston）尖刻的著作《西班牙大屠杀：西班牙20世纪的审讯和灭绝》（*The Spanish Holocaust: Inquisition and Extermination in Twentieth-Century Spain*）揭露了西班牙内战（双方均难辞其咎）和战后获胜方佛朗哥势力镇压手段的残忍。

以佛朗哥时代西班牙为背景的电影

《潘神的迷宫》（*Pan's Labyrinth*；2006年）

《蜂巢幽灵》（*The Spirit of the Beehive*；1973年）

《欢迎，马歇尔先生！》（*¡Bienvenido, Mr Marshall!*；1953年）

《13朵玫瑰》（*Las 13 rosas*；2007年）

1982~1996年

由费利佩·冈萨雷斯领导的中立偏左的西班牙工人社会党治理国家，西班牙在这一时期经历了经济繁荣，政府却深陷丑闻和贪腐。

1986年

西班牙加入欧洲共同体（即如今的欧盟），1982年成为北约成员国，这是该国在后佛朗哥时代重新被世界接纳的转折点。

1992年

巴塞罗那举办奥运会，使西班牙成为国际的焦点，也是该国自1975年以来所取得成就的亮点。同时马德里成为欧洲文化之都，塞维利亚则举办了世博会。

1996年

由于人们对腐败的西班牙工人社会党不满，何塞·玛利亚·阿斯纳尔领导的中立偏右的人民党赢得了普选，开启了之后10年持续的经济增长。

保罗·普雷斯顿(Paul Preston)的著作《佛朗哥》(*Franco*)是对历史上这位小独裁者的一本人物大传——书里对这个人几乎没有赞美之词。阴谋论者会喜欢皮特·戴(Peter Day)的《佛朗哥的朋友们：英国情报局如何帮助佛朗哥获得西班牙政权》(*Franco's Friends: How British Intelligence Helped Bring Franco to Power in Spain*)。

西班牙经济的复苏部分归功于美国的援助，另外还有超过100万名在海外工作的西班牙人的汇款，但最重要的是西班牙国内旅游业的发展。西班牙旅游业最初是从安达卢西亚的太阳海岸和加泰罗尼亚的布拉瓦海岸发展起来的。1965年，到西班牙旅游的人数达到了1400万。这些就是所谓的发展年代(años de desarrollo)。工业开始腾飞，外国资本涌入，服务业和银行业开始兴旺。1960年，马德里街上的车辆还不到7万辆。10年后，有超过50万辆汽车挤满了首都的街道。

西班牙人的生活水平提高了，但监狱里仍旧关满了政治犯，而且每个大城市外都有大量军队把守。从1965年开始，对佛朗哥政权的反对声浪日益高涨。大学里也一再出现冲突事件，秘密工会开始发声。在巴斯克自治区，恐怖主义团体埃塔(ETA，巴斯克祖国和自由组织)开始为巴斯克的独立而战斗。他们在巴斯克自治区外的第一次重要行动是1973年在马德里刺杀了海军上将卡雷斯·布兰科(Carrero Blanco)，即佛朗哥政权的首相和指定接班人。

似乎为保险起见，佛朗哥将阿方索十三世的孙子——在西班牙国内接受教育的王子胡安·卡洛斯(Juan Carlos)选定为自己的接班人。1969年，胡安·卡洛斯宣誓效忠佛朗哥和民族运动。佛朗哥的最后一位首相卡洛斯·阿里亚斯·纳瓦罗(Carlos Arias Navarro)谨慎的改革招致了极端右翼分子的暴力反抗。1975年11月20日佛朗哥去世，西班牙似乎将再次陷入混乱之中。

民主西班牙

佛朗哥逝世时，西班牙的未来一片迷茫。这个国家仍然像过去一样处于分裂之中，执掌政权的是佛朗哥派系中一位资历尚浅的人物。这种情况在西班牙历史上并非首次发生，但一切并不像表面上看起来的那样。

转变

佛朗哥去世2天后，也就是1975年11月22日，37岁的胡安·卡洛斯一世即位。因为其与独裁者之间的联系，正鼓吹民主的西班牙对这位新国王并没有抱什么希望，但胡安·卡洛斯自有他的打算。1976年7月，他任命43岁的英俊的前佛朗哥政党官员阿道夫·苏亚雷斯(Adolfo Suárez)担任首相。令人惊讶的是，苏亚雷斯竟然说服充斥着佛朗哥分子的国会同意建立一个新的两院议会制度。1977年，政治党派、商业联盟工会组织和罢工都在法律

2004年3月11日	2004年3月14日	2008年10月	2010年7月
马德里4辆通勤火车上发生了恐怖主义爆炸，191人死亡，紧接着西班牙全国各地有约1100万人走上街头抗议。	何塞·路易斯·罗德里格斯·萨帕特罗领导的工人社会党在选举中获胜，开始了社会党对西班牙长达7年半的领导，彻底改变了社会法规。	短短一个月内，西班牙的失业率就从不到6%升至12.3%。西班牙财政部长承认西班牙已陷入半个世纪以来最严重的衰退中。	在数十年无所得后，西班牙国家足球队终于首次在世界杯夺冠，两年前他们还首次在欧洲杯夺冠。

上得到了认可，佛朗哥的民族运动被彻底废除。

1977年，苏亚雷斯的中立党派——中央民主联盟（Uniónde Centro Democrático，简称UCD）——在新国会中获得了接近半数的席位。1978年的新宪法规定西班牙是一个没有国教的议会君主立宪制国家。作为对地方自治热情的回应，尤其是加泰罗尼亚、巴斯克和加利西亚地区，到1983年时，国家已经分成了17个"自治区"，各自治区政府管辖着本地区内的一系列政策。在佛朗哥之后，人们的私生活和社交自由迅速得到解放。避孕药、同性性行为和离婚被合法化，而马德里的派对和艺术图景构筑成新的享乐主义，这场"新潮文化运动"（la movida madrileña）至今仍在西班牙人们的生活中不断回响。

以苏亚雷斯为首的政府赦免了人们在内战和佛朗哥独裁时期所犯的罪行，不设立事实调查委员会，也没有对犯下暴行的罪犯进行审判。在此后30年里，西班牙尽量不去回忆那段岁月。

走向成熟的民主

西班牙主要的左翼政党是西班牙工人社会党（Partido Socialista Obrero Español，简称PSOE），由魅力超凡的年轻的塞维利亚律师费利佩·冈萨雷斯（Felipe González）领导，其在1977年的选举中收获第二的票数，之后在1982年的选举中以绝对优势胜出。冈萨雷斯担任首相职务长达14年。作为西班牙工人社会党的领袖，年轻并受过良好教育的冈萨雷斯正是20世纪60年代末至70年代初动摇佛朗哥统治的那一代人中的一员。1986年，西班牙国内失业率已从16%上升到22%。不过同年，西班牙加入欧洲共同体（European Community，即如今的欧盟），这为西班牙带来了5年的经济繁荣。更多的人步入中产阶级行列，西班牙工人社会党还建立了国家医疗体制，改善了公共教育，西班牙女性也开始接受高等教育并参加工作。

1992年——格拉纳达陷落及哥伦布首航500周年之际，西班牙通过举办巴塞罗那奥运会和塞维利亚世界博览会庆祝他们迈入现代世界的这一特殊年份。然而西班牙的经济仍然低迷，工人社会党也陷入了丑闻。毫无意外地，西班牙工人社会党输掉了1996年的大选。

赢得1996年大选的是中立偏右的政党——人民党（Partido Popular，简称PP），由卡斯蒂利亚-莱昂的前税务检察官何塞·玛利亚·阿斯纳尔（Jos María Aznar）领导。阿斯纳尔承诺要让政治变得更加缓和，他也确实做到了。在他的治理下，西班牙的经济迎来了8年的稳定发展，他也在

波旁王朝的遗珠

皇宫（马德里）

皇宫（阿兰胡埃斯）

圣伊尔德丰索的拉格兰哈宫（塞哥维亚附近）

2011年11月	2014年	2014年6月	2015年12月
马里亚诺·拉霍伊（Mariano Rajoy）领导保守的人民党赢得全国大选，宣布采取紧缩政策以应对西班牙的经济危机。	自2007年以来第一次，西班牙首次实现单年经济增长态势，失业率降至25%以下。	西班牙王室卷入一系列丑闻，1975年登上王位的胡安·卡洛斯国王宣布退位，他的儿子即位，成为费利佩六世。	随着左翼政党的"我们可以"（Podemos party）和保持中立的公民党强势崛起，人民党在普选中失去了绝对多数的优势。但是没有任何一个或几个政党能够组建政府。

马德里新潮文化运动

经历了长期黑暗的独裁专政和保守天主教统治之后，当西班牙在20世纪70年代后期重回民主制怀抱时，西班牙人，尤其是马德里人，带着年轻人摆脱寄宿学校般的狂热涌上大街小巷。在被称为新潮文化（la movida）或马德里新潮文化的运动期间，不存在任何禁忌，年轻的西班牙人同时接触到了20世纪60年代、70年代和80年代早期的文化方式。通宵达旦的派对狂欢成为常态，公众场合吸毒不属于刑事犯罪，马德里变得尤其放荡不羁。夏季的露台上聚满了聊天、饮酒及作乐的人群。全欧洲的年轻人（更不用说安迪·沃霍尔这样的文化偶像了）都前来加入这场狂欢中。

马德里的新潮文化运动给人留下了深刻的印象，发起人恩里克·提耶尔诺·加尔万（Enrique Tierno Galván）是一位年长的前大学教授，在佛朗哥统治期间，他是反对派的领袖人物，他在西班牙被亲切地称为“老教师”。加尔万是社会主义者，1979年当上马德里市长，他在一次公众集会上说“a colocarse y ponerse al loro”，大意就是“去喝醉吧，做些酷劲十足的事”，新潮文化运动就此开启。而加尔万也不出意料地成为马德里最受欢迎的市长。1986年，他与世长辞，100万马德里人出席了他的葬礼。

新潮文化运动也见证了西班牙音乐家、设计师和电影人的创意大爆发。其中最著名的就是导演佩德罗·阿莫多瓦（Pedro Almodóvar），他的电影以色彩鲜明著称，带有超现实色彩的角色总是在探索性和毒品的极限。尽管阿莫多瓦后期的电影名气更大，但他的早期作品《烈女传》（*Pepi,Luci,Bom y otras chicas del montón*；1980年）和《激情迷宫》（*Laberinto de pasiones*；1982年）真正诠释了这场文化运动的精神。不拍电影的时候，阿莫多瓦就会沉浸在新潮文化运动的境界中，在熟悉的酒吧，在烟雾弥漫的环境中吞云吐雾。

新潮文化运动中的其他重要文化人物包括演员安东尼奥·班德拉斯（Antonio Banderas）、时尚设计师阿加莎·鲁伊斯·德拉普拉达（Agatha Ruiz de la Prada）和电影导演费尔南多·特鲁埃瓦（Fernando Trueba）。

2000年再次赢得大选。人民党削减了公共投资，出售了国有企业，解除了对电信一类部门的垄断。在阿斯纳尔执政的几年里，西班牙的经济增长速度大大快过欧盟的平均水平，失业率急速下降。

动乱年代

2004年3月11日，马德里被10个炸弹震得地动山摇，这些炸弹被安放在4辆高峰时间进入首都阿托查火车站的通勤列车上。残骸清理之后，据统计共有191人丧生，1755人受伤，其中许多人受重伤。这起事件是由一个与

2016年6月

新的普选依旧没有出现明显的赢家。10月，工人社会党在议会信任投票中弃权，使得人民党得以组建少数派政府。

2017年10月

加泰罗尼亚举行了独立公投，遭到西班牙国家警察的阻挠。据称有90%的投票者赞成独立。西班牙政府不承认此次公投，暂停了加泰罗尼亚的地区自治权。

2017年12月

在加泰罗尼亚的地方选举中，支持独立的政党赢得大多数席位，他们有机会在2018年组建新的地方政府。

2018年6月

首相马里亚诺·拉霍伊遭弹劾下台，提出弹劾案的工社党主席佩德罗·桑切斯成为新任首相。

基地组织有联系的伊斯兰组织策划发起的，是西班牙有史以来遭遇的最严重的一次恐怖袭击。

与投票前的预测结果截然不同，由于人民党坚持埃塔（ETA）要为此事件负责，全然不顾截然相反的证据，因此在袭击发生3天后的大选中输给了西班牙工人社会党。

由何塞·路易斯·罗德里格斯·萨帕特罗（José Luis Rodríguez Zapatero）领导的新社会党政府意图为西班牙改头换面，开始推进一系列自由化的社会改革：实现同性婚姻合法化，大修晦涩的离婚法，允许近百万非法移民获得居留权，追究内战及佛朗哥独裁统治时期罪行责任的法规被纳入法令。尽管西班牙强大的天主教会对许多项改革都表示了强烈的不满，但大多数民众都欣然接受这些改革。西班牙经济开始飞速发展，让欧洲其他国家都眼红。

接下来，一切再次分崩离析。

2008年底，随着全球信贷危机的爆发，国内房地产泡沫破灭，国际金融环境不景气，西班牙经济直线衰退。该国经济极度依赖旅游业和建筑业，而这两大支柱在经济危机中显得尤其脆弱。到2013年，西班牙的失业率超过27%（600万人没有工作），年轻人失业率更是接近灾难性的60%。离开西班牙的年轻职业人的数量之多是前所未有的。整个西班牙掀起对腐败、政治和金融精英的愤怒浪潮。愤怒者运动（Los Indignados）成为抗议先锋，从2011年5月15日开始，该组织成员在马德里市中心扎营数月。"愤怒者"也成为世界范围内多项类似运动的先驱，包括占领华尔街的运动。

萨帕特罗政府经历漫长而痛苦的等待后承认经济危机的严重性，随后在2011年11月的大选中被马里亚诺·拉霍伊（Mariano Rajoy）领导的人民党政府替换。后者上台后开始推行严厉的紧缩计划，甚至切断了西班牙人赖以生存的慷慨的福利制度。欧盟为西班牙银行提供了1000亿欧元的援助。保守派政府也抛弃了社会党人的自由化改革，引入了欧洲最严格的反堕胎法，并恢复了天主教教会在教育中的地位。

然而这个国家仍然坚定地坚持民主政治，大多数抗议都是和平性质的，纵观西班牙混乱的近代史，这正是它在民主道路上坚定不移前行的最有力的证据。

现代西班牙相关读物

《橄榄桂冠的召唤》——倪慧如、邹宁远著，讲述西班牙内战，以及国际纵队中的中国志愿军。

《西班牙幽灵》（*Ghosts of Spain*），吉尔·特雷穆莱特（Giles Tremlett）著

《新西班牙人》（*The New Spaniards*），约翰·胡泊尔（John Hooper）著

《胡安·卡洛斯》（*Juan Carlos*），保罗·普雷斯顿（Paul Preston）著

《圣地亚哥之路》（*Roads to Santiago*），赛斯·诺特博姆（Cees Nooteboom）著

《碾压柠檬》（*Driving Over Lemons*），克里斯·斯图尔特（Chris Stewart）著

2019年4月

西班牙举行2019年大选，执政的工人社会党得票率最高，在众议院获得123个席位，但未达到176个席位的绝对多数。工人社会党获得提名首相候选人的资格。

2019年7月

西班牙众议院经过两轮投票，否决了工人社会党提出的首相候选人佩德罗·桑切斯出任新首相。

艺术与建筑

西班牙是全欧洲艺术和建筑景观最灿烂多姿的国家之一。埃尔·格列柯、委拉斯开兹、戈雅、毕加索、米罗、达利——这些明星画家们是西班牙的文化标志。而西班牙的建筑则完美诠释了这个国家的历史，从安达卢西亚壮丽的摩尔人杰作到高耸的大教堂，从高迪天马行空的建筑创作到古怪的当代创作，无不令人惊叹。

建筑

建筑就是历史！在塞哥维亚伟大的古罗马高架渠下，你似乎能感受到战士行进的队列；而阿尔罕布拉宫同样能将人唤回到西班牙的伊斯兰文明鼎盛时代；沿着圣多明各修道院那有回声的罗马式回廊漫步，又仿佛回到了中世纪。从加泰罗尼亚到埃斯特雷马杜拉的乡间，零星散落着高耸的城堡。在布尔戈斯、马略卡岛帕尔马和托莱多，都不乏宏伟的哥特式大教堂。而到了巴塞罗那，谁又能不被高迪梦幻般的现代主义作品所征服呢？欢迎来到西班牙，这里有欧洲最妙不可言的建筑神话。

古罗马遗迹

- 塞哥维亚高架引水渠
- 罗马剧院（梅里达）
- 城墙（加利西亚的卢戈）
- 塔拉戈纳历史博物馆（加泰罗尼亚）
- 伊塔利卡（Santiponce，塞维利亚附近）
- 巴埃罗克劳蒂亚（安达卢西亚的博洛尼亚）

伊斯兰教传入

750年，大马士革的阿拉伯倭马亚王朝的哈里发被废黜，由阿拔斯王朝所取代。到784年，科尔多瓦作为倭马亚王朝的新首都已经发展得十分完善了。叙利亚建筑师们积极投入大清真寺的建造中，在细节处对照大马士革的倭马亚大清真寺（Umayyad Mosque），比如精致的马蹄形拱门和精美的花卉图案装饰瓷砖，借此与故土形成呼应。然而，这座清真寺最明显的特点——清真寺内部的500多根圆柱——却是从罗马和西哥特建筑的废墟中搜集而来的。

在随后的几个世纪里，摩尔人的建筑样式吸收了伊斯兰世界的艺术风格。复杂的灰泥雕刻技术是在9世纪的伊拉克发展起来的，而蜂窝状的穹顶（muqarnas）是10世纪从埃及传过来的。如塞维利亚的希拉尔达塔（如今是大教堂塔楼）这样的方尖塔，则是随着12世纪入侵的穆瓦希德人从摩洛哥传过来的。

除了萨拉戈萨美丽的阿尔哈费里亚宫，安达卢西亚的伊斯兰时代遗迹保存最为完好。其中最华丽宏伟的创造大概是格拉纳达的核心——阿尔罕布拉宫中的纳斯瑞德宫殿。13世纪至15世纪，建筑师和能工巧匠们将优雅发挥到了新的高度，创造了对建筑的内和外、光和影及简和繁之间的平衡研究。阿尔罕布拉宫回避了创新，而将各种经历过充分考验的形式提纯升华，仿佛想尝试以冻结时间的建筑使摩尔政权长盛不衰——而当时摩尔政权的势力范围已经缩小至比今天的安达卢西亚地区更小。

混合风格：莫札拉比和穆德哈尔

到了10世纪的时候，在摩尔人的统治下产生了一个名为莫札拉比的阶层——在伊斯兰教的领地内说阿拉伯语、信仰基督教的人群。当莫札拉比艺术家旅行或者搬到北方基督徒统治的地区时，也把伊斯兰建筑中的精华元素一并带了过去。

以位于莱昂东部的埃斯卡拉达的圣弥额尔修道院为例，在叶状的科林斯式柱头（来自古罗马建筑）上方有马蹄形的拱门，看起来倒像清真寺。在许多拱门的上半部还装饰有方形的装饰性门框（alfiz），这也成为莫札拉比建筑的一个标志性细节。

之后，随着收复失地运动的开始，另一种跨越边界的经典风格出现了：穆德哈尔（生活在西班牙天主教地区的穆斯林）。穆德哈尔艺术家有很多被剥夺了公民权，他们提供了廉价的劳动力和伟大的才华。从来自12世纪的证据显示，穆德哈尔风格最初是因为使用相对便宜的原料而受到关注——奢侈的政府佣金已经一去不返，古罗马留下的石柱也已经被用完。砖、瓦和石膏取而代之，它们借由惊人的技艺组合搭造出丰富的建筑。尤其是在阿拉贡的特鲁埃尔，那里分布着镶嵌釉面砖瓦的错综复杂的砖砌塔楼。

穆德哈尔风格的另一个特征是装饰奢华的木质天花板，这种风格被称作artesonado。它也可以是圆筒形穹顶，不过最典型的还是平面的木质天花板。这种天花板的横梁交错锁合，以几何图形的方式嵌入多种颜色的木板。

西班牙北部只有极少数地区从来没被穆斯林征服过，阿斯图里亚斯就是其中之一。9世纪这里出现了一种独特的建筑风格（即前罗马式风格），将西哥特式风格进一步夸大。奥维耶多的圣玛利亚德尔纳兰科宫就是这类范例，建筑比例被拉得瘦长，装饰有精致的浮雕和高细的拱门。

罗马式和哥特式

正当反伊斯兰风格的潮流开始之际，罗马式风格席卷了中世纪的欧洲，它之所以在西班牙扎根，有一部分是因为它与伊斯兰艺术相反的审美——加泰罗尼亚建筑师和艺术史专家何塞·普伊赫·伊·卡达法尔克（Josep Puigi Cadafalch）认为罗马式风格中的每一个细节都是对伊斯兰风格相应细节的反驳。这些建筑很简朴、生硬和厚重，部分受到古典建筑结构的影响。

罗马式建筑都有完美的半圆形拱门，完全不见了之前典型的马蹄形拱门。在教堂里，这种结构以半圆形后殿（或者是像许多教堂那样的三重后殿）的形式表现出来，这种结构之前曾出现在拜占庭的教堂里。这种圆拱形还被用来装饰门廊、窗户、回廊和中殿。大门处还堆叠着许多同心圆拱造型——之所以非常引人注目，是因为它们往往是教堂里唯一的装饰性细节。朝圣之地圣地亚哥-德孔波斯特拉大教堂或许是西班牙最宏伟的罗马式建筑，我们还可以找到一些地方，虽然不太出名，却同样让人惊叹，比如Frómista的圣马丁教堂和圣科里蒙德陶尔，后者所在的加泰罗尼亚比利牛斯山脉地区还有许多不错的例子。

圣地亚哥之路是罗马式建筑进入西班牙的主要路径之一，沿途能看到西洛斯的圣多明戈修道院、布尔戈斯的胡尔加斯修道院中的小回廊和圣地亚哥-德孔波斯特拉大教堂等美丽的建筑杰作。

之后在12世纪，西班牙建筑师开始改变这些半圆形，加入了尖拱门和交叉拱顶，向哥特式风格发展。在阿维拉、锡古恩萨和塔拉戈纳的大教堂全都带有这种过渡元素。

在欧洲其余各地，则开始流行利用新奇的飞拱造就的高耸教堂。这一风格于13世纪开始在西班牙兴起，并付诸实践于布尔戈斯、莱昂和托莱多的大教堂。有些改变很微妙，比如把唱诗班的席位放在中殿的中央，不过伊尔德方索·法孔内斯(Ildefonso Falcones)最畅销的历史小说《海上大教堂》(*La catedral del mar*)生动讲述了13世纪建造巴塞罗那的海之圣玛利亚教堂(Santa Maríadel Mar cathedral)的故事。

有一个改变十分明显：高耸的富有装饰性的祭坛画(retablo)让这些新教堂更显优美。西班牙的哥特式建筑师们还设计出了星形穹顶，将交叉拱顶从中心点向外发散以分散重量。有许多出色的建筑最开始是在罗马式风格鼎盛时期建造的，但等到多年以后最终完成的时候，却是哥特式风格占了上风。比如，布尔戈斯的大教堂在1221年初建的时候，还是一座素淡的建筑，但它在15世纪加上去的尖顶则是受到德国启发的晚期哥特风格形象。同时穆德哈尔风格的影响也依旧存在。托莱多特别出名的一点就是，那里有许多兼具哥特和穆德哈尔特征的壮丽建筑。

安达卢西亚地区随处可见哥特风格的建筑，收复失地运动抵达此地时正值哥特风盛行的时期。宏伟壮观、主要建于15世纪的哥特式塞维利亚大教堂是世界上规模最大的教堂之一。散落在这个国家各处的城堡也大部分是在哥特风格发展时期建造的，塞哥维亚附近的Coca的那座奢华城堡便是其中出色的代表。

15世纪末，从天主教女王伊莎贝拉那里汲取灵感发展出来的伊莎贝拉哥特式，反映了女王对伊斯兰异域风情和纹章图案的喜爱。这种风格可以在格拉纳达的皇家礼拜堂里看到，后者就是伊莎贝拉及其丈夫、国王费尔南多安葬的地方。

哥特的魅力一直持续到16世纪，这时纯粹哥特风格开始复兴，其中最典型的代表可能就属萨拉曼卡的新大教堂。塞哥维亚的大教堂大概是西班牙在这段时间里建造的最后一座，也是最纯粹的一座哥特式建筑。

从文艺复兴到巴洛克

席卷整个欧洲的文艺复兴风潮启发了西班牙发展出具有本土特色的银匠式风格。这种风格既吸收了部分意大利建筑的风格，同时又继承了伊莎贝拉哥特式建筑的造型。之所以有这个名字，是因为其外墙的装饰华丽得就像是出自银匠之手。萨拉曼卡是文艺复兴初次在西班牙扎根的地方，去那里观光就相当于去看高度密集且最为精美的银匠式建筑。

在意大利和法国，一种更纯粹的文艺复兴风格已经建立起来，反映在更为经典的比例和设计上。这一风格也开始在安达卢西亚流行，比如格拉纳达的阿尔罕布拉宫中的卡洛斯五世宫。胡安·德·埃雷拉(Juan de Herrera)堪称文艺复兴中最多变的一位设计师，他的作品几乎不包含这一时期的任何特征，因为它们实在是朴实无华，位于圣洛伦索-德埃尔埃斯科里亚尔的宫殿兼修道院便是他的杰作。

除了18世纪末的加的斯大教堂之外，西班牙极少有彻底的巴洛克建筑。不过丰富的巴洛克装饰非常引人注意，能轻易地超越早期那些更加朴素的建筑。这种过分华丽风格的佼佼者便是丘里格拉(Churriguera)兄弟。三兄弟的父亲是一位受人尊敬的雕刻家，擅长制作祭坛后面巨大的木刻装饰(retablo)。

西班牙巴洛克风格的特征就是所谓的“所罗门王的圆柱”(Solomonic column)。这种扭曲的柱子惹人喜爱，尤其是覆以金叶或藤蔓装饰的时候，看起来就像扭动着攀向天堂一般。

Osuna的Palacio de los Cepeda、安特克拉的卡门教堂(Iglesia del Carmen)、马德里的Antiguo Cuartel del Conde Duque，以及萨拉曼卡的新教堂、主广场和圣斯蒂芬修道院都是西班牙巴洛克风格的典型例子。

最佳巴洛克风格建筑

- 卡尔图哈修道院(格拉纳达)
- 主广场(萨拉曼卡)
- 圣地亚哥-德孔波斯特拉大教堂的西立面
- 圣玛利亚大教堂(穆尔西亚)
- 皇家美术学院(马德里)

现代主义和装饰艺术

19世纪末期，巴塞罗那在建筑艺术方面的繁荣发展成就了西班牙建筑史中最具想象力的一个时期。这里的建筑师们借鉴了风头正劲的新艺术和早期的西班牙风格，形成了所谓的现代主义风格。这些建筑师中的领军人物当属安东尼·高迪（Antoni Gaudí），从巨大的神圣家族教堂（至今仍在建造中）到简单古怪的巴特洛公寓，以及稍显理性的采石场，他用自己奇特的想象力装饰着巴塞罗那。高迪的建筑成就更多要归功于加泰罗尼亚的哥特风格，那段朴素的年代启发他创造出独具特色的抛物线状拱门。另外两位加泰罗尼亚建筑师路易斯·多梅内克·伊·蒙塔内尔（Lluís Domènech i Montaner）和Josep Puig i Cadafalch的作品也是巴塞罗那的地标性建筑。

在巴塞罗那起伏摇曳之际，马德里正在拥抱装饰艺术的刚性魅力。这种全球化风格来到了西班牙，并在20世纪20年代在马德里的格兰大道扎了根。那段时期最了不起的建筑之一便是西贝莱斯广场上的邮政大楼。

1936~1939年的内战和其后三十多年的专制统治为这种轻浮风格画上了句点。

当代创新

后佛朗哥时期的西班牙正在追回曾经遗失的时光，尤其是从20世纪90年代开始，一切都仿佛呈现出统一的主题。

本土的建筑大师圣地亚哥·卡拉特拉瓦（Santiago Calatrava），因他那些呈俯冲状的白色桥梁而成名。1996年，他为巴伦西亚设计了未来主义的艺术与科学城；2000年他在毕尔巴鄂建造了Sondika机场，并因其翅膀状的铝合金外壳而获得了"鸽子"（La Paloma）的绰号。加泰罗尼亚建筑师恩里克·米拉列斯（Enric Miralles）的职业生涯较短，他于2000年死于脑瘤，年仅45岁，不过他在巴塞罗那的作品圣卡塔林纳市场，显示出他在色彩运用和对拱门的创造性使用方面的才华。他设计的天然气大楼同样位于巴塞罗那，是一座在垂直和水平方向都充满诗意的摩天大厦。

1996年，拉斐尔·莫内奥（Rafael Moneo）赢得了普利兹克奖（Pritzker Prize），这是世界上对现代建筑最高级别的荣誉，主要褒奖他长期以来对马德里市容作出的贡献，比如阿托查火车站的翻新工程。

多年来，西班牙俨然已经成了普利兹克得主们的乐园。大概正是因为这个国家对外部创造力的开放态度——甚至可以说是渴求——才成就了今日这里蓬勃的建筑环境。诺曼·福斯特（Norman Foster）为毕尔巴鄂设计的地铁系统于1995年完工，其透明的蠕虫状电梯棚被毕尔巴鄂人称为"fosteritos"，以表示对设计师的敬意。不过位于同一城市的毕尔巴鄂古根汉姆博物馆才真正激发了这种对新奇反常建筑的狂热，它由弗兰克·盖里（Frank Gehry）建于1998年。如今，这份当代地标建筑的清单中还包括让·努维尔（Jean Nouvel）在巴塞罗那设计的闪亮的小黄瓜样的Torre Glòries，理查德·罗杰斯（Richard Rogers）为马德里巴拉哈斯机场设计的梦幻起伏的4号航站楼，以及于尔根·迈耶（Jürgen Mayer）为塞维利亚设计的都市阳伞。

罗伯特·休斯（Robert Hughes）的《巴塞罗那》（*Barcelona*）全面而博学地介绍了这个城市的历史，其中着重强调了建筑。在书里的高迪章节提供了一个特别的视角深入探究设计师出人意料的保守风格。

艺术

西班牙的艺术遗产可以媲美欧洲任何国家。这份令人震撼的艺术财富（特别是戈雅和委拉斯开兹的作品）主要归因于几个世纪之前西班牙国王的资助，他们当时在大画家们身上投入了大量的金钱。然而到了20世纪，诸如巴勃罗·毕加索、萨瓦尔多·达利和胡安·米罗这样真正的大师开始发挥无尽的创造力，他们对任何权威和艺术惯例都不屑一顾。

黄金世纪：委拉斯开兹和他的朋友们

迭戈·罗德里格斯·德席尔瓦·委拉斯开兹（1599~1660年）是17世纪（艺术的黄金年代）艺术界的明星，也是一名天才宫廷画师。委拉斯开兹出生于塞维利亚，后来搬到了马德里，成为一名宫廷画师，开始描绘各种场景，如风景、皇室画像、宗教主题以及寻常生活的速写。他画中的场景栩栩如生，不只是因为他有一双敏锐的眼睛，能够精准地把握住光线、对比度和王室服装的细节，还因为他对创作对象所蕴含的人性有着难以抑制的兴趣。在画家笔下，画中的人物仿佛在画布上活了过来。在委拉斯开兹的画中丝毫找不到之前百年间的作品普遍存在的生硬的完美和死气沉沉的矫揉造作。他的杰作《宫娥》（*Las meninas*）和《布雷达投降》（*La rendición de Breda*）都收藏在马德里的普拉多博物馆内。

克里坦·多米尼克斯·希奥托科普罗斯（Cretan Doménikos Theotokópoulos），其更为人所熟知的名字是埃尔·格列柯（El Greco，"希腊人"，1541~1614年），虽然他生活的时代早于黄金时代巅峰期，却凭借鼓舞人心、不落俗套、色彩丰富的油画跻身西班牙最伟大的艺术家之列，他的画作以瘦削的人物像为主。你可以在普拉多博物馆和托莱多周边欣赏到格列柯最著名的作品，后者是他进行创作的主要地点。

具有神秘主义倾向的弗朗西斯科·德·苏巴朗（1598~1664年）与委拉斯开兹处于同一时代，两人是朋友。苏巴朗在马德里去世，死时穷困潦倒。而他生前创作的杰作直到他死后才得到应有的赞誉。他因在修士画像中所表现出的惊人清晰度和对光线的出色运用而被铭记，这一系列画作如今挂在马德里的圣费尔南多皇家艺术学院内，而他的其他作品则收藏在普拉多博物馆。

普拉多博物馆内还展出了这一时期其他大师的作品，包括胡塞佩·德·里贝拉（Jusepe de Ribera；1591~1652年）和塞维利亚人巴罗洛梅·埃斯特巴·穆立罗（Bartolomé Esteban Murillo；1618~1682年），前者受卡拉瓦乔的影响，擅长对明暗对照法的运用，后者画笔下柔和的乞丐形象和巴洛克式的完美构思引起了广泛的共鸣。

戈雅和19世纪

委拉斯开兹非常渴望成为圣地亚哥骑士，因此在《宫娥》中厚脸皮地把穿着圣地亚哥十字架背心的自己画了上去，很久之后他的愿望终于实现了。

弗朗西斯科·何塞·德·戈雅·卢西恩特斯（1746~1828年）出生于阿拉贡一个小村庄，从他在家乡的成长经历完全看不出这个人将会跻身欧洲顶级艺术家之列。戈雅最开始的工作是在马德里的皇家挂毯作坊（Real Fábrica de Tapices）里为挂毯绘制画稿。1792年，他因为生病失聪。很多评论家推断，戈雅的身体之所以垮掉，很大程度上与其放荡不羁、越来越不受约束的生活方式有关。1799年，戈雅被卡洛斯四世任命为宫廷画师。

戈雅的职业生涯中有许多具有标志意义的作品，其中包括几个不同的系列和独立的画作。在18世纪最后的几年里，他创作了几幅谜一般的作品，比如《穿衣的玛哈》（*La maja vestida*）和《裸体的玛哈》（*La maja desnuda*），两幅画一模一样，只是后者画中的女子没有穿衣服。宗教法庭对此非常不满，这幅画因此被遮盖了起来。如今，这两幅画都可以在普拉多博物馆看到，无遮无拦。

1808年，法国的入侵和战争的到来对戈雅产生了十分深刻的影响。《5

月2日》(*El dos de mayo*)和更为夸张的《5月3日》(*El tres de mayo*)都是对残酷战争的真实写照。后者描绘了法国军队对马德里反叛者的镇压。

戈雅将具有冲击力的画作都是后期创作的。他退休后去了马德里的失聪人士之家(Quinta del Sordo),在那里他创作了噩梦般的"黑色绘画"系列(*Pinturas negras*),这些作品现在都收藏在马德里的普拉多博物馆中。《农神吞噬其子》(*Saturno devorando a su hijo*)充分反映出戈雅的天赋,《一次去圣伊斯多的朝圣》(*La romería de San Isidro*)和《伟大的公山羊》(*El akelarre*或*El grancabrón*)充满深深的不安,前者描绘了饱受痛苦折磨的人性,后两者则是戈雅创作的关于遭受谴责的灵魂那引人注目的脸庞。

毕加索、达利和米罗

20世纪初,恶作剧的天才、马拉加人巴勃罗·鲁伊斯·毕加索(1881~1973年)的到来宛如一道惊雷。青少年时期,毕加索和家人搬到了巴塞罗那,在充斥着前卫的现代主义的自由氛围中长大。

毕加索肯定是所有艺术时期中最不知疲倦的艺术家之一,他从一个创作阶段到另一个创作阶段,不断进行着新的革命。从阴郁的蓝色时期(Blue Period),到更为明亮的粉红色时期(Pink Period),再到立体主义[此时,马德里的胡安·格里斯(Juan Gris;1887~1927)风头正劲],他总是能令人吃惊。立体主义是毕加索最著名的风格,灵感来自他对原始主义的沉迷,尤其是非洲面具和早期伊比利亚雕塑。这种极为复杂的形式在《格尔尼卡》中达到巅峰,这幅作品目前就挂在马德里的索菲亚王后艺术中心。毕加索不断创作着绘画、雕塑、陶瓷和版画作品,一直到去世。他早期作品中的精品可以在巴塞罗那的毕加索博物馆中看到,而马拉加的毕加索博物馆中也有超过200件他的作品。

与毕加索相隔仅一代的另两名艺术家,进一步使加泰罗尼亚成为20世纪的艺术先锋,他们就是达利和米罗。尽管萨尔瓦多·达利(1904~1989年)一开始走的是立体主义的路线,后来却成为一位超现实主义艺术家。他的作品通过精湛的技巧将精美的细节和狂热的弗洛伊德式梦境般的图景融合到一起,他将这种复合体称为"手绘的梦境照片"。达利对毕加索的名气非常着迷,他靠着厚脸皮的作秀和自我炒作红了起来。位于菲格拉斯的达利戏剧博物馆是欣赏他的作品的最佳地点,在马德里的索菲亚王后艺术中心也能找到他的重要作品,卡达克斯博物馆经常会举办达利作品展,而利加特港(Portl ligat)附近的达利故居能让你深入了解这个人古怪的私生活,很吸引人。

在西班牙之外,建筑师拉斐尔·莫内奥(Rafael Moneo)最著名的作品是2002年的天使圣母大教堂(Cathedral of Our Lady of Angels),就位于美国加利福尼亚州洛杉矶市区。

每年2月,马德里的会展中心IFEMA(www.ifema.es)都会举办世界上最主要的当代艺术展之一,即马德里当代国际艺术展(Arcomadrid),能吸引约200家西班牙和世界各地的美术馆参加。

去哪欣赏戈雅的作品

罗伯特·休斯吸引人的著作《戈雅》(*Goya*)能带你走入西班牙最伟大的艺术家之一,感受他饱受折磨的灵魂深处。想了解所有这些令人坐立难安的画作,可以去马德里的普拉多博物馆,那里收藏着最多的戈雅作品,这座城市的圣费尔南多皇家艺术学院也是不错的选择,佛罗里达圣安东尼皇家教堂屋顶上的华丽壁画也出自戈雅之手。在马德里以外,萨拉戈萨的戈雅博物馆-伊贝尔卡哈藏品内有许多戈雅创作的精彩作品,而在萨拉戈萨以南、画家的出生地阿拉贡乡村丰德托多斯,则有纳塔尔德戈雅故居和戈雅雕刻博物馆。

毕加索的《格尔尼卡》

1937年4月26日早上正是巴斯克小城格尔尼卡（西班牙名为Guernica）的集市日。当周边乡村的人们涌入城里赶集的同时，一个空军编队也正在赶往格尔尼卡的途中。希特勒的秃鹰军团早已和佛朗哥达成协议，在接下来短短的几个小时之内，他们往小城投下了几百枚炸弹，死难平民在几百到上千人之间。

西班牙内战于1936年爆发，在那之后，毕加索受到马德里共和国政府的委托，为1937年巴黎世界博览会的西班牙馆创作一幅大型作品。格尔尼卡遭到轰炸的消息传出后，毕加索将愤怒的情绪宣泄在画布上。要了解这幅画作在当时产生的影响，就必须牢记对格尔尼卡的袭击是首次使用空中军事武器造成毁灭性的后果。因此这幅将人体肢解的立体主义代表作日后成为最有力的象征——代表了全世界对现代战争给无辜民众造成伤害的愤怒。

《格尔尼卡》始终是一幅具有争议性的作品，最初被很多人嘲笑为宣传鼓吹的用意更胜于艺术。画作长7.8米、宽3.5米，后来被转移到美国，直到1981年才回到西班牙。这么做是为了实现毕加索的遗愿，他曾表示当西班牙重拾民主制之后，这幅画作能够回到祖国的怀抱（《格尔尼卡》先是按照毕加索的愿望进入普拉多博物馆，后来为马德里索菲亚王后艺术中心珍藏）。巴斯克人坚信《格尔尼卡》的真正归属应该是巴斯克自治区，一直呼吁画作能回归。不过这个愿望不太可能在短时间内实现，索菲亚王后艺术中心表示画作太脆弱了，不易再次进行搬动。

出生于巴塞罗那的胡安·米罗（1893~1983年）更是大器晚成，他的风格十分欢快，几乎可以说是天真烂漫，因此被法国作家安德烈·布勒东（Andr Breton）称为“我们所有人之中最超现实的一个”。他最为人所熟知的是创作后期对明亮色彩的简单运用和将代表女性、鸟类（人世与天堂之间的连接）和星星（高不可攀的天国世界，想象力的源泉）的各种符号的结合。巴塞罗那的胡安·米罗基金会和马略卡岛帕尔马的胡安·米罗基金会是欣赏他作品的最好地方。马德里的索菲亚王后艺术中心也收藏了一些他的作品。

西班牙人与文化

西班牙标志式的娱乐及公共文化表达形式充分展现了这个国家奔放热烈的激情。弗拉明戈是世界上知名度最高的音乐形式之一，在它令人振奋的节奏中，能同时感受到悲伤与快乐。而带争议性却极具西班牙特色的斗牛可能会让你感到气愤或着迷，但你绝对不会对它无动于衷。还有足球，这个国家大部分人为这项运动痴狂。当所有这些加在一起，你会发现自己正透过一扇窗，捕捉到了西班牙的灵魂。

弗拉明戈

无论是在拥挤的西班牙酒吧里还是在令人激动的现场演出中，你都可以清晰地感受到隐藏在弗拉明戈淡淡忧愁曲调中的那份激情。有时，弗拉明戈就像一个高深莫测的世界。但如果你足够幸运，会被乐曲中的原始激情和节奏带入另一个境界，体验那种令人振奋的时刻（被称为duende），在那瞬间，快乐和忧伤会将你震慑征服。如果你做到了，一生都会成为弗拉明戈的信徒。

基本要素

弗拉明戈歌手被称为“cantaor”（男）或“cantaora”（女），舞者被称为“bailaor”（男）或“bailaora”（女）。大部分的歌舞都有激动人心的吉他伴奏，吉他手被称为“tocaor”（男）或“tocaora”（女）。敲击脚部、拍击手掌、卡宏鼓（cajón，用手击打的木箱）、间或夹杂着响板，这些构成了弗拉明戈独特的打击乐器。

弗拉明戈的coplas（歌曲）有许多类别，包括极度痛苦的soleá（孤调）、强烈绝望的siguiriya（断续调），也有活泼热烈的alegría（欢愉调）或节奏强烈的bulería（喧嘻调）。最早的弗拉明戈是cantejondo（深沉之歌），是一群处于社会边缘的人用以表达痛苦的工具。Jondura（深度）仍旧是纯粹弗拉明戈的精髓。

在传统的弗拉明戈演出服饰中，女式服装为披肩、扇子和长长的带有很多褶边的batadecola（长尾礼服），男式服装则为科尔多瓦扁帽子和黑色紧身长裤，这些都可以追溯至19世纪末时安达卢西亚的流行服饰。

詹森·韦伯斯特（Jason Webster）的著作《不可思议的魅力：深入弗拉明戈灵魂之旅》（*Duende: A Journey into the Heart of Flamenco*，2013年）描述了作者深入探索弗拉明戈的扣人心弦之旅。

弗拉明戈的诞生

弗拉明戈的起源如今已经无从知晓。不过大部分音乐史学家们认为它是罗马人将北非与中世纪穆斯林统治的安达卢西亚的音乐和诗歌结合起来的产物。

我们今天见到的弗拉明戈的形式，是由18世纪和19世纪初在安达卢西亚西部瓜达尔基维尔河下游山谷里的罗马人开创的。塞维利亚、赫雷斯-

德拉弗龙特拉和加的斯这条线仍旧被认为是弗拉明戈的中心地带，纯粹主义者们称，在这里你会体验到真正的弗拉明戈。

弗拉明戈传奇

19世纪和20世纪初的伟大歌手有来自塞维利亚的西尔韦里奥·弗兰孔内蒂（Silverio Franconetti）和拉尼娜-德洛斯佩内斯（La Niña de los Peines），以及来自赫雷斯-德拉弗龙特拉的安东尼奥·查孔（Antonio Chacón）和曼努埃尔·托雷（Manuel Torre）。据说，观看托雷的演唱，能够让人忍不住撕裂衬衫并掀翻桌子。

弗拉明戈在20世纪中期经历了一段低谷，有被tablaos（为了迎合游客而突出其中的性感和欢快的弗拉明戈表演）取代的危险。之后的“纯粹的弗拉明戈”（flamenco puro）随着20世纪70年代的一票歌手们的出现迎来了新生。这些歌手有特雷莫托（Terremoto）、拉帕奎拉（La Paquera）、恩里克·莫伦特（Enrique Morente），以及最重要的来自加的斯附近的圣费尔南多的卡马隆·德·拉·伊斯拉（Camarón de la Isla）。

来自阿尔赫西拉斯（Algeciras）的帕科·德·卢西亚（Paco de Lucía，1947~2014年）是弗拉明戈界的首席吉他手。1968年，德卢西亚开始与朋友卡马隆·德·拉·伊斯拉合作，他们成就了弗拉明戈史上最令人激动的组合。两人在一起录制了9张经典唱片。德卢西亚运用新的技巧、音调、旋律与和弦，突破了传统的限制，将弗拉明戈吉他转变为独奏表达的乐器。

今日弗拉明戈

弗拉明戈从未像今天这样流行，也从未像今天这般具有创新性。

有些人说，出生于马德里的迭戈·埃尔·奇加拉（Diego El Cigala，1968年出生）是卡马隆·德·拉·伊斯拉的接班人。不过，他的天赋更多体现在弗拉明戈和拉丁乐的融合，而非纯粹的弗拉明戈。这位富有力量的歌手凭借《时间的传说》（*Lágrimas negras*，2003年）这张杰出的专辑登上大舞台，在这张专辑中，他与古巴演奏家贝波·瓦尔德斯（Bebo Valdés）的合作非常精彩。

来自赫雷斯的歌手何塞·梅尔塞（José Mercé；1955年出生）已闻名于全世界。来自格拉纳达的埃斯特雷利亚·莫伦特（Estrella Morente）与来自巴塞罗那的米格尔·波韦达（Miguel Poveda；1973年出生）作为更年轻的艺术家已经凭借一流的演出闯出了自己的天下。

在弗拉明戈艺术中，舞蹈总是最常突破常规的。1969年出生于科尔多瓦的华金·科尔特斯（Joaquin Cortés）就是其中的代表，他的突破最具冒险性。科尔特斯在壮观的演出中将弗拉明戈与现代舞、芭蕾和爵士融合在一起，并配以摇滚音乐使这种效果大大增强，他的演出遍及全世界。更为纯粹的顶级舞者包括萨拉·芭拉斯（Sara Baras；她拥有自己的公司，在国际范围内进行表演）和安东尼奥·卡纳雷斯（Antonio Canales）。

吉他手的话，可以听听来自加的斯的玛诺罗·桑路卡（Manolo Sanlúcar），来自科尔多瓦的文森特·阿米戈（Vicente Amigo）和来自赫雷斯的莫莱托·切科（Moraíto Chico）的音乐，后两位都在为当今顶级的歌手伴奏。

弗拉明戈专辑

- 卡马隆·德·拉·伊斯拉，《时间的传说》（1979年）
- *Pata Negra, Blues de la frontera*（1987年）
- 帕科·德卢西亚，*Antologí*（1995年）
- *Chambao, Flamenco chil*（2002年）
- 迭戈·埃尔·奇加拉和贝波·瓦尔德斯，*Lágrimas negras*（2003年）
- 帕科·德卢西亚，*Cositas buenas*（2004年）
- 恩里克·莫伦特，*Sueña la Alhambra*（2005年）
- 迭戈·埃尔·奇加拉，*Indestructible*（2016年）

顶级弗拉明戈节日

- 赫雷斯节，赫雷斯-德拉弗龙特拉
- 弗拉明戈大会，马德里
- 弗拉明戈白夜节，科尔多瓦
- 弗拉明戈双年展，塞维利亚

观看弗拉明戈

最容易看到弗拉明戈演出的地方是塞维利亚、赫雷斯-德拉弗龙特拉、格拉纳达和马德里。

欣赏弗拉明戈价格不菲——在tablaos（提供弗拉明戈表演的餐厅，通常适合旅行者观看），做好为一场演出和一杯酒水支付€20~35的准备。这些表演往往很华丽，令人兴奋，但有时候缺少真正弗拉明戈的原始情感。

想以低廉的价格观看弗拉明戈表演，最好的选择是西班牙当地的酒吧，不过这些地方的音乐和舞蹈有时候更接近于狂热的即兴演奏，而不是正宗的cante jondo（深沉之歌）。在诸如塞维利亚的特里亚纳或赫雷斯的圣地亚哥这样知名的弗拉明戈街区，舞者和音乐家会聚在一起聊天饮酒，如果幸运的话，你能够欣赏到他们的表演。

欣赏弗拉明戈现场演出最好的地方通常是peñas（弗拉明戈票友们聚集的俱乐部）。这些地方的气氛十分正宗，有时也会非常私密，这也证明了弗拉明戈这门艺术会从非常懂行的观众身上汲取养分。大部分安达卢西亚的城市里都有一些peñas，很多旅游局办事处也会有对游客开放的peñas列表。

Flama（www.guiaflama.com）可以获得最近的现场音乐会的信息，以及节日和背景方面的资料。

足球

对很多西班牙人来说，观看足球比赛已经是生活的一部分。从8月到次年5月的每个周末，数以万计的球迷会亲临球场观看西班牙足球甲级联赛（La Liga，简称西甲），还有数百万球迷守候在电视机前。西班牙国家队在2010年夺得世界杯冠军，2008年和2012年两夺欧洲杯冠军，整个国家都为此陷入狂欢。

西甲是世界上水平最高的足球联赛之一，几乎每一场比赛都值得一看，哪怕只是感受一下西班牙球迷的热情。

皇家马德里与巴塞罗那这对宿敌的比赛——被称为El Clásico，西班牙国家德比——能激发球迷更大的热情，不仅仅因为它们是西班牙最大的两个足球俱乐部，还因为加泰罗尼亚与马德里中央政府之间的政治联系。两支俱乐部几乎垄断了西甲的最高荣誉：到2018年，它们一共夺得58次西甲冠军——皇家马德里33次，巴塞罗那25次。从21世纪初开始，在阿根廷球星里奥·梅西（Lionel Messi）的带领下，巴萨开启了一段梦幻之旅，在2005~2018年的14年中9次夺冠。

皇家马德里曾经拥有葡萄牙球星克里斯蒂亚诺·罗纳尔多（Cristiano Ronaldo，即C罗）。在过去10年里，C罗和梅西一直是世界最佳球员的有力竞争者（2008~2017年，两人共5次赢得金球奖）。不过C罗已于2018年世界杯后转会至意大利的足球俱乐部。但皇马依旧是欧洲历史上最成功的足球俱乐部，创纪录地13次夺得欧洲冠军联赛（1993前叫欧洲俱乐部冠军杯）的冠军，包括2014年、2016年、2017年和2018年。

马德里竞技队是马德里第二支足球队，也是西班牙第三成功的足球俱乐部，近年来也越战越勇。2014年，马德里竞技夺得西甲联赛冠军，这是球队历史上第10次捧杯，2014年和2016年，它两度闯入欧洲冠军联赛决赛，最后都输给了同城对手皇马。

斗牛

这是一场血腥与英雄主义的史诗戏剧，还是无法立足于现代欧洲的

海岛之虾

20世纪后半段，为了推动弗拉明戈的流行，何塞·蒙赫·克鲁兹（José Monge Cruz，1950~1992年），又名卡马隆·德·拉·伊斯拉（Camarón de la Isla；意为海岛之虾）付出的努力比任何人都要多，他也可能是有史以来最重要的弗拉明戈歌手。卡马隆的父母是罗马人（一个是铁匠，一个是篮子编工，共育有8个孩子），他出生在加的斯附近的圣费尔南多[被称为拉-伊斯拉（La Isla）]。卡马隆很早就开始在当地酒吧唱歌，由此开始其职业生涯。后来，他终于遇到另一位伟大的弗拉明戈吉他手帕科·德·卢西亚，二人联合在1969~1977年灌录了9张备受好评的专辑。在其职业生涯后期，卡马隆又与帕科的一位学生托马提托（Tomatito）合作。

卡马隆非常内向，讨厌成为公众的聚焦点，但他出众的天赋令他无论走到哪里，粉丝们总是追逐着他。很多人都认为，正是这种“快活、早死”式的摇滚明星的生活方式最终导致他英年早逝。他因为一把好嗓子而被全世界的弗拉明戈乐迷奉为偶像，而他的同胞罗马人将他真正捧上了神坛。

1992年他因肺癌逝世，年仅42岁。据估计有超过10万人参加了他的葬礼。“小虾”最好的专辑包括《时间的传说》（*La leyenda del tiempo*）、《我是吉卜赛人》（*Soy gitano*）和《弗拉明戈传说》（*Una leyenda flamenca*）。

斗牛相关的书籍

- 《死在午后》，欧内斯特·海明威著
- 《午后的死亡与金钱：西班牙斗牛史》，艾德里安·舒伯特著
- 《关于斗牛》，艾尔·肯尼迪（AL Kennedy）著
- 《进场：西班牙斗牛世界》，亚历山大·费斯科-哈里森著
- 《说道斗牛》，莱扎·霍斯温普尔著

残酷折磨行为？这个西班牙最持久也最具争议性的传统项目，即以上所说的全部，抑或是更多。在有些人眼里，斗牛是古老的仪式，是西班牙文化的重要组成部分，也是引人入胜的表演；而对另一部分人来说，这是一种暴力血腥的演出，西班牙每年有数千头公牛在公开场合被痛苦地杀死。酷爱观看斗牛的欧内斯特·海明威曾将其形容为一场“美妙的噩梦”。

基础知识

斗牛士（西班牙语为torero）是团队中的明星。斗牛士（极少数情况下也会有女斗牛士）身着闪闪发光的装饰性光之服（traje de luces），展示着自己精湛的步法、技巧和无畏的勇气。面对着公牛，斗牛士用自己的表演使其兴奋或是将其激怒。在每一个20~30分钟的回合中（通常一场斗牛会有6个回合），他们都会做出一系列复杂的活动。斗牛士的步行助手（Peone；他的工作是测试牛的力量）会拿着红披风在牛的前面跑来跑去；骑着马的持矛助手（picadore）会将长矛刺进牛的肩隆；而旗手（banderillero）则用力将短矛扎向牛的脖子。最终，斗牛士会将牛杀掉，除非牛先把他撂倒，不过这种情况极少发生。

如果你计划去看斗牛表演的话，先明白自己将要见证什么是非常重要的。牛的后背和脖子会不断地被矛刺伤，导致大量出血，它将承受巨大的痛苦。牛会因为失血而渐渐变得虚弱，直到最后斗牛士用一把剑割断它的喉咙，了结它的生命。如果手法好的话，牛会在最后割喉的时候立即死掉，不过其他的伤口还是会先流一段时间的血。如果最后致命的一击不够痛快，牛会死得很慢。当这种情况发生时，场面会令人极度不安。

斗牛大辩论

看不看斗牛是非常个人的决定。斗牛爱好者会说公牛死在斗牛士手上总比死在屠宰场（matadero）要好，但不满者称斗牛的过程近乎于将动物折磨致死。

虽然斗牛在西班牙部分地区依旧盛行，尤其是安达卢西亚、马德里和两个卡斯蒂利亚区，但2015年12月进行的一次民意调查显示，在16～65岁的西班牙人中，只有19%支持斗牛，而反对者的票数高达58%。

进入21世纪后，反斗牛运动规模稳步扩大，但支持斗牛的游说团队表现强势。执政的人民党明确表态支持斗牛，认为这是西班牙文化遗产的组成部分。2012年，加泰罗尼亚出台斗牛禁令，但在2016年，西班牙宪法法院推翻了这项禁令，不过加泰罗尼亚并没有恢复斗牛。一些不同地区的议会（主要是左翼）在自己管辖的区域禁止了斗牛。2017年，巴利阿里群岛地区议会通过议案，使得当地无法再举办斗牛比赛。事实上，加那利群岛从1991年开始就禁止斗牛。

根据政府公布的数据，在西班牙斗牛场举办的斗牛比赛的数量急剧下降，从2007年的3651场降到了2016年的1598场——斗牛行业认为这在一定程度与经济衰退有关。不过，价格更为便宜的流行庆祝活动（festejos populares；包含不同程度折磨公牛行为的活动）的数量开始上升——例如toros embolados（在牛角上绑上易燃材料并点火）。

促进反斗牛运动的主要力量除了来自西班牙之外，还包括善待动物组织（PETA；www.peta.org.uk）。不过西班牙本土的组织也越来越活跃，包括一个政党PACMA（www.pacma.es）、反斗牛兽医协会AVATMA（avatma.org）和动物权利保护协会ADDA（www.addaong.org）。

生存指南

出行指南

签证

西班牙是申根协定的签署国，根据协定，签署国废除共同边界的海关检查。

欧盟和申根国家的公民或居民前往西班牙无须签证；**澳大利亚、加拿大、以色列、日本、新西兰和美国的公民或居民**每180天中不超过90天的旅游到访无须签证。

中国大陆居民前往西班牙旅行时需要办理申根签证。如果你的行程只包括西班牙一个申根国，那么直接向西班牙大使馆申请旅游签证即可。如果你需要前往多个申根国，则可根据具体行程决定向哪一个申根国家递交申请。通常大家选择停留时间最长的国家，若是每个国家停留天数相同，则向首次入境的国家提交申请。

个人在中国境内向西班牙大使馆申请旅游签证，可在出行前半年内递交申请，最好不要少于15个工作日递签。办理签证的基本流程是：在线申请—预约—去签证中心递交申请（包括付费、录指纹）—等待出签。如果被拒签，可以在拒签信签发一个月内递交西班牙语上诉书，领事馆将在收到上诉书一个月内做出上诉回应。你也可以委托旅行社或其他代理公司帮助准备申请材料和递签。值得注意的是，自2015年10月12日起，申请人需要亲自前往西班牙签证申请中心提交申请并采集生物识别数据，该数据在此后的59个月内将被保存在签证信息系统（VIS）中。在此期间再次申请申根签证的话将无须再次提交生物识别数据，5年后再次申请申根签证的话则需要重新提供生物识别数据。

2020年1月起，申根签证费从60欧元涨至80欧元。申根多次入境签有效期实现统一，短则1年，长不超过5年，年限随申请人申请次数递增。

中国各地签证中心信息如下：

北京西班牙签证申请中心（☎400 606 3966；info.bjs@blshelpline.com；北京市朝阳区新源里16号琨莎中心1号楼1006室）签证受理和领取护照时间均为周一至周五8:00~15:00。辖区包括除了属于上海和广州管辖区的省份外，所有中国其他的省、自治区和直辖市。

上海西班牙签证申请中心（☎400 6063966；info.sha@blshelpline.com；上海市浦东新区浦东南路855号世界广场2楼A-3座）签证受理和领取护照时间均为周一至周五8:00~15:00，每月最后一个工作日为8:00~13:00。辖区包括江苏、上海、浙江、安徽、江西。

广州西班牙签证申请中心（☎400 6063966；info.can@blshelpline.com；广州市天河区华强路3号富力盈力大厦北塔1001室）签证受理和领取护照时间均为周一至周五8:00~15:00。辖区包括广东、福建、贵州、海南、湖南、云南、广西（户口所在地或居住证/暂住证其中之一能证明申请人属于广州管辖区即可）。广州管辖区的申请人所提交的所有申请资料，均须附上相应的英语翻译或西班牙语翻译。

提交签证申请所需的材料：

➡ 有效护照：须在预计离开申根国日期后至少有3个月的有效期。护照内须有至少两页空白页，且需提供所有页的复印

无障碍旅行网络资源

从网站lptravel.to/AccessibleTravel下载孤独星球的免费指南*Accessible Travel*。

件。如空白页不足两页，须在递交申请前更换一本新护照。

- 签证申请表，需以大写字母正确填写。
- 一张近期彩色照片，白色背景，宽26~35毫米，长32~45毫米。
- 个人旅行医疗保险、行程单、机票预订单、酒店订单。
- 资金证明：最近3~6个月的银行对账单。
- 户口簿原件（无须翻译）及户口簿所有页的复印件。
- 在职证明或未成年人、退休人员、未就业成年人的相关证明材料。

具体签证信息可查询www.schengenvisainfo.com/zh-hans/。

到西班牙工作或学习 可能需要特殊签证——出发前请联系西班牙使领馆。

延期和居留

申根签证不能延期。12个月内申请签证不能超过2次。一旦你进入西班牙境内，签证便不能续签。

欧盟国家、冰岛、挪威、列支敦士登和瑞士的国民可以随意进出西班牙，而无须申请tarjeta de residencia（居留证），尽管他们应该申请居留证。

其他国籍的人如果想在西班牙停留超过90天，必须获得居留证。对他们来说，这可能是个漫长的过程。他们要在本人居住国的西班牙大使馆或领事馆获得签证，而且要尽可能提前开始整个办理流程。

保险

出发前，有必要购买一份涵盖偷盗、遗失、医疗和取消或行程延误理赔的旅行险。用信用卡支付机票时通常会获得有限的旅行意外保险，如果运营商没有兑现，你也许可以收回这笔钱。

前往西班牙或其他申根国家必须办理旅游医疗保险，保额不能少于3万欧元（大约为30万人民币），理赔范围必须包括急救、紧急住院费用、因生病或其他理由送返回国等费用，保险时间必须大于在整个申根区逗留的时间。美亚保险（www.aig.com.cn）推出的“万国游踪”、安联保险（www.allianz360.com）的“申根之王”都是针对欧洲旅游的保险。

www.lonelyplanet.com/travel-insurance提供全球范围的旅行险。你可以随时在线购买、延期和索赔——即使你已人在旅途。

使领馆

各国大使馆都设在首都马德里。一些国家也在主要城市（如巴塞罗那）设有领事馆。

中国驻西班牙大使馆 [☎(0034) 91 5194242, 917414728; www.fmprc.gov.cn/ce/cees/chn; Calle Arturo Soria, 113, 马德里; ⏰周一至周五 9:00~13:00, 15:30~17:30]

中国驻巴塞罗那总领事馆 [☎(0034)93 2541199, 领事部93 2547070; barcelona.china-consulate.org/chn; Av.Tibidabo, No.34, 巴塞罗那; ⏰周一、周三、周四 9:30~13:30; Ⓜ Tibidabo]

荷兰大使馆（☎91 353 75 00; www.paisesbajosmundial.nl/paises/espana; Torre Espacio, Paseo de la Castellana 259D, 马德里）

法国大使馆（☎91 423 89 00; www.ambafrance-es.org; Calle de Salustiano Olózaga 9, 马德里; Ⓜ Retiro）

法国领事馆（☎93 270 30 00; www.barcelone.consulfrance.org; Ronda de la Universitat 22bis, 巴塞罗那; ⏰周一至周五9:00~13:00; Ⓜ Catalunya）在毕尔巴鄂和塞维利亚也有领事馆。

德国大使馆（☎91 557 90 00; www.spanien.diplo.de; Calle de Fortuny 8, 马德里; Ⓜ Rubén Darío）

德国领事馆（☎93 292 10 00; www.spanien.diplo.de; Torre Mapfre, Calle de Marina 16-18, 巴塞罗那; ⏰周一至周四8:30~12:00和14:00~15:30, 周五8:30~12:00; Ⓜ Ciutadella Vila Olímpica）在马拉加和马略卡岛帕尔马也有领事馆。

摩洛哥大使馆（☎91 563 10 90; www.embajada-marruecos.es; Calle de Serrano 179, 马德里; Ⓜ Santo Domingo）在阿尔赫西拉斯、阿尔梅里亚、毕尔巴鄂、塞维利亚、塔拉戈纳和巴伦西亚也有领事馆。

英国大使馆（☎91 714 63 00; www.gov.uk/government/world/spain; Torre Espacio, Paseo de la Castellana 259D, 马德里）

英国领事馆（☎93 366 62 00; www.gov.uk; Avinguda Diagonal 477, 巴塞罗那; ⏰周一至周五8:30~13:30; Ⓜ Hospital Clínic）在阿利坎特、毕尔巴鄂、伊维萨岛、马略卡岛帕尔马和马拉加也有领事馆。

美国大使馆（☎91 587 22 00; es.usembassy.gov/es; Calle de Serrano 75, 马德里; Ⓜ Nuñez de Balboa）

美国领事馆（☎93 280 22 27;

www.usembassy.gov/spain; Passeig de la Reina Elisenda de Montcada 23，巴塞罗那；⌚周一至周五9:00~13:00；Ⓜ FGC Reina Elisenda）在拉科鲁尼亚、丰希罗拉、马略卡岛帕尔马、塞维利亚和巴伦西亚也有领事机构。

货币

最方便的带钱方法是带着借记卡或者信用卡，再带一些额外的现金以备急用。

许多信用卡和借记卡都可以在带有维萨卡（Visa）、万事达卡（MasterCard）或顺利卡（Cirrus）等标志的自动取款机（cajerosautomáticos）上取现。在自动取款机上跨国取款通常要收取1.5%~2%的手续费。西班牙已有90%的自动取款机和商户POS终端支持使用银联卡。使用银联卡在境外自动取款机上提取欧元现金免收货币转换费，手续费也相对较低（各银行不同，可提前咨询发卡银行），实际交易金额按当天的外汇牌价计算。按中国主管部门规定，在境外使用银联卡在自动取款机上取款，单卡每日累计取款不能超过1万元人民币的等值外币。

现金

大部分银行和房屋互助协会（buildingsocieties）都可以兑换主要的外国货币，并提供最佳的汇率。你可以带上护照去问问手续费情况。

信用卡和借记卡

信用卡和借记卡都可以在大多数地方付款。一般商家会要求你出示护照或者其他的身份证明。接受度最广的有维萨卡（Visa）、万事达卡（MasterCard）、美国运通卡（AmericanExpress，缩写为Amex）、顺利卡（Cirrus）、万事顺卡（Maestro）、Plus卡和吉士美卡（JCB）。而大来卡（DinersClub）的接受度不高。

在马德里、巴塞罗那等城市的主要商业区使用银联卡刷卡消费基本无障碍。对于自驾者，大多数加油站也已接受银联卡支付。

如果你的银行卡丢失、被盗或者被自动取款机吞掉了，可以拨打以下（通常免费）电话在第一时间将其冻结：**美国运通卡**（☎900 814500）、**大来卡**（☎902 401112）、**万事达卡**（☎900 971231）、**维萨卡**（☎900 991124）。

外币兑换

出发前，最好先在国内兑换好欧元，在汇率较高兑换比较划算。你也可以到了西班牙后在兑换处（cambio）兑换现金和旅行支票。一般来说，他们的营业时间比银行更长，服务也更快，但是汇率没有银行好，手续费更高。

税和退税

在西班牙，增值税（VAT）叫作IVA（发音为ee-ba; impuestosobreelvaloraňadido）。

酒店客房和餐馆餐费会额外收取10%（通常已含在标价内，不过最好确认一下）；大多数其他商品则要加收21%。

游客在任意一家商店消费超过90.16欧元，并且会在3个月之内将它们带出欧盟国，就可以退回21%的增值税。购物时，向商家索取退税申请表，上面标明了每样商品的价格以及为其支付的增值税，并写明了卖家和买家。

将你的购物收据和退税申请表订到一起，在离开欧盟国的机场、港口或者边境时，可向海关出示退税单、收据和所购物品（有时海关会需要你出示），海关盖章后即获得退税。退税途径可以选择现金、银联卡、信用卡和支付宝账户。如果你选择的不是现金退税，那么要在海关盖章后寄出退税申请表（邮筒通常就在海关办公室旁边）。如果西班牙不是你本趟旅行停留的最后一个欧盟国，你需要在最后的欧盟离境国进行海关盖章并寄出。你也可以直接在市区的退税点（退税单的信封上列明了市区各个退税点）提前退税，然后拿着税单在出关前在海关处盖章，并寄出。西班牙最主要的两家退税公司是Premier Tax Free和环球蓝联（Global Blue），他们都在机场设有办理点。相对而言，后者的口碑更好，但需要注意的是，如果你选择提前退税，环球蓝联仅受理消费后21天内寄达的填写完整的退税申请表和票据。通过中国银联退税的话，退税申请表必须在15天内寄达，否则，你的信用卡上会出现一笔罚款。

折扣卡

在博物馆里，你可以毫不犹豫地询问是否有针对学生、青年、儿童、家庭或老年人的优惠。

老年人 60岁、63岁或65岁（各地不同）以上的老年人（有时仅限欧盟公民）在不同的博物馆和景点可以享受优惠，有的地区乘坐交通工具也有优惠。

学生卡 享受学生优惠（通常为半价）。需要提供能证明学生身份的证件（比如International Student Identity Card，即国际学生证，简称ISIC；www.isic.org）。但并不是每个地方都可以使用。

青年卡 持欧洲青年卡（European Youth Card；www.eyca.org）的游客，在西班牙被称为Carné Joven，可在旅行、景区门票购买和青年旅舍住宿过程中享受优惠。

电源

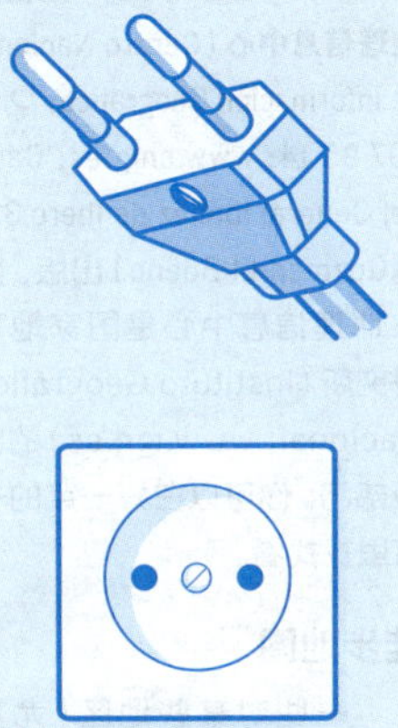

Type C
230V/50Hz

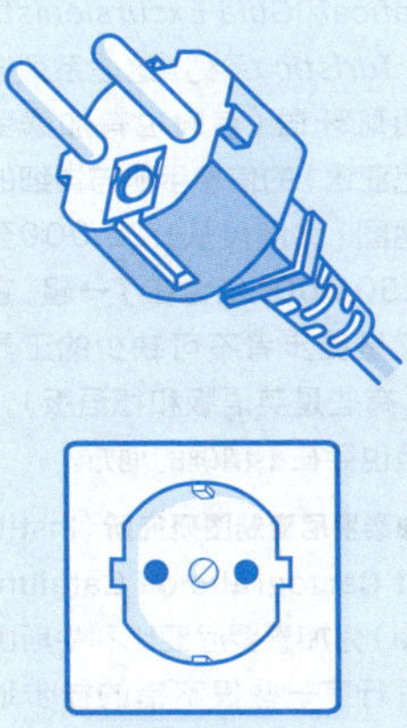

Type F
230V/50Hz

西班牙的电源插头是欧洲通用的圆头双孔插头。在直布罗陀，两种圆头双孔插头和英国的三个方脚插头都可使用，不过后者更常见。

海关条例

从欧盟以外地区进入西班牙的旅行者其免税限额包括：2升葡萄酒（或者1升葡萄酒和1升烈酒），200支香烟或50支雪茄或250克烟草。

从其他欧盟国家带入西班牙的、仅供个人使用的已缴税物品没有限制。在欧盟国家间旅行的时候，你可以在机场免税店里买到免增值税的商品。

健康

西班牙有一套健全的医疗保健系统。

可获得的医疗服务及费用

如果你需要救护车，拨打☎061，或急救电话☎112。如需紧急治疗，请直接去最近医院的urgencias（急诊）部门。

Farmacias（药房）可提供有效的建议并出售非处方药。西班牙有一套值班药房（farmaciasdeguardia）系统，保证每个区都有一间24小时营业的药房。如果一间药房关门，则会在门上贴出最近的营业药房的名称。

西班牙的医药费用比许多欧洲国家都低，不过如果你没有保险的话，费用也会急剧飙升。如果是急诊，收费范围从免费（在某些地区）到€80左右不等。

高山症

如果你在高海拔地区徒步，可能会出现高原反应。大多数人在高海拔地区（2500米以上）都会因缺氧产生不同程度的反应。

急性高山症（Acute Mountain Sickness，简称为AMS）的症状通常在进入高海拔地区后的24小时内出现，也有可能推迟至三周才显现出来。

轻微症状包括头痛、嗜睡、眩晕、入睡困难以及食欲不振等。急性高山症可能毫无征兆地便发展得十分严重，甚至有致命危险。

严重症状包括呼吸困难、刺激性干咳（可能会产生粉色的泡沫状痰）、严重头痛、缺乏协调感及肢体平衡、思维混乱、非理性行为、呕吐、困倦甚至失去知觉。

治疗轻微症状，可以留在同等海拔高度地区休息一段时间，直到痊愈，此情况一般需要1~2天。

乙酰氨基酚（paracetamol）或者阿司匹林（aspirin）都可以用来缓解头痛。

如果症状持续或者恶化，需要立即下撤到海拔较低处，即使只下降500米也会有帮助。

需要注意的是，吃药的目的不是避免下坡或强撑着继续上坡。

蚊虫叮咬

要小心毛茸茸的、红褐色的松带蛾（pineprocessionarymoth）——触摸虫子的毛会引发严重的皮肤过敏反应。

有些西班牙蜈蚣长着令人恶心但并不致命的刺。

水母蜇人的触须，已经成了地中海沿岸海滩越来越麻烦的问题。

小翘鼻蝰（Lataste'sviper）是西班牙唯一一种常见毒蛇。它的头呈三角形，最长75厘米，体色为灰色，带有之字形斑纹。它们多生活在干燥、多岩石的地区，离人类很远。它的毒液是致命的，一旦中毒，需要用血清治疗，大城市的公立诊所都储存有这种血清。

体温过低

西班牙山区的天气在一年中的任何时候都变化无常。适当的准备可以减少体温过低的风险：永远记得随身携带防水、保暖的衣物，并提前告知他人你的出行路线。

体温过低的最初症状为发抖、失去判断力和动作笨拙，这种时候要采取保暖措施，否则患者的状况会恶化至麻木、思维混乱甚至昏迷。

要避免热量流失更严重，患者可以寻找遮蔽处、穿上暖和干燥的衣物、喝含糖的热饮，也可用体温相互取暖。

自来水

一般来说，西班牙的自来水可以直接饮用，但也存在例外（例如伊维萨岛）。如果你有任何疑问，就问一句：¿Es potable el agua (del grifo)?[(自来)水可以喝吗?]。

不要饮用河水或湖水，水里的细菌或病毒会导致腹泻或呕吐。

旅游信息

所有城市和很多小镇都设有旅游局办事处（oficina de turismo）或旅游信息中心（oficina de información turística）。在各省的首府，有时你会发现旅游局办事处还不止一个——一个专门提供市内旅游信息，另一个主要提供省内或大区内的旅游信息。

国家公园和自然公园通常也有自己的游客中心，可以提供颇为实用的信息。

Turespaña（www.spain.info）是西班牙的国家旅游机构，在全世界都设有分支。具体办公地点可在网站上查询。

地图

如果你要驾车游览西班牙各地，有一些很不错的地图可以供你使用，很多地图在加油站就能找到。地形图和徒步路线图可在专业商店购买。

小比例尺地图

一些最适合旅行者的地图是米其林制作的，其中1:1,000,000的《西葡地图》（*Spain Portugal*）和1:400,000的覆盖了整个国家的6个地区地图。这些地图都相当精确，甚至精细到乡村的小路，并且会定期更新。德国RVVerlag出版的**Geo Center地图**也不错。

西班牙最好的自然地图大概是《伊比利亚半岛、巴利阿里群岛和加那利群岛》（*Península Ibérica, Baleares y Canarias*），由**国家地理信息中心**（Centro Nacional de Información Geográfica; ☎91 597 95 14; www.cnig.es; Calle del General Ibáñez de Ibero 3; Ⓜ Guzmán El Bueno）出版。国家地理信息中心是国家地理研究所（Instituto Geográfico Nacional; www.ign.es）的出版部门。你可以在好一点的书店里找找看。

徒步地图

一些对某些地区（尤其是比利牛斯山脉）徒步及探索十分实用的地图有**Editorial Alpina**出版的*Guía Cartográfica*和*Guía Excursionista y Turística*系列。这些系列把西班牙语（有时也有加泰罗尼亚语）的信息手册与详细的地图（比例尺从1:25,000至1:50,000）结合在了一起。它们是徒步者不可缺少的工具（有些是英语版和德语版），但也存在不精确的地方。

加泰罗尼亚制图研究所（Institut Cartogràfic de Catalunya）为加泰罗尼亚比利牛斯山发行了一些很不错的徒步地图，通常都比Editorial Alpina出版的要好。

就餐价格

下列价格范围适用于标准的主菜：

€ 低于€12

€€ €12~20

€€€ €20以上

请记住，如果只是徒步，1:25,000的地图非常实用。**CNIG**（www.cnig.es）的1:25,000地图也覆盖了这个国家的大部分地区。

你可以在徒步地区附近的书店里找到EditorialAlpina的出版物和CNIG的地图，专业书店也有售，比如下列书店：

Altaïr（见304页地图；☎93 342 71 71；www.altair.es；GranViadelesCortsCatalanes 616；⏲周一至周六10:00~20:30；📶；Ⓜ Catalunya）位于巴塞罗那。

De Viaje（见116页地图；☎91 577 98 99；www.deviaje.com；CalledeSerrano 41；⏲周一至周五10:00~20:30，周六10:30~14:30和17:00~20:00；Ⓜ Serrano）位于马德里。

La Tienda Verde（☎91 535 38 10；www.tiendaverde.es；CalledeMaudes 23；⏲周一至周五10:00~14:00和17:00~20:00，周六10:00~14:00；Ⓜ Cuatro Caminos）位于马德里。

Librería Desnivel（见94页地图；☎91 429 12 81；www.libreriadesnivel.com；PlazadeMatute 6；⏲周一至周五10:00~20:30，周六11:00~20:00；Ⓜ Antón Martín）位于马德里。

语言课程

最受欢迎的学习西班牙语的地方有巴塞罗那、格拉纳达、马德里、萨拉曼卡和塞维利亚。在这里和其他一些地方，西班牙的大学会提供性价比颇高的语言课程。

Escuela Oficialdel diomas是一个全国性的语言机构，你可以在那里学习西班牙语和其他当地语言。该语言机构在许多大城市都设有分支机构。班级规模可能会很大，人也很多，但通常都很便宜。

私立语言学校和大学都有各种不同的等级、课时、上课时间、密集度和特殊要求的语言班。许多课程除了教授语言，还会介绍文化。大学课程的学习时间一般为一学期，也有短至两周或者长达一年的课程。私立学校的时间安排更为灵活，声誉比较好的有**don Quijote**（www.donquijote.com），该校在巴塞罗那、格拉纳达、马德里、萨拉曼卡和巴伦西亚都设有分校。

还有一点值得弄明白：你的课程是否提供正式的证书。Diplomas de Español como Lengua Extranjera（西班牙语DELE考试）是受西班牙教育部承认的。

节假日

西班牙人的两个主要假期为圣周（复活节前一周）及7月和8月。在这些时段，度假胜地的住宿十分难找，交通工具也几乎都被订满了，不过度假胜地外的其他地方一般都比较空闲。

西班牙一年至少有14个法定假日——有些是全国性的，有些是地区性的。如果假期接近周末，西班牙人喜欢“搭桥”（puente），即连休。偶尔有些节假日之间离得很近，那时他们就会“搭高架渠”（acueducto）！以下是国家法定假日：

Año Nuevo（新年）1月1日

Viernes Santo（耶稣受难日）3月或4月

Fiesta del Trabajo（劳动节）5月1日

La Asunción（圣母升天节）8月15日

Fiesta Nacional de España（国庆节）10月12日

LaInmaculada Concepción（圣母受孕节）12月8日

Navidad（圣诞节）12月25日

地区政府设立了5个节日，地方议会又设立了2个。常见日期包括下列：

Epifanía（主显节）或**Díadelos-Reyes Magos**（三王节）1月6日

Jueves Santo（濯足节）3月或4月，加泰罗尼亚和巴伦西亚不过这个节日。

Corpus Christi（基督圣体节）6月，复活节后第8个周日之后的周四。

Díade Santiago Apóstol（圣雅各节）7月25日

Díade Todoslos Santos（万圣节）11月1日

Día de la Constitución（宪法日）12月6日

住宿

季节

淡旺季的定义取决于你去什么地方、何时去。在巴塞罗那或马德里，一年中大部分时间都是旺季，包括旅行者并不感兴趣的贸易展会期间。8月城市里可能一片死寂，但海边则人气正旺。冬季是比利牛斯山脉滑雪胜地的旺季，而沿海地区则处于淡季（确实，很多沿海城镇在11月至复活节可能会歇业）。在马德里和巴塞罗那，

实用信息

度量衡 使用公制。

吸烟 所有封闭的公共场所都禁止吸烟。

报纸 三家主要报纸是中立偏左的《国家报》(*El País*; www.elpais.com)、中立偏右的《世界报》(*El Mundo*; www.elmundo.es)和右翼的《ABC报》(www.abc.es)。随处都可以买到的《国际纽约时报》(*International New York Times*)包含8页副刊,内容是从《国家报》选取译成英文的文章,也可以上www.elpais.com/elpais/inenglish.html网站查看。

广播 西班牙国家广播电台(Radio Nacional de España,简称RNE)有1频道,报道公共新闻和当下时事;5频道,报道体育和娱乐;3频道(Radiod' Espop)。报道时事的电台包括"左倾"的Cadena Ser和右翼的COPE。最受欢迎的商业流行音乐和摇滚乐电台有40 Principales、Kiss FM、Cadena 100和Onda Cero。

电视 全国性频道包括国营的西班牙电视台(Televisión-Española;TVE1和La 2频道)和独立的Antena 3、Tele 5、Cuatro和LaSexta。地区政府运营的当地电视台包括马德里的Telemadrid、加泰罗尼亚的TV-3和Canal 33(都是加泰罗尼亚语)、加利西亚的TVG、巴斯克自治区的ETB-1和ETB-2、巴伦西亚的Canal 9、安达卢西亚的Canal Sur。

周末对于精品酒店和乡村旅馆(casasrurales)来说是旺季,对商务酒店来说却是淡季(通常会提供大幅优惠)。

订房

旺季期间建议提前预订房间。在7月和8月,如果不预订的话,在沿海地区几乎很难找到住处,旺季很多地方还会要求至少住两晚。最好经常前往酒店网站查看打折信息。

虽然在淡季或者平季通常不需要预订(巴塞罗那显然是个例外),但提前预订更保险,起码不用在一身疲惫的情况下还得四处找住的地方。大部分酒店预订时会让你提供信用卡的卡号,或者为你保留房间至18:00(除非你提供信用卡的详细信息作为担保,或者提前告诉他们你会晚点儿到)。

爱彼迎(Airbnb; www.airbnb.com)线上预订网站能提供的住宿类别包括公寓、住宅、当地人家里的私人房间等。

价格

以欧洲的标准而言,西班牙的住宿价格非常便宜。然而大型节日期间除外,届时价格会飙升,大型活动期间(如潘普洛纳的奔牛节),有时价格会翻4倍甚至达到更高价位。

在经济型选择住宿中,最便宜的包括青年旅舍的宿舍床铺(每人约€12起),或者使用走廊中共用卫生间的独立房间。如果你愿意多花几欧元,也有很多经济之选,通常为旅馆(hostales)类,它们能提供带独立卫生间的舒适房间。在游客相对较少的地方或乡村地区,一些精品酒店或其他酒店的价格有时会降到跟经济型住宿差不多,特别是在淡季。

西班牙的中档酒店通常都非常不错,房间带独立卫生间,有时候酒店的房价会含早餐。精品酒店——包括许多经过艺术改造的历史建筑——大多属于这一档,几乎都是完美的选择。

高级酒店涵盖了极具吸引力且充满个性的住宿、高品位的酒店和国际连锁豪华酒店等。

在本书中所列的标双通常代表房间里有两张床(通常可以把两张床并在一起)。如果你想要一间大床房(camamatrimonial),记住要让酒店明白你的意图!

住宿类别

酒店

西班牙的酒店(hoteles)品质不一、形形色色,有简单的路边小店,简朴但干净,既有迷人的精品酒店,也有超级豪华的酒店。哪怕是在最便宜的酒店里,客房往往也带有独立卫生间,而且酒店还可能配有餐馆,或者至少是一间早餐室。

对于一些旅行资金更宽裕的人,西班牙比较诱人的酒店中有大约90家**国营酒店**(parador; ☎902 547979; www.parador.es)可供选择,这种国营连锁酒店有着很吸引人的地理位置,例如在高耸的城堡中,或是中世纪的修道院。与之类似的还有由乡村住宅和老旧的城市豪宅改造而成的美丽酒店，通常并不会特别贵。

在大城市和主要的旅游度假区，能找到很多设计时尚、带有纽约风格的前卫酒店，连员工都很酷。在高级酒店中，可以看风景的房间——特别是拥有海景或带阳台（balcón）——会比普通房间贵一些，通常还有套房可选。

许多地方有三人、四人或者可容纳更多人入住的客房，平均每个人的费用要低于单人或双人房，这对于全家出行的游客来说是个好选择。

下面的"公寓、别墅和乡村旅馆"（见972页）类型中列出的许多租房中介也能提供完整的酒店类服务。

床位、小旅店和客栈（Camas, Fondas & Hospedajes）

经济型住处会用各种名字来描述自己。概括地说，最便宜的通常叫作camas（床位）、fondas（传统上是基本的餐馆和旅馆的组合，不过现在常常只提供住宿）和casas de huéspedes或hospedajes（客栈）。这些房间大多空空荡荡，只提供基本设施。卫生间可能是共用的，不过有些可能会在房间里装有lavabo（洗手池）。在冬天，你可能得多问老板要几条毯子。

家庭旅馆（Pensiones）

这类住宿的标准和价格通常比上一类别稍微高一点。有些便宜的地方会忘记提供肥皂、厕纸或者毛巾。毫不犹豫地向他们索要这些必需品吧。不过，也有很多由家庭经营的旅馆同样十分迷人，房间干净，服务也热心。

旅馆（Hostales）

旅馆比家庭旅馆再高级一点，比酒店更简单、更小一点，你会发现它们遍布西班牙全国。比较好的旅馆明亮干净，客房带有设施完整的配套卫生间——bañoprivado，大部分是淋浴（ducha）而非浴缸，房间内一般还配有电视、空调或暖气。

青年旅舍

西班牙有350多家青年旅舍。对独自旅行者来说，青年旅舍通常是最便宜的选择，不过两人同行的话，一般花同样的价钱也可以住上更好的双人房。

西班牙的青年旅舍之间差别非常大。有些旅舍只是价格适中，却没有隐私可言，常常被学校团体订满，晚上还有宵禁，还没有烹饪设施（不过假如没有做饭的地方，一般会设有自助餐厅）。然而有些旅舍则位置便利，24小时开放，主要由一些小宿舍构成，通常多人间里带独立卫生间。如今，越来越多的旅舍设有适合残障人士入住的房间。有些旅舍甚至还位于非常不错的历史建筑中。

青年旅舍的价格经常根据季节不同而变化，浮动区间约为€15~30。有些旅舍的价格包含早餐。有些旅舍不提供免费的床上用品，如果你没有自带床单或睡袋，只能付费去租（约€2~5）。

请记住，西班牙的一些青年旅舍面向西班牙的青年市场：**西班牙青年旅舍网络**（Red EspañoladeAlberguesJuveniles; www.reaj.com）的成员要求你持有HI卡才能入住，或是你持有本国的青年旅舍协会的会员卡方可入组。不过，在西班牙的大部分旅舍中都能申请到HI卡。

更吸引外国旅行者的通常是那些跟HI或REAJ没有关联的青年旅舍风格的住处。这些地方有独立的客房或宿舍。**Hostel World**（www.hostelworld.com）是寻找青年旅舍（无论是否属于青年旅舍联盟）的好网站。

最后，有时你会发现独立的albergues（小旅店）也提供设施较为简单的宿舍，费用约为€10~20，它们通常设在吸引西班牙徒步者和登山者前去的村庄里。这些不是明确的青年旅舍——尽管住客的年龄通常不会超过35岁。这种住处介于青年旅舍和山间旅舍之间。如果你需要床单，有些旅舍会要求你支付几欧元的床单租金。

山间旅舍（Refugios）

大部分受欢迎的山区（尤其是比利牛斯山脉）都分布着大量的山间旅舍，为徒步者和登山者提供服务——除了安达卢西亚（那里只有少数几家），它们大多由徒步及登山机构经营。

在线预订住宿

要了解更多孤独星球作者的住宿评论，可以查看lonelyplanet.com/hotels/。你会看到独立评论和最佳住宿推荐。最棒的是，还可以在线预订。

住宿价格

下列价格区间适用于带独立卫生间的双人房:

€ 低于€65

€€ €65~140

€€€ €140以上

马德里和巴塞罗那的价格不可避免地要高一些:

€ 低于€75

€€ €75~200

€€€ €200以上

这类住宿通常都是拥挤的宿舍铺位,遵循先到先得的原则,不过也有少数可以预订。旺季(大多数地区都是7月和8月)很快就会满员,所以你要么设法提前预订,要么在15:00前到达,以确保有地方可住。每人每夜的费用从免费到€15,或者更多。

许多山间旅舍都有酒吧,并且提供正餐(晚餐通常要花费€10~16),还会有烹饪区(但是没有烹饪设备)。它们一般都会提供毯子,不过其他用品,如床单或睡袋则必须自带(或者在旅舍租赁)。建议你带上手电筒。

比利牛斯山脉地区的山间旅舍服务特别好,以下各家以供参考:

Albergues & Refugios de Aragón (www.alberguesyrefugiosdearagon.com)可以预订山间旅舍和albergues(小旅店)。

加泰罗尼亚比利牛斯山脉(Catalan Pyrenees)要了解相关信息并预订住处,有几个组织值得一看:Federació d'Entitats Excursionistes da Catalunya (FEEC; www.feec.cat)、Centre Excursionista de Catalunya(CEC; cec.cat)和La Central de Refugis (www.la centralde refugis.com)。

公寓、别墅和乡村旅馆

在西班牙全国各地都能租到自炊式公寓和别墅,一晚起租。在主要的度假海岸和受欢迎的乡村地区,有很多别墅和房屋可以租住。

在海滨度假胜地,一间简单的、可供2~3人入住的一居室公寓,每晚可能低至€40,但你常常看到的价格通常几乎会是这个价格的两倍,旺季还会更高。带游泳池、更加豪华的住处价位大概在€200~400,够4个人住。

如今乡村旅游越来越受欢迎,有许多新开的乡村旅馆也非常迷人。它们通常是翻修后的舒适的村屋或者农舍,房间数量不多。对于乡村旅馆,你要注意确认你租的是一个房间,还是整栋房子(后者更常见)。这些住处通常还有不同的叫法,比如在加泰罗尼亚叫casesdepagès,在阿斯图里亚斯叫casasdealdea,在坎塔布里亚叫posadas和casonas等。其中有些只提供房间,有些则附带正餐,或是可以自己下厨。

低端价位大概每晚€30/50(标单/双)左右,不过高档的精品住处,双人房的费用在€100左右或更贵。许多地方可以按周出租。

租房中介包括下列:

Associació Agroturisme Balear (www.rusticbooking.com)

Casas Cantabricas (www.casas.co.uk)

Cases Ruralsde Catalunya (www.casesrurals.com)

Escapada Rural (www.escapadarural.com)

Fincas 4 You (www.fincas4you.com)

Owners Direct (www.ownersdirect.co.uk)

Ruralka (www.ruralka.com)

Rustic Rent (www.rusticrent.com)

Rusticae (www.rusticae.es)

Secret Places (www.secretplaces.com)

Top Rural (www.toprural.com)

Traum Ferienwohnungen (www.traum-ferienwohnungen.de)

Villas 4 You (www.villas4you.co.uk)

Vintage (vintagetravel.co.uk)

露营和房车停车场

西班牙大约有1000个官方评级的露营地(campings)。其中有些位于林地,有些在海滩或河流附近,还有些位于城镇郊区或者公路沿线。露营地很少靠近市中心,如果你主要依靠公共交通出行的话,露营是非常不方便的。

旅游局办事处可以提供最近的露营地的信息。露营地的官方分级有一级（1ªC）、二级（2ªC）和三级（3ªC）。还有一些没有官方评级，条件通常和第三级差不多。露营地的配备设施从还算合理到非常好，程度不等，不过所有露营地在繁忙的时候（特别是7月和8月）都会非常拥挤和吵闹。即使是第三级的露营地，也可能提供热水淋浴、电源接口和咖啡馆。最好的露营地则拥有温水游泳池、超市、餐馆、洗衣服务、儿童游乐场和网球场等服务。

露营地的费用通常按人数、帐篷和车辆计算，单价通常为€5~10。儿童收费一般比成人便宜一些。

许多露营地会在10月前后至复活节关闭。有时你也能找到zonadeacampada或者áreadeacampada，这种乡村露营地只提供最基本的设施（可能只有自来水或几个烧烤架），管理人员和收取的费用很少或完全没有。

如果是在环境保护区内，你可能需要获得当地环保部门的批准才能在里面露营。许多海滩和环境保护区以及一些自治市内禁止露营——除了这类地方，在露营地以外的地方露营也是合法的（但是不能在官方露营地方圆1公里范围以内）。

通常会有标志提示哪里禁止野外露营。如果你不确定的话，可以向当地旅游局咨询。如在私人用地上露营则需要征求许可。

实用网站：

Campings Online（www.campingsonline.com/espana）提供预订服务。

Campinguía（www.campinguia.com）相关评论（多为西班牙语）和链接。

Guía Camping（www.guiacampingfecc.com）年刊*Guía Camping*（€15）的网络版，纸质版在西班牙全国各地的书店有售。

修道院

还有一种别具一格的选择是住在修道院里。尽管经过了19世纪的土地征用和20世纪的艰难运作，西班牙全国各地还是有很多修道院坚持了下来，其中的一些对外提供客房服务——通常是修士或修女居住的，相当简朴的小单间。

修道院中的住处一般按性别安排，给那些想要逃离外界、沉浸在沉思和冥想中的人们提供了一个好去处。有时，在那些坚持古老宗教传统的修道院里，你或许还有机会（或是被期望）在农田、果园（如葡萄园）里劳作。

实用资源包括下列：

Alojamientos en Monasterios（www.alojamientomonasterios.com）

《西班牙修道院住宿》（*Alojamientos Monásticos de España*）由Javierde Sagastizabal和José Antonio Egaña所著的西班牙修道院指南书，亟待更新（当前的版本是2003年版）。

邮政

西班牙的邮政系统**Correos**（☎902 197197；www.correos.es）一般来说比较可靠，虽然有时有点儿慢。寄明信片或普通邮件回国通常需要1~2周。

邮票（Sellos）在大多数estancos（烟草店；留意栗色背景上的黄色字母"Tabacos"）以及邮局出售。明信片或者重量不超过20克的信件，从西班牙寄到其他欧洲国家的邮费为€1.25，寄到世界上的其他国家则为€1.35。关于certificado（挂号信）和urgente（快递）的完整报价，可在www.correos.es点击"Tarifas"查询。

电话

当地SIM卡适用于欧洲/澳大利亚手机。其他手机必须设置漫游才能正常工作——要当心漫游费，不过，如果你有欧盟手机，就不用支付这笔费用了。

对方付费电话

拨打una llamada a cobro revertido（由对方付费的国际电话）非常简单。先拨☎99 00，然后是你想拨打国家的国际电话区号。

移动电话

西班牙使用的是GSM 900/1800频段，你可以在西班牙购买SIM卡和预存话费服务，前提是你拥有GSM、双频段或三频段手机。只有在你自己国家的手机没有被锁码的情况下才能使用，出发前最好向运营商确认一下。中国移动、中国联通、中国电信都支持开通国际漫游，详情咨询服务运营商。

西班牙所有的移动电话公司（Telefónica的**Movi-**

Star、Orange和Vodafone)都提供预付费账户电话卡(prepagado)。SIM卡的售价为€10起,可以增加预存话时。Orange的套餐性价比较高,有各种面额和有效期可选,都包含一定的流量和国内通话时间。电话经销店遍布全国各地。你可以去店里充值,也可以在经销店买卡,比如烟草店(estancos)和报刊亭。**Pepephone**(www.pepephone.com)是另一个选择。

电话代码

移动电话号码以6开头,以900开头的是全国免费电话,而以901到905开头的电话费用各不相同。902比较常见,是国家标准费率,不过只能在西班牙国内拨打。类似的还有以800、803、806和807开头的号码。

国际接入代码 ☎00

西班牙国家代码 ☎34

西班牙没有地方区号。

电话卡

用打折的预付电话卡拨打国际长途非常划算,可在主要城市和旅游胜地的烟草店、小杂货店、私人电话中心(locutorios)和报刊亭购买。如果可能的话,请比较一下费率的不同。许多私营运营商提供的费率要比国家电话公司Telefónica划算。在大城市里随处可见拨打越洋电话特别优惠的私人电话中心。

曾经非常普遍的蓝色公用电话可以用来拨打国际和国内电话,不过现在已经很少见了。这种电话接受硬币、国家电话公司Telefónica发行的tarjetastelefónicas(电话卡),有时还接受多种信用卡。

从西班牙打电话回中国,有一种固定面值的熊猫卡,费率比较低。面值€5的熊猫卡从西班牙拨打回国可以通话200分钟。

上网

酒店和一些咖啡馆、餐馆、机场几乎都有无线网络覆盖,通常是免费的。

一些酒店的不同房间网速也不同(有些仅覆盖酒店大堂)。如果你对网速有要求,在登记入住或预订时就要问清楚。

有些旅游局办事处或许会有所在地区无线网络热点的清单。

时间

时区 和大多数西欧国家一样[在GMT(格林尼治时间)/UTC(协调世界时)基础上,冬天加1小时,夏令时期间则加2小时]。

夏令时 从3月的最后一个周日到10月最后一个周日。

中国 中国比西班牙的冬令时间早7小时,夏令时间早6小时。

英国、爱尔兰、葡萄牙和加那利群岛 比西班牙本土晚1小时。

摩洛哥 摩洛哥全年处于零时区。3月的最后一个周日至10月最后一个周日,西班牙时间减去2小时即是摩洛哥时间;而在一年中的其他时候,减去1小时即可。

12小时和24小时制 尽管大部分官方场合使用24小时制,但你会发现人们在日常聊天的时候通常使用12小时制。

厕所

在西班牙,公共厕所很少见,甚至根本没有。到酒吧或咖啡馆去借用厕所并不符合常规,不过如果你愿意点杯咖啡就另当别论了。

除此以外,你通常可以到更大、更拥挤的公共场所去"钻空子",因为那里很难确认来来往往的人员。在一些大城市还有一个选择:到英格列斯百货(El Corte Inglés)去解决。

旅行安全

大多数来西班牙的游客从未感受到危险的存在,但是同时也有不少人的不愉快经历会给你敲响警钟。你最需要注意的是小偷小摸(如果你的护照、现金、旅行支票、信用卡和照相机不见了的话,那显然就不是小事了)。

在城市里,尤其是在马德里和巴塞罗那,尽量待在人多的地方,避开无人的街道。

最好把贵重物品藏起来或者锁在你的酒店房间里。

尽量不要让自己看起来像一名游客(比如不要在拥挤的旅游区看地图)。

在游客多的地方一定要小心扒手。

访问**中国外交部**(www.fmprc.gov.cn/mfa_chn),了解中国外交部领事司发布的安全提醒和旅行建议。

诈骗

你有50种可能弄丢钱包。一般说来,聪明的小偷会团伙作案,他们会分散你的注意力。作案团伙一般至少有两个人，在一个人吸引你注意力（有时会有个漂亮女人专门负责吸引男性目标的注意力）的时候，另一个人就趁机掏空你的口袋。

更有想象力的作案方法包括，一人从阳台上往受害者身上滴牛奶混合物，然后马上会有个好心的市民走过来对你表示关心，并帮你擦掉你以为是鸽子屎的东西，结果在你根本没注意的时候，口袋里的东西已经被顺走了。

当心：不是所有的小偷看起来都像小偷。你要留神经典的老把戏：那些给你献花祝你好运的女人。我们不知道她们是怎么做到的，但是如果你和她们聊得太热络，你的口袋几乎总是会被掏空。

在有些公路上，特别是从法国边境进入巴塞罗那的AP7公路上，偶有小偷团伙作案。你要警惕在休息区试图分散你注意力的人。如果有人从旁边开车经过告诉你，你的车出了毛病，不要因听信他而停车。往往当其中一个人和你一起检查车时，他的同伙已经偷空了你车里的东西。

还有一种人会在休息区扎爆别人的轮胎，然后在后面跟踪，并在受害者停下来换轮胎的时候上前"帮忙"。租来的车和带有外国车牌的车都特别容易被盯上。当你在公路上的休息区停下来打电话的时候，尽量靠着建筑停车，并且不要让值钱的东西出现在视野中。如果你停下来换轮胎，然后发现有人主动帮忙，一定要确保车门都已经锁好，而且不要让自己分神。

甚至连停车都可能充满了危险。在有些城市，有些狡猾的人自称是停车场管理员，在你想停车的中央地带出现，他们会疯狂地让你到一个地点停车。如果可能的话请无视他，自己找到停车位。如果无法避免的话，你大概需要给他们点儿钱，好让他们不会在你离开后划花或弄坏你的车。在这种情况下，你当然不能在车里留下任何从外面看得见的财物（如果你想把行李或者其他东西留在车里，请放在后备厢）。

盗窃

盗窃大多发生在旅游胜地、大城市，以及在你刚抵达的一座城市，警惕心还不高的时候。你拖着行李去酒店时，最容易成为窃贼的目标。巴塞罗那、马德里和塞维利亚关于盗窃案的声名最臭，在极少数情况下还可能会抢劫案例。

在海滩上留下的任何东西都有可能在你转身时瞬间消失。夜间要避开昏暗、空荡的城市小巷和后街，以及任何不能让你感到百分之百安全的地方。

报警的时候找国家警察——可以访问网站www.policia.es，获取西班牙各地comisarías（警察局）的完整列表。虽然你不太可能找回失物，但需要为获得保险走个正式的denuncia（报案）形式。为了避免把时间浪费在警察局门口排队上，你可以打电话（☎902 102112；支持多种语言）报案，或者在www.policia.es（点击"denunciar por Internet"）上报案，不过该网站只有西班牙语说明。报案第二天你可以去你选择的警察局拿报告并签字，不用排队。

法律事宜

如果不幸被逮捕，你会被指派abogadodeoficio（法律援助律师）的免费服务，律师可能只会说西班牙语。你还有权拨打一通电话。如果你利用这个机会联系你的使领馆，那里的工作人员最多也就是给你介绍一名会说你母语的律师。如果你上了法庭，官方有义务提供一名翻译。

从理论上来讲，你应该随时携带本国的身份证或者护照。如果警察要求查看证件，你应该当场出示。但实际上这不算什么大问题，许多人都选择把护照留在酒店的保险箱里。

Policía Local（地方警察）或Policía Municipal（市警察）在地方一级执法，处理违反交通规则和小案件之类的问题。Policía Nacional（国家警察；☎091）是国家警力，处理重大罪案，主要在城市执法。

与军队相关的Guardia Civil（国民警卫队；创立于19世纪，为了对付匪帮）主要负责公路巡逻、边境、治安、大型犯罪和恐怖行动。有些地区有自己的警力，比如加泰罗尼亚的Mossosd' Esquadra和巴斯克自治区的Ertzaintza。

大麻是合法的，但是仅限个人使用，而且限定很小的数量。在公共场合使用任何非法药品都是不合法的。

从摩洛哥进入西班牙的游客可能要接受毒品搜查，特别是自驾的游客。

残障旅行者

对于残障旅行者来说在西班牙旅行并不十分便利，不过情况也正在缓慢地改进。比如，一些博物馆、政府大楼和酒店内的新设的残障人士通道都表明了当地人思想上的转变。

在主要城市，方便残障人士搭乘的公共交通工具和出租车正在慢慢增加。在一些城市，可以使用轮椅的出租车叫作"Eurotaxis"。

西班牙大部分地区新建的酒店都要求配备轮椅适用的客房。

对于比较老的酒店，你需要警惕那些在广告里和推销时强调自己对残障人士非常友好的地方，因为这可能只意味着房门或者浴室门稍微宽敞一点，或者一些别的象征性的改进。

一些旅游局——尤其是马德里和巴塞罗那——会为残障旅行者提供城市导览游。

Inout Hostel（☎93 280 09 85; www.inouthostel.com; Majordel Rectoret 2; 铺€22; @🛜🅿; 🅡FGC Baixador de Vallvidrera）🍃特别值得一提的是巴塞罗那的Inout Hostel，它为残障人士考虑得十分周到，几乎所有在这里工作的员工都有某方面的残障。设施和服务都是一流的。

盲人博物馆（Museo Tiflológico; ☎91 589 42 19; www.museo.once.es; Calle de la Coruña 18; ⊙周二至周五10:00~14:00和17:00~20:00，周六10:00~14:00，8月不营业；Ⓜ Estrecho）**免费** 这座博物馆是专门为盲人设计的。它由西班牙国家盲人协会（Organización Nacional de Ciegos Españoles，简称ONCE）运营，展品（所有展品都可以触摸）包括绘画、雕塑和挂毯，以及40多处世界名胜古迹的微缩模型，包括马德里的皇宫和大地女神（Cibeles）喷泉，还有格拉纳达的阿尔罕布拉宫和塞哥维亚的高架渠。这里也提供博物馆的盲文小册子和语音导览。

机构

无障碍马德里（Madrid Accesible; www.esmadrid.com/madrid-accesible）要了解马德里为残障旅行者提供的更多信息，可以在"Madrid Accesible"的旅游版块下载PDF版的《无障碍旅游指南》（*Guía de Turismo Accesible*）。该指南内容很出色，有英语和西班牙语版本。它详尽罗列了该市的景点、交通及其无障碍环境的细节评估，此外还有无障碍餐馆的列表。马德里的大多数旅游局办事处都有西班牙语、英语和法语版的《无障碍旅游地图》（*mapa turístico accesible*）。

无障碍旅游和休闲（Accessible Travel & Leisure; ☎01452-729739; www.accessibletravel.co.uk）号称是英国最大的为残障人士提供旅游服务的旅行社，他们鼓励独立旅行。西班牙是它可以提供细节服务的国家之一。

巴塞罗那旅游（Barcelona Turisme; ☎93 285 38 34; www.barcelona-access.com）网站致力于把巴塞罗那改造得更适合残障游客。

ONCE（Organización Nacional de Ciegos Españoles; ☎91 532 50 00, 91 577 37 56; www.once.es; Calle de Prim 3; Ⓜ Chueca, Colón）西班牙盲人协会。你有可能拿到马德里的盲文指南，不过不是每年都出版。

无障碍旅游和酒店协会（Society for Accessible Travel & Hospitality; www.sath.org）一个很好的信息渠道，为坐轮椅、患有肾病、视力障碍或失聪的人士提供了旅游建议。

交通工具

自20世纪90年代末以来建造（或升级）的地铁、有轨电车线路或者车站，通常都有供轮椅使用的电梯，一些比较老的线路可能不够完善（包括马德里的许多线路；可在网站www.metromadrid.es查看地图。）

即便是设有轮椅专用通道的车站，也并非所有站台都有可以使用的自动扶梯或电梯。

如今，单层的piso bajo（低地台）公共汽车在西班牙的大多数城市里都很常见。这种车内没有台阶，有的有坡道，可供轮椅使用。

如果你给任意一家出租车公司打电话，要一辆"Eurotaxi"，对方应该都会派一辆适合轮椅使用的车过来。

同性恋旅行者

西班牙可能已经成为南欧地区对同性恋最友好的国家。同性恋是合法的，同性婚姻在2005年就合法化了——这一举措非常受欢迎，但是也遭到了该国天主教会的反对。

在农村地区，同性恋人群通常都很低调，而城市里则相当开放。马德里、巴塞罗那、锡切斯、托雷莫利诺斯和伊维萨的同性恋氛围尤其活跃。在全世界的同性恋派对圈中，锡切斯是一大主要目的地，那里还有为同性恋举办的狂野**嘉年华**（Carnaval；www.carnavaldesitges.com；⏲2月/3月）。

在6月的最后一个星期六及其前后几天，有好几座城市会举行同性恋游行及活动，届时马德里会举行**同性恋骄傲游行**（gay and lesbian pridemarch；www.orgullolgtb.org）。

马德里还会举行一年一度的**Les Gai Cine Mad**（☎915 930 540；www.lesgaicinemad.com；⏲10月下旬/11月上旬），这是一个以同性恋和变性者为主题的电影节。

实用资源

除了以下渠道，巴塞罗那旅游局还会出版半年刊《巴塞罗那：官方同性恋游客指南》（*Barcelona: The Official Gay and Lesbian Tourist Guide*），马德里旅游局也在其网站（www.esmadrid.com/lgtb-madrid）上提供了非常实用的信息。

Chueca（www.chueca.com）实用的同性恋门户网站，有大量链接。

Gay Barcelona（www.gaybarcelona.com）新闻和观点，还有巴塞罗那和锡切斯的酒吧、桑拿、商店等其他更多丰富信息的列表。

GayIberia（www.gayiberia.com）巴塞罗那、马德里、锡切斯和其他26座西班牙城市的同性恋指引。

Gay Madrid 4 U（www.gaymadrid4u.com）马德里同性恋酒吧和夜店概览。

Gay Seville（www.patroc.com/seville）安达卢西亚首府的同性恋指南。

NightTours.com（www.nighttours.com）关于马德里、巴塞罗那和西班牙其他18个地方的同性恋夜生活和其他景点的有用指南。

Shangay（www.shangay.com）有新闻、近期活动、评论和联系方式。还会出版以马德里为中心的双周刊*Shanguide*，内容涵盖信息列表（包括桑拿和硬核俱乐部）和征友启事。它的姊妹刊***Shangay Express***里的文章更好，不过列表和广告比较少。这两本刊物都能在同性恋书店、酒吧及支持同性恋的酒吧里找到。

Universo Gay（www.guia.universogay.com）什么内容都有一些。

机构

Casal Lambda（☎93 319 55 50；www.lambda.cat；Avinguda del Marquès d' Argentera 22；⏲周一至周六17:00~21:00；Ⓜ Barceloneta）一个同性恋社交、文化和信息中心，位于巴塞罗那的海岸区。

Colectivo de Gaisy Lesbianas de Madrid（Cogam；☎91 523 00 70，91 522 45 17；www.cogam.es；CalledelaPuebla 9；⏲周一至周五17:00~21:00，周六18:00~20:00；Ⓜ Callao，GranVía）组织活动，有咨询处和社交中心。

Federación Estatal de Lesbianas, Gays, Transexuales & Bisexuales（☎91 360 46 05；www.felgtb.org；4楼，CalledelasInfantas 40；⏲周一至周四8:00~20:00，周五8:00~15:30；Ⓜ Gran Vía）一个全国性的同性恋权益组织，总部位于马德里，在争取同性婚姻合法化的运动中发挥了主导作用。

Fundación Triángulo（☎91 593 05 40；www.fundaciontriangulo.org；1楼，Calle de Meléndez Valdés 52；⏲周一至周五10:00~14:00和16:00~20:00；Ⓜ Argüelles）马德里同性恋问题的几个消息源之一。

女性旅行者

女性在西班牙旅行就像在西方世界的任何地方旅行一样容易。但外国女性可能会吸引不必要的男性注意，尤其是独自旅行的女性，或是在一些偏远的小地方。

你在选择住处的时候应该挑剔一些。只有男性工作人员、脏兮兮的廉价住处并不适合过夜。单身女性在城市里走夜路也需要留神——尽量往人多的地方走。绝不推荐单独的女性旅行者搭便车。

40岁以下的西班牙男人成长在后佛朗哥时期的自由年代里，比老一辈少一些性别偏见。不过当你从西班牙北方往南走，或从城市进入乡村的时候，你会发现性别偏见相对要重一些。

志愿者服务

可提供西班牙志愿活动机会的组织如下：

Earthwatch Institute（www.earthwatch.org）偶尔会有西班牙环保项目。

Go Abroad（www.goabroad.com）提供各种在西班牙的志愿活动机会。

Sunseed Desert Technology（☎950 52 57 70；www.sunseed.org.uk；Los Molinos del Río Agua）这个由英国运营的项目旨在寻求半干旱环境中的可持续发展生活方式，其总部位于阿尔梅里亚的小村庄Los Molinos del Río Agua。

Transitions Abroad（www.transitionsabroad.com）一个帮你开启探索之旅的网站。

工作

欧盟国家、瑞士、列支敦士登、挪威和冰岛的国民可以在西班牙自由工作。如果你得到了一份工作，你的雇主通常会帮你解决那些官僚式的繁文缛节。

几乎所有其他国家的人都应该在居住国的西班牙大使馆或领事馆获得工作许可，如果打算在西班牙停留90天以上，还需要居留签证。如果你在申请之前没有工作合同的话，签证和工作许可都极难申请。

你可以找一些水果采摘、收割或者建筑方面的临时工作，不过这种工作通常都是由摩洛哥和东欧的劳工做的，薪酬和工作条件可以说是相当可怕。如果你会流利的西班牙语和另一种非常紧俏的语言，笔译和口译也是一种选择。

语言教学

在你想找一份教师的工作时，语言教学资质是很有帮助的。更有名气的地方会要求具备英语外语教学（TEFL）资质。

可能获得教学工作（在学校或者作为私人教师）的信息来源包括外国文化中心，比如英国文化协会（British Council）和法语联盟（Alliance Française），还有外语书店、大学和语言学校。很多地方设有布告板，你可能会在上面找到工作机会，也可以在那里张贴自己的求职信息。

旅游胜地

地中海沿岸地区在夏季可能会有一些工作机会，如果你去得比较早，并且准备待一段时间，可以试试看。

查看一下当地的外语报刊，比如太阳海岸的*Sur in English*（www.surinenglish.com），上面会刊登招聘服务员、保姆、厨师、临时保姆、清洁工等工作的广告。

游艇船员

偶尔也会有在快艇或者游艇上当船员的工作机会。最适合寻找这类机会的港口包括（按降序排列）马略卡岛帕尔马、直布罗陀和Puerto Banús。夏季，航程往往局限在地中海，不过从11月左右到次年1月，会有许多船开往加勒比海。这类工作通常没有工资，而且找工作的唯一途径就是在码头上四处打听。

交通指南

到达和离开

西班牙是欧洲顶级的度假胜地之一，与欧洲其他国家之间的航空、铁路和公路联系非常紧密。

汽车渡船和水翼船定期往来于摩洛哥和西班牙之间，还有连接着英国、意大利、加那利群岛和阿尔及利亚的渡船。

可在www.lonelyplanet.com/bookings上预订航班、汽车和旅行团。

进入西班牙

入境和海关检查（一般只有从欧盟以外的国家进入西班牙才会进行）通常比较简单，不过也有例外。

从安道尔开车过来的话，汽车会被检查。小小的安道尔公国不属于欧盟，所以边境管制仍然存在。西班牙海关主要是为了防止走私的免税品在西班牙非法转售。从摩洛哥或是西班牙在北非的飞地休达（Ceuta）和梅利利亚（Melilla）地区进入西班牙本土也是一样的情况。在这种情况下，搜查的对象是管制物品。在这些边境等待的时间较长，特别是在夏季。

护照

欧盟其他成员国，以及挪威、冰岛、列支敦士登和瑞士的公民，仅持本国身份证就可以前往西班牙。如果这些国家不发放身份证（比如英国）那么旅行者必须携带有效的护照。所有其他国籍的人必须持有有效的护照。

英国决定脱欧后，英国公民到西班牙和其他欧盟国家旅行所需的条件仍不明确——请咨询当地的西班牙使领馆了解最新规定。

根据法律规定，在西班牙境内，你应该随身携带护照或者身份证。

飞机

大部分欧洲国家都有直飞西班牙的航班，北美、南美、非洲、中东和亚洲也是如此。大洋洲通常至少需要转一次机。

西班牙的旺季通常是圣诞节、新年、复活节，还有6月至9月。根据具体目的地不同，不同季节的机票价格也会有所变动。例如，你会发现8月从欧洲其他地方飞往马德里的航班非常便宜，这是因为这个时候的马德里非常炎热，人们都跑去山里或海边避暑了。一般来说，11月至次年3月（圣诞节和新年除外）去西班牙

气候变化和旅行

任何使用碳基燃料的交通工具都会产生二氧化碳，这是人为导致气候变化的主要原因。现代旅行依赖于飞机，飞机耗费的燃料以人均每公里计算或许比汽车来得低一些，但飞行的距离却要远很多。飞机排放气体（包括二氧化碳）的高度和颗粒同样会对气候变化造成影响。许多网站提供“碳排量计算器”，以便人们估算个人旅程所产生的碳排放量，用来鼓励人们参与减缓全球变暖的旅行计划，以抵消温室气体排放对环境造成的影响。Lonely Planet抵消了所有员工和作者旅行所产生的碳排放影响。

的机票最便宜候，这几个月是平季。

机场和航空公司

西班牙的所有机场都共享国家机场管理局**Aena**（☎902 404704，91 321 10 00；www.aena.es）便捷的网站和航班信息电话号码查询服务。要查询各个机场的更多信息，可以选择“英语”，然后点击“机场”。每座机场的页面都列有详细的实用信息（包括停车场和公共交通工具），及使用该机场的航空公司的完整列表（和链接），还会提供实时航班信息。

伊比利亚航空公司（Iberia；www.iberia.com）是西班牙的国家航空公司，拥有大量国际航线网络和全面的安全记录。

马德里的**阿道弗·苏亚雷斯马德里-巴拉哈斯机场**（Adolfo Suárez Madrid-Barajas Airport；☎902 404704；www.aena.es；ⓂAeropuerto T1, T2 & T3, Aeropuerto T4）在2016年是西班牙最繁忙的机场，同时也是欧洲第六繁忙的机场，巴塞罗那的**埃尔普拉特机场**（El Prat Airport；☎902 404704；www.aena.es）则名列第七位。其他主要机场还包括马拉加、马略卡岛帕尔马、阿利坎特、赫罗纳、巴伦西亚、塞维利亚、维哥和毕尔巴鄂的机场。

陆路

西班牙的陆地邻国有法国、葡萄牙及安道尔。

除了较短的跨境服务外，**Eurolines**（www.eurolines.com）提供从大多数西欧国家及摩洛哥开往西班牙的国际长途汽车服务的主要运营商。

要了解连接西班牙和法国、葡萄牙的火车，以及法国和其他国家之间中转服务的相关信息，可以访问西班牙国家铁路公司（Renfe）的网站www.renfe.com，查看“国际旅行”（Viajes Internacionales）版块。

安道尔

长途汽车定时往返于安道尔和巴塞罗那（包括冬季滑雪大巴和去往机场的直达服务）、西班牙的其他一些目的地（包括马德里）和法国。班车连接着安道尔和巴塞罗那的Estació d'Autobusos de Sants车站（€31，3小时）或者巴塞罗那的埃尔普拉特机场（€34，3.5小时）。

法国

长途汽车

Eurolines（www.eurolines.com）运营从巴黎和其他20多座法国城镇开往西班牙的长途汽车。它连接马德里（€84起，17.75小时）、巴塞罗那（€72起，14.75小时）和其他许多目的地。每天至少有1辆班车开往主要目的地。

小汽车和摩托车

从法国进入西班牙的主干道是与西班牙的AP7收费公路相连的公路，它通往巴塞罗那，并沿着西班牙海岸线向南延伸（分支AP2公路经萨拉戈萨通往马德里）。有一系列公路从法国和安道尔穿过比利牛斯山脉进入西班牙，还有一条沿海路线从法国的比亚里茨（Biarritz）进入西班牙的巴斯克自治区。

火车

进入西班牙最重要的一条铁路会沿着地中海的海岸延伸，经巴斯克自治区穿过西法边界。另一条次要铁路则从拉图尔-德卡罗勒（Latour-de-Carol）穿过比利牛斯山脉进入内陆到达巴塞罗那。

除了下面给出的选择，还有两三班TGV（高速列车）从巴黎的蒙帕纳斯（Montparnasse）开往伊伦（Irún），你可以在那里换乘普通列车前往巴斯克自治区并继续去往马德里。还有最多3班TGV可以到达巴塞罗那（从巴黎的里昂车站GaredeLyon出发），中途在蒙彼利埃（Montpellier）或者纳博讷（Narbonne）换车。

关于法国铁路服务的更多信息，请查看**OuiSNCF**（en.oui.sncf/en/）网站。

马德里和巴黎之间也有连通高速铁路的计划。在此期间，高速铁路服务都要经过巴塞罗那。以下是主要的跨境服务：

巴黎至巴塞罗那（€39起，6.5小时，每天2~4班）的高速列车会经过瓦朗斯（Valence）、尼姆（Nimes）、蒙彼利埃（Montpellier）、贝济耶（Beziers）、纳博讷（Narbonne）、佩皮尼昂（Perpignan）、菲格拉斯和赫罗纳。也有从里昂（€39起，5小时）和图卢兹（€35起，3~4小时）出发的高速列车。

巴黎至马德里（€185~210，9.75~12.5小时，每天8班）的慢车路线经过弗勒里莱索布赖（LesAubrais）、布卢瓦（Blois）、普瓦捷（Poitiers）、伊伦、维多利亚、布尔戈斯和巴利亚多利德。速度更快的方式是乘坐连接巴黎和巴塞罗那的法国TGV高速列车，然后在巴塞罗那换乘西班牙AVE高速列车到达马德里。

葡萄牙

长途汽车

Avanza（☎902 020999；www.avanzabus.com）每天都有长途汽车来往于里斯本和马德里（€41~45，7小时，每天2~3班）。

此外还有经波尔图（Porto）向北开往加利西亚的图伊、圣地亚哥-德孔波斯特拉和拉科鲁尼亚的长途汽车，当地公共汽车则从安达卢西亚的韦尔瓦、埃斯特雷马杜拉的巴达霍斯和加利西亚的奥伦塞等城镇跨越国境。

小汽车和摩托车

A5高速公路连接着马德里和巴达霍斯，并会跨越葡萄牙边境继续延伸至里斯本。西班牙和葡萄牙的边境沿线还有许多其他的公路连接起这两个国家。

火车

从葡萄牙出发，主要铁路线从里斯本穿越埃斯特雷马杜拉到达马德里。

里斯本至伊伦（座/卧€69/94，13.5小时，每天1班）

里斯本至马德里（座/卧€61/84起，10.5小时，每天1班）

波尔图至维哥（€15，2.5小时，每天2班）

海路

www.ferrylines.com是个可以比较路线并寻找相关渡船公司链接的实用网站。

阿尔及利亚

Algérie Ferries（www.algerieferries.dz）全年运营从阿利坎特开往奥兰（Oran；11小时，每周1~3班）的渡船，夏季还有从阿利坎特开往阿尔及尔和从巴塞罗那开往穆斯塔加奈姆（Mostaganem）的渡船。

铁路通票

Interrail通票

Interrail（www.interrailnet.eu）通票是为那些至少在欧洲生活6个月以上的人准备的。他们可以在大多数主要火车站和学生旅行社买到通票，也可以在线购票。

青年票的年龄范围是12~25岁，成人票为26岁及以上。11岁及以下的儿童在使用家庭通票旅行时可以免费乘车。

欧洲通票（Global Pass）涵盖30个国家，有7个版本，时间范围从15天内的5日旅程到一整月的旅程不等。关于完整的报价可查询网站。

一国通票（One-country Pass）可在西班牙境内一个月的期限内使用3天、4天、6天或者8天。8日通票的一等成人/二等成人/二等青年分别收费€339/255/192。

Eurail通票

Eurail（www.eurail.com）通票是为那些在欧洲生活不足6个月的人准备的。这种票应该在欧洲以外的地方购买，可以在线购买，也可以通过主要的旅行社购买。

为了让你的Eurail通票物有所值，一定要多去几个地方。可以查看**西班牙国家铁路公司**（Renfe；www.renfe.com）的网站，了解你想去的目的地的参考票价（欧元）。

以下大部分通票中，4~11岁的儿童购买一等通票可以享受半价，26岁以下的青年购买二等通票可以优惠。Eurail网站上有完整的报价，包括家庭特殊通票和其他折扣。

Eurail欧洲通票（Eurail Global Passes）适合在28个欧洲国家旅行，如果你主要在西班牙旅行，就别买了。共有9种不同的通票，从一个月内的5天到3个月的持续旅行不等。

Eurail自选通票（Eurail Select Pass）提供在2~4个相邻国家（比如西班牙、法国、意大利和瑞士）两个月内5~10天的不限次出行。

西班牙通票（Spain Pass）在一国使用的西班牙通票可以让你在1个月内选择3~8天的火车旅行。8天的西班牙通票价格为一等成人/二等成人/二等青年€325/261/213。

Trasmediterránea（☎902 454645；www.trasmediterranea.es）全年运营阿尔梅里亚至盖兹瓦特（Ghazaouet，每周1班）、奥兰（每周1班）的渡船。

意大利

意大利的大部分航线都由**Grimal di Lines**（www.grimaldi-lines.com）或**Grandi Navi Veloci**（www.gnv.it）运营。

奇维塔韦基亚（Civitavecchia；罗马附近）至**巴塞罗那**（20小时，每周6班）

热那亚（Genoa）至**巴塞罗那**（19小时，每周至少3班）

里窝那（Livorno）（19.5小时，每周3班）

托雷斯港（Porto Torres；撒丁岛）至**巴塞罗那**（12小时，每天1班）

萨沃纳（Savona；热那亚附近）至**巴塞罗那**（20小时，每周2班）

摩洛哥

西班牙大陆与摩洛哥之间有渡船往返。大部分服务由西班牙国家渡轮公司**Trasmediterránea**（☎902 454645；www.trasmediterranea.es）运营。大部分航线都可以让你带着自己的汽车。其他在西班牙和摩洛哥之间提供服务的公司包括下列：

Baleària（www.balearia.com）

FRS Iberia（www.frs.es）

Grandi Navi Veloci（www.gnv.it）

Grimaldi Lines（www.grimaldi-lines.com）

Naviera Armas（www.navieraarmas.com）

西班牙和摩洛哥之间的渡船服务包括下列：

胡塞马（Al-Hoceima）至莫特里尔（Motril）（3.5小时，每周1班）

纳祖尔（Nador）至阿尔梅里亚（4~7小时，每天1班）

纳祖尔至莫特里尔（3.5小时，每周1班）

丹吉尔至阿尔赫西拉斯（1~2小时，每天最多12班）来自摩洛哥几座城市的大巴会在丹吉尔会合，然后乘坐这艘渡船到达阿尔赫西拉斯，再向西班牙的各大中心城市四散开去。

丹吉尔至巴塞罗那（26~35小时，每周1~2班）

丹吉尔至莫特里尔（8小时，每天1班）

丹吉尔至塔里法（35~40分钟，每天最多15班）

英国

Brittany Ferries（☎英国国内0871 244 0744；www.brittany-ferries.co.uk）运营以下班次：

普利茅斯至桑坦德（20小时，每周1班）仅限3月中旬至11月。

朴茨茅斯至毕尔巴鄂（24~32小时，每周2班）

朴茨茅斯至桑坦德（24~32小时，每周3班）

当地交通

西班牙的铁路和公交服务网络在欧洲名列前茅，没有几个地方是它们到不了的。西班牙高铁网络的触角正在快速扩张，而国内航空服务在距离更远以及陆路情况更复杂的路线上也相当完备。

飞机

西班牙的国内航班网络覆盖面很广，由多家西班牙航空公司和几家国际廉价航空公司共同运营。相应的航空公司包括：

欧罗巴航空公司（Air Europa；www.aireuropa.com）马德里到拉科鲁尼亚、维哥、毕尔巴鄂和巴塞罗那及其他城市之间的航线。

伊比利亚航空公司（Iberia；www.iberia.com）西班牙国家航空公司及其子公司IberiaRegional-AirNostrum拥有一套庞大的国内航空网络。

瑞安航空公司（Ryanair；www.ryanair.com）有一些西班牙国内航线。

维罗提航空公司（Volotea；www.volotea.com）廉价航空公司，既有国内航班又有国际航班。国内航线包括阿利坎特、毕尔巴鄂、马拉加、塞维利亚、巴伦西亚、萨拉戈萨、奥维耶多和巴利阿里群岛（不包括马德里或巴塞罗那）。

伏林航空公司（Vueling；www.vueling.com）西班牙的低成本公司，有很多国内航班，从巴塞罗那出发的最多。

自行车

全国各地多年来的公路改进项目已经使骑自行车出行变得容易了许多，不过专门的自行车道还是很少。在收费公路（autopistas）上骑自行车是被禁止的。路况好时，司机对骑行者的态度通常很友好。而在城市里就未必如此了，在城里骑车还是需要些胆量的。

如果你厌倦了蹬踏板，把自行车带上火车也是可行的。

所有的区域性火车都有放自行车的地方（通常在车厢里标有自行车标志），所以自行车的摆放不成问题。大多数郊区火车（cercanías，马德里和巴塞罗那等大城市附近的郊区火车）通常也允许携带自行车。长途火车的限制要多一些，一般来说，你必须在卧铺过夜才能把（拆开的）自行车当作普通行李带上车，否则你只能把它单独托运。

一般情况下带自行车上公共汽车是可以的——通常只会要求你把前轮卸掉。

租车和共享单车计划

这里的自行车租赁业务不像在某些欧洲国家那样普遍，不过正在变得越来越多，特别是山地自行车（bicis todo terreno）租赁在安达卢西亚、巴塞罗那和热门的沿海城镇发展很快。

租车费用的差别相当大，不过基本上为每小时€8~10、每天€15~20，或者每周€50~60。

许多城市已经引进了公共自行车系统，设置了很多自助租/还车地点。在这类系统中，你需要缴纳一小笔注册费，然后就可以在一个地方把车骑走，并在另一个地方还车。

马德里（☎010，91 529 82 10；www.bicimad.com；1/2小时€2/4；⏲24小时）

塞维利亚（☎900 900722；www.sevici.es）

船

渡船和水翼船将大陆（伊比利亚半岛）——或者更确切地说，是巴塞罗那、巴伦西亚和德尼亚——与马略卡岛帕尔马、伊维萨岛连接了起来。也有去往西班牙的北非飞地休达和梅利利亚的渡船。

Baleària（www.balearia.com）运营往返于大陆和马略卡岛帕尔马的渡船。在夜班船上，你可以选择坐席或者船舱里的卧铺。

Trasmediterránea（☎902 454645；www.trasmediterranea.es）是主要的国营渡船公司，既有速度较慢的汽车渡船，也有现代、高速且仅限乘客搭乘的快速渡船和水翼船。

长途汽车

西班牙很少有长途汽车到不了的地方。有很多公司提供汽车线路，从村和村之间的本地路线，到城市间的直达快线，可谓应有尽有。坐长途汽车旅行通常比坐火车要便宜，特别是长途旅行，但是没有坐火车舒适。

本地的汽车服务几乎能把你送到任何地方去，但是大部分连接村庄和省城的长途汽车对旅行者来说并不便利。工作日班次频繁的长途汽车到了周六和周日就会减少甚至停运。小一点的地方通常在工作日的时候每天都会有一班车来往，而到了周日就完全没有了。

一般情况下没必要提前预订座位，只要早点儿到，确保自己能占到座位就可以了。

对于许多定期运行的路线，比如从马德里到托莱多，你买的票仅限于下一班即将发出的大巴使用，再晚一班就不能用了。在这种情况下，提前购票通常是不可能的。长途路线（比如从马德里到塞维利亚或海边）而且又适逢假日高峰季节的话，可以（而且应该）提前购票。某些路线既有特快专线，也有每站都停的慢车。

在大部分大城镇和城市里，长途汽车从单独的长途汽车站（estacióndeautobuses）发车。而在小一些的地方，长途汽车可能会从固定的街道或者广场发车，这些地方通常都没有标识。当地人会知道在哪里等车，以及在哪里买票。

在西班牙国内乘坐长途汽车旅行不会很贵，但是价格变化的幅度很大。从马德里到巴塞罗那的单程票价大约为€21起，你也有可能花双倍甚至更多的价钱。从巴塞罗那到塞维利亚是最长的路线之一（15~16小时），单程花费€88。

26岁以下的年轻人在坐长途汽车旅行的时候应该询问是否可以打折。

在西班牙的几百家长途汽车公司中，以下几家的服务种类最多：

ALSA（☎902 422242；www.alsa.es）最大的一家公司，跟其他多家公司联合运营遍布全国各地的路线。可在线查看提前购票，也可以享受的折扣。

Avanza（☎902 020999；www.avanzabus.com）经营从马德里前往埃斯特雷马杜拉、卡斯蒂利亚-莱昂西部和巴伦西亚的长途汽车路线，后者途经卡斯蒂利亚-拉曼查东部（比如昆卡），常和其他公司合作。

Socibus（☎902 229292；www.socibus.es）经营往来于马德里、安达卢西亚西部和巴斯克自治区的业务。

长途汽车通票

计划进行欧洲跨国之旅，并且行程中包括西班牙的旅行者，或许会用得上下列通票之中的一种：

Busabout（☎英国 084 5026 7514；www.busabout.com）一家总部设在英国的长途汽车公司，提供随上随下的服务，目标人群为青年旅行者。其网络包括9个国家的30多座城市，主要的通票只对经常在西班牙以外旅行的人有用。不过它们确实也有少量的西班牙特定线路，比如7天的“伊比利亚冒险”（Iberian Adventure，包含6晚住宿的费用为每人€579起）。

Eurolines（www.eurolines.com）在旺季提供有效期为15天（成人/26岁以下€320/270）或30天（成人/26岁以下€425/350）的通票。该通票允许你在51座欧洲城市不限次旅行，其中包括几座西班牙城市。

小汽车和摩托车

每辆车都需要配有标明注册国籍的车牌，而且你必须携带能够证明这辆车属于你的文件。欧洲全境都要求持有第三方机动车险。携带三角形警示牌和反光外套（发生故障时使用）也是强制性要求。

驾照

所有欧盟成员国的驾照在整个欧洲都是被认可的。那些持有非欧盟驾照的人需要获得有效期为12个月的国际驾照（International Driving Permit，简称IDP），并与本国驾照一同使用，其所在国的汽车协会就可以办理。不过事实上租车公司和警察很少要求出示。中国并未加入联合国道路交通公约，所以中国公民无法申领国际驾照。但你只需要携带户口本、身份证、驾照原件和复印件前往所在城市公证处，购买翻译件，即可在西班牙租车旅行了。如果你打算开着自己国内的汽车到西班牙旅行，还需要为汽车办理ATA单证册。

如果你在西班牙居住了1年或更长时间，应该申请西班牙的驾照，或者确认一下你本国的驾照是否能基于国家间的互惠协议使你有权获得西班牙驾照。

燃料

汽油（Gasolina）在西班牙非常昂贵，不过通常比欧盟的主要邻居们（包括法国、德国、意大利和英国）稍微便宜一些。gasóleo是柴油。

直布罗陀的汽油比西班牙便宜10%左右，安道尔则便宜了15%。

主要的信用卡甚至银联卡在大多数加油站都可以使用。

租车

在西班牙必须持有驾照并且年满21岁才能租车，在大公司租车至少还需要持有信用卡。请注意，一些租车公司不接受借记卡。在租车特别普遍的地区，小公司有时会放弃最后一项要求。虽然持有非欧盟驾照的人还应该持有国际驾照，不过你会发现来自澳大利亚、加拿大、新西兰和美国等国家的驾照通常没有任何疑问就能被接受。

对于一些低成本公司，要警惕没有包含在原价中的“额外费用”。

Avis（☎902 180854；www.avis.es）

Enterprise Rent-a-Car（☎902 100101；www.enterprise.es）

Europcar（☎902 105030；www.europcar.es）

Firefly（www.fireflycarrental.com）

Hertz（☎91 749 77 78；www.hertz.es）

Pepecar（☎807 414243；www.pepecar.com）

Sixt（☎902 491616；www.sixt.es）

其他可能租车的地方包括：

Auto Europe（www.autoeurope.com）与主要租车公司合作的美国结算所。

Bla Bla Car（www.blablacar.com）在边远城镇非常实用的汽车共享网站，如果你的西班牙语够好，还能认识很多人。

Holiday Autos（☎900 838014；www.holidayautos.com）各大国际公司的结算所。

Ideamerge（www.ideamerge.com）有汽车租赁计划、房车租赁及其他更多内容。

保险

第三方机动车险是在

西班牙和欧洲全境驾车的最基本要求。你可以向你的保险公司索要一份欧洲意外事故声明(European Accident Statement)的表格,如果发生事故,它能帮你简化问题。欧洲的故障援助政策如AA Five Star Service或RAC Eurocover Motoring Assistance,都是不错的选择。

汽车租赁公司也提供这种最基本的保险,不过要认真了解你的权责、免赔金额,以及租赁汽车发生事故或损坏时,你享有哪些豁免权。

道路交通规则

血液酒精含量限度 限度为0.05%。常用的是呼气测试,一旦被发现超出了限度,你会在24小时内受到审理、定罪、罚款并被吊销执照。严重违规的罚款最高大约€600。非本地居民的外国人会被要求当场交付罚款(全额罚金的70%)。即使你表示语言不通也没有用——警察会给你出示一张各国语言的违规和处罚清单,总有一种语言是你看得懂的。

法定驾驶年龄(小汽车) 最小为18岁。

法定驾驶年龄(摩托车和小轮摩托车) 最小为16岁(80cc及以上)或14岁(50cc及以下)。需要驾照。

骑摩托车 必须时刻使用前灯,如果骑125cc或更高的摩托车,要佩戴头盔。

超车 西班牙的卡车司机经常会出于礼貌打开右侧车灯,以表示他们的前方可以超车(如果不可以超车而你正试图超车,则会打开左侧车灯)。不过,一定要确认他们不是要右转!

环岛(环形交通枢纽) 先进环岛的车辆有先行权。

哪边行驶 靠右行驶。

限速 在建筑物密集的地区限速50公里/小时(在某些情况下,如巴塞罗那的市中心区,为30公里/小时),主干道限速100公里/小时,在autovías和autopistas(分别为免费和收费的双车道高速公路)限速120公里/小时。牵引房车最高时速不得超过80公里。

战胜停车罚款

如果你在街边停车点停车,回来后却发现停车巡视员给你开了一张停车罚单,不要绝望:如果你返回的时间在罚单开具之后的合理时间内(合理时间的范围每个地方不同,但一般都不超过两三个小时),不要寻找巡视员,而应该去找离你最近的停车机器。

大部分城市的大多数机器都允许你交纳一小笔罚金(一般为€5左右)来取消罚款(以防万一,两张票都留好)。如果实在不知道该怎么办,可以向当地人求助。

还有一点值得注意,收费的街边停车区(zonas azules,在路旁用蓝线标出)通常在下列时段免费,不过一定要找指示牌确认一下:

- 14:00前后至16:00或17:00
- 20:00前后至次日9:00或10:00
- 周六下午和晚上
- 周日和公休日全天

搭便车

搭便车永远不可能完全安全,我们并不推荐这种方式。搭便车的旅行者应该明白自己在冒着虽然不大,后果却可能非常严重的风险。结伴搭车相对更安全一些,有其他人知道你下一站的目的地就更好了。

在高速公路上搭便车是违法的,在其他主要公路上搭车也很难。如果你必须搭车,应该选在公路连接处之前可以安全停车的地方,或者在支路上搭车。因为来往车辆通常很少,在支路上搭车可能会花费较长时间。

当地交通工具

大多数大城市都有很先进的交通系统。马德里和巴塞罗那的公共汽车和地铁系统四通八达,其他大城市也从高效的公共交通工具中获益良多。以欧洲的标准来看,西班牙当地交通的费用相对便宜。

公共汽车

城市和各省首府都拥有合理的公共汽车网络。你可以在车上或者烟草店里买到单程票(一般在€1~2),不过在马德里和巴塞罗那这样的城市里,最好购买公共汽车和地铁通用的10次交通联票,这样单程的路费会便宜一些。这种联票可以在任意地铁站和一些烟草店及报刊亭买到。

公共汽车从6:00左右到临近午夜定时发车，有的甚至到次日2:00才结束运营。大城市通常有少数几条夜班车路线开到凌晨。在马德里，这种车被称为búhos（猫头鹰），在巴塞罗那的名字比较普通，就叫nitbusos（夜班车）。

地铁

马德里有着这个国家最发达的地铁网络。巴塞罗那的地铁系统也很合理。巴伦西亚、萨拉戈萨、毕尔巴鄂和塞维利亚的地铁（或轻轨）系统相对有限，但颇为实用。

- 车票必须在地铁站（从柜台或者自动售票机）购买，有时候在烟草店或报刊亭也能买到。
- 单程票价和公共汽车一样（大约€1.50）。
- 对于想在大城市里多玩几天的游客来说，最好的选择是购买10次联票，这种票在马德里叫Metrobús（€13），在巴塞罗那叫T-10（€11）。
- 也有月票和季票。

出租车

在火车站和长途汽车站都可以找到出租车候客点，你也可以电话叫车。在大城市，市中心也会散布着许多出租车站，如果你在路上冲司机招手，出租车也会停下来——留意副驾驶位置挡风玻璃前的绿灯或"libre"标志。大城市里出租车很多，不过在周五或周六晚上打车可能要等久一点。一辆出租车最多只能坐4个人。

- 白天的起步价（一般为22:00前），举例来说，马德里是€2.40，21:00至次日7:00，以及周末和节假日最高为€2.90。根据一天中不同时段，之后每公里为€1.05~1.20。
- 有机场和（有时）行李附加费。

Train Routes 火车线路

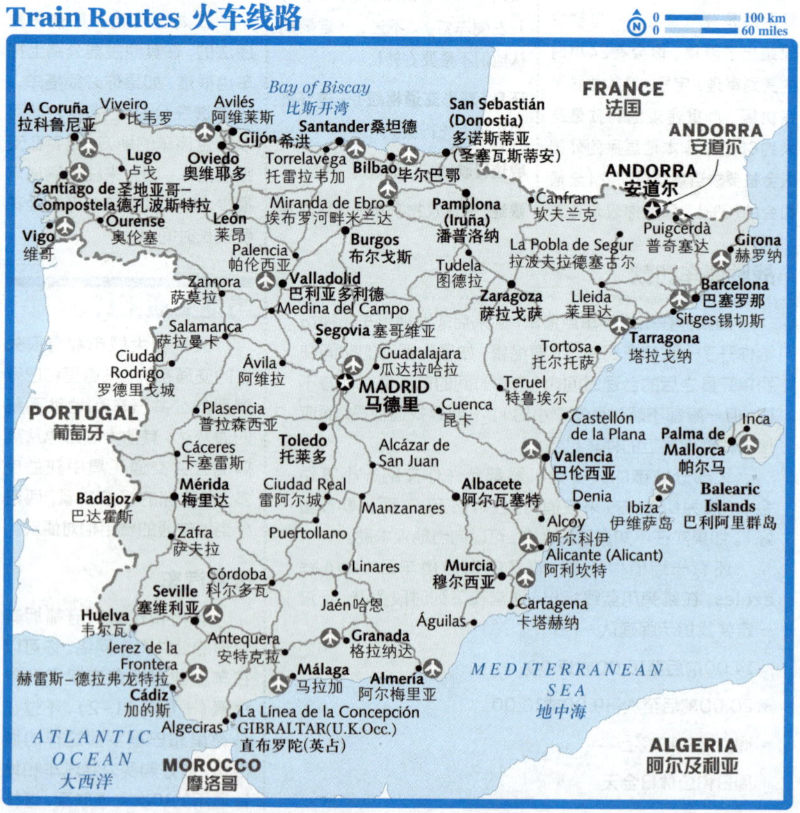

难忘的火车之旅

追求浪漫的乘客可以来一场华丽而缓慢的怀旧火车探险之旅，整个半岛上有许多路线可供选择。

安达卢斯之旅（Al-Andalus；☎902 555902；www.renfe.com/trenesturisticos）这段奢华的行程在安达卢西亚走一个环线，会一路沿着慢车路线经过塞维利亚、龙达、格拉纳达和科尔多瓦等多个车站。你可以选择3~6晚的行程。旺季期间7天6夜的旅程价格为每人€3600起，单间补差费为€1800。

Transcantábrico（☎902 555902；www.renfe.com/trenesturisticos）这是一趟风景如画的窄轨铁路线之旅，从圣地亚哥-德孔波斯特拉（乘坐长途汽车的距离和到O Ferrol差不多）出发，途经沿海的奥维耶多、桑坦德和毕尔巴鄂，再经过一段漫长的内陆旅程，最终到达莱昂。这段为期8天的行程旺季费用为每人€3600起，单间补差费为€1800。你也可以反方向坐回去，或者选择短一些的行程。这趟车每年在4月至10月运营11次。查看一下你的旅行计划是否包括沿途的多处景点，比如毕尔巴鄂古根汉姆博物馆、阿尔塔米拉博物馆、桑蒂利亚德尔玛尔以及欧罗巴山的科瓦东加湖。途中的食物很美味，虽然有几顿是在车上吃的，但是大多都会在不同的地点用餐。

这列火车不会在夜间行驶，这样在车上更容易入睡，也给乘客提供了在外面过夜的机会。

➡ 在主要城市穿越市区大约要花费€10，以欧洲的标准来说低得出奇。而在马德里或巴塞罗那，乘出租车从市中心到机场要花费€30，包含行李。

与欧洲其他地方一样，优步（Uber）在西班牙同样存在争议，它导致了出租车罢工，法院也下令禁止该公司开展业务。在本书撰写期间，优步依然在马德里和巴塞罗那提供服务（Uber或者UberX）。

有轨电车

西班牙城市里的有轨电车早在几十年前就被取消了，不过部分城市的这种交通工具正在东山再起。在巴塞罗那，除了开往提比达波的观光列车TramviaBlau之外，又新增了几趟郊区有轨电车服务。巴伦西亚有一些开往海滩的非常实用的有轨电车。塞维利亚、毕尔巴鄂、穆尔西亚和萨拉戈萨也有各种有限的电车线路。

火车

西班牙国家铁路公司（Renfe，简称西班牙国铁；☎91 232 03 20；www.renfe.com）是出色的国家铁路系统，经营西班牙的大部分火车线路。此外还有几家小型私人铁路公司。

在所有主要的火车站里，你都能找到consignas（行李寄存处）。通常从6:00左右一直开到午夜，每天每件行李收费€4~6。

西班牙有几种不同类型的火车，特别是largorecorrido或Grandes Líneas（长途火车）有各种各样的名字。

Alaris、Altaria、Alvia、Arco和Avant 长途中速火车。

Cercanías（在加泰罗尼亚称为rodalies）方便上下的短途火车，在马德里、巴塞罗那和其他11座城市为偏远郊区和卫星城提供服务。

Euromed 和西班牙高速列车类似，连接巴塞罗那和巴伦西亚、阿利坎特。

FEVE（Ferrocarrilesde Vía Estrecha）窄轨铁路，覆盖了毕尔巴鄂和Ferrol（加利西亚）之间的西班牙北海岸沿线，有一条支线通往莱昂。

Regionales 只在一个区域内运营的火车，通常每站都停。

Talgo和intercity 长途慢车。

Trende Alta Velocidad Española（简称AVE）高速列车，将马德里与阿尔瓦塞特、阿利坎特、巴塞罗那、科尔多瓦、昆卡、韦斯卡、莱昂、莱里达、马拉加、帕伦西亚、萨拉曼卡、塞维利亚、巴伦西亚、巴利亚多利德和萨拉戈萨连接了起来。还有巴塞罗那—塞维利亚、巴塞罗那—马拉加和巴伦西亚—塞维利亚的服务。未来几年还会开通马德里—毕尔巴鄂线，乘客去往加利西亚的行程时间应该会减少。马德里—格拉纳达和马德里—巴达霍斯的路线也在筹备之中。

Trenhotel 带有卧铺的夜班车。

等级和费用

所有的长途列车都分二等车厢和一等车厢，分别叫turista和preferente。后者要贵20%~40%。

因火车的种类（快车要贵很多）不同，车票的价格差异也很大。对于AVE这样的高速列车，票价还根据出行时间和日期而大幅浮动。AVE列车的车票是目前最贵的。

从马德里到巴塞罗那（这条路线只有AVE列车）的二等车厢单程票可能高达€108（如果提前订票的话能便宜不少）。

4~12岁的儿童享受六折优惠；4岁以下的幼儿免费（高速列车除外，搭乘这种列车时，他们要支付和4~12岁的儿童同样的票价）。购买往返车票的话，返程票通常可以享受九折至八折优惠。

学生和持有"Euro<26 Card"青年卡（在西班牙叫CarnetJoven）的26岁以下的年轻人，在购买大部分车票的时候都可以享受八折至七五折优惠。如果你是家庭出游，预订时可以要求一组四个座位带桌子的位置。

乘坐trenhoteles在西班牙过夜旅行的时候，多花点钱购买litera(6床或4床隔间的卧铺)的票是非常值得的，如果能买到一等车厢或gran clase(头等车厢)的单人或双人隔间就更好了。费用根据住宿等级、火车类型和旅途长短的不同而异。线路覆盖马德里—拉科鲁尼亚、巴塞罗那—格拉纳达、巴塞罗那—拉科鲁尼亚—维哥和马德里—里斯本，还有开往法国的国际列车。

预订

长途旅行推荐预订，你可以在火车站、**西班牙国铁**（☎91 232 03 20；www.renfe.com）的办事处和旅行社订票，也可以在线预订。现在越来越多的车站大厅里都设置了自动取票机，你可以在那里领取预订的车票。

语言

西班牙语（español）——或者用它的另一个名字来称呼：卡斯蒂利亚语（castellano）——是西班牙全国通用的语言，不过还有三种区域性的官方语言：加泰罗尼亚语（català）——在加泰罗尼亚、巴利阿里群岛和巴伦西亚使用；加利西亚语（galego）——在加利西亚使用；巴斯克语（euskara）——在巴斯克自治区和纳瓦拉使用。

大部分西班牙语的发音都和相应的英语很相似。你在读我们标注的发音时，把它想象成英语念出来，基本就差不多了。需要注意的是，kh的发音有点嘶哑（类似"喝"字声母"h"的发音），r是大卷舌音，ly的发音像是"million"里的"lli"，而ny的发音像是"onion"里的"ni"。你或许还会注意到，"含混不清的"th的发音在安达卢西亚被发成s。在我们的发音指南里，重读音节用斜体标明。

本章中很重要的一点是，词语的阳性和阴性用"m/f"进行了标注，而客套和通俗随意的表达形式则用"pol"和"inf"加以区分。

基本用语

你好。	*Hola.*	*o*·la

想知道更多？

如果想深入了解更多的语言信息和常用短语，请查阅Lonely Planet的*Spanish Phrasebook*。你可以在**shop.lonelyplanet.com**上找到这本书，也可以通过苹果应用程序商店（Apple App Store）购买Lonely Planet的iPhone短语手册。

疑问词

如何？	*¿Cómo?*	*ko*·mo
什么？	*¿Qué?*	ke
什么时候？	*¿Cuándo?*	*kwan*·do
在哪儿？	*¿Dónde?*	*don*·de
谁？	*¿Quién?*	kyen
为什么？	*¿Por qué?*	por ke

再见。	*Adiós.*	a·*dyos*
是。/不是。	*Sí./No.*	see/no
请再说一遍。	*Perdón.*	per·*don*
对不起。	*Losiento.*	losyen·to
请。	*Porfavor.*	porfa·*vor*
谢谢。	*Gracias.*	*gra*·thyas
没关系。	*Denada.*	dena·da
你好吗？	*¿Qué tal?*	ke tal
很好，谢谢。	*Bien, gracias.*	byengra·thyas

你叫什么名字？

¿Cómo se llama Usted?	*ko*·mo se *lya*·maoo·*ste* (pol)
¿Cómo te llamas?	*ko*·motelya·mas (inf)

我叫……

Mellamo...	melya·mo ...

你会讲英语吗？

¿Habla inglés?	a·blaeen·*gles* (pol)
¿Hablas inglés?	a·blaseen·*gles* (inf)

我不明白。

Noentiendo.	noen·*tyen*·do

住宿

酒店	*hotel*	o·*tel*
客栈	*pensión*	pen·*syon*
青年旅舍	*albergue juvenil*	al·*ber*·ge khoo·ve·*neel*

我想要一个……房间。	*Quisiera una habitación...*	kee·*sye*·raoo·na a·bee·ta·*thyon*...
单人	*individual*	een·dee·vee·*dwal*
双人	*doble*	*do*·ble

空调	*aireacondicionado*	ai·rea·kon·dee·thyo·*na*·do
浴室	*baño*	*ba*·nyo
窗户	*ventana*	ven·*ta*·na

一个晚上/一人多少钱?

¿Cuánto cuesta por noche/persona? kwan·tokwes·tapor no·che/per·so·na

含早餐吗?

¿Incluye el desayuno? een·*kloo*·yeelde·sa·*yoo*·no

问路

……在哪里?

¿Dónde está ...? don·dees·*ta* ...

地址是哪里?

¿Cuál es la dirección? kwalesladee·rek·*thyon*

你能写下来吗?

¿Puede escribirlo, porfavor? *pwe*·dees·kree·*beer*·lo porfa·*vor*

可以（在地图上）指给我看吗?

¿Me lo puede indicar（enelmapa）? melopwe·deeen·dee·*kar*（enelma·pa）

在街角	*enlaesquina*	enlaes·*kee*·na
在红绿灯	*enel semáforo*	enel se·*ma*·fo·ro
在……后	*detrásde...*	de·*tras*de...
在……前	*enfrentede...*	en·*fren*·tede...
左	*izquierda*	eeth·*kyer*·da
在……旁边	*alladode...*	*alla*·dode...
在……对面	*frentea...*	*fren*·tea...
右	*derecha*	de·re·cha
一直向前	*todorecto*	to·do*rek*·to

餐饮

你有什么推荐的吗?

¿Qué recomienda? kere·ko·*myen*·da

那道菜是什么做的?

¿Que lleva ese plato? kelye·vae·sepla·to

我不吃……

Nocomo... noko·mo ...

干杯!

¡Salud! sa·*loo*

好吃!

¡Estaba buenísimo! es·*ta*·babwe·*nee*·see·mo

请给我账单。

Por favor, nos trae lacuenta. porfa·vornostra·e lakwen·ta

数字

1	*uno*	oo·no
2	*dos*	dos
3	*tres*	tres
4	*cuatro*	*kwa*·tro
5	*cinco*	*theen*·ko
6	*seis*	seys
7	*siete*	*sye*·te
8	*ocho*	o·cho
9	*nueve*	*nwe*·ve
10	*diez*	dyeth
20	*veinte*	*veyn*·te
30	*treinta*	*treyn*·ta
40	*cuarenta*	kwa·*ren*·ta
50	*cincuenta*	theen·*kwen*·ta
60	*sesenta*	se·*sen*·ta
70	*setenta*	se·*ten*·ta
80	*ochenta*	o·*chen*·ta
90	*noventa*	no·*ven*·ta
100	*cien*	thyen
1000	*mil*	meel

加泰罗尼亚语

20世纪70年代末，加泰罗尼亚省获得了自治权，之后通过地区政府的积极活动，最终使加泰罗尼亚语成了西班牙的官方语言之一。到1213年的米雷战役（Battle of Muret）为止，加泰罗尼亚的领土已经扩展到了法国南部，占领了鲁西永（Roussillon），甚至延伸到了普罗旺斯。这些领土上的人都说加泰罗尼亚语，或者至少能听懂加泰罗尼亚语。这些地方就是今天的加泰罗尼亚和安道尔。在之后的几百年里，加泰罗尼亚人把他们的语言推广开来，南到巴伦西亚、西到阿拉贡、东到巴利阿里群岛，甚至还传播到了西西里岛和那不勒斯。撒丁岛小城阿尔盖罗（Alghero）至今仍有一部分人说加泰罗尼亚语。在西班牙，说加泰罗尼亚语的人多达1000万人。

在巴塞罗那，你听到的加泰罗尼亚语跟西班牙语一样多。遇到说英语的人的机会也不少。在这个省的其他地方，在你用西班牙语提问时，如果对方用加泰罗尼亚语回答你，不要感到惊讶。不过你会发现大多数加泰罗尼亚人还是很愿意和你说西班牙语的，特别是当他们知道你是外国人的时候。下列加泰罗尼亚的常用语可能会为你赢得一些微笑，说不定还能帮你结交几个新朋友。

你好。	*Hola.*
再见。	*Adéu.*
是。	*Sí.*
不是。	*No.*
请。	*Sisplau./Si us plau.*
（非常）感谢。	*（Moltes）gràcies.*
不用客气。	*Deres.*
对不起，打扰了。	*Perdoni.*
我可以……吗？/你介意吗？	*Puc?/Empermet?*
对不起。	*Hosento./Perdoni.*
你叫什么名字？	*Cometdius?（inf）* *Comesdiu?（pol）*
我的名字是……	*Emdic...*
你从哪儿来？	*D'onets?*
你会说英语吗？	*Parlaanglès?*
我明白了。	*Hoentenc.*
我不明白。	*Nohoentenc.*
请问你能用卡斯蒂利亚语说吗？	*Pot parlar castellàsisplau?*
如何用加泰罗尼亚语说……？	*Comesdiu ... en català?*
我正在找……	*Esticbuscant ...*
我怎么去……？	*Compucarribara ...?*
左转。	*Giriamàesquerra.*
右转。	*Giriamàdreta.*
近	*aprop de*
远	*allunyde*

星期一	*dilluns*
星期二	*dimarts*
星期三	*dimecres*
星期四	*dijous*
星期五	*divendres*
星期六	*dissabte*
星期日	*diumenge*

1	*un/una（m/f）*
2	*dos/dues（m/f）*
3	*tres*
4	*quatre*
5	*cinc*
6	*sis*
7	*set*
8	*vuit*
9	*nou*
10	*deu*
11	*onze*
12	*dotze*
13	*tretze*
14	*catorze*
15	*quinze*
16	*setze*
17	*disset*
18	*divuit*
19	*dinou*
20	*vint*
100	*cent*

我想订个位在……	*Quisiera reservaruna mesapara...*	kee·sye·ra re·ser·varoo·na me·sapa·ra...
(8) 点	*las (ocho)*	las (o·cho)
(两) 个人	*(dos) personas*	(dos) per·so·nas

关键词

瓶	*botella*	bo·te·lya
早餐	*desayuno*	de·sa·yoo·no
（太）冷	（*muy*）*frío*	（mooy）free·o
晚餐	*cena*	the·na
食物	*comida*	ko·mee·da
叉子	*tenedor*	te·ne·dor
玻璃杯	*vaso*	va·so
高脚椅	*trona*	tro·na
热（暖）	*caliente*	ka·lyen·te
刀	*cuchillo*	koo·chee·lyo
午餐	*comida*	ko·mee·da
市场	*mercado*	mer·ka·do
菜单	*menú*	me·noo
（儿童的）	（*infantil*）	（een·fan·teel）
盘子	*plato*	pla·to
餐馆	*restaurante*	res·tow·ran·te
勺子	*cuchara*	koo·cha·ra
素食者食物	*comida vegetariana*	ko·mee·da ve·khe·ta·rya·na

肉类和鱼类

牛肉	*carnedevaca*	kar·nedeva·ka
鸡肉	*pollo*	po·lyo
鸭肉	*pato*	pa·to
羊羔肉	*cordero*	kor·de·ro
龙虾	*langosta*	lan·gos·ta
猪肉	*cerdo*	ther·do
对虾	*camarones*	ka·ma·ro·nes
金枪鱼	*atún*	a·toon
火鸡	*pavo*	pa·vo
小牛肉	*ternera*	ter·ne·ra

水果和蔬菜

苹果	*manzana*	man·tha·na
杏	*albaricoque*	al·ba·ree·ko·ke
香蕉	*plátano*	pla·ta·no
大豆	*judías*	khoo·dee·as
卷心菜	*col*	kol
辣椒	*pimiento*	pee·myen·to
胡萝卜	*zanahoria*	tha·na·o·rya
樱桃	*cereza*	the·re·tha
玉米	*maíz*	ma·eeth
黄瓜	*pepino*	pe·pee·no
水果	*fruta*	froo·ta
葡萄	*uvas*	oo·vas
柠檬	*limón*	lee·mon
生菜	*lechuga*	le·choo·ga
蘑菇	*champiñón*	cham·pee·nyon
坚果	*nueces*	nwe·thes
洋葱	*cebolla*	the·bo·lya
橙子	*naranja*	na·ran·kha
桃子	*melocotón*	me·lo·ko·ton
豌豆	*guisantes*	gee·san·tes
菠萝	*piña*	pee·nya
梅子	*ciruela*	theer·we·la
土豆	*patata*	pa·ta·ta
菠菜	*espinacas*	es·pee·na·kas
草莓	*fresa*	fre·sa
番茄	*tomate*	to·ma·te
蔬菜	*verdura*	ver·doo·ra
西瓜	*sandía*	san·dee·a

其他

面包	*pan*	pan

加利西亚语

加利西亚语是加利西亚自治区的官方语言，在邻近的阿斯图里亚斯和卡斯蒂利亚-莱昂地区也能被大多数人听懂。这种语言和葡萄牙语很相似。加利西亚人在遇到陌生人，特别是外国人的时候，一般会说西班牙语，但是在交流的时候努力说点儿加利西亚语会让你更受欢迎。

你好。	*Ola.*
早上好。	*Bondia.*
再见。	*Adeus./Atélogo.*
非常感谢。	*Moitasgrácias.*
你会说英语吗？	*Falainglés?*
我不明白。	*Nonentendo.*
请问你能用卡斯蒂利亚语说吗？	*Podefalaren español, porfavor?*
这个用加利西亚语怎么说？	*Comosechamaiso engalego?*

奶酪	queso	ke·so
鸡蛋	huevo	we·vo
蜂蜜	miel	myel
果酱	mermelada	mer·me·la·da
米饭	arroz	a·roth
盐	sal	sal
糖	azúcar	a·thoo·kar

饮品

啤酒	cerveza	ther·ve·tha
咖啡	café	ka·fe
（橙子）汁	zumo (denaranja)	thoo·mo (dena·ran·kha)
牛奶	leche	le·che
红葡萄酒	vinotinto	vee·noteen·to
茶	té	te
（矿物质）水	agua (mineral)	a·gwa (mee·ne·ral)
白葡萄酒	vinoblanco	vee·noblan·ko

紧急情况

救命！	Socorro!	so·ko·ro
走开！	¡Vete!	ve·te
叫……	¡Llame a ...	!lya·mea...
一名医生	unmédico	oonme·dee·ko
警察	lapolicía	lapo·lee·thee·a

我迷路了。

Estoyperdido/a. es·toyper·dee·do/a(m/f)

我生病了。

Estoyenfermo/a. es·toyen·fer·mo/a(m/f)

这里疼。

Medueleaquí. medwe·lea·kee

我对（抗生素）过敏。

Soy alérgico/a a (los antibióticos). soya·ler·khee·ko/aa (losan·tee·byo·tee·kos) (m/f)

厕所在哪里？

¿Dónde están los servicios? don·dees·tanlos ser·vee·thyos

巴斯克语

在比利牛斯山脉的西端和比斯开湾一带——从法国的巴约纳到西班牙的毕尔巴鄂，以及内陆地区到潘普洛纳的广大范围，都说巴斯克语。没人知道它的确切起源，不过最有可能的理论是，巴斯克语是曾经蔓延全欧洲的一个语系中的唯一幸存者，该语系后来被凯尔特语、日耳曼部落语和古罗马语取代了。

你好。	Kaixo.
再见。	Agur.
你好吗？	Zermoduz?
我很好，	Ongi,
谢谢。	eskerrikasko.
对不起，打扰了。	Barkatu.
请。	Mesedez.
谢谢。	Eskerrikasko.
不用客气。	Ezhorregatik.
你会说英语吗？	Ingelesezbaal dakizu?
我不明白。	Ezdutulertzen.

购物和服务

我想买……

Quisieracomprar... kee·sye·rakom·prar...

我只是看看。

Sóloestoymirando. so·loes·toymee·ran·do

我能看看吗？

¿Puedo verlo? pwe·dover·lo

我不喜欢。

Nomegusta. nomegoos·ta

多少钱？

¿Cuánto cuesta? kwan·tokwes·ta

太贵了。

Esmuycaro. esmooyka·ro

你能便宜点吗？

¿Podría bajar un pocoelprecio? po·dree·aba·kharoon po·koelpre·thyo

账单有问题。

Hayunerroren lacuenta. aioone·roren lakwen·ta

自动柜员机	cajero	ka·khe·ro

	automático	ow·to·ma·tee·ko
网吧	cibercafé	thee·ber·ka·fe
警察局	correos	ko·re·os
旅游局	oficina	o·fee·thee·na
	deturismo	detoo·rees·mo

时间和日期

几点了?	¿Qué	keo·
	hora es?	raes
(10) 点。	Son	son
	(lasdiez)	(lasdyeth)
(1) 点半。	Es (launa)	es (laoo·na)
	ymedia.	eeme·dya
在几点?	¿A qué	akeo·
	hora?	ra
在……	Ala(s)...	ala(s)...
早晨	mañana	ma·nya·na
下午	tarde	tar·de
晚上	noche	no·che
昨天	ayer	a·yer
今天	hoy	oy
明天	mañana	ma·nya·na
星期一	lunes	loo·nes
星期二	martes	mar·tes
星期三	miércoles	myer·ko·les
星期四	jueves	khwe·bes
星期五	viernes	vyer·nes
星期六	sábado	sa·ba·do
星期日	domingo	do·meen·go

交通

公共交通

船	barco	bar·ko
长途汽车	autobús	ow·to·boos
飞机	avión	a·vyon
火车	tren	tren
第一	primer	pree·mer
最后	último	ool·tee·mo
下一个	próximo	prok·see·mo
一张……票	unbillete	oonbee·lye·te
	de...	de...
一等座	primera	pree·me·ra
	clase	kla·se
二等座	segunda	se·goon·da
	clase	kla·se
单程	ida	ee·da
往返	idayvuelta	ee·daeevwel·ta
过道席	asientode	a·syen·tode
	pasillo	pa·see·lyo
车站	estación	es·ta·thyon
售票处	taquilla	ta·kee·lya

标志

Abierto	营业
Cerrado	歇业
Entrada	入口
Hombres	男人
Mujeres	女人
Prohibido	禁止
Salida	出口
Servicios/Aseos	卫生间

巴斯克语标志

在巴斯克自治区的许多城镇，街道名字和标志都会从西班牙语变为巴斯克语。虽然不是所有人都用这些新名字，而且许多地图仍然采用西班牙语，但还是会让旅行者在导航时感到有些棘手。在这本指南里，我们提供了最常用的版本，有些同时包含了西班牙语和巴斯克语。以下是一些巴斯克语的常用标志，后面是相应的西班牙语和中文翻译。

aireportua	aeropuerto(机场)
erdialdea	centro(市中心)
jatetxea	restaurante(餐馆)
kalea	calle(街道)
kalenagusia	callemayor(主街)
komunak	servicios(卫生间)
kontuz	atención(注意/小心)
nekazal turismoak	casasrurales (村庄/乡村旅馆)
ongietorri	bienvenido(欢迎)
turismo bulegoa	oficinadeturismo (旅游局)

时刻表	*horario*	o·ra·ryo
靠窗席	*asiento junto alaventana*	a·syen·tokhoon·to alaven·ta·na

我想去……
Quisieraira… kee·sye·raeera…

几点到达/出发？
¿A qué hora llega/sale? akeo·ralye·ga/sa·le

在（马德里）停吗？
¿Para en (Madrid)? pa·raen (ma·dree)

这是什么站？
¿Cuál es esta parada? kwalesestapa·ra·da

请告诉我什么时候出发去（塞维利亚）。
¿Puede avisarme cuandolleguemos a (Sevilla)? pwe·dea·vee·sar·me kwan·dolye·ge·mos a(se·vee·lya)

我想在这里下车。
Quierobajarmeaquí. kye·roba·khar·mea·kee

开车和骑自行车

我想租一辆……	*Quisiera alquilar…*	kee·sye·ra al·kee·lar…
四驱车	*untodo-terreno*	oonto·do·te·re·no
自行车	*una bicicleta*	oo·na bee·thee·kle·ta
小汽车	*uncoche*	oonko·che
摩托车	*unamoto*	oo·namo·to
儿童座椅	*asientode seguridad paraniños*	a·syen·tode se·goo·ree·da pa·ranee·nyos
头盔	*casco*	kas·ko
机修工	*mecánico*	me·ka·nee·ko
汽油	*gasolina*	ga·so·lee·na
加油站	*gasolinera*	ga·so·lee·ne·ra

一天/小时多少钱？
¿Cuánto cuesta por día/hora? kwan·tokwes·tapor dee·a/o·ra

这条路是去（巴塞罗那）的吗？
¿Se va a (Barcelona) porestacarretera? sevaa (bar·the·lo·na) pores·taka·re·te·ra

这里能停车（多久）？
¿(Por cuánto tiempo) Puedoaparcaraquí? (porkwan·totyem·po) pwe·doa·par·kara·kee

小汽车（在巴伦西亚）坏了。
Elcochesehaaveriado (enValencia). elko·cheseaa·ve·rya·do (enva·len·thya)

轮胎没气了。
Tengounpinchazo. ten·gooonpeen·cha·tho

没油了。
Mehequedadosin gasolina. meeke·da·doseen ga·so·lee·na

术语表

除非另有指明，否则以下表达均为卡斯蒂利亚西班牙语。词语的阳性和阴性形式以缩写“m/f”标注。

ajuntament——ayuntamiento（市政厅）的加泰罗尼亚语表达
alameda——林荫大道
albergue——庇护所
albergue juvenil——青年旅舍
alcázar——穆斯林统治时期的城堡
aljibe——蓄水池
artesonado——穆德哈尔式木制天花板，横梁交错以留下装饰的空间
autopista——收费公路
autovía——免费公路
AVE——Tren de Alta Velocidad Española；高速列车
ayuntamiento——市政厅

bailaor/bailaora——男/女弗拉明戈舞者
baile——弗拉明戈语境中的舞蹈
balneario——水疗
barrio——（城镇的）区
biblioteca——图书馆
bicitodoterreno（BTT）——山地自行车
bodega——地窖（尤指酒窖）；也指酿酒厂或者供应桶装葡萄酒的传统葡萄酒吧
búhos——夜班车路线

cabrito——小孩
cala——小海湾
calle——街道
callejón——小巷
cama——床
cambio——兑换；也指货币兑换
caña——小杯啤酒
cantaor/cantaora——男/女弗拉明戈歌手
capilla——礼拜堂
capillamayor——教堂里带有高大祭坛的礼拜堂
carmen——位于格拉纳达的带有花园的围墙式别墅
Carnaval——四旬斋（Lent）开始前的传统庆祝时期；狂欢节
carretera——公路
carta——菜单
casadehuéspedes——客栈；又见hospedaje
casadepagès——casarural的加泰罗尼亚语表达
casarural——可以出租的村庄、乡间宅第或带有房间的农庄
casco——字面意思是“头盔”，常用来指代城里的老区；更准确的表达是cascoantiguo/histórico/viejo
castellano/a（m/f）——卡斯蒂利亚语；比起español，人们更喜欢用这个词描述本国语言
castellers——玩加泰罗尼亚叠罗汉的人
castillo——城堡
castro——凯尔特人修筑的有防御工事的村庄
català——加泰罗尼亚语；加泰罗尼亚人
catedral——大教堂
cercanías——当地火车网络
cervecería——啤酒吧
churrigueresco——华美的巴洛克建筑风格，以阿尔韦托（Alberto）和何塞·丘里格拉（José Churriguera）两兄弟的名字命名
ciudad——城市
claustro——回廊
CNIG——国家地理信息中心；优质地图制造商
cofradía——见hermandad
colegiata——由牧师会主持的教堂
coll——collado（山口）的加泰罗尼亚语表达
collado——山口
comarca——区；municipios的分类
comedor——餐厅
comunidad——租用公寓的固定养护费用（有时包含在房租中）；社区
conquistador——征服者
copa——饮品；字面意义的“杯子”
cordillera——山脉
coro——唱诗席：教堂的一部分，通常位于中间
correos——邮局
Cortes——国会
costa——海岸
cruceiro——加利西亚许多路口树立的十字架
cuesta——小路，通常指山间小路
custodia——圣体匣

dolmen——史前巨石墓

embalse——水库
encierro——潘普洛纳式奔牛节；在西班牙其他许多地方也有
entrada——入口
ermita——隐居处或礼拜堂
església——iglesia（教堂）的

加泰罗尼亚语表达
estació——estación(车站)的加泰罗尼亚语表达
estación——车站
estación deauto buses——公共汽车站
estacióndeesquí——滑雪营或滑雪度假村
estaciónmarítima——渡船码头
estany——lago(湖)的加泰罗尼亚语表达
Euskadi Ta Askatasuna (ETA)——巴斯克祖国和自由组织(Basque Homeland & Freedom)
extremeño/a(m/f)——埃斯特雷马杜拉语;埃斯特雷马杜拉人

fallas——用木头支撑的巨型混凝纸雕塑(现在更常用聚苯乙烯制作),用于巴伦西亚的法雅节
farmacia——药房
faro——灯塔
feria——市集;可指商品交易会,也可指城镇或村庄为期几天的狂欢集市;也可以指斗牛或长达数天或数周的节日
ferrocarril——铁路
festa——fiesta的加泰罗尼亚语表达
FEVE——Ferrocarriles de Vía Estrecha;西班牙北部的一家私营铁路公司
fiesta——节日、公共假日或派对
fútbol——足球

gaditano/a(m/f)——加的斯人
gaita——风笛的加利西亚语表达
gallego/a(m/f)——加利西亚语;加利西亚人
gitanos——罗马人
glorieta——大型环岛(环形交叉路口)
GranVia——主干道
GRs——(senderos de)Gran Recorrido;远距离徒步路线
guardiacivil——宪兵队

hermandad——兄弟会(包括男女),特别指参与宗教游行的兄弟会
hórreo——加利西亚或阿斯图里亚斯的粮仓
hospedaje——客栈
hostal——经济型旅馆
huerta——商品果菜园;果园

iglesia——教堂
infanta/infante——公主/王子
IVA——impuestosobreel-valorañadido,增值税

jamón——火腿
jardín——花园
judería——中世纪西班牙的犹太人区

lago——湖
librería——书店
lidia——斗牛艺术
locutorio——私人电话中心

madrileño/a(m/f)——马德里人
malagueño/a(m/f)——马拉加人
manchego/a(m/f)——拉曼查语;拉曼查人
marcha——活动、生活、情景
marismas——湿地
marisquería——海鲜小馆
medina——阿拉伯或北非城镇中狭窄如迷宫的老城区
mercado——市场
mercat——mercado(市场)的加泰罗尼亚语表达
meseta——高原;西班牙中部的高原
mihrab——米哈拉布,清真寺中指向圣地麦加方向的圣龛
mirador——观景点
Modernista——现代主义,受到新艺术派影响的建筑和艺术风格,有时也被称为“加泰罗尼亚现代主义”,其领军人物是安东尼·高迪
monasterio——修道院
morería——城镇里的前穆斯林区
movida——与marcha相似;zonademovida(活动区)是指城镇中酒吧和迪斯科舞厅聚集的热闹区域
mozárabe——莫扎拉布(Mozarab,在西班牙中世纪早期穆斯林统治下的基督徒)
Mozarabic——由莫扎拉布发展起来的建筑风格,在基督教建筑上采用了经典的穆斯林建筑元素
Mudéjar——继续留在被基督徒夺回的领土上的穆斯林;也指在基督徒统治的西班牙时期,建筑上应用了穆斯林建筑元素的建筑装饰风格
muelle——码头
municipio——市,西班牙最基本的地方行政单位
muralla——城墙
murgas——盛装的队伍
museo——博物馆
museu——museo(博物馆)的加泰罗尼亚语表达

nitbus——夜班车的加泰罗尼亚语表达

oficina de turismo——旅游

局;也指旅游信息咨询处(oficina de información turística)

parador——奢华的国营酒店,许多都位于历史建筑内

parquenacional——国家公园;严格控制的保护区

parquenatural——自然公园;环境保护区域

paseo——人行步道或林荫大道;可以散步

paso——山口

pasos——圣周游行中抬着的人像

pelotavasca——手球的巴斯克语表达,在巴斯克自治区也会简单地称为pelota或jai-alai

peña——俱乐部,通常指弗拉明戈爱好者,或皇家马德里或巴塞罗那足球队球迷的俱乐部;有时也指餐厅俱乐部

pensión——私营小酒店

pinchos——达帕斯

pintxos——巴斯克的达帕斯

piscina——游泳池

plaça——加泰罗尼亚语中表示plaza(广场)

plateresque——文艺复兴时期建筑的早期风格,以装饰复杂的立面闻名

platja——加泰罗尼亚语中表示playa(海滩)

playa——海滩

plaza——广场

plazadetoros——斗牛场

port——puerto的加泰罗尼亚语表达

PP——PartidoPopular(人民党)

PRs——(senderos de)Pequeño Recorrido;短途徒步路线

PSOE——Partido Socialista Obrero Español(西班牙工人社会党)

pueblo——村庄

puente——桥;也指假日和周末离得很近的时候,很多人会将中间的一两天连休

puerta——大门

puerto——港口或山口

punta——尖端或岬角

ración/raciones——大份或整盘的达帕斯;字面意思是"口粮"

rambla——大街或河床

rastro——跳蚤市场;把物品陈列在汽车后备厢里的旧货市场

REAJ——Red Española de Albergues Juveniles;西班牙的国际青年旅舍网络

real——皇家

Reconquista——基督徒从穆斯林手里夺回伊比利亚半岛(8~15世纪)

refugi——refugio的加泰罗尼亚语表达

refugio——山间住所、小屋或避难所

Renfe——Red Nacional de los Ferrocarriles Españoles;西班牙国家铁路网络

retablo——圣坛装饰品

Reyes Católicos——天主教君主;伊莎贝拉和费尔南多

ría——河口

río——河流

riu——río(河流)的加泰罗尼亚语表达

rodalies——cercanías(当地火车网络)的加泰罗尼亚语表达

romería——节日朝圣或游行

ronda——环路

sacristía——圣器收藏室;教堂内保存法衣、圣物和其他贵重物品的地方

sagrario——圣所

salacapitular——牧师会礼堂

salinas——盐湖

santuario——圣殿或圣所

Semana Santa——圣周;复活节之前的一周

SephardicJews——西班牙裔犹太人

seu——大教堂(加泰罗尼亚语)

sidra——苹果酒

sidrería——苹果酒吧

sierra——山脉

tablao——面向游客的弗拉明戈表演

taifa——中世纪西班牙的小穆斯林王国

tasca——达帕斯吧

techumbre——屋顶

teleférico——缆车,又叫funicularaéreo

terraza——露台;人行道边的咖啡馆

terrazasdeverano——露天深夜酒吧

tetería——茶室,通常是中东风格,低矮的座位环绕着矮桌

torero——斗牛士

torre——塔

trascoro——coro(唱诗席)后面的背景

turismo——既是旅游的意思,也是轿车的意思;elturismo也可以是"旅游局"的意思

urgencia——紧急情况

vall——valle(山谷)的加泰罗尼亚语表达

valle——山谷

villa——小镇

VO——versiónoriginal(原版)的缩写;配有西班牙语字幕的外语原声电影

zarzuela——混合了戏剧、音乐和舞蹈的西班牙戏剧形式

幕后

说出你的想法

我们很重视旅行者的反馈——你的评价将鼓励我们前行，把书做得更好。我们同样热爱旅行的团队会认真阅读你的来信，无论是表扬还是批评都非常欢迎。虽然很难一一回复，但我们保证将你的反馈信息及时交到相关作者手中，使下一版更完美。我们也会在下一版特别鸣谢来信读者。

请把你的想法发送到**china@lonelyplanet.com.au**，谢谢！

请注意：我们可能会将你的意见编辑、复制并整合到Lonely Planet的系列产品中，例如旅行指南、网站和数字产品。如果不希望书中出现自己的意见或不希望提及你的名字，请提前告知。请访问lonelyplanet.com/privacy了解我们的隐私政策。

声明

气象图表数据引用自Peel MC, Finlayson BL & McMahon TA（2007）'Updated World Map of the Köppen-Geiger Climate Classification', *Hydrology and Earth System Sciences*, 11, 1633-44。

104~105页、286~287页、300~301页、314~315页、690~691页、692~693页、694~695页的插图由Javier Zarracina绘制。

封面图片：阿尔罕布拉宫，Richard Taylor/4 Corners©。

本书部分地图由中国地图出版社提供，其他为原书地图，审图号GS（2019）3772号。

关于本书

这是Lonely Planet的*Spain*的第12版。本书由格雷戈尔·克拉克、萨莉·戴维斯、邓肯·加伍德、安东尼·哈姆、凯瑟琳·勒内维兹、伊莎贝拉·诺贝尔、约翰·诺贝尔、约瑟芬·昆特罗、布兰登·塞恩斯伯里、雷吉斯·圣路易斯和安迪·赛明顿调研撰写。

本书为中文第五版，由以下人员制作完成：

项目负责 关媛媛
项目执行 丁立松
翻译统筹 肖斌斌 李昱臻
翻　　译 陈薇薇 国 蓓 李 娟 姜 珊 焦晓菊
内容策划 何望若（本土化内容） 郭 瑶 郭 骊 李小可
视觉设计 庹桢珍
协调调度 沈竹颖
责任编辑 李偲涵
编　　辑 戴 舒
地图编辑 刘红艳
制　　图 张晓棠
终　　审 杨 帆
流　　程 孙经纬
排　　版 北京梧桐影电脑科技有限公司

感谢寇家欢、苗卉、兰珊、向阳、张琳洁、洪良、武媛媛、陈雨蓉、陈姿兆为本书提供的帮助。

索引

000 地图页码
000 图片页码

000 地图页码
000 图片页码

地图图例

景点

- 海滩
- 鸟类保护区
- 佛教场所
- 城堡
- 基督教场所
- 孔庙
- 印度教场所
- 伊斯兰教场所
- 耆那教场所
- 犹太教场所
- 温泉
- 神道教场所
- 锡克教场所
- 道教场所
- 纪念碑
- 博物馆/美术馆/历史建筑
- 历史遗址
- 酒庄/葡萄园
- 动物园
- 其他景点

活动、课程和团队游

- 人体冲浪
- 潜水/浮潜
- 潜水
- 皮划艇
- 滑雪
- 冲浪
- 游泳/游泳池
- 徒步
- 帆板
- 其他活动

住宿

- 住宿场所
- 露营地

就餐

- 餐馆

饮品

- 酒吧
- 咖啡馆

娱乐

- 娱乐场所

购物

- 购物场所

实用信息

- 银行
- 使领馆
- 医院/医疗机构
- 网吧
- 警察局
- 邮局
- 电话
- 公厕
- 旅游信息
- 其他信息

地理

- 棚屋/栖身所
- 灯塔
- 瞭望台
- 山峰/火山
- 绿洲
- 公园
- 关隘
- 野餐区
- 瀑布

人口

- 首都、首府
- 一级行政中心
- 城市/大型城镇
- 镇/村

交通

- 机场
- 过境处
- 公共汽车
- 缆车/索道
- 自行车路线
- 轮渡
- 地铁
- 单轨铁路
- 停车场
- 加油站
- 出租车
- 铁路/火车站
- 有轨电车
- 其他交通方式

路线

- 收费公路
- 高速公路
- 一级公路
- 二级公路
- 三级公路
- 小路
- 未封闭道路
- 广场
- 台阶
- 隧道
- 步行天桥
- 步行游览路
- 步行游览支路
- 小路

境界

- 国界
- 一级政区界
- 未定国界
- 地区界
- 军事分界线
- 海洋公园
- 悬崖
- 墙

水文

- 河流、小溪
- 间歇河
- 沼泽/红树林
- 暗礁
- 运河
- 水域
- 干/盐/间歇湖
- 冰川
- 珊瑚礁

地区特征

- 海滩/沙漠
- 基督教墓地
- 其他墓地
- 公园/森林
- 运动场
- 一般景点(建筑物)
- 重要景点(建筑物)

注：并非所有图例都在此显示。

我们的故事

一辆破旧的老汽车，一点点钱，一份冒险的感觉——1972年，当托尼（Tony Wheeler）和莫琳（Maureen Wheeler）夫妇踏上那趟决定他们人生的旅程时，这就是全部的行头。他们穿越欧亚大陆，历时数月到达澳大利亚。旅途结束时，风尘仆仆的两人灵机一闪，在厨房的餐桌上制作完成了他们的第一本旅行指南——《便宜走亚洲》（*Across Asia on the Cheap*）。仅仅一周时间，销量就达到了1500本。Lonely Planet 从此诞生。

现在，Lonely Planet在都柏林、富兰克林、伦敦、墨尔本、奥克兰、北京和德里都设有公司，有超过600名员工和作者。在中国，Lonely Planet被称为“孤独星球”。我们恪守托尼的信条：“一本好的旅行指南应该做好三件事：有用、有意义和有趣。”

我们的作者

格雷戈尔·克拉克（Gregor Clark）

阿斯图里亚斯、坎塔布里亚、韦尔瓦省、欧洲之巅 格雷戈尔住在美国，对于语言的热爱和对下一个转弯处的好奇驱使他走过了五大洲的几十个国家。自2000年以来，格雷戈尔一直为Lonely Planet撰写指南，内容主要集中在欧洲和美洲，包括《法国》《葡萄牙》和《墨西哥》等。在与妻子和两个女儿定居美国佛蒙特州之前，格雷戈尔曾在美国加利福尼亚、法国、西班牙和意大利生活过。

萨莉·戴维斯（Sally Davies）

巴塞罗那 1992年，萨莉带着一把比塞塔和5个西班牙语单词来到塞维利亚。尽管完全无法交流，但她很快就在1992年的世博会上吸引了一大堆发传单的人。2001年，她定居巴塞罗那，在那里，她热衷于寻找各种餐饮好去处、在博物馆中迷路，以及找到传达这座精彩城市之美的各种方式。

邓肯·加伍德（Duncan Garwood）

阿尔梅里亚省、格拉纳达、塞维利亚 从在巴巴多斯面对高速投球手，到在果阿躲过饥饿的猪，邓肯总有许多奇特的旅行经历。自1997年以来，他就一直生活在西班牙和意大利。他参与过30多本Lonely Planet指南的写作，内容涵盖罗马、撒丁岛、西西里岛、毕尔巴鄂、圣塞瓦斯蒂安等地，并为美食和经典自驾等主题的图书做出了贡献。

安东尼·哈姆（Anthony Ham）

卡斯蒂利亚-莱昂、埃斯特雷马杜拉、马德里及周边 安东尼是一名作者兼摄影师，作品范围覆盖西班牙、东非、南非、北极和中东地区。2001年，在漫游世界多年之后，安东尼无可救药地爱上了马德里。他在这里生活了10年，和当地人结了婚，把马德里变成了第二故乡。如今他回到了澳大利亚，继续踏上旅程，寻找故事。安东尼对本书的“计划你的行程”和“生存指南”章节也有贡献。

凯瑟琳·勒内维兹（Catherine Le Nevez）

巴塞罗那 凯瑟琳的旅行癖好在她4岁离开巴黎的家踏上横跨欧洲的旅途时就开始了，自那以后，她一有机会就会上路，已经去过近60个国家，并在路上完成了她的写作创造艺术博士学位、专业写作硕士学位，同时获得编辑和出版专业的研究生资格。她为Lonely Planet撰写了大量指南和文章，内容涉及巴黎、法国、欧洲和更多地方。

伊莎贝拉·诺贝尔（Isabella Noble）

安道尔、加的斯省、加泰罗尼亚、福门特拉岛、直布罗陀、伊维萨岛、梅诺卡岛 伊莎贝拉名义上是说英语的澳大利亚人，本质上却是西班牙人。她在1岁时就开始了第一次环球旅行，此后一直在漫游世界。她在一座安达卢西亚的白色村庄里长大成人，是一名专业的西班牙旅行记者。她为Lonely Planet、《每日电讯报》及其他刊物撰写了很多关于印度、泰国、英国等地的文章。你可以在推特和Instagram上找到伊莎贝拉（@isabellamnoble）。

约翰·诺贝尔（John Noble）

阿拉贡、科尔多瓦省、加利西亚、哈恩省 约翰从20世纪80年代就开始为Lonely Planet进行旅行写作，并撰写了超过三位数的指南，内容涉及世界上的许多国家。对于陌生的目的地，他依然像以前一样兴奋不已。最重要的是，他钟情于山脉，从比利牛斯山脉到喜马拉雅山脉，无一例外。你可以在Instagram上看到他的照片（@johnnoble11）。约翰对本书的“了解西班牙”章节也有所贡献。

约瑟芬·昆特罗（Josephine Quintero）

卡斯蒂利亚-拉曼查 约瑟芬在一家关于葡萄酒和生活方式的杂志初涉新闻工作领域。随后，出人意料的是，她搬到了“干涸的”科威特，并在那里担任《科威特文摘》的编辑，直到伊拉克入侵的那一天。在做了六周的人质之后，约瑟芬搬到了西班牙南部悠闲而舒适的安达卢西亚海岸。约瑟芬曾为“骗子”和不太出名的人代笔过，也经常为飞机杂志和Lonely Planet撰写文章。她主要负责西班牙和意大利地区的内容写作，她参与撰写的书籍还包括《墨西哥城》《澳大利亚》《葡萄牙》和《欧洲地中海地区》。

布兰登·塞恩斯伯里（Brendan Sainsbury）

马拉加省、安达卢西亚 在英国出生长大的布兰登直到19岁才离开英国老家。此后他走访了70个国家，过着不太稳定的作家和职业流浪汉生活。从古巴到秘鲁的峡谷，他已经为Lonely Planet写了40多本书。在不用调研时，布兰登喜欢参加看似荒唐的“耐力”比赛，用吉他弹奏Clash乐队的老歌，伴着南安普敦足球俱乐部的输赢痛苦或喜悦。

雷吉斯·圣路易斯（Regis St Louis）

巴斯克、拉里奥哈、纳瓦拉 雷吉斯成长于美国中西部的一座小镇——一个会激发人们旅行梦想的地方，他早年就对外国方言和世界文化产生了浓厚的兴趣。他在青年时期学习了俄语和一些罗曼语，这对他后来遍及全球大部分地区的旅行很有帮助。雷吉斯参与了Lonely Planet 50多本书的创作，内容涵盖六大洲的许多目的地。旅行带他走过了各种各样的地方，从堪察加的山脉到美拉尼西亚偏远的小岛，再到很多风光壮丽的城市。不旅行时，他住在美国新奥尔良。

安迪·赛明顿（Andy Symington）

巴伦西亚和穆尔西亚 安迪已经撰写或参与了Lonely Planet（特别是涉及欧洲和拉丁美洲的内容）和其他出版社的100多本书及其他更新内容的写作工作，还在各种报纸、杂志及网站上发表了许多主题的文章。他也是一家摇滚乐酒吧的股东和经营者，写过一部小说，最近又参与了几个虚构和非虚构写作项目。安迪来自澳大利亚，多年前搬到了西班牙北部。当他没有背着背包探索世界上的某个偏远角落时，他可能会去观看当地的足球比赛，或者到附近的山上长途跋涉后品尝当地的葡萄酒。

其他参与作者

埃斯梅·福克斯（Esme Fox）对巴塞罗那章节有所贡献。

西班牙

中文第五版

书名原文：*Spain*（12th edition，Nov 2018）

图书在版编目（CIP）数据

西班牙 / 澳大利亚 Lonely Planet 公司编；陈薇薇等译 . -- 3 版 . -- 北京：中国地图出版社，2019.10
书名原文：Spain
ISBN 978-7-5204-1296-4

Ⅰ . ①西… Ⅱ . ①澳… ②陈… Ⅲ . ①旅游指南－西班牙 Ⅳ . ① K955.19

中国版本图书馆 CIP 数据核字 (2019) 第 200803 号

出版发行	中国地图出版社
社　　址	北京市白纸坊西街 3 号
邮政编码	100054
网　　址	www.sinomaps.com
印　　刷	北京华联印刷有限公司
经　　销	新华书店
成品规格	197mm × 128mm
印　　张	32
字　　数	1714 千字
版　　次	2019 年 10 月第 3 版
印　　次	2019 年 10 月北京第 9 次印刷
定　　价	168.00 元
书　　号	ISBN 978-7-5204-1296-4
审 图 号	GS（2019）3772 号
图　　字	01-2013-3116

如有印装质量问题，请与我社发行部（010-83543956）联系